अनुक्रमणिका

भाग-A

भाग–B

प्रकाशकः ओ.पी. गुप्ता, **रमेश पब्लिशिंग हाउस**

प्रशासनिक कार्यालय

12-H, न्यू दरियागंज रोड, ऑफिसर्स मेस के सामने,

नई दिल्ली-110002 ✆ 23275224, 23245124

E-mail: info@rameshpublishinghouse.com

For Online Shopping: www.rameshpublishinghouse.com

विक्रय केन्द्र

• बालाजी मार्किट, नई सड़क, दिल्ली-6 ✆ 23253720, 23282525

• 4457, नई सड़क, दिल्ली-6, ✆ 23918938

Book Code: R-533

ISBN: 978-93-87604-86-5

मूल्यः ₹ 740

मुद्रकः निधि प्रिन्टर्स, दिल्ली

आर॰ गुप्ता® कृत

पॉपुलर मास्टर गाइड

नेशनल टेस्टिंग एजेंसी (NTA)

UGC-NET/JRF

Junior Research Fellowship & Assistant Professor Eligibility Exam

इतिहास

प्रश्न प्रत्र-II

लेखक:

विजय कुमार तिवारी UGC (NET), एम.ए., बी.एड.,

उदय कुमार सिंह एम.ए., (इतिहास)

2026 EDITION

रमेश पब्लिशिंग हाउस, नई दिल्ली

National Testing Agency (NTA)

UGC-NET जूनियर रिसर्च फैलोशिप तथा सहायक प्राध्यापक पात्रता परीक्षा

इतिहास, जनवरी-2025

(Exam held on 10-01-2025)

प्रश्न-पत्र-II

1. अशोक की 'धम्म' नीति के बारे में निम्नलिखित में से कौन-से कथन सही हैं:

(*a*) अशोक के अभिलेखों में 'धम्म' का उल्लेख है।

(*b*) अहिंसा का विषय अशोक के 'धम्म' का महत्वपूर्ण पहलू नहीं है।

(*c*) सदाचरण और सामाजिक उत्तरदायित्व 'धम्म' के भाग थे।

(*d*) अशोक के 'धम्म' का एक महत्वपूर्ण पहलू आपस में सम्मान और सौहार्द था।

(*e*) अशोक ने स्वयं को 'धम्म' के शिक्षक के रूप में घोषित किया।

नीचे दिए गए विकल्पों में से **सही** उत्तर का चयन कीजिए।

A. केवल (*a*), (*b*), (*c*) और (*d*)

B. केवल (*a*), (*c*) और (*e*)

C. केवल (*a*), (*d*) और (*e*)

D. केवल (*a*), (*c*), (*d*) और (*e*)

2. नीचे दी गई सूची में से किसका संबंध शाही घराने से नहीं था:

(*a*) अलनका और जेबुन्निसा

(*b*) गुलबदन बेगम और माहम अनगा

(*c*) लल्ला और अंदाल

(*d*) चांद बीबी

(*e*) जहांआरा और रौशन आरा

नीचे दिए गए विकल्पों में से **सही** उत्तर का चयन कीजिए।

A. (*a*), (*b*)

B. (*b*), (*c*)

C. (*d*), (*e*)

D. (*c*), (*d*)

3. कांची एक प्रमुख शहर था, जिसका अपना अंतर्देशीय पत्तन ______ था।

A. मुसिरीकुण्डम

B. तगदुर

C. नृपेयुरु

D. करुरु

4. निम्नलिखित में से कौन-सा शब्द/व्यवस्था मुगलों की मनसबदारी प्रथा से संबंधित नहीं है?

A. जब्त

B. एक अस्पाह दुह अस्पाह

C. संख्यात्मक पदवी

D. खुदकाश्त

5. सूची-I के साथ सूची-II का मिलान कीजिए।

सूची-I (लेखक)	सूची-II (पुस्तक)
(*a*) एच.एच. डाडवेल	I. रेबेलियन 1857: ए सिम्पोजियम
(*b*) बी.बी. मिश्र	II. दि एडमिनिस्ट्रोटिव हिस्ट्री ऑफ इंडिया
(*c*) बी.सी. जोशी	III. दि एपिक स्ट्रगल
(*d*) बिपिन चंद्र	IV. दि कैम्ब्रिज हिस्ट्री ऑफ इंडिया

नीचे दिए गए विकल्पों में से **सही** उत्तर का चयन कीजिए:

	(*a*)	(*b*)	(*c*)	(*d*)
A.	IV	II	I	III
B.	III	I	IV	II
C.	II	I	III	IV
D.	IV	I	II	III

6. 1857 का विद्रोह के बारे में निम्नलिखित कथनों पर विचार करें तथा सही उत्तर का चयन करें:

(*a*) मेरठ से सिपाहियों ने दिल्ली शहर में प्रवेश कर राजनीतिक एजेंट साइमन फ्रेजर को मार डाला।

(*b*) 19वीं नेटिव इन्फैन्ट्री, जिसने एनफिल्ड राइफल का उपयोग करने से मना कर दिया था, वह बहरामपुर में स्थित थी।

(*c*) खान बहादुर जिसने बरेली में कमान संभाला वह रोहिलखंड के पूर्व शासक का वंशज था।

(*d*) बिरजिस कादिर को लखनऊ का नवाब घोषित किया गया था।

नीचे दिए गए विकल्पों में से **सही** उत्तर का चयन कीजिए:

A. केवल (*b*), (*c*), (*d*), (*e*)

B. केवल (*a*), (*b*), (*c*), (*d*), (*e*)

C. केवल (*a*), (*b*), (*c*), (*d*)

D. केवल (*a*), (*b*), (*c*), (*e*)

7. बाबर ने निम्नलिखित में से किन कारणों से इब्राहिम लोदी को पानीपत के युद्ध में पराजित किया था?

(*a*) वह युद्ध में कभी पराजित नहीं हुआ था।

(*b*) उसने भारत में युद्ध के दौरान प्रथम बार बारुद का प्रयोग किया था।

(*c*) उसकी सेना बहुत बड़ी थी।

(*d*) लोदी की सेना बड़ी किन्तु युद्ध में प्रवीण नहीं थी।

(*e*) बाबर को दौलत खान लोदी का समर्थन प्राप्त था।

नीचे दिए गए विकल्पों में से **सही** उत्तर का चयन कीजिए।

A. (*a*), (*b*), (*c*) B. (*b*), (*d*), (*e*)

C. (*a*), (*d*), (*e*) D. (*c*), (*a*), (*b*)

8. इतिहास लेखन में किस परंपरा के माध्यम से मूल स्रोतों के आलोचनात्मक परीक्षण की शुरूआत हुई?

A. चर्च इतिहास लेखन

B. रिनांसां इतिहास लेखन (पुनर्जागरण)

C. इतिहास लेखन में बर्लिन क्रांति

D. रोमन इतिहास लेखन

9. निम्नलिखित मराठा नेताओं/सिपाहियों पर विचार करें तथा दी गई संबंधित घटनाओं को प्राचीनतम से प्रारम्भ कर क्रमवार सजाएँ:

(*a*) महादजी सिंधिया की मृत्यु

(*b*) पेशवा माधव राव की मृत्यु

(*c*) नाना फडनविस की मृत्यु

(*d*) सवाई माधव राव की मृत्यु

(*e*) पेशवा बालाजी बाजी राव (नाना साहब) की मृत्यु

नीचे दिए गए विकल्पों में से **सही** उत्तर का चयन कीजिए।

A. (*e*), (*b*), (*a*), (*d*), (*c*)

B. (*e*), (*d*), (*c*), (*b*), (*a*)

C. (*d*), (*e*), (*b*), (*a*), (*c*)

D. (*d*), (*e*), (*c*), (*a*), (*b*)

10. सूची-I के साथ सूची-II का मिलान कीजिए।

सूची-I	सूची-II
(*a*) पर्सी ब्राउन	I. एग्रेरियन सिस्टम ऑफ मुगल इण्डिया
(*b*) इरफान हबीब	II. द ग्रेट फर्म थियोरी ऑफ मुगल इम्पायर

(*c*) के.आई. लियोनार्ड III. इण्डियन आर्किटेक्चर इस्लामिक पीरियड

(*d*) के.आर. कानूनगो IV. हिस्ट्री ऑफ द जाट्स

नीचे दिए गए विकल्पों में से **सही** उत्तर का चयन कीजिए।

	(*a*)	(*b*)	(*c*)	(*d*)
A.	I	II	III	IV
B.	III	I	II	IV
C.	II	III	I	IV
D.	III	II	IV	I

11. सूची-I के साथ सूची-II का मिलान कीजिए।

सूची-I	सूची-II
(*a*) चोल सम्राट राज राज-I का पूर्ववर्ती नाम	I. दानारनवा
(*b*) वेंगी का राजा जो राष्ट्रकूट सम्राट कृष्ण-III के अधीन था	II. अरुमोली
(*c*) पश्चिमी चालुक्य जनरल जिसने ईस्वी 1006 में वेंगी पर आक्रमण किया	III. कस्सपा
(*d*) सिंहली राजकुमार जिन्होंने चोल सम्राट राजेन्द्र का विरोध किया	IV. बायलनंबी

नीचे दिए गए विकल्पों में से **सही** उत्तर का चयन कीजिए।

	(*a*)	(*b*)	(*c*)	(*d*)
A.	II	I	IV	III
B.	I	II	IV	III
C.	II	I	III	IV
D.	I	III	II	IV

12. सूची-I के साथ सूची-II का मिलान कीजिए।

सूची-I (शासक)	सूची-II (कार्य)
(*a*) अलाउद्दीन खिलजी	I. बाजार सुधार
(*b*) मुहम्मद बिन तुगलक	II. बंदगानी-ए-चहलगनी
(*c*) इल्तुतमिश	III. राजधानी को दौलताबाद ले जाना
(*d*) इब्राहीम लोदी	IV. पानीपत का युद्ध

नीचे दिए गए विकल्पों में से **सही** उत्तर का चयन कीजिए।

	(*a*)	(*b*)	(*c*)	(*d*)
A.	I	II	III	IV
B.	IV	III	II	I
C.	I	III	IV	II
D.	I	III	II	IV

13. निम्नलिखित में से कौन महापाषाण भूनिवेशनों के रूप और शैली को नहीं दर्शाता है?

A. महापाषाण तुंब B. यज्ञ की वेदी

C. गर्त तुंब D. प्राकार छिद्र

14. हम विजयनगर में नायक प्रणाली को सामंती प्रणाली के रूप में क्यों देख सकते हैं?

A. नायकों की नियुक्ति राज्य द्वारा नहीं की जाती थी।

B. नायकों का स्थानांतरण शासक द्वारा नहीं किया जाता था।

C. नायक विजयनगर राज्य से पहले से थे।

D. सभी नायक कला और मंदिरों के बड़े संरक्षक थे।

15. निम्नलिखित संगठनों पर विचार कीजिए और उन्हें सबसे पहले से बाद के क्रम में स्थापना वर्ष के अनुसार व्यवस्थित कीजिए:

(*a*) आत्मीय सभा

(*b*) हिन्दू कॉलेज, कलकत्ता

(*c*) सेरमपुर कॉलेज

(*d*) पूना संस्कृत कॉलेज (पश्चातवर्ती, डेक्कन कॉलेज)

(*e*) कलकत्ता मेडिकल कॉलेज

नीचे दिए गए विकल्पों में से **सही** उत्तर का चयन कीजिए।

A. (*b*), (*c*), (*a*), (*e*), (*d*)

B. (*a*), (*b*), (*d*), (*c*), (*e*)

C. (*a*), (*b*), (*c*), (*d*), (*e*)

D. (*e*), (*c*), (*d*), (*b*), (*a*)

16. किस आयोग ने भाषायी आधार पर राज्यों का निर्माण नहीं करने की सलाह दी थी क्योंकि इससे राष्ट्रीय एकता को खतरा हो सकता था और यह प्रशासनिक दृष्टि से भी असुविधाजनक था?

A. कोठारी आयोग B. जोहरी आयोग
C. धर आयोग D. दासगुप्ता आयोग

17. वायसराय की कार्यकारी परिषद् में विधि सदस्य के रूप में स्थान पाने वाले प्रथम भारतीय कौन थे?

A. डी.बी. नौरोजी B. आर.सी. दत्ता
C. जी.के. गोखले D. एस.पी. सिन्हा

18. 9वीं सदी में चन्देल तथा कालचुरी द्वारा जीते गए क्षेत्रों की पहचान कीजिए:

(*a*) कर्नाटा (*b*) गौड़
(*c*) राधा (*d*) अंग
(*e*) वंग

नीचे दिए गए विकल्पों में से **सही** उत्तर का चयन कीजिए।

A. केवल (*a*), (*b*), (*c*), (*d*)
B. केवल (*b*), (*c*), (*d*), (*e*)
C. केवल (*a*), (*c*), (*d*), (*e*)
D. केवल (*c*), (*d*), (*e*)

19. सूची-I के साथ सूची-II का मिलान कीजिए।

सूची-I (स्थल)	**सूची-II (पुरातात्विक साक्ष्य)**
(*a*) बागोर	I. बौद्ध अवशेष
(*b*) बैराट	II. परिपक्क हड़प्पा संबंधी
(*c*) अहार	III. ताम्र पाषाणीय
(*d*) कालिबंगा	IV. मध्य पाषाण कालीन

नीचे दिए गए विकल्पों में से **सही** उत्तर का चयन कीजिए।

	(*a*)	(*b*)	(*c*)	(*d*)
A.	III	II	IV	I
B.	II	III	IV	I
C.	I	IV	II	III
D.	IV	I	III	II

20. गैर-राजतंत्रीय से नव-राजतंत्रीय समूह में सनकानीका के संक्रमण/परिवर्तन की प्रक्रिया का आरंभ किसके दौरान हुआ था?

A. चंद्रगुप्त-I B. चंद्रगुप्त-II
C. कामर्नव D. शबरादित्य

21. सूची-I के साथ सूची-II का मिलान कीजिए।

सूची-I	**सूची-II**
(*a*) पुलिस में निचले दर्जे के कर्मचारी	I. साम्बा
(*b*) आपातकाल के दौरान कोषागार को भरने के लिए कठोर उपाय	II. अनुसमयान
(*c*) मौर्य के अंतर्गत अधिकारियों को दौरे पर भेजने की प्रथा	III. गेवाया
(*d*) मनेमेदिश से संबंधित कुमार	IV. प्राणक्रिया

नीचे दिए गए विकल्पों में से **सही** उत्तर का चयन कीजिए।

	(*a*)	(*b*)	(*c*)	(*d*)
A.	III	IV	I	II
B.	II	III	I	IV
C.	III	IV	II	I
D.	III	II	I	IV

22. ब्रिटिश संसद द्वारा एक अधिनियम के द्वारा भारत में किस वर्ष उच्च न्यायालयों की स्थापना का प्रयोजन किया गया?

A. 1858 B. 1861
C. 1862 D. 1860

23. इतिहास लेखन हेतु पाद टिप्पणियां के प्रयोग से निम्नलिखित में से किस उद्देश्य की पूर्ति नहीं होती?

A. पाठ में दिए गए वकतव्य के लिए सटीक संदर्भ को इंगित करना
B. पाठ में नहीं उल्लिखित अथवा विस्तार से नहीं बताए गए कतिपय विषयों की व्याख्या करना
C. पाठक को स्रोत के माध्यम से निश्चयात्मक कथन की वैधता के बारे में प्रश्न पूछने की शक्ति प्रदान करना
D. लेखक के दृष्टिकोण तथा इतिहास लेखन की परम्परा (स्कूल) के बारे में जागरुकता पैदा करना

24. सूची-I के साथ सूची-II का मिलान कीजिए।

सूची-I	सूची-II
(*a*) गुरू नानक	I. 1644 में मृत्यु
(*b*) गुरू हरगोविंद	II. 1574 में मृत्यु
(*c*) बंदा बहादुर	III. 1716 में मृत्यु
(*d*) गुरू अमरदास	IV. 1539 में मृत्यु

नीचे दिए गए विकल्पों में से **सही** उत्तर का चयन कीजिए।

	(*a*)	(*b*)	(*c*)	(*d*)
A.	IV	I	III	II
B.	I	II	III	IV
C.	II	III	IV	I
D.	III	II	I	IV

25. निम्नलिखित में से कौन-सा चित्रकार जहाँगीर से संबंधित नहीं है?

A. मनोहर B. विशनदास

C. दौलत D. अब्दुस्समद

26. निम्नलिखित शासकों में से किस शासक द्वारा दिल्ली में राजधानी नगरों में एक 'सीरी' को बनाया गया था?

A. अलाउद्दीन खिलजी B. बाबर

C. अकबर D. कैकुबाद

27. सूची-I के साथ सूची-II का मिलान कीजिए।

सूची-I (अधिनियम/विषय)	सूची-II (वर्ष)
(*a*) भारत में दसता उन्मूलन	I. 1820
(*b*) महिला भ्रूण हत्या अधिनियम	II. 1836
(*c*) ठगी अधिनियम (XXX)	III. 1843
(*d*) ब्रिटेन में दासता उन्मूलन	IV. 1870

नीचे दिए गए विकल्पों में से **सही** उत्तर का चयन कीजिए।

	(*a*)	(*b*)	(*c*)	(*d*)
A.	I	II	III	IV
B.	III	IV	II	I
C.	IV	III	I	II
D.	II	III	IV	I

28. सूची-I के साथ सूची-II का मिलान कीजिए।

सूची-I	सूची-II
(*a*) राम वर्मा	I. सिंधी
(*b*) वारिस शाह	II. गुजराती
(*c*) शाह अब्दुल लतीफ	III. मलयालम
(*d*) दयाराम	IV. पंजाबी

नीचे दिए गए विकल्पों में से **सही** उत्तर का चयन कीजिए।

	(*a*)	(*b*)	(*c*)	(*d*)
A.	III	I	II	IV
B.	IV	II	III	I
C.	III	IV	I	II
D.	I	III	IV	II

29. नीचे दिए निम्नलिखित विकल्पों में से गलत मेल का चयन कीजिए।

(*a*) हुंडी – विनिमय पत्र

(*b*) जजिया – इस्लामिक राज्य द्वारा गैर-मुस्लिमों पर लगाया गया कर

(*c*) तकावी – मुगलों का एक शक्तिदायक पेय

(*d*) तहसील – एक छावनी-पोस्ट

(*e*) ख्यात – राजस्थान में हस्तलिपि के रूप में इतिवृत्त

नीचे दिए गए विकल्पों में से **सही** उत्तर का चयन कीजिए।

A. केवल (*c*), (*d*) B. केवल (*a*), (*e*), (*c*)

C. केवल (*d*), (*e*) D. केवल (*a*), (*b*)

30. नीचे दिए गए विकल्पों में से गलत विकल्प का चयन कीजिए।

A. मिर्जा गालिब – मिर्जानामा

B. केशवदास – रसिकप्रिया

C. पादशाहनामा – शाहजहां

D. गुलबदन बेगम – हुमायूं

31. किस ब्रिटिश गवर्नर ने 1859 में एक कार्यवाही सारांश में यह लिखा था कि ''साम्राज्य को विभाजित करना प्राचीन रोमन ध्येय था और हमारा यही ध्येय होना चाहिए।''

A. लॉर्ड एल्फिंस्टन B. लॉर्ड एमहर्स्ट
C. लॉर्ड लारेंस D. लॉर्ड कर्जन

32. निम्नलिखित में से लेखक–क्रानिकल/पुस्तक का सही युग्म है:

(*a*) अबुल फजल – अकबरनामा
(*b*) जियाउद्दीन बरनी – फतवा-ए-जाहंदारी
(*c*) निजामुद्दीन अहमद – तारीख-ए-शेरशाही
(*d*) अमर खुसरो – तबकात-ए-अकबरी
(*e*) खाफी खान – तारीख-ए-दाउदी

नीचे दिए गए विकल्पों में से **सही** उत्तर का चयन कीजिए।

A. केवल (*a*), (*e*) B. केवल (*c*), (*d*)
C. केवल (*a*), (*b*) D. केवल (*d*), (*e*)

33. नीचे दी गई सूची में से सही लेखक–पुस्तक मिलान का चयन करें:

(*a*) हरबंस मुखिया, हिस्टोरियन्स एंड हिस्टोरियोग्राफी डयूरिंग द रेन ऑफ अकबर
(*b*) रिचार्ड एटन तथा पी. वैगोनर, पावर, मेमोरी, आर्किटेक्चर कन्टेस्टड साइट्स आन इण्डियाज डेकान प्लेटो
(*c*) फ्रंसुआ बर्नियर, अकबर एंड द जेसुट्स
(*d*) अब्दुल हमीद लाहोरी, निगरनामा-ए-मुंशी
(*e*) ए.बी.एम. हबीबुल्लाह, दि फाउंडेशन ऑफ मुस्लिम रूल इन इण्डिया

नीचे दिए गए विकल्पों में से **सही** उत्तर का चयन कीजिए।

A. (*c*), (*d*), (*e*) B. (*a*), (*b*), (*e*)
C. (*b*), (*d*), (*c*) D. (*a*), (*d*), (*e*)

34. कलकत्ता के हिन्दू कॉलेज के पहले विजिटर के रूप में किसे नियुक्त किया गया था?

A. एच.एच. विल्सन, 1823 में
B. डेविड हेयर, 1816 में
C. लुइस विवियन डेरोजियो, 1826 में
D. राजा राम मोहन राय, 1820 में

35. निम्नलिखित में से कौन-सा युग्म सुमेलित नहीं है?

A. मुइनुद्दीन चिश्ती – अजमेर
B. बाबा फरीद – पाक पट्टन
C. शेख बख्तियार काकी – गुजरात
D. सलीम चिश्ती – आगरा

36. भूमि और इसके उत्पाद पर अधिक दावों के क्रम में मुगल भारत में कौन भूमि का मालिक नहीं था?

A. खुद काश्त B. पाही काश्त
C. मुकर्ररी रिआया D. मुजारियन

37. किस वर्ष लंदन में धन भेजने के लिए निर्गत सिक्कों से कमाए गए लाभ से एक स्वर्ण मानक रिजर्व बनाया गया, जो कि आंशिक रूप से विनिमय में आने वाले उतार-चढ़ाव को रोकने, होने वाले व्यय को पूरा करने, और सिक्का ढ़लाई के लिए चांदी खरीदने हेतु किया गया था?

A. 1893 B. 1900
C. 1913 D. 1925

38. अपराजिता प्रछा में उल्लिखित निम्नलिखित आधिकारियों को उनके द्वारा नियंत्रित गांवों के सदस्यों की संख्या के आधार पर आरोही क्रम में व्यवस्थित कीजिए।

(*a*) लघु सामंत (*b*) सामंत
(*c*) चतुरामशिका (*d*) महासामंत
(*e*) महामंडलेश्वर

नीचे दिए गए विकल्पों में से **सही** उत्तर का चयन कीजिए।

A. (*a*), (*b*), (*c*), (*d*), (*e*)
B. (*b*), (*a*), (*c*), (*d*), (*e*)
C. (*c*), (*a*), (*b*), (*d*), (*e*)
D. (*d*), (*a*), (*b*), (*c*), (*e*)

39. निम्नलिखित में से किस इतिहास लेखन ने अपने इतिहास लेखन में काल्पनिक भाषणों के समावेश का प्रयोग किया?

A. क्रोचे B. प्लूटार्क
C. कोलिंगवुड D. थूसीडाइडीस

40. निम्नलिखित महाजनपदों को उत्तर से दक्षिण दिशा में व्यवस्थित कीजिए।

(*a*) गांधार (*b*) मत्स्य
(*c*) कम्बोज (*d*) अश्मक
(*e*) अवन्ति

नीचे दिए गए विकल्पों में से **सही** उत्तर का चयन कीजिए।

A. (*e*), (*d*), (*b*), (*a*), (*c*)
B. (*a*), (*c*), (*d*), (*b*), (*e*)
C. (*c*), (*a*), (*d*), (*b*), (*e*)
D. (*c*), (*a*), (*b*), (*e*), (*d*)

41. निम्नलिखित में से कौन-सी पुस्तकें डब्ल्यू.एच. मोरलैण्ड ने नहीं लिखी हैं:

(*a*) द एग्रेरियन सिस्टम ऑफ मोसलिम इंडिया
(*b*) इंडिया एट द डेथ ऑफ औरंगजेब
(*c*) फ्रॉम अकबर टू औरंगजेब
(*d*) सम एस्पेक्ट्स ऑफ मुस्लिम एडमिनिस्ट्रेशन
(*e*) द मुगल नोबिलिटी अंडर औरंगजेब

नीचे दिए गए विकल्पों में से **सही** उत्तर का चयन कीजिए।

A. केवल (*d*), (*e*) B. केवल (*a*), (*b*)
C. केवल (*c*), (*d*) D. केवल (*b*), (*e*)

42. निम्नलिखित राष्ट्रवादी गतिविधियों पर विचार कीजिए और सही कथन का चयन कीजिए:

(*a*) चापेकर बंधुओं ने पुणे में 1897 में दो अलोकप्रिय ब्रिटिश अधिकारियों की हत्या की।
(*b*) वी.डी. सावरकर ने 1905 में क्रांतिकारियों के गुप्त संगठन 'अभिनव भारत' का गठन किया था।
(*c*) तिलक को 1908 में गिरफ्तार किया गया और 6 वर्ष की कठोर केंद्र की सजा सुनाई गई।
(*d*) मौलाना अबुल कलाम आजाद ने 30 वर्ष की आयु में वर्ष 1915 में 'अल हिलाल' समाचार पत्र में अपने राष्ट्रवादी विचारों को प्रकाशित किया।
(*e*) वर्ष 1914 में सरकार ने मौलाना मुहम्मद अली के 'कामरेड' नाम प्रकाशन का दमन किया।

नीचे दिए गए विकल्पों में से **सही** उत्तर का चयन कीजिए।

A. केवल (*a*), (*b*), (*c*)
B. केवल (*b*), (*c*), (*d*)
C. केवल (*a*), (*d*), (*e*)
D. केवल (*a*), (*c*), (*e*)

43. कार्ल पॉपर ने निम्नलिखित में से किन पुस्तकों की रचना की है?

(*a*) मिस्टिसिज्म एंड लाजिक
(*b*) दि ओपन सोसइटी एंड इट्स इनमीज
(*c*) दि लिमिट्स ऑफ एक्जैक्ट साइंस
(*d*) दि पोवर्टी ऑफ हिस्टोरिसिज्म
(*e*) डेकलाइन एंड फाल ऑफ द रोमन इंपायर

नीचे दिए गए विकल्पों में से **सही** उत्तर का चयन कीजिए।

A. केवल (*a*) तथा (*e*) B. केवल (*b*) तथा (*c*)
C. केवल (*b*) तथा (*d*) D. केवल (*c*) तथा (*a*)

44. निम्नलिखित बोधिसत्वों में कौन-सा करूणा को निरूपति करता है?

A. अमिताभ B. मंजुश्री
C. वज्रपाणि D. अवलोकितेश्वर

45. आधुनिकोत्तर इतिहास लेखन के संबंध में निम्नलिखित में से कौन-सा कथन सही नहीं है?

A. अतीत को परिलक्षित करने वाले स्रोत हमेशा किसी अन्य के दृष्टिकोण से लिखित होते हैं।
B. इतिहास लेखन के लिए कार्य-कारण संबंध तथा कालानुक्रम आवश्यक है।
C. इतिहास लेखन में अनुक्रमिक काल के विचार को छोड़ा जा सकता है।
D. ऐतिहासिक स्रोतों के स्थायी तथा अपरिवर्तनीय अर्थ नहीं होते।

46. 'द बहमनीज ऑफ द दक्कन' पुस्तक के लेखक कौन थे?

A. ए.एस. अलतेकर B. लेस्ली ओर
C. एम. पांडु रंगा राव D. हारुन खान शेरवानी

47. सूची-I के साथ सूची-II का मिलान कीजिए।

सूची-I	सूची-II
(*a*) कलतिका	I. कवयित्री जिसने सम्राट आदिगैमन की प्रशंसा की थी
(*b*) कनटिकान	II. प्रमुख मुंशी
(*c*) पोलशेलई	III. अधिकारी जो मोती मत्स्य पालन का निरीक्षण करता था
(*d*) ओवेयर	IV. पांड्य शासक मुदुकुदुमी की पदवी

नीचे दिए गए विकल्पों में से **सही** उत्तर का चयन कीजिए।

	(*a*)	(*b*)	(*c*)	(*d*)
A.	III	II	IV	I
B.	II	III	I	IV
C.	I	II	III	IV
D.	II	I	III	IV

48. भारत में रेलवे के बारे में निम्नलिखित कथनों पर विचार कीजिए और सही कथनों का चयन कीजिए:

(*a*) भारत में रेलवे का अग्रणी रॉलैंड मैक्डोनाल्ड स्टीफेंसन था जिसने इंग्लैंड में कम्पनी बनायी थी।

(*b*) 1841 में अंग्रेज सिविल अभियंता जोसेफ लॉक ने कलकत्ता से दिल्ली तक रेलवे की संभावनाओं पर चर्चा की थी।

(*c*) स्टीफेंसन ने कलकत्ता से मिर्जापुर, बनारस, इलाहाबाद तथा उससे आगे रेलवे लाइन की बात सोची थी।

(*d*) 1853 में बम्बई से ठाणे तक आरम्भ हुई रेलवे लाइन एशिया में शुरू होने वाली पहली रेलवे थी।

(*e*) डलहौजी ने 20 अप्रैल, 1853 को अपना विस्तृत रेलवे सारांश जारी किया था जिसमें रेलवे के सैन्य और वाणिज्यिक लाभों का वर्णन किया गया था।

नीचे दिए गए विकल्पों में से **सही** उत्तर का चयन कीजिए।

A. केवल (*a*), (*c*), (*d*), (*e*)
B. केवल (*a*), (*b*), (*c*), (*e*)
C. केवल (*b*), (*d*), (*e*)
D. (*a*), (*b*), (*c*), (*d*), (*e*)

49. ईसा काल के आरंभ में स्वात घाटी में स्तूपों का निर्माण अधिकांशतः किस पत्थर से किया गया है?

A. लाल पत्थर B. बलुआ पत्थर
C. गचकारी D. स्तरित चट्टान (शिस्ट)

50. सूची-I के साथ सूची-II का मिलान कीजिए।

सूची-I	सूची-II
(*a*) वेलालर	I. मुखिया
(*b*) अरशर	II. व्यापारी
(*c*) वैशियार	III. कृषक
(*d*) वेलिर	IV. राजा

नीचे दिए गए विकल्पों में से **सही** उत्तर का चयन कीजिए।

	(*a*)	(*b*)	(*c*)	(*d*)
A.	III	I	II	IV
B.	III	IV	II	I
C.	I	II	III	IV
D.	I	IV	III	II

51. तत्वार्थ राजावर्तिका के लेखक ______ थे।

A. माधव B. विद्यानंद अकलंका
C. हरिभद्र D. महाबोधि विराधर

52. कौन-से जैन तीर्थकर जैन धर्म में कृष्ण से संबंधित हैं?

A. ऋषभ B. नेमिनाथ
C. पार्श्वनाथ D. महावीर

53. नीचे दिए गए विकल्पों में से दो सही मिलान चुनें:

(*a*) मुहता नैण्सी री ख्यात – राजस्थान
(*b*) अमीर खुसरो – नुह सीपीहर
(*c*) राजतरंगिणी – मालवा
(*d*) मलिक मुहम्मद जायसी – चन्दायन
(*e*) मुल्ला दाऊद – पद्मावत

नीचे दिए गए विकल्पों में से **सही** उत्तर का चयन कीजिए।

A. केवल (*d*), (*e*) B. केवल (*a*), (*b*)
C. केवल (*c*), (*d*) D. केवल (*b*), (*e*)

54. ब्रिटिश काल के दौरान भू-राजस्व बंदोबस्त के बारे में निम्नलिखित कथनों पर विचार कीजिए और सही कथनों का चुनाव करें:

(*a*) मुहम्मद रजा खान कंपनी के नायब दीवान की तरह काम कर रहे थे।

(*b*) 'फार्मिंग सिस्टम' प्रणाली के रूप में एक नई प्रणाली 1765 में आरम्भ की गई थी।

(*c*) स्थायी बंदोबस्त में भूमि के स्वामित्व के अधिकार जमींदारों में निहित हो गए।

(*d*) चार्ल्स मेटकाफ द्वारा 1792 में बड़ा महल में रैय्यतवारी प्रणाली आरम्भ की गई।

(*e*) आर.एम. बर्ड ने सम्पूर्ण महल या राजकोषीय यूनिट के राजस्व का आकलन करने के लिए विस्तृत सर्वेक्षण उपलब्ध कराया।

नीचे दिए गए विकल्पों में से **सही** उत्तर का चयन कीजिए।

A. (*a*), (*b*), (*c*), (*d*), (*e*)
B. केवल (*a*), (*c*), (*e*)
C. केवल (*a*), (*b*), (*c*)
D. केवल (*a*), (*b*), (*c*), (*d*)

55. किस वर्ष में बंकिम चन्द्र चटर्जी का प्रसिद्ध उपन्यास आनंद मठ प्रकाशित हुआ था?

A. 1880 B. 1881
C. 1882 D. 1883

56. वायसराय की कार्यकारी परिषद में किसी भारतीय को प्रथम बार विधि सदस्य बनाए जाने हेतु निम्नलिखित में से किस अधिनियम को माध्यम बनाया गया था?

A. मार्ले-मिंटो रिफॉर्म – 1909
B. मॉन्टेग्यु-चेम्सफोर्ड रिफॉर्म – 1919
C. भारत सरकार अधिनियम – 1935
D. 1872 का अधिनियम

57. निम्नलिखित घटनाओं को कालानुक्रमिक रूप से व्यवस्थित कीजिए:

(*a*) लोकोपकार
(*b*) उदियादित्य अलंकार
(*c*) मल्लिनाथ पुराण
(*d*) त्रिशास्ति लक्षण महापुराण
(*e*) मदन विजय

नीचे दिए गए विकल्पों में से **सही** उत्तर का चयन कीजिए।

A. (*a*), (*b*), (*c*), (*d*) (*e*)
B. (*d*), (*a*), (*c*), (*b*) (*e*)
C. (*d*), (*b*), (*c*), (*a*) (*e*)
D. (*a*), (*c*), (*b*), (*d*) (*e*)

58. निम्नलिखित में से कौन-से स्थान प्राचीन दक्कन से संबंधित है:

(*a*) पेडाबंकुर (*b*) कोटा लिंगला
(*c*) झूसी (*d*) पोलाकोंडा
(*e*) कदंबपुर

नीचे दिए गए विकल्पों में से **सही** उत्तर का चयन कीजिए।

A. केवल (*a*), (*b*), (*c*), (*d*)
B. केवल (*a*), (*c*), (*d*), (*e*)
C. केवल (*a*), (*b*), (*d*), (*e*)
D. केवल (*b*), (*c*), (*d*)

59. निम्नलिखित राजाओं को कालानुक्रमिक रूप में व्यवस्थित कीजिए:

(*a*) सेंगुत्तवन (*b*) उदियांजेराल
(*c*) नेंदुंसेलियन (*d*) करिकाल
(*e*) सेंगनन

नीचे दिए गए विकल्पों में से **सही** उत्तर का चयन कीजिए।

A. (*a*), (*b*), (*c*), (*d*), (*e*)
B. (*b*), (*a*), (*d*), (*c*), (*e*)
C. (*d*), (*c*), (*a*), (*b*), (*e*)
D. (*c*), (*a*), (*b*), (*d*), (*e*)

60. संविधान के उद्देश्य संकल्प का प्रारूप किसने तैयार किया था जिसमें संविधान के दर्शन और मूल विशेषताओं का उल्लेख था?

A. जवाहर लाल नहेरू B. सच्चिदानंद सिन्हा
C. बी.आर. अम्बेडकर D. के.एम. मुंशी

61. निम्नलिखित पर विचार कीजिए और उन्हें सबसे पहले से बाद के क्रम में कालक्रमानुसार व्यवस्थित कीजिए:

(*a*) बिहार साइंटिफिक सोसाइटी की स्थापना

(*b*) बनारस डिबेटिंग क्लब की स्थापना

(*c*) सोसाइटी फॉर ट्रांसलेटिंग यूरोपियन साइंसेस की स्थापना

(*d*) अलीगढ़ साइंटिफिक सोसाइटी की स्थापना

(*e*) सोसाइटी फॉर दि एक्विजिशन ऑफ जनरल नॉलेज की स्थापना

नीचे दिए गए विकल्पों में से **सही** उत्तर का चयन कीजिए।

A. (*a*), (*b*), (*c*), (*d*), (*e*)
B. (*c*), (*b*), (*e*), (*d*), (*a*)
C. (*c*), (*e*), (*b*), (*d*), (*a*)
D. (*e*), (*d*), (*c*), (*b*), (*a*)

62. सूची-I के साथ सूची-II का मिलान कीजिए।

सूची-I (विचारक)	**सूची-II (इतिहास लेखन की संकल्पना)**
(*a*) एंटोनियो ग्राम्शी	I. एनाल्स स्कूल
(*b*) डेरीडा	II. डायलेक्टिकल मैटेरियलिज्म
(*c*) मार्क ब्लॉक	III. कॉन्सेप्ट ऑफ हेजीमोनी
(*d*) कार्ल मार्क्स	IV. डिकंस्ट्रक्शन एंड डिफरेंस

नीचे दिए गए विकल्पों में से **सही** उत्तर का चयन कीजिए।

	(*a*)	(*b*)	(*c*)	(*d*)
A.	I	III	IV	II
B.	III	I	IV	II
C.	II	I	III	IV
D.	III	IV	I	II

63. सूची-I के साथ सूची-II का मिलान कीजिए।

सूची-I	**सूची-II**
(*a*) इब्नबतूता	I. तारीख-ए-फिरोजशाही
(*b*) अब्दुल मलिक इसामी	II. फुतुह-उस-सलातीन
(*c*) जियाउद्दीन बरनी	III. तजकिरा-अल-मुलूक
(*d*) रफीउद्दीन शिराजी	IV. रिहला

नीचे दिए गए विकल्पों में से **सही** उत्तर का चयन कीजिए।

	(*a*)	(*b*)	(*c*)	(*d*)
A.	I	II	III	IV
B.	IV	II	I	III
C.	II	I	III	IV
D.	II	III	IV	I

64. निम्नलिखित में किसको नालंदा और विक्रमशिला विश्वविद्यालयों को बेहताशा विनाश करने वाला कहा जाता है?

A. कबाचा B. यल्दूज
C. बख्तियार खिलजी D. इल्तुतमिश

65. सूची-I के साथ सूची-II का मिलान कीजिए।

सूची-I (संगठन की घटनाएं)	**सूची-II (वर्ष)**
(*a*) पंजाब हिन्दू महासभा की स्थापना	I. 1916
(*b*) अखिल भारतीय हिन्दू महासभा का प्रथम सत्र	II. 1919
(*c*) अहमदाबाद में साबरमती आश्रम की स्थापना	III. 1909
(*d*) सत्याग्रह सभा की स्थापना	IV. 1915

नीचे दिए गए विकल्पों में से **सही** उत्तर का चयन कीजिए।

	(*a*)	(*b*)	(*c*)	(*d*)
A.	I	II	III	IV
B.	III	IV	I	II
C.	III	I	IV	II
D.	II	III	I	IV

66. नीचे दी गई सूची से दो सही युग्मों का चयन करें:

(*a*) राठौड़ – जोधपुर

(*b*) सिसौदिया – उदयपुर

(*c*) कराना तुर्क – जौनपुर

(*d*) मलिक काफूर – अवध

(*e*) करणी माता मंदिर – जयपुर

नीचे दिए गए विकल्पों में से **सही** उत्तर का चयन कीजिए।

A. केवल (*a*), (*e*) B. केवल (*c*), (*d*)
C. केवल (*a*), (*b*) D. केवल (*d*), (*c*)

67. निम्नलिखित भारतीय इतिहास लेखन की परम्पराओं को प्राचीनतम से नवीनतम के क्रम में सजाएँ:

(*a*) मार्क्सवादी भारतीय इतिहास लेखन
(*b*) भारतीय राष्ट्रवादी इतिहास लेखन
(*c*) सबाल्टर्न (उपाश्रयी) अध्ययन
(*d*) प्राच्यवादी इतिहास लेखन
(*e*) ब्रिटिश साम्राज्यवादी इतिहास लेखन

नीचे दिए गए विकल्पों में से **सही** उत्तर का चयन कीजिए।

A. (*a*), (*b*), (*c*), (*d*), (*e*)
B. (*a*), (*c*), (*e*), (*b*), (*d*)
C. (*d*), (*e*), (*b*), (*a*), (*c*)
D. (*d*), (*c*), (*a*), (*e*), (*b*)

68. निम्नलिखित में से किसका निर्माण दिल्ली सल्तनत काल में नहीं हुआ था?

(*a*) जमातखाना मस्जिद
(*b*) दौलताबाद किला
(*c*) कुव्वत-उल-इस्लाम मस्जिद
(*d*) बीबी का मकबरा, औरंगाबाद
(*e*) सफदरजंग मकबरा, दिल्ली

नीचे दिए गए विकल्पों में से **सही** उत्तर का चयन कीजिए।

A. केवल (*a*), (*b*) B. केवल (*d*), (*e*)
C. केवल (*a*), (*c*) D. केवल (*b*), (*d*)

69. बाल गंगाधर तिलक के निम्नलिखित कार्यकलापों विचार कीजिए और उन्हें पुरातन से आरंभ कालक्रमानुसार व्यवस्थित कीजिए:

(*a*) पारंपरिक गणपति उत्सव शुरू किया।
(*b*) 'केशरी' का संपादन शुरू किया।
(*c*) सरकार से माफी मांगना से अस्वीकार किया तथा उन्हें 18 महीने का सश्रम कारावास दिया गया।
(*d*) ''शिवाजी उत्सव'' का आयोजन आरंभ किया।

नीचे दिए गए विकल्पों में से **सही** उत्तर का चयन कीजिए।

A. (*a*), (*b*), (*c*), (*d*) B. (*b*), (*a*), (*c*), (*d*)
C. (*b*), (*a*), (*d*), (*c*) D. (*d*), (*c*), (*b*), (*a*)

70. वर्ष 1857 के पूर्व ब्रिटिश काल के दौरान विद्रोहों पर विचार करें और उन्हें प्राचीनतम से प्रारम्भकर क्रमवार सजाएँ:

(*a*) बंगाल तथा बिहार के संथालों का विद्रोह
(*b*) बंगाल का संन्यासी विद्रोह
(*c*) कोल्हापुर विद्रोह
(*d*) वेल्लौर में सिपाही विद्रोह
(*e*) विशाखापत्तनम विद्रोह

नीचे दिए गए विकल्पों में से **सही** उत्तर का चयन कीजिए।

A. (*a*), (*b*), (*c*), (*d*), (*e*)
B. (*d*), (*e*), (*b*), (*c*), (*a*)
C. (*b*), (*d*), (*e*), (*c*), (*a*)
D. (*c*), (*b*), (*d*), (*e*), (*a*)

71. निम्नलिखित संस्कारों में से कौन-से संस्कार जन्म से पूर्व किए जाते थे?

(*a*) जातकर्म (*b*) सीमान्तोन्नयन
(*c*) चूड़ाकर्म (*d*) गर्भधारण
(*e*) पुंसवन

नीचे दिए गए विकल्पों में से **सही** उत्तर का चयन कीजिए।

A. केवल (*a*), (*b*) और (*d*)
B. केवल (*b*), (*d*) और (*e*)
C. केवल (*b*), (*c*) और (*e*)
D. केवल (*c*), (*d*) और (*e*)

72. निम्नलिखित में से कौन-से कथन प्राचीन भारत के 'गणों' या 'संघों' के बारे में सही हैं?

(*a*) उनका कोई वंशानुगत राजा नहीं था।
(*b*) वे तथ्यतः आधुनिक लोकतंत्रों के समान थे।
(*c*) एक स्थायी सेना उनकी सबसे बड़ी परिसम्पत्ति थी।

(*d*) बौद्ध मठ-विषयक संगठन की प्रक्रिया ने गणों की आत्मसात कर लिया था।

(*e*) लिच्छवी में 7,707 राजा थे।

नीचे दिए गए विकल्पों में से **सही** उत्तर का चयन कीजिए।

A. केवल (*a*), (*d*) और (*e*)

B. केवल (*a*), (*b*) और (*c*)

C. केवल (*b*), (*c*) और (*e*)

D. केवल (*c*) और (*e*)

73. कलिंग में चोल के आक्रमण का मुख्य कारण ______ था।

A. पश्चिमी चालुक्यों के साथ संघर्ष

B. मसूनी देश से चुनौती

C. तोंडाबूत्ती राजा से संघर्ष

D. मालदीव पर विजय प्राप्त करने की चोल की महत्वाकांक्षा

74. इंडियन ऑफीशियल सीक्रेट्स एक्ट कब पारित किया गया था जिसके द्वारा प्रेस की स्वतंत्रता को सीमित कर दिया गया था?

A. 1898 B. 1904

C. 1912 D. 1915

75. निम्नलिखित घटनाओं को कालानुक्रमिक रूप में व्यवस्थित कीजिए:

(*a*) प्रतिहार नागभट्ट II का शासन

(*b*) राष्ट्रकूट द्वारा बादामी चालुक्य की पराजय

(*c*) महिपाल I का शासन

(*d*) सुरपाल का शासन

(*e*) सेनों द्वारा पाल शासन का अंत

नीचे दिए गए विकल्पों में से **सही** उत्तर का चयन कीजिए।

A. (*a*), (*b*), (*c*), (*d*), (*e*)

B. (*a*), (*c*), (*b*), (*d*), (*e*)

C. (*b*), (*a*), (*c*), (*d*), (*e*)

D. (*b*), (*a*), (*d*), (*c*), (*e*)

76. पूरन चंद, एक हिंदू, निम्नलिखित में से किस शासक के अधीन दीवान था?

A. सादुतुल्लाह खान B. मुर्शिद कुली खान

C. निजाम-उल-मुल्क D. अलीवर्दी खान

77. निम्नलिखित में से कौन-सी इमारत/स्थान जहाँगीर से संबंधित नहीं है?

A. काला बुर्ज, लाहौर

B. एत्माउद्दौला का मकबरा

C. निशात बाग

D. हुमायूँ का मकबरा

78. निम्नलिखित में से कौन कलकत्ता विश्वविद्यालय के पहले दो स्नातकों में से एक थे?

A. बंकिम चन्द्र चटर्जी

B. देवेन्द्र नाथ टैगोर

C. सुरेन्द्र नाथ बनर्जी

D. कादम्बिनी गांगुली

79. सूची-I के साथ सूची-II का मिलान कीजिए।

सूची-I	सूची-II
(*a*) अरघटा	I. युद्धाभ्यास
(*b*) तमंचा	II. सिंचाई
(*c*) परगना	III. प्रशासन
(*d*) इक अस्पा दुह अस्पा	IV. मनसबदारी

नीचे दिए गए विकल्पों में से **सही** उत्तर का चयन कीजिए।

	(*a*)	(*b*)	(*c*)	(*d*)
A.	I	II	III	IV
B.	II	I	III	IV
C.	II	IV	III	I
D.	II	III	IV	I

80. भारत में अकाल के संबंध में निम्नलिखित कथनों पर विचार कीजिए और सही कथनों का चयन कीजिए:

(*a*) 1860-61 में उत्तर-पश्चिमी प्रांत में भयंकर अकाल पड़ा जिसमें दिल्ली और आगरा बुरी तरह प्रभावित हुए।

(*b*) 1866-67 में उड़ीसा में भयंकर अकाल पड़ा और मुख्य प्रभावित क्षेत्र को ''सी ऑफ कैलामिटी'' के रूप में वर्णित किया गया।

(*c*) 1868-69 में राजपूताना में भयंकर अकाल पड़ा जिससे मारवाड़, बीकानेर, अजमेर के क्षेत्र बुरी तरह से प्रभावित हुए।

(*d*) 1866-67 में मद्रास प्रेसीडेंसी में अकाल पड़ा जो बेलारी, सेलम, कोयम्बटूर और दक्षिण अर्कोट् तक फैला।

(*e*) 1868-69 में पंजाब, बम्बई और सेन्ट्रल प्रॉविन्स के क्षेत्रों में भी अकाल जैसी स्थिति उत्पन्न हुई।

नीचे दिए गए विकल्पों में से **सही** उत्तर का चयन कीजिए।

A. केवल (*a*), (*c*), (*d*), (*e*)
B. (*a*), (*b*), (*c*), (*d*), (*e*)
C. केवल (*b*), (*c*), (*e*)
D. केवल (*b*), (*c*), (*d*), (*e*)

81. निम्न विवरणों में से सही शासक-भवन युग्मों का चयन कीजिए:

(*a*) इल्तुतमिश – कुतुबमीनार
(*b*) अकबर – हुमायुँ का मकबरा
(*c*) अकबर – जामा मस्जिद, दिल्ली
(*d*) अलाउद्दीन खिलजी – अदीलाबाद का किला
(*e*) बलबन – दौलताबाद का किला

नीचे दिए गए विकल्पों में से **सही** उत्तर का चयन कीजिए।

A. (*c*), (*d*) B. (*e*), (*a*)
C. (*b*), (*d*) D. (*a*), (*b*)

82. अजंता कलाचित्र में बुद्ध की माता को किस रूप में चित्रित किया गया है:

A. एथेनियई मेट्रॉन B. अपोलो
C. यक्षी D. यमी

83. निम्नलिखित में से किस शासक ने दिल्ली सल्तनत में सन् 1296-1316 के बीच शासन किया था?

A. अलाउद्दीन खिलजी
B. बलबन
C. इल्तुतमिश
D. मुहम्मद बिन तुगलक

84. इतिहास तथा विज्ञान में मौलिक भेद को रेखांकित करने के लिए निम्नलिखित में से किन बिंदुओं को पारम्परिक रूप से प्रयोग किया गया?

(*a*) इतिहास अनन्य रूप से अनूठे, जबकि विज्ञान सामान्य परिघटनाओं का अध्ययन करता है।
(*b*) विज्ञान से इतर इतिहास में धर्म तथा नैतिकता शामिल होते हैं।
(*c*) इतिहास केवल दार्शनिक विषयों से संबंधित है।
(*d*) इतिहास भविष्यवाणी करने में अक्षम है।
(*e*) इतिहास सबकों की शृंखला है।

नीचे दिए गए विकल्पों में से **सही** उत्तर का चयन कीजिए।

A. केवल (*a*), (*c*), (*e*)
B. केवल (*b*), (*c*), (*e*)
C. केवल (*d*), (*c*), (*e*)
D. केवल (*a*), (*b*), (*d*)

85. निम्नलिखित में से किस पुराण में कुल 460 वर्षों के कालक्रमिक अवधि के साथ 30 सातवाहन शासकों की सूची दी गई है?

A. मत्स्य पुराण B. वायु पुराण
C. स्कंद पुराण D. विष्णु पुराण

86. कर्परुरमंजरी नामक ग्रंथ किसने लिखा था?

A. हेमचंद्र B. कृष्ण मिश्र
C. वाग्भट D. राजशेखर

87. निम्नलिखित में से कौन प्राचीन नवप्रस्तर स्थल है?

A. खोल्वी B. मसौलीपट्टनम
C. मेहरगढ़ D. कालिबंगा

88. भारतीय राष्ट्रीय कांग्रेस से संबंधित निम्नलिखित कथनों पर विचार कीजिए और सही उत्तर का चयन कीजिए:

(*a*) वर्ष 1884 में ए.ओ ह्यूम ने भारतीय राष्ट्रीय कांग्रेस की स्थापना की
(*b*) कांग्रेस के द्वितीय अधिवेशन में जनता में बढ़ती गरीबी की ओर ध्यानाकर्षण किया गया।
(*c*) कांग्रेस के तृतीय अधिवेशन में दृढ़ता से घोषित ध्येये था – सुधार, क्रांति नहीं।

(*d*) कांग्रेस ने 1888 में विलियम डिग्बी के अंतर्गत लंदन में एक भुगतान एजेंसी की स्थापना की।

(*e*) ह्यूम ने भारत में किसान क्रांति का पुर्वानुमान करते हुए कांग्रेस के नेताओं को एक गोपनीय परिपत्र जारी किया।

नीचे दिए गए विकल्पों में से **सही** उत्तर का चयन कीजिए।

A. केवल (*a*), (*b*), (*c*), (*d*)
B. केवल (*b*), (*c*), (*d*)
C. केवल (*c*), (*d*), (*e*)
D. केवल (*a*), (*b*), (*d*), (*e*)

89. चोल राजा राजेन्द्र-I ने निम्नलिखित में से किस क्षेत्र को जीता था?

(*a*) पन्नइ
(*b*) मलाइयुर
(*c*) गोपकापट्टनम
(*d*) वलाई पन्नडुरू
(*e*) मडामलिंगम

नीचे दिए गए विकल्पों में से **सही** उत्तर का चयन कीजिए।

A. केवल (*a*), (*b*), (*c*), (*d*)
B. केवल (*b*), (*c*), (*d*), (*e*)
C. केवल (*a*), (*b*), (*d*), (*e*)
D. केवल (*c*), (*d*), (*e*)

90. निम्नलिखित में से कौन दिल्ली सल्तनत के सुल्तान के विशेषाधिकार में सम्मलित नहीं था?

A. अपने नाम से सिक्कों का चलन
B. खुतबा पढ़ना
C. हाथी पर सवार होना
D. मस्जिद का निर्माण

निर्देशः (प्र. सं. 91 से 95 तक)ः निम्नलिखित अनुच्छेद को पढ़िए और प्रश्नों के उत्तर दीजिएः

हड़प्पा की संगठित छावनी सुमेर के पुरोहितों द्वारा नियंत्रित उद्योगों का संकेत देती है। यह मोहनजोदड़ों के लिए पुरोहित-राजा का प्रस्ताव करने के लिए भी उचित हो सकता है। लेकिन ये बिन्दु, वास्तविक या काल्पनिक, ज्यो की त्यों, स्थानीय अदला-बदली की अपेक्षा सामाजिक स्थिति के अन्तर्निहित संबंध के लिए अधिक उत्तरदायी हो सकते हैं। वे आम सामान्यीकरण हैं, जोकि समान ऐतिहासिक और भूगोलीय वातावरण में निषेचित आकस्मिक बीजों के उत्पाद हैं। दूसरी ओर ये विशेषताएं अत्यधिक प्रचुर और महत्वपूर्ण स्थानीय परिवर्तन को दर्शाती हैं। ऐसी मूर्तिकला, जैसी सिंधु सभ्यता ने प्रस्तुत की है, उसका सुमेर की मूर्तिकला के साथ वास्तव में घनिष्ठ संबंध नहीं है। कोई भी मोहनजोदड़ों की पत्थर की नक्काशी को टेल अस्मार या मारी की मूर्ति समझने की गलती नहीं करेगा। सिंधु सभ्यता के पक्की मिट्टी के बर्तन मेसोपोटेमिया के मिट्टी के बर्तनों से बिल्कुल अलग हैं। हड़प्पा की मोहरों की सम्पूर्ण उत्कीर्णन की कला का इतिहास में कोई प्रतिरूप नहीं है।

91. किस इतिहासकार ने तर्क दिया कि मेसोपोटेमिया के साथ लाजवर्द मणि के व्यापार में गिरावट हड़प्पा सभ्यता के पतन का एक कारण था?

A. एम.आर. साहनी
B. शीरीन रत्नागर
C. एच.टी. लैम्बरिक
D. एम.आर. मुगल

92. मोहनजोदड़ों की किस खोज की तुलना मेसोपोटेमिया के टेल अस्मार की खोजों से की जा सकती है?

A. खोखली चिड़िया के रूप में सीटियाँ
B. पर्णाकार छुरियाँ
C. बर्तनों की घुण्डियों के चारों तरफ अलंकरण वाले बर्तन
D. जैस्पर और गोमेद के अनगढ़ माइक्रोलिथ

93. निम्नलिखित हड़प्पा स्थलों में से किस स्थल में टेराकोटा मॉडल का हल मिला है?

A. सोरटुघई
B. कोट दिजी
C. बनावली
D. लोथल

94. किस विद्वान ने सबसे पहले यह सुझाव दिया कि हड़प्पा सभ्यता में निरंकुश पुरोहित राजा शासन करते थे?

A. स्टुअर्ट पिगट
B. एस.सी. मलिक
C. जिम शेफर
D. एल्मन आर सर्विस

95. हाल में की गई खोजों के आलोक में हड़प्पा सभ्यता से मेसोपोटेमिया के संबंधों के संदर्भ में क्या अनुमान लगाया जा सकता है?

A. लिपि कीलाकार लिपि के समान है।

B. मोहरें और उनके प्रतीक चिह्न सुमेरियाई हैं।

C. गुजरात और राजस्थान के छोटे स्थल मेसोपोटामियाई विशेषताएं दर्शाते हैं।

D. हड़प्पा सभ्यता को पूर्णतया मेसोपोटेमियाई दृष्टिकोण से नहीं देखा जा सकता है।

निर्देशः (प्र. सं. 96 से 100 तक): निम्नलिखित अनुच्छेद को पढ़िए और प्रश्नों के उत्तर दीजिए:

फाह्यान के विवरण/वृतांत में वैश्य परिवार के मुखियाओं/प्रमुखों द्वारा स्थापित दातव्य (चैरिटी) अस्पतालों में विभिन्न वर्ग के उन गरीब और अशक्त व्यक्ति-स्मूहों की सूची मिलती है जिनका इन अस्पतालों में इलाज के लिए परीक्षण किया गया और औषधियां प्रदान की गई थीं। अस्पताल में ही रोगियों के लिए निवास और औषधियां उपलब्ध थे। इस विवरण से आयुर्वेदिक अस्पतालों के भौतिक अस्तित्व की पुष्टि हो जाती है जिसके आदर्श स्वरूप का विवरण चरक ने अपने ग्रंथ में किया था। सम्राट अशोक के राजादेश में उन औषधीय जड़ी-बुटियों के रोपण के बारे में सूचनाएं मिलती हैं जो मानव और पशुओं के लिए उपयुक्त हैं और संस्कृत तथा पाली साहित्य में अनेक अनुच्छेद/गद्यांश मिलते हैं जो 'अरोग्यशाला' (स्वास्थ्यशाला/आयुर्विज्ञान संस्थानों) की स्थापना की विशेषताओं के बारे में चर्चा करते हैं।

अतः इस संदर्भ में अस्पताल के बारे में चरक का विवरण ऐतिहासिक रूप से अतर्कसंगत नहीं जान पड़ता है। वास्तव में, वे इस भारतीय दावे के प्रति दृढ़ विश्वसनीयता पैदा करते हैं। कि सर्वप्रथम दक्षिण एशिया में सांस्थानिक स्वास्थ्य देखभाल भारत में ही विकसित हुयी।

96. दिए गए गद्यांश में, फाह्यान ने जिस नगर के बारे में बताया है, उसकी पहचान कीजिए।

A. पैठन B. पाटलिपुत्र

C. वैशाली D. काशी

97. चरक और सुश्रुत के साथ आयुर्वेद के 'वृहतत्रयी' (बड़े तीन) में किसको माना जाता है?

A. ब्रह्मगुप्त B. धनवंतरी

C. वाग्भट् D. भाष्कर

98. निम्नलिखित में कौन-सा आयुष मंत्रालय में समाहित नहीं है?

A. आयुर्वेद B. एलोपैथी

C. सिद्ध D. होम्योपैथी

99. सम्राट अशोक के किस शिलालेख में चिकित्सीय उपचार, लाभकारी औषधीय जड़ी बूटियों और फलों के रोपण का राजा द्वारा प्रदत्त कराने के संदर्भ मिलता है?

A. प्रमुख शिलालेख-2

B. शिलालेख-3

C. शिलालेख-6

D. उपर्युक्त में कोई नहीं

100. भारतीय इतिहास में सिविल अस्पताल के आदर्श स्वरूप का प्राचीनतम संदर्भ किसमें मिलता है?

A. अष्टांगहृदयसंहिता

B. फाह्यान का वृतांत

C. सुश्रुत संहिता

D. चरक संहिता

व्याख्यात्मक उत्तर

1. (D):

(*a*) अशोक के अभिलेखों में 'धम्म' का उल्लेख है : अशोक के शिलालेखों और स्तंभ लेखों में 'धम्म' नीति का विस्तार से उल्लेख मिलता है। इनमें लोक कल्याणकारी नीतियों, धार्मिक सहिष्णुता, अहिंसा, जीवों के प्रति करुणा, प्रजा के कल्याण और नैतिक मूल्यों की बात कही गई है।

(*c*) सदाचरण और सामाजिक उत्तरदायित्व 'धम्म' के भाग थे : अशोक के धम्म में नैतिक आचरण और सामाजिक जिम्मेदारी पर जोर दिया गया। इसमें माता-पिता की सेवा, गुरुजनों का सम्मान, अधीनस्थों के प्रति दयालुता, गरीबों और निर्बलों की सहायता, तथा सभी के प्रति समान व्यवहार की बात की गई थी।

(*d*) अशोक के 'धम्म' का एक महत्वपूर्ण पहलू आपस में सम्मान और सौहार्द था : अशोक ने विभिन्न धार्मिक समुदायों के प्रति सहिष्णुता और आपसी सौहार्द को बढ़ावा देने की नीति अपनाई। उन्होंने यह सुनिश्चित करने के लिए धम्म महामात्रों की नियुक्ति की कि सभी धर्मों के लोग एक-दूसरे के प्रति सम्मानपूर्वक व्यवहार करें।

(*e*) अशोक ने स्वयं को 'धम्म' के शिक्षक के रूप में घोषित किया : अशोक ने अपने अभिलेखों में स्वयं को 'धम्म का प्रचारक' बताया और कहा कि वह केवल अपने परिवार और साम्राज्य तक सीमित नहीं हैं, बल्कि पूरे विश्व में धम्म के संदेश को फैलाना चाहते हैं।

2. (D): चांद बीबी (गलत) : चांद बीबी अहमदनगर और बीजापुर की संरक्षिका थीं, लेकिन वे मुगल शाही परिवार की सदस्य नहीं थीं।

लल्ला और अंदाल (गलत) : ये नाम किसी प्रसिद्ध मुगल शाही परिवार के सदस्यों से संबंधित नहीं हैं।

सही शाही परिवार के सदस्य :

(*a*) **अलनका और जेबुन्निसा** : जेबुन्निसा औरंगजेब की बेटी थीं। अलनका एक प्रसिद्ध मुगल कुलीन महिला थीं।

(*b*) **गुलबदन बेगम और माहम अनगा** : गुलबदन बेगम बाबर की बेटी और अकबर की बुआ थीं। माहम अनगा अकबर की पालक माता थीं।

(*e*) **जहांआरा और रोशनआरा** : जहांआरा बेगम और रोशनआरा बेगम शाहजहाँ की पुत्रियाँ थीं।

3. (C): कांची एक प्रमुख शहर था, जिसका अपना अंतर्देशीय पत्तन 'नृपेयुरु' था।

- कांची दक्षिण भारत का एक महत्वपूर्ण व्यापारिक और सांस्कृतिक केंद्र था, जो विशेष रूप से पल्लव, चोल और विजयनगर शासनों के दौरान प्रसिद्ध रहा।
- यह नगर व्यापार मार्गों से जुड़ा था और अंतर्देशीय जलमार्गों के माध्यम से विभिन्न व्यापारिक गतिविधियाँ यहाँ संचालित होती थीं।
- नृपेयुरु एक प्रमुख पत्तन था, जो व्यापारिक गतिविधियों के लिए जाना जाता था और जहाँ से समुद्री और नदी व्यापार संचालित होता था।

4. (D): खुदकाश्त मुगलों की मनसबदारी प्रथा से संबंधित नहीं था। मुगलों की मनसबदारी प्रथा में 'जब्त', 'एक अस्पाह दुह अस्पाह', और 'संख्यात्म पदवी' शामिल थे, लेकिन 'खुदकाश्त' नहीं था। खुदकाश्त एक कृषि व्यवस्था से संबंधित शब्द था, जिसका अर्थ था वह किसान जो अपनी भूमि पर स्वयं खेती करता था। मुगल प्रशासन में किसानों को मुख्य रूप से तीन श्रेणियों में बांटा गया था—खुदकाश्त (जो अपनी भूमि पर खेती करते थे), पाही (जो दूसरे गाँव से आकर खेती करते थे), और मोकासा (जो कर-मुक्त भूमि पर खेती करते थे)।

5. (A):

(*a*) एच.एच. डाडवेल - दि कैम्ब्रिज हिस्ट्री ऑफ इंडिया (IV) : एच.एच. डाडवेल एक प्रसिद्ध इतिहासकार थे जिन्होंने भारतीय इतिहास पर कार्य किया। उनकी पुस्तक 'The Cambridge History of India' ब्रिटिश शासनकाल में भारतीय इतिहास के विभिन्न पहलुओं को प्रस्तुत करती है। इसमें प्रशासन, सामाजिक-आर्थिक पहलू और ब्रिटिश भारत के विस्तार की विवेचना की गई है।

(*b*) बी.बी. मिश्र - दि एडमिनिस्ट्रेटिव हिस्ट्री ऑफ इंडिया (II) : बी.बी. मिश्र की पुस्तक 'The Administrative History of India' प्रशासनिक संरचना और शासन व्यवस्था का ऐतिहासिक अध्ययन प्रस्तुत करती है। इसमें भारत में विभिन्न शासनों द्वारा अपनाई गई प्रशासनिक नीतियों का विश्लेषण किया गया है।

(*c*) बी.सी. जोशी - रेबेलियन 1857 : ए सिम्पोजियम (I) : बी.सी. जोशी द्वारा लिखित 'Rebellion 1857: A Symposium' 1857 के विद्रोह पर केंद्रित पुस्तक है। इसमें विद्रोह के कारणों, इसके प्रभाव और इसमें भाग लेने वाले लोगों के योगदान पर चर्चा की गई है।

(*d*) बिपिन चंद्र - दि एपिक स्ट्रगल (III) : बिपिन चंद्र की पुस्तक 'The Epic Struggle' भारतीय स्वतंत्रता संग्राम के संघर्षों पर आधारित है। इसमें स्वतंत्रता संग्राम के महत्वपूर्ण घटनाक्रमों, नेताओं, विचारधाराओं और संघर्षों का ऐतिहासिक विश्लेषण किया गया है।

6. (*):

(*a*) मेरठ से सिपाहियों ने दिल्ली शहर में प्रवेश कर राजनीतिक एजेंट साइमन फ्रेजर को मार डाला। यह कथन गलत है। साइमन फ्रेजर नहीं, बल्कि ब्रिटिश रेजिडेंट साइमन मेटकाफ को मारने की घटनाएँ अन्य संदर्भों में मिलती हैं। मेरठ में 10 मई 1857 को विद्रोह शुरू हुआ, लेकिन दिल्ली में राजनीतिक एजेंट को मारने वाली घटना इस कथन में संदर्भित नाम के अनुसार नहीं मिलती।

(*b*) 19वीं नेटिव इन्फैंट्री, जिसने एनफील्ड राइफल का उपयोग करने से मना कर दिया था, वह बहरामपुर में स्थित थी। यह कथन सही है। 19वीं नेटिव इन्फैंट्री ने मार्च 1857 में बहरामपुर (बंगाल) में नए एनफील्ड राइफल कारतूसों के प्रयोग से इनकार कर दिया था। यह 1857 के विद्रोह की शुरुआती घटनाओं में से एक थी।

(*c*) खान बहादुर, जिसने बरेली में कमान संभाली, वह रोहिलखंड के पूर्व शासक का वंशज था। यह कथन सही है। खान बहादुर खान रोहिला, जो 1857 के विद्रोह के दौरान बरेली में नेतृत्व कर रहे थे, रोहिलखंड के शासक हाफिज रहमत खान के वंशज थे। उन्होंने विद्रोहियों का नेतृत्व किया और बाद में अंग्रेजों द्वारा पकड़कर फाँसी दे दी गई।

(*d*) बिरजिस कादिर को लखनऊ का नवाब घोषित किया गया था। यह कथन सही है। बिरजिस कादिर वाजिद अली शाह का पुत्र था और 1857 के विद्रोह के दौरान लखनऊ में विद्रोहियों ने उसे नवाब घोषित कर दिया था। लखनऊ के प्रमुख नेता बेगम हजरत महल ने बिरजिस कादिर की ओर से विद्रोह का नेतृत्व किया।

सही उत्तर (*b*), (*c*), (*d*) होना चाहिए, लेकिन यह किसी भी विकल्प में नहीं दिया गया है, इसलिए सही उत्तर 'NONE' होगा।

7. (B):

(*b*) उसने भारत में युद्ध के दौरान प्रथम बार बारूद का प्रयोग किया था। बाबर ने 1526 के पानीपत के प्रथम युद्ध में तोपखाने और बारूद का उपयोग किया था। यह भारत में पहली बार था जब युद्ध में तोपों और बंदूकों का संगठित रूप से इस्तेमाल हुआ, जिससे बाबर को निर्णायक जीत मिली।

(*d*) लोदी की सेना बड़ी किंतु युद्ध में प्रवीण नहीं थी। इब्राहिम लोदी की सेना संख्यात्मक रूप से बड़ी थी, लेकिन उसमें अनुशासन और सैन्य रणनीति की कमी थी। लोदी की सेना मुख्य रूप से पारंपरिक भारतीय युद्ध पद्धति का पालन कर रही थी, जबकि बाबर की सेना में घुड़सवार सेना, तोपखाने और तेजी से युद्ध करने की रणनीति थी।

(*e*) बाबर को दौलत खान लोदी का समर्थन प्राप्त था। दौलत खान लोदी, जो पंजाब के लोदी गवर्नर थे, बाबर को भारत बुलाने वालों में से एक थे। उन्होंने बाबर को लोदी साम्राज्य के विरुद्ध सहायता दी और इस समर्थन ने बाबर के अभियान को सफल बनाने में मदद की।

8. (C): बर्लिन क्रांति के माध्यम से इतिहास लेखन में मूल स्रोतों के आलोचनात्मक परीक्षण की विधि को बढ़ावा मिला। 19वीं सदी में जर्मन इतिहासकारों ने स्रोत-आधारित विश्लेषण (Source Criticism) की पद्धति विकसित की, जिससे इतिहास लेखन को वैज्ञानिक दृष्टिकोण मिला। इस पद्धति ने प्राथमिक स्रोतों (दस्तावेज, अभिलेख, प्रत्यक्ष प्रमाण) की जाँच और उनकी विश्वसनीयता को परखने की प्रक्रिया को जन्म दिया। इसने इतिहास लेखन को साहित्यिक कल्पनाओं से अलग कर वास्तविक तथ्यों पर आधारित बनाया।

9. (A):

(*e*) पेशवा बालाजी बाजी राव (नाना साहब) की मृत्यु - 1761 : बालाजी बाजी राव, जिन्हें नाना साहब भी कहा जाता है, पानीपत की तीसरी लड़ाई (1761) के बाद मानसिक रूप से टूट गए और उसी वर्ष उनकी मृत्यु हो गई।

(*b*) पेशवा माधव राव की मृत्यु - 1772 : माधव राव प्रथम ने मराठा साम्राज्य को पुनः संगठित किया, लेकिन 1772 में उनकी मृत्यु हो गई।

(*a*) महादजी सिंधिया की मृत्यु - 1794 : महादजी सिंधिया, जो एक प्रभावशाली मराठा सेनापति थे, 1794 में निधन हो गया।

(*d*) सवाई माधव राव की मृत्यु - 1796 : माधव राव द्वितीय (सवाई माधव राव) को 1796 में आत्महत्या के लिए मजबूर किया गया था।

(*c*) नाना फड़नवीस की मृत्यु - 1800 : नाना फड़नवीस, मराठा प्रशासन के प्रमुख राजनीतिज्ञ थे, जिनकी मृत्यु 1800 में हुई।

10. (B):

(*a*) पर्सी ब्राउन - इण्डियन आर्किटेक्चर इस्लामिक पीरियड (III) पर्सी ब्राउन ने भारतीय इस्लामी वास्तुकला के विकास पर विस्तृत अध्ययन किया था। उनकी पुस्तक 'Indian Architecture: Islamic Period' इस्लामी वास्तुकला की उत्पत्ति और उसके विकास को दर्शाती है।

(*b*) इरफान हबीब - एग्रेरियन सिस्टम ऑफ मुगल इंडिया (I) इरफान हबीब एक प्रसिद्ध इतिहासकार हैं, जिन्होंने मुगलकालीन कृषि व्यवस्था पर व्यापक अध्ययन किया है। उनकी पुस्तक 'Agrarian System of Mughal India' 16वीं-17वीं सदी की कृषि अर्थव्यवस्था का विश्लेषण करती है।

(*c*) के.आई. लियोनार्ड - द ग्रेट फर्म थियोरी ऑफ मुगल इम्पायर (II)

के.आई. लियोनार्ड ने मुगल साम्राज्य की व्यावसायिक और प्रशासनिक व्यवस्था का अध्ययन किया। उनकी पुस्तक 'The Great Firm Theory of Mughal Empire' व्यापारिक कंपनियों और आर्थिक प्रशासन पर केंद्रित है।

(*d*) के.आर. कानूनगो - हिस्ट्री ऑफ द जाट्स (IV)

के.आर. कानूनगो की पुस्तक 'History of the Jats' जाट समुदाय के इतिहास, उनकी उत्पत्ति और उनके सामाजिक-राजनीतिक विकास को दर्शाती है।

11. (A):

(*a*) चोल सम्राट राजराज-I का पूर्ववर्ती नाम - अरुमोली (II)

चोल सम्राट राजराज-I को उनके शुरुआती जीवन में अरुमोली वर्मन के नाम से जाना जाता था। उन्होंने चोल साम्राज्य के विस्तार और प्रशासनिक सुधारों में महत्वपूर्ण भूमिका निभाई।

(*b*) वेंगी का राजा जो राष्ट्रकूट सम्राट कृष्णा के अधीन था - दानारनवा (I)

वेंगी का राजा दानारनवा राष्ट्रकूट सम्राट कृष्णा द्वितीय के अधीन था। वेंगी चालुक्य वंश के शासकों और राष्ट्रकूटों के बीच संघर्ष का क्षेत्र बना रहा।

(*c*) पश्चिमी चालुक्य जनरल जिसने ईस्वी 1006 में वेंगी पर आक्रमण किया - बायलनंबी (IV)

पश्चिमी चालुक्य सेनापति बायलनंबी ने 1006 ईस्वी में वेंगी पर आक्रमण किया था। यह पश्चिमी चालुक्यों और चोलों के बीच संघर्ष के समय हुआ था।

(*d*) सिंहली राजकुमार जिन्होंने चोल सम्राट राजेन्द्र का विरोध किया - कस्सपा (III)

सिंहली राजकुमार कस्सपा ने चोल सम्राट राजेन्द्र चोल-I के विरुद्ध विद्रोह किया। चोलों ने लंका पर कई हमले किए और सिंहली राजाओं को पराजित किया।

12. (D):

(*a*) अलाउद्दीन खिलजी - बाजार सुधार (I)

अलाउद्दीन खिलजी ने बाजार नियंत्रण नीति लागू की थी, जिसके तहत खाद्य पदार्थों और अन्य आवश्यक वस्तुओं की कीमतें नियंत्रित की गईं। उन्होंने निरीक्षण अधिकारी (मुहतसिब) नियुक्त किए ताकि व्यापारी अधिक कीमत न वसूल सकें।

(*b*) मुहम्मद बिन तुगलक - राजधानी को दौलताबाद ले जाना (III)

मुहम्मद बिन तुगलक ने 1327 में दिल्ली से दौलताबाद (देवगिरि) राजधानी स्थानांतरित करने का निर्णय लिया। यह निर्णय प्रशासनिक और रणनीतिक कारणों से लिया गया था, लेकिन इसकी योजना और क्रियान्वयन में त्रुटियाँ थीं।

(*c*) इल्तुतमिश - बंदगानी-ए-चहलगनी (II)

इल्तुतमिश ने तुर्की कुलीनों (बंदगानों) का एक समूह 'चहलगनी' (चालीस अमीरों की परिषद) स्थापित किया। इसने दिल्ली सल्तनत की प्रशासनिक संरचना को संगठित किया।

(*d*) इब्राहीम लोदी - पानीपत का युद्ध (IV)

इब्राहीम लोदी 1526 के पानीपत के पहले युद्ध में बाबर से पराजित हुआ था। इस युद्ध में बाबर की तोपखाने और सैन्य रणनीति ने लोदी साम्राज्य को समाप्त कर दिया।

13. (B): महापाषाण भूनिवेशन (Megalithic Burials) मुख्य रूप से दफन स्थलों के रूप में जाने जाते हैं। इनका उपयोग मृतकों को दफनाने और उनकी याद में संरचनाएँ बनाने के लिए किया जाता था। यज्ञ की वेदी (Sacrificial Altar) धार्मिक अनुष्ठानों के लिए होती थी और इसका महापाषाण दफन संरचनाओं से संबंध नहीं था। महापाषाण संस्कृति दक्षिण भारत में व्यापक रूप से देखी जाती है, जहाँ पत्थरों के बड़े कक्ष बनाए जाते थे।

14. (*): नायक प्रणाली विजयनगर साम्राज्य की एक सैन्य और प्रशासनिक व्यवस्था थी। नायक विजयनगर सम्राटों द्वारा नियुक्त किए जाते थे और उन्हें विभिन्न क्षेत्रों का प्रशासन सौंपा जाता था।

- (A) गलत है क्योंकि नायकों की नियुक्ति राज्य द्वारा ही की जाती थी।
- (B) गलत है क्योंकि विजयनगर के सम्राट के पास नायकों को हटाने और बदलने की शक्ति थी।
- (C) गलत है क्योंकि नायक विजयनगर साम्राज्य से पहले एक प्रमुख शक्ति नहीं थे, बल्कि इस साम्राज्य की स्थापना के बाद प्रभावी हुए।
- (D) गलत है क्योंकि सभी नायक कला और मंदिरों के संरक्षक नहीं थे, यह कुछ ही नायकों पर लागू होता था।

कोई भी विकल्प पूरी तरह सही नहीं है, इसलिए सही उत्तर 'NONE' होगा।

15. (C):

(*a*) आत्मीय सभा - 1815: आत्मीय सभा की स्थापना राजा राममोहन राय ने 1815 में सामाजिक और धार्मिक सुधारों को बढ़ावा देने के लिए की थी।

(*b*) हिन्दू कॉलेज, कलकत्ता - 1817: हिन्दू कॉलेज (1817) की स्थापना बंगाल पुनर्जागरण के दौरान हुई थी। यह आधुनिक शिक्षा के प्रसार का एक महत्वपूर्ण केंद्र बना।

(*c*) सेरमपुर कॉलेज - 1818: सेरमपुर कॉलेज की स्थापना 1818 में बैपटिस्ट मिशनरियों द्वारा की गई थी। इसका उद्देश्य उच्च शिक्षा का प्रसार करना था।

(*d*) पूना संस्कृत कॉलेज (डेक्कन कॉलेज) - 1821: यह 1821 में पुणे में स्थापित हुआ था और बाद में इसे डेक्कन कॉलेज के रूप में पुनर्गठित किया गया। इस कॉलेज ने भारतीय भाषाओं और संस्कृत अध्ययन को बढ़ावा दिया।

(*e*) कलकत्ता मेडिकल कॉलेज - 1835: यह 1835 में लॉर्ड विलियम बेंटिक के शासनकाल में स्थापित हुआ और यह भारत का पहला आधुनिक मेडिकल कॉलेज था।

इसलिए सही क्रम (*a*), (*b*), (*c*), (*d*), (*e*) होगा।

16. (C): धर आयोग (Dhar Commission) 1948 में गठित किया गया था। इस आयोग ने भाषायी आधार पर राज्यों के पुनर्गठन का विरोध किया था क्योंकि इसे राष्ट्रीय एकता के लिए खतरा और प्रशासनिक दृष्टि से असुविधाजनक माना गया था। आयोग की सिफारिश थी कि राज्यों का निर्माण प्रशासनिक, आर्थिक और सामाजिक कारकों के आधार पर किया जाए, न कि केवल भाषा के आधार पर। हालांकि, बाद में फजल अली आयोग (1953) की सिफारिशों के आधार पर 1956 में राज्यों का भाषायी आधार पर पुनर्गठन किया गया।

17. (D): सर सत्येंद्र प्रसन्न सिन्हा (S.P. Sinha) वायसराय की कार्यकारी परिषद में विधि सदस्य के रूप में स्थान पाने वाले प्रथम भारतीय थे। 1909 में लॉर्ड मिंटो के कार्यकाल में उन्हें कार्यकारी परिषद में विधि सदस्य के रूप में नियुक्त किया गया था। यह भारतीयों को प्रशासन में उच्च पद देने की दिशा में पहला महत्वपूर्ण कदम था। बाद में, 1915 में, वे हाउस ऑफ लॉर्ड्स में प्रवेश पाने वाले पहले भारतीय बने।

18. (B):

(*b*) **गौड़ :** चंदेल और कालचुरी शासकों ने गौड़ क्षेत्र (बंगाल का उत्तरी भाग) पर विजय प्राप्त की थी।

(*c*) **राधा :** राधा (बंगाल का पश्चिमी भाग) भी चंदेलों और कालचुरियों के विजय अभियान में शामिल था।

(*d*) **अंग :** अंग (बिहार का पूर्वी भाग) पर भी इन शासकों ने नियंत्रण स्थापित किया था।

(*e*) **वंग :** वंग (दक्षिणी बंगाल) पर भी कालचुरी और चंदेल शासकों ने अपनी विजय प्राप्त की थी।

(*a*) **कर्नाटा** का उल्लेख नहीं मिलता, इसलिए यह सही उत्तर में शामिल नहीं है।

19. (D):

(*a*) बागोर - मध्य पाषाण कालीन (IV): राजस्थान में स्थित बागोर पुरास्थल मध्य पाषाणकाल (Mesolithic) से संबंधित है। यहाँ शिकार और पशुपालन के प्रमाण मिले हैं।

(*b*) बैराट - बौद्ध अवशेष (I): बैराट (राजस्थान) में बौद्ध अवशेष, स्तूप और अशोक के शिलालेख मिले हैं।

(*c*) अहार - ताम्र पाषाणीय (III): अहार (राजस्थान) ताम्रपाषाण काल (Chalcolithic) से संबंधित है। यहाँ ताम्र उपकरण और मिट्टी के बर्तन पाए गए हैं।

(*d*) कालिबंगा - परिपक्व हड़प्पा संबंधी (II): कालिबंगा (राजस्थान) सिंधु घाटी सभ्यता से संबंधित एक प्रमुख पुरास्थल है। यहाँ सिंचित कृषि, हड़प्पाई नगर योजना और अग्निकुंड के प्रमाण मिले हैं।

20. (B): गैर-राजतंत्रीय से नव-राजतंत्रीय समूह में सनकानीका के संक्रमण/परिवर्तन की प्रक्रिया चंद्रगुप्त-II (गुप्त वंश) के दौरान शुरू हुई। चंद्रगुप्त-II (विक्रमादित्य) ने शासन प्रणाली में परिवर्तन कर सामंतवादी व्यवस्था को संगठित किया। गुप्त प्रशासन में स्थानीय अधिकारी और सामंत महत्वपूर्ण भूमिका निभाने लगे, जिससे नव-राजतंत्रीय (Neo-Monarchical) शासन प्रणाली का उदय हुआ। गुप्त युग में सामंतवादी व्यवस्था को औपचारिक रूप दिया गया और भूमि अनुदान की परंपरा शुरू हुई। यह परिवर्तन स्थानीय स्वायत्तता को कम करने और केंद्रीकृत शासन को मजबूत करने की दिशा में महत्वपूर्ण था।

21. (C):

(*a*) पुलिस में निचले दर्जे के कर्मचारी - गेवाया (III): प्राचीन भारतीय प्रशासनिक व्यवस्था में 'गेवाया' पुलिस में निचले स्तर के कर्मचारियों को संदर्भित करता था।

(*b*) आपातकाल के दौरान कोषागार को भरने के लिए कठोर उपाय - प्राणक्रिया (IV): 'प्राणक्रिया' वह प्रक्रिया थी, जिसके तहत राज्य आर्थिक संकट के समय नागरिकों पर भारी कर लगाकर राजकोष भरने का कार्य करता था।

(*c*) मौर्य के अंतर्गत अधिकारियों को दौरे पर भेजने की प्रथा - अनुसमयान (II): 'अनुसमयान' मौर्यकालीन व्यवस्था थी, जिसमें प्रशासनिक अधिकारी निरीक्षण के लिए क्षेत्रों का दौरा करते थे।

(*d*) मनेमेदिश से संबंधित कुमार - साम्बा (I): 'साम्बा' कुमारों से संबंधित था, जो प्रशासन में उच्च पदों पर कार्यरत होते थे।

22. (B): भारतीय उच्च न्यायालय अधिनियम, 1861 (Indian High Courts Act, 1861) ब्रिटिश संसद द्वारा पारित किया गया था। इस अधिनियम के तहत 1862 में कलकत्ता, मद्रास और बंबई में उच्च न्यायालयों की स्थापना की गई। यह अधिनियम ब्रिटिश भारत में न्यायपालिका के आधुनिकीकरण की दिशा में एक महत्वपूर्ण कदम था।

23. (D): पाद टिप्पणियाँ (Footnotes) का उद्देश्य स्रोतों की वैधता सुनिश्चित करना और संदर्भ प्रदान करना होता है। यह लेखक के दृष्टिकोण या इतिहास लेखन की परंपरा (स्कूल) को स्पष्ट करने के लिए नहीं होती।

पाद टिप्पणियों का मुख्य कार्य :

(A) पाठ में दिए गए वाक्य के लिए सटीक संदर्भ देना।

(B) पाठ में न उल्लिखित या संक्षिप्त रूप में प्रस्तुत विषयों की व्याख्या करना।

(C) पाठक को स्रोतों के माध्यम से कथन की वैधता पर प्रश्न करने की शक्ति देना।

परंतु, यह लेखक के इतिहास लेखन के दृष्टिकोण या ऐतिहासिक परंपरा (स्कूल) की जानकारी देने के लिए प्रयुक्त नहीं होती।

24. (A):

(*a*) गुरु नानक - 1539 में मृत्यु (IV): गुरु नानक देव (1469-1539) सिख धर्म के संस्थापक थे और उनकी मृत्यु 1539 में हुई।

(*b*) गुरु हरगोविंद - 1644 में मृत्यु (I): गुरु हरगोविंद (1595-1644) सिखों के छठे गुरु थे और उन्होंने सिख समुदाय को सैन्य रूप से संगठित किया।

(*c*) बंदा बहादुर - 1716 में मृत्यु (III): बंदा बहादुर (1670-1716) एक सिख योद्धा थे, जिन्हें मुगलों ने पकड़कर 1716 में फाँसी दे दी।

(*d*) गुरु अमरदास - 1574 में मृत्यु (II): गुरु अमरदास (1479-1574) सिख धर्म के तीसरे गुरु थे और उन्होंने सिख धर्म की संस्थागत संरचना को मजबूत किया।

25. (D): अब्दुस्समद अकबर के शासनकाल के प्रमुख चित्रकारों में से एक थे, न कि जहाँगीर के।

जहाँगीर के प्रमुख चित्रकार : • मनोहर • विशनदास • दौलत।

अब्दुस्समद ने अकबर के काल में चित्रकला में महत्वपूर्ण योगदान दिया और वे मुगल लघुचित्र शैली के विकास में सहायक रहे।

26. (A): अलाउद्दीन खिलजी (1296-1316) ने दिल्ली में 'सीरी' नगर की स्थापना की थी। यह दिल्ली सल्तनत के दौरान निर्मित एक नया नगर था और इसका निर्माण मंगोल आक्रमणों से बचाव और सैन्य रणनीतिक उद्देश्य से किया गया था। सीरी का निर्माण अलाउद्दीन खिलजी की सैन्य राजधानी के रूप में हुआ और यह खिलजी वंश के दौरान एक महत्वपूर्ण प्रशासनिक केंद्र बना।

27. (B):

(*a*) भारत में दासता उन्मूलन - 1843 (III): ब्रिटिश शासन के अंतर्गत 1843 में भारत में दासता (Slavery) को समाप्त करने के लिए अधिनियम पारित किया गया।

(*b*) महिला भ्रूण हत्या अधिनियम - 1870 (IV): 1870 का महिला भ्रूण हत्या अधिनियम ब्रिटिश सरकार द्वारा कन्या भ्रूण हत्या को रोकने के लिए लागू किया गया था।

(*c*) ठगी अधिनियम (XXX) - 1836 (II): 1836 में ठगी (Thuggee) उन्मूलन अधिनियम पारित किया गया, जिसका उद्देश्य ठगों के अपराध पर नियंत्रण करना था।

(*d*) ब्रिटेन में दासता उन्मूलन - 1820 (I): 1820 में ब्रिटेन में दासता के उन्मूलन की दिशा में महत्वपूर्ण कानून बनाए गए।

28. (C):

(*a*) राम वर्मा - मलयालम (III): राम वर्मा एक प्रमुख मलयालम साहित्यकार थे।

(*b*) वारिस शाह - पंजाबी (IV): वारिस शाह (1722-1798) पंजाबी साहित्य के प्रसिद्ध कवि थे। उनकी रचना 'हीर-रांझा' प्रसिद्ध है।

(*c*) शाह अब्दुल लतीफ - सिंधी (I): शाह अब्दुल लतीफ (1689-1752) सिंधी भाषा के महान कवि थे। उन्होंने 'शाह जो रिसालो' नामक ग्रंथ लिखा।

(*d*) दयाराम - गुजराती (II): दयाराम गुजराती भाषा के प्रसिद्ध साहित्यकार थे।

29. (A):

(*a*) हुंडी - विनिमय पत्र (सही मेल): हुंडी एक प्रकार का विनिमय पत्र था, जिसका उपयोग व्यापार में भुगतान के लिए किया जाता था।

(*b*) जजिया - गैर-मुस्लिमों पर कर (सही मेल): जजिया कर इस्लामी शासनों में गैर-मुस्लिमों से लिया जाने वाला कर था।

(*c*) तकावी - मुगलों का एक शक्तिदायक पेय (गलत मेल): तकावी एक आर्थिक सहायता या ऋण था, जिसे किसानों को कठिन समय में दिया जाता था, यह कोई पेय नहीं था।

(*d*) तहसील - एक छावनी-पोस्ट (गलत मेल): तहसील प्रशासनिक इकाई थी, न कि छावनी-पोस्ट। यह भूमि राजस्व संग्रहण से संबंधित थी।

(*e*) ख्यात - राजस्थान में हस्तलिपि के रूप में इतिवृत्त (सही मेल): 'ख्यात' राजस्थान के इतिहास का वर्णन करने वाली ऐतिहासिक हस्तलिपि होती थी।

30. (A):

(A) मिर्जा गालिब ने 'मिर्जानामा' नहीं लिखा था, यह गलत मेल है।

(B) केशवदास ने 'रसिकप्रिया' नामक ग्रंथ लिखा था, यह सही है।

(C) 'पादशाहनामा' शाहजहाँ के शासनकाल का वर्णन करता है, यह सही है।

(D) गुलबदन बेगम ने 'हुमायूंनामा' लिखा था, यह सही है।

31. (A): लॉर्ड एल्फिंस्टन ने 1859 में एक कार्यवाही सारांश में लिखा था कि 'साम्राज्य को विभाजित करना प्राचीन रोमन ध्येय था और हमारा यही ध्येय होना चाहिए।' यह कथन ब्रिटिश 'Divide and Rule' नीति को दर्शाता है, जिसका उद्देश्य भारत में आपसी विभाजन को बढ़ावा देकर ब्रिटिश शासन को मजबूत करना था। ब्रिटिश सरकार ने इसी नीति का पालन कर विभिन्न समुदायों, जातियों और धर्मों के बीच फूट डालने का कार्य किया।

32. (C):

(*a*) अबुल फजल - अकबरनामा (सही मेल) : अबुल फजल अकबर के दरबारी इतिहासकार थे, जिन्होंने 'अकबरनामा' और 'आइन-ए-अकबरी' की रचना की।

(*b*) जियाउद्दीन बरनी - फतवा-ए-जहांदारी (सही मेल) : जियाउद्दीन बरनी दिल्ली सल्तनत के एक प्रमुख इतिहासकार थे और उन्होंने 'फतवा-ए-जहांदारी' लिखा, जिसमें शासन की नीतियों का उल्लेख किया गया है।

(*c*) निजामुद्दीन अहमद - तारीख-ए-शेरशाही (गलत मेल) : 'तारीख-ए-शेरशाही' अब्बास खान सरवानी द्वारा लिखी गई थी, न कि निजामुद्दीन अहमद द्वारा।

(*d*) अमीर खुसरो - तबकात-ए-अकबरी (गलत मेल) : 'तबकात-ए-अकबरी' का लेखक निजामुद्दीन अहमद था, न कि अमीर खुसरो।

(*e*) खाफी खान - तारीख-ए-दाउदी (गलत मेल) : 'तारीख-ए-दाउदी' अब्दुल कादिर बदायूनी द्वारा लिखी गई थी, न कि खाफी खान द्वारा।

33. (B):

(*a*) हरबंस मुखिया - हिस्टोरियन्स एंड हिस्टोरियोग्राफी ड्यूरिंग द रेन ऑफ अकबर (सही मेल) : हरबंस मुखिया एक प्रसिद्ध भारतीय इतिहासकार हैं, जिन्होंने मुगलकालीन इतिहास और अकबर की इतिहास-लेखन परंपरा का विश्लेषण किया।

(*b*) रिचार्ड एटन तथा पी. वैगोनर - पावर, मेमोरी, आर्किटेक्चर कन्टेस्टड साइट्स ऑन इंडियाज डेक्कन प्लेटो (सही मेल) : इस पुस्तक में दक्कन क्षेत्र की ऐतिहासिक वास्तुकला, शक्ति संघर्ष और स्मृति पर केंद्रित अध्ययन किया गया है।

(*e*) ए.बी.एम. हबीबुल्लाह - दि फाउंडेशन ऑफ मुस्लिम रूल इन इंडिया (सही मेल) : इस पुस्तक में मुस्लिम शासन की स्थापना और भारत में उनके प्रशासनिक ढांचे पर चर्चा की गई है।

(*c*) फ्रंसुआ बर्नियर - अकबर एंड द जेसुट्स (गलत मेल) : 'अकबर एंड द जेसुट्स' पियरे डू जारिक द्वारा लिखी गई थी, न कि फ्रंसुआ बर्नियर द्वारा।

(*d*) अब्दुल हमीद लाहोरी - निगरनामा-ए-मुंशी (गलत मेल) : अब्दुल हमीद लाहोरी ने 'पादशाहनामा' लिखा था, 'निगरनामा-ए-मुंशी' नहीं।

34. (A): एच.एच. विल्सन (Horace Hayman Wilson) 1823 में कलकत्ता के हिंदू कॉलेज के पहले विजिटर (Visitor) नियुक्त किए गए थे। हिंदू कॉलेज की स्थापना 1817 में हुई थी और यह आधुनिक पश्चिमी शिक्षा को बढ़ावा देने वाला प्रमुख संस्थान था। एच.एच. विल्सन संस्कृत और भारतीय साहित्य के गहरे जानकार थे।

35. (C):

(A) मुइनुद्दीन चिश्ती - अजमेर (सही मेल) : ख्वाजा मुइनुद्दीन चिश्ती (गरीब नवाज) चिश्ती सिलसिले के संस्थापक थे और उनका प्रमुख केंद्र अजमेर था।

(B) बाबा फरीद - पाक पट्टन (सही मेल) : बाबा फरीद का प्रमुख केंद्र पाकपट्टन (अब पाकिस्तान में) था।

(C) शेख बख्तियार काकी - गुजरात (गलत मेल) : शेख बख्तियार काकी का संबंध दिल्ली से था, न कि गुजरात से। वे ख्वाजा मुइनुद्दीन चिश्ती के प्रमुख शिष्य थे।

(D) सलीम चिश्ती - आगरा (सही मेल) : सलीम चिश्ती का मकबरा फतेहपुर सीकरी (आगरा) में स्थित है और वे अकबर के आध्यात्मिक गुरु थे।

36. (D): मुगल भारत में भूमि स्वामित्व कई प्रकार के किसानों और भूमि धारकों में विभाजित था।

(A) **खुद काश्त** : वे किसान जो स्वयं अपनी भूमि पर खेती करते थे और इसके मालिक होते थे।

(B) **पाही काश्त** : वे किसान जो किसी अन्य स्थान से आकर किराए की भूमि पर खेती करते थे, लेकिन यह अस्थायी व्यवस्था होती थी।

(C) **मुकर्ररी रिआया** : वे लोग जो स्थायी रूप से राजस्व तय करके भूमि का स्वामित्व रखते थे।

(D) **मुजारियन** : ये किरायेदार किसान होते थे जो भूमि पर खेती करते थे लेकिन भूमि के स्वामी नहीं होते थे। इसलिए सही उत्तर मुजारियन है।

37. (B): 1900 में लंदन में 'स्वर्ण मानक रिजर्व' (Gold Standard Reserve) स्थापित किया गया था। इसका उद्देश्य ब्रिटिश भारत से अर्जित राजस्व को स्थिर रखना, मुद्रा विनिमय में उतार-चढ़ाव को नियंत्रित करना और चांदी की खरीद के लिए आवश्यक धन की व्यवस्था करना था। ब्रिटिश सरकार ने भारतीय मुद्रा नीति को नियंत्रित करने और पाउंड स्टर्लिंग के साथ स्थिर विनिमय दर बनाए रखने के लिए इस रिजर्व का उपयोग किया।

38. (C):

(*c*) **चतुरामशिका (सबसे कम)** : छोटे अधिकारियों के अंतर्गत आते थे और छोटे गांवों का प्रशासन देख सकते थे।

(*a*) **लघु सामंत** : ये चतुरामशिका से ऊपर थे और छोटे समूहों के अधिपति होते थे।

(*b*) **सामंत** : बड़े समूहों और अधिक गांवों के प्रशासक होते थे।

(*d*) **महासामंत** : सामंतों के ऊपर होते थे और बड़े क्षेत्रों को नियंत्रित करते थे।

(*e*) **महामंडलेश्वर (सबसे बड़ा अधिकारी)** : बड़े प्रदेशों के शासक होते थे और उनके अधीन महासामंत होते थे।

39. (D): थूसीडाइडीस (Thucydides) एक प्राचीन ग्रीक इतिहासकार थे, जिन्होंने ऐतिहासिक घटनाओं में काल्पनिक भाषणों को सम्मिलित किया। उन्होंने 'पेलोपोनेसियन वॉर' (Peloponnesian War) का वर्णन किया और इसमें नेताओं द्वारा दिए गए भाषणों को स्वयं लिखा, जो ऐतिहासिक तथ्यों पर आधारित नहीं थे, बल्कि तर्क को दर्शाने के लिए गढ़े गए थे। यह शैली उस समय के ऐतिहासिक लेखन में सामान्य थी।

40. (D):

(*c*) कम्बोज (सबसे उत्तर में, आधुनिक अफगानिस्तान और ताजिकिस्तान क्षेत्र)

(*a*) गांधार (उत्तर-पश्चिमी भारत, आधुनिक पाकिस्तान और अफगानिस्तान का हिस्सा)

(*b*) मत्स्य (राजस्थान और हरियाणा के कुछ हिस्से, गांधार से दक्षिण में)

(*e*) अवंति (मध्य प्रदेश, मत्स्य से दक्षिण में)

(*d*) अश्मक (दक्षिण भारत, महाराष्ट्र और तेलंगाना के क्षेत्र में, अवंति से दक्षिण में)

इसलिए सही क्रम कम्बोज → गांधार → मत्स्य → अवंति → अश्मक है।

41. (*):

(*a*) द एग्रेरियन सिस्टम ऑफ मुस्लिम इंडिया - डब्ल्यू.एच. मोरलैंड ने लिखी थी।

(*b*) इंडिया एट द डेथ ऑफ औरंगजेब - यह भी डब्ल्यू. एच. मोरलैंड की पुस्तक थी।

(*c*) फ्रॉम अकबर टू औरंगजेब - यह पुस्तक जे.एन. सरकार द्वारा लिखी गई थी, न कि डब्ल्यू.एच. मोरलैंड द्वारा।

(*d*) सम एस्पेक्ट्स ऑफ मुस्लिम एडमिनिस्ट्रेशन - यह पुस्तक भी मोरलैंड की नहीं थी।

(*e*) द मुगल नोबिलिटी अंडर औरंगजेब - यह पुस्तक मथारू द्वारा लिखी गई थी, न कि मोरलैंड द्वारा।

सही उत्तर (*c*), (*d*), और (*e*) होना चाहिए, लेकिन यह किसी भी विकल्प में नहीं दिया गया है, इसलिए सही उत्तर 'NONE' होगा।

42. (D):

(*a*) चापेकर बंधुओं ने पुणे में 1897 में दो अलोकप्रिय ब्रिटिश अधिकारियों की हत्या की। सही : दामोदर और बालकृष्ण चापेकर ने 1897 में रैंड और आयर्स्ट की हत्या की थी।

(*b*) वी.डी. सावरकर ने 1905 में क्रांतिकारियों के गुप्त संगठन 'अभिनव भारत' का गठन किया था। गलत : 'अभिनव भारत' की स्थापना 1904 में हुई थी, न कि 1905 में।

(*c*) तिलक को 1908 में गिरफ्तार किया गया और 6 वर्ष की कठोर कैद की सजा सुनाई गई। सही : बाल गंगाधर तिलक को ब्रिटिश सरकार ने देशद्रोह के आरोप में गिरफ्तार कर छह साल के लिए मांडले जेल (बर्मा) भेज दिया था।

(*d*) मौलाना अबुल कलाम आजाद ने 30 वर्ष की आयु में वर्ष 1915 में 'अल-हिलाल' समाचार पत्र में अपने राष्ट्रवादी विचारों को प्रकाशित किया। गलत : मौलाना आजाद ने 'अल-हिलाल' की शुरुआत 1912 में की थी, न कि 1915 में।

(*e*) वर्ष 1914 में सरकार ने मौलाना मुहम्मद अली के 'कामरेड' नामक प्रकाशन का दमन किया। सही : ब्रिटिश सरकार ने 1914 में मौलाना मुहम्मद अली के 'कामरेड' को बंद करवा दिया था।

43. (C):

(*a*) मिस्टिसिज्म एंड लॉजिक - यह कार्ल पॉपर की नहीं, बल्कि बर्ट्रेंड रसेल की पुस्तक थी।

(*b*) दि ओपन सोसाइटी एंड इट्स इनमीज - कार्ल पॉपर द्वारा लिखी गई थी। यह पुस्तक अधिनायकवादी विचारों के खिलाफ एक तर्कपूर्ण विश्लेषण है।

(*c*) दि लिमिट्स ऑफ एक्जैक्ट साइंस - यह कार्ल पॉपर की नहीं थी।

(*d*) दि पॉवर्टी ऑफ हिस्टोरिसिज्म - कार्ल पॉपर की एक प्रसिद्ध पुस्तक थी। इसमें ऐतिहासिक निर्णयों की अनिश्चितता को लेकर चर्चा की गई है।

(*e*) डेकलाइन एंड फॉल ऑफ द रोमन एम्पायर - यह एडवर्ड गिबन की पुस्तक थी, न कि कार्ल पॉपर की।

44. (D): अवलोकितेश्वर बोधिसत्व करुणा (Compassion) के प्रतीक हैं। बौद्ध धर्म में इन्हें 'सभी प्राणियों की सहायता करने वाले' के रूप में माना जाता है। महायान बौद्ध परंपरा में अवलोकितेश्वर को सबसे दयालु और सहायक बोधिसत्व के रूप में पूजा जाता है। अवलोकितेश्वर के कई रूप हैं, जिनमें से 'पद्मपाणि' (कमल-धारी) सबसे प्रसिद्ध है।

45. (B):

(A) सही। अतीत को प्रतिबिंबित करने वाले स्रोत हमेशा किसी अन्य के दृष्टिकोण से लिखे जाते हैं।

(C) सही। इतिहास लेखन में कालानुक्रमिक क्रम को छोड़ने की अनुमति होती है, क्योंकि इतिहास की व्याख्या बदल सकती है।

(D) सही। ऐतिहासिक स्रोतों के स्थायी या अपरिवर्तनीय अर्थ नहीं होते, वे संदर्भ और व्याख्या के अनुसार बदल सकते हैं।

(B) गलत। इतिहास लेखन में कार्य-कारण संबंध और कालानुक्रम आवश्यक नहीं माना जाता, क्योंकि आधुनिक दृष्टिकोण इसे सापेक्ष मानता है।

46. (D): 'द बहमनीज ऑफ द दक्कन' पुस्तक हारुन खान शेरवानी द्वारा लिखी गई थी। यह पुस्तक बहमनी सल्तनत (1347-1527) के इतिहास पर केंद्रित है, जिसमें उनके शासन, प्रशासन, सांस्कृतिक प्रभाव और दक्कन के अन्य शासकों के साथ संबंधों का विस्तृत विवरण दिया गया है। हारुन खान शेरवानी एक प्रसिद्ध इतिहासकार थे, जिन्होंने दक्कन के मुस्लिम राज्यों के इतिहास पर कई महत्वपूर्ण कार्य किए।

47. (A):

(*a*) कलतिका - मोती मत्स्य पालन का निरीक्षण करने वाला अधिकारी (III) : प्राचीन दक्षिण भारतीय प्रशासन में 'कलतिका' वह अधिकारी था, जो मोती मत्स्य पालन की निगरानी करता था।

(*b*) कनटिकान - प्रमुख मुंशी (II) : 'कनटिकान' प्रशासनिक कार्यों में एक उच्च पदस्थ मुंशी या सचिव था।

(*c*) पोलशेलई - पांड्य शासक मुदुकुदुमी की पदवी (IV) : 'पोलशेलई' पांड्य राजाओं द्वारा धारण की जाने वाली एक पदवी थी, जिसका अर्थ 'युद्ध में विजेता' होता था।

(*d*) ओवेयर - कवयित्री जिसने सम्राट आदिगैमन की प्रशंसा की थी (I) : 'ओवेयर' एक प्रसिद्ध तमिल कवयित्री थीं, जिन्होंने आदिगैमन शासक की स्तुति की थी।

48. (D):

(*a*) भारत में रेलवे का अग्रणी रोलैंड मैकडोनाल्ड स्टीफेंसन था, जिसने इंग्लैंड में कंपनी बनाई थी। सही : रोलैंड स्टीफेंसन को भारतीय रेलवे का अग्रणी माना जाता है, जिन्होंने भारतीय रेलवे प्रणाली के विकास में महत्वपूर्ण भूमिका निभाई।

(*b*) 1841 में अंग्रेज सिविल अभियंता जोसेफ लॉक ने कलकत्ता से दिल्ली तक रेलवे की संभावनाओं पर चर्चा की थी। सही : जोसेफ लॉक ने भारतीय रेलवे नेटवर्क के विस्तार को लेकर प्रारंभिक विचार रखे थे।

(*c*) स्टीफेंसन ने कलकत्ता से मिर्जापुर, बनारस, इलाहाबाद तथा उससे आगे रेलवे लाइन की बात सोची थी। सही : प्रारंभिक रेलवे योजनाओं में उत्तर भारत के प्रमुख शहरों को जोड़ने की कल्पना की गई थी।

(*d*) 1853 में बंबई से ठाणे तक आरंभ हुई रेलवे लाइन एशिया में शुरू होने वाली पहली रेलवे थी। सही : 16 अप्रैल 1853 को पहली यात्री ट्रेन मुंबई (बोरीबंदर) से ठाणे के बीच चलाई गई थी।

(*e*) डलहौजी ने 20 अप्रैल 1853 को अपना विस्तृत रेलवे सारांश जारी किया था, जिसमें रेलवे के सैन्य और वाणिज्यिक लाभों का वर्णन किया गया था। सही : लॉर्ड डलहौजी भारतीय रेलवे नीति के प्रमुख वास्तुकारों में से एक थे।

49. (D): ईसा काल के आरंभ में स्वात घाटी (मौजूदा पाकिस्तान) में स्तूपों का निर्माण मुख्य रूप से स्तरित चट्टान (Schist) से किया गया था। स्वात घाटी गंधार कला का एक प्रमुख केंद्र था, जहाँ बुद्ध की मूर्तियाँ और स्तूप बनाए गए। गंधार शैली के स्थापत्य में शिस्ट पत्थर का व्यापक उपयोग किया जाता था।

50. (B):

(*a*) वेलालर - कृषक (III) : वेलालर प्राचीन तमिल समाज में प्रमुख कृषि समुदाय था, जो भूमि की देखरेख और कृषि उत्पादन में लगा रहता था।

(*b*) अरशर - राजा (IV) : 'अरशर' तमिल समाज में एक शासक या राजा के लिए प्रयुक्त शब्द था।

(*c*) वैशियार - व्यापारी (II) : 'वैशियार' का संबंध व्यापारिक गतिविधियों से था और यह व्यापारी वर्ग का प्रतिनिधित्व करता था।

(*d*) वेलिर - मुखिया (I) : 'वेलिर' प्राचीन तमिल समाज में मुखिया या स्वतंत्र शासकों को संदर्भित करता था।

51. (B): 'तत्वार्थ राजावर्तिका' के लेखक विद्यानंद अकलंका थे। यह एक महत्वपूर्ण जैन ग्रंथ है, जिसमें जैन दर्शन, सिद्धांत और नैतिकता का विस्तृत विवरण मिलता है। अकलंका दिगंबर जैन परंपरा के प्रमुख दार्शनिकों में से एक थे और उन्होंने जैन न्याय और तर्कशास्त्र पर महत्वपूर्ण कार्य किए।

52. (B): नेमिनाथ जैन धर्म के 22वें तीर्थंकर थे और उन्हें श्रीकृष्ण से संबंधित माना जाता है। पौराणिक कथाओं के अनुसार, नेमिनाथ का जन्म यादव वंश में हुआ था और वे श्रीकृष्ण के चचेरे भाई थे। नेमिनाथ ने अपनी शादी के दिन अहिंसा का पालन करते हुए संन्यास ग्रहण किया और मोक्ष प्राप्त किया।

53. (B):

(*a*) 'मुहता नैण्सी री ख्यात' - राजस्थान (सही मेल) : यह राजस्थान के ऐतिहासिक घटनाक्रमों का एक महत्वपूर्ण ऐतिहासिक ग्रंथ है।

(*b*) अमीर खुसरो - नुह सिपिहर (सही मेल) : अमीर खुसरो ने 'नुह सिपिहर' (नौ ग्रह) नामक पुस्तक लिखी, जिसमें विभिन्न विषयों पर चर्चा की गई है।

(*c*) 'राजतरंगिणी' - मालवा (गलत मेल) : 'राजतरंगिणी' कश्मीर का ऐतिहासिक ग्रंथ है, न कि मालवा का।

(*d*) मलिक मुहम्मद जायसी - चंदायन (गलत मेल) : मलिक मुहम्मद जायसी की प्रसिद्ध रचना 'पद्मावत' थी, न कि 'चंदायन'।

(*e*) मुल्ला दाऊद - पद्मावत (गलत मेल) : 'पद्मावत' मलिक मुहम्मद जायसी द्वारा लिखी गई थी, न कि मुल्ला दाऊद द्वारा।

54. (B):

(*a*) मुहम्मद रजा खान कंपनी के नायब दीवान की तरह काम कर रहे थे। (सही) : मुहम्मद रजा खान बंगाल में ब्रिटिश ईस्ट इंडिया कंपनी के अधीन नायब दीवान थे और वे राजस्व प्रशासन में प्रमुख भूमिका निभाते थे।

(*b*) 'फार्मिंग सिस्टम' प्रणाली के रूप में एक नई प्रणाली 1765 में आरंभ की गई थी। (गलत) : 'फार्मिंग सिस्टम' 1772 में वॉरेन हेस्टिंग्स द्वारा शुरू किया गया था, न कि 1765 में।

(*c*) स्थायी बंदोबस्त में भूमि के स्वामित्व के अधिकार जमींदारों में निहित हो गए। (सही) : 1793 में लॉर्ड कॉर्नवालिस द्वारा लागू की गई इस प्रणाली में जमींदारों को भूमि का स्थायी स्वामित्व दिया गया और वे राज्य को निश्चित राजस्व देने के लिए उत्तरदायी बने।

(*d*) चार्ल्स मेटकाफ द्वारा 1792 में बड़ा महाल में रैय्यतवारी प्रणाली आरंभ की गई। (गलत) : रैय्यतवारी प्रणाली 1820 के दशक में थॉमस मुनरो और रीड द्वारा मद्रास और बॉम्बे में लागू की गई थी।

(*e*) आर.एम. बर्ड ने संपूर्ण महल या राजकोषीय यूनिट के राजस्व का आकलन करने के लिए विस्तृत सर्वेक्षण उपलब्ध कराया। (सही) : आर.एम. बर्ड ने उत्तर-पश्चिमी प्रांतों में महलवारी प्रणाली लागू करने के लिए विस्तृत राजस्व सर्वेक्षण किया।

55. (C): बंकिम चंद्र चटर्जी का प्रसिद्ध उपन्यास 'आनंद मठ' 1882 में प्रकाशित हुआ था। इस उपन्यास में संन्यासी विद्रोह (1770 के दशक) की पृष्ठभूमि में ब्रिटिश शासन के विरुद्ध संघर्ष का चित्रण किया गया है। 'वंदे मातरम्' गीत, जिसे भारत का राष्ट्रीय गीत बनाया गया, इसी उपन्यास में शामिल था। यह बंगाल में ब्रिटिश विरोधी आंदोलन को प्रेरित करने वाले प्रमुख साहित्यिक कार्यों में से एक था।

56. (A): मार्ले-मिंटो सुधार (Indian Councils Act, 1909) के तहत वायसराय की कार्यकारी परिषद में भारतीयों को स्थान देने की अनुमति दी गई थी। इस अधिनियम के तहत एस.पी. सिन्हा (सर सत्येंद्र प्रसन्न सिन्हा) पहले भारतीय बने जिन्हें 1909 में वायसराय की कार्यकारी परिषद में विधि सदस्य के रूप में नियुक्त किया गया। यह ब्रिटिश सरकार द्वारा भारतीयों को प्रशासन में शामिल करने की दिशा में पहला महत्वपूर्ण कदम था, हालांकि यह सुधार सीमित था।

57. (B):

(*d*) त्रिशास्ति लक्षण महापुराण (10वीं-11वीं शताब्दी) : यह एक जैन ग्रंथ है जिसमें 63 महापुरुषों का वर्णन किया गया है।

(*a*) लोकोपकार (12वीं शताब्दी) : यह एक सामाजिक और धार्मिक ग्रंथ था।

(*c*) मल्लिनाथ पुराण (14वीं शताब्दी) : यह 19वीं जैन तीर्थंकर मल्लिनाथ पर आधारित ग्रंथ है।

(*b*) उदियादित्य अलंकार (15वीं शताब्दी) : यह एक संस्कृत साहित्यिक ग्रंथ है।

(*e*) मदन विजय (17वीं शताब्दी) : यह भी एक ऐतिहासिक साहित्यिक ग्रंथ था।

58. (C):

(*a*) पेडाबंकुर - प्राचीन दक्कन से संबंधित स्थल।

(*b*) कोटा लिंगला - आंध्र प्रदेश में स्थित प्राचीन स्थल, दक्कन से संबंधित।

(*d*) पोलाकोंडा - दक्षिण भारत का एक ऐतिहासिक स्थल, दक्कन से संबंधित।

(*e*) कदंबपुर - प्राचीन कदंब वंश से संबंधित स्थल, जो दक्कन में स्थित था।

(*c*) झूसी - यह उत्तर भारत (इलाहाबाद के पास) में स्थित है और दक्कन से संबंधित नहीं है।

59. (B):

(*b*) उदियांजेराल (लगभग पहली शताब्दी ईसा पूर्व - पहली शताब्दी ईस्वी) : उदियांजेराल संगम काल के प्रारंभिक चेर शासकों में से एक थे। उन्हें संगम साहित्य में 'अय अंधिरा' के रूप में वर्णित किया गया है। वे चेर राजवंश के सबसे प्रारंभिक ज्ञात शासकों में से एक थे।

(*a*) सेंगुत्तवन (लगभग दूसरी शताब्दी ईस्वी) : सेंगुत्तवन, जिन्हें 'रेड चेर राजा' के रूप में भी जाना जाता है, चेर वंश के सबसे प्रसिद्ध शासकों में से एक थे। उनके शासनकाल को दूसरी शताब्दी ईस्वी के आसपास माना जाता है। उन्होंने उत्तर भारत तक सैन्य अभियान किए और कन्नगी पंथ (सिलप्पदिकारम में वर्णित) की स्थापना की।

(*d*) करिकाल (लगभग दूसरी शताब्दी ईस्वी) : करिकाल चोल साम्राज्य के सबसे महत्वपूर्ण और प्रसिद्ध शासकों में से एक थे। उनका शासनकाल दूसरी शताब्दी ईस्वी में हुआ था। उन्होंने कावेरी नदी के किनारे बंध बनाने के लिए प्रसिद्ध 'ग्रांड एनीकट' (कलानाई बांध) का निर्माण करवाया। उन्होंने दक्षिण भारत में अपने सैन्य अभियानों के माध्यम से चोल साम्राज्य को मजबूत किया।

(*c*) नेंदुंसेलियन (लगभग तीसरी शताब्दी ईस्वी) : नेंदुंसेलियन पांड्य वंश के एक प्रसिद्ध शासक थे। उनका शासनकाल लगभग तीसरी शताब्दी ईस्वी के दौरान था। उन्होंने कई युद्ध लड़े और संगम साहित्य में उनके शासनकाल को विस्तार से वर्णित किया गया है।

(*e*) सेंगनन (लगभग चौथी शताब्दी ईस्वी) : सेंगनन चोल वंश के एक अन्य महत्वपूर्ण शासक थे। उनका शासनकाल चौथी शताब्दी ईस्वी में माना जाता है। वे शैव धर्म के समर्थक थे और उनके शासनकाल में कई मंदिरों का निर्माण किया गया।

निष्कर्ष : पहले उदियांजेराल (1st शताब्दी BCE & 1st शताब्दी CE), फिर सेंगुत्तवन (2nd शताब्दी CE), फिर करिकाल (2nd शताब्दी CE), फिर नेंदुंसेलियन (3rd शताब्दी CE) और अंत में सेंगनन (4th शताब्दी CE)।

इसलिए सही कालानुक्रमिक क्रम $(b) \rightarrow (a) \rightarrow (d) \rightarrow (c) \rightarrow (e)$ है।

60. (A): संविधान के उद्देश्य संकल्प (Objective Resolution) का प्रारूप पंडित जवाहरलाल नेहरू ने तैयार किया था। 13 दिसंबर 1946 को उन्होंने इसे संविधान सभा में प्रस्तुत किया, जिसमें भारत के संविधान के दर्शन और मूल विशेषताओं का उल्लेख किया गया। इसमें भारत को एक संप्रभु, समाजवादी, धर्मनिरपेक्ष, लोकतांत्रिक गणराज्य बनाने की घोषणा की गई थी। बाद में, यही उद्देश्य संकल्प भारत के संविधान की प्रस्तावना (Preamble) का आधार बना।

61. (C):

(*c*) सोसाइटी फॉर ट्रांसलेटिंग यूरोपियन साइंसेस की स्थापना (1804) : यह भारत में वैज्ञानिक शिक्षा को बढ़ावा देने के लिए प्रारंभिक संगठनों में से एक था।

(*e*) सोसाइटी फॉर दि एक्विजिशन ऑफ जनरल नॉलेज की स्थापना (1838) : यह बंगाल में स्थापित की गई थी और इसका उद्देश्य पश्चिमी विज्ञान और साहित्य का प्रसार करना था।

(*b*) बनारस डिबेटिंग क्लब की स्थापना (1863) : बनारस में बौद्धिक चर्चा को बढ़ावा देने के लिए स्थापित किया गया था।

(*d*) अलीगढ़ साइंटिफिक सोसाइटी की स्थापना (1864) : सर सैयद अहमद खान ने इसे स्थापित किया था, जिसका उद्देश्य भारतीय समाज में वैज्ञानिक जागरूकता फैलाना था।

(*a*) बिहार साइंटिफिक सोसाइटी की स्थापना (1876) : यह बिहार में वैज्ञानिक और तकनीकी शिक्षा के प्रचार के लिए स्थापित की गई थी।

सही कालानुक्रमिक क्रम : 1804 → 1838 → 1863 → 1864 → 1876।

62. (D):

(*a*) एंटोनियो ग्राम्शी - कॉन्सेप्ट ऑफ हेजीमोनी (III) : एंटोनियो ग्राम्शी ने 'हेजीमोनी' की अवधारणा दी, जिसमें उन्होंने बताया कि किस प्रकार बौद्धिक और सांस्कृतिक शक्ति के माध्यम से शासक वर्ग अपने वर्चस्व को बनाए रखता है।

(*b*) डेरीडा - डिकंस्ट्रक्शन एंड डिफरेंस (IV) : जैक्स डेरीडा ने 'डिकंस्ट्रक्शन' की विचारधारा प्रस्तुत की, जो भाषा और ग्रंथों की पुनर्व्याख्या पर केंद्रित थी।

(*c*) मार्क ब्लॉक - एनाल्स स्कूल (I) : मार्क ब्लॉक एनाल्स स्कूल के प्रमुख इतिहासकार थे, जिन्होंने संरचनात्मक और सामाजिक इतिहास पर ध्यान केंद्रित किया।

(*d*) कार्ल मार्क्स - डायलेक्टिकल मैटेरियलिज्म (II) : कार्ल मार्क्स ने द्वंद्वात्मक भौतिकवाद (Dialectical Materialism) का सिद्धांत दिया, जिसमें समाज और इतिहास की व्याख्या आर्थिक संरचनाओं के आधार पर की गई।

63. (B):

(*a*) इब्नबतूता - रिहला (IV) : इब्नबतूता का यात्रा वृत्तांत 'रिहला' था, जिसमें उन्होंने भारत और अन्य देशों की अपनी यात्रा का वर्णन किया।

(*b*) अब्दुल मलिक इसामी - फुतुह-उस-सलातीन (II) : अब्दुल मलिक इसामी ने 'फुतुह-उस-सलातीन' लिखा, जो दिल्ली सल्तनत के शुरुआती इतिहास पर आधारित था।

(*c*) जियाउद्दीन बरनी - तारीख-ए-फिरोजशाही (I) : जियाउद्दीन बरनी ने 'तारीख-ए-फिरोजशाही' लिखा, जो दिल्ली सल्तनत के सुल्तानों के शासन का एक प्रमुख ऐतिहासिक ग्रंथ है।

(*d*) रफीउद्दीन शिराजी - तजकिरा-अल-मुलूक (III) : रफीउद्दीन शिराजी ने 'तजकिरा-अल-मुलूक' लिखा, जिसमें राजनीतिक और प्रशासनिक विषयों पर चर्चा की गई है।

64. (C): बख्तियार खिलजी ने 1193-1194 में नालंदा और विक्रमशिला विश्वविद्यालयों को नष्ट कर दिया। खिलजी की सेना ने इन बौद्ध शिक्षा केंद्रों को जला दिया और हजारों पांडुलिपियों को नष्ट कर दिया। यह आक्रमण भारतीय उपमहाद्वीप में बौद्ध धर्म के पतन के प्रमुख कारणों में से एक माना जाता है।

65. (B):

(*a*) पंजाब हिंदू महासभा की स्थापना - 1909 (III) : यह हिंदू महासभा के प्रारंभिक संगठनों में से एक था।

(*b*) अखिल भारतीय हिंदू महासभा का प्रथम सत्र - 1915 (IV) : 1915 में इस महासभा का पहला अखिल भारतीय अधिवेशन आयोजित किया गया था।

(*c*) अहमदाबाद में साबरमती आश्रम की स्थापना - 1916 (I) : महात्मा गांधी ने 1916 में अहमदाबाद में साबरमती आश्रम की स्थापना की।

(*d*) सत्याग्रह सभा की स्थापना - 1919 (II) : 1919 में रॉलेट एक्ट के विरोध में सत्याग्रह सभा की स्थापना की गई थी।

सही कालानुक्रमिक क्रम : 1909 → 1915 → 1916 → 1919।

66. (C):

(*a*) राठौड़ - जोधपुर (सही मेल) : राठौड़ वंश राजस्थान के जोधपुर राज्य से संबंधित था। जोधपुर की स्थापना राव जोधा (1459 ईस्वी) द्वारा की गई थी।

(*b*) सिसौदिया - उदयपुर (सही मेल) : सिसौदिया वंश उदयपुर (मेवाड़) से संबंधित था। यह राजपूतों का एक प्रमुख वंश था, जिसके प्रसिद्ध शासक महाराणा प्रताप थे।

(*c*) कराना तुर्क - जौनपुर (गलत मेल) : जौनपुर शर्की वंश द्वारा शासित था, कराना तुर्क से इसका कोई संबंध नहीं था।

(*d*) मलिक काफूर - अवध (गलत मेल) : मलिक काफूर अलाउद्दीन खिलजी का एक प्रमुख सेनापति था, न कि अवध से संबंधित था।

(*e*) करनी माता मंदिर - जयपुर (गलत मेल) : करणी माता मंदिर बीकानेर में स्थित है, जयपुर में नहीं।

67. (C):

(*d*) प्राच्यवादी इतिहास लेखन (18वीं शताब्दी - 19वीं शताब्दी) : यह ब्रिटिश विद्वानों द्वारा भारत के इतिहास और संस्कृति के अध्ययन पर आधारित था।

(*e*) ब्रिटिश साम्राज्यवादी इतिहास लेखन (19वीं शताब्दी - प्रारंभिक 20वीं शताब्दी) : यह ब्रिटिश औपनिवेशिक शासन को सही ठहराने के लिए लिखी गई थी।

(*b*) भारतीय राष्ट्रवादी इतिहास लेखन (19वीं शताब्दी के अंत - 20वीं शताब्दी की शुरुआत) : इसमें भारतीय स्वतंत्रता संग्राम और स्वदेशी इतिहास को महत्व दिया गया।

(*a*) मार्क्सवादी भारतीय इतिहास लेखन (1950 के दशक से आगे) : इसमें आर्थिक और सामाजिक संरचनाओं पर ध्यान केंद्रित किया गया।

(*c*) सबाल्टर्न (उपाश्रयी) अध्ययन (1980 के दशक) : इसमें हाशिए पर पड़े समाज के इतिहास पर जोर दिया गया।

68. (B):

(*a*) जमातखाना मस्जिद (दिल्ली सल्तनत काल में निर्मित) : यह मस्जिद हजरत निजामुद्दीन औलिया के दरगाह परिसर में स्थित है और दिल्ली सल्तनत काल में बनी थी।

(*b*) दौलताबाद किला (दिल्ली सल्तनत काल में निर्मित) : इस किले को मूल रूप से यादव वंश (12वीं शताब्दी) ने बनाया था और बाद में मुहम्मद बिन तुगलक ने इसे अपनी राजधानी बनाया।

(*c*) कुव्वत-उल-इस्लाम मस्जिद (दिल्ली सल्तनत काल में निर्मित) : इसे कुतुबुद्दीन ऐबक ने 1193 में बनवाया था।

(*d*) बीबी का मकबरा, औरंगाबाद (मुगल काल में निर्मित, दिल्ली सल्तनत काल में नहीं) : वह मकबरा औरंगजेब के बेटे आजम शाह ने 17वीं शताब्दी में बनवाया था।

(*e*) सफदरजंग मकबरा, दिल्ली (मुगल काल में निर्मित, दिल्ली सल्तनत काल में नहीं) : इसे 1754 में नवाब सफदरजंग की याद में बनाया गया था, जो दिल्ली सल्तनत काल से बहुत बाद का समय है।

69. (C):

(*b*) 'केशरी' का संपादन शुरू किया (1881) : बाल गंगाधर तिलक ने मराठी समाचार पत्र 'केशरी' और अंग्रेजी समाचार पत्र 'मराठा' की शुरुआत की।

(*a*) पारंपरिक गणपति उत्सव शुरू किया (1893) : उन्होंने गणपति उत्सव को एक सार्वजनिक आयोजन बनाया ताकि लोगों को एकत्रित कर राष्ट्रवादी भावनाओं को बढ़ाया जा सके।

(*d*) "शिवाजी उत्सव" का आयोजन आरंभ किया (1895) : उन्होंने शिवाजी महोत्सव शुरू किया ताकि मराठा गौरव और राष्ट्रीय चेतना को बढ़ावा दिया जा सके।

(*c*) सरकार से माफी मांगने से अस्वीकार किया तथा उन्हें 18 महीने का सश्रम कारावास दिया गया (1908) : तिलक को 1908 में देशद्रोह के आरोप में गिरफ्तार किया गया और उन्हें मांडले (बर्मा) जेल में भेज दिया गया।

70. (C):

(*b*) बंगाल का संन्यासी विद्रोह (1763-1800) : यह विद्रोह ब्रिटिश सरकार द्वारा लगाए गए प्रतिबंधों और करों के खिलाफ था।

(*d*) वेल्लौर सिपाही विद्रोह (1806) : ब्रिटिश सेना में कार्यरत भारतीय सैनिकों ने धार्मिक और सांस्कृतिक अपमान के कारण विद्रोह किया।

(*e*) विशाखापत्तनम विद्रोह (1830 का दशक) : इस विद्रोह का नेतृत्व स्थानीय जमींदारों ने किया और यह ब्रिटिश प्रशासनिक नीतियों के खिलाफ था।

(*c*) कोल्हापुर विद्रोह (1844-45) : कोल्हापुर के मराठा सैनिकों और स्थानीय किसानों ने ब्रिटिश सत्ता के खिलाफ विद्रोह किया।

(*a*) बंगाल तथा बिहार के संथालों का विद्रोह (1855-56) : यह ब्रिटिश सरकार की जमींदारी व्यवस्था के खिलाफ एक बड़ा आदिवासी विद्रोह था।

इसलिए सही क्रम : 1763 → 1806 → 1830 → 1844 → 1855।

71. (B):

(*b*) सीमांतोन्नयन (गर्भधारण के बाद किया जाने वाला संस्कार) : यह गर्भधारण के बाद स्त्री और गर्भस्थ शिशु की रक्षा के लिए किया जाता था।

(*d*) गर्भधारण (गर्भाधान संस्कार) : यह गर्भधारण को सुनिश्चित करने के लिए वैदिक अनुष्ठान था।

(*e*) पुंसवन (जन्म से पूर्व किया जाने वाला संस्कार) : यह गर्भ के तीसरे महीने में किया जाता था ताकि संतान स्वस्थ और पुरुष संतान हो।

(*a*) जातकर्म जन्म के बाद किया जाता था, इसलिए इसे शामिल नहीं किया गया।

(*c*) चूड़ाकर्म भी जन्म के बाद किया जाने वाला संस्कार था।

72. (A):

(*a*) उनका कोई वंशानुगत राजा नहीं था (सही) : गणराज्य प्रणाली में राजा वंशानुगत नहीं होता था, बल्कि सामूहिक रूप से शासन किया जाता था।

(*d*) बौद्ध मठ-विषयक संगठन की प्रक्रिया ने गणों को आत्मसात कर लिया था (सही) : बौद्ध विहारों और संघों में गणराज्यों जैसी प्रणाली थी, जहाँ सामूहिक निर्णय लिए जाते थे।

(*e*) लिच्छवी में 7,707 राजा थे (सही) : लिच्छवी गणराज्य में बड़ी संख्या में प्रतिनिधि (राजा) होते थे, जो शासन में भाग लेते थे।

(*b*) वे आधुनिक लोकतंत्रों के समान थे (गलत) : आधुनिक लोकतंत्रों में निर्वाचित प्रतिनिधि होते हैं, जबकि गणराज्यों में एक सीमित समूह ही सत्ता में भाग लेता था।

(*c*) एक स्थायी सेना उनकी सबसे बड़ी परिसंपत्ति थी (गलत) : गणराज्यों की शक्ति स्थायी सेना के बजाय नागरिकों की भागीदारी पर निर्भर थी।

73. (B): चोलों ने कलिंग पर आक्रमण इसलिए किया क्योंकि उन्हें मसूनी (मशूनी) देश से चुनौती मिली थी। चोल शासकों का लक्ष्य अपनी शक्ति को पूर्वी भारत में भी स्थापित करना था। चोलों और कलिंग के बीच समुद्री शक्ति और व्यापार मार्गों को लेकर भी प्रतिस्पर्धा थी।

74. (B): इंडियन ऑफिशियल सीक्रेट्स एक्ट 1904 में पारित किया गया था। इस कानून का उद्देश्य प्रेस और सूचना के प्रसार पर नियंत्रण रखना था ताकि ब्रिटिश सरकार की आलोचना और क्रांतिकारी गतिविधियों को रोका जा सके। इस अधिनियम के तहत ब्रिटिश सरकार को प्रेस और सरकारी अधिकारियों से जुड़ी जानकारी को गोपनीय रखने का अधिकार मिला। बाद में 1912 और 1923 में इस अधिनियम में संशोधन किए गए।

75. (D):

(*b*) राष्ट्रकूट द्वारा बादामी चालुक्य की पराजय (8वीं शताब्दी, 753 ईस्वी) : दंतिदुर्ग ने चालुक्य शासकों को हराकर राष्ट्रकूट साम्राज्य की स्थापना की।

(*a*) प्रतिहार नागभट्ट II का शासन (9वीं शताब्दी, 805-833 ईस्वी) : नागभट्ट II ने प्रतिहार शक्ति को मजबूत किया और राष्ट्रकूटों से संघर्ष किया।

(*d*) सुरपाल का शासन (10वीं शताब्दी) : यह प्रतिहार वंश के अंतर्गत एक महत्वपूर्ण शासक था।

(*c*) महिपाल I का शासन (11वीं शताब्दी, 1030-1050 ईस्वी) : पाल वंश के इस शासक ने बंगाल और बिहार में अपना प्रभाव बढ़ाया।

(*e*) सेन वंश द्वारा पाल वंश का अंत (12वीं शताब्दी, 1170 के बाद) : सेन वंश ने पाल वंश को हराकर बंगाल में अपनी सत्ता स्थापित की।

सही कालक्रम : 753 ईस्वी → 805 ईस्वी → 10वीं शताब्दी → 1030 ईस्वी → 1170 ईस्वी।

76. (C): पूरन चंद, एक हिंदू दीवान, निजाम-उल-मुल्क के अधीन कार्यरत था। निजाम-उल-मुल्क (आसफ जाह I) 1724 में स्वतंत्र रूप से हैदराबाद के पहले निजाम बने और मुगल साम्राज्य की कमजोर होती स्थिति के बीच उन्होंने दक्कन में सत्ता स्थापित की। पूरन चंद उनके प्रशासन में वित्तीय मामलों की देखरेख करने वाले प्रमुख व्यक्तियों में से एक था।

77. (D): हुमायूँ का मकबरा जहाँगीर से संबंधित नहीं है, बल्कि इसे अकबर ने 1565-1572 ईस्वी के बीच बनवाया था। यह दिल्ली में स्थित है और फारसी स्थापत्य शैली का उत्कृष्ट उदाहरण माना जाता है।

अन्य इमारतें जहाँगीर से जुड़ी हैं :

(A) काला बुर्ज, लाहौर : जहाँगीर द्वारा निर्मित एक संरचना।

(B) एतमाद-उद-दौला का मकबरा : नूरजहाँ ने अपने पिता के लिए बनवाया, जहाँगीर काल से संबंधित।

(C) निशात बाग : कश्मीर में स्थित यह मुगल बाग जहाँगीर के शासनकाल में विकसित हुआ।

78. (A): बंकिम चंद्र चटर्जी कलकत्ता विश्वविद्यालय (1857 में स्थापित) के पहले दो स्नातकों में से एक थे। उन्होंने भारतीय साहित्य में महत्वपूर्ण योगदान दिया और 'आनंदमठ' (1882) लिखा, जिसमें प्रसिद्ध गीत 'वंदे मातरम्' शामिल था।

अन्य विकल्प गलत हैं :

(B) देवेन्द्र नाथ टैगोर : वे शिक्षाविद् थे लेकिन कलकत्ता विश्वविद्यालय के पहले स्नातकों में नहीं थे।

(C) सुरेंद्र नाथ बनर्जी : वे बाद में भारतीय स्वतंत्रता संग्राम में सक्रिय हुए।

(D) कादम्बिनी गांगुली : वे पहली भारतीय महिला स्नातकों में से थीं, लेकिन बाद के समय में।

79. (B):

(*a*) अरघटा - सिंचाई (II) : अरघटा एक जल सिंचाई उपकरण था जिसका उपयोग पानी निकालने के लिए किया जाता था।

(*b*) तमंचा - युद्धाभ्यास (I) : तमंचा एक छोटा आग्नेयास्त्र था, जिसका उपयोग युद्धों में किया जाता था।

(*c*) परगना - प्रशासन (III) : परगना मुगलकालीन प्रशासनिक इकाई थी।

(*d*) इक अस्पा दुह अस्पा - मनसबदारी (IV) : मनसबदारी प्रणाली में 'इक अस्पा दुह अस्पा' का उपयोग घुड़सवार सेना की संख्या दर्शाने के लिए किया जाता था।

80. (B):

(*a*) 1860-61 में उत्तर-पश्चिमी प्रांत में भयंकर अकाल पड़ा, जिससे दिल्ली और आगरा प्रभावित हुए।

(*b*) 1866-67 में उड़ीसा में अकाल पड़ा, जिसे 'Sea of Calamity' कहा गया।

(*c*) 1868-69 में राजपूताना में अकाल पड़ा, जिसने मारवाड़, बीकानेर और अजमेर को प्रभावित किया।

(*d*) 1866-67 में मद्रास प्रेसीडेंसी में अकाल पड़ा, जो बेल्लारी, सेलम, कोयंबटूर और दक्षिण अर्कोट तक फैला।

(*e*) 1868-69 में पंजाब, बंबई और सेंट्रल प्रॉविंसेस में अकाल जैसी स्थिति उत्पन्न हुई।

इन सभी अकालों ने ब्रिटिश प्रशासन की अक्षमता को उजागर किया और बाद में अकाल राहत नीतियां लागू की गईं।

81. (D):

(*a*) इल्तुतमिश - कुतुब मीनार : इल्तुतमिश (1211-1236 ई.) ने कुतुब मीनार का निर्माण कार्य पूरा किया। इसे कुतुबुद्दीन ऐबक ने प्रारंभ किया था, लेकिन उनकी मृत्यु के बाद इल्तुतमिश ने इसे पूरा कराया।

(*b*) अकबर - हुमायूँ का मकबरा : हुमायूँ का मकबरा अकबर (1556-1605 ई.) के शासनकाल में 1565-1572 ई. के बीच बनवाया गया। इसकी निर्माण योजना हुमायूँ की पत्नी हाजी बेगम ने बनाई थी।

(*c*) अकबर - जामा मस्जिद, दिल्ली (गलत) : जामा मस्जिद दिल्ली का निर्माण शाहजहाँ (1650-1656 ई.) के शासनकाल में हुआ था, न कि अकबर के समय।

(*d*) अलाउद्दीन खिलजी - अदीलाबाद का किला (गलत) : अदीलाबाद का किला मुहम्मद बिन तुगलक (1325-1351 ई.) ने बनवाया था, न कि अलाउद्दीन खिलजी ने।

(*e*) बलबन - दौलताबाद का किला (गलत) : दौलताबाद का किला यादव वंश के राजा भीमदेव द्वारा बनवाया गया था और बाद में मुहम्मद बिन तुगलक द्वारा इसका उपयोग किया गया।

82. (A): अजंता गुफाओं में बुद्ध की माता महामाया को 'एथेनियई मेट्रॉन' के रूप में चित्रित किया गया है। यह चित्रण बौद्ध कला और प्रतीकवाद को दर्शाता है, जिसमें महामाया को एक दिव्य माता के रूप में दिखाया गया है।

अन्य विकल्प गलत हैं :

(B) अपोलो : यह ग्रीक देवता से संबंधित है।

(C) यक्षी : यक्षी आमतौर पर जैन और हिंदू मूर्तिकला में पाए जाते हैं।

(D) यमी : यमराज की बहन यमी हिंदू पौराणिक कथाओं से संबंधित हैं।

83. (A): अलाउद्दीन खिलजी (1296-1316 ई.) दिल्ली सल्तनत के खिलजी वंश के शासक थे। उन्होंने मंगोल आक्रमणों को रोका, बाजार नियंत्रण नीति लागू की और दक्षिण भारत में अपने सैन्य अभियानों का विस्तार किया।

अन्य विकल्प गलत हैं :

(B) बलबन : उन्होंने 1266-1287 ई. तक शासन किया।

(C) इल्तुतमिश : उन्होंने 1211-1236 ई. तक शासन किया।

(D) मुहम्मद बिन तुगलक : उन्होंने 1325-1351 ई. तक शासन किया।

84. (D)

(*a*) इतिहास अनन्य रूप से अनूठे घटनाओं का अध्ययन करता है, जबकि विज्ञान सामान्य परिघटनाओं का अध्ययन करता है। इतिहास विशिष्ट घटनाओं, व्यक्तित्वों और समाजों का अध्ययन करता है। विज्ञान सार्वभौमिक नियमों और दोहराए जाने वाले घटनाक्रमों पर आधारित होता है।

(*b*) विज्ञान से इतर इतिहास में धर्म और नैतिकता शामिल होते हैं। इतिहास में सामाजिक और सांस्कृतिक मूल्यों को ध्यान में रखा जाता है, जबकि विज्ञान नैतिकता से स्वतंत्र होता है।

(*d*) इतिहास भविष्यवाणी करने में अक्षम है। विज्ञान में प्रयोग और गणना के आधार पर भविष्यवाणियां की जा सकती हैं, लेकिन इतिहास अतीत की घटनाओं का विश्लेषण करता है और निश्चित भविष्यवाणियां नहीं कर सकता।

अन्य विकल्प गलत हैं :

(*c*) इतिहास केवल दार्शनिक विषयों से संबंधित नहीं है।

(*e*) 'इतिहास सबकों की श्रृंखला है' यह कथन ऐतिहासिक घटनाओं की प्रकृति को पूरी तरह नहीं दर्शाता।

85. (A): मत्स्य पुराण में कुल 460 वर्षों की कालानुक्रमिक अवधि के साथ 30 सातवाहन शासकों की सूची दी गई है। यह पुराण सातवाहन वंश के विस्तृत इतिहास का उल्लेख करता है, जो दक्षिण भारत में एक महत्वपूर्ण राजवंश था।

अन्य विकल्प गलत हैं :

(B) वायु पुराण : इसमें सातवाहन वंश का उल्लेख नहीं मिलता।

(C) स्कंद पुराण : यह पुराण धार्मिक कथाओं पर अधिक केंद्रित है।

(D) विष्णु पुराण : इसमें सातवाहन शासकों की सूची नहीं दी गई है।

86. (D): 'कर्पूरमंजरी' संस्कृत के महान नाटककार राजशेखर द्वारा रचित एक प्रमुख नाटक है। यह संस्कृत के बजाय प्राकृत भाषा में लिखा गया है और भारतीय नाट्यशास्त्र की परंपरा में एक महत्वपूर्ण स्थान रखता है। राजशेखर ने 9वीं-10वीं शताब्दी के दौरान यह नाटक लिखा और यह श्रृंगार रस पर आधारित है।

अन्य विकल्प गलत हैं :

(A) हेमचंद्र : एक जैन विद्वान थे और उन्होंने व्याकरण और साहित्य पर कार्य किया।

(B) कृष्ण मिश्र : 'प्रबोध चंद्रोदय' के लेखक थे।

(C) वागूभट : आयुर्वेद के प्रसिद्ध विद्वान थे।

87. (C): मेहरगढ़ (7000-2500 ईसा पूर्व) भारतीय उपमहाद्वीप में नवपाषाण युग की सबसे पुरानी बस्तियों में से एक थी। यह आधुनिक पाकिस्तान के बलूचिस्तान प्रांत में स्थित है। यहाँ कृषि, पशुपालन, मिट्टी के बर्तन, और घर बनाने के प्रमाण मिले हैं।

अन्य विकल्प गलत हैं :

(A) खोल्वी : मध्यकालीन स्थल है।

(B) मसूलीपट्टनम : यह मध्यकाल में व्यापारिक केंद्र था, नवपाषाण स्थल नहीं था।

(D) कालीबंगा : यह सिंधु घाटी सभ्यता (2600-1900 ईसा पूर्व) का स्थल था, नवपाषाण स्थल नहीं था।

88. (*): (क्योंकि दिए गए सभी कथन ऐतिहासिक रूप से पूर्णतः सही नहीं हैं)

(*a*) गलत : भारतीय राष्ट्रीय कांग्रेस की स्थापना 1885 में हुई थी, न कि 1884 में। ए.ओ. ह्यूम इसके संस्थापक थे, लेकिन यह विचार एलन ऑक्टेवियन ह्यूम, दादाभाई नौरोजी और अन्य नेताओं द्वारा प्रस्तावित किया गया था।

(*b*) आंशिक रूप से सही : कांग्रेस के द्वितीय अधिवेशन (1886) में आर्थिक संकटों और ब्रिटिश शोषण पर चर्चा हुई थी।

(*c*) सही : 1887 में कांग्रेस के तृतीय अधिवेशन में सुधार पर जोर दिया गया, क्रांति पर नहीं।

(*d*) गलत : कांग्रेस ने 1888 में विलियम डिग्बी के अंतर्गत लंदन में कोई भुगतान एजेंसी स्थापित नहीं की थी।

(*e*) गलत : ए.ओ. ह्यूम ने 'किसान क्रांति' का पूर्वानुमान लगाने का कोई आधिकारिक दस्तावेज जारी नहीं किया था।

89. (C): चोल राजा राजेंद्र I (1014-1044 ईस्वी) ने दक्षिण भारत और दक्षिण पूर्व एशिया के कई क्षेत्रों पर विजय प्राप्त की थी।

उनके द्वारा जीते गए क्षेत्र :

(*a*) पन्नइ

(*b*) मलाइयुर

(*d*) वलाई पन्नडुरू

(*e*) मडामलिंगम

(*c*) गोपकापट्टनम : इस क्षेत्र पर राजेंद्र I की कोई प्रत्यक्ष विजय का प्रमाण नहीं मिलता।

90. (D): दिल्ली सल्तनत के सुल्तानों को कई विशेषाधिकार प्राप्त थे, लेकिन मस्जिद निर्माण उनका अनन्य विशेषाधिकार नहीं था। मस्जिदें स्थानीय शासकों, सूफी संतों, अमीरों और व्यापारियों द्वारा भी बनवाई जाती थीं।

अन्य विकल्प सही हैं :

(A) अपने नाम से सिक्कों का चलन : सुल्तानों का एक प्रमुख विशेषाधिकार था कि वे अपने नाम से सिक्के जारी करते थे।

(B) खुतबा पढ़ना : जुमे की नमाज में खलीफा या सुल्तान के नाम का खुतबा पढ़ा जाता था, जो सत्ता की वैधता को दर्शाता था।

(C) हाथी पर सवार होना : यह भी राजसी विशेषाधिकारों में से एक था, जिसे आम जनता को नहीं दिया जाता था।

91. (B): शीरीन रत्नागर ने तर्क दिया कि मेसोपोटामिया के साथ लाजवर्द मणि (Lapis Lazuli) के व्यापार में गिरावट हड़प्पा सभ्यता के पतन का एक कारण था। उनके शोध के अनुसार, मेसोपोटामिया और हड़प्पा के बीच व्यापारिक संबंध बहुत महत्वपूर्ण थे, और जब यह व्यापार कमजोर हुआ, तो हड़प्पा सभ्यता की अर्थव्यवस्था पर नकारात्मक प्रभाव पड़ा। अन्य विद्वानों ने भी हड़प्पा सभ्यता के पतन में व्यापारिक गिरावट को एक प्रमुख कारक माना है, लेकिन शीरीन रत्नागर ने इसे विशेष रूप से विश्लेषण किया।

92. (C): मोहनजोदड़ो में पाए गए कुछ बर्तन मेसोपोटामिया के टेल अस्मार (Tell Asmar) से मिली कलाकृतियों से मिलते-जुलते हैं। विशेष रूप से, हड़प्पाई बर्तनों पर अलंकरण और डिजाइन, जो उनकी घुंडियों के चारों ओर पाए जाते हैं, मेसोपोटामिया की पारंपरिक डिजाइनों से तुलना किए जाते हैं।

अन्य विकल्प गलत हैं :

(A) खोखली चिड़िया के रूप में सीटियाँ : यह मुख्य रूप से हड़प्पाई सभ्यता की विशेषता है।

(B) पर्णाकार छुरियाँ : यह अधिकतर स्थानीय शिल्पकारी का भाग थी।

(D) जैस्पर और गोमेद के अनगढ़ माइक्रोलिथ : यह भी विशिष्ट रूप से हड़प्पाई कारीगरी थी।

93. (C): बनावली (हरियाणा) हड़प्पा सभ्यता का एक प्रमुख स्थल है, जहाँ से टेराकोटा (पकी मिट्टी) का हल मिला है। यह खोज महत्वपूर्ण है क्योंकि यह सिंधु घाटी सभ्यता के कृषि उपकरणों और उनके उपयोग को दर्शाती है।

अन्य विकल्प गलत हैं :

(A) सोरटुघई : यह एक अफगानिस्तान में स्थित हड़प्पा स्थल है, लेकिन यहाँ हल नहीं मिला।

(B) कोट दिजी : यह पाकिस्तान में स्थित हड़प्पा स्थल है, लेकिन हल की खोज नहीं हुई।

(D) लोथल : यह एक प्रमुख हड़प्पा व्यापारिक बंदरगाह था, लेकिन हल की खोज नहीं हुई।

94. (A): स्टुअर्ट पिगट ने सबसे पहले यह सुझाव दिया कि हड़प्पा सभ्यता में निरंकुश पुरोहित राजा शासन करते थे। उन्होंने तर्क दिया कि हड़प्पा समाज में धर्म और प्रशासन का संयोजन था, और संभवतः पुरोहित वर्ग का शासन था।

अन्य विकल्प गलत हैं :

(B) एस.सी. मलिक : इन्होंने हड़प्पा संस्कृति की सामाजिक संरचना पर शोध किया लेकिन पुरोहित-राजा शासन का सुझाव नहीं दिया।

(C) जिम शेफर : उन्होंने हड़प्पा सभ्यता और इसके पतन से जुड़े पर्यावरणीय और व्यापारिक पहलुओं पर कार्य किया।

(D) एल्मन आर. सर्विस : उन्होंने हड़प्पा कालीन समाज के अन्य पहलुओं पर ध्यान केंद्रित किया, लेकिन पुरोहित-राजा शासन की अवधारणा को लेकर विशेष रूप से चर्चा नहीं की।

95. (D): हाल में की गई खोजों के अनुसार, हड़प्पा सभ्यता और मेसोपोटामिया के बीच व्यापारिक संबंध थे, लेकिन हड़प्पा सभ्यता को पूरी तरह से मेसोपोटामिया के संदर्भ में परिभाषित नहीं किया जा सकता। हालाँकि कुछ सांस्कृतिक समानताएँ (जैसे व्यापारिक मुहरें और बर्तन) देखी जाती हैं, लेकिन हड़प्पा की अपनी विशिष्ट पहचान थी।

अन्य विकल्प गलत हैं :

(A) लिपि कीलाकार लिपि के समान है : हड़प्पा लिपि और कीलाकार लिपि (Cuneiform) अलग-अलग स्क्रिप्ट थीं।

(B) मोहरें और उनके प्रतीक चिह्न सुमेरियाई हैं : हड़प्पाई मोहरों का डिजाइन अद्वितीय था और सुमेरियाई प्रतीकों से भिन्न था।

(C) गुजरात और राजस्थान के छोटे स्थल मेसोपोटामियाई विशेषताएँ दर्शाते हैं : यह कथन पूरी तरह सही नहीं है, क्योंकि गुजरात और राजस्थान में मिले हड़प्पाई स्थलों में स्थानीय तत्व अधिक थे।

96. (B): फाह्यान (चीनी बौद्ध यात्री) ने अपने यात्रा वृत्तांत में पाटलिपुत्र (आधुनिक पटना) का वर्णन किया था, जहाँ उन्होंने अस्पतालों और स्वास्थ्य सुविधाओं का उल्लेख किया। उन्होंने उल्लेख किया कि इन अस्पतालों में गरीब और बीमार व्यक्तियों का निःशुल्क उपचार किया जाता था। पाटलिपुत्र उस समय गुप्त साम्राज्य की राजधानी थी और यह चिकित्सा, शिक्षा, एवं बौद्ध धर्म का एक महत्वपूर्ण केंद्र था।

अन्य विकल्प गलत हैं :

(A) पैठन : यह दक्षिण भारत में स्थित एक महत्वपूर्ण नगर था, लेकिन फाह्यान ने इसका उल्लेख नहीं किया।

(C) वैशाली : यह एक प्राचीन गणराज्य था, लेकिन अस्पतालों के संदर्भ में इसका उल्लेख नहीं हुआ।

(D) काशी : यह एक प्रमुख धार्मिक और सांस्कृतिक केंद्र था, लेकिन फाह्यान ने इसे अस्पतालों के संदर्भ में उल्लेखित नहीं किया।

97. (C): आयुर्वेद के 'वृहतत्रयी' (बड़े तीन) में चरक, सुश्रुत और वाग्भट को शामिल किया जाता है। वाग्भट ने 'अष्टांगहृदयसंहिता' और 'अष्टांगसंग्रह' की रचना की, जो आयुर्वेद चिकित्सा का एक महत्वपूर्ण ग्रंथ है।

अन्य विकल्प गलत हैं :

(A) ब्रह्मगुप्त : वे एक प्रसिद्ध गणितज्ञ और खगोलशास्त्री थे, न कि आयुर्वेदाचार्य।

(B) धन्वंतरि : उन्हें आयुर्वेद का जनक माना जाता है, लेकिन वे 'वृहतत्रयी' में शामिल नहीं हैं।

(D) भास्कर : वे एक गणितज्ञ थे और आयुर्वेद से संबंधित नहीं थे।

98. (B): आयुष मंत्रालय में आयुर्वेद, योग, प्राकृतिक चिकित्सा, यूनानी, सिद्ध और होम्योपैथी शामिल हैं। एलोपैथी (Allopathy) इसमें शामिल नहीं है क्योंकि यह आधुनिक चिकित्सा पद्धति (Modern Medicine) के अंतर्गत आता है और इसे स्वास्थ्य एवं परिवार कल्याण मंत्रालय (Ministry of Health and Family Welfare) के तहत नियंत्रित किया जाता है।

अन्य विकल्प आयुष मंत्रालय में शामिल हैं :

(A) आयुर्वेद : पारंपरिक भारतीय चिकित्सा पद्धति।

(C) सिद्ध : दक्षिण भारत में प्रचलित पारंपरिक चिकित्सा प्रणाली।

(D) होम्योपैथी : एक वैकल्पिक चिकित्सा प्रणाली।

99. (A): अशोक के प्रमुख शिलालेख-2 में चिकित्सीय उपचार, लाभकारी औषधीय जड़ी-बूटियों और फलों के रोपण की जानकारी दी गई है। इस शिलालेख में उल्लेख किया गया है कि अशोक ने न केवल भारत में बल्कि अपने पड़ोसी देशों में भी चिकित्सा सुविधाओं और औषधीय पौधों की व्यवस्था करवाई। उन्होंने मनुष्यों और पशुओं के लिए स्वास्थ्य सुविधाओं की व्यवस्था की।

अन्य विकल्प गलत हैं :

(B) शिलालेख-3 : इसमें धार्मिक सहिष्णुता का उल्लेख है।

(C) शिलालेख-6 : इसमें अशोक की नीति और प्रजापालक दृष्टिकोण का वर्णन है।

(D) उपर्युक्त में कोई नहीं : यह गलत है क्योंकि प्रमुख शिलालेख-2 में स्पष्ट रूप से चिकित्सा से संबंधित जानकारी दी गई है।

100. (D): भारतीय इतिहास में सिविल अस्पताल के आदर्श स्वरूप का प्राचीनतम संदर्भ 'चरक संहिता' में मिलता है। चरक संहिता में चिकित्सा पद्धति, अस्पतालों की व्यवस्था, चिकित्सकों के कर्तव्य और औषधियों की उपलब्धता का विस्तृत वर्णन किया गया है। यह ग्रंथ आयुर्वेद के आठ अंगों (अष्टांग आयुर्वेद) को परिभाषित करता है और चिकित्सा क्षेत्र में अत्यधिक प्रभावशाली रहा है।

अन्य विकल्प गलत हैं :

(A) अष्टांगहृदयसंहिता : वाग्भट द्वारा रचित है, लेकिन यह चरक संहिता से बाद का ग्रंथ है।

(B) फाह्यान का वृत्तांत : इसमें अस्पतालों का वर्णन है, लेकिन यह चरक संहिता से बाद में लिखा गया।

(C) सुश्रुत संहिता : इसमें शल्य चिकित्सा (सर्जरी) पर अधिक जोर दिया गया है, लेकिन सिविल अस्पतालों की संकल्पना चरक संहिता में स्पष्ट रूप से मिलती है।

पिछले प्रश्न-पत्र

National Testing Agency (NTA)

UGC-NET जूनियर रिसर्च फैलोशिप तथा सहायक प्राध्यापक पात्रता परीक्षा

इतिहास, अगस्त-2024

(Exam held on 29-08-2024)

प्रश्न-पत्र-II

1. निम्नलिखित में से किस इतिहासकार ने गयासुद्दीन तुगलक की बिजली गिरने से हुई आकस्मिक मृत्यु का विवरण प्रस्तुत किया है?

A. बरनी
B. इसामी
C. इब्नबतूता
D. बदायूँनी

2. अंग्रेज ईस्ट इंडिया कंपनी ने वर्ष 1623 तक निम्नलिखित स्थानों पर फैक्ट्रियाँ (व्यापारिक चौकियाँ) स्थापित कीं:

A. बड़ौदा, कलकत्ता और हैदराबाद
B. भरुच, अहमदाबाद, आगरा और मसूलीपट्टम्
C. बीकानेर, पानीपत और मैसूर
D. बंबई, चंद्रनगर और पाण्डिचेरी

3. सूची-I के साथ सूची-II का मिलान कीजिए:

सूची-I (नाम)	सूची-II (संबद्ध क्षेत्र)
(a) इक्ष्वाकु	I. पश्चिमी दक्कन
(b) कदम्ब	II. कृष्णा-गोदावरी क्षेत्र
(c) वाकाटक	III. छत्तीसगढ़ क्षेत्र
(d) शरभपुरीय	IV. उत्तरी दक्कन

नीचे दिए गए विकल्पों में से **सही** उत्तर का चयन कीजिए:

	(a)	(b)	(c)	(d)
A.	I	II	III	IV
B.	II	I	IV	III
C.	III	IV	I	II
D.	IV	III	II	I

4. लार्ड कार्नवालिस ने वर्ष 1793 में किस स्थान पर स्थायी बंदोबस्त की शुरुआत की थी?

A. बंगाल और बिहार
B. बंगाल, बिहार और उड़ीसा
C. बंगाल और मद्रास
D. बंगाल और बंबई

5. चोल शासन काल के दौरान, 'इरिविरपत्तन' का तात्पर्य था:

A. नगरों से संचालित व्यापारियों का समूह
B. पथकर/उपकर का प्रकार
C. संरक्षित व्यापारिक नगर, जो व्यापार के प्रमुख केंद्र के रूप में उभरे
D. नगर निवासियों की आचार-संहिता

6. निम्नांकित कथनों में से कौन-से कथन सही हैं?

(a) मध्यकाल के आरंभ में दक्षिण भारतीय ग्राम जीवन की मूलभूत इकाई 'उर' थी।
(b) 'उर' ग्राम सभाओं के साथ-साथ ग्राम से भी संबंधित था।
(c) 'उर' गैर-ब्रह्मदेय ग्राम था।
(d) 'नाडु', 'सभा' और 'नगरम्' जैसे कार्पोरेट निकाय राजस्व के मूल्यांकन और संग्रह का कार्य नहीं करते थे।

नीचे दिए गए विकल्पों में से **सही** उत्तर का चयन कीजिए:

A. केवल (*a*) और (*b*)
B. केवल (*c*) और (*d*)
C. केवल (*a*), (*b*) और (*c*)
D. केवल (*a*), (*c*) और (*d*)

7. अकाल के संदर्भ में निम्नलिखित में से कौन-से तीन कथन सही हैं?

(*a*) वर्ष 1880 में लार्ड लिटन सरकार ने स्ट्रेची कमीशन गठित किया।
(*b*) सर एंथोनी मैकडोनेल की अध्यक्षता में लार्ड कर्जन ने एक आयोग (कमीशन) गठित किया। इसने वर्ष 1901 में अपनी रिपोर्ट सौंपी।
(*c*) वर्ष 1876-78 के अकाल ने मद्रास, बंबई, उत्तर प्रदेश और पंजाब को प्रभावित किया।
(*d*) वर्ष 1866 के अकाल ने राजपूताना, पंजाब, मध्यप्रांत और बरार तथा मराठवाड़ा को प्रभावित किया।

नीचे दिए गए विकल्पों में से **सही** उत्तर का चयन कीजिए:

A. केवल (*a*), (*c*) और (*d*)
B. केवल (*a*), (*d*) और (*b*)
C. केवल (*a*), (*b*) और (*c*)
D. केवल (*b*), (*c*) और (*d*)

8. वर्ष 1302 के अंत में या अगले वर्ष के प्रारंभ में अलाउद्दीन खिलजी ने वारंगल पर आक्रमण के लिए जो सैन्य टुकड़ी भेजी थी, जिसकी बुरी तरह पराजय हुई, उसके सेनापति कौन थे?

A. नुसरत खान और मलिक नायब
B. उमर खान और मंगू खान
C. फखरुद्दीन जौना और छज्जू
D. कमालुद्दीन गुर्ग

9. निम्नांकित फारसी ग्रंथों को उनकी पूर्णता के कालानुक्रम में व्यवस्थित कीजिए (पहले से बाद):

(*a*) तारीख-ए-दाउदी
(*b*) मसनवी-ए-आलमगीरी
(*c*) तारीख-ए-अल्फी
(*d*) पादशाह-नामा

नीचे दिए गए विकल्पों में से **सही** उत्तर का चयन कीजिए:

A. (*b*), (*d*), (*a*), (*c*)
B. (*a*), (*c*), (*d*), (*b*)
C. (*a*), (*b*), (*c*), (*d*)
D. (*c*), (*a*), (*d*), (*b*)

10. विशिष्टाद्वैत संप्रदाय के दर्शन का विस्तृत प्रतिपादन करने वाली पुस्तक 'न्याय-तत्व' के लेखक हैं:

A. नाथमुनि
B. लगधमुनि
C. भरतमुनि
D. रामानुजाचार्य

11. निम्नलिखित में से किस सूफी संत ने हिंदुओं को 'अहले किताब' और वेदों को 'ईश्वरादिष्ट (अवतरित) पुस्तक' कहा था?

A. मिर्जा मजहर जान-ए-जाना
B. शेख अब्दुल कद्दुस
C. बयाजिद अंसारी
D. शाह अब्दुल लतीफ

12. सन् 1855-56 में बिहार और बंगाल की ______ जनजाति ने कुल्हाड़ी और तीर-धनुष से युक्त होकर अपने क्षेत्र से ब्रिटिश शासन को अस्थायी तौर पर उखाड़ फेंका।

A. हो और मुंडा
B. संथाल
C. पाईका
D. भील

13. कृष्ण की समर्पित प्रेयसी (प्रियतमा) के रूप में 'राधा' के प्राचीनतम साक्ष्य से संबंधित ग्रंथ निम्न में से कौन हैं?

(*a*) अष्टांगहृदयसंग्रह
(*b*) गीत गोविन्द
(*c*) हर्षचरित
(*d*) ब्रह्मवैवर्तपुराण

नीचे दिए गए विकल्पों में से **सही** उत्तर का चयन कीजिए:

A. केवल (*a*), (*b*) और (*c*)
B. केवल (*b*) और (*d*)
C. केवल (*b*) और (*c*)
D. केवल (*b*), (*c*) और (*d*)

14. सन् 1800 तक मराठा पांच बड़े प्रमुखों (चीफ) का परिसंघ बन चुका था। ये पांच बड़े प्रमुख कौन-से थे?

A. पुणे में पेशवा, बड़ौदा में गायकवाड़, ग्वालियर में सिंधिया, इंदौर में होल्कर और नागपुर में भोंसले

B. पुणे में गायकवाड़, बड़ौदा में पेशवा, नागपर में होल्कर, इंदौर में भोंसले और ग्वालियर में सिंधिया

C. ग्वालियर में सिंधिया, पुणे में भोंसले, इंदौर में गायकवाड़, बड़ौदा में होल्कर और नागपुर में पेशवा

D. पुणे में सिंधिया, ग्वालियर में पेशवा, बड़ौदा में होल्कर, इंदौर में गायकवाड़ और नागपुर में भोंसले

15. 'स्पेनिश फ्लू' वर्ष 1918 में सर्वप्रथम भारत के किस शहर में पहुँचा?

A. कलकत्ता B. बंबई
C. लाहौर D. पूना

16. 19वीं और 20वीं सदी में चित्रकारी की संवृद्धि और विकास के बारे में निम्नांकित कथनों पर विचार कीजिए:

(*a*) कलकत्ता स्कूल ऑफ आर्ट की स्थापना 1854 में हुई।

(*b*) कालीघाट चित्रकारी 19वीं सदी के प्रथम चतुर्थांश (फर्स्ट क्वार्टर) में विकसित हुई।

(*c*) सन् 1905 में अबनींद्रनाथ टैगोर ने सर्वप्रथम भारत माता का चित्र बनाया।

(*d*) सन् 1903 में आयोजित कांग्रेस के मद्रास अधिवेशन में रवि वर्मा की चित्रकारी की प्रदर्शनी लगी थी और लगभग उसी काल में अंग्रेजों ने उन्हें कैसर-ए-हिन्द (1904) की उपाधि दी।

नीचे दिए गए विकल्पों में से **सही** उत्तर का चयन कीजिए:

A. केवल (*a*), (*c*) और (*d*)
B. केवल (*a*), (*b*) और (*c*)
C. केवल (*a*), (*b*) और (*d*)
D. केवल (*b*), (*c*) और (*d*)

17. गयासुद्दीन तुगलक द्वारा भेजी गयी सेना को पराजित करने वाला उड़ीसा का पूर्वी गंग राजा निम्न में से कौन था?

A. नरसिंह II B. भानुदेव II
C. नरसिंह III D. कपिलेन्द्र

18. सूची-I के साथ सूची-II का मिलान कीजिए:

सूची-I (ग्रंथ)	सूची-II (विवरण)
(*a*) ऋत	I. इसमें बलि की व्याख्या की गई है।
(*b*) सामवेद	II. इसमें पुजारियों को अनुष्ठानों (कर्मकाण्ड) के संदर्भ में मार्गदर्शन है।
(*c*) यजुर्वेद	III. इसमें जप के निमित्त मंत्रों का संकलन है।
(*d*) ब्राह्मण	IV. इसमें ब्रह्मांड और मनुष्य को संचालित करने वाले विधि-सिद्धांत हैं।

नीचे दिए गए विकल्पों में से **सही** उत्तर का चयन कीजिए:

	(*a*)	(*b*)	(*c*)	(*d*)
A.	IV	III	I	II
B.	III	II	IV	I
C.	IV	III	II	I
D.	III	IV	I	II

19. निम्नलिखित में से किसने कहा कि इतिहास केवल विज्ञान है, न इससे कुछ कम तथा न इससे अधिक?

A. कालिंगवुड B. जे.बी. बरी
C. टॉयनबी D. लार्ड एक्टन

20. 'समग्र इतिहास' (टोटल हिस्ट्री) की संकल्पना किसने प्रचारित की?

A. आगस्ट कॉम्ट B. जार्ज एम. ट्रेवेलियन
C. सी.वी. लैंगलॉयस D. मार्क ब्लॉक

21. चोल राज्य के संदर्भ में अनुष्ठानिक संप्रभुता और वास्तविक राजनैतिक नियंत्रण के मध्य विभेद, निम्नलिखित का द्योतक है:

A. सामंती मॉडल के प्रतिपादक
B. केन्द्रीकृत राज्य प्रतिपादक
C. निरंकुश राज्य प्रतिपादक
D. खंडीय राज्य प्रतिपादक

22. निम्नलिखित में से किसने कलकत्ता अभियान के दौरान कासिम बाजार में अंग्रेजों की फैक्ट्री पर कब्जा किया तथा 20 जून, 1756 को फोर्ट विलियम पर अधिकार जमाया?

A. टीपू सुल्तान B. मीर जफर
C. सिराजुद्दौला D. मीर कासिम

23. निम्नांकित में से कौन मगध से संबंधित नहीं है?

A. हर्यंक B. कैवर्त
C. शिशुनाग D. नंद

24. नीचे दिए गये पुरातत्त्व विज्ञान/पुरातत्वीय परिपेक्ष्यों के परिवर्तनकारी स्वरूप को प्रारंभिक से नवीनतम के अनुक्रम में व्यवस्थित कीजिए:

(*a*) नवीन एवं प्रक्रम धर्मी पुरातत्त्व
(*b*) उद्विकास का अनुजात मॉडल
(*c*) विसरणकारी परिप्रेक्ष्य
(*d*) सांस्कृतिक विरासत का देशी पुरातत्व विज्ञान

नीचे दिए गए विकल्पों में से **सही** उत्तर का चयन कीजिए:

A. (*c*), (*d*), (*b*), (*a*)
B. (*c*), (*a*), (*b*), (*d*)
C. (*b*), (*c*), (*a*), (*d*)
D. (*d*), (*c*), (*b*), (*a*)

25. बंगाल में अंग्रेजी शासन के उदय के बारे में निम्नांकित कथनों पर विचार कीजिए:

(*a*) सुल्तान शुजा की अनुमति से सन् 1651 में बंगाल के हुगली में अंग्रेजों की पहली फैक्ट्री स्थापित हुई।
(*b*) 'ब्लैक होल ट्रैजडी' के उत्तरजीवी और इस कथा के प्रधान लेखक जे. जेड हॉलवेल ने पीड़ितों के नाम का उल्लेख नहीं किया।
(*c*) प्लासी के युद्ध के बाद बंगाल के नवाब ने 'मुर्शिदाबाद संधि' के माध्यम से रॉबर्ट क्लाइव के साथ शांति स्थापित किया।
(*d*) मीर कासिम ने 'कर्नल क्लाइव के सियार' की अहम भूमिका निभाई।
(*e*) बक्सर का युद्ध तीन संयुक्त सैन्य शक्तियों (बंगाल, अवध और दिल्ली) तथा मेजर मुनरो के सेनापतित्व में अंग्रेजों की सेना के मध्य लड़ा गया।

नीचे दिए गए विकल्पों में से **सही** उत्तर का चयन कीजिए:

A. केवल (*a*), (*b*) और (*e*)
B. केवल (*a*), (*b*) और (*c*)
C. केवल (*a*), (*b*) और (*d*)
D. केवल (*b*), (*c*) और (*d*)

26. ऑल इंडिया स्टेट्स पीपुल्स कांग्रेस की स्थापना किस माह और वर्ष में हुई थी?

A. दिसम्बर, 1925 B. दिसम्बर, 1926
C. दिसम्बर, 1927 D. नवम्बर, 1928

27. सूची-I के साथ सूची-II का मिलान कीजिए:

सूची-I (राजा/राजवंश)	**सूची-II (से संबद्ध)**
(*a*) हर्ष	I. तोण्डमण्डलम् क्षेत्र
(*b*) ललितादित्य मुक्तापीड	II. पुष्यभूति शासक
(*c*) पल्लव	III. 'मत्स्यन्याय' का अंत
(*d*) पाल	IV. कारकोट वंश

नीचे दिए गए विकल्पों में से **सही** उत्तर का चयन कीजिए:

	(*a*)	(*b*)	(*c*)	(*d*)
A.	IV	II	I	III
B.	IV	II	III	I
C.	II	IV	I	III
D.	II	IV	III	I

28. मेवाड़ के निम्नलिखित में से किस शासक (राजा) ने संगीतराग, संगीत मीमांसा और सुरप्रबंध नामक संगीत विज्ञान से संबंधित तीन पुस्तकों का लेखन किया था?

A. लक्षसिंह
B. मोकल
C. कुम्भकर्ण (कुम्भा)
D. रायमल्ल

29. निम्नांकित को कालानुक्रम में व्यवस्थित कीजिए (पहले से बाद):

(*a*) पंजाब का विभाजन और पुनर्वास

(*b*) नई शिक्षा नीति, 2020

(*c*) प्रथम राज्य पुनर्गठन अधिनियम

(*d*) भारतीय अर्थव्यवस्था का वैश्वीकरण

नीचे दिए गए विकल्पों में से **सही** उत्तर का चयन कीजिए:

A. (*a*), (*c*), (*d*) और (*b*)

B. (*c*), (*d*), (*b*) और (*a*)

C. (*d*), (*c*), (*a*) और (*b*)

D. (*b*), (*d*), (*c*) और (*a*)

30. मुगल शासन कालीन शिक्षा के बारे में निम्नांकित में से कौन-से कथन सही हैं?

(*a*) पीटर मुंडी ने आगरा में येसु समाजी (जेसुइट) के महाविद्यालय का उल्लेख किया है।

(*b*) माहम अनगा का मदरसा जो खैरुल मंजिल के नाम से प्रसिद्ध था, बदायूँनी ने इसे 'मदरसा-ए-बेगम' की संज्ञा दी थी।

(*c*) शाहजहाँ ने दिल्ली में मदरसा-ए-रहीमिया का निर्माण किया।

(*d*) औरंगजेब ने दिल्ली में दारुल बका का निर्माण किया।

नीचे दिए गए विकल्पों में से **सही** उत्तर का चयन कीजिए:

A. केवल (*a*), (*b*) और (*c*)

B. केवल (*b*), (*c*) और (*d*)

C. केवल (*a*) और (*b*)

D. केवल (*b*) और (*c*)

31. सूची-I के साथ सूची-II का मिलान कीजिए:

सूची-I (शैक्षणिक संस्थान)	**सूची-II (संस्थापक)**
(*a*) संस्कृत कॉलेज, बनारस	I. राजा राममोहन राय, डेविड हेयर और अलेक्जेंडर डफ
(*b*) कलकत्ता मदरसा (मुहम्मडन कॉलेज)	II. रिचर्ड वेलेजली (Richard Wellesley)
(*c*) हिन्दू कॉलेज, कलकत्ता	III. जोनाथन डंकन
(*d*) फोर्ट विलियम कॉलेज, कलकत्ता	IV. वारेन हेस्टिंग्स

नीचे दिए गए विकल्पों में से **सही** उत्तर का चयन कीजिए:

	(*a*)	(*b*)	(*c*)	(*d*)
A.	III	IV	I	II
B.	III	IV	II	I
C.	I	II	III	IV
D.	I	II	IV	III

32. दिल्ली सल्तनल में कारखानों के संदर्भ में निम्नलिखित में से कौन-से कथन सही हैं?

(*a*) मसालिक-उल-अबसार के अनुसार, मुहम्मद तुगलक की कसीदाकारी की कार्यशाला में 4000 सिल्क कारीगर और अनेकों सोने की जरी के कारीगर थे।

(*b*) अफीफ ने इन्हें शाही कारखाने का नाम दिया, फिरोजशाह तुगलक के शासन काल में इनकी संख्या 100 थी।

(*c*) बहुत से कारखाने रातिबी (राज्य सहायता प्राप्त) थे, तथा अन्य कारखाने स्वक्तिपोषित थे (गैर रातिबी)।

(*d*) गैर रातिबी में राजसी पोशाक, बैनर बनाने तथा कालीन बनाने वाले कारखाने शामिल थे।

नीचे दिए गए विकल्पों में से **सही** उत्तर का चयन कीजिए:

A. केवल (*a*), (*b*) और (*c*)

B. केवल (*a*), (*c*) और (*d*)

C. केवल (*c*) और (*d*)

D. केवल (*a*) और (*c*)

33. वराहमिहिर की 'बृहत् संहिता' में निम्नांकित का वर्णन है:

(*a*) वर्षा की मात्रा के मापन की विधि

(*b*) खगोलशास्त्रीय (खगोलीय प्रेक्षण)

(*c*) घरों और मंदिरों का निर्माण

(*d*) पादपों का रोपण और फल उत्पादन में वृद्धि के तरीके

नीचे दिए गए विकल्पों में से **सही** उत्तर का चयन कीजिए:

A. केवल (*b*), (*c*) और (*d*)

B. केवल (*a*), (*b*) और (*d*)

C. केवल (*a*), (*b*) और (*c*)

D. (*a*), (*b*), (*c*) और (*d*)

34. सूची-I के साथ सूची-II का मिलान कीजिए:

सूची-I (विजयनगर काल में ग्रामीण वर्ग)	**सूची-II (उनकी भूमिका (अर्थ))**
(*a*) मणियम	I. प्रहरी
(*b*) कर्णम्	II. मुखिया
(*c*) तलैयरी	III. लेखाकार
(*d*) निरनिक्कर	IV. भिश्ती

नीचे दिए गए विकल्पों में से **सही** उत्तर का चयन कीजिए:

	(*a*)	(*b*)	(*c*)	(*d*)
A.	I	IV	III	II
B.	II	III	IV	I
C.	II	III	I	IV
D.	IV	III	II	I

35. मौर्योत्तर स्रोतों में उल्लिखित निम्नलिखित समुद्री-पत्तनों को भारतीय उपमहाद्वीप में उत्तर से दक्षिण के क्रम में व्यवस्थित कीजिए:

(*a*) बारबेरिकम

(*b*) बेरीगज (भृगुकच्छ)

(*c*) मुजिरिस (मुसिरीपट्टनम)

(*d*) सौप्परा (सोपारा)

नीचे दिए गए विकल्पों में से **सही** उत्तर का चयन कीजिए:

A. (*b*), (*a*), (*d*), (*c*)

B. (*b*), (*a*), (*c*), (*d*)

C. (*a*), (*b*), (*d*), (*c*)

D. (*a*), (*b*), (*c*), (*d*)

36. निम्नलिखित में से किस सूफी संत ने 'अमृत कुण्ड' का 'बहरुल हयात' नाम से अनुवाद किया था?

A. अब्दुल कादिर

B. कलीमुल्ला जहानाबादी

C. शेख मुहम्मद अल-हुसैनी

D. शेख मुहम्मद गौस

37. इंडियन नेशनल आर्मी के नेता निम्नांकित में से कौन नहीं हैं?

A. रास बिहारी बोस और कैप्टन मोहन सिंह

B. कैप्टन मोहन सिंह और सुभाष चंद्र बोस

C. प्रीतम सिंह और कैप्टन मोहन सिंह

D. पृथ्वी सिंह आजाद और फणीन्द्रनाथ घोष

38. कैंची और पेस्ट इतिहास, इतिहास को इस प्रकार प्रस्तुत करता है:

A. विचारधारा का वाहक

B. तथ्यों का मात्र संकलन

C. रूमानियत की एक शाखा

D. एक लिंग इतिहास

39. सिकंदर-जिन्ना समझौता किसके मध्य और कब हुआ था?

A. सिंकदर लोदी और मुहम्मद अली जिन्ना, 1930

B. मुहम्मद अली जिन्ना और सिकंदर हक, 1935

C. सिकंदर हयात खान और मुहम्मद अली जिन्ना, 1937

D. सिकंदर हयात खान और मुहम्मद अली जिन्ना, 1939

40. परंपरागत रूप से 'पंचजनः' में शामिल पाँच प्रमुख आर्य कबीले हैं:

A. भरत, पुरु, त्रित्सु, द्रुह्यु, यदु

B. भरत, त्रित्सु, यदु, तुर्वस, अनु

C. पुरु, त्रित्सु, तुर्वस, द्रुह्यु, यदु

D. पुरु, यदु, तुर्वस, अनु, द्रुह्यु

41. सूची-I के साथ सूची-II का मिलान कीजिए:

सूची-I (मध्यकाल का वैष्णव संप्रदाय)	सूची-II (संस्थापक)
(*a*) महापुरुषिया सम्प्रदाय	I. वल्लभाचार्य
(*b*) पुष्टिमार्ग	II. दामोदरदेव
(*c*) ब्रह्म संहति या बमुनिया	III. पुरुषोत्तम ठाकुर
(*d*) ठाकुरिया संप्रदाय	IV. शंकरदेव

नीचे दिए गए विकल्पों में से **सही** उत्तर का चयन कीजिए:

	(*a*)	(*b*)	(*c*)	(*d*)
A.	IV	III	I	II
B.	IV	I	II	III
C.	IV	I	III	II
D.	I	II	III	IV

42. इतिहास-लेखन में इतिहास का 'रांके का उपागम' निम्नलिखित पर बल देता है:

A. तथ्यों की पवित्रता B. विचारधारा
C. भाव (संवेग) D. संवेदनशीलता

43. विजयनगर और बहमनी राज्य के बीच कोविलकोण्डा का युद्ध किसके शासन काल में हुआ था?

A. कृष्णदेव राय B. सालुव नरसिंह
C. देवराय II D. विजयराय II

44. निम्नलिखित को सही कालानुक्रम में व्यवस्थित कीजिए (पहले से बाद):

(*a*) कोरोमंडल तट पर आंग्ल-फ्रांसीसी युद्ध
(*b*) कलकत्ता में इम्पीरियल अभिलेख विभाग (भारतीय राष्ट्रीय अभिलेखागार) की स्थापना
(*c*) लार्ड रिपन द्वारा प्रसिद्ध संकल्प, जिसे स्थानीय स्वशासन का मैग्नाकार्टा भी कहा जाता है।
(*d*) पंजाब और पश्चिमोत्तर सीमांत प्रांत का ब्रिटिश साम्राज्य द्वारा विलय।

नीचे दिए गए विकल्पों में से **सही** उत्तर का चयन कीजिए:

A. (*a*), (*d*), (*c*) और (*b*)
B. (*b*), (*c*), (*d*) और (*a*)
C. (*d*), (*c*), (*b*) और (*a*)
D. (*c*), (*d*), (*a*) और (*b*)

45. सूची-I के साथ सूची-II का मिलान कीजिए:

सूची-I (पद)	सूची-II (विवरण)
(*a*) प्रादेशिक	I. विभागीय अधिकारी
(*b*) अध्यक्ष	II. ग्राम-अधिकारी
(*c*) नागरक	III. प्रांतीय गवर्नर
(*d*) ग्रामणी	IV. नगर-अधिकारी

नीचे दिए गए विकल्पों में से **सही** उत्तर का चयन कीजिए:

	(*a*)	(*b*)	(*c*)	(*d*)
A.	I	III	II	IV
B.	I	III	IV	II
C.	III	I	II	IV
D.	III	I	IV	II

46. ब्रिटिश काल के दौरान भारतीय प्रेस के संदर्भ में निम्नलिखित कथनों पर विचार कीजिए:

(*a*) लाइसेंसिंग विनिमयन, 1823 के लिए आवश्यक था: (*a*) प्रत्येक मुद्रक या प्रकाशक को प्रेस आरंभ करने या इसके उपयोग के लिए लाइसेंस प्राप्त करना (*b*) गवर्नर जनरल को लाइसेंस को रद्द करने या नये प्रार्थना पत्र मंगाने का अधिकार था।

(*b*) 1857 के महासमर से उत्पन्न आपात स्थिति ने ब्रिटिश सत्ता को प्रेस पर पुनः प्रतिबंध लगाने के लिए बाध्य किया। मेटकॉफ अधिनियम में उल्लिखित एवं उस समय प्रभावी पंजीकरण प्रक्रिया के अतिरिक्त 1857 के नियम पंद्रह ने लाइसेंसिंग-प्रतिबंधों को पुनर्परिभाषित किया।

(*c*) मार्च, 1941 में भारत सरकार ने एक 'प्रेस जाँच समिति' गठित कर उसे प्रेस संबंधी कानूनों की समीक्षा का दायित्व सौंपा।

(*d*) समाचार पत्र अधिनियम, 1908 ने मजिस्ट्रेट को ऐसे समाचारपत्रों के प्रिंटिंग प्रेस व अन्य सम्पत्तियाँ जब्त करने का अधिकार दे दिया, जिनमें प्रकाशित आपत्तिजनक लेख हिंसा या हत्या की उत्प्रेरणा देते थे।

नीचे दिए गए विकल्पों में से **सही** उत्तर का चयन कीजिए:

A. केवल (*a*), (*b*) और (*c*)
B. केवल (*b*), (*c*) और (*d*)
C. केवल (*a*), (*c*) और (*d*)
D. केवल (*a*), (*b*) और (*d*)

47. सन् 1857 के महासमर के बारे में निम्नांकित में से कौन-से कथन सही हैं?

(*a*) वी.डी. सावरकर ने इसे 'राष्ट्रीय स्वतंत्रता का नियोजित युद्ध' कहा है।
(*b*) सावरकर ने यह सिद्ध करने का प्रयास किया कि 1826-27, 1831-32, 1840, 1854 के विद्रोह, 1857 के महासमर के पूर्वाभ्यास थे।
(*c*) टी.आर. होम्स ने इस मत का प्रचार किया कि 1857 का विद्रोह 'ईसाईयों के विरुद्ध कट्टरपंथी धर्मावलंबियों का युद्ध' था।
(*d*) जेम्स आउट्रम और डब्ल्यू. टेलर ने इस महासमर को 'हिन्दू-मुस्लिम षड्यंत्र' का परिणाम माना।
(*e*) एल.ई.आर. रीस ने 1857 के महासमर की व्याख्या 'सभ्यता और बर्बरता के मध्य संघर्ष' के रूप में की।

नीचे दिए गए विकल्पों में से **सही** उत्तर का चयन कीजिए:

A. केवल (*a*), (*b*) और (*c*)
B. केवल (*b*), (*c*) और (*d*)
C. केवल (*a*), (*b*) और (*d*)
D. केवल (*c*), (*d*) और (*e*)

48. महिलाओं की स्थिति के बारे में निम्नांकित में से कौन-से कथन सही हैं?

(*a*) राष्ट्रकूट राजा अमोघवर्ष गणिकाओं को नियमित तौर पर अपना दूत नियुक्त करते थे।
(*b*) चालुक्य वंश की राजकुमारी अक्कादेवी ने प्रांत के शासन का कार्यभार संभाला।
(*c*) इब्न बतूता ने हनौर (दक्षिण भारत) में बालिकाओं की शिक्षा के लिए तेरह (13) स्कूल और बालकों के लिए तेईस स्कूल देखा था।
(*d*) विजयनगर के बारे में वर्थेमा (1505) ने लिखा कि महिलाएं अपने चेहरे को पूरी तरह ढ़क कर बाहर जाती थी।

नीचे दिए गए विकल्पों में से **सही** उत्तर का चयन कीजिए:

A. केवल (*a*), (*b*) और (*c*)
B. केवल (*b*), (*c*) और (*d*)
C. केवल (*a*), (*c*) और (*d*)
D. केवल (*a*) और (*b*)

49. प्राचीन भारत में 'तक्षण' शब्द निम्नलिखित में से किसका द्योतक है?

A. कुलीन (अभिजात)
B. सारथी
C. मुखिया या ग्राम प्रमुख
D. बढ़ई

50. निम्नलिखित आंदोलनों को कालानुक्रम में व्यवस्थित कीजिए (पहले से बाद):

(*a*) ई.वी. रामास्वामी और ए. बलीजा नायडू द्वारा आत्म-सम्मान आंदोलन प्रारंभ किया गया।
(*b*) ज्योतिबा फुले द्वारा सत्यशोधक समाज की स्थापना।
(*c*) श्री नारायण गुरु धर्म परिपालन योगम द्वारा अरुविप्पुरम आंदोलन प्रारंभ किया गया।
(*d*) सी.एन. मुदलियार, टी.एम. नायर और पी. त्यागराज द्वारा न्याय आंदोलन प्रारंभ किया गया।

नीचे दिए गए विकल्पों में से **सही** उत्तर का चयन कीजिए:

A. (*a*), (*b*), (*c*) और (*d*)
B. (*b*), (*c*), (*d*) और (*a*)
C. (*c*), (*a*), (*b*) और (*d*)
D. (*d*), (*c*), (*a*) और (*b*)

51. सूची-I के साथ सूची-II का मिलान कीजिए:

सूची-I (नाम)	**सूची-II (रचना)**
(*a*) सोमदेव	I. बृहत्-कथामंजरी
(*b*) क्षेमेन्द्र	II. कथासरित्सागर
(*c*) कालिदास	III. कुट्टनीमतम्
(*d*) दामोदर गुप्त	IV. ऋतुसंहार

नीचे दिए गए विकल्पों में से **सही** उत्तर का चयन कीजिए:

	(*a*)	(*b*)	(*c*)	(*d*)
A.	I	II	IV	III
B.	II	I	IV	III
C.	IV	III	II	I
D.	IV	II	III	I

52. निम्नलिखित में से बेमेल शब्द को चिह्नांकित कीजिए:

A. अरघट्ट
B. वापी
C. चूर्णी
D. नौरिया

53. दिल्ली के सुल्तानों द्वारा निर्मित निम्नलिखित मस्जिदों को उनके निर्माण के आरोही कालानुक्रम में व्यवस्थित कीजिए (पहले से बाद):

(*a*) मोठ की मस्जिद
(*b*) जमात खाना मस्जिद
(*c*) बेगमपुरी मस्जिद
(*d*) खिर्की मस्जिद

नीचे दिए गए विकल्पों में से **सही** उत्तर का चयन कीजिए:

A. (*b*), (*c*), (*d*), (*a*)
B. (*b*), (*c*), (*a*), (*d*)
C. (*a*), (*b*), (*c*), (*d*)
D. (*a*), (*c*), (*d*), (*b*)

54. अकबर की धार्मिक नीति के संदर्भ में निम्नलिखित में से कौन-से कथन सही हैं?

(*a*) उसने तीर्थयात्री कर समाप्त किया।
(*b*) उसने वर्ष 1580 में सीकरी में इबादतखाने का निर्माण करवाया।
(*c*) उसने 1579 में 'मजहर' की घोषणा की।
(*d*) उसने दीन-ए-इलाही चलाया।

नीचे दिए गए विकल्पों में से **सही** उत्तर का चयन कीजिए:

A. केवल (*a*), (*b*) और (*c*)
B. केवल (*a*) और (*b*)
C. केवल (*a*), (*c*) और (*d*)
D. (*a*), (*b*), (*c*) और (*d*)

55. निम्नलिखित में से किस देशी रियासत के विरुद्ध स्वतंत्र भारत गणराज्य ने 'आपरेशन पोलो' चलाया था?

A. कश्मीर
B. जोधपुर
C. जूनागढ़
D. हैदराबाद

56. कात्यायन के अनुसार, विद्याधन (अधिगम द्वारा अर्जित संपत्ति) में शामिल है:

(*a*) किसी विद्वान द्वारा अपने शिष्यों से प्राप्त संपत्ति
(*b*) पुस्तकों की बिक्री से प्राप्त संपत्ति।
(*c*) किसी कठिन प्रश्न के समाधान या शास्त्रार्थ में सफलता द्वारा पुरस्कार (पारितोषिक) के रूप में प्राप्त संपत्ति।
(*d*) यज्ञीय शुल्क के रूप में प्राप्त संपत्ति।

नीचे दिए गए विकल्पों में से **सही** उत्तर का चयन कीजिए:

A. केवल (*a*), (*b*) और (*c*)
B. केवल (*b*), (*c*) और (*d*)
C. (*a*), (*b*), (*c*) और (*d*)
D. केवल (*a*), (*c*) और (*d*)

57. मध्यकाल में व्यापारियों और कारीगरों की 'हड़ताल' की घटना के संदर्भ में निम्नलिखित में से कौन-से कथन सही हैं?

(*a*) वर्ष 1668-69 में इस्लाम में बलात् धर्म-परिवर्तन के विरुद्ध सूरत के बनियों ने हड़ताल की थी।
(*b*) यूरोपीय यात्री थेवेनॉट के अनुसार, बागनगर के हिन्दू बैंकरों ने अमीर की वसूली के विरोध में अपने कार्यालय बंद कर दिये।
(*c*) वर्ष 1686 में मद्रास की समस्त भारतीय जनता अंग्रेजों द्वारा अधिरोपित कर के विरोध में जाति प्रधानों के आदेश पर हड़ताल पर चली गई।

(*d*) सत्रहवीं सदी में अब्बे कैरे ने लिखा कि कम्मलन (कारीगर) जाति में से यदि कोई अपमानित महसूस करता था या उसके साथ कुछ गलत किया जाता था तो सभी लोग अपनी दुकानें बंद कर देते थे।

नीचे दिए गए विकल्पों में से **सही** उत्तर का चयन कीजिए:

A. केवल (*a*), (*b*) और (*c*)
B. केवल (*b*), (*c*) और (*d*)
C. केवल (*c*) और (*d*)
D. (*a*), (*b*), (*c*) और (*d*)

58. सूची-I के साथ सूची-II का मिलान कीजिए:

सूची-I (किसान आंदोलन)	**सूची-II (नेता)**
(*a*) बिजौलिया किसान आंदोलन	I. वल्लभ भाई पटेल
(*b*) बारदोली सत्याग्रह	II. विजय सिंह पथिक और माणिक्यलाल वर्मा
(*c*) तेभागा आंदोलन	III. बाबा रामचन्द्र
(*d*) अवध किसान आंदोलन	IV. कंप्रम सिंह और भवन सिंह

नीचे दिए गए विकल्पों में से **सही** उत्तर का चयन कीजिए:

	(*a*)	(*b*)	(*c*)	(*d*)
A.	II	I	III	IV
B.	II	I	IV	III
C.	III	IV	I	II
D.	III	IV	II	I

59. सूची-I के साथ सूची-II का मिलान कीजिए:

सूची-I (वास्तविक नाम)	**सूची-II (लोकप्रिय नाम)**
(*a*) मूलशंकर	I. रामकृष्ण परमहंस
(*b*) नरेन्द्र नाथ दत्त	II. भगिनी निवेदिता
(*c*) गदाधर चट्टोपाध्याय	III. स्वामी दयानन्द सरस्वती
(*d*) मार्ग्रेट एलिजाबेथ नोबल	IV. स्वामी विवेकानन्द

नीचे दिए गए विकल्पों में से **सही** उत्तर का चयन कीजिए:

	(*a*)	(*b*)	(*c*)	(*d*)
A.	I	II	III	IV
B.	I	II	IV	III
C.	III	IV	I	II
D.	III	IV	II	I

60. सूची-I के साथ सूची-II का मिलान कीजिए:

सूची-I (पुस्तक)	**सूची-II (लेखक)**
(*a*) एट्टीन फिफ्टी सेवेन	I. एस.बी. चौधरी
(*b*) द सिपॉय म्यूटिनी एंड द रेबेलियन ऑफ 1857	II. एस.एन. सेन
(*c*) सिविल रेबेलियन इन इंडियन म्यूटिनीज, 1857-1859	III. एस. अहमद
(*d*) एन एस्से ऑन द कॉजेज ऑफ द इंडियन रिवोल्ट	IV. आर.सी. मजूमदार

नीचे दिए गए विकल्पों में से **सही** उत्तर का चयन कीजिए:

	(*a*)	(*b*)	(*c*)	(*d*)
A.	II	IV	III	I
B.	II	IV	I	III
C.	I	III	II	IV
D.	I	III	IV	II

61. निम्नलिखित को आरोही (पहले से बाद के) कालानुक्रम में व्यवस्थित कीजिए:

(*a*) आर्यभट्ट (*b*) सुश्रुत
(*c*) वराहमिहिर (*d*) ह्वेनत्सांग

नीचे दिए गए विकल्पों में से **सही** उत्तर का चयन कीजिए:

A. (*b*), (*a*), (*c*), (*d*)
B. (*b*), (*c*), (*a*), (*d*)
C. (*a*), (*b*), (*c*), (*d*)
D. (*a*), (*b*), (*d*), (*c*)

62. राज्याभिषेक के समय शिवाजी ने कौन-सी उपाधि धारण नहीं की थी?

A. क्षत्रिय-कुलवतांश (क्षत्रिय कुल प्रमुख)
B. सिंहासनाधीश्वर (सिंहासन-अधिपति)
C. महाराज
D. वेदमार्ग-प्रतिष्ठापक

63. निम्नलिखित संतों को कालानुक्रम में व्यवस्थित कीजिए (पहले से बाद):

(*a*) रामानुज
(*b*) आण्डाल
(*c*) रामानंद
(*d*) कुंभनदास

नीचे दिए गए विकल्पों में से **सही** उत्तर का चयन कीजिए:

A. (*a*), (*b*), (*c*), (*d*)
B. (*c*), (*a*), (*b*), (*d*)
C. (*b*), (*a*), (*c*), (*d*)
D. (*b*), (*c*), (*d*), (*a*)

64. वह तमिल अभिलेख, जिसमें वर्ष 1281 में एक व्यापारी सबन्दपेरुमल उर्फ तवसचक्रवर्ती द्वारा भगवान शिव के मंदिर का निर्माण अभिलिखित है, कहाँ अवस्थित हैं?

A. मिस्त्र के अलेक्जेंड्रिया में
B. अरब प्रायद्वीय के एडेन में
C. दक्षिण चीन के क्वान्झू में
D. गुजरात के भरुच में

65. सूची-I के साथ सूची-II का मिलान कीजिए:

सूची-I (नाम)	सूची-II (संबद्ध क्षेत्र)
(*a*) कुरु	I. कोसल और अयोध्या
(*b*) इक्ष्वाकु	II. दक्षिणी क्षेत्र
(*c*) विदर्भ	III. पांचाल
(*d*) हैहय	IV. मध्य भारत, मालवा और गुजरात

नीचे दिए गए विकल्पों में से **सही** उत्तर का चयन कीजिए:

	(*a*)	(*b*)	(*c*)	(*d*)
A.	III	I	II	IV
B.	III	II	IV	I
C.	IV	III	II	I
D.	I	III	IV	II

66. साहित्यिक चोरी (प्लैजरिज्म) को निम्नलिखित के द्वारा नहीं पता लगाया जा सकता है:

A. स्कोपस
B. टर्निटिन
C. आइथेन्टिकेट
D. उरकुन्ड

67. पेशवा बाजीराव I के शासनकाल की निम्नलिखित घटनाओं को आरोही कालानुक्रम में व्यवस्थित कीजिए (पहले से बाद):

(*a*) भोपाल-युद्ध
(*b*) छत्रसाल के साथ संधि
(*c*) अमझेरा का युद्ध
(*d*) बेसिन के दुर्ग पर कब्जा

नीचे दिए गए विकल्पों में से **सही** उत्तर का चयन कीजिए:

A. (*a*), (*b*), (*c*), (*d*)
B. (*b*), (*c*), (*d*), (*a*)
C. (*c*), (*a*), (*d*), (*b*)
D. (*c*), (*b*), (*a*), (*d*)

68. यहूदी व्यापारी अब्राहम बेन यिजू (1133-49) भारत के निम्नलिखित में से किस शहर में कांस्य की फैक्ट्री चलाता था?

A. मंगलोर
B. कोचीन
C. कालीकट
D. कोल्हापुर

69. मुगल काल में 'दीवान-ए-बयूतात' मंत्रालय निम्नलिखित में से किससे संबंधित था?

A. सैन्य लेखा
B. अश्वारोही सेना
C. दरबारी शिष्टाचार
D. कारखाने (राज्य शासित कारखाने)

70. पुनर्जागरण की भावना ने इतिहास-लेखन पर व्यापक प्रभाव डाला। निम्नलिखित में से कौन उन प्रभावों से संबंधित नहीं है?

A. इतिहास के मानवीय दृष्टिकोण की ओर लौटना
B. अविशेषज्ञ इतिहासकारों का प्रादुर्भाव
C. मानवीय इतिहासकारों के नये संप्रदाय की वृद्धि
D. सार्वभौमिक इतिहास और कालानुक्रम का प्रादुर्भाव

71. मुगल बादशाह शाहजहाँ द्वारा निम्नलिखित में से किस गायक को 'गुणसमुन्दर' की उपाधि मिली थी?

A. विलास खाँ
B. लाल खाँ
C. कुशहाल खाँ
D. हयात खाँ

72. मौर्योत्तर काल में भारत से रोम को निर्यात की जाने वाली वस्तुओं को चिह्नित कीजिए:

(*a*) वस्त्र
(*b*) कांच के मनके
(*c*) हाथी दाँत (गजदंत)
(*d*) जैतून का तेल
(*e*) काली मिर्च

नीचे दिए गए विकल्पों में से **सही** उत्तर का चयन कीजिए:

A. केवल (*a*), (*c*), (*e*)
B. केवल (*a*), (*b*), (*c*), (*d*)
C. केवल (*a*), (*c*), (*d*)
D. केवल (*a*), (*b*), (*d*), (*e*)

73. मनसबदारी व्यवस्था के संदर्भ में निम्नांकित में से कौन-से कथन सही हैं?

(*a*) सिद्धांततः सभी मनसबदार सीधे शासक द्वारा नियुक्त किये जाते थे।
(*b*) शाही परिवार के राजकुमार और साम्राज्य के प्रमुख अमीर नियुक्ति के लिए व्यक्तियों की अनुशंसा करते थे।
(*c*) 7000/7000 से ऊपर के सभी मनसब शाही परिवार के राजकुमारों के लिए आरक्षित थे।
(*d*) एकमात्र अमीर, मीर जुमला को 9000/9000 की रैंक प्रदान की गई थी।

नीचे दिए गए विकल्पों में से **सही** उत्तर का चयन कीजिए:

A. केवल (*a*) और (*b*)
B. केवल (*b*) और (*d*)
C. केवल (*a*), (*b*) और (*c*)
D. केवल (*a*), (*c*) और (*d*)

74. मुगलकाल में निम्नलिखित विदेशी यात्रियों के आगमन को आरोही कालानुक्रम में व्यवस्थित कीजिए (पहले से बाद):

(*a*) पित्रा डेला वेले
(*b*) पीटर मुंडी
(*c*) विलियम हॉकिन्स
(*d*) ज्याँ बैपटिस्ट ट्रेवर्नियर

नीचे दिए गए विकल्पों में से **सही** उत्तर का चयन कीजिए:

A. (*a*), (*b*), (*c*), (*d*)
B. (*b*), (*a*), (*d*), (*c*)
C. (*c*), (*a*), (*b*), (*d*)
D. (*c*), (*b*), (*a*), (*d*)

75. सूची-I के साथ सूची-II का मिलान कीजिए:

सूची-I (प्रसिद्ध मुगल पेंटिंग)	**सूची-II (चित्रकार)**
(*a*) दुर्बल अश्व के साथ निर्जन क्षेत्र में मजनूँ	I. बसावन
(*b*) साइबेरियाई सारस	II. उस्ताद मंसूर
(*c*) चिनार वृक्ष पर ढेर सारी गिलहरियाँ	III. अब्दुल हसन
(*d*) बिशनदास का चित्र	IV. दौलत

नीचे दिए गए विकल्पों में से **सही** उत्तर का चयन कीजिए:

	(*a*)	(*b*)	(*c*)	(*d*)
A.	I	II	III	IV
B.	II	III	I	IV
C.	III	II	IV	I
D.	IV	III	I	II

76. निम्नलिखित को सही कालानुक्रम में व्यवस्थित कीजिए (पहले से बाद):

(*a*) रंगपुर धिंग किसान विद्रोह

(*b*) मद्रास में वेद समाज की स्थापना

(*c*) ईश्वर चंद्र विद्यासागर ने साप्ताहिक 'सोम प्रकाश' प्रारंभ किया

(*d*) थामस मैकाले द्वारा भारतीय शिक्षा संबंधी स्मरण-पत्र (मिनट)

नीचे दिए गए विकल्पों में से **सही** उत्तर का चयन कीजिए:

A. (*a*), (*d*), (*c*) और (*b*)

B. (*d*), (*c*), (*b*) और (*a*)

C. (*c*), (*d*), (*a*) और (*b*)

D. (*b*), (*d*), (*c*) और (*a*)

77. प्राचीन भारत में विवाह के प्रकारों से निम्नांकित में से कौन संबंधित हैं?

(*a*) अश्वमेध (*b*) अनुलोम

(*c*) वाजपेय (*d*) प्रतिलोम

नीचे दिए गए विकल्पों में से **सही** उत्तर का चयन कीजिए:

A. केवल (*a*), (*b*), (*c*), (*d*)

B. केवल (*b*) और (*d*)

C. केवल (*a*) और (*c*)

D. केवल (*a*), (*b*) और (*c*)

78. परंपरानुसार आलवारों और नायनारों की संख्या क्रमशः हैं:

A. 12 और 63 B. 63 और 12

C. 11 और 51 D. 51 और 11

79. सूची-I से सूची-II का मिलान कीजिए:

सूची-I	सूची-II
(*a*) अगस्त प्रस्ताव	I. 1945
(*b*) क्रिप्स मिशन	II. 1942
(*c*) वेवल प्लान	III. 1946
(*d*) कैबिनेट मिशन प्लान	IV. 1940

नीचे दिए गए विकल्पों में से **सही** उत्तर का चयन कीजिए:

	(*a*)	(*b*)	(*c*)	(*d*)
A.	I	II	III	IV
B.	I	II	IV	III
C.	IV	II	III	I
D.	IV	II	I	III

80. आरंभिक पालि ग्रंथ 'सुत्तनिपात' के अनुसार, मवेशियों का संरक्षण करना चाहिए; क्योंकि वे हमें प्रदान करते हैं:

(*a*) भोजन (*b*) शक्ति

(*c*) खाद (*d*) सौन्दर्य

(*e*) प्रसन्नता

नीचे दिए गए विकल्पों में से **सही** उत्तर का चयन कीजिए:

A. केवल (*a*), (*b*), (*c*), (*d*)

B. केवल (*b*), (*c*), (*d*), (*e*)

C. केवल (*a*), (*b*), (*d*), (*e*)

D. केवल (*a*), (*c*), (*d*), (*e*)

81. गोलकुण्डा के कुतुब-शाही राजवंश के निम्नलिखित सुल्तानों को आरोही कालानुक्रम में व्यवस्थित कीजिए (पहले से बाद):

(*a*) इब्राहिम कुतुब शाह

(*b*) मुहम्मद कुली कुतुब शाह

(*c*) अब्दुल्ला कुतुब शाह

(*d*) अबुल-हसन कुतुब शाह

नीचे दिए गए विकल्पों में से **सही** उत्तर का चयन कीजिए:

A. (*a*), (*b*), (*c*), (*d*)

B. (*b*), (*c*), (*a*), (*d*)

C. (*c*), (*b*), (*d*), (*a*)

D. (*b*), (*a*), (*c*), (*d*)

82. मध्यकाल में व्यापार और वाणिज्य के संदर्भ में निम्न में से कौन-से कथन सही हैं?

(*a*) गुजरात सिल्क उद्योग सत्रहवीं सदी में चीन से कच्चे रेशम के आयात पर पूर्णतः निर्भर था।

(*b*) बंगाल को अफीम की प्राप्ति बिहार से होती थी।

(*c*) लाख के वस्तुओं के निर्माण के लिए गुजरात को लाख (लाक्षा) बंगाल से प्राप्त होती थी।

(*d*) शंख के आभूषण बनाने वाले बंगाल के विनिर्माता तूतोकोरिन से शंख के आयात पर निर्भर थे।

नीचे दिए गए विकल्पों में से **सही** उत्तर का चयन कीजिए:

A. केवल (*a*) और (*b*)

B. केवल (*a*), (*b*) और (*c*)

C. केवल (*a*), (*c*) और (*d*)

D. केवल (*b*), (*c*) और (*d*)

83. 'इंडियन वार ऑफ इंडिपेन्डेन्स, 1857' पुस्तक के लेखक हैं:

A. स्वामी विवेकानन्द B. अरबिन्द घोष

C. भगत सिंह D. वी.डी. सावरकर

84. असैन्य और सैन्य राजपत्र का प्रकाशन निम्नलिखित में से किस शहर से होता था?

A. मद्रास B. इलाहाबाद

C. कलकत्ता D. लाहौर

85. सूची-I के साथ सूची-II का मिलान कीजिए:

सूची-I (अष्टप्रधान अधिकारी)	**सूची-II (मंत्री (शिवाजी के शासन काल में))**
(*a*) पेशवा	I. अन्नाजी दत्तो
(*b*) मजूमदार (आमात्य)	II. दत्ताजी त्र्यम्बक
(*c*) सरनीस (सचिव)	III. मोरो त्र्यम्बक पिंगले
(*d*) वाक्नवीस	IV. रामचंद्र नीलकंण्ठ

नीचे दिए गए विकल्पों में से **सही** उत्तर का चयन कीजिए:

	(*a*)	(*b*)	(*c*)	(*d*)
A.	I	II	III	IV
B.	IV	III	I	II
C.	I	III	II	IV
D.	III	IV	I	II

86. इतिहास में क्लियोपेट्रा की नाक सिद्धांत (Nose theory) का क्या अर्थ है?

A. इतिहास व्यक्ति प्रधान है

B. इतिहास वैज्ञानिक ज्ञान है

C. इतिहास में कारण

D. सारा इतिहास समसामयिक इतिहास है

87. 19वीं सदी में भारत में शिक्षा के विकास के बारे में निम्नांकित कथनों पर विचार कीजिए:

(*a*) चार्टर अधिनियम, 1813 में भारत में शिक्षा के मद में एक लाख रुपए के वार्षिक व्यय का प्रावधान किया गया।

(*b*) चार्ल्स वुड के डिस्पैच ऑन एजुकेशन, 1854 में घोषणा की गई कि शैक्षणिक नीति का उद्देश्य पूर्वी शिक्षा का अध्यापन (शिक्षण) है।

(*c*) भारत के विश्वविद्यालयों के सामान्य क्रियाकलापों की जांच करने के लिए 1882-83 में हंटर शिक्षा आयोग का गठन किया गया।

(*d*) प्राच्य-आंग्ल विवाद के दौरान, प्राच्यवादियों के समूह का नेतृत्व एच.टी. प्रिंसेप ने किया था। वे प्राच्य साहित्य के प्रगामी प्रयोग को बढ़ावा देने के पक्षधर थे।

नीचे दिए गए विकल्पों में से **सही** उत्तर का चयन कीजिए:

A. केवल (*a*) और (*b*)

B. केवल (*a*) और (*d*)

C. केवल (*b*) और (*c*)

D. केवल (*a*) और (*d*)

88. निम्नलिखित कथनों में से कौन-से कथन सही हैं?

(*a*) शैव सिद्धांत तीन शाश्वत सिद्धांतों–ईश्वर (शिव), ब्रह्मांड और आत्मा-को स्वीकृति प्रदान करता है।

(*b*) शैव सिद्धांत, कश्मीर का शैववाद और वीरशैव परंपरा के अनुयायियों द्वारा 'आगम' प्रामाणिक ग्रंथ माने जाते हैं।

(*c*) 'कापालिक' और 'कालामुखी' दो प्रमुख वैष्णव संप्रदाय थे।

(*d*) 'नायनार' संतों के विचारों और कार्यकलापों के कारण दक्षिण भारत में वैष्णव भक्ति लोकप्रिय हुई।

नीचे दिए गए विकल्पों में से **सही** उत्तर का चयन कीजिए:

A. केवल (*c*) और (*d*)
B. केवल (*b*) और (*c*)
C. केवल (*a*) और (*d*)
D. केवल (*a*) और (*b*)

89. बुक्का I के पुत्र कुमार कंपन के अभियान का वर्णन करने वाले ग्रंथ मदुराविजयम (मदुरा-विजय) की रचना किस भाषा में की गई?

A. तेलुगु B. संस्कृत
C. कन्नड़ D. तमिल

90. निम्नांकित को अनुक्रम में व्यवस्थित कीजिए (पहले से बाद):

(*a*) मांटेग्यू चेम्सफोर्ड संवैधानिक सुधार जिसके फलस्वरूप प्रांतों में सार्वजनिक स्वास्थ्य, स्वच्छता और जीवन-मरण संबंधी आंकड़ों का अंतरण हुआ।
(*b*) चालीसा का दुर्भिक्ष जो पंजाब, कश्मीर, दिल्ली और राजपूताना में फैला था।
(*c*) सामाजिक-धार्मिक सुधार आंदोलनों के लिए महाराष्ट्र में परमहंस मंडली की स्थापना।
(*d*) फिरोजशाह मेहता द्वारा बाम्बे क्रॉनिकल (समाचार पत्र) का शुभारंभ।

नीचे दिए गए विकल्पों में से **सही** उत्तर का चयन कीजिए:

A. (*b*), (*c*), (*d*) और (*a*)
B. (*c*), (*b*), (*a*) और (*d*)
C. (*a*), (*b*), (*d*) और (*c*)
D. (*d*), (*b*), (*c*) और (*a*)

निर्देशः (प्र.सं. 91 से 95 तक): निम्नांकित गद्यांश को ध्यान से पढ़िए और दिए गए प्रश्न के उत्तर दीजिए:

''राजा के बारे में अगली महत्वपूर्ण धारणा यह थी कि वह जनता का सेवक है। एक प्रारंभिक धर्मसूत्र लेखक ने टिप्पणी की है कि राजा वस्तुतः सेवक होता है और 16% कर उसका पारिश्रमिक है। एक जगह कौटिल्य ने इस बात का उल्लेख किया है कि राजा किस प्रकार से अपने सैनिकों के समतुल्य था, दोनों को अलग-अलग पारिश्रमिक मिलता था और दोनों राष्ट्र की परिसम्पत्ति साझा करने के हकदार थे। नारद भी जनता की रक्षा के लिए कराधान को राजा का वेतन मानते हैं। अपरार्क का कथन है कि कोई भी व्यक्ति प्रतिफल की उम्मीद के बिना कर अदा नहीं करता है, अतएव, करों की अदायगी-राजा से संरक्षण प्राप्त करने के बदले ही-की जाती है। चूंकि जनता राजा को उचित पारिश्रमिक अदा करती है, राजा को अनिवार्यतः एक सेवक के रूप में, यहाँ तक कि गुलाम के रूप में उनकी सेवा करनी चाहिए। निश्चित रूप से यह अतिशयोक्तिपूर्ण कथन हैः यथार्थ स्थिति की झलक शुक्र के लेखन में मिलती है जहाँ उन्होंने राजा की व्याख्या जनता का स्वामी और सेवक दोनों के रूप में किया है।''

91. प्राचीन ग्रंथों में निम्नांकित में से किसे 'राजाओं का ताड़क' माना गया है?

A. इन्द्र B. मित्र
C. वरुण D. नासत्य

92. निम्नांकित में से किसमें राजा का वर्णन जनता के स्वामी और सेवक दोनों के रूप में किया गया है?

A. याज्ञवल्क्य स्मृति B. तैत्तिरीय संहिता
C. शुक्रनीतिसार D. नारद स्मृति

93. निम्नांकित में से किस पुस्तक में उल्लेख है कि ''राजा की स्थिति सिपाहियों के समान थी, दोनों को अलग-अलग पारिश्रमिक मिलता था और दोनों राष्ट्र की परिसंपत्ति साझा करने के हकदार थे''।

A. ऐतरेय ब्राह्मण B. अर्थशास्त्र
C. मनुस्मृति D. विष्णु पुराण

94. उपर्युक्त गद्यांश निम्नांकित में से किसके संबंध में है?

A. राजा की दिव्यता
B. नैतिक व्यवस्था को अक्षुण्ण रखने वाले के रूप में राजा
C. न्यासी के रूप में राजा
D. जनसेवक के रूप में राजा

95. प्रारंभिक धर्मसूत्र में टिप्पणी की गई है कि 'राजा वस्तुतः सेवक है और 16% कर उसका पारिश्रमिक है'। संदर्भित धर्मसूत्र है:

A. बौधायन धर्मसूत्र B. गौतम धर्मसूत्र

C. वशिष्ट धर्मसूत्र D. उपर्युक्त में से कोई नहीं

निर्देशः (प्र.सं. 96 से 100 तक): निम्नलिखित अवतरण को ध्यानपूर्वक पढ़िए और संबंधित प्रश्नों के उत्तर दीजिए:

"महाराष्ट्र में क्रांतिकारी गतिविधियों का अगला चरण विनायक दामोदर सावरकर के इर्द-गिर्द केन्द्रित है, जिन्हें जन्मजात क्रांतिकारी कहा जा सकता है। ऐसा कहा जाता है कि जब उन्होंने चापेकर बंधुओं के बारे में सुना, उस समय वे पंद्रह वर्ष के बालक थे; उन्होंने भारत से अंग्रेजों को बाहर खदेड़ने के शहीद चापेकर बंधुओं के मिशन को पूरा करने के लिए भगवती दुर्गा के समक्ष शपथ ली। वर्ष 1900 में उन्होंने नासिक में 'मित्र मेला' नामक संगठन की नींव रखी। इसका उद्देश्य भारत को राजनैतिक स्वतंत्रता दिलाना था तथा दृढ़तापूर्वक यह कहा गया कि यदि आवश्यकता पड़ी तो सशस्त्र विद्रोह द्वारा ऐसी स्वतंत्रता हासिल की जा सकती है। वर्ष 1904 में मैजिनी के 'यंग इटली' के नाम पर इस संगठन का नाम 'अभिनव भारत' अंगीकार किया गया।"

96. 'अभिनव भारत' के निम्नलिखित में से किस सदस्य को रूसी क्रांतिकारियों से बम बनाने की कला सीखने के लिए पेरिस भेजा गया था?

A. अजीत सिंह B. वी.सी. पाल

C. पी.एन. बापट D. गणेश दामोदर सावरकर

97. वर्ष 1900 में विनायक दामोदर सावरकर द्वारा मित्र-मेला का शुभारंभ कहाँ किया गया था?

A. पूना B. बंबई

C. रत्नागिरि D. नासिक

98. 'अभिनव-भारत' था:

A. क्रांतिकारियों की गुप्त संस्था

B. समाज सुधार संगठन

C. धार्मिक संस्था

D. शैक्षिक संगठन

99. निम्नलिखित में से किसे 'चापेकर बंधु' के नाम से संबोधित नहीं किया जाता है?

A. दामोदर हरि चापेकर

B. विनायक हरि चापेकर

C. बालकृष्ण हरि चापेकर

D. वासुदेव हरि चापेकर

100. उद्देश्य की प्राप्ति अर्थात् 'भारत की राजनैतिक स्वतंत्रता' के लिए 'मित्र-मेला' _______ मार्ग का पक्षधर था:

A. याचिका

B. सशस्त्र विद्रोह

C. वार्तालाप

D. ज्ञापन

उत्तरमाला

1. (A): इतिहासकार बरनी ने गयासुद्दीन तुगलक की बिजली गिरने से हुई आकस्मिक मृत्यु का विवरण प्रस्तुत किया है। बरनी का पूरा नाम जियाउद्दीन बरनी है और उन्होंने अपने ग्रंथ 'तारीख-ए-फिरोजशाही' में इस घटना का वर्णन किया है। इस घटना के अनुसार, गयासुद्दीन तुगलक जब एक अभियान से लौट रहे थे, तब उनके शिविर के ऊपर बिजली गिरने से उनकी मृत्यु हो गई थी। यह घटना उनके पुत्र उलुग खान द्वारा सिंहासन हासिल करने के लिए रची गई साजिश का हिस्सा मानी जाती है। बरनी ने अपनी पुस्तक में इस घटना को बहुत ही विस्तार से लिखा है, जिसमें उन्होंने तत्कालीन राजनीतिक परिस्थितियों और उनके परिणामों का भी उल्लेख किया है।

2. (B): अंग्रेज ईस्ट इंडिया कंपनी ने 1623 तक इन स्थानों पर अपनी फैक्ट्रियाँ स्थापित की थीं। भरुच, अहमदाबाद, आगरा और मसूलीपट्टम् भारत के प्रमुख

व्यापारिक केंद्र थे, जहां स्थानीय और अंतर्राष्ट्रीय व्यापार के लिए उपयुक्त बाजार और सुविधाजनक संचार मार्ग उपलब्ध थे। ईस्ट इंडिया कंपनी ने इन स्थानों पर फैक्ट्रियों की स्थापना करके भारतीय बाजारों में अपनी पैठ बनाई और साथ ही स्थानीय राजाओं और नवाबों के साथ व्यापारिक संधियां भी कीं। इसके अलावा, ये फैक्ट्रियाँ सैन्य और प्रशासनिक उपयोग के लिए भी महत्वपूर्ण साबित हुईं, जिससे कंपनी की भारत में मजबूती और बढ़ी।

3. (B): इक्ष्वाकु राजवंश ने कृष्णा-गोदावरी क्षेत्र में शासन किया था (II), कदम्ब राजवंश पश्चिमी दक्कन में स्थित था (I), वाकाटक राजवंश उत्तरी दक्कन में स्थित था (IV), और शरभपुरीय राजवंश छत्तीसगढ़ क्षेत्र में स्थित था (III)। इन राजबंशों का भारतीय इतिहास में महत्वपूर्ण स्थान है, क्योंकि इन्होंने अपने-अपने क्षेत्रों में सांस्कृतिक और आर्थिक विकास में योगदान दिया था। ये राजवंश स्थानीय स्तर पर कला, वास्तुकला, और शिक्षा के प्रसार में सक्रिय थे, जिससे उनके क्षेत्रों की पहचान और महत्व में वृद्धि हुई।

4. (B): लॉर्ड कार्नवालिस ने 1793 में बंगाल, बिहार और उड़ीसा में स्थायी बंदोबस्त की शुरुआत की थी। इसे जमींदारी प्रथा भी कहा जाता है, जिसमें जमीन के मालिकाना हक को जमींदारों को स्थायी रूप से दे दिया गया था। इस प्रथा के तहत, जमींदारों को लगान एकत्र करने का अधिकार दिया गया था और बदले में उन्हें ब्रिटिश सरकार को एक निश्चित राशि भुगतान करनी थी। यह व्यवस्था भारतीय कृषि समाज में बड़े पैमाने पर आर्थिक परिवर्तन लाई और इसने जमींदारों को बड़ी शक्ति और संपत्ति प्रदान की, लेकिन साथ ही साथ किसानों की दुर्दशा भी बढ़ी।

5. (C): चोल शासन काल के दौरान, 'इरिविरपत्तनम' का तात्पर्य संरक्षित व्यापारिक नगर से था, जो व्यापार के प्रमुख केंद्र के रूप में उभरे थे। ये नगर चोल राज्य के व्यापार और वाणिज्य के मुख्य केंद्र बन गए थे और इन्हें राज्य द्वारा विशेष संरक्षण प्रदान किया गया था। इन नगरों में व्यापारिक गतिविधियाँ बहुत व्यापक रूप से फैली हुई थीं और यहां से विभिन्न प्रकार के माल का आदान-प्रदान किया जाता था। इन नगरों का उल्लेख चोल कालीन लेखों और अभिलेखों में भी मिलता है, जो इनकी वाणिज्यिक महत्व को दर्शाता है।

6. (C): इस प्रश्न में विकल्प (*a*), (*b*), और (*c*) सही हैं।

(*a*) मध्यकाल के आरंभ में दक्षिण भारतीय ग्राम जीवन की मूलभूत इकाई 'उर' थी। 'उर' का अर्थ गांव होता है, और यह दक्षिण भारतीय सामाजिक-आर्थिक जीवन का मूल तत्व था।

(*b*) 'उर' ग्राम सभाओं के साथ-साथ ग्राम से भी संबंधित था, जिसमें सामाजिक और प्रशासनिक गतिविधियों का आयोजन होता था।

(*c*) 'उर' गैर-ब्रह्मदेय ग्राम था, अर्थात इसे ब्राह्मणों को दान में दिए गए ग्रामों से अलग माना जाता था। ये ग्राम सामान्य जनसंख्या द्वारा निवासित और प्रबंधित किए जाते थे।

(*d*) विकल्प गलत है क्योंकि 'नाडु', 'सभा' और 'नगरम्' जैसे कार्पोरेट निकाय वास्तव में राजस्व के मूल्यांकन और संग्रह का कार्य करते थे।

7. (C): इस प्रश्न में विकल्प (*a*), (*b*), और (*c*) सही हैं।

(*a*) वर्ष 1880 में लार्ड लिटन सरकार ने वास्तव में स्ट्रेची कमीशन की स्थापना की थी, जिसका उद्देश्य भारत में अकाल पर विचार करना और उनके निवारण के उपाय सुझाना था।

(*b*) सर एंथ्रोनी मैकडोनेल की अध्यक्षता में लार्ड कर्जन ने वास्तव में एक आयोग की स्थापना की थी, जिसने 1901 में अपनी रिपोर्ट सौंपी थी।

(*c*) वर्ष 1876-78 के अकाल ने मद्रास, बंबई, उत्तर प्रदेश और पंजाब को प्रभावित किया था।

(*d*) विकल्प गलत है क्योंकि 1866 के अकाल ने उड़ीसा को प्रभावित किया था, न कि राजपूताना या मध्यप्रांत को।

8. (C): वर्ष 1302 के अंत में या 1303 के प्रारंभ में, अलाउद्दीन खिलजी ने वारंगल पर आक्रमण करने के लिए फखरुद्दीन जौना और छज्जू के नेतृत्व में एक सैन्य टुकड़ी भेजी थी। यह सैन्य अभियान असफल रहा था, और सेनापति इस अभियान में बुरी तरह हार गए थे। इस घटना ने खिलजी के दक्षिण भारतीय विस्तार की नीतियों में महत्वपूर्ण परिवर्तन का संकेत दिया था, जिससे उन्हें भविष्य के अभियानों की रणनीति में सुधार करने की आवश्यकता महसूस हुई। यह पराजय उनके लिए एक बड़ा सबक बनी, जिसके बाद उन्होंने अपनी सैन्य रणनीतियों को मजबूती से पुनर्गठित किया।

9. (D): फारसी ग्रंथों की पूर्णता के कालानुक्रम में उन्हें इस प्रकार व्यवस्थित किया जा सकता है:

(*c*) तारीख-ए-अल्फी - यह अकबर के शासन काल के 10वें वर्ष में लिखी गई थी।

(*a*) तारीख-ए-दाउदी - यह अब्दुल्ला द्वारा 16वीं सदी में लिखी गई है जिसमें दक्षिण एशिया में पश्तों अफगानों के प्रभावों का वर्णन है।

(*d*) पादशाह-नामा - यह शाहजहाँ के शासन काल के दौरान लिखी गई थी।

(*b*) मसनवी-ए-आलमगीरी - यह औरंगजेब के शासन काल में लिखी गई थी।

10. (A): विशिष्टाद्वैत संप्रदाय के दर्शन का विस्तृत प्रतिपादन करने वाली पुस्तक 'न्याय-तत्व' का लेखक नाथमुनि हैं। नाथमुनि को विशिष्टाद्वैत परंपरा का प्रारंभिक और प्रभावशाली आचार्य माना जाता है। उन्होंने विशिष्टाद्वैत के दार्शनिक सिद्धांतों को व्यवस्थित रूप में प्रस्तुत किया और इस संप्रदाय की बुनियादी नींव रखी। 'न्याय-तत्व' उनके प्रमुख ग्रंथों में से एक है, जो विशिष्टाद्वैत दर्शन के जटिल तत्वों को स्पष्ट करता है और इसे आगे बढ़ाने का कार्य करता है।

11. (A): मिर्जा मजहर जान-ए-जाना ने हिंदुओं को 'अहले किताब' और वेदों को 'ईश्वरादिष्ट (अवतरित) पुस्तक' कहा था। यह उनकी सामाजिक और धार्मिक सहिष्णुता को दर्शाता है, जिसमें उन्होंने विभिन्न धार्मिक परंपराओं के प्रति आदर और समझ व्यक्त की। उनका यह दृष्टिकोण उस समय के सामान्य रुझानों से भिन्न था, जिससे उनकी अनूठी विचारधारा का पता चलता है।

12. (B): सन् 1855-56 में बिहार और बंगाल की संथाल जनजाति ने कुल्हाड़ी और तीर-धनुष से युक्त होकर अपने क्षेत्र से ब्रिटिश शासन को अस्थायी तौर पर उखाड़ फेंका। इसे संथाल विद्रोह के नाम से जाना जाता है। यह विद्रोह मुख्य रूप से जमींदारों, महाजनों और ब्रिटिश सरकार के अत्याचारों के खिलाफ हुआ था। संथाल जनजाति के लोगों ने अपनी जमीनों पर हो रहे अन्याय के खिलाफ संगठित होकर इस विद्रोह को अंजाम दिया। उन्होंने ब्रिटिश प्रशासनिक ढांचे को क्षतिग्रस्त किया और कई स्थानों पर उनके खिलाफ सफलतापूर्वक लड़ाई लड़ी। यह विद्रोह उस समय के सबसे प्रमुख जनजातीय विद्रोहों में से एक माना जाता है।

13. (B): कृष्ण की समर्पित प्रेयसी के रूप में 'राधा' के प्राचीनतम साक्ष्य से संबंधित ग्रंथ 'गीत गोविन्द' और 'ब्रह्मवैवर्तपुराण' हैं। 'गीत गोविन्द', जयदेव द्वारा रचित, कृष्ण और राधा के दिव्य प्रेम का एक महत्वपूर्ण वर्णन प्रदान करता है और मध्यकालीन भारतीय साहित्य में इसका विशेष स्थान है। 'ब्रह्मवैवर्तपुराण' में भी राधा और कृष्ण के प्रेम की कथाएँ विस्तृत रूप में मिलती हैं, जिसमें राधा को एक दिव्य शक्ति के रूप में दर्शाया गया है। ये दोनों ग्रंथ राधा और कृष्ण की भक्ति और प्रेम की कहानियों के प्रमुख स्रोत हैं।

14. (A): 1800 तक मराठा साम्राज्य पांच प्रमुख चीफों के परिसंघ में विभाजित हो गया था, जो विभिन्न स्थानों में अपने-अपने क्षेत्रों का नेतृत्व कर रहे थे। पुणे में पेशवाओं का नेतृत्व सर्वोच्च था, जबकि बड़ौदा में गायकवाड, ग्वालियर में सिंधिया, इंदौर में होल्कर, और नागपुर में भोंसले के नेतृत्व में प्रमुख शक्तियां स्थित थीं। ये सभी मराठा साम्राज्य के बिखराव और उसके विभिन्न क्षेत्रों में शक्ति के वितरण को दर्शाते हैं।

15. (B): 'स्पेनिश फ्लू' 1918 में सर्वप्रथम भारत के बंबई शहर में पहुंचा था। इस महामारी की शुरुआत बंबई से हुई और फिर यह तेजी से भारत के अन्य हिस्सों में फैल गया। बंबई उस समय ब्रिटिश भारत का एक प्रमुख बंदरगाह और व्यापारिक केंद्र था, जिसके कारण यहां पर बड़ी संख्या में अंतरराष्ट्रीय यात्री आते-जाते रहते थे। इसी कारणवश, विश्व महामारी के रूप में पहचाने गए स्पेनिश फ्लू का प्रवेश भारत में बंबई के माध्यम से हुआ।

16. (A): यह विकल्प सही है क्योंकि:

(*a*) कलकत्ता स्कूल ऑफ आर्ट की स्थापना वास्तव में 1854 में हुई थी। इस संस्थान की स्थापना से भारतीय चित्रकला में आधुनिकता और शैक्षिक पद्धति का प्रवेश हुआ।

(*b*) कालीघाट चित्रकारी का विकास 19वीं सदी के दूसरे आधे भाग में हुआ था, न कि प्रथम चतुर्थांश में।

(*c*) सन् 1905 में अबनीन्द्रनाथ टैगोर ने वास्तव में सर्वप्रथम "भारत माता" का चित्र बनाया था। यह चित्र भारतीय राष्ट्रवाद की भावना को प्रकट करता है और इसे आधुनिक भारतीय कला की एक महत्वपूर्ण कृति माना जाता है।

(*d*) सन् 1903 में मद्रास में आयोजित कांग्रेस अधिवेशन में रवि वर्मा की चित्रकारी की प्रदर्शनी लगी थी और उन्हें 1904 में कैसर-ए-हिन्द की उपाधि दी गई थी। यह उनके कलात्मक योगदान और उनकी प्रतिष्ठा का संकेत है।

17. (B): गयासुद्दीन तुगलक द्वारा भेजी गई सेना को पराजित करने वाला उड़ीसा का पूर्वी गंग राजा भानुदेव II था। यह घटना भारतीय इतिहास में महत्वपूर्ण है क्योंकि इसने उड़ीसा के राजनीतिक और सैन्य प्रभाव को प्रदर्शित किया। भानुदेव II की विजय ने तुगलक वंश की सैन्य क्षमता पर सवाल उठाए और उड़ीसा की स्वतंत्रता और सामरिक महत्व को मजबूत किया।

18. (A): सूची-I और सूची-II का मिलान इस प्रकार है:

(*a*) ऋत - ब्रह्मांड और मनुष्य को संचालित करने वाले विधि-सिद्धांत हैं (IV)। 'ऋत' का अर्थ है नियम या सिद्धांत जो संपूर्ण ब्रह्मांड को व्यवस्थित रूप से संचालित करते हैं।

(*b*) सामवेद - इसमें जप के निमित्त मंत्रों का संकलन है (III)। सामवेद में विशेष रूप से गायन के लिए मंत्र संग्रहीत हैं, जो वैदिक यज्ञों में प्रयोग होते हैं।

(*c*) यजुर्वेद - इसमें बलि की व्याख्या की गई है (I)। यजुर्वेद अनुष्ठानिक कर्मकांडों और बलि विधानों का विस्तार से वर्णन करता है।

(*d*) ब्राह्मण - इसमें पुजारियों को अनुष्ठानों (कर्मकांड) के संदर्भ में मार्गदर्शन है (II)। ब्राह्मण ग्रंथ विस्तार से यज्ञ और अन्य वैदिक अनुष्ठानों के नियमों का वर्णन करते हैं।

19. (B): जे.बी. बरी ने कहा था कि इतिहास केवल विज्ञान है, न इससे कुछ कम तथा न इससे अधिक। बरी का मानना था कि इतिहास विज्ञान की तरह तथ्यों और साक्ष्यों पर आधारित होता है और यह घटनाओं की व्यवस्थित और तार्किक व्याख्या प्रदान करता है। उनके अनुसार, इतिहास व्यक्तिगत अनुभवों या विचारधाराओं से प्रेरित न होकर, वास्तविक और प्रमाणित जानकारी पर आधारित होना चाहिए। इस दृष्टिकोण ने इतिहास के अध्ययन को और अधिक वैज्ञानिक और उद्देश्यपूर्ण बनाया, जिससे इतिहास की प्रकृति और समझ में स्थिरता और सटीकता आई।

20. (D): 'समग्र इतिहास' (टोटल हिस्ट्री) की संकल्पना मार्क ब्लॉक ने प्रचारित की। इस संकल्पना का उद्देश्य इतिहास को केवल राजनीतिक घटनाओं के संदर्भ में न देखते हुए समाज के सभी पहलुओं को समझना था। ब्लॉक का मानना था कि इतिहासकार को अर्थशास्त्र, समाजशास्त्र, मनोविज्ञान और अन्य संबंधित विषयों के प्रमाणों और तरीकों को शामिल करके इतिहास की गहराई से समझ विकसित करनी चाहिए। इस दृष्टिकोण ने इतिहास के अध्ययन को अधिक व्यापक और अंतःविषयात्मक बनाने में मदद की।

21. (D): चोल राज्य के संदर्भ में अनुष्ठानिक संप्रभुता और वास्तविक राजनीतिक नियंत्रण के मध्य विभेद, खंडीय राज्य प्रतिपादक का द्योतक है। इस मॉडल में, राजा अनुष्ठानिक संप्रभुता का प्रतीक होता है लेकिन वास्तविक शक्ति विभिन्न स्थानीय इकाइयों और सामंतों के हाथों में होती है। चोल राजवंश के दौरान, राजा धार्मिक और अनुष्ठानिक क्रियाओं में सर्वोच्च था, लेकिन स्थानीय स्तर पर नाडू, सभा और उर जैसे संस्थाओं द्वारा वास्तविक शासन संचालित किया जाता था। यह व्यवस्था चोल साम्राज्य की प्रशासनिक कुशलता और विस्तार के लिए कारगर साबित हुई।

22. (C): सिराजुद्दौला ने कलकत्ता अभियान के दौरान कासिम बाजार में अंग्रेजों की फैक्ट्री पर कब्जा किया और 20 जून, 1756 को फोर्ट विलियम पर अधिकार जमाया। सिराजुद्दौला, बंगाल के नवाब थे और उन्होंने ब्रिटिश व्यापारिक प्रभुत्व और राजनीतिक हस्तक्षेप के विरोध में यह कार्रवाई की थी। उनकी इस कार्रवाई ने प्लासी के युद्ध की पृष्ठभूमि तैयार की, जिसमें ब्रिटिश सेनाओं ने बंगाल पर अंततः अधिकार कर लिया। सिराजुद्दौला की ये कार्रवाई भारतीय इतिहास में एक महत्वपूर्ण मोड़ साबित हुई।

23. (B): कैवर्त मगध से संबंधित नहीं है। हर्यंक, शिशुनाग, और नंद ये सभी मगध के प्रमुख राजवंशों का हिस्सा थे और इन्होंने विभिन्न कालखंडों में मगध साम्राज्य की स्थापना और विस्तार में महत्वपूर्ण भूमिका निभाई। हर्यंक वंश ने बिंबिसार और अजातशत्रु जैसे शासकों को देखा, शिशुनाग वंश ने मगध को और विस्तृत किया, और नंद वंश ने मगध को भारतीय उपमहाद्वीप के बड़े हिस्सों पर शासन करने वाली एक बड़ी शक्ति बना दिया। इसके विपरीत, कैवर्त यह शब्द विशेष रूप से किसी राजवंश से संबंधित नहीं है बल्कि यह एक सामाजिक समूह या जाति का नाम हो सकता है।

24. (B): इस अनुक्रम का चयन नवीनतम पुरातत्वीय परिप्रेक्ष्यों के विकास क्रम को दर्शाता है:

(*c*) विसरणकारी परिप्रेक्ष्यः यह उद्विकास के पहले चरण का प्रतिनिधित्व करता है, जहां मुख्यतः प्रजातियों के विस्तार और फैलाव पर जोर दिया गया।

(*a*) नवीन एवं प्रक्रम धर्मी पुरात्तत्वः इसने पुरातत्व को अधिक समग्र और प्रक्रियात्मक ढंग से समझने का प्रयास किया, जिसमें अधिक गहन विश्लेषण और व्यवस्थित डेटा संग्रहण शामिल था।

(*b*) उद्विकास का अनुजात मॉडलः इसमें पुरातत्व और पुरानी सभ्यताओं के उद्विकास को समझने के लिए विकासवादी सिद्धांतों को अपनाया गया था।

(*d*) सांस्कृतिक विरासत का देशी पुरातत्व विज्ञानः यह नवीनतम दृष्टिकोण है जो स्थानीय संस्कृतियों और विरासतों के महत्व को समझने और उनके संरक्षण पर जोर देता है।

25. (A): इस प्रश्न का सही उत्तर विकल्प (A) है, जिसमें तीन कथन सही हैं:

(*a*) सुल्तान शुजा की अनुमति से सन् 1651 में बंगाल के हुगली में अंग्रेजों की पहली फैक्ट्री स्थापित हुई। यह बंगाल में ब्रिटिश व्यापारिक उपस्थिति की शुरुआत का प्रतीक है और इसने आगे चलकर अंग्रेजी शक्ति के विस्तार का मार्ग प्रशस्त किया।

(*b*) 'ब्लैक होल ट्रैजडी' के उत्तरजीवी और इस कथा के प्रधान लेखक जे. जेड हॉलवेल ने पीड़ितों के नाम का उल्लेख नहीं किया है। यह घटना अंग्रेजी इतिहास लेखन में विवादास्पद रही है, और हॉलवेल की रिपोर्ट ने बंगाल में अंग्रेजी प्रतिक्रिया को प्रभावित किया।

(*e*) बक्सर का युद्ध तीन संयुक्त सैन्य शक्तियों (बंगाल, अवध और दिल्ली) तथा मेजर मुनरो के सेनापतित्व में अंग्रेजों की सेना के मध्य लड़ा गया। इस युद्ध ने अंग्रेजों की बंगाल में निर्णायक शक्ति की स्थापना की और उत्तर भारत में उनके प्रभाव को मजबूत किया।

26. (C): ऑल इंडिया स्टेट्स पीपुल्स कांफ्रेंस की स्थापना दिसम्बर 1927 में हुई थी। यह संगठन भारतीय रियासतों के लोगों के अधिकारों और स्वतंत्रता के लिए

संघर्ष करने के उद्देश्य से स्थापित किया गया था। इसने राजनीतिक सक्रियता और सामाजिक परिवर्तन के लिए एक मंच प्रदान किया और भारतीय स्वाधीनता आंदोलन के एक महत्वपूर्ण घटक के रूप में काम किया।

27. (C): सूची-I और सूची-II का सही मिलान इस प्रकार है:

(*a*) हर्ष - पुष्यभूति शासक (II)। हर्ष वर्धन पुष्यभूति वंश का एक प्रमुख शासक था, जिसने उत्तरी भारत में व्यापक राज्य स्थापित किया।

(*b*) ललितादित्य मुक्तापीड - कारकोट वंश (IV)। ललितादित्य कश्मीर के कारकोट वंश का एक महान शासक था, जिसने कई युद्ध जीते और अपने राज्य का विस्तार किया।

(*c*) पल्लव - तोण्डमण्डलम् क्षेत्र (I)। पल्लव वंश दक्षिण भारत के तोण्डमण्डलम् क्षेत्र में स्थित था और इसने कला और स्थापत्य में महान योगदान दिया।

(*d*) पाल - 'मत्स्यन्याय' का अंत (III)। पाल वंश बंगाल क्षेत्र में स्थापित हुआ था और इसने क्षेत्र में अन्याय और अराजकता के विरुद्ध संघर्ष किया।

28. (C): मेवाड़ के शासक राणा कुम्भा ने संगीतराग, संगीत मीमांसा और सुरप्रबंध नामक संगीत विज्ञान से संबंधित तीन पुस्तकों का लेखन किया था। राणा कुम्भा न केवल एक सक्षम योद्धा और शासक थे, बल्कि एक उत्कृष्ट संगीतज्ञ और प्रशासक भी थे। उन्होंने मेवाड़ में कला और संस्कृति को बढ़ावा दिया और अपने शासनकाल में कई महत्वपूर्ण सांस्कृतिक पहलुओं की स्थापना की। उनकी रचनाओं ने भारतीय संगीत की परंपरा में महत्वपूर्ण योगदान दिया और आज भी उनके द्वारा रचित ग्रंथ संगीत शास्त्र में उल्लेखनीय माने जाते हैं।

29. (A): कालानुक्रम के अनुसार सही क्रम निम्न है:

(*a*) पंजाब का विभाजन और पुनर्वास: यह घटना 1947 में भारत की आजादी के समय हुई थी जब भारत और पाकिस्तान के बीच पंजाब का विभाजन हुआ था।

(*c*) प्रथम राज्य पुनर्गठन अधिनियम: यह 1956 में आया, जिसने भाषाई आधार पर राज्यों के पुनर्गठन की आधारशिला रखी।

(*d*) भारतीय अर्थव्यवस्था का वैश्वीकरण: यह प्रक्रिया 1991 में शुरू हुई, जब भारत ने आर्थिक सुधारों के तहत उदारीकरण, निजीकरण और वैश्वीकरण को अपनाया।

(*b*) नई शिक्षा नीति, 2020: यह नीति 2020 में लागू की गई, जिसने भारतीय शिक्षा प्रणाली में गहरे और व्यापक परिवर्तनों की शुरुआत की।

30. (C): ये दोनों कथन सही हैं:

(*a*) पीटर मुंडी ने आगरा में येसु समाजी (जेसुइट) के महाविद्यालय का उल्लेख किया है। यह जानकारी मुगल शासनकाल में धर्मनिरपेक्ष शिक्षा के प्रसार और उस समय के विदेशी संपर्कों को दर्शाती है।

(*b*) माहम अनगा का मदरसा जो खैरुल मंजिल के नाम से प्रसिद्ध था, बदायूँनी ने इसे 'मदरसा-ए-बेगम' की संज्ञा दी थी। यह शिक्षण संस्थान उस समय की महत्वपूर्ण शैक्षिक पहलों में से एक था।

(*c*) और (*d*) दोनों गलत हैं; शाहजहाँ ने मदरसा-ए-रहीमिया का निर्माण नहीं किया और औरंगजेब ने दारुल बका का निर्माण नहीं किया।

31. (A): (*a*) संस्कृत कॉलेज, बनारस - जोनाथन डंकन द्वारा स्थापित (III), जो इस कॉलेज को वैदिक शिक्षाओं के प्रचार के लिए खोला गया था।

(*b*) कलकत्ता मदरसा (मुहम्मडन कॉलेज) - वारेन हेस्टिंग्स द्वारा स्थापित (IV), जो मुस्लिम शिक्षा को बढ़ावा देने के लिए बनाया गया था।

(*c*) हिन्दू कॉलेज, कलकत्ता - राजा राममोहन राय, डेविड हेयर और अलेक्जेंडर डफ द्वारा स्थापित (I), जो आधुनिक शिक्षा प्रणाली को प्रोत्साहन देने के लिए खोला गया।

(*d*) फोर्ट विलियम कॉलेज, कलकत्ता - रिचर्ड वेलेजली द्वारा स्थापित (II), जिसका उद्देश्य ब्रिटिश अधिकारियों के लिए भारतीय भाषाओं की शिक्षा प्रदान करना था।

32. (B): ये कथन सही हैं:

(*a*) मसालिक-उल-अबसार के अनुसार, मुहम्मद तुगलक की कसीदाकारी की कार्यशाला में 4000 सिल्क कारीगर और अनेकों सोने की जरी के कारीगर थे। यह उस समय के कारखानों की विशालता और उनकी क्षमता को दर्शाता है।

(*c*) बहुत से कारखाने रातिबी (राज्य सहायता प्राप्त) थे, और अन्य कारखाने स्वक्तिपोषित थे (गैर रातिबी)। यह सामाजिक-आर्थिक संरचना में विविधता और उस समय की आर्थिक नीतियों को प्रदर्शित करता है।

(*d*) गैर रातिबी में राजसी पोशाक, बैनर बनाने तथा कालीन बनाने वाले कारखाने शामिल थे। यह उद्योगों की विविधता और उनके समाज में योगदान को दर्शाता है।

33. (D): वराहमिहिर की 'बृहत् संहिता' में निम्नलिखित का वर्णन है:

(*a*) वर्षा की मात्रा के मापन की विधि: इसमें वर्षा की मात्रा को मापने के लिए विभिन्न तकनीकी विधियाँ बताई गई हैं।

(*b*) खगोलशास्त्रीय प्रेक्षण: यह ग्रंथ खगोलीय घटनाओं के विस्तृत वर्णन के लिए प्रसिद्ध है, जिसमें ग्रहों की चाल, नक्षत्रों की स्थिति आदि शामिल हैं।

(*c*) घरों और मंदिरों का निर्माण: इसमें वास्तुशास्त्र के अनुसार भवन निर्माण के लिए विस्तृत निर्देश दिए गए हैं।

(*d*) पादपों का रोपण और फल उत्पादन में वृद्धि के तरीके: यह कृषि और बागवानी के तकनीकी पहलुओं पर भी प्रकाश डालता है, जिसमें पौधों की देखभाल और उनके उचित विकास के लिए विधियाँ शामिल हैं।

34. (C): सही मिलान इस प्रकार है:

(*a*) मणियम - मुखिया (II)। मणियम ग्रामीण समुदायों में एक मुख्य नेतृत्व की भूमिका निभाता था, जो गाँव के प्रशासनिक और सामाजिक मामलों में महत्वपूर्ण निर्णय लेने में सहायक होता था।

(*b*) कर्णम् - लेखाकार (III)। कर्णम् ग्रामीण समुदायों में लेखा-जोखा और रिकॉर्ड रखने का कार्य करता था, जिसमें कर संग्रहण और वित्तीय लेनदेन शामिल थे।

(*c*) तलैयरी - प्रहरी (I)। तलैयरी ग्रामीण समुदायों में सुरक्षा और प्रहरी की भूमिका निभाता था, जो गाँव की रक्षा और चौकीदारी का काम करता था।

(*d*) निरनिक्कर - भिश्ती (IV)। निरनिक्कर समुदाय में जल आपूर्ति का कार्य करता था, जिसे भिश्ती कहा जाता था और यह जल संग्रहण और वितरण में सहायक होता था।

35. (C): कालानुक्रम में सही क्रम निम्न है:

(*a*) बारबेरिकम - यह सिंध क्षेत्र में स्थित था और उत्तरी भारत में सबसे पहला समुद्री पत्तन था।

(*b*) बेरीगज (भृगुकच्छ) - यह गुजरात में स्थित था और बारबेरिकम के दक्षिण में आता है।

(*d*) सौप्परा (सोपारा) - यह महाराष्ट्र के उत्तरी भाग में स्थित है।

(*c*) मुजिरिस (मुसिरीपट्टनम) - यह केरल में स्थित है और सबसे दक्षिणी पत्तन है।

36. (D): शेख मुहम्मद गौस ने 'अमृत कुंड' का 'बहरुल हयात' नाम से अनुवाद किया था। उन्होंने इस्लामी सूफीवाद में अपनी गहरी विद्वता और ध्यान की विभिन्न तकनीकों पर उनकी महारत के लिए इस पुस्तक का अनुवाद किया। 'बहरुल हयात' एक व्यापक सूफी ग्रंथ है जो अध्यात्मिक उन्नति और आत्म-परिष्कार के विभिन्न पहलुओं पर प्रकाश डालता है।

37. (D): इंडियन नेशनल आर्मी (INA) के नेताओं में पृथ्वी सिंह आजाद और फणीन्द्रनाथ घोष शामिल नहीं थे।

आईएनए का नेतृत्व मुख्य रूप से रास बिहारी बोस, कैप्टन मोहन सिंह और सुभाष चंद्र बोस ने किया था। यह सेना ब्रिटिश इंडिया के खिलाफ लड़ी थी और भारतीय स्वतंत्रता आंदोलन का एक महत्वपूर्ण हिस्सा बनी। पृथ्वी सिंह आजाद और फणीन्द्रनाथ घोष इस सेना के सदस्य नहीं थे, और उनकी पहचान अन्य आंदोलनों या कार्यों के लिए जानी जाती है।

38. (B): ''कैंची और पेस्ट इतिहास'' वह धारणा है जिसमें इतिहास को केवल तथ्यों का संकलन माना जाता है। इस प्रकार की इतिहास लेखन शैली में ऐतिहासिक घटनाओं को बिना किसी गहरी व्याख्या या समझ के केवल तथ्यों के रूप में प्रस्तुत किया जाता है। यह दृष्टिकोण इतिहास के व्यापक संदर्भों और उसकी व्याख्यात्मक प्रकृति को नजरअंदाज कर देता है, जिससे पाठक को सतही जानकारी मिलती है जो घटनाओं की गहराई और उनके व्यापक प्रभाव को नहीं दर्शाती।

39. (C): सिकंदर-जिन्ना समझौता 1937 में सिकंदर हयात खान और मुहम्मद अली जिन्ना के मध्य हुआ था। यह समझौता ब्रिटिश भारत में मुस्लिम लीग की रणनीतियों और राजनीतिक दिशानिर्देशों को आकार देने में महत्वपूर्ण था। समझौता मुख्यतः मुस्लिम राजनीतिक दावों और अधिकारों की रक्षा के लिए किया गया था, और इसने मुस्लिम लीग के भीतर एकता और सहमति को मजबूत किया।

40. (D): परंपरागत रूप से 'पंचजनः' में शामिल पाँच प्रमुख आर्य कबीले मुरु, यदु, तुर्वस, अनु और द्रुह्यु हैं। ये कबीले वैदिक संहिताओं में वर्णित हैं और वैदिक काल में उत्तरी भारत में अपनी अलग-अलग भौगोलिक स्थितियों में बसे हुए थे। इन कबीलों का आर्य संस्कृति और धर्म में प्रमुख योगदान था, और वे वैदिक साहित्य में अपनी विशिष्ट विशेषताओं और परंपराओं के लिए पहचाने जाते हैं।

41. (B): सही मिलान इस प्रकार है:

(*a*) महापुरुषिया सम्प्रदाय - शंकरदेव (IV) शंकरदेव ने असम में वैष्णव धर्म का प्रचार किया और महापुरुषिया संप्रदाय की स्थापना की, जो भक्ति आंदोलन का एक हिस्सा था।

(*b*) पुष्टिमार्ग - वल्लभाचार्य (I) वल्लभाचार्य ने पुष्टिमार्ग की स्थापना की, जो कृष्ण भक्ति पर केंद्रित एक संप्रदाय है।

(*c*) ब्रह्म संहति या बमुनिया - दामोदरदेव (II) दामोदरदेव ने इस संप्रदाय की स्थापना की, जो बंगाल में वैष्णव धर्म के प्रसार में महत्वपूर्ण था।

(*d*) ठाकुरिया संप्रदाय - पुरुषोत्तम ठाकुर (III) पुरुषोत्तम ठाकुर ने ठाकुरिया संप्रदाय की स्थापना की, जो श्री चैतन्य महाप्रभु के शिष्यों में से एक थे।

42. (A): इतिहास-लेखन में 'रांके का उपागम' तथ्यों की पवित्रता पर बल देता है। लियोपोल्ड रांके, जिन्होंने इस दृष्टिकोण को प्रमोट किया, वे मानते थे कि इतिहासकार का मुख्य कार्य यथासंभव वास्तविकता को ज्यों का त्यों प्रस्तुत करना होना चाहिए। रांके ने जोर दिया कि इतिहास को ''जैसा कि वास्तव में हुआ था'' के रूप में लिखा जाना चाहिए, तथ्यों को विकृत किए बिना और इतिहासकार की व्यक्तिगत राय से मुक्त होकर।

43. (A): कोविलकोण्डा का युद्ध कृष्णदेव राय के शासनकाल में हुआ था, जो विजयनगर साम्राज्य के सबसे प्रमुख और सफल शासकों में से एक थे। इस युद्ध में विजयनगर और बहमनी राज्य के बीच संघर्ष हुआ था, जिसमें कृष्णदेव राय ने अपनी सैन्य शक्ति और रणनीतिक कौशल का प्रदर्शन किया था। यह युद्ध उनके शासनकाल की महत्वपूर्ण घटनाओं में से एक था और इसने विजयनगर साम्राज्य की सैन्य शक्ति को मजबूत किया।

44. (A): सही कालानुक्रम इस प्रकार है:

(*a*) कोरोमंडल तट पर आंग्ल-फ्रांसीसी युद्धः यह युद्ध 1746 से 1763 तक चला, जिसे कर्नाटक युद्ध के नाम से भी जाना जाता है।

(*d*) पंजाब और पश्चिमोत्तर सीमांत प्रांत का ब्रिटिश साम्राज्य द्वारा विलयः यह घटना 1849 में हुई, जब दूसरे एंग्लो-सिख युद्ध के बाद ब्रिटिश ने पंजाब पर अधिकार किया।

(*c*) लार्ड रिपन द्वारा प्रसिद्ध संकल्प, 1882 में: इसे स्थानीय स्वशासन का मैग्नाकार्टा कहा जाता है, जो भारत में स्वशासन के लिए एक महत्वपूर्ण कदम था।

(*b*) कलकत्ता में इम्पीरियल अभिलेख विभाग (भारतीय राष्ट्रीय अभिलेखागार) की स्थापना: यह 1891 में हुई, जिससे भारत में आधिकारिक रिकॉर्ड्स का संरक्षण और प्रबंधन सुनिश्चित हुआ।

45. (D): (*a*) प्रादेशिक - प्रांतीय गवर्नर (III)। प्रादेशिक शब्द का उपयोग प्रांतीय स्तर पर गवर्नर के लिए किया जाता था, जो क्षेत्रीय प्रशासन का मुख्य नेतृत्व करता था।

(*b*) अध्यक्ष - विभागीय अधिकारी (I)। अध्यक्ष शब्द का उपयोग विभागीय स्तर पर अधिकारी के लिए किया जाता था, जो विभागीय कार्यों की देखरेख करता था।

(*c*) नागरक - नगर-अधिकारी (IV)। नागरक शहरी प्रशासन में नगर-अधिकारी के लिए प्रयुक्त होता था, जो नगर की प्रशासनिक जिम्मेदारियों को संभालता था।

(*d*) ग्रामणी - ग्राम-अधिकारी (II)। ग्रामणी शब्द का प्रयोग गाँव के अधिकारी के लिए होता था, जो ग्रामीण स्तर पर प्रशासनिक कार्यों की देखरेख करता था।

46. (D): ब्रिटिश काल के दौरान भारतीय प्रेस के संदर्भ में निम्न कथन सही हैं:

(*a*) लाइसेंसिंग विनियमन, 1823 में प्रत्येक मुद्रक या प्रकाशक को प्रेस आरंभ करने या इसके उपयोग के लिए लाइसेंस प्राप्त करना आवश्यक था। यह विनियमन भारत में प्रेस की स्वतंत्रता पर गंभीर प्रतिबंध लगाने का एक माध्यम था, जिससे सरकारी नीतियों के आलोचकों को नियंत्रित किया जा सके।

(*b*) 1857 के महासमर के दौरान, उत्पन्न आपात स्थिति ने ब्रिटिश सत्ता को प्रेस पर पुनः प्रतिबंध लगाने के लिए बाध्य किया। इसके तहत नियम पंद्रह लागू किया गया, जिसने प्रेस पर प्रतिबंधों को मजबूत किया।

(*d*) समाचार पत्र अधिनियम, 1908 ने मजिस्ट्रेट को ऐसे समाचारपत्रों के प्रिंटिंग प्रेस व अन्य संपत्तियां जब्त करने का अधिकार दिया, जिनमें प्रकाशित आपत्तिजनक लेख हिंसा या हत्या की उत्प्रेरणा देते थे। यह अधिनियम ब्रिटिश सरकार द्वारा विपक्षी आवाजों को दबाने का एक मजबूत उपकरण बन गया।

47. (C): सन् 1857 के महासमर के बारे में निम्न कथन सही हैं:

(*a*) वी.डी. सावरकर ने इसे 'राष्ट्रीय स्वतंत्रता का नियोजित युद्ध' कहा था, जिसमें उन्होंने इस विद्रोह को भारतीय स्वतंत्रता संग्राम के एक अहम हिस्से के रूप में मान्यता दी।

(*b*) सावरकर ने यह सिद्ध करने का प्रयास किया कि 1826-27, 1831-32, 1854 के विद्रोह, 1857 के महासमर के पूर्वाभ्यास थे, जिससे वे इस विद्रोह को एक लंबे संघर्ष की परिणति के रूप में देखते थे।

(*d*) जेम्स आउट्रम और डब्ल्यू. टेलर ने इस महासमर को 'हिन्दू-मुस्लिम षड्यंत्र' का परिणाम माना, जिसमें उन्होंने इस विद्रोह को दो प्रमुख समुदायों के संयुक्त प्रयास के रूप में प्रस्तुत किया।

48. (A): महिलाओं की स्थिति के बारे में निम्न कथन सही हैं:

(*a*) राष्ट्रकूट राजा अमोघवर्ष ने गणिकाओं को नियमित तौर पर अपना दूत नियुक्त किया, जो उस समय की सामाजिक व्यवस्था में गणिकाओं के महत्व को दर्शाता है।

(*b*) चालुक्य वंश की राजकुमारी अक्कादेवी ने प्रांत के शासन का कार्यभार संभाला, जो उस समय की महिलाओं की राजनीतिक सक्रियता और सामर्थ्य को प्रदर्शित करता है।

(*c*) इब्न बतूता ने हनौर (दक्षिण भारत) में बालिकाओं की शिक्षा के लिए तेरह (13) स्कूल और बालकों के लिए तेईस स्कूल देखा था, जो उस समय की शिक्षा प्रणाली में लिंग समानता की ओर एक कदम था।

49. (D): प्राचीन भारत में 'तक्षण' शब्द बढ़ई का द्योतक है। बढ़ई, जिन्हें लकड़ी के काम में महारत हासिल होती थी, प्राचीन समाज में एक महत्वपूर्ण भूमिका निभाते थे। वे न केवल घरेलू सामान जैसे कि फर्नीचर और यात्री गाड़ियों का निर्माण करते थे, बल्कि मंदिरों और राजाओं के महलों के निर्माण में भी उनकी सेवाएं ली जाती थीं। उनका काम कुशलता और शिल्प कौशल की गहरी समझ को दर्शाता है।

50. (B): निम्नलिखित आंदोलनों का सही कालानुक्रम इस प्रकार हैः

(*b*) ज्योतिबा फुले द्वारा सत्यशोधक समाज की स्थापनाः यह 1873 में स्थापित किया गया था और इसने समाज में जाति और लिंग आधारित असमानताओं के खिलाफ संघर्ष किया।

(*c*) श्री नारायण गुरु धर्म परिपालन योगम द्वारा अरुविप्पुरम आंदोलन प्रारंभ किया गयाः यह आंदोलन 1888 में शुरू हुआ, जो दक्षिण भारत में जाति व्यवस्था के खिलाफ एक महत्वपूर्ण आंदोलन था।

(*d*) सी.एन. मुदलियार, टी.एम. नायर और पी. त्यागराज द्वारा न्याय आंदोलन प्रारंभ किया गयाः यह 1916 में शुरू हुआ, जिसने द्रविड़ अधिकारों की मांग की थी।

(*a*) ई.वी. रामास्वामी और ए. बलीजा नायडू द्वारा आत्म-सम्मान आंदोलन प्रारंभ किया गयाः यह 1925 में शुरू हुआ, जो तमिलनाडु में जातिवाद और हिंदू धर्म के सामाजिक ढांचे के खिलाफ लड़ाई थी।

51. (B): सूची-I के साथ सूची-II का सही मिलान निम्नलिखित हैः

(*a*) सोमदेव - कथासरित्सागर (II) सोमदेव ने 'कथासरित्सागर' की रचना की, जो एक प्रसिद्ध संस्कृत ग्रंथ है जिसमें कहानियों का एक विशाल संकलन है।

(*b*) क्षेमेन्द्र - बृहत्-कथामंजरी (I) क्षेमेन्द्र ने 'बृहत्-कथामंजरी' की रचना की, जो 'कथासरित्सागर' के समकालीन और उसका एक संस्करण माना जाता है।

(*c*) कालिदास - ऋतुसंहार (IV) कालिदास ने 'ऋतुसंहार' की रचना की, जो ऋतुओं के वर्णन से संबंधित कविता है।

(*d*) दामोदर गुप्त - कुट्टनीमतम् (III) दामोदर गुप्त ने 'कुट्टनीमतम्' की रचना की, जो कामशास्त्र पर आधारित एक ग्रंथ है।

52. (C): बेमेल शब्द इस संदर्भ में 'चूर्णी' है क्योंकि अरघट्ट, वापी, और नौरिया पानी संबंधित उपकरण या संरचनाओं से संबंधित हैं, जबकि 'चूर्णी' का अर्थ एक प्रकार का छोटा नदी या नाला होता है। अरघट्ट एक प्रकार का पानी उठाने का यंत्र है, वापी एक कृत्रिम जलाशय या कुंड है, और नौरिया भी जल संग्रहण और वितरण से संबंधित है।

53. (A): दिल्ली के सुल्तानों द्वारा निर्मित मस्जिदों का सही आरोही कालानुक्रम इस प्रकार हैः

(*b*) जमात खाना मस्जिदः इसे खिज्र खान ने 1315-1325 ई. के दौरान निर्मित करवाया था।

(*c*) बेगमपुरी मस्जिदः यह मस्जिद मोहम्मद बिन तुगलक के शासनकाल में 1343 ई. में बनी थी।

(*d*) खिर्की मस्जिदः यह मस्जिद सिकंदर लोदी के शासनकाल में 1351-54 ई. में बनाई गई थी।

(*a*) मोठ की मस्जिदः इसे सिकंदर लोदी के बाद के समय में 1505 ई. में बनाया गया था।

54. (C): अकबर की धार्मिक नीति के संदर्भ में सही कथन इस प्रकार हैंः

(*a*) उसने तीर्थयात्रा कर समाप्त कियाः अकबर ने हिन्दू तीर्थयात्राओं पर लगने वाले कर को समाप्त कर दिया था, जिससे धार्मिक सहिष्णुता का प्रदर्शन किया गया।

(*c*) उसने 1579 में 'मजहर' की घोषणा कीः इस घोषणा के द्वारा अकबर ने खुद को धार्मिक मामलों में सर्वोच्च अधिकार घोषित किया, जिससे वह उलेमा के प्रभाव को कम कर सकें।

(*d*) उसने दीन-ए-इलाही चलायाः अकबर ने दीन-ए-इलाही धर्म की स्थापना की, जो विभिन्न धार्मिक तत्वों का मिश्रण था और इसे सभी धर्मों के बीच समन्वय के रूप में प्रोत्साहित किया गया।

55. (D): 'आपरेशन पोलो' भारतीय सेना द्वारा सितंबर 1948 में हैदराबाद रियासत के विरुद्ध चलाया गया सैन्य अभियान था। हैदराबाद के निजाम ने भारतीय संघ में विलय का विरोध किया था। इस अभियान का उद्देश्य हैदराबाद को भारतीय संघ में शामिल करना था, जिसमें सैन्य बल का प्रयोग किया गया था। इस अभियान के परिणामस्वरूप हैदराबाद नें अंततः भारतीय संघ में विलय को स्वीकार किया।

56. (D): कात्यायन के अनुसार, विद्याधन (अधिगम द्वारा अर्जित संपत्ति) में शामिल हैः

(*a*) किसी विद्वान द्वारा अपने शिष्यों से प्राप्त संपत्तिः यह गुरु द्वारा शिक्षा देने के बदले में शिष्यों से प्राप्त दक्षिणा या अन्य प्रकार की सहायता को दर्शाता है।

(*c*) किसी कठिन प्रश्न के समाधान या शास्त्रार्थ में सफलता द्वारा पुरस्कार (पारितोषिक) के रूप में प्राप्त संपत्तिः यह विद्वत्तापूर्ण चर्चा या वाद-विवाद में विजयी होने पर मिलने वाले इनामों को संदर्भित करता है।

(*d*) यज्ञीय शुल्क के रूप में प्राप्त संपत्तिः यह यज्ञ या धार्मिक अनुष्ठानों के आयोजन में विद्वानों द्वारा प्राप्त दान या शुल्क को दर्शाता है।

57. (D): मध्यकाल में व्यापारियों और कारीगरों की 'हड़ताल' की घटनाओं के संदर्भ में निम्नलिखित कथन सही हैंः

(*a*) वर्ष 1668-69 में इस्लाम में बलात् धर्म-परिवर्तन के विरुद्ध सूरत के बनियों ने हड़ताल की थी, जिससे उन्होंने धर्मांतरण के विरोध में अपना रोष व्यक्त किया था।

(*b*) यूरोपीय यात्री थेवेनोट के अनुसार, बागनगर के हिन्दू बैंकरों ने अमीर की वसूली के विरोध में अपने कार्यालय बंद कर दिए, जिससे वित्तीय नीतियों के प्रति उनकी असहमति प्रदर्शित होती है।

(*c*) वर्ष 1686 में मद्रास की समस्त भारतीय जनता अंग्रेजों द्वारा अधिरोपित कर के विरोध में जाति प्रधानों के आदेश पर हड़ताल पर चली गई, जो विदेशी शासन और उनकी कर नीतियों के विरुद्ध थी।

(*d*) सत्रहवीं सदी में अब्बे कैरे ने लिखा कि कम्मलन (कारीगर) जाति में से यदि कोई अपमानित महसूस करता था या उसके साथ कुछ गलत किया जाता था तो सभी लोग अपनी दुकानें बंद कर देते थे, यह उनकी सामूहिक संघबद्ध ता और प्रतिरोध की क्षमता को दर्शाता है।

58. (B): बारदोली सत्याग्रह के नेता वल्लभ भाई पटेल थे। यह आंदोलन 1928 में गुजरात के बारदोली तालुका में हुआ था, जहाँ किसानों ने भूमि कर में वृद्धि के विरोध में आवाज उठाई थी।

59. (C): (*a*) मूलशंकर - स्वामी दयानन्द सरस्वतीः स्वामी दयानन्द सरस्वती, जो आर्य समाज के संस्थापक थे, का असली नाम मूलशंकर था।

(*b*) नरेन्द्र नाथ दत्त - स्वामी विवेकानन्दः स्वामी विवेकानन्द, जिन्होंने वेदांत के दर्शन को पश्चिम में प्रचारित किया, का मूल नाम नरेन्द्र नाथ दत्त था।

(*c*) गदाधर चट्टोपाध्याय - रामकृष्ण परमहंसः रामकृष्ण परमहंस, जो एक प्रमुख हिन्दू संत थे, का असली नाम गदाधर चट्टोपाध्याय था।

(*d*) मार्ग्रेट एलिजाबेथ नोबल - भगिनी निवेदिताः भगिनी निवेदिता, जो स्वामी विवेकानंद की शिष्या थीं, का असली नाम मार्ग्रेट एलिजाबेथ नोबल था।

60. (B): (*a*) 'एट्टीन फिफ्टी सेवेन' नामक पुस्तक के लेखक एस.एन. सेन हैं, जिसमें 1857 के विद्रोह का विश्लेषण किया गया है।

(*b*) 'द सिपाही म्यूटिनी एंड द रेबेलियन ऑफ 1857' के लेखक आर.सी. मजूमदार हैं, जो इस घटना का गहराई से अध्ययन प्रस्तुत करते हैं।

(*c*) 'सिविल रेबेलियन इन इंडियन म्यूटिनीज, 1857-1859' के लेखक एम.बी. चौधरी हैं, जिन्होंने विद्रोह के विभिन्न पहलुओं पर प्रकाश डाला है।

(*d*) 'एन एस्से ऑन द कॉजेज ऑफ द इंडियन रिवोल्ट' के लेखक एस. अहमद हैं, जिन्होंने 1857 के विद्रोह के कारणों का विश्लेषण किया है।

61. (A): (*a*) सुश्रुत - सुश्रुत संहिता के रचयिता, जो एक प्राचीन भारतीय वैद्यक ग्रंथ है, लगभग 6ठी शताब्दी ई.पू. में थे।

(*b*) आर्यभट्ट - आर्यभट्टिया के रचयिता, एक गणितीय और खगोलशास्त्रीय ग्रंथ, जो 5वीं शताब्दी में लिखा गया।

(*c*) वराहमिहिर - 6ठी शताब्दी में बृहत् संहिता के रचयिता, जो एक विशाल ज्योतिषीय और खगोलशास्त्रीय ग्रंथ है।

(*d*) ह्वेनत्सांग - 7वीं शताब्दी में भारत आने वाले चीनी यात्री और बौद्ध धर्म के विद्वान।

62. (D): शिवाजी ने राज्याभिषेक के समय अनेक उपाधियाँ धारण कीं, जैसे कि क्षत्रिय-कुलवतांश, सिंहासनाधीश्वर, और महाराज। हालांकि, वेदमार्ग-प्रतिष्ठापक शिवाजी की उपाधि नहीं थी, बल्कि उन्होंने धार्मिक सहिष्णुता को प्रोत्साहित किया था।

63. (C): (*a*) आण्डाल - एक वैष्णव संत, जो तमिलनाडु में 8वीं शताब्दी में थीं।

(*b*) रामानुज - एक महत्वपूर्ण वैष्णव संत, जो 1017-1137 के दौरान थे।

(*c*) रामानंद - भक्ति आंदोलन के प्रमुख संत, जिन्होंने 14वीं शताब्दी में काम किया।

(*d*) कुंभनदास - भक्ति संत, जो राजस्थान में 16वीं शताब्दी में थे।

64. (C): वर्ष 1281 में व्यापारी सबन्दपेरुमल उर्फ तवसचक्रवर्ती द्वारा भगवान शिव के मंदिर के निर्माण का अभिलेख दक्षिण चीन के क्वान्झू में पाया गया है। इस अभिलेख में तवसचक्रवर्ती के दान की जानकारी है, जिससे पता चलता है कि तमिल व्यापारियों की चीन में काफी सक्रियता थी और उन्होंने वहाँ हिन्दू धार्मिक स्थलों का निर्माण कराया था। यह भारत और चीन के मध्य सांस्कृतिक और व्यापारिक संबंधों का एक महत्वपूर्ण प्रमाण है।

65. (A): सूची-I और सूची-II का सही मिलान इस प्रकार है:

(*a*) कुरु (III) कुरु जनपद पांचाल के निकट था जो वर्तमान हरियाणा और दिल्ली के आसपास का क्षेत्र है।

(*b*) इक्ष्वाकु (I) इक्ष्वाकु वंश कोसल और अयोध्या से संबद्ध था, जो अयोध्या के राजवंश के रूप में प्रसिद्ध हैं।

(*c*) विदर्भ (II) विदर्भ का क्षेत्र वर्तमान महाराष्ट्र के नागपुर और आसपास के इलाके में आता है जो दक्षिणी क्षेत्र में पड़ता है।

(*d*) हैहय (IV) हैहय जनपद मध्य भारत, मालवा और गुजरात के क्षेत्रों में फैला हुआ था।

66. (A): स्कोपस वास्तव में साहित्यिक चोरी का पता नहीं लगा सकता। स्कोपस मुख्यतः एक शोध संदर्भित डेटाबेस है जिसका उपयोग वैज्ञानिक लेखों, सम्मेलनों के प्रकाशनों और पत्रिकाओं के अनुसंधान के लिए किया जाता है, परंतु यह चोरी की गई सामग्री का पता नहीं लगा सकता है। प्लैजरिज्म डिटेक्शन टूल्स जैसे कि टर्निटिन, आइथेन्टिकेट, और उरकुन्ड साहित्यिक चोरी को पहचानने के लिए विकसित किए गए हैं, जो समानता इंडेक्स और अन्य मेट्रिक्स के माध्यम से दस्तावेजों में मौजूद सामग्री की तुलना करते हैं।

67. (D): पेशवा बाजीराव प्रथम के शासनकाल की घटनाओं का सही आरोही कालानुक्रम इस प्रकार हैः

(*c*) अमझेरा का युद्धः यह युद्ध बाजीराव की आरंभिक विजयों में से एक था, जिसमें उन्होंने मालवा पर विजय प्राप्त की थी।

(*b*) छत्रसाल के साथ संधिः छत्रसाल, बुंदेलखंड के राजा थे और बाजीराव ने उनके साथ मित्रता और सहयोग की संधि की।

(*a*) भोपाल युद्धः भोपाल का यह युद्ध मराठा विजयों का हिस्सा था, जहां बाजीराव ने भोपाल के शासकों को पराजित किया।

(*d*) बेसिन के दुर्ग पर कब्जाः यह उनकी महत्वपूर्ण विजयों में से एक थी, जिसमें उन्होंने बेसिन के दुर्ग पर विजय प्राप्त की और मराठा साम्राज्य की सीमाओं का विस्तार किया।

68. (A): अब्राहम बेन यिजू, जिन्हें भारत में अपने व्यापारिक उपक्रमों के लिए जाना जाता है, उन्होंने मंगलोर में एक कांस्य की फैक्ट्री चलाई थी। उनकी गतिविधियाँ भारतीय वाणिज्य और व्यापारिक संस्कृति के साथ उनके गहरे जुड़ाव को दर्शाती हैं। मंगलोर उस समय एक महत्वपूर्ण वाणिज्यिक केंद्र था, जो अंतरराष्ट्रीय व्यापार में सक्रिय था।

69. (D): 'दीवान-ए-बयूतात' मुगल काल में एक मंत्रालय था जो राज्य शासित कारखानों से संबंधित था। यह मंत्रालय विभिन्न प्रकार के शिल्प और उद्योगों के प्रबंधन और नियंत्रण का कार्य करता था, जो राज्य के अंतर्गत आते थे। इन कारखानों में वस्त्र, आभूषण, और अन्य हस्तशिल्प उत्पादों का निर्माण होता था जो मुगल साम्राज्य की आर्थिक और सांस्कृतिक भव्यता को दर्शाता था।

70. (B): पुनर्जागरण की भावना ने इतिहास-लेखन पर व्यापक प्रभाव डाला था। इस युग में इतिहास के मानवीय दृष्टिकोण की ओर वापसी, मानवीय इतिहासकारों के नये संप्रदाय की वृद्धि और सार्वभौमिक इतिहास और कालानुक्रम का प्रादुर्भाव शामिल हैं। हालांकि, विकल्प (B) जो कि ''अविशेषज्ञ इतिहासकारों का प्रादुर्भाव'' बताता है, पुनर्जागरण के दौरान नहीं हुआ। पुनर्जागरण के दौरान वास्तव में इतिहास लेखन में विद्वानों और शिक्षित व्यक्तियों का योगदान बढ़ा, न कि अविशेषज्ञ इतिहासकारों का।

71. (B): मुगल बादशाह शाहजहाँ के दरबार में लाल खाँ को 'गुणसमुन्दर' की उपाधि मिली थी। शाहजहाँ ने अपने दरबार में कला और संगीत का बहुत समर्थन किया था, और उनके राज्यकाल में कई कलाकारों और संगीतकारों को उपाधियाँ प्रदान की गई थीं। लाल खाँ एक प्रसिद्ध गायक थे जिन्होंने अपनी संगीत कला के लिए यह उपाधि अर्जित की थी।

72. (A): मौर्योत्तर काल में भारत से रोम को निर्यात की जाने वाली मुख्य वस्तुएँ वस्त्र, हाथी दाँत और काली मिर्च शामिल थीं। ये वस्तुएँ उस समय की व्यापारिक प्रणाली में बहुत महत्वपूर्ण थीं और भारतीय व्यापारियों ने इन्हें बड़े पैमाने पर रोमान साम्राज्य में निर्यात किया था। जैतून का तेल वास्तव में भारत से नहीं बल्कि मुख्यतः मध्य भूमध्य क्षेत्र से निर्यात किया जाता था।

73. (C): मनसबदारी व्यवस्था, जो मुगल साम्राज्य में अपनाई गई थी, में नियुक्ति सीधे शासक द्वारा की जाती थी, और प्रमुख अमीरों द्वारा भी अनुशंसा की जाती थी। सामान्यतः 7000 से ऊपर के सभी मनसब आमतौर पर शाही परिवार के सदस्यों के लिए आरक्षित थे हालाँकि इसके कुछ अपवाद भी हैं।

74. (C): विलियम हॉकिन्स, पित्रा डेला वेले, पीटर मुंडी और ज्याँ बैपटिस्ट ट्रेवर्नियर के आगमन के आरोही क्रम के अनुसार, विलियम हॉकिन्स सबसे पहले आए थे, उसके बाद पित्रा डेला वेले, फिर पीटर मुंडी और अंत में ज्याँ बैपटिस्ट ट्रेवर्नियर आए। यह उनके यात्राओं का कालक्रम प्रदान करता है।

75. (A): मुगल पेंटिंग और उनके चित्रकारों के मिलान के अनुसार, बसावन ने 'दुर्बल अश्व के साथ निर्जन क्षेत्र में मजनूँ' की पेंटिंग बनाई थी, उस्ताद मंसूर ने 'साइबेरियाई सारस' को चित्रित किया था, अब्दुल हसन

ने 'चिनार वृक्ष पर ढेर सारी गिलहरियाँ' की पेंटिंग बनाई थी, और दौलत ने 'बिशनदास का चित्र' बनाया था। ये सभी चित्रकार अपनी विशिष्ट शैली और विषय के लिए प्रसिद्ध हैं।

76. (A): सही कालानुक्रम में ये घटनाएँ इस प्रकार हैंः थामस मैकाले द्वारा शिक्षा संबंधी मिनट (1835), ईश्वर चंद्र विद्यासागर द्वारा 'सोम प्रकाश' की शुरुआत (1858), मद्रास में वेद समाज की स्थापना (1864), और रंगपुर धिंग किसान विद्रोह (1893-94)। ये घटनाएँ भारतीय इतिहास और समाज में महत्वपूर्ण परिवर्तनों को दर्शाती हैं।

77. (B): विवाह के प्रकारों में 'अनुलोम' और 'प्रतिलोम' शामिल हैं, जो विवाह संबंधी वर्गीकरण के अंतर्गत आते हैं। 'अश्वमेध' और 'वाजपेय' यज्ञ से संबंधित हैं, विवाह से नहीं। अतः सही उत्तर केवल (*b*) और (*d*) है।

78. (A): आलवारों की संख्या 12 और नायनारों की संख्या 63 है। आलवार विष्णु भक्ति संप्रदाय से संबंधित हैं और नायनार शिव भक्ति संप्रदाय से संबंधित हैं। ये दक्षिण भारतीय भक्ति परंपरा के प्रमुख स्तंभ हैं।

79. (D): (*a*) अगस्त प्रस्ताव (IV), जिसे 1940 में पेश किया गया था, भारतीय नेताओं को शासन के लिए अधिक जिम्मेदारियां प्रदान करने का प्रस्ताव था।

(*b*) क्रिप्स मिशन (II), जो 1942 में आया, भारतीय नेताओं को पूर्ण स्वराज की दिशा में एक और कदम बढ़ाने की कोशिश थी।

(*c*) वेवल प्लान (I), 1945 में पेश किया गया, भारतीय नेताओं के साथ समझौता करने का प्रयास था।

(*d*) कैबिनेट मिशन प्लान (III), जो 1946 में आया, भारत के लिए संविधान निर्माण की प्रक्रिया की नींव रखी गई। ये सभी घटनाएँ भारतीय स्वतंत्रता की ओर अग्रसर थीं।

80. (C): 'सुत्तनिपात' ग्रंथ में मवेशियों के संरक्षण की बात की गई है क्योंकि वे हमें भोजन (*a*), शक्ति (*b*), सौंदर्य (*d*) और प्रसन्नता (*e*) प्रदान करते हैं। यह ग्रंथ बताता है कि मवेशी कृषि और जीवनयापन में किस प्रकार से महत्वपूर्ण भूमिका निभाते हैं और उन्हें कैसे संरक्षित किया जाना चाहिए।

81. (A): गोलकुण्डा के कुतुब-शाही राजवंश में सुल्तानों का क्रम इस प्रकार हैः इब्राहिम कुतुब शाह (1550-1580)(*a*), मुहम्मद कुली कुतुब शाह (1580-1612) (*b*), अब्दुल्ला कुतुब शाह (1626-1672) (*c*), और अबुल-हसन कुतुब शाह (1672-1687) (*d*)। यह व्यवस्थित क्रम उनके शासनकाल को दर्शाता है और उनकी विरासत और योगदान को समझने में मदद करता है।

82. (D): व्यापार और वाणिज्य के संदर्भ में बंगाल और गुजरात के उद्योगों की आयात निर्भरता के कथन सत्य हैं। बंगाल की अफीम बिहार से प्राप्त होती थी (*b*), लाख के उत्पादन के लिए गुजरात बंगाल से लाख प्राप्त करता था (*c*), और शंख के आभूषण बनाने वाले बंगाल के विनिर्माता तूतोकोरिन से शंख के आयात पर निर्भर थे (*d*)। ये सभी तथ्य मध्यकालीन भारत के व्यापारिक संबंधों की जटिलता और विविधता को दर्शाते हैं।

83. (D): 'इंडियन वार ऑफ इंडिपेन्डेन्स, 1857' के लेखक वी.डी. सावरकर हैं, जिन्होंने इस पुस्तक में 1857 के विद्रोह को भारतीय स्वतंत्रता संग्राम के रूप में प्रस्तुत किया। यह पुस्तक ब्रिटिश शासन के खिलाफ भारतीय जनमानस के विद्रोह के कारणों और प्रभाव का विश्लेषण करती है और इसे भारतीय इतिहास में एक महत्वपूर्ण दस्तावेज माना जाता है।

84. (D): असैन्य और सैन्य राजपत्र का प्रकाशन लाहौर से होता था। यह प्रकाशन अंग्रेजी राज के दौरान भारतीय सेना और असैन्य सेवाओं की विभिन्न गतिविधियों और नियुक्तियों के विवरण प्रदान करता था। इन राजपत्रों का मुख्य उद्देश्य सरकारी नोटिफिकेशन, आदेश और

अन्य सरकारी सूचनाएँ प्रकाशित करना था, जो व्यापक जनसंख्या और सरकारी कर्मचारियों के लिए महत्वपूर्ण थीं।

85. (D): अष्टप्रधान अधिकारियों का मिलान निम्न प्रकार से होता है: पेशवा के रूप में मोरो त्रयम्बक पिंगले (*a*-III), मजूमदार (आमात्य) के रूप में रामचंद्र नीलकंठ (*b*-IV), सरनीस (सचिव) के रूप में अन्नाजी दत्तो (*c*-I), और वाकूनवीस के रूप में दत्ताजी त्रयम्बक (*d*-II) थे। ये व्यक्ति शिवाजी महाराज के शासन काल में महत्वपूर्ण प्रशासनिक भूमिकाएँ निभाते थे और इनका योगदान मराठा साम्राज्य की संरचना में अभिन्न था।

86. (C): क्लियोपेट्रा की नाक का सिद्धांत इतिहास के व्यक्ति प्रधान होने की बात करता है। इस सिद्धांत के अनुसार, यदि क्लियोपेट्रा की नाक थोड़ी कम आकर्षक होती, तो जूलियस सीजर और मार्क एंटनी उससे आकर्षित न होते और इतिहास की धारा ही बदल जाती। यह सिद्धांत बताता है कि व्यक्तिगत विशेषताएँ और छोटे-छोटे परिवर्तन भी इतिहास की बड़ी घटनाओं को प्रभावित कर सकते हैं।

87. (B): 19वीं सदी के भारतीय शिक्षा विकास में चार्टर अधिनियम, 1813 में शिक्षा के लिए एक लाख रुपये वार्षिक व्यय का प्रावधान किया गया (*a*) और प्राच्य-आंग्ल विवाद के दौरान प्राच्यवादियों के समूह का नेतृत्व एच.टी. प्रिंसेप ने किया जिन्होंने प्राच्य साहित्य के प्रगामी प्रयोग को बढ़ावा दिया (*d*)। ये घटनाएं उस समय की शैक्षणिक परिस्थितियों और विचारधाराओं को दर्शाती हैं, जहाँ शिक्षा न केवल ज्ञान प्रदान करने का माध्यम थी बल्कि उपनिवेशीकरण और सांस्कृतिक पहचान की राजनीति का भी एक हिस्सा थी।

88. (D): सही कथन निम्नलिखित हैं: शैव सिद्धांत तीन शाश्वत सिद्धांतों–ईश्वर (शिव), ब्रह्मांड और आत्मा की स्वीकृति प्रदान करता है (*a*)। इसके अलावा, शैव सिद्धांत, कश्मीर शैववाद और वीरशैव परंपरा के अनुयायियों द्वारा 'आगम' को प्रामाणिक ग्रंथ माना जाता है (*b*)। अन्य कथन वैष्णव संप्रदाय के संबंध में हैं, जिनका शैव सिद्धांत से सीधा संबंध नहीं है।

89. (B): मदुराविजयम, जिसे गंगादेवी ने लिखा था, संस्कृत भाषा में रचित एक महत्वपूर्ण काव्य ग्रंथ है। इस ग्रंथ में बुक्का-I के पुत्र कुमार कंपन के अभियानों का वर्णन है, जो विजयनगर साम्राज्य की सैन्य उपलब्धियों को दर्शाता है।

90. (A): सही कालानुक्रम इस प्रकार है: पहले चालीसा का दुर्भिक्ष (*b*) जो 18वीं शताब्दी में हुआ, फिर महाराष्ट्र में परमहंस मंडली की स्थापना (*c*) जो 19वीं सदी में हुई, उसके बाद फिरोजशाह मेहता द्वारा बाम्बे क्रॉनिकल का शुभारंभ (*d*) जो 19वीं शताब्दी के अंत में हुआ, और अंत में मांटेग्यू चेम्सफोर्ड संवैधानिक सुधार (*a*) जो 20वीं शताब्दी की शुरुआत में हुआ। इस क्रम से भारतीय इतिहास में सामाजिक, आर्थिक और राजनीतिक परिवर्तनों की झलक मिलती है।

91. (C): वरुण को प्राचीन ग्रंथों में 'राजाओं का ताड़क' माना गया है। वरुण न्याय और सत्य के देवता हैं और उन्हें राजाओं का देवता कहा जाता है क्योंकि उनकी भूमिका न्याय व्यवस्था में अहम मानी जाती थी। उन्हें न केवल समुद्रों और जल स्रोतों का देवता माना जाता था, बल्कि वे न्याय और कानून के प्रहरी भी थे। इस भूमिका में वे राजा की न्यायिक शक्तियों के प्रतीक के रूप में देखे जाते थे।

92. (C): शुक्रनीतिसार में राजा का वर्णन जनता के स्वामी और सेवक दोनों के रूप में किया गया है। शुक्रनीतिसार एक प्राचीन राजनीतिक शास्त्र है जो राजा और उसके शासन के नैतिक और प्रशासनिक दायित्वों का विस्तार से वर्णन करता है। इसमें राजा को जनता का पालनहार और सेवक के रूप में दिखाया गया है, जो उनकी सुरक्षा और कल्याण के लिए जिम्मेदार होता है।

93. (B): अर्थशास्त्र में उल्लेख है कि राजा की स्थिति सिपाहियों के समान थी, दोनों को अलग-अलग पारिश्रमिक मिलता था और दोनों राष्ट्र की परिसंपत्ति साझा करने के हकदार थे। कौटिल्य की इस महत्वपूर्ण रचना में राजा और सिपाहियों के बीच समानता की भावना को दर्शाया गया है, जिसमें राजा का नेतृत्व और उसके सैनिकों की भूमिका को समान महत्व दिया गया है।

94. (D): उपर्युक्त गद्यांश राजा को जनसेवक के रूप में दर्शाने के संबंध में है। इसमें राजा की भूमिका को जनता के सेवक के रूप में व्याख्यायित किया गया है, जिसमें उसे अपने प्रजाओं की सेवा करनी चाहिए और उनके कल्याण के लिए काम करना चाहिए। इस दृष्टिकोण से राजा को न केवल सत्ता का प्रतीक माना गया है, बल्कि जन कल्याण के लिए काम करने वाला एक सेवक भी समझा गया है।

95. (A): प्रारंभिक धर्मसूत्र में यह टिप्पणी की गई है कि 'राजा वस्तुतः सेवक है और 16% कर उसका पारिश्रमिक है' यह टिप्पणी बौधायन धर्मसूत्र में मिलती है। इसमें राजा के प्रजा के प्रति दायित्व और उसके लिए मिलने वाले पारिश्रमिक को उजागर किया गया है, जो उसकी सेवाओं के बदले में रूप में प्रजा द्वारा अदा किया जाता है।

96. (C): पी.एन. बापट को रूसी क्रांतिकारियों से बम बनाने की कला सीखने के लिए पेरिस भेजा गया था। 'अभिनव भारत' एक क्रांतिकारी संगठन था जिसने भारतीय स्वतंत्रता संग्राम में महत्वपूर्ण भूमिका निभाई। पी.एन. बापट उन क्रांतिकारियों में से एक थे जो विदेश में गुप्त रूप से विस्फोटकों और हथियारों के निर्माण की तकनीकी प्राप्त करने के लिए गए थे, ताकि भारतीय स्वतंत्रता संग्राम को एक नई दिशा प्रदान की जा सके।

97. (D): वर्ष 1900 में विनायक दामोदर सावरकर ने नासिक में 'मित्र मेला' का शुभारंभ किया था। यह संगठन बाद में 'अभिनव भारत' में परिवर्तित हुआ। सावरकर का यह प्रयास भारतीय युवाओं को एकजुट करने और उनमें स्वतंत्रता की भावना को प्रेरित करने के लिए था, जिससे वे अंग्रेजी राज से मुक्ति पाने के लिए संघर्ष कर सकें।

98. (A): 'अभिनव-भारत' एक क्रांतिकारियों की गुप्त संस्था थी, जिसकी स्थापना विनायक दामोदर सावरकर ने की थी। इस संगठन का मुख्य उद्देश्य भारतीय स्वतंत्रता प्राप्त करना था, और इसके लिए यह संगठन किसी भी तरह के आवश्यक कदम उठाने को तैयार था, चाहे वह सशस्त्र विद्रोह ही क्यों न हो।

99. (B): 'चापेकर बंधु' के नाम से विनायक हरि चापेकर को संबोधित नहीं किया जाता है। 'चापेकर बंधु' तीन भाई थे - दामोदर हरि, बालकृष्ण हरि, और वासुदेव हरि, जिन्होंने 1890 के दशक में ब्रिटिश अधिकारियों के खिलाफ सशस्त्र विद्रोह में भाग लिया था।

100. (B): 'मित्र-मेला' सशस्त्र विद्रोह का पक्षधर था। यह संगठन स्पष्ट रूप से भारतीय राजनैतिक स्वतंत्रता के लिए संघर्ष करने के लिए बनाया गया था, और यदि आवश्यकता होती तो इसे हासिल करने के लिए सशस्त्र संघर्ष करने को भी तैयार था।

YOUR SPACE

पिछले प्रश्न-पत्र

National Testing Agency (NTA)

UGC-NET जूनियर रिसर्च फैलोशिप तथा सहायक प्राध्यापक पात्रता परीक्षा

इतिहास, दिसम्बर-2023

(Exam held on 14-12-2023)

प्रश्न-पत्र-II

1. अघोष स्नान (ब्रेथ बाथ) की दीवार और फर्श के जलसह (वाटर-प्रूफिंग) के लिए निम्नांकित में से किस पदार्थ का प्रयोग किया जाता था?

A. सीसा B. ताम्र
C. जिप्सम D. चूना

2. विश्व में पहली औद्योगिक क्रांति __________ के साथ संबंधित है।

A. प्रस्तर उपकरण बनाने
B. वस्त्र बनाने
C. गृह निर्माण
D. लौह निर्माण

3. उस पुराण का नाम बताइए, जिसमें भारत को भौगोलिक इकाई बताया गया है?

A. वायु पुराण B. विष्णु पुराण
C. भागवत पुराण D. पद्‌म पुराण

4. लीलावती गणित किसके द्वारा लिखित है?

A. कृष्णदेव राय B. भास्कराचार्य
C. अशोक D. पाणिनी

5. किस सातवाहन शासक को शक, इंडो-ग्रीक और पार्थियन का ध्वंसक कहा जाता है?

A. सातकर्णी I B. वशिष्ठिपुत्र पुलमावी
C. गौतमीपुत्र सातकर्णी D. सिमुक

6. 'मिलिंद-पन्हो' के लिए क्या सही **नहीं** है?

A. ग्रीक राजा मिलिंद और बौद्ध मठवासी नागसेन के बीच वार्तालाप का कार्य
B. मूल लेख अप्राप्त है तथा वर्तमान ग्रंथ मूल का पाली अनुवाद है।
C. मिलिंद पन्हो पर व्याख्या 5वीं शताब्दी (ई.) में धम्मपाल द्वारा लिखी गई थी।
D. मिलिंद पन्हो के कुछ संवाद प्लेटो के संवाद के साथ मिलते हैं।

7. तृतीय संगम का अध्यक्ष कौन था, जिसकी बैठक उत्तरी मदुरा में थी?

A. अगस्त्य B. इरुनंद्‌यूर
C. कपिलार D. नक्कीरर

8. बाबर का पुत्र मिर्जा कामरान, राव जैतसी द्वारा पराजित हुआ था, जो कि __________ का शासक था।

A. उदयपुर B. जोधपुर
C. बीकानेर D. जयपुर

9. सार्वजनिक कल्याण के लिए मानव-निर्मित उत्तम बावड़ी (जल-समूह) __________ कहलाता है।

A. मोडेरा ताल
B. रानी की वाव
C. सरदार सरोवर
D. सूरजकुंड

10. तिल-तांदुल न्याय का अर्थ है :

A. चावल और सीसम को मिश्रित करना

B. पानी और चावल को मिश्रित करना

C. चावल और गेहूँ को मिश्रित करना

D. पानी और चीनी को मिश्रित करना

11. जयदेव महाकवि किसके दरबार में समृद्ध हुए?

A. पल्लव

B. बंगाल का सेन शासक

C. राजराज चोल

D. उड़ीसा का सोमवामसीस

12. महाबन किसके पास स्थित है?

A. मथुरा B. चित्तौड़

C. लखनऊ D. पन्ना

13. फारसी अनुवाद नामा-ए-खेराद-अफ्जा निम्नलिखित कौन-सी प्रसिद्ध पुस्तक (ग्रंथ) का अनुवाद है?

A. अथर्ववेद B. रामायण

C. सिंहासन बत्तीसी D. महाभारत

14. किस सिख गुरु ने 'चण्डी चरित्र' में यह उल्लेख किया है कि पुराकाल में ईश्वर ने दुर्गा को बुरा करने वाले का अंत करने के लिए भेजा था और अब यह कार्य उनको सौंप दिया गया है?

A. गुरु अर्जुन देव B. गुरु गोबिंद सिंह

C. गुरु तेग बहादुर D. गुरु हरगोविंद

15. दारा शिकोह को पकड़कर और उसे औरंगजेब के पास भेजने वाला विश्वासघाती कौन था?

A. शाह नवाज खान

B. मलिक जीवन

C. अरकाना के महाराजा

D. राय सिंह

16. चौथ के बारे में निम्नांकित में से क्या गलत है?

A. सर्वप्रथम 17वीं सदी के उत्तरार्द्ध में शिवाजी ने इस पर बल दिया था।

B. पेशवा बालाजी विश्वनाथ दक्कन के सूबों से चौथ की मांग करनेवाला प्रथम मराठा था।

C. एम.जी. रानाडे के अनुसार मराठाओं पर राज्य के लिए सशस्त्र सुरक्षा प्रदान करने का आरोप था।

D. जी.एस. सरदेसाई ने चौथ की तुलना अनुषंगी गठबंधन से की।

17. वीरशैव संप्रदाय के बारे में निम्नांकित में से कौन-सा कथन गलत है?

A. वीरशैव संप्रदाय आधुनिक कर्नाटक राज्य में विकसित हुआ था।

B. वीरशैव बासव इस मत (आस्था) के पुनरुज्जीवक के रूप में सराहना करते हैं।

C. इसमें दृढ़ एकेश्वरवाद और जाति के अस्वीकरण पर बल दिया गया।

D. वीरशैव संप्रदाय का आरंभ तेरहवीं सदी में हुआ।

18. किस लेखक का कथन है कि अकबर की महिलाओं की शिक्षा में बहुत अभिरुचि थी और उनके उपयोग के लिए हरम के भीतर पुस्तकालय थे?

A. राल्फ फिच B. थॉमस रो

C. फादर मोंसेरेट D. पीटर मुंडी

19. हम्जानामा के बारे में निम्नांकित में से कौन-सा कथन सही नहीं है?

A. अला-उद-दौला काजमी के अनुसार हम्जानामा हुमायूं का मानसपुत्र था।

B. हम्जानामा संभवतः 1475 ईसवी तक पूरा हो गया था।

C. वर्ण योजना भड़कीला है, जिसमें मनमोहक पौधे और रंग-बिरंगे फूल हैं।

D. पूर्ण कृति में लगभग 1200 चित्र थे।

20. तृतीय कर्नाटक युद्ध के दौरान फ्रांस के सैनिकों का सेनापति कौन था?

A. डुप्ले B. बस्सी

C. डी लैली D. कोल्बर्ट

21. किस वर्ष पुर्तगालियों ने बम्बई द्वीप इंग्लैंड के राजा चार्ल्स द्वितीय को पुर्तगाली राजकुमारी के साथ विवाह करने के लिए दहेज के रूप में दिया था?

A. 1510 B. 1562

C. 1610 D. 1662

22. वह इतिहासकार जिसने 1857 के विद्रोह को ''किसी विदेशी सत्ता (शक्ति) को चुनौती देने के लिए बहुत से वर्ग के लोगों द्वारा पहला संयुक्त प्रयास'' कहा साथ ही यह कहा कि वह वास्तविक है :

A. सी.ए. बेली B. एस.एन. सेन
C. एस.बी. चौधरी D. पार्था चटर्जी

23. जवाहिर और हेतवा किस विद्रोह के सर्वाधिक महत्वपूर्ण नेता थे?

A. कोल विद्रोह B. खरवार विद्रोह
C. रामोशी विद्रोह D. राजवार विद्रोह

24. ''ज्ञान का प्रत्येक संग्रह राज्य के लिए उपयोगी है। यह गुलामी की जंजीर जिससे देश बंधा हुआ है, उसका वजन कम करता है।''

A. विलियम जोन्स B. बाल गंगाधर तिलक
C. वारेन हेस्टिंग्स D. दादाभाई नौरोजी

25. वह अधिनियम जिससे भारत में 'फूट डालो और शासन करो' की नीति को संस्थागत स्वरूप देने की प्रक्रिया आरंभ हुई :

A. रेग्यूलेटिंग एक्ट, 1773
B. पिट इंडिया एक्ट, 1784
C. इंडियन काउंसिल एक्ट, 1892
D. इंडियन काउंसिल एक्ट, 1909

26. ठाकुर ने मुझे यह कहते हुए आदेश दिया है कि देश साहिबों का नहीं है। ठाकुर स्वयं युद्ध करेंगे। इसलिए आप साहिब और सिपाही स्वयं ठाकुर से लड़ेंगे। यह कथन किस जनजातीय नेता का है :

A. सिदो B. कान्हू
C. बिरसा मुंडा D. उपर्युक्त में से कोई नहीं

27. निम्नलिखित में से 'आंध्र महिला' का संपादन किसने किया?

A. सरोजिनी नायडू B. पद्मजा नायडू
C. दुर्गाबाई देशमुख D. पंडिता रमाबाई

28. 'गणदेवता' नामक पुस्तक किसने लिखी है जिसमें बंगाल में जजमानी प्रथा के पराभव की व्याख्या की गई है?

A. तारकनाथ दास B. ताराशंकर बंदोपाध्याय
C. रवीन्द्रनाथ टैगोर D. शरत चंद्र चट्टोपाध्याय

29. 'दस वर्ष के बंदोबस्त' की शर्तों की जाँच के लिए गठित समिति के सदस्य निम्नांकित में से कौन नहीं थे?

A. कार्नवालिस B. मैकफर्सन
C. जॉन शोर D. जेम्स ग्रांट

30. सहमति की आयु अधिनियम 1860 में महिलाओं के विवाह के लिए सहमति की कितनी आयु निर्धारित की गई?

A. 10 वर्ष B. 12 वर्ष
C. 14 वर्ष D. 18 वर्ष

31. 'मेवाड़ प्रजा मंडल' के संस्थापक कौन थे?

A. मोतीलाल तेजावत B. वल्लभभाई पटेल
C. माणिक लाल वर्मा D. स्वामी गोविन्दानन्द

32. निम्नलिखित में से किसे वर्ष 1852 में विद्युत तार विभाग (इलेक्ट्रिक टेलीग्राफ डिपार्टमेंट) का अधीक्षक नियुक्त किया गया था?

A. कर्नल बेयर्ड स्मिथ B. सर जेम्स लॉयल
C. ओ'शॉगनेस्से D. अलेक्जेंडर पिटमैन

33. 'अखिल भारतीय दलित संघ' के पहले चयनित अध्यक्ष कौन थे?

A. डॉ. बी.आर. अम्बेडकर
B. एम.सी. राजा
C. साहू महाराज
D. ई.वी. रामास्वामी नायकर

34. बंगाल विभाजन का विरोध करते हुए निम्नलिखित में से किस पत्रिका में यह टिप्पणी की गई थी—''क्या बंगाली लोग विदेशी वस्तुओं का बहिष्कार करने में चीन के उदाहरण का अनुसरण करने में सक्षम हैं? अगर वे कर सकते हैं तो उनके समक्ष रास्ता स्पष्ट है।''

A. बारीसाल हितैषी B. बंदे मातरम
C. युगान्तर D. द हिन्दू

35. निम्नलिखित में से किनके अनुसार, भारतीय राष्ट्रवाद का निर्माण पारंपरिक राष्ट्रभक्ति तथा राज क्षेत्रीयता के पूर्व विद्यमान अर्थ के आधार पर हुआ था?

A. पार्थ चटर्जी B. सी.ए. बेले
C. आर.सी. मजूमदार D. दीपेश चक्रवर्ती

36. निम्नलिखित में से किसने शिवाजी पर्व शुरू किया था?

A. अरविंद

B. बाल गंगाधर तिलक

C. लाला लाजपत राय

D. बिपिन चंद्र पाल

37. निम्नलिखित में से किसने 'द इंडियन स्ट्रगल' पुस्तक लिखी है?

A. डॉ. राजेन्द्र प्रसाद   B. मौलाना आजाद

C. सुभाष चंद्र बोस   D. बिपिन चंद्र पाल

38. भाषा के आधार पर राज्यों के पुनर्गठन संबंधी धर आयोग के निम्नलिखित में से कौन सदस्य नहीं थे?

A. के.एम. मुंशी   B. वल्लभ भाई पटेल

C. जस्टिस धर   D. जगत नारायण लाल

39. 'महावीर राजद्रोह मामले' में उनके द्वारा संपादित जर्नल महावीर में राजद्रोह संबंधी लेखन के लिए किसे सजा हुई थी?

A. लाला लाजपत राय

B. जगत नारायण लाल

C. मुरली मनोहर प्रसाद

D. जय प्रकाश नारायण

40. ''इतिहास विज्ञान है, न इससे अधिक न इससे कम'' यह कथन किसका है?

A. आर. कॉलिंगवुड   B. बी. रसल

C. एच. बटरफील्ड   D. जे.बी. ब्यूरी

41. निम्नांकित में से कौन-से पुरास्थल ताम्रपाषाण युग के हैं?

(*a*) मोहनजोदड़ो   (*b*) चान्हूदड़ो

(*c*) कालीबंगा   (*d*) हड़प्पा

(*e*) नागार्जुनकोंडा

नीचे दिए गए विकल्पों में से **सही उत्तर** का चयन कीजिए :

A. केवल (*e*), (*b*), (*a*), (*c*)

B. केवल (*a*), (*b*), (*c*), (*d*)

C. केवल (*d*), (*e*), (*c*), (*a*)

D. केवल (*c*), (*b*), (*d*), (*e*)

42. भीमबेटका चित्रकारी :

(*a*) मध्यपाषाण युग का है।

(*b*) आदि भारतीय कला के उदाहरण हैं।

(*c*) पूर्वपाषाण युग के दौरान बनाई गई थी।

(*d*) स्थानीय स्तर पर उपलब्ध रंगों द्वारा चित्रित।

(*e*) कई युगों में मानवजीवन की व्याख्या करती हैं।

नीचे दिए गए विकल्पों में से **सही उत्तर** का चयन कीजिए :

A. केवल (*a*), (*b*), (*d*), (*e*)

B. केवल (*c*), (*d*), (*b*), (*a*)

C. केवल (*a*), (*c*), (*b*), (*d*)

D. केवल (*a*), (*b*), (*d*), (*c*)

43. राष्ट्रकूट ने निम्नांकित क्षेत्रों पर शासन किया है?

(*a*) महाराष्ट्र   (*b*) तेलंगाना

(*c*) मध्य प्रदेश   (*d*) कर्नाटक

(*e*) तमिलनाडु

नीचे दिए गए विकल्पों में से **सही उत्तर** का चयन कीजिए :

A. केवल (*a*), (*b*), (*c*), (*d*)

B. केवल (*e*), (*c*), (*b*), (*d*)

C. केवल (*d*), (*e*), (*c*), (*a*)

D. केवल (*a*), (*d*), (*c*), (*e*)

44. कृषि से निम्नांकित को बढ़ावा मिला है :

(*a*) खाद्य फसल प्रौद्योगिकी

(*b*) धातुकर्म उद्योग

(*c*) कृषि-आधारित उद्योग

(*d*) सितारों की गणना

(*e*) जल-प्रबंध

नीचे दिए गए विकल्पों में से **सही उत्तर** का चयन कीजिए :

A. केवल (*d*), (*e*), (*b*), (*a*)

B. केवल (*a*), (*b*), (*c*), (*e*)

C. केवल (*e*), (*d*), (*b*), (*c*)

D. केवल (*c*), (*a*), (*d*), (*e*)

45. बौद्ध धर्म की शाखाएँ हैं :

(*a*) महायान (*b*) हीनयान

(*c*) वज्रयान (*d*) दिगम्बर

(*e*) गुह्य समाज

नीचे दिए गए विकल्पों में से **सही उत्तर** का चयन कीजिए :

A. केवल (*a*), (*d*), (*b*), (*c*)

B. केवल (*a*), (*b*), (*c*), (*e*)

C. केवल (*d*), (*b*), (*c*), (*e*)

D. केवल (*e*), (*b*), (*d*), (*a*)

46. कर्नाटक के मंदिरों के युग्म में निम्नांकित में से क्या बेमेल है?

(*a*) बादामी (*b*) ऐहोल

(*c*) पट्टदकल (*d*) हम्पी

(*e*) कांची

नीचे दिए गए विकल्पों में से **सही उत्तर** का चयन कीजिए :

A. केवल (*b*), (*c*), (*a*), (*d*)

B. केवल (*a*), (*c*), (*d*), (*e*)

C. केवल (*a*), (*b*), (*c*), (*d*)

D. केवल (*d*), (*b*), (*a*), (*c*)

47. निम्नांकित में से कौन-से देव वैष्णव धर्म (वैष्णव सम्प्रदाय) के नहीं हैं?

(*a*) संकर्षण (*b*) वासुदेव

(*c*) महादेव (*d*) श्रीकृष्ण

(*e*) वराह अवतार

नीचे दिए गए विकल्पों में से **सही उत्तर** का चयन कीजिए :

A. केवल (*a*), (*b*), (*c*), (*d*)

B. केवल (*a*), (*b*), (*d*), (*e*)

C. केवल (*c*), (*b*), (*a*), (*e*)

D. केवल (*d*), (*c*), (*e*), (*b*)

48. गोलकोंडा का किला है :

(*a*) चोल शासक द्वारा निर्मित

(*b*) हैदराबाद में अवस्थित

(*c*) काकातीय का पश्चिमी प्रभाव क्षेत्र

(*d*) कुतुबशाही द्वारा निर्मित

(*e*) वह स्थान जहाँ भक्त रामदास को बंदी बनाया गया था

नीचे दिए गए विकल्पों में से **सही उत्तर** का चयन कीजिए :

A. केवल (*b*), (*c*), (*d*), (*e*)

B. केवल (*a*), (*d*), (*b*), (*e*)

C. केवल (*d*), (*a*), (*b*), (*c*)

D. केवल (*e*), (*c*), (*a*), (*d*)

49. 'हीरा सौभाग्यम' जिसमें जैन भिक्षुओं के अकबर के दरबार में आगमन की विवेचना की गई हैं, इसके लेखक कौन हैं?

(*a*) सिद्धि चंद्र उपाध्याय (*b*) महेश ठाकुर

(*c*) देव विमल (*d*) जयासोम उपाध्याय

(*e*) रणछोड़ भट्ट

नीचे दिए गए विकल्पों में से **सही उत्तर** का चयन कीजिए :

A. केवल (*a*) B. केवल (*b*)

C. केवल (*c*) D. केवल (*e*), (*d*)

50. शेरशाह सूरी के बारे में निम्नांकित में से कौन-से कथन सही हैं?

(*a*) शेरशाह ने चौसा के युद्ध में हुमायूँ को पराजित किया था।

(*b*) गक्खर के विरुद्ध शेरशाह की मुहिम विफल सिद्ध हुई।

(*c*) शेरशाह का मूल नाम फरीद था।

(*d*) शेरशाह ने प्रांत को कई सरकारों में विभक्त किया और प्रधान शिकदार, मुंसिफ और काजी की नियुक्ति की।

(*e*) शेरशाह का मुसोलियम (मकबरा) सासाराम में अवस्थित है।

नीचे दिए गए विकल्पों में से **सही उत्तर** का चयन कीजिए :

A. केवल (*a*), (*b*) और (*c*)

B. केवल (*b*), (*c*) और (*d*)

C. केवल (*c*), (*d*), (*e*), (*a*)

D. केवल (*e*), (*a*), (*c*), (*b*)

51. महाराणा प्रताप के बारे में निम्नांकित में से कौन-से कथन सही हैं?

(*a*) महाराणा प्रताप स्थापक (आरंभिक) सैन्य प्रमुख थे जिन्होंने गुरिल्ला युद्ध कर्म में उत्कृष्टता प्राप्त की।

(*b*) महाराणा प्रताप को जनसमूह द्वारा जनरल एक्स्ट्रा ऑर्डिनरी की उपाधि से विभूषित किया गया था।

(*c*) महाराणा प्रताप ने अकबर के समक्ष आत्मसमर्पण किया था और मुगल की प्रभुता स्वीकार की थी।

(*d*) महाराणा प्रताप ने हल्दीघाटी का युद्ध वीरतापूर्वक लड़ा था।

(*e*) महाराणा प्रताप राणा संग्राम सिंह के पौत्र थे।

नीचे दिए गए विकल्पों में से **सही उत्तर** का चयन कीजिए :

A. केवल (*a*), (*b*), (*c*), (*d*)

B. केवल (*b*), (*c*), (*d*), (*e*)

C. केवल (*c*), (*d*), (*e*), (*a*)

D. केवल (*d*), (*e*), (*a*), (*b*)

52. हेमचन्द्र विक्रमादित्य के बारे में निम्नांकित में से कौन-से कथन सही हैं?

(*a*) महाराजा हेमचंद्र विक्रमादित्य 22 युद्धों में विजयी हुए थे।

(*b*) महाराजा हेमचंद्र विक्रमादित्य ने अपने जीवन काल में प्रभावी सिविल और सैन्य नीतियों को लागू किया था।

(*c*) महाराजा हेमचंद्र विक्रमादित्य का जन्म मछेरी में हुआ था।

(*d*) महाराजा हेमचंद्र विक्रमादित्य राजपूत शासक थे।

(*e*) महाराजा हेमचंद्र विक्रमादित्य ने सैन्य हार्डवेयर के लिए विभिन्न विपणन नीतियाँ शुरू की थीं।

नीचे दिए गए विकल्पों में से **सही उत्तर** का चयन कीजिए :

A. केवल (*a*), (*b*), (*c*), (*e*)

B. केवल (*b*), (*c*), (*d*), (*e*)

C. केवल (*a*), (*e*), (*d*), (*b*)

D. केवल (*b*), (*d*), (*c*), (*a*)

53. दक्कन के किस सुल्तान ने शिवाजी को जीवित या मृत बन्दी बनाकर लाने के लिए अफजल खाँ को भेजा था?

(*a*) बरार (*b*) बीजापुर

(*c*) गोलकुण्डा (*d*) अहमदनगर

(*e*) बीदर

नीचे दिए गए विकल्पों में से **सही उत्तर** का चयन कीजिए :

A. केवल (*a*), (*c*) B. केवल (*b*)

C. केवल (*c*), (*d*) D. केवल (*e*)

54. राजपूत चित्रकारी के बारे में निम्नांकित में से कौन-से कथन सही हैं?

(*a*) आनंद के. कुमारस्वामी ने राजपूत चित्रकारी की खोज कर कला के क्षेत्र में योगदान दिया और भारतीय कलात्मक परंपरा की विशिष्ट शाखा की स्थापना की।

(*b*) 'चावंड रागमाला' के चित्रकार कलाकार निसारादी थे।

(*c*) चित्रकारी की कांगड़ा शैली सत्रहवीं सदी के मध्य में अस्तित्व में आई।

(*d*) महाराज सावंत सिंह जो नागरी दास के नाम से सुप्रसिद्ध हैं उन्होंने किशनगढ़ चित्रकला शैली में अपना योगदान दिया था।

(*e*) राजकला चित्रकला अन्र्देशीय (देशज) भारतीय परंपरा पर फारसी और मुगल शैली के प्रभाव के परिणाम से अधिक है।

नीचे दिए गए विकल्पों में से **सही उत्तर** का चयन कीजिए :

A. केवल (*a*), (*b*), (*c*), (*d*)

B. केवल (*a*), (*b*), (*d*), (*e*)

C. केवल (*d*), (*e*), (*a*), (*c*)

D. केवल (*c*), (*d*), (*e*), (*b*)

55. निम्नलिखित में से कौन-से कथन सही हैं?

(*a*) वैष्णव धर्म को सर्वप्रथम भागवत पुराण में कृष्ण लीला के महिमा मंडन के माध्यम से बढ़ावा मिला।

(*b*) एकनाथ ज्ञानेश्वर के समकालीन और जाति से दर्जी थे।

(*c*) विठोबा वर्करी पंथ के देव थे। यह ऐसा पंथ (संप्रदाय) है, जिसका महाराष्ट्र के भक्तिवाद के इतिहास में महत्वपूर्ण स्थान है।

(*d*) गुरु रामदास रचित 'दासबोध' कई वर्षों के उनके लेखन और उपदेश का संकलन है।

(*e*) चंडीदास का मूल नाम विश्वंभर मिश्र है।

नीचे दिए गए विकल्पों में से **सही उत्तर** का चयन कीजिए :

A. केवल (*a*), (*c*), (*d*)
B. केवल (*b*), (*c*), (*d*)
C. केवल (*c*), (*d*), (*e*)
D. केवल (*d*), (*e*), (*a*)

56. अंग्रेजों ने 1831 से 1881 तक मैसूर प्रांत पर शासन किया था?

(*a*) अंग्रेजों द्वारा मैसूर पर आधिपत्य कायम करने का कारण नगर विद्रोह था।

(*b*) कृष्णराज वोडियन III अंग्रेजों के हाथों अपना राज्य खो दिया और नाम मात्रिक प्रधान बने रहे।

(*c*) अंग्रेजों ने मद्रास से मैसूर राज्य पर शासन किया था।

(*d*) अंग्रेजों ने कलकत्ता से मैसूर राज्य पर शासन किया था।

(*e*) दीवान पूरनैयाह मैसूर के अंग्रेज द्वारा अधिग्रहण के लिए उत्तरदायी था।

नीचे दिए गए विकल्पों में से **सही उत्तर** का चयन कीजिए :

A. केवल (*a*), (*b*), (*c*)
B. केवल (*a*), (*b*), (*d*)
C. केवल (*a*), (*b*), (*e*)
D. केवल (*b*), (*c*), (*d*)

57. भारत में ब्रिटिश प्रशासन के उद्‌विकास के बारे में निम्नांकित में से कौन-से कथन सही हैं?

(*a*) रेग्यूलेटिंग एक्ट 1773 द्वारा उच्चतम न्यायालय की स्थापना की गई।

(*b*) चार्टर एक्ट 1833 द्वारा विधि आयोग की स्थापना की गई।

(*c*) 1781 के संशोधन अधिनियम में उच्चतम न्यायालय की अधिकारिता की सटीक परिभाषा दी गई।

(*d*) हिंदू विधि सार का संकलन और अनुवाद कार्य लॉर्ड कॉर्नवालिस के अधीन किया गया था।

(*e*) मुफास्सिल दीवानी अदालत और मुफास्सिल फौजदारी अदालत की स्थापना 1772 में हुई थी।

नीचे दिए गए विकल्पों में से **सही उत्तर** का चयन कीजिए :

A. केवल (*a*), (*c*), (*d*)
B. केवल (*c*), (*e*), (*b*)
C. केवल (*a*), (*b*), (*c*)
D. केवल (*e*), (*c*), (*a*)

58. हमारा तंत्र स्पंज के सदृश कार्य करता है, जिसमें गंगा तट से उत्तम चीजें उद्‌धृत की जाती हैं और टेम्स नदी के किनारे पर उन्हें निचोड़ा जाता है।

(*a*) यह दादाभाई नौरोजी का कथन है।

(*b*) जॉन सुलीवन, राजस्व बोर्ड, मद्रास के अध्यक्ष का यह कथन है।

(*c*) इसमें अंग्रेजों द्वारा भारत से धन के अपवाह के मुख्य बिन्दु को शामिल किया गया है।

(*d*) इसमें 19वीं सदी में भारतीय अर्थव्यवस्था पर अकाल (दुर्भिक्ष) का प्रभाव परिलक्षित होता है।

(*e*) इससे अंग्रेजों को आत्मनिर्भरता की अर्थव्यवस्था के स्वरूप को नष्ट कर भारत पर अपना नियंत्रण सुदृढ़ करने में मदद मिली।

नीचे दिए गए विकल्पों में से **सही उत्तर** का चयन कीजिए :

A. केवल (*a*), (*c*), (*d*)
B. केवल (*b*), (*c*), (*e*)
C. केवल (*c*), (*d*), (*e*)
D. केवल (*b*), (*d*), (*e*)

59. "आज जार के निरंकुश तंत्र (स्वेच्छाचारी शासन) के नष्ट होने के बाद जर्मन सैन्यवाद के पतन (पराभव) के बाद समस्त विश्व में एक नई शक्ति का सूत्रपात हुआ है, जनता की शक्ति अपने विधिक अधिकारों की रक्षा के लिए प्रतिबद्ध हैं...।"

(*a*) यह रूस की बोल्शेविक क्रांति की प्रतिक्रिया थी।

(*b*) यह एस.ए. डांगे का कथन था।

(*c*) यह चरमपंथी नेता बिपिन चन्द्र पाल की अनुक्रिया थी।

(*d*) यह राम मनोहर लोहिया की अभिव्यक्ति थी।

(*e*) इससे अंग्रेजों को पराजित करने के लिए भारत-वासियों का आत्मविश्वास परिलक्षित होता है।

नीचे दिए गए विकल्पों में से **सही उत्तर** का चयन कीजिए :

A. केवल (*a*), (*b*), (*c*)

B. केवल (*b*), (*d*), (*e*)

C. केवल (*a*), (*c*), (*d*)

D. केवल (*a*), (*c*), (*e*)

60. असहयोग आंदोलन के बारे में निम्नांकित में से कौन-से कथन सही हैं?

(*a*) औपचारिक रूप से असहंयोग आंदोलन 1 अगस्त, 1920 को आरंभ किया गया था।

(*b*) विदेशी वस्त्र का बहिष्कार सफल नहीं था।

(*c*) ताड़ी दुकानों का धरना बहुत प्रचलित थी।

(*d*) मार्च, 1921 में विजयवाड़ा में आयोजित अखिल भारतीय कांग्रेस समिति के अधिवेशन में तिलक स्वराज का शुभारंभ हुआ।

(*e*) बिहार विद्यापीठ, पटना के प्रथम कुलाधिपति डॉ. राजेन्द्र प्रसाद थे।

नीचे दिए गए विकल्पों में से **सही उत्तर** का चयन कीजिए :

A. केवल (*a*), (*b*), (*c*)

B. केवल (*b*), (*c*), (*d*)

C. केवल (*c*), (*d*), (*e*)

D. केवल (*a*), (*c*), (*d*)

61. कुछेक-सौ अंग्रेजों के लिए राजनीति से प्रेरित मनस बाहुल्य आबादी के विरोध में शासन व्यवस्था चलाना बिल्कुल असंभव कार्य होगा।

(*a*) इसमें वायसराय लॉर्ड माउंटबेटन की पराजित मानसिकता की स्वीकृति प्रतिबिम्बित होती है।

(*b*) यह क्लीमेंट एटली द्वारा व्यक्त राय थी।

(*c*) इस कथन से 1947 में भारत को स्वतंत्र करने की प्रक्रिया में ब्रिटिश द्वारा तेजी लाए जाने की तात्कालिकता परिलक्षित होती है।

(*d*) यह भारतीय राष्ट्रीय कांग्रेस का मत था।

(*e*) इससे 1940 के दशक के मध्य में भारतीयों की राजनीतिक परिपक्वता उद्भाषित होती है।

नीचे दिए गए विकल्पों में से **सही उत्तर** का चयन कीजिए :

A. केवल (*b*), (*c*), (*e*)

B. केवल (*a*), (*b*), (*c*)

C. केवल (*b*), (*c*), (*d*)

D. केवल (*a*), (*c*), (*d*)

62. मौलाना अबुल कलाम आजाद के बारे में निम्नलिखित में से कौन-से कथन सही हैं?

(*a*) उन्होंने साप्ताहिक पत्रिका अल-हिलाल और अल-बलाग का प्रकाशन किया था।

(*b*) उन्होंने मार्ले-मिन्टो सुधार में पृथक निर्वाचक मंडल की योजना का समर्थन किया था।

(*c*) वे सबसे अधिक समय तक भारतीय राष्ट्रीय कांग्रेस के अध्यक्ष बने रहे।

(*d*) उन्होंने मोतीलाल नेहरू समिति की सिफारिशों का विरोध किया था।

(*e*) उन्होंने सन् 1944 में गांधी-जिन्ना की वार्ता का विरोध किया था।

नीचे दिए गए विकल्पों में से **सही उत्तर** का चयन कीजिए :

A. केवल (*a*), (*b*), (*c*) B. केवल (*a*), (*c*), (*d*)

C. केवल (*a*), (*c*), (*e*) D. केवल (*b*), (*c*), (*d*)

63. भारत छोड़ो आंदोलन के दौरान देश के कुछ भागों में समानान्तर सरकारों का गठन किया गया था।

(*a*) बलिया (*b*) गोरखपुर

(*c*) मिदनापुर (*d*) मुंगेर

(*e*) सतारा

नीचे दिए गए विकल्पों में से **सही उत्तर** का चयन कीजिए :

A. केवल (*b*), (*c*), (*d*)

B. केवल (*a*), (*c*), (*e*)

C. केवल (*c*), (*e*), (*b*)

D. केवल (*a*), (*b*), (*c*)

64. वस्तुतः ज्ञातव्य मौलिक और यथार्थ सत्य के प्रति मानव मस्तिष्क के लिए अबाधित (निर्बाध) अधिगम नहीं है। अनुभव (भूतः, वर्तमान और भविष्य) का ज्ञान प्राप्त करने का एकमात्र माध्यम लाक्षणिक प्रक्रम के रूप में भाषा का प्राथमिक माध्यम है। सामान्यतः इसका निर्माण शक्ति, औचित्य और अनौचित्य के प्रयोग के लिए प्ररूप के भीतर होता है।

(*a*) यह आधुनिकोत्तरवादी विमर्श का भाग है।

(*b*) यह मिशेल फूको की महत्वपूर्ण मान्यता है।

(*c*) यह भाषा की सीमा का द्योतक है।

(*d*) रोनाल्ड बार्थ इस सिद्धांत के पक्षधर हैं।

(*e*) यह अभिव्यक्ति के माध्यम के रूप में भाषा की सीमा का द्योतक है।

नीचे दिए गए विकल्पों में से **सही उत्तर** का चयन कीजिए :

A. केवल (*b*), (*c*), (*d*)

B. केवल (*a*), (*b*), (*c*)

C. केवल (*a*), (*b*), (*e*)

D. केवल (*b*), (*d*), (*e*)

65. ऐतिहासिक तथ्यों की खोज विधि वैज्ञानिक होनी चाहिए। किंतु यह कि इनकी विवेचना में पाठक को कला के स्वरूप में भाग लेना पड़ा। लिखित शब्दों की कला सामान्यतः साहित्य कहलाता है।

(*a*) यह कथन ए.एल. रोज का है।

(*b*) यह कथन जी.एन. त्रेवेल्यन का है।

(*c*) इसका उद्देश्य इतिहास के बारे में जे.बी. ब्यूरी के दृष्टिकोण को अस्वीकृत करना है।

(*d*) इस कथन में इस बात पर बल दिया गया है कि इतिहास विज्ञान और कला का संयोजन है।

(*e*) स्प्रिंगलर की भी इतिहास के बारे में यही धारणा थी।

नीचे दिए गए विकल्पों में से **सही उत्तर** का चयन कीजिए :

A. केवल (*a*), (*b*), (*c*)

B. केवल (*b*), (*d*), (*e*)

C. केवल (*c*), (*d*), (*e*)

D. केवल (*b*), (*c*), (*d*)

66. सूची-I से सूची-II का मिलान कीजिए :

सूची-I (पूर्वेक्षण (अनुसंधान))	**सूची-II (उत्खनन)**
(*a*) रेडियोकार्बन	I. टीला
(*b*) खाई	II. तिथि निर्धारण
(*c*) स्तरविज्ञान	III. परतें (स्तर)
(*d*) ठीकरा	IV. गहराई

नीचे दिए गए विकल्पों में से **सही उत्तर** का चयन कीजिए :

	(*a*)	(*b*)	(*c*)	(*d*)
A.	II	III	IV	I
B.	III	II	I	IV
C.	I	III	II	IV
D.	II	IV	I	III

67. सूची-I से सूची-II का मिलान कीजिए :

सूची-I	**सूची-II**
(*a*) कालीबंगन	I. पंजाब
(*b*) लोथल	II. राजस्थान
(*c*) राखीगढ़ी	III. हरियाणा
(*d*) रोपड़	IV. गुजरात

नीचे दिए गए विकल्पों में से **सही उत्तर** का चयन कीजिए :

	(*a*)	(*b*)	(*c*)	(*d*)
A.	III	IV	II	I
B.	II	IV	III	I
C.	II	III	IV	I
D.	IV	I	II	III

68. सूची-I से सूची-II का मिलान कीजिए :

सूची-I	**सूची-II**
(*a*) माधव-निदान	I. गणित
(*b*) निघंटु	II. प्राचीनतम चिकित्सीय वानस्पतिक शब्दकोश
(*c*) गणित-स्कन्ध	III. पारद एवं अन्य धातुओं को बनाने की तैयारी
(*d*) रास रत्नाकर	IV. रोगविज्ञान से संबंधित

नीचे दिए गए विकल्पों में से **सही उत्तर** का चयन कीजिए :

	(a)	(b)	(c)	(d)
A.	IV	III	I	II
B.	IV	II	I	III
C.	II	IV	III	I
D.	II	I	IV	III

69. सूची-I से सूची-II का मिलान कीजिए :

सूची-I	सूची-II
(a) किरान-उस-सदेन	I. कैकुबाद एवं बुगरा खान के मध्य हुई मुलाकात का वर्णन मिलता है।
(b) आशिका	II. देवल रानी एवं खिज्र खान के दुखांत-प्रेम पर रचित
(c) नूह-सिफिर	III. दक्कन में मुबारक खिलजी की विजयों के बारे में
(d) तुगलकनामा	IV. गियास-उद-दीन तुगलक के राज्याभिषेक (राज्यारोहण) एवं विजयों के बारे में

नीचे दिए गए विकल्पों में से **सही उत्तर** का चयन कीजिए :

	(a)	(b)	(c)	(d)
A.	IV	III	II	I
B.	II	IV	I	III
C.	I	II	III	IV
D.	III	I	IV	II

70. सूची-I से सूची-II का मिलान कीजिए :

सूची-I	सूची-II
(a) वारेन हेस्टिंग्ज	I. पुरास्मारक संरक्षण अधिनियम
(b) कर्जन	II. हंटर आयोग
(c) डलहौजी	III. बनारस संस्कृत कॉलेज
(d) रिपन	IV. वुड्स डिस्पैच

नीचे दिए गए विकल्पों में से **सही उत्तर** का चयन कीजिए :

	(a)	(b)	(c)	(d)
A.	I	IV	III	II
B.	II	I	III	IV
C.	III	I	IV	II
D.	IV	II	III	I

71. सूची-I से सूची-II का मिलान कीजिए :

सूची-I	सूची-II
(a) गोलकोण्डा किला	I. राजस्थान
(b) मेहरानगढ़ किला	II. कर्नाटक
(c) रायगढ़ किला	III. तेलंगाना
(d) बीदर किला	IV. महाराष्ट्र

नीचे दिए गए विकल्पों में से **सही उत्तर** का चयन कीजिए :

	(a)	(b)	(c)	(d)
A.	I	II	III	IV
B.	II	III	IV	I
C.	IV	III	II	I
D.	III	I	IV	II

72. सूची-I से सूची-II का मिलान कीजिए :

सूची-I	सूची-II
(a) बिरसा मुंडा	I. हूल
(b) हाजी शरीयत अल्लाह	II. रामोशी
(c) सिदो कान्हू	III. उलुगुलॉन
(d) वासुदेव बलवंत फड़के	IV. फैराजी

नीचे दिए गए विकल्पों में से **सही उत्तर** का चयन कीजिए :

	(a)	(b)	(c)	(d)
A.	II	I	IV	III
B.	IV	I	II	III
C.	III	IV	I	II
D.	I	III	II	IV

73. सूची-I से सूची-II का मिलान कीजिए :

सूची-I	सूची-II
(a) इंद्राणी देवी	I. द यूनिटी ऑफ इंडिया
(b) बी.आर. अम्बेडकर	II. मेमॉयर्स
(c) डॉ. राजेंद्र प्रसाद	III. यंग इंडिया
(d) लाला लाजपत राय	IV. एडमिनिस्ट्रेशन एंड फाइनेन्सेज ऑफ द ईस्ट इंडिया कंपनी

नीचे दिए गए विकल्पों में से **सही उत्तर** का चयन कीजिए :

	(a)	(b)	(c)	(d)
A.	IV	III	II	I
B.	II	IV	I	III
C.	III	I	IV	II
D.	I	IV	III	II

74. सूची-I से सूची-II का मिलान कीजिए :

सूची-I	सूची-II
(a) मैडम भीकाजी कामा	I. फ्री हिंदुस्तान
(b) बीरेन्द्रनाथ चट्टोपाध्याय	II. द इंडियन सोशियोलॉजिस्ट
(c) श्यामजी कृष्ण वर्मा	III. बन्दे मातरम्
(d) तारकनाथ दास	IV. तलवार

नीचे दिए गए विकल्पों में से **सही उत्तर** का चयन कीजिए :

	(a)	(b)	(c)	(d)
A.	II	IV	III	I
B.	I	II	III	IV
C.	III	IV	II	I
D.	II	III	I	IV

75. सूची-I से सूची-II का मिलान कीजिए :

सूची-I	सूची-II
(a) चक्रीय सिद्धान्त	I. वैज्ञानिक भौतिकवाद
(b) हेगेल/हीगल	II. चुनौती एवं अनुक्रिया सिद्धान्त
(c) कार्ल मार्क्स	III. द्वंद्वात्मक विधि
(d) अरनॉल्ड टॉयनबी	IV. ओसवाल्ड स्पेन्गलर

नीचे दिए गए विकल्पों में से **सही उत्तर** का चयन कीजिए :

	(a)	(b)	(c)	(d)
A.	II	I	IV	III
B.	III	II	I	IV
C.	III	IV	I	II
D.	IV	III	I	II

76. *आत्मावय सर्वभूतानि,* से शिक्षा मिलती है :

(a) आत्मा सर्वव्यापी है।

(b) अपने जैसा ही दूसरों के बारे में सोचना।

(c) ईश्वर सर्वव्यापी है।

(d) ईश्वर नहीं है।

(e) सभी जीव आप में निवास (विद्यमान) करते हैं।

नीचे दिए गए विकल्पों में से **सही उत्तर** का चयन कीजिए :

A. (d), (a), (c), (b) B. (e), (a), (b), (d)
C. (a), (b), (c), (e) D. (a), (d), (e), (c)

77. श्रीमद् रामायण सभी मानवों द्वारा अनुसरण किया जाने वाला नैतिकता पर रचित एक सतत ग्रंथ है, यह इसके बारे में शिक्षा देता है :

(a) माता-पिता का सम्मान

(b) भाईयों (बंधुओं) के मध्य संबंध

(c) शत्रु के गुणों को भी स्वीकार करना

(d) जनजातीय लोगों के साथ भी संबंध बनाए रखना

(e) मदिरापान पापकर्म नहीं है

नीचे दिए गए विकल्पों में से **सही उत्तर** का चयन कीजिए :

A. (a), (b), (d), (e)
B. (b), (e), (a), (c)
C. (e). (b), (a), (d)
D. (a), (b), (c), (d)

78. बौद्ध कला से किसके बारे में शिक्षा मिलती है?

(a) मृत्यु पश्चात जीवन (पुनर्जन्म)

(b) भावनाओं पर नियंत्रण

(c) वैदिक धर्म के विरुद्ध संघर्ष

(d) सार्वभौमिकता

(e) पशुओं में भी जीवन

नीचे दिए गए विकल्पों में से **सही उत्तर** का चयन कीजिए :

A. (c), (a), (b), (e)
B. (a), (b), (d), (e)
C. (b), (c), (a), (d)
D. (c), (b), (d), (e)

79. आरंभिक एवं मध्यकाल के दौरान भारतीय अर्थव्यवस्था किस पर आधारित थी?

(a) कृषि-उद्योग

(b) धातु उद्योग

(*c*) मृत्तिका (मृदा) उद्योग

(*d*) सिगरेट उद्योग

(*e*) प्रस्तर उद्योग

नीचे दिए गए विकल्पों में से **सही उत्तर** का चयन कीजिए :

A. (*a*), (*d*), (*b*), (*c*)
B. (*d*), (*e*), (*b*), (*c*)
C. (*a*), (*c*), (*d*), (*e*)
D. (*a*), (*b*), (*c*), (*e*)

80. नायक (हीरो) प्रस्तर (वीर शिला) निम्नलिखित किस हेतु समाज, यहाँ तक मृत्यु का सामना भी करने वाले के प्रति उसके समर्पण की याद में रखे जाते हैं।

(*a*) पशुओं के संरक्षण

(*b*) धर्म-रक्षण

(*c*) देश के लिए बलिदान

(*d*) परिवार के लिए सम्मान

(*e*) पेशेवर हत्या

नीचे दिए गए विकल्पों में से **सही उत्तर** का चयन कीजिए :

A. (*a*), (*e*), (*d*), (*b*)
B. (*a*), (*b*), (*c*), (*d*)
C. (*b*), (*c*), (*a*), (*e*)
D. (*e*), (*a*), (*c*), (*d*)

81. निम्नलिखित को कालक्रमानुसार अनुक्रम में व्यवस्थित कीजिए।

(*a*) अमोघवर्ष III ने गोविन्द IV को पराजित किया एवं राष्ट्रकूट राजसिंहासन को अधिकृत कर लिया।

(*b*) वेलूर के युद्ध में चोलों ने पाण्ड्यों एवं सिंहलियों को पराजित किया।

(*c*) कश्मीर के उत्पल राजवंश की समाप्ति।

(*d*) कश्मीर के राजसिंहासन पर से रानी सुगंधा को उनकी सत्ता से पदच्युत कर दिया गया और निर्जितवर्मन के दस वर्षीय पुत्र पार्थ को सिंहासनारूढ़ किया गया।

(*e*) राष्ट्रकूटों द्वारा कन्नौज का विध्वंस।

नीचे दिए गए विकल्पों में से **सही उत्तर** का चयन कीजिए :

A. (*b*), (*e*), (*a*), (*c*), (*d*)
B. (*e*), (*a*), (*b*), (*c*), (*d*)
C. (*d*), (*b*), (*e*), (*a*), (*c*)
D. (*b*), (*d*), (*e*), (*c*), (*a*)

82. निम्नलिखित को कालक्रमानुसार ढंग से अवरोही क्रम में व्यवस्थित कीजिए।

(*a*) विक्रमादित्य की हत्या को देखने के पश्चात् मेवाड़ के पन्ना ने अपने पुत्र उदयसिंह को किले से बाहर भेजा एवं हत्यारे को धोखा देने हेतु अपने पुत्र को बिस्तर पर सुला दिया।

(*b*) हल्दीघाटी का युद्ध महाराणा प्रताप एवं अकबर की शाही सेना के मध्य लड़ा गया था।

(*c*) अकबर ने महाराणा उदयसिंह के पुत्र सागर को 'राणा' की उपाधि प्रदान की एवं चित्तौड़ के राजसिंहासन पर उन्हें बैठाया।

(*d*) उदयसिंह का विवाह अखैराज की पुत्री के साथ हुआ था।

(*e*) चित्तौड़ किले की दुर्गसेना के सेनापति, जयमल की हत्या तोप के दागने से हो गई।

नीचे दिए गए विकल्पों में से **सही उत्तर** का चयन कीजिए :

A. (*e*), (*a*), (*b*), (*d*), (*c*)
B. (*c*), (*e*), (*b*), (*d*), (*a*)
C. (*a*), (*d*), (*c*), (*e*), (*b*)
D. (*b*), (*c*), (*d*), (*e*), (*a*)

83. निम्नलिखित घटनाओं को आरोही क्रम में व्यवस्थित कीजिए।

(*a*) कश्मीर में शाहमीर राजवंश की समाप्ति।

(*b*) राक्षसी-तांगड़ी का युद्ध।

(*c*) बीर सिंह बुंदेला द्वारा अबुल फजल की हत्या।

(*d*) गोलकोंडा के मीर-जुमला की मृत्यु।

(*e*) तिलपत के गोकुल जाट का विद्रोह।

नीचे दिए गए विकल्पों में से **सही उत्तर** का चयन कीजिए :

A. (*a*), (*b*), (*c*), (*e*), (*d*)
B. (*a*), (*c*), (*b*), (*e*), (*d*)
C. (*a*), (*e*). (*c*), (*b*), (*d*)
D. (*d*), (*e*), (*a*), (*c*), (*b*)

84. निम्नलिखित को आरोही क्रम में व्यवस्थित कीजिए।

(*a*) तुकाराम

(*b*) चैतन्य महाप्रभु

(*c*) एकनाथ

(*d*) ज्ञानेश्वर

(*e*) रामदास

नीचे दिए गए विकल्पों में से **सही उत्तर** का चयन कीजिए :

A. (*b*), (*a*), (*c*), (*d*), (*e*)
B. (*b*), (*c*), (*d*), (*e*), (*a*)
C. (*d*), (*a*), (*b*), (*c*), (*e*)
D. (*d*), (*b*), (*c*), (*a*), (*e*)

85. निम्नलिखित को उनके प्रारंभ होने के सही कालक्रमानुसार क्रम में व्यवस्थित कीजिए।

(*a*) बारदोली सत्याग्रह

(*b*) बिहपुर सत्याग्रह

(*c*) रोलेट एक्ट

(*d*) अहमदाबाद सत्याग्रह

(*e*) खेड़ा सत्याग्रह

नीचे दिए गए विकल्पों में से **सही उत्तर** का चयन कीजिए :

A. (*a*), (*e*), (*c*), (*b*), (*d*)
B. (*b*), (*c*), (*e*), (*d*), (*a*)
C. (*d*), (*a*), (*c*), (*e*), (*b*)
D. (*d*), (*e*), (*c*), (*a*), (*b*)

86. नीचे दो कथन दिए गए हैं : एक अभिकथन (A) के रूप में लिखित है, तो दूसरा उसके कारण (R) के रूप में है।

अभिकथन (A): भरत शकुंतला और दुष्यन्त के पुत्र थे।

कारण (R): उनका पालन-पोषण शकुंतला के द्वारा किया गया था।

उपरोक्त कथन के आलोक में, नीचे दिए गए विकल्पों में से **सही उत्तर** चयन कीजिए।

A. दोनों (A) और (R) सत्य हैं और (R), (A) की सही व्याख्या है।
B. दोनों (A) और (R) सत्य हैं, लेकिन (R), (A) की सही व्याख्या नहीं है।
C. (A) सत्य है, लेकिन (R) असत्य है।
D. (A) असत्य है, लेकिन (R) सत्य है।

87. नीचे दो कथन दिए गए हैं : एक अभिकथन (A) के रूप में लिखित है, तो दूसरा उसके कारण (R) के रूप में है।

अभिकथन (A): कल्हण की राजतंरगिणी, कश्मीर के शासकों का एक ऐतिहासिक अभिलेख है।

कारण (R): किंतु समुद्रगुप्त का उल्लेख नहीं किया गया है। अतः कल्हण की कृति (रचना) अपूर्ण है।

उपरोक्त कथन के आलोक में, नीचे दिए गए विकल्पों में से **सही उत्तर** चयन कीजिए।

A. दोनों (A) और (R) सत्य हैं और (R), (A) की सही व्याख्या है।
B. दोनों (A) और (R) सत्य हैं, लेकिन (R), (A) की सही व्याख्या नहीं है।
C. (A) सत्य है, लेकिन (R) असत्य है।
D. (A) असत्य है, लेकिन (R) सत्य है।

88. नीचे दो कथन दिए गए हैं : एक अभिकथन (A) के रूप में लिखित है, तो दूसरा उसके कारण (R) के रूप में है।

अभिकथन (A): ब्रिटिश भारत में मिशनरियों (धर्म प्रचारकों) को बसने की अनुमति केवल अनुज्ञा (लाइसेंस) प्रणाली के अंतर्गत वर्ष 1813 से दी गई।

कारण (R): फिर भी इस प्रकार का नियंत्रित प्रवेश केवल 1833 तक ही बना रह पाया।

उपरोक्त कथन के आलोक में, नीचे दिए गए विकल्पों में से **सही उत्तर** चयन कीजिए।

A. दोनों (A) और (R) सत्य हैं और (R), (A) की सही व्याख्या है।
B. दोनों (A) और (R) सत्य हैं, लेकिन (R), (A) की सही व्याख्या नहीं है।
C. (A) सत्य है, लेकिन (R) असत्य है।
D. (A) असत्य है, लेकिन (R) सत्य है।

89. नीचे दो कथन दिए गए हैं : एक अभिकथन (A) के रूप में लिखित है, तो दूसरा उसके कारण (R) के रूप में है।

अभिकथन (A): सरदार वल्लभभाई पटेल ने एम.ए. जिन्ना से कहा कि "तलवार का जवाब तलवार से दिया जाएगा।"

कारण (R): सरदार वल्लभभाई पटेल ने कांग्रेस को अलग करने के लिए लॉर्ड वेवेल द्वारा एम.ए. जिन्ना के समर्थन करने की पृष्ठभूमि में उपर्युक्त कथन से स्वयं को अलग रखा।

उपरोक्त कथन के आलोक में, नीचे दिए गए विकल्पों में से **सही उत्तर** चयन कीजिए।

A. दोनों (A) और (R) सत्य हैं और (R), (A) की सही व्याख्या है।

B. दोनों (A) और (R) सत्य हैं, लेकिन (R), (A) की सही व्याख्या नहीं है।

C. (A) सत्य है, लेकिन (R) असत्य है।

D. (A) असत्य है, लेकिन (R) सत्य है।

90. नीचे दो कथन दिए गए हैं : एक अभिकथन (A) के रूप में लिखित है, तो दूसरा उसके कारण (R) के रूप में है।

अभिकथन (A): वर्ष 1916 का लखनऊ सम्मेलन कांग्रेस-लीग समझौता के कारण महत्वपूर्ण था। तिलक ने इसमें महत्वपूर्ण भूमिका का निर्वहन किया।

कारण (R): तिलक मुस्लिमों के लिए एक पृथक निर्वाचक मंडल की योजना के प्रबल समर्थक थे।

उपरोक्त कथन के आलोक में, नीचे दिए गए विकल्पों में से **सही उत्तर** चयन कीजिए।

A. दोनों (A) और (R) सत्य हैं और (R), (A) की सही व्याख्या है।

B. दोनों (A) और (R) सत्य हैं, लेकिन (R), (A) की सही व्याख्या नहीं है।

C. (A) सत्य है, लेकिन (R) असत्य है।

D. (A) असत्य है, लेकिन (R) सत्य है।

निर्देश (प्रश्न संख्या 91 से 95 तक): *नीचे दिए गए गद्यांश को पढ़िए तथा प्रश्नों के उत्तर दीजिए।*

प्राग्-ऐतिहासिक युग के रूप में ज्ञात, पुरापाषाण काल एवं मध्यपाषाण काल में मानव यायावर था। वे शिकारी संग्राहक थे। अपनी भूख मिटाने के लिए वे पेड़ों, पादपों एवं फलों पर निर्भर हुआ करते थे जो कि सामान्यतः ऋतु (मौसमी) परिवर्तन के कारण उनके पास पाए जाते थे। इस प्रकार के फलों को शाकाहारी फल के रूप में जाना जाता है। वे अपने लिए गैर-शाकाहारी खाद्य-पदार्थ (भोजन) अर्थात् पशु के मांस के लिए वे खरगोश, भेड़, बकरी इत्यादि के जैसे पशुओं पर निर्भर हुआ करते थे। उनको मारने की प्रक्रिया में, उनको शारीरिक रूप से उनके साथ संघर्ष करना पड़ता था। चूँकि पशुओं की शारीरिक ताकत मानव से अधिक होती है। इसलिए अधिकांश बार इस प्रक्रिया में उनकी (मानव) मृत्यु हो जाती थी। इसे वे लाखों (मिलियन) वर्षों तक प्रयोग करना जारी रखे जब तक कि मानव ने पाषाण उपकरण (औजार) के रूप में ज्ञात पत्थर से निर्मित उपकरणों एवं हस्त-कुठारों के जैसे प्रस्तर उपकरण (औजार) की खोज नहीं कर ली। आरंभिक रूप में वे (औजार) मूल (कोर) थे एवं बाद में वे परिष्कृत हो गए एवं परिष्कृत क्रियान्वित रूप में माने जाते हैं। मध्य पाषाण काल तक छोटे उपकरण (औजार) भी बनाए गए। एक तरह से औजार के आविष्कार की व्याख्या प्रथम औद्योगिक क्रांति के रूप में की जा सकती है।

91. मानव किस समय आखेटक-संग्राहक हुआ करता था?

A. प्रागैतिहासिक काल के दौरान

B. नवपाषाण काल के दौरान

C. जब वे निवास करने लगे

D. कृषि विकास के दौरान

92. निम्नलिखित में से किसे शाकाहारी खाद्य-पदार्थ (भोजन) में शामिल नहीं किया जाता है?

A. फल   B. पुष्प (फूल)

C. पत्तियाँ   D. खरगोश

93. पशुओं की हत्या के दौरान क्या घटित हुआ?

A. वे अति क्रुद्ध एवं हमलावर हो गए।

B. मनुष्य (मानव) जख्मी (घायल) हो गए।

C. (A) एवं (B) सही हैं।

D. अंधेरा छाया (कायम) रहा।

94. औजार (उपकरण) निर्माण समयकाल को प्रथम औद्योगिक क्रांति के रूप में क्यों माना जाता है?

A. मानव आखेटक-संग्राहक था।

B. वस्तुतः पशुओं को मारा गया।

C. औजारों का प्रयोग मानव ताकत मजबूरी के पूरक के रूप में किया जाता था।

D. मानव वस्तुतः पशुओं को नहीं मार सका।

95. प्रागैतिहासिक युग (काल) में कौन-सा काल (युग) शामिल है?

A. पुरापाषाण युग

B. गृह (आवास) निर्माण युग

C. शारीरिक शक्ति को दर्शाने वाला युग

D. पाषाण युग (काल)

निर्देश (प्रश्न संख्या 96 से 100 तक): *नीचे दिए गए गद्यांश को पढ़िए तथा प्रश्नों के उत्तर दीजिए।*

ब्रिटिश के अधीन भारतीय वैध प्रणाली कानून के समक्ष समानता की धारणा पर आधारित है। इसका अर्थ यह है कि कानून की नजरों में सभी व्यक्ति समान है। वहीं कानून सभी व्यक्ति पर उनकी जाति, धर्म या वर्ग का ध्यान किए बिना लागू नहीं होता है। पहले, न्यायिक प्रणाली जाति भेदभाव पर ध्यान देती थी और उच्च जाति और निम्न जाति में जन्मे के बीच अंतर करती थी। समान अपराध के लिए ब्राह्मण को गैर-ब्राह्मण से कम सजा मिलती थी। इसी तरह जमींदार और अभिजात को आम व्यक्तियों जितना कठोर फैसला नहीं दिया जाता था। वास्तव में, उनको अपने कार्य के लिए न्याय भी नहीं मिलता था। अब न्याय की मशीनरी भी विनम्र हो चली है।

जबकि उनके श्रेष्ठ कानून के समक्ष समानता के सिद्धांत का एक अपवाद भी था। यूरोपियन और उनके वंशज के लिए अलग से न्यायालय और यहाँ तक की अलग से कानून भी थे। आपराधिक स्थिति में उन्हें केवल यूरोपियन न्यायाधीश द्वारा सजा दी जाती थी। कई अंग्रेजी अधिकारी, सैन्य अधिकारी, शोषक और व्यावसायिक भारतीयों के साथ घमंडी, कठोर और यहाँ तक की क्रूर तरीके से पेश आते थे। जब सबको न्याय दिलवाने का प्रयास किया जाता, तो उनको अप्रत्यक्ष और अंतर्सुरक्षा दी जाती और कई यूरोपियन न्यायाधीशों द्वारा केवल जिनके सामने उनको सजा मिलती है, निरंतर अधिक या कोई सजा नहीं देते थे। फलस्वरूप यह न्याय की लगातार विफलता थी।

96. अधिकार पत्र (चार्टर एक्ट) जिसमें परिषद में गवर्नर जनरल को सभी कानून बनाने की शक्ति दी गई है:

A. चार्टर एक्ट 1793

B. चार्टर एक्ट 1813

C. चार्टर एक्ट 1833

D. चार्टर एक्ट 1853

97. ब्रिटिश द्वारा लागू वैध प्रणाली ________ पर विकसित और आधारित है।

A. शास्त्र

B. शरीयत

C. शास्त्र और शरीयत दोनों

D. पश्चिमी प्रेरित संहिता के साथ देशज कानून की व्याख्या

98. ब्रिटिशों द्वारा भारत में वैध प्रणाली की संहिताकरण का उद्देश्य ________ था।

A. राजस्व प्रशासन पर नियंत्रण

B. ब्रिटिश अधिकारियों के हितों की सुरक्षा

C. देशज जमींदारों, व्यावसायिक और शोषक के हितों की सुरक्षा

D. भारत में ब्रिटिश के सभी हितों की उन्नति

99. भारत में संहिताकरण की प्रक्रिया शुरू करने वाले गवर्नर जनरल कौन थे?

A. लॉर्ड कॉर्नवालिस B. लॉर्ड वारेन हेस्टिंग्स

C. लॉर्ड बेन्टिक D. लॉर्ड डलहौजी

100. उपर्युक्त लेखांश का तात्पर्य ________ है।

A. सैन्य प्रशासन का संगठन

B. महिलाओं के कानून के विनियोग में असमानता

C. शरीयत

D. भारत में कानून के विनियोग में असमानता

उत्तरमाला

1. **(C):** अघोष स्नान की दीवार और फर्श के जलसह (वाटर-प्रूफिंग) के लिए जिप्सम का प्रयोग किया जाता था। जिप्सम, जिसे कैल्शियम सल्फेट डाइहाइड्रेट के रूप में भी जाना जाता है, एक खनिज है जिसका उपयोग प्राचीन समय से ही निर्माण में किया जाता रहा है। इसकी जल-प्रतिरोधी विशेषताएँ इसे वाटर-प्रूफिंग के लिए एक उपयुक्त विकल्प बनाती हैं। जिप्सम प्लास्टर एक ऐसा मिश्रण होता है जिसमें जिप्सम, पानी और अन्य योजक सामग्री होती हैं, जिसे दीवारों और छतों को समतल बनाने के साथ-साथ उन्हें नमी से बचाने के लिए लगाया जाता है। इसका मुख्य लाभ यह है कि यह सूखने के बाद मजबूत और दीर्घकालिक सुरक्षा प्रदान करता है, जो नमी और पानी के प्रभाव को रोकने में मदद करता है। इस प्रकार, जिप्सम का उपयोग विभिन्न सांस्कृतिक और भौगोलिक स्थितियों में वाटर-प्रूफिंग के लिए बेहद प्रभावी साबित हुआ है।

2. **(A)**

3. **(B):** विष्णु पुराण में भारत को भौगोलिक इकाई के रूप में वर्णित किया गया है। विष्णु पुराण एक प्राचीन हिन्दू ग्रंथ है, जिसमें भूगोल, धर्म, दर्शन और इतिहास के विषयों का समावेश है। इस पुराण में भारतवर्ष को 'भारत' कहा गया है और इसे हिमालय से लेकर समुद्र तक फैले हुए भूभाग के रूप में वर्णित किया गया है। इस वर्णन से भारत की पहचान एक स्वतंत्र और विशिष्ट भौगोलिक इकाई के रूप में होती है। विष्णु पुराण के अनुसार, भारत विश्व के अन्य देशों से भिन्न है और यह अपने आप में एक पूर्ण और विशेष देश है। इस पुराण में भारत को 'कर्मभूमि' यानी कर्म की भूमि के रूप में भी महत्व दिया गया है, जहाँ धर्म और अध्यात्म की उच्च शिक्षा प्रदान की जाती है। यह वर्णन भारत के विशिष्ट सांस्कृतिक एवं धार्मिक विशेषताओं को उजागर करता है।

4. **(B):** लीलावती गणित भास्कराचार्य द्वारा लिखित है। भास्कराचार्य, जिन्हें भास्कर द्वितीय भी कहा जाता है, भारतीय गणितज्ञ और खगोलशास्त्री थे, जिन्होंने 12वीं शताब्दी के दौरान अपने कार्य किए। उनकी पुस्तक 'लीलावती' गणित पर एक महत्वपूर्ण ग्रंथ है, जिसमें बीजगणित, अंकगणित, ज्यामिति और त्रिकोणमिति के प्रश्नों का संग्रह है। इस पुस्तक का नाम उनकी पुत्री लीलावती के नाम पर रखा गया था, और यह गणितीय समस्याओं को सुलझाने के लिए एक रोचक और सहज विधि प्रस्तुत करती है। भास्कराचार्य ने इस पुस्तक में विभिन्न गणितीय विषयों को बहुत ही सरल और प्रभावी ढंग से समझाया है, जिससे यह विद्यार्थियों के लिए गणित सीखने का एक आकर्षक माध्यम बन गया। लीलावती को विश्वव्यापी रूप से गणित के क्षेत्र में एक महत्वपूर्ण कृति माना जाता है, और इसने गणित के अध्ययन और शिक्षण में नवाचार को बढ़ावा दिया है। भास्कराचार्य का यह योगदान गणित शास्त्र के इतिहास में एक अमिट छाप छोड़ने वाला है।

5. **(C):** गौतमीपुत्र सातकर्णी को शक, इंडो-ग्रीक और पार्थियन का ध्वंसक कहा जाता है। गौतमीपुत्र सातकर्णी दक्षिण भारत के सातवाहन राजवंश के महान शासकों में से एक थे और उन्होंने लगभग 106-130 ई.पू. के दौरान राज्य किया। उनका शासनकाल इन विदेशी आक्रमणकारियों के खिलाफ उनकी विजयों के लिए प्रसिद्ध है। गौतमीपुत्र सातकर्णी ने न केवल शकों को पराजित किया, बल्कि इंडो-ग्रीक और पार्थियन शासकों को भी अपने क्षेत्र से खदेड़ दिया, जिससे उन्होंने भारतीय उपमहाद्वीप के दक्षिणी भाग में स्थिरता और सुरक्षा स्थापित की। उनकी इन उपलब्धियों को नासिक के कर्ले गुफाओं में उत्कीर्ण शिलालेखों में दर्ज किया गया है। इस तरह, गौतमीपुत्र सातकर्णी ने अपने राज्य की सीमाओं का विस्तार किया और सातवाहन साम्राज्य को एक मजबूत और संगठित शक्ति के रूप में स्थापित किया, जिसने भारतीय इतिहास में उनके नेतृत्व को एक विशेष स्थान प्रदान किया।

6. **(C):** 'मिलिंद-पन्हो' के लिए यह सही नहीं है कि इस पर व्याख्या 5वीं शताब्दी (ई.) में धम्मपाल द्वारा लिखी गई थी। 'मिलिंद-पन्हो' एक बौद्ध ग्रंथ है, जिसमें बौद्ध भिक्षु नागसेन और ग्रीक राजा मिलिंद (मेनेंडर) के बीच हुए वार्तालाप का विवरण है। इस ग्रंथ की रचना लगभग 2वीं शताब्दी ईस्वी में हुई थी, और यह मूलतः पाली भाषा में लिखी गई थी। 'मिलिंद-पन्हो' की व्याख्या धम्मपाल द्वारा नहीं की गई थीय बल्कि, इसके अनुवाद और व्याख्यान विभिन्न बौद्ध विद्वानों द्वारा विभिन्न समय पर किए गए हैं। 'मिलिंद-पन्हो' का महत्व इसमें निहित है कि यह ग्रीक और भारतीय संस्कृतियों के मिलन का एक ज्वलंत उदाहरण प्रस्तुत करता है, और यह बौद्ध धर्म और दार्शनिक विचारों के प्रसार में एक महत्वपूर्ण कड़ी मानी जाती है।

7. **(D):** तृतीय संगम का अध्यक्ष नक्कीरर था, जिसकी बैठक उत्तरी मदुरा में हुई थी। नक्कीरर प्राचीन तमिल भाषा के एक प्रमुख कवि और विद्वान थे, जिन्होंने तमिल साहित्य में अपने गहन ज्ञान और कविता के प्रति अपनी असाधारण प्रतिभा के लिए प्रसिद्धि प्राप्त की थी। तृतीय संगम, जो कि तमिल भाषा और साहित्य के विकास के लिए एक महत्वपूर्ण मंच था, उसकी अध्यक्षता करना नक्कीरर के लिए एक महत्वपूर्ण भूमिका थी। उत्तरी मदुरा में इसकी बैठकें होती थीं, जहां विभिन्न कवियों और विद्वानों ने भाग लिया और तमिल भाषा और साहित्य के कई पहलुओं पर चर्चा की गई। इस संगम के दौरान तमिल साहित्य की कई महत्वपूर्ण कृतियाँ रची गईं, और तमिल साहित्यिक परंपरा में इनका विशेष स्थान है। नक्कीरर का नेतृत्व इस संगम को एक दिशा और संरचना प्रदान करने में महत्वपूर्ण था, और उन्होंने तमिल साहित्य के उत्थान में अपना एक अद्वितीय योगदान दिया।

8. **(C):** बाबर का पुत्र मिर्जा कामरान, राव जैतसी द्वारा पराजित हुआ था, जो कि बीकानेर का शासक था। यह घटना मुगल साम्राज्य के आरंभिक इतिहास का हिस्सा है, जब मुगलों का सामना भारतीय उपमहाद्वीप के विभिन्न राजपूत राज्यों से हो रहा था। राव जैतसी, जो बीकानेर के शासक थे, ने मिर्जा कामरान को युद्ध में हराया, जिससे मुगल साम्राज्य के प्रभाव को क्षेत्र में कमजोर किया गया। इस युद्ध ने बीकानेर और अन्य राजपूत राज्यों की सैन्य शक्ति और राजनीतिक महत्व को दर्शाया, और यह घटना भारतीय इतिहास में राजपूत प्रतिरोध के प्रमुख उदाहरणों में से एक है। राव जैतसी की विजय ने बीकानेर राज्य को मुगल आक्रमणों के खिलाफ एक मजबूत रक्षात्मक स्थिति में रखा और इसने उन्हें क्षेत्रीय राजनीति में एक महत्वपूर्ण भूमिका दी।

9. **(B):** सार्वजनिक कल्याण के लिए मानव-निर्मित उत्तम बावड़ी रानी की वाव कहलाता है। रानी की वाव, जो पाटन, गुजरात में स्थित है, एक प्राचीन और वास्तुकला की उत्कृष्ट कृति है, जिसे 11वीं शताब्दी में रानी उदयमती द्वारा उनके पति भीमदेव प्रथम की स्मृति में बनवाया गया था। यह बावड़ी अपनी जटिल और सुंदर नक्काशीदार संरचना के लिए प्रसिद्ध है, जिसमें सात स्तर हैं और यह लगभग 64 मीटर लंबी, 20 मीटर चौड़ी और 27 मीटर गहरी है। रानी की वाव का निर्माण न केवल एक जल स्रोत के रूप में किया गया था, बल्कि यह सांस्कृतिक और धार्मिक महत्व का भी प्रतीक है। इसमें बनी हुई विभिन्न मूर्तियाँ और नक्काशी हिंदू देवताओं की कथाओं को दर्शाती हैं और यह वास्तुशिल्प और कलात्मक प्रतिभा का अद्भुत संगम प्रस्तुत करती है। यूनेस्को द्वारा विश्व धरोहर स्थल के रूप में इसकी मान्यता, इसके महत्व को और भी बढ़ाती है।

10. **(A):** तिल-तांदुल न्याय का अर्थ है चावल और सीसम को मिश्रित करना। यह न्याय एक प्रकार की उपमा है जिसका उपयोग भारतीय तर्कशास्त्र में किया जाता है, जो कि दो भिन्न प्रकार की वस्तुओं के मिश्रण का संकेत देता है जिससे कि उनका पृथक्करण अत्यंत कठिन हो जाता है। इसका प्रयोग उन परिस्थितियों के संदर्भ में किया जाता है जहां दो या अधिक तत्वों का इस प्रकार से संयोजन होता है कि वे एक दूसरे में पूरी तरह से समाहित हो जाते हैं। तिल (सीसम)

और तांदुल (चावल) दोनों ही छोटे अनाज हैं और जब इन्हें मिलाया जाता है, तो इनका अलग कर पाना बहुत ही दुष्कर हो जाता है। इस प्रकार का न्याय दर्शन, तर्कशास्त्र, और व्यवहारिक जीवन के विभिन्न पहलुओं में उपयोगी होता है, जहां जटिल संबंधों और परस्पर क्रियाओं को समझने की आवश्यकता होती है। यह दर्शाता है कि कैसे कुछ संयोजन इतने घनिष्ठ हो सकते हैं कि उन्हें अलग करना व्यावहारिक रूप से असंभव हो जाता है।

11. (B): जयदेव महाकवि बंगाल का सेन शासक के दरबार में समृद्ध हुए। जयदेव एक प्रमुख भारतीय कवि थे, जिन्होंने 12वीं सदी के दौरान अपनी रचनाओं के माध्यम से भारतीय साहित्यिक और धार्मिक परंपरा में अपनी एक विशेष पहचान बनाई। उन्होंने अपनी सबसे प्रसिद्ध कृति 'गीत गोविंद' की रचना की, जो कृष्ण और राधा के प्रेम की कहानी को गीतात्मक और भावपूर्ण तरीके से व्यक्त करती है। उनका काल बंगाल के सेन वंश के शासनकाल के साथ मेल खाता है, और वह इस राजवंश के संरक्षण में अपनी काव्यात्मक प्रतिभा को विकसित करने में सक्षम हुए। बंगाल के सेन शासकों ने साहित्य और कला को बढ़ावा दिया, और जयदेव की रचनाएँ इस काल की सांस्कृतिक समृद्धि और धार्मिक उदारता को दर्शाती हैं। जयदेव का काम न केवल भक्ति आंदोलन को प्रभावित किया, बल्कि भारतीय कला और संस्कृति के विकास में भी एक महत्वपूर्ण भूमिका निभाई।

12. (A): महाबन मथुरा के पास स्थित है। महाबन, जिसे ब्रज के प्रमुख वनों में से एक माना जाता है, भारतीय पुराणों और धार्मिक ग्रंथों में अपनी पवित्रता और धार्मिक महत्व के लिए जाना जाता है। यह वन श्रीकृष्ण की लीलाओं से जुड़ा हुआ है, जहाँ उन्होंने अपने बचपन और किशोरावस्था के दौरान विभिन्न खेल और गतिविधियाँ की थीं। मथुरा वृंदावन क्षेत्र के अन्तर्गत आता है, और महाबन इस क्षेत्र के महत्वपूर्ण धार्मिक स्थलों में से एक है। यहाँ पर भक्तों और यात्रियों का बड़ी संख्या में आगमन होता है, जो श्रीकृष्ण की लीलाओं को स्मरण करने और धार्मिक अनुष्ठानों में भाग लेने के लिए आते हैं। महाबन का वनात्मक स्थल इस क्षेत्र के प्राकृतिक और आध्यात्मिक महत्व को बढ़ाता है, और यह वृंदावन की यात्रा का एक अभिन्न हिस्सा होता है, जो भक्तों को आध्यात्मिक शांति और धार्मिक प्रेरणा प्रदान करता है।

13. (C): नामा-ए-खेराद-अफ्जा फारसी में अनुवादित किया गया ग्रंथ सिंहासन बत्तीसी का अनुवाद है। सिंहासन बत्तीसी एक प्रसिद्ध भारतीय काव्य ग्रंथ है जो कि राजा विक्रमादित्य के सिंहासन के बत्तीस पुतलों से जुड़ी कहानियों का संग्रह है। प्रत्येक पुतला राजा विक्रमादित्य को एक नैतिक कथा सुनाता है, जिससे राजा को जीवन और शासन करने की विभिन्न शिक्षाएँ मिलती हैं। यह ग्रंथ मूल रूप से संस्कृत में था, लेकिन इसका अनुवाद विभिन्न भाषाओं में किया गया, जिसमें फारसी भी शामिल है। नामा-ए-खेराद-अफ्जा का अनुवाद फारसी में इस काव्य ग्रंथ की व्यापकता और महत्व को दर्शाता है। यह अनुवाद भारतीय साहित्य के प्रसार और अन्य संस्कृतियों के साथ सांस्कृतिक आदान-प्रदान का एक महत्वपूर्ण हिस्सा बना। फारसी भाषा में इसके अनुवाद से यह ग्रंथ मध्य एशिया और ईरानी भाषी समुदायों में भी प्रसिद्ध हुआ, जिससे इसकी कथाओं की वैश्विक पहुंच और भी बढ़ी।

14. (B): चण्डी चरित्र में गुरु गोबिंद सिंह ने उल्लेख किया है कि पुराकाल में ईश्वर ने दुर्गा को बुरा करने वालो का अंत करने के लिए भेजा था और अब यह कार्य उनको सौंप दिया गया है। गुरु गोबिंद सिंह, सिख धर्म के दसवें और अंतिम मानव गुरु थे, जिन्होंने सिखों की आध्यात्मिक और सामरिक दिशा निर्धारित की। चण्डी चरित्र उनके द्वारा रचित एक ग्रंथ है, जिसमें उन्होंने दुर्गा की वीरता और शक्ति का वर्णन किया है। इस ग्रंथ में उन्होंने स्वयं को एक दिव्य मिशन पर माना है, जिसमें उन्हें दुष्टता के विरुद्ध लड़ने और धर्म की रक्षा करने का कार्य सौंपा गया है। गुरु गोबिंद सिंह ने इसे अपने पिता गुरु तेग बहादुर की शहादत के बाद लिखा, जिसे मुगलों द्वारा उनके धर्म के लिए शहीद

किया गया था। इस ग्रंथ के माध्यम से, गुरु ने सिखों को आध्यात्मिक और यौद्धिक शक्ति प्रदान की और उन्हें अन्याय और अत्याचार के विरुद्ध खड़े होने की प्रेरणा दी।

15. **(B):** दारा शिकोह को पकड़कर और उसे औरंगजेब के पास भेजने वाला विश्वासघाती मलिक जीवन था। मलिक जीवन, जिसे मलिक जीवन लाल के नाम से भी जाना जाता है, मुगल साम्राज्य के एक कमांडर थे जिन्होंने दारा शिकोह की गिरफ्तारी में महत्वपूर्ण भूमिका निभाई थी। दारा शिकोह, शाहजहाँ का पुत्र और औरंगजेब का भाई था, जिन्हें उनके अपने भाई औरंगजेब ने सिंहासन के लिए अपना प्रतिद्वंद्वी मानकर शत्रुता निभाई। मलिक जीवन ने दारा शिकोह को पकड़ने के लिए छल और कूटनीति का उपयोग किया और उन्हें औरंगजेब के समक्ष पेश किया, जिसके बाद दारा शिकोह की नृशंस हत्या कर दी गई। इस घटना ने मुगल साम्राज्य में अंदरूनी संघर्ष और राजनीतिक कठोरता को उजागर किया, जिसमें सत्ता के लिए भाई-भाई के बीच युद्ध और विश्वासघात हुआ।

16. **(B):** पेशवा बालाजी विश्वनाथ दक्कन के सूबों से चौथ की मांग करनेवाला प्रथम मराठा नहीं था। वास्तव में, चौथ की प्रथा और इसका विकास मराठा साम्राज्य के भीतर जटिल और कई चरणों में हुआ था। चौथ, जो कि एक तरह का कर था जो व्यापार और कृषि उपज का चौथाई हिस्सा मराठा साम्राज्य को दिया जाता था, का संगठन और संचालन शिवाजी महाराज ने शुरू किया था, जो कि 17वीं शताब्दी में मराठा साम्राज्य के संस्थापक थे।

बालाजी विश्वनाथ ने, हालांकि, मराठा साम्राज्य के पेशवा के रूप में चौथ संग्रह की प्रक्रिया में महत्वपूर्ण भूमिका निभाई थी, लेकिन उन्होंने इस प्रथा को आरंभ नहीं किया था। इसलिए, यह कहना कि वह इसके पहले संग्रहकर्ता थे, यह गलत है। चौथ की प्रथा मराठा शासन के वित्तीय ढांचे का एक अभिन्न अंग थी और इसने मराठा साम्राज्य के विस्तार और वित्तीय स्वतंत्रता में योगदान दिया।

17. **(D):** वीरशैव संप्रदाय का आरंभ तेरहवीं सदी में नहीं हुआ था; यह कथन गलत है। वीरशैव संप्रदाय का वास्तविक उद्‌भव 12वीं सदी में हुआ था, विशेष रूप से बासवन्ना के नेतृत्व में, जिन्होंने इसे कर्नाटक में प्रचारित किया। वीरशैव संप्रदाय लिंगायत धर्म के रूप में भी जाना जाता है, जो कि एक विशेष धार्मिक आस्था है जो हिन्दू धर्म के भीतर शिव की उपासना करती है। इस संप्रदाय ने एकेश्वरवाद और जाति प्रथा के खिलाफ विचारों को बढ़ावा दिया और सामाजिक बराबरी पर बल दिया। वीरशैव संप्रदाय की मूल धारणाएँ और शिक्षाएँ 12वीं सदी में ही स्थापित हो गई थीं, और बासवन्ना इसके प्रमुख प्रवर्तक माने जाते हैं।

18. **(C):** अकबर की महिलाओं की शिक्षा में बहुत अभिरुचि थी और उनके उपयोग के लिए हरम के भीतर पुस्तकालय थे; यह कथन फादर मोंसेरेट का है। फादर मोंसेरेट एक जेसुइट पादरी थे जो मुगल सम्राट अकबर के दरबार में उपस्थित थे। उन्होंने अपनी लेखनी में अकबर की उदार और प्रगतिशील नीतियों का वर्णन किया है, विशेष रूप से शिक्षा के क्षेत्र में महिलाओं के प्रति उनके दृष्टिकोण को प्रमुखता से दिखाया।

अकबर ने महिला शिक्षा को महत्व दिया और हरम में महिलाओं के लिए विशेष पुस्तकालयों की स्थापना की, जिससे वे विद्या अर्जित कर सकें। इस पहल ने न केवल उनकी शासनकालीन नीतियों में उदारता को दर्शाया, बल्कि यह भी संकेत दिया कि उन्होंने महिलाओं की शिक्षा और सशक्तिकरण को कितना महत्व दिया था।

19. **(B):** हम्जानामा संभवतः 1475 ईसवी तक पूरा हो गया था, यह कथन सही नहीं है। हम्जानामा, जिसे अकबरनामा के अनुसार भी जाना जाता है, मुगल सम्राट अकबर के शासनकाल में उसकी कला दीर्घा में तैयार किया गया था, और इसका काम 1560 के दशक में शुरू होकर लगभग 1582 में समाप्त हुआ था। हम्जानामा एक बड़ी कलात्मक परियोजना थी जिसमें लगभग 1400 से ज्यादा चित्र शामिल थे, जो कि इस्लामिक और फारसी साहित्य की कथाओं को दर्शाते थे।

इसमें इस्तेमाल की गई वर्ण योजना और चित्रण शैली ने मुगल चित्रकला को एक नई दिशा प्रदान की थी। यह अकबर के कला प्रेम को दर्शाता है और उस समय की भारतीय कला में एक महत्वपूर्ण योगदान माना जाता है। इसलिए, यह कहना कि हम्जानामा 1475 ईसवी तक पूरा हो गया था, ऐतिहासिक तथ्यों से मेल नहीं खाता।

20. (C): तृतीय कर्नाटक युद्ध के दौरान फ्रांस के सैनिकों का सेनापति काउंट डी लैली था। थॉमस आर्थर, काउंट डी लैली, फ्रांसीसी सेना का एक प्रमुख कमांडर था, जिसने 1758 से 1761 तक भारत में अपनी सेनाओं का नेतृत्व किया। उन्होंने ब्रिटिश और उनके सहयोगी भारतीय राज्यों के खिलाफ युद्ध में महत्वपूर्ण भूमिका निभाई। डी लैली के नेतृत्व में फ्रांसीसी सेनाएँ कई लड़ाइयों में शामिल हुईं, जिसमें वांडीवाश की लड़ाई प्रमुख थी, जहाँ फ्रांसीसी सेनाएँ ब्रिटिश सेनाओं से हार गईं। इस हार ने भारत में फ्रांसीसी प्रभाव को कमजोर कर दिया और ब्रिटिश साम्राज्य की स्थापना के लिए मार्ग प्रशस्त किया। डी लैली की कमांडर के रूप में उनकी क्षमता और युद्ध नीति का विश्लेषण उस समय के यूरोपीय शक्ति संघर्ष के संदर्भ में महत्वपूर्ण है।

21. (D): पुर्तगालियों ने बम्बई द्वीप इंग्लैंड के राजा चार्ल्स द्वितीय को 1662 में पुर्तगाली राजकुमारी कैथरीन के साथ उनके विवाह के दहेज के रूप में दिया था। इस विवाह के माध्यम से अंग्रेजों को बम्बई का प्रशासनिक और वाणिज्यिक नियंत्रण प्राप्त हुआ, जो कि बाद में ब्रिटिश भारत के प्रमुख शहरों में से एक बन गया। इस दहेज समझौते ने बम्बई को एक व्यापारिक केंद्र के रूप में विकसित करने में महत्वपूर्ण भूमिका निभाई। इस ऐतिहासिक घटना ने न केवल अंग्रेजों की भारतीय उपमहाद्वीप में उपस्थिति को मजबूत किया, बल्कि इसने उस क्षेत्र में उनकी वाणिज्यिक और राजनीतिक शक्ति को भी बढ़ाया। बम्बई द्वीप का यह हस्तांतरण अंग्रेजों के लिए एक सामरिक लाभ था, जिसने उन्हें पश्चिमी भारत में एक मजबूत पैर जमाने में मदद की।

22. (C): एस.बी. चौधरी ने 1857 के विद्रोह को "किसी विदेशी सत्ता (शक्ति) को चुनौती देने के लिए बहुत से वर्ग के लोगों द्वारा पहला संयुक्त प्रयास" कहा और यह भी कहा कि वह वास्तविक है। उनका यह विश्लेषण 1857 के विद्रोह को भारतीय इतिहास में एक व्यापक और महत्वपूर्ण घटना के रूप में स्थापित करता है। चौधरी इस विद्रोह को केवल मिलिट्री म्युटिनी नहीं मानते, बल्कि एक व्यापक सामाजिक और राजनीतिक उभार के रूप में देखते हैं, जिसमें विभिन्न सामाजिक वर्गों का सहयोग शामिल था। उन्होंने इसे ब्रिटिश राज के खिलाफ भारतीय जनता के संघर्ष का पहला व्यवस्थित प्रयास माना, जिसमें विभिन्न सामाजिक, आर्थिक, और धार्मिक मुद्दे शामिल थे। चौधरी का विश्लेषण 1857 के विद्रोह को एक बड़े पैमाने पर राष्ट्रीय आंदोलन के रूप में देखने का एक दृष्टिकोण प्रदान करता है, जिससे यह घटना भारतीय स्वतंत्रता संग्राम की प्रारंभिक चिंगारी के रूप में देखी जा सकती है।

23. (D): जवाहिर और हेतवा राजवार विद्रोह के सर्वाधिक महत्वपूर्ण नेता थे। राजवार विद्रोह भारतीय इतिहास में एक प्रमुख जनजातीय विद्रोह है, जो 1914 में उड़ीसा में हुआ था। इस विद्रोह का मुख्य कारण भूमि अधिकारों और स्थानीय आदिवासी समुदायों के खिलाफ बढ़ते शोषण था। जवाहिर और हेतवा ने अपने समुदाय के हकों की रक्षा के लिए नेतृत्व प्रदान किया और ब्रिटिश अधिकारियों और स्थानीय जमींदारों के खिलाफ लड़ाई की। यह विद्रोह उस समय के जनजातीय विद्रोहों के बीच विशेष रूप से महत्वपूर्ण था क्योंकि इसने राजवार समुदाय के सामाजिक और आर्थिक मुद्दों को उजागर किया। इन नेताओं का संघर्ष न केवल भूमि अधिकारों के लिए था बल्कि अपनी सांस्कृतिक पहचान और स्वतंत्रता के लिए भी था।

24. (C): वारेन हेस्टिंग्स का यह कथन कि 'ज्ञान का प्रत्येक संग्रह राज्य के लिए उपयोगी है। यह गुलामी की जंजीर जिससे देश बंधा हुआ है, उसका वजन कम करता है।' बताता है कि हेस्टिंग्स भारतीय समाज में

शिक्षा और ज्ञान के महत्व को समझते थे। उन्होंने भारत में ब्रिटिश प्रशासन के दौरान शिक्षा की स्थापना और प्रोत्साहन पर बल दिया, यह मानते हुए कि ज्ञान का प्रसार न केवल सामाजिक और आर्थिक विकास में मदद करेगा बल्कि यह देश को औपनिवेशिक शासन की बंधनों से मुक्त करने में भी सहायक होगा। उनके इस दृष्टिकोण ने ब्रिटिश भारत में शिक्षा के विकास को एक नई दिशा प्रदान की और आगे चलकर भारतीय समाज में शिक्षा की महत्वपूर्ण भूमिका को स्थापित किया।

25. (D): इंडियन काउंसिल एक्ट, 1909 से भारत में 'फूट डालो और शासन करो' की नीति को संस्थागत स्वरूप देने की प्रक्रिया आरंभ हुई। इस अधिनियम को मॉर्ले-मिंटो सुधार के नाम से भी जाना जाता है, और इसने ब्रिटिश भारतीय विधायिका में प्रत्यक्ष सांप्रदायिक प्रतिनिधित्व की शुरुआत की थी। इसने मुस्लिम समुदाय के लिए अलग से आरक्षित सीटों का प्रावधान किया, जिससे विभिन्न साम्प्रदायिक समूहों के बीच राजनीतिक विभाजन को बढ़ावा मिला। इस कदम ने भारतीय समाज में धार्मिक आधार पर विभाजन को संस्थागत बना दिया और ब्रिटिश हुकूमत को इस विभाजन का लाभ उठाने में मदद की।

यह नीति आगे चलकर भारतीय स्वतंत्रता संग्राम के विभिन्न चरणों में एक प्रमुख विषय बनी रही, जिसने ब्रिटिश शासन के विरुद्ध भारतीय समुदायों को एकजुट करने के प्रयासों को जटिल बना दिया।

26. (A): यह कथन सिदो का है, जो संथाल विद्रोह (1855-1856) के दौरान महत्वपूर्ण जनजातीय नेता थे। सिदो और उनके भाई कान्हू ने ब्रिटिश और जमींदारों के खिलाफ अपने समुदाय का नेतृत्व किया। उन्होंने अपने लोगों को यह संदेश दिया कि उनकी भूमि और उनके संसाधन विदेशी शक्तियों के हाथों में नहीं जाने चाहिए। सिदो का यह उद्घोष उनके उस संकल्प को दर्शाता है जिसमें उन्होंने अपने समुदाय की स्वायत्तता और सम्मान की रक्षा के लिए युद्ध की घोषणा की थी। इस विद्रोह ने ब्रिटिश शासन के खिलाफ आदिवासी समुदायों के प्रतिरोध की एक नई लहर को जन्म दिया, जिसने भारतीय इतिहास में उनके संघर्ष को महत्वपूर्ण स्थान दिया।

27. (D)

28. (B): 'गणदेवता' नामक पुस्तक ताराशंकर बंदोपाध्याय ने लिखी है। इस पुस्तक में बंगाल में जजमानी प्रथा के पराभव की व्याख्या की गई है, जो ग्रामीण समाज में व्याप्त थी। जजमानी प्रथा एक पारंपरिक व्यवस्था है जहां ग्रामीण समुदाय में विशिष्ट वर्गों द्वारा कुछ विशेष सेवाएं प्रदान की जाती हैं और बदले में उन्हें अनाज, धन या अन्य सामग्री प्राप्त होती है। ताराशंकर बंदोपाध्याय ने इस पुस्तक में उन सामाजिक और आर्थिक परिवर्तनों को दर्शाया है जिनके कारण यह प्रथा कमजोर पड़ी और अंततः समाप्त हो गई। उनका यह काम बंगाल के ग्रामीण जीवन और इसके बदलते परिदृश्य को समझने में एक महत्वपूर्ण योगदान देता है, और यह दिखाता है कि कैसे पारंपरिक प्रथाएं आधुनिकीकरण के प्रभाव में आकर परिवर्तित होती जा रही हैं।

29. (D): 'दस वर्ष के बंदोबस्त' की शर्तों की जाँच के लिए गठित समिति में जेम्स ग्रांट सदस्य नहीं थे। इस समिति में शामिल मुख्य व्यक्ति थे लॉर्ड कार्नवालिस, जॉन शोर और मैकफर्सन। यह समिति भारत में भूमि राजस्व संग्रह की नई व्यवस्था की समीक्षा और पर्यवेक्षण के लिए बनाई गई थी, जिसे परमानेंट सेटलमेंट के नाम से जाना जाता है। यह व्यवस्था भारतीय भूमि राजस्व प्रणाली में एक महत्वपूर्ण परिवर्तन थी और इसने भूमि के निजी स्वामित्व की नींव रखी। जेम्स ग्रांट इस समीक्षा प्रक्रिया का हिस्सा नहीं थे, जो कि इस समिति के गठन और कार्यान्वयन में अन्य प्रमुख सदस्यों द्वारा संचालित थी।

30. (A): सहमति की आयु अधिनियम 1860 में महिलाओं के विवाह के लिए सहमति की आयु 10 वर्ष निर्धारित की गई थी। यह अधिनियम भारतीय विधान में महिलाओं के विवाह संबंधित अधिकारों को नियंत्रित

करने वाला एक महत्वपूर्ण कदम था, और इसने विवाह के लिए कानूनी उम्र को पहली बार परिभाषित किया। इस कानून का मुख्य उद्देश्य बाल विवाह को रोकना और युवा लड़कियों को उनकी सहमति के बिना विवाह के लिए बाध्य किए जाने से सुरक्षित करना था। हालांकि यह आयु अभी भी कम थी, इसने समाज में व्याप्त बाल विवाह की प्रथा के खिलाफ एक कानूनी ढांचा प्रदान किया। बाद में इस आयु सीमा में वृद्धि की गई थी ताकि इसे और अधिक सामाजिक रूप से स्वीकार्य और सुरक्षित बनाया जा सके।

31. (C): 'मेवाड़ प्रजा मंडल' के संस्थापक माणिक लाल वर्मा थे। मेवाड़ प्रजा मंडल एक राजनीतिक और सामाजिक संगठन था जिसकी स्थापना 1938 में हुई थी। इस संगठन का मुख्य उद्देश्य था मेवाड़ क्षेत्र में लोकतांत्रिक मूल्यों का प्रसार और आम जनता की आवाज को मजबूती प्रदान करना। माणिक लाल वर्मा ने इस संगठन के माध्यम से रियासती प्रजा मंडल आंदोलन को दिशा दी, जिससे राजस्थान में राजतंत्रीय शासन के खिलाफ जन जागरूकता और संघर्ष को बल मिला। उनके नेतृत्व में मेवाड़ प्रजा मंडल ने रियासती क्षेत्रों में विशेष रूप से जमीनी स्तर पर राजनीतिक सक्रियता और सामाजिक परिवर्तन के लिए कई अभियान चलाए। इस संगठन की गतिविधियों ने भारतीय स्वतंत्रता संग्राम में रियासती प्रजा की भूमिका को प्रमुखता से उजागर किया और भारतीय राजनीति में राजतंत्रीय प्रभावों के खिलाफ एक मजबूत वैचारिक आधार प्रदान किया।

32. (C): 1852 में विद्युत तार विभाग (इलेक्ट्रिक टेलीग्राफ डिपार्टमेंट) का अधीक्षक ओ'शॉगनेस्से को नियुक्त किया गया था। विलियम ओ'शॉगनेस्सी, जो कि एक ब्रिटिश चिकित्सक और वैज्ञानिक थे, उन्होंने भारत में टेलीग्राफ सिस्टम की स्थापना और विस्तार में महत्वपूर्ण योगदान दिया। उनके नेतृत्व में, भारत में पहली टेलीग्राफ लाइन कलकत्ता से आगरा तक बिछाई गई, जिसने संचार क्रांति का आगाज किया। ओ'शॉगनेस्सी के इस कार्य ने न केवल भारत में आधुनिक संचार प्रणाली की नींव रखी, बल्कि यह भारतीय प्रशासन और व्यापार में भी एक क्रांतिकारी परिवर्तन लेकर आया। उनकी इस पहल से भारत में संचार की गति और सुविधा में अप्रत्याशित वृद्धि हुई, जिसने देश के विकास में एक नई दिशा स्थापित की।

33. (B): 'अखिल भारतीय दलित संघ' के पहले चयनित अध्यक्ष एम.सी. राजा थे। एम.सी. राजा एक प्रमुख दलित नेता और समाज सुधारक थे, जिन्होंने भारत में दलित समुदायों के अधिकारों और उत्थान के लिए महत्वपूर्ण कार्य किया। उन्होंने दलित समुदाय की सामाजिक और आर्थिक स्थिति में सुधार लाने के लिए विभिन्न आंदोलनों और अभियानों का नेतृत्व किया। उनका यह प्रयास दलित समुदाय के लिए एक उचित प्रतिनिधित्व और उनके अधिकारों की मांग को मजबूती प्रदान करता है। एम.सी. राजा के नेतृत्व में 'अखिल भारतीय दलित संघ' ने दलित समुदाय के लिए न्याय और समानता की दिशा में महत्वपूर्ण पहल की, जिससे उनके समुदाय की सामाजिक और राजनीतिक स्थिति में सुधार हुआ।

34. (A): बंगाल विभाजन का विरोध करते हुए 'बारीसाल हितैषी' पत्रिका में यह टिप्पणी की गई थी, ''क्या बंगाली लोग विदेशी वस्तुओं का बहिष्कार करने में चीन के उदाहरण का अनुसरण करने में सक्षम हैं? अगर वे कर सकते हैं तो उनके समक्ष रास्ता स्पष्ट है।'' यह टिप्पणी उस समय की बढ़ती भावनाओं को दर्शाती है जब भारत में ब्रिटिश उत्पादों के बहिष्कार के लिए आवाज उठाई जा रही थी, विशेष रूप से बंगाल विभाजन के संदर्भ में। 'बारीसाल हितैषी' बंगाल के स्वदेशी आंदोलन के प्रचार में मुख्य भूमिका निभाता था और इसके माध्यम से बंगाली समाज में विदेशी शासन और उत्पादों के खिलाफ एक गहरी जागरूकता और विरोध की भावना को बल मिला। इस तरह के संदेशों ने न केवल विदेशी वस्तुओं के बहिष्कार को प्रोत्साहित किया, बल्कि यह भारतीय उपमहाद्वीप में स्वतंत्रता की चाह को भी मजबूत किया।

35. (B): भारतीय राष्ट्रवाद का निर्माण पारंपरिक राष्ट्रभक्ति तथा राज क्षेत्रीयता के पूर्व विद्यमान अर्थ के आधार

पर होने के अनुसार सी.ए. बेले का यह विचार है। बेले ने अपने अध्ययन में भारतीय राष्ट्रवाद के उद्भव को गहराई से अन्वेषित किया और पाया कि यह भारतीय समाज की पारंपरिक अवधारणाओं और ऐतिहासिक सामाजिक-राजनीतिक संरचनाओं से गहराई से प्रेरित था। उनके अनुसार, भारतीय राष्ट्रवाद की जड़ें उस ऐतिहासिक और सामाजिक परिप्रेक्ष्य में हैं, जहाँ राष्ट्रभक्ति और क्षेत्रीय विशिष्टता की धारणाएँ पहले से ही मौजूद थीं। यह विचार यह स्पष्ट करता है कि कैसे भारतीय राष्ट्रवाद ने पश्चिमी राष्ट्रवादी विचारधाराओं से भिन्न एक स्वदेशी रूप लिया जो भारत के विशेष सांस्कृतिक और ऐतिहासिक संदर्भ में अंतर्निहित था।

36. **(B):** शिवाजी पर्व की शुरुआत बाल गंगाधर तिलक ने की थी। तिलक ने इस उत्सव को 1895 में शुरू किया था, जिसका उद्देश्य भारतीयों में राष्ट्रीयता की भावना और स्वतंत्रता के प्रति उत्साह को बढ़ाना था। तिलक ने शिवाजी को एक हिन्दू राष्ट्रीय नायक के रूप में प्रस्तुत किया, जिन्होंने मुगल साम्राज्य के विरुद्ध सफलतापूर्वक लड़ाई लड़ी थी। उन्होंने शिवाजी की वीरता और नेतृत्व क्षमता को एक आदर्श रूप में पेश किया जिससे ब्रिटिश शासन के खिलाफ लड़ने की प्रेरणा मिले। शिवाजी पर्व ने न केवल महाराष्ट्र में बल्कि पूरे भारत में एक जन-जागरण का काम किया, और यह भारतीय स्वतंत्रता संग्राम में एक महत्वपूर्ण आयोजन बन गया।

37. **(C):** 'द इंडियन स्ट्रगल' पुस्तक सुभाष चंद्र बोस ने लिखी है। यह पुस्तक भारतीय स्वतंत्रता संग्राम के विभिन्न चरणों का विश्लेषण प्रस्तुत करती है और इसमें बोस की अपनी राजनीतिक विचारधारा और उनके स्वतंत्रता संग्राम में योगदान के अनुभवों का समावेश है। सुभाष चंद्र बोस, जिन्हें नेताजी के नाम से भी जाना जाता है, भारतीय राष्ट्रीय आंदोलन के प्रमुख नेताओं में से एक थे। उन्होंने इस पुस्तक के माध्यम से उस अवधि की राजनीतिक गतिविधियों, अंग्रेजी शासन के खिलाफ उनके विद्रोही रुख और उनके अजेय संघर्ष के विवरण को प्रस्तुत किया। यह पुस्तक भारतीय स्वतंत्रता संग्राम के इतिहास में एक महत्वपूर्ण संदर्भ दस्तावेज के रूप में कार्य करती है, और इसने नेताजी की वैचारिक गहराई और उनके संघर्ष के प्रति समर्पण को उजागर किया है।

38. **(B):** भाषा के आधार पर राज्यों के पुनर्गठन संबंधी धर आयोग के सदस्य में वल्लभ भाई पटेल शामिल नहीं थे। इस आयोग का गठन 1948 में किया गया था, और इसका मुख्य उद्देश्य था भारतीय राज्यों के पुनर्गठन का सुझाव देना, विशेषकर भाषाई आधार पर। आयोग के अध्यक्ष जस्टिस धर थे और अन्य सदस्यों में के.एम. मुंशी और जगत नारायण लाल शामिल थे। वल्लभ भाई पटेल उस समय भारतीय राजनीति में सक्रिय थे, लेकिन उन्होंने इस आयोग में कोई भूमिका नहीं निभाई थी। इस आयोग की सिफारिशों ने भारत में राज्यों के नए सिरे से गठन की दिशा में महत्वपूर्ण योगदान दिया था, जिससे भारतीय संघीय ढांचे में बदलाव आया।

39. **(B):** 'महावीर राजद्रोह मामले' में उनके द्वारा संपादित जर्नल महावीर में राजद्रोह संबंधी लेखन के लिए जगत नारायण लाल को सजा हुई थी। जगत नारायण लाल एक प्रमुख भारतीय स्वतंत्रता सेनानी और पत्रकार थे, जिन्होंने महावीर नामक पत्रिका का संपादन किया। इस पत्रिका में प्रकाशित लेखों में अंग्रेजी शासन के खिलाफ तीव्र आलोचना की गई थी, जिसके कारण उन्हें राजद्रोह के आरोप में सजा सुनाई गई। उनका मामला भारतीय प्रेस की स्वतंत्रता और ब्रिटिश शासन के खिलाफ उनके विरोध का प्रतीक बन गया। जगत नारायण लाल की यह सजा उस समय के राजनीतिक दमन का एक उदाहरण प्रस्तुत करती है, जिसमें भारतीय स्वतंत्रता संग्राम के सक्रिय सदस्यों को उनके विचारों के लिए दंडित किया गया था।

40. **(D):** 'इतिहास विज्ञान है, न इससे अधिक न इससे कम' यह कथन जे.बी. ब्यूरी का है। ब्यूरी ने इतिहास के वैज्ञानिक अध्ययन की महत्ता पर बल दिया था, जिसमें उन्होंने तथ्यों की सटीकता, साक्ष्यों के मूल्यांकन

और घटनाओं की व्याख्या के तरीकों पर जोर दिया। ब्यूरी का मानना था कि इतिहास का उद्देश्य केवल घटनाओं का वर्णन करना नहीं बल्कि उनके कारणों और प्रभावों को समझना है। उनकी इस सोच ने इतिहास के अध्ययन को एक व्यवस्थित और विश्लेषणात्मक दिशा प्रदान की, जिससे यह विज्ञान के समानांतर खड़ा हो सके।

41. (B): ताम्रपाषाण युग के पुरास्थलों में केवल (*a*) मोहनजोदड़ो, (*b*) चान्हूदड़ो, (*c*) कालीबंगा, और (*d*) हड़प्पा शामिल हैं। ये सभी स्थल सिंधु घाटी सभ्यता के हिस्से हैं, जो कि ताम्रपाषाण युग के दौरान उपमहाद्वीप में फली-फूली थी। इन स्थलों पर किए गए पुरातात्विक उत्खननों से जो सबूत मिले हैं, वे इस बात का प्रमाण हैं कि यहाँ उन्नत नगरीय संरचना, कृषि प्रणाली, और शिल्प कौशल मौजूद था। इस सभ्यता की खोज ने भारतीय इतिहास के अध्ययन में एक नया अध्याय जोड़ा और यह साबित किया कि भारत में ऐतिहासिक रूप से एक समृद्ध और विकसित सभ्यता मौजूद थी।

42. (A): भीमबेटका चित्रकारी के विषय में (*a*) मध्यपाषाण युग का है, (*b*) आदि भारतीय कला के उदाहरण हैं, (*d*) स्थानीय स्तर पर उपलब्ध रंगों द्वारा चित्रित, और (*e*) कई युगों में मानवजीवन की व्याख्या करती हैं, सही हैं। भीमबेटका की गुफा चित्रकारी भारत में पाषाण युग की कला का एक महत्वपूर्ण प्रतिनिधित्व करती है। यहाँ की चित्रकारी में विभिन्न प्रकार के जानवरों, मानव गतिविधियों और अन्य अनुष्ठानिक दृश्यों को दर्शाया गया है, जो कि उस काल के मानवीय जीवन की विविधता और जटिलता को बयान करते हैं। ये चित्र न केवल कलात्मक महत्व के हैं बल्कि उस समय के सामाजिक-सांस्कृतिक जीवन की गहरी समझ प्रदान करते हैं।

43. (A): राष्ट्रकूट साम्राज्य ने (*a*) महाराष्ट्र, (*b*) तेलंगाना, (*c*) मध्य प्रदेश, और (*d*) कर्नाटक पर शासन किया। यह साम्राज्य आठवीं से दसवीं सदी के दौरान भारतीय उपमहाद्वीप के महत्वपूर्ण क्षेत्रों में से एक था, जिसकी राजधानी मान्यखेटा (आधुनिक कर्नाटक में) थी। राष्ट्रकूट राजाओं ने विशाल क्षेत्रों पर अपना प्रभुत्व स्थापित किया, जिसमें महाराष्ट्र और मध्य भारत के साथ-साथ दक्षिणी भारत के विस्तृत भाग शामिल थे। इस साम्राज्य के दौरान, विभिन्न प्रकार के सांस्कृतिक और आर्थिक विकास हुए जिन्होंने भारतीय इतिहास में उनकी विरासत को महत्वपूर्ण बनाया। राष्ट्रकूट शासकों ने वास्तुकला, धर्म, और साहित्य को भी बढ़ावा दिया, जिसमें उनके द्वारा निर्मित विशाल रॉक-कट एलोरा गुफाएँ शामिल हैं।

44. (B): कृषि ने (*a*) खाद्य फसल प्रौद्योगिकी, (*b*) धातुकर्म उद्योग, (*c*) कृषि-आधारित उद्योग, और (*e*) जल-प्रबंध को बढ़ावा दिया है। कृषि का विकास न केवल खाद्य उत्पादन में वृद्धि को सक्षम बनाता है, बल्कि यह आर्थिक गतिविधियों के एक व्यापक स्पेक्ट्रम को भी प्रभावित करता है। खाद्य फसल प्रौद्योगिकी में नवाचार, जैसे कि हाइब्रिड बीज और उन्नत सिंचाई प्रणालियों का विकास, खाद्य सुरक्षा में सुधार लाता है। धातुकर्म उद्योग, जैसे कि ट्रैक्टर और अन्य कृषि उपकरणों का निर्माण, कृषि क्षमता को बढ़ाता है। कृषि-आधारित उद्योग, जैसे कि खाद्य प्रसंस्करण और पैकेजिंग, कृषि उत्पादों के मूल्य संवर्धन में महत्वपूर्ण हैं। जल-प्रबंधन तकनीक, जैसे कि बूंद-बूंद सिंचाई और जल संरक्षण प्रणालियाँ, स्थायी कृषि प्रथाओं को सक्षम बनाती हैं और पानी के संसाधनों का अधिकतम उपयोग सुनिश्चित करती हैं।

45. (B): बौद्ध धर्म की शाखाएँ में (*a*) महायान, (*b*) हीनयान, (*c*) वज्रयान, और (*e*) गुह्य समाज शामिल हैं। बौद्ध धर्म के ये विभिन्न रूप उसके धार्मिक और दार्शनिक विविधता को दर्शाते हैं। महायान बौद्ध धर्म अधिक करुणामय और बोधिसत्त्व की अवधारणा पर जोर देता है, जबकि हीनयान अधिक संयमित और शास्त्रीय अनुयायियों का पालन करता है। वज्रयान तंत्रिक प्रथाओं और मंत्रों का उपयोग करता है, और गुह्य समाज उन्नत तंत्रिक बौद्ध धर्म के रूपों में से एक है, जो अधिक गुप्त और एसोटेरिक अभ्यासों पर केंद्रित है। ये शाखाएँ बौद्ध धर्म के व्यापक स्वरूप

और उसके विविध पहलुओं को प्रकट करती हैं, जो अलग-अलग सांस्कृतिक और धार्मिक परंपराओं में विकसित हुई हैं।

46. (B): कर्नाटक के मंदिरों के युग्म में बेमेल है (*e*) कांची, जबकि शेष स्थल (*a*) बादामी, (*c*) पट्टदकल, और (*d*) हम्पी कर्नाटक में स्थित हैं और इनका संबंध दक्षिण भारतीय वास्तुकला से है। कांची, जो कि तमिलनाडु में स्थित है, अपने पल्लवकालीन मंदिरों के लिए प्रसिद्ध है और यह कर्नाटक के अन्य स्थानों के मंदिरों से वास्तुशिल्पीय और सांस्कृतिक रूप से भिन्न है। बादामी, पट्टदकल, और हम्पी कर्नाटक के चालुक्य और विजयनगर साम्राज्यों के प्रमुख वास्तुशिल्प स्थल हैं, जिनमें चट्टान को काटकर बनाई गई गुफाएं और शानदार मंदिर सम्मिलित हैं। ये स्थल दक्षिण भारतीय मंदिर निर्माण कला के विकास के विभिन्न चरणों का प्रतिनिधित्व करते हैं और उनमें वास्तुशिल्पीय सौंदर्यशास्त्र की गहराई देखी जा सकती है।

47. (B): वैष्णव धर्म (वैष्णव सम्प्रदाय) में नहीं हैं (*c*) महादेव। वैष्णव धर्म विष्णु और उनके अवतारों की पूजा करता है, जिनमें (*a*) संकर्षण, (*b*) वासुदेव, (*d*) श्रीकृष्ण, और (*e*) वराह अवतार शामिल हैं। संकर्षण विष्णु के अवतारों में से एक हैं, वासुदेव और श्रीकृष्ण क्रमशः विष्णु के पुत्र और अवतार हैं, और वराह अवतार में विष्णु ने वराह (सूअर) का रूप लिया था। इसके विपरीत, महादेव या शिव एक अलग देवता हैं, जो हिन्दू धर्म में शैव सम्प्रदाय से संबंधित हैं। वैष्णव सम्प्रदाय और शैव सम्प्रदाय दोनों प्रमुख हिन्दू धाराओं में विशिष्ट हैं और उनकी पूजा और अनुष्ठानों में भिन्नता होती है।

48. (A): गोलकोंडा का किला (*b*) हैदराबाद में अवस्थित है, (*c*) काकातीय का पश्चिमी प्रभाव क्षेत्र था, (*d*) कुतुबशाही द्वारा निर्मित था, और (*e*) वह स्थान जहाँ भक्त रामदास को बंदी बनाया गया था। गोलकोंडा किला, जो कि अब हैदराबाद में स्थित है, मूल रूप से काकातीय राजवंश के प्रभाव क्षेत्र में था और बाद में कुतुबशाही राजवंश के द्वारा इसका विस्तार और सुदृढ़ीकरण किया गया था। इस किले की स्थापत्य शैली और रक्षात्मक विशेषताएँ इसे भारतीय किलों के इतिहास में एक अनूठी पहचान देती हैं। यहाँ भक्त रामदास को राजकोष में गबन के आरोप में बंदी बनाया गया था, जो बाद में उनके भक्ति संगीत के लिए प्रसिद्ध हुए।

49. (C): 'हीरा सौभाग्यम' पुस्तक, जिसमें जैन भिक्षुओं के अकबर के दरबार में आगमन की विवेचना की गई है, के लेखक देव विमल हैं। यह पुस्तक जैन धर्म के इतिहास और मुगल साम्राज्य के साथ उनके इंटरएक्शन का महत्वपूर्ण दस्तावेज है। देव विमल ने इस पुस्तक में उस घटना का वर्णन किया है जब जैन समुदाय के धार्मिक नेता अकबर के दरबार में उपस्थित हुए थे और उन्होंने मुगल सम्राट के सामने अपने धर्म के मूल्यों और शिक्षाओं का प्रतिपादन किया था। इस घटना को दर्ज करने का महत्व इसलिए भी है क्योंकि यह बताता है कि कैसे जैन समुदाय ने उस समय की बड़ी शक्तियों के साथ संवाद स्थापित किया और अपनी धार्मिक आजादी को बनाए रखने की कोशिश की थी।

50. (C): शेरशाह सूरी के बारे में निम्नलिखित कथन सही हैं : शेरशाह ने चौसा के युद्ध में हुमायूँ को पराजित किया था, उनका मूल नाम फरीद था, उन्होंने प्रांत को कई सरकारों में विभक्त किया और उनका मकबरा सासाराम में अवस्थित है। युद्ध के बारे में विस्तार से बताया जाए तो, 1539 में चौसा के युद्ध में उन्होंने हुमायूँ को हराया और सत्ता हथिया ली थी। उनके प्रशासनिक सुधारों में सरकारों का विभाजन और विभिन्न प्रशासनिक पदों की स्थापना शामिल है, जिससे शासन कुशलता में वृद्धि हुई। उन्होंने अपने शासन काल में सासाराम में अपना भव्य मकबरा बनवाया, जो उनकी वास्तुकला की समझ को दर्शाता है। ये सभी बिंदु उनके कुशल नेतृत्व और प्रशासनिक दक्षता के प्रमाण हैं।

51. (D): महाराणा प्रताप के बारे में सही कथन यह हैं कि वे गुरिल्ला युद्ध कर्म में उत्कृष्ट थे, हल्दीघाटी का युद्ध वीरतापूर्वक लड़ा था, और वे राणा संग्राम

सिंह के पौत्र थे। महाराणा प्रताप, जिन्होंने 1576 में हल्दीघाटी के युद्ध में मुगल सेना का सामना किया, उन्होंने गुरिल्ला तकनीकों का प्रयोग करके अपने छोटे दल के साथ बड़ी मुगल सेना को चुनौती दी। उनकी यह रणनीति भारतीय सैन्य इतिहास में काफी प्रसिद्ध है। उनका संबंध राणा संग्राम सिंह के परिवार से था, जो उनके सैन्य कौशल और नेतृत्व क्षमता को प्रभावित करने वाले कारकों में से एक था।

52. (A): हेमचन्द्र विक्रमादित्य के बारे में सही कथन यह हैं कि वे 22 युद्धों में विजयी हुए थे, उन्होंने अपने जीवनकाल में प्रभावी सिविल और सैन्य नीतियों को लागू किया था, उनका जन्म मछेरी में हुआ था, और उन्होंने सैन्य शक्तियों के लिए विभिन्न विपणन नीतियाँ शुरू की थीं। हेमचन्द्र जिन्होंने दिल्ली सल्तनत के विरुद्ध कई युद्धों में विजय प्राप्त की, उनकी सैन्य और प्रशासनिक नीतियाँ उनके विजयों का मुख्य कारण थीं। उनका जन्म मछेरी में होने के कारण वे स्थानीय संस्कृति और रणनीतियों से गहराई से परिचित थे, जिसने उन्हें अपने सैन्य अभियानों में मदद की।

53. (B): शिवाजी को जीवित या मृत बंदी बनाने के लिए अफजल खान को बीजापुर के सुल्तान ने भेजा था। इस घटना का सन्दर्भ 1659 में होता है, जब अफजल खान ने प्रसारित षड्यंत्र के तहत शिवाजी से मुलाकात की थी। बीजापुर सुल्तानत, जो उस समय महत्वपूर्ण शक्ति के रूप में थी, ने शिवाजी के बढ़ते प्रभाव और स्वतंत्रता की मांग को अपने लिए खतरा माना था। अफजल खान के शिवाजी से मिलने का स्थल प्रतापगढ़ के निकट था जहां दोनों के बीच की यह मुलाकात खतरनाक साबित हुई और अंततः शिवाजी ने अफजल खान की हत्या कर दी। इस घटना ने शिवाजी को मराठा साम्राज्य की स्थापना में महत्वपूर्ण बढ़त प्रदान की और उनके युद्ध कौशल और रणनीतिक चतुराई को सिद्ध किया।

54. (B): राजपूत चित्रकला के बारे में सही कथन हैं कि आनंद के. कुमारस्वामी ने इसकी खोज की और इसे एक विशिष्ट कलात्मक परंपरा के रूप में स्थापित किया, 'चावंड रागमाला' के चित्र निसारादी ने बनाए, महाराज सावंत सिंह ने किशनगढ़ चित्रकला शैली में योगदान दिया, और राजपूत चित्रकला में फारसी और मुगल शैलियों का प्रभाव मुख्य रूप से दिखाई देता है। यह चित्रकला भारतीय कलात्मक परंपरा का एक महत्वपूर्ण भाग है जिसमें लोक कथाओं, धार्मिक लीलाओं और राजसी जीवन के दृश्यों को चित्रित किया गया है। इस शैली में रंगों का प्रयोग, विस्तृत विवरण और सूक्ष्मता स्पष्ट रूप से देखी जा सकती है। इन चित्रों में राजपूत समाज और संस्कृति की झलक मिलती है जो कि उस समय के समाजिक और धार्मिक जीवन को प्रदर्शित करती है।

55. (A): वैष्णव धर्म, विठोबा वर्करी पंथ और गुरु रामदास द्वारा रचित 'दासबोध' के बारे में सही कथन हैं। वैष्णव धर्म को भागवत पुराण के माध्यम से महत्वपूर्ण प्रोत्साहन मिला, जिसमें कृष्ण लीला को व्यापक रूप से महिमामंडित किया गया है। विठोबा वर्करी पंथ महाराष्ट्र में एक प्रमुख भक्ति संप्रदाय है जिसमें विठोबा की पूजा की जाती है। 'दासबोध', जो कि गुरु रामदास ने लिखा, उनके उपदेशों और लेखन का संकलन है जो धार्मिक और नैतिक शिक्षाओं को प्रदान करता है। यह ग्रंथ मराठी साहित्य में एक महत्वपूर्ण कृति है जो आध्यात्मिक ज्ञान और व्यावहारिक जीवन निर्देशों का एक विस्तृत संग्रह प्रस्तुत करता है।

56. (B): अंग्रेजों द्वारा 1831 से 1881 तक मैसूर पर आधिपत्य विशेष रूप से कृष्णराज वोडियर III के समय में स्थापित हुआ था। कृष्णराज वोडियर III को अंग्रेजों द्वारा राजा के पद से हटाने के बाद उन्हें नाम मात्र का प्रधान बना दिया गया था, जिससे उनके पास कोई वास्तविक शक्ति नहीं बची थी। इस दौरान मैसूर प्रांत का शासन अंग्रेजों ने मद्रास प्रेसीडेंसी से किया था, जो ब्रिटिश राज के तहत एक प्रमुख प्रशासनिक केंद्र था। इस आधिपत्य का मुख्य कारण मैसूर की राजनीतिक स्थिति और अंग्रेजों की दक्षिण भारत में अपनी स्थिति को मजबूत करने की इच्छा थी। इस प्रकार, अंग्रेजों ने मैसूर प्रांत पर प्रभावी नियंत्रण स्थापित करने के लिए

न केवल राजनीतिक बल का उपयोग किया बल्कि वहां के स्थानीय शासन प्रणाली को भी अपने हिसाब से ढालने की कोशिश की।

57. (C): भारत में ब्रिटिश प्रशासन के उद्विकास के संबंध में रेग्यूलेटिंग एक्ट 1773, चार्टर एक्ट 1833 और 1781 के संशोधन अधिनियम से जुड़े महत्वपूर्ण तथ्य हैं। रेग्यूलेटिंग एक्ट के द्वारा भारत में पहला उच्चतम न्यायालय कोलकाता में स्थापित किया गया था, जिससे ब्रिटिश अदालती प्रणाली की नींव पड़ी। चार्टर एक्ट 1833 ने भारतीय कानूनों की समीक्षा और संहिताबद्ध करने के लिए विधि आयोग की स्थापना की, जिससे भारतीय कानूनी ढांचे में एकरूपता आई। 1781 के संशोधन अधिनियम ने उच्चतम न्यायालय की अधिकारिता की सटीक परिभाषा प्रदान की, जिससे अदालती प्रणाली की कार्यवाही में स्पष्टता आई। ये सभी कानूनी प्रावधान भारतीय न्यायिक और प्रशासनिक ढांचे को विकसित करने में महत्वपूर्ण सिद्ध हुए।

58. (B): यह वक्तव्य जॉन सुलीवन का है, जो कि राजस्व बोर्ड, मद्रास के अध्यक्ष थे। उनके इस कथन में भारत से धन के अपवाह और अंग्रेजों द्वारा भारतीय अर्थव्यवस्था को आत्मनिर्भरता से वंचित कर उस पर नियंत्रण स्थापित करने की प्रक्रिया का वर्णन है। यह वक्तव्य ब्रिटिश उपनिवेशवाद की आर्थिक नीतियों की आलोचना करता है, जिसमें भारत से संसाधनों का दोहन और उन्हें ब्रिटेन के हित में उपयोग किया गया। इससे भारतीय अर्थव्यवस्था की स्वाभाविक विकास प्रक्रिया बाधित हुई और अंग्रेजी राज के अंतर्गत भारत एक आर्थिक रूप से परावलंबी क्षेत्र बन गया, जिससे देश की आत्मनिर्भरता को गहरा आघात पहुंचा।

59. (D)

60. (D): असहयोग आंदोलन के बारे में सही कथन यह हैं कि यह आंदोलन औपचारिक रूप से 1 अगस्त, 1920 को शुरू किया गया था, ताड़ी दुकानों का धरना प्रचलित था, और मार्च 1921 में विजयवाड़ा में अखिल भारतीय कांग्रेस समिति के अधिवेशन में तिलक स्वराज का शुभारंभ हुआ। इस आंदोलन की शुरुआत महात्मा गांधी ने की थी और इसका मुख्य उद्देश्य भारतीय समाज को अंग्रेजी सरकार और उसकी नीतियों से असहयोग करने के लिए प्रेरित करना था। ताड़ी दुकानों के धरने और विदेशी वस्त्रों के बहिष्कार ने इस आंदोलन को गति प्रदान की। विजयवाड़ा में हुए अधिवेशन में तिलक स्वराज की घोषणा ने इस आंदोलन को एक नई दिशा दी और भारतीय स्वतंत्रता संग्राम को मजबूती प्रदान की।

61. (A)

62. (C): मौलाना अबुल कलाम आजाद के बारे में सही कथन हैं कि उन्होंने साप्ताहिक पत्रिका अल-हिलाल और अल-बलाग का प्रकाशन किया था, वे सबसे अधिक समय तक भारतीय राष्ट्रीय कांग्रेस के अध्यक्ष बने रहे, और उन्होंने सन् 1944 में गांधी-जिन्ना की वार्ता का विरोध किया था। आजाद भारतीय स्वतंत्रता संग्राम के प्रमुख नेता थे और उन्होंने भारतीय मुस्लिम समाज को ब्रिटिश शासन के विरुद्ध एकजुट करने में महत्वपूर्ण भूमिका निभाई थी।

अल-हिलाल और अल-बलाग के माध्यम से उन्होंने ब्रिटिश विरोधी विचारों का प्रसार किया और मुस्लिम समाज को भारतीय स्वतंत्रता संग्राम में सक्रिय भागीदारी के लिए प्रेरित किया। उनकी लंबी अवधि तक कांग्रेस के अध्यक्ष रहने की अवधि उनकी नेतृत्व क्षमता और संगठन में उनके योगदान को दर्शाती है। इसके अलावा, उन्होंने गांधी-जिन्ना वार्ता का विरोध किया, क्योंकि उन्होंने महसूस किया कि यह वार्ता मुस्लिम लीग की मांगों को अनुचित रूप से मान्यता देने का कारण बन सकती है।

63. (B): भारत छोड़ो आंदोलन के दौरान समानांतर सरकारों का गठन बलिया, मिदनापुर और सतारा में किया गया था। ये समानांतर सरकारें उन क्षेत्रों में स्थापित की गईं, जहां भारतीय जनता ने ब्रिटिश शासन के खिलाफ सशक्त विरोध प्रदर्शित किया और अस्थायी रूप से अपने क्षेत्रों में स्वशासन स्थापित किया। बलिया में, चित्तू पांडेय के नेतृत्व में लोगों ने ब्रिटिश प्रशासन को उखाड़ फेंका और एक स्वतंत्र सरकार की स्थापना की।

मिदनापुर और सतारा में भी इसी प्रकार के प्रयास किए गए, जहां स्थानीय नेताओं ने ब्रिटिश अधिकारियों के खिलाफ सक्रिय विरोध करते हुए अपने क्षेत्रों में स्वायत्त शासन कायम किया। यह घटनाक्रम भारतीय स्वतंत्रता संग्राम के दौरान एक महत्वपूर्ण क्षण था, जिसमें भारतीय जनता ने दिखाया कि वे स्वयं का शासन चला सकते हैं।

64. (C): यह वक्तव्य आधुनिकोत्तरवादी विमर्श का भाग है और यह मिशेल फूको की महत्वपूर्ण मान्यताओं में से एक है तथा इससे भाषा की सीमा के रूप में अभिव्यक्ति के माध्यम की सीमाओं का भी पता चलता है। फूको के अनुसार, भाषा हमेशा सत्य को प्रकट करने का साधन नहीं हो सकती क्योंकि यह सामाजिक और सांस्कृतिक संदर्भों से प्रभावित होती है और इसमें शक्ति संबंधों का प्रभाव भी मौजूद होता है। आधुनिकोत्तरवादी विमर्श में भाषा की संरचनात्मकता और उसके द्वारा ज्ञान की व्याख्या कैसे की जाती है, इस पर प्रश्न उठाया जाता है। इस वक्तव्य में भाषा के माध्यम से ज्ञान के संप्रेषण की सीमाएं और उसकी शक्ति के नियमन के विचार को समझा जा सकता है, जो फूको के विचारों के अनुरूप है।

65. (D)

66. (A): सूची-I से सूची-II का सही मिलान इस प्रकार है : रेडियोकार्बन का मिलान तिथि निर्धारण (II) से है, खाई का मिलान गहराई (IV) से है, स्तरविज्ञान का मिलान परतें (स्तर) (III) से है, और ठीकरा का मिलान टीला (I) से है। रेडियोकार्बन डेटिंग तकनीक का उपयोग करके पुरातत्वविद जीवाश्मों और अन्य ऑर्गेनिक मटेरियल्स की आयु का सटीक अनुमान लगाते हैं। खाई खोदकर उस क्षेत्र की गहराई और उसके भौगोलिक संरचना का पता लगाया जाता है। स्तरविज्ञान में विभिन्न परतों को पहचानने का काम होता है, जो कि खुदाई के दौरान मिलने वाली स्तरीय संरचनाओं को दर्शाता है। ठीकरा आमतौर पर टीलों या मिट्टी के ढेर में पाया जाता है, जिसे खोदकर पुरानी सभ्यताओं के अवशेषों को ढूँढा जाता है।

67. (B): सूची-I से सूची-II का सही मिलान इस प्रकार है : कालीबंगन का मिलान राजस्थान (II) से है, लोथल का मिलान गुजरात (IV) से है, राखीगढ़ी का मिलान हरियाणा (III) से है, और रोपड़ का मिलान पंजाब (I) से है। कालीबंगन, जो कि राजस्थान में स्थित है, हड़प्पा सभ्यता का एक प्रमुख पुरातात्विक स्थल है। लोथल, जो कि गुजरात में है, प्राचीन समय में एक महत्वपूर्ण व्यापारिक केंद्र था। राखीगढ़ी, जो हरियाणा में स्थित है, हड़प्पा सभ्यता के सबसे बड़े खुदाई स्थलों में से एक है। रोपड़, पंजाब में स्थित है, और यह भी हड़प्पा सभ्यता का एक महत्वपूर्ण स्थल है।

68. (B): सूची-I से सूची-II का सही मिलान इस प्रकार है : माधव-निदान रोगविज्ञान से संबंधित (IV) है, निघंटु प्राचीनतम चिकित्सीय वानस्पतिक शब्दकोश (II) है, गणित-स्कन्ध गणित (I) से संबंधित है, और रास रत्नाकर पारद एवं अन्य धातुओं को बनाने की तैयारी (III) से संबंधित है। माधव-निदान एक प्राचीन ग्रंथ है जो विभिन्न रोगों के निदान और उपचार पर केंद्रित है। निघंटु एक विशेष प्रकार का वानस्पतिक शब्दकोश है जिसमें विभिन्न औषधीय पौधों के नाम और उनके गुणों का वर्णन किया गया है। गणित-स्कन्ध गणितीय सिद्धांतों और गणना विधियों के विकास पर ध्यान केंद्रित करता है। रास रत्नाकर मुख्य रूप से धातु विज्ञान और अल्केमी पर आधारित है, जिसमें धातुओं को परिष्कृत करने की प्रक्रियाओं का वर्णन होता है।

69. (C)

70. (C): सूची-I से सूची-II का सही मिलान इस प्रकार है : वारेन हेस्टिंग्ज का संबंध बनारस संस्कृत कॉलेज (III) से है, कर्जन का संबंध पुरास्मारक संरक्षण अधिनियम (I) से है, डलहौजी का संबंध वुड्स डिस्पैच (IV) से है, और रिपन का संबंध हंटर आयोग (II) से है। वारेन हेस्टिंग्ज ने भारतीय शिक्षा प्रणाली को बढ़ावा देने के लिए बनारस में संस्कृत कॉलेज की स्थापना की थी। कर्जन ने भारतीय पुरातत्व संरक्षण कानून लागू किया, जो भारतीय पुरातात्विक स्थलों के संरक्षण के लिए महत्वपूर्ण था। डलहौजी ने शिक्षा सुधारों के लिए

वुड्स डिस्पैच को प्रोत्साहित किया, जिससे भारत में शिक्षा के विकास को बल मिला। रिपन के कार्यकाल में हंटर आयोग की स्थापना हुई, जिसने भारत में शिक्षा सुधारों की समीक्षा की।

71. **(D):** सूची-I से सूची-II का सही मिलान इस प्रकार है : गोलकोण्डा किला तेलंगाना (III) में स्थित है, मेहरानगढ़ किला राजस्थान (I) में स्थित है, रायगढ़ किला महाराष्ट्र (IV) में स्थित है, और बीदर किला कर्नाटक (II) में स्थित है। गोलकोण्डा किला, जो कि हैदराबाद के निकट स्थित है, अपनी वास्तुकला और इतिहास के लिए प्रसिद्ध है और यह तेलंगाना राज्य में एक प्रमुख पर्यटन स्थल है। मेहरानगढ़ किला जोधपुर में स्थित है और यह अपने भव्य निर्माण और ऐतिहासिक महत्व के लिए जाना जाता है। रायगढ़ किला, जो मराठा साम्राज्य का महत्वपूर्ण हिस्सा रहा है, महाराष्ट्र में स्थित है। बीदर किला कर्नाटक में स्थित है और यह अपनी खूबसूरत वास्तुकला और ऐतिहासिक पृष्ठभूमि के लिए प्रसिद्ध है।

72. **(C):** सूची-I से सूची-II का सही मिलान इस प्रकार है : बिरसा मुंडा का मिलान उल्गुलान (III) से है, हाजी शरीयत अल्लाह का मिलान फैराजी (IV) से है, सिद्दो कान्हू का मिलान हूल (I) से है, और वासुदेव बलवंत फड़के का मिलान रामोशी (II) से है। बिरसा मुंडा ने उल्गुलान नामक विद्रोह का नेतृत्व किया था, जो ब्रिटिश राज के खिलाफ एक महत्वपूर्ण जनजातीय विद्रोह था। हाजी शरीयत अल्लाह बंगाल में फैराजी आंदोलन के संस्थापक थे, जो धार्मिक और सामाजिक सुधारों पर आधारित था। सिद्दो कान्हू संथाल परगना में हूल विद्रोह के नेता थे, जो 1855 में अंग्रेजी शासन और जमींदारों के खिलाफ हुआ था। वासुदेव बलवंत फड़के ने रामोशी पीजेंट फोर्स का नेतृत्व किया, जो ब्रिटिश शासन के खिलाफ महाराष्ट्र में एक प्रारंभिक सशस्त्र विद्रोह था।

73. **(B):** सूची-I से सूची-II का सही मिलान इस प्रकार है : इंद्राणी देवी का मिलान मेमॉयर्स (II) से है, बी.आर. अम्बेडकर का मिलान एडमिनिस्ट्रेशन एंड फाइनेन्सेज ऑफ द ईस्ट इंडिया कंपनी (IV) से है, डॉ. राजेंद्र प्रसाद का मिलान द यूनिटी ऑफ इंडिया (I) से है, और लाला लाजपत राय का मिलान यंग इंडिया (III) से है। इंद्राणी देवी की आत्मकथा में उनके जीवन और संघर्षों का विस्तार से वर्णन है। बी.आर. अम्बेडकर ने अपने लेखन में भारतीय प्रशासनिक सिस्टम और ईस्ट इंडिया कंपनी के वित्तीय प्रबंधन पर गहराई से चर्चा की है। डॉ. राजेंद्र प्रसाद की पुस्तक भारतीय एकता के महत्व और इसके विभिन्न पहलुओं पर केंद्रित है। लाला लाजपत राय ने यंग इंडिया में भारतीय युवाओं के लिए राष्ट्रवाद की प्रेरणा और दिशा-निर्देश प्रदान किए हैं।

74. **(C):** मैडम भीकाजी कामा ने 'बन्दे मातरम्' पत्रिका का प्रकाशन किया, जो भारतीय स्वतंत्रता संग्राम से जुड़ी हुई थी। बीरेन्द्रनाथ चट्टोपाध्याय ने 'तलवार' नामक पत्रिका का संपादन किया, जो ब्रिटिश शासन के विरुद्ध थी। श्यामजी कृष्ण वर्मा 'द इंडियन सोशियोलॉजिस्ट' के माध्यम से भारतीय राष्ट्रीयता का प्रचार करते थे। तारकनाथ दास 'फ्री हिंदुस्तान' के प्रकाशक थे, जो अमेरिका में भारतीय स्वतंत्रता संग्राम के लिए समर्थन जुटाने का एक मंच था। ये सभी पत्रिकाएँ उस समय के समाज में राष्ट्रीयता की भावना को बढ़ावा देने के लिए महत्वपूर्ण थीं और इन्होंने विशेष रूप से भारतीय उपमहाद्वीप के बाहर रह रहे भारतीयों के बीच जागरूकता बढ़ाने में योगदान दिया।

75. **(D):** चक्रीय सिद्धान्त का संबंध ओसवाल्ड स्पेन्गलर से है, जिन्होंने सभ्यताओं के उदय और पतन के चक्रीय पैटर्न का प्रस्ताव रखा। हेगेल द्वंद्वात्मक विधि के प्रणेता माने जाते हैं, जिसमें विचारों का एक थीसिस, एंटीथीसिस और सिंथेसिस के रूप में विकास होता है। कार्ल मार्क्स वैज्ञानिक भौतिकवाद के प्रमुख समर्थक थे, जो मानते थे कि मानव इतिहास और सामाजिक संरचनाएं आर्थिक कारकों द्वारा निर्धारित होती हैं। अरनॉल्ड टॉयनबी ने चुनौती एवं अनुक्रिया सिद्धान्त को विकसित किया, जिसमें उन्होंने बताया कि सभ्यताएँ कैसे विभिन्न चुनौतियों का सामना करके विकसित होती हैं।

76. (C): 'आत्मावय सर्वभूतानि' का अर्थ है कि आत्मा सभी जीवों में निवास करती है। इससे शिक्षा मिलती है कि आत्मा सर्वव्यापी है, जिसे इस कथन के माध्यम से समझाया गया है। इसके अलावा, इस कथन से यह भी शिक्षा मिलती है कि हमें अपने जैसा ही दूसरों के बारे में सोचना चाहिए, क्योंकि सभी में वही आत्मा विद्यमान है। ईश्वर की सर्वव्यापकता का भी समर्थन इस कथन से होता है, जो दर्शाता है कि ईश्वर की उपस्थिति हर जीव में है। यह विचार आध्यात्मिकता और धर्मनिरपेक्षता के बीच सामंजस्य स्थापित करता है।

77. (D): श्रीमद् रामायण, जो एक धार्मिक और नैतिक शिक्षाओं से परिपूर्ण ग्रंथ है, हमें कई प्रकार की शिक्षाएँ देता है। प्रथमतः, यह माता-पिता का सम्मान करने की शिक्षा देता है, जैसे राम ने अपने पिता के वचनों का पालन करते हुए वनवास स्वीकार किया। दूसरे, भाईयों के मध्य प्रेम और समर्पण का आदर्श लक्ष्मण और भरत के चरित्र में देखने को मिलता है। तीसरे, यह ग्रंथ शत्रु के गुणों को पहचानने और स्वीकार करने की भी शिक्षा देता है, जैसे कि राम ने रावण के विद्वत्ता की प्रशंसा की। अंत में, जंनजातीय लोगों के साथ संबंध बनाए रखने की शिक्षा भी दी गई है, जैसे राम का सुग्रीव और हनुमान से मित्रता का संबंध। इन सभी उदाहरणों से यह स्पष्ट होता है कि रामायण की शिक्षाएँ न केवल व्यक्तिगत नैतिकता पर बल देती हैं बल्कि समाज में सामंजस्य और एकता को भी प्रोत्साहित करती हैं।

78. (B): बौद्ध कला के माध्यम से हमें मृत्यु पश्चात जीवन (पुनर्जन्म), भावनाओं पर नियंत्राण, सार्वभौमिकता और पशुओं में भी जीवन के बारे में शिक्षा मिलती है। बौद्ध धर्म की मूल शिक्षाएँ जैसे कि अनित्यता, दुख और निर्वाण की अवधारणा को विभिन्न कलात्मक रूपों के माध्यम से दर्शाया गया है। जीवन के पुनर्जन्म की अवधारणा को स्तूपों और मूर्तियों के शिल्प में दर्शाया गया है जो जीवन चक्र को दर्शाते हैं। भावनाओं पर नियंत्रण को मुख्यतः ध्यान और आत्म-संयम के प्रतीक के रूप में प्रस्तुत किया गया है। सार्वभौमिकता, जो बौद्ध धर्म की एक महत्वपूर्ण शिक्षा है, को सभी प्राणियों के प्रति करुणा और समानता के भाव के रूप में चित्रित किया जाता है। अंत में, पशुओं में भी जीवन के महत्व को जैविक एकता और संवेदना के संदर्भ में दर्शाया गया है। इस प्रकार बौद्ध कला ने इन सिद्धांतों को विविध और सूक्ष्म तरीकों से प्रस्तुत किया है।

79. (D): आरंभिक और मध्यकालीन भारतीय अर्थव्यवस्था मुख्य रूप से कृषि-उद्योग, धातु उद्योग, मृत्तिका (मृदा) उद्योग और प्रस्तर उद्योग पर आधारित थी। कृषि, जो अर्थव्यवस्था का मुख्य स्तम्भ था, इसने न केवल भोजन प्रदान किया बल्कि व्यापार के लिए उत्पादों का सृजन भी किया। धातु उद्योग, जिसमें लोहा, सोना, तांबा और अन्य महत्वपूर्ण धातुएं शामिल थीं, ने विभिन्न प्रकार के औजारों, हथियारों और गहनों का निर्माण किया। मृत्तिका उद्योग में मिट्टी से विभिन्न प्रकार की वस्तुएं जैसे कि मिट्टी के बर्तन, ईंटें, और अन्य निर्माण सामग्री का उत्पादन होता था। प्रस्तर उद्योग में पत्थरों का उपयोग निर्माण कार्यों, मूर्तिकला और अन्य कलात्मक कृतियों में होता था। ये सभी उद्योग मिलकर आर्थिक विकास और सामाजिक स्थिरता में योगदान करते थे।

80. (B): नायक प्रस्थर या वीर शिला उन व्यक्तियों की स्मृति में स्थापित किए जाते हैं जिन्होंने पशुओं के संरक्षण, धर्म-रक्षण, देश के लिए बलिदान, और परिवार के लिए सम्मान में अपने जीवन को समर्पित किया। ये शिला पत्थरों पर उकेरी गई छवियाँ और लेख होते हैं जो उनके साहसिक कार्यों और बलिदानों की गाथाओं को दर्शाते हैं।

धर्म-रक्षण में वे अपने विश्वासों की रक्षा के लिए लड़ते हैं, जबकि देश के लिए बलिदान में उनके द्वारा राष्ट्र की सेवा में किए गए उत्कृष्ट कार्य शामिल होते हैं। परिवार के लिए सम्मान में उनका योगदान उनके परिवार और समुदाय के लिए अभूतपूर्व सम्मान का प्रतीक होता है। ये शिलाएँ सामाजिक स्मृति के महत्वपूर्ण अंग हैं जो समाज को इन व्यक्तियों की वीरता और नैतिकता की याद दिलाते रहते हैं।

81. (C): इस प्रश्न में दी गई घटनाओं का क्रम है : रानी सुगंधा का पदच्युत होना, वेलूर के युद्ध में चोलों की विजय, राष्ट्रकूटों द्वारा कन्नौज का विध्वंस, अमोघवर्ष III द्वारा गोविन्द IV को पराजित करना, और कश्मीर के उत्पल राजवंश की समाप्ति। इस क्रम में, पहली घटना (रानी सुगंधा का पदच्युत होना) कश्मीर के राजनीतिक परिवर्तन को दर्शाती है, जब उन्हें सिंहासन से हटाया गया और पार्थ को राजा बनाया गया। दूसरी घटना (वेलूर का युद्ध) चोल साम्राज्य के सैन्य विस्तार को दर्शाती है। तीसरी घटना (कन्नौज का विध्वंस) उत्तर भारत में राष्ट्रकूटों की सैन्य गतिविधियों को दर्शाती है। चौथी घटना (अमोघवर्ष III की विजय) दक्षिण भारत में राष्ट्रकूट साम्राज्य के स्थायित्व को दर्शाती है। अंतिम घटना (उत्पल राजवंश की समाप्ति) कश्मीर में एक और महत्वपूर्ण राजनीतिक परिवर्तन को दर्शाती है। ये सभी घटनाएं भारतीय इतिहास में विभिन्न समयावधियों और क्षेत्रों में महत्वपूर्ण राजनीतिक और सैन्य परिवर्तनों का प्रतिनिधित्व करती हैं।

82. (B): घटनाओं का कालक्रमानुसार अवरोही क्रम इस प्रकार है : अकबर ने महाराणा उदयसिंह के पुत्र सागर को 'राणा' की उपाधि प्रदान की, चित्तौड़ किले की दुर्गसेना के सेनापति, जयमल की हत्या तोप के दागने से हुई, हल्दीघाटी का युद्ध लड़ा गया, उदयसिंह का विवाह हुआ, और विक्रमादित्य की हत्या के बाद पन्ना ने अपने पुत्र उदयसिंह को बचाने के लिए उपाय किया। इस क्रम में पहली घटना मेवाड़ के राजवंश में एक महत्वपूर्ण राजनीतिक घटना है, जहाँ अकबर ने सागर को चित्तौड़ का राजा बनाया। दूसरी और तीसरी घटनाएं मुगल-राजपूत संघर्ष के महत्वपूर्ण हिस्से हैं। चौथी घटना राजपूत सामाजिक रीति-रिवाजों को दर्शाती है, और पांचवी घटना मेवाड़ इतिहास में एक दर्दनाक और नाटकीय क्षण है जहाँ एक माँ ने अपने पुत्र की जान बचाई। ये सभी घटनाएं भारतीय इतिहास के महत्वपूर्ण युगों का निर्माण करती हैं।

83. (A): इस प्रश्न में दी गई घटनाओं का आरोही क्रम है : कश्मीर में शाहमीर राजवंश की समाप्ति, राक्षसी-तांगड़ी का युद्ध, बीर सिंह बुंदेला द्वारा अबुल फजल की हत्या, तिलपत के गोकुल जाट का विद्रोह, और गोलकोंडा के मीर-जुमला की मृत्यु। पहली घटना, शाहमीर राजवंश की समाप्ति, कश्मीर के इतिहास में एक राजनीतिक बदलाव को दर्शाती है। दूसरी घटना, राक्षसी-तांगड़ी का युद्ध, भारतीय इतिहास में एक महत्वपूर्ण सैन्य संघर्ष है। तीसरी घटना, बीर सिंह बुंदेला द्वारा अबुल फजल की हत्या, मुगल दरबार में राजनीतिक उथल-पुथल को दर्शाती है। चौथी घटना, गोकुल जाट का विद्रोह, किसान विद्रोहों की एक श्रृंखला में महत्वपूर्ण है। अंतिम घटना, मीर-जुमला की मृत्यु, दक्कन के इतिहास में एक युग का अंत दर्शाती है। ये सभी घटनाएं अपने-अपने समय के भारतीय इतिहास में विभिन्न बदलावों का प्रतीक हैं।

84. (D): संत ज्ञानेश्वर, चैतन्य महाप्रभु, एकनाथ, तुकाराम और रामदास के आरोही क्रम में व्यवस्थित करने पर, हम देखते हैं कि ज्ञानेश्वर सबसे पहले आते हैं, जिनका काल 1275-1296 ईस्वी है। इसके बाद चैतन्य महाप्रभु हैं जिनका काल लगभग 1486-1534 ईस्वी है। फिर एकनाथ हैं जिनका समय काल 1533-1599 ईस्वी माना जाता है। इसके बाद तुकाराम आते हैं, जिनका जीवन काल 1608-1649 ईस्वी है। अंत में रामदास हैं जिनका काल 1608-1681 ईस्वी है। यह क्रम इन महान संतों की जीवनी और उनके द्वारा की गई आध्यात्मिक योगदान को समझने में मदद करता है। प्रत्येक संत ने अपने समय में भक्ति आंदोलन और सामाजिक-धार्मिक सुधारों में महत्वपूर्ण भूमिका निभाई है, और इनके जीवन तथा उपदेशों को क्रमबद्ध तरीके से देखने पर इनके योगदान की गहराई को समझा जा सकता है।

85. (D): अहमदाबाद सत्याग्रह (1918), खेड़ा सत्याग्रह (1918), रोलैट एक्ट (1919), बारदोली सत्याग्रह (1928), और बिहपुर सत्याग्रह (1930) के आरोही क्रम में व्यवस्थित करने पर, हम देखते हैं कि यह क्रम भारतीय स्वतंत्रता आंदोलन के विकास को दर्शाता है। अहमदाबाद और खेड़ा सत्याग्रह दोनों 1918 में आयोजित किए गए थे, जहाँ मजदूरों और किसानों ने

क्रमशः बेहतर मजदूरी और टैक्स में राहत की मांग की थी। रोलैट एक्ट के विरोध में 1919 में व्यापक प्रदर्शन हुए, जिसे 'काला कानून' भी कहा जाता है। बारदोली सत्याग्रह 1928 में हुआ था, जहां किसानों ने उच्च करों के खिलाफ विरोध किया था। अंत में, बिहपुर सत्याग्रह 1930 में नमक सत्याग्रह के अंतर्गत हुआ था, जिसमें ब्रिटिश सरकार द्वारा नमक पर लगाए गए कर का विरोध किया गया था। ये सत्याग्रह भारतीय स्वतंत्रता संग्राम में बदलाव की दिशा में महत्वपूर्ण कदम थे।

86. (A): अभिकथन (A) सत्य है कि भरत शकुंतला और दुष्यन्त के पुत्र थे। यह महाकाव्य 'महाभारत' के अधिनिर्णय पर आधारित है, जिसमें भरत का जन्म और उनकी वीरता का वर्णन किया गया है। उनका पालन-पोषण वास्तव में शकुंतला द्वारा नहीं किया गया था, क्योंकि वह दुष्यन्त के दरबार में वापस जाने के बाद अपने पुत्र को वन में छोड़ आई थीं। भरत का लालन-पालन ऋषियों द्वारा किया गया था, जिन्होंने उन्हें वन में पाया और बड़ा किया। इसलिए, कारण (R) असत्य है क्योंकि यह अभिकथन की सही व्याख्या नहीं है।

87. (C): अभिकथन (A) सत्य है कि कल्हण की 'राजतरंगिणी' कश्मीर के शासकों का एक ऐतिहासिक अभिलेख है, जो कश्मीर के इतिहास को कविता के रूप में प्रस्तुत करती है और इसे संस्कृत में लिखा गया है। यह ग्रंथ कश्मीर के राजाओं के वंशावली और उनके शासन काल की घटनाओं का वर्णन करता है। दूसरी ओर, कारण (R) कि समुद्रगुप्त का उल्लेख नहीं किया गया है, यह असत्य है क्योंकि समुद्रगुप्त कश्मीर का शासक नहीं था और उनका कश्मीर के इतिहास से कोई सीधा संबंध नहीं है। 'राजतरंगिणी' में मुख्य रूप से कश्मीर के शासकों का इतिहास लिखा गया है, और यह विचार कि समुद्रगुप्त का उल्लेख न होने के कारण कृति अपूर्ण है, गलत है। 'राजतरंगिणी' अपने उद्देश्य में संपूर्ण है और कश्मीर के राजनीतिक इतिहास को सफलतापूर्वक दर्शाती है।

88. (B): अभिकथन (A) सत्य है कि ब्रिटिश भारत में मिशनरियों को बसने की अनुमति 1813 से लाइसेंस प्रणाली के अंतर्गत दी गई थी। यह नीति ब्रिटिश सरकार द्वारा लागू की गई थी ताकि धार्मिक प्रचार की गतिविधियों पर नियंत्रण रखा जा सके और सामाजिक स्थिरता बनाए रखी जा सके। हालांकि, कारण (R) यह कहता है कि यह नियंत्रित प्रवेश केवल 1833 तक ही बना रहा, यह सत्य है लेकिन यह अभिकथन की सही व्याख्या नहीं है। 1833 के बाद भी मिशनरियों की गतिविधियों पर विभिन्न प्रकार के नियंत्रण बने रहे, और इसलिए कारण अभिकथन का सही व्याख्या नहीं करता। यह केवल एक समय सीमा का उल्लेख करता है और इससे अभिकथन की पूर्णता स्पष्ट नहीं होती।

89. (A): अभिकथन (A) सत्य है कि सरदार वल्लभभाई पटेल ने एम.ए. जिन्ना से कहा था कि 'तलवार का जवाब तलवार से दिया जाएगा।' यह बयान उस समय के तनावपूर्ण राजनीतिक माहौल को दर्शाता है और भारत के विभाजन के संदर्भ में दिया गया था, जब पाकिस्तान की मांग चरम पर थी। कारण (R) भी सत्य है, क्योंकि सरदार पटेल ने यह बयान लॉर्ड वेवेल की योजना और जिन्ना के समर्थन की पृष्ठभूमि में दिया था, जो कि कांग्रेस के लिए एक चुनौतीपूर्ण स्थिति थी। इस प्रकार, दोनों कथन सत्य हैं और कारण, अभिकथन की सही व्याख्या है।

90. (C): अभिकथन (A) सत्य है कि 1916 का लखनऊ सम्मेलन कांग्रेस-लीग समझौता के कारण महत्वपूर्ण था और तिलक ने इसमें महत्वपूर्ण भूमिका निभाई थी। इस समझौते के माध्यम से कांग्रेस और मुस्लिम लीग ने एक साथ मिलकर ब्रिटिश राज के खिलाफ एकता दिखाने का निर्णय लिया था, जो भारतीय राष्ट्रीय आंदोलन के लिए एक महत्वपूर्ण कदम था। हालांकि, कारण (R) कि तिलक मुस्लिमों के लिए एक पृथक निर्वाचक मंडल के प्रबल समर्थक थे, असत्य है। तिलक ने वास्तव में इस समझौते का समर्थन किया था लेकिन वे पृथक निर्वाचक मंडल के प्रबल समर्थक नहीं थे; यह मुद्दा मुख्य रूप से मुस्लिम लीग द्वारा उठाया गया था।

91. (A): प्रागैतिहासिक काल के दौरान मानव आखेटक-संग्राहक हुआ करता था। इस युग में मानव समाज यायावर था, जो विभिन्न स्थानों पर भ्रमण करते हुए अपने भोजन की तलाश करता था। इस दौरान, मानव अपनी जीविका के लिए मुख्य रूप से शिकार और संग्रह पर निर्भर था, जिसमें वनस्पतियों और फलों का संग्रह तथा जानवरों का शिकार शामिल था। इस समयावधि को पुरापाषाण काल एवं मध्यपाषाण काल के नाम से भी जाना जाता है, जहां मानव ने बड़े पैमाने पर प्रकृति से प्राप्त संसाधनों का उपयोग किया था। इस युग की प्रमुख विशेषता यह थी कि मानव ने कृषि की खोज से पहले अपना जीवनयापन शिकार और संग्रह कर के किया था, जो उसे प्रकृति से सीधे तौर पर प्राप्त होते थे।

92. (D): खरगोश को शाकाहारी खाद्य-पदार्थों में शामिल नहीं किया जाता है। शाकाहारी खाद्य-पदार्थ का अर्थ है वे खाद्य सामग्री जो पौधों से प्राप्त होती हैं जैसे कि फल, पुष्प, और पत्तियाँ। इसके विपरीत, खरगोश जैसे जानवर मांसाहारी खाद्य-पदार्थों में आते हैं क्योंकि ये जीवित प्राणी हैं जिनका मांस मानव द्वारा खाया जाता है। प्राचीन समय में मानव ने इन जानवरों का शिकार किया था ताकि वे अपनी प्रोटीन की आवश्यकताओं को पूरा कर सकें। ये शिकारी गतिविधियाँ उनके खाद्य संसाधनों का एक महत्वपूर्ण हिस्सा बन गई थीं, जो कि उनके जीवन यापन का एक आवश्यक अंग था।

93. (C): पशुओं की हत्या के दौरान अक्सर घटित होने वाली घटनाएँ यह थीं कि वे अति क्रुद्ध एवं हमलावर हो जाते थे और मनुष्य घायल हो जाते थे। प्राचीन मानव, जिसके पास आधुनिक हथियार नहीं थे, अक्सर शारीरिक रूप से पशुओं के साथ संघर्ष करते थे। इस संघर्ष में मानव को अनेक बार गंभीर चोटें आती थीं और कई बार तो उनकी मृत्यु तक हो जाती थी। यह स्थिति इसलिए बनती थी क्योंकि पशुओं की शारीरिक ताकत मानव से अधिक होती है, और बिना किसी उचित हथियार के, मानव अक्सर इन संघर्षों में हार जाते थे। यह घटना उस समय के जीवन की दुष्करता और खतरे को दर्शाती है, जिसमें मानव ने अपने जीवन के लिए संघर्ष किया था।

94. (C): औजार निर्माण समयकाल को प्रथम औद्योगिक क्रांति के रूप में माना जाता है क्योंकि यह मानव के विकास में एक महत्वपूर्ण तकनीकी प्रगति का प्रतीक है। इस काल में, मानव ने पहली बार पत्थरों और अन्य सामग्रियों से उपकरण बनाना शुरू किया, जिसने उनके जीवन के तरीके में क्रांतिकारी परिवर्तन किया। ये उपकरण उन्हें बेहतर और अधिक कुशलतापूर्वक शिकार करने, खुदाई करने, काटने और अन्य कार्यों में सहायता करते थे, जिससे उनकी जीवन शैली और बचे रहने की क्षमता में सुधार हुआ। इसलिए, औजारों का आविष्कार और विकास ने मानव समाज के विकास में एक नया युग शुरू किया, जिसे प्रथम औद्योगिक क्रांति कहा जा सकता है, क्योंकि यह तकनीकी नवाचारों की शुरुआत थी जिसने मानव इतिहास में महत्वपूर्ण परिवर्तन किया।

95. (A): प्रागैतिहासिक युग में पुरापाषाण युग शामिल है। यह युग मानव इतिहास के सबसे प्रारंभिक कालों में से एक है, जब मानव ने पहली बार पत्थर के उपकरणों का उपयोग करना शुरू किया था। पुरापाषाण काल को लोअर पैलियोलिथिक पीरियड के नाम से भी जाना जाता है, और यह काल सामान्यतः लाखों वर्ष पहले का माना जाता है।

इस दौरान, मानव समूह यायावर थे और वे अपने भोजन और आश्रय के लिए प्राकृतिक संसाधनों पर निर्भर थे। पुरापाषाण युग की विशेषता यह थी कि इसमें मानव ने पहली बार सजीव और निर्जीव प्राकृतिक संसाधनों का उपयोग किया था, जिसने उनके जीवन और उत्तरजीविता की रणनीतियों में महत्वपूर्ण बदलाव लाया था।

96. (C): चार्टर एक्ट 1833 वह अधिकार पत्र (चार्टर एक्ट) है जिसमें परिषद में गवर्नर जनरल को सभी कानून बनाने की शक्ति दी गई थी। इस एक्ट के माध्यम से भारत में ब्रिटिश शासन के कानूनी ढांचे में महत्वपूर्ण परिवर्तन किया गया था। इस एक्ट ने

गवर्नर जनरल को परिषद के सदस्यों के साथ मिलकर कानून बनाने की व्यापक शक्तियां प्रदान कीं, जिससे वह भारतीय संदर्भ में विधायिका की भूमिका अधिक प्रभावी ढंग से निभा सके। इस अधिनियम के जरिए ब्रिटिश सरकार का उद्देश्य भारतीय प्रशासनिक सिस्टम को और अधिक केंद्रीकृत और नियंत्रित बनाना था, जिससे भारत में उनकी शासन व्यवस्था और भी सशक्त हो। इस अधिनियम को लागू करने के पीछे मुख्य कारण ब्रिटिश राज के अधीन भारत में एक समान और स्थिर कानूनी व्यवस्था स्थापित करना था, जिससे शासन तंत्र में विधायिका, न्यायिक और कार्यकारी शाखाओं के बीच समन्वय सुनिश्चित किया जा सके।

97. (D): ब्रिटिश द्वारा लागू की गई वैध प्रणाली पश्चिमी प्रेरित संहिता के साथ देशज कानून की व्याख्या पर विकसित और आधारित है। इसका मुख्य उद्देश्य ब्रिटिश शासन के तहत एक ऐसी कानूनी व्यवस्था स्थापित करना था जो ब्रिटिश कानूनों को प्रमुखता देते हुए भारतीय सामाजिक-सांस्कृतिक परिस्थितियों के अनुकूल हो। इस प्रणाली में ब्रिटिश कानूनी ढांचे को भारतीय परिस्थितियों में मिलाने का प्रयास किया गया था, जिसमें स्थानीय रीति-रिवाजों और कानूनों को भी समझा गया था। इससे ब्रिटिश अधिकारियों को भारतीय समाज को अधिक कुशलतापूर्वक नियंत्रित करने में मदद मिली और साथ ही साथ भारतीय जनता के बीच कानून की प्रामाणिकता और मान्यता को बनाए रखने की कोशिश की गई।

98. (C): ब्रिटिशों द्वारा भारत में वैध प्रणाली की संहिताकरण का उद्देश्य देशज जमींदारों, व्यावसायिक और शोषक के हितों की सुरक्षा था। इस प्रणाली के तहत ब्रिटिश अधिकारियों ने ऐसे कानून बनाए जो भारतीय जमींदारों और वर्ग विशेष के लोगों के हितों को संरक्षित करते थे। इसका मुख्य कारण यह था कि इन वर्गों का समर्थन प्राप्त करके ब्रिटिश शासन अपनी शक्ति और प्रभाव को भारत में मजबूती से स्थापित कर सके। इस प्रक्रिया में, कानूनों का संहिताकरण ब्रिटिश हितों की रक्षा करने के लिए और शोषणकारी तंत्र को वैधता प्रदान करने के लिए किया गया था, जिससे भारतीय समाज में उनका दबदबा बना रहे।

99. (C): भारत में संहिताकरण की प्रक्रिया शुरू करने वाले गवर्नर जनरल लॉर्ड बेन्टिक थे। लॉर्ड बेन्टिक के कार्यकाल में कानूनी प्रणाली में कई महत्वपूर्ण सुधार किए गए थे, जिसमें भारतीय समाज में व्याप्त विभिन्न प्रकार के अपराधों और सामाजिक कुरीतियों के खिलाफ कठोर कानूनों का सृजन शामिल था। उनके द्वारा लागू की गई नीतियों ने भारतीय समाज में कानूनी और सामाजिक ढांचे में व्यापक परिवर्तन किया और इस प्रकार उन्हें संहिताकरण की प्रक्रिया का आरंभक माना जाता है। लॉर्ड बेन्टिक के प्रयासों से भारतीय कानूनी प्रणाली में स्पष्टता और व्यवस्था स्थापित हुई, जिससे न्याय की प्रक्रिया में सुधार हुआ और समाज में न्याय के प्रति विश्वास बढ़ा।

100. (D): उपर्युक्त लेखांश का तात्पर्य भारत में कानून के विनियोग में असमानता है। इस लेख में ब्रिटिश कालीन भारत में लागू की गई न्यायिक प्रणाली के अंतर्गत विभिन्न सामाजिक और आर्थिक वर्गों के बीच मौजूद असमानताओं का वर्णन किया गया है। इसमें यह बताया गया है कि किस प्रकार उच्च जाति और विशेष वर्ग के लोगों को अधिक लाभ और छूट प्राप्त थी, जबकि निम्न वर्ग और सामान्य लोगों के साथ भेदभावपूर्ण व्यवहार किया जाता था। यूरोपियन वंशजों के लिए अलग से न्यायालय और कानून होना इस असमानता का एक प्रमुख उदाहरण है। इस प्रकार, यह लेख ब्रिटिश शासन के दौरान भारतीय विधि प्रणाली में व्याप्त असमानताओं और भेदभाव की समीक्षा करता है।

पिछले प्रश्न-पत्र

National Testing Agency (NTA)

UGC-NET जूनियर रिसर्च फैलोशिप तथा सहायक प्राध्यापक पात्रता परीक्षा

इतिहास, जून-2023

(Exam held on 16-06-2023)

प्रश्न-पत्र-II

1. 'उकट्ठा' एवं 'कीतागिरी' निम्नलिखित में से किस महाजनपद के महत्वपूर्ण शहर हैं?

A. कोसल B. काशी
C. मत्स्य D. अवंती

2. निम्नलिखित में किस राजवंश द्वारा मंडासा एवं सान्ता-बोमाली अनुदान जारी किए गए?

A. गंग B. कदम्ब
C. चालुक्य D. राष्ट्रकूट

3. निम्नलिखित में से किसके द्वारा भारत में शैल चित्रकला को प्रथमतया खोजा गया था?

A. ए.सी.एल. कार्लाइल B. एफ.आर. ऑल्विन
C. एम.सी. बर्किट D. एल.ए. कैम्मिएड

4. निम्नलिखित में से किस शासक के द्वारा महाशिलाकंटक एवं रथमूसल नामक दो गुप्त 'युद्ध-शस्त्र' का प्रयोग किया गया?

A. बिम्बिसार B. अजातशत्रु
C. नागदशक D. समुद्रगुप्त

5. निम्नलिखित में से किसने हर्षवर्धन को उनके भाई की मृत्यु के पश्चात राजगद्दी संभालने के लिए आमंत्रित किया था?

A. बाणभट्ट B. पोनी
C. ध्रुववर्धन D. देवगुप्त

6. निम्नलिखित किस विचारक ने 'द न्यू इंस्ट्रूमेंट' की रचना की एवं कहा कि "ज्ञान ही शक्ति है"।

A. रेने देकार्त B. ब्लाइस पास्कल
C. फ्रांसिस बेकन D. बी. स्पिनोजा

7. प्राकृत भाषा में लिखी गई एक काव्य कृति 'गौड़-वहो' की रचना किसने की है?

A. वाक्पति B. हेमचन्द्र
C. पम्पा D. वाग्भट्ट

8. प्राचीन भारत में निम्नलिखित कौन-सा तटीय बन्दरगाह, मोतियों और मछलियों के लिए प्रसिद्ध था?

A. अरिकामेडु B. कावेरीपट्टनम
C. कीलादि D. कोरकई

9. उस अभिलेख का नाम बताएँ जो कृष्ण के द्वारा अपने शत्रुओं का विनाश करने के बाद अपनी माता देवकी के पास जाने का उल्लेख करता है।

A. जूनागढ़ अभिलेख B. भीतरी अभिलेख
C. नानाघाट अभिलेख D. नासिक अभिलेख

10. एक अज्ञात लेखक द्वारा रचित 'स्मृति संग्रह' निम्नलिखित किस विषय पर लिखी गई एक कृति है?

A. धर्म एवं दर्शन
B. गुप्तचर व्यवस्था
C. विधि एवं विधिक संस्थाएँ
D. सैन्य एवं युद्ध

11. निम्नलिखित में से कौन एक पुरातात्विक अवशेषों के तिथि-निर्धारण की प्रविधि नहीं है?

A. सोनार संवेदन प्रविधि

B. थर्मोल्युमिनेसेन्स (ताप-संदीप्ति) विधि

C. त्वरित संहति स्पेक्ट्रोमिति

D. इलेक्ट्रॉन स्पिन अनुवाद (रेजोनेंस) विधि

12. ''इस मन्दिर की आयोजना कुछ असाधारण-सी है। इसका तल-घर समुद्र के किनारे अवस्थित है। इसलिए स्वभावतः मन्दिर के अन्य भागों को इसके पीछे वाले हिस्से में रखा है। मध्य के भवन को एक बड़ी-सी दीवार घेरे हुए हैं और खुले दलान में पश्चिम से प्रवेश करना पड़ता है। लगता है कि पश्चिमी छोर पर बाद में दो और देवस्थानों को जोड़ दिया गया जिसमें से एक छोटा 'विमान' है जिसके सर्वप्रथम दर्शन पर वह हमें मन्दिर का मुख्य प्रवेश-द्वार मालूम पड़ता है। इस प्रकार मन्दिर के जो भाग बढ़ाए गए हैं उनके कारण तटवर्ती मन्दिर और उसके दो विमानों का रूप असामान्य-सा है पर किसी भी कदर कम मनोहर नहीं।''

उपर्युक्त गद्यांश किस मन्दिर की वास्तुकला का वर्णन करता है?

A. कोणार्क मन्दिर B. मामल्लपुरम

C. कुमारी मन्दिर D. द्वारका

13. ''किसी नयी संस्कृति को समझने एवं उसे अपनाने हेतु....साम्राज्यिक सभ्यता में विविध प्रकार के विजित लोगों से प्राप्त हुए बहुत से योगदानों को समाविष्ट किया जा सकता है।''

उपर्युक्त गद्यांश को किसने लिखा?

A. फ्रांसिस फुकुयामा B. ए.के. कुमारस्वामी

C. जोसेफ एस. न्ये D. युआल नोह हरारी

14. निम्नलिखित अधिकारियों में से कौन मुगलकालीन भारत में शहरों के प्रशासन से संबद्ध नहीं था?

A. नाजिम B. काजी

C. मीर-ए-अदल D. कोतवाल

15. इब्न-बतूता के अनुसार भारत में दिल्ली की तरह समान वर्ग में रखा जा सकने वाला एकमात्र शहर था :

A. लखनौती B. सतगाँव

C. मदुरई D. दौलताबाद

16. सोलहवीं शताब्दी के विजयनगर शासन की राजनैतिक अर्थव्यवस्था को सामंती किसने कहा है?

A. एन. काराशिमा B. बर्टन स्टीन

C. के.वी. रमेश D. एन. वेंकटरमणय्या

17. यह किसका अभिकथन है कि शिवाजी का स्वराज कुछ भी नहीं था, केवल वतन की प्रतिकृति था?

A. वी.ए. स्मिथ B. जदुनाथ सरकार

C. ए.आर. कुलकर्णी D. आंद्रे विंक

18. ''देश का अधिकांश भाग अच्छी तरह से वृष्ट एवं बहुत उपजाऊ है। वहाँ सैनिकों की संख्या ग्यारह लाख के आस-पास है।''

विजयनगर राज्य के संदर्भ में उपरोक्त टिप्पणी किसने की है?

A. नूनिज B. अब्दुर रज्जाक

C. निकोलो कोन्टी D. डी. बारबोसा

19. ''दूर से देखने पर शहर अत्यंत आकर्षक दिखाई पड़ते हैं किन्तु अन्दर से उन सबकी भव्यता गलियों के संकरेपन एवं भीड़ की आपा-धापी में खो जाती है।''

मुगलकालीन भारत के शहरों के संदर्भ में उपरोक्त कथन किसने दिया था?

A. फादर मोन्सरेट B. सर थॉमस रो

C. पीटर मुंडी D. टैवर्नियर

20. ''कोई महिला एक शासिका के रूप में अपने कर्तव्य का निर्वहन नहीं कर सकती है, क्योंकि उसमें बौद्धिक रूप से पर्याप्त रूप में न्यूनता (कमी) पायी जाती है।''

उपरोक्त टिप्पणी किसके द्वारा की गई है?

A. जियाउद्दीन बरनी B. इब्न बतूता

C. इसामी D. मिन्हाज-उस-सिराज

21. विजयनगर राज्य से संबंधित निम्नलिखित कौन-सा कथन सही है?

A. राज्य नामक प्रशासनिक इकाई प्रधानी कहे जाने वाले एक वरिष्ठ सरकारी अधिकारी के अधीन होता था।

B. प्रत्येक राज्य का मुख्यालय सीमा कहलाता था।
C. राज्य सम्पूर्ण 16वीं शताब्दी के दौरान एक महत्वपूर्ण प्रशासनिक राजस्व इकाई थे।
D. राज्यों का सृजन (स्थापना) तुलुव वंश के शासकों द्वारा किया गया था।

22. निम्नलिखित में से किसने बहमनी वंश की राजधानी को दौलताबाद से गुलबर्गा स्थानान्तरित किया?
A. अलाउद्दीन हसन बहमन शाह
B. मुहम्मद I
C. दाउद II
D. फिरोज

23. मिन्हाज सिराज के संदर्भ में निम्नलिखित में से किस स्थान का उल्लेख शहर-ए-नाऊ के रूप में किया जाता है?
A. लश्करगाह B. किलोखरी
C. मेहरौली D. तुगलकाबाद

24. निम्नलिखित में से कौन-सा कथन सही नहीं है?
A. बुनाई के क्षेत्र में महत्वपूर्ण आविष्कार अर्थात सपाट (समतल) रूप वाली हाथ से चलाई जाने वाली सिलाई मशीन का पहली बार उल्लेख वर्ष 1469 ई. में संकलित की गई पुस्तक मिफताहउल-फुजाला में हुआ है।
B. बाबर ने भारत में दासों का उल्लेख नहीं किया है।
C. महमूदी एवं मुजफ्फरी गुजरात एवं मालवा की टकसाल में टंकित हल्के प्रकार के रजत सिक्के थे।
D. लोदियों के द्वारा जारी किया गया बहलोली टंका कांस्य निर्मित था।

25. निम्नलिखित में से किसने सम्राट मुहम्मदशाह से खालसा भूमि से हजारा-प्रथा के उन्मूलन के लिए वकालत (निवेदन) किया?
A. शाह वली-उल्लाह
B. रतन चन्द
C. ख्वाजा मीरदर्द
D. सवाई जयसिंह

26. निम्नलिखित में से किस फिल्म में सुभाष चन्द्र बोस के जीवन की अवस्था और सिंगापुर में आई.एन.ए. के कार्यों को चित्रित किया गया है?
A. आदमी B. पहला आदमी
C. उदयकाल D. हावड़ा ब्रिज

27. सुभाष चन्द्र बोस ने भारतीय राष्ट्रीय सेना (आई.एन.ए.) के दो मुख्यालयों की स्थापना ______ में की?
A. रंगून और सिंगापुर
B. रंगून और टोक्यो
C. सिंगापुर और टोक्यो
D. सिंगापुर और क्योटो

28. भारतीय चलचित्र समिति, 1927-28 का सदस्य निम्नलिखित में से कौन नहीं था?
A. दीवान बहादुर टी. रंगचरियार
B. के.सी. नियोगी
C. कर्नल जे.डी. क्राफोर्ड
D. कर्नल एम.एम. स्मिथ

29. किसने कहा कि, "यदि इतिहास हमें कोई सबक सिखाता है तो वह है कि कोई ऐतिहासिक सबक नहीं है"?
A. लुसियन फेबव्रे B. थॉमस फुलर
C. आर.जी. कॉलिंगवुड D. ई.एच. कार

30. एक क्रेता बाजार (मोनोपसोनी) शब्द का आशय क्या है?
A. यह अनेक विक्रेताओं किंतु केवल एक क्रेता वाले बाजार का एक प्रकार है, जो कि विक्रेताओं को शर्तों के बारे में आदेश देने की स्थिति में होता है।
B. यह एक विक्रेता किंतु अनेकों क्रेताओं वाली बाजार का एक प्रकार है और इसमें क्रेताओं के पास कोई विकल्प नहीं होता है।
C. यह बाजार का वह प्रकार है जिसमें अनेक विक्रेता एवं अनेक क्रेता होते हैं एवं दोनों के पास बहुत सारे विकल्प होते हैं।
D. यह वह बाजार है जिसमें सीमित विकल्पों वाले दो विक्रेता एवं अनेकों क्रेता होते हैं।

31. भारतीय सेना में अधिकारियों के पूर्ण भारतीयकरण हेतु योजना तैयार करने के लिए कौन-सी कमेटी (समिति) गठित की गई थी?

A. किचनर समिति
B. शिया समिति
C. कर्जन समिति
D. डफ समिति

32. वर्ष 1923 में हिन्दू महासभा के विशेष सत्र की अध्यक्षता किसने की थी?

A. राजेन्द्र प्रसाद B. लाजपत राय
C. वीर सावरकर D. सरदार पटेल

33. मुस्लिम लीग के संदर्भ में निम्नलिखित में से कौन-सा कथन सही **नहीं** है?

A. मुस्लिम लीग का गठन 30 दिसंबर, 1906 को हुआ था।
B. मुस्लिम लीग का उद्देश्य ब्रिटिश सरकार के प्रति भारतीय मुसलमानों में स्वामिभक्ति की भावना को बढ़ावा देना था।
C. मुस्लिम लीग का उद्देश्य भारतीय मुसलमानों के राजनैतिक एवं अन्य अधिकारों का संरक्षण था।
D. मुस्लिम लीग का उद्देश्य मुसलमानों की आवश्यकताओं एवं अपेक्षाओं को उग्र एवं प्रतिशोध की भाषा में सरकार के समक्ष रखना था।

34. राष्ट्रीय उन्नति की कुंजी के रूप में वैज्ञानिक शिक्षा के संवर्धन हेतु वर्ष 1876 में 'इंडियन एसोसिएशन फॉर द कल्टीवेशन ऑफ साइंस' की स्थापना किसने की थी?

A. महेन्द्र लाल सरकार
B. हेनरी विवियन डेरोजियो
C. राधाकान्त देव
D. ईश्वर चन्द्र विद्यासागर

35. निम्नलिखित में से कौन-सा सही **नहीं** है?

A. उच्चतम न्यायालय में एक मुख्य न्यायाधीश एवं 28 से अधिक न्यायधीश नहीं होते हैं।
B. उच्चतम न्यायालय के पास मौलिक एवं अपीलीय अधिकार क्षेत्र होता है।
C. भारत के उपराष्ट्रपति का चुनाव संसद के दोनों सदनों के सदस्यों द्वारा एकल हस्तांतरणीय विधि समानुपातिक प्रतिनिधित्व पद्धति के अनुसार होता है।
D. 42वें संशोधन अधिनियम (1976) में इसके नागरिकों को दस मौलिक कर्तव्य दिए गए हैं।

36. वर्ष 1819 में अफगानों से कश्मीर को किसने जीता था?

A. हरि सिंह B. रंजीत सिंह
C. गुलाब सिंह D. शमशेर सिंह

37. निम्नलिखित में से कौन-सा सही **नहीं** है?

A. सीताबाल्डी का युद्ध अंग्रेजों एवं अप्पा साहब भोंसले की सेनाओं के बीच लड़ा गया था।
B. पेशवा बाजीराव II ने पूना की संधि पर हस्ताक्षर किया था।
C. दौलत राव सिंधिया ने अंग्रेजों के साथ ग्वालियर की संधि की थी।
D. जनरल स्मिथ के नेतृत्ववाली अंग्रेजी सेना ने लस्वारी के युद्ध में बापू गोखले को पराजित किया था।

38. किसके भाषण के साथ फिल्म 'ब्रांडीची ब्रांडी की बोतल' (1939) का आरंभ होता है?

A. डॉ. बी.आर. अंबेडकर B. महात्मा गांधी
C. लाला लाजपत राय D. सरदार पटेल

39. भारत में ईस्ट इंडिया कंपनी के प्रशासन एवं कार्यकलाप संबंधी पंचम प्रतिवेदन (फिफ्थ रिपोर्ट) के बारे में निम्नलिखित में से कौन-सा कथन सही **नहीं** है?

A. इसे ब्रिटिश संसद में वर्ष 1815 में प्रस्तुत किया गया था।
B. यह 1002 पृष्ठों की थी।
C. इसकी लगभग 800 पृष्ठ की परिशिष्ट थी जिसमें जमींदारों और रैय्यतों की याचिकाएँ, विभिन्न जिलों के कलेक्टरों की रिपोर्ट, राजस्व प्राप्तियों संबंधी सांख्यिकीय सारणियाँ और राजस्व तथा बंगाल और मद्रास के न्यायिक प्रशासन संबंधी अधिकारियों के लिखे गए नोट्स शामिल थे।
D. पंचम रिपोर्ट सेलेक्ट कमेटी द्वारा प्रस्तुत की गई थी।

40. निम्नलिखित में से कौन-सा कथन सही **नहीं** है?

A. गणेश शंकर विद्यार्थी द्वारा संपादित समाचार पत्र 'नायक' बंगाली भाषा में था।

B. 'हिन्दी केसरी' समाचार पत्र तिलक द्वारा इसी नाम से संपादित समाचार पत्र का हिन्दी संस्करण था।

C. 'अभ्युदय' समाचार पत्र मदन मोहन मालवीय द्वारा प्रवर्तित था।

D. मराठी सैनिक 'राष्ट्रमत' को तिलक के नेतृत्व वाले गरम दल का अंग होने के कारण अत्यधिक लोकप्रियता प्राप्त हुई।

41. चित्रित धूसर मृदभाण्ड (पी.जी.डब्ल्यू.) के बारे में निम्नलिखित कौन-से कथन सही हैं?

(*a*) पी.जी.डब्ल्यू. की पहचान का (तादात्म्य) सर्वप्रथम 1940 के दशक में अहिच्छत्र (बरेली जिले में स्थित) से हुई।

(*b*) इसे उड़ीसा के तटीय क्षेत्र में स्थित स्थल थापली एवं पुरोला के स्थलों से भी पाया गया है।

(*c*) 1980 के दशक में माखनलाल द्वारा कानपुर जिले (उत्तर प्रदेश) में किए गए अध्ययन ने पी.जी.डब्ल्यू. स्थली एवं उनके अधिवास प्रतिरूपों को प्रकाश में लाया।

(*d*) नागदा, पी.जी.डब्ल्यू. के पर्याप्त तरीके से विकसित आद्य-नगरीय एवं अर्ध-नगरीय अवस्था का प्रतिनिधित्व करता है।

(*e*) आलमगीरपुर, काम्पिल, नोह, भगवानपुर एवं हस्तिनापुर से पी.जी.डब्ल्यू. भौतिक संस्कृति के साक्ष्य पाए जाते हैं।

नीचे दिए गए विकल्पों में से **सही उत्तर** का चयन कीजिए :

A. केवल (*a*), (*c*) और (*e*)

B. केवल (*a*), (*b*), (*c*) और (*d*)

C. केवल (*a*), (*c*) और (*d*)

D. केवल (*b*), (*c*), (*d*) और (*e*)

42. निम्नलिखित में से कौन-से कथन सही हैं?

(*a*) मास्की एवं गुर्जरा लघु शिला लेख के अतिरिक्त अशोक का उल्लेख अन्य सभी अभिलेखों में देवनामपिय एवं पियदस्सी के रूप में किया गया है।

(*b*) तेरहवें शिलालेख में, अशोक ने कलिंग युद्ध के कारण उत्पन्न कष्टों के प्रति वास्तविक पश्चाताप को व्यक्त किया है।

(*c*) आरमेइक लिपि वाले अशोक के अभिलेख तक्षशिला एवं जलालाबाद में पाए गए हैं।

(*d*) अशोक को पुरुगुप्त नामक बौद्ध भिक्षु द्वारा बौद्ध धर्म में दीक्षित किया गया।

(*e*) यूनानी (ग्रीक) एवं आरमेइक में लिखित अशोक का एक द्विभाषिक अभिलेख मैसूर स्थित कोपबल तालुक के गावीमठ एवं पलकीगुंडू से पाए गए।

नीचे दिए गए विकल्पों में से **सही उत्तर** का चयन कीजिए :

A. (*a*), (*b*), (*c*), (*d*) और (*e*)

B. (*b*), (*c*), (*d*) और (*e*)

C. (*a*), (*b*) और (*c*)

D. (*a*), (*b*), (*c*) और (*d*)

43. निम्नलिखित में से कौन-से कथन सही हैं?

(*a*) ह्वेनसांग एवं अलबरूनी ने कनिष्क द्वारा पेशावर में बौद्ध विहार निर्मित करवाए जाने संबंधी उल्लेख अपने विवरणों में अभिलिखित किया है।

(*b*) बौद्ध दार्शनिक अश्वघोष, पार्श्व एवं वसुमित्र ने कनिष्क का आश्रय प्राप्त किया।

(*c*) कनिष्क कालीन सिक्के के पृष्ठभाग पर ओएशो (शिव), साक्यमो बोड्डो, ओएडो, एत्शो आदि का निरूपण मिलता है।

(*d*) कनिष्क एवं उसके उत्तराधिकारियों के सिक्कों के पृष्ठ भाग पर खरोष्ठी लिपि में लेख मिलता है।

(*e*) कल्हण कृत राजतरंगिणी में हुष्क, जुष्क एवं कनिष्क नामक तीन शासकों का कश्मीर पर संयुक्त शासन का उल्लेख मिलता है।

नीचे दिए गए विकल्पों में से **सही उत्तर** का चयन कीजिए :

A. केवल (*a*), (*c*) और (*e*)

B. केवल (*a*), (*b*) और (*c*)

C. केवल (*a*), (*b*), (*c*) और (*d*)

D. केवल (*a*), (*b*), (*c*) और (*e*)

44. निम्नलिखित में से कौन-से कथन सही हैं?

(*a*) बराबर पहाड़ी पर स्थित गुफा में मौखरी प्रमुख (मुखिया) अनंतवर्मन द्वारा 5वीं सदी में कृष्ण की एक प्रतिमा चित्र प्रतिष्ठापित करवाया गया था।

(*b*) स्कंदगुप्त के जूनागढ़ अभिलेख में विष्णु का उल्लेख लक्ष्मी के आश्रय के रूप में किया गया है।

(*c*) पल्लवों के उनके पारिवारिक प्रतीक में शूकर का उल्लेख है।

(*d*) ईश्वर छंगू-नारायण अर्थात छंगू पर नारायण अथवा गरुड़, नेपाल में डोला पर्वत पर अवस्थित (स्थापित) हैं।

(*e*) विष्णु के वाराह, नरसिंह एवं वामन अवतार उदयगिरी एवं मामल्लपुरम स्थित शैलकृत गुफाओं की मूर्ति कलाओं में भी पाए जाते हैं।

नीचे दिए गए विकल्पों में से **सही उत्तर** का चयन कीजिए :

A. केवल (*a*), (*b*), (*c*) और (*d*)

B. केवल (*b*), (*c*), (*d*) और (*e*)

C. केवल (*a*), (*c*) और (*e*)

D. केवल (*a*), (*b*), (*d*) और (*e*)

45. निम्नलिखित में से कौन महापाषाणिक संरचनाओं के प्रकार/रूप हैं?

(*a*) मैनहिर

(*b*) संगोरा वृत्त

(*c*) डालमैन आकार वाला ताबूत

(*d*) फणाकृति पाषाण

(*e*) सरेखण

नीचे दिए गए विकल्पों में से **सही उत्तर** का चयन कीजिए :

A. केवल (*a*), (*b*) और (*d*)

B. केवल (*b*) और (*c*)

C. केवल (*a*), (*c*) और (*d*)

D. केवल (*a*), (*b*), (*c*), (*d*) और (*e*)

46. गृहसूत्र के अनुसार, निम्नलिखित में से कौन-सा कथन विवाह के संदर्भ में सर्वाधिक उपयुक्त है?

(*a*) विवाह हेतु समय, सूर्य के दक्षिणी दिशा की ओर गमन के समय तय किया जाना चाहिए।

(*b*) वर, कन्या के साथ अग्नि के फेरे लगाता है। (अग्निपरिणय)

(*c*) विवाह अनुष्ठान (संस्कार) कन्यादान के साथ आरंभ होता है। (कन्यादान)

(*d*) अधिकांश ग्रंथों के अनुसार विवाह संस्कार सप्तपदी के साथ समाप्त हो जाता है।

(*e*) ध्रुव अरुंधती दर्शन, वर के घर पर की जाने वाली विवाह संस्कार की एक प्रथा थी।

नीचे दिए गए विकल्पों में से **सबसे उपयुक्त उत्तर** का चयन कीजिए :

A. केवल (*a*), (*b*), (*c*) और (*d*)

B. केवल (*a*), (*c*) और (*e*)

C. केवल (*b*), (*d*) और (*e*)

D. केवल (*b*), (*c*), (*d*) और (*e*)

47. निम्नलिखित में से कौन-से कथन सही हैं?

(*a*) *कृषिपाराशर* एवं *कृषिसूक्ति* कृषि विषयक ग्रंथ हैं।

(*b*) बृहद्धोल या बड़े हल का उल्लेख जोधपुर से प्राप्त दसवीं शताब्दी के एक अभिलेख में मिलता है।

(*c*) *पर्यायमुक्तावली* भू-कर्षण की कृषि विषयक तकनीकियों से संबंधित ग्रंथ हैं।

(*d*) वापी का निर्माण आरंभिक मध्यकालीन भारत के राजस्थान एवं गुजरात में लोकप्रिय हुआ।

(*e*) कृषि संबंधित विस्तृत निर्देश अग्निपुराण एवं विष्णु धर्मोत्तरपुराण में पाया जाता है।

नीचे दिए गए विकल्पों में से **सही उत्तर** का चयन कीजिए :

A. केवल (*a*), (*c*), (*d*) और (*e*)

B. केवल (*b*), (*c*) और (*d*)

C. केवल (*a*), (*b*) और (*d*)

D. केवल (*a*), (*d*) और (*e*)

48. निम्नलिखित में से कौन-से कथन सही हैं?

(*a*) *'न्यायतत्व'* के लेखक नाथमुनि हैं, जिन्होंने विशिष्टाद्वैत संप्रदाय के दर्शन की विस्तृत व्याख्या प्रदान की है।

(*b*) इस संप्रदाय का आवश्यक सिद्धांत 'प्राप्ति' है जिसका अर्थ है ईश्वर के प्रति परम समर्पण।
(*c*) नाथमुनि द्वारा संस्थापित संप्रदाय अघोर के रूप में विख्यात हुआ।
(*d*) नाथमुनि रामानुज के उत्तराधिकारियों में से एक थे।
(*e*) नाथमुनि सथकोप के गीतों से प्रभावित थे।

नीचे दिए गए विकल्पों में से **सही उत्तर** का चयन कीजिए :

A. केवल (*b*), (*c*) और (*d*)
B. केवल (*a*), (*b*) और (*d*)
C. केवल (*a*), (*b*) और (*e*)
D. केवल (*c*), (*d*) और (*e*)

49. निम्नलिखित में से कौन-से कथन सही हैं?

(*a*) गुरु नानक विशेषतः पंजाब में अफगान शासकों द्वारा बनाई गई राजनैतिक प्रशासनिक व्यवस्था से पूर्ण रूप से परिचित थे।
(*b*) गुरु नानक की दृष्टि में बाबर की आक्रमणकारी सेना 'पापियों का समागम' था।
(*c*) गुरु नानक की समकालीन धार्मिक विश्वासों एवं अनुष्ठानों चाहे हिन्दू या मुस्लिम में कोई अभिरुचि नहीं थी।
(*d*) गुरु नानक की यह दृढ़ धारणा थी कि ईश्वर की कोई जाति नहीं होती।
(*e*) गुरु नानक मूर्तिकला के कर्मकांडीय पठन को समय की बर्बादी मानते थे।

नीचे दिए गए विकल्पों में से **सबसे उपयुक्त उत्तर** का चयन कीजिए :

A. केवल (*d*) और (*e*)
B. केवल (*a*), (*b*), (*d*) और (*e*)
C. केवल (*b*) और (*c*)
D. केवल (*a*), (*c*) और (*e*)

50. निम्नलिखित में से कौन-सा कथन सही है/हैं?

(*a*) बंदा बहादुर के अधीन सिखों ने सरहिंद, हिसार, सहारनपुर की सरकारों में नाटकीय सफलता प्राप्त की।
(*b*) बंदा बहादुर ने मुखलिसपुर में राजधानी स्थापित की।
(*c*) बंदा बहादुर ने सिख गुरुओं के नाम से सिक्के जारी किए।
(*d*) बंदा बहादुर ने मुगलों के आदेश पर उनकी मुहर का प्रयोग आरंभ किया।
(*e*) बंदा बहादुर ने मारवाड़ के राजा अजीत सिंह के साथ गठजोड़ (एलायंस) (बनाया) किया।

नीचे दिए गए विकल्पों में से **सबसे उपयुक्त उत्तर** का चयन कीजिए :

A. केवल (*b*) और (*c*)
B. केवल (*c*)
C. केवल (*a*), (*b*) और (*c*)
D. केवल (*c*), (*d*) और (*e*)

51. निम्नलिखित में से कौन-सा कथन सत्य है/हैं?

(*a*) शेरशाह ने अफगानिस्तान से लेकर उड़ीसा तक साम्राज्य स्थापित किया।
(*b*) शेरशाह ने प्रशासन में हिन्दवी जबान/भाषा का प्रयोग किया जो कि उसकी व्यावहारिक समझ का परिचायक था।
(*c*) शेरशाह ने सख्ती के साथ कानून एवं व्यवस्था को लागू किया।
(*d*) शेरशाह ने रजत (चांदी) सिक्कों के प्रचलन को बंद कर दिया।
(*e*) शेरशाह ने 3700 सरायों का निर्माण कराया।

नीचे दिए गए विकल्पों में से **सबसे उपयुक्त उत्तर** का चयन कीजिए :

A. केवल (*b*), (*c*), (*d*) और (*e*)
B. केवल (*d*) और (*e*)
C. केवल (*b*), (*c*) और (*d*)
D. केवल (*b*) और (*c*)

52. निम्नलिखित में से कौन-सा कथन सत्य है/हैं?

(*a*) दहशाला प्रणाली की शुरूआत अकबर द्वारा वर्ष 1579 में की गई जो माप पर आधारित थी।
(*b*) फसल-साझेदारी (बटाई) प्रणाली को दहशाला प्रणाली के क्रियान्वयन के पश्चात वापस ले लिया गया।

(*c*) पुरानी गज आधारित गज-ए-सिकंदरी को एक नवीन गज आधारित गज-ए-इलाही से प्रतिस्थापित कर दिया गया।

(*d*) मध्य प्रान्तों में कृषकों को भू-राजस्व नकद रूप में अथवा फसल-रूप देने का विकल्प दिया गया था।

(*e*) दहशाला अथवा फसल रूप देने का विकल्प दिया गया था।

नीचे दिए गए विकल्पों में से **सबसे उपयुक्त उत्तर** का चयन कीजिए :

A. केवल (*a*), (*b*) और (*c*)

B. केवल (*b*), (*c*), (*d*) और (*e*)

C. केवल (*a*) और (*c*)

D. केवल (*d*) और (*e*)

53. निम्नलिखित में से कौन-सा/से कथन सही हैं?

(*a*) यूरोप की तरह मुगलकालीन भारत में अभिजात वर्ग एक विविध कोटि थी।

(*b*) मुगल अभिजात वर्ग उच्च स्तरीय प्रशासन के कार्यों में शामिल नहीं थे।

(*c*) वर्ष 1595 और 1656-57 के मध्य मुगल अभिजात वर्ग के संगठन में भी परिवर्तन हुआ।

(*d*) ईरानियों, तूरानियों और शेखजादे अभिजात वर्गों के मध्य सामाजिक पृथक्करण समाप्त हो गया था।

(*e*) वे अभिजात वर्ग जिनके पूर्वज पीढ़ियों से मुगलशाही सेवा में थे, उन्हें खानजादा कहा जाता था।

नीचे दिए गए विकल्पों में से **सबसे उपयुक्त उत्तर** का चयन कीजिए :

A. केवल (*c*)

B. केवल (*c*) और (*e*)

C. केवल (*a*) और (*b*)

D. केवल (*c*), (*d*) और (*e*)

54. निम्नलिखित में से कौन-सा/से कथन सही है/हैं?

(*a*) सिक्के के रूप में रुपये का प्रयोग 17वीं सदी में मुगलकालीन भारत में घोषित किया गया।

(*b*) शाहजहाँ के ससुर आसफ खान ने सक्रियतापूर्वक समुद्री व्यापार किया।

(*c*) समुद्री व्यापार में सर्वाधिक रुचि लेने वाला मुगल शासक जहाँगीर था।

(*d*) वर्ष 1630 से, मुगलों ने बंगाल के समुद्री व्यापार पर नियंत्रण प्राप्त करने के लिए संयुक्त चेष्टा की।

(*e*) मुगलों ने पुर्तगाली व्यापारियों को उड़ीसा से बाहर निकाल दिया।

नीचे दिए गए विकल्पों में से **सबसे उपयुक्त उत्तर** का चयन कीजिए :

A. केवल (*a*)

B. केवल (*a*), (*b*) और (*c*)

C. केवल (*b*) और (*d*)

D. केवल (*c*) और (*e*)

55. निम्नलिखित में से कौन-सा/से कथन सही है/हैं?

(*a*) वर्ष 1649 में अंततः कंधार मुगलों के कब्जे से सफवियों के अधीन चला गया।

(*b*) जहाँगीर के शासनकाल में मुगल बंगाल पर अपना प्रभुत्व स्थापित करने में विफल रहे।

(*c*) शाहजहाँ ने मेवाड़ के राणा राज सिंह पर चित्तौड़ पर पुनः किलेबन्दी करने के लिए उसके विरुद्ध कार्रवाई की।

(*d*) शाहजहाँ कुमायूँ और गढ़वाल के राजाओं को मुगल आधिपत्य स्वीकार कराने में विफल रहा।

(*e*) वर्ष 1632 में शाहजहाँ द्वारा हुगली पर किए गए आक्रमण का पुर्तगालियों द्वारा सफलतापूर्वक प्रतिरोध किया गया।

नीचे दिए गए विकल्पों में से **सबसे उपयुक्त उत्तर** का चयन कीजिए :

A. केवल (*a*)

B. केवल (*b*), (*c*) और (*d*)

C. केवल (*c*), (*d*) और (*e*)

D. केवल (*a*) और (*c*)

56. निम्नलिखित में से कौन-सा/से कथन सही है/हैं?

(*a*) अपने भवनों में तुर्क सुल्तान मेहराब एवं गुंबद का प्रयोग व्यापक पैमाने पर करते थे।

(*b*) न तो मेहराब और न ही गुंबद तुर्की या मुस्लिम नवाचार था।

(*c*) तुर्क अपने भवनों में उत्तम कोटि के चूने के गारे का प्रयोग करते थे।

(*d*) तुर्की शासक अपने भवनों में कभी भी स्लैब और बीम विधि का प्रयोग नहीं करते थे।

(*e*) सर्वप्रथम वास्तविक मेहराब का प्रयोग सुल्तान नसीरुद्दीन महमूद के मकबरे में किया गया था।

नीचे दिए गए विकल्पों में से **सबसे उपयुक्त उत्तर** का चयन कीजिए :

A. केवल (*d*) और (*e*)

B. केवल (*a*), (*b*) और (*c*)

C. केवल (*b*) और (*c*)

D. केवल (*a*)

57. निम्नलिखित में से कौन-सा/से कथन सही हैं?

(*a*) नरेन्द्र नाथ चक्रवर्ती विवेकानन्द के नाम से जाने जाते थे।

(*b*) स्वामी विवेकानन्द ने न्यूयॉर्क में आयोजित धर्म-संसद में भाग लिया था।

(*c*) वर्ष 1897 में रामकृष्ण मिशन की स्थापना हुई थी।

(*d*) स्वामी विवेकानन्द ने कैलिफोर्निया की यात्रा की तथा लॉस एंजेल्स और सैन फ्रांसिस्को में भावी वेदान्त केन्द्रों के बीज बोये।

(*e*) स्वामी विवेकानन्द को पेरिस की हिस्ट्री ऑफ रिलीजन्स कांग्रेस में आमंत्रित किया गया था और वहाँ उन्होंने हिन्दू धर्म की प्रतिरक्षा में अपना वक्तव्य दिया।

नीचे दिए गए विकल्पों में से **सही उत्तर** का चयन कीजिए :

A. केवल (*c*), (*d*) और (*e*)

B. केवल (*a*), (*c*), (*d*) और (*e*)

C. केवल (*a*), (*b*), (*c*), (*d*) और (*e*)

D. केवल (*b*), (*c*), (*d*) और (*e*)

58. निम्नलिखित में से कौन-से सही हैं?

(*a*) जब द्वितीय विश्वयुद्ध की शुरूआत हुई, भारतीय साम्यवादियों ने सभी प्रकार के साम्राज्यवाद के प्रति अपनी संयुक्त मोर्चे की नीति को जारी रखा।

(*b*) जब हिटलर ने सोवियत संघ पर आक्रमण किया तब भारत के साम्यवादियों ने एक विपरीत पक्ष अपना लिया एवं इस युद्ध को जन-युद्ध (पीपल्स-वार) के रूप में पुनर्चिह्नित किया।

(*c*) भारत में साम्यवादियों ने सभी संभावित समर्थन का विस्तार किया एवं 1942 के लोकप्रिय विद्रोह को दबाने में अंग्रेजों के 'जासूसों' के रूप में कार्य तक किया।

(*d*) भारत सरकार ने कम्प्युनिस्ट पार्टी ऑफ इंडिया (सीपीआई) को एक वैध संगठन के रूप में 1942 में मान्यता दी।

(*e*) यह स्पष्ट रूप से प्रदर्शित करता है कि सीपीआई के नीतिगत निर्णयों को बाहरी एवं अन्तर्राष्ट्रीय शक्तियों के माध्यम से अधिवेशित किया जाता था।

नीचे दिए गए विकल्पों में से **सबसे उपयुक्त उत्तर** का चयन कीजिए :

A. केवल (*a*), (*b*) और (*c*)

B. केवल (*a*), (*b*), (*c*) और (*d*)

C. केवल (*a*), (*b*), (*c*), (*d*) और (*e*)

D. केवल (*a*), (*b*), (*d*) और (*e*)

59. निम्नलिखित फिल्मों के बारे में निम्नलिखित कौन-से सही हैं?

(*a*) *बालयोगिनी*, एक विधवा एवं इसकी पुत्री (बेटी) की वेदना (दुख) पर आधारित थी।

(*b*) *त्यागभूमि*, अस्पृश्यों की दुर्दशा पर आधारित थी।

(*c*) *सेवासदन* एक देशभक्ति पूर्ण फिल्म थी।

(*d*) *वंदेमातरम* तेलुगु भाषा में निर्मित की गई थी।

(*e*) *वंदेमातरम* फिल्म का निर्माण बी.एन. रेड्डी ने किया था।

नीचे दिए गए विकल्पों में से **सही उत्तर** का चयन कीजिए :

A. केवल (*a*), (*b*), (*c*), (*d*) और (*e*)

B. केवल (*a*), (*b*), (*c*) और (*d*)

C. केवल (*a*), (*b*) और (*c*)

D. केवल (*a*) और (*b*)

60. निम्नलिखित में से कौन-से सही हैं?

(*a*) पंडित मदनमोहन मालवीय ने बनारस हिंदू विश्वविद्यालय की स्थापना में महत्वपूर्ण भूमिका का निर्वहन किया।

(*b*) अरबिन्द घोष के मुकदमे में चित्तरंजनदास प्रतिवादी वकील थे।

(*c*) चित्तरंजन दास को प्यार से दीनबंधु कहा जाता था।

(*d*) दादाभाई नौरोजी, हाउस ऑफ कॉमन्स के लिए निर्वाचित होने वाले प्रथम भारतीय थे।

(*e*) बाल गंगाधर तिलक को 'भारतीय अशांति का जनक' कहा गया।

नीचे दिए गए विकल्पों में से **सही उत्तर** का चयन कीजिए :

A. केवल (*a*), (*b*), (*c*), (*d*) और (*e*)

B. केवल (*a*), (*b*), (*d*) और (*e*)

C. केवल (*a*), (*b*), (*c*) और (*d*)

D. केवल (*a*), (*b*) और (*c*)

61. निम्नलिखित में से कौन-से कथन सही हैं?

(*a*) हिंदी साहित्य में, राष्ट्रवाद एवं सामाजिक सुधार के युग का आरंभ भारतेन्दु हरिश्चन्द्र (1850-85) द्वारा किया गया था।

(*b*) उनकी रचना 'भारत दुर्दशा' भारत के पतन को दुर्भाग्य के रूप में वर्णित करती है।

(*c*) सुब्रमण्य भारती जिन्होंने बंकिमचन्द्र चटर्जी की तरह तमिल भाषा में लेखन किया, उन्होंने हिंदू देव कुल के देवताओं और देवियों के चित्रों का प्रयोग किया।

(*d*) सुब्रमण्य ने ईसा मसीह की प्रशंसा में एक कविता की रचना की जिसमें उन्होंने ईसा मसीह के मृत्यु-प्रतीक के बारे में बताया।

(*e*) सुब्रमण्य भारती ने मलयालम भाषा में पद्य (कविताओं) की रचना की।

नीचे दिए गए विकल्पों में से **सही उत्तर** का चयन कीजिए :

A. केवल (*a*), (*b*) और (*e*)

B. केवल (*a*), (*b*) और (*c*)

C. केवल (*a*), (*b*), (*c*) और (*d*)

D. केवल (*a*), (*b*), (*d*) और (*e*)

62. निम्नलिखित में से कौन-सा सही है?

(*a*) भारत सरकार ने बाम्बे सरकार पर दबाव बनाकर दक्कन-उपद्रव की जाँच के लिए आयोग के गठन की माँग की।

(*b*) 1857 के विद्रोह के दौरान चिनहट के युद्ध में अंग्रेजों की पराजय हुई।

(*c*) लॉर्ड डलहौजी ने अवध-रियासत को इस रूप में वर्णित किया "एक स्ट्रॉबेरी जो एक दिन हमारे मुँह में ही गिरेगा।"

(*d*) वर्ष 1896 में किसी फिल्म को पहली बार वाटसन के होटल बाम्बे में पर्दे पर दिखाया गया था।

(*e*) 1857 के विद्रोह के दौरान शाहमल ने उत्तर प्रदेश के बड़ौत-परगना के ग्रामीणों को लामबंद किया।

नीचे दिए गए विकल्पों में से **सही उत्तर** का चयन कीजिए :

A. केवल (*a*), (*b*), (*d*) और (*e*)

B. केवल (*a*), (*b*), (*c*), (*d*) और (*e*)

C. केवल (*a*), (*b*) और (*c*)

D. केवल (*a*), (*b*) और (*d*)

63. निम्नलिखित में से कौन-सा सही है?

(*a*) बाल गंगाधर तिलक वह पहले व्यक्ति थे जिन्होंने किसानों के सूखा अथवा अकाल अथवा महामारी के उनकी फसल पैदा नहीं हो पाने की दशा में भू-राजस्व का भुगतान नहीं करने की सलाह दी थी।

(*b*) जब वायसराय एल्गिन ने भारतीय मिलों में निर्मित कपड़ों पर उत्पाद शुल्क लगा दिया गया तब उन्होंने स्वदेशी आह्वान एवं ब्रिटिश वस्तुओं का बहिष्कार किया।

(*c*) तिलक को 1897 में गिरफ्तार किया गया एवं ब्रिटिश सरकार के विरुद्ध घृणा फैलाने एवं असंतोष फैलाने का आरोप लगाया गया।

(*d*) तिलक ने क्षमा मांगना अस्वीकार कर दिया एवं 18 माह के कठोर सश्रम कारावास को स्वीकार किया।

(*e*) बाल गंगाधर ने 'स्कैंडनेवियन ओरिजिन ऑफ आर्यन्स' नामक पुस्तक लिखी।

नीचे दिए गए विकल्पों में से **सही उत्तर** का चयन कीजिए :

A. केवल (*a*) और (*b*)

B. केवल (*a*), (*b*) और (*c*)

C. केवल (*a*), (*b*), (*c*) और (*d*)

D. केवल (*a*), (*b*), (*d*) और (*e*)

64. निम्नलिखित में से कौन-से कथन सही है?

(*a*) अंग्रेजों ने वर्ष 1639 में मद्रासपट्टनम में एक व्यापारिक चौकी निर्मित की।

(*b*) बंदोबस्त को स्थानीय स्तर पर छेनापट्टनम के रूप में जाना गया।

(*c*) ब्रिटिश ईस्ट इंडिया कंपनी ने बंदोबस्त संबंधी अधिकार का क्रय तेलुगु सामंतों, कालाहस्ती के नायकों से किया था।

(*d*) फोर्ट सेंट जॉर्ज, व्हाइट टाउन का केंद्र बन गया जहाँ पर अधिकांशतः यूरोपवासी रहा करते थे।

(*e*) किसी का रंग एवं धर्म नहीं निर्धारित करता था कि किसे फोर्ट सेंट जॉर्ज में रहने की अनुमति प्रदान की जानी थी।

नीचे दिए गए विकल्पों में से **सही उत्तर** का चयन कीजिए :

A. केवल (*a*) और (*b*)

B. केवल (*a*), (*b*) और (*c*)

C. केवल (*a*), (*b*), (*c*) और (*d*)

D. केवल (*a*), (*b*), (*d*) और (*e*)

65. जजमानी प्रथा के बारे में निम्नलिखित कौन-से कथन सही हैं?

(*a*) जजमानी प्रथा ग्रामीण शिल्पियों द्वारा कृषक परिवारों को फसल में उनके हिस्से के एवज में परंपरागत रूप से उपज के निश्चित हिस्से को दिए जाने पर आधारित थी।

(*b*) ताराशंकर बंदोपाध्याय द्वारा लिखित उपन्यास 'गणदेवता' में वर्ष 1920 एवं 1930 के दशक में पश्चिम बंगाल के आन्तरिक जिले के ग्रामीण जीवन का वर्णन किया गया है।

(*c*) गणदेवता को जजमानी प्रथा के पतन के रूप में चित्रित किया गया।

(*d*) जजमानी प्रथा, ब्राह्मणों द्वारा उनके जजमानों को प्रदत्त की जाने वाली धार्मिक सेवाओं तक सीमित थी।

(*e*) ब्रिटिश औपनिवेशिक काल में जजमानी प्रथा नगरीय जीवन का एक भाग (हिस्सा) थी।

नीचे दिए गए विकल्पों में से **सही उत्तर** का चयन कीजिए :

A. केवल (*a*) और (*b*)

B. केवल (*a*), (*b*) और (*c*)

C. केवल (*a*), (*b*), (*c*) और (*d*)

D. केवल (*a*), (*b*), (*c*) और (*e*)

66. सूची-I का सूची-II से मिलान कीजिए :

सूची-I (लघु शिलालेख)	**सूची-II (स्थान)**
(*a*) पंगुरड़िया	I. बेल्लारी, कर्नाटक
(*b*) उड़ेगोलम	II. चित्रदुर्ग, कर्नाटक
(*c*) जतिंग-रामेश्वर	III. मिर्जापुर, उत्तर प्रदेश
(*d*) अहरौरा	IV. सिहोर, मध्य प्रदेश

नीचे दिए गए विकल्पों में से **सही उत्तर** का चयन कीजिए :

	(*a*)	(*b*)	(*c*)	(*d*)
A.	IV	I	II	III
B.	IV	II	I	III
C.	III	II	IV	I
D.	I	III	II	IV

67. सूची-I का सूची-II से मिलान कीजिए :

सूची-I	**सूची-II**
(*a*) बौद्ध धर्म	I. स्कंद
(*b*) मुरुगन	II. शक्ति
(*c*) नाथ	III. तारा
(*d*) कोरावई	IV. सिद्ध

नीचे दिए गए विकल्पों में से **सही उत्तर** का चयन कीजिए :

	(*a*)	(*b*)	(*c*)	(*d*)
A.	III	I	IV	II
B.	I	III	II	IV
C.	II	IV	III	I
D.	IV	II	I	III

68. सूची-I का सूची-II से मिलान कीजिए :

सूची-I (लेखक)	सूची-II (पुस्तकें)
(*a*) युवाल एन. हरारी	I. पीपुल ऑफ द अर्थ
(*b*) दी गार्डन चाइल्ड	II. होमोडियस
(*c*) ए.एल. बाशम	III. पीसिंग टुगेदर द पास्ट
(*d*) ब्रायन एम. फेगन	IV. ए कल्चरल हिस्ट्री ऑफ इंडिया

नीचे दिए गए विकल्पों में से **सही उत्तर** का चयन कीजिए :

	(*a*)	(*b*)	(*c*)	(*d*)
A.	I	IV	III	II
B.	II	III	IV	I
C.	III	II	I	IV
D.	IV	I	II	III

69. सूची-I का सूची-II से मिलान कीजिए :

सूची-I	सूची-II
(*a*) वरुण	I. उषा-काल
(*b*) मन्यु	II. विश्वास (आस्था)
(*c*) उषा	III. ऋत् के नियामक
(*d*) श्रद्धा	IV. क्रोध

नीचे दिए गए विकल्पों में से **सही उत्तर** का चयन कीजिए :

	(*a*)	(*b*)	(*c*)	(*d*)
A.	III	IV	I	II
B.	I	II	III	IV
C.	III	II	I	IV
D.	II	I	IV	III

70. सूची-I का सूची-II से मिलान कीजिए :

सूची-I	सूची-II
(*a*) अमीर खुसरो	I. फुतूहस सलातीन
(*b*) जियाउद्दीन बरनी	II. सना-ए-मुहम्मदी
(*c*) रफीउद्दीन	III. तुगलकनामा
(*d*) इसामी	IV. तजकीरतुल मुलुक

नीचे दिए गए विकल्पों में से **सही उत्तर** का चयन कीजिए :

	(*a*)	(*b*)	(*c*)	(*d*)
A.	III	II	IV	I
B.	III	IV	II	I
C.	I	IV	II	III
D.	II	IV	I	III

71. सूची-I का सूची-II से मिलान कीजिए :

सूची-I	सूची-II
(*a*) निजामुद्दीन अहमद	I. तजकीरतुल-वाकियात
(*b*) अब्दुल कादिर बदायूंनी	II. तबकात-ए-अकबरी
(*c*) अब्बास सरवनी	III. मुंतखाब-उत-तवारीख
(*d*) जौहर अफतब्शी	IV. तोहफा-ए-अकबरशाही

नीचे दिए गए विकल्पों में से **सही उत्तर** का चयन कीजिए :

	(*a*)	(*b*)	(*c*)	(*d*)
A.	II	IV	III	I
B.	II	III	IV	I
C.	I	III	II	IV
D.	I	II	III	IV

72. सूची-I का सूची-II से मिलान कीजिए :

सूची-I	सूची-II
(*a*) इदरार	I. भूमि अनुदान
(*b*) खराज	II. कर मुक्त भूमि
(*c*) खालिसा	III. लवणीय भूमि
(*d*) ऊसर	IV. वह भूमि जिसका कर सीधे तौर पर राजा को प्राप्त होता था

नीचे दिए गए विकल्पों में से **सही उत्तर** का चयन कीजिए :

	(*a*)	(*b*)	(*c*)	(*d*)
A.	III	I	II	IV
B.	II	I	IV	III
C.	II	IV	I	III
D.	IV	II	I	III

73. सूची-I का सूची-II से मिलान कीजिए :

सूची-I	सूची-II
(*a*) पी. आनंद चारलू	I. मद्रास महाजन सभा
(*b*) के.टी. तैलंग	II. बाम्बे प्रेसीडेंसी एसोसिएशन
(*c*) आनंद मोहन बोस	III. इंडियन एसोसिएशन
(*d*) राजा राममोहन राय	IV. आत्मीय सभा

नीचे दिए गए विकल्पों में से **सही उत्तर** का चयन कीजिए :

	(*a*)	(*b*)	(*c*)	(*d*)
A.	I	II	III	IV
B.	II	I	IV	III
C.	II	I	III	IV
D.	I	II	IV	III

74. सूची-I का सूची-II से मिलान कीजिए :

सूची-I	सूची-II
(*a*) ज्योतिबा फुले	I. लाइफ ऑफ शिवाजी
(*b*) सुरेन्द्रनाथ बनर्जी	II. ए नेशन इन मेकिंग
(*c*) स्वामी विवेकानन्द	III. भक्तियोग
(*d*) दक्षिणारंजन मित्र मजूमदार	IV. ठाकुरमार झूली

नीचे दिए गए विकल्पों में से **सही उत्तर** का चयन कीजिए :

	(*a*)	(*b*)	(*c*)	(*d*)
A.	II	I	III	IV
B.	I	II	III	IV
C.	II	III	I	IV
D.	I	II	IV	III

75. सूची-I का सूची-II से मिलान कीजिए :

सूची-I	सूची-II
(*a*) उपरि	I. मराठों के शासनकाल में काश्तकारी अवधि की एक कोटि
(*b*) अमला	II. क्लर्क या कर संग्राहक
(*c*) देसाई	III. संपत्तिधारी या राजस्व अधिकारधारी
(*d*) मसन्द	IV. संगतों के अभिहित प्रभारी स्थानीय सिख अधिकारी

नीचे दिए गए विकल्पों में से **सही उत्तर** का चयन कीजिए :

	(*a*)	(*b*)	(*c*)	(*d*)
A.	I	II	III	IV
B.	II	I	III	IV
C.	II	I	IV	III
D.	I	II	IV	III

76. निम्नलिखित में से कौन-से 1857 के विद्रोह से संबंधित मत के बारे में सही है?

(*a*) टी.आर. होम्स ने इस मत को लोकप्रिय बनाया कि 1857 का विद्रोह, सभ्यता एवं बर्बर लोगों के मध्य का एक संघर्ष था।

(*b*) बेंजामिन डिजरायली ने इसे 'एक राष्ट्रीय उत्थान (उदय) के रूप में वर्णित किया है।

(*c*) वी.डी. सावरकर ने विद्रोह को राष्ट्रीय स्वतंत्रता हेतु योजनाबद्ध युद्ध के रूप में उल्लेख किया है।

(*d*) आर.सी. मजूमदार के तर्क का मुख्य केन्द्रबिन्दु था कि 1857 का विद्रोह कोई स्वतंत्रता संबंधी युद्ध नहीं था।

(*e*) जॉन शीले ने 1857 के विद्रोह को प्रकृति में देशभक्ति के रूप में वर्णित किया है।

नीचे दिए गए विकल्पों में से **सही उत्तर** का चयन कीजिए :

A. केवल (*a*), (*b*), (*d*) और (*e*)

B. केवल (*a*), (*b*) और (*c*)

C. केवल (*a*), (*b*), (*c*) और (*d*)

D. केवल (*a*), (*b*), (*c*), (*d*) और (*e*)

77. निम्नलिखित को कालानुक्रम में व्यवस्थित कीजिए:

(*a*) शाही भारतीय नौसेना में सैन्य विद्रोह

(*b*) कैबिनेट मिशन योजना की घोषणा

(*c*) प्रत्यक्ष कार्यवाही दिवस

(*d*) अंतरिम सरकार का गठन

(*e*) संविधान सभा की प्रथम बैठक

नीचे दिए गए विकल्पों में से **सही उत्तर** का चयन कीजिए :

A. (*b*), (*a*), (*d*), (*c*), (*e*)
B. (*b*), (*a*), (*c*), (*d*), (*e*)
C. (*a*), (*b*), (*c*), (*e*), (*d*)
D. (*a*), (*b*), (*c*), (*d*), (*e*)

78. निम्नलिखित को कालानुक्रम में व्यवस्थित कीजिए :

(*a*) प्रथम अफगान युद्ध
(*b*) सिंध-विजय
(*c*) प्रथम आंग्ल-सिख युद्ध
(*d*) ड्रिंकवाटर बेथ्यूने द्वारा कलकत्ता में हिन्दू गर्ल्स स्कूल का प्रारंभ
(*e*) द्वितीय आंग्ल-बर्मा युद्ध

नीचे दिए गए विकल्पों में से **सही उत्तर** का चयन कीजिए :

A. (*b*), (*a*), (*c*), (*d*), (*e*)
B. (*c*), (*a*), (*b*), (*d*), (*e*)
C. (*a*), (*b*), (*c*), (*d*), (*e*)
D. (*a*), (*c*), (*b*), (*d*), (*e*)

79. निम्नलिखित को कालानुक्रम में व्यवस्थित कीजिए :

(*a*) केरल वर्मा द्वारा शांकुतलम का मलयालम में अनुवाद।
(*b*) भारतेन्दु हरिश्चन्द्र की मृत्यु।
(*c*) असम के बागान श्रमिकों की अवस्था की पड़ताल हेतु भारतीय संघ द्वारा द्वारकानाथ गांगुली को भेजा गया।
(*d*) शिव नारायण अग्निहोत्री द्वारा देव समाज स्थापित किया गया।
(*e*) सी.वी. रमन पिल्लई द्वारा मलयालम उपन्यास मार्तण्ड वर्मा का लेखन किया गया।

नीचे दिए गए विकल्पों में से **सही उत्तर** का चयन कीजिए :

A. (*e*), (*a*), (*b*), (*c*), (*d*)
B. (*c*), (*a*), (*b*), (*d*), (*e*)
C. (*a*), (*b*), (*c*), (*d*), (*e*)
D. (*b*), (*a*), (*c*), (*d*), (*e*)

80. निम्नलिखित राजवंशों को उनकी स्थापना के कालक्रमानुसार ढंग में व्यवस्थित कीजिए :

(*a*) कार्कोट
(*b*) शैलोद्भव
(*c*) मौखरी
(*d*) गहड़वाल
(*e*) आयुध

नीचे दिए गए विकल्पों में से **सही उत्तर** का चयन कीजिए :

A. (*c*), (*b*), (*a*), (*e*) और (*d*)
B. (*a*), (*b*), (*c*), (*e*) और (*d*)
C. (*e*), (*a*), (*b*), (*d*) और (*c*)
D. (*c*), (*b*), (*e*), (*a*) और (*d*)

81. निम्नलिखित को कालानुक्रम में व्यवस्थित कीजिए :

(*a*) सर प्रफुल्ल चन्द्र चटर्जी की अध्यक्षता में लाहौर में हिन्दू सम्मेलन का आयोजन हुआ।
(*b*) श्री अरबिन्द पाण्डिचेरी वापस आए।
(*c*) भारतीय विज्ञान संस्थान, बैंगलोर का कार्य आरंभ
(*d*) असम की विधान सभा का गठन।
(*e*) देहरादून में वन अनुसंधान संस्थान एवं कॉलेज खोला गया

नीचे दिए गए विकल्पों में से **सही उत्तर** का चयन कीजिए :

A. (*a*), (*b*), (*c*), (*d*) और (*e*)
B. (*a*), (*b*), (*d*), (*e*) और (*c*)
C. (*b*), (*a*), (*c*), (*d*) और (*e*)
D. (*b*), (*a*), (*d*), (*c*) और (*e*)

82. निम्नलिखित में से कौन शक शासक थे?

(*a*) रुद्रदमन
(*b*) चश्तान
(*c*) माओस
(*d*) गोन्डोफरेस
(*e*) मिथिराडेटस

नीचे दिए गए विकल्पों में से **सही उत्तर** का चयन कीजिए :

A. (*a*) और (*b*)
B. (*a*), (*b*) और (*c*)

C. (*b*), (*c*) और (*d*)
D. (*a*), (*b*), (*c*), (*d*) और (*e*)

83. निम्नलिखित विजयनगर शासकों को उनके शासन के सही कालक्रमानुसार ढंग में व्यवस्थित कीजिए।

(*a*) अच्युतदेव राय
(*b*) वेंकट प्रथम
(*c*) कृष्णदेव राय
(*d*) वीर नरसिंह
(*e*) सदाशिव

नीचे दिए गए विकल्पों में से **सही उत्तर** का चयन कीजिए :

A. (*a*), (*b*), (*d*), (*c*) और (*e*)
B. (*d*), (*c*), (*a*), (*b*) और (*e*)
C. (*a*), (*c*), (*b*), (*d*) और (*e*)
D. (*a*), (*b*), (*c*), (*e*) और (*d*)

84. अकबर के शासनकाल के दौरान निम्नलिखित को कालक्रमानुसार ढंग में व्यवस्थित कीजिए।

(*a*) कश्मीर का समामेलन (विलय)
(*b*) गुजरात की विजय
(*c*) नौरोज त्योहार का पुनरुत्थान
(*d*) हल्दीघाटी का युद्ध
(*e*) मालवा की विजय

नीचे दिए गए विकल्पों में से **सही उत्तर** का चयन कीजिए :

A. (*d*), (*e*), (*c*), (*b*) और (*a*)
B. (*e*), (*b*), (*d*), (*c*) और (*a*)
C. (*e*), (*d*), (*b*), (*c*) और (*a*)
D. (*b*), (*e*), (*c*), (*d*) और (a)

85. औरंगजेब के शासन काल में निम्नलिखित को कालानुक्रम में व्यवस्थित कीजिए।

(*a*) जजिया का पुनः आरोपण
(*b*) पुरंधर की संधि
(*c*) बीजापुर विजय
(*d*) शंभाजी को बंदी बनाना एवं प्राणदंड
(*e*) गोलकुण्डा की विजय

नीचे दिए गए विकल्पों में से **सही उत्तर** का चयन कीजिए :

A. (*a*), (*c*), (*b*), (*d*) और (*e*)
B. (*c*), (*b*), (*a*), (*d*) और (*e*)
C. (*b*), (*a*), (*c*), (*e*) और (*d*)
D. (*b*), (*c*), (*a*), (*e*) और (*d*)

86. नीचे दो कथन दिए गए हैं : एक अभिकथन (A) के रूप में लिखित है, तो दूसरा उसके कारण (R) के रूप में है।

अभिकथन (A): शैव सिद्धांत पर आधारित तिरुमंदिरम् नामक रचना के लेखक तिरुमलार का मत है कि आत्मा पदार्थ से कम नहीं होती, इसे यथार्थ के रूप में स्वीकार किया जाना चाहिए क्योंकि किसी एक को दूसरे से पृथक मानना असंभव है।

कारण (R): प्रेम एवं शिवम अनुभव की भिन्न श्रेणियाँ नहीं हैं। प्रेम अपनी चरमावस्था में शिवम पर पहुँचता है और उसी आनंदप्रद अवस्था में विश्रांति पाता है।

उपरोक्त कथन के आलोक में, नीचे दिए गए विकल्पों में से **सबसे उपयुक्त उत्तर** का चयन कीजिए।

A. दोनों (A) और (R) सत्य हैं और (R), (A) की सही व्याख्या है।
B. दोनों (A) और (R) सत्य हैं, लेकिन (R), (A) की सही व्याख्या नहीं है।
C. (A) सत्य है, लेकिन (R) असत्य है।
D. (A) असत्य है, लेकिन (R) सत्य है।

87. नीचे दो कथन दिए गए हैं :

कथन I: पूर्वी साम्राज्यों में से सर्वाधिक महत्वपूर्ण शक्तियाँ जिन्होंने गुप्त शासकों की अधीनता स्वीकार कर ली, वे समाताता और कामरूप थे।

कथन II: वे जनजातीय राज्य जिन्होंने गुप्त शासकों/साम्राज्य के प्रति सम्मान व्यक्त किया वे मालवा, अर्जुनायन, यौधेय, मदराक, आभीर और काकस थे।

उपरोक्त कथन के आलोक में, नीचे दिए गए विकल्पों में से सबसे उपयुक्त उत्तर का चयन कीजिए :

A. कथन I और II दोनों सही हैं।

B. कथन I और II दोनों गलत हैं।

C. कथन I सही है, लेकिन कथन II गलत है।

D. कथन I गलत है, लेकिन कथन II सही है।

88. नीचे दो कथन दिए गए हैं : एक अभिकथन (A) के रूप में लिखित है, तो दूसरा उसके कारण (R) के रूप में है।

अभिकथन (A): जयसिंह प्रथम के राज्यारोहण के साथ कछवाहा शाही परिवार ने समृद्धि एवं प्रसिद्धि की एक नई एवं अद्वितीय अवस्था में प्रवेश किया।

कारण (R): जयसिंह का बीजापुर पर आक्रमण एक महान सैन्य सफलता थी।

उपरोक्त कथन के आलोक में, नीचे दिए गए विकल्पों में से **सबसे उपयुक्त उत्तर** का चयन कीजिए।

A. दोनों (A) और (R) सत्य हैं और (R), (A) की सही व्याख्या है।

B. दोनों (A) और (R) सत्य हैं, लेकिन (R), (A) की सही व्याख्या नहीं है।

C. (A) सत्य है, लेकिन (R) असत्य है।

D. (A) असत्य है, लेकिन (R) सत्य है।

89. नीचे दो कथन दिए गए हैं :

कथन I: जब मंगल पांडे ने बैरकपुर में अपने अधिकारियों पर गोली चलाई, तो उनके एक साथी सिपाही शेख पलटू ने उन्हें रोकने का प्रयास किया।

कथन II: मंगल पांडे के मुकदमे के समय, मंगल पांडे ने केवल एक ही उत्तर दिया कि उन्होंने जो किया खुद से किया।

उपरोक्त कथन के आलोक में, नीचे दिए गए विकल्पों में से **सबसे उपयुक्त उत्तर** का चयन कीजिए :

A. कथन I और II दोनों सत्य हैं।

B. कथन I और II दोनों असत्य हैं।

C. कथन I सत्य है, लेकिन कथन II असत्य है।

D. कथन I असत्य है, लेकिन कथन II सत्य है।

90. नीचे दो कथन दिए गए हैं : एक अभिकथन (A) के रूप में लिखित है, तो दूसरा उसके कारण (R) के रूप में है।

अभिकथन (A): अहिल्याबाई होल्कर ने इंदौर को एक छोटे से गाँव से समृद्ध एवं सुंदर नगर के रूप में विकसित करवाया।

कारण (R): उन्होंने विधवाओं को अपने पतियों की धन-दौलत को राज्य या लालची संबंधियों अथवा प्रबंधकों को सुपुर्द करने की बजाय स्वयं अपने पास रखने हेतु सहायता की।

उपरोक्त कथन के आलोक में, नीचे दिए गए विकल्पों में से **सबसे उपयुक्त उत्तर** का चयन कीजिए।

A. दोनों (A) और (R) सत्य हैं और (R), (A) की सही व्याख्या है।

B. दोनों (A) और (R) सत्य हैं, लेकिन (R), (A) की सही व्याख्या नहीं है।

C. (A) सत्य है, लेकिन (R) असत्य है।

D. (A) असत्य है, लेकिन (R) सत्य है।

निर्देश (प्रश्न संख्या 91 से 95 तक): *नीचे दिए गए गद्यांश को पढ़िए तथा प्रश्नों के उत्तर दीजिए।*

दशकों तक पल्लव-चालुक्य संघर्ष चलता रहा, केवल बीच-बीच में युद्ध विराम का काल आया। पल्लवों का संघर्ष दक्षिण में पांड्यों से और उत्तर में राष्ट्रकूटों से भी हुआ। 9वीं शताब्दी की शुरूआत में ही, पल्लव शासक दंतिवर्मन के काल में राष्ट्रकूट शासक गोविंद-III ने कांची पर आक्रमण कर दिया। दंतिवर्मन के पुत्र नंदीवर्मन-III ने पाण्ड्यों को हराने में सफलता पाई। साम्राज्यवादी पल्लव शासकों में, अपराजित अंतिम सम्राट था। पश्चिमी गंग और चोलों की सहायता से उसने श्रीपुरमबियम के युद्ध में पाण्ड्यों को पराजित किया। 893 ई. में चोल शासक आदित्य-I के द्वारा पल्लवों का अंत हो गया, जिसके पश्चात् तोण्डईमंडलम् का नियंत्रण चोलों के हाथों में हस्तांतरित हो गया।

91. निम्नलिखित में से कौन राष्ट्रकूट शासक नहीं था?
A. गोविंद तृतीय B. कृष्ण प्रथम
C. शक्तिवर्मन D. नृपतुंग

92. गद्यांश में दिए गए 'तोण्डईमंडलम्' निम्नलिखित में से किसके लिए प्रयुक्त हुआ है?
A. कोयम्बटूर एवं सलेम के आसपास का क्षेत्र।
B. उत्तरी पेन्नार एवं उत्तरी वेल्लार नदियों के मध्य अवस्थित क्षेत्र।
C. कावेरी नदी के किनारे का क्षेत्र।
D. कावेरीपट्टनम के दक्षिण स्थित तटीय भू-भाग को समाविष्ट किया हुआ क्षेत्र।

93. निम्नलिखित में से कौन-सा क्षेत्र पश्चिमी गंग राजवंश द्वारा शासित किया गया?
A. आंध्र प्रदेश
B. कोंगनाडू
C. मैसूर
D. मेईलाई क्षेत्र

94. पल्लव एवं पश्चिमी चालुक्यों के मध्य संघर्ष का प्रारंभ निम्नलिखित में से किस पल्लव शासक के शासनकाल में हुआ?
A. महेन्द्रवर्मन प्रथम
B. महेन्द्रवर्मन द्वितीय
C. नन्दिवर्मन प्रथम
D. राजसिंह

95. निम्नलिखित में से कौन-सा पल्लव शासक, चोल शासक आदित्य प्रथम द्वारा पराजित हुआ था?
A. परमेश्वर
B. अपराजित
C. दंतिवर्मन
D. कम्पावर्मन

निर्देश (प्रश्न संख्या 96 से 100 तक): *नीचे दिए गए गद्यांश को पढ़िए तथा प्रश्नों के उत्तर दीजिए।*

उन्नीसवीं शताब्दी में चालीस के दशक में, पंजाब पर अंग्रेजों की विजय के कुछ समय पहले संभवतः पश्चिमी पंजाब में सिआन साहिब नाम से विख्यात भगत जवाहरमल द्वारा कूका आन्दोलन की आधारशिला रखी गई थी।

सिख धर्म में पहले से विद्यमान जाति भेद, हिन्दुओं में विधवाओं पर आरोपित सख्त नियम, और मूर्तियों, मकबरों और योगियों की पूजा जैसी बुराइयों एवं अंधविश्वासों को मिटाकर सिख धर्म का शुद्धीकरण करना इस आंदोलन का उद्देश्य था।

96. निम्नलिखित में से कौन-सा कूका आंदोलन के सिद्धांत का भाग **नहीं** है?
A. जाति-उन्मूलन
B. मांसाहार का त्याग
C. मद्य एवं मादक द्रव्य परिवर्जन
D. अन्तरजातीय विवाह पर प्रतिबंध लगाना

97. कूका आंदोलन के संस्थापक भगत जवाहर मल के प्रमुख अनुयायी (शिष्य) निम्नलिखित में से कौन थे?
A. बालक सिंह B. दूदू पंत
C. मूलराज सिंह D. ध्यान सिंह

98. कूका नेता रामसिंह ने किस सिख शासक की सेना में अपनी सेवाएँ दीं?
A. दिलीप सिंह
B. मूलराज सिंह
C. नौनिहाल सिंह
D. ध्यान सिंह

99. कूका समर्थक अपनी पगड़ी को विशिष्ट रीति से बाँधते थे, जिसे कहा जाता था :
A. शुद्ध-पुश्त पाग
B. सिद्धपाग
C. रिद्धि-सिद्धि पाग
D. पंथ पाग

100. कूका आन्दोलन के प्रमुख नेता रामसिंह ने स्वयं को किस सिख गुरु के अवतार के रूप में घोषित किया?
A. गुरु गोविन्द सिंह
B. गुरु तेगबहादुर
C. गुरु अंगद
D. गुरु अर्जुन देव

उत्तरमाला

1. **(A):** उकट्ठा और कीतागिरी दोनों कोसल महाजनपद के महत्वपूर्ण शहर थे। कोसल एक प्राचीन भारतीय महाजनपद था, जिसकी राजधानी अयोध्या थी। इस महाजनपद का वर्णन प्राचीन भारतीय ग्रंथों जैसे कि बौद्ध ग्रंथों और जैन ग्रंथों में भी मिलता है। उकट्ठा और कीतागिरी, कोसल के अंतर्गत आने वाले प्रमुख शहरों के रूप में उल्लेखित हैं, जो कि व्यापार और सांस्कृतिक गतिविधियों के केंद्र थे।

   इन शहरों के माध्यम से कोसल महाजनपद अन्य राज्यों के साथ व्यापारिक संबंध और सांस्कृतिक आदान-प्रदान में सक्रिय था। यह महाजनपद अपनी राजनीतिक शक्ति और धार्मिक महत्व के लिए जाना जाता था, जहां बौद्ध धर्म और जैन धर्म का प्रचार और प्रसार बहुत हुआ था।

2. **(B):** मंडासा और सान्ता-बोमाली अनुदान कदम्ब राजवंश द्वारा जारी किए गए थे। कदम्ब राजवंश दक्षिण भारत में एक प्रमुख राजवंश था, जिसकी स्थापना मयूरशर्मन ने की थी। इस राजवंश का मुख्य केंद्र बनवासी था। कदम्ब राजवंश ने कई धार्मिक और सामाजिक उपक्रमों का संचालन किया, जिसमें अनुदान और भूमि दान प्रमुख थे। मंडासा और सान्ता-बोमाली अनुदान उनके द्वारा बौद्धिक और धार्मिक कार्यों के लिए दिए गए थे।

3. **(A):** भारत में शैल चित्रकला को प्रथमतया खोजने का श्रेय ए.सी.एल. कार्लाइल को जाता है। 1880 के दशक में, उन्होंने मिर्जापुर के पास सोन नदी की घाटी में स्थित लेखनिया डांग पर प्राचीन चित्रों की खोज की थी। कार्लाइल उस समय भारतीय पुरातत्व विभाग में एक अधिकारी थे और उनकी इस खोज ने प्राचीन भारतीय चित्रकला के अध्ययन को एक नई दिशा प्रदान की।

   इन चित्रों की उम्र का अनुमान लगाने के लिए विभिन्न पुरातत्वशास्त्रीय तकनीकों का उपयोग किया गया, जिससे पता चला कि ये चित्र कई हजार वर्ष पुराने हैं। इस खोज ने भारत में पुरातात्विक अनुसंधानों में महत्वपूर्ण योगदान दिया और भारतीय चित्रकला के इतिहास को समझने में मदद की।

4. **(B):** अजातशत्रु, जो हर्यंक वंश का एक प्रमुख शासक था, ने महाशिलाकंटक और रथमूसल नामक दो युद्ध-शस्त्रों का प्रयोग किया था। अजातशत्रु का शासनकाल लगभग 492 ईसा पूर्व से 460 ईसा पूर्व तक माना जाता है। उन्होंने अपने पिता बिम्बिसार को हटाकर राजगद्दी प्राप्त की थी। अजातशत्रु के शासन काल में विशेषकर वैशाली के लिच्छवी गणराज्य के खिलाफ युद्ध में इन युद्ध-शस्त्रों का उपयोग हुआ था। महाशिलाकंटक एक प्रकार की बड़ी शिला थी जिसे दुश्मनों पर फेंका जाता था, जबकि रथमूसल एक बड़े युद्ध रथ पर लगी हुई बड़ी मूसल थी जिसे दुश्मनों को कुचलने के लिए प्रयोग किया जाता था।

5. **(B):** पोनी ने हर्षवर्धन को उनके भाई राज्यवर्धन की मृत्यु के पश्चात राजगद्दी संभालने के लिए आमंत्रित किया था। हर्षवर्धन उत्तरी भारत में थानेसर का शासक बना और बाद में कन्नौज का राजा बना। उनके भाई की मृत्यु उस समय हुई जब वह शशांक, गौड़ के राजा से युद्ध कर रहे थे। पोनी, जो कि एक महत्वपूर्ण सैन्य और प्रशासनिक अधिकारी था, ने हर्षवर्धन को राज्य की बागडोर संभालने के लिए उत्प्रेरित किया।

6. **(C):** फ्रांसिस बेकन ने 'द न्यू इंस्ट्रमेंट' की रचना की थी और उन्होंने कहा था कि 'ज्ञान ही शक्ति है'। बेकन एक अंग्रेजी दार्शनिक, राजनीतिज्ञ, और लेखक थे, जिन्होंने विज्ञान और दार्शनिक विचारों के क्षेत्र में महत्वपूर्ण योगदान दिया। उनकी पुस्तक 'नोवम ऑर्गेनम' जिसे 'द न्यू इंस्ट्रमेंट' भी कहा जाता है, ने वैज्ञानिक पद्धति की नींव रखी। इस पुस्तक में उन्होंने वैज्ञानिक विचार और प्रयोग के नए तरीके प्रस्तुत किए, जिससे विज्ञान की दिशा में क्रांति हुई।

7. **(A):** गौड़-वहो की रचना वाक्पति ने की है। यह कृति प्राकृत भाषा में लिखी गई एक महत्वपूर्ण काव्य रचना है, जिसमें राजनीतिक और सांस्कृतिक घटनाओं का वर्णन किया गया है। वाक्पति ने इस काव्य में गौड़ राज्य की सामाजिक, आर्थिक और राजनीतिक स्थिति को चित्रित किया है। वाक्पति की इस कृति को इतिहासकारों और साहित्यिक विद्वानों द्वारा प्राकृत भाषा की काव्य परंपरा में एक महत्वपूर्ण योगदान माना जाता है।

8. **(D):** कोरकई, प्राचीन भारत में एक प्रमुख तटीय बंदरगाह था, जो मोतियों और मछलियों के लिए प्रसिद्ध था। यह बंदरगाह तमिलनाडु के तटीय क्षेत्र में स्थित था और इसका ऐतिहासिक महत्व काफी उच्च था क्योंकि यह व्यापार और संस्कृति के आदान-प्रदान का एक मुख्य केंद्र था। कोरकई का उल्लेख तमिल संगम साहित्य में भी मिलता है, जो कि इसे तमिल व्यापार और नौवहन के लिए एक महत्वपूर्ण स्थल के रूप में दर्शाता है।

9. **(B):** स्कंदगुप्त के 'भीतरी स्तंभ लेख' में स्कंदगुप्त की तुलना कृष्ण से करते हुए कहा गया है, कि जिस प्रकार कृष्ण अपने शत्रुओं को परास्त करने के पश्चात् अपनी माँ देवकी के पास वापस गए, उसी तरह से स्कंदगुप्त भी अपने शत्रुओं को परास्त कर वापस आता है। जूनागढ़ अभिलेख शक क्षत्रप रुद्रदामन का है। रुद्रदामन का जूनागढ़ अभिलेख संस्कृत भाषा में लिखा गया, प्रथम अभिलेख है। नानाघाट अभिलेख, सातवाहन रानी नागनिका का है। नासिक अभिलेख, द्वितीय सातवाहन शासक, कृष्ण से संबंधित है।

10. **(C):** 'स्मृति संग्रह' विधि एवं विधिक संस्थाओं पर लिखी गई एक कृति है। यह ग्रंथ एक अज्ञात लेखक द्वारा रचित है, जिसमें प्राचीन भारतीय कानूनी और विधिक प्रणालियों के विभिन्न पहलुओं का गहन अध्ययन किया गया है। इस पुस्तक में विधियों, न्याय प्रक्रिया, दंड संहिता, और समाज में विधिक संस्थाओं की भूमिका जैसे विषयों पर विस्तार से चर्चा की गई है। यह ग्रंथ विधि शास्त्र के छात्रों और शोधकर्ताओं के लिए एक महत्वपूर्ण संसाधन माना जाता है, क्योंकि इसमें दिए गए विचार और व्याख्याएं उस समय की विधिक व्यवस्था को समझने में मदद करती हैं।

11. **(A):** सोनार संवेदन प्रविधि पुरातात्विक अवशेषों के तिथि-निर्धारण की प्रविधि नहीं है। यह तकनीक मुख्य रूप से समुद्री और जलीय पर्यावरण में वस्तुओं, संरचनाओं और भू-भाग की गहराई और संरचना का पता लगाने के लिए इस्तेमाल की जाती है। सोनार यानि Sound Navigation and Ranging, ध्वनि तरंगों का प्रयोग करके वस्तुओं की स्थिति और दूरी का निर्धारण करता है।

12. **(B):** उपर्युक्त गद्यांश में पल्लव शासक नरसिंहवर्मन II (राजसिंह) के शासनकाल में निर्मित तटीय मंदिर (Shore Temple) के स्थापत्य की चर्चा की गई है। यह तीन मंदिरों का समूह है। इनमें से दो शिव मंदिर हैं, जबकि एक विष्णु मंदिर है। शिव मंदिरों में से एक छोटा तथा एक बड़ा मंदिर है। इस मंदिर का मुख्य द्वार पश्चिम दिशा में है। तीनों मंदिर एक-दूसरे से जुड़े हुए हैं। मामल्लपुरम (महाबलीपुरम) मंदिर समूह यूनेस्को की विश्व धरोहर सूची में शामिल है।

13. **(D):** उपर्युक्त गद्यांश युआल नोह हरारी ने लिखा है। युआल नोह हरारी, एक इतिहासकार और लेखक हैं, जिन्होंने मुख्यतः मानव इतिहास और भविष्य के परिदृश्यों पर ध्यान केंद्रित किया है। उनकी लेखनी में साम्राज्यिक सभ्यताओं की विशेषताएं और उनके द्वारा विजित सभ्यताओं से प्राप्त योगदानों की महत्वपूर्णता को बार-बार उजागर किया गया है। हरारी का मानना है कि साम्राज्यिक सभ्यताएँ विभिन्न सांस्कृतिक, धार्मिक, और आर्थिक प्रभावों को समावेशित करने में सक्षम होती हैं, जिससे एक नयी और समृद्ध सभ्यता का निर्माण होता है। इस प्रकार, उनके लेखन में इतिहास और भविष्य के बीच की कड़ी को समझने की गहरी अंतर्दृष्टि मिलती है, जो पाठकों को न केवल इतिहास की घटनाओं को जानने में मदद करती है बल्कि वर्तमान और भविष्य के संदर्भ में उन्हें समझने का नजरिया भी प्रदान करती है।

14. (A): नाजिम मुगलकालीन भारत में शहरों के प्रशासन से संबद्ध नहीं था। नाजिम शब्द का प्रयोग मुगल साम्राज्य में अक्सर प्रांतों के शासकों के संदर्भ में किया जाता था, न कि शहरी प्रशासन के लिए। शहरी प्रशासन में मुख्य रूप से कोतवाल, जो कि शहर के पुलिस प्रमुख होते थे, और काजी, जो न्यायिक मामलों को संभालते थे, शामिल होते थे। नाजिम का मुख्य कार्य क्षेत्र प्रांतीय प्रशासन, साम्राज्य की आंतरिक सुरक्षा और कर संग्रहण में होता था।

15. (D): इब्न-बतूता के अनुसार, दिल्ली की तरह समान वर्ग में रखा जा सकने वाला एकमात्र शहर दौलताबाद था। इब्न-बतूता, जो कि 14वीं शताब्दी के मध्य में भारत आए थे, ने अपनी यात्राओं के दौरान दौलताबाद की उल्लेखनीय समृद्धि और भव्यता को दर्ज किया। दौलताबाद, जिसे देवगिरि के नाम से भी जाना जाता है, उस समय एक महत्वपूर्ण व्यापारिक और सैन्य केंद्र था। इसकी स्थिति और संरचना दिल्ली के समान ही प्रभावशाली थी, जिसमें विशाल दुर्ग, बड़े बाजार और विशाल आबादी शामिल थी। इब्न-बतूता का कहना है कि दौलताबाद की समृद्धि और आधारभूत संरचना उसे दिल्ली के समकक्ष बनाती है, जो उस समय भारत के सबसे महत्वपूर्ण शहरों में से एक था।

16. (A): विजयनगर साम्राज्य की राजनैतिक अर्थव्यवस्था को सामंती एन. काराशिमा ने कहा है। एन. काराशिमा एक प्रसिद्ध इतिहासकार हैं जिन्होंने दक्षिण भारतीय इतिहास पर गहन अध्ययन किया है, विशेष रूप से विजयनगर साम्राज्य के संदर्भ में। उन्होंने विजयनगर साम्राज्य की अर्थव्यवस्था का विश्लेषण करते हुए इसे सामंती व्यवस्था के रूप में पहचाना, जहाँ भूमि और राजस्व के अधिकार स्थानीय सामंतों के हाथों में केंद्रित थे।

17. (D): शिवाजी का स्वराज केवल वतन की प्रतिकृति था, यह अभिकथन आंद्रे विंक ने किया है। आंद्रे विंक एक इतिहासकार हैं जिन्होंने मराठा साम्राज्य और शिवाजी के शासन काल पर व्यापक अध्ययन किया है। विंक के अनुसार, शिवाजी का स्वराज, जिसे अक्सर एक स्वतंत्र और स्वदेशी राजनीतिक व्यवस्था के रूप मे देखा जाता है, वास्तव में उस समय के प्रचलित वतन प्रणाली का एक विस्तार था। वतन प्रणाली में भूमि और अधिकारों का आवंटन वंशानुगत था, जो कि मराठा सामाजिक-राजनीतिक संरचना की एक विशेषता थी।

18. (B): विजयनगर राज्य के संदर्भ में उपरोक्त टिप्पणी अब्दुर रज्जाक ने की है। अब्दुर रज्जाक एक फारसी राजदूत था जो 1443 में विजयनगर साम्राज्य का दौरा करने आया था। उन्होंने अपनी यात्रा के दौरान साम्राज्य की समृद्धि और व्यवस्था का वर्णन किया रज्जाक ने विशेष रूप से विजयनगर की उर्वरता और सैन्य क्षमता को उल्लेखित किया, जहां उन्होंने कहा कि वहाँ की भूमि बहुत उपजाऊ है और सैनिकों की संख्या ग्यारह लाख के आसपास है। यह विवरण विजयनगर साम्राज्य की आर्थिक और सैन्य ताकत को दर्शाता है और इस साम्राज्य के स्थानीय और अंतरराष्ट्रीय महत्व को समझने में मदद करता है।

19. (A): मुगलकालीन भारत के शहरों के संदर्भ में उपरोक्त कथन फादर मोन्सरेट ने दिया था। फादर मोन्सरेट एक जेसुइट मिशनरी थे जिन्होंने अकबर के दरबार में कुछ समय बिताया था। उन्होंने अपने अनुभवों को लिखित रूप में दर्ज किया, जिसमें उन्होंने मुगल शहरों की बाहरी सुंदरता और आंतरिक अव्यवस्था का वर्णन किया। मोन्सरेट ने उल्लेख किया कि शहर दूर से बहुत आकर्षक लगते हैं, परंतु जब कोई उनमें प्रवेश करता है, तो उसे गलियों की संकराई और भीड़-भाड़ से उत्पन्न होने वाली अव्यवस्था का सामना करना पड़ता है।

20. (C): इसामी ने उपरोक्त टिप्पणी की थी कि 'कोई महिला एक शासिका के रूप में अपने कर्तव्य का निर्वहन नहीं कर सकती है, क्योंकि उसमें बौद्धिक रूप से पर्याप्त रूप में न्यूनता पाई जाती है।' इसामी एक मध्यकालीन इतिहासकार थे जिन्होंने मुगल काल के दौरान भारतीय राजनीति और समाज के बारे में लिखा। इस टिप्पणी में उन्होंने महिलाओं की शासनिक

क्षमताओं पर अपनी स्पष्ट और नकारात्मक राय व्यक्त की, जो उस समय के समाज में प्रचलित लिंगभेदी धारणाओं को दर्शाता है।

21. (A): विजयनगर राज्य में प्रशासनिक इकाई के रूप में राज्य की स्थापना और उसका प्रबंधन एक वरिष्ठ सरकारी अधिकारी के अधीन होता था, जिसे प्रधानी कहा जाता था। विजयनगर साम्राज्य में राज्य प्रशासनिक ढांचे का मुख्य घटक था और प्रत्येक राज्य का प्रशासन एक प्रधानी द्वारा किया जाता था, जिसे विशेष अधिकार और जिम्मेदारियां प्रदान की गई थीं। ये अधिकारी राजस्व संग्रह, सामाजिक व्यवस्था और कानूनी मामलों को संभालते थे।

22. (A): बहमनी वंश की राजधानी को दौलताबाद से गुलबर्गा स्थानान्तरित करने का निर्णय अलाउद्दीन हसन बहमन शाह ने लिया था। अलाउद्दीन हसन बहमन शाह बहमनी साम्राज्य के संस्थापक थे और उन्होंने 1347 ईस्वी में इस साम्राज्य की स्थापना की थी। उनका यह निर्णय सामरिक और प्रशासनिक कारणों से प्रेरित था। गुलबर्गा, जिसे उन्होंने अपनी नई राजधानी के रूप में चुना, केंद्रीय दक्कन में स्थित है, जो कि उस समय विभिन्न क्षेत्रीय शक्तियों के बीच संतुलन स्थापित करने के लिहाज से महत्वपूर्ण था।

23. (B): मिन्हाज सिराज के संदर्भ में किलोखरी का उल्लेख शहर-ए-नाऊ के रूप में किया गया है। किलोखरी, जो कि दिल्ली के पास स्थित था, को सुल्तान नासिरुद्दीन महमूद के शासनकाल में महत्वपूर्ण शहरी विकास प्राप्त हुआ। मिन्हाज सिराज, जो एक प्रमुख इतिहासकार थे, ने इसे 'नया शहर' या शहर-ए-नाऊ के रूप में वर्णित किया, क्योंकि इस दौरान शहर ने नई बसावट और संरचनात्मक पुनर्निर्माण का अनुभव किया। किलोखरी का यह वर्णन मध्यकालीन भारत में शहरीकरण और स्थानीय प्रशासन की बढ़ती जटिलता को दर्शाता है। मिन्हाज के द्वारा किए गए इस वर्णन से उस समय के शहरी विकास की गतिशीलता और राजनीतिक महत्व की गहराई को समझने में मदद मिलती है।

24. (D): लोदियों के द्वारा जारी किया गया बहलोली टंका कांस्य निर्मित था, यह कथन सही नहीं है। लोदी वंश ने मुद्रा के रूप में मुख्यतः चांदी और सोने का इस्तेमाल किया। बहलोली टंका चांदी और सोने से निर्मित होते थे, न कि कांस्य से। इस प्रकार की गलतफहमी अक्सर हो सकती है क्योंकि इतिहास में मुद्रा की सामग्री को लेकर विभिन्न समयों में विभिन्न प्रकार की मुद्राएं चलन में रही हैं। हालांकि, लोदी वंश के दौरान जारी किए गए मुख्य मुद्राएं चांदी और सोने से बनी होती थीं, जो कि उस समय के मानक अनुसार थीं और इससे उनकी आर्थिक स्थिति और मुद्रा प्रणाली की स्थिरता का पता चलता है।

25. (A): शाह वली-उल्लाह ने सम्राट मुहम्मदशाह से खालसा भूमि से हजारा-प्रथा के उन्मूलन के लिए वकालत की थी। शाह वली-उल्लाह एक प्रभावशाली धार्मिक विद्वान थे जिन्होंने 18वीं शताब्दी में मुगल साम्राज्य में अपनी विचारधारा और सुधारात्मक उपायों के माध्यम से महत्वपूर्ण प्रभाव डाला। उन्होंने मुगल सम्राट मुहम्मदशाह के सामने खालसा भूमि में हजारा-प्रथा (एक प्रकार की कर प्रणाली जो किसानों पर अत्यधिक बोझ डालती थी) को समाप्त करने की अपील की थी।

26. (B): फिल्म 'पहला आदमी' में सुभाष चन्द्र बोस के जीवन की अवस्था और सिंगापुर में भारतीय राष्ट्रीय सेना (आई.एन.ए.) के कार्यों को चित्रित किया गया है। इस फिल्म में बोस की जीवनी और उनके द्वारा नेतृत्व किए गए आई.एन.ए. के संघर्षों और साहसिक कार्यों को प्रदर्शित किया गया है। फिल्म उनकी राजनीतिक और सैन्य गतिविधियों को दर्शाती है, जिसमें विशेष रूप से सिंगापुर में आई.एन.ए. के आधार पर उनके प्रयासों को उजागर किया गया है। इस फिल्म के माध्यम से दर्शकों को बोस के व्यक्तित्व और उनके द्वारा भारतीय स्वतंत्रता संग्राम में किए गए योगदान की गहराई से समझ मिलती है, साथ ही इसने ऐतिहासिक घटनाओं के चित्रण के माध्यम से उनकी विरासत को संरक्षित किया है।

27. (A): सुभाष चन्द्र बोस ने भारतीय राष्ट्रीय सेना (आई. एन.ए.) के दो मुख्यालयों की स्थापना रंगून और सिंगापुर में की। इन दोनों स्थानों का चयन उनकी रणनीतिक स्थितियों और भौगोलिक महत्व के कारण किया गया था। सिंगापुर, जहां आई.एन.ए. की स्थापना हुई, उसे स्वतंत्रता संग्राम के लिए एक महत्वपूर्ण केंद्र के रूप में विकसित किया गया। वहीं, रंगून ने इस सेना के लिए एक और महत्वपूर्ण संचालन केंद्र के रूप में कार्य किया। बोस का उद्देश्य इन मुख्यालयों के माध्यम से अधिक संगठित और प्रभावी ढंग से आजादी की लड़ाई को आगे बढ़ाना था, और इस प्रकार इन स्थानों का उपयोग भारतीय स्वतंत्रता के लिए एक नई उम्मीद और साहस के प्रतीक के रूप में किया गया।

28. (D): भारतीय चलचित्र समिति, 1927-28 का सदस्य कर्नल एम.एम. स्मिथ नहीं था। यह समिति भारतीय सिनेमा के विकास और उसके विनियमन पर चर्चा करने के लिए गठित की गई थी, जिसमें विभिन्न प्रमुख व्यक्तियों ने भाग लिया। समिति के सदस्यों में दीवान बहादुर टी. रंगचरियार, के.सी. नियोगी और कर्नल जे.डी. क्राफोर्ड शामिल थे, जिन्होंने फिल्म निर्माण, वितरण और प्रदर्शन से संबंधित मानदंडों और नीतियों पर अपनी राय दी। इस समिति का उद्देश्य भारतीय सिनेमा को और अधिक संगठित और विनियमित बनाना था, जिससे कि यह और अधिक व्यवसायिक रूप से व्यवहार्य और सांस्कृतिक रूप से प्रभावी हो सके। कर्नल एम.एम. स्मिथ का नाम इस समिति के सदस्यों में नहीं आता, जिससे यह स्पष्ट होता है कि उनका इसमें कोई योगदान नहीं था।

29. (A): 'यदि इतिहास में हमें कोई सबक सिखाता है तो वह है कि कोई ऐतिहासिक सबक नहीं है' यह कथन लुसियन फेबव्रे ने दिया था। लुसियन फेबव्रे, एक प्रमुख फ्रेंच इतिहासकार थे जिन्होंने ऐन्नाल्स स्कूल की स्थापना में महत्वपूर्ण भूमिका निभाई थी। फेबव्रे का यह कथन इतिहास की व्याख्या के पारंपरिक दृष्टिकोण को चुनौती देता है और इस विचार को प्रोत्साहित करता है कि इतिहास से सीधे-सीधे 'सबक' सीखने का विचार सरलीकरण है।

30. (A): एक क्रेता बाजार, जिसे मोनोपसोनी के रूप में जाना जाता है, वह बाजार का एक प्रकार है जिसमें अनेक विक्रेताओं के होने के बावजूद केवल एक क्रेता होता है। इस प्रकार की बाजार व्यवस्था में, एकमात्र क्रेता को महत्वपूर्ण बाजार शक्ति प्राप्त होती है, क्योंकि विक्रेताओं के पास अपने माल या सेवाओं को बेचने के लिए कोई अन्य विकल्प नहीं होता है। इस स्थिति में, क्रेता मूल्य निर्धारण और अन्य व्यापारिक शर्तों को नियंत्रित करने में सक्षम होता है, जिससे विक्रेताओं के लिए अक्सर व्यापार में नकारात्मक परिणाम हो सकते हैं। मोनोपसोनी बाजार आमतौर पर कुछ विशिष्ट उद्योगों में पाया जाता है, जहां केवल एक या दो बड़े खरीदार होते हैं, जैसे कि रक्षा उपकरणों का उद्योग जहां सरकार अक्सर एकमात्र खरीदार होती है।

31. (B): भारतीय सेना में अधिकारियों के पूर्ण भारतीयकरण के लिए योजना तैयार करने हेतु शिया समिति गठित की गई थी। यह समिति ब्रिटिश भारत में सेना के भारतीयकरण की प्रक्रिया को गति प्रदान करने के उद्देश्य से स्थापित की गई थी, जिसमें भारतीयों को अधिकारी के रूप में शामिल करने के तरीकों और चरणों की सिफारिशें की गईं। इस समिति का मुख्य कार्य ऐसे उपाय सुझाना था जिससे कि भारतीय सेना में अधिकारी स्तर पर भारतीयों की बढ़ोतरी हो सके। शिया समिति ने विभिन्न प्रशिक्षण प्रोग्रामों, चयन प्रक्रियाओं और सेना में करियर की संभावनाओं के सुधार के लिए सिफारिशें की, जिससे अंततः भारतीय सेना में नेतृत्व की भूमिकाओं में भारतीयों की भागीदारी बढ़ी।

32. (A): वर्ष 1923 में हिन्दू महासभा के विशेष सत्र की अध्यक्षता राजेन्द्र प्रसाद ने की थी। राजेन्द्र प्रसाद, जो कि बाद में भारत के पहले राष्ट्रपति बने, उस समय एक प्रमुख राजनीतिक और सामाजिक नेता थे। उनकी अध्यक्षता में हिन्दू महासभा का यह विशेष सत्र महत्वपूर्ण राजनीतिक और सामाजिक मुद्दों पर चर्चा करने के लिए आयोजित किया गया था। इस सत्र में भारतीय समाज में हिन्दू समुदाय की स्थिति और उसके

सामने आ रही चुनौतियों पर विशेष ध्यान केंद्रित किया गया था। राजेन्द्र प्रसाद की नेतृत्व क्षमता और उनकी विचारशीलता ने इस सत्र को विशेष बनाया और इसमें उठाए गए मुद्दों और सिफारिशों ने हिन्दू महासभा की भावी दिशा और नीतियों पर गहरा प्रभाव डाला।

33. (D): मुस्लिम लीग का उद्देश्य मुसलमानों की आवश्यकताओं एवं अपेक्षाओं को उग्र एवं प्रतिशोध की भाषा में सरकार के समक्ष रखना था, यह कथन सही नहीं है। मुस्लिम लीग का गठन वास्तव में ब्रिटिश भारत में मुसलमानों के हितों का संरक्षण और प्रचार करने के लिए किया गया था। इसका मुख्य उद्देश्य ब्रिटिश सरकार के प्रति मुसलमानों में वफादारी बढ़ाना और उनके राजनीतिक अधिकारों का संरक्षण करना था। मुस्लिम लीग ने अपनी मांगों और आवश्यकताओं को संवादात्मक और विनम्र तरीके से सरकार के समक्ष रखा, जिससे कि अधिक से अधिक उचित प्रतिक्रिया और समर्थन प्राप्त किया जा सके।

34. (A): 'इंडियन एसोसिएशन फॉर द कल्टीवेशन ऑफ साइंस' की स्थापना महेन्द्र लाल सरकार ने वर्ष 1876 में की थी। यह संस्था वैज्ञानिक शिक्षा के संवर्धन और भारत में विज्ञान के प्रचार-प्रसार के लिए स्थापित की गई थी। महेन्द्र लाल सरकार, जो एक प्रसिद्ध भारतीय चिकित्सक और समाज सुधारक थे, ने इस संस्थान की स्थापना के पीछे यह उद्देश्य रखा कि भारतीयों को वैज्ञानिक ज्ञान और शोध के क्षेत्र में उन्नति करने के अवसर प्रदान किए जा सकें। इस संस्थान ने विज्ञान के विभिन्न अनुशासनों में शोध और प्रयोगों को बढ़ावा दिया और भारतीय विज्ञानी समुदाय के लिए एक महत्वपूर्ण मंच के रूप में काम किया। यह संस्था आज भी वैज्ञानिक शिक्षा और शोध के क्षेत्र में अपना योगदान दे रही है, और इसकी स्थापना भारतीय विज्ञान की दिशा और दशा को निर्धारित करने में महत्वपूर्ण सिद्ध हुई।

35. (A): उच्चतम न्यायालय में एक मुख्य न्यायाधीश एवं 28 से अधिक न्यायाधीश नहीं होते हैं, यह कथन सही नहीं है। वर्तमान समय में वर्ष (2019 से) उच्चतम न्यायालय में न्यायाधीशों की संख्या 34 कर दी गई है, अर्थात् 33 न्यायाधीश एवं एक मुख्य न्यायाधीश। उल्लेखनीय है कि संविधान लागू होने के समय सुप्रीम कोर्ट में 8 (1 मुख्य न्यायाधीश + 7 न्यायाधीश) न्यायाधीश थे। यह बदलाव उच्चतम न्यायालय की बढ़ती मामलों की संख्या और न्यायिक प्रक्रिया की दक्षता को सुधारने के लिए किया गया था। इस प्रकार के तथ्यात्मक और विधिक परिवर्तन उच्चतम न्यायालय की कार्यप्रणाली और न्याय प्रदान करने की क्षमता में महत्वपूर्ण प्रभाव डालते हैं।

36. (B): वर्ष 1819 में कश्मीर को अफगानों से रंजीत सिंह ने जीता था। रंजीत सिंह, जिन्हें 'शेर-ए-पंजाब' के नाम से भी जाना जाता है, पंजाब के महाराजा थे और सिख साम्राज्य के संस्थापक थे। उन्होंने अपनी मिलिट्री क्षमता और रणनीतिक दूरदर्शिता के बल पर कई क्षेत्रों को जीता, जिसमें कश्मीर भी शामिल है। उनकी विजय ने न केवल कश्मीर को अफ़गान शासन से मुक्त कराया बल्कि इसने पंजाब साम्राज्य को भी और मजबूती प्रदान की। रंजीत सिंह की यह विजय उनके शासन काल की प्रमुख उपलब्धियों में से एक मानी जाती है, और इसने उत्तरी भारत में उनके साम्राज्य की सीमाओं का विस्तार किया।

37. (D): जनरल स्मिथ के नेतृत्ववाली अंग्रेजी सेना ने लस्वारी के युद्ध में बापू गोखले को पराजित किया था, यह कथन सही नहीं है। वास्तव में, लस्वारी का युद्ध 1 नवंबर 1803 को लड़ा गया था, जिसमें जनरल जेरार्ड लेक के नेतृत्व में अंग्रेजी सेना ने फ्रांसीसी प्रशिक्षित मराठा सेना को पराजित किया था। इस युद्ध में मराठा सेना की ओर से मुख्य रूप से यशवंत राव होल्कर के सेनापति अंबाजी इनग्लिया थे। यह युद्ध अंग्रेजों और मराठा साम्राज्य के बीच दूसरे अंग्रेज-मराठा युद्ध का हिस्सा था और इसने अंग्रेजों को उत्तरी भारत में अपनी स्थिति मजबूत करने में मदद की थी।

38. (D): फिल्म 'ब्रांडीची ब्रांडी की बोतल' (1939) का आरंभ सरदार पटेल के भाषण के साथ होता है। यह फिल्म उस समय की सामाजिक और राजनीतिक

स्थितियों को प्रदर्शित करती है और सरदार पटेल का भाषण उस समय की जनता में जागरूकता और प्रेरणा उत्पन्न करने के लिए उपयुक्त माध्यम था। सरदार पटेल, जो भारतीय राजनीति में प्रमुख नेता थे, उनके विचार और आदर्श उस समय की फिल्मों में भी अक्सर उजागर होते थे क्योंकि वे आजादी के संघर्ष और राष्ट्रीय एकता की भावना को मज़बूती प्रदान करते थे। इस प्रकार, उनका भाषण इस फिल्म को एक उचित और प्रेरणादायक प्रारंभ प्रदान करता है।

39. (A): भारत में ईस्ट इंडिया कंपनी के प्रशासन एवं कार्यकलाप संबंधी पंचम प्रतिवेदन (फिफ्थ रिपोर्ट) के बारे में यह कथन कि इसे ब्रिटिश संसद में वर्ष 1815 में प्रस्तुत किया गया था, सही नहीं है। पंचम प्रतिवेदन वास्तव में वर्ष 1813 में प्रस्तुत किया गया था। यह रिपोर्ट ब्रिटिश संसद को ईस्ट इंडिया कंपनी के प्रशासन, उसकी नीतियों और भारत में उसके द्वारा किए गए कार्यों की जानकारी देने के लिए बनाई गई थी। यह रिपोर्ट उस समय के भारतीय प्रशासन और उसकी नीतियों पर गहरी नजर डालती है और ब्रिटिश सरकार के सामने भारत में कंपनी की गतिविधियों का आकलन प्रस्तुत करती है।

40. (A): गणेश शंकर विद्यार्थी द्वारा संपादित समाचार पत्र 'नायक' बंगाली भाषा में था, यह कथन सही नहीं है। गणेश शंकर विद्यार्थी ने 'प्रताप' नामक समाचार पत्र का संपादन किया था, जो हिंदी भाषा में प्रकाशित होता था और भारतीय स्वतंत्रता संग्राम के दौरान एक महत्वपूर्ण आवाज थी। गणेश शंकर विद्यार्थी कानपुर से थे और उन्होंने अपने पत्रकारिता करियर में सामाजिक और राजनीतिक मुद्दों पर जोरदार लेखन किया था। 'नायक' नामक किसी बंगाली भाषा के समाचार पत्र के संपादन का उनसे कोई संबंध नहीं है।

41. (A): सही उत्तर का चयन विकल्प (A) है जिसमें केवल (*a*), (*c*) और (*e*) शामिल हैं। पी.जी.डब्ल्यू. की पहचान का (तादात्म्य) सर्वप्रथम 1940 के दशक में अहिच्छत्रा (बरेली जिले में स्थित) से हुई, जो इसकी महत्वपूर्ण खोज को दर्शाता है। 1980 के दशक में माखनलाल द्वारा कानपुर जिले में किए गए अध्ययन ने पी.जी.डब्ल्यू स्थली एवं उनके अधिवास प्रतिरूपों को प्रकाश में लाया। आलमगीरपुर, काम्पिल, नोह, भगवानपुर और हस्तिनापुर से पी.जी.डब्ल्यू. भौतिक संस्कृति के साक्ष्य पाए जाने का कथन भी सही है। इस प्रकार की जानकारियाँ पुरातात्विक खोजों के संदर्भ में महत्वपूर्ण हैं और भारतीय प्राचीन इतिहास की समझ को गहराई प्रदान करती हैं।

42. (C): सही उत्तर विकल्प (C) है जिसमें (*a*), (*b*) और (*c*) शामिल हैं। मास्की और गुर्जरा लघु शिला लेख के अतिरिक्त अशोक का उल्लेख अन्य सभी अभिलेखों में देवनामपिय एवं पियदस्सी के रूप में किया गया है। तेरहवें शिलालेख में, अशोक ने कलिंग युद्ध के कारण उत्पन्न कष्टों के प्रति वास्तविक पश्चाताप को व्यक्त किया है। आरमेइक लिपि वाले अशोक के अभिलेख तक्षशिला और जलालाबाद में पाए गए हैं। ये तथ्य अशोक के राजत्व और उसके बौद्ध धर्म के प्रति समर्पण को और अधिक स्पष्टता से उजागर करते हैं, जिसने उनके शासन काल और नीतियों को गहराई से प्रभावित किया था।

43. (D): सही उत्तर विकल्प (D) है जिसमें केवल (*a*), (*b*), (*c*), और (*e*) शामिल हैं।

(*a*) ह्वेनसांग एवं अलबरूनी ने अपने विवरणों में कनिष्क द्वारा पेशावर में बौद्ध विहार निर्मित करवाए जाने का उल्लेख किया है, जो कि उनकी यात्राओं के दौरान की गई महत्वपूर्ण नोटिंग्स में से एक है।

(*b*) बौद्ध दार्शनिक अश्वघोष, पार्श्व और वसुमित्रा ने कनिष्क का आश्रय प्राप्त किया था, यह भी ऐतिहासिक तथ्य है जो उनके राज्य काल में बौद्ध धर्म के संवर्धन को दर्शाता है।

(*c*) कनिष्क कालीन सिक्कों पर ओएशो (शिव), साक्यमो बोड्डो, ओएडो, एदशो आदि के निरूपण वाले विवरण सही हैं और उस समय की धार्मिक और सांस्कृतिक विविधता को प्रदर्शित करते हैं।

(*e*) कल्हण कृत 'राजतरंगिणी' में हुष्क, जुष्क और कनिष्क नामक तीन शासकों का कश्मीर पर संयुक्त शासन का उल्लेख मिलता है, जो कश्मीर के इतिहास के एक अनूठे पहलू को उजागर करता है।

44. (D): सही उत्तर विकल्प (D) है जिसमें (*a*), (*b*), (*d*) और (*e*) शामिल हैं।

(*a*) बराबर पहाड़ी पर स्थित गुफा में मौखरी प्रमुख अनंतवर्मन द्वारा 5वीं सदी में कृष्ण की प्रतिमा की स्थापना का उल्लेख वास्तविक और ऐतिहासिक रूप से सही है।

(*b*) स्कंदगुप्त के जूनागढ़ अभिलेख में विष्णु का लक्ष्मी के आश्रय के रूप में उल्लेख भी सही है।

(*d*) ईश्वर छंगू-नारायण, जो नेपाल में डोला पर्वत पर स्थित हैं, यह भी सही है और नेपाल की धार्मिक स्थलों में उनका महत्वपूर्ण स्थान है।

(*e*) विष्णु के वाराह, नरसिंह और वामन अवतार उदयगिरी और मामल्लपुरम स्थित शैलकृत गुफाओं की मूर्तिकलाओं में पाए जाने का उल्लेख सही है और इससे उन स्थलों की ऐतिहासिक और धार्मिक महत्वता को दर्शाया गया है।

45. (D): सही उत्तर विकल्प (D) है जिसमें (*a*), (*b*), (*c*), (*d*), और (*e*) शामिल हैं। महापाषाणिक संरचनाओं के रूपों में मैनहिर, संगोरा वृत्त, डालमैन आकार वाला ताबूत, फणाकृति पाषाण, और सरेखण शामिल हैं। ये सभी विभिन्न प्रकार की प्राचीन संरचनाएं हैं जो अतीत के समाजों द्वारा उनके धार्मिक और सामाजिक उपयोगों के लिए निर्मित की गई थीं। इन संरचनाओं का अध्ययन पुरातत्त्वविदों को प्राचीन समाजों के रीति-रिवाजों, धार्मिक विश्वासों और समाजिक संरचना को समझने में मदद करता है।

46. (C): सही उत्तर विकल्प (C) है जिसमें (*b*), (*d*), और (*e*) शामिल हैं।

(*b*) वर, कन्या के साथ अग्नि के फेरे लगाता है। (अग्निपरिणय) यह पारंपरिक हिंदू विवाह में सबसे महत्वपूर्ण अनुष्ठानों में से एक है जहाँ वर और कन्या सात फेरे लेते हुए विवाह के सात वचनों को स्वीकार करते हैं।

(*d*) अधिकांश ग्रंथों के अनुसार विवाह संस्कार सप्तपदी के साथ समाप्त हो जाता है। सप्तपदी, जिसे सात फेरे भी कहा जाता है, विवाह की संपूर्णता और उसकी मान्यता को दर्शाता है।

(*e*) ध्रुव अरुंधती दर्शन, वर के घर पर की जाने वाली विवाह संस्कार की एक प्रथा थी। यह नवविवाहित जोड़े को दिशा और निरंतरता का आशीर्वाद देने का प्रतीक है।

इन तीनों कथनों को मिलाकर विवाह संस्कार की परंपरागत प्रक्रिया और उसके महत्व को समझा जा सकता है।

47. (D): सही उत्तर विकल्प (D) है जिसमें (*a*), (*d*), और (*e*) शामिल हैं।

(*a*) कृषिपाराशर एवं कृषिसूक्ति कृषि विषयक ग्रंथ हैं। ये दोनों ग्रंथ कृषि विज्ञान पर प्राचीन भारतीय साहित्य में महत्वपूर्ण स्त्रोत हैं।

(*d*) वापी का निर्माण आरंभिक मध्यकालीन भारत के राजस्थान एवं गुजरात में लोकप्रिय हुआ। यह जल संग्रहण के लिए प्रयोग किया जाता था और क्षेत्र के जल संरक्षण की तकनीकों में एक महत्वपूर्ण नवाचार था।

(*e*) कृषि संबंधित विस्तृत निर्देश अग्निपुराण एवं विष्णु धर्मोत्तरपुराण में पाया जाता है। ये निर्देश कृषि पद्धतियों और तकनीकों पर प्राचीन भारतीय ज्ञान को प्रदर्शित करते हैं।

48. (C): सही उत्तर विकल्प (C) है जिसमें (*a*), (*b*), और (*e*) शामिल हैं।

(*a*) 'न्यायतत्व' के लेखक नाथमुनि हैं, जिन्होंने विशिष्टाद्वैत संप्रदाय के दर्शन की विस्तृत व्याख्या प्रदान की है।

(*b*) इस संप्रदाय का आवश्यक सिद्धांत 'प्राप्ति' है जिसका अर्थ है ईश्वर के प्रति परम समर्पण।

(*e*) नाथमुनि सथकोप के गीतों से प्रभावित थे। ये तीनों कथन नाथमुनि के दार्शनिक योगदान और उनके विचारों की गहराई को दर्शाते हैं, जिन्होंने बाद में विशिष्टाद्वैत वेदांत के विकास में महत्वपूर्ण भूमिका निभाई।

49. (B): सही उत्तर विकल्प (B) है जिसमें (*a*), (*b*), (*d*), और (*e*) शामिल हैं।

(*a*) गुरु नानक विशेषतः पंजाब में अफगान शासकों द्वारा बनाई गई राजनैतिक प्रशासनिक व्यवस्था से पूर्ण रूप से परिचित थे। उन्होंने अपने यात्राओं के दौरान अनेक राजनीतिक परिस्थितियों का साक्षी बने और अपने उपदेशों में इन अनुभवों को शामिल किया।

(*b*) गुरु नानक की दृष्टि में बाबर की आक्रमणकारी सेना 'पापियों का समागम' था। उन्होंने बाबर के आक्रमण के समय की भयावहता और उसके साम्राज्यवादी नीतियों की आलोचना की।

(*d*) गुरु नानक की यह दृढ़ धारणा थी कि ईश्वर की कोई जाति नहीं होती। उनका मानना था कि ईश्वर सर्वव्यापी है और सभी मनुष्यों के लिए समान है, जो धार्मिक समरसता को बढ़ावा देने वाला विचार है।

(*e*) गुरु नानक मूर्तिकला के कर्मकांडीय पठन को समय की बर्बादी मानते थे। वे रीति-रिवाजों और कर्मकांडों के बजाय आत्मिक उन्नति और व्यक्तिगत धार्मिक अनुभव पर जोर देते थे। इससे उनके द्वारा स्थापित सिख धर्म में अनुष्ठानिकता की अपेक्षा आध्यात्मिक ज्ञान को अधिक महत्व दिया गया।

50. (C): सही उत्तर विकल्प (C) है जिसमें (*a*), (*b*), और (*c*) शामिल हैं।

(*a*) बंदा बहादुर के नेतृत्व में सिखों ने सरहिंद, हिसार, सहारनपुर की सरकारों में नाटकीय सफलता प्राप्त की। उनका यह अभियान मुगल साम्राज्य के खिलाफ एक महत्वपूर्ण मोर्चा था जिसने सिख इतिहास में एक नये युग की शुरुआत की।

(*b*) बंदा बहादुर ने मुखलिसपुर में अपनी राजधानी स्थापित की, जिसे बाद में लोहगढ़ के नाम से जाना गया। यह उनकी स्वतंत्रता और स्वराज के प्रति प्रतिबद्धता का प्रतीक था।

(*c*) बंदा बहादुर ने सिख गुरुओं के नाम से सिक्के जारी किए, जिससे उनकी स्वतंत्र और स्वायत्त सरकार की स्थापना की दिशा में एक कदम उठाया गया। इन सिक्कों पर गुरु नानक और गुरु गोबिंद सिंह के नाम अंकित थे, जो सिखों के लिए उनकी गहरी आस्था और समर्पण को प्रदर्शित करते थे।

51. (D): सही उत्तर विकल्प (D) है जिसमें (*b*) और (*c*) शामिल हैं।

(*b*) शेरशाह ने प्रशासन में हिन्दवी जबान/भाषा का प्रयोग किया, जो उस समय के भारतीय समाज के साथ उनकी व्यावहारिक समझ को दर्शाता है। इससे प्रशासनिक संचार में सुगमता आई और स्थानीय जनसंख्या के साथ बेहतर संवाद स्थापित हो सका।

(*c*) शेरशाह ने सख्ती के साथ कानून एवं व्यवस्था को लागू किया। उनका शासन दृढ़ प्रशासनिक नियमों और सख्त न्यायिक व्यवस्था के लिए जाना जाता है, जिससे उनके राज्य में अपराध और भ्रष्टाचार में कमी आई।

शेरशाह की नीतियों और उपलब्धियों ने उसे भारतीय इतिहास में एक महत्वपूर्ण स्थान दिलाया, और उसके द्वारा किए गए सुधारों का प्रभाव बाद के शासकों पर भी पड़ा।

52. (C): सही उत्तर विकल्प (C) है जिसमें (*a*) और (*c*) शामिल हैं।

(*a*) दहशाला प्रणाली की शुरुआत अकबर द्वारा वर्ष 1579 में की गई, जो माप पर आधारित थी। इस प्रणाली में, भूमि के पिछले दस वर्षों की औसत उपज के आधार पर कर निर्धारित किया जाता था। इससे किसानों को अपनी फसल की उपज

के आधार पर कर देना पड़ता था, जो अधिक न्यायसंगत माना जाता था क्योंकि यह उपज की मात्रा पर निर्भर करता था।

(*c*) पुरानी गज आधारित गज-ए-सिकंदरी को एक नवीन गज आधारित गज-ए-इलाही से प्रतिस्थापित कर दिया गया। गज-ए-इलाही अकबर द्वारा प्रवर्तित एक नयी मापन प्रणाली थी, जिसे राज्य में एकरूपता और व्यवस्था लाने के लिए अपनाया गया था। यह नवीन प्रणाली अधिक सटीक और समान मानकों पर आधारित थी, जिससे भूमि मापन और कर आकलन में सुधार हुआ।

ये दोनों कथन अकबर के सुधारों का हिस्सा थे, जिन्होंने मुगल साम्राज्य में प्रशासनिक और आर्थिक व्यवस्था को संगठित और प्रभावी बनाने की कोशिश की थी। ये सुधार न केवल राजस्व संग्रहण को बढ़ाने में मदद करते थे बल्कि किसानों और भूमि मालिकों के लिए न्यायसंगत भी थे।

53. (B): मुगलकालीन भारत में अभिजात वर्ग की संरचना और उसके विकास को समझने के लिए कथन (*c*) और (*e*) महत्वपूर्ण हैं।

कथन (*c*) के अनुसार, वर्ष 1595 और 1656-57 के मध्य मुगल अभिजात वर्ग के संगठन में परिवर्तन हुआ। इस अवधि में मुगल साम्राज्य अपने चरम पर था और इसके प्रशासनिक ढांचे में कई बदलाव हुए थे। यह बदलाव शासन की केंद्रीयकृत नीति, अधिक संगठित और कुशल प्रशासन के निर्माण की दिशा में था।

कथन (*e*) के अनुसार, जिन अभिजात वर्गों के पूर्वज पीढ़ियों से मुगलशाही सेवा में थे, उन्हें खानजादा कहा जाता था। यह उन विशेष परिवारों को दर्शाता है जिनकी पीढ़ियों का लंबा इतिहास मुगल सेवा में रहा है, और यह उनके समाज में उच्च स्थान और प्रतिष्ठा का प्रतीक है। ये कथन मुगल साम्राज्य के प्रशासनिक और सामाजिक ढांचे में उनकी भूमिका और महत्व को बताते हैं।

54. (C): सही उत्तर विकल्प (C) है जिसमें (*b*) और (*d*) शामिल हैं।

(*b*) शाहजहाँ के ससुर आसफ खान ने सक्रियतापूर्वक समुद्री व्यापार किया। उन्होंने मुगल साम्राज्य के समुद्री व्यापारिक हितों को मजबूती प्रदान की और विशेष रूप से गुजरात और बंगाल में इसे विस्तारित किया।

(*d*) वर्ष 1630 से, मुगलों ने बंगाल के समुद्री व्यापार पर नियंत्रण प्राप्त करने के लिए संयुक्त चेष्टा की। इसमें उन्होंने व्यापार मार्गों को सुरक्षित करने और समुद्री डाकूओं को नियंत्रित करने के लिए कई उपाय किए, जिससे व्यापारिक विस्तार और आर्थिक समृद्धि में मदद मिली।

55. (D): सही उत्तर विकल्प (D) है जिसमें (*a*) और (*c*) शामिल हैं।

(*a*) वर्ष 1649 में अंततः कंधार गुगलों के कब्जे से सफवियों के अधीन चला गया। यह एक महत्वपूर्ण भौगोलिक और रणनीतिक क्षेत्र था जिस पर मुगलों ने काफी समय तक नियंत्रण करने की कोशिश की थी। सफवी साम्राज्य के हाथों में यह क्षेत्र जाने का मतलब था कि मुगल साम्राज्य को एक महत्वपूर्ण सीमावर्ती क्षेत्र में अपना प्रभुत्व खोना पड़ा था।

(*c*) शाहजहाँ ने मेवाड़ के राणा राज सिंह पर चित्तौड़ पर पुनः किलेबन्दी करने के लिए उसके विरुद्ध कार्रवाई की। चित्तौड़ की किलेबन्दी और उसकी सैन्य क्षमता उस समय के रणनीतिक महत्व के मद्देनजर शाहजहाँ के लिए एक प्रमुख चिंता का विषय थी।

इन दोनों कथनों के माध्यम से, मुगल साम्राज्य के विस्तार और उसके सैन्य और कूटनीतिक उपायों की झलक मिलती है, जो कि उस समय के राजनीतिक परिदृश्य पर उनके प्रभाव को दर्शाती है।

56. (B): तुर्की वास्तुकला में मेहराब और गुंबद का व्यापक प्रयोग होता था, लेकिन यह विशेषता मूल रूप से तुर्की या मुस्लिम नवाचार नहीं थी। मेहराब और गुंबद दोनों

ही विश्वव्यापी रूप से प्राचीन रोमन और बीजान्टाइन वास्तुकला में प्रयुक्त हो चुके थे। तुर्क सुल्तानों ने इसे अपने भवनों में इस्तेमाल किया जो कि उनकी वास्तुकला की शैली का एक प्रमुख तत्व बन गया। इसके अलावा, तुर्क अपने भवनों के निर्माण में उत्तम कोटि के चूने के गारे का प्रयोग करते थे, जिससे उनकी संरचनाएं अधिक मजबूत और दीर्घकालिक होती थीं। यह तथ्य तुर्की वास्तुकला के उत्कृष्ट तकनीकी और आर्टिस्टिक गुणवत्ता को दर्शाता है।

57. (A): स्वामी विवेकानंद ने वर्ष 1897 में रामकृष्ण मिशन की स्थापना की थी। यह संस्था वेदांत और योग के आध्यात्मिक विचारों के प्रसार के लिए और सामाजिक सेवा के कार्यों में योगदान के लिए स्थापित की गई थी। इसके अलावा, स्वामी विवेकानंद ने अमेरिका के कैलिफोर्निया राज्य की यात्रा की और वहां लॉस एंजेल्स और सैन फ्रांसिस्को में भविष्य के वेदांत केंद्रों की स्थापना के लिए कार्य किया। इसी तरह, वे पेरिस की हिस्ट्री ऑफ रिलीजन्स कांग्रेस में भी शामिल हुए थे जहां उन्होंने हिन्दू धर्म का प्रतिनिधित्व किया। ये घटनाएं स्वामी विवेकानंद के वैश्विक प्रभाव और उनके द्वारा प्रस्तुत धार्मिक विचारों के महत्व को दर्शाती हैं।

58. (C): द्वितीय विश्वयुद्ध के दौरान भारतीय साम्यवादियों की नीति में महत्वपूर्ण परिवर्तन आया जब हिटलर ने सोवियत संघ पर आक्रमण किया। इस आक्रमण के पहले, भारतीय साम्यवादी सभी प्रकार के साम्राज्यवाद के खिलाफ थे, लेकिन जर्मनी के इस कदम के बाद उन्होंने युद्ध को जन-युद्ध के रूप में पुनर्चिह्नित किया और सोवियत संघ के पक्ष में अपनी नीति को बदल दिया। इस दौरान, वे ब्रिटिश शासन के सहयोगी बन गए और 1942 के भारत छोड़ो आंदोलन के दौरान उन्होंने इसे दबाने में ब्रिटिशों का सहयोग किया। इसी वर्ष, भारत सरकार ने कम्युनिस्ट पार्टी ऑफ इंडिया को एक वैध संगठन के रूप में मान्यता दी, जिससे उनकी गतिविधियाँ कानूनी रूप से स्वीकृत हो गईं।

59. (A): इस प्रश्न में दिए गए विकल्पों में सभी फिल्मों के बारे में दिए गए कथन सही हैं। 'बालयोगिनी' फिल्म एक विधवा और उसकी बेटी की वेदना पर आधारित थी, जिसमें भारतीय समाज में विधवाओं की कठिनाइयों और संघर्षों को दर्शाया गया था। 'त्यागभूमि' फिल्म ने अस्पृश्यों की दुर्दशा और सामाजिक भेदभाव के मुद्दों को उजागर किया।

'सेवासदन' को भले ही एक देशभक्ति पूर्ण फिल्म के रूप में उल्लेखित किया गया है, यह मूलतः सामाजिक मुद्दों पर आधारित थी, लेकिन इसे देशभक्ति के साथ जोड़ा जा सकता है क्योंकि यह सामाजिक सुधार को बढ़ावा देती है जो राष्ट्र की प्रगति के लिए महत्वपूर्ण है।

'वंदेमातरम' फिल्म वास्तव में तेलुगु भाषा में निर्मित की गई थी और इसका निर्माण बी.एन. रेड्डी ने किया था। इस प्रकार, इन सभी कथनों की पुष्टि होती है और ये उन फिल्मों के मुख्य विषयों और निर्माण संबंधी तथ्यों को सही रूप में प्रस्तुत करते हैं।

60. (B): सही विकल्प (*a*), (*b*), (*d*) और (*e*) हैं। पंडित मदनमोहन मालवीय ने बनारस हिंदू विश्वविद्यालय की स्थापना में महत्वपूर्ण भूमिका निभाई थी। अरबिन्द घोष के मुकदमे में चित्तरंजन दास प्रतिवादी वकील थे। चित्तरंजन दास को 'देशबंधु' कहा जाता था, न कि 'दीनबंधु' जो कि सी.एफ. एंड्रूज का उपनाम था। दादाभाई नौरोजी, हाउस ऑफ कॉमन्स के लिए निर्वाचित होने वाले प्रथम भारतीय थे और बाल गंगाधर तिलक को 'भारतीय अशांति का जनक' कहा गया था।

61. (D): भारतेंदु हरिश्चंद्र का युग हिंदी साहित्य में राष्ट्रवाद एवं सामाजिक सुधारों की शुरूआत का युग माना जाता है। उन्होंने प्रतीकात्मक माध्यमों से 'भारत दुर्दशा' नामक अपने नाटक में, भारत की तत्कालीन स्थिति का मार्मिक चित्रण किया है। सुब्रमण्य भारती एक प्रख्यात स्वतंत्रता सेनानी, कवि एवं लेखक थे। तमिल भाषा में अपनी रचनाओं के माध्यम से श्री सुब्रमण्य ने स्वतंत्रता संघर्ष के लिए लोगों को प्रेरित करने का कार्य किया। श्री सुब्रमण्य ने हिंदू देवी-देवताओं पर भक्तिमय गीतों की भी रचनाएं की। उन्होंने ईसा मसीह की प्रशंसा में भी गीत लिखा, जिसमें ईसा मसीह की मृत्यु-प्रतीक के संबंध में भी उल्लेख किया है।

62. (A): इस प्रश्न में दिए गए कथनों में से कथन (*a*), (*b*), (*d*), और (*e*) सही हैं।

कथन (*a*) यह बताता है कि भारत सरकार ने बॉम्बे सरकार पर दबाव बनाकर दक्कन-उपद्रव की जांच के लिए आयोग के गठन की माँग की थी। यह ब्रिटिश शासन के तहत विशेष परिस्थितियों में किए गए हस्तक्षेपों का एक उदाहरण है।

कथन (*b*) बताता है कि 1857 के विद्रोह के दौरान चिनहट के युद्ध में अंग्रेजों की पराजय हुई थी, जो विद्रोह की गंभीरता और प्रभाव को दर्शाता है।

कथन (*d*) यह जानकारी देता है कि वर्ष 1896 में पहली बार किसी फिल्म को बॉम्बे में वाटसन होटल में पर्दे पर दिखाया गया था, जो भारत में सिनेमा के आगमन को दर्शाता है।

अंत में, कथन (*e*) बताता है कि 1857 के विद्रोह के दौरान शाहमल ने उत्तर प्रदेश के बड़ौत-परगना के ग्रामीणों को लामबंद किया था, जो स्थानीय नेतृत्व और सामाजिक संगठन के महत्व को प्रदर्शित करता है।

63. (C): बाल गंगाधर तिलक के जीवन और उनकी उपलब्धियों को समझने के लिए कथन (*a*), (*b*), (*c*) और (*d*) महत्वपूर्ण हैं।

कथन (*a*) में बताया गया है कि तिलक ने किसानों को सूखा, अकाल या महामारी के दौरान भू-राजस्व का भुगतान नहीं करने की सलाह दी थी, जो उनके किसान हितैषी विचारों को दर्शाता है।

कथन (*b*) और (*c*) उनकी राजनीतिक सक्रियता और ब्रिटिश शासन के खिलाफ उनके प्रतिरोध को दर्शाते हैं।
कथन (*d*) तिलक की दृढ़ता और न्याय के प्रति उनकी प्रतिबद्धता को दर्शाता है, जब उन्होंने क्षमा मांगने के बजाय कठोर सश्रम कारावास को स्वीकार किया था।

64. (C): इस प्रश्न के उत्तर में कथन (*a*), (*b*), (*c*) और (*d*) सही हैं।

कथन (*a*) बताता है कि अंग्रेजों ने वर्ष 1639 में मद्रासपट्टनम में व्यापारिक चौकी का निर्माण किया था, जो मद्रास के उत्थान की शुरुआत थी।

कथन (*b*) और (*c*) उस समय की स्थानीय और व्यापारिक स्थितियों का वर्णन करते हैं, जहां स्थानीय समंतों से बंदोबस्त संबंधी अधिकार खरीदे गए थे।

कथन (*d*) फोर्ट सेंट जॉर्ज के ऐतिहासिक महत्व को दर्शाता है, जो व्हाइट टाउन का केंद्र बना और जहां पर अधिकांश यूरोपवासी रहा करते थे।

65. (B): जजमानी प्रथा भारतीय ग्रामीण समाज का एक पारंपरिक आर्थिक और सामाजिक ढांचा है।

कथन (*a*) के अनुसार, इस प्रथा में ग्रामीण शिल्पियों ने कृषक परिवारों को उनकी फसलों में से एक निश्चित हिस्सा पारंपरिक सेवाओं के बदले में दिया करते थे। यह सेवाएं मुख्य रूप से नाई, लोहार, धोबी आदि द्वारा प्रदान की जाती थीं।

कथन (*b*) और (*c*) ताराशंकर बंदोपाध्याय के उपन्यास 'गणदेवता' से संबंधित हैं, जिसमें 1920 और 1930 के दशक में पश्चिम बंगाल के ग्रामीण जीवन का वर्णन किया गया है। इस उपन्यास में जजमानी प्रथा के पतन को भी दर्शाया गया है, जो औपनिवेशिक और आधुनिकीकरण प्रक्रियाओं के कारण हुआ। इस उपन्यास के माध्यम से ग्रामीण समाज के बदलते परिदृश्य और जजमानी प्रथा के आर्थिक पक्ष के अलावा सामाजिक संबंधों में आयी दरार को समझा जा सकता है।

66. (A)

67. (A): सूची-I और सूची-II का सही मिलान विकल्प (A) के अनुसार है जो इस प्रकार है : (*a*) बौद्ध धर्म - तारा (III), (*b*) मुरुगन - स्कंद (I), (*c*) नाथ - सिद्ध (IV), (*d*) कोरावई - शक्ति (II)। यह सूची विभिन्न धार्मिक परंपराओं और उनसे जुड़े पौराणिक पात्रों या अवधारणाओं का मिलान करती है। बौद्ध धर्म में तारा बोधिसत्व की सहायता के लिए जानी जाती हैं, मुरुगन को हिन्दू धर्म में स्कंद के रूप में पूजा जाता है, नाथ संप्रदाय सिद्ध योगियों के लिए प्रसिद्ध है, और कोरावई शक्ति की प्रतीकात्मकता को दर्शाती है। ये सभी मिलान उनके धार्मिक और सांस्कृतिक महत्व को उजागर करते हैं।

68. (B): इस प्रश्न में दिए गए सूची-I और सूची-II का सही मिलान विकल्प (B) के अनुसार है जो इस प्रकार है : (*a*) युवाल एन. हरारी - होमोडियस (II), (*b*) दी गार्डन चाइल्ड - पीसिंग टुगेदर द पास्ट (III), (*c*) ए.एल. बाशम - ए कल्चरल हिस्ट्री ऑफ इंडिया (IV), (*d*) ब्रायन एम. फेगन - पीपुल ऑफ द अर्थ (I)। यह सूची लेखकों और उनकी प्रमुख पुस्तकों को सही तरीके से जोड़ती है। युवाल एन. हरारी की 'होमोडियस' इतिहास और भविष्य पर उनके विचारों को प्रस्तुत करती है, जबकि ए.एल. बाशम की 'ए कल्चरल हिस्ट्री ऑफ इंडिया' भारतीय संस्कृति और इतिहास का व्यापक अध्ययन है। ब्रायन एम. फेगन की 'पीपुल ऑफ द अर्थ' प्रागितिहासिक मानव समाजों के अध्ययन पर केंद्रित है। 'दी गार्डन चाइल्ड' की 'पीसिंग टुगेदर द पास्ट' पुरातत्व के माध्यम से अतीत की जानकारी को संजोने का प्रयास है।

69. (A)

70. (A): सूची-I और सूची-II का सही मिलान विकल्प (A) के अनुसार है जो इस प्रकार है : (*a*) अमीर खुसरो - तुगलकनामा (III), (*b*) जियाउद्दीन बरनी - सना-ए-मुहम्मदी (II), (*c*) रफीउद्दीन - तजकीरतुल मुलुक (IV), (*d*) इसामी - फुतूहस सलातीन (I)। अमीर खुसरो को तुगलकनामा के लेखन के लिए जाना जाता है, जो तुगलक वंश के शासकों की गाथा को प्रस्तुत करता है। जियाउद्दीन बरनी ने सना-ए-मुहम्मदी लिखी, जो मध्यकालीन भारतीय इतिहास का महत्वपूर्ण ग्रंथ है। रफीउद्दीन की तजकीरतुल मुलुक और इसामी की फुतूहस सलातीन भी इसी तरह के ऐतिहासिक महत्व के पाठ हैं, जो उनके समय की राजनीतिक और सामाजिक स्थितियों का विवरण देते हैं।

71. (B): इस प्रश्न में दिए गए सूची-I और सूची-II का सही मिलान विकल्प (B) के अनुसार है जो इस प्रकार है : (*a*) निजामुद्दीन अहमद - तबकात-ए-अकबरी (II), (*b*) अब्दुल कादिर बदायूंनी - मुंतखाब-उत-तवारीख (III), (*c*) अब्बास सरवनी - तोहफा-ए-अकबरशाही (IV), (*d*) जौहर अफतब्शी - तजकीरतुल-वाकियात (I)। ये मिलान मुगल समय के प्रमुख इतिहासकारों और उनके द्वारा लिखित महत्वपूर्ण ग्रंथों को दर्शाता है। निजामुद्दीन अहमद की 'तबकात-ए-अकबरी' मुगल साम्राज्य के इतिहास का व्यापक वर्णन करती है, जबकि अब्दुल कादिर बदायूंनी की 'मुंतखाब-उत-तवारीख' उनके समकालीन समाज और राजनीति पर उनके नजरिये को प्रकट करती है। अब्बास सरवनी और जौहर अफतब्शी के ग्रंथ भी उस समय के ऐतिहासिक परिप्रेक्ष्य को समझने में महत्वपूर्ण हैं।

72. (B): सूची-I और सूची-II का सही मिलान विकल्प (B) के अनुसार है जो इस प्रकार है : (*a*) इदरार - कर मुक्त भूमि (II), (*b*) खराज - भूमि अनुदान (I), (*c*) खालिसा - वह भूमि जिसका कर सीधे तौर पर राजा को प्राप्त होता था (IV), (*d*) उसर - लवणीय भूमि (III)। इस्लामी शासन काल में ये शब्द विशिष्ट भूमि संबंधी नीतियों और कर प्रणाली से जुड़े थे। इदरार और खराज क्रमशः कर मुक्त और अनुदानित भूमि को दर्शाते हैं, जबकि खालिसा राजा के लिए आरक्षित भूमि को दर्शाता है। उसर उस भूमि का वर्णन करता है जो खारे पानी के कारण कम उपजाऊ होती है। यह मिलान इस्लामी शासन की भूमि प्रबंधन और कर प्रणाली की गहरी समझ प्रदान करता है।

73. (A): सूची-I और सूची-II का सही मिलान विकल्प (A) के अनुसार है जो इस प्रकार है : (*a*) पी. आनंद चारलू - मद्रास महाजन सभा (I), (*b*) के.टी. तैलंग - बाम्बे प्रेसीडेंसी एसोसिएशन (II), (*c*) आनंद मोहन बोस - इंडियन एसोसिएशन (III), (*d*) राजा राममोहन राय - आत्मीय सभा (IV)। ये सभी मिलान भारतीय सामाजिक और राजनीतिक आंदोलनों में महत्वपूर्ण व्यक्तियों और उनके संबंधित संगठनों को दर्शाते हैं। पी. आनंद चारलू और मद्रास महाजन सभा, के.टी. तैलंग और बाम्बे प्रेसीडेंसी एसोसिएशन, आनंद मोहन बोस और इंडियन एसोसिएशन, राजा राममोहन राय और आत्मीय सभा ने अपने-अपने समय में सामाजिक और राजनीतिक परिवर्तनों के लिए महत्वपूर्ण योगदान दिया। इन संगठनों के माध्यम से इन व्यक्तियों ने भारतीय समाज में जागरूकता और सुधारों की दिशा में कार्य किया।

74. (B): सूची-I और सूची-II का सही मिलान विकल्प (B) के अनुसार है जो इस प्रकार है : (*a*) ज्योतिबा फुले - लाइफ ऑफ शिवाजी (I), (*b*) सुरेन्द्रनाथ बनर्जी - ए नेशन इन मेकिंग (II), (*c*) स्वामी विवेकानन्द - भक्तियोग (III), (*d*) दक्षिणारंजन मित्रा मजूमदार - ठाकुरमार झूली (IV)। ये मिलान उनके लिखित कार्यों और उनकी साहित्यिक योगदान को दर्शाते हैं। ज्योतिबा फुले की 'लाइफ ऑफ शिवाजी' शिवाजी महाराज के जीवन और उनके आदर्शों को प्रस्तुत करती है, जबकि सुरेन्द्रनाथ बनर्जी की 'ए नेशन इन मेकिंग' उनके राजनीतिक जीवन और भारतीय राष्ट्रीय आंदोलन में उनकी भूमिका का वर्णन करती है। स्वामी विवेकानंद की 'भक्तियोग' आध्यात्मिक उन्नति के लिए उनके दर्शन को व्यक्त करती है, और दक्षिणारंजन मित्रा मजूमदार की 'ठाकुरमार झूली' बंगाली लोककथाओं का संग्रह है जो बाल साहित्य में उनके योगदान को प्रकट करती है।

75. (A)

76. (C): विद्रोह के विभिन्न मतों का सही विश्लेषण विकल्प (C) के अनुसार है जो इस प्रकार है : (*a*) टी.आर. होम्स ने 1857 का विद्रोह, सभ्यता और बर्बर लोगों के मध्य के संघर्ष के रूप में वर्णित किया (*a*), (*b*) बेंजामिन डिजरायली ने इसे एक राष्ट्रीय उठान के रूप में वर्णित किया (*b*), (*c*) वी.डी. सावरकर ने विद्रोह को राष्ट्रीय स्वतंत्रता के लिए योजनाबद्ध युद्ध के रूप में वर्णित किया (*c*), और (*d*) आर.सी. मजूमदार ने तर्क दिया कि 1857 का विद्रोह कोई स्वतंत्रता संबंधी युद्ध नहीं था (*d*)। ये विचार विद्रोह के विभिन्न ऐतिहासिक व्याख्याओं को प्रस्तुत करते हैं, जो उस समय की राजनीतिक, सामाजिक और सांस्कृतिक परिस्थितियों पर आधारित थे।

77. (D): भारतीय इतिहास में 1940 के दशक की घटनाओं का सही क्रम विकल्प (D) के अनुसार है, जिसे इस प्रकार व्यवस्थित किया गया है : (*a*) शाही भारतीय नौसेना में सैन्य विद्रोह - 1946, (*b*) कैबिनेट मिशन योजना की घोषणा - 1946, (*c*) प्रत्यक्ष कार्यवाही दिवस - 1946, (*d*) अंतरिम सरकार का गठन - 1946, (*e*) संविधान सभा की प्रथम बैठक - 1946। इस क्रम की शुरुआत शाही भारतीय नौसेना में सैन्य विद्रोह से होती है, जिसे 1946 में मुंबई में आयोजित किया गया था। इसके बाद कैबिनेट मिशन योजना की घोषणा हुई, जिसे ब्रिटिश सरकार ने 1946 में भारत के लिए प्रस्तावित किया था। प्रत्यक्ष कार्यवाही दिवस की घोषणा मुस्लिम लीग द्वारा 1946 में की गई थी, जिसने भारतीय उपमहाद्वीप में सांप्रदायिक तनाव को बढ़ाया। इसी वर्ष भारतीय नेताओं ने अंतरिम सरकार का गठन किया और संविधान सभा की पहली बैठक भी आयोजित की गई। ये सभी घटनाएं भारतीय स्वतंत्रता की दिशा में महत्वपूर्ण कदम थे।

78. (C): 19वीं सदी की घटनाओं का सही क्रम विकल्प (C) के अनुसार है, जिसे इस प्रकार व्यवस्थित किया गया है : (*a*) प्रथम अफगान युद्ध - 1838-1842, (*b*) सिंध-विजय - 1843, (*c*) प्रथम आंग्ल-सिख युद्ध - 1845-1846, (*d*) ड्रिंकवाटर बेथ्यूने द्वारा कलकत्ता में हिन्दू गर्ल्स स्कूल का प्रारंभ - 1849, (*e*) द्वितीय आंग्ल-बर्मा युद्ध - 1852। यह क्रम ब्रिटिश भारत में विभिन्न महत्वपूर्ण युद्धों और शैक्षिक पहलों को दर्शाता है, जिससे ब्रिटिश साम्राज्य का विस्तार और प्रभाव बढ़ा।

79. (C): 19वीं सदी के भारतीय इतिहास में साहित्यिक और सामाजिक घटनाओं का सही क्रम विकल्प (C) के अनुसार है, जिसे इस प्रकार व्यवस्थित किया गया है : (*a*) केरल वर्मा द्वारा शांकुतलम का मलयालम में अनुवाद - 1882, (*b*) भारतेन्दु हरिश्चन्द्र की मृत्यु - 1885, (*c*) असम के बागान श्रमिकों की अवस्था की पड़ताल हेतु भारतीय संघ द्वारा द्वारकानाथ गांगुली को भेजा गया - 1882, (*d*) शिव नारायण अग्निहोत्री द्वारा देव समाज स्थापित किया गया - 1887, (*e*) सी.वी. रमन पिल्लई द्वारा मलयालम उपन्यास मार्तण्ड वर्मा का लेखन किया गया - 1891। ये घटनाएं भारतीय साहित्य, समाज और राजनीति में उल्लेखनीय योगदान को दर्शाती हैं, जो उस समय के सांस्कृतिक और सामाजिक परिवर्तनों में महत्वपूर्ण थे।

80. (D): भारतीय इतिहास में राजवंशों के स्थापना का क्रम विकल्प (D) के अनुसार इस प्रकार है : (*c*) मौखरी, (*b*) शैलोद्भव, (*e*) आयुध, (*a*) कार्कोट, और (*d*) गहड़वाल। मौखरी राजवंश की स्थापना सबसे पहले हुई, जो उत्तर प्रदेश के कन्नौज क्षेत्र में 6ठी शताब्दी में हुई थी। उसके बाद शैलोद्भव राजवंश की स्थापना ओडिशा में 7वीं शताब्दी में हुई। आयुध राजवंश भी इसी काल में स्थापित हुआ था। कार्कोट राजवंश की स्थापना कश्मीर में 7वीं शताब्दी में हुई। अंत में, गहड़वाल राजवंश की स्थापना, जो उत्तर भारत में 11वीं शताब्दी में हुई, सबसे बाद में हुई। यह क्रम भारतीय इतिहास के विभिन्न क्षेत्रीय शक्तियों के उदय और विकास को दर्शाता है।

81. (A)

82. (B): शक शासकों के बारे में सही उत्तर विकल्प (B) के अनुसार है, जिसमें (*a*) रुद्रदमन, (*b*) चश्तान, और (*c*) माओस शामिल हैं। रुद्रदमन, जो कि जूनागढ़ के प्रसिद्ध अभिलेख के लिए जाना जाता हैं। चश्तान और माओस भी इसी काल में शक साम्राज्य के प्रमुख शासक थे। ये तीनों शासक भारतीय उपमहाद्वीप में शक सत्ता के विस्तार और प्रभाव के साक्षी हैं।

83. (B): विजयनगर साम्राज्य के शासकों का सही कालक्रम विकल्प (B) के अनुसार इस प्रकार है : (*d*) वीर नरसिंह, (*c*) कृष्णदेव राय, (*a*) अच्युतदेव राय, (*b*) वेंकट प्रथम, (*e*) सदाशिव। वीर नरसिंह ने 1509 से पहले विजयनगर साम्राज्य पर शासन किया था, उसके बाद कृष्णदेव राय का काल 1509-1529 तक था, जो विजयनगर साम्राज्य के स्वर्णिम युग के रूप में जाना जाता है। अच्युतदेव राय ने 1529 से 1542 तक शासन किया। वेंकट प्रथम ने 1585 से 1614 तक और सदाशिव ने 1542 से आगे कुछ वर्षों तक शासन किया। यह क्रम विजयनगर साम्राज्य की राजनीतिक स्थिरता और विकास को दर्शाता है।

84. (B): अकबर के शासनकाल की महत्वपूर्ण घटनाओं का सही कालक्रम विकल्प ठ के अनुसार है : (*e*) मालवा की विजय - 1561, (*b*) गुजरात की विजय - 1573, (*d*) हल्दीघाटी का युद्ध - 1576, (*c*) नौरोज त्योहार का पुनरुत्थान - 1582, (*a*) कश्मीर का समामेलन - 1586। यह क्रम अकबर के शासनकाल की विजयी और सांस्कृतिक घटनाओं को दर्शाता है जिसमें विभिन्न क्षेत्रों की विजय के साथ-साथ सांस्कृतिक उत्सवों की शुरुआत भी शामिल है।

85. (C): औरंगजेब के शासन काल की घटनाओं का सही क्रम विकल्प (C) के अनुसार है : (*b*) पुरंधर की संधि - 1665, (*a*) जजिया का पुनः आरोपण - 1679, (*c*) बीजापुर विजय - 1686, (*e*) गोलकुण्डा की विजय - 1687, (*d*) शंभाजी को बंदी बनाना एवं प्राणदंड - 1689। ये घटनाएं औरंगजेब के शासनकाल के विस्तार और संघर्षों को दर्शाती हैं, जिसमें मराठों के साथ संधियाँ, धार्मिक नीतियों में परिवर्तन, और दक्षिण भारत में विजय प्रमुख हैं।

86. (A): अभिकथन (A) और कारण (R) दोनों सत्य हैं, और (R), (A) की सही व्याख्या है। तिरुमलार द्वारा रचित तिरुमंदिरम्, जो शैव सिद्धांत पर आधारित है, में आत्मा और पदार्थ की एकता को महत्वपूर्ण माना गया है। यह दर्शन कहता है कि आत्मा और पदार्थ अविभाज्य हैं और इसे यथार्थ के रूप में स्वीकार करना चाहिए। (R) में कहा गया है कि प्रेम और शिवम अलग-अलग श्रेणियाँ नहीं हैं; प्रेम अपनी चरमावस्था में शिवम पर पहुँचता है और उसी आनंदप्रद अवस्था में विश्रांति पाता है, जो आत्मा और पदार्थ के अविभाज्य स्वभाव को और बल देता है। इस प्रकार, (R), (A) के मुख्य विचार को स्पष्ट करता है और इसे समर्थन प्रदान करता है।

87. (A): गुप्त शासक समुद्रगुप्त के मित्र एवं संधिविग्राहक हरिषेण द्वारा रचित प्रयाग प्रशस्ति में समुद्रगुप्त की विजयों एवं अन्य उपलब्धियों का वर्णन किया गया है। प्रशस्ति लेख के अनुसार, पूर्वोत्तर के शक्तिशाली राज्यों समाताता और कामरूप ने गुप्त शासक समुद्रगुप्त की अधीनता स्वीकार की। प्रयाग प्रशस्ति में मालव, अर्जुनायन, मदराक, यौधेय, आभीर एवं काकस जैसे जनजातीय राज्यों का उल्लेख है, जिन्होंने समुद्रगुप्त के

प्रति सम्मान व्यक्ति किया। अतः कथन और कारण दोनों सही हैं।

88. (C): अभिकथन (A) सत्य है क्योंकि जयसिंह प्रथम के शासन काल में कछवाहा राजवंश ने वास्तव में समृद्धि और प्रसिद्धि की एक नई अवस्था प्राप्त की थी। हालांकि, कारण (R) असत्य है क्योंकि जयसिंह का बीजापुर पर कोई आक्रमण नहीं हुआ था। जयसिंह के युग में कछवाहा शाही परिवार की समृद्धि और प्रसिद्धि की अद्वितीय अवस्था मुख्य रूप से उनकी प्रशासनिक नीतियों, वास्तुकला में उनके योगदान और मुगलों के साथ उनके संबंधों के कारण आई थी, न कि किसी विशेष सैन्य अभियान के कारण।

89. (A): कथन I और II दोनों सत्य हैं। कथन I में बताया गया है कि जब मंगल पांडे ने 1857 में बैरकपुर में अपने अधिकारियों पर गोली चलाई थी, तब उनके साथी सिपाही शेख पलटू ने उन्हें रोकने का प्रयास किया था। यह घटना भारतीय स्वतंत्रता संग्राम की प्रारंभिक और महत्वपूर्ण घटना मानी जाती है, जिसने 1857 के विद्रोह की आग को हवा दी। कथन II में उल्लिखित है कि मंगल पांडे के मुकदमे के समय, उन्होंने केवल यही उत्तर दिया था कि उन्होंने जो किया वह खुद से किया, जो उनके स्वतंत्र और साहसी चरित्र को दर्शाता है। ये दोनों कथन ऐतिहासिक रूप से प्रमाणित हैं और 1857 के विद्रोह की पृष्ठभूमि में महत्वपूर्ण हैं।

90. (B): अभिकथन (A) और कारण (R) दोनों सत्य हैं, लेकिन (R), (A) की सही व्याख्या नहीं है। अभिकथन (A) के अनुसार, अहिल्याबाई होल्कर ने वास्तव में इंदौर को एक छोटे से गाँव से समृद्ध एवं सुंदर नगर के रूप में विकसित किया था। उनका शासनकाल मध्य प्रदेश के इतिहास में विकास और प्रगति की एक स्वर्णिम अवधि माना जाता है। हालांकि, कारण (R) में दिया गया तर्क उनकी विधवा नीतियों से संबंधित है, जो उनके द्वारा इंदौर के विकास से सीधे तौर पर संबंधित नहीं है। अहिल्याबाई होल्कर ने शहर के विकास के लिए निर्माण कार्यों, धार्मिक संस्थानों की स्थापना, और व्यापार तथा कृषि को बढ़ावा देने की व्यापक योजनाएं बनाई थीं, जो इंदौर को समृद्ध बनाने में सहायक थीं।

91. (C): गद्यांश में उल्लिखित नामों में से शक्तिवर्मन राष्ट्रकूट शासक नहीं था। गोविंद तृतीय, कृष्ण प्रथम, और नृपतुंग ये सभी राष्ट्रकूट वंश के प्रमुख शासक थे। राष्ट्रकूट वंश दक्षिण भारत के प्रमुख राजवंशों में से एक था और इसने आठवीं से दसवीं शताब्दी तक अपनी शक्ति का प्रदर्शन किया। गोविंद तृतीय और कृष्ण प्रथम के शासनकाल में राष्ट्रकूट साम्राज्य ने अपनी सीमाओं का विस्तार किया और विभिन्न कलात्मक और धार्मिक उपलब्धियों को प्राप्त किया। नृपतुंग के शासनकाल में भी साम्राज्य में स्थिरता और समृद्धि देखने को मिली।

92. (B): 'तोण्डईमंडलम्' का प्रयोग उत्तरी पेन्नार एवं उत्तरी वेल्लार नदियों के मध्य अवस्थित क्षेत्र के लिए किया गया है। यह क्षेत्र आज के तमिलनाडु राज्य में स्थित है और इतिहास में यह पल्लवों के प्रमुख शासन क्षेत्रों में से एक था। पल्लवों ने इस क्षेत्र को केंद्र बनाकर दक्षिण भारत में अपनी सांस्कृतिक और राजनीतिक पहचान स्थापित की थी। यह क्षेत्र उनके राजनीतिक और सैन्य अभियानों का मुख्य आधार भी था।

93. (C): पश्चिमी गंग राजवंश ने मैसूर क्षेत्र को शासित किया था। यह वंश दक्षिण भारत में सक्रिय था और इसने विशेष रूप से मैसूर और आसपास के क्षेत्रों में अपनी सांस्कृतिक और राजनीतिक छाप छोड़ी। पश्चिमी गंग राजवंश के शासकों ने कई मंदिरों का निर्माण करवाया और स्थानीय कला व संस्कृति को समृद्ध किया।

94. (A): पल्लव एवं पश्चिमी चालुक्यों के मध्य संघर्ष का प्रारंभ महेन्द्रवर्मन प्रथम के शासनकाल में हुआ। महेन्द्रवर्मन प्रथम एक महत्वपूर्ण पल्लव शासक थे जिन्होंने दक्षिण भारत में अपने राजनीतिक और सैन्य प्रभाव को मजबूती प्रदान की। उनके शासनकाल में पल्लवों और पश्चिमी चालुक्यों के बीच कई युद्ध हुए, जिससे दोनों राजवंशों के बीच संबंधों में तनाव और प्रतिद्वंद्विता बढ़ी।

95. (B): चोल शासक आदित्य प्रथम द्वारा पराजित होने वाला पल्लव शासक अपराजित था। अपराजित पल्लवों के अंतिम महत्वपूर्ण शासक थे, और उनकी पराजय ने चोलों के हाथों में तोण्डईमंडलम् का नियंत्रण हस्तांतरित कर दिया। यह घटना पल्लव राजवंश के अंत और चोल राजवंश के उदय का सूचक है, जिसने दक्षिण भारत में एक नए राजनीतिक युग की शुरुआत की।

96. (D): कूका आंदोलन के सिद्धांतों में अन्तरजातीय विवाह पर प्रतिबंध लगाना शामिल नहीं है। कूका आंदोलन मुख्य रूप से सिख धर्म के शुद्धिकरण और जाति-उन्मूलन पर केंद्रित था। यह आंदोलन सामाजिक अन्याय और अंधविश्वासों के खिलाफ था और इसने मांसाहार, मद्य तथा अन्य मादक द्रव्यों के त्याग की वकालत की। अन्तरजातीय विवाह पर प्रतिबंध लगाना इसके मुख्य उद्देश्यों के विपरीत होता, क्योंकि इससे जाति प्रथा को और बल मिलता।

97. (A): कूका आंदोलन के संस्थापक भगत जवाहर मल के प्रमुख अनुयायी बालक सिंह थे। बालक सिंह ने जवाहर मल के विचारों को आगे बढ़ाया और उन्हें व्यापक रूप से प्रचारित किया। वे कूका आंदोलन के भीतर एक महत्वपूर्ण व्यक्तित्व थे और उन्होंने आंदोलन की धार्मिक और सामाजिक नीतियों को स्थापित करने में महत्वपूर्ण भूमिका निभाई।

98. (C): कूका नेता रामसिंह ने सिख शासक नौनिहाल सिंह की सेना में अपनी सेवाएँ दीं। नौनिहाल सिंह का काल पंजाब में एक सक्रिय और प्रभावशाली समय था, और रामसिंह की भागीदारी ने उन्हें युद्ध कौशल और संगठनात्मक क्षमताओं में महारत हासिल करने में मदद की।

99. (B): कूका समर्थक अपनी पगड़ी को विशिष्ट रीति से बाँधते थे, जिसे 'सिद्धपाग' कहा जाता था। यह विशेष पगड़ी बांधने का तरीका कूका समुदाय के लोगों की पहचान और उनकी आध्यात्मिक आकांक्षाओं को प्रकट करता था।

'सिद्धपाग' का अर्थ है 'पूर्णता प्राप्त पगड़ी', जो उनकी धार्मिकता और शुद्धता के प्रति प्रतिबद्धता को दर्शाता है।

100. (A): कूका आन्दोलन के प्रमुख नेता रामसिंह ने स्वयं को गुरु गोविन्द सिंह के अवतार के रूप में घोषित किया। इस घोषणा के द्वारा रामसिंह ने अपने अनुयायियों के बीच अपनी आध्यात्मिक और नैतिक अधिकारिता को मजबूत किया।

गुरु गोविन्द सिंह, सिख धर्म के दसवें और अंतिम गुरु होने के नाते, उनका आदर्श और आत्म-साक्षात्कार की उनकी अवधारणा कूका आंदोलन के धार्मिक और सामाजिक लक्ष्यों के लिए प्रेरणादायक थी।

यू.जी.सी.–NET/JRF

इतिहास

भाग–A

संकल्पनाएँ, विचार तथा अवधियाँ

- भौगोलिक दृष्टि से कश्मीर से श्रीलंका तक और कश्मीर से असम तक का भू-भाग भारतवर्ष कहलाता है।
- भारतवर्ष का सर्वाधिक प्राचीन नाम जम्बू द्वीप है।
- मत्स्य पुराण में भारतवर्ष के 9 भाग बताये गये हैं।
- दुष्यन्त के पुत्र भरत के नाम पर इसका नाम भारत पड़ा है।
- कुछ विद्वानों का मानना है कि भगवान ऋषभदेव के ज्येष्ठ पुत्र भरत के नाम पर इस देश का नाम भारतवर्ष पड़ा है।
- सभा और समिति, वैदिक युग में दो जनसभाएँ थी जो राजकार्य में राजा की सहायता करती थी तथा उस पर नियंत्रण भी रखती थी।
- अथर्ववेद में सभा और समिति को प्रजापति की दो 'दुहिताएँ' बताया गया है।
- वर्ण और कर्म के आधार पर समाज को चार वर्गों में बाँटा गया है। ये हैं- ब्राह्मण, क्षत्रिय, वैश्य, शूद्र।
- प्रारम्भ में वर्ण-व्यवस्था कर्म पर आधारित थी किन्तु बाद में जन्म पर आधारित हो गयी।
- ऋग्वेद के दसवें मंडल में वर्णित पुरुष सूक्त में विराट द्वारा चार वर्णों की उत्पत्ति का वर्णन मिलता है।
- ऐतरेय ब्राह्मण में चारों वर्णों के कर्त्तव्यों का उल्लेख मिलता है।
- मनुष्य का जीवन कर्म के अनुसार व्यवस्थित करने के लिए चार आश्रमों की व्यवस्था की गई। चार आश्रम हैं- ब्रह्मचर्य, गृहस्थ, वानप्रस्थ और संन्यास।
- सर्वप्रथम जाबालोपनिषद में चारों आश्रमों का उल्लेख मिलता है।
- जीवन में भौतिक व आध्यात्मिक सुख, दोनों का समन्वित रूप ही जीवन को उन्नत करता है। भारतीय दर्शन इन दोनों प्रवृत्तियों का संतुलित, सम्मिलित एवं समन्वित रूप है जिसे पुरुषार्थ कहा गया है।
- धर्म, अर्थ, काम और मोह मनुष्य के चार पुरुषार्थ माने गये हैं।
- वैदिक परम्परा के अनुसार प्रत्येक मनुष्य तीन ऋणों में जकड़ा है जिसे उसे अपने जीवनकाल में चुकता करना पड़ता है। ये तीन ऋण हैं-देव ऋण, ऋषि ऋण, पितृ ऋण।
- संस्कार का अर्थ शुद्धता अथवा स्वच्छता से है।
- धर्मशास्त्रों में संस्कारों की संख्या 16 बताई गई है जैसे-अन्नप्राशन, चूड़ाकर्म, जातकर्म, उपनयन आदि।
- व्यक्ति के असंस्कृत स्वरूप को सुसंस्कृत और अनुशासित करने के निमित संस्कारों की अभिव्यक्ति की गई।
- सर्वप्रथम ऋग्वेद से ही हमें यज्ञों का वर्णन मिलता है।
- यज्ञ मुख्य रूप से देवताओं को प्रसन्न करने के लिए किये जाते थे, लेकिन इसके साथ ही विजय प्राप्ति, पुत्र प्राप्ति, अपने को चक्रवर्ती घोषित करना इत्यादि भी इसका अन्य उद्देश्य था।
- गृहस्थ आर्यों को पंच महायज्ञों-ब्रह्म यज्ञ, देव यज्ञ, पितृ यज्ञ, भूत यज्ञ और अतिथि यज्ञ का अनुष्ठान करना पड़ता था।
- राजा चार प्रकार के यज्ञ-राजसूय, अश्वमेध, वाजपेय, अग्निष्टोम को आयोजित करते थे।
- कर्म के सिद्धान्त का सर्वश्रेष्ठ विवरण हमें गीता से प्राप्त होता है।
- भगवान श्री कृष्ण ने गीता में स्वयं यह कहा है कि व्यक्ति को मोक्ष की प्राप्ति तभी होती है, जब वह अपने कर्म का पालन निरन्तर करता रहे।
- न्याय व्यवस्था को सुचारु रूप से चलाने के लिए एवं अपराधों पर नियंत्रण रखने के लिए दण्डनीति का प्रावधान है।
- 'अर्थशास्त्र' भारत का पहला राजनीतिक ग्रन्थ माना जाता है, जिसकी रचना कौटिल्य ने की थी। इससे प्राचीन राजतंत्र तथा अर्थव्यवस्था के अध्ययन के लिए महत्वपूर्ण सामग्री प्राप्त होती है।
- भारतीय राजशास्त्र के अन्तर्गत मनु, भीष्म एवं शुक्र आदि राजशास्त्रियों के द्वारा राज्य की कल्पना एक ऐसे जीवित जाग्रत शरीर के रूप में की गई है, जिसके सात अंग हैं, जो इस प्रकार हैं-राजा, अमात्य, जनपद, दुर्ग, कोष, दण्ड और मित्र।
- दिग्विजय वह विजय है जिसमें राजा चारों दिशाओं में महत्वपूर्ण विजयें हासिल करता है।

- समुद्रगुप्त की दक्षिणापथ विजय को रायचौधरी ने 'धर्मविजय' की संज्ञा प्रदान की है।
- ऋग्वेद में स्तूप का प्रारंभिक उल्लेख मिलता है।
- स्तूप का शाब्दिक अर्थ किसी वस्तु का ढेर या थूहा है।
- स्तूप का विकास संभवत: मिट्टी के ऐसे चबूतरे से हुआ, जिसका निर्माण मृतक की चिता के ऊपर अथवा मृतक की चुनी हुई अस्थियों को रखने के लिए किया जाता था।
- चैत्य का अर्थ एक पवित्र कक्ष था, जिसके मध्य में एक छोटा स्तूप होता था, जिसे दागोब के नाम से जाना जाता था, जिसकी पूजा की जाती थी।
- नागर शैली का प्रचलन उत्तर भारत में, द्रविड़ शैली का प्रचलन दक्षिण भारत में, एवं वेसर शैली का प्रचलन विन्ध्य व कृष्णा नदी के बीच में विकसित था।
- नागर शैली के मन्दिर चतुष्कोणीय होते हैं। इस शैली के मन्दिरों के शिखरों में खड़ी रेखा की प्रधानता है। शिखर इस शैली के मंदिरों की विशेषता है।
- द्रविड़ शैली के मन्दिर अष्ट भुजाकार होते हैं। इस शैली के मन्दिर के शिखर पिरामिड आकार के होते हैं।
- वेसर शैली के मन्दिर अर्द्धगोलाकार होते हैं। इस शैली के मन्दिरों में देवल गर्भगृह और जगमोहन होता है।
- नागर शैली के मन्दिरों का सर्वश्रेष्ठ उदाहरण खजुराहो स्थित कन्दरिया महादेव का मंदिर है। द्रविड़ शैली के मंदिर का सर्वश्रेष्ठ उदाहरण राजराज प्रथम द्वारा निर्मित तंजोर का वृहदेश्वर मन्दिर है। वेसर शैली के मन्दिर मुख्यत: एहोल में स्थित हैं।
- बोधिसत्व और तीर्थंकर क्रमश: बौद्ध धर्म और जैन धर्म से सम्बंधित थे।
- बौद्ध धर्म की महायान शाखा के अनुसार परम ज्ञान प्राप्त वह व्यक्ति है, जो स्वयं तो निर्वाण प्राप्त कर चुका है तथा अपने प्रयासों से दूसरों को निर्वाण प्राप्त करने में सहायता देता है।
- जैन परंपरा के अनुसार अब तक कुल 24 तीर्थंकर हुए हैं–ऋषदेव प्रथम तीर्थंकर थे एवं महावीर अन्तिम तीर्थंकर थे।
- दक्षिण के वैष्णव संतों को अलवार कहा जाता था। इनकी संख्या 12 है।
- दक्षिण भारत के शैव संत नयनार कहलाते थे। इनकी कुल संख्या 63 थी।
- श्रेणियाँ एक ही प्रकार के व्यवसाय करने वाले लोगों के संगठन होते थे।
- जातक ग्रंथों में 18 प्रकार की श्रेणियों का उल्लेख मिलता है।
- प्राचीन भारत में मुख्यत: गुप्तकाल में, पुरुषों, स्त्रियों एवं बच्चों द्वारा जो नि:शुल्क श्रम या बेगार करवाया जाता था, वह 'विष्टि' कहलाती थी।
- मनुस्मृति के अनुसार 'कन्यादान के समय अग्नि के समक्ष एवं विदा के अवसर पर कन्या के माता-पिता, परिवार जन या संबंधियों द्वारा जो आभूषण, उपहार एवं धन उसे प्राप्त होता था, वह स्त्रीधन कहलाता था।
- अग्रहार एक प्रकार का भूमि अनुदान होता था, जो केवल ब्राह्मणों को मिलता था और कर-मुक्त होता था।
- खलीफा की आध्यात्मिक सत्ता और शासन व्यवस्था को खिलाफत कहा जाता था।
- हजरत मुहम्मद के उत्तराधिकारी खलीफा कहलाते थे।
- हजरत अबुबकर प्रथम खलीफा थे।
- सुलह-ए-कुल का अर्थ है–सबके साथ शांति रखने का सिद्धान्त।
- सुलह-ए-कुल अकबर की नीति का प्रमुख सिद्धान्त था एवं इसका प्रतिपादन अकबर के शिक्षक अब्दुल लतीफ ने किया था।
- मराठों के काल में महाराष्ट्र में संत कवियों द्वारा प्रचारित उदारवादी धर्म सामान्यतया महाराष्ट्र धर्म के रूप में जाना जाता है।
- महाराष्ट्र धर्म के सिद्धांत भक्ति आन्दोलन से प्रभावित थे।
- महाराष्ट्र में भक्ति पंथ पंढ़रपुर के मुख्य देवता विठोबा या विट्ठल के मन्दिरों के चारों ओर केन्द्रित था जिन्हें कृष्ण का अवतार माना जाता था।
- महाराष्ट्र धर्म ने समानता के सिद्धान्त द्वारा वर्ण-व्यवस्था को लचीला बनाने में सफलता प्राप्त की तथा लोगों को एक सूत्र में बाँधने का प्रयास किया था।
- तुर्कान-ए-चहलगानी, सुल्तान इल्तुतमिश द्वारा स्थापित चालीस गुलामों का गुट था जो शासन-कार्य में सहयोग करता था।
- इल्तुतमिश के बाद इस वर्ग ने शासन में निरंतर हस्तक्षेप किया एवं बलबन ने इस वर्ग को समाप्त कर दिया।
- वतन एक प्रकार की जागीर थी, जो मुगलकाल में जागीरदारों को दी जाती थी।
- परमोच्च शक्ति ब्रिटेन के ताज में समाहित था। इसका प्रयोग भारत में ब्रिटिश शासन के लिए किया जाता था

जिस पर भारतीयों का कोई नियंत्रण नहीं था।

- 1946 ई॰ में कैबिनेट मिशन योजना के अन्तर्गत पहली बार परमोच्च शक्ति की समाप्ति की घोषणा का तथ्य निहित था।
- द्वैध शासन का अर्थ दोहरे शासन से है। इसमें शासन दो क्षेत्रों में विभाजित होता है और इन दोनों क्षेत्रों का प्रशासन दो ऐसे पदाधिकारियों द्वारा किया जाता है जिनके स्वरूप व उत्तरदायित्व में भिन्नता होती है।
- 1919 ई॰ के अधिनियम के तहत प्रान्तों में द्वैध शासन की व्यवस्था थी।
- संघवाद के अन्तर्गत छोटे-छोटे इकाई राज्य मिलकर एक संघ की स्थापना इस प्रकार करते हैं कि कुछ सम्मिलित कार्य संघ राज्य को सौंप देते हैं और शेष कार्यों के लिए स्वतंत्र रहते हैं।
- भारत में 1935 ई॰ के अधिनियम के तहत एक अखिल भारतीय संघ की स्थापना की गई थी।
- संघवाद में लिखित संविधान, शक्तियों का विभाजन और स्वतंत्र न्यायपालिका का होना आवश्यक है।
- उपयोगितावाद के अनुसार "अधिकतम लोगों का अधिकतम सुख" ही राज्य की प्रगति एवं श्रेष्ठता की कसौटी है। यह उन्नीसवीं शताब्दी का राज्य के कार्यों से संबंधित एक अत्यंत महत्वपूर्ण सिद्धांत था।
- ब्रिटिश काल में भारत में सुधारों की प्रक्रिया का सूत्रपात 'उपयोगितावाद' के सिद्धान्तों का प्रभाव था।
- निस्पंदन सिद्धान्त (Filtration Theory) शिक्षा से संबंधित था जिसके अनुसार शिक्षा समाज के उच्च वर्ग को दी जाये एवं इस वर्ग से छन-छन कर शिक्षा का प्रभाव जनसाधारण तक पहुँचे।
- निस्पंदन सिद्धान्त का प्रतिपादन लार्ड आकलैण्ड द्वारा किया गया था। मैकाले ने इसी सिद्धान्त पर कार्य किया था।
- अंग्रेजी सरकार ने रूस के आक्रमण से भारत को बचाने के लिए जो नीति अपनाई उसे 'अग्रवर्ती नीति' कहा जाता है।
- भारत के गर्वनर जनरल 'आकलैण्ड' ने अग्रवर्ती नीति अपनायी थी। 'लॉर्ड पामर्स्टन' भी इस नीति के समर्थक थे।
- राज्य अपहरण नीति का प्रतिपादन लॉर्ड डलहौजी द्वारा अपनाया गया था। इसके अनुसार यदि किसी राजा को कोई संतान न हो तो वह गोद लेने का अधिकारी नहीं है।
- राज्य अपहरण नीति (गोद निषेध की नीति) के द्वारा लॉर्ड डलहौजी ने सतारा, जैतपुर, सम्भलपुर, झाँसी इत्यादि राज्यों को अंग्रेजी राज्य में मिला लिया था।
- अपने विरोधियों को दु:खी बनाने के बजाय स्वयं अपने ऊपर दु:ख डालकर सत्य की विजय प्राप्त करना ही 'सत्याग्रह' है।
- सत्याग्रह की पद्धति गांधी जी की अपूर्व देन है।
- असहयोग, सविनय अवज्ञा, हिजरत, अनशन तथा हड़ताल आदि सत्याग्रह के विभिन्न रूप हैं।
- स्वदेशी एक आन्दोलन था जो 1905 ई॰ में बंगाल विभाजन के परिणामस्वरूप शुरू हुआ था। इस आन्दोलन ने भारतीय वस्तुओं के उपयोग को प्रोत्साहन दिया — वस्तुओं का बहिष्कार किया।
- स्वदेशी आन्दोलन की उपलब्धि थी—आ आत्मशक्ति।
- स्वदेशी आन्दोलन का प्रभाव बंगाल के में दृष्टिगत हुआ।
- मुगलकाल में शिल्पकारों तथा दस्तकारों क. पारिश्रमिक के रूप में अनाज का एक निर्धारित भाग दिया जाता था जिसे 'बलूता' कहा जाता था।
- इक्ता का अर्थ था—नकद वेतन के बदले किसी को कृषि योग्य भूमि का लगान हस्तान्तरित करना।
- सल्तनत काल में सैनिक और असैनिक अधिकारियों को उनकी सेवाओं के बदले वेतन के रूप में जो भूमि प्रदान की जाती थी, उसे इक्ता या अक्ता कहा जाता था।
- मुहम्मद गोरी ने सर्वप्रथम इक्ता व्यवस्था को प्रचलित किया था, एवं इल्तुतमिश ने इसे एक संस्थागत स्वरूप प्रदान किया।
- मध्यकाल में गैर-मुसलमानों से लिया जाने वाला कर 'जजिया कर' कहलाता था। यह कर उनके जीवन व सम्पत्ति की रक्षा के बदले में वसूल किया जाता था।
- महिलाएँ, बच्चे, साधु-सन्त व ब्राह्मण जजिया कर से मुक्त रखे गये थे, परन्तु सुल्तान फिरोज तुगलक ने ब्राह्मणों पर भी जजिया लगाया था।
- मध्यकाल में धार्मिक व्यक्तियों, संतों तथा विद्वानों को जो करमुक्त भूमि अनुदान में दी जाती थी, वह 'मदद-ए-माश' कहलाती थी।
- विजयनगर साम्राज्य में नायकों को दी गयी भूमि अमरम् कहलाती थी।
- राय-रेखो विजयनगर साम्राज्य में भूमि मूल्यांकन के लिए प्रयुक्त एक मानक था।

- वीर शैव सम्प्रदाय को मानने वाले लोगों को जंगम (लिंयागत) कहा जाता है। यह दक्षिण भारत में प्रचलित था।
- 'चौथ' मराठों द्वारा लिया जाने वाला सैन्य कर था, जो पड़ोसी राज्यों से तीसरी शक्ति के आक्रमण से सुरक्षा प्रदान करने के बदले में वसूल किया जाता था।
- हुण्डी, मुगलकाल में वस्तु विनियम का माध्यम था जिसका भुगतान निश्चित समय के बाद छूट के साथ किया जाता था।
- सर्राफ रुपये के लेन-देन का विशेषज्ञ होता था जो हुण्डी का भी कार्य करता था। सर्राफ लोग बैंकों का कार्य करते थे, वे सरदारों का पैसा जमा करते थे एवं उसे उधार पर लगाते थे।
- विजयनगर साम्राज्य में जिन सेनापतियों को सेवा के बदले 'अमरम' जागीर दी जाती थी उन्हें 'पोलेगर' कहा जाता था।
- मध्यकाल में मुगल शासकों द्वारा अपने अधीन सामंतों व राजाओं को एक निश्चित आय वाला भू-भाग प्रदान किया जाता था, जिसे जागीर कहा जाता था। इनको पानेवाले जागीरदार कहलाते थे।
- सामान्यतया जागीरें मनसबदारों तथा साम्राज्य के शासक वर्ग को प्रदान की जाती थीं।
- जहाँगीर ने मदद-ए-माश के अनुरूप अलतमगा जागीर अनुदार प्रारम्भ किये थे। आनुवंशिक जमींदारों को उनके पैत्रिक प्रदेशों में जागीर-ए-वतन प्रदान की जाती थी।
- मुगल साम्राज्य में कृषिजन्य संकट के लिए मुख्यत: जागीरदारी व्यवस्था ही उत्तरदायी था।
- मुगलकाल में जिलों को दस्तूर कहा जाता था। इसके अन्तर्गत ग्राम होते थे जो प्रशासन की सबसे छोटी इकाई थे।
- मुगल प्रशासन में मनसब (अर्थात् पद, ओहदा, स्थिति या प्रतिष्ठा) शब्द सरकारी पदानुक्रम में इसके धारक (मनसबदार) की प्रतिष्ठा का सूचक था।
- मनसबदारी प्रथा का उद्भव मध्य एशिया में हुआ था।
- देशमुख मराठा प्रशासन में आनुवंशिक राजस्व अधिकारी होता था।
- देशमुख जागीरों, सम्पत्तियों के हस्तान्तरण और विभाजन से संबंधित रिकॉर्ड रखते थे।
- चोल साम्राज्य में 'नाडु' आधुनिक जिले के समान एक प्रशासनिक इकाई था। इसकी सभा को 'नाट्टार' कहा जाता था।
- विजयनगर साम्राज्य में बड़े-बड़े प्रादेशिक या क्षेत्रीय मंडलों को नाडु के नाम से जाना जाता था।
- नाडु के सदस्यों को नन्तवार कहा जाता था।
- मुगलकाल में साम्राज्य सूबों में बँटा था तथा सूबे सरकार या परगने में बँटे होते थे, जिसके अन्दर कई जिले सम्मिलित होते थे।
- बंगाल वैष्णव धर्म का प्रवर्तन चैतन्य महाप्रभु ने किया था। इन्होंने सगुण भक्ति मार्ग का अनुसरण करते हुए कृष्ण भक्ति पर विशेष बल दिया।
- अलाउद्दीन खिलजी की बाजार नियंत्रण व्यवस्था में 'शहना-ए-मंडी' अनाज व्यापार का एक प्रमुख अधिकारी होता था।
- 'वाणिज्यवाद' राज्य द्वारा प्रवर्धित एवं निर्देशित व्यापार-वाणिज्य की नीति है। इसके अंतर्गत व्यापार व उद्योग को नियमित करके सोना व चाँदी प्राप्त करने की नीति निर्धारित की जाती थी।
- आर्थिक राष्ट्रवाद के अन्तर्गत कोई देश अपने उपनिवेशों में अपने आर्थिक हितों व व्यापार का संरक्षण करता है। इसके अन्तर्गत निर्यात को बढ़ाने और आयात कम करने पर बल दिया जाता है।
- 19वीं शताब्दी में राजा राममोहन राय, दयानन्द सरस्वती, विवेकानन्द इत्यादि समाज-सुधारकों द्वारा जो धार्मिक व सामाजिक सुधार आन्दोलन चलाया गया था, वह भारतीय पुनर्जागरण कहलाता है। इसका मुख्य उद्देश्य धर्म व समाज में आयी बुराइयों को समाप्त करना था।
- अंग्रेज सरकार द्वारा भारत से इंग्लैंड को धन भेजना 'आर्थिक अपक्षय' कहलाता था।
- दादाभाई नौरोजी, एम॰ जी॰ राणाडे सदृश राष्ट्रवादियों ने भारत से धन के बहिर्गमन (आर्थिक अपक्षय) अर्थात् Economic Drain के सिद्धान्त को प्रतिपादित किया था।
- दादाभाई नौरोजी, 'आर्थिक अपक्षय' के सिद्धान्त के सबसे पहले और सर्वाधिक प्रखर प्रतिपादक थे।
- 1905 ई॰ में दादाभाई नौराजी ने कहा था कि 'आर्थिक अपक्षय' समस्त बुराइयों की जड़ है और भारतीय निर्धनता का प्रमुख कारण है।
- किसी एक शक्तिशाली देश द्वारा दूसरे देश पर अधिकार करना तथा उसकी स्वतंत्रता का हनन करना, उसकी सभ्यता एवं संस्कृति पर अधिकार करना, उसका आर्थिक शोषण करना इत्यादि उपनिवेशवाद के अन्तर्गत आता है।

- साम्प्रदायिकतावाद एक विचारधारा है, जिसके अनुसार कुछ लोग किसी एक विशेष धर्म को मानते हैं, इसलिए उनके सामाजिक, आर्थिक व राजनीतिक हित समान होते हैं, लेकिन दूसरे धर्म के मानने वाले के हितों से भिन्न होते हैं।
- ब्रिटिश शासनकाल के अंतिम तीन दशकों में साम्प्रदायिकतावाद का अत्यन्त विकसित रूप दिखाई पड़ता है जिसकी अंतिम परिणति द्विराष्ट्रीय सिद्धांत के जन्म से होती है।
- भारत में मुस्लिम साम्प्रदायिकतावाद को उभारने और इसे निम्न वर्ग तक पहुँचाने में मुस्लिम लीग की प्रमुख भूमिका रही थी।
- प्राच्यवाद एक विचारधारा है जिसके अनुसार यूरोपीय राष्ट्रों ने राष्ट्रवाद को उभारने के लिए अपनी अतीत का गौरव गान किया। यह विचारधारा सर्वप्रथम भूमध्यसागरीय यूरोपीय देशों में पनपी थी।
- भारत में 1800 ई॰ से लेकर 1850 ई॰ तक के बीच के समय को अ-औद्योगीकरण के नाम से जाना जाता है।
- अ-औद्योगीकरण के दौर में भारत में औद्योगिक पतन का दौर चल रहा था।
- 'सहायक सन्धि' की प्रणाली का प्रारम्भ भारत में लॉर्ड वेलेजली द्वारा किया गया।
- 'सहायक सन्धि' को स्वीकार करने वाला राज्य अपनी विदेश नीति के साथ-साथ युद्ध एवं मैत्री करने के अधिकार को अंग्रेजों को सुपुर्द कर देता था।
- सहायक सन्धि-व्यवस्था में सम्मिलित हुए राज्य थे–हैदराबाद, मैसूर, तंजोर, अवध, जोधपुर, जैतपुर, मछेरी, बूंदी, भरतपुर, बरार के शासक और पेशवा।
- 18वीं एवं 19वीं सदी में प्रोटेस्टेंट गिरजाघरों में आन्दोलन चला, जिनमें पाप कृत्यों की आत्मिक अनुभूति पर जोर दिया गया।
- भूदान आन्दोलन के प्रवर्तक आचार्य विनोबा भावे थे।
- भूदान आन्दोलन का प्रमुख उद्देश्य यह था कि जिन लोगों के पास कृषि हेतु भूमि नहीं है उन्हें ऐसे लोग अपनी भूमि में से कुछ भूमि स्वेच्छा से दें, ताकि इन लोगों का भी भरण-पोषण आसानी से हो सके, एवं समाज में समानता लाई जा सके।
- आचार्य विनोबा भावे पवनार आश्रम से सम्बद्ध थे।
- भूदान आन्दोलन का प्रारम्भ 15 अप्रैल, 1950 को तेलंगाना के पोचमपल्ली गाँव से हुआ था।
- भूदान आन्दोलन सर्वोदय के सिद्धांत पर आधारित था।
- पंचशील भारत की विदेश नीति का एक प्रमुख सिद्धांत है।
- 'पंचशील सिद्धान्त' की सर्वप्रथम घोषणा 1954 ई॰ में भारत और चीन के प्रधानमंत्रियों के मध्य हुई एक समझौते में की गई थी।
- पंचशील सिद्धान्त में निहित था–प्रादेशिक अखण्डता एवं प्रभुसत्ता का सम्मान, दूसरे राष्ट्र के आन्तरिक मामलों में अहस्तक्षेप, समानता और पारस्परिक हित में पारस्परिक सहयोग, शांतिपूर्ण सह-अस्तित्व एवं एक राष्ट्र द्वारा दूसरे राष्ट्र पर आक्रमण नहीं करना।
- मिश्रित अर्थव्यवस्था की अवधारणा के प्रतिपादक जे॰ एम॰ कीन्स थे।
- मिश्रित अर्थव्यवस्था में निजी क्षेत्र व सार्वजनिक क्षेत्र का सह-अस्तित्व पाया जाता है।
- मिश्रित अर्थव्यवस्था में पूँजीवादी व समाजवादी दोनों व्यवस्थाओं के प्रमुख तत्वों का समावेश रहता है।
- रूसी क्रान्ति के कुछ समय बाद ही भारत में वामपन्थ की शुरुआत हो गयी थी।
- भारत में वामपन्थी आन्दोलन की दो धाराएँ विकसित हुईं–(1) साम्यवाद, (2) कांग्रेस समाजवादी पार्टी।
- मजदूर किसान पार्टी ने कांग्रेस के अन्दर एक शक्तिशाली वामपक्ष बनाने में भारतीय राष्ट्रीय आन्दोलन को वामपंथ की ओर झुकाने में उल्लेखनीय योगदान दिया।

प्राचीन भारतीय इतिहास

स्त्रोत : पुरातत्वीय एवं साहित्यिक स्त्रोत

- प्राचीन भारतीय इतिहास की जानकारी मुख्यत: तीन स्त्रोतों से मिलती है जो इस प्रकार हैं—पुरातात्विक स्त्रोत, साहित्यिक स्त्रोत तथा विदेशी यात्रियों का विवरण।
- पुरातात्विक स्त्रोत के अंतर्गत मुख्यत: अभिलेख, सिक्के, स्मारक, भवन, मूर्तियाँ, चित्रकला इत्यादि आते हैं।
- पुरातात्विक स्त्रोतों में अभिलेखों से प्राप्त जानकारी सर्वाधिक महत्वपूर्ण मानी जाती है।
- अभिलेख अधिकांशत: स्तम्भों, शिलाओं, ताम्रपत्रों, मुद्राओं, पात्रों, मूर्तियों एवं गुहाओं में खुदे हुए मिलते हैं।
- मध्य एशिया के बोगजकोई नामक स्थान से सर्वाधिक प्राचीन अभिलेख प्राप्त हुआ है जो लगभग 1400 ई॰पू॰ का है। इस अभिलेख में इन्द्र, मित्र, वरुण और नासत्य आदि वैदिक देवताओं के नाम मिलते हैं।
- भारत में सबसे प्राचीन अभिलेख अशोक के हैं जो तीसरी शताब्दी ई॰पू॰ का है।
- मास्की, गुर्जरा (म॰प्र॰), निट्‌ठर, उदेगोलम से प्राप्त अभिलेखों में अशोक के नाम का स्पष्ट उल्लेख है। इस अभिलेखों से अशोक के धम्म व राजस्व के आदर्श पर प्रकाश पड़ता है।
- अशोक के अभिलेख मुख्यत: ब्राह्मी, खरोष्ठी तथा आरमेइक लिपियों में मिलते हैं जिसमें अधिकांशत: ब्राह्मी लिपि में खुदे हुए हैं।
- ब्राह्मी लिपि को बायें से दायें की ओर लिखा जाता है।
- पश्चिमोत्तर प्रांत में प्रयुक्त होने वाली खरोष्ठी लिपि दायें से बायीं ओर लिखी जाती थी।
- लघमान एवं शरेकुना से प्राप्त अशोक के अभिलेख यूनानी एवं आरमेइक लिपियों में है।
- अशोक के अभिलेख संपूर्ण भारत में पाये गये हैं।
- अशोक के सभी अभिलेखों का विषय प्रशासनिक रहा है, केवल खम्मनदेई अभिलेख का विषय आर्थिक है।
- अशोक के अभिलेखों का निर्माण चुनार (उ॰प्र॰) के बलुआ पत्थर द्वारा होता था।
- प्रारंभिक अभिलेख (गुप्त काल से पूर्व) प्राकृत भाषा में हैं परन्तु गुप्त तथा गुप्तोत्तर काल के अधिकतर अभिलेख संस्कृत में हैं।
- मौर्योतर एवं गुप्तकाल के अभिलेखों को दो भागों—सरकारी तथा व्यक्तिगत अभिलेखों में बाँटा जाता है।
- सरकारी अभिलेख या तो दरबारी कवियों द्वारा लिखी गई प्रशस्तियाँ हैं या भूमि-अनुदान पत्र।
- प्रशस्तियों वाले अभिलेख में समुद्रगुप्त का प्रयाग प्रशस्ति अभिलेख है। यह अशोक के स्तंभ लेख पर लिखा हुआ है। इसमें गुप्त नरेश समुद्रगुप्त की विजयों एवं नीतियों का उल्लेख मिलता है।
- इसी प्रकार के अन्य अभिलेख हैं—राजा भोज का ग्वालियर प्रशस्ति, खारवेल का हाथी गुम्फा अभिलेख, शकक्षत्रप रुद्रदामन का जूनागढ़ अभिलेख, सातवाहन नरेश पुलुमावि का नासिक गुहालेख, मालव नरेश यशोवर्मन का मंदसौर अभिलेख, चालुक्य नरेश पुलकेशिन द्वितीय का ऐहोल अभिलेख, स्कन्दगुप्त का भितरी तथा जूनागढ़ लेख, बंगाल के शासक विजयसेन का देवपाड़ा अभिलेख इत्यादि।
- यवन राजदूत हेसिसियोगोडोरस का वेसनगर (विदिशा) से प्राप्त गरुड़ स्तंभ लेख में द्वितीय शताब्दी ई॰पू॰ में भारत में भागवत धर्म के विकसित होने के साक्ष्य प्राप्त हुए हैं। यह गैर-सरकारी या व्यक्तिगत अभिलेखों में सर्वाधिक महत्वपूर्ण हैं।
- मध्यप्रदेश के एरण से प्राप्त वाराह प्रतिमा पर हूणराज तोरमाण के लेखों का विवरण है।
- मैसूर (कर्नाटक) से सर्वाधिक अभिलेख प्राप्त हुए हैं।
- पर्सिपोलिस और बेहिस्तून अभिलेखों से ज्ञात होता है कि ईरानी सम्राट दारा (दारयवहु) ने सिन्धु घाटी को अधिकृत कर लिया था।
- सर्वप्रथम 1837 ई॰ में जेम्स प्रिंसेस ने ब्राह्मी लिपि में लिखित अशोक के अभिलेखों को पढ़ा था।

- कुछ अभिलेख मंदिरों की दीवारों या मूर्तियों पर उत्कीर्ण मिले हैं जिनसे मूर्तिकला और वास्तुकला के विकास की जानकारी मिलती है। साथ ही तत्कालीन धार्मिक स्थिति के विषय में भी ज्ञान होता है।
- सिक्कों के अध्ययन को मुद्राशास्त्र कहा जाता है।
- भारत में प्राचीनत्तम सिक्कों का प्रचलन 500 ई॰ पू॰ के लगभग हुआ। अनेक प्रकार के चिन्ह वाले इन सिक्कों को आहत सिक्का कहा जाता था जो अधिकांशत: चांदी से निर्मित होते थे।
- आहत मुद्राओं की सबसे पुरानी निधियाँ पूर्वी उत्तर प्रदेश और मगध में प्राप्त हुई हैं।
- आरंभिक सिक्के अधिकांशत: चाँदी के हैं, ये सिक्के पंच मार्क कहलाते थे। इन सिक्कों पर पेड़, मछली, सांड, हाथी, अर्द्धचन्द्र आदि आकृतियाँ उत्कीर्ण हैं।
- सर्वाधिक सिक्के मौर्योत्तर काल के प्राप्त हुए हैं।
- सोने के सिक्के का प्रचलन सर्वप्रथम इण्डो-ग्रीक ने प्रारम्भ किया। उन्होंने द्वि-भाषीय सिक्कों को भी प्रचलन में लिया। उन्होंने ऐसे सिक्कों का प्रयोग प्रारम्भ किया जिसका संबंध निश्चित रूप से किसी राजा से जोड़ा जा सकता था।
- कुषाणों के द्वारा सबसे अधिक संख्या में ताम्र सिक्के जारी किये गये।
- तस्वीर वाले सिक्कों का प्रारम्भ इण्डो-ग्रीक द्वारा हुआ।
- कुषाण राजाओं ने दीनार की तरह के स्वर्ण सिक्के जारी किए।
- कैडफीसेज प्रथम ने ताम्र सिक्के जारी किए, जिस पर हेराइक्लस (कृष्ण) की आकृति अंकित थी।
- कैडफीसेज द्वितीय (विमा कैडफीसेज) ने स्वर्ण सिक्के जारी किए, जिस पर भगवान शिव एवं नंदी की आकृति अंकित थी।
- सातवाहनों ने सीसे के सर्वाधिक सिक्के प्रचलित किए।
- गुप्त शासकों ने सोने के सर्वाधिक सिक्के प्रचलित किए।
- सर्वप्रथम लेख वाले स्वर्ण सिक्के इण्डो-ग्रीक शासकों ने प्रचलित किये थे।
- चंद्रगुप्त द्वितीय ने चांदी और सोने के शेर और घुड़सवार अंकित सिक्के जारी किए।
- स्कंद गुप्त (417-73 ई॰) ने तीन प्रकार के स्वर्ण सिक्के (धनुषधारी, लक्ष्मी और घुड़सवार) जारी किए।
- कुमार गुप्त के सिक्कों पर कार्तिकेय, मयूर तथा गरुड़ की आकृति अंकित थी।
- मौर्य काल में कर्सपण (आहत चाँदी और ताम्र) मानक सिक्का था।
- सातवाहनों ने चार धातुओं–चाँदी, ताँबा, पोटीन और सीसा के सिक्के जारी किए जिसमें सीसा के सिक्के प्रचलन में ज्यादा थे।
- कनिष्क के सिक्कों से उसके बौद्ध धर्म का अनुयायी होने का प्रमाण मिलता है।
- समुद्रगुप्त को उसके सिक्कों पर वीणा बजाते हुए दिखाया गया है। उनके कुछ सिक्कों में 'यूप' निर्मित है तथा कुछ में 'अश्वमेध पराक्रम' शब्द खुदा है जिससे समुद्रगुप्त द्वारा अश्वमेध यज्ञ कराये जाने का प्रमाण मिलता है।
- गुप्त वंश के ही चंद्रगुप्त द्वितीय विक्रमादित्य द्वारा चलाये गये 'व्याघ्र शैली' के चाँदी के सिक्के से सम्राट की शकों पर विजय प्रमाणित होती है।
- सातवाहन शासकों के सिक्कों पर निर्मित जहाज की आकृति से अनुमान लगाया जाता है कि इनके समय में सामुद्रिक व्यापार का प्रचलन था।
- सातवीं सदी के बाद अधिक संख्या में गधैया पैसों का प्रचलन था जो पश्चिमी उत्तर प्रदेश, राजस्थान एवं गुजरात में पाये जाते थे। इन सिक्कों द्वारा यह ज्ञात होता है कि मध्यकालीन भारत में जरथ्रुस्ट पूजा का प्रभाव था।
- सिक्कों पर मातृदेवी का अंकन नहीं मिलता। सिक्कों से पितृसत्तात्मक समाज की जानकारी मिलती है।

स्मारक तथा भवन

- इसके अंतर्गत प्राचीन इमारतें, मंदिर तथा मूर्तियाँ आती है, जिनसे हम प्राचीन भारत की सामाजिक, धार्मिक एवं आर्थिक स्थितियों का अनुमान लगाते हैं।
- मंदिरों, विहारों तथा स्तूपों से तत्कालीन धार्मिक अवस्था का ज्ञान होता है।
- मोहनजोदड़ो और हड़प्पा में (सिन्धु घाटी सभ्यता स्थल) खुदाई से प्राप्त अवशेषों से 2500 ई॰ पू॰ की सभ्यता का ज्ञान होता है।
- प्रयाग स्थित कौशाम्बी में खुदाई से महाराज उदयन के महल एवं घोषित राम विहार के अवशेष मिले हैं।
- अतरंजीखेड़ा में हुई खुदाई से लोहे के प्रारंभिक प्रयोग के बारे में जानकारी मिलती है।

- दक्षिण भारत स्थित अरिकामेडु (पांडिचेरी) की खुदाई से रोमन बस्ती, सिक्के, दीप का टुकड़ा, बर्तन आदि के अवशेष मिले हैं जिससे इस बात की जानकारी मिलती है कि प्रथम शताब्दी ई॰पू॰ में दक्षिण भारत और रोम के मध्य प्रगाढ़ व्यापारिक संबंध था।
- देवगढ़ (झाँसी) के मंदिर, भीतरगाँव के मंदिर, अजंता की गुफाओं में बने चित्रों, नालंदा स्थित बुद्ध की ताम्रमूर्ति इत्यादि से तत्कालीन हिन्दू सभ्यता और कला के विकसित होने का प्रमाण मिलता है।
- द्रविड़ शैली का सर्वोत्तम रूप तंजोर स्थित वृहदेश्वर मंदिर में देखने को मिलता है।
- भारत के बाहर दक्षिण-पूर्व एवं मध्य एशिया में मिले मंदिरों तथा स्तूपों के अवशेष से भारतीय संस्कृति के व्यापक प्रचार-प्रसार का उल्लेख मिलता है। जावा स्थित 'बोरो बुदूर स्तूप' तथा कंबोडिया स्थित 'अंकोरवाट मंदिर' से भारत के बाहर भारतीय धर्म के प्रसार का उल्लेख मिलता है।
- भरहुत, बोधगया और अमरावती की मूर्तिकला में जनसामान्य के जीवन की दशा ज्ञात होती है।
- मंदिरों तथा स्तूपों से भारतीय संस्कृति, एवं वास्तुकला शैली का परिचय मिलता है।
- अजन्ता के चित्रों से तत्कालीन जन-जीवन की अभिव्यक्ति होती है।
- हड़प्पा, मोहनजोदड़ो से प्राप्त मुहरों से तत्कालीन धार्मिक स्थिति ज्ञात होती है।
- बसाढ़ से प्राप्त मिट्टी की मुहरों से व्यापारिक श्रेणियों की जानकारी मिली है।

साहित्यिक स्रोत

- साहित्यिक स्रोतों को दो वर्गों में विभाजित किया जा सकता है–
  (i) धार्मिक साहित्य
  (ii) लौकिक साहित्य या धर्मेत्तर साहित्य
- प्राचीनकाल से ही भारत के धर्म-प्रधान देश होने के कारण यहाँ प्राय: तीन धार्मिक धाराएँ– वैदिक, जैन एवं बौद्ध प्रभावित हुई। वैदिक धर्मग्रंथ को ब्राह्मण धर्मग्रंथ भी कहा जाता है:

ब्राह्मण धर्मग्रंथ

- 'ब्राह्मण साहित्य' में सर्वाधिक प्राचीन 'वेद' है, जिसका संकलन महर्षि कृष्णद्वैपायन व्यास द्वारा माना जाता है।
- वेद शब्द का अर्थ 'ज्ञान', महत्ज्ञान अर्थात् 'पवित्र एवं आध्यात्मिक ज्ञान है।
- भारतीय परंपरा में वेदों को अपौरुषेय तथा नित्य माना जाता है।
- वेदों से ही हमें आर्यों के विषय में प्रारम्भिक जानकारी मिलती है।
- वेदों की कुल संख्या चार है–
  (i) ऋग्वेद
  (ii) सामवेद
  (iii) यजुर्वेद
  (iv) अथर्ववेद
- चारों वेदों का सम्मिलित रूप संहिता कहलाता है।

ऋग्वेद

- चारों वेदों में सर्वाधिक प्राचीन ऋग्वेद है।
- इससे आर्यों की राजनीतिक प्रणाली एवं इतिहास के विषय में जानकारी मिलती है।
- रचना 1500 ई॰ पू॰ के लगभग।
- इस वेद में कुल 10 मंडल, 1028 सूक्त एवं 10,552 मंत्र हैं।
- दूसरे एवं सातवें मंडल की ऋचायें सर्वाधिक प्राचीन हैं।
- पहला एवं दसवाँ मंडल अंत में जोड़ा गया है।
- दसवें मंडल के 'पुरुष-सूक्त' में सर्वप्रथम शूद्र का उल्लेख मिलता है।
- ऋग्वेद की 21 शाखाओं में प्रमुख हैं–शाकल, वाष्कल, अश्वालयन, शंखायन एवं मांडूक्य।
- ऋग्वेद के दो ब्राह्मण ग्रंथ हैं–ऐतरेय तथा कौषीतकी अथवा शंखायन।
- ऋग्वेद के आठवें मंडल में मिली हस्तलिखित प्रतियों के परिशिष्ट को 'खिल' कहा गया है।

सामवेद

- साम शब्द का अर्थ है– गान, अर्थात् सामवेद में संकलित मंत्रों का देवताओं की स्तुति के समय गाया जाता था।
- इसमें कुल 1549 मंत्र हैं जिनमें 75 के अतिरिक्त शेष ऋग्वेद से लिए गए हैं।
- इसके मंत्रों का उच्चारण यज्ञ के समय, 'उदगाता' ऋषि करते थे।
- इस वेद की कुछ महत्वपूर्ण शाखायें थीं–कौथमीय, जैमिनीय एवं राणायनीय।

- इसमें मुख्यत: सूर्यस्तुति से संबंधित मंत्र हैं।
- इस वेद के प्रमुख ब्राह्मण ग्रंथ हैं पंचविंश, षड्विंश और जैमिनीय।
- पंचविश ब्राह्मण सर्वाधिक प्राचीन एवं बड़ा है। इसे महाब्राह्मण भी कहा जाता है।

यजुर्वेद

- 'युजुष' शब्द का अर्थ है–'यज्ञ'।
- इस वेद में यज्ञों को संपन्न कराने वाले सहायक मंत्रों का संकलन है।
- इस वेद के मंत्रों का उच्चारण 'उध्वर्यु' नामक पुरोहित करता था।
- यह पाँच शाखाओं में विभक्त है–

  (i) काष्ठक, *(ii)* कपिष्ठल, *(iii)* मैत्रायणी, *(iv)* तैतरीय, *(iv)* वाजसनेयी।
- इस वेद के दो भाग हैं–शुक्ल यजुर्वेद तथा कृष्ण यजुर्वेद।
- इस वेद के दो ब्राह्मण ग्रंथ हैं–शतपथ एवं तैतिरीय।
- इस वेद की रचना गद्य और पद्य दोनों में की गई है।
- इसमें 2000 ऋचायें हैं जिनमें कई ऋग्वेद और सामवेद की हैं। यह 40 अध्याय में विभाजित है।

अथर्ववेद

- इस वेद की रचना अथर्वा ऋषि द्वारा की गई है।
- इसमें जनसाधारण के विचारों एवं अंधविश्वासों का उल्लेख मिलता है। इसमें जादू-टोना तथा अनेक बीमारियों से बचने का उपाय बताया गया है।
- ऋग्वेद के उपरांत लिखे गये संहिताओं में लोक परंपरा तथा वैदिक आत्मा का साक्षात्कार नहीं होता, परन्तु अथर्ववेद में प्राक्-ऐतिहासिक युग की मूलभूत मान्यताओं, प्रकृतियों, परम्पराओं तथा अंधविश्वास का चित्रण है।
- यह सभ्यता के प्रारंभिक इतिहास की जानकारी के दृष्टिकोण से अत्यन्त महत्वपूर्ण है।
- इसमें 20 काण्ड एवं 630 सूक्त हैं।
- इसकी दो मुख्य शाखाएँ हैं–शौनिक और पिप्पलाद।
- रचना की भाषा तथा इसमें वर्णित विषयों के आधार पर इसे अनार्यों की कृति माना जाता है।
- इसमें आर्यों द्वारा अनार्यों की संस्कृतियों को अपनाने का भी उल्लेख है।
- इस वेद का एक ब्राह्मण ग्रंथ 'गोपथ' है।
- चार वेदों को सम्मिलित रूप से 'संहिता' तथा 'श्रुति' के नाम से भी माना जाता है।
- तीन वेद–ऋग्वेद, सामवेद और यजुर्वेद को सम्मिलित रूप से 'त्रयी' कहा जाता है।
- इस चार संहिताओं से चार उपवेद भी जुड़े हैं–

  (i) आयुर्वेद – ऋग्वेद
  (ii) गन्धर्ववेद – सामवेद
  (iii) धनुर्वेद – यजुर्वेद
  (iv) शिल्पवेद – अथर्ववेद

ब्राह्मण

- इसमें धार्मिक कर्मकाण्डों, याज्ञिक रीतियों, उपासना पद्धतियों तथा संहिता की व्याख्या से संबंधित मंत्र है।
- इन ग्रंथों की रचना यज्ञकर्त्ता को यज्ञ की विधि- विधान, औचित्य तथा महत्व से अवगत कराने के लिए की गई थी। इसी कारण से इसमें यज्ञों की उपयोगिता और क्रमबद्ध विकास का वर्णन किया गया है।
- यह मुख्यत: गद्य शैली में लिखित है।
- यह किसी न किसी संहिता से संबंधित है, जो इस प्रकार है :

  (i) ऐतरेय, कौषीतकी – ऋग्वेद
  (ii) पंचविश, षड्विश, जैमनीय – सामवेद
  (iii) तैतरीय, सतपथ – यजुर्वेद
  (iv) गोपथ – अथर्ववेद
- ऐतरेय ब्राह्मण में राज्याभिषेक के नियम तथा राज्याभिषेक करवाने वाले राजाओं के नामों का उल्लेख मिलता है।
- शतपथ ब्राह्मण में गंधार, कैकेय, कुरु, पांचाल, कोसल, विदेह आदि राजाओं का उल्लेख मिलता है।
- ब्राह्मण ग्रंथों को ब्रह्म साहित्य भी कहा जाता है।

आरण्यक

- इसकी रचना जंगलों के शांतिप्रद वातावरण में रहने वाले ऋषियों द्वारा की गयी थी, इसीलिए इसे आरण्यक कहा गया है।
- इसका प्रमुख प्रतिपाद्य विषय रहस्यवाद, प्रतीकवाद, यज्ञ और पुरोहिती दर्शन है।
- इसकी संख्या 7 है–

  (i) ऐतरेय
  (ii) शांखायन
  (iii) तैतीरीय
  (iv) मैत्रायाणी
  (v) मध्यान्दिन
  (vi) तल्वकार
  (vii) जैमिनी

उपनिषद्

- 'उपनिषद्' शब्द का अर्थ है गुरु के समीप रहकर ज्ञानार्जन या विचार-विमर्श करना।
- यह वैदिक काल का प्रमुख दार्शनिक ग्रंथ है, जिसमें मुख्य रूप से शाश्वत आत्मा, सर्वशक्तिमान ब्रह्म, आत्मा एवं परमात्मा के बीच संबंध तथा विश्व की उत्पत्ति से संबंधित रहस्यवादी सिद्धान्तों का विवरण दिया गया है।
- इसमें वैदिक कर्मकाण्डों तथा यज्ञ पर आधारित हिंसा की आलोचना की गई है, जबकि सम्यक् विश्वास तथा सम्यक् ज्ञान पर जोड़ दिया गया है।
- इन्हें वैदिक साहित्य का अंतिम भाग होने के कारण 'वेदांत' भी कहा जाता है।
- उपनिषदों की कुल संख्या 108 है, परन्तु इसमें 12 प्रमुख हैं–

  (*i*) ऐतरेय

  (*ii*) कौषीतकी

  (*iii*) छान्दोग्य

  (*iv*) केन

  (*v*) तैतरीय

  (*vi*) कठ

  (*vii*) श्वेताश्वेतर

  (*viii*) वृहदारण्यक

  (*ix*) ईश

  (*x*) मुण्डक

  (*xi*) प्रश्न

  (*xii*) माण्डूक्य
- इसमें 1 एवं 2 ऋग्वेद से, 3 एवं 4 सामवेद से, 5 से 9 तक यजुर्वेद से तथा 10 से 12 अथर्वेद से संबंधित हैं।
- उपनिषद् के अनुसार ज्ञान दो प्रकार का होता है–उच्च ज्ञान और निम्न ज्ञान। उच्च ज्ञान से हमें अक्षय ब्राह्मणों को समझने में सहायता प्राप्त होती है तथा निम्न ज्ञान चार वेदों और छः वेदांगों के माध्यम से प्राप्त किया जा सकता है।

वेदांग

- इसकी रचना वेदों को भली-भाँति समझने के लिए की गई। वेदांग का आशय है किसी वस्तु के स्वरूप को भली-भाँति समझना।
- वेदांगों की संख्या छः है–

  (*i*) शिक्षा

  (*ii*) कल्प

  (*iii*) व्याकरण

  (*iv*) निरुक्त

  (*v*) छंद

  (*vi*) ज्योतिष
- वेदांग को स्मृति भी कहा जाता है।

चार कल्पसूत्र

(ई॰ पू॰ 600 से 300 ई॰ के मध्य रचित)

- सूत्र एक ऐसी साहित्यक विद्या है जिसमें कम शब्दों में अधिक तथ्य रखने का प्रयास किया गया है। नीरस होते हुए भी इसे कंठस्थ करना आसान है।
- सूत्र साहित्य के द्वारा संहिताओं के अध्ययन में सहायता मिलती है।
- कल्पसूत्र में विधि और नियमों का उल्लेख किया गया है। इसे श्रौत सूत्र, गृह्य सूत्र तथा धर्मसूत्र में विभाजित किया गया है। सूत्र शब्द का अर्थ है संकेत, सुराग, पथ-प्रदर्शक, नियम, संक्षिप्त कहावत इत्यादि।
- श्रौत सूत्र के अंतर्गत यज्ञीय विधि-विधानों की विस्तार से चर्चा मिलती है। श्रौत सूत्र के अंतर्गत शूल्व सूत्र की रचना हुई है जिसमें यज्ञ-स्थल और अग्निवेदियों की नाप और निर्माण के नियम हैं। यह भारतीय ज्यामीति की प्राचीन पुस्तक है।
- गृह्यसूत्र से मनुष्यों के लौकिक एवं पारलौकिक कार्यों का उल्लेख मिलता है। शिक्षा की सबसे प्रधान रचना 'प्रातिशाख्य-सूत्र' है, जिसमें ऐसे नियम हैं जिनकी सहायता से संहिता-पदपाठ बनाया जाता है।
- 'धर्मसूत्र' में राजनीति, सामाजिक एवं धार्मिक विषयों का उल्लेख मिलता है। इसका समय 500 से 200 ई॰ पू॰ के लगभग माना जाता है। धर्मसूत्रों में आपस्तंब तथा बौद्धायन सर्वाधिक प्राचीन माने जाते हैं। धर्मसूत्र गद्य में लिखे गये हैं। धर्मसूत्र में ही सर्वप्रथम वर्ण-व्यवस्था का विस्तृत उल्लेख मिलता है। इसमें आठ प्रकार के विवाह तथा सर्वप्रथम 'अंत्यज' नाम के वर्णसंकर जाति का उल्लेख मिलता है।
- कल्पसूत्र की पूरक पुस्तिकाओं को 'परिशिष्ट' कहते हैं।
- व्याकरण, निरुक्त एवं छन्द क्रमशः पाणिनी, यास्क और पिंगल के महान् ग्रंथ हैं।

धर्मशास्त्र

- धर्मसूत्र, स्मृति, टीका तथा निबंध को सम्मिलित रूप में धर्मशास्त्र कहा जाता है।
- धर्मसूत्रों से स्मृति-ग्रंथों का विकास हुआ।

स्मृति

- इसकी रचना लगभग 200 ई॰ पू॰ से 9वीं सदी के मध्य तक की गई।
- धर्मसूत्रों से स्मृति-ग्रंथों का विकास हुआ। अत: स्मृतियों में हमें उन विषयों के बारे में विस्तृत जानकारी मिलती है जिनका उल्लेख धर्मसूत्रों में किया गया है।
- इसकी रचना पद्य में की गई है।
- प्रमुख स्मृति-ग्रंथ हैं—मनुस्मृति, याज्ञवल्क्य स्मृति, पराशर स्मृति, नारद स्मृति, वृहस्पति स्मृति, कात्यायन स्मृति, गौतम स्मृति।
- मनुस्मृति (200 ई॰ पू॰ से 200 ई॰) सर्वाधिक प्राचीन मानी जाती है। इसमें उस समय के भारत के बारे में राजनीतिक, सामाजिक एवं धार्मिक जानकारी मिलती है।
- गुप्तकाल में याज्ञवल्क्य, नारद, वृहस्पति एवं कात्यायन द्वारा स्मृतियों की रचना की गई।
- मेघातिथि, भारुचि, कुल्लूक भट्ट, गोविन्द राय आदि टीकाकारों ने मनुस्मृति पर भाष्य लिखे हैं।
- विश्वरूप, अपरार्क, विज्ञानेश्वर आदि ने याज्ञवल्क्य स्मृति पर भाष्य लिखे हैं।
- विष्णु स्मृति के अतिरिक्त शेष स्मृतियाँ श्लोकों में लिखी गयी हैं और इनकी भाषा लौकिक संस्कृत है।

महाकाव्य

- महाकाव्यों में रामायण तथा महाभारत सर्वाधिक महत्वपूर्ण ऐतिहासिक स्रोत हैं।
- इन महाकाव्यों से तत्कालीन राजनीतिक, आर्थिक, सामाजिक तथा धार्मिक जीवन पर प्रकाश पड़ता है।

रामायण

- रामायण की रचना बाल्मीकि द्वारा पहली एवं दूसरी शताब्दी के दौरान संस्कृत भाषा में की गई।
- शुरू में इसमें 12,000 श्लोक थे पर वर्तमान में इसमें 24,000 श्लोक हैं।
- यह सात काण्डों में बँटा हुआ है।
- रामकथा पर आधारित ग्रंथों का अनुवाद सर्वप्रथम भारत के बाहर चीन में किया गया।
- भुशुण्डि रामायण को आदि रामायण कहा जाता है।

महाभारत

- महर्षि व्यास द्वारा रचित।
- रामायण से वृहद।
- इस ग्रंथ का प्रारंभिक उल्लेख 'आश्वलायन गृहसूत्र' में मिलता है।
- इसे प्रारंभ में जय, तत्पश्चात् भारत और अंत में महाभारत तीनों नामों से जाना गया। प्रारंभ में 24 हजार श्लोक वाले इस महाकाव्य को 'जय' कहा गया।

  उपख्यानों के जुड़ने के बाद यह महाकाव्य 'महाभारत' कहलाया।
- वर्तमान में इस महाकाव्य में लगभग एक लाख श्लोकों का संकलन है।
- यह 18 पर्वों में विभाजित है।
- इससे तत्कालीन राजनीतिक, सामाजिक एवं धार्मिक स्थिति का ज्ञान होता है।

पुराण

- इसका शाब्दिक अर्थ है—प्राचीन आख्यान।
- इससे राजाओं की वंशावलियों के बारे में तथा तत्कालीन समाज, धर्म, तीर्थ, भूगोल इत्यादि के बारे में जानकारी मिलती है।
- संभवत: 5वीं से चौथी शताब्दी ई॰पू॰ तक पुराण अस्तित्व में आ चुके थे।
- इसके मुख्य रूप से पाँच लक्षण बताये गये हैं, जो इस प्रकार हैं—सर्ग, प्रतिसर्ग, वंश, मन्वन्तर तथा वंशानुचरित।
- पुराणों की कुल संख्या 18 है, जिसमें विष्णु, ब्रह्मा, भागवत, वायु, मत्स्य तथा भविष्य पुराण सर्वाधिक प्राचीन हैं।
- विष्णु, मत्स्य, वायु तथा भागवत् पुराण सर्वाधिक ऐतिहासिक महत्व के हैं, क्योंकि इनमें राजाओं की वंशावलियाँ पायी जाती हैं।
- मत्स्य पुराण सर्वाधिक प्राचीन एवं प्रामाणिक है। इसके द्वारा सातवाहन वंश के विषय में विशेष जानकारी मिलती है।
- विष्णु पुराण से मौर्य वंश एवं गुप्त वंश के विषय में विशेष जानकारी मिलती है।
- वायु पुराण से शुंग वंश एवं गुप्त वंश के विषय में विशेष जानकारी मिलती है। गुप्त साम्राज्य की सीमाओं की जानकारी हेतु वायु पुराण सर्वाधिक प्रामाणिक माने जाते हैं।
- इस प्रकार पुराणों से हमें शिशुनाग, नन्द, मौर्य, शुंग, सातवाहन एवं गुप्त वंश के विषय में ज्ञान होता है।
- पुराणों के रचनाकार लोमहर्ष एवं उनके पुत्र उग्रश्रवा माने जाते हैं।

- पुराणों का संकलन करने वालों ने कृत, त्रेता, द्वापर, कलि चार युगों का वर्णन किया है। प्रत्येक युग के बारे में कहा गया है कि आगे आने वाला युग अपने पीछे के युग की तुलना में पतनशील होगा।

बौद्ध साहित्य

- महात्मा बुद्ध के परिनिवार्ण के उपरान्त आयोजित विभिन्न बौद्ध संगीतियों में संकलित किये गये त्रिपिटक संभवतः सर्वाधिक प्राचीन धर्मग्रंथ हैं।
- इतिहासकार वूलर एवं रीज डेविड्ज महादेय ने 'पिटक' का शाब्दिक अर्थ टोकरी बताया है।
- त्रिपिटक से ईसा पूर्व की भारत के सामाजिक व धार्मिक जीवन के विषय में जानकारी मिलती है।
- इन पिटकों की रचना पाली भाषा में की गई है।
- त्रिपिटक इस प्रकार हैं–

    (i) सुतपिटक
    (ii) विनयपिटक
    (iii) अभिधम्मपिटक

(i) सुतपिटक

- इसमें गौतम बुद्ध की शिक्षाओं का संग्रह है।
- यहाँ सुत का शाब्दिक अर्थ धर्मोपदेश है।
- बुद्ध के धार्मिक विचारों एवं उपदेशों के संग्रह वाला यह पिटक संभवतः त्रिपिटकों में सर्वाधिक बड़ा एवं श्रेष्ठ है।
- यह पिटक पाँच निकायों में विभाजित है, जो इस प्रकार हैं–

    (क) दीघ निकाय
    (ख) मज्झिम निकाय
    (ग) संयुक्त निकाय
    (घ) अंगुतर निकाय
    (ङ) खुद्यक निकाय

(क) दीघ निकाय

- गद्य एवं पद्य दोनों में रचित।
- इसमें बौद्ध धर्म के सिद्धान्तों का समर्थन एवं अन्य धर्मों के सिद्धान्तों का खण्डन किया गया है।
- इस निकाय का सर्वाधिक महत्वपूर्ण सूक्त 'महापरिनिब्बानसुत' है।
- इस निकाय में महात्मा बुद्ध के जीवन के आखिरी क्षणों का वर्णन है।
- इसमें कृषि तथा वाणिज्य के बारे में जानकारी दी गयी है।

(ख) मज्झिम निकाय

- इसमें महात्मा बुद्ध को कहीं साधारण मनुष्य के रूप में तो कहीं अलौकिक शक्ति वाले दैवी रूप में वर्णित किया गया है।

(ग) संयुक्त निकाय

- गद्य एवं पद्य दोनों शैलियों के प्रयोग वाला यह निकाय अनेक 'संयुक्तों' का संकलन मात्र है।

(घ) अंगुतर निकाय

- इस निकाय में महात्मा बुद्ध द्वारा भिक्षुओं को उपदेश में कही जाने वाली बातों का वर्णन है, जो 11 निपातों में संगठित है।

(ङ) खुद्यक निकाय

- यह बौद्ध धर्म-दर्शन से संबंधित 15 ग्रंथों का संकलन है, जिनमें धम्मपद, मेरीगाथा एवं जातक सर्वाधिक महत्वपूर्ण हैं। बौद्ध धर्म में धम्मपद का वही स्थान है जो हिन्दू धर्म में गीता का है। जातक में बुद्ध पद प्राप्त होने से पूर्व बुद्ध के पूर्वजन्मों से संबंधित लगभग 550 कथाओं को संकलित किया गया है।

(ii) विनयपिटक

- इसमें बौद्ध भिक्षु एवं भिक्षुणिओं के लिए आचरण संबंधी नियमों का उल्लेख है।
- विनयपिटक के तीन खंड है।

    (क) सुत विभंग
    (ख) खंधक
    (ग) परिवार

- सुत विभंग दो भागों–भिक्खु विभंग और भिक्खुनी विभंग में विभाजित है। इनमें भिक्षु एवं भिक्षुणिओं द्वारा पालन किये जाने वाले आवश्यक नियमों एवं आचरण संहिता का वर्णन है। इन नियमों का उल्लेख करने के संदर्भ में बुद्ध के जीवन से संबंधित अनेक घटनाओं का भी उल्लेख किया गया है, जो ऐतिहासिक दृष्टि से विनयपिटक के बहुत महत्वपूर्ण अंश हैं।
- खन्धक में मठ या संघ के निवासियों के जीवन के संदर्भ में विधि-निषेधों की विस्तृत व्याख्या की गयी है। खन्धक के दो अन्य भाग महावग्ग एवं चुल्लवग्ग है।
- परिवार प्रश्नोत्तर क्रम में है।

(iii) अभिधम्मपिटक

- इसमें बौद्ध मतों की दार्शनिक व्याख्या की गयी है।
- बौद्ध परंपरा के अनुसार इस पिटक का संकलन तृतीय बौद्ध संगीति (अशोक के समय) में मोग्गलिपुत तिस्स ने किया।
- इस पिटक के उपग्रंथ सात हैं– धम्मसंगणि, विभंग, धातुकथा, पुग्गलपञ्चति, कथावत्थु, यमक, पत्थान।
- त्रिपिटकों के अतिरिक्त पालीभाषा में लिखे गये कुछ अन्य महत्वपूर्ण ग्रंथ हैं– मिलिन्दपन्हो, दीपवंश एवं महावंश।
- 'मिलिन्दपन्हो' यूनानी राजा मिनांडर तथा बौद्ध भिक्षु नागसेन के दार्शनिक वाद-विवाद से संबंधित ग्रंथ है। पाली भाषा के इस ग्रंथ से ईसा की पहली दो शताब्दियों के भारतीय जनजीवन के बारे में उल्लेख मिलता है।
- दीपवंश से सिंहल द्वीप का इतिहास मिलता है। इससे मौर्यकालीन इतिहास की जानकारी मिलती है। इसे चौथी शताब्दी में लंका में लिखा गया।
- भदन्त महानामा द्वारा संभवत: 5वीं व छठीं सदी में रचित इस ग्रंथ में मगध के राजाओं की क्रमबद्ध सूची मिलती है।
- संस्कृत भाषा के बौद्ध ग्रंथ 'महावस्तु' एवं 'ललित विस्तर' से महात्मा बुद्ध के बारे में, 'दिव्यावदान' से मौर्योत्तर काल के राजाओं के बारे में जानकारी मिलती है। 'आर्य मंजुश्री मूलकल्प' से गुप्त शासकों के बारे में तथा 'अंगुत्तरनिकाय' से सोलह महाजनपदों के बारे में जानकारी मिलती है। अश्वघोष, जो सम्राट कनिष्क के समकालीन थे, की रचनाओं बुद्धचरित, सौन्दरानन्द एवं सारिपुत्र प्रकरण में प्रथम दो महाकाव्य एवं तीसरा नाटक है।

जैन साहित्य

- जैन साहित्य से प्राचीन वर्ण-व्यवस्था, आर्थिक गतिविधियों, नगर एवं समुद्री व्यापार आदि की जानकारी मिलती है।
- जैनियों के धार्मिक ग्रंथ अर्धमागधी भाषा में लिखे गये। ये धार्मिक ग्रंथ छठी सदी के लगभग गुजरात स्थित वलभी में संकलित किये गये।
- जैनियों ने संस्कृत भाषा का परित्याग कर अपने धर्मोपदेश जनसाधारण की बोधगम्य भाषा प्राकृत में दिये।
- जैन धर्म की शिक्षाओं को 'आगम' नामक धर्मग्रन्थ में संकलित किया गया है। 'जैन आगम' में 12 अंग, 12 उपांग, 10 प्रकीर्ण, 6 छंद सूत्र, नंदिसूत्र, अनुयोग द्वार एवं मूल सूत्रों की गणना संपन्न होती है।
- आगम में–कल्पसूत्र, भगवती सूत्र, आचरांग सूत्र आदि महत्वपूर्ण हैं।
- छठी से चौथी शताब्दी ई॰पू॰ में भद्रबाहु द्वारा रचित 'कल्पसूत्र' से प्रारंभिक जैन इतिहास की जानकारी मिलती है।
- 'भगवती सूत्र' से महावीर स्वामी के जीवन से जुड़ी कुछ जानकारियाँ मिलती हैं।
- 'आचरांग सूत्र' से जैन भिक्षुओं के आचार-नियमों का उल्लेख मिलता है।
- सोलह महाजनपदों के बारे में भी 'भगवती सूत्र' से जानकारी मिलती है।
- जैन ग्रंथ 'परिशिष्ट पर्व तथा 'भद्रबाहु–चरित' से चंद्रगुप्त मौर्य के जीवन की प्रारंभिक तथा उत्तरकालीन घटनाओं का उल्लेख मिलता है। हेमचंद्र-कृत 'परिशिष्ट पर्व' की रचना ईसा की बारहवीं शताब्दी के लगभग हुई।
- पूर्व मध्यकालीन जैन ग्रंथों में हरिभद्र सूरि की 'समरादित्य कथा' (705-775), उद्योतन सूरि की 'कुवलय माला (778 ई०), जिनेश्वर सूरि की 'कथाकोष प्रकरण', जिनसेन की 'आदि पुराण' (9वीं सदी), आदि से तत्कालीन भारतीय समाज की सामाजिक, धार्मिक स्थिति का ज्ञान होता है।

लौकिक साहित्य

- इस प्रकार के साहित्य के अंतर्गत ऐतिहासिक एवं समसामयिक ग्रंथ आते हैं। इस प्रकार के साहित्य से राजनीतिक तथा सांस्कृतिक इतिहास की जानकारी मिलती है।
- लौकिक साहित्य के अंतर्गत प्रमुख ऐतिहासिक स्रोत कौटिल्य, कृत 'अर्थशास्त्र' है। यह भारत का प्रथम राजनीतिक ग्रन्थ है। लगभग 6,000 श्लोकों वाले इस ग्रंथ से मौर्यकालीन राजनीतिक, सामाजिक, आर्थिक एवं धार्मिक स्थिति की स्पष्ट जानकारी मिलती है। 15 खण्डों में विभाजित इस ग्रंथ का द्वितीय एवं तृतीय खंड सर्वाधिक प्राचीन है। सर्वप्रथम 1904 ई॰ में आर॰ शाम शास्त्री ने इसकी पाण्डुलिपि की खोज की।

मुद्राराक्षस (विशाखदत्त)

- गुप्तकालीन ग्रंथ।
- चाणक्य द्वारा नंदों को उखाड़ फेकने में चंद्रगुप्त मौर्य की सहायता का वर्णन।

- तत्कालीन सामाजिक, आर्थिक दशाओं की जानकारी मिलती है।

अष्टाध्यायी

- पाणिनि कृत अष्टाध्यायी एवं महर्षि पतञ्जलि-कृत महाभाष्य वैसे तो व्याकरण के ग्रंथ माने जाते हैं किन्तु इन ग्रंथों में कहीं-कहीं राजाओं-महाराजाओं एवं जनतंत्रों के घटनाचक्र का विवरण मिलता है।

गार्गी संहिता

- इससे यूनानी आक्रमण का उल्लेख मिलता है जो प्रथम शताब्दी के लगभग लिखी गयी थी।

मालविकाग्निमित्रम

- चौथी शताब्दी के उत्तरार्द्ध एवं पाँचवीं शताब्दी के पूर्वार्द्ध में कालीदास द्वारा रचित इस संस्कृत ग्रंथ से पुष्यमित्र शुंग एवं उसके पुत्र अग्निमित्र के समय के राजनीतिक घटनाचक्र तथा शुंग एवं यवन संघर्ष का उल्लेख मिलता है।

हर्षचरित

- वाणभट्ट एवं कृत 'हर्ष चरितम्' से हर्ष के जीवन तथा तत्कालीन भारत के इतिहास की जानकारी मिलती है।

नीतिशास्त्र

- 7वीं, 8वीं शताब्दी में लिखी गई कामंदक के नीतिशास्त्र से उस समय के आचार-व्यवहार के बारे में जानकारी मिलती है।

स्वप्नवासवदत्ता

- तीसरी शती ई० में महाकवि भास द्वारा रचित इस कृति से वत्सराज उदयन एवं चण्ड प्रद्योत के संबंधों का उल्लेख मिलता है।

मृच्छकटिकम

- शूद्रक द्वारा रचित इस नाटक से गुप्तकालीन सांस्कृतिक इतिहास की जानकारी मिलती है।

राजतरंगिणी

- 12वीं शताब्दी में कल्हण द्वारा लिखी गयी पुस्तक से तत्कालीन कश्मीर के इतिहास के बारे में विस्तृत जानकारी मिलती है।

मंजुश्री मूलकल्प

- यह ग्रंथ बौद्ध धर्म की महायान शाखा से भी संबंधित है। इससे 700 ई० से 750 ई० तक के भारतीय इतिहास का विवरण मिलता है।

नवसाहसांकचरित

- पद्मगुप्त परिमल द्वारा रचित इस ग्रंथ से परमार वंश, सिंधुराज नवसाहसांक के इतिहास के विषय में जानकारी मिलती है। इसकी रचना ग्यारहवीं शती ई० में हुई थी। इस ग्रंथ को संस्कृत साहित्य का प्रथम ऐतिहासिक महाकाव्य माना जाता है।
- **गौड़वहो** (वाक्पति की कृति) से कन्नौज पर शासन करने वाले यशोवर्मन की, विक्रमांकदेव चरित (बिल्हण की कृति) से कल्याणी के चालुक्य नरेश विक्रमादित्य षष्ठ के विषय में जानकारी मिलती है।
- जयसिंह कृत **कुमारपालचरित** से गुजरात के शासक कुमारपाल के बारे में जानकारी मिलती है।
- मेरुतुंगाचार्य में कृत **प्रबन्ध चिन्तामणि** से जिसकी रचना 1305 ई० में हुई थी, से विक्रमांक, सातवाहन, मूलराज, मुंज, नृपति भोज, लक्ष्मणसेन, जयचन्द्र आदि के विषय में जानकारी मिलती है।

कीर्ति कौमुदी

- सोमेश्वर द्वारा रचित इस काव्य से चालुक्य वंशीय इतिहास के विषय में जानकारी मिलती है।

मत्तविलास प्रहसन

- पल्लव नरेश महेन्द्र विक्रम द्वारा 7वीं शती में रचित इस ग्रंथ से तत्कालीन सामाजिक एवं धार्मिक जीवन के बारे में विवरण मिलता है।

अवन्तिसुन्दरी कथा

- महाकवि दण्डी द्वारा रचित इस ग्रंथ से पल्लवों के इतिहास के विषय में जानकारी मिलती है।

वाकपतिराज द्वारा

- प्राकृत भाषा में रचित गौड़वहो ग्रंथ से कन्नौज नरेश यशोवर्मन के विजयों के विषय में जानकारी मिलती है।

पृथ्वीराज विजय

- 1191 से 1193 के बीच इस ग्रंथ की रचना कश्मीरी पण्डित जयानक ने की। इस ग्रंथ से पृथ्वीराज तृतीय के विषय में जानकारी मिलती है।
- पाणिनी की **अष्टाध्यायी** गणतंत्रात्मक व्यवस्था की अच्छी जानकारी देती है।
- **कालीदास** (अभिज्ञानशांकुतलम, मालविकाग्निमित्रम, रघुवंशम्, मेघदूतम्), **शूद्रक** (मृच्छकटिकम), **वात्स्यायन** (कामसूत्रम), **दण्डी** (दशकुमारचरितम्) इत्यादि की रचनाएँ तत्कालीन सभ्यता-संस्कृति को दर्शाती हैं।
- **गुप्तोत्तर काल** के इतिहास की जानकारी का एक प्रमुख स्रोत जीवन चरित और स्थानीय इतिहास है।

- **वाण, वाक्पति, विल्हण, संध्याकर** नंदी एवं अन्य **दरबारी इतिहासकारों** ने अपने संरक्षकों की जीवनियाँ लिखीं। अनेक त्रुटियों के बावजूद इनसे तत्कालीन स्थिति पर महत्वपूर्ण प्रकाश पड़ता है।
- **हर्षवर्द्धन** के राज्य और उसके समय की जानकारी बाण के हर्षचरित और कादंबरी से मिलती है। हर्षवर्द्धन ने स्वयं तीन नाटकों की रचना की–नागानंद, रत्नावली और प्रियदर्शिका। इन नाटकों से हर्षकालीन सभ्यता-संस्कृति एवं राजनीतिक जीवन की झाँकी मिलती है।
- दक्षिण भारत का प्रारम्भिक इतिहास **'संगम साहित्य'** से ज्ञात होता है। सुदूर दक्षिण के पल्लव और चोल शासकों का इतिहास नन्दिक्कम्बकम्, कलिंगत्रुपर्णि, चोल चरित्र आदि से प्राप्त होता है।
- यद्यपि चरितावलियों में राजा विशेष की उपलब्धियों को अतिशयोक्तिपूर्ण ढंग से दिखाया गया है तथापि इनसे तत्कालीन विषय पर महत्त्वपूर्ण प्रकाश पड़ता है। उदाहरणस्वरूप, **रामचरित**, पाल-शासक रामपाल के समय बंगाल में हुए कैवर्त्त विद्रोह और उसमें रामपाल की विजय का उल्लेख मिलता है।
- 11वीं शताब्दी में लिखित अतुल के **मुषिक वंश** नामक ग्रंथ से केरल के मुषिक वंश के इतिहास पर प्रकाश पड़ता है।
- गुजरात में अनेक व्यापारियों के भी जीवन चरित लिखे गए।
- **नन्दिक्कम्बकम्** में पल्लव राजा नंदि वर्मन तृतीय तथा **कलिंगतुपरणि** से चोल राजा कुलोत्रुंग प्रथम द्वारा कलिंग पर आक्रमण की जानकारी मिलती है।
- **रासमाला, प्रबंधकोश, चचनामा** एवं नेपाल में लिखे गए इतिकृत क्रमश: गुजरात, सिंध और नेपाल के इतिहास पर प्रकाश डालते हैं।
- **तमिल साहित्य** से भी प्राचीन भारतीय इतिहास विशेषकर दक्षिण भारत के इतिहास के बारे में जानकारी मिलती है।
- तमिल साहित्य में संगम साहित्य का विशेष रूप से उल्लेख किया जा सकता है। इस साहित्य का विकास तीसरी-चौथी शताब्दियों में हुआ। इसका काल ईसा की प्रथम चार शताब्दियों को माना जाता है।
- संगम साहित्य में प्रमुख हैं–एतुतोकई, पुरनानूरू, पत्तुत्पत्तु तथा शिल्पादिकाराम्।
- इस साहित्य में दक्षिण के तीन प्रमुख राजवंशों–पांड्य, चोल और चेर–के आरंभिक इतिहास का उल्लेख मिलता है।
- इससे राजनीतिक इतिहास के अतिरिक्त सामाजिक व्यवस्था और आर्थिक प्रगति, विशेषकर उद्योग-धंधे और विदेशी व्यापार के विकास पर भी महत्वपूर्ण जानकारी प्राप्त होती है। यह साहित्य धर्मनिरपेक्ष है।

विदेशी यात्रियों के विवरण

- भारतीय साहित्य के अतिरिक्त विदेशी साहित्य भी भारतीय इतिहास के पुनर्निर्माण में सहायता प्रदान करता है। इन ग्रंथों का महत्व इसीलिए बढ़ जाता है, क्योंकि अधिकांश भारतीय साहित्य की निश्चित तिथि तय करना दुष्कर है। इसके अलावा, चूँकि अधिकांश ग्रंथ धार्मिक भावना या किसी निश्चित उद्देश्य से प्रेरित होकर लिखे गये थे, इसलिए वे पूर्णत: निरपेक्ष नहीं है। फलत: इससे सही स्थिति की जानकारी नहीं मिल पाती। ऐसी स्थिति में हमें विदेशी यात्रियों के विवरणों की तरफ ध्यान देना पड़ता है। वे यात्री निश्चित समय में भारत आये, उन्होंने यहाँ की व्यवस्था को स्वयं देखा एवं उसका वर्णन किया। अत: अनेक त्रुटियों के बावजूद ये ग्रंथ तिथिक्रम के आधार पर ज्यादा प्रामाणिक प्रतीत होते हैं।
- भारत के संबंध में जिन विदेशियों ने लिखा है उनमें ईरानी, यूनानी, रोमन, चीनी, तिब्बती, अरब एवं मुसलमान यात्रियों एवं लेखकों के विवरण महत्वपूर्ण हैं।
  इनको तीन भागों में बाँट सकते हैं–
  (A) यूनानी-रोमन लेखक
  (B) चीनी लेखक
  (C) अरबी लेखक
- यूनानी लेखकों को तीन भागों में बाँटा जा सकता है–
  (i) सिकन्दर के पूर्व के यूनानी लेखक
  (ii) सिकन्दर के समकालीन लेखक
  (iii) सिकन्दर के बाद के लेखक
- सिकन्दर के पूर्व के यूनानी लेखकों में हिकेटिअस मिलेटस, केसिअस, टेसियस, हेरोडोटस इत्यादि है।
- हेरोडोट्स जिसे 'इतिहास का पिता' कहा जाता है। इन्होंने 5वीं शताब्दी ई॰पू॰ में 'हिस्टोरिका' नामक पुस्तक की रचना की जिसमें भारत और फारस के बीच संबंधों का वर्णन किया गया है।

- हेरोडोट्स के अनुसार डेरियस प्रथम ने फारस के एक यूनानी सैनिक स्काइलैक्स को सिंधु नदी के मार्ग का पता लगाने को भेजा था। उसने सिंधु नदी से ईरान तक के जल मार्ग को खोजा। टेसियस इरानी राजवैद्य था।
- हिकेटिअस मिलेटस ने एक भूगोल की पुस्तक लिखी।
- सिकन्दर के भारत आक्रमण के समय अनेक यूनानी लेखक भारत आए जिन्होंने यहाँ की स्थिति के विषय में लिखा। ऐसे लेखकों में अरिस्टोबुलस, निआर्कस, चारस, यूमेनीस, ओनेसिक्रिटस इत्यादि प्रसिद्ध हैं।
- अरिस्टोबुलस ने 'हिस्ट्री ऑफ दि वार' नामक पुस्तक लिखी।
- ओनेसिक्रिटस ने सिकंदर की जीवनी लिखी।
- सिकन्दर के बाद के लेखकों में महत्वपूर्ण था मेगास्थनीज जो यूनानी राजा सेल्यूकस का राजदूत था। इसने चन्द्रगुप्त मौर्य के दरबार में करीब 14 वर्ष बिताया। इसने 'इंडिका' नामक ग्रंथ की रचना की जिसमें तत्कालीन मौर्यवंशीय समाज एवं संस्कृति का विवरण दिया गया है।
- डायमेकस सीरिया नरेश अन्तियोकस का राजदूत था जो बिन्दुसार के राजदरबार में काफी दिन तक रहा।
- डायोनिसियस मिस्त्र नरेश टॉलमी फिलाडेल्फस के राजदूत के रूप में काफी दिन तक सम्राट अशोक के राजदरबार में रहा था।
- ईसा की पहली और दूसरी सदियों में यूनानी तथा लैटिन भाषा में लिखी कुछ पुस्तकों से तत्कालीन भारतीय बंदरगाहों, भारत तथा रोम के मध्य होने वाले व्यापार की जानकारी मिलती है।
- टॉलेमी की ज्योग्राफी जो लगभग 140 ई॰ के बीच सिकंदरिया में लिखी गई, से नक्शा बनाने के सिद्धान्त, भारत तथा उसके पड़ोसी क्षेत्रों के बारे में जानकारी, सिंधु से लेकर गंगा के मुहाने पर स्थित नगरों के बारे में जानकारी मिलती है।
- यूनानी भाषा की एक अन्य पुस्तक पेरिप्लस ऑफ दि इरिथ्रियन सी, जिसकी रचना 100 ई॰ के लगभग किसी अज्ञात ग्रीक नाविक ने की थी, 'समुद्री व्यापार की गाइड' के रूप में मानी जाती है। इस पुस्तक में भारतीय बंदरगाहों से बाहर भेजी जाने वाली वस्तुओं का विवरण है।
- लैटिन भाषा में प्लिनी द्वारा लिखी गई 'नेचुरल हिस्टोरिका' जिसकी रचना पहली सदी में की गई थी, से भारत और रोम के मध्य होने वाले व्यापार का उल्लेख मिलता है। इस पुस्तक के विवरण में प्लिनी ने रोम के साथ भारत के व्यापार पर दु:ख व्यक्त करते हुए कहा है कि "भारत के साथ व्यापार करके रोम अपना स्वर्ण भंडार लुटाता जा रहा है।"

चीनी लेखक

- चीनी लेखकों के विवरण से भी भारतीय इतिहास पर प्रचुर प्रभाव पड़ता है। सभी चीनी यात्री बौद्ध मतानुयायी थे। वे भारत में इस धर्म के विषय में कुछ विशेष जानकारी के लिए ही आये थे।
- चीनी बौद्ध यात्रियों में से प्रमुख थे–फाह्यान, ह्वेनसांग, ह्यूली, इत्सिंग, मात्वानलिन, चाऊ-जू-कुआ आदि।
- फाह्यान गुप्त सम्राट चंद्रगुप्त विक्रमादित्य द्वितीय (375-415 ई॰) के शासनकाल में भारत आया। यह करीब 14 वर्ष तक भारत में रहा। इसने तत्कालीन भारत की राजनीतिक स्थिति को महत्व न देते हुए बौद्ध धर्म की स्थिति के बारे में लिखा।
- ह्वेनसांग कन्नौज के राजा हर्षवर्धन (606-647 ई॰) के शासनकाल में भारत आया। इसने करीब 10 वर्षों तक भारत में भ्रमण किया। इसने 6 वर्षों तक नालंदा विश्वविद्यालय में अध्ययन किया। उसकी भारत यात्रा का वृत्तान्त सी-यू-की नाम के ग्रंथ से जाना जाता है, जिसमें करीब 138 देशों के यात्रा विवरण का जिक्र मिलता है। इससे हर्षकालीन सामाजिक, धार्मिक, राजनैतिक स्थिति पर प्रकाश पड़ता है।
- ह्यूली ह्वेनसांग का मित्र था, जिसने ह्वेनसांग की जीवनी लिखी। इस जीवनी में उसने तत्कालीन भारत पर भी प्रकाश डाला।
- इत्सिंग सातवीं शताब्दी के अंत में भारत आया। इसने विक्रमशिला तथा नालंदा विश्वविद्यालयें में अध्ययन किया। इसने भारतीय बौद्ध शिक्षण संस्थाओं, वेशभूषा तथा खान-पान के बारे में लिखा है।
- मात्वानलिन ने हर्ष के पूर्वी अभियान एवं चाऊ-जू-कुआ ने चोलकालीन इतिहास पर प्रकाश डाला।

अरब यात्रियों के विवरण

- पूर्व मध्यकालीन भारत के समाज और संस्कृति के विषयों में हमें सर्वप्रथम अरब व्यापारियों एवं लेखकों से विवरण प्राप्त होता है। इन व्यापारियों और लेखकों में मुख्य हैं–अलबरूनी, सुलेमान, अलमसूदी।

- अलबरूनी जो अबूरिहान नाम से भी जाना जाता था, सर्वाधिक प्रतिष्ठित अरब लेखकों में है। यह महमूद गजनवी के साथ भारत आया था। इसने भारत की सभ्यता और संस्कृति का विस्तृत उल्लेख अपने ग्रंथ 'तहकीक-उल-हिंद' अर्थात् किताबुल हिंद में किया। इसमें राजपूतकालीन समाज, धर्म, रीति-रिवाज आदि पर सुन्दर प्रकाश डाला है। इस किताब के द्वारा प्राचीन भारत में गणित, भौतिकी, रसायन शास्त्र, ज्योतिष, भूगोल, दर्शन, रीति रिवाज, धार्मिक क्रियाओं पर प्रकाश डाला है।
- 9वीं शताब्दी में भारत आने वाला अरबी यात्री सुलेमान प्रतिहार एवं पाल शासकों के तत्कालीन आर्थिक, राजनैतिक एवं सामाजिक दशा का वर्णन करता है।
- अलमसूदी जो 941 ई० में भारत आया, ने राष्ट्रकूट एवं प्रतिहार शासकों के विषय में जानकारी देता है।
- इसके अतिरिक्त कुछ फारसी लेखकों के विवरण भी प्राप्त होते हैं जिनसे भारतीय इतिहास के अध्ययन में काफी सहायता मिलती है। इनमें महत्वपूर्ण है– फिरदौसी (940-1020 ई०)-कृत 'शाहनामा', अली अहमद-कृत 'चाचनामा', रशीदुदीन कृत 'जमीएत अल तवारीख, मिनहास-उल-सिराज-कृत 'तबकात-ए-नासिरी', जियाउदीन बरनी-कृत 'तारीख-ए-फिरोजशाही' एवं अबुल फजल-कृत 'अकबरनामा' आदि।
- यूरोपीय यात्रियों में 13वीं शताब्दी में वेनिस (इटली) से आये सुप्रसिद्ध यात्री मार्कपोलो द्वारा दक्षिण के पाण्ड्य राज्य के विषय में जानकारी मिली है।

वेदों से जुड़े ग्रंथ

वेद	संबंधित ब्राह्मण	संबंधित अरण्यक	संबंधित उपनिषद्
ऋग्वेद	(i) ऐतरेय ब्राह्मण (ii) कौशितकी या सांख्यायन ब्राह्मण	(i) ऐतरेय अरण्यक (ii) कौशितकी अरण्यक	(i) ऐतरेय उपनिषद् (ii) कौशितकी उपनिषद्
सामवेद	(i) तांड्य महाब्राह्मण (ii) जैमिनीय ब्राह्मण	(i) छान्दोग्य अरण्यक (ii) जैमिनीय अरण्यक	(i) छान्दोग्योपनिषद्
कृष्ण यजुर्वेद (तैत्तिरीय संहिता)	(i) तैत्तिरीय ब्राह्मण	(i) तैत्तिरीय अरण्यक	(i) तैत्तिरीयोपनिषद् (ii) कठोपनिषद् (iii) श्वेताश्वरोपनिषद्
शुक्ल यजुर्वेद	(i) शतपथ ब्राह्मण	(i) शतपथ अरण्यक	(i) वृहदारण्यकोपनिषद् (ii) ईशोपनिषद्
अथर्ववेद	(i) गोपथ ब्राह्मण		(i) मुण्डकोपनिषद् (ii) प्रश्नोपनिषद् (iii) माण्डूक्योपनिषद्

प्रागैतिहासिक एवं आद्य इतिहास

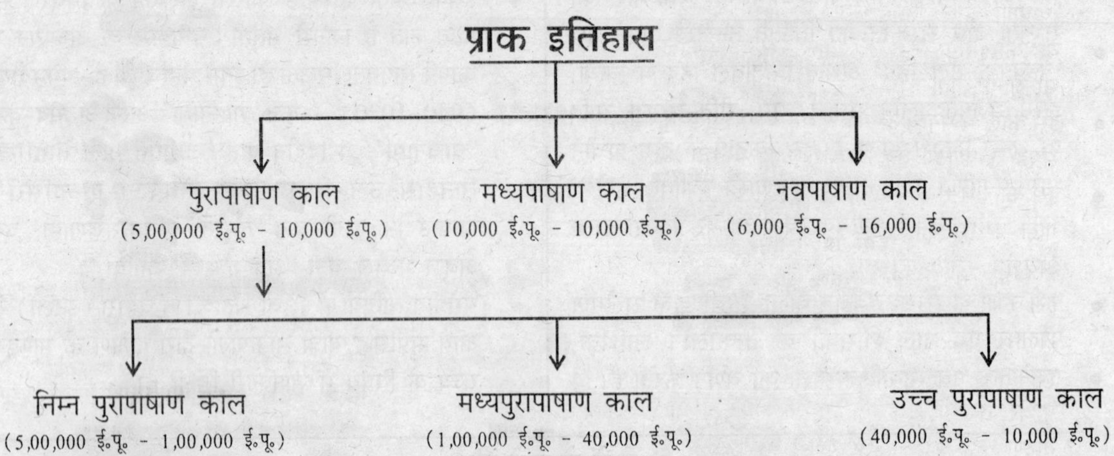

- इतिहासकारों ने प्राचीन इतिहास को तीन काल खंडों में बाँटा है :
  (i) प्रागैतिहासिक काल
  (ii) ऐतिहासिक काल
  (iii) आद्य इतिहास
- वह काल जिसकी जानकारी के लिए लिखित साधन का अभाव है तथा जिसमें मानव असभ्य जीवन जी रहा था, को 'प्रागैतिहासिक काल' की संज्ञा दी गई। इस काल में लिखित विवरण नहीं है इस काल के विषय की जानकारी, पाषाण के उपकरणों तथा मिट्टी के बर्तनों व खिलौनों से प्राप्त होती है।
- आदि काल अर्थात् प्रागैतिहासिक काल को वैज्ञानिक शब्दावली में 'प्लाइस्टोसीन' (अभिनूतन युग) कहा गया है।
- जिस काल की जानकारी के स्रोत के रूप में लिखित साधन उपलब्ध हैं तथा जिसमें मानव सभ्य हो चुका था, को 'ऐतिहासिक काल' की संज्ञा दी गई।
- जिस काल की जानकारी के स्रोत के रूप में लिखित साक्ष्य उपलब्ध है, परन्तु उसकी गूढ़ लिपि को पढ़ने में अभी तक कोई इतिहासकार सफल नहीं हुआ है, उसे 'आद्य इतिहास' कहा जाता है।
- हड़प्पा संस्कृति तथा वैदिक काल की सभ्यता का अध्ययन 'आद्य इतिहास काल' के अंतर्गत किया जाता है।

प्रस्तर युग

- पृथ्वी की उत्पत्ति लगभग चार अरब वर्ष प्राचीन स्वीकार की जाती है। जीवों की उत्पत्ति बहुत बाद में मानी गई है और मनुष्य की उत्पत्ति इस पृथ्वी पर लगभग 20 लाख वर्ष पूर्व मानी जाती है।
- मानव सभ्यता के विकास में पाषाणों का बहुत महत्व रहा। पाषाण से मनुष्य ने भोजन संग्रहित किया, पाषाण से ही आवास बनाया, पाषाण से ही कला सीखी, पाषाण से ही आविष्कार किए। प्राचीनतम कलाकृतियाँ पाषाणों पर पाषाणों से उत्कीर्ण प्राप्त होती हैं। पाषाण से ही मानव ने आविष्कारों की ऊर्जा 'अग्नि' प्राप्त की। समस्त औजार, हथियार और आश्रय मानव ने पाषाणों से ही प्राप्त किए, इसी से आरंभिक मानव के इतिहास को 'पाषाण युग' के नाम से जाना गया है।
- पाषाण युग में शनैः-शनैः क्रमिक रूप से मानव का जीवन अधिक व्यवस्थित होने लगा। भारत में पुरापाषाणयुगीन सभ्यता का विकास हिमयुग या प्लाइस्टोसीन युग से हुआ। मानव द्वारा प्रयोग में लाये गये पत्थर के उपकरणों की बनावट तथा जलवायु में होने वाले परिवर्तन के आधार पर पाषाण युग को तीन भागों में बाँटा जा सकता है–
  (i) पुरापाषाण काल (20 लाख ई॰पू॰–9000 ई॰पू॰)
  (ii) मध्य पाषाण काल (9000 ई॰पू॰–4000 ई॰पू॰)

(*iii*) नवपाषाण काल (6000 ई॰पू॰-2000 ई॰पू॰)

(*i*) पुरापाषाण काल (Paleolithic Age)

- यूनानी भाषा में Palaios प्राचीन एवं Lithes पाषाण के अर्थ में प्रयुक्त होता था। इन्हीं शब्दों के आधार पर 'पाषाण काल' शब्द बना।
- यह काल आखेटक एवं खाद्य-संग्राहक काल के रूप में भी जाना जाता है।
- इस काल में मनुष्य अपना जीवन-यापन मुख्यतया खाद्यान्न संग्रह व पशुओं का शिकार करके करता था।
- इस काल में–'चापर-चापिंग' (पेबुला) परंपरा के अंतर्गत गोल पत्थरों को तोड़कर हथियार बनाये गये, जिसके अवशेष पंजाब की सोहन नदी घाटी से मिलते हैं।
- इस काल का मानव पर्वत की कन्दराओं में रहता था, ऐसे शैलाश्रय प्राप्त हुए हैं।
- इस काल के मानव के औजार और हथियार कुल्हाड़ी, पत्थर, तक्षणी, खुरचनी, छेदनी आदि थे जो परिष्कृत व तीक्ष्ण नहीं थे।
- पुरापाषाण काल में उपलब्ध पशु जिनसे मानव परिचित था–बंदर, हिरण, बकरी, भैंस, गाय-बैल, नील गाय, सूअर, बारहसिंगा, गैंडा, हाथी आदि थे, जिनके अवशेष शैलाश्रय की कलाकृतियों से उपलब्ध होते हैं।
- इस काल का मानव कछुओं एवं मछलियों से भी परिचित था।
- पुरापाषाण काल का मानव विभिन्न प्रकार के फलों, पुष्पों, कन्दमूल से परिचित था।
- पुरापाषाण युग के मानव द्वारा प्रयुक्त होने वाले हथियारों के स्वरूप और जलवायु में होने वाले परिवर्तनों के आधार पर इसे तीन वर्गों में बाँटा जा सकता है–

(क) निम्न पुरापाषाण काल (25,00,000-1,00,000 ई॰पू॰)

(ख) मध्य पुरापाषाण काल (1,00,000-40,000 ई॰पू॰)

(ग) उच्च पुरापाषाण काल (40,000-10,000 ई॰पू॰)

(क) निम्न पुरापाषाण काल

- कुल्हाड़ी या हस्त कुठार (हेंड-एक्स), विदारणी और गंडासा (खंडक) के अवशेष से यह ज्ञात होता है कि अधिकांश हिमयुग आरम्भिक पुरापाषाण युग में ही व्यतीत हुआ।
- निम्न पुरापाषाण युग के अधिसंख्य स्थल सिंधु नदी की सहायक 'सोहन नदी की घाटी' (सम्प्रति पाकिस्तान के पंजाब प्रांत तथा कश्मीर थार के मरुस्थल में मिले हैं। इसके अलावा इस काल का हथियार मिर्जापुर जिले की बेलनघाटी (उ॰प्र॰), भीमबेटका की गुफाओं (भोपाल, म॰प्र॰) में भी मिले हैं।
- इस युग के प्राप्त उपकरण द्वितीय हिमयुग के हैं।

(ख) मध्य-पुरापाषाण काल

- इस काल में मनुष्य ने अपने उपकरणों को ज्यादा सुन्दर एवं उपयोगी बनाया।
- इस काल में क्वार्टजाइट की जगह जैस्पर, चर्ट इत्यादि चमकीले पत्थरों की सहायता से फलक-हथियार ही बनाए गए इसीलिए, प्रसिद्ध भारतीय पुरातत्ववेत्ता डॉ॰ एच॰ डी॰ सांकलिया ने मध्य-पुरापाषाण काल को फलक-संस्कृति का नाम दिया है।
- फलकों की सहायता से मुख्यत: बेधक, खुरचनी, बेधनियाँ इत्यादि बनाए गये थे। कहीं-कहीं हाथ की कुल्हाड़ियाँ भी मिलती हैं।
- इस काल के हथियार पहले की अपेक्षा ज्यादा सुडौल, छोटे, पैने और उपयोगी थे।
- यद्यपि मानव अब भी भोजन-संग्राहक ही था, तथापि अब वह गुफाओं और कंदराओं में वास करने लगा।
- इस समय अग्नि का व्यवहार बड़े पैमाने पर होने लगा एवं मृतक-संस्कार की परिपाटी भी प्रचलित हुई।
- इस संस्कृति के प्रमुख स्थल बेलन घाटी (उत्तर प्रदेश) उड़ीसा, कृष्णा घाटी (कर्नाटक), आंध्रप्रदेश, धसान तथा बेतवा घाटी (मध्य प्रदेश), सोन घाटी (मध्य प्रदेश) नेवासा (महाराष्ट्र) इत्यादि हैं।
- सिंध, राजस्थान, गुजरात, उड़ीसा इत्यादि क्षेत्रों में भी इस संस्कृति के प्रमाण मिलते हैं।
- भारत में इस संस्कृत के अवशेष उत्तर-पश्चिमी क्षेत्र की अपेक्षा प्रायद्वीपीय क्षेत्र से ज्यादा प्राप्त हुए हैं।
- मध्य पाषाणकालीन जीवन भी शिकार पर अधिक निर्भर था।
- मध्य पाषाणकाल के अंतिम चरण में कुछ साक्ष्यों के आधार पर प्रतीत होता है कि लोग कृषि एवं पशुपालन की ओर आकर्षित हो रहे थे।
- इस समय मिली समाधियों से स्पष्ट होता है कि लोग अन्त्येष्टि क्रिया से परिचित थे।
- मानव अस्थिपंजर के साथ कहीं-कहीं पर कुत्ते के अस्थिपंजर भी मिले हैं जिनसे प्रतीत होता है कि ये मनुष्य के प्राचीन सहचर थे।

(ग) उच्च या उत्तर पाषाण काल

- इस अवस्था का विस्तार हिमयुग की उस अंतिम अवस्था के साथ रहा जब जलवायु अपेक्षाकृत गर्म हो गई थी।

- विश्वव्यापी संदर्भ में इसकी दो विलक्षणतायें हैं–नये चकाचक उद्योग की स्थापना और आधुनिक प्रारूप के मानव (होमोसेपिएन्स) का उदय।
- इस युग के प्रस्तर फलक और तक्षणियाँ आंध्रप्रदेश, कर्नाटक, महाराष्ट्र, केन्द्रीय मध्य प्रदेश, दक्षिण उत्तर प्रदेश और बिहार के पठारी भाग में पाये जाते हैं।
- इस काल में मानव विकास की प्रक्रिया और भी अधिक तीव्र हुई।
- इस समय पत्थर के ब्लेडों के उपकरण बनाए जाने लगे, हालाँकि ब्लेडों (पत्थर के पतले फलकों) से हथियार बनाने की कला मध्य पाषाणकाल में प्रचलित थी, किन्तु इस समय इसका प्रयोग बढ़ गया।
- पत्थरों के अतिरिक्त, इस युग में हड्डी एवं हाथी दाँत के उपकरण भी तैयार होने लगे। अस्थि से बने हुए अलंकृत छड़, भाले की नोंक, सुइयाँ इत्यादि अनेक प्राचीन स्थलों से मिले हैं।
- मनुष्य की जीविका का मुख्य साधन शिकार ही था तथापि सामुदायिक जीवन का विकास इस समय ज्यादा सुदृढ़ हुआ। अनेक व्यक्ति झुण्डों या कुलों में रहते थे, जिन्होंने आगे चलकर परिवार को जन्म दिया।
- इस समय हड्डी से बनी हुई सुइयों की सहायता से जानवरों के चमड़े को वस्त्र के रूप में सिलकर पहना जाता था।
- कला एवं धर्म के प्रति भी लोगों की अभिरुचि बढ़ी। नक्काशी एवं चित्रकारी दोनों रूपों में कला व्यापक रूप से देखने को मिलती है। भीमबेटका की गुफाओं से उत्तर पाषाणकालीन गुफा चित्र मिले हैं।
- भारत में इस संस्कृति से संबद्ध अनेक स्थल प्रकाश में आए हैं, जिनमें प्रमुख हैं– बेलन घाटी (उत्तर प्रदेश), रेनीगुटा, येरगोंडपलेम, मुच्छलता, चिंतामनुगावी, बेटमचेर्ला (आंध्रप्रदेश), शोरापुर दोआब, बीजापुर (कर्नाटक), पटने, इनामगाँव (महाराष्ट्र), सोनघाटी (मध्य प्रदेश), विसादी (गुजरात), सिंहभूम (झारखंड) इत्यादि।

मध्य पाषाण काल

- मध्य पाषाण-युग संक्रान्ति काल था। 19वीं शताब्दी के उत्तरार्द्ध में फ्रांस के 'मॉस द अनिल' नामक स्थान से कुछ ऐसे उपकरण प्रकाश में आए, जिन्होंने इस धारणा की पुष्टि की कि पुरापाषाण-युग और नवपाषाण-युग के मध्य अंतराल था। वस्तुत: यह काल नव पाषाण-युग का अग्रगामी था।
- भारत में अब से करीब 800 वर्ष पूर्व, हिमयुग के समाप्त होने और नूतन काल के आरंभ होने के साथ ही मध्य पाषाणकालीन संस्कृत का उदय हुआ।
- मध्य पाषाणकालीन भी सर्वाधिक महत्वपूर्ण था, 'मनुष्य को पशुपालक बनाना।
- मध्य पाषाण काल में आखेट के क्षेत्र में भी परिष्कार हुआ, व तीक्ष्ण व परिष्कृत औजारों का प्रयोग करने लगा था।
- इस काल में तिकोने धार वाले हथियार, नुकीले औजार प्रयोग किए जाने लगे थे।
- भारत में अनेक स्थलों से इस संस्कृति के प्रमाण मिलते हैं। कुछ प्रमुख मध्य पाषाणकालीन स्थल निम्नलिखित हैं–

  वीरभानपुर (पश्चिम बंगाल)
  बलसाना, लंघनाज (गुजरात)
  टेरी समूह (तमिलनाडु)
  आदमगढ़ (मध्य प्रदेश)
  बागोर, तिलवार (राजस्थान)
  मोरहना पहाड़, सराय नाहर राय, माहदहा (उत्तर प्रदेश) इत्यादि।

  अर्थात् इस काल का स्थल राजस्थान से मेघालय तक व उत्तर प्रदेश से लेकर सुदूर दक्षिण तक प्राप्त हुए हैं।
- दक्षिण में संगनकल, रेणीगुंटा, तिन्नेवेली से मध्य पाषाण-युगीन अवशेष प्राप्त हुए हैं।
- पूर्वी भारत में मयूरभंज, सुन्दरगढ़, सेबालगिरि से मध्य पाषाणयुगीन पुरातात्विक अवशेष के साक्ष्य मिले हैं।
- विन्ध्य क्षेत्र में भीमबेटका, आदमगढ़, मध्य पाषाणयुगीन बस्तियाँ थीं।
- बागोर में मध्य पाषाण युग में पशुपालन के प्राचीनतम साक्ष्य प्राप्त हुए हैं।
- जलवायवीय परिवर्तनों ने इस संस्कृति के विकास को प्रभावित किया। इस समय बर्फ की जगह घास के भरे मैदान एवं जंगल उगने प्रारम्भ हो गये, पुराने मौसमी जलस्रोत सूख गये, नए प्रकार की वनस्पति एवं जानवरों का प्रादुर्भाव हुआ।
- इस काल में प्रयुक्त होने वाले उपकरण आकार में बहुत छोटे होते थे। इनको 'माइक्रोलिथ' (लघु पाषाण उपकरण) कहते थे।
- पुरापाषाण काल में प्रयुक्त होने वाले कच्चे पदार्थ क्वार्टजाइट के स्थान पर मध्यकाल में जास्पर, एगेट, चर्ट जैसे पदार्थ प्रयुक्त किये गये।

- इस काल में, जनसंख्या में वृद्धि और आखेट की सुगमता से मनुष्य अब छोटी-छोटी टोलियों में रहने लगा।
- स्थायी निवास की परंपरा विकसित हुई, पशुपालन एवं कृषि की शुरुआत हुई एवं मिट्टी के बर्तन भी बनने लगे।
- बागोर से शवों को सुनियोजित ढंग से दफनाने की विधि का पता चलता है।
- सराय नाहर राय और माहदहा से स्थायी झोपड़ियाँ बनाकर रहने का अंदाजा लगा है।
- सराय नाहर राय से मानवीय आक्रमण या युद्ध का भी प्रमाण मिलता है। यह युद्ध संभवत: व्यक्तिगत संपत्ति के कारण हुआ।
- विन्ध्याचल की गुफाओं और शैलाश्रयों से शिकार, युद्ध एवं नृत्य के चित्र मिले हैं।
- लंघनाज से हाथ द्वारा बनाए गये मिट्टी के बर्तन मिले हैं।

(iii) नवपाषाण युग (Neolithic Age)

- यूनानी भाषा में Neo शब्द नवीन के अर्थ में प्रयुक्त होता है, इसीलिए इस काल को 'नव पाषाण काल' भी कहा जाता है।
- प्रागैतिहासिक काल में मानव विकास की सबसे प्रमुख सीढ़ी नवपाषाणकालीन संस्कृति थी। यद्यपि कालक्रम के हिसाब से यह युग काफी छोटा है। तथापि सारे क्रांतिकारी परिवर्तन इसी युग में हुए।
- सर्वप्रथम 1860 ई० में 'ले मेमुरियर' ने इस काल का प्रथम प्रस्तर उपकरण उत्तर प्रदेश की टोंस नदी की घाटी में प्राप्त किया। इसके बाद 1872 में 'निवलियन फ्रेजर' ने कर्नाटक के 'बेलारी' क्षेत्र को दक्षिण भारत के नव पाषाणकालीन सभ्यता का मुख्य स्थल घोषित किया। इसके अलावा इस सभ्यता का मुख्य केन्द्र- बिन्दु है– कश्मीर, सिंधु प्रदेश, बिहार, बंगाल, उत्तर प्रदेश, आंध्रप्रदेश, असम इत्यादि।
- भारत में नवपाषाणयुगीन सभ्यता के तीन प्रमुख क्षेत्र रहे–
  (i) उत्तर-पश्चिम क्षेत्र (लगभग 6000 ई०पू०)
  (ii) उत्तर-पूर्वी क्षेत्र (लगभग 5000 ई०पू०)
  (iii) दक्षिणी क्षेत्र (लगभग 2500 ई०पू०)
- सबसे पहला और स्पष्ट प्रमाण मेहरगढ़ (सिंध और बलूचिस्तान) से मिलता है। संभवत:, इस जगह 7000 वर्ष ई०पू० में ही कृषि उत्पादन आरंभ हो चुका था। यहाँ से 5000 ई०पू० में ही गेहूँ और जौ की विभिन्न प्रजातियों के उगाये जाने का प्रमाण मिलता है।
- इसी प्रकार भारत में निम्नलिखित स्थल से नवपाषाणिक बस्तियों के अवशेष मिले हैं–
  बुर्जहोम (कश्मीर)
  किले गुल मोहम्मद (क्वेटा घाटी, पाकिस्तान)
  रानी घुडई (ब्लूचिस्तान-पाकिस्तान)
  सराय खोला (रावलपिंडी, पाकिस्तान)
  चिराँद (बिहार)
  मास्की, ब्रह्मगिरि, हल्लूर, कोडिकल, संगनकल्लू (कर्नाटक) पिक्कीहल, उटनूर (आंध्र प्रदेश)
  पैय्यमपल्ली (तमिलनाडु)
  कोलडीहवा (उत्तर प्रदेश)
  कालीबंगा (राजस्थान)
- उत्तर-पश्चिम क्षेत्र में नवपाषाणयुगीन सभ्यता की प्रमुख विशेषता गेहूँ और जौ का उत्पादन, कच्ची ईटों के आयताकार मकान, बड़े पैमाने पर पशुपालन आदि हैं।
- उत्तर पश्चिम क्षेत्र में 5000 ई०पू० के बाद से मृद्भाण्डों के अवशेष प्राप्त हुए हैं जो भारत में उपलब्ध प्राचीनतम है।
- कश्मीर में बुर्जहोम, गुफकराल नवपाषाण युग के प्रमुख केन्द्र थे।
- बुर्जहोम में गर्त्त आवास, विविध प्रकार के मृद्भाण्ड, पत्थर के साथ-साथ हड्डियों के औजार, गेहूँ और जौ के अतिरिक्त मसूर, अरहर का उत्पादन, औजारों पर पालिश आदि के अवशेष मिले हैं। यहाँ पर मनुष्य की कब्र में कुत्ते को भी साथ दफनाए जाने का साक्ष्य प्राप्त हुए हैं।
- बिहार में सारण जिले के चिराँद नामक स्थान नवपाषाण युग का प्रमुख स्थल था। यहाँ हिरणों के सीगों से बने उपकरण बहुतायत से मिले हैं। यहाँ से टेराकोटा की मानव मूर्तिकाएँ प्राप्त हुई हैं।
- उत्तर प्रदेश के कोल्डीहवा में चावल के प्राचीनतम साक्ष्य मिले हैं।
- दक्कन में चन्दोली, नेवासा, दैमाबाद, ऐरण, जोखे आदि नवपाषाणयुगीन स्थल रहे थे। यद्यपि यहाँ के मानव धातु युग में प्रवेश कर गये थे।
- दक्षिण भारत में नागार्जुनकोण्ड, मस्की, पिक्कीहल, ब्रह्मगिरी, हल्लूर आदि प्रमुख नवपाषाण काल की बस्तियाँ थीं।
- असम व मेघालय में नवपाषाणयुगीन महत्वपूर्ण स्थल प्राप्त हुए हैं। इस क्षेत्र से प्राप्त मृद्भांड विशिष्ट हैं जिन पर रस्सी से चिन्हित किया गया है और मोती चिपकाए

गए हैं।

- इन सभी स्थलों में विकसित ब्लूचिस्तान और सिंध की नवपाषाणिक संस्कृतियाँ थीं, जिन्होंने ग्रामीण सभ्यता की स्थापना की तथा आगे चलकर हड़प्पा संस्कृति के शहरी स्वरूप को प्रभावित किया।
- नवपाषाण काल में मानव ने सबसे पहली बार कृषि करना सीखा।
- कृषि कर्म ने अनाज के संग्रह, भोजन की पद्धति हेतु मृदभाण्डों का निर्माण प्रारम्भ किया।
- कृषि-कर्म की आवश्यकताओं के अनुरूप प्रस्तर उपकरण अधिक धारधार व सुघड़ बनने लगे। उन पर पालिश भी की जाने लगी।
- अनाज उत्पादन से जीवन में स्थायित्व की प्रवृत्ति उत्पन्न हुई तथा ग्राम संस्कृति की स्थापना हुई।
  जनसंख्या में वृद्धि हुई और बड़ी संख्या में बस्तियाँ बसाई गईं। श्रम विभाजन, पुरुष-स्त्री में विभेद इसी समय से प्रकट होते हैं।
- इसी समय विभिन्न व्यवसायों में दक्षता प्राप्त किए हुए व्यवसायियों का अलग वर्ग तैयार होने लगा, जैसे–कुम्हार, बढ़ई, कृषक इत्यादि।
- उत्पादन के कार्यों में पुरुष वर्ग ही महत्वपूर्ण भूमिका निभाने लगा, फलत: धीरे-धीरे मातृसत्तात्मक समाज का स्वरूप पितृसत्तात्मक बनने लगा।
- दक्षिण भारत के कुछ कब्रगाहों में मृतकों के प्रति सम्मान प्रकट करने के उद्देश्य से बड़े-बड़े पत्थर लगा दिए जाते थे, जो महापाषाण (Megaliths) के नाम से जाने जाते हैं।
- वस्तुत: नवपाषाणिक ग्राम्य संस्कृतियों ने ही कांस्ययुगीन शहरी सभ्याताओं के उदय का मार्ग प्रशस्त कर दिया।

धातुयुग

- नवपाषाण-युग के अंतिम चरण से धातु (ताँबे) का व्यवहार प्रारंभ हुआ। कालांतर में काँसा और लोहे से भी लोग परिचित हुए। अत: पाषाण युग के पश्चात् धातु-युग का प्रारम्भ हुआ। समस्त धातुयुग सुविधानुसार तीन कालों में विभक्त है–
  - *(i)* ताम्र युग
  - *(ii)* कांस्य युग
  - *(iii)* लौह युग
- ताम्र युग में यद्यपि ताँबे के हथियार या उपकरण ही प्रधानत: व्यवहार में लाए गये, तथापि पत्थर के पुराने हथियारों का उपयोग भी होता रहा। अत: ताम्रयुग को ताम्रपाषाणिक काल भी कहा जाता है।

(i) ताम्रपाषाण युग (The Chalcolithic Age)

- सिंधु घाटी की सभ्यता के अपकर्ष काल में भारत के कुछ भागों में ताँबे के सीमित प्रयोग से कुछ कृषक बस्तियाँ विकसित हो रही थीं, यद्यपि इन बस्तियों के लोगों के अधिकांश उपकरण प्रस्तर के ही थे। इन बस्तियों में स्थानीय प्रवृत्तियों का प्राबल्य रहा, इसलिए इन्हें सिंधु सभ्यता नाम न देकर पृथक्-पृथक् क्षेत्रों की संस्कृतियों को उनके स्थल नामों से जाना गया है।
- ताँबे का सर्वप्रथम प्रयोग लगभग 5000 ई॰पू॰ में किया गया था।
- ताम्र पाषाण काल के लोग प्रमुखत: ग्रामीण समुदाय के थे।
- भारत में ताम्र पाषाण काल के मुख्य क्षेत्र दक्षिण-पूर्वी राजस्थान (अहार एवं गिलुंड), पश्चिमी मध्य प्रदेश (मालवा, कयथा एवं एरण)।
- पश्चिमी महाराष्ट्र में अहमदनगर के जौर्वे, नेवासा, दैमाबाद, चन्दौली, सोनगाँव, इनामगाँव, ये सभी स्थल जोर्वे संस्कृति के हैं।
- इस काल में मनुष्य गेहूँ, धान व दाल की कृषि करने में प्रवीण हो गया था।
- अहार के लोग पत्थर निर्मित गृहों में रहते थे।
- दैमाबाद में कांसे की निर्मित वस्तुएँ प्राप्त हुई हैं।
- नवदाटोली के उत्खनन में सभी अनाजों के साक्ष्य मिले हैं।
- इस काल के लोग वस्त्र निर्माण से भिज्ञ थे।
- इस काल के लोग मातृ देवी की पूजा करते थे और वृषभ धार्मिक संप्रदाय का प्रतीक था।
- इनामगाँव में कुम्भकार, धातुकार, हाथी दाँत के शिल्पी चूना बनाने वाले, खिलौने-मिट्टी की मूर्ति (टेराकोटा) बनाने वाले कारीगरों के साक्ष्य भी मिले हैं।
- तिथिक्रम के अनुसार भारत में ताम्र पाषाणिक बस्तियों की अनेक श्रृखलाएं प्राप्त हुई हैं। कुछ प्राक्-हड़प्पीय, कुछ हड़प्पा संस्कृति की समकालीन, कुछ हड़प्पोत्तर काल की हैं।
- 1200 ई॰पू॰ के लगभग ताम्र-पाषाणिक संस्कृति विलुप्त हो गई।
- जोर्वे संस्कृति 500 ई॰पू॰ तक अस्तित्व में रही थी।

- ताम्र-पाषाणिक बस्तियों के लुप्त होने का प्रमुख कारण अत्यल्प वर्षा माना जाता है।
- ताम्र-पाषाणिक संस्कृतियों में कयथा संस्कृति सबसे पुरानी है। यह चंबल नदी क्षेत्र में थी।
- सभी ताम्र-पाषाण समुदाय चाकों पर बने काले व लाल मृद्भाण्डों का प्रयोग करते थे।
- चित्रित मृद्भाण्डों का प्रयोग सर्वप्रथम ताम्र-पाषाणिक लोगों ने ही किया था।
- सर्वप्रथम इसी काल के लोगों ने ही प्रायद्वीपीय भारत में बड़े-बड़े गाँव बसाए थे।
- ताम्र पाषाण स्थलों से हल, फावड़ा मिला है।
- सबसे बड़ी ताम्र विधि मध्यप्रदेश के गुंगेरिया से प्राप्त हुई है, इसमें 429 ताँबे के उपकरण तथा 102 चाँदी के पत्तर मिले हैं।
- गंगा घाटी ताम्रनिधि संभवत: 2000-1800 ई॰पू॰ के मध्य विकसित हुई। अनुमानत: इनका संबंध हड़प्पा संस्कृति से था। इनसे गंगा-यमुना के दोआब में पहली बार स्थायी जीवन, कृषि और शिल्प का प्रमाण मिलता है।

(ii) कांस्य युग

- विश्व स्तर पर करीब 3000 ई॰पू॰ के आसपास से कांस्य युग का प्रारंभ होता है। इस युग में ताम्र उपकरणों के स्थान पर काँसे का व्यवहार प्रारंभ हुआ, जो ताँबे की अपेक्षा ज्यादा टिकाऊ और कठोर था।
- आधुनिक उत्खननों से ज्ञात होता है कि करीब 2000-1700 ई॰पू॰ के मध्य सिंधु घाटी और उसके बाहर-राजस्थान, हरियाणा, पंजाब, गुजरात, पश्चिमी उत्तर प्रदेश, एक विकसित शहरी सभ्यता का विकास हुआ।
- इस संस्कृति के दौरान अनेक शहरों का उदय हुआ, जैसे-हड़प्पा, मोंहनजोदड़ो, लोथल, कालीबंगा, बनवाली इत्यादि।
- ये शहर शिल्प एवं व्यवसाय तथा व्यापार वाणिज्य के केन्द्र थे। शहरों में पकाई गई ईंटों के भवन एक निश्चित योजना के अनुरूप तैयार किए गये।

लौह युग

- लगभग 1400 ई॰पू॰ के आसपास एशिया माइनर में लोहे की खोज ने मानव-जीवन में एक क्रांतिकारी परिवर्तन ला दिया।
- उत्तर भारत में ताम्र काल के बाद लौह काल प्रारंभ हुआ तथा मगध का उत्कर्ष इसका प्रमाण है।
- दक्षिण भारत में पाषाण काल के पश्चात् लौह-काल आया। दक्षिण भारत में स्वतंत्र रूप से लोहे को खोजा गया और उसका बहुत बाद में प्रयोग किया गया।
- छठी शताब्दी ई॰पू॰ में पूर्वी उत्तर प्रदेश व पश्चिमी बिहार में लोहे का अधिकाधिक प्रयोग होने लगा, इससे अतिरिक्त उपज व अन्य आर्थिक परिवर्तन हुए, विविध शिल्पों का उदय हुआ, क्षेत्रीय भावना जाग्रत हुई।
- सामान्यत: यह माना जाता है कि भारत में आर्यों के आगमन के साथ ही लोहे का प्रचलन प्रारम्भ हुआ। उत्तर वैदिक (1000-600 ई॰पू॰) काल से लोहे के प्रयोग का प्रमाण साहित्यिक एवं पुरातात्विक साक्ष्यों से मिलता है।
- लगभग 1000 ई॰पू॰ से गांधार, ब्लूचिस्तान, पूर्वी पंजाब, पश्चिमी उत्तर प्रदेश, राजस्थान इत्यादि क्षेत्रों से लोहे के उपयोग के प्रमाण मिलने लगते हैं।

हड़प्पा सभ्यता

- बीसवीं शताब्दी के द्वितीय दशक से पूर्व तक आमतौर पर वैदिक सभ्यता को ही भारत की सबसे प्राचीन सभ्यता मानी जाती थी, परन्तु सन् 1920-21 में सर जॉन मार्शल के निर्देशन में दयाराम साहनी द्वारा हड़प्पा नामक स्थान पर 2500 ई॰पू॰ से भी अधिक पुरानी सभ्यता खोज निकाली गयी।
- नूतन पुरातात्विक खोजों और उत्खननों के परिणामस्वरूप सिन्धु घाटी सभ्यता का विस्तार बढ़ता जा रहा है। वर्तमान समय में इस सभ्यता से संबंधित 350 से भी अधिक स्थान प्रकाश में आ चुके हैं।
- हड़प्पा सभ्यता कांस्ययुगीन सभ्यता है। यद्यपि कुछ विद्वान इसे ताम्र-पाषाणिक सभ्यता भी कहते हैं।
- सर्वप्रथम हड़प्पा नामक पुरास्थल का ज्ञान होने के कारण इसे हड़प्पा सभ्यता कहते हैं।

सभ्यता के उद्भव से संबंधित तथ्य

- हड़प्पा संस्कृति का उदय ताम्रपाषाणिक पृष्ठभूमि पर भारतीय उपमहाद्वीप के पश्चिमोत्तर भाग में सर्वप्रथम हुआ। वास्तव में इस सभ्यता के संबंध में हमें प्रथम जानकारी चार्ल्स मेमन नामक अंग्रेजों के विवरण से मिलती है।
- 1826 ई॰ में चार्ल्स मेमन को हड़प्पा नामक स्थान से बड़ी संख्या में ईंट की प्राप्ति हुई थी।
- 1831 ई में कर्नल बर्न्स जब राजा रणजीत सिंह से मिलने जा रहे थे, तब उनकी नजर हड़प्पा पर पड़ी थी।
- 1853 ई और 1857 ई॰ में अलेक्जेण्डर कनिंघम ने हड़प्पा के खंडहरों का निरीक्षण किया था।
- 1850 ई॰ में करांची और लाहौर के बीच रेलमार्ग बिछाते समय हड़प्पा के खंडहरों की खुदाई हुई जिससे एक अति प्राचीन, पूर्ण विकसित सभ्यता के अस्तित्व का आभास हुआ।
- 1921 ई॰ में सर जॉन मार्शल की अध्यक्षता में वर्तमान पाकिस्तान स्थित हड़प्पा और मोहनजोदड़ो का उत्खनन कार्य क्रमशः श्री राय बहादुर दयाराम साहनी और राखलदास बनर्जी द्वारा किया गया।

हड़प्पा सभ्यता की सीमा एवं विस्तार

- सिंधु सभ्यता की सीमा रेखा उत्तर में जम्मू-कश्मीर के मांडा से लेकर दक्षिण में नर्मदा के मुहाने तक (भगतरव) तथा पूर्व में उत्तर प्रदेश के आलमगीरपुर से पश्चिम में सुत्कांगेडोर तक विस्तृत है।
- उत्तर-मांडा (जम्मू-कश्मीर)
  दक्षिण - दैमाबाद
  पूर्व - आलमगीरपुर (उत्तर प्रदेश)
  पश्चिम – सुत्कांगेडोर
- सभ्यता का क्षेत्रफल – 12,99,600 वर्ग किमी॰
- पूर्व से पश्चिम तक की लंबाई – 1,600 किमी॰
- उत्तर से दक्षिण तक की लंबाई – 1,100 किमी॰
- समुद्र की लंबाई – 1,300 किमी॰ (B.R. Raw)
- सभ्यता का आकार – त्रिभुजाकार

सभ्यता का क्षेत्रीय विस्तार

1. सिंध क्षेत्र–मोहनजोदड़ो, आमरी, कोटदीजी, रहमान ढेरी, सुकुर, अल्हादीनों, चन्दुदहड़ो, अलीमुराद, झूकर, झांगर, गाजीशाह, कोतराश, तराई किला इत्यादि।
2. अफगानिस्तान–मुंडीगाक, सोरतघई।
3. ब्लूचिस्तान–किली गुल मुहम्मद, मेहरगढ़, राणा घुण्डई, गुमला, डाबरकोट, बालाकोट, निन्दोबारी, अंजीरा इत्यादि।
4. पश्चिम पंजाब–हड़प्पा, गनेरीवाला, देरावर, जलीलपुर, संघनवाला इत्यादि।
5. गुजरात–धौलावीरा, लोथल, सुरकोतदा, रंगपुर, रोजदी, देसलपुर, प्रभाषपट्टनम, भागत्तव इत्यादि।
6. राजस्थान–कालीबंगा, बाड़ा, हनुमानगढ़, शीशवल, मिथल, छुपास इत्यादि।
7. हरियाणा–बनवाली, भगवानपुरा, शरदीगढ़ी।
8. उत्तर प्रदेश–आलमगीरपुर, मानपुर, बड़गाँव, हुलास इत्यादि।
9. पंजाब–रोपड़, सरायखेल, कोटला, निहांग खान इत्यादि।

आद्य ऐतिहासिक काल (नगर क्षेत्र एवं खोजकर्ता)

	स्थल	उत्खनन वर्ष	उत्खनन का निदेशन तथा मुख्य कार्यकर्ता
1.	हड़प्पा (मांटगोमरी जिला, पंजाब, पाकिस्तान)	1921 ई॰	दयाराम साहनी
2.	मोहनजोदड़ो (सिंध का लरकाना जिला, पाकिस्तान)	1922 ई॰	राखलदास बनर्जी
3.	सुत्कांगेडोर (बलूचिस्तान, पाकिस्तान)	1927 ई॰	आर॰ एल॰ स्टाइन
4.	आमरी	1929 ई॰	एम॰ जी॰ मजूमदार
5.	चन्दूदड़ो (सिंध, पाकिस्तान)	1931 ई॰	एम॰ जी॰ मजूमदार
6.	डाबरकोट	1932 ई॰	मैके
7.	रंगपुर (अहमदाबाद, काठियावाड़, भारत)	1953 ई॰	माधोस्वरूप वत्स
8.	कोटदीजी (सिंध, पाकिस्तान)	1953 ई॰	धुर्ये
9.	रोपड़ (पंजाब, भारत)	1953 ई॰	वाई॰ डी॰ शर्मा
10.	कालीबंगा	1951 ई॰	अमलानंद घोष
11.	लोथल	1957-63 ई॰	एस॰ आर॰ राव
12.	प्रभाषपट्टनम	1957 ई॰	एस॰ आर॰ राव
13.	रोजदी	1958 ई॰	एस॰ आर॰ राव
14.	आलमगीरपुर		
15.	देसरलपुर	1961 ई॰	एस॰ आर॰ राव
16.	मेरठ, उत्तर प्रदेश	1958 ई॰	यज्ञदत्त शर्मा
17.	सुरकोतदा	1964 ई॰	जे॰ पी॰ जोशी
18.	राणा घुण्डई	1967-68 ई॰	रौस
19.	धौलावीरा	1967-68 ई॰	जे॰ पी॰ जोशी
19.	मीताथल	1964 ई॰	पंजाब विश्वविद्यालय
20.	किली गुल मुहम्मद		फेयर सर्विस
21.	अली मुराद		के॰ एम॰ काजत
22.	राखीगढ़ी		सूरजभान, भगवानदेव
23.	मुण्डीक		जे॰ एम॰ फैजल
24.	बाड़ा		वाई॰ डी॰ शर्मा
25.	संघोल		तलवार, आर॰ एस॰ विष्ट
26.	डम सादत		फेयर सर्विस
27.	पेरीएनों घुण्डई		आरेल स्टेन
28.	वनावली	1973-74 ई॰	आर॰ एस॰ विष्ट

सिंधु सभ्यता का कालक्रम

पुरातत्वविद/इतिहासकार	काल अवधि
1. सर जान मार्शल	3250 ई॰पू॰ – 2750 ई॰ पू॰
2. अर्नेस्ट मैके	2800 ई॰पू॰ – 2500 ई॰ पू॰
3. माधोस्वरूप वत्स	3500 ई॰पू॰ – 2700 ई॰ पू॰
4. रेडियो कार्बन (C-14)	2350 ई॰पू॰ – 1750 ई॰ पू॰
5. माटी मर व्हीलर	2500 ई॰पू॰ – 1500 ई॰ पू॰
6. NCERT	2500 ई॰पू॰ – 1800 ई॰ पू॰
7. डी॰ पी॰ अग्रवाल	2300 ई॰पू॰ – 1700 ई॰ पू॰
8. फेयर सर्विस	2000 ई॰पू॰ – 1500 ई॰ पू॰

सैन्धव सभ्यता के निर्माता

	इतिहासकार	निर्माता
1.	डॉ॰ लक्ष्मण स्वरूप	आर्य
2.	गार्डन चाइल्ड	सुमेरियन
3.	राखलदास बनर्जी	द्रविड़
4.	व्हीलर	दस्यु-दास

- सबसे बड़ा हड़प्पा स्थल
  (1) मोहनजोदड़ो (2) गनेरीवाला (3) हड़प्पा (4) धौलावीरा (5) राखीगढ़ी
- भारत में सबसे बड़ा हड़प्पा स्थल
  (1) धौलावीरा
  (2) राखीगढ़ी
- हड़प्पा सभ्यता की राजधानियाँ
  (1) मोहनजोदड़ो (2) हड़प्पा (3) धौलावीरा (4) लोथल (5) कालीबंगा।

सिंधु सभ्यता के प्रमुख स्थल तथा उनकी विशेषताएँ

मोहनजोदड़ो

- सिंधु नदी के दायें किनारे पर अवस्थित था, जो वर्तमान समय में पाकिस्तान के सिन्ध प्रान्त के लरकाना जिले में स्थित है।

1. ***विशाल स्नानागार***–यह गढ़ी के अंदर स्थित 39 फीट लंबा, 23 फुट चौड़ा तथा 8 फुट गहरा है। इसमें दीवार और फर्श की मजबूती के लिए पक्की ईंटों का इस्तेमाल किया गया है। इसकी दीवार तथा फर्श जलरोधी बनाई गई थीं। जलाशय को साफ करने की व्यवस्था थी तथा आसपास अन्य छोटे-छोटे कमरे बने हैं। यह या तो धार्मिक महत्व का स्थल था या सार्वजनिक मनोरंजन स्थल।
2. ***विशाल अन्नागार***–गढ़ी के अंदर स्थित 150 फुट लंबा तथा 50 फुट चौड़ा है। यह सभ्यता का सबसे बड़ा भवन है। इसकी उपस्थिति से एक विकेन्द्रीकृत कराधान अभिकरण के अस्तित्व का संकेत मिलता है।
3. ***सभागार***–गढ़ी के अंदर स्थित आयताकार रूप में यह हॉल चार लाइनो में है, जो 20 स्तंभों पर आधारित है। 'वहीलर' के अनुसार, यह मुगलों के 'दरबारे आम' की तरह का भवन था जबकि 'मैके' इसे 'बाजार भवन' मानते हैं।
4. यहाँ काँसे की नर्तकी की मूर्ति मिली है, जिससे यह सहज ही कहा जा सकता है कि भारत में नृत्य की परंपरा बहुत पुरानी है।
5. मानव कंकाल (शायद नरसंहार)।
6. पशुपति महादेव मुहड़।
7. बुने हुए कपड़े का साक्ष्य।
8. सीप से निर्मित्त स्केल।
9. दाढ़ी वाले पुजारी की मूर्ति।
10. मेसोपोटामिया जैसा बेलनाकार मुहर।
11. बाढ़ द्वारा विनाश के साक्ष्य।
12. मातृदेवी चित्रित मुहर
13. ताँबा गलाने की भट्ठी
14. एक मात्र खिड़की का साक्ष्य यहीं से मिला है।
15. इत्र का साक्ष्य
16. सेलखड़ी की खंडित मानव मूर्ति (सिर से वक्ष स्थल तक का भाग)।

17. मिट्टी की तराजू।
18. गढ़ी के अंदर स्थित जिसमें दो मंजिले इमारत पक्की ईंटों से निर्मित है। संभवतः यह पुरोहितों का निवास स्थान या विशाल कॉलेज भवन रहा होगा।
19. हाथी का कपाल खंड।
20. कूबड़ वाले बैल, बिना कूबड़ वाले बैल तथा एकश्रृंगी पशु की मूर्ति की प्राप्ति।
21. सेलखड़ी का एक कुत्ता।
22. ओखली और सिलबट्टा की प्राप्ति।
23. कांसे का भैस तथा भेड़।
24. एक मुद्रा पर लेटे कुछ नाग की उपासना करते हुए एक व्यक्ति का चित्रण।

हड़प्पा

- यह पश्चिमी पंजाब प्रांत के मोटगोमरी जिले में रावी नदी के बायें तट पर स्थित है।
- सबसे पहले इसी स्थान की खुदाई 1921 ई॰ में दयाराम साहनी द्वारा की गई, इसी कारण से सिंधु घाटी सभ्यता को हड़प्पा सभ्यता भी कहा जाता है।

1. यहाँ दो कतारों में छः-छः धान्याकोठार प्राप्त हुए हैं, जिसके प्रत्येक की लंबाई 15.23 मीटर तथा चौड़ाई 6. 09 मी॰ है। इन बारह इकाइयों का पूरा क्षेत्रफल मोहनजोदड़ो के अन्नागार के क्षेत्रफल के बराबर है। महानजोदड़ो का अन्नागार गढ़ी के अंदर स्थित है जबकि हड़प्पा का अन्नागार गढ़ी के बाहर निचले शहर में मिला है।
2. यहाँ अन्नागार के पास ही कई चबूतरे बने हैं, जो फसल से अन्न अलग करने के काम में आते थे।
3. एक ही ढंग और एक ही आकार के छोटे-छोटे घरों की एक बस्ती मिली है, जो संभवतः श्रमिकों का निवास-स्थान रहा हो। इस बस्ती के आगे 16 भट्ठियाँ मिली है जो संभवतः ताँबा गलाने का कारखाना हो।
4. अन्नागार के बगल में ईंट के 18 वृत्ताकार चबूतरे मिलते हैं, जिसके पास ही सिलवटी और मूसल रखा मिला है, जिससे अनाज कुटाई का साक्ष्य मिलता है।
5. Cemetary-R-37– यह हड़प्पा का कब्रिस्तान है जिससे प्राप्त 57 शवों में से 37 शव ही अध्ययन के लिए उपयुक्त थे जिसके कारण इसका नामकरण "Cemetary-R-37" है।
6. काँसा का इक्का और बैलगाड़ी।
7. ताबूत शवाधान का साक्ष्य।
8. एक कमरे का बैरक।
9. एक कुत्ता का एक हिरण पर आक्रमण करते हुए पीतल की आकृति।
10. श्रृंगार बक्सा की प्राप्ति।
11. "Cemetary H" में पुराने हड़प्पा को बर्बाद करने वाले एक विदेशी को दफनाए जाने की संभावना।
12. शव के साथ बर्तन आभूषण।
13. गधे की अस्थियाँ।
14. ईंट उद्योग का साक्ष्य।
15. काँसा का स्केल।
16. कागज का साक्ष्य।
17. दो पाषाण मूर्ति की प्राप्ति।
    (क) योगासन की मुद्रा में बैठे पुरुष का धड़।
    (ख) स्लेटी पत्थर की नृत्य मुद्रा में बनी बिना सिर की मूर्ति जो पतला शाल ओढ़े हुए है। मार्शल ने इसे नटराज का पूर्व रूप माना है।
18. कार्य करने का प्लेटफार्म है।
19. मादा जनांग का पत्थर का प्रतीक।
20. परवर्त्ती काल में सुरक्षा के साक्ष्य।
21. फर्श के चबूतरे के दरारों में गेहूँ और जौ के अवशेष मिले हैं।

चन्हुदड़ो

1. यह एकमात्र ऐसा नगर है जो दुर्गीकृत नहीं है।
2. यहाँ एक ऐसा पात्र मिला है जो दावात होने की सूचना देता है।
3. यहाँ एक मनके बनाने का कारखाना भी मिला है।
4. यहाँ सोने, चाँदी, टीन तथा ताँबे का काम करनेवाले शिल्पकारों का साक्ष्य प्राप्त होता है।
5. काँसा का इक्का और बैलगाड़ी।
6. बाढ़ द्वारा विनाश के साक्ष्य।
7. लिपिस्टिक का साक्ष्य।
8. दो पशुओं के पैरों के भागते हुए निशान।
9. वर्गाकार मुहर।
10. चार पहियों वाली मिट्टी का खिलौना गाड़ी।

लोथल

- यह स्थल गुजरात राज्य के अहमदाबाद जिले के धोल्का तालुका में स्थित है। यह नगर लगभग आयताकार था जिसका बड़ा अक्ष उत्तर-दक्षिण की ओर था। यह नगर चारों ओर ईंट की विशाल दीवार से घिरा था।

प्राप्त साक्ष्य

1. यह एकमात्र ऐसा स्थान है जहाँ कृत्रिम बंदरगाह का अवशेष प्राप्त होता है। (ईंट से बने कृत्रिम गोदीबाड़ा)।
2. यहाँ 1800 ई॰पू॰ के चावल के अवशेष प्राप्त होते हैं।
3. यहाँ घोड़े का एक संदिग्ध लघुमृण मूर्ति प्राप्त हुई है।
4. इस स्थान से एक ऐसा मुहर प्राप्त हुआ है जिसमें जहाज का चित्र अंकित है। मिट्टी (टेराकोटा) का जहाज)।
5. कालीबंगा की तरह यहाँ भी अग्नि पूजा के अवशेष प्राप्त होते हैं।
6. मकान (सामने का प्रवेश)।
7. शतरंज जैसा खेल का साक्ष्य।
8. बाढ़ द्वारा विनाश का साक्ष्य।
9. मनका बनाने का कारखाना।
10. धातु कामगारों की फैक्ट्री।
11. काँसा का छड़।
12. ताँबे की मुहर।
13. ताँबे का कुत्ता।
14. गढ़े में बैल की अस्थि।
15. हाथी दाँत का स्केल।
16. ईरान की खाड़ी क्षेत्र की मुहर।
17. माल गोदाम।
18. युग्म शवाधान का साक्ष्य।
19. मुहर पर कपड़े का निशान।
20. एक घड़े में 600 से अधिक मुहरें।
21. बारह स्नानागार दुर्ग क्षेत्र में।
22. चिकित्सकीय विश्वास, खोपड़ी की शल्य चिकित्सा।
23. जार पर चित्रकारी, जो पंचतंत्र के चालाक लोमड़ी की कहानी के सादृश्य है।
24. गोरिल्ला का मृण्न मूर्ति की प्राप्ति।
25. चूहेदानी का साक्ष्य।
26. कपास का साक्ष्य।
27. नगर के दोनों भागों की किलेबंदी।
28. बुर्ज रहित शहर।
29. सुरक्षा से जुड़े आवास-गृह।
30. अलबस्टर पत्थर का एक बड़ा पहिया।
31. उत्तर हड़प्पा काल की एक चक्की।
32. बाजरे के कुछ दाने की प्राप्ति।
33. मिस्त्री ममी का माडल।
34. बाट-बटखरे से संबंधित सामान।
35. व्यापारिक भवन।

कालीबंगा

राजस्थान के गंगानगर जिले में स्थित इस स्थल से पूर्व हड़प्पा और हड़प्पा काल के साक्ष्य मिले हैं। पूर्व हड़प्पा चरण में खेत जोते जाते थे जबकि हड़प्पा काल में खेत खोदे जाते थे।

प्राप्त साक्ष्य

1. शहर का दोनों भाग दुर्गीकृत।
2. यहाँ हड़प्पा पूर्व काल के लकड़ी के हल के साक्ष्य मिले हैं जिसके आधार पर यह कहा जा सकता है कि राजस्थान के खेतों में हल चलाया जाता था।
3. यहाँ कुछ अग्निकुंड भी मिले हैं जिसे बलि प्रथा व यज्ञ प्रणाली से जोड़ा जाता है। (सात अग्निवेदिकाएँ)।
4. यहाँ पर एक धुरी वाले ठोस पहिये का भी अवशेष मिला है जिसके आधार पर यातायात के लिए किसी प्रकार के वाहन के अस्तित्व का पता चलता है।
5. कड़ी मिट्टी का बना मानव मस्तिष्क।
6. छह प्रकार के मिट्टी के प्रकार।
7. ताँबे का बैल।
8. शल्य चिकित्सा का साक्ष्य।
9. विकसित कुटीर उद्योग।
10. कब्रिस्तान।
11. दो फसलों को उगाने का प्रमाण (अधिक दूरी पर सरसों, कम दूरी पर चना)।
12. अधिकतम बुर्ज का साक्ष्य।
13. फर्श पर अलंकृत ईंट का प्रयोग।
14. पेट के बल लिटाया गया शव जिसमें सिर दक्षिण में तथा पैर उत्तर दिशा में है।
15. लकड़ी के पाइप का प्रयोग।
16. एक बच्चा जिस पर जले हुए का निशान हैं।

बनावली से प्राप्त साक्ष्य

1. हल की आकृति के खिलौने।
2. सड़कें और जल निकासी के अवशेष।
3. जौ, तिल और सरसों का ढेर।
4. मिट्टी की चूड़ियाँ।
5. मातृदेवी की मूर्ति।
6. पीपल की पत्ती के आकार के कुण्डले।

सुरकोत्तदा से प्राप्त साक्ष्य

1. यह एकमात्र ऐसा स्थान है जहाँ घोड़े के अस्तित्व का निश्चयात्मक प्रमाण मिलता है (अस्थि पंजर)।
2. बंदरगाह का साक्ष्य।
3. पूर्व हड़प्पा एवं उत्तरार्द्ध हड़प्पा के साक्ष्य।
4. पात्र (बर्तन) शवाधान।
5. तराजू का पलड़ा।
6. चार कलश शवाधान के साक्ष्य।
7. दोनों भागों की एक साथ किलेबंदी (लोथल में भी)।
8. ऊपर से कब्र को पत्थर से ढकने का साक्ष्य।
9. भव्य प्रवेश द्वार के साथ सुरक्षा प्रहरी का कमरा।
10. पत्थर के सुरक्षा दीवार बनाने की कोशिश।

रंगपुर से प्राप्त साक्ष्य

1. चावल की भूसी।
2. कच्ची ईंटों के दुर्ग।
3. पत्थर के फलक।
4. मिट्टी के पिण्ड।

रोपड़ से प्राप्त साक्ष्य

1. यहाँ से मानव कंकाल के साथ कुत्ते का कंकाल प्राप्त हुआ है जो बुर्जहोम एवं मेसोपोटामिया की प्रथा की ढंग सी है। कुछ कब्रों से 2 से 26 तक विभिन्न प्रकार के बर्तन मिले हैं।

धौलावीरा

- यह नगर हड़प्पा सभ्यता के सबसे बड़े नगरों में से है।
- यह नगर तीन खंडों में विभाजित है जबकि सभ्यता के अन्य नगर दो खंडों में विभाजित है। तीन खंडों में से दो खंड मजबूत आयताकार किले के अंदर है जबकि तीसरा खंड किले के बाहर स्थित है।
- यहाँ से प्राप्त अक्षर काफी बड़े हैं। नौ अक्षर एक क्रम में लगे हैं जो अन्य किसी नगरों में नहीं पाया गया है।
- यहाँ से भव्य प्रवेश द्वार के साथ सुरक्षा प्रहरी का भी कमरा मिला है।

आलमगीर (उत्तर प्रदेश, हिण्डन नदी के किनारे)

- यह स्थल हड़प्पा सभ्यता के पतन के प्रारम्भ का संकेत देता है।
- यहाँ पर कोई भी मातृदेवी की मूर्ति एवं मुद्रा की प्राप्ति नहीं हुई है।

सुत्कागेंडोर से प्राप्त साक्ष्य (पाकिस्तान के बलूचिस्तान प्रांत के दाश्त नदी के किनारे)

1. मानव भस्म रखा एक बर्तन।
2. मिट्टी की बनी चूड़ियाँ तथा बर्तन।
3. ताँबे की कुल्हाड़ी।
4. बेबीलोन से व्यापारिक संबंध के साक्ष्य।
5. बंदरगाह का अस्तित्व।

राखीगढ़ी से प्राप्त साक्ष्य

1. मिट्टी का बना हल।
2. मुद्रा, जिस पर सिंधु लिपि का एक लेख अंकित है।

कोटदीजी

- पाकिस्तान के सिंध प्रांत में सिंधु नदी के बायें तट पर अवस्थित।
- इसका उत्खनन 1950 ई० में 'फजल अहमद खाँ' ने करवाया था।
- यहाँ के मकानों में कच्ची ईंटों और नींव में पत्थरों का प्रयोग किया गया था।
- किलेबंदी का साक्ष्य नहीं मिला है।
- यह स्थल पूर्व सिंधु सभ्यता और सिंधु सभ्यता, दोनों कालों में अस्तित्व में थी।

अन्य हड़प्पा स्थलों से प्राप्त साक्ष्य

दैमाबाद :

1. ताँबे का गैंडा।
2. ताँबे का रथ।
3. ताँबे का हाथी।
4. ताँबे की भैंस।
5. दो पहियों वाला रथ, चालक के साथ।

बालाकोट :

1. विकसित कुटीर उद्योग।
2. सीप के आभूषण बनाने का कारखाना।

आमरी :

- मुहर पर गैंडा का निशान।

मेहरगढ़ :

- कपास का प्रथम प्रमाण।

राणा घुंडई एवं डाबर कोट :

- आग द्वारा विनाश के साक्ष्य।

सुकुर :

- पत्थर औजारों की फैक्ट्री।

नगर क्षेत्रों की नदीय स्थिति

केन्द्र/नगर/स्थल	नदी
1. हड़प्पा	रावी नदी
2. मोहनजोदड़ो	सिंधु
3. कोटदीजी	सिंधु
4. चन्हुदड़ो	सिंधु
5. कोटला निहांग खान	सिंधु
6. गुमला	सिंधु
7. रोजदी	भादर
8. देसलपुर	भादर
9. रंगपुर	भादर
10. आलमगीरपुर	हिण्डन
11. प्रभाषपट्टनम	हिरण्य
12. मांडा	चेनाव
13. लोथल	भोगवा
14. सुत्कांगेडोर	दारक
15. बनवाली	सरस्वती
16. दैमाबाद	प्रवास
17. बालाकोट	बिंदार
18. धौलावीरा	लूनी
19. सुतकांकोह	शादी कौर
20. भगतरव	किम
21. कालीबंगा	घग्घर (सरस्वती)

नगर निर्माण योजना

- जिस सुनियोजित ढंग से यहाँ नगरों का निर्माण किया गया है, उतना अन्यत्र कहीं भी देखने को नहीं मिलता है। अत: विद्वानों ने पुरातात्विक साक्ष्यों के आधार पर इस सभ्यता को नगरीय सभ्यता का नाम दिया है। नगर निर्माण की विशेषताएँ निम्नलिखित है–

1. नगर विन्यास के दो भाग
   (क) गढ़ी (ऊँचाई पर) – पश्चिम की तरफ।
   (ख) निचला शहर – पूर्व की तरफ।
2. गढ़ी–सामान्यत: किलेबंद, आयताकार व समानान्तर खंडों में जबकि निचला शहर किलाबंद नहीं था, लेकिन अपवादस्वरूप निचला शहर लोथल, कालीबंगा व सुरकोतदा में किलेबंदी पायी गयी है।
3. नगर में प्रवेश के लिए एक सामान्य प्रवेश द्वार बना हुआ था। प्रवेश द्वारों की संख्या एक से ज्यादा हो सकती थी।
4. दीवार पर कुछ-कुछ दूरी पर बने बुर्ज सामान्यत: रक्षा दीवार से ऊँचे होते थे लेकिन अपवादस्वरूप वाणिज्यिक राजधानी होने के बावजूद लोथल में कोई बुर्ज नहीं पाया गया है।
5. सामान्यत: रक्षा दीवार और बुर्ज कच्ची मिट्टी के बने होते थे (अपवादस्वरूप-सुरकोतदा पत्थर की दीवार, मोहनजोदड़ो पक्की ईंटों के बुर्ज)।

सड़कें एवं गलियाँ

1. समकोण पर काटती सड़कें।
2. सामान्यत: तीन प्रकार की सड़कें।

मुख्य सड़क	सहायक सड़क	छोटी सड़क
10.5 मीटर	3.5 से 4 मीटर	1.2 से 1.5 मीटर

3. सामान्यत: कच्ची मिट्टी से निर्मित सड़क, लेकिन कहीं-कहीं से पक्की सड़क बनाये जाने का भी साक्ष्य मिला है।
4. सड़क के निर्माण और भवन-निर्माण में हवा के प्रवाहित होने के रुख का ध्यान रखा जाता था।

ईंट

- कच्ची ईंट, पक्की ईंट, अलंकृत ईंट, झावा ईंट एवं L आकार की ईंट का प्रयोग।
  कच्ची ईंट–रक्षा दीवार, चबूतरे एवं सड़क में।
  पक्की ईंट–विशाल भवन-निर्माण में।
  फन्नीदार ईंट–जल निकासी व्यवस्था में।
  अलंकृत ईंट–एकमात्र कालीबंगा में फर्श में प्रयोग।
  'L' आकार की ईंट–मकान के किनारे, मकान के बाहरी हिस्से तथा मल निकास व्यवस्था में।

ईंट के आकार का अनुपात

- 1 : 2 : 4

ईंट का जुड़ाई में

1. गीली मिट्टी का प्रयोग (सर्वाधिक जगह)
2. जिप्सम का प्रयोग (नालियों में)
3. बिटुमिन का प्रयोग (मोहनजादड़ो के स्नानागार में)
4. चूना मिट्टी के प्रयोग का साक्ष्य एक-आध स्थान पर
5. सीमेंट, बालू एवं सुर्खी चूना के प्रयोग का साक्ष्य नहीं

भवनों के दरवाजे

1. भवन का दरवाजा सहायक सड़कों पर खुलता था न कि मुख्य सड़कों पर।
2. कमरे का दरवाजा एक साइड में रहता था।

खिड़की–मोहजोदड़ो में एकमात्र खिड़की का साक्ष्य।

सीढ़ियाँ–सामान्यत: प्रत्येक बड़े घरों में मौजूद। हड़प्पा की अपेक्षा मोहनजोदड़ो में ज्यादा सीढ़ियाँ मिली हैं।

स्तंभ

1. ईंट निर्मित स्तंभ का साक्ष्य मिलता है। लकड़ी के स्तंभ का कोई साक्ष्य नहीं मिलता है।
2. वर्गाकर एवं आयताकर स्तंभ न कि वृत्ताकार स्तंभ।
3. मेसोपोटामिया वृत्ताकर स्तंभ बनाने का साक्ष्य।

मेहराव

1. हड़प्पा सभ्यता के मेहराव गोलाकार नहीं हैं।
2. लोथल में गोलाकर मेहराव बनाने की कोशिश।

छतें

1. मिट्टी एवं सरकंड से निर्मित।
2. किसी धातु का साक्ष्य नहीं।

जल निकासी व्यवस्था

1. नाली निर्माण में पक्की ईंटों का प्रयोग।
2. घर, गली, सहायक सड़कों के राजपथ के समानान्तर मेनहाल की व्यवस्था, जो नदी में जाकर मिलती थी।
3. नालें कहीं-कहीं ढके हुए हैं।
4. कोनों पर जुड़ाई में फन्नीदार ईंटों का प्रयोग।

शौचालय

1. प्रत्येक गढ़ी के अंदर वाले मकानों में।
2. पक्की ईंटों का शौचालय।
3. 'L' प्रकार की ईंटों का प्रयोग।
4. व्हीलर, इसकी तुलना आधुनिक पश्चिम सभ्यता के शौचालय से करते हैं।

सफाई व्यवस्था

कूड़ा एकत्र करने के लिए मिट्टी के पात्र रखे जाते थे तथा कहीं-कहीं कूड़ा एकत्र करने के लिए गड्ढे खोदे जाते थे।

कुआँ

1. गढ़ी के अंदर वाले सभी मकानों में कुआँ।
2. पानी खींचने के लिए कुँओं पर घिरनी का प्रयोग।
3. सामान्यत: वृत्ताकर एवं अंडाकार कुँआँ, जो प्राय: सभी घरों में रहता था।
4. पक्की ईंटों के कुएँ में फन्नीदार ईंट का प्रयोग एवं फर्श की जुड़ाई बिटुमिन से की जाती थी।

प्रकाश व्यवस्था

मोहनजोदड़ो की गलियों और सड़कों के किनारे खंभे बने हुए मिले हैं जिससे अनुमान होता है कि ये खंभे दीप स्तंभ होंगे तथा इन पर प्रकाश की समुचित व्यवस्था रही होगी।

सामाजिक स्थिति

1. मातृप्रधान समाज।
2. संभवत: वर्ग विभाजित समाज।
3. सामान्यत: श्रमिक वर्ग–सामान्यत: लोग।
4. उच्च वर्ग– शासक, पुरोहित, व्यवसायी, अधिकारी।
5. सभ्यता के केन्द्र में–व्यवसायी वर्ग।
6. तकनीकी तौर पर वैदिक लोगों से उन्नत।

घरेलू बर्तन– चिकने या चमकीले मृदभांड

1. अधिकतर घरेलू बर्तन मिट्टी की बनी हुई। जो मिट्टी, बालू, चूना और अभ्रक द्वारा निर्मित।
2. अधिकांश बर्तन हस्त निर्मित लेकिन कुछ बर्तन चाक द्वारा भी निर्मित।
3. मोहनजोदड़ो से प्राप्त बर्तन पर लेख नहीं जबकि हड़प्पा से प्राप्त बर्तन पर लेख मिले हैं।
4. गढ़ी के विशिष्ट घरों में काँसे के बर्तन मिले हैं।

अन्य घरेलू उपकरण

अस्थि का बना कंघा, सुई, चाकू, छेनी, आरी, मछली का काँटा एवं ताँबे का उस्तरा।

वस्त्र

1. साधारणत: स्त्री और पुरुष बिना सिले हुए वस्त्रों का प्रयोग करते थे।
2. शरीर के ऊपरी भाग में शाल की तरह का वस्त्र का प्रयोग करते थे।
3. शरीर के निचले भाग में अधोवस्त्र धारण किया जाता था जो आधुनिक धोती के समान थी। पुरुष कढ़ाईदार वस्त्र भी पहनते थे।
4. ऊनी तथा सूती दोनों प्रकार के कपड़ों का प्रयोग करते थे।

आभूषण

- हड़प्पा सभ्यता के पुरुष और स्त्री दोनों आभूषणों का प्रयोग करते थे।
- हार, भुजबंद, कंगन, अंगूठी, छल्ले, नथुनी, बाली, कर्णफूल, इत्यादि आभूषणों का उपयोग करते थे।
- अमीर और गरीब दोनों प्रकार के लोग आभूषण का प्रयोग करते थे।

प्राप्त साक्ष्य

1. हार, चाँदी और काँसे के बने होते थे।
2. सोने की अंगूठी का कोई साक्ष्य नहीं जबकि चाँदी की एकमात्र अंगूठी मिली है।
3. चूड़ियाँ, काँच, मिट्टी, शंख, सेलखड़ी की बनी होती थीं।
4. चूड़ी पहने काँस्य की नर्तकी मोहनजोदड़ो से मिली है।
5. सिर्फ हार पहने काँस्य की नर्तकी बिल्कुल नग्न अवस्था में मिली है।

प्रसाधन सामग्री

1. ताँबे का बना हुआ दर्पण।
2. हाथी दाँत की (वी आकार) कंघी।
3. इत्र, पाउडर, लिपिस्टिक, सूरमा, सिंदूर का साक्ष्य।
4. बाल बाँधने के लिए सुनहरे तारों तथा फीतों का प्रयोग।

मनोरंजन के साधन

प्रिय खेल–शिकार खेलना, मछली पकड़ना, सार्वजनिक नाच, मुर्गे की लड़ाई, बैलों का युद्ध, पाँसे खेलना।

पाँसे का साक्ष्य–हड़प्पा और मोहनजोदड़ो से।

शतरंज की गोटी–यह लोथल से मिली है जिस पर बैल, घोड़े, मेंढक की विशिष्ट आकृति है।

यातायात के साधन–हड़प्पा सभ्यता के लोग यातायात के साधन के रूप में बैलगाड़ियों और इक्के गाड़ियों का प्रयोग करते थे।

बैलगाड़ी का साक्ष्य

मोहनजोदड़ो : 1. मिट्टी के खिलौनों में दो पहियों वाली गाड़ी।
2. काँसे की दो पहियों वाली गाड़ी।

चन्हुदड़ो : चार पहियों वाली मिट्टी की खिलौना गाड़ी।

कालीबंगा : ताँबे का बैल।

लोथल : 1. ताँबे की बैल आकृत्ति।
2. अलबस्टर पत्थर का एक बड़ा पहिया।

बनावली : सड़कों पर बैलगाड़ी के पहिये का साक्ष्य।

भोजन

1. शाकाहारी एवं मांसाहारी दोनों प्रकार के भोजन का प्रचलन।
2. शाकाहारी भोजन में गेहूँ, जौ, चावल, फल, सब्जियाँ खजूर, तरबूज, दूध, दही निर्मित वस्तुओं का उपयोग किया जाता था।
3. मांसाहारी भोजन में विभिन्न जानवरों की पायी गयी अधजली हड्डियाँ इस बात की ओर संकेत करती हैं कि वे मांस के लिए प्रयुक्त हुए होंगे।
4. प्रत्येक घर में मछली पकड़ने का काँटा मिला है जो मछली की लोकप्रियता को इंगित करता है।

चिकित्सा

सिंधु घाटी के लोग चिकित्सा पद्धति से परिचित थे। लोथल और कालीबंगा से प्राप्त साक्ष्य से स्पष्ट होता है कि वे शल्य चिकित्सा से भी परिचित थे। औषधियों के रूप में शिलाजीत, बारहसिंगे तथा हिरण के सींग का प्रयोग करते थे।

मृतक संस्कार

स्रोत–हड़प्पा, लोथल, कालीबंगा, सुरकोतदा, रोपड़ और मोहनजोदड़ो से तीन प्रकर के शवदाह की पद्धति।

1. पूर्ण शवदाह–शव को पूर्णरूप से जमीन में गाड़ देना।
2. आंशिक शवदाह–शव को पशु-पक्षियों के खाने के लिए छोड़ देना तथा बचे हुए अवशेषों को दफना देना।
3. दाह कर्म–शव को पूर्णरूपेण जला दिया जाता था एवं राख को पात्र में रखकर जमीन में गाड़ दिया जाता था।

विशेष

- मोहनजोदड़ो से तीनों प्रकर के शवाधान का साक्ष्य।
- सुरकोतदा से पात्र शवाधान का साक्ष्य।

लोथल : 1. युगल शवाधान (स्त्री और पुरुष एक साथ)।
2. करवट लिए हुए शव।
3. कब्र कच्ची ईंटों से ढकी हुई।

कालीबंगा: 1. पेट के बल लेटा शव।
2. शल्य क्रिया का साक्ष्य।
3. जले हुए शव का साक्ष्य।

हड़प्पा : शव के साथ बर्तन आभूषण।

रोपड़ : शव के साथ कुत्ता।

- सामान्यत: शव का उत्तर में सिर तथा दक्षिण में पैर रख जाता था लेकिन कालीबंगा में शव का सिर दक्षिण में तथा पैर उत्तर दिशा में थे।
- सर्वाधिक प्रचलित शवाधान का तरीका पूर्ण शवाधान की थी।

राजनीतिक स्थिति

राजनीतिक स्थिति के संदर्भ में विभिन्न विद्वानों ने विभिन्न मत दिये हैं।

1. व्हीलर–शासन व्यवस्था मध्यमवर्गीय जनतांत्रिक थी।

2. स्टुअर्ट पिगट–शासन पर पुरोहित वर्ग का अधिकार।
3. हंटर–लोकतांत्रिक शासन प्रणाली।
4. मैके–प्रतिनिधि शासन प्रणाली।

- हड़प्पा संस्कृति की व्यापकता एवं विकास को देखने से ऐसा लगता है कि यह सभ्यता किसी केन्द्रीय शक्ति से संचालित होती थी। वैसे यह प्रश्न अभी विवाद का विषय बना हुआ है, फिर भी चूँकि हड़प्पावासी वाणिज्य की ओर अधिक आकर्षित थे, इसलिए ऐसा माना जाता है कि संभवत: हड़प्पा सभ्यता का शासन वणिक वर्ग के हाथ में था।

अर्थव्यवस्था

(क) कृषि

- सिंधु सभ्यता के अंतगर्त नौ (9) फसलें पहचानी गयी हैं।
- चावल, जौ की दो किस्में, गेहूँ की तीन किस्में, कपास, खजूर, तरबूज, मटर, बासिका जूँसी, तिल।
- सर्वप्रथम कपास उत्पन्न करने का श्रेय सिंधु सभ्यता के लोगों को जाता है।
- यूनानियों ने कपास को 'सिंडोन' कहा है।
- खेत जोतने के लिए लकड़ी के हल का प्रयोग किया जाता था।
- कालीबंगा में जुते हुए खेत का साक्ष्य मिला है।
- सिंधु प्रदेश में खट्टे-मीठे फल–नींबू, केला, अनार आदि पैदा किए जाते थे।
- नदी व वर्षा के जल से सिंचाई की जाती थी।
- लोथलवासी 1800 ई॰पू॰ में ही चावल उपजाते थे जिसके अवशेष वहाँ मिले हैं।
- लोथल में 'बाजरा' के दाने मिले हैं।
- चावल के उत्पादन का प्रमाण केवल लोथल और रंगपुर से प्राप्त हुआ।
- दो प्रकर के गेहूँ (1) क्लब गेहूँ और (2) भारतीय बौने गेहूँ के साक्ष्य मिले हैं।
- रागी और गन्ना का कोई साक्ष्य नहीं मिला है।
- फसल की बुआई नवम्बर महीने में बाढ़ उतरने के बाद ही की जाती थी एवं फसल की कटाई अप्रैल में की जाती थी।
- सिंचाई एवं खाद का कोई साक्ष्य नहीं मिला।

पशुपालन

- सिंधु सभ्यता में बैल, भैंस, बकरी, भेड़ और सूअर, गधा, ऊँट, हाथी, बाघ, बिल्ली इत्यादि जानवरों का अस्तित्व था।
- घोड़े का साक्ष्य मोहनजोदड़ो, लोथल एवं सुरकोतदा से प्राप्त।
- शेर का कोई प्रमाण नहीं मिला है।
- ऊँट की हड्डियाँ कालीबंगा से मिली हैं।
- भारतीय गैंडा का एकमात्र प्रमाण आमरी से।
- गाय की अस्थियों का कोई साक्ष्य नहीं मिला है।
- कूबड़ वाला बैल रानीघुंडई के द्वितीय चरण से।
- भेड़ और बकरी पालतू पशु, लेकिन ऊन निकालने से अपरिचित थे।
- गधे और ऊँट का उपयोग संभवत: सामान लादने के लिए किया जाता था।

उद्योग एवं औद्योगिक केन्द्र :

1. ईंट–हड़प्पा एवं मोहनजोदड़ो।
2. धातु उद्योग–हड़प्पा, मोहनजोदड़ो एवं लोथल।
3. मनका उद्योग–लोथल एवं चन्हुदड़ो।
4. चूड़ी उद्योग–चन्हुदड़ो एवं कालीबंगा।
5. हाथी दाँत–गुजरात।
6. चाँदी–खेतरी (राजस्थान)
7. शंख–बालाकोट, लोथल, रंगपुर, कोटदीजी।
8. प्रस्तर उद्योग–आमरी, राखीगढ़ी, सुतकांगेडोर।

मनका

- परिचित धातु– सोना, चाँदी, ताँबा, काँसा, टीन, सीसा।
- परिचित अधातु–आर्सेनिक, एंटिमनी, निकेल (धातु की कठोरता बढ़ाने हेतु)।
- ताँबे का सर्वाधिक प्रयोग।
- सर्वप्रथम सिंधु घाटी के लोगों ने ही चाँदी का प्रयोग करना सीखा।
- काँसे का प्रयोग मूर्ति बनाने तथा बर्तन बनाने में।
- चाँदी का उपयोग सोने की तुलना में अधिक लेकिन ताँबे की तुलना में कम होता है।
- चाँदी, सोना, ताँबे, शीशा, काँसा, लोहा, धातुओं की सबसे पहले भारतीय उपमहाद्वीप में जानकारी मिली।

विदेशों से व्यापारिक संबंध के साक्ष्य

1. लोथल से प्राप्त पर्सियन खाड़ी की मुहरें।
2. मेसोपोटामिया से प्राप्त कार्नेलियन मुहरें (चन्हुदड़ो एवं लोथल के बने)।
3. मेसोपोटामिया में हड़प्पा युग की दो दर्जन मुहरें प्राप्त हुईं।
4. कीलाक्षर लिपि में लिखे अकादिसारगन काल से लारसा

काल तक की मिट्टी की मुहरें जिसमें दिलमुन, मागन व मेलुहा का उल्लेख है।

5. मेसोपोटामिया की पौराणिक कथा में सिंधु सभ्यता की मुहरों का अंकन।
6. राजस्त्रमा से प्राप्त हाथी दाँत का स्केल जो लोथल से आयातित।
7. सूसा से प्राप्त सिंधु सभ्यता निर्मित घनाकर बाट और हाथी दाँत की गोटियाँ।
8. लोथल की समुद्री देवी का नाम 'सिकोतरा माता' है जबकि उत्तरी-पूर्वी अफ्रीका में सिकोतरा द्वीप था जहाँ लोथल में निर्मित हाथी दाँत के उपकरण मिले हैं।
9. मध्य एशिया में स्थित उर्कमेनिस्तान से सिंधु सभ्यता की कुछ वस्तुएँ मिली हैं।
10. 2350 ई॰ पू॰ के आसपास और उसके आगे के अभिलेखों में मेलुहा (मेसोपोटामिया) के साथ व्यापारिक संबंध की चर्चा।
11. हड़प्पावासी धातु के सिक्कों का प्रयोग नहीं करते थे।
12. सिंधुवासी अपना व्यापार आदान-प्रदान (विनिमय) प्रणाली द्वारा करते थे।
13. वे अरब सागर के तट पर जहाजरानी (नौचालन) करते थे।
14. हड़प्पावासी चक्र के उपयोगों से परिचित थे और हड़प्पा में ठोस पहियों वाली गाड़ियाँ प्रचलित थीं।

भारतीय उपमहाद्वीप से संपर्क

1. अफगानिस्तान।
2. ईरान।
3. बलूचिस्तान।
4. मकरान तट।

सुदूरस्थ केन्द्रों से संपर्क

1. बहरीन
2. ओमान
3. उर
4. किश
5. लगास
6. उस्मा
7. सूस
8. तेल अस्कर
9. टेपे सब्रा
10. राजसम्रा

अंतक्षेत्रीय संपर्क

1. महाराष्ट्र क्षेत्र
2. कर्नाटक क्षेत्र
3. हिमालय क्षेत्र
4. बिहार
5. उड़ीसा
6. सौराष्ट्र एवं कच्छ

संपर्क का माध्यम

- जलमार्ग एवं स्थलमार्ग दोनों से।

विनिमय का माध्यम

- वस्तु विनिमय प्रणाली द्वारा।

खनिज स्त्रोत

सोना–दक्कन (कोलार खान), अफगानिस्तान।

चाँदी–अफगानिस्तान, ईरान, बलूचिस्तान, अरब।

ताँबा–खेतड़ी (राजस्थान), बलूचिस्तान।

टिन–अफगानिस्तान, हजारीबाग (झारखंड), ईरान।

शीशा–ईरान, अफगानिस्तान, राजस्थान।

जमुनिया पत्थर–दक्कन क्षेत्र।

शिलाजित–हिमालय क्षेत्र।

शंख तथा कौड़ियाँ–सौराष्ट्र, दक्षिणी भारत।

हरितमणि–दक्षिण एशिया।

नीलमणि–महाराष्ट्र।

नीलरत्न–बदख्शां।

सेलखड़ी–बलूचिस्तान, राजस्थान, गुजरात।

लाजवर्द–मेसोपोटामिया।

पत्थर के स्त्रोत

अलबस्टर – बलूचिस्तान

बिटुमन – मुसाखेल

जेडाइर – पामीर का पठार

चर्ट – सक्कर रोहरी

जेस्पर – रंगपुर

स्लेटी पत्थर – राजस्थान

संगयशब – मध्य एशिया

गोमेद, मूँगा और लाल – पश्चिमी भारत, सौराष्ट्र

आयात की वस्तुएँ

- विलासिता संबंधी वस्तुएँ, सोना, चाँदी, टिन एवं बहुमूल्य वस्तुएँ।

निर्यात की वस्तुएँ

- कृषि उत्पाद– गेहूँ, जौ, तैलीच बीज इत्यादि विनिर्मित वस्तुएँ।
- सूती वस्त्र, मिट्टी के बर्तन, टेरीकोटा की मूर्ति तथा हाथी दाँत व हड्डी के आभूषण।
- कपास।
- सीप की बनी वस्तुएँ (लोथल से)।
- कार्नेलियन मनका (चन्हुदड़ो से)।

हड़प्पा सभ्यता के प्रमुख औजार

- कुल्हाड़ी, आरी, छुरा, बरछा, तीर, भाला।

महत्वपूर्ण बंदरगाह

- लोथल, रंगपुर, प्रभाषपट्टनम, बालाकोट, सुतकांगेडोर, सतकाकोट्ट।
- लोथल, ज्वारीय बंदरगाह था।

कला

(क) बर्तन निर्माण कला

1. संख्या की दृष्टि से–सादे बर्तन, अलंकृत बर्तन, रंगीन बर्तन।
2. चाक से बने बर्तन की अपेक्षा हस्त निर्मित बर्तन अधिक।
3. मोहनजोदड़ो से प्राप्त बर्तन पर मनुष्य का अंकन नहीं पाया गया जबकि हड़प्पा के बर्तन पर मनुष्य का अंकन पाया गया।
4. काले रंग की आकृतियों से चित्रित लाल मृदभांड का निर्माण।
5. मोहनजादड़ो से प्राप्त बर्तन पर ठप्पे या लेख बहुत कम पाये गये हैं जबकि हड़प्पा से प्राप्त बर्तनों पर लेख काफी अधिक हैं।

(ख) मूर्ति निर्माण कला

हड़प्पा सभ्यता में मूर्ति निर्माण की कला विकसित थी। विभिन्न स्थानों से काफी संख्या में मूर्तियाँ पाई गई हैं।

1. मोहनजोदड़ो
   (i) सेलखड़ी की खंडित मानव की मूर्ति।
   (ii) चूने पत्थर का बना ऊँचाई का सिर, पुरुष द्वारा बाल बढ़ाने तथा मूँछ मुंड़ाने का साक्ष्य।
2. हड़प्पा
   (i) नृत्य मुद्रा में बनी बिना सिर की मूर्ति। मार्शल ने इसे नटराज का पूर्व रूप माना है।
   (ii) योगासन की मुद्रा में बैठे पुरूष का धड़।
3. स्त्री की प्रतिकृतियाँ पुरुषों की वनिस्पत अधिक थी।
4. पक्षी, कुत्ते, भेड़, गाय-बैल और बंदर की प्रतिकृतियाँ।

(ग) मुहर निर्माण कला

1. सर्वाधिक सेलखड़ी से बनी मुहरें, 2000 से अधिक संख्या में प्राप्त।
2. आयताकर एवं वर्गाकर मुहरें प्राप्त।
3. हाथी, कूबड़ वाला बैल, बाघ, एकश्रृंगी पशु, गैंडा एवं भैंसा की आकृति मुहरों पर अंकित।
4. एक श्रृंगी पशु की सर्वाधिक आकृति।
5. मोहनजोदड़ो से सर्वाधिक संख्या में मुहरें प्राप्त हुई हैं।
6. मुहरों पर स्वास्तिक का निशान पाया गया है।
7. कालीबंगा की मुद्रा पर बाघ का चित्रण (एकमात्र साक्ष्य)।

लिपि

1. सर्वाधिक प्राचीन हड़प्पा लिपि का नमूना 1857 ई० में प्राप्त।
2. लिपि अपाठ्य, मुहरों और बर्तनों में अंकित।
3. चित्रात्मक लिपि।
4. अभी तक 396 प्रतीक प्राप्त।
5. लिखने की दिशा बायें से दायें न होकर दायें से बायें है।
6. खुलावर्त शैली में।
7. ये लिपि या तो इंडियन आर्यन समूह की है या द्रविड़ियन समूह की थी।

शिल्प एवं प्रौद्योगिकी

- पाषाण प्रौद्योगिकी के अंतर्गत फलकों का उत्पादन, मनके बनाने की कला और सेलखड़ी की आयताकर मुहरें बनाने की तकनीक शामिल थी।
- धातु शिल्पियों द्वारा ताँबा में टिन मिलाकर काँसा बनाया जाता था।
- काँसे में टिन की मात्रा कम पाई गई है, कारण टिन का आयात कठिनाई से अफगानिस्तान से मँगाया जाता था।
- हथियार व औजार में बर्मा व छेनी का प्रयोग होता था जो ताँबे के बने होते थे।
- आरियाँ मोहनजोदड़ो व हड़प्पा से मिली हैं।
- हड़प्पा से 5 ताँबे की कटारें मिली हैं।
- हड़प्पावासी लोहे से अपरिचित थे।
- मोहनजोदड़ो से बने हुए सूती कपड़े का एक टुकड़ा मिला है और कई कपड़ों पर छाप देखने में आए हैं।
- कताई के लिए तकलियों का इस्तेमाल होता था।
- स्वर्णकार सोना, चाँदी और विभिन्न रत्नों के आभूषण बनाते थे।
- कुम्हार चाक पर बर्तन बनाते थे।

- पुजारी का सिर मोहनजोदड़ो से मिला है।
- इस सभ्यता में उपकरण बनाने के लिए ताम्र के साथ पत्थर का भी उपयोग किया जाता था। अत: इसे 'ताम्राश्म' संस्कृति भी कहते हैं।
- लोथल से शंख का एक दिशामापक यंत्र मिला है।
- शंख से चूड़ियाँ, चमचे, मनके आदि का निर्माण किया जाता था।
- हाथी दाँत और हड्डी का उपयोग हत्थे, कंघी, सूजे आदि बनाने के लिए किया जाता था।
- लोथल में कोचली मिट्टी का भी प्रयोग हुआ है। इसमें पत्थर के महीन चूरे को आटे की तरह सानकर वस्तुएँ बनाई जाती थी, जिन्हें पका लिया जाता था।

धार्मिक मान्यताएँ

देव मंदिर का कोई साक्ष्य नहीं। हालाँकि व्हीलर ने मोहनजोदड़ो के एक भवन को देवालय माना है पर यह विवादित है।

मातृदेवी की पूजा

- उत्खनन से नारी से संबंधित अनेक मूर्तियों की प्राप्ति हुई है जिससे स्पष्ट होता है कि सभ्यता में मातृदेवी की पूजा प्रमुखतम देवी के रूप में तथा प्रजनन शक्ति के रूप में की जाती थी।
- नारी की कुछ ऐसी मूर्तियाँ प्राप्त हुई हैं जो शिशु को स्तनपान करा रही है। एक और मूर्ति के गर्भ से वृक्ष निकलता हुआ दिखाया गया है।

योगी की उपासना

- मोहनजोदड़ो से प्रसिद्ध पशुपति मुहर प्राप्त हुआ है जिसमें योगी की प्रतिमा की ओर चार पशु–भैंसा, बाघ, गैंडा, हाथी है जो पृथ्वी की ओर देख रहा है और दो हिरण योगी के पैर के पास हैं।

लिंग और योनि की उपासना

- अनेक शिवलिंग आकार के पत्थर प्राप्त हुए हैं जिनकी उपासना की जाती थी।
- हड़प्पा और मोहनजोदड़ो से काफी मात्रा में चीनी मिट्टी या सीप के बने छल्ले प्राप्त हुए हैं, जिससे प्रतीत होता है कि ये छल्ले योनियाँ हैं जिनकी पूजा जनन शक्ति के रूप में की जाती थी।

वृक्ष की पूजा

- पीपल सर्वाधिक पूजनीय।
- सभी देवताओं का निवास-स्थान प्राकृतिक रूप से वृक्ष माने जाते थे।
- एक सील पर पीपल की डालों के बीच विराजमान देवता का साक्ष्य।

पशु-उपासना

- सर्वाधिक पवित्र पशु एक श्रृंगी पशु।
- कूबड़ वाला बैल–बैल को शक्ति के प्रतीक के रूप में पूजा जाता था।

सर्प पूजा

- हड़प्पा, मोहनजोदड़ो और लोथल के बर्तनों पर साँप का अंकन है, इससे अनुमान लगाया जाता है कि हड़प्पावासी सर्प-पूजा करते थे।

जल पूजा

- तालाब के निकट स्नानगृह एवं स्नानगृह के अंदर जले हुए राख पाया गया है।

अग्नि पूजा

- लोथल और कालीबंगा से अग्निवेदिकाएँ प्राप्त हुई हैं जिससे अनुमान लगाया जाता है कि हड़प्पा सभ्यता में अग्निपूजा काफी प्रचलन में थी।

जादू-टोने का प्रचलन

- ताबीज, प्रतीक व संकेत चिन्ह का मिलना।
- भूत-प्रेत से त्राणार्थ ताबीज का प्रचलन।

पुनर्जन्म में विश्वास

- मृतकों के शवों के साथ कुत्तों, आभूषणों एवं बर्तनों का पाया जाना इस सभ्यता के लोगों के पुनर्जन्म में विश्वास को दृष्टिगत करता है।

(क) नवपाषाण काल

(5500 ई॰पू॰ – 3500 ई॰पू॰)

- बलूचिस्तान एवं सिंध क्षेत्र में बस्तियों के उदय की संभावना बनी। कीलीगुल मुहम्मद, रहमान की ढेरी, रानी घुंडई टीला, मेहरगढ़, स्याहदेवी, गुमला, आमरी, नाल, कुल्ली, निन्दोबारी।
- कृषि का स्पष्ट साक्ष्य मेहरगढ़ से 5500 ई॰पू॰।
- पशुपालन का व्यवसाय।

(ख) पूर्व हड़प्पा स्थल

(ई॰ पू॰ 3500 से 2600 ई॰ पू॰ तक)

सोथी संस्कृति–कालीबंगा, बनावली एवं आहड़।
सिंधु क्षेत्र–आमरी, नाल, कुल्ली, बालाकोट, कोट दीजी।
गोमल घाटी क्षेत्र–गोमल, रहमान की ढेरी।

कच्छ का क्षेत्र–मेहरगढ़, निन्दोवारी।
क्वेटा घाटी क्षेत्र–काली गुल मुहम्मद, दम्बसादान।
पंजाब क्षेत्र–हड़प्पा, सरायबोला।
झोब लोरलाई क्षेत्र–देह मेरासी घुंडाई, रानी घुडई।

मुख्य विशेषताएँ

- राजस्थान और हरियाणा को मिलाकर ही हड़प्पा सभ्यता का विकास।
- सर्वाधिक प्राचीन– मेहरगढ़ 6000 ई॰पू॰।
- कालीबंगा के पूर्व हड़प्पा स्थल से जुते हुए खेत के स्पष्ट प्रमाण मिले हैं।
- कोटदीजी से किलेबंद बस्ती का साक्ष्य मिला है।
- रहमान की ढेरी से सुनियोजित बस्ती का साक्ष्य मिला है।
- आमरी से बाह्य व्यापार की जानकारी प्राप्त हुई है।
- राजस्थान स्थित आहड़ एवं कालीबंगा दोनों जगह अन्न भंडारण का साक्ष्य मिलता है।

(ग) हड़प्पा सभ्यता– परिपक्व अवस्था

2400-1900 ई॰पू॰

(छ) उत्तर हड़प्पा संस्कृति

कुछ उप-सिंधु संस्कृतियाँ

1. कब्रिस्तान एच संस्कृति–गांधार।
2. झूकड़ संस्कृति–झूकर, चन्हुदड़ो।
3. झांगड संस्कृति–झूकर, झांगर, चन्हुदड़ो।
4. गांधार एच संस्कृति–गांधार।
5. आहार संस्कृति–आहड़, गिलुंद, गणेश्वर, गंगानगर।
   पहचान–भवन निर्माण में नीवों में पत्थर का प्रयोग।
   – ढलवां छतें, काली पीली मिट्टी का फर्श।
   – ताँबे का प्रयोग।
6. मालवा संस्कृति– एरण, कायथ (2000 ई॰पू॰ के आसपास)
   नवदाटोली (1600 ई॰पू॰–1300 ई॰पू॰)
   पहचान – चाक निर्मित बर्तन।
   – ताँबे का उपकरण।
   – ढेर सारी फसल की जानकारी (गेहूँ, चना, मटर)
7. जोड़वे संस्कृति (महाराष्ट्र) (1400 ई॰पू॰–1000 ई॰पू॰)
   – हड़प्पा संस्कृति का कुछ प्रभाव।
   – आहाड़ संस्कृति का प्रभाव एवं मालवा संस्कृति का हल्का प्रभाव।
   – जोड़वे, नासिक, इनामगाँव, नैवासार, दैमाबद।
   – नौवासा में पटसन (जूट) का साक्ष्य।
8. गंगा-यमुना दोआब-गैरिक मृदभांड संस्कृति
   – कौशाम्बी, राजापुर, भगवानपुरा, आलमगीरपुर।
9. गुजरात के कच्छ-काठियावाड़ क्षेत्र में चमकीले लाल मृदभांड संस्कृति-रंगपुर और रोजदी।
10. पंजाब में बाश संस्कृति।

उत्तर हड़प्पा स्थल

(क) राजस्थान– आहर (उदयपुर के निकट) में आहर संस्कृति
– गिलुन्द में पक्की ईंट मिली हैं (2000-1500 ई॰पू॰)
– शीशवाल (राजस्थान)

(ख) गुजरात–*(i)* रंगपुर *(ii)* रोजड़ी *(iii)* प्रभाषपट्टन

(ग) पंजाब– हड़प्पा, संघोल, चंडीगढ़, रोपड़।
– बाश में, पकी हुई ईंट का साक्ष्य।

(घ) हरियाणा – भगवानपुरा (पकी हुई ईंट का साक्ष्य)
– मितेथल व दौलतपुर।

(ङ) उत्तर प्रदेश– आलमगीरपुर और हुलास।
– पश्चिमी उत्तर प्रदेश के बुलंदशहर में लालकिले नामक स्थल से पक्की ईंटों क साक्ष्य मिला है।

उत्तर-हड़प्पा काल

(1800 ई॰पू॰ से 1200 ई॰पू॰)

- इसे ताम्र पाषाण युग, उपसिंधु संस्कृति एवं हड़प्पा का नागरिकोत्तर अवस्था भी कहा जाता है।

मुख्य विशेषताएँ

- हड़प्पाई मृदभांडो के बदले 'गैरिक मृदभांड' एवं 'लाल व काले मृदभांड' का प्रचलन हुआ।
- एक तरह के मृदभांडो का प्रयोग बंद हो गया।
- मापतौल की एकरूपता समाप्त हो गयी।
- काँसे की जगह ताँबे का प्रयोग।
- पकाई हुई ईंटों की जगह धूप में सुखाई गई ईंटों का प्रयोग शुरू हुआ,

हड़प्पा स्थल के नगर योजना की विशेषताओं वाला नगर क्षेत्र

(1) सुरकोतदा

(a) पत्थरों द्वारा किलेबंदी।
(b) नीचले शहर की किलेबंदी।
(c) कच्चे ईंट का प्रयोग।

(2) धौलावीरा एवं राखीगढ़ी

(a) शहर तीन भागों में विभक्त:
(क) दुर्ग (ख) मध्य शहर (ग) नीचला शहर

(3) चन्हुदड़ो

दुर्ग की अनुपस्थिति।

(4) कालीबंगा

(a) नीचले शहर की किलेबंदी।
(b) कच्चे ईंटों का प्रयोग।
(c) अलंकृत ईंटों का प्रयोग।

(5) लोथल

घरों के सामने की ओर द्वार।

(6) आमरी एवं कोटदीजी

(a) शहर का कोई विभाजन नहीं था।
(b) कोई किलेबंदी नहीं थी।

(7) हड़प्पा

बाद के चरणों में दुर्ग के एक द्वार को बंद किया जाना।

सभ्यता के पतन का कारण

- हड़प्पा सभ्यता के पतन से संबंधित बहुत सारे मत दिये गये हैं लेकिन आज भी यह विवाद का विषय बना हुआ है कि इस सभ्यता का पतन कैसे हुआ। इस संदर्भ में विभिन्न विद्वानों ने विभिन्न मत दिए हैं जो निम्नलिखित हैं–

विद्वान्	दृष्टिकोण
मार्शल + मैके	सिंधु नदी के कारण
व्हीलर एवं गार्डन	विदेशी आक्रमण व
चाइल्ड	आर्यों के आक्रमण
	इन्द्र के कारण (पुरन्दर छवि)
ऑरेल स्टाइन	जलवायु परिवर्तन
एम॰ आर॰ साहनी, राइक्स, डेल्स	भू-तात्विक परिवर्तन के कारण
लोन्ब्रिक	जनसंख्या वृद्धि
फेयर सर्विस	पर्यावरण संकट (उपभोक्तावादी संस्कृति में)
बी॰ के॰ थापर	पर्यावरण सिद्धान्त
ए॰ घोष	आर्द्रता का ह्रास + भूमि की शुष्कता
रंगनाथ राव	लोथल के विनाश का कारण बाढ़
जॉन मार्शल	प्रशासनिक शिथिलता।

वैदिक काल

- सिंधु सभ्यता के पतन के उपरान्त एक नई सभ्यता प्रकाश में आई, जिसकी जानकारी हमें वैदिक ग्रंथों ऋग्वेद, सामवेद, यजुर्वेद और अथर्ववेद से मिलती है। इसलिए इस सभ्यता को वैदिक युग के नाम से जाना जाता है।
- यह पूर्णत: एक ग्रामीण सभ्यता थी।
- आर्यों द्वारा प्रवर्तित होने के कारण इसको 'आर्य सभ्यता' भी कहा जाता है।
- वैदिक युग को दो भागों में विभाजित किया गया है–

(1) ऋग्वैदिक काल या पूर्व-वैदिक काल (1500-1000 ई॰पू॰)

(2) उत्तर-वैदिक काल (लगभग 1000-600 ई॰पू॰)

पूर्व-वैदिक काल

पुरातात्विक साक्ष्य

- चित्रित धूसर मृदभांड।
- पंजाब में तीन स्थल एवं हरियाणा में भगवानपुरा, कुल चार स्थलों की खुदाई।
- भगवानपुरा में तेरह कमरों वाला मकान मिला है जहाँ से आर्यों के चित्रित धूसर मृदभांड मिले हैं। जैसे– हड्डियों का ढेर, भव इत्यादि।

साहित्यिक साक्ष्य

- चौदहवीं शती ईसा पूर्व के बोगाजकोई के अभिलेखों में हिटट्यात राजा शुस्बिलूलिउमा और मितानी राजा मतिउअजा के मध्य हुई संधि के संदर्भ में वैदिक देवताओं 'इन्द्र, मित्र, वरूण, नासत्य' का उल्लेख है।
- **कस्सी अभिलेख**–1600 ई॰पू॰–आर्यों की एक शाखा भारत आयी।
- **ऋग्वेद।**
- ऋग्वेद के मूंडक सूक्त में ऋग्वैदिक शिक्षा पद्धति की झलक मिलती है।

ऋग्वैदिक नदियाँ:

- ऋग्वेद में लगभग चालीस नदियों का उल्लेख है, इसमें सिंधु एवं सरस्वती सर्वाधिक बार उल्लिखित है।
- ऋग्वेद के दसवें मंडल में आर्यों के क्षेत्र में बयालीस (42) नदियाँ होने की बात बताई गई है किन्तु 19 के ही नाम गिनाए गए हैं।
- इसमें उल्लिखित अधिकांश नदियाँ सिंधु एवं पंजाब क्षेत्र की हैं।
- समुद्र की जानकारी नहीं थी।
- समुद्र शब्द अपार जलराशि का वाचक है।

नदी सूक्त–गंगा का एकमात्र प्रत्यक्ष उल्लेख।
– यमुना का तीन बार उल्लेख।
– सरस्वती-दूसरी सर्वाधिक महत्वपूर्ण नदी, सबसे पवित्र नदी जिस पर वैदिक ऋचाओं की रचना हुई।

- सिंधु नदी के पूर्वी किनारे पर अवस्थित इसकी सहायक नदियाँ :

(क) वितस्ता (झेलम)
(ख) अस्किनी (चेनाव)
(ग) पुरुषणी (रावी)
(घ) शुतुद्री (सतलज)
(ङ) विपास (व्यास)

- पश्चिमी किनारे पर अवस्थित इसकी सहायक नदियाँ:

(क) कुभा
(ख) कुर्रम
(ग) गोमल

- इन्द्र, विपासा (व्यास) नदी के तट पर ही उषा को पराजित किया था।

सप्तसैंधव प्रदेश की नदियाँ

- सिंधु, वितस्ता, अस्किनी, परुषणी, शुतुद्री, विपासा, सरस्वती।
- अपाया – सरस्वती एवं द्रषद्वती के बीच में बहने वाली नदी।

सरयू – तीन बार उल्लेख।
– चित्रथा एवं अवना, यदु एवं तुर्वस के द्वारा इसी नदी के तट पर पराजित।

द्रषद्वती – यह नदी ब्रह्मवत का पूर्वी या दक्षिणी किनारा था।

विपासा – इसका दो बार उल्लेख हुआ है।

अन्य नदियाँ

- मरुदवृधा (मरुवर्धवन), आर्जीकाया, सुषोमा, सुसर्त (भार्गव), रूसा (पंजशिर), कुंभा (काबूल), श्वेती (कुनार), कुमुक (कुरू), राकसी (राका), सरस्वती (घग्घर)।

मरुस्थल

- धन्व शब्द के माध्यम से मरुस्थल का उल्लेख।
- पर्जन्य ने मरूस्थलों को पार करने योग्य बताया।

पहाड़

- हिमवंत के रूप में हिमालय का उल्लेख।
- हिमवंत, मुजवंत, शिलाअंत, शर्यणावत, सुषोम इत्यादि का उल्लेख।
- विंध्य व सतपुड़ा से परिचित नहीं।

आर्यों का मूल निवास स्थान

	आर्यों का मूल निवास	विद्वान का नाम
1.	मध्य एशिया	प्रो॰ मैक्समूलर
2.	उत्तरी ध्रुव	बाल गंगाधर तिलक
3.	सप्त सैन्धव	डॉ॰ अविनाश चन्द्र
4.	मध्य देश	डॉ॰ राजबली पाण्डेय
5.	दक्षिणी रूस	नेहरिंग
6.	जर्मनी	पेन्का
7.	तिब्बत	स्वामी दयानंद सरस्वती
8.	हंगरी	गाइल्स
9.	देविका प्रदेश (मुल्तान)	डी॰ एस॰ त्रिदेव
10.	ब्रह्मर्षि देश	पं॰ गंगानाथ झा
11.	कश्मीर (हिमालय क्षेत्र)	एल॰ डी॰ कल्ला
12.	पामीर क्षेत्र	एडवर्ड मेयर

काल निर्धारण

बाल गंगाधर तिलक – 6000 ई॰पू॰
मैक्समूलर – 1500 ई॰पू॰ मान्य
विटरनित्ज – 2500 ई॰पू॰

राजनैतिक विस्तार

- डॉ॰ जैकोबी के अनुसार आर्यों ने भारत में एक से अधिक बार आक्रमण किया तथा उनकी एक से अधिक शाखा भारत आईं।
- सबसे महत्वपूर्ण आर्य कबीला
  भारत शासक–त्रित्सु, सृंजय, किव्री।
- पञ्चजन्य–पुरु, यदु, तुर्वस, अनु, द्रहु।
- यदु व तुर्वस को दास कहा जाता है।
- यदु व तुर्वस, पुरु, मृघवाची (कटुवाची) बाद में इंद्र द्वारा लाये गये।

विस्तार–अफगानिस्तान, पंजाब और पश्चिमी उत्तर प्रदेश।
ब्रह्मवर्त–(ऋग्वैदिक सभ्यता का केन्द्र)– सतलज से यमुना नदी तक का क्षेत्र।
भरत–सरस्वती एवं यमुना के बीच।
पुरू–सरस्वती नदी के किसी किनारे।
यदु एवं तुर्वस–दक्षिण पंजाब।

आर्यों का संघर्ष

- गौरिक मृदभांड तथा लाल व काले मृदभांड वाले लोगों से हुआ।
- आर्यों के दुर्ग 'पुर' कहलाते थे।
- पुश्चरिष्णु (दुर्गों को गिराने वाला यंत्र) का प्रयोग युद्ध में हुआ।
- अश्वचालित रथ, कवच, काँस्य उपकरण के कारण आर्य को विजयश्री मिली।
- वाणों का उपयोग–विषात् वाण तथा सिंग एवं ताँबे के मुख वाले वाणों का उपयोग।
- आर्यों के शत्रु दास एवं दस्यु थे।
- इन्हें अनार्य (चपटी नाक वाला)
  अव्रहण (वैदिक कर्मों का विश्वास नहीं करने वाला)
  अयज्जवत (यज्ञ नहीं करने वाला)
  अदैव्येयु (वैदिक देवता में विश्वास नहीं करने वाला)
  शिश्नदेवी (लिंगपूजक) कहा गया है।
- पुरू नामक कबीला को 'त्रत्दस्यु' कहा गया।

दाशराज युद्ध

- पुरुषणी (रावी) नदी के तट पर इतिहास प्रसिद्ध 'दाशराज युद्ध' हुआ जिसमें भरत कबीले के राजा सुदास की विजय हुई।
- विश्वमित्र पहले भरत वर्ग का पुरोहित था। बाद में वशिष्ठ को भरत वर्ग का पुरोहित बनाया गया।
- दस राजाओं का संघ बनाकर विश्वमित्र ने भरत नरेश सुदास के विरुद्ध युद्ध की घोषणा कर दी।
- पाँच आर्य कबीला– पुरु, यदु, तुर्वस, द्रहु व अनु।
- पाँच अनार्य कबीला– अंकिन, पक्थ, भलानस, विषाणी एवं शिव।
- सुदास के पूर्वज दिवोदास ने दासों के सरदार 'शम्बर' को हराया।
- दाशराज युद्ध में ही पुरु राजा पुरुत्सा मारा गया।

वैदिक राजतंत्र

- ऋग्वैदिक लोग-विश।
- कबीला-जन।
- ऋग्वेद तथा अथर्ववेद के साक्ष्य से ऐसा प्रतीत होता है कि वैदिक काल में सभी व्यक्ति (विश) समिति में एकत्रित होकर राजा का चुनाव करते थे।

- सामान्यत: राजपद वंशानुगत था एवं ज्येष्ठ पुत्राधिकार व्यवस्था लागू थी।
- ऋग्वेद में गणतंत्र का प्रारंभिक उल्लेख मिलता है। कुछ विद्यमान गैर–राजतंत्रात्मक राज्य को ऋग्वेद में गण कहा गया है जिसके प्रमुख ज्येष्ठक, गणपति कहलाते थे।

ऋग्वैदिक काल का राजन– जनस्यागोपा, गोपति, जनराजन, गणपति, ब्रातप:, विशपति।

- ऋग्वैदिक राजन को किसी विशिष्ट भौगोलिक क्षेत्र पर स्थायी रूप से शासन करने वाला राजा नहीं माना जा सकता।
- राजन कोई पैतृक शासक नहीं था वरन् कबीले का ही सर्वेसर्वा था।
- राजा कबायली मुखिये से अधिक कुछ नहीं था और वह पुरोहित, रणयोद्धा एवं विश के रक्षक का काम करता था।
- कबीले के लोगों द्वारा स्वेच्छा से राजा को दिया जाने वाला कर 'बलि' कहलाता था।

ऋग्वैदिक कबीलाई संस्था

- सभा, समिति, गण, विदथ।
- विदथ–सर्वाधिक प्राचीन संस्था।
- अथर्ववेद में सभा एवं समिति को 'प्रजापति की दो पुत्रियाँ' की संज्ञा दी गई है।
- अथर्ववेद में एक स्थान पर सभा को 'नरिष्ट' कहा गया है।
- ऋग्वेद में सभा का आठ बार, समिति का नौ बार तथा विदथ का 122 बार उल्लेख है, जबकि अथर्ववेद में विदथ का 22 बार, सभा का 17 तथा समिति का 13 बार उल्लेख है।
- सभा के सदस्य 'श्रेष्ठ जन' होते थे जो 'सभेय' (सुजात) कहलाते थे।
- सभा में केवल सभी ब्राह्मण एवं मधवन (धर्म संरक्षक) होते थे।

समिति

- समिति में सभी व्यक्ति सम्मिलित थे।
- पति/ ईशान – समिति प्रमुख।
- समिति संभवत: राजा का चुनाव करती थी।
- ऋग्वेद तथा अथर्ववेद से ज्ञात होता है कि समिति में राजकीय विषयों की चर्चा तथा उन पर सहमति से निर्णय होता था।
- निष्ठावान राजा के लिए समिति में उपस्थित होना आवश्यक था। 'छान्दोग्य उपनिषद्' में भी 'श्वेतकेतु की घटना' के संदर्भ में राजा प्रवहन जैवलि को पंचाल समिति में उपस्थित दिखाया गया है।

विदथ

- संस्था के रूप में विदथ ऋग्वैदिक काल में अत्यन्त महत्वपूर्ण था किन्तु उत्तर वैदिक काल में सभा एवं समिति का महत्व बढ़ने लगा।
- ऋग्वेद के अनुसार–विदथ में अग्नि का चयन होतृ के रूप में किया गया है।
- ऋग्वेद के लगभग 21 सूक्तों में विदथ में वीरों की उपस्थिति की बात की गई है।

प्रशासन

(क) पुरोहित – राजा का परामर्शदाता।
(ख) सेनानी – सेना प्रमुख।
(ग) ग्रामीणी – ग्राम प्रमुख।
(घ) कुलपति – परिवार का मुखिया।
(ङ) विशपति – विश का प्रधान।
(च) वाज्रपति – चारागाह का अधिकारी।
(छ) दूत – विभिन्न राजनैतिक इकाइयों के बीच संबंध स्थापित करने वाला।
(ज) स्पर्श – गुप्तचर।
(झ) पुरप – पुर का अधिकारी।

प्रशासनिक इकाई

1. जन का 275 बार उल्लेख।
2. विश का 170 बार उल्लेख।
3. ग्राम।
4. परिवार (गृह)– सर्वाधिक छोटी इकाई।

न्याय व्यवस्था

1. वरदे प्रथा का प्रचलन–बदला चुकाने की प्रथा।
2. राजा देश का सर्वोच्च पदाधिकारी, सेनापति और न्यायाधीश था।

- मृत्युदंड भी प्रचलित था, परन्तु अधिकांश मामलों में शारीरिक दण्ड ही उपयुक्त समझा जाता था।
- अग्नि–परीक्षा, जल परीक्षा अथवा सन्तप्तपरशु–परीक्षा के उदाहरण मिलते हैं।
- ऋण न चुकाने पर दास बनाने की प्रथा।
- ग्राम पंचायतों द्वारा छोटे मुकदमे की देख–रेख।

सामाजिक स्थिति

- समाज की न्यूनतम इकाई 'परिवार' थी।
- परिवार का प्रधान 'कुलप' कहलाता था।

- विवाह वयस्क होने पर होते थे।
- ऋग्वेद के दशम मंडल के 'पुरुष सूक्त' के अनुसार ब्राह्मण की उत्पत्ति मुख से, क्षत्रिय की बाहु से, वैश्य की जाँघ से तथा शूद्र की पैरों से हुई बताई गई है।
- मूलत: ऋग्वैदिक काल में केवल दो वर्ण–आर्य तथा दास थे।
- इस समय वर्ण रंग के अर्थ में प्रयुक्त होता था।
- अधिकांश उत्पादन की स्थिति में आर्यों का अपना समाज तीन वर्गों में बंटा–विशेषाधिकार प्राप्त ब्राह्मण, क्षत्रिय तथा साधारण आर्य एवं विश।
- एक सूक्त के अनुसार–एक व्यक्ति स्वयं कवि है। इसका पिता वैद्य है तथा माँ चक्की पीसने वाली है।
- ब्रह्मक्षत्रिय–जन्म से क्षत्रिय किन्तु कर्म से ब्राह्मण जैसे–विश्वामित्र।
- पितृसत्तात्मक परिवार, ज्येष्ठ पुत्राधिकार तथा अधिक हिस्सा।
- पिता का संतान पर पूर्ण अधिकार–ऋजाश्व एवं भुज्यू की कथा।
- नरबलि का संकेत–शुन: शेष की कथा।

स्त्रियों की स्थिति

- इस समय विधवा विवाह, नियोग प्रथा, अंतर्जातीय विवाह, बहुपत्नीत्व, बहुपतित्व (विवाहित), दहेज प्रथा एवं प्रेम विवाह प्रचलित था।
- बाल विवाह प्रचलित नहीं था।
- सती प्रथा का संकेत मिलता है।
- नारियों को शिक्षा प्राप्त करने का अधिकार एवं उपनयन संस्कार का अधिकार था।
- पति के साथ यज्ञ में भाग लेना, सभा एवं समिति में प्रवेश का अधिकार था।
- अपाला, घोषा, लोपामुद्रा, विश्वाश शचि, ऋषिका, ब्रह्मवादिनी इत्यादि विदुषी महिलाओं का उल्लेख मिलता है।
- जीवन भर अविवाहित रहने वाली लड़की को 'अमाजू' कहा जाता था।
- पिता की संपत्ति में 'अमाजू' को हिस्सा मिलता था।
- शारीरिक बीमारी या चर्मरोग के कारण विवाह में विलंब होता था।

भोजन

- यव (जौ) सर्वाधिक महत्वपूर्ण, व्रीहि (चावल), माष, मुग्द (मूँग), सर्षप (सरसों), तिल से परिचित।
- गोधूम (गेहूँ) का अत्यंत कम उल्लेख।
- मांस भक्षण में भेड़ और बकरी का प्रचलन था, विशिष्ट अवसर पर गो-मांस का भक्षण किया जाता था। अश्वमेघ यज्ञ के अवसर पर अश्व मांस का भक्षण किया जाता था।
- पेय पदार्थ के रूप में सोमरस का उल्लेख मिलता है। सोमरस को मूंजवंत पर्वत एवं गौरी नदी के तट से प्राप्त किया जाता था जिसे यज्ञादि के अवसर पर पीया जाता था।
- सुरा का माद पेय के रूप में उल्लेख किया गया है।
- दूध, दही (अमीक्षा), छाछ (दिधि), मक्खन (नवनीत) का प्राय: सेवन का उल्लेख मिलता है।
- नमक और मछली का उल्लेख नहीं मिलता है।

मनोरंजन के साधन

- घुड़दौड़ एवं रथ दौड़।
- ताल वाद्य–ढ़ोल, तारवाद्य, कर्करि (वीणा जैसा वाद्य), सुषिर वाद्य-नाड़ी (बाँसुरी)।
- पाँसे खेलना महत्वपूर्ण खेल था जो विभीदक नामक काष्ठफलक के बनाये जाते थे।
- चौगान–काष्ठ, आजि।
- ऋग्वैदिक धर्म के मुंडक सूक्त में सोमरस निकालने में जुटे ब्राह्मणों के संगीतपूर्ण पाठ का उल्लेख।

वस्त्र

- सूत, मृगचर्म एवं ऊन (सर्वाधिक प्रयोग)।
- नीवि (अधोवस्त्र), वास (परिधान)।
- अधिवास (ओढ़ने का वस्त्र)।
- अल्क, द्वापि (ओढ़ने का वस्त्र)।
- वाधूय– विवाह के अवसर पर वधू द्वारा धारण किया गया वस्त्र।

धार्मिक अवस्था

- ऋग्वैदिक लोगों ने प्राकृतिक शक्तियों का मानवीकरण किया है।
- बहुदेववाद का प्रचलन।
- अधिकांश देवताओं की मानवरूप में पूजा, कुछ देवताओं की पशु रूप में अवधारणा।
- व्यावहारिक एवं उपयोगितावादी स्वरूप, पुरुष देवता की प्रधानता, पुरोहितों से नियंत्रित धर्म।

ऋग्वैदिक देवता का वर्गीकरण

कुल देवता-33, यास्क द्वारा वर्गीकरण

- ऋग्वैदिक आर्यों की देवमंडली तीन भागों में विभाजित थी
  - *(i)* आकाश के देवता – सूर्य, द्यौस, मित्र, पूषण, विष्णु, उष्ण, अश्विन, सवितृ, आदित्य।
  - *(ii)* अंतरिक्ष के देवता – इन्द्र, मरुत, रूद्र, वायु, पर्जन्य, आप, मातरिश्वन, एकपाद, त्रिताप्य।
  - *(iii)* पृथ्वी के देवता – अग्नि, सोम, पृथ्वी, वृहस्पति, सरस्वती इत्यादि।

इन्द्र (250 सूक्त)

- ऋग्वेद में इन्द्र का वर्णन सर्वाधिक प्रतापी देवता के रूप में किया गया है।
- इन्हें आर्यों का युद्ध नेता एवं वर्षा का देवता माना जाता था।
- दुर्गों का भेदक– पुरन्दर।
- प्रिय आयुध वज्र होने के कारण वज्रबाहु।
- वृत्त का वध करके आप (जल) को मुक्त किया तथा सूर्य एवं उषा को जन्म दिया।
- द्यौस उसका पिता है, 'अग्नि' उसका भाई है, मरुत उसका सहयोगी है। विष्णु ने वृत्त के वध में इन्द्र की सहायता की।

अग्नि

- ऋग्वेद में दूसरा महत्वपूर्ण देवता, 200 सूक्त।
- मनुष्य तथा देवता के मध्य मध्यस्थ की भूमिका। अग्नि के द्वारा ही देवताओं को आहुतियाँ दी जाती थीं।
- ऋग्वेद में अनेक स्थानों पर इन्हें 'अतिथि' कहा गया है। इन्हें 'देवताओं का मुख' भी कहा जाता है।
- मातरिश्वन ने अग्नि को उसके मूल निवास-स्थान स्वर्ग से पृथ्वी पर लाया और पृथ्वी पर यज्ञवेदी में अग्नि की स्थापना भृगुओं अथवा अंगिरसों ने की, जिन्हें इस कार्य के लिए 'अथर्वन' कहा गया है।

वरुण

- ऋग्वेद में वायु को 'वरुण का श्वास' बताया गया है। वह हल का नियंत्रक है। उसे वर्षा देने वाला कहा गया है।
- ऋग्वेद में इनके संबंध में 30 सूक्त हैं।
- इनका उल्लेख बोगाजकोई अभिलेख में भी मिलता है।
- इन्हें समुद्र का देवता, विश्व के नियामक और शासक सत्य का प्रतीक, ऋतु परिवर्तन एवं दिन-रात का कर्त्ता-धर्ता, आकाश, पृथ्वी एवं सूर्य का निर्माता के रूप में जाना जाता है।
- ईरान में 'अहुरमज्दा' तथा यूनान में 'ओरनोज' के नाम से जाना जाता है।
- वैदिक काल के बाद वरुण के महत्व में ह्रास।

सोम (9 वें मंडल के 114 सूक्त, अन्यत्र 9 सूक्त)

- वनस्पति का देवता, औषधि का स्वामी।
- निवास स्थान–पर्वतीय क्षेत्र।
- सोम को श्येन ने उसके मूल स्थान स्वर्ग से पृथ्वी पर लाया।
- द्यौस (आकाश)–ऋग्वैदिक कालीन देवों में सबसे प्राचीन। – सर्वश्रेष्ठ देवता।
- उषा–प्रगति एवं उत्थान का देवता।
- यम–मृत्यु का देवता।
- अश्विन/नासत्य– चिकित्सा का देवता।
- विष्णु–अनैतिक आचरण से संबंधित औषधि के संरक्षक विश्व के संरक्षक और पालनकर्त्ता के रूप में।
- पूषण–सूर्य से संबंधित, सड़क, पशुपालन एवं चारागाह के देवता।
- मित्र–वरुण से संबंधित, शपथ व प्रतिज्ञा के देवता।
- ऋग्वैदिक देवियों में उषा, अदिति, निशा, सरस्वती, सूर्या का महत्वपूर्ण स्थान है।
- आकाश के देवता द्यौस के साथ पृथ्वी का उल्लेख।
- विश्वदेव, आर्यमन (विवाह से संबंधित), ऋभु (बौने) इत्यादि कुछ अर्धदेवता का उल्लेख मिलता है।
- इस समय देवताओं की पूजा की प्रधान विधि थी– स्तुति पाठ करना एवं यज्ञ में बलि चढ़ाना। बलि या यज्ञाहुति में जौ एवं शाक का प्रयोग किया जाता था।
- वैदिक धर्म में मंदिर तथा मूर्तिपूजा का प्रचलन नहीं था।
- देवताओं की उपासना का मुख्य उद्देश्य भौतिक सुखों की प्राप्ति थी।
- ऋग्वैदिक आर्य पुनर्जन्म को मानते थे।
- इस काल में देव-पूजा के साथ पितृपूजा का भी उल्लेख मिलता है।
- ऋग्वेद में कहीं भी यज्ञ कार्य सम्पन्न करने के लिए मनुष्य की बलि का जिक्र नहीं है।
- ऋग्वेद के नासदीय सूक्त में निर्गुण ब्रह्म का वर्णन प्राप्त होता है।

मृतक संस्कार

- अधिकांशत: अग्नि संस्कार।
- अग्नि ही उन्हें पितरों व देवलोक में ले जाने में वाहक का

काम करती थी।

- ऋग्वेद के एक श्लोक में मृतक की पत्नी को पति की चिता से उठने के लिए कहा गया है। यह सती प्रथा की ओर संकेत देती है लेकिन यह आम प्रचलन नहीं था।

ऋग्वेद में शब्दों का उल्लेख

पिता – 335	यव – 15
जन – 275	ग्राम – 13
इन्द्र – 250	सूर्य – 10
माता – 234	राष्ट्र – 10
अश्व – 215	क्षत्रिय – 9
अग्नि – 200	समिति – 9
गौ – 176	सभा – 8
विश – 170	पुषण – 8
विदथ – 122	विष्णु – 6
सोम – 120	यमुना – 3
गृह – 90	रुद्र – 3
गण – 46	कुवप – 2
वरुण – 30	गंगा – 1
वर्ण – 23	मित्र – 1
सेना – 20	शूद्र – 1
ब्राह्मण – 15	वैश्य – 1
	राजन्य – 1

अर्थव्यवस्था

- पशुपालन मुख्य वृत्ति, कृषि का दूसरा स्थान।
- लोग कृषि पर आधारित स्थायी जीवन व्यतीत न कर कबीलाई जीवन व्यतीत करते थे।
- गाय का आर्थिक महत्व अधिक था।
- ऋग्वेद में 'गव्य' एवं 'गव्यति' शब्द चारागाह के लिए प्रयुक्त हुआ है।
- गोपति (राजा के लिए), गविष्टि (युद्ध के लिए) गव्यत (दूरी की माप के लिए), दुहिता (पुत्री के लिए) प्रयुक्त हुआ है।
- गाय को अध्न्या (न मारने योग्य) कहा गया है।
- गौ शब्द ऋग्वेद में 176 बार उल्लेख हुआ है।
- कृषि का उल्लेख केवल 24 श्लोकों में ही।
- संहिता के मूल भाग में कृषि के महत्व के केवल तीन शब्द 'उर्वर', धान्य, वपन्ति का प्रयोग हुआ है।
- केवल एक अनाज यव का 15 बार उल्लेख, अनाज के अर्थ में 'धान्य' का उल्लेख।
- ऋग्वैदिक काल में राजा भूमि का स्वामी नहीं होता था। वह विशेषरुप से युद्धकालीन स्वामी होता था।
- ऋग्वेद में कुल्या एवं सनित्रिम आप: का प्रयोग सिंचाई के लिए कृत्रिम साधनों के प्रयोग का संकेत देता है।
- ऋग्वैदिक आर्य को पाँच ऋतुओं का ज्ञान था।
- पशुओं में गाय, घोड़ा, अवि (भेड़), अजा (बकरी) की चर्चा मिलती है।
- हाथी, बाघ, बतख, गिद्ध से आर्य लोग अपरिचित थे।

कृषि संबंधित शब्द

उर्वरा	–	जुआ हुआ खेत
सीता	–	हल से बनी रेखा
पर्जन्य	–	बादल
लांगस	–	हल
वृक	–	बैल
अवत	–	कूप
करीष	–	गोबर की खाद
कीनांश	–	हलवाहा

उद्योग

- ऋग्वैदिक काल में वस्त्र बनाने वाले, लकड़ी एवं धातु का काम करने वाले एवं बर्तन बनाने वाले शिल्पों के बारे में विवरण मिलता है। चर्मकार एवं कुम्हार का भी उल्लेख मिलता है।

शिल्प से संबंधित शब्द

अयस	–	ताँबा या काँसा
तसर	–	करघा
शून्ध्यव	–	ऊन
हिरण्य एवं सुवर्ण	–	सोना
तक्षण व त्वस्त्रा	–	बढ़ई

- ऋग्वेद में कपास का उल्लेख नहीं मिलता है।

वाणिज्य एवं व्यापार

- व्यापार में क्रय–विक्रय हेतु विनिमय प्रणाली का प्रयोग।
- वस्तु विनिमय के साथ-साथ गाय, घोड़े एवं सुवर्ण।
- 'पण' जो व्यापार-वाणिज्य से जुड़े थे, अपनी कृपणता के लिए प्रसिद्ध थे। ये अनार्य थे एवं आर्यों के शत्रु थे।
- ऋग्वैदिक मुद्रा निष्क थी।
- व्यापार की मुख्य वस्तुएँ कपड़ा, चादर एवं खोलें थीं।
- ऋण देकर ब्याज लेने वाले वर्ग को वेकनाट (सूदखोर) कहा जाता था।

- आर्यों का समुद्र की जानकारी संबंधी तथ्य अभी भी अस्पष्ट है।

उत्तर वैदिक काल

काल – 1000 ई॰पू॰-600 ई॰पू॰

सहित्यिक स्रोत– सामवेद, यजुर्वेद, अथर्ववेद, आरण्यक, उपनिषद् (कुछ)।

पुरातात्विक स्रोत–चित्रित धूसर मृदभांड, लोहा, स्थायी निवास।

- लोहे के प्रयोग के साक्ष्य मिले हैं।
- *(i)* अतरंजीखेड़ा - 1050 ई॰ पू॰
  (ii) गांधार क्षेत्र – 1000 ई॰ पू॰
  (iii) गंगा-यमुना दोआब – 800 ई॰ पू॰
- अतरंजीखेड़ा, जखेड़ा, हस्तिनापुर तथा नोह नामक पुरातात्विक स्थलों की खुदाई से लोहे के साक्ष्य मिले हैं।
- 700 ई॰पू॰ के लगभग लोहे का प्रसार उत्तर प्रदेश तथा विदेह में हुआ है।
- उत्तर वैदिक काल में इसे 'श्याम अयस' तथा 'कृष्ण अयस' कहा गया है।

राजनैतिक विस्तार

- 1000 ई॰पू॰ के लगभग लोहे के प्रयोग से गंगा-यमुना दोआब को साफ करना आसान हो गया।
- दो प्रमुख कबीले भरत एवं पुरु मिलकर कुरु बने तथा गंगा-यमुना दोआब को छोड़कर सरस्वती एवं दृषद्वती नदियों के प्रदेश में बसे। प्रारंभ में उनकी राजधानी असन्दनीवात थी। कालांतर में हस्तिनापुर उनकी राजधानी हुई। बल्हिक प्रतिपीय, राजा परीक्षित, जन्मेजय इस वंश के प्रमुख राजा हुए।
- अथर्ववेद में परीक्षित का उल्लेख है।
- जन्मेजय ने एक नागयज्ञ एवं दो अश्वमेध यज्ञ करवाए।
- महाभारत–कुरुकुल का गृहयुद्ध– 950 ई॰ पू॰
  पांचाल–किव्री + तुर्वस।
- मध्य दोआब, आधुनिक बरेली, बदायूँ, फर्रुखाबाद।
- पांचाल दार्शनिक राजाओं के लिए जाना जाता था।
- प्रवाहन जैवलि इस वंश के महत्वपूर्ण शासक थे।
- आरुणि व श्वेतकेतु इसी क्षेत्र से संबद्ध है।
- गंगा-यमुना दोआब से आर्यों का विस्तार सरयू नदी तक हुआ जिसके किनारे कोशल राज की स्थापना हुई।
- सदानीरा नदी (गंडक) के किनारे विदेह माधव ने विदेह की नींव डाली।
- शतपथ ब्राह्मण में इस बात का उल्लेख है कि विदेह माधव ने अपने गुरु राहुलगण की सहायता से अग्नि के द्वारा इस क्षेत्र का सफाया किया।
- गांधार जनपद–सिंधु नदी के दोनों तटों पर तक्षशिला एवं पुष्करावती दो प्रमुख शहर थे।
- कैकेय के राजा अश्वपति ने दावा किया कि मेरे राज्य में न चोर हैं, न मधवा (मदिरा पीने वाला), न क्रियाहीन हैं, न व्यभिचारी हैं और न अविद्वान हैं। (छान्दोग्य उपनिषद्)।
- ब्रह्मर्षि देश– गंगा-यमुना दोआब और उसके नजदीक का क्षेत्र।
- मध्य देश–हिमाचल एवं विंध्याचल क्षेत्र।
- मध्य पंजाब में भद्रों का देश था (स्यालकोट)।
- राजस्थान में मत्स्य।
- मध्यप्रदेश में कुशीनगर।

राजत्व से जुड़े कुछ संस्कार

राज्याभिषेक–ऐतरेय ब्राह्मण के अनुसार अनुष्ठान का उद्देश्य परम शक्ति की प्राप्ति थी।

अश्वमेध यज्ञ

उद्देश्य–साम्राज्य विस्तार।

–घोड़े की बलि।

राजसूय यज्ञ

- ऐच्छिक धार्मिक अनुष्ठान (शतपथ ब्राह्मण)।
- रत्निन नामक अधिकारियों के घर जाकर देवताओं को बलि दी जाती थी एवं राजा इनके घर (हवि देना) खाते थे।
- इन अनुष्ठानिक यज्ञों से प्रजा में यह विश्वास पैदा हो जाता था कि उसके सम्राट को 'दिव्य शक्ति' मिल गई है।
- यह यज्ञ राज्याभिषेक के समय संपन्न कराया जाता था।

वाजपेय यज्ञ

उद्देश्य–राजा को नवयौवन प्रदान करना।

- रथ दौड़ में राजा का रथ सबसे आगे।

पुरुषमेध यज्ञ–अश्वमेध सदृश यज्ञ, परन्तु घोड़े की जगह मनुष्य छोड़ा जाता था।

– मनुष्य की बलि दी जाती थ्री।

- पंचमहायज्ञ के अतिरिक्त सात हविर्यज्ञ एवं सात सोमयज्ञ का उल्लेख मिलता है।

राजत्व का सिद्धान्त

- ऋग्वेद में राजा के दैवी अधिकारों की पुरु द्वारा घोषणा–'मैं इन्द्र हूँ' मैं वरुण हूँ।

- राजत्व का सिद्धान्त, सुनियोजित रूप में 'ऐतरेय ब्राह्मण' में मिलता है।
- राजा की शक्ति में वृद्धि, राजपद वंशानुगत।
- पहली बार क्षेत्रीय राज्यों का उदय, गाँवों की बजाय क्षेत्र के लिए युद्ध प्रारंभ।
- 'शतपथ ब्राह्मण' में राजा के निर्वाचन की चर्चा, निर्वाचित राजा 'विशपति' कहलाते थे।
- 'ऐतरेय ब्राह्मण' में राजा को उत्तर में 'विराट', दक्षिण में भोज, पूर्व में सम्राट, पश्चिम में 'स्वराट' कहा जाता था।
- एकराट और सार्वभौम– चारो ओर जीतने वाला।

प्रशासनिक व्यवस्था

- नियमित कर प्रणाली के कारण अधिकारियों की संख्या में वृद्धि, ग्रामीणों की शक्ति में वृद्धि जबकि 'विपपति' नामक अधिकारी की शक्ति में कटौती।

महत्वपूर्ण अधिकारी

पुरोहित
सेनानी
युवराज
महिषी (रानी)
सूत (सारथी)
ग्रामीणी (मुखिया)
संग्रहित्री (कोषाध्यक्ष)
भागदूत (कर-संग्राहक)
कर्मार (उद्योगों का अधिकारी)
रथपति (सुदुर क्षेत्रों का शासन देखने वाला)
शतपति (सौ गाँवों का शासक)

- कर प्रणाली नियमित किन्तु अपेक्षित धन का अभाव।
- बलि के अतिरिक्त 'शुल्क' एवं 'भाग' भी लिया जाता था।
- संभवत: आय का 16वाँ भाग करके रूप में लिया जाता था। 'बलि' अब स्वेच्छा से दिया जाने वाला कर नहीं रहा।
- शतपथ ब्राह्मण में उल्लिखित 'बलिकृत' से संकेत मिलता है कि करों का बोझ वैश्य वर्ग पर था।
- स्वतंत्र सेना का अभाव।
- सभा एवं समिति द्वारा राजा की स्वेच्छाचारिता पर नियंत्रण।
- वप्रु (टीन) की चर्चा मिलती है।
- उत्तर वैदिक काल में कपास का उल्लेख नहीं। इसकी जगह ऊन के लिए 'उर्णा' शब्द का प्रयोग।
- स्त्रियाँ बुनाई एवं कढ़ाई का काम करती थीं।
- पेशस्कारी–कढ़ाई करनेवाली स्त्रियाँ।

वाणिज्य एवं व्यापार

- मुख्यत: वस्तु विनिमय प्रणाली, कुछ अनियमित-सी थी।
- व्यावसायिक संगठन के लिए 'ऐतरेय ब्राह्मण' में श्रेष्ठी एवं वाजसनेयी संहित में 'गण' एवं 'गणपति' शब्द का उल्लेख।
- शतपथ ब्राह्मण में जल प्रलय की चर्चा समुद्री यात्रा का संकेत देती है।
- शतपथ ब्राह्मण में पहली बार सूदखोरी एवं महाजन की चर्चा।

  कुशीदीन – महाजन।

नगर

- तैतिरीय आरण्यक में नगर का प्रथम बार उल्लेख।
- लोगों के आर्थिक जीवन में सर्वाधिक महत्वपूर्ण परिवर्तन उनके स्थायित्व से दृष्टिगोचर होता है, जो कृषि के अधिकाधिक प्रसार का प्रमाण था।
- भूमि पर सामूहिक स्वामित्व का ही प्रचलन था।
- कृषक वर्ग को अपने निर्वाह से अधिक उत्पादन करना पड़ता था। इस अधिशेष का ग्रहण राज्य द्वारा एवं विभिन्न अनुत्पादन वर्गों द्वारा किया जाता था।
- श्रम विभाजन शुरू हो चुका था, परन्तु यह कठोर नहीं हुआ था। उस समय में राजा और राजकुमार भी शारीरिक श्रम करने में संकोच नहीं करते थे। प्राचीन आख्यानों के अनुसार, सीता के पिता विदेहराज स्वयं भी हल जोतते थे। कृष्ण के भाई बलराम को हलधर कहा जाता है।
- अथर्ववेद में हाथी पाले जाने का उल्लेख है।
- इस काल में गाय की पवित्रता बढ़ती हुई दिखायी पड़ती है। अथर्ववेद में यज्ञ के अतिरिक्त अन्य किसी अवसर पर गायों का वध करने वालों को मृत्युदंड का विधान किया गया है।
- ब्राह्मण अपना राजा 'सोम' को मानते थे।
- 'ब्रह्म' एवं 'क्षत्र' का वैदिक परंपरा में स्पष्ट विभाजन।
- उत्तरवैदिक काल में समिति की तुलना में 'सभा' अधिक महत्वपूर्ण हो गई।
- अथर्ववेद में सभा को 'नरिष्ठा' कहा गया है।

उत्तर वैदिक अर्थव्यवस्था

मुख्य पेशा–कृषि (प्रथम), पशुपालन (द्वितीय) अथर्ववेद के अनुसार, पृथ्वीवेन ने सर्वप्रथम कृषि और हल को जन्म दिया।

- मुख्य फसल – जौ, गेहूँ, चावल।
  अन्य फसल – उरद, तिल, गन्ना, श्यामक (मोटे अनाज)।
- काष्ठक संहिता में 24 बैलों द्वारा जुताई की चर्चा।
- शतपथ ब्राह्मण में कृषि की समस्त प्रक्रिया का वर्णन।
- वाजसनेयी संहिता में गोधूम (गेहूँ) का उल्लेख।
- यजुर्वेद में चावल की पाँच किस्मों की चर्चा–
  (1) महाव्रीहि, (2) कृष्णव्रीहि, (3) शूष्मव्रीहि, (4) आशुधान्य, (5) हायन।
- अथर्ववेद में चावल के दो किस्मों 'व्रीहि' एवं 'तंदुल' का उल्लेख।
- उत्तर-वैदिक काल में भूमिदान की चर्चा नहीं है।
- अथर्ववेद में सिंचाई के साधन के रूप में वर्णाकूप और नहर (कूल्या) का उल्लेख।
- छान्दोग्य उपनिषद् में एक द्रर्भिक्ष का उल्लेख।
- अथर्ववेद के एक सूक्त में गाय, बैल, घोड़ों की प्राप्ति के लिए राजा ने इन्द्र से प्रार्थना की।
- ऐतरेय ब्राह्मण के अनुसार–अश्विन देवताओं की गाड़ी खींचते थे।
- वाजसनेयी संहिता से धातुकर्मी, मछुआरे, धावी, कुलाल, भिषज (चिकित्सक) आदि शिल्पों के विकास की जानकारी मिलती है।
- लोहे के लिए वाजसनेयी संहिता में 'श्याम अयस' एवं जैमिनी ब्राह्मण में 'कृष्ण अयस' का प्रयोग है।
- इस समय व्यापार जल एवं थल दोनों मार्गों से होते थे। शतपथ ब्राह्मण में पूर्वी तथा पश्चिमी समुद्रों का उल्लेख हुआ है। वाजसनेयी संहिता में 100 डाड़ों वाले जलपोतों का उल्लेख हुआ है।

सामाजिक स्थिति

- समाज स्पष्टत: वर्णव्यवस्था पर आधारित था जिसमें ब्राह्मण एवं क्षत्रिय वर्ग, उत्पादन के नियंत्रणकर्त्ता होने के कारण विशेषाधिकार संपन्न वर्ग था। धार्मिक और सामाजिक क्षेत्र में चारों वर्णों के कर्त्तव्यों, अधिकारों और स्थिति में विभेद किया जाने लगा था।
- रक्त संबंध पर अत्यधिक बल दिया गया था।
- चातुर्वण्य व्यवस्था स्थापित हो गयी थी।
- ब्राह्मण – एहि
  क्षत्रिय – आगच्य
  वैश्य – आर्दव
  शूद्र – आघव
- ब्राह्मण, क्षत्रिय एवं वैश्य के लिए 'द्विज' शब्द का प्रयोग का अर्थ दुबारा जन्म लेना है।
- तैतरीय ब्राह्मण के अनुसार ब्राह्मण 'सूत' का क्षत्रिय 'सन' का और वैश्य 'ऊन' का यज्ञोपवीत धारण करते थे।
- ब्राह्मणों का उपनयन संस्कार वसंत में, क्षत्रिय का ग्रीष्म में तथा वैश्य का शीत ऋतु में होता था।

ब्राह्मण

- प्रारंभ में 16 पुरोहितों में एक ब्राह्मण भी होता था।
- ब्राह्मण अपना राजा सोम को मानते थे।
- वैदिक ग्रंथ में ब्राह्मण को अदायी (दान लेने वाला) और सोमदायी (भ्रमण करने वाला) कहा गया है।

क्षत्रिय

अर्थ–क्षेत्र पर अधिकार करने वाला।

- लोहे के प्रयोग के पश्चात् प्रारम्भ अधिशेष उत्पादन पर अधिकार को लेकर ब्राह्मणों और क्षत्रियों में प्रतिस्पर्द्धा।
- इसी प्रतिस्पर्द्धा के कारण कुछ क्षत्रिय विद्वान् व दार्शनिक बने–उपनिषद् काल में श्वेतकेतु आरुणि ने प्रवाहन जैबलि से तथा ब्राह्मण गार्ग्य ने काशी राजा अजातशत्रु से शिक्षा प्राप्त की।
- शतपथ ब्राह्मण में क्षत्रिय को ब्राह्मणों से श्रेष्ठ बतलाया गया है।

वैश्य

- उत्पादक एवं करदाता वर्ग।
- कृषि, पशुपालन एवं उद्योग से जुड़ा।
- उत्तरवैदिक काल में इन्हें 'अन्यस्य बलिकृता' कहा जाता था।

शूद्र

- अन्यस्य प्रेस्य–तीनों वर्णों का सेवक।
- शतपथ ब्राह्मण सोमयज्ञ में शूद्रों के भाग लेने की जानकारी देता है।
- अस्पृश्यता की अवधारण नहीं आई थी।

गोत्र

- गोत्र की अवधारणा उत्तरवैदिक काल में विकसित हुई।
- शाब्दिक अर्थ-गोष्ठ–जिस स्थान पर समूचे गोत्र का गोधन रखा जाता है।

- प्रारम्भ में गोत्र की अवधारणा ब्राह्मणों के लिए थी, किन्तु ब्राह्मणों द्वारा ही कालांतर में क्षत्रिय एवं वैश्य को गोत्र प्रदान किया गया।
- एक ही मूल पुरुष से उत्पन्न व्यक्ति एक ही गोत्र के कहे जाने लगे।
- मौलिक रूप से सात गोत्र–कश्यप, वशिष्ठ, भृगु, गौतम, भारद्वाज, अत्रि तथा विश्वमित्र।
- अनार्यों के 'ऋषि अगस्त्य' को आठवाँ गोत्र माना गया।

परिवार

- ऋग्वैदिक काल के समान इस काल में भी संयुक्त परिवार प्रथा थी, जो पितृसत्तात्मक होते थे। इस काल में पिता की शक्ति बहुत अधिक बढ़ गयी थी।
- पिता के जीवित रहते ही पुत्रों में संपत्ति का बंटवारा हो सकता था। परन्तु यह भी पिता के अधिकार में था कि यदि वह चाहे तो पुत्र को उत्तराधिकार से वंचित कर दे।
- ऐतरेय ब्राह्मण में इस बात का उल्लेख मिलता है कि अजीगर्त ने अपने पुत्र शुन:शेप को 100 गायें लेकर बेच दिया। इसी प्रकर विश्वामित्र ने अपने 50 पुत्रों को आज्ञा न मानने के अपराध में घर से निकाल दिया था।

नारियों की स्थिति

- तुलनात्मक रूप में उत्तरवैदिक काल में नारियों की स्थिति ऋग्वैदिक काल की अपेक्षा हेय हो गयी।
- अथर्ववेद में उल्लेख आया है कि कन्या का जन्म दु:ख का कारण है। मैत्रायणी संहिता स्त्री को द्युत और मदिरा की श्रेणी में रखता है।
- स्त्रियों पर अनेक प्रकार की अपात्रताएँ लगा दी गयीं। उनका उपनयन संस्कर नहीं होता था। उन्हें सभा में भाग लेने से वंचित कर दिया गया। न तो वे राजनीति में भाग ले सकती थीं और न ही वे पैतृक संपत्ति की उत्तराधिकारिणी हो सकती थी।
- ऐतरेय ब्राह्मण में पुत्र को परिवार का रक्षक तथा पुत्री को दु:ख का कारण बताया गया है।
- वृहदारण्यक उपनिषद् जनक की सभा में गार्गी और याज्ञवल्क्य के बीच वाद-विवाद का उल्लेख करता है।
- याज्ञवल्क्य के पत्नी मैत्रेयी परम विदुषी थी। इसने अपनी सौत कात्यायनी के पक्ष में अपने साम्पत्तिक अधिकार का विसर्जन करके याज्ञवल्क्य से एकमात्र ज्ञान देने की प्रार्थना की थी।

विवाह

- विवाह एक धार्मिक प्रयोजन माना जाता था। अविवाहित को यज्ञ करने का अधिकार नहीं था। स्त्री पुनर्विवाह कर सकती थी। विवाह अधिकतर सजातीय ही होते थे परन्तु अन्तर्जातीय विवाह भी होते थे। इसी तरह अनुलोम एवं प्रतिलोम दोनों प्रकार के विवाह होते थे।
- एक ही गोत्र अथवा पूर्व पुरुष वाले समुदायों के बीच विवाह पर प्रतिबंध लग गया। सामान्यतया युवावस्था प्राप्त हो जाने पर ही विवाह होते थे।
- बाल-विवाह का प्रचलन नहीं था। विधवा विवाह संपन्न होते थे।

अमोद-प्रमोद

शैलूष – अभिनेता।
वीणागाथिन – वीण बजाने वाला।
शततन्तु – सौततु के वाद्य यंत्र।

उत्तरवैदिककालीन धार्मिक स्थिति

- इस काल की धार्मिक गतिविधियों में दो प्रवृत्तियाँ प्रमुख रूप से केन्द्रीय स्थान बनाये रहीं–
  (*i*) यज्ञ अनुष्ठान एवं कर्मकाण्डीय गतिविधियाँ, यद्यपि यज्ञादि का आभास ऋग्वेद में भी मिलता है किन्तु एक स्वतंत्र पंथ के रूप में यज्ञ का विकास इसी काल में हुआ।
  (*ii*) इस यज्ञीय एवं कर्मकाण्डीय व्यवस्था के खिलाफ उपनिषदों की आवाज।
- सम्पूर्ण वैदिक साहित्य का संकलन कुरु पांचाल प्रदेश में हुआ।
- यज्ञों का आयोजन सामूहिक रूप से एवं व्यक्तिगत दोनों रूपों में होता है। सामूहिक यज्ञों में राजा एवं प्रजा मिलकर सामूहिक रूप से भाग लेते थे।
- यज्ञ में पशुबलि की प्रधानता हो गयी। कर्मकाण्ड पद्धति की स्थापना।
- यज्ञ की विधि जानने के कारण ब्राह्मण, देवता से भी, अधिक शक्तिशाली हो गये।
- कृषि संस्कृति के विकास के कारण बहुत बड़ी संख्या में पशुओं की आवश्यकता, अत: यज्ञ पद्धति एवं पशु बलि के विरुद्ध प्रतिक्रिया।

आश्रम व्यवस्था

- उत्तरवैदिक काल में तीन आश्रम–ब्राह्मचर्य, गृहस्थ एवं वानप्रस्थ।
- चातुर्आश्रम व्यवस्था बुद्धकाल, सूत्रकाल में स्थापित हुई।
- जैबलि उपनिषद् में प्रथम बार चारों आश्रम की चर्चा।

ब्रह्मचर्य आश्रम (1 से 25 वर्ष तक)

- उपनयन संस्कार के पश्चात् विद्याध्ययन के लिए गुरुकुल जाना।
- आश्वलायन के अनुसार उपनयन संस्कार की उम्र ब्राह्मण के लिए 8 वर्ष, क्षत्रिय के लिए 11 वर्ष तथा वैश्य के लिए 12 वर्ष होती थी।

गृहस्थ आश्रम (26 से 50 वर्ष)

- समावर्तन संस्कार के पश्चात्।
- इस आश्रम में पंचमहायज्ञ, हवियज्ञ एवं सोमयज्ञ का का पूरा करना होता था।

वानप्रस्थ (51 से 75 वर्ष)

- इसमें अपने घर से दूर रहकर मनन और चिंतन।

सन्यास आश्रम (76-100 वर्ष)

- इसमें जीवन की सक्रिय गतिविधि से दूर रहना होता था।
- आश्रम व्यवस्था व्यक्तिगत उद्यम एवं सामाजिक व्यवस्था के बीच संतुलन लाने की कोशिश है।
- प्रवृत्ति एवं निवृत्ति मार्ग के बीच संतुलन।
- आश्रम व्यवस्था का उद्देश्य जीवन के चार पुरुषार्थ– धर्म, अर्थ, काम और मोक्ष को प्राप्त करना है।
- चारों ऋण–देव, पितर, ऋषि, मानव-जाति के ऋण से मुक्ति के लिए यह आश्रम-व्यवस्था स्थापित की गई थी।

पंचमहायज्ञ

1. ब्रह्म यज्ञ (प्राचीन ऋषियों के प्रति कृतज्ञता)।
2. देव यज्ञ (देवताओं के प्रति कृतज्ञता)।
3. पितृ यज्ञ (पितरों का तर्पण)।
4. मनुष्य यज्ञ (अतिथि संस्कार)।
5. भूतयज्ञ (समस्त जीवों के प्रति कृतज्ञता, चींटी, पक्षियों, स्वानों को भोजन देना।

हवि यज्ञ

1. अगन्याध्येय
2. अग्निहोत्र
3. दर्शपौणमास
4. अग्रहायण
5. चातुर्मास्य
6. निरुद्धपशुबंध
7. सौत्रामणि

सोम यज्ञ

1. अग्निस्टोम
2. योतिस्टोम
3. अत्यग्निस्टोम
4. अव्यय
5. बोडशित
6. अतिरात्र
7. आरतोंयार्क

विवाह के प्रकार (मनुस्मृति के अनुसार)

1. ब्रह्म विवाह–समान वर्ण में विवाह (कन्या का मूल्य देकर)।
2. दैव विवाह–यज्ञ कर्म करने वाले के साथ कन्या का विवाह (दक्षिणा सहित)।
3. आर्ष विवाह–कन्या के पिता को वर एक जोड़ी (एक गाय और एक बैल) देता था।
4. प्रजापत्य विवाह–बिना लेन-देन के योग्यवर से विवाह।
5. गन्धर्व विवाह–प्रेम संबंधों के आधार पर विवाह।
6. असुर विवाह–कन्या को उसके माता-पिता से खरीद लिया जाता है। यह निकृष्ट माना जाता है।
7. राक्षस विवाह–पराजित राजा की पुत्री, बहन या पत्नी से उसकी इच्छा के विरुद्ध विवाह।
8. पैशाच विवाह–कन्या को भगाकर विवाह जब वह अपने चेतना में न हो (सोई हुई अवस्था में, नशे में, मानसिक विक्षिप्तता)

स्मृतियों में प्रथम चार विवाह ही मान्यता प्राप्त हैं।

वैदिककालीन राजनीतिक संगठन में रत्नियों की संख्या

1. राजा
2. युवराज
3. सेनानी
4. पुरोहित (मंत्री)
5. महिषी (पटरानी)
6. सूत (सारथी)
7. भागदूध (कर संग्राहक)
8. संगृहीता (कोषाध्यक्ष)
9. क्षतृ (प्रतिहारी)
10. पालागल (राजा का मित्र)
11. अक्षावाप (पाँसे के खेल में राजा का सहायक)
12. ग्रामीण (ग्राम-प्रमुख)

षोडश संस्कार (स्मृतियों के अनुसार)

1. गर्भाधान
2. पुंसवन
3. सीमन्तोन्नयन

4. जातकर्म
5. नामकरण
6. निष्क्रमण
7. अन्नप्राशन
8. चूड़ाकरण
9. कर्णभेद
10. विद्यारम्भ
11. उपनयन
12. वेदारम्भ
13. केशान्त
14. समावर्तन
15. विवाह
16. अन्त्येष्टि

पुरुषार्थ (मनुष्य के भौतिक सुख एवं आध्यात्मिक सुखों के मध्य सामंजस्य हेतु)

1. धर्म (न्याय, सद्गुण, नैतिकता, कर्त्तव्यपालन)।
2. अर्थ (अर्थ की प्राप्ति और मर्यादा से उपभोग)।
3. काम (धर्माचरण व सृष्टि के विकास हेतु संतानोत्पत्ति)।
4. मोक्ष (जीवन-चक्र से मुक्ति)।

प्रमुख दर्शन और उनके रचयिता (प्रवर्तक)

दर्शन	रचियता/पवर्तक
1. चार्वाक (भौतिकवादी)	चार्वाक
2. सांख्य	कपिल
3. योग	पतंजलि
4. न्याय	गौतम
5. वैशेषिक	कणाद
6. पूर्व मीमांसा	जैमिनी
7. उत्तर मीमांसा (वेदांत)	बादरायण

प्रमुख उल्लेख एवं विवरण

1. शूद्र शब्द का उल्लेख – ऋग्वेद (दसवाँ मंडल)
2. गायत्री मंत्र – ऋग्वेद
3. भारतीय संगीत की उत्पत्ति – सामवेद
4. 'सोम' पेय का उल्लेख – ऋग्वेद (9वाँ मंडल)
5. वर्ण शब्द का उल्लेख – ऋग्वेद (पुरुष सूक्त)
6. यज्ञों का उल्लेख – ब्राह्मण
7. राजतंत्र की उत्पत्ति – ऐतरेय ब्राह्मण
8. समाज का चतु:वर्णीय विभाजन – ऋग्वेद (दसवाँ मंडल)
9. प्रथम तीन आश्रम – छांदोग्य उपनिषद् (ब्रह्मचर्य, गृहस्थ, वानप्रस्थ)
10. चारों आश्रम का उल्लेख – जबाला उपनिषद्
11. उपनयन का उल्लेख – शतपथ ब्राह्मण
12. संसार की उत्पत्ति – ऋग्वेद (10वाँ मंडल)
13. सभा को नरिष्ट कहा गया – अथर्ववेद
14. दस राजाओं का युद्ध – ऋग्वेद (सातवाँ मंडल)
15. राजन्य – ऋग्वेद (10वाँ मंडल)
16. गंगा – ऋग्वेद (10वाँ मंडल)
17. पुनर्जन्म का उल्लेख – वृहदारण्यक उपनिषद्
18. सत्यमेव जयते – मुण्डक उपनिषद्
19. सोलह संस्कार – गृहसूत्र
20. जुआरियों पर शोकगीत – ऋग्वेद्
21. ब्राह्मणों के ऊपर क्षत्रियों की श्रेष्ठता – ऐतरेय ब्राह्मण
22. भयंकर बाढ़ का उल्लेख – शतपथ ब्राह्मण
23. सभा और समिति, प्रजापति की जुड़वाँ पुत्री – अथर्ववेद।
24. स्त्रियाँ समिति में भाग लेती थीं – अथर्ववेद
25. पत्नी पति की पूरक होती है – शतपथ ब्राह्मण
26. आत्मा का एक शरीर से दूसरे शरीर में प्रवेश – वृहदारण्यक उपनिषद्।
27. त्रिमूर्ति की संकल्पना – मैत्रेयी उपषिद्
28. पूर्वी एवं पश्चिमी समुद्र का उल्लेख – शतपथ ब्राह्मण

महाजनपद काल

- ई॰ पू॰ छठी शताब्दी में भारतीय राजनीति में एक नया परिवर्तन दृष्टिगत होता है, वह है अनेक शक्तिशाली राज्यों का विकास।
- लोहे के आगमन के फलस्वरूप अब कृषि-कार्य व्यवस्थित तरीके से होने लगा, जिसके कारण लोगों में स्थायित्व की भावना पनपने लगी एवं छोटे-छोटे कबीले 'राज्य' बनते जा रहे थे।
- अधिशेष उत्पादन, नियमित कर व्यंवस्था ने राज्य संस्था को मजबूत बनाने में योगदान दिया।
- सामरिक रूप से शक्तिशाली तत्वों को इस अधिशेष एवं लौह तकनीक पर आधारित उच्च श्रेणी के हथियारों से जन से जनपद एवं साम्राज्य बनने में काफी योगदान मिला।
- बौद्ध साहित्य में जनपद काल की स्थितियों का अच्छा चित्रण मिलता है।
- 'अंगुतर निकाय' में सोलह महाजनपदों का क्षेत्र विस्तार कौशल तथा मगध जनपदों के राजनीतिक संघर्षों का वर्णन है।

16 महाजनपद

1. काशी

- काशी जनपद की राजधानी 'वाराणसी' थी जो कि वरुणा और असी नदी के तट पर स्थित थी, इसी कारण इसका नाम वाराणसी पड़ा। काशी का कोसल जनपद के साथ अक्सर संघर्ष रहा था। काशी का मगध और कोसल से संघर्ष आरंभ हो गया। अजातशत्रु के समय काशी मगध का अंग बन गया।

2. कौसल

- अंगुतर निकाय में कोसल जनपद का उल्लेख।
- इसकी पहली राजधानी अयोध्या या साकेत थी जो बाद में बदलकर 'श्रावस्ती' हो गयी।
- प्रसेनजित जो महात्मा बुद्ध का अनुयायी था, यहाँ का प्रसिद्ध राजा था।
- काशी राज्य के साथ संघर्ष एवं अंततः काशी को अपने जनपद में शामिल किया।

3. वत्स

- राजधानी – कौशांबी।
- यहाँ राजतंत्रीय प्रणाली लागू थी।
- उदयन, जो बुद्ध के समकालीन था, यहाँ का प्रसिद्ध शासक था।
- अवंति जनपद के साथ इसका संघर्ष रहता था।

4. अंग

- पालि साहित्य में अंग देश का उल्लेख।
- राजधानी – चंपा।
- आधुनिक भागलपुर एवं मुंगेर अंगदेश में शामिल था।
- मगध के साथ संघर्ष एवं मगध को अंगदेश में मिलाया।
- बिम्बिसार ने मगध के साथ-साथ अंग पर भी अधिकार स्थापित किया।

5. मगध

- पालि साहित्य में उल्लेख।
- राजधानी – गिरिव्रज।
- आधुनिक पटना एवं गया जिला इसमें सम्मिलित थे।
- जरासंध एवं वृहद्रथ यहाँ के प्रमुख राजा थे।
- बिम्बिसार और आजातशत्रु के समय चरम उत्कर्ष पर पहुँचा।

6. पांचाल

- आधुनिक रुहेलखंड तथा गंगा-यमुना दोआब में स्थित।
- इस राज्य की दो शाखाएँ–
  1. उत्तरी पांचाल–अहिच्छत्र (राजधानी)
  2. दक्षिणी पांचाल – काम्पिल्य (राजधानी)
- यह एक राजतंत्र था।
- महाभारत में उल्लिखित पांडवों की पत्नी द्रोपदी यहीं के राजा ध्रुपद की पुत्री थी।

7. मत्स्य

- राजधानी-विराटनगर।
- आधुनिक जयपुर तथा अलवर का क्षेत्र इसमें सम्मिलित था।
- विराट नामक राजा इसका संस्थापक था। इसी के नाम पर इसकी राजधानी का नाम विराट नगर पड़ा।
- यह पहले चेदि राज्य के अधीन था बाद में मगध के अधीन हो गया।

8. चेदि

- राजधानी – शुक्तिमती।
- आधुनिक बुंदेलखंड में स्थित।

- कलिंग शासक खारवेल जो चेदि वंश से संबंधित था वह चेदि वंश यहीं की शाखा थी।
- शिशुनाग के काल में यह जनपद काफी उन्नति पर था।

9. वज्जि संघ

- राजधानी – वैशाली।
- यह संघ आठ कुलों के संयोग से बना जिसमें तीन प्रमुख थे – विदेह, वज्जि तथा लिच्छवि।
- आधुनिक बिहार के उत्तरी भाग में स्थित।
- महावस्तु के अनुसार गौतम बुद्ध लिच्छवियों के निमंत्रण पर वैशाली गए।
- पहले स्वतंत्र राज्य लेकिन अजातशत्रु ने इसे मगध में मिलाया।

10. मल्ल

- अंगुतर निकाय में मल्ल का उल्लेख।
- इसके दो भाग थे जिसमें एक भाग की राजधानी कुशीनगर तथा दूसरे की राजधानी पावापुरी थी।
- यह प्रजातांत्रिक राज्य था।
- कुशीनगर में ही महात्मा बुद्ध ने निर्वाण प्राप्त किया।
- मगध राज्य द्वारा इसका विलय।

11. अस्मक

- अंगुतर निकाय में उल्लेख।
- राजधानी–पौदन्य (आधुनिक पोतन)।
- दक्षिणी भारत के गोदावरी नदी के तट पर स्थित।
- अवंति राज्य के साथ संघर्ष एवं अंततः अवंति राज्य द्वारा इस पर अधिकार।

12. शूरसेन

- राजधानी – मथुरा।
- शूरसेन राजा अवंति पुत्र, महात्मा बुद्ध का अनुयायी था।
- यह राज्य पहले गणतंत्र था बाद में राजतंत्र हो गया।

13. गांधार

- राजधानी – तक्षशिला।
- आधुनिक अफगानिस्तान का क्षेत्र था।
- विद्या और व्यापार का प्रसिद्ध केंद्र था।
- कुरुवंशीय धृतराष्ट्र की पत्नी गांधारी यहाँ की राजकुमारी थी।
- पुष्कर सारिन यहाँ का प्रसिद्ध शासक, जिसने अवंति शासक चंडप्रद्योत को पराजित किया था।

14. कुरुः

- राजधानी – इंद्रप्रस्थ (जातक में उल्लेख)।
- वर्तमान दिल्ली और मेरठ का क्षेत्र।
- यादवों, भोजों और पांचालों के साथ कुरुओं के वैवाहिक संबंध थे।

15. कंबोज

- राजधानी – राजपुर।
- आधुनिक कश्मीर, गांधार तथा पामीर के भू-भाग में स्थित। पहले राजतंत्र था बाद में संघ राज्य बन गया।

16. अवंति

- आधुनिक मालवा एवं मध्य प्रदेश के कुछ भाग।
- दो भाग थे – उत्तरी अवंति, राजधानी–उज्जैन। दक्षिणी अवंति–राजधानी महिष्मती।
- चंडप्रद्योत यहाँ का प्रमुख राजा था जो बुद्ध और महावीर के समकालीन था।
- वत्स, मगध तथा कोसल के साथ संघर्ष।
- शिशुनाग ने अवंति को मगध साम्राज्य में मिलाया।

सिंकदर का आक्रमण और प्रभाव

सिंकन्दर	प्रमुख तथ्य
सिकंदर	मकदूनिया के शासक फिलिप का पुत्र
जन्म	356 ई॰ पू॰
भारत पर आक्रमण	327 ई॰ पू॰
पश्चिमोत्तर भारत की स्थिति	28 राज्यों में विभाजित (पुरु; अभिसारी, पूर्वी व पश्चिमी गंधार, करु, सौभूति, मालव, क्षूद्रक, अम्बष्ठ, भद्र, ग्लौगनिकाय आदि।
पोरस से युद्ध (वितस्ता था हाइडेस्पीज का युद्ध)	झेलम के किनारे; सिकंदर विजयी पोरस की वीरता से प्रभावित हो राज्य वापस किया।
यूनानी सेना विद्रोह	व्यास नदी के आगे जाने से इंकार।
मगध	नंद वंश के अधीन
सिंकदर की मृत्यु	325 ई॰ पू॰ (भारत से लौटते समय)।

सिकंदर के आक्रमण का भारत पर प्रभाव

राजनीतिक एकता की स्थापना	पश्चिमोत्तर भारत के छोटे-छोटे राज्यों का विलय 3 प्रांतों का गठन।
भारतीय इतिहास के तिथि-क्रम में सहायता	यूनानी इतिहासकारों ने सिंकदर के आक्रमण की सही तिथि दी।
यूनानी राज्यों की स्थापना	पश्चिमी पंजाब, सिंध आदि सीमावर्ती प्रदेशों में।
भारत-यूनान के बीच व्यापारिक मार्ग	आक्रमण में 1 जलमार्ग, 3 स्थल मार्ग खुला।
भौगोलिक ज्ञान	यूनानी इतिहासकारों द्वारा भारत का भौगोलिक विवरण।
शासन व्यवस्था	क्षत्रप शासन प्रणाली।
मुद्रा	यूनानी प्रभाव वाले उलूक शैली के सिक्कों का ज्ञान।
भारतीय कला	यूनानी शैली की मूर्तियों का निर्माण।
भाषा, साहित्य	यूनानी शब्द पुस्तक, कलम, फलक, सुरंग यवनिक आदि संस्कृत भाषा का शामिल।
चिकित्सा	औषधि विज्ञान और चिकित्सा पद्धति पर।
ज्योतिष	राशिचक्र, होरोस्कोप का ज्ञान, रोमक एवं पौलिक सिद्धान्तों का ज्ञान।

मुख्य बिन्दु

- सिकंदर 20 वर्ष की आयु में 355 ई० पू० में मकदूनिया का शासक बना।
- सिकंदर एलेक्जेंड्रिया ऑफ दि एरोकोसियंस की स्थापना की जो अब कंधार के नाम से जाना जाता है।
- 328 ई० पू० तक सिकंदर ने समस्त ईरान और अफगानिस्तान को विजित कर लिया था।
- सिंकदर ने सिंधु नदी के पश्चिमी प्रदेशों को एक प्रांत में संगणित कर निकोनोर को इसका क्षत्रप नियुक्त किया।
- अश्वक राज्य में सिकंदर को स्त्रियों से भी युद्ध करना पड़ा।
- तक्षशिला का शासक आंभीक सिंकदर से मिल गया और उसके अभियान में सहायता दी।
- पुरु को पराजित करने के बाद सिकंदर ने 'मिकैया' और 'बउकेफला' नामक दो नगरों की स्थापना की।
- सिकंदर के भारत अभियान की अंतिम विजय पाटल पर थी।
- सिकंदर भारत में 19 माह तक रहा।
- मालव व क्षुद्रकों के साथ हुए युद्ध में सिकंदर घायल हो गया जिसके फलस्वरूप 325 ई॰पू॰ में बेवीलोनिया में उसकी मृत्यु हो गई।

मगध की सफलता के कारण

(i) मगध के आसपास लोहे की खानें थीं, जिनसे अस्त्र-शस्त्र बनाये गये। इनके कारण जंगलों को साफ कर कृषि योग्य बनाने में सहायता मिली तथा नये-नये उद्योग-धंधों को बढ़ावा मिला।

(ii) मगध राज्य मध्य गंगा के मैदान में स्थित था। यहाँ की मिट्टी ज्यादा उर्वर थी, जिसके कारण किसान अपनी आवश्यकता से अधिक अनाज पैदा कर लेते थे। इस कारण सेना तथा अधिकारी तंत्र का व्यापक विकास हुआ।

(iii) गंगा नदी के आस-पास होने के कारण व्यापारिक सुविधाएँ बढ़ीं और आर्थिक दृष्टि से मगध का महत्व बहुत बढ़ गया। शासक अब वाणिज्य वस्तुओं पर चुंगी लगा सकते थे और इस प्रकार सेना के खर्च के लिए धन एकत्र कर सकते थे।

(iv) मगध को चारों तरफ से प्राकृतिक सुरक्षा प्राप्त थी। इसके अगल-बगल में स्थित जंगलों से 'गजसेना' बनाने में सहायता मिली।

(v) मगध में बौद्ध तथा जैन धर्मों का विकास हुआ जिसके कारण लोग पुरातन पंथी विचारों को छोड़कर नयी सोच से प्रभावित हुए।

(vi) मगध के उत्थान में वहाँ के राजाओं ने महत्वपूर्ण भूमिका निभाई।

निम्नलिखत वंशों ने प्रमुख भूमिका निभाई

(क) वृहद्रथ वंश (ख) हर्यंक वंश, (ग) शिशुनाग वंश, (घ) नंद वंश और (ङ) मौर्य वंश।

(क) वृहद्रथ वंश

- जरासंध वृहद्रथ वंश का सर्वप्रमुख शासक था। यह महाभारतकालीन था।
- निपुण्जय वृहद्रथ वंश का अंतिम शासक था। इसके मंत्री पुलिक ने इसकी हत्या करवाकर अपने पुत्र को मगध का राजा बनाया।

(ख) हर्यंक वंश:

- बिम्बिसार (544-492 ई॰ पू॰)–15 वर्ष की आयु में मगध का नरेश बना।
- उसने गिरिव्रज (आधुनिक राजगृह) को अपनी राजधानी बनाकर हर्यंक वंश की नींव डाली।
- उसने अपने पड़ोसियों से वैवाहिक संबंध स्थापित किये।
- बिम्बिसार ने अंग राज्य को जीतकर मगध साम्राज्य में मिला लिया।
- उसने अंग राज्य के चंपा बंदरगाह को अपने कब्जे में कर लिया जिसके कारण मगध के व्यापार और वाणिज्य में भारी वृद्धि हुई।
- उसने सुदूर देशों से संबंध स्थापित किए तथा गंधार राज्य तक में अपने दूत भेजे।
- पुराणों के अनुसार उसने 28 वर्ष मगध पर शासन किया।
- कुशल प्रशासन की आवश्यकता पर सर्वप्रथम बिम्बिसार ने ही जोर दिया।
- उसने कोशल एवं वैशाली के राजपरिवारों से अपने संबंध स्थापित किए।
- अंतिम समय में अजातशत्रु ने अपने पिता बिम्बिसार की हत्या कर दी।
- **अजातशत्रु** (492-460 ई॰ पू॰)–मगध साम्राज्य का प्रतापी राजा था।
- अपने पिता बिम्बिसार की हत्या कर गद्दी हासिल की थी।
- उसके बचपन का नाम कुणिक था।
- आरंभ से ही अजातशत्रु ने विस्तार की नीति अपनाई।
- काशी को लेकर अजातशत्रु का कोशल नरेश से युद्ध हुआ था।
- जैन ग्रंथ भगवती सूत्र के अनुसार अजातशत्रु का वज्जि संघ के साथ युद्ध हुआ था।
- अजातशत्रु ने अपने मंत्री बस्सकार की सहायता से लिच्छवियों की एकता को भंग कर उनकी शक्ति पर विजय पायी।
- प्रथम बौद्ध संगीति का आयोजन अजातशत्रु के शासन काल में ही संपन्न हुआ था।
- इसके शासनकाल में मगध की सीमाओं, गौरव तथा शक्ति में अपार वृद्धि हुई।
- काशी एवं वज्जि संघ की लड़ाई में अजातशत्रु ने रथमूसलों एवं महाशिलाकण्टक नाम के हथियारों का प्रयोग किया था।
- उसने अपनी राजधानी राजगृह की सुरक्षा के लिए एक मजबूत दुर्ग का निर्माण करवाया।
- महापरिनिर्वाण सूत्र के अनुसार अजातशत्रु ने बुद्ध के कुछ उपदेशों को लेकर राजगृह में एक स्तूप का निर्माण करवाया।
- अजातशत्रु ने पुराणों के अनुसार 28 वर्ष एवं बौद्ध साक्ष्य के आधार पर 32 वर्षों तक शासन किया।
- अंतिम समय में अजातशत्रु की हत्या उसके पुत्र उदयिन द्वारा कर दी गई।

उदयिन (460-444 ई॰ पू॰) ने आधुनिक पटना में गंगा और सोन के संगम पर एक किला बनवाकर पाटलिपुत्र नगर की आधारशिला रखी।

- यह भी विस्तारवादी नीति का समर्थक था।
- उदयन के बाद अनिरुद्ध, मुण्ड तथा दर्शक सिंहासन पर आए।
- पुराणों के अनुसार उदयिन ने 33 वर्ष तक एवं 'महावंश' के अनुसार 16 वर्षों तक शासन किया।
- नागदशक हर्यंक वंश का अंतिम शासक था।
- लगभग 413 ई॰ पू॰ में जनता ने इस वंश के अंतिम राजा को मगध से पदच्युत कर बनारस के उपराजा शिशुनाग को शासन सौंपा।

(ग) शिशुनाग वंश

- शिशुनाग ही इस वंश का प्रथम शासक था।
- पुराणों के अनुसार इसने अवन्ति की सेना को नष्ट कर दिया।
- अवन्ति मगध साम्राज्य का अंग बन गया।
- शिशुनाग ने वत्स और कौशल पर विजय पाई।
- इसने कुछ समय के लिए अपनी राजधानी वैशाली बनाई।
- शिशुनाग के पश्चात् उसका पुत्र कालाशोक (394 ई॰ पू॰) मगध साम्राज्य की गद्दी पर बैठा।
- दिव्यावदान में कालाशोक का नाम काकवर्ण भी मिलता है।
- उसने वैशाली के स्थान पर पाटलिपुत्र को अपनी राजधानी बनवाया।
- द्वितीय बौद्ध संगीति का आयोजन इसी के शासन काल में हुआ।
- इसने 28 वर्ष तक शासन किया।
- बौद्ध साहित्यों के अनुसार कालाशोक के दस पुत्रों ने 22 वर्ष तक शासन किया।
- इस प्रकार 344 ई॰ पू॰ में शिशुनाग वंश का अंत हुआ।

(घ) नंद वंश

- पुराणों के अनुसार महापद्मनंद ही इस वंश का वास्तविक संस्थापक था।
- पुराणों में उसे सर्वक्षंतातक कहा गया है तथा बौद्ध ग्रंथों में इसे 'उग्रसेन' यानि भयानक सेना का सेनापति कहा गया है।
- वह एक दासीपुत्र था।
- इसने कलिंग पर अपनी जीत दर्ज की तथा वहाँ से जीन की मूर्ति उठा लाया।
- उसने अपने आपको 'एकनाथ' यानि भारत का एकमात्र संप्रभु राजा माना।
- नंदों ने सबसे पहले साम्राज्य तथा केंद्रीय प्रशासन की नींव डाली। इसी कारण कभी-कभी इन्हें भारत का प्रथम 'साम्राज्य निर्माणकर्त्ता' कहा जाता है।
- नंद पहले क्षत्रिय शासक थे। इस कारण इन्हें 'क्षत्रियों का संहारकर्त्ता' भी माना जाता है।
- मगध साम्राज्य के विस्तार का प्रथम चरण महापद्मनन्द के साथ समाप्त होता है।
- महापद्मनन्द के आठ उत्तराधिकारियों ने मगध पर शासन किया–(1) पण्डुक, (2) पण्डुगति, (3) भूतपाल, (4) राष्ट्रपाल, (5) गोविशांक, (6) दास सिद्धक, (7) कैवर्त, (8) धनानंद।
- धनानंद नंद वंश का अंतिम शासक था।
- इसी के समय भारत पर सिकंदर का आक्रमण हुआ।
- चंद्रगुप्त मौर्य ने चाणक्य की सहायता से इसी समय मगध पर अधिकार किया।

महात्मा बुद्ध और बौद्ध धर्म

- मूलनाम–सिद्धार्थ–563 ई॰ पू॰ (जन्म)।
- अन्य–तथागत, अर्हन्त, गौतम, बुद्ध, शाक्यमुनि।
- माता-पिता–महामाया, शुद्धोधन।
- प्रजापति गौतमी द्वारा लालन-पालन।
- भाई–देवव्रत।
- स्वामिभक्त सारथी–चाण।
- प्रिय अश्व–कंथक।
- गुरु–आलार कलाम से उपनिषदीय शिक्षा।

रुद्रकरामपुत्र

- प्रमुख दृश्य–बूढ़ा, रोगी, लाश एवं संन्यासी।
- निर्वाण प्राप्ति–वैशाख पूर्णिमा के दिन।
- 35वें वर्ष में निरंजना नदी के किनारे उरूवेला में अश्वत्थ वृक्ष के नीचे।
- तपस्सू एवं भल्लिक नामक दो व्यापारियों को सर्वप्रथम दीक्षा।

धर्मचक्र प्रवर्तन

- सारनाथ के पास ऋषि पतन में मृगदाब नामक स्थान पर अपने बिछड़े हुए पाँच साथियों को दीक्षा।

प्रथम पाँच शिष्य

- (1) अश्वजीत, (2) उपालि, (3) मोगल्लता, (4) सरिपुत्र, (5) आनंद।
- कश्यप के नेतृत्व में 1000 भिक्षुओं का एक संघ बनाया।

भ्रमण

- पूर्व – अंगदेश के चंपा, पश्चिम – कुरुदेश।
  उत्तर – कपिलवस्तु, दक्षिण – कौशांबी।

संपर्क

- बिम्बिसार, प्रसेनजित, पूर्ण, अनाथपिंडक, जीवक, सुधीर, वर्षांकार, अंगुलिमाल, चुंद।
- आनंद के आग्रह पर संघ में महिलाओं एवं प्रजापति गौतमी का प्रवेश।
- वर्षा के दिनों में बौद्ध भिक्षुओं के ठहरने के लिए।
- बैलवन – बिम्बिसार।
- जैतवन – जैतकुमार।
- मृत्यु के पूर्व अंतिम वस्स – वैशाली।

महापरिनिर्वाण

- 483 ई॰ पू॰ कुशीनगर में पावा में चुंद नामक सुनार के घर सूअर का मांस भक्षण से हुए अमानिसार रोग के कारण। इनके भस्मों का आठ भागों में विभाजन तथा इन अवशेषों पर आठ स्तूपों का निर्माण–
  1. लिच्छवि, 2. शाक्य, 3. कोलिय-राममाम के, 4. ब्राह्मण – वेदपीठ के, 5. भल्ल– कशीनरा, 6. मोरिय, 7. कुली– अलकप्पज का, 8. अजातशत्रु–मगध का।
- अशोक ने बुद्ध के भस्म को अनेक मूल शयन स्थल से खोदकर निकाला तथा इस पर समस्त भारत में स्तूपों का निर्माण करवाया।
- प्रारंभ में एक स्तंभ की परिकल्पना जो संभवत: शैवधर्म के लिंगपूजा पर आधारित था किंतु कालांतर में लुप्त।

- बुद्ध के अंतिम शब्द– समस्त संगठित पदार्थ क्षयशील हैं परिश्रम के साथ चेष्टा करें।
- मार-संसार एवं ऐन्द्रिक सुखोपयोग के देवता, बौद्धों ने इन्हें 'असुर' कहा।
- कामना, आनंद, वासना, इनकी तीन पुत्रियाँ।

महाभिनिष्क्रमण

- 29वें वर्ष–अमावस की रात, शेष सारे महत्वपूर्ण काम–पूर्णिमा के दिन।

बौद्ध-दर्शन

- हिरैक्लिटस के उपदेशों के समरूप।
- आत्मा की सत्ता को अस्वीकारना।
- मध्य मार्ग पर बल।
- अस्तित्व की बजाए रूप की स्वीकृति।

मूलमंत्र

यह सृष्टि दुखमय क्षणिक एवं आत्मविहीन है।

- व्यक्ति भौतिक और मानसिक तत्वों के पाँच स्कंधों से बना है।

पाँच स्कन्ध– रूप, संज्ञा, विज्ञान, वेदना, संस्कार।

उपनिषदों के साम्य

कर्म एवं पुनर्जन्म में विश्वास, मुक्ति के साझे लक्ष्य को स्वीकारना, यज्ञों एवं कर्मकाण्डों की आलोचना।

- नई व्यवस्था स्थापित करने की बजाय पुरानी व्यवस्था में सुधार पर जोर।
- हिन्दू जाति-प्रथा को स्वीकार नहीं किया किंतु ब्राह्मणों के विरुद्ध कभी कुछ नहीं कहा।
- वर्ण-व्यवस्था के जन्मजात होने की बजाय कर्म-गत किये जाने पर जोर।

बुद्ध द्वारा उद्घाटित कार्यकारण शृंखला के 12 तत्व

(1) अविद्या, (2) संस्कार, (3) विज्ञान, (4) नामरूप, (5) सदायतन, (6) स्पर्श, (7) वेदना, (8) तृष्णा, (9) उपादान, (10) भाव, (11) जाति, (12) जरामरण।

चार प्रधान सदाचार

(1) प्रेम, (2) दया, (3) हर्ष, (4) निर्मलता

बौद्ध दर्शन

प्रत्युत समुत्पाद–जिस तरह दुख का कारण जन्म है उसी तरह जन्म का कारण कर्म है।

नैरात्मवाद क्षणभंवाद–प्रत्युत समुत्पाद से उत्पन्न।

चार आर्य सत्य

1. संसार में दु:ख है।
2. दु:ख का कारण तृष्णा है।
3. दु:ख का निदान तृष्णा का अंत है।
4. निदान का उपाय अष्टांगिक मार्ग है।

प्रथम उपदेश चक्र प्रवर्तन का विषय– अष्टांगिक मार्ग का प्रतिपादन।

1. सम्यक् दृष्टि, 2. सम्यक् संकल्प, 3. सम्यक् वाक, 4. सम्पकक्कर्मान्त, 5. सम्यक् आजीव, 6. सम्यक् व्यायाम, 7. सम्यक् स्मृति, 8. सम्यक् समाधि।

सृष्टि का विभाजन दो चक्र : 1. बुध चक्र, 2. शून्य चक्र।

वर्तमान में बुद्ध चक्र : जिसमें चार बुद्धों ने उपदेश दिये थे–

1. क्रकुच्दन्दा, 2. कनक मुनि, 3. कश्यप, 4. शाक्य मुनि।

भावी बुद्ध – मैत्रेय।

त्रिरत्न – बुद्ध धर्म, संघ।

- भिक्षुओं के लिये दस शील।
- गृहस्थों के लिए पाँच शील।

उट्ज : उत्तरकालीन बौद्ध विहार के प्रथम रूप जहाँ वर्षा काल में भिक्षु रहते थे।

प्रथम बौद्ध संगीति

483 ई०पू० में राजगृह में।

अध्यक्ष – महाकश्यप।

समकालीन शासन – मगध के अजातशत्रु के निर्देशन में।

सुतपिटक का पाठ – आनंद द्वारा।

विनयपिटक का पाठ – उपालि।

- सैद्धांतिक नियमों तथा अनुशासन के बारे में बुद्ध की उक्तियों का संग्रह।
- स्थविरो – रुद्रवादियों की सभा।
- पातिमोक्ख सभा।
- आनंद द्वारा अपने अपराधों की स्वीकृति के कारण।

द्वितीय बौद्ध संगीतिः

383 ई०पू० वैशाली।
शासक – कालाशोक।
अध्यक्ष – महाकच्चायन
दो गुटों में अनुशासन के नियमों तथा सिद्धान्तों को लेकर मतभेद :
पूर्वी गुट – वज्जिपुतक
– महासंधिक
– आचारियावाद

- कालांतर में सात पंथों में विभाजन।
- वैशाली व मगध के भिक्षु।

पश्चिमी गुट – थेरवादी।

- कालांतर में ग्यारह संप्रदाय में विभाजित।
- अठारह संप्रदायों के आधारभूत रूप से।

हीनयान लेकिन पूर्वी गुट के कुछ उपसंप्रदायों ने कुछ ऐसे नए सिद्धान्त बनाए जिससे महायान के उत्थान की भूमि तैयार हो गई।

- स्थविरवादियों ने पुराने नियमों को अपनाया।
- महासंधिकों ने सुधार के साथ नये नियमों को अपनाया।

तृतीय बौद्ध संगीतिः

255 ई०पू० पाटलिपुत्र में।
शासक – अशोक।
अध्यक्ष – मोगलिपुत्र तिस्स।

- मूलतः थेरवादियों/विभाज्यवादियों की सभा।
- अशोक के अभिलेखों में उल्लेख नहीं होने के कारण इसकी प्राथमिकता संदिग्ध है।
- अभिधम्म पिटक का संपादन।
- धर्मग्रथों का अंतिम रूप में संपादन।

कथावत्थुक ग्रंथ में गैरथेरवादी विचारों का खंडन।

चौथी बौद्ध संगीतिः

पहली शताब्दी ई०पू० – कश्मीर।
अध्यक्ष – वसुमित्र।
उपाध्यक्ष – अश्वघोष।

- पार्श्व की सलाह पर कनिष्क द्वारा।
- हीनयान एवं महायान में विभाजन।
- तीनों पिटकों पर तीनों टीकाओं का संकलन जिसे विभाषाशास्त्र के नाम से जाना जाता है। इसी सम्मेलन में 'महाविभाष' के रूप में स्थविरवादियों के सिद्धांतों का संकलन।
- सभा की कार्यवाहियों को पाली के स्थान पर संस्कृत में किया गया।
- ह्वेनसांग एवं लामातारानाथ द्वारा उल्लेख।
- हीनयान–महासाधिकों एवं स्थिविरवादियों के 18 संप्रदायों का पुनः एक होना।

हीनयान के कुछ उप-संप्रदाय

1. थेरवादी, स्थविरवादी संप्रदाय महाकच्चायान.
   साँची का बौद्ध विहार इससे संबंधित है।
2. सर्वस्तिवाद– इसका सिद्धांत संस्कृत में है।

- वैशेशिक के नाम से भी जाना जाता है।
- संस्थापक–राहुल भद्र।
  मथुरा तथा कश्मीर क्षेत्र में लोकप्रिय।
- दृश्य जगत धर्म पूर्णतः क्षणिक नहीं है, प्रत्युत सदा अंतर्निहित रूप में विद्यमान रहता है।
- इस संप्रदाय के कात्यायनी पुत्र ने कश्मीर जाकर 500 बोधिसत्वों की सहायता से महाविभाषा सूत्र का संग्रह किया जिसमें सर्वस्त्विादी सिद्धांतों का संकलन है।

3. सौत्रांतिक – बाह्य जगत से संबंधित हमारा ज्ञान एक संभव अनुमान मात्र है।
4. समिज्या–आत्माभाव के सिद्धान्त को अस्वीकृति।

- गुप्तकाल तक हीनयान का प्रभुत्व रहा और सातवीं सदी में फाहियान ने हीनयान को अधिकांश भारत में लुप्त पाया।

महासंधिका

- संस्थापक – महाकस्सप।
- प्रसार – प्रारम्भ में वैशाली।
- समस्त उत्तर भारत, अमरावती, नगार्जुनकोडा।
- महासंधिकों का ग्रंथ–प्राकृत में।

सर्वस्तित्ववादी संप्रदाय

स्थाविरवादियों से भिन्नता यह थी कि दृश्य जगत में धर्म पूर्णतः क्षणिक नहीं थे, प्रत्युत सदा अंतर्हित रूप में विद्यमान रहते थे।

महायान और हीनयान में अंतर

मूल अंतर–प्रगतिशील विचारों की मात्रा को लेकर।

1. महायान–गुणों के हस्तांतरण में विश्वास।
   हीनयान–सबको अपनी मुक्ति का मार्ग स्वयं ढूंढ़ना होगा, दूसरे केवल माध्यम बन सकते हैं।
2. महायान–बोधिसत्व में विश्वास, निःस्वार्थ व्यक्तिगत सेवा का प्रतीक।
   हीनयान–बुद्ध की ऐतिहासिकता में विश्वास।
   बोधिसत्व–बुद्ध का अवतार।
3. महायान–सबों के लिए बुद्धत्व का मार्ग खोला।
   हीनयान–चार चर्चाओं एवं दस अनुशासन का पालन अनिवार्य माना अर्हतत्व की प्राप्ति हेतु।

4. महायान–आदर्शवादी दृष्टिकोण।
हीनयान–संसार को दु:खमय मानता है।
5. महायान–बुद्ध के प्रति भक्ति एवं विश्वास पर बल।
हीनयान–कर्म पर बल।
6. महायान साहित्य–संस्कृत में (अपवाद-मिलिन्दपन्हों पालीभाषा में)
हीनयान साहित्य–पाली भाषा में।
7. महायान–बुद्ध भगवान।
हीनयान–बुद्ध शिक्षक और उपदेशक।
8. महायान–मूर्तिपूजा।

हीनयान

वास्तुकला में बुद्ध का प्रतिनिधित्व पैर के निशान उजले हाथी एवं फूल के माध्यम से।
हीनयान–आत्मा और देवता की अवधारणा नहीं।
चार ऋषिपाद–छन्द, वीर्य, चित, विमर्श।
पाँच इंद्रियाँ–श्रद्धा, वीर्य, स्मृति, समाधि, प्रजा।
सात बोध–स्मृति, धर्मविजय, वीर्य, प्रीति, प्रश्रब्धि, समाधि, उपेक्षा।

बुद्ध जीवन से जुड़े प्रतीक

A. चार पशु : हाथी–बुद्ध के गर्भ में आने का प्रतीक।
साँड़ – यौवन।
घोड़ा – गृह त्याग।
शेर – समृद्धि।
प्रधान संस्कार– चैत्योपासना पर आधारित।

B. अष्टमहास्थान

- लुम्बिनी, बोधगया, सारनाथ, कुशीनारा (सर्वाधिक महत्वपूर्ण) श्रावस्ती, सांकस्य, राजगृह, वैशाली अन्य केन्द्र।
- अमरावती एवं नागार्जुनकोंडा (आंध्रप्रदेश)।
- नालंदा (बिहार)।
- जूनागढ़ एवं बल्लभी (गुजरात)।
- साँची और भरहुत (म॰प्र॰)।
- ऐलोरा व अजंता महाराष्ट्र।
- कन्नौज, कौशांबी एवं मथुरा (उ॰प्र॰)।
- धौलागिरी (उड़ीसा)।
- जगदला व सोमपुर (पं॰ बंगाल)।

C. प्रतीक :

- हीनयानियों ने बुद्ध को उपदेशक माना न कि देवता। हीनयान में उनका प्रतिनिधित्व निम्न प्रतीकों के माध्यम से होता है।
- बोधिवृक्ष और नीचे में एक वज्रासन माला चढ़ाया हुआ चक्र धर्म चक्र प्रवर्तन।
चक्रम – पदयात्रा।
स्तूप – परिनिर्वाण का, मृत्यु का प्रतीक।
- अश्वत्थ वृक्ष की ज्ञान प्राप्ति के स्मरणोत्सव तथा श्रद्धा के महान उपकरण स्वरूप स्तूप के समीप आरोपित किया गया।

महायान

विकास का श्रेय–नागार्जुन-कनिष्क का समकालीन।
- गुणों के स्थानांतरण का भाव।
- बुद्ध का मानव रूप में चित्रण।
- मूर्तिपूजा का प्रचलन।
- महायान में अनेक बोधिसत्वों की परिकल्पना।
1. अवलोकितेश्वर पद्माणि – दया।
2. मंजुश्री – बुद्धि को प्रखर करना।
- एक हाथ में खड्ग दूसरे हाथ में पुस्तक।
- इसके हाथ में रखी पुस्तक में दसपारमिता का वर्णन–बोधिसत्व द्वारा विकसित मूल सद्गुण।
3. वज्रपाणि–हाथ में वज्र धारण करना।
4. क्षितिगर्भ–शुद्धि स्थानों का अभिभावक आदर्श कारागृह का शासक।
5. मैत्रेय–आने वाला बोधिसत्व–कलशधारी।

अन्य बोधिसत्व

- सामंत भद्र।
- भेषज्य राज।

महायान में बुद्ध के तीन शरीर की कल्पना

1. धर्मकाया– सार का शरीर–आदिबुद्ध।
2. संभोगकाया– आनंद का शरीर।
3. निर्वाण काया– सृजित शरीर।
- संभोगकाया का स्थल स्वर्ग है जिसे महायान में 'सुखावती' कहा गया है।
- अमिताभ/अमितायुष– स्वार्गिक बुद्ध।
- शून्यतत्वबोध, तथागत धर्म–आदिबुद्ध–धर्मकाया।
- महायान ने मुक्ति प्रदातों का सिद्धांत जो राष्ट्रयनवाद से ग्रहण किया।

शून्यवाद, माध्यमिक दर्शन–प्रतिपादक–नागार्जुन

- चूँकि प्रत्येक वस्तु किसी कारण से बनी है, वह शून्य है।
- आइंस्टाइन के सापेक्षता सिद्धान्त से मिलता-जुलता है।
- महत्वपूर्ण ग्रंथ– माध्यमिक कारिका।
नागार्जुन–यह संसार अवास्तविक है।
विज्ञानवाद, योगाचार-प्रतिपादक मैत्रेय नाथ।

- मैत्रेय नाथ के शिष्य असंग ने इसे स्पष्टता दी।
- प्राचीनतम ग्रंथ--असंग-कृत 'सूत्रालंकार'।
संबंधित दार्शनिक--वसुबंधु, दिशानाग, धर्मकृति/ धर्मनीति।
- संसार का निर्माण चेतना से किया गया है जो स्वप्न से अधिक वास्तविक नहीं है।
दीघनाग–बौद्धन्याय (तर्कशास्त्र) का विकास करने वाला (5वीं शताब्दी)
- प्रमाण समुच्चय, न्याय प्रवेश, आलबंन परीक्षा।
- भारत का कांट-धर्मकृति।
महायान बौद्धधर्म का देवकुल–पाँच ध्यानी बुद्ध की परिकल्पना।
1. बैरोचन, 2. रत्नसंभव, 3. अक्षोम्य, 4. अमिताभ, 5. अमोघसिद्धि।
- प्रत्येक बुद्ध का संबंध एक बोधिसत्व तथा एक देवी तारा से।
- महायानी तारा (प्रज्ञापारमिता), मंजूश्री, अवलोकितेश्वर की पूजा करते थे।
- इत्सिंग ने उन जुलूसों को देखा जिसमें बुद्ध एवं बोधिसत्व की प्रतिमा ले जायी जाती थी।

वज्रयान

- जादुई शक्ति को प्राप्त कर, तंत्र-मंत्र से प्रभावित, मुक्ति की परिकल्पना।
- 8वीं शताब्दी में कश्मीर के सर्वज्ञमित्र ने तंत्रवाद को बौद्ध संप्रदाय में अपनाया।
- यौन प्रतीकवाद, यौन संभोग क्रिया।
- पुरुष के साथ स्त्री की परिकल्पना भी जुड़ गई। अवलोकितेश्वर के साथ प्रज्ञापारमिता, बुद्ध के साथ तारा।
- निचले स्तर पर अन्य स्त्रियां–मातंगी, पिशाची, डाकनी, योगिनी।
- वज्रयानी साधु 'गुह्य साधना' करने लगे और पंच मकारों–मांस, मदिरा, मैथुन, मुद्रा, मत्स्य सेवन करने लगे।

वज्रयान संप्रदाय के उपसंप्रदाय

- काल चक्रायन–10वीं शताब्दी।
- बंगाल में सहजयान पंथ।
- महत्वपूर्ण केन्द्र–नालंदा, विक्रमशिला, सोमपुरी, जगदातन।

वज्रयान संप्रदाय के देवतागण

- हेरूक–शिव के रौद्र रूप सदृश।
- यमारि–वाइन भैंसा–यम सदृश।
- जंगम–पत्नी वसुंधरा–कुबेर सदृश।
देवी–तारा, सरस्वती, अपराजिता, गृहामातिका, छिन्नमस्ता-वज्रयोगिनी तांत्रिक।

अन्य संप्रदाय

- भदियानीय–नासिक कन्हेरी।
- महासंघिका–कारला।
- धर्मतरीय–सोपारा।
- चेतकीय–अमरावती।

बौद्ध संघ

- समान धर्म के लोगों का संघटन-संघ की कल्पना नई न थी, किंतु बुद्ध ने इसे व्यवस्थित रूप दिया।
- उत्तराधिकारी को कोई संकल्पना नहीं।
- बुद्ध– 'धर्म और संघ के नियम ही उनके उत्तराधिकारी होंगे।
- जाति व लिंगभेद रहित प्रवेश–15 वर्ष या उससे अधिक।

प्रवेश निषेध : दासों, रोगियों, अपराधियों, कर्जदारों एवं राजा के सेवकों को।

- स्त्रियों के लिये पृथक् बौद्ध संघ की स्थापना।
- भिक्षु-सन्यासी जीवन।
- उपासक–गृहस्थ जीवन।
- अनुसावन–प्रस्ताव पाठ। (नत्ति पाठ)
- उपसंपदा–संघ में प्रवेश की प्रक्रिया।
- सभा की वैध कारवाई के लिए कोरम-बीस सदस्य।
- ईसाब्द के प्रारम्भ तक मूर्तिपूजा का प्रारंभ।

संघ का नियम

1. हिंसा न करना, 2. दूसरे के धन की इच्छा न करना, 3. असत्य नहीं बोलना, 4. मादक द्रव्यों का सेवन नहीं करना, 5. व्यभिचार नहीं करना, 6. संगीत व नृत्य में भाग नहीं लेना, 7. सुगंधित द्रव्यों का प्रयोग नहीं, 8. कुसमय भोजन नहीं करना, 9. सुखप्रद बिस्तर पर नहीं सोना, 10. द्रव्य संचय नहीं करना।

भिक्षु के लिए आठ आवश्यक पदार्थ

1. तीन परिधान, 2. धोती, 3. भिक्षापात्र, 4. उस्तरा, 5. सुई, 6. पानी छानने का वस्त्र।

संघ में प्रवेश की प्रक्रिया

- प्रारंभ में श्रवण के रूप में सदस्यता।
- दस वर्ष पश्चात् योग्यता रहने पर भिक्षुक।
- नियम केवल संस्थापक बना सकते थे, अन्य लोग केवल व्याख्या करते हैं।
- संघ का लोकतांत्रिक स्वरूप।
- शलाका/ गुप्त मतदान द्वारा प्रस्ताव की स्वीकृति।

- वस्स--तीन माह तक वर्षा के दिनों में स्थिर रहने की प्रक्रिया।
- हरेक पंद्रहवें दिन 'पतिनोक्ख का पाठ' और अपराध स्वीकार की व्यवस्था।
- प्रधान की बजाय समिति का प्रभावी होना।

बौद्ध साहित्य

- ईसाब्द के प्रारंभ में स्थविरवादी संप्रदाय का पाली साहित्य राजा वक्तगामनी के समय श्रीलंका में लिपिबद्ध।

हीनयान साहित्य

1. सुतपिटक–बुद्ध के उपदेश।
   - सुतनिपात–धार्मिक शिक्षा का सार्वधिक प्राचीन संग्रह।
   - धम्मपद--सर्वप्रिय शिक्षा संग्रह।

1. दीघ निकाय--सुतपिटक का प्राचीन अंश, लंबे उपदेशों का संग्रह।
2. मज्झिम निकाय–छोटे-छोटे उपदेश।
3. संयुक्त निकाय–संक्षिप्त घोषणा।
4. खुदद्क निकाय–धम्मपद, सुता-निपात, थेरगाथा, थेरीगाथा, जातक कथा।

- आर्थिक एवं सामाजिक दृष्टि में इसमें शामिल जातक कथाओं का सर्वाधिक महत्व।
- सुतनिपात नामक प्राचीनतम बौद्ध ग्रंथ में गाय को 'अन्नदा' 'वर्णदा' और 'सुखदा' कहा गया है और उन्हें (औषधियों) पौधों की उत्पत्ति का कारण कहा गया है।

संघ से संबंधित नियम

2. **विनयपिटक** : सुतविभंग, खंद्दक, परिवार, परिवारपाठ।

- स्त्रियों की स्थिति पर प्रकाश पड़ता है।
- कृषि-वाणिज्य में भिक्षु आम लोगों की तरह भाग नहीं ले सकते थे।

3. **अभिधम्मपिटक** : प्रश्नोत्तर शैली में बौद्धदर्शन।

- विषयवस्तु सुतपिटक एवं विनयपिटक से लिए गये हैं।
- कथावस्तु को इसी में शमिल किया गया है।
- 200 ई०पू०–जातक कथा का समय।
- साँची भरहुत के शिल्प में जातककथा का रेखांकन।
- 5वीं शताब्दी तक लिखित ग्रंथ दुर्लभ थे और विदेशी यात्री फाहियान को विनयपिटक की एक प्रति की प्राप्ति के लिए बहुत कठिनाई उठानी पड़ी।

B. आगमेतर बौद्ध साहित्य

- पालि में लिखित 'मिलिन्दपन्हो'।
- बुद्धघोष–विशुद्ध मग्ग (ग्रंथ)।
- पाली आगमों का सबसे बड़ा टीकाकार।
- अन्य टीकाकार–धर्मपाल।
- दीपवंश एवं महावंश–4वीं-5वीं शताब्दी ई०पू० में सिंहलद्वीप के दो महत्वपूर्ण ग्रंथ।
- महावस्तु–महासंघिका का प्रसिद्ध ग्रंथ।
- लोकोत्तरवादियों का विनयपिटक से संबंधित ग्रंथ।

महायान साहित्य

महायानियों का आगम–वैपुल्य सूत्र।

ललित विस्तार–प्रारम्भ में हीनयानियों से संबंध।

- बुद्ध के जीवन के कहानी संग्रह।
- कालांतर में इसकी गणना महायान सूत्र एवं वैपुल्य सूत्र में की जाने लगी।

वैपुल्य सूत्र के अंतर्गत नौ ग्रंथ

1. अष्टप्रज्ञापारमिता–नागार्जुन–सर्वाधिक दार्शनिक पुस्तक।
2. सधर्म पुण्डरीक–महायान की उल्लेखनीय विशेषता का वर्णन।
3. ललित विस्तार।
4. सधर्म लंकावतार।
5. सुवर्ण प्रभास।
6. गण्डव्यूह।
7. तथागत गुणज्ञान।
8. समाधिराज।
9. दशभूमीश्वर।

- पारमिता–बुद्धत्व प्राप्त करने के लिए आवश्यक गुणों की परम प्राप्ति।

अवदान–दंतकथा

1. अवदान शतक 2. दिव्यावदान 3. क्षेमेन्द्र का ''अवदान कल्पना''।

महान लेखक रचनाएँ

अश्वघोषः 1. बुद्धचरित्र 2. सौन्द्रानंद 3. सूत्रालंकार 4. महायान श्रद्योतपाद 5. सारिपुत्र प्रकरण– पहली नाट्यकृति (अपूर्ण)

नागार्जुन–शतसहस्त्री प्रज्ञापारमिता।

आर्यदेव–चतुः शतक।

वसु बंधु–अभिधर्म शतक।

प्रसार क्षेत्र

हीनयान– श्रीलंका, बर्मा, कंबोडिया, लाओस, स्याम।

महायान– मध्य एशिया और चीन।

वज्रयान– चीन, तिब्बत, जापान।

- 8वीं शताब्दी ई॰पू॰ में नालंदा से पदमसंभव नामक बौद्धभिक्षु तिब्बत को दीक्षित करने गया।

सामाजिक दृष्टि

- जातिप्रथा का विरोध, पर कर्मगत वर्ण-व्यवस्था का समर्थन।
- चंडालों एवं विषाद को बौद्ध धर्म में 'अस्पृश्य' घोषित किया जाना।
- प्रारम्भ में बौद्ध धर्म द्वारा रहस्यात्मक एकेश्वरवाद का विरोध, किंतु कालांतर में यह उत्तरकालीन बौद्ध धर्म में एक नवीन परिभाषा के साथ सुप्रचलित हो गया।

महावीर और गौतम बुद्ध

समानता

1. संसार को दुख:मय मानते हुए निर्वाण की बात कही।
2. दोनों के मूलभूत सिद्धांत उपनिषदों से संगृहीत।
3. वेदों के परमाधिकार को नहीं मानता, कर्मकांड को मुक्तिदाता नहीं मानते।
4. ईश्वरभाव की उपेक्षा।
5. कर्म एवं पुनर्जन्म में विश्वास।
6. अहिंसा पर जोर।
7. जातिभेद का विरोध।
8. लोकभाषा को अपनाना।
9. संसार त्याग को प्रोत्साहन।
10. संघ की अवधारणा का प्रतिस्थापन।
11. मुक्ति हेतु ईश्वरोपासना की अपेक्षा शुद्ध एवं सदाचार-पूर्ण जीवन व्यतीत करने पर जोर।

असमानताएं

1. आत्मा संबंधी अवधारणा की भिन्नता।
2. जैन धर्म– तप पर जोर, कठोर जीवन की हिमायती। बौद्ध धर्म– मध्यममार्ग का प्रतिपादन।
3. बुद्ध द्वारा नंगे घूमने की भर्त्सना। वस्त्रत्याग पर जोर (महावीर)।
4. जैन धर्म जातिविरोधी नहीं है। वह बौद्ध धर्म की अपेक्षा हिन्दू धर्म से अधिक मेल-जोल वाला है।
5. जैन धर्म में अंहिसा कट्टरता का रूप धारण कर लेती है। बौद्ध धर्म में ऐसा नहीं है।

बौद्ध धर्म विरोधी कृत्य

1. छठीं शताब्दी ई॰पू॰ में हूण राजा मिहिरकुल द्वारा मठों का ध्वंस तथा भिक्षुओं का वध।
2. कान्यकुब्ज पर अपने आक्रमण के समय बंगाल के शैव शासक शशांक ने बौद्ध वृक्ष को कटवा डाला।

महायान के दो दार्शनिक वर्ग– सर्वस्तिवादियों के असमन्वयवादी यथार्थवाद, योगाचार के आदर्शवाद

1. माध्यमिक वर्ग–उपरोक्त दोनों का समन्वय करते हुए मध्यम मार्ग ग्रहण किया।
2. योगाचार, विज्ञानवाद।

बौद्ध धर्म (संक्षेप में)

बुद्ध का व्यक्तिगत जीवन

1.	संस्थापक का असली नाम	– सिद्धार्थ
2.	उपाधि	– बुद्ध, शाक्यमुनि, तथागत
3.	जन्म स्थान	– कपिलवस्तु में लुम्बिनी (आधुनिक रूमिनदेई)
4.	जन्म-वर्ष	– 563 ई॰पू॰
5.	वंश	– शाक्य
6.	वर्ग-वर्ण	– क्षत्रिय
7.	गोत्र	– गौतम (पाली में गोतम)
8.	पिता का नाम	– शुद्धोदन
9.	माता का नाम	– महामाया
10.	विमाता का नाम	– गौतमी
11.	पाणिग्रहण	– 16 वर्ष
12.	पत्नी	– यशोधरा (अन्य नाम–मदकंचन सुभद्रक, बीन्बा, गोप)
13.	चचेरा भाई	– देवव्रत
14.	पुत्र	– राहुल
15.	घोड़ा	– कण्थक
16.	रथचालक	– चाण
17.	प्रारंभिक गुरु	– अलारकाम एवं रुद्रक रामपुत्र
18.	गृह-त्याग उम्र	– 29 वर्ष
19.	बाला जिसने बुद्ध को दूध दिया	– सुजाता
20.	निर्वाण (आयु)	– 35 वर्ष
21.	निर्वाण-स्थल	– उरूवेल (आधुनिक बोधगया) निरंजना नदी के किनारे।
22.	निर्वाण (वृद्धा)	– पीपल (बोधिवृक्ष)
23.	समाधिक की अवधि	– 48 दिन
24.	राक्सस जिसने शांति भंग करने की कोशिश की	– मार
25.	प्रथम उपदेश	– सारनाथ (इसीपटन) हिरण उद्यान में या मृगदान।

26. मृत्यु वर्ष – 483 ई॰पू॰ 80 साल की आयु में।
27. मृत्यु-स्थल – कुशीनगर (उत्तर प्रदेश) मल्ल प्रदेश की राजधानी।
28. जन्म-ज्ञान एवं मृत्यु – सभी वैशाख पूर्णिमा के दिन।
29. जन्म के समय शब्द– यह मेरा अंतिम जन्म है, इसके बाद मेरा कोई जन्म नहीं होगा।
30. बुद्ध के अंतिम शब्द– सभी चीजें नश्वर है–मोक्ष के लिए कार्य करो।
31. जिसने सूअर-मांस खिलाया – चूण्द
32. बुद्ध के पाँच शिष्य – अश्वजीत, उपाली, मोगलान, साहिपुत्र और आनंद।
33. अधिकतम उपदेश – श्रावस्ती
34. बुद्ध को उपनिषद् दर्शन और आलार कालाम समाधिक की शिक्षा देने वाला।

विविध शब्दावली

1. अरहत – जीव जिसने निर्वाण प्राप्त कर लिया है।
2. बोधिसत्व – जीव जो बुद्ध को प्राप्त करने वाला है। महायान धर्म से जुड़ा। सहिष्णु, दयालु एवं मनुष्य को सहायता प्रदान करने वाला।
3. प्रत्येक बुद्ध – जीव जिसने बिना मार्गदर्शन के ज्ञान प्राप्त किया है लेकिन अन्य को इसका उपदेश नहीं दिया है।
4. श्रमण – बौद्ध भिक्षु
5. उपासक – अनुयायी
6. अष्टमहास्थान – आठ पवित्र क्षेत्र/ स्थल
7. चैत्य – पूजा-स्थल
8. तथागत – बुद्ध की एक उपाधि। शाब्दिक अर्थ वह जिसने ज्ञान प्राप्त कर लिया है।
9. सिल – नैतिकता
10. संबोधि – निर्वाण
11. संगति – बौद्ध-सभा
12. आसनपानवक – संघ की नियमित सभा
13. अनिक – क्षण भंगुरता
14. प्रज्ञपरिमित – महायान धर्म से जुड़ी देवी जो मन की निश्चितता से संबंध रखती है।
15. परिमित – दस शपथ जिसका पालन भिक्षुओं के द्वारा किया जाता था।
16. प्रतिमोक्ष – विनयपिटक का एक भाग 150 अनु॰ का नियम।
17. स्कंध – विनयपिटक का एक भाग संघ के नियमों का संग्रह।
18. त्रिशिक्षा – तीन प्रकार का प्रशिक्षण सिल-नैतिकता, समाधि-साधना, प्रज्ञा-ज्ञान।
19. पोषध – संघ में पाक्षिक सभा।
20. सिद्ध – वज्रयान से जुड़ा जिसने अलौकिक शक्तियों को प्राप्त कर लिया है।
21. संघ परिनायक – संघ का प्रमुख।
22. रोय/उपोस्थ – महीने में चार दिनों का उपवास।
23. संकेत – चार सत्य।
24. अनात्मावाद – दर्शन जो आत्मा के नश्वर होने से जुड़ा है।
25. जैन बौद्ध धर्म – जापान में 1200 ई॰पू॰ में अभ्युदय हुआ। यह साधना के द्वारा मोक्ष प्राप्ति पर बल देता है।
26. उपक्षय – आध्यात्मिक गुरु।
27. सिद्धीविहारिक – बौद्ध भिक्षु जो गुरु के साथ निवास करते हैं।
28. प्रवज्ञ – व्यक्ति का भिक्षु जीवन में प्रवेश।
29. उपसंपदा – पुराने एवं अनुभवी भिक्षुओं का उच्चस्तर भिक्षु जीवन में प्रवेश।
30. विहार – भिक्षुओं का निवास-स्थल।
31. संघराय – भिक्षुओं का विश्राम-स्थल।
32. पुद्गल नैख्मय – स्वयं की स्थिति का विनाश।
33. सक्र – इंद्र की तरह बौद्ध धर्म में एक देवता।
34. तारा – तांत्रिक बौद्ध धर्म की देवी।
35. वास – वर्षाकाल के चार मासों में भिक्षुओं का बौद्ध मठों में विश्राम।

जैनधर्म

कुल चौबीस तीर्थंकर

1. ऋषभदेव, 2. अजितनाथ, 3. सम्भावनाथ, 4. अभिनन्दननाथ, 5. सुमतिनाथ, 6. पद्मपृभ, 7. सुपार्श्व, 8. चन्द्रप्रभु, 9. सुविधिनाथ, 10. शीतलनाथ, 11. श्रेयांस, 12. वासुपूज्य, 13. विमलनाथ, 14. अनंतनाथ, 15. धर्मनाथ, 16. शांतिनाथ, 17. कुन्थनाथ, 18. अर्हनाथ,

19. मल्लिनाथ, 20. मुनिसुव्रतनाथ, 21. नेमिनाथ, 22. अरष्टिनेमि, 23. पार्श्वनाथ, 24. महावीर।

प्रथम तीर्थंकर–ऋषभदेव उर्फ आदिनाथ:

- कैलाश – पर शरीर त्याग
- प्रतीक – साँड़, वृषभ
- द्वितीय – आजीत-हाथी (प्रतीक)
- बाइसवें – नेमीनाथ – कांचशील
- तेइसवाँ – पार्श्वनाथ– साँप
- चौबीसवाँ – महावीर – सिंह
- ऋग्वेद में ऋषभदेव एवं आरिस्टनेमिनाथ का उल्लेख।
- प्रारंभिक भागवत पुराण में, ऋषभदेव का विष्णु अवतार।
- अरिस्टनेमी– वसुदेव कृष्ण के भाई।

पार्श्वनाथ

- पिता – अश्वसेन
- माता-रानी वामा
- वैदिक कर्मकांड एवं देववाद के कटु आलोचक
- चारव्रत– अहिंसा, अचौर्य, अपरिग्रह, सत्यवादिता। सौ वर्ष की अवस्था में बंगाल के सम्मेद शिखर पर शरीर त्याग।

महावीर

- 540 ई॰पू॰ में कुण्डग्राम (वैशाली) में।
- पिता– सिद्धार्थ– ज्ञातृक कुल के प्रधान।
- माता– त्रि-शाला– लिच्छवि गणराज्य प्रमुख की बहन।
- पुत्री – प्रियदर्शना।
- जामाता – जमालि– बहुरतवाद संप्रदाय का प्रतिपादक।
- गृहपरित्याग– तीस वर्ष की उम्र में।
- 42वें साल में जिम्बुक ग्राम में ऋजुपालिका नदी के किनारे कैवल्य प्राप्ति।
- शालवृक्ष के नीचे कैवल्य प्राप्ति के पश्चात् 'महावीर' 'केवलिन' कहलाये।
- इद्रियों को जीतने के कारण 'जिन' तथा पराक्रम दिखाने के कारण 'महावीर' कहलाये।
- कल्पसूत्र एवं आचरांग सूत्र में महावीर की कठिन तपस्या का उल्लेख।
- 24वें तीर्थंकरों की परम्परा मानने पर जैन धर्म की स्थापनाकाल 900 ई॰पू॰ हो जाता है किंतु मध्य गंगा घाटी तो 600 ई॰पू॰ के बाद आबाद ही हुई थी जहाँ से प्रारंभिक पंद्रह तीर्थंकर आये थे।
- जैन धर्म के वास्तविक संस्थापक– महावीर, इससे पूर्व यह 'निर्गथ' कहलाता था।
- इन्होंने पार्श्व के चार व्रत की सूची में पाँचवें व्रत के रूप में 'ब्रह्मचर्य' को शामिल किया।
- तीस वर्ष तक धर्म प्रचार किये।

प्रमुख केन्द्र

चंपा, वैशाली, राजगृह, नालंदा, श्रावस्ती, कौशांबी।

- दिगंबर परम्परा के अनुसार– वितुलाचल पर्वत पर उपदेश।
- आजीवक सप्रदाय की स्थापना के पूर्व मस्करीपुत्र गोशाल छह वर्ष तक महावीर की कठोरता का सहभागी रहा, उसके पश्चात् मतभेद।

दीक्षा दिया

राजगृह में मेघकुमार को, कुंडग्राम में देवानंदा ब्राह्मणी एवं ऋषभद्र को कौशांबी में उदयन को (राजा शताकिन का पुत्र) अपनी पुत्री प्रियदर्शना एवं जमालि को।

शासकों से संपर्क

- लिच्छवि एवं मगध के राजवंशों से पारिवारिक संबंध।
- अजातशत्रु, उदयन, चंद्रगुप्त, संप्रति।
- अवसर बिम्बसार एवं अजातशत्रु के दरबार में जाते थे।

मृत्यु

- पावापुरी में राजा हस्तिपाल के यहाँ रहते हुए 486 ई॰पू॰ में 72 वर्ष की अवस्था में।
- इनकी मृत्यु पर 36 गणराज्यों ने दीवाली मनाई।

जैनसंघ

- अनुयायियों को ग्यारह गणों में विभाजित कर प्रत्येक शिष्य को एक गण-प्रधान बना दिया।

संघ के चार भाग

- भिक्षु-भिक्षुणी-संन्यासी जीवन।
- श्रावक-श्राविका-गृहस्थ जीवन।

महावीर के पश्चात् नेतृत्व

- आर्य सुधर्मा के पास।
- उसके पश्चात् जम्बुस्वामी के हाथ में।
- जम्बुस्वामी की परंपरा दिगम्बर एवं श्वेताम्बर दोनों को मान्य थी।
- अंतिम केवलिन– जम्बुस्वामी।
- उसके पश्चात् कैवल्य के मार्ग बंद हो गये।

जैन धर्म में विभाजन

विषय : 1. मठीय अनुशासन
2. वस्त्र धारण करने का मुद्दा।

- मगध में अकाल पड़ने पर भद्रबाहु के नेतृत्व में एक समुदाय दक्षिण गया। स्थूलभद्र के नेतृत्व में दूसरा समुदाय

मगध में ही रुका रहा जो श्वेत वस्त्र धारण करने लगा।

- श्वेताम्बर– स्थूलभद्र (मगध में)
- दिगम्बर– भद्रबाहु (दक्षिण में)
- ईसाब्दोपरांत प्रथम शताब्दी तक इस मतभेद को अंतिम रूप नहीं प्राप्त हुआ था और दोनों के बीच कोई मूलभूत सैद्धांतिक अंतर नहीं था।
- वस्त्र धारण करने के मुद्दे पर ही पार्श्व के अनुयायी श्रवण कुमार केशी महावीर के अनुयायी गौतम इन्द्रभूति के बीच वाद-विवाद।

	मतभेद के बिन्दु	श्वेताम्बर	दिगम्बर
1.	मोक्ष हेतु वस्त्र त्याग	आवश्यक नहीं	आवश्यक
2.	स्त्रियों को कैवल्य	अधिकारी	निषेध
3.	कैवल्य प्राप्ति के पश्चात्	भोजन आवश्यक	भोजन अनावश्यक
4.	महावीर	विवाहित	अविवाहित
5.	19वें मल्लीनाथ	स्त्री	पुरुष
6.	आगमों को मान्यता	छियालीस आगमों को	केवल एक आगाम खंड शेष रह गया।

प्रथम थेर– आर्य सुधर्मा

- महावीर की मृत्यु के बीस साल बाद मरे।

नंदराज के समकालीन दो थेर : 1. शंभुतविजय 2. भद्रबाहु

श्वेताम्बर के उपसंप्रदाय

1. पुजेरा, मंदिर मार्गी– डेरावासी मूर्तियों को वस्त्रों एवं आभूषणों से सजाते थे।
2. ढ़ढ़िया–स्थानकवासी-अहमदाबाद के व्यापारी लोकाशाही ने मूर्ति का पूजा का निषेध करते हुए 'लेका संप्रदाय' चलाया।

- लोकाशाह के शिष्य–स्थानकवासी संप्रदाय।

3. तेरापंथी–स्थानवासी साधु 'भिक्खन' द्वारा।

दिगम्बर के तीन उपसंप्रदाय

1. बीस पंथी–मंदिरों में तीर्थंकर की मूर्तियों के अलावा क्षेत्रपाल, भैरव आदि की मूर्तियाँ रखते थे।
2. तेरापंथी–मंदिर में केवल तीर्थंकर पूजा।
3. तारणपंथी–15वीं सदी में 'तारणस्वामी' द्वारा चलाया गया तेरापंथी का उपसंप्रदाय।

– जाति-पाति में विश्वास नहीं।

- मूर्ति-पूजा की जगह 'धर्म ग्रंथ पूजा।'

यापानीय संप्रदाय

- संस्थापक–'क्लस' नामक साधु (क्लायण गढ़ में)।
- स्त्रियाँ भी मोक्ष प्राप्त कर सकती है।
- कैवल्यों को भोजन थोड़ा-थोड़ा ग्रहण करना चाहिए।
- छठीं शताब्दी ई॰पू॰ में दिगम्बर के सायुज्य, श्वेताम्बर के तेरापंथी दोनों ने मूर्तिपूजा को स्वीकार किया।

अन्य संप्रदाय

गुमानपंथी, तोतापंथी।

दिगम्बर के मूल संघ

द्राविण संघ, षष्ठ संघ, माथुर संघ।

- श्वेताम्बर की 84 शाखाएँ।

जैन साहित्य एवं सभा

पूर्व–प्राचीनतम जैन ग्रंथों को कहा जाता है।

- भद्रबाहु को पूर्वो की जानकारी थी।
- भद्रबाहु के दक्षिण में चले जाने के पश्चात् स्थूलभद्र के नेतृत्व 14 पूर्वो व्रत स्थान बारह अंगों ने ले लिया।
- चौदह पूर्वो में संग्रहित सिद्धान्त को स्वयं महावीर ने अर्धमागधी प्राकृत भाषा में अपने शिष्यों तक पहुँचाया।
- श्वेताम्बर के धर्म सिद्धान्त ग्रंथों में 12 अंग, 12 उपांग, 10 पैन्न, 9 छैयसुत, 4 मूलसुत, 1 नदीसुत, 1 अन्नोगदर सुत–गद्य-पद्य मिश्रित सूत्रशैली में।
- आचरंग सूत्र–संघ से संबंधित नियम।
- अहिंसा के सिद्धांत की व्याख्या करता है।
- भगवती सूत्र–जैन सिद्धान्तों की व्याख्या करता है।

जैन संगम

प्रथम– पाटलिपुत्र–367 ई॰पू॰– अध्यक्ष–स्थूलभद्र।

- इसमें ग्यारह अंगों का संकलन हुआ क्योंकि बारहवाँ अंग किसी को याद नहीं था।
- इसे केवल श्वेताम्बरों ने स्वीकार किया, दिगम्बर का कहना था कि सारे पूर्व खो चुके हैं।

द्वितीय– मथुरा (300-313 ई॰) आर्य स्कांदल (अध्यक्ष)।

तृतीय– बल्लभी 453 ई॰ देवधिग्रणि श्रमाश्रवण (अध्यक्ष)।

- इस संगम में समस्त आगमों को लिपिबद्ध किया गया।
- 12वें अंग दृष्टिवाद को नष्ट मान लिया गया।
- जैन धर्म का वर्तमान साहित्य प्रथम ग्यारह अंगों का व्यस्थित रूप है जिसका संकलन वल्लभी में हुआ-अर्थ मागधी में।

जैन दर्शन

- सृष्टि के विनाश में विश्वास नहीं करता।
- ईश्वर का स्थान 'जिन' के नीचे।

- ईश्वर सृष्टि के निर्माण, उसकी रक्षा और उसके विध्वंस के लिए उत्तरदायी नहीं है।
- उवसर्पिणी– सृष्टि का उत्थान काल।
- अवसर्पिणी– सृष्टि का पतन काल।
- प्रत्येक चक्र में 63 श्लाका पुरूष, 24 तीर्थंकर, 12 चक्रवर्ती शासक।
- नास्तिकवादी दर्शन, किंतु बौद्धों की तुलना में आस्तिक।
- सांख्य दर्शन के सबसे करीब।
- जीव-अजीव के सहयोग से सृष्टि का निर्माण; आत्मा के अस्तित्व को स्वीकार करता है।
- कर्म एवं पुनर्जन्म में विश्वास।
- जैन धर्म में आठ प्रकार के कर्मों की परिकल्पना– जब आत्मा में यह कर्म घुलमिल जाता है, तो एक प्रकार का रंग उत्पन्न करता है। जो साधारण आँख से नहीं दिखता, इसे 'लेश्य' कहा जाता है।

उद्देश्य : जीव में अजीव के प्रवेश को रोकना है। रोकने की यह क्रिया 'संवर' कही जाती है जबकि प्रवेश पा चुके अजीव को निकालने की क्रिया 'तिर्जर' कहलाती है।

- उपनिषदों के विपरीत तप पर बल।

अनेकांतवाद : सप्तभंगी-न्याय–सत्य एक और एक से अधिक है, स्थिर है और परिवर्तनशील है।

स्थायवाद : अनेकांतवाद से जुड़ा दर्शन–कोई बात सोच समझकर कहने चाहिए क्योंकि तथ्य इसके विपरीत भी हो सकता है।

सिद्धान्त : ज्ञान के पाँच प्रकार :

1. मति– इन्द्रिय जनित ज्ञान।
2. श्रुति– श्रवण से प्राप्त ज्ञान।
3. मनः पर्याय– दूसरे के मन की बात जान लेना।
4. अवधि– दिव्य ज्ञान।
5. कैवल्य– सर्वोच्च ज्ञान।

ज्ञान के तीन स्रोत :

1. प्रत्यक्ष
2. अनुमान
3. कर के वचन

पाँच महाव्रत : भिक्षुकों के लिए।

- अंहिसा, अस्तेय, अचौर्य, अपरिग्रह, ब्रह्मचर्य।

पाँच अणुव्रत : गृहस्थों के लिए।

- सात शीलव्रत, पाँच समिति, तीन गुप्ति (संयम), दस लक्षण धर्म, बाइस परिषद।

त्रिरत्न :

1. सम्यक् ज्ञान, 2. सम्यक् आचरण, 3. सम्यक् श्रद्धा।

- केवल संघ के सदस्यों के लिए ही 'कैवल्य' का विधान।
- आचरंग सूत्र जैन साधु हेतु कठिन और कठोर नियमों क वर्णन।

  दिगम्बर साधु–झुल्लक, सैल्लक, निर्ग्रंथ।

  श्वेताम्बर साधु–मुति, साधु, आचार्य।
- दीक्षा के समय भिक्षु के बाल काटे नहीं जाते थे बल्कि समूल खींच लिये जाते थे।
- तक्षशिला में सिरकप–बौद्ध एंव जैन दोनों धर्म का केन्द्र।

सामाजिक दृष्टि : जाति प्रथा का विरोध, दासों के प्रति नरम व्यवहार पर बल, कैवल्य प्राप्ति हेतु जाति व लिंग का बंधन।

प्रसार एवं संरक्षण

- कर्नाटक में पुरातात्विक साक्ष्य–3-5वीं शताब्दी ई०पू० में जैन मठ 'वेसदि' की स्थापना।
- कलिंग राजा खारवेल का संरक्षण।
- तमिलनाडु में प्रसार।
- मथुरा में प्रसार।
- जैन मुनि कालकाचार्य की प्रसिद्ध कहानी से पहली सदी में उज्जैन क्षेत्र में प्रसार।
- ढॉक की गुफा (प० भारत) में ऋषभदेव, पार्श्व, महावीर आदि जैन तीर्थंकरों की मूर्तियाँ प्राप्त होती हैं।
- दिगम्बर–दक्षिण भारत विशेषकर कर्नाटक उत्तर भारत एवं मध्य भारत।
- श्वेताम्बर– गुजरात, राजस्थान, मध्य भारत, पंजाब, हरियाणा।

ह्वेनसांग : श्वेताम्बर एवं दिगम्बर के साधु पश्चिम में तक्षशिला से पूरब में विफला तक पाये जाते हैं।

- पूरब में पुण्ड्रवर्धन तथा समातट में दिगम्बर निर्ग्रंथ मिलते हैं।

  संरक्षण : 5वीं, 12वीं शताब्दी ई०। पश्चिम भारत के गंग, कदम्ब, चालुक्य, राष्ट्रकूट शासकों द्वारा जैन धर्म को संरक्षण।
- जैन विद्वान हेमचन्द्र के पथ-प्रदर्शन में चालुक्य राजा कुमारपाल ने जैन सुधार का सूत्रपात किया।
- राष्ट्रकूट काल–जिनसेन, गुणभद्र। राष्ट्रकूट शासक अमोघवर्ष (जैन) रत्नमालिका (काल)।
- कुमारपाल के शासनकाल (11वीं-12वीं शताब्दी ई०) में हेमचन्द्र ने अपभ्रंश भाषा को व्याकरणबद्ध किया।

- पतन के काल–क्लिष्ट आचरण का रूप लेना, अंहिसा पर अत्यधिक बल देना, जाति व्यवस्था के दर्शन को बनाये रखना।
- भाषा–प्रारम्भ में संस्कृत छोड़कर प्राकृत अर्धमागधी भाषा अपनाया।
- कालांतर में उत्तर भारत में अपभ्रंश, गुजराती, राजस्थानी पुरानी हिन्दी एवं दक्षिण भारत में तमिल, तेलगु, कन्नड़ एवं मराठी भाषा के विकास में योगदान।

कला

- स्तूपों का निर्माण, मूर्तिकला एवं मंदिरों का विकास।
- लोहानीपूर से एक जैनमूर्ति प्राप्त।
- कुषाण काल में मथुरा– जैन कला का केंद्र। मथुरा के कंकाली टीला से जैन मूर्ति प्राप्त।

जैनों से संबंधित पर्वत

अबुंदगिरी, शत्रुंजयगिरी, चन्द्रागिरी, उर्जयन्तगिरी।

- राज स्थान में आबू पहाड़ पर वस्तुपाल एवं तेजपाल ने दिलवाड़ा के मंदिर का निर्माण किया।
- सौराष्ट्र में शत्रुंजय पहाड़ी पर आदिनाथ का मंदिर।
- झाँसी के देवगढ़ मंदिर।
- राजस्थान के औसिया के अभिलेखों में शांतिनाथ एवं महावीर के जैन मंदिर का उल्लेख।
- चित्तौर के किले में स्तूप का अवशेष।
- जोधपुर के निकट रौनकपुर में जैन मंदिर का उल्लेख।
- चित्रकला में तालपत्र का प्रयोग सर्वप्रथम जैनों ने किया।

जैन-धर्म (संक्षेप में)

महावीर का व्यक्तिगत जीवन

1. वास्तविक नाम – वर्द्धमान
2. जन्म – 540 ई॰पू॰
3. जन्म-स्थान – कुंडलग्राम, वैशाली
4. पिता का नाम – सिद्धार्थ
5. माता का नाम – त्रिशाला/ प्रियकर्मी (लिच्छवी राजकुमारी/ चेतक की बहन)
6. पत्नी का नाम – यशोदा
7. दामाद – जामेली
8. गृह-त्याग आयु – 30 वर्ष
9. वर्ण – क्षत्रिय
10. वंश – न्याय
11. संबोधि – जिमृकग्राम (रीजुपालिक), शाल वृक्ष के नीचे 42 वर्ष की आयु में
12. मृत्यु-आयु – 72 साल
13. मुत्यु-वर्ष – 468 ई॰पू॰
14. मृत्यु-स्थान – पावापुरी (हरित पाल के यहाँ)
15. सहयोगी – गोसल मस्करी पुत्र
16. साधना – महावीर, निर्ग्रंथ, न्यायपुत्र, केसव, वसालाय, अरहट, वीतराग, जिन
17. उपाधि – वेदेहदीन, नानपुत।

शब्दावली

1. वसादीस – जैन संघ।
2. कैवल्य – सम्बोधि
3. जिन – विजयी।
4. जैन धर्म – विजेताओं का धर्म।
5. निर्ग्रंथ – सभी बंधनों से मुक्त।
6. कर्म – पूर्व कार्यों का फल।
7. गन्धर्व – महावीर के ग्यारह प्रमुख शिष्य।
8. सिद्ध – जैन भक्त।
9. तीर्थंकर – जिसने कैवल्य प्राप्त कर लिया हो।
10. अरहट – जो संबोधि को प्राप्त करने वाला हो।
11. आचार्य – भिक्षु-समूह का प्रमुख।
12. उपाध्यक्ष – गुरु
13. साधु – जैन धर्म का अनुसरण करने वाले।
14. पुज्जासन – जैनियों का एक त्योहार।
15. सल्लेखन – स्वेच्छा से जीवन परित्याग, कट्टर जैन धर्म।
16. सप्तभंगी न्याय – न्याय के सात प्रकार।
17. न्यायवाद – व्यक्ति ज्ञान को एक विशेष दृष्टिकोण से समझौता है।
18. स्थानवाद – मनुष्य के कथन के साथ शब्द प्रयोग।

मौर्य साम्राज्य

चन्द्रगुप्त मौर्य ने अपने गुरु विष्णुगुप्त (चाणक्य) की सहायता से नन्द वंश के अन्तिम शासक घनानन्द को पराजित कर शक्तिशाली मौर्य साम्राज्य की स्थापना की। चन्द्रगुप्त मौर्य की जाति के विषय में एक मत नहीं है। ब्राह्मण साहित्य इन्हे ''शूद्र'' तथा बौद्ध एवं जैन ग्रंथ इन्हें ''क्षत्रिय'' कुल में उत्पन्न बताते हैं। विशाखदत्त कृत ''मुद्राराक्षस'' में इनके लिए ''वृषल'' शब्द का प्रयोग किया गया है। ''वृषल'' शब्द का आशय निम्न कुल से हैं। चन्द्रगुप्त मौर्य की ''चन्द्रगुप्त'' संज्ञा का प्राचीनतम अभिलेखीय साक्ष्य रूद्रदामन के जूनागढ़ अभिलेख से मिलता है।

मौर्य राजवंश के विषय में हमें विभिन्न स्रोतों से जानकारी मिलती है, जो इस प्रकार हैं:-

साहित्य स्रोत

- धार्मिक साहित्यिक स्रोतों का समय निश्चित करना कठिन है।
- जातकों में मौर्यकाल के सामाजिक और आर्थिक क्रियाकलापों का उल्लेख मिलता है।
- दीपवंश एवं महावंश अशोक को कट्टर बौद्धधर्म के प्रवर्त्तक के रूप में पेश किया है।
- अशोकावदान व दिव्यावदान में बिन्दुसार के शासनकाल में हुए तक्षशिला विद्रोह का दमन करने के लिए अशोक के सैनिक अभियान एवं उसके द्वारा बौद्ध धर्म अपनाए जाने की जानकारी प्राप्त होती है।
- दीपवंश एवं महावंश श्रीलंकाई इतिवृत्त है जिसमें अशोक के बौद्ध धर्म के प्रसार की जानकारी प्राप्त होती है।
- दीपवंश का संकलन तीसरी शताब्दी ई॰पू॰ एवं महावंश की रचना पाँचवी शताब्दी ई॰ की मानी जाती है।
- जैन विद्वान हेमचन्द्र द्वारा रचित ''परिशिष्टपर्वन'' (चाणक्य का जीवन चरित) से चन्द्रगुप्त मौर्य के सम्पूर्ण जीवन की जानकारी मिलती है।
- विष्णुपुराण में नन्दवंश की उत्पत्ति तथा कौटिल्य एवं चन्द्रगुप्त मौर्य द्वारा उन्हें सत्ताच्युत करने का वर्णन है।
- विशाखदत्त कृत ''मुद्राराक्षस'' में कौटिल्य द्वारा नन्दवंश की सत्ता पलटने का वर्णन है।
- अन्य साहित्यिक स्रोतों में कौटिल्य का ''अर्थशास्त्र'' कल्हपा की ''राजतरंगिणी'' तथा क्षेमेन्द्र कृत ''वृहत्त्कथामन्जरी'' उल्लेखनीय है।

विदेशी स्रोत

स्ट्रैबो, कर्टिअस, डिओडोरस, प्लूटार्क, जस्टिन आदि के विवरणों से चन्द्रगुप्त के विषय में जानकारी मिलती है। स्ट्रैबों तथा जस्टिन ने चन्द्रगुप्त मौर्य को "सैण्ड्रोकोट्स" एरियन; तथा प्लूटार्क ने "एण्ड्रोट्स" कहा है। सर्वप्रथम विलियम जोन्स ने ही सैण्ड्रोकोट्स की पहचान चन्द्रगुप्त मौर्य के रूप में की। चीनी यात्रियों, जैसे -फाहियान, ह्वेनसांग एवं इत्सिंग के यात्रा विवरण से मौर्ययुगीन सभ्यता-संस्कृति की जानकारी मिलती है।

पुरातात्विक स्रोत

मौर्यकालीन पुरातात्विक साक्ष्यों में अशोक के अभिलेख अत्यधिक महत्वपूर्ण हैं। अब तक अशोक के करीब 40 अभिलेख प्राप्त हुए हैं। अशोक के अभिलेखों को तीन वर्गों में विभाजित किया जा सकता है - (क) शिलालेख (ख) स्तम्भलेख (ग) गुहा लेख।

शिलालेख

अशोक के 14 शिलालेख हैं जो आठ अलग-अलग स्थानों से मिले हैं। इन्हें वृहद् शिलालेख भी कहा जाता है। सर्वप्रथम जेम्स प्रिंसेप को 1837 ई॰ में इन्हें पढ़ने में सफलता प्राप्त हुई थी। ये इस प्रकार हैं :-

	शिलालेख	खोज का वर्ष	लिपि
1.	शहबाजगढ़ी (पाकिस्तान)	1836	खरोष्ठी
2.	मानसेहरा (पाकिस्तान)	1889	खरोष्ठी
3.	गिरनार (गुजरात)	1822	ब्राह्मी
4.	धौली (उड़ीसा)	1837	ब्राह्मी
5.	कालसी (उत्तरांचल)	1837	ब्राह्मी
6.	जौगढ़ (उड़ीसा)	1850	ब्राह्मी
7.	सोपारा (महाराष्ट्र)	1882	ब्राह्मी
8.	एर्रगुडी (आ॰ प्रदेश)	1916	ब्राह्मी

धौली एवं जौगढ़ के शिलालेखों को ''पृथक कलिंग शिलालेख'' कहते हैं। इस अभिलेख में कलिंग राज्य के प्रति अशोक की शासन नीति के विषय में उल्लेख है।

लघु शिलालेख

लघु शिलालेखों के माध्यम से अशोक के व्यक्तिगत जीवन के इतिहास के बारे में जानकारी मिलती है। ये

निम्न स्थानों पर प्राप्त हुए हैं – रूपनाथ, सहसाराम, बैराट (भाब्रू), एर्रगुड़ी, सिद्धपुर, जटिंग रामेश्वर, गोविमठ, मण्डिगिरि, मास्की, गुर्जरा, अहरौरा, पालकीगुण्डु, ब्रह्मगिरि।

- एर्रगुडी एकमात्र ऐसा स्थान है जहाँ लघु एवं वृहद शिलालेख एक ही स्थान पर प्राप्त हुआ है।

स्तम्भ लेख

छः अलग-अलग स्थानों से सात स्तम्भ लेख प्राप्त हुए हैं।

(i) *प्रयाग स्तम्भ लेख* : कौशाम्बी में स्थित इस स्तम्भ लेख को अकबर ने इलाहाबाद के किले में स्थापित कराया।

(ii) *दिल्ली-टोपरा लेख* : यह स्तम्भ लेख फिरोजशाह तुगलक द्वारा टोपरा से दिल्ली लाया गया। इस पर अशोक के सातों अभिलेखों का उल्लेख है।

(iii) *दिल्ली-मेरठ लेख* : मेरठ में स्थित इस स्तम्भ लेख को फिरोजशाह तुगलक द्वारा दिल्ली लाया गया।

(iv) *रामपुरवा लेख* : यह स्तम्भ लेख चम्पारण (बिहार) में स्थापित है।

(v) *लौरिया अरेराज* : यह स्तम्भ चम्पारण में स्थापित है।

(vi) *लौरिया नन्दनगढ़* : चम्पारण में स्थित इस स्तम्भ का शीर्ष कमलाकार है तथा इसके ऊपर उत्तर की ओर मुँह किए हुए सिंह की मूर्ति उत्कीर्ण है।

लघु स्तम्भ लेख :

अशोक के सभी लघुस्तम्भों पर राजकीय घोषणाओं का उल्लेख है। साँची-सारनाथ के लघु स्तम्भ लेख में अशोक अपने महापात्रों को संघ-भेद रोकने का आदेश देता है। ये इस प्रकार है- सारनाथ, साँची, कौशाम्बी, रूम्मिनदेई (नेपाल), निग्लीवा (नेपाल) तथा रानी का स्तम्भलेख (इलाहाबाद)।

गुहालेखः

बिहार में गया के पास (बराबर पहाड़ियों में) अशोक के तीन गुहालेख मिले हैं जिनमें गुफाओं को अशोक द्वारा आजीवक सम्प्रदाय के भिक्षुओं को दान में दिए जाने का उल्लेख है। नागार्जुनी गुफा में अशोक के पौत्र दशरथ के तीन गुफा लेख हैं।

- अशोक के अभिलेख खरोष्ठी और ब्राह्मी नामक दो लिपियों में लिखे मिलते हैं।
- खरोष्ठी लिपि दाएँ से बाएँ लिखी जाती थी।
- मानसेहरा एवं शाहबाजगढ़ी के शिलालेख खरोष्ठी लिपि में हैं।
- कन्धार एवं तक्षशिला का शिलालेख द्विभाषी है जो ग्रीक एवं आरमाइक लिपि में है।
- अशोक के अधिकांश अभिलेख ब्राह्मीलिपि में है एवं उसकी भाषा प्राकृत है।
- ब्राह्मी लिपि ही भारत की सबसे प्राचीन लिपि है।
- कन्धार के पास ''शार-ए-कुना'' नामक स्थान से ग्रीक तथा आरमाइक भाषाओं में लिखा गया द्विभाषी अभिलेख मिला है।
- नागार्जुन शिलालेख युवराज दशरथ द्वारा लिखवाया गया।
- जूनागढ़ शिलालेख रूद्रदामन द्वारा लिखवाया गया।
- पटना के समीप कुम्हरार के उत्खननों से चन्द्रगुप्त मौर्य के भव्य राजप्रासाद के अवशेष मिले हैं जो लकड़ी का था।

मौर्य वंश	
शासक	**शासन काल**
चन्द्रगुप्त मौर्य	322–298 ई०पू०
बिन्दुसार	298–273 ई०पू०
अशोक	273–232 ई०पू०
अशोक के उत्तराधिकारी	232–185 ई०पू०
दशरथ	
सम्प्रति	
शालशूक	
देववर्मन	
शतधनुस	
बृहद्रथ (अंतिम मौर्य शासक)	

- फाहियान ने मौर्य राजप्रासाद को ''देवदूतों द्वारा निर्मित'' बताया है।
- पाटलिपुत्र को यूनानी लेखकों ने पोलिब्रोथा के रूप में वर्णित किया है।
- मौर्यकालीन कला का सर्वोत्कृष्ट निदर्शन एक ही प्रस्तर खण्ड से निर्मित (एकाश्मक) स्तम्भ है।
- इन स्तम्भों के शीर्ष के ऊपर निर्मित फलक पर विभिन्न पशुओं, पक्षियों एवं धर्मचक्र को उत्कीर्णित किया गया है।
- सारनाथ स्तम्भ अत्यधिक भव्य मौर्यकालीन स्तम्भ है। इस स्तम्भ पर चार सिंह पीठ पीछे किए हुए बैठे हैं। इस पर एक सिंह, एक हाथी, एक वृष और एक अश्व की आकृतियां उत्कीर्ण दिखाई दे रही हैं। इसके बीच में चार चक्र स्थित हैं।

- पाटलिपुत्र की खुदाई से मौर्य युग की अनेक मूर्तियां पायी गयी है।
- मूर्तियों में सबसे प्रमुख यक्षी की मूर्ति है, जो दीदारगंज (पटना) से प्राप्त हुई है।

चंद्रगुप्त मौर्य (322-298 ई॰ पू॰):

- चंद्रगुप्त मौर्य भारतीय इतिहास में पहला महान सम्राट था।
- ग्रीक साहित्य में उसे सेंड्रोकोटस के नाम से जाना जाता है। विलियम जोन्स चंद्रगुप्त को सेंड्रोकोटस स्थापित किया।
- उसने अपने गुरु विष्णुगुप्त (चाणक्य) की सहायता से नंद साम्राज्य का तख्ता पलट कर मगध साम्राज्य की गद्दी हासिल की।
- उसने 305 ई॰पू॰ में सीरिया के यूनानी शासक सेल्यूकस को पराजित कर संधि के लिए मजबूर कर दिया।
- इसी संधि के अनुसार सेल्यूकस ने चंद्रगुप्त को एरिया (हेरात), परोपनिसदी (काबुल), अराकोशिया (कांधार), जेड्रोशिय (बलूचिस्तान) के प्रांत दिए।
- सेल्यूकस की पुत्री हेलन से चन्द्रगुप्त मौर्य का विवाह संपन्न हुआ।
- सेल्यूकस ने चन्द्रगुप्त के दरबार में मेगास्थनीज को अपना राजदूत बनाकर भेजा।
- चन्द्रगुप्त मौर्य ने सेल्यूकस को उपहार स्वरूप 500 हाथी प्रदान किए।
- चंद्रगुप्त का साम्राज्य उसके शासन के अंतिम दिनों में बंगाल से हिन्दुकुश एवं हिमालय से विंध्य तक फैला हुआ था जिसमें काबुल, हेरात, कांधार, बलूचिस्तान, पंजाब, उत्तर प्रदेश, बिहार, बंगाल, गुजरात, काठियावाड़ तथा विंध्य पार की कुछ सीमाएँ शामिल थी।
- बौद्ध साहित्य के अनुसार चंद्रगुप्त मौर्य ने लगभग 24 वर्ष तक शासन किया।
- जैन साहित्य के अनुसार उसने अपने पुत्र बिंदुसार को शासन सौंपकर जैन धर्म स्वीकार कर लिया तथा जैन भिक्षु भद्रबाहु के साथ मैसूर चला गया।
- वहीं श्रवण बेलगोला में 298 ई॰पू॰ धीरे-धीरे अन्न जल त्याग कर प्राण छोड़ दिया।
- ब्राह्मण इन्हें 'शूद्र' तथा बौद्ध एवं जैन ग्रंथ में इन्हें क्षत्रिय कुल से उत्पन्न बताया गया है।
- चंद्रगुप्त मौर्य की दक्षिण भारत की विजय के विषय में जानकारी तमिल ग्रंथ 'अहनामूर' से मिलती है।
- रोमिला थापर ने मौर्यवंश को वैश्य जाति का माना है।
- प्लूटार्क का कथन है कि चंद्रगुप्त ने छः लाख की सेना लेकर समूचे भारतवर्ष को रौंद डाला तथा उस पर अपना अधिकार कर लिया।

बिन्दुसार

- 298 ई॰पू॰ में चंद्रगुप्त मौर्य की मृत्यु के पश्चात् उसका पुत्र बिन्दुसार उसका उत्तराधिकारी हुआ।
- यूनानी लेखकों ने उसका नाम अमित्रखाद या अमित्रोचेट्स कहा है। जैन ग्रंथों ने इसका उल्लेख सिंहासन नाम से किया है।
- तिब्बती बौद्ध तारानाथ के अनुसार चाणक्य कुछ दिनों के लिए बिन्दुसार का भी मंत्री था।
- तारानाथ के अनुसार बिन्दुसार ने 16 राज्यों के राजाओं का नाश किया था तथा पूर्वी से पश्चिमी समुद्र पर्यन्त अपना राज्य विस्तार किया। परंतु इतिहासकारों की मान्यता है कि उसके काल में कुछ प्रदेशों में विद्रोह हुए और बिन्दुसार ने उनका नाश किया।
- दिव्यावदान में बिन्दुसार के शासनकाल में तक्षशिला में होने वाले विद्रोह का उल्लेख प्राप्त होता है जिसके दमन करने के लिए उसने अपने पुत्र अशोक को भेजा।
- इतिहासकार तारानाथ के अनुसार खस्या और नेपाल के लोगों ने भी विद्रोह किया और अशोक ने इन प्रदेशों को जीता।

अशोक

- बिन्दुसार की मृत्यु के बाद अशोक मौर्य साम्राज्य का शासक बना। अशोक के प्रारंभिक जीवन से संबंधित जानकारी का अभाव है। परंपरानुसार अशोक ने अपने भाइयों की हत्या करके सिंहासन पर अधिकार किया। 1837 ई. में जेन्स प्रिंसेस ने ब्राह्मी लिपि में लिखा एक अभिलेख पढ़ा जिसमें 'देव नामपिय पियदस्सी' कहलाने वाला एक राजा का उल्लेख था। सन् 1915 ई में एक अन्य अभिलेख की खोज हुई जो 'अशोक पियदस्सी' की चर्चा करता है। श्रीलंका के प्राचीन इतिहास ग्रंथ 'महावंश' ने भी इसकी पुष्टि की।

अपने राज्यभिषेक के नवें वर्ष में अशोक ने कलिंग पर आक्रमण किया। कलिंग युद्ध भीषण नरसंहार को देखकर अशोक इतना द्रवित हुआ कि उसने भविष्य में कभी युद्ध न करने का संकल्प लिया और दिग्विजय के स्थान पर 'धम्म विजय' की नीति को अपनाया। डा. हेमचंद्र राय चौधरी के अनुसार मगध का सम्राट बनने के बाद यह अशोक का प्रथम तथा आखिरी युद्ध था। युद्ध के बाद उसने बौद्ध धर्म को अपनाया जैसा कि भाबु अभिलेख में उल्लेखित है कि ढ़ाई वर्षों के बाद ही उपगुप्त नामक एक बौद्ध भिक्षु के प्रभाव में आकर वह बौद्ध धर्म का प्रबल अनुयायी हो सका। तीसरी बौद्ध संगीति का आयोजन पाटलिपुत्र में 250 ई.पू. करवाया जिसकी अध्यक्षता मोगलिपुत तिस्स ने की थी। लेकिन अशोक के किसी अभिलेख में बौद्ध संगीति का कोई उल्लेख नहीं है।

अशोक के जीवन में तीन चरण (तारानाथ के अनुसार)

- कामाशोक– आनंददायक गतिविधियोंकी प्राप्ति का चरण।
- चंद्राशोक– अनैतिकता के चरमोत्कर्ष का चरण।
- धम्माशोक– दया का राजा।

अशोक के विभिन्न नाम एवं उपाधि

	नाम – उपधि
1.	अशोक – व्यक्तिगत नाम।
2.	पियादासी – अधिकारिक नाम।
3.	देवनामप्रिय – राजकीय उपाधि।
4.	अशोक – मास्की, गुर्जर, निटुर एवं उदेगौलम अभिलेख में।
5.	मगध का राजा – भाब्रु अभिलेख।
6.	अशोक मौर्य – जूनागढ़ अभिलेख।
7.	अशोक वर्द्धन – पुराण।
8.	पियादासी – कंधार अभिलेख।
9.	पियादासी राजा – बराबर गुम्फा अभिलेख।

तृतीय बौद्ध संगीति के बाद कुछ ख्याति प्राप्त बौद्ध भिक्षुओं को मिशनरियों के रूप में विभिन्न क्षेत्रों में भेजा, जो निम्नलिखित है :

1.	महेन्द्र	–	श्रीलंका।
2.	मझनतिक	–	कश्मीर एवं गंधार।
3.	सोन और उत्तर	–	सुवर्णगिरी।
4.	महारिक्त	–	महिषामण्डोला।
5.	रसित	–	वनवासी।
6.	योन धम्मरखित	–	अपरांत।
7.	महाधम्मरखित	–	महारथ।
8.	मझिम	–	हिमालय क्षेत्र।
9.	महादेव	–	महिषमंडल।

अशोक की रानियाँ

1.	असंघमिता – मुख्य रानी।
2.	तिसारख – बौद्ध वृद्ध को क्षति पहुँचाई थी।
3.	कारुवाकि – इलाहाबाद अभिलेख में उल्लेख (रानी अभिलेख तीवर की माता)
4.	पद्मावती – दिव्यावदान में उल्लेख। (कुणाल की माता)

अशोक के शासनकाल की प्रमुख घटनाएँ

1.	धम्म महामात्र की नियुक्ति	–	14वें वर्ष में
2.	कलिंग युद्ध	–	9वें वर्ष में
3.	राजुकों की नियुक्ति	–	13वें वर्ष में
4.	वृहद शिलालेख का प्रारंभ	–	13वें वर्ष में
5.	कनकमुनि स्तूप का विस्तार	–	12वें वर्ष में
6.	रूमनदेई की यात्रा	–	21वें वर्ष में
7.	बुद्ध कनकमुनि के स्तूप यात्रा	–	21वें वर्ष में
8.	बोध गया की यात्रा	–	10वें वर्ष में
9.	निगाली सागर की यात्रा	–	12वें वर्ष में
10.	खोतान यात्रा	–	33वें वर्ष में
11.	धर्म महामात्रों की नियुक्ति	–	14वें वर्ष में
12.	बराबर गुफा आजीवकों को दान	–	13वें वर्ष में

अशोक स्तंभ पर जड़ित शीर्ष जानवर

1.	सारनाथ	–	चार शेर
2.	रामपुरवा प्रथम	–	एकल शेर
3.	रामपुरवा द्वितीय	–	एकल साँड़
4.	लौरिया नन्दगढ़	–	एकल शेर
5.	साँची	–	चार शेर
6.	बसाढ़	–	एकल शेर
7.	शंकिसा	–	एकल हाथी

अशोक के लेख से संबंधित तथ्य

- अशोक के लेखों को 1837 ई॰ में जेम्स प्रिंसेस ने सर्वप्रथम पढ़ा।
- 'अशोक' का उल्लेख मास्की, निटुर, गुजर एवं उदेगोलम

अभिलेख में हैं।

- टोपरा और मेरठ के स्तंभों को फिरोज तुगलक ने दिल्ली लाया।
- कौशांबी स्तंभ को जहाँगीर ने इलाहाबाद लाया।
- अशोक के अधिकांश अभिलेख 'ब्राह्मी लिपि' में लिखे गये हैं।
- 'खरोष्ठी लिपि' में लिखे शिलालेख मनसेहरा और शाहबाजगढ़ी है।
- 'कांधार अभिलेख' दो भाषाओं ग्रीक व अरामाइक भाषा में लिखे गये हैं।
- बड़े शिलालेखों की संख्या – 14 है।
- स्तंभ लेखों की कुल संख्या – 13 है।
- सातवाँ स्तंभ लेख सभी लेखों में सबसे बड़ा है।
- 1750 ई० में टीफन्-टेलर ने सर्वप्रथम दिल्ली में अशोक के स्तंभ का पता लगाया।

मौर्य प्रशासन

मौर्य का राजशासन धर्म, व्यवहार, राजनीति और चरित्र से ऊपर था। कौटिल्य ने सप्तांग के सिद्धांत का वर्णन किया है जो किसी भी राज्य को चलाने के लिए आवश्यक है ये सात तत्व हैं :

1. स्वामिन (राजा), 2. अमात्य (मंत्री का उच्चाधिकारी), 3. जनपद (प्रवेश और आबादी), 4. दुर्ग (किला), 5. कोष (खजाना), 6. बल (सेना), 7. मित्र (सहयोगी)।

केंद्रीय शासन प्रणाली राजतंत्रात्मक थी जिसमें राजा समस्त शक्तियों का स्वामी होता था तथा प्रजा को अपने पुत्र के समान समझता था। राजा की सहायता के लिए एक मंत्रिपरिषद की व्यवस्था की गई थी, जिसमें 12 से लेकर 20 मंत्री रहते थे।

मंत्रिपरिषद : शासन का मेरुदण्ड था। कौटिल्य के अनुसार राजा को मंत्रिपरिषद् की सलाह से काम करना चाहिए। मंत्रीपरिषद् में बारह से बीस सदस्य होते थे। इसमें पुरोहित, महामंत्री, सेनापति आदि थे। राज्य के सर्वोच्च अधिकारी 'मंत्री' कहलाते थे। ये उच्चकोटि के मंत्री और सलाहकार थे इनकी संख्या 3 या 4 थी। मंत्रियों का वेतन 12,000 पण वार्षिक था।

अर्थशास्त्र में ऊँचे स्तर के अधिकारियों को तीर्थ कहा गया है। ऐसे 18 तीर्थों का उल्लेख है :

1. मंत्रिगण– मुख्यमंत्री, 2. पुरोहित– मुख्य पुजारी, 3. सेनापति– सेना का सर्वोच्च अधिकारी, 4. युवराज– राजपुत्र, 5. दवारिक– राजप्रसाद का प्रमुख अधिकारी, 6. अन्तवेशिक– हरक प्रमुख 7. प्रसास्त्री– राजकीय आज्ञाओं से संबंधित, 8. समहर्त्ता– कर संग्रहकर्त्ता अधिकारी, 9. सन्निधाता– कोषाध्यक्ष, 10. प्रदेष्टा– आयुक्त, 11. नायक– सेना मुख्य संचालक, 12. नागरिक– नगर का शासन अधिकारी, 13. व्यावहारिक– मुख्य न्यायाधीश (धर्मस्थीय न्यायालय), 14. कर्मन्तिक– खान का प्रमुख अधिकारी, 15. मंत्रिपरिषद्– परिषद का अध्यक्ष, 16. दण्डपाल– पुलिस प्रमुख, 17. द्वारपाल– आंतरिक सुरक्षा का प्रमुख, 18. अंतपाल– बाह्य सुरक्षा का प्रमुख।

राजस्व प्रशासन

समाहर्ता राजस्व प्रशासन का प्रमुख अधिकारी था जो राज्य के समस्त राजस्व का संकलन करता था। वह 'अक्षपटलाध्यक्ष' के कार्यों का निरीक्षण एवं समस्त आय-व्यय पर निगरानी रखता था।

भूमि कर, सिंचाई कर, पथ कर, वाणिज्य कर, चारागाह कर, सीमा शुल्क, खाद्यान कर, वन कर, राजकीय भूमि से प्राप्त राजस्व, जुआघरों एवं वैश्यालयों से प्राप्त कर राज्य के राजस्व का मुख्य साधन थे। इन सबके अतिरिक्त 'पिण्ड कर' जिसका उल्लेख कौटिल्य करता है, एक प्रकार का रिवाजी कर था जिसका निर्धारण सामूहिक रूप से होता है।

- *हिरण्य कर* – संभवत: नगर कर था।
- *सेनाभक्तम*– 'सेना कर' था, जिस क्षेत्र से सेना गुजरती थी वहाँ के निवासियों पर लगाया जाता था।
- *बलि कर* – एक प्रकार का चढ़ावा था।
- *प्रणय कर* – आपातकालीन कर था।
- *कर* – संभवत: संपत्ति कर था।
- *प्रतिकर*– अर्थशास्त्र में उल्लेखित एक प्रकार का अतिक्ति कर।
- *विष्टि*– बेगार के रूप में लिया जाने वाला कर।
- *उदगं*– सिंचाई कर।
- *उत्संग*– उत्सव के समय प्रजा द्वारा राजा को भेंट दिया जाने वाला कर।

सैन्य विभाग

मौर्यों के पास एक विशाल सेना थी। सेनापति इसका प्रधान अधिकारी होता था। कौटिल्य ने विभिन्न सैनिकों का उल्लेख किया है जैसे– पारंपरिक सैनिक, भाड़े का सैनिक,

वन्य जनजातियों के सैनिक इत्यादि। मेगास्थनीज ने सेना के रख-रखाव के लिए छह समितियों का उल्लेख किया है जिसमें प्रत्येक समिति में पांच सदस्य होते हैं।

1. नौ सेना समिति, 2. पैदल सेना से संबंधित समिति, 3. सैनिक यातायात से संबंधित समिति, 4. हस्त सेना से संबंधित समिति, 5. रथ सेना से संबंधित समिति, 6. अश्व सेना से संबंधित समिति।

न्याय प्रशासन

कौटिल्य दो प्रकार के न्यायालयों की चर्चा करते हैं–

1. **धर्म स्थनीय :** दीवानी अदालतें थीं। इसका प्रमुख मुख्य न्यायाधीश होता था जिसे 'धर्माधिकारिनी' कहा जाता था। इस न्यायालय का न्याय निर्णय 'तीन धर्मस्थ' तथा 'तीन अमात्य' मिलकर करते थे।
2. **कंटक शोधनः** दूसरे न्यायाधीश तीन प्रदेष्टि तथा तीन अमात्य मिलकर करते थे।

केंद्रीय न्यायालय

यह सर्वोच्च न्यायालय होता था जो पाटलिपुत्र में स्थित था। जनपद न्यायालय, स्थानीय न्यायालय, द्रोणमुख न्यायालय एवं संग्रहण न्यायालय क्रमशः सर्वोच्च न्यायालय के नीचे न्यायालय थे। सबसे नीचे स्तर का न्यायालय ग्राम न्यायालय था।

पुलिस प्रशासन

मौर्य काल में हर प्रमुख स्थानों पर पुलिस मुख्यालय की व्यवस्था की गई थी।

– स्थानीय मुख्यालय – 800 गाँवों पर।
– द्रोणमुख मुख्यालय – 400 गाँवों पर।
– खार्वटिक मुख्यालय – 200 गाँवों पर।
– संग्रहण मुख्यालय – 10 गाँवों पर होता था।

गुप्तचर विभाग

मौर्यों के अंतर्गत गुप्तचर विभाग सुसंगठित थी। इस विभाग में कई गूढ़ पुरुष होते थे जो 'महामात्यापसर्प' के अधीन काम करते थे। इससे संबंधित कुछ गुप्तचर निम्नांकित है :

1. **पुलीसानी –** लोगों के विचारों को राजा से बताने वाला।
2. **संस्था –** एक जगह रहकर काम करने वाला गुप्तचर।
3. **संचार –** गतिमान गुप्तचर।
4. **प्रतिवेदक –** विशेष संवाददाता की पहुँच सीधे राजा तक थी।
5. **चर –** अर्थशास्त्र में वर्णित गुप्तचर।
6. **गूढ़पुरुष –** अर्थशास्त्र में वर्णित गुप्तचर।

प्रांतीय और स्थानीय शासन

राज्य को कई प्रशासनिक इकाइयों में बाँटा गया था। अशोक के समय पाँच प्रांतों का उल्लेख मिलता है–

	प्रांत	राजधानी
1.	उत्तरापथ	तक्षशिला
2.	अवंतिराष्ट्र	उज्जयिनी
3.	कलिंग प्रांत	तौसली
4.	दक्षिणापथ	सवर्णगिरी
5.	प्राशी	पाटलिपुत्र

प्रांतों का शासक वाइसराय था। प्रांतीय प्रशासक के अधीन होता था। प्रांतीय शासन में भी मंत्रिपरिषद् होती थी। जिला राजुकों के अधीन होता था।

गांवों का समूह

- स्थानिक – कर व्यवस्था से जुड़ा अधिकारी।
- गोप – लेखाधिकारी।
- गाँव – मामिक-ग्राम प्रमुख।

नगर प्रशासन

नगर का प्रमुख नगराध्यक्ष (कौटिल्य के अनुसार) कहा जाता था। नगर के प्रशासन को परिषदों के द्वारा चलाया जाता था (मेगास्थनीज) जिसे 'अष्टयनेमी' कहा जाता था। मेगास्थनीज नगर प्रशासन से संबंधित छह समितियों का उल्लेख करते हैं जिसमें पाँच-पाँच सदस्य होते थे

1. *प्रथम समिति–* औद्योगिक महत्व एवं कला कौशल से संबंधित।
2. *द्वितीय समिति–* विदेशियों की देख रेख से संबंधित।
3. *तृतीय समिति–* जन्म एवं मृत्यु के पंजीकरण से संबंधित।
4. *चतुर्थ समिति–* व्यापार एवं वाणिज्य, माप एवं तौल से संबंधित।
5. *पंचम समिति–* निर्मित वस्तु के विक्रय के निरीक्षण से संबंधित।
6. *छठी समिति–* बिक्री कर वसूल करने से संबंधित थी।

नगराध्यक्ष की सहायता के लिए 'स्थानिक' एवं 'गोप' होते थे।

अर्थव्यवस्था

अर्थव्यवस्था में भू-राजस्व राज्य की आय का मुख्य साधन था जो उत्पाद 1/4 भाग से 1/6वें भाग तक होती थी। राज्य द्वारा सिंचाई की सुविधा उपलब्ध कराने पर 'सिंचाई कर' भी लिया जाता था। जो 1/5वें भाग–1/3वें भाग तक होता था। सिंचाई व्यवस्था को 'सेतुबंध' कहा गया है। राजा की भूमि व्यवस्था 'सीताध्यक्ष' द्वारा होती थी और उससे होने वाली आय को कौटिल्य ने 'सीता' कहा है। अन्य करों से भी राज्य को राजस्व प्राप्त होता था। जैसे– सेतु कर, वन कर, पशु कर, सीमा शुल्क, खदान कर, धर्मस्थल कर आदि।

व्यापार-वाणिज्य

बाह्य व्यापार– यूनान एवं बर्मा से।

निर्यात की वस्तुएँ– मशालें, सूती वस्त्र, हीरे-मोती, हाथी दांत से बनी वस्तुएँ, चमड़े, कंबल, शेख, आदि।

आयात– घोड़ा, सोना, कांच, छालटी या क्षोम इत्यादि। व्यापार संतुलन भारत के पक्ष में था। विक्रय कर मूल्य का 10वाँ भाग होता था। स्थानीय वस्तुओं पर 5 प्रतिशत और आयातित वस्तुओं पर 10 प्रतिशत था।

यातायात एवं परिवहन

आंतरिक व्यापार मार्ग :

1. दक्षिणी-पश्चिमी मार्ग–श्रावस्ती से प्रतिष्ठान।
2. दक्षिण-पूर्व मार्ग–श्रावस्ती से राजगृह।
3. पूर्व-पश्चिम मार्ग– गंगा एवं जमुना का जल प्रवाह क्षेत्र।

सबसे महत्वपूर्ण व्यापार मार्ग : उत्तर-पश्चिम में तक्षशिला क्षेत्र से पाटलिपुत्र को जोड़ने वाला राजमार्ग। तक्षशिला विनिमय का आदान-प्रदान का मुख्य केन्द्र था।

राज्य के एकाधिकार

(i) खनन उद्योग (1) स्थल खानें–सोना, चाँदी, लोहा आदि।
(2) जल खानें– मुक्ता, शुक्ति, शेख आदि।

(ii) कवच तथा आयुध निर्माण।

(iii) मदिरालय।

मौर्यकालीन सिक्के

1. आहत सिक्के मुख्यत: चाँदी और कुछ ताँबे के होते थे। आहत सिक्कों पर मुख्य आकृति हाथी, पहाड़ एवं पेड़।
2. पण–1, 1/2, 1/4, 1/8 चाँदी के।
3. मासिक–1, 1/2, 1/4, 1/8 ताँबे के।
4. काकिणि–मासिक का 1/4 ताँबा का।

मौर्यकाल से संबंधित अध्यक्ष

1. पौतवाध्यक्ष– माप एवं तौल, 2. शुल्काध्यक्ष– सीमा-शुल्क, 3. पण्याध्यक्ष– वाणिज्य, 4. सामस्थाध्यक्ष– बाजार, 5. सीताध्यक्ष– राजकीय भूमि, 6. आकाराध्यक्ष– खान, 7. लोहाध्यक्ष– लोहा, 8. नवाध्यक्ष– राजकीय नावों का प्रमुख, 9. राथाध्यक्ष– रथ, 10. हस्ताध्यक्ष– हस्तिबल, 11. मुद्राध्यक्ष– पास पोर्ट, 12. कृप्याध्यक्ष– जंगली उत्पादन, 13. कोषाध्यक्ष– कोषागार, 14. सूत्राध्यक्ष– कृषि विभाग, 15. अक्षपातालाध्यक्ष– लेखा-जोखा, 16. मन अध्यक्ष– माप, 17. सुराध्यक्ष– शराब, 18. विवीताध्यक्ष– चारागाहों का अध्यक्ष, 19. पतनाध्यक्ष– पतन, 20. गणिकाध्यक्ष– गणिका, 21. देवताध्यक्ष– धार्मिक संस्थान, 22. लक्षणाध्यक्ष– टकसाल, 23. गोडध्यक्ष– मवेशियों की देख-रेख, 24. वंधनगराध्यक्ष– कारागार, 25आयुधगाराध्यक्ष – हथियार एवं रख-रखाव का अध्यक्ष।

मौर्यकालीन समाज

- मेगास्थनीज के अनुसार भारतीय समाज सात वर्गों में विभाजित था। इन वर्गों में शामिल समूहों को वह *(i)* दार्शनिकों *(ii)* कृषकों *(iii)* सैनिकों *(iv)* दस्तकारों *(v)* पशुपालकों *(vi)* न्यायाधीशों और *(vii)* सभासदों के रूप में वर्णित करता है।
- मौर्य समाज में जनसंख्या का सबसे बड़ा भाग कृषकों का था।
- कृषकों के बाद संख्या में सबसे अधिक क्षत्रिय वर्ण के लोग थे जो सैनिक कार्य किया करते थे।
- समाज में दासों की स्थिति संतोषजनक थी। उनको सम्पत्ति रखने तथा बेचने का अधिकार प्राप्त था।
- ''अर्थशास्त्र'' में सभी चार वर्णों के लोगों की सेना में भर्ती का वर्णन मिलता है।
- ''अर्थशास्त्र'' में शूद्रों का उल्लेख आर्य समुदाय के रूप में किया गया है जो कि म्लेच्छ या आर्येत्तर समुदाय से भिन्न है।
- ब्राह्मणों को यातना नहीं दी जाती थी।
- दार्शनिक वर्ग के अन्तर्गत ब्राह्मण लोग आते थे।
- मौर्य साम्राज्य में स्त्रियों को पर्याप्त उच्च स्थिति थी तथा उन्हें स्वतंत्रता प्राप्त थी।
- गणिकाएं अंगरक्षक हुआ करती थी। उनके पेशे पर राज्य का नियंत्रण था।
- ''अर्थशास्त्र'' में स्त्री के लिए ''असूर्यपश्या'' शब्द का प्रयोग हुआ है।
- भूमि राजा तथा कृषक दोनों के अधिकार में होती थी।
- मौर्यकाल में विदेश व्यापार सीरिया, मिस्र तथा अन्य पश्चिमी देशों से होता था।
- कपड़ा बुनाई इस काल का सर्वप्रमुख उद्योग था।
- इस काल में उद्योग धंधों की संस्थाओं को श्रेणी कहा जाता था।
- जातक ग्रंथों में 18 प्रकार की श्रेणियों का उल्लेख मिलता है।
- व्यापारिक संघों के प्रमुख को ''श्रेष्ठी'' कहा जाता था।
- सोने के सिक्के ''निष्क'' या ''सुवर्ण'' कहलाते थे।
- चाँदी के सिक्के को ''पण'' कहा जाता था जो मानक सिक्का था।

- ताँबें के सिक्के "मशक" कहलाते थे। ताँबे के छोटे सिक्को को "काकणी" कहते थे।
- चन्द्रगुप्त प्रारंभ में ब्राह्मण धर्म का अनुयायी था। अपने शासन के अन्तिम समय में वह जैन हो गया था।
- अशोक के समय बौद्ध धर्म को राजकीय संरक्षण प्राप्त हुआ था।
- अशोक के शासन काल में तृतीय बौद्ध संगीति पाटलिपुत्र में हुई।
- अशोक ने चौरासीहजार स्तूपों का निर्माण करवाया था।
- अशोक का एक उत्तराधिकारी सम्प्रति जैन धर्म का संरक्षक था।
- मौर्यकाल में आम जनता की भाषा पालि थी।
- अशोक ने पालि को राजभाषा बनाया था।
- भूदबाहु ने "कल्पसूत्र" की रचना की थी।
- स्ट्रैबो के अनुसार "पालिब्रोया" गंगा एंव सोन के संगम पर स्थित था।
- मौर्यकालीन राजप्रासाद लकड़ी के बने हुए थे।
- स्तूप का सर्वप्रथम उल्लेख ऋग्वेद में मिलता है। अग्नि की उठती हुई ज्वाला को स्तूप कहा गया है।
- मौर्यकालीन स्तूप ईटों के बने थे।
- अशोक कालीन बराबर पहाडी की गुफाओं में "सुदामा की गुफा" तथा "कर्ण चौपड़" नामक गुफा प्रसिद्ध है। "सुदामा की गुफा" को अपने शासन काल के बारहवें वर्ष तथा "चौपड़ की गुफा" का निर्माण उन्नीसवें वर्ष करवाया था। इनकी छत गोलाकार है।
- दशरथ के समय बनी गुफाओं में "लोमेश ऋषि" नामक गुफा प्रसिद्ध है।
- बराबर पहाड़ी की चौथी गुफा को "विश्व झोपड़ी" कहा जाता है।

मौर्यकालीन धर्म

वैदिक धर्म और गृह कृत्य प्रधान थे कौटिल्य ने 'त्रेयी' में विश्वास व्यक्त किया है। मेगास्थनीज के अनुसार समाज में ब्राह्मणों का सर्वोच्च स्थान था। वैदिक धर्म के अलावा विभिन्न देवताओं का सर्वोच्च स्थान था। वैदिक धर्म के अलावा विभिन्न देवताओं जैसे ब्रह्मा इंद्र, यम, कुवेर, कार्तिकेय, संकर्षण आदि का उल्लेख मिलता है। देवताओं के साथ-साथ भूत-प्रेत और राक्षसों के अस्तित्व में विश्वास था। चैत्यवक्षों तथा नागपूजा का प्रचलन जन-साधारण में था। अशोक के शिलालेख में ब्राह्मणों, निग्रंथों के साथ-साथ आजीवकों का उल्लेख है। राज्याभिषेक के 12वें वर्ष में अशोक ने बराबर पहाड़ियों में दो गुफाएँ आजीवकों को प्रदान कीं।

मौर्य साम्राज्य का पतन

1. **कमजोर परवर्ती शासक :** मौर्य शासन व्यवस्था का आधार केंद्रीय शासन व्यवस्था था जिसमें सर्वोच्च सत्ता राजा के हाथों में होती थी। अशोक के बाद के शासक उतने समर्थ नहीं थे जिसके कारण साम्राज्य का पतन प्रारंभ हो गया।
2. **साम्राज्य का विभाजन :** मौर्य वंश के प्रथम तीन शासकों ने जिस अखंड साम्राज्य की स्थापना की थी, वो अशोक के पश्चात् बिखर गए और साम्राज्य का विभाजन दो भागों में हो गया जिससे प्रशासनिक व्यवस्था में दुर्बलता आ गई और यूनानियों और सातवाहनों के आक्रमणों का सामना करने में असमर्थ हो गये जिसके कारण साम्राज्य का पतन हो गया।
3. **आर्थिक कारण :** प्रशासनिक व्यवस्था अत्यधिक जटिल और खर्चीले होने के कारण एवं आय-स्रोत में कमी आने कारण एवं अशोक द्वारा अधिक मात्रा में दान दिये जाने के कारण साम्राज्य की आर्थिक स्थिति काफी कमजोर हो गई, जिससे पतन की प्रक्रिया को बल मिला।
4. धम्म महामात्रों द्वारा शक्ति का दुरुपयोग।
5. भर्ती की सही नीति का अभाव।
6. ब्राह्मणों की प्रतिक्रिया, इत्यादि मौर्य साम्राज्य के पतन के कारण थे।

मौर्यकालीन उल्लेख एवं विवरण

1. भारतीय समाज सात जातियों में विभाजित था– मेगास्थनीज।
2. दास प्रथा अनुपस्थित थी–मेगास्थनीज।
3. नंद वंश को उखाड़ फेंकने में चंद्रगुप्त मौर्य को चाणक्य से मदद मिली थी– विशाखदत्त का मुद्राराक्षस।
4. मौर्य राजाओं की क्रमिक सूची– पुराण।
5. आर्थिक और राजनैतिक व्यवस्थाएँ– अर्थशास्त्र।
6. सामाजिक और आर्थिक दशा– जातक।
7. मौर्य की राजनीति पर बुद्ध के आदर्शों का प्रभाव– दीपवंश व महावंश।
8. बौद्ध धर्म के श्रीलंका में प्रसार में अशोक की भूमिका–दीपवंश व महावंश।
9. चंद्रगुप्त मौर्य का गद्दी छोड़कर श्रवणवेलगोला जाना और जैन धर्म को स्वीकार करना– हेमचंद्र का परिशिष्टपर्वण।
10. सूदखोरी प्रथा की अनुपस्थिति– मेगास्थनीज।
11. मौर्य का पतन ब्राह्मणों की प्रतिक्रिया के फलस्वरूप– एन. पी. शास्त्री।
12. आर्थिक दबाव से मौर्य के शासन का पतन– डी.डी. कौशांबी।
13. अशोक की शांतिवादी नीति के कारण मौर्य का अंत– एच. सी. राय चौधरी।
14. राष्ट्रीय एकता में कमी, नौकरशाही और प्रशासनिक

व्यवस्था, केंद्रीय व्यवस्था आदि पतन के कारण थे– रोमिला थापर।

15. अशोक को आजीविकों का समर्थन– बराबर पहाड़ी गुफा शिलालेख।
16. चंद्रगुप्त मौर्य का एलेक्जेंडर से मिलन– प्लूटार्क।
17. चंद्रगुप्त मौर्य और सेल्यूकस निकेटर के बीच वैवाहिक संबंध– एलीथन।
18. चंद्रगुप्त मौर्य के दरबार में मेगास्थनीज का सेल्यूकस के राजदूत के रूप में आगमन– एथेनियस।
19. सुदर्शन झील का निर्माण– रुद्रदमन का जूनागढ़ शिलालेख।
20. बिंदुसार के दरबार में ग्रीक राजा टोलमी फीलडेल्फस के राजदूत डायनिसीयस का आगमन– प्लिनी।
21. अशोक का अपने 99 भाइयों की हत्या कर गद्दी हासिल करना– महावंश एवं दीपवंश।
22. मौर्य की सेना में 60,000 पैदल, 30,000 घुड़सवार, 9,000 युद्धक हाथी तथा 1,000 रथ सैनिक थे– प्लिनी।
23. चंद्रगुप्त मौर्य के सैण्ड्राकोट्टस और एण्डोकोट्टस नाम का उल्लेख– रुद्रदामन का जूनागढ़ शिलालेख।
24. चक्रवर्ती क्षेत्र की अवधारणा– अर्थशास्त्र।
25. कौटिल्य द्वारा नंद वंश का समाप्ति– पुराण।
26. चंद्रगुप्त के प्रांतीय गवर्नर के रूप में वैश्य पुष्यगुप्त का उल्लेख– रुद्रदामन का जूनागढ़ शिलालेख।
27. मौर्य वंश का शासनकाल 137 वर्ष था– पुराण।
28. सकुम का अशोक के परदादा के रूप में उल्लेख– राजतरंगिनी।
29. चंद्रगुप्त के राज्योरोहण का समय 313 वर्ष ईसा पूर्व– जैन माध्यमों के अनुसार।
30. कश्मीर में अशोक का उत्तराधिकारी जालौक था– राजतरंगिनी।
31. अशोक ने अपने राज्याभिषेक के अवसर पर कैदियों को रिहा किया– 5वाँ स्तंभ शिलालेख।
32. पुष्यगुप्त, सौराष्ट्र, का प्रांतीय गवर्नर चंद्रगुप्त मौर्य का साला था– जूनागढ़ शिलालेख।
33. मौर्य के सेना में 6,000 हाथी, 8,000 घोड़े, 2,000 पैदल सैनिक तथा 8,000 रथ थे।
34. बिंदुसार ने सीरिया के राज्य एण्टीयोकस प्रथम से कुछ मीठी शराब, सूखे अंजीर और एक दार्शनिक की मांग की– हेगेजेंडर एथेनियस द्वारा उद्धत।
35. बिंदुसार के समय तक्षशिला में उच्चधिकारियों के विरोध में विद्रोह– अशोकवदान।
36. अशोक की माता का नाम धर्मा था– श्रीलंका के इतिहास से।
37. अशोक स्तंभ राजगृह और श्रावस्ती में थे– ह्वेनसांग।
38. पाटिलपुत्र शहर के चारों तरफ लकड़ी का घेरा था– मेगास्थनीज।
39. तक्षशिला में विद्रोह का भड़काना और इसे कुचलने के लिए अशोक को भेजा जाना– अशोकवदान।
40. मर्हीद, अशोक का अवैध संतान था– महावंश और दीपवंश।
41. महीद अशोक का छोटा भाई था जो 'वीताशोक' और 'वीगाताशोक' भी कहलाता था।
42. अशोक का नाम अशोकवर्द्धन था और अपने अभिलेखों में पियादासी जिसका शाब्दिक अर्थ दयालु है, का प्रयोग करता था– वी. स्मिथ।
43. नंद की सेना का संचालन उसके जनरल मद्दसालां के द्वारा किया गया जिसे चंद्रगुप्त ने पराजित किया– मिलिन्दपन्हों।
44. अर्थशास्त्र के सचिव और अमात्य को ही मेगास्थनीज ने सातवाँ जाति सलाहकार और कर-निर्धारक के रूप में उल्लेख किया– स्ट्रेवों।
45. अमात्य और दूसरे उच्चाधिकारी की नियुक्ति विशेष जांच जैसे धार्मिक जाँच, प्रेम जाँच, डर जाँच, मुद्रा जाँच आदि के बाद होती थी– कौटिल्य।
46. अपराध दुष्प्राप्य था– ग्रीक माध्यमों से।
47. ब्रहद्रथ मौर्य का अंतिम शासक सैनिक परेड का निरीक्षण करते हुए मारा गया– पुराण और हर्षचरित।
48. अशोक नाम का उल्लेख– गुर्जरा, मास्की अभिलेख।
49. संकीसा में शेर के निशान के साथ अशोक स्तंभ का अस्तित्व– फह्यान।
50. वेदीशमहादेवी, अशोक की पत्नी का नाम था– महाबोधी वंश।
51. अशोक की पत्नी तीश्यरक्षीत थी– दिव्यावदान।
52. सुभ्रांदी चंपा के ब्राह्मण की पुत्री थी– अशोकवदान।
53. मौर्य सेना डाकुओं का दल था– जस्टीन।
54. अशोक की माता का नाम धर्म था– श्रीलंका का इतिहास।
55. अशोक की माता का नाम जनपदकल्याणी था– अशोकवदान।
56. अशोक उज्जैन का गवर्नर था– महावंश।
57. अशोक गंधार का गर्वनर था– अशोक सूत्र तथा कुलसूत्र।
58. अशोक ने तिस्सा को छोड़कर अपने 99 भाइयों की हत्या कर दी– महावंश।
59. अशोक के जीवन के तीन विभिन्न चरण कामशोक, चंदशोक, तथा धम्मशोक– तारानाथ।
60. मौर्य के शासनकाल के दौरान चार वर्ष अराजकता का काल था– श्रीलंका का इतिहास।
61. कोई अराजकता का काल नहीं था– पुराण।

शब्दावली

1. राजपण्य – राज्य द्वारा उत्पादित वस्तु।
2. दुर्ग – किला।
3. अतविक्रस – एक जनजाति।
4. अरण्यच – एक जनजाति।
5. गृहपति – धनी एवं समृद्ध परिवार का मुखिया।
6. सीता – राजकीय भूमि।
7. सप्तांग – राज्य के सात अंग
   A. मित्र-मित्र B. दण्ड-सेना
   C. दुर्ग-किला D. अमात्य-मंत्री
   D. स्वामी-राजा E. जनपद-क्षेत्र
   F. कोष-खजाना
8. पालिबोथ्र – पाटलिपुत्र का दूसरा नाम।
9. पाटलिग्राम – पाटलिपुत्र का मूल नाम।
10. योजन – माप की इकाई।
11. विजित – जीता गया क्षेत्र।
12. प्रत्येत – सीमा पर स्थित राज्य या क्षेत्र।
13. व्रित्य – भत्ता (जो राजघराने से जुड़े व्यक्ति को दिया जाता था।)
14. प्रादविवेक – मुख्य न्यायाधीश।
15. अनुसमयान – कुछ विशेष अधिकारियों के द्वारा प्रति पांच वर्ष पर दौरा।
16. धर्मस्थीय – व्यक्तिगत विवाद से संबंधित न्यायालय।
17. कंटकशोधन– व्यक्तिगत एवं राज्य से संबंधित न्यायालय।
18. एग्रोनोमोई – मार्ग निर्माण का एक विशेष अधिकारी।
19. राज विषय – राजा का क्षेत्र।
20. धर्म अधिकारी – शास्त्रों की व्याख्या करने वाला।
21. दुर्गनेश/दुर्गविधान – दुर्गीकृत नगरों का निर्माण।
22. परिहारक – कर मुक्त गाँव।
23. आयुधीय – सैनिकों की पूर्ति करने वाला गाँव।
24. कृप्य – कच्चे माल, अनाज, मवेशी के रूप में कर अदा करने वाला गाँव।
25. संग्रहण – 10 गाँवों का समूह।
26. खार्वटिक – 200 गाँव का समूह।
27. द्रोणमुख – 400 गाँव का समूह।
28. स्थानीय – 800 गाँव का समूह।

मौर्यकालीन प्रशासनिक शब्दावली

- **अंत-महामात्र :** सीमाओं या सीमांत के वे अधिकारी जो सीमावर्ती जनजातियों को सभ्य बनाने और ***धम्म*** के उपदेश देने का कार्य करते थे। संभवत: ***अंतपालों*** या ***पच्चंतवासिनो महामात*** जैसे अधिकारी। ये लोग चुंगी या सीमाशुल्क के भी अधीक्षक थे।
- **अंतपाल :** सीमाओं का या सीमांत का सैन्य प्रमुख।
- **अंतर्वंशिक-सैन्यम् :** अंत:पुर की सुरक्षा एवं उसकी देखरेख के लिए तैनात प्रभारी सैनिक।
- **अंतर्वंशिक :** शाही अंत:पुर (हरम) का प्रमुख।
- **अंतेपुर-उपचारिक महामात्र :** राजाप्रसाद के भीतरी प्रकोष्ठों एवं भवनों का प्रभारी महामात्र।
- **अभ्यागारिक :** अंत:पुर (हरम) के नैतिक नियमों की निगरानी के लिए नियुक्त विशेष प्रहरी।
- **अध्यक्ष :** अधीक्षक, विभागाध्यक्ष, मंत्री।
- **अग्रमहिषी :** महारानी या पटरानी।
- **अग्रामात्य :** महामात्यों का प्रमुख या प्रधानमंत्री।
- **अक्षपटल :** केन्द्रीय या सामान्य लेख कार्यालय।
- **अमित्रबल :** शत्रु के राज्य से भर्ती सैनिक।
- **अनीकस्थ :** शाही हाथियों का प्रशिक्षक।
- **अष्टादशतीर्थ :** 18 प्रमुख अधिकारियों का समूह।
- **अष्ट्यनोमोई :** नगर के अधिकारी।
- **अश्वदमक :** शाही घोड़ों का प्रशिक्षक।
- **अटवी-बल :** वनवासी जातियों से भर्ती सैनिक।
- **अयुतिक :** एक विशेष अधिकारी होता था जो मौर्य शासन के विरुद्ध विद्रोहों को रोकने के प्रयासों में ***अंतमहामात्रों*** को सहयोग देता था।
- **आहार :** एक जनपद अनेक आहारों में बंटे थे, जो छोटे-छोटे प्रशासनिक क्षेत्र होते थे और विभिन्न ***महामात्रों*** के अधीन थे।
- **आकाराध्यक्ष :** खानों का अधीक्षक।
- **आमात्य :** अधिकारियों का एक वर्ग जिनसे प्रशासनिक सेवा का गठन किया जाता था। इसी वर्ग से अधिकारियों, विभागाध्यक्षों और मंत्रियों को नियुक्त किया जाता था।
- **आमात्य वर्ग :** गुप्तचर विभाग का नियोक्ता। विभाग वर्ग या प्राधिकरण।
- **आटविक/अटवीराज्याधिपति :** ***आटविक*** या वन राज्य का अधिपति।
- **आर्यपुत्र :** यह राजा के उन निकट संबंधियों को इंगित करता है, जिन्हें प्रशासक नियुक्त किया गया हो।
- **आयुधागार :** राज शस्त्रागार।
- **इपिस्कोपोई/इफोरोई :** ***अध्यक्ष*** के समान।
- **उपराजा :** प्रति या नायब राजा। अशोक ने अपने भाई तिस्स को राजधानी या मुख्यालय में अपने साथ काम करने के लिए उपराजा नियुक्त किया था।
- **उत्तराध्यक्षसौपारिक :** उच्चाधिकारियों के लिए सामान्य संबोधन।
- **एग्रोनोमोई :** जिलाकर्मी।
- **कंटकशोधन :** इसका शाब्दिक अर्थ है काँटों को

निकालना, लेकिन वास्तव में यह आपराधिक या फौजदारी मामलों का न्यायालय था जिसकी अध्यक्षता तीन ***प्रदेष्ट्री*** या तीन ***अमात्य*** करते थे। के॰ए॰ नीलकंठ शास्त्री के अनुसार, ये नई तरह की अदालतें थीं जिन्हें निरंतर जटिल होती सामाजिक अर्थव्यवस्था की आवश्यकताएँ पूरी करने तथा अत्यधिक संगठित प्रशासन तंत्र (नौकरशाही) के फैसलों को लागू करवाने के लिए गठित किया गया था।

- **कार्णिक गणनाधिकारी :** केंद्रीय कार्यालय के लेखा अधिकारी।
- **कार्मांतिक :** धान्य कर्मशालाओं या कारखानों का अधीक्षक। आर॰के॰ मुखर्जी के अनुसार, यह कृषि और वनों का अधीक्षक था।
- **कार्वतिक :** 200 गाँवों के बीच स्थित प्रशासनिक मुख्यालय।
- **कोषगृह :** कोषागार।
- **कोष्ठागार :** राजकीय भंडारगृह (गोदाम)।
- **कोष्ठागाराध्यक्ष :** राजकीय भंडार गृहों (गोदामों) का अधीक्षक।
- **कुमार अश्वानुचर :** अश्वारोही सेना (घुड़सवार फौज) का प्रमुख।
- **कुमार :** राजपरिवार के राजकुमार जिन्हें वाइसराय के रूप में प्रातों में नियुक्त किया जाता था। इन्हें ***आर्यपुत्र*** भी कहा जाता था।
- **कुप्याध्यक्ष :** वन संरक्षक तथा वन उत्पादों का प्रभारी अधिकारी।
- **कुप्यगृह :** वन उत्पादों का भंडारगृह।
- **खन्याध्यक्ष :** सीमित अधिकार क्षेत्र वाला खानों का अध्यक्ष।
- **गणक-महामात्र :** लेखा विभाग का महामात्र।
- **गोध्यक्ष :** पशु विभाग का प्रमुख।
- **गोप :** गाँव और जिला स्तर के बीच राजस्व और सामान्य प्रशासन का प्रभारी मध्यवर्ती अधिकारी।
- **ग्रामकूट :** ग्राम प्रधान।
- **ग्रामवृद्ध :** गाँव के वृद्धजन (बुजुर्ग) या अग्रज।
- **ग्रामणी :** ग्रामीण प्रशासन के लिए उत्तरदायी केन्द्र सरकार का कर्मचारी।
- **गूढ़ पुरुष :** गुप्त एजेंट, छद्मवेषधारी गुप्तचर।
- **चर :** घुमक्कड़, गुप्तचर या जासूस।
- **चारक :** पुलिस बंदीगृह।
- **चिकित्सक :** राजवैद्य।
- **जंघारिका :** संदेशवाहक।
- **दंडपाल :** मुख्य सेनापति।
- **दापक :** एक अधिकारी जो सीधे राजा से आदेश ग्रहण करता था।
- **दौवारिका :** राजप्रसाद के द्वारपाल।
- **देवताध्यक्ष :** धार्मिक संस्थानों का विभागाध्यक्ष।
- **द्रव्यहस्ति वनपाल :** लकड़ी के वनों और हाथियों वाले जंगलों के प्रमुख।
- **द्रोणमुख :** 400 गाँवों के केन्द्र में स्थित प्रशासनिक मुख्यालय या प्रशासनिक केन्द्र।
- **दूत :** राजदूत, संदेशवाहक।
- **धम्म महामात्र :** अशोक ने इस पद का ***धम्म*** के नैतिक मूल्यों का प्रचार, राज्य की दानशालाओं की देखभाल और धार्मिक हितों की रक्षा एवं प्रसार के लिए सृजन किया था। यह अधिकारी राजा का धार्मिक परामर्शदाता भी था। इस अधिकारी का मुख्य कार्य प्रचार करना और जहाँ भी आवश्यक हो इसकी नीति को स्पष्ट करना था।
- **धर्मस्थीय :** दीवानी न्याय प्रशासन के लिए उत्तरदायी थी। ***धर्मस्थीय*** न्यायालयों की अध्यक्षता ***धर्मस्थ*** और तीन ***आमात्य*** करते थे।
- **नगल वियोहालक/नागलक :** नगरीय न्यायपालिकाएँ, जिन्हें कौटिल्य ने ***पौर्यव्यवहारिक*** या ***नागरक*** कहा है। रोमिला थापर के अनुसार, ***नगलावियोहालक महामात्त, नागरक*** के सामान्य प्रशासन के अधीन कार्य करते थे।
- **नागरक :** नगर ***दंडाधिकारी*** (मजिस्ट्रेट) इसे ***नागरक, पुरमुख्य*** और ***नागरक महामात्र*** भी कहा करते थे।
- **नागवनाध्यक्ष :** हाथियों के जंगलों का प्रमुख। इसकी सहायता के लिए ***नागवनपाल*** नामक कर्मचारी होते थे।
- **नावाध्यक्ष :** जहाजों का अधीक्षक।
- **नायक पदातिनेत :** पैदल सेना का प्रमुख।
- **नायक :** युद्ध कार्यालय का कर्मचारी। बी॰एम॰ बरुआ के अनुसार, मुख्य पुलिस सिपाही।
- **नीवीग्राहक :** कोषाध्यक्ष।
- **पादात :** पैदल सैनिक।
- **पण्याध्यक्ष :** वस्तुओं की आपूर्ति, मूल्य, बिक्री और खरीद को नियंत्रित करने वाला बाजार प्रमुख अधिकारी।
- **पारिकर्मिक :** निम्न श्रेणी के कर्मचारियों का प्रमुख।
- **परिषा :** परिषद। संभवत: अर्थशास्त्र की **मंत्रिपरिषद्** के समकक्ष।
- **प्रतियअश्व-रथ हस्त्याध्यक्ष :** पदाति, घुड़सवार, रथ एवं हस्ति सेना के प्रमुख अर्थात् सेना के चार अंगों के चार सेनानायक।
- **पत्तनाध्यक्ष :** बंदरगाह नगरों के प्रमुख।
- **पत्तयाध्यक्ष :** पदाति सेना का प्रमुख या सेनानायक।
- **पौटवाध्यक्ष :** नापतौल विभाग का प्रमुख।
- **प्रादेशिक महामात्र :** राधा कुमुद मुखर्जी के अनुसार, प्रांतीय गवर्नर। लेकिन रोमिला थापर ने इन्हें जिला प्रमुख

या अर्थशास्त्र के ***प्रदेष्ट्र*** के समकक्ष बताया है।

- **प्रदेष्टा** : न्यायधीश या दंडाधिकारी।
- **प्राद्विवाक** : अपीलीय न्यायालयों में राजा का प्रतिनिधित्व करनेवाला मंत्री।
- **प्रशास्ता** : सेनापति के अधीन युद्ध कार्यालय।
- **प्रशास्त्रि** : युद्ध सामग्री का विभागाध्यक्ष। बी॰एम॰ बरुआ के अनुसार, वह कानून का मुख्य प्रशासक था।
- **प्रतिवेदक** : राजा के संवाददाता या समाचारवाहक।
- **पुलिसानि** : वे राजा के एजेंट या कारिंदे होते थे, जो ***युक्तों*** के समतुल्य अधीनस्थ प्रशासनिक स्तर से संबंधित होते थे।
- **पुरोहित** : उच्च राजपुरोहित। पुरोहित की भूमिका राजनीतिक मामलों में भी हुआ करती थी। हालाँकि रोमिला थापर के अनुसार, अशोक के शासनकाल में पुरोहितों का राजनीतिक मामलों में हस्तक्षेप नहीं होता था।
- **पुरुष** : एजेंट, या राजकर्मी। ये लोग राजा और ***राजुकों*** के बीच संपर्क अधिकारी का कार्य करते थे। हालाँकि बरुआ का मानना है कि अशोक के शिलालेखों में उल्लिखित ***पुरुषों*** को अर्थशास्त्र के ***अमात्यों*** के समतुल्य ही बताया गया है।
- **बंधनागार** : कारागार, जेल, बंदीगृह।
- **बंधनागाराहध्यक्ष** : कारागार, अधीक्षक।
- **भिक्षुकी** : स्त्री जासूस।
- **भृत** : भाड़े के सैनिक।
- **मागध** : भाट, चारण।
- **महामंत्री** : मुख्यमंत्री या महामंत्री। रोमिला थापर के अनुसार, महामंत्री को ***मंत्रिपरिषद्*** (तीन या चार मंत्रियों) के साथ नियुक्त किया जाता था और वे अंतरंग परिषद् या निकटतम परामर्शदात्री निकाय के रूप में कार्य करते थे।
- **महामात्र** : अधिकारियों का एक वर्ग जो मंत्रियों के साथ-साथ मंत्रिमंडलीय उच्चाधिकारियों के रूप में भी कार्य करते थे। प्रशासन में उन्हें अति महत्वपूर्ण दायित्व सौंपे जाते थे और प्रशासनिक मामलों को प्रस्तुत करने एवं उनकी व्याख्या करने के लिए ***परिषद्*** की चर्चाओं में उपस्थित रहने तथा उसमें भाग लेने का भी उन्हें विशेषाधिकार प्राप्त था। रोमिला थापर के अनुसार, मेगस्थनीज ने संभवत: इन्हें ही (सेवेंथ कास्ट) ***सातवीं जाति*** बताया है।
- **महामात्यपसर्प** : सूचना और आपराधिक गुप्तचर विभाग का अध्यक्ष।
- **मानवक** : जासूस, गुप्तचर।
- **मंत्रिपरिषदाध्यक्ष** : मंत्रिपरिषद का सचिव।
- **मंत्रिपरिषद्** : मंत्रिपरिषद्। इसे एक परामर्शदात्री संस्था माना जाता था।
- **मौहूर्तिक** : राज ज्योतिषी।
- **मौल** : प्रांतीय सैन्य टुकड़ियों में काम करने वाली सेना।
- **मित्रबल** : पड़ोसी मित्र राज्य द्वारा भेजी गई सेना।
- **मुद्राध्यक्ष** : पासपोर्ट अधीक्षक।
- **मुख्य** : युद्ध कार्यालय का प्रशासनिक कर्मचारी, विभागों में अनुभाग अधिकारी।
- **मूषिक कर** : प्लेग (ताउन) महामारी फैलने की स्थिति में चूहों को मारने के लिए नागरिकों पर लगाया गया कर।
- **योनिपोषक** : राजभवन में पशुओं का पशु संवर्धन अधिकारी।
- **युक्तारोहक** : जंगली घोड़ों और हाथियों का प्रशिक्षक।
- **युक्त** : राधाकुमुद मुखर्जी के अनुसार, ***युक्त*** लेखा विभाग के सामान्य अधिकारी थे। लेकिन बी॰एम॰ बरुआ का मत है कि ये शाही सचिवालय के अधिकारी थे, जिनका कार्य ***पुरुष*** या ***परिषा*** के निर्देश पर राजाज्ञाओं को संहिताबद्ध करना था।
- **युवराज** : राजा का ***स्वत*** : या नामजद उत्तराधिकारी।
- **राजवचनिक** : शाही या राज आयुक्त जो राजकर्मियों (एजेंटों) के माध्यम से साम्राज्य की राजधानी से सीधे निर्देश प्राप्त करने में सक्षम थे।
- **राजुक** : व्यूहलर ***राजुकों*** को जातकों में उल्लिखित ***रज्जुग्राहकों*** का संक्षिप्त शब्द या रूप मानते हैं। ये लोग खेतों को नापने और भू-राजस्व का निर्धारण करने के लिए रस्सी लेकर चलते थे। यह शायद एक पद था और वे निश्चित रूप से ग्रामीण क्षेत्रों के प्रशासक थे। वे कृषि संबंधी समस्याओं एवं भूमि संबंधी विवादों का निराकरण तथा निवारण करते थे। वे न्यायिक अधिकारियों एवं राजस्व प्रशासकों की भूमिका का निर्वाह करते थे। रोमिला थापर के अनुसार, मेगस्थनीज ने जिसका ***अग्रोनोमोई*** के रूप में उल्लेख किया है वे ***राजुक*** ही थे।
- **रक्षिण** : पुलिस या आंतरिक-सुरक्षाकर्मी।
- **राष्ट्रमुख्य** : प्रांतीय गवर्नर या राज्यपालों के लिए कौटिल्य द्वारा प्रयुक्त संबोधन। इन्हें ***राष्ट्रपाल*** या ***ईश्वर*** भी कहा जाता था।
- ***रथाध्यक्ष*** : रथ सेना का प्रमुख या सेनापति, जिसका मुख्य दायित्व चतुरंग सेना के एक अंग के रूप में रथसेना की कार्यकुशलता बनाए रखना था।
- **रथिक** : सारथी या रथ चालक।
- **रूपदर्शक** : सिक्कों का परीक्षक।
- **लथणाध्यक्ष/टंकाशालाध्यक्ष** : राजकीय टकसाल का अधीक्षक।
- **लवणाध्यक्ष** : नमक उत्पादन का अधीक्षक।

- **लेखक** : लेखक, लिपिक, लिपिकार।
- **वचभूमिक** : गौशालाओं के नियंत्रक या देखभाल करने वाले अधिकारी, जिनका कार्य अर्थशास्त्र के ***गोध्यक्ष*** की भाँति होता था।
- **वर्धकी स्थापति** : काष्ठकारों (बढ़इयों) का नायक।
- **वर्धकी** : राजबढ़ई, राजकाष्ठकार।
- **विनिच्चय महामात्र** : किसी प्रकारण के कारणों की न्यायिक जाँच करने वाला महामात्र।
- **विविताध्यक्ष** : चारागाहों का प्रमुख। बरुआ के अनुसार, बंजर भूमि का अधीक्षक।
- **वोहारिक-महामात्र** : न्याय प्रशासनिक का महामात्र।
- **व्रचभूमिक** : राजाज्ञा या राजा के संदेशों या राज्यादेशों को जनता के समक्ष घोषणा करने वाला अधिकारी।
- **शैलखनक** : राहशिल्पी (मूर्तिकार)।
- **शिल्पवंत** : शिल्पकार, कलाकार।
- **शुल्काध्यक्ष** : उत्पाद शुल्क विभाग का अध्यक्ष।
- **शूनाध्यक्ष** : बूचड़खाने का प्रमुख, पशुवधगृहों का प्रमुख।
- **शून्यपाल** : राजा के राजधानी से बाहर रहने की स्थिति में ***शून्यपाल*** उसका स्थान लेता था।
- **संस्थाध्यक्ष** : व्यापारिक मार्गों का प्रमुख।
- **संघ** : जनजातीय गणतंत्र।
- **संग्रहण** : 10 ग्रामों के मध्य स्थित प्रशासनिक मुख्यालय।
- **संख्यायक** : लेखाकार (एकाउंटेंट)।
- **सब्बथ्थक महामात्र** : सामान्य मामलों या विषयों का प्रभारी ***महामात्र***।
- **समाहर्ता** : राजस्व वसूली का मुख्य प्रभारी। प्रांतीय प्रशासन का प्रमुख। ***समाहर्ता*** का कार्य साम्राज्य के विभिन्न भागों से राजस्व की वसूली करवाना था। यह आय-व्यय के मामले भी देखता था और महालेखाकार द्वारा दिए गए आय-व्यय के हिसाब का निरीक्षण भी करता था।
- **सामंत-दुर्ग** : विदेशी राजा का दुर्ग (किला)।
- **सामान्य अधिकारण** : सामान्य विभाग।
- **सन्निधाता/सन्निधातृ** : राजभवन का प्रमुख प्रबंधक और कोषाध्यक्ष। इसका मुख्य कार्य नकद और उपहार के रूप में अर्जित राज्य की आय का लेखा-जोखा रखना था।
- **सप्तांग** : राज्य के सात घटक तत्व, जो थे– (1) ***स्वामी*** अर्थात् सम्राट, (2) ***आमात्य*** अर्थात् मंत्रिगण, (3) ***जनपद*** अर्थात् क्षेत्र या प्रदेश, (4) ***दुर्ग*** (किला), (5) ***कोष*** अर्थात् खजाना, (6) ***दंड*** अर्थात् सेना और (7) ***मित्र*** अर्थात् मित्र देश या राज्य।
- **सौवर्णिक** : राजस्वर्णकार (सुनार)।
- **सेनानायक-महामात्र** : सेना प्रमुख या सेनापति के रूप में महामात्र।
- **सेनापति** : सेनापति, सेनाध्यक्ष।
- **सीमा स्वामी** : असंरक्षित इलाके का प्रभारी व्यक्ति या अधिकारी।
- **सीताध्यक्ष** : राजभूमि का प्रमुख।
- **सीताध्यक्ष** : कृषि अधीक्षक।
- **स्कंधावार** : सैनिक छावनियाँ, सैनिक शिविर।
- **स्थानिक** : नीलकंठ शास्त्री के अनुसार, वह जिला राजस्व अधिकारी होता था जबकि रोमिला थापर का मत है कि वह ग्राम स्तर एवं जिला स्तर के मध्यवर्ती या बीच के स्तर का राजस्व या कर-संग्राहक (वसूल करने वाला) था।
- **स्त्रीआध्यक्ष महामात्र** : ***गणिकाध्यक्ष*** की भाँति गणिकाओं की देखरेख करने वाला अधिकारी। परंतु डॉ॰ राधा कुमुद मुखर्जी का कहना है कि अशोक ने महिलाओं के विशेष हितों की रक्षा एवं उनके कल्याण के लिए इसका सृजन किया था। बौद्ध ग्रंथों में इसे ***इथिझक- महामात्त*** के रूप में उल्लिखित किया गया है।
- **स्त्रीगण** : चंद्रगुप्त मौर्य की निकटतम अंगरक्षिकाएँ।
- **सुराध्यक्ष** : आबकारी (शराब) विभाग का अध्यक्ष।
- **सूत** : सारथि।
- **सूत्राध्यक्ष** : कताई-बुनाई विभाग का अध्यक्ष।
- **स्वर्णाध्यक्ष** : सोना और चाँदी के सिक्कों की ढलाई, प्रसरण और संचालन का प्रभारी।
- **श्रावापक** : राजा से सीधे आदेश लेने वाला अधिकारी।
- **श्रेणीबल** : लड़ाकू या योद्धा जातियों से भर्ती किए गए वे सैनिक जो सैन्यकला को व्यवसाय के रूप में अपनाते थे।
- **श्रेणी मुख्य** : दस्तकार या व्यापारिक ***श्रेणी*** या ***निगम*** का प्रमुख।
- **हस्तयाध्यक्ष** : हाथियों का अधीक्षक।
- **हस्त्याश्व-रथमुख्य** : हस्ति, रथ और अश्वारोही सेना का प्रमुख।
- **क्षत्र** : राजसी या शाही सत्ता।

मौर्योत्तर काल (भारत-ग्रीक, शक, कुषाण, पश्चिमी क्षत्रप)

भारत-ग्रीक

- 206 ई॰पू॰ में भारत पर प्रथम ग्रीक आक्रमण डेमेट्रियस के वंश के द्वारा किया गया।
- डेमेट्रियस ने अपनी राजधानी ''साकल'' बनाया एवम् उसने भारतीयों की उपाधियाँ धारण की। उसने यूनानी और खरोष्ठी लिपि में अपने सिक्के चलाए।
- पुनः यूक्रेटाइड्स भी बैक्ट्रिया विजय के पश्चात् भारत की ओर बढ़ा और भारत के कुछ क्षेत्र को जीतकर 'तक्षशिला' को अपनी राजधानी बनाया। इस प्रकार भारत में यवन साम्राज्य दो कुलों– ड्रेमेट्रियस और यूक्रेटाइटस में बंट गया।
- डेमेट्रियस वंश का सबसे प्रसिद्ध शासक मिनान्डर था। पेरिप्लेस के अनुसार मिनान्डर के सिक्के भड़ोच के बाजार में काफी मात्रा में प्रचलित थे।
- मिनान्डर और बौद्ध भिक्षु नागसेन के बीच हुई संवाद 'मिलिन्दपन्हो' में संकलित है।
- मिनान्डर एक अकेला ग्रीक शासक था जिसने विद्वानों को संरक्षण प्रदान किया।
- इन्डो-ग्रीक शासकों के सिक्के उनकी वंशावली की जानकारी देते हैं।
- इण्डो ग्रीक शासकों ने प्रारंभ में सिक्कों पर यूनानी लिपि का प्रयोग किया और उसके पश्चात् खरोष्ठी और ब्राह्मी लिपि का प्रयोग किया।
- शुंग वंश की स्थापना 185 ई॰पू॰ में मौर्य सेनापति पुष्यमित्र शुंग ने अंतिम मौर्य शासक वृहद्रथ की हत्या करके की थी।
- ''दिव्यावदान'' पुष्यमित्र शुंग को मौर्य वंश से संबद्ध मानता है जबकि कालिदास इन्हें ''बैम्बिक वंश'' का ब्राह्मण मानते हैं।
- पुष्यमित्र शुंग कट्टर ब्राह्मणवादी था। उसने दो अश्वमेध यज्ञ के अनुष्ठान किये थे। सुप्रसिद्ध संस्कृत विद्वान पतंजलि उसके अश्वमेध यज्ञ के पुरोहित थे।
- शुंग काल में विदिशा का राजनीतिक व सांस्कृतिक महत्व बढ़ गया था।
- पुष्यमित्र शुंग के पश्चात् उसका पुत्र अग्नि मित्र शासक हुआ। कालिदास के सुप्रसिद्ध काव्य ''मालविकाग्निमित्र'' का मुख्य नायक अग्निमित्र है। इसमें मालविका और अग्निमित्र की प्रेम कहानी वर्णित है।
- मौर्यों के काल में ह्रास को प्राप्त हिन्दू धर्म को उसने पुनर्जीवित किया।
- इस काल में संस्कृत भाषा का पुनरुत्थान हुआ, इसके उत्कर्ष में महर्षि पतंजलि का विशिष्ट योगदान था।
- मनुस्मृति की रचना शुंग काल में ही हुई थी।
- शुंग वंश के अन्तिम सम्राट देवभूति की हत्या करके उसके सचिव वासुदेव ने 75 ई॰पू॰ में कण्व वंश को स्थापित किया।
- शुंगकालीन कला के उत्कृष्ट प्रतीक हैं :
  (i) विदिशा का गरुड़ध्वज।
  (ii) अजन्ता का नौवाँ चैत्य।
  (iii) भाजा का चैत्य एवं विहार।
  (iv) नासिक तथा कार्ले के चैत्य।
  (v) मथुरा में निर्मित यक्ष–यक्षणियों की मूर्तियाँ।
- हेलियोडोरस का गरूड़स्तंभ हिन्दू धर्म से संबंधित प्रथम प्रस्तर स्मारक है। इस काल में भागवत धर्म का उदय हुआ तथा वासुदेव विष्णु की उपासना प्रारंभ हुई।
- मौर्य काल में स्तूप कच्ची ईंटों और मिट्टी की सहायता से बनते थे परन्तु शुंग काल में उनके निर्माण में पाषाण का प्रयोग किया गया।
- कनिंघम ने 1873 ई॰ में भरहुत स्तूप का पता लगाया था। उसकी वेष्टनी और तोरणद्वार अधिकांशतः शुंग काल में निर्मित हुए थे।
- पुष्यमित्र शुंग ने 'सेनानी' की उपाधि धारण की।
- पुष्यमित्र शुंग 'भारद्वाज' गोत्र से संबंधित थे और उसकी राजधानी विदिशा थी।
- धनदेव का 'अयोध्या अभिलेख' पुष्यमित्र शुंग द्वारा दो अश्वमेध यज्ञ करवाने की जानकारी देता है।

शक

- भारत में प्रवेश करने से पहले शक काफी समय तक पार्थियन शासकों द्वारा शासित 'सुक्रस्तान' में रहते थे।
- शक मूलतः मध्य एशिया की एक पर्यटनशील जाति थे। जो खर नदी के उत्तरी प्रदेश में निवास करते थे।
- शक लोग ने सिंधु घाटी में घुसने के लिए सामान्य रूप से प्रचलित खैबर दर्रे की जगह 'बोलन दर्रे' का प्रयोग किया।
- शक राजा अपने आपको 'क्षत्रप' कहते थे।
- शकों की भारत में दो शाखाएँ थीं:
  (i) उत्तरी क्षत्रप– तक्षशिला और मथुरा
  (ii) पश्चिमी क्षत्रप– नासिक और उज्जैन
- उत्तरी क्षत्रप का भारत का संभवतः प्रथम शक शासक 'माउस या मग' था जिन्होंने अधिकांश ताँबे और कुछ मात्रा में चाँदी के सिक्के चलाये। नासिक के शक (पश्चिमी क्षत्रप) में क्षहरात वंश का शासन था। इसका पहला शासक 'भूमक' था।

- भूमक ने अपने सिक्कों पर खरोष्ठी और ब्राह्मी दोनों लिपियों का प्रयोग किया।
- भूमक के उत्तराधिकारी 'नहपान' के बारे में जानकारी न सिर्फ चाँदी और ताँबे के सिक्के वरन अभिलेखों से भी उसके बारे में जानकारी मिलती है।
- उज्जैन की शक शाखा में कदमंक वंश का शासन था। इस वंश का संस्थापक 'चष्टण' था।
- चष्टण ने अपने अभिलेखों में 'शक संवत' का प्रयोग किया था। यह अपने कुल का एकमात्र शासक था जिसने अपने सिक्कों पर यूनानी, खरोष्ठी और ब्राह्मी तीनों लिपियों का प्रयोग किया।
- रुद्रदामन इस वंश का सबसे प्रसिद्ध शासक था।
- रुद्रदामन ने 'महाक्षत्रप' की उपाधि धारण की। इन्होंने जूनागढ़ अभिलेख शूद्ध और उत्कृष्ट संस्कृत में लिखवाये।
- रुद्रदामन के जूनागढ़ अभिलेख से ज्ञात होता है कि इन्होंने प्रजा से अतिरिक्त कर लिये बगैर सुदर्शन झील की मरम्मत करवायी थी।

सातवाहन

- पुराणों में सातवाहन वंश को 'आंध्रजातीय' तथा 'आंध्रभृत्य' कहा गया है।
- सातवाहन वंश की स्थापना सिमुक ने 60 ई॰पू॰ में की थी।
- सर्वमान्य विचार से सातवाहनों का मूल निवास-स्थान महाराष्ट्र का प्रतिष्ठान स्थल था तथा सिमुक प्रथम सातवाहन शासक था।
- शातकर्णी प्रथम ने गोदावरी तट पर स्थित 'प्रतिष्ठान' नगर को अपनी राजधानी बनाया था।
- सातवाहन शक्ति का तीन सदियों (300 वर्ष) तक निरन्तर उत्कर्ष होता रहा, इतने दीर्घकाल तक भारतीय इतिहास के किसी भी अन्य राजवंश ने अबाध रूप से शासन नहीं किया।
- शातकर्णी प्रथम ने मालव शैली में गोल-मुद्राएँ तथा अपनी पत्नी के नाम पर रजत मुद्राएँ प्रचलित कराई थीं।
- गौतमीपुत्र शातकर्णी का साम्राज्य उत्तर में मालवा से लेकर दक्षिण में कर्णाटक तक फैला हुआ था।
- गौतमीपुत्र शातकर्णी के बाद उसका पुत्र वशिष्ठीपुत्र पुलमावि (130 ई॰-154 ई॰) राजा बना। संभवत: उसने आंध्रप्रदेश विजय किया था अत: उसे प्रथम आंध्र सम्राट भी कहा जाता है।
- सातवाहनों ने सीसा के सिक्के बहुतायत से प्रचलित किए थे तथा पोटीन, ताँबे व काँसे के भी सिक्के जारी किए थे।
- ब्राह्मणों को भूमिदान अथवा जागीरें देने वाले प्रथम शासक सातवाहन थे।
- सातवाहन काल में शिल्प एवं वाणिज्य में हुई उन्नति के फलस्वरूप शिल्पी एवं वणिक दोनों ने बौद्ध धर्म के निमित्त उदारतापूर्वक दान दिए।
- भड़ौच सातवाहन काल का प्रमुख अन्तर्राष्ट्रीय बंदरगाह एवं व्यापारिक केन्द्र था।
- सातवाहन काल में निर्मित दक्कन की सभी गुफाएँ बौद्ध धर्म से संबंधित हैं। यह काल दक्षिण में बौद्ध धर्म के लिए सर्वाधिक गौरवशाली युग था।
- प्रशासनिक स्तर पर सातवाहन काल के अधिकारी मौर्य काल के सदृश अमात्य और महामात्य कहलाते थे, जिला को आहार कहते थे, ग्रामीण क्षेत्रों में प्रशासक गौल्मिक कहलाते थे।
- आंध्रप्रदेश में नागार्जुनकोण्डा और अमरावती सातवाहनों के काल में तथा उनके उत्तराधिकारी इक्ष्वाकुओं के शासन में बौद्ध संस्कृति के महत्वपूर्ण केन्द्र बन गये थे।
- यज्ञश्री शातकर्णी सातवाहन वंश का अंतिम महत्वपूर्ण राजा था। इसके सिक्के आंध्रप्रदेश, महाराष्ट्र, मध्य प्रदेश व गुजरात में प्राप्त हुए हैं।
- यज्ञश्री शातकर्णी व्यापार एवं जल यात्रा का प्रेमी था। इसके सिक्कों पर जहाज के चित्र बने हुए हैं।
- सातवाहन युग में दक्कन की भौतिक संस्कृति के स्थानीय उपादान और उत्तर के वैशिष्ट्य दोनों का मिश्रण है।
- भारी संख्या में मिले रोमन और सातवाहन सिक्कों से बढ़ते हुए व्यापार का संकेत मिलता हैं।
- सातवाहन राजाओं के नाम मातृप्रधान है परन्तु सातवाहन राजकुल पितृसत्तात्मक था क्योंकि राजसिंहासन का उत्तराधिकारी पुत्र ही होता है।

कुषाण

- कुषाण जिन्हें 'यूची' या 'तोखरी' भी कहते हैं, मौर्योत्तरकालीन भारत पर शासन करने वाले पहले ऐसे शासक जिनके साम्राज्य की सीमाएँ सुदूर मध्य एशिया, ईरान, अफगानिस्तान एवं पाकिस्तान तक फैली थीं।
- कुषाणों के इतिहास के बारे में जानकारी चीनी ग्रंथों, अश्वघोष के ग्रंथ बुद्धचरित, नागार्जुन के माध्यमिक सूत्र तथा चीनी यात्री ह्वेनसांग के विवरणों से मिलता है।
- यूची नामक कबीले का नेता कुजुल कडफिसेज ने यूची

कबीले की 5 अन्य शाखाओं को अपने नेतृत्व में कुईसोग अथवा कुषाण समुदाय के नाम से संगठित किया। कुजुल कडफिसेज द्वारा चलाये गये चोटी के सिक्के रोम सिक्कों की नकल थे।

विम कडफिसेज या कडफिसेज द्वितीय

- कुजुल कडफिसेज का उत्तराधिकारी विमकडफिसेज ने सिंधु नदी को पार कर तक्षशिला और पंजाब पर भी कब्जा कर लिया। इसने बड़ी मात्रा में सोने तथा ताँबे के सिक्के जारी करवाये जिसमें एक ओर यूनानी और दूसरी ओर खरोष्ठी लिपि खुदी थी। विम कडफिसेज के सिक्कों पर नंदी, शिव और त्रिशूल की आकृति खुदी होने से यह अनुमान लगाया जाता है कि वह शैवमतानुयायी था। प्लिनी के अनुसार विम का तत्कालीन रोमन साम्राज्य से व्यापारिक संबंध था इसने संभवत: 65 से 78 ई० तक शासन किया।

कनिष्क

- विम और कनिष्क का संबंध ज्ञात नहीं है संभवत: यह कुषाण वंश का तीसरा शासक था। इसके राज्यरोहण की सर्वाधिक मान्य तिथि 78 ई० ही मानी जाती है। 78 ई० को ही एक नया संवत 'शक संवत' चलाया।
- कनिष्क के राज्यारोहण के समय उसके साम्राज्य की सीमायें अफगानिस्तान सिंध, बैक्ट्रिया एवं पार्थिया तथा भारत में मगध तक फैली हुई थी। पाटलिपुत्र को जीतकर वहाँ से प्रसिद्ध विद्वान् अश्वघोष, बुद्ध का भिक्षापात्र तथा एक अनोखा कुक्कुट प्राप्त किया था। राजतरंगिणी के अनुसार कनिष्क ने कश्मीर को जीतकर वहाँ पर 'कनिष्कपुर' नामक नगर बसाया। अपने चरमोत्कर्ष के समय कनिष्क के साम्राज्य की सीमाएँ गंगा, सिंधु और ऑक्सस तक फैल गईं।
- कनिष्क बौद्ध धर्म की महायान शाखा का अनुयायी था। इसने कश्मीर के कुण्डल वन में चौथी बौद्ध संगीति का आयोजन किया जिसकी अध्यक्षता वसुमित्र तथा उपाध्यक्षता अश्वघोष ने की। पार्श्व तथा नागार्जुन जैसे विद्वानों ने इसमें हिस्सा लिया। इस संगीति में बौद्ध ग्रंथ 'त्रिपिटक' पर एक टीका लिखी गई जिसे 'महाविभाषा' नाम दिया गया, इसे बौद्ध धर्म का विश्वकोष भी कहा जाता है।

सिक्के

- कनिष्क द्वारा जारी किये गये सिक्कों पर कुछ में पार्थियन, यूनानी, भारतीय देवी-देवता की आकृतियाँ खुदी हैं तो कुछ में यूनानी शैली में खड़े और भूमतीय शैली में बैठे महात्मा बुद्ध की आकृतियाँ उकेरी गई हैं। सिक्कों पर कनिष्क की सर्वधर्म समभाव की भावना झलकती है। कनिष्क ने यूनानी और ईरानी भाषा में सिक्के जारी किए। कनिष्क के स्वर्ण सिक्के तौल में रोमन सिक्के (124 ग्रेन) के बराबर थे। कनिष्क ने सर्वप्रथम अपने द्वारा जारी किये गये सिक्कों पर बुद्ध की आकृति बनवाई।
- कनिष्क के उत्तराधिकारी हुविस्क द्वारा जारी किये गये सिक्कों पर बुद्ध, शिव, विष्णु, महासेन, कुमार, विशाखा, उमा आदि के चित्र बने हैं। एक सिक्के पर उमा के हाथ में कमल अथवा समृद्ध शृङ्ग दिखाया गया है। कुषाणों के समय में सर्वाधिक शुद्ध स्वर्ण एवं ताँबे के सिक्के जारी किये गये।
- पेशावर में कनिष्क ने बुद्ध के स्मृतिचिन्हों पर एक मठ का निर्माण कराया। कनिष्क ने मध्य एशिया और चीन में बौद्ध धर्म का प्रचार करवाया। अश्वघोष, वसुमित्र, पार्श्व, संघारक्ष, धर्मत्राता तथा मातृचेत जैसे विद्वानों की कनिष्क ने अपना संरक्षण प्रदान किया।

साहित्यिक प्रगति

- कनिष्क के समय 'त्रिपिटक' पर महाविभाषाशास्त्र नामक टीका का संकलन किया गया। कनिष्क को बौद्ध धर्म की दीक्षा देने वाला उसका दरबारी कवि अश्वघोष ने बुद्धचरित, सौंदरानंद, शारिपुत्र प्रकरण नामक ग्रंथों की रचना की। 'बुद्ध चरित' को बौद्ध ग्रंथों में महाकाव्य का स्थान प्राप्त है। अश्वघोष की तुलना, मिल्टन, गेटे, कॉन्ट और वाल्टेयर से की जाती है। एक अन्य विद्वान्, माध्यमिक दर्शन का आचार्य नागार्जुन भी कनिष्क के दरबार में रहता था। इसने अपनी पुस्तक प्रज्ञापारमितासूत्र में शून्यवाद के सिद्धांत को प्रस्तुत किया। 'भारत का आइंस्टाइन' कहे जाने वाले नागार्जुन की तुलना मार्टिन लूथर से की जाती है। कनिष्क के दरबारी आयुर्वेद विद्वान् चरक ने 'चरक संहिता' की रचना की। भरत का नाट्यशास्त्र संभवत: इसी काल की रचना है।
- वात्स्यायन का कामसूत्र, भारवि की स्वप्न वासवदत्ता इसी काल की रचना थी। पहला संपूर्ण नाटक लिखने का श्रेय भारवि को दिया जाता है।

व्यापार और वाणिज्य

- आर्थिक दृष्टि से मौर्योत्तर काल की महत्वपूर्ण घटना थी वाणिज्य व्यापार का विकास और उन्नति। आंतरिक आवागमन की स्थिति का सुधार एवं व्यापार को गति

प्रदान करने का प्रथम प्रयास मौर्यों ने किया। उन्होंने पाटलिपुत्र से तक्षशिला तक एक लंबे मार्ग का निर्माण कराया। पाटलिपुत्र स्थल मार्ग से गंगा डेल्टा पर स्थित बंदरगाह ताम्रलिप्ति से जुड़ा था। अयोध्या में मिले चक्रिला मृद्भाण्डों तथा कुर्नूल स्थित सतनिकोट से मिले लाल पालिश मृदभाण्डों से आंतरिक व्यापार के बारे में जानकारी मिलती है।

- इस युग के व्यापार के क्षेत्र की महत्वपूर्ण उपलब्धि थी, भारत का रोम के साथ-व्यापार। प्रारंभिक दिनों में यह व्यापार दक्षिण भारत और रोम के बीच होता था। ईसा की पहली सदी में ये व्यापार मुख्यतः स्थल मार्ग से होते थे परंतु 46 ई० में हिप्पालस नामक ग्रीक नाविक द्वारा अरब सागर में चलने वाली मानसूनी हवाओं की जानकारी देने के कारण समुद्री मार्ग से इस व्यापार को काफी प्रोत्साहन मिला। रोमनों को पार्सियनों से मुक्त मार्ग की आवश्यकता थी जिसके द्वारा उसका चीन के साथ व्यापार बिना पार्थिया से गुजर सके। परिणामस्वरूप भारत का उत्तर-पश्चिम भाग जो कुषाणों के अधिकार में था, महत्वपूर्ण व्यापारिक केन्द्र बना। रेशम मार्ग या सिल्क मार्ग के नाम से प्रसिद्ध मार्ग तीन हिस्सों में बँटा था, पहला मार्ग कैस्पियन सागर से होते हुए जाता था। दूसरा मर्व से फरात नदी होते हुए रूम सागर पर स्थित बंदरगाह तक जाने वाला, मार्ग तीसरा लाल सागर तक जाता था। रोम और चीन के बीच व्यापार में कुषाणों की भूमिका बिचौलियों जैसी थी।
- रोमन साम्राज्य का पूर्वी हिस्सा भारत में निर्मित विलास सामग्री का मुख्य खरीददार था। प्रथम शताब्दी ई० में अज्ञात यूनानी नाविक द्वारा लिखित पुस्तक में 'पेरिप्लस आफ दि एरींथियन सी' में रोमन साम्राज्य को निर्यात की जाने वाली वस्तुओं का विवरण है ये वस्तुएँ काली मिर्च, अदरक, रेशम, मलमल, सूती वस्त्र, रत्न, मोती, खनिज आदि थीं। रोम से आयात की जाने वाली महत्वपूर्ण वस्तुएँ थीं, मूंगा, लौबान, काँच, चाँदी, सोने के बर्तन, ताम्र, रंगा, सीसा, मीठारामपर्ण (तिपतिया घास), विजेय (मरहम), समवेत गीत गाने वाले लड़के एवं रनिवास के लिए सुंदर लड़कियाँ। भारतीय व्यापारी रेशम चीन से खरीदकर रोम को निर्यात करते थे।
- इस समय आयात और निर्यात हेतु मुख्यतः सिंधु नदी के मुहाने पर स्थित बंदरगाह बाबैरिकम और बैरीगाजा (भड़ौंच) का प्रयोग होता था। दक्षिण भारत में अरिकामेड और कावेरीपत्तनम अन्य व्यापारिक बंदरगाह थे। तक्षशिला अलग-अलग स्थानों से आने वाले माल के संग्रहस्थल के रूप में प्रसिद्ध हुआ। उज्जयिनी दक्षिण एवं पूर्व पश्चिम के बीच एक महत्वपूर्ण व्यापारिक केंद्र के रूप में विकसित हुआ।
- रोमन व्यापार का सर्वाधिक लाभ दक्षिण भारत को हुआ। भारतीय माल के आयात के बदले रोम भारत को बड़ी मात्रा में सोने और चाँदी के सिक्के देता था। तब तक रोमन सिक्कों के 68 ढेर मिले हैं जिसमें 57 विंध्य के दक्षिण से मिले हैं। प्लिनी के अनुसार जो भारत आ रहे सोने पर दुःख व्यक्त करते कहता है कि 'ऐसा कोई वर्ष नहीं बीतता जिससे भारत रोमनराज कोष से दस करोड़ सेसोस्टियर (रोमन सिक्का) न खींच लेता हो। प्लिनी ने भारत को 'रत्नों की एक मात्र जननी', 'सबसे मंहगी वस्तुओं की महान जन्मदात्री' की संज्ञा दी।
- महत्वपूर्ण ग्रंथ जिनसे विदेशी व्यापार के फलने-फूलने की जानकारी मिलती है–

ग्रंथ		लेखक
पेरिप्लस ऑफ दी इरीथ्रियन सी	–	अज्ञात
ज्योग्राफी	–	स्ट्रैबो
नेचुरल हिस्टोरिका	–	प्लिनी
इंडिका	–	एरियन
पैरेलल लाइन	–	प्लूटार्क

मौर्योत्तरकालीन महत्वपूर्ण बंदरगाह

बेरीगाजा

- (भड़ौच) पश्चिमी तट पर स्थित भारतीय ग्रंथों में भारूकच्छ नाम से प्रसिद्ध यह बंदरगाह सर्वाधिक प्राचीन तथा सबसे बड़ा प्रवेश द्वार था। अधिकांश व्यापार पश्चिमी एशिया के साथ इसी बंदरगाह से होता था। यह खंभात की खाड़ी में स्थित है।

बारबेरिकम

- यह सिंधु के मुहाने पर स्थित बंदरगाह था।

आरिकामेडु

- इसे 'पेरिप्लस ऑफ इरीथ्रियन सी' में पेडोक नामक से संबोधित किया गया है। यहाँ खुदाई में एक बड़ी यवन बस्ती होने के अवशेष मिले हैं। संभवतः रोमनों ने पहली शताब्दी ई०पू० से दूसरी शताब्दी ई० तक यहाँ निवास किया।

ताम्रलिप्ति

- यह गंगा के डेल्टा पर स्थित बंदरगाह था।

कावेरी पट्टनम

- इसे संगमकालीन ग्रंथों में 'पुहार' नाम से संबोधित किया गया। यहाँ से मुख्यत: काली मिर्च (यवन- प्रिय) और घोड़े का निर्यात किया जाता था।

मुजीरिस

- यह बंदरगाह केरल में स्थित था। प्लिनी के अनुसार यहाँ से मिस्त्र जाने में जहाज 40 दिन का समय लेता था।
- मौर्येतर काल में भारत का विदेशी व्यापार पश्चिमी एशिया, द० पू० एशिया एवं अफ्रीका तक फैला था। इथोपिया से अफ्रीका तक फैला था। इथोपिया तथा अफ्रीका से हाथी दाँत और सोना भारत आता था। इस समय कश्मीर, कोशल, विदर्भ और कलिंग हीरों के लिए मागध वृक्षों के रेशे से बने वस्त्रों के लिए, बंगाल मलमल के लिए प्रसिद्ध था।

कारीगरी एवं शिल्प का विकास

- वाणिज्यिक गतिविधियों में वृद्धि तथा शक्तिशाली मुद्रा अर्थव्यवस्था के कारण उत्पादन और वितरण की समस्या के समाधान के लिए शिल्पी श्रेणियों की आवश्यकता महसूस हुई। मिलिन्दपन्हों में 75 व्यवसायों तथा महावस्तु ग्रंथ में राजगीर में 36 प्रकार के शिल्पियों के होने का उल्लेख मिलता है। शिल्पकारों ने 'शिल्पीश्रेणी' एवं दस्तकारों ने 'निगम' की स्थापना की। अभिलेखीय साक्ष्यों के उल्लेख के आधार पर माना जाता है कि सर्वाधिक संघ व श्रेणी पश्चिमी दक्कन में 'गोवर्धन' तथा मथुरा में मौजूद थे। शिल्पी अधिक मात्रा में श्रेणी संघ की सदस्यता इस लिए ग्रहण करते थे क्योंकि वे संगठन में अपने को अधिक सुरक्षित महसूस करते थे। कुम्भकारों, धातुकारों, काष्टकर्मियों की श्रेणियाँ प्रमुख थीं। श्रेणियाँ मुख्य रूप से उत्पादित माल की गुणवत्ता तथा वस्तुओं की उचित कीमत निर्धारित करती थीं। श्रेणी सदस्यों के व्यवहार की देख-रेख श्रेणी न्यायाधिकरण करते थे।
- मौर्योतर काल में प्रशासनिक कार्यों में श्रेणियों की भूमिका महत्वपूर्ण हो गई थीं। कई शहरों में श्रेणियों द्वारा जारी किये गये सिक्के मिले हैं। तक्षशिला में खुदाई के समय श्रेणियों द्वारा चलाये गये करीब 5 प्रकार के भारतीय-यूनानी सिक्के मिले। सिक्कों के अवशेष से यह अनुमान लगाया जाता है कि यहाँ पर यूनानियों के शासन से पूर्व सौदागरों का निगम नगर का प्रशासन चलाता था। श्रेणियों या सौदागरों द्वारा चलाये गये सिक्के कौशांबी, त्रिपुरी, महिष्मती वाराणसी आदि में भी मिले हैं। श्रेणी संघों के अपने प्रतीक चिन्ह अपने झंडे, अपनी मुहरें आदि होती थीं जिनसे ये अपना प्रचार-प्रसार करते थे। मौर्योत्तर काल के अधिकांश शिल्पी शूद्र जाति के थे। श्रेणियों की एक भिन्न शाखा श्रेष्ठि, महाजन, वित्त प्रबंधक एवं न्यासधारी के रूप में कार्य करता था। श्रेष्ठियों को उत्तर भारत में 'सेठ' दक्षिण भारत में 'श्रेष्ठि' या 'चेट्टियार' कहा जाता था। कालान्तर में निगम के प्रधान को 'श्रेष्ठि' श्रेणी के मुखिया को 'प्रमुख' तथा 'पूग' के प्रधान को 'ज्येष्ठक' कहा जाता था।

मौर्योत्तर कला

- कला के मुख्यत: तीन फलक स्थापत्य, मूर्तिकला और चित्रकला हैं।
- शुंग सातवाहन कल के अंतर्गत गुहा निर्माण कला, मूर्तिकला तथा स्थापत्य कला का अध्ययन किया जाता है। पर्वतों को काटकर विहार, मठ, चैत्य तथा बनाने की कला के क्षेत्र में इस समय अभूतपूर्व प्रगति हुई।
- **माजा की गुहा** – सातवाहानों के समय पूना के निकट यात्रा की गुहाओं का निर्माण किया गया। इस गुहा में स्तूप, चैत्य तथा विहार का निर्माण किया गया है। स्तूप ठोस चट्टान पर बने हैं। इनके चारों ओर वेदिका है।
- **कार्ले की गुहा** – यह गुहा स्थापत्य कला का सर्वोत्तम नमूना है। सातवाहनों के समय में निर्मित इस गुहा में एक विशाल चैत्य गृह और तीन विहार बने हैं। यहाँ का चैत्य गृह सबसे बड़ा, सुरक्षित एवं पूर्ण विकसित हैं।
- **पीतलखोरा गुहा** – अजंता से दक्षिण-पश्चिम स्थित शतमाला पहाड़ियों में निर्मित हैं।
- **अजंता गुहा** – यह महाराष्ट्र के औरंगाबाद जिला में स्थित है। इसका विकास दूसरी शताब्दी ई०पू० से 7वीं शताब्दी तक हुआ।
- **नासिक गुहा** – गोदावरी नदी के किनारे स्थित दूसरी शताब्दी ई०पू० में यह बौद्ध धर्म का केन्द्र रहा। यहाँ निर्मित विहारों में प्रथम शक क्षत्रप नहपान ने, सातवाहन नरेश गौतमी पुत्र शातकर्णी ने दूसरा तथा तीसरा यज्ञ श्री शातकर्णी के समय में बना।

मूर्तिकला

- उत्तरी भारत में शुंग और सातवाहन के समय में मूर्तिकला की दो शैलियों मथुरा तथा गंधार शैली का विकास हुआ। इस समय मूर्तिशिल्प में लालित्य और रूप विधान का

अधिक विकास हुआ। भीटा से कोटा के बाग में खड़ी नारी की मूर्ति, बसाढ़ से एक विकलांग नारी प्रतिमा, पटना से गोलाकार मिट्टी के ठीकरे पर सूर्य की मूर्ति खुदी मिली है। यहीं से फणयुक्त नागदेवी का सिर मिला है।

स्थापत्य कला

- शुंगों के समय में भरहुत, साँची तथा बोधगया के प्रसिद्ध बौद्ध स्तूपों का पुनरुद्धार हुआ। भरहुत स्तूप जिसका निर्माण अशोक मौर्य ने करवाया था, का शुंगों के काल में विस्तार हुआ। स्तूप के चारों तरफ पत्थर की एक वेदिका और तोरण द्वारों का निर्माण किया गया। साँची का स्तूप जिसका निर्माण अशोक ने कराया था, का जीर्णोद्धार शुंगों ने करवाया। स्तूप तोरणों पर बुद्ध के जीवन की तथा श्रावक दृश्यों को चित्रित करने वाली मूर्तियाँ अलंकृत हैं। बोधगया में निर्मित स्तूप की परिवेष्टनी का निर्माण शुंग सातवाहन काल में हुआ। इसकी वेदिका पर ब्राह्मी में लेख खुदे हैं।
- **अमरावती स्तूप** – यह सातवाहनों के समय की अमूल्य निधि है। इसका निर्माण द्वितीय शताब्दी ई०पू० में हुआ। स्तूप के चारों ओर सातवाहनों के समय में बाड़ बनाई गई। ईंटों से निर्मित इस स्तूप में कहीं-कहीं संगमरमर का भी प्रयोग हुआ है।

कुषाण कला

- कुषाण कला के अंतर्गत कनिष्क द्वारा निर्मित पेशावर में स्थित विशाल स्तूप प्रसिद्ध है। यह स्तूप अनुमानतः तेरह मंजिल और 400 फुट ऊँचा है।
- कुषाणों के समय में कला की मथुरा और गंधार शैली अपने उत्कर्ष में पहुँची।

गंधार कला शैली

- कनिष्क के संरक्षण में इस कला-शैली का निर्माण हुआ। प्राचीन गंधार देश में विकसित होने के कारण इस कला-शैली को गंधार कला-शैली कहा गया। इस शैली को 'ग्रीकों बौद्ध कला-शैली' भी कहा गया। गांधार कला-शैली एशिया माइनर तथा हेलेनिस्टिक कला-शैली से प्रभावित थी। गांधार कला-शैली का मूल तत्व भारतीय है। इसमें यूनानी मूर्तिकला की वास्तविक और भारतीय कला की भावमय आध्यात्मिक अभिव्यंजन के समन्वय का प्रयत्न किया गया है। इस कला शैली के अंतर्गत बनी बुद्ध की मूर्तियों की मुद्रा यूनानी देवता अपोलो से मिलती-जुलती है। बौद्ध धर्म के महायान शाखा से संबंधित इस कला शैली का प्रधान विषय महात्मा बुद्ध का जीवन-चरित्र है। अधिकांश मूर्तियों का निर्माण पत्थर तथा पकाई गई मिट्टी द्वारा किया गया है जिस पर सुनहरा तथा लाल रंग चढ़ाया गया है। अब तक बुद्ध की सर्वाधिक मूर्तियाँ गांधार कला-शैली के अंतर्गत बनी हैं। बोधिसत्व प्रतिमाओं में 'मैत्रेय' इस कला-शैली में मुख्य रूप से दिखाई पड़ते हैं। बुद्ध की खड़ी हुई, समाधि में बैठी, अभय मुद्रा, ध्यान मुद्रा में मूर्तियाँ पायी गई हैं। गांधार कला-शैली में मूर्तियाँ मुख्यतः सीमेंट की बनी हैं।

मथुरा कला-शैली

- मथुरा, जो कुषाणों की राजधानी थी, प्रथम शताब्दी ई० में ही कला का मुख्य केन्द्र बन गई थी। भारतीय कला में बनी बुद्ध की सर्वाधिक प्राचीन मूर्ति मथुरा से ही प्राप्त हुई है। मथुरा कला-शैली अभिव्यंजना, विचार, अवधारणा तथा कलात्मक कौशल में शुद्धतः भारतीय है। मथुरा कला-शैली में मूर्तियों का निर्माण लाल पत्थर से किया गया है। यहाँ से मिली बुद्ध की मूर्तियाँ चिंतन मुद्रा में लीन, आसनारुढ़ तथा धोती पहने हुए हैं। मथुरा में कनिष्क की सिरविहिन मूर्ति प्राप्त हुई है। मथुरा कला-शैली यथार्थ की अपेक्षा आदर्श, प्रतीक तथा भावनावादी थी जिसमें सादगी तथा सूक्ष्मता का अनोखा मिश्रण है।
- **गांधार तथा मथुरा कला-शैली में अंतर**–जहाँ गांधार कला-शैली के अंतर्गत बनी मूर्तियों में शारीरिक सौष्ठव की सूक्ष्मता और भौतिकता को उभारा गया है, वहीं मथुरा कला-शैली में मूर्तियों पर दीप्ति और आध्यात्मिक अभिव्यंजना को उभारा गया है। निष्कर्षतः कहा जा सकता है कि जहाँ गांधार कला यथार्थवादी है, वहीं मथुरा कला आदर्शवादी। दोनों शैलियों पर विचार व्यक्त करते हुए डा० सत्यकेतु विद्यालंकार ने कहा कि है 'मथुरा की कला पर गांधार शैली का प्रभाव अवश्य है, पर उसे पूर्णतया गांधार शैली की नकल नहीं कहा जा सकता।'

सामाजिक व्यवस्था

- वर्ण पर आधारित समाज व्यवस्था को विदेशी आक्रमणकारियों से खतरा उत्पन्न हो गया था क्योंकि ये शक्ति और साधन से संपन्न थे, इसलिए ब्राह्मण इन्हें म्लेच्छ नहीं कह सकते थे। स्मृतिकारों ने यवन, शक, पार्थियन, कुषाण आदि विदेशी शासकों को 'निम्न कोटि के क्षत्रिय' की संज्ञा दी।
- **धर्म**–बौद्ध धर्म को अंगीकार कर विदेशी सरलता से भारतीय समाज में घुल-मिल गये। बौद्ध धर्म के अलावा वैष्णव और शैव धर्म को भी इन शासकों ने संरक्षण प्रदान

किया। यूनानी राजदूत तक्षशिला निवासी हेलियोडोरस ने बेस नगर में प्रसिद्ध गरुड़ध्वज की स्थापना की। कुषाण वंश के शासक हुविष्क ने अपने सिक्के पर 'हरिहर' जैसे किसी देवता का चित्र उत्कीर्ण करवाया। बौद्ध धर्म की ओर विदेशी शासकों का झुकाव अधिक इसलिए था क्योंकि उसमें जाति का कठोर बंधन नहीं था। कुषाण शासक कनिष्क के समय में बौद्ध धर्म को राजकीय संरक्षण प्राप्त हुआ। कनिष्क के समय में बौद्ध धर्म के 15 पंथ प्रचलित थे। बौद्ध धर्म का हीनयान और महायान में विभाजन कनिष्क के समय में हुआ। कनिष्क ने महायान को संरक्षण प्रदान किया। इस समय ज्ञान मार्ग और कर्म मार्ग की अपेक्षा भक्ति मार्ग को अधिक महत्व दिया गया। हीनयान संप्रदाय के अनुयायी जहाँ बुद्ध को अपना एक प्रदर्शक मानते थे। वहीं महायान संप्रदाय के लोग बुद्ध को भगवान मान कर उनकी पूजा करने लगे। 'बोधिसत्व' जिसने अन्य प्राणियों के कल्याण के लिए कई बार जन्म लिया तथा जिसे भविष्य में मानव कल्याण के लिए जन्म लेना था, की पूजा की गई। बुद्ध के जीवन से जुड़ी वस्तुओं की उपासना के स्थान पर अब उनकी मूर्ति की पूजा की जाने लगी। इस तरह बौद्ध धर्म की महायान शाखा में भक्ति की धारणा का जन्म हुआ। महायान के आदि प्रवर्तकों में नागार्जुन का महत्वपूर्ण स्थान है।

- बौद्ध धर्म की तरह प्रथम शताब्दी ई० में जैन धर्म भी दिगम्बर (कट्टरवादी) और श्वेताम्बर (उतरवादी) में विभाजित हो गया। मौर्योत्तर काल में जैन उज्जैन, सौराष्ट्र और कलिंग में बस गए। कलिंग के शासक खारवेल ने इस धर्म को राज्याश्रय प्रदान किया। मगध सम्राट नंद द्वारा कलिंग से पाटलिपुत्र लाई गई एक जैन मूर्ति का खारवेल ने प्रथम शताब्दी ई०पू० में पुनः निर्माण करवाया। मथुरा के शिल्पियों ने महावीर स्वामी की एक मूर्ति बनाई। कुषाणों ने भी जैन धर्म को प्रोत्साहन दिया।
- **भाषा :** मौर्य और सातवाहनों द्वारा प्रयुक्त प्राकृत भाषा के स्थान पर शकों ने सर्वप्रथम संस्कृत भाषा का प्रयोग किया। प्रथम संस्कृत भाषा का अभिलेख रुद्रदामन द्वारा जारी किया गया। कुषाणों के सुई बिहार अभिलेख में भी संस्कृत भाषा का प्रयोग हुआ है।

राज्य तथा समाज की प्रारम्भिक स्थिति–पूर्वी भारत, दक्कन तथा दक्षिण भारत में:

खारवेल

- खारवेल शुंगों का समकालीन था।
- हाथीगुम्फा शिलालेखों से खारवेल के विषय में जानकारी प्राप्त होती है।
- खारवेल 15 वर्ष की आयु में युवराज बना था।
- खारवेल 24 वर्ष की आयु में राज्याभिषेक हुआ।
- खारवेल कलिंग के तीसरे राजवंश से था।
- खारवेल के राजवंश का नाम चेत (चैत्र) था।
- खारवेल की उपाधि 'महामेघवाहन' व 'कलिंगाधिपति' थी।
- खारवेल अपने शासन के प्रथम वर्ष में सरोवर व बागों का निर्माण कराकर अपनी 35 लाख जनता को प्रसन्न किया था।
- शासन के दूसरे वर्ष में पश्चिम में शातकर्णी तथा कश्यप क्षत्रियों को नियंत्रित किया था।
- शासन की तीसरे वर्ष में संगीत को प्रोत्साहित किया।
- शासन के चौथे वर्ष में 'निधाधरों के निवास' निर्मित कराए थे।
- शासन के 5वें वर्ष में पाटलिपुत्र से नहर को अपनी राजधानी तक खुदवाया।
- शासन के 6ठे वर्ष में पौर व जनपदों की परिषदों को विशेष सुविधाएँ दी थीं।
- शासन के सातवें वर्ष में उसने अपना विवाह किया था।
- शासन के 8वें वर्ष में मगध पर आक्रमण किया था।
- शासन के 9वें वर्ष में 'विजय प्रासाद' महल भुवनेश्वर के तट पर प्राची नदी के दोनों तट पर बनवाया।
- 10वें वर्ष में उसने सैन्य अभियान किया था।
- शासन के ग्यारहवें वर्ष में तेरह सौ वर्ष प्राचीन केतुभद्र की काष्ठ प्रतिमा का जुलूस निकाला।
- शासन के बारहवें वर्ष में उत्तरापथ पर आक्रमण किया था तथा दक्षिण के पाण्ड्य राजा से हाथी व बहुमूल्य उपहार प्राप्त किए थे।
- शासन के तेरहवें वर्ष में कुमारीपर्वत पर खारवेल ने अर्हत देवालय का निर्माण करवाया।
- खारवेल शांति व समृद्धि का सम्राट कहा जाता है।

संगम युग

- दक्षिण भारत के ऐतिहासिक काल के इतिहास पर जिस साहित्य से पहले प्रकाश पड़ता है उसे 'संगम साहित्य' कहा गया है।
- संगम साहित्य का सर्वप्रथम उल्लेख 8वीं शताब्दी के एक तमिल भाष्यकार इरैयनार अगप्पोरल के भाष्य की भूमिका में प्राप्त होता है।
- संगम साहित्य से ही हमें दक्षिण और उत्तर भारत की संस्कृतियों के सफल समन्वय का चित्र प्राप्त होता है।
- परिषदों अथवा संगमों का संगठन सर्वप्रथम पाण्ड्य राजाओं के संरक्षण में किया गया था।
- 'संगम' तमिल कवियों का संघ या मंडल था।

संगम युग का काल निर्धारण

1. नीलकंठ शास्त्री के अनुसार संगम साहित्य का रचना काल 100 ई॰ से 300 ई॰ के मध्य है।
2. श्रीनिवास आयंगर के अनुसार संगम साहित्य 500 ई॰पू॰ से 500 ई॰ में मध्य में रचा गया।
3. रामशरण शर्मा के अनुसार संगम साहित्य की रचना तथा उसका संकलन ईसा पू॰ की तीसरी से छठीं शताब्दी के मध्य रखा जा सकता है।

मान्य मत

- संगम काल का रचनाकाल 100 ई॰ से 250 ई॰ के बीच रखना उचित है।

संगम साहित्य के संकलन

- संगम साहित्य निम्नलिखित संगमों में प्राप्त है– नर्रिणई, करुन्दोहई, ऐन्गुरुनुरु, पदुत्पत्तु, पदिप्पन्तु, परिपाडल, कालिनोहई, अहनानरू और पुरनानुरू।
- सभी संकलों में 2289 रचनाएं उपलब्ध हैं।
- रचनाएँ 473 कवियों द्वारा की गयी हैं।

तीन संगम

- इरैयनार अगप्पोरूल की भाष्य की भूमिका में तीन संगमों का विवरण प्राप्त होता है। इसके अनुसार ये संगम 9,990

वर्ष चले इसमें 8598 कवियों ने भाग लिया। 197 पांड्य राजाओं ने इन संगमों को संरक्षण प्रदान किया। परंतु ऐसा विश्वास किया गया है कि इरैयनार अगप्पोरूल द्वारा दी गयी उपर्युक्त सूचनायें संगमों की गरिमा बढ़ाने के लिए अतिरंजित हैं।

प्रथम संगम (प्राचीन मदुरा में आयोजित)

- इस संगम के अध्यक्ष ऋषि अगस्त्य थे। इसे 89 पांड्य शासकों द्वारा संरक्षण प्रदान किया था। इसमें 4499 कवियों की रचनाएँ सम्मिलित हुई थीं तथा यह 4400 वर्ष तक चला था, ऐसा विवरण प्राप्त होता है, परंतु यह अतिरंजनापूर्ण वर्णन है।

द्वितीय संगम (कपातपुरम् में आयोजित)

- इस संगम की अध्यक्षता अगस्त्य तथा तोलकप्पियम ने किया था। ऐसा साहित्यिक उल्लेख प्राप्त होता है जिसके अतिरंजनापूर्ण विवरण के अनुसार इसे 59 पांड्य राजाओं का संरक्षण प्राप्त हुआ तथा इसमें 49 सदस्य सम्मिलित हुए थे।
- द्वितीय संगम में प्रणीत व्याकरण की प्रसिद्ध कृति तोलकाप्पियम ही उपलब्ध है, शेष ग्रंथ अप्राप्त हैं।

तृतीय संगम (मदुरा में आयोजित)

- इस संगम के अध्यक्ष नक्कीरर नामक कवि थे। यह संगम 1850 वर्षं तक चला बताया गया है तथा तमिल विवरण के अनुसार इसमें 449 कवियों ने भाग लिया। तीसरे संगम के तीन ग्रंथ अब उपलब्ध हैं:

  1. पत्थुप्पस्तु, 2. एतुत्थोकई, 3. पादिने नकील कनवकु।
- तीसरे संगम में निम्न तीन बड़े महाकाव्यों की भी रचना हुई।

  1. शिलप्पदिकारम, 2. मणिमेखलम्,
  3. जीवक चिंतामणि।

राज्यों का उदय

- **स्रोत**–संगमकालीन राजनीतिक आर्थिक, सांस्कृतिक, इतिहास की जानकारी के मुख्यत: तीन स्रोत हैं, संगम साहित्य, पुरातात्विक सामग्री एवं यूनानी तथा रोमन लेखकों के विवरण।
- संगम साहित्य से कृष्णा नदी के दक्षिण में स्थित तीन राज्यों पांड्य, चोल, चेरया, केरल राज्यों की जानकारी प्राप्त होती है।
- संगम साहित्य में इन राज्यों की उत्पत्ति अत्यंत प्राचीन दिखायी गयी है। इनका संबंध पांडव-कौरव अर्थात् महाभारत युद्ध से जोड़ा गया है और कहा गया है कि प्रथम चेर राजा उदियनजेरल ने कुरुक्षेत्र के युद्ध में भाग लिया था एवं कुरुक्षेत्र युद्ध में भाग लेने वाले सभी योद्धाओं को भोजन करवाया था। परंतु यह संगमकालीन राज्यों के गौरव-गाथा के लिए कही गयी एक कपोल कल्पित कहानी है।

चेर राज्य:

- चेर था केरल राज्य पांड्यों के देश के पश्चिम और उत्तर में स्थित था। इसमें आधुनिक काल-राज्यों का कुछ भाग ही सम्मिलित था।
- चेरों का प्रथम राजा उदियन जेरल था। इसका पुत्र नेदुलजेरल आदन था। इसकी राजधानी मरुदै थी। इसने चोल राजा कारिकाल से युद्ध किया जिसमें दोनों राजा मारे गए। दोनों की पत्नियाँ सती हो गयीं। इसने सब राजाओं को हराकर अधिराज की उपाधि धारण की थी तथा हिमालय तक अपने राज्य का विस्तार कर इमयवरम्बन की उपाधि धारण किया था। नेदुनजेरल के पश्चात् उसका छोटा भई कुट्टुवन सिंहासन पर बैठा। इसके काल में चोलों और चेर राज्यों में संधि हो गई। संगम कवियों के अनुसार नेदुनजेरल आदन का पुत्र सेनगुटट्वन चेरों का सबसे महान शासक था। इसके पास एक नौसेनिक बेड़ा भी थी। कहा गया है कि इसने गंगा को पार कर युद्ध किया परंतु यह अतिरंजित वर्णन है। इस चेर राजा के समय की एक महत्वपूर्ण घटना है। पत्रिनी (पत्नी) पूजा अर्थात् एक आदर्श तथा पवित्र पत्रिनी को देवी रूप में मूर्ति बनाकर पूजा जाता। इसे 'कण्णगी' की पूजा कहा गया है। इसका यशोगान परणर नामक कवि ने किया है।
- चेरों का एक महान् शासक पेरूनजेरल इरंपोरई था। इसने चोल और पांड्यों की सेना को परास्त किया था। इसका सर्वाधिक महत्वपूर्ण कार्य था, स्वर्ग से लाकर गन्ने की खेती की परंपरा का प्रारम्भ करना।
- संगम काल का अंतिम चेर शासक सेईयौ था। इसे समकालीन पाण्ड्य शासक नेडुजेलियन ने परतंत्र कर चेर राज्य की स्वाधीनता का अंत कर दिया।

चोल राज्य

- यह संगमकालीन राज्यों में सर्वाधिक शक्तिशाली राज्य था।
- यह पेन्नार तथा दक्षिणी वेल्लार नदियों के मध्य स्थित था। इसे चोलमण्डलम या कोरोमण्डल भी कहा जाता था।

- चोलों की सत्ता का प्रमुख केंद्र उरैयुर था जो राज्य की राजधानी भी थी।
- उरैयुर कपास के व्याार के लिए प्रसिद्ध था।
- प्रारंभिक चोल राजाओं में सर्वाधिक महत्वपूर्ण शासक कारिकल था। इसने 100 ई॰ के आस-पास शासन किया। इसने पुहार की स्थापना की तथा कावेरी नदी पर 100 किमी॰ लंबा बाँध बनवाया।
- कारिकल ने अपने समकालीन अनेक राजाओं से युद्ध किया। इसने वेणी (तंजौर) के समीप ग्यारह सामंत राजाओं के संघ को परास्त किया था। तत्पश्चात् इसने वाहैप्परण्डलें के युद्ध में नौ राजाओं के एक संघ को परास्त किया।
- संगम कवियों के अनुसार इसने हिमालय तक सैनिक अभियान किया था तथा व्रज, मगध एवं अवन्ति के शासकों को पराजित किया था। यह भी बताया गया है कि इसने लंका के राजा से भी युद्ध किया था तथा वहाँ से 12000 युद्धबंदियों को लाया था परंतु यह एक अतिरंजनापूर्ण वर्णन है। इसने अनेक वैदिक यज्ञ किये थे।
- चोल शासकों की स्मृति का मुख्य कारण था सूती कपड़े का व्यापार।
- चोलों के पास एक नौसेना भी थी।

पांड्य राज्य

पांड्यों का सर्वप्रथम उल्लेख मेगास्थनीज ने किया है। उसके अनुसार यह राज्य मोतियों के लिए प्रसिद्ध था। मेगास्थनीज के अनुसार इस राज्य पर एक औरत का शासन था। इसमें पांड्य राज्य के प्रारंभ में मातृसत्तात्मक होने का संकेत मिलता है।

- पांड्य राज्यों में आधुनिक विन्नेवेल्ली, रामनद और मदुरा जिले सम्मिलित थे।
- पांड्य की राजधानी मदुरा थी।
- पांड्य शासकों को तीन संगमों के संरक्षण का श्रेय प्राप्त है।
- पांड्य राजा के रोमन शासक आगस्टस के दरबार में अपने राजदूत भेजे थे।
- पांड्यों का प्रथम शासक नेडियोन था। इसने पहरूली नामक नदी को अस्तित्व प्रदान किया तथा समुद्र की पूजा भी इसी ने प्रारंभ कराई थी।
- नेडियोन के पश्चात् मुदुकुडुमी शासक बना। इसने अनेक यज्ञ करवाये तथा पलशाले की उपाधि धारण की।
- तीसरा शासक नेडुंजेलियन था। इसने पाँच राजाओं के संघ को तलेयालेगानम नामक युद्ध में परास्त किया था।

संगमकालीन संस्कृति

- दक्षिण भारत के चेर, चोल तथा पांड्य राज्य कुल संघ थे। अर्थात् राजवंश की सभी सदस्यों का प्रशासन में कुछ न कुछ हिस्सा होता है।
- इस युग में वंशानुगत राजतंत्र का प्रचलन था। उत्तराधिकार के लिए युद्ध होते थे। राजा प्रशासनिक कार्यों में सहायता के लिए मंत्री रखता था जो प्राय: ब्राह्मण होते थे।
- राजा प्रतिदिन अपनी सभा में प्रजा के कष्टों को सुनता था।
- राजा का सर्वोच्च न्यायालय राजा की सभा होती थी।
- मृत्युदण्ड की प्रथा प्रचलित थी।
- राज्य की आय के प्रमुख साधन कृषि तथा व्यापार पर लगाये जाने वाले कर थे। भूमिकर अन्न एवं नकद दोनों रूपों में लिया जाता था। सीमा-शुल्क से भी राज्य को अत्यधिक आमदनी होती थी। आंतरिक चुंगी की वसूली की जाती थी। युद्ध में लूट में प्राप्त की गयी सामग्री भी आयकर का प्रमुख स्रोत था।
- संगम शासक युद्ध के प्रेमी थे। ये चक्रवर्ती बनने की आकांक्षा रखते थे।
- सेना के कप्तान की उपाधि एनाडी थी।
- रथ, हाथी, घोड़े एवं पैदल सेना संगठित की जाती थी।
- राजा के आवास पर सशस्त्र महिलाएँ रक्षक के रूप में रहती थीं।
- युद्ध में मृत्यु स्वर्ग के द्वार के रूप में मान्य थी।
- युद्ध में मृत सैनिकों की पत्थर की मूर्तियाँ बनाई जाती थीं।

संगमकालीन सामाजिक स्थिति

- संगम युग की विशेषता है, उत्तरी और दक्षिणी भारत के सांस्कृतिक तत्वों का समन्वय।
- समाज तत्कालीन उत्तर भारत की तरह चातुर्वण्य व्यवस्था के अनुसार तो संगठित नहीं था परन्तु समाज अनेक वर्गों में विभक्त था।
- सामाजिक वर्गों में ब्राह्मणों को सर्वप्रथम स्थान प्राप्त था। ऐसा पता चलता है कि संगम काल में ही तमिल देशों में सर्वप्रथम ब्राह्मण का उदय हुआ। अनेक ब्राह्मण कवि होते थे। जनश्रुति के अनुसार एक चोल राजा कारिकाल ने एक ब्राह्मण को एक लाख स्वर्ण मुद्रायें दान में दी थी। ये यज्ञ सम्पन करवाते थे।
- संगम साहित्य के मूलपाठों में क्षत्रिय एवं वैश्य स्थायी

वर्णों के रूप में नहीं मिलते।

- ब्राह्मणों के पश्चात् संगमयुगीन समाज में बेल्लार वर्ग का स्थान था।
- संगम काल तक दक्षिण भारत में यज्ञों का प्रचलन हो चुका था। राजदरबारों में पुरोहितों तथा ब्राह्मणों की प्रतिष्ठा स्थापित हो चुकी थी।
- राजा पेशेवर लोगों की सेना रखता था। सेनापति को एनाडी कहा जाता था।
- वेल्लाल धनी किसानों का वर्ग था। यह दो भागों में विभाजित था। एक जमींदार तथा दूसरा भूमिहीन खेतिहर मजदूर वर्ग।
- वेल्लाल वर्ग के लोग नागरिक एवं सेना के पदों पर भी नियुक्त किये जाते थे। इन लोगों की गणना चौथी जाति के रूप में होती थी।
- वेल्लालों के प्रमुखों को वेलिर कहा गया है। इसका शादी-विवाह शासकों तथा राजपरिवारों के साथ होता था।
- शासकों की एक अलग जाति होती थी जिसे अरसर कहा जाता था।
- कृषि-कार्य सामान्यता निम्नतम वर्ग की औरतें करती थीं जिन्हें कडैसिवर कहा जाता था।
- एक अन्य जाति 'पुलैयन' का उल्लेख संगम साहित्य से प्राप्त होता है जो रस्सी से चारपाइयाँ बनाते थे तथा जानवरों के चमड़ों का उपयोग चटाई के रूप में करते थे।
- चारवाहों का एक अलग वर्ग था।
- तमिल देश की उत्तरी सीमा पर 'मलवर' नामक लोग रहा करते थे। ये चोरी-डकैती करते रहते थे।
- संगम कवियों ने मरवा नामक जनजातियों का उल्लेख किया है। इस जनजाति में वेच्ची नामक प्रथा प्रचलित थी।
- एनियर नामक बधिकों की भी एक जाति थी।
- सामाजिक विषमता व्याप्त थी।
- धनी वर्ग बहुमंजिली इमारतों तथा निर्धन झोपड़ी तथा टूटे-फूटे घरों में रहते थे।
- तोल्काप्पियम के अनुसार विवाह आर्यों द्वारा एक संस्कार के रूप में स्थापित किया गया था।

पाँच तिणैं

- तमिल देशों में प्रचलित स्त्री तथा पुरुष के सहज प्रणय तथा उससे संबंधित अभिव्यक्तियों को पाँच तिणैं कहा जाता था।

पैरुन्द्रिण– औचित्यहीन प्रणय को कहते थे।

- सती प्रथा का प्रचलन था।

आर्थिक जीवन

- दक्षिण भारत में भूमि अत्यंत उपजाऊ थी।
- चोल राज्य भैंस, कटहल, काली मिर्च तथा हल्दी के लिए प्रसिद्ध था।
- कावेरी डेल्टा के बारे में प्रसिद्ध है कि जितनी भूमि में एक हाथी बैठता था, उसमें उतनी पैदावार होती थी कि सात आदमी खा-पी सकें।
- कृषि आर्थिक व्यवस्था का मुख्य आधार थी। कृषि के कारण ही राज्य नियमित सेना रखने में समर्थ था।
- चोल राज्य में कावेरी का जल सिंचाई के लिए प्रयुक्त होता था।
- जमीन में धान, रागी तथा गन्ने की पैदावार होती थी। इनके अतिरिक्त तमिल क्षेत्र अन्य अनाज, फल, गोलमिर्च और हल्दी पैदा करता था।

व्यापार

- तमिल देशों ने व्यापार से अत्यधिक लाभ कमाया। इनका सर्वाधिक व्यापार रोमन राज्य के साथ था।
- पुहार नामक बंदरगाह काफी विकसित था तथा विदेशी जहाज बिना पाला उतारे ही तट पर आ जाते थे।
- संगम साहित्य के अनुसार पांड्य राज्य में शालियूर तथा चेर राज्य में बंदर नामक बंदरगाह काफी महत्वपूर्ण थे।
- पांड्य राज्य में समुद्री रास्ते से घोड़े का आयात होता था।
- दक्षिणी भारत एवं पश्चिमी देशों के व्यापार की पर्याप्त जानकारी एक अज्ञात ग्रीक नाविक द्वारा प्रथम शती में रचित ग्रंथ 'पेरिप्लस ऑफ दि एरिथ्रियन सी' से प्राप्त होती है।
- एरिथ्रियन सी में नौरा, तोंडी, मुशिरी और नेल्सिंडा पश्चिमी तट के प्रमुख बंदरगाह बताए गए हैं।
- प्लिनी तथा पेरिप्लस के उल्लेख के अनुसार मोती के सीप पांड्य देश के कोंलकै से प्राप्त होते थे।
- दक्षिणी राज्य गोल मिर्च का अत्यधिक उत्पादन करते थे जिसको भारतीय स्रोतों में यवनप्रिय कहा गया है। इसकी माँग पश्चिमी देशों में अत्यधिक थी।
- काली मिर्च, मसाले, हाथी दाँत, मोती, मलमल, रेशमी कपड़े, बारीक सूती कपड़े, बहुमूल्य रत्न, हीरे, नीलम, कार्पर निर्यात की प्रमुख सामग्री थे।

- आगस्टस टिवोरियस तथा नीरो के सोने-चाँदी के सिक्के प्रचुर मात्रा में प्राप्त हुए हैं।
- प्रथम शती ई॰ में मिस्र के नाविक हिप्पालस ने अरब सागर में मानसून की जानकारी दी। इससे दक्षिणी भारत का पश्चिमी देशों के साथ व्यापार व्यापक स्तर पर होने लगा था। यह व्यापार तीसरी सदी ई॰ के मध्य तक होता रहा।
- उरैयूर सूती कपड़ों का एक बहुत बड़ा केंद्र था।

ब्राह्मण धर्म का प्रारंभ तथा विकास

- अगस्त्य नामक वैदिक ऋषि की दक्षिण भारत में ब्राह्मण धर्म के प्रचार-प्रसार में मुख्य भूमिका थी।
- एक अनुश्रुति के अनुसार तमिल भाषा तथा उसके व्याकरण की उत्पत्ति अगस्त्य ऋषि ने की है।
- दक्षिण-भारत में ब्राह्मण धर्म के प्रचार-प्रसार में कौण्डिन्य नामक ऋषि की भी भूमिका थी।
- एक परंपरा के अनुसार दक्षिण में कृषि का विस्तार अगस्त्य ऋषि ने किया था।
- दक्षिण भारत के राजा यज्ञ करते थे जो वैदिक प्रभाव का सूचक है।
- ब्राह्मण जो वेदों के अनुयायी थे, का बौद्धों एवं जैनों से शास्त्रार्थ होता था।
- मुरूगन जिसे सुब्रह्मण्यम भी कहा जाता था, मुख्य स्थानीय देवता थे जो पूजे जाते थे। इसका एक अन्य नाम वेलन भी था।
- मुरूगन का एकीकरण स्कंद कार्तिकेय के साथ किया जाता है।
- विष्णु की उपासना भी होती थी।
- पुहार के वार्षिक उत्सव में इंद्र की पूजा होती थी। बहेलिये जाति के लोग कोरिले तथा पशुचारण जाति के लोग कृष्ण की नृत्य तथा गायन के साथ उपासना करते थे।
- मरियम्मा (दक्षिण में परशुराम की माता) शीतला (चेचक से संबंधित देवी) थी। यह भैंस और बकरे की बलि पसंद करती थी।
- चेलम्मा जिसका अर्थ है 'सीमांत की महिला' भी एक देवी थीं।
- शिव अर्धनारीश्वर, अनंतशायी, विष्णु, कृष्ण, बलराम आदि की भी पूजा प्रचलित थी।
- अनेक लोग संन्यासी का जीवन व्यतीत करते थे।
- लोगों को कर्म, पुनर्जन्म तथा भाग्यवाद पर विश्वास था।

बौद्ध धर्म का प्रसार

- अशोक अभिलेखों से पता चलता है कि उसने तमिल देशों में भी धर्म प्रचारक भेजे थे।
- दक्षिण भारत में बौद्ध धर्म के प्रसार की जानकारी पश्चिमी घाटी के पर्वतों पर पत्थर काट कर बनाए गए चैत्यों तथा विहारों में भव्य अवशेषों से प्राप्त होती है।
- नागार्जुनकोंड, गोली घंटाशीला तथा कांचीपुरम बौद्ध धर्म के केन्द्र थे।
- दक्षिण में महायान के अनेक महान् आचार्य हुए। लगभग दूसरी शताब्दी के मध्य में नागार्जुन ने शून्यवाद दर्शन विकसित किया।
- नागार्जुन का शिष्य आर्यदेव नालंदा में बौद्ध केन्द्र का आचार्य नियुक्त हुआ था। इन्होंने चतु:शतक नामक ग्रंथ की रचना की।
- दक्षिण में ही बृद्धपालित ने नागार्जुन के मूलमाध्यमिंक सूत्र पर भाष्य लिखा तथा भावविवेक ने तर्कज्वाला नामक ग्रंथ की रचना की।
- चंद्रकीर्ति नालंदा का महाध्यक्ष था जिसने दक्षिण में अनेक विहारों कों स्थापित किया था।
- शिलप्पदिकारम तथा मणिमेखलै नामक महाकालों से हमें कावेरी पट्टनम में बौद्ध तथा जैन संस्थानों के उल्लेख प्राप्त होते हैं।

जैनधर्म का प्रसार

- मौर्य काल में जैन धर्म का प्रसार दक्षिण में हुआ। चंद्रगुप्त मौर्य ने शासन त्यागकर कर्नाटक में श्रवण बेलगोला नामक स्थान पर जैन संन्यासी का जीवन व्यतीत किया तथा उपवास करके शरीर त्यागा।
- एक अन्य परम्परा के अनुसार महावीर स्वामी की मृत्यु के दो सौ वर्ष बाद मगध में भयंकर अकाल पड़ा जो बारह वर्षों तक चलता रहा। जैन संप्रदाय के लोग इस समय भद्रबाहु के नेतृत्व में उत्तर भारत से दक्षिण भारत की ओर प्रस्थान कर गये तथा वहाँ जैन धर्म का प्रचार-प्रसार किया।
- श्रवण बेलगोला में एक चंद्रागिरि पर्वत तथा भद्रबाहु गुफा है।

अनुश्रुतियों के आधार पर तीनों परिषदों या संगमों का विवरण निम्नलिखित है :

संगम	स्थान	अध्यक्ष	सदस्य संख्या	संरक्षक शासकों की संख्या	प्रस्तुत लेखक	संगम अवधि वर्ष	प्रमुख रचनायें
प्रथम	मदुरा	ऋषि अगस्त्य (अगातियनार)	549	79	4499	4400	अक्कातियम् परिपटल, मुदुनरै, मुदुकुख्कु, कलरियविरय (इनमें से कोई भी उपलब्ध नहीं है।)
द्वितीय	कपाटपुरम (अलैवै)	तोल्कापियर (संस्थापक अध्यक्ष अगस्त्य	49	59	3700	3700	अकत्तियम् तोल्काप्यिम्-माध्पुरानम्, इसै-नुनुक्कम, भूतपुरानम् कलि, कुरूक, वेन्दालि व्याल्मलय (इनमें से केवल तोल्काप्पियम् उपलब्ध है।)
तृतीय	उत्तरी मदुरा	नक्कीरर	49	49	449	1850	नेडुण्वोकै, कुरून्थोकै, नत्रिनै, एन्कुरून्नूर पंदित्रुप्पत्तु, नूत्रैम्वथु, परिपादल वरि, पेरिसै, सितारिसै (इनमें से भी अधिकांश नष्ट हो गये हैं, तथापि अवशिष्ट सभी तमिल साहित्य इसी संगम से संबंधित हैं।)

विषय-वस्तु की दृष्टि से संगम काव्य को दो मुख्य भागों में विभक्त किया जा सकता है :

1. अहम (Aham)– इसका संबंध प्रेम से है ।
2. पुरम (Puram)– ये युद्ध से संबंधित है ।

संगम साहित्य का एक और विभाजन उनमें वर्णित तमिल प्रदेश के विभिन्न भौगोलिक क्षेत्रों के आधार पर किया जा सकता है:

1. कुरिजि (kurinji)– पार्वत्य प्रदेश (hills) से संबंधित
2. नीथल (Neydal)– समुद्र तट (Sea-coast)
3. मुरूथम (Marudam)– कृषि भूमि (cultivated lands)
4. मुलै (Mullai)– अरण्य भूमि (Jangle & wood-lands)
5. पलै (Palai)– निर्जल स्थल (Dry land)

संगम साहित्य

संगम-कालीन कतिपय प्रमुख साहित्य का विवरण निम्नवत् है :

संगम साहित्य	रचनाकार	टिप्पणी
1. तोलकाभिषण	तोलकाप्पिकार	इसकी विषय-वस्तु व्याकरण (grammar) है। इसमें तीन खंड हैं। यह धर्म, अर्थ, काम, मोक्ष की नियमावली भी है।
2. शिलप्पादिकरम्	इलांगो आदिगल	यह एक नृपुर की कहानी है। यह कोवलन तथा माधवी के प्रेम प्रसंगों पर आधारित है। यह एक विख्यात महाकाव्य है, जिसे प्रो॰ मेहम्डाले ने तमिल काव्य का इलियड कहा है।
3. मणिमेकलै	सीतलै सतनार	यह भी एक महाकाव्य है। इसमें कोबलन तथा माधवी से उत्पन्न पुत्री के साहस (adventure) का वर्णन है। प्रो॰ मेहण्डाले ने इसे तमिल काव्य का ओडिसी माना है।

		यह एकमात्र ऐसा ग्रंथ है, जिसमें संगम युग में ललित कला (fine arts) के विकास का वर्णन है।
4. जीवकचिन्तामणि	तिरूत्तक्कदेवर	यह भी एक महाकाव्य है । इसे कभी-कभी मणनूल (Book of Marriage), भी कहा जाता है ।
5. कुरल	तिरुवल्लुवर	यह अष्टादश लघु उपदेश गीत (पदिने-किल्कण्वकु) है । यह तमिल साहित्य का आधार ग्रंथ माना जाता है । इसमें धर्मशास्त्र, अर्थशास्त्र तथा कामसूत्र का संयोजन है ।
6. मुरूगरूप्पादय	नक्कीर्र	मुरुगन भक्तों द्वारा इसकी उपासना की जाती है ।
7. ऐंगुरुनुरू	गुदातुर किलर	यह एक काव्य है, जिसकी रचना मन्दरांजेटल इरूप्पोराय के अनुरोध पर की गई थी ।
8. अहानानुकू	रुद्रसर्मन	यह एक काव्य है, जिसकी रचना युवराज उग्रपेरूवलुदी के अनुरोध ।
9. पालामोली	मुरूराय अरैयर	
10. पेरूगदाय	कोंगुवेलिर	
11. नालवेन्दा	पुहालेन्दी	
12. पत्तुप्पतु	दस गीतों की संग्रह को पतुप्पतु कहते थे इसमें 2279 कवितायें 473 कवियों द्वारा लिखी गई हैं ।	यह एक प्रकार का दशगीत है । ये ज्यादातर चोल शासकों को समर्पित हैं ।
13. परित्रुप्पतु		इसमें चेर शासकों के शौर्य का विवरण है । इसके माध्यम से चेर-कालीन इतिहास एवं संस्कृति पर व्यापक प्रकाश पड़ता है ।
14. एत्तुतोकै	(अष्ट संग्रह) आठ गीतों के संग्रह को एत्तुकै कहते थे ।	तीसरे संगम के ग्रंथ के रूप में मिलते हैं। एत्तुतोकै इनमें प्रथम संग्रह ग्रंथ है ।

संगम-युग के तिथि निर्धारण में विभिन्न विद्वानों के विचार

1.	नीलकंठ शास्त्री	100 ई॰ 200 ई॰ तक
2.	प्रो॰ आर॰ एस॰ अय्यर, एम॰ एन॰ वेंकटरनप्पा, श्रीनिवासमूर्ति	150 ई॰ 550 ई॰
3.	आर॰ सी॰ मजूमदार, एवं एम॰ ए॰ मेहेण्डाले	ई॰ पू॰ 500-600 ई॰
4.	आर॰ एस॰ शर्मा	प्रथम शताब्दी से छठी शताब्दी ई॰ सन्
5.	सर्वाधिक मान्य तिथि	150ई॰-550ई॰

गुप्त साम्राज्य तथा भारत के क्षेत्रीय राज्य

- कुषाण साम्राज्य के ध्वंसावशेषों पर गुप्त सम्राज्य का उदय हुआ। संभवत: ये लोग कुषाणों के सामंत थे और कुषाणों के बाद उनका स्थान ले लिया। उत्तर भारत में कुषाण सत्ता 230 ई० के लगभग समाप्त हो गई, तब मध्य भारत का एक बड़ा भू-भाग शक मुरण्डों के शासन में आ गया जो कि 250 ई० तक शासन करते रहे। उसके बाद 275 ई० के आस-पास गुप्तवंश अस्तित्व में आया।

गुप्त वंश के इतिहास जानने के स्रोत

- शूद्रक-कृत 'मृच्छकटिकम' एवं 'वात्स्यायन' के 'कामसूत्र' से भी गुप्तकालीन शासन-व्यवस्था एवं नगर-जीवन के विषय में रोचक जानकारी मिलती है।
- विशाखादत्त-कृत्त 'देवीचन्द्रगुप्तम' नाटक से गुप्तवंशी नरेश रामगुप्त एवं चन्द्रगुप्त द्वितीय के विषय में महत्वपूर्ण सूचना मिलती है।
- चीनी यात्री फाह्यान गुप्तनरेश चन्द्रगुप्त द्वितीय (375-415 ई०) के शासनकाल में भारत आया था। उसने मध्यप्रदेश की जनता का वर्णन किया है।
- सातवीं शदी के चीनी यात्री ह्वेनसांग के विवरण से भी गुप्त वंश के इतिहास के विषय में कुछ सूचनाएँ मिलती हैं। उसमें कुमार गुप्त, प्रथम बुद्धगुप्त, बालादित्य, आदिगुप्त शासकों का उल्लेख मिलता है।
- इसके अलावा कामंद का नीतिसार, नारदस्मृति, वृहस्पति स्मृति, कालिदास का अभिज्ञानशाकुंतलम, मेघदूत, रघुवंशम, मालविकाग्निमित्र, ऋतुसंहार, कुमार संभव, विशाखादत्त का देवी चंदगुप्तम्, विज्जिक की कौमुदी महोत्सव, शूद्रक का मृच्छकटिक, सोमदेव का कथासरित्सागर, भास का स्वप्नवासवर्दत, परिपृच्छा, काव्यमीमांसा, आयुर्वेददीपिका, सेतुबंध इत्यादि से भी गुप्तकालीन शासन व्यवस्था, सामाजिक व्यवस्था राजनीतिक व्यवस्था, तथा आर्थिक दशा के बारे में जानकारी मिलती है।

उत्पत्ति

- गुप्तों के उत्पत्ति के संबंध में विभिन्न विद्वानों ने भिन्न मत दिए हैं।
- काशी प्रसाद जायसवाल के अनुसार गुप्त सम्राट जाट और मूलत: पंजाब के निवासी थे।
- प्रो० एस० के० आयंगर, ए० एस० अल्टेकर, रोमिला थापर, रामशरण शर्मा, गुप्तों को वैश्य मानते हैं।
- सुधाकर चट्टोपाध्याय, आर. सी. मजूमदार, गौरी शंकर ओझा, गुप्तों को क्षत्रिय मानते हैं।
- डॉ० राय चौधरी के अनुसार गुप्त ब्राह्मण थे।
- एलन, आर. सी. मजूमदार, गुप्तों का मूल निवास- स्थान बंगाल प्रदेश को बनाते हैं। इस मत का मुख्य आधार चीनी यात्री इत्सिंग का यात्रा विवरण है।

श्रीगुप्त (240-280 ई०)

- श्रीगुप्त गुप्तवंश का संस्थापक था जिन्होंने 240 ई० से 280 ई० तक शासन किया।
- श्रीगुप्त ने 'महाराज' की उपाधि धारण की।
- श्रीगुप्त स्वतंत्र शासक न होकर किसी के अधीन शासक था क्योंकि उस समय महाराज की उपाधि सामंत को प्रदान की जाती थी।
- समुद्रगुप्त ने स्वयं को प्रयाग प्रशस्ति में प्रपौत्र कहा है।
- श्रीगुप्त के बाद उसका पुत्र घटोत्कच शासक हुआ जो 280 ई० से 320 ई० तक शासन किया।
- घटोत्कच ने भी 'महाराज' की उपाधि धारण की।

चन्द्रगुप्त प्रथम (319-335 ई०)

- घटोत्कच के बाद उसका पुत्र चन्द्रगुप्त प्रथम गुप्तवंश का शासक हुआ। इसने 'महाराजाधिराज' की पदवी धारण की।
- चन्द्रगुप्त प्रथम ने लिच्छवी राजकुमारी कुमारदेवी के साथ विवाह किया था।
- 319-20 ई० में चन्द्रगुप्त प्रथम ने 'गुप्त संवत' का प्रारंभ किया।
- चंद्रगुप्त ने सोने के सिक्के चलाए और अपने सिक्के पर उसने कुमारदेवी का नाम भी खुदवाया।
- गुप्तवंश में सर्वप्रथम चंद्रगुप्त प्रथम ने ही रजत-मुद्राओं का प्रचलन करवाया था।
- कुमारदेवी के साथ विवाह करके चंद्रगुप्त प्रथम ने वैशाली राज्य प्राप्त कर लिया।
- नेपाल के राज्य को उसके पुत्र तथा उत्तराधिकारी समुद्रगुप्त ने अपने अधिकार में किया था। प्रयाग- प्रशस्ति में इस

राज्य का उल्लेख गुप्तों के प्रयत्न राज्य (सीमान्त राज्य के रूप में) स्थापित किया गया है।

- कौशांबी तथा कौशल के मध राजाओं को चंद्रगुप्त ने जीतकर उनके राज्यों पर अपना अधिकार कर लिया था।

समुद्रगुप्त (335-380 ई॰):

- समुद्रगुप्त का कार्यकाल राजनैतिक तथा सांस्कृतिक दोनो ही दृष्टियों से गुप्त-साम्राज्य के उत्कर्ष का काल माना जाता है।
- समुद्रगुप्त के इतिहास का सर्वप्रमुख स्रोत उसी का अभिलेख है, जिसे 'प्रयाग-प्रशस्ति' कहा जाता है। इसकी रचना 'हरिषेण' ने की थी। यह लेख मूलत: कौशाम्बी में खुदवाया गया था। यह ब्राह्मी लिपि में तथा विशुद्ध संस्कृत भाषा में लिखा हुआ है। यह संस्कृत की चम्पू-शैली का सुन्दर उदाहरण है।
- मध्य प्रदेश के सागर जिले में एरण नामक स्थान से समुद्रगुप्त का एक लेख मिला है। अभिलेख में उसकी पत्नी का नाम दतदेवी मिलता है।
- समुद्रगुप्त को उत्तराधिकार के लिए युद्ध अपने भाई काच के लिए लड़ना पड़ा क्योंकि एक सोने के सिक्के पर 'काच' लिखा हुआ पाया गया है।
- समुद्रगुप्त को 'भारत का नेपोलियन' कहा जाता है। समुद्रगुप्त अपने को भारत का 'लिच्छवि दौहित्र' कहकर गर्व का अनुभव करता था।
- सर्वप्रथम समुद्रगुप्त ने आर्यावृत के प्रथम युद्ध में अच्युत नागसेन तथा कोतकुलज वंश को हराया।
- दक्षिणापथ के युद्ध में समुद्रगुप्त ने 12 राजाओं को परास्त किया, इसको धर्म विजय कहा गया है।
- समुद्रगुप्त ने सीमावर्ती राज्यों 5 राजतंत्रों तथा 9 गणराज्यों को विजित किया।
- समुद्रगुप्त का समकालीन शक शासक रुद्रसिंह तृतीय था।
- लंका नरेश मेघवर्ण भी समुद्रगुप्त का समकालीन था।
- समुद्रगुप्त को 'कविराज' भी कहा जाता है। वह संगीत कला में भी निपुण था। उसने अश्वमेध यज्ञ भी किया, क्योंकि उसके सिक्कों पर 'अश्वमेध पराक्रम' लिखा मिलता है।
- भद्रपीठ पर बैठी वीणा बजाती हुई उसकी आकृति उसके एक सिक्के पर मिलती है। वह विष्णु का भक्त था।

समुद्रगुप्त के विजय अभियान के पाच चरण

प्रथम चरण– गंगा-यमुना दोआब के राज्य।
द्वितीय चरण– पूर्वी हिमालय के राज्य नेपाल, असम, बंगाल आदि के शासक।
तृतीय चरण– पूर्वी विंध्य क्षेत्र के आटविक राज्य।
चतुर्थ चरण– पूर्वी दक्कन और भारत के बारह शासक (जिन्हें जीतकर मुक्त कर दिया गया)।
पंचम चरण– शक एवं कुषाण (जो अफगानिस्तान में शासन करते थे)।

- इसकी इन्हीं विजयों को देखते हुए स्मिथ ने इसे भारत का नेपोलियन कहा है।
- समुद्रगुप्त के पास एक शक्तिशाली नौसेना भी थी, जिससे यह विदेशों से संबंध सुदृढ़ कर सका।
- लेकिन, सिंधु नदी के पास एक छोटा-सा कुषाण राज्य था जो 'विदार' कुषाण का वंशज था।
- अपने विजय अभियानों को पूरा करने के बाद समुद्रगुप्त ने 'अश्वमेध यज्ञ' किया और अपने सिक्के पर 'यूप' की आकृति खुदवाई। उसने अश्वमेध पराक्रम, अप्रतिरत, व्याधपराक्रम की उपाधि ली।
- चीनी स्रोत के अनुसार श्रीलंका के शासक मेघवर्मन ने समुद्रगुप्त से गया में बौद्धमठ बनाने की अनुमति माँगी।

समुद्रगुप्त की विविध प्रकार की मुद्राएँ

1. **गरुड़ प्रकार**– इसके मुख भाग पर अलंकृत वेष-भूषा में राजा की आकृति, गरुड़ध्वज, उसका नाम तथा मुद्रा लेख (सैकड़ों युद्धों को जीतने तथा रिपुओं का मर्दन करने वाला) अंकित है। पृष्ठ भाग पर सिंहासनासीन देवी के साथ-साथ 'पराक्रम' शब्द अंकित है।
2. **धनुर्धारी प्रकार :** इनके मुख भाग पर सम्राट धनुष-बाण लिए हुए खड़ा है तथा मुद्रा लेख 'अजेय राजा पृथ्वी को जीतकर उत्तम कर्मों द्वारा स्वर्ग को जीतता है' लिखा हुआ है। पृष्ठ भाग पर सिंहवाहिनी देवी के साथ उसकी उपाधि 'अप्रतिरथ' अंकित है।
3. **परशु प्रकार :** मुख भाग पर बाएँ हाथ में परशु धारण किए हुए राजा का चित्र तथा मुद्रा लेख 'कृतान्त परशु राजा-राजाओं का विजेता तथा अजेय है' उत्कीर्ण है, पृष्ठ भाग पर देवी की आकृति तथा उसकी उपाधि 'कृतांत परशु' अंकित है।
4. **अश्वमेध प्रकार :** इसके मुख्य भाग पर यज्ञ यूप में बंधे हुए घोड़े का चित्र तथा मुद्रा लेख 'राजाधिराज पृथ्वी को जीतकर तथा अश्वमेध यज्ञ का अनुष्ठान कर स्वर्ग लोक

की विजय करता है। पृष्ठ भाग पर राजमहिषी की आकृति के साथ-साथ 'अश्वेध पराक्रम' अंकित है।

5. **व्याघ्र हनन प्रकार :** मुख भाग पर धनुष-बाण से व्याघ्र का आखेट करते हुए राजा की आकृति तथा उसकी उपाधि 'व्याघ्र पराक्रम' अंकित है। पृष्ठ भाग पर मकरवाहिनी गंगा की आकृति के साथ-साथ 'राजा समुद्रगुप्त' उत्कीर्ण है।

6. **वीणावादन प्रकार :** मुख भाग पर वीणा बजाते हुए राजा की आकृति तथा मुद्रा लेख 'महाराजधिराज श्री समुद्रगुप्त' उत्कीर्ण है। पृष्ठ भाग पर हाथ में कार्नकोपिया लिए हुए लक्ष्मी की आकृति अंकित है।

शासक की उपाधि	शासक
लिच्छवि दौहित्र	समुद्रगुप्त
देवगुप्त	चंद्रगुप्त
महेन्द्रादित्य	कुमार गुप्त
शक्रादित्य	स्कंदगुप्त

चन्द्रगुप्त द्वितीय (375–412 ई॰)

- समुद्रगुप्त के पश्चात् चन्द्रगुप्त द्वितीय सर्वाधिक महत्वपूर्ण एवं शक्तिशाली शासक बना।
- चन्द्रगुप्त द्वितीय संभवत: अपने बड़े भाई रामगुप्त की हत्या करके गद्दी पर बैठा।
- विशाखादत्त के 'देवीचंद्रगुप्तम', बाणभट्ट के 'हर्षचरित' अमोघवर्ष के संजान ताम्र पत्र, गोविन्द चतुर्थ के साँगली एवं संभात दानपत्र–इनसे रामगुप्त के विषय में प्रकाश पड़ता है।
- इसका दूसरा नाम देवराज तथा देवगुप्त भी मिलता है। इसने अपने साम्राज्य को विवाह संबंधों और विजयों द्वारा बढ़ाया। इसने अपनी पुत्री प्रभावती का विवाह वाकाटक राजा रुद्रसेन से किया। जिसकी मृत्यु के पश्चात् प्रभावती अपने छोटे पुत्र को गद्दी पर बैठाकर वास्तविक शासिका बन गई। चंद्रगुप्त ने अप्रत्यक्ष रूप से वाकाटक राज्य पर अपना शासन स्थापित कर लिया था।
- चंद्रगुप्त द्वितीय ने पश्चिम मालवा व गुजरात को भी जीता।
- उज्जैन को इसने अपने द्वितीय राजधानी बनाया।
- शक-विजय के पश्चात् इसने 'विक्रमादित्य' की उपाधि धारण की।
- चंद्रगुप्त द्वितीय ने नाग राजकुमारी कुबेरनागा से विवाह किया।
- उदयगिरी गुहालेख के शब्दों में चंद्रगुप्त द्वितीय का उद्देश्य 'सम्पूर्ण पृथ्वी को जीतना' था।
- भारतीय अनुश्रुतियाँ चन्द्रगुप्त द्वितीय को 'शकारि' के रूप में स्मरण करती है।
- 'चन्द्र' नामक राजा की पहचान चन्द्रगुप्त द्वितीय के साथ की गई है।
- 'आम्रकार्द्दव' चन्द्रगुप्त का प्रधान सेनापति था।
- चन्द्रगुप्त एक धर्मनिष्ठ वैष्णव था जिसने 'परमभागवत' की उपाधि धारण की।
- चन्द्रगुप्त का सन्धिविग्रहिक सचिव वीरसेन शैव (अर्थात् शैव धर्म को मानने वाला) था।

विजय

- चंद्रगुप्त द्वितीय ने पश्चिमी भारत के शकों का उन्मूलन किया। शक उन दिनों गुजरात और काठियावाड़ में शासन करते थे। चन्द्रगुप्त द्वितीय का शक प्रतिद्वन्द्वी, रुद्रसिंह तृतीय मार डाला गया।
- शक विजय के पश्चात्, उसने शक की मुद्राओं के अनुकरण पर, अपनी चाँदी की मुद्रायें चलायीं।
- शक विजय के पश्चात्, पश्चिमी समुद्र तट के प्रसिद्ध बन्दरगाह भृगुकच्छ (भड़ौच) के ऊपर उसका नियंत्रण हो गया।
- मेहरौली स्तंभ लेख चन्द्रगुप्त द्वितीय से संबंधित है।

चन्द्रगुप्त द्वितीय के समय के कुछ प्रमुख अभिलेख

(*i*) मथुरा स्तंभ लेख (गुप्त संवत् 61-380 ई॰)।
(*ii*) उदयगिरि-गुहा-लेख (गुप्त संवत् 82-411 ई॰)।
(*iii*) गढ़वा शिलालेख (गुप्त संवत 88-407 ई॰)– इस शिलालेख में चन्द्रगुप्त को परम भागवत कहा गया है।
(*iv*) साँची का लेख (गुप्त संवत् 93-412 ई॰)।
(*v*) उदयगिरि का गुफा लेख।
(*v*) मथुरा का शिलालेख।

- महरौली के लौह स्तंभ अभिलेख में एक चन्द्र नामक राजा की विजय कीर्ति अंकित है। वह चन्द्र नामक राजा चन्द्रगुप्त विक्रमादित्य ही माना जाता है।
- चन्द्रगुप्त के उज्जैन स्थित दरबार में कालिदास व अमरसिंह जैसे असंख्य विद्वान् थे।
- इसके शासनकाल में ही चीनी यात्री फाह्यान (399-414

ई॰) भारत आया व उसने भारत का वृत्तांत लिखा।

- चन्द्रगुप्त द्वितीय के साम्राज्य की पश्चिमी सीमा पंजाब तक तथा पूर्वी सीमा बंगाल तक विस्तृत था। दक्षिण पश्चिम में सिंधु, डेल्टा, गुजरात और काठियावाड़ पर उसका अधिकार था। इस साम्राज्य की राजधानी पाटलिपुत्र थी।
- शक विजय के पश्चात् चन्द्रगुप्त द्वितीय ने अपनी दूसरी राजधानी उज्जैन में स्थापित की।
- चन्द्रगुप्त द्वितीय ने 40 वर्षों तक शासन किया।
- चन्द्रगुप्त एक धर्मनिष्ठ वैष्णव था जिसने 'परम भागवत' की उपाधि धारण की।
- मेहरौली लेख के अनुसार उसने विष्णुपद पर्वत पर विष्णुध्वज की स्थापना करवाई थी।

चन्द्रगुप्त द्वितीय के नवरत्न

(i) कालिदास, *(ii)* धन्वतरि, *(iii)* क्षपणक, *(iv)* अमर सिंह, *(v)* शंकु, *(vi)* बेतालभट्ट, *(vii)* घटकर्पर *(viii)* वराहमिहिर, *(ix)* वररुचि।

कुमारगुप्त (412–454 ई॰)

- चन्द्र गुप्त द्वितीय के बाद उसका पुत्र कुमार गुप्त शासक बना। उसने महेंद्रदित्य की उपाधि धारण की।
- कुमार गुप्त के शासन का अध्ययन निम्न अभिलेखों के माध्यम से होता है

  (i) भिलसड़ का स्तंभ अभिलेख (गुप्त संवत् 96-515 ई॰)

  (ii) गढ़वालेख (गुप्त संवत् 98-415 ई॰)।

  (iii) मनसोर प्रशस्ति।

  (iv) करमदण्डा का लेख (गुप्त संवत् 117-436 ई॰)।

  (v) दामोदरपुर के ताम्रपत्र।

  (vi) साँची का लेख।
- स्कंदगुप्त के भीतरी स्तंभ अभिलेख से ज्ञात होता है कि कुमारगुप्त के समय पुष्यभूतियों का हमला हुआ। स्कंदगुप्त इनके विरुद्ध अभियान का नेतृत्व करने के पश्चात् वापस लौटने पर अपने पिता को मृत पाया।
- कुमारगुप्त ने अश्वमेध यज्ञ करवाया था।
- ह्वेनसांग ने कुमारगुप्त का उल्लेख शुक्रादित्य के नाम से किया है।
- कुमारगुप्त को ही 'नालंदा विश्वविद्यालय' का संस्थापक माना जाता है। इसका राज्य सौराष्ट्र से बंगाल तक फैला हुआ था। अपने राज्य के अंतिम दिनों में उसे पुष्यमित्र आदि जातियों के विद्रोह का सामना करना पड़ा था। इसी काल से गुप्त साम्राज्य का पतन शुरू हो गया था।
- पश्चिमी भारत के विशाल भू-भाग से कुमारगुप्त की स्वर्ण, रजत तथा ताम्र मुदाएँ प्राप्त होती हैं।
- कुमारगुप्त ने ही सर्वप्रथम मध्य भारत में मयूर शैली की चाँदी की मुद्राएँ चलायीं। मध्य भारत में रजत सिक्कों का प्रंचलन भी उसी के काल में हुआ था।

कुमारगुप्त के अभिलेख

कुमार गुप्त के अब तक 18 अभिलेख प्राप्त हुए हैं।

कुछ प्रमुख अभिलेख : **भिलसड़ अभिलेख :** यह कुमारगुप्त के शासन काल का प्रथम अभिलेख है। जिस पर गुप्त संवत् (96-415 ई॰) की तिथि अंकित है। भिलसड़ उत्तर प्रदेश के एटा जिले में स्थित है। इसमें कुमारगुप्त प्रथम तक की वंशावली प्राप्त होती है। इसमें ध्रुव शर्मा नामक एक ब्राह्मण के द्वारा स्वामी (महासेन) कार्तिकेय के मंदरि तथा धर्मसंघ बनवाये जाने का उल्लेख है।

- इलाहाबाद जिले में स्थित गढ़वा से कुमारगुप्त के दो शिलालेख प्राप्त हुए हैं।
- **मंदसोर अभिलेख :** मंदसोर प्राचीन मालवा में स्थित था, जिसका एक नाम दशपुर भी मिलता है। यह लेख प्रशस्ति के रूप में है जिसकी रचना वत्स भट्ट ने की थी। इसमें कुमार गुप्त के राज्यपाल वन्तुवर्मा तथा सूर्यमंदिर के निर्माण का उल्लेख है।
- **करमदंडा अभिलेख :** करमदंडा उत्तर प्रदेश के फैजाबाद जिले में स्थित है। यह शिव-प्रतिमा के निचले भाग में उत्कीर्ण है। इस प्रतिमा की स्थापना, कुमारगुप्त के मंत्री पृथ्वीसेन ने की थी।
- **मनकुंवर अभिलेख:** मनकुंवर इलाहाबाद जिले में स्थित है। यह बुद्ध प्रतिमा के निचले भाग में उत्कीर्ण है। इस मूर्ति की स्थापना 'बुद्धिमित्र' नामक बौद्ध भिक्षु द्वारा करवाई गई थी।
- **मथुरा का लेख :** इस लेख पर गुप्त संवत् (135-450 ई॰) की तिथि अंकित है। हरिस्वामिनी द्वारा साँची के

आर्य एक संघ को धन दान में दिये जाने का उल्लेख है।

- **उदयगिरी गुहा अभिलेख** (106-425 ई॰) : इस जैन अभिलेख में, शंकर नामक एक व्यक्ति द्वारा पार्श्वनाथ की मूर्ति स्थापित किये जाने का उल्लेख है।
- **तुमैन अभिलेख :** तुमैन मध्य प्रदेश के ग्वालियर में स्थित है। इसमें कुमारगुप्त को 'शरद्कालीन सूर्य' की भाँति बताया गया है।
- **बंगाल से प्राप्त अभिलेख :** *(i)* धनैदह ताम्रपत्र, *(ii)* दामोदरपुर ताम्रपत्र, *(iii)* वैग्राम तामपत्र, धनैदह बंगला देश के राजशाही जिले में स्थित है। इसमें कुमार- गुप्त को परमभट्टारक, महाराजाधिराज, परमदैव कहा गया है तथा वाराहरवामिन नामक एक ब्राह्मण को भूमि दान में दिये जाने का वर्णन है।
- **पुण्ड्रवर्धन दामोदरपुर :** बंगलादेश के दीना पुर जिले में स्थित है। यहाँ से कुमारगुप्त प्रथम के दो लेख 443 तथा 448 ई॰ के मिलते हैं। इससे उसकी शासन व्यवस्था पर प्रकाश पड़ता है।
- **वैग्राम :** बांगलादेश के बोगरा जिले में स्थित है। 128-447 ई॰। यहाँ गोविन्द स्वामिन् के मंदिर के निर्वाह के लिए भूमिदान में दिये जाने का वर्णन है।

स्कंदगुप्त (455-467 ई॰)

- कुमारगुप्त के बाद स्कंदगुप्त ज्येष्ठ पुत्र न होते हुए भी राज्य का उत्तराधिकारी बना।
- राज्यारोहण के तुरंत बाद ही उसे हूणों के आक्रमण का सामना करना पड़ा। उसने पूरी दृढ़ता के साथ हूण आक्रमण का सामना किया जिसमें हूणों की करारी पराजय हुई। इस उपलक्ष्य में स्कंदगुप्त नें 'विक्रमादित्य' की उपाधि धारण की।
- चंदव्याकरण, कथासरित्सागर, स्कंदगुप्त के भीतरी स्तंभ लेख और जूनागढ़ शिलालेख में हूणों पर स्कंदगुप्त की' विजय का उल्लेख मिलता है।
- स्कंदगुप्त ने सौराष्ट्र में पर्णदत्त नामक एक समर्थ व्यक्ति को वहाँ का राज्यपाल नियुक्त किया। जूनागढ़ शिलालेख से ज्ञात होता है कि स्कंदगुप्त ने सुदर्शन झील का पुनर्निर्माण करवाया था। इस झील की मरम्मत पर्णदत्त और उसके पुत्र चक्रपालित की निगरानी में करवाया गया था।
- स्कंदगुप्त ने 454 ई॰ से लेकर 467 ई॰ तक शासन किया और उसने 'शुक्रादित्य' की उपाधि धारण की।
- उत्तर में हिमालय से लेकर दक्षिण में नर्मदा नदी तक, पूर्व में बंगाल से लेकर पश्चिम में सौराष्ट्र तक के विस्तृत भू-भाग पर शासन करने वाला, वह अंतिम महान् गुप्त सम्राट था।

गुप्त शासकों पर किये गये आक्रमण

चन्द्रगुप्त – शकों के विरुद्ध।
कुमारगुप्त – पुष्यभूतियों के विरुद्ध।
स्कंदगुप्त – हूणों के विरुद्ध।

स्कंदगुप्तकालीन अभिलेख :

- **भीतरी स्तंभ लेख:** यह उ॰ प्र॰ के गाजीपुर जिले की सैदपुर तहसील में भितरी नामक स्थान से मिला है। इसमें पुष्यमित्रों और हूणों के साथ स्कंदगुप्त के युद्ध का वर्णन है।
- **जूनागढ़ अभिलेख :** यह स्कंदगुप्त का सर्वाधिक महत्वूपर्ण लेख है। इस लेख से पता चलता है कि स्कंदगुप्त ने हूणों को परास्त कर सौराष्ट्र प्रांत में 'पर्णदत्त' को अपना राज्यपाल नियुक्त किया।
- **विहार स्तंभ :** इसमें स्कंदगुप्त के समय तक गुप्त राजाओं के नाम तथा कुछ पदाधिकारियों के नाम मिलते हैं।
- **इंदौर ताम्रपत्र :** (146 गुप्त संवत् अर्थात् 465 ई॰) इस लेख में सूर्य की पूजा तथा सूर्य के मंदिर में दीपक जलाये जाने के लिए धन दान दिये जाने का विवरण मिलता है।
- **कहौम स्तंभ लेख:** उ॰ प्र॰ के गोरखपुर जिले में स्थित कहौम नामक स्थान से प्राप्त इस लेख से ज्ञात होता है कि भद्र नामक व्यक्ति ने पांच जैन तीर्थंकरों की प्रतिमाओं का निर्माण करवाया था।
- **सुपिया का लेख :** म॰ प्र॰ के रीवा जिले में स्थित सुप्रिया नामक स्थान से ये लेख प्राप्त हुआ है। इसमें गुप्त शासकों की वंशावली घटोत्कच के समय से मिलती है तथा गुप्त वंश को 'घटोत्क वंश कहा' गया है।
- **गढ़वा शिलालेख :** इलाहाबाद जिले के करछना तहसील के गढ़वा नामक स्थान से मिला है। यह स्कंदगुप्त के शासनकाल का अंतिम अभिलेख है। इसकी अंकित तिथि गुप्त संवत् 148-467 ई॰ है।

समुद्रगुप्त द्वारा पराजित हुए राज्य :

	राज्य	राजा
1.	कोसल	महेन्द्र
2.	महाकान्तर	व्याघ्रराज
3.	कुराल	मण्टराज
4.	पिष्टपुर	महेन्द्रगिरी
5.	कोट्टूर	स्वामीदत्त
6.	एण्डपल्ल	दमन
7.	कांची	विष्णुगोप
8.	अवमुक्त	नीलराज
9.	बेंगी	हस्तिवर्मा
10.	पालक्क	उग्रसेन
11.	देवराष्ट्र	कुबेर
12.	कुस्थलपुर	धनञ्जय

विघटन

467-477 ई॰ के मध्य दो गुप्तशासक पूर्वगुप्त एवं बुद्धगुप्त की चर्चा की गई है। उसके बाद कुमारगुप्त द्वितीय शासक हुआ। 500-550 ई॰ के मध्य नरसिंह गुप्त, कुमारगुप्त तृतीय और फिर विष्णुगुप्त शासक हुआ। फिर गुप्त साम्राज्य का विघटन एवं छोटे-छोटे राज्यों का उदय हुआ।

राजत्व सिद्धांत

- गुप्तों ने परमभट्टारक, परमेश्वर, परमदेवा एवं महाराजाधिराज जैसी भारी-भरकम उपाधियाँ धारण किये हैं।
- चन्द्रगुप्त के समय गुप्तशासकों ने अपनी तुलना देवताओं से करनी शुरू कर दी।
- चन्द्रगुप्त ने अपनी तुलना इंद्र, वरुण यम तथा कुबेर से की।

गुप्त शासन प्रणाली

- गुप्त शासन का स्वरूप राजतंत्रात्मक था।
- राजपद अधिकतर वंशानुगत था।
- इस काल में अधिकतर लोग राजा के दैवी अधिकार को मानते थे।
- राजा न्याय का अवतार और विष्णु का प्रतिनिधि माना जाता था।
- गुप्त शासक दूरवर्ती राज्यों के शासकों को, अपनी अधीनता स्वीकार कराके उनसे वार्षिक कर तथा उपहार वसूलते थे।
- राजकार्य में सम्राट को सहायता करने वाले मंत्री और अमात्य होते थे। मंत्री का मुख्य कार्य राजा को मंत्रणा देना और किसी गूढ़ विषय के विभिन्न पहलुओं पर विचार करते हुए, किसी निर्णय तक पहुँचना था।
- गुप्त युग में मंत्रिपरिषद् नामक संस्था मौजूद थी।
- चन्द्रगुप्त द्वितीय तथा कुमारगुप्त के अमात्य ब्राह्मण थे।
- गुप्त काल के प्रारंभ में इस कार्य-संचालकों में सबसे अधिक महत्वपूर्ण मंत्री संधिविग्रहिक और अक्ष-पलाधिकृत थे।
- अधिकारियों के एक विशेष वर्ग का नाम 'कुमारामात्य' था। कुमारामात्य प्रांतीय अधिकारी होते थे। इनका एक पृथक् कार्यालय होता था। जिले का अधिकारी आयुक्त था।

गुप्तकालीन प्रशासनिक इकाई :

- **कुमारामात्य :** आज के सर्वोच्च प्रशासनिक अधिकारी की तरह।
- **संधिविग्राहक :** यह अधिकारी विदेश विभाग की देख-रेख करता था।
- **महादण्डनायक :** यह युद्ध तथा सैन्य सक्रियता से संबंधित था।
- **महासंधिविग्रहक :** यह पद युद्ध तथा संधि के विषयों से संबंधित था।
- **महाप्रतिहार :** राजमहल का रक्षक।
- **दण्डपाशिक :** यह पुलिस विभाग का सर्वोच्च अधिकारी था।
- **भाण्डागाराधिकृत :** यह राज्य के कोष का अधिकारी था।
- **सर्वाध्यक्ष :** यह समस्त केंद्रीय विभागों का निरीक्षण करता था।
- **विनयस्थिति संस्थापक :** इसकी जानकारी वैशाली से प्राप्त एक मुहर द्वारा हुई है। यह शिक्षा विभाग तथा धर्म विभाग का अधिकारी था। यह अधिकारी लोगों के नैतिक आचरण पर दृष्टि रखता था।
- **गोप्ता:** गुप्त काल में सम्राट द्वारा सीधे शासित प्रदेश इसके अनेक भाग थे, जिन्हें देश कहा जाता था। इसी देश के शासक को गोप्ता कहा जाता है।
- सौराष्ट्र के गोप्ता पर्णदत्त की नियुक्ति स्वयं सम्राट स्कंदगुप्त ने की थी।
- एक दूसरी प्रादेशिक इकाई भुक्ति थी, जिसका प्रधान 'उपरिक' कहलाता था।

- भुक्ति के नीचे 'विषय' नामक प्रशासनिक इकाई होती थी।
- विषय का प्रमुख प्रशासनिक अधिकारी 'विषयपति' कहलाता था। विषयपति को सलाह एवं सहायता देने के लिए 'विषय परिषद्' होती थी।
- विषय परिषद् के सदस्य नगर-श्रेष्ठि-श्रेष्ठि, सार्थवाह, प्रथम कुलिक व प्रथम कायस्थ होते थे
- गुप्त साम्राज्य में ग्राम समूह की छोटी इकाईयों को 'पेठ' कहते थे जिसका उल्लेख खोह अभिलेख में मिलता है।
- प्रशासन की सबसे छोटी इकाई 'ग्राम' होती थी।
- पंचमंडली (मध्य भारत में), ग्रामजनपद (बिहार) दामोदरपुर से प्राप्त एक ताम्रपत्र से ज्ञात होता है कि ग्रामसभा के कुछ पदाधिकारी, महतर, अष्टकुलापा- धिकारी ग्रामिक, कुटुम्बिन थे।
- विनयपुर– विभिन्न आगंतुकों को सम्राट के समक्ष प्रस्तुत करता था।
- युक्त पुरुष– युद्ध में प्राप्त तथा हस्तगत की गई सम्पत्ति का लेखा-जोखा करता था।
- खाद्यात्पाकिका– राजप्रासाद के रसोईघर तथा भोजनालय का निरीक्षक का नियंत्रक था।

नगर प्रशासन :

- *(i)* जिला परिषद् (विषय अधिकरण)।
  (ii) नगर परिषद् (अधिस्थानाधिकरण)।
- चार प्रकार के क्षेत्रीय लोगों का प्रतिनिधित्व नगर श्रेष्ठी, सार्थवाह, प्रथम कुलिक, प्रथम कायस्थ के रूप में था। गुप्त काल में नगरपालिकायें अस्तित्व में थीं।
- नगर का प्रधान अधिकारी– पुरपाल था।
- जूनागढ़ अभिलेख से ज्ञात होता है कि गिरनार नगर का पुरपाल 'चक्रपालित' था जो स्वराष्ट्र के राज्यपाल पर्णदत्त का पुत्र था।

न्याय व्यवस्था

- गुप्तकालीन लेखों में न्याय व्यवस्था का कोई उल्लेख नहीं मिलता है। लेकिन नारद एवं वृहस्पति स्मृतियाँ गुप्तकाल में न्याय व्यवस्था के अत्यधिक विकसित होने की जानकारी देती है।
- गुप्तकाल में पहली बार फौजदारी एवं दीवानी कानूनों में भेद किया गया तथा इसकी विशद व्याख्या की गयी है।
- स्मृतियों में उल्लखित 'पूग' एवं 'कुल' नामक संस्था अपने सदस्यों के विवादों का फैसला करती थी।
- फाह्यान के अनुसार-गुप्तकाल में दण्डविधान कम कठोर था। मृत्युदंड का कोई प्रावधान नहीं था। आर्थिक दण्ड महत्वपूर्ण था।

सैन्य संगठन

- गुप्तकाल में 'महाबलधिकृत' के अधीन सैनिक संगठन होता था।
- महापीलपति – हाथी सेना का प्रधान होता था।
- महाश्वपति – अश्व सेना का प्रधान।
- रकभण्डारिका – सेना में सामानों की व्यवस्था रखने वाला।
- उस समय के कुछ अस्त्रों-शस्त्रों के नाम परशु, शंकु, तोमर, भिन्दीपाल, नाराच आदि।

गुप्तकालीन व्यापार और वाणिज्य

- कुषाण काल की तुलना में गुप्त युग में व्यापार में ह्रास के पर्याप्त चिन्ह मिलते हैं। आंतरिक व्यापार के अन्तर्गत ग्राम लगभग आत्मनिर्भर उत्पादक इकाई के रूप में उभरकर सामने आ रहे थे।
- फाह्यान ने लिखा है कि साधारण जनता वस्तुओं की अदला-बदली अथवा कौड़ियों से काम चलाती थी।
- रोमन साम्राज्य के विघटन के पश्चात् पश्चिमी देशों में हो रहे व्यापार में गिरावट आयी। फारसवासियों ने रेशम के व्यापार पर एकाधिकार प्राप्त कर लिया जिससे भारतीय व्यापार को हानि हुई।
- भारत-चीन व्यापार वस्तु विनिमय पर आधारित था। भारतीय वस्तुओं के बदले चीन से रेशम प्राप्त किया जाता था।
- 550 ई॰ के लगभग पूर्वी रोमन साम्राज्य के लोगों ने चीनियों से रेशम पैदा करने की कला सीख ली। इससे भारत के निर्यात व्यापार पर बुरा असर पड़ा।
- ताम्रलिप्ति बंदरगाह से गुप्त नरेश दक्षिण-पूर्वी एशिया से व्यापारिक सम्पर्क स्थापित करते थे।
- इस काल में अरब, ईरान और बैक्ट्रियाँ से घोड़ों का आयात बढ़ गया था।
- पाटलिपुत्र के स्थान पर गंगा के मैदान में पश्चिमी उत्तर प्रदेश स्थित उज्जैन का महत्व बढ़ गया था।
- गुप्त राजाओं ने सबसे अधिक स्वर्ण मुद्राएं जारी कीं जो उनके अभिलेखों में 'दीनार' कही गई हैं।
- कॉसमस के अनुसार, भारत का पूर्वी एवं पश्चिमी तट श्रीलंका के माध्यम से जुड़ते थे। इसके अनुसार भारत के मुख्य बंदरगाह सिंधु, गुजरात, कल्यान, चौल और मालावार

तट पर पाँच बंदरगाह–परती, मंगलोर, शालीपतन, नालोपत्तन एवं पाण्डोपतन आदि थे।

- भारत एवं चीन के सिक्कों का एक-दूसरे-जगहों पर नहीं मिलना चीन-भारत व्यापार के वस्तुविनिमय पर आधारित होने का संकेत देता है।
- गुप्त काल में व्यापारिक श्रेणियों को स्वायत्ता प्राप्त हुई। नारद एवं वृहस्पति ने श्रेणियों की प्रशासनिक व्यवस्था पर प्रकाश डालते हुए कहा कि प्रत्येक श्रेणी का एक अध्यक्ष एवं 2, 3 और 5 सदस्य होते थे।
- महाजनी व्यवस्था का प्रचलन, जाति के आधार पर ब्याज की दरों का निर्धारण, समकालीन ग्रंथ में छः प्रकार के सूदों की चर्चा है।
- कालिदास नगरीय बाजार एवं व्यवसाय पर प्रकाश डालते हैं। कालिदास के नाटकों में उन्नत किस्म के वस्त्रों की चर्चा है।
- वाराहमिहिर के अनुसार– श्रीलंका से मोती मंगाये जाते थे।
- फाह्यान स्वयं एक जहाज पर सवार होकर ताम्रलिप्ति से श्रीलंका गया था। वह श्रीलंका से मंगाये गये चमकीले मोती की भी चर्चा करता है।
- कॉसमास के अनुसार– मालावार के बंदरगाह से काली मिर्च के निर्यात का उल्लेख मिलता है। गुप्त काल की व्यापारिक समृद्धि उस आर्थिक प्रगति का अंतिम चरण थी जो पिछले काल से प्रारंभ हुई थी।

गुप्तवंश की सांस्कृतिक उपलब्धियाँ

- भारत के सांस्कृतिक इतिहास में गुप्तवंश का बहुत महत्व है। एक को छोड़कर सभी गुप्त सम्राट ब्राह्मण धर्म (वैदिक धर्म) को मानने वाले थे।
- समुद्रगुप्त तथा कुमारगुप्त प्रथम ने अश्वमेध यज्ञ भी किया था। उन्होंने बौद्ध और जैन धर्म को भी प्रश्रय दिया।
- चन्द्रगुप्त द्वितीय के समय में चीनी यात्री फाह्यान भारत आया था। उसके विवरणें से पता चलता है कि गुप्त साम्राज्य सुशासित था। हल्के दण्ड की व्यवस्था के बावजूद अपराध बहुत कम होते थे। कर का भार बहुत कम था।
- राजकाज की भाषा संस्कृत थी। साहित्य की प्रत्येक विधा में संस्कृत ने बहुत उच्च स्थान ग्रहण कर रखा था।
- विश्वविश्रुत नाटक अभिज्ञान शाकुंतलम तथा रघुवंश महाकाव्य के रचयिता कालिदास, मृच्छकटिक नाटक के लेखक शूद्रक, मुद्राराक्षस नाटक के लेखक विशाखदत्त तथा सुविख्यात कोषाकार अमरसिंह गुप्त काल में ही हुए।
- रामायण, महाभारत, (विशेषकर वायुपुराण) तथा मनुसंहिता अपने वर्तमान रूप में गुप्त काल में ही बनी।
- महान् गणितज्ञ आर्यभट्ट (जन्म 476 ई॰), वाराहमिहिर (505-87 ई॰) तथा ब्रह्मगुप्त (जन्म 598 ई॰) ने गणित तथा ज्योति विज्ञान के विकास में बहुत बड़ा योगदान किया।
- इसी काल में दशमलव प्रणाली का आविष्कार हुआ जो बाद में अरबों के माध्यम से यूरोप तक पहुँची। व्यावहारिक ज्ञान के क्षेत्र में विश्व को भारत की यह सबसे बड़ी देन मानी जाती है।
- गुप्त काल में वास्तुकला, चित्रकला तथा धातुविज्ञान के प्रमाण झाँसी और कानपुर के गुप्तकालीन अवशेषों, अजंता की गुफा संख्या 16 तथा 17 की चित्रकारी, मेहरौली (दिल्ली में स्थित राजा चंद्र के लौहस्तंभ, नालंदा में 80 फुट ऊँची बुद्ध की ताँबे की मूर्ति तथा सुलतानगंज स्थित साढ़े सात फुट ऊँची बुद्ध की ताँबे की प्रतिमा से मिलता है।

सामाजिक स्थिति

- गुप्तकालीन समाज परम्परागत चार वर्णों में विभक्त था। समाज में ब्राह्मण का सर्वोच्च स्थान था। उनके छः कर्तव्य माने जाते थे– अध्ययन, अध्यापन, यज्ञ करना, दान देना और दान लेना।
- क्षत्रिय का कर्तव्य शस्त्र द्वारा राष्ट्र की रक्षा करना था। वैश्य का व्यवसाय वाणिज्य था। शूद्र का मुख्य कर्तव्य सेवा करना था।
- गुप्तकालीन जातियों के विषय में व्यवसाय का बंधन शिथिल होने लगा था।
- चार वर्णों का आधार गुण और कर्म न होकर जन्म ही था।
- वराहमिहिर ने वृहतसंहिता में चार वर्णों के लिए अलग-अलग न्याय कसौटियों का विधान किया है। ब्राह्मण की परीक्षा तुला से, क्षत्रिय की अग्नि से, वैश्य की जल से एवं शूद्र की विष से की जानी चाहिए (वृहतसंहिता)।
- दायभाग (जीमूतवाहन) के अनुसार उच्च वर्ण के शूद्रपुत्र को संपत्ति में सबसे कम अंश मिलेगा। ब्राह्मण के शूद्र पुत्र का अंश पिता की संपत्ति में सबसे कम अंश मिलेगा। ब्राह्मण के शूद्र पुत्र का अंश पिता की संपत्ति का आधा होगा।

- इस काल में ब्राह्मण राजवंशों के प्रमाण भी मिलते हैं–जैसे वाकाटक तथा कदंब।
- वैश्य व शूद्र वर्ण के राजाओं का भी वर्णन मिलता है।
- चंडाल को नीचा स्थान प्राप्त था। मछली मारने, शिकार करने और मांस बेचने का कार्य केवल यही लोग करते थे।
- गुप्त काल में दास प्रथा प्रचलित थी। मनु ने सात प्रकार के दासों का उल्लेख किया है : 1. युद्ध में जीता गया, 2. आत्मदान द्वारा बना दास, 3. दासी का पुत्र, 4. खरीदा गया, 5. दूसरे स्वामी द्वारा दिया गया, 6. दास का वंशज, 7. दण्ड रूप में, जिसे दास बनाया गया।
- गुप्त काल में अन्तर्जातीय विवाह का प्रचलन था।
- मनु के अनुसार शूद्रों का कर्तव्य उपरोक्त तीनों वर्णों की सेवा करना था।
- याज्ञवल्क्य–उदार दृष्टिकोण अपनाते हुए शूद्रों को व्यापार, कृषक एवं कारीगर होने की अनुमति दी है।
- गुप्तकालीन धर्मशास्त्रों में स्पष्ट रूप से दासों एवं अस्पृश्यों से शूद्रों को भिन्न बताया गया है। वैश्य लोग जब कृषि से विमुख होने लगे तो शूद्रों ने कृषि को अपना लिया।
- वायुपराण– शिल्प एवं वृत्ति को शूद्रों का दो प्रमुख कर्तव्य मानता है।
- मत्स्यपुराण– मदिरापान न करने, इंद्रियों को वश में रखने और निर्भय रहने की अवस्था में भक्ति में लीन रहने पर शूद्रों द्वारा भी मोक्ष प्राप्ति कर सकने का उल्लेख किया है।
- मार्कण्डेय पुराण-दान देने को शूद्रों का कर्तव्य बतलाता है।
- याज्ञवल्क्य–शूद्र 'ओंकार' की जगह पर 'नमः' शब्द का प्रयोग करते हुए 'पंचमहायज्ञ' कर सकता था। शूद्रों को रामायण, महाभारत एवं पुराणों को सुनने का अधिकार था। गुप्त काल में विकसित सांख्य एवं योग दर्शन शूद्रों के लिए वर्जित था।
- इस काल में महतर नामक एक नई जाति का विकास हुआ। प्रारंभ में महतर गांव के वृद्धजन या मुखिया थे, जिनकी अनुमति जमीन के खरीद-बिक्री के लिए अनिवार्य थी। आगे चलकर ये पृथक् जाति के हो गये।
- प्रारंभ में लिपिक का कार्य करने वाले कायस्थ आगे चलकर पृथक् जाति के रूप में विकसित हुए और इन्होंने राजकीय सेवा में ब्राह्मणों को चुनौती देना शुरू कर दी। कायस्थों की सर्वप्रथम चर्चा याज्ञवल्क्य स्मृति में हुई है।
- फाह्यान के अनुसार अछूत नगर एवं बाजार से बाहर रहते थे।
- 'डोम' एक पृथक् जाति के रूप में विकसित हुए थे, किंतु वे अछूत नहीं थे।
- 'चमार' भी अछूत नहीं थे, किन्तु चाण्डाल को अछूत माना जाता था।
- 'मार्कण्डेय पुराण' के अनुसार– अंत्यवसायी पर दृष्टि मात्र पड़ने से व्यक्ति अपवित्र हो जाता था।

स्त्रियों की स्थिति

- स्त्रियों का समाज में महत्वपूर्ण स्थान था।
- धार्मिक कृत्यों में पति के साथ पत्नी की उपस्थिति अनिवार्य थी।
- स्त्री शिक्षा का प्रचलन था। पर्दा प्रथा नहीं थी।
- आठ प्रकार के विवाहों का प्रचलन था। स्वयंवर प्रथा भी विद्यमान थी।
- बाल विवाह प्रथा का प्रचलन नहीं था। सती प्रथा विद्यमान थी।
- गणिकाएँ होती थीं, परन्तु समाज में उन्हें आदर नहीं प्राप्त था।
- धार्मिक, आर्थिक और व्यक्तित्व सभी स्थितियों में स्त्रियों पर प्रतिबंध लगाये गये, उनकी निरंतर अधीनता पर विशेष बल दिया गया।
- मुद्राराक्षस में उत्सवों के समय वेश्याओं के सड़क पर आ जाने का उल्लेख मिलता है।
- कालिदास के मेघदूत में महाकाल मंदिर में देवदासी की चर्चा है परन्तु देवदासी प्रथा का प्रथम साक्ष्य अशोक के कुछ ही दिनों बाद बनारस के पास रामगढ़ से प्राप्त एक गुफा अभिलेख से मिलता है।
- यदा-कदा निम्न वर्ग की कन्या का विवाह उच्च वर्ग में हो जाता था। ऐसे विवाह को 'अनुलोम' कहा जाता था।

गुप्तकालीन धर्म

भागवत धर्म

- गुप्त काल ब्राह्मण धर्म के पुनरुत्थान का काल माना जाता है।
- इस काल में वैष्णव तथा शैव धर्म विकसित हुए।
- गुप्त काल में भागवत धर्म अपनी पराकाष्ठा पर था।
- ब्राह्मण ग्रंथों के अनुसार विष्णु के 39 अवतार हुए, किन्तु 10 अवतारों को आमतौर पर स्वीकार किया गया है।
- गंगधर अभिलेख में विष्णु को 'मधुसूदन' कहा गया है।

चन्द्रगुप्त द्वितीय ने विष्णुपद नामक पर्वत के ऊपर विष्णुध्वज की स्थापना की थी।

- गुप्त काल में वैष्णव-धर्म संबंधी सबसे महत्वपूर्ण अवशेष 'देवगढ़' झाँसी का 'दशावतार मंदिर' है।
- वैष्णव धर्म, गुप्त काल, में भारत के प्रत्येक प्रांत में फैला तथा दक्षिणी-पूर्वी एशिया, हिन्द-चीन, कम्बोडिया, मालाया और इंडोनेशिया तक इसका प्रचार-प्रसार हुआ।
- ऐतरेय ब्राह्मण में विष्णु का उल्लेख सर्वोच्च देवता के रूप में मिलता है।
- पतंजलि ने वासुदेव के पर्यायवाची नाम कृष्ण व जनार्दन का उल्लेख किया है तथा केशव एवं राम के मंदिरों में उत्सवों का जिक्र भी किया है।
- 'छान्दोग्य उपनिषद्' में कृष्ण को देवकी का पुत्र तथा ऋषि घोर का शिष्य बताया गया है।
- भागवत धर्म भी सूर्य से संबंधित था।
- छान्दोग्य उपनिषद् वासुदेव कृष्ण के उदय को सातवीं से छठी शताब्दी में हुआ मानता है। जिसकी पुष्टि जैन परम्परा से होती है। यह कृष्ण को जैन तीर्थंकर 'अरिष्टनेमी' का समकालीन मानता है।
- तैतरीय अरण्यक वासुदेव को नारायण एवं विष्णु से जोड़ता है।
- नारायण की पूजा पद्धति सबसे पहले हिमालय क्षेत्र में प्रचलित हुई थी। इनके उपासक 'पांचरात्रिक' के नाम से जाने जाते हैं जो कालांतर में वासुदेव से संयुक्त हो गये। 'पांचरात्र' का उल्लेख सर्वप्रथम शतपथ ब्राह्मण में मिलता है।
- घोसंडी (उदयपुर) से दूसरी शताब्दी बी. सी. के एक अभिलेख के अनुसार नारायण के पूजा के एक अहाते में संकर्षण तथा वासुदेव की उपासना के लिए भी अहाता बना हुआ है जिसका निर्माण 'पराशरी' का पुत्र 'गजायन' ने करवाया।
- कुषाण काल की मुहर पर अंकित तस्वीर के हाथ में शंख, दूसरे में चक्र, तीसरे में गदा और चौथे में रिंग की तरह कोई चीज है, कर्निंघम ने इसे 'हुविष्क' से संबंधित माना है।
- मथुरा के मोरा नामक स्थान से प्राप्त अभिलेख में 'पंचवृष्णि नायकों' का वर्णन है।
- वैष्णववादी अवधारणा के विकास के दूसरे चरण में विष्णु की पत्नी के रूप में 'श्री या लक्ष्मी' की पहचान, स्कंदगुप्त के समय लक्ष्मी विष्णु से जुड़ गयी।
- विष्णु की दूसरी पत्नी 'पृथ्वी' को माना जाता है तथा कुछ अभिलेखों में उसे 'वैष्णवी' भी कहा गया है।
- वैष्णव धर्म में परमात्मा को प्राप्त करने की तीन विधि-ज्ञान, कर्म तथा भक्ति को सर्वाधिक महत्व दिया गया है।
- वैष्णव धर्म में तप तथा धार्मिक अनुष्ठान के बदले ईश्वर की कृपा पर अधिक बल दिया गया है।
- विष्णु- धर्मोत्तर पुराण में वासुदेव, सकर्षण, प्रद्युम्न एवं अनिरुद्ध को विष्णु के चार मुखों के रूप में प्रस्तुत किया गया है।
- वैष्णव धर्म में तप तथा धार्मिक अनुष्ठान के बदले ईश्वर की कृपा पर अधिक बल दिया गया है।
- चंद्रगुप्त विक्रमादित्य के सिक्के पर 'परमभागवत' शब्द खुदा है। चंद्रगुप्त विक्रमादित्य एवं समुद्रगुप्त के सिक्के पर विष्णु के वाहन 'गरुड़ की प्रतिमा' बनी हुई है।
- स्कंदगुप्त के भीतरी स्तंभ अभिलेख में वासुदेव कृष्ण की मूर्ति का उल्लेख है। स्कंदगुप्त का जूनागढ़ अभिलेख एवं बुद्धगुप्त के एरण अभिलेख विष्णु की स्तुति से प्रारंभ होते हैं।

शैवमत

- कुमारगुप्त प्रथम के मंत्री पृथ्वीसेन ने शिव-मंदिर के लिए दान दिया था।
- ऋग्वेद में शिव के लिए 'रुद्र' नाम आया है। स्कंदगुप्त के बैल के आकार का सिक्का प्राप्त होता है।
- 'लिंगपूजा' का प्रथम वर्णन 'मत्यस्य पुराण' में मिलता है।
- स्कंदगुप्त का अधीनस्थ सामंत, महाराज हस्तिन शिवोपासक था।
- पुराणों में शिव के अनेक नाम मिलते हैं। उन्हें देवों में श्रेष्ठ 'महादेव' कहा गया है।
- कुमारगुप्त प्रथम के सिक्कों पर मयूर आरूढ़ कार्तिकेय की प्रतिमा अंकित है जिससे प्रतीत होता है कि वह शिव के पुत्र कार्तिकेय का उपासक था।
- गुप्त काल में मानव आकार में तथा लिंग के रूप में शिव मूर्तियाँ बनाई गईं।
- 'अर्धनारीश्वर' के रूप में भी शिव की कल्पना की गई तथा शिव व पार्वती की संयुक्त मूर्तियाँ गुप्त काल में बनीं।
- त्रिमूर्ति के अंतर्गत गुप्त-काल में ब्रह्मा, विष्णु और महेश (शिव) की पूजा आरंभ हुई। ब्रह्मा सर्जन, विष्णु पालन व महेश संहार के प्रतीक थे।

- गुप्त-काल में शैव धर्म के अनेक सम्प्रदायों का विकास हुआ। वामन पुराण में इनकी संख्या 4 है।
  1. शैव धर्म, 2. पाशुपत धर्म एवं दो अतिवादी सम्प्रदाय, 3. कापालिक, 4. कालमुख।
- पाशुपत धर्म इनमें सर्वाधिक प्राचीन है जिसका संस्थापक 'लकुलिश' था। पाशुपत धर्म के अनुयायी 'पांचर्शिक' कहलाते थे।
- कापालिक सम्प्रदाय के इष्टदेव 'भैरव' को शिव का अवतार माना गया है। भवभूति के 'मालती-माधव' के अनुसार इसका प्रमुख केंद्र श्रीशैल था।
- कापालिक संप्रदाय के लोगों को शिव पुराण में 'महाव्रतधर' कहा गया है। ये लोग नरमुण्ड में भोजन करते थे तथा चिता की भस्म शरीर में मलते थे।
- इस काल के दो शिव मंदिर प्राप्त हुए हैं एक बघेलखंड क्षेत्र में नचना कुठार तथा दूसरा मध्य प्रदेश के नागोद में।
- दक्षिण में शिव की पत्नी के रूप में 'मीनाक्षी' को दिखाया गया हैं जो पाण्ड्य शासक की पुत्री है।
- मध्य भारत तथा कश्मीर में कुछ उदारवादी शैव संप्रदाय विकसित हुए। कश्मीर में प्रत्यभिज्ञा एवं स्पंदशास्त्र उपसम्प्रदाय विकसित हुए।
- मध्य भारत तथा दक्कन में मतामयुर नामक उपसंप्रदाय विकसित हुआ।
- शैव एवं वैष्णव दोनों मत ईश्वरवादी एवं एकेश्वरवादी थे।
- वैष्णव मत व्यक्ति के मानवीय तथा भावात्मक पक्ष को छूता था, वही शैव दार्शनिक एवं वैज्ञानिक विचारधारा पर अधिक बल देते थे।
- सूर्य पूजा, कश्मीर, मुल्तान, महास्यात (बुलंदशहर) तथा कोणार्क में की ज़ाती थी।
- बुलंदशहर जिले में महास्यात नामक स्थान पर एक सूर्यमंदिर बनाया गया।
- मुल्तान भी सूर्य उपासना का केन्द्र था। कश्मीर में भी सूर्य उपासना प्रचलित थी जहां पर 'मार्तण्ड मंदिर' का निर्माण हुआ। उड़ीसा में कोणार्क मंदिर का निर्माण हुआ।
- पुराण के अनुसार 'शाम्ब' ने मगस (सूर्य देवता से संबंध) को भारत लाया।

बौद्ध धर्म

- गुप्त काल में कश्मीर, अफगानिस्तान और पंजाब बौद्ध धर्म के केन्द्र थे।
- चन्द्रगुप्त द्वितीय ने आम्रकार्दव नामक एक बौद्ध को उच्च पद पर नियुक्त किया था। उसने काकनादवार के महाविहार को पच्चीस दीनार दान में दी थी।
- गुप्त काल में प्रसिद्ध बौद्ध आचार्यों का आविर्भाव हुआ। अनेक बौद्ध दार्शनिक महायान शाखा के समर्थक थे।
- महायान मत के अंतर्गत कई दार्शनिक विचारधाराएँ बनीं और नवीन दर्शनिक सम्प्रदायों का प्रादुर्भाव हुआ। इसमें माध्यमिक एवं योगाचार सम्प्रदाय मुख्य थे।
- योगाचार दर्शन का गुप्त काल में अत्यधिक विकास हुआ और आर्यदेव ने चतु:शतक और असंग ने महाराज संग्रह, योगाचार भूमिशास्त्र और महायानसूत्रालंकार नामक ग्रंथों की रचना की।

जैन धर्म

- 313 ई॰ में मथुरा और 453 ई॰ में बल्लभी में जैन सभाएँ हुईं।
- मथुरा– द्वितीय संगीति।
- बल्लभी– तृतीय संगीति, अध्यक्ष– देवार्धिक्षमाश्रवण।
- मुनि सर्वनंदी ने 458 ई॰ में 'लोक विभंग' नामक ग्रंथ लिखा।
- आचार्य सिद्धसेन ने 'न्यायवार्ता' की रचना की।
- कुमारगुप्त प्रथम के समय के 426 ई॰ के उदयगिरि लेख से पता चलता है कि शंकर नामक व्यक्ति ने पार्श्वनाथ की मूर्ति की स्थापना की थी।
- मथुरा और बल्लभी श्वेताम्बर जैन धर्म के केंद्र थे। बंगाल में 'पुण्ड्रवर्धन' दिगम्बर सम्प्रदाय का केन्द्र था।
- कहौम के लेख के अनुसार स्कंदगुप्त के काल में भद्र नामक व्यक्ति ने पाँच जैन तीर्थंकरों की मूर्तियों की स्थापना कराई थी।
- कल्प को 14 कालों में बाँटा गया है। प्रत्येक काल 71 मन्वन्तरों में विभक्त है। प्रत्येक मन्वन्तर में चार युग होते हैं।

आर्थिक स्थिति

कृषि

- कृषि की उन्नति पर पर्याप्त ध्यान दिया गया। धान, गन्ना, गेहूँ, जूट, तिलहन, कपास, ज्वार, बाजरा, मसाले, धूप, नील आदि प्रभूत मात्रा में उत्पन्न होते थे।
- मनु एवं गौतम-राजा को भू-स्वामी मानते हैं।
- अमरसिंह ने अमरकोष में बारह प्रकार की भूमियों की चर्चा की है– उर्वरा, ऊसर, मरू, अप्रहत, सदबल, पंकिल, जलप्राय, मनुपम, कच्छ, शर्करा, शकरावती, नदीमातक, देवमातृक।

- गुप्तकालीन अभिलेखों में भू-धारण पर प्रकाश डालने वाली छः शब्दावलियां :

1. **नीवीधर्म**– इसके तहत भूमि सुरक्षित और भूमि की आय को खर्च किया जाता था।
2. **अक्षयनीवीधर्म**– सर्वप्रथम कुषाणों ने किसानों को अक्षयनीवी पद्धति पर भूमि दी थी। इसके अनुसार किसान उस भूमि से प्राप्त आय का उपयोग कर सकता था, किन्तु वह भूमि किसी और को नहीं दे सकता था। गुप्त काल में भूमि खरीदकर अक्षयनीवी पद्धति पर ब्राह्मणों को दान में दी जाने लगी।
3. **नीवीधर्मक्षय**– इसके अनुसार नीवीधर्म को समाप्त करके यह भूमि दूसरों को दी जा सकती थी।
4. **अप्रदाधर्म**– दान पाने वाला व्यक्ति स्वयं उपभोग तो कर सकता था, लेकिन दान नहीं कर सकता था।
5. **अप्रदानीवी धर्म**– दान पाने वाला व्यक्ति स्वयं उपभोग तो कर सकता था लेकिन दान तो नहीं कर सकता था।
6. **भूमिछिद्रन्याय**– अर्थशास्त्र में एक संपूर्ण अध्याय में इसकी चर्चा– वैसी भूमि जिस पर खेती नहीं हो सकती, किन्तु गुप्त काल तक आते-आते इसका अर्थ था कि भूमि के नीचे दबी हुई सम्पत्ति पर राजा का अधिकार है।

- गुप्तकाल में भूमि संबंधी 'करों' की संख्या बढ़ी।

भूमि के प्रकार : एक नजर में

क्षेत्र– खेती के उपयुक्त भूमि को क्षेत्र कहा जाता था।

वास्तु– वास करने योग्य भूमि को 'वास्तु' कहा जाता था।

चारागाह भूमि– इस भूमि पर मवेशी चरते थे।

सिल– जो भूमि जोती नहीं जाती थी उसे 'सिल' कहा जाता था।

अप्रहत– बिना जोती गई जंगली भूमि को 'अप्रहत' कहा जाता था।

राजस्व

- 'उद्रंग' राज्य को दिया जाने वाला भूमिकर था।
- 'भोग' एक दूसरे प्रकार का भूमि कर था जो राजा को प्रतिदिन दी जाने वाली फल-फूल, तरकारी, इत्यादि के भेंट के रूप में था।
- भू-राजस्व कृषकों द्वारा 'हिरण्य' (नकद) या 'मेय' (अन्न के तौल) दोनों रूपों में दे सकते थे।
- 'उपरिकर' भूमिहीन रैयतों पर लगाया जाने वाला कर।
- हिरण्य सामुदायिक– हिरण्य की वसूली करने वाला अधिकारी।
- औद्रिगिंक– अनाज में कर वसूलने वाला अधिकारी।

अन्य कर

1. भूत; 2. हलदंड– हल पर लगाया जाने वाला कर; 3. दसापराध– दस प्रकार के अपराधों के लिए किये गये जुर्माने; 4. चाट– लुटेरों द्वारा उत्पीड़न से मुक्ति कर; 5. चारासन– चारागाह शुल्क; 6. प्रणय–ग्रामवासियों पर लगाया गया अनिवार्य कर; 7. मत/मठ (पुलिस कर); 8. वैष्ठिका (बलात श्रम)।

- भूमि की माप– निवर्तन, कुल्यावाप, द्रोणवाप, आढ़प।
- 1 कुल्यवाप = 8 द्रोणवाप = 32 आढ़वाप।
- बंगाल में 'पाटक' प्रचलित था।
- अमरकोष में हलों की बनावट का वर्णन 1 वृहस्पति के अनुसार हल का फल 12 पल का होना चाहिए साथ ही, यह आठ अंगुल लम्बा एवं चार अंगुल चौड़ा होना चाहिए।

सिंचाई

- उत्तर भारत में सिंचाई का मुख्य साधन कुएँ तथा अशघाट था।
- हर्षचरित के अनुसार, गन्ने की फसल की सिंचाई यंत्र से की जाती थी।
- बंगाल में सिंचाई हेतु वर्षा के पानी का संग्रहण होता था जबकि प्रायद्वीपीय भारत में तालाब से सिंचाई।
- स्कंदगुप्त के एक अधिकारी पर्णदत्त के पुत्र चक्रपालित के समय सुदर्शन झील की चर्चा मिलती है।
- ग्रामीण भूमि के स्वामी को 'ग्रामिका', 'कुटुम्बिका' तथा 'महत्तर' कहा जाता था। छोटे किसानों को 'कृषिवाला, कृषक एवं किंसा' कहा जाता था।
- ह्वेनसांग– पश्चिमोत्तर भारत में गेहूँ तथा गन्ना की फसल एवं पूर्वी क्षेत्र में चावल।

गुप्तकालीन कला

- कला और साहित्य के विकास की दृष्टि से गुप्तकाल को भारतीय इतिहास का स्वर्ण युग कहा जाता है।
- स्थापत्य और चित्रकला के क्षेत्र में, विकास की चरम सीमा गुप्त काल में प्राप्त होती है।
- हिन्दू-मंदिरों का प्रारंभ 'गर्भगृह' के साथ हुआ, जिसमें देवमूर्ति रखी जाती थी।
- गुप्त काल से मंदिर सामान्यतः ईंट या लकड़ी के स्थान पर पत्थर के बनने लगे थे। पत्थर के प्रयोग से स्मारकीय शैली का विचार उत्पन्न हुआ।
- गुप्त काल में मंदिर निर्माण कला का जन्म हुआ था, उसका पूर्ण विकास नहीं हुआ था।

- गुप्तयुगीन वास्तु कला के सर्वोत्तम उदाहरण मंदिर हैं।
- इस काल में मंदिरों की छतें अधिकांशत: सपाट होती थीं, किन्तु शिखरयुक्त मंदिरों का निर्माण भी प्रारंभ हो चुका था।
- प्रधान शिखरों के साथ गौड़ शिखरों का निर्माण भी प्रारंभ हो गया था। मंदिर का निर्माण चबूतरे के ऊपर किया जाता था।
- मंदिर के दरवाजे पर बने चौखट पर गंगा और यमुना की आकृतियाँ उत्कीर्ण मिलती हैं जो गुप्तकाल की अपनी विशेषता हैं।
- गुप्त काल के मंदिरों में नागोद राज्य में स्थित भूमरा का शिव मंदिर, जबलपुर जिले में तिग्वा का विष्णु मंदिर, नचना का पार्वती मंदिर, देवगढ़ का दशावतार मंदिर, खोह का मंदिर, भीतर गाँव (कानपुर) का मंदिर, सिरपुर का लक्ष्मण मंदिर, विदिशा के समीप उदयगिरि का विष्णु मंदिर।
- भीतर गाँव के मंदिर का निर्माण ईंटों से जुड़ा है। इसकी छत पिरामिड के आकार की है। इसका निर्माण विष्णु के सम्मान में हुआ था।
- गुप्त काल का सर्वोत्कृष्ट मंदिर झांसी जिले में देवगढ़ का दशावतार मंदिर है। यह गुप्त काल में वैष्णव धर्म का सर्वाधिक महत्वपूर्ण उदाहरण है। इस मंदिर की विशेषता यह है कि इसमें 12 मी॰ ऊँचा एक शिखर है जो भारतीय मंदिर-निर्माण में शिखर का संभव पहला उदाहरण है। इसमें शेषशायी विष्णु, गजेन्द्र, मोक्ष, रामवतार, कृष्णावतार से संबंधित दृश्य अंकित किये गये हैं।
- नागोद में खोह का मंदिर भी उत्कृष्ट था। इसमें शिवमूर्ति की स्थापना की गई थी।
- एरण में वाराह और विष्णु के मंदिर है। विदिशा के समीप उदयगिरि पर्वत, जंगपुर विशाल विष्णु मंदिर था जिसके सम्मुख गरुड़ध्वज था।
- गुप्त काल में हिन्दू मंदिरों के अतिरिक्त बौद्ध विहारों, चैत्यों और स्तूपों का निर्माण भी हुआ।
- सारनाथ में धामेख स्तूप का निर्माण हुआ। यह ईंटों का बना है। स्तूप की ऊँचाई 128 फीट है।
- जरासंध की बैठक राजगृह में स्थित है।
- गुप्तकालीन गुहामंदिरों में ब्राह्मण गुहा मंदिर और बौद्ध गुहा मंदिर महत्वपूर्ण हैं।
- ब्राह्मण गुहा मंदिर का सर्वश्रेष्ठ उदाहरण उदयगिरि का मंदिर है। इसे चंद्रगुप्त विक्रमादित्य के सेनापति वीरसेन ने बनवाया था। उदयगिरि में वैष्णव मत की गुफाओं में विभिन्न देवी-देवताओं की मूर्तियाँ उत्कीर्ण हैं।
- 400 ई॰ के लगभग वराह अवतार की विशाल मूर्ति उत्कीर्ण की गई थी।
- बौद्ध गुहा मंदिरों में अजन्ता तथा बाघ की गुफाएँ महत्वपूर्ण हैं। अजंता की गुफा संख्या 16, 17 और 19 गुप्त काल की मानी गई हैं।
- गुफा संख्या 16 का गुहा मंदिर 65 फुट लंबा और चौड़ा है। इसमें 21 स्तंभ है। इसके आंतरिक भाग में स्तूप है। इस चैत्यगृह में बुद्ध की प्रतिमा है।
- गुफा संख्या 17 में गवाक्ष, स्तंभ स्तूप तथा बौद्ध प्रतिमाओं के सुंदर उदाहरण है।
- गुफा संख्या 19 में सुन्दर स्तूप है जिस पर बुद्ध एवं बौधिसत्वों की प्रतिमाएँ हैं।

मूर्तिकला

- गुप्तकालीन मूर्तिकारों ने मोटे उत्तरीय वस्त्र का प्रदर्शन किया।
- गुप्त युग की तीन बुद्ध मूर्तियाँ हैं: 1. सारनाथ की बुद्ध मूर्ति, 2. मथुरा की बुद्ध मूर्ति, 3. सुल्तानगंज की बुद्ध मूर्ति।
- क्लासिकी शिल्प की उच्चतम उपलब्धि सारनाथ में पायी गयी बुद्ध की मूर्तियों में देखने को मिलती है।
- गुप्त काल की शिल्प कला का जन्म अधिकांशतया मथुरा शैली द्वारा स्थापित प्रतिमाओं से हुआ है।
- विष्णु की प्रसिद्ध प्रतिमा देवगढ़ का दशावतार मंदिर है। इस 'अन्नतशायी' मूर्ति में विष्णु को शेषनाग की शैय्या पर दर्शाया गया है।

सिक्के

- गुप्तकालीन सिक्के साम्राज्य के विभिन्न भागों से प्राप्त हुए हैं।
- बयाना का ढेर भरतपुर क्षेत्र से प्राप्त हुआ है।
- चन्द्रगुप्त द्वितीय ने पहली बार कुषाणों के मानदण्ड का त्याग करते हुए 124-132 ग्रेन सिक्के जारी किये।
- समुद्रगुप्त एवं चंद्रगुप्त के प्रारंभिक सोने के सिक्के 118-122 ग्रेन के थे। इन्होंने कुषाणों के मानदण्ड को आधार बनाया जिसे गुप्त अभिलेख में 'दीनार' कहा गया।
- स्कंदगुप्त ने सिक्के के दीनार मॉडल को छोड़ते हुए भारतीय मॉडल अपनाया।

- स्कंदगुप्त के स्वर्ण सिक्के का वजन अधिक है किंतु इसमें स्वर्ण की मात्रा कम है।
- चंद्रगुप्त द्वितीय ने सबसे पहले 'चाँदी के सिक्के' जारी किये और 'शक मॉडल' को अपनाया।
- स्कंदगुप्त ने शक मॉडल को छोड़कर 'कषार्पण मॉडल' अपनाया।
- परवर्ती कालीन गुप्त मुद्राओं का वजन बढ़ता गया, लेकिन स्वर्ण की मात्रा घटती गयी।
- फाहियान सामान्य लोग खरीद बिक्री में 'कौड़ी' का प्रयोग करते थे।
- सिक्के बनाने में सोना, चाँदी, तांबा एवं सीसा का प्रयोग किया जाता था।
- सर्वाधिक ताँबे का सिक्का कुषाणों ने चलाया था।

गुप्तकाल आर्थिक प्रणाली

- भारत से रेशम, ऊन, मलमल, सूती वस्त्र, मणि, मोती, मयूर पंख, हीरे, हाथी दाँत, सुगंधित द्रव्य और भसाले बाहर भेजे जाते थे।
- भड़ौच व्यापार का प्रमुख केंद्र था। इसी बन्दरगाह से फारस और मिस्र से सामान आता था।
- पूर्व में तामलुक (ताम्रलिप्ति) एक प्रमुख बंदरगाह था।
- एक तैलिक श्रेणी का भी उल्लेख है। 'दशपुर' में जुलाहों की एक श्रेणी थी।
- अक्षयनीवी– दान के न्यासों को कहते थे।
- पुस्तपाल– ग्राम के भूमि संबंधी समस्त लेखों का संग्रह करने वाला पुस्तपाल कहा जाता था।
- भारतवासी बाहर से घोड़ा, मूँगा, सोना, मयूर, रेशम का धागा, नमक आदि मंगाते थे।
- प्लिनी (नेचुरल हिस्ट्री), टालमी (ज्योग्राफी) तथा पेरीप्लस के अनुसार भारतीय व्यापार इस समय अच्छी स्थिति में था।
- मेहरौली का लौह स्तंभ (गुप्त काल में), लगभग 6 टन वजन का है।
- तीन वर्ष तक भूमिकर न देने वाले व्यक्ति को जमीन से वंचित कर दिया जाता था, ऐसी भूमि को विक्रय करने का अधिकार राजसभा को था।

उत्तर गुप्तकाल

मौखरि वंश

- ईशानवर्मा ने 554 ई॰ में अथवा इसके आस-पास एक गुप्त राजा को परास्त कर इस वंश का आरंभ किया तथा महाराजाधिराज की पदवी धारणा की।
- उसका राज्य उत्तर प्रदेश के पूर्वी भाग तथा मगध के गया क्षेत्र में विस्तृत था।
- ईशानवर्मा के बाद सर्ववर्मा, अवन्तिवर्मा तथा ग्रहवर्मा उसके उत्तराधिकारी हुए।
- ग्रहवर्मा इस वंश का अंतिम राजा था। उसने थानेश्वर के प्रभाकरवर्धन की पुत्री राजश्री से विवाह किया। उसकी राजधानी कन्नौज थी।
- ग्रहवर्मा को मालवा के राजा देवगुप्त ने लगभग 606 ई॰ में परास्त कर मार डाला।
- कुछ समय बाद कन्नौज उसके साले हर्षवर्धन (606-47 ई॰) के अधिकार में आ गया।

वाकाटक राजवंश

- चौथी शताब्दी के प्रारंभ में बुन्देलखण्ड और पेनगंगा के बीच विंध्यशक्ति के पुत्र, प्रवरसेन प्रथम द्वारा प्रवर्तित।
- उसकी मृत्यु के बाद उसका राज्य संभवतः बँट गया। दक्षिणी भाग उसके पुत्र शिवसेन और उत्तरी भाग उसके पौत्र रुद्रसेन प्रथम के अधिकार में चला गया।
- रुद्रसेन द्वितीय का विवाह तत्कालीन गुप्त राजा चंद्रगुप्त द्वितीय 'विक्रमादित्य' की पुत्री प्रभावती गुप्त के साथ हुआ था।
- प्रभावती गुप्त के तीन पुत्र थे, यथा दिवाकर सेन, दामोदर सेन और प्रवरसेन द्वितीय; जो संभवतः एक-दूसरे के बाद सिंहासन पर बैठे।
- रुद्रसेन द्वितीय की मृत्यु के समय उसके पुत्र अभी छोटे थे, इसलिए प्रभावती गुप्त ने अपने पिता के सहयोग और निर्देशन में शासन कार्य संचालित किया।
- अप्रत्यक्ष रूप से वाकाटक राज्य की नीतियाँ चंद्रगुप्त द्वितीय द्वारा ही संचालित होती थीं। लेकिन जब प्रभावती गुप्त के पुत्रों ने शासन संभाल लिया तो उन्होंने धीरे-धीरे गुप्त सम्राट के आधिपत्य से अपने को स्वतंत्र कर लिया।
- सातवीं शताब्दी के प्रारंभ में वाकाटक वंश का अंत हो गया।
- अजंता की कुछ गुफाएँ उनके उत्कर्ष काल में निर्मित हुईं।

पुष्यभूति वंश

- छठी शताब्दी ई॰ में दिल्ली के निकट थानेश्वर में पुष्यभूति से, जो शिव का उपासक था, इस वंश का प्रारंभ हुआ।
- इस वंश में तीन राजा हुए– प्रभाकरवर्धन और उसके दो पुत्र राज्यवर्धन तथा हर्षवर्धन।
- प्रभाकरवर्धन की मृत्यु पर उसके सिंहासन पर उसका बड़ा पुत्र राज्यवर्धन बैठा। किन्तु राज्याभिषेक के बाद ही

उसे युद्धों में फँस जाना पड़ा और बंगाल के शासक शशांक द्वारा उसक वध कर दिया गया।

- राज्यवर्धन के हत्या के बाद उसका यशस्वी छोटा भाई हर्षवर्धन (606-47 ई॰) शासक हुआ, जिसने चालीस वर्ष तक राज्य करके अपनी कीर्ति का विस्तार किया।
- वह नि:संतान था, अत: उसकी मृत्यु के बाद पुष्यभूति वंश का अंत हो गया।

हर्षवर्धन

स्रोत

- हर्षचरित– इस ग्रंथ की रचना सुप्रसिद्ध संस्कृत लेखक बाणभट्ट ने की थी, यह वर्धन इतिहास का सर्वप्रमुख स्रोत है।
- कादम्बरी– बाणभट्ट की कृति है। यह संस्कृत-साहित्य का सर्वश्रेष्ठ उपन्यास कहा जा सकता है। इसके अध्ययन से हम हर्षकालीन सामाजिक तथा धार्मिक, जीवन का ज्ञान प्राप्त करते हैं।
- आर्यमंजुश्री मूलकल्प– यह एक प्रसिद्ध महायान बौद्ध-ग्रंथ है। सर्वप्रथम गणपति शास्त्री ने 1925 में इसे प्रकाशित किया था। यह हर्षकालीन इतिहास की कुछ घटनाओं पर प्रकाश डालता है।
- हर्ष ने तीन नाटक लिखे– प्रियदर्शिका, रत्नावली, नागानन्द।
- प्रसिद्ध चीनी यात्री ह्वेनसांग, हर्ष के समय में भारत की यात्रा पर आया। उसने यहाँ 16 वर्ष तक निवास किया। उसका यात्रा विवरण 'सी-यू की' नाम से प्रसिद्ध है। ह्वेनसांग की जीवनी की रचना ही-ली ने की थी।

अभिलेख

- **बसखेड़ा का लेख**– यह 1894 ई॰ में उ॰प्र॰ के घोसी तहसील में स्थित है। इसमें हर्ष द्वारा श्रावस्ती भुक्ति के शोमकुण्डा नामक ग्राम को दान में देने का विवरण है।
- **एहोल का लेख**– यह चालुक्य नरेश पुलकेशिन द्वितीय का है जिनकी तिथि 633-34 ई॰ है। इसमें हर्ष तथा पुलकेशिन के बीच होने वाले युद्ध का वर्णन है। इस लेख की रचना पुलकेशिन के दरबारी कवि रविकीर्ति ने की थी।
- वर्धनकालीन मुद्राएँ नालंदा तथा सोनीपत से प्राप्त होती हैं। ये सभी ताँबे की हैं।

राजनीति इतिहास

- जिस समय हर्ष सिंहासन पर बैठा, स्थिति अत्यन्त संकटपूर्ण थी। गौड़ (बंगाल) के राजा शशांक ने उसके बड़े भाई राज्यवर्धन का वध कर डाला था और उसकी छोटी बहन राज्यश्री अपने प्राणों की रक्षा के लिए किसी अज्ञात स्थान पर चली गई थी।
- हर्षवर्धन ने शीघ्र ही अपनी बहन को ढूँढ निकाला और कामरूप के राजा भास्कर वर्मा से संधि करने के बाद गौड़ के शशांक के विरुद्ध एक बड़ी सेना भेज दी।
- दक्षिण में उसकी सेनाओं को लगभग 620 ई॰ चालुक्य राजा पुलकेशिन द्वितीय ने नर्मदा के तट से पीछे खदेड़ दिया, परन्तु वस्तुत: वह अपने राज्यकाल में बराबर युद्ध करता रहा और उसके द्वारा अंतिम लड़ाई 643 ई॰ में गंजाम में छेड़ने का उल्लेख मिलता है। इस प्रकार उसने विशाल साम्राज्य की स्थापना की, जिसकी सीमाएँ उत्तर में हिमाच्छादित पर्वतों तक, दक्षिण में नर्मदा नदी के तट तक, पूर्व में गंजाम तथा पश्चिम में बल्लभी तक विस्तृत थीं। कनौज इस विशाल साम्राज्य की राजधानी थी।
- हर्ष ने महाराजाधिराज की पदवी धारण की थी। उसने चीनी सम्राट से दोस्ताना संबंध स्थापित कर रखा था।
- वह शिव और सूर्य के साथ-साथ बुद्ध की भी उपासना करता था।
- बाद में उसका झुकाव महायान बौद्ध धर्म की ओर अधिक हो गया।
- उसने अपने साम्राज्य में यात्रियों, दीन-दुखियों तथा रोगियों की सेवा-सुविधा के लिए जगह-जगह पर धर्मशाला, कुआँ, चिकित्सालय आदि का प्रबंध कर रखा था।
- हर्षवर्धन प्रचुर मात्रा में दान देता था और पाँच वर्षों में राज्यकोष में जो धन एकत्र होता था, उसे प्रयाग में गंगा और यमुना के संगम पर एक महोत्सव करके दान कर डालता था।
- चीनी यात्री ह्वेनसांग 643 ई॰ में इस प्रकार के छठे महोत्सव में सम्मिलित हुआ था।
- हर्षवर्धन उच्च कोटि का कवि भी था। उसने संस्कृत में नागानंद, रत्नावली तथा प्रियदर्शिका नाम से तीन नाटकों की रचना की है।
- कादंबरी और हर्षचरित के लेखक बाण, सुभाषितावली के रचयिता मयूर और विद्वान् चीनी यात्री ह्वेनसांग को उसने आश्रय प्रदान किया था।

प्रशासन

- गुप्त शासकों की शासन व्यवस्था हर्षवर्धनकालीन शासन व्यवस्था का आधार थी, लेकिन हर्षवर्धन के काल में प्रशासन गुप्त शासकों की अपेक्षा अधिक सामंतीय एवं विकेंद्रीकृत था।
- सैनिक व्यवस्था में प्रत्येक सामंत युद्ध के समय

अपनी-अपनी सेना की कुछ टुकड़ियाँ भेजते थे जिससे एक विशाल सेना का निर्माण होता था।

- गुप्त काल की भाँति इसमें भी ब्राह्मणों को भूमि-दान देने की प्रथा जारी रही। इन अनुदानों में पहले की अपेक्षा ब्राह्मणों और अधिकारियों को अधिक छूट प्रदान की गई थी।

अर्थव्यवस्था

- हर्षकालीन अर्थव्यवस्था का आधार सामंतीय और आत्मनिर्भर होने लगा था।
- व्यापार और वाणिज्य की जो गिरावट गुप्त काल में प्रारंभ हुई थी वह हर्षकाल में भी निरंतर जारी रही। इस गिरावट ने कृषि को भी अप्रत्यक्ष रूप से प्रभावित किया।
- अब किसान व्यापार और वाणिज्यिक दृष्टि से उत्पादन न कर अपनी स्थानीय जनता के लिए उत्पादन करने लगे। इस प्रकार एक 'आत्म निर्भर ग्रामीण अर्थव्यवस्था' का जन्म हुआ।

समाज

- हर्षवर्धन के काल में वर्ण व्यवस्था ने पुन: प्रधानता प्राप्त कर ली थी। ह्वेनसांग ने भारत में चार वर्णों के विद्यमान होने का उल्लेख किया है। चारों वर्णों के अलावा समाज में हुई मिश्रित जातियाँ भी विद्यमान थीं जिसका उल्लेख बाणभट्ट और ह्वेनसांग दोनों ने किया है। इसके अतिरिक्त कुछ अछूत जातियाँ भी समाज में मौजूद थीं।
- समाज में स्त्रियों की स्थिति में और गिरावट आई। उच्च वर्ण की विधवाओं को पुनर्विवाह करने की अनुमति नहीं थी।
- दहेज प्रथा भी सामान्य प्रचलन में थी तथा सती प्रथा का भी उल्लेख मिलता है।

धर्म

- ब्राह्मण धर्म इस काल में भी प्रमुख धर्म बना रहा, लेकिन ह्वेनसांग के अनुसार हर्ष ने बौद्ध धर्म को संरक्षण प्रदान किया था। इस काल में बौद्ध धर्म पतन की ओर अग्रसर हो रहा था।
- जैन धर्म भी इस काल में बिना किसी परिवर्तन के अस्तित्व में था।
- शैव संप्रदाय इस युग में काफी प्रचलित संप्रदाय बन चुका था।
- इस काल में पुन: वैदिक कर्मकांड और अनुष्ठानों की प्रचुरता में वृद्धि हुई।

प्राचीन भारतीय सामाजिक इतिहास की पारिभाषिक शब्दावली

- **अंबिका-जनिक :** माताएँ और पत्नियाँ, आमतौर पर महिलाएँ।
- **अंग-माठी :** महिलाओं के स्वामित्व वाली संपत्ति।
- **अंत:पुर :** शाही हरम या राजकुल की महिलाओं के निवास के लिए राजप्रासाद का अंत:प्रकोष्ठ।
- **अंतराल :** वर्णसंकर जातियाँ।
- **अंत :** जाति बहिष्कृत।
- **अंतेवासिन :** पुरुष छात्र।
- **अंत्यज :** यह शब्द चांडाल जैसी सभी निचली जातियों के लिए प्रयुक्त किया जाता था। अंत्यज के उप-विभाजनों के विभिन्न विवरण स्मृतियों में मिलते हैं। सात प्रमुख अंत्यज हैं– ***रजक*** (धोबी), चर्मकार (पशुओं की खाल उतारनेवाले), ***नट*** (नाचने वाली जाति), ***बुरुद*** (बांस के कर्मचार), ***मेड*** और ***भली*** (शिकारी)।
- ***अंत्यज, अंत्य और अंत्यवसायी :*** जातियों के क्रम में सबसे नीचे। वे उन लोगों की संतान माने जाते थे जो नीची जाति के पुरुष और ऊँची जाति की महिला के संयोग से पैदा होते थे ***(वर्णसंकर)***। शिकार और मछलीपालन पर निर्भर जातियों को धर्मशास्त्र में निम्न कोटि का वर्णसंकर ***(अधमसंकर)*** बताया गया है।
- **अंत्येष्टि :** सोलह संस्कारों में एक दाहसंस्कार। द्विज जातियों के मृत व्यक्ति को वैदिक मंत्रों से तथा महिलाओं और शूद्रों का बिना वैदिक मंत्रों के दाहसंस्कार किया जाता है। **श्रोत** तथा **ग्रह्यसूत्र** में इस विषय पर कई बातों को लेकर मतभेद हैं।
- **अबांधव :** संबंधीविहीन।
- **अभिसारिका :** रात में अपने पिता का चुपचाप घर छोड़ प्रेमी से मिलने जाने वाली लड़की।
- **अभ्यांतर आपेस्थापक :** सेवक, अनुचर।
- **अभ्यासिन :** एक छात्र।
- **अदिमै :** कृषक दासों के समतुल्य खेतिहर मजदूर।
- **अगसालि :** स्वर्णकार जैसे कि अक्षसालिन।
- **अग्नि-कुल :** राजपूत वंश या जाति। कथानकानुसार जिनके विभिन्न वंश आबू पर्वत पर हुए यज्ञ-कुंड से उत्पन्न हुए थे।

- **अग्रवर्ण :** उच्च वर्ण।
- **अक्षीणधनसंपन्न :** भूमिसंपन्न अभिजात्य वर्ग।
- ***अमर-नायक : अररम्*** नामक आनुवंशिक भूधृति का उपभोग करने वाले सेनानायक। आनुवंशिक सैनिक भूधृति।
- **अनामय :** क्षत्रिय का स्वास्थ्य या स्वरूप।
- **अनुलोम :** विहित या अनुमत विवाह, जिसमें वधू, की जाति की तुलना में वर उससे उच्च जाति का हो। ***धर्मशास्त्रों*** में इस प्रकार के विवाह की अनुमति दी गई है।
- **अप्रतिग्रह :** उपहार स्वीकार नहीं करना।
- **अर्धांगी :** पत्नी या भार्या।
- **असत् शूद्र :** इन जातियों का जन्म अवैध या प्रतिबंधित वैवाहिक संबधों से हुआ, जिन्हें ***निर्वासित*** भी कहा जाता है। दक्षिण और पूर्वी भारत में ***सत्*** और ***असत्*** शूद्रों के मध्य विभाजन रेखा, सांस्कृतिक दृष्टि और पिछड़ी जनजातियों और आजीविका के लिए भू-स्वामी कृषकों पर आश्रित दस्तकार समूहों के कृषक समुदायों में अंतर्निहित है। इन समूहों के मध्य व्याप्त व्यापक दूरी पर पाँचवें वर्ण की अवधारणा के लिए पर्याप्त थी।
- **अस्पर्श्य :** अछूत।
- **अष्ट-कुल :** ग्राम सभा के आठ सदस्यों की समिति।
- **असुर विवाह :** कन्या या वर खरीदकर किया गया विवाह।
- **अटवी :** वन-निवासी; जंगल में रहने वाला।
- **अवरवर्णप्राय :** ऐसी बस्ती जिनके निवासी मुख्यतः शूद्र हों।
- **अवरोधजनः** शहरी हरम के निवासी या राजा की रानियाँ तथा उपपत्नियाँ अथवा रखैलें।
- **अवरोधन :** कुटुंब, गृह या परिवार।
- **आयोगव :** शूद्र स्त्री से जन्मा वैश्य (जाति के पिता) का पुत्र।
- **आभीर :** ग्वाला या पशुपालक समुदाय का सदस्य एक जनजाति का नाम।
- **आबोति :** राजस्थान में ब्राह्मणों का निम्न वर्ग।
- **आचार :** एक परंपरा या पारंपरिक नियम-कानून।
- **आम्नाय :** कुल, पीढ़ी, वंश के समान।
- **आपद् धर्म :** आपद्काल में कर्त्तव्य निर्वाह। इस अवधारणा में यह स्पष्ट किया गया है कि आपद्काल में जब कोई व्यक्ति वर्ण के अन्य सदस्यों की भाँति जीविकोपार्जन न कर सके तो वह ऐसी स्थिति में वैध रूप से क्या करे !
- **आर्ष विवाह :** एक ऐसा विवाह जिसमें दहेज के स्थान पर, गाय और बैल के रूप में प्रतीकात्मक वधू-मूल्य प्रदान किया जाता था।
- **आर्य :** मूलतः आर्यों की जातीय पहचान इंगित करने वाला शब्द। परंतु बाद में यह शब्द सामाजिक पहचानों और संबंधों के विभिन्न पक्षों से व्युत्पन्न अनेक संबंधों को इंगित करने वाला शब्द बन गया, जैसे कि माता (आर्या), पितामह (आर्यक), कोई कुलीन व्यक्ति (आर्यपुत्र), दादी (आर्यिका) आदि।
- **आर्यिका :** दादी, नानी।
- **आश्रम :** मानव जीवन के चार चरण– *ब्रह्मचर्य, गृहस्थ, वानप्रस्थ* और *संन्यास।* इन चार आश्रमों का कुछ अस्पष्ट प्राचीनतम संदर्भ ऐतरेय ब्राह्मण में प्राप्त होता है।
- **आश्रित हलिका :** पराश्रित हलवाहे या काश्तकार।
- **आवाह :** पुत्र का विवाह।
- **इराजगरत्तारः** सरकारी अधिकारी।
- **उद्वस्/उद्वस-कुटुंबिकः** बाहर से आकर बसने वाले किसान।
- **उलुगम् :** किसी स्वामी के साथ संबद्ध होकर सेवा करने वाले।
- **उन्नीत :** दत्तक या गोद ली गई पुत्री।
- **उपनयन :** यज्ञोपवीत संस्कार जो केवल द्विजों के लिए प्रस्तवित किया गया था।
- **उपनीत :** दीक्षित या उपनयन किया गया छात्र।
- **उर-किलार :** निचली भूमि वाली बस्तियों के प्रमुख या मुखिया। उर *मन्नर* की भाँति।
- **उरावर :** सामान्यतः इसका अर्थ सामूहिक संगठन जैसे कि उर के सदस्यगण।
- **कैक्कोलर :** बुनकर।
- **कल-नाडु :** शौर्य या वीरस्तंभ। वीरों की स्मृति में स्थापित स्मारकीय प्रस्तर खंड।
- **कलिवर्ज्य :** ऐसे रीति-रिवाज एवं नियम जिनका कभी अनुसरण किया जाता था, पर उन्हें अंधकारयुगीन कलियुग में वर्जित माना गया क्योंकि अब मनुष्य स्वाभाविक रूप से धर्माचारी नहीं रह गए हैं।
- **कम्मालर :** दस्तकारों-कारीगरों के पाँच वर्ग, जिन्हें *अंजुपंचलत्तर* भी कहा जाता है।
- **कन्यादान :** विवाह संस्कार के दौरान कन्या के माता-पिता द्वारा वर को प्रतीकात्मक रूप से कन्या का दान, जो विवाह-संस्कार का सर्वप्रमुख कर्मकांड है।

- **कर्मकार** : सेवक, मजदूरी कमाने वाला, श्रमिक।
- **कर्मार** : धातुकर्मी।
- **कार्मिक** : श्रमिक।
- **कृषक** : छोटे काश्तकार और हलवाहे।
- **कृषिक** : किसान, हल चलाने वाला।
- **कारुक** : दस्तकार, कारीगर।
- **कारुकर्मोपीविन** : छोटे दस्तकार एवं कारीगर।
- **काषय (प्राकृत)** : काश्तकार और कृषिक श्रमिक।
- **कासाय-कुडि** : व्यापारी और दस्तकार।
- **किलान** : मुखिया।
- **किलार** : प्रमुख।
- **कीनाषा** : काश्तकार, कृषक।
- **किनष** : हलधर, किसान और खेतिहर-मजदूर।
- **कोटे** : उपहार।
- **क्रीतदास** : खरीदे गए दास।
- **कृषक** : किसान।
- **कृषिकार** : किसान।
- **कृषिबल** : कृषि श्रमिक या खेतिहर मजदूर।
- **कुडियानापेर** : किसान।
- **कुलकुटुंबिक** : स्थायी रूप से बसे किसान।
- **कुलीन वंश** : शुद्ध वंश या कुल।
- **कुरुंजि** : वन भूमि।
- **कुटि** : परिवार।
- **कूत्तर** : नर्तकियाँ, नृत्यांगनाएँ।
- **कुटुंबिन्** : जोतने वाला, किसान गृहस्वामी या कृषक परिवार।
- **गृहपति** : संस्कृत के *गृहपति* का समानार्थक पालि भाषा का शब्द। ऋग्वेद में गृहस्वामी के संदर्भ या अर्थ में इस शब्द का प्रयोग किया गया है। उमा चक्रवर्ती के अनुसार, बौद्ध युग में *गृहपति* अर्थव्यवस्था के क्षेत्र में संपत्ति के नियंत्रक, करदाता और कृषक का प्रतिनिधित्व करता था।
- **गहवै (प्राकृत)** : कृषक और खेतिहर मजदूर।
- **गण-संघ** : एक या उससे अधिक क्षत्रिय जातियों का जातीय अल्पतंत्र, गणतंत्रात्मक राज्य। भूमि पर सामूहिक नियंत्रण और सत्ता का सामूहिक प्रयोग करने वाली राजनीतिक इकाई।
- **गंधर्व विवाह** : उभय पक्षों (वर एवं वधू) की सहमति से संपन्न विवाह, जिसे केवल मात्र वाग्दान के द्वारा संपन्न किया जा सकता था। इस प्रकार के विवाह को सामान्यत: प्रणय या प्रेम-विवाह भी कहा जाता है।
- **गणिका** : वेश्याएँ।
- **गणका** : विद्यासंपन्न और विभिन्न कलाओं में निष्णात गणिकाएँ, जो सामान्य वेश्याओं से भिन्न होती थीं। कामसूत्र का कहना है कि प्रत्येक वेश्या गणिका नहीं होती, बल्कि केवल वह गणिका कहलाने की अधिकारिणी होती है, जिसे 64 कलाओं में निष्णात होने का सम्मान प्राप्त हो। ऐसी निष्णात गणिका का सर्वश्रेष्ठ दृष्टांत बौद्ध साहित्य में उल्लिखित आम्रपाली है।
- **गर्भदास** : जन्मजात दास।
- **गोल्ल** : एक ग्वाला या पशुपालक।
- **गोष्ठी** : कोई सभा, बैठक या समाज मंडली।
- **गोत्र** : उत्तर वैदिक युग में विकसित गोत्रांतर संबंधी सामाजिक संस्था। प्रारंभिक वैदिक युग में इसका अर्थ 'गोशाला' या 'पशुओं का झुंड' था परंतु बाद में पशुओं के झुंड के समान स्वामियों के व्यक्ति समूह के लिए इसे प्रयुक्त किया जाने लगा। बाद में जब संयुक्त भू-स्वामित्व की इकाई संयुक्त पैतृक परिवार बन गया, तो *गोत्र* परिवार के साथ-साथ जातिबोधक हो गया।
- **गोत्रांतर** : विवाह के समय पत्नी के गोत्र का पति के गोत्र में परिवर्तन या गोत्रांतरण। यह संभवत: पितृसत्तात्मक व्यवस्था की अंतिम विजय का प्रतीक है।
- **ग्रामाचार** : स्थानीय रीति-रिवाज।
- **ग्रामणी** : सेनानायक।
- **गृह** : मकान, गृहस्थी, परिवार।
- **गृहस्थ** : गृहस्थ परिवार के लोग या किसान।
- **गृहणी** : गृहस्वामिनी।
- **घटिका** : उच्च अध्ययन संस्थान; विद्वान् और धर्मनिष्ठ लोगों का प्रतिष्ठान, पश्चिमी समय 24 मिनटों के बराबर का समय।
- **चाडभृत:** कृषक मजदूर।
- **चक्कवत्ती:** अर्थात् चक्रवर्ती सम्राट, सामाजिक जगत का प्रमुख।
- **चांडाल:** सामाजिक अनुक्रम में निम्नतम् समूह, जो चारों वर्णों के लिए प्रस्तावित धार्मिक विधि-विधानों या कर्मकांडों की परिधि के बाहर रखे गए।

  चीनी यात्री फाह्यान (405-11 ई०अ०) ने लिखा है कि चांडालों को पृथक् रूप से रहना पड़ता था और नगर या बाजार में प्रवेश करते समय अपने आगमन की सूचना देने के लिए उन्हें लकड़ियाँ बजाना पड़ता था, जिससे कि

लोगों को उनकी उपस्थिति का पता चल सके ताकि लोग उनके स्पर्श से दूर रहें और बचकर चलें।

- **चांडाल** : मूलत: एक जनजाति, जिन्हें बाद में जाति बहिष्कृत माना गया।
- **चर्मकार** : चमड़े का कार्य करने वाला।
- **चतुर्थ-कुल** : शूद्र वर्ण।
- **चातुर्वर्ण्य** : चार वर्णों संबंधी सामाजिक व्यवस्था।
- **चिंपक**: रंगरेज, प्राकृत भाषा के *चिंपय* के समान।
- **जन** : मूलत: जनजाति, पर बाद में इसके अनेक अर्थ हो गए। पूर्व मध्यकाल में इसका आश्रित कृषक मजदूरों के अर्थ में प्रयोग होने लगा।
- **जनपद** : बसे हुए प्रदेश।
- **जनि** : पत्नी।
- **जनया** : विभिन्न *जनों* के निवासी लोग।
- **जन्यमित्र** : विवाह के द्वारा बने संबंधी।
- **जातक-वकुडि** : ऐसे व्यक्ति जिन्होंने आजीवन मंदिर की सेवा का व्रत लिया हो।
- **जाति** : वर्ण-व्यवस्था के भीतर जातियों का उदय सामाजिक संरचना में जनजातीय समुदायों के विलय और विघटन के परिणामस्वरूप हुआ। यह जाति- व्यवस्था विवाह नियमों और सजातीय विवाहों और विशिष्ट वंशोत्पत्ति या विशिष्ट वंशानुक्रम में जन्म के आधार पर जाति सोपान क्रम के निर्धारित और नियंत्रित करती थी। समुदाय विशेष के सदस्यों को इंगित करने के लिए जाति शब्द का प्रयोग किया जाता था। मूल वर्ण, व्यवसाय, गोत्र एवं आवास क्षेत्र जाति-व्यवस्था के निर्धारक कारक थे। जाति-व्यवस्था के संदर्भ में प्रथम तीन वर्णों के लोग द्विज कहलाते थे।
- **जाति** : व्यक्तियों का एक स्वतंत्र व्यावसायिक और प्रजातीय विवाह समूह जिसके लिए जाति या अंग्रेजी भाषा के 'काष्ट' शब्द का प्रयोग किया जाता था। केवल धर्मशास्त्रों और बाद में स्मृतियों में 'कास्ट' के अर्थ में इस शब्द का प्रयोग किया गया।
- **ज्येष्ठ-पिता** : ताऊ (पिता का बड़ा भाई)।
- **तक्षाचार्य**: बढ़इयों का प्रमुख या अतिकुशल बढ़ई।
- **तक्षन** : बढ़ई।
- **तालि/ताली** : विवाहित स्त्रियों द्वारा पहना जाने वाला विवाह प्रतीक–आभूषण।
- **तात-आम्बा** : माता, सौतेली माँ या किसी के पिता की चाची।
- **तुरुष्क** : मूलत: कोई तुर्क या तुर्की मुसलमान परंतु बाद में मुसलमानों के लिए सामान्यत: इस शब्द का प्रयोग किया जाने लगा।
- **तिरै** : बलि, नजराना (अधीनस्थ एवं सामंतों द्वारा देय)।
- **दैव विवाह** : जब कोई गृहस्थ अपनी पुत्री के साथ यज्ञ-पुरोहित का उसकी दक्षिणास्वरूप अपनी कन्या का पाणिग्रहण कराता है।
- **दक्खिणा** : यज्ञ के लिए ब्राह्मण को दी गई भेंट।
- **दक्षिणा** : सेवा के बदले ब्राह्मण या पुरोहित को दिया गया उपहार, भेंट या पुरस्कार।
- **दंपत्ती** : एकल जोड़ा, पति-पत्नी।
- **दारक** : किसी राजा का ऐसा पुत्र जिसे अपनी माता की पद-स्थिति के कारण उसे राजकुमार का पद या उपाधि नहीं मिल पाती।
- **दास-भृतक** : दास भृत्य और सेवक।
- **दास कर्मकार** : अपने मालिक या स्वामी से संबद्ध ऐसे आश्रित कर्मचारी, जिनकी स्थिति न तो दासों जैसी है और न कर्मकारों या कर्मचारियों जैसी।
- **दास** : मूलत: एक जातीय समूह, जो परवर्ती युग में दास कहलाए।
- **दासता** : यद्यपि मेगस्थनीज ने लिखा है कि भारत में दास प्रथा प्रचलित नहीं थी। (क्योंकि दास प्रथा का यूनानी रूप भारत में बिल्कुल ही विद्यमान नहीं था) परंतु अशोक के नवें शिलालेख में ***धम्म*** के उपादानों में दासों के प्रति दयालु एवं सम्यक् व्यवहार को भी शामिल किया गया है, जो मौर्य काल में दास प्रथा के प्रचलन को प्रमाणित करता है। मनु और कौटिल्य ने विभिन्न प्रकार के दासों का उल्लेख किया है। दासों के कुछ अधिकार और विशेषाधिकार होते थे। कौटिल्य का कथन है कि दास अपनी आजीविका अर्जित एवं अपना धन रख सकता है और दास के धन के उत्तराधिकारी उसके संबंधी होते थे, न कि उसका स्वामी।
- **दायभाग** : जीमूतवाहन द्वारा उत्तराधिकार, विरासत और संपत्ति विभाजन के संबंध में प्रस्तावित व्यवस्थित कानून। ***दायभाग*** का कहना है, पति के मरणोपरांत उसकी पुत्रहीन विधवा संयुक्त परिवार में अपने पति के हिस्से की

उत्तराधिकारिणी या वारिस हो सकती है जबकि *मिताक्षरा* विधवा को इस प्रकार के उत्तराधिकारी की अनुमति नहीं देता।

- **दायद्** : सजातीय, सगोत्री।
- **देवदासी** : मंदिरों के साथ संबद्ध नर्तकियाँ। उन्हें ***बसबि*** या ***भाविन*** भी कहा जाता था।
- **दीक्षित** : धार्मिक कार्यों हेतु संस्कारित व्यक्ति।
- **दोण्य (प्राकृत)** : कृषक और खेतिहर मजदूर।
- **द्विज** : प्रथम तीन उच्च वर्णों को दो बार जन्मित या ***द्विज*** माना जाता था। पहले स्वाभाविक जन्म और पुनः जब उन्हें यज्ञोपवती संस्कार के ब्राह्मणीय समाज में शमिल किया जाता था। शूद्रों का यज्ञोपवीत नहीं होता था।
- **धनोता** : खेतिहर मजदूर।
- **धर्म** : संस्कृत के उन दुर्लभतम् शब्दों में से है, जो अंग्रेजी या अन्य किसी भाषा में इसका वास्तविक अर्थ स्पष्ट करने के सभी प्रयासों को एक चुनौती है। यह शब्द सामाजिक, नस्लीय, धार्मिक, राजनीतिक और वैधानिक अर्थ में प्रयुक्त हुआ है। शब्दकोशों में धर्म के कई अर्थ बताए गए हैं, जैसे मर्यादा, आचरण, कर्त्तव्य, अधिकार, न्याय, नैतिकता, सद्व्यवहार, जीवन-शैली, सद्कर्म, कार्य-संपादन, विशिष्ट गुण आदि। ***धर्म*** शब्द की व्याख्या विभिन्न संक्रमणों से गुजरी है और अंततोगत्वा इसे विशेषाधिकार, सामाजिक नियम, व्यक्ति के नैतिक बंधन और कर्तव्य, समाज का सदस्य होने के नाते मानवीय आचरण आदि के प्रतीक के रूप में माना गया। इस अर्थ में यह इसी संदर्भ में ***तैत्तिरीय उपनिषद्*** में गुरु द्वारा शिष्य को दिए गए उपदेश ***''सत्यम् वद, धर्मम् चर.. .''*** वाक्य में धर्म का उपर्युक्त अर्थ या भाव अंतर्निहित है। इसी अर्थ में भगवद्गीता के प्रसिद्ध श्लोक ***''स्वधर्मे निधानम् श्रेय :''*** को प्रायः उद्धृत किया जाता है। (देखें काणे, पी.वी. धर्मशास्त्र का इतिहास, पुणे, 1990, खंड I, भाग I, पृ. 1-11)।
- **ध्वाजहृत** : युद्ध में पकड़े गए दास।
- **नृगरत्तार** : नगर में प्रमुख लोग; व्यापारिक ***श्रेणी*** या ***निगम*** के सदस्य।
- **नापत्र** : पोता-पोती / नाती-नातिन।
- **नट** : नर्तक / जनजाति।
- **नियायत्तर** : बुनकर।
- **नियोग** : किसी संतानहीन विधवा द्वारा पुत्रोत्पत्ति मात्र के लिए (परिवार द्वारा) सहमत किसी पुरुष से संभोग। सर्वाधिक प्राचीन स्मृतियों ने इस कार्य की अनुमति दी है। ***गौतम धर्मसूत्र*** का विचार है कि कोई ऐसी स्त्री जिसके पति का देहावसान हो गया है तो वह संतानोत्पत्ति की इच्छा से पुत्र प्राप्त करने के लिए अपने देवर (से संभोग) के माध्यम से पुत्र प्राप्त कर सकती है। इसके लिए उसे परिवार के बड़े-बूढ़ों से अनुमति लेनी पड़ती थी। वह किसी ***सपिंड, सगोत्र, सप्रवर*** या अपनी ही जाति के किसी व्यक्ति के माध्यम से पुत्र प्रारम्भ कर सकती थी। मनु ने भी कुछ शर्तों के साथ इस प्रथा की अनुमति दी है। ***नियोग*** के शाब्दिक अर्थ हैं– नियुक्ति, सत्ता या अधिकार।
- **नोटुत्तल** : वस्तु विनिमय की अदला-बदली प्रणाली।
- **पड़ैक्काण्वट** : सैनिक वर्ग।
- **पैशाच विवाह** : लड़की को फुसलाकर उससे बलात् विवाह करना।
- **पालै** : रेतीली भूमि या रेगिस्तानी भूमि।
- **पामर (प्राकृत)** : किसान और कृषि श्रमिक।
- **पाणर** : चारण, भाट।
- **पंचमहापातक** : पाँच महापाप या अपराध हैं– ब्राह्मण-हत्या, मादक मदिरापान, सोने की चोरी, गुरु की पत्नी से व्यभिचार और इन अपराधों के दोषी व्यक्ति से संबंध रखना।
- **परिकार** : नौकर-सेवक।
- **पारिपार्श्विक** : अनुचार, घनिष्ठ व्यक्तिगत सेवक।
- **पाषण्ड** : अनीश्वरवादी या नास्तिक संप्रदाय के आचार्य और उनके अनुयायी।
- **पट्टमहादेवी** : प्रमुख रानी का पद। **पट्महिषी** के समान।
- **पितामह** : दादा-नाना।
- **पितृ-यज्ञ** : पितरों की आत्माओं को तर्पण और अर्पण।
- **पितृ** : ऋग्वेद में माता-पिता के लिए सामान्य शब्द लेकिन बाद में माता-पिता के संदर्भ में पितृ शब्द का द्वैध रूप में प्रयोग होने लगा। तथापि सामान्य पितरों के लिए भी इसका उल्लेख होता है।
- **पितृविट्ट** : पैतृक संपत्ति।
- **प्रजापत्य विवाह** : ऐसा विवाह जिसमें कन्या का पिता बिना दहेज और वधू-धन की माँग के बिना विवाह कर देता है।
- **प्रपितामह** : दादा का पिता।
- **प्रतिग्रह** : उपहार स्वीकार करना।

- **प्रतिलोम :** एक ऐसा विवाह जिसमें वधू (वर से) ऊँचे वर्ण की हो। इस प्रकार के विवाह को अवांछित माना गया। तथापि इस प्रकार के विवाहों से अनेक निम्न या हेय जातियों का उदय हुआ।
- **प्रवर :** कतिपय संस्कारों को संपन्न करते समय पूर्वजों का आवाहन किया जाता था। ***प्रवर*** का शब्दिक अर्थ 'चुनना' या 'आवाहन करना' है। प्रवर की अवधारणा गोत्र के साथ जुड़ी हुई है। गोत्र की सामान्य अवधारणा के अनुसार किसी समूह के सारे लोग किसी आदि-पुरुष पूर्वज से पुरुष या पितृसत्तात्मक शृंखला की उत्पत्ति बताते हैं। ***प्रवर*** मुख्यत: गोत्रांतर विवाह संबंधी संस्था है जिसमें यदि किसी पीढ़ी तक समान पूर्वज रहा हो तो विवाह नहीं हो सकता है। ***गोत्र*** के साथ जुड़ी ***प्रवर*** की संस्था ब्राह्मणीय वैवाहिक व्यवस्था को काफी जटिल बना देती है। गोत्र असंख्य हैं और उन्हें 49 प्रवर समूहों में विभाजित किया गया है। ***सप्रवर*** कन्या के साथ विवाह निषेध या मनाही की गई है।
- **प्रेण्य :** गरीब छोटे किसान।
- **पुनर्भू :** इस शब्द का सामान्यत: प्रयोग पुनर्विवाह करने वाली विधवा के लिए किया जाता है। ***बौधायन धर्मसूत्र*** ने ***पुनर्भव*** को एक ऐसी महिला का पुत्र बताया है जिसने नपुंसक या जाति-बहिष्कृत पति को छोड़कर किसी अन्य व्यक्ति को अपना पति मान लिया हो। ***अग्निपुराण*** ने ऐसी स्त्रियों को पुनर्विवाह की अनुमति दी है जिनका पति गायब, मृत संन्यासी, नपुंसक या जाति-बहिष्कृत हो गया हो।
- **पुरोहित :** महापुरुष, पुजारी, कुलपुरोहित, राजपुरोहित।
- **पुरुषार्थ :** मानवीय जीवन के चार लक्ष्य या ध्येय। बहुत प्राचीनकाल से मान्य ये चार लक्ष्य हैं– ***धर्म*** (सही आचरण), ***अर्थ*** (भौतिक कल्याण या सुख), ***काम*** (यौन, भावनात्मक एवं कलात्मक इच्छाओं की संतुष्टि) और ***मोक्ष*** (आत्मा की मुक्ति)।
- **पुत्रिका :** भ्राताहीन पुत्री।
- **पुत्रिका पुत्र :** पुत्री का बेटा।
- **फाल-दिव्य :** हल की लोहे की गर्म फाल हाथ में लेकर अग्निपरीक्षा देना।
- **बद्धहालस :** हल के साथ जुड़ा हुआ अर्थात् हल पर आश्रित।
- **बेस-बग :** बंधक नौकर, बँधुआ या दास सेवक।
- **बित्तुवत्त :** बुवाई कराने का स्थायी अधिकार।
- **ब्रह्म विवाह :** उसी वर्ण के पुरुष से कन्या का उचित रीति से विवाह।
- **ब्रह्म क्षत्र :** कुछ शासक वंशों द्वारा (ब्राह्मण एवं क्षत्रिय दोनों वर्णों से संबंधित होने) विशिष्ट स्थिति का दावा। इसके अनुसार, ब्राह्मण एवं क्षत्रिय दोनों वर्णों से वंशोत्पत्ति का दावा किया गया, जैसे कि बंगाल के सेन वंशीय शासकों द्वारा।
- **ब्राह्मणाचार :** ब्राह्मणों का आचरण या उनकी आचार-संहिता।
- **भक्त-दास :** दैनिक मजदूरी करने वाला मजदूर।
- **भट :** शाब्दिक रूप में सैनिक या सिपाही। कभी-कभी निजी नौकर।
- **भटक :** मजदूरी कमाने वाला।
- **भोग्या :** रखैल, मैथुन स्त्री जो शाही हरम में रहती थी।
- **भृतिदास :** श्रमिक जो मजदूरी करता है, मजदूर।
- **भृत्य :** सेवक और गुलाम दास।
- **महल्लक :** नगर के वरिष्ठ जन।
- **महाबंदव्यावहानि् :** बड़े साहूकार या मुख्य श्रेष्ठी, व्यापारिक श्रेणी या ***निगम*** का प्रमुख।
- **मकुटि :** शूद्रों को संबोधित राज्यादेश।
- **मांगल्य :** विवाहित महिलाओं द्वारा, अपने पति के जीवनकाल में सुहाग के प्रतीकस्वरूप, गले में पहना जाने वाला आभूषण।
- **मन्नर :** मुखिया।
- **मंराडि/इदैफुरै :** पशुपालक ग्वाले।
- **मंत्र :** जादू-टोने की विद्या।
- **मरमक्कतायम् :** मलयालम-भाषी क्षेत्र में प्रचलित उत्तराधिकार की व्यवस्था के अनुसार, धन-संपत्ति की उत्तराधिकारिणी महिलाएँ होती हैं, जो एक महिला से दूसरी महिला को हस्तांतरित होती रही है।
- **मरुतम् :** हल जोतने के लिए अनुकूल उपजाऊ नम भूमि।
- **माताम :** दादा, नानी।
- **मातृ :** ऋग्वेद में माता और पिता के लिए सामान्य शब्द। बाद में इसका अभिप्राय केवल माता से हो गया। पितृसत्तात्मक सामाजिक व्यवस्था के बावजूद परिवार में माता का पद और प्रतिष्ठा पिता से एक हजार गुना अधिक समझी जाती है। महाभारत में कहा गया है कि ''माता अपनी महानता में दस पिताओं या पूरी पृथ्वी से भी बढ़कर है।''
- **मिथुन :** एकल दंपती, पति-पत्नी का एक जोड़ा।
- **म्लेच्छ :** ब्राह्मणीय परंपराओं का पालन न करने वाली

अन्य जातियों तथा विदेशियों के लिए प्रयुक्त नाम।

- **मुल्लै** : चारागाही क्षेत्र जिसमें स्थान परिवर्तन करके (झूम) कृषि और पशुपालन किया जाता था।
- **यजमान** : वह व्यक्ति जिसकी ओर से यज्ञ किया गया हो।
- **यवन** : मूलत: आयोनियन यूनानी, परंतु बाद में यूनानी राष्ट्रीयता वाले लोगों और अंतत: हर विदेशी को इंगित करने के लिए इस शब्द का प्रयोग होने लगा।
- **युगांत** : युग का अंत।
- **राजन्य** : राजा के संबंधियों या परिजनों को इंगित करने वाले राजन् शब्द का लघु रूप। उत्तर वैदिकाल में राजन्य के स्थान पर क्षत्रिय शब्द का प्रयोग होने लगा।
- **राजपुत्र** : प्रारंभ में एक या दो ग्रामों के मुखिया को इंगित करने वाला शब्द। पूर्व मध्यकालीन भारत में इस प्रकार के मुखियाओं ने पर्याप्त सामाजिक प्रतिष्ठा का उपभोग करने वाला एक पर्याप्त विशाल शासक वर्ग के रूप में अपना गठन कर लिया और राजपूतों के रूप में क्षत्रिय जाति का स्वरूप धारण कर लिया।
- **राक्षस विवाह** : कन्या का बलात् अपहरण करके विवाह।
- **रथकार** : रथ बनाने वाले।
- **रक्षिता** : किसी व्यक्ति द्वारा किसी महिला को आजीवन रखैल के रूप में रखना। रखैल की स्थिति को स्पष्ट करने के लिए दो अन्य शब्दों•***अवरुद्धा*** और ***भुजिष्या*** का भी उल्लेख किया जाता है।
- **लांगलोपजीविन** : जोतने वाला या कृषि श्रमिक।
- **लेंक/ लेंका** : सेवक/ नौकर, शूद्र सेवक।
- **लिपिकृत-कुल** : लिपिकारों का समुदाय।
- **विवाह** : समस्त संस्कारों में सर्वाधिक महत्वपूर्ण। विवाह के संबंध में प्रयुक्त विभिन्न शब्द विवाह संस्कार के विविध तत्वों का आभास दिलाते हैं। इस संबंध में कुछ शब्द हैं–***उद्वाह*** (विशेष रीति-रिवाजों के साथ कन्या को उसके पिता के घर से लाना), उद्देश्य अर्थात् अपनी पत्नी बनाने के लिए कन्या को लाना, ***परिणय*** या ***परिणयन*** (फेरे लेना या प्रदक्षिणा करना), ***पाणिग्रहण*** (लड़की का हाथ थामना) आदि। विवाह संस्कार के साथ अनेक कर्मकांड और रीति-रिवाज जुड़े हैं, जैसे ***वाग्दान*** (विवाह निश्चित करना), ***कन्यादान*** (वारिका के पिता या माता-पिता द्वारा उसका वर को दान), ***पाणिग्रहण*** (वर द्वारा वारिका का हाथ थामना), ***सप्तपदी*** (दोनों द्वारा साथ-साथ सात कदम चलना) आदि। वर और वारिका को सगोत्र, सप्रवर और सपिंड अथवा वर का माता का रक्त संबंधी नहीं होना चाहिए। विवाह के आठ प्रकार हैं–***ब्रह्म, प्रजापत्य, आर्ष, दैव, गांधर्व, असुर, राक्षस*** और ***पैशाच***।
- **वर्धकी** : बढ़ई।
- **वर्ण** : वर्ण शब्द का प्राचीनतम उल्लेख ऋग्वेद में प्राप्त होता है। ऋग्वेद के पुरुषसूक्त (X-90) में प्रजापति ब्रह्मा के चार शरीरांगों में चार वर्णों-मुख से ब्राह्मण, भुजाओं से राजन्य या क्षत्रिय, जंघाओं से वैश्य और पैरों से शूद्र की उत्पत्ति बताई गई है। यद्यपि ऋग्वेद में ब्राह्मण एवं क्षत्रिय प्रायश: प्रयुक्त शब्द हैं, परंतु वर्ण शब्द का प्रयोग नहीं किया गया है। वैश्य शब्द का केवल ***पुरुषसूक्त*** में ही प्रयोग किया गया। वर्ण की विचारधारा मूलत: प्रजाति, संस्कृति, संस्कार या चरित्र और व्यवसाय पर आधारित थी। बाद में वर्ण-जातियों में विभाजित हो गए। ***वशिष्ठ धर्मसूत्र*** और ***पाणिनी*** ने जाति का अंग्रेजी भाषा के 'कास्ट' शब्द के अर्थ में प्रयोग किया है। प्रथम तीन वर्णों के लोग ***द्विज*** कहलाते थे।
- **वर्णसंकर** : मिश्रित जातियों के लोग। मनु ने ***वर्णसंकर*** (या केवल ***संकर***) शब्द का प्रयोग विभिन्न वर्णों के मिश्रण या मिलावट के संदर्भ में किया है। ***वर्णसंकर*** या उदय विवाह संबंधी प्रतिबंधों या नियमों की अवहेलना के कारण हुआ। ***स्मृतियों*** का निर्देश है कि राजा का एक सर्वाधिक महत्वपूर्ण कर्तव्य वर्ण संबंधी नियमों की अवहेलना करने वाले और ***वर्णसंकर*** के अपराधी स्त्रियों तथा पुरुषों को दंडित करना था।
- **वव** : किसी के पिता की पीढ़ी के चाचा या अन्य रक्त-संबंधी।
- **वेदथ** : सबसे प्राचीन लोकसमूह या जन-संगठन।
- **वेलिर** : मुखिया।
- **वेल्लालर** : धनाढ्य भू-स्वामी जिन्हें प्रारंभ में शूद्रों के समतुल्य रखा गया था, परंतु बाद में क्षेत्रीय या उपक्षेत्रीय स्तर पर उनकी प्रतिष्ठाजनक स्थिति हो गई।
- **वेन्तर** : मुखिया।
- **विप्लोव** : अव्यवस्था या अराजकता।
- **विप्र** : जाति-समूह।
- **वृषण** : हेय या निम्न उत्पत्तिवाला।
- **शालिगर** : बुनकर।
- **शनि** : पत्नी, तमिल भाषा में ब्राह्मण स्त्री के लिए उल्लिखित शब्द।

- **शौंचाचार** : शुद्ध/अशुद्ध की विचारधारा।
- **शूद्र कृषक** : शूद्र किसान।
- **शूद्र** : मूलत: एक जनजाति, परंतु पराजित एवं अधीन बना लिए जाने के बाद वे समाज के निम्नवत् सदस्य बन गए।
- **श्वसा** : भगिनी या बहन।
- **सभैयार** : ब्राह्मण ग्रामों का सामूहिक संगठन या सभा, ब्राह्मण भू-स्वामी।
- **सगोत्र** : उस व्यक्ति की वंश-परंपरा से संबद्ध जिससे गोत्र के नाम को ग्रहण किया गया है।
- **सजात** : कुटुंबी, परिजन।
- **संलेखना** : जैनियों की धार्मिक प्रथा जिसमें जैन मुनि संथारा या अनशन करके प्राण त्याग देते हैं।
- **समन** : सामुदायिक उत्सव।
- **सामंत** : भू-सामंत। मूलरूप से पड़ोसी राज्य का शासक।
- **संहोत्र** : सामुदायिक यज्ञ।
- **संस्कार** : शब्द व्युत्पत्ति की दृष्टि में संस्कार के अर्थ हैं–'आपस में जोड़ना', 'सुगठित करना', 'परिपूर्ण बनाना', 'शुद्धीकरण', 'स्वच्छ या निर्मलीकरण', 'विशुद्धीकरण', 'चमकाना' आदि हैं। ब्राह्मणीय परंपरा के अनुसार, संस्कार एक वह कर्मकांड है, जो माता के गर्भ में लगे पाप के कलंक से विशुद्ध या मुक्त कराता है। बहुत प्राचीनकाल में संस्कारों को, मनुष्य की सुसुप्त क्षमताओं के विकास या उन्हें जागृत करने, और मनुष्य के अंत:परिवर्तनों के संकेत चिह्नों या बाह्य प्रतीकों जिनसे मनुष्य सामूहिक जीवन में समन्वित हो जाए, का माध्यम माना गया था। संस्कारों की प्रक्रिया से गुजरने वाले व्यक्ति को विशेष प्रतिष्ठा प्राप्त होती है। संस्कारों का, व्यक्ति की विचारधारा को प्रभावित करने का माध्यम के रूप में कि उसने एक नवीन भूमिका को अंगीकार कर लिया है एवं उसे उसके नियमों का अनुसरण करने के लिए प्रयत्नशील रहना चाहिए, एक मनोवैज्ञानिक महत्व भी है। ***संस्कारों*** की संख्या के संबंध में स्मृतिकारों के विचारों में बहुत मतभेद है। अधिकांश स्मृतियों में ***गर्भाधान*** से ***अंत्येष्टि*** तक सोलह संस्कार बताए गए हैं, जिनमें से कुछ प्रमुख संस्कार हैं• ***गर्भाधान, पुंसवन, सीमांतोनयन, जातकर्म, निष्क्रमण, अन्नप्राशन, चूड़ाकर्म, उपनयन, समातवर्तन विवाह*** और ***अंत्येष्टि***।
- **संन्यासिन** : जीवन का चौथा चरण जिसमें व्यक्ति अपना आश्रय छोड़कर गृहविहीन परिव्राजक हो जाता है।
- **सपिंड** : जो श्राद्धकर्म में भागेदारी करने के पात्र हों।
- **सार्थवाह** : एक व्यापारी, सौदागर, सार्थवाह या घुमंतू व्यापारियों का नेता।
- **सार्थवाहिनी** : व्यापारी की पत्नी या महिला व्यापारी।
- **सत्-शूद्र** : गैर-ब्राह्मण जातियाँ, जो ***अनुलोम*** या वैध विवाहों से उत्पन्न हुई थीं। अत: ***उत्तमसंकर*** कहलाती हैं। इन्हें ***अनिर्वसित*** भी कहा जाता है।
- **सती** : पति का मृत्यु हो जाने पर उसकी चिता के साथ जल जाने वाली विधवा, जिसे ***सहमरण*** या ***सहगमन*** अथवा ***अन्वारोहण*** (जब वह अपने पति की चिता पर स्वयं आरूढ़ हो जाती है और पति के शव के साथ जला दी जाती है)। ***अनुमरण*** तब होता है जब स्त्री के मृत पति का दाह-संस्कार कहीं अन्यत्र किया गया हो और उसकी विधवा पति की मृत्यु का समाचार पाकर आत्मदाह कर संकल्प ले लेती है और विधवा को पति की चिता की राख या पति की पादुकाओं अथवा अपने मृत पति के किसी स्मृति-वस्तु के बिना ही जला दिया जाता है। ***विष्णु*** के अतिरिक्त किसी भी ***धर्मसूत्र*** में सती का कोई भी उल्लेख नहीं है। सती का प्राचीनतम साहित्यिक उल्लेख महाभारत में प्राप्त होता है, जिसमें पाण्डु की प्रिय रानी माद्री ने अपने पति के शव के साथ अपना आत्मदाह कर लिया। सती का सबसे पहला या प्राचीन अभिलेखीय साक्ष्य (गुप्त संवत् 191=510 ई०अ०) के गोपराज के (मरणोपरांत) स्तंभ शिलालेख में मिलता है जिसमें उल्लेख है कि जब वह (गोपराज) युद्ध में मारा गया तो उसकी पत्नी ने चिता में उसके साथ ***सहगमन*** किया। प्रारंभ में सती प्रथा केवल राजपरिवारों तक सीमित थी और सती प्रकरण बहुत विरल थे। परंतु इस प्रथा को कुछ अनार्य या अभारतीय जनजातियों से ग्रहण किया गया, इसे सिद्ध नहीं किया जा सकता है।
- **स्ववाहक** : खेत जोतने वाला।
- **सेयाल** : (प्राकृत भाषा का शब्द) कृषक और खेतिहर मजदूर।
- **सेणैक्कदैया** : व्यापारी।
- **सेणिय** : बुनकर।
- **सेट्ठि** : ***श्रेणी*** या ***निगम*** प्रमुख, कोषाध्यक्ष, साहूकार, ***नागरक*** और धनाढ्य व्यापारी।
- **स्त्रीधन** : महिलाओं की व्यक्तिगत धन-संपत्ति, स्त्रीधन है, जिसकी सबसे प्राचीन परिभाषा मनु ने दी है, "(विवाह संस्कार के समय प्रज्वलित) अग्नि के सम्मुख प्रदत्त,

बारात के समय प्रदत्त, जो कुछ स्नेह के प्रतीकस्वरूप कन्या ने (विवाह के समय) अपने भ्राता, माता-पिता (और परिवारजनों से) जो कुछ प्राप्त किया है, उसे छः सूत्री **स्त्रीधन** (स्त्री की धन-संपत्ति) कहा जाता है।''

स्त्रियों का अपने ***स्त्रीधन*** पर पूर्णाधिकार होता था। कुछ ***स्मृतियों*** के अनुसार, अकाल, अत्यावश्यक धार्मिक कार्यों, बीमारी या बंदी बना लिए जाने की स्थिति में पति ***स्त्रीधन*** का उपयोग कर सकता था।

- **सूत** : सारथी।
- **स्वयंवर** : एक प्रकार का विवाह जिसमें कन्या एकत्रित विवाहार्थी पुरुषों में से किसी को पति के रूप में वरण करती थी।
- ***सजातीय विवाह*** : अपनी ही जाति या वंश में विवाह का नियम। भारतीय विवाह व्यवस्था सजातीय विवाह व्यवस्था थी। समजातीय विवाहों को ***अनुलोम*** और विजातीय विवाहों को ***प्रतिलोम*** कहा जाता था। ***सगोत्र*** विवाह के अतिरिक्त सजातीय विवाह को विहित या नियमानुकूल माना जाता था। मनु का निर्देश है वधू को ***सपिंड*** या वर की माता का रक्त संबंधी नहीं होना चाहिए परंतु परवर्ती स्मृतिकारों ने वर के पिता की सात पीढ़ियों और माता की ओर से पाँच पीढ़ियों तक के सगोत्र संबंधियों के मध्य विवाह का निषेध किया है।
- **श्राद्ध** : पूर्वजों का स्मरण करने वाला कर्मकांड जिसमें चावल से बने ***पिंडों*** को पूर्वजों को अर्पित किया जाता है।
- **श्रेणी** : एक गिल्ड या व्यापारिक ***निगम***।
- **श्रेष्ठिन** : एक साहूकार या व्यापारी अथवा ***श्रेणी*** या ***निगम*** प्रमुख।
- **हालि** : हल चलाने वाला, बंटाईदार।
- **हलिय** : (प्राकृत भाषा शब्द) कृषक और कृषक मजदूर।
- **हालिक** : कृषक।
- **हीनवर्ण** : नीच वर्ण, ***अवरवर्ण*** के समान।
- **क्षत्रिय** : (***क्षत्र*** शब्द की व्युत्पत्ति के आधार पर) प्रारंभ में राज्य पर 'शासकत्व' या 'शासन', 'सत्ता' अथवा नियंत्रण के रूप में उल्लिखित विभिन्न जातियों के ***राजन्य*** वंशों के विलय में ***क्षत्रिय*** वर्ण या श्रेणी के रूप में उदित हुआ।
- **क्षेत्राजीव** : खेतों से जीविका अर्जित करने वाले अर्थात् कृषक।
- **क्षुद्रभूपाल** : छोटे शासक।

विवाह और जातियाँ

	पुरुष	महिला	स्थिति
1.	ब्राह्मण	वैश्य	अम्बस्थ
2.	ब्राह्मण	शूद्र	निशाद
3.	ब्राह्मण (अवैध विवाह)	ब्राह्मण	शूद्र
4.	क्षत्रिय	वैश्य	मगध
5.	ब्राह्मण	क्षत्रिय	सूत
6.	चंडाल	निषाद	अंत्यवसिन
7.	वैश्य	शूद्र	उग्र (गौतम)
8.	ब्राह्मण	शूद्र	पारसव (मनु)
9.	क्षत्रिय	शूद्र	उग्र

भागवत, शैव तथा ब्राह्मण धर्म

- कृष्ण का सर्वप्रथम उल्लेख छंदोग्योपनिषद् में हुआ है।
- कृष्ण का जन्म 'अंधक' वृष्णि संघ में हुआ था।
- अंगीरस गोत्र के घोर कृष्ण के गुरु थे।
- 'इंडिका' में मेगास्थनीज ने कृष्ण को हेराक्लीज तथा शिव को डायोनिसस कहा है।
- 'पांच रात्र यज्ञ' नारायण ने करवाया था।
- 'द्वादस रात्र यज्ञ' द्रोजल ने करवाया था। मथुरा के यूप में इसका उल्लेख है।
- 'यूप' यज्ञ स्तंभ होता था, जो लकड़ी का बना होता था, यह बलि के पशु को बाँधने के लिए होता था।
- 'घट जातक' नामक बौद्ध ग्रंथ में श्रीकृष्ण का उल्लेख है।
- उत्तराध्ययन नामक जैन ग्रंथ में श्रीकृष्ण का उल्लेख हैं। इसमें उन्हें 22वें तीर्थकर अरिष्टनेमि का समकालीन बताया गया है।

भागवत संप्रदाय की त्रिवेणी

भागवत – वैदिक।
वासुदेव – ऐतिहासिक।
नारायण – सार्वभौमिक।

- नारायण एक महात्मा थे जिन्होंने पाँच रात्र यज्ञ संपन्न किया।
- अग्निहोत्र यज्ञ वर्षा के लिए किया जाता था।
- 'अग्निष्टोम' ब्राह्मण का यज्ञ था।
- यज्ञों का क्रम वाजपेय – राजसूय – अश्वमेध था।
- भागवत धर्म का पूर्णतम विकसित रूप श्रीमद्भागवतगीता

में मिलता है। महाभारत के भीष्मपर्व का भाष्य श्रीमद्भागवत गीता है।

- पतंजलि के महाभाष्य तथा धनदेव के अयोध्या अभिलेख में पुष्यमित्र शुंग द्वारा दो बार अश्वमेध यज्ञ कराये जाने का उल्लेख मिलता है। सातवाहनों ने भी दो अश्वमेध यज्ञ करवाये थे।
- ब्राह्मण नरेश मयूरशर्मन (कदम्बवंश) ने 18 बार अश्वमेध यज्ञ किया था।
- विष्णु की संज्ञा भगवत भी है, जो विष्णु अथवा उनके अवतारों की उपासना या सेवा करता है, वह भागवत कहलाता है।
- मेगस्थनीज के अनुसार मथुरा के क्षेत्र में निवास करने वाले सूर-सेनोई लोग हेराक्लीज के उपासक थे।
- जिस प्रकार बुद्ध के प्रति आदर-प्रदर्शित करने के लिए 'तथागत' का प्रयोग होता है, वैसे ही कृष्ण को भागवत संज्ञा दी गयी थी और उनका धर्म भी भागवत कहा जाने लगा।
- जेबोरस–यमुना नदी का नाम, जिसे मेगस्थनीज ने दिया था।
- इलाहबाद में सातयूपों का स्मारक 'सप्तसोम' यज्ञ से संबंधित है। यह 200 ई० का है।

वैष्णव एवं शैव मत

वैष्णव मत मनुष्य के मानवीय तथा भावनात्मक पक्ष को प्रभावित करता है। यह प्रेममय उपासना चाहता है, वह मानवीय अवतारों में और अन्य रूपों में भी प्रकट होता है। विष्णु के दस अवतारों तीन पशु योनि–वाराह, कूर्म और मत्स्य, मिश्रित योनि में नृसिंह और वामन तथा मानव योनि में परशुराम, राम, बलराम, बुद्ध तथा दसवाँ अवतार कल्कि का टोंगा में कृष्ण का उल्लेख नहीं है। दूसरी ओर शैव मत वैज्ञानिक तथा दर्शनिक आधार पर टिका है। शैव मतानुसार परिवर्तनशील ब्रह्मांडीय शक्ति विश्व का सृजन भी करती है और विनाश भी। शिव अवतार रूप में प्रकट नहीं होते, हालाँकि लिंग पुराण और वायु पुराण में कहा गया है कि शिव ने लकुलिन नामक एक ब्रह्मचारी के रूप में अवतार धारण किया था। उनके चार शिष्य थे– कुशिक, गार्ग्य, कौरुष, मैत्रेय।

- 'नमः शिवाय' का उल्लेख संगमग्रंथ शिलप्पदिकारम में है।
- 'शिलप्पदिकारम' तथा 'मणिमेखलै' को युगल श्रेष्ठ काव्य कहते हैं।
- शिव को ही परमेश्वर मानने वालों को शैव कहा जाता है और उनके धर्म को शैव मत। शिव का अर्थ-शुभ या कल्याण।
- 'अथर्वसिरस' उपनिषद् में सर्वप्रथम पाशुपत, पाशु, पाश आदि आर्य भाषित शब्दों का उल्लेख मिलता है। श्वेताश्वतर उपनिषद् में शिव को विष्णु का ईश एवं उपास्य देव माना गया है।
- महाभारत एवं वामन पुराण में महेश्वरों के चार मत बतलाये गये हैं–शैव, पाशुपत, कालदमन और कापालिक।
- पाँचरात्र का विकास हो जाने पर पाशुपत का विकास हुआ। इसका संस्थापक लकुलीश था। उसने लकुलीश अर्थात् लकुटधारी रूप में परमेश्वर को माना। इन मतों में रूद्र रूप की ही प्रधानता है। इनकी प्रतिक्रिया के फलस्वरूप और शंकराचार्य के अद्वैतवाद से प्रभावित होकर नवीं सदी ई० में कश्मीर में शैव मत का आविर्भाव हुआ, जिसमें शिव रूप को प्रधानता दी गयी, और 'सत्यम् शिवम् सुंदरम' का एकमेक हो गया। 11वीं शती में इस अद्वैतवाद के विरोध में लिंगायत या वीर शैव मत का उद्भव हुआ। वीर शैव या लिंगायत दर्शन शक्ति विशिष्टाद्वैतवाद के नाम से प्रसिद्ध हैं।
- कापालिक संप्रदाय के इष्ट देव शंकर के अवतार भैरव थे।
- कापालिक निम्न 6 मुद्रिकाओं को मानता है और उनका प्रयोग करता है, ये हैं– 1. कंठहार, 2. आभूषण, 3. कर्णाभूषण, 4. चूड़ामणि, 5. भस्म, 6. यज्ञोपवीत।
- कालमुखों का कहना है कि लौकिक और पारलौकिक सभी कामनाओं का साधन है, कपाल में भोजन करना, शव की राख को शरीर पर मलना और खाना, लाठी रखना, शराब का कोई बर्तन रखना और राख पर बैठे हुए ईश्वर को पूजना।

प्रमुख संप्रदाय उनके मत एवं आचार्य

प्रमुख संप्रदाय	मत	आचार्य
	अद्वैतवाद	शंकराचार्य
वैष्णव संप्रदाय	विशिष्टाद्वैत	रामानुज
ब्रह्म संप्रदाय	द्वैत	आनंद तीर्थ
सनकादि संप्रदाय	द्वैताद्वैत	निम्बार्क
रूद संप्रदाय	शुद्धाद्वैत	विष्णु स्वामी, बल्लभाचार्य

- महाभारत का उल्लेख महाभारत के नारायणी खंड में हुआ है।

- पाशुपत का मूल ग्रंथ माहेश्वर-रचित 'पाशुपत सूत्र' है।
- 'पंचाध्यायी' या 'पंचातविधा' लुकलीश रचित ग्रंथ है।
- कश्मीरी शैव मत अद्वैतवाद है इसमें परमेश्वर हैं।
- कश्मीरी शैव मत की दो शाखाएँ हैं–
  1. स्पंदशास्त्र,
  2. प्रत्यभिज्ञाशास्त्र

  हिन्दी पर सबसे अधिक प्रभाव प्रत्यभिज्ञाशास्त्र का लक्षित होता है।
- गुप्त काल में पाशुपत मत का अत्यधिक विकास हुआ। पशुपति के रूप में शिव की उपासना की जाती है।
- शैव धर्म अपनाने वालों में योधेय प्रमुख है। कुषाण राजा विम कडफिसेज शैव धर्म का अनुयायी था। उसके कुछ सिक्कों पर त्रिशूलधारी शिव की प्रतिमा है। योधेयों के सिक्कों पर भी नन्दी सहित शिव की प्रतिमा पायी जाती है।
- लकुलीश का मंदिर मेवाड़ में है।
- कंबोडिया के अंकोरवाट मंदिर में विष्णु की मूर्ति है।
- उर्वरता के देवता बलराम थे।
- शिव अवतार रूप में प्रकट नहीं होते। सृजन का अध्यक्ष होने के कारण वह अर्धनारीश्वर हैं।
- सभी चोल शासक शैव मतावलंबी थे।
- कुषाण शासक हुविष्क के सिक्कों पर कुमार और विशाख (शंकर के पुत्र) की मूर्तियाँ है।
- बंगाल का राजा शशांक तथा हूण नरेश मिहिरकुल दोनों शैव मतावलम्बी थे।

वैष्णव धर्म के सिद्धांत

- ईश्वर तर्क से परे है, उसे केवल अपनी भक्ति द्वारा ही प्राप्त किया जा सकता है।
- भागवत धर्म में ईश्वर की कृपा पर विशेष बल दिया गया है।
- भक्ति इच्छाओं का त्याग नहीं अपितु समस्त कर्मों का भगवान को अपर्ति कर देना है।
- वस्तुत: सच्चे कर्म से, जो इस संसार में रहकर निष्काम कर्म की भावना से कर्तव्य करता है, भगवान प्रसन्न होते हैं।
- नारद ने अपने ग्रंथ पंचरात्र में कहा है कि अर्थ और काम दो ऐसी चट्टाने हैं, जिनसे टकराकर आत्माओं के जहाज टूट जाते हैं।
- भक्ति का मार्ग जाति, चरित्र, लिंग या प्रतिष्ठा का कोई ध्यान दिए बिना सभी के लिए खुला है।

शैव धर्म का सिद्धान्त

- शैव मत की आधारभूत संकल्पना यह है कि एक परिवर्तनशील ब्रह्मांडीय शक्ति विश्व का सृजन भी करती है और विनाश भी।
- शिव अवतार रूप में प्रकट नहीं होता हालाँकि वायु पुराण तथा लिंग पुराण में यह कहा गया है कि शिव ने लकूलिन नामक एक ब्रह्मचारी के रूप में अवतार लिया था।
- शैव दर्शन के अनुसार शिव सृजन पक्ष के कारण अर्धनारीश्वर है तथा उसका संबंध महाकाल और मृत्यु के साथ भी स्थापित किया गया है। शिवहर अर्थात् पकड़ लेने वाला, भैरव अर्थात् भयंकर, भवेश अर्थात् संसार का स्वामी, पशुपति अर्थात् पशुओं का स्वामी है।
- शिव को एक शक्तिशाली, क्रोधी परंतु उदार, दानी देवता के रूप में चित्रित किया गया है।

प्राचीन भारत की सामाजिक व्यवस्था में परिवर्तन

- दास यदि अपने मालिक के यहाँ से भागने में सफल हो जाता था तथा यदि उसे पकड़ा न जा सके तो दासता से मुक्त हो जाता था।
- गर्भवती दासी को उसका मालिक गर्भावस्था के दौरान न तो बेच सकता था और न ही छोड़ सकता था। यदि स्वामी और दासी से कोई पुत्र हो जाय तो वह और उसका पुत्र दासता से मुक्त हो जाते थे। मुक्त होने पर उस पर जल छिड़का जाता था, इस समय वह अपना धर्म बदल सकता था।
- पहले समाज में सब चीजें वर्णों के अनुसार क्रमबद्ध थीं, परंतु इस समय उनका निर्धारण व्यक्ति विशेष की भूमि-संपत्ति के अनुसार होने लगा था।
- संस्कृत गद्य और पद्य की मिश्रित शैली (चंपू शैली) आरंभ हो गई थी।
- 7वीं शताब्दी में हम भारत के भाषायी इतिहास में एक महत्वपूर्ण परिवर्तन पाते हैं। पूर्वी भारत में बौद्ध रचनायें–बंगला, असमिया, मैथली, उड़िया और हिन्दी की अस्पष्ट शुरुआत का संकेत देती हैं। विभिन्न क्षेत्रों के बीच संचार समाप्त हो जाने के कारण क्षेत्रीय भाषाओं के विकास को प्रोत्साहन मिला।
- मौर्य से गुप्त काल तक लिपि में परिवर्तन के बावजूद सारे देश में कमोवेश एक ही लिपि प्रचलित रही। बाद के काल में विभिन्न लिपियाँ अस्तित्व में आयीं।
- 7वीं शताब्दी में भक्ति संप्रदाय सारे देश में फैल गया, विशेषकर दक्षिण भारत में।

- छठी शताब्दी के आस-पास भारत के धार्मिक क्षेत्र में एक अत्यंत महत्वपूर्ण घटना तंत्रवाद का प्रचार थी। यह संप्रदाय जादू-टोना संबंधी अनुष्ठानों, संप्रदाय में औरतों और शूद्रों को प्रवेश की अनुमति प्रदान कर इसे फैलाया।
- सबसे पहले श्वेत संगमरमर का प्रयोग अमरावती में हुआ।
- छठी और सातवीं शताब्दी में विभिन्न क्षेत्रों में महत्वपूर्ण परिवर्तन आया–

  शासन – सामंती प्रणाली आ चुकी थी।
  समाज – अनेक जातियों का प्रवेश।
  अर्थव्यवस्था – परिवर्तन नजर आने लगा था।
  भाषा – अनेक भाषायें प्रचलन में आने लगी थीं।
  लिपि – अनेक लिपियों का अस्तित्व।
  धर्म – तंत्रवाद का उदय।
- अमरावती में बुद्ध को प्रतीकों के रूप में दर्शाया गया है।
- अस्पृश्यता का प्रारंभ उत्तर वैदिक काल में हो गया था।
- गुप्तोत्तर काल में शूद्रों को पूर्णतया अस्पृश्य मान लिया गया।
- वेदव्यास में कायस्थों की गणना शूद्रों में की गयी है।
- कौटिल्य के अनुसार आर्य दास नहीं बनाया जा सकता था।
- साधारणतया दासों के लिए 'शतक्रीत' शब्द का प्रयोग हुआ।
- मेधातिथि ने अनेक दासियों का उल्लेख किया है जो उपयोग के लिए रखी जाती थीं। विज्ञानेश्वर ऐसी दासियों को 'अवरुद्धा' और 'भुंजिठ्या' कहा है।
- विज्ञानेश्वर चालुक्य राजा विक्रमादित्य षष्ठ का प्रधानमंत्री था।

जातीय उत्पत्ति

अम्बष्ठ = ब्राह्मण + वैश्य।
पारशव = ब्राह्मण पुरुष + शूद्र स्त्री।
उग्र = क्षत्रिय + शूद्र स्त्री।
उग्र = वैश्य + शूद्र स्त्री।

- पराशर स्मृति में सभी वर्गों को कृषि करने की अनुमति दी गई।
- व्यास स्मृति से ज्ञात होता है कि ब्राह्मण चारों वर्गों के हाथों का खाना खाते थे।
- नारद स्मृति के अनुसार स्वामी के जीवन की रक्षा करने वाले दास को दासता से मुक्त कर उसे पुत्र की भाँति उसे संपत्ति के एक भाग का अधिकारी मान लिया जाता था।
- अरब लोग सबसे पहले व्यापारी के रूप में आये थे न कि आक्रमणकारी के रूप में।
- चोलों ने तीन धातुओं– सोना, चाँदी, ताँबा के सिक्के चलवाये।
- धनञ्जय श्रुतकीर्ति ने 'राघवपांडवीय' या 'द्विसंघानकाव्य' लिखा इसमें सीधे पढ़ने पर राम की कथा तथा उल्टा पढ़ने पर कौरवों की कथा वर्णित है।

प्राचीन भारत में भूमि व्यवस्था

- कृषि योग्य भूमि के स्वामित्व के विषय में विद्वानों के तीन मत–
  1. भूमि पर खेती करने वाले किसान का स्वामित्व। (अथर्ववेद, तैतरीय, संहिता व छंदोग्योपनिषद्)
  2. समस्त ग्राम निवासी।
  3. शासक का स्वामित्व।
- 'शतपथ ब्राह्मण' में भूमिखंड को बेचने का विरोध किया गया है, तथा उल्लेख है कि क्षत्रिय किसी व्यक्ति को भूमिखंड जनता की सम्मत्ति से दे सकता है।
- मिलिन्दपन्ह एवं मनु से प्रतीत होता है कि प्रारंभ में जो जंगल साफ कर उस पर खेती करता था, वही उस भूमिखंड का स्वामी माना जाता था।
- अर्थशास्त्र के अनुसार मौर्यकाल में प्रत्येक खेत का स्वामी अलग-अलग होता था।
- वैदिक काल में भूमिदान देने का निषेध था।

  अर्थशास्त्र में दो प्रकार की कृषि योग्य भूमि का उल्लेख है–
  1. राजा के अपने खेत– इसकी आय को कौटिल्य ने सीता कहा है।
  2. जिससे राजा को राजस्व प्राप्त होता था उसे 'भाग' कहा गया।
- महाभारत के अनुसार राजा सभी प्रकार की संपत्ति का अधिपति होता था।
- चीनी यात्री फाह्यान व ह्वेनसांग ने भी पूरे राज्य की भूमि को राजकीय भूमि लिखा।
- सामंतों का गाँवों पर स्वामित्व (लगभग 500-1200 ई॰ तक) धर्मशास्त्रों, 'महाभारत' व पुराणों में भूमिदान की बहुत प्रशंसा लिखी है। ऐसी भूमि अनुदानों की प्रमुख विशेषता हैं–

  सातवाहनों के अभिलेखों में पहली बार साथ, लिखा गया है कि भूमि अनुदानों में दी जाती थी। इस अनुदानों के

द्वारा दान-दाताओं ने अनुदान ग्राहियों को उस भूमि संबंधी सभी करों को वसूल करने का अधिकार तो दिया ही साथ ही उन्हें पुलिस एवं प्रशासन संबंधी अधिकार भी दिए। पश्चिम भारत के कुछ राजाओं ने अनुदानग्राहियों को दान में दिये गए गाँवों के मुकदमों के निर्णय करने का अधिकार भी दे दिया। साथ ही उन गाँवों के चरागाह, बावड़ी, पेड़, तालाब तथा खाली जमीन पर भी उनका अधिकार, मान लिया गया। अनुदानग्राही स्वयं खेती करते या खेती करा सकते थे।

- **भूमि के प्रकार**–वैदिक साहित्य में 3 प्रकार की भूमि का उल्लेख है :
  1. क्षेत्र (कृषियोग्य भूमि)।
  2. वास्तु (मकानों की भूमि)।
  3. ब्रज (चारागाह की भूमि)।
- अमरकोष में भी कृषि योग्य भूमि के लिए 'क्षेत्र' शब्द प्रयुक्त हुआ।
- अमरकोष में भूमि के 12 प्रकार बताये गये हैं।

  नारद (काल 100-400 ई॰) के अनुसार :
  - (i) *अर्द्धखिल* – जिसमें एक वर्ष से खेती न की गयी हो।
  - (ii) *खिल* – जिस भूमि खंड में तीन वर्ष तक खेती न की गयी।
  - (iv) *वन* – जिसमें 5 वर्ष से खेती न की गयी हो।
  - (v) *अप्रतिहत* – ऐसी जंगली भूमि जिसमें कभी जुताई न की गयी।

भूधारण पद्धति– छः प्रकार हैं:

1. **नीवी धर्म** : अमरकोश में नीवी का अर्थ मूलधन है।
2. **अक्षयनीवी धर्म** : इसमें केवल उस मूलधन के कभी-कभी ही क्षय होने पर बल दिया गया है।
3. **नीवी धर्म क्षय** : इसका अभिप्राय संभवत: नीवी धर्म को करके उस भूमिखंड को दूसरे व्यक्ति को दे देना था।
4. **अप्रदाधर्म** : इसका अभिप्राय यह प्रतीत होता है कि दान पाने वाले व्यक्ति स्वयं तो उस भूमिखंड का उपयोग कर सकते हैं, पर किसी अन्य व्यक्ति को दान में नहीं दे सकता। इसमें से कोई क्षय नहीं होगा।
5. **अप्रदानीवी धर्म** : इसका अर्थ यह है कि उस अनुदान का दान पाने वाला व्यक्ति पूर्ण उपभोग कर सकता था, किंतु उसे किसी अन्य व्यक्ति को देने का उसे कोई अधिकार नहीं था।
6. **भूमि छिद्र न्याय** : भूमि छिद्र न्याय का भी अर्थ अक्षयनीवी है। केवल भूमि के नीचे दबी वस्तुओं पर राजा का स्वामित्व बना रहा।

- *छिद्रभूमि* : इसका अर्थ है कि कृषि योग्य न हो, जैसा कि कौटिल्य के अर्थशास्त्र से स्पष्ट है।
- *कथासरित्सागर* : में पृथ्वी अपने को राजा की पत्नी घोषित करती है।
- *खिल* : ऐसी भूमि जो जोती नहीं जाती थी।
- *अप्रतिहत* : ऐसी जंगली भूमि जो जोती न गयी हो।

प्राचीन भारतीय संस्कृति धर्म एवं दर्शन

- *दर्शन* : युक्ति पूर्वक तत्व ज्ञान प्राप्त करने का प्रयत्न दर्शन कहलाता है। दर्शन को ही अध्यात्म विद्या, ब्रह्मविद्या अथवा अन्वीक्षिकी विद्या माना जाता है।
- *लक्ष्य* : आध्यात्मिक, अधिभौतिक तथा अधिवैदिक इन त्रयतापों से आत्यन्तिक तथा ऐकान्तिक निवृत्ति प्राप्त करना दर्शन का प्रमुख लक्ष्य है।

भारतीय दार्शनिक ग्रंथों में प्रारंभ में पूर्व पक्ष तथा अंत में उत्तर पक्ष होता है। पूर्व पक्ष में विरोधी मत की विवेचना होती है तथा इसमें अनेक शंकायें उठायी जाती हैं, किंतु उत्तर पक्ष में दार्शनिक अपने सिद्धान्त का प्रतिपादन तथा उन शंकाओं का समाधान करता है तथा यह सिद्ध करता है कि तर्कसंगत होने के कारण उसका मत ही सर्वश्रेष्ठ तथा सर्वमान्य है।

- भारतीय दार्शनिक के दो विभाग है– आस्तिक व नास्तिक।

  आस्तिक– वेदों पर आस्था रखने वाला।

  नास्तिक– वेदों पर आस्था न रखने वाला।

  मीमांसा तथा सांख्य आस्तिक दर्शन है किन्तु ईश्वर को नहीं मानते।

नाम एवं प्रवर्तक

आस्तिक दर्शन

1.	सांख्य –	कपिल
2.	योग –	पतंजलि
3.	न्याय –	गौतम (अक्षपाद)
4.	वैशेषिक –	(उलूक)।
5.	पूर्व मीमांसा –	जैमिनि।
6.	उत्तर मीमांसा –	शंकर।

नास्तिक दर्शन

1. चार्वाक (लोकायत)
2. जैन
3. बौद्ध

- दर्शनों में उत्कृष्टतम् स्थान 'वेदांत' को दिया गया है।
- **दर्शन की उत्पत्तिः** उपनिषद्, वाक्य 'तत्वमसि' की व्याख्या विभिन्न दर्शनिकों ने विभिन्न कालों में की। इसके अनुसार ब्रह्म तथा जीव में एकरूपता सिद्ध हो गई है। तत् अर्थात् ब्रह्म, त्वम् अर्थात् जीव है। इसकी समीक्षा के लिए जीव और जगत् अथवा पुरुष और प्रकृति के स्वरूप का वास्तविक ज्ञान आवश्यक है। यह ज्ञान ही सम्यक् ख्याति कहलाता है। इसे हम सांख्य कहते हैं। सांख्य के सिद्धांत को व्यवहारिक रूप देने के लिए योग की उत्पत्ति हुई। योग के पश्चात्, ईश्वर, जीव, तथा जगत् के गुणों की विशद् विवेचना तथा वास्तविक ज्ञान प्राप्त करने के लिए वैशेषिक की उत्पत्ति हुई। इन गुणों की स्थिति को प्रमाणों के आधार पर सिद्ध करने के लिए न्याय की उत्पत्ति हुई। केवल नीरस तर्क के आधार पर ब्रह्म का साक्षात्कार असंभव मानकर दार्शनिकों ने अपना विचार कर्मकांड की ओर फेरा, जिसके परिणामस्वरूप मीमांसा की उत्पत्ति हुई। किंतु तत्वज्ञान की पिपासा केवल कर्मकांड से संतुष्ट न हो सकी, अतः वैदिक ज्ञानपक्ष को प्रधानता दी जाने लगी और परिणामस्वरूप वेदांत का जन्म हुआ। अतः यह निश्चित है कि 'तत्वमसि' की विभिन्न कालों में विभिन्न रूपों में व्याख्या किए जाने के कारण ही 'षड्दर्शनों' की उपर्युक्त क्रम से उत्पत्ति हुई।

प्रत्येक दर्शन का मूल ग्रंथ हमें सूत्र रूप में प्राप्त होता है जिसके प्रवर्तक कोई महान् ऋषि हैं। 'ब्रह्मसूत्र' को जिसमें वेदांत के सिद्धांतों की समीक्षा की गयी है बादरायण व्यास ने, गौतम ने न्यायसूत्र, कणाद ने वैशेषिक सूत्र, कपिल ने सांख्यसूत्र, पतंजलि ने योगसूत्र तथा जैमिनी ने मीमांसा सूत्र की रचना की। इनकी व्याख्या के लिए टीकायें लिखी गई। दर्शनों के संक्षिप्त विवरण के लिए उनकी आलोचना के लिए स्वतंत्र ग्रंथों की रचना की गई।

- महायानियों की शाखायें: 1. शून्यवाद, 2. विज्ञानवाद।
- हीनयान- 1. सौतांत्रिक 2. वैभाषिक।
- अंतिम राजसूय यज्ञ जयचंद्र ने करवाया था।
- दिलवाड़ा जैन मंदिर विमल बराही ने बनाया था।

उत्तर भारत की राजनीतिक तथा सामाजिक स्थिति (800–1200 ई॰)

- राजनीतिक दृष्टि से यह काल भारतीय इतिहास में एक महत्वपूर्ण मोड़ समझा जाता है।
- भूमि अनुदानों की प्रथा ने केंद्रीय राज्य के युग को समाप्त कर दिया। राज्य की आय में उल्लेखनीय कमी के कारण राजा के लिए स्थाई सेना रखना असंभव हो गया। दूसरी ओर सामंतों की शक्ति बहुत बढ़ गयी और राजा पूर्णतः अपने सामंतों पर निर्भर हो गया।
- विभिन्न क्षेत्रीय राज्यों के बीच सत्ता का संघर्ष इस काल की प्रमुख विशेषता थी।
- गुप्त काल के पतन के उपरांत उत्तरी भारत में पाटलिपुत्र का महत्व कम हो गया।
- हर्ष के बाद कन्नौज उत्तर भारत पर नियंत्रण का प्रतीक माना जाने लगा। इस काल में विभिन्न क्षेत्रों में कई शक्तिशाली राज्यों का उदय हुआ। सामूहिक रूप से उसे राजपूत-काल की संज्ञा दी जाती है।

राजपूतों की उत्पत्तिः

विदेशियों से उत्पत्ति

- कर्नल टाड तथा उनके समर्थकों के अनुसार शक, हूण, यवन तथा कुषाण जैसी विदेशी जातियाँ कालांतर में भारत में स्थायी रूप से बस गये तथा भारतीय सभ्यता संस्कृति को पूर्ण रूप से अपना लिया। चूँकि ये विदेशी जातियाँ योद्धा के रूप में आये थे, इसलिए हिन्दू समाज में इन्हें क्षत्रियों का दर्जा दिया गया। बाद में स्थानीय क्षत्रियों से इनका वैवाहिक संबंध स्थापित हो गया और इन्होंने विभिन्न क्षेत्रों में स्वतंत्र राज्य स्थापित कर लिया जो राजपूत कहे गये।
- अभी भी कई राजपूत वर्ग अपने नाम के आगे हूण शब्द का व्यवहार करते हैं। यह सिद्धांत कुछ एक राजपूत जातियों के संबंध में सही हो सकती है, परन्तु सभी के संबंध में नहीं।

अग्निकुंड से उत्पत्ति

- चन्दबरदाई के द्वारा लिखित 'पृथ्वी राज रासो' के अनुसार राजपूतों की उत्पत्ति अग्निकुण्ड से हुई है। चूँकि यह सिद्धांत केवल साहित्यिक स्रोत पर आधारित है तथा आबू पर्वत पर यज्ञ का वर्णन पहली बार सोलहवीं शताब्दी में हुआ, अतः इस विचारधारा पर विश्वास करना मुश्किल हैं।

प्राचीन क्षत्रियों से उत्पत्ति

- कुछ राजपूत अपने को महाभारत के सूर्य व चंद्र वंश का वंशज मानते हैं।
- प्राचीन काल में राज्य कार्य से संबंधित लोगों को 'राजपूत' शब्द से संबोधित किया जाता था।
- विभिन्न कालों में ब्राह्मण, क्षत्रिय, वैश्यों तथा शूद्रों ने भी शासन किया जिसे सामूहिक रूप से राजपूत कहा गया।

यह सिद्धांत अधिक तर्कसंगत है क्योंकि तत्कालीन भारतीय सभ्यता, संस्कृति तथा रीति-रिवाजों के चिन्ह सभी राजपूत वर्गों में समान रूप से पाये जाते हैं।

राजपूतों के उत्पत्ति के सिद्धांत

- अधिक राजपूत शासक अपने को सूर्यवंशी एवं चंद्रवंशी मानते हैं। सूर्यवंशी अपनी पैतृक परंपरा मनुपुत्र इच्छ्वाकु से जोड़ते थे।
- गौरी शंकर ओझा के अनुसार राजपूत 'क्षत्रिय वर्ण' से विकसित हुए थे।
- दशरथ शर्मा राजपूतों को 'ब्राह्मण' से उत्पन्न मानते थे।
- स्मिथ के अनुसार, राजपूत 'जनजातीय लोगों' से उत्पन्न हुए थे।
- कर्नल टाड, विलियम क्रुक एंव स्मिथ राजपूतों को शक, कुषाण और हूण का वंशज मानते हैं।
- चन्दबरदाई के 'पृथ्वीराज रासो' के अनुसार परमार, प्रतिहार, चालुक्य तथा चौहान अग्निकुंड से उत्पन्न हुए थे जिसे आबू पर्वत से वशिष्ठ ने एक यज्ञ से उत्पन्न किया था।
- ईश्वरी प्रसाद और डी॰ आर॰ भंडारकर इसकी उत्पत्ति भारतीय समाज में विदेशी मूल के लोगों के सम्मिलित होने से हुई।
- रत्न लाल के मेवाड़ी ताम्रपत्र में चौहानों की उत्पत्ति इंद्र से बतायी गई है।

त्रिपक्षीय संघर्ष

प्रथम चरण

- गुप्त साम्राज्य के पतन के साथ ही उत्तर भारत की राजनीतिक शक्ति का केन्द्र-बिन्दु पाटलिपुत्र के स्थान पर कन्नौज (उत्तर प्रदेश के फरुखाबाद जिले में) हो गया।
- आठवीं शताब्दी के मध्य में भारत के तीन कोणों में तीन शक्तिशाली राजवंशों का उदय हुआ।
- नौवीं शताब्दी में उत्तर-पूर्वी भारत में पाल वंश, दसवीं शताब्दी में उत्तर-पश्चिमी भारत में गुर्जर प्रतिहार वंश, तथा दक्कन में राष्ट्रकूट वंश शक्तिशाली क्षेत्रीय राज्य के रूप में भारतीय राजनीतिक नभमंडल पर उतरे।
- इन तीनों राज्यों के बीच कन्नौज पर अधिकार के लिए लगभग 200 वर्षों तक संघर्ष चलता रहा और बारी-बारी से प्रत्येक ने सफलता प्राप्त की।
- इसी त्रिपक्षीय संघर्ष को भारतीय इतिहास में त्रिकोणात्मक संघर्ष के रूप में जाना जाता है।
- इस काल में कन्नौज के आसपास के उत्तर भारतीय क्षेत्र को 'मध्य प्रदेश' कहा जाता था।
- इस त्रिपक्षीय संघर्ष को प्रतिहार नरेश वत्सराज ने प्रारंभ किया।
- वत्सराज ने कन्नौज के आयुध शासक इंद्रायुध को युद्ध में पराजित करके उत्तर भारत में अपनी सत्ता का विस्तार किया।
- इसके बाद प्रतिहार शासक वत्सराज ने पाल शासक धर्मपाल को हराकर कन्नौज पर अधिकार कर लिया, परन्तु इसी समय राष्ट्रकूट शासक ध्रुव ने जो गुजरात तथा मालवा पर विजय के लिए प्रतिहारों से संघर्ष कर रहा था, उत्तर भारत की राजनीति में हस्तक्षेप किया।
- नर्मदा के पार झाँसी के निकट ध्रुव ने वत्सराज को पराजित किया। इसी समय उसने गंगा घाटी के पार जाकर पालों को भी पराजित किया।
- राष्ट्रकूट शासक इन विजयों के बाद दक्षिण को लौट गये। वस्तुतः राष्ट्रकूट शासक की कन्नौज पर शासन करने की इच्छा नहीं थी। वह मालवा और गुजरात को अपने साम्राज्य में मिला लेना चाहता था। इस उद्देश्य की पूर्ति हेतु वह प्रतिहार शासकों की शक्ति को कुचल देना चाहता था। लेकिन कुछ समय के लिए प्रतिहार शासकों की छवि खराब एवं कमजोर हो गई, जिसका लाभ पालों को मिला।

द्वितीय चरण

- इस संघर्ष के द्वितीय चरण में कन्नौज के तात्कालिक शासक धर्मपाल को उत्तर भारत पर अपना वर्चस्व बनाये रखने के लिए नागभट्ट द्वितीय से युद्ध करना पड़ा।
- ग्वालियर अभिलेख के अनुसार नागभट्ट ने धर्मपाल को पराजित किया।
- एक बार फिर राष्ट्रकूट शासक गोविन्द तृतीय ने उत्तर भारत में कदम रखा तथा नागभट्ट द्वितीय को पराजित किया, परन्तु पहले की तरह इस बार भी राष्ट्रकूट गुजरात व मालवा पर अधिकार कर लेने के उपरांत वापस दक्षिण लौट गया। (806-7 के बीच)
- इस प्रकार एक बार पुनः पाल वंश तथा गुर्जर प्रतिहार वंश एक-दूसरे के आमने-सामने आ गये।

तृतीय चरण

- तृतीय चरण में गुर्जर-प्रतिहार शासक मिहिर भोज ने 836 ई॰ में कन्नौज तथा कालिंजर पर अधिकार कर लिया। प्रतिहार शासक की यह उपलब्धि अस्थायी सिद्ध हुई। एक बार फिर उन्हें राष्ट्रकूटों तथा पालों का सामना करना पड़ा। हालाँकि, एक युद्ध में पाल शासक देवपाल

ने मिहिर भोज को पराजित किया, परन्तु कन्नौज पर अपना साम्राज्य स्थापित नहीं कर सका। बाद में भोज ने राष्ट्रकूटों से मालवा, गुजरात व काठियावाड़ छीन लिया।

- कुछ समय के लिए ऐसा प्रतीत हो रहा था कि यह संघर्ष थम-सा गया है परन्तु 915-18 ई॰ में राष्ट्रकूट शासक इंद्र तृतीय ने कन्नौज पर अधिकार कर लिया और संभवत: गुजरात पर भी आक्रमण किया।
- गुजरात जो पश्चिम एशिया से होने वाले लाभप्रद व्यापार का केन्द्र था, के हाथ से निकल जाने के उपरांत प्रतिहार वंश पतन की ओर अग्रसर हो गया।
- 963 में कृष्ण तृतीय ने उत्तरी भारत पर आक्रमण कर प्रतिहार वंश के टिमटिमाते दीपक को सदा के लिए बुझा दिया। इस प्रकार एक लंबे त्रिकोणात्मक संघर्ष का अंत हुआ। निश्चय ही इस संघर्ष में राष्ट्रकूटों का पलड़ा भारी रहा।

बंगाल का पाल वंश

स्रोत

- अभिलेख
- धर्मपाल का खालिमपुर अभिलेख।
- देवपाल का मुंगेर अभिलेख।
- नारायणपाल का बादल स्तंभ अभिलेख।
- महिपाल का वाणगढ़, नालंदा तथा मुजफ्फरपुर से प्राप्त लेख।

गोपाल

- बंगाल में इस वंश का उद्‌भव लगभग 750 ई॰ में गोपाल से माना जाता है। कुछ समय से बंगाल में अराजकता फैली हुई थी। इसी का अंत करने के लिए जनता ने गोपाल को राजा निर्वाचित किया। इस वंश ने बंगाल पर लगभग 750 से 1155 ई॰ तक तथा बिहार में 1199 ई॰ में मुसलमानों की विजय तक राज्य किया।
- गोपाल बौद्ध धर्म का अनुयायी था। 'खालिमपुर अभिलेख' के अनुसार गोपाल ने बंगाल को मत्यस्य न्याय से छुटकारा दिलाया।

धर्मपाल (770-810 ई॰)

- पाल वंश का दूसरा शासक धर्मपाल इस वंश का सबसे महान् राजा था। धर्मपाल ने कन्नौज तक अपना राज्य विस्तृत किया और प्रतिहारों तथा राष्ट्रकूटों के साथ त्रिकोणात्मक संघर्ष में अपने राज्य को सुरक्षित रखा।
- कन्नौज पर अधिकार करने के क्रम में प्रतिहार शासक वत्सराज तथा राष्ट्रकूट शासक ध्रुव से पराजित हुआ।
- ग्यारहवीं शताब्दी के गुजराती कवि सोडढ़ल ने इसे 'उत्तरापथ स्वामिन' कहा।
- विक्रमशिला एवं सोमपुरी विहारों की स्थापना की। अरबी यात्री सुलेमान ने इसे 'रूहमा' कहा।
- प्रसिद्ध बौद्ध लेखक 'हरिभट्ट' इसका दरबारी था।
- इसने 'परमभट्टारक महाराजाधिराज' की उपाधि धारण की थी।

देवपाल (810-50 ई॰)

- धर्मपाल के बाद उसका पुत्र देवपाल पाल वंश का एक प्रतापी राजा हुआ।
- देवपाल ने 'परमसौगत' की उपाधि धारण की।
- देवपाल अपनी राजधानी पाटलिपुत्र से हटाकर 'मुंगेर' ले गया।
- प्रतिहार शासक नागभट्ट-II तथा मिहिर भोज को पराजित किया।
- तिब्बती लेखक तारानाथ के अनुसार इसने उड़ीसा विजित किया।
- देवपाल की राजसभा में सुमात्रा के राजा बालपुत्र देव का दूत आया था। इस राजा के अनुरोध पर देवपाल ने नालंदा में बौद्ध विहार बनाने के लिए पाँच गाँव दान में दिये। इसने नगरहार के विद्वान् 'वीरदेव' को नालंदा विहार का अध्यक्ष बनाया।

महिपाल-I :

- देवपाल के बाद पाल वंश की राज्यभक्ति राजाओं की निर्बलता तथा गुर्जर प्रतिहार राजाओं के आक्रमणों के कारण क्षीण होने लगी।
- इसे पाल वंश का दूसरा संस्थापक भी कहा जाता है। इसी के काल में 'दीपांकर' और 'संतरक्षित' को बौद्ध धर्म के प्रचार हेतु तिब्बत भेजा गया।
- इसके शासन काल में चोल राजा राजेन्द्र प्रथम ने लगभग 1023 ई॰ में गंगा तक के प्रदेशों को जीता।

नयपाल

- महिपाल-I के बाद नयपाल इस वंश का शासक हुआ। इसने कलचुरि शासक कर्ण के साथ लंबा संघर्ष किया, लेकिन आचार्य दीपांकर की मध्यस्थता से मैत्रीपूर्ण संबंध कायम किया।
- गया में इसने 'गठाधर का प्रसिद्ध मंदिर' बनवाया।

रामपाल (1077-1120 ई॰) :

- रामपाल के राज्यकाल में अस्थायी रूप से पालों की राज्यभक्ति फिर उत्कर्ष को प्राप्त होने लगी।

- इसके काल में क्षेत्रीय शक्तियों का उदय प्रारंभ हुआ। गहड़वालों ने पालों से मगध क्षेत्र छीना।
- पाल नरेश रामपाल ने 'रामवती' नामक नगर की स्थापना की थी। इस राजा ने अपने मामा की मृत्यु के शोक में गंगा नदी में कूदकर आत्महत्या कर ली थी।
- बारहवीं शताब्दी के मध्य तक सेन राजाओं ने पाल राजाओं से बंगाल छीन लिया।
- बाद में 1199 ई॰ में बख्तियार खिलजी के पुत्र इख्तियारुद्दीन मुहम्मद खिलजी के नेतृत्व में मुसलमानों ने बिहार में भी पाल वंश को समाप्त कर दिया।
- पालवंशी राजा बौद्ध थे, उनके राज्यकाल में बौद्ध शिक्षा केंद्रों की बड़ी उन्नति हुई।
- नालंदा तथा विक्रमशिला के प्रसिद्ध महाविहारों को उनका संरक्षण प्राप्त था। प्रसिद्ध बौद्ध भिक्षु 'अतिशा' दसवें पाल राजा जयपाल के राज्यकाल में हुआ, जो तिब्बत के राजा के निमंत्रण पर तिब्बत गया था।
- पालवंशी राजा कला तथा वास्तुकला के महान् प्रेमी थे और उन्होंने धीमान तथा विटपाल जैसे महान् शिल्पियों को संरक्षण प्रदान किया।
- पाल युग की कोई इमारत शेष नहीं बची है। परन्तु उन्होंने जो बहुत से जलाशय खुदवाये, कई विशेष रूप से दीनाजपुर जिले में अभी भी बचे हुए हैं।

सेन वंश

- सेन वंश ने 1095 ई॰ से 1245 ई॰ तक लगभग राज्य किया।
- इस वंश के शासक अपने को सामंत सेना के वंशज मानते थे, जो पहले कर्नाटक का निवासी था फिर बंगाल आकर बस गया।
- सामंत सेन इस वंश का संस्थापक था जिसे ब्रह्मक्षत्रिय के नाम से भी जाना जाता था। इसके पुत्र हेमन्त सेन से इस वंश मे वृद्धि शुरु हुई।
- इस वंश का सबसे प्रतापी राजा विजय सेन था जो हेमन्त सेन का पुत्र था।
- विजय सेन ने ही सर्वप्रथम राजकीय उपाधि धारण की। इसने 1095 से 1158 ई॰ तक राज्य करते हुए पश्चिमी तथा उत्तरी बंगाल पर अपना शासन स्थापित किया।
- विजय सेन ने गोविन्द चंद्र के विरुद्ध एक नाविक अभियान तथा न्यायदेव को पराजित किया।
- इसका पुत्र एवं उत्तराधिकारी बल्लाल सेन 1159 से 1179 ई॰ तक सत्तासीन रहा। इसने कुलीनता की परंपरा की शुरुआत की।
- एवं 'अद्भुत सागर' नामक ग्रंथ की रचना की।
- बल्लाल सेन के बाद उसका पुत्र लक्ष्मण सेन 60 वर्ष की आयु में गद्दी पर बैठा। इसने गहड़वाल शासक जयचंद्र को पराजित किया।
- इसने 'लक्ष्मण सेन संवत्' का प्रारंभ किया। इसके दरबार में 'गीत-गोविन्द' के लेखक 'जयदेव' ने 'पवनदूत के लेखक धायी, आर्य सप्तसती, के लेखक गोवर्धन एवं हलयुद्ध थे।
- लगभग 1202 ई॰ में जब बख्तियार खिलजी के पुत्र इख्यितारुद्दीन खिलजी के नेतृत्व में मुसलमानी सेना ने लक्ष्मण सेन की राजधानी नदिया (नवदीप) पर आक्रमण किया, लक्ष्मण सेन बिना युद्ध किये पूर्वी बंगाल भाग गया जहाँ बाद मे उसकी मृत्यु हो गई।
- इस प्रकार सेन वंश के शासकों ने बंगाल को एकता के सूत्र में बाँधकर उसे एक शक्तिशाली राज्य का स्वरुप दिया, संस्कृत भाषा तथा साहित्य को प्रोत्साहन दिया।

राष्ट्रकूट वंश (750-1200 ई॰)

स्रोत

- सातवाहन वंश के नागनिका के 'नानाघाट अभिलेख' में महरठियों का उल्लेख मिलता है।
- अशोक के अभिलेख में रठिकों का उल्लेख है।

दंतिदुर्ग (736-756 ई॰)

- इस वंश की स्थापना दंतिदुर्ग ने लगभग 736 ई॰ में की थी। उसने 'नासिक' को अपनी राजधानी बनाया था। इसके उपरांत इन शासकों ने 'मान्यखेत' (आधुनिक मानखंड) को अपनी राजधानी बनाया।
- दंतिदुर्ग पहले वातापी के चालुक्यों के आधीन सामंत था। उसने अंतिम चालुक्य शासक कीर्ति वर्मन द्वितीय को पराजित करके दक्षिण में चालुक्यों की सत्ता समाप्त कर दी।
- अरबों के आक्रमण को विफल बनाने के कारण चालुक्य शासक विक्रमादित्य-II ने दंतिदुर्ग को 'पृथ्वी वल्लभ' तथा 'खंडवालोक' की उपाधि दी। उज्जैन पर अधिकार करने के पश्चात् उसने 'हिरण्य गर्भदान' नामक एक यज्ञ किया।

कृष्ण प्रथम (756-779 ई॰)

- दंतिदुर्ग के बाद कृष्ण प्रथम इस वंश का राजा हुआ। इसने एलोरा के सुप्रसिद्ध 'कैलाशनाथ मंदिर' का निर्माण कराया।

ध्रुव (779-793 ई०)

- चौथे शासक ध्रुव ने गुर्जर-प्रतिहार शासक वत्सराज को पराजित किया। पल्लव नरेश दंतिवर्मन तथा बेंगी नरेश विष्णु वर्द्धन चतुर्थ ने इनकी अधीनता स्वीकार की। इसने 'निरूपम' 'कालीवल्लभ' 'श्री वल्लभ' एवं धारावर्ष' की उपाधि धारण की।
- **गोविंद तृतीय (793-814 ई०)**
- इस वंश का पाँचवा शासक गोविन्द तृतीय ने उत्तरी भारत पर आक्रमण करके गुर्जरप्रतिहार शासक नागभट्ट द्वितीय और पाल शासक धर्मपाल को पराजित किया। उसने राष्ट्रकूटों के साम्राज्य को मालवा प्रदेश से दक्षिण में कांची तक विस्तृत कर दिया।
- 'जयतुंग प्रभुत्व वर्ष' इसकी उपाधि थी।

अमोघवर्ष (814-878 ई०)

- छठा शासक अमोघवर्ष धर्मभीरु और शांतिप्रिय राजा था, जिसने लगभग 64 वर्षों तक राज्य किया। उसी ने 'मान्यखेत' को राष्ट्रकूटों की राजधानी बनाया।
- अरब यात्री सुलेमान ने अमोघवर्ष की गणना विश्व के तत्कालीन चार महान् शासकों में की।
- अमोघवर्ष ने चालुक्य शासक को पराजित कर 'वीर नारायण' की उपाधि धारण की।
- इनकी अभिरुचि सैनिक कार्यों की अपेक्षा साहित्यिक एवं धार्मिक कार्यों में अधिक थी। इस राजा ने 'कविराजमार्ग' नामक एक कन्नड़ भाषा का सर्वप्रथम काव्यशास्त्र लिखा था। इसके दरबार में 'जितसेन' (आदिपुराण), महावीराचार्य (गणितसार संग्रह) शाकटायन (अमोघवर्ष) नामक विद्वान् रहते थे।
- कृष्ण द्वितीय तथा इंद्र तृतीय ने कन्नौज के तत्कालीन शासक महिपाल को पराजित करके उसे भागने पर मजबूर कर दिया।

कृष्ण-III (930-36 ई०)

- बारहवें शासक कृष्ण तृतीय के शासनकाल में दक्षिण के चोल शासकों से एक दीर्घकालीन संघर्ष आरंभ हुआ जो राष्ट्रकूटों के उत्तराधिकारी चालुक्यों के राज्यकाल में भी चलता रहा।
- कृष्ण तृतीय ने 'अकालवर्ष', 'कांचीयुम' तथा 'तंजेयमकोड' की उपाधि धारण की।
- तक्कोलम के युद्ध (949 ई०) में इसने चोलों को परास्त कर उत्तरी चोलमंडल को अपने राज्य में मिलाया। दक्षिण में रामेश्वरम तक धावा बोलकटर एक देवालय तथा विजय स्तंभ बनवाया।
- इसके बाद खोट्टिग राजा हुआ जिसे मालवा के शासक सियक-II ने पराजित किया और 972 ई० में 'मान्यखेत' को जला डाला।

कर्क-II :

- यह राष्ट्रकूट वंश का अंतिम शासक था। इसे तैल द्वितीय ने 974 ई० में मार डाला एवं स्वयं शासक बन बैठा।
- राष्ट्रकूटों का पराभव कल्याणी के चालुक्यों द्वारा हुआ। राष्ट्रकूट शासक प्राचीन हिन्दू धर्म के प्रबल समर्थक थे। उन्होंने कई भव्य मंदिरों का निर्माण कराया। वे संस्कृत एवं कन्नड़ साहित्य के पोषक थे।
- अरबों ने इस वंश के शासकों को बल्हारा (बल्लराज) से संबोधित किया।

गुर्जर-प्रतिहार वंश

- 'श्री ओझा' तथा 'श्रीवैद्यं' जैसे इतिहासकार इसे सूर्यवंशी या चंद्रवंशी मानते हैं।
- चन्दबरदाई के 'रासो' ग्रंथ के अनुसार ये अग्निकुण्ड से पैदा हुए थे।
- कर्नल टाड प्रतिहारों को विदेशी शक जाति का मानते हैं।
- पुलकेशियन द्वितीय के एहोल लेख में गुर्जर जाति का उल्लेख सर्वप्रथम हुआ है।
- बाण के हर्षचरित में गुर्जरों का उल्लेख है।
- मिहिर भोज के ग्वालियर अभिलेख से प्रतिहार वंश के शासकों की राजनीतिक उपलब्धि तथा वंशावली ज्ञात होती है।
- कल्हण की राजतरंगिणी से मिहिर भोज की उपलब्धियों का ज्ञान प्रात होता है।
- अरब लेखक सुलेमान मिहिरभोज की भक्ति एवं राज्य की समृद्धि की प्रशंसा करता है।
- संभवत: 'गुर्जर-प्रतिहार' अपने प्रारंभिक दौर में स्थानाय अधिकारी थे जो कालांतर में राजस्थान और गुजरात में शासक वंश बनकर उभरे।
- हरिश्चंद्र प्रतिहार वंश का संस्थापक था। इसकी ब्राह्मण और क्षत्रिय दो पत्नियाँ थीं। ब्राह्मण पत्नी से उत्पन्न पुत्र मालवा पर तथा क्षत्रिय पत्नी से उत्पन्न पुत्र जोधपुर पर शासक कर रहे थे।
- इस वंश का प्रथम उल्लेखनीय शासक *नागभट्ट प्रथम*

(730-756 ई०) था। इसने अरब के सिंध शासकों का गुजरात में राज्य विस्तार करने की महत्वाकांक्षा पर पानी फेर दिया।

- नागभट्ट प्रथम नारायण के रूप में लोगों की रक्षा हेतु उपस्थित रहता था। इसने भड़ौत की विजय की।
- इसका उत्तराधिकारी ककुस्थ था, जो नागभट्ट प्रथम के किसी भाई का पुत्र था।
- ककुस्थ के बाद उसका छोटा भाई देवराज उसकी मृत्यु के बाद सिंहासन पर बैठा और (756-778 ई०) तक रहा। देवराज की मृत्यु के बाद उसका पुत्र वत्सराज (783-95 ई० में) राजा हुआ।
- वत्सराज एक महत्वाकांक्षी राजा था। इसके माता का नाम भूमिका देवी था। इसने जोधपुर पर कब्जा कर लिया।
- वत्सराज ने पाल शासक धर्मपाल को हराया, किन्तु राष्ट्रकूट शासक ध्रुव से हार गया। वत्सराज ने अपनी राजधानी जालौर में स्थापित की।

नागभट्ट द्वितीय (795-833 ई०)

- वत्सराज के बाद उसका पुत्र नागभट्ट-II (800-833 ई० में) गुर्जर-प्रतिहारों का राजा हुआ। इसकी माता का नाम सुंदर देवी था।
- भोज के ग्वालियर अभिलेख से ज्ञात होता है कि इसने आंध्र, सैन्धव-विदर्भ तथा कलिंग के शासकों को पराजित किया था।
- इसने उत्तरी गुजरात, मालवा, किरात आदि राजाओं के पर्वतीय दुर्गों पर विजय प्राप्त की।
- नागभट्ट द्वितीय ने जोधपुर के प्रतिहार, दक्षिणी काठियावाड़ के चालुक्य तथा मेवाड़ के गुहील शासकों की सहायता से पालवंशीय शासक धर्मपाल को पराजित किया, किन्तु राष्ट्रकूट नरेश गोविन्द तृतीय ने 809 के आसपास नागभट्ट द्वितीय को पराजित किया।
- नागभट्ट द्वितीय ने उत्तरी भारत की विजय के उपलक्ष्य में 'परम भट्टारक महाराजाधिराज परमेश्वर' की उपाधि धारण की।
- इसने अपनी राजधानी 'भीमनाल' (जालौर) से हटाकर कन्नौज ले गया।
- नागभट्ट द्वितीय के बाद उसका पुत्र गद्दी पर बैठा। वह एक निर्बल शासक था।

मिहिर भोज प्रथम (836-889 ई०)

- यह रामभद्र और अप्पा देवी का पुत्र था। यह एक योग्य शक्तिशाली तथा महत्वाकांक्षी शासक था।
- इस वंश का वास्तविक शासक मिहिर भोज प्रथम को ही माना जाता है। इसने 'आदि वाराह' की उपाधि धारण की थी।
- मिहिर भोज का साम्राज्य हिमालय की तराई से लेकर बुंदेलखंड व कौशाम्बी तक तथा सौराष्ट्र से लेकर पाकराज्य की पश्चिमी सीमा तक विस्तृत था।
- इसकी राजधानी कन्नौज थी।
- मिहिर भोज प्रथम ने राजपुताना, मालवा, मध्य प्रदेश और कालिंजर को अपने अधिकार में कर लिया, परंतु बंगाल के देवपाल तथा राष्ट्रकूट ध्रुव के त्रिपक्षीय संघर्ष में दोनों शासकों से पराजित हुआ।
- कलचुरि शासक कोक्कल ने भी इसे पराजित किया, परन्तु कुछ समय पश्चात् मिहिर भोज ने देवपाल के निर्बल उत्तराधिकारी नारायण पाल को हराकर उसके राज्य का काफी भाग अपने अधीन कर लिया।
- उसने पुनः राष्ट्रकूट नरेश कृष्ण तृतीय को पराजित कर मालवा तथा काठियावाड़ को अपने अधिकार में ले लिया। लेकिन उज्जयिनी के युद्ध में वह कृष्ण द्वितीय से हार गया।
- मिहिर भोज वैष्णव धर्मानुयायी था। इसके शासन काल में अरब यात्री सुलेमान आया था।

महेन्द्रपाल प्रथम (890-910 ई०)

- महेन्द्रपाल प्रथम मिहिर भोज का पुत्र था, जो 'कर्पूर मंजरी' नाटक के रचयिता महाकवि राजशेखर का शिष्य और संरक्षक था। इसने मगध और बंगाल पर विजय प्राप्त की।
- 915-18 के बीच त्रिपक्षीय संघर्ष के तहत राष्ट्रकूट नरेश इंद्र तृतीय ने कन्नौज पर आक्रमण किया।
- इसके बाद महिपाल शासक हुआ। राजशेखर ने इसे 'आर्यावर्त का महाराजाधिराज' कहा है।
- इसी के काल में राष्ट्रकूट शासक इंद्र-III का उत्तरी भारत का अभियान प्रारंभ हुआ और यहीं से प्रतिहारों का भी पतन आरंभ हुआ।
- अरब यात्री अल-मसूदी महिपाल प्रथम को 'बऊर' कहता है और राष्ट्रकूटों को 'बल्हर'। यह अरब यात्री 915-16 ई० में पंजाब आया था।
- महिपाल के बाद महेन्द्रपाल द्वितीय, देवपाल, विनायक पाल द्वितीय, महिपाल द्वितीय तथा विजयपाल जैसे निर्बल

शासकों के काल में प्रतिहार साम्राज्य के विघटन की गति तेज हो गयी।

- इस वंश का अंतिम शासक यशपाल था।

गहड़वाल (राठौर) वंश

- लगभग 1050 ई० में प्रतिहार राज्य पूर्ण रूप से समाप्त हो गया और उसके स्थान पर गहड़वाल वंश का उदय हुआ।
- यशोविग्रह इस वंश का संस्थापक था।
- इस वंश का सर्वप्रथम स्वतंत्र शासक चंद्रदेव (1080-1100) था।
- इसने 'परम भट्टारक महाराजाधिराज परमेश्वर' की उपाधि धारण की थी। इसकी राजधानी वाराणसी थी। इस समय उत्तरी भारत का प्रमुख नगर कन्नौज था।
- इसने राष्ट्रकूट शासक गोपाल को हराकर कन्नौज पर अधिकार किया। चन्द्रदेव ने मुसलमानों पर 'तुरुक्षदंड नामक वार्षिक कर लगाया।
- चंद्रदेव का पुत्र तथा उत्तराधिकारी मदनपाल एक निर्बल शासक था। उसने 1114 ई० तक शासन किया।
- गहड़वाल वंश का सबसे प्रतापी राजा गोविन्दचंद्र (1114-1154 ई०) था। इसने 'अश्वपति, गजपति, नरपति-राजत्रयाधिपति की उपाधि धारण की थी।
- गोविन्दचंद्र ने बंगाल के पालों से मगध जीता तथा मालवा पर भी अधिकार कर लिया।
- इसने कश्मीर के शासक जयसिंह तथा गुजरात के शासक जयसिंह सिद्धराज के साथ मैत्रीपूर्ण संबंध बनाए।
- 'कृत्यकल्पतरु' के रचयिता 'लक्ष्मीधर' उसका दरबारी था।
- गोविन्दचंद्र का विवाह पाल नरेश रामपाल की भांजी कुमार देवी के साथ हुआ था।
- गंगैकोडचोलपुरम के एक अभिलेख में कुल्लोचुंग प्रथम यशोविग्रह से लेकर चंद्रदेव तक गहड़वाल वंशावली खुदी हुई है। यह अभिलेख गोविन्दचंद्र के समय का है।
- गोविन्दचंद्र का चोल, चन्देल, कलचुरि, चालुक्य तथा कश्मीर के शासकों के साथ मैत्री संबंध था।
- गोविन्दचंद्र को उसके लेखों में विविध 'विद्याविचार वाचस्पति' कहा गया है।
- गोविन्दचंद्र के बाद उसका पुत्र विजयचंद्र (1155- 69 ई०) शासक हुआ।
- विजयचंद्र के समय में दिल्ली का प्रदेश गहड़वालों के हाथ से निकलकर चौहान नरेशों के हाथों में चला गया था।
- विजयचंद्र का पुत्र जयचंद्र (1170-1194 ई०) गहड़वाल वंश का अंतिम शासक था।
- जयचंद्र का समकालीन दिल्ली तथा अजमेर का चौहान नरेश पृथ्वीराज-III था।
- पृथ्वीराज ने जयचंद्र की पुत्री संयोगिता का अपहरण कर लिया था; परंतु अनेक विद्वान् इस पर संदेह व्यक्त करते हैं।
- 1194 में मुहम्मद गोरी ने जयचंद्र के राज्य पर आक्रमण किया तथा चंद्रावर के मैदान में जयचंद्र की सेना पराजित हुई। युद्ध में ही कुतुबुद्दीन के बाण से घायल होकर जयचंद्र वीरगति को प्राप्त हुआ।
- समस्त गहड़वाल नरेशों में जयचंद्र का नाम भारतीय साहित्य में सर्वाधिक बार उल्लिखित हुआ है।
- 'नैषधचरित' का रचनाकार 'श्रीहर्ष' जयचंद्र का दरबारी था।

गहड़वाल वंश के इतिहास के स्रोत

- मदनपला के राहन तथा बसही अभिलेख।
- गोविन्दचंद्र के वाराणसी तथा कमौली के ताम्र पत्राभिलेख।
- चंद्रदेव का चंद्रावती (वाराणसी) दानपत्र।
- हसन निजाम द्वारा प्रस्तुत विवरण (जयचंद्र) तथा मुहम्मद गोरी के बीच होने वाले संघर्ष।
- फरिश्ता द्वारा प्रस्तुत जयचंद्र की सैनशक्ति का विवरण।
- लक्ष्मीधर का ग्रंथ 'कृत्यकल्पतरु'।
- कुमार देवी का सारनाथ अभिलेख।
- गोविन्द्रचंद्र का पार (देवरिया) से प्राप्त लेख।

शाकम्भरी का चाहमान (चौहान) वंश स्रोत

- चंदबरदाई ने इस वंश की उत्पत्ति आबू पर्वत पर वशिष्ठ द्वारा किये गये यज्ञ-कुंड से बताई है। चाहमान शासक वत्सगोत्री थे। अभिलेख में इन्हें सूर्यवंशी क्षत्रिय कहा गया है।
- चाहमान वंश की एक शाखा ने 7वीं सदी में शाकम्भरी में अपना राज्य स्थापित किया। इस शाखा की स्थापना का श्रेय वासुदेव को दिया जाता है।
- इस वंश का सर्वप्रमुख राजा दुर्लम राज प्रथम (8वीं सदी उत्तरार्ध) था। यह प्रतिहार वंश के वत्सराज का सामंत था।
- सिंहराज (9वीं सदी पूर्वार्द्ध) ने ही सर्वप्रथम 'महाराजा-धिराज' की उपाधि धारण की।
- चाहमान राजा अजयराज (12वीं सदी पूर्वार्द्ध) ने अजयमेरु (अजमेर) नगर की स्थापना की थी।

- अर्णोराज, अजयराज का उत्तराधिकारी और एक महत्वपूर्ण शासक हुआ (1935 ई० में)। इसने अजमेर के निकट सुल्तान महमूद ,की सेना को पराजित किया।
- 1153 में इसके लड़के जगदेव ने इसकी हत्या कर दी। कुछ समय बाद जगदेव को हटाकर उसके छोटे भाई विग्रहराज चतुर्थ बीसलदेव ने गद्दी पर अधिकार कर लिया।
- इस वंश का सबसे बड़ा राजा विग्रहराज चतुर्थ (1153-1163 ई०) था। इसी ने तोमर वंश से ढिल्लिका (दिल्ली) छीनी थी। (विजौलिया लेख से) इसकी उपाधि थी–महाराजाधिराज परमेश्वर। उसकी सभा में 'सोमदेव' नामक विद्वान् रहता था, जिसने 'ललित विग्रहराज' नामक ग्रंथ लिखा।
- विग्रहराज चतुर्थ ने गुजरात के कुमार पाल को हराया तथा नडडुल, चित्तौड़, जालौर आदि को जीता।
- विग्रहराज चतुर्थ का दूसरा नाम 'बीसलदेव' था।
- 'हरिकोली' विग्रहराज की रचना है।
- विग्रहराज के दिल्ली शिवालिक लेख से पता चलता है कि उसने तुर्क आक्रमणकारियों से देश की रक्षा की।

पृथ्वीराज-III (1178-1192 ई०)

- पृथ्वीराज III जिसे 'पृथ्वीराज चौहान' तथा 'रायपिथौरा' के नाम से भी जाना जाता है, 'चौहान' वंश का सबसे शक्तिशाली राजा हुए।
- पृथ्वीराज-III के शासनकाल में मुहम्मद गोरी ने यमीनी वंश के गजनवी शासक से पश्चिमी पंजाब जीत लिया, जिससे पृथ्वीराज चौहान और मुहम्मद गोरी के राज्यों के बीच समान सीमा-रेखा होने के कारण दोनों में संघर्ष होना निश्चित था।
- 1178 ई० में गुजरात के चालुक्य मूलराज ने मुहम्मद गोरी को आबू पर्वत की तलहटी में हरा दिया।
- 1182 में पृथ्वीराज और गुजरात के भीम द्वितीय के बीच अनिर्णीत युद्ध हुआ। 1191 ई० में तराइन का प्रथम युद्ध हुआ जिसमें पृथ्वीराज ने मुहम्मद गोरी को हराया। गोरी अपनी जान बचाकर भाग गया, लेकिन अपनी हार और अपमान का बदला चुकाने के लिए 1192 में पुन: मुहम्मद गोरी भारत की ओर प्रस्थान किया तथा तराइन के मैदान में दोनों के बीच घमासान युद्ध हुआ।
- इस बार मुहम्मद गोरी ने अपनी युद्ध कूटनीति तथा सैन्य चातुरी के कारण पृथ्वीराज चौहान को पराजित कर दिया तथा उसकी हत्या कर दी।
- कुछ इतिहासकारों के अनुसार अपनी अधीनता में उसने पृथ्वीराज के लड़के को शासन करने दिया।
- पृथ्वीराज के बाद उसके लड़के गोविन्द को गोरी ने अपनी अधीनता में अजमेर का शासक बनाया जिसे पृथ्वीराज के भाई हरिराज ने हटा दिया एवं स्वयं शासक बन बैठा। अंत में कुतुबद्दीन ऐबक ने चौहानों का दमन कर दिया।
- प्रसिद्ध कवि चंदबरदाई पृथ्वीराज-III की राजसभा की शोभा बढ़ाते थे, उसने 'पृथ्वीराज रासो' की रचना की।
- पृथ्वीराज-III की राजसभा में जयानक भट्ट, विद्यापति गौड़, पृथ्वीभट्ट, वागीश्वर जनार्दन, आदि विद्वान रहते थे।

शाकम्भरी का चाहमान वंश स्त्रोत

- बिजौलिया अभिलेख।
- 973 ई० का हर्ष प्रस्तर अभिलेख।
- पृथ्वीराज रासो।
- पृथ्वी विजय।
- हम्मीर महाकाव्य
- हरकेलि नाटक

जेजाक भुक्ति के चंदेल

- प्रतिहार वंश के पतन के बाद मध्य भारत में चंदेल वंश का उदय हुआ। ये चंद्रवंशी क्षत्रिय थे। इनका मूल प्रदेश बुन्देलखण्ड था। प्रारंभ में ये गुर्जर- प्रतिहारों के सामंत थे।
- जनश्रुति के अनुसार इस वंश का सर्वप्रथम ऐतिहासिक राजा चंद्रवर्मन है, परन्तु अभिलेखों के अनुसार नवीं शताब्दी के आरंभ में 'नानुक' चंदेल द्वारा इस वंश की स्थापना की गई। जो प्रतिहारों के मुखिया को विनष्ट कर जेजाक भुक्ति (आधुनिक बुंदेलखंड) के दक्षिणी भाग का स्वामी बन गया था।
- जयशक्ति नामक चंदेल राजा के नाम से चंदेल-राज्य को 'जैजाक भुक्ति' भी कहते हैं।
- सातवा राजा यशोवर्मन ही व्यावाहारिक दृष्टि से इस वंश का पहला स्वतंत्र शासक हुआ। इसके समय में चंदेल राज्य ने पर्याप्त शक्ति प्रदान कर ली थी।
- 'खुजराहो अभिलेख के अनुसार उसने खश (कश्मीर और लोहर राज्य) तथा कश्मीरी योद्धाओं से टक्कर ली।
- अभिलेख में उसे कुरु प्रदेश के लिए झंझावत और गुर्जरों के लिए अग्नि के समान कहा गया है।
- यशोवर्मन ने कालिंजर का प्रसिद्ध दुर्ग अपने अधिकार में

कर लिया तथा खुजराहो के 'चतुर्भुज मंदिर' का निर्माण करवाया।

- यशोवर्मन का पुत्र धंगदेव (लगभग 950-1002 ई०) चंदेल वंश का सबसे अधिक प्रतापी राजा शासक हुआ।
- 'मऊ अभिलेख' के अनुसार इसने प्रतिहार शासकों को पराजित किया था।
- 'महोबा अभिलेख' में इसे हम्मीर (अमीर) के बराबर शक्तिशाली कहा गया है।
- खुजराहों का विश्वविख्यात मंदिर धंगदेव के शासन में निर्मित हुआ है।
- धंगदेव ने अंतिम समय में जलसमाधि द्वारा अपने प्राण त्याग दिये।
- धंगदेव ने पूरे जेजाकशुक्ति पर अपने राज्य का विस्तार करते हुए तत्कालीन भारतीय राजनीति में सक्रिय भाग लिया।
- वह 989 या 990 ई० में अफगानिस्तान से होने वाले सुबुक्तगीन के आक्रमंण को रोकने के लिए पंजाब नरेश जयपाल द्वारा बनाये गये संघ में शामिल था। लेकिन सुबुक्तगीन के हाथों इस संघ को पराजित होना पड़ा।
- धंगदेव के बाद उसके पुत्र 'गंडदेव' ने पंजाब नरेश आनंदपाल (जयपाल का पुत्र) के साथ संघ बनाकर महमूद गजनवी से मोर्चा लिया, किन्तु दुर्भाग्य से यह दूसरा संघ भी पराजित हुआ।
- 1019 ई० में महमूद गजनवी ने 'गंडदेव' के राज्य पर आक्रमण किया तथा पुन: 1022 ई० में विद्याधर के शासन में आक्रमण किया।
- भारतीय राजाओं में विद्याधर ही एक ऐसा राजा था, जिसने अपनी वीरता और कूटनीति से महमूद के सामने अपना सिर ऊँचा रखा।
- दसवें शासक विजयपाल (1030-50 ई०) ने कन्नौज नरेश राज्यपाल पर आक्रमण कर उसे इसलिए मार डाला क्योंकि उसने सुल्तान महमूद गजनवी के आगे आत्मसमर्पण कर दिया था।
- बारहवें राजा कीर्तिवर्मन ने (1060-1100 ई०) प्रसिद्ध आध्यात्मिक नाटक 'प्रबोध चंद्रोदय' के रचयिता को अपने यहाँ प्रश्रय दिया था।
- सत्रहवाँ शासक परमार्दिदेवा परमल लगभग (1165-1203 ई०) इस वंश का अंतिम उल्लेखनीय राजा था।
- चौहान शासक पृथ्वीराज ने परमार्दिदेव पर आक्रमण करके इसके राज्य को काफी नुकसान पहुँचाया। इसी युद्ध में प्रसिद्ध सेनापति 'आल्हा-ऊदल' की मृत्यु हो गयी थी।
- 1202 ई० में कुतुबुद्दीन ऐबक ने कालिंजर पर आक्रमण कर वहाँ पर तुर्कों का शासन स्थापित किया।

मालवा के परमार वंश

- दसवीं सदी के प्रारंभ में जब प्रतिहारों का आधिपत्य मालवा से समाप्त हो गया, तब वहाँ परमार शक्ति का उदय हुआ।
- कुछ लोग इन्हें राष्ट्रकूटों का वंशज मानते हैं।
- इनकी राजधानी 'धारा नगरी' थी।
- इस वंश का प्रथम स्वतंत्र शासक सीयक-II था। इसका संघर्ष मान्यखेत के राष्ट्रकूटों से हुआ। इसने सौराष्ट्र के चालुक्यों तथा मालवा के उत्तर-पश्चिम में स्थित हूणों को पराजित किया।
- मुंज (973-995 ई०) अपने वंश का बड़ा ही पराक्रमी राजा था। इस राजा के अनेक नाम मिलते हैं–वाक्पति, उत्पलराज इत्यादि।
- मुंज के शासनकाल के समय ही मालवा में परमारों की शक्ति का उत्कर्ष प्रारंभ हुआ।
- 'कौथेम दानपत्र' के अनुसार मुंज ने हूणों को पराजित किया।
- 'उदयपुर अभिलेख' के अनुसार कलचुरि वंश के युवराज द्वितीय को पराजित कर उसकी राजधानी त्रिपुरी पर अधिकार कर लिया।
- कल्याणी के चालुक्य शासक तैल-II को मुंज ने छह बार पराजित किया लेकिन सातवीं बार तैल-II ने मुंज को पराजित कर उसे मार डाला।
- मुंज की सभा में परिमल गुप्त (नवसहसांकचरित का रचयिता), दशरूपकी का लेखक 'धनंजय', यशोरूपाव-लोक के रचयिता 'धनिक' आदि विद्वान् थे।
- सिंधुराज जो मुंज का भाई था, इसने तैल-II के उत्तराधिकारी सत्याश्रय पर आक्रमण करके अपने भाई की मौत का बदला लिया।
- भोज सिंधुराज का पुत्र एवं उसका उत्तराधिकारी था। इसने तैल द्वितीय को हराकर उसकी हत्या कर दी।
- भोज परमार (1000-1055 ई०) इस वंश का सबसे प्रसिद्ध लोकप्रिय राजा था।
- कलांतर में चालुक्य नरेश सोमेश्वर प्रथम ने भोज को परास्त कर धारानगरी को लूटा।

- भोज ने उज्जैन की जगह 'धारा' को अपनी राजधानी बनाया।
- भोज ने 'भोजपुर' नामक नगर की स्थापना की तथा वहाँ 'भोजसुर' नामक तालाब का निर्माण करवाया।
- भोज अपनी विद्वता के कारण 'कविराज' के नाम से भी विख्यात था। उसने समरांगण सूत्रधार, सरस्वती कंठाभरण, सिद्धांत संग्रह, राज़ा मार्तंड, योगसूत्र वृत्ति; विद्या विनोद, युक्ति कल्पतरु, चारु चर्चा आदित्यप्रताप सिद्धांत, आयुर्वेद सर्वस्व आदि ग्रंथों की रचना की।
- इसने कल्याणी के चालुक्य राजा विक्रमादित्य चतुर्थ तथा कलचुरि राजा गांगयदेव को पराजित किया था।
- भोज के उत्तराधिकारी कमजोर और निर्बल थे।
- 1305 ई० में अलाउद्दीन खिलजी ने मालवा को अपनी सल्तनत में मिला लिया।
- भोज की सभा में धनपाल, उब्बट, इत्यादि विद्वान रहते थे।

कलचुरि वंश

- मालवा और उत्तरी महाराष्ट्र के शासक कलचुरियों को हैहयवंशी भी कहा जाता था। उनका राज्य 'चेदि' कहलाता है जो आधुनिक मध्य प्रदेश के अधिकांश भाग में स्थित था।
- इस राजवंश का सर्वप्रथम महत्वपूर्ण राजा कोक्कल्ल प्रथम था। यह (845-885 ई०) कलचुरि वंश का संस्थापक था।
- इसकी प्रारंभिक राजधानी त्रिपुरी थी। कोक्कल प्रथम ने राष्ट्रकूट राजा कृष्ण-II एवं तुर्कों को पराजित किया।
- इसके बाद 'युवराज प्रथम' इस वंश का शासक हुआ। इसने राष्ट्रकूटों के अधीनस्थ लाट की विजय की। इस विजय के उपलक्ष्य में 'राजशेखर' द्वारा लिखित 'विद्धशाल-मंजिका' नामक नाटिका का प्रदर्शन किया। इसने 'केयूरवर्ष' की उपाधि धारण की।
- इसके बाद लक्ष्मणराज जो युवराज का प्रथम पुत्र था, वंश का शासक हुआ। इसने बंगाल पर सैनिक अभियान किया तथा उड़ीसा के शासक के यहाँ से सोने का कालिया नाग ले लिया।
- कोक्कल द्वितीय जो लक्ष्मणराज के बाद इस वंश का शासक हुआ, ने गुजरात के मूलराज या उसके लड़के चामुंडराज तथा दक्कन के तैल द्वितीय को पराजित किया।
- इस वंश का प्रतापी राजा गांगयदेव था। (1019-1040 ई०)। इसने 'विक्रमादित्य' का विरुद धारण किया। इसने उड़ीसा के समुद्र तट तक अपने साम्राज्य का विस्तार किया और उसके उपलक्ष्य में 'त्रिकलिंगाधि- पति' की उपाधि धारण की।
- गांगयदेव के समान ही उसका पुत्र लक्ष्मीकर्ण (1040-1070 ई०) भी एक प्रतिभाशाली राजा हुआ। चोल, कुंतल तथा पांड्य नरेशों के साथ लगातार संघर्ष रहा, लेकिन दक्षिण में विस्तार संभव नहीं हुआ।
- विजयसिंह इस वंश का अंतिम महत्वपूर्ण शासक था। चंदेल त्रैलोक्यवर्मन ने इसे पराजित कर बुंदेलखंड पर अधिकार कर लिया।

चोल राजवंश

(9वीं से 12वीं शताब्दी तक) :

- चोलों का प्रारम्भिक इतिहास संगम युग से प्रारंभ होता है।
- संगम युगीन साहित्य से तत्कालीन चोल शासक करिकाल के बारे में व्यापक जानकारी मिलती है। करिकाल ने 'उरैयुर' को अपनी राजधानी बनाया था। करिकाल के बाद लगभग 9वीं शताब्दी तक चोलों का इतिहास अंधकारपूर्ण रहा है।
- पुन: करीब 850 ई० में पल्लवों के अवशेषों पर चोल सत्र का पुनरुत्थान हुआ।

विजयालय (850 से 880 ई० तक) :

- चोल वंश का द्वितीय संस्थापक।
- तंजोर पर अधिकार करके 'नरकेसरी' की उपाधि।
- तंजोर में 'निशुम्भसुदिनी दुर्गा मंदिर' का निर्माण।
- तंजोर में अपनी राजधानी बनाया।

आदित्य प्रथम (880 ई० से 907 ई० तक) :

- विजयालय का पुत्र आदित्य प्रथम पल्लव नरेश अपराजित का सामन्त था।
- इसने अपनी युद्ध कुशलता से पल्लवों, गंगों एवं पाण्ड्यों को पराजित किया।
- पल्लवों को पराजित करने के उपलक्ष्य में इसने 'कोदण्डराम' की उपाधि ग्रहण की।

परान्तक प्रथम (907 ई० से 946 ई० तक) :

- अपने पिता आदित्य प्रथम की साम्राज्यवादी नीति का पालन करते हुए पाण्ड्य नरेश राजसिंह द्वितीय एवं सिंहल के शासक की संयुक्त सेना को बेल्लूर के युद्ध में परास्त कर, पाण्ड्यों की राजधानी मदुरै पर अधिकार कर 'मदुरैकोण्ड' की उपाधि धारण की।

- 949 ई० में राष्ट्रकूट नरेश कृष्ण तृतीय ने 'तक्कोलम के युद्ध' में इसे बुरी तरह पराजित कया।

परान्तक द्वितीय (956 ई० से 973 ई० तक) :

- इन्हें सुन्दरचोल के नाम से भी जाना जाता था।
- इसने तत्कालीन पाण्ड्य शासक 'वीर पाण्डय' को चंवर के मैदान में पराजित किया।

राजराज प्रथम (985 ई० से 1014 ई० तक) :

- इनके शासन के तीस वर्ष चोल साम्राज्य के सर्वाधिक गौरवशाली वर्ष थे।
- इसने अपने पितामह परान्तक प्रथम की 'लौह एवं रक्त' की नीति का पालन करते हुए 'राजाराज' की उपाधि ग्रहण की।
- अपने शासन के 9वें वर्ष में सामारिक अभियान प्रारंभ किया।
- पांड्य नरेश अमरभुजंग को परास्त कर मदुरै पर अधिकार किया।
- श्रीलंका के राजा महेन्द्र पंचम को परास्त कर वहाँ एक नया प्रांत 'मुम्डिचोल मंडलम' की स्थापना की। श्रीलंका की राजधानी अनुराधापुर को बर्बाद कर दिया और 'पोलोन्नरवा' को अपनी राजधानी बनाया।
- इन्होंने सर्वप्रथम चोल विरोधी गठबंधन में शामिल पाण्ड्य, चेर एवं श्रीलंका के ऊपर आक्रमण करने के क्रम में चेर नरेश भास्कर वर्मन को पराजित किया।
- श्रीलंका विजय के पश्चात् राजराज प्रथम ने 'जगन्नाथ' का विरूद धारण कर पोलोन्नरुवा का नया नाम 'जनजाथमंगलम' रखा।
- राजराज प्रथम शैव मतानुयायी होने के कारण शिवपादशेखर की उपाधि धारण की। इसके अतिरिक्त इसने रविकुल माणिक्य, मुम्मादि चोलदेव, चोल मार्तण्ड, जयनगोण्ड आदि अनेक उपाधियाँ धारण कीं।
- इसने द्रविड़ वास्तुकला शैली के अंतर्गत विश्व- प्रसिद्ध मंदिर राजराजेश्वर या वृहदेश्वर मंदिर का निर्माण तंजोर में करवाया।
- इसने शैलेन्द्र शासक विजयोतुंग वर्मन को नागपट्टम में 'चूड़ामणि' नामक बौद्ध विहार बनाने की अनुमति दी एवं इसके निर्माण में आर्थिक सहायता भी दी।
- राजराज प्रथम ने अपने शासक के दौरान चोल अभिलखों का प्रारंभ 'ऐतिहासिक प्रशस्ति' के साथ करवाने की प्रथा की शुरुआत की।
- इन्होंने अपने धर्मसहिष्णु होने का परिचय राजराजेश्वर मंदिर की दीवारों पर बौद्ध प्रतिमाओं का निर्माण करवा कर दिया।
- इसने भूमि-मापन की पद्धति अपनाई जिसे 'कदम्ब' कहा जाता है।
- राजराज प्रथम के काल में एक दूत मंडल चीन गया था।

राजेन्द्र प्रथम (1012-42 ई०) :

- इनकी उपलब्धियों की सही जानकारी तिरुवालंगाडु एवं करंदाई अभिलेखों से मिलती है।
- ये श्रीलंका के शासक महिंद V को पराजित कर सम्पूर्ण श्रीलंका को विजित किया। महिंद V को बंदी बनाकर राजधानी तंजोर में रखा गया, जहाँ 14 वर्ष बाद इनकी मृत्यु हो गयी।
- राजेंद्र प्रथम ने अपने पुत्र विक्रमचोल के नेतृत्व में गंगा घाटी में सैन्य-अभियान भेजा। विक्रमाचोल ने कलिंग के पूर्वी गंग शासक एवं बंगाल के पाल शासक महीपाल को पराजित किया। इस अभियान का उद्देश्य गंगा का पवित्र जल लाना था। गंगाघाटी के अभियान की सफलता पर राजेन्द्र प्रथम ने 'गंगैकोण्डचोल की उपाधि धारण की तथा इस विजय की स्मृति में 'गंगैकोण्डचोलपुरम' नाम की नई राजधानी का निर्माण करवाया।
- सिंचाई के लिए राजेन्द्र प्रथम ने चोलगंगम नाम के बड़े तालाब का निर्माण करवाया।
- राजेन्द्र प्रथम ने अपने अभियान के अंतर्गत दक्षिण-पूर्व एशिया स्थिति श्रीविजय राज्य के मलय प्रायद्वीप, जावा, सुमात्रा आदि को विजित किया।
- बंगाल की खाड़ी को इसने 'चोल झील' के रूप में तब्दील किया।
- इन्होंने चीन में अपने दो कूटनीतिक दल भेजे।

राजाधिराज प्रथम (1044-1052 ई०) :

- इन्होंने चालुक्य शासक को पराजित करने के पश्चात् 'विजय राजेन्द्र' 'विराभिषेक' उपाधि धारण की। इस विजय के उपलक्ष्य में 'अश्वमेध यज्ञ' का आयोजन किया।
- चालुक्य शासक सोमेश्वर के साथ 'कोप्पम के युद्ध' में, राजाधिराज प्रथम के गंभीर रूप से घायल होने के कारण इनकी मृत्यु हो गयी।

राजेन्द्र द्वितीय (1052-1064 ई०) :

- युद्ध के मैदान में इनका राजतिलक हुआ।
- 1052-63 में चालुक्यों को परास्त किया और कोल्हापुर पर धावा बोला।
- कोल्हापुर में एक 'जय स्तंभ' स्थापित किया।

वीर राजेन्द्र (1063-1069 ई॰) :

- सोमेश्वर III से 'कुदाल संगम' की लड़ाई जीती, और इस विजय के उपलक्ष्य में तुंगभद्रा नदी के तट पर 'विजय स्तंभ' स्थापित किया।
- शैलेन्द्र शासक के विरुद्ध नौसैनिक अभियान चलाया।
- वीर राजेन्द्र ने तुंगभद्रा में डूबकर आत्महत्या कर ली थी।

अधिराजेन्द्र (1069-1070 ई॰) :

- यह विद्रोह के दौरान मारा गया और इसी के साथ चोलों की मुख्य शाखा समाप्त हो गई।

कुलोतुंग प्रथम (1070-1120 ई॰):

- राजेन्द्र चोल की पुत्री एवं पूर्वी चालुक्य नरेश राजराज से उत्पन्न चोल-चालुक्य वंश का पहला शासक राजेन्द्र 'कुलोतुंग प्रथम' के नाम से सिंहासन पर बैठा।
- अत: इन्हीं के समय से चोल इतिहास, चोल-चालुक्य वंशीय इतिहास के नाम से जाना जाता है।
- कुलोतुंग प्रथम के समय में श्रीलंका के राजा विजयबाहू ने अपनी स्वतंत्रता घोषित की थी।
- कुलोतुंग प्रथम ने व्यापार की प्रगति में बाधक करों को समाप्त किया, जिसके कारण उसे 'शुंगम तविर्तचोल' (करों को हटाने वाला) की उपाधि दी गई थी।
- चीनी ऐतिहासिक स्रोतों के अनुसार 1077 ई॰ में कुलोतुंग प्रथम ने 92 व्यक्तियों का एक दूतमंडल भेजा, यह दूत मंडल एक व्यापारिक शिष्टमंडल था, जिसे तमिल व्यापार के लिए चीन से अधिक सुविधाएँ प्राप्त करने के लिए भेजा गया था।

विक्रम चोल (1120-35 ई॰) :

- इसने 'त्याग समुद्र' की उपाधि धारण की।

कुलोतुंग-II (1135-50 ई॰) :

- इन्होंने चिदम्बरम के मंदिर के प्रांगण से गोविन्द राज की प्रतिमा को उठवाकर समुद्र में फिकवा दिया।

राजराजा-II (1150-62 ई॰) :

- इसके समय में होयसलों ने उत्तरी भाग पर कब्जा कर लिया।

राजाधिराज-II

- इसके समय में कल्याण के कलचुरि द्वारा आंध्र क्षेत्र पर कब्जा किया गया।

कुलोतुंग-III (राजाराज-III) :

- इसके समय मारवर्मन और सुंडरपाण्ड्य ने तंजोर को जला दिया।
- कुलोतुंग-III चोल वंश का अंतिम महान् शासक था।

राजेन्द्र चोल-III

- इसी के समय 1279 ई॰ में मारवर्मन, कुलशेखर ने चोल साम्राज्य को जीत लिया।

दक्षिण भारत का प्रशासन :

चोल (राजत्व का सिद्धान्त) :

- भारी-भरकम उपाधि जैसे चक्रवर्तीगल।
- मृत राजाओं की प्रतिमा की पूजा एवं मंदिरों में स्थापना।
- तंजोर, कांचीपुरम, चिदंबरम एवं गंगईकोंड चोलपुरम में राज्याभिषेक।
- चालुक्य शासकों का पट्टादकल में राज्याभिषेक।
- पुरोहितों का महत्वपूर्ण स्थान।

चोल प्रशासन

- सरकारी अधिकारियों का पृथक् वर्ग, दो श्रेणियों में विभाजित
  1. पेरून्दनम (उच्च अधिकारी)।
  2. सिरून्दनम (निम्न अधिकारी)।
- अधिकारियों का सम्मानजनक उपाधियाँ एवं भू-राजस्व के रूप में वेतन।
- कुल परंपरागत सरकारी पद, सैनिक-असैनिक सेवाओं में कोई भेद नहीं।
- विशेष अधिकारी 'उडनकुट्टम' राजा द्वारा जारी आदेशों को कार्यान्वित करता था।
- न्यायालय को 'ओलई' के रूप में संगठित किया।
- चोल राजाओं के राजमहल में सेवक 'वल्लभ' के रूप में संगठित होते थे।
- सरकारी पद वंशानुगत होते थे।
- राजा के व्यक्तिगत अंगरक्षकों को वेडैक्कार कहा जाता था।
- चोल सेना के बड़े अधिकारी नायक, सेनापति तथा महादण्डनायक थे।
- अधिकारियों को उनकी नियुक्ति के स्थान पर वेतन के रूप में जमीन प्राप्त होती थी।
- प्रशासन की दृष्टि से विशाल चोल साम्राज्य छ: प्रान्तों में विभाजित था, प्रान्त को मण्डलम कहा जाता है।
- मण्डल जिलों (वलनाडु) में, वलनाडु नाडु में तथा नाडु कुर्रम में विभाजित थे।
- अवरोही क्रम में चोल साम्राज्य की प्रशासनिक इकाइयाँ थीं– राज्य, मण्डल, वलनाडु, नाडु, कुर्रम (कोट्टम)।
- भूमि की माप की इकाई – पैर का माप।

- राजाराज-I एवं कुलोतुंग-I द्वारा भूमि माप करवायी गयी।
- भूराजस्व– कुल उपज का 1/3 भाग।
- चोल अभिलेखों में करों की सूची इस प्रकार है :

आयाम		राजस्व
कडनै	–	सुपारी की बागान पर कर
मनहरै	–	गृहकर
करहरै	–	व्यापारिक प्रतिष्ठान पर कर
पडिकावल	–	गाँव सुरक्षा कर
वारी	–	भू-राजस्व से संबंधित विभाग
मगन्मै	–	व्यवसाय कर
आजीवक्कास	–	आजीविका पर कर
वाशल्विरमय	–	द्वार कर

सैन्य संगठन

- चोल सेना के तीन प्रमुख अंग थे
  (*i*) पदाति
  (*ii*) गजारोही
  (*iii*) अश्वारोही
- सेना की विभिन्न टुकड़ियाँ अलग-अलग छावनियों में (कडमम में) रहती थीं।
- चोल सेना में सभी वर्णों के व्यक्ति रहते थे।
- थल सेना के मुख्य अंग थे– धनुर्धर (विल्लिगल), घुड़सवार (कुडिरैच्चेवगर), गजारोही (कुजिरमल्लत), पैदल सेना (बड़पेई कैक्कोलर)।
- राजा के अतिविश्वसनीय अंगरक्षक को 'वलैक्कार' कहा जाता था।
- सेना के टुकड़ी को नेतृत्व करने वाले को 'नायक' एवं सेनाध्यक्ष को 'महादण्डनायक' कहा जाता था।

दंड व्यवस्था

- दंड व्यवस्था आर्थिक दंड एवं सामाजिक अपमान पर आधारित था।
- चोल काल में 'धर्मासन' सम्राट का न्यायालय था।
- चोल काल में धर्मभट्ट नामक न्याय पंडित का उल्लेख है।

स्थानीय स्वशासन व्यवस्था

- चोलकालीन ग्रामीण प्रशासन की विशेषता– स्थानीय प्रशासन था।
- पांड्य व पल्लव से स्थानीय स्वशासन की परंपरा प्रारम्भ हुई थी।
- हितसमूह और स्थानीय सभाओं का महत्वपूर्ण योगदान था।
- 'मणिग्रामम वलजियार' जैसी संस्था व्यापारिक हितों की देखभाल के लिए थी।
- मंदिरों की व्यवस्था की निगरानी, धार्मिक हितसमूह की देखभाल के लिए 'मूल पेरिढ़ियार' नामक संस्था थी।
- गाँवों की तीन श्रेणियाँ (पट्टे के अनुसार)।

(क) *देवदान गाँव*– मंदिरों को दान में दिये गये गाँव।
  - इसकी भूराजस्व की वसूली सरकारी अधिकारियों के बदले मंदिर के अधिकारी करते थे।
  - मंदिरों को प्रदत्त भूमि को अभिलेखों में 'देवदान' 'देवाग्रहार' व 'देवभोग' तथा मठों की दी गई भूमि 'मंडपुर' कही जाती थी।

(ख) *ब्रह्मदेव ग्राम*– ब्राह्मणों को दान में दी गयी भूमि।
  - ब्रह्मदेय से संबंधित ही 'अग्रहार अनुदान' होता था जिसमें सम्पूर्ण गाँव ब्राह्मण बस्ती होता था।
  - यह करमुक्त गाँव था।
  - इसमें ब्राह्मण अपनी इच्छा से नि:शुल्क शिक्षा की व्यवस्था कर सकते थे।

(ग) *सर्वाधिक ग्राम*– यह गाँव अंतर्जातीया के वासवाली थी, एवं भूराजस्व देती थी।

ग्राम-स्तर पर तीन प्रकार की संस्थायें

(क) साधारण गाँव में 'उर' नामक संस्था।
(ख) ब्रह्मदेय या अग्रहार ग्राम में 'सभा' नामक संस्था।
(ग) व्यापारी के निवास वाले गाँव में 'नगरम' नामक संस्था।

- ब्राह्मण व गैर-ब्राह्मण दोनों के निवास वाले ग्राम में एक 'सभा' तथा 'उर' दोनों गठित की जा सकती थी।
- एक गाँव में एक साथ दो 'उर' का भी गठन हो सकता था।

उत्तर मेरूर अभिलेख

- सबसे प्राचीन उत्तर मेरूर अभिलेख– दंतिवर्मन (पल्लव) का।
- 'परान्तक-I' के समय में उत्तर मेरूर अभिलेख से पता चलता है कि सभा एक औपचारिक संस्था थी जो ग्रामीणों की एक गैर-औपचारिक 'उर' के साथ मिल कर काम करती थी।
- सभा अपनी समितियों के साथ मिलकर काम करती थी जो 'वारियम' कहलाती थी।

- बड़े गाँव को पृथक् प्रशासनिक इकाई का दर्जा दिया गया जिसे 'तनियूर' कहते थे।

समिति

- इसके लिए तीस सदस्य चुने जाते थे। इनमें 12 ज्ञानी व्यक्तियों की एक अलग समिति गठित होती थी जो 'समवत्सर वारियम' कहलाती थी।

समिति की सदस्यता हेतु योग्यताएँ

1. उम्र – 25 से 70 वर्ष
2. जमीन – 1.5 एकड़
3. उस भूमि पर अपना मकान
4. वैदिक मंत्रों का ज्ञाता

अयोग्यताएँ

1. तीन वर्ष से अधिक समिति का सदस्य रहना।
2. आय-व्यय का ब्यौरा नहीं देना।
3. चोरी करने का अपराधी।
4. अन्य प्रकार के पाप-कर्म।

- सभा की बैठक मंदिरों के अहाते में।
- सभा में सर्वसम्मति से निर्णय।
- सदस्यता में कर चुकाने वाले एवं कर न चुकाने वाले में स्पष्ट विभेद।
- कर न चुकाने वालों को सभा में सदस्यता नहीं।

समिति	**नाम**
सिंचाई समिति	ऐनवरियम
स्वर्ण समिति	पोनवारियम
उपवन समिति	तोट्टावरियम
जलाशय के लिए रखी गई पृथक् भूमि	एरिपती
संन्यासी एवं विदेशियों की समिति	उदासीन वरियम
न्यायिक समिति	न्यायाट्टर
सभा के सदस्य	परूमक्कल
समिति के सदस्य	वारिमेरूक्कल
सभा	**पेरूर्गुरी**
उर में गठित कार्यकारिणी	अलुंगनाट्टर
स्थानीय समितियों को कार्य संपादन में सहायता करने वाला अधिकारियों का वर्ग	मध्यस्थता

सामाजिक व्यवस्था

- वर्ण-विभाजन में मुख्य जोर ब्राह्मणों एवं गैर-ब्राह्मणों पर था।
- चोलकालीन जाति-व्यवस्था के अंतर्गत ब्राह्मण एवं बल्लालों को सर्वोच्च स्थान।
- ब्राह्मण धार्मिक नेता और आर्थिक सत्ता के प्रधान।
- उत्तर भारतीय ब्राह्मण भूस्वामियों के विपरीत दक्षिण भारतीय ब्राह्मण ज्यादा साहसी होते थे तथा अपनी पूँजी को व्यापार में भी लगाते थे।
- दक्षिण भारतीय ब्राह्मणों में धर्मनिरपेक्षता की भूमिका ज्यादा प्रबल हो गयी थी।
- चोल काल में क्षत्रिय एवं वैश्य वर्ग का न होना एक महत्वपूर्ण तथ्य है।
- चोल समाज में कुछ वर्गों को अछूत (परैया) माना जाता था।
- वेल्लाल शूद्र कृषक थे।
- अब्राह्मणों में सबसे महत्वपूर्ण शूद्र थे।
- चोल काल में जाति-विभाजन दो वर्ग में था
  वलंगई – दक्षिणवर्गीय
  इडंगई – वामवर्गीय
- दक्षिणवर्गीय जातियाँ मुख्यत: कृषक एवं श्रमिक जातियाँ थीं।
- वामवर्गीय जातियाँ हस्तशिल्पकारों या दस्तकारों की जातियाँ थीं।
- चोल काल में इदुंगई की अपेक्षा वलंगई अधिक अधिकारमुक्त थे। वलंगई का प्रभाव दरबार तथा सेना में कहीं अधिक था।
- वलंगई तथा इडंगई प्रत्येक में 98 जातियाँ थीं। वलंगई जाति विशेषाधिकार प्राप्त वर्ग था तथा इन्हें ब्राह्मण व बल्लालों का समर्थन प्राप्त था।
- इदंगई जातियों में कम्माल जाति के लोग अपनी आर्थिक उपयोगिता के कारण (दस्तकारी) सर्वाधिक महत्वपूर्ण थे। इनकी आर्थिक उपयोगिता को मद्देनजर रखते हुए चोल सम्राट ने उन्हें यज्ञोपवीत धारण करने का अधिकार दिया।
- इडंगई वर्ग को अधिक कर देना पड़ता था।
- समकालीन दक्षिण भारत में सामाजिक जीवन का आधार आर्थिक था।
- मध्यवर्ती वर्णों के बीच भेद नहीं। आर्थिक स्थिति में सुधार होने के साथ वर्ण की स्थिति में भी सुधार।
- शूद्रों का विभाजन 'सतशूद्र' व 'असत शूद्र' में।
- दास प्रथा का प्रचलन, लेकिन बड़े पैमाने पर दासों का उपयोग नहीं।
- दरबार में कार्य करने वाले व्यक्तियों को विशेष सुविधायें,

जैसे– राजेन्द्र-I के आदेशों को पतर पर अंकित करने वाले या राजपरिवार के साथ कपड़ा बुनने वाले 'कांचीपुरम' के बुनकर करों से मुक्त थे। यद्यपि उनमें कुछ नीची जाति के थे।

- स्त्रियों की स्थिति उत्तर भारत की अपेक्षा अच्छी थी, देवदासी प्रथा प्रचलित थी तथा दास प्रथा के भी प्रमाण हैं।

शिक्षा व्यवस्था

- शिक्षा का माध्यम संस्कृत होने के कारण महाविद्यालय में अध्ययन करने वाले अधिकांश विद्यार्थियों का दैनिक जीवन से संपर्क टूट गया था।
- विख्यात महाविद्यालय– इन्नाइरम, त्रिभुवनी, तिरुवदुतुरई, तिरुवरियुर का महाविद्यालय।

तमिल साहित्य	
किताब का नाम (रचना)	लेखक
कलिंगत्तुपर्णि	जयंगोदर (कुलोतुंग प्रथम का राजकवि)
रम्मोवतारन (तमिल रामायण)	कंबन
ऋगर्भदीपिका	वेंकटमाधव (परान्तक-I)
नल-वेनवा	पुगालेंदी
पेरियपुराणम (शैव ग्रंथ)	शेक्किलार (कुलोतुंग-II)
जीवक चिंतामणि	तिरुतकदेवर
शूलामणि	तोल्लामोली

अर्थव्यवस्था

- अर्थव्यवस्था का आधार कृषि था तथा भूमिदान व्यवस्था पर आधारित था।
- भूमिदान के कारण कृषि का विस्तार हुआ तथा राज्य की आय बढ़ी।
- एक वर्ष में दो और कभी-कभी तीन फसलें काटी जाती थीं।
- भूमिकर राज्य की आय का सबसे प्रमुख साधन था, जो कि एक तिहाई होता था।
- भूमि काश्तकारी के आधार पर दो प्रकार की थी:
  1. पंचायती राज्य के अधीन
  2. व्यक्तिगत स्वामित्व
- पशुपालन अब उतना महत्वपूर्ण नहीं रह गया था।

व्यापार

- विदेशी व्यापार चोल व्यापारियों की शक्ति थी।
- पूर्वी तट पर महाबलीपुरम, कावेरीपट्टनम, शालिपुर, कोरकई एवं पश्चिमी तट पर क्विलोन में बड़े-बड़े प्रतिष्ठान थे।
- सिराफ– फारस की खाड़ी में स्थित महत्वपूर्ण बंदरगाह था।
- चीन के साथ व्यापार में वृद्धि हुई। चीन में फारमोसा के सामने मुख्य भूमि पर एक भारतीय बस्ती थी।
- दक्षिण भारत कपड़ा, मसाले, औषधि, जवाहरात, सींग, आबूनस की लकड़ी तथा कपूर चीन को निर्यात करता था।
- व्यापार पर नियँत्रण हेतु वणिक श्रेणियाँ– जैसे मणिग्रामम एवं वलजियर थी।
- महत्वपूर्ण श्रेणी नानादेशी की व्यापारिक शाखाओं का विस्तार दक्षिण-पूर्व एशिया के सुमात्रा तक हुआ।
- 'मार्कपोलो' अरबों के व्यापारियों के घोड़े की चर्चा करता है। साथ ही वह भारत के उन व्यापारियों का उल्लेख भी करता है जिन्होंने अरबों के साथ मिलकर घोड़ों के व्यापार पर एकाधिकार जमा रखा था।
- चोल देश में 'वीरपट्टन' स्थानीय सत्ता एवं केन्द्रीय सरकार की मंजूरी से व्यापारिक मामले में विशेषाधिकार का उपयोग करते थे

सिक्के:

मानक स्वर्ण सिक्के – कलंजू/कल्यांजु।

- कांशू – स्वर्ण सिक्का।
- ग्रामीण क्षेत्रों में सामाजिक और आर्थिक जीवन के केन्द्र मंदिर होते थे। मंदिर के अधिकारियों के लिए नियमित आय का होना आवश्यक था।
- मंदिर विविध व्यापारिक उद्योग में पूँजी निवेश भी करते थे।
- मंदिर सूद पर रुपये देता था।
- सामान्यतः ब्याज की दर 12 प्रतिशत वार्षिक।

कला:

- द्रविड़ शैली इस काल की मुख्य कला शैली थी।
- इस कला शैली की मुख्य विशेषता सुंदर मंडप, विमान और अलंकृत गोपुरम।
- चोल काल में पाषाण मूर्तियों की अपेक्षा धातु मूर्तियों (काँस्य मूर्तियों) का निर्माण अधिक हुआ हैं। सर्वाधिक सुन्दर काँस्य मूर्तियाँ नटराज (शिव) की हैं।
- चोलकालीन मंदिरों के विषय में फर्ग्यूसन ने कहा है कि

चोल कलाकारों ने दानवों की भाँति इनका निर्माण किया और रत्नाकारों के रूप में इनका रूप-विन्यास किया था।

मंदिर	निर्माणकर्ता
विजयालय चोलेश्वर मंदिर	विजयालय
तिरुकट्टालाई का सुदेश्वर मंदिर	आदित्य-I
पुदुकोट्टई का बाल सुब्रह्मण्यम मंदिर	आदित्य-I
त्रिचनापल्ली का कोदंगनाथ मंदिर	परान्तक-I
तंजोर का उत्तर कैलाश देवस्थान	राजराजा-I
विष्णु का जुड़वां मंदिर	राजराजा-I
दादापुरम का शिव मंदिर	राजराजा-I
विरुमलवाड़ि का वैद्यनाथ मंदिर	राजराजा-I
गंगैकोण्ड चोलपुरम का वृहदेश्वर मंदिर	राजेन्द्र चोल
दादापुरम का ऐरावतेश्वर मंदिर	राजराजा-II
त्रिभुवन का कम्पहेश्वर मंदिर	कुलोतुग-I

चित्रकला

- भित्तिचित्रकला की विकसित अवस्था।
- अजंता चित्रकला से प्रभावित।
- चोलकालीन वृहदेश्वर मंदिर की दीवारों पर भित्तिचित्रकला का नमूना।
- चित्रकला का विषय धार्मिक।

मूर्तिकला

- तंजोर स्थित चिदम्बरम मंदिर में नाचते हुए शिव की नटराज मूर्ति अद्वितीय मानी जाती है।
- मंदिरों की दीवारों को मूर्तियों तथा चित्रों से सजाया जाता था।
- कुछ चोल मंदिरों में, जैसे तंजोर तथा कालाहस्ती में राजाओं की आकृति बनी होती थी, जैसे– राजराज प्रथम तथा उनकी रानी लोक महादेवी तथा राजेन्द्र प्रथम तथा उनकी रानी चोल महादेवी।
- चोल कलाकार मूर्तिकला में दक्ष थे।
- इस समय पत्थर तथा धातु दोनों ही में मूर्तियाँ बनायी जाती थीं।
- शिव तथा विष्णु दोनों ही की मूर्तियाँ बनायी जाती थीं, परन्तु शिव, चोल मूर्तिकला के केन्द्र बन गये थे।
- पार्वती, गणेश, कार्तिकेय आदि देवताओं की काँस्य मूर्तियाँ भी बनाई गईं।

धार्मिक स्थिति

- पल्लव काल में आलवार एवं नयनार संतों के नेतृत्व में भक्ति आन्दोलन की शुरुआत हो चुकी थी।
- वैष्णव आलवारों एवं शैव नयनारों ने चोल काल में शैव एवं वैष्णव मत के प्रचार में महत्वपूर्ण भूमिका निभाई।
- कुल नयनार संतों की संख्या - 63।

अर्थशास्त्र पर आधारित तालिकाबद्ध जानकारी

तालिका 1. अध्यक्षों की सूची

क्र. सं.	नामावली	राज्य कार्यालय का प्रधान
1.	*अकराध्यक्ष*	खान एवं धातुकर्म नियंत्रक
2.	*अक्षपटलाध्यक्ष*	लेखा नियंत्रक
3.	*अश्वाध्यक्ष*	अश्वारोही सेना का सेनाध्यक्ष
4.	*अयुधागाराध्यक्ष*	आयुध-विभाग का अध्यक्ष
5.	*बंधनगाराध्यक्ष*	कारागार का अध्यक्ष
6.	*देवताध्यक्ष*	मंदिर का अध्यक्ष
7.	*ध्युताध्यक्ष*	द्यूतक्रीड़ा का अध्यक्ष
8.	*गणिकाध्यक्ष*	मनोरंजनकर्ताओं का नियंत्रक
9.	*गो-अध्यक्ष*	राजसी मवेशियों का अध्यक्ष
10.	*हस्त्याध्यक्ष*	हाथी दल का सेनाध्यक्ष
11.	*खान्याध्यक्ष*	खान का अध्यक्ष
12.	*कोषाध्यक्ष*	कोष का अध्यक्ष
13.	*कोष्टागाराध्यक्ष*	गोदाम का अध्यक्ष
14.	*कुत्त्याध्यक्ष*	वन उत्पादों का अध्यक्ष
15.	*लक्षणाध्यक्ष*	टकसाल का प्रमुख
16.	*लवणाध्यक्ष*	नमक आयुक्त
17.	*लोहाध्यक्ष*	धातुओं का अध्यक्ष
18.	*मनाध्यक्ष*	सर्वेक्षक एवं समय पालक
19.	*मद्राध्यक्ष*	पारपत्र अधिकारी
20.	*नागवनाध्यक्ष*	हाथी वनपाल
21.	*नावाध्यक्ष*	जहाज वाहन नियंत्रक
22.	*पण्याध्यक्ष*	राज्य व्यापार नियंत्रक
23.	*पत्तनाध्यक्ष*	बंदरगाह नियंत्रक
24.	*पत्तयाध्यक्ष*	पैदल सेनाध्यक्ष
25.	*पौथवाध्यक्ष*	माप-तौल नियंत्रक
26.	*रथाध्यक्ष*	रथ सेनाध्यक्ष
27.	*संस्थाध्यक्ष*	निजी व्यापार नियंत्रक
28.	*सीताध्यक्ष*	राजसी भूमि का अध्यक्ष
29.	*शुल्काध्यक्ष*	सीमा शुल्क एवं चुंगी नियंत्रक

30. *सुनाध्यक्ष*	पशुओं का रक्षक एवं बूचड़खाना नियंत्रक
31. *सुराध्यक्ष*	मदिरा नियंत्रक
32. *सुत्राध्यक्ष*	वस्त्र आयुक्त
33. *सुवर्णाध्यक्ष*	कीमती धातु एवं आभूषण अध्यक्ष
34. *विविताध्यक्ष*	चारागाह नियंत्रक

तालिका 2. अधीनस्थ अधिकारी

क्र. सं. नामावली	राज्य कार्यालय
1. चोररज्जु	चोर पकड़ने वाली
2. *गणिका*	वेश्या प्रमुख
3. *हस्तिपक*	महावत
4. *करणिक*	लेखा अधिकारी
5. *कार्मिक*	कार्य अधिकारी
6. *नदीपाल*	नदी रक्षक
7. *नागवनपाल*	हाथियों का रक्षक
8. *निबंधक*	बहीपाल
9. *निधायक (निविग्रह)*	भंडारपाल
10. पदपासिक	पद्या अधिकारी (Tethera)
11. *पण्याधिष्टाधार*	खुदरा बाजार प्रबंधक
12. *परिकार्मिक*	परिचारक
13. रूपदर्शक	मुद्रा निरीक्षक
14. *सैमिक*	सीमा पाल
15. *संख्यात्मक*	लेखा पाल
16. तज्जत	मूल्यांकक
17. तत्पुरुष (लेखक)	लिपिक
18. वनचारिक	खोजी
19. वनपाल	वन रक्षक
20. उपायुक्त	अधीनस्थ अधिकारी

तालिका 3. कर

क्र. सं. कर	स्त्रोत
1. *अयुधिय*	आपूर्ति
2. *भाग*	उत्पादन का हिस्सा...
3. *द्वारबाहिरिकदेय*	चुंगी तथा राह कर
4. *गुल्म*	सैन्य ठिकानों पर देय कर
5. *कर*	नकद कर
6. *मनब्याजी*	राजसी वस्तुओं की खरीद-बिक्री कर
7. *निष्क्रम्य*	निर्यात कर
8. *परिघ*	एकाधिकार कर
9. *पार्श्वम*	उपकर
10. *पिंडकर*	गाँवों द्वारा उत्पादन के रूप में देय कर
11. *प्रकृय*	राजसी कर
12. *प्रतिकर*	उत्पाद के रूप में देय कर
13. *प्रवेश्य*	आयात कर
14. *सेनाभक्तम*	सेना रख-रखाव
15. *षड्भाग*	छठा हिस्सा
16. *शुल्क*	सीमा-शुल्क
17. *वैधारण*	बराबर कर
18. *वर्तनी*	पथ कर
19. *विष्टी*	श्रम
20. *ब्याजी*	खरीद-बिक्री कर

तालिका 4. समय

समय की मौलिक इकाई एक नलिका है। इसे इस प्रकार परिभाषित किया गया है : एक अधक (1.87 किग्रा० या लीटर) पानी को 4 माशा सोने से बने 4 अंगुल तार की परिधि के बराबर छिद्र वाले एक बर्तन से निकलने में लगा समय) यह छिद्र 0.6 मिमी० परिधि (23 या 24 गेज तार) का होगा।

I. नलिका के उपविभाजन :

1 तूत = एक सेकेंड का 6/100वाँ भाग

2 तूत = 1 लव = एक सेकेंड का 12/100वाँ भाग

2 लव = 1 निमेष = एक सेकेंड का 24/100वाँ भाग

5 निमेष = 1 काश्त = 1.2 सेकेंड

30 काश्त =1 कला = 36 सेकंड

40 कला = 1 नलिका = 24 मिनट

2 नलिका = 1 मुहूर्त = 48 मिनट

15 मुहूर्त = 1 दिन या रात = 12 घंटे

II. दिन और रात की लंबाई

समान समय (प्रत्येक 15 मुहूर्त) के दिन और रात चैत्र (वसंत-विषुव) और अश्वयुज (शरद-विषुव) में होते हैं। दिन में वृद्धि तथा कमी इस प्रकार होती है :

1. वसंत-विषुव के कर्म-संक्रांति तक दिन तीन महीने तक बढ़ता है (सबसे बड़ा दिन– 18 मुहूर्त– 14 घंटे 24 मिनट)।
2. कर्क-संक्रांति से शरद-विषुव तक दिन तीन महीने तक घटता है। (15 मुहूर्त– 12 घंटे– का बराबर दिन)।
3. शरद-विषुव से मकर-संक्रांति तक दिन तीन महीने तक

घटता है (सबसे छोटा दिन– 12 मुहूर्त– 9 घंटे 36 मिनट)।

4. मकर-संक्रांति से वसंत-विषुव तक दिन महीने तक बढ़ता है।

III. समय की माप :

दिन के समय 12 अंगुल (9 इंच) लंबाई के शंकु (परछाईं देने वाली केंद्रीय छड़) के सूर्यमंत्र से समय मापा जाता था। परछाईं नहीं होने पर दोपहर, दोपहर के पहले व बाद 27 इंच, 9 इंच, 3 इंच परछाई की लंबाई दिन को आठ भागों में बाँटती थी।

आषाढ़ के महीने में दोपहर में शंकु की परछाईं नहीं होती है। उसके बाद, श्रावण से पौष तक दोपहर में परछाईं 2 अंगुल (1.5 इंच) प्रतिमाह बढ़ती है। माघ से आषाढ़ तक दोपहर की परछाईं प्रतिमाह 2 अंगुल घटती है।

IV. कैलेंडर :

15 दिन (तथा रात)	= शुक्ल पक्ष (घटता हुआ चंद्रमा)
	= बकुल पक्ष (बढ़ता हुआ चंद्रमा)
2 पक्ष	= 1 माह
2 माह	= 1 मौसम
3 मौसम	= 1 अयान
4 अयान	= 1 वर्ष
वर्ष	= 1 युग

V. मौसम पर टिप्पणी

A. उत्तरायण

1. *शिशिर– माघ* (जनवरी/फरवरी) तथा फाल्गुन (फरवरी/मार्च)।
2. *वसंत–*चैत्र (मार्च/अप्रैल) तथा वैशाख (अप्रैल/मई)।
3. *ग्रीष्म–ज्येठमूल्य* (मई/जून) तथा आषाढ़ (जून/जुलाई)।

B. दक्षिणायण

1. *वर्षा–श्रावण* (जुलाई/अगस्त) तथा प्रौशतपद (अगस्त/सितंबर)।
2. शरद-*अश्वयुज* (सितंबर/अक्तूबर) तथा कार्तिक (अक्तूबर/नवंबर)।
3. *हेमंत–मार्गशीर्ष* (नवंबर/दिसंबर) तथा पौष (दिसंबर/जनवरी)।

तालिका 5. व्यवसाय

I. शिल्पकार तथा व्यवसाय

1.	*अयस्कार*	कुम्हार
2.	चर्मकार	चमड़े का काम करने वाला
3.	*कर्मार*	लुहार
4.	*कुट्टक*	बढ़ई
5.	*मेदक*	टोकरी बनाने वाला
6.	*नपित*	नाई
7.	*रजक*	धोबी
8.	*रज्जुवर्तक*	रस्सी बनाने वाला
9.	*शिल्पी*	कलाकार/ मूर्तिकार
10.	*सुवर्णकार*	सुनार
11.	*तन्तुवाय*	जुलाहा
12.	*तुन्नवाय*	दर्जी
13.	*वर्धकी*	इंजीनियर
14.	*वर्मकार*	पट्टी बनाने वाला

II. मनोरंजनकर्ता

1.	*चारण*	घूम-घूमकर गाने वाला
2.	*गणिका*	वेश्या
3.	*गायन*	गायक
4.	*कुहक*	बाजीगर/विदूषक
5.	*नर्तक*	नाचने वाला/वाली
6.	*नट*	नायक/नायिका
7.	*पौराणिक*	पुराण का पाठ करने वाला
8.	*प्लावक*	कलाबाज
9.	*सुतमगध*	प्रशंसा का गान करने वाला
10.	*तुर्यकार*	तूर्यवादक
11.	*वादक*	संगीतकार
12.	*वाग्जीवन (कथावाक)*	कहानी कहने वाला

III. कृषि एवं वन्य वर्ग

1.	*दोहक*	दूध दोहने वाला
2.	*गोपालक*	गाय पालने वाला
3.	*कर्षक*	किसान
4.	*लुब्धक*	शिकारी रक्षक
5.	*मंथक*	मंथन करने वाला
6.	*मत्स्यबंधक*	मछली मारने वाला
7.	*मुक्तग्रहिण:*	मोती पकड़ने वाला
8.	*पिंडारक*	भैंस पालने वाला
9.	*शंदपाल*	माली
10.	*वटपाल*	बाग का रखवाला

IV. आभूषण निर्माता

1.	*धमयक*	भट्ठी में पिघलाने वाला
2.	*कंचनकारू*	मणि लगाने वाला
3.	*पृष्टकारू*	मनके बनाने वाला

4. *तपनीयकारू*	मीनाकारी करने वाला
5. *त्वस्त्रकारू*	विसर्पक

V. अन्य

1. अश्वबंधक	जीनासज
2. अश्ववाह	अस्तबल का अध्यक्ष
3. औदानिक	चावल विक्रेता
4. चरक	सफाई करने वाला
5. चिकित्सक	इलाज करने वाला
6. धारक	तौलने वाला
7. हस्तिपाक	महावत
8. कल्पाक	नाई
9. कर्मक	मजदूर
10. कर्तान्तिक	ज्योतिषी
11. लेखक	लिपिक
12. लुभक	शिकारी
13. मर्जक	झाड़ू लगाने वाले
14. मयक/मापक	माप करने वाला
15. नागवनपाल	वन में हाथियों का रक्षक
16. नैमित्तक	शगुन करने वाला
17. परिचारक	रसोइया
18. प्रसाथक	नौकर
19. रथिक	रथ हाँकने वाला
20. संख्यात्मक	लेखपाल
21. सर्पग्रह	साँप पकड़ने वाला
22. सौंदिक	मदिरा बेचने वाला
23. सुदरालिक	परिवेषक
24. सुतिक	दाई
25. उदकपरिचारक	पानी लाने वाला
26. यांत्रिक	तकनीतिज्ञ

भारत के प्रसिद्ध ऐतिहासिक मंदिर

मंदिर	स्थान	निर्माणकर्ता
दशावतार मन्दिर	देवगढ़ (झाँसी) उत्तर प्रदेश	गुप्त शासक
विष्णु मंदिर	तिगवा (जबलपुर) मध्य प्रदेश	गुप्त शासक
भीतरगाँव का मंदिर	भीतरगाँव (कानपुर) उत्तर प्रदेश	गुप्त शासक
भूमरा का शिव मंदिर	भूमरा (नार्गोद) मध्य प्रदेश	गुप्त शासक
तिगवा का मंदिर	जबलपुर (मध्य प्रदेश)	गुप्त शासक
नचना-कुठारा का पार्वती मंदिर	नचना-कुठार (मध्य प्रदेश)	गुप्त शासक
कन्दरिया महादेव का मन्दिर	खजुराहो (छतरपुर, मध्य प्रदेश)	धंगदेव (चंदेल शासक)
शारदामल मन्दिर	विदिशा (मध्य प्रदेश)	प्रतिहार शासक
कैलाश मन्दिर	एलोरा (महाराष्ट्र)	राष्ट्रकूट शासक कृष्णा-I
दिलवाड़ा मन्दिर (जैन मन्दिर)	दिलवाड़ा (आबू पर्वत) राजस्थान	8वीं सदी राष्ट्रकूट वंश
होयसलेश्वर मंदिर	हेलेबिड (द्वारसमुद्र)	होयसल वंशी शासक
चतुर्भुज या विष्णु मन्दिर	खजुराहो (मध्य प्रदेश)	चंदेल शासक यशोवर्मन
रंगनाथ मन्दिर	श्री निवास नल्लूर (त्रिचनापल्ली)	चोल शासक परान्तक प्रथम
तंजौर का वृहदेश्वर मंदिर	तंजौर	चोल शासक राजाराम प्रथम
गंगैकोण्डचोलपुरम् मंदिर	तंजौर से 61 किमी० दूर	राजेन्द्र प्रथम (चोल)
सूर्य मंदिर (Black Pagoda)	कोणार्क (पुरी उड़ीसा)	गंग वंश के शासक नरसिंह देव
रामेश्वरम् मंदिर	तमिलनाडु में बंगाल की खाड़ी में स्थित	
विरूपाक्ष महादेव मंदिर	पट्टदकल	चालुक्यवंशी शासक विक्रमादित्य द्वितीय की पत्नी लोक महादेवी
कैलाशनाथ मंदिर	कांची	पल्लववंशी शासक

मंदिर	स्थान	निर्माणकर्ता
महाबलीपुरम् का तटीय मंदिर	महाबलीपुर (तमिलनाडु)	नरसिंह वर्मन द्वितीय
आदिबराह गुहा मंदिर	मामल्लपुर (तमिलनाडु)	पल्लववंशी शासक सिंह विष्णु
मार्तण्ड मंदिर (सूर्य)	कश्मीर	ललितादित्य मुक्तापीड
जगन्नाथ मंदिर	पुरी (उड़ीसा)	गंगवंशी शासक अनन्त वर्मा चोद गंग

वैदिक संस्कार

संस्कार		विवरण
1. गर्भाधान संस्कार	:	संतान उत्पन्न करने हेतु पुरुष एवं स्त्री द्वारा की जाने वाली क्रिया। यह संस्कार प्रथम गर्भ धारण के समय किया जाता था।
2. पुंसवन संस्कार	:	स्त्री द्वारा गर्भ धारण करने के तीसरे, चौथे तथा आठवें महीने में किया जाता था। इसमें स्त्री-पुरुष द्वारा संकल्प लिया जाता था कि वे गर्भ को नुकसान पहुँचाने वाला कोई कार्य नहीं करेंगे।
3. सीमांतोन्नयन संस्कार	:	गर्भवती स्त्री के गर्भ की रक्षा हेतु किया जाने वाला संस्कार। इस संस्कार के द्वारा स्त्री के गर्भधारण की सूचना दी जाती थी।
4. जातकर्म संस्कार	:	बच्चे के जन्म के पश्चात् पिता अपने शिशु को घृत या मधु चटाता था। बच्चे की दीर्घायु के लिए प्रार्थना की जाती थी।
5. नामकरण संस्कार	:	शिशु का नाम रखा जाता था।
6. निष्क्रमण संस्कार	:	जन्म के 12वें दिन से लेकर चौथे महीने के बीच किसी दिन बच्चे को घर से बाहर निकलने के अवसर पर किया जाता था।
7. अन्नप्राशन संस्कार	:	इसमें शिशु को छठे मास में अन्न खिलाया जाता था।
8. चूड़ाकर्म संस्कार	:	शिशु के तीसरे आठवें वर्ष के बीच कभी भी मुंडन कराया जाता था।
9. कर्णवेध संस्कार	:	रोगों से बचने हेतु तथा आभूषण धारण करने के उद्देश्य से किया जाता था।
10. विद्यारम्भ संस्कार	:	पाँचवें वर्ष में बच्चों को अक्षर-ज्ञान कराया जाता था।
11. उपनयन संस्कार	:	इस संस्कार के पश्चात् बालक द्विज हो जाता था। इस संस्कार के बाद बच्चे को संयमी जीवन व्यतीत करना पड़ता था। बच्चा इसके बाद शिक्षा ग्रहण करने योग्य हो जाता था।
12. वेदारम्भ संस्कार	:	वेद अध्ययन करने के लिए किया जाने वाला संस्कार।
13. केशान्त संस्कार	:	16 वर्ष का हो जाने पर प्रथम बार दाड़ी-मूँछ को मूंडा जाता था।
14. समावर्तन संस्कार	:	विद्याध्ययन समाप्त कर घर लौटने पर किया जाता था। यह ब्रह्मचर्य आश्रम की समाप्ति का सूचक था।
15. विवाह संस्कार	:	वर-वधू के परिणय-सूत्र में बंधने के समय किया जाने वाला संस्कार।
16. अंत्येष्टि संस्कार	:	निधन के बाद होने वाला संस्कार।

ब्राह्मण ग्रंथ और उपनिषद्

1. ब्राह्मण ग्रंथों की रचना यज्ञादि विधानों के प्रतिपादन तथा उसकी क्रिया को समझाने के उद्देश्य से की गयी थी। 'ब्रह्म' का शब्दार्थ 'यज्ञ' है, अतः यज्ञीय विषयों के प्रतिपादक ग्रंथ 'ब्राह्मण' कहे गये। संहिता (वेद) ग्रंथ जहाँ स्तुति प्रधान हैं, वहीं ब्राह्मण ग्रंथ विधि प्रधान हैं, जो अधिकांशतः गद्य में लिखे गये हैं। प्रत्येक वेद हेतु पृथक् ब्राह्मण ग्रंथ लिखे गये। इनका विवरण निम्नवत् हैं:

(i) ऋग्वेद– ऐतरेय तथा कौषीतकी।
(ii) सामवेद– पंचविश, तांड्य, षड्विंश अद्भुत व जैमिनी।
(iii) यजुर्वेद– तैत्तिरीय एवं शतपथ ब्राह्मण।
(iv) अथर्ववेद– गोपथ ब्राह्मण।

2. आरण्यक ग्रंथ : इनकी रचना अरण्यों अर्थात् वनों में पढ़ाये जाने के निमित्त होने के कारण इन्हें 'आरण्यक' कहा गया। इनमें ज्ञान एवं चिंतन की प्रधानता दी गयी है। इन दार्शनिक रचनाओं से ही कालान्तर में उपनिषदों का विकास हुआ।

वेद	संबंधित आरण्यक
ऋग्वेद	ऐतरेय, कौषीतकी
यजुर्वेद	वृहदारण्यक, मैत्रायणी, तैत्तिरीयारण्यक
सामवेद	जैमिनीय, छान्दोग्य
अथर्ववेद	कोई आरण्यक नहीं

3. **उपनिषद् (108):** उपनिषदों को 'वेदांत' भी कहा जाता है। उपनिषद् मुख्यतः ज्ञानमार्गी रचनायें हैं। इनका मुख्य विषय ब्रह्मविद्या का प्रतिपादन है। 'उपनिषद' का शब्दिक अर्थ है– उप–समीप, नि–निष्ठापूर्वक, सद्–बैठना (अर्थात् (रहस्य ज्ञान हेतु) गुरु के समीप निष्ठापूर्वक बैठना। वैसे तो मुक्तिकोपनिषद् में 108 उपनिषदों का उल्लेख मिलता है, लेकिन सर्वाधिक प्राचीन और प्रामाणिक 12 उपनिषद् माने जाते हैं– ईश, केन, कठ, प्रश्न, मण्डक, माण्डूक्य, तैत्तिरीय, ऐतरेय, छान्दोग्य, वृहदारण्यक, श्वेताश्वतर और कौषीतकी। शंकराचार्य ने आरम्भिक दस उपनिषदों पर भाष्य लिखा है।

वेद	संबंधित उपनिषद्
ऋग्वेद	ऐतरेयोपनिषद
शुक्ल यजुर्वेद	ईशोपनिषद्, वृहदारण्यकोपनिषद्
कृष्ण यजुर्वेद	कठोपनिषद्, श्वेताश्वतरोपनिषद्, मैत्रायण्युयनिषद्
सामवेद	छान्दोग्योपनिषद्, केनोपनिषद्
अथर्ववेद	प्रश्नोपनिषद्, मुण्डकोपनिषद्, माण्डूक्योपनिषद्

4. भारत का राष्ट्रीय आदर्श वाक्य 'सत्यमेव जयते'– 'मुण्डकोपनिषद्' से उद्धृत है।
5. उपनिषदों के विकास में गार्गी और मैत्रेयी के साथ दीर्घकाल तक ब्राह्मण, क्षत्रिय और वैश्य मनीषियों ने बौद्धिक योगदान दिया। उपनिषदों में सर्वत्र सत्य को खोजने की सच्ची उत्कंठा परिलक्षित होती है।

सिक्कों के बारे में तथ्य

1. भारत में सिक्कों का प्रारंभ 500 ईसा पूर्व से हुआ।
2. प्रारम्भिक सिक्के 'आहत सिक्के' कहलाते थे जिन पर केवल विभिन्न प्रकार के चिन्ह अंकित होते थे।
3. सोने के सिक्के का प्रचलन सर्वप्रथम इण्डो-ग्रीक ने प्रारंभ किया। उन्होंने द्वि-भाषीय सिक्कों को भी प्रचलन में लाया। उन्होंने ऐसे सिक्कों का प्रयोग प्रारंभ किया जिसका संबंध निश्चित रूप से किसी राजा से जोड़ा जा सकता था।
4. कुषाणों के द्वारा सबसे अधिक संख्या में ताम्र सिक्के जारी किये गए।
5. तस्वीर वाले सिक्कों का प्रारंभ इण्डो-ग्रीक के द्वारा हुआ।
6. ये पहले शासक थे जिन्होंने सर्वप्रथम स्वर्ण सिक्के जारी किए।
7. कुषाण राजाओं ने दीनार की तरह के स्वर्ण सिक्के जारी किए।
8. कैडफीसेज प्रथम ने ताम्र सिक्के जारी किए जिस पर हेराइक्लस (कृष्ण) की आकृति अंकित थी।
9. कैडफीसेज द्वितीय (विमा कैडफीसेज) ने स्वर्ण सिक्के जारी किए जिस पर भगवान शिव एवं नंदी की आकृति अंकित थी।
10. चंद्रगुप्त द्वितीय ने चाँदी और सोने के शेर और घुड़सवार सिक्के जारी किए।
11. स्कंदगुप्त (417-73 ई॰) ने तीन प्रकार के स्वर्ण सिक्के (धनुषधारी, लक्ष्मी और घुड़सवार) जारी किए।
12. कुमारगुप्त के सिक्कों पर कार्तिकेय, मयूर तथा गरुड़ की आकृति अंकित थी।
13. मौर्य काल में कर्सपण (आहत-चाँदी और ताम्र) मानक सिक्का थे।
14. सातवाहनों ने चार धातुओं–चाँदी, ताँबा, पोटीन और सीसा के सिक्के जारी किए जिसमें सीसा के सिक्के प्रचलन में ज्यादा थे।
15. गुप्तों ने सबसे अधिक संख्या में सिक्के जारी किए।
16. मुहम्मद गोरी के सोने के सिक्कों पर एक तरफ देवी लक्ष्मी की प्रतिमा अंकित होती थी तथा उसके पृष्ठ भाग में नागरी लिपि में (संस्कृत) शासक का नाम अंकित होता था।
17. चीनी सिक्के चाओ (कागज और रेशम के) के आधार पर मुहम्मद बिन तुगलक ने ताँबे और कांस्य में सांकेतिक सिक्कों का प्रयोग आरंभ किया।
18. अकबर के शासन के दौरान ख्वाजा अब्दुल समूद दिल्ली के केंद्रीय टकसाल का प्रधान था।
19. मुगलों के दौरान टकसाल बंगाल, लाहौर, जौनपुर, अहमदाबाद, सूरत, पटना और दिल्ली में अवस्थित थे।
20. अकबर के सोने के मुहर पर राम और सीता के चित्र अंकित थे।

21. अकबर ने सिक्कों पर कविता और छंदो को अंकित करने की प्रथा का प्रारंभ किया।
22. जहाँगीर के द्वारा जारी किए गए छोटे मूल्यों के सिक्के 'नूर अफशान' और 'खेर कबुल' कहलाते थे।
23. जहाँगीर के सिक्कों पर नूरजहाँ का नाम भी अंकित था।
24. जहाँगीर ने अपने प्रारंभिक सिक्कों पर सलीम नाम अंकित करवाया।
25. शाहजहाँ के एक रुपये के सिक्के पर खुर्रम नाम अंकित था।
26. हरिहर-I एवं बुक्वा-I के सिक्कों पर 'हनुमान की आकृति' थी।
27. कृष्णदेव राय के सिक्कों पर 'वेंकटेश' एवं 'बाल कृष्ण' की आकृति अंकित थी।
28. अच्युत राय के सिक्कों पर गरुड़ की आकृति अंकित थी।
29. तिरुमल के सिक्कों पर वराह की आकृति अंकित थी।

सिक्कों के विभिन्न प्रकार

1. **निष्क :** सोने के गहने जिनका वैदिक युग में विनिमय के माध्यम के रूप में प्रयोग किया जाता था।
2. **सतमान :** प्रारंभिक सिक्के का प्रकार, उस समय का सबसे बड़ा सिक्का था जो 180 ग्रेन वजन का चाँदी का बना होता था।
3. **कर्सपण :** प्रारंभिक सिक्के जो सबसे अधिक प्रसिद्ध थे, सोने, चाँदी और ताम्र के बने होते थे।
4. **पण :** 57.8 ग्रेन वजन का चाँदी का बना प्रारंभिक समय का सिक्का था जो मौर्यों के शासनकाल में प्रसिद्ध हुआ।
5. **मासीक/मास :** चाँदी और सोने के सिक्के जिसमें चाँदी के सिक्के का वजन 36 ग्रेन का तथा सोने के सिक्के का वजन 9 ग्रेन होता था।
6. **काकीनी :** 225 ग्रेन के ताँबे का सिक्का जो मौर्य काल में प्रसिद्ध हुआ।
7. **दीनार/सुवर्ण :** (क) कुषाण के सोने के सिक्के जिसका वजन 124 ग्रेन का होता था।
   (ख) गुप्तकाल में सोने के सिक्के जिसका वजन 144 ग्रेन का था तथा कुषाण के सिक्कों पर आधारित था।
8. **रूपक :** 32 से 36 ग्रेन वजन का गुप्त काल का ताँबे का सिक्का।
9. **जित्तल:** सल्तनत काल का चांदी का सिक्का।
10. **टंका :** 175 ग्रेन वजन का सल्तनत काल का चाँदी का मानक सिक्का जो इल्तुतमिश द्वारा प्रयोग में लाया गया। यह 48 जीत्तल के समतुल्य था।
11. **अदली :** सल्तनत काल का चाँदी का सिक्का जिसका वजन 144 ग्रेन का था।
12. **अद्धा :** ताम्र सिक्का जो फिरोज तुगलक द्वारा प्रचलन में लाया गया।
13. **बीख :** ताम्र सिक्का जो फिरोज तुगलक द्वारा प्रचलन में लाया गया।
14. **बहलोली :** ताम्र सिक्के जो बहलोल लोदी के द्वारा प्रचलन में लाया गया। (1/40 टांका के समतुल्य)।
15. **दोकनी :** मुहम्मद बिन तुगलक के द्वारा प्रारंभ किए गए सिक्के।
16. **सुलतानी :** मुहम्मद बिन तुगलक के द्वारा प्रारंभ किए गए सिक्के।
17. **रुपया :** शेरशाह द्वारा प्रारंभ किया गया 180 ग्रेन का चांदी का सिक्का जो मुगल काल में जारी रहा।
18. **मोहर/अशर्फी :** मुगल शासन के दौरान 169 ग्रेन का सोने का सिक्का जिसका प्रयोग उपहार देने या जमा करने के लिए किया जाता था।
19. **कौड़ी :** कौड़ी फाह्यान के अनुसार विनिमय का सामान्य माध्यम।
20. **मुहमदी :** गुजरात का चाँदी का सिक्का।
21. **मुजफ्फरी :** मालवा का चाँदी का सिक्का।
22. **वराह :** 52 ग्रेन का विजयनगर शासक का सोने का सिक्का जिसे हूण और पुर्तगालियों के द्वारा 'पगोडा' के नाम से जाना जाता था।
23. **जलाली :** मुगल के वर्गाकार चांदी के सिक्के।
24. **दाम :** 323 ग्रेन के ताम्र सिक्के जो शेरशाह द्वारा प्रयोग में लाया गया तथा मुगलों द्वारा जारी रखा गया। 40 दाम 1 रुपया के बराबर था।
25. **इलाही :** मुगलकाल के दौरान सबसे अधिक सामान्य प्रकार का सोने का सिक्का। 1 इलाही 10-14 रुपये के बराबर था।
26. **शहंशाह :** मुगल में सबसे बड़ा सोने का सिक्का जिसका प्रयोग उच्चस्तरीय व्यापार में किया जाता था।
27. **द्रम :** 66 ग्रेन का प्रतिहारों के चांदी के सिक्के।
28. **पाईस :** ब्रिटिश द्वारा जारी किए गए ताम्र सिक्के।
29. **पनोम :** मैसूर के हिंदू राज्य द्वारा जारी किए गए सिक्के।

ऐतिहासिक इमारत और निर्माता

	ऐतिहासिक इमारत	निर्माता
1.	साँची स्तूप	अशोक
2.	भारहुत स्तूप	शुंग
3.	अमरावती स्तूप	सातवाहन
4.	पेशावर स्तूप	कनिष्क
5.	सारनाथ (धनेक) स्तूप	गुप्त
6.	कार्ले का चैत्य	सातवाहन
7.	भज का चैत्य	सातवाहन
8.	अजंता	गुप्त
9.	तटीय मंदिर (महाबलीपुरम)	नरसिंहवर्मन-I (पल्लव)
10.	कैलाशनाथ मंदिर (कांचीपुरम)	नरसिंहवर्मन-II (पल्लव)
11.	बैकुंठ पैरमुल मंदिर (कांचीपुरम)	नंदीवर्मन
12.	विरूपाक्ष मंदिर (पट्टदकल)	बादामी के चालुक्य
13.	दस अतावर मंदिर (देवगढ़)	गुप्त
14.	महाबोधी मंदिर (बोधगया)	पाल
15.	कैलाशनाथ मंदिर(एलोरा)	कृष्ण प्रथम (राष्ट्रकूट)
16.	एलीफैंटा गुफाएँ	राष्ट्रकूट
17.	वृहदेश्वर मंदिर (तंजौर)	राजा-I (चोल)
18.	लिंगराज मंदिर (भुवनेश्वर)	पूर्वी गंग
19.	जगन्नाथ मंदिर (पुरी)	अनंतवर्मन (पूर्वी गंग)
20.	सूर्य मंदिर (कोनार्क)	नरसिंह प्रथम
21.	कांडरिया महादेव मंदिर (खजुराहो)	बुंदेलखंड के चंदेल
22.	सूर्य मंदिर (गोधेरा)	गुज़रात के सोलंकी
23.	आदिनाथ (मंदिर दिलवारा)	विमाल (भीम का मंत्री)
24.	नेमीनाथ लिमा वरही मंदिर (दिलवारा)	वास्तुपाल और तेजपाल भीमा द्वितीय के मंत्री
25.	होयस्लेस्वर मंदिर	हॉयसल (हेलीबीड/द्वार समुद्र)
26.	सूर्य मंदिर (भारतुंग)	ललितादित्य (कश्मीर के कारकोट वंश)
27.	कीर्तिस्तंभ (चित्तौड़)	राणा कुंभा
28.	हजारा मंदिर	कृष्णदेव राय
29.	मीनाक्षी मंदिर (मदुराई)	तिरुमाल नायक
30.	गोल गुबंद (बीजापुर)	मोहम्मद आदिल शाह
31.	चार मीनार (हैदराबाद)	मोहम्मद कुली कुतुब शाह
32.	जामा मस्जिद (अहमदाबाद)	अहमद शाह प्रथम
33.	आदिना मस्जिद (पांडुआ)	सिंकदर शाह
34.	जामा मस्जिद (मांडु)	महमूद खिलजी
35.	किला-ए-कुहना मस्जिद (पुराना किला)	शेरशाह
36.	अटाला मस्जिद (जौनपुर)	इब्राहिम शाह शर्की
37.	जामी मस्जिद (जौनपुर)	हुसैन शाह शर्की
38.	दाखिली दरवाजा (गौड़)	मुबारक शाह

उपाधियाँ

	राजा	उपाधि
1.	हर्ष	राजपुत्र सिलादित्य
2.	महेंद्रवर्मन प्रथम (पल्लव)	विचित्र चित्र
3.	नरसिंहवर्मन द्वितीय (पल्लव)	राजसिंह
4.	भोज (प्रतिहार)	आदि वराह, मिहिर भोज
5.	कृष्णदेव राय (विजयनगर)	आंध्र भोज, आंध्र पितामह, यवनराजा स्थापनचार्य, अभिनव भोज
6.	राजराजा (चोल)	मुमादी चोल, राजकेसरी, अरूमोली, जयकोण्ड, मार्तण्ड चोल, नुमादी चोल।

	राजा	उपाधि
7.	राजेन्द्र प्रथम (चोल)	गंगईकोंडा, मुदीकोण्ड, पंडित चोल, उत्तम चोल, कादरगोण्ड, निगारीली चोल।
8.	आदित्य प्रथम (चोल)	भटुरईकोण्ड
9.	राजेन्द्र द्वितीय (चोल)	कुलोतुंग चोल
10.	विक्रम चोल (चोल)	त्यागसमुद्र, अहलंका
11.	कुलोतुंग (चोल)	संगम तवीरत्ता
12.	देवराय द्वितीय (विजयनगर साम्राज्य)	गजबेटेकर, इम्मादी देवराय, प्रौढ़ (देवराय)
13.	कुषाण	देवपुत्र

प्राचीन भारत वंश, संस्थापक एवं उनकी राजधानी

वंश	संस्थापक	सन्	राजधानी
हरन्यक	बिम्बिसार	542 ई॰पू॰	राजगृह
शिशुनाग	शिशुनाग	413 B.C	पाटलिपुत्र
नन्द	महापद्म नंद	362 B.C	पाटलिपुत्र
मौर्य	चंद्रगुप्त मौर्य	321 B.C	पाटलिपुत्र
शुंग	पुश्यमित्र शुंग	185 B.C	विदिशा
कण्व	वासुदेव	71 B.C	पाटलिपुत्र
सातवाहन	सिमुक	50 B.C	प्रतिष्ठान
गुप्त	श्रीगुप्त	320 A.D	पाटलिपुत्र
पुश्यभूति	प्रभाकरवर्धन	600 A.D	थानेश्वर
पश्चिमी चालुक्य	पुलकेशिन-I	543 A.D	वातापी वादामी
पल्लव	सिंहविष्णु	560 A.D	कांचीपुरम
राष्ट्रकूट	दंतिदुर्ग	757 A.D	मान्यखेत
पूर्वी चालुक्य	विष्णुवर्द्धन	630 A.D	वेंगी
पश्चिमी चालुक्य	तैल-II	973 A.D	कल्याणी
चोल	विजयालय	850 A.D	तंजौर
पाल	गोपाल	753 A.D	मुंगेर
सेन	सामंतसेन	1118 A.D	विजयपुर
चंदेल	नन्नुक	916 A.D	बुंदेलखंड
गुर्जर-प्रतिहार	हरिशचंद्र	800 A.D	कन्नौज
परमार	सीयक-I	974 A.D	उज्जैन
चौहान	वासुदेव	973 A.D	शाकम्भरी
गहड़वाल	चंद्रदेव	1090 A.D	कन्नौज
कारकोट (कश्मीर)	दुर्लभवर्मन	640 A.D	–
उत्पल (कश्मीर)	अवन्तिवर्मन	855 A.D	–
पूर्वी गंग	इंद्रवर्मन	550 A.D	कलिंग नगर
कलचुरि	कोक्कल	890 A.D	त्रिपुरी
चालुक्य	मूलराज	940 A.D	अन्हिल-पट्टन
लोहार (कश्मीर)	संग्रामराज	1003 A.D	–
काकतीय	प्रोल-I	1060 A.D	हैदराबाद
इक्ष्वांकु	चंमलमुल	250 A.D	नार्गाजुन-कोण्डा
पश्चिम गंग	कोंकणीवर्मन	350 A.D	कोलार
कदम्ब	मयूरसर्वन	275 A.D	वनवासी
वाकाटक	विंध्यशक्ति	–	–
यादव	भिल्लम	1189	देवगिरि

प्राचीन भारत में संस्कृत, पाली, प्राकृत व अन्य भाषाओं के ग्रंथ एवं उनके लेखक

ग्रंथ का नाम	लेखक
अष्टाध्यायी	पाणिनी
सत्सहासरिका सूत्र	नागार्जुन
योगचर्म भूमिशास्त्र,	असंग
बुद्ध चरित	
सारिपुत्र प्रकरम,	

ग्रंथ का नाम	लेखक	ग्रंथ का नाम	लेखक
सूत्रलंकार वज्रसूचि	अश्वघोष	अभिधम्म कोष	वसुबंधु
सौदंर्यनंद काव्य		अर्थशास्त्र	चाणक्य
श्रद्धोत्पाद	महाभाष्य पतंजलि	अभिज्ञान-शाकुंतलम	कालिदास
विक्रम उर्वशियम	कालिदास	रघुवंश	कालिदास
मालविकाग्निमित्रम	कालिदास	पृतिजनो श्रीगंधारायन	भास
नागनंद	हर्षवर्धन	प्रियदर्शिका	हर्षवर्धन
हर्षचरित, कादंबरी	बाणभट्ट	विक्रमांक-चरित	बिल्हण
कुमार पाल चरित	जय सिम्हा	हम्मीर काव्य	नयचंद्र
नवसहसांक चरित	पद्मगुप्त	पृथ्वीराज रासो	चंद्रबरदाई
राजतरंगिणी	कल्हण	कीर्ति-कौमुदी	सोमेश्वर
सुक्रित संकीर्तन	अरिसिन्हा	प्रबंध-कोष	राजशेखर
कर्पूरमंजरी, काव्यमीमांसा	राजशेखर	इण्डिका	मैग्स्थनीज
थेरावली	मेरुतुंग	सुथता	चरक
कामंदक नीतिसार	शिखर	मृच्छकटिक	शूद्रक
किरातार्जुनीयम	भारवि	पंचतंत्र	विष्णुशर्मा
सांख्यकारिका	ईश्वरकृष्ण	न्याय भाष्य	वात्स्यायन
पदार्थधर्म संग्रह	प्रस्तपाद	दसकुमार चरित	दंडी
रामायण	बाल्मीकि	प्रमाण समुच्चय	दिंगनाग
प्रज्नपरमिता सूत्रशास्त्र	नागार्जुन	सूर्य सिद्धांत	आर्यभट्ट
महायान, समपरिग्रह	असंग	वृहज्जातिका	वाराहमिहिर
मुद्राराक्षस	विशाखादत्त	इलाहाबाद स्तंभ प्रशस्ति	हरिषेण
कुमारसंभव	कालिदास	बधुवर्मन एवं कुमार गुप्त	
मेघदूत	कालिदास	मंदसौर प्रशस्ति	वत्सभट्टि
स्वप्नवासवदत्ता	भास	हरिविजय, गाथासप्तसति	सर्वसेन
रत्नावली	हर्षवर्धन	कासिकावृत्ति	गयादित्य
गोड़वाहो	वाक्पति	व्यंवहार समुच्चय,	राजा भोज
कुमार पाल चरित	हेमचंद्र	कथासरित सागर	सोमदेव
भोज प्रबंध	बल्लाल	कुट्टीमत्तम	दामोदर गुप्त
रसमाला	सोमेश्वर	मालती माधव	भवभूति
प्रबंध चिंतामणि	मेरुतुंग	प्रमोद चंद्र	आनंदवर्धन
हम्मीरमदमर्दन	जयसिन्हा	रामचरित (पालवंश)	सन्ध्याकार नंदी
महाविभाषा शास्त्र	वसुमित्र	वृहत-कथामंजरी	क्षेमेंद्र
देवीचंद्रगुप्तम	विशाखादत्त	कोकशास्त्र	कोका पंडित
रावण वध	भट्टी	मिताक्षरा	विज्ञानेश्वर
नीतिसार	कामण्दक	सिद्धांत शिरोमणि	
काव्यादर्श	दंडी	लीलावती	भास्कराचार्य
महाभारत	वेदव्यास	मत्तविलास प्रहसन	महेंद्र वर्मन
माध्यमिका सूत्र	नागार्जुन	काव्यालंकार सूत्रवृत्ति	वामन

ग्रंथ का नाम	लेखक
सिद्धयोग	वृन्दा
गणितसार	श्रीधर
आर्य सिद्धांत	आर्यभट्ट द्वितीय
न्यायवर्तिका पर्यतिका	वाचस्पति मिश्र
न्यायकनिका, योगसारसंग्रह	
राजमार्तण्ड	भोज
न्यायमंजरी	जयंत
गीत संग्रह, महापुरुष निर्णय	यमुनाचार्य
कुवलयमाला	उद्योतनसुरी
भुवन सुंदरी कथा	विजय सिंहा
वृहतकथा	गुनाध्या
वसुबंधु (जीवनी)	परमार्थ
बृहत संहिता	वाराहमिहिर
लघु जातिका	वाराहमिहिर
यशोवर्मन प्रशस्ति	वसुल्ला
तलगुण्डा	कुब्जा
काव्य सेतुबंधु (रावणवाहो)	प्रवरसेन द्वितीय
भतृहरिशास्त्र	भतृहरि
शब्दानुशासन	राजा भोज
शिशुपाल वध	माघ
तिलक मंजरी, यशतिलक	धनपाल
महावीरचरित	भवभूति
वेणिसंहार	भट्ट नारायण
पृथ्वीराज विजय	जयनक
कान्त्रा (व्याकरण)	सर्ववर्मन
संगीत रत्नाकार	शारंगदेव
अष्टांग संग्रह	बाघभट्ट
माधव निदान (रोगविनिश्चय)	माधवकर
शृंगारतिलक	रुद्रभट्ट
ध्वन्यलोक	आनंदवर्धन
निघन्टु	धनवन्तरि
वृहत्मानस (9वीं शताब्दी)	मनु
सरसावली	कल्याणवर्मन
न्याय सूचि निबंध	वाचस्पति मिश्र
योग वर्तिका, योगसारसमग्र	विजनान भिक्षु
न्यायसार	भासवर्जना
सिद्धत्रिया, अगम प्रमाण्य	यमुनाचार्य
उपदेशमाला	धर्मदसग्नि

ग्रंथ का नाम	लेखक
अजित शान्तिस्तव	नन्दिशेण
कनृतान्तरा	सर्ववर्मन
चंद्र व्याकरण	चंद्रगोमिन
पंच सिद्धान्तिका	वाराहमिहिर
हस्त्यायुर्वेद	पलकप्पा
हरहा प्रशस्ति	रविशान्ति
गीत गोविन्द	जयदेव
आयुर्वेद सर्वस्य	राजा भोज
युक्तिकल्पतरु, राजमृंगिका	राजा भोज
नैषधचरित	श्रीहर्ष
वासवदत्ता	सुबंधु
उत्तर रामचरित	भवभूति
अनर्थ राघव	मुरारी
प्रमाण मीमांसा	हेमचंद्र
कामसूत्र	वात्स्यायन
न्याय बिंदु	धर्माकृत
तमिल कुराल	त्रिआवेल्लूवर
अलंकार सारसमग्रह	उद्भट
चरक संहिता	अग्निवेश
रसरत्नकर	नागार्जुन
लघुमानस	मुंजल
तत्व कौमिदी, तत्वसारदी	वाचस्पति मिश्र
न्यायसूत्रो धारा	वाचस्पति मिश्र
तत्व शुद्धि	उदयन
न्यायतत्व, योगरहस्य	नाथमुनि
धुर्तरव्यामा, समरादित्य कथा	हरिभद्र
ज्ञान पंचमी कथा	महेश्वर सूरी
गाथा सप्तसई	हाल
नाट्यशास्त्र	भरत

प्राचीन भारतीय कृषिजन्य व्यवस्था एवं राजस्व संबंधी पारिभाषिक शब्दावली

भाग-I. उत्तर भारत

- **अंगुल :** भूमि की माप। भूमि की अन्य मापें– ***धनुर्ग्रह*** (4 अंगुल), ***धनुर्मुष्टि*** (8 अंगुल), ***वितस्ति*** अथवा ***विदटि्ठ*** (12 (अंगुल अथवा एक ***छायापुरुष***), ***प्रादेश*** (12 अंगुल), ***दिष्टि*** (12 अंगुल), ***पद*** (4 अंगुल), ***षम*** (14 अंगुल), ***साल*** (14 अंगुल), ***परिरय*** (14 अंगुल), ***हस्त, प्रजापत्य हस्त*** अथवा ***अरत्नि*** (24 अंगुल), ***किष्कु*** अथवा ***कंस*** (32 अंगुल), ***कुक्कु***

(हत्थ), **दण्ड** (ब्राह्मणों को प्रदत्त भूमि की माप के लिए प्रयुक्त ***'दण्ड'*** की माप 192 ***अंगुल*** या **दण्ड** की सामान्य माप अर्थात् 96 ***अंगुल*** या 4 ***अरत्नि*** से दोगुनी होती थी।) ***यट्ठि*** अथवा ***यास्ति*** (7 ***रत्नों*** अथवा 7 हस्त), ***धनुस*** (4 ***हस्त*** या 96 ***अंगुल***), ***अक्ष*** (104 अंगुल), ***परिदेस*** (2 रज्जु), ***उषभ*** (20 यट्ठियों के बराबर)।

- **अभूतपूर्व :** वह भूमि जिस पर पहले कभी खेती न की गई हो। ***खान***– जिसका पहले कभी दोहन न किया गया हो।
- **अध्यिय-मनुस्सनम :** भूमि पर ऐसा धारणाधिकार जिसके अनुसार कृषक, फसल के आधे हिस्से (आधा-बटाई) की प्राप्ति के लिए कार्य करता था; ठीक ***'अधिक'*** की भाँति।
- **अदेवमातृक :** वह भूमि जो वर्षा पर निर्भर न हो अर्थात् सिंचित भूमि।
- **अधिकरण :** एक प्रशासनिक विभाग अथवा कार्यालय। इस शब्द का प्रयोग न्यायपीठ के लिए भी किया जाता था।
- **अगर :** अग्रहार का एक अपभ्रंश रूप, तमिल शिलालेखों में इसका प्रयोग प्राय: देखने को मिलता है।
- **अग्रहारिक :** पर्यवेक्षक अथवा अग्रहार का अधीक्षक।
- **अकरद :** भू-राजस्व, लगान या करमुक्त भूमि।
- **अकरदायिन :** वे काश्तकार जिन्हें कर भुगतान से छूट प्राप्त हो।
- **अकृष्ट :** ऐसी भूमि जिस पर कभी खेती न की गई हो।
- **अकृत :** अविकसित भूमि-इस पद की तुलना 'अप्रहत' (न जोती गई) 'खिल' (परती भूमि) से की जा सकती है।
- **अक्षपटल :** लेखा का कार्यालय, भू-राजस्व आलेख विभाग।
- **अक्षपटलाध्यक्ष :** भू-राजस्व आलेख विभाग का अधीक्षक।
- **अक्षयनीवी :** स्थायी धन-अनुदान, जिसमें दान में प्रदत्त मूल धनराशि को यथावत् बनाए रखकर उसके ब्याज से दान-प्राप्तकर्ता का आवश्कताओं की पूर्ति की जाती थी। ***अक्षयनीवी*** भूमि अनुदान एवं नकदी दोनों रूपों में किया जाता था। भू-अनुदान की स्थिति में भूमि से प्राप्त आय का उपयोग, दान प्राप्तकर्ता की आवश्यकताओं की पूर्ति के लिए किया जाता था। मूलत: दक्षिण भारत में प्रचलित भू-अनुदान व्यवस्था उत्तर भारत में भी प्रचलित हो गई।
- **अमर या अमरम् :** किसी शासक द्वारा अपने सैनिक या असैनिक कर्मचारियों को उनकी सेवा के बदले प्रदत्त भूमि या भू-राजस्व अनुदान, सैन्य अधिकारियों को आवंटित भूमि, जिसके बदले भू-राजस्व वसूल करके राजसेवा के लिए सैन टुकड़ियाँ गठित करना, इस सैन्य अधिकारियों का दायित्व होता था। अमर या अमरम् का आनुवंशिक सैन्य भूमि अनुदान के रूप में भी प्रयोग किया जाता था।
- **अनच्छेद्य :** ''जिसे वापस न लिया जाना हो'' उपहारस्वरूप दी गई भूमि का उपनाम; इसे ***अनाहार्य, अप्रद*** भी कहा जाता था अर्थात् स्थायी भूमि अनुदान।
- **अनवसित :** वह भूमि जिस पर पहले बसाव न हुआ हो।
- **अनुग-जीवित :** किसी राजा द्वारा अपने अनुचरों को उनके भरण-पोषण के लिए प्रदत्त भूमि।
- **अप्रहत :** अकृषित भूमि या वह भूमि जिस पर कभी खेती न की गई हो।
- **अप्रतिकर :** जिस भूमि को हस्तांतरित न किया जा सके। डी॰सी॰ सिरकार की भू-राजस्व शब्दावली के अनुसार लगान-मुक्त भूमि।
- **अपुत्रिकाधन :** पुत्रहीन मरने वाले समस्त व्यक्तियों की संपत्ति जब्त करने का राजा का अधिकार।
- **अरघट्ट :** जल खींचने वाली कल या मशीन।
- **अर्धसीतिका :** बटाईदार या फसली साझीदार, जो आधी फसल के बदले दूसरों की भूमि पर खेती करता हो।
- **अष्टभोग :** भूमि के उपभोग से संबंधित सभी अधिकारों से युक्त भू-स्वामित्व।
- **अस्वयंकृत कृषि :** वह खेती या भूमि जिस पर ब्राह्मण स्वयं कार्य नहीं करते थे।
- **अट्टपतिभाग :** बाजार के स्वामी की ओर से तहबाजारी या बाजार-शुल्क वसूल करने वाला कार्यालय।
- **अयनांगल :** लोहे का हल। हल के माध्यम से जुताई के संदर्भ में एक अन्य पारिभाषिक शब्द ***अयोविकार कुसि*** था।
- **आदाणक :** बंधक (प्रत्याभूत) भूमि।
- **आधक :** भूमि की शुष्कता का एक माप।
- **आधवाय :** भूमि की उत्पादकता का माप, भूमि का मापक।
- **आघाट** अथवा **आघाटन :** भूमि की सीमा।
- **आहार :** अग्रहार शब्द से व्युत्पन्न इस पद का तात्पर्य

किसी जनपद से है। ईसवी युग के प्रारंभ से ही यह एक भू-राजस्व इकाई के रूप में पूरे भारत में प्रचलित रही है। ऐसा प्रतीत होता है कि मूलरूप से इस पद का प्रयोग किसी भू-राजस्व इकाई के लिए किया जाता था और कालांतर में इसके द्वारा किसी राज्यक्षेत्रीय संभाग का बोध होने लगा। बौद्ध साहित्य में इसका तात्पर्य है–भोजन हेतु भूमि। ग्राम-आहार अर्थात् 'ग्राम-समूह' अथवा 'आहार-विषय' यानी कि ''वह आहार जिसे 'विषय' का स्वरूप दे दिया गया हो, जैसे पदों का संदर्भ बहुधा मिलता है।''

- **आलि** : गीली भूमि: सिंचित भूमि।
- **आर्थिक** : वे किसान जो दूसरों की भूमि जोतते थे और उसके बदले उन्हें फसल का आधा हिस्सा मिलता था।
- **आसिहार** : एक प्रकार का जलमार्ग।
- **आतिथ्य** : लोक-कल्याणार्थ या धार्मिक कार्यों के लिए अधिकारियों अथवा अन्य लोगों को प्रदत्त भूमि अनुदान। मुगल काल में इस प्रकार की भूमि को ***इनाम*** भूमि कहा जाता था।
- **आवात** : प्राकृतिक कारणों से होने वाले भू-परिवर्तनों से होने वाली आय के संदर्भ में प्रयुक्त राजस्व विषयक शब्द।
- **आयुधीय** : भू-राजस्व वसूल करने के अधिकार के बदले सैनिकों की नियमित आपूर्ति प्राप्त करने के लिए प्रदत्त भूमि-अनुदान।
- **उदकबंध** : एक जल-पाट या जलमार्ग।
- **उदक भाग** : सिंचाई के लिए जल के उपयोग के तरीकों के अनुसार सिंचाई के लिए जल आपूर्ति पर विभिन्न दरों पर सिंचाई कर।
- **उद्बलि** : सेवा कार्यों के लिए कर-मुक्त भूमि अनुदान।
- **उद्रंग** : स्थायी काश्तकारों पर आरोपित कर। पी॰ नियोगी का कहना है कि *द्रंग* चौकियों (निगरानी चौकियों या सैनिक चौकियों) के निकट स्थित भूमि पर आरोपित कृषिकर के संदर्भ में इस शब्द का प्रयोग किया जाता था।
- **उपक्षित** : हीन श्रेणी की भूमि पर आरोपित कर।
- **उपरिकर** : अस्थायी काश्तकारों द्वारा देय कर प्रायिक प्रकार के अतिरिक्त कराधान।
- **उर्वरा** : उपजाऊ कृषियोग्य भूमि।
- **उसर** : बंजर या लवणीय भूमि।
- **उत्पाद्यमानविष्टि** : आवश्यकता पड़ने पर या विशेष अवसरों पर आरोपित बँधुआ मजदूरी।
- **उत्संग** : विशेष उत्सवों जैसे कि राजकुमारों के जन्म आदि अवसरों पर ग्रामीणों और नागरिकों पर आरोपित अतिरिक्त कर।
- **उत्त्सन्नकुटुम्बिक** : काश्तकारों के विनष्ट या विलुप्त परिवार।
- **एकपुरुषिकम्** : संपूर्ण जीवनकाल मात्र के लिए भूधृति या व्यक्तिगत भूधृति (tanacy) खासतौर से किसी नई बस्ती में तैयार खेतों के संबंध में।
- **एकभोग** : ऐसा भूस्वामित्व जिसमें भूमि का अनन्य एकाधिकार या स्वामित्व एक व्यक्ति के पास हो।
- **एकभाग** : ऐसी भूधृति (tenure) जिसका भू- स्वामित्व केवल एक व्यक्ति में निहित हो।
- **ओनि** : एक प्रादेशिक संभाग।
- **औद्ययांत्रिक (औद्यांत्रिक)** : जलीय यंत्रों का निर्माता तथा जलयंत्रों का प्रभारी व्यक्ति।
- **कच्छ** : किसी जलस्त्रोत, नदी या कुएँ के निकट की भूमि।
- **काक** : एक प्रकार का भूमि मापक जिसे ***काकिनी*** भी कहा जाता था।
- **कंपन** : एक प्रादेशिक इकाई जिसका अर्थ होता है–वृत्त। मूलत: इसका प्रयोग ग्रामों के एक समूह को इंगित करने के लिए किया जाता रहा होगा ! कल्याणी के चालुक्यों के अभिलेखों में इसकी (कंपन) की साम्यता ***भुक्ति*** या प्रांत के साथ की गई है। देवगिरी के यादव अभिलेखों में कन्हैरिदेश के एक उपसंभाग के रूप में कन्हैरिकंपन का संदर्भ मिलता है।
- **कपहड़ी** : ऐसा खेत जिसमें केवल कपास उगाया जाता हो।
- **कर ग्राम** : भू-राजस्व अदा करने वाला ग्राम।
- **कर शासन** : भूमि अनुदान संबंधी ऐसा दानपत्र जिसमें दानग्राही को दान में प्राप्त भूमि का किराया अदा करना होता था।
- **कर** : सामान्यत: लगान, शुल्क या राज्यकर।
- **करीष** : भूमि के एक माप या मापक का नाम।
- **कर्मान्तिक** : राजकीय कार्यशालाओं या कारखानों का प्रभारी अधिकारी।
- **केदार** : निचली भूमि। ऊँची भूमि को ***स्थल*** कहते थे। *केदार* धान्यक्षेत्र का बोधक है।
- **क्लप्त** : स्थायी या निश्चित कर। राजस्व के सात स्त्रोतों में से एक, स्थायी काश्तकार।

- **कृषि :** कृषि गतिविधियों से संबंधित एक आम शब्द, जिसमें कृषि संबंधी सभी कार्य जैसे कि जुताई, बुवाई, कटाई, गहाई, खेतिहर मजदूर, कृषि उपकरण, पशु आदि सभी शामिल हैं।
- **कृषि :** खेती की गई भूमि।
- **कृष्टि :** सामान्य लोग।
- **कुल्यवाप :** भूमि का एक माप, जो भूमि के उस क्षेत्रफल को इंगित करता है जिसमें एक ***कुल्य*** मात्रा बीज से बुवाई हो सकती है।
- **कुमारगदियानक :** संभवत: राजकुमारों द्वारा आरोपित कर।
- **कृप्यगृह :** वन उत्पादों का भंडारगृह।
- **कूटक :** संभवत: कृषकों का मुखिया। तकनीकी अर्थ में यह ***कूटक*** को वेतन आदि देने के लिए आरोपित एक कर था। प्रो॰ लल्लनजी गोपाल का विचार है कि यह प्रति हल पर उपज के रूप में वसूल किया जाने वाला कर था और वे इसे ***हलिका कर*** या **हल** पर लगने वाले कर के रूप में इसकी व्याख्या करते हैं।
- **कुटुम्बक्षेत्र :** वंशानुगत या पूर्वजों से प्राप्त खेत।
- **कुटुम्बिन :** एक कृषक या एक कृषक परिवार।
- **खलभिक्षा :** अनाज गहाई स्थल से अनाज के ढेर से उपज के रूप में भू-राजस्व लेने के अतिरिक्त उपज-कर के रूप में अनाज की वसूली। प्रो॰ लल्लनजी गोपाल का कहना है कि संभवत: अनाज गहाई स्थलों पर राज्य का एकाधिकार था अत: यहाँ लाए जाने वाले अनाज पर राज्य एक हिस्सा कर के रूप में वसूल करता था।
- **खण्ड :** एक प्रादेशिक संभाग, जो देश का उपखण्ड होता था, जिसके लिए अभिलेखों में ***खण्डल*** और ***खण्डलक*** शब्दों का भी उल्लेख मिलता है।
- **खेत, खेतक :** क्षेत्र का क्षेत्रीय बोली रूप, जिसका अर्थ है–खेत। मूलत: इस शब्द का प्रयोग ऐसे बाड़े के लिए किया जाता था, जिसमें पशु रखे जाते थे। धीरे-धीरे यह शब्द खेतिहर ग्राम के लिए प्रयुक्त किया जाने लगा। पाणिनी ने खेत का उल्लेख किसी नाम के अंत में प्रयुक्त होने वाले शब्द के रूप में किया है। इस शब्द (***खेट*** या ***खेत***) का उल्लेख दक्कन के बादामी एवं कल्याणी के चालुक्यों, राष्ट्रकूटों और यादवों के अभिलेखों में मिलता है।
- **खेत्तसामिक :** एक कृषक भू-स्वामी।
- **खिल-क्षेत्र :** बंजर भूमि।
- **गाहण :** गहाई या अनाज से भूसा निकालने वाला स्थान।
- **गण, गणगे :** इस शब्द के भिन्न-भिन्न अर्थ है– वसूली या संग्रहण, समूह, जनजाति, श्रेणी या निगम। ***गणभोग*** एक ऐसी साझी भूधृति व्यवस्था का द्योतक है जिसमें संपूर्ण ग्राम की भूधृति हो। दक्कन के अभिलेखों में उल्लिखित ***गणगे*** शब्द का यही अर्थ है।
- **गुल्म :** किसी ***गुल्म*** सीमाचौकी (पुलिस या सैनिक) का प्रभारी अधिकारी।
- **गोचर :** चारागाही भूमि।
- **गोप :** पाँच या दस ग्रामों के भू-राजस्व एवं सुरक्षा या पुलिस व्यवस्था की देखरेख करने वाला प्रभारी अधिकारी।
- **गोरुत :** भूमि की एक माप, जो एक ***योजन*** का चौथाई भाग या ***नीतिवाक्यामृत*** के अनुसार इतनी दूरी वाली भूमि जहाँ से गाय का रंभाना सुनाई देता हो।
- **ग्रैष्मिक :** ग्रीष्म ऋतु की फसलें।
- **ग्राम :** किसी गाँव का द्योतक शब्द तथा किसी स्थान और क्षेत्रों के आगे जोड़े जाने वाला बहुप्रचलित शब्द। कभी-कभी इस शब्द का प्रयोग किसी प्रदेश या भौगोलिक इकाई में ग्रामों की संख्या इंगित करने के लिए भी किया जाता था।
- **ग्राम-लोपन :** भरण-पोषण के लिए दी गई जमीन-अधिग्रहण।
- **गुणपत्र :** भू-स्वामियों द्वारा बटाईदारों अथवा किसानों को खेती करने अथवा कृषि सवंर्धन के लिए पट्टे पर दी गई भूमि।
- **घादा :** एक ऐसी कृषि व्यवस्था जिसमें जुताई करने वाले को उपज का आधा हिस्सा मिलता है।
- **घटक-कुपक :** तरल पदार्थ मापक। **घटक *द्रोण*** माप के समतुल्य एक मापक-पात्र था और कूपक चमड़े का एक पात्र होता था।
- **चंग :** अनाज का एक माप।
- **चतुर्थ पंचभागिकम् :** वे किसान जो फसल का 1/4 या 1/5 भाग प्राप्त करने के बदले शाही भूमि (सीता) पर खेती करते थे, जिसके लिए राज्य उन किसानों को बीज और कृषि उपकरण प्रदान करता था।
- **चतुर्वेदिमंगल : *अग्रहार*** का पर्यायवाची। ब्राह्मणों के स्वामित्व वाला सामान्यत: लगानमुक्त ग्राम। इसे ***मंगल*** भी कहते थे। तमिल में इसे ***सरप्पेतिमंगलम्*** कहा जाता था।

- **चतुर्वैद्यमर्यादा** : विद्वान् ब्राह्मणों को लगानमुक्त भूमि अनुदान देने से संबंधित व्यवस्था।
- **चौरोधरण** : चोरों से रक्षा के लिए ग्रामीणों पर आरोपित विशेष कर।
- **चिरखिल** : जिस भूमि पर कभी खेती न की गई हो।
- **चोल्लक** : भू-राजस्व विषयक एक पारिभाषिक शब्द, जो पान के पत्तों के प्रत्येक ***चोल्लक*** (वजन) पर लगाए जाने वाले कर का द्योतक है।
- **चोर रज्जु** : एक भू:राजस्व विषयक पारिभाषिक शब्द जो ग्रामीण सीमा के अधीक्षक द्वारा वसूल किया जाने वाला कर था।
- **जंघाल** : एक तटबंध।
- **जनपद** : जनजातीय बस्ती। अंतत: इस शब्द का प्रयोग किसी विशेष जनजाति या रहने वाले लोगों के नाम को इंगित करने वाले प्रदेश या क्षेत्र के रुप में किया जाने लगा।
- **जोड** : एक नहर या जलप्रणाली।
- **झामखणु/झामखेत्त** : जंगलों को जलाकर उन्हें साफ करने की क्रिया को ***झामखणु*** कहते हैं और जंगलों को साफ करके उस भूमि को कृषि योग्य बनाने की क्रिया को ***झामखेत्त*** अभिहित करते हैं।
- **तल-पद** : लगान या भू-राजस्व के लिए सम्पूर्ण भूमि का कर-निर्धारण। इस प्रकार की भूमि उन भू-क्षेत्रों से भिन्न है जो सेवा की शर्तों पर प्रदान की जाती थी या जिनका कम दरों पर एकमुश्त लगान निर्धारित कर दिया जाता था।
- **तल-वाटक** : आसपास के क्षेत्रों, उपवनों और गृह-स्थानों को मिलाकर बनाया गया भू-क्षेत्र।
- **तार, तारदेय** : खेवटों से नौका-कर या उतराई (फेरी) की वसूली।
- **तेज : स्वाम्य** : पूर्ण अधिकारों से युक्त भू-स्वामित्व।
- **तुरुष्क दण्ड** : संभवत: मुसलमान तुर्की आक्रमणकारियों के आक्रमण के विरुद्ध प्रतिरक्षा पर होने वाले व्यय की पूर्ति के लिए आरोपित एक कर।
- **दण्ड** : प्राचीन भारतीय कृषिजन्य व्यवस्था के संदर्भ में भूमि की एक माप जो चार ***अर्तनियों*** के बराबर था। एक **रज्जु** में दस **दण्ड** होते थे।
- **दसापराध** : शाब्दिक अर्थ में दस अपराध अर्थात् दस गंभीर अपराधों के लिए आरोपित न्यायिक दण्ड या ग्रामीणों द्वारा किए गए दस अपराधों के लिए भूमि-अनुदान प्राप्तकर्ता द्वारा वसूल किया जाने वाला अर्थदण्ड।
- **दात्र** : (फसल की कटाई एवं बुवाई के लिए प्रयुक्त) हँसिया।
- **देश** : प्रादेशिक शब्द, जिसका अर्थ था एक लघुक्षेत्र या ग्रामों का समूह, परंतु इस शब्द का प्रयोग राज्य, जिला प्रदेश या देश के रूप में भी किया जाता था। गुप्त काल में साम्राज्य के प्रांतों को ***देश*** कहा जाता था। बादामी के चालुक्यों के अभिलेखों में चालुक्य देश और खेटाहार देश नामक प्रशासकीय इकाइयों का उल्लेख मिलता है, जो अनेक विषयों या जिलों को मिलाकर गठित प्रशासनिक संभाग के द्योतक थे। राष्ट्रकूट अभिलेखों में नासिक्य का उल्लेख ***विषय*** और ***देश*** दोनों नामों से किया गया है जिससे यह प्रतीत होता है कि इस काल में यह बड़ा प्रशासनिक संभाग घटकर छोटा रह गया। दक्कन के अभिलेखों में ***देश*** को ***विषय*** और ***मण्डल*** के भाग के रूप में उल्लिखित किया गया है। कुछ मामलों में ***देश, विषय*** और ***मण्डल*** पर्यायवाची माने गए।
- **देवदान** : किसी देवता को दिया गया दान। कृषिजन्य व्यवस्था के संदर्भ में मंदिर के स्वामित्ववाली लगान-मुक्त भूमि, जिसे ***देवभोग, देवदेय, देवदाय, देवाग्रहार*** भी कहा जाता था।
- **देवाग्रहार** : किसी मंदिर को भूमि अनुदान के रूप में प्रदत्त लगान-मुक्त ग्राम, जिसे ***देवविहार*** भी कहा जाता था।
- **दोहलिका भूमि** : ऐसी विवादस्पद स्वामित्ववाली, भूमि, जिसे सरकार द्वारा अधिग्रहीत कर लिया गया हो। तथापि कुछ मामलों में ***दोहलिका*** शब्द का अर्थ ब्राह्मणों, स्वामियों, साधुओं आदि को प्रदत्त भूमि अनुदान से भी है।
- **द्रोणमापक** : ***द्रोण*** नामक माप से मापकर शाही अन्नागार के लिए अन्न उत्पादन में से राज्य के हिस्से या लेवी को वसूल करने वाला अधिकारी।
- **द्रंग** : एक उपनगर अथवा निगरानी केन्द्र, संभवत: भू-राजस्व संग्रह का भी एक केन्द्र।
- **द्रोण** : एक प्रकार का अनाज-माप या अन्न-मापी।
- **द्रोणवाप** : भूमि का वह क्षेत्र जिसमें बुवाई के लिए द्रोण माप बीज की जरूरत पड़ती हो।
- **दुष्टासाध्यादाय** : संभवत: डकैती के दमन के लिए सुरक्षाकर्मियों के रख-रखाव हेतु ग्रामीणों पर लगाया जाने वाला कर।

- **द्वारादेय :** नगर-द्वार पर देयकर। नगर में आयात की जाने वाली वस्तुओं पर चुंगी के अलावा देय प्रभार।
- **द्यूत :** सट्टे, द्यूतक्रीड़ा या दाँव लगाने आदि पर कर, इस राजकीय कर को ***द्यूताध्यक्ष*** द्वारा वसूल किया जाता था।
- **धान्या, धान्याय, धान्यादाय :** अनाज या उपज के रूप में वसूल किया जाने वाला भू-राजस्व या अंशदान।
- **धान्य आदेय :** अनाज के रूप में दिया जाने वाला कर।
- **धान्य वर्ग :** शाब्दिक अर्थ है–धान्य (अनाज) समूह वस्तुत: अनाज के रूप में अदा किया जाने वाला भू-राजस्व।
- **धान्य :** कृषि उत्पाद का एक अंश राजा या भू-स्वामी को देय होता था।
- **धारक :** कृषि उत्पाद में राजा के हिस्से को तोलकर शाही भंडागार में संग्रह करने वाली अधिकारी।
- **धर्मस्थ :** एक न्यायाधीश या न्यायिक दंडाधिकारियों का एक मंडल।
- **ध्रुवाधिकरण :** कृषकों से भू-राजस्व के रूप में अनाज के अंश को वसूल करने वाला समाहर्ता कार्यालय।
- **नदीपाल :** नदियों तथा झीलों के किनारे स्थित ग्रामों पर आरोपित एक निश्चित कर।
- **नल :** भूमि की पैमाइश के लिए प्रयुक्त बेंत या धातु की छड़, ***दण्ड*** या ***रज्जु*** के समान। इसकी लंबाई स्थानीय परंपराओं के अनुसार स्थान-स्थान पर भिन्न- भिन्न होती थी। वस्तुत: यह भूमि की पैमाइश के लिए प्रयुक्त गज़ या छड़ थी।
- **नाल भूमि :** खेती की गई भूमि।
- **नालि :** अनाज का एक माप।
- **नालिकाबाप :** भूमि का माप।
- **नवतर भूमि :** वह भूमि जिस पर अभी तक खेती न की गई हो।
- **निधान :** कृषि भूमि पर आरोपित अतिरिक्त कर या उपकर; ऐसी भूमि जिसका नवीन भू-राजस्व निर्धारण किया गया हो।
- **निधि :** निखात-निधि और गड़ा हुआ धन जिस पर राजा का अधिकार होता था।
- **निगम :** एक छोटा कस्बा; व्यापारिक संगठन।
- **निवर्त :** 'बूलर' के अनुसार 4,000 वर्ग हस्तों या हाथों की माप की इकाई जोकि आधुनिक 'बीघा' का प्राचीन समकक्ष था। प्राणनाथ के अनुसार, 'ब्रह्मदेयनिवर्तन' उस भू-क्षेत्र को कहते थे, जो किसी ब्राह्मण को भू-अनुदान में दी गई हो और ब्रितानी 'एकड़' के बराबर हो। अल्तेकर इसे 5 एकड़ के बराबर क्षेत्रफल के समतुल्य मानते थे। आर॰एस॰ शर्मा कहते हैं, कि इसका क्षेत्रफल 1.5 एकड़ था। डी॰सी॰ सिरकार के अनुसार, एक ***निवर्तन*** भूमि का क्षेत्रफल 240 × 240 वर्ग क्यूबिट (2.975 एकड़) अथवा 120 × 120 वर्ग क्यूबिट (.743 एकड़) होता है। ***बाहु*** (3 ***रज्जु*** तथा 2 ***दण्ड***), ***गोरुत*** अथवा ***गावुत*** (1,000 धनुष या ***योजन*** का एक चौथाई), ***योजन*** (रॉयस डेविड्स इसकी लंबाई लगभग 7 मील मानते हैं जबकि चान्डिर्स ने इसकी गणना 12 मील से की है।) बर्नेट के अनुसार, दो प्रकार के योजन प्रचलित थे– एक बड़ा योजन और दूसरा छोटा योजन। बड़ा योजन 9 मील का होता था और छोटा–इसका आधा। 'फ्लीट' इन्हें क्रमश: सामान्य योजन तथा ***मगध योजन*** कहकर पुकारते हैं और हमें एक तीसरे प्रकार के ***योजन*** से परिचित कराते हैं। इसके लिए वे हयु एन-च्याँग का प्रमाण देते हैं; यह योजन 12-12 मील के बराबर होता था। हल (इसका शाब्दिक अर्थ होता है भूमि का उतना क्षेत्र जो एक जोड़ी बैलों यानी कि एक हल द्वारा जोता जा सकता हो)। ***कुल*** (मनु के टिप्पणीकारों के अनुसार, इसका तात्पर्य उतनी भूमि से है जिसे दो हल बैलों द्वारा जोता जा सकता हो। भूमि की ये सभी मापें, स्थानीय रीति-रिवाजों के अनुसार अलग-अलग होती थीं।
- **निवर्तन :** एक भू-क्षेत्र। इस प्रकार के ***निवर्तन*** भू- क्षेत्र का आकार विभिन्न कालों एवं क्षेत्रों या प्रदेशों में समान नहीं होता था।
- **न्याय कर्णिक :** दान या अनुदान में प्रदत्त भूमि के संबंध में विवादों को सुलझाने के लिए उत्तरदायी व्यक्ति।
- **पंचकुल :** अधिकारियों का ऐसा वर्ग जिन पर सीमा-शुल्क कार्यालय के नियंत्रण के दायित्व के साथ-साथ सीमा-शुल्क व्यवस्था की देखरेख और सीमा-शुल्क को राजकोषागार में जमा कराने का भी दायित्व हो।
- **पद :** एक गली या पथ अथवा नगर का उपखंड।
- **पादोनलक्ष :** ग्रामों के सदस्यों के संदर्भ में प्रदेश का नाम।
- **पण्यसंस्था :** माल बाजार; बाजार शुल्क, जो (संस्थाध्यक्ष) बाजार अधीक्षक और बाजार माल अधीक्षक अर्थात् ***पण्याध्यक्ष*** द्वारा वसूल किया जाता था।
- **परिभोग :** व्यक्ति भू-संपत्ति।
- **परिहार :** भूमि अनुदानों के साथ शामिल विशेषाधिकार और छूटें। कौटिल्य ***अर्थशास्त्र*** का निर्देश है कि ब्राह्मणों

को प्रदत्त भूमि अनुदान को करों और अर्थदंडों से मुक्त रखना चाहिए। अभिलेखीय साक्ष्य भी इसकी पूर्ण पुष्टि करते हैं। शिवस्कंदवर्मन के हीरदगल्ली के ताम्रपत्र अभिलेख में 11 प्रकार के ***परिहारों*** का उल्लेख है। ये ***परिहार*** भू-अनुदान क्षेत्रों में शाही सत्ता के क्षय के सामान्यत: कारक माने जाते हैं।

- **पारिहारिक** : भू-राजस्व से मुक्त भूमि या लगान-माफी भूमि।
- **परुं** : प्रादेशिक इकाई के लिए प्रयुक्त तमिल शब्द।
- **पल्लि या पल्लिका** : एक पुरवा, ग्राम या इसका खंड, जो स्थानीय बस्तियों के नाम के साथ जोड़ा जाता था। मोनियर विलियम्स के अनुसार, ***पल्लि*** की व्युत्पत्ति संस्कृत भाषा के ***पल*** या ***पल्ल*** से हुई है जिसका अर्थ है–जाना या आगे बढ़ना। कित्तेल का मत है कि इसकी व्युत्पत्ति तमिल भाषा के पद, ***पय, पव, पल*** से हुई है, जिनके अर्थ हैं बैठना या बसना।
- **पार्श्व** : लाभकर। अन्न उत्पादन में राजा के हिस्से एवं भूमिकर के अतिरिक्त, नैमित्तिक (अथवा आपाती) या विविध आय स्रोतों पर आरोपित शुल्क या प्रभार।
- **पातक** : ग्राम का एक हिस्सा, कोई खंड, ग्राम का बाहरी भाग, एक पुरवा, किसी स्थान के नाम के साथ पूर्वयोजित, ***वातक***, जिसे गुजराती में ***बाडो*** कहा जाता है, का संशोधित रूप।
- **पथक** : ग्रामों का एक समूह, परवर्ती युग के परगने की भाँति प्रादेशिक उपसंभाग।
- **पतित** : जिस भूमि पर खेती न की गई हो।
- **पट्टला** : एक जनपद का उपखंड।
- **पौतवम्** : माप और तौल : माप-तौल अधीक्षक द्वारा वसूला जाने वाला कर।
- **पिण्डक** : एकमुश्त कर का निर्धारण : ***पिण्डकर***।
- **पोलाच्य** : खेती की गई भूमि।
- **प्रदेश** : एक जिला या प्रांत।
- **प्रकृष्ट** : उपजाऊ प्रदेश।
- **प्रस्थक** : प्रत्येक ***प्रस्थ*** तरल माप पर निर्धारित दरों पर सामान्य अन्न-उत्पाद के हिस्से या अंशदान देने के साथ-साथ प्रत्येक ***प्रस्थ*** अन्न उत्पाद कर अतिरिक्त कर का आरोपण।
- **प्रतिकर** : देय करों के बदले ग्रामीणों द्वारा व्यक्तिगत या सामूहिक रूप में अनाज, पशुओं, नकदी, बिना मजदूरी के श्रम आदि के माध्यम से करों की अदायगी। इस शब्द का प्रयोग मंदिरों को प्रदत्त भूमि अनुदान के कारण उक्त भूमि से हटाए गए कृषकों को राज्य द्वारा देय क्षतिपूर्ति भत्ते के रूप में भी किया जाता था।
- **प्रत्यन्त** : किसी प्रदेश की सीमाओं के बाहर राज्य, किसी राज्य के बाहर की भूमि के साथ-साथ उक्त राज्य की जनता।
- **पुर अथवा पुरा** : नगर या कस्बे के समान। अनेक स्थानों में इस शब्द का प्रयोग स्थान के नाम के बाद किया जाता था। ऋग्वेद में ***पुर*** शब्द का प्रयोग किले की प्राचीर, दुर्ग या सुरक्षित स्थान के रूप में किया गया है। दक्षिण भारत में ***पुर*** या ***वुर*** शब्द का संशोधित रूप–जैसे कि श्रीपुर, श्रीवुर, सिरुर, पूरक और पुरिका (***पुडिका*** का भ्रष्ट रूप) शब्द स्थानों के नामों के अंत में प्रयुक्त किए गए हैं।
- **पूर्ववाप** : वर्षा ऋतु के प्रारंभ में बोई जाने वाली फसलें।
- **पुस्तपाल** : सामान्य रूप से शाही दस्तावेजों (रिकार्डों) और विशेष रूप से भू-राजस्व संबंधी दस्तावेजों की देखरेख करने वाला।
- **फल** : उपज का हिस्सा या अंश।
- **फेणाघात** : नदी जल के फेन से कटी या प्रभावित भूमि।
- **बलि** : मूलरूप से राजा के प्रति निष्ठा व्यक्त करने के प्रतीक स्वरूप प्रजा द्वारा राजा को प्रदत्त उपहार, परंतु कालांतर में ***बलि*** का प्रयोग प्रजा द्वारा राजा को दिए जाने वाले अनिवार्य कर राशि एवं अंशदान के रूप में किया जाने लगा। अंतत: ***बलि*** एक सामान्य कर का बोधक हो गया।
- **बरज** : ताम्बूल या पान के बरजों (खेती) और सुपारी के बागानों से होने वाली आय पर कर।
- **बीजगण** : धान के बीज की क्यारी या धान का पौधा।
- **बीत्तुवत्त** : तालाबों से सिंचित भूमि से पैदा फसल का एक अंश या किसी व्यक्ति द्वारा तालाब के निर्माण या मरम्मत के बदले उसे सिंचित भूमि का अनुदान।
- **ब्रह्मदेय** : ब्राह्मणों के अधिकार में लगानमुक्त भूमि। बुद्धघोष के अनुसार, ब्रह्मदेय भूमि के स्वामियों को न्यायिक एवं प्रशासनिक अधिकार भी प्राप्त थे।
- **भद्रभोग** : यह स्थायी और वंशानुगत भूमि अनुदान के सिद्धांत को इंगित करता है परंतु इसमें नकद या उपज के रूप में राज्य को कर देने की शर्त रहती थी।
- **भागदुध** : इसका शाब्दिक अर्थ कृषि उपज का हिस्सा देने वाला या वितरक था, जिनके प्रतिनिधि करदाता

कृषक होते थे अथवा राजा की ओर से कर के रूप में उपज का छठवाँ भाग वसूल करने वाले।

- **भैक्षक** : दानार्थ सुरक्षित रखी गई भूमि।
- **भाण्डागारिक** : शाही या राजकीय भण्डार का अधीक्षक।
- **भिख्खुहलपरिहार** : बौद्ध संघ को अनुदान के प्रदत्त भूमि पर करमुक्ति एवं विशेषाधिकार।
- **भिक्षु हल** : बौद्ध भिक्षुओं के अधिकार में लगान या करमुक्त भूमि।
- **भोग** : राजा के उपभोग के लिए ग्रामीणों द्वारा उपहार या कर के रूप में समय-समय पर राजा को दिए जाने वाले फल-फूल, जलाऊ लकड़ी आदि।
- **भोगगाम** : शाही सेवा के बदले प्रदत्त भूमि अनुदान। इस प्रकार के भू-अनुदान का उपभोग केवल सेवाकाल तक ही किया जा सकता था।
- **भोगपति** : अनुदान में प्रदत्त जमीनों की व्यवस्था करने वाला प्रभारी अधिकारी या ***भोग*** अर्थात् भू-अनुदान में प्रदत्त प्रदेश या भूखण्डों का व्यवस्थाधिकारी।
- **भोगायक** : बंधक या गिरवी के रूप में अधिकृत जमीनें।
- **भुज्यमान** : किसी अन्य के स्वामित्व या अधिकार वाली जमीन का उपभोग करनेवाला।
- **भुक्ति** : जिलों के समूह या प्रांत को ***विषय*** या ***भुक्ति*** कहा जाता था, जैसे कि पुंड्रवर्धन भुक्ति, तिर-भुक्ति आदि। इस शब्द का प्रयोग लघु प्रशासकीय इकाइयों को इंगित करने के लिए भी किया जाता था। गुप्त काल में साम्राज्य ***देस*** या ***देश*** के नाम से अनेक प्रांतों में विभाजित किया जाता था, जिन पर ***गोप्तृ*** शासन करता था। ***देश*** को ***भुक्तियों*** में विभाजित किया जाता था, जिन पर ***उपरिकमहाराज*** शासन करते थे। परंतु राष्ट्रकूट अभिलेखों में हमें कादनूर, कोप्पर, मज्जंतीय, प्रतिष्ठान राशियन और सरकच्छ जैसी ***भुक्तियों*** का उल्लेख मिलता है, जो ***विषय*** या जिलों का उपभोग होते थे। संभवत: वे चालुक्य प्रशासन व्यवस्था की इकाई भोग के समतुल्य थे।
- **भूमास्क** : भूमि का एक माप।
- **भूमिच्छिद्रन्याय** : बंजर भूमि संबंधी नियम या भूमि में गड्ढे भरने संबंधी नियम अर्थात् बंजर भूमि को पहली बार कृषि योग्य बनाने के बदले संबंधित व्यक्ति को प्राप्त स्वामित्व का अधिकार और कर या लगान के दायित्व से मुक्ति। इसे ***अर्वान-रंध्र न्याय*** भी कहते हैं।
- **भूतवातप्रत्यय** : तूफान, भूकंप, नदियों के प्रवाह में परिवर्तनों आदि में उत्पन्न स्थिति से होने वाली आय।
- **महात्राण** : गैर-ब्राह्मण समुदायों के अधिकार में करमुक्त भूमि।
- **मंडपिका** : सीमाशुल्क चौकी या कार्यालय।
- **मान्य** : लगान या करमुक्त भूमि।
- **मासु** : जिसे मुफ्त सेवा या श्रम के बदले कर अथवा किराया-मुक्त भूमि के उपभोग का अधिकार प्राप्त हो।
- **मेय** : राजा या भूस्वामी को देय अनाज/उपज का अंश।
- **मूलवाप** : कुओं के निकट स्थित भूमि।
- **यव** : विभिन्न प्रकार के अनाजों के लिए प्रयुक्त समान शब्द। परवर्ती युग में केवल जौ के रूप में इसका प्रयोग होने लगा।
- **योगक्षेम** : पारगमन के दौरान व्यापारिक माल की सुरक्षा के लिए वसूल किया जाने वाला प्रभार या अतिरिक्त कर।
- **राजधानी** : राजधानी, कभी-कभी इस शब्द का प्रयोग मुख्य प्रशासक या राज्यपालों के प्रशासन केन्द्र के लिए भी किया जाता है।
- **राजकीय क्षेत्र** : राजा की भूमि या सीधे शाही नियंत्रणाधीन प्रदेश अथवा कृषि भूमि। मध्य युग के ***खालिसा*** भूमि की भाँति।
- **रज्जु** : शाब्दिक अर्थ रस्सी। भू-राजस्व सर्वेक्षण के संदर्भ में प्रयुक्त भूमि की पैमाइश की एक इकाई। एक **रज्जु** इकाई 10 दंडों के बराबर होती थी। तकनीकी संदर्भ में यह एक भू-राजस्व विषयक शब्द है, जिसका अर्थ है कि भूमि सर्वेक्षण अभियान के संबंध में राज्य द्वारा किए गए व्यय की कृषकों से वसूली।
- **राज्य** : साम्राज्य, सबसे बड़ी प्रशासकीय इकाई, साम्राज्य का प्रांत या जिला।
- **राष्ट्र** : राज्य, एक जनपद या उसका संभाग, जिसे विभिन्न नामों जैसे कि देशमंडल, सीमा, स्थल आदि नामों से पुकारा जाता था।
- **रोपण** : पौधों का आरोपण या प्रतिरोपण लगभग 500 ई॰पू॰ में धान की पौध के प्रतिरोपण की प्रक्रिया के प्रारंभ ने भारत में कृषि उत्पादन के क्षेत्र में एक क्रांति को जन्म दिया। प्रतिरोपण के लिए एक अन्य शब्द **रोपेति** है जिसका उल्लेख प्रारंभिक पालि ग्रंथों में प्राप्त होता है।
- **रूधमारोधि** : बँधुआ मजदूर या बिना मजदूरी के श्रम।
- **रूपदर्शक** : टकसाल अधीक्षक के निर्देशन में सिक्कों का परीक्षण।

- **रूपजीवा :** वेश्याएँ जिनकी दो दिन की आय कर के रूप में ***गणिकाध्यक्ष*** के माध्यम से राज्य वसूल करता था।
- **लांगुल :** गैर-हिन्द-यूरोपीय (भारोपीय) शब्द जिसका अर्थ है हल।
- **वाप गत्या :** छिड़काव के माध्यम से बुवाई।
- **वापातिरिक्तम् :** शाब्दिक अर्थ अधिशेष भूमि या ऐसी सीता भूमि जिसे संबंधित शासकीय विभाग के बिना खेती कराए छोड़ रखा हो और ऐसी भूमि को किसानों को इस शर्त पर दे दिया गया हो कि वे उपज का आधा भाग शाही कोषागार में जमा कराएँगे। इस प्रकार राज्य द्वारा किसानों को दी गई भूमि को बँटाई भूधृति (tenure system) या बटाई व्यवस्था भी कहा जा सकता है।
- **वापी :** सीढ़ीदार कुआँ या सिंचाई के लिए प्रयुक्त कुआँ।
- **वरज, विविता :** चारागाह भूमि।
- **वरत्रा :** हल को पकड़ने के लिए चमड़े की पट्टी।
- **वर्षिकाशस्य :** वर्षा ऋतु की फसलें।
- **वार्ता :** इस शब्द का व्यापक अर्थ कृषि से संबंधित व्यवसाय, पशुपालन और व्यापार हैं, जो अनाज, पशुओं, स्वर्ण (नकदी) वन उत्पादों आदि के रूप में राज्य की आय के स्रोत थे। राज्यनीति के एक प्रमुख अंग के रूप में वार्ता को वेदों एवं दण्डनीति के समतुल्य माना गया।
- **वासेत-कुटम्बिक :** आवासी किसान।
- **वातक : *पातक*** का विकृत रूप। ग्राम का एक खंड जो स्थानों के नामों के बाद प्राय: जोड़ा जाता था।
- **वत्थुपति :** एक कृषक भू-स्वामी।
- **विलोप :** किसी विदेशी राज्य की संगठित या असंगठित रूप से लूट।
- **विषामत्ता :** परवर्ती या उत्तर वैदिक युग में राजा को **विषामत्त** अर्थात् कृषकों का भक्षण करने वाला कहा गया, जो इस तथ्य का आभास देता है कि उस युग में कृषक का अर्थ था कर देना।
- **विष्टि :** बँधुआ मजदूरी, बिना मजदूरी के श्रमिक, करों के बदले का कर देने के साथ-साथ मुफ्त मजदूरी करना।
- **वित्तोलकर : *विष्टि*** के समतुल्य; मुफ्त श्रम के रूप में भू-राजस्व या कर अदा करना, जिससे भूमि अनुदान प्राप्तकर्ता मुक्त थे।
- **विविता :** चारागाही भूमि, यह शब्द (***विविताध्यक्ष***) चारागाहों के अधीक्षक द्वारा चारागाहों के उपयोग के लिए शाही कर वसूल करने का द्योतक है।
- **व्रज :** चारागाह।
- **व्रीहि :** वर्षा ऋतु में बिना पौधरोपण के उगाई जाने वाली धान की फसल के लिए प्रयुक्त शब्द।
- **व्यामिश्र-भूमि :** विभिन्न प्रकार की जमीनों, जैसे कि खेतिहर या कृषि भूमि, आवास, बंजर भूमि आदि वाला सम्मिलित भू-क्षेत्र।
- **शैवर :** ऐसी सिंचित भूमि मूलत: ग्रामीण कर निर्धारण से पृथक् रखा गया था।
- **शासन :** कपड़े, ताम्रपत्रों, पत्थरों और दीवारों पर अभिलिखित भूदान संबंधी आलेख। ये भूदान अभिलेख या शासन सामान्यत: राजाओं द्वारा निश्चित प्रक्रियानुसार प्रसारित किए जाते थे। इन्हें ***राजशासन*** भी कहा जाता था।
- **शौल्किक :** चुंगी वसूल करने वाला अधिकारी या सीमाशुल्क अधिकारी।
- **शुल्क :** शुल्क: (परवर्ती वैदिक युग में) मूलत: किसानों पर लगाया गया कर, परंतु बाद में चुंगी के रूप में इस शब्द का प्रयोग किया जाने लगा।
- **सभा-माध्यम :** ग्राम सभा के अधिकार क्षेत्र में ग्राम की सामुदायिक या बंजर भूमि।
- **साचित्त :** सरकारी कर्मचारियों को उनकी सेवाकाल तक के लिए प्रदत्त भूमि।
- **सद्भाग :** फसल का एक-छठवाँ हिस्सा, जो भू-राजस्व के रूप में राजा का वैध कर था।
- **साध्य :** ऐसी भूमि से आय जिसे भविष्य में कृषि के अंतर्गत लाया जाना है।
- **सकारुकर :** स्थायी और अस्थायी कृषक बटाईदारों पर करारोपण/परंतु डी॰सी॰ सिरकार के अनुसार, ***सकारुकर*** भूमि वह भूमि थी जिसमें भूमि अनुदान प्राप्तकर्ता को छोटे-बड़े सभी प्रकार के कर वसूल करने का विशेषाधिकार प्राप्त था।
- **सालि :** प्रतिरोपण (पौध-रोपण) के माध्यम से उगाया गया धान।
- **समाहर्ता :** समस्त स्रोतों से राजस्व वसूल करने वाले मुख्य समाहर्ता।
- **संकर-ग्राम :** ऐसा ग्राम जिसमें विशेष दर पर स्थायी रूप से लगान निश्चित कर दिया गया हो, जिसे भविष्य में कभी भी बढ़ाया न जा सके।
- **संकर-कुल :** ऐसा कृषक परिवार जिसकी भूमि पर

एक ही बार में स्थायी रूप से लगान निर्धारित कर दिया गया हो या ऐसे कृषक जो निश्चित दर पर ही लगान अदा करते हों।

- **संक्रांत** : सीमा-युक्त भूमि।
- **संग्रहत्र** : राजस्व संग्रह करने के लिए उत्तरदायी अधिकारी।
- **सन्निधाता** : राजस्व के रूप में विभिन्न प्रकार की वस्तुओं को राजा के कोषागार में जमा कराने वाला प्रभारी अधिकारी।
- **सर्व-आभ्यांतर-सिद्धि** : एक राजस्व संबंधी शब्द जिसके अर्थ हैं कृषि आय या आंतरिक राजस्व अथवा करों या ग्रामीणों द्वारा शासन को देय करों के पूर्णरूप में उपभोग का अधिकार।
- **सर्वमान्य** : एक मुक्त भूधृति, किराया-मुक्त भूधृति, करमुक्त भूमि।
- **सेनाभक्त** : शाही सेना के प्रयाण करते समय ग्रामीणों द्वारा चावल, तेल आदि के रूप में देय अंशदान।
- **सेतुबंध** : सिंचाई साधन।
- **सेवा** : भृत्यों को वेतन के बदले उपभोग के लिए करमुक्त भूमि अनुदान।
- **सिद्ध** : ऐसी भूमि जिसे कृषि योग्य बना लिया गया है।
- **सीमा** : कृष्णा और गोदावरी नदियों के तटों के किनारे के प्रदेश जिसके लिए ***देस*** का प्रयोग किया जाता है। इसके लिए ***देस, मण्डल, स्थल*** आदि तमिल ***सीमाई, सिर्माई*** शब्दों का भी प्रयोग किया जाता है।
- **सीता** : कृषि भूमि, कृषि उपज का अंश।
- **सीता** : शाही कृषिक्षेत्र।
- **सीत्य** : उपजाऊ भूमि।
- **स्कंधावार** : **शिविर**। कभी-कभी इसे ***जयस्कंधावार*** अर्थात् विजेता शिविर भी कहा जाता था जो कहीं-कहीं राजा की राजधानी का भी द्योतक है। देखें कन्नड़ शब्द ***नेलविडु*** और संस्कृत ***स्थिर शिविर***।
- **स्रोत** : राज्य की कृषि भूमि के पट्टेदारों द्वारा किसानों से उपज के रूप में वसूला गया कर।
- **स्थल वृत्ति** : एक ऐसी भूधृति जिसमें उपज के रूप में कर की अदायगी की जाती थी।
- **स्थल** : स्थानों के नामों के बाद जोड़ा जाने वाला शब्द। स्थल शब्द का प्रयोग एक परगना, जिला या उसके उपसंभाग या धार्मिक स्थान के रूप में किया जाता था।
- **स्थान मान्य** : संभवत: शासक द्वारा अपने अधिकारियों को नकद वेतन देने के बदले उनके भरण-पोषण के लिए भूमि अनुदान प्रदान करना।
- **स्थान** : एक आवास-स्थल; शाब्दिक अर्थ-स्थल। कभी-कभी क्षेत्रों के बाद प्रयुक्त होने वाला शब्द। कन्नड़ में भौगोलिक इकाई का नाम ***थान*** था।
- **सूना** : कसाईखानों या पशुबधगृहों के अधीक्षक द्वारा वसूल किए जाने वाले शाही करों के लिए प्रयुक्त शब्द।
- **सुनु** : हलरेखा।
- **स्ववीर्योपजीविन** : जो अपने श्रम से आजीविका अर्जित करते हैं; शाही कृषिक्षेत्रों ***(सीता)*** में काम करने वाले कृषक, जिन्हें उनके श्रम के बदले फसल का एक चौथाई या एक पाँचवाँ हिस्सा प्रदान किया जाता था।
- **श्रणी** : (कटाई और फसल कटाई के लिए प्रयुक्त) हँसिया।
- **हैमन शस्य** : वसंत ऋतु की फसल।
- **हलिक** : हलधर या हल चलाने वाला।
- **हल्लिकार** : हल पर लगाया जाने वाला कर।
- **हल्लि** : पालि भाषा का कन्नड़ में तद्भव रूप जिसका अर्थ है ग्राम।
- **हरणीपर्यंत** : नीची जमीन।
- **हिरण्य** : शाब्दिक अर्थ-स्वर्ण। परंतु प्रस्तुत तकनीकी संदर्भ में कुछ विशेष फसलों पर राजा द्वारा नकदी के रूप में वसूल किया जाने वाला भू-राजस्व। यह उपज के रूप में वसूल किए जाने वाले भू-राजस्व से भिन्न होता था।
- **क्षेत्र** : सामान्यत: इस शब्द का अर्थ सिंचित या जोती गई भूमि। इसमें खुले लंबे मैदान और सिंचित भूमि भी शामिल है।

खण्ड-II दक्षिण भारत

- **अंत-अयम्** : स्थानीय निकायों द्वारा आरोपित कर, जिन्हें ***अल-वरि*** भी कहा जाता था।
- **अबोहन** : बंजर या अकृषित भूमि।
- **अचल प्रवृत्ति** : डी॰सी॰ सिरकार के अनुसार संभवत: एक स्थायी भूधृति।
- **अच्चु-तरि, अच्चु-तरि** : करघों पर देय कर।
- **अच्चु वारि** : स्वर्ण या धातु के सिक्कों की ढलाई पर आरोपित कर अथवा शुल्क।
- **अच्चुकट्टु** : वर्षा से सिंचित भूमि।
- **आदिराय-प्पत्तम** : पशुओं पर कर।
- **अल-नेल, अनेल** : धान के रूप में देय कर।
- **अल-वरि** : जनगणना कर या चुनाव कर।
- **अलु** : विभिन्न प्रकार के बाजार कर या पण कर अथवा तहेबाजारी।

- **अर्यच्चि :** लेन-देन की देखरेख पर देय कर।
- **अर्रकर-त्तेवइ :** नदी-बाँधों की मरम्मत करने के लिए आरोपित कर।
- **अट्टगम् :** भूमि विभाजन या भूखंडों में भूमि विभाजन।
- **अट्टगत्तर :** कृषि भूमि के बटाईदार।
- **अत्तुक-इराय :** भेड़ों पर आरोपित कर।
- **आलमंजि :** इस व्यवस्था के अनुसार जिन किसानों की जमीनें जल-स्रोतों के बहुत निकट थीं उन्हें जल-आपूर्ति के बदले नदी-नालों को गहरा करने या तल में पड़ी रेत-मिट्टी हटाने के लिए एक निर्धारित दर या मजदूरी पर श्रम करना पड़ता था।
- **इचोरू :** सार्वजनिक कर्मचारियों और बँधुआ मजदूरों को भोजन की आपूर्ति और मुफ्त भोजन की आपूर्ति करने या उसके बदले कर देने का दायित्व।
- **इडइ-प्पत्तम् :** चरवाहों या पशुपालकों पर कर।
- **इडैयर-वरि :** भेंड़पालकों पर कर।
- **इडंगै :** शाब्दिक अर्थ ''वाम पर्श्ववाले''– जो चोल और विजयनगर साम्राज्य में कारीगरों और दस्तकरों का एक वर्ग था।
- **इडरिगै-वारि :** इंडंगै समुदाय या वामपार्श्वी समुदाय के वर्गों अर्थात् कारीगरों एवं दस्तकारों द्वारा देय कर।
- **इलंरिगै-पुंजै :** ताड़ी निकालने वाला पर कर।
- **इलंजनै-प्पेरु :** आलेख या दस्तावेजों पर शाही मुद्रा अंकित करने का शुल्क।
- **इरै :** शासन को देय करों, भू-राजस्व और राजस्व के विभिन्न स्रोतों से अर्जित आय को इंगित करने वाला सामान्य शब्द।
- **इरैयिलि :** एक कर-मुक्त या भू-राजस्व मुक्त स्वतंत्र भूधृति।
- **इरंकोल्लि :** धोबियों द्वारा देय कर।
- **इरुपू-विलैयुम-निलम् :** ऐसी भूमि जिसमें दो फसलें उगाई जा सकें।
- **उदैयान् :** स्वामी या दखलदार। जब ग्राम के नाम के पूर्व इस शब्द का प्रयोग किया जाए तो इसका अर्थ था उक्त ग्राम का भू-स्वामी।
- **उल्गु :** सीमाशुल्क।
- **उर-कलम् :** उर की खलिहान भूमि।
- **उरक्कमै :** ग्राम सभा को देय कर एवं अन्य दायित्व।
- **उर :** गैर-ब्राह्मण ग्रामों की सभा। **उर** के अन्य शब्द-रूप **उर, *उरि*, उरु** आदि हैं। **उरु** संभवतः गैर-संस्कृत कन्नड़ प्रत्यय (बाद में जोड़ा जाने वाला शब्द) है, जिसका अर्थ है–बसा हुआ स्थान या कस्बा। यह शब्द गैर-***ब्रह्मदेय*** ग्रामों में प्राप्त **पुर** सभा का प्राकृत भाषा रूप भी हो सकता है, जो ग्राम की जमीनों पर सरकार द्वारा आरोपित करों को अदा करने के लिए उत्तरदायी थी।
- **एन्ने :** तेल व्यापार पर आरोपित कर।
- **एक्कं दमई :** हल पर कर।
- **एरि-अयम् :** तालाब में मछली पकड़ने से प्राप्त आय।
- **ओरुपु-विलैयुम-निलम् :** एक फसली भूमि।
- **कडैप्पु :** ऐसी भूमि जिस पर केवल अंतिम फसल ही उगाई जाती हो अर्थात् एक-फसली।
- **कडमै ऊलियर :** बँधुआ मजदूर या कृषिक दास।
- **कड़मै :** केन्द्रीय सरकार को उपज के रूप में देय भू-राजस्व को इंगित करने वाला शब्द।
- **कविनैक्कुड़ि :** कृषि कार्यों के लिए रखे गए भाड़े के मजदूर।
- **कालीनक्कुलम् :** धान के खेत में स्थित तालाब।
- **कणि :** भूमि पर आनुवंशिक अधिकार।
- **कणिक्काय :** राजा और उच्च अधिकारियों को देय पारंपरिक भेंट और उपहार।
- **कणियालर :** जिनके पास ***कणियात्वी*** अर्थात् भूमि, भू-संपत्ति, शासकीय पदों पर आनुवंशिक अधिकार प्राप्त हो।
- **कप्प :** कन्नड़ शब्द जिसका अर्थ महसूल या चुंगी।
- **करैयीडु :** समय-समय पर भूमि के पुनर्वितरण की व्यवस्था।
- **करनमै :** खेती करने का अधिकार और उसके लिए देय कर।
- **करिय-वयच्चि :** लेन-देन की देखरेख के लिए देय कर।
- **कर्त्तिगै-क्कसु :** ***कर्त्तिगै*** के माह अर्थात् फसल के दौरान जिन्स या उपज के रूप में देय कर।
- **करुवि-पनम् :** उपकरणों पर नकदी के रूप में देय कर, संभवतः नाइयों द्वारा कर।
- **करुवि-कड़मै :** सिक्कों के रूप में देय कर।
- **किल-इरै :** लघु या छोटे कर।
- **किलमै :** ग्राम में भूमि का स्वामी या उसका अधिकारी अथवा कब्जेदार।
- **किलव्ण, किलवन् :** भू-स्वामी या कब्जेदार। जब

ग्राम के नाम के पूर्व इस शब्द का प्रयोग किया जाए तो इसका अर्थ था उक्त ग्राम का भू-स्वामी।

- **किलवर :** ग्राम का मुखिया या ग्राम के परिवारों के अग्रज या बुजुर्ग व्यक्ति।
- **किलावारम् :** उपज में हिस्सा।
- **किरुकुल :** व्यापारिक कर या खुदरा माल पर आरोपित चुंगी।
- **कोडै-वडैक्कय :** बिक्री के लिए लाई गई सुपारी या पुंगीफल पर कर।
- **कोलु :** हलधर बटाइदारों पर कर।
- **कोट्टम :** जिला या जिला उपखंड के लिए प्रयुक्त तमिल शब्द। इसको कभी-कभी *राज्य* के एक संभाग के रूप में उल्लिखित किया गया, जिसे ***नाडु, कोट्ट*** और ***कोट्टै,*** जिसके अर्थ हैं किला, के रूप में उपविभाजित किया गया। ***कोट्ट विषय*** नामक एक अन्य शब्द है जिसका अर्थ है जिला या किले के चारों ओर बसा हुआ *विषय* अथवा ऐसा जनपद जिसका मुख्यालय किले के अंदर हो। ***कोटक*** शब्द का भी यही अर्थ है।
- **कुडि-मक्कल :** खेती करनेवाले काश्तकार या बटाईदार।
- **कुडिक्कानि :** कृषक-दासों के समतुल्य **कुडियों** का भूमि पर खेती करने का स्थायी और कभी भी उससे वंचित न किया जाने वाला अधिकार।
- **कुडिमै :** भूमि कर के अतिरिक्त देय अन्य सभी कर और शुल्क।
- **कुडिमरामत :** सिंचाई और जल निकास स्रोतों की मरम्मत, जिसे स्थानीय परंपरा के अनुसार ग्रामीण समुदाय के संयुक्त श्रम द्वारा निष्पादित किया जाता था।
- **कुडिनीक्कि :** भूमि से बेदखल किए गए काश्तकार।
- **कुडिरै-वरि :** घोड़ों या अश्वपालन पर आरोपित कर।
- **कुडिवारम् :** भूमि की उपज या फसल में **कुडियों** (कृषक दासों के समतुल्य) का हिस्सा।
- **कुडिविलै :** कृषक या काश्तकार।
- **कुलम् :** जल तड़ाग।
- **कुर्रम :** तमिल में ***जिला*** और उसके उपखंड के लिए प्रयुक्त शब्द। कभी-कभी इसे नाडु या केवल **नाडु** के एक अंग के रूप में उल्लिखित किया जाता है।
- **कुर्ररिसि :** मंदिरों के खेतों में पैदा धान का भूसी या छिलका उतारने का दायित्व।
- **कुट्टगै :** एक ऐसी भूधृति जिसे वार्षिक किराए पर पट्टे में दे दिया गया हो। संबंधित भूमि के पट्टे की धनराशि पिछले वर्षों के औसत उत्पादन के आधार पर निर्धारित की जाती थी। इसे ***उलव कणियाक्षि*** भी संबोधित किया जाता था।
- **गणभोग :** कुछ लोगों की सामूहिक स्वामित्व वाली भूधृति; एक या अनेक ग्रामों पर विविध लोगों का सामूहिक स्वामित्व।
- **चक्र-कनिक्कय :** कुम्हारों द्वारा देय व्यावसायिक कर।
- **चित्रंलि (सित्तिरमेलि) :** कृषकों का एक संगठन, ***बेल्लालों*** का कृषि निगम, जिसका प्रतीक-चिन्ह हल था, अपनी भूमि की सीमा चिन्हित करने के लिए हल प्रतीक-चिन्ह युक्त सीमा-प्रस्तरखंड।
- **जल्सूत्र :** जलयंत्रों का अभियंता या इंजीनियर।
- **तलैवचचानरार :** भूमि की सिंचाई की व्यवस्था के लिए जिन व्यक्तियों का दायित्व हो।
- **तंगल :** सिंचाई के लिए प्रयुक्त तालाब।
- **तणियूर :** सामान्यतः ब्राह्मणों की स्वतंत्र बस्ती। बर्टन स्टीन के अनुसार, इस शब्द का अर्थ कोई 'केन्द्रीय स्थान' है।
- **तरिप्पुडवै :** कपड़े के रूप में देय करघों पर कर।
- **तत्त-ओलि :** धातुकर्मियों या लोहार कारीगरों की कार्यशालाओं पर आरोपित कर।
- **तत्तर-पत्तम् :** स्वर्णकारों पर कर।
- **तिडल :** बंजर भूमि।
- **तिनै :** भौगोलिक विशेषताओं के अनुसार, मानव-प्राकृतिक स्थितियों के आधार पर विभाजित तमिलकम् के पाँच भाग या क्षेत्र।
- **तोनिक्कडमै :** नावों पर आरोपित कर।
- **तोट्टपुरम् :** उपवन भूमि से अर्जित कर।
- **दलवाय-अग्रहार :** सैनिक सेवा के लिए प्रदत्त ग्राम अनुदान।
- **दलवृत्ति :** सेना की देखरेख और रख-रखाव के लिए प्रदत्त भूमि अनुदान।
- **दानप्पुरम् :** दान कार्यों के लिए पृथक् रूप से रखी गई भूमि।
- **दसबंध :** इस शब्द की विभिन्न सदंर्भों और अर्थों में व्याख्या की गई है, जैसे कि (*i*) सिंचाई के उद्देश्य से तालाबों और कुओं की मरम्मत के लिए भू-राजस्व का पृथक् रूप से रखा गया दसवाँ अंश; (*ii*) ऐसी कृषि भूमि जिसकी आय उपर्युक्त पृथक् रूप से रखी गई धनराशि के बराबर हो; (*iii*) कुओं और तालाबों से

सिंचित जमीनों से इस जलस्त्रोतों की मरम्मत कराने वाले व्यक्ति द्वारा उपज का दसवाँ भाग वसूल करने का अधिकार; (*iv*) तालाब आदि जैसे जलस्त्रोत की मरम्मत और उसकी देखरेख के लिए कर या उपकर अथवा उक्त सिंचाई साधनों की व्यवस्था के लिए करमुक्त अथवा वास्तविक भूमिकर का केवल दसवाँ भाग देय भूमिकर वाली भूमि का अनुदान।

- **दसबंध या कट्टु कोडये :** एक ऐसी भूधृति जिसमें सिंचाई के लिए तालाब खुदवाने और पूर्णत: निर्मित कराने वाले व्यक्ति को, उसके द्वारा ही निर्मित तालाब, नहर या कुएँ द्वारा ही सिंचित भूमि का एक खंड कर-मुक्त भूमि अनुदान के रूप में प्रदान किया गया हो।
- **नाड, नाडु :** एक जिला, जिले की सभा, व्यावसायिक संगठन और जिले के दस्तकारों या व्यापारियों की ***श्रेणी*** या ***निगम***, एक प्रदेश, प्रादेशिक संभाग, **नाडु** नामक संभाग के प्रशासनिक मामलों की व्यवस्था करने वाली स्थानीय सभा। अधिकांश मामलों में **नाडु** पाँच से बीस ग्रामों को शामिल करके गठित स्थानीय प्रदेश या नाडु क्षेत्र की सभा थी।
- **नाडु-कवल :** ***नाडु*** की आंतरिक सुरक्षा या पुलिस कार्य।
- **नगर :** शहर, एक वाणिज्य श्रेणी, एक व्यापारिक नगर, कन्नड़ अभिलेखों में ***नकर*** या ***नखर*** के रूप में उच्चारित। तेलुगु अभिलेखों में इस शब्द को ***सभा*** और ***उर*** जैसी प्रादेशिक सभाओं को इंगित करने के लिए प्रयुक्त किया गया है। कभी-कभी इस शब्द का प्रयोग **सालेयनगरत्तम्** जैसे व्यावसायिक समूहों को इंगित करने के लिए प्रयुक्त किया गया है। विल्सन के अनुसार, ***नगर*** शब्द की व्युत्पत्ति संस्कृत के ***नग*** शब्द से हुई है जिसका अर्थ है पर्वत। इस शब्द का अर्थ हल भी है, जो कृषि करने और तदुपरांत बस्ती बसाने का आभास देता है।
- **नांजे :** कृत्रिम सिंचाई साधनों से युक्त सिंचित और चावल की खेती के योग्य भूमि।
- **नात्तार :** भू-स्वामी।
- **नत्तु-विनियोगम् :** नाडु की सभा को देय व्यक्तिगत अंशदान।
- **नायकवाडी :** खड़ी फसलों की सुरक्षा के लिए नियुक्त चौकीदार।
- **नेल्ल-आयम् :** धान के रूप में देय भू-राजस्व या कर।
- **निलै-पड़ै :** सैनिक उपनिवेश।
- **नीर-निलै-क्कासु :** तड़ाग शुल्क।
- **नीर-निलम् :** सिंचित धान भूमि।
- **नीरु-नेल, नीर-नेल :** तालाब, नहर, कुएँ आदि के जल से सिचिंत निचली जमीन, जिसे प्राय: सिंचित और सर्वाधिक बहुमूल्य भूमि माना जाता था।
- **पडैपरु :** सैनिक भू-क्षेत्र।
- **पडवार :** भू-संपत्ति के हस्तांतरण के लिए देय शुल्क, हस्तांतरण शुल्क।
- **पंचुप्पिलि :** कपास पर कर।
- **पंगु :** हिस्सा, विशेषत: साझी भू-संपत्ति में एक व्यक्ति (सदस्य) के हिस्से का निर्धारण।
- **पन्नीवीसा :** एक ऐसी भूधृति जिसमें भूमि-अनुदान प्राप्तकर्ता भू-राजस्व के चौथाई भाग का उपभोग करता था।
- **परसवक-काणि :** एक सैनिक भूधृति।
- **पसिप्पत्तम् :** मछली पकड़ने पर कर।
- **पत्ति-त्तंडम् :** ग्राम पर दंडात्मक कर।
- **पोन-वरि :** स्वर्ण या धन पर कर।
- **पुलत्तिर-कुलम् :** खेत या कृषि-क्षेत्र में तालाब।
- **पुंजय :** कृत्रिम सिंचाई के साधनों से विहीन सूखी भूमि। ऐसी भूमि पर उगाई गई फसलों को ***पुणपयिर*** कहा जाता था।
- **पुखु :** भू-राजस्व।
- **बाड :** कस्बा, ग्राम या परगने के समतुल्य क्षेत्रीय इकाई के लिए प्रयुक्त कन्नड़ शब्द।
- **बिल-आनुवृत्ति :** राजा के अधीनस्थ कर्मचारियों के भरण-पोषण के लिए प्रदत्त जागीर।
- **बित्तुवत :** तालाबों द्वारा सिंचित भूमि से प्राप्त उपज का एक अंश उस व्यक्ति को दे दिया जाता था, जिसने तालाब का निर्माण या उसकी मरम्मत कराई हो।
- **मगंमै :** व्यक्ति कर।
- **महाजनपद :** किसी निर्वाचित प्रशासन नामजद मुखिया या राजा के शासनाधीन जनजातीय बस्तियों का संघ, जो जनजातीय बस्तियों से संगठित राज्य के रूप में परिवर्तन के चरण का द्योतक था।
- **मनवारि :** वर्षा से सिंचित भूमि।
- **मण्डल :** एक प्रशासकीय इकाई, जिला या प्रांत। दक्षिण भारतीय अभिलेखों में इस शब्द का प्रयोग अनेक ***कोट्टमों वलनाडुओं*** को मिलाकर गठित एक प्रांत के अर्थ में किया जाता था। कभी-कभी ***मण्डल*** को ***विषय*** से बड़ी और कहीं-कहीं उससे छोटी इकाई के रूप में उल्लिखित

किया जाता था। कभी ***मण्डल*** में ***विषय*** को शामिल बताया गया, पर कभी-कभी ***मण्डल*** और ***विषय*** को समतुल्य माना गया। कहीं-कहीं ***मण्डल*** को ***विथि*** या उपखंड से छोटा माना गया तो अन्यत्र इस शब्द का किसी देश या राज्य के रूप में व्यापक अर्थों में प्रयोग किया गया जैसे कि ***कोण-मण्डल***, ***अवनि-मण्डल*** या देस भी कहा गया। प्रस्तुत संदर्भ में ***मण्डल*** का अर्थ साम्राज्य या प्रदेश है।

- **मण्डलम्** : एक प्रादेशिक संभाग।
- **मत्तुक्करै** : पशुओं या पशुपालन पर कर।
- **मेलवारम्** : भू-स्वामी का सर्वाधिकारत्व जिसके अनुसार वह बटाईदारों से भूमि से प्राप्त आय में हिस्सेदारी करता है।
- **मुत्ता-आल** : सतत् या स्थायी बेगार।
- **मुत्तवनम्** : संभवत: मोतियों के विक्रय पर कर।
- **वड, वाडा: पाटक** या **वाटक** का भ्रष्ट रूप, जिसके अर्थ हैं ''ग्राम का एक भाग।'' कुछ बोलियों में यह शब्द ग्राम द्योतक है, जिसे प्राय: स्थानों के नामों के बाद प्रत्यय की भाँति जोड़ा जाता था।
- **वगैंड-कासु** : भूमि का विवरण लिखने के लिए देय नकद शुल्क।
- **वलनाडु** : प्रांत अथवा ***कुर्रम*** या ***नाडु*** नामक उपखंडों को शामिल करके गठित जिला।
- **वलंगै** : ''दक्षिण पार्श्वी'', चोल और विजयनगर युग के कारीगरों और दस्तकारों का एक वर्ग।
- **वारम्** : भूमि से प्राप्त आय का भू-स्वामी और बटाईदारों के मध्य बँटवारा। इस व्यवस्था को *वारम्* व्यवस्था कहा जाता था।
- **वरि** : चोल अभिलेखों में कर के लिए सर्वाधिक रूप से प्रयुक्त शब्द।
- **वर्तनी** : एक जिला, कलिंग प्रदेश में जिले के नामों के बाद प्राय: प्रयुक्त होने वाला शब्द।
- **वसल-पनम्** : राजप्रासाद को देय नियतकालिक शुल्क।
- **वातित, वानित** : परगना जैसी छोटी प्रादेशिक इकाइयों के लिए प्रयुक्त कन्नड़ शब्द।
- **वायक्कल** : जलमार्ग।
- **वेलि-चेनु** : तुलनात्मक रूप से ऊँचाई पर स्थित भूमि, जो पूर्णत: वर्षा पर आश्रित थी और जिसे 'शुष्क भूमि' कहा जाता था।
- **वेलि** : भूमि का एक माप, जो संभवत: छ: एकड़ के बराबर होता था।
- **वेल्लाल** : तमिलनाडु का एक प्रमुख कृषक समुदाय।
- **वेट्टि** : संस्कृत के ***विष्टि*** के समतुल्य अर्थात् बँधुआ मजदूरी या बेगार।
- **विलै** : कृषि योग्य या कृषि की जा रही भूमि।
- **शुरिक** : संस्कृत शब्द ***शुल्क*** अर्थात् चुँगी के समान।
- **सभा** : ब्राह्मण: भू-स्वामियों द्वारा गठित ***ब्रह्मदेय*** ग्राम की सभा।
- **सद्कट्टु-पत्तम्** : वेश्याओं द्वारा देय शुल्क।
- **संधिविग्रह-प्पेरु** : ग्रामीण मध्यस्थों को देय शुल्क या पारिश्रमिक।
- **सेतिय-इड़ै** : व्यापारियों कर कर।
- **स्वामि-वारम्** : भू-स्वामी का हिस्सा।
- **क्षेत्र** : भूमि या भू-संपत्ति, जो पारंपरिक रूप से किसी पवित्र स्थान को इंगित करती है।

प्राचीन भारत के स्मरणीय व्यक्ति

1. अग्निमित्र

अग्निमित्र पुष्यमित्र शुंग का पुत्र था। 149 ई॰पू॰ में वह शासक बना। शासक बनने के पूर्व अग्निमित्र नर्मदा प्रदेश का उपशासक था। उपशासक रहते हुए अग्निमित्र ने विदिशा को नर्मदा की राजधानी बनाया। कालिदास के प्रेमकाव्य 'मालविकाग्निमित्रम्' का नायक यही अग्निमित्र है। पुराणों के अनुसार अग्निमित्र ने 8 वर्ष तक शासन किया।

2. अजातशत्रु

अजातशत्रु मगध के शासक बिम्बिसार का पुत्र और बिम्बिसार के बाद 493 ई॰पू॰ से 461 ई॰पू॰ तक मगध का शासक था। अजातशत्रु ने मगध का काफी विस्तार किया। उसने वैशाली को जीता तथा प्रसेनजित को पराजित कर काशी को मगध में सम्मिलित कर लिया। बाद में कोसल राजकुमारी से विवाह कर उसे भी मगध राज्य में मिला लिया। अजातशत्रु ने गंगा और सोन के संगम पर पाटलिग्राम में किला बनवाया और *पाटलिपुत्र* की नींव रखी। महात्मा बुद्ध और महावीर, अजातशत्रु के समकालीन थे। अजातशत्रु के शासनकाल में ही 483 ई॰पू॰ में बौद्धों की प्रथम संगीति हुई। अजातशत्रु को *'कूणिक'* भी कहा जाता है।

3. अमोघवर्ष

अमोघवर्ष, राष्ट्रकूट राजवंश का प्रतापी शासक था। उसने 814 ई॰ से 877 ई. तक शासन किया। अमोघवर्ष ने मान्यखेट

को राष्ट्रकूटों की राजधानी बनाया। अरब यात्री सुलेमान ने 851 ई॰ में अमोघवर्ष का उल्लेख *'बलहरा'* नाम से किया। वह एक शांतिप्रिय शासक था, इसलिए उसने युद्ध में अपना ध्यान नहीं लगाया। वह जैन धर्म का संरक्षक था।

4. अश्वघोष

बौद्ध भिक्षु और आचार्य अश्वघोष का जन्म ईसा की दूसरी शताब्दी में मगध में हुआ, किंतु बाद में वे महान् कुषाण राजा कनिष्क द्वारा संरक्षित होकर पेशावर में रहने लगे। वह एक महान् कवि, संगीतज्ञ, दार्शनिक, विद्वान् नाटककार एवं धार्मिक शास्त्रार्थ में कुशल बौद्धाचार्य था। अश्वघोष ने *'राष्ट्रपाल'* और *'सारिपुत्र प्रकरण'* नाटक की रचना की थी। उसने *'सूत्रालंकार'* नामक काव्य की भी रचना की। अश्वघोष ने गौतम बुद्ध के जीवन एवं शिक्षाओं को आधार बनाकर *'बुद्धचरित'* की रचना की। अश्वघोष ने कनिष्क के शासनकाल में आयोजित चतुर्थ बौद्ध संगीति की अध्यक्षता की तथा बौद्ध धर्म में *त्रिकायवाद* के सिद्धांत के अनुसार बुद्धत्व की प्राप्ति के लिए एक भिक्षु के लिए यह आवश्यक है कि यह धर्मकाय, संभोगकाय और निर्माणकाय–इन तीनों में से किसी एक का पालन करे।

5. असंग

असंग चौथी शताब्दी ईस्वी (गुप्तकाल) का प्रसिद्ध बौद्ध भिक्षु और आचार्य था। प्रसिद्ध बौद्ध भिक्षु वसुबन्धु, असंग के भाई थे। वसुबंधु, सम्राट् समुद्रगुप्त का मंत्री था। असंग ने 'योगाचार्य भूतिशास्त्र' नामक ग्रंथ की रचना की, जो बौद्ध के महायान सम्प्रदाय का आधारभूत ग्रंथ है।

6. आम्रकार्दव

आम्रकार्दव, प्राचीन भारत के योद्धाओं में अग्रगण्य है। दो गुप्त सम्राट चंद्रगुप्त द्वितीय (विक्रमादित्य) का सेनापति था। आम्रकार्दव्य ने सनकानिक महाराज को गुप्तों का सामंत बनाया तथा पश्चिमी मालवा और काठियावाड़ के शकों का उन्मूलन करने में सम्राट का सक्रिय सहयोगी बना। आम्रकार्दव बौद्धमतावलम्बी था।

7. आर्यभट्ट

आर्यभट्ट एक प्रसिद्ध गणितज्ञ और ज्योतिषी था। आर्य-भट्ट का जन्म 476 ई॰ (गुप्त काल) में हुआ था। आर्यभट्ट ने 23 वर्ष की अल्पावस्था में ही 'आर्यभट्टीयम्' की रचना की। वह पाटलिपुत्र का रहने वाला था। आर्यभट्ट ने ही सर्वप्रथम यह सिद्धांत दिया कि पृथ्वी अपनी धुरी पर घूमती है, जिसके कारण दिन और रात होते हैं। कोपरनिकस के बहुत पहले ही आर्यभट्ट ने यह खोज की कि पृथ्वी सूर्य की परिक्रमा करती है। आर्यभट्ट ने यह जानकारी भी दी थी कि सौरमण्डल के सूर्य को छोड़कर अन्य ग्रहों तथा चंद्रमा का अपना प्रकाश नहीं होता और पृथ्वी तथा अन्य ग्रह वृत्ताकार पथ में सूर्य की परिक्रमा करते हैं।

8. आश्वलायन

आश्वलायन प्राचीन भारत के एक प्रख्यात सूत्रकार थे। उनका काल अब तक निश्चित नहीं हो पाया है। आश्वलायन ऋषि ने *'गृह्यसूत्र'* की रचना की थी, जिसमें वैदिक काल के विविध धार्मिक तथा सामाजिक अनुष्ठानों का विस्तृत वर्णन है। महाभारत का प्राचीनतम उल्लेख भी *गृह्यसूत्र* में ही मिला है। गृह्यसूत्र का रचनाकाल भी विवादास्पद है।

9. उपगुप्त

उपगुप्त, एक प्रसिद्ध बौद्ध भिक्षु था। उपगुप्त के पिता वाराणसी के एक व्यापारी (गंधी) थे। उपगुप्त, अशोक का धार्मिक गुरु था। अशोक ने उपगुप्त से प्रभावित होकर ही बौद्ध धर्म को अपना लिया था। अशोक के रुम्मिनदेई शिलालेख से यह जानकारी मिलती है कि अशोक ने उपगुप्त के साथ धार्मिक यात्राएँ कीं और बुद्ध के जन्म-स्थान तक गया।

10. एनिसाक्रिटस

ऐनिसाक्रिटस एक प्रसिद्ध यूनानी इतिहासकार था, जिसने भारत पर सिकन्दर के आक्रमण का विवरण लिखा है। सिकंदर के भारत-अभियान के समय वह सिकंदर के साथ 326 ई॰पू॰ में तक्षशिला तक आया था। एनिसाक्रिटस की रचना मूल रूप में उपलब्ध नहीं है, पर अन्य यूनानी इतिहासकारों ने अपने ग्रंथों में उसके ग्रंथ के विवरण उद्धृत किए हैं। भारतीय इतिहास के अध्ययन में एनिसाक्रिटस के विवरण का काफी महत्व है।

11. कनिष्क

कनिष्क, कुषाणवंश का सर्वाधिक ख्यातिप्राप्त शासक था। कुषाणवंश की स्थापना *कडफिसस प्रथम* ने की थी। कनिष्क का शासनकाल 78 ई॰ में आरंभ होता है। कनिष्क की राजधानी *पुरुषपुर* अथवा *पेशावर* थी। कनिष्क के अनेक प्रकार के सिक्के मिलते हैं, जिन पर जरथुस्ट्र, यूनानी राजा तथा देवता, मिहिर और शिव, बुद्ध आदि देवताओं के चित्र अंकित हैं। कनिष्क ने कश्मीर में बौद्धों की चतुर्थ संगीति का आयोजन किया, जिसमें बौद्धत्रिपिटक का प्रामाणिक भाष्य तैयार किया गया। अश्वघोष, नागार्जुन, वसुमित्र आदि कनिष्क के संरक्षण प्राप्त भिक्षु थे। चरक, कनिष्क का राजवैद्य था। भारत में गांधार कला का विकास कनिष्क के काल में ही

हुआ। उसने पेशावर का स्तूप बनवाया, कश्मीर में अपने नाम का नगर बसाया। भारतीय कला, संस्कृति तथा सभ्यता के विकास में कनिष्क का योगदान महत्वपूर्ण है।

12. करिकाल

चोलों के ज्ञात प्रामाणिक राजाओं में सबसे पहला राजा करिकाल ही था। उसका शासनकाल 100 ई॰ के आसापास माना जाता है। करिकाल ने कावेरी तट पर *'पुहार'* नामक नगर की स्थापना की तथा कावेरी नदी के तट पर 100 मील लम्बा एक बाँध बनवाया। प्रारंभिक चोलों का राजनीतिक उत्कर्ष करिकाल के समय ही हुआ।

13. कल्हण

कल्हण संस्कृत साहित्य के प्रख्यात रचनाकार थे। इनका काल 12वीं शताब्दी ई॰ माना जाता है। कल्हण ने *'राजतरंगिणी'* की रचना की, जिसमें कश्मीर के राजाओं का वृहत् वर्णन है। इस ग्रंथ में मौर्यों के संबंध में भी जानकारी मिलती है। कल्हण की रचना *'राजतरंगिणी'* ही प्रथम प्रमाणित ऐतिहासिक रचना मानी जाती है।

14. कामंदक

कामंदक, संस्कृत साहित्य के प्रसिद्ध रचनाकार थे। कामंदक राजनीति के बहुत बड़े पारखी थे। भारत के राजनीतिशास्त्रकारों में एक साथ अग्रगण्य हैं। कामंदक ने *'नीतिसार'* नामक ग्रंथ की रचना की, जो राजनीतिशास्त्र का प्रमुख ग्रंथ है।

15. कालाशोक

कालाशोक, नागवंश का प्रमुख शासक था। वह राजा शिशुनाग का उत्तराधिकारी था। मगध साम्राज्य की राजधानी गिरिव्रज से पाटलिपुत्र कालाशोक ने ही स्थानांतरिक की थी। कालाशोक ने अपने शासनकाल में 383 ई॰पू॰ में बौद्धों की *द्वितीय संगीति* का आयोजन किया और उसकी अध्यक्षता की। कालाशोक द्वारा बौद्ध संगीति का आयोजन वैशाली में किया गया।

16. कालिदास

कालिदास संस्कृत-साहित्य के नाटककारों और कवियों में सर्वश्रेष्ठ माने जाते हैं। उन्होंने *'अभिज्ञानशाकुंतलम्'*, *'रघुवंशम्'*, *'मालविकाग्निमित्रम्'*, *'विक्रमोर्वशीयम्'*, *'मेघदूतम्'*, *'ऋतुसंहारम्'*, और *'कुमारसंभवम्'* की रचना की। कालिदास को गुप्त सम्राट चंद्रगुप्त द्वितीय का दरबारी माना जाता है। कालिदास की रचना मालविकाग्निमित्रम् में शुंग राजा अग्निमित्र की कथा के वर्णन से ऐसा आभास होता है कि कालिदास गुप्त काल के पूर्व में ही हुए थे। कालिदास की रचनाएँ ऐतिहासिक दृष्टि से महत्वपूर्ण हैं।

17. कुमार घोष

कुमारघोष, एक प्रसिद्ध बौद्ध भिक्षु थे। कुमार घोष का मूल निवास-स्थान बंगाल था, पर बाद में वे जावा के शैलेंद्र राजवंश के धार्मिक गुरु बन गए। कुमारघोष ने अपनी आज्ञा से जावा में बोधिसत्व की पत्नी तारा का भव्य मंदिर बनवाया।

18. कुमारजीव

कुमारजीव एक धर्माचार्य था, जिसने बौद्ध धर्म का प्रचार चीन में जाकर किया। कुमारजीव का जन्म 344 ई॰ में हुआ था। कुमारजीव ने 401 ई॰ से 413 ई॰ तक चीन में बौद्ध धर्म का प्रचार किया। कुमारजीव ने 98 बौद्ध धर्मग्रंथों का चीनी भाषा में अनुवाद किया। फाह्यान कुमारजीव का ही शिष्य था, जिसने 405-11 में भारत की यात्रा की थी। कुमारजीव बौद्ध धर्म के महायान-सम्प्रदाय का अनुयायी था।

19. कुमारिल भट्ट

कुमारिल भट्ट एक प्रसिद्ध विद्वान् एवं भाष्यकार थे। उनका जन्म दक्षिण भारत में हुआ और उनका काल 7वीं सदी का उत्तरार्द्ध निर्धारित किया जाता है। कुमारिल भट्ट ने हिन्दुओं के धर्मसूत्रों पर भाष्य लिखा और भाष्यकार के रूप में उनकी सर्वाधिक प्रसिद्ध *पूर्वमीमांसा-दर्शन के भाष्य* को लेकर है। कुमारिल भट्ट ने आत्मा को नित्य बताया। उन्होंने बौद्ध धर्म तथा बौद्ध-दर्शन की प्रखर आलोचना की।

20. कौण्डिन्य

कौण्डिन्य एक भारतीय ब्राह्मण थे, जिन्होंने कंबोडिया में *कम्बुज देश* नामक राज्य की स्थापना की। कौण्डिन्य ने कंबोडिया के नागराज की पुत्री शोभा से विवाह कर लिया और दूसरी शताब्दी ईस्वी में कम्बुज राजवंश की स्थापना की। चीनी लोग कौण्डिन्य द्वारा स्थापित कम्बुज देश को फूनान कहते थे। कौण्डिन्य ने ही सिद्धार्थ को देखकर कहा था कि यह बालक या तो प्रतापी राजा बनेगा या अध्यात्म के क्षेत्र में कीर्ति स्थापित करेगा। उनकी भविष्यवाणी सही साबित हुई और सिद्धार्थ, गौतम बुद्ध के रूप में प्रसिद्ध हुए।

21. कौटिल्य

कौटिल्य तक्षशिला का एक ब्राह्मण था, जिसे *चाणक्य* और *विष्णुगुप्त* के नाम से भी जाना जाता है। चाणक्य मौर्य साम्राज्य के संस्थापक चंद्रगुप्त मौर्य का प्रधान अमात्य था। कौटिल्य ने *'अर्थशास्त्र'* नामक एक ग्रंथ की रचना की, जो संस्कृत-साहित्य में राजनीतिशास्त्र की सर्वाधिक प्रमुख रचना है। चाणक्य ने अपने ग्रंथ में राज्य-प्रशासन के लिए सभी प्रकार

के विषयों का सूक्ष्म और स्पष्ट विवरण प्रस्तुत किया है। कौटिल्य प्राचीन भारत का पहला ऐसा रचनाकार था, जिसने ब्राह्मणों के लिए भी समान दण्डसंहिता और नारियों के लिए पूर्ण स्वतंत्रता की वकालत की। उसने दासों को कृषि-कार्यों के लिए प्रेरित किया। कौटिल्य को भारत की राजनीति में सर्वाधिक कुटिल (कूटनीति मर्मज्ञ) व्यक्ति कहा जाता है। चाणक्य या कौटिल्य कुटिल राजनेताओं के लिए एक उपाधि बन गई है।

22. खारवेल

खारवेल कलिंग का राजा था। खारवेल के संबंध में जानकारी हाथीगुम्फा अभिलेख से मिलती है। खारवेल का हाथीगुम्फा अभिलेख पुरी जिले में उदयगिरि पर निर्ग्रन्थों की एक गुफा पर अंकित है, जिससे पता चलता है कि खारवेल कलिंग का शासक था और निर्ग्रंथ का उपासक था। खारवेल ने मगध के राजा वहपति-मित (पुष्यमित्र शुंग) और सातवाहन राजा शातकर्णि को पराजित किया था।

23. घोषा

घोषा का नाम भारतीय नारियों में सम्मान के साथ लिया जाता है। घोषा ने भारतीय समाज की उन मान्यताओं को विध्वंश करते हुए कि नारियाँ शिक्षा के क्षेत्र में पिछड़ी हैं, शिक्षा के क्षेत्र में नारियों का सम्मान बढ़ाया। घोषा वैदिक युग की एक ब्रह्मवादिनी नारी थी। घोषा ने अनेक ऋग्वैदिक सूक्तों की रचना की।

24. चंद्रगुप्त द्वितीय

चंद्रगुप्त द्वितीय गुप्त साम्राज्य का तीसरा और सर्वाधिक प्रतिष्ठित शासक था। वह भारतीय नेपोलियन की संज्ञा से जाने जाने वाले समुद्रगुप्त का पुत्र और उत्तराधिकारी था। चंद्रगुप्त द्वितीय ने 375 ई० से 413 ई० तक शासन किया। चंद्रगुप्त द्वितीय प्रतापी और शक्तिशाली सम्राट था। अपनी महान् विजयों के उपलक्ष्य में उसने विक्रमादित्य की उपाधि धारण की और चंद्रगुप्त विक्रमादित्य कहलाया। कालिदास चंद्रगुप्त द्वितीय के ही दरबारी थे, जिन्होंने *अभिज्ञानशाकुंतलम्* नामक विश्वप्रसिद्ध नाटक की रचना की। कुमारजीव का शिष्य फाह्यान भी, जो 405 ई० से लेकर 411 ई० तक भारत में रहा, चंद्रगुप्त द्वितीय के समय ही आया था। चंद्रगुप्त द्वितीय विष्णु का उपासक था।

25. चंद्रगुप्त मौर्य

चंद्रगुप्त मौर्य, मौर्य साम्राज्य का संस्थापक था। उसने 322 ई०पू० से 298 ई०पू० तक (24 वर्ष) शासन किया। चंद्रगुप्त मौर्य ने चाणक्य की सहायता से अपने साम्राज्य को स्थापित किया था और उसी की नीतियों पर चलकर साम्राज्य-विस्तार भी किया था। 305 ई०पू० में चंद्रगुप्त मौर्य ने यूनानी राजा सैल्यूकस को पराजित किया और उससे काबुल, कन्धार हेरात और बलूचिस्तान के प्रदेश ले लिए। चंद्रगुप्त 18 वर्ष की अवस्था में राजसिंहासन पर बैठा। चंद्रगुप्त के दरबार में मेगस्थनीज एक यूनानी राजदूत के रूप में 6 वर्षों तक रहा और उसने '*इण्डिका*' की रचना की। मेगस्थनीज की 'इण्डिका' और कौटिल्य के 'अर्थशास्त्र' से चंद्रगुप्त की शासन-प्रणाली की जानकारी मिलती है।

26. चरक

चरक प्राचीन भारत का एक प्रसिद्ध चिकित्सक था। उसने चिकित्साशास्त्र और औषधि विज्ञान पर एक प्रसिद्ध पुस्तक '*चरकसंहिता*' की रचना की। चरक कुषाणशासक कनिष्क का समकालीन था। कनिष्क ने चरक को संरक्षण प्रदान किया था। चरक का समय 200 ई० के आसपास निर्धारित किया जाता है।

27. चार्वाक

भारतीय दर्शनशास्त्र के क्षेत्र में चार्वाक का नाम सुविख्यात है। चार्वाक ने भारतीय दर्शन की *भौतिकवादी व्याख्या* की। उसने ***लोकायत*** को समर्थन दिया। चार्वाक ने हिंदू दार्शनिकों के वेदों के प्रमाण-संबंधी मत का खण्डन किया और पुनर्जन्म के सिद्धांत को नकार दिया। चार्वाक ने एक ऐसे दर्शन का प्रतिपादन किया, जो यह कहता था कि 'अपने वर्तमान जीवन को सुख से व्यतीत करो-भौतिकतावादी बनो, क्योंकि एक बार शरीर के नष्ट हो जाने पर 'आत्मा' अमर नहीं रहती।

28. डियोडोरस

डियोडोरस एक प्राचीन यूनानी इतिहासकार था। उसने मौर्य काल और उसके पूर्व के संबंध में भारतीय विवरण लिखा है। मेगस्थनीज ने जिस 'इंडिका' की रचना की थी, वह अब मूलरुप में उपलब्ध नहीं है। उसके विवरणों का उद्धरण जिन इतिहासकारों ने अपनी रचनाओं में दिया था, उनमें डियोडोरस भी है। उसने मेगस्थनीज के विवरण को आधार बनाते हुए सिकन्दर के भारत-आक्रमण का इतिहास यूनानी भाषा में लिखा है।

29. डायोनिसियस

डायोनिसियस एक यूनानी दूत था, जो मौर्य काल में भारत आया था। डायोनिसियस को मिस्र के सम्राट् टॉलेमी फिलाडेल्फस ने जिसका काल 285 ई०पू० 247 ई०पू० है मौर्य साम्राज्य में दूत बनाकर भेजा था। उसके आगमन के समय मौर्य साम्राज्य का शासक बिन्दुसार था अथवा अशोक यह

निश्चित नहीं है, पर अशोक के 13वें शिलालेख में टॉलेमी का उल्लेख है।

30. तिस्स

तिस्स श्रीलंका का राजा था, जिसका शासनकाल 250 ई॰पू॰ 211 ई॰पू॰ था। तिस्स के शासनकाल में श्रीलंका को *सिंहलद्वीप* कहा जाता था। तिस्स के आमंत्रण मिलने पर ही राजकुमार महेंद्र (अशोक का पुत्र) श्रीलंका गया था। श्रीलंका जाकर महेंद्र ने बौद्ध धर्म का प्रचार किया था। तिस्स के अशोक के साथ बहुत ही अच्छे संबंध थे। तिस्स ने ही *अनुराधापुर* की नींव डाली और वहाँ बोधगया से ले जाकर बोधिवृक्ष लगाया, जो आज भी विद्यमान है। श्रीलंका में बौद्ध धर्म के प्रसार में उसका योगदान महत्वपूर्ण है।

31. तुषास्प

तुषास्प अशोक के समय गुजरात और काठियावाड़ का महामात्य था। काठियावाड़ और गुजरात को सौराष्ट्र भी कहा जाता था। तुषास्प को राजा की उपाधि भी प्राप्त थी। तुषास्प के संबंध में यह कहा जाता है कि वह एक ईरानी था और वह सम्राट अशोक की सेवा में नियुक्त हुआ था। उसने गिरनार के पास *सुदर्शन झील* का पुनर्निर्माण करवाया, जिसका निर्माण चंद्रगुप्त मौर्य के समय पुष्यगुप्त ने किया था। तुषास्प ने सुदर्शन झील का ऐसा पुनर्निर्माण करवाया कि उसके 400 वर्षों के बाद ही उसके जीर्णोद्धार की आवश्यकता महसूस की गई। रुद्रदामन ने 150 ई॰ में उसका जीर्णोद्धार करवाया।

32. तोरमाण

तोरमाण हूणों का नेतृत्वकर्ता था। उसने 500 ई॰ के आसपास भारत पर आक्रमण किया और मालवा पर आधिपत्य कायम किया। तोरमाण ने महाराजाधिराज की उपाधि धारण की। भारत में उसके प्रभुत्व का क्षेत्र नमक की पहाड़ी तथा मध्यभारत था। तोरमाण की प्रसिद्धि मिहिर कुल को लेकर भी है, जिसने 502 ई॰ के बाद हूणों का शासन संभाला। मिहिर कुल, तोरमाण का पुत्र था।

33. दण्डी

दण्डी संस्कृत-साहित्य का एक प्रकाण्ड विद्वान् था। वह एक सरस कवि प्रखर समालोचक, और गद्य-लेखक था। दण्डी की दो रचनाएं प्रसिद्ध हैं–*'काव्यादर्श'* और *'दशकुमारचरित'*। काव्यादर्श संस्कृत काव्यशास्त्र का प्रमुख ग्रंथ है और पूर्णतः पद्यबद्ध है। दशकुमारचरित गद्य में लिखा गया है और संस्कृत गद्य-काव्य का सर्वाधिक प्रसिद्ध प्रेमाख्यान है। दण्डी का समय छठी शताब्दी ई॰ निर्धारित किया जाता है।

34. दिङ्नाग

बौद्ध भिक्षुओं में दिङ्नाग का प्रमुख स्थान है। दिङ्नाग गुप्त काल का प्रसिद्ध बौद्ध भिक्षु था। वह चंद्रगुप्त द्वितीय विक्रमादित्य का समकालीन था, जिसका शासनकाल 380 ई॰ 415 ई॰ माना जाता है।

35. दिवोदास

ऋग्वेद में जिन प्रमुख राजाओं का उल्लेख हुआ है, उनमें दिवोदास भी है। दिवोदास आर्यों का राजा था। ऋग्वैदिक काल में दासों और दस्युओं से आर्यों को अनेक युद्ध करने पड़े थे। दिवोदास ने भी दासों के राजा संवरन से युद्ध किया था और विजय प्राप्त की थी।

36. देवदत्त

देवदत्त की ख्याति गौतम बुद्ध के चचेरे भाई और गौतम बुद्ध से अलग एक मत की स्थापना को लेकर है। कहा जाता है कि गौतम बुद्ध जब तपस्या कर रहे थे, तब देवदत्त ने उनके तप में बाधा पहुँचाई थी। जब ज्ञानप्राप्ति के बाद गौतम बुद्ध ने बौद्ध धर्म की स्थापना की, तब देवदत्त भी बौद्ध धर्म में शमिल हो गया। पर, बाद में बौद्ध धर्म से अलग होकर उसने एक अलग मत की स्थापना कर ली, जो गुप्त काल (चौथी सदी ईस्वी) तक चला। मगध के राजा अजातशत्रु ने बौद्ध और जैन धर्म के अतिरिक्त देवदत्त के संगठन को भी संरक्षण प्रदान किया था।

37. नागसेन

नागसेन एक प्रसिद्ध बौद्ध भिक्षु होने के साथ-साथ दर्शनशास्त्र का प्रकाण्ड विद्वान् था। मिनाण्डर अथवा मिलिन्द नामक यवन शासक को नागसेन ने ही बौद्ध मत से परिचित करवाया। मिनाण्डर ने नागसेन से कुछ सवाल किए और नागसेन ने उसका उत्तर दिया। मिनाण्डर और नागसेन का यह प्रश्नोत्तर *'मिलिन्द-पन्नों'* में सुरक्षित है, जिसे हिन्दी में *मिलिन्द का प्रश्न* कहा जाता है।

38. नागार्जुन

नागार्जुन एक प्रसिद्ध बौद्ध विद्वान् था। उसे कुषाण राजा कनिष्क का संरक्षतत्व प्राप्त था। उसका काल दूसरी शताब्दी ईस्वी माना जाता है। नागार्जुन ने दो प्रसिद्ध ग्रंथों की रचना की–*'सुहल्लेख'* और *'माध्यमकारिका'*। *'सृहल्लेख'* में बौद्ध धर्म के सिद्धांतों का वर्णन संक्षिप्त रूप में किया गया है, जबकि ***'माध्यमिककारिका'*** महायान सम्प्रदाय का आधारभूत महत्वपूर्ण ग्रंथ है। नागार्जुन ने ही *शून्यवाद* का प्रतिपादन किया था।

39. पतञ्जलि

पतञ्जलि व्याकरणशास्त्र के प्रकाण्ड विद्वान् थे। एक भाष्यकार के रूप में पतञ्जलि की ख्याति जगत्प्रसिद्ध है। पाणिनि ने संस्कृत व्याकरण के सूत्रों से संबद्ध ***'अष्टाध्यायी'***

की रचना की थी। उसी अष्टाध्यायी पर पतंजलि ने एक भाष्य लिखा, जो *महाभाष्य* कहलाया। पतंजलि पुष्यमित्र शुंग (दूसरी सदी ई०) के समकालीन थे।

40. पतञ्जलि

प्राचीन भारत में पतञ्जलि नाम के दो विद्वान् हुए हैं और दोनों ही संस्कृत के। इसलिए, कभी-कभी दोनों को एक ही मान लिया जाता है। पर, वैयाकरण पतंजलि और दार्शनिक पतंजलि अलग-अलग हैं। दार्शनिक पतञ्जलि ने ***'योगसूत्र'*** नामक ग्रंथ की रचना की, जो हिंदुओं के षड्दर्शनों में एक योगदर्शन का आधारभूत ग्रंथ हैं। उनका काल अनिश्चित है।

41. परमार्थ

परमार्थ एक प्रसिद्ध बौद्ध भिक्षु तथा विद्वान् था। परमार्थ ने 546 ई० से 569 ई० के बीच ***'वसुबंधुचरित'*** नामक एक प्रसिद्ध पुस्तक की रचना की। परमार्थ ने अपनी पुस्तक में चतुर्थ बौद्ध संगीति का वर्णन किया है, जिसका आयोजन कुषाण राजा कनिष्क ने कश्मीर में 150 ई० में किया था।

42. पाणिनी

प्राचीन भारत में दो पाणिनी भी हुए–एक वैयाकरण पाणिनी और दूसरे कवि पाणिनी।

वैयाकरण पाणिनि का समय चौथी शताब्दी ई०पू० निर्धारित किया जाता है। इन्होंने संस्कृत के आधारभूत व्याकरणग्रंथ *'अष्टाध्यायी'* की रचना की जो आज भी विश्व के व्याकरणग्रंथों में अन्यतम है। बाद में इसी ग्रंथ को आधार बनाकर अनेक वैयाकरणों ने अपनी टिप्पणियाँ लिखीं।

कवि पाणिनी का नाम संस्कृत कवियों में प्रसिद्ध है। उनकी कोई स्वतंत्र रचना तो उपलब्ध नहीं है, पर अनेक काव्यग्रंथों में उनकी कविताओं के उद्धरण मिलते हैं।

43. पार्श्वनाथ

जैनों के अब तक 24 तीर्थंकर हुए हैं। जैन तीर्थंकरों में तेईसवें तीर्थंकर पार्श्वनाथ थे और महावीर 24वें। पार्श्वनाथ का जन्म चौथी शताब्दी ई०पू० में बनारस के एक शाही परिवार में हुआ था। पार्श्वनाथ ने जैनों के पंचमहाव्रतों में से प्रथम चार–अहिंसा, सत्य, अस्तेय तथा अपरिग्रह का उपदेश दिया था। बाद में महावीर ने 'ब्रह्मचर्य' को पाँचवें व्रत के रूप में जोड़ा।

44. फाह्यान

फाह्यान एक चीनी तीर्थ-यात्री था, जो चंद्रगुप्त द्वितीय विक्रमादित्य के शासनकाल में भारत आया था। वह 405 ई० से 411 ई० के मध्य 6 वर्षों तक भारत में रहा। वह तीन वर्ष पाटलिपुत्र में तथा दो वर्ष तक्षशिला में रहा। फाह्यान ने गुप्तकालीन समाज, धर्म और राजनीति के संबंध में लिखा है। फाह्यान, विनयपिटक की प्रामाणिक प्रति प्राप्त करने के उद्देश्य से भारत आया था। फाह्यान कुमारजीव का शिष्य था, जिसने चीन में महायान बौद्ध धर्म का प्रचार किया था।

45. बाण

बाण, संस्कृत-साहित्य का एक प्रमुख कवि था। वह थानेश्वर और कन्नौज के पुष्यभूतिवंशीय शासक हर्षवर्द्धन का दरबारी था। बाण ने ***'हर्षचरित'*** और ***'कादम्बरी'*** नामक दो ग्रंथों की रचना की। बाण ने 'हर्षचरित' 620 ई० में लिखी, जिसमें हर्ष के शासनकाल के आरंभिक वर्षों का विवरण मिलता है। 'कादम्बरी' संस्कृत गद्य-साहित्य का प्रसिद्ध ग्रंथ है।

46. बादरायण

बादरायण का नाम सूत्रकारों में प्रमुख है। वैदिक साहित्य में ब्राह्मण ग्रंथों के रचनाकाल के बाद सूत्रकाल आता है। बादरायण ने *'ब्रह्मसूत्र'* की रचना की, जिसमें ईश्वर के स्वरूप का वर्णन है। आदिगुरु शंकराचार्य ने बाद में जिस अद्वैतवादी वेदान्त दर्शन की स्थापना की, उसका आधार बादरायण का 'ब्रह्मसूत्र' ही है।

47. बुद्धगुप्त

बुद्धगुप्त गुप्तवंश की मुख्य शाखा का अंतिम शासक था। बुद्धगुप्त ने विघटित हो रहे गुप्त साम्राज्य को अखण्डित बनाए रखने की भरपूर कोशिश की, पर उसकी मृत्यु के तत्काल बाद हूण राजा तोरमाण और मिहिरकुल ने लगातार आक्रमण कर गुप्त साम्राज्य को तहस-नहस कर दिया।

48. बृहस्पति

बृहस्पति प्राचीन भारत का एक प्रख्यात राजनीतिज्ञ तथा स्मृतिकार था। बृहस्पति ने एक स्मृति की रचना की थी, जिसे *'बृहस्पति स्मृति'* कहा जाता है। बृहस्पति स्मृति को गुप्तकालीन रचना माना जाता है, पर उसका मूल रूप उपलब्ध नहीं है। बृहस्पति-स्मृति अन्य ग्रंथों के उद्धरण के रूप में उपलब्ध है।

49. भद्रबाहु

भद्रबाहु जैनों के एक मुनि थे और जैनों का जब दो भागों में बंटवारा हुआ– दिगम्बर जैन और श्वेताम्बर जैन, तब भद्रबाहु ने दिगम्बरों का नेतृत्व किया। भद्रबाहु, श्रुत केवली जैन मुनियों में अंतिम और मौर्य सम्राट चंद्रगुप्त मौर्य के समकालीन था। भद्रबाहु के समय मगध में बारह वर्षीय भीषण अकाल पड़ा और सम्पूर्ण साम्राज्य में हड़कम्प मच गया। भद्रबाहु, चंद्रगुप्त मौर्य को लेकर कर्नाटक के श्रवणबेलगोला नामक स्थान पर चला गया। भद्रबाहु ने दक्षिण भारत में जैन धर्म का प्रचार

किया, जिसकी जानकारी 900 ई० के श्रीरंगपट्टम के अभिलेख से मिलती है। भद्रबाहु ने अनशन करके अपना शरीर त्याग दिया।

50. भर्तृहरि :

भर्तृहरि संस्कृत के एक प्रसिद्ध कवि थे। उनका समय सातवीं शताब्दी ई० के लगभग माना जाता है। भर्तृहरि कवि के अतिरिक्त वैयाकरण तथा तत्वज्ञानी थे। भर्तृहरि ने *'शतकत्रय'* की रचना की, जो नीति-संबंधी ग्रंथ माना जाता है। *'भट्टिकाव्य'* भी भर्तृहरि की ही रचना मानी जाती है।

51. भवभूति

भवभूति संस्कृत-साहित्य का प्रकाण्ड विद्वान् था। वह संस्कृत का दाक्षिणात्य कवि तथा नाटककार था। भवभूति ने *'उत्तररामचरित'* तथा *'मालती माधव'* की रचना की। भवभूति आठवीं सदी के उत्तरार्द्ध में शासन करने वाले कन्नौज के राजा यशोवर्मा का दरबारी कवि था।

52. भास

भास संस्कृत-साहित्य का विद्वान् था। उसे भारतीय नाटकों का प्रथम रचयिता माना जाता है। भास ने तेरह नाटक लिखे, जिनमें *'चारुदत्त'*, *'प्रतिमा'* और *'स्वप्न वासवदत्ता'* प्रमुख है। भास के नाटकों का लोप हो गया था, पर केरल के गणिपति शास्त्री ने बीसवीं सदी में इन रचनाओं को फिर से ढूंढ़ निकाला।

53. भूमक

भूमक महाराष्ट्र में क्षहरात कुल का पहला क्षत्रिय था। भूमक ने अपनी राजधानी *नासिक* को बनाया था। भूमक के शासनकाल की निश्चित जानकारी नहीं मिलती, पर सिक्कों से उसके शासन के संबंध में जानकारी मिलती है। प्रथम शताब्दी ईस्वी के आसपास उसका समय निश्चित किया जाता है।

54. भृगु

भृगु प्राचीन भारत के एक ऋषि थे। उन्होंने धर्मशास्त्र की रचना की थी। कहा जाता है कि मानव-धर्मशास्त्र अथवा मनुस्मृति की रचना इन्हीं भृगु ने की थी। भृगु का समय 200 ई०पू० से 200 ई० के बीच निश्चित किया जाता है। मनुस्मृति हिंदुओं का पहला संविधान कहलाता है, जिसमें हिंदुओं के जीवन में संबंधित विभिन्न नीतियों एवं नियमों का विशद वर्णन है।

55. मिहिरकुलः

मिहिरकुल हूणों का राजा था, जो तोरमाण का पुत्र और उत्तराधिकारी था। मिहिरकुल बड़ा अत्याचारी था और उसने बौद्धों का क्रूरतापूर्वक दमन किया। मिहिरकुल ने अपनी राजधानी पंजाब में साकल अथवा सियालकोट में स्थापित की थी। मिहिरकुल ने भारत पर लगातार आक्रमण किया और तब तक आक्रमण किया, जब तक कि 528 ई० में मगध के राजा बालादित्य और मंदसौर के राजा यशोवर्मन ने मिलकर उसे पराजित कर भगा नहीं दिया।

56. विशाखदत्त

विशाखदत्त संस्कृत-साहित्य का एक प्रकाण्ड विद्वान् था। उसने *'मुद्राराक्षस'* नामक नाटक की रचना की, जिससे मौर्य-साम्राज्य की जानकारी मिलती है। विशाखदत्त का अब तक सही-सही काल-निर्धारण नहीं हो पाया है। 'मुद्राराक्षस' में चाणक्य की सहायता से चंद्रगुप्त द्वारा नंदराजा को पराजित किए जाने का वर्णन है।

57. शूद्रक

शूद्रक संस्कृत के मूर्धन्य नाटककार थे। उन्हें राजा भी कहा जाता है। उन्होंने *'मृच्छकटिक'* नामक एक संस्कृत नाटक की रचना की, जिसे हिन्दी में मिट्टी की गाड़ी कहा जाता है। मृच्छकटिक में गुप्त काल का वर्णन मिलता है। मृच्छकटिक का संस्कृत नाटकों में वही स्थान है, जो अंग्रेजी नाटकों में शेक्सपियर के नाटकों का। मृच्छकटिक और शूद्रक का काल छठी सदी ई० के आसपास निर्धारित किया जाता है।

58. मेगस्थनीज

मेगस्थनीज एक यूनानी राजदूत था, जो मौर्य सम्राट् चंद्रगुप्त मौर्य के दरबार में आया था। मेगस्थनीज को सैल्यूकस निकेटर ने 302 ई०पू० में दूत बनाकर मौर्य-दरबार में भेजा था। मेगस्थनीज 6 वर्षों तक चंद्रगुप्त के दरबार में रहा और उसने तत्कालीन भारतीय समाज, धर्म और राजनीति का अध्ययन कर *'इण्डिका'* नामक एक पुस्तक की रचना की। *'इण्डिका'* अब मूलरूप में उपलब्ध नहीं है, पर बाद के यूनानी इतिहासकार एरियन, डियोडोरस आदि ने 'इण्डिका' के संदर्भों को अपने ग्रंथों में उद्धरण के रूप में प्रस्तुत किया है। भारत के तिथिवार इतिहास की शुरुआत मेगस्थनीज के वर्णन से ही होती है। आधुनिक काल में इतिहासकार मैक्रिण्डल ने मेगस्थनीज की 'इण्डिका' को संकलित किया है।

59. मेघवर्ण :

मेघवर्ण सिंहलद्वीप का राजा था। सिंहलद्वीप श्रीलंका को कहा जाता है। मेघवर्ण का समय वही था, जो गुप्त सम्राट समुद्रगुप्त का। मेघवर्ण ने बोधगया में एक भव्य विहार बनवाया। समुद्रगुप्त की प्रयाग प्रशस्ति में इस बात का स्पष्ट उल्लेख है कि सिंहल राजा ने उसके लिए आदर-सूचक उपहार भेजा था।

60. मोग्गलिपुत्त तिस्स

मोग्गलिपुत्त तिस्स एक बौद्ध भिक्षु था, जो सिंहली जाति का था। श्रीलंका में लिखे गए बौद्ध ग्रंथ महावंश के अनुसार, मोग्गलिपुत्त तिस्स ने ही मौर्य सम्राट अशोक को बौद्ध धर्म में दीक्षित करवाया। मोग्गलिपुत्त तिस्स ने अशोक द्वारा पाटलिपुत्र

में आयोजित तृतीय बौद्ध संगीति की अध्यक्षता की। कभी-कभी तिस्स की समता उपगुप्त से भी स्थापित कर दी जाती है, पर मोग्गलिपुत्त तिस्स, मौद्गलायन का पुत्र था।

61. यास्क

यास्क प्राचीन भारत का एक महान् दर्शनशास्त्री था। यास्क ने *'निरुक्त'* की रचना की, जो भारत के छह वेदांगों में से एक है। यास्क का समय निश्चित नहीं है, पर उसे प्रसिद्ध वैयाकरण पाणिनी के पूर्व का ही माना जाता है।

62. राज्यश्री

राज्यश्री, थानेश्वर के राजा प्रभाकरवर्द्धन की पुत्री और सम्राट हर्षवर्द्धन की बहन थी। राज्यश्री मौखरि शासक ग्रहवर्मा की पत्नी थी, जो गौड़शासक शशांक द्वारा मारा गया। राज्यश्री का बड़ा भाई राज्यवर्द्धन था, जो राज्यश्री को बचाने के क्रम में शशांक द्वारा मार डाला गया। बाद में हर्षवर्द्धन ने राज्यश्री को ढूंढ़ निकाला और कन्नौज पर अपना आधिपत्य कायम किया। हर्षवर्द्धन ने हमेशा अपनी बहन राज्यश्री से राजकाज में परामर्श लिया, जिसकी जानकारी ह्वेनसांग के विवरण से मिलती है।

63. वाराहमिहिर

प्राचीन भारत के खगोलशास्त्रियों में वाराहमिहिर का नाम अग्रगण्य है। वाराहमिहिर का समय 507 ई॰ से 587 ई॰ के बीच निर्धारित किया जाता है। कहा जाता है कि वाराहमिहिर उज्जैन के राजा विक्रमादित्य का दरबारी था। वाराहमिहिर ने अपने ग्रंथ में यूनानी खगोलविदों का विवरण दिया है, जिससे पता चलता है कि वह यूनानी खगोल- शास्त्र से परिचित था।

64. वसुमित्र

वसुमित्र प्रसिद्ध बौद्ध दार्शनिक तथा लेखक था। वह कनिष्क का समकालीन था। वसुमित्र ने कनिष्क द्वारा कश्मीर में आयोजित चतुर्थ बौद्ध संगीति की अध्यक्षता की। इसी संगीति के बाद बौद्धधर्म की महायान शाखा का प्रचार हुआ। वसुमित्र ने *'महाविभाषा'* नामक पुस्तक की रचना की, जो महायान बौद्ध धर्म का आधार ग्रंथ है।

65. वासव

वासव ने एक नए सम्प्रदाय लिंगायत की स्थापना की थी। लिंगायत सम्प्रदाय की स्थापना करने के पूर्व वह राजा विज्जल का, जो कल्याणी का शासक था, मंत्री था। राजा विज्जल ने 1167 ई॰ में सिंहासन का त्याग कर दिया।

66. सिमुक

सिमुक सातवाहन वंश का संस्थापक था। पुराणों से यह जानकारी मिलती है कि सिमुक शुंगवंशी अंतिम शासक का समकालीन था। पर उसके शासनकाल के संबंध में कोई निश्चित जानकारी नहीं है। उसे दूसरी शताब्दी ई॰ के लगभग का माना जाता है। सिमुक का राज्य मद्रास के बेलारी जिले में था। सिमुक का उत्तराधिकारी उसका भाई कृष्ण हुआ।

67. हरिषेण

हरिषेण, गुप्त सम्राट समुद्रगुप्त का सेनापति और दरबारी कवि था। समुद्रगुप्त का शासनकाल 330 ई॰ 380 ई॰ है। हरिषेण ने ही समुद्रगुप्त की उपलब्धियों से संबंधित प्रशस्ति की रचना की थी। हरिषेण ने जिस प्रशस्ति की रचना की थी, वह इलाहाबाद के स्तम्भ पर उत्कीर्ण है और प्रयाग-प्रशस्ति के नाम से विख्यात है।

68. हर्षवर्द्धन

हर्षवर्द्धन, थानेश्वर और कन्नौज का राजा था। वह प्रभाकरवर्द्धन का पुत्र और राज्यवर्द्धन का छोटा भाई तथा उत्तराधिकारी था। हर्षवर्द्धन ने 606 ई॰ से 647 ई॰ तक शासन किया। हर्ष ने तीन नाटकों– *नागानंद, रत्नावली* और *प्रियदर्शिका* की रचना की। 'हर्षचरित और कादम्बरी' के रचयिता बाण तथा 'सुभाषितावली' के रचयिता मयूर को हर्ष ने संरक्षण प्रदान किया था। चीनी यात्री ह्वेनसांग को जिसने भारत-संबंधी विवरण लिखे हैं, हर्ष ने संरक्षण प्रदान किया था। हर्ष प्रत्येक पाँच वर्ष पर गंगा और यमुना के संगम पर उत्सव का आयोजन कर दान देता था। ह्वेनसांग 643 ई॰ में हर्ष द्वारा प्रायोजित छठे महोत्सव में सम्मिलित हुआ था। हर्ष को उत्तर भारत का अंतिम हिंदूशाही राजा कहा जाता है।

69. ह्वेनसांग

ह्वेनसांग एक चीनी यात्री था और बौद्ध धर्मग्रंथों की खोज में भारत आया था। वह 630 ई॰ में भारत आया और 13 वर्षों तक भारत में रहा। ह्वेनसांग हर्षवर्द्धन के शासनकाल में भारत आया था। वह हर्षवर्द्धन के दरबार में 635-643 ई॰ तक रहा। ह्वेनसांग हर्षवर्द्धन द्वारा कन्नौज में प्रायोजित छठे महायान सम्प्रदाय में भी सम्मिलित हुआ था। ह्वेनसांग बौद्धों के महायान सम्प्रदाय का अनुयायी था। उसने भारत की तत्कालीन धार्मिक, राजनीतिक, आर्थिक तथा सामाजिक व्यवस्था का विस्तृत विवरण दिया है। ह्वेनसांग भारत से 657 हस्तलिखित ग्रंथ ले गया, जिसमें से उसने 74 ग्रंथों का अनुवाद चीनी भाषा में किया।

70. महावीर

महावीर को जैन धर्म का प्रवर्त्तक माना जाता है। महावीर जैनों के 24वें व अंतिम तीर्थंकर थे। महावीर के बचपन का

नाम वर्धमान था। महावीर की जन्म-तिथि और मृत्यु-तिथि अब तक निश्चित रूप से ज्ञात नहीं है, पर इतना निश्चित है कि महावीर ने 72 वर्ष का अपना जीवनकाल व्यतीत किया। उनके जन्म के समय मगध का राजा बिम्बिसार था और उनकी मृत्यु के समय मगध का राजा अजातशत्रु था। 30 वर्ष की अवस्था में महावीर ने घर छोड़ा और 12 वर्ष के कठिन व्रत के बाद उन्हें ज्ञान की प्राप्ति हुई, जिसे *कैवल* कहा जाता है। महावीर ने जैनों को पंचमहाव्रत–सत्य, अहिंसा, अस्तेय, अपरिग्रह और ब्रह्मचर्य का उपदेश दिया। इस पंचमहाव्रतों में प्रथम चार व्रत का प्रवर्तन महावीर के पूर्ववर्ती 23वें तीर्थंकर पार्श्वनाथ ने किया था। महावीर को निर्वाण प्राप्ति *पावापुरी* में हुई। महावीर ने 'त्रिरत्न' के आचरण पर भी बल दिया, जिसमें सम्यक् चरित्र, सम्यक् वाक् और सम्यक् ज्ञान सम्मिलित है।

71. गौतम बुद्ध

गौतम बुद्ध बौद्ध धर्म के संस्थापक थे। गौतम बुद्ध के बचपन का नाम *सिद्धार्थ* था। गौतम बुद्ध का पालन-पोषण उनकी मौसी प्रजापति गौतमी ने किया। बुद्ध का गोत्रीय अभिधान *गौतम* था। सिद्धार्थ का यशोधरा से विवाह 16 वर्ष की आयु में हुआ। गौतम बुद्ध ने 29 वर्ष की अवस्था में घर छोड़ दिया। गृहत्याग के बाद बुद्ध ने 1 वर्ष तक दर्शन का अध्ययन किया। इस समय उन्हें आलारकालाम जैसे गुरु मिले। फिर, 5 वर्षों तक बुद्ध ने कठिन तप किया, पर उन्हें कुछ भी हासिल नहीं हुआ। बुद्ध को *निरंजना नदी* के तट पर पीपलवृक्ष के नीचे ज्ञान की प्राप्ति हुई। ज्ञान प्राप्ति के 45 वर्षों बाद तक बुद्ध ने निर्वाण-प्राप्ति (मोक्ष) का उपदेश दिया। उन्होंने अपना पहला उपदेश *सारनाथ* में दिया। गौतम बुद्ध का जन्म *लुम्बिनी* में हुआ और उनकी मृत्यु *कुशीनगर* में हुई। बुद्ध ने *आष्टांगिक मार्ग* और *'दसशील'* का उपदेश दिया।

72. बिम्बिसार

बिम्बिसार मगध का प्रतापी शासक था। उसी के समय में मगध का विस्तार (उत्कर्ष) शुरू हुआ। बिम्बिसार ने ही पहली बार अंग प्रदेश पर आक्रमण कर उसे मगध में सम्मिलित कर लिया था। उसने मगध के विस्तार की जो नीति शुरू की थी, उसकी पूर्णाहुति अशोक के कलिंग-अभियान में हुई। बिम्बिसार, *हर्यकवंश* का शासक था। वर्द्धमान महावीर और गौतम बुद्ध, बिम्बिसार के समकालीन थे। बिम्बिसार ने *राजगृह* को मगध की राजधानी बनाया। बिम्बिसार को मगध का प्रथम महान् सम्राट भी कहा जाता है।

73. बिन्दुसार

बिंदुसार, मौर्य सम्राट् चंद्रगुप्त मौर्य का पुत्र और उत्तराधिकारी था। उसने 298 ई०पू० से 273 ई०पू० तक मगधसाम्राज्य पर शासन किया। बिन्दुसार ने *'अमित्रघात'* की उपाधि की। बिंदुसार के समय कलिंग को छोड़कर बाकी सारे प्रदेश मगध-साम्राज्य में सम्मिलित कर लिए गए थे। भारत के प्रमुख सम्राटों में गिना जाने वाला शासक सम्राट अशोक बिंदुसार का ही पुत्र था। बिंदुसार के दरबार में यूनानी राजदूत डायमेट्रस आया था।

74. अशोक

अशोक, मौर्य साम्राज्य का प्रतापी शासक था। अशोक बिंदुसार का पुत्र और उत्तराधिकारी था। उसने 273 ई०पू० से 232 ई०पू० तक शासन किया। अशोक भारत का पहला ऐसा शासक है, जिसके अभिलेख स्पष्ट रूप से पढ़े जा सके हैं। अभिलेखों में अशोक को *देवानांपियदस्सी* कहा गया है। उसका पूरा नाम *अशोकवर्द्धन* था। अशोक प्राचीन भारत का पहला ऐसा शासक था, जिसने युद्ध-विजय की जगह धम्म-विजय को अपनाया। उसे बौद्ध धर्म में उपगुप्त अथवा मोगलिपुत्त तिस्स ने दीक्षित किया था। अशोक का धम्म विश्वप्रसिद्ध है। अशोक ने ही कलिंग को मगध साम्राज्य में सम्मिलित किया था। अशोक ने बौद्धों की तृतीय संगीति का आयोजन *पाटलिपुत्र* में किया था। अशोक का नाम स्पष्ट रूप से दो ही अभिलेखों में मिलता है, जो *मस्की* और *गुर्जरा-अभिलेख* हैं।

75. समुद्रगुप्त

समुद्रगुप्त, गुप्त-साम्राज्य का सर्वाधिक विस्तारवादी शासक था। उसने 335 ई० से 375 ई० तक शासन किया। क्रूर विस्तारवादी नीति के कारण समुद्रगुप्त को *'भारत का नेपोलियन'* कहा जाता है। *हरिषेण*, उसका दरबारी कवि और मंत्री था, जिसने प्रयाग-प्रशस्ति की रचना की थी। सिक्कों पर समुद्रगुप्त की उपाधि 'अश्वमेघ पराक्रम' मिलती है और उसे वीणा-वादक के रूप में दर्शाया गया है।

प्राचीन भारतीय इतिहास
(वस्तुनिष्ठ बहुविकल्पीय प्रश्न)

1. सिकन्दर के भारत अभियान के समय उसके साथ कई लेखक भी आये थे, निम्नलिखित में से कौन सिकन्दर का समकालीन नहीं है :

(*a*) अरिस्टोबुलस (*b*) नियार्कस
(*c*) यूनेनीस (*d*) इनमें से कोई नहीं

2. राजतरंगिणी में 7826 श्लोक हैं, जो तरंगों में संगठित हैं। तरंगों की संख्या है :

(*a*) चार (*b*) दस
(*c*) बारह (*d*) आठ

3. निम्नलिखित लेखकों में से किसने प्रसिद्ध स्मृति ग्रन्थ याज्ञवल्क्य स्मृति पर टीका नहीं लिखी :

(*a*) विश्वरूप (*b*) विज्ञानेश्वर
(*c*) अपरार्क (*d*) जीमूतवाहन

4. चीनी यात्रियों के भारत भ्रमण की शृंखला में सुंगयुन का उल्लेख प्राप्त होता है। वह बौद्ध ग्रन्थों की खोज में भारत आया था, उसके भारत आने का समय था :

(*a*) 518 ई० (*b*) 629 ई०
(*c*) 642 ई० (*d*) 817 ई०

5. 'कश्मीर का अकबर' कहे जाने वाले शासक जैनुल आबदीन ने कल्हण की राजतरंगिणी का फारसी में अनुवाद कराया था। फारसी में यह किस नाम से प्रसिद्ध हैं ?

(*a*) मंजुल बहरीन (*b*) दास्ताने कश्मीर
(*c*) बिहरुल अस्मार (*d*) इनमें से कोई नहीं

6. निम्नलिखित ग्रन्थों में से किसमें गुप्तकालीन प्रशासन एवं नीतियों का उल्लेख प्राप्त होता है :

(*a*) स्मृति चन्द्रिका
(*b*) पराशर माधव
(*c*) कामन्दकीय नीतिशास्त्र
(*d*) नीतिशतकम

7. निम्नलिखित में से वह कौन-सा ग्रन्थ है जिसके आधार पर मैथ्यू अर्नाल्ड ने 'लाइट ऑफ एशिया' नामक ग्रंथ का प्रणयन किया।

(*a*) अंगुत्तर निकाय (*b*) महापरिनिब्बानसुत
(*c*) ललित विस्तर (*d*) बुद्धचरित

8. ह्वेनसांग के विवरणों में निम्नलिखित में से किसका उल्लेख नहीं मिलता ?

(*a*) कान्यकुब्ज (*b*) नालन्दा
(*c*) प्रयाग (*d*) इनमें से कोई नहीं

9. निम्नलिखित में से किस ग्रन्थ में जैन धर्म के 24वें तीर्थंकर महावीर की शिक्षाओं का संग्रह है :

(*a*) नायाधम्म कहा (*b*) प्रजापारमिता
(*c*) कुवलयमाला (*d*) परिशिष्ट पर्वन

10. निम्नलिखित में से किस ग्रंथ में यह विवरण प्राप्त होता है कि पुष्यमित्र शुंग ने कई यज्ञ किये थे :

(*a*) पाणिनि के व्याकरण में
(*b*) यास्क के निरुक्त में
(*c*) हेमचन्द्र के परिशिष्ट पर्वन में
(*d*) पतंजलि के महाभाष्य में

11. वाक्पतिराज प्रणीत गौडवहो एक प्राकृत काव्य है। इस प्रसिद्ध ऐतिहासिक पुस्तक की विषयवस्तु है :

(*a*) कन्नौज नरेश यशोवर्द्धन की विजयों का वर्णन
(*b*) मालवा का समग्र इतिहास
(*c*) दक्षिण भारत का इतिहास
(*d*) इनमें से कोई नहीं

12. कृष्ण द्वैपायन वेदव्यास ने प्रसिद्ध 'महाभारत' ग्रन्थ का प्रणयन किया। सामान्यत : वह स्थल कौन-सा माना जाता है, जहाँ बैठकर व्यास ने इस ग्रन्थ का प्रणयन किया था ?

(*a*) हिमालय
(*b*) उत्तराखण्ड में बदरिका आश्रम
(*c*) काञ्ची में
(*d*) इनमें से कोई नहीं

13. जयनगोंदार ने कलिंगतुप्परणि नामक ग्रन्थ की रचना की। किस प्रसिद्ध शासक की गतिविधियों का वर्णन इस ग्रन्थ में मिलता है :

(*a*) कुलोत्तुंग प्रथम (*b*) कुलोत्तुंग द्वितीय
(*c*) राजराज (*d*) राजेन्द्र प्रथम

14. निम्नलिखित को सही सुमेलित कीजिए :

A. कुमारगुप्त प्रथम (1) मन्दसौर अभिलेख
B. स्कन्द गुप्त (2) जूनागढ़ अभिलेख
C. ईशानवर्मा (3) हरहा अभिलेख
D. हुविष्क (4) मथुरा अभिलेख

	A	B	C	D
(a)	1	2	3	4
(b)	2	3	4	1
(c)	4	1	2	3
(d)	3	4	1	2

15. अभिलेखों से प्राचीन भारतीय इतिहास के विविध पक्ष प्रकाशित होते हैं, निम्नलिखित में से किस अभिलेख से हमें कनिष्क के बारे में जानकारी प्राप्त होती है :
(a) मधुवन अभिलेख *(b)* मानिक्याला अभिलेख
(c) मथुरा अभिलेख *(d)* पुरुष अभिलेख

16. निम्नलिखित में किस अभिलेख को संस्कृत भाषा में उत्कीर्ण किया गया है :
(a) रुद्रदामन का गिरनार अभिलेख
(b) सोहगौरा का अभिलेख
(c) बोगजकोई अभिलेख
(d) इनमें से कोई नहीं

17. निम्नलिखित में से किन ताम्र पत्रों में भूमिदान का उल्लेख प्राप्त होता है ?
(a) बाँसखेड़ा एवं मधुबन
(b) हस्तिन एवं संक्षोभ
(c) पुण्ड्र का ताम्रपत्र
(d) इन्दौर ताम्रपत्र

18. किस शासक को का्ञ्ची कैलाश मन्दिर एवं मामल्लपुरम में मन्दिर के निर्माण का श्रेय जाता है?
(a) नरसिंह वर्मन प्रथम
(b) नरसिंह वर्मन द्वितीय
(c) परमेश्वर वर्मन द्वितीय
(d) महेन्द्र पाल प्रथम

19. निम्नलिखित में से असत्य कथन छाँटिये :
(a) चोल स्वयं को सूर्यवंशी मानते थे।
(b) नरसिंह वर्मन द्वितीय ने एक दूत मण्डल चीन भेजा था।
(c) चालुक्य कुलोत्तुंग मातृपक्ष से चोलों से संबंधित था।
(d) नन्दिवर्मन तृतीय ने भारतीय संस्कृत के प्रसार में अनिच्छा प्रदर्शित की।

20. कल्हण प्रणीत राजतरंगिणी कश्मीर के सन्दर्भ में विश्व कोष मानी जाती है। किस शासक के शासन काल में लिखी गयी :
(a) रानी दिद्दा *(b)* यशस्कर
(c) जयसिंह *(d)* हर्ष

21. निम्नलिखित को सही सुमेलित कीजिए :
A. द्वायाश्रय काव्य (1) अरिसिंह
B. सुकृत संकीर्तन (2) राजशेखर
C. चतुर्विंशति प्रबन्ध (3) हेमचन्द्र
D. प्रबन्ध चिन्तामणि (4) मेरुतुंग

	A	B	C	D
(a)	3	1	2	4
(b)	2	3	4	1
(c)	1	2	3	4
(d)	4	3	2	1

22. निम्नलिखित में से कौन तमिल ग्रन्थ नहीं है :
(a) नन्दिक्कलम्ब *(b)* कलिंगत्तुपरिण
(c) चोलवंश चरितम *(d)* आयुक्तमाल्यद

23. राजशेखर के निम्नलिखित ग्रंथों में से किसमें भारत की भौगोलिक स्थिति का विस्तारपूर्वक वर्णन प्राप्त होता है ?
(a) काव्यमीमांसा *(b)* कर्पूरमंजरी
(a) दोनों में *(d)* इनमें से कोई नहीं

24. निम्नलिखित यूनानी लेखकों में से कौन सिकन्दर के साथ आया था। वह सिकन्दर के जहाजी बेड़े का एडमिरल भी था :
(a) एरिस्टोव्यूलस *(b)* ओनिसाक्रिटिस
(c) नियार्कस *(d)* स्ट्रैबो

25. निम्नलिखित में से असत्य कथन इंगित कीजिए :
(a) अश्वघोष को कनिष्क ने पाटलिपुत्र अभियान के समय प्राप्त किया था।
(b) बुद्धचरित में 28 सर्ग हैं, अन्तिम चौदह प्रक्षिप्त हैं।
(c) अश्वघोष विभाषा शास्त्र का संयोजक था।
(d) अश्वघोष ने अपने ग्रन्थों का प्रणयन पालि भाषा में किया।

26. अर्थशास्त्र में प्रयुक्त परिमितार्थ एवं शासनहर शब्दों का आशय निम्नलिखित में से किससे है :
(a) सन्देशवाहकों से *(b)* गुप्तचरों से
(c) राजदूतों से *(d)* न्यायाधीशों से

27. कौटिल्य के अपने अर्थशास्त्र में निःसृष्टार्थ शब्द का

प्रयोग है, निम्नलिखित में से यह किसके लिए प्रयुक्त है :

(a) गुप्तचरों के लिए (b) न्यायाधीशों के लिए
(c) अमात्यों के लिए (d) सन्देशवाहकों के लिए

28. कौटिल्य के अर्थशास्त्र को खोज निकालने एवं उस पर प्रामाणिक प्रकाश डालने का श्रेय किस इतिहासकार को प्राप्त है ?

(a) डॉ॰ जौली
(b) विण्टरनित्स
(c) आचार्य शाम शास्त्री
(d) डी॰ आर॰ भण्डारकर

29. निम्नलिखित में से किस विदेशी यात्री ने राष्ट्रकूटों के बारे में विवरण दिया है :

(a) सुलेमान (b) अलमसूदी
(c) मनूची (d) ट्रेवनियर

30. कालिदास के निम्न ग्रंथों में से किस ग्रंथों से शुंगों के इतिहास के बारे में जानकारी प्राप्त होती है ?

(a) कुमारसम्भव (b) ऋतुसंहार
(c) विक्रमोर्वशीयम (d) मालविकाग्निमित्रम

31. निम्नलिखित में से किस विदेशी अभिलेख में भारतीय वैदिक मण्डल के देवताओं मित्र, वरुण, इन्द्र एवं नासत्य का विवरण प्राप्त होता है :

(a) पर्सिपोलिस के बेहिस्तून अभिलेख
(b) एशिया माइनर के बोगजकोई अभिलेख
(c) मितन्नी अभिलेख
(d) इनमें से कोई नहीं

32. वेदान्त दर्शन पर उल्लिखित ग्रन्थ खण्डन-खाद्य की रचना उम्बेक ने की थी। उम्बेक किस विद्वान् का छद्म नाम है ?

(a) भवभूति (b) कालिदास
(c) भास (d) अश्वघोष

33. एक शासक जिसे महाभारत में दन्तमित्र, बेसनगर में तिमित्र एवं दिव्यावदान में कृमिस कहा जाता है, वह सम्भवत : है :

(a) मेनेण्डर (b) यूथेडेमस
(c) डेमेट्रिअस (d) कनिष्क

34. निम्नलिखित में से किस अभिलेख से यह ज्ञात होता है कि दारा प्रथम ने सिन्धु घाटी पर अधिकार कर लिया था :

(a) पर्सिपोलिस के बेहिस्तून अभिलेख द्वारा
(b) बोगजकोई अभिलेख द्वारा
(c) रुद्रदामन के गिरनार अभिलेख द्वारा
(d) उपरोक्त में से कोई नहीं

35. हड़प्पा की सभ्यता के बारे में कौन सी उक्ति सही है?

(a) उन्हें 'अश्वमेध' की जानकारी थी।
(b) गाय उनके लिए पवित्र थी।
(c) उन्होने 'पशुपति' का सम्मान करना आरम्भ किया।
(d) उनकी संस्कृति सामान्यत: स्थिर नहीं थी।

36. निम्नांकित कथनों पर सैंधव सभ्यताकालीन अर्थव्यवस्था के संबंध में विचार कीजिए और कथनों की सत्यता के लिए दिए गए विकल्पों में सही उत्तर का चयन कीजिए:

I. अर्थव्यवस्था में कृषि को प्रमुख स्थान प्राप्त था।
II. इस समय अन्तर्देशीय तथा अन्तर्राष्ट्रीय दोनों व्यापार प्रचलित था।
III. इस समय सांकेतिक मुद्रा का प्रचलन था।
IV. इस समय माप की इकाई दो के गुणज थे।

कूट:

(a) I और II
(b) I और III
(c) I, II और IV
(d) I, II, III और IV

37. पुरापाषाण काल में शवाधान की निम्न में से कौन-सी पद्धतियाँ प्रचलित थीं?

I. शवों को गाड़ना
II. मानव के साथ कुत्तों को गाड़ना
III. स्त्री एवं पुरुष को एक साथ गाड़ना
IV. शवों को खुले मैदान में छोड़ देना

नीचे दिए गए कूटों के आधार पर सही उत्तर का चयन करें:

कूट:

(a) केवल I (b) I, II और IV
(c) I और IV (d) I, II, III और IV

38. नवपाषाण काल की धार्मिक प्रथा के संबंध में निम्न में से कौन से अभिलक्षण स्पष्ट रूप से परिलक्षित होते हैं?

I. मातृदेवी की पूजा
II. बलि प्रथा
III. मंदिर का निर्माण
IV. देवताओं का पृथक्करण

कूट:

(a) केवल I (b) I और II
(c) I, II और III (d) इनमें से कोई नहीं

39. निम्न में से किन स्थलों से हड़प्पाकालीन बस्तियों के तीनों चरण प्राप्त हुए हैं?

I. मोहनजोदड़ो II. रोजढी
III. देसलपुर IV. धौलावीरा
(V) कालीबंगा (VI) सुरकोतदा

कूट :

(a) I, IV एवं V (b) IV एवं V

(c) II, III एवं VI

(d) I, II, III, IV, V एवं VI

40. सैंधव सभ्यता के लोग निम्न में से किनका उपयोग आभूषण के निर्माण में करते थे?

I. सोना II. चाँदी

III. ताम्र IV. हाथी दाँत

V. हड्डियाँ VI श्वेत धातु

VII. मिश्र धातु

कूट :

(a) I, II, III एवं IV (b) I, II, III, IV एवं V

(c) IV, V, VI एवं VII (d) उपरोक्त सभी

41. सूची-I को सूची-II से मिलाइए और नीचे दिए गए कूट से सही उत्तर चुनें :

सूची -I (स्थल)	***सूची -II*** (वर्तमान समय में भौगोलिक स्थिति)
A. हड़प्पा	I. राजस्थान
B. कालीबंगा	II. सिन्ध (पाकिस्तान)
C. मोहनजोदड़ों	III. मकरान तट (पाकिस्तान - ईरान सीमा)
D. सुत्कागेन्डोर	IV. पश्चिमी पंजाब (पंजाब)

कूट:

	(A)	(B)	(C)	(D)
(a)	IV	II	III	I
(b)	IV	III	II	I
(c)	IV	I	II	III
(d)	III	IV	II	I

42.

सूची -I (हड़प्पा सभ्यता से संबंधित स्थल)	***सूची -II*** (वर्तमान स्थिति)
A मोहन जोदड़ो	(I) मकरान तट (पाकिस्तान-ईरान सीमा)
B सुत्कागेन्डोर	(II) लरकाना (सिन्ध-पाकिस्तान)
C लोथल	(III) गुजरात
D बनवाली	(IV) राजस्थान

कूट:

	(A)	(B)	(C)	(D)
(a)	III,	IV	V	I
(b)	II,	I	IV	III
(c)	II	III	V	IV
(d)	V	II	I	III

43. निम्नकालों को सही क्रम में संयोजित करें -

(1) नवपाषाण काल (2) पुरापाषाण काल

(3) मध्य पाषाण काल (4) ताम्रपाषाण काल

कूट:

(a)	3,	2,	4,	1
(b)	2,	4,	3,	1
(c)	2,	3,	1,	4
(d)	1,	4,	2,	3

44. हड़प्पा सभ्यता की लिपि में-

I. चित्रों एवं प्रतीकों का प्रयोग किया जाता था

II. इसे अभी तक पढ़ा नहीं जा सका है

III. बायें से दायें लिखी जाती थी

कूट:

(a) I और II (b) II और III

(c) केवल III (d) I और III

45. सूची-I को सूची-II से सुमेलित कीजिए तथा नीचे दिए गए कूट से सही उत्तर का चयन कीजिए :

सूची -I	***सूची -II***
A ऋग्वेद	1. संगीतमय स्तोत्र
B यजुर्वेद	2. स्तोत्र एवं कर्मकाण्ड
C सामवेद	3. तंत्र-मंत्र एवं वशीकरण
D अथर्ववेद	4. स्तोत्र एवं प्रार्थनायें

कूट:

	(A)	(B)	(C)	(D)
(a)	4	2	1	3
(b)	4	1	2	3
(c)	3	2	4	1
(d)	2	3	1	4

46. सूची-I को सूची-II से सुमेलित कीजिए :

सूची -I	***सूची -II***
A महत्वपूर्ण पशु	1. स्नानागार
B महत्वपूर्ण देवी	2. वृषभ
C महत्वपूर्ण वृक्ष	3. मातृदेवी
D महत्वपूर्ण भवन	4. पीपल

	A	B	C	D
(a)	4	3	2	1
(b)	2	3	4	1
(c)	2	4	3	1
(d)	2	1	4	3

47. हड़प्पाकालीन सभ्यता मुख्यत: निम्नलिखित में से किन प्रदेशों में केन्द्रीयभूत थी ?

(a) पंजाब, राजस्थान और गुजरात

(b) पंजाब, राजस्थान और उत्तर प्रदेश

(c) हरियाणा, राजस्थान और दिल्ली

(d) गुजरात, हरियाणा और पश्चिमी उत्तर प्रदेश

48. निम्नलिखित कौन-सा एक हड़प्पा कालीन स्थल समकालीन सामुद्रिक गतिविधियों से सम्बंधित नहीं है:

(a) लोथल (b) बालाकोट

(c) सोक्ता कोब (d) देसलपुर

49. हड़प्पा सभ्यता की दो सबसे महत्वपूर्ण फसलें कौन-सी थी ?
(a) गेहूँ और जौ (b) तिल और सरसों
(c) धान और मटर (d) कपास और गन्ना

50. सिन्धु घाटी सभ्यता के सभी स्थलों की सर्व- सामान्य विशेषताएँ क्या थीं ?
(a) पकायी गई ईंटों और मिट्टी के बर्तनों का उपयोग, विस्तृत जल-निकास प्रणाली, दलदल और जंगली जानवरों का पाया जाना।
(b) जलवायु, वनस्पति, जीव-जन्तु और कृत्रिम सिंचाई।
(c) मरुभूमि, नदियाँ एवं प्राणी विज्ञान की विशेषताएँ।
(d) भवन, नगर योजना और शवदाह प्रणाली।

51. निम्नलिखित में से कौन एक हड़प्पा संस्कृति की सुदूर पश्चिमी बस्ती थी :
(a) लोथल (b) सुत्कागेनडोर
(c) रंगपुर (d) मांडा

52. हड़पीय सीलो का सर्वाधिक प्रचलित प्रकार कैसा है ?
(a) चौकोर (b) गोल
(c) बेलनाकार (d) अंडाकार

53. पकी मिट्टी के बने हल का एक प्रतिरूप कहाँ से प्राप्त हुआ है ?
(a) बनवाली (b) कालीबंगा
(c) राखीगढ़ी (d) रंगपुर

54. निम्नलिखित नगरों में से क्षेत्रफल में कौन सबसे अधिक विस्तृत था ?
(a) मोहनजोदड़ो (b) हड़प्पा
(c) धौलावीरा (d) कालीबंगा

55. सूची-I को सूची-II से सुमेलित कीजिए :

सूची -I	*सूची -II*
(A) मोहनजोदड़ो	1. रावी नदी
(B) हड़प्पा	2. सिंधु नदी
(C) रोपड़	3. भोगवा नदी
(D) लोथल	4. सतलज नदी
(E) कालीबंगा	5. हिन्डन नदी
(F) आलमगीर	6. घग्घर नदी

	(A)	(B)	(C)	(D)	(E)	(F)
(a)	1	2	3	4	5	6
(b)	2	1	4	3	6	5
(c)	2	1	3	4	5	6
(d)	2	3	4	5	6	1

56. मोहनजोदड़ो की सबसे बड़ी इमारत निम्न से कौन-सी है ?
(a) स्नानागार
(b) अन्नागार
(c) ईंटों से बना सभा भवन
(d) उपर्युक्त में से कोई नहीं

57. सुरकोटदा किसलिए प्रसिद्ध है ?
(a) परिपक्व हड़प्पा संस्कृति के लिए
(b) घोड़े की हड्डियों के अवशेष के लिए
(c) युगल शवाधान के लिए
(d) उपर्युक्त सभी के लिए

58. सिंधु सभ्यता में कुम्भकारों के भट्ठों के अवशेष कहाँ मिलते हैं ?
(a) हड़प्पा में (b) कालीबंगा में
(c) मोहनजोदड़ो में (d) लोथल में

59. सैन्धव निवासियों का प्रिय पशु निम्न में से कौन सा था :
(a) कुत्ता (b) साँड़
(c) घोड़ा (d) ऊँट

60. सैन्धव सभ्यता के सम्बंध में निम्न में से कौन असत्य हैं :
(a) ये लकड़ी के हल का प्रयोग करते थे।
(b) सबसे पहले कपास पैदा करने का श्रेय सिन्धु निवासियों को है।
(c) नहरों द्वारा सिंचाई की जाती है।
(d) कोठार सिन्धु संस्कृति के महत्वपूर्ण अंग थे।

61. हड़प्पा सभ्यता की मुद्राएँ किससे निर्मित की जाती थीं?
(a) ताँबा (b) सोना
(c) मिट्टी (d) काँस्य

62. हड़प्पा सभ्यता के अंतर्गत हल से जोते गए खेतों का साक्ष्य कहाँ से मिलता है ?
(a) रोपड़ (b) लोथल
(c) कालीबंगा (d) वनमाली

63. हड़प्पा सभ्यता की प्रमुख विशेषता निम्न में से कौन-सी है :
(a) स्नानागार (b) धार्मिक स्थल
(c) नगर नियोजन (d) अन्नागार

64. निम्नलिखित में से कौन हड़प्पा संस्कृति का एक स्थल है, जहाँ से फारस की खाड़ी की मुद्रा उत्खनन से प्राप्त हुई थी :
(a) मोहनजोदड़ो (b) धौलावीरा
(c) लोथल (d) कालीबंगा

65. आमरी संस्कृति कहाँ पनपी है।
(a) कच्छ क्षेत्र (b) अफगानिस्तान
(a) बलूचिस्तान (d) सिन्ध

66. कौन-सी फसल हड़प्पा संस्कृति के लोगों को अज्ञात प्रतीत होती है।
(a) चावल (b) कपास
(c) रागी (d) यव

67. निम्नलिखित में से कौन एक ठीक समुलित है?
(a) सुरकोटदा – जुते खेत
(b) हड़प्पा – अश्व के अवशेष
(c) रंगपुर – धान की भूसी
(d) चन्हुदड़ो – गढ़ी क्षेत्र

68. हड़प्पा संस्कृति की बहुसंख्यक मुहरें निर्मित हैं :
(a) पकी मिट्टी से
(b) प्रकाचित वस्तु (फायन्स)
(c) अकीक
(d) सेलखड़ी

69. हड़प्पाकालीन देवी-देवताओं में किसे परवर्ती हिन्दू धर्म में अंगीकार नहीं किया गया ?
(a) पशुपति शिव (b) सात मातृदेवियाँ
(c) मिश्रित प्राणी (d) एकश्रृंगी जीव

70. पकाई गई ईंटों से निर्मित एक गोदी या डॉकयार्ड, जिसे एक नहर के माध्यम से खंभात की खाड़ी के साथ जोड़ा गया था, निम्नलिखित में से किस स्थान में खोजा गया है :
(a) लोथल (b) सुक्तागेन्डोर
(c) आमरी (d) चन्हुदड़ो

71. बहुप्रचलित 'परवर्ती हड़प्पा सभ्यता' शब्दावली का पुरातत्वविदों द्वारा किस संदर्भ में प्रयोग किया जाता है ?
(a) संस्कृति का ह्रासोन्मुख चरण
(b) हड़प्पायुगीन लोगों द्वारा लोहे का प्रयोग
(c) इस संस्कृति का उत्तर-नगरीय चरण
(d) इस संस्कृति में क्षेत्रीय विभिन्नता

72. निम्नलिखित में कौन-से पुरावशेष सिंधु घाटी सभ्यता के धार्मिक तथा सामाजिक जीवन का अध्ययन करने में सबसे अधिक सहायक सिद्ध हुए हैं :
(a) शवाधिस्थान
(b) पक्की मिट्टी से निर्मित आकृतियाँ और मुहरें
(c) फर्नीचर और मिट्टी के बर्तन
(d) घरों तथा अन्य भवनों के भग्नावशेष

73. विभिन्न हड़प्पाकालीन स्थलों से बिखरे हुए अस्थि-अवशेषों या कंकालों से क्या निष्कर्ष निकाला जा सकता है ?
(a) किसी प्रकार का सैनिक आक्रमण
(b) सामूहिक प्राणदंड अथवा नर-बलि
(c) मृतकों का अनियत शवाधान
(d) मलेरिया या किसी अन्य रोगाणुजनित बीमारी से व्यापक मृत्यु

74. हड़प्पा निवासियों द्वारा अपने नगरों से पलायन करने का कौन-सा सबसे युक्ति संगत कारण प्रतीत होता है?
(a) विदेशी आक्रमण
(b) जलीय परिवर्तन
(c) पारिस्थितिकी परिवर्तन
(d) जनांकिकी परिवर्तन

75. स्वातंत्र्योत्तर भारत में सबसे अधिक संख्या में हड़प्पा-युगीन स्थलों की खोज किस प्रांत में हुई है?
(a) गुजरात
(b) राजस्थान
(c) पंजाब और हरियाणा
(d) उत्तर पश्चिमी उत्तर प्रदेश

76. निम्नलिखित में से किस संदर्भ में विभिन्न हड़प्पा-युगीन स्थलों में सुस्पष्ट एकरूपता पायी जाती हैं ?
(a) कृषि संबंधी व्यवसाय
(b) शिल्पकला
(c) नगर-योजना
(d) मुहरें

77. पूर्ण विकसित या परिपक्व हड़प्पा-सभ्यता लगभग कितनी शताब्दियों तक जीवित रही :
(a) चार (b) पाँच
(c) सात (d) तीन

78. मोहनजोदड़ो के नगर-दुर्ग में निर्मित विशाल स्नानागार को निम्नलिखित में से किस प्रयोजन के लिए संभवत: प्रयुक्त नहीं किया जाता था ?
(a) सामूहिक स्नान।
(b) तैराकी और जलक्रीड़ा।
(c) कोई अति महत्वपूर्ण व्यापक अनुष्ठान तथा सामूहिक सामाजिक जीवन।
(c) अनावृष्टि अथवा अन्य किसी आपातकाल में उपयोग किए जाने के लिए जल संग्रह।

79. हड़प्पाकालीन लगभग सभी नगरों में विशाल अन्नागार थे क्योंकि :
(a) करों का भुगतान उपज या जिंस के रूप में किया जाता था और इसलिए अन्नागार एक प्रकार के सार्वजनिक कोष थे।
(b) गाँवों के अतिरिक्त या अधिशेष उत्पादन को नगरों में रखा जाता है।
(c) खाद्यान्नों का संग्रह व्यापार के प्रयोजन से किया जाता था।
(d) उपयुक्त सभी।

80. गंगा नदी की घाटी में गेरु रंग के मिट्टी के बर्तन संबंधित हैं :
(a) कॉपर होर्डस
(b) सूक्ष्म पाषाणों
(c) काले तथा लाल भांड
(d) नवप्रस्तर

81. भारत में पूर्व हड़प्पा संस्कृति के चरण देखे जाते हैं:
(a) कोटडिजि (b) लोथल
(c) कालिबंगन (d) रंगपुर

82. मोहनजोदड़ो में पाई गई मुहरें बनी हैं :
(*a*) लोहे से (*b*) ताँबे से
(*c*) पीतल से (*d*) पकाई हुई मिट्टी से

83. हड़प्पा कालीन नगरों के मकानों के दरवाजे, खिड़कियाँ और रोशनदान सड़कों की ओर नहीं खुलते थे, अपितु पिछवाड़े की ओर खुलते थे, ताकि मकानों को :
(*a*) प्रदूषण से बचाया जा सके
(*b*) मुख्य सड़क के कोलाहल से बचाया जा सके
(*c*) उर्पयुक्त (*a*) और (*b*) दोनों
(*d*) चोरों और डाकुओं से बचाया जा सके

84. सिन्धु घाटी के लोगों द्वारा भवनों के निर्माण-कार्य के लिए धूप में सुखाई गई ईंटों के स्थान पर चूने और पकाई गई ईंटों का क्यों प्रयोग किया जाता था?
(*a*) नगरों का नदी घाटियों के समीप स्थित होने के कारण नम जलवायु थी।
(*b*) उन्नत प्रौद्योगिकी।
(*c*) बेहतर नगर योजना।
(*d*) चूना बनाने की जानकारी।

85. हड़प्पा के नगर और कस्बे किस आकार के विशाल खंडों में विभाजित थे ?
(*a*) वर्गाकार (*b*) आयताकार
(*c*) गोलाकार (*d*) अर्द्ध-गोलाकार

86. अभी हाल ही में खोदे गए किस स्थान से हड़प्पा-कालीन बस्तियों के तीन चरण (हड़प्पा पूर्व, हड़प्पा और परवर्ती-हड़प्पा) पाए गए हैं ?
(*a*) रोजदी (*b*) देसलपुर
(*c*) सुरकोटदा (*d*) उपर्युक्त सभी

87. सिंधु सभ्यता में निम्नलिखित में से किस कृषि उत्पादन का प्रमाण नहीं मिला है ?
(*a*) सरसों (*b*) जौ
(*c*) गन्ना (*d*) तिल

88. उपलब्ध प्रमाणों के आधार पर, हड़प्पा सभ्यता ने मानव जाति को जो दो स्थायी उपहार प्रदान किए वे थे :
(*a*) गेहूँ और कपास की खेती।
(*b*) गणित और दशमलव प्रणाली का ज्ञान।
(*c*) ताम्र और काँस्य आगलन प्रौद्योगिकी।
(*d*) सोखते और मिट्टी के पाइप बनाना।

89. सिंधु घाटी के लोगों द्वारा सबसे अधिक प्रयुक्त की जाने वाली धातु थी :
(*a*) ताम्र (*b*) काँस्य
(*c*) स्वर्ण और चाँदी (*d*) टीन

90. हड़प्पा के लोगों के सामान्य घरेलू बर्तन किससे बने होते थे ?
(*a*) पत्थर
(*b*) चीनी मिट्टी
(*c*) मिट्टी के अच्छी तरह पकाए गए चित्रांकित बर्तन
(*d*) ताम्र

91. सिंधु घाटी के लोगों को संभवत : निम्नलिखित में से किस प्रसाधन और शृंगार सामग्री की जानकारी नहीं थी :
(*a*) ताम्र दर्पण।
(*b*) हाथी-दाँत के कंघे।
(*c*) सुरमा लगाने की सलाइयाँ।
(*d*) केश रंग-रोगन (खिजाब)।

92. सिंधु घाटी के लोगों द्वारा सबसे अधिक प्रयुक्त की जाने वाली धातु थी :
(*a*) ताम्र (*b*) कांस्य
(*c*) स्वर्ण और चांदी (*d*) टीन

93. निम्नलिखित में किस स्थान से गर्त निवासों का पुरातात्विक साक्ष्य मिलता है :
(*a*) राखीगढ़ी (*b*) शुफ्फकराथ
(*c*) मेहरगढ़ (*d*) बालाकोट

94. हड़प्पावासियों द्वारा कृष्ट फसलें थीं :
(*a*) गेहूँ, यव एवं सरसों।
(*b*) यव, मूँगफली एवं चावल।
(*c*) गेहूँ, चावल एवं गन्ना।
(*d*) गेहूँ, कपास एवं गन्ना।

95. सूची-I को सूची-II से सुमेलित कीजिए और सूचियों के नीचे दिए गए कूटों की सहायता से सही उत्तर का चयन कीजिए।

सूची-I	*सूची-II*
A. युगल शवाधान	(1) चन्हुदड़ो
B. अग्नि वेदिया	(2) कालीबंगा
C. कर्मकारों के निवास	(3) लोथल
D. मनकाकारी	(4) बनावली
	(5) हड़प्पा

	A	B	C	D
(*a*)	3	2	5	1
(*b*)	3	4	1	2
(*c*)	4	2	3	5
(*d*)	2	3	5	1

96. ताम्र मूर्तियों का एक निधान, जिसे प्राय : हड़प्पा संस्कृति काल से संबंद्ध किया जाता है, निम्नांकित स्थान से प्राप्त हुआ है :
(*a*) दायमाबाद (*b*) ब्रह्मगिरि
(*c*) इनामगाँव (*d*) नासिक

97. हड़प्पा वासियों द्वारा निर्मित मृण्मूर्तियों के विषय निम्नलिखित में से क्या थे ?
(1) बुल्ले (2) खिलौने
(3) पूजार्पित पशु (4) कुठार शीर्ष
(5) मानव आकृतियाँ (6) पीपल पत्र
(a) 2, 3 एवं 4 *(b)* 2, 3 एवं 5
(c) 3, 4 एवं 6 *(d)* 4, 5 एवं 6

98. हड़प्पा संस्कृति के निम्नलिखित स्थलों में से कौन कच्छ प्रदेश में स्थित हैं ?
(a) देसलपुर एवं सुरकोटदा।
(b) रंगपुर एवं रोजदी।
(c) अल्सादीनोह एवं बालाकोट।
(d) लोथल एवं सुरकोटदा।

99. हड़प्पा सभ्यता का एक अंग, कालीबंगा कहाँ स्थित है ?
(a) राजस्थान *(b)* पाकिस्तान
(c) सिंधु *(d)* पंजाब

100. हड़प्पा सभ्यता में चावल का उत्पादन कहाँ होता था ?
(a) कोटडीजी *(b)* हड़प्पा
(c) लोथल *(d)* उपर्युक्त सभी जगह

101. सिंधु घाटी सभ्यता की मुख्य विशेषता क्या है?
(a) नगर निर्माण योजना
(b) कला
(c) हस्तकला
(d) उपर्युक्त सभी

102. सैन्धव सभ्यता का प्रमुख बन्दरगाह एवं व्यापारिक केन्द्र कौन-सा था ?
(a) हड़प्पा *(b)* लोथल
(c) कालीबंगा *(d)* इनमें से कोई नहीं

103. हड़प्पा सभ्यता का मानव इतिहास में कौन-सा काल है ?
(a) मध्य पाषाण काल *(b)* पुरापाषाण काल
(a) नवपाषाण काल *(d)* लौह युग

104. सिंधु सभ्यतावासी किसकी पूजा करते थे ?
(a) इन्द्र और वरुण *(b)* पशुपति
(c) ब्रह्मा और विष्णु *(d)* उपर्युक्त सभी

105. निम्नलिखित में से किसकी पूजा करना सैन्धव सभ्यता में धर्म का अंग माना जाता था ?
(a) विष्णु की
(b) प्राकृतिक शक्तियों की
(c) वृक्ष और आत्माओं की
(d) खास जानवर और उनके चिन्हों की

106. ''हड़प्पावासियों में दफनाने की एक सार्वजनिक प्रक्रिया थी'' यह किस बात से प्रमाणित होता है?
(a) कब्रिस्तान में पाए गए मृतकों के साथ दैनिक उपयोग की वस्तुओं से।
(b) शव उत्तर-दक्षिण दिशा में लेटे हुए मिले हैं।
(c) *(a)* और *(b)* दोनों।
(d) इनमें से कोई नहीं।

107. हड़प्पा नगरवासियों का व्यवसाय क्या था ?
(a) मुख्यतः कृषक *(b)* मुख्यतः व्यापारी
(c) अनाज ढोने वाले *(d)* बहुत बड़े विद्वान्

108. हड़प्पा का कौन-सा भाग ईरानी सीमा पर है ?
(a) सुकेताजेनडोर *(b)* सूरकोटदा
(c) कोटला निहंग खाँ *(d)* आलमगीरपुर

109. निम्नलिखित में से कौन सा कथन हड़प्पा सभ्यता को समकालीन सभ्यता से अलग करता है ?
(a) विज्ञान और प्रौद्योगिकी का विकास
(b) धार्मिक विश्वास और सामाजिक जीवन
(c) नगर-निर्माण, नालियों की व्यवस्था और मोड़ियों की बनावट
(d) माप तौल एवं व्यावसायिक सम्पर्क

110. नियोलिथिक अधिवासों में संयुक्त दफन कहाँ पाए गए हैं ?
(a) गुजरात *(b)* पश्चिम बंगाल
(c) टेटिसटस *(d)* गंगा घाटी क्षेत्र

111. बुर्जहोम का पुरातत्वीय खुदाई स्थल किससे सम्बद्ध हैं ?
(a) मोगालिथिक संस्कृति
(b) हड़प्पन संस्कृति
(c) नियोलिथिक संस्कृति
(d) गुप्तकाल

112. सुमेरिया के सूसा नगर से प्राप्त 30 मोहरों का जिस सिन्धु नगर से संबंध है, वह है :
(a) मोहनजोदड़ो *(b)* लोथल
(c) हड़प्पा *(d)* कालीबंगा

113. मोहनजोदड़ो का शब्दिक अर्थ क्या होता है?
(a) महान् लोगों का टीला
(b) जीवित लोगों का टीला
(c) पीड़ित लोगों का टीला
(d) मुर्दों का टीला

114. मोहनजादड़ो पाकिस्तान में कहाँ स्थित है ?
(a) करांची में *(b)* लरकाना जिले में
(c) पेशावर में *(d)* लाहौर में

115. सिंधुवासी मातृदेवी के रूप में किसके उपासक थे?
(a) पक्षी *(b)* जननी
(c) प्रकृति *(d)* काली

116. सिंधु सभ्यता के सबसे बड़े शिलालेख में कितने अक्षर हैं ?
(*a*) 25 (*b*) 20
(*c*) 15 (*d*) 17

117. सिंधु घाटी सभ्यता कितने वर्गों में बँटी थी ?
(*a*) 2 (*b*) 3
(*c*) 4 (*d*) 5

118. कृषि का विकास सिंधु घाटी में कब हुआ था ?
(*a*) 2000 ई॰ पू॰ (*b*) 3000 ई॰ पू॰
(*c*) 4000 ई॰ पू॰ (*d*) 5000 ई॰ पू॰

119. सिंधुवासी निम्नलिखित में से किस जानवर से अपरिचित थे ?
(*a*) घोड़ा (*b*) बिल्ली
(*c*) सिंह (*d*) चूहे

120. निम्नलिखित में से कौन-सा कथन सत्य है ?
(*a*) सिंधु घाटी का समाज मातृसत्तात्मक था।
(*b*) सिंधु घाटी का समाज पितृसत्तात्मक था।
(*c*) (*a*) और (*b*) दोनों।
(*d*) इनमें से कोई नहीं।

121. हड़प्पावासियों के खेतों में सिंचाई का मुख्य साधन क्या था?
(*a*) नहर (*b*) नदियों का पानी
(*c*) कुआँ (*d*) चापानल

122. हड़प्पा संस्कृति में विनिमय का आधार क्या था?
(*a*) वस्तु
(*b*) जानवर
(*c*) मुद्रा
(*d*) उपर्युक्त में से कोई नहीं।

123. सिंधु सभ्यता निवासी सोना-चाँदी कहाँ से मंगाते थे?
(*a*) अफगानिस्तान (*b*) यूनान से
(*c*) फ्रांस से (*d*) मिस्र से

124. सुमेल कीजिए :

A. काँस्य नर्तकी मूर्ति	(1) हड़प्पा
B. नर कबंध की प्रस्तर	(2) मोहनजोदड़ो
C. घोड़े की अस्थियाँ	(3) चन्हूदड़ो
D. मनके बनाने का कारखाना	(4) सूरकोटडा

	A	B	C	D
(*a*)	4	3	1	2
(*b*)	2	3	4	1
(*c*)	2	1	4	3
(*d*)	2	1	3	4

125. हड़प्पा के लोगों के सामान्य घरेलू बर्तन किससे बने होते थे ?
(*a*) पत्थर
(*b*) चीनी मिट्टी
(*c*) मिट्टी के अच्छी तरह पकाए गए चित्रांकित बर्तन
(*d*) ताम्र

126. कताई-बुनाई की चक्रियाँ और कपास-सन-रेशम के तंतुओं के अवशेष निम्नांकित में से कहाँ से प्राप्त हुए हैं?
(*a*) सिंधु प्रदेश से (*b*) कामरूप से
(*c*) बुर्जहोम से (*d*) जोर्वे संस्कृति से

127. सिंधु घाटी के लोग निम्नलिखित में से किस औजार एवं उपकरण का उपयोग नहीं करते थे ?
(*a*) सुइयाँ और उस्तरे
(*b*) हँसिया और हल
(*c*) काँटा और चम्मच
(*d*) गेहूँ पीसने की पत्थर की चक्की, सिल-बट्टा (बटना)

128. हड़प्पाकालीन लोगों के अस्त्र-शस्त्र किससे बनाए जाते थे ?
(*a*) पत्थर (*b*) ताम्र
(*c*) काँस्य (*d*) उपर्युक्त सभी

129. खुदाई में पाए गए बच्चों के खिलौने और खेलने की वस्तुओं में निम्नलिखित में से कौन-से खिलौने नहीं पाए गए हैं ?
(*a*) गाड़ियाँ और रथ।
(*b*) चलने या सर हिलाने वाले पशुओं के खिलौने।
(*c*) कंचे या गोलियाँ।
(*d*) शतरंज की बिसात।

130. आधुनिक हिन्दू धर्म की किन विशेषताओं को हड़प्पाकालीन धर्म से अंगीकार नहीं किया गया ?
(*a*) शक्ति-पूजा।
(*b*) पशुपति के रूप में शिव-पूजा।
(*c*) शंक्वाकार और बेलनाकार पत्थरों के रूप में शिव-लिंग की पूजा।
(*d*) देवता विशेष के लिए देवालयों का निर्माण।

131. निम्नलिखित में से कौन-सी विशेषता सिन्धु सभ्यता कालीन धार्मिक जीवन का अंग नहीं थी ?
(*a*) पीपल और बबूल के वृक्षों को दिव्य वृक्ष माना जाता था।
(*b*) मुहरों पर कल्पवृक्ष का प्राय : चित्रांकन किया जाता था।
(*c*) वैदिक देवताओं की भाँति हड़प्पाकालीन देवता भी पुरुष-प्रधान थे।
(*d*) लोग ताबीजों और रक्षा कवचों में विश्वास करते थे, जिससे लगता है कि वे प्रेतात्माओं से डरते थे।

132. निम्नलिखित में से कौन-सी फसल हड़प्पाकालीन लोगों द्वारा उत्पादित नहीं की जाती थी ?
(a) जौ (b) दालें
(c) चावल (d) गेहूँ

133. निम्नलिखित में से कौन सा नगर हड़प्पाकालीन व्यापारिक गतिविधियों का एक महान केन्द्र था ?
(a) हड़प्पा (b) कालीबंगा
(c) लोथल (d) सुरकोटदा

134. निम्नलिखित में से किस विषय के क्षेत्र में हड़प्पा-कालीन सभ्यता में विभिन्नता पाई जाती है ?
(a) नगर योजना
(b) ईंटों का आकार
(c) बाट एवं माप प्रणाली
(d) घरों का आकार

135. निम्नलिखित किस स्थान से आनुष्ठानिक स्नानागारों के निकट निर्मित अग्निवेदियों की कतारें मिली हैं?
(a) मोहनजोदड़ो (b) हड़प्पा
(c) कालीबंगा (d) लोथल

136. हड़प्पाकालीन मुहरों पर किस पशु की आकृति को सबसे अधिक उत्कीर्ण किया गया था ?
(a) कूबड़ रहित साँड़ अथवा एक श्रृंगी बैल
(b) हाथी
(c) जंगली साँड़
(d) बाघ

137. कौन-सी लिपि हड़प्पा कालीन लिपि के सर्वाधिक निकट या समानुपाती प्रतीत होती है ?
(a) ब्राह्मी (b) द्रविड़
(c) खरोष्ठी (d) देवनागरी

138. हड़प्पाकालीन भवनों को पत्थरों के स्थान पर पकाई गई ईंटों से इस कारण बनाया जाता था, क्योंकि :
(a) लोहे के औजारों के अभाव में प्रस्तर-खण्डों को काटना बहुत दुष्कर था।
(b) ईंटों से बेहतर बाढ़ सुरक्षा मिलती थी।
(c) ईंटें नम जलवायु के लिए अधिक उपयुक्त थी।
(d) पत्थर आसानी से उपलब्ध नहीं था।

139. हड़प्पावासियों द्वारा आयातित सबसे महत्वपूर्ण वस्तु क्या थी ?
(a) धातु और बहुमूल्य पत्थर
(b) खाद्यान्न
(c) वस्त्र
(d) मिट्टी के बर्तन

140. निम्नलिखित में से कौन-सा तथ्य सिंधु घाटी के निवासियों की सामुद्रिक गतिविधियों से संबंधित नहीं है ?
(a) लोथल में एक गोदी या डॉकयार्ड की खोज।
(b) एक मुहर पर एक जलयान का चित्र।
(c) ऐसी अनेक वस्तुओं की खोज जिनका देश में उत्पादन नहीं होता था अथवा जो देश में नहीं पाई जाती थी।
(d) पश्चिमी एशियाई देशों के साथ हड़प्पाकालीन लोगों के वाणिज्यिक सम्बन्ध।

141. हड़प्पा--काल में लोगों द्वारा सर्वाधिक प्रयुक्त ताम्र धातु कहाँ से लाया जाता था ?
(a) बलूचिस्तान
(b) खेतड़ी की खानें
(c) मेसोपोटामिया
(d) उपर्युक्त (a) और (b) दोनों

142. लोथल और चन्हुदड़ो का सर्वाधिक महत्वपूर्ण उद्योग क्या था ?
(a) जहाज-निर्माण
(b) मनका-उत्पादन उद्योग
(c) हथकरघा वस्त्र उद्योग
(d) धातुकर्म उद्योग

143. निम्नलिखित में से कौन-सी विशेषता हड़प्पाकालीन आन्तरिक व्यापार से सम्बंधित नहीं है ?
(a) व्यापार बहुमुखी था।
(b) इसे क्षेत्रीय तथा अंतर्क्षेत्रीय स्तर पर किया जाता था।
(c) सार्थवाह व्यापार के साथ-साथ ''श्रेणी'' और ''निगमों (Guild)'' को भी स्थापित किया गया था।
(d) यह पूर्णत : वस्तु विनिमय व्यापार था।

144. हड़प्पाकालीन मिट्टी के पकाए गए बर्तनों पर निम्नलिखित कौन-सी विशेषता नहीं पाई जाती है?
(a) अच्छे पके हुए लाल बर्तन
(b) रंगे हुए काले चित्र
(c) बर्तनों पर बनी वानस्पतिक और ज्यामितीय आकृतियाँ
(d) लाल और काले चमकदार बर्तन

145. हड़प्पाकालीन सभ्यता एवं सुमेर, मेसोपोटामिया और मिस्र जैसी अन्य प्राचीन सभ्यताओं के बीच निम्नलिखित में कौन-सी समानता परिलक्षित नहीं होती ?
(a) संगठित नगरीय जीवन
(b) अन्त्येष्टि प्रणाली और धार्मिक विश्वास
(c) कुम्हार का चाक
(d) पशु-पालन

146. निम्नलिखित में से कौन-सी विशेषता हड़प्पाकालीन भौतिक संस्कृति से सम्बन्धित नहीं है ?

(a) आयताकार नगर-योजना

(b) नहर प्रणाली द्वारा सिंचाई व्यवस्था का अभाव

(c) उपकरणों के लिए ताम्र अथवा काँस्य के साथ साथ लौह का प्रयोग

(d) मोहनजोदड़ो और हड़प्पा के विशाल अन्नागार

147. हड़प्पा संस्कृति के स्थलों का सर्वाधिक संकेन्द्रण निम्नांकित के किनारे प्राप्त हुआ है:

(a) सतलज (b) सिंधु

(c) घग्गर-हाकरा (d) रावी

148. निम्नलिखित हड़प्पीय फसलों में से किनका पश्चिम एशिया से प्रसार माना जाता है ?

(1) गेहूँ (2) चावल

(3) कपास (4) यव

नीचे दिए गए कूटों से सही उत्तर का चयन कीजिए:

(a) 1 एवं 4 (b) 2 एवं 3

(c) 1, 3 एवं 4 (d) 1, 2 एवं 4

149. सूची-I को सूची-II से सुमेलित कीजिए और सूचियों के नीचे दिए गए कूटों की सहायता से सही उत्तर का चयन कीजिए :

सूची-I (हड़प्पा संस्कृति के स्थानों से प्राप्त वस्तुएँ)	*सूची-II* (संभव स्रोत)
A. ताँबा	(1) दक्कन
B. शंख	(2) राजस्थान
C. लाजवर्द मणि	(3) कच्छ
D. स्वर्ण	(4) अफगानिस्तान

	A	B	C	D
(a)	3	4	1	2
(b)	1	3	2	4
(c)	2	3	1	4
(d)	2	3	4	1

150.

सूची -I	*सूची -II*
A सांख्य	1. पतंजलि
B योग	2. गौतम
C न्याय	3. कणाद या उलूक
D वैशेषिक	4. कपिल

कूट:

	A	B	C	D
(a)	1	2	3	4
(b)	1	4	2	3
(c)	4	3	2	1
(d)	4	1	2	3

151. ऋग्वेद के भौगोलिक क्षेत्र के अन्तर्गत आता है :

I. पंजाब और हरियाणा के कुछ भाग

II. गोमल (गोमती) का मैदान

III. दक्षिणी जम्मू-कश्मीर

IV. दक्षिणी अफगानिस्तान

कूट:

(a) I, II, III एवं IV

(b) I, II, एवं III

(c) I, एवं II

(a) केवल I

152. नीचे विवाह के कुछ उदाहरण दिए गए हैं। उन्हें पढ़ें तथा बताएं कि कौन से प्रतिलोम विवाह के उदाहरण है?

I. ब्राह्मण कन्या और क्षत्रिय पुरुष का विवाह

II. ब्राह्मण पुरुष और क्षत्रिय कन्या का विवाह

III. वैश्य पुरुष और शूद्र कन्या का विवाह

IV. क्षत्रिय पुरुष और वैश्य कन्या का विवाह

कूट:

(a) II एवं III

(b) I और IV

(c) केवल I

(d) इनमें से कोई नहीं

153. हड़प्पा सभ्यता में लाजवर्द मणि का आयात किस क्षेत्र से होता था ?

(a) बदख्शां (b) बलूचिस्तान

(c) औरंगाबाद (d) दैमाबाद

154. हड़प्पा सभ्यता में पक्की मिट्टी की मूर्तियों का निर्माण किस विधि से किया गया है ?

(a) एक साँचा पद्धति (b) दो साँचा पद्धति

(c) चिकोटी पद्धति (d) जोड़कर

155. हड़प्पा सभ्यता के अंतर्गत गोदावरी घाटी में विकसित सभ्यता क्षेत्र कौन था ?

(a) नासिक (b) रंगपुर

(c) औरंगाबाद (d) दैमाबाद

156. मेसोपोटामिया के साथ हड़प्पाई लोगों के व्यापार का साक्ष्य किससे प्रमाणित होता है ?

(a) ऊर, सूसा (मेसोपोटामिया) से प्राप्त हड़प्पा के मुहर तथा अन्य वस्तुओं से

(b) कीलाकार अभिलेखों से

(c) हड़प्पा एवं लोथल से प्राप्त मेसोपोटामिया के अभिलेखों से

(d) वैदिक साहित्य से

157. सिंधु संस्कृति के किस स्थल से प्राक-हड़प्पा अवस्था के कूँड (हलरेखा) का साक्ष्य मिलता है?

(a) कालीबंगा (b) लोथल

(c) हड़प्पा (d) चन्हूदड़ो

158. सिन्धु संस्कृति के निम्नलिखित नगरों का उन स्थलों से मेल कीजिए, जहाँ वे स्थित हैं :

A. आलमगीरपुर (1) जम्मू
B. मांडा (2) राजस्थान
C. कालीबंगा (3) गुजरात
D. लोथल (4) उत्तर प्रदेश

	A	B	C	D
(a)	1	3	4	2
(b)	4	1	2	3
(c)	4	2	1	3
(d)	2	4	3	1

159. हड़प्पाकालीन लोग किसके साथ समृद्ध व्यापार करते थे ?
(a) अफगानिस्तान (b) मेसोपोटामिया
(c) बहरीन (d) उपर्युक्त सभी

160. निम्नलिखित में से कौन-सा तथ्य हड़प्पाकालीन एवं पश्चिम एशिया की अन्य समकालीन सभ्यताओं के मध्य घनिष्ठ सम्बन्ध विद्यमान होने का आभास नहीं देता ?
(a) हड़प्पाकालीन मुहरें बमेर, एलम और मेसोपोटामिया से प्राप्त हुई हैं।
(b) सिन्धु घाटी और सुमेर के बीच व्यापार स्थल मार्ग और आंशिक रूप से समुद्री मार्ग द्वारा व्यापार किया जाता था।
(c) हड़प्पा और मेसोपोटामिया के नगरों के मध्य समृद्ध व्यापार से सम्बंधित साहित्यिक और पुरातात्विक प्रमाण।
(d) हड़प्पा की अर्थव्यवस्था पश्चिमी एशिया से आयातित की जाने वाली वस्तुओं पर आश्रित थी।

161. आज हड़प्पा सभ्यता की समयावधि को किस आधार पर 2300 ई॰पू॰ और 1750 ई॰ पू॰ के बीच निर्धारित किया गया है ?
(a) राजस्थान, गुजरात चंडीगढ़, हरियाणा, मध्य प्रदेश आदि में मिले नवीनतम अवशेष।
(b) तिथि निर्धारण की रेडियो कार्बन (R-14) पद्धति।
(c) मिट्टी के पकाए गए बर्तनों के आकार-प्रकार और अन्य पुरावशेषों में समरूपता।
(d) हड़प्पाकालीन और पश्चिम एशियाई प्राचीन सभ्यताओं के मध्य संबंधों के बारे में उपलब्ध प्रमाण।

162. आजकल हड़प्पाकालीन सभ्यता के पतन के लिए निम्नलिखित में से कौन-सा कारण सर्वाधिक संभावित माना जाता है ?
(a) सिन्धु और रावी नदियों के जल-मार्ग में विनाशकारी परिवर्तनों के कारण विध्वंसकारी बाढ़ें आईं।
(b) विदेशी आक्रमण।
(c) कृषि संबंधी उत्पादन में गिरावट।
(d) उपर्युक्त किसी एक अथवा सभी कारणों से लोग अन्यत्र चले गए।

163. विभिन्न हड़प्पाकालीन स्थलों के उत्खनन से पता चलता है कि प्रत्येक समकालीन नगर के धार्मिक विश्वासों में कुछ-कुछ भिन्नता थी। लोथल और कालीबंगा के धार्मिक विश्वासों में क्या समानता थी?
(a) मातृदेवी की पूजा (b) अग्नि-पूजा
(c) वृक्ष-पूजा (d) पशु-पूजा

164. ईरान की सीमा के समीप स्थित हड़प्पाकालीन स्थल का नाम है :
(a) सुरकोटदा (b) सुक्तागेन्डोर
(c) कोटला निहंगखान (d) आलमगीरपुर

165. निम्नलिखित किस कारण से हड़प्पा सभ्यता विश्व की अन्य समकालीन सभ्यताओं से भिन्न है ?
(a) धार्मिक आस्थाएँ और सामाजिक जीवन।
(b) विज्ञान और प्रौद्योगिकी का विकास।
(c) नगर-योजना, जल निकासी और सफाई व्यवस्था।
(d) एक समान तौल एवं माप प्रणाली तथा वाणिज्यिक संबंध।

166. निम्नलिखित कौन-सी सभ्यता सिन्धु अथवा हड़प्पा सभ्यता के समकालीन नहीं थी ?
(a) मिस्त्र (b) मेसोपोटामिया
(c) सुमेर (d) यूनानी

167. हड़प्पाकालीन लोगों के आभूषण किस धातु / वस्तु से निर्मित नहीं किए जाते थे ?
(a) स्वर्ण और चाँदी
(b) हाथी दाँत और हड्डियाँ
(c) ताम्र और बहुमूल्य पत्थर
(d) श्वेत धातु एवं मिश्रित धातु

168. सिन्धु घाटी की जल-निकासी प्रणाली का सबसे बड़ा दोष क्या था ?
(a) नालियाँ अलग-अलग ईंटों से ढकी हुई थीं।
(b) नालियाँ सोख-गड़ढों से जुड़ी हुई नहीं थीं।

(c) नालियाँ कुओं के पास होती थीं।
(d) नालियाँ केवल 30 सेमी॰ गहरी और 23 सेमी॰ चौड़ी थीं, इसलिए जल उनके बाहर बहता था।

169. हड़प्पाकालीन लोग निम्नलिखित में से किन अस्त्र-शस्त्रों का प्रयोग नहीं करते थे ?
(a) बाण और तलवार
(b) कटार और भाले
(c) गदाग्र और प्रक्षेपास्त्र
(d) बघनख और जहरीले बाण

170. हड़प्पाकालीन लोगों का कौन-सा धार्मिक विश्वास अब प्रचलित नहीं है ?
(a) पशुपति पूजा
(b) पीपल पूजा
(c) सूर्य पूजा
(d) प्रजनन शक्तियों की पूजा

171. हड़प्पाकालीन स्थलों में खोजे गए अन्नागारों से निम्नलिखित में से किस तथ्य का आभास नहीं होता था ?
(a) खाद्यान्नों का गुप्त संचय
(b) कृषि सम्बन्धी कुशलता
(c) कृषि अधिशेष
(d) भण्डारण की तकनीकों का ज्ञान

172. हड़प्पाकालीन लोगों द्वारा स्वच्छता संबंधी कौन-सा उपाय नहीं किया गया था ?
(a) जल-निकास प्रणाली
(b) कूड़ेदान
(c) कचरा बहाने वाली नालियाँ
(d) सार्वजनिक शौचालय

173. निम्नलिखित में किस स्थान से हड़प्पा पूर्व काल की बस्ती नहीं पाई गई है ?
(a) रंगपुर (b) कोटदीजि
(c) कालीबंगा (d) हड़प्पा

174. हड़प्पाकालीन नगरों में किलेबंदी या नगर-प्राचीरों का निर्माण के पीछे दो प्रमुख कारण क्या थे ?
(a) सीमाशुल्क और पथकर की वसूली।
(b) लुटेरों और पशुचोरों से सुरक्षा तथा बाढ़ से बचाव।
(c) नगर में अनधिकृत लोगों के प्रवेश को रोकना तथा शत्रुओं के आक्रमणों से सुरक्षा।
(d) सीमांतर्गत नगर का विकास करना और नगरीय नियंत्रण कायम रखना।

175. हड़प्पाकालीन सभ्यता की चार सीमा चौकियाँ कौन थीं ?
(a) उत्तर में मांडा, दक्षिण में दैमाबाद, पूर्व में हुलास और आलमगीरपुर तथा पश्चिम में सुक्तागेन्डोर।
(b) पूर्व में मांडा, दक्षिण में दैमाबाद, उत्तर में हुलास और पश्चिम में सुरकोटदा।
(c) उत्तर में मांडा, पूर्व में आलमगीरपुर, पश्चिम में शोर्तुहाई और दक्षिण में दैमाबाद।
(d) उत्तर में आलमगीरपुर, दक्षिण में कायथा, पूर्व में मांडा और पश्चिम में कुन्तासी।

176. हड़प्पाकालीन सभ्यता लगभग कितने क्षेत्र में फैली हुई थी ?
(a) 13 लाख वर्ग किमी॰
(b) 25 लाख वर्ग किमी॰
(c) 7.5 लाख वर्ग किमी॰
(d) 6.5 लाख वर्ग किमी॰

177. हड़प्पा सभ्यता का विस्तार किससे संबद्ध है ?
(a) गेहूँ उत्पादन क्षेत्र
(b) जमीन की उर्वरता
(c) सिंचाई सुविधाएँ
(d) कच्चे माल और खनिज पदार्थों की उपलब्धता

178. हड़प्पाकालीन जीवन का एक पक्ष जो समकालीन व्यवस्था का आधार था, किन्तु उसके बारे में हम बहुत कम अथवा कुछ भी नहीं जानते, वह है :
(a) ग्रामीण जीवन
(b) पशुपालन
(c) परिवहन और संचार
(d) जनांकिकीय या जनसंख्या का स्वरूप

179. हड़प्पाकालीन लोगों को धातु-कर्म विज्ञान में दक्षता प्राप्त थी, इसकी पुष्टि किस तथ्य से होती है ?
(a) हड़प्पाकालीन लोगों द्वारा ताम्र, टीन, काँस्य, स्वर्ण आदि विभिन्न धातुओं का प्रयोग।
(b) विभिन्न हड़प्पा स्थलों से धातु भट्ठियों की खोज।
(c) काँस्य उपकरणों के लिए ताम्र और टीन का उचित अनुपात में मिश्रण।
(d) विभिन्न धातुओं को गलाने के लिए आगलन तकनीक का ज्ञान।

180. गुजरात में खोजा गया नवीनतम हड़प्पाकालीन स्थल कौन-सा है ?
(a) धौलावीर (b) खाँडिया

(c) कुन्तासी (d) मांडा

181. हड़प्पाकालीन सभ्यता के सर्वाधिक घनी आबादी वाले दो नगर थे :
(a) मोहनजोदड़ो और हड़प्पा
(b) कालीबंगा और लोथल
(c) रोपड़ और रंगपुर
(d) लोथल और देसलपुर

182. भारत-पाक उपमहाद्वीप में चार विशालतम हड़प्पाकालीन बस्तियाँ हैं :
(i) हड़प्पा
(ii) मोहनजोदड़ो
(iii) राखीगढ़ी
(iv) गनेरीवाला
(v) धौलावीर
(vi) कालीबंगाँ
(a) (i), (ii), (iv) और (v)
(b) (i), (ii), (iii) और (v)
(c) (ii), (iii), (iv) और (v)
(d) (i), (ii), (iv) और (vi)

183. हड़प्पा-कालीन सभ्यता के पतन की निम्नलिखित में से कौन सी परिस्थिति सही प्रतीत होती है :
(a) पतन अनियमित था और यह विभिन्न क्षेत्रों में भिन्न-भिन्न कारणों से हुआ था।
(b) आकस्मिक और विध्वंसकारी था।
(c) सांस्कृतिक परिवर्तनों का परिणाम था।
(d) पर्यावरणीय और पारिस्थितिक कारणों से हुआ था।

184. निम्नलिखित में से कौन-सा हड़प्पाकालीन नगर पशुपालकों का एक बहुत बड़ा केन्द्र था :
(a) नेसदी (b) देसलपुर
(c) दैमाबाद (d) रंगपुर

185. निम्नलिखित में से कौन-सा नगर एक प्रमुख हड़प्पाकालीन औद्योगिक केन्द्र नहीं था :
(a) लोथल (b) चन्हुदड़ो
(c) हड़प्पा (d) कालीबंगा

186. **हवीलर** ने किस स्थान से पाए गए नर-कंकालों के आधार पर हड़प्पाकालीन लोगों पर किसी सैनिक आक्रमण अथवा नर-संहार का उल्लेख किया है ?
(a) मोहनजोदड़ो (b) हड़प्पा
(c) चन्हुदड़ो (d) देसलपुर

187. हड़प्पाकालीन नगरों पर कौन शासन करता था ?
(a) राजा
(b) पुरोहित राजा
(c) व्यापारियों का अल्प तंत्र
(d) शासन व्यवस्था अज्ञात है

188. सिन्धु घाटी के व्यापारिक केन्द्रों और मेसोपोटामिया के बीच प्रमुख व्यापारिक बन्दरगाह कौन था ?
(a) एलम (b) ओमान
(c) बहरीन (d) अफगानिस्तान

189. निम्नलिखित में से किस मामले में हड़प्पाकालीन सभ्यता में समरूपता या एकरूपता नहीं है :
(a) तौल और माप
(b) खाद्यान्न फसलें
(c) अन्त्येष्टि पद्धति
(d) उपर्युक्त (a) और (c) दोनों

190. हड़प्पा मोहनजोदड़ो का ह्रास कब से शुरू हुआ?
(a) 2200 ई॰पू॰ (b) 2000 ई॰पू॰
(c) 1750 ई॰पू॰ (d) 1500 ई॰पू॰

191. सिन्धु सभ्यता का व्यापार होता था :
(i) ईरान (ii) अफगानिस्तान
(iii) रोम (iv) राजस्थान
(a) सिर्फ (i) एवं (ii) से
(b) सिर्फ (iv) से
(c) सिर्फ (ii) एवं (iii) से
(d) (i), (ii) और (iv) से

192. सिन्धु सभ्यता को हड़प्पा सभ्यता क्यों कहा जाता है?
(a) सबसे पहले खुदाई हड़प्पा नामक स्थान पर हुई।
(b) हड़प्पा सभ्यता सर्व प्राचीन सभ्यता है।
(c) हड़प्पा सैन्धव सभ्यता की मूल स्थली है।
(d) हड़प्पा सभ्यता से सैन्धवकालीन विशेष जानकारी प्राप्त हुई है।

193. सिन्धु सभ्यता में निम्न में कौन सी चीजें पाई गई हैं :
(a) अन्नागार, दो मंजिला भवन, स्नानागार।
(b) दो मंजिला भवन, मन्दिर, विष्णु की मूर्ति।
(c) एक मंजिला भवन, अन्नागार, जलाशय।
(d) चौड़ी सड़कें, स्नानागार, स्नान करते पुरुष की मूर्ति।

194. सिंधु सभ्यता के मापक किस गुणज भार के हैं?
(a) 14 गुणज भार के।

(b) 10 गुणज भार के।
(c) 16 गुणज भार के।
(d) 8 गुणज भार के।

195. सैन्धव सभ्यता के पतन के कारणों में सबसे महत्वपूर्ण कारण कौन था ?
(a) बाढ़
(b) आर्यों का आक्रमण
(c) विदेशी व्यापार में ह्रास
(d) नदियों के प्रवाह में परिवर्तन

196. सैन्धव सभ्यता में युगल शवाधान के अवशेष किस स्थल पर मिले थे ?
(a) आलमगीरपुर (b) बनावली
(c) लोथल (d) कालीबंगा

197. सैन्धव सभ्यता में निम्न में से किस वस्त्र के उल्लेख मिले हैं :
(a) सूती (b) रेशमी
(c) शाटिका (d) दुकूल

198. लोथल स्थित हैं :
(a) बलूचिस्तान में
(b) सिंधु के मुहाने में
(c) खम्भात की खाड़ी में
(c) कच्छ के रण में

199. मोहनजोदड़ो की इमारतें किस नगर के किस भाग में स्थित थीं ?
(a) सम्पूर्ण क्षेत्र में नियोजित ढंग से फैली थी।
(b) एक जगह केन्द्रित थी।
(c) अव्यवस्थित थी।
(d) उपर्युक्त में कोई नहीं।

200. पशुपति अंकित मुहर कहाँ से मिली है?
(a) हड़प्पा से (b) लोथल से
(c) रंगपुर से (d) मोहनजोदड़ो

201. सिंधु सभ्यता से सम्बन्धित नृत्य करती हुई महिला की मूर्ति बनी है :
(a) स्वर्ण (b) पाषाण
(c) काँस्य (d) चाँदी

202. हड़प्पा ईंटों के नाम का अनुपात है :
(a) 1 : 2 : 5 (b) 1 : 3 : 4
(c) 1 : 2 : 4 (d) 1 : 2 : 3

203. हड़प्पा के लोग अनभिज्ञ थे :
(a) काँस्य (b) चाँदी
(c) लोहा (d) सोना

204. मोहनजोदड़ो में हुई पुरातात्विक खुदाई किसके निर्देशन में सम्पन्न हुई ?
(a) राखाल दास बनर्जी (b) सर जॉन मार्शल
(c) एस. आर. राय (d) दयाराम साहनी

205. सिन्धु सभ्यता की मुहरें निम्नलिखित में से किससे बनी थी :
(a) लाजवर्द (b) काँस्य
(c) रजत (d) स्टेटाइट

206. मोहनजोदड़ो के आवासीय गृह बने हुए थे :
(a) गारा से (b) पत्थर से
(c) ईंटों से (d) सीमेन्ट से

207. सिन्धु घाटी की लिपि की सूचना ज्ञात होती हैं :
(a) आभूषणों से (b) मोहरों से
(c) खिलौनों से (d) मूर्तियों से

208. सिन्धु सभ्यता के लोग किस स्थान के थे ?
(a) आर्यन (b) भूमध्यसागरीय
(c) आस्ट्रेलॉयड (d) मंगोलियन

209. सैन्धव सभ्यता का ज्ञान हुआ :
(a) अभिलेख से (b) साहित्य से
(c) उत्खनन से (d) सिक्कों से

210. सिंधु घाटी की सभ्यता के बारे में एक सही कथन बतायें :
(a) यहाँ शहरी जीवन था।
(b) विदेशी व्यापार उन्नति पर था।
(c) मातृ-देवी की पूजा प्रचलित थी।
(d) सभी कथन सही हैं।

211. प्राचीनतम कृषक बस्ती है :
(a) मेहरगढ़ (b) बुर्जहोम
(c) गुफकराल (d) भीमवेटका

212. मनुष्य की कब्र में कुत्ते को भी साथ दफनाएं जाने के साक्ष्य प्राप्त हैं :
(a) कोल्डीहवा (b) बुर्जहोम
(c) भीमबेटका (d) चिरांद

213. सभी अनाजों के साक्ष्य उत्खनन में प्राप्त हुए हैं :
(a) अहार (b) चिरांद
(c) नवदाटोली (d) हड़प्पा

214. ताम्र पाषाण काल के लोग किसकी पूजा करते थे?
(a) ब्रह्मा (b) विष्णु
(c) इन्द्र (d) मातृदेवी

215. पूर्ण विकसित हड़प्पा सभ्यता लगभग कितनी शताब्दियों तक जीवित रही ?

(a) चार (b) पाँच
(c) सात (d) तीन

216. सैन्धव सभ्यता के निर्माता 'आर्य' थे, यह किसका मत है ?

(a) डॉ० लक्ष्मण स्वरुप (b) गार्डन चाइल्ड
(c) राखालदास बनर्जी (d) ह्वीलर

217. सिन्धु सभ्यता के किस नगर की कब्रों में मात्र राख मिली हैं :

(a) लोथल (b) हड़प्पा
(c) कालीबंगा (d) मोहनजोदड़ो

218. वृहत् स्नानागार की सर्वप्रथम खोज की थी :

(a) सर जॉन मार्शल ने (b) ह्वीलर ने
(c) स्टाइन ने (d) ए. एन. घोष ने

219. स्वतंत्रता के बाद हड़प्पा सभ्यता के सर्वाधिक स्थल खोजे गए हैं :

(a) कश्मीर में (b) पंजाब में
(c) राजस्थान में (d) गुजरात में

220. सैन्धव मुहरों में सर्वाधिक चित्र किसके उत्कीर्ण हैं?

(a) शिव के (b) जहाज के
(c) एक श्रृंगी साँड़ के (d) घोड़े के

221. सिन्धु क्षेत्र का प्राचीन नाम था :

(a) सिन्धु घाटी (b) हड़प्पा
(c) मेलुहा (d) सैन्धव

222. ताँबे से बनी हुई एक इक्का गाड़ी कहाँ से प्राप्त हुई है ?

(a) रंगपुर (b) लोथल
(c) मोहनजोदड़ो (d) हड़प्पा

223. मानव ने सबसे पहली बार कृषि करना सीखा :

(a) पुरापाषाण काल में (b) नवपाषाण काल में
(c) लौह काल में (d) ताम्र-काँस्य युग में

224. हड़प्पा संस्कृति का स्थल 'मांडा' किस नदी के तट पर स्थित था?

(a) सिन्धु नदी (b) चिनाव नदी
(c) रावी नदी (d) झेलम नदी

225. 'आर्य' अथवा 'भारतीय आर्य' और 'भारतीय यूरोपियन' विशेषण निम्नलिखित में से किस संकल्पना के सूचक हैं :

(a) भाषायी (b) सांस्कृतिक
(c) प्रजातीय (d) नृशास्त्रीय

226. निम्नलिखित में से कौन-सी भाषा को भारतीय आर्य भाषा नहीं माना जाता है ?

(a) अवेस्ता (b) अंग्रेजी
(c) अरबी (d) फारसी

227. निम्नलिखित में से किस विद्वान् ने वैदिक संस्कृत और यूनानी, लैटिन आदि भाषाओं की समान पितृ- मूलक उत्पत्ति के आधार पर वैदिक संस्कृत एवं अनेक यूरोपियन तथा कुछ पश्चिमी एशियायी भाषाओं के मध्य विस्मयकारी समानता संबंधी विचारधारा प्रस्तावित की थी :

(a) मैक्समूलर (b) सर विलियम जोंस
(c) मोनिएर विलियम्स (d) पी कोयुरडॉक्स

228. भारत में आर्यों का आगमन किस रूप में हुआ ?

(a) आक्रमणकारी
(b) आप्रवासी
(c) शरणार्थी
(d) व्यापारी एवं यायावर के रूप में

229. आर्यों या भारतीय आर्यों के मूल प्रदेश के संबंध में निम्नलिखित में से किस प्रदेश को सर्वाधिक मान्य स्वीकार किया जाता हैं :

(a) भारत (b) केंद्रीय यूरोप
(c) केन्द्रीय एशिया (d) अफगानिस्तान

230. वैदिक साहित्य के अंतर्गत आने वाले निम्नलिखित ग्रंथों में कौन बेमेल हैं :

(a) स्मृतियाँ (b) वेद
(c) उपनिषद् (d) आरण्यक

231. ऋग्वेद का वह कौन-सा प्रतापी देवता है जिसका 250 सूक्तों में वर्णन है ?

(a) अग्नि (b) इन्द्र
(c) वरुण (d) द्यौ

232. वैदिक कालीन राजा द्वारा जनता से कौन-सा कर लिया जाता था?

(a) बलि (b) कर
(c) बर्मन (d) विदथ

233. निम्नलिखित में से कौन-सा कथन सत्य है ?

(a) ऋग्वैदिककालीन आर्य प्रकृति की पूजा करते थे
(b) ऋग्वैदिक आर्य उन्नत लोग थे।
(c) ऋग्वैदिक परिवार संयुक्त परिवार थे।
(d) ऋग्वैदिक काल में नारी सम्मानित थी तथा वह

घर के कामों की देखभाल करती थी।

234. निम्नलिखित में से कौन-सी देवी ऋग्वैदिक काल में पूजित थी ?
(a) ऊषा (b) इन्द्र
(c) वरुण (d) सूर्य

235. वरुण को ऋग्वैदिक काल में किस वस्तु का देवता माना जाता था ?
(a) जल (b) हवा
(c) प्रकाश (d) प्रकृति संचालक

236. किसकी मान्यता है कि वैदिक युग में 'सभा' सामाजिक एवं राजनैतिक कार्यों के लिए ग्राम की बैठक थी ?
(a) एम. ब्लूमफील्ड (b) ए. लुडविक
(c) ए. वी. कीथ (d) ए. एस. अल्तेकर

237. वेदों को अपौरुषेय क्यों कहा जाता है?
(a) क्योंकि वे अत्यधिक प्राचीन हैं।
(b) विदेशियों द्वारा रचित हैं।
(c) देवों द्वारा रचित हैं।
(d) चारों वर्णों की सम्मिलित रचना है।

238. कौन-से वेद में स्तोत्र तथा प्रथाओं दोनों का उल्लेख है ?
(a) ऋग्वेद (b) सामवेद
(c) यजुर्वेद (d) अथर्ववेद

239. वैदिक काल में 'जन' किसे दर्शाता है ?
(a) प्रांत (b) गाँव
(c) कबीला (d) लोग

240. अस्पृश्यता का स्पष्ट रूप से प्रकटीकरण निम्न में से किस कालखण्ड में हुआ?
(a) वैदिक काल (b) स्मृतिकाल
(c) उत्तर गुप्तकाल (d) मौर्यकाल

241. ऐसा विवाह जिसमें पिता सावधानीपूर्वक वेदज्ञ एवं शीलवान वर का चयन करने के बाद उसे अपने घर बुलाता था तथा उसकी पूजा करके वस्त्राभूषण से सुसज्जित कन्या को उसे प्रदान करता था, को कहते थे-
(a) दैव विवाह (b) आर्य विवाह
(c) ब्रह्म विवाह (d) प्रजापत्य विवाह

242.

सूची-I (वैदिक साहित्य)	*सूची-II* (विषय वस्तु)
A. संहितायें	I गुरु-शिष्य संवाद एवं अन्य संवादों से निष्पन्न तत्व विमर्श के निष्कर्षों का संकलन्
B. ब्राह्मण ग्रंथ	II वानप्रस्थ संन्यासियों द्वारा वन में रचित ज्ञानमार्गी व्याख्यायें
C. आरण्यक	III वैदिक संहिताओं की कर्मकाण्डी व्याख्या
D. उपनिषद्	IV वैदिक संस्कृति का प्रमुख अभिलक्षण

कूट:

	A	B	C	D
(a)	I	II	III	IV
(b)	IV	III	II	I
(c)	II	IV	III	I
(d)	I	IV	II	III

243. प्रारंभिक वैदिक समाज था-
1. एक जनजातीय समाज
2. जाति के आधार पर विभाजित समाज
3. मातृसत्तात्मक समाज
4. एक विवाह प्रथा वाला समाज

कूट:
(a) 1 एवं 4
(b) 1, 2 एवं 4
(c) 2, 3 एवं 4
(d) 1, 2, 3 एवं 4

244. सूत्र-काल में ब्राह्मणों को निम्नांकित से विवाह करने की अनुमति थी :
(a) केवल ब्राह्मण कन्याओं से।
(b) ब्राह्मण एवं क्षत्रिय कन्याओं से।
(c) ब्राह्मण, क्षत्रिय एवं वैश्य कन्याओं से।
(d) ब्राह्मण, क्षत्रिय, वैश्य एवं शूद्र कन्याओं से।

245. सूची-I को सूची-II से सुमेलित कीजिए तथा सूचियों के नीचे दिए गए कूट के प्रयोग से सही उत्तर का चयन कीजिए।

सूची-I	*सूची-II*
A. सरस्वती	1 रावी
B. परुष्णी	2 व्यास
C. शुतुद्री	3 सतलज
D. विपाशा	4 झेलम
	5 घग्गर-हाकरा

	A	B	C	D
(a)	3	2	4	1
(b)	5	1	3	2
(c)	3	1	2	4
(d)	5	4	3	1

246. ''मैं कवि हूँ'' मेरा पिता भिषग् है और मेरी माता अन्न पीसती है। यह अवतरण कहाँ का है ?
(a) ऋग्वेद (b) यजुर्वेद
(c) धम्मपद (d) मृच्छकटिकम

247. दाशराज्ञ युद्ध का विजेता सुदास किस जन से संबंधित था ?
(a) अनु *(b)* दुह्यु
(c) भरत *(d)* शिवि

248. वेदांग में किनका समावेश है ?
(a) कल्प, शिक्षा, निरुक्त, व्याकरण, छन्द, ज्योतिष
(b) कल्प, शिक्षा, ब्राह्मण, व्याकरण, छन्द, ज्योतिष
(c) कल्प, शिक्षा, निरुक्त, आरण्यक, छन्द, ज्योतिष
(d) कल्प, उपनिषद्, निरुक्त, व्याकरण, छन्द, ज्योतिष

249. निम्नलिखित में से कौन उपनिषदों में उल्लिखित कैकय जनपद का एक दार्शनिक राजा था :
(a) जाबाली प्रवहण *(b)* जमदग्नि
(c) श्रुतसेन *(d)* अश्वपति

250. प्राचीन भारतीय धर्मग्रंथों में किसके साथ कृष्ण के विरोध का उल्लेख मिलता है ?
(a) ब्रह्मा *(b)* रुद्र
(c) इन्द्र *(d)* वरुण

251. ब्रह्म एवं आत्मा की अभिन्नता के विषय में उद्दालक आरुणि तथा उनके पुत्र श्वेतकेतु के बीच विख्यात संवाद किस उपनिषद् में है?
(a) श्वेताश्वर *(b)* छान्दोग्य
(c) मुंडक *(d)* माण्डूक्य

252. नीललोहित, जो वैदिक ग्रंथों में उल्लिखित एक प्रकार का मृदभाण्ड है, किससे अभिन्न माना जा सकता है ?
(a) चित्रित धूसर भांड
(b) लाल भांड
(c) कृष्ण एवं लाल भांड
(d) उतरी कृष्ण चमकदार भांड

253. वैदिक ग्रंथों में ऊसर भूमि का व्यंजक शब्द है :
(a) व्रज *(b)* कुत्या
(c) सुयवस *(d)* खिल्व

254. ऋग्वेद में उल्लिखित 'यदु' एवं ''तुर्वस'' थे :
(a) दो सेनानायक *(b)* दो भाई
(c) दो राजे *(d)* दो जन

255. ऋग्वेद में उल्लिखित शतुद्री :
(a) वधू का व्यंजक
(b) एक नदी का नाम
(c) सुरा बनाने में प्रयुक्त होने वाला एक पादप है
(d) एक याज्ञिक पशु है

256. वैदिक संस्कृति के विषय में निम्नलिखित में कौन-सा सही सुमेलित है ?
(a) असुर – एक पवित्र पौधा।
(b) पूषन् – जनजातीय सभा।
(c) ऋत – मादक पेय
(d) ऋभु – बौने

257. निम्नलिखित वेदांगों में से कौन एक सही सुमेलित नहीं है ?
(a) कल्प – कर्मकाण्ड
(b) ज्योतिष – खगोल विज्ञान
(c) शिक्षा – ध्वनि शास्त्र
(d) निरुक्त – व्याकरण

258. निम्नलिखित में से कौन-सी बातें उत्तर वैदिक काल की लक्षण हैं :
(1) जंगलों का व्यापक रूप से जलाया जाना।
(2) लौह उपकरणों का निर्माण।
(3) ऋतुओं का ज्ञान
(4) बड़े पैमाने पर सिंचाई
(a) 1, 2 एवं 3 *(b)* 1, 2 एवं 4
(c) 1, 3 एवं 4 *(d)* 2, 3 एवं 4

259. ऋग्वेद काल के लोग इन्द्र का निम्नलिखित प्रयोजन से आह्वान करते थे :
(a) ज्ञान प्राप्ति।
(b) मरणोपरांत जीवन।
(c) जन्म-मरण के चक्र से मुक्ति।
(d) भौतिक सुख एवं विजय।

260. अपने पुरोहित के साथ विदेह माधव के पूर्व की ओर प्रव्रजन की कथा निम्नांकित में वर्णित है :
(a) ऐतरेय ब्राह्मण *(b)* शतपथ ब्राह्मण
(c) गोपथ ब्राह्मण *(d)* वृहदारण्यक उपनिषद्

261. जंगल की देवी अरण्यानी का प्रथम उल्लेख है :
(a) ऋक संहिता *(b)* अथर्ववेद
(c) आरण्यक ग्रंथों में *(d)* उपनिषद् ग्रंथों में

262. वैदिक साहित्य में उल्लिखित अध्वर्यु था :
(a) वैदिक राजन का एक सहयोगी
(b) रत्निन में से एक
(c) एक प्रकार का रथ
(d) यज्ञीय पुरोहित का एक भेद

263. ऋग्वेद के सूक्तों के विषय में कौन-से निम्नांकित कथन सही हैं :
(a) उनमें हिमवन्त और मूजवन्त का उल्लेख है।
(b) उनमें भौगोलिक शब्दों जैसे आर्यावर्त्त और दक्षिणात्य का उल्लेख है।
(c) उनमें उल्लिखित अधिकांश नदियाँ यमुना एवं गंगा से पश्चिम के क्षेत्रों में बहती हैं।
(d) उनमें कुरु, पांचाल एवं इक्ष्वांकु राजवंशों का उल्लेख है।

नीचे दिये गये कूटों से सही उत्तर का चयन कीजिए:
(a) 1 एवं 2 *(b)* 1 एवं 3
(c) 2, 3 एवं 4 *(d)* 1, 2, 3 एवं 4

264. गो-अपहरण के प्रसंग में ऋग्वेद में प्रमुख रूप से नाम आता हैं :
(a) म्लेच्छों का (b) दासी और दस्युओं का
(c) पणियों का (d) निषादों का

265. उपवेद कितने हैं ?
(a) तीन (b) पाँच
(c) चार (d) आठ

266. उत्तर वैदिक काल में न्यायालय को क्या कहा जाता था ?
(a) सभा (b) समिति
(c) विश (d) विदथ

267. निम्न में से किस ब्राह्मण ग्रंथ में विज्ञान से संबद्ध सामग्री प्राप्त है ?
(a) गोपथ ब्राह्मण (b) ऐतरेय ब्राह्मण
(c) कौषतीकि ब्राह्मण (d) जैमिनीय ब्राह्मण

268. ''यदि पुरोहित बलि नहीं देंगे तो सूर्योदय नहीं होगा'' यह उक्ति किस ग्रंथ की है ?
(a) उपनिषद् (b) शतपथ ब्राह्मण
(c) वेद (d) उपवेद

269. ऋग्वैदिक काल में कौन-सी दौड़ का प्रचलन था?
(a) रथ दौड़ (b) हाथी दौड़
(c) घुड़ दौड़ (d) इनमें से कोई नहीं

270. ऋग्वैदिक काल में वर्षा का सबसे प्रमुख देवता कौन था ?
(a) इन्द्र (b) कृष्ण
(c) वरुण (d) पशुपति

271. ऋग्वैदिक सभ्यता कैसी थी ?
(a) ग्रामीण (b) शहरी
(c) अर्द्धशहरी (d) इनमें से कोई नहीं

272. ऋग्वैदिक काल का मुख्य अनाज कौन-सा था ?
(a) गेहूँ (b) चावल
(c) जौ (d) तिल

273. सबसे प्राचीनतम दर्शन कौन-सा है ?
(a) सांख्य (b) योग
(c) न्याय (d) वैशेषिक

274. निम्नलिखित में से दसराज्ञ युद्ध का किससे संबंध है ?
(a) शान्तनु (b) देवापि
(c) सुदास (d) दिवोदास

275. निम्नलिखित में से किसे भारतीय संस्कृति का ज्ञानकोष कहा जाता है ?
(a) ऋग्वेद (b) महाभारत
(c) रघुवंश (d) भागवत पुराण

276.

सूची-I	*सूची-II*
A. ब्रह्म विवाह	I. जब यज्ञ करने वाले ऋषि को वस्त्रालंकार से विभूषित कन्या दी जाती है।
B. देव विवाह	II. किसी ऋषि से एक गाय, एक बैल अथवा एक जोड़ा बैल लेकर उसके बदले में कन्या देना।
C. गंधर्व विवाह	III. जब पिता अलंकारादि से सुसज्जित कन्या, दहेज सहित किसी योग्य, शीलवान वर को देता है।
D. आर्य विवाह	IV. जब कन्या एवं पुरूष प्रेम में वशीभूत होकर माता-पिता की आज्ञा के बिना विवाह कर लेते हैं।

कूट:

	A	B	C	D
(a)	I	II	III	IV
(b)	IV	III	II	I
(c)	III	I	IV	II
(d)	IV	I	III	II

277. निम्नलिखित में से कौन सही सुमेलित हैं?
(a) योगक्षेमम् वहाम्यहम् — ऋग्वेद
(b) सत्यमेव जयते — मुण्डकोपनिषद्
(c) वसुधैव कुटुम्बकम् — अर्थशास्त्र
(d) सत्यम् शिवम् सुन्दरम् — भगवद्गीता

278. पुनर्जन्म के सिद्धान्त का प्रथम स्पष्ट उल्लेख निम्नलिखित में से किस/ किन ग्रंथ/ ग्रंथों में प्राप्त होता है?
(a) ऋग्वेद
(b) ऐतरेय ब्राह्मण
(c) वृहदारण्यक उपनिषद्
(d) श्वेताश्वर उपनिषद्

कूट:
(a) I एवं II (b) II एवं III
(c) केवल II (d) केवल III

279. निम्न में से कौन सा एक युग्म सही सुमेलित नहीं है?
(a) संगृहीत - कोषाध्यक्ष
(b) भागदुध - समाहर्त्ता
(c) जीवगृह - पुलिस अधिकारी
(d) क्षत्री - गुप्तचर

280. भारत में आगमन से तत्काल पूर्व भारतीय-आर्य निम्नलिखित में से किस भारतीय-यूरोपियन मूल की प्रजाति से संबंधित थे :
(a) हित्ताइत (b) टोकारियन
(c) हिन्द-ईरानी (d) लिथुएनिअन

281. निम्नलिखित में से किस प्रदेश को हिन्द-ईरानियों का मूल प्रदेश माना जाता है ?
(a) यूराल एवं डेनिपर के बीच का प्रदेश।
(b) विस्तुला नदी के दोनों ओर के भाग।

(*c*) आक्सस एवं जेक्सार्तीज नदियों के मैदान।
(*d*) संप्त-सैन्धव।

282. ऋग्वेद–कालीन सभ्यता का मुख्य बिन्दु कहाँ था?
(*a*) भारतीय गंगा घाटी प्रदेश।
(*b*) पंजाब और दिल्ली क्षेत्र।
(*c*) सिन्धु घाटी।
(*d*) स्वात एवं सिन्धु के बीच का क्षेत्र।

283. प्रारंभिक आर्यों का भौगोलिक ज्ञान निम्नलिखित में से किस नदी प्रदेश तक ही सीमित था ?
(*a*) सिन्धु (*b*) गंगा
(*c*) यमुना (*d*) घग्गर

284. प्रारंभिक आर्य आप्रवासियों के मध्य होने वाले जनजातीय युद्धों जिनमें दसराज्ञ युद्ध सबसे प्रसिद्ध है, का मुख्य कारण क्या था ?
(*a*) पुरोहितों के षड्यंत्र
(*b*) शक्ति प्रदर्शन हेतु
(*c*) विदेशी आक्रमणों के रूप में
(*d*) पशुओं और भूमि संबंधी विवाद

285. भारत में आर्यों के मुख्य विरोधी पणि, दास और दस्यु के रूप में ज्ञात देशीय अनार्य लोग थे। इन देशीय जनजातियों के विरुद्ध संघर्ष में आर्य लोग किस कारण विजयी रहे ?
(*a*) देशीय जनजातियों के मध्य एकता का अभाव।
(*b*) आर्यों की बेहतर संगठनात्मक शक्ति।
(*c*) आर्यों के उत्तम सैन्य उपकरण।
(*d*) सांस्कृतिक श्रेष्ठता।

286. उत्तर वैदिक काल में आर्यों की गतिविधियों का मुख्य केन्द्र कौन था ?
(*a*) आर्यावर्त्त
(*b*) यमुना से लेकर बंगाल की पश्चिमी सीमा तक
(*c*) पंजाब और दिल्ली प्रदेश
(*d*) उत्तरापथ

287. निम्नलिखित में से कौन से ग्रंथ वेदों या श्रुतियों के अंग नहीं थे ?
(*a*) संहिता (*b*) ब्राह्मण
(*c*) उपनिषद् (*d*) पुराण

288. निम्नलिखित में से कौन-सा वेद आंशिक रूप से गद्य में लिखा गया है ?
(*a*) अथर्ववेद (*b*) सामवेद
(*c*) यजुर्वेद (*d*) ऋग्वेद

289. निम्नलिखित में से किसे सही अर्थों में ब्राह्मण कहा जाता था ?
(*a*) वेदों के मूल पाठ।
(*b*) वैदिक धार्मिक प्रार्थनाओं एवं यज्ञ अनुष्ठान पद्धति से संबंधित व्याख्यात्मक गद्य रचनाएँ।
(*c*) अरण्यों में निवास करने वाले संन्यासियों एवं ऋषियों के चिन्तन, मनन एवं आराधना से संबंधित ग्रंथ।
(*d*) दार्शनिक विषयों से संबंधित आरण्यक ग्रंथों के साथ संलग्न टीकाएँ।

290. ऋग्वैदिक सूक्तों या रचनाओं को ऐतिहासिक दृष्टि से काफी विश्वसनीय माना जाता है, क्योंकि :
(*a*) वे ऐतिहासिक घटनाओं का कालक्रमानुसार विवरण देते हैं।
(*b*) वह प्राचीनतम वैदिक ग्रंथ हैं।
(*c*) उन्हें जिस काल में लिखा गया वे उस समय के जीवन का दर्पण हैं।
(*d*) उसमें वर्णित घटनाओं की अवेस्ता गाथाओं से पुष्टि होती है।

291. एशिया माइनर में एक स्थान से 1400 ईसा पूर्व का एक अभिलेख मिला है, जिसमें वैदिक देवताओं का उल्लेख किया गया है। जिस स्थान से उक्त अभिलेख मिला है, वह स्थान है :
(*a*) साइलीशिया (*b*) बोगाजकोई
(*c*) हिती (*d*) यूफ्रेटाइट

292. "जगत ईश्वर है, और ईश्वर ही हमारी आत्मा है" इस विचारधारा को निम्नलिखित में से किस ग्रन्थ में प्रतिपादित किया गया है :
(*a*) ऋग्वेद (*b*) ब्राह्मण
(*c*) ब्रह्मसूत्र (*d*) उपनिषद्

293. वैदिक साहित्य में इन्द्र को पुरन्दर या पुरों (दुर्गों) का विनाशकर्ता कहा गया है, क्योंकि :
(*a*) आर्यो को दुर्गो या प्राचीर युक्त स्थानों में रहने वाले लोगों से युद्ध करना पड़ा।
(*b*) आर्यों को दुर्गों को तोड़ने या विनाश करने के संबंध में निपुणता प्राप्त थी।
(*c*) आर्यों ने प्राचीरों के निर्माण या किलेबन्दी की तकनीक विकसित की थी।
(*d*) आर्यों को हड़प्पाकालीन नगर-दुर्गों या किलेबन्द नगरों पर आक्रमण करना पड़ा।

294. निम्नलिखित में से किस ग्रंथ में प्रसिद्ध गायत्री मंत्र की मूलत: रचना की गई हैं :
(*a*) ऋग्वेद (*b*) यजुर्वेद
(*c*) सामवेद (*d*) वृहदारण्यक उपनिषद्

295. निम्नलिखित में से कौन वैदिक सूर्य देवता नहीं थे:
(*a*) सवितृ (*b*) विष्णु उरूक्रम
(*c*) सविता (*d*) विश्वकर्मा

296. वैदिक आर्यों के मुख्य खाद्य पदार्थ थे :
(*a*) जौ एवं चावल

(*b*) दूध और उससे बने पदार्थ
(*c*) चावल एवं दालें
(*d*) सब्जियाँ एवं फल

297. ऋग्वेद के रचना-काल / युग के संबंध में निम्नलिखित में से कौन-सी तिथि सर्वाधिक मान्य मानी जाती है ?
(*a*) 1000 ई॰पू॰ (*b*) लगभग 4500 ई॰पू॰
(*c*) 1500 ई॰पू॰ (*d*) 1500 से 1000 ई॰पू॰

298. वैदिक घरों में अग्नि को लगातार प्रज्वलित रखा जाता था, क्योंकि यह :
(*a*) यज्ञीय अग्नि का प्रतिरूप मानी जाती थी।
(*b*) इन्द्र के बाद अग्नि का ही महत्व था।
(*c*) अग्नि देवताओं एवं मनुष्यों के मध्य सन्देशवाहक या दूत का कार्य करती थी।
(*d*) उपरोक्त सभी।

299. वैदिक परिवार के संबंध में निम्नलिखित में से कौन-सा कथन सही नहीं है :
(*a*) आर्य जनजातीय समाज की मूलभूत इकाई परिवार था।
(*b*) पुत्र-जन्म का इस कारण विशेष रुप से स्वागत किया जाता था, क्योंकि अनेक महत्वपूर्ण संस्कारों के समय पुत्र की उपस्थिति अनिवार्य होती थी।
(*c*) विवाह को एक पवित्र संस्कार के रूप में मान्यता मिल चुकी थी और विवाह जीवनपर्यन्त अटूट बन्धन माना जाता था।
(*d*) बाल विवाह पर कोई प्रतिबन्ध नहीं था।

300. वैदिक समाज द्वारा उच्च आचार एवं नैतिक व्यवस्था का अनुसरण किए जाने की इस तथ्य से पुष्टि होती है, कि :
(*a*) अपराध बहुत कम होते थे।
(*b*) अपराधों पर कठोर नियंत्रण रखा जाता है।
(*c*) सत्य बोलना एक धार्मिक कर्तव्य था।
(*d*) उपरोक्त सभी।

301. ऋग्वेद के अनुवाद में कौन टीकाकार सहायक है?
(*a*) मेघातिथि (*b*) सायण
(*c*) पाणिनि (*d*) पतंजलि

302. उत्तर वैदिक युग में उत्तरी बिहार के आर्यीकरण का श्रेय किसे जाता है ?
(*a*) विदेह माधव (*b*) इन्द्र
(*c*) सुदास (*d*) अग्नि

303. किस उपनिषद् में मृत्यु संबंधी चर्चा की गयी ?
(*a*) केन (*b*) कठोपनिषद्
(*c*) श्वेताश्वेतर (*d*) मुण्डक

304. ऋग्वैदिककालीन आर्यों की पहचान किससे नहीं थी ?
(*a*) इन्द्र (*b*) मरुत
(*c*) सोम (*d*) शिव

305. ऋग्वेद में कितने मंडल हैं ?
(*a*) 7 (*b*) 8
(*c*) 12 (*d*) 10

306. होता या होतृ क्या है ?
(*a*) ऋग्वेद में देवों का आवाहन करने वाला।
(*b*) ऋग्वेद में यज्ञ करने वाला।
(*c*) उपासना करने वाले को।
(*d*) ऋग्वेदकालीन ऋषियों को।

307. सुदास किस वंश का था ?
(*a*) भरत वंश (*b*) सुदास वंश
(*c*) कण्व वंश (*d*) सातवाहन वंश

308. ऋग्वेद में मंत्रों (श्लोकों) की कुल संख्या कितनी है ?
(*a*) 1017 (*b*) 1107
(*c*) 1170 (*d*) 1710

309.

सूची-I (अधिकारी/कर्मचारी)	***सूची-II*** (कार्य)
A. संग्रहित	I आखेट में राजा का साथी
B. भागदुध	II राजकीय चारण
C. सूत	III कर संग्राहक
D. गोविकर्त्तन	IV कोषाध्यक्ष

कूट:

	A	B	C	D
(*a*)	I	II	III	IV
(*b*)	IV	III	II	I
(*c*)	IV	III	I	II
(*d*)	III	II	I	IV

310. सूची-I को सूची-II के साथ सुमेलित कीजिए:

सूची-I	***सूची-II***
A. प्रथम बौद्ध संगीति	I वसुमित्र
B. द्वितीय बौद्ध संगीति	II मोग्गलिपुत्र तिस्स
C. तृतीय बौद्ध संगीति	III सब्बाकामि
D. चतुर्थ बौद्ध संगीति	IV महाकस्सप

कूट:
(*a*) A-I, B-II, C-III, D-IV
(*b*) A-IV, B-III, C-II, D-I
(*c*) A-I, B-III, C-II, D-IV
(*d*) A-IV, B-II, C-I, D-III

311. बुद्ध के जीवन की घटनाओं और उनसे सम्बद्ध स्थलों को सुमेलित करें :

A. जन्मस्थान	I लुम्बिनी
B. ज्ञान की प्राप्ति	II बोधगया
C. प्रथम उपदेश	III सारनाथ
D. निर्वाण की प्राप्ति	IV कुशीनगर

कूट:

	A	B	C	D
(*a*)	I	II	III	IV
(*b*)	I	III	II	IV
(*c*)	IV	II	III	I
(*d*)	III	II	I	IV

312. सुरा पेय का संबंध निम्नलिखित में से किस वैदिक यज्ञ से था ?
(a) अग्निष्टोम (b) राजसूय
(c) सौत्रामणि (d) वाजपेय

313. परीक्षित का उल्लेख सर्वप्रथम मिलता हैं :
(a) ऋग्वेद (b) अथर्ववेद
(c) शतपथ ब्राह्मण (d) महाभारत

314. वैदिक देवताओं का मंत्रों से अलग कोई अस्तित्व नहीं है, यह किसका मत है ?
(a) चार्वाक (b) वैशेषिक
(c) मीमांसा (d) शांकर वेदांत

315. पुनर्जन्म के सिद्धांत का प्रथम स्पष्ट उल्लेख निम्नलिखित में से किस ग्रंथ में प्राप्त होता है ?
(a) ऋग्वेद
(b) ऐतरेय ब्राह्मण
(c) वृहदारण्यक उपनिषद्
(d) श्वेताश्वतर उपनिषद्

316. अथर्ववेद में बार-बार अरुन्धती नाम का उल्लेख किस संदर्भ में किया गया है ?
(a) इंद्र की पत्नी।
(b) एक महान रोगनाशक जड़ी-बूटी के रूप में।
(c) एक प्रसिद्ध नक्षत्र।
(d) एक महान वैदिक ऋचाधारिणी महिला।

317. ऋग्वेद में पुत्री के लिए प्रयुक्त शब्द 'दुहिता' का शाब्दिक अर्थ है :
(a) गाय का दोहन करने वाली।
(b) जिसका जन्म अप्रिय है।
(c) माता-पिता के लिए अभिशाप।
(d) जिसका विवाह में दान दिया जाता है।

318. ऋग्वेद का प्रसिद्ध 'मंडूक सूक्त' किस वैदिक व्यवस्था पर प्रकाश डालता है ?
(a) यज्ञ संबंधी (b) पारिस्थितिक
(c) शिक्षा (d) कृषि संबंधी

319. निम्नलिखित में से किस अधिकारी को राजनिर्माता के रूप में जाना जाता था ?
(a) पुरोहित (b) महिषि
(c) ग्रामणी (d) गणपति

320. वैदिक ग्रंथों में निम्नलिखित में से किस व्यसन को सर्वाधिक विनाशकारी बताते हुए इससे मुक्त होने के लिए बार-बार चेतावनी दी गई है ?
(a) सोमरस (b) असत्य भाषण
(c) द्यूत क्रीड़ा (d) परस्त्रीगमन

321. उत्तर-वैदिक कालीन अधिकारियों एवं उनके कार्यों के संबंध में निम्नलिखित में से कौन-सा उल्लेख सही नहीं है ?
(a) संग्रहित – कोषपाल
(b) भागदुध – कर समाहर्ता
(c) छत्री – महाप्रतिहार
(d) अक्षवाप – द्यूत-क्रीड़ा अधीक्षक
(e) अधिकृत – पुलिस अधीक्षक

322. वैदिक काल में जनजातीय राज्य (राष्ट्र) में संबंधित विभिन्न इकाइयों में निम्नलिखित में से कौन-सी मूल इकाई थी ?
(a) विश (b) जन
(c) कुल (d) ग्राम

323. वैदिक राजा की सहायता करने वाला सबसे महत्वपूर्ण अधिकारी था :
(a) पुरोहित (b) सेनानी
(c) ग्रामणी (d) व्रजपति

324. वैदिक काल में शासन व्यवस्था का सामान्य स्वरूप क्या था ?
(a) राजतंत्र (b) अल्पतंत्र
(c) गणतंत्र (d) लोकतंत्र

325. पूर्व वैदिक काल के राजाओं के बारे में निम्नलिखित कौन-सा कथन सही नहीं है ?
(a) राजा मुख्यत : एक सेनानायक था, जो गायों के लिए युद्ध लड़ता था न कि राज्यों के लिए।
(b) वह अपनी जनजाति (जन) पर शासन करता था। प्रदेश विशेष पर नहीं।
(c) सम्भवत : वह अपना पद जनता की इच्छा से प्राप्त करता था।
(d) धार्मिक व्यवस्था में भी उसकी महत्वपूर्ण भूमिका होती थी।

326. उत्तर वैदिक काल में राजसी शक्ति की अभिवृद्धि के लिए निम्नलिखित में से कौन-सा कारण उत्तरदायी नहीं था ?
(a) जनजातियों का सम्मिश्रण।
(b) साम्राज्य विस्तार।
(c) युद्ध में राजाओं का सफल नेतृत्व।
(d) उत्तम सैन्य प्रक्षेपास्त्रों का विकास।

327. निम्नलिखित में से कौन-सा उत्तर वैदिक-कालीन राज्य महत्वपूर्ण नहीं था ?
(a) कुरु-पांचाल (b) गान्धार
(c) कोसल (d) विदेह

328. समाज के चतुर्विध वर्गीकरण का विचार प्राप्त होता है:
(a) ऋग्वेद के नारदीय सूक्त में।
(b) ऋग्वेद के केशिन सूक्त में।
(c) अथर्ववेद के पृथ्वी सूक्त में।
(d) ऋग्वेद के पुरुष सूक्त में।

329. वैदिक देवता वरुण के बारे में निम्नांकित कथनों पर विचार कीजिए और नीचे दिए गए उत्तर संकेत के अनुसार अपना उत्तर चुनिये।
(i) नैतिक व्यवस्था के संरक्षक थे।
(ii) झंझावात के देवता थे।
(iii) पापियों को दंड देते थे।
(iv) वर्षा के देवता थे।

(a) (i) एवं (ii) सही हैं।
(b) (i) एवं (iii) सही हैं।
(c) (i) एवं (iv) सही हैं।
(d) (ii) एवं (iv) सही हैं।

330. निम्नलिखित में से कौन-सा वेद गद्य एवं पद्य में रचित है ?
(a) ऋग्वेद (b) यजुर्वेद
(c) सामवेद (d) अथर्ववेद

331. ऋग्वेद में कुल कितने मंडल हैं ?
(a) 8 (b) 9
(c) 10 (d) 11

332. ऋग्वैदिक काल के विषय में सत्य है :
(a) ब्राह्मण कर से मुक्त न थे।
(b) प्राय : कर का भार वैश्य समुदाय पर था।
(c) शुद्रों की स्थिति दयनीय थी।
(d) बाल-विवाह प्रचलित था।

333. वैदिक काल में इंद्र के बाद दूसरा प्रमुख देवता था:
(a) वरुण (b) सोम
(c) अग्नि (d) प्रजापति

334. वैदिककालीन रत्निन के बारे में कौन-सा कथन सही नहीं है ?
(a) वे रत्न धारण करना पसन्द करते थे।
(b) वे राजकीय सेवा में रतकुलीन व्यक्ति थे।
(c) वे अयोग्य व्यक्ति थे।
(d) वे राजकीय कर्मचारी थे।

335. ऋग्वेद का सर्वप्रमुख देवता है :
(a) इंद्र (b) अग्नि
(c) ब्रह्मा (d) वरुण

336. सबसे पहले राज्याभिषेक की परम्परा कब आरम्भ हुई ?
(a) उत्तर वैदिक काल (b) ऋग्वैदिक काल
(c) महाकाव्य काल (d) सूत्रकाल

337. उत्तर वैदिक काल में कौन-सा कराधान से संबंधित विचार सत्य है ?
(a) ब्राह्मणों पर कर का भार था।
(b) केवल वैश्यों पर कर का भार था।
(c) केवल क्षत्रियों पर कर का भार था।
(d) शूद्रों पर कर का भार था।

338. निम्न में से कौन से कारक बौद्ध धर्म के पतन में सहायक थे?
I. बौद्ध धर्म का पुनर्गठन
II. जैन धर्म का उदय
III. विदेशी आक्रमण
IV. राजकीय संरक्षण की समाप्ति
V. बौद्ध संघो की असमर्थता

कूट:
(a) I, III एवं V (b) I, III, IV एवं V
(c) I, IV एवं V (d) I एवं II

339. निम्न में से कौन-कौन से भिक्षु बुद्ध के समकालीन थे?
1. सारिपुत्र 2. मोगल्लान
3. महाकास्सप 4. आनन्द
5. उपालि 6. अनिरूद्ध

कूट:
(a) 1, 2 एवं 4
(b) 1, 4 एवं 5
(c) 4, 5 एवं 6
(d) उपरोक्त सभी

340. ''विनय पिटक'' में सम्मिलित हैं -
1. सुत्तविभंग
2. कन्धक
3. परिवार (परिवार प्रथा)
4. दीर्घ निकाय
5. संयुक्त निकाय

कूट:
(a) 1, 2 एवं 3
(b) 1, 4 एवं 5
(c) 2, 3 एवं 5
(d) 1, 2, 3, 4 एवं 5

341. निम्न में से कौन बौद्ध धर्म के महान संरक्षक थे?
1. अशोक 2. कनिष्क
3. हर्षवर्द्धन 4. चन्द्रगुप्त विक्रमादित्य

कूट:
(a) केवल 1 (b) 1 एवं 2
(c) 1, 2 एवं 3 (d) 1, 2, 3 एवं 4

342. ऋग्वैदिक सभ्यता में :
(a) कृषि संबंधी अर्थव्यवस्था थी।
(b) शहरी जीवन का पतन हुआ।
(c) पत्थर की मूर्तियों की पूजा होती थी।
(d) सती-प्रथा का प्रचलन।

343. उत्तर-वैदिक युग में :
(a) मजबूत गणराज्य थे।
(b) पैतृक परिवार थे।
(c) सहकारी खेती थी।
(d) सामाजिक और आर्थिक समानता थी।

344. वैदिक युग में 'मना' का अर्थ था :
(a) धन (b) बुद्धि
(c) वजन (d) प्रतिष्ठा

345. वैदिक सभ्यता की क्या विशेषता नहीं थी ?
(a) बहु-विवाह (b) नगरीय जीवन
(c) कृषि व्यवस्था (d) धार्मिक जीवन

346. पूर्व वैदिक काल में राजा पर नियंत्रण रहता था :
(a) सभा और समिति (b) पुरोहित और सेनानी
(c) गण और विदथ (d) परिषद् और समिति

347. उत्तर वैदिक काल में धार्मिक क्रियाओं में मुख्य था:
(a) यज्ञ (b) मूर्तिपूजा
(c) कर्मकाण्ड (d) तांत्रिक अनुष्ठान

348. आर्यों का मूल निवास स्थान था :
(a) आर्कटिक क्षेत्र (b) एशिया माइनर
(c) दक्षिणी रूस (d) सप्त सैन्धव

349. तिलक आर्यों का मूल स्थान मानते थे :
(a) आर्कटिक प्रदेश (b) स्टेप्स
(c) हिमाचल प्रदेश (d) इनमें से कोई नहीं

350. वेद शब्द का अर्थ है :
(a) ज्ञान (b) धर्म संहिता
(c) आचार संहिता (d) ज्ञान का रहस्य

351. ऋग्वेद की रचना कहाँ हुई थी ?
(a) दक्षिण भारत (b) पंजाब
(c) मध्य भारत (d) सप्त सैन्धव प्रदेश

352. उपनिषदों का मुख्य प्रतिपाद्य क्या रहा है ?
(a) धार्मिक विषय।
(b) दार्शनिक विवेचन।
(c) सामाजिक परिवेश का विवेचन।
(d) सामाजिक एवं राजनीतिक विवेचन।

353. पूर्व वैदिक काल से उत्तर वैदिक काल के राजस्व गठन में मुख्य परिवर्तन हुआ :
(a) राजा भूमि का स्वामी हो गया।
(b) राजा का पद पैतृक हो गया।
(c) राज्य के संगठन का आधार 'कुल' न रहकर अपितु भूमि विस्तार हो गया।
(d) प्रशासकीय अधिकारियों की संख्या में वृद्धि हो गयी।

354. राजा, सुदास, जिसके विषय में ऋग्वेद में वर्णन है कि उसने दस राजाओं को पराजित किया, किस जन (Tribe) से संबद्ध था ?
(a) अनु (b) द्रुह्य
(c) त्रित्सु (d) यदु

355. निम्नलिखित पुरोहितों में से किसका कार्य यज्ञ के सम्पादन का निरीक्षण करना था ?
(a) अध्वर्यु (b) ब्रह्मा
(c) होता (d) उद्गाता

356. निम्नलिखित में से किसमें पुनर्जन्म का विश्वास स्वीकृत है ?
(a) केवल हिन्दू धर्म
(b) हिन्दू धर्म एवं जैन धर्म
(c) बौद्ध धर्म एवं जैन धर्म
(d) हिन्दू धर्म, बौद्ध धर्म एवं जैन धर्म

357. सामवेद ग्रंथ है :
(a) मंत्रों का
(b) यज्ञ-संबंधी विधि-विधानों का
(c) चिकित्सा का
(d) प्राचीन भारतीय इतिहास का

358. वेदांग की कुल संख्या है :
(a) 3 (b) 4
(c) 5 (d) 6

359. वैदिक आर्य, विज्ञान और प्रौद्योगिकी की निम्नलिखित किस शाखा में प्रवीण नहीं थे ?
(a) औषधि और शल्य चिकित्सा।
(b) खगोल विज्ञान
(c) गणित
(d) रसायन विज्ञान

360. वैदिक समाज का चार वर्णों में विभाजन का स्पष्ट उल्लेख निम्नलिखित में से किस ग्रंथ में प्राप्त होता है?
(a) यजुर्वेद (b) ऋग्वेद का पुरुष सूक्त
(c) हिरण्यगर्भ सूक्त (d) शतपथ ब्राह्मण

361. वैदिक काल में द्विज विशेषण का किस अर्थ में प्रयोग किया गया है ?
(a) ब्राह्मण (b) क्षत्रिय
(c) वैश्य (d) उपरोक्त सभी

362. ऋग्वेद की ऋचाओं में अधन्या (जो वध के योग्य नहीं है) विशेषण को किसके लिए प्रयुक्त किया गया है ?
(a) पुरोहित (b) महिलाएँ
(c) गाय (d) ब्राह्मण

363. ऋग्वैदिक काल में विनिमय के माध्यम के रूप में किसका प्रयोग किया जाता था ?
(a) अनाज (b) मुद्रा
(c) गाय (d) दास

364. ऋग्वेद में 'जन' और 'विश' का उल्लेख क्रमश : कितनी बार हुआ है ?
(a) 250, 175 (b) 275, 175
(c) 200, 150 (d) 275, 170

365. सूची-I को सूची-II से सुमेलित कीजिए :

सूची-I	*सूची-II*
A. मूजवंत	1 ताँबे एवं काँसे के लिए
B. गोहन	2 न मारने योग्य
C. अधन्या	3 अतिथि को भोजन में गाय का मांस खिलाना
D. अयस	4 हिमालय की चोटी

कूट:

	A	B	C	D
(a)	4	3	1	2
(b)	1	2	3	4
(c)	3	4	2	1
(d)	4	3	2	1

366. निम्न को कालक्रमानुसार सजाइए :
1. वेद, 2. आरण्यक, 3. ब्राह्मण ग्रंथ, 4. उपनिषद्, 5. वेदांग
(a) 1, 2, 3, 4, 5 (b) 1, 3, 2, 4, 5
(c) 1, 3, 4, 2, 5 (d) 5, 4, 3, 2, 1

367. 'असतो मा सद्गमय' कहाँ से लिया गया है ?
(a) ऋग्वेद (b) सामवेद
(c) यजुर्वेद (d) अथर्ववेद

368. भारत का राष्ट्रीय आदर्श वाक्य 'सत्यमेव जयते' कहाँ से उद्धत है ?
(a) मुंडकोपनिषद्
(b) कठोपनिषद्
(c) छान्दोग्योपनिषद्
(d) उपर्युक्त में से कोई नहीं

369. उत्तर-वैदिककालीन ग्रंथों में किस आश्रम का उल्लेख नहीं मिलता है ?
(a) संन्यास (b) ब्रह्मचर्य
(c) गृहस्थ (d) वानप्रस्थ

370. 'गायत्री मंत्र' किस वेद से लिया गया है ?
(a) ऋग्वेद (b) सामवेद
(c) यजुर्वेद (d) अथर्ववेद

371. 'गौत्र' व्यवस्था प्रचलन में कब आई ?
(a) ऋग्वैदिक काल में (b) उत्तर-वैदिक काल में
(c) सैंधव काल में (d) सूत्रकाल में

372. व्यापारिक या वणिक समुदाय जैन धर्म की ओर सर्वाधिक आकर्षित हुआ क्योंकि :
(a) वे अपने आर्थिक गतिविधियों का निर्विघ्न रूप से अनुसरण करते हुए धर्मपालन भी कर सकते थे।
(b) वैदिक कर्मकाण्ड एवं यज्ञ व्यापार एवं वाणिज्य में बाधक थे।
(c) जैन धर्म की शान्ति और अहिंसा, व्यापार और वाणिज्य के विकास में सहायक थी।
(d) जैन धर्म के कर्म के सिद्धान्त का वणिकों और व्यापारियों पर अत्यधिक अनुकूल प्रभाव पड़ा।

373. ऋग्वेद में निम्न में से किन दो जैन तीर्थंकरों का उल्लेख मिलता है?
(a) ऋषभदेव और अरिष्टनेमि
(b) पार्श्वनाथ और निगंठनाथपुत्र
(c) अश्वजित और संजय वेट्ठलिपुत्र
(d) ऋषभदेव और पार्श्वनाथ

374. भारत में निम्नलिखित के आने का सही कालानुक्रम क्या है?
1. सोने के सिक्के
2. आहत मुद्रा/चाँदी के सिक्के
3. लोहे का हल
4. नगर-संस्कृति
नीचे दिए गए कूट का प्रयोग कर सही उत्तर चुनें -
कूट:
(a) 3, 4, 1, 2
(b) 3, 4, 2, 1
(c) 4, 3, 1, 2
(d) 4, 3, 2, 1

375. निम्नलिखित युग्मों में से कौन से सही सुमेलित हैं?
1. लोथल - प्राचीन गोदी क्षेत्र
2. सारनाथ - बुद्ध का प्रथम धर्मोपदेश
3. राजगीर - अशोक का सिंह स्तम्भ शीर्ष
4. नालन्दा - बौद्ध अधिगम की महान पीठ
कूट:
(a) 1, 2, 3 और 4
(b) 3 और 4
(c) 1, 2 और 4
(d) 1 और 2

376. भारत पर आक्रमण करने वाला प्रथम विदेशी कौन था?
(a) साइरस
(b) डेरियस प्रथम
(c) अग्रमीज
(d) जेरेक्सस

377. निम्नलिखित में किस सम्प्रदाय के अनुयायी अशोक वृक्ष की ईश्वर के रूप में पूजा करते थे तथा अपने हाथों में मोर पंख का गुच्छा रखते थे :
(a) शाक्त (b) पाशुपत
(c) आजीविक (d) दिगम्बर जैन

378. निम्नलिखित किस वर्ष में बुद्ध के महापरिनिर्वाण की 2500 वीं जयन्ती मनाई गई थी ?
(a) 1944 (b) 1952
(c) 1956 (d) 1958

379. निम्नलिखित में से किस पारम्परिक आलेख के आधार पर भगवान बुद्ध के जन्म और मृत्यु की तिथियाँ निर्धारित की गई हैं ?
(a) चीनी परम्परा–कैन्टेनीज (चीनी) आलेख
(b) सिंहली परम्परा–महावंश और दीपवंश
(c) भारतीय बौद्ध ग्रन्थ–अशोकावदान तथा दिव्यावदान
(d) इतिहासकार तारानाथ की तिब्बती परम्परा।

380. भगवान बुद्ध का जन्म किस ई०पू० में हुआ था ?

(*a*) 623 (*b*) 543
(*c*) 563 (*d*) 507

381. बुद्ध को अदभुत रूप में देखा गया है :
(*a*) देव (*b*) असुर
(*c*) राक्षस (*d*) मनुष्य

382. महामाया माँ थी :
(*a*) अजातशत्रु की (*b*) देवदत्त की
(*c*) शक्य मुनि की (*d*) महावीर की

383. सुजाता की प्रसिद्धि निम्नलिखित में से किस कारण से हुई ?
(*a*) उन्होंने भगवान बुद्ध को खीर खिलाई
(*b*) उन्होंने भगवान बुद्ध की जान बचाई
(*c*) संघ में प्रथम महिला सदस्या की उपस्थिति से
(*d*) वेलुवन को दान करने से

384. बुद्ध को महापरिनिर्वाण निम्नलिखित में से किसके नीचे मिला ?
(*a*) जम्बु वृक्ष (*b*) शाल वृक्ष
(*c*) आम्र वृक्ष (*d*) पीपल वृक्ष

385. त्रिपिटक लिखी गई हैं :
(*a*) संस्कृत में (*b*) प्राकृत में
(*c*) देवनागरी में (*d*) पाली में

386. इतिबुत्तक का संबंध किस पुस्तक से है ?
(*a*) खुद्दक निकाय (*b*) अगुत्तर निकाय
(*c*) दीघ निकाय (*d*) मज्झिम निकाय

387. बुद्ध के जीवन की निम्नलिखित कौन-सी घटना बैशाख महीने की पूर्णमासी को नहीं घटी थी ?
(*a*) जन्म
(*b*) गृहत्याग (महाभिनिष्क्रमण)
(*c*) सम्बोधि
(*d*) महापरिनिर्वाण

388. बुद्ध की मृत्यु का निम्नलिखित में से किस संभावित वर्ष का संबंध अशोक के राज्यारोहण की तिथि और कैण्टन के 'बिंदु-चिन्हित आलेखों' से हैं ?
(*a*) 544 ई०पू० (*b*) 487 ई०पू०
(*c*) 483 ई०पू० (*d*) 485 ई०पू०

389. निम्नलिखित में से बुद्ध का वास्तविक नाम क्या था?
(*a*) सिद्धार्थ (*b*) तथागत
(*c*) गौतम (*d*) वौधायन

390. बुद्ध के उपदेश किसमें संकलित हैं ?
(*a*) विनयपिटक (*b*) सुत्तपिटक
(*c*) अभिधम्मपिटक (*d*) जातक ग्रंथों

391. महात्मा बुद्ध ने अपना पहला धर्मोपदेश कहाँ दिया था ?
(*a*) राजगृह में (*b*) बोधगया में
(*c*) सारनाथ में (*d*) कपिलवस्तु में

392. महात्मा बुद्ध को 'निर्वाण' की प्राप्ति कहाँ हुई थी?
(*a*) लुम्बनी (*b*) कुशीनगर
(*c*) पावा (*d*) बोधगया

393. बौद्ध धर्म के त्रिरत्न में कौन नहीं है ?
(*a*) बुद्ध (*b*) धम्म
(*c*) संघ (*d*) अहिंसा

394. सुमेल कीजिये :
A. प्रथम बौद्ध संगीति (1) पाटलिपुत्र में
B. द्वितीय बौद्ध संगीति (2) वैशाली में
C. तृतीय बौद्ध संगीति (3) कश्मीर के कुण्डलवन में
D. चतुर्थ बौद्ध संगीति (4) राजगृह में

	A	B	C	D
(*a*)	1	2	3	4
(*b*)	2	4	1	3
(*c*)	4	2	1	3
(*d*)	4	1	2	3

395. प्राचीनतम बौद्ध ग्रन्थ पालि भाषा में हैं, इन ग्रंथों को अन्तत : कहाँ और कब संकलित किया गया ?
(*a*) श्रीलंका में ईसा पूर्व दूसरी शताब्दी में
(*b*) श्रीलंका में ईसा पूर्व तीसरी शताब्दी में
(*c*) भारत में ईसा पूर्व चतुर्थ शताब्दी में
(*d*) भारत में ईसा पूर्व प्रथम शताब्दी में

396. जैन ग्रंथों की रचना प्राकृत भाषा में हुई थी। गुजरात के वलभीनगर में इन्हें किस शताब्दी में अन्तिम रूप देकर संकलित किया गया ?
(*a*) ईसा पूर्व चौथी शताब्दी में
(*b*) ईसा पूर्व पहली शताब्दी में
(*c*) ईस्वी सन् की पाँचवीं शताब्दी में
(*d*) ईस्वी सन् की छठी शताब्दी में

397. महासांधिकों के अनुसार जीव किससे निर्मित है ?
(*a*) पंच धर्म (*b*) सप्त धर्म
(*c*) नव धर्म (*d*) अष्टादश धर्म

398. निम्नलिखित में से कौन-सा एक बौद्ध सम्प्रदाय था, जिसकी मान्यता थी कि दृश्य जगत के सारभूत अंश

पूर्णत : क्षणिक नहीं हैं, अपितु अव्यक्त रूप में सदैव विद्यमान रहते हैं ?

(a) सौत्रान्तिक (b) स्थविरवादिन
(c) सर्वास्तिवादिन (d) सम्मितीय

399. जैन धर्म के विषय में निम्नलिखित में से क्या सही है ?

1. इसकी वेदान्त
2. इसकी सांख्य दर्शन के साथ सजातीयता है।
3. इसने आत्म की अवधारणा को पूरी तरह अस्वीकार कर दिया था।
4. इसके अनुसार जगत दो नित्य कोटियों अर्थात् जीव एवं अजीव से निर्मित हैं।

(a) 1 एवं 3 (b) 2 एवं 3
(c) 3 एवं 4 (d) 2 एवं 4

400. शलाका-पुरुष की अवधारणा का किनसे संबंध है?

(a) पाशुपत (b) जैन
(c) बौद्ध (d) भागवत

401. उपोसथ का आचरण कौन करते थे ?

(a) नियतकालीत उपवास द्वारा ब्राह्मण धर्मानुयायी विधवाएँ।
(b) सभा में बौद्ध भिक्षु।
(c) बाह्य वस्तुओं में आनन्द के प्रतीकात्मक त्याग के रूप में कापालिक।
(d) अपनी शक्ति-पूजा के अंग के रूप में तांत्रिक।

402. निम्नलिखित में से यक्ष एवं यक्षणियों की पूजा में विश्वास था :

(a) ब्राह्मण धर्म (b) कालमुख सम्प्रदाय
(c) बौद्ध धर्म (d) जैन धर्म

नीचे दिए गए कूटों से सही उत्तर चुनिए :

(a) 1, 2 और 3 (b) 1, 2 और 4
(c) 1, 3 और 4 (d) 2, 3 एवं 4

403. मानव व्यक्तित्व पंच स्कन्धों से निर्मित है, यह सिद्धांत किससे संबद्ध है ?

(a) बुद्ध (b) महावीर
(c) पार्श्वनाथ (d) मक्खलिपुत्र गोशाल

404. अष्टांग मार्ग की अवधारणा किसका विषय है ?

(a) धर्म-चक्र प्रवर्तन सुत
(b) दिव्यावदान
(c) दीपवंश
(d) महापरिनिब्बान सुत्त

405. नागार्जुन के शून्यवाद का प्रतिपादन किया गया है :

(a) योगाचार (b) वैभाषिक
(c) माध्यमिक (d) सैद्धान्तिक

406. नीचे कुछ प्रसिद्ध बौद्ध स्थल दिए गए हैं। उनमें से कौन एक उस सही कालक्रम को सूचित करता हैं, जिसमें उनका उत्कर्ष हुआ ?

(a) नालन्दा, नागार्जुनकोण्डा, अमरावती, साँची
(b) साँची, अमरावती, नागार्जुनकोण्डा, नालन्दा
(c) साँची, नागार्जुनकोण्डा, अमरावती, नालन्दा
(d) नागार्जुनकोण्डा, साँची, अमरावती, नालन्दा

407. प्राचीन बौद्ध साहित्य में उल्लिखित, जीवक एक :

(a) बोधिसत्व था (b) राजा था
(c) व्यापारी था (d) वैद्य था

408. वज्रयान बौद्ध धर्म में बुद्ध / बोधिसत्व की संगिनी को कहा जाता था :

(a) मातंगी (b) योगिनी
(c) डाकिनी (d) तारा

409. धार्मिक दृष्टि से मथुरा में कंकाली टीला से प्राप्त मूर्तियाँ हैं :

(a) बौद्ध (b) जैन
(c) शाक (d) वैष्णव

410. निम्नलिखित में से कौन-से शब्द जैन ग्रंथों को निर्दिष्ट करने में प्रयुक्त होते हैं ?

1. निर्ग्रंथ, 2. पूर्व, 3. अंग, 4. उपांग

(a) 1, 2 एवं 3 (b) 2, 3 एवं 4
(c) 1 मात्र (d) 2 एवं 4 मात्र

411. निम्नलिखित दर्शनों में से किस का जैन धर्म से संबंध हैं ?

(a) स्यादवाद (b) योगाचार
(c) माध्यमिक (d) शून्यवाद

412. बौद्ध धर्म के किस निम्नांकित मत का उद्भव सातवीं शताब्दी ईसवीं के आस-पास हुआ ?

(a) थेरवाद (b) हीनयान
(c) महायान (d) वज्रयान

413. शून्यता के सिद्धांत का सर्वप्रथम प्रतिपादन किस बौद्ध दार्शनिक ने किया ?

(a) नागार्जुन (b) नागसेन
(c) आनन्द (d) अश्वघोष

414. निम्नलिखित स्थलों में कहाँ मनुष्य रूप में बुद्ध के प्रथम अंकन का मूर्ति-साक्ष्य प्राप्त हुआ है ?

(a) भरहुत (b) मथुरा
(c) साँची (d) अमरावती

415. बौद्ध धर्म के विषय में कौन कथन सही है ?
1. इसमें वर्ण एवं जाति को अस्वीकार नहीं किया गया है।
2. इसने ब्राह्मण वर्ण की सर्वोच्च सामाजिक स्थिति को चुनौती दी।
3. इसने कुछ शिल्पों को निम्न माना है।
नीचे दिए गए कूटों से सही उत्तर का चयन कीजिए:
(a) 1 एवं 2 (b) 2 एवं 3
(c) 1, 2 एवं 3 (d) कोई नहीं

416. जैन धर्म के पांच सिद्धाँत निम्नलिखित में से कौन से हैं ?
(a) अहिंसा, अमृषा, अचौर्य, अपरिग्रह, ब्रह्मचर्य।
(b) हिंसा, अमृषा, अचौर्य, अपरिग्रह, ब्रह्मचर्य।
(c) अहिंसा, हिंसा, अचौर्य, अपरिग्रह, ब्रह्मचर्य।
(d) अहिंसा, हिंसा, अमृषा, अचौर्य, अपरिग्रह।

417. जैन धर्म में रत्नत्रय किन्हें कहा गया है ?
(a) सम्यक् ज्ञान, चरित्र और जन्म।
(b) सम्यक् ज्ञान, जन्म और मृत्यु।
(c) सम्यक् ज्ञान, चरित्र और दर्शन।
(d) उपर्युक्त सभी

418. जैन ग्रंथ किस भाषा में लिखे गए हैं ?
(a) ब्राह्मी (b) अर्धमागधी
(c) प्राकृत (d) संस्कृत

419. महावीर को दिव्य ज्ञान किस गाँव में मिला ?
(a) गया (b) वैशाली
(c) कुण्डन (d) जाम्भिक

420. अस्तेय का अर्थ है :
(a) हत्या न करना (b) पाप न करना
(c) चोरी न करना (d) झूठ न बोलना

421. अपरिग्रह का अर्थ है :
(a) हत्या न करना
(b) पाप न करना
(c) किसी वस्तु में आसक्ति का रखना
(d) झूठ न बोलना

422. महावीर का जन्म कहाँ हुआ था ?
(a) कुण्डग्राम में (b) नालन्दा में
(c) लुम्बिनी में (d) गया में

423. ऐसी मान्यता है, कि जैनों के मूल आगम में थे :
(a) 8 अंग (b) 10 अंग
(c) 12 अंग (d) 20 अंग

424. जैन धर्म के त्रिरत्न में कौन-सा शामिल नहीं है ?
(a) सम्यक् ज्ञान (b) सम्यक् ध्यान या दर्शन
(c) सम्यक् आचरण (d) सम्यक् समाधि

425. महावीर के निर्वाण के 200 वर्ष बाद मगध में भारी अकाल पड़ा जो बारह वर्षों तक चला। अतः बहुत से जैन किसके नेतृत्व में दक्षिणापथ चले गए ?
(a) स्थलबाहु (b) भद्रबाहु
(c) चन्द्रगुप्त मौर्य (d) खारवेल

426. महावीर किस वर्ण में सम्बन्धित थे ?
(a) ऊँचे कुल (क्षत्रिय) (b) निम्न कुल
(c) ब्राह्मण (d) वैश्य कुल

427. जैन धर्म के कितने सिद्धांत है ?
(a) 5 (b) 6
(c) 8 (d) 10

428. सिद्धार्थ को सम्यक् सम्बोधि प्राप्त हुआ :
(a) कुशीनारा (b) गया
(c) बोधगया (d) पाटलिपुत्र

429. बुद्ध द्वारा अन्तिम दीक्षा किस पुरुष को दी गई ?
(a) चुण्ड को (b) आम्रपाली को
(c) सुबद्ध को (d) आनंद को

430. बुद्ध को राजगृह में आम्रवन बिहार किसने दिया था?
(a) जेतवन ने (b) अनाथपिण्डिक ने
(c) बिम्बसार ने (d) अजातशत्रु ने

431. बुद्ध वचन किसके काल में लिपिबद्ध हुआ ?
(a) अशोक (b) कनिष्क
(c) अजातशत्रु (d) हर्ष

432. 'तत्वार्थ सूत्र ग्रंथ' का संबंध है ?
(a) बौद्ध (b) जैन
(c) हिन्दू (d) गांधी विचारधारा

433. अनुव्रत का शाब्दिक अर्थ होता है :
(a) काया-क्लेश और तप में नमी बरतना।
(b) प्रतिमाएँ करना।
(c) मोक्ष की प्राप्ति करना।
(d) इनमें से कोई नहीं।

434. गौतम बुद्ध को ज्ञान-प्राप्ति कहाँ हुई ?
(a) बरगद के नीचे (b) पाकड़ के नीचे
(c) आम के नीचे (d) पीपल के नीचे

435. बुद्ध के अनुसार दुखों का कारण क्या है ?
(a) धार्मिक विश्वास (b) तृष्णा
(c) अशिक्षा (d) अंधविश्वास

436. प्रथम बौद्ध महासभा राजगृह के निकट कहाँ हुई थी?
(*a*) सप्तपर्णी गुफा (*b*) अमरकंटक
(*c*) गया (*d*) पाटलिपुत्र

437. महायान सम्प्रदाय का उदय किसके काल में हुआ?
(*a*) अशोक (*b*) हर्ष
(*c*) कनिष्क (*d*) समुद्रगुप्त

438. बौद्ध धर्म में मूर्तिपूजा किस सम्प्रदाय ने आरम्भ की?
(*a*) हीनयान (*b*) महायान
(*c*) हिन्दू (*d*) उपर्युक्त सभी

439. नालन्दा जैसे कुछ बौद्ध विहार कितने गाँवों का राजस्व वसूल करते थे ?
(*a*) 50 (*b*) 100
(*c*) 200 (*d*) 300

440. शून्यवाद तथा माध्यमिक दर्शन का प्रतिपादक कौन था?
(*a*) असंग (*b*) दिङ्नाग
(*c*) नागार्जुन (*d*) वसुमित्र

441. मिलिन्दपन्हो की रचना किसने की थी?
(*a*) बुद्ध घोष (*b*) नागसेन
(*c*) बुद्ध दत्त (*d*) धर्मपाल

442. बौद्ध धर्म के इतिहास में द्वितीय बुद्ध किसे कहा जाता है ?
(*a*) बिम्बिसार (*b*) उदयन
(*c*) प्रसेनजित (*d*) अशोक

443. निम्नलिखित चार स्थानों में हुई बौद्ध संगीतियों का सही कालक्रम क्या है :
1. वैशाली 2. राजगृह
3. कुंडलवन 4. पाटलिपुत्र
नीचे दिए गए कूट से सही उत्तर का चयन कीजिये:
(*a*) 1, 2, 3, 4 (*b*) 4, 3, 2, 1
(*c*) 2, 1, 3, 4 (*d*) 2, 1, 4, 3

444. परम्परानुसार थेरवाद सम्प्रदाय के प्रवर्तक महाकच्चायन कहाँ के थे ?
(*a*) सिंहल (*b*) सप्त धर्म
(*c*) नव धर्म (*d*) अष्टादश धर्म

445. जैन धर्म में ग्यारह गणधर थे :
(*a*) महावीर के प्रिय शिष्य और जैन धर्म प्रचारक
(*b*) जैन धर्म के भावी धर्म गुरु
(*c*) जैन धर्म के महान् देवदूत
(*d*) जैन सम्प्रदायों के प्रमुख

446. नीचे कुछ प्राचीन राज्यों को उनकी आधुनिक उपस्थिति के साथ युग्मित किया गया है। इनमें से कौन से सही सुमेलित हैं?
1. अंग – भागलपुर एंव मुंगेर
2. मगध – पटना और गया
3. कौशल – अवध
4. पांचाल – बदायूं, बरेली
5. मत्स्य – इलाहाबाद
कूट:
(*a*) 1, 2 एवं 3 (*b*) 1, 2, 3 एवं 5
(*c*) 1, 2, 3 एवं 4 (*d*) 1, 2, 3, 4 एवं 5

447. नीचे कुछ प्राचीन राज्यों तथा उनकी राजधानियों का युग्म दिया गया है। इनमें से कौन से सही सुमेलित नहीं हैं?
1. अंग – चम्पा
2. वत्स – साकेत
3. पांचाल – कान्यकुब्ज
4. मगध – गिरिव्रज
कूट:
(*a*) 1 और 2 (*b*) 2 और 3
(*c*) 3 और 4 (*d*) 1 और 4

448. ई॰पू॰ छठी शताब्दी के दौरान और उसके बाद बड़े राज्यों के उदय का मुख्य कारण क्या था?
(*a*) उत्तर प्रदेश और बिहार में व्यापक पैमाने पर लोहे का उपयोग
(*b*) जनजातीय समाज ने अधिक व्यवस्थित जीवन का मार्ग प्रशस्त किया
(*c*) व्यापार और वाणिज्य का उल्लेखनीय विकास
(*d*) इनमें से कोई नहीं

449. यूनानी स्रोतों में 'अग्रमीज' एवं 'जैनद्रमीज' मगध के किस शासक को कहा जाता है?
(*a*) अजातशत्रु (*b*) उदयिन
(*c*) महापद्मनंद (*d*) धननंद

450. मगध साम्राज्य के निम्न शासकों का सही कालक्रम क्या है?
(*i*) उदयिन (*ii*) कालाशोक
(*iii*) धननंद (*iv*) शिशुनाग
कूट:
(*a*) (i), (ii), (iii), (iv)
(*b*) (ii), (iii), (i), (iv)
(*c*) (i), (iv), (ii), (iii)
(*d*) (iv), (i), (iii), (ii)

451. निम्न में से किनका संबंधा शिशुनाग वंश से था?
1. शिशुनाग 2. कालाशोक
3. भद्रसेन 4. नन्दिवर्धन
5. कोरंडवर्ण
कूट:
(*a*) 1 और 2
(*b*) 1, 2 और 5
(*c*) 1, 2, 4 और 5
(*d*) 1, 2, 3, 4 और 5

452. सूची-I को सूची-II से सुमेलित करें:

सूची-I (महाजनपद)	सूची-II (राजधानी)
A. शूरसेन	1. प्रतिष्ठान
B. अश्मक	2. मथुरा
C. मत्स्य	3. कुशीनगर
D. मल्ल	4. विराटनगर

कूट:

	A	B	C	D
(a)	1	2	3	4
(b)	2	1	4	3
(c)	1	4	3	2
(d)	2	4	1	3

453. निम्नलिखित में से कौन-सा बौद्ध प्रतीक बुद्ध के जीवन की महान् घटनाओं से संबद्ध नहीं है ?
(a) कमल और साँड़ (b) अश्व
(c) उनके पद चिन्ह (d) स्तूप

454. भगवान् बुद्ध की पत्नी का अत्यन्त लोकप्रिय नाम क्या है ?
(a) यशोधरा (b) गोपा
(c) विम्बा (d) सुजाता

455. बुद्ध के गृहत्याग के उपरान्त उनके पहले गुरु कौन थे?
(a) आलार और उद्रक
(b) आनन्द और अश्वघोष
(c) सारिपुत्र और मोदग्गलायन
(d) आलार और कालाम

456. निम्नलिखित में से किसे 'धर्मचक्र प्रवर्तन' के रूप में जाना जाता है ?
(a) मृगवन, सारनाथ में बुद्ध द्वारा दिया गया प्रथम उपदेश।
(b) विहारों में प्रतिदिन प्रातःकाल चक्र घुमाने की पद्धति।
(c) कर्म की समाप्ति से निर्वाण की प्राप्ति होती है।
(d) कारण और कार्य के चक्र की भाँति मानव जाति का निरन्तर अस्तित्व का बना रहना।

457. बुद्ध द्वारा बताए गए निम्नलिखित चार आर्य सत्यों के अनुसार मानवीय दुःखों का मूलभूत कारण था:
(a) दुःख का अस्तित्व
(b) दुःख निरोध
(c) तृष्णा के त्याग से दुःख निरोध सम्भव है
(d) आष्टांगिक मार्ग में दु :ख की समाप्ति का मार्ग निहित है।

458. बौद्ध धर्म की व्युत्पत्ति की आश्रित शृंखला के अनुसार मानवीय दुःखों का मूल कारण है :
(a) तृष्णा (b) अविद्या
(c) चेतना (d) मोह

459. जैन ग्रंथों में उल्लिखित सम्प्रति की द्वितीय राजधानी किस नगर में मानी जाती है ?
(a) पाटलिपुत्र (b) उज्जैन
(c) विदिशा (d) श्रावस्ती

460. बौद्धकालीन ग्रंथों में बौद्ध काल में कितने महानगरों का उल्लेख है ?
(a) 4 (b) 6
(c) 8 (d) 10

461. निम्न जैन मुनियों को कालक्रमानुसार रखिये :
1. पार्श्वनाथ 2. महावीर 3. कालकाचार 4. भद्रबाहु
(a) 1, 2, 3, 4 (b) 1, 2, 4, 3
(c) 2, 1, 3, 4 (d) 3, 1, 2, 4

462. जैन धर्म के अनुसार जगत के निर्माण में कौन-सा तत्व सहयोगी नहीं है ?
(a) आकाश (b) काल
(c) पुदगल (d) अविद्या

463. बौद्ध धर्म की किस शाखा में अनात्म सिद्धान्त एवं पुदगल को मान्यता दी गयी ?
(a) सर्वास्तिक (b) सैद्धांतिक
(c) वैभाषिक (d) शून्यवादी

464. बौद्ध धर्म तथा जैन धर्म में कौन-सी समानता नहीं है ?
(a) अहिंसा
(b) स्त्रियों का संघ में प्रवेश
(c) वैश्य वर्ग का समर्थन
(d) कठोर तप में विश्वास

465. जिस स्थान पर बुद्ध का जन्म हुआ था, वह राज्य किस वंश से संबंधित था ?
(a) शाक्य (b) मल्ल
(c) कोलीय (d) जातृक

466. कुशीनगर में महात्मा बुद्ध का निर्वाण हुआ, वह स्थान किस राज्य में था ?
(a) मल्ल (b) मौर्य
(c) लिच्छवि (d) हर्यंक

467. जैन धर्म के बारे में कौन एक सही है ?
(a) महावीर ने वर्ण व्यवस्था की निन्दा नहीं की।
(b) महावीर से संबंधित महायान, हीनयान दो सम्प्रदाय थे।
(c) उन्होंने संयम पर कोई जोर नहीं दिया।
(d) वे ईश्वर की खुलेआम पूजा करते थे।

468. बुद्ध की शिक्षाएँ मिलती हैं :
(a) त्रिपिटक में
(b) दिव्यावदान में
(c) महावदान में
(d) अशोक के अभिलेखों में

469. दूसरी जैन सभा कहाँ हुई थी ?
(*a*) वल्लभी (*b*) पाटलिपुत्र
(*c*) कश्मीर (*d*) उक्त में कोई नहीं

470. प्रथम बौद्ध संगीति कहाँ सम्पन्न हुई ?
(*a*) राजगृह (*b*) कश्मीर
(*c*) वैशाली (*d*) पाटलिपुत्र

471. बुद्ध ने अपने अष्टांगिक मार्ग को मध्यम मार्ग कहा क्योंकि यह एक :
(*a*) सभी धर्मों द्वारा बताया गया मध्यम मार्ग था।
(*b*) सभी धर्मों का मिलन-स्थल या संगम था।
(*c*) संतुलित जीवन-दृष्टि था।
(*d*) सभी धर्मों का शाश्वत सत्य था।

472. अष्टांगिक मार्ग का निम्नलिखित में से कौन-सा मार्ग व्यक्ति की शारीरिक तथा मानसिक गतिविधियों एवं दुर्बलताओं के निराकरण से संबंधित है ?
(*a*) सम्यक् संकल्प (*b*) सम्यक् व्यायाम
(*c*) सम्यक् स्मृति (*d*) सम्यक् समाधि

473. निर्वाण के इच्छुक व्यक्ति द्वारा अनुसरण किए जाने वाले 'चार प्रशंसनीय भावों' में निम्नलिखित कौन-सा भाव पूर्वोक्त भावों से सम्बन्धित नहीं है ?
(*a*) मेत्ता अर्थात् सार्वभौमिक प्रेम।
(*b*) करुणा अर्थात् अनुकम्पा अथवा दया।
(*c*) मुदिता अर्थात् सहानुभूतिपूर्ण प्रसन्नता।
(*d*) उपेखा अर्थात् समचित्तता या समत्व।

474. समकालीन किस ब्राह्मणवादी धार्मिक विश्वास के प्रति बुद्ध ने भी पूर्ण निष्ठा व्यक्त की थी?
(*a*) ईश्वर
(*b*) कर्म का सिद्धांत
(*c*) आत्मा का पुनर्जन्म
(*d*) जीवन के चार चरण (वर्णाश्रम धर्म)

475. प्रथम बौद्ध संगीति का अध्यक्ष कौन था?
(*a*) थेर यश (*b*) महाकस्सप
(*c*) मोग्गलिपुत्त तिस्स (*d*) वसुमित्र

476. चार बौद्ध संगीतियाँ किस उद्देश्य के लिए बनाई गई थीं?
(*a*) धार्मिक ग्रंथों के संकलन के लिए।
(*b*) धार्मिक विवादों के निदान के लिए।
(*c*) संघ में एकता बनाए रखने के लिए।
(*d*) उपर्युक्त सभी।

477. दूसरी बौद्ध संगीति किस प्रयोजन से बुलाई गई थी?
(*a*) भगवान् बुद्ध की शिक्षाओं का पूर्ण और प्रामाणिक संग्रह तैयार करने के लिए।
(*b*) वैशाली के वज्जि राज्य के भिक्षुओं द्वारा संघ के कतिपय अनुशासन संबंधी नियमों में संशोधन करने के लिए।
(*c*) पालि धर्मग्रंथों की शुद्धता बनाए रखने के लिए जो विभिन्न सम्प्रदायों के उदय के कारण तिरस्कृत स्थिति में पहुँच गए थे।
(*d*) संघ के मतभेदों को समाप्त करने के लिए।

478. निम्न का सही क्रम क्या है ?
1. सिकन्दर की पंजाब विजय
2. कनिष्क का राज्यारोहण
3. अशोक की कलिंग विजय
4. बुद्ध का जन्म

कूट:
(*a*) 3, 1, 2, 4
(*b*) 4, 3, 1, 2
(*c*) 1, 2, 3, 4
(*d*) 4, 1, 3, 2

479. पश्चिम से पूर्व की ओर स्थित महाजनपदों को सही क्रम में विन्यस्त करें -
1. चेदि 2. वत्स
3. काशी 4. मगध
5. अंग

कूट:
(*a*) 5, 4, 3, 2, 1
(*b*) 1, 2, 3, 4, 5
(*c*) 1, 3, 2, 4, 5
(*d*) 2, 3, 4, 5, 1

480. 326-325 ई० पू० में सिकन्दर के आक्रमण के निम्न में से कौन से प्रभाव हुए?
1. विभिन्न क्षेत्रों में भारत एवं यूनान के मध्य प्रत्यक्ष सम्पर्क स्थापित हुआ।
2. उत्तर-पश्चिमी भारत में और अधिक यूनानी बस्तियों की स्थापना हुई।
3. उत्तर-पश्चिमी भारत के छोटे-छोटे साम्राज्य विनष्ट हो गए, जिससे भविष्य में इस क्षेत्र में मौर्य साम्राज्य के विस्तार का मार्ग प्रशस्त हुआ।

कूट:
(*a*) 1 एवं 2 (*b*) केवल 2
(*c*) 1 एवं 3 (*d*) 1, 2 एवं 3

481. किस बौद्ध संगीति ने संस्कृत को बौद्ध धर्मग्रंथों का माध्यम बनाया ?
(*a*) प्रथम (*b*) द्वितीय
(*c*) तृतीय (*d*) चतुर्थ

482. निम्नलिखित में से किसे प्राचीनतम रूढ़िवादी बौद्ध सम्प्रदाय माना जाता है ?
(*a*) महायानवाद (*b*) स्थविरवाद या थेरवाद
(*c*) वैपुल्यवाद (*d*) प्रज्ञाप्तिवादिन्

483. निम्नलिखित में से कौन बौद्ध धर्म का एक महायानवादी सम्प्रदाय नहीं है ?
(*a*) माध्यमिका (*b*) योगाचार
(*c*) विज्ञानवाद (*d*) स्थविरवाद

484. निम्नलिखित में से किन व्यक्तियों का बौद्ध संघ में प्रवेश निषिद्ध नहीं था ?
(a) पंद्रह वर्ष में कम आयु के व्यक्ति।
(b) संक्रामक रोगों से पीड़ित व्यक्ति।
(c) वह व्यक्ति जिसने कर्ज न चुकाया हो।
(d) वह व्यक्ति जिसे दण्डित किया गया हो।

485. बुद्ध के प्रवचनो का संकलन प्रसिद्ध धम्मपद निम्नलिखित में से किस ग्रंथ का अंग है ?
(a) सुत्तपिटक (b) विनयपिटक
(c) अभिधम्मपिटक (d) दीघ निकाय

486. बुद्ध के अनुसार सभी मानवीय दु:खों का कारण तृष्णा है, जिसका अर्थ है :
(a) सांसारिक वस्तुओं की इच्छा।
(b) भौतिक सुखों एवं सांसारिक भोग-विलास की इच्छा।
(c) सांसारिक या भौतिक अनुरक्ति।
(d) मन की अतिशय क्रियाशीलता।

487. निम्नलिखित में से कौन-सा ग्रंथ पाली धर्मग्रंथ नहीं हैं?
(a) ललितविस्तर (b) सुत्तविभंग
(c) सद्धर्मपुण्डरीक (d) समाधिराज

488. निम्नलिखित में से किस ग्रंथ में भगवान बुद्ध का जीवन-चरित या जीवनी नहीं वर्णित है ?
(a) ललितविस्तर (b) महावस्तु
(c) निदानकथा (d) बुद्धचरित

489. जातक में लगभग कितनी कथाएँ हैं ?
(a) 500 (b) 550
(c) 750 (d) 860

490. बौद्ध धर्मग्रंथों का महानतम टीकाकार कौन था ?
(a) अश्वघोष (b) बुद्धघोष
(c) वसुमित्र (d) नागार्जुन

491. अजन्ता के भित्तिचित्रों का मूल धार्मिक विषय है :
(a) जैन (b) बौद्ध
(c) वैष्णव (d) शैव

492. जैन लोगों ने किसके नेतृत्व में दक्षिण की ओर प्रवसन किया था ?
(a) भद्रबाहु (b) स्थलबाहु
(c) वर्धमान महावीर (d) त्रिरत्न दास

493. अन्तिम जैन आराम वाचन किस नगर में आयोजित की गई थी ?
(a) मथुरा (b) वेणाकतहीपुर
(c) सुपर्वत विजय चक्र (d) बल्लभी

494. 'केवलज्ञान' का अर्थ है :
(a) सत्यज्ञान (b) निर्वाण
(c) अत्यंत वीर (d) सभी बंधनों से मुक्त

495. देशविरति जैन धर्म के किस व्रत का भाग है ?
(a) अणुव्रत
(b) गुणव्रत
(c) शिक्षाव्रत
(d) उपर्युक्त में से किसी का नहीं

496. दक्षिण में बौद्ध धर्म के हीनयान चरण को संरक्षण किसने दिया ?
(a) शुंगों ने (b) कन्वो ने
(c) कालचुरियों ने (d) सातवाहनों ने

497. अनेकान्तवाद किसका विशेष लक्षण है ?
(a) हीनयान बौद्ध धर्म (b) जैन धर्म
(c) सांख्य (d) वैशेषिक

498. निम्नलिखित में से विज्ञानवाद का व्याख्याता कौन है?
(a) आर्य देव (b) चन्द्रकीर्ति
(c) नागार्जुन (d) वसुबन्धु

499. बुद्ध को ईश्वर के रूप में पूजने वाला बौद्ध सम्प्रदाय है :
(a) स्थविर (b) महासांधिक
(c) हीनयान (d) महायान

500. जैन धर्म निम्न में से किसमें विश्वास नहीं करता?
(a) स्यादवाद (b) सप्तभंगि नय
(c) न्यायवाद (d) व्यूहवाद

501. निम्नलिखित में से किस जैन तीर्थंकर को कला में सर्पफण से युक्त प्रस्तुत किया जाता है ?
(a) आदिनाथ (b) नेमिनाथ
(c) पार्श्वनाथ (d) महावीर

502. जैन धर्म में संवर का अभिप्राय एक ऐसी अवस्था से है :
(a) जब कर्म जीव की ओर प्रवाहित होने लगता है।
(b) जब कर्म जीव को बाँध लेता है।
(c) जब नये कर्म का प्रवाह रोक दिया जाता है।
(d) जब पहले से विद्यमान कर्म का क्षय कर दिया जाता है।

503. जैनो का 'आगम ग्रंथ' कहाँ संकलित हुआ था ?
(a) वैशाली (b) पाटलिपुत्र
(c) वल्लभी (d) विदिशा

504. जैन धर्म में मूर्ति-पूजा का सर्वप्रथम उल्लेख कहाँ प्राप्त होता है ?
(a) हाथीगुफा अभिलेख
(b) चन्द्रगिरि अभिलेख
(c) बराबर की पहाड़ी गुहालेख
(d) मथुरा अभिलेख

505. जैन धर्म में त्रिरत्न का अर्थ है :
(a) पार्श्व, महावीर एवं संघ
(b) अहिंसा, सत्य एवं अपरिग्रह

(c) उपवास, नंगा रहना एवं ध्यान
(d) सम्यक् श्रद्धा, सम्यक् ज्ञान एवं सम्यक् आचरण

506. बौद्ध धर्म से जुड़े हुए निम्न स्थलों में से कौन सही क्रम में है ?
(a) बोध गया, कुशीनारा, वैशाली, कुशीनगर
(b) सारनाथ, वल्लभी, श्रावस्ती, बोधगया
(c) लुम्बिनी, देवदह, सारनाथ, बोधगया
(d) लुम्बिनी, बोधगया, सारनाथ कुशीनगर

507. ब्राह्मणों की सर्वोच्चता की सर्वप्रथम आलोचना निम्न में से किसके द्वारा की गई थी ?
(a) उपनिषदवेत्ता (b) आजीवक
(c) महावीर (d) बुद्ध

508. तृतीय बौद्ध संगीति का कौन अध्यक्ष था ?
(a) पूरण कस्सप (b) वसुमित्र
(c) मोग्गलिपुत्ततिस्स (d) अश्वघोष

509. प्रथम जैन धर्म सभा कहाँ आयोजित की गयी ?
(a) पावा (b) वल्लभी
(c) वैशाली (d) पाटलिपुत्र

510. बौद्ध धर्म की सबसे प्रमुख विशेषता जिसने इसके प्रचार में सहायता प्रदान की :
(a) अहिंसा पर बल
(b) लोक भाषा का प्रयोग
(c) सिद्धांतों की कठोराता
(d) संघ की स्थापना

511. चतुर्थ बौद्ध संगीति ने बौद्ध धर्म के इतिहास में किस नये युग का सूत्रपात किया ?
(a) महायान का उदय
(b) बौद्ध धर्म का विदेशों में प्रचार
(c) भिक्षुणियों को संघ में प्रवेश की अनुमति
(d) धर्मग्रंथों का संस्कृत में अनुवाद

512. अंग साहित्य किस धर्म से सम्बंधित हैं ?
(a) बौद्ध धर्म (b) जैन धर्म
(c) वैष्णव धर्म (d) शैव धर्म

513. चैत्य क्या होते थे ?
(a) बौद्ध भिक्षुओं के निवास
(b) गुफा
(c) बौद्धों का पूजा-स्थल
(d) नाट्यशाला

514. कौन जैन संत था ?
(a) आनन्द (b) भद्रबाहु
(c) जीवक (d) नागार्जुन

515. जैन और बौद्ध धर्म ने स्वीकार नहीं किया :
(a) स्त्रियों का प्रवेश (b) अहिंसा व्रत
(c) अवतारवाद (d) वर्ण-व्यवस्था

516. साँची के स्तूप में किसकी अस्थि है ?
(a) बुद्ध की
(b) देवदत्त की
(c) सारिपुत्र एवं मोदगल्यायन की
(d) महावीर की

517. प्रसिद्ध बौद्ध विद्वान् अश्वघोष किसके समकालीन थे?
(a) अशोक (b) मिनाण्डर
(c) कनिष्क (d) हर्ष

518. नागार्जुन भारत के आइन्स्टीन के रूप में प्रसिद्ध हैं, क्योंकि :
(a) आइन्स्टीन की तरह ब्रह्मांड के स्वरूप में उनकी गहन अंतर्दृष्टि थी
(b) वह अपने समय के एक महान् भौतिक-विज्ञानी थे।
(c) उन्होंने आइन्स्टीन के सापेक्षिकता सिद्धान्त की तरह शून्यवाद का सिद्धान्त प्रतिपादित किया।
(d) वह एक महान् न्यैयायिक थे।

519. निम्नलिखित किस महायानी बौद्ध लेखक को डॉ॰ स्ट्रेचवात्स्की ने भारत का कांत माना है ?
(a) धर्मकीर्ति (b) दिगनाग
(c) वसुबन्धु (d) असंग

520. किस बौद्ध-संगीति में बौद्ध धर्मग्रंथों में संस्कृत का प्रयोग प्रारंभ हुआ ?
(a) प्रथम (b) द्वितीय
(c) तृतीय (d) चतुर्थ

521. 'स्तूप' किसके प्रतीक माने जाते हैं ?
(a) महाभिनिष्क्रमण (b) धर्मचक्रप्रवर्तन
(c) महापरिनिर्वाण (d) समाधि

522. बौद्ध धर्म की किस शाखा में मंत्र, हठयोग एवं तांत्रिक आचारों की प्रधानता दी गई है ?
(a) महायान (b) हीनयान
(c) वज्रयान (d) उपर्युक्त सभी

523. सूची-I को सूची-II में सुमेलित कीजिए ?

सूची-I	*सूची-II*
A. प्रथम बौद्ध संगीति	(1) कुण्डलवन (कश्मीर)
B. द्वितीय बौद्ध संगीति	(2) अशोकाराम विहार (पाटलिपुत्र)
C. तृतीय बौद्ध संगीति	(3) सप्तपर्णीगुफा

(राजगृह)

D. चतुर्थ बौद्ध संगीति (4) वैशाली

	A	B	C	D
(a)	3	4	2	1
(b)	3	2	4	1
(c)	1	2	3	4
(d)	4	3	2	1

524. सूची-I को सूची-II में सुमेलित कीजिए ?

सूची-I	*सूची-II*
A. जन्म	(1) सारनाथ
B. महाभिनिष्क्रमण	(2) कपिलवस्तु
C. महाबोधि	(3) कुशीनगर
D. धर्मचक्रप्रवर्तन	(4) गया
E. महापरिनिर्वाण	(5) लुम्बिनी

	A	B	C	D	E
(a)	1	2	3	4	5
(b)	5	2	4	1	3
(c)	5	4	2	1	3
(d)	3	1	4	5	2

525. सूची-I में बुद्ध के जीवन से संबंधित पशुओं को सूची-II में दिए गये उसके प्रतीकों से सुमेलित कीजिए ?

सूची-I	*सूची-II*
A. हाथी	(1) यौवन का प्रतीक
B. घोड़ा	(2) समृद्धि का प्रतीक
C. साँड़	(3) बुद्ध के गर्भ में आने का प्रतीक
D. शेर	(4) गृहत्याग का प्रतीक

	A	B	C	D
(a)	3	4	1	2
(b)	3	4	2	1
(c)	1	2	3	4
(d)	3	2	4	1

526. निम्नलिखित में से किसके प्रमाण पर महावीर की मृत्यु का वर्ष 468 ई॰पू॰ निर्धारित किया गया हैं ?

(a) तारानाथ (b) सिद्धसेन
(c) हरिभद्र (d) हेमचन्द्र

527. महावीर को निम्नलिखित में से किस स्थान के निकट अंतर्ज्ञान या संबोधि प्राप्त हुआ था ?

(a) वल्लभी
(b) वैशाली
(c) पार्श्वनाथ की पहाड़ियाँ
(d) पावा

528. दक्षिण भारत में जैन धर्म का प्रचार किसने किया?

(a) गौतम (b) इंद्रभूति
(c) सुधर्मन (d) भद्रबाहु

529. जैन धर्म ने अपने आध्यात्मिक विचारों को किससे ग्रहण किया ?

(a) बौद्ध धर्म (b) आजीवक
(c) सांख्य दर्शन (d) भागवत सम्प्रदाय

530. वह जैन तीर्थ कौन थे, जिन्हें भगवान कृष्ण का निकट संबंधी माना जाता है ?

(a) ऋषभ (b) नेमिनाथ
(c) पार्श्वनाथ (d) महावीर

531. तेईसवें तीर्थंकर पार्श्वनाथ द्वारा प्रचलित चार महाव्रतों में महावीर ने निम्नलिखित में से कौन-सा-व्रत जोड़ा था ?

(a) अहिंसा (b) ब्रह्मचर्य
(c) सत्य (d) अपरिग्रह

532. राजगृह में महावीर स्वामी ने सर्वाधिक वास (निवास) किस ऋतु में किया ?

(a) ग्रीष्म ऋतु (b) वर्षा ऋतु
(c) शीत ऋतु (d) वसंत ऋतु

533. महावीर स्वामी 'यती' कब कहलाये ?

(a) घर त्यागने के बाद
(b) इंद्रियों को जीतने के बाद
(c) ज्ञान प्राप्त करने के बाद
(d) उपर्युक्त में से कोई नहीं

534. जैन धर्म के पाँच व्रतों में सर्वाधिक महत्वपूर्ण व्रत कौन सा है ?

(a) अमृषा (सत्य) (b) अहिंसा
(c) अचौर्य (d) अपरिग्रह

535. भारत में पूजित पहली मानव प्रतिमा कौन-सी थी?

(a) भगवान बुद्ध (b) इन्द्र भगवान
(c) महावीर स्वामी (d) वासुदेव कृष्ण

536. निम्नलिखित में से कौन-सा लेखक बौद्ध तर्कशास्त्र का प्रवर्तक या संस्थापक था और जिसे मध्यकालीन न्याय शास्त्र का जनक माना जाता है ?

(a) धर्मकीर्ति (b) दिंगनाग
(c) बुद्धपालित (d) भावविवेक

537. चीन से भारत आने वाले बौद्ध विद्वानों में से निम्नलिखित कौन नहीं था ?

(a) फाह्यान (b) ह्वेनसांग
(c) तायिसुंग (d) इत्सिंग

538. निम्नलिखित में से कौन बौद्ध धर्म का प्रथम महान् राजकीय संरक्षक था ?
(a) अजातशत्रु (b) उदयन
(c) अशोक (d) कनिष्क

539. सम्राट अशोक द्वारा भारत के बाहर भेजे गए बौद्ध प्रचारक मण्डलों में सर्वाधिक महत्वपूर्ण प्रचारक मण्डल कहाँ भेजा गया था ?
(a) श्रीलंका (b) यवन भूमि (बैक्ट्रिया)
(c) कम्बोडिया (d) म्यांमार

540. कुशीनगर में बुद्ध के निर्वाण या उनकी मृत्यु के समय उनका कौन शिष्य उनके पास उपस्थित था?
(a) सारिपुत्त (b) आनन्द
(c) नागसेन (d) अम्बपालि

541. बौद्ध धर्म के कर्म के सिद्धांत का क्या तात्पर्य था?
(a) मनुष्य जैसा बोता है, वैसा काटता है।
(b) प्रत्येक व्यक्ति स्वयं अपने भाग्य का निर्माता होता है।
(c) केवल ईश्वर के प्रति प्रार्थनाओं से ही मनुष्य की नियति नहीं बदल सकती हैं।
(d) उपर्युक्त सभी।

542. बुद्ध की अत्यंत सुन्दर प्रतिमाएँ किस शिल्पकला शैली में बनाई गई थीं ?
(a) कुषाण (b) शुंग
(c) गुप्त (d) पाल

543. काले स्लेट पत्थर से निर्मित बुद्ध की चिकनी प्रतिमाओं और व्यापक रूप से प्राप्त बौद्ध काँस्य प्रतिमाओं का क्या स्रोत थी ?
(a) कुर्किहार (b) नालन्दा
(c) तंजौर (d) अमरावती

544. बौद्ध एवं जैन धर्म दोनों में निम्नलिखित में से कौन-सी समरूपता या समानता नहीं है ?
(a) दोनों अनीश्वरवादी एवं वैदिक विचारधारा के विरोधी थे।
(b) दोनों को अहिंसा में समान विश्वास था।
(c) दोनों ने बिना किसी जातीय भेदभाव के अनुयायी बनाए।
(d) दोनों के कर्म के सिद्धांत संबंधी विचारों में विश्वास था।

545. साँची और भरहुत के स्तूप किसके लिए प्रसिद्ध हैं?
(a) उनकी वेदिकाओं और तोरण द्वारों पर अत्यंत सुन्दर शिल्प-कला के लिए।
(b) लोक-कला के साथ धर्म का मिश्रण।
(c) अपने सुन्दर तोरण द्वारों के लिए।
(d) बुद्ध के पिछले जीवन के साथ-साथ लौकिक जीवन के दृश्यों के शिल्पांकन।

546. मौर्यकालीन इतिहास की स्रोत सामग्री के रूप में निम्नलिखित में से कौन-सा स्रोत सबसे कम महत्वपूर्ण या उपयोगी हैं ?
(a) मुद्रा-विषयक साक्ष्य
(b) साहित्यिक स्रोत
(c) शिलालेखीय स्रोत
(d) विदेशी स्रोत

547. अशोक के शिलालेखों तथा उनकी ब्राह्मी लिपि के बारे में सर्वप्रथम किसने रहस्योदघाटन किया ?
(a) एलेक्जेण्डर कनिंघम
(b) मैक्समूलर
(c) जेम्स प्रिंसेप
(d) मार्टिमर व्हीलर

548. निम्नलिखित में से वह कौन-सा शिलालेख है, जिसकी 1915 में खोज की गई थी और जिसमें इसके लेखक का नाम अशोक प्रियदर्शी दिया गया है ?
(a) मनसेहरा शिलालेख (b) गिरनार शिलालेख
(c) मास्की शिलालेख (d) भाब्रू शिलालेख

549. अशोक का नवीनतम प्राप्त शिलालेख है :
(a) कन्धार द्विभाषी शिलालेख
(b) सन्नताई शिलालेख
(c) मास्की शिलालेख
(d) सारनाथ स्तम्भ लेख

550. निम्नलिखित में से किस शिलालेख को अशोक द्वारा प्रसारित नहीं किया गया ?
(a) जूनागढ़ शिलालेख
(b) भाब्रू शिलालेख
(c) कलिंग शिलालेख
(d) दिल्ली-टोपरा स्तम्भ लेख

551. 1966 में दिल्ली की सीमा पर अशोक का निम्नलिखित में से कौन-सा शिलालेख पाया गया था?

(a) अहरौरा शिलालेख (b) कन्धार शिलालेख
(c) बाहपुर शिलालेख (d) बैराट शिलालेख

552. निम्नलिखित में से कौन-सा युग्म सुमेलित नहीं है?
(a) अशोक की माता – सुभद्रांगी या धर्म
(b) अशोक की पत्नी – विदिशा की महादेवी
(c) अशोक का जामाता – अग्निब्रह्मा
(d) अशोक का छोटा भाई – कुणाल

553. मानसेहरा तथा शाहबाजगढ़ी स्थित अशोक के दो वृहद् उत्तरी शिलालेखों में प्रयुक्त लिपि है :
(a) आरमाइक (b) ग्रीक
(c) खरोष्ठी (d) ब्रांह्मी

554. कन्धार शिलालेख किस लिपि में लिखे गये थे ?
(a) खरोष्ठी
(b) ग्रीक
(c) आरमाइक
(d) उपर्युक्त (a) और (b) दोनों

555. निम्नलिखित किस बौद्ध साहित्यिक स्रोत से मौर्यों के बारे में जानकारी नहीं मिलती है ?
(a) महापरिजिब्बानसुत्त (b) दीपवंश
(c) महावंश (d) अशोकावदान

556. मौर्य वंश का संस्थापक कौन था ?
(a) चंद्रगुप्त प्रथम (b) चन्द्रगुप्त द्वितीय
(c) चन्द्रगुप्त मौर्य (d) समुद्रगुप्त

557. कौन-से काल से भारत का क्रमबद्ध इतिहास आरम्भ हो जाता है ?
(a) गुप्त (b) मौर्य
(c) शुंग (d) कुषाण

558. जस्टिन के अनुसार चंद्रगुप्त ने कितनी फौज से सारे भारत को रौंद डाला था ?
(a) 3 लाख (b) 4 लाख
(c) 5 लाख (d) 6 लाख

559. सेल्यूकस से संधि के बाद उसका कौन-सा राजदूत पाटलिपुत्र के दरबार में आया था ?
(a) इण्डिका (b) मेगस्थनीज
(c) फाह्यान (d) ह्वेनसांग

560. मौर्य काल की मुद्रा का क्या नाम था ?
(a) टका (b) पण
(c) पौण्ड (d) रुपया

561. मौर्य काल में दीवानी न्यायालय को क्या कहते हैं?
(a) कण्टक शोधन (b) कचहरी
(c) धर्मस्थ (d) मकतव

562. मौर्य काल में राज्य की आय का मुख्य साधन क्या था?
(a) भूमिकर
(b) व्यापार पर लगाए गए कर
(c) उद्योग-धंधे पर लगाए गए कर
(d) उपर्युक्त में से सभी

563. धर्म-प्रचार के लिए अशोक ने किनकी नियुक्ति की थी ?
(a) धर्ममहामात्रों (b) सेनापतियों
(c) मंत्रियों (d) न्यायाधीशों

564. कलिंग युद्ध का वर्णन अशोक के कौन-से शिलालेख में है ?
(a) 12वें (b) 13वें
(c) 14वें (d) 15वें

565. अशोक का धम्म क्या था ?
(a) जैन धर्म
(b) बौद्ध धर्म
(c) हिन्दू धर्म
(d) तत्कालीन सभी धर्मों का सार

566. धार्मिक सहिष्णुता की बात अशोक के कौन-से शिलालेख में कही गई है ?
(a) 8वें (b) 10वें
(c) 9वें (d) 12वें

567. अशोक के बौद्ध धर्मावलम्बी होने का स्पष्ट प्रमाण किस शिलालेख से मिलता है ?
(a) चतुर्दश (b) कलिंग
(c) भाब्रू (d) सप्त स्तम्भ

568. मौर्यकालीन इतिहास के बारे में सर्वाधिक जानकारी निम्न में से किस स्रोत द्वारा मिलती है ?
(a) अभिलेखों द्वारा
(b) बौद्ध ग्रंथों द्वारा
(c) तत्कालीन मुद्राओं द्वारा
(d) पुरातत्व द्वारा

569. किस ग्रंथ में चंद्रगुप्त मौर्य के लिए 'वृषल' शब्द का प्रयोग किया गया है ?
(a) ब्राह्मण साहित्य (b) जैन साहित्य
(c) मुद्राराक्षस (d) बौद्ध ग्रंथ

570. यूनानी ग्रंथों में चंद्रगुप्त मौर्य को क्या कहा गया है?
(a) अमित्रोचेडस (b) अग्रमीज
(c) सेन्ड्रोकोटस (d) अमित्रघात

571. चंद्रगुप्त मौर्य ने जीवन के अन्तिम समय में किस धर्म

में दीक्षा ली ?
(a) बौद्ध धर्म (b) जैन धर्म
(c) वैष्णव धर्म (d) शैव धर्म

572. चन्द्रगुप्त मौर्य चाणक्य के सहयोग से मगध के सिंहासन पर बैठा। अशोक किसके सहयोग से मौर्य सिंहासन पर बैठा ?
(a) चाणक्य (b) बिन्दुसार
(c) खल्लापट (d) राधागुप्त

573. किस ग्रंथ में चाणक्य की पत्नी का नाम 'यशोमती' मिलता है ?
(a) अर्थशास्त्र (b) मुद्राराक्षस
(c) वृहत्कथाकोष (d) महापरिनिब्बानसुत्त

574. बिन्दुसार के शासनकाल में किस प्रान्त में हुए विद्रोह को दबाने के लिए अशोक को भेजा गया ?
(a) तक्षशिला (b) सौराष्ट्र
(c) पाटलिपुत्र (d) सुवर्णगिरी

575. यूनानियों ने किसे 'अमित्रोचेडस' कहा है ?
(a) अशोक (b) बिन्दुसार
(c) चंद्रगुप्त मौर्य (d) उपर्युक्त में कोई नहीं

576. बिन्दुसार ने किस सम्प्रदाय को आश्रय दिया था ?
(a) बौद्ध सम्प्रदाय (b) आजीवक सम्प्रदाय
(c) जैन सम्प्रदाय (d) वैष्णव सम्प्रदाय

577. वितस्ता नदी के किनारे श्रीनगर की स्थापना किस मौर्य शासक ने की ?
(a) अशोक (b) बिन्दुसार
(c) चंद्रगुप्त (d) दशरथ

578. कहाँ पर प्राप्त अशोक के अभिलेख (स्तम्भ) के निचले भाग में मयूर का चिन्ह अंकित है ?
(a) शाहबाजगढ़ी (b) लौरियानन्दनगढ़
(c) मान सेहरा (d) मास्की

579. दिल्ली में अशोक के स्तम्भों को खोजने का श्रेय किसे दिया जाता है ?
(a) जेम्स प्रिंसेप (b) मैक्समूलर
(c) रीफेन्थैलर (d) अलेक्जेंडर कनिंघम

580. अशोक के किस स्थान के अभिलेख को 'रानी का अभिलेख' कहा जाता है ?
(a) मास्की अभिलेख (b) कौशाम्बी अभिलेख
(c) कालसी अभिलेख (d) मान सेहरा अभिलेख

581. निम्नलिखित में कौन-सा प्रान्त मौर्य साम्राज्य से बाहर था ?
(a) कलिंग (b) सौराष्ट्र
(c) कश्मीर (d) असम

582. अशोक का सबसे छोटा स्तम्भलेख कौन-सा है ?
(a) रुम्मिनदेई (b) मास्की
(c) निगलीवा (d) धौली

583. अशोक के कुल के कितने गुहालेख अब तक मिले हैं ?
(a) 5 (b) 3
(c) 7 (d) 14

584. मौर्यकालीन गुफाओं में सर्वाधिक प्राचीन गुफा निम्न में से कौन-सी है ?
(a) नागार्जुनी गुफा
(b) बराबर की गुफा
(c) एलीफैण्टा की गुफा
(d) उपर्युक्त में से कोई नहीं

585. मालवा, गुजरात एवं महाराष्ट्र किस शासक ने पहली बार जीता?
(a) चन्द्रगुप्त मौर्य
(b) स्कन्द गुप्त
(c) हर्ष
(d) विक्रमादित्य

586. अशोक का सबसे लम्बा स्तंभ लेख निम्न में से कौन-सा था ?
(a) 3 (b) 13
(c) 7 (d) 4

587. अशोक का उसके किस लघु शिलालेख में 'बुद्धशाक्य एवं अशोक' नाम मिलता है ?
(a) गुर्जरा लघु शिलालेख
(b) मास्की लघु शिलालेख
(c) एर्रगुडी लघु शिलालेख
(d) सहसाराम लघु शिलालेख

588. अशोक का कौन-सा अभिलेख दो भाषाओं ग्रीक और आर्मेइक, में प्राप्त हुआ है ?
(a) शाहबाज गढ़ी (b) मानसेहरा
(c) कालसी (d) शार-ए-कुना (कंधार)

589. मौर्य काल में एग्रोनोमाई किसे कहा जाता था ?
(a) भवन निर्माण अधिकारी
(b) सड़क निर्माण अधिकारी

(c) कृषि विभाग का अधिकारी

(d) माप-तौल का अधिकारी

590. सूची-I को सूची-II से सूमेलित कीजिए :

सूची-I	*सूची-II*
A. सारनाथ	(1) सिंह
B. संकिसा स्तंभ	(2) वृषभ
C. रुम्मिनदेई स्तंभ	(3) घोड़ा
D. रामपुरवा स्तंभ	(4) हाथी

	A	B	C	D
(a)	1	2	3	4
(b)	2	4	3	1
(c)	4	1	3	2
(d)	1	4	3	2

591. चंद्रगुप्त मौर्य ने शासन की सुविधा हेतु अपने विशाल साम्राज्य को चार भागों में विभाजित कर रखा था, सूची-I में दिए गये प्रांतों को सूची-II में दी गयी, उनकी राजधानियों से सूमेलित कीजिए :

सूची-I	*सूची-II*
A. उत्तरापथ	(1) सुवर्णागिरि
B. दक्षिणा पथ	(2) पाटलिपुत्र
C. अवन्ति राष्ट्र	(3) तक्षशिला
D. प्राची (पूर्वी प्रदेश)	(4) उज्जैनी

	A	B	C	D
(a)	1	2	3	4
(b)	3	1	4	2
(c)	3	1	2	4
(d)	2	1	3	4

592. मौर्य काल में आपातकालीन कर कहलाता था :

(a) निष्क्राम्य (b) विष्टि

(c) बलि (d) प्रणय

593. अन्तिम मौर्य शासक की हत्या करने वाला मौर्य सेनापति था :

(a) पुष्यमित्र शुंग (b) अग्निमित्र

(c) सुशर्मा (d) जालौक

594. अन्तिम मौर्य शासक था :

(a) वृहद्रथ (b) दशरथ

(c) कुणाल (d) जालौक

595. मौर्यकाल में सिक्कों को ढालने हेतु किन धातुओं का प्रयोग होता था ?

(a) स्वर्ण – चाँदी (b) चाँदी – ताम्र

(c) ताम्र – काँस्य (d) सीसा – काँस्य

596. अशोक द्वारा निर्मित तथा आजीवक संप्रदाय को दान में प्रदान की गई गुफा थी :

(a) नागार्जुनी गुफा

(b) राजगृह की जरासंघ गुफा

(c) बराबर पहाड़ियों में स्थित सुदामा गुफा

(d) उज्जैनी की भर्तृहरि गुफा

597. अशोक के स्तंभों में एक सर्वाधिक सौष्ठवपूर्ण एवं भव्य स्तम्भ कहाँ से प्राप्त है ?

(a) लौरियानन्दन गढ़ (b) रामपुरवा

(c) बसाढ़ (d) सारनाथ

598. सारनाथ से प्राप्त अशोक के स्तंभ पर कौन-सा पशु उत्कीर्णित नहीं है ?

(a) कूबड़वाला बैल (b) हिरण

(c) हाथी (d) अश्व

599. शिलालेखों में उल्लिखित अशोक का एकमात्र पुत्र था :

(a) तीवर (b) महेन्द्र

(c) कुणाल (d) जालौक

600. मुद्रा का प्रयोग किस प्रयोजन के लिए नहीं किया जाता था ?

(a) व्यापार

(b) अधिकारियों के वेतन का भुगतान

(c) कर

(d) साहूकारी

601. मौर्य कला की उत्कृष्ट कृति थी :

(a) स्तूप (b) अशोक के स्तंभ

(c) मूर्तिकला (d) स्तंभ एवं मूर्तिकला

602. मौर्य काल में कौन-सा आन्तरिक व्यापारिक मार्ग सर्वाधिक महत्वपूर्ण माना जाता था ?

(a) तक्षशिला से होकर जाने वाला उत्तर-पश्चिमी मार्ग जो पाटलिपुत्र तक जाता था।

(b) श्रावस्ती से प्रतिष्ठान तक।

(c) पश्चिमी समुद्र तटवर्ती सामुद्रिक मार्ग।

(d) पूर्वी तटवर्ती मार्ग।

603. मौर्य काल में शिक्षा का सर्वाधिक प्रसिद्ध केन्द्र था:

(a) तक्षशिला (b) उज्जैनी

(c) नालंदा (d) वल्लभी

604. अशोक के निम्नलिखित किस शिलालेख में कराधान का विशेष उल्लेख हुआ है ?

(a) रुम्मिनदेई शिलालेख
(b) निग्लीव शिलालेख
(c) कंधार शिलालेख
(d) बाराबर गुहा अभिलेख

605. मौर्य काल में विष्टि शब्द किसका द्योतक था ?
(a) प्रांत
(b) जिला
(c) बलात श्रम (बंधुआ मजदूरी)
(d) श्रतु कालिक स्थितियाँ

606. मौर्यों के प्रशासनिक अधिकारियों को किस सामान्य नाम से पुकारा जाता था ?
(a) महामात्र (b) राजुक
(c) अमात्य (d) लिपिकार

607. मौर्य शासन का वित्तीय वर्ष किस मास में प्रारम्भ होता था ?
(a) फाल्गुन (मार्च)
(b) आषाढ़ (जुलाई)
(c) ज्येष्ठ (जून)
(d) पौष-माद्य (जनवरी-फरवरी)

608. केन्द्र सरकारी के किस अधिकारी के पास राजकीय आय या राजस्व नियंत्रण का प्रभार होता था ?
(a) सन्निधाता (b) कार्मिक
(c) समाहर्ता (d) महामात्र

609. अशोक की धम्म नीति का मूल-मंत्र या सिद्धांत था:
(a) आत्मनियंत्रण (b) दया
(c) दान (d) संयम

610. मौर्य शासन का स्वरूप क्या था ?
(a) एकतंत्र
(b) पूर्ण राजतंत्र
(c) उदार या कल्याणकारी निरंकुशवाद
(d) केन्द्रीयभूत निरंकुशतावादी

611. निम्नलिखित में से किस ग्रंथ में नंद वंश के चंद्रगुप्त मौर्य के हाथों विनाश की विस्तृत जानकारी मिलती है ?
(a) अर्थशास्त्र (b) मुद्राराक्षस
(c) कल्पसूत्र (d) रत्नमालिका

612. निम्नलिखित में से किस उपाधि को अशोक ने अपने अभिलेखों में अपनाया था ?
(a) महाराजा (b) राजा
(c) महाराजाधिराज (d) चक्रवर्ती

613. पुहार एक महान् :
(a) व्यापार एवं वाणिज्य केंद्र था।
(b) शिक्षा का केन्द्र था।
(c) कला का केंद्र था।
(d) मगध साम्राज्य का एक वाणिज्यीय केंद्र था।

614. 'भारतवर्ष' नाम किसमें उल्लिखित है?
(a) इन्डस सीलों के अभिलेखों
(b) अशोक का चौली आदेशपत्र
(c) खारवेल का हाथीगुम्फा अभिलेख
(d) समुद्रगुप्त का इलाहाबाद स्तंभ अभिलेख

615. अशोक ने अपने शासनकाल में तक्षशिला में हुए विद्रोह को दबाने के लिए किसे भेजा ?
(a) कुणाल
(b) दशरथ
(c) राधागुप्त
(d) उपर्युक्त में से कोई नहीं

616. मौर्य काल में गुप्तचरों को क्या कहा जाता था ?
(a) गूढ पुरुष (b) गुप्तचर
(c) संस्था एवं संचार (d) खोजी

617. सूची-I को सूची-II में सुमेलित कीजिए :

सूची-I	***सूची-II***
A. तीर्थ	(1) राजस्व विभाग का प्रधान अधिकारी
B. समाहर्ता	(2) कोषाध्यक्ष
C. सन्निधाता	(3) उच्च स्तर का अधिकारी
D. महामात्यापसर्प	(4) गुप्तचर विभाग का अधिकारी

	A	B	C	D
(a)	1	2	3	4
(b)	3	1	2	4
(c)	4	3	1	2
(d)	3	2	1	4

618. साँची के स्तूप का निर्माण किस शासक ने करवाया था ?
(a) बिम्बसार (b) कनिष्क
(c) पुष्यमित्र शुंग (d) अशोक

619. अशोक ने कलिंग पर कब आक्रमण किया ?
(a) 260 ई॰पू॰ में (b) 261 ई॰पू॰ में
(c) 261 ई॰पू॰ में (d) 273 ई॰पू॰ में

620. मौर्यकालीन लौकिक साहित्यिक स्रोतों में सर्वाधिक महत्वपूर्ण स्रोत कौन है ?

(*a*) पुराण
(*b*) विशाखदत्त का मुद्राराक्षस
(*c*) कौटिल्य का अर्थशास्त्र
(*d*) मेगस्थनीज की इण्डिका

621. मौर्य नरेश जो अपनी वृद्धावस्था में अपने सिंहासन का परित्याग कर जैन संत भद्रबाहु के साथ दक्षिण चला गया, वह था :
(*a*) चंद्रगुप्त मौर्य (*b*) बिन्दुसार
(*c*) दशरथ (*d*) सम्प्रति

622. यह किसने उल्लिखित किया हैं कि 'युवा चंद्रगुप्त' सिकन्दर से पंजाब में प्रत्यक्ष रूप से मिला था ?
(*a*) प्लूटार्क (*b*) जस्टिन
(*c*) मेगास्थनीज (*d*) एरियन

623. अशोक के किस स्तंभ लेख को उसके मूल स्थान से हटाकर दिल्ली लाया गया था ?
(*a*) मेरठ और टोपरा स्तंभ
(*b*) साँची और सारनाथ स्तंभ
(*c*) लुम्बिनी और रामपुरवा स्तंभ
(*d*) कौशाम्बी और लौरियानन्दनगढ़ स्तंभ

624. निम्नलिखित किस शिलालेख में पश्चिमी भारत में चंद्रगुप्त मौर्य की विजय का प्रमाण मिलता है ?
(*a*) रुद्रदामन के जूनागढ़ शिलालेख
(*b*) अशोक के गिरनार शिलालेख
(*c*) अशोक के सोपारा शिलालेख
(*d*) पृथक् (कलिंग) शिलालेख

625. दक्षिण भारत के निम्नलिखित में से किस क्षेत्र पर चंद्रगुप्त मौर्य ने विजय नहीं प्राप्त की थी ?
(*a*) कर्नाटक (*b*) महाराष्ट्र
(*c*) कलिंग (*d*) आन्ध्र

626. निम्नलिखित में से किस सम्प्रदाय में बिन्दुसार की धार्मिक रुचि थी :
(*a*) बौद्ध धर्म (*b*) जैन धर्म
(*c*) आजीविक (*d*) लोकायत

627. बिन्दुसार की मृत्यु के समय अशोक निम्नलिखित में से किस स्थान का वाइसराय था ?
(*a*) तक्षशिला (*b*) उज्जैन
(*c*) सौराष्ट्र (*d*) तोसाली

628. निम्नलिखित किस शिलालेख में अशोक के लिए 'मगध का प्रियदर्शी राजा' शब्दों का प्रयोग किया गया है ?
(*a*) कौशाम्बी का लघु शिलालेख
(*b*) मॉस्की शिलालेख
(*c*) भाब्रू शिलालेख
(*d*) सारनाथ स्तम्भ लेख

629. अशोक के धम्म के दो अत्यावश्यक घटक थे :
(*a*) कम पाप तथा अधिक कल्याणकारी कार्य करना।
(*b*) उदारता और अहिंसा।
(*c*) आत्मनियंत्रण और मन की शुद्धता।
(*d*) सभी प्राणियों के प्रति अक्षति एवं अहिंसा की भावना।

630. अशोक की धम्म नीति का मूल मंत्र क्या था ?
(*a*) आत्मनियंत्रण (*b*) दया
(*c*) दान (*d*) संयम

631. अशोक द्वारा नियुक्त धम्म महामात्रों को निम्नलिखित कौन-सा कार्य सौंपा गया था ?
(*a*) न्याय प्रशासन में अधिकारों के दुरुपयोग को रोकना।
(*b*) धम्म प्रचार के द्वारा समाज का नैतिक उत्थान
(*c*) राज्य के कल्याणकारी कार्यों का प्रबन्ध।
(*d*) उपर्युक्त सभी।

632. निम्नलिखित किस शिलालेख में अशोक ने यह आदेश दिया था कि जो कोई भी भिक्षु या भिक्षुणी संघ में विघटन का प्रयास करेगा उसे श्वेत वस्त्र पहनाकर संघ से वहिष्कृत कर दिया जाएगा ?
(*a*) सारनाथ शिलालेख
(*b*) कौशाम्बी शिलालेख
(*c*) साँची शिलालेख
(*d*) रानी की राजाज्ञा अभिलेख

633. अशोक के किस शिलालेख से युद्ध और हिंसा के कारण जनित उसके अन्तर्मन की व्यथा प्रकट होती है ?
(*a*) धौली और जौगढ़
(*b*) शाहबाजगढ़ी और सोपारा
(*c*) मॉस्की और भाब्रू
(*d*) मानसेहरा और गिरनार

634. किस मौर्य नरेश ने नागार्जुनी पहाड़ियों में गुहा अभिलेख उत्कीर्ण कराए तथा देवानामप्रिय की राजकीय उपाधि धारण की थी ?
(*a*) अशोक (*b*) दशरथ
(*c*) बिन्दुसार (*d*) वृहद्रथ

635. बिन्दुसार के शासनकाल में कहाँ पर विद्रोह हुआ था?
(*a*) उज्जयिनी (*b*) पुष्पकलावती
(*c*) तक्षशिला (*d*) राजगृह

636. किसके ग्रंथ में चंद्रगुप्त का विशिष्ट रूप से वर्णन हुआ है ?
(*a*) भास (*b*) विशाखदत्त
(*c*) अश्वघोष (*d*) भवभूति

637. खरोष्ठी लिपि की उत्पत्ति किससे हुई ?
(*a*) चित्रलिपि (*b*) कीलाक्षर लिपि
(*c*) अरमाइक (*d*) ब्राह्मी

638. निम्नलिखित में से कौन अशोक के विजित में थे?
1. योज 2. सतियपुत 3. गन्धार 4. भोज
नीचे दिए गए कूट से सही उत्तर का चयन कीजिए:
(*a*) 1, 2 एवं 3 (*b*) 1, 2 एवं 4
(*c*) 1, 3 एवं 4 (*d*) 2, 3 एवं 4

639. मौर्य काल में लक्षणाध्यक्ष कौन था ?
(*a*) पशुओं के लक्षणों का ज्ञान रखने वाला अधिकारी
(*b*) एक पेशेवर ज्योतिषी
(*c*) मार्च के संकेतों का प्रभारी कर्मचारी
(*d*) टकसाल का प्रभारी कर्मचारी

640. कहाँ से प्राप्त अपने अभिलेखों में अशोक का नाम उल्लेख है ?
(*a*) केवल मॉस्की एवं गुजर्रा।
(*b*) केवल धौली एवं रूपनाथ।
(*c*) निट्टूर, उदेगोलम, मॉस्की एवं गुजर्रा।
(*d*) कंधार, वैराट, एर्रागुडी एवं मास्की

641. निम्नलिखित में से कहाँ चंद्रगुप्त सभा (चंद्रगुप्त मौर्य की परिषद्) का उल्लेख है ?
(*a*) अर्थशास्त्र (*b*) मुद्राराक्षस
(*c*) महाभाष्य (*d*) परिशिष्टपर्वन

642. चम्म शब्द से अशोक का निम्नलिखित में से क्या अभिप्राय था ?
1. केवल अपने धर्म के प्रति दृढ़ भक्ति।
2. माता-पिता का सुश्रूषा।
3. जीवों के प्रति अहिंसा।
4. खर्च और बचत दोनों में मिताचार।
नीचे दिए गए कूटों से सही उत्तर का चयन कीजिए:
(*a*) केवल 1 (*b*) 1 एवं 3
(*c*) 2, 3 एवं 4 (*d*) 1, 2, 3 एवं 4

643. अशोक ने कहाँ चोल, पाण्ड्य, केरलपुत्र और सतियपुत्रों का अपनी पड़ोसी शक्तियों के रूप में उल्लेख किया है ?
(*a*) शिलालेख-II (*b*) शिलालेख-XIII
(*c*) स्तंभ लेख-VII (*d*) लघु शिलालेख

644. निम्नलिखित में से मौर्य दरबार में राजदूत के रूप में मेगस्थनीज के बाद कौन आया ?
(*a*) अलेक्जेण्डर (*b*) डायमेकस
(*c*) एथेनॉएस (*d*) निआर्कस

645. प्राचीन स्रोतों में से किसके साथ श्रमण का युग्म बनता है ?
(*a*) आजीवक (*b*) सौगत
(*c*) ब्राह्मण (*d*) निग्रंथ

646. निम्नलिखित में से कौन एक अर्थशास्त्र पर टीका है ?
(*a*) भुवनदेव-कृत अपराजितपृच्छा
(*b*) भोजदेव-कृत समरांगण सूत्रधार
(*c*) मेरुतुंग-कृत प्रबंधचिन्तामणि
(*d*) भट्टस्वामी-कृत प्रतिपदा-पंचिका

647. यद्यपि अशोक के अनेक पुत्र थे, अभिलेखों में केवल एक ही उल्लिखित है, जिसका किसी अन्य स्रोत में उल्लेख नहीं मिलता वह है :
(*a*) कृपाल (*b*) तीवर
(*c*) महेन्द्र (*d*) जालौक

648. अर्थशास्त्र में पुर-विन्यास से स्पष्टतया निर्दिष्ट होता है कि औद्योगिक और व्यापारिक वर्गों को :
(*a*) बिल्कुल ध्यान में नहीं रखा गया था।
(*b*) नगर में विशिष्ट आवास दिया गया था।
(*c*) नगर के बाहर स्थान दिया गया था।
(*d*) नगर के अन्दर और बाहर स्थान दिया गया था।

649. मौर्य सिक्कों के बारे में निम्नलिखित में से कौन से कथन सही हैं ?
1. वे रजत एवं ताम्र आहत सिक्के हैं।
2. वे चलाने वाले राजाओं के नामों को धारण करते हैं।
3. उन पर भिन्न-भिन्न चिन्ह समूह अंकित हैं।
(*a*) 1 एवं 2 (*b*) 2 एवं 3
(*c*) 1 एवं 3 (*d*) 1, 2 एवं 3

650. कौटिल्य द्वारा प्रयुक्त धर्मस्थीय शब्द का तात्पर्य था:
(*a*) शैक्षणिक संस्था (*b*) धार्मिक संस्था
(*c*) न्यायालय (*d*) राजस्व विभाग

651. समझा जाता है कि मौर्य स्तंभों के लिए पत्थर निम्नांकित

से प्राप्त किया जाता था :
(*a*) राजमहल पहाड़ियाँ (*b*) राजगृह
(*c*) चुनार (*d*) बराबर पहाड़ियाँ

652. अशोक के शासनकाल में कुमार निम्नांकित स्थानों में नियुक्त थे :
(*a*) तक्षशिला, तोसाली एवं उज्जयिनी।
(*b*) तक्षशिला, उज्जयिनी एवं जूनागढ़।
(*c*) तक्षशिला, तोसाली एवं सोपारा।
(*d*) उज्जयिनी, मथुरा एवं येर्रगुड़ी।

653. निम्नलिखित में से किनका अशोक के अभिलेखों में उल्लेख हुआ है ?
(*a*) चोल, चेर, पांड्य एवं पल्लव
(*b*) चोल, सवियपुत्र, चेर एवं पांड्य
(*c*) पांडय, सतियपुत्र, आंध्र एवं चेर
(*d*) चोल, पांड्य, भोज एवं आंध्र

654. मौर्य शासन-व्यवस्था में रूपदर्शक अधिकारी था :
(*a*) चाँदी तथा अन्य धातुओं का परीक्षक
(*b*) गणिकाओं का अध्यक्ष
(*c*) रंगमंच का प्रबन्धक
(*d*) सिक्कों का परीक्षक

655. निम्नलिखित अभिलेखों में से किसमें चन्द्रगुप्त मौर्य और अशोक दोनों के नाम का उल्लेख है ?
(*a*) शाहबाजगढ़ी शिलालेख
(*b*) मॉस्की लेख
(*c*) रुद्रदामन का जूनागढ़ अभिलेख
(*d*) स्कन्दगुप्त का जूनागढ़ अभिलेख

656. अशोक का समकालीन सीरिया का ग्रीक राजा, जिसका उसके अभिलेखों में उल्लेख मिलता है, था :
(*a*) एण्टयोकस द्वितीय थियॉस
(*b*) टालेमी द्वितीय
(*c*) एण्टीगोनस
(*d*) अलेक्जेंडर

657. मौर्य काल में दुर्भिक्ष काल में राहत कार्य के लिए कोष्ठागारों के अस्तित्व का प्रमाण निम्नांकित से ज्ञात हुआ है :
(*a*) गिरनार का शिलालेख-II
(*b*) स्तम्भ लेख-II
(*c*) सासाराम का लघु शिलालेख
(*d*) सोहगौरा पट्ट अभिलेख

658. निम्नलिखित में से किसने कहा था कि भारत में दास प्रथा नहीं है :
(*a*) स्ट्रेबो (*b*) मेगस्थनीज
(*c*) फाह्यान (*d*) ह्वेनसांग

659. चाणक्य के अर्थशास्त्र के अनुसार सेना में किस वर्ण के लोग सम्मिलित होने चाहिए।
(*a*) क्षत्रिय
(*b*) क्षत्रिय और शूद्र
(*c*) क्षत्रिय, शूद्र और वैश्य
(*d*) क्षत्रिय, शूद्र, वैश्य और ब्राह्मण

660. निम्नलिखित राजाओं तथा इनके समकालीन प्रान्तपतियों को सुमेल कीजिए :
1. पुष्यगुप्त (*a*) रुद्रदामन
B. तुषास्य (*b*) चन्द्रगुप्त मौर्य
C. पर्णदत्त (*c*) अशोक
D. सुविशाख (*d*) स्कन्दगुप्त
(*a*) 3*b*, 2*c*, 3*a*, 4*d*
(*b*) 2*c*, 2*b*, 3*a*, 4*d*
(*c*) 1*a*, 2*b*, 3*c*, 4*d*
(*d*) 1*b*, 2*c*, 3*d*, 4*a*

661. मौर्यों के पश्चात् भारत की उत्तर-पश्चिमी सीमा पर किसका अधिकार था ?
(*a*) वैक्ट्रीयन ग्रीक (*b*) कुषाण
(*c*) शक (*d*) हूण

662. अशोक के अभिलेखों में अनेक विदेशी राजाओं का उल्लेख है। उन राजाओं को उनके देश के आधार पर सुमेलित कीजिए :
राज्य **राजा**
1. सीरिया (*a*) टालमी-II
B. मिस्र (*b*) अंतेकिन
C. मेसोडोनिया (*c*) एण्टीगोनस
D. कोरिन्थ (*d*) तुरमाय
(*a*) 1*a*, 2*b*, 3*c*, 4*d*
(*b*) 2*d*, 2*a*, 3*b*, 4*c*
(*c*) 1*a*, 2*c*, 3*d*, 4*b*
(*d*) 4*b* 2*c* 3*d* 4*a*

663. सम्राट अशोक का नाम किस शिलालेख में प्राप्त होता है ?
(*a*) मास्की का लघु शिलालेख
(*b*) जौगढ़
(*c*) दिल्ली टोपरा
(*d*) लौरिया अरराज

664. चंद्रगुप्त मौर्य का गुरु कौन था ?

(a) भद्रबाहु (b) अश्वघोष
(c) मागगलिपुत्ततिस्य (d) कल्पायन

665. तृतीय बौद्ध संगीति किसके काल में हुई ?
(a) कनिष्क (b) अजातशत्रु
(c) उदयिन (d) अशोक

666. निम्न में से मौर्य काल का मुख्यत: कौन–सा भूमिकर था ?
(a) भाग (b) बलि
(c) भुक्ति (d) उद्रंग

667. मौर्य प्रशासन में सन्निधाता किससे संबंधित था ?
(a) कोष की देखभाल करता था।
(b) सेना का प्रधान होता था।
(c) कर को प्राप्त करता था।
(d) राजा के खजाने की देखरेख करता था।

668. अशोककालीन अभिलेख किस भाषा में थे ?
(a) ब्राह्मी, खरोष्ठी
(b) ब्राह्मी, खरोष्ठी, यूनानी
(c) ब्राह्मी
(d) ब्राह्मी, आरमेईक, खरोष्ठी

669. मौर्य सम्राज्य के पतन का मुख्य कारण क्या था ?
(a) अशोक का धम्म।
(b) सेना में कमी कर देना।
(c) अशोक के बाद के राजाओं का निर्बल होना।
(d) केन्द्रीय प्रशासन।

670. अशोक के किस अभिलेख से यह स्पष्ट होता है कि उसने अपने समकालीन शासकों के साथ मैत्री संबंध बनाये थे ?
(a) 13वें शिलालेख से।
(b) शाहबाजगढ़ी अभिलेख से।
(c) सोपारा अभिलेख से।
(d) ब्रह्मगिरि अभिलेख से।

671. कौटिल्य के अनुसार निम्न में से कौन–सा कथन असत्य है :
(a) राजा सर्वशक्तिशाली है।
(b) राजा को शक्तिशाली सेना रखनी चाहिए।
(c) राजा को अपनी सहायता के लिए मंत्री नहीं रखना चाहिए।
(d) जासूसी के लिए राजा को बहुतायत में जासूस रखने चाहिए।

672. चंद्रगुप्त मौर्य ने अपने अन्तिम दिन कहाँ बिताए?
(a) गिरिनार (b) पाटलिपुत्र
(c) तक्षशिला (d) श्रवणबेलगोला

673. भूमि छिद्र न्याय क्या है ?
(a) भूमि को बेच देना।
(b) भूमि को हस्तान्तरित कर देना।
(c) भूमि को पट्टे पर देना।
(d) भूमि को सबसे पहले जोतने वाले का अधिकार।

674. निम्नलिखित क्लासिकल लेखकों में से किसने कहा था कि चंद्रगुप्त मौर्य ने छ : लाख सैनिकों की सहायता से सम्पूर्ण भारत को रौंद डाला ?
(a) प्लिनी (b) हेरोडोटस
(c) प्लूटार्क (d) टॉलेमी

675. किसके अनुसार मौर्यो के शासनकाल में जहाजरानी पर राज्य का एकधिकारी था ?
(a) कौटिल्य (b) टालेमी
(c) एरियन (d) प्लिनी

676. निम्नलिखित में से किस अभिलेख में अशोक ने कहा है ''सभी मनुष्य मेरी सन्तान हैं'' ?
(a) 5वाँ शिलालेख
(b) छठा स्तम्भलेख
(c) प्रथम पृथक् शिलालेख
(d) द्वितीय पृथक् शिलालेख

677. निम्नलिखित में से कौन जिला एवं गाँव के बीच के स्तर से कर वसूलने के लिए जिम्मेदार होता था?
(a) गोप (b) पुलिस
(c) स्थानिक (d) प्रतिवेदक

678. कौटिल्य के अर्थशास्त्र के अनुसार सिक्के ढालने का कार्य किसका था ?
(a) लोहाध्यक्ष (b) लक्षणाध्यक्ष
(c) रूपदर्शक (d) सुवर्णाध्यक्ष

679. मौर्य सम्राज्य सात वर्गों में विभाजित था, इसका उल्लेख है :
(a) कौटिल्य के अर्थशास्त्र में।
(b) अशोक के अभिलेख में।
(c) पुराणों में।
(d) मेगस्थनीज की इण्डिका।

680. निम्नलिखित शासकों में से किसने सौराष्ट्र में सर्वप्रथम सुदर्शन तड़ाग का निर्माण कराया था ?
(a) चन्द्रगुप्त मौर्य (b) अशोक
(c) रुद्रदामन (d) स्कन्दगुप्त

681. गुप्तचर व्यवस्था का प्रथम विस्तृत वर्णन किसमें हुआ

है ?

(a) अर्थशास्त्र (b) कामन्दकीय नीतिसार
(c) मुद्राराक्षस (d) नीतिवाक्यामृत

682. निम्नलिखित में से किस स्थान पर अशोक ने भूमिकर घटाकर 1/8वाँ भाग कर दिया था ?

(a) बोधगया (b) लुम्बिनी
(c) पाटलिपुत्र (d) सारनाथ

683. प्राचीन भारत में तौल की सबसे छोटी इकाई कौन- सी थी ?

(a) कर्ष (b) माष
(c) पल (d) रत्तिका

684. अपने अभिलेख के किस वर्ष में अशोक ने कलिंग विजय की ?

(a) चौथे वर्ष (b) आठवें वर्ष
(c) दसवें वर्ष (d) बीसवें वर्ष

685. चन्द्रगुप्त मौर्य के शासनकाल में सौराष्ट्र का प्रान्तीय शासक कौन था ?

(a) बिन्दुसार (b) पुष्यगुप्त
(c) तुषास्फ (d) राधागुप्त

686. कौटिल्य के अर्थशास्त्र में निम्नोक्त में से किस अधिकारी को कर वसूल का कार्य सौंपा गया था?

(a) समाहर्ता (b) सन्निधाता
(c) संचयक (d) संचारी

687. अशोक ने समकालीन शासकों से मैत्रीपूर्ण संबंध बनाये रखा, इसका उल्लेख है :

(a) लघु शिलालेख-I में।
(b) स्तम्भलेख-VII में।
(c) वैराट अभिलेख में।
(d) त्रयोदश शिलालेख में।

688. निम्नलिखित अभिलेखों में से किससे ज्ञात होता है कि राज्यकोष्ठागारों द्वारा अकाल के समय पीड़ित जनों को अनाज का वितरण किया जाता था ?

(a) अशोक का लुम्बिनी अभिलेख।
(b) खारवेल का हाथीगुम्फा अभिलेख।
(c) रुद्रदामन का जूनागढ़ अभिलेख।
(d) सोहगौरा का ताम्रपत्र अभिलेख।

689. निम्नलिखित कथनों पर विचार कीजिये :

वक्तव्य (A) : मौर्य साम्राज्य का पतन अशोक के बाद प्रारम्भ हो गया।

तर्क (R) : अशोक ने धम्मविजय की नीति का अनुसरण किया और अपनी सेना विघटित कर दी। अब निम्नलिखित संकेतों में से सही उत्तर चुनिये :

(a) (A) तथा (R) दोनों सही हैं और (R) (A) की सही व्याख्या है।
(b) (A) तथा (R) दोनों सही है किन्तु (R) (A) की सही व्याख्या नहीं है।
(c) (A) सही है, किन्तु (R) गलत है।
(d) (R) सही है, किन्तु (A) गलत है।

690. निम्नलिखित में से सबसे लम्बा व्यापारिक मार्ग कौन-सा था ?

(a) श्रावस्ती से राजगृह तक
(b) श्रावस्ती से प्रतिष्ठान तक
(c) तक्षशिला से पाटलिपुत्र तक
(d) कौशाम्बी से ताम्रलिप्ति तक

691. निम्न वक्तव्यों पर विचार कीजिए :

कथन : अशोक ने कलिंग युद्ध विजय को छोड़कर धम्म विजय को स्वीकार कर लिया।

कारण : वह कलिंग युद्ध से मर्माहत हो गया।

(a) कथन एवं कारण दोनों सत्य हैं, तथा कारण कथन की व्याख्या करता है।
(b) कथन एवं कारण दोनों सत्य हैं, किन्तु कारण कथन की व्याख्या नहीं करता।
(c) कथन सत्य एवं कारण गलत है।
(d) कथन एवं कारण दोनों असत्य हैं।

692. प्राचीन भारत में सबसे लम्बा व्यापारिक मार्ग था :

(a) तक्षशिला से ताम्रलिप्ति
(b) तक्षशिला से उज्जैन
(c) मृगकच्छ से ताम्रलिप्ति
(d) तक्षशिला से मथुरा

693. मौर्य काल में 'सीताध्यक्ष' निम्नलिखित में से किससे संबंधित था :

(a) व्यापार (b) खदान
(c) पशुपालन (d) कृषि

694. किस इतिहासकार ने सेन्ट्रोकोट्टस का समीकरण चंद्रगुप्त मौर्य से स्थापित किया है ?

(a) सर विलियम जोन्स
(b) प्लूटार्क
(c) विलकिन्स
(d) जस्टिन

695. कार्षापण के सिक्के जारी किये जाते थे :

(i) शीशे में (ii) ताम्र में (iii) रजत में (iv) स्वर्ण में

निम्न कूटों में से अपना उत्तर चुनिए :

(a) (i) (ii) (b) (ii), (iii), (iv)
(c) (i) (d) उपर्युक्त सभी

696. निम्न कथनों पर विचार कीजिए :

कथन (S) : अशोक स्वयं को देवानामप्रिय कहता है।

कारण (R): अशोक ने भारत में कभी भी संगठित सबसे बड़े साम्राज्य पर शासन किया।

निम्न संकेत सूची के अनुसार अपना उत्तर चुनिए :

(a) S तथा R दोनों सही है, और R, S की समुचित व्याख्या है।
(b) R सही है, किन्तु S गलत है।
(c) S तथा R दोनों सही है, किन्तु R, S की समुचित व्याख्या नहीं है।
(d) S सही है, किन्तु R गलत है।

697. कौटिल्य के अर्थशास्त्र के अनुसार दीवानी कचहरी को कहा जाता था :

(a) प्रदेष्टा (b) धर्मस्थीय
(c) कण्टकशोधन (d) दण्डाधिकारी

698. मौर्य साम्राज्य की पश्चिमी सीमा था :

(a) अफगानिस्तान तक (b) रावी नदी तक
(c) पंजाब तक (d) सिंधु नदी तक

699. किसने कहा कि राजा को मंत्रियों से परामर्श लेना चाहिए, अकेला पहिया नहीं चल सकता ?

(a) कामन्दक (b) कौटिल्य
(c) नारद (d) मेघातिथि

700. प्रान्तीय प्रशासन का सर्वप्रथम उल्लेख कहाँ मिलता है ?

(a) सिंधु घाटी (b) वैदिक काल
(c) मौर्य काल (d) गुप्त काल

701. अर्थशास्त्र के अनुसार मौर्य सेना में निम्न में कौन वर्ग शामिल था ?

(a) ब्राह्मण
(b) क्षत्रिय
(c) क्षत्रिय, वैश्य, शूद्र
(d) ब्राह्मण, क्षत्रिय, वैश्य, शूद्र

702. भारत का इतिहास लिखने वाला प्रथम विदेशी इतिहासकार किसे कहा जाता है ?

(a) मेगस्थनीज (b) फाह्यान
(c) ह्वेनसांग (d) अलबरूनी

703. मौर्य शासन के बारे में एक गलत कथन बतायें :

(a) शैव धर्म राजकीय धर्म बन गया।
(b) भारत का इजिप्ट और सीरिया के साथ संबंध था।
(c) दास प्रथा काफी प्रचलित थी।
(d) विदेशी सोना भारत में आया।

704. 'राजुक' कौन थे ?

(a) चोल राज्य में व्यापारी
(b) मौर्य शासन में अधिकारी
(c) गुप्त साम्राज्य में सामंत वर्ग
(d) शक सेना में सैनिक

705. कार्षापण किसलिए प्रयोग किया जाता था ?

(a) वस्तुएँ खरीदने के लिए।
(b) सामान तौलने के लिए।
(c) भूमि नापने के लिए।
(d) नियम बनाने के लिए।

706. मौर्य काल की क्या विशेषता थी ?

(a) सोना का आयात (b) सरकारी बाजार नियंत्रण
(c) मुद्रा का अप्रचलन (d) मुद्रा का प्रचलन

707. धौली अभिलेख किसके शासन से संबंधित है ?

(a) अशोक (b) कनिष्क
(c) हर्ष (d) समुद्रगुप्त

708. अशोक ने किस नये पद का सृजन किया ?

(a) युत्क (b) कुमार
(c) सन्निधाता (d) धम्म महामात्र

709. अशोक को किसने बौद्ध धर्म की दीक्षा दी थी ?

(a) तथागुप्त (b) महेन्द्र
(c) उपगुप्त (d) भद्रबाहु

710. सबसे पहले भारत कौन आया ?

(a) मेगास्थनीज (b) इब्नबतूता
(c) फाह्यान (d) मार्कोपोलो

711. चंद्रगुप्त मौर्य की तिथि की जानकारी कहाँ से प्राप्त होती है ?

(a) यूनानी स्रोत (b) जैन साहित्य
(c) इण्डिका (d) बौद्ध ग्रंथ

712. पंचमार्क सिक्कों के चिन्हों की विशद व्याख्या निम्नांकित ने की है :

(a) डी. डी. कौशाम्बी (b) रोमिला थापर

(c) रेपसन (d) बी. डी. चट्टोपाध्याय

713. निम्नलिखित में से कौन अशोक का पुत्र नहीं था?
(a) तीवर। (b) कुणाल या धर्मविवर्धन
(c) जालौक (d) सुमन या सुसीम

714. अशोक का इलाहाबाद का सुप्रसिद्ध स्तम्भ जो कि मूलत: कौशाम्बी में था, सम्भवत : किसके द्वारा स्थानान्तरित करके इलाहाबाद लाया गया ?
(a) समुद्रगुप्त (b) हर्षवर्धन
(c) अकबर (d) जहाँगीर

715. अशोककालीन स्तंभों के निर्माण के लिए लाल बलुए पत्थर को कहाँ से खोदा गया था ?
(a) तक्षशिला
(b) चुनार
(c) अरावली की पहाड़ियों
(d) उपयुक्त (b) और (c) दोनों।

716. सारनाथ से प्राप्त अशोक के स्तंभ पर कौन-सा पशु उत्कीर्णित नहीं है ?
(a) कुकुद्वान (कूबड़वाला) वृष
(b) हिरण
(c) हाथी
(d) अश्व

717. मौर्य काल में शिक्षा का सर्वाधिक प्रसिद्ध केन्द्र था:
(a) तक्षशिला (b) उज्जैनी
(c) नालन्दा (d) वल्लभी

718. मौर्यकाल में राजकीय भवन मुख्यतया किस वस्तु से निर्मित किए जाते थे ?
(a) पकी हुई ईंटों (b) लकड़ी
(c) मिट्टी एवं चूना (d) प्रस्तर

719. भारतीय सेना के परम्परागत चार अंगों में से कौन-सा मौर्य सेना का एक अंग नहीं था ?
(a) नौसेना (b) हस्तिसेना
(c) अश्वारोही सेना (d) रथ

720. मौर्योत्तर काल में 'बप्पिालन जिगर' का तात्पर्य था?
(a) विदेशी व्यापारियों का समूह
(b) ब्राह्मण व्यापारियों का समूह
(c) भद्र व्यापारियों का समूह
(d) क्षत्रिय व्यापारियों का समूह

721. कण्व वंश का संस्थापक कौन था ?
(a) वसुदेव (b) भूमिमित्र
(c) सुशर्मा (d) नारायण

722. सातवाहन वंश का संस्थापक कौन था ?
(a) शातकर्णी (b) पुलुमावी
(c) सिमुक (d) गौतमीपुत्र शातकर्णी

723. पुराणों के अनुसार आंध्र-सातवाहन वंश ने लगभग कितने वर्षों तक शासन किया ?
(a) 200 वर्षों तक (b) 300 वर्षों तक
(c) 100 वर्षों तक (d) 150 वर्षों तक

724. सातवाहनों ने आरम्भिक दिनों में अपना शासन कहाँ शुरू किया ?
(a) महाराष्ट्र (b) सौराष्ट्र
(c) प्रतिष्ठान (d) आंध्र प्रदेश

725. वाशिष्ठीपुत्र पुलुमावी ने द्वितीय सदी के मध्य में सातवाहन राज्य की राजधानी किसे बनाया ?
(a) औरंगाबाद (b) प्रतिष्ठान
(c) मदुरा (d) उपर्युक्त में कोई नहीं

726. किस अभिलेख से ज्ञात होता है, कि कलिंग नरेश खारवेल ने सातवाहन नरेश शातकर्णी प्रथम को परास्त किया ?
(a) हाथीगुम्फा (b) जूनागढ़
(c) नानाघाट (d) नासिक

727. भूमिदान का प्रथम उल्लेख कहाँ मिलता है ?
(a) मौर्यों के समय में
(b) शुंगों के समय में
(c) सातवाहनों के समय में
(d) गुप्तों के समय में

728. किस सातवाहन नरेश ने 'गाथासप्तशती' नामक महत्वपूर्ण कृति की रचना की ?
(a) गौतमीपुत्र शातकर्णी (b) वाशिष्ठीपुत्र पुलुमावी
(c) हाल (d) सिमुक

729. सातवाहनों के समय में सर्वाधिक सिक्के किस धातु के बने ?
(a) सीसा (b) पोटीन
(c) ताँबा (d) स्वर्ण

730. सातवाहन शासक वाशिष्ठीपुत्र पुलुमावी, जिसका विवाह शक महाक्षत्रप रुद्रदामन की पुत्री से हुआ, ने कौन-सी उपाधि धारण की ?
(a) वेणकटकस्वामी
(b) दक्षिणापथेश्वर
(c) सातवाहनकुलपतिथापनकरस
(d) उपर्युक्त सभी

731. अशोक द्वारा निर्मित साँची के स्तूप का आकार किस वंश के शासकों ने दुगुना कराया ?

(a) सातवाहन (b) कण्व
(c) शुंग (d) कुषाण

732. सातवाहन शासकों की राजकीय भाषा क्या थी?

(a) पालि (b) प्राकृत
(c) संस्कृत (d) उपर्युक्त में कोई नहीं

733. सूची-I को सूची-II को सुमेलित कीजिएँ।

सूची-I	*सूची-II*
A. मिनान्डर	(1) शक
B. रुद्रदामन प्रथम	(2) ग्रीक
C. गोन्दोफर्नस	(3) पार्थियाई
D. कुजुल कडफिसस	(4) कुषाण

	A	B	C	D
(a)	1	2	3	4
(b)	2	1	3	4
(c)	4	3	2	1
(d)	2	3	1	4

734. भारत में किस वंश के शासकों ने सर्वप्रथम सोने के सिक्के जारी किए ?

(a) पार्थियन (b) कुषाण
(c) शक (d) हिन्द-यवन

735. सूची-I को सूची-II से सुमेलित कीजिए :

सूची-I	*सूची-II*
A. ज्योग्राफिया	(1) प्लूटार्क
B. नेचुरल हिस्टोरिका	(2) अज्ञात लेखक
C. पेरिप्लस ऑफ दि एरिथ्रीयन सी	(3) स्ट्रैबो
D. पैरेलल लाइन	(4) प्लिनी
E. बबिलियोथिका हिस्टोरिका	(5) डायोडोरस

	A	B	C	D	E
(a)	3	4	2	1	5
(b)	3	2	4	1	5
(c)	1	2	3	4	5
(d)	5	4	3	2	1

736. सर्वप्रथम भारत में विशुद्ध संस्कृत भाषा में लंबा अभिलेख किस राजा द्वारा जारी किया गया ?

(a) यवन राजा मिनाण्डर द्वारा
(b) शक राजा रुद्रदामन द्वारा
(c) पहलव राजा गोन्दोफर्नस द्वारा
(d) कुषाण राजा कनिष्क द्वारा

737. किस राजा के शासनकाल में ईसाई धर्म-प्रचारक 'सेंट थॉमस' भारत आया ?

(a) मिनाण्डर (b) रुद्रदामन
(c) गोन्दोफर्नस (d) कनिष्क

738. निम्न को काल क्रमानुसार सजाइए :

1. पल्लव 2. हिन्द-यवन 3. कुषाण 4. शक या पार्थियाई।

(a) 1, 2, 3, 4 (b) 2, 4, 1, 3
(c) 2, 4, 3, 1 (d) 1, 3, 2, 4

739. किस कुषाण शासक ने सर्वाधिक स्वर्ण मुद्रायें जारी कीं ?

(a) कडफिसस प्रथम (b) कडफिसस द्वितीय
(c) कनिष्क (d) विमकडफिसस

740. किस वंश के शासकों ने 'क्षत्रप प्रणाली' का प्रयोग किया ?

(a) कुषाणों ने (b) हिन्द-यवनों ने
(c) ईरानियों ने (d) शकों ने

741. निम्न में से किसने सर्वप्रथम दक्षिण में अपनी सत्ता की स्थापना की ?

(a) वाकटकों ने (b) चालुक्यों ने
(c) सातवाहनों ने (d) चोलों ने

742. काव्य-शैली में लिखा गया प्रथम अभिलेख किसका है ?

(a) अशोक का गिरनार अभिलेख।
(b) रुद्रदामन का जूनागढ़ अभिलेख।
(c) रुद्रदामन का काठियावाड़ अभिलेख।
(d) अशोक का लौरियानन्दनगढ़ अभिलेख।

743. हेलियोडोरस नाम यवन राजदूत, जिसने वेसनगर में गरुड़ध्वज की स्थापना की, किस यवन शासक द्वारा भेजा गया था ?

(a) मिनाण्डर (b) एण्टियाल किडास
(c) डियोडोरस (d) डेमेट्रियस

744. प्रसिद्ध रेशम मार्ग पर किस वंश के शासकों का अधिकार था ?

(a) मौर्यों का (b) शकों का
(c) कुषाणों का (d) गुप्तों का

745. सर्वप्रथम रोम के साथ किन लोगों का व्यापार प्रारम्भ हुआ ?

(a) कुषाणों का (b) तमिल एवं चेरों का
(c) वाकाटकों का (d) शकों का

746. किस शासक ने शकों का उन्मूलन कर विजय के

उपलक्ष्य में सर्वप्रथम चाँदी के सिक्के जारी किए?
(*a*) गोन्दोफर्निस (*b*) मिनान्डर
(*c*) चंद्रगुप्त विक्रमादित्य (*d*) कनिष्क

747. सोने के सिक्के सर्वाधिक किसने जारी किये ?
(*a*) गुप्तों ने (*b*) हिन्द-यवनों ने
(*c*) कुषाणों ने (*d*) शुंगों ने

748. भारत में कुषाणकालीन मूर्तियों का सबसे बड़ा संग्रहालय निम्न में से कहाँ पर है ?
(*a*) कोलकाता (*b*) दिल्ली
(*c*) मुम्बई (*d*) मथुरा

749. प्राचीन भारत में सर्वप्रथम किस वंश के शासकों ने द्वैध शासन प्रणाली की शुरुआत की ?
(*a*) शकों ने (*b*) मौर्यों ने
(*c*) गुप्तों ने (*d*) कुषाणों ने

750. कुषाणों के समय में विकसित मथुरा एवं गांधार कला-शैली में किस शैली के अंतर्गत बुद्ध की सर्वाधिक मूर्तियों का निर्माण किया गया है ?
(*a*) गांधार कला (*b*) मथुरा कला
(*c*) उपर्युक्त दोनों (*d*) उपर्युक्त में से कोई नहीं

751. प्राचीन भारतीय व्यापार एवं वाणिज्य के विकास एवं विस्तार में निम्नलिखित में से किसका सर्वाधिक योगदान रहा ?
(*a*) मौर्य वंश
(*b*) हिन्द-यूनानी, शक, कुषाण आदि वंशों का
(*c*) शुंग
(*d*) साम्राज्यवादी गुप्त सम्राटों का

752. मौर्य एवं मौर्योत्तर युग में पश्चिम भारत में व्यापार का सबसे महत्वपूर्ण व्यापारिक केन्द्र कौन था ?
(*a*) भरुकच्छ (*b*) सुर्पारक
(*c*) कल्याण (*d*) चोल

753. भारत से रोमन साम्राज्य को निर्यात की जाने वाली मुख्य वस्तुएँ थीं :
(*a*) कृषि से संबंधित उत्पाद
(*b*) उद्योगों के लिए कच्चा माल
(*c*) विलासितापूर्ण वस्तुएँ
(*d*) पूँजीगत माल

754. अपने निर्यात के बदले भारत रोमन साम्राज्य से किस वस्तु का आयात नहीं करता था ?
(*a*) मदिरा (*b*) टिन और सीसा
(*c*) लोहा (*d*) लिनन वस्त्र

755. निम्नलिखित में किस स्थान से महान राजमार्ग की शाखा भरुकच्छ (भड़ौच) बंदरगाह की ओर जाती थी:
(*a*) कौशाम्बी (*b*) वाराणसी
(*c*) मथुरा (*d*) तक्षशिला

756. निम्नलिखित में से कौन-सा बंदरगाह सिंधु नदी के मुहाने पर स्थित था ?
(*a*) ताम्रलिप्ति (*b*) बैरीगाजा
(*c*) बारबैरिकम (*d*) मुजिरिस

757. 'पेरिप्लस मैरिस एरिथ्रियन सी' के लेखक को पादौक के रूप में ज्ञात बन्दरगाह कौन था ?
(*a*) अरिकमेडु (*b*) ताम्रलिप्ति
(*c*) कोकाई (*d*) बारबैरिकम

758. ईसा की प्रारंभिक शताब्दियों में भारतीय और पश्चिमी व्यापारियों का सबसे बड़ा व्यापारिक संगम-स्थल कौन था ?
(*a*) देडेसिया
(*b*) एलेक्जेंड्रिया या सिकन्दरिया
(*c*) तक्षशिला
(*d*) पालमायरा

759. भारत में हिन्द-यूनानी शासन की स्थापना से पूर्व सिक्कों का प्रसारण किसके द्वारा किया जाता था?
(*a*) शासकों (*b*) व्यक्तिगत व्यापारियों
(*c*) व्यापारिक निगमों (*d*) उपर्युक्त सभी

760. सर्वाधिक संख्या में रोमन सिक्के कहाँ से पाए गए हैं ?
(*a*) केरल
(*b*) तमिलनाडु
(*c*) उपर्युक्त (*a*) एवं (*b*)
(*d*) पश्चिमी बंगाल

761. वह कौन प्रथम भारतीय शासक था, जिसने रोमन मुद्रा प्रणाली के अनुरूप अपने सिक्कों का प्रसारण किया ?
(*a*) शुंग (*b*) हिन्द-यूनानी
(*c*) कुषाण (*d*) गुप्तवंश

762. उत्तर भारत का किस नगर को सर्वोत्तम रेशम उत्पादन केन्द्र माना जाता था ?
(*a*) तक्षशिला (*b*) पाटलिपुत्र
(*c*) कौशाम्बी (*d*) वाराणसी

763. एक प्राचीन भारतीय राजवंश के शासकों ने उनके

साम्राज्य में निवास करने वाले विभिन्न धर्मों के लोगों द्वरा पूजित 35 देवी-देवताओं की आकृतियों को अपने सिक्के पर अंकित कराया। उक्त राजवंश था :

(*a*) मौर्य (*b*) शक
(*c*) कुषाण (*d*) गुप्त

764. भारत और पश्चिम एशिया के मध्य मुख्यत : स्थल मार्ग कहाँ से गुजरता था ?

(*a*) खैबर दर्रा और काबुल
(*b*) खैबर और बोलन दर्रा
(*c*) तक्षशिला, पेशावर और काबुल
(*d*) काबुल और बामियान

765. मौर्योत्तर काल में पश्चिम भारत में व्यापार का सबसे महत्वपूर्ण केन्द्र कौन था ?

(*a*) सुपरिक (*b*) कल्याण
(*c*) चोल (*d*) भरुकच्छ

766. 'सिन्ध-सौवीर' प्राचीन भारत में किसलिए प्रसिद्ध था ?

(*a*) उत्तम तलवारों एवं कटारों के उत्पादन
(*b*) घोड़ों एवं खच्चरों के व्यापार
(*c*) ऊनी वस्त्र उद्योग
(*d*) चमड़े की वस्तुओं के उत्पादन

767. पतंजली के अनुसार मथुरा वस्त्र उद्योग का मुख्य केन्द्र था, कपड़े की निम्नलिखित कौन-सी किस्म वहाँ उत्पादित होती थी ?

(*a*) दुकूल (*b*) सटक
(*c*) क्षौम (*d*) चीनांसुक

768. जिस राजा ने कलिंग में नहर खुदवाई, वह था :

(*a*) हर्यक वंश का (*b*) शैशुनाग राजवंश का
(*c*) नन्द राजवंश का (*d*) मौर्य राजवंश का

769. लेखयुक्त और रूपचित्रांतिक सिक्के सर्वप्रथम भारत में जारी किए गये थे :

(*a*) शुंगों द्वारा (*b*) शकों द्वारा
(*c*) हिन्द-यूनानियों द्वारा (*d*) सातवाहनों द्वारा

770. निम्नलिखित में से किस एक क्षेत्र में रोमन सिक्कों का अत्यधिक संख्या में पता चला है ?

(*a*) पूर्वी भारत (*b*) उत्तर-पश्चिमी भारत
(*c*) दक्षिण भारत (*d*) पश्चिमी भारत

771. जिन मानसून हवाओं के कारण प्रारंभिक ईस्वी शताब्दियों में भारत का पश्चिमी जगत के साथ व्यापार सुकर हुआ विश्वास किया जाता है कि उनका पता लगाया था :

(*a*) हिप्पलस ने (*b*) टॉलेमी ने
(*c*) प्लिनी ने (*d*) स्ट्राबो ने

772. निम्नलिखित में से कौन पाशुपत मत का व्याख्याता था?

(*a*) कपिलेश्वर (*b*) कुषिक
(*c*) लकुलिश (*d*) पराशर

773. भागवत धर्म में वासुदेव के अतिरिक्त सर्वाधिक महत्वपूर्ण देवता था :

(*a*) बलराम (*b*) साम्ब
(*c*) प्रद्युम्न (*d*) अनिरुद्ध

774. सूची-I तथा सूची-II को सुमेलित कीजिए तथा सूचियों के नीचे दिए कूट का प्रयोग कर सही उत्तर चुनिए :

सूची-I	*सूची-II*
A. साँची स्तूप	(1) कनिष्क
B. पुरुषपुर का पैगोडा	(2) खारवेल
C. हाथीगुम्फा अभिलेख	(3) अशोक
D. शिनकोट अभिलेख	(4) मिनाण्डर
	(5) एंटिआल्किडस

	A	B	C	D
(*a*)	3	2	4	1
(*b*)	3	1	2	4
(*c*)	4	1	5	2
(*d*)	5	3	2	4

775. 'द पेरिप्लस ऑफ एरिथ्रियन सी' का जो ईसा की प्रारंभिक शताब्दियों में भारत के व्यापार पर प्रकाश डालती है, लेखक था :

(*a*) टॉलमी (*b*) अज्ञात
(*c*) प्लिनी (*d*) स्ट्रोबो

776. महाभारत के सर्वप्रथम तमिल में अनुवादक थे :

(*a*) पेरुनदेवनार (*b*) कम्बन
(*c*) सुन्दर मूर्ति (*d*) भारवि

777. निम्नलिखित में से भागवत धर्म का सबसे पहला ज्ञात यूनानो अनुगामी था :

(*a*) डेमेट्रियस (*b*) एन्टिअलकिडस
(*c*) हिलियोदोरस (*d*) मेनान्डर

778. भागवत धर्म का उदगम स्थल निम्न में से किसे माना जाता है ?

(*a*) मथुरा (*b*) गांधार
(*c*) हरिद्वार (*d*) वाराणसी

779. उत्तर-पश्चिम में किस स्थान से सड़कें भारत के बाहर विभिन्न देशों की ओर गई थीं ?

(*a*) तक्षशिला (*b*) शाकल

(c) काबुल (d) कन्धार

780. निम्नलिखित में से कौन-सी हस्तशिल्प श्रेणी महत्वपूर्ण नहीं थी :
(a) कुम्भकार (b) प्रस्तर शिल्पकार
(c) धातुकर्मी (d) काष्ठकर्मी (बढ़ई)

781. कार्षापण सिक्कों को किस धातु में ढाला जाता था?
(a) स्वर्ण एवं चाँदी (b) ताँबा
(c) सीसा (d) चाँदी एवं सीसा

782. निम्नलिखित में से कौन-से सिक्के चाँदी में ढालकर प्रसारित किए गए ?
(a) निष्क (b) पाल
(c) शतमान (d) काकिणी

783. वह कौन प्रथम भारतीय शासक था, जिसने रोमन मुद्रा प्रणाली के अनुरूप अपने सिक्कों का प्रसारण किया?
(a) शुंग (b) हिन्द-यूनानी
(c) कुषाण (d) शक

784. मिलिन्दपन्हो का रचनाकार है :
(a) अश्वघोष (b) नागसेन
(c) नागार्जुन (d) वाण

785. लेखवाले सिक्के (मुद्रा लेख) तथा स्वर्ण सिक्के सर्वप्रथम प्रचलित किए थे :
(a) पल्लवों ने (b) शकों ने
(c) कुषाण शासकों ने (d) इण्डो-ग्रीक शासकों ने

786. भारत में शक शासक अपने को क्या कहते थे?
(a) क्षत्रप (b) राजा
(c) महाराजाधिराज (d) देव

787. सबसे पहला विशुद्ध संस्कृत भाषा में लम्बा अभिलेख (जूनागढ़ अभिलेख) किसने जारी किया था ?
(a) कनिष्क ने (b) रुद्रदामन ने
(c) गोन्दोफर्निस ने (d) मिथ्रेडेटस प्रथम ने

788. पल्लव वंश का सर्वाधिक शक्तिशाली शासक था:
(a) गोन्दोफर्निस (b) विमकडफिसस
(c) रुद्रदामन (d) कनिष्क

789. कनिष्क किस धर्म का संरक्षक था ?
(a) शैव धर्म (b) वैष्णव धर्म
(c) बौद्ध धर्म (d) जैन धर्म

790. कनिष्क की प्रथम राजधानी थी :
(a) काबुल (b) श्रीनगर
(c) पुरुषपुर (d) साकल

791. भारत में शक शासक अपने को क्या कहते थे ?
(a) देव (b) महाराजाधिराज
(c) राजा (d) क्षत्रप

792. मध्य एशिया से गुजरने वाला व्यापारिक मार्ग जो चीन को रोमन साम्राज्य के पश्चिमी प्रान्तों से जोड़ता था, 'सिल्क मार्ग' कहा जाता था, इस पर किन शासकों का अधिकार था ?
(a) इण्डो-ग्रीक शासकों का
(b) पल्लव शासकों का
(c) शुंग शासकों का
(d) कुषाण शासकों का

793. सूची-I को सूची-II से सुमेलित करते हुए निम्न कूट की सहायता से उत्तर दीजिए :

सूची-I	*सूची-II*
A. गाथा सप्तशती	(1) भास
B. कामसूत्र	(2) अश्वघोष
C. बुद्धचरित	(3) वात्सायन
D. स्वप्नवासवदत्ता	(4) हाल

	A	B	C	D
(a)	1	3	4	2
(b)	1	2	3	4
(c)	4	3	2	1
(d)	4	1	2	3

794. शुंग वंश के संस्थापक पुष्यमित्र शुंग का उत्तराधिकारी कौन था ?
(a) वसुमित्र (b) भागवत
(c) देवभूति (d) अग्निमित्र

795. किस सातवाहन राजा को अन्तिम कण्व शासक को मारने का श्रेय है ?
(a) पुलामई (b) हॉल
(c) सिमुक (d) यज्ञश्री सातकर्णी

796. शून्यवाद एवं सापेक्षवाद का प्रवर्तक था :
(a) अश्वघोष (b) नागार्जुन
(c) वसुमित्र (d) चरक

797. निम्न राजवंशों को सही कालक्रम में लगाएँ तथा कूट की सहायता से उत्तर दें :
1. कण्व, 2. इक्ष्वाकु, 3. सातवाहन, 4. शुंग
(a) 2, 3, 1, 4 (b) 3, 1, 2, 3
(c) 4, 1, 3, 2 (d) 1, 4, 2, 3

798. 'उसने सिकन्दर से भी अधिक देश जीते' स्ट्रेबो का यह कथन किसके लिए है ?
(a) डेमेट्रियस (b) मीनेण्डर
(c) सेल्यूकस (d) अपोलोडट्स

799. यूनानी सम्पर्क का सर्वाधिक प्रभाव भारत पर किस

क्षेत्र में पड़ा ?

(a) कला (b) नाटक

(c) ज्योतिष (d) मुद्रा

800. भारत में कुषाण साम्राज्य की स्थापना करने वाला कुषाण शासक था :

(a) कुजुल कैडफिसेस (b) विमकैडफिसेस

(c) कनिष्क (d) हुविष्क

801. महाभारत में भागवत धर्म का उल्लेख सबसे पहले किस पर्व में किया गया है ?

(a) द्रोण पर्व (b) वन पर्व

(c) भीष्म पर्व (d) युद्ध पर्व

802. पश्चिमी क्षत्रपों का प्रमुख शासक कौन था ?

(a) नहपान (b) रुद्रदामन

(c) चेष्टन (d) डेमेट्रियस

803. निम्नलिखित में से कौन विद्वान् कनिष्क के दरबार में नहीं था ?

(a) अश्वघोष (b) नागार्जुन

(c) वसुमित्र (d) पतंजलि

804. यद्यपि यवन म्लेच्छ हैं परन्तु ज्योतिष के ज्ञाता होने के कारण ऋषियों के समान पूज्य हैं, यह कथन किस ग्रंथ में है ?

(a) मिलिन्दपन्हो (b) गार्गी संहिता

(c) महाभाष्य (d) अवदान कल्पलता

805. 'चरक संहिता' के लेखक चरक को किसका संरक्षण प्राप्त था ?

(a) मीनेण्डर (b) पुष्यमित्र शुंग

(c) रुद्रदामन (d) कनिष्क

806. निम्नलिखित में से कौन-सा प्रदेश कनिष्क द्वारा नहीं जीता गया :

(a) अफगानिस्तान (b) सिन्ध

(c) पंजाब (d) मगध

807. भारत में भागवत धर्म का सबसे पहला अभिलेखीय प्रमाण मिलता हैं :

(a) राजा सर्वतात के घोसुन्डि प्रस्तर अभिलेख से

(b) हेलिओडोरस के वेसनगर अभिलेख से

(c) सातवाहन रानी नागनिका के नानाघाट गुफा अभिलेख से

(d) चंद्रगुप्त के मेहरौली स्तंभ अभिलेख

808. भागवत धर्म का उदय सबसे पहले यमुना नदी के चारों ओर मथुरा जिला में होने का साक्ष्य मिलता है:

(a) जस्टिन के विवरण में

(b) एरियन के विवरण में

(c) मेगस्थनीज के विवरण में

(d) स्ट्रेबो के विवरण में

809. रोम में बनी वस्तुओं में से कौन-सी एक भारत में सबसे प्रचुर रूप से मिली है ?

(a) भाँड-खंड

(b) काँसे की मूर्तियाँ

(c) दीपक

(d) सिक्के

810. सूची-I को सूची-II से सुमेलित कीजिए तथा सूचियों के नीचे दिए कूट का प्रयोग कर सही उत्तर का चयन कीजिए :

सूची-I	*सूची-II*
A. अर्द्धनारीश्वर की अवधारणा	(1) भागवत धर्म
B. पंचदेवों की पूजा	(2) स्मार्त
C. ''संभवत :'' (स्यात) का सिद्धांत	(3) जैन धर्म
D. वीर पूजा	(4) शैव धर्म

	A	B	C	D
(a)	2	1	3	4
(b)	4	2	1	3
(c)	4	2	3	1
(d)	3	4	2	1

811. निम्नलिखित में से कौन एक भागवत धर्म का सबसे महत्वपूर्ण लक्षण है ?

(a) निजी देवता के प्रति भक्ति पर जोर

(b) तप पर जोर

(c) कर्मकाण्डों पर जोर

(d) ज्ञान पर जोर

812. निम्नांकित कौन-सा युग्म सही सुमेलित नहीं है:

(a) प्लिनी – प्राकृतिक इतिहास

(b) टॉलेमी – भूगोल

(c) स्ट्रेबो – इरीथ्रियन समुद्र का पोतविहार

(d) कॉसमॉस – क्रिरिचयन स्थान वर्णन

813. निम्नलिखित में से किस ऐतिहासिक स्थल से पंच वृष्णि वीरों का उल्लेख करने वाला एक प्राचीन अभिलेख मिला है ?

(a) घोसुंडी (b) वेसनगर

(c) द्वारका (d) मथुरा

814. सातवाहनों ने किन धातुओं में अपने सिक्के ढाले?
(*a*) सीसा, ताँबा, चाँदी, पोटीन
(*b*) सीसा, ताँबा, सोना, चाँदी
(*c*) सीसा, ताँबा
(*d*) सीसा, पोटीन

815. कृषि हेतु राज्य की चिन्ता का किस पुरातात्विक अभिलेख में प्रमाण मिलता है ?
(*a*) खारवेल के हाथी गुफा अभिलेख में
(*b*) एहोल अभिलेख में
(*c*) धौली अभिलेख में
(*d*) स्कन्दगुप्त के जूनागढ़ अभिलेख में

816. वेसनगर में हेलियोडोरस ने जो स्तंभ स्थापित किया था, वह किससे संबंधित था ?
(*a*) विष्णु (*b*) वासुदेव
(*c*) कृष्ण (*d*) नारायण

817. वासुदेव एवं संकर्षण का उल्लेख निम्नलिखित अभिलेखों में से किसमें प्राप्त होता है :
(*a*) नानाघाट अभिलेख (*b*) घोसुंडी अभिलेख
(*c*) उदयपुर गुहालेख (*d*) इनमें से कोई नहीं

818. वासुदेव के अनुयायी वृष्णियों को निम्नलिखित में से क्या कहा गया ?
(*a*) देवव्रत (*b*) सात्वत
(*c*) अलवार (*d*) इनमें से कोई नहीं

819. निम्नलिखित में से वासुदेव को किस नाम से जाना जाता है :
(*a*) सात्वतर्षभ (*b*) मातृदेवक
(*c*) हेलियोडोरस (*d*) इनमें से कोई नहीं

820. छान्दोग्यउपनिषद के बारे में निम्नलिखित में से क्या महत्व है ?
(*a*) कृष्ण का सर्वप्रथम उल्लेख इसमें घोर आंगरिस के रूप में हुआ है।
(*b*) घोर आंगरिस विधि यज्ञ के विरोधी थे।
(*c*) इसमें तपस, दान, आर्जव एवं सत्य वचन की प्रशंसा है।
(*d*) उपर्युक्त तीनों कथन सत्य हैं।

821. निम्नलिखित में से वासुदेव को किस नाम से सम्बोधित नहीं किया गया है :
(*a*) नाडायन (*b*) सात्वतर्षभ
(*c*) गोविन्द (*d*) अर्द्धनारीश्वर

822. 'अभिधर्म कोष' किसी रचना है ?
(*a*) भारवि (*b*) विष्णु शर्मा
(*c*) दिङ्नाग (*d*) वसुबन्धु

823. पांचरात्र मत का विकास हुआ :
(*a*) छठी सदी ईसा पूर्व
(*b*) तीसरी सदी ईसा पूर्व
(*c*) दूसरी सदी ईसा पूर्व
(*d*) प्रथम सदी ईसा पूर्व

824. निम्नलिखित को सही सुमेलित कीजिए :
A. श्रमण (1) ईश्वर के प्रति निवेदन
B. दास्य (2) भगवद् महिमा का वर्णन
C. सख्य (3) दास भाव से सेवा करना
D. आत्मनिवेदन (4) सख्य भाव से आत्मोत्सर्जन

	A	B	C	D
(*a*)	2	3	4	1
(*b*)	1	2	3	4
(*c*)	3	4	1	2
(*d*)	4	1	2	3

825. निम्नलिखित में से किस अभिलेख का संबंध विष्णु से है :
(*a*) गंगधर अभिलेख (*b*) गढ़वा अभिलेख
(*c*) अपसढ़ अभिलेख (*d*) इन तीनों का

826. कापालिक लोग निम्नलिखित में से किसकी उपासना करते थे ?
(*a*) स्कन्द (*b*) कार्तिकेय
(*c*) भैरव (*d*) विष्णु

827. निम्नलिखित किस युग में लकुलीश का संबंध किस संप्रदाय से माना जाता है ?
(*a*) पाशुपत (*b*) कालामुख
(*c*) कापालिक (*d*) शैव

828. निम्नलिखित में से किस युग में पाशुपत सम्प्रदाय का विकास हुआ ?
(*a*) मौर्य युग (*b*) शुंग युग
(*c*) गुप्त युग (*d*) कुषाण युग

829. दक्षिण में भागवत धर्म के उपासकों को कहा जाता था:
(*a*) नयनार (*b*) अलवार
(*c*) लिंगायत (*d*) इनमें से कोई नहीं

830. किस वंश के शासक अपने आपको 'परम वैष्णव' कहते थे ?

(a) सेन वंश (b) प्रतिहार वंश
(c) गुर्जर वंश (d) पाल वंश

831. निम्नलिखित को सही सुमेलित कीजिए :

A. अभिगमन (1) भगवान के मंत्र का जप करना।
B. उपादान (2) मन, वचन एवं काया से भगवान के प्रति पूर्ण समर्पण।
C. इज्या (3) विभिन्न पूजा सामग्री एकत्रित करना।
D. स्वाध्याय (4) पूजा करना।

	A	B	C	D
(a)	2	3	4	1
(b)	1	2	3	4
(c)	3	4	1	2
(d)	4	1	2	3

832. निम्नलिखित में से किस सम्प्रदाय के अनुयायियों को महाव्रतधर कहा गया है ?
(a) शैव (b) पाशुपत
(c) कापालिक (d) कालमुख

833. सर्वप्रथम किस उपनिषद् में शिव का उल्लेख सर्वप्रथम हुआ है ?
(a) ऐतरेय (b) तैतरीय
(c) श्वेताश्वतर (d) वृहदारण्यक

834. निम्नलिखित में से किसकी गणना विष्णु के अवतारों में नहीं की जाती है ?
(a) नारायण (b) कल्कि
(c) मन्धातृ (d) महावीर

835. वासुदेव कृष्ण जिन्हें भागवत सम्प्रदाय का प्रणेता माना जाता है, का जन्म निम्न में से किस कुल में हुआ ?
(a) वृष्णि (b) यदु
(c) कोलिय (d) इनमें से कोई नहीं

836. विद्वानों ने हेराक्लीज नामक देवता का तादात्म्य निम्नलिखित में से किसमें किया है ?
(a) शिव (b) इन्द्र
(c) ब्रह्मा (d) वासुदेव

837. भागवत धर्म का एक उपसम्प्रदाय जोकि भगवान राम की उपासना से संबंधित था, वह था :
(a) श्रीसम्प्रदाय (b) रामावत सम्प्रदाय
(c) राममार्गी (d) इनमें से कोई नहीं

838. गुप्तकालीन वैष्णव धर्म के संबंध में निम्नलिखित में से क्या सत्य है ?
(a) गुप्तकालीन अधिकांश लेखों और सिक्कों पर गुप्त सम्राटों को परम भागवत कहा गया है।
(b) गंगधर अभिलेख में विष्णु को मधुसूदन नाम से अभिहित किया गया है।
(c) भीतरी के स्तंभ लेख में विष्णु के नामों का उल्लेख किया गया।
(d) उपर्युक्त तीनों कथन सत्य हैं।

839. भगवद्गीता महाभारत के किस पर्व में उल्लिखित हैं ?
(a) शांति पर्व (b) भीष्म पर्व
(c) अरण्य पर्व (d) इनमें से कोई नहीं

840. शिव को मेगास्थनीज ने निम्नलिखित में से क्या कहा है :
(a) हेराक्लीज (b) डायोनिसस
(c) हेलियोडोट्स (d) इनमें से कोई नहीं

841. निम्नलिखित में से किस शासक के सिक्कों पर विष्णु अंकित हैं ?
(a) कनिष्क (b) वसिष्क
(c) हुविष्क (d) कैडफिसेस

842. निम्नलिखित को सही सुमेलित कीजिए :

A. प्रवाह पुष्टि भक्ति (1) प्रेम के आधार पर
B. मर्यादा पुष्टि भक्ति (2) मैं और मेरा की भावना
C. पुष्टि-पुष्टि भक्ति (3) पूजा अर्जन द्वारा
D. शुद्ध पुष्टि भक्ति (4) भगवान की कृपा का अनुभव

	A	B	C	D
(a)	2	3	4	1
(b)	1	2	3	4
(c)	3	4	1	2
(d)	4	1	2	3

843. निम्नलिखित में से किसका उद्भव भागवत धर्म से हुआ ?
(a) अद्वैत (b) द्वैत
(c) विशिष्टाद्वैत (d) द्वैताद्वैत

844. निम्नलिखित में से वह कौन-सा ग्रंथ है, जिसे दक्षिण में भागवत धर्म के प्रचार का श्रेय जाता है?
(a) कम्ब रामायण (b) शिल्पादिगरम
(c) दिव्य प्रबन्धम (d) इनमें से कोई नहीं

845. बंगाल में कृष्ण-भक्ति के सन्दर्भ में निम्नलिखित कथनों में से क्या सत्य हैं ?
(a) बंगाल में कृष्ण भक्ति के उन्नायक चैतन्य महाप्रभु थे।
(b) चैतन्य के अनुसार कृष्ण में तीन शक्ति आन्तरिक

शक्ति, बाह्य शक्ति एवं जीवन शक्ति होती है।

(c) कृष्ण में सत्व (विष्णु), रज (ब्रह्मा) एवं तम (शिव) तीनों गुण विद्यमान हैं।

(d) उपर्युक्त तीनों कथन सत्य हैं।

846. निम्नलिखित को सुमेलित कीजिए :

A. प्राणायाम (1) मन को स्थिर करना
B. प्रत्याहार (2) श्वास नियंत्रण
C. यम (3) अवरोध
D. धारणा (4) आत्मानुशासन

	A	B	C	D
(a)	2	3	4	1
(b)	1	2	3	4
(c)	3	4	1	2
(d)	4	1	2	3

847. किस वंश के शासकों ने अपनी मुद्राओं पर 'परम भागवत' उत्कीर्ण करवाया ?

(a) मौर्य वंश (b) गुप्त वंश
(c) कुषाण वंश (d) शुंग वंश

848. निम्नलिखित को सही सुमेलित कीजिए :

A. भव (1) भूतल
B. शर्व (2) पूर्वी प्रदेश
C. उग्र (3) दक्षिण प्रदेश
D. रुद्र (4) उत्तर प्रदेश

	A	B	C	D
(a)	2	3	4	1
(b)	1	2	3	4
(c)	3	4	1	2
(d)	4	1	2	3

849. 'निम्बार्क सम्प्रदाय' का विकास किस धर्म के अंतर्गत हुआ ?

(a) शैव (b) विष्णु
(c) लिंगायत (d) इनमें से कोई नहीं

850. भागवत धर्म के संदर्भ में क्या सत्य है ?

(a) नारायण एक अवैदिक देवता था जो भगवत कहलाता था और उसका उपासक भागवत था।

(b) भागवत सम्प्रदाय के मुख्य तत्व भक्ति एवं अहिंसा है।

(c) सामान्यत: वासुदेव भागवत सम्प्रदाय का संस्थापक श्रीकृष्ण को माना जाता है।

(d) उपर्युक्त तीनों कथन सत्य हैं।

851. निम्नलिखित को सही सुमेलित कीजिए :

A. स्कन्द कार्तिकेय (1) सूर्य का उपनाम
B. गणेश (2) युद्ध का देवता
C. सूर्य (3) गणों के प्रधान
D. लोलार्क (4) सात हरे अश्ववाला

	A	B	C	D
(a)	2	3	4	1
(b)	1	2	3	4
(c)	3	4	1	2
(d)	4	1	2	3

852. अर्द्धनारीश्वर का तादाम्य किया गया है :

(a) कृष्ण-राधा से (b) शिव-पार्वती से
(c) राम-सीता से (d) इनमें से कोई नहीं

853. निम्नलिखित में से गौड़ीय सम्प्रदाय के प्रवर्तक थे:

(a) चैतन्य (b) वल्लभ
(c) एकनाथ (d) लकुलीश

854. निम्नलिखित में से कौन अभिलेख विष्णु को मधुसूदन कहता है ?

(a) गंगधर अभिलेख (b) अपसढ़ अभिलेख
(c) भितरी अभिलेख (d) इनमें से कोई नहीं

855. अद्वैतवाद का प्रतिपादन किया था :

(a) मध्वाचार्य ने (b) शंकराचार्य ने
(c) रामानुजाचार्य ने (d) रामानन्द ने

856. किस ग्रंथ में विष्णु के दस अवतारों की चर्चा है ?

(a) महाभारत में (b) रामायण में
(c) श्रीमदभागवत में (d) इनमें से कोई नहीं

857. महाराष्ट्र में वैष्णव धर्म के सन्दर्भ में निम्नलिखित में से कौन सत्य है ?

(a) यहाँ भगवान विष्णु के लिए विट्ठल शब्द प्रयोग किया गया है।

(b) विट्ठल सम्प्रदाय के प्रवर्तक पुण्डलीक थे, जिन्होंने कृष्ण-रुक्मिणी मन्दिर का निर्माण करवाया।

(c) भीमा नदी के तट पर स्थित पण्ठरपुर इस सम्प्रदाय का केन्द्र था।

(d) उपर्युक्त तीनों कथन सत्य हैं।

858. 'शतरुद्रिय' संज्ञा निम्नलिखित में से किस देवता कों प्रदान की गई :

(a) रुद्र (b) विष्णु
(c) राम (d) कृष्ण

859. वल्लभ सम्प्रदाय के बारे में निम्नलिखित में से क्या सत्य है ?

(a) इस संप्रदाय के प्रवर्तक वल्लभाचार्य तेलगू ब्राह्मण थे।

(b) वल्लभाचार्य ने पुष्टि मार्ग का प्रवर्तन किया।
(c) पुष्टि मार्ग को ही शुद्धाद्वैत कहा जाता हैं।
(d) उपर्युक्त तीनों कथन सत्य हैं।

860. शतपथ ब्राह्मण में शिव को निम्नलिखित में से किस नाम से जाना गया ?
(a) गिरित्र (b) कपर्दिन
(c) सहस्त्राक्ष (d) शतरुद्रिय

861. कालिदास के किस ग्रंथ में प्रत्यभिज्ञा दर्शन का निरूपण हुआ है ?
(a) रघुवंश
(b) कुमारसम्भव
(c) अभिज्ञान शाकुन्तलम
(d) मेघदूत

862. निम्नलिखित में से कौन-सा स्थल 'त्रिमूर्ति' के लिए विख्यात है ?
(a) अजन्ता (b) एलोरा
(c) एलिफेण्टा (d) इनमें से कोई नहीं

863. संगम युग में प्रांतों को मंडलम में विभाजित किया गया था और मंडलम का भी उपविभाजन निम्नलिखित में से किसमें हुआ था ?
(a) नाडु (b) कुर्रम
(c) कोट्टम (d) उर

864. निम्नलिखित में से कौन-सी रचना संगम-युगीन मदुराई नगर का सुन्दर वर्णन प्रस्तुत करती है ?
(a) मणिमेकलै
(b) शिलप्पादिकारम
(c) कुराल अथवा तिरुकुराल
(d) पत्तप्पाट्टु

865. संगम युग में 'वरियम' शब्द किसका सूचक था?
(a) ब्राह्मणों को अनुदान में दिए गए राजस्व मुक्त ग्राम।
(b) राजस्व प्रदान करने वाली क्षेत्रीय इकाई।
(c) भू-राजस्व वसूल करने वाला प्रभारी अधिकारी।
(d) ग्रामसभाओं की प्रबंधक समिति।

866. निम्नलिखित में से कौन-सा क्षेत्र राज्य की आय का एक स्रोत नहीं था ?
(a) राजकीय सम्पत्ति तथा राजकोष
(b) राज्य व्यापार
(c) मार्ग-शुल्क और सीमा-शुल्क
(d) दीवानी मुकदमों पर (स्टाम्प) न्याय-शुल्क

867. संगम युग में भारत द्वारा आयातित सर्वाधिक महत्वपूर्ण वस्तु क्या थी ?
(a) सोना और चाँदी
(b) मृदभाण्ड एवं काँच के बर्तन
(c) मदिरा एवं दासियाँ
(d) घोड़े

868. निम्नलिखित में कौन-सा राजवंश परवर्ती संगम युग में चेर राजाओं के साथ निरंतर युद्ध में लगा रहा ?
(a) चोल (b) पाण्ड्य
(c) इक्ष्वाकु (d) पल्लव

869. संगम-युगीन नरेशों पर निम्नलिखित में से कौन-सा परंपरागत नियंत्रण स्थापित नहीं था ?
(a) रीति-रिवाज
(b) बुद्धिमानों के नीति वचन
(c) मंत्रियों द्वारा प्राय: मध्यस्थता
(d) पुरोहितों के आदेश

870. संगम युग में गुप्तचरों को निम्नलिखित में से किस नाम से जाना जाता था ?
(a) स्पश (b) दूत
(c) ओर्रार (d) संजयान

871. संगम युग में ग्रामों की छोटी सभाओं को क्या कहा जाता था ?
(a) मनरम् (b) अम्बलम
(c) अवई (d) पोडिइल

872. निम्नलिखित में से कौन संगम युग का एक सुपरिचित कृषि उत्पाद प्रचलित नहीं था ?
(a) गेहूँ (b) चावल
(c) गन्ना (d) हल्दी

873. संगम साहित्य में उल्लिखित शब्द नडुकल :
(a) वेलिर राजा से संबंधित था।
(b) स्मरण प्रस्तर के अर्थ में प्रयुक्त होता था।
(c) नाडुओं पर एक कर था।
(d) भारत-रोम व्यापार में एक निर्यात की वस्तु था।

874. निम्नलिखित में से कौन चेर राज्य के अंग थे ?
1. कोरकई, 2. मुसिरि, 3. पुहार, 4. सालियूर, 5. तोण्डै
नीचे दिए गए कूट से सही उत्तर का चयन कीजिए:
(a) 1, 2 एवं 4 (b) 2 एवं 5
(c) 2, 3 एवं 4 (d) 3, 4 एवं 5

875. निम्नलिखित में से कौन पूर्वकालीन तमिल साहित्य में उल्लिखित पथ पर है ?

(a) पडुपोरुल (b) इडुपोरुल
(c) उल्गु (d) उरुपोरुल

876. निम्नलिखित में से कौन एक संगम युग में बंदरगाह नहीं था ?
(a) एरिकमेडु (b) उरैयूर
(c) कोरकै (d) अलंगुलम

877. निम्नलिखित में से कौन प्रारंभिक तमिल साहित्य के महाकाव्य थे ?
(a) तोल्काप्पियम एवं तिरुकुरल
(b) अहनानुरु एवं पुरनानुरु
(c) पडित्तपत्तु एवं मुरैक्कांचि
(d) शिलप्पदिकारम एवं मणिमेखलै

878. निम्नलिखित में से कौन एक सही सुमेलित है ?
(a) उरैयूर – मसाले (b) कोरके – मोती
(c) वंजी – रेशम (d) कांची – हाथी दाँत

879. प्रथम तमिल संगम की स्थापना की थी :
(a) तिरुवल्लुवर ने (b) परशुराम ने
(c) मामूलनार ने (d) अगस्त्य ने

880. प्राचीन तमिल देश में उपजाऊ कृषि भू-भाग की संज्ञा थी :
(a) पालै (b) मरुदम
(c) मुल्लै (d) नेथदल

881. प्राचीन पत्तन एवं उनकी अवस्थित के युग्मों में से कौन एक सही समुलित है ?
(a) अरिक्कमेडु – कोरोमंडल
(b) नेलसिन्द – मालाबार
(c) मसलिअ – कोंकण
(d) कोल्ची (कोरकै) – पांड्य देश

882. संगम ग्रंथों में उल्लिखित गुरूगन किस देवता से साम्य रखते हैं ?
(a) शिव (b) बलराम
(c) स्कन्द (d) कृष्ण

883. निम्न में से कौन-सा शासक चेरवंशीय है ?
(a) शेनगुट्टवन (b) इदनजोरियल
(c) करिकाल (d) एलारा

884. संगम युग के क्लासिकल ग्रंथों की तिथि थी :
(a) 600 बी॰ सी॰ – 300 बी॰ सी॰
(b) 300 बी॰ सी॰ – 100 ए॰ डी॰
(c) 200 बी॰ सी॰ – 200 ए॰ डी॰
(d) 100 बी॰ सी॰ – 100 ए॰ डी॰

885. तोल्लकाप्पियम कैसा ग्रंथ था ?
(a) धर्मग्रंथ (b) व्याकरण ग्रंथ
(c) छन्द ग्रंथ (d) शास्त्र ग्रंथ

886. संगम युग में कौन-सा राज्य नहीं था ?
(a) चोल (b) चेर
(c) पांड्य (d) पल्लव

887. संगम युग में कौन नहीं था ?
(a) चेर (b) चोल
(c) पांड्य (d) चालुक्य

888. मणिमेकलै का लेखक कौन है ?
(a) सत्तनार (b) पुष्पगुप्त
(c) रवि वर्मा (d) इनमें से कोई नहीं

889. शिलप्पादिकारम की नायिका कौन थी ?
(a) वणिक पुत्री (b) शुभंकरा
(c) आदित्य भार्या (d) उक्त में कोई नहीं

890. संगम तिथि क्या निर्धारित है ?
(a) 500 ई॰ पू॰ से 500 ई॰
(b) 100 से 150 ई॰
(c) 50 से 200 ई॰ तक
(d) उक्त में कोई नहीं

891. पदिटुप्पत्तु निम्नलिखित में से किन राजाओं की स्तुतियों का संग्रह है ?
(a) चेर (b) चोल
(c) पाण्ड्य (d) तोण्डैमन

892. निम्न राज्यवंशों में से किस राज्यवंश का वर्णन संगम साहित्य में प्राप्त नहीं होता ?
(a) कदम्ब (b) चेर
(c) चोल (d) पांड्य

893. निम्नलिखित में से किस नदी के मुहाने पर प्राचीन पत्तन पुहार स्थित था ?
(a) कावेरी (b) पेरियार
(c) ताम्रपार्णि (d) बैगइ

894. संगमकाल के चोल शासकों में सबसे प्रतापी था :
(a) करिकाल (b) पुहार
(c) कांतन (d) शेवियन

895. तमिल इतिहास में 'संगम' शब्द किससे संबद्ध हैं?
(a) कांची के महान् पल्लव वंश के शासन-काल में विरचित साहित्य।
(b) ईसा की आरम्भिक शताब्दियों में पाण्ड्य राजाओं की प्रशंसा में विरचित कविताएँ।

(c) कलाकारों को संरक्षण देने वाले चोल राजाओं के दरबारी कवियों की रचनाएँ।
(d) मदुराई के पाण्ड्य राजाओं के राजकीय के संरक्षण में आयोजित की गई तमिल विद्वानों की धर्म परिषद।

896. संगम साहित्य का अंतिम 'दस ग्राम्य काव्य संग्रह' निम्नलिखित में किस नाम से विख्यात हैं ?
(a) तोल्काप्पियम (b) कराल या कुराल
(c) मणिमेकलै (d) पत्तुप्पाटटु

897. संगम युग की निम्नलिखित किस रचना को प्राचीन तमिल साहित्य की सबसे महत्वपूर्ण कृति माना जाता है ?
(a) तोल्काप्पियम (b) पादिएनिन्किलकानाक्कु
(c) एत्तुतोगई (d) पत्तुप्पाटटु

898. निम्नलिखित में से कौन-सा राजवंश एवं उसकी राजधानी संगम कवियों का संरक्षक और संगम-युगीन कवियों का रचना-केन्द्र था ?
(a) वंजी के चोर (b) उरैयूर के चोल
(c) मदुराई के पाण्ड्य (d) वनवासी के कदम्ब

899. संगम युग में दक्षिण भारत में आने वाले यूनानी-रोमन व्यापारियों को तमिल साहित्य में निम्नलिखित में से किस नाम से संबोधित किया गया है ?
(a) यवन (b) पल्लव
(c) यौवन (d) अय्यावन

900. निम्नलिखित में से संस्कृत साहित्य की कौन-सी धारणा संगम साहित्य में समाविष्ट नहीं की गई है?
(a) प्रधान देवता के रूप में इंद्र की पूजा।
(b) आदर्श सतीत्व या पतिव्रता के रूप में अरुन्धती।
(c) मनुष्य के तीन ऋणों की अवधारणा।
(d) उत्तर-कारू को शाश्वत आनंद का प्रदेश मानना।

901. संगम युग पर आर्य संस्कृति के प्रभाव को प्रमाणित करने से संबंधित निम्नलिखित तथ्यों में से कौन-सा तथ्य सही नहीं है ?
(a) संस्कृत की अवधारणा को संगम साहित्य में समाविष्ट करना।
(b) स्थानीय राजवंशों द्वारा महाभारत की घटनाओं से स्वयं को संबंधित करने का प्रयास।
(c) वन वृक्षों एवं पशु देवताओं की पूजा।
(d) कर्मकाण्ड सहित विवाह संस्कार की अवधारणा।

902. निम्नांकित में से कौन-सा संगम युग का लोकप्रिय देवता नहीं था ?
(a) इंद्र, मुरुगन (b) शिव, विष्णु
(c) कृष्ण, बलराम (d) गणेश

903. संगम युग में कण्णी (कन्नगी देवी) के अनेक मन्दिर निर्मित हुए थे, वे किस विषय की आराध्य देवी थीं ?
(a) बुद्धि (b) विद्वता
(c) सतीत्व (d) पराक्रम

904. संगम काल में विनिमय के लिए किस वस्तु का सर्वाधिक प्रयोग होता था ?
(a) गाय (b) बैल
(c) धान (d) बकरी

905. वनिगर कहते थे :
(a) कृषक को (b) सैनिक को
(c) व्यापारी को (d) ब्राह्मण को

906. निम्न में से किसका नाम संगम साहित्य में नहीं मिलता हैं ?
(a) शिव (b) इंद्र
(c) सूर्य (d) राम

907. इतिहासकारों द्वारा कुल कितने संगम माने जाते हैं?
(a) एक (b) दो
(c) तीन (d) चार

908. निम्नलिखित में से कौन-सा राजवंश एवं उसकी राजधानी संगम कवियों का संरक्षक और संगमयुगीन कवियों का रचना-केन्द्र था ?
(a) बंजी के चेर (b) उरैयूर के चोल
(c) मदुराई के पांड्व (d) वनवासी के कदम्ब

909. संगम युग से सम्बद्ध विभिन्न शब्दावली का उनके सटीक अर्थों के साथ सुमेल कर कूट से उत्तर दें:
A. कारुकारा (1) प्रेमविषयक काव्य
B. अम्बानम (2) वीरगाथा काव्य
C. अकम (3) उत्पाद शुल्क का एक प्रकार
D. पुरम (4) अनाज के माप-तौल की इकाई

	A	B	C	D
(a)	3	4	1	2
(b)	4	3	2	1
(c)	2	3	1	4
(d)	1	2	3	4

910. चोल बन्दरगाहों पर संगम युग में मालो पर किस चिन्ह का उपयोग मुहर के लिए होता था ?

(a) बाघ (b) चक्र
(c) मुर्गा (d) सूर्य

911. संगम युग से संबद्ध शब्दावलियों का दिए गए अर्थों के साथ सुमेल करते हुए कूट की सहायता से उत्तर दें:

A. गोलिक (1) बुनकर
B. कोलिक (2) लोहार
C. तच्चन (3) बढ़ई
D. कोल्लन (4) गड़ेरिया

	A	B	C	D
(a)	4	1	3	2
(b)	3	2	4	1
(c)	2	3	1	4
(d)	1	2	3	4

912. संगम युग में शहरी केंद्रों की स्थापना के मुख्य कारण क्या थे ?

1. लौह-प्रौद्योगिकी एवं विकसित सिंचाई व्यवस्था के कारण अधिशेष उत्पादन।
2. दक्षिणापथ की सक्रियता।
3. रोमन व्यापार
4. दस्तकारी विशेषज्ञता

कूट :
(a) 1, 3 एवं 4 (b) 1, 2 एवं 3
(c) 2, 3 एवं 4 (d) 1, 2, 3 एवं 4

913. संगम युग में 'कोडै' क्या था ?
(a) उपहार प्रदान करने वाली संस्था
(b) ऊँची भूमि
(c) रमणीय पर्वतीय स्थल
(d) जनसभा

914. संगम युग में विनिमय की दर निश्चित नहीं थी, परंतु दो वस्तुओं का आपसी विनिमय बराबर मात्रा में होता था, वे वस्तुएँ थी :
(a) मछली और नमक (b) धान और मछली
(c) दाल और नमक (d) धान और नमक

915. आरम्भिक तमिल लेखों पर किन भाषाओं का प्रभाव नहीं था ?
(a) संस्कृत (b) प्राकृत
(c) पालि (d) कन्नड़

916. संगम युग में 'वेत्वी' का अर्थ था :
(a) पशुओं की चोरी (b) पशुओं के लिए युद्ध
(c) गाय का हरण (d) गाय के लिए युद्ध

917. संगम युग में संगम ग्रंथों में वर्णित नगर 'वसव समुद्र' हैं :
(a) मद्रास (b) मदुरै
(c) कावेरीपट्टनम (d) मुसिरी

918. तमिल काव्य में आगम वर्ग की कविताएँ :
(a) प्रेम संबंधी हैं।
(b) राजाओं की प्रशंसा में हैं।
(c) प्रकृति की प्रशंसा में हैं।
(d) भगवान शिव की प्रशंसा में हैं।

919. गुप्त किसके सामन्त थे ?
(a) मौर्यों के
(b) कुषाणों के
(c) सातवाहनों के
(d) उपर्युक्त में से किसी के नहीं

920. गुप्त वंश का संस्थापक कौन था ?
(a) घटोत्कचगुप्त (b) चंद्रगुप्त प्रथम
(c) श्रीगुप्त (d) रामगुप्त

921. गुप्त वंश के किस शासक ने सर्वप्रथम महाधिराज की उपाधि धारण की ?
(a) श्रीगुप्त ने (b) चंद्रगुप्त प्रथम ने
(c) घटोत्कचगुप्त ने (d) समुद्रगुप्त ने

922. सूची-I को सूची-II से सुमेलित कीजिए :

सूची-I	*सूची-II*
A. प्रयाग प्रशस्ति अभिलेख	(1) समुद्रगुप्त
B. विलसंड स्तम्भलेख	(2) कुमारगुप्त
C. भितरी स्तम्भलेख	(3) स्कंदगुप्त
D. मंदसौर लेख	(4) बंधुवर्मन

	A	B	C	D
(a)	1	2	3	4
(b)	2	1	4	3
(c)	3	4	2	1
(d)	4	3	2	1

923. मेहरौली का स्तम्भ लेख किस शासक से संबंधित है?
(a) चंद्रगुप्त द्वितीय (b) चंद्रगुप्त मौर्य
(c) अशोक (d) समुद्रगुप्त

924. किस गुप्तकालीन शासकों को कविराज कहा गया है?
(a) श्रीगुप्त (b) चंद्रगुप्त
(c) समुद्रगुप्त (d) स्कन्दगुप्त

925. अमरकोश में कुल कितने प्रकार की भूमि का वर्णन मिलता है ?

(a) 16 (b) 12
(c) 15 (d) 14

926. गुप्त काल में रेशम बुनकरों की श्रेणी 437-38 ई॰ में एक भव्य सूर्य मंदिर का निर्माण कराया। इसका उल्लेख किस अभिलेख में मिलता है ?
(a) मंदसौर अभिलेख (b) जूनागढ़ अभिलेख
(c) कन्नौज अभिलेख (d) प्रयाग प्रशस्ति

927. स्कन्दगुप्त को किस स्तंभ लेख में 'शक्रोपम' कहा गया ?
(a) कन्नौज स्तम्भलेख (b) जूनागढ़ अभिलेख
(c) प्रयाग प्रशस्ति (d) मन्दसौर लेख

928. दीवानी एवं फौजदारी से संबंधित ग्रंथ की रचना सर्वप्रथम कब हुई ?
(a) मौर्य काल (b) कुषाण काल
(c) गुप्त काल (d) गुप्तोत्तर काल

929. गुप्त काल में किस शासक को उसकी सैन्य कुशलता एवं कुशल प्रशासन के लिए भारत का नेपोलियन कहा गया ?
(a) चंद्रगुप्त विक्रमादित्य
(b) समुद्रगुप्त
(c) स्कंदगुप्त
(d) रामगुप्त

930. समुद्रगुप्त ने पूर्वी दक्कन एवं दक्षिण भारतीय विजय अभियान के समय कुल कितने शासकों को पराजित किया ?
(a) 12 (b) 15
(c) 13 (d) 14

931. श्रीलंका के राजा मेघवर्मन ने किस स्थान पर भगवान बुद्ध का मन्दिर बनवाने के लिए समुद्रगुप्त से अनुमति माँगी थी ?
(a) प्रयाग (b) बोधगया
(c) कुशीनगर (d) अमरावती

932. मंदिर निर्माण कला का जन्म सर्वप्रथम कब हुआ ?
(a) मौर्य काल में (b) गुप्त काल में
(c) कुषाण काल में (d) सैंधव काल में

933. गुप्त काल के सर्वाधिक लोकप्रिय देवता कौन थे?
(a) शिव (b) विष्णु
(c) बुद्ध (d) सूर्य

934. चन्द्रगुप्त द्वितीय ने 'विक्रमादित्य' की उपाधि कब धारण की ?
(a) शकों का उन्मूलन कर
(b) गुप्त सिंहासन पर बैठने के बाद
(c) चाँदी के सिक्के जारी रखने पर
(d) उपर्युक्त सभी

935. चन्द्रगुप्त विक्रमादित्य ने अपनी किस विजय की खुशी में चाँदी के विशेष सिक्के जारी किये ?
(a) वाल्हीक प्रदेश को जीतने के बाद
(b) हूणों को परास्त करने के बाद
(c) शकों को पराजित करने के बाद
(d) उपर्युक्त में से कोई नहीं

936. चीनी यात्री ईत्सिंग द्वारा 'वर्णित चीन का मंदिर' किस गुप्त सम्राट द्वारा बनवाया गया था ?
(a) श्रीगुप्त (b) चंद्रगुप्त द्वितीय
(c) समुद्रगुप्त (d) स्कन्दगुप्त

937. फाह्यान भारत में 405 से 411 ई॰ तक रहा। वह किस गुप्त शासक के समय में भारत आया ?
(a) चंद्रगुप्त प्रथम (b) चंद्रगुप्त द्वितीय
(c) समुद्रगुप्त (d) स्कन्दगुप्त

938. समुद्रगुप्त के किस अभिलेख में 'भारतीय नेपोलियन' की विजयों का विस्तृत विवरण मिलता है ?
(a) एरण अभिलेख (b) प्रयाग प्रशस्ति
(c) गढ़वा अभिलेख (d) उपर्युक्त में कोई नहीं

939. गुप्त स्थापत्य कला का सर्वोत्कृष्ट मंदिर निम्न में से कौन है ?
(a) भीतरगाँव का मंदिर
(b) देवगढ़ का दशावतार मंदिर
(c) भूमरा का शिव मंदिर
(d) तिगवा का विष्णु मंदिर

940. अजंता की गुफाओं में किन गुफाओं का निर्माण गुप्त काल में हुआ ?
(a) गुफा संख्या 14, 15 एवं 16
(b) गुफा संख्या 2, 4 एवं 6
(c) गुफा संख्या 16, 17 एवं 19
(d) सभी गुफाओं का

941. गुप्त काल की सोने की मुद्रा को क्या कहा जाता था?
(a) दीनार (b) कर्षापण
(c) निष्क (d) काकिनी

942. अमरकोश के लेखक अमरसिंह किस शासक के दरबार से जुड़े थे ?

(a) समुद्रगुप्त (b) चंद्रगुप्त प्रथम
(c) स्कन्दगुप्त (d) चंद्रगुप्त द्वितीय

943. सर्वप्रथम किस गुप्त सम्राट के समय के अभिलेख उत्तरी बंगाल से मिले थे ?
(a) चंद्रगुप्त प्रथम (b) चंद्रगुप्त द्वितीय
(c) कुमारगुप्त प्रथम (d) समुद्रगुप्त

944. गुप्तकालीन जनपदों की सूची में प्रथम जनपद का सम्मान निम्न में से किसे दिया गया ?
(a) मालवा (b) मगध
(c) प्रयाग (d) उपर्युक्त में से कोई नहीं

945. गुप्त संवत् (319-320) को प्रारंभ करने का श्रेय किसे दिया जाता है ?
(a) श्रीगुप्त (b) चंद्रगुप्त प्रथम
(c) समुद्रगुप्त (d) कुमारगुप्त

946. हरिषेण किस शासक का दरबारी कवि था ?
(a) समुद्रगुप्त (b) अशोक
(c) कनिष्क (d) चंद्रगुप्त द्वितीय

947. गुप्त काल को प्राचीन भारत का क्लासिकल युग क्यों कहा जाता है ?
(a) व्यापार में अभूतपूर्व प्रगति के कारण।
(b) कला एवं साहित्य के क्षेत्र के अपने चरमोत्कर्ष पर पहुँचने के कारण।
(c) प्रचुर मात्रा में स्वर्ण सिक्के चलाये जाने के कारण
(d) उपर्युक्त सभी के कारण

948. धन्वंतरी निम्न में से किसके कारण प्रसिद्ध थे :
(a) गणितज्ञ होने के कारण
(b) आयुर्वेद के विद्वान् एवं चिकित्सक होने के कारण
(c) ज्योतिष का प्रसिद्ध विद्वान् होने के कारण
(d) प्रसिद्ध राजनीतिज्ञ होने के कारण

949. गुप्त काल का प्रसिद्ध खगोलशास्त्री कौन था ?
(a) भास्कराचार्य (b) वराहमिहिर
(c) आर्यभट्ट (d) ब्रह्मगुप्त

950. गुप्त काल में भगवान बुद्ध की काँस्य निर्मित प्रतिमा कहाँ से प्राप्त हुई है ?
(a) सुल्तानगंज (b) बोधगया
(c) अजन्ता (d) मथुरा

951. सती प्रथा का पहला उल्लेख कहाँ से मिलता है ?
(a) भीतरगांव लेख से (b) विलसंड स्तंभलेख से
(c) एरण अभिलेख से (d) भितरी स्तंभलेख से

952. गुप्त वंश के किस शासक ने हूणों को परास्त किया?
(a) स्कन्दगुप्त (b) चंद्रगुप्त द्वितीय
(c) समुद्रगुप्त (d) रामगुप्त

953. निम्न गुप्त शासकों को कालक्रमानुसार सजाइये :
1. समुद्रगुप्त, 2. चन्द्रगुप्त प्रथम, 3. घटोत्कचगुप्त, 4. श्रीगुप्त, 5. स्कन्दगुप्त, 6. चंद्रगुप्त विक्रमादित्य
(a) 1, 2, 3, 4, 5, 6
(b) 4, 3, 2, 6, 1, 5
(c) 4, 3, 5, 1, 6, 2
(d) 4, 3, 2, 1, 6, 5

954. गुप्तकालीन सिक्कों का सबसे बड़ा ढेर कहाँ से प्राप्त हुआ है ?
(a) बयाना (भरतपुर)
(b) भूमरा (झाँसी)
(c) देवगढ़ (मध्य प्रदेश)
(d) तिगवाँ (मध्यप्रदेश)

955. निम्न कृति लेखक के युग्म को कालक्रमानुसार सजाइए:
1. निरुक्त-यास्क, 2. अष्टाध्यायी-पाणिनी, 3. अर्थशास्त्र-चाणक्य, 4. इंडिका-मेगास्थनीज, 5. बुद्धचरित-अश्वघोष, 6. महाभाष्य-पतंजलि
(a) 1, 2, 3, 4, 5, 6 (b) 2, 1, 3, 4, 6, 5
(c) 2, 1, 3, 4, 5, 6 (d) 1, 2, 6, 3, 4, 5

956. गुप्त शासकों से मुक्त होने के बाद वल्लभी में किस वंश के शासकों ने अपनी स्वतंत्र सत्ता स्थापित की ?
(a) वर्धन वंश (b) मैत्रक वंश
(c) मौखरी वंश (d) चंद्र वंश

957. थानेश्वर में वर्धन वंश की स्थापना किसने की ?
(a) राज्यवर्धन (b) आदित्यवर्धन
(c) पुष्यभूतिवर्मन (d) नरवर्धन

958. हर्षवर्धन प्रत्येक पाँच वर्ष बाद कहाँ पर धार्मिक सम्मेलन आयोजन करता था ?
(a) कन्नौज (b) वल्लभी
(c) प्रयाग (d) थानेश्वर

959. चालुक्यवंशी शासक पुलकेशिन द्वितीय ने हर्षवर्धन के दक्षिण विजय अभियान को किस नदी के किनारे पर रोका ?
(a) नर्मदा (b) ताप्ती
(c) कावेरी (d) कृष्णा

960. हर्षवर्धन के समय में किस चीनी यात्री ने भारत की यात्रा की ?
(a) फाह्यान (b) इत्सिंग

(c) सुंगयून (d) ह्वेनसांग

961. पराक्रमी एवं कुशल प्रशासक होने के साथ-साथ हर्ष लेखक भी था। निम्न में से कौन-सा ग्रंथ हर्षवर्धन द्वारा रचित नहीं है ?

(a) प्रियदर्शिका (b) रत्नावली
(c) नागानन्द (d) हर्षचरित

962. हर्ष के दरबारी लेखक बाणभट्ट की कृतियों में कौन उनसे संबद्ध नहीं है ?

(a) हर्षचरित (b) कादम्बरी
(c) रामचरित (d) मालविकाग्निमित्रम

963. निम्न विदेशी यात्रियों को कालक्रमानुसार सजाइए : 1. इत्सिंग, 2. फाह्यान, 3. मेगास्थनीज, 4. सुंगयून, 5. ह्वेनसांग।

(a) 2, 4, 5, 3, 1 (b) 3, 2, 4, 5, 1
(c) 3, 2, 5, 4, 1 (d) 2, 3, 4, 5, 1

964. हर्ष एवं पुलकेशियन द्वितीय के मध्य हुए संघर्ष की जानकारी कहाँ से मिलती है ?

(a) ऐहोल अभिलेख
(b) वंशखेरा लेख
(c) हाथी गुम्फा अभिलेख
(d) ह्वेनसांग के वर्णन से

965. कदम्ब राज्य की स्थापना मयूरशर्मन ने की थी। उसने अपनी राजधानी बनाया ?

(a) बंगाल
(b) कन्नौज
(c) वैजयन्ती या वनवासी
(d) उपर्युक्त में से कहीं नहीं

966. गुप्तोत्तर काल का महत्वपूर्ण सामाजिक– आर्थिक परिवर्तन निम्न में से किसे माना जाता है ?

(a) सामंतीय व्यवस्था एवं भूमिदान प्रणाली
(b) समाज में ब्राह्मणों का वर्चस्व एवं व्यापार में वृद्धि
(c) दासों का कृषि कार्य में प्रवेश
(d) शूद्रों को व्यापार करने का अधिकार

967. पूर्वी रोमन साम्राज्य के निवासियों ने जब चीनियों से रेशम पैदा करने की कला सीख ली तो इससे भारत के निर्यात व्यापार को धक्का लगा। निम्नलिखित में से यह घटना कब की है ?

(a) पाँचवीं शताब्दी
(b) छठी शताब्दी का मध्यकाल
(c) सातवीं शताब्दी
(d) चौथी शताब्दी

968. गुप्तकालीन व्यापार एवं वाणिज्य के संदर्भ में निम्नलिखित में से कौन-सा तथ्य लागू नहीं होता?

(a) मूँगा, सोना, कपूर, रेशम का धागा एवं नमक बाहर से आयात किए जाते थे।
(b) कुल्य, द्रोण तथा पाटक मापन इकाइयाँ थीं।
(c) मयूर पंख, मसाले, मणि, मोती एवं मूँगा का निर्यात किया जाता था।
(d) भड़ौच बन्दरगाह केवल निर्यात के लिए प्रयुक्त किया जाता था।

969. गुप्तकालीन ग्रंथों में पणितव्य शब्द का प्रयोग हुआ। सामान्यतया इसका आशय है :

(a) विक्रेता एवं क्रेता के बीच सौदेबाजी
(b) व्यापार की एक विशेष शर्त
(c) गुप्तकालीन व्यापार संबंधी एक विभाग
(d) व्यापारियों पर लगने वाला कर

970. निम्नलिखित कथनों में से असत्य कथन इंगित कीजिए:

(a) कलाकारों, शिल्पकारों एवं व्यापारियों पर कंटक शोधन नियंत्रण रखते थे।
(b) मिलावट के कार्यों का निरीक्षण अन्तपाल करता था।
(c) तक्षशिला से मथुरा तक जाने वाला मार्ग उत्तरापथ कहलाता था।
(d) मिनाण्डर द्वारा स्थापित साकल व्यापारिक नगर नहीं था।

971. निम्नलिखित में से असत्य कथन चिन्हित कीजिए:

(a) शिल्पकारों का व्यापारिक संगठन गिल्ड कहलाता था।
(b) गिल्ड की ही भाँति निगम एवं पूग भी व्यापारियों के ही संगठन थे।
(c) विम कडफिसस ने पहले स्वर्ण सिक्के जारी किये।
(d) सातवाहनों द्वारा निर्मित एक सिक्का स्वर्ण का भी प्राप्त हुआ है।

972. गुप्तकालीन श्रेणियाँ सामान्यतया बैंकों का भी कार्य करती थी। इन्हें कहा जाता था :

(a) गिल्ड (b) अक्षयनीवी

(c) खाजिन (d) सार्थ

973. निम्न को सही सुमेलित कीजिए :

A. कार्पासिक (1) शीरा बनाने वाला
B. गोलिक (2) लबादा बनाने वाला
C. प्रावरिक (3) सूती कपड़ा बनाने वाला
D. सौवर्णिक (4) सुनार

	A	B	C	D
(a)	3	1	2	4
(b)	1	2	4	3
(c)	2	3	1	4
(d)	4	2	3	1

974. निम्नलिखित को सही सुमेलित कीजिए :

A. चमर (1) दन्तपुर
B. कोरकई (2) करिकाल
C. पलूरा (3) केरल
D. टिण्डिस (4) कोल्ची

	A	B	C	D
(a)	2	4	1	3
(b)	1	2	3	4
(c)	3	1	4	2
(d)	4	3	2	1

975. गुप्तकालीन ग्रंथों में प्रयुक्त 'काप्ति' शब्द से ध्वनित होता है :

(a) प्रचलित दर से अधिक ब्याजदर
(b) प्रचलित दर से कम ब्याज दर
(c) बढ़ई का कार्य करने वाला मजदूर
(d) जंगल में विचरण करने वाले शिकारी

976. निम्नलिखित कथनों में से कौन-सा कथन पूर्ण गुप्त कालीन व्यापार एवं वाणिज्य पर लागू होता है ?

(a) भारतीय वस्तुएँ आक्सस नदी एवं कैस्पियन सागर होकर पूर्वी यूरोप पहुँचती थीं।
(b) उत्तर-पूर्व एवं पश्चिम से आने वाले व्यापारिक मार्ग पुष्कलावती में मिलते थे।
(c) भारतीय व्यापार के लिए बैक्ट्रिया निकास द्वार का काम करता था।
(d) उपर्युक्त सभी सत्य हैं।

977. निम्नलिखित ग्रंथों में से किसकी रचना वराहमिहिर ने नहीं की थी :

(a) पंचसिद्धान्तिका (b) वृहत्संहिता
(c) योगयात्रा (d) सिद्धांत शिरोमणि

978. निम्नलिखित कथनों में से असत्य कथन इंगित कीजिए:

(a) सिन्धु नदी के मुहाने पर बारवोरिक एवं इसके दक्षिण में पत्तल का बन्दरगाह था।
(b) वैजयंती की पहचान बिजाड्रोंग से की गयी है।
(c) टिण्डिस एवं मुजरिस बन्दरगाह मलयालम भाषी प्रदेश के अन्तर्गत थे।
(d) तामलुक नामक बन्दरगाह की पहचान ताम्रपर्णी से की गयी है।

979. निम्नलिखित बन्दरगाहों में से कौन अत्यन्त महत्वपूर्ण रोमन व्यापार से जुड़े हुए थे ?

(a) अरिकमेडु (b) मुजरिस
(c) कावेरीपत्तनम (d) ये तीनों ही

980. निम्नलिखित को सही सुमेलित कीजिए :

A. कोटिका निकाय (1) बाँस का काम करने वाला
B. ऊनी कम्बल (2) कुम्हार
C. कंसहार (3) भिंगिसी
D. वेणकर (4) चरवाहा

	A	B	C	D
(a)	2	3	4	1
(b)	1	2	3	4
(c)	4	1	2	3
(d)	3	4	1	2

981. मेहरौली के लौह स्तंभ के बारे में निम्नलिखित में से क्या सत्य है ?

(a) यह 28 फुट लम्बा, 16.4 इंच व्यास वाला एवं 6 टन वजन का है।
(b) यह गुप्तकालीन शिल्पकला का उत्कृष्ट उदाहरण है।
(c) इसकी प्रमुख विशेषता अभी तक इसका संक्षारण न होना है।
(d) उपर्युक्त तीनों कथन सत्य हैं।

982. निम्नलिखित में से किस गुप्त सम्राट तक सोने की शुद्धता उनके सिक्कों में पूर्ववत् रही ?

(a) समुद्रगुप्त (b) चंद्रगुप्त-II
(c) स्कन्दगुप्त (d) बुधगुप्त

983. गुप्तकालीन ग्रंथों में 'भ्राष्ट्रमिंध' शब्द प्रयुक्त हुआ है, जिसका आशय है :

(a) खाना पकाने वाला
(b) लोहे का काम करने वाला
(c) अनाज बेचने वाला
(d) भ्रष्ट धर्म वाले

984. गुप्तकालीन ग्रंथों में प्रयुक्त हिन्न सिप से ध्वनित होता है :

(a) शिकारी (b) मजदूर

(c) निम्न पेशे वाले (d) मछुआरे

985. गुप्त काल के बारे में निम्नलिखित में से क्या सत्य कहा जा सकता है ?

(a) गुप्तों ने सोने के सर्वाधिक सिक्के जारी किए।

(b) गुप्तकाल में वस्तु विनिमय का माध्यम कौड़ी था।

(c) स्वर्ण एवं रजत सिक्के व्यापार एवं भूमि लेन-देन में प्रयुक्त होते थे।

(d) उपर्युक्त तीनों सत्य हैं।

986. श्रेणियों के बारे में निम्नलिखित में से क्या सत्य है?

(a) श्रेणियों के अपने चिन्ह, पाताकायें एवं ध्वज थे।

(b) राजनीति में उनका हस्तक्षेप बहुत कम था।

(c) श्रेणियों ने धार्मिक गतिविधियों में बढ़-चढ़कर हिस्सा लिया।

(d) उपर्युक्त तीनों सत्य हैं।

987. निम्नलिखित में से किस शासक ने वीणा-वादन प्रकार की मुद्राएँ चलाईं ?

(a) चंद्रगुप्त (b) समुद्रगुप्त

(c) स्कन्दगुप्त (d) रामगुप्त

988. निम्नलिखित में से किस राज्य को रोम के साथ व्यापार का सर्वाधिक लाभ हुआ ?

(a) सातवाहन (b) चोल

(c) पाण्डय (d) कुषाण

989. रेशम मार्ग की कुल तीन शाखाएँ थीं, निम्नलिखित में से कौन सत्य नहीं है ?

(a) मर्व से फरात नदी से होकर रूम सागर तक का मार्ग।

(b) भारत से लाल सागर तक जाने वाला मार्ग।

(c) वैक्ट्रिया, कैस्पियन सागर से होकर जाने वाला मार्ग।

(d) शूपरिक से बारबेरिकम होकर जाने वाला मार्ग।

990. निम्नलिखित में से किसका साम्राज्य अंतर्राष्ट्रीय था?

(a) कुषाण (b) अशोक

(c) शक (d) इण्डोशिक

991. निम्नलिखित में से किनके द्वारा श्रेणियाँ अपने सदस्यों पर नियंत्रण रखती थीं ?

(a) शक्ति द्वारा (b) श्रेणी न्यायालय द्वारा

(c) परिषद् द्वारा (d) महाश्रेष्ठी द्वारा

992. गुप्तकालीन व्यापार एवं वाणिज्य के विकास प्रक्रिया में निम्नलिखित नगरों में से किसे अधिक विशिष्टता प्राप्त नहीं थी ?

(a) उज्जयिनी (b) मथुरा

(c) पाटलिपुत्र (d) वाराणसी

993. रोम से होने वाले व्यापार में भारत को प्लिनी के अनुसार कितनी मुद्रा प्राप्त होती थी ?

(a) 20 करोड़ सेस्टर्स (b) 35 करोड़ सेस्टर्स

(c) 55 करोड़ सेस्टर्स (d) 100 करोड़ सेस्टर्स

994. वाराणसी एवं उज्जयिनी जाने वाले व्यापारी सामान्य रूप से कौन-सा मार्ग प्रयोग करते थे ?

(a) पाटलिपुत्र से पत्तल तक का मार्ग।

(b) भृगुकच्छ से ताम्रलिप्ति तक का मार्ग।

(c) ताम्रलिप्ति से चम्पा तक का मार्ग।

(d) श्रावस्ती से प्रतिष्ठान तक का मार्ग।

995. निम्नलिखित में से कौन-सा कथन गुप्तोत्तरकालीन भूमि, व्यवस्था पर लागू नहीं होता :

(a) आपस्तम्ब ने भूगर्भ से निकली सम्पत्ति पर राजा का अधिकार माना है।

(b) राजा समय-समय पर भूमि कर का निर्धारण करता था।

(c) राजा ब्राह्मणों, शिक्षा संस्थानों एवं धार्मिक न्यासों को दान देता था।

(d) कुछ क्षेत्रों में भू-स्वत्व राजा के अधिकार में नहीं था।

996. गुप्तोत्तरकालीन ग्रंथों में प्रयुक्त ''सत्क'' से व्यंजित होता है :

(a) सामन्त (b) भू-स्वामी

(c) राजा (d) मंत्रीगण

997. गुप्तोत्तरकालीन अभिलेखों में भोज्यमान अथवा भोज्य मानक शब्दों का प्रयोग किया गया है, जिसका आशय है :

(a) सामन्त सम्मान (b) भोज समारोह

(c) भूमिदान (d) एक विशेष कर

998. निम्नलिखित में से असत्य कथन इंगित कीजिए :

(a) गुप्त युग में आन्तरिक व्यापार पतनोन्मुख था।

(b) दासों के नेता वर्गिन कहलाते थे।

(c) शूद्रों को ही कीनाश की संज्ञा दी गयी।

(d) ह्वेनसांग ने दासों को शूद्र माना है न कि किसान।

999. गुप्तकालीन ग्रंथों में दण्डशापराध एक उत्पद्यमात्रवि का उल्लेख प्राप्त हैं, जिनका आशय हैं :

(a) करों से (b) मुद्राओं से

(c) सामंतों से (d) न्याय से

1000. गुप्तोत्तर काल के बारे में निम्न में से क्या असत्य है?

(a) इस काल में गाँव भी अपनी मुद्रा जारी करने लगे।

(b) ग्रामीण समुदायों के भूमि संबंधी अधिकारों का ह्रास हुआ।

(c) एक नये भूमिधर वर्ग का उदय हुआ एवं व्यापार का पतन हुआ।

(d) राष्ट्रकूटों ने सैनिकों को भूमि अनुदान नहीं दिया।

1001. किस इतिहासकार ने गुप्तोत्तरकालीन सामाजिक, आर्थिक संगठन एवं संरचना के लिए सामंतवाद शब्द का प्रयोग किया ?

(a) ए॰ एस॰ अल्तेकर

(b) आर॰ एस॰ शर्मा

(c) के॰ पी॰ जायसवाल

(d) इनमें से कोई नहीं

1002. गुप्त काल के 18 करों में वह प्रमुख कर कौन-सा था जो 16 से 25 प्रतिशत तक वसूला जाता था?

(a) भोग (b) भूतवातप्रत्याय

(c) उद्रंग (d) प्रणय

1003. गुप्तोत्तरकालीन भूमि व्यवस्था के बारे में कौन-सा कथन सत्य है ?

(a) अर्थव्यवस्था कृषि मूलक थी।

(b) राज सत्ता भू-सम्पत्ति से घनिष्ठ रूप से संबद्ध हो गयी।

(c) अभिलेखों में सामूहिक स्वामित्व के साक्ष्य प्राप्त होते हैं।

(d) उपर्युक्त तीनों सत्य हैं।

1004. गुप्तकालीन ग्रंथों में प्रयुक्त ''आभ्यान्तर सिद्ध'' से ध्वनित होता है :

(a) फौजदारी एवं दीवानी मामले

(b) सामन्तों की कार्य प्रणाली

(c) दो सामन्तों के मध्य विवाद

(d) इनमें से कोई नहीं।

1005. निम्नलिखित ग्रंथों में से किससे गुप्तोत्तरकालीन भू-राजस्व व्यवस्था पर प्रकाश नहीं पड़ता :

(a) हर्षचरित (b) अपराजितपृच्छा

(c) राजतरंगिणी (d) काव्यादर्श

1006. गुप्तकालीन भू-माप के बारे में निम्नलिखित में से कौन-सा कथन सत्य है ?

(a) गुप्तकाल में भूमि 'हस्त' से नापी जाती थी।

(b) हस्त से बड़ी इकाई धनु थी।

(c) भूमि माप हेतु सरकंडों का उपयोग किया जाता था।

(d) उपयुक्त तीनों सत्य हैं।

1007. गुप्तोत्तरकालीन करों के बारे में निम्नलिखित में से कौन-सा कथन असत्य हैं ?

(a) परहीनक पशुओं द्वारा की गई हानि की क्षतिपूर्ति के रुप में लिया जाता था।

(b) राजकीय भूमि पर कृषि कर सीता कहलाता था।

(c) अवल्गक सेनाभक्त की तरह का ही एक कर था।

(d) हलिराकर हलवाइयों पर लगने वाला कर था।

1008. गुप्त काल में प्रशासनिक इकाइयों का सही क्रमागत स्तर निम्न में से कौन व्यक्त करता है ?

(a) भुक्ति, विषय, पेठ, ग्राम

(b) विषय, भुक्ति, पेठ, ग्राम

(c) पेठ, विषय, भुक्ति, ग्राम

(d) भुक्ति, पेठ, विषय, ग्राम

1009. गुप्तकाल के सन्दर्भ में निम्न खंडों को सुमेलित कीजिए :

A. गोप्ता (1) गाँव का प्रधान

B. द्रंगिक (2) जिले का अधिकारी

C. आयुक्त (3) नगर का अधिकारी

D. महत्तर (4) प्रान्त का प्रधान

	A	B	C	D
(a)	4	3	2	1
(b)	3	4	2	1
(c)	2	3	1	4
(d)	1	4	3	2

1010. गुप्त काल में बड़े पैमाने पर जारी सोने के सिक्के का वास्तविक स्रोत निम्न में से क्या था ?

(a) रोम के साथ जारी लाभदायक व्यापार

(b) कोलार की खान पर अधिकार

(c) पूर्ववर्ती युग के व्यापार से संचित स्वर्ण

(d) शकों से छीना गया मुद्रा भण्डार

1011. गुप्त काल में विदेशी व्यापार में ह्रास का निम्न में से कौन-सा कारण नहीं था ?

(a) ब्राह्मणों ने समुद्र यात्रा को पापकर्म घोषित

कर दिया था।

(b) रोम में राजनीतिक स्थिरता व्याप्त हो गई थी।

(c) वाइजेण्टाइन साम्राज्य ने रेशम का ज्ञान प्राप्त कर लिया था।

(d) भारत में मुद्रा का प्रसार कम हो गया था।

1012. गुप्तकालीन मंदिर निर्माण कला के विषय में निम्न में से कौन-सा कथन सही नहीं हैं ?

(a) इस काल में मन्दिर के भवन पत्थरों या छोटी-छोटी ईंटों से बनते थे।

(b) इस काल में मन्दिरों की ऊँचाई प्राय: कम होती थी और छतें सपाट होती थीं।

(c) इस काल में मन्दिरों में शिखरों का प्रयोग बहुत मिलता है।

(d) मन्दिरों का विभाजन दो खण्डों में था- गर्भगृह एवं मण्डप।

1013. गुप्त काल में स्त्रियों की स्थिति के विषय में निम्न में से कौन-सा कथन असत्य है ?

(a) इस काल में नियोग प्रथा वर्ज्य घोषित कर दी गई।

(b) इस काल में स्त्रियों को सम्पत्ति के अधिकार से लगभग वंचित कर दिया गया।

(c) इस काल में देवदासियों के प्रमाण बड़े पैमाने पर मिले हैं।

(d) इस काल में स्त्रियों के विवाह की आयु बढ़ा दी गई।

1014. गुप्तोत्तर काल में निजी भूमि अनुदानों के लिए निम्न में से कौन से पद आए हैं ?

1. लंकिक लेखा 2. कार्यलेखा

3. अधिकार लेखा 4. शासन

(a) 1 और 2 (b) 3 और 4

(c) 1, 2 और 3 (d) उपरोक्त सभी

1015. गुप्तोत्तरकालीन भूमि व्यवस्था के विरुद्ध विरोध या विद्रोहस्वरूप जिस धार्मिक सम्प्रदाय का उदय हुआ वह था :

(a) लिंगायत (b) तांत्रिक

(c) शाक्त (d) वीर शैवत

1016. ब्राह्मण पुरुष और शूद्र स्त्री से उत्पन्न संतान को किस जाति की श्रेणी में रखा जाता था ?

(a) क्षत्रिय (b) वैश्य

(c) शूद्र (d) निषाद

1017. कल्हन लोहारवंश के किस शासक का समकालीन था ?

(a) हर्ष (b) उत्कर्ष

(c) कलस (d) अन्नत

1018. त्रिसत्तात्मक संघर्ष में भाग लेने वाला प्रथम पाल शासक था :

(a) गोपाल (b) धर्मपाल

(c) देवपाल (d) महीपाल प्रथम

1019. 'नैषधयिचरितम्' के लेखक संस्कृत कवि श्री हर्ष किसके दरबार को सुशोभित करते थे ?

(a) जयचंद्र (b) विजयचंद्र

(c) गोविन्दचंद्र (d) हरिश्चंद्र

1020. राज्य की ओर से कर वसूल करने वाला अधिकारियों के समूह का क्या नाम था ?

(a) कुटुम्बिन (b) पंचकुल

(c) क्षेत्रकर (d) शौल्किक

1021. गुप्तोत्तर काल में किस प्रदेश की कराधान प्रणाली सर्वाधिक उत्पीड़क थी ?

(a) गुजरात (b) बंगाल-बिहार

(c) कश्मीर (d) मालवा

1022. गुप्तोत्तरकालीन भूमि-व्यवस्था एवं भूमि उपयोग से संबंधित सबसे रोचक विवरण किस स्रोत से प्राप्त होता है ?

(a) भूमि-अनुदान अधिकार पत्रों या प्रलेखों

(b) कल्हण की राजतरंगिणी

(c) मनुस्मृति पर मेघातिथि की टीका

(d) गुर्जर-प्रतिहारों के शिलालेख

1023. गुप्तोत्तर काल में सर्वाधिक व्यापक रूप से उत्पादित खाद्यान्न फसल थी :

(a) गेहूँ (b) चावल

(c) बाजरा (d) दालें

1024. गुप्तकाल की सबसे प्रसिद्ध स्त्री शासिका थी :

(a) कुबेरनागा (b) प्रभावती गुप्त

(c) राज्यश्री (d) कुमार देवी

1025. निम्नलिखित में कौन-सा कथन अग्रहार भूमि अनुदान के विषय में सही है :

(a) राजा स्वेच्छा से उसे किसी को भी दे सकता था।

(b) यह ब्राह्मणों को अनुदान में प्रदत्त कर मुक्त ग्राम थे।

(c) अनुदान प्राप्तकर्ता के दुराचरण के कारण राजा

को इसे अधिकृत करने का अधिकार था।

(*d*) यह ब्राह्मणों की विशेषाधिकार युक्त स्थिति का द्योतक था।

1026. गुप्तोत्तर काल में राजा द्वारा प्रदत्त भूमि अनुदानों के आज्ञापत्र क्या कहलाते थे ?

(*a*) शासनपत्र (*b*) जयपत्र
(*c*) आज्ञापत्र (*d*) प्रसादपत्र

1027. गुप्तोत्तरकालीन भूमि व्यवस्था के संबंध में निम्नलिखित में कौन-सा साहित्यिक स्रोत उपयोगी नहीं है ?

(*a*) कल्हण की राजतरंगिणी
(*b*) जीमूतवाहन का दाय भाग
(*c*) मनुस्मृति पर मेधातिथि की टीका
(*d*) वाण का हर्षचरित

1028. कृषि उत्पादन में राजा का अंश (भाग) सामान्यतया क्या कहलाता था ?

(*a*) भाग (*b*) भोग
(*c*) कर (*d*) हिरण्य

1029. कृषि उत्पाद से संबंधित सर्वाधिक महत्वपूर्ण उद्योग कौन था ?

(*a*) शक्कर उद्योग
(*b*) तेल उद्योग
(*c*) कपास धुनाई उद्योग
(*d*) दुग्ध उत्पाद उद्योग

1030. गुप्तोत्तरकालीन सिक्कों में खोटेपन एवं स्वर्ण के सिक्कों का शनैः-शनैः विलुप्त हो जाना किस तथ्य का द्योतक है ?

(*a*) व्यापार का पतन
(*b*) स्वर्ण का अभाव
(*c*) मुद्रा अर्थव्यवस्था का पतन
(*d*) वस्तुओं की कीमतों में गिरावट

1031. फाह्यान के अनुसार विनिमय का सामान्य माध्यम क्या था ?

(*a*) निष्क (*b*) कर्षापण
(*c*) काकिणी (*d*) कौड़ियाँ

1032. पूग शब्द से तात्पर्य था :

(*a*) हस्तशिल्पियों की श्रेणी
(*b*) व्यापारियों का समूह
(*c*) एक ही नगर के निवासियों का समूह
(*d*) श्रेणियों का संघ

1033. स्वर्णभूमि अथवा स्वर्णद्वीप किसका सामान्य नाम है?

(*a*) वर्मा (म्यांमार) (*b*) मलय प्रायद्वीप
(*c*) इण्डोनेशिया (*d*) उपरोक्त सभी

1034. गुप्तकालीन चाँदी के सिक्कों को क्या कहा जाता था?

(*a*) दीनार (*b*) रुप्यक
(*c*) शतमान (*d*) कर्षापण

1035. गुप्तोत्तर काल में निम्नलिखित किस नगर का महत्व समाप्त हो गया ?

(*a*) कन्नौज (*b*) पाटलिपुत्र
(*c*) मथुरा (*d*) वाराणसी

1036. त्रिसत्तात्मक संघर्ष लगभग कितने वर्षों तक चला?

(*a*) 100 (*b*) 200
(*c*) 300 (*d*) 400

1037. पाल राजाओं में महानतम और बंगाल में शासन करने वाले राजाओं में सबसे अधिक शक्तिशाली राजा कौन था ?

(*a*) गोपाल (*b*) धर्मपाल
(*c*) देवपाल (*d*) महिपाल

1038. सम्भवत: पाल राजाओं की राजधानी थी :

(*a*) कन्नौज (*b*) पाटलिपुत्र
(*c*) ताम्रलिप्ति (*d*) मुंगेर

1039. प्रतिहार वंश का महानतम शासक था :

(*a*) दन्तिदुर्ग (*b*) वत्सराज
(*c*) भोज (मिहिरभोज) (*d*) नागभट्ट द्वितीय

1040. निम्नलिखित में से किस राजपूत वंश की उत्पत्ति तथाकथित अग्निकुल से नहीं हुई थी ?

(*a*) चन्देल (*b*) परिहार
(*c*) चाहमान (*d*) चालुक्य

1041. निम्नलिखित शासक राजवंशों को उनकी राजधानियों के साथ सुमेलित कीजिए :

A. गुजरात के चालुक्य (1) त्रिपुरी
B. चेदि के कलचुरी (2) अन्हिलवाड़
C. मालवा के परमार (3) अजमेर
D. शाकम्भरी के चाहमान (4) धारा

	A	B	C	D
(*a*)	1	2	3	4
(*b*)	2	1	4	3
(*c*)	2	3	4	1
(*d*)	4	1	2	3

1042. वह पाल राजा कौन था, जिसे लोक प्रचलित बंगाली

परम्पराओं, लोकगीतों तथा गाथाओं में अमर बना दिया गया है ?

(*a*) धर्मपाल (*b*) देवपाल
(*c*) गोपाल (*d*) महीपाल प्रथम

1043. सेन वंश के शासकों का मूल प्रदेश क्या था ?

(*a*) उड़ीसा (*b*) मध्य भारत
(*c*) कामरूप (*d*) दक्कन

1044. लिंगायत सम्प्रदाय के अनुयायी किस देवता के उपासक थे ?

(*a*) विष्णु (*b*) शिव
(*c*) गणेश (*d*) सूर्य

1045. किस गुप्तकालीन पुस्तक में तीनों वर्णों को स्नान एवं प्रार्थना की अनुमति प्रदान की गयी है, परन्तु शूद्र को ऐसा करने से वंचित कर दिया गया ?

(*a*) ब्रह्म पुराण (*b*) वृहत्संहिता
(*c*) पराशर स्मृति (*d*) इनमें से कोई नहीं

1046. गुप्तोत्तर काल में जो लोग ईरान से भारत आये थे एवं सूर्य की उपासना करते थे, उन्हें कहा जाता था :

(*a*) भंग (*b*) भोजक
(*c*) शक द्वीपी (*d*) उपर्युक्त तीनों

1047. गुप्तोत्तर काल के बारे में निम्नलिखित में से असत्य क्या था ?

(*a*) ऊँची जातियों में आपस में भोजन करने में कोई प्रतिबंध न था।
(*b*) शूद्रों के साथ ऊँची जाति के लोग भोजन करते थे।
(*c*) व्यवसायिक प्रतिबंध लागू नहीं थे।
(*d*) अनेक ब्राह्मण व्यापारी, वास्तुकार, राजकीय कर्मचारी एवं शासक थे।

1048. निम्न अभिलेखों में से किसमें पुरोहित, द्विवेदी, त्रिवेदी, चतुर्वेदी, मिश्र, दीक्षित एवं त्रिपाठी का उल्लेख प्राप्त होता है :

(*a*) मन्दसौर अभिलेख (*b*) अयोध्या अभिलेख
(*c*) पुष्कर अभिलेख (*d*) आहार अभिलेख

1049. दक्षिण भारत में चोलों एवं उनके उत्तराधिकारियों के काल में कृषकों के संघ का अभियान था।

(*a*) आलुमगणम (*b*) नानादेसी
(*c*) चित्तिरमेलि (*d*) एव्वूरुंवर

1050. निम्नलिखित में से कौन-सा युग्म सही सुमेलित नहीं है ?

(*a*) क्षौम – कपड़ा
(*b*) पाद – सिक्कों का एक मूल्यवर्ग
(*c*) आढ़क – वास्तु-खण्ड
(*d*) द्रोण – वर्षा का माप

1051. गुप्तकाल में पूर्वी भारत में ग्रामीण काश्तकारों के लिए निम्नलिखित में से किन शब्दों का प्रयोग होता था ?

1. अग्रहारिन, 2. कुटुम्बिन, 3. महत्तर, 4. भोगिक

(*a*) 1 एवं 2 (*b*) 3 एवं 4
(*c*) 1 एवं 4 (*d*) 2 एवं 3

1052. दक्षिण भारतीय समाज का वेलंगै (दक्षिण हस्त) एवं इडंगै (वाम हस्त) भेद सर्वप्रथम किस काल में दृष्टिगोचर होता है ?

(*a*) संगम काल में (*b*) पल्लव काल में
(*c*) चोल काल में (*d*) नायक काल में

1053. अदरक एवं दाल चीनी बहुत बड़ी मात्रा में पाण्डय देश में उत्पन्न होते थे, इस बात का उल्लेख किसने किया है ?

(*a*) मेगास्थनीज (*b*) टालेमी
(*c*) इब्न सैद (*d*) मार्को पोलो

1054. निम्नलिखित में से किससे सिक्कों की एक श्रेणी का बोध होता है :

(*a*) गजशतक (*b*) गधिय
(*c*) हिरण्यदाम (*d*) कटिसम

1055. निम्नलिखित में से कौन चेर राज्य के अंग थे:

1. कोरकई, 2. मुसिरि, 3. पुहार, 4. सालियूर, 5. तोण्डै

नीचे दिए गए कूट से सही उत्तर का चयन कीजिए:

(*a*) 1, 2 एवं 4 (*b*) 2 एवं 5
(*c*) 2, 3 एवं 4 (*d*) 3, 4 एवं 5

1056. महत्वपूर्ण व्यापारिक केन्द्र-प्रतिष्ठान किस नदी के किनारे अवस्थित था ?

(*a*) कावेरी (*b*) कृष्णा
(*c*) गोदावरी (*d*) नर्मदा

1057. कुछ स्रोतों में उल्लिखित चोर रज्जु शब्द का तात्पर्य है :

(*a*) भूमि माप की इकाई
(*b*) पुलिस अधिकारियों का एक वर्ग
(*c*) एक प्रकार का कर
(*d*) चोरों की रस्सी

1058. निम्नलिखित में से कौन-सा युग्म सुमेलित नहीं हैं?

(*a*) राजशेखर – काव्यमीमांसा
(*b*) उद्योतन – कुवलयमालाकहा
(*c*) बल्लाल सेन – दायभाग
(*d*) लक्ष्मीधर – कृत्यकल्पतरु

1059. भवभूतिकृत 'मालतीमाधव' निम्नलिखित में से किनके अध्ययन के लिए एक महत्वपूर्ण स्रोत है?
(*a*) दिगम्बर जैन (*b*) कापालिक
(*c*) बौद्ध तांत्रिक (*d*) भागवत

1060. निम्नलिखित में से किसके द्वारा संपादित हिरण्यगर्भ यज्ञ में गुर्जर राजा आदि ने द्वारपाल का कार्य किया था ?
(*a*) धर्मपाल (*b*) देवपाल
(*c*) दन्तिदुर्ग (*d*) अमोघवर्ष

1061. राजेन्द्र चोल द्वारा विजित कोसले-नाडु की स्थिति किस नदी के तट पर थी ?
(*a*) गोदावरी (*b*) सरयू
(*c*) महानदी (*d*) ताप्ती

1062. पूर्व मध्यकालीन दक्षिण भारतीय राजतंत्र में उड़न कुट्टम शब्द का तात्पर्य था :
(*a*) चोल राज्य में लघु ग्रामों का एक समूह
(*b*) चोलों के अंतर्गत अधिकारियों का एक समूह
(*c*) होयसल राज्य में लगने वाला एक कर
(*d*) चोलों द्वारा संपोषित नौसेना

1063. पाल राजा देवपाल एक द्रविड़ राजा को हटाने का दावा करता है, जिसका तादात्म्य प्राय : निम्नलिखित से किया जाता है :
(*a*) दन्तिदुर्ग (*b*) अमोघवर्ष
(*c*) ध्रुव (*d*) कृष्ण-II

1064. महाक्षपलिक निम्नांकित का प्रभारी अधिकारी था:
(*a*) रथ (*b*) नौसना
(*c*) लेखा (*d*) पदाति

1065. निम्नलिखित में से किनका उपयोग गुप्तोत्तर काल में सिंचाई के लिए पानी निकालने के लिए होता था ?
1. अरघट्ट, 2. वापी, 3. तड़ाग, 4. प्रणाली,
नीचे दिए गए कूट से सही उत्तर का चयन कीजिए:
(*a*) 1, 2 एवं 3 (*b*) 1 एवं 3
(*c*) 2 एवं 4 (*d*) 1, 2, 3 एवं 4

1066. भारत में नारियल की खेती कब से ज्ञात है ?
(*a*) मौर्य काल से
(*b*) सातवाहन एवं क्षत्रपों के काल से
(*c*) गुप्त काल से
(*d*) पल्लव एवं पश्चिमी गंग काल से

1067. नीचे दो वक्तव्य दिए गए हैं– एक कथन (A) और दूसरे को कारण (R) कहा गया है :
कथन (A) : गौतमी पुत्र सातकर्णि चातुवर्ण व्यवस्था का विरोधी था।
कारण (R) : गौतमी पुत्र सातकर्णि ने बौद्ध भिक्षुकों को संरक्षण प्रदान किया।
उपर्युक्त दो वक्तव्यों के संदर्भ में निम्नलिखित में से कौन एक सही है ?
(*a*) A और R दोनों सही हैं, और A की सही व्याख्या R है।
(*b*) A और R दोनों सत्य हैं, किन्तु A की सही व्याख्या R नहीं है।
(*c*) A सत्य है किन्तु R गलत हैं।
(*d*) A गलत है किन्तु R सत्य है।

1068. किस चोल शासक ने राष्ट्रकूटों से तोण्डैमण्डलम छीन लिया था ?
(*a*) परान्तक-I (*b*) सुन्दरचोल
(*c*) राजराज-I (*d*) कुलोत्तुंग-I

1069. चोल प्रशासकीय व्यवस्था में सभा :
(*a*) ग्राम अदालत थी।
(*b*) अग्रहारों में व्यस्क लोगों का समुदाय थी।
(*c*) मंदिर की वयवस्था के लिए सभी जातियों के लोगों की एक समिति थी।
(*d*) नाट्टारों की एक समिति थी।

1070. चट्टान काट कर निर्मित कैलाश का प्रसिद्ध मन्दिर कहाँ है ?
(*a*) एलीफैंटा (*b*) एलोरा
(*c*) बादामी (*d*) महाबलिपुरम्

1071. सूची-I को सूची-II से सुमेलित कीजिए और सूचियों के नीचे दिए गए कूट के उपयोग से सही उत्तर का चयन कीजिए :

सूची-I	*सूची-II*
A. प्रतिहार	(1) सुवर्णगिरि
B. चालुक्य	(2) चंद्रावती
C. चाहमान	(3) अनहिलपाटक
D. परमार	(4) कान्यकुब्ज
	(5) कल्याणी

(*a*) A–2, B–3, C–4, D–1

(*b*) A–4, B–3, C–1, D–2
(*c*) A–1, B–2, C–4, D–5
(*d*) A–3, B–5, C–2, D–4

1072. कुमारसंभवम् में किसके जन्म की कथा वर्णित है?
(*a*) संनत्कुमार (*b*) कार्तिकेय
(*c*) प्रद्युम्न (*d*) अभिमन्यु

1073. निम्नांकित में से कौन एक गुप्तोत्तर काल में भारत में आयात की एक प्रमुख मद थी :
(*a*) घोड़े
(*b*) चमड़े की वस्तुएँ
(*c*) औषधि वाली जड़ी-बूटियाँ
(*d*) रेशम

1074. दीनार के विषय में निम्नलिखित कथनों में से कौन सही है ?
1. इसका आशय केवल एक विदेशी सिक्के से था।
2. इसका आशय एक स्वर्ण सिक्के से था।
3. इसका आशय गुप्तकाल में प्रचलित एक सिक्के से था।
4. इसका प्रयोग केवल भूमि के क्रय-विक्रय के लिए होता था।
(*a*) 1, 2 एवं 3 (*b*) 1, 2 एवं 4
(*c*) 2, 3 एवं 4 (*d*) कोई नहीं

1075. निम्नलिखित में से कौन एक सही सुमेलित है?
(*a*) उरैयूर – मसाले (*b*) कोरके – मोती
(*c*) वंजी – रेशम (*d*) कांची – हाथी दाँत

1076. पुरालेखीय स्रोतों में प्राप्त कुटुम्बिन शब्द का अभिप्राय निम्नलिखित में से क्या था :
1. भू-स्वामी
2. शिल्पी
3. ग्राम के अधिकारियों के संबंधी
4. व्यक्तियों का एक वर्ग जिसे कभी-कभी भूमि के साथ हस्तांतरित कर दिया जाता था।
(*a*) 1 एवं 3 (*b*) 1 एवं 4
(*c*) 1, 2 एवं 4 (*d*) 2, 3 एवं 4

1077. गुप्तोत्तर काल में भूमि का स्वामित्व अन्तत: किसके पास था ?
(*a*) कृषक (*b*) ग्राम सभा
(*c*) राजा (*d*) संयुक्त परिवार

1078. प्राचीन एवं पूर्व मध्यकालीन भारत में अकृष्ट एवं करमुक्त भूमि की संज्ञा थी :
(*a*) सीता (*b*) खर्वटक
(*c*) खिलक्षेत्र (*d*) सीताध्यक्ष

1079. नगर प्रशासन के प्रसंग में नगर श्रेष्ठी एवं सार्थवाह का उल्लेख निम्नांकित स्थान से प्राप्त गुप्त अभिलेखों में हुआ है :
(*a*) मध्य प्रदेश (*b*) पुंड्रवर्धन
(*c*) अवन्ति (*d*) सौराष्ट्र

1080. निम्नलिखित में से किस एक से बेगार का निर्देश होता है ?
(*a*) बलि (*b*) शुल्क
(*c*) उद्रंग (*d*) विष्टि

1081. निम्नलिखित में से एक की अन्य तीन से भिन्न गुणार्थकता है ?
(*a*) सभा (*b*) नगरम
(*c*) भुक्ति (*d*) उर

1082. महाभारत एवं मेगस्थनीज की इण्डिका में चोलों का उल्लेख प्राप्त होता है। यहाँ उनका उल्लेख किस रूप में है :
(*a*) महाशक्ति के रूप में
(*b*) कबायली शक्ति के रूप में
(*c*) राजवंश के रूप में
(*d*) इनमें से कोई नहीं

1083. निम्नलिखित साहित्य ग्रंथों में से किनमें चोलों का उल्लेख मिलता है ?
(*a*) महावंश में (*b*) संगम साहित्य में
(*c*) जैन ग्रंथों में (*d*) *a* और *b*

1084. चोल साम्राज्य के बारे में निम्नलिखित में से क्या सत्य हैं ?
(*a*) नरकेशरी की उपाधि धारण करने वाले विजयालय ने चोल साम्राज्य की स्थापना की।
(*b*) विजयालय ने तंजौर को अपनी राजधानी बनाया।
(*c*) विजयालय प्रारंभ में पल्लवों का एक सामन्ती सरदार था।
(*d*) उपर्युक्त तीनों कथन सत्य हैं।

1085. राजराज ने श्रीलंका के महेन्द्र पंचम को पराजित कर उसे चोल सम्राज्य में मिला लिया, उसने इसका नवीन नामकरण किया :
(*a*) मुण्डिचोलमण्डलम (*b*) पोल्लननरूवा
(*c*) अनुराधापुर (*d*) तिरुन्नवेल्ली

1086. निम्नलिखित उपाधियों में से कौन-सी परान्तक प्रथम द्वारा धारित नहीं की गई ?
(*a*) मदुराईकोंड (*b*) मदुरान्तक

(c) संग्राम राघव (d) जयगोंड

1087. चोल वंश की राजाओं की उपाधियों से संबंधित निम्नलिखित कथनों को सुमेलित कीजिए :

A. आदित्य प्रथम (1) गंगैकोण्ड चोल
B. परान्तक प्रथम (2) कोदन्डराम
C. राजराज प्रथम (3) वीर चोल
D. राजेन्द्र प्रथम (4) काण्डलूर शालैकलमरत

	A	B	C	D
(a)	2	3	4	1
(b)	1	2	3	4
(c)	3	4	1	2
(d)	4	1	2	3

1088. चोल साम्राज्य के संदर्भ में कौन-सा काल अशान्ति काल माना जाता है ?
(a) 871-907 ई० (b) 955-985 ई०
(c) 985-1014 ई० (d) 1012-1042 ई०

1089. चोल साम्राज्य के सिंहासन पर बैठने वाला राजराज प्रथम परान्तक-II का छोटा पुत्र था, उसका वास्तविक नाम था :
(a) अरुमोलिवर्मन प्रथम
(b) परान्तक तृतीय
(c) आदित्य द्वितीय
(d) इनमें से कोई नहीं

1090. रविकुलमाणिक्य, मुम्मडिचोलदेव, तेलंगकुल- काल, चोडमार्तण्ड, केरलानाथ एवं जयगोंड आदि उपाधियाँ धारण करने वाला बहुप्रतापी शासक निम्नलिखित में से कौन था ?
(a) राजेन्द्र प्रथम (b) राजराज प्रथम
(c) परान्तक प्रथम (d) विजयालय

1091. राजेन्द्र प्रथम ने किस पर अपना अधिकार स्थापित नहीं किया ?
(a) शैलेन्द्र साम्राज्य (b) केरल एवं पाण्डय
(c) श्रीलंका (d) हम्पी

1092. निम्नलिखित शासकों में किसने 1066 ई० में वीर राजेन्द्र चोल से पराजित होने के बाद तुंगभद्रा में डूबकर आत्महत्या कर ली थी ?
(a) सोमेश्वर ने (b) विक्रमादित्य षष्ठ
(c) जयकेश प्रथम (d) इनमें से कोई नहीं

1093. चोल-चालुक्य वंशी शासक कुलोत्तुंग ने दो बार कलिंग पर आक्रमण किया परन्तु इसका कोई दूरगामी परिणाम नहीं हुआ। इस अभियान का विवरण निम्नलिखित में से किस ग्रंथ से प्राप्त होता है ?
(a) कलिंगपुतवरणि (b) विक्रमांकदेवचरित
(c) a और b दोनों (d) इनमें से कोई नहीं

1094. वह कौन शासक था जो साहित्यानुरागी था एवं उसने पेरियपुराणम के रचयिता शेक्किलार एवं ओत्तकुन तथा कम्बन आदि रचनाकारों को प्रश्रय प्रदान किया ?
(a) कुलोत्तुंग प्रथम (b) कुलोत्तुंग द्वितीय
(c) राजराज प्रथम (d) राजेन्द्र प्रथम

1095. निम्नलिखित किस शासक के समय से चोल साम्राज्य पूर्णतया पतनोमुख हो गया ?
(a) राजेन्द्र-III (b) राजराज-III
(c) राजाधिराज-I (d) वीर राजेन्द्र

1096. राजराज प्रथम के बारे में निम्नलिखित में से कौन सा कथन सत्य है ?
(a) उसने श्रीलंका की राजधानी अनुराधापुर को नष्ट कर पोल्लननरूवा को नई राजधानी बनाया।
(b) जगन्नाथ की उपाधि धारण की पोल्लननरूवा का नाम जगन्नाथ मंगलम रखा।
(c) तंजौर के विशाल राज राजेश्वर मन्दिर का निर्माण कराया।
(d) उपर्युक्त तीनों कथन सत्य हैं।

1097. निम्नलिखित में से वह कौन-सा चोल शासक था, जिसने लौह एवं रक्त की नीति का अनुसरण किया, वह शैव मतावलम्बी था ?
(a) राजराज प्रथम (b) राजेन्द्र प्रथम
(c) परान्तक प्रथम (d) विजयालय

1098. राजेन्द्र प्रथम ने अपने बंगाल अभियान के दौरान पाल शासक महीपाल को पराजित किया। इस अभियान का नेतृत्व किया :
(a) अट्टयरण राजराजन ने
(b) इलैयाम्बस ने
(c) राजेन्द्र द्वितीय ने
(d) इनमें से कोई नहीं

1099. चोल शासक राजेन्द्र प्रथम द्वारा बंगाल अभियान के संदर्भ में निम्नलिखित में से कौन सा कथन सत्य है?
(a) इस अभियान के दौरान वह गंगाजल अपनी राजधानी ले आया।
(b) इस अभियान की सफलता की प्रशस्ति में उसने गंगैकोण्ड चोल की उपाधि धारण की।
(c) इस अभियान के दौरान वह कलिंग होता हुआ गया।
(d) उपर्युक्त तीनों कथन सत्य हैं।

1100. चोल चालुक्य शासकों के संदर्भ में निम्नलिखित को सही समुलित कीजिए :

A. वेंगी पुरनेश्वर	(1) राजराज प्रथम
B. पण्डित चोल	(2) सोमेश्वर
C. विजय राजेन्द्र	(3) राजेन्द्र प्रथम
D. जगन्नाथ	(4) राजाधिराज प्रथम

	A	B	C	D
(a)	2	3	4	1
(b)	1	2	3	4
(c)	3	4	1	2
(d)	4	1	2	3

1101. निम्नलिखित में से चोल की राजधानी कौन थी?

(a) उरगपुर (b) तंजौर
(c) कांची (d) उपर्युक्त तीनों ही

1102. निम्नलिखित को सही सुमेलित कीजिए :

A. वेडैक्कार	1. राजा का विश्वास पात्र
B. तिरुवक्कैलवि	2. राजा के अंगरक्षक
C. तैम्ममन्दिर	3. राजा के मौखिक आदेश लिखने वाला अधिकारी
D. राजगुरु	4. मंत्रिपरिषद् के मौखिक आदेश वाला अधिकारी

	A	B	C	D
(a)	2	3	4	1
(b)	1	2	3	4
(c)	3	4	1	2
(d)	4	1	2	3

1102. निम्नलिखित में कौन सही क्रम दर्शाता है ?

(a) मण्डल, कोट्टम, नाडु, कुर्रम
(b) कोट्टम, मण्डल, नाडु, कुर्रम
(c) नाडु, मण्डल, कोट्टम, कुर्रम
(d) कुर्रम, नाडु, मण्डल, कोट्टम

1103. बहुत बड़े गांवों का शासन एक इकाई के रूप में होता था यह निम्नलिखित में से कहलाती थी :

(a) कुर्रम (b) तनियूर
(c) शालियूर (d) नगस्टार

1104. चोल प्रशासन के संदर्भ में निम्नलिखित में से कौन-सा तथ्य लागू नहीं होता ?

(a) नगर की स्थानीय सभा का नाम नगस्टार था।
(b) व्यवसायियों एवं शिल्पियों की सभा का नाम श्रेणी एवं पूग था।
(c) राजा कार्यपालिका, न्यायपालिका एवं धर्मानुष्ठान कार्यों का सूत्रधार था।
(d) उत्तराधिकार ने संदर्भ में कोई निश्चित नियम न था।

1105. चोलों का स्थानीय प्रशासन इतिहास का बहुचर्चित प्रकरण है, निम्नलिखित में से कौन-सा तथ्य इस संदर्भ में लागू नहीं होता ?

(a) ग्रामवासियों की साधारण सभा उर कहलाती थी।
(b) व्यापारियों एवं दुकानदारों की सभा नगरम कहलाती थी।
(c) वारियम की सदस्यता के लिए 35 से 70 वर्ष तक की आयु निर्धारित थी।
(d) वारियम की सदस्यता के लिए कोई निश्चित नियम न थे।

1106. चोल प्रशासन के संदर्भ में पंडिका वलकुली से आशय है :

(a) सुरक्षा कर (b) जल कर
(c) राज कर (d) इनमें से कोई नहीं

1107. स्थानीय चोल प्रशासन के संदर्भ में वारियरपेरुमक्कल क्या था ?

(a) समिति के सदस्य
(b) सर्वोच्च पदाधिकारी
(c) राजा का विश्वासपात्र
(d) मुख्य न्यायाधीश

1108. चोलों के स्थानीय प्रशासन के संदर्भ में हमें किस अभिलेख से जानकारी प्राप्त होती है ?

(a) उत्तरमेरूर अभिलेख
(b) तंजौर अभिलेख
(c) उरगपुर अभिलेख
(d) कांची अभिलेख

1109. निम्नलिखित वंशों एवं उनसे संबंधित राज चिन्हों के बारे में निम्नलिखित युग्मों में से कौन सटीक है ?

(a) चोल – बाघ (b) चेर – धनुष
(c) पांड्य – मछली (d) होयसल – शेर

1110. पंचायत के निर्वाचित सदस्यों के संदर्भ में निम्नलिखित को सही सुमेलित कीजिए :

A. तोट्टाकरियम	(1) नगर समिति
B. एरिकरियम	(2) उपवन समिति
C. पनकरियम	(3) जलाशय समिति

D. ताल कुर्रम (4) स्वर्ण समिति

	A	B	C	D
(a)	2	3	4	1
(b)	1	2	3	4
(c)	3	4	1	2
(d)	4	1	2	3

1111. ''चोलों की नौ-सैनिक शक्ति इतनी प्रबल थी कि बंगाल की खाड़ी चोलों की झील बन गई'' यह कथन किस चोल शासक के संदर्भ में कहा गया है ?

(a) राजराज प्रथम (b) राजेन्द्र प्रथम
(c) परान्तक प्रथम (d) विजयालय

1112. चोल प्रशासन के अंतर्गत निम्नलिखित भूमि करों को सही सुमेलित कीजिए :

A. मरमज्जाडि (1) व्यापारिक प्रतिष्ठान कर
B. मनैडरै (2) उपयोगी वृक्ष कर
C. किडाक्काशु (3) गृह कर
D. कढ़ैइरै (4) नर पशु धन कर

	A	B	C	D
(a)	2	3	4	1
(b)	1	2	3	4
(c)	3	4	1	2
(d)	4	1	2	3

1113. चोलों की न्यायव्यवस्था के संदर्भ में निम्नलिखित में से कौन-सा कथन असत्य है ?

(a) अपराध सिद्ध होने पर अभियुक्त को एक हजार काशु मुद्रा जमा करनी पड़ती थी।
(b) बलात्कारियों, व्याभिचारियों को गधे पर बैठाकर घुमाया जाता था।
(c) जान-बूझकर हत्या करने वाले को मृत्यु दण्ड अथवा आजीवन कारावास की सजा दी जाती थी।
(d) मृत्युदण्ड पत्थर से मारकर दिया जाता था।

1114. चोलो की सामाजिक स्थिति के संदर्भ में निम्नलिखित में से कौन-सा कथन सत्य है ?

(a) प्राय: स्वजातीय विवाह करने की परम्परा थी।
(b) समाज में स्त्रियों का स्थान ऊँचा था वे सम्पत्ति की अधिकारिणी थी।
(c) सती प्रथा आंशिक रुप से प्रचलित थी।
(d) उपर्युक्त तीनों कथन सत्य हैं।

1115. निम्नलिखित साहित्यिक रचनाओं को सही सुमेलित कीजिए :

A. रामावतारम (1) पुलगंडी
B. शुलामणि (2) कम्बन
C. विल्लैतमिल (3) तोलामोलि
D. नलवेम्बा (4) ओट्टकुट्टन

	A	B	C	D
(a)	2	3	4	1
(b)	1	2	3	4
(c)	3	4	1	2
(d)	4	1	2	3

1116. निम्नलिखित चीनी यात्रियों में से कौन चोल प्रशासन के संदर्भ में सूचना देता है ?

(a) ह्वेनसांग (b) शुमाचीन
(c) इत्सिंग (d) चाऊ-जु-कुवा

1117. निम्नलिखित में से किस शासक के सिक्कों पर कृष्ण मुरलीधर एवं विष्णु पद के चिन्ह थे ?

(a) राजराज प्रथम (b) राजेन्द्र प्रथम
(c) परान्तक प्रथम (d) विजयालय

1118. निम्नलिखित में किस शासक को तमिल संरक्षक घोषित किया गया ?

(a) राजराज प्रथम (b) राजराज द्वितीय
(c) राजेन्द्र प्रथम (d) कुलोत्तुंग प्रथम

1119. निम्नलिखित भूमि करों को सही सुमेलित कीजिए?

A. कडमै (1) तेल धानी कर
B. वाडिकावल (2) सुपाड़ी वागान कर
C. वाशाल्तिरम (3) गाँव सुरक्षा कर
D. वेविर (4) द्वार कर

	A	B	C	D
(a)	2	3	4	1
(b)	1	2	3	4
(c)	3	4	1	2
(d)	4	1	2	3

1120. चोल राज्य आय का सबसे बड़ा साधन निम्नलिखित में से क्या था ?

(a) भूमिकर (b) सिंचाई कर
(c) व्यापार कर (d) इनमें से कोई नहीं

1121. चोल राजस्व के संदर्भ में निम्नलिखित में से कौन-सा कथन असंगत है :

(a) भूमि कर प्राय : गाँव सभायें एकत्र किया करती

थीं।

(b) कुलोत्तुंग प्रथम ने भूमि का नाम करवाकर राजस्व निर्धारित किया।

(c) भूमिधर अपना देय राजा के अधिकारी या मन्दिर को देते थे।

(d) ग्रामसभा को मंदिरों की भूमि बेचने का अधिकार न था।

1122. चोल शासन के संदर्भ में निम्नलिखित में से क्या सत्य है ?

(a) चोल शासन व्यवस्था पूर्णतया लोकतांत्रिक थी।

(b) चोल शासन का पूर्णतया विनाश होयशलों ने किया।

(c) चोल शासन में संस्कृत, तमिल, तेलगु एवं कन्नड़ भाषाओं का प्रयोग किया गया।

(d) चोल अभिलेख संस्कृत, तमिल, तेलगु एवं कन्नड़ भाषा में उत्कीर्ण किए गए।

1123. चोल प्रशासन के अंतर्गत पेरुन्दरम एवं शिरुन्दरम निम्नलिखित में से क्या ध्वनित होता है ?

(a) उच्च एवं निम्न अधिकारी

(b) व्यापारिक श्रेणियां

(c) भू-राजस्व कर

(d) इनमें से कोई नहीं

1124. चोलों के सैन्य-संगठन में संबंधित निम्नलिखित कथनों को सही सुमेलित कीजिए :

A. कुदिरैच्चैगर (1) गजारोही दल

B. शैगुन्दर (2) अश्वारोही दल

C. विल्लिगड़ (3) भाला प्रक्षेपक दल

D. कुंजि-मल्लर (4) धनुर्धारी दल

	A	B	C	D
(a)	2	3	4	1
(b)	1	2	3	4
(c)	3	4	1	2
(d)	4	1	2	3

1125. चोलो ने निम्न में से किसके सिक्के चलवाये ?

(a) सोना, चाँदी, ताँबा

(b) सोना, चाँदी, राँगा

(c) चाँदी, राँगा, ताँबा

(d) सीसा, सोना, चाँदी

1126. निम्नलिखित चोल साहित्यिक ग्रंथों को सही सुमेलित कीजिए :

A. शिवज्ञान बोधम (1) क्षमुदार

B. तिरुवुण्डियार (2) मेटकण्डार

C. तिरुक्कलि रुप्पदियार (3) तिरुवियलूर

D. रामानुजनुरैण्डाडि (4) तिरुक्कडबूर

	A	B	C	D
(a)	2	3	4	1
(b)	1	2	3	4
(c)	3	4	1	2
(d)	4	1	2	3

1127. चोल साम्राज्य में व्यापारिक प्रतिष्ठानों को कहा जाता था ?

(a) उप्पायम (b) अंगाडिपट्टम

(c) तटटोपाट्टम (d) चेविकरै

1128. किस चोल शासक ने वैदिक धर्म से अनुप्राणित होकर अश्वमेध यज्ञ सम्पन्न कराया ?

(a) विक्रम चोल (b) सुन्दर चोल

(c) राजाधिराज प्रथम (d) इनमें से कोई नहीं

1129. चोल शासकों को निम्नलिखित में से प्राय: किससे जूझना पड़ा ?

(a) मान्यखेट के राष्ट्रकूटों से

(b) कल्याणी के चालुक्यों से

(c) मदुरै के पाण्ड्यों से

(d) उड़ीसा के गंगों से

1130. चोल साम्राज्य में वस्तु-विनिमय का क्या मुख्य आधार था ?

(a) गाय (b) काशु

(c) धान (d) स्वर्ण

1131. चोल चालुक्य शासक कुलोतुंग प्रथम के बारे में निम्नलिखित में से क्या सत्य है ?

(a) उसकी माँ राजेन्द्र चोल की पुत्री थी।

(b) उसे राजेन्द्र द्वितीय के नाम से भी जाना जाता है।

(c) उसने चीन में अपने शिष्ट मंडल भेजे।

(d) उपर्युक्त तीनों कथन सत्य हैं।

1132. निम्नलिखित में से कौन चोल सेना में शामिल नहीं थे ?

(a) पदाति (b) हस्ति सेना

(c) अश्वारोही (d) रथ सेना

1133. निम्नलिखित में से किस चोल शासक ने विष्णु की प्रतिमा समुद्र में फिकवा दी थी ?

(a) कुलोत्तुंग प्रथम (b) कुलोत्तुंग द्वितीय

(c) राजेन्द्र प्रथम (d) राजराज प्रथम

1134. निम्नलिखित को सही सुमेलित कीजिए :

A. महेन्द्र पंचम (1) सेनापति की उपाधि
B. चामुण्ड राय (2) श्रीलंका का शासक
C. नटराज की मूर्ति (3) होयटाल मंत्री
D. क्षत्रिय शिखामणि (4) तिरुमंण कुलम

	A	B	C	D
(a)	2	3	4	1
(b)	1	2	3	4
(c)	3	4	1	2
(d)	4	1	2	3

1135. गुप्त काल में भारत का सर्वाधिक व्यापार सम्पर्क था:

(a) रोमन साम्राज्य के साथ।
(b) मध्य एशिया के साथ।
(c) दक्षिण-पूर्व एशिया के साथ।
(d) चीन के साथ।

1136. गुप्त काल समान हैं ?

(a) कलचुरी युग के (b) काली युग के
(c) सप्तर्षि युग के (d) वल्लभी युग के

1137. निम्नलिखित राजाओं पर विचार कीजिए :

1. भानुगुप्त 2. बुधगुप्त 3. कच 4. पुरुगुप्त
इनके शासन का सही कालनुक्रम है :

(a) 4, 3, 1, 2 (b) 4, 3, 2, 1
(c) 3, 4, 2, 1 (d) 3, 4, 1, 2

1138. सूची-I के सूची-II से सुमेलित कीजिए और सूचियों के नीचे दिए गए कूट का प्रयोग करके सही उत्तर चुनिए :

सूची-I	*सूची-II*
A. वृहत्तसंहिता	(1) माघ
B. रत्नावली	(2) हर्ष
C. किरातार्जुनीय	(3) बराहमिहिर
D. 'शिशुपाल वध'	(4) भारवि

	A	B	C	D
(a)	3	2	4	1
(b)	3	2	1	4
(c)	2	3	4	1
(d)	2	3	1	4

1139. सूची-I (राजाओं के नाम) को सूची-II (उनके नाम का उल्लेख करने वाले मूलग्रंथ) से सुमेलित कीजिए और सूचियों के नीचे दिए गए कूट का प्रयोग करके सही उत्तर चुनिये :

सूची-I	*सूची-II*
A. ग्रहवर्मन	(1) राजतरंगिणी
B. पुष्यमित्र	(2) मुद्राराक्षस
C. ललितादित्य मुक्त पीड़	(3) हर्षचरित
D. चंद्रगुप्त मौर्य	(4) मालविकाग्निमित्र

	A	B	C	D
(a)	4	3	2	1
(b)	3	4	1	2
(c)	4	3	1	2
(d)	3	4	2	1

1140. सूची-I को सूची-II से सुमेलित कीजिए :

सूची-I	*सूची-II*
A. शैलकृत रथ	(1) एलोरा
B. कैलाश मन्दिर	(2) महाबलिपुरम्
C. वृहदीश्वर मन्दिर	(3) नचनाकुठार
D. पार्वती मन्दिर	(4) तंजुवर

	A	B	C	D
(a)	1	2	4	3
(b)	1	4	2	3
(c)	2	4	3	1
(d)	2	1	4	3

1141. ***कथन (A)*** : उत्तर पश्चिमी भारत से ऐसे सिक्कों के प्रकार मिले हैं जिन पर ग्रीक और ब्राह्मी लिपियों में लेख हैं।

कारण (R) : भारत का यूनानी जगत के साथ विस्तृत व्यापारिक संबंध था।

(a) A और R दोनों सही हैं, और R, A का सही स्पष्टीकरण है।
(b) A और R दोनों सही हैं, और R, A का स्पष्टीकरण नहीं है।
(c) A सही है, परंतु R गलत है।
(d) A गलत है, परतु R सही है।

1142. ***कथन (A)*** : गुप्त काल में गंगा के मैदान में नगरीय केंद्रों का पतन हुआ।

कारण (R) : व्यापार में शिथिलता आई।

कूट :

(a) A और R दोनों सही हैं, और R, A का सही स्पष्टीकरण है।
(b) A और R दोनों सही हैं, परन्तु R, A का स्पष्टीकरण नहीं है।
(c) A सही है, परंतु R गलत है।
(a) A गलत है, परतु R सही है।

1143. निम्नलिखित विद्वानों में से किसने राजपूतों को विदेशियों की सन्तान माना है ?

(a) कर्नल टॉड (b) क्रुक
(c) स्मिथ (d) ये तीनों

1144. वह कौन-सा शासक था, जो राष्ट्रकूट नरेश ध्रुव से पराजित हुआ था, एवं अपनी राजधानी जालौर में स्थापित की थी ?

(a) वत्सराज (b) गोविन्दचन्द्र
(c) महेन्द्रपाल प्रथम (d) नागभट्ट द्वितीय

1145. निम्नलिखित में से किसके दरबार में प्रसिद्ध ग्रंथ कर्पूर-मंजरी का रचयिता राजशेखर रहता था ?

(a) मिहिर भोज प्रथम (b) महेन्द्रपाल प्रथम
(c) महिपाल प्रथम (d) वत्सराज

1146. एक अरब यात्री महीपाल प्रथम को बऊर एवं राष्ट्रकूटों को बल्हर कहता है, वह था :

(a) अलबरूनी (b) अलमसूदी
(c) इब्न खुर्दादब (d) उतबी

1147. अरब यात्री सुलेमान ने पाल राज्य को कहा है ?

(a) बउर (b) बल्हर
(c) रुहमा (d) कोई नहीं

1148. निम्नलिखित को सही सुमेलित कीजिए :

(A) नागभट्ट	1. महाराजाधिराज चतुर्थ
(B) सिंहराज महाराजाधिराज	2. परम भट्टारक परमेश्वर
(C) सीयक द्वितीय	3. महाराजाधिराज
(D) विग्रहराज चतुर्थ	4. उत्पल राज

	A	B	C	D
(a)	2	3	4	1
(b)	1	2	3	4
(c)	3	4	1	2
(d)	4	1	2	3

1149. निम्नलिखित में से असत्य कथन इंगित कीजिए :

(a) नागभट्ट प्रथम ने उज्जयिनी में गुर्जर प्रतिहार वंश की स्थापना की।
(b) कन्नौज को लेकर प्रतिहार नरेश वत्सराज एवं पाल नरेश धर्मपाल के बीच बंगाल में युद्ध हुआ।
(c) दिल्ली की स्थापना प्रतिहार वंश के राजाओं ने की थी।
(d) 1194 ई॰ में चन्दावर के युद्ध में मुहम्मद गोरी पराजित हुआ था।

1150. निम्नलिखित में से किस पाल नरेश ने गंगा नदी में कूदकर आत्महत्या कर ली थी, उसने रामवती नगर की भी स्थापना की थी :

(a) गोपाल (b) रामपाल
(c) धर्मपाल (d) मदनपाल

1151. निम्नलिखित में से किनके राज्य को जैजकिभुक्ति कहा जताा था ?

(a) चन्देल (b) गहड़वाल
(c) परमार (d) कलचुरी

1152. निम्नलिखित में से किसका मत है कि चाहमान वंश की उत्पत्ति आबू पर्वत पर वशिष्ठ द्वारा किये गये यज्ञ-कुंड से हुई थी ?

(a) चन्दबरदाई (b) कर्नल टाड
(c) भण्डारकर (d) स्मिथ

1153. निम्नलिखित वंशों को उनके उपनामों/गोत्रों से सुमेलित कीजिए :

(A) कलचुरी	1. चन्द्रवंशी
(B) चन्देल	2. हैहय
(C) चाहमान	3. जैजाकिभुक्त
(D) चालुक्य	4. वत्सगोत्री

	A	B	C	D
(a)	2	3	4	1
(b)	3	4	1	2
(c)	4	1	2	3
(d)	1	2	3	4

1154. निम्नलिखित में से किस शासक के दरबार में प्रसिद्ध जैन विद्वान् हेमचन्द्र रहता था?

(a) जयसिंह सिद्धराज (b) महेन्द्रपाल प्रथम
(c) भोज परमार (d) भीम प्रथम

1155. निम्नलिखित में से किस राजा ने चालुक्य राजा चामुण्डराज की राजकीय वेशभूषा को मालवा में उसकी वाराणसी यात्रा के दौरान उतरवा लिया था?

(a) मूलराज प्रथम (b) भोज परमार
(c) मिहिर भोज (d) महेन्द्रपाल प्रथम

1156. निम्नलिखित को सही सुमेलित कीजिए :

(A) गहड़वाल	1. यशोवर्मन
(B) परमार	2. चन्द्रदेव
(C) गुर्जर प्रतिहार	3. उपेन्द्र
(D) चन्देल	4. नागभट्ट प्रथम

	A	B	C	D
(a)	2	3	4	1
(b)	3	4	1	2
(c)	4	1	2	3
(d)	1	2	3	4

1157. 1178 ई॰ में मुहम्मद गोरी ने गुजरात पर आक्रमण किया। राजा की संरक्षिका माता नाइकी देवी ने आबू पर्वत के समीप युद्ध में मुहम्मद गोरी को पराजित कर दिया। राजा का नाम था :

(a) मूलराज प्रथम *(b)* मूलराज द्वितीय
(c) भीम प्रथम *(d)* सिद्धराज

1158. निम्नलिखित में से सत्य कथन इंगित कीजिए :

(a) चोल, शासक अपनी उत्पत्ति सूर्य से तथा पल्लव ब्रह्मा से बताते हैं।
(b) चालुक्यों ने बेसर शैली की शुरुआत की।
(c) बेसर शैली के सर्वोत्कृष्ट मन्दिर होयसलो ने बनवाये।
(d) उपर्युक्त तीनों कथन सत्य हैं।

1159. चोलों के समय शिक्षा की भाषा थी :

(a) तमिल *(b)* तेलगू
(c) संस्कृत *(d)* कन्नड़

1160. निम्नलिखित में से असत्य कथन इंगित कीजिए :

(a) चालुक्य नरेश सोमेश्वर तृतीय (1126-1138) ने मानसोल्लास नामक ग्रंथ की रचना की।
(b) वेंगी के पूर्वी चालुक्य वंश की स्थापना चालुक्य नरेश पुलिकेशिन द्वितीय के छोटे भाई विष्णुवर्द्धन ने की।
(c) चालुक्य नरेश इन्द्रवर्मन ने 663 ई॰ में मात्र 7 दिन तक शासन किया।
(d) चोल नरेश कुलोत्तुंग प्रथम 993 ई॰ में सिंहासन पर बैठा।

1161. निम्नलिखित राजाओं को उनकी उपाधियों के क्रम में सही सुमेलित कीजिए :

(A) आहवमल्ल — 1. परांतक प्रथम
(B) महाराजाधिराज — 2. सत्याश्रय
(C) वातापीकोड — 3. दंतिदुर्ग
(D) मदुरैकोड — 4. नरसिंह वर्मन प्रथम

	A	B	C	D
(a)	2	3	4	1
(b)	3	4	1	2
(c)	4	1	2	3
(d)	1	2	3	4

1162. निम्नलिखित में से किस चालुक्य नरेश ने मान्यखेत के स्थान पर अपनी राजधानी कल्याणी बनाया। 1068 ई॰ में उसने तुंगभद्रा में डूबकर अपने प्राण त्याग दिये, वह राजा था ?

(a) पुलकेशिन प्रथम *(b)* कीर्तिवर्मन प्रथम
(c) सोमेश्वर प्रथम *(d)* कुलोत्तुंग प्रथम

1163. निम्नलिखित को सही सुमेलित कीजिए :

(A) बादामी के पश्चिमी चालुक्य — 1. 973-997
(B) कल्याणी के पश्चिमी चालुक्य — 2. 550-750
(C) वेगी के पूर्वी चालुक्य — 3. 950-1100
(D) तैलप द्वितीय — 4. 600-1200

	A	B	C	D
(a)	2	3	4	1
(b)	3	4	1	2
(c)	4	1	2	3
(d)	1	2	3	4

1164. निम्नलिखित में से किस शासक ने वैकुण्ठपेरुमल मन्दिर का निर्माण करवाया था। उसके समय में प्रसिद्ध वैष्णव संत तिरुमंगड़ आलवार हुआ ?

(a) नन्दिवर्मन प्रथम *(b)* नन्दिवर्मन द्वितीय
(c) नरसिंह वर्मन प्रथम *(d)* नरसिंह वर्मन द्वितीय

1165. निम्नलिखित में से कौन-सा कथन पल्लव राजा महेन्द्रवर्मन प्रथम पर लागू नहीं होता ?

(a) महेन्द्रवर्मन प्रथम ने मत्तविलासप्रहसन की रचना की।
(b) उसने मोहिन्द्र-तड़ाग का निर्माण करवाया।
(c) उसने चालुक्य वंशी राजा पुलकेशिन द्वितीय को पराजित किया।
(d) उसका शासन काल 600 से 630 ई॰ तक था।

1166. निम्नलिखित में से किस अभिलेख से पता चलता है कि मिहिरभोज ने आदिवाराह की उपाधि धारण की थी ?

(a) ग्वालियर अभिलेख *(b)* मन्दसौर अभिलेख

(c) मथुरा अभिलेख (d) इनमें से कोई नहीं

1167. निम्नलिखित में किन ऐतिहासिक स्रोतों से गहड़वालों के बारे में जानकारी प्राप्त होती है ?
(a) कसौली का ताम्र पत्र अभिलेख
(b) कुमार देवी का सारनाथ अभिलेख
(c) गोविन्द चन्द्र का देवरिया अभिलेख
(d) उपर्युक्त तीनों अभिलेख

1168. एक पाल राजा को दीर्घकाल तक कलचुरि कर्ण के साथ युद्धरत रहना पड़ा। बौद्ध आचार्य श्रीज्ञान की मध्यस्थता से दोनों में शान्ति स्थापित हुई, वह राजा था :
(a) महिपाल (b) नयपाल
(c) देवपाल (d) धर्मपाल

1169. पालों एवं प्रतिहारों के अन्तर्गत 'पट्टला' से आशय था :
(a) विषय से छोटे एकाश
(b) भुक्ति से छोटे एकाश
(c) मंडल से छोटे एकाश
(d) इनमें से कोई नहीं

1170. निम्नलिखित में से किस शासक को बंगाल के पालों की श्रेष्ठता को नष्ट करने का श्रेय जाता है?
(a) ध्रुव (b) अमोधवर्ष
(c) विजयसेन (d) कुलोतुंग

1171. कश्मीर का वह कौन प्रसिद्ध शासक था जिसे मार्तण्ड मन्दिर के निर्माण का श्रेय है ?
(a) जयपीड विनयादित्य
(b) ललितादित्य मुक्तापीड
(c) अवन्ति वर्मन
(d) इनमें से कोई नहीं

1172. जिस समय महमूद गजनवी ने आक्रमण किया उस समय हिन्दू शाही वंश की राजधानी थी :
(a) उद्भाण्ड (b) पेशावर
(c) काबुल (d) इनमें से कोई नहीं

1173. निम्नलिखित कथनों में से कौन नागभट्ट द्वितीय के सन्दर्भ में लागू नहीं होता ?
(a) यह वत्सराज का पुत्र था एवं इसकी माता का नाम सुन्दर देवी था।
(b) उसने 810 ई० में गोविन्द तृतीय को पराजित किया था।
(c) उसके बाद उसका पुत्र रामभद्र गद्दी पर बैठा।
(d) उसने पाल सम्राट धर्मपाल को पराजित किया।

1174. सेन वंश के शासक लक्ष्मण सेन (1178-1205) के सन्दर्भ में निम्नलिखित में से कौन-सा कथन लागू होता है ?
(a) उसने 60 वर्ष की अवस्था में जयचन्द पर आक्रमण कर उसे पराजित किया था।
(b) उसने बनारस तथा प्रयाग तक सैन्य अभियान किया।
(c) इख्तियारुद्दीन मुहम्मद बिन बख्तियार खिजली के आक्रमण से भयभीत होकर पूर्वी बंगाल भाग गया।
(d) उपर्युक्त तीनों कथन सत्य है।

1175. निम्नलिखित में कौन सही सुमेलित नहीं है ?
(a) सर्वाधिक अच्छी अश्वसेना –प्रतिहार राजाओं के पास
(b) सर्वाधिक अच्छी हस्तिसेना –पाल राजाओं के पास
(c) सबसे अधिक दुर्ग –राष्ट्रकूटों के पास
(d) सबसे अधिक पैदल सेना –चालुक्यों के पास

1176. प्रसिद्ध अरब यात्री सुलेमान निम्नलिखित में से किसके समय में भारत आया ?
(a) मिहिर भोज (b) महीपाल
(c) दन्तिदुर्ग (d) देवपाल

1177. 1193 ई० में जयचंद्र किस युद्ध में मुहम्मद गोरी द्वारा परास्त हुआ और मार डाला गया ?
(a) चन्दावर का युद्ध (b) तराइन का युद्ध
(c) आबू का युद्ध (d) कन्नौज का युद्ध

1178. निम्नलिखित को सही सुमेलित कीजिए :
(A) देवलक 1. विदेश विभाग का प्रधान
(B) उत्पलसेक 2. मूर्तिपूजा से जीविकोपार्जन करने वाला ब्राह्मण
(C) करण 3. एक प्रकार की खारी सब्जी
(D) सन्धिविग्रहिक 4. लिपिक

	A	B	C	D
(a)	2	3	4	1
(b)	3	4	1	2
(c)	4	1	2	3
(d)	1	2	3	4

1179. निम्नलिखित में से वह कौन-सा शासक था जिसने महमूद गजनवी से 1001 ई० में पराजित होने के पश्चात् अपमान न सह पाने के कारण अग्नि में कूदकर आत्महत्या कर ली थी ?
(a) राज्यपाल (b) जयपाल

(c) आनन्दपाल (d) त्रिलेचनपाल

1180. निम्नलिखित में से कश्मीर का वह कौन-सा शासक था जो साहित्य एवं कला का पोषक था। उसके दरबार में क्षीरभट्ट, उद्भट्ट एवं दामोदर भट्ट आदि विद्वान् रहते थे ?

(a) ललितादित्य मुक्तपीड
(b) जयापीड विनयादित्य
(c) कुबलयापीड
(d) वज्रादित्य

1181. पृथ्वीराज तृतीय ने निम्नलिखित में से किस बुन्देलखण्ड के शासक को पराजित किया था ?

(a) जयचन्द्र (b) परमर्दीदेव
(c) गोविन्दचन्द (d) आनन्ददेव

1182. निम्नलिखित में से कौन-सा कथन सत्य है ?

(a) ढ़िल्लिका (दिल्ली) की स्थापना तोमरों ने सन् 730 ई॰ में की।
(b) बारहवीं शताब्दी में चौहानों ने तोमरों को परास्त किया था।
(c) पृथ्वीराज के लड़के गोविन्द को गोरी ने अपनी अधीनता में अजमेर का शासक बनाया।
(d) उपर्युक्त तीनों कथन सत्य हैं।

1183. निम्नलिखित पाल शासकों में किसे पाल वंश का दूसरा संस्थापक माना जाता है ?

(a) नयपाल (b) देवपाल
(c) महीपाल प्रथम (d) धर्मपाल

1184. निम्नलिखित ग्रंथों में से किसमें जयपाल और लाहौर के शासक के मध्य हुए संघर्ष का विवरण मिलता है?

(a) आदाब-उल-मलूक
(b) किफायत-उल-ममलूक
(c) a और b दोनों
(d) कोई नहीं

1185. निम्नलिखित में से कौन-सी रचना भोज की है ?

(a) राजमार्तण्ड (b) आदित्य प्रताप
(c) विद्याविनोद (d) उपर्युक्त तीनों

1186. कश्मीर को उत्पल वंश के बारे में निम्नलिखित में से कौन-सा कथन सत्य है?

(a) इस वंश की स्थापना अवन्तिवर्मन ने की थी।
(b) इस वंश का अन्त 939 ई॰ में हुआ।
(c) इस वंश के शंकरवर्मन ने पंजाब और उत्तरी गुजरात को जीता।
(d) उपर्युक्त तीनों कथन सत्य हैं।

1187. परमार राजा भोज के बारे में निम्नलिखित कौन-सा कथन लागू नहीं होता ?

(a) उसने इन्द्ररथ कीर्तिवर्मन को हराया।
(b) उसने केदारेश्वर, रामेश्वर, सोमनाथ एवं सुंडार के मन्दिरों का निर्गाण करवाया।
(c) उसने आदिवाराह की उपाधि धारण की।
(d) उसे कविराज की उपाधि मिली थी।

1188. निम्नलिखित में किस ग्रंथ में पति को यह अधिकार दिया गया है कि गलती करने पर अपनी पत्नी को वह पीट सके ?

(a) विष्णु पुराण (b) मनुस्मृति
(c) मत्स्य पुराण (d) पराशर स्मृति

1189. निम्नलिखित में से कौन-सा कथन सत्य है ?

(a) 800 से 1200 के मध्य कन्नौज उत्तर भारत में राजनीतिक शक्ति का केन्द्र रहा।
(b) राष्ट्रकूटों का शासन तीनों शक्तियों में सबसे लम्बा था।
(c) पाल वंश के अधीन पूर्वी भारत के बौद्धों का दक्षिणपूर्वी एशिया के बौद्धों से सम्बन्ध प्रगाढ़ हुए।
(d) उपर्युक्त तीनों कथन सत्य हैं।

1190. निम्नलिखित में से किस अभिलेख प्रशस्ति में भारत में प्रथम आक्रमण का उल्लेख मिलता है ?

(a) ग्वालियर अभिलेख (b) मन्दसौर अभिलेख
(c) देवल प्रशस्ति (d) सारनाथ अभिलेख

1191. पूर्व मध्यकालीन इतिहास में किन्हें चाहमानों का परम्परागत प्रतिद्वंदी माना जाता है ?

(a) चन्देलों को (b) गहड़वालों को
(c) परमारों को (d) कलचुरियों को

1192. निम्नलिखित में से किसे देवगिरि के स्वतंत्र यादव राज्य की स्थापना का श्रेय है ?

(a) रामचन्द्रदेव को (b) सिंहन को
(c) भिल्लम को (d) इनमें से कोई नहीं

1193. निम्नलिखित में से किस राष्ट्रकूट राजा को उत्तर भारत की ओर अभियान करने का श्रेय है ?

(a) ध्रुव (b) अमोघवर्ष
(c) कृष्ण तृतीय (d) इन तीनों को

1194. एक राष्ट्रकूट शासक के अभिलेख में उत्तर भारत के पाँच, ब्राह्मण वर्गों-सारस्वत, कान्यकुब्ज, उत्कल, मैथिल एवं गौड का उल्लेख मिलता है, यह राष्ट्रकूट

शासक है :

(a) ध्रुव प्रथम (b) इन्द्र तृतीय

(c) अमोघवर्ष (d) कृष्ण प्रथम

1195. पूर्व मध्यकालीन ब्राह्मणों की जाति-व्यवस्था के संदर्भ में निम्नलिखित में से कौन-सा कथन सत्य है?

(a) परवर्ती मध्यकाल तक राढ़ीय ब्राह्मणों की 56 उपजातियाँ बन गयी थीं।

(b) सभा शृंगार में 34 प्रकार के ब्राह्मणों का उल्लेख मिलता है।

(c) अलबरूनी ने मग अथवा शाकद्वीपी का उल्लेख किया है।

(d) उपर्युक्त तीनों कथन सत्य हैं।

1196. पूर्व मध्यकालीन भारत की जातियों में सबसे बड़ी संख्या थी :

(a) ब्राह्मणों की (b) क्षत्रियों की

(c) वैश्यों की (d) शूद्रों की

1197. निम्नलिखित में कौन-सी रचना राजशेखर की है?

(a) बाल रामायण (b) भुवनकोश

(c) विद्धशालभंजिका (d) उपर्युक्त तीनों

1198. निम्नलिखित में से किस वंश ने तोमरों से दिल्ली छीन ली ?

(a) प्रतिहारों ने (b) चन्देलों ने

(c) चाहमानों ने (d) परमारों ने

1199. पद्मगुप्त-कृत नवसाहसांक चरित से निम्नलिखित में किस वंश के इतिहास पर प्रकाश पड़ता है ?

(a) परमारों पर (b) चन्देलों पर

(c) प्रतिहारों पर (d) राष्ट्रकूटों पर

1200. निम्नलिखित को सही सुमेलित कीजिए :

(A) वृहत्कथाकोष 1. देवण्णभट्ट

(B) चतुर्वर्ग चिन्तामणि 2. हरिषेणाचार्य

(C) उक्ति व्यक्ति पुराण 3. हेमाद्रि

(D) स्मृति चन्द्रिका 4. दामोदर पण्डित

	A	B	C	D
(a)	2	3	4	1
(b)	3	4	1	2
(c)	4	1	2	3
(d)	1	2	3	4

1201. निम्नलिखित में से किस शासक ने पुरी के जगन्नाथ मन्दिर का निर्माण करवाया ?

(a) धंग (b) वोडगंग

(c) काकुत्सवर्मन (d) विष्णु मार्तण्ड

1202. निम्नलिखित में से किस सम्प्रदाय ने जैन धर्म को मैसूर से लगभग बहिष्कृत कर दिया ?

(a) अलवार (b) नयनार

(c) लिंगायत (d) वोक्कालिग

1203. सन् 800 से 1200 मध्य भारत में सामाजिक संगठन का मुख्य कारक था :

(a) वर्ण (b) जाति

(c) धर्म (d) वंश

1204. पाल, प्रतिहार एवं राष्ट्रकूटों में से कन्नौज पर सर्वप्रथम किसने आधिपत्य स्थापित किया ?

(a) प्रतिहार (b) पाल

(c) राष्ट्रकूट (d) सेन

1205. महमूद गजनवी ने भारत पर लगभग 17 आक्रमण किये, इनमें सोमनाथ पर उसने आक्रमण किया :

(a) 1012 ई॰ में (b) 1025 ई॰ में

(c) 1019 ई॰ में (d) 1014 ई॰ में

1206. काव्यायन ने राजा को भूमि का स्वामी होने के कारण उपज के चतुर्थांश का अधिकारी बतलाया है। उनके इस कथन का विद्वानों ने अलग-अलग अर्थ निकाला है। निम्नलिखित में से कौन-सा कथन असंगत है ?

(a) के॰ पी॰ जायसवाल–व्यक्तिगत स्वामित्व

(b) यू॰ वी॰ घोषाल–राजकीय स्वामित्व

(c) पी॰ वी॰ काणे–सामुदायिक स्वामित्व

(d) आर॰ एस॰ शर्मा–एकाप स्वामित्व

1207. निम्नलिखित में से कौन-सी टीका भूमि अनुदान के संबंध में उसके स्वामित्व के अधिकार को भी हस्तान्तरित करने का विधान करती है ?

(a) मिताक्षरा (b) जीमूतवाहन

(c) महाभाष्य (d) इनमें से कोई नहीं

1208. राजा एवं भूमि के संबंधों के संदर्भ में निम्नलिखित में कौन-सा कथन सत्य है ?

(a) राजा को भूमि की उपज का अंश पाने का अधिकार उसे भू-स्वामित्व के कारण था, न कि प्रजा-रक्षण के कारण।

(b) राजा को किसी भी व्यक्ति को उसकी भूमि तथा मकान से वंचित करने का अधिकार था।

(c) राजा अपने स्वामित्व का प्रयोग करते हुए जल निधियों, खानों, वनों तथा प्रजा के ऊपर अधिभार के साथ भूमि अनुदान में देते थे।

(*d*) उपर्युक्त तीनों कथन सत्य हैं।

1209. राजकीय स्वामित्व के ह्रास के कारण भूमि अर्थव्यवस्था पर निम्नलिखित में से क्या प्रभाव पड़ा?
(*a*) भूमि पर व्यक्तिगत अधिकारों का विकास हुआ।
(*b*) गुप्तकाल से पारिवारिक भूमि का विभाजन प्रारम्भ हुआ।
(*c*) व्यवस्थाकारों ने ग्राम-विक्रय का विधान बनाया। वृहस्पति ने गोबर भूमि तक को विभाज्य बताया।
(*d*) उपर्युक्त तीनों कथन सत्य हैं।

1210. सामान्यतया वार्ता के अन्तर्गत कृषि, पशुपालन एवं वाणिज्य को शामिल किया जाता है। निम्नलिखित में से किस व्यवस्थाकार ने इसमें वाणिज्य को शामिल नहीं किया :
(*a*) लक्ष्मीधर (*b*) शबरस्वामी
(*c*) कात्यायन (*d*) वृहस्पति

1211. राजपूतों के प्रसिद्ध छत्तीस कुत्तों का उल्लेख निम्नलिखित में से कहाँ प्राप्त होता है?
(*a*) अपराजितपृच्छा (*b*) पृथ्वीराज रासो
(*c*) प्रबन्ध चिन्तामणि (*d*) अभिधानरत्नमाला

1212. 'भूमि पर लोगों का उतना ही अधिकार है जितना कि राजा का' यह कथन निम्नलिखित में से किसका है?
(*a*) भट्टस्वामी (*b*) वृहस्पति
(*c*) शबरस्वामी (*d*) कात्यायन

1213. चूँकि पूर्व मध्यकाल से बहुत बड़े पैमाने पर ब्राह्मणीकरण हुआ इसलिए अछूत जातियों की संख्या में काफी वृद्धि हुई। वह कथन किस प्रसिद्ध इतिहासकार का है ?
(*a*) आर० एस० शर्मा
(*b*) प्रो० वी० एन० एस० यादव
(*c*) आर० एस० शर्मा
(*d*) इनमें से कोई नहीं

1214. पृथ्वीराज तृतीय के बारे में निम्नलिखित में से कौन-सा कथन सत्य है ?
(*a*) उसने 1177 ई० से 1192 ई० तक शासन किया।
(*b*) उसे राय पिथौरा भी कहा जाता है।
(*c*) प्रारम्भ में उसकी माता ने योग्य मंत्री कैम्बास की सहायता से शासन संचालन किया।
(*d*) उपर्युक्त तीनों कथन सत्य हैं।

1215. निम्नलिखित में से किस अभिलेख से परमार वंश के इतिहास के बारे में जानकारी प्राप्त होती है ?
(*a*) हसोलि अभिलेख (948 ई०)
(*b*) वाक्पति मुंग का उज्जैन अभिलेख (980 ई०)
(*c*) भोज का बाँसवाड़ा अभिलेख
(*d*) उपर्युक्त तीनों से

1216. राजा जो सोना, रत्न तथा मोती धारण करता है, उसकी कीमत एक शहर से अधिक होती है। यह कथन निम्नलिखित में से किसे द्वारा कहा गया है:
(*a*) सुलेमान (*b*) मार्कोपोलो
(*c*) अलमसूदी (*d*) इब्न खुर्दादब

1217. निम्नलिखित में से वह कौन असम का शासक था जिसे प्राची प्रदीप की संज्ञा प्रदान की गयी थी?
(*a*) विघनाथ (*b*) ब्रह्मपाल
(*c*) इंद्रपाल (*d*) इनमें से कोई नहीं

1218. वाक्पति राज प्रणीत गौड़वहो एक प्राकृत काव्य है इस पुस्तक की विषय-वस्तु है :
(*a*) यशोवर्मन की विजयों का वर्णन
(*b*) मुंज की हत्या का प्रकरण
(*c*) सामाजिक व्यवस्थापन का सिद्धांत
(*d*) इनमें से कोई नहीं

1219. ग्यारहवीं-बारहवीं सदी का आर्थिक विकास भारत में सामन्तवाद की गति को रोक नहीं सका, अपितु सामन्तवाद ने ही अपने को तत्कालीन आर्थिक परिवेश के अनुकूल बना लिया। सामन्तवाद के विकास के संदर्भ में यह प्रसिद्ध कथन किस इतिहासकार का है?
(*a*) रामशरण शर्मा (*b*) वी०एन०एस० यादव
(*c*) ए०आर० शर्मा (*d*) इनमें से कोई नहीं

1220. हर्षचरित में छ : प्रकार के सामन्तों का उल्लेख प्राप्त होता है :
(*a*) महासामन्त (*b*) आप्त सामान्त
(*c*) उप सामन्त (*d*) प्रति सामन्त

1221. राजा भूमि का स्वामी होने के कारण उपज के चतुर्थांश का अधिकारी है। यह कथन निम्नलिखित में से किसका है ?
(*a*) कात्यायन (*b*) पराशर
(*c*) भट्टस्वामी (*d*) भट्ट भुवनादेय

1222. राजा भूमि तथा जल दोनों का स्वामी होता है तथा सामान्य जन इन दो के अतिरिक्त किसी के भी स्वामी हो सकते यह कथन निम्नलिखित में से किसका है:
(*a*) काव्यायन (*b*) भट्टस्वामी
(*c*) भबर स्वामी (*d*) कौटिल्य

1223. निम्नलिखित में से कौन भूमि अर्थव्यवस्था की विशेषताओं में शामिल नहीं है?
(a) राजकीय तथा सामुदायिक स्वामित्व का ह्रास
(b) वैयक्तिक स्वामित्व का विकास
(c) सीमित करारोपण
(d) उपसामन्तीकरण

1224. अपराजितपृच्छा के अनुसार सामन्तों की छ : श्रेणियों में निम्नलिखित में से कौन श्रेणी शामिल नहीं है:
(a) माण्डलिक (b) महामण्डलेश्वर
(c) चतुरांशका (d) आप्त सामन्त

1225. सामन्तवाद को क्रमिक विकास के सन्दर्भ में निम्नलिखित कथनों में से सत्य कथन कौन-सा है?
(a) बाह्य आक्रमणों के कारण केन्द्रीय सत्ता निर्बल पड़ गयी तथा चतुर्दिक अराजकता एवं अव्यवस्था फैल गयी। स्थानीय सुरक्षा की जिम्मेदारी के चलते एक नये सामंती वर्ग का उदय हुआ।
(b) प्राचीन धर्म विजय की अवधारणा ने भी सामन्तवाद के उन्नयन में अपना योगदान किया।
(c) सामन्तवाद के विकास में आर्थिक कारकों ने भी योगदान दिया।
(d) उपर्युक्त तीनों कथन सत्य हैं।

1226. निम्नलिखित ग्रंथों में से किनमें सामन्तवाद से संबंधित विवरण प्राप्त होते हैं ?
(a) मानसोल्लास (b) अपराजितापृच्छा
(c) प्रबन्ध चिन्तामणि (d) उपर्युक्त तीनों में

1227. निम्नलिखित में से कौन सामन्तवाद की विशेषताओं में शामिल नहीं है ?
(a) व्यापारियों के इच्छानुसार बसने पर रोक।
(b) किसानों का हस्तांतरण
(c) बेगार प्रथा का समापन
(d) मुद्रा का अभाव

1228. निम्नलिखित में से कौन सामन्तवाद के प्रभाव में शामिल नहीं है ?
(a) सामन्तवाद के बढ़ते प्रभाव के कारण केन्द्रीय सत्ता अत्यन्त निर्बल हो गयी।
(b) सम्राट अपने मंत्रियों की सलाह की उपेक्षा करने लगे।
(c) सम्भ्रान्त कुलों में श्रम को घृणा की दृष्टि से देखा जाने लगा।
(d) कृषि एवं पशुपालन आर्थिक जीवन के आधार न रहे।

1229. शैलोद्रभव वंश के शासक निम्नलिखित में से कहाँ शासन करते थे ?
(a) त्रिपुरी (b) उड़ीसा
(c) कात्रची (d) तंजौर

1230. कलचुरियों की राजधानी वर्तमान जबलपुर के त्रिपुरी नामक स्थान पर थी इसे उस समय एक अन्य नाम से भी जाना जाता था। यह नाम था :
(a) रेवा (b) तेवर
(c) अवंति (d) इनमें से कोई नहीं

1231. परमार वंश के इतिहास में भोज का स्थान अत्यन्त महत्वपूर्ण है उसके बारे में निम्नलिखित में से कौन सा कथन सत्य है ?
(a) उसने चालुक्यों, कलचुरियों, चंदेलों एवं कछवाहों के विरुद्ध लड़ाइयाँ लड़ीं।
(b) कलचुरियाँ एवं चालुक्यों के संयुक्त आक्रमण में उसे पराजित होना पड़ा।
(c) कोंकण और उड़ीसा तक उसने अपनी विजय-ध्वजा फहराई।
(d) उपर्युक्त तीनों कथन सत्य हैं।

1232. निम्नलिखित में से किसे सहस्रालिंग तालाब के निर्माण का श्रेय है ?
(a) भोज परमार (b) वाक्पति मुंज
(c) जयसिंह सिद्धराज (d) विग्रहराज चतुर्थ

1233. निम्नलिखित में से किस चाहमान शासक ने अजमेर नगर की स्थापना की थी?
(a) अजयराज (b) अर्णोराज
(c) विग्रहराज चतुर्थ (d) विग्रहराज प्रथम

1234. निम्नलिखित में से किस प्रसिद्ध राजा ने 'हरिकेलि-नाटिका' नामक ग्रंथ का प्रणयन किया था ?
(a) जयचन्द (b) गोविन्दचन्द
(c) विग्रहराज चतुर्थ (d) लक्षणसेन

1235. कुतुबुद्दीन ऐबक ने 'अढ़ाई दिन का झोपड़ा' नामक एक मस्जिद का निर्माण एक संस्कृत विद्यालय के अवशेषों पर करवाया था। इस संस्कृत महाविद्यालय का निर्माण करवाया था :
(a) गोविन्दचन्द (b) विग्रहराज चतुर्थ
(c) अजयराज (d) अर्णोराज

1236. निम्नलिखित में से किस कलचुरि शासक ने त्रिकलिगाधिपति विक्रमादित्य अंगराज लक्ष्मी हस्तगत जैसी उपाधियाँ धारण की थीं ?
(a) यश-कर्ण ने (b) गागेयदेव ने

(c) कर्ण ने (d) इनमें से कोई नहीं

1237. वैश्य वर्ग की पूर्व मध्यकालीन स्थिति के सन्दर्भ में निम्नलिखित में से कौन-सा कथन सत्य है?

(a) ग्यारहवीं/बारहवीं शती में जब व्यापार एवं वाणिज्य का पुररुत्थान हुआ तब इनकी आर्थिक स्थिति में सुधार हुआ।
(b) इसके पहले शूद्रों ने कृषक के रूप में वैश्यों का स्थान ग्रहण कर लिया था।
(c) स्कन्दपुराण में उल्लिखित है 'कलियुग' में वैश्य वर्ग का पतन होगा।
(d) उपर्युक्त तीनों कथन सत्य हैं।

1238. पूर्व मध्यकाल में कायस्थों के उदय के कारणों में सम्मिलित था :

(a) भूमि अनुदानों से संबंधित कागज-पत्रों को सुरक्षित रखने के लिए लिपिकों के एक विशिष्ट वर्ग का आविर्भाव।
(b) एक सतत सामाजिक परिवर्तन की प्रक्रिया।
(c) शूद्रों में अपने को उच्चतर समझने वाली एक श्रेणी।
(d) उच्च वर्गों में अत्यन्त कमजोर आर्थिक स्थिति वालों का कायस्थों के रूप में रूपान्तरण।

1239. ब्राह्मणों लेखकों ने कायस्थों का उल्लेख प्रजापीड़क के रूप में किया है। निम्नलिखित में से किस ग्रंथ में इस जाति की निन्दा की गई है ?

(a) हर्षचरित (b) अपराजितापृच्छा
(c) राजतरंगिणी (d) प्रबंध-चिन्तामणि

1240. निम्नलिखित में से किस स्मृति में यह व्यवस्था है, राजा किसी ऐसे व्यक्ति से भी उसकी भूमि छीन सकता है जो तीन पीढ़ियों तक उसके कब्जे में रही हो ?

(a) नारद स्मृति (b) वृहस्पति स्मृति
(c) पराशर स्मृति (d) काव्यायन स्मृति

1241. निम्नलिखित में से किस इतिहासकार का विचार है कि भारत में सामन्तवाद का उदय राजाओं द्वारा ब्राह्मणों और प्रशासनिक तथा सैनिक अधिकारियों को भूमि तथा ग्राम दान में दिये जाने के कारण हुआ ?

(a) वी०एन०एस० यादव (b) रामशरण शर्मा
(c) के०पी०जायसवाल (d) यू०एन० घोषाल

1242. पूर्व मध्यकाल में निम्नलिखित में से किसे जाति आधार मान लिया गया ?

(a) कृषि (b) पशुपालन
(c) शिल्प (d) वाणिज्य

1243. पूर्व मध्यकालीन सामाजिक स्थिति के संदर्भ में निम्नलिखित में से कौन-सा कथन सत्य है?

(a) पूर्व मध्यकाल में हिन्दू समाज के जातिगत विघटन की प्रक्रिया पूर्ण हो चुकी थी।
(b) सामाजिक संगठनों में ह्रास के लक्षण दिखाई देते हैं।
(c) कुलीन वर्गों में सुख एवं वैभव की चाह अधिक हो गयी थी।
(d) उपर्युक्त तीनों कथन सत्य हैं।

1244. उत्तर-भारत में ग्राम-प्रशासन के पदाधिकारियों में एक विशिष्ट एवं सम्पन्न वर्ग का उदय हुआ, यह कहलाता था :

(a) महतर (b) माथुर
(c) निगम (d) इनमें से कोई नहीं

1245. पूर्व मध्यकाल में वैश्यों में भी कई उपजातियाँ बन गयी थीं। निम्नलिखित में से कौन-सा कथन सत्य है?

(a) धर्कट (b) प्राग्वाट
(c) दुम्बक (d) सोनार

1246. निम्नलिखित में से किस ग्रंथ में वैश्यों एवं शूद्रों के लिए समान रूप से कृषि-वाणिज्य तथा शिल्प कार्य करने का विधान किया गया है ?

(a) पराशर-स्मृति (b) काव्यायन-स्मृति
(c) नारद-स्मृति (d) वृहस्पति-स्मृति

1247. निम्नलिखित स्मृतियों में से किसमें पहली बार कृषि को ब्राह्मण वर्ण की वृत्ति बताया गया है ?

(a) वृहस्पति-स्मृति (b) पराशर-स्मृति
(c) नारद-स्मृति (d) मनु-स्मृति

1248. पूर्व मध्यकालीन ग्रन्थों में अक्षरचण, अधिकृत, अक्षरचंचु पुस्तपाल, दिविर, धर्मलखिन शब्दों का प्रयोग निम्नलिखित में से किस जाति के लिए किया गया है ?

(a) कायस्थ (b) क्षत्रिय
(c) वैश्य (d) ब्राह्मण

1249. ठाकुर, नाथक, राउत, रणक आदि उपाधियाँ निम्न-लिखित में से किसके लिए प्रयुक्त हुई थीं ?

(a) सामंतों के लिए (b) कायस्थों के लिए
(c) वैश्यों के लिए (d) शूद्रों के लिए

1250. सामन्तवाद के उदय के प्रभावों में से निम्नलिखित में से किसे शामिल किया जा सकता है ?

(a) सामन्तवाद ने परम्परागत चातुर्वर्ण व्यवस्था को प्रभावित किया।

(b) कालवार्न के अनुसार इससे जाति-व्यवस्था के बंधन शिथिल पड़ गये।

(c) समाज के उच्च तथा निम्न वर्गों के मध्य अन्तर क्रमश : समाप्त हो गया (कालवार्न)।

(d) उपर्युक्त तीनों को।

1251. निम्नलिखित विद्वानों में से कौन राजपूतों की विदेशी उत्पत्ति के सिद्धांत का समर्थन करते हैं ?

(a) भण्डारंकर (b) कर्नल टाड
(c) स्मिथ (d) ये तीनों ही

1252. दो ब्राह्मण जब भोजन करने बैठते थे तो वे अपने बीच कपड़े का एक टुकड़ा रख लेते थे अथवा एक लकीर खींच लेते थे। यह कथन निम्नलिखित में से किससे संबंधित है ?

(a) सुलेमान (b) अलमसूदी
(c) अलबरूनी (d) इब्नबतूता

1253. चन्दबरदाई प्रणीत पृथ्वीराज रासो के अनुसार आबू पर्वत पर वशिष्ठ द्वारा किए यज्ञ के अग्निकुण्ड से चार राजपूत कुलों की उत्पत्ति हुई। निम्नलिखित में से कौन उसमें शमिल नहीं है ?

(a) चाहमान (b) परमार
(c) प्रतिहार (d) सेन

1254. पाल राजा रामपाल और कैवर्त किसानों के मध्य हुए संघर्ष का विवरण निम्नलिखित में से किस ग्रंथ में प्राप्त होता है ?

(a) मेरुतुंग की प्रबन्ध चिन्तामणि में
(b) हलायुध की अभिधान रत्नमाला में
(c) सन्ध्याकरनन्दी के रामचरित में
(d) भट्ट भुवनदेव की अपराजित पृच्छा में

1255. निम्नलिखित में से गहड़वाल वंश के किस शासक को सर्वविद्या विचार वाचस्पति की उपाधि मिली थी?

(a) जयचन्द (b) गोविन्दचन्द
(c) नयचन्द (d) इनमें से कोई नहीं

1256. जौनपुर में स्थित अटाला मस्जिद पहले अटाला देवी का प्रसिद्ध मन्दिर था, इसका निर्माण करवाया था :

(a) विजयचन्द (b) विग्रहराज चतुर्थ
(c) गोविन्दचन्द (d) जयचन्द

1257. क्षेमेश्वर विरचित चण्डकोशिकम में एक राजा की विजयों का वर्णन प्राप्त होता है, यह राजा था :

(a) मिहिर भोज (b) महीपाल
(c) भोज परमार (d) देवपाल

1258. प्रतिहार साम्राज्य प्रान्तों में विभक्त था। इन्हें कहा जाता था :

(a) विषय (b) नाडु
(c) भुक्ति (d) मेलाग्राम

1259. प्रसिद्ध ग्रंथ कृतयकल्पतरु का लेखक श्रीहर्ष निम्नलिखित में से किस गहड़वाल शासक के दरबार की शोभा बढ़ाता था :

(a) गोविन्दचन्द (b) जयचन्द
(c) विजयचन्द (d) नयचंद

1260. निम्नलिखित में से किस भारतीय शासक की तुलना सुबुक्तगीन से की गयी है ?

(a) गण्ड (b) यशोवर्मन
(c) धंग (d) जयपाल

1261. निम्नलिखित में से किसे सहस्रालिग तालाब के निर्माण का श्रेय है?

(a) भोज परमार (b) वाक्पति मुंज
(c) जयसिंह सिद्धराज (d) विग्रहराज चतुर्थ

1262. कुतुबुद्दीन ऐबक ने किस वंश की सत्ता का अन्त कर अजमेर पर अधिकार किया था ?

(a) शाही वंश की (b) परमार वंश की
(c) चाहमान वंश की (d) गहड़वाल वंश की

1263. निम्नलिखित में किस चन्देल शासक ने अपने पराक्रम से महमूद गजनवी की सन्धि के लिए विवश कर लिया था ?

(a) धंग ने (b) विद्याधर ने
(c) ननुक ने (d) इनमें से कोई नहीं

1264. सेन राजाओं की वंशावली से सही क्रम निम्नलिखित में से कौन-सा है ?

(a) हेमन्त, विजय, बल्लाल, लक्षमण, विश्वरूप
(b) विजय, बल्लाल, हेमन्त, विश्वरूप, लक्षमण
(c) बल्लाल, विजय, हेमन्त, लक्षमण, विश्वरूप
(d) लक्षमण, विश्वरूप, हेमन्त, बल्लाल, विजय

1265. प्रसिद्ध शासक कुमार पाल ने किसके प्रभाव में आकर जैन धर्म ग्रहण कर लिया था ?

(a) जिनसेन (b) गुणभद्र
(c) हेमचन्द्र (d) नागर्जुन

1266. पाल-प्रशासन के अन्तर्गत 'चौरोद-धरणीका' नामक पदाधिकारी निम्नलिखित में किससे संबंधित थे :
(a) पुलिस पदाधिकारी जो चोरों पर निगाह रखते थे।
(b) चोरों का एक समूह।
(c) गुप्तचर विभाग का प्रमुख।
(d) इनमें से कोई नहीं।

1267. पाल-प्रशासन के अंतर्गत 'कराना' नामक पदाधिकारी से आशय है :
(a) प्रधान लेखक (b) अर्थ व्यवस्थापक
(c) मुख्य रक्षक (d) इनमें से कोई नहीं

1268. प्रश्नोत्तर मलिका नामक प्रसिद्ध ग्रंथ के लेखक थे:
(a) महेन्द्रपाल (b) अमोघवर्ष
(c) विग्रहराज चतुर्थ (d) जयदेव

1269. इन खुर्दादब ने पूर्व मध्यकालीन समाज में सात जातियों का उल्लेख किया है, निम्न में कौन उनमें शामिल नहीं है ?
(a) सबूकफरिया (b) शाण्डिल्य
(c) ब्रह्मा (d) सुनार

1270. चोल प्रशासन के अंतर्गत ब्राह्मणों को दान में दिये गए ग्रामों का प्रबंध सभा करती थी। इन्हें कहा जाता था:
(a) पुरुगुर्रि (b) चतुवेदिमंगलम
(c) अग्रहार (d) सम्वत्सरवारियम

1271. निम्नांकित में से किसकी तुलना मैकियावेली के ''प्रिंस'' से की जा सकती है?
(a) कालिदास का ''मालविकाग्निमित्र''
(b) कौटिल्य का ''अर्थशास्त्र''
(c) वात्स्यायन का ''कामसूत्र''
(d) तिरूवल्लुवर का ''तिरूक्कुरल''

1272. विशाखदत्त के प्राचीन भारतीय नाटक "मुद्राराक्षस" की विषय वस्तु है :
(a) प्राचीन हिन्दू जनश्रुति के देवताओं और राक्षसों के बीच संघर्ष के बारे में
(b) एक आर्य राजकुमार और एक कबीली महिला की प्रेम कथा के बारे में
(c) दो आर्य कबीलों के बीच सत्ता के संघर्ष की कथा के बारे में
(d) चन्द्रगुप्त मौर्य के समय में राजदरबार की दुरभि संधियों के बारे में

1273. ''सौन्दरानन्द'' किसकी रचना है?
(a) अश्वघोष की (b) बाणभट्ट की
(c) भवभूति की (d) भास की

1274. सूची-I को सूची -II के साथ सुमेलित करें :

सूची-I	*सूची-II*
A. चन्द्रगुप्त	1 प्रियदर्शी
B. बिन्दुसार	2 सैन्ड्रोकोटस
C. अशोक	3 अमित्रघात
D. चाणक्य	4 विष्णुगुप्त

कूट:

	A	B	C	D
(a)	2	3	4	1
(b)	1	3	2	4
(c)	2	3	1	4
(d)	3	4	1	2

1275. निम्नलिखित युग्मों में से कौन से सही सुमेलित हैं?
1 मृच्छकटिकम् - शूद्रक
2 बुद्ध चरित - वसुबंधु
3 मुद्राराक्षस - विशाखदत्त
4 हर्षचरित - बाणभट्ट
नीचे दिए गए कूट का प्रयोग कर सही उत्तर चुनिए:
कूट:
(a) 1, 2, 3 और 4
(b) 1, 3 और 4
(c) 1 और 4
(d) 2 और 3

1276. निम्नलिखित व्यक्ति भारत में किसी न किसी समय आए इनके आने का सही कालानुक्रम दिए गए कूट से चुनें:
1 फाहयान 2 इत्सिंग
3 मेगस्थनीज 4 ह्वेनसांग
कूट:
(a) 3,1,2,4 (b) 3,1,4,2
(c) 1,3,2,4 (d) 1,3,4,2

1277. मौर्य नरेश के बारे में निम्न में से कौन-सा कथन सही है?
उन्होंने विकास किया था :
A. संस्कृति कला एवं साहित्य
B. सोने के सिक्के
C. प्रान्तीय विभाजन
D. हिन्दूकुश तक साम्राज्य
कूट:
(a) केवल A
(b) केवल B
(c) केवल A, B एवम् C
(d) केवल A, C, एवम् D

1278. भारतीय साहित्यिक कृतियों के सन्दर्भ में दीर्घ निकाय क्या है?
(a) पाली में एक प्रमुख बौद्ध ग्रन्थ
(b) मुद्राराक्षस से संबंधित विभिन्न गद्य एवम् पद्यमय रचनायें

(*c*) महावीर के उपदेशों का संग्रह
(*d*) कौटिल्य की लघुकथाओं का संग्रह

1279. मौर्यकालीन व्यापारिक गतिविधियों के संबंध में निम्न में से कौन से कथन सत्य हैं?

1. राज्य की ओर से व्यापारियों की सुरक्षा का प्रबन्ध किया जाता था।
2. स्थलमार्ग की अपेक्षा जलमार्ग से व्यापार अधिक सुरक्षित था।
3. जलमार्ग से भारत का सर्वाधिक महत्वपूर्ण व्यापार चीन के साथ था।
4. स्थलमार्ग से तक्षशिला से भारत का व्यापार काबुल, बैक्ट्रिया और पश्चिमी देशों के साथ होता था।

कूट:
(*a*) 1, 2, और 3 (*b*) 2, 3, और 4
(*c*) 1, 2, और 4 (*d*) उपरोक्त सभी

1280. निम्न में से कौन अशोक के बाद मौर्य वंश के शासक हुए?

1. कुणाल 2. सम्प्रति
3. विगताशोक 4. वीरसेन
5. शालिशूल

कूट:
(*a*) 1, 2, और 3 (*b*) 2, 3, और 4
(*c*) 1, 3, और 4 (*d*) उपरोक्त सभी

1281. अशोक के धम्म में निम्न में से किन तत्त्वों का निषेध किया गया है?

(1) उग्र व्यवहार (2) निष्ठुरता
(3) क्रोध (4) घमण्ड
5. ईर्ष्या

कूट:
(*a*) 2, 3 एवं 5 (*b*) 1, 2 एवं 4
(*c*) केवल 2 (*d*) 1, 2, 3, 4 एवं 5

1282. अमरावती शैली की सामान्य विशेषतायें, निम्न में से कौन सी हैं?

1. चित्रों को सफेद संगमरमर पर उकेरा गया है
2. मूर्तियों के लम्बे पैर एवं समान आकृतियां हैं
3. मुख्य विषय मानव है
4. स्थापत्य प्रतिनिधित्व में राजा एवं राजप्रसाद को प्रमुखता दी गयी है।

कूट:
(*a*) 1, 2 एवं 3 (*b*) 2 एवं 3
(*c*) 1, 2 एवं 4 (*d*) 1, 2, 3 एवं 4

1283. सूची-I को सूची -II के साथ सुमेलित करें :

सूची-I	*सूची-II*
A. महामात्य	1 प्रान्त या मुक्ति के गवर्नर
B. कुमारामात्य	2 ग्राम का मुखिया
C. उपारिक	3 विभिन्न महत्वपूर्ण विभाग
D. ग्रामिक	4 प्रान्तीय वायसराय

कूट:

	A	B	C	D
(*a*)	4	3	1	2
(*b*)	1	3	2	4
(*c*)	4	3	2	1
(*d*)	1	2	3	4

1284. सूची-I को सूची -II के साथ सुमेलित करें :

सूची-I (शासक)	*सूची-II* (उपाधि)
A. अशोक	1 विक्रमादित्य
B. कनिष्क	2 कलिंग चक्रवर्ती
C. खारवेल	3 महेन्द्रादित्य
D. कुमारगुप्त	4 देवपुत्र
	5 प्रियदर्शी

कूट:

	A	B	C	D
(*a*)	1	2	3	4
(*b*)	5	4	2	1
(*c*)	2	1	4	3
(*d*)	5	4	2	3

1285. सूची-I को सूची -II के साथ सुमेलित कीजिए और सूचियों के नीचे दिए हुए कूट का प्रयोग करते हुए सही उत्तर का चयन कीजिए:

सूची-I (संवत्सर)	*सूची-II* (किस समय से गणना)
A. विक्रम संवत्सर	1. 3102 ई॰ पू॰
B. शक संवत्सर	2. 320 ई॰ पू॰
C. गुप्त संवत्सर	3. 78 ई॰ पू॰
D. कालि संवत्सर	4. 57 ई॰ पू॰
	5. 248 ई॰ पू॰

कूट:

	A	B	C	D
(*a*)	2	4	5	1
(*b*)	1	3	2	4
(*c*)	4	5	2	3
(*d*)	4	3	2	1

1286. निम्नलिखित कथनों पर विचार कीजिए और नीचे दिए गए कूट से सही उत्तर चुनिए :

1 अंतिम मौर्य शासक बृहद्रथ की हत्या उसके प्रधान सेनापति पुष्यमित्र शुंग ने की थी।
2 अंतिम शुंग राजा देवभूति की हत्या उसके ब्राह्मण मंत्री वासुदेव कण्व ने की और राजसिंहासन हथिया लिया।

3 आन्ध्र ने कण्व राजवंश के अंतिम शासक को पदवंचित किया था।

कूट:

(a) 1 और 2 (b) केवल 2
(c) केवल 3 (d) 1, 2, और 3

1287. नीचे सूची-I में कुछ शासक वंशों तथा सूची -II में उनके अंतिम शासकों का नाम दिया गया है। उन्हें सुमेलित करें तथा सूचियों के नीचे दिए गए विकल्पों में से सही उत्तर का चयन करें :

सूची-I	*सूची-II*
A. शुंग	I देवभूति
B. कण्व	II सुशर्मा
C. हिन्द-यवन	III हर्मियस
D. शक	IV रूद्र सिंह तृतीय

कूट:

	A	B	C	D
(a)	I	II	III	IV
(b)	IV	III	II	I
(c)	I	IV	III	II
(d)	II	I	IV	III

1288. सूची-I को सूची -II के साथ सुमेलित करें :

सूची-I (मौर्योत्तरकालीन वंश)	*सूची-II* (संस्थापक)
A. शुंग वंश	1 खारवेल
B. कण्व वंश	2 ज्ञात नहीं है
C. सातवाहन वंश	3 सिमुक
D. कलिंग का चेदि वंश	4 वासुदेव
	5 पुष्यमित्र

कूट:

	A	B	C	D
(a)	2	3	4	5
(b)	3	4	5	1
(c)	4	5	1	2
(d)	5	4	3	2

1289. सूची-I को सूची -II के साथ सुमेलित कीजिए और सूचियों के नीचे दिए गए कूट का प्रयोग कर सही उत्तर का चयन कीजिए:

सूची-I (ग्रंथकार)	*सूची-II* (मूलग्रंथ)
A. वराहमिहिर	1 प्रबन्ध चिंतामणि
B. विशाखदत्त	2 मृच्छकटिकम्
C. शूद्रक	3 वृहत्-संहिता
D. विल्हण	4 देवी चंद्रगुप्तम्
	5 विक्रमांक देव चरित

कूट:

	A	B	C	D
(a)	3	4	5	2
(b)	3	4	2	5
(c)	5	3	4	1
(d)	1	3	5	2

1290. सूची-I को सूची -II के साथ सुमेलित करें :

सूची-I (दरबारी कवि)	*सूची-II* (संरक्षक राजा)
A. अमीर खुसरो	1 चन्द्रगुप्त II
B. कालिदास	2 समुद्रगुप्त
C. हरिसेन	3 हर्षवर्धन
D. बाणभट्ट	4 अलाउद्दीन खिलजी

कूट:

	A	B	C	D
(a)	1	2	3	4
(b)	4	1	2	3
(c)	4	3	2	1
(d)	2	4	1	3

1291. सूची-I को सूची-II के साथ सुमेलित करें :

सूची-I (स्थान)	*सूची-II* (स्मारक)
A. एलीफेन्टा	1 स्तूप
B. श्रवणबेलगोला	2 मंदिर
C. खजुराहो	3 गुफा
D. साँची	4 मूर्ति

कूट:

	A	B	C	D
(a)	4	2	3	1
(b)	3	4	2	1
(c)	2	4	3	1
(d)	3	2	4	1

1292. गुप्तकालीन स्थापत्य कला का सर्वोत्कृष्ट मंदिर निम्नलिखित में से कौन सा है?

(a) भीतर गांव का मंदिर
(b) देवगढ़ का दशावतार मन्दिर
(c) भूमरा का शिवमन्दिर
(d) तिगवा का विष्णु मन्दिर

1293. सूची-I को सूची-II के साथ सुमेलित करें :

सूची-I	*सूची-II*
A. विशाखदत्त	1 चिकित्सा
B. वराहमिहिर	2 नाटक
C. चरक	3 खगोल विज्ञान
D. ब्रह्मगुप्त	4 गणित

कूट:

	A	B	C	D
(a)	1	3	4	2
(b)	2	1	3	4
(c)	2	3	1	4
(d)	3	4	1	2

1294. निम्नलिखित सूचियों को सुमेलित करें :

सूची-I (राजवंश)	*सूची-II* (साम्राज्य)
A. चालुक्य	1 कांचीपुरम्
B. पल्लव	2 बादामी
C. पांड्य	3 वेंगी
D. सातवाहन	4 मदुरै

कूट:

	A	B	C	D
(a)	2	1	4	3
(b)	2	4	1	3
(c)	3	4	1	2
(d)	3	1	4	2

1295. निम्नलिखितर सूचियों को सुमेलित करें :

सूची-I (राजा)	*सूची-II* (वंश)
A. बिंदुसार	1 चोल
B. कनिष्क	2 कुषाण
C. पुष्यमित्र	3 मौर्य
D. राजा राजेन्द्र	4 शुंग

कूट:

	A	B	C	D
(a)	3	2	1	4
(b)	2	3	4	1
(c)	3	2	4	1
(d)	2	3	1	4

1296. निम्नलिखित को सुमेलित करें :

A. पूर्वी चालुक्य	1 वारंगल
B. यादव	2 वेंगी
C. काकतीय	3 द्वारसमुद्र
D. होयसल	4 देवगिरि
	5 तलकाड

कूट:

	A	B	C	D
(a)	1	2	3	4
(b)	5	3	1	2
(c)	2	4	1	3
(d)	2	5	1	4

1297. सूची-I को सूची -II के साथ सुमेलित करें :

सूची-I (मंदिर)	*सूची-II* (निर्माता)
A. खजुराहो के मंदिर	1 तिरूमल्लाई नायक
B. माउंटआबू का दिलवाड़ा मंदिर	2 चंदेल
C. पुरी का जगन्नाथ मंदिर	3 चालुक्य
D. विट्ठल स्वामी का मंदिर	4 अनन्तवर्मन गंग
	5 विजयनगर के शासक

कूट:

	A	B	C	D
(a)	2	1	5	3
(b)	4	5	3	2
(c)	3	4	5	2
(d)	2	3	4	5

1298 सूची-I को सूची -II से सुमेलित करें और सूचियों के नीचे दिए गए कूट से सही उत्तर चुनें :

सूची-I	*सूची-II*
A. मनुस्मृति	1 संस्कृत
B. गाथा सप्तसती	2 असमिया
C. प्रहलाद चरित्र	3 प्राकृत
D. विवेक सिन्धु	4 मराठी

कूट:

	A	B	C	D
(a)	2	3	1	4
(b)	3	1	2	4
(c)	1	2	4	3
(d)	1	3	2	4

1299.

सूची-I (वंश)	*सूची-II* (राजधानी)
A. पल्लव	1 धिलिका
B. चालुक्य	2 कांचीपुरम्
C. होयसल	3 वातापी
D. तोमर	4 द्वारसमुद्र

कूट:

	A	B	C	D
(a)	1	2	3	4
(b)	2	3	4	1
(c)	1	4	3	2
(d)	2	3	1	4

1300.

सूची-I (मंदिर)	*सूची-II* (स्थान)
A. दशावतार मंदिर	1 भुवनेश्वर
B. कंढ़रिया महादेव मंदिर	2 तंजौर

C. वृहदेश्वर मंदिर 3 खजुराहो
D. लिंगराज मंदिर 4 देवगढ़

कूटः

	A	B	C	D
(a)	1	2	3	4
(b)	4	3	2	1
(c)	1	4	2	3
(d)	4	2	1	3

1301. निम्नलिखित में से पल्लवों के समकालीन थे -

(1) गंग (2) कदम्ब
(3) चालुक्य (4) सातवाहन

कूटः

(a) 1 एवं 4 *(b)* 1, 2 एवं 3
(c) 2, 3 एवं 4 *(d)* 2 एंव 4

1302. निम्नलिखित सूचियों को सुमेलित करें :

सूची-I (दरबारी कवि/विद्वान)	*सूची-II* (संरक्षक/आश्रयदाता)
A. अमर सिंह	1. महिपाल
B. रविकीर्त्ति	2 अमोघवर्ष
C. वाक्पति	3 यशोवर्मन
D. जिनसेन	4 पुलकेशिन द्वितीय
E. राजशेखर	5 चन्द्रगुप्त द्वितीय

कूटः

	A	B	C	D	E
(a)	1	3	5	2	4
(b)	5	4	3	2	1
(c)	1	2	3	4	5
(d)	3	4	2	5	1

1303. *ऐतिहासिक स्मारक स्थल* *संबंधित शासक/वंश*

A. पाषाण को काटकर बनाया गया विष्णु मंदिर	1. अलाउद्दीन खिलजी
B. खजुराहो के मंदिर	2 सातवाहन
C. ऐलोरा के स्तूप	3 गुप्त
D. कार्ले चैत्य	4 चंदेल
E. सीरी का किला	5 पल्लव

कूटः

	A	B	C	D	E
(a)	5	4	3	2	1
(b)	1	3	4	2	5
(c)	2	3	1	4	5
(d)	5	3	4	2	1

1304. निम्नलिखित कथनों को पढ़िये -

1. उसे भारत का अंतिम महान हिन्दू शासक कहा गया है।
2. प्रसिद्ध चीनी यात्री ह्वेनसांग ने उसके शासनकाल में भारत की यात्रा की।
3. उसने प्रियदर्शिका, रत्नावली एवं नागानन्द नामक प्रसिद्ध ग्रंथों की रचना की।
4. उसका साम्राज्य गुप्त शासकों के समान था।
5. प्रारंभ में वह शैव था, किन्तु बाद में वह बौद्ध धर्म की ओर आकृष्ट हो गया।

उपरोक्त कथन निम्नलिखित किस शासक से सम्बद्ध हैं?

(a) कनिष्क *(b)* हर्षवर्धन
(c) अशोक *(d)* चन्द्रगुप्त मौर्य

1305. सूची-I को सूची -II के साथ सुमेलित करें :

सूची-I (वंश)	*सूची-II* (संस्थापक)
A. वाकाटक	1 साल
B. राष्ट्रकूट	2 मयूरशर्मन
C. कदम्ब	3 विन्ध्यशक्ति
D. होयसल	4 भिल्लम - पंचम

कूटः

	A	B	C	D
(a)	2	3	4	5
(b)	3	2	5	4
(c)	3	4	2	1
(d)	5	3	2	1

1306.

सूची-I	*सूची-II*
A. भवभूति	1 कन्नौज का यशोवर्मन
B. दण्डी	2 नरसिंह वर्मन
C. राजशेखर	3 महिपाल
D. गुणाध्याय	4 हाल
	5 अमोघवर्ष

कूटः

	A	B	C	D
(a)	1	2	3	4
(b)	2	3	4	1
(c)	1	2	4	5
(d)	2	1	3	4

1307.

सूची-I	*सूची-II*
A. भितरगाँव	1 बौद्ध स्तूप
B. भरहुत	2 ईंटों का मंदिर
C. कौशाम्बी	3 समुद्रगुप्त का विजय स्तंभ
D. वाराणसी	4 पार्श्वनाथ का जन्म

कूट:

	A	B	C	D
(a)	1	2	3	4
(b)	2	1	4	3
(c)	2	1	3	4
(d)	1	2	4	3

1308. निम्न शासकों को उनके शासनकाल के आधार पर सही क्रम में विन्यस्त करें :-

1. चन्द्रगुप्त प्रथम 2. समुद्रगुप्त
3. चन्द्रगुप्त द्वितीय 4. कुमार गुप्त प्रथम
5. स्कंदगुप्त

कूट:

(a) 1, 4, 3, 5, 2
(b) 2, 1, 3, 5, 4
(c) 1, 2, 3, 4, 5
(d) 1, 3, 4, 2, 5

1309. निम्नलिखित सूचियों को सुमेलित करें :

सूची-I	***सूची-II***
A. विक्रम संवत्	1. 622 ई०
B. शक संवत्	2. 320 ई०
C. हिजरी संवत्	3. 78 ई०
D. गुप्त संवत्	4. 58 ई०

कूट:

	A	B	C	D
(a)	3	4	1	2
(b)	3	4	2	1
(c)	4	3	1	2
(d)	4	3	2	1

निर्देश: (प्रश्न सं० 1310-1331 के लिए): *आगामी प्रश्नों में दो वक्तव्य हैं। एक को ''कथन (A) '' तथा दूसरे को ''कारण (R)'' कहा गया है। इन दोनों वक्तव्यों का सावधानीपूर्वक परीक्षण कर इन प्रश्नों का उत्तर नीचे दिए गए कूट की सहायता से चुनिए :*

कूट:

(a) (A) और (R) दोनों सही हैं, और (R), (A) की सही व्याख्या है।
(b) (A) और (R) दोनों सही हैं, परन्तु (R), (A) की सही व्याख्या नहीं है।
(c) (A) सही है, परन्तु (R) गलत है।
(d) गलत है, परन्तु (R) सही है।

1310. कथन (A) - जैन धर्म के अहिंसा पर बल ने कृषकों को जैन धर्म अपनाने से रोका।

कारण (R) - कृषि में कीटों एवं पीड़कों की हत्या होना शामिल है।

1311. कथन (A) - लगभग दो वर्ष के अभियान के पश्चात् सिकन्दर महान ने 325 ई० पू० में भारत छोड़ दिया।

कारण (R) - वह चन्द्रगुप्त मौर्य से पराजित हुआ था।

1312. कथन (A) - कुशीनगर मल्ल गणराज्य की राजधानी थी।

कारण (R) - महात्मा बुद्ध का महापरिनिर्वाण कुशीनगर में हुआ था।

1313. कथन (A) - चन्द्रगुप्त द्वितीय ने विक्रमादित्य की उपाधि ग्रहण की।

कारण (R) - हूण विजय के उपरांत उसने यह उपाधि ग्रहण की।

1314. कथन (A) - नन्द वंश को पितृहन्ता वंश के रूप में जाना जाता है।

कारण (R) - धननन्द ने अपने पिता की हत्या कर मगध की सत्ता प्राप्त की थी।

1315. कथन (A) - प्रारंभिक वैदिक समाज में यदा कदा आपसी जनजातीय झगड़े एवं टकराव होते रहते थे।

कारण (R) - प्रारंभिक वैदिक समाज भू-स्वामित्व पर आधारित निजी सम्पत्ति की अवधारणा से परिचित था।

1316. कथन (A) - भारत में सिक्कों का प्रयोग सर्वप्रथम 6ठी शताब्दी ई० पू० में प्रारंभ हुआ।

कारण (R) - इस समय वस्तु-विनिमय पद्धति का प्रचलन बहुतायत में था।

1317. कथन (A) - मौर्यकाल में कृषि क्षेत्र से अधिशेष उत्पादन होने लगा था।

कारण (R) - लौह तकनीक के प्रयोग ने कृषि के प्रसार को बढ़ावा दिया।

1318. कथन (A) - सिन्धु सभ्यता के निवासी मृत्यु के पश्चात् भी कुछ बातों में विश्वास करते थे।

कारण (R) - हड़प्पा के उत्खनन में कुछ कब्रों में आभूषण एवं श्रृंगार की वस्तुएं पायी गयी हैं।

1319. कथन (A) - गुप्त एवं गुप्तोत्तर काल में नयी जातियों का अभ्युदय एवं प्रसार हुआ।

कारण (R) - इस काल में किसी व्यक्ति की सामाजिक स्थिति का निर्धारण केवल वर्ण से ही नहीं अपितु भू-सम्पत्ति से भी होता था।

1320. कथन (A) - आधुनिक उत्तर प्रदेश को गुप्त शासकों का वास्तविक साम्राज्य माना जाता है।

कारण (R) - यहाँ से प्रारंभिक गुप्त शासकों के सिक्के एवं लेख पाये गए हैं।

1321. कथन (A) - राजेन्द्र चोल ने भारत के बाहर दक्षिण-पूर्वी राज्यों पर भी विजय प्राप्त की।

कारण (R) - उसके पास एक शक्तिशाली और दक्ष नौ सेना थी।

1322. कथन (A) - कुषाणों ने उत्तर एवं उत्तर-पश्चिमी भारत में सर्वाधिक कांस्य सिक्के जारी किए।

कारण (R) - कुषाण सोने के सिक्के ढ़ालने की विधि से परिचित नहीं थे।

1323. कथन (A) - आठवीं-दसवीं शताब्दी के मध्य उत्तर भारत में नए स्वर्ण सिक्कों की अत्यधिक कमी थी।

कारण (R) - इस अवधि में भारत के विदेशी व्यापार में, विशेषकर रोमन शासकों के साथ, अत्यधिक गिरावट आयी।

1324. कथन (A) - प्राचीन काल में सैंधव क्षेत्र अत्यधिक उर्वर था।

कारण (R) - सिन्धु सभ्यता के क्षेत्रों के उत्खनन से कई विशाल अन्नागार प्राप्त किए गए हैं।

1325. कथन (A) - हड़प्पावासी किसी धर्म में विश्वास नहीं करते थे।

कारण (R) - अभी तक हड़प्पा सभ्यता के क्षेत्रों से किसी मन्दिर के साक्ष्य नहीं पाए गए हैं।

1326. कथन (A) - गंगा की घाटी में कन्नौज अपनी सामरिक एवं भौगोलिक स्थिति के कारण अत्यन्त शक्तिशाली बन गया।

कारण (R) - कन्नौज, गंगा के दोआब में स्थित था तथा शीघ्र ही उसने पूर्वी एवं पश्चिमी दोआब में नियंत्रण स्थापित कर लिया।

1327. कथन (A) - मृद्भाण्ड भूगर्भीय एवं पुरातात्विक वर्गीकरण के महत्वपूर्ण साधन हैं।

कारण (R) - मृद्भाण्डों की सहायता से विभिन्न संस्कृतियों की पहचान की गयी है।

1328. कथन (A) - जैन धर्म उतनी तेजी से नहीं फैला, जितनी तेजी से बौद्ध धर्म।

कारण (R) - जैन धर्म को उतना राजकीय संरक्षण नहीं मिला, जितना कि बौद्ध धर्म को।

1329. कथन (A) - अशोक का उद्देश्य धम्म की नीति द्वारा बौद्ध धर्म को प्रोत्साहन करना था।

कारण (R) - अशोक ने कलिंग के युद्ध के पश्चात् बौद्ध धर्म अपना लिया।

1330. कथन (A) - द्वितीय - प्रथम ईसा पूर्व में आन्ध्र के तटीय क्षेत्रों में व्यापक पैमाने पर धान की खेती की जाती थी।

कारण (R) - लोहे के प्रयोग से इस क्षेत्र में कृषि का तेजी से विकास हुआ।

1331. कथन (A) - चोल शासकों की प्रसिद्धि उनके उत्तराधिकारियों की तुलना में ज्यादा है।

कारण (R) - चोल शासकों ने अपनी उपलब्धियों को मन्दिरों की दीवारों पर उत्कीर्ण कराया।

उत्तरमाला

1	2	3	4	5	6	7	8	9	10
(d)	(d)	(d)	(a)	(c)	(c)	(c)	(d)	(a)	(d)
11	**12**	**13**	**14**	**15**	**16**	**17**	**18**	**19**	**20**
(a)	(b)	(a)	(a)	(b)	(a)	(b)	(b)	(d)	(c)
21	**22**	**23**	**24**	**25**	**26**	**27**	**28**	**29**	**30**
(a)	(d)	(a)	(c)	(d)	(c)	(d)	(c)	(b)	(d)
31	**32**	**33**	**34**	**35**	**36**	**37**	**38**	**39**	**40**
(b)	(a)	(c)	(a)	(c)	(c)	(b)	(a)	(c)	(b)
41	**42**	**43**	**44**	**45**	**46**	**47**	**48**	**49**	**50**
(c)	(b)	(c)	(a)	(a)	(b)	(a)	(d)	(a)	(a)
51	**52**	**53**	**54**	**55**	**56**	**57**	**58**	**59**	**60**
(b)	(a)	(a)	(a)	(b)	(b)	(b)	(c)	(b)	(c)

61	62	63	64	65	66	67	68	69	70
(c)	*(c)*	*(c)*	*(c)*	*(d)*	*(c)*	*(c)*	*(d)*	*(d)*	*(a)*
71	**72**	**73**	**74**	**75**	**76**	**77**	**78**	**79**	**80**
(c)	*(b)*	*(a)*	*(b)*	*(a)*	*(c)*	*(b)*	*(d)*	*(d)*	*(a)*
81	**82**	**83**	**84**	**85**	**86**	**87**	**88**	**89**	**90**
(c)	*(d)*	*(c)*	*(a)*	*(b)*	*(d)*	*(c)*	*(a)*	*(b)*	*(c)*
91	**92**	**93**	**94**	**95**	**96**	**97**	**98**	**99**	**100**
(d)	*(b)*	*(b)*	*(a)*	*(a)*	*(a)*	*(b)*	*(b)*	*(a)*	*(c)*
101	**102**	**103**	**104**	**105**	**106**	**107**	**108**	**109**	**110**
(a)	*(b)*	*(c)*	*(b)*	*(c)*	*(c)*	*(b)*	*(a)*	*(c)*	*(d)*
111	**112**	**113**	**114**	**115**	**116**	**117**	**118**	**119**	**120**
(b)	*(b)*	*(d)*	*(b)*	*(b)*	*(c)*	*(c)*	*(b)*	*(a)*	*(a)*
121	**122**	**123**	**124**	**125**	**126**	**127**	**128**	**129**	**130**
(b)	*(a)*	*(a)*	*(c)*	*(c)*	*(d)*	*(c)*	*(d)*	*(d)*	*(d)*
131	**132**	**133**	**134**	**135**	**136**	**137**	**138**	**139**	**140**
(c)	*(b)*	*(c)*	*(d)*	*(c)*	*(a)*	*(b)*	*(d)*	*(a)*	*(b)*
141	**142**	**143**	**144**	**145**	**146**	**147**	**148**	**149**	**150**
(d)	*(b)*	*(d)*	*(d)*	*(b)*	*(c)*	*(c)*	*(a)*	*(d)*	*(d)*
151	**152**	**153**	**154**	**155**	**156**	**157**	**158**	**159**	**160**
(a)	*(c)*	*(a)*	*(c)*	*(d)*	*(a)*	*(a)*	*(b)*	*(d)*	*(d)*
161	**162**	**163**	**164**	**165**	**166**	**167**	**168**	**169**	**170**
(b)	*(d)*	*(b)*	*(b)*	*(c)*	*(d)*	*(d)*	*(c)*	*(d)*	*(d)*
171	**172**	**173**	**174**	**175**	**176**	**177**	**178**	**179**	**180**
(a)	*(d)*	*(a)*	*(b)*	*(a)*	*(a)*	*(a)*	*(a)*	*(c)*	*(a)*
181	**182**	**183**	**184**	**185**	**186**	**187**	**188**	**189**	**190**
(a)	*(a)*	*(a)*	*(a)*	*(d)*	*(a)*	*(d)*	*(c)*	*(d)*	*(b)*
191	**192**	**193**	**194**	**195**	**196**	**197**	**198**	**199**	**200**
(d)	*(a)*	*(a)*	*(c)*	*(b)*	*(c)*	*(a)*	*(c)*	*(a)*	*(d)*
201	**202**	**203**	**204**	**205**	**206**	**207**	**208**	**209**	**210**
(c)	*(c)*	*(c)*	*(b)*	*(d)*	*(c)*	*(b)*	*(b)*	*(c)*	*(d)*
211	**212**	**213**	**214**	**215**	**216**	**217**	**218**	**219**	**220**
(a)	*(b)*	*(c)*	*(d)*	*(b)*	*(a)*	*(c)*	*(a)*	*(d)*	*(c)*
221	**222**	**223**	**224**	**225**	**226**	**227**	**228**	**229**	**230**
(c)	*(d)*	*(b)*	*(b)*	*(a)*	*(b)*	*(b)*	*(b)*	*(c)*	*(a)*
231	**232**	**233**	**234**	**235**	**236**	**237**	**238**	**239**	**240**
(b)	*(a)*	*(d)*	*(a)*	*(d)*	*(d)*	*(c)*	*(d)*	*(c)*	*(c)*
241	**242**	**243**	**244**	**245**	**246**	**247**	**248**	**249**	**250**
(c)	*(b)*	*(a)*	*(d)*	*(b)*	*(a)*	*(c)*	*(a)*	*(d)*	*(c)*
251	**252**	**253**	**254**	**255**	**256**	**257**	**258**	**259**	**260**
(b)	*(c)*	*(d)*	*(d)*	*(b)*	*(d)*	*(d)*	*(a)*	*(d)*	*(b)*
261	**262**	**263**	**264**	**265**	**266**	**267**	**268**	**269**	**270**
(a)	*(d)*	*(b)*	*(c)*	*(c)*	*(d)*	*(d)*	*(b)*	*(a)*	*(d)*
271	**272**	**273**	**274**	**275**	**276**	**277**	**278**	**279**	**280**
(a)	*(c)*	*(a)*	*(c)*	*(a)*	*(c)*	*(b)*	*(d)*	*(d)*	*(c)*
281	**282**	**283**	**284**	**285**	**286**	**287**	**288**	**289**	**290**
(c)	*(b)*	*(c)*	*(d)*	*(c)*	*(b)*	*(d)*	*(c)*	*(b)*	*(c)*

291	292	293	294	295	296	297	298	299	300
(b)	(c)	(a)	(a)	(d)	(a)	(d)	(d)	(d)	(d)
301	**302**	**303**	**304**	**305**	**306**	**307**	**308**	**309**	**310**
(b)	(a)	(b)	(d)	(d)	(a)	(a)	(a)	(c)	(b)
311	**312**	**313**	**314**	**315**	**316**	**317**	**318**	**319**	**320**
(a)	(d)	(b)	(c)	(c)	(b)	(a)	(c)	(c)	(d)
321	**322**	**323**	**324**	**325**	**326**	**327**	**328**	**329**	**330**
(c)	(c)	(a)	(a)	(d)	(d)	(b)	(d)	(b)	(b)
331	**332**	**333**	**334**	**335**	**336**	**337**	**338**	**339**	**340**
(c)	(b)	(c)	(b)	(a)	(a)	(b)	(b)	(d)	(a)
341	**342**	**343**	**344**	**345**	**346**	**347**	**348**	**349**	**350**
(c)	(a)	(b)	(a)	(b)	(a)	(a)	(c)	(a)	(a)
351	**352**	**353**	**354**	**355**	**356**	**357**	**358**	**359**	**360**
(d)	(b)	(c)	(c)	(b)	(d)	(a)	(d)	(d)	(b)
361	**362**	**363**	**364**	**365**	**366**	**367**	**368**	**369**	**370**
(d)	(c)	(c)	(d)	(d)	(b)	(a)	(a)	(a)	(a)
371	**372**	**373**	**374**	**375**	**376**	**377**	**378**	**379**	**380**
(b)	(c)	(a)	(d)	(c)	(a)	(c)	(c)	(a)	(c)
381	**382**	**383**	**384**	**385**	**386**	**387**	**388**	**389**	**390**
(a)	(c)	(a)	(b)	(d)	(a)	(b)	(b)	(a)	(b)
391	**392**	**393**	**394**	**395**	**396**	**397**	**398**	**399**	**400**
(c)	(b)	(d)	(c)	(d)	(d)	(c)	(c)	(d)	(b)
401	**402**	**403**	**404**	**405**	**406**	**407**	**408**	**409**	**410**
(b)	(c)	(a)	(a)	(c)	(b)	(d)	(d)	(b)	(b)
411	**412**	**413**	**414**	**415**	**416**	**417**	**418**	**419**	**420**
(a)	(d)	(a)	(b)	(b)	(a)	(c)	(c)	(d)	(c)
421	**422**	**423**	**424**	**425**	**426**	**427**	**428**	**429**	**430**
(c)	(a)	(c)	(d)	(b)	(d)	(a)	(c)	(c)	(c)
431	**432**	**433**	**434**	**435**	**436**	**437**	**438**	**439**	**440**
(c)	(b)	(b)	(d)	(b)	(a)	(c)	(b)	(c)	(c)
441	**442**	**443**	**444**	**445**	**446**	**447**	**448**	**449**	**450**
(b)	(d)	(d)	(c)	(a)	(c)	(d)	(a)	(d)	(c)
451	**452**	**453**	**454**	**455**	**456**	**457**	**458**	**459**	**460**
(d)	(b)	(c)	(a)	(a)	(a)	(a)	(b)	(b)	(b)
461	**462**	**463**	**464**	**465**	**466**	**467**	**468**	**469**	**470**
(b)	(d)	(a)	(d)	(a)	(a)	(a)	(a)	(a)	(a)
471	**472**	**473**	**474**	**475**	**476**	**477**	**478**	**479**	**480**
(c)	(c)	(d)	(b)	(b)	(d)	(b)	(d)	(b)	(d)
481	**482**	**483**	**484**	**485**	**486**	**487**	**488**	**489**	**490**
(d)	(b)	(d)	(d)	(a)	(b)	(b)	(b)	(a)	(b)
491	**492**	**493**	**494**	**495**	**496**	**497**	**498**	**499**	**500**
(b)	(a)	(d)	(a)	(c)	(d)	(b)	(d)	(d)	(d)
501	**502**	**503**	**504**	**505**	**506**	**507**	**508**	**509**	**510**
(c)	(c)	(c)	(a)	(d)	(d)	(d)	(c)	(d)	(b)
511	**512**	**513**	**514**	**515**	**516**	**517**	**518**	**519**	**520**
(c)	(b)	(c)	(b)	(c)	(c)	(c)	(c)	(a)	(d)

521	522	523	524	525	526	527	528	529	530
(c)	(b)	(a)	(b)	(a)	(d)	(c)	(d)	(a)	(b)
531	532	533	534	535	536	537	538	539	540
(b)	(b)	(a)	(b)	(a)	(b)	(c)	(c)	(a)	(b)
541	542	543	544	545	546	547	548	549	550
(d)	(c)	(b)	(b)	(a)	(a)	(c)	(c)	(c)	(a)
551	552	553	554	555	556	557	558	559	560
(c)	(d)	(c)	(d)	(d)	(c)	(b)	(d)	(b)	(b)
561	562	563	564	565	566	567	568	569	570
(c)	(d)	(a)	(b)	(d)	(d)	(c)	(a)	(c)	(c)
571	572	573	574	575	576	577	578	579	580
(b)	(d)	(c)	(a)	(b)	(b)	(a)	(b)	(c)	(b)
581	582	583	584	585	586	587	588	589	590
(d)	(a)	(b)	(b)	(a)	(c)	(b)	(d)	(b)	(d)
591	592	593	594	595	596	597	598	599	600
(b)	(d)	(a)	(a)	(b)	(c)	(a)	(b)	(a)	(c)
601	602	603	604	605	606	607	608	609	610
(a)	(a)	(a)	(a)	(c)	(c)	(b)	(a)	(d)	(c)
611	612	613	614	615	616	617	618	619	620
(b)	(b)	(a)	(c)	(a)	(a)	(b)	(d)	(b)	(c)
621	622	623	624	625	626	627	628	629	630
(a)	(b)	(a)	(a)	(c)	(c)	(b)	(c)	(b)	(d)
631	632	633	634	635	636	637	638	639	640
(d)	(d)	(a)	(b)	(c)	(b)	(c)	(c)	(d)	(a)
641	642	643	644	645	646	647	648	649	650
(b)	(d)	(a)	(b)	(c)	(d)	(b)	(b)	(b)	(c)
651	652	653	654	655	656	657	658	659	660
(c)	(a)	(b)	(d)	(c)	(a)	(d)	(b)	(d)	(d)
661	662	663	664	665	666	667	668	669	670
(a)	(a)	(a)	(a)	(d)	(a)	(a)	(d)	(c)	(a)
671	672	673	674	675	676	677	678	679	680
(c)	(d)	(d)	(c)	(a)	(c)	(a)	(c)	(d)	(a)
681	682	683	684	685	686	687	688	689	690
(a)	(b)	(d)	(b)	(b)	(a)	(d)	(d)	(c)	(c)
691	692	693	694	695	696	697	698	699	700
(a)	(a)	(d)	(a)	(b)	(a)	(b)	(a)	(b)	(c)
701	702	703	704	705	706	707	708	709	710
(d)	(a)	(a)	(b)	(a)	(b)	(a)	(d)	(c)	(a)
711	712	713	714	715	716	717	718	719	720
(a)	(c)	(d)	(c)	(d)	(b)	(a)	(b)	(a)	(c)
721	722	723	724	725	726	727	728	729	730
(a)	(c)	(b)	(a)	(b)	(a)	(c)	(c)	(a)	(b)
731	732	733	734	735	736	737	738	739	740
(c)	(b)	(b)	(d)	(a)	(b)	(c)	(b)	(b)	(a)

741	742	743	744	745	746	747	748	749	750
(c)	(c)	(b)	(c)	(b)	(c)	(c)	(d)	(d)	(a)
751	752	753	754	755	756	757	758	759	760
(b)	(a)	(c)	(c)	(a)	(c)	(a)	(b)	(d)	(b)
761	762	763	764	765	766	767	768	769	770
(c)	(d)	(c)	(a)	(d)	(b)	(b)	(c)	(c)	(c)
771	772	773	774	775	776	777	778	779	780
(a)	(c)	(a)	(b)	(b)	(a)	(c)	(a)	(c)	(b)
781	782	783	784	785	786	787	788	789	790
(d)	(c)	(c)	(b)	(d)	(a)	(b)	(a)	(c)	(c)
791	792	793	794	795	796	797	798	799	800
(d)	(d)	(c)	(d)	(c)	(b)	(c)	(b)	(c)	(b)
801	802	803	804	805	806	807	808	809	810
(c)	(b)	(d)	(b)	(d)	(d)	(b)	(c)	(d)	(c)
811	812	813	814	815	816	817	818	819	820
(a)	(c)	(d)	(a)	(a)	(b)	(a)	(b)	(a)	(d)
821	822	823	824	825	826	827	828	829	830
(d)	(d)	(b)	(a)	(d)	(c)	(a)	(c)	(d)	(a)
831	832	833	834	835	836	837	838	839	840
(a)	(d)	(c)	(d)	(a)	(d)	(b)	(d)	(b)	(b)
841	842	843	844	845	846	847	848	849	850
(c)	(a)	(c)	(c)	(d)	(a)	(b)	(a)	(d)	(b)
851	852	853	854	855	856	857	858	859	860
(a)	(b)	(a)	(a)	(b)	(c)	(d)	(a)	(d)	(c)
861	862	863	864	865	866	867	868	869	870
(c)	(c)	(a)	(a)	(b)	(d)	(a)	(b)	(d)	(c)
871	872	873	874	875	876	877	878	879	880
(c)	(a)	(b)	(b)	(c)	(d)	(d)	(b)	(d)	(b)
881	882	883	884	885	886	887	888	889	890
(d)	(c)	(a)	(d)	(b)	(d)	(d)	(a)	(a)	(a)
891	892	893	894	895	896	897	898	899	900
(a)	(a)	(a)	(a)	(d)	(d)	(c)	(c)	(a)	(a)
901	902	903	904	905	906	907	908	909	910
(c)	(d)	(c)	(c)	(c)	(d)	(c)	(c)	(a)	(a)
911	912	913	914	915	916	917	918	919	920
(a)	(d)	(a)	(d)	(d)	(c)	(a)	(d)	(b)	(c)
921	922	923	924	925	926	927	928	929	930
(b)	(a)	(a)	(c)	(b)	(a)	(a)	(c)	(b)	(a)
931	932	933	934	935	936	937	938	939	940
(b)	(b)	(b)	(a)	(c)	(a)	(b)	(b)	(b)	(c)
941	942	943	944	945	946	947	948	949	950
(a)	(d)	(c)	(a)	(b)	(a)	(b)	(b)	(c)	(a)
951	952	953	954	955	956	957	958	959	960
(c)	(a)	(d)	(a)	(b)	(b)	(c)	(c)	(a)	(d)

961	962	963	964	965	966	967	968	969	970
(d)	(d)	(b)	(a)	(c)	(a)	(b)	(d)	(a)	(d)
971	972	973	974	975	976	977	978	979	980
(d)	(b)	(a)	(a)	(a)	(d)	(d)	(d)	(d)	(a)
981	982	983	984	985	986	987	988	989	990
(d)	(c)	(a)	(c)	(d)	(d)	(b)	(a)	(d)	(a)
991	992	993	994	995	996	997	998	999	1000
(b)	(c)	(c)	(a)	(d)	(b)	(c)	(d)	(a)	(d)
1001	1002	1003	1004	1005	1006	1007	1008	1009	1010
(b)	(c)	(d)	(a)	(d)	(d)	(d)	(a)	(a)	(c)
1011	1012	1013	1014	1015	1016	1017	1018	1019	1020
(d)	(c)	(d)	(a)	(a)	(d)	(a)	(b)	(a)	(b)
1021	1022	1023	1024	1025	1026	1027	1028	1029	1030
(c)	(a)	(b)	(b)	(a)	(a)	(d)	(a)	(b)	(a)
1031	1032	1033	1034	1035	1036	1037	1038	1039	1040
(d)	(b)	(d)	(b)	(b)	(b)	(b)	(d)	(c)	(a)
1041	1042	1043	1044	1045	1046	1047	1048	1049	1050
(b)	(c)	(d)	(b)	(a)	(d)	(b)	(c)	(a)	(d)
1051	1052	1053	1054	1055	1056	1057	1058	1059	1060
(d)	(c)	(d)	(b)	(b)	(c)	(b)	(c)	(b)	(c)
1061	1062	1063	1064	1065	1066	1067	1068	1069	1070
(c)	(b)	(b)	(c)	(a)	(d)	(d)	(b)	(b)	(b)
1071	1072	1073	1074	1075	1076	1077	1078	1079	1080
(d)	(b)	(a)	(c)	(b)	(b)	(c)	(c)	(b)	(d)
1081	1082	1083	1084	1085	1086	1087	1088	1089	1090
(c)	(b)	(d)	(d)	(a)	(d)	(a)	(b)	(a)	(b)
1091	1092	1093	1094	1095	1096	1097	1098	1099	1100
(d)	(a)	(c)	(b)	(b)	(d)	(c)	(a)	(d)	(a)
1101	1102	1103	1104	1105	1106	1107	1108	1109	1110
(d)	(a)	(b)	(d)	(d)	(a)	(a)	(a)	(d)	(a)
1111	1112	1113	1114	1115	1116	1117	1118	1119	1120
(b)	(a)	(d)	(d)	(a)	(d)	(a)	(b)	(a)	(a)
1121	1122	1123	1124	1125	1126	1127	1128	1129	1130
(d)	(d)	(a)	(a)	(a)	(a)	(b)	(c)	(b)	(c)
1131	1132	1133	1134	1135	1136	1137	1138	1139	1140
(d)	(d)	(b)	(a)	(c)	(d)	(c)	(a)	(b)	(d)
1141	1142	1143	1144	1145	1146	1147	1148	1149	1150
(c)	(a)	(d)	(a)	(b)	(b)	(c)	(a)	(c)	(b)
1151	1152	1153	1154	1155	1156	1157	1158	1159	1160
(a)	(a)	(a)	(a)	(b)	(a)	(b)	(d)	(c)	(d)
1161	1162	1163	1164	1165	1166	1167	1168	1169	1170
(a)	(c)	(a)	(b)	(c)	(a)	(d)	(b)	(a)	(c)
1171	1172	1173	1174	1175	1176	1177	1178	1179	1180
(b)	(a)	(b)	(d)	(d)	(d)	(a)	(a)	(b)	(b)
1181	1182	1183	1184	1185	1186	1187	1188	1189	1190
(b)	(d)	(c)	(c)	(d)	(c)	(d)	(c)	(d)	(c)

1191	1192	1193	1194	1195	1196	1197	1198	1199	1200
(b)	(c)	(d)	(b)	(d)	(d)	(d)	(c)	(a)	(a)
1201	**1202**	**1203**	**1204**	**1205**	**1206**	**1207**	**1208**	**1209**	**1210**
(b)	(c)	(b)	(a)	(b)	(d)	(a)	(d)	(d)	(a)
1211	**1212**	**1213**	**1214**	**1215**	**1216**	**1217**	**1218**	**1219**	**1220**
(b)	(c)	(a)	(d)	(d)	(b)	(c)	(a)	(b)	(c)
1221	**1222**	**1223**	**1224**	**1225**	**1226**	**1227**	**1228**	**1229**	**1230**
(a)	(b)	(c)	(d)	(d)	(d)	(c)	(d)	(b)	(a)
1231	**1232**	**1233**	**1234**	**1235**	**1236**	**1237**	**1238**	**1239**	**1240**
(b)	(d)	(a)	(c)	(b)	(b)	(d)	(a)	(c)	(a)
1241	**1242**	**1243**	**1244**	**1245**	**1246**	**1247**	**1248**	**1249**	**1250**
(b)	(c)	(d)	(a)	(d)	(a)	(b)	(a)	(a)	(d)
1251	**1252**	**1253**	**1254**	**1255**	**1256**	**1257**	**1258**	**1259**	**1260**
(d)	(c)	(d)	(c)	(b)	(a)	(b)	(c)	(b)	(c)
1261	**1262**	**1263**	**1264**	**1265**	**1266**	**1267**	**1268**	**1269**	**1270**
(c)	(c)	(b)	(a)	(c)	(a)	(b)	(b)	(d)	(b)
1271	**1272**	**1273**	**1274**	**1275**	**1276**	**1277**	**1278**	**1279**	**1280**
(b)	(d)	(a)	(c)	(b)	(b)	(d)	(a)	(b)	(c)
1281	**1282**	**1283**	**1284**	**1285**	**1286**	**1287**	**1288**	**1289**	**1290**
(d)	(d)	(a)	(d)	(d)	(d)	(a)	(d)	(b)	(b)
1291	**1292**	**1293**	**1294**	**1295**	**1296**	**1297**	**1298**	**1299**	**1300**
(b)	(b)	(c)	(a)	(c)	(c)	(d)	(d)	(b)	(b)
1301	**1302**	**1303**	**1304**	**1305**	**1306**	**1307**	**1308**	**1309**	**1310**
(b)	(b)	(a)	(b)	(c)	(a)	(c)	(c)	(c)	(a)
1311	**1312**	**1313**	**1314**	**1315**	**1316**	**1317**	**1318**	**1319**	**1320**
(c)	(b)	(c)	(d)	(c)	(b)	(b)	(a)	(b)	(a)
1321	**1322**	**1323**	**1324**	**1325**	**1326**	**1327**	**1328**	**1329**	**1330**
(a)	(c)	(a)	(b)	(d)	(a)	(a)	(a)	(d)	(d)
1331									
(b)									

कुछ चुने हुए व्याख्यात्मक उत्तर

52. हड़प्पाई सीलों का आकार मुख्यत: चौकोर या आयताकार है।

53. भारत के हरियाणा प्रदेश के हिसार जिले में स्थित बणावली के उत्खनन के फलस्वरूप विकसित हड़प्पा संस्कृति के स्तर पर मिट्टी का बना हुआ एक खिलौना हल सही सलामत हालत में मिला है।

64. सिन्धु सभ्यता का मेसोपोटामिया सभ्यता से व्यापारिक आयात-निर्यात होता था, परिणामस्वरूप लोथल से सिलखडी की वृत्ताकार बटन के आकार की मुहर पायी गयी है।

65. प्राक सैन्धव संस्कृति का एक स्थल आमरी संस्कृति के रूप में विकसित हुआ था। इसका स्थल सिन्ध प्रदेश था। इसकी खोज एवं सर्वेक्षणात्मक उत्खनन एन॰ जी॰ मजूमदार ने 1929 ईस्वी में किया था। आमरी के मृदभाण्डों के चित्रण में लाल एवं काले रंगों का प्रयोग मिलता है।

68. हड़प्पा संस्कृति की मुहरों का कला की दृष्टि से अत्यंत महत्वपूर्ण स्थान है। मुहरों का आकार मुख्यत: चौकोर या आयताकार है। इनका निर्माण काचली मिट्टी, गोमेद चर्ट तथा मिट्टी से हुआ है, यद्यपि अधिकांश सिलखड़ी की बनी हुई है। लोथल तथा देसलपुर से ताँबे की मुद्रा भी प्राप्त हुई है।

89. हड़प्पा संस्कृति के लोगों द्वारा कुल 9 फसलें अब तक पहचानी गयी हैं। चावल, जौ की दो किस्में, गेहूँ की तीन किस्में, कपास, खजूर, तरबूज, मटर एवं वासिका जुंसी। इसके अतिरिक्त सरसों, तिल एवं बाजरे की

खेती के विषय में भी साक्ष्य प्राप्त होते हैं। यद्यपि इनकी मुख्य फसलें गेहूँ और जौ थी।

90. युग्म शवाधान के अवशेष कालीबंगा एवं लोथल से प्राप्त होते हैं। कालीबंगा के दुर्ग टीले के दक्षिण भाग में मिट्टी एवं कच्ची ईंटों के बने 5-6 चबूतरे मिले हैं, जिनके ऊपर कई अग्निकुण्ड या वेदिकाएँ बनी हुई हैं। कर्मकारों के निवास हड़प्पा स्थल से मिलते हैं। मनकाकारी के साक्ष्य अथवा मनके का कारखाना चन्हूदड़ो से पाया गया है।

91. महाराष्ट्र के दायमाबाद नामक स्थल से ताँबे की निर्मित चार वस्तुएँ मिलती हैं– रथ चलाते मनुष्य, साँड़, गैंडा और हाथी की आकृति। ये सभी ठोस धातु की हैं और वजन कई किलो है। इसे सिन्धु सभ्यता से संबद्ध किया गया है, यद्यपि इसके तिथि के विषय में विद्वानों में मतभेद हैं।

93. रंगपुर एवं रोजदी गुजरात के कच्छ प्रदेश में स्थित हैं, यद्यपि इसके हड़प्पा संस्कृति का होने में सन्देह व्यक्त किया गया है, अपितु, ऐसा माना जाता है कि ये उत्तर हड़प्पा काल के स्थल हैं।

103. चूँकि नवपाषाण युग का काल निर्धारण पुरातत्वविदों को 4000 ई॰पू॰ से 1500 या 1000 ई॰पू॰ तक किया है। हड़प्पा सभ्यता लगभग 3000 ई॰पू॰ से प्रारम्भ होकर 1800 ई॰ तक कमोवेश चलती रही इसलिए इसे नवपाषाण युग की संस्कृति से हम रख सकते हैं। इसके पक्ष में दूसरा तर्क यह है कि सैन्धव निवासी लोहे के ज्ञान से अपरिचित थे इसलिए भी इसे नवपाषाण युग में रखा जाता है।

104. मोहनजोदड़ो में प्रसिद्ध पुरातत्वविद सर जान मार्शल को खुदाई में एक ऐसी मोहर मिली है, जिस पर एक तीन सिंहों वाला व्यक्ति ध्यान मुद्रा में आसन लगाये बैठा है। उसके चारों ओर गैंडा, भैंसा, बाघ, बकरी तथा हिरण बैठे हैं। उसके समीप ही एक त्रिशूल जमीन पर गड़ा हुआ है। मार्शल ने इसे पशुपति शिव कहा है। इस सभ्यता में एक अन्य मुहर में त्रिशूलयुक्त व्यक्ति समाधि में लीन है। स्थान-स्थान पर लोगों का मिलना भी शिव (पशुपति) पूजा को दर्शाता है।

117. सिन्धु घाटी सभ्यता चार वर्गों में विभाजित थी :

(i) ब्राह्मण एवं पुरोहित वर्ग।
(ii) व्यापारी एवं शिल्पी।
(iv) योद्धा वर्ग।
(v) श्रमिक वर्ग।

120. सिन्धु समाज वस्तुत: मातृ प्रधान समाज था, क्योंकि सर्वाधिक मुहरें मातृदेवी से संबंधित हैं। इसके अतिरिक्त बहुत अधिक मात्रा में छल्ले मिले हैं जिन्हें योनी कहा गया है। स्थान-स्थान पर पुरूषों को मातृदेवी के सम्मुख बल देते हुए दर्शाया गया है।

149. ताँबा राजस्थान के खेतड़ी खान से आयात किया जाता था। शंख कच्छ से, लाजवर्दमणि अफगानिस्तान के बदख्शाँ क्षेत्र से तथा स्वर्ण दक्षिण से आता था।

153. हड़प्पा सभ्यता में वाह्य व्यापारिक संबंधों के प्रमाण मिलते हैं। यहाँ लाजवर्दमणि का आयात अफगानिस्तान के बदख्शां क्षेत्र से होता था। बदख्शां क्षेत्र लाजवर्दमणि के लिए प्रसिद्ध है।

155. गोदावरी घाटी में महाराष्ट्र प्रदेश के दैमाबाद नामक पुरास्थल में मिट्टी के कुछ ठीकरे प्राप्त हुए हैं, जिन पर चिरपरिचित सैन्धव लिपि में कुछ लिखा हुआ मिला है, यद्यपि वे अभी सन्देहास्पद स्थिति में हैं।

190. यद्यपि सिन्धु सभ्यता का पुरुष ह्रास विभिन्न स्थलों पर भिन्न-भिन्न समयों पर शुरू हुआ किन्तु हड़प्पा एवं मोहनजोदड़ो का ह्रास 2000 ई॰पू॰ से प्रारंभ हो गया तथा 1750 ई॰पू॰ तक इन दोनों स्थलों पर यह सभ्यता विलुप्त-सी प्रतीत होती है।

191. सिन्धु सभ्यता का आन्तरिक एवं बाह्य दोनों प्रकार का व्यापार विकसित स्थिति में था। इसमें चाँदी एवं लाजवर्द अफगानिस्तान से, टिन और चाँदी ईरान से तथा ताँबा राजस्थान से आयात किया जाता था।

197. सिन्धु सभ्यता में सूती वस्त्र का उल्लेख मिलता है। मोहनजोदड़ो से मजीड रंग से लाल रंग में रंगे हुए चाँदी के बर्तन पाये गये थे। ताँबे के दो उपकरणों में लिपटा हुआ सूती कपड़ा एवं सूती धागे भी मोहनजोदड़ो से प्राप्त हुए थे।

198. सिन्धु सभ्यता का बन्दरगाह शहर लोथल गुजरात में सम्भात की खाड़ी के ऊपर स्थित था। इसके पूर्वी भाग में एक गोदी के साक्ष्य मिले हैं, जिसका आकार 218 ×36 मीटर तथा गहराई 3.30 मी॰ थी। गोदी की उत्तरी दीवार में 12 मी॰ चौड़ा एक प्रवेश द्वार था, जिससे जहाज आते-जाते थे, और दक्षिण दीवार में अतिरिक्त जल निकासी के लिए निकास द्वार था। इसकी खोज एस॰ आर॰ राव तो 1954 में की थी।

200. पशुपति अंकित मुहर पुरातत्वविद मैके महोदय को मोहनजोदड़ो से प्राप्त हुई है। इसमें सींग वाले त्रिमुखी पुरुष को एक सिंहासन पर योग-मुद्रा में लगभग नग्न बैठे दिखाया गया है। उसके दाहिनी तरफ एक हाथी एवं एक बाघ और बायीं तरफ एक गैंडा तथा एक भैंसा खड़े हुए दिखलाये गये हैं। सिंहासन के नीचे दो हिरण खड़े दिखलाये गये हैं।

203. सिन्धु सभ्यता में सामान्यत: सभी धातुएँ यथा चाँदी, टिन, ताँबा, सोना आदि पाया गया है। सिन्धुवासी एकमात्र लौह धातु से अनभिज्ञ थे जैसा कि पुरातात्विक साक्ष्यों से स्पष्ट होता है।

204. मोहनजोदड़ो के ध्वंशावशेष पाकिस्तान के सिन्ध प्रान्त के लरकाना जिले में सिन्धु नदी के दाहिने किनारे पर स्थित हैं। इसके टीले लगभग पांच किमी॰ के क्षेत्र में फैले हुए हैं। इसके टीलों पर सन् 1922 से 1930 ई॰ तक जॉन मार्शल के नेतृत्व में राखालदास बनर्जी, अर्नेस्ट मैके, काशीनाथ दीक्षित, एच॰ हरग्रीव्ज, दयाराम साहनी तथा माधोस्वरूप वत्स आदि ने उत्खनन कार्य किया। सन् 1950 ई॰ में मार्टिमर व्हीलर और सन् 1964 एवं 1966 में अमेरिकन पुरातत्ववेत्ता जार्ज एफ॰ वेल्स ने निचले स्तर पर पहुँचने के लिए सीमित पैमाने पर उत्खनन कराया था।

205. सिन्धु सभ्यता की रूपायित कला के क्षेत्र में मुहरों का महत्वपूर्ण स्थान है। इस पर विकसित मूर्तिकला के दर्शन होते हैं। मुहरों का आकार मुख्यत: चौकोर या आयतकार है। अब तक करीब 2000 मुहरें पायी गयी हैं जिनमें 1200 के लगभग मोहनजोदड़ो में ही हैं। अधिकांश मुहरें सिलखड़ी की बनी हुई हैं। यद्यपि काचली मिट्टी, गोमेद, चर्ट तथा मिट्टी की बनी मुहरें भी मिली हैं, लोथल एवं देशलपुर से ताँबे की बनी मुहर मिली है।

206. मोहनजोदड़ो में पश्चिमी और पूर्वी दो प्रमुख टीले हैं। पश्चिमी टीला दुर्ग का और पूर्वी टीला नगर का भाग है, जिसमें आवासीय गृह बने हुए हैं। आवासीय गृह (मोहनजोदड़ो में) में पकी हुई ईंटों का प्रयोग किया है। यही स्थिति हड़प्पा की भी है। जबकि कालीबंगा में पक्की ईंटों का प्रयोग केवल नालियों, कुओं तथा दहलीजों के निर्माण के लिए किया गया है।

208. सिन्धु सभ्यता के उत्खनन से प्राप्त अस्थिपंजरों से चार मुख्य जातियों का पता चलता है, *(i)* प्रोटो- आस्ट्रेलॉयड या काकेशियन, *(ii)* भूमध्यसागरीय, *(iii)* मंगोलियन, *(iv)* अल्पाइन। सिन्धु सभ्यता के निर्माण में भूमध्यसागरीय और अल्पाइन लोगों का विशेष योगदान रहा होगा, ऐसा विद्वानों का मत है।

209. सैन्धव सभ्यता का प्रारंभ में ज्ञान हड़प्पा की टीलों को देखकर 1826 ई॰ में हुआ था। 1856 ई॰ में हड़प्पा के प्राचीन टीलों से ईंटें निकालते वक्त कुछ प्राचीन वस्तुएँ प्राप्त हुईं। 1921 ई॰ के बाद हड़प्पा एवं मोहनजोदड़ो में व्यापक उत्खनन के फलस्वरूप एक सम्पूर्ण सभ्यता प्रकाश में आयी।

210. सिन्धु सभ्यता के उत्खनन से स्पष्ट होता है कि यह नगरीय विशेषतायुक्त सभ्यता थी। इसके अतिरिक्त इसका मेसोपोटामिया सभ्यता के देशों के साथ बाह्य व्यापार भी होता था। धार्मिक जीवन के क्षेत्र में मातृदेवी की उपासना के साक्ष्य भी स्पष्ट होते हैं।

247. दाशराज्ञ युद्ध जो परुष्णी (रावी) नदी के तट पर हुआ था, का विजेता त्रित्सु राजा सुदास भरत जन से संबंधित था।

248. वैदिक कर्मकाण्डों के प्रतिपादन में सहायता देने के निमित्त एक नवीन साहित्य की रचना हुई जिसे वेदांग कहा जाता है। इनकी संख्या छ: हैं– शिक्षा, कल्प, व्याकरण, निरुक्त, छन्द एवं ज्योतिष।

254. ऋग्वैदिक आर्य कई जनों में विभक्त थे। पञ्चजन में अनु, द्रुह्य, यदु, पुरु, और तुर्वस थे।

255. शतुद्री ऋक में वर्णित एक नदी थी। यह पंजाब में बहने वाली 5 नदियों में एक थी। आधुनिक समय में बहने वाली सतलज नदी से इसकी समानता बैठायी गयी है।

256. वैदिक संस्कृति में वर्णित असुर शब्द यहाँ के मूल निवासियों के लिए प्रयुक्त जो वैदिक देवताओं को नहीं मानते थे। पूषण देवता था, जबकि ऋत् की अवधारणा नैतिकता से संबंधित थी।

257. सूत्रकाल तक वैदिक साहित्य का विभाजन 6 भागों में किया गया। इन्हें वेदांग कहा जाता है। ये हैं– *(i)* शिक्षा, *(ii)* कल्प (कर्मकाण्डीय विधि), *(iii)* निरुक्त (शब्दों की व्युत्पत्ति का शास्त्र), *(iv)* व्याकरण, *(v)* छन्द, *(vi)* ज्योतिष।

264. ऋग्वेद में दास-दस्युओं एवं पणियों का शत्रु समुदाय के रूप में उल्लेख मिलता है। इसमें पणि आर्यों के पशुओं को चुरा ले जाते थे। पणियों को व्यवसायी बताया गया है।

301. 14वीं शताब्दी में विजयनगर के संस्थापकों के गुरु माधव विद्यारण्य के भाई सायण ने वेदों का भाष्य लिखा है।

302. उत्तर वैदिक युग में उत्तरी बिहार के आर्यीकरण की कथा शतपथ ब्राह्मण में दी गई है। इसके अनुसार विदेह माधव अपने पुरोहित गौतम राहुगण के साथ सदानीरा (गण्डकी) के तट तक गया और उसका आर्यीकरण किया।

303. उपनिषदों में जीवन-मृत्यु, आत्मा, ब्रह्म आदि की चर्चायें मिलती हैं। कृष्ण यजुर्वेद की कठ शाखा के उपनिषद् कठोपनिषद् में नचिकेतोपाख्यान द्वारा यम नचिकेता संवाद के माध्यम से जीवन-मृत्यु संबंधी तत्वों का विवेचन किया गया है।

305. ऋग्वेद 10 मंडलों में विभक्त है, जिसमें 1028 मंत्र हैं। यह प्रार्थना मंत्रों का संग्रह है, जिसमें देवताओं की स्तुतियाँ हैं, यथा दूसरे मंडल में इंद्र की स्तुति, सातवें मंडल में पूषण, तीसरे मंडल में विष्णु, अग्नि आदि की स्तुति है।

307. सुदास भरतवंश का शासक था। विश्वामित्र इसी भरतवंश के कुलपुरोहित थे, जिसे हटाकर सुदास ने वशिष्ट को यह पद प्रदान किया, जिसके कारण परुष्णी (रावी)

के तट पर दशराज युद्ध हुआ, जिसमें सुदास विजयी हुआ था।

328. ऋग्वेद के दसवें मण्डल के पुरुष सूक्त में समाज के चतुर्विध वर्गीकरण अर्थात् चातुरवर्ण व्यवस्था का प्राचीनतम उल्लेख प्राप्त होता है। इसके अनुसार उसके मुख से ब्राह्मण, भुजाओं से क्षत्रिय, जंघे से वैश्य तथा पैरों से शूद्र की उत्पत्ति हुई।

329. ऋग्वेद में उल्लिखित देवता वरुण को जगत् के नियन्ता देवताओं के पोषक और ऋत् अर्थात् नैतिक व्यवस्था के अधिपति के रूप में दिखलाया गया है। इसके अतिरिक्त यह समस्त प्राणियों के शुभ-अशुभ सभी कर्मों का नाता और तदनुरूप फल प्रदान करने वाला माना जाता था।

330. चारों वेदों में से यजुर्वेद गद्य और पद्य दोनों में रचा मिलता है। जबकि ऋग्वेद और सामवेद की रचना पद्य में हुई है। यजुर्वेद की दो शाखायें मिलती हैं, शुक्ल यजुर्वेद और कृष्ण यजुर्वेद। शुक्ल यजुर्वेद को वाजसनेयी संहिता भी कहते हैं।

331. ऋग्वेद एक संहिता ग्रंथ हैं, जिसमें 10 मण्डल मिलते हैं। प्रत्येक सूक्त के साथ किसी ऋषि और देवता का नाम भी मिलता है। ऋषि उस सूक्त का रचयिता था एवं उस देवता की स्तुति उसमें की गई थी। इसमें 2 से 7 तक प्राचीन माने जाते हैं। ऋग्वेद में कुल 1017 मंत्र हैं, इसमें यदि वालखिल्य सूक्तों को भी मिला दें तो कुल 1028 मंत्र हो जाते हैं।

335. ऋग्वेद में देवताओं की स्तुतियाँ हैं। इसमें सर्वाधिक 250 स्तुतियाँ इंद्र की हैं। ऋग्वेद में यही सर्वमान्य और शक्तिशाली देवता माना जाता था। यह आँधी, तूफान, बिजली और वर्षा का देवता था। वस्तुत: इसकी सर्वमान्यता ही यह थी कि ऋग्वेद की सम्पूर्ण ऋचाओं का एक चौथाई इसी की स्तुति से भरा है।

336. राज्याभिषेक की परंपरा उत्तर वैदिक काल में प्रारंभ हुई। शतपथ ब्राह्मण एवं ऐतरेय ब्राह्मण से ज्ञात होता है कि राज्याभिषेक का राजनीतिक, धार्मिक और वैधानिक महत्व था। अभिषेक अनुष्ठान राजसूय के नाम से प्रसिद्ध था।

337. उत्तर वैदिक साहित्य से ज्ञात हाता है कि धनार्जन में लगा हुआ वैश्य वर्ग ही अधिकांश करों का वहन करता था। शतपथ ब्राह्मण में उसे बलिकृत कहा गया है।

343. उत्तर वैदिक काल में भी ऋग्वैदिक काल के समान संयुक्त परिवर की प्रथा थी, जो पितृसत्तात्मक होते थे। पिता के अधिकार विस्तृत एवं उसकी शक्तियाँ असीमित थीं। वह अपने पुत्रों को बेच सकने, गृह निकाला करने आदि विषयों में स्वतंत्र अधिकार रखता था। उसका स्पष्ट दृष्टान्त ऐतरेय ब्राह्मण में मिलता है।

345. वैदिक संस्कृति जिसका आगमन 1500 ईसा पूर्व के लगभग भारतीय उपमहाद्वीप में हुआ, वह मूलत: ग्रामीण संस्कृति थी। उनके जीवन का आधार कृषि एवं पशुपालन था।

346. ऋग्वेद काल अथवा पूर्व वैदिक काल में सामान्यत: गणतंत्र का ही प्रचलन था। राजन शब्द का उल्लेख अनेक स्थल पर हुआ, यद्यपि वह भूमि का स्वामी नहीं था। सभा और समिति नामक दो संस्थाएँ राजा की निरंकुशता पर नियंत्रण रखती थीं। सभा वृद्ध अथवा कुलीन मनुष्यों की संस्था थी, जिसमें उच्चकुल से उत्पन्न व्यक्ति ही भाग ले सकते थे, जबकि समिति सर्वसाधारण की सभा होती थी जिसमें जनों के सभी व्यक्ति अथवा परिवारों के प्रमुख भाग ले सकते थे।

350. वेद शब्द विद् धातु से बना है, जिसका अर्थ होता है, जानना। इस प्रकार वेद का अर्थ हुआ ज्ञान। इस प्रकार वेदों में प्राचीन ज्ञान सुरक्षित है।

351. ऋग्वेद अफगानिस्तान की चार नदियों, पंजाब की पाँच नदियों एवं दो अन्य सिंधु एवं सरस्वती का प्रयोग किया गया हैं। संप्तसैन्धव विशेषण सात नदियों–पाँच पंजाब की एवं सिन्धु और सरस्वती नदी के लिए प्रयुक्त हैं। सिंधु नदी का तो अनेक स्थलों पर इतनी ओजस्वी भाषा में वर्णन किया गया है, कि नदी की तुमुल तरंगों का दृश्य नेत्रों के सामने साकार हो जाता हैं, इससे स्पष्ट होता है कि ऋग्वेद की रचना सप्तसैन्धव क्षेत्र में हुई थी।

352. वैदिक साहित्य के अन्तिम चरणों में उपनिषदों की रचना हुई जिसे वेदांत भी कहते हैं। इनमें दार्शनिक ढंग की गंभीर विवेचना हैं, जो ब्रह्म और आत्मा के विषय है।

353. ऋग्वेदकालीन कबायली जीव में अनेक छोटे कबीले उत्तर वैदिक काल में एक-दूसरे में विलीन होकर बड़े क्षेत्रगत जनपदों को जन्म दे रहे थे। इसके साथ राजा के अधिकारों में भी वृद्धि हुई। अब वह जन कबीले का नेता न होकर एक विस्तृत भू-भाग का एकछत्र शासक होता था।

382. गौतमबुद्ध को ही शाक्यमुनि कहा जाता है।

383. सुजाता बोधगया के आस-पास के एक कृषक की पुत्री थी। निरंजना नदी के किनारे निर्बल और असहाय बुद्ध को भूखा जानकर उन्होंने एक कटोरी खीर खिलाई थी।

386. भाषा, विषय एवं शैली की दृष्टि से सभी निकायों से अलग लघु ग्रंथों के संकलन वाला यह निकाय (खुद्दक निकाय) अपने आप में स्वतंत्र एवं पूर्ण है। इत्तिकुत्तक के अलावा खुद्दक निकाय के निम्न- लिखित ग्रंथ

हैं– खुद्दक पाठ, धम्मपद, उदान, सुत्तनिपात, विमानवत्थु, पेतवत्थु, थेरगाथा, एवं जातक।

401. बौद्ध भिक्षुओं के लिए निषेधात्मक नियम 'पातिमोक्ख' में सन्निविष्ट थे, जिसमें कालान्तर में उपोसथ का उदय हुआ। वस्तुत: किसी विशेष अवसर पर सभी भिक्षु उपस्थित होकर जब धर्म-चर्चा करते थे, तब वह उपोसथ कहा जाता था। उसमें सम्मिलित होने के लिए प्रत्येक भिक्षु को परिशुद्धि करनी पड़ती थी।

403. पंच स्कन्धों की अवधारणा बौद्ध धर्म से संबंधित है। यह जगत पाँच स्कंधों रूप, वेदना, संज्ञा, संस्कार और विज्ञान से निर्मित है, अत: इसका अंत किया जा सकता है, जो अविद्या को दूर किये जाने पर संभव होगा।

405. कुषाणकालीन शासक कनिष्क के दरबार में माध्यमिक दर्शन के प्रसिद्ध आचार्य नागार्जुन रहते थे। इन्होंने 'प्रज्ञापारमिता सूत्र' की रचना की थी, जिसमें शून्यवाद के सिद्धांत का प्रतिपादन किया गया है।

407. प्राचीन बौद्ध साहित्य में उल्लिखित जीवक मगध के हर्यंक वंशी शासक बिम्बिसार (544 ई॰पू॰ 492 ई॰पू॰) का राजवैद्य था। इसे बिम्बिसार ने अवन्ति के शासक प्रद्योत के पांडु रोग के इलाज के लिए अवन्ति भेजा था।

411. स्यादवाद जैन धर्म से संबंधित था। महावीर ने आत्मवादियों तथा नास्तिकों के एकान्तिक मतों को छोड़कर बीच का मार्ग अपनाया जिसे अनेकान्तवाद या स्यादवाद कहा गया। इस मत के अनुसार किसी वस्तु के अनेक पहलू होते हैं तथा व्यक्ति अपनी सीमित बुद्धि द्वारा केवल कुछ पहलुओं को ही जान सकता है। पूर्ण ज्ञान तो 'केवलिन' के लिए ही संभव है। इसे सप्तभंगीनय भी कहते हैं जो ज्ञान की सापेक्षता का सिद्धांत है।

412. ईसा की सातवीं शताब्दी में बौद्ध धर्म की एक नयी शाखा का उदय हुआ जिसका केन्द्र पूर्वी भारत था। वज्रयानी बौद्धों ने तत्कालीन बौद्ध देवताओं की पुरुष आकृतियों को नारी प्रतिरुप दिये जिन्हें 'तारा' नाम से पुकारा गया। तारा सम्प्रदाय आज भी नेपाल और तिब्बत में विद्यमान है। बौद्ध धर्म के तंत्र- सिद्धांत मंजुश्री मूलकल्प एवं असंग के 'गुह्यसमाज' नामक पुस्तक में संग्रहीत हैं।

415. बुद्ध ने ब्राह्मण वर्ण की सर्वोच्च सामाजिक स्थिति को चुनौती दी। बौद्ध ग्रंथों में वर्णव्यवस्था क्रम उल्टा मिला है– क्षत्रिय, ब्राह्मण, वैश्य, शुद्र। बौद्ध ग्रंथों में जन्म-दर आधारित जाति-प्रथा का घोर विरोध किया है। बुद्ध के अनुसार जन्म से कोई ब्राह्मण या अब्राह्मण नहीं होता वरन् कर्म से ही जाति का निर्धारण होता है।

428. 35 वर्ष की अवस्था में गौतम को उनचासवें दिन बोधगया में बरगद पेड़ के नीचे सम्यक् सम्बोधि (ज्ञान) प्राप्त हुआ, तब से वे बुद्ध (प्रज्ञावान) कहलाने लगे।

429. जब गौतम बुद्ध का वृद्ध एवं जीर्ण-शीर्ण शरीर मल्लों की राजधानी कुशीनारा में था, तब उनसे मिलने सुबद्ध नामक एक साधु गया था। गौतम बुद्ध की अमृतवाणी से वह इतना अधिक प्रभावित हुआ कि उन्होंने संघ में शामिल होने के लिए भगवान से प्रार्थना की, इस प्रकार बुद्ध के जीवन-काल में संघ में शामिल होने वाले अन्तिम सदस्य का गौरव सुबद्ध को प्राप्त हुआ।

430. यह आम्रवन वेलुवन के नाम से भी जाना जाता है जो बुद्ध का वर्षाकालीन निवास-स्थल था। इस विहार का निर्माण मगध नरेश विम्बसार ने करवाया था।

459. जैन ग्रंथ परिशिष्टवर्मन के अनुसार सम्प्रति, अशोक का पौत्र और जैन धर्म का अनुयायी था। उसको सुहस्नित्न ने जैन धर्म में दीक्षित किया था। उसको पाटलिपुत्र के साथ-साथ उज्जैन से भी शासन करते लेखबद्ध किया गया है। यद्यपि इस साहित्यिक स्रोत को पुष्ट करने वाला कोई अभिलेखीय प्रमाण उपलब्ध नहीं है।

465. बुद्ध का जन्म 566 ईसा पूर्व में नेपाल की तराई में कपिलवस्तु के निकट लुम्बिनी ग्राम में हुआ था। यहाँ शाक्य जाति का शासन था। अशोक मौर्य का प्रसिद्ध रुम्मिन्नदेई स्तंभ उनके जन्म-स्थान का संकेत करता है।

466. बुद्ध ने 80 वर्ष की आयु में शरीर त्यागा। पावाग्राम में एक शिष्य चुन्द लुहार के यहाँ शूकर माँस खाया जिससे उन्हें अतिसार हो गया। वहाँ से वे कुशीनगर तक आये, जहाँ उनकी मृत्यु हो गई। बौद्ध ग्रंथों में बुद्ध की मृत्यु को महापरिनिर्वाण कहा गया है। तत्कालीन समय में कुशीनगर मल्लों के नियंत्रण में था।

468. बुद्ध की शिक्षायें त्रिपिटक में मिलती हैं। त्रिपिटक तीन हैं– सुत्तपिटक, विनयपिटक एवं अभिधम्म पिटक। इसमें प्रथम दो की रचना प्रथम बौद्ध संगीति में हुई तथा अभिधम्म की रचना तृतीय बौद्ध संगीति में हुई थी।

469. 512 ईस्वी अथवा छठी शताब्दी में जैन धर्म के स्वरूप को निश्चित करने के लिए देवार्धि क्षमाश्रमण की अध्यक्षता में काठियावाड़ स्थित वल्लभी में एक महासभा हुई, जिसमें 12 उपांगों की रचना हुई।

470. प्रथम बौद्ध संगीति बुद्ध की मृत्यु के तत्काल बाद मगधराज अजातशत्रु के समय राजगृह की सप्तपर्णि नामक गुफा में हुई। इसकी अध्यक्षता महाकस्सप ने की। इसमें बुद्ध की शिक्षाओं का संकलन हुआ। आनन्द उपाली ने क्रमशः सुत्त और विनय का पाठ किया। सुत्तपिटक में धर्म के सिद्धांत, विनयपिटक में आचार के नियम थे।

497. जैन धर्म का स्यादवाद ही अनेकान्तवाद के नाम से भी जाना जाता है। वास्तव में अनेकान्तवाद का सिद्धांत विभिन्न मतों एवं सम्प्रदायों के बीच भेदभाव मिटाकर

समन्वयवादी दृष्टिकोण अपनाने की दिशा में एक महत्वपूर्ण प्रयास माना जा सकता है।

498. बौद्ध धर्म की शाखा विज्ञानवाद अथवा योगाचार की स्थापना ईसा की तीसरी शताब्दी में मैत्रेय या मैत्रेयनाथ ने की थी। असंग तथा वसुबंधु ने इसका विकास किया।

503. जैन धर्म की प्रथम सभा पाटलिपुत्र में तीसरी शताब्दी ई॰ पू॰ स्थूलभद्र द्वारा आहूत की गई जिसमें 12 अंगों में जैन सिद्धांतों को संकलित किया गया जो पहले के 18 पूर्वों के स्थान पर ग्रहण किए गए। दूसरी जैन समिति 512 ई॰ में वल्लभी (गुजरात) में जैन साधु देवर्धिक्षमश्रमण की अध्यक्षता में हुई। इस समिति में अंगों की रचनाओं के संकलन के साथ 84 आगमों की भी संख्या निश्चित हुई तथा 12 उपांगों को भी संकलित किया गया।

507. दीघनिकाय के अम्बट्ठसुत्त में लिखा है कि अंबट्ठ ब्राह्मण ने यह दावा किया है, कि क्षत्रिय, वैश्य और शूद्र ब्राह्मण के सेवक हैं, इस प्रसंग में बुद्ध ने कहा कि क्षत्रिय उच्चतर हैं और ब्राह्मण उससे निम्न।

508. बौद्ध धर्म के अंतर्गत तीसरी बौद्ध संगीति अशोक के काल में पाटलिपुत्र में बुलायी गयी। इसका उल्लेख सिंहली अनुश्रुतियों दीपवंश एवं महावंश में मिलता है। इसकी अध्यक्षता मोग्गलिपुत्ततिस्स ने किया एवं 'कथावस्तु' नामक ग्रंथ का संकलन किया जो अभिधम्मपिटक के अंतर्गत आता हैं।

509. भद्रबाहु के मैसूर पलायन के पश्चात् बचे हुए जैन अनुयायियों ने धार्मिक ग्रंथों के ज्ञान को पुनर्जीवित करने के लिए पाटलिपुत्र में 300 ई॰पू॰ में स्थूलभद्र की अध्यक्षता में एक सभा की।

515. जैन और बौद्ध दोनों ने वैदिक कर्मकाण्डों तथा वेदों की अपोरुषेयता का समान रूप से विरोध किया। अहिंसा तथा सदाचार पर दोनों ने बल दिया तथा दोनों ही कर्मवाद, पुनर्जन्म तथा मोक्ष में विश्वास रखते थे।

516. मध्य प्रदेश की राजधानी भोपाल के निकट स्थित साँची बौद्ध स्तूपों के लिए प्रसिद्ध है। यहाँ पर तीन स्तूप पाये गये हैं। एक महास्तूप एवं दो छोटे-छोटे स्तूप। महास्तूप में बुद्ध के अवशेष सुरक्षित हैं, जबकि छोटे स्तूपों में प्रथम में अशोककालीन धर्मप्रचारकों के तथा द्वितीय में सारिपुत्र और महामोदग्ल्यायन नामक बुद्ध के प्रिय शिष्यों के अवशेष सुरक्षित हैं।

635. दिव्यावदान से पता चलता है कि बिन्दुसार के समय तक्षशिला में प्रान्तीय शासकों के अत्याचार के विरुद्ध विद्रोह हो गया, जिसे अशोक ने शान्त किया।

640. अशोक के निट्टूर, उदेगोलम, मॉस्की एवं गजर्रा से प्राप्त अभिलेखों में उसका 'अशोक' नाम मिलता हैं।

643. अशोक अपने द्वितीय शिलालेख में दक्षिणी सीमा पर स्थित चोल, पाण्ड्य, सतियपुत्त, केरल तथा ताम्रपर्णी के नामों का उल्लेख करता है।

649. मौर्य युग में व्यापार-व्यवसाय में नियमित सिक्कों का प्रचलन हो चुका था। सिक्के सोने, चाँदी तथा ताँबे के बने होते थे। इनको निष्क या सुवर्ण कहा जाता था। चाँदी के सिक्कों को कार्षापण या धरण कहते थे। ताँबे के सिक्कों की संज्ञा माषक या काकणी थी। ये सिक्के शासकों, सौदागरों एवं निगमों द्वारा प्रचलित किये जाते थे तथा इन पर स्वामित्व सूचक चिन्ह लगाये जाते थे। अर्थशास्त्र में राजकीय टकसाल का भी उल्लेख मिलता है, जिसका अधीक्षक 'लक्षणाध्यक्ष' होता था।

656. अशोक के 13वें शिलालेख में उसके समकालीन 5 यवन राजाओं का नाम मिलता है, जिससे उसने दूतों का आदान-प्रदान किया था। इसमें सीरिया का शासक एण्टियोकस द्वितीय थियास था।

657. सौहगौरा पट्ट अभिलेख एवं महास्थान लेख से मौर्य काल में दुर्भिक्ष काल के दौरान राहत कार्य के लिए अन्नकोष्ठगारों के अस्तित्व का प्रमाण मिलता है।

660. रुद्रदामन के जूनागढ़ अभिलेख से ज्ञात होता है कि पश्चिमी भारत के सौराष्ट्र प्रान्त का चंद्रगुप्त मौर्य का गवर्नर पुष्यगुप्त वैश्य, अशोक का गवर्नर यवन जातीय तुषास्प, रुद्रदामन का सुविशाख था। इसके अतिरिक्त स्कन्दगुप्त के समय पर्णदत्त सौराष्ट्र का गवर्नर था।

662. 185 ईसा पूर्व के लगभग मौर्य साम्राज्य का पतन हो जाने के बाद उत्तर-पश्चिमी सीमा पर इण्डोग्रीक शासक डेमेट्रियस का अधिकार था। सिन्धु नदी के पूर्व विस्तार को पुष्यमित्र शुंग ने रोक दिया था। इसकी सूचना गार्गी संहिता एवं युगपुराण से प्राप्त होती है।

663. अशोक के 13वें शिलालेख से ज्ञात होता है कि उसके काल में विदेशों में धर्म-प्रचारक भेजे गये थे। उसके समकालीन राजाओं में सीरिया में अंतियोकस, मिस्र में टाल्मी फिलाडेल्फस, मेसोडोनिया में एंटीगोनस गोनेटस एपिरस (कोनिथ) में अंतिकिन या अलेक्जेण्डर एवं सायरि में मगेश आदि थे।

667. अर्थशास्त्र में केंद्रीय प्रशासन के विभागों को तीर्थ कहा गया है। ऐसे 18 प्रकार के तीर्थ थे। इसमें कोष विभाग का पदाधिकारी सन्निधाता होता था। यह राजकीय कोषाधिकरण का प्रमुख अधिकारी होता था।

668. अशोक ने अपने अभिलेख 4 भाषाओं में खुदवाये थे, ब्राह्मी, खरोष्ठी, यूनानी तथा अरामाइक लिपि में खुदवाये, इसमें तक्षशिला अभिलेख आरमेइक लिपि में, कंधार अभिलेख द्विभाषीय यूनानी एवं आसरमेइक में हैं।

672. जैन परम्पराओं के अनुसार मगध में 12 वर्षों के भीषण अकाल से निपटने में असमर्थ होकर चंद्रगुप्त श्रवणवेलगोला तपस्या करने चला गया, जहाँ 298 ई॰

पूर्व में उसकी मृत्यु हो गयी थी। श्रवणवेलगोला की एक पहाड़ी आज भी 'चंद्रगिरि' कही जाती है।

673. कौटिल्य के अर्थशास्त्र के भूमिच्छिद्रविधानम् अध्याय के अनुसार 'भूमिछिद्र' भूमि वह भूमि थी, जिसमें कृषि नहीं हो सकती थी और ऐसी भूमि पाने वाला व्यक्ति उसका स्वामी हो जाता था। यद्यपि भण्डारकर के अनुसार उस भूमि में गड़े खनिज पदार्थों और जखीरों पर राजा का अधिकार होता था।

677. स्थानिक जिले का शासक होता था, जबकि गोप 10 गाँवों के ऊपर शासन करते थे। इस प्रकार गोप जिले और गाँवों के बीच का अधिकारी था।

680. रुद्रदामन के जूनागढ़ अभिलेख से ज्ञात होता है कि मौर्य शासक चंद्रगुप्त मौर्य के समय उसके सौराष्ट्र प्रान्त के प्रान्तपति पुष्यगुप्त वैश्य ने सुदर्शन तड़ाग का निर्माण कराया था।

681. गुप्तचर व्यवस्था का विस्तृत विवरण कौटिल्य के अर्थशास्त्र से ज्ञात होता है। यह विभाग महामात्यासर्प के अधीन होता था। गुप्तचरों को अर्थशास्त्र में 'गूढ़ पुरुष' कहा गया है। अर्थशास्त्र में कहा गया हैं कि शत्रु, मित्र, मध्यम तथा उदासीन सब प्रकार के राजाओं एवं 18 तीर्थों की गतिविधियों पर निगाह रखने के लिए गुप्तचरों की नियुक्ति की जानी चाहिए। अर्थशास्त्र के अनुसार दो प्रकार के गुप्तचर होते थे : 1. संस्था (एक स्थान पर रहने वाले), 2. संचरा (भ्रमण करने वाले)।

682. अशोक के रुम्मिनदेई स्तंभ लेख से पता चलता है कि उसनें अपने अभिषेक के 20वें वर्ष लुम्बिनी ग्राम की यात्रा की और वहाँ का कर घटा कर 1/8 कर दिया।

684. अशोक का सिंहासनारोहण 269 ईसा पूर्व हुआ था। अपने अभिषेक के आठवें वर्ष अर्थात् 261 ईसा पूर्व में उसने कलिंग पर आक्रमण कर दिया। कलिंग का प्राचीन राज्य वर्तमान दक्षिणी उड़ीसा में स्थित था। कलिंग युद्ध तथा उसके परिणामों के विषय में अशोक के 13वें अभिलेख से विस्तृत सूचना प्राप्त होती है।

692. सबसे लम्बा व्यापारिक मार्ग तक्षशिला से ताम्रलिप्ति तक का था। यद्यपि सबसे प्रमुख व्यापारिक राजमार्ग उत्तर भारत को दक्षिण भारत से जोड़ने वाला प्रतिष्ठान से श्रावस्ती तक जाता था। यह राजमार्ग महिष्मती, उज्जयिनी, गोनद्ध, विदिशा, वनसमय, कौशाम्बी और साकेत से होकर गुजरता था।

693. कौटिल्य ने कृषि व्यवस्था पर विस्तार से विचार किया है तथा कृषि योग्य भूमि को विस्तृत करने का सुझाव दिया है। उसके अनुसार हल से जोतकर उत्पन्न किए गए पदार्थ को 'सीता' कहते थे तथा उसके मुख्य अधिकारी को सीताध्यक्ष कहते थे।

695. कार्षापण मौर्य शासन का सिक्का था, इसका उल्लेख कौटिल्य के अर्थशास्त्र में मिलता है। इनका निर्माण रजत धातु में होता था।

704. राजुक मौर्यकालीन प्रशासनिक अधिकारी थे। इसका संबंध जातक ग्रंथों के रज्जुगाहक अथवा रस्सी पकड़ने वाले के साथ था। इस प्रकार के पदाधिकारी भूमि की पैमाइश करने के लिए अपने पास रस्सी रखते थे। वे आजकल के बन्दोबस्त अधिकारी की भाँति होते थे।

707. अशोक के करीब 40 से भी अधिक अभिलेख प्राप्त हो चुके हैं। इसी क्रम में धौली एवं जौगढ़ में दो पृथक् शिलालेख खुदवाये गये, जिन्हें 'पृथक् कलिंग प्रज्ञापन' कहा गया हैं। इनमें अन्य बातों के अलावा कलिंग राज्य के प्रति अशोक की शासन नीति के विषय में बताया गया है, वह कलिंग के नगर व्यावहारिकों को न्याय के मामले में उदार तथा निष्पक्ष होने का आदेश देता है।

708. अशोक के 12वें शिलालेख में उसके द्वारा सृजित पदाधिकारी धम्ममहामात्र का उल्लेख मिलता है। इनकी नियुक्ति उसने अपने अभिषेक के 13वें वर्ष की थी। उनका कार्य विभिन्न सम्प्रदायों से धम्मदान प्राप्त करना और उनकी समुचित व्यवस्था करना होता था। वे यह भी देखते थे, कि किसी व्यक्ति को अनावश्यक दण्ड तो नहीं दिया गया है।

774. साँची के महास्तूप का निर्माण सम्राट अशोक ने करवाया था। इनमें ऋषिजुट मौदगत्यालन एवं सारिपुत्र प्रकरण की अस्थियाँ अवस्थित हैं। कुषाण शासक कनिष्क ने पुरुषपुर (पेशावर) में एक बौद्ध स्तूप या पैगोडा का निर्माण करवाया था। इसका उल्लेख ह्वेनसांग भी करता है। हाथीगुम्फा अभिलेख कलिंग के प्रसिद्ध शासक 'खारवेल' का है, जिसमें उसके जीवन-चरित्र एवं विजयों के संबंध में ज्ञात होता है। शिनकोट अभिलेख प्रसिद्ध यूनानी शासक 'एन्टियाल कीडास' का है।

775. ईसा की प्रथम शताब्दी पूर्व लिखित 'द पेरिप्लस ऑफ दि इरिथ्रियन सी' से तत्कालीन भारत की व्यापारिक वस्तुओं की जानकारी प्राप्त होती है। यह एक अज्ञातनामा यूनानी नाविक द्वारा लिखी गयी थी।

814. मौर्य के पश्चात् दक्षिणापथ में सातवाहन शासन का उदय हुआ। इन्होंने करीब 300 वर्ष तक शासन किया था। सातवाहनों ने सामान्य आर्थिक क्रिया- कलापों को सुचारु रूप से क्रियान्वयन के लिए अपने सिक्के सीसे, पोटीन, ताँबे और काँसे के चलाये थे। इन्होंने स्वर्ण सिक्के नहीं चलाये, अपितु उसका प्रयोग बहुमूल्य धातु के रूप में किया था।

815. कलिंग खारवेल के हाथीगुम्फा अभिलेख में कृषि हेतु चिंता व्यक्त करते हुए व्यापक तड़ागों एवं तोसली नहर के निर्माण का उल्लेख मिलता है। यह कार्य उसने अपने शासन के क्रमशः प्रथम एवं पाँचवें वर्ष में किया।

874. संगमकालीन चेर राज्य के अंतर्गत वंजि, तोण्डी या तोण्डै, मुजिरिस (मुशिरि), करौरा आदि थे।

875. संगम युग में पथ कर (Toll Tax) को उल्गु या सुंगम कहते थे।

876. 'पेरिप्लस ऑफ एरीथ्रियन सी' के अज्ञात नाम लेखक ने संगमयुगीन 24 बंदरगाहों का उल्लेख किया है, जो सिंधु मुहाने से लेकर कन्याकुमारी के मुहाने तक विस्तृत थे। इसमें नौरा (क्नानोर) रिण्डिस, मुजीरिस तथा नेलकिण्डा आदि प्रमुख थे। संगम साहित्य में उल्लिखित बंदरगाहों में कावेरीपट्टनम, मुजिरिस वरुर या वान्जीपुरम, पुहार (कावेरीपट्टनम), मणि पल्लवन, मरुवरपाक्कम आदि थे। पुरातात्विक उत्खनन से अरिकमेडु आदि बन्दरगाह का भी पता चला है।

877. प्रारंभिक तमिल साहित्य के महाकाव्य शिल्पदिकारम एवं मणिमेखलै थे। इनकी रचना क्रमशः इलंगो-आदिगल एवं शीतलैसतनार ने की थी।

879. अनुश्रुतियों के अनुसार पाण्ड्य शासकों के संरक्षण में क्रमागत तीन संगमों का गठन किया गया था। इसका केंद्र पाण्ड्यों की राजधानी कांची थी। ऋषि अगस्त्य (अगत्तियनार) जिन्हें दक्षिण भारत में आर्य संस्कृति के प्रसार का श्रेय दिया जाता है, प्रथम संगम के अध्यक्ष थे।

880. संगम युग में भूमि के 5 मुख्य वर्गीकरण मिलते हैं–कुरिंचि, मुल्लै, मरुदम, नेथल तथा पालै। कुरिचि में ज्वार, धान, बाँस, चीड़, अगरू, आम आदि उगाये जाते थे। मुल्लै में रागी, कोडरै, काम आदि उत्पन्न होता था, यहाँ ज्यादातर पशुपालक या गड़ेरिये रहते थे। मरुदम भाग को कहते थे, यहां धान, वज्जी कज्जी, कुवलै आदि अन्य एवं वनस्पतियाँ उत्पन्न होती थीं। यहाँ ज्यादातर कृषक रहते थे। नेथल या नेथदल समुद्रवर्ती क्षेत्र को कहते थे। पालै रेगिस्तानी भाग था। यहाँ उत्पादन कम होता था तथा यहाँ के निवासी ज्यादातर लूटपाट तथा चोरी-डकैती पर निर्भर रहते थे।

882. संगम युगीन सबसे प्राचीन देवता मुरुगन थे। आगे चलकर इन्हें सुब्रह्मण्य नाम दिया गया तथा स्कन्द-कार्तिकेय से इनकी अभिन्नता स्वीकार की गई। तमिल भाषा में मुरुग का अर्थ 'कुमार' होता है। मूलतः मुरुगन एक पर्वत देवता था, जिसकी उपासना मच्चलियन नृत्यों में की जाती थी जिनमें वह एक खड़गहस्त औषधि विक्रेता के रूप में प्रकट किया था। नृत्यकार उसे देवता मानते थे। मुरुगन की पत्नियों में कुखस नाम पर्वतीय जाति की स्त्री भी एक थी।

883. संगम युगीन चेर वंशी शासकों में उदियंजेरल, नेडुंलेरल आदन, कुट्टुवन, कलंगायक्कणिनाड मुडिच्छच्चीरत्ल शेनगुटटुवन, पेरुन्जेरल इरुमपरोय, कुडक्को इलंजेरल इम्पोरय, शीय, अतुकोत्तपुत्तु चेरल आदन आदि प्रमुख थे।

885. तोल्काप्पियम द्वितीय संगम साहित्य का एकमात्र अवशिष्ट ही नहीं प्रत्युत-अद्यतन उपलब्ध प्राचीन तमिल साहित्य का प्राचीनतम ग्रंथ है। इसके प्रणयकर्ता तोल्काप्पियर ऋषि अगस्त्य के 12 योग्य शिष्यों में से थे। यह एक व्याकरण ग्रंथ है, जिसकी रचना सूत्र शैली में की गई है। व्याकरण के साथ-साथ वह काव्य शास्त्र का भी एक उच्च कोटि का ग्रंथ है।

887. संगम काल में तीन शासकों का अस्तित्व प्राप्त है चोल, चेर और पाण्ड्य। अशोक के अभिलेख में इनमें से दो चोल और पाण्ड्य का उल्लेख मिलता हैं, जबकि प्रथम शती, ईसा पूर्व के खारवेल के हाथीगुम्फा अभिलेख से 'त्रामिरदेश संघटम्' का उल्लेख है, जो इन तीनों के अस्तित्व का अस्पष्ट उल्लेख करता है।

888. तमिल भाषा में रचित संगम साहित्य के महाकाव्य मणिमेकलै के रचनाकार मदुराई के सत्तनार थे। इसमें बौद्ध धर्म संबंधी दर्शनिक तर्क-वितर्क को प्रस्तुत किया गया है। मणिमेकलै के अतिरिक्त अन्य संगम महाकाव्य हैं– इलंगोवदिगल-रचित शिल्पदिगारम तथा जैन धर्मावलम्बी तिरुत्तक्कदेवर- रचित शीवगशिन्दामणि या जीवरचित मणि।

889. तमिल भाषा में रचित प्रथम संगम महाकाव्य शिल्पदिगारम माना जाता है। इसकी रचना महान् चोल नरेश करिकाल के पौत्र 'इलंगो आदिगल' ने की थी। इस महाकाव्य का नायक कावेरीपट्टनम का प्रसिद्ध वणिक पुत्र कोवलन तथा नायिका वणिकपुत्री 'कण्णगी' हैं।

890. सुदूर दक्षिण के प्रारंभिक इतिहास का ज्ञान संगम साहित्य से प्राप्त होता है। इसी आधार पर इसे 'संगम काल' संज्ञा से अभिहित किया गया है। इसकी तिथि को लेकर पर्याप्त मतवैभिन्यता की स्थिति है। श्रीनिवास आयंगकर महोदय ने इसकी तिथि ईसा पूर्व 500 से 500 ई० निर्धारित किया है।

894. संगम काल के प्रतापी शासकों में सर्वाधिक प्रसिद्ध चोल वंशी करिकाल था। जिसका समय अनुमानतः द्वितीय शती ई० का उत्तरार्ध (190 ई०) था।

1056. महाराष्ट्र के औरंगाबाद जिले से 35 मील दक्षिण की ओर स्थित प्रतिष्ठान नामक नगर गोदावरी नदी के उत्तरी तट पर स्थित था। बौद्ध साहित्य में इसका वर्णन एक प्रसिद्ध व्यापारिक केन्द्र के रूप में मिलता है।

1058. दाय भाग की रचना जीमूतवाहन ने की थी। यह विधिशास्त्र का ग्रंथ है।

1060. राष्ट्रकूट वंशी शासक दन्तिदुर्ग ने मालवा के प्रतिहारों पर आक्रमण किया एवं उज्जैन पर अधिकार स्थापित किया। उज्जैन में उसने 'हिरण्य-गर्भदान' नामक यज्ञ

किया जिसमें प्रतिहार राजा ने द्वारपाल का कार्य किया।

1062. चोल लेखों में कुछ उच्चाधिकारियों को 'उडनकट्टम' कहा गया है, जिसका अर्थ है सदा राजा के पास रहने वाला अधिकारी। नीलकंठ शास्त्री के अनुसार ये राजा के निजी सहायक थे, जो राजा तथा नियमित कर्मचारी तंत्र के बीच सम्पर्क का काम करते थे।

1063. नारायणपाल के बादल लेख से देवपाल (810-850 ई०) द्वारा द्रविड़ विजय का उल्लेख मिलता है। अल्तेकर महोदय द्रविड़ की पहचान राष्ट्रकूटों से करते हुए यह प्रतिपादित करते हैं कि देवपाल ने राष्ट्रकूट अमोघवर्ष को पराजित किया था।

1064. गुप्त काल में भूमि आलेखों (राजस्व संबंधी) को सुरक्षित रखने के लिए महाक्षपटलिका एवं करणिक नामक पदाधिकारी होते थे।

1067. सातवाहन वंशी शासक गौतमी शातकर्णि ने शास्त्रों के अनुसार शासन किया। उसने प्रजा पर अन्यायपूर्ण कर नहीं लगाये तथा समाज में वर्णाश्रमधर्म की प्रतिष्ठा की। इसके साथ ही साथ वह बौद्धों के प्रति भी उदार था तथा उसने भिक्षुओं के लिए ग्राम तथा भूमि दान में दी थी।

1068. परान्तक-II के पुत्र सुन्दर चोल ने राष्ट्रकूटों से तोडमण्डलम छीन लिया था।

1069. चोल स्थानीय प्रशासन के संदर्भ में सभा या महासभा का उल्लेख मिलता है। यह इस प्रकार के ग्रामों को कहते थे जो ब्राह्मणों के लिए होते थे एवं करमुक्त थे। इसे न्यायिक अधिकार भी प्राप्त था।

1070. राष्ट्रकूट नरेश उत्साही निर्माता थे। महाराष्ट्र प्रान्त के औरंगाबाद में स्थित ऐलोरा नामक पहाड़ी से प्राप्त कैलाशनाथ मंदिर का निर्माण कृष्ण प्रथम ने करवाया था। यह प्राचीन भारतीय वास्तु एवं तक्षण कला का सर्वोत्कृष्ट उदाहरण है। यह सम्पूर्ण मन्दिर एक ही पाषाण को काटकर बनाया गया है।

1072. कुमारसंभव कालिदास द्वारा रचित संस्कृत महाकाव्य है। इसमें शिव-पार्वती विवाह एवं कार्तिकेय के जन्म का वर्णन है। ज्ञातव्य है कि कालिदास गुप्त वंशी शासक चंद्रगुप्त द्वितीय विक्रमादित्य के नवरत्नों में एक थे।

1074. रोमन साम्राज्य से व्यापारिक-वाणिज्यिक संबंधों के कारण गुप्त शासन काल में भी स्वर्ण सिक्के दीनार नाम से चलते थे। यद्यपि इनका प्रयोग यत्कचित् ही होता था, सामान्य प्रयोग में कौड़ी ही प्रयुक्त होती थी।

1076. व्यास, पराशर और यादव प्रकाश की वैजयंती में एक कृषक वर्ग कुटुंबी का उल्लेख मिलता है, जो शिल्पी भी होते थे। गुप्तोत्तर काल में इन्हें शूद्रों के अंतर्गत रखा गया है।

1078. प्राचीन भारत में खिलक्षेत्र ऊसर भूमि को कहते थे एवं कृषि को प्रोत्साहन देने के लिए इसे करमुक्त रखा जाता था।

1080. विष्टि का अर्थ बेगार है, एरियन के अनुसार शिल्पी और कारीगर राज्य के लिए कर के स्थान पर बेगार करते थे।

1081. भुक्ति गुप्तकालीन प्रान्तों का नाम अथवा शासन का एक भाग था, जबकि सभा, नगरम, उर जनसामान्य या साधारण लोगों की भाषा थी।

1137. गुप्त राजाओं के कालक्रम हैं- घटोत्कच (280-319), पुरुगुप्त (467-473 ई०), बुधगुप्त (477-495 ई०), भानुगुप्त (510 ई०)।

1140. शैलकृत मन्दिर महाबलीपुरम में स्थित हैं। इनका निर्माण पल्लववंश के शासकों ने करवाया था। एलोरा के कैलाश मन्दिर का निर्माण राष्ट्रकूट शासक कृष्ण प्रथम ने करवाया था। तंजावुर का वृहदेश्वर मन्दिर चोल शासक राजराज-I ने बनवाया था। इसे द्रविड़ निर्माण शैली का सर्वोत्कृष्ट नमूना कहा जाता हैं।

1141. भारत के उत्तर-पश्चिमोत्तर प्रान्त में हिन्दू-यूनानी शासकों ने द्विभाषिक सिक्के चलाए थे। ये सिक्के ग्रीक एवं ब्राह्मी लिपियों में उत्कीर्ण एवं लेखयुक्त थे। किन्तु उस समय भारत का व्यापार मध्य एशिया एवं रोम के साथ ज्यादा विस्तृत था न कि यूनान के साथ।

मध्यकालीन भारतीय इतिहास

स्रोत

दिल्ली सल्तनत

स्रोत

1. **चचनामा :** यह अरबी में एक लेखक की रचना है। इससे सिंध विजय पर प्रकाश पड़ता है।
   अलुकुफी ने (1216-17) नसीरुद्दीन कुबाचा के समय इसका फारसी में अनुवाद किया।
   अबुरेहान अलबरूनी ने 'अरबी भाषा' में किताब-उल-हिंद की रचना की। अलबरूनी प्रथम मुस्लिम भारतविद्य था। यह 'मुन्नजिम' (खगोलशास्त्री सह-ज्योतिषशास्त्री) के नाम से जाना जाता था। 1018-19 ई० अलबरूनी महमूद गजनी की सेना के साथ भारत आया था। परन्तु उसने स्वतंत्र रूप में भारत का अवलोकन किया और अपने ग्रंथ में विवरण दिया। उसने 11वीं सदी के भारतीय सामाजिक सांस्कृतिक जीवन पर प्रकाश डाला है।
2. **उत्बी : तारीख-ए-यामिनी (किताब-उल-यामिनी):** यह ग्रंथ अरबी भाषा में है। उत्बी गजनी का निजी अधिकारी था।
3. **हसन निजामी : ताज-उल-मासिर :** यह कुतुबद्दीन ऐबक के समय लिखा गया। यह 1192-1206 ई० के इतिहास पर प्रकाश डालता है। यह प्रथम ऐतिहासिक रचना है जो भारत में मुस्लिम शासन के प्रारंभ को रेखांकित करता है।
4. **फक्र-ए-मुद्दबिर : आदाब-उल-हर्ष-वा-मुजाआत–** यह ग्रंथ 1228 ई० में लिखा गया। इसमें युद्ध कला का वर्णन है।
5. **अलाऊदीन अतामलिक जुबैनी : तारीख-ए-जहांगुभ–**इसमें मंगोल शासकों के बारे में विस्तृत जानकारी मिलती है। इसमें चंगेज खान के द्वारा जलालुद्दीन मांगबरनी का पीछा किए जाने का विवरण है।
6. **निजाम उल मुल्क तुसी : सियासतनामा –** तुसी प्रारंभिक तुर्क शासकों के समय का प्रचलित गुलामी प्रथा, दासों के प्रशिक्षण की जानकारी देता है।
7. **मिन्हाज उल सिराज : तबकात-ए-नासिरी (1259-60):** सिराज, काजी सद्र-ए-जहाँ तथा नासिरी मदरसा का प्रधान रहा था। इसमें पैगम्बर मोहम्मद से लेकर नसीरुद्दीन महमूद तक के काल का विवरण है। तुर्क वंश के संदर्भ में यह सबसे महत्वपूर्ण स्रोत माना जाता है।
8. **अमीर खुसरो :** यह बलवन से लेकर गयासुद्दीन तुगलक तक के दरबार को सुशोभित करता रहा। इसका लोकप्रिय नाम तुती-ए-हिंद था। यह प्रथम मुस्लिम कवि था जिसने हिंदी शब्दों का खुलकर प्रयोग किया।
   रचना : 1. किरासन उल सदायन, 2. मिफताह उल फतुह, 3. खजायन-उल-फुतुह, 4. देवल रानी खिज्र खान, 5. नुह सिपिहर, 6. तुगलकनामा, 7. एजाज-ए-खुसरवी किरान-उल-सदायन में बुगरा खाँ द्वारा अपने पुत्र कैकुबाद से मिलने की कहानी है। मिफताह उस फुतुह के जलालुद्दीन खिलजी के सैनिक अभियान का वर्णन है। खजायन-उल-फुतुह के जलालुद्दीन खिलजी के दकन अभियान का वर्णन है। इसमें मंगोल आक्रमण की जानकारी मिलती है।
   देवल रानी खिज्र खाँ के गुजरात के राजा रायकरण की पुत्री देवल रानी और अलाउद्दीन खिलजी के पुत्र खिज खाँ का उल्लेख है। नुह सिपिहर में अलाउद्दीन के पुत्र मुबारक खिलजी के शासनकाल का वर्णन है।
   तुगलकनामा के गयासुद्दीन तुगलक की विजयों का उल्लेख है। एजाज-ए-खुसरवी के अमीर खुसरो द्वारा संकलित दस्तावेज आवेदन आदि हैं- इससे भी शासन के संबंधों के सूचना प्राप्त होती है।

जियाउद्दीन बर्नी : 1. तारीखे फरोजशाही
2. फतवा ए जहाँ दारी

9. **सम्से : सिराज अफीफ** के बारे में माना जाता है कि उसने गयासुद्दीन तुगलक, मुहम्मद-बिन-तुगलक और फिरोजशाह तुगलक पर तीन पृथक् ग्रंथों की रचना की, जिनमें केवल एक बचा है और वह है तारीखे- फिरोजशाही।
10. **अल उमरी :** मसालिक-उल-अवसार यह एक अरबी ग्रंथ है जो मुहम्मद-बिन-तुगलक के समय की आर्थिक, समाजिक स्थिति का विवरण देता है।
11. **ख्वाजा अब्दुल माल्लिक इसामी फतह-उस- सलाद्दीन:** यह ग्रंथ अलाऊद्दीन बहमानशाह को समर्पित है। इसमें

999-1350 ई॰ तक का इतिहास है। इसमें मुहम्मद-बिन-तुगलक की आलोचना और बहमानशाह की प्रशंसा की गई है।

12. **अमीर तैमूर की आत्मकथा :** तुजुक-ए-तैमूरी या मलफुजात-ए-तैमूरी यह तुर्की भाषा में लिखी गयी है जिसे अबु तलब हुसैनी ने फारसी में अनुवाद किया।
13. **मैलाना अली यज्दी : जाफरनामा** - इसमें तैमूर के आक्रमण का वर्णन है।
14. **याहिया बिन अहमद सरहिंदी :** तारीखे मुबारकशाही- यह सैय्यद वंश का एकमात्र समकालीन स्रोत है।
15. **खोदामीर :** खुलासत-उ-अखबार- खोंदामीर हुमायूँ के दरबार में रहा तथा उसने कानुन-ए-हुमायूँनी की रचना की

विजयनगर साम्राज्य

1. साहित्यक स्त्रोत :

(अ) अमुक्तमाल्यदा
(ब) मनुचरितम
(स) गंगाधर कृत गंगादास-प्रताप-विलास
(द) राजनाथ का सलुवाभ्युदय

2. पुरातात्विक स्त्रोत :

(अ) हरिहर प्रथम का बागपलसी ताम्र अभिलेख
(ब) संगम द्वितीय का वित्र गुंद दानपत्र
(स) देवराय द्वितीय का चन्नाराय पटीना अभिलेख और श्रीरंगम ताम्र पत्र अभिलेख

3. सिक्के :

(अ) बारह प्रकार के सोने के सिक्के
(ब) हरिहर प्रथम, बुक्का प्रथम, वेंकटेम, बाल कृष्ण एवं कृष्णदेवराय के सिक्कों पर हनुमान का प्रतीक है।

4. चार वंश :

(अ) संगम वंश- 1336-1485 ई॰
(ब) सुलुव वंश- 1485-1505 ई॰
(स) तुलुव वंश- 1505-1570 ई॰
(द) अरावीडु वंश- 1570-सत्रहवीं सदी के मध्य

मुगल सम्राज्य

स्त्रोत :

पुरातात्विक स्त्रोत :

सिक्के : शेरशाह ने सोने, चाँदी एवं ताँबे के मानक सिक्के चलाये, जो क्रमशः टका और दाम कहा जाता था। अकबर के सिक्के पर राम और सीता के चित्र उकेरे गए हैं।

साहित्यिक स्त्रोत :

तुजुक-ए-बाबरी : यह बाबर की आत्मकथा है जो तुर्की भाषा में लिखी गयी है। अब्दुल रहीम खानखाना ने अकबर के समय इसका अनुवाद फारसी में किया। 1826 ई॰ में लेन्डेन और अरस्काईन ने इसका अनुवाद अंग्रेजी में किया। 1871 ई॰ में इसका अनुवाद फ्रेंच भाषा में किया गया। बाबर ने भारतीयों को हिन्दुस्तानी कहा है। उसका कहना था कि हिन्दुस्तानियों ने उससे खुलकर दुश्मनी निभाई। जिधर भी उसकी सेना गयी हिन्दुस्तानियों ने अपने घरों को जला दिया और कुएँ में जहर डाल दिया। सम्भवत: तैमूर के आक्रमण की स्मृति अब भी भारत में शेष थी। बाबर ने पाँच मुस्लिम राज्यों एवं दो हिन्दू राज्यों का विवरण दिया है। पाँच मुस्लिम राज्य निम्नलिखित थे : 1. आगरा का इब्राहिम लोदी, 2. गुजरात का मुजफ्फरशाह द्वितीय, 3. बहमनी साम्राज्य, 4. बंगाल का नुसरतशाह, 5. मालवा का महमूद द्वितीय। दो हिन्दू राज्यों में : 1. मेवाड़, 2. विजयनगर। बाबर ने वैभव बल और समृद्धि में विजयनगर साम्राज्य को श्रेष्ठ माना है। बाबर ने भारत को समृद्ध एवं वैभवशाली माना है। उसका मानना था कि पिता का पेशा पुत्र ग्रहण करता है। बाबर ने भारत के स्थापत्य को निकृष्ट प्रकार का माना था। सम्पूर्ण भारत में उसने केवल ग्वालियर के स्थापत्य को सराहा है।

मिर्जा हैदल : तारीख-ए-रसीदी–इससे मध्य एशिया की राजनीति पर प्रभाव पड़ता है।

गुलबदन बेगम : हुमायूँनामा–गुलबदन बेगम हुमायूँ की बहन थी।

खोन्दामीर : खुलासत-उल-अखबार, कानून-ए-हुमायूँनी-अब्बास खाँ शेरवानी : तारीख-ए-शेरशाही उर्फ तोहका-ए-अकबरी।

निजामुद्दीन अहमद : तबकात-ए-अकबरी

अबुल फजल : आइन-ए-अकबरी और अकबरनामा।

फैजी सरहिन्दी : अकबरनामा।

बदायूँनी : मुन्तखाब-उत-तवारिख।

जहाँगीर : तुजक-ए-जहाँगीरी (आत्मकथा)।

मुतमिद खाँ : इकबालनामा-ए-जहाँगीरी।

अब्दुल हमीद लाहौरी : बादशाहनामा।

अमीरी कजवीनी : बादशाहनामा।

इनायत खाँ : शाहजहाँनामा

औरंगजेब के समय विद्वानों की एक मंडली ने फतवा-ए-आलमगीरी लिखी (अरबी भाषा में)।

मिर्जा मोहम्मद कजीम : आलमगीर नामा।

मुस्तैद खाँ : मासीर-ए-आलमगीरी।

खाफी खाँ : मुन्तखाब-उल-लुबाब।

मुहम्मद मासूद : तारीख-ए-सुजाई।

विदेशी लेखक

1. ग्रांट डफ – मराठों का इतिहास
2. के॰ एन॰ सिंह – पंजाब का इतिहास
3. कर्नल टॉड – राजपूतों का इतिहास
4. **विलियम हॉकिन्स (1608-13 ई॰)** के बीच जहाँगीर के दरबार में रहा। भारत चाँदी के मामले में बहुत समृद्ध था। क्योंकि सभी दशों के व्यापारी अपने सिक्कों के बदले में यहाँ से माल ले जाते थे। चाँदी तो यहाँ आती ही आती है और यहाँ से जाती नहीं है।
5. **सर-टामस-रो** (1616-1619ई.) : जहाँगीर के समय यह एक अंग्रेज अधिकारी था।
6. **एडवर्ड टेरी :** यह टामस रो का पादरी था। वह रो के साथ 1617 ई॰ में मांडु और फिर वहाँ से अहमदाबाद गया।
7. **विलीयम फिच :** यह 1608 ई॰ में भारत आया था। इसने तीन प्रमुख व्यापारिक मार्गो का विवरण दिया है यथा सूरत, आगरा मार्ग, अहमदाबाद मार्ग और लाहौर-काबुल मार्ग। उसने लाहौर को पूरब का सबसे बड़ा नगर कहा है। यह पहला विदेशी यात्री है जो अनारकली के बारे में विवरण देता है।
8. **फ्रांसिस्को पेलसार्ट** यह एक डच डॉक्टर था जो जहाँगीर के काल में आगरा आया।

   शाहजहाँ के काल में तीन महत्वपूर्ण यात्री आये: 1. बर्नियर, 2. हेवेनियर, 3. मनूची
9. **ट्रेवनियर :** फ्रेंच जौहरी था। **बर्नियर** एक फ्रेंच डॉक्टर था, उसने **'ट्रेवलस इन मुगल इम्पायर'** नामक विवरण लिखा।

राजनीतिक विकास

भारत पर तुर्की आक्रमण

- 'अलप्तगीन' नामक तुर्क सरदार ने गजनी में स्वतंत्र तुर्क राज्य की स्थापना की।
- लगभग 977 में अलप्तगीन के दामाद सुबुक्तगीन ने गजनी पर अधिकार कर लिया।
- 'सुबुक्तगीन' ने हिन्दूशाही राजा जयपाल के खिलाफ एक संघर्ष में भाग लिया जिसमें जयपाल पराजित हुआ।
- सुबुक्तगीन की मृत्यु के बाद 'महमूद गजनवी' गजनी का शासक बना।
- 'तारीख-ए-गुजीदा' के अनुसार महमूद ने सीस्तान के राजा 'खलफ-बिन-अहमद' को पराजित कर 'सुल्तान' की उपाधि धारण की। सुल्तान की उपाधि धारण करने वाला संभवत: वह पहला तुर्क शासक था।
- भारत पर महमूद ने करीब सत्रह बार आक्रमण किया।
- उसने अपना नाम 'बुतशिकन' रखा तथा 'जेहाद' का नारा दिया।

महमूद गजनवी के आक्रमण

1. **पेशावर का युद्ध (1001 ई॰) :** हिन्दूशाही जयपाल पराजित आग में कूदकर जयपाल द्वारा आत्महत्या।
2. **मुल्तान विजय (1008) :** मुल्तान का शासक फतेह दाउद परास्त।
3. **वैहिन्द की लड़ाई (1009 ई॰) :** आनन्दपाल ने हिन्दू-राजाओं से सहायता लेकर एक बड़ी सेना का गठन किया। हाथियों के भड़क जाने से आनन्दपाल जीतते-जीतते हारा।
4. **नागरकोट पर आक्रमण (1009 ई॰) :** बिना लड़े ही शासक द्वारा आत्मसमर्पण, प्रसिद्ध ज्वालामुखी मंदिर को महमूद ने लूटा।
5. **थानेश्वर विजय (1014 ई॰) :** यहां के मंदिरों को लूटा।
6. **मथुरा विजय (1018 ई॰) :** उत्तरी भारत के इस समृद्ध नगर को लूटा, अनेक मंदिर ध्वस्त।
7. **कन्नौज विजय (1018-1019 ई॰) :** प्रतिहार शासक 'राज्यपाल' का बिना युद्ध किए समर्पण।
8. **कालिंजर विजय (1019-1023 ई॰) :** चंदेल राजा 'गण्ड' से महमूद के अधीनस्थ प्रतिहार राजा 'राज्यपाल' की हत्या का बदला लेने के लिए। गण्ड बिना युद्ध किए भाग गया।
9. **सोमनाथ पर आक्रमण (1025-1026 ई॰) :** सोमनाथ मंदिर की सारी सम्पत्ति लूट ली गई।
10. जाटों के विरुद्ध अभियान (1027 ई॰)

- खलीफा कादिर ने महमूद को नियुक्तिपत्र द्वारा राजसत्ता का अधिकारी बनाया और 'यमीनुद्दौला' (साम्राज्य का दाहिना हाथ) की उपाधि दी।
- महमूद ने आदेश दिया कि खलीफा का नाम उसके समस्त राज्य के खुतबा में शामिल किया जाय।
- महमूद के साथ अलबरूनी, उतवी, तारीख-ए- सुबुक्तगीन का लेखक 'वैहाकी', 'शाहनामा' का लेखक 'फिरदौसी' भारत आए।
- अलबरूनी प्रसिद्ध इतिहासविद, गणितज्ञ, भूगोलवेत्ता, खगोल एवं दर्शनशास्त्र का ज्ञाता तथा 'किताब-उल-हिन्द' का लेखक था।
- 'वैहाकी' को इतिहासकार लेनपूल ने 'पूर्वीपेप्स' की उपाधि प्रदान की।

शिहाबुद्दीन गौरी (1173-1206 ई॰)

- प्रथम आक्रमण – 1175 ई॰ में उच्च एवं मुल्तान को जीता।
- 1178 ई॰ में गुजरात पर आक्रमण किया। चालुक्य सोलंकी वंश के शासक भीम-II द्वारा वह पराजित हो गया। संभवत: यह मुहम्मद गोरी की प्रथम भारतीय पराजय थी।
- 1179-86 के बीच उसने पंजाब को विजित किया।
- 1179 ई॰ में पेशावर को विजित किया।
- 1185 ई॰ में गोरी ने स्यालकोट को जीता।
- **तराईन के प्रथम युद्ध** में 1191 ई॰ में पृथ्वीराज चौहान से बुरी तरह पराजित।
- **तराइन का द्वितीय युद्ध (1192 ई॰) :** पृथ्वीराज चौहान गोरी से पराजित हुआ तथा उसकी हत्या कर दी गई। पृथ्वीराज का चाचा और महत्वपूर्ण सेनापति स्कन्द अन्यत्र व्यस्त था।
- **चंदावर का युद्ध (1194 ई॰) :** मुहम्मद गोरी ने कन्नौज पर आक्रमण किया। गहड़वाल शासक जयचन्द

पराजय के पश्चात मारा गया। गोरी का कन्नौज पर अधिकार हो गया।

- जयचन्द को हराने के बाद वह भारतीय प्रदेशों की जिम्मेदारी कुतुबुद्दीन ऐबक को सौंपकर वापस गजनी चला गया।
- 1205-06 में वह पुन: वापस आया तथा खोखरों को पराजित किया। इस अंतिम अभियान के बाद गोरी वापस जा रहा था तो मार्ग में 13 मार्च, 1206 में उसकी हत्या कर दी गई।
- मुहम्मद गोरी के सिक्कों पर एक तरफ घोड़े के साथ 'मोहम्मद बिन साम' लिखा है तो दूसरी तरफ 'शिव के बैल की आकृति' तथा देवनागरी लिपि में पृथ्वीराज लिखा है। गोरी के कुछ सिक्कों पर लक्ष्मी की आकृति (देहलीवाल) है।

कुतुबुद्दीन ऐबक (1206 से 1210)

- लाहौर में जून 1206 में अपना राज्याभिषेक करवाया।
- सिंहासनारूढ़ होने के बाद उसने अपने को 'मलिक' एवं 'सिपहसालार' की पदवी से संतुष्ट रखा। 'सुल्तान' की उपाधि ग्रहण नहीं की।
- ऐबक ने अपने नाम से न तो कोई सिक्का जारी करवाया और न कभी खुतबे पढ़वाये।
- वह दिल्ली सल्तनत का संस्थापक, भारत का पहला स्वतंत्र मुस्लिम शासक था। राजधानी– लाहौर।
- 'ऐबक' का अर्थ–चंद्रमा का स्वामी।
- अपनी उदारता के कारण 'लाख बख्श' के नाम से जाना जाता है।
- गौरी के भतीजे और उत्तराधिकारी 'गयासुद्दीन महमूद' ने 1208 ई० में दासमुक्ति-पत्र, सिंहासन, छत्र, राजकीय पताका एवं नक्कारा भेंट किया।
- सिंहासन पर बैठने के बाद गौरी के अन्य उत्तराधिकारियों गयासुद्दीन मुहम्मद, ताजुद्दीन एल्दौज एवं नासिरुद्दीन कुबाचा के विद्रोह का सामना करना पड़ा। इन विद्रोहियों को शांत करने के लिए वैवाहिक सम्बंधों को ऐबक ने आधार बनाया। ताजुद्दीन एल्दौज की पुत्री से उसने विवाह किया, नासिरुद्दीन कुबाचा से अपनी बहन का तथा इल्तुतमिश से अपनी पुत्री का विवाह किया।
- मिनहाज ने उसकी दानशीलता के कारण उसे 'हातिम द्वितीय' की संज्ञा दी।
- 'ताज-उल-मासिर' का रचनाकार 'हसन निजामी' तथा फख्र-ए-मुदविबर उसके दरबार में रहता था।
- उसने कुव्वत-उल-इस्लाम मस्जिद (दिल्ली), ढाई दिन का झोपड़ा (अजमेर) एवं कुतुबमीनार (प्रथम मंजिल) का निर्माण कराया। दिल्ली में किला-ए-रायपिथौरा के बगल में एक नये नगर की स्थापना की जो दिल्ली के सात नगरों में प्रथम माना जाता है। कुतुबमीनार का निर्माण 'शेख ख्वाजा कुतुबुद्दीन बख्तियार काकी' की स्मृति में।
- चौगान खेलते समय घोड़े से गिरकर मृत्यु। (1210 ई०) 19 लाहौर में दफनाया गया।
- 'आरामशाह' नामक अयोग्य एवं अनुभवहीन युवक उसका उत्तराधिकारी बना।

इल्तुतमिश (1210 से 1236)

- दिल्ली के तुर्की सरदारों एवं नागरिकों के आमंत्रण पर इल्तुतमिश, जो उस समय बदायूँ का सूबेदार था, दिल्ली आया तथा आरामशाह को बंदी बनाकर सिंहासन पर बैठा। जुड की लड़ाई में उसने आरामशाह को पराजित किया।
- 1215-16 ई० में उसने यल्दौज को 'तराईन के तृतीय युद्ध, में पराजित किया।
- कुबाचा सिंधु में डूब गया (1217 ई०)
- वह इल्बरी तुर्क था तथा दिल्ली सल्तनत का वास्तविक संस्थापक भी वही था।
- ख्वारिज्म शाह का पुत्र 'जलालुद्दीन मंगबर्नी चंगेज के भय से पंजाब आ गया। चंगेज खाँ उसका पीछा करते हुए 1220-21 में सिंधु तक आ गया। इल्तुतमिश ने दूरदर्शिता का परिचय देते हुए मंगबर्नी की कोई सहायता नहीं की। मंगोल आक्रमण का भय 1228 ई० में मंगबर्नी के वापस जाने से टल गया।
- उसने चालीस गुलामों का एक गुट 'तुर्कान-ए- चिहालगानी' या 'चरगान' का संगठन किया।
- 1225 में इल्तुतमिश ने बंगाल के शासक हिसामुद्दीन इवाज, जिसने अपने को स्वतंत्र घोषित कर दिया था, के विरुद्ध अभियान किया। इवाज ने बिना युद्ध किये ही उसकी अधीनता स्वीकार कर ली परन्तु इल्तुतमिश के लौटते ही पुन: विद्रोह कर मलिक जानी को पराजित कर दिया जिसे बंगाल का मुक्ता नियुक्त किया गया था। इल्तुतमिश के पुत्र नासिरुद्दीन महमूद ने उसे पराजित कर मार डाला।
- 1226 ई० में रणथम्भौर तथा 1227 में परमारों की राजधानी मन्दौर पर अधिकार कर लिया।
- 18 फरवरी 1229 को बगदाद के खलीफा 'अल–

मुन्तसिर-विल्लाह' से खिलअत एवं प्रमाण पत्र प्राप्त हुआ। खिलअत मिलने के बाद उसने 'नासिर, अमीर उल मोनिनीन' की उपाधि धारण की।

- इल्तुतमिश पहला तुर्क सुल्तान था जिसने शुद्ध अरबी सिक्के चलवाये। उसने सल्तनत कालीन दो महत्वपूर्ण सिक्के चांदी का टंका (175 ग्रेन का) तथा तांबे का जीतल चलवाया।
- इल्तुतमिश ने 'इक्ता व्यवस्था' का प्रचलन किया।
- ग्वालियर पर उसने अधिकार कर लिया। (1230-32 ई॰)
- 1234-35 ई॰ में मालवा पर आक्रमण कर भिलसा पर अधिकार कर लिया।
- 1235 ई॰ में बापियान अभियान उसका अन्तिम अभियान था।
- 1236 ई॰ में उसकी मृत्यु हो गई।
- मिनहाज-उल-सिराज को संरक्षण दिया।
- उज्जैन पर आक्रमण और महाकाल मंदिर का विधवंस किया।
- गहलौत की राजधानी नागदा में आक्रमण किया। लेकिन राणा क्षेत्र सिंह द्वारा हार गया।
- अपने लड़के नासिरूद्दीन महमूद की याद में दिल्ली के नासिरिया महाविद्यालय की स्थापना की और बाद में रजिया ने काजी मिन्हाज को इसका प्रधानाचार्य नियुक्त किया।
- भारत में संभवत: पहला मकबरा निर्मित करवाने का श्रेय भी इल्तुतमिश को जाता है।

रुकनुद्दीन (अप्रैल 1236-नवंबर 1236)

इल्तुतमिश ने रजिया को अपना उत्तराधिकारी घोषित किया। परन्तु शासन उसके पुत्र रुकनुद्दीन फिरोज के हाथों चला गया।

- वास्तविक बागडोर रुकनुद्दीन की मां 'शाह तुर्कान' के हाथों में था। फिरोज एवं शाह तुर्कान के षड्यंत्रों से विद्रोह फूट पड़ा।
- जब रूकनुद्दीन विद्रोह दबाने राजधानी से बाहर गया था तो रजिया ने लाल वस्त्र पहनकर जनता से शाह तुर्कान के विरुद्ध सहायता मांगी।
- उन दिनों लाल वस्त्र पहनकर न्याय की मांग की जाती थी।
- दिल्ली की जनता ने रजिया को गद्दी पर बैठा दिया। रुकनुद्दीन को कैद कर बाद में उसकी हत्या कर दी गई।

रजिया सुल्तान (1236 से 1240)

- रजिया का प्रतिरोध प्रमुख तुर्क अमीरों ने किया जिनमें निजामुलमुल्क जुनैदी, मलिक अलाउद्दीन जानी, मलिक सैफुद्दीन कूची, मलिक ईजुद्दीन कबीर खाँ अयाजा एवं मलिक ईजुद्दीन सलारी आदि।
- रजिया ने सलारी और कबीर खाँ को गुप्त रूप से अपनी ओर मिलाकर विद्रोह को कुचल दिया।
- वह पर्दा प्रथा को त्यागकर पुरुषों की तरह कुबा (कोट) एवं कुलाह (टोपी) पहन कर राजदरबार जाने लगी।
- उसने कुछ विश्वासपात्र अमीरों को उच्च पद प्रदान किये। इख्तियारुद्दीन ऐतगीन को 'अमीरे हाजिब' मलिक जमालुद्दीन याकूत (अबीसीनियन) को 'अमीर-ए-आखूर', कबीर खाँ को लाहौर का अक्तादार और इख्तियारुद्दीन अल्तूनिया को तबर हिंद (भटिण्डा) का अक्तादार नियुक्त किया गया।
- लगभग 1240 ई॰ में तबर हिंद के अक्तादार अल्तूनिया द्वारा विद्रोह। तुर्क अमीरों ने याकूत की हत्या कर रजिया को बंदी बना लिया तथा इल्तुतमिश के तीसरे पुत्र बहरामशाह को सिंहासन पर बैठा दिया।
- रजिया ने अल्तूनिया से विवाह कर पुन: गद्दी प्राप्त करने का प्रयास किया परन्तु बहराम के डाकुओं ने कैथल के समीप दोनों की हत्या कर दी।

बहराम शाह (1240-42 ई॰)

- सुल्तान के अधिकार को कम करने के लिए एक नए पद 'नयाब' या 'नायब-ए-मामिलकात' का सृजन तुर्क अमीरों ने किया। सर्वप्रथम इख्तियारुद्दीन एतिगीन को इस पद पर नियुक्त किया गया।
- एतिगीन की शक्ति इतनी बढ़ गई कि सुल्तान की तरह वह नौबत एवं हाथी रखना शुरू कर दिया। सुल्तान ने उसकी हत्या करवा दी।
- सुल्तान की हत्या का षड्यंत्र रचने वाले बदरुद्दीन शंकर रूमी एवं सैय्यद ताजुद्दीन की हत्या करवा दी। अमीरों में भय व असन्तोष व्याप्त हो गया।
- 1241 ई॰ में 'तैर बहादुर' के नेतृत्व में मंगोल आक्रमण हुआ। वजीर मुजाहबुद्दीन ने इस आक्रमण के विरूद्ध जा रही सेना को भड़का दिया। सेना दिल्ली वापस आ गई। मई 1242 में तुर्क सरदारों ने दिल्ली पर अधिकार कर लिया। बहराम की हत्या कर दी गई।
- अमीरों ने बहराम के पौत्र अलाउद्दीन मसूदशाह को सुल्तान बनाया।

अलाउद्दीन मसूदशाह (1242 ई॰-1246 ई॰)

- बलवन (अमीरे हाजिब), नासिरुद्दीन एवं उसकी माँ 'मलिक-ए-जहाँ' ने मिलकर षड्यंत्र किया। जून 1246 में उन्हें सफलता मिली। नासिरुद्दीन महमूद को सुल्तान बनाया गया।

नासिरुद्दीन महमूद (1246-1266 ई॰)

- वास्तविक सत्ता 'नायब-ए-मामिलकात' बलवन के हाथ में थी।
- 7 अक्टूबर 1249 को नासिरुद्दीन ने बलवन को 'उलगू खाँ' की उपाधि दी।
- अगस्त 1249 में बलवन ने अपनी लड़की का विवाह नासिरुद्दीन से कर दिया।
- 1253 ई॰ में भारतीय मुसलमानों के दबाव में बलवन को पदच्युत कर हाँसी का गवर्नर बना दिया गया।
- रैहान को 'नायब-ए-मामिलकात' बनाया गया। रैहान हिन्दू से मुसलमान बना था।
- 1254 में पुन: बलवन को अपने पूर्वाधिकार मिल गए।
- इसी समय बलवन ने नासिरुद्दीन से राजसी छत्र प्रयोग करने की अनुमति प्राप्त की।
- 1259 में बलवन ने मंगोल नेता हलाकू से समझौता कर पंजाब में शांति स्थापित की।
- इसामी कृत फूतूह-उल-सलातीन के अनुसार बलवन ने नासिरुद्दीन की जहर देकर हत्या कर दी।

बलबन (1266-1287)

- रजिया के समय 'अमीर-ए-शिकार' बहरामशाह के समय 'अमीर-ए-आखूर', मसूद शाह के समय 'अमीर-ए-हाजिब' एवं नासिरुद्दीन महमूद के समय 'नायब-ए-यामिलकात' पद पर रह चुका था।
- संभवत: इल्बरी जाति का था।
- उसके काल का एकमात्र तुर्क विद्रोह बंगाल के तुगरिल खां का विद्रोह था जिसे मारकर बलबन ने 'तुगरिलकुश' की उपाधि धारण की।
- बलबन का प्रारंभिक नाम 'बहाउद्दीन' था।
- 1246 में मंगोलों का सफलतापूर्वक सामना किया जिससे उसे 'महान खान' की उपाधि मिली।
- वह पहला सुल्तान था जिसने 'राजत्व के सिद्धांत' का प्रतिपादन किया। उसके अनुसार राजा 'जिल्ले- इलाही (भगवान की छाया) है। उसका राजत्व 'नियाबते-खुदाई' (ईश्वर प्रदत्त) है। उसने 'राजत्व के दैवीय सिद्धांत' को स्वीकार किया।
- अपने को आफरासियाब का वंशज घोषित किया।
- मद्यपान का निषेध तथा 'सिजदा-पाबोस' (ईरानी परंपरा) का प्रचलन किया।
- फ़ारसी रीति पर आधारित 'नवरोज उत्सव' को प्रारंभ किया।
- 'लौह एवं रक्त' की रीति अपनाया। इस नीति में विद्रोही की हत्या कर उसकी स्त्री एवं बच्चों को दास बना लिया जाता था।
- सैनिकों को नकद भुगतान, वृद्ध एवं अयोग्य सैनिकों की पदमुक्ति (पेंशन देकर)।
- गुप्तचर विभाग की स्थापना एवं पृथक् सैनिक विभाग 'दीवान-ए-अर्ज' की स्थापना की।
- 'दल-चालीसा' का दमन किया।
- बंगाल अभियान में असफल दो अमीरों-मलिक तरगी तथा अमीर खाँ को मृत्युदंड दिया।
- अपने भतीजे 'शेर खाँ' को विष देकर मार डाला।
- 1285 ई॰ में मंगोल नेता 'तमर' के नेतृत्व में पंजाब पर आक्रमण हुआ। सुल्तान का ज्येष्ठ पुत्र शाहजादा मुहम्मद जो मुल्तान का अधिकारी था, मंगोलों से लड़ता हुआ मारा गया। महमूद को 'शहीद-ए-आजम' की उपाधि मिली।
- बलवन ने दोआब की जागीर छीनने की कोशिश की परन्तु दिल्ली के कोतवाल फखरुद्दीन की सलाह पर निर्णय वापस।
- पुत्र शोक में 1287 ई॰ में मृत्यु। बरनी के अनुसार उसकी मृत्यु से दुखी मलिकों ने अपने वस्त्र फाड़ डाले तथा अपने सिरों पर धूल फेंकी।
- बलवन ने मध्य एशिया के बहुत से निर्वासित राजकुमारों को शरण दी। अमीर खुसरो, अमीर हसन उसके राजाश्रय में रहते थे।

कैकूबाद (1287-1290)

- बलवन के पुत्र बुगरा खाँ ने बंगाल पर ही शासन करना उचित समझा अत: बुगरा खाँ के पुत्र कैकूबाद को शासक बनाया गया।

- दिल्ली के वृद्ध कोतवाल 'फखरुद्दीन' के दामाद 'निजामुद्दीन' के हाथों वास्तविक शक्ति केन्द्रित।
- मलिक जलालुद्दीन फिरोज ने लकवाग्रस्त कैकूबाद को मरवा दिया। कैकूबाद का शरीर यमुना में फेंक दिया गया।

कैमर्स

- जलालुद्दीन फिरोज ने कुछ समय के लिए शमशुद्दीन कैमर्स को तख्त पर बैठाकर उसके नाम से शासन किया।
- 1290 ई० में कैमर्स को मारकर जलालुद्दीन स्वयं सुल्तान बन गया।
- दास वंश का अंत हो गया। खिलजी वंश की स्थापना हुई।

खिलजी वंश (1290-1320)

जलालुद्दीन खिलजी (1290-1296)

- किलोखरी को अपनी राजधानी बनाया।
- सुल्तान बनने के समय उम्र लगभग 70 वर्ष।
- राज्याभिषेक के एक वर्ष बाद दिल्ली में प्रवेश किया।
- उसने बलवन के सिंहासन पर बैठने से इंकार किया।
- कैकूबाद से 'शाइस्ता खाँ' की उपाधि मिली।
- 1290–कड़ा मानिकपुर के सूबेदर मलिक छज्जू का विद्रोह दबाया।
- 1291–रणथम्भौर का असफल अभियान।
- 1292–मन्दौर एवं झाईन के किलों को जीत लिया।
- 1292 में मंगोल 'अब्दुल्ला' को अलाउद्दीन ने पराजित किया। परन्तु चंगेज का नाती उलगू 4000 मंगोल समर्थकों के साथ इस्लाम कबूल कर भारत में ही रह गया। कालांतर में जलालुद्दीन ने उलगू से अपनी पुत्री का विवाह किया तथा उनके रहने के लिए दिल्ली के निकट मुगरलपुर नामक बस्ती बसाई। बाद में इन्हें ही 'नवीन मुसलमान' कहा गया।
- 'अली गुरशप' (जो बाद में अलाउद्दीन खिलजी के नाम से प्रसिद्ध हुआ) को कड़ा की जागीर प्रदान की। 1292 में अलाउद्दीन ने मालवा तथा 1296 में देवगिरि को लूटा। जब लूट का माल लेने जलालुद्दीन कड़ा पहुँचा तो धोखे से अलाउद्दीन ने उसकी हत्या कर दी।

अलाउद्दीन खिलजी (1296-1316)

- बरनी के अनुसार 'शहीद सुल्तान के कटे हुए मस्तक से अभी रक्त टपक रहा था जब शाही चन्दोबा अलाउद्दीन के सिर के ऊपर उठाया गया और वह सुल्तान घोषित किया गया।
- 1292 ई० में मालवा पर सफल आक्रमण तथा भिलसा नगर की विजय से उसे कड़ा के अतिरिक्त अवध की जागीर पुरस्कार स्वरूप मिली।
- 1296 में उसने देवगिरि के यादव रामचन्द्रदेव को हराया तथा लूट का काफी माल लेकर कड़ा लौटा।
- इस धन को लूटाकर उसने जलालुद्दीन की हत्या के बाद अमीरों को अपने पक्ष में कर लिया।
- तब तक जलालुद्दीन की विधवा बेगम मलिकाजहाँ ने अपने छोटे पुत्र रुकनुद्दीन इब्राहीम को सिंहासन पर बैठा दिया था। मलिक अहमद चाप ने इब्राहीम और मलिकाजहाँ को मुल्तान ले जाकर बचाने का प्रयास किया परन्तु सभी कैद कर लिये गए या मारे गए।
- अक्टूबर 1296 ई० को बलवन के 'लाल महल' में अलाउद्दीन का राज्याभिषेक हुआ।
- अलाउद्दीन ने सिकन्दर-ए-सानी की उपाधि ग्रहण कर इसका उल्लेख अपने सिक्कों पर करवाया।
- 'विश्वविजय' तथा 'नवीन धर्म के स्थापना' की योजना दिल्ली के कोतवाल अलाउल मुल्क के समझाने पर त्याग दी।
- तुर्क अमीरों के विद्रोह को समाप्त करने के लिए चार अध्यादेश जारी किये :
  1. दान, उपहार, पेंशन के रूप में दी गई भूमि जब्त।
  2. गुप्तचर विभाग का संगठन। 'बरीद' एवं 'मुनहिस' की नियुक्ति।
  3. मद्य, जुआ, भाँग पर प्रतिबंध।
  4. अमीरों के आपसी मेल-जोल, सार्वजनिक समारोहों, वैवाहिक सम्बंधों पर प्रतिबंध।
- खलीफा की सत्ता को मान्यता प्रदान करते हुए 'यामिन-उल-खिलाफत-नासिरी-अमीर-उल-मोमिनीन की उपाधि ग्रहण की।

अलाउद्दीन के समय विद्रोह

- 1299 में गुजरात अभियान के बाद धन बंटवारे को लेकर नव-मुसलमानों द्वारा। इसका दमन नसरत खाँ ने किया।
- अलाउद्दीन के भतीजे आकत खाँ ने अलाउद्दीन पर प्राणघातक हमला किया। आकत खाँ को पकड़कर मार डाला गया।

- अलाउद्दीन के बहन के लड़के मलिक उमर एवं मंगू खाँ के विद्रोह करने पर दोनों को हराकर मार डाला गया।
- दिल्ली के हाजी मौला के विद्रोह का दमन सरदार हमीदुद्दीन ने किया।

अलाउद्दीन का साम्राज्य विस्तार या सैन्य अभियान

1. **गुजरात विजय :** 1298 में उलुगखाँ एवं वजीर नुसरत खाँ के नेतृत्व में विशाल सेना को गुजरात भेजा। गुजरात के शासक रायकर्ण ने पराजित होकर देवगिरि रामचन्द्र देव के यहां शरण ली। रायकर्ण की पत्नी कमलादेवी को पकड़कर दिल्ली लाया गया जहाँ अलाउद्दीन ने उससे शादी कर 'मलिका-ए-जहाँ बनाया। हिन्दू हिजड़े मलिक काफूर को नुसरत खाँ ने यहीं एक हजार दिनार में खरीदा। इसीलिए काफूर को 'हजार दिनारी' भी कहा जाता है। गुजरात के बन्दरगाहों, शहरों, सोमनाथ के मंदिर को बुरी तरह लूटा गया। देवगिरि के रामचन्द्र देव की सहायता से दक्षिण गुजरात के कुछ भाग पर रायकर्ण अपना अधिकार बनाए रख सका।
2. **रणथंभौर विजय (1301) :** रणथम्भौर उत्तर भारत का सर्वाधिक शक्तिशाली दुर्ग था। इस समय यहाँ का शासक हम्मीर देव था। हम्मीर देव ने 'नव मुसलमानों' के विद्रोही नेता मुहम्मदशाह एवं केहव को अपने यहाँ शरण दी। प्रारंभ में उलूग खाँ एवं नुसरत खाँ को दुर्ग जीतने के लिए भेजा गया। नुसरत खाँ मारा गया। अलाउद्दीन स्वयं रणथम्भौर की ओर बढ़ा। उसके भतीजे आकत खाँ ने नये मुसलमानों के साथ मिलकर अलाउद्दीन पर प्रतिरक्षा रहित अवस्था में शिकार खेलते समय प्राणघातक हमला किया। सभी विश्वासघाती पकड़कर मार डाले गए। हम्मीर देव की रानियों ने 'जौहर व्रत' का पालन किया। तारीख-ए-अलाई एवं 'हम्मीर महाकान्य' में जौहर का उल्लेख है। हम्मीर वीरगति को प्राप्त हुआ। अमीर खुसरो इस अभियान में अलाउद्दीन के साथ था।
3. **चित्तौड़ अभियान (1303) :** साहित्यिक साक्ष्य के अनुसार राणा रत्नसिंह की पत्नी पदमावती को प्राप्त करने के लिए यह अभियान किया गया था। विजयोपरान्त खिज्र खाँ को यहाँ का शासक बनाया गया। चित्तौड़ का नाम बदलकर 'खिज्राबाद' कर दिया गया। जायसी के 'पद्मावत' से इस अभियान की जानकारी मिलती है।
4. **मालवा विजय (1305) :** मालवा का शासक महलक देव एवं उसका सेनापति 'हरनन्द' (कोका प्रधान) बहादुर योद्धा थे परन्तु वे हराकर मार डाले गए। 'ऐनुलमुल्क' मालवा का शासक नियुक्त हुआ।
5. **जालौर विजय (1310) :** यहां का शासक कान्हदेव कमालुद्दीन गुर्ग के नेतृत्व में भेजी गई सेना द्वारा पराजित। 1311 तक उत्तर भारत में नेपाल कश्मीर एवं असम को छोड़कर समस्त उत्तर भारत पर अधिकार कर लिया गया।

दक्षिण विजय

1. **देवगिरि (1307-08 ई॰) :** काफूर के नेतृत्व में सेना भेजी गई क्योंकि रामचन्द्रदेव ने अपने पुत्र शंकर के हस्तक्षेप से वार्षिक कर देना बंद कर दिया था। रास्ते में काफूर ने रायकर्ण को पराजित किया। उसकी पुत्री देवल देवी दिल्ली भेज दी गई जहाँ खिज्र खां से उसका विवाह हुआ। लूटते हुए काफूर देवगिरि पहुँचा। अपार सम्पत्ति, हाथियों एवं राजा रामचन्द्रदेव को दिल्ली लाया गया। सुल्तान ने उदारतापूर्ण व्यवहार करते हुए रामचन्द्रदेव को 'राय रायान' की उपाधि दी तथा एक लाख स्वर्ण टंका एवं गुजरात की नवसारी जागीर प्रदान कर वापस भेज दिया। रामचन्द्र अलाउद्दीन का मित्र बन गया।
2. **तेलंगाना (1310 ई॰) :** यहाँ का शासक 'प्रताप रुद्रदेव' था जिसकी राजधानी वारंगल थी। रामचन्द्रदेव ने इस अभियान में काफूर की सहायता की। 'प्रताप रुद्रदेव' ने अलाउद्दीन की अधीनता स्वीकार कर ली तथा 'कोहिनूर हीरा' उपहार में दिया।
3. **होयसल (1310-11) :** होयसलों की राजधानी 'द्वार समुद्र' थी तथा वीर बल्लाल तृतीय यहाँ का शासक था। वीर बल्लाल-III पराजित हुआ। माबर अभियान में उसने काफूर की सहायता की। बल्लाल-III ने अलाउद्दीन से 'खिलअत', 'एक मुकुट', 'छत्र' एवं दस लाख टंका प्राप्त किया।
4. **पांड्य (1311) :** मदुरा (मालाबार) के शासक कुलशेखर की मृत्यु के पश्चात् वीर पांड्य एवं सुन्दर पांड्य के बीच उत्तराधिकार युद्ध। सुन्दर पांड्य द्वारा सहायता माँगने पर काफूर ने पांड्यों के महत्वपूर्ण केन्द्र 'वीरधूल' पर आक्रमण कर दिया। परन्तु वीर पांड्य भाग

गया। धन के दृष्टिकोण से यह सर्वाधिक सफल अभियान था। इस युद्ध के पश्चात् काफूर को 'मलिक नायब' की उपाधि दी गई। परन्तु वीर पांड्य पकड़ा नहीं जा सका। अमीर खुसरो के अनुसार मलिक रामेश्वरम तक पहुंच गया।

5. **देवगिरि (1312) :** रामचन्द्रदेव की मृत्यु के बाद शंकर देव ने स्वतंत्र होने का प्रयास किया। 1313 में काफूर ने उसे मार डाला। 1315 में काफूर को वापस दिल्ली बुला लिया गया।

मंगोल आक्रमण

क्र.	वर्ष	मंगोल नेता	विद्रोह का दमन
1.	1297-98	कादर	'जफर खाँ' एवं 'उलुग खाँ' जालन्धर के निकट परास्त किया।
2.	1298	सलदी	सेहबान पर हुए इस आक्रमण को जफर खाँ ने असफल कर दिया।
3.	1299	कुतलुग ख्वाजा	जफर खाँ ने असफल कर दिया।
4.	1303	तार्गी	2 माह तक सीरी के किले को घेरने के बाद दिल्ली के समीपवर्ती क्षेत्रों को लूटकर वापस चला गया।
5.	1305	अलीबेग तातार्क एवं 'तारंगी'	मलिक काफूर एवं गाजी मलिक (गयासुद्दीन तुगलक) ने बुरी तरह पराजित किया।
6.	1306	इकबालमन्द	गाजी मलिक द्वारा रावी तट पर पराजित।

महत्वपूर्ण तथ्य :

- अलाउद्दीन के चार महान सेनापति–उलुग खान, जफर खान, नुसरत खाँ, अल्प खान।
- सैनिकों को नकद वेतन दिया। 'दाग' व 'हुलिया' प्रथा शुरू की। स्थायी सेना का निर्माण।
- भू-अनुदान जैसे इनाम, वक्फ, मिल्क बन्द कर दिए गए।
- सोमनाथ के प्रसिद्ध मंदिर, जिसे महमूद गजनवी ने तोड़ा था एवं चालुक्य कुमारपाल के द्वारा पुनः निर्माण करवाया गया था, अलाउद्दीन ने दोबारा उसका विध्वंश किया।
- बाजार-नियंत्रण व्यवस्था शुरू की एवं सद्र-ए-रियासत (बाजार प्रमुख) तथा शहना-ए-मंडी (बाजार अधीक्षक) की नियुक्ति की।
- 'खुम्स' (लूट का माल) का 4/5 भाग सुल्तान को तथा 1/5 भाग सैनिकों को रखने की आज्ञा दी।
- गृहकर (घरी) एवं चराई कर (चरी) की शुरुआत की।
- नये वस्त्र बाजार 'सराय अदल' की स्थापना की।
- नए विभाग 'दीवान-ए-मुस्तखराज' की स्थापना की।

शिहाबुद्दीन उमर (5 जनवरी 1316-19 अप्रैल 1316)

- 5 जनवरी 1316 को अलाउद्दीन की मृत्यु के बाद काफूर ने अलाउद्दीन के 5-6 वर्षीय पुत्र शिहाबुद्दीन को गद्दी पर बैठाया।
- काफूर ने समस्त अधिकार अपने हाथों में लेकर 35 दिनों तक सत्ता का उपभोग किया।
- 'मुबारक खिलजी' ने काफूर की हत्या करवा दी तथा स्वयं शिहाबुद्दीन का संरक्षक बन गया। कालांतर में शिहाबुद्दीन को अंधा करवाकर मुबारक खिलजी (अलाउद्दीन का पुत्र) सिंहासन पर बैठा।

कुतुबुद्दीन मुबारक खिलजी (1316-20)

- स्वयं को खलीफा घोषित किया।
- 'अल-इमाम', 'उल-इमाम', खिलाफत-उल्लाह', 'अल-वसिक विल्लाह' की उपाधि ली'।
- उसे नग्न स्त्री पुरुष की संगत पसंद थी।
- **उसके समय के विद्रोह**
  1. गुजरात विद्रोह- ऐन-उल-मुल्क ने दमन किया।
  2. देवगिरि विद्रोह- देवगिरि का शासक हरपालदेव पराजित, देवगिरि को सल्तनत में मिला लिया गया। देवगिरि का नाम 'कुतुबाबाद' रखा।
- खुसरो (जो कुछ ही समय पहले हिन्दू से मुसलमान बना था) को वजीर नियुक्त किया।
- खुसरो ने 1320 में उसकी हत्या कर दी।

नासिरुद्दीन खुसरवशाह

- इसने अपने नाम के खुतबे पढ़वाये और साथ ही 'पैगम्बर के सेनापति' की उपाधि धारण की।
- गाजी मलिक ने चार माह पश्चात् उसे पराजित कर दिया तथा 8 सितम्बर 1320 को स्वयं सिंहासन पर बैठा।

तुगलक वंश (1320-1413)

गयासुद्दीन तुगलक (1320-25)

- तुगलक वंश का संस्थापक।
- भू-राजस्व घटकार 1/10 से 1/12 कर दिया।
- नहर निर्माण करवाने वाला वह प्रथम सुल्तान था।
- दिल्ली का प्रथम सुल्तान जिसने अपने नाम के आगे 'गाजी' शब्द लगाया।
- नई राजधानी 'तुगलकाबाद' का निर्माण करवाया।
- 1323-24 में वारंगल अभियान कर देवगिरि के गवर्नर तथा उसके पुत्र जौना खाँ ने सल्तनत में मिला लिया। वारंगल का नाम *'सुल्तानपुर'* कर दिया गया।
- प्रसिद्ध सूफी संत निजामुद्दीन औलिया से उसके अच्छे संबंध नहीं थे।
- 1325 ई० में बंगाल का सफल अभियान कर वह औलिया को दंड देने लौट रहा था तब औलिया ने *हुनूज दिल्ली दूरअस्त* कहा था।
- लौटते वक्त स्वागत समारोह के दौरान लकड़ी का महल गिर जाने से गयासुद्दीन की मृत्यु।
- गयासुद्दीन ने 'एक न्याय विधान' का निर्माण करवाया।

मुहम्मद बिन तुगलक (1325-51)

- प्रारम्भिक नाम-जूना खाँ।
- मध्यकालीन सुल्तानों में सर्वाधिक शिक्षित, विद्वान् व योग्य व्यक्ति।
- 'बरनी' उसे पिता का हत्यारा नहीं मानता।
- उसने कुछ नवीन योजनाएँ बनाकर उसके क्रियान्वयन का प्रयास किया :
  - *(i)* **दोआब क्षेत्र में कर-वृद्धि (1326-27):** दोआब क्षेत्र का कर 50 प्रतिशत कर दिया परन्तु उसी वर्ष अकाल पड़ गया। जबरन कर वसूलने पर क्षेत्र में विद्रोह हो गया जिससे योजना असफल हो गई। कृषि के विकास के लिए 'अमीर-ए- कोही' नाम के नवीन विभाग का गठन किया।
  - *(ii)* **राजधानी परिवर्तन (1326-27) :** यह योजना भी असफल रही। 1335 ई० में पुन: देवगिरि या दौलताबाद से राजधानी दिल्ली वापस। यहीं उसने 'जहाँपनाह नगर' की स्थापना की।
  - *(iii)* **सांकेतिक मुद्रा का प्रचलन :** चीन के 'कुबलई खाँ' और ईरान के 'गाई खातू' से प्रेरणा प्राप्त कर उसने कांसे की मुद्रा का प्रचलन किया। परन्तु नकली मुद्रा के चलन के चलते यह योजना भी असफल। वह कांसे की मुद्रा के बदले स्वर्ण मुद्रा देने को बाध्य हुआ। भयानक आर्थिक क्षति हुई।
  - *(iv)* **खुरासान अभियान :** तीन लाख सत्तर हजार की सेना का गठन कर एक वर्ष का अग्रिम वेतन दे दिया। तरमाशरीन और मिश्र के सुल्तान के साथ त्रिमैत्री संगठन बनाया, लेकिन मध्य एशिया में राजनीतिक परिवर्तन के चलते अभियान स्थगित।
  - *(v)* **कराजिल अभियान :** खुसरो मलिक के नेतृत्व में विशाल सेना पहाड़ी राज्यों को जीतने के लिए भेजा गया परन्तु पूरी सेना दुर्गम रास्तों में भटक गई। इब्नबतूता के अनुसार केवल तीन अधिकारी ही बचकर वापस आ सके।
- उसने किसानों के कृषि विकास के लिए *'सोनधर'* नामक कृषि-ऋण देना प्रारंभ किया।
- चीन के शासक 'तोगन तैमूर' ने हिमालय के क्षेत्र में बौद्ध मन्दिर निर्माण की आज्ञा लेने के लिए 1341 ई० में अपना दूत दिल्ली भेजा।
- सुल्तान ने *इब्नबतूता* को चीन के मंगोल शासक के दरबार में दूत के रूप में भेजा।
- मिस्र में शरणार्थी खलीफा के वंशज से 1344 में मान्यता-पत्र प्राप्त किया।
- सूफियों एवं जैन संतों के साथ संबंध स्थापित किए। हिन्दुओं के त्यौहारों में भाग लिया।
- उसके शासनकाल में 'विजारत' विभाग अपने चरमोत्कर्ष पर पहुँचा।

मुहम्मद तुगलक के खिलाफ विद्रोह

1. 1326-27 ई० में सागर के गवर्नर 'गुशरास्प' ने विद्रोह किया।
2. 1328 ई० में लाहौर, मुल्तान और उच्च के गवर्नर किश्लू खाँ द्वारा विद्रोह, इस विद्रोह को दबाने के लिए भेजी गई सेना भी विद्रोहियों से मिल गई।
3. 1335 ई० में मदुरा के गवर्नर 'अहसान' के विद्रोह को दबाया नहीं जा सका। मदुरा में स्वतंत्र मुस्लिम राज्य की स्थापना हुई।
4. 1340-41 में शमशुद्दीन के नेतृत्व में बंगाल सल्तनत से अलग हो गया।
5. 1336 ई० में संगम वंश की स्थापना।
6. 1347 ई० में 'बहमनशाह' के नेतृत्व में विद्रोह और बहमनी राज्य की स्थापना।

7. 1340-41 ई॰ में गुजरात और जाफराबाद के गवर्नर 'सेन-उल-मुल्क' ने विद्रोह किया जिसे कुचल दिया गया।

- गंगा के किनारे कन्नौज के पास 'स्वर्गद्वारी' नामक स्थान पर प्लेग से बचने के लिए शरण ली।
- 1351 ई॰ में सिंध विद्रोह को दबाने के लिए थट्टा के निकट गोंडाल पहुँचकर गंभीर रूप से बीमार हो गया। यहीं 20 मार्च 1351 को उसकी मृत्यु हो गई।
- बदायूनीं–''सुल्तान को उसकी प्रजा से और प्रजा को अपने सुल्तान से मुक्ति मिल गई।''

फिरोजशाह तुगलक (1351-1388)

- फिरोज, मुहम्मद तुगलक का चचेरा भाई था।
- इसकी माँ 'बीबी जैला' राजपूत सरदार रणमल की पुत्री थी।
- खुतबे में कुतुबुद्दीन ऐबक को छोड़कर सभी मुस्लिम शासकों के नाम को जोड़ दिया।
- 20 मार्च 1351 को थट्टा के नजदीक तथा पुन: अगस्त 1351 में दिल्ली में राज्याभिषेक।
- 1353 एवं 1359 में बंगाल अभियान असफल।
- 1360 ई॰ में जाजनगर (उड़ीसा) पर आक्रमण कर वहाँ के शासक भानुदेव तृतीय को परास्त कर पुरी के जगन्नाथ मंदिर को ध्वस्त किया।
- 1361 में नगरकोट पर आक्रमण कर 'ज्वालामुखी मंदिर' को पूर्णत: ध्वस्त कर दिया।
- साम्राज्य विस्तार के लिए कोई अभियान नहीं किया। सभी अभियान विद्रोह के दमन के लिए।
- इक्ता प्रथा को फिरोज ने वंशानुगत बनाया।
- फिरोज द्वारा स्थापित नगर–फिरोजाबाद, फतेहाबाद, हिसार, जौनपुर इत्यादि।
- अपनी आत्मकथा 'फतुहात-ए-फिरोजशाही' लिखी।
- 'दीवान-ए-खैरात' (दान विभाग) विभाग को स्थापित की।
- उसके पास ,180,000 दास थे, अत: अलग विभाग 'दीवान-ए-बंदगान' की स्थापना की।
- उसके द्वारा बनवाए गए प्रमुख नहर–राजीवाह, उलुगखानी, फिरोजाबाद नहर, घघर नहर, बुधी नहर।
- 24 कष्टदायक करों को समाप्त कर केवल 4 कर 'खराज' (लगान), 'खुम्स' (युद्ध में लूट), 'जजिया' एवं 'जकात' वसूल करने का आदेश।
- हक्क-ए-शबे नामक सिंचाई कर (उपज का 1/10 भाग) लगाया।
- दिल्ली के निकट 1200 फलों के बाग लगवाए।
- अधा (1/2 जीतल) एवं बिख (1/4 जीतल) सिक्कों की शुरुआत की।
- फिरोजाबाद किले पर *तस घरियल* (आधुनिक घड़ी मीनार की तरह) स्थापित किया।
- 1388 ई॰ में फिरोज की मृत्यु हो गई।

फिरोज के उत्तराधिकारी

(i) **तुगलकशाह**–सितम्बर, 1388 से 1389 तक।

(ii) **अबूबक्र**–फरवरी 1389 से अगस्त 1390 तक।

(iii) **शाहजादा मुहम्मद**–अप्रैल 1389 में 'समाना' में स्वयं को सुल्तान घोषित कर दिया था। अगस्त 1390 में अबूबक्र को हराकर 'नासिरुद्दीन मुहम्मद शाह' की उपाधि से शासक बना। 1394 में अधिक शराब पीने से मृत्यु।

(iv) **हुमायूँ**–शाहजादा मुहम्मद का पुत्र, 'अलाउद्दीन सिकन्दर शाह' की उपाधि से सिंहासन पर बैठा। परंतु 6 सप्ताह में इसकी भी मृत्यु।

(v) **नासिरुद्दीन महमूद (1394-1412)** : तुगलक वंश का अंतिम सुल्तान, 1398 ई॰ में तैमूर का आक्रमण, 1412 ई॰ में नसीरूद्दीन की मृत्यु के साथ तुगलक वंश का अंत।

- मलिक सरवर ने जौनपुर, जफर खाँ ने गुजरात तथा दिलावर खाँ ने मालवा में स्वतंत्र राज्य की स्थापना की।
- तैमूर के वापस जाने पर नासिरुद्दीन ने पुन: वजीर मल्लू इकबाल की सहायता से दिल्ली का सिंहासन प्राप्त कर लिया।
- मल्लू इकबाल की मृत्यु के बाद सुल्तान ने दौलत खाँ लोदी नामक अफगान की सत्ता सौंपी।
- नासिरुद्दीन की 1412 ई॰ में मृत्यु के फलस्वरूप खिज्र खाँ एवं दौलत खाँ के बीच सिंहासन के लिए संघर्ष हुआ। खिज्र खाँ ने 'सैयद वंश' की स्थापना की।
- नासिरुद्दीन महमूद के संबंध में कहा जाता है कि दिल्ली के सुल्तान की सीमा दिल्ली से पालम तक।
- खिज्र खाँ को तैमूर ने वापस लौटते समय लाहौर, मुल्तान एवं दीपालपुर का गवर्नर नियुक्त किया था।

सैयद वंश (1414-1450)

खिज्र खाँ (1414-21 ई॰)

- सुल्तान की उपाधि न धारण कर 'रैयत-ए-आला' की उपाधि से ही खुश रहा।
- तैमूर का पौत्र शाहरुख स्वयं को 'सिपहसालार' मानता था।

मुबारक शाह (1421 से 1434)

- खिज्र खाँ का पुत्र था।
- 'शाह' की उपाधि धारण कर अपने नाम के सिक्के जारी किए।
- वजीर 'सरवर-उल-मुल्क' के षड्यंत्र द्वारा 19 फरवरी 1434 को 'मुबारकाबाद' नगर का निरीक्षण करते समय उसकी हत्या।
- याहिया बिन अहमद सरहिन्दी को राज्याश्रय प्रदान किया। उसके ग्रंथ तारीख-ए-मुबारकशाही में मुबारक शाह की जानकारी मिलती है।

मुहम्मदशाह (1434-1445)

- बहलोल की सहायता से मालवा के शासक महमूद द्वारा दिल्ली आक्रमण को विफल कर दिया। बहलोल को खान-ए-खाना की उपाधि दी।
- 1445 में उसकी मृत्यु।

अलाउद्दीन आलमशाह (1445-50)

- अपने वजीर हमीद खाँ के कारण बदायूँ जाना पड़ा।
- बहलोल लोदी ने हमीद खाँ की हत्या करवा दी।

लोदी वंश

बहलोल लोदी (1451-1489)

- लोदी वंश का संस्थापक जो दिल्ली सल्तनत का प्रथम अफगान शासक था।
- अपने सरदारों को 'मसनद-ए-अली' कहकर पुकारता था।
- बहलोली सिक्के का प्रचलन करवाया।
- हुसैनशाह शर्की को जौनपुर से खदेड़ कर अपने पुत्र बरबकशाह को जौनपुर का शासक बनाया।
- 1489 ई० में ग्वालियर अभियान से वापस आते समय मृत्यु।

सिकन्दर लोदी (1489-1517)

- 1505 ई० में आगरा नगर की नींव रखी।
- भूमि के लिए 'गजे सिकन्दरी' नामक प्रामाणिक पैमाना का प्रचलन किया।
- ज्वालामुखी मंदिर (नगरकोट) की मूर्तियों को तोड़कर टुकड़ों को मांस तौलने के लिए कसाइयों को दे दिया।
- ताजिया निकालने एवं मुसलमान स्त्रियों को पीरों के मजार पर जाने से प्रतिबंध लगा दिया।
- लोदी वंश का सर्वाधिक सफल शासक।
- जौनपुर को साम्राज्य में मिला लिया।
- एक संस्कृत के आयुर्वेद ग्रंथ का फारसी में 'फरहंगे सिकन्दरी' नाम से अनुवाद करवाया।

इब्राहीम लोदी (1517-1526)

- ग्वालियर के शासक विक्रमाजीत ने अधीनता स्वीकार की।
- राणा सांगा के विरुद्ध असफल रहा।
- उसके भाई 'जलाल खाँ' ने जौनपुर को अपने अधिकार में कर लिया तथा कालपी में जलालुद्दीन की उपाधि के साथ अपना राज्याभिषेक करवाया।
- दौलत खाँ लोदी एवं इब्राहीम के चाचा 'आलम खाँ' ने बाबर को आमंत्रित किया। 21 अप्रैल 1526 को पानीपत के प्रथम युद्ध में बाबर से हार गया तथा उसकी हत्या कर दी गई।
- दिल्ली सल्तनत का पतन। 'मुगल वंश' की स्थापना हुई।

बहमनी साम्राज्य

1. बहमनी
2. विजयनगर

बहमनी साम्राज्य की स्थापना हसन गंगू अथवा अलाउद्दीन हसन बहमनशाह ने 1347 ई० में की थी। 1358 ई० तक उसने गुलबर्गा को अपनी राजधानी बनाकर शासन किया था। इसके शासनकाल में बहमनी की सीमा कोटगिरि, कल्याणी और बीदर को पार कर गई थी। तटवर्ती क्षेत्र दाबुल बंदरगाह को उसने जीता। इसने हिंदुओं से जजिया न लेने का आदेश दिया।

मुहम्मद-I (1358-1375 ई०)

- गोलकुण्डा पर विजय, विजयनगर राज्य के साथ अनिर्णीत युद्ध।
- प्रशासनिक व्यवस्था, प्रांतों/अतरफों का गठन, वहाँ तरफदारों की नियुक्ति।
- इसके बाद अगले 22 वर्षों में पाच सुल्तान हुए :
  1. अलाउद्दीन मुहम्मद, (1375-1378 ई०), 2. दाउद (1378-1379 ई०), 3. मुहम्मद-II (1379- 1397 ई०), 4. गयासुद्दीन (1397 ई०), 5. शम्सुद्दीन दाउद (1397 ई०)।

ताजुद्दीन फिरोजशाह (1397-1422 ई०)

- सर्वाधिक महत्वपूर्ण शासक,
- खेरला, बरार व विजयनगर के शासकों को हराया,
- हिंदुओं के प्रति उसकी सहिष्णुतावादी नीति: स्थानीय सामंतों (दक्कनियों) तथा नवागंतुक सामंतों (अफाकियों) के मध्य संघर्ष होने के कारण, उसने प्रशासन में हिन्दुओं की भर्ती की।

सांस्कृतिक उपलब्धियाँ

- इसने गुलबर्गा के स्थान पर *बीदर* को बहमनी साम्राज्य की राजधानी बनाया। इस नवीन राजधानी को 'मुहम्मदाबाद' नाम दिया गया। राजधानी परिवर्तन के पश्चात् बहमनी दरबार में अफाकियों (विदेशी या विदेशी मुसलमान) का प्रभाव बढ़ गया।
- **शिहाबुद्दीन अहमद प्रथम ने अपने सिंहासनारोहण में सहायता देने वाले सलाफ हसन को 'वकील-ए- सल्तनत' या प्रधानमंत्री नियुक्त किया और 'मलिक- उत-तुज्जुर' की उपाधि दी।**
- इसके शासनकाल में विजयनगर की सेनाओं की मदद से वेलम सरदार ने तेलंगाना में बहमनी की सेनाओं को पराजित किया।
- 1426 में इसने माहूर के राजा का दमन किया तथा 1429 में मालवा की होशंगशाही सेनाओं को परास्त किया।
- इसने गुजराती प्रदेशों को जीतने का प्रयास किया किंतु असफल रहने पर इसे गुजरात के साथ समझौता करना पड़ा।
- इसका सूफी संत हजरत गेसू दराज से घनिष्ठ संबंध था।
- इसका शासनकाल न्याय एवं धर्मनिष्ठता के लिए प्रख्यात था। अत: इसे इतिहास में 'अहमदशाह बली या संत अहमद' के नाम से भी जाना जाता है।

अलाउद्दीन अहमद द्वितीय (1436-1458)

- यह अपने पिता अहमद प्रथम की भाँति योग्य और संकल्पयुक्त शासक नहीं था। इसे शासनकाल में अफाकियों का आगमन पहले से बढ़ गया तथा अपने सम्पूर्ण शासनकाल में यह युद्धों में व्यस्त था।
- इसके काल में उड़ीसा के गजपति नरेशों की सेनाओं एवं बहमनी सेनाओं में कई बार युद्ध हुआ।
- महमूद गावाँ का सर्वप्रथम उल्लेख इसी के काल में मिलता है, जब उसे नलगोंडा के विद्रोह का दमन करने के लिए भेजा गया।
- इसी के काल में महमूद गावाँ का उत्कर्ष प्रारंभ हुआ।

हुमायूँ शाह एवं निजामुद्दीन अहमद (1458-1463)

- अहमद द्वितीय की मृत्यु के बाद उसका पुत्र हुमायूँ गद्दी पर बैठा। यह अत्यंत क्रूर शासक था।
- हुमायूँ ने महमूद गावाँ को प्रधानमंत्री नियुक्त किया।
- हुमायूँ ने अपने तीन वर्ष के संक्षिप्त शासनकाल में तीन विद्रोहों का सामना किया तथा इसके समय दखिनयों एवं अफाकियों के मध्य विद्वेष भी बढ़ा।
- महमूद गावाँ के कारण हुमायूँ ने सभी कठिनाइयाँ में सफलता प्राप्त की।
- हुमायूँ ने चार सदस्यीय 'प्रशासनिक परिषद' की स्थापना की।
- हुमायूँ की मृत्यु के पश्चात् उसका पुत्र 'निजामुद्दीन अहमद' आठ वर्ष की आयु में कुछ समय के लिए सुल्तान बना।

शमसुद्दीन मुहम्मद तृतीय (1463-1482)

- महमूद गावाँ का उत्कर्ष इसके शासनकाल की सबसे महत्वपूर्ण घटना है।
- यह निजामुद्दीन अहमद का छोटा भाई था तथा राज्यारोहण के समय केवल दस वर्ष का था।
- सुल्तान के अवयस्क होने के कारण महमूद गावाँ उसका संरक्षक तथा साम्राज्य का प्रधानमंत्री नियुक्त किया गया। इस अवसर पर महमूद गावाँ ने 'ख्वाजा जहाँ' की उपाधि धारण की।
- महमूद गावाँ ईरानी मूल का था। इसने बहमनी साम्राज्य की समस्त राजनीतिक समस्याओं का निराकरण कर उसे उत्कर्ष की पराकाष्ठा पर पहुँचा दिया।
- महमूद गावाँ ने सर्वप्रथम मालवा के शासक को परास्त कर उसे संधि करने के लिए बाध्य कर दिया।
- 1471 में संगमेश्वर को अधीन बनाया, 1472 में गोवा पर अधिकार।
- गोवा को विजयनगर का संरक्षित राज्य कहा जाता था, यह पश्चिमी समुद्रतट का सबसे प्रसिद्ध बंदरगाह था। गोवा की विजय महमूद गावाँ की सर्वाधिक महत्वपूर्ण सैनिक सफलता मानी जाती है।
- 1473 में बेलगाम की विजय : इसके साथ ही पश्चिमी समुद्रतट की विजय पूर्ण। इसके साथ ही बहमनी साम्राज्य अरब महासागर से बंगाल की खाड़ी तक विस्तृत हो गया।
- महमूद गावाँ के काल में ही बहमनी साम्राज्य का सर्वाधिक विस्तार हुआ। इस काल में बहमनी साम्राज्य उत्तर में खानदेश से लेकर दक्षिण में तुंगभद्रा तक और दक्षिण-पश्चिम में गोवा से लेकर-पूर्व में उड़ीसा तक फैल गया था।
- प्रशासनिक सुधार साम्राज्य का 8 प्रांतों में विभाजन जागीरदारी-प्रथा में सुधार, सामंतों के वेतन का निर्धारण।
- सांस्कृतिक एवं अन्य गतिविधियाँ विद्या और कला को प्रोत्साहन, घीदर में एक मदरसे का निर्माण। दलगत राजनीति का महमूद गावाँ शिकार, उसकी हत्या विरोधियों के द्वारा।

शिहाबुद्दीन महमूद (1482-1518 ई॰)

- दकनी-अफाकी-संघर्ष का चरमोत्कर्ष।
- इसकी मृत्यु के बाद बहमनी-साम्राज्य में विभाजन बहमनी साम्राज्य का पाँच राज्यों में क्रमिक विभाजन।

अहमदनगर का निज़ामशाही राज्य (1490-1636 ई॰)

- अहमद बहरी द्वारा स्थापना।
- 1636 ई॰ शाहजहाँ द्वारा मुगल साम्राज्य में विलय।

बीजापुर का आदिलशाही राजवंश (1490-1686 ई॰)

- यूसुफ आदिल शाह द्वारा स्थापना।
- मुहम्मद आदिल शाह द्वारा बीजापुर में गोल गुम्बज का निर्माण।
- 1686 ई॰ में औरंगजेब द्वारा मुगल साम्राज्य में विलय।

बरार का इमादशाही राजवंश (1490-1574 ई॰)

- फतुल्लाह खाँ इमादुलमुल्क द्वारा स्थापना।
- अहमदनगर राज्य द्वारा बरार का अधिग्रहण।

गोलकुण्डा का कुतुबशाही राज्य (1518-1687 ई॰)

- कुली कुतुबशाह द्वारा गठन; गोलकुण्डा-दुर्ग का निर्माण।
- मुहम्मद कुली कुतुबशाह द्वारा हैदराबाद नगर (भाग्य नगर) का निर्माण।
- चारमीनार का भी निर्माण।
- 1687 ई॰ में औरंगजेब द्वारा मुगल साम्राज्य में विलयन।

बीदर का बरीदशाही राज्य (1528-1619)

- अली बरीद द्वारा स्थापना।
- बीजापुर में विलय।
- **विशेष** : इन समस्त पाँच राज्यों ने विजयनगर-साम्राज्य को हराने के लिए एक संयुक्त गठबंधन किया था तथा 1565 ई॰ के राक्षस-तंगड़ी-युद्ध या तालीकोट के युद्ध में सफलता भी प्राप्त की थी।

विजयनगर साम्राज्य

- 1325 ई॰ में मुहम्मद-बिन-तुगलक के चचेरे भाई बहाउद्दीन गुर्शप ने कर्नाटक में सागर नामक स्थान पर विद्रोह कर दिया।
- विद्रोह के दमन के लिए सुल्तान स्वयं दक्षिण आया। बहाउद्दीन ने कंपिली में शरण ली। सुल्तान ने कंपिली को दिल्ली सल्तनत में मिला लिया।
- हरिहर और बुक्का (कंपिली के दो अधिकारी) को बंदी बनाकर दिल्ली ले जाया गया।
- बाद में दोनों भाइयों को मुक्त कर (विद्रोह दबाने के लिए) मुहम्मद-बिन-तुगलक ने तुगलक सेनापति के रूप में दक्षिण भेजा।
- हरिहर तथा बुक्का ने कंपिली के विद्रोह का दमन कर दिया।
- विद्यारण्य नामक संत के प्रभाववश विजयनगर की नींव डाली और अपनी स्वतंत्रता की घोषणा कर दी। उन्हीं के प्रयासों से पुन: हिन्दू बनाए गए।
- हरिहर तथा बुक्का ने अपने पिता के नाम पर 1336 ई॰ में स्थापित अपने वंश का नाम 'संगम' रखा।
- कुछ विद्वानों का कहना है कि पहले वे काकतियों (राजधानी–बारंगल) के सामन्त थे। काकतीय वंश के पतन के बाद उन्होंने कंपिली राज्य की सेवा स्वीकार की। (तत्कालीन राजा – प्रतापरुद्रदेव)।
- कुछ विद्वान उन्हें होयसलों के सामन्त बताते हैं और मूलत: वे कर्नाटक के रहने वाले थे।

संगम राजवंश (1336-1485)

हरिहर प्रथम (1336-1356)

- अनगोन्दी के स्थान पर नवीन नगर विजयनगर को राजधानी बनाया।
- 1346 ई॰ में मदुरा के विरुद्ध युद्ध करते हुए अंतिम होयसल सम्राट बल्लाल चतुर्थ मारा गया। होयसल का सारा प्रदेश 1346 तक विजयनगर के अधिकार में आ गया था।
- इस लड़ाई में हरिहर और बुक्का के भाइयों ने उनकी मदद की तथा प्रशासन में सहयोग की। इस प्रकार विजयनगर पर प्रारंभ में सहकारी शासन था।
- परन्तु बहमनी साम्राज्य (स्थापना 1346) उत्तर की ओर विजयनगर के विस्तार को सहन नहीं कर सका और बहमनी वंश के संस्थापक अलाउद्दीन हसन बहमन शाह ने रायचूर के किले पर अधिकार कर लिया। (विजयनगर-बहमनी संघर्ष का प्रारंभ)।
- हरिहर ने मदुरई के सुल्तान पर आक्रमण कर इस क्षति की कुछ हद तक पूर्ति की।
- बादामी, उदयगिरि एवं गूटी में स्थित दुर्गों को शक्तिशाली बनाया।
- राज्य में कृषि विकास के लिए कार्य किया।

बुक्का प्रथम (1356-1377)

- मदुरई को अपने साम्राज्य में मिला लिया।
- 'वेदमार्ग प्रतिष्ठापक' की उपाधि धारण की।
- सर्वप्रथम बुक्का ने ही कृष्णा नदी को विजयनगर-बहमनी सीमा माना।
- हरिहर-I तथा बुक्का-I ने राजा-महाराजा की उपाधि ग्रहण नहीं की।

- 1374 में बुक्का-I ने चीन में एक दूत-मंडल भेजा।
- 1376 में बुक्का प्रथम ने तुंगभद्रा दोआब के मुद्दे को लेकर मुद्कल पर चढ़ाई की तो उसने एक आदमी को छोड़कर सभी का कत्ल करा दिया। बहमनी सुल्तान ने प्रतिज्ञा की कि जब तक 1 लाख हिन्दुओं का खून नहीं कर लूँगा तलवार म्यान में नहीं रखूँगा। सुल्तान ने कृष्णा नदी पार कर मुद्कल जीता प्रथम बार किसी बहमनी सुल्तान ने तुंगभद्रा पार की। बुक्का-I जंगलों में जा छिपा। प्रथम बार उसी लड़ाई में दोनों पक्षों द्वारा तोपखाना प्रयुक्त दोनों पक्ष संधि के लिए मजबूर। दोआब क्षेत्र दोनों के बीच बंटा। युद्ध में असहाय और निहत्थे लोगों की हत्या न करने का फैसला।

हरिहर द्वितीय (1377-1404)

- महाराजाधिराज की उपाधि ग्रहण की।
- सबसे बड़ी सफलता पश्चिम में बहमनी राज्य से बेलगाँव और गोवा जीता।
- उत्तरी श्रीलंका पर भी आक्रमण किया।
- शिव के विरूपाक्ष रूप का उपासक।
- 1398 में उसके पुत्र बुक्का-II ने बहमनी से रायचूर छीनने का प्रयास किया। पराजित हुआ। 1399 में फिरोजशाह ने भारी हर्जाना संधि कर ऐंठा।
- परंतु दक्षिण में हरिहर द्वितीय का अधिकार कनारा, मैसूर, त्रिचनापल्ली, काञ्ची सहित सम्पूर्ण दक्षिण भारत पर हो गया।
- 1404 में मृत्यु। उत्तराधिकार संकट।

देवराय प्रथम (1406-1422)

- फिरोजशाह से हारा। हुनों, मोतियों और हाथियों के रूप में दस लाख का हर्जाना देना पड़ा।
- देवराय प्रथम को अपनी पुत्री की शादी फिरोजशाह बहमनी से करनी पड़ी। दहेज के रूप में दोआब स्थित बाँकापुर भी सुल्तान को देना पड़ा।
- फिरोजशाह बहमनी शादी के लिए विजयनगर पहुँचा। राजा देवराय ने नगर के बाहर आकर बड़ी शान से उसका स्वागत किया।
- इसके पहले खेरला का शासक शांति स्थापित करने के लिए फिरोजशाह के साथ अपनी लड़की की शादी कर चुका था।
- रेडियों के राज्य की अस्तव्यस्तता की स्थिति को देखकर देवराय ने वारंगल के साथ उसे बाँट लेने की संधि कर ली।
- वारंगल के शासन ने दिल्ली सुल्तान के खिलाफ हसनगंगू की मदद की थी लेकिन उसके उत्तराधिकारी ने वारंगल पर आक्रमण करके कौलास तथा गोलकुण्डा के पहाड़ी किले पर अधिकार कर लिया था। बहमनी सुल्तान ने गोलकुण्डा को अपनी सीमा निर्धारित कर यह वचन दिया कि वह और उसके उत्तराधिकारी वारंगल पर कभी आक्रमण नहीं करेंगे। यह संधि 50 वर्षों तक चली। वारंगल ने रत्नजटित सिंहासन भेंट किया (इसका निर्माण मुहम्मद तुगलक के लिए किया गया था)।
- बहमनियों से वारंगल के अलग हो जाने पर शक्ति संतुलन बदला। देवराय ने फिरोजशाह को बुरी तरह हराया।
- तुंगभद्रा तथा हरिद्रा नदी पर बाँध निर्माण।
- इटली यात्री निकोली कोण्टी विजयनगर की यात्रा पर आया (1420) (1412-19 ई०)।

देवराय प्रथम के बाद उसका पुत्र रामचंद्र सिंहासन पर बैठा। कुछ महीने बाद ही उसकी मृत्यु हो गई। उसका भाई वीर विजय गद्दी पर बैठा। अगला शासक वीर विजय का पुत्र देवराय द्वितीय हुआ।

देवराय द्वितीय (1422-1446)

- इस वंश का महानतम शासक माना जाता है।
- फरिश्ता के अनुसार 'उसने 2000 मुसलमानों (तीरन्दाजों) को सेना में नौकरी और जागीरें दीं। (बहमनियों की बराबरी के लिए)।
- देवराय प्रथम की सेना में भी 10,000 मुसलमान सैनिक थे।
- फारसी यात्री (राजदूत) अब्दुर्रजाक ने देवराय द्वितीय के समय विजयनगर की यात्रा की। (1443 ई०) (1422-44 ई०)।
- उसने आंध्र में कोंडविंदु का दमन करके कृष्णा नदी तक विजयनगर की उत्तरी-पूर्वी सीमा का विस्तार किया और वेलेम के शासक को, (जो पहले बहमनी सुल्तान के साथ जा मिला था) विजयनगर की प्रभुसत्ता को स्वीकार करने को बाध्य किया।
- वह विद्या तथा विद्वानों का पोषक था।
- इसके दरबार में तेलगू कवि श्रीनाथ कुछ समय तक रहा।
- 1443 में तुंगभद्रा पार कर मुद्कल, बाँकापुर को पुनः जीतने की कोशिश की। तीन भीषण लड़ाइयाँ हुईं। पुनः दोनों पक्षों को पुरानी सीमाओं को स्वीकार करना पड़ा।
- सोलहवीं शताब्दी का एक पुर्तगाली लेखक नूनिज कहता है कि क्विलान, श्रीलंका, पुलीकट, पेगू (वर्मा) और

तेनसिरिम के राजा देवराय द्वितीय को कर देते थे।

- श्री लंका पर कई बार आक्रमण किये थे। श्री लंका उकस करद था।
- उसने लक्कन्ना या लक्ष्मण को जो उसका दाहिना हाथ था ''दक्षिणी समुद्र का स्वामी'' बना दिया अर्थात् विदेश-व्यापार का भार सौंपा। (वाणिज्य को नियंत्रित एवं नियमित करने के लिए)।
- इसे इमाडिदेवराय भी कहा जाता है।
- एक अभिलेख में देवराय-II को गजबेटकर (हाथियों का शिकारी) कहा गया है।
- संस्कृत ग्रंथ 'महानाटक सुधानिधि' तथा ब्रह्मसूत्र पर एक भाष्य लिखा।
- 'मतला-उस सादायन वा मज़मा उल बहरेन'●अब्दुल रज्जाक।

मल्लिकार्जुन (1446-1465 ई०)

- इसे 'प्रौढ़ देवराय' भी कहा जाता है।
- संगम वंश का पतन प्रारंभ।
- उत्तरी-पूर्वी ओर से उड़ीसा (कपिलेश्वर गजपति) तथा उत्तर की ओर से बहमनी आक्रमण।
- कपिलेश्वर गजपति ने आंध्र के तटवर्ती कुछ प्रदेशों (कोण्डविंदु तथा उदयगिरि) पर अधिकार कर लिए।
- कुछ समय तक गजपतियों को रोकने में सक्षम रहा परंतु 1454 ई० के बाद गजपति दक्षिण की ओर बढ़ते गए और संभवत: रामेश्वर तक पहुँच गए। (असह्य अपमानजनक पराजय से मृत्यु)।
- चंद्रगिरि के सालुव नायक नरसिंह (गवर्नर) को ख्याति मिली। उसने बहमनी और उड़ीसा के आक्रमण का प्रतिरोध किया।

विरूपाक्ष द्वितीय (1465-1485)

- संगम वंश का अन्तिम शासक।
- सालुव नरसिंह उड़ीसा की सेनाओं के साथ 24 युद्ध लड़े।
- कपिलेश्वर ने विजयनगर साम्राज्य के अनेक तटवर्ती नगरों पर अधिकार कर लिया।
- बहमनी सुल्तान मुहम्मद अष्टम ने कांची तथा नेल्लोर तक प्रहार किया।
- पुरुषोत्तम गजपति दक्षिण में तिरुवलमलय तक बढ़ गया।
- उसके पुत्र ने ही विरूपाक्ष की हत्या कर दी। प्रौढ़ देवराय ने विजयनगर की राजगद्दी पर अधिकार कर लिया।
- नूनिज (पुर्तगाली यात्री) ने समकालीन अराजकता का वर्णन किया है।
- सालुव नरसिंह के एक सेनानायक नरसा नायक ने राजप्रासाद पर अधिकार कर लिया तथा सालुव नरसिंह को गद्दी पर बैठने के लिए आमंत्रित किया। इस घटना को विजयनगर साम्राज्य के इतिहास में *'प्रथम बलापहार'* कहा गया।

सालुव वंश (1485-1505)

सालुव नरसिंह (1485-1490)

- अपने 6 वर्षीय शासनकाल में सालुव ने राज्य में व्याप्त आंतरिक विद्रोहों को समाप्त करने का प्रयत्न किया।
- पुरुषोत्तम गजपति ने विजयनगर पर अधिकार कर लिया और और उदयगिरि पर अधिकार करके सालुव नरसिंह को बंदी बना लिया।
- सालुव नरसिंह द्वारा मुक्ति की याचना करने पर उसे छोड़ दिया गया।
- इस प्रकार उदयगिरि का किला गजपतियों के अधिकार में चला गया।
- कर्नाटक के तुलु प्रदेश को जीता।
- अरब व्यापारियों से अधिक-से-अधिक घोड़े आयात करने के लिए प्रलोभन एवं प्रोत्साहन दिया।

इम्माडि नरिसिंह (1490-1505 ई०)

- वह अल्पायु था। सालुव नरसिंह का सेनानायक *नरसा नायक* उसका संरक्षक था।
- अवसर पाकर नरसा नायक ने सत्ता खुद हथिया ली।
- इम्माडि के बालिग होने पर उसे पेनुकोंडा के किले में नजरबंद कर लिया।
- उसने अगले बारह-तेरह वर्षों में सफलतापूर्वक शासन करके बीजापुर बीदर और मदुरा आदि के विरुद्ध सफलता पाई।
- नरसा नायक की सबसे महत्वपूर्ण सफलता रायचूर दोआब में हुई जब बीदर के कासिम बरीद के साथ मिलकर रायचूर-दोआब के अनेक किलों पर अधिकार कर लिया।
- 1497 में बीजापुर के आदिल खाँ को पुन: पराजित किया और कुछ समय तक उसे बंदी रखा।
- चोल, चेर, पांड्य, शासकों को विजयनगर की प्रभुसत्ता स्वीकारने के लिए बाध्य किया।
- प्रताप रुद्रदेव गजपति को भी परास्त किया।
- 1505 में नरसा नायक की मृत्यु हो गई।
- उसके पुत्र वीर नरसिंह ने सालुव शासक इम्माडि नरसिंह की 1505 ई० में हत्या कर दी। सालुव वंश का अंत।

- द्वितीय बलोपहार।
- नूनिज नरसा को अपने स्वामी का हत्यारा बताता है लेकिन सच्चाई यह है कि वह वफादार था।

तुलुव वंश (1505-1570 ई॰)

वीर नरसिंह (1505-1509)

- तुलुव वंश का संस्थापक।
- पूरा शासनकाल विद्रोह एवं बाह्य आक्रमण से प्रभावित।
- 1509 ई॰ में उसकी मृत्यु पर उसका छोटा भाई कृष्णदेव राय शासक बना।

कृष्णदेव राय (1509-1530 ई॰)

- तुलूव वंश का महानतम व्यक्ति।
- कतिपय इतिहासकार उसे विजयनगर साम्राज्य का महानतम शासक मानते हैं।
- इतालवी यात्री पाएस कृष्णदेव के दरबार में अनेक वर्षों तक रहा।
- पाएस कहता है कि ''वह महान और न्यायप्रिय शासक पर उसे क्रोध बहुत जल्दी आता है।''
- वह महान भवन निर्माता भी था।
- विजयनगर के पास एक नया शहर बनवाया और बहुत बड़ा तालाब खुदवाया।
- तेलुगु और संस्कृत का अच्छा विद्वान् था।
- तेलुगु में लिखी राजनीति पर एक पुस्तक, और एक संस्कृत नाटक की पाँच, तेलुगु महाकाव्यों में एक (अमुक्त माल्यदा) उपलब्ध है।
- उसके राज्यकाल में तेलुगु साहित्य का नया युग प्रारंभ हुआ जबकि संस्कृत से अनुवाद की अपेक्षा तेलुगु में मौलिक साहित्य लिखा जाने लगा।
- वह तेलुगु के साथ-साथ कन्नड़ और तमिल कवियों को भी प्रोत्साहन देता था।
- उसकी आस्था वैष्णव धर्म में थी। लेकिन वह सभी संप्रदायों का आदर करता था।
- **'आंध्र भोज'** अभिनव भोज, आन्ध्र पितामह आदि उपाधि धारण की।
- कृष्णदेव राय ने 'नागलपुर' नामक नये नगर की स्थापना की।
- *हजारा*[1] एवं *विट्ठलस्वामी*[2] नामक मंदिर का निर्माण करवाया।
- बारबोसा (1508) 1516 में भारत में उपस्थित था।
- कृष्णदेव राय ने प्रसिद्ध तेलुगु ग्रंथ 'अमुक्त माल्यद' या विस्तुवितीय की रचना की।
- उसने संस्कृत भाषा में एक नाटक 'जाम्बवती कल्याणम' की रचना की।
- इसके दरबार में तेलुगु साहित्य के 8 कवि रहते थे, जिन्हें अष्टग्गिज कहा जाता था।

अष्टदिग्गज

1. **अलसीन पेड्डना** : तेलुगु कविता का पितामह। मुख्य कृति–*स्वारोचितसंभव* या *मनुचरित्र* तथा *हरिकथा सरनसमू*।
2. **नन्दी निम्मन** : 'पारिजात हरण' की रचना की।
3. **भट्टमूर्ति** : 'नरसभूयालियम' (अलंकार शास्त्र से संबंधित पुस्तक)।
4. **धूजर्टि** : 'कलहस्तिमहात्म्य'।
5. **भादय्यगीर मल्लन** : 'राजशेखर चरित्र'।
6. **अच्चुलराजु रामचंद्र** : 'सकलकथा सारसंग्रह' एवं 'रामाभ्युदय'।
7. **जिंगलीसूरत्र** : 'राघव पाण्डवीय'।
8. **तेनालीराम रामकृष्ण** : 'पांडुरंग महात्म्य' (इसकी गणना पाँच महाकाव्यों में की जाती है।)

- 1509-10 में बीदर के सुल्तान महमूदशाह को अदोनी के समीप हराया।
- 1510 में उम्मूतूर के विद्रोही सामन्त (गंगराजा) को हराया। तथा क्षीरंगम् और शिवसुदरम् पर अधिकार कर लिया।
- 1512 में बीजापुर के शासक यूसुफ आदिलशाह को परास्त कर रायचूर दोआब पर अधिकार कर लिया। (कोविलकोंडा तक पीछा किया, यूसुफ मारा गया।)
- तत्पश्चात् गुलबर्गा पर अधिकार कर लिया।
- बीदर पर पुनः आक्रमण कर वहाँ के बहमनी सुल्तान महमूद शाह को बरीद के कब्जे से छुड़ाकर पुनः सिंहासन पर बैठाया तथा 'यवनराज स्थापनाचार्य' की उपाधि धारण की।
- 1513-18 ई॰ में उसने उड़ीसा के गजपति प्रतापरुद्र से 4 बार युद्ध किया।
- इन चारों युद्धों में गजपति सेनायें पराजित हुईं। विजयनगर की सेनायें गजपतियों की राजधानी कटक तक जा पहुँचीं।
- 14 बार की पराजय से निराश प्रतापरुद्रदेव ने कृष्णदेव राय से संधि कर प्रार्थना कर उसके साथ अपनी पुत्री का विवाह कर दिया।

---

[1] विद्यमान हिन्दू मन्दिरों की वास्तुकला के पूर्णतया नमूनों में एक– लाघर्स्ट

[2] फूलों से अलंकृत वैभव की पराकाष्ठा का द्योतक– फगुर्सन

- कृष्णदेव राय ने कृष्णा के उत्तर में उड़ीसा के विजित प्रदेश गजपति नरेश को वापस कर दिए।
- गोलकुंडा के सुल्तान कुली कुतुबशाह ने कोंडविंदु किले पर अधिकार कर लिया था। सालुव तिम्म के द्वारा कृष्णदेव ने उसे परास्त करवाया।
- इसी बीच बीजापुर के सुल्तान इस्माइल आदिलशाह ने रायचूर किले पर अधिकार कर लिया था। 19 मार्च 1520 ई० को रायचूर के निकट इस्माइल आदिलशाह पर विजय कृष्णदेव की अन्तिम महान् सैनिक सफलता थी।
- विजयनगर की सेना बीजापुर जा पहुँची। बीजापुर नगर क्षतिग्रस्त किया गया।
- बीजापुर से लौटती सेना ने गुलबर्गा पर आक्रमण कर तीन बहमनी शहजादों को कैद से मुक्त किया।
- कृष्णदेव राय तथा रामराय संगीत में प्रवीण थे।
- कृष्णदेव राय के दरबारी संगीतकार लक्ष्मीनारायण ने 'संगीत सूर्योदय' नाम की पुस्तक लिखी।
- कृष्णदेव के संरक्षण में ईश्वर दीक्षित ने 'हेमकूट' नामक महाकाव्य पर दो टीकाएँ लिखीं।

अच्युतदेव राय (1529-42)

- कृष्णदेव राय ने अपने भाई अच्युतदेव को उत्तराधिकारी बनाया।
- 6 महीने तक वह शासक रहा तत्पश्चात् : सत्ता अच्युत के भतीजे सदाशिव के हाथों चली गई।

सदाशिव (1542-1570 ई०)

- वास्तविक शक्ति मंत्री रामराय के हाथों में चली गई।
- 1665 में बन्नीहट्टी/राक्षसी तंगडी/तालिकोटा की लड़ाई में विजयनगर सेना पराजित।
- बीजापुर, अहमदनगर, गोलकुण्डा एवं बीदर के संयुक्त मोर्चो का नेतृत्व अली आदिलशाह ने किया।
- तिरुमल के सहयोग से सदाशिव ने पेनकोंडा को युद्ध के बाद राजधानी बनाया।

आरीवीडु वंश (1570-1650)

- तिरुमल ने 1570 में सदाशिव को अपदस्थ कर आरीवीडु वंश की स्थापना की।
- रंग द्वितीय एवं वेंकट द्वितीय शासक बने।
- उसने चंद्रगिरि को मुख्यालय बनाया।
- अंतिम शासक रंग-III के समय मैसूर, वेदनूर, तंजौर आदि स्वतंत्र राज्यों की स्थापना हुई।
- विजयनगर साम्राज्य लगभग तीन शताब्दियों तक जीवित रहा।

मुगल साम्राज्य

बाबर (1526-1530)

- पिता की ओर से तैमूर का पाँचवाँ तथा माता की ओर से चंगेज का चौदहवाँ वंशज।
- अपने पिता उमर शेख मिर्जा की मृत्यु के बाद 'फरगना' का शासक बना।
- 1501 में समरकन्द पर अधिकार।
- 1507 में अपने पूर्वजों की उपाधि 'मिर्जा' का त्यागकर नई उपाधि 'पादशाह' धारण की।

बाबर का भारतीय अभियान

- 1518-19 में 'बाजौर' और 'भेरा' को अपने अधिकार में कर लिया। यह अभियान यूसुफजाई जाति के विरुद्ध था। बाबर का प्रथम अभियान जिसमें तोप का प्रयोग।
- 1519 में दूसरे अभियान में पेशावर पर अधिकार कर लिया।
- 1520 में पुन: बाजौर एवं भेरा को जीता तथा स्यालकोट एवं सैय्यदपुर को भी अधिकार में कर लिया।
- 1524, चौथा अभियान–लाहौर एवं दीपालपुर पर अधिकार।
- 1525-26, पाँचवा अभियान–पंजाब पर आक्रमण कर दौलत खाँ लोदी को बन्दी बना लिया। पंजाब पर कब्जा।
- 20 अप्रैल 1526–पानीपात की पहली लड़ाई में इब्राहीम लोदी पराजित।
- बाबर ने 'तुगलमा' एवं 'रूमी' युद्ध प्रणाली का प्रयोग किया।
- 1527 में 'खानवा युद्ध' में राणा सांगा को पराजित किया।
- सांगा के विरुद्ध युद्ध में 'जेहाद' का नारा दिया। 'तमगाकर' न लेने की घोषणा।
- इब्राहीम लोदी के भाई महमूद लोदी तथा मेवात के शासक हसन खाँ मेवाती भी सांगा के साथ थे।
- 1528 में 'चंदेरी' पर आक्रमण कर मेदनी राय को पराजित किया।
- 1529 ई० में 'घाघरा' के युद्ध में महमूद लोदी को हराया। (अंतिम युद्ध)
- खानवा युद्ध जीतकर 'गाजी' की उपाधि धारण की।
- 'मुंबइयान' शैली का जन्मदाता।
- तुर्की में 'तुजुक-ए-बाबरी' लिखी।
- ताशों का खेल 'गंजीफा' संभवत: पहली बार बाबर द्वारा लाया गया।

- अबुल फजल के अनुसार उसने हुमायूँ को अपनी उम्र दे दी।
- 27 दिसम्बर 1530 को आगरे में मृत्यु। प्रारंभ में शव आगरा के आरामबाग में रखा गया। बाद में काबुल में दफनाया गया।

हुमायूँ (1530-1556)

- बाबर के चार पुत्रों हुमायूँ, कामरान, असकरी एवं हिंदाल में सबसे बड़ा।
- बाबर की मृत्यु के बाद 30 दिसम्बर 1530 को 23 वर्ष की आयु में हुमायूँ का राज्याभिषेक किया गया।
- हुमायूँ ने कामरान को काबुल, कंधार एवं पंजाब की सूबेदारी, अस्करी को सम्भलपुर एवं हिन्दाल को अलवर की सुबेदारी प्रदान की।
- दिल्ली में 'दीनपनाह' नामक किले का निर्माण कर अपनी राजधानी बनाया।

सैन्य अभियान

(i) 1531 में प्रथम अभियान-चुनार अभियान।

(ii) **कालिंजर पर आक्रमण (1532) :** गुजरात के बहादुरशाह के विरुद्ध परन्तु अफगान सरदार महमूद लोदी बिहार से जौनपुर की ओर बढ़ रहा था, अत: कालिंजर के किले का घेरा उठाकर जौनपुर जाना पड़ा।

(iii) **दौहरिया का युद्ध (1532) :** महमूद लोदी को पराजित किया।

(iv) **चुनार का घेरा :** शेर खाँ ने अपने पुत्र 'कुतुब खाँ' को एक अफगान सैनिक टुकड़ी के साथ हुमायूँ की सेवा में भेजा। इस मौके का फायदा उठाकर शेर खाँ ने अपनी शक्ति और संसाधनों को बढ़ाने का कार्य किया क्योंकि समझौते से वह अपराजित रह गया।

(v) 1534 में बिहार में मु० जमान मिर्जा एवं मु० सुल्तान मिर्जा के विद्रोह को सफलतापूर्वक दबाया।

(vi) **बहादुरशाह से युद्ध (1535-36) :** 'सारंगपुर' के युद्ध में पराजित होकर बहादुरशाह मांडू भाग गया। मांडू एवं चम्पानेर पर विजय के बाद मालवा एवं गुजरात हुमायूँ के अधिकार में आ गया। फरवरी 1537 में बहादुरशाह की मृत्यु।

शेर खाँ से संघर्ष

- 1537 में हुमायूँ ने पुन: चुनार के किले का घेरा डाला। शेर खाँ के पुत्र कुतुब खाँ ने करीब छह महीने तक किले पर अधिकार नहीं करने दिया। इन समयों में शेर खाँ ने बंगाल का सफल अभियान कर गौड़ के अधिकांश खजाने को रोहतास के किले में जमा कर लिया।
- चुनार की सफलता के बाद हुमायूँ ने बंगाल पर विजय प्राप्त की। गौड़ क्षेत्र में उसे उजाड़ एवं लाशों का ढेर दिखाई दिया। इसका पुननिर्माण कर हुमायूँ ने 'जन्नताबाद' नाम रखा।

चौसा का युद्ध (26 जून 1539)

- गंगा नदी के उत्तरी तट पर स्थित चौसा नामक स्थान पर हुमायूँ अपनी गलतियों के चलते हार गया।
- हुमायूँ ने एक भिश्ती के सहारे गंगा पार कर अपनी जान बचायी।
- शेर खाँ ने 'शेरशाह' की उपाधि धारण की, अपने नाम के खुतबे पढ़वाये तथा सिक्के ढलाने का आदेश दिया।

बिलग्राम का युद्ध (17 मई 1540)

- हिन्दाल और अस्करी की सहायता के बावजूद हुमायूँ पराजित। (बिलग्राम एवं कन्नौज)
- आगरा एवं दिल्ली पर शेरशाह का कब्जा।
- हिन्दुस्तान पर पुन: अफगानों का शासन।
- हुमायूँ ने 15 वर्षों तक निर्वासित जीवन बितांया तथा हिन्दाल के आध्यात्मिक गुरु मीर अली अकबर जामी की पुत्री 'हमीदा बेगम' से विवाह किया। 1542 में अमरकोट में अकबर का जन्म।

हुमायूँ द्वारा पुन : राज्य प्राप्ति

- 1545 में हुमायूँ ने कंधार एवं काबुल पर अधिकार कर लिया।
- शेरशाह के पुत्र 'इस्लामशाह' की मृत्यु के बाद 1555 में लाहौर पर अधिकार।
- लुधियाना के पास हुमायूँ एवं अफगान सरदारों (नसीब खाँ एवं तातार खाँ) के बीच मच्छीवार के युद्ध में अफगान पराजित। सम्पूर्ण पंजाब हुमायूँ के अधिकार में आ गया।
- सरहिन्द के युद्ध में बैरम खाँ के नेतृत्व में मुगलों ने सिकन्दर सूर को पराजित किया। (1555 ई०)
- 23 जुलाई 1555 को पुन: हुमायूँ दिल्ली के सिंहासन पर बैठा।
- जनवरी 1556 'दीनपनाह' में स्थित पुस्तकालय की सीढ़ियों से गिरकर मृत्यु।
- लेनपुल के अनुसार तमाम जिंदगी वह गिरता-पड़ता रहा।

अकबर (1556-1605)

- जन्म 15 अक्टूबर, 1542 को अमरकोट के राणा 'वीर साल' के महल में।
- 9 वर्ष की अवस्था में गजनी की सूबेदारी मिली।
- सिकन्दर सूर से सरहिन्द छीनने पर 1555 में हुमायूँ ने उसे अपना 'युवराज' घोषित किया।
- बैरम खाँ को उसका संरक्षक नियुक्त किया गया।
- हुमायूँ की मृत्यु का समाचार सुनकर बैरम खाँ ने गुरुदास पुर के निकट 'कलानौर' में 14 फरवरी 1556 को उसका राज्याभिषेक करवा दिया।
- आदिलशाह का प्रधानमंत्री 'हेमू' आगरा और ग्वालियर पर अधिकार करता हुआ अक्तूबर 1556 में दिल्ली पहुँचा। दिल्ली की गद्दी पर बैठकर इस अंतिम हिन्दू शासक ने अपने नाम के सिक्के चलवाये।
- **पानीपत की द्वितीय लड़ाई (5 नवम्बर 1556):** 'हेमू' को बैरम खाँ ने पराजित किया।
- 1560 में बैरम खाँ के विद्रोह के बाद उसे तीर्थयात्रा पर भेज दिया गया। 'पाटन' नामक स्थान पर बैरम की 'मुबारक खाँ' नामक युवक ने हत्या कर दी।
- बैरम खाँ की पत्नी 'सलीमा बेगम' से अकबर ने निकाह कर बैरम के पुत्र रहीम को पुत्रवत संरक्षण दिया। 1584 में रहीम को 'खान खाना' की उपाधि मिली।

साम्राज्य विस्तार अभियान

(i) **मालवा विजय** : 1561 में आधम खाँ ने बाज बहादुर (मालवा के शासक) को हराकर मालवा की राजधानी सारंगपुर पर अधिकार कर लिया। आधम खाँ मालवा का सूबेदार नियुक्त। 1562 में मीर मुहम्मद मालवा का सूबेदार बना। बाज बहादुर ने पुनः मालवा पर अधिकार कर लिया। अब्लुला खाँ उज्बेक को अकबर ने भेजा। बाजबहादुर ने अकबर की अधीनता स्वीकार ली। उसे 200 का मनसब मिला।

(ii) **गोडंवाना (गढ़कटंगा) विजय 1564 :** आसफ खाँ ने महोबा की चंदेल राजकुमारी 'रानी दुर्गावाती' तथा उसके अल्पायु पुत्र 'वीर नारायण' को हराकर मार डाला। गोंडवाना मुगल साम्राज्य के अधीन हो गया।

(iii) **राजस्थान विजय**

(a) ***आमेर (जयपुर, 1562)*** : 'भारमल' ने स्वेच्छा से अकबर की अधीनता स्वीकार कर ली जब अकबर चिश्ती की दरगाह (अजमेर) की यात्रा पर था।

- भारमल की पुत्री 'जोधाबाई' से अकबर ने विवाह किया।
- भारमल के पुत्र भगवानदास एवं पौत्र मानसिंह को उच्च मनसब मिला।

(b) ***मेड़ता (1562)*** : सरफुद्दीन के नेतृत्व में मेड़ता का शासक जयमल पराजित।

(c) ***मेवाड़ (1567-68)*** : सिसौदिया वंश का राणा उदयसिंह चित्तौड़ के किले की सुरक्षा का दायित्व 'जयमल' एवं 'पत्ता' (फतेह सिंह) पर सौंपकर समीप की पहाड़ियों में छुप गया।

- अकबर ने 30,000 राजपूतों का कत्ल करवा दिया।
- आगरे के किले के बाहर अकबर ने 'जयमल' और 'पत्ता' की मूर्तियाँ स्थापित करवायीं।
- 1568 में मेवाड़ एवं चित्तौड़ किले पर अधिकार कर लिया।

(c) ***रणथम्भौर (1569)*** : हाड़ा राजपूत 'सुरजन राय' से अकबर ने दुर्ग को अपने कब्जे में कर लिया।

(iv) ***कालिंजर (1569)*** : मजनू खाँ ने नेतृत्व में कालिंजर पर अधिकार। राजा रामचंद्र को इलाहाबाद के समीप जागीर दी गई।

(v) ***गुजरात विजय (1572-73)*** : अकबर ने स्वयं अभियान कर गुजरात के शासक मुजफ्फर खाँ-III के के विरुद्ध सूरत, अहमदाबाद एवं कम्बे पर अधिकार कर लिया।

- आगरा लौटने के बाद गुजरात में मुहम्मद हुसैन मिर्जा ने विद्रोह किया। स्मिथ के अनुसार संसार के इतिहास का सर्वाधिक द्रुतगामी आक्रमण कर उसने विद्रोह कुचल दिया।
- गुजरात में ही पहली बार अकबर ने समुद्र के दर्शन किये तथा पुर्तगीज उससे मिलने आए।

(vi) ***बिहार एवं बंगाल विजय (1574-76)*** : मुनीम खाँ ने 'दाउद' को सुवर्ण रेखा के पूर्वी किनारे पर स्थित तुरकोई नामक स्थान पर हराया। बंगाल एवं बिहार पर मुगलों का अधिकार हो गया।

(vii) ***हल्दीघाटी का युद्ध (18 जून 1576)*** : 'मानसिंह' एवं 'आसफ खाँ' ने राणा प्रताप को अनिर्णायक युद्ध में पहाड़ियों में शरण लेने के लिए बाध्य किया। मेवाड़ पर पूर्ण विजय के बिना ही अभियान समाप्त।

- 1599 में पुन: राणा प्रताप की मृत्यु के बाद अभियान किया। अमरसिंह की पराजय के बावजूद मेवाड़ अभियान अधूरा रहा।

(viii) ***काबुल विजय (1581 ई०)*** : अकबर का सौतेला भाई 'मिर्जा हकीम' काबुल पर स्वतंत्र शासन कर रहा था। सम्राट बनने की महत्वाकांक्षा से उसने पंजाब पर आक्रमण किया।

- अकबर के काबुल पहुँचने पर उसने आत्मसमर्पण कर दिया।
- 'बख्तुन्निसा बेगम' (मिर्जा हकीम की बहन) को काबुल की सूबेदारी मिली।
- कालान्तर में काबुल का साम्राज्य में विलय कर मानसिंह को सूबेदार बनाया।

(ix) ***कश्मीर विजय (1586)*** : भगवान दास एवं कासिम खाँ ने यूसुफ खाँ एवं उसके पुत्र याकूब को बन्दी बनाकर कश्मीर का विलय कर लिया।

(x) ***संधि विजय (1591)*** : अब्दुर्रहीम खान-खाना ने यहाँ के शासक जानी बेग को कड़े संघर्ष में हराकर सिंध पर अधिकार कर लिया।

(xi) ***उड़ीसा विजय*** : मानसिंह के नेतृत्व में उड़ीसा के शासक 'निसार खाँ' को हराकर 1592 में अंतिम रूप से उड़ीसा का विलय।

(xii) ***बलूचिस्तान विजय (1595)*** : 'मीर मासूम' के नेतृत्व में मुगलों ने पन्नी अफगानों को हराया।

(xiii) ***कंधार विजय (1595)*** : कंधार का सूबेदार 'मुजफ्फर हुसैन मिर्जा' स्वेच्छा से कंधार को मुगल सरदार 'शाहबेग' को सौंपकर स्वयं अकबर का एक मनसबदार बन गया।

दक्षिण विजय (1593-1601) :

- **खानदेश (1591)** : अकबर ने एक दूतमण्डल दक्षिण भेजा अपनी सम्प्रभुता स्वीकार करवाने की कोशिश की। मात्र खानदेश ने अपनी सीमा सर्वाधिक नजदीक होने के चलते आधिपत्य स्वीकार कर लिया।

अहमदनगर (1593-1600)

- यहाँ के शासक बुरहान ने अकबर के दूत को अपमानित किया।
- अब्दुर्रहीम एवं मुराद को 1593 में अभियान के लिए भेजा गया।
- बुरहानुलमुल्क की मृत्यु (1594) के कारण अहमदनगर के किले का दायित्व बीजापुर के शासक आदिलशाह प्रथम की विधवा चाँदबीबी पर आ गया।
- चाँदबीबी इब्राहीम के पुत्र तथा बुरहान के पोते बहादुरशाह को सुल्तान घोषित कर उसकी संरक्षिका बन गई।
- 1596 में दोनों पक्षों में समझौता। 'बरार' मुगलों को सौंप दिया गया तथा बहादुरशाह को अहमदनगर का शासक मान लिया गया।
- 1599 में मुगल सेना ने दौलताबाद एवं 1600 में अहमदनगर किले पर अधिकार कर लिया। चाँदबीबी ने आत्महत्या कर ली।
- असीरगढ़ के किले में मीरन बहादुर को घेर लिया तथा 1601 में असीरगढ़ दुर्ग को अपने कब्जे में कर लिया। यह अकबर का अन्तिम अभियान था।
- बरार, खानदेश एवं अहमदनगर की सूबेदारी 'शाहजादा दानियाल' को सौंपी गई।
- बीजापुर एवं गोलकुण्डा पर अकबर अधिकार नहीं कर सका।

अकबर के समय हुए विद्रोह

(i) ***उज्बेगों का विद्रोह (1564-65 ई०)*** : जौनपुर के सरदार खान जमान उज्बेक एवं मालवा के गवर्नर अबदुल्ला खाँ उज्बेक के विद्रोह को सरलता से दबा दिया गया।

(ii) ***मिर्जा वर्ग का विद्रोह*** : मिर्जा अकबर के रिश्तेदार थे अत: अधिक अधिकार की अपेक्षा रखते थे। 1573 तक इनके विद्रोह का दमन।

(iii) ***बंगाल एवं बिहार में हुए विद्रोह*** : राजा टोडरमल ने 1580 में बिहार में मुहम्मद मासूम काबुली एवं अरब बहादुर के विद्रोह को तथा बंगाल के बाबा खाँ काकशल के विद्रोह को कुचल दिया।

(iv) ***अफगान बलूचियों का विद्रोह*** : 1585 में पश्चिमोत्तर सीमा पर हुए विद्रोह में बीरबल की हत्या हो गई। टोडरमल एवं मानसिंह ने विद्रोह दबाया।

(v) **शाहजादा सलीम का विद्रोह** : 1599 में सलीम बिना आज्ञा के अजमेर से इलाहाबाद चला गया तथा स्वतंत्र शासक की तरह आचरण करने लगा।

- 1602 में जहाँगीर के निर्देश पर ओरछा के बुंदेला सरदार 'वीरसिंह देव' ने अबुल फजल की हत्या कर दी।
- 1603 में आगरा लौटकर माफी माँग लेने पर जहाँगीर को माफ कर दिया गया।
- 1604 में पुन: मेवाड़ भेजे जाने पर वहाँ न जाकर इलाहाबाद पहुँच गया। पुन: वह आगरा आ गया तथा उसे माफ कर दिया गया।

21 अक्तूबर 1605 को अतिसार रोग के कारण अकबर गंभीर रूप से बीमार हो गया। 25-26 अक्तूबर की

अर्द्धरात्रि में उसकी मृत्यु। सिकन्दरा के मकबरे में उसे दफनाया गया।

- **अकबर के नौ रत्न :** बीरबल, अबुल फजल, टोडरमल, भगवानदास, तानसेन, मानसिंह, अब्दुर्रहीम खानखाना, मुल्ला दो प्याजा, हकीम हुकाम एवं फैजी।
- अपने शिक्षक 'मीर अब्दुल लतीफ' से सुलह-ए-कुल का सिद्धांत सीखा।
- जैन संत हरिविजय सूरि को 'जगतगुरु' की उपाधि प्रदान की तथा जिनचंद्र सूरि को 200 बीघा भूमि जीवन, निर्वाह के लिए दिया।
- 'मजहर' जारी कर 'सुल्ताने आदिल' की उपाधि ग्रहण की। 'मजहर' में उसे यह अधिकार मिला कि जिस विचार को सर्वोत्तम समझे उसे मान्यता प्रदान करे।
- जलाली नामक सिक्के जारी किया।
- मनसबदारी प्रथा शुरू की।

अकबर के कुछ महत्वपूर्ण कार्य

वर्ष	कार्य
1562	दास प्रथा का अंत
1562	'हरमदल' से मुक्ति
1563	तीर्थयात्रा कर समाप्त
1564	जजिया का अंत
1571	फतेहपुर सीकरी का निर्माण एवं राजधानी आगरा से सीकरी स्थानांतरित।
1575	**इबादत खाना की स्थापना।**
1578	**इबादत्त खाने का द्वार सभी धर्मों के लोगों के लिए खुला।**
1579	मजहर की घोषणा।
1582	'दीन-ए-इलाही' की घोषणा।
1583	'इलाही संवत्' प्रारंभ।

जहाँगीर (1605-27)

- **जन्म :** शेख सलीम चिश्ती की कुटिया (फतेहपुर सीकरी) में भारमल की बेटी मरियम उज्जयानी के गर्भ से।
- **विवाह :** भगवान दास की पुत्री 'मानबाई' से 1585 में। 'मानबाई' को सलीम ने 'शाह बेगम' की उपाधि प्रदान की। कालान्तर में मोटा राजा उदयसिंह की पुत्री जगत गोसाईं या जोधाबाई से भी विवाह।
- उसने 'न्याय की जंजीर' लगवायी तथा लोक-कल्याण के लिए 12 आदेशों की घोषणा की।
- अबुल फजल के हत्यारे वीरसिंह बुन्देला को तीन हजारी घुड़सवारों का सेनापति, नूरजहाँ के पिता 'गियासवेग' को दीवान बनाकर 'एतमादुदौला' की उपाधि तथा जमानवेग को महावत खाँ की उपाधि प्रदान की।

खुसरो का विद्रोह (1606)

- 'भैरावल' (जालंधर के निकट) खुसरो पराजित तथा कैद। बाद में खुर्रम द्वारा हत्या।
- वह जहाँगीर का सबसे बड़ा पुत्र था।
- गुरु अर्जुन को खुसरो की सहायता के जुर्म में फाँसी।

साम्राज्य विस्तार

1. **कन्धार विजय (1606-7)**
2. **मेवाड़ से संधि (1615):**

- खुर्रम के प्रयासों से राणा अमरसिंह संधि के लिए तैयार हो गया।
- राणा के राजदूतों 'शुभकरण' एवं 'हरिदास' का जहाँगीर के दरबार में यथोचित सत्कार हुआ।
- संधि की शर्तों के अनुसार राणा ने मुगलों की अधीनता स्वीकार कर ली। राणा पर वैवाहिक संबंध के लिए दबाव नहीं डाला गया तथा मुगल सेना में अपने स्थान पर अपने पुत्र को भेजने की छूट मिल गई। मेवाड़ और चित्तौड़ के किले वापस राणा को मिल गए परंतु किलों के मरम्मत पर प्रतिबंध।
- राणा के पुत्र युवराज कर्ण को 5,000 जात एवं 5,000 सवार का मनसब प्राप्त किया तथा मुगल दरबार में बादशाह के दाहिने ओर स्थान मिला।
- जहाँगीर के काल की यह सबसे महत्वपूर्ण उपलब्धि थी।

दक्षिण विजय

- **अहमदनगर :** मलिक अम्बर ने यहाँ भूमि सुधार, गुरिल्लायुद्ध पद्धति की शुरुआत, और नौसेना गठन कर लिया था। मलिक अम्बर को कुचलने के लिए रहीम, शहजादा परवेज, खान जहाँलोदी एवं अब्दुल्ला खाँ को भेजा। अंत में खुर्रम को 'शाह सुल्तान' की उपाधि देकर भेजा गया। बिना युद्ध किए 1617 में दोनों के बीच संधि हो गई। 'शाहजहाँ' की उपाधि खुर्रम को मिली।
- **कंधार की हार (1622) :** शाह अब्बास ने कंधार को जीत लिया। शाहजहाँ के विद्रोह के चलते जहाँगीर पुन: कंधार को नहीं जीत सका।

महावत खाँ का विद्रोह (1626)

- महावत खाँ ने विद्रोह कर काबुल जा रहे जहाँगीर को झेलम तट पर कैद कर लिया।

- नूरजहाँ ने सैनिक कार्यवाही कर जहाँगीर को छुड़ाने का प्रयत्न किया। असफल होकर वह भी जहाँगीर की सेवा में कैद में चली गई।
- नूरजहाँ ने कूटनीति से जहाँगीर को मुक्त कर लिया।
- 7 नवम्बर 1627 में 'भीमवार' नामक स्थान पर जहाँगीर की मृत्यु। उसे 'शाहदरा' में दफनाया गया।
- नूरजहाँ की माँ 'अस्मत बेगम' ने गुलाब से इत्र निकालने की विधि खोजी।
- मनसबदारी व्यवस्था में दु-अस्पा और सिंह अस्पा प्रथा शुरू की।
- कश्मीर में 'शालीमार बाग' की नींव रखी।
- जहाँगीर की आत्मकथा–'तुजुक-ए-जहाँगीरी'।

शाहजहाँ (1628-1658)

- जोधपुर की राजकुमारी जगत गोसाईं के गर्भ से 5 जनवरी 1592 को खुर्रम का लाहौर में जन्म हुआ।
- आसफ खाँ की पुत्री 'अरजुमन्द बानो बेगम' से विवाह जिसे शाहजहाँ ने 'मलिका-ए-जमानी' की उपाधि प्रदान की। 1631 में प्रसवपीड़ा में मृत्यु। उसकी याद में ताजमहल का निर्माण करवाया।
- 1623 में नूरजहाँ को अपने प्रतिकूल जानकर विरोध कर दिया।
- 24 फरवरी 1628 को शाहजहाँ सिंहासनारूढ़ हुआ।
- महावत खाँ को 7,000 जात, 7,000 सवार का मनसब मिला।
- नूरजहाँ को दो लाख रूपया प्रति वर्ष पेंशन देकर लाहौर जाने दिया गया।
- खान-जहाँ लोदी जो अहमदनगर के मुर्तजा निजाम शाह से मिलकर विद्रोह कर रहा था पकड़कर मार डाला गया।

जुझार सिंह बुन्देला का विद्रोह

- 1629 में मुगल दरबार में उचित स्थान नहीं मिलने पर विद्रोह कर दिया, किंतु पहली बार उसे माफ कर दिया गया।
- 5 वर्ष बाद चौरागढ़ पर हमलाकर गोंड शासक प्रेम नारायण की हत्या कर दी।
- इस विद्रोह को दबाने के लिए औरंगजेब ने अपना प्रथम राजकीय अभियान किया। 1635 में विद्रोह समाप्त परंतु चम्पतराय एवं छत्रसाल ने बुन्देलों के संघर्ष को जारी रखा।
- पुर्तगालियों के बढ़ते प्रभाव को नियंत्रित करने के उद्देश्य से 1632 में शाहजहाँ के आदेश पर बंगाल के गवर्नर 'कासिम खाँ' ने पुर्तगालों को हुगली से निकाल बाहर कर दंडित किया।

शाहजहाँ का साम्राज्य विस्तार :

(i) **अहमदनगर :** दक्षिण विजय की बागडोर महावत खाँ को सौंपी।
- 1633 ई॰ में अहमदनगर को मुगल साम्राज्य में मिला लिया।
- 1635 में शाहजी (शिवाजी के पिता) ने निजामशाही वंश को पुनर्जीवित करने का असफल प्रयास किया।

(ii) **गोलकुंडा :** 1636 में अब्दुला शाह ने डरकर अधीनता स्वीकार कर ली।

(iii) **बीजापुर :** आदिलशाह पर तीन ओर से आक्रमण करने पर वह संधि के लिए तैयार हो गया।
- औरंगजेब को दक्षिण के प्रांतों का राजप्रतिनिधि बनाया गया।

(iv) **कन्धार अभियान (1649-53) :** औरंगजेब और दारा शिकोह का अभियान असफल रहा।
- कन्धार ने मुगल आधिपत्य स्वीकार नहीं किया।
- शाहजहाँ ने दारा को अपना उत्तराधिकारी बनाया। उसके जात रैंक को बढ़ाकर 60,000 कर दिया।

उत्तराधिकार-युद्ध

- **बहादुरपुर का युद्ध (24 फरवरी 1658) :** दारा के पुत्र सुलेमान शिकोह ने शाहशुजा को पराजित कर दिया।
- **धरमट का युद्ध (25 अप्रैल, 1658) :** औरंगजेब एवं मुरादवख्श ने दारा की सेना को पराजित किया जिसका नेतृत्व जसवंतसिंह एवं कासिम खाँ कर रहे थे। औरंगजेब ने 'फतेहाबाद' नगर की स्थापना की।
- **सामूगढ़ का युद्ध (8 जून 1658) :** दारा पराजित हुआ।
- **देवराई का युद्ध (12 से 14 अप्रैल, 1959) :** इस अंतिम युद्ध में पराजित होने के उपरान्त इस्लाम की अवहेलना के आरोप में 30 अगस्त 1659 को दारा का कत्ल कर दिया गया।
- सितम्बर 1658 में शाहजहाँ को आगरे के किले में कैद कर लिया।
- 31 जनवरी 1666 में 74 वर्ष की अवस्था में शाहजहाँ की मृत्यु।
- शाहजहाँ ने 'तख्ते ताउस' का निर्माण कराया था।

औरंगजेब (1658-1707) :

- जन्म 1618 में मुमताज के गर्भ से। बचपन अधिकांशत: नूरजहाँ के पास बीता।
- 'दिलरास बानो बेगम' से विवाह जो फारस के राज घराने से थी।
- प्रथम युद्ध अनुभव–ओरछा के जूझार सिंह के विरुद्ध।

- आगरा एवं दिल्ली में दो बार राज्याभिषेक। (1658 एवं 1659)।

साम्राज्य विस्तार

बीजापुर (1665-1687)

- आदिलशाह-II के विरुद्ध जयपुर के राजा जयसिंह को 1665 में दक्षिण भेजा।
- रास्ते में उसने शिवाजी के साथ *पुरन्दर की संधि* की।
- जयसिंह असफल होकर 1666 में वापस आ रहा था तब बुरहानपुर के निकट जयसिंह की मृत्यु हो गई।
- औरंगजेब ने स्वयं अभियान कर सिकन्दर आदिलशाह को 1686 में आत्मसमर्पण के लिए मजबूर किया। अंतत: बीजापुर अधिकार में आ गया।

गोलकुण्डा

- शासन कार्य की जिम्मेदारी यहाँ मदन्ना एवं अकन्या नामक ब्राह्मणों पर थी।
- बीजापुर के सुल्तान अबुल हसन को स्वयं अभियान कर 1697 में कैद कर लिया। गोलकुण्डा का पूर्ण विलय हो गया।

औरंगजेब के विरुद्ध विद्रोह

1. जाट विद्रोह

- गोकला के नेतृत्व में 1669 में विद्रोह प्रारंभ।
- 1685-86 में जाट नेता राजाराम का विद्रोह। कछवाहा शासक विशनसिंह द्वारा दमन। 1689 में राजाराम मारा गया।
- चूरामन ने जाट विद्रोह का नेतृत्व संभाला।
- चूरामन द्वारा भरतपुर राजवंश की नींव रखी गई।
- चूरामन का औरंगजेब के अंतिम समय तक जाट विद्रोह नेतृत्व करता रहा, बदन सिंह ने उसकी परंपरा आगे बढ़ाया।

2. सतनामी विद्रोह (1672)

- सतनामी नामक धार्मिक पंथ 'दादू की परंपरा' में जगजीवनदास ने चलाया था।
- 1672 में एक सिपाही एवं सतनामी के बीच झड़प ने विद्रोह का रूप धारण कर लिया।

3. बुन्देला विद्रोह

- शाहजहाँ के समय 'जुझारसिंह' एवं चम्पतराय का विद्रोह।
- औरंगजेब के समय छत्रसाल ने विद्रोह किया।

4. राजपूत विद्रोह (1678)

- दुर्गादास राठौर एवं राणा राजसिंह ने विद्रोह किया।
- राणा राजसिंह के उत्तराधिकारी जगतसिंह ने औरंगजेब से समझौता कर जजिया के बदले कुछ परगना दिया।
- दुर्गादास राठौर ने अकबर से मिलकर अजमेर पर कब्जा करने का प्रयास किया।

सिक्ख विद्रोह

- 1701 में औरंगजेब ने गुरु गोविन्द सिंह के आनन्दपुर पर आक्रमण किया।
- गुरु आनन्दपुर से 'चमकौर' पहुँचे।
- खिदराना (फिरोजपुर) के युद्ध में मुगल सेना परास्त।
- नान्देर नामक स्थान पर 1708 में गुरु की हत्या।
- औरंगजेब ने राजपूतों के प्रति कठोर नीति अपनायी।
- 1707 में औरंगजेब की मृत्यु के साथ राज्य छिन्न-भिन्न हो गया।

प्रशासन

दिल्ली सल्तनत का प्रशासन

राजस्व का सिद्धांत–इस्लाम में मोहम्मद पैगम्बर के बाद चार खलीफा हुए–

1. हजरत अबूबकर
2. हजरत उमर
3. हजरत उस्मान
4. हजरत अली

- प्रारम्भ में खलीफा का चुनाव, किन्तु कालांतर में खलीफा का पद वंशानुगत हो गया।
- 661 ई॰ में उमैया वंश, केन्द्र–दमिश्क, खलीफा के पद पर प्रतिष्ठित हुआ।
- 750 ई॰ में अब्बासी खलीफा बगदाद में प्रतिष्ठित हुआ।
- 1258 ई॰ में चंगेज खाँ के पोते 'हलाकू' द्वारा बगदाद के खलीफा की हत्या के बाद खलीफा का केन्द्र मिस्र हो गया।
- खलीफा पद के दावेदार
  1. स्पेन का उमैया वंश
  2. मिस्र का फातिमी वंश
  3. बगदाद का अब्बासी वंश
- प्रारम्भ में एक ही इस्लामी राज्य था, किन्तु आगे चलकर विभिन्न क्षेत्रों के गर्वनर व्यावहारिक बातों में स्वतंत्र होने लगे। अत: इस्लाम की एकता को बनाये रखने के लिए इन गर्वनरों को शासन करने का सनद देना शुरू किया। सनद प्राप्त करने वाले 'सुल्तान' कहलाए।
- सैद्धांतिक रूप से खलीफा ही भौतिक एवं आध्यात्मिक प्रधान होता था तथा सुल्तान उसका नायब होता था। किन्तु व्यवहारिक बातों में सुल्तान स्वतंत्र होता था।
- दिल्ली का प्रथम वैधानिक सुल्तान–इल्तुतमिश था। मोहम्मद-बिन-तुगलक ने 1347 ई॰ में खलीफा से सनद प्राप्त की। अपने सिक्के पर 'खलीफा' का नायब" खुदवाने वाला मुस्लिम भारत का प्रथम सुल्तान फिरोजशाह तुगलक ने अंतिम छ: वर्षों में खलीफा से दो बार सनद प्राप्त की।
- अपने आपको खलीफा घोषित करने वाला एकमात्र सल्तनतकालीन सुल्तान मुबारक शाह खिलजी था।
- सैद्धांतिक रूप से सुल्तान खलीफा के अधीन होता था किन्तु व्यवहारिक रूप में वह सैनिक, सिविल एवं न्यायिक मामलों का प्रधान होता था।
- मजलिस-ए-खेलवत–इसमें सुल्तान अपने मित्रों, परामर्शदाताओं एवं विद्वानों से विचार-विमर्श करता था।
- बर्र-ए-आम–न्यायिक कार्य निपटाने (सुल्तान द्वारा) की जगह।
- बर्र-ए-खास–जहाँ सुल्तान महत्वपूर्ण मालिकों, अमीरों एवं महत्वपूर्ण व्यक्तियों से मिलता था।
- वजह–भूमि अनुदान के रूप में वेतन देने की प्रथा। (फिरोजशाह तुगलक के समय में)
- दीवान-ए-विजारत–वजीर का पद इल्तुतमिश के समय अधिक स्पष्ट हुआ।
- भूराजस्व एवं आय-व्यय के आकलन से जुड़ा विभाग।
- बलवन के समय इसकी मर्यादा कम हो गयी थी।
- गयासुद्दीन तुगलक विशेष बातों के परामर्श के लिए कुछ भूतपूर्व वजीरों को भी बुलाता था। वजीर की सहायता के लिये–
  1. मुश्तरिफ (महालेखाकार)
  2. मुस्तौफी (महालेखा परीक्षक) होता था।
- दीवान-ए-कंजा–न्यास से संबंधित काजी का विभाग।
- दीवान-ए-इंशा–पत्राचारों एवं राजकीय फरमानों से सम्बंधित।
- दीवान-ए-रिसातल–विदेश विभाग (कुरैशी इबीबुल्ला)।
- धार्मिक विभाग–प्रधान "सद्र-उस-सुद्र"।
- दीवान-ए-आरिज–सैन्य विभाग (बलवन)।
- बैरीद-ए-मुमलिक–गुप्तचार विभाग।
- दीवान-ए-वक्फ–राजकीय व्यय से संबंधित। (जलालुद्दीन खिलजी)
- दीवान-ए-मुसतखराज–भूराजस्व से संबंधित। (अलाउद्दीन खिलजी)
- दीवान-ए-रियासत–बाजार नियंत्रण नीति को कड़ाई से लागू करने के लिए। (अलाउद्दीन खिलजी)
- दीवान-ए-कोही–दोआब में कृषि सुधार को कार्यान्वित करने के लिए। (मुहम्मद तुगलक)
- अमीर-ए-कोही–इस विभाग का प्रधान।

- दीवान-ए-बंदगान–दासों से संबंधित था, जो राजा की व्यक्तिगत सेवा से संबंधित विभाग (फिरोज तुगलक)
- वकील-ए-दर–राजकीय कारखानों का नियंत्रण।
- दीवान-ए-हाजिब–दरबार की कार्यवाहियों की देखरेख करने वाला।
- सर-ए-जानदार–सुल्तान की व्यक्तिगत सुरक्षा एवं।
- अमीर-ए-मजलिस–शाही दावतों एवं आयोजनों की देखरेख के लिए।
- अमीर-ए-अखूर–अस्तबल का प्रधान।
- शहना-ए-पील–हस्तिशाला का प्रधान।
- नायब-ए-मम्लिकात–सुल्तान के कमजोर होने पर इस पद का सृजन। बहरामशाह के समय सृजित लेकिन मुबारकशाह के बाद यह पद समाप्त हो गया।
- प्रथम नायब-ए-मम्लिकात–इख्तियारुद्दीन एतिगीन। अंतिम नायब-ए-मम्लिकात–खुसरो शाह

इक्तादारी व्यवस्था

- अरबी शब्द–कार्यकाल-3 वर्ष से अधिक नहीं (तुसी)।
- तुसी की 'रियासतनामा' में परिभाषा दी गई है।
- मोहम्मद गोरी की विजय के शीघ्र बाद उत्तर भारत में इक्ता प्रथा स्थापित हुई।
- मोहम्मद गोरी द्वारा कुतुबुद्दीन ऐबक को झाँसी का इक्ता, मलिक नसीरुद्दीन को कच्छ का इक्ता।
- इल्तुतमिश के इक्ता प्रणाली को दिल्ली सल्तनत में व्यवस्थित ढाँचा प्रदान किया।

इक्ता की दो श्रेणियाँ

(1) खालसा से बाहर प्रांतीय स्तर की इक्ता।
(2) गाँवों (खालसा का अंग) के रूप में छोटी इक्ता।

इक्तावारों की तीन श्रेणियाँ

(1) विजित प्रदेश में प्रशासन हेतु नियुक्त इक्तादार।
(2) अर्धविजित क्षेत्र में नियुक्त इक्तादार जिन्हें वह क्षेत्र पुनः जीतना होता था।
(3) अविजित भूमि पर नियुक्त–इक्तादार–ऐसे इक्तादार व्यवहारिकतया–स्वतंत्र होते थे।

- मुक्ता/वलि–इक्ता की आमदनी का आकलन करने के ख्वाजा की नियुक्ति, मुक्ता पर नियंत्रण हेतु।
- अलाउद्दीन खिलजी द्वारा इक्तादारों के स्थानांतरण पर बल दिया गया।

  'दिवाने-विजारत' को इक्ता की आमदनी का निश्चित अनुमान लगाने का अधिकार अलाउदीन खिलजी ने दिया।
- ग्यासुद्दीन तुगलक द्वारा इक्तादारों की व्यक्तिगत आय और सैनिकों के वेतन में स्पष्ट विभाजन।
- मुहम्मद बिन तुगलक द्वारा भूराजस्व संग्रह एवं प्रशासनिक कार्यों में विभाजन। प्रशासनिक कार्यों की देखभाल के लिये मुक्ति के अतिरिक्त एक और अमीर की नियुक्ति।
- इक्ता के आय-व्यय के निरीक्षण के लिए आमील की नियुक्ति।
- मुहम्मद-बिन-तुगलक द्वारा इक्ता के सैनिकों को केद्रीय खजानों से वेतन देने का प्रावधान–भ्रष्टाचार रोकने के उद्देश्य से।
- फिरोज तुगलक द्वारा इक्ता के पद को वंशानुगत बनाना। 'बजट' के रूप में सैनिकों को नगद वेतन के बदले गाँव दिया जाना।
- खालसा या महरूसा – जिस भूमि की आय सुल्तान के लिए सुरक्षित रखी जाती थी।
- प्रारम्भिक सुल्तानों के समय भटिंडा एवं ग्वालियर खालसा भूमि थी।
- अलाउद्दीन खिलजी के समय खालसा भूमि का विस्तार काफी अधिक हो गया जबकि फिरोज तुगलक के समय खालसा भूमि कम हो गई।

प्रांतीय एवं स्थानीय प्रशासन

- सल्तनतकाल में प्रांतीय प्रशासन की कोई स्पष्ट सूचना नहीं।
- इब्नबतूता के अनुसार–मुहम्मद बिन तुगलक के समय 23 प्रांत।
- इक्ता का विभाजन 'सिक' में 1279 ई० में पहली बार बलवन के समय सिक का निर्माण हुआ और इस पर 'सिकदार' नामक अधिकारी नियुक्त होते थे।
- सिक का विभाजन परगनों में–'आमील' नामक अधिकारी।
- अफीक के अनुसार–फिरोज तुगलक के समय दोआब में 55 परगने थे।
- इब्नबतूता द्वारा 'सदी' का उल्लेख–100/84 गाँवों का समूह, चौधरी नामक अधिकारी की नियुक्ति।
- प्रशासन की सबसे छोटी इकाई–'गाँव'।

राज्य का स्वरूप

- सैद्धांतिक रूप से इस्लामी राज्य, किंतु व्यवहारिक रूप से यहाँ शरीयत के कानून का पालन नहीं होता था।
- बरनी ने दिल्ली सल्तनत को इस्लामी न मानकर व्यवहारिक तथा लौकिक (जहाँदारी) माना है।

(1) सैन्य व्यवस्था–तुर्की मंगोल पद्धति।

(2) वित्त-व्यवस्था–इरानी पद्धति– सल्तनतकालीन वित-व्यवस्था हनीफी स्कूल (सर्वाधिक-उदार) पर आधारित थी।

(3) राजतंत्र-तुर्की-ईरानी पद्धति।

(4) ग्रामीण प्रशासन-भारतीय पद्धति।

वित्त व्यवस्था

- इस्लामिक करारोपण पद्धति सबसे पहले पंजाब में लागू हुई।
- अलाउद्दीन खिलजी के पूर्व दिल्ली एवं आस-पास के क्षेत्रों में इस्लामिक करारोपण पद्धति लागू नहीं हुई थी।

भू-राजस्व कर :

शरीयत के अनुरूप चार कर : (1) धार्मिक कर–जकात, (2) धर्मनिरपेक्ष कर – खराज, (3) जजिया, (4) खुम्स।

खराज :

- हिन्दुओं की भूमि पर लगाया जाने वाला भूमि कर सामान्यत: उपज के 1/3 से 2/3 भाग।
- फतुहाते फिरोजशाही के अनुसार, खराज का अंश फिरोज तुगलक ने 1/5वाँ निर्धारित किया।
- भारत में कुतुबद्दीन ऐबक ने खिराज एवं उश्र के अंतर को लागू किया।
- फिरोजशाह तुगलक ने जजिया को खिराज से पृथक किया।
- सिकदर लोदी ने खिराज से जवगत को पृथक किया।

उश्र :

- मुसलमानों की भूमि पर लगाया जाने वाला कर।
- प्राकृतिक सिंचाई की व्यवस्था वाली भूमि पर- 1/10 भाग।
- राज्य प्रदत्त सिंचाई वाली भूमि पर 1/5 भाग।
- हिन्दू की जमीन खरीदने पर मुसलमानों को खराज एवं उश्र दोनों देना पड़ता था।

सदका/जकात :

- सैनिक सेवा के बदले गैर-मुसलमानों पर लगाया जाने वाला कर।
- दर– 48,24,12 दिरहम।
- यह प्राय: खराज के साथ लिया जाता था। फिरोजशाह तुगलक ने उसे खराज से पृथक् किया।

खुम्स/खानम/धनिम :

- युद्ध में लूट के माल पर लगने वाला कर।
- राज्य का हिस्सा– 1/5वाँ।
- सैनिकों का हिस्सा– 4/5वाँ।
- अलाउद्दीन खिलजी और मुहम्मद-बिन-तुगलक के समय खुम्स का 4/5 भाग सैनिक को मिलता था। फिरोज तुगलक ने इसे पुन:व्यवस्थित किया।

भूराजस्व व्यवस्था :

- मुस्लिम विचारधारा एवं पूर्व प्रचलित देशी परम्पराओं का सम्मिश्रण।
- अबू याकूब की रचना 'किबात-उल-खराज' में वर्णित इस्लामी अर्थव्यवस्था संबंधी सिद्धांत को अपनाया।

सल्तनत में भूमि का विभाजन :

- इक्ता, खालसा, मिल्क (राजा द्वारा प्रदत्त) वक्फ (धर्म सेवा के आधार पर प्राप्त भूमि) तथा इनाम (पेंशन)।
- सल्तनत काल में सुल्तान के अधिकार से मुक्त भूमि को मौरलैंड ने अनुदान कहा है।

सम्पूर्ण साम्राज्य के दो भाग

- खराज-जिस भूमि से नियमित राजस्व प्राप्त होता था।
- मवास-भूराजस्व प्राप्त नहीं होने के कारण जिन क्षेत्रों में सेना लूट मचाती थी।

भूराजस्व संग्रह की पद्धति :

(1) गल्ला बख्शी/बंटाई–1. खेत बंटाई, 2. लंक बंटाई, 3. रास बंटाई।

(2) कानकूत–अनुमान के आधार पर राज्य के हिस्से का निर्धारण।

(3) मसाहत–अलाउद्दीन खिलजी ने भूमि माप की पद्धति मसाहत को पहली बार अपनाया।

- माप की इकाई के रूप में 'वफा-ए-बिस्वा'।
- अलाउद्दीन ने मध्यस्थों का अन्त करते हुए किसानों से प्रत्यक्ष संबंध स्थापित किया।
- राजस्व अधिकारी के लिए विभिन्न नाम–
  उस्माल, मतसरिर्फ, मुशरिफ, मुहसिलाम, नवीसिंदगान।
- मोरलैंड (Moreland)–मध्यस्थ वर्ग में खूत, मुकद्दम, चौधरी।
- अलाउद्दीन खिजली ने 'हक-ए-खूती' एवं किस्मत-ए-खूती का अन्त कर दिया।
- कुछ ही समय में भ्रष्टाचार अत्यधिक बढ़ गया। नायब, वजीर, सरिफकेनी' ने भ्रष्ट अधिकारियों को दंडित किया।
- हक-ए-खूती–राजस्व वसूली की एवज में प्राप्त वसूले गये राजस्व का एक अंश।
- किस्मत-ए-खूती–किसानों से उनकी उपज का एक अंश प्राप्त करना।

दिल्ली सल्तनत की प्रशासनिक तथा कृषिजन्य व्यवस्था संबंधी पारिभाषिक शब्दावली

अंसार : शाब्दिक रूप से इसका अर्थ था मददगार।

अखुर बेक : घोड़ों की देखभाल करना।

अलाई-टंका : अलाउद्दीन खिलजी का ***टंका*** (सोने या चाँदी का सिक्का)।

अल्तमगा-ए-सुल्तानी : शाही ***तमगा*** या प्रतीक चिन्ह्र।

अल्प खान : एक खिताब या पदवी जिसका अर्थ है पहला या वरिष्ठ खान।

अमीर : दिल्ली सल्तनत का तीसरा सबसे बड़ा राजकीय पद था।

अमीर-ए-दाद : न्याय विभाग का प्रभारी अधिकारी तथा सरकारी अभियोजक।

अमीर-ए-अखुर : अश्वसेना का सेनानायक एवं शाही अस्तबल का प्रभारी अधिकारी।

अमीर-ए-हजिब : शाही न्यायालय का प्रभारी अधिकारी, जिसे तुर्की में ***बरबेक*** भी कहा जाता था।

अमीर-ए-कोही : कृषि विभाग का प्रभारी अधिकारी या मंत्री।

अमीर-ए-शिकार : शाही शिकार या प्रभारी अधिकारी।

अमीर-ए-तरब : शाही मनोरंजन व्यवस्था का शाही अधिकारी।

अमीर-उल-मुमिनिन या मोमिन : मुसलमानों का कमांडर या खलीफा।

असालिब : क़ानून को क्रियान्वित कराने वाला।

आमिल : राजस्व अधिकारी।

आरिज : सैनिकों की हाजिरी, उनके सैनिक उपकरणों तथा घोड़ों के साज-सामान का प्रभारी अधिकारी।

आरिज-ए-ममालिक : समूचे देश की सेना या सैनिक मंत्रालय का प्रभारी मंत्री।

इहतिसाब : गणना, संगणना और हिसाब-किबात का लेखा-जोखा।

इल्म-ए-मुहासिब या हिन्दुस : लेखा और अंकों का ज्ञान।

इमाम : मुस्लिम प्रार्थना (नमाज) सभा का नेतृत्व करने वाला या सर्वोच्च सेनानायक।

इक्ता : राज्य द्वारा किसी व्यक्ति अथवा प्रशासनिक और सैनिक कर्मचारी को नकद वेतन या भुगतान के बदले प्रदत्त भूमि से प्राप्त होने वाला भू-राजस्व का आवंटन। नकद वेतन के बदले दी जाने वाली इक्ता को वेतन या ***तनख्वाह इक्ता*** कहा जाता था और दान या पेंशन या वक्फ के रूप में दी जाने वाली इक्ता गैर-तनख्वाह इक्ता कहलाती थी।

इक्ता-ए-इस्तिगल : छोटी अवधि के लिए गवर्नर के पद पर नियुक्ति या राज्याध्यक्ष सदिच्छा पर गवर्नर के पद पर नियुक्ति। आमतौर पर यह संबोधन प्रांतीय आकार की इक्ता धारकों के लिए प्रयोग होता था।

इक्ता-ए-तमलिक : वंशानुगत इक्ता।

इरादस : एक प्रकार का छोटा बालिस्त या पत्थर या प्रक्षेपास्त्र फेंकने वाला यंत्र।

इशरफ : संभ्रांत कुल के व्यक्ति, कुलीन समाज।

उहूदारान-ए-दफ्तैर : शाही कार्यालयों के प्रभारी शाही कर्मचारी।

उलेमा : इस्लामी कानून के ज्ञाता विद्वान।

उलूलअम्र : संचालन करने वाला व्यक्ति।

उमरा : अमीर बहुवचन।

उम्माल : राजस्व या वित्त अधिकारी।

उस : उपज का दसवाँ हिस्सा (1/10) जो लगान के रूप में वसूल किया जाता था।

ऊसर : बंजर भूमि।

कद-खुदा : ग्राम प्रधान।

कहम् : कहार, पालकी उठाने वाला या उनके वंश के लोग।

कादरिन : किसी कार्य-विशेष के प्रभारी कर्मचारी या अधिकारी।

कारखाना : कारखाना; शाही कारखाने जो दो श्रेणियों में बँटे थे- ***रत्बी*** अर्थात् पशुओं की देखभाल करने वाले कारखाने और ***गैर-रत्बी*** अर्थात् राज्य की जरूरत की विभिन्न वस्तुओं का उत्पादन करने वाले कारखाने।

कारकुन : कामगार या अधिकारी (कार्यकर्त्ता)।

कार-ए-दौलत : सल्तनत के मामले या कामकाज।

करोह : दो मील दूरी की भूमि का माप।

कोहपायहू : पहाड़ों की तलहटी।

कोटला : आवासीय किला।

कोतवाल : किसी शहर या किले का प्रभारी अधिकारी।

कोतवाली : कोतवाल का दफ्तर।

कुशक : आवासीय किला।

कल्बकरी : जाली सिक्के।

कानून-ए-कदीम : पुराने कानून।

कर्न : पीढ़ी या शताब्दी।

कस्बा : कस्बे, उपनगर।

कस : राजमहल।

क़स्साबी : कसाईखानों पर कर।

काज़ी : मुस्लिम न्यायाधीश।

काज़ी-ए-लश्कर : सेना का काज़ी या न्यायाधीश।

काज़ी-उल-कज़्ज़ात : मुख्य काज़ी अर्थात् प्रधान काज़ी।

कियास : अनुमान, आकलन।

कुब्बुतुल इस्लाम : इस्लाम के मुख्य शहर का गुंबद।

कुरिलतई : उच्चाधिकारियों की सभा।

कुजा : काज़ी का बहुवचन।

खैल : घुड़सवार या जनजाति।

खालिसा : राजा या केंद्र के सीधे नियंत्रणवाली भूमि जो किसी जमींदार, इक्तादार या अधिकारी को नहीं दी गई हो। आमतौर पर इसे सुल्तान की भूमि कहा जाता था।

खरीफ : भारत की शीतकालीन फसल।

खरीतहदार : कोषाध्यक्ष।

खातिब : धार्मिक सम्मेलन के संचालक या अध्यक्ष।

खजाना : कोष।

खिदमती : सेवा या राज्यसेवा के बदले देय धनराशि, भूमि या भू-राजस्व का आवंटन।

खिलत : सुल्तान द्वारा सम्मानस्वरूप प्रदत्त पोशाक।

खिलाफत : खलीफा का शासन या मुसलमानों के धार्मिक प्रमुख।

खिराज : भू-राजस्व; किन्तु कभी-कभी किसी अधीनस्थ शासक द्वारा सुल्तान को दी जाने वाली पेशकश या सम्मानस्वरूप अथवा अधीन शासक के रूप में देय धनराशि भी खिराज कहलाती थी।

खित्ता : भू-भाग या भू-क्षेत्र।

खुम्मार : मदिरालयों की देखभाल करने वाले कर्मचारी।

खूत : ग्राम प्रधानों या विशेष योग्यता वाले व्यक्तियों को भी सम्मानार्थ यह संबोधन प्रदान किया जाता था।

ख्वाजा-तश : साथी या सहकर्मी अधिकारी।

ख्वाजा-ए-सेरा : महल या शाही हरम में तैनात हिजड़े। इन्हें विशेष रूप से शाही हरम की सुरक्षा के लिए भर्ती किया जाता था।

गरगेज़ : किलों पर कब्जे के लिए बनाया गया ढाँचा।

गज़ : गज (माप)।

गज़-ए-सिकंदरी : भूमि की माप के लिए सुल्तान सिकंदर लोदी द्वारा शुरू किया गया गज़ जिसे बाद में कुछ संशोधनों के साथ मुगलों ने भी अपनाया।

गुलाम : गुलाम, दास।

गुमाश्ता : प्रतिनिधि या एजेंट।

घड़ी : 20 मिनट समय की अवधि।

चम्पा : भूमि का एक छोटा-सा टुकड़ा।

चराई : चारागाह। यह अलाउद्दीन खिलजी द्वारा लगाया गया चराई या चारागाही कर भी था।

चत्र : शाही छत्र।

चौधरी : ग्रामों के मुखियाओं की एक श्रेणी।

चौल : रेगिस्तान, मरुभूमि।

चुंगी-ए-गल्ला : अनाज कर।

जागीर : राज्य द्वारा शाही अधिकारियों को वेतन आदि के बदले प्रदत्त जमीन का टुकड़ा।

जागीर-ए-दारान : जागीरधारक व्यक्ति (जागीरदार) या नियत की गई भूमि।

जहाँदार : विश्व-स्वामी अर्थात सुल्तान।

जमातखाना : सफी फकीरों की कुटिया या खनकाह।

जमाद अर्खाना : अलमारी या पोशाकें रखने की जगह।

जासूस : जासूस, भेदिया, गुप्तचर।

जीतल : दिल्ली सल्तनत के ताँबे के सिक्के।

जज़िया : इसके दो अर्थ हैं। प्रथमत: दिल्ली सल्तनत के कुछ समकालीन स्रोतों के अनुसार, भू-राजस्व या लगान के अतिरिक्त वसूल किए जानेवाले सभी कर ***जज़िया*** थे। द्वितीयत:, ***शरीयत*** के नियम के अनुसार, गैर-मुसलमानों या काफिरों से व्यक्ति कर के रूप में वसूल किया जानेवाला वार्षिक कर।

जज़िया-ए-ताम्बूल : पान के पत्तों पर लगने वाला कर।

ज़ाबिता : राज्य द्वारा बनाए गए धर्मनिरपेक्ष नियम का कानून।

ज़कात : मुसलमानों के लिए निर्धारित दानराशि। प्रत्येक मुसलमान को, अप्रयुक्त या अनियोजित पूँजी से अर्जित आय समेत कुल आय का ढाई प्रतिशत जकात के रूप में दान करना होता था।

ज़मींदारी : निजी स्वामित्ववाली पुश्तैनी या आनुवंशिक जमीन।

जवाबित : राज्य के कानून।

जिल्लुलाह-फिलअर्ज : "धरती पर खुदा या अल्लाह की छाया" कुछ सुल्तानों द्वारा अपनाई गई उपाधि।

जिम्माह : संरक्षित गैर-मुसलमानों की सुरक्षा की शर्त।

जिम्मी : संरक्षित गैर-मुसलमान।

टंका : सल्तनत काल का चांदी का सिक्का।

तहकीमत-ए-मुजहिद : एक नवीन या अभिनव शाही आदेश।

तालुक : जिला।

ताजी : गैर-तुर्क, फारसी या अरबी; अ-भारतीय और गैर-तुर्क अमीर, सैनिक या अधिकारी।

तोला : ढाई मिश्काल का माप।

तूमान : दस हजार सैनिकों की टुकड़ी।

थाना : पुलिस थाना।

दबीर : सचिव।

दबीर-ए-मुमालिक : समूचे राज्य या सल्तनत का प्रभारी मुख्य सचिव।

दादबेक : न्याय का प्रभारी अधिकारी।

दादबेकी : न्याय अधिकारियों या दंडाधिकारियों द्वारा वसूल किया गया अर्थदंड अथवा न्यायकर।

दादबेक-ए-हजरत : दिल्ली में न्याय का प्रभारी अधिकारी।

दाग : दाग, घोड़ों के पुट्ठे पर लगाया जाने वाला शाही पहचान चिह्न।

दाय : प्रतिवेदक।

दायरा : राजस्व वसूली के लिए निर्धारित क्षेत्र।

दलाल : दलाल।

दलाल-ए-बाजारहा : बाजार के दलाल।

दरोगा : स्थानीय कार्यालय का प्रभारी एक छोटा अधिकारी।

दारुल-अद्ल : कपड़ा, अन्य वस्तुओं का दिल्ली का बाजार, लेकिन इसका शाब्दिक अर्थ 'न्याय का स्थान' है।

दारुल मुल्क : राजधानी।

दौलतखाना : सुल्तान इल्तुतमिश का महल।

दवातदार : शाही दवात रखने वाला।

धम्मार : जमींदार या भू-स्वामी।

दिरहम खरीदगान : कम कीमत वाले दास।

दीवान : केंद्रीय सचिवालय का कार्यालय।

दीवान-ए-अर्ज : युद्ध मंत्रालय का कार्यालय।

दीवान-ए-इंशा : मुख्य सचिव का कार्यालय।

दीवान-ए-रियासत : व्यापार और वाणिज्य मंत्री का कार्यालय।

दीवान-ए-विजारत : वजीर का कार्यालय।

दीवान-उल-मुस्तखराज : कर या राजस्व वसूली का कार्यालय।

दरबार : शाही दरबार।

नबत : पौधा, सब्जी (तरकारी) या जड़ी-बूटी, वनस्पति।

नादिम : दरबारी अथवा सुल्तान के मनोरंजन के लिए नियुक्त व्यक्ति लेकिन जिसे कोई प्रशासनिक कार्य नहीं दिया जाता था।

नायब : उप-सहायक या एजेंट। सुल्तान के अल्पायु होने पर वह सुल्तान के संरक्षक या उप-सुल्तान के रूप में कार्य करता था।

नायब-ए-अर्ज़ : युद्धमंत्री अथवा सैनिक विभाग या उपमंत्री।

नायब-ए-बर्बेक : बर्बेक (शाही न्यायालय का प्रभारी अधिकारी) का सहायक।

नायब-ए-घिबत : सुल्तान का संरक्षक जो सुल्तान की अनुपस्थिति में उसका कामकाज देखता था।

नायब-ए-लश्कर : सेना के लिए सुल्तान का सहायक मंत्री। सुल्तान का सैनिक सहायक।

नायब-ए-मामलकत : राजप्रतिनिधि या समूची सल्तनत के लिए सुल्तान का प्रतिनिधि।

नायब-ए-मुल्क : सल्तनत का राजप्रतिनिधि। साम्राज्य का संरक्षक।

नायब-ए-वकील : वकील का सहायक अथवा सुल्तान के समक्ष न्यायिक मामलों को रखनेवाला व्यक्ति।

नायब-ए-वजीर : उप-वजीर।

नायक : सेना का उच्चाधिकारी या कोई व्यापारी।

नकीब : राजमहल एवं राजदरबार प्रबंधक।

नौबत : सुल्तान और उच्चाधिकारी के महल के बाहर नौबतखाने पर ढोल बजाना।

नवीसंदास : लिपिक।

नयाबत वा ख्वाजगी : सहायक और नियंत्रक।

नाजिर : अधीक्षक, निरीक्षक।

निर्ख-ए-बर-अवर्द : उत्पादन लागत का सिद्धांत।

नोयन : मंगोल उपाधि या सम्मानजनक संबोधन जिसका अर्थ है प्रमुख या उच्चाधिकारी।

पायबोस : पैरों को चूमना।

पायक : अनुचर, सेवक।

पटवारी : गाँव की भूमि का रिकॉर्ड रखने वाला छोटा कर्मचारी।

प्यादा : पैदल सैनिक।

फर्मान : शाही आदेश या अध्यादेश।

फर्मान देह : आदेश देने वाले व्यक्ति।

फर्मान-सबा : आदेश देने वाला व्यक्ति।

फर्राश : एक छोटा कर्मचारी, विशेष रूप से गलीचों की देखभाल करने वाला।

फर्राशखाना : गलीचे रखने का कमरा (या जगह)।

फर्सख : 18,000 फुट दूरी का माप।

फरसंग : 12,000 क्यूबिट (हाथ) की दूरी का माप!

फतहनामा : जीत का पत्र का संदेश या विजय-पत्र।

फातिहा : प्रार्थना, कुरान के पहले सात वाक्य, इसे त्रिजय के अर्थ में भी प्रयोग किया जाता था।

फतवा : शरीयत या धार्मिक कानूनों के अंतर्गत कानूनी फैसला।

फ़ौजदार : सैनिक टुकड़ी का सेनानायक।

फवाजिल : प्रशासनिक खर्चे पूरे होने के बाद शेष बची राशि।

बंदेगान-ए-तुर्क चिहलघनी : चालिसा के नाम से प्रचलित तुर्क दास-अधिकारियों के 40 परिवार, जिन्होंने इल्तुतमिश और बलवन के शासन के बीच दिल्ली सल्तनत पर राज किया।

बंदियान-ए-ताज़िक : गैर-तुर्क अधिकारी या दास जो मूलत: विदेशी थे।

बालाहार– खेतिहार किसानों का सबसे छोटा वर्ग या समूह।

बर : सार्वजनिक शाही दरबार।

बर्बेक : शाही दरबार का प्रभारी अधिकारी जिसे फारसी में *अमीरे-हजिब* कहा जाता था।

बारगह : अदालत।

बरीद : सूचनाएँ एकत्रित करने वाला गुप्तचर अधिकारी।

वारिद-ए-मुमालिक : राज्य के गुप्तचर सेवाओं का प्रभारी प्रमुख।

बसिव : राज्य के एजेंट या राजदूत।

बेक : एक उच्च पदाधिकारी।

बिस्वा : भूमि के माप की एक छोटी इकाई।

मंडी : अनाज मंडी।

मंसुर : शाही आदेश या आज्ञा।

मदद-ए-माश : धार्मिक व्यक्तियों को जीविका के रूप में दी जाने वाली पेंशन या भूमि अनुदान।

मदरसा : शिक्षा संस्थान।

मफरुज : लगान या करमुक्त भूमि।

महाजन : महाजन यानी सूद पर धन देनेवाले व्यक्ति।

महसूल : राज्य या प्रांत की सकल राजस्व आय।

महज़र : महत्वपूर्ण मामलों पर चर्चा के लिए आयोजित विशिष्ट व्यक्तियों और विद्वानों की बैठक।

मजालिस : मजलिस अर्थात् बैठक का बहुवचन।

मजलिस-ए-खास : सुल्तान और उसके उच्चाधिकारी की बैठक।

मजलिस-ए-खिलावत : सुल्तान और उसके उच्चाधिकारियों की गोपनीय और गुप्त बैठक। यह सुल्तान की सर्वोच्च परामर्शदाता परिषद थी।

मजुमआदार : लेखा विवरण रखने और उसकी जाँच करनेवाला अधिकारी।

मान : धन, राजस्व, विशेष रूप से भू-राजस्व या लगान।

मालगुजारी : भू-राजस्व या कर का भुगतान।

मलिक : दिल्ली सल्तनत में इसका अर्थ सर्वोच्च अधिकारी था, जो ***खान*** से छोटा लेकिन ***अमीर*** से बड़ा होता था।

मलिका-ए-जहाँ : विश्व साम्राज्ञी या सुल्तान की मुख्य बेगम को दिया गया खिताब।

मलिक नायब : सल्तनत का संरक्षक या सुल्तान की ओर से कार्य करने वाला अधिकारी।

मलिक कबीर : महान मलिक या वे मलिक जिनका सल्तनत में दूसरा सर्वोच्च स्थान था।

मलिक-उत-तुज्जर : व्यापारियों का प्रमुख या सल्तनत के किसी सर्वोच्च अधिकारी को प्रदत्त मानद उपाधि।

मामेलुक : दास अधिकारी।

मामलकत : राज्य, सल्तनत।

मरासिम-ए-खिदमती : परंपरागत सम्मान या उपहार।

मसरस-ए-खिदमती : परंपरागत सम्मान या उपहार।

मवास : किलाबंद गाँव।

मवाजी : गाँव।

मिहतर : नायक या (गवर्नर) सूबेदार, नाज़िम, आदि।

मिल्क : संपत्ति, लेकिन मध्यकालीन युग में इसका अर्थ राज्य द्वारा आवंटित या प्रदत्त भू-राजस्व अर्जन करनेवाली भूमि थी।

मिसल : अधीन अथवा राजाज्ञा।

मिस्काल : द्राम और तीन बटा सात (3/7) हिस्से का वजन या बाट।

मीज़ान : संतुलन अथवा मापकों का जोड़ा (तराजू)।

मीज़ान-ए-अहन : लोहे का तराजू।

मोहल्ला : नगर का कोई हिस्सा या इलाका।

मुफलिकी माल वा खिदमत : किसी कार्य या सेवा के लिए आवश्यक कुल धन और साज-सामान।

मुहसिल्लान : कर और पेशकश वसूल करने वाले व्यक्ति।

मुहस्सिल : एकत्रित या वसूल किया गया कर।

मुहतसिब : नैतिक मूल्यों तथा सार्वजनिक नैतिकता, कानून-व्यवस्था की निगरानी करने वाला अधिकारी।

मुलुकुत तवैफ : जनजातीय राजतंत्र अथवा अव्यवस्थित प्रशासन।

मुंशी : प्रतिबंधित चीजों एवं कार्यों में संबंधित आदेशों को लागू करवाने वाले अधिकारी।

मुक्कद्दम : ग्राम प्रधान (मुखिया)।

मुक्ता : गवर्नर अथवा बड़ी *इक्ता* का प्रभारी व्यक्ति।

मुरत्तब : सुसज्जित घुड़सवार।

मुसादरत : जुर्माना अथवा आर्थिक दंड।

मुसरिफ : लेखाधिकारी।

मुसरिफ-ए-मुमालिक : सभी प्रांतों का लेखाधिकारी।

मुसरिफ-ए-मुमलकत : समूची सल्तनत का लेखाधिकारी (महालेखाकार)।

मुस्तबिल : (सरकारी) शाही कर्मचारी।

मुस्तौफी-ए-ममालिक : समूची सल्तनत का लेखापरीक्षक।

यरलिग : शाही फैसला, आदेश या स्वीकृति।

रबी : भारत की शीतकालीन फसलें।

राय : हिंदू मुखिया जिसके पास सामान्यत: अपनी भूमि और सेना होती थी।

राय रायन : रायों का राय। राय क़ा खिताब महत्वपूर्ण हिंदू शासकों और राजाओं को दिया जाता था।

रैय्यत : प्रजा या कर अथवा राजस्व देनेवाली जनता।

रैय्यत परवार : प्रजा की देखभाल।

स्काबखाना : घोड़ों की लगाम और काठी रखने का स्थान।

राणा : हिंदू शासकों या अधीनस्थ शासकों की श्रेणी।

रतिबी : मनुष्यों और पशुओं को भोजन देना।

रतिबी कारखाना : मनुष्यों और पशुओं की खाद्य आवश्यकताओं का उत्पादन करने वाले शाही कारखाने।

रवात-ए-अर्ज़ : बलबन के युद्धमंत्री इमाद-उल-मुल्क को दिया गया खिताब या उपाधि।

रायत-ए-आला : शाही मानदंड।

रिस्मन फरोशी : धागे और रस्सियों पर बिक्रीकर।

रुस्तै : ग्रामीण।

लंगरखाना : लंगर प्रदान करने वाला स्थान; नि:शुल्क भोजन देने वाला रसोईघर।

लाख बख्श : दान में लाखों देनेवाला।

लश्कर-गार : सैनिक शिविर।

लश्करी : एक सैनिक।

वकील : सल्तनत का राजप्रतिनिधि या उप-प्रमुख उपसुल्तान।

वकीलदार : सुल्तान का डिप्टी या सहायक, खासतौर से न्यायिक मामलों में।

वजाह : धन या वेतन।

वजाहदार : वेतनभोगी अधिकारी।

वलायत : विदेशी धरती का देश।

वली : गवर्नर या प्रांतपति।

वक्त : भूमि अनुदान।

वज़ीर-ए-मुल्तार : सर्वाधिकार संपन्न, वज़ीर, जो राजा के हस्तक्षेप के बिना प्रशासन कर सकता था।

शहजादे : सुल्तान के पुत्र या राजकुमार।

शशगनी : छह जीतल के बराबर चाँदी का छोटा-सा सिक्का या ताँबे का सिक्का।

शराफत : शरीफ (संभ्रांत) लोगों का आचरण।

शरीयत : मुस्लिम धार्मिक कानून।

शिकदार : 'शिक' नामक भू-भाग का प्रभारी मंत्री।

साबुनगरी : साबुन बनाना।

सदह् : इसका शाब्दिक अर्थ है '100'। लेकिन करीब 100 ग्रामों के क्षेत्र को नियंत्रित करने वाले सद अमीरों के लिए ***अमीरान-ए-सदह*** संबोधन प्रयुक्त किया जाता था।

सद्र-ए-जहाँ : दिल्ली सल्तनत के केंद्रीय अधिकारी का पद या उपाधि जो धार्मिक और दानार्थ कार्यों का प्रभारी मंत्री होता था।

सहस : व्यापारी, महाजन, साहूकार आदि।

सलाहदार : शस्त्रपाल (हथियारों को रखने वाला)।

सर पत्रदम् : शाही छत्र को संभालने वाले कर्मचारी।

सर-जाँदार : अंगरक्षक।

सर-खैल : कनिष्ठ सेनाधिकारी।

सर-परदाहदार : परदों का प्रभारी कर्मचारी अथवा शाही तंबुओं के रख-रखाव का सर्वोच्च अधिकारी।

सर्राफ : मुद्रा विनिमय करने वाले व्यापारी, साहूकार।

सौदागर-ए-करवानी : प्रतिष्ठित परिवहन व्यापारी। एक स्थान से दूसरे स्थान ले जाकर माल क्रय-विक्रय करने वाले प्रतिष्ठित व्यापारी।

सौदागर-ए-बाजारी : बाजार या बाजार के प्रतिष्ठित व्यापारी।

सौदागर-ए-मीजानी : तौल-माप का प्रभारी मंत्री।

सरवन-ए-मकतला : युद्ध के लिए नियुक्त घुड़सवार।

सराय : सराय, विश्रामगृह।

सुहना : पुलिस प्रमुख, नगर प्रमुख।

सुहनागी : पुलिस कार्यालय से संबंधित।

सुहना-ए-मंडी : अनाज मंडी का प्रभारी अधिकारी।

सुहना-ए-पोल : हाथियों या हस्तिसेना का प्रभारी अधिकारी।

सिपहसालार : सैनिकों का सेनानायक।

सुल्तानी : सुल्तान का दास।

हजिब : शाही महल एवं दरबार का महाप्रबंधक।

हक्क-ए-बिरादरी : बिरादरी (कुटुंब) का अधिकार।

हिल्फ : समझौता, शपथ, मुचलका और संधि।

हिसार : किला।

हुक्काम : सत्तारूढ़ वर्ग के अधिकारी।

हुक्म : आज्ञा अथवा भूमि-राजस्व तथा अन्य करों के निर्धारण का सिद्धांत।

हुक्म-ए-बनवर्द : उत्पादन लागत का सिद्धांत।

हुक्म-ए-हासिल : फसल के अनुसार भू-राजस्व का आकलन।

हुक्म-ए-मसहत : माप या भूमि की पैमाइश के आधार पर भू-राजस्व का आकलन।

हुक्म-ए-मुशाहिदा : केवल निरीक्षण या सर्वेक्षण के आधार पर भू-राजस्व का आकलन।

मुगल प्रशासन

केन्द्रीय प्रशासन

- **बादशाह** : शासन का अधिपति बादशाह होता था सिद्धांत रूप में उसकी शक्ति अपरिमित थी। परंतु वह अपने सलाहकारों की सम्पत्ति तथा प्रजा की इच्छा पर ध्यान देता था।
- **वकील (वकील-ए-मुतलक)** : बादशाह के बाद शासन प्रबंध करने वाला सबसे बड़ा राजकर्मचारी वकील था। इसे बाद में वजीर कहा जाने लगा। यह केंद्रीय सरकार के समस्त विभागों में एक तरह से अध्यक्ष होता था। इसे मंत्रियों को नियुक्त करने व पदच्युत करने का अधिकार था।
- **दिवान या वित्त मंत्री** : यह आर्थिक विषयों में बादशाह का प्रतिनिधि था। वह शाही खजाने का प्रबंध और उसके हिसाब की जाँच करता था। कर विभाग भी उसके अधीन था।
- **मीर बख्शी** : सेना के सभी अधिकारियों की वेतन सभी की जाँच बख्शी करता था। वह सेना का नियंत्रण करता था और इस बात का ध्यान रखता था कि मनसबदार लोग अपने घोड़ों को ठीक अवस्था में रखें सभी मनसबदारों की नियुक्तियाँ उसी के विभाग द्वारा होती हैं।
- **प्रधान काजी** : यह प्रधान न्यायाधीश था। काजी उलकुजात फौजदारी मुकद्दमों का मुस्लिम विधान के अनुसार फैसला करता था। वह प्रांत, जिला तथा नगर के काजियों की नियुक्ति करता था।
- **मुहतसिब** : इसका कर्तव्य था कि शरीयत में मना किए गए कार्यों से लोगों को रोके तथा साधारणतः जनता में दुश्चरित्रता को रोके। मुगल काल में पहली बार इसकी नियुक्ति *औरंगजेब* ने की थी।
- **प्रधान सद्र (सद्र उस सद्र)** : यह धार्मिक धन सम्पत्ति तथा दातव्य विभाग का प्रधान होता था। सद्र का काम योग्य व्यक्ति को धन दिलवाना होता था।
- **मीरे सभा** : यह शाही राजमहल, हरम, रसोई, कारखाने आदि का प्रबंधक होता था।
- **मुगल काल में प्रधान विभाग** : आय-व्यय विभाग (दीवान के अधीन), सेना विभाग तथा वेतन विभाग मीरे बख्शी के अधीन, शाही परिवार का प्रबंध खानसामा के अधीन, न्याय विभाग काजी के अधीन, धार्मिक संस्थाओं आदि को दान देने का विभाग सद्र के अधीन, प्रजा के चरित्र व धर्म का निरीक्षण मुहतसिव के अधीन। अन्य पद थे– मीरे माल, मुस्तौफी, मुशरिफ (राजसचिव), नाजिरे वयूतात (शाही कारखाने का अधीक्षक), मीरे आतिश (तोप खाने का निरीक्षक), दरोगा-ए-डाक-चौकी (डाक अधीक्षक), मीरे मंजिल, मीरे बर (नौ सेना अधीक्षक), मीरे बर्र (वन अधीक्षक), मीर तोजक (उत्सवों आदि का प्रबंधक)।

प्रांतीय प्रशासन

- अकबर के शासनकाल में अन्त में सूबों की संख्या पंद्रह थी। 1689 में औरंगजेब के शासनकाल तक बढ़ाकर इक्कीस हो गई। इनके नाम हैं: 1. इलाहबाद, 2. आगरा, 3. अवध, 4. अजमेर, 5. अहमदाबाद, 6. बिहार,

7. बंगाल, 8. दिल्ली, 9. काबुल, 10. लाहौर, 11. मुल्तान, 12. मालवा (गुजरात), 13. बरार, 14. खानदेश, 15. अहमद नगर, 16. कश्मीर, 17. उड़ीसा, 18. थट्टा (सिन्ध) 19. औरंगाबाद, 20. बीदर, बीजापुर, हैदराबाद एवं गोलकुंडा।

- **सूबेदार (सिपहसालार)** : यह सूबे में बादशाह का प्रतिनिधि व सूबे का प्रमुख था। इसके अधीन एक बड़ी सेना होती थी। राज्यों की सीमा में कर एकत्र व न्याय आदि का फैसला करता था। अकबर के काल में यह सिपहसालार कहलाता था।
- **दीवान :** यह सूबेदार के अधीन न होकर केन्द्रीय दीवान के प्रति उत्तरदायी होता था। प्रांत में वित्त विभाग का अध्यक्ष होता था।
- **सदर काजी :** इसकी नियुक्ति केन्द्रीय काजी द्वारा की जाती थी। यह प्रान्त में न्याय विभाग का अध्यक्ष होता था।
- **प्रांतीय बख्शी :** मीर बख्शी की सिफारिश पर इसकी नियुक्ति होती थी। यह सिपहसालार के अंतर्गत सेना की भर्ती तथा नियंत्रण का उत्तरदायित्व संभालता था।
- **कोतवाल :** यह सूबों की आन्तरिक सुरक्षा, शान्ति और सुव्यवस्था की देख-रेख करता था। यह सूबे के सभी थानों का सर्वोच्च प्रबंधक होता था।
- **जिले का शासन :** प्रत्येक सूबा कई जिलों (सरकारों) में बंटा होता था।
- **फौजदार :** यह जिले का एक प्रमुख सैनिक अधिकारी होता था। इसके अधीन एक सैनिक दल होता था। यह जिले के शांति व सुरक्षा का प्रबंध करता था।
- **अमलगुजार :** यह जिले का दूसरा प्रमुख अधिकारी था। यह जिले की मालगुजारी एकत्र करता था। कृषकों को *तकाबी* कर्जा बाँटने व वसूलने का अधिकार इसे ही प्राप्त था। इसे आय-व्यय की मासिक रिपोर्ट दरबार में भेजनी पड़ती थी। यह जिले की सम्पूर्ण आय शाही खजाने में नियमित रूप से भेजता था।
- **बितिकची :** यह अमलगुजार के प्रमुख सहायकों में से एक था। इसे कृषि संबंधी जरूरी कागजात व आँकड़े तैयार करने पड़ते थे। वह पटवारी व मुखियों के रिकार्डों का निरीक्षण करता था।
- **शिकदार :** यह परगने का प्रमुख अधिकारी होता था। परगने में शान्ति सुव्यवस्था की स्थापना के अतिरिक्त काश्तकारों द्वारा खजाने में जमा करने के लिए लाए गए मालगुजारी के रुपयों को संभालता था।
- **आमिल :** यह मुन्सिफ भी कहलाता था। इसे जिले के अमलगुजार के समान ही कार्य करना पड़ता था। इसका गाँव के काश्तकारों से सीधा संबंध था।
- **फोतदार :** यह परगने का खजांची होता था।
- **कारकून :** ये क्लर्क का काम करते थे। ये उत्पादन योग्य भूमि, पैदावार, मालगुजारी, वसूली, बकाया धन आदि बातों का लेखा-जोखा रखते थे।
- **कानूनगो :** यह परगने के सभी पटवारियों का अफसर होता था और परगने की पैदावार, मालगुजारी आदि बातों का लेखा रखता था।

मुगल सेना

बादशाह की सारी सेना का प्रधान सेनापति होता था। सेना के मुख्यः तीन रूप थे :

- 1. मनसबदारों की फौजें, जिनमें दाखिले सिपाही और कुमकी सिपाही भी शामिल थे। 2. अहदी या वे सभ्य सिपाही, जिन्हें मनसब नहीं मिल सकती थी। 3. राजपूत राजाओं की सहायक सेनाएँ। ये वे सेनाएँ थीं, जो लड़ाई के समय साम्राज्य की ओर से लड़ती थीं, बड़ी उपयोगी सिद्ध हुईं।
- सेना पाँच भागों में विभाजित थी। पैदल, घुड़सवार, तोपखाना, हाथी और जलसेना।
- **पैदल :** ये दो प्रकार के थे– अहशाम, सेहबन्दी।
- **अहशाम :** इनके पास तलवार व छोटा भाला होता था। इनके युद्ध का महत्व नाममात्र का था।
- **सेहबन्दी :** ये बेकार लोगों में से भर्ती कर लिए जाते थे और प्रायः मालगुजारी वसूलने में मदद करते थे। ये फौजियों की अपेक्षा नागरिक पुलिस का काम अधिक करते थे।
- **घुड़सवार :** ये दो प्रकार के थे :
- 1. **बरगीर :** इन घुड़सवारों को साज का सारा सामान सरकार से मिलता था। 2. **सिलेदार :** ये अपने घोड़े तथा अस्त्र-शस्त्र स्वयं लाते थे। इनको बरगीर से अधिक वेतन मिलता था।
- **तोपखाना :** इस विभाग में बन्दूकची या बन्दूक चलाने वाले सशस्त्र सैनिक होते थे। मुगल तोपखाना जिन्सी तथा दस्ती नामक दो विभागों में बंटा हुआ था। जिन्सी तोपखाने के पास भारी तोपें होती थीं। दस्ती तोपखाने के पास हल्की तोपें और बन्दूकें होती थीं।
- **नौ सेना :** मुगल अपनी निजी नौ सेना नहीं रखते थे। इन्होंने पश्चिमी तट की रक्षा का भार अबीसीनियनों तथा जंजीरा के सिद्दियों को सौंप रखा था। पूर्वी बंगाल का

सरदार अनेक नावों का बेड़ा रखा करता था। नावों का निरीक्षक *मीरबहाल* कहलाता था।

मराठों की शासन प्रणाली

- मराठों की प्रशासनिक पद्धति प्राय: महमूद गवाँ द्वारा बहमनी में और मलिक अम्बर द्वारा अहमदनगर में लागू की गई पद्धति पर आधारित थी जिस पर मुगल प्रभाव भी था।
- मराठा प्रशासन के बारे में निम्न स्रोतों से जानकारी प्राप्त होती है–
  1. शिव छत्रपति चैन चरित्र : सभासद बखर
  2. अज्न पत्र : रामचन्द्र पंत
  3. नुस्का-ए-दिलकुशा : भीमसेन बुरहानपुरी
- मराठा राज्य को स्वराज्यख या मुल्क-ए-कदीम कहते थे।
- अप्रत्यक्ष मराठा प्रभाव वाले क्षेत्रों से चौथ नामक कर वसूला जाता था।
- शिवाजी के काल में स्वराज्य को चार प्रांतों में विभाजित किया गया था। प्रान्त को महल या सूबा कहा जाता था, जो मामलात या सूबेदार के अधीन होते थे। महल, परगनों में बँटे थे। परगना तरफ और तरफ, मौजा में विभक्त थे।
- मुख्य पदाधिकारियों की एक परिषद थी, जिसे अष्टप्रधान कहा जाता था, और जिसमें निम्नलिखित आठ पदाधिकारी होते थे–
  1. पेशवा (प्रधानमंत्री): जो राज्य के हितों का ध्यान रखता था।
  2. मजमुआदार या अमात्य : वित्त विभाग का प्रधान।
  3. सर-ए-नौबत : सैनिक कार्य।
  4. दबीर या सुमंत : वैदेशिक मामले।
  5. सरनवीस या सचिव : राजकीय पत्र-व्यवहार का अधीक्षक।
  6. सेनापति : सेना का प्रधान।
  7. पंडितराव या दानाध्यक्ष : राजा का पुरोहित, जो दान आदि की व्यवस्था करता था।
  8. न्यायाधीश या शास्त्री : जो हिन्दू न्याय की व्याख्या करता था।
- राजाराम के समय अष्टप्रधान में एक नये विभाग प्रतिनिधि की वृद्धि हुई।
- इसके अतिरिक्त हुकूमतपनाह और पंत सचिव नामक नये पद भी सृजित किए हुए। 1698 में हुकूमतपनाह को समाप्त कर दिया गया, लेकिन प्रतिनिधि और पंत सचिव नामक विभाग चलते रहे। शाहू के समय प्रतिनिधि पद पेशवा पद के साथ मिल गया।
- **राजस्व प्रशासन :** शिवाजी राजस्व प्रणाली अहमदनगर के मंत्री मलिक अम्बर द्वारा अपनाये गये सिद्धांतों से प्रभावित थी। भूमि का मापन काठी और मुठी से किया जाता था।

  20 वर्ग काठी = 1 बीघा

  120 बीघा = 1 छावर होता था

  भूराजस्व की दर पहले उत्पादन का 30% थी, जो बाद में 40% कर दी गयी।
- करों की नकद वसूली होती थी।
- भूमि पर मराठा शासकों का अधिकार माना जाता था।
- शिवाजी ने अपने वंश की स्थिति को सुदृढ़ बनाने के लिए अनेक प्रसिद्ध वतनदारों के परिवारों से वैवाहिक सम्बन्ध स्थापित किए, जिनमें मुख्य थे– देशमुख, निलवालगर और मोरे।
- लेकिन शिवाजी ने वतनदारी प्रथा को मान्यता न देकर यह प्रयास किया कि करमुक्त भूमि को (वतन) स्वराज्य में परिवर्तित कर दिया जाये।
- वतनदार या वतन शब्द मुगल जागीरदारी प्रणाली की भाँति था, जिसका तात्पर्य था कि निश्चित लगान वसूली के अतिरिक्त भी वतनदार, कृषक से अधिक वसूली करता था। भूमि का पट्टा, वतनदार के नाम न होकर कृषक के नाम होता था। शिवाजी ने कृषकों से सीधा सम्बन्ध स्थापित कर लिया था।
- भूमिकर के अतिरिक्त राजकीय आय का दूसरा सबसे बड़ा साधन युद्ध में लूटा गया धन एवं चौथ तथा सरदेशमुखी था।
- **चौथ :** किसी भी क्षेत्र से प्राप्त कुल भूमि आय का एक चौथाई (1/4) भाग होता था। चौथ उस क्षेत्र से वसूला जाता था, जिस क्षेत्र पर मराठा आक्रमण की पूर्ण संभावना होती थी।
- चौथ का भुगतान करते रहने से यह निश्चित हो जाता था कि मराठा उस क्षेत्र पर आक्रमण नहीं करेंगे और यदि उस क्षेत्र पर किसी अन्य बाह्य शक्ति द्वारा आक्रमण किया जाता है तो चौथ देने वाले क्षेत्र की रक्षा मराठा सैनिक करेंगे।
- चौथ का 3/4 भाग मराठा सरदार 'सरंजम' के रूप में स्वयं के और अपने सैनिकों के खर्च के लिए प्राप्त करते थे। चौथ का 6% भाग 'सहोत्र' (कर) के रूप में पंत

सचिव के लिए सुरक्षित कर लिया जाता था। चौथ का 3% भाग, जो नातगौंदा कहलाता था, उसे मराठा राजा अपनी इच्छानुसार वितरित करता था। 16% भाग राजा स्वयं अपने लिए रखता था। इस भाग को 'पेशवा' या 'प्रतिनिधि' एकत्रित करते थे। इस अधिकार से पेशवा के हाथों में अर्थ-व्यवस्था का नियंत्रण आ गया। चौथ पहली बार पुरंदर की संधि (1665) ई॰ के बाद माँगी गयी थी।

- **सरदेशमुखी** : यह मराठा राजा को उसके देशस्वामी (देशमुख) होने के नाते दिया जाता था। कुतुबशाही राज्य में देखमुख, कर वसूलने वाले एक अधिकारी होते थे।
- सरदेशमुखी 10% भूमि कर के बराबर होता था, जिसकी वसूली मराठा शासक स्वयं या अपने अधिकारियों के माध्यम से करता था। यह कर उन क्षेत्रों पर लगाया जाता था, जो मराठा राज्य के बाहर थे और विजय द्वारा मराठा राज्य में सम्मिलित कर लिए गये थे।
- सरदारों द्वारा गुमाश्ता नियुक्त किया जाता था, जो उनके लिए 10% सरदेशमुखी एकत्रित करता था।
- मराठा सैन्य संगठन–शिवाजी ने युद्ध के समय सैनिकों की भर्ती करने की प्रथा का परित्याग करके एक स्थायी सेना रखने की परम्परा आरम्भ की, जिसमें चालीस हजार घुड़सवार सैनिक और दस हजार पैदल सैनिक थे।
- शिवाजी ने पश्चिमी तटवर्ती प्रदेश के मवाली लोगों के सम्मिलिन से एक लड़ाकू दस्ता भी संगठित किया।
- उस समय घुड़सवार सेना के दो भाग थे–बारगी और सिलहदार। बारगी को राज्य द्वारा सैनिक साज-सामान मिलता था, जबकि सिलहदारों को स्वयं प्रबंध करना होता था, जिसके लिए राज्य उसे वेतन के बदले एक निश्चित धनराशि देता था।

सबसे छोटी सैन्य इकाई 25 सैनिकों की होती थी, जिसका नेता हवलदार होता था। निजि सैनिकों का नेता नायक होता था। शिवाजी ने सभी सम्प्रदाय के लोगों को अपनी सेना में स्थान दिया था।

मराठाकालीन प्रशासनिक एवं कृषिजन्य व्यवस्था संबंधी पारिभाषिक शब्दावली

- **अष्ट प्रधान मंडल** : शिवाजी के समय में मराठा मंत्रिपरिषद् ***अष्ट प्रधान*** में शामिल आठ मंत्री थे–***पेशवा*** अथवा मुख्य प्रधान (राज्य के सामान्य प्रशासन का प्रभारी), ***आमात्य*** अथवा ***मजूमदार*** (वित्त मंत्री), ***सचिव*** (फारसी सुरनीस) (शाही पत्राचार प्रभारी), ***मंत्री*** (फारसी वाकनिस) (गृह मंत्री), सेनापति (प्रमुख सेनानायक) ***पंडित राव,*** दान कार्यों एवं धार्मिक समस्याओं को देखने वाला), ***सुमंत*** (विदेश मंत्री), न्यायाधीश (मुख्य न्याय अधिकारी)।

इनाम : विशेष सेवाओं अथवा गुण के लिए आनुवंशिक अनुदान।

कामविसदार : वह मामलतदार का अधीनस्थ अथवा सहायक होता था और एक अपेक्षाकृत छोटे राज्यक्षेत्र का प्रशासन संभालता था।

काठी : भूमि के मापन के मापदंड जो कि पाँच हाथ और पाँच मुट्ठी लंबा होता था। बीस वर्ग ***काठी*** से एक ***बीघा*** बनता था और 120 ***बीघा*** बराबर एक ***चवर।***

कुलकर्णी : गाँव का लिपिक तथा रिकार्डकीपर, वह हमेशा ब्राह्मण जाति से ही चुना जाता था और 'पटेल' के बाद दूसरा सबसे अधिक महत्वपूर्ण व्यक्ति होता था।

कुनबी : महाराष्ट्र में कृषक।

चिटनिस : उसकी हैसियत एक सचिव जैसी होती थी जो कि राज्य के पत्र-व्यवहार संबंधी काम करता था।

चौथ : मराठा सरकार द्वारा भू-राजस्व के एक-चौथाई हिस्से का दावा।

जडूती : मराठों का राजस्व संबंधी एक वार्षिक दस्तावेज जिसमें किसी एक क्षेत्र को पूरा आय एवं व्यय विवरण होता था।

जुमलादार : सौ सैनिकों पर नियुक्त सैन्य अधिकारी।

दरखदार : प्रत्येक परगना अथवा जिले में केन्द्र की ओर से नियुक्त अधिकारी।

देहजदा : किसी परगने में गाँवों तथा भूमिधरी का विस्तृत ब्यौरा रखने वाला रजिस्टर।

धरखदार : केंद्र सरकार द्वारा विभिन्न प्रांतों अथवा बड़े मंडलों में नियुक्त आठ आनुवांशिक पदाधिकारी। वे सीधे पेशवा के अधीन काम करते थे। ये आठ अधिकारी होते थे–***दीवान*** अथवा ***मामलतदार*** का ***सहायक, मजूमदार, फड़नीस, दफ्तरदार, पोटनीस, चिटनिस*** तथा ***सभासद***।

नायक : दस सिपाहियों पर नियुक्त अधिकारी।

पटेल : गाँव का मुखिया, जिसके पास भू-राजस्व अधिकारी, दंडाधिकारी तथा न्यायाधीश की समेकित शक्तियाँ होती थीं और जो गाँव तथा सरकारी कर्मचारियों के बीच मध्यस्थ की भूमिका निभाता था। उसे यह पद

वंशानुगत रूप से प्राप्त होता था। उसकी परिलब्धियों में शामिल होता था-किराया रहित भूमि और प्रत्येक गाँव की उपज के एक निश्चित अंश की प्राप्ति। ये परिलब्धियाँ गाँव-गाँव के हिसाब से कम-ज्यादा होती रहती थीं।

पिंडारी : मराठा सेनाओं से संलग्न अनियमित सैनिक जिनका प्रयोग मुख्यत: लूटमार के लिए किया जाता था।

प्रांत : शिवाजी के शासनकाल में एक राज्य (सूबा) जो कि एक जिले जैसा होता था। शिवाजी के शासन में स्वराज्य को अनेक ***(लगभग 14)*** प्रांतों में विभाजित किया गया था।

फड़नीस : जिला स्तर का एक महत्त्वपूर्ण अधिकारी जो भू-राजस्व वसूली और खर्चों का लेखा-जोखा रखता था। फड़नीस, सरंजामदार का एक महत्त्वपूर्ण अधीनस्थ कर्मचारी होता था वह वित्तीय एवं सैन्य मसले सँभालता था।

बाड़ा बलूते : समाज को अपनी सेवाएँ देने के लिए फसल का एक मान्य तथा अंश अन्य विशेष लाभ प्राप्त करने वाले बारह आनुवंशिक ग्रामीण दस्तकार।

बरगीर : भाड़े के सैनिक।

महाल अथवा तराफ : एक राजस्व मंडल। ऐसे दो या दो से अधिक राजस्व मंडल मिलाकर एक प्रांत बनता था जिसका प्रशासन सूबादार के अधीन होता था।

मामलतदार : परगना अथवा प्रांत की तरफ के एक मंडल का प्रभारी। उसे कार्यकारी एवं न्यायिक दोनों प्रकार की शक्तियाँ प्राप्त थीं।

मालवा/मावली : शिवाजी के प्रख्यात ***पैदल सैनिक*** जो कि ***कोंकण क्षेत्र*** से भर्ती किए जाते थे।

मिरासदार : गाँव में कृषियोग्य भूमि का स्वामी।

सनद– एक अनुबंध, जिसमें अधिकारों और दायित्वों का वर्णन हो।

सरंजाम : सैन्य टुकड़ियों के रख-रखाव के लिए या सैन्य सेवा के लिए आनुवंशिक भू-अनुदान। राजाराम ने मराठाओं के पक्षधर व्यक्तियों को प्रसन्न करने के लिए सरंजाम प्रणाली अपनाई थी। सरंजाम, मूल रूप से सिविल और/अथवा सैन्य सेवा के लिए भूमि अनुदान के लिए भूमि अनुदान का ही नाम था। पेशवाओं के शासन में सरंजाम प्रणाली ने आनुवंशिक रूप ले लिया। मराठा सरदार सरंजाम को पैतृक संपत्ति अथवा जागीरों जैसा समझते थे जिसे कि वंशानुगत रूप से प्राप्त किया जाए और यहाँ तक कि उसका विभाजन भी हो सके।

सरदेशमुखी : 10 प्रतिशत की एक अतिरिक्त लेवी जो शिवाजी इस आधार पर माँगते थे कि वे महाराष्ट्र के वंशानुगत सरदेशमुख (प्रधान प्रमुख) हैं।

सर-ए-नौबत : 7,000 पैदल सैनिकों पर तैनात सेनानायक।

सिबंदीस : अनियमित पैदल सैनिकों तथा अनियमित घुड़सवारों का एक छोटा समूह।

सूबादार– प्रांत अथवा जिला प्रशासन का प्रमुख। उसकी सहायता के लिए मजूमदार (लेखाकार), चिटनिस (पत्र लेखक), दफ्तरदार (रिकार्डकीपर), फड़नीस, सबनिस, पोटनीस तथा अन्य लिपिकों की नियुक्ति, केंद्रीय प्राधिकरण द्वारा की जाती थी।

स्वराज्य : शिवाजी के समय में मराठों का स्व-शासन अथवा गृह राज्य। स्वराज्य शब्द का तात्पर्य महाराष्ट्र के उन राज्यक्षेत्रों से है जिन्हें मिलाकर शिवाजी का स्वतंत्र साम्राज्य बना था।

हवलदार : पचास सैनिकों पर नियुक्त एक अधिकारी जो कि लगभग 5,000 होण देने वाले एक भू-राजस्व मंडल का प्रभारी भी होता था।

हजारी : एक हजार सैनिकों का कमानदार या सेनानायक।

हुज़ूर दफ्तर– पूना में पेशवा का सचिवालय जो कि अनेक विभागों में विभाजित था, जिसके मुखिया होते थे– ***चलते दफ्तर*** (फड़नीस की देखरेख में जो बजट अनुमान तैयार करता था और सभी लेखे जाँचता था) तथा एक ***बेरिज़ दफ्तर*** (जो कि सभी विभागों का वर्गीकृत लेखा रखता था। पेशवा बाजीराव द्वितीय के प्रशासन में हजूर दफ्तर महत्त्वहीन हो गया क्योंकि पेशवा ने सभी प्रांतों के भू-राजस्व निश्चित कर दिए थे।

विजयनगर संबंधी शब्दावली

1.	अमरम	भूमि, जिसका निश्चित राजस्व नायकों को दिया जाता था।
2.	मनयम	कर मुक्त भूमि
3.	अथवान	राजस्व विभाग
4.	सिस्ट	भूमि कर – 1/6
5.	कंडचार	सैनिक विभाग
6.	कैकोल	बुनकर समुदाय जो मंदिर के आस-पास रहते थे, उनका मंदिर के प्रशासन में हस्तक्षेप था तथा स्थानीय कर उगाही में श्रेय था।
7.	सहगमन	सती

8. स्थानिकई — ऐसे अधिकारी जो मन्दिर के प्रबंध से संबद्ध थे।
9. वालन गई — दक्षिण पंथी/कृषक वर्ग
10. ईडन गई — वामपंथी/औद्योगिक वर्ग
11. सिद्धाय — कर जो नकद इकट्ठा किया जाता था/वास्तविक आय
12. परायगार — हिंदू सामंत
13. करनीकम — लेखाकार
14. सर्वनायक — मुख्य सचिव
15. रायसम — अधिकारी जो राजा के मौखिक आदेशों को लिखते थे।
16. दीवानखाना — वह स्थान जहां मंत्रालय का कार्य होता था।
17. अथवेन तत्रम् — राजस्व व्यवस्था पर लिखी पुस्तक
18. आयंगर — वंशानुगत ग्रामसेवक जिनकी संख्या 12 थी
19. महाप्रधानी/सिरहप्रधानी — प्रधानमंत्री
20. राज्य/मंडलम/चवदि — प्रांत
21. नाडू — जिला
22. स्थल — उपजिला
23. गौड — गाँव का मुखिया, गांव के 12 ग्रामसेवकों में से एक
24. नाडप्रभु — नाडू का शासक
25. अष्टदिग्गज — कृष्णदेव राय के दरबार के 8 प्रसिद्ध विद्वान्।
26. वराह — विजयनगर शासकों द्वारा जारी किए गए स्वर्ण सिक्के।
27. पैगोडा — सोने के सिक्के–वराह का दूसरा नाम जो विदेशियों के द्वारा दिया गया।
28. विरूपक्ष — विजयनगर शासकों का मुख्य देवता भगवान शिव।
29. वेंकटेश्वर — विष्णु का रूप जो वेंकट-II के समय में विजयनगर शासकों को मुख्य देवता के रूप में उभरा।
30. दोमबर — कलाबाजों का वर्ग
31. आंध्रभोज/अभिनव — ये उपाधियां कृष्ण देव राय से जुड़ी हैं, क्योंकि उन्होंने तेलुगू साहित्य को उदारवादी संरक्षण भोज/आंध्र पितामह दिया।
32. अमुक्तमाल्यदा — कृष्णदेव राय द्वारा राज्यव्यवस्था पर लिखी गई तेलुगू पुस्तक।
33. कार महोत्सव — मंदिर में त्यौहार का समापन जिसमें ईश्वर की प्रतिमा को रथ में बाहर लाया जाता था।
34. कोलाटम — डंडे का खेल, जो कि जनसाधारण का मनोरंजन का साधन था।
35. तालीयरी/टोटी — चौकीदार, आयंगार व्यवस्था के 12 ग्राम सेवकों में से एक
36. नीरगेंटी — 12 ग्रामसेवकों में से एक जो जल वितरण का प्रबंधक होता था।
37. छत्र — सराय
38. देवदेय — भूदान
39. माठपुर — भूदान
40. वरम — जमींदारों और कृषकों के बीच आय का विभाजन।
41. काइविनयकुड्डी — मजदूर
42. दंडनायक — सैनिक विभाग का प्रमुख अथवा प्रांतीय राज्यपाल
43. महानायकचार्य — ऐसा अधिकारी जो कि गाँव के प्रशासन का सामान्य पर्यवेक्षण करता था।
44. अमरनायक/नायक — सेनानायक जिन्हें 'अमरम भूमि' दी जाती थी और जो सैनिक गठबंधनों से बंधे रहते थे।
45. यवनराज्य-स्थापनचार्या — यवन साम्राज्य का पुन:स्थापक-बीदर की गद्दी पर बंदी बहमनी राजकुमार को पुनर्स्थापित करने के लिए कृष्णदेव राय को दी गई उपाधि।
46. रायचूर दोआब — कृष्णा और गोदावरी नदी के मध्य का क्षेत्र, यह बहमनी और विजयनगर शासकों के बीच संघर्ष का कारण था।
47. बेसबाग — मनुष्य जाति की बिक्री।
48. वीरपचलस — कारीगर जिसमें लुहार, सुनार, बढ़ई और मूर्तिकार शामिल थे।
49. सर्वावरनार्समा — एक सामान्य मुहावरा जो विभिन्न राजाओं द्वारा प्रयोग किया जाता था जिसका अर्थ है "सभी धर्मनगालानु पालीसुत वर्गों और जातियों का संरक्षक
50. परूपत्यागर — क्षेत्रों में राजा या गर्वनर का प्रतिनिधि जो कि जनसाधारण एवं राजा के मध्य कड़ी का काम करता था।
51. अंतिमर — शहर या गाँवों में पदस्थापित अधिकारी जिसकी उपस्थिति में दस्तावेजों का निस्पादन होता था।
52. नाट्नायकरास — नाडू का अधीक्षक

53.	स्थलगोडिका	अधिकारी गाँवों में नियुक्त किए जाते थे और किले, बुर्जों इत्यादि का निर्माण करवाते थे।
54.	सेनाबोव	नाडू और गांव का लेखाकार
55.	मध्यस्थ	अधिकारी जो सम्पत्तियों के कारोबार की देख-रेख करता था।
56.	पेरियनातुवेलन	ऐसा अधिकारी जो दस्तावेजों को सत्यापित करने के कार्य से संबंध रखता था।
57.	सर्वमान्य	मंदिरों को दिया जाने वाला भूमि-दान
58.	आयंगारव्यवस्था	ग्रामीण प्रशासन की व्यवस्था जिसमें 12 ग्रामसेवक होते थे।
59.	चतुरवेदीमंगलाम	ब्राह्मणों को दिया जाने वाला अनुदान।
60.	ब्रह्मदेय	ब्राह्मणों को दिया जाने वाला अनुदान।
61.	नटवर	नाडू के सदस्य
62.	स्थानपति	अधिकारी जो केंद्र में नायकों के हितों का प्रतिनिधित्व करते थे।
63.	मंडलम	प्रांत (तमिल क्षेत्र)
64.	पिथीक	प्रांत (कर्नाटक क्षेत्र)
65.	उद्दैयार	संगम, राजकुमारों द्वारा ग्रहण की गई उपाधि, जिन्होंने राज्यपाल के समान शासन किया
66.	कवलकार	ऐसे अधिकारी जो नायकों के अंतर्गत प्रांतों में पुलिस की भूमिका निभाते थे।
67.	अरसु स्वतंत्रम्	गाँवों से एकत्रित कर जो पुलिस को दिया जाता था।
68.	दुर्ग सैनिक	किलों का प्रभारी ब्राह्मणों के लिए प्रयुक्त शब्द।
69.	भण्डारवाद	ब्राह्मणों को दिया जाने वाला राजा की भूमि का राजस्व।
70.	तेलगू नियोगी	ऐसे ब्राह्मणों के लिए प्रयुक्त जो केंद्रीय सचिवालय में नियुक्त होते थे।
71.	एकभागम	कर मुक्त भूमि जो व्यक्तिगत रूप से दी जाती थी।
72.	देवदान	मन्दिरों को अनुदान दी जाने वाली भूमि।
73.	करनम सेनाभोव	लेखाकार
74.	कदमई	भू-कर
75.	विप्र विनोदीन	विजयनगर साम्राज्य के काल का एक सामाजिक वर्ग
76.	दासवन्द	सिंचाई में निवेश
77.	तुंगभद्रा दोआब	कृष्णा एवं तुंगभद्रा नदियों के बीच का क्षेत्र

आर्थिक पक्ष

- सल्तनत काल में राज्य की आय में कृषि का सर्वाधिक योगदान था।
- कृषक वर्ग स्पष्ट रूप से तीन वर्गों में विभाजित था– *(i)* खुदाकाश्त *(ii)* पाहीकाश्त *(iii)* मुजारियान
- खुदाकाश्त– गाँव की भूमि पर खेती करने वाले को कहा जाता था, इन्हें अपनी भूमि पर स्थायी एवं वंशानुगत स्वामित्व प्राप्त था।
- खुदाकाश्त अपनी भूमि बँटाई देते थे इन्हें मालिक-ए-जमीन भी कहा जाता था।
- मुहम्मद तुगलक ने कृषि के विकास हेतु, 'अमीर-ए-कोह' विभाग स्थापित किया था।
- मुगल काल में खाद्य पदार्थों में गेहूँ, चावल, बाजरा और दाल (पलसेती) प्रमुख थे।
- 'आइने अकबरी' में रबी की 16 फसलों तथा खरीफ की 25 फसलों से होने वाली उपजों का वर्णन मिलता है।
- 'तारीख-ए-फिरोजशाही' (जियाउदीन बरनी) में मध्यकालीन अर्थव्यवस्था–कृषक वर्ग व कृषि उत्पादन का वर्णन मिलता है।
- मुगल काल में गन्ना, कपास, नील, रेशम, आदि फसलों का उत्पादन होता था। इन्हें तिजारती अथवा नकदी तथा उत्तम फसलें कहा जाता था।
- सल्तनत काल में सिंचाई व्यवस्था के लिए 'रहट' प्रणाली प्रचलन में आई। फिरोज तुगलक ने नहरों का निर्माण करवाया।
- भारत में तंबाकू का प्रचलन 1604 ई॰ के लगभग पुर्तगालियों द्वारा हुआ।
- सल्तनकालीन कृषिजन्य में बिचौलिये छाये हुए थे जिनमें मुकद्दम, मुखिया, चौधरी आदि थे जिसे अलाउद्दीन ने नियंत्रित किया था।
- आगरा (बयाना) तथा गुजरात (सरखेज) में नील पैदा होता था।
- कृषि विकास के लिए कृषकों को 'तकाबी' वितरित किये जाते थे।
- मुगलकाल में निर्यात की वस्तुएँ–नील, शोरा, अफीम, सूती वस्त्र।
- मुगल काल में आयात की वस्तुएँ–स्वर्ण, चाँदी, कच्चा, रेशम, घोड़े।
- रेशम के कीड़े पालने की प्रथा दिल्ली सल्तनत में ही प्रचलित हुई थी।
- दिल्ली सल्तनत में कागज निर्माण का भी उल्लेख मिलता है।
- मुहम्मद तुगलक का काल व्यापारिक गतिविधियों के लिए महत्वपूर्ण था।
- व्यापारियों का समूह 'तुन्जार-ए-खास' कहा जाता था।
- व्यापारिक मार्गों में मुल्तान सर्वाधिक चर्चित था।
- बनारस सल्तनत काल में पगड़ियों के निर्यात के लिए चर्चित था।
- देवगिरी के व्यापारी 'रत्नों के व्यापार' में संलग्न थे।
- सल्तनत काल में घोड़े का आयात सर्वोपरि था।
- अस्त-शस्त्र भी आयात की प्रमुख वस्तुएँ थीं।
- सुल्तान इल्तुतमिश पहला तुर्क शासक था जिसने शुद्ध अरबी सिक्के जारी किए।
- मुहम्मद तुगलक ने सोने का नया सिक्का 'दीनार' प्रचलित किया था।
- 'अदली' सिक्का मुहम्मद तुगलक का ही था जिसका वजन 140 गेन चाँदी के बराबर था।
- ताँबे के सिक्के को सल्तनत काल में दिरहम कहा गया।

विजयनगर की अर्थव्यवस्था

इस युग में अधिकांश जनता कृषि पर आश्रित थी। भू-व्यवस्था में व्यापक परिवर्तन आए। चोल युग का 'नाडु' छटकर ग्राम को रूप में अब एक इकाई मात्र रह गया था। दक्षिण भारत के अधिकांश ग्रामीण भागों में तेलगु और दूसरे अन्य बाहरी लोगों का भू-स्वामित्व पर विस्तार हुआ। कृषि अर्थव्यवस्था के विकास में मंदिर की भूमिका में भी वृद्धि हुई।

भंडारवाद ग्राम

ऐसे ग्राम जिनकी भूमि राज्य के प्रत्यक्ष नियंत्रण में थी। इन ग्रामों के किसान राज्य को कर देते थे।

ब्रह्मदेय, देवदेय या मठारपुर भूमि : यह भूमि राज्य विशेष धार्मिक सेवाओं के लिए ब्राह्मणों व मंदिरों को दान में दे देता था। यह भूमि कर मुक्त होती थी।

नायंकर व्यवस्था

इस व्यवस्था के अंतर्गत विजयनगर नरेश सैनिक एवं असैनिक अधिकारियों को उनकी विशेष सेवाओं के बदले भूमि प्रदान करते थे। इस प्रकार की भूमि अमरम् कहलाती थी। अमरम् के ग्रहणकर्त्ता अमर नायक कहलाते थे। इन्हें इस भूमि की आय का अंश राज्य को भी देना पड़ता था।

उंबलि

ग्राम में कुछ विशेष सेवाओं के बदले जिन्हें लगान मुक्त भूमि दी जाती थी। ऐसी भूमि को उंबलि कहते थे।

रत (खत) कोडगे

यह भूमि युद्ध में शौर्य प्रदर्शित करने वालों या युद्ध में अनुचित रूप से मृत लोगों के परिवार को दी जाती थी।

कुटटगि

इस युग में ब्राह्मण मंदिर और बड़े भू-स्वामी स्वयं न करके किसानों को पट्टे और भूमि दे देते थे। ऐसी भूमि को कुटटगि कहते हैं। कुटटगि वास्तव में नकद या जिन्स रूप में उपज का अंश था, जिसे किसान भू-स्वामी को प्रदान करते थे।

वारम-व्यवस्था

भू-स्वामी एवं पट्टीदार के मध्य उपज की हिस्सेदारी को वारम व्यवस्था कहते थे।

कुदि

खेती में लगे कृषक, मजदूर कुदि कहलाते हैं। प्रशासन की ओर से सिंचाई का कोई प्रबन्ध नहीं था।

केवल व्यक्तिगत प्रयासों द्वारा सिंचाई के साधनों का विकास किया जाता था और उन्हें राज्य कर मुक्त भूमि प्रदान करता है। यदि किसी व्यक्ति की बिना वारिस के मृत्यु हो जाती थी तो ऐसे व्यक्ति की संपत्ति का उपयोग सिंचाई साधनों की मरम्मत के लिए किया जाता था। पश्चिमी तटों पर व्यापक रूप से मसाले उगाये जाते थे। चावल, दालें, चना, जौ तिलहन मुख्य फसलें थीं।

मुगलों के अधीन भारतीय अर्थव्यवस्था

मुख्य कृषक वर्ग– *(a)* मुगल काल में भू-स्वामित्व के आधार पर कृषकों को मोटे तौर पर तीन वर्गों में विभाजित किया जा सकता है–

1. **खुदकाशत :** वैसे किसान जिसकी अपनी भूमि होती थी और वे अपने साधनों (हल-बैल) से खेती करते थे। ऐसे किसान साधारणतः अपने पैतृक गाँव में ही निवास करते थे तथा राज्य को नियमित लगान समर्पित करते थे। खुदकाश्त वर्ग के किसान अपनी अतिरिक्त भूमि को अन्य लोगों को बटाई पर खेती करने के लिए दे सकते थे। महाराष्ट्र में इस वर्ग के किसानों को 'मिरासदार' तथा राजस्थान में 'गवेति' कहा जाता था।
2. **पाहि :** वैसे किसान जो अपने आस-पड़ोस के गाँवों में जाकर खेती करते थे। ऐसे किसानों में कुछ लोगों के पास अपना आवास गृहविहीन थे। ये लोग साधारणतः दूसरे की जमीन पर बटाई या ठेके के आधार पर खेती करते थे। महाराष्ट्र में इन्हें 'उपरि' कहा जाता है। पाहि का खुदकाश्त में परिवर्तन संभव था अगर वे जमीन खरीद ले और उस पर अपने संसाधनों से फसल उगा सके।
3. **गुजारा :** प्रत्येक गाँव में बहुत से ऐसे काश्तकार थे जो उस गाँव के पैतृक निवासी थे परन्तु उनके पास न तो जमीन थी और न कृषि उपकरण। वस्तुतः ये भूमिहीन कृषक मजदूर थे जिनका खेती करने का अधिकार जमींदारों की इच्छा पर निर्भर करता था।

(b) **जमींदार :** इस युग में जमींदार मोटे तौर पर तीन वर्गों में विभाजित थे–

1. **स्वतंत्र जमींदार :** यह परम्परागत जमींदारों का वर्ग था जो लम्बे समय से अपने भू-क्षेत्र पर शासन करते थे। सैनिक और आर्थिक दृष्टि से उनकी स्थिति काफी अच्छी थी। इनमें से कुछ लोगों ने मुगल दरबार में नौकरी कर ली थी और उन्हें मनसब व जागीर दिया गया था। कुछ ऐसे जमींदार भी थे जो मुगल प्रशासन में किसी पद पर कार्यरत नहीं थे परन्तु जरूरत पड़ने पर सरकार को सैनिक सेवा प्रदान करते थे। कुछ लोगों पर न तो कोई सैनिक दायित्व था और न ही वे मुगल सरकार के नौकर थे परन्तु उन्हें वार्षिक कर तथा व्यक्तिगत रूप से राज्य के प्रति श्रद्धा व्यक्त करनी पड़ती थी।
2. **मध्यस्त भूमिपति :** यह वर्ग लम्बे समय से अपने क्षेत्र में किसानों से लगान वसूल करता था और उसे स्थानीय पदाधिकारी के सुपर्द कर देता था। बदले में इन्हें लगान का एक भाग प्राप्त करने का अधिकार था। बहुधा इनकी अपनी जमीन भी होती थी जिस पर ये किसानों से बेगार लिया करते थे।

3. **प्राथमिक जमींदार :** एक वर्ग ऐसा भी था जिसके पास बड़े-बड़े निजी भू क्षेत्र थे और अपने जमींदारों के इलाके में सामन्ती कर मालिकाना प्राप्त करने के हकदार थे परन्तु ये राज्य की ओर से लगान संग्रहित करने का काम नहीं करते थे।

वस्तुत: स्वामित्व का अर्थ भूमि पर खेती करने या किसानों द्वारा खेती कराने का अधिकार था इसे (Property Right) से अधिक Occupancy Right के रूप में देखा जाना चाहिए। जमींदारी व्यवस्था का घनिष्ठ सम्बन्ध जातीय एवं उप-जातीय सम्बन्धों से भी था।

आमतौर पर एक क्षेत्र के जमींदार एक ही जाति से सम्बन्ध रखते थे तथा उनके अधीन सैनिक भी सामान्यत: उन्हीं की जाति से संबंधित थे। स्थानीय कृषकों में भी उनके घनिष्ठ सम्बन्ध थे। इन सब कारणों से जमींदारों का वर्ग मुगलकाल से अत्यधिक शक्तिशाली बना रहा।

कृषि की दशा– कृषि की पद्धति तथा उपकरण में कोई मौलिक परिवर्तन नहीं आया। सिंचाई के साधनों का कुछ विकास हुआ, परन्तु इस समय भी भारतीय कृषि मुख्य रूप से मानसून पर ही निर्भर रही। खरीफ की फसल रबी की उपेक्षा अधिक उपज वाली बनी रही। मुख्य फसलों में धान, गेहूँ, चना, कपास, गन्ना का नाम लिया जा सकता है। नील की खेती भी होती थी और इसका निर्यात भी होता है। आईने अकबरी में 17 प्रकार के रबी फसल तथा 26 प्रकार के खरीफ फसल का विवरण मिलता है।

कृषि में धीमी गति से परिवर्तन या विकास के लिए निम्नलिखित कारण उत्तरदायी थे–

1. भूमि की उर्वरा शक्ति में निरंतर ह्रास होता गया परन्तु कृषि की तकनीकों में कोई परिवर्तन नहीं हो सका।
2. प्राचीन काल की उपेक्षा इस काल में किसानों पर लगान का बोझ अधिक था।
3. **कृषि के पिछड़ेपन के लिए आर्थिक और सामाजिक तत्व भी उत्तरदायी था। जमींदारों और उच्च वर्ग ने गरीब किसानों को नये क्षेत्र में बसने से रोक दिया, जिसके कारण कृषि क्षेत्र का अपेक्षित विस्तार नहीं हो सका। भूमिहीन कृषक और बटाईदार की स्थिति दयनीय थी** उसे जमींदारों द्वारा कभी भी खेती करने के अधिकार से वंचित किया जा सकता था, अत: वे कृषि में स्थाई सुधार के प्रति उदासीन हो गये।
4. जजमानी प्रथा तथा आत्म-निर्भर ग्रामीण व्यवस्था भी कृषि के विकास में बाधक था। अधिकांश किसान कृषि को सिर्फ जीवन-यापन का साधन मानते थे तथा फसलों का उत्पादन स्थानीय उपभोग के लिए किया जाता था। बाजार में विक्रय के लिए नहीं

नगरीय आर्थिक व्यवस्था

(A) नगरीकारण के कारण

(क) अधिकांश मुस्लिम समुदाय शासक वर्ग से सम्बद्ध थे और अधिकांशत: नगरों को ही अपना निवास- स्थान बनाया।

(ख) अंग्रेजों के विपरीत मुगलों ने भारत की धरती को ही अपना देश समझा और उन्होंने अपनी सारी आदमनी को यहीं खर्च किया। मुगल शासक शिल्प, कला तथा स्थापत्य के प्रेमी थे। इस कारण से शिल्प तथा छोटे उद्योगों का विकास हुआ। कई शासकों के नये-नये नगरों की स्थापना की।

(ग) राजनीतिक एकीकरण तथा स्थिरता के कारण व्यापार वाणिज्य का विकास हुआ जो नगरीकरण का आधार था। कानून और व्यवस्था की स्थापना ने भी वाणिज्यिक उन्नति में योगदान दिया।

(B) मुख्य शहरी वर्ग

(a) **व्यापारी वर्ग :** आर्थिक दृष्टि से व्यापारी वर्ग समृद्ध थे, परन्तु आर्थिक, सामाजिक स्थिति के अनुसार ये कई वर्गों में विभाजित थे कुछ ऐसे व्यापारी थे जिनके पास सौ से भी अधिक व्यापारिक जहाज थे और वे शान-शौकत के साथ रहते थे। दूसरी ओर कुछ लोग छोटे दुकानदार और कारीगर थे जिनका जीवन सादा और दुरुह था। पेशा या कृति के अनुसार ये थोक व्यापारी, खुदरा-व्यापारी, बंजारा तथा शर्राफ नामक वर्ग से विभाजित थे। शर्राफ नामक वर्ग से विभाजित थे। शर्राफ मुख्यत: देशी बैंकर थे और हुण्डियों के प्रचलन के कारण उनका व्यवसाय विशेष रूप से चमका। धीरे-धीरे उनकी आर्थिक स्थिति इतनी अच्छी हो गयी कि वे सामन्तों तथा अमीरों को भी कर्ज देने लगे।

(b) **अधिकारी वर्ग :** आर्थिक दृष्टि, विशेषाधिकार तथा

सामाजिक प्रतिष्ठा के अनुसार ये बड़े मनसबदार, क्लर्क तथा साधारण सैनिक जैसे कई वर्गों में विभाजित थे।

(c) छोटे कारीगर तथा शिल्पियों की स्थिति उतनी अच्छी नहीं थी परन्तु जीवन-निर्वाह के साधन पर्याप्त थे।

(d) अन्य पेशेवर वर्ग जैसे वैद्य, प्राध्यापक, धार्मिक नेता।

(C) व्यापार और वाणिज्य में अभिवृद्धि के कारण :

1. भारत के राजनीतिक-आर्थिक एकीकरण तथा एक बड़े क्षेत्र में कानून और व्यवस्था की संतोषजनक स्थिति के कारण व्यापार और वाणिज्य का विकास हुआ।
2. विभिन्न क्षेत्रों पर मुगलों का आक्रमण का सिर्फ नकारात्मक प्रभाव ही नहीं पड़ा बल्कि यातायात तथा संचार की दिशा में भी अभूतपूर्व प्रगति हुई। विशेष रूप से शेरशाह ने राजमार्गों के निर्माण में काफी रुचि ली और कई राजमार्गों तथा सरायों का निर्माण करवाया।
3. यूरोपीय व्यापारियों के आगमन से भारत के व्यापार में तेजी से वृद्धि हुई क्योंकि मुगलों के समय तक भारतीय उत्पादों की यूरोप तथा एशिया के अन्य भागों तक काफी माँग थी।

(D) व्यापार और वाणिज्य की मदें :

1. निर्यात : विभिन्न प्रकार के सूती कपड़े, कच्चा रेशम, चीनी, नील, काली मिर्च तथा अन्य मसाले विभिन्न प्रकार की कलाकृतियाँ, औषधि इत्यादि।

2. आयात : सोना-चाँदी के सिक्के, घोड़े, विभिन्न प्रकार की धातुएँ यूरोपीय शराब, चीनी मिट्टी के बर्तन तथा चीनी सिल्क और अफ्रीकी दालें आदि।

सामाजिक धार्मिक आन्दोलन

सूफी आंदोलन

- मध्यकाल में समाज में ऐसे सुधार की सख्त आवश्यकता थी जिसके द्वारा ब्राह्मण धर्म के कर्मकाण्ड एवं इस्लाम में कट्टर पंथियों के प्रभाव को कम किया जा सके। अत: सूफी एवं भक्ति आन्दोलनों का शुभारंभ हुआ।
- सूफी शब्द की उत्पत्ति अरबी शब्द 'सफा' से मानी जाती है जिसका अर्थ है 'पवित्रता या विशुद्धता'। 'अबू नसर अल सराज' की पुस्तक 'किताब उल लुमा' में किये गये उल्लेख के आधार पर सूफी शब्द की उत्पत्ति 'सूफ' (ऊन) से है क्योंकि प्रारंभिक सूफी लोग ऊनी वस्त्र पहनते थे।

  एक अन्य मत के अनुसार मदीना में निर्मित मस्जिद के बाहर सफा अर्थात् मक्का की एक पहाड़ी पर कुछ लोगों ने अपने को खुदा की अराधना में लीन कर लिया, अत: सूफी कहलाए।
- सूफी संतों ने एकेश्वर में विश्वास, भौतिक जीवन के त्याग, कर्मकांडों के विरोध, शांति, धार्मिक सहिष्णुता एवं अहिंसा पर बल दिया।
- 8वीं शताब्दी के सूफियों को ***'मौनी'*** कहा गया क्योंकि वे मौन साधनारत रहते थे, जनता के बीच प्रचार नहीं करते थे।
- मंसूर हल्लाज प्रथम साधक था जिसने अपने को ***'अनलहक'*** (मैं ईश्वर हूँ) घोषित किया।
- इब्नुल अरबी ने ***वहादत-उल-वजूद*** (आत्मा-परमात्मा की एकता) का सिद्धांत प्रतिपादित किया।
- भारत आकर बसने वाले आरंभिक सूफियों में अल हुजविरि सर्वप्रमुख है। उसने ***कशफ-उल-महजूब*** नामक एक ग्रंथ लिखा था जो सूफी मत का एक प्रामाणिक ग्रंथ है।
- दस अवस्थाएँ जिनसे परमपद प्राप्ति के लिए प्रत्येक सूफी को गुजरना पड़ता था–

1. तौबा	-	पश्चाताप
2. वरा	-	संयम
3. तवाकुल	-	प्रतिज्ञा
4. जुहद्	-	भक्ति
5. फग्र	-	निर्धनता
6. सब्र	-	संतोष
7. रिजा	-	आत्म-समर्पण
8. शुक्र	-	आभार
9. खौफ	-	डर
10. रजा	-	उम्मीद

- 13वीं-14वीं शताब्दी में अफगानिस्तान के रास्ते अनेक सूफी सिलसिलों से संबंध रखने वाले लोग भारत आए। ईश्वर-प्रेम तथा मानव-सेवा उनका ध्येय था। उनके पवित्र आचरण ने भारत की जनता को शीघ्र आकृष्ट किया।
- सूफी सिलसिले दो वर्गों में विभाजित थे–
  - **(i) बा-शरा–** अर्थात् इस्माली विधि (शरा) का अनुकरण करने वाले।
  - **(ii) बे-शरा–** जो इस्माली विधि से बँधे हुए नहीं थे।
- *'आइने अकबरी'* में अबुल फजल ने 14 सूफी सिलसिलों का उल्लेख किया है।
- सूफियों के आरंभिक केन्द्र– मक्का, मदीना, बसरा, कूफा आदि।
- महिला सूफी ***रबिया*** (8वीं सदी) के काल में बसरा में सूफीमत चरमोत्कर्ष पर था।
- मंसूर अल हल्लाज (10वीं सदी) के सिद्धांतों के आधार पर ही ***'इंसान-ए-कामिल'*** (पूर्ण व्यक्ति) की अवधारणा विकसित हुई। ईरान और भारत में सूफी मत के विकास में उसने महत्वपूर्ण भूमिका निभाई। उलेमा द्वारा उसे फाँसी दे दी गई।
- अबू-हमीद अल-गजाली (1058-1111ई०) ने उलेमा और सूफियों के बीच संतुलन का प्रयास किया।

प्रमुख सूफी सिलसिला एवं उनके संस्थापक

चिश्ती सिलसिला

- 'चिश्ती' भारत का सबसे पहला एवं सबसे लोकप्रिय सिलसिला था।

(1) शेख मुईनुद्दीन चिश्ती :

- 1192 ई० में मुहम्मद गौरी के साथ भारत आए और चिश्ती सिलसिले की स्थापना की।
- 1206 ई० में उसने अजमेर में अपनी खानकाह स्थपित की।
- उसने गैर-मुस्लिमों के प्रति उदार दृष्टिकोण अपनाया।
- शेख मुईनुद्दीन चिश्ती के शिष्य :
  - *(i)* ख्वाजा कुतुबुद्दीन बख्तियार काकी- दिल्ली
  - *(ii)* शेख हमीदुद्दीन नागौरी - नागौर (राजस्थान)
- नागौरी, नागौर में एक साधारण राजस्थानी किसान की तरह रहने लगे। उन्होंने और उनके उत्तराधिकारियों ने फारसी पदों को 'हिंदवी' (स्थानीय भाषा) में अनुदित किया। अभी तक इस प्रकार का अनुवाद हिन्दुस्तान में नहीं हुआ था।

	सिलसिला	*संस्थापक*
1.	चिश्ती संप्रदाय	शेख मोईनुद्दीन चिश्ती
2.	सुहारावर्दी संप्रदाय	शेख बहाउद्दीन जकारिया
3.	कादिरी संप्रदाय	शेख अब्दुल कादिर जिलानी
4.	नक्शबंदी संप्रदाय	ख्वाजा बाकी बिल्लाह
5.	फिरदौसी संप्रदाय	शेख बदरुद्दीन
6.	सत्तारी संप्रदाय	शाह अब्दुल्ला सत्तारी
7.	महादवी संप्रदाय	सैयद मुहम्मद माधी
8.	कलंदरी संप्रदाय	नजीमुद्दीन कलंदर
9.	रौशनिया संप्रदाय	मियाँ बयाजिद अंसारी
10.	मलामती संप्रदाय	जूल नून
11.	मदारी संप्रदाय	शाह मदार
12.	उबैसी संप्रदाय	अबुसुल करनी
13.	ऋषि संप्रदाय (कश्मीर)	शेख नुरुद्दीन वली

(2) शेख कुतुबुद्दीन बख्तियार काकी :

- हाँसी और अजोधन को अपना केन्द्र बनाया।
- कुतुबुद्दीन ऐबक उनका अनुयायी था।
- ख्वाजा फरीदुद्दीन मसूद ('गज-ए-शकर' या 'बाबा फरीद') उनका उत्तराधिकारी बना।

(3) ख्वाजा फरीदुद्दीन गज-ए-शकर :

- 'बाबा फरीद' का निम्न वर्गों के लोगों से अधिक लगाव था।
- इनकी अनेक रचनायें उनकी मृत्यु के 300 वर्ष बाद भी गुरु अर्जुनसिंह के द्वारा गुरुग्रंथ साहिब में शामिल कर ली गई। (1604 ई० में)
- वे बलवन का दामाद माने जाते हैं।
- वे दिल्ली छोड़कर पंजाब में अजोधन चले गये और वहाँ खानकाह में रहने लगे।
- नाथपंथी योगी उनकी खानकाह में आकर रहस्यवाद के स्वरूप पर बहस किया करते थे।
- फरीद की मजार-पाकपाटन।
- फरीद के प्रमुख शिष्य- हजरत निजामुद्दीन औलिया एवं हजरत अलाउद्दीन साबिर।

(4) शेख निजामुद्दीन औलिया (1236-1325) :

- अमीर हसन सिज्जी द्वारा लिखित फवायद-उल-फुवाद में उनकी शिक्षा और मलफूजात (वार्तालाप) संकलित है।
- योग में दक्ष होने के चलते 'सिद्ध' कहलाते हैं।
- 'महबूब-ए-इलाही' (ईश्वर के प्रेमी) की उपाधि मिली।
- 'गयासुद्दीन से मतभेद एवं 'हुनूज दिल्ली दुरस्थ' की भविष्यवाणी।
- मुहम्मद तुगलक ने दिल्ली में उनका मकबरा बनवाया।
- अमीर खुसरो इनका शिष्य था।
- दिल्ली में शेख नासिरुद्दीन महमूद 'चिराग-ए-दिल्ली' उनका उत्तराधिकारी थे।
- अन्य प्रमुख शिष्य-शेख बुरहानुद्दीन गरीब, शेख सलीम चिश्ती।

(5) शेख नासिरुद्दीन महमूद चिराग-ए-दिल्ली :

- चिश्ती सिलसिला के सर्वाधिक महत्वपूर्ण संत थे।
- कट्टरपंथी इस्लामिक विचारधारा और सूफी मत के बीच सामंजस्य स्थापित किया।
- चिराग-ए-दिल्ली का अर्थ दिल्ली का दीप।
- चिश्ती सम्प्रदाय की उन प्रथाओं को छोड़ दिया जो कट्टरपंथी इस्लाम से टकरायी थीं। दूसरी तरफ उलेमा से चिश्ती सम्प्रदाय की प्रमुख प्रथा समा (संगीत आयोजन) के प्रति रुख नरम करने को कहा।

(6) शेख बुरहानुद्दीन गरीब :

- मुहम्मद तुगलक ने दक्कन जाने पर मजबूर किया।
- दक्षिण भारत में उसने 1340 में चिश्ती सिलसिले की नींव डाली।
- दौलताबाद को अपना मुख्य केन्द्र बनाया।

(7) गेसूदराज :

- चिराग-ए-दिल्ली का प्रमुख शिष्य था।
- गुलबर्गा में दरबार से रिश्ता कायम किया और राज्य संरक्षण स्वीकार किया। गुलबर्गा उस समय बहमनी राज्य की राजधानी थी।
- 'बंदानवाज' की उपाधि धारण की।
- फिरोजशाह बहमनी से बतौर अनुदान 'बंदानवाज' को चार गाँव मिले।
- गेसूदराज ने उलेमा को न भाने वाली सभी प्रथाएँ छोड़ दीं।
- पूर्ववर्ती चिश्तियों के विपरीत तसव्वुफ (सूफी चिंतन) पर खूब लिखा।
- बहमनी सुल्तान उसकी मृत्यु के बाद उसके परिवार को भू-अनुदान देते रहे।
- बंदानवाज एक कट्टरपंथी सूफी था। उसने सूफी मत की अपेक्षा इस्लामी कानून (शरीयत) को प्रमुखता दी।

(8) हाजी रूमी

- इन्होंने बीजापुर में खानकाह की स्थापना की।

चिश्ती संप्रदाय की तीन शाखाएँ		
1.	नागौरी	शेख हमीदुद्दीन के नाम पर
2.	साबिरी	शेख अलाउद्दीन कोसियारी के नाम पर।
3.	निजामी	शेख निजामुद्दीन के नाम पर

सुहारावर्दी सिलसिला

शेख बहाउद्दीन जकारिया

- भारत में संस्थापक–शेख बहाउद्दीन जकारिया।
- शेख बहाउद्दीन जकारिया ने मुल्तान एवं सिन्ध को अपना केन्द्र बनाया।
- जकारिया सुहारावदी के आदेश पर भारत आए।
- कुबाचा-इल्तुतमिश संघर्ष में इल्तुतमिश का पक्ष लिया।
- इल्तुतमिश ने जकारिया को **शेख-उल-इस्लाम** (इस्लाम प्रमुख) का खिताब दिया और अनुदान की व्यवस्था की।
- उन्होंने राज्य का संरक्षण स्वीकार किया तथा काफी धन इकट्ठा किया।
- **अन्य सुहारावर्दी संत** : जलालुद्दीन तबरीची, सैय्यद सुर्खपोश, बुरहान।
- तबरीची ने बंगाल में खानकाह स्थापित की।
- सुहारावर्दी सूफियों ने हिन्दुओं को मुसलमान बनने के लिए प्रेरित किया तथा प्रशासनिक पद ग्रहण किया।
- सल्तनत काल में सुहारावर्दी गतिविधियों के तीन प्रमुख केन्द्र थे– पंजाब, सिन्ध एवं बंगाल
- एक सुहारावर्दी संत जलालुद्दीन बुखारी ने फिरोज तुगलक की नीतियों को प्रभावित किया।

सुहारावर्दी सिलसिला की शाखाएँ

(I) फिरदौसी उपसंप्रदाय :

- संस्थापक- शेख बदरुद्दीन (14वीं शताब्दी में, राजगीर में)
- प्रमुख संत- शेख शरफुद्दीन याह्या मनेरी
- प्रभाव क्षेत्र- बिहार एवं बंगाल

(II) सत्तारी उपसम्प्रदाय :

- संस्थापक - शेख अब्दुल्ला सत्तारी
- प्रभाव क्षेत्र - बंगाल, जौनपुर, दक्खन
- प्रमुख संत - मोहम्मद गौस
- **मोहम्मद गौस** ने हठ योग की एक पुस्तक **'अमृतकुंड'** का फारसी में नया अनुवाद किया। उसकी सबसे अधिक विख्यात रचना **जवाहिर-ए-खम्सा** है जिसमें उन्होंने अपनी आध्यात्मिक खोज को अभिव्यक्त किया। इस रचना में रहस्यवादी और जादुई क्रियाओं का भी उल्लेख है। उसने **'बहर उल हयात'** का सिद्धांत दिया जो आगे चलकर दारा शिकोह द्वारा प्रतिपादित मज्मा-उल-बहरीन का आधार बना।
- गौस ने संस्कृत का अध्ययन कर कलीद-ए-मखाजिन नामक ग्रंथ लिखा।
- हुमायूँ से गौस के अच्छे संबंध थे परन्तु बैरम खाँ से संबंध के चलते अकबर से संबंध अच्छे नहीं।

कादिरी सिलसिला

- मध्यवर्ती इस्लामी देशों में यह सर्वप्रमुख सूफी संप्रदाय था।
- संस्थापक–अब्दुल कादिर जिलानी (बगदाद)।
- भारत में इसे शाह निजामतुल्लाह और नासिरुद्दीन मुहम्मद जिलानी ने संगठित किया।
- दृष्टिकोण–कट्टरपंथी, उलेमा से मेल खाता था।
- उद्देश्य– गैर-इस्लामी प्रभावों से ग्रस्त भारतीय मुसलमानों की जिन्दगी में सुधार लाना।
- राज्य संरक्षण स्वीकार किया।
- मियाँ मीर का शिष्य 'मुल्ला शाह' दारा शिकोह और उसकी बहन जहाँआरा बेगम के आध्यात्मिक गुरु थे।
- जहाँआरा ने 'साहिबिया' शीर्षक से मुल्ला शाह का जीवन-वृत्तान्त लिखा।

नक्शबंदी सिलसिला

- ख्वाजा बाकी बिल्लाह इस सिलसिला के संस्थापक थे।
- इन्हें नक्शबंदी इसलिए कहा गया कि ये लोग आध्यात्मिक तत्वों से सम्बन्धित तरह-तरह के नक्शे बनाकर उसमें रंग भरते थे।

- शेख अहमद सरहिंदी इस सिलसिला का प्रमुख संत था जो अकबर और जहाँगीर का समकालीन था।
- इस सिलसिला के अनुयायियों का विश्वास सनातन इस्लाम में था।
- अठारहवीं शताब्दी में नक्शबंदी सिलसिले में एक नई परम्परा **तरीकाए मुहम्मदिया** विकसित हुई जिसमें पैगम्बर मुहम्मद के उपदेशों को नई शक्ति देने का दावा किया गया। इस आन्दोलन के दो नेताओं ख्वाजा मुहम्मद नासिर अंदलीब ने **नालाए अंदलीब** एवं उसके पुत्र ख्वाजा मीर दर्द ने **इल्म उल किताब** की रचना की। मीर दर्द उर्दू का कवि था।
- शेख अहमद सरहिंदी को विश्वास था कि वही दूसरे सुधारक हैं। 1619 में जहाँगीर ने शेख अहमद को पाखंडी होने के आरोप पर गिरफ्तार करवा लिया। उलेमा ने इस कार्य का समर्थन किया।
- शेख अहमद के शिष्य 'आदम बनूरी' को शाहजहाँ ने देश से निष्कासित कर दिया।
- औरंगजेब नक्शबंदी सिलसिले का अनुयायी 1665 ई० में बना।
- शाहवली उल्लाह देहलवी भी नक्शबंदी सिलसिले से संबद्ध था।
- उसने **हुज्जत उल्लाह इल बालिघा** प्रपत्र लिखा। कुरान का फारसी अनुवाद किया ताकि आम लोग उसे सहज रूप से समझें।
- **मिर्जा महजर जानेजाना** प्रथमत: नक्शबंदी सिलसिला के अनुयायी थे लेकिन कादिरी, सुहारावर्दी और चिश्ती परम्पराओं की भी दीक्षा ली। मीर दर्द की तरह वे भी उर्दू कवि थे।
- बाबर नक्शबंदी नेता ख्वाजा उबैदुल्ला अहरार का भक्त था।

महादवी सिलसिला

- इनका मत था कि महादवी सिद्धांत से असहमत मुसलमानों पर भी जजिया लगाना चाहिए।

कलंदरी सिलसिला

- कलंदरी सिलसिला का संस्थापक 'निजामुद्दीन कलंदर' निजामुद्दीन औलिया का शिष्य था।
- इस सिलसिला के सन्त घुमक्कड़ फकीर होते थे। वे इस्लामी कानून का पालन नहीं करते थे तथा निंदनीय माने जाते थे। उनका कोई आध्यात्मिक गुरु और संगठन नहीं था। उन्होंने नाथपंथी मान्यताओं और प्रथाओं को अपनाया विशेषकर नाथपंथियों के समान कान छिदवाना।

ऋषि सम्प्रदाय (15वीं-16वीं शताब्दी)

- संस्थापक-शेख नुरुद्दीन वली (कश्मीर)
- ऋषि सम्प्रदाय ने कश्मीर में लोकप्रिय शैव भक्ति परंपरा से प्रेरणा ली तथा ग्रामीण परिवेश में फला- फूला।
- ऋषि सम्प्रदाय से पूर्व इस्लाम-धर्म प्रचार के लिए मीर सैय्यद हमादानी, हमादान से अपने शिष्यों सहित कश्मीर आया परन्तु कश्मीर की जनता पर इसका थोड़ा ही प्रभाव पड़ा।

कुछ सूफी शब्द

	शब्द	अर्थ
1.	अनलहक	मैं ईश्वर हूँ
2.	खानकाह	सूफी संतों के रहने की जगह
3.	पीर, शेख, मुर्शीद	गुरु
4.	मुरीद	शिष्य
5.	वली	उत्तराधिकारी
6.	हक	परमात्मा
7.	खल्क	सृष्टि
8.	तरीकत	कुराण की उदारवादी व्याख्या
9.	मौनी	प्रारम्भिक सूफी संत
10.	सिद्ध	चिश्ती संत
11.	इंसान-ए-कामिल	पूर्ण व्यक्ति
12.	समा	संगीत आयोजन
13.	मलफूजात	वार्तालाप
14.	मकामात	ईश्वर का अनुभव करने के लिए पड़ाव
15.	ख्वाजगान	'नक्शबंदी' का प्रारंभिक नाम
16.	हाल	मनोवैज्ञानिक परिस्थितियों का सामना
17.	तसव्वुफ	रहस्यवाद
18.	मुतालिज	तर्क बुद्धिवादी दर्शन
19.	मज़जूब	शरिया की पूर्ण उपेक्षा करने वाला
20.	जमाल	ईश्वर, सौन्दर्य
21.	फुतूह	उपहार
22.	सफा	पवित्रता, ऊन, चटाई, चबूतरा, प्रथम पंक्ति, एक पहाड़ी

भक्ति आन्दोलन

मध्यकाल में भक्ति आन्दोलन की शुरुआत सर्वप्रथम दक्षिण के आलवार एवं नयनार संतों द्वारा की गई। दक्षिण भारत से उत्तर भारत में रामानन्द द्वारा यह आन्दोलन 12वीं शताब्दी के प्रारम्भ में लाया गया। भक्ति का अर्थ है ईश्वर के प्रति

नि:स्वार्थ अनुराग। भक्ति आन्दोलन का महत्वपूर्ण उद्देश्य था हिन्दू धर्म एवं समाज में सुधार एवं इस्लाम व हिन्दू धर्म में समन्वय तथा संस्कृतियों का आदान-प्रदान। **शंकराचार्य** ने सर्वप्रथम दक्षिण भारत में 'अद्वैतवाद' का प्रतिपादन किया। उनका जन्म केरल के कलादी ग्राम में लगभग 788 ई० में हुआ था। शंकर को **'प्रच्छन्न बुद्ध'** भी कहा जाता है। शंकराचार्य ने उपनिषदों, भागवतगीता और ब्रह्मसूत्र पर भाष्य लिखे। उन्होंने चारों दिशाओं में चार मठों की स्थापना की।

शंकर द्वारा स्थापित मठ

1. ज्योतिष्पीठ, बद्रीनाथ – उत्तरांचल (हिमालय की उपत्यका में)
2. गोवर्धनपीठ, पुरी – उड़ीसा
3. शारदापीठ, द्वारिका – गुजरात
4. शृंगेरीपीठ, मैसूर – कर्नाटक

- अद्वैतवाद का आधार है कि ब्रह्म सत्य है, जगत् मिथ्या है, आत्म-परमात्मा एक ही है।
- रामानुज ने शंकराचार्य के अद्वैतदर्शन को संशोधित कर इसे भक्ति के अनुकूल बनाया और 'विशाष्टाद्वैतवाद' का प्रतिपादन किया।
- इस भक्तिधारा के प्रथम चरण में निर्गुणधारा का प्रतिपादन हुआ क्योंकि तुर्की शासन से नैराश्य जन्म ले रहा था। निर्गुण-धारा से मंदिर, कर्मकांड, मध्यस्थ आदि से मुक्ति मिली तथा अशपृश्यता आदि से उत्पन्न समस्याओं का निराकरण हुआ।
- शंकर का 'निर्गुण ज्ञानवाद' नैराश्य से मानव को मुक्ति नहीं दे सका, अत: चिंतकों ने अवसर पाकर अद्वैतवाद का विरोध किया तथा वैष्णव संतों द्वारा चार सगुण मतों का प्रतिपादन किया।

	मत	संस्थापक	काल
1.	विशिष्टाद्वैतवाद	रामानुजाचार्य	12वीं शताब्दी
2.	द्वैतवाद	मध्वाचार्य	13वीं शताब्दी
3.	शुद्धाद्वैतवाद (पुष्टिमार्ग)	विष्णुस्वामी, वल्लभाचार्च	13वी शताब्दी
4.	द्वैताद्वैतवाद	निम्बार्काचार्य	13वीं शताब्दी

– वैष्णवों की सगुण भक्ति का साधारण जनता पर बहुत प्रभाव पड़ा।

अन्य प्रमुख मत एवं उनके प्रवर्तक

1.	शैव-विशिष्टाद्वैतवाद	-	श्री कंठ
2.	वीर-शैव विशिष्टाद्वैतवाद	-	श्री पति
3.	भेदा-भेदवाद	-	भास्काराचार्य
4.	अचिन्त्यभेदाभेदवाद	-	बलदेव,चैतन्य
5.	अविभागद्वैत	-	विज्ञान भिक्षु

निर्गुण संप्रदाय के संत

रामानन्द (14वीं-15वीं शताब्दी) :

- एकेश्वरवाद पर जोर दिया।
- जाति-सम्बन्धी भेदभाव की निन्दा की और भक्ति का द्वार सबके लिए खोला।
- भक्त आन्दोलन को दक्षिण भारत से उत्तर भारत लाने का श्रेय उनको दिया जाता है।
- उनका शिष्य- कबीर (जुलाहा), रैदास (चमार), सेन (नाई), धन्ना (जाट)
- संभवत हिन्दी में उपदेश देने वाले रामानन्द प्रथम वैष्णव सन्त थे।

कबीरदास (1398-1518) :

- भक्ति-धारा से जुड़े कबीर ऐसे प्रथम भक्त थे जिन्होंने सन्त होने के बाद भी पूर्णत: गृहस्थ-जीवन का निर्वाह किया।
- उन्होंने जाति-प्रथा, धार्मिक कर्मकांड, बाह्य आडम्बर, मूर्तिपूजा, जप-तप, अवतारवाद का विरोध किया।
- वे निराकार ब्रह्म की उपासना करते थे तथा एकेश्वरवाद में आस्था रखते थे।
- उनके शिष्य 'भागदास' ने 'बीजक' का संकलन किया।
- कबीर की समाधि–मगहर

गुरु नानक (1469-1539) :

- जन्म–लाहौर के पास तलवंडी में।
- उन्होंने बिना किसी वर्ग पर आघात किये ही उसके अन्दर छिपे कुसंस्कारों को नष्ट करने का प्रयास किया।
- धर्म के बाह्य आडम्बर, जात-पात, छुआ-छूत, ऊँच-नीच, उपवास, मूर्तिपूजा, अन्ध-विश्वास, बहुदेववाद आदि की आलोचना की।
- उनके उपदेश 'गुरुग्रंथ साहब' में संकलित किये गए।

दादू दयाल (1544-1603 ई०) :

- 'निपख' नामक आन्दोलन की शुरुआत की।
- अहमदाबाद में भक्ति आन्दोलन का प्रचार किया।
- दादू-ग्रंथवाली से उद्‌भूत संकल्पनाओं में से 'गुरु की संकल्पना' महत्वपूर्ण संकल्पना है।

जगजीवनदास

- बाराबंकी क्षेत्र में भक्ति आन्दोलन का प्रचार किया।
- निर्गुण संत होने के बावजूद कृष्ण की उपासना पर जोर।
- 'सतनामी' संप्रदाय के प्रवर्तक थे।
- 'उलन' और 'करणदास' उनके दो शिष्य थे।

रैदास

- वे 'रायदासी सम्प्रदाय' के संस्थापक थे।
- जाति से चमार, रामानन्द के 12 शिष्यों में से एक।
- हिन्दू-मुसलमान में कोई भेद नहीं किया।
- **निर्गुण संप्रदाय के अन्य संत**–गरीबदास, सुन्दरदास, दरिया, साहब बाब्रा मलूकदास, बाबा धरणधिरदास, बुल्ला साहब, भारी साहब।

सगुण सम्प्रदाय

चैतन्य (1486 से 1533 ई०) :

- 'गोसाईं संघ' की स्थापना की।
- 'संकीर्तन प्रथा' को जन्म दिया।
- उनके दार्शनिक चिंतन को 'अचिंत्य भेदाभेदवाद' के नाम से जाना जाता है।
- इन्हें 'कृष्ण का अवतार' भी माना जाता है।
- ये 'गौरांग महाप्रभु' के नाम से जाने जाते थे।
- उनके गुरु 'ईश्वरपुरी' थे।

सूरदास (1483-1563) :

- वे दक्षिण के संत वल्लभाचार्य के शिष्य थे।
- रचनायें–'सूरसागर', 'सूरसरावली', 'साहित्य लहरी'।
- अन्य संत– मीराबाई (1498-1569 ई०), तुलसीदास (1532-1623 ई०), शंकरदेव (1532-1623 ई०) आदि।
- मीराबाई सिसोदिया वंश की बहू थी। गीतों के माध्यम से उन्होंने राजस्थान में कृष्ण-भक्ति का प्रचार किया।
- तुलसीदास की रचनायें–रामचरितमानस (1575 ई०) विनयपत्रिका, कवितावली, गीतावली, पार्वतीमंगल, जानकीमंगल आदि।
- शंकरदेव ने असम, ब्रह्मपुत्र तथा कचघाटी में भक्ति आन्दोलन का प्रचार किया। शंकरदेव ने 'महापुरुषीय सम्प्रदाय' या 'शरण सम्प्रदाय' की स्थापना की।

प्रमुख सम्प्रदाय एवं उनके प्रवर्तक

क्र.	सम्प्रदाय		प्रवर्तक
1.	रामवत संप्रदाय	–	रामानंद
2.	उदासी संप्रदाय	–	श्रीचंद (गुरु नानक के पुत्र)
3.	विश्नुई संप्रदाय	–	जंभनाथ
4.	निरंजनी संप्रदाय	–	निरंजन
5.	लाल पंथ	–	संत लालदास
6.	श्री संप्रदाय	–	रामानुज
7.	ब्रह्म संप्रदाय	–	माधवाचार्य, आनन्दतीर्थ
8.	महानुभाव पंथ	–	गोविन्द प्रभु
9.	बरकरी संप्रदाय	–	एकनाथ एवं तुकाराम
10.	धरकरी संप्रदाय	–	रामदास बोध
11.	हरिदासी संप्रदाय	–	माधवाचार्य
12.	महापुरुषीय संप्रदाय	–	शंकरदेव
13.	सनक संप्रदाय	–	निम्बार्क
14.	रुद्र संप्रदाय	–	विष्णु स्वामी, वल्लभाचार्य
15.	सुखी संप्रदाय	–	स्वामी हरिदास
16.	निपख संप्रदाय	–	दादू
17.	सतनामी संप्रदाय	–	जगजीवन साहब
18.	वैष्णव संप्रदाय	–	रामानुज

महाराष्ट्र के निर्गुण संत

ज्ञानदेव (13वीं शताब्दी) :

- महाराष्ट्र के भक्ति आन्दोलन के संस्थापक थे जिसे 'महाराष्ट्र धर्म' कहा गया।
- भागवतगीता पर भाष्य 'ज्ञानेश्वरी गीता' की रचना की, अत: 'ज्ञानेश्वर' की उपाधि मिली।
- वे 'विठोबा' के पुजारी थे।

नामदेव (14वीं शताब्दी) :

- महाराष्ट्र के भक्ति आन्दोलन और उत्तर के एकेश्वरवाद आन्दोलन के बीच की कड़ी का कार्य किया।
- वे पेशे से दर्जी थे। उन्होंने मराठों के राजनीतिक उत्थान का बुनियादी काम किया।

एकनाथ (15वीं शताब्दी) :

- 'बरकरी संप्रदाय' से सम्बन्धित थे।
- उन्होंने अनेक अभंगों (गीतात्मक कविताओं) की रचना की।

तुकाराम (17 वीं शताब्दी) :

- वे शिवाजी के समकालीन थे।

- उनका संबंध 'बरकरी सम्प्रदाय' से था।
- तुकाराम का संबंध महाराष्ट्र के पंढरपुर नामक स्थान से था तथा वे विट्ठल के महान् उपासक थे।

रामदास बोध

- 'धरकरी संप्रदाय' से सम्बन्धित थे।
- 'दासबोध' नामक ग्रंथ की रचना की।
- ये शिवाजी के गुरु भी थे।

भक्ति आन्दोलन का प्रभाव

(i) हिन्दू और मुस्लिम धर्मों के बीच सेतु का निर्माण किया।
(ii) भारतीय भाषाओं का विकास हुआ।
(iii) कला-साहित्य का विकास हुआ।
(iv) निम्न वर्ग की संवेदनशीलता को अभिव्यक्त किया।
(v) मन्दिर न होने के बावजूद सब मोक्ष के अधिकारी बन गए।
(vi) समाज में समता, समरसता एवं समन्वय स्थापित करने का प्रयास किया।

सिक्ख धर्म के प्रमुख गुरु एवं उनके कार्य

1. **गुरु नानक (1469-1538 ई॰)** : सिक्ख धर्म का संस्थापक, आदि ग्रंथ की रचना की।
2. **गुरु अंगद (1538-1552 ई॰)** : गुरु मुखी लिपि के जनक।
3. **गुरु अमरदास (1552-1574 ई॰)** : 22 गद्दियों की स्थापना।
4. **गुरु रामदास (1574-1581 ई॰)** : गुरु पद वंशानुगत, अमृतसर की स्थापना (1577)
5. **गुरु अर्जुनदेव (1581-1606 ई॰)** : "गुरुग्रंथ साहिब" का संकलन, स्वर्ण मन्दिर का निर्माण आध्यात्मिक कर लगाया। जहाँगीर द्वारा 1606 में फाँसी (खुसरो को सहायता देने के चलते)
6. **गुरु हरगोविन्द सिंह (1606-1645 ई॰)** : जहाँगीर द्वारा कैद की सजा (1611 ई॰ तक)।
7. **गुरु हरदास (1645-1661 ई॰)** : अकालतख्त की स्थापना, सिक्खों का सैन्यीकरण।
8. **गुरु हरकिशन (1661-1664 ई॰)** : अल्पवयस्क अवस्था में ही मृत्यु।
9. **गुरु तेग बहादुर (1664-1675 ई॰)** : इस्लाम नहीं कबूल करने के चलते औरंगजेब द्वारा फाँसी, प्रशासनिक पद कबूल किया।
10. **गुरु गोविन्द सिंह (1675-1708 ई॰)**

- अन्तिम गुरु, पाहुल प्रणाली प्रारम्भ।
- खालसा पंथ की स्थापना (1669 ई॰)
- नाम के बाद 'सिंह' का प्रयोग प्रारम्भ।
- 'दसवें बादशाह का ग्रंथ' नामक एक पूरक ग्रंथ की रचना।

समाज

- शक्तिशाली अमीरों एवं उनके समूहों की गतिविधियों का निर्धारण जातीय निष्ठा एवं जातीय समूह विशेष के प्रति विशेष लगाव तथा व्यक्तिगत स्वार्थों की पूर्ति हेतु महत्वाकांक्षी कार्यों के द्वारा होता था।
- इस्लामी धर्माचार्यों तथा शरीअत कानून के रूढ़िवादी व्याख्याकारों को 'उलेमा' कहा जाता था।
- शरीअत के मान्य व्याख्याकार होने के कारण उलेमा दो महत्वपूर्ण कार्य करते थे–
  (i) उलेमा धार्मिक विषयों को प्रभावित करने वाले नीतिगत मामलों में सुल्तान के सलाहकार थे।
  (ii) राज्य के न्यायिक पदों पर उनका वास्तविक एकाधिकार था।
- सल्तनत काल में अमीर वर्ग दो समूहों में विभक्त थे– *(i)* तुर्कीदास अमीर *(ii)* गैर-तुर्की (ताजिक) अमीर वर्ग जो कुलीन वर्ग के विदेशी थे।
- सादात अमीर मंगोल मूल की संस्था थे।
- व्यापारियों के समूह को 'सल्तनत काल' में तुज्जार-ए-खास कहा जाता था।
- हिन्दुस्तान में लोदी शासक स्वयं ही एक व्यापारी थे।
- मुगल काल में उच्च वर्ग के लोगों में मनसबदार, जागीरदार, जमींदार तथा राजकीय संरक्षण प्राप्त सरकारी अधिकारी होते थे। यह वर्ग ऐश्वर्य एवं विलासिता का जीवन व्यतीत करता था।
- बादशाह व राज्य के बड़े-बड़े सरदारों (शासक वर्ग) के हरम में हजारों स्त्रियाँ, रखैले, दासियाँ रहती थी।
- मुगलकालीन समाज में पर्दा-प्रथा, बाल-विवाह, विधवा-विवाह का निषेध, बहु-विवाह, दहेज प्रथा आदि अनेक सामाजिक कुरीतियाँ विद्यमान थीं।
- मुगलकाल में जनसाधारण में किसान, दस्ताकर एवं श्रमिक थे।
- भूमिहीन किसान व श्रमिक अछूत कहलाते थे।
- मुगलकालीन कृषक वर्ग तीन वर्गों में विभाजित था–
  (i) **खुदकाश्त**–वे कृषक, जिनकी भूमि उसी ग्राम में थी जहाँ के वे मूल निवासी थे। इन्हें भूमि पर स्थायी व वंशानुगत स्वामित्व प्राप्त था।
  (ii) **पाहीकाश्त**–जिनको दूसरे गाँवों में जाकर अस्थायी रूप से बटाईदार के रूप में कृषि करनी होती थी।
  (iii) **मुजारियान**–कृषक, मजदूर थे।
- गौर काश्तकार वर्गों में उद्योगों के व्यापारी लोग (जुलाहे, रंगरेज, लुहार, बढ़ई, छोटे दुकानदार आदि) सम्मिलित थे।
- विभिन्न प्रकार के शिल्पकार (कुम्हार, पत्थर तराशने वाले जौहरी आदि) गाँवों, कस्बों, शहरों में रहते थे।

ग्रामीण समाज

- सल्तनत काल में प्रत्येक परगने में आमिल एवं मुन्सिफ महत्वपूर्ण अधिकारी नियुक्त थे।
- आमिल प्रशासनिक अधिकारी था।
- मुन्सिफ राजस्व विभाग का प्रधान था।
- सौ गाँवों के समूह का शासक– 'अमीर-ए-सदा' होता था।
- गाँव के मुख्य अधिकारी पटवारी (लेखाकार), चौधरी, खुत, मुकद्दम (मुखिया) थे।
- खालसा क्षेत्र का प्रभारी शहना कहलाता था।

सांस्कृतिक जीवन

शिक्षा

- सल्तनत काल में शिक्षा का क्रम निर्दिष्ट व सुव्यवस्थित नहीं था।
- मस्जिदों में मकतब में कुरान की आयतों व अरबी का अध्ययन होता था।
- शिक्षा का प्रारम्भ 'बिस्मिल्लाह' संस्कार से किया जाता था।
- मौलवी बच्चों को (चार वर्ष, चार माह, चार दिन का होने पर) कुरान की भूमिका सुनाता था तथा बिस्मिल्लाह शब्द कहलाता था।
- गाँवों व नगरों में मस्जिद से सम्बद्ध मकतब होते थे।
- मकतब में प्रारम्भिक शिक्षा नि:शुल्क दी जाती थी।
- मकतब से ऊपर मदरसे होते थे जो उच्च शिक्षा के केन्द्र थे।
- अध्ययन-अध्यापन का माध्यम अरबी भाषा था।
- मदरसे दिल्ली, आगरा, फतेहपुर सीकरी, जौनपुर, बदायूँ बीदर के प्रसिद्ध थे।
- मदरसों का व्यय सुल्तान, अमीर वहन करते थे।
- विजयनगर साम्राज्य में मन्दिर, मठ, अग्रहार विद्या के केन्द्र थे।
- अग्रहारों में वेदों की शिक्षा दी जाती थी।
- मुगल काल में 'मकतब' (प्राइमरी शिक्षा) व मदरसे (उच्च शिक्षा) स्थापित थे।
- बाबर के समय 'शुहरते आम' विभाग शिक्षा केन्द्रों की व्यवस्था करता था।
- हुमायूँ ने माहम अंगा के सहयोग से 'मदरसा-ए-बेगम' की स्थापना की थी।
- अकबर ने फतेहपुर सीकरी, आगरा, लाहौर में मकतब एवं मदरसों का निर्माण कराया था।
- जहाँगीर ने लावारिस सम्पत्ति को मदरसों एवं मठों के निर्माण में देने का फरमान जारी किया था।
- शाहजहाँ ने दिल्ली में मदरसा स्थापित कराया था तथा शिक्षा का माध्यम फारसी प्रारम्भ कराया था।
- औरंगजेब ने मकतबों एवं मदरसों को आर्थिक सहायता देने के फरमान जारी किए थे।
- जेबुन्निसा बेगम ने दिल्ली में 'वैतुल-उल-उलूम' मदरसा स्थापित किया था।
- मुगल काल में शिक्षा का माध्यम फारसी था।
- मुगल काल में लखनऊ का फरहंगी महल मदरसा न्यास की शिक्षा के लिए चर्चित था।
- मुगल काल में स्यालकोट का मदरसा व्याकरण की शिक्षा के लिए प्रसिद्ध था।
- ट्रेवनियर ने बनारस को महत्वपूर्ण शिक्षा केन्द्र बतलाया है।
- मुगल काल में विद्यार्थियों को तीन प्रकार की उपाधियाँ दी जाती थीं–
  - *(i)* तर्क व दर्शन के विद्यार्थी को 'फाजिल'।
  - *(ii)* धार्मिक शिक्षा हेतु 'आमिल'।
  - *(iii)* साहित्य के विद्यार्थी को 'काबिल'।

स्त्रियों की दशा

- सल्तनत काल में स्त्रियों की दशा अवनति को प्राप्त थी। शिक्षा नहीं के बराबर थी, केवल राजघराने की स्त्रियाँ ही कुछ पढ़ी-लिखी होती थीं।
- सल्तनत काल में पर्दा-प्रथा, बाल-विवाह, वेश्यावृत्ति जैसी सामाजिक कुरीतियाँ विद्यमान थीं।
- विजयनगर साम्राज्य में स्त्रियों की स्थिति कुछ सम्मानजनक थी। कुछ स्त्रियाँ प्रसिद्ध साहित्यकार भी थीं। संगीत व नृत्य उनकी शिक्षा के अंग थे। वे राजकीय पदों पर व सेना में नियुक्त थीं।
- विजयनगर साम्राज्य में समाज में एक पत्नीत्व की प्रथा थी।
- मन्दिरों में देवपूजा में संलग्न स्त्रियाँ देवदासी कहलाती थीं।
- विजयनगर साम्राज्य में गायिकाओं का महत्वपूर्ण स्थान था।
- विजयनगर साम्राज्य में सतीप्रथा के अन्तर्गत सती होने वाली स्त्री की स्मृति में सतीकल या महसतीकल (महासतीगुल्ल) स्थापित हुए हैं।
- मुगल काल में कुलीन स्त्रियों को सम्मानित स्थिति प्राप्त थी। गुलबदन बेगम, माहम अंगा, नूरजहाँ, मुमताज महल, जहाँ-आरा, जेबुन्निसा शिक्षित एवं सम्मानित महिलाएँ थीं।
- सम्पूर्ण मध्य काल में स्त्रियों की दशा शोचनीय थी।

शिक्षा के क्षेत्र में वे पूर्णत: निरक्षर थीं समाज में वेश्यावृत्ति प्रचलित थी–पर्दा-प्रथा, बाल-विवाह, दहेज-प्रथा, सती-प्रथा आदि बुराईंयाँ समाज में प्रचलित थीं। विधवा-विवाह को हेय दृष्टि से देखा जाता था।

सामाजिक स्थिति

- विजयनगर के सामाजिक संरचना की तीन विशेषताएँ–

1. दक्षिण भारतीय ब्राह्मणों की धर्मनिरपेक्ष भूमिका– महत्वपूर्ण राजनैतिक पदों पर नियुक्ति।
2. निचले सामाजिक समूहों का दोहरा विभाजन–
   दायें हाथ से जुड़ी जातियाँ – वैष्णव
   बायें हाथ से जुड़ी जातियाँ – शैव
   दायें हाथ से जुड़ी जातियाँ अधिकतर कृषि उत्पादन एवं कृषि उत्पादों के स्थानीय व्यापार से संलग्न होतीं।
   बायें हाथ से जुड़ी जातियाँ गैर-कृषि उत्पादन, व्यापार तथा शिल्प से सम्बन्धित होतीं।
3. समाज का क्षेत्रीय खण्डीकरण– समाज का प्राकृतिक उपक्षेत्रों में विभाजन का अर्थ एक क्षेत्र में निवास करने वाली जाति दूसरे क्षेत्र की उसी जाति से रक्त संबंध नहीं जोड़ पाती थी और उसी का परिणाम था, दक्षिण में भाई-बहन एवं मामा-भांजी में वैवाहिक संबंध।

- सुनारों, लोहारों एवं बढ़इयों की हैसियत समाज में ऊँची थी, किन्तु जुलाहों एवं कुम्हारों का स्थान नीचा था।
- श्रीरंग के शासनकाल में सन् 1632 ई० के अभिलेख से ज्ञात होता है कि उसने ग्रामों के कुछ निवासियों को आदेश दिया कि दस्तकार समुदाय में सोनार, लोहार तथा बढ़ई के साथ दुर्व्यवहार नहीं किया जाय तथा इसका उल्लंघन करने वाले को 12 पण का जुर्माना देना होगा।
- तेलियों, कलामों तथा चमारों की हैसियत समाज में नीची थी। डोमवर्ग, मछुआरों एवं योगी
- ब्राह्मण जाति सर्वप्रमुख जाति थी। क्षत्रिय के विषय में जानकारी प्राप्त नहीं होती।
- मध्य वर्गों में 'शेट्टी या चेट्टी' नामक बड़े समूह का उल्लेख।
- वीरपांचाल–चेट्टियों के समतुल्य व्यापार करने वाले तथा दस्तकार वर्ग के लोग।
- विप्रविनोदिन–लोहार, स्वर्णकार, एवं दस्तकारों की जातीय श्रेणी।
- केकोल्लार–जुलाहे।
- कंबलातर–शस्त्रवाहक, गड़ेरिया, चपरासी।
- बडवा–दक्षिण भारत में बस गये उत्तर भारतीय लोग।
- नीची जाति के कुछ वर्णों ने ऊँची जाति के लोगों के विशेषाधिकार को अपना लिया। जुलाहे मंदिरों की परिसीमा में रहते थे तथा मन्दिर के प्रशासन एवं स्थानीय करारोपण में उनका बहुत बड़ा हाथ था।
- दासप्रथा का प्रचलन।
- वेसवग–दासों की खरीद-बिक्री।

स्त्रियों की स्थिति

नुनीज के अनुसार–राज प्रसाद में रहने वाली महिलाओं में अनेक भविष्यवक्ता, ज्योतिष, संगीत, नृत्य में प्रवीण तथा राज्य की अंगरक्षिकायें भी होती थी। कुछ महिलाएँ कुश्ती भी लड़ती थी तथा मल्लयुद्ध में भी भाग लेती थी।

- विजयनगर में देवदासी प्रथा के प्रचलन की सूचना 'पायेस', नामक विदेशी यात्री देता है।
- बार्बोसा–सती प्रथा का प्रचलन।
- 1354 ई० के एक अभिलेख में 'मालगौडा' नामक एक महिला के सती होने का प्रमाण (1354 A.D)।
- वेश्यावृत्ति, बाल-विवाह एवं दहेज प्रथा का प्रचलन।
- विधवा विवाह को प्रोत्साहित करने के लिए विवाह करने वालों को विवाह कर से मुक्त रखा गया।
- गडप्रेद–युद्ध में वीरता प्रदर्शित करने वाले को दिया जाने वाला सम्मान।
- साम्प्रदायिक विवाद के मामले में राज्य का हस्तक्षेप होता था।

मुगलों की धार्मिक-नीति

प्रभाव

- तुर्की मंगोल परम्परा की धार्मिक उदारता का प्रभाव।
- गुरु अब्दुल लतीफ एवं ताता हमीदा बानु बेगम का प्रभाव।
- ईरानी दरबार का प्रभाव, अकबर का व्यक्तिगत रुझान, अकबर की साम्राज्यवादी आवश्यकतायें।

मुख्य चरण

- मेरता विजय के समय राजपूतों की वीरता से प्रभावित होकर 1562 ई० में अकबर ने युद्धबंदियों को जबरन दास बनाने की प्रथा बन्द कर दी।
- 1563 में 'तीर्थयात्राकार' तथा 1564 ई० में 'जजिया का उन्मूलन'।
- 1563 में बलात् धर्म परिवर्तन पर रोक।
- 1573 में शेख मुबारक एवं 1574 में उसके पुत्र अबुल

फजल और फैजी के संसर्ग में आया। फैजी और अबुल फजल ने अकबर की विचारधारा को सबसे अधिक प्रभावित किया।

- 1575 में फतेहपुर सीकरी में इबादतखाने की स्थापना।
- दो गुटों में विभाजित इबादत खाना से उदारवादी का नेतृत्व अबुल फजल एवं रूढ़िवादियों का नेतृत्व मुखदुमुल मुलु तथा अब्दुल नबी कर रहा था। प्रारम्भ में केवल सुन्नी।
- 1577 में अकबर ने इबादत खाने के द्वार को सभी के लिए खोल दिया।
- इबादत खाने में पुरुषोत्तम एवं देवी, फारसी संत मेहरजी राणा, जैन संत हरिविजय सूरी एवं जीनसेन सूरी, विजयसेन सूरी, भानुचंद उपाध्याय। ईसाई पादरी अक्वावीवा एवं मानसुरेह रहते थे।
- 1579 में शेख मुबारक की सलाह पर 'महजरनामा' की घोषणा।
- अबुल फजल 'आइने-अकबरी' में कहीं भी 'महजरनामा' की चर्चा नहीं करता जिससे प्रतीत होता है कि वह इससे जुड़ा हुआ नहीं था।

SMITH– अमोघरव का आदेश :

- 1532 में 'दीन-ए-इलाही' नामक एक नया धर्म चलाया। प्रारम्भ में इसे 'तोहीद-ए-इलाही' कहा जाता था।

  अबुल फजल एवं बदायूँनी 'दीने-ए-इलाही' को तोहीद-ए-इलाही ही कहता है।

  आइने अकबरी के अनुसार–इसके 12 सिद्धांत थे तथा कुल अनुयायियों की संख्या 22 थी जिसमें बीरबल एकमात्र हिंन्दू अनुयायी था।

समाज-सुधार के कार्य (Akbar)

- सती प्रथा को हतोत्साहित करना। उसने पति के साथ सहवास न करने वाली स्त्री एवं संतानविहीन स्त्री के सती होने से रोकने हेतु नियम बनाया।
- विवाह की उम्र बढ़ा दी– लड़का - 16 वर्ष
लड़की - 14 वर्ष

जहांगीर–उदारवादी, मथुरा, गोकुल एवं वृन्दावन में मन्दिर निर्माण तथा ईसाइयों को गिरिजाघर बनाने की छूट।

कटट्रवादी काम–कांगड़ा अभियान के समय ज्वालामुखी के मन्दिर को नष्ट करवाना।

- पुष्कर के 'बाराह मन्दिर' को नष्ट करवाना।
- जैनों को देश निर्वासन क्योंकि खुसरो के साथ षड्यंत्र में शामिल होने के संदेह के आधार पर।

शाहजहाँ–बहुत बातों में औरंगजेब का पूर्वगामी होना।

- 'सिजदा' की पद्धति छोड़ना। संवत् के बदले 'हिजरी संवत्' प्रारम्भ करना।
- मुस्लिम दास नहीं रखने के लिए हिन्दुओं पर पाबंदी लगाना।
- हिन्दुओं के साथ मुस्लिम स्त्रियों की शादी पर पाबंदी। शादी कर चुके हिन्दुओं को मुस्लिम स्त्रियों की मुक्ति हेतु आदेश या फिर मुस्लिम रीति से शादी करने का आदेश।

  इस आदेश की अवहेलना के लिए उसने सिंध के दलपतराज को दंडित किया।
- धर्म परिवर्तन हेतु 'पृथक् विभाग' का गठन।
- 50,000 रुपया वर्ष में मक्का भेजना।
- 1633 ई० में मंदिरों को तोड़ने के उसके आदेश पर केवल बनारस में 72 मंदिर तोड़े गये।
- 'तीर्थयात्रा कर' को पुनर्जीवित करना।
- बनारस के संत कविन्दाचार्य के आदेश पर 'तीर्थयात्रा कर' को वापस ले लिया गया।
- कालांतर में दाराशिकोह एवं जहाँआरा बेगम के प्रभाव के कारण उसकी दृष्टि कुछ उदार हुई।

औरंगजेब

घोषित उद्देश्य–'दर-उस-हर्व' को 'दर-उल-इस्लाम' में बदलना।

- सिक्कों पर से कलमा का लेख हटवाना।
- टीका उत्सव, झरोखा दर्शन एवं नौरोज त्योहार पर पाबंदी।
- दरबारी इतिहास लेखन बंद करवा दिया तथा दरबारी कलाकारों की छुट्टी कर दी।
- 1671 में मुसलमानों पर से 'राहदारी कर' का हटाया जाना।
- 1671 में भू-राजस्व विभाग को मुसलमानों की नियुक्ति पर बल देने हेतु आदेश।
- प्रांतीय गर्वनरों को हिन्दू मंदिर तोड़ने के आदेश।
- 1679 में जजिया का पुन: लगाया जाना।

दिल्ली सल्तनत की स्थापत्य कला :

दिल्ली सल्तनत की स्थापत्य कला हिंदू पद्धति तथा मुसलमानी पद्धति के मिश्रण से विकसित हुई है। हिंदू पद्धति शहतीरी शिल्प कला (त्रावियत शैली) पर तथा मुस्लिम पद्धति अरकुष्ट शैली पर आधारित है।

त्रावियत शैली (हिन्दू शैली) : स्तंभ एवं बल्ली का प्रयोग, भरपूर अलंकरण तथा आड़ी एवं खड़ी रेखाओं का प्रयोग किया जाता था।

अरकुष्ट शैली (मुस्लिम शैली) : मेहराव एवं गुंबद का प्रयोग, अलंकरण पर जोर, मानव आकृति एवं पशु आकृति से परहेज, सुलेखन, घंटे का चित्र स्वास्तिक इत्यादि, ज्यामिति डिजाइनों का प्रचलन। मेहराब व गुंबद इस्लाम की देन नहीं है बल्कि यह रोम में विकसित हुई। मुस्लिमों ने इसे वेजेटाइम सांम्राज्य से सीखा। भारत में भी मेहराब एवं गुंबद की जानकारी थी किन्तु इसका प्रयोग नहीं के बराबर होता था तथा इसे वैज्ञानिक ढंग से निर्मित नहीं किया जाता था। इस्लामी एवं हिंदू स्थापत्य में दो समानता–खुले आँगन का होना तथा अलंकरण तथा सजावट पर ज्यादा बल दिया जाना–इन समानताओं के कारण मंदिरों को मस्जिद में परिवर्तित करना संभव हुआ।

कुतुबुद्दीन ऐबक :

1. अजमेर में 'ढाई दिन का झोपड़ा'–नामक मस्जिद का निर्माण करवाया जो प्रारंभ में बौद्ध मठ था।
2. दिल्ली में 'कुव्वत-उल-इस्लाम मस्जिद' का निर्माण करवाया जो प्रारंभ में बौद्ध मठ था एवं तत्पश्चात् विष्णु मंदिर में तब्दील कर दिया गया था।
3. 'किला-ए-रायपिथौरा' का निर्माण करवाया।
4. 'कुतुबमीनार' का निर्माण सूफी संत कुतुबद्दीन बख्तियार काकी की स्मृति में शुरू करवाया जिसे इल्तुतमिश ने पूरा किया।

इल्तुतमिश :

1. दिल्ली के पास 'नसीरुद्दीन के मकबरा' का निर्माण अपने पुत्र नसीरुद्दीन महमूद की स्मृति में करवाया। इसे 'सुल्तानगढ़ी' के नाम से भी जाना जाता है।
2. कुव्वत–उल–इस्लाम मस्जिद के पीछे इल्तुतमिश ने 'अपने मकबरा' का निर्माण करवाया। यह भारत में अपने ढंग का सबसे प्राचीन मकबरा है।
3. इसके अतिरिक्त इल्तुतमिश ने हौजे–शम्सी, ईदगाह, बदायूँ की जामा मस्जिद और नागौर में अंतरकिन के दरवाजा का निर्माण करवाया।

बलबन : बलबन का मकबरा प्रथम ऐसा स्थापत्य जिसमें वैज्ञानिक ढंग से गुम्बद का निर्माण किया गया है।

खिलजी स्थापत्य : इनका स्थापत्य सल्जुक तर्क से प्रभावित था। पहली बार निरंतर रूप में वैज्ञानिक ढंग से मेहराब एवं गुंबद का प्रयोग प्रारंभ हुआ।

अलाउद्दीन खिलजी :

1. दिल्ली में 'कैशिक-ए-शीरी' का निर्माण करवाया।
2. कुतुबमीनार के पास 'अलाई दरवाजे' का निर्माण करवाया।
3. दिल्ली में 'हजार सितन' नामक महल बनावाया।
4. हौजे अलाई तथा 'हौज खास' नामक तालाब का निर्माण करवाया।
5. निजामुद्दीन औलिया के दरगाह के अहाते में 'जमात–ए-खाना मस्जिद' का निर्माण करवाया। यह मस्जिद पूर्णत: इस्लामी शैली में निर्मित प्रथम स्थापत्य था।

तुगलक स्थापत्य : भारतीय एवं इस्लामी शैली का अधिक समन्वय तथा मजबूती के लिए सलामी (ढलुआ दीवार) का प्रयोग प्रारम्भ। निर्माण के लिए अच्छे सामान की जगह मलबे का अधिकाधिक प्रयोग हुआ जो राज्य की आर्थिक कठिनाइयों की ओर ध्यान खींचता है। इसके काल में स्थापत्य में सादगी की ओर वापस लौटने की प्रवृत्ति प्रारम्भ।

गयासुद्दीन तुगलक :

1. दिल्ली के पास 'तुगलकाबाद नगर' की स्थापना की। यहाँ एक दुर्ग का निर्माण करवाया जो 'दुर्ग छप्पन कोट' के नाम से जाना जाता है।
2. तुगलकाबाद में उसने 'अपना मकबरा' बनवाया।

मुहम्मद बिन तुगलक :

1. रायपिथौरा और सीरी के मध्य 'जहाँपनाह नगर' की स्थापना करवायी।
2. 'विजयमंडल भवन' का निर्माण करवाया।
3. 'आदिल शाह के किले' का निर्माण करवाया।
4. 'हजार सितारों के महल' का निर्माण करवाया।
5. शेख निजामुद्दीन 'औलिया का मकबरा' बनवाया।

फिरोजशाह तुगलक :

1. दिल्ली में 'कुश्क-ए-फिरोजाबाद' नामक इमारत का निर्माण करवाया।
2. 'कुश्क-ए-शिकार' नामक महल बनवाया।
3. दिल्ली में 'फिरोजशाह कोटला नामक दुर्ग' का निर्माण करवाया।
4. दिल्ली में 'हौज-ए-खास' के निकट फिरोज ने अपना मकबरा बनवाया।

5. कबीरउद्दीन औलिया के मकबरे का निर्माण प्रारंभ करवाया जिसे नसीरुद्दीन मुहम्मद ने पूरा करवाया। इसे लाल 'गुंबद' के नाम से भी जाना जाता है।
6. जौनपुर, फिरोजाबाद, फतेहाबाद, हिसार आदि नगरों का निर्माण करवाया।
7. 'खिड़की मस्जिद' का निर्माण करवाया।
8. 'हौज खास की जामा मस्जिद' का निर्माण करवाया।

सैय्यद वंश का स्थापत्य :

खिज्र खाँ–'खिजराबाद नगर' की स्थापना की।

मुबारक शाह–'मुबारकबाद नगर' की स्थापना की।

शाह आलम–दिल्ली में 'मुबारकशाह के मकबरे' का निर्माण करवाया।

– दिल्ली में 'मुहम्मदशाह के मकबरे' का निर्माण करवाया।
– लोदी स्थापत्य राजस्थानी एवं गुजराती शैली के छज्जे, मंडप एवं गुफाओं के प्रतीकों का प्रयोग। ऊँचे चबूतरे पर इमारतों का निर्माण। स्थापत्य का उद्यानों के बीच निर्माण। अष्टकोषीय आकार एवं दोहरी मीनारों का प्रयोग प्रारंभ हुआ।

सिकंदर लोदी :

1. बहलोल लोदी के मकबरे का निर्माण।
2. मोती मस्जिद, बड़े खाँ तथा छोटे खाँ की समाधियाँ, बड़ा गुंबद, पोती के गुंबद का निर्माण करवाया।

– **इब्राहिम लोदी :** 'सिकंदर लोदी के मकबरे' का निर्माण करवाया।

सुल्तानों के बारे में इतिहासकारों के महत्वपूर्ण कथन:

कुतुबुद्दीन ऐबक के विषय में

'वीर एवं उदार हृदय सुल्तान था'–**मिनहाजुस्सिराज**

'उसकी आज्ञाओं से इस्लाम के उपदेशों का बहुत प्रचार हुआ और धर्म के सूर्य ने ईश्वर की सहायता रूपी अम्बर से हिन्द के देशों पर अपना प्रतिबिम्ब प्रदान किया।'

–हसनुन्निजामी

इल्तुतमिश के विषय में

'इस्लाम की राजधानी से भेजे गये शाही वस्त्र, हीरे, मोती, सोना-चाँदी, हाथी आदि सभी का राजा, उनके अमीर पुत्र, पुत्रियाँ आदि सबने प्रयोग किया।'

–मिनहाजुस्सराज

'ऐसा गुणवान, दयालु हृदय तथा विद्वानों एवं धर्मोपदेशकों का आदर करने वाला सुल्तान कभी सिंहासन पर नहीं बैठा।'

–मिनहाजुस्सिराज

बलबन के विषय में

'उसने अलाउद्दीन खिलजी के सफल शासन की भूमिका तैयार की थी। यदि उसने भारत में संघर्षरत मुस्लिम शक्ति को दृढ़ एवं संरक्षित न किया होता तो अलाउद्दीन मंगोलों के आक्रमण का सफल प्रतिरोध करने तथा सुदूरवर्ती प्रदशों को विजित करने में कभी सफल न हो पाता, जिसके कारण उसे इल्सलामी इतिहास में गौरवपूर्ण स्थान प्राप्त हुआ।'

–डॉ॰ ईश्वरी प्रसाद

अलाउद्दीन खिलजी के विषय में

'शहीद सुल्तान के कटे मस्तक से अभी रक्त टपक रहा था, जब शाही चन्दोवा अलाउद्दीन के सर पर रखा गया और वह सुल्तान घोषित किया गया।'

–जियाउद्दीन बरनी

'विश्वासघात में उसका आरम्भ हुआ, दानशीलता में वह विकसित हुआ और आतंक में उसका अंत हुआ।'

–डॉ॰ आर॰ एस॰ शर्मा

'सफलता अब उसका साथ नहीं देने लगी। लक्ष्मी सदा की तरह चंचला सिद्ध हुई तथा प्रारब्ध ने उसका अंत करने के लिए अपना खंजर खींच लिया।'

–जियाउद्दीन बरनी

गयासुद्दीन तुगलक के विषय में

'उसने कुछ भी वैसा नहीं किया, जो विवेक एवं बुद्धि से परिपूर्ण न हो। यह कहा जा सकता है कि वह एक सौ पंडितों का शिरोवस्त्र अपने राजमुकुट के नीचे धारण किये था।'

–अमीर खुसरो

मुहम्मद बिन तुगलक के विषय में

सुल्तान की मृत्यु पर बदायूँनी ने लिखा कि 'इस तरह राजा अपनी प्रजा से मुक्त हुआ तथा प्रजा अपने राजा से मुक्त हुई।'

– बदायूंनी

फिरोज तुगलक के विषय में

'फिरोज इस युग का सबसे धर्मान्ध एवं इस क्षेत्र में सिकन्दर लोदी एवं औरंगजेब का अग्रगामी था।'

–डॉ॰ आर॰ सी॰ मजूमदार

सल्तनतकालीन महत्वपूर्ण इमारतों के विषय में इतिहासकारों के कथन :

कुतुबमीनार

'कुतुबमीनार का निर्माण विश्व के समक्ष इस्लाम की शक्ति के उद्घोष के लिए किया गया था। मीनार न्याय तथा धर्म का स्तम्भ स्वरूप प्रतीक थी जिसे पूर्व तथा पश्चिमी पर अल्लाह की छाया का प्रतीक माना गया।'

–पर्सी ब्राउन

हौज-ए-खास या हौज-ए-रानी (निर्माण अलाउद्दीन खिलजी द्वारा) :

'पानी के बीच गुम्बद समुद्र की सतह पर बुलबुले के समान है।'

–अमीर खुसरो

अलाई दरवाजा

'अलाई दरवाजा इस्लामी स्थापत्य कला के खजाने का सबसे बड़ा हीरा है।'

–जॉन मार्शल

गयासुद्दीन तुगलक का मकबरा

'मकबरे की दृढ़ता एवं सादगी के आधार पर हम कह सकते हैं कि उस योद्धा की समाधि के लिए इससे उपर्युक्त स्थान और कोई नहीं हो सकता'

–जॉन मार्शल

सैय्यद एवं लोदी काल में निर्मित वर्गीकृत मकबरों की अधिकता के कारण इतिहासकार पर्सी ब्राउन ने इस काल को 'मकबरों का काल' कहा है।

मोठ की मस्जिद

'लोदियों का स्थापत्य कला में जो भी सबसे सुन्दर है उसका संक्षिप्त रूप मोठ की मस्जिद में विद्यमान है।'

–जॉन मार्शल

अढ़ाई दिन का झोपड़ा

'सौन्दर्य की दृष्टि से कुछ कमी होने पर तकनीकी ज्ञान तथा गणित की सूक्ष्मता की दृष्टि से यह मस्जिद उच्चकोटि की है।'

–जॉन मार्शल

सल्तनतकालीन स्थापत्य कला एक नजर में

निर्माणकार्य	निर्माणकर्ता	स्थान
कुव्वत-उल-इस्लाम मस्जिद	कुतुबद्दीन ऐबक	दिल्ली
कुतुबमीनार	कुतुबद्दीन ऐबक एवं इल्तुतमिश	दिल्ली
अढ़ाई दिन का झोपड़ा	कुतुबुद्दीन ऐबक	अजमेर
सुल्तानगढ़ी अथवा नासिरुद्दीन का मकबरा	इल्तुतमिश	दिल्ली
इल्तुतमिश का मकबरा	इल्तुतमिश	दिल्ली
जामा मस्जिद	इल्तुतमिश	बदायूँ
अतारकिन का दरवाजा	इल्तुतमिश	नागौर (जोधपुर)
बलवन का मकबरा	बलबन	दिल्ली
लाल महल	बलबन	दिल्ली
अलाई दरवाजा	अलाउद्दीन खिलजी	दिल्ली
जमात खाना मस्जिद	अलाउद्दीन खिलजी	दिल्ली
हजार सितून (स्तंभ)	अलाउद्दीन खिलजी	दिल्ली
उषा मस्जिद	मुबारक खिलजी	बयाना (भरतपुर)
तुगलकाबाद	गयासुद्दीन तुगलक	दिल्ली
गयासुद्दीन तुगलक का मकबरा	गयासुद्दीन तुगलक	दिल्ली
शेख निजामुद्दीन औलिया का मकबरा	तुगलक काल	दिल्ली
आदिलाबाद	मुहम्मद तुगलक	दिल्ली
जहाँपनाह	मुहम्मद तुगलक	दिल्ली
फिरोज शाह का मकबरा	फिरोज तुगलक	दिल्ली
खान-ए-जहाँ तेलंगानी का मकबरा	जूनाशाह	दिल्ली
कबीरुद्दीन औलिया का मकबरा (लाल गुम्बद)	तुगलक काल	दिल्ली
काली मस्जिद	जूनाशाह खानेजहाँ	दिल्ली
खिर्की मस्जिद	जूनाशाह खानेजहाँ	दिल्ली
मुबारक सैय्यद का मकबरा	अलाउद्दीन आलमशाह	दिल्ली
बहलोल लोदी का मकबरा	लोदी काल	दिल्ली
सिकन्दर लोदी का मकबरा	इब्राहिम लोदी	दिल्ली
मोठ की मस्जिद	सिकन्दर लोदी के प्रधान मंत्री मियाँ भुवा	दिल्ली

सल्तनतकालीन महत्वपूर्ण कृतियाँ

रचना	रचनाकार	भाषा	विषय
चचनामा	अज्ञात	अरबी	सिंध विजय का वर्णन
तारीख-ए-हिन्द या तारीख-ए-मासूमी	मीर मुहम्मद मासूम		सिंध का विस्तृत इतिहास अरबों की विजय से लेकर मुगल सम्राट अकबर तक।
किताबुल यामिनी	अबू मल बिन मुहम्मद अल जबरुल उतवी		गजनी के शासक सुबुक्तगीन एवं महमूद गजनवी के शासनकाल का वर्णन
जैन-उल-अखबार	अबू सईद		ईरान का इतिहास एवं महमूद गजनवी के जीवन के बारे में जानकारी
तारीख-ए-मसूदी	अबुल फजल मुहम्मद बिन हुसैन अल बिहारी		महमूद गजनवी एवं मसूद का इतिहास
तारीख-उल-हिन्द अथवा तहकीक-ए-हिन्द अथवा किताबुल हिन्द	अल्बरूनी	अरबी	इस प्रसिद्ध ग्रंथ से 11वीं सदी के भारत की राजनीतिक एवं सामाजिक दशा का वर्णन मिलता है।
कमातुल तयारीख	शेख अब्दुल हसन		गोर शंसबनी के इतिहास के बारे में जानकारी
ताजुल नासिर	हसन निजामी		मुहम्मद गोरी के भारत आक्रमण की जानकारी
तबकाते नासिरी	मिनहाज-उस-सिराज	फारसी	मिनहाज ने इस पुस्तक को सुल्तान नासिरुद्दीन महमूद को समर्पित की। इसमें प्रारंभिक मुस्लिम काल से 1260 तक का इतिहास है।
तारीख-ए-फिरोजशाही	बरनी	फारसी	बलबन के राज्याभिषेक से लेकर फिरोज तुगलक के शासन तक का इतिहास।
फतवाँ-ए-जहाँदारी	बरनी	फारसी	यह ग्रंथ सल्तनत कालीन राजनीतिक विचारधारा की सही तस्वीर प्रस्तुत करता है।
खजाइन-उल-फुतूह	अमीर खुसरो	फारसी	अलाउद्दीन के शासनकाल के प्रारम्भिक पंद्रह वर्षों का इतिहास मिलता है।
किरान-उस-सादेन	अमीर खुसरो	फारसी	बुनरा खाँ उसके बेटे ककुवाद के मिलन का वर्णन।
नूहसिपेहर	अमीर खुसरो	फारसी	भारत की जलवायु यहाँ के पुष्प, पशु-पक्षियों, विज्ञान धार्मिक, विश्वास तथा भाषाओं का सजीव चित्रण।
मिफता-उल-फुतूह	अमीर खुसरो	फारसी	जलालुद्दीन खिलजी के शासनकाल की जानकारी।

रचना	रचनाकार	भाषा	विषय
आशिका	अमीर खुसरो	फारसी	गुजरात के शासक करन की पुत्री देवलरानी एवं अलाउद्दीन के पुत्र खिज्र खाँ के बीच प्रेम का उल्लेख, अलाउद्दीन की गुजरात और मालवा पर विजय का वर्णन है।
तुगलकनामा	अमीर खुसरो	फारसी	खुसरो शाह के विरुद्ध गयासुद्दीन तुगलक की विजय का उल्लेख।
फुतूह-उस-सलातीन	ख्वाजा अबूवक इसामी	फारसी	महमूद गजनवी से लेकर मुहम्मद बिन तुगलक के शासनकाल तक का काव्यात्मक इतिहास।
किताबुल रेहला	इब्नबतूता	फारसी	1333 से 1342 तक के भारत की राजनीतिक गतिविधियों एवं सामाजिक हालातों का इस पुस्तक में उल्लेख है।
तारीख-ए-फिरोजशाही	शमस-ए-सिराज अफीक	फारसी	फिरोज तुगलक से लेकर तुगलक वंश के पतन तक का इतिहास मिलता है।
फुतूहाते फिरोजशाही	फिरोज तुगलक	फारसी	सुल्तान ने अपने शासन के विभिन्न आदेशों तथा स्वयं के द्वारा नव-निर्मित भवनों आदि का उल्लेख किया है।
तारीख-ए-मुबारकशाही	याहिया विन अहमद सरहिन्दी	फारसी	तुगलक काल के बाद से लेकर (सैय्यद वंश तक का इतिहास मिलता है। सैय्यद वंश के इतिहास को जानने का एक मात्र स्रोत।
तारीख-ए-मुहम्मद	मोहम्मद बिहामद खानी	फारसी	पैगम्बर मुहम्मद साहब के जन्म से लेकर 1439 ई० तक का इतिहास।

प्रान्तीय शैली के अंतर्गत निर्मित महत्वपूर्ण भवन एक नजर में

भवन	निर्माणकर्ता	शैली
अटाला देवी मस्जिद	इब्राहीम शाह शर्की	जौनपुर शैली
जामी मस्जिद	हुसैन शाह शर्की	जौनपुर शैली
झँझरी मस्जिद	इब्राहीन शाहशर्की	जौनपुर शैली
पाण्डुआ की अदीना मस्जिद	सिकन्दर शाह	बंगाल शैली
मांडू का किला	हुशंग शाह	मालवा शैली
बाज बहादुर एवं रूपमती का महल	नासिरुद्दीन शाह	मालवा शैली
हुशंगशाह का मकबरा	महमूद प्रथम	मालवा शैली
हिंडोला महल	हुशंगशाह	मालवा शैली
जहाज महल	गयासुद्दीन खिलजी	मालवा शैली
कुश्क महल	महमूद खिलजी-I	मालवा शैली
जामा मस्जिद	अहमदशाह	गुजरात शैली
अहमदशाह का	मुहम्मदशाह	गुजरात शैली
मकबरा जामा मस्जिद (श्रीनगर)	सिकन्दर (बुतशिकन)	कश्मीर शैली

मुगलकालीन साहित्य 'एक नजर में'

फारसी भाषा के ग्रंथ

ग्रंथ	रचनाकार
हुमायूँ नामा	गुलबदन बेगम
तारीख-ए-रसीदी	मिर्जा हैदर दोगलत
कानूने हुमायूँनी	खोदमीर
ताजकिरातुल वाकयात	जौहर आफ्तावची
वाकायत-ए-मुश्ताकी	रिजकुल्लाह मुश्ताकी
तोहफा-ए-अकबरशाही	अब्बास खाँ सरवानी
तारीख-ए-शाही	अहमद यादगार
नफाइस-उल-मासिर	मीर अलाउद्दीन कजवीनी
तारीख-ए-अल्फी	मुला दाऊद
अकबरनामा, आईन-ए-अकबरी	अबुल फजल
तबकात-ए-अकबरी	निजामुद्दीन अहमद
मुन्तखब-उल-तवारीख	अब्दुल कादिर बदायूँनी
तुंजुक-ए-जहाँगीरी	जहाँगीर, मौतमिद खाँ, मुहम्मद हाफदी
इकबालनामा-ए-जहाँगीरी	मौतमिद खाँ बख्शी
पादशाहनामा	अब्दुल हमीद लाहौरी
बादशाहनामा	मुहम्मद अमीन कजनीवी
अमल-ए-सालेह	मोहम्मद सालेह
तारीख-ए-शाहजहाँनी	सादिक खाँ
चार चमन	चंद्रभान
शाहजहाँनामा	इनायत खाँ
आलमजीरनामा	काजिम शिराजी
वाकयात-ए-आलमगीरी	आकिल खाँ
खुलासत-उत-तवारीख	सुरजन राय भंडारी
मुन्तखब-उल-लुबाब	खाफी खाँ
फुतूहात-ए-आलमगीरी	ईश्वर दास नागर
नुस्खा-ए-दिलकुशा	भीमसेन सक्सेना
मासिर-ए-आलमगीरी	साकी मुसतइद खाँ
माजमा-ए-अलबहरीन	दाराशिकोह
हिन्दी ग्रंथ	
रामचरितमानस	तुलसीदास
विनयपत्रिका	तुलसीदास
पद्मावत	मलिक मुहम्मद जायसी
सूरसागर, साहित्य लहरी	सूरदास
सूरसारावली	सूरदास
प्रेमवर्तिका	रसखान

ग्रंथ	रचनाकार
सुन्दरश्रृंगार	सुन्दर कविराय
रास पंचाध्यायी	नंददास
चौरासी वैष्णवों की वार्ता	बिट्ठलनाथ
कविता रत्नाकर	सेनापति
कविन्द्र कल्पतरु	कविन्द्र आचार्य
कविप्रिया, रसिकप्रिया, अलंकार मंजरी	केशवदास
रामचंद्रिका	केशवदास
संस्कृत साहित्य	
अकबरकालीन इतिहास	महेश ठाकुर
अकबरशाहीश्रृंगार दर्पण	पद्म सुन्दर
भानुचंद्र चरित्र	सिद्धचंद्र जैन आचार्य
हीर सुभाग्यम	देव विमल
रस गंगाधर, गंगा लहरी	पंडित जगन्नाथ

हिन्दी साहित्य

16वीं तथा 17वीं सदी को 'हिन्दुस्तानी साहित्य का स्वर्ण युग' माना जाता है। मुगल सम्राट अकबर ने अपने हिन्दी प्रेम के कारण ही हिन्दी को संरक्षण प्रदान किया। बादशाह के दरबार के प्रमुख हिन्दी कवियों में बीरबल (जिसे सम्राट ने 'कविप्रिय' की उपाधि प्रदान की थी), मानसिंह (जो पद्य लेखन में निपुण थे), अब्दुर्रहीम खान-खाना (जिन्हें इनके दोहों के लिए आज भी याद किया जाता है), 'नरहरि' (जिसे सम्राट द्वारा 'महापात्र' की उपाधि प्रदान की गई थी), हरिनाथ की गणना की जाती है।

मुगल काल में हिन्दी में लिखे गये अधिकतर काव्य या साहित्य धर्म से संबंधित थे, जिसमें कृष्णभक्ति तथा रामभक्ति की व्याख्या की गई थी। कृष्णभक्ति से संबंधित ग्रंथ '**अष्टछाप**' के सूरदास द्वारा रचित सूरसागर, नंददास की रास-पंचाध्यायी, चौरासी वैष्णों की वार्ता विट्ठलनाथ द्वारा रचित, रसखान-रचित प्रेम वर्तिका आदि। रामभक्ति से संबंधित तुलसीदास की अमर रचना 'रामचरित- मानस' के विषय में **जार्ज ग्रियर्सन ने** कहा– 'हिन्दुस्तान के करोड़ों लोगों की एक-मात्र बाइबिल।'

- शाहजहाँ ने गंगाधार लहरी के लेखक **पं० जगन्नाथ** को **'राजकवि'** का स्थान प्रदान किया।
- बंगाल में काशी रामदास के 'महाभारत' तथा मुकुन्दराम चक्रवर्ती का 'कविकंकण-चंडी की लोकप्रियता आज भी वैसी है जैसी उत्तरी भारत में रामचरितमानस की। मुकन्दराम को **प्रो॰ कॉवेल** ने 'बंगाल का क्रैब' (Crabbe) कहा।
- अकबर ने प्रसिद्ध ग्रंथ कर्ता कश्मीर के मुहम्मद हुसैन को

'जरीकलम' की उपाधि प्रदान की। औरंगजेब ने हिन्दी पर संरक्षण हटाकर उर्दू को महत्व दिया।

उर्दू भाषा का विकास एक नजर में

उर्दू भाषा का विकास, फारसी तथा खड़ी बोली हिन्दी के सम्पर्क से हुआ। तेरहवीं सदी के प्रारम्भ में दिल्ली सल्तनत के अंतर्गत दिल्ली में बोली जाने वाली हिन्दी बोली अरबी और फारसी शब्दों को अपनाने लगी थी। इस मिश्रित बोली जिसे 'जबान-ए-दिल्ली' कहा जाता था, को सबसे पहले अमीर खुसरो ने अपनाया। कालान्तर में इसे 'रेख्ता' (अरबी एवं फारसी शब्दों की अधिकता के कारण) या 'हिन्दवी' तथा अठारहवीं सदी के अंत में 'उर्दू' (खेमे की भाषा) कहा गया।

उर्दू का सर्वप्रथम प्रचार दिल्ली में तदुपरान्त लखनऊ में हुआ। तुर्की शासक जब दक्षिण भारत पहुँचे तो वहाँ उनके साथ गई उर्दू का सम्पर्क वहाँ की स्थानीय भाषाओं से हुआ तब इसे **'दकनी'** कहा गया। दक्कन में दकनी भाषा के महत्वपूर्ण संरक्षक सूफी संत गेंसूदराज, मुहम्मद अली कुतुबशाह, अब्दुल कुतुबशाह (गोलकुण्डा सुल्तान) आदि थे। 17वीं शताब्दी के कवि शम्सुद्दीन वली शाह ने उर्दू के विकास में महत्वपूर्ण भूमिका निभाई। 18वीं शताब्दी तक उर्दू दिल्ली में सम्पूर्ण साहित्यिक भाषा के रूप में पनपने लगी थी।

उर्दू के स्तर को उच्च करने में **गालिब** व **मोमिन** ने महत्वपूर्ण योगदान किया। गालिब को उर्दू में नवीन छंद प्रयोग करने का श्रेय दिया जाता है। **गालिब को उर्दू का सूर और तुलसी कहा जाता है।** मुगल साम्राज्य के विघटन के बाद उर्दू के विकास में गतिरोध उत्पन्न हुआ।

मुगलकालीन रचनायें

ऐतिहासिक रचनायें

- मुल्ला दाउद की ''तारीख-ए-अल्फी''।
- अबुल फजल की ''आइना-ए-अकबरी'', ''अकबर-नामा''।
- फैजी की ''अकबरनामा''।
- अब्बास खाँ शेखानी की ''तोहफा-ए-अकबरी/तारीख-ए-शेरशाही''।
- बदायूँनी की ''मुन्तखव-उत्-तवारीख''।
- मुठ बाकी की ''तारीख-ए-रहीमी''।

(सभी अकबर के समकालीन)

फारसी अनुवाद

- ''रज्मनामा'' के नाम से ''महाभारत'' का अनुवाद- फैजी के निरीक्षण में।
- 1589 में बदायूँनी द्वारा ''रामायण'' का अनुवाद।
- हाजी इब्राहिम सरहिंदी द्वारा ''वेद'' का अनुवाद।
- फैजी द्वारा गजिण पुस्तक 'लीलावती' का अनुवाद।
- मुक्कमल खाँ गुजराती द्वारा घोषित पुस्तक 'तजक' का अनुवाद।
- अब्दुर्र रहीम खानखाना द्वारा ''तुजुक-ए-बाबरी'' का अनुवाद।
- शाह मुहम्मद शाहाबादी द्वारा ''राजतरंगिणी'' का अनुवाद।

अकबर के दरबार के तीन महत्वपूर्ण कवि: गिजाली, फैजी, निशापुर का हुसैन नजीरी।

- कश्मीर के मुहम्मद हुसैन को 'जरीन-ए-कलम' की उपाधि।

जहाँगीर : अपनी आत्मकथा, ''तुजुक-ए-जहाँगिरी'' की रचना को पूर्ण करने का श्रेय- मौलवी मोहम्मद हाँसी।

- कामगार खाँ द्वारा ''मासिर-ए-जहाँगिरी''।
- मुतमिद खाँ द्वारा ''इकबालनामा-ए-जहाँगिरी''।

शाहजहाँ : 'पादशाहा नामा के नाम से तीन ग्रंथ– रचनाकार अब्दुल हमीद लाहौरी, अमीनी कव्वीनी, मोहम्मद वारिस।

- इनायत खाँ द्वारा ''शाहजहाँनामा'' की रचना।
- मोहम्मद सलीह द्वारा ''अमले सलिह'' की रचना।
- दारा शिकोह द्वारा ''मज्म-उल-बहरीन'' की रचना। (समुद्रों का मिलना)

औरंगजेब : इतिहास लेखन पर पाबंदी के कारण खाफी खाँ को 'मुंतखव-उल-लुवाब'' छिपकर लिखना पड़ा।

- मिर्जा मुहम्मद कजीम द्वारा ''आलमगीरनामा'' की रचना।
- मुस्तैद खाँ द्वारा ''मआसिर-ए-आलमगिरी''।
- ईश्वरदास नागर द्वारा ''फुतुहाते आलमगिरी''।
- सुजान राय खत्री द्वारा ''खुलासत-उत्-तवारीख'' की रचना।
- भीमसेन द्वारा ''नुस्खा-ए-दिलकुशा'' की रचना।

हिदुस्तानी साहित्य का स्वर्णिम काल (16वीं- 17वीं शताब्दी) :

- रामभक्त एवं कृष्णभक्त कवियों का काल।
- बीरबल को अच्छे कवि होने के कारण **''कविप्रिय''** की उपाधि।
- मानसिंह भी कविता लिखते थे।

- 16वीं सदी में "**नरहरि**" नामक कवियों को "**महापात्र**" की उपाधि।
- वैष्णव संत वल्लभाचार्य एवं उनके पुत्र विट्ठलदास के अधीन "**अष्टछाप**" कवि रहते थे जिसमें '**रासपंचाध्यायी**' के लेखक नंददास भी थे।
- विट्ठलनाथ ने "**84 विष्णु के वार्त्ता**" नामक ग्रंथ लिखा।
- रसखान द्वारा "**प्रेमवर्तिका**" की रचना।
- परमानंद दास एवं कुंभनदास भी अष्टछाप कवियों में आते हैं।
- रामभक्त कवि तुलसीदास द्वारा "**रामचरितमानस**" की रचना।

  (**ग्रियर्सन** ने इसे '**भारत की करोड़ों जनता की बाइबल**' कहा।)

  बंगाल साहित्य : कृष्णदास कविराज की "**चैतन्य-चरितामृत**"।
- वृन्दावनदास द्वारा "**चैतन्यभागवत्**" की रचना।
- दयानंद द्वारा "**चैतन्यमंगल**" की रचना।
- त्रिलोचनदास ने भी "**चैतन्यमंगल**" की रचना की।
- मुकुंदराम चक्रवर्ती द्वारा "**कविकंकणचंडी**" की रचना।

अकबर द्वारा संस्कृत साहित्य को संरक्षण

- उसके काल में प्रथम फारसी संस्कृत शब्दकोश "**पारसी प्रकाश**" की रचना।
- महेश ठाकुर ने अकबर के काल का इतिहास संस्कृत में लिखा है।
- पद्मशंकर द्वारा अकबरशाही "**शृंगारदर्पण**" की रचना।
- सिद्धिचंद्र उपाध्याय द्वारा "**भानुचंद्र चरित**" की रचना।
- शाहजहाँ के दरबारी कवि जगन्नाथ पंडित द्वारा "**रसगंगाधर**" एवं "**गंगालहरी**" की रचना।

स्थापत्य कला

मुगलकाल-द्वितीय क्लासिकल युग :

- इस काल का सांस्कृतिक विकास सही अर्थों में राष्ट्रीय संस्कृति के विकास से जुड़ा हुआ है।
- वास्तुकला का वास्तविक विकास अकबर के समय शुरू हुआ।
- बाबर ने भारत में मस्जिदों एवं अन्य स्मारकों के निर्माण के लिये कुस्तुनतुनिया से अलबानिया के प्रसिद्ध भवन निर्माता '**सीनान**' को आमंत्रित किया।

बाबर द्वारा निर्मित स्थापत्यों में मात्र तीन शेष हैं :

- प्रथम पानीपत के काबुली बाग में एक स्मारक मस्जिद।
- रोहिला खंड में संभल नामक स्थान पर जामी मस्जिद।
- आगरे के पुराने लोदी किले के भीतर एक मस्जिद।
- ईरानी शैली पर कुछ बगीचे का निर्माण।
- आगरा स्थित "आरामबाग" एवं "जाहराबाग"।

हुमायूँ :

1. आगरे की मस्जिद।
2. पूर्वी पंजाब के हिसार जिले के फतेहाबाद में बनी मस्जिद। 1533 ई० में हुमायूँ ने दिल्ली में "दीनपनाह" की स्थापना की।

हुमायूँ का मकबरा :

- हुमायूँ की पत्नी हमीदाबानु बेगम की देखरेख में निर्मित।
- ईरानी शैली से प्रभावित (गुंबद अष्टकोणीय)।
- निर्माता-ईरानी निवासी मीर मिर्जा गयास।
- भारत में चारबाग शैली का प्रथम मकबरा।
- भारतीय प्रभाव-- पंचधारियों में संगमरमर का प्रयोग।
- 1565-66 मुगलों द्वारा श्वेत संगमरमर का प्रयोग प्रारंभ।
- इसे ताज का पूर्वगामी माना जा सकता है।

शेरशाह का काल :

- भारतीय भवन निर्माण कला में संक्रांति का काल।
- दिल्ली में पुराना किला, "किला-ए-कुहना" नाम मस्जिद का निर्माण। सासाराम में "शेरशाह का मकबरा" (तालाब के बीच स्थित जहाँ जाने के लिये मार्ग सेतु बनाये गये हैं)।
- **अकबर** अबुल फजल के अनुसार–बादशाह ने आलीशान इमारतों की योजना बनायी तथा उन योजनाओं को कार्यान्वित किया।
- फर्ग्यूसन कहता है कि "फतेहपुर सीकरी उसी महान् व्यक्ति के मस्तिष्क का प्रतिबिंब है।"
- भारतीय (त्रावियत शैली अधिकांशतः) ईरानी (सजावट के लिए) शैलियों का सुन्दर समन्वय।
- अधिकतर लाल पत्थर का प्रयोग प्रभावोत्पादकता हेतु कहीं-कहीं सफेद संगमरमर का प्रयोग।

- दो चरण–प्रथम चरण में आगरा इलाहाबाद तथा लाहौर के किले एवं कुछ महलों का निर्माण द्वितीय चरण में फतेहपुर सीकारी का निर्माण।
- आगरे कि किले के अंदर गुजरात एवं बंगाल के स्थापत्य शैली पर बहुत से महलों (जहाँगीरी महल मुख्यत:) का निर्माण।
- 1572 ई॰ में अकबर ने आगरा से 36 किलोमीटर दूर फतेहपुर सीकरी में किलेनुमा महल का निर्माण प्रारंभ किया। इसके निर्माण में आठ वर्ष लगे।

फतेहपुर सीकरी का महत्वपूर्ण भवन

- जोधाबाई का महल, हिंदू शैली में निर्मित ''दीवान-ए-आम'', ''दीवान-ए-खास'', संगमरमर का बना जामा मस्जिद जिसे फर्ग्यूसन ने पत्थर में रूपानी कथा कहा।
- अकबर की गुजरात विजय के स्मारक के रूप में निर्मित ''बुलंद दरवाजा'' जो संगमरमर तथा बलुआ पत्थर स बना है।
- बौद्ध भवन योजना के आधार पर निर्मित ''पंचमहल'' (पिरामिडाकार)।
- शेख सलीम चिश्मी का मकबरा भारत में संगमरमर के उपयोग का उत्कृष्ट उदाहरण।
- इलाहाबाद में 40 स्तंभों का राजमहल अकबरकालीन स्थापत्य कला का महत्वपूर्ण उदाहरण।

जहाँगीर

- भवनों की सजावट पर विशेष ध्यान।
- सिकंदरा स्थित ''अकबर का मकबरा''।
- आगरा स्थित ''एतमादुदौला का मकबरा''।
- दिल्ली स्थित ''अब्दुर्र रहीम खानखाना'' का मकबरा।
- एतमादुदौला के मकबरे को ताजमहल एवं हुमायूँ के मकबरे के बीच की कड़ी कहा जाता है।
- पित्रादुरा का प्रथम प्रयोग एतमादुदौला के मकबरे में हुआ है।

शाहजहाँ

- लाहौर में शाहदरा नामक स्थान पर जहाँगीर के किले का निर्माण।
- आगरा में ''दीवान-ए-खास'', रंगमहल, शीशमहल, ख्वासमहल, मच्छीमहल, नगीना मस्जिद, मुसम्मन बुर्ज, मोती मस्जिद।
- राजस्थान स्थित मकराना से संगमरमर आते थे।
- 1627 ई॰ में आगरा के किले में दीवान-ए-आम संगमरमर का बनवाया गया प्रथम भवन है। दीवान-ए- खास, मोती मस्जिद (पूर्णत: संगमरमर)।
- 1639 ई॰ में दिल्ली में ''शाहजहाँबाद'' नामक नगर बसाया।
- जामा मस्जिद एवं लालकिला का दिल्ली में निर्माण।
- दिल्ली के लालकिले में दीवान-ए-आम, दीवान-ए-खास, हीरामहल, रंगमहल, ख्वाबशाह, इमाम आदि का निर्माण।
- ''दीवान-ए-खास'' के विषय में अमीर खुसरो ने ठीक लिखा कि ''अगर पृथ्वी पर कहीं स्वर्ग है तो वह यही है, यही है।'' (दीवान-ए-खास)

विशेषता (शाहजहाँ) : पित्रादुरा का व्यापक प्रयोग।

प्रारंभ (जहाँगीर) : संगमरमर का काल।

- बहुपरतीय मेहराब का प्रयोग e.g. लाल किला का दीवान-ए-खास।
- ईरानी प्रभाव के परिणामस्वरूप गुम्बद की कलाकारी अधिक सुंदर ढंग से।
- शाहजहाँ के भवन निर्माताओं ने बंगाली शैली में मुड़े हुए कंगूरों एवं छाजनमुक्त छत का प्रयोग किया।

''आगरे का ताजमहल'' (1632-52): अर्जुमंद बानु बेगम (मुमताज) की याद में (मृत्यु 1631 ई॰)।

- प्रारंभ 1632 ई॰। बीस वर्षों तक निर्माण।
- उस्ताद अहमद लाहौरी इसका मुख्य डिजाइनर था जिसे शाहजहाँ ने ''नादिर-उल-असर'' की उपाधि दी।
- अजमेर की दरगाह को पुन: संगमरमर में ढलवाया।
- दिल्ली में निजामुद्दीन औलिया की दरगाह का पुनर्निर्माण।
- अजमेर में स्नान करने के लिए ''अन्नासागर झील'' में एक घाट का निर्माण।
- लाहौर की बादशाही मस्जिद।

औरंगजेब

- दिल्ली के लालकिले की मोती मस्जिद।
- औरंगाबाद स्थित (रबिया दुर्रानी का मकबरा)।

मुगलकालीन निर्माण कार्य

निर्माण	स्थान	निर्माण कार्य	निर्माण	स्थान	निर्माण कार्य
1. काबुलीबाग	पानीपत	बाबर	21. सलीम चिश्ती का मकबरा	फतेहपुर सीकरी	अकबर
2. जामी मस्जिद	संभल (रुहेलखंड)	बाबर	22. इस्लामशाह का मकबरा	फतेहपुर सीकरी	अकबर
3. आगरे की मस्दिज	आगरा	हुमायूँ	23. अकबर का मकबरा	सिकंदरा	जहाँगीर
4. दीनपनाह नगर	दिल्ली	हुमायूँ	24. एत्माद्द्दौला का मकबरा	आगरा	नूरजहाँ
5. पुराना किला	दिल्ली	शेरशाह सूरी	25. जहाँगीर का मकबरा	शाहदरा (लाहौर)	नूरजहाँ
6. किला-ए-कुहना	दिल्ली	शेरशाह सूरी	26. आगरा महल	आगरा	शाहजहाँ
7. रोहतास का किला	रोहतास	शेरशाह सूरी	27. शीशमहल	आगरा	शाहजहाँ
8. शेरशाह का मकबरा	शाहाबाद, सासाराम (बिहार)	शेरशाह सूरी	28. खासमहल	आगरा	शाहजहाँ
9. हुमायूँ का मकबरा	दिल्ली	हाजी बेगम	29. मुसम्मन बुर्ज	आगरा	शाहजहाँ
10. आगरे का किला	आगरा	अकबर	30. नगीना मस्जिद	आगरा	शाहजहाँ
11. जहाँगीरी का महल	आगरा	अकबर	31. मोती मस्जिद	आगरा	शाहजहाँ
12. फ़तेहपुर सीकरी महल	फतेहपुर सीकरी	अकबर	32. जामा मस्जिद	आगरा	शाहजहाँ
13. जोधाबाई का महल	फतेहपुर सीकरी	अकबर	33. ताजमहल	आगरा	शाहजहाँ
14. मरियम की कोठी	फतेहपुर सीकरी	अकबर	34. शाहजहाँनाबाद	दिल्ली	शाहजहाँ
15. बीरबल का महल	फतेहपुर सीकरी	अकबर	35. लालकिला	दिल्ली	शाहजहाँ
16. पंचमहल	फतेहपुर सीकरी	अकबर	36. दीवाने आम	दिल्ली	शाहजहाँ
17. तुर्की सुल्तान की कोठी	फतेहपुर सीकरी	अकबर	37. दीवाने खास	दिल्ली	शाहजहाँ
18. खास महल	फतेहपुर सीकरी	अकबर	38. रंगमहल	दिल्ली	शाहजहाँ
19. जामा मस्जिद	फतेहपुर सीकरी	अकबर	39. जामा मस्जिद	दिल्ली	शाहजहाँ
20. बुलंद दरवाजा	फतेहपुर सीकरी	अकबर	40. रबिया-उद-दौरानी	औरंगाबाद	औरंगजेब
			41. बादशाही मस्जिद	लाहौर	औरंगजेब
			42. मोती मस्जिद	दिल्ली	औरंगजेब

चित्रकला

- चित्रकला का विकास हुमायूँ के शासनकाल में आरंभ हुआ।
- हुमायूँ ने 'तारीख-ए-खानदानी' तैमूरिया की पांडुलिपि को चित्रित करने के लिए ईरानी चित्रकारों मीर सैयद अली सिराजी तथा ख्वाजा अब्दुल सम्मद तबरीजी को बुलवाया था।
- भारतीय चित्रकार धार्मिक विषयों का अधिकतर चित्रण करते जबकि ईरानी चित्रकार धर्मेत्तर विषयों- राजदरबार एवं युद्ध का चित्रण।
- अकबर मीर सैयद अली एवं ख्वाजा अब्दुल सम्मद अकबर के दरबार में थे। अबुल फजल के अनुसार इन्हें 'सीरीन कलम' की उपाधि दी गई। अकबर के समय प्रथम योजना ''हम्जानामा'' या ''दास्तां-ए-अमीर हम्जा'' 1562 ई० में प्रारंभ हुई। अकबर के यौवन काल की सजीव अभिव्यक्ति।

  अबुल फजल, बदायूँनी एवं शाहनबाज खाँ के अनुसार : इसके चित्रण का कार्य अकबर की प्रेरणा से शुरू हुआ और सबसे पहले मीर सैयद अली के निर्देशन में हुआ, फिर ख्वाजा अब्दुस समद के निर्देशन में पूरा किया गया।

  मुल्ला अलाउद्दीन कज़वीनी : ''हम्जानामा हुमायूँ के मस्तिष्क की उपज थी एवं मीर सैयद अली के मार्ग निर्देशन में संपन्न हुआ''।

  अबुल फजल : अकबर के दरबार के तस्वीर खाना में 17 कलाकार थे। अधिकतर हिन्दू-दसावन, बसावन, केशवलाल, मुकुंद, मिसिकन, फारूख, कल्मक, माधू, जगन, महेश, हेमकरण, तारा, सावंल, हरिवंशराम।
- अकबर के समय चित्रकारी सामूहिक प्रयास था। कलाकार

नकद वेतन प्राप्त कर्मचारी थे।

- दो मुख्य विषय: 1. दरबार की प्रतिदिन की घटनाओं का चित्रण, 2. इसारा छवि चित्रण।

मुगल चित्रकला पर भारतीय प्रभाव का गहराना

- 1562 ई० में मुगल दरबार में तानसेन के आगमन पर बनाये गये चित्र में हिन्दू एवं फारसी पद्धतियों का संयोग दिखने लगा है।

  विदेशी कलाकार : अब्दुल सम्मद, फारुख शेख, खुसरो कुली, जमशेद इत्यादि।
- अकबर कहा करता था, ''मुझे लगता है कि मानो चित्रकार को ईश्वर को पहचानने का एक विचित्र व्याधन होता है। ....''
- ''रज्मनामा'' का प्रणेता दसवन्त अकबर के दरबार का अग्रणी चित्रकार था, जिसने विक्षिप्त हो आत्महत्या कर ली।
- अब्दुस सम्मद के दरबारी पुत्र मुहम्मद शरीफ ने रज्मनामा के चित्रण के कार्य का पर्यवेक्षण किया।
- **अकबरकालीन महत्वपूर्ण पांडुलिपि** : रामायण, अकबरनामा, अनवरेसुहाइल, बाबरनामा, जमियत तवारीख, खम्सा, तारीख-ए-अल्फी, कालयादममना।

राजपूत चित्रकला का प्रभाव :

1. चौड़े ब्रश की जगह गोल ब्रश का प्रयोग।
2. गहरे पीले एवं गहरे लाल रंग का प्रयोग अधिक।

- यूरोपीय चित्रकला के नमूने पुर्तगीजों के माध्यम से आये।

  प्रभाव : 1. व्यक्ति विशेष का चित्र बनाना। 2. दृश्य में आगे दिखने वाली वस्तुओं को छोटे आकार में बनाना।

  सलीम : शहजादा सलीम द्वारा हेराती प्रवासी 'आगा रेजा' के नेतृत्व में आगरा में चित्रणशाला खोलवाना।

  जहाँगीर : मुगल चित्रकला का चरमोत्कर्ष।

1. मोरक्का के रूप में देखी जा सकती हैं। (चित्रों का संकलन)
2. डेकोरेटेड भारजिनस।

- छवि चित्रण की तुलना में पांडुलिपि चित्रण की कम महत्ता।

नये तत्व :

- रूपवादी शैली की प्रधानता तथा यथार्थ का हूबहू चित्रण।
- इस काल में जानवरों और मनुष्यों की कला अधिक विकसित हुई।
- इस क्षेत्र में 'उस्ताद मंसूर' का बहुत नाम था।
- एकमात्र पांडुलिपि चित्र–''तुजुक-ए-जहाँगिरी''।
- इस काल में राजा के दैवी अधिकार के सिद्धांत को चित्रकला का विषय बनाया और शाहजहाँ के काल में इसे व्यापकता मिली।

  फारसी कलाकार आगा रेजा, अबुल हसन, मु० नादिर, मु० मुराद, उस्ताद मंसूर।

  हिंदू चित्रकार बिसनदास, मनोहर, गोवर्धन, दौलत।
- 'दौलत' नामक दरबारी चित्रकार ने अपने साथी चित्रकार बिसनदास, गोवर्धन एवं अबुल हसन के चित्र बादशाह के आदेश पर बनाये।
- बिसनदास को ईरान के दरबार में भेजा गया।
- उस्ताद मंसूर को ''नादिर-उल-अस्त्र'' तथा अबुल हसन को ''नादिर-उल-जमा'' की उपाधि।
- आरंभ में मनोहर, नन्हा एवं फारुख बेग को छवि चित्रण का काम।
- 'तुजुक-ए-जहाँगिरी' में मनोहर का नाम नहीं।
- जहाँगीरकालीन एक चित्र में जहाँगीर को ईरान के शाह अब्बास का स्वागत करते हुए तथा जहाँगीर को गले लगाते हुए दिखाया गया है और उसके पैर के नीचे एक ग्लोब है। लेकिन, वह शाह से कभी नहीं मिला।
- शत्रु मलिक अंबर के कटे सिर पर जहाँगीर को पैर मारते हुए दिखाया गया है। किन्तु, जहाँगीर मलिक अंबर से कभी जीत नहीं पाया।
- मनोहर (बसावन का पुत्र), बिसनदास, मंसूर–सभी अकबर के शासनकाल के अंतिम वर्षों में आ चुके थे।

यूरोपीय चित्रकला का प्रभाव :

1. यीशु का जन्म।
2. कुमारी मरियम एवं शिशु।
3. विभिन्न संतों के शहीद होने के चित्र।
4. प्रभामंडल।
5. पंखों वाले देव दूत।
6. गरजते बादल।

- किंतु, मुगल चित्रकला ने तैल चित्रकला को नहीं अपनाया।
- एक बार जहाँगीर ने सर टॉमस रो को यूरोपीय ढंग का कुछ चित्र लाने को कहा था जिसकी मुगल चित्रकारों ने नकल की।

शाहजहाँ एवं औरंगजेब :

- शाहजहाँ के समय जहाँगीरकालीन सजीवता का अभाव।
- अलंकरण पर बहुत बल।
- रंगों के बदले सोने की सजावट का प्रयोग।
- औरंगजेब के समय-चित्रकला का अवसान।

राजस्थानी चित्रकला (केंद्र): मेवाड़, आमेर, बूँदी, गुजरात, जोधपुर, मालवा इत्यादि।

- 'प्रकृति' महत्वपूर्ण विषय बन गया।
- गीत गाते पक्षी एवं उछलते-कूदते पशु चित्रकला के लोकप्रिय विषय थे।

मेवाड़ का ''निथारदीन'' घराना : राजस्थानी समूह का प्राचीनतम स्कूल।

जोधपुर एवं नागौर स्कूल (Main features) : मनुष्य की आँखें मछली की तरह बनाया जाना।

किशनगढ़ स्कूल : अधिक गीतात्मक एवं संवेदनात्मक।

- महाराजा सावंत सिंह को प्रारंभ करने का श्रेय।
- 18वीं सदी के उत्तरार्ध में कांगड़ा स्कूल द्वारा सुंदर चित्र बनाये गये।
- टिहरी गढ़वाल स्कूल इसी की एक शाखा है।

संगीत कला

- अबुल फजल के अनुसार–अकबर के दरबार में 36 गायक थे।
- प्रमुख–तानसेन-बाजबहादुर।

तानसेन

- ध्रुपद गायक, प्रारंभिक गुरू – हरिदास स्वामी।
- ''रूद्रवीणा'' नामक वाद्ययंत्र की खोज की।
- मियाँ की मल्हाड़, मियाँ की तोड़ी, दरबारी कन्हार की खोज की।
- प्रारंभिक नाम–राम तनु पांडेय।
- तानसेन का पुत्र विलास खाँ एवं दामाद लालखाँ शाहजहाँ का दरबारी था। लालखाँ– गुणासमुद्र की उपाधि।
- दरबारी पंडित जगन्नाथ एवं पंडित सुखनाथ अच्छे संगीतकार थे। पंडित जगन्नाथ को महाकविराय की उपाधि।

मुगल बाग

1. हश्त वहीस्त – बाबर द्वारा, नया नाम रामबाग।
2. शालीमार बाग – जहाँगीर द्वारा श्रीनगर में।
3. नीशात बाग – जहाँगीर द्वारा श्रीनगर में।
4. शालीमार बाग – शाहजहाँ द्वारा लाहौर के निकट।
5. हयात बख्श – शाहजहाँ द्वारा लालकिले के अंदर।
6. शालीमार बाग – शाहजहाँ द्वारा दिल्ली में।
7. वजीर बाग – दारा शिकोह द्वारा कश्मीर में।
8. चहार बुर्जी बाग – जेबुन्निसा के द्वारा लाहौर के निकट।

मुगल साहित्य

मुगलकाल में फारसी इतिहास लेखन

जीवनियाँ : (1) बाबरनामा (2) तुजुके जहाँगिरी

बादशाहों द्वारा इतिहास लिखवाना

1. अकबरनामा 2. बादशाहनामा 3. आलमगीरनामा मुगल सरकारी इतिहास की बेहतरीन मिसालें।

विशुद्ध इतिहास लेखन

1. तबकात-ए-अकबरी–निजामुद्दीन अहमद
- उमरा की जीवनी पर आधारित रचना।
2. तजकिरे–जीवन संबंधी हालात का चित्रण।
3. मासिर उल उमरा – शाहनवाज खाँ।

मुगलकाल में घटनाओं को वर्षानुक्रम में पेश किया गया।

हुमायूँनामा–गुलबदन बेगम

- बाबर की बेटी।
- कन्नौज की हार के बाद काबुल में रही और 1545 में हुमायूँ की काबुल वापसी पर अति प्रसन्न।
- कामरान और हुमायूँ के बीच अफगानिस्तान में हुई लड़ाइयों का विवरण।
- अपने भाई हिन्दाल की मौत का कारण विवरण।
- हुमायूँनामा बतलाता है कि कामरान को समझाने के लिए खानजादा बेगम को भेजा गया, लेकिन कामरान ने बेगम का प्रस्ताव ठुकारा दिया।

तजकिरातुल वाकयात–जौहर आफतावची :

हुमायूँ का पुराना नौकर।

अकबर के आदेश पर लिखित रचना।

- हुमायूँ और ईरान के तहमशीस्प के आपसी मतभेद का उल्लेख।

वाकयात-ए-मुशताकी–रिजकुल्लाह मुशताकी :

- लोदी और सूरकाल पर प्रकाश डालने वाली सबसे पहली किताब।
- बहलोल लोदी से लेकर अकबर के शासनकाल के मध्य तक।

तोहफा-ए-अकबरशाही–अब्बास खाँ शेरवानी :

- अकबर के आदेश पर रचना।
- उद्देश्य–शेरशाह सूरी के कारनामों को उजागर करना।
- अकबर को समर्पित।
- बहलोल लोदी से प्रारंभ होकर शेरशाह की मौत तक।

बाबरनामा/तुजुक-ए-बाबरी :

- बाबर–तुर्कीभाषा।

- बाबर के सद्र-उस-सद्र शेख जेतुद्दीन ख्वाजा द्वारा फारसी अनुवाद (केवल खानवाँ की लड़ाई तक)
- 1583 में अकबर के आदेशानुसार 'खान-ए-खाना' द्वारा फारसी में अनुवाद।
- बाबर के काल की जानकारी के लिए अनिवार्य होने के साथ-साथ हुमायूँ के शुरू के दौर के लिए भी प्राथमिक महत्व का स्रोत।
- बाबर द्वारा खानदेश उड़ीसा, सिंध और कश्मीर के राजनीतिक स्थिति का विवरण न देना।
- पुर्तगालियों को नजरअंदाज किया जाना।

पूरक रचना :

मिर्जा हैदर दौगलत	– 'तारीख-ए-रशीदी'।
गुलबदन बेगम	– हुमायूँनामा।
अहमद यादगार	– तारीख-ए-शाही।
खोंदमीर की	– हबीब उस शियार

- यह किताब मोहम्मद हुसैन की इच्छा पर शुरू की गई थी।
- बाबर के काल के लिए आवश्यक हिन्दुस्तान पर कब्जा करने के पहले बाबर के हालात का विवरण।

तारीख-ए-रशीदी–मिर्जा हैदर दोगलत :

- बाबर का मौसेरा भाई।
- मुगलों और मध्य एशिया की राजनीति के लिए स्रोत।
- लेखक ने 1540 ई० में कश्मीर पर कब्जा कर हुमायूँ के प्रतिनिधि के रूप में शासन किया।
- कन्नौज की लड़ाई का उत्कृष्ट विवरण।
- काशगर के अब्दुल रशीद खाँ अबुल फतह सुल्तान सईद को समर्पित।

कानूने हुमायूँनी–खोंदमीर :

- हुमायूँ की जबर्दस्त चापलूसी जिससे वह ग्वालियर में मिला था।
- इसके द्वारा हुमायूँ को प्रदत्त पदवी–सिकन्दर-ए- आजम।

तारीख-ए-शाही–अहमदयादगार :

- बंगाल के दाऊदशाह के आदेश पर अफगान सुल्तान के इतिहास की रचना।
- बहलोल लोदी से प्रारंभ होकर हेमू के कत्ल तक का विवरण।
- अपनी तख्तनशीनी के तीसरे साल बाबर के लाहौर जाने का उल्लेख।
- मुनदाहिरों के खिलाफ बाबर के अभियान का जिक्र।

तजकिस-ए-हुमायूँ व अकबर-बायजीद बयात :

- अकबर के हुक्म पर हुमायूँ के संबंध में अबुल फजल के इस्तेमाल के लिए।
- 1545 में हुमायूँ ने इसे बैरम खाँ के साथ दूत बनाकर कामरान के पास भेजा।
- हुमायूँ की ईरान की खानगी से रचना की प्रारंभ।
- हेमू को ''हरामजादा काफिर'' कहा गया है।

नफाइस उल मासिर–मीर अलाउदौला कजवीनी :

- अकबर के काल पर सबसे पहली ऐतिहासिक पुस्तक।
- मती उल इस्लाम – राजाभारमल को।
- आगरा और सीकरी की इमारतों का जिक्र, गुजरात विजय।

तारीख-ए-अकबरी–आरिफ कंधारी :

- बैरम खान की मुलाजमत में दाखिल।
- अकबर के सुधारों की चर्चा तथा प्रशंसा।

तारीख-ए-उलफी–बदायूँनी :

- इस्लाम के एक हजार साल पूरा होने के सिलसिले में अकबर के आदेश पर रचित।
- पैगंबर मोहम्मद से शुरू होने वाला मुस्लिम शासकों का एक साधारण इतिहास।
- सल्तनतकालीन हालात की जानकारी का स्रोत।

अकबरनामा–अबुल फजल :

- 1551 में आगरा में।
- जौनपुर के सैयद मोहम्मद द्वारा समकालीन मुस्लिम समाज की बुराइयों में चलाए गए महादेवी आंदोलन से प्रभावित।
- Orthodox– अबदुल नवी, मखदम उल मुल्क, अबदुल्ला सुल्तानपुरी :
- 1574 में अकबर की मुलाजत में दाखिल तथा 1589-90 में अकबर के काल का इतिहास लिखने का आदेश।

उद्देश्य

- अकबर के जीवन के रुहानी पहलू को उजागर करना।
- सुलेहकुल की नीति को लोगों तक पहुँचाना।
- बादशाह के व्यक्तित्व की महानता को मनवा देना।
- अकबर को 'इंसान-ए-कामिल' माना।
- सात साल की मेहनत के बाद 1597-98 में 'अकबरनामा' अकबर के सामने पेश।
- तीन जिल्दों में – तीसरी जिल्द – 'आइन-ए-अकबरी'।
- 'आइन' में अकबर की प्रणाली का विवरण।
- अमीर खुसरों की नौसीपहर की तरह की रचना।

- अलबरूनी की तरह अबुल फजल भी हिन्दुओं को एकेश्वरवादी मानता है।
- बादशाह के लिए लड़ने वालों को 'मुजाहिदान-ए-इस्लाम' की बजाय 'मुजाहिदान-ए-इस्लाम' एवं 'गाजीयान-ए-इस्लाम' की जगह 'गाजीयान-ए-दौलत' कहा गया।
- अबुल फजल के पुराने लेखकों के इस दृष्टिकोण का खंडन किया कि हिंदुस्तान का इतिहास इस्लाम और हिंदू धर्म के परस्पर टकराव से भरा है।
- राजा टोडरमल की तारीफ, किंतु उसकी कट्टरता को आड़े हाथों लेना।

तबकात-ए-अकबरी–निजामुद्दीन अहमद

- अकबर के कई अभियानों में उसके साथ था। गुजरात में बख्शी पद पर काम किया।
- 'तारीख-ए-अलफी' लिखने वाले बोर्ड का सदस्य था।
- हिन्दुस्तान की साधारण तारीफ की।
- तटस्थ रचनाकार अबुल फजल की चापलूसी और बदायूँनी की कट्टरता के बीच कड़ी यह ग्रंथ थी।

मुन्तखव-उव-तवारीख–अब्दुल कादिर बदायूँनी

- बदायूँनी ने न सिर्फ अकबर की मुखालिफत की है, वरन् उसने हर उस अमल की आलोचना की है जिससे गैर-मुस्लिमों की सरपरस्ती झलकती है।
- उलेमा के नजरिए को उजागर किया।
- उसे उस जमाने से शिकायत थी जिसने, उसकी काबिलियत, ज्ञान और समझदारी की कद्र नहीं की।
- शेख मुबारक की तालीम का बदायूँनी पर गहरा प्रभाव पड़ा।
- 1574 में आगरा आने के बाद 1575-76 में उसे 'इमाम' बना दिया गया और उसे 1000 बीघा जमीन 'मदद-ए-माश' के तौर पर मिली।
- अबुल फजल एवं फैजी की उदारता से सख्त नफरत।
- इस कट्टरता के बावजूद बदायूँनी महदवी लोगों से हमदर्दी रखता था।
- मौलिकता से प्रभावित अब्दुल्ला सुल्तानपुरी और शेख अब्दुल नबी की आलोचना की।
- आमेर के कछवाहों की बदायूँनी अपने धर्म पर डँटे रहने के लिए तथा 'दीन-ए-इलाही' नहीं कबूल करने के लिए प्रशंसा करता है।
- अकबर के हुक्म पर कछवाहा सरदार द्वारा मिर्जा कामरान के बेटे मिर्जा अब्दुल कासिम के कत्ल (1564 ई०) का बदायूँनी जिक्र नहीं करता।
- 'तवारीख'– गजनवी दौर से शुरू होकर अकबर के चालीसवें साल पर खत्म होता है। बदनसीबी पर आँसू बहाए क्योंकि उसे अपने ही हाथ से काफिरों के नाम लिखने पड़ रहे थे।
- शत्तारी सिलसिले के 'मौ० गौस' से बदायूँनी बिना मिले वापस आ गया क्योंकि वह हिन्दुओं का खड़े होकर स्वागत कर रहे थे।
- अकबर ने गाय, भैंस, भेड़, ऊँट का गोश्त खाने पर पाबंदी लगाई क्योंकि वह घरेलू पशु थे। लेकिन बदायूँनी केवल गाय की हत्या पर प्रतिबंध का उल्लेख करता है।

तुजुक-ए-जहाँगीरी–प्राथमिक स्रोत :

- सोलहवें साल पर जाकर जहाँगीर लिखना छोड़ देता है।
- पादशाह के नाम से 16वें से 19वें वर्ष तक की घटना मुअतमिद खाँ ने लिखा।
- 'मौलवी मोहम्मद हादी' ने इसे पूरा किया।

इकबालनामा-ए-जहाँगरी–मुअतमिद खाँ :

- 19वें वर्ष तक के हालात तुजुक के सामान।
- चौथे वर्ष खुसरों की रिहाई के षड्यंत्र में शामिल होने के कारण ऐतमाद्दौला गिरफ्तार।
- After 19th year—जानकारी का एकमात्र स्रोत।
- महावत खाँ की बगावत के समय मुअतमिद खाँ शाही कैंप में मौजूद था।
- बादशाह को महावत खाँ की चंगुल से निकालने में भी मौजूद।
- नूरजहाँ के नजदीकियों में से था।
- आसफ खाँ विरोध, एतमाद्दौला पर भ्रष्टाचार का आरोप।

पादशाहनामा–मो० अमीर कजवीनी :

- शाहजहाँ के काल का सबसे पहला सरकारी इतिहास।
- अब्दुल हमीर लाहौरी को 'पादशाहनामा' इतिहास लिखने के लिए पटना से बुलाया गया, अबुल फजल के ढंग से इतिहास लेखन के लिए।

मो० वारिस का पादशाहनामा :

- लाहौरी के काम को पूरा करने के लिए (21वें वर्ष से लेकर 31वें वर्ष तक की घटना)।

अमल-ए-सालेह–मो० सालेह :

- शाहजहाँ के काल का पूरा इतिहास 'पादशाहनामा' केवल तीसवें वर्ष तक ही जबकि सालेह बत्तीसवें वर्ष तक।

तारीख-ए-शाहजहाँनी–सादिक खाँ :

- औरंगजेब के आगरे पर कब्जा कर लेने के बाद शाहजहाँ के दूत की हैसियत से काम किया।
- केवल शाहजहाँ की हुकूमत के खात्मे तक का वर्णन।

चहार चमन–चंद्रभान ब्राह्मण :

- शाहजहाँ की शासन प्रणाली और उसकी वास्तविक कार्य प्रणाली पर सर्वश्रेष्ठ काम।

आलमगीरनामा–आजेम शिराजी :

- औरंगजेब के शासन काल के 15वें वर्ष तक का विवरण।

आलमगीर–हातिम खाँ

वाकयात-ए-आलमगीरी–आकिल खाँ रजा

- युद्ध-विजय का विस्तार से वर्णन।

खुलासत-उल-तवारीख–सुजान राय भंडारी

- शाहजहाँ की मृत्यु (1666 तक) तक का वर्णन।
- काबुल और कांधार को हिन्दुस्तान के दो दरवाजे बताता है।
- अबुल फजल के बाद ऐतिहासिक भूगोल का एकमात्र सही ज्ञाता।

मुन्तखब-उल-लुबाब–खाफी खाँ

- औरंगजेब के काल का आलोचनात्मक वर्णन दक्कन के हालात की आलोचना।

फुतुहात-ए-आलमगीरी–ईश्वरदास नागर

- राजपूतों के विशेषकर राठौरों के साथ मुगलों के संबंध का विस्तार से वर्णन।

नुस्खा-ए-दिलकुशा–भीमसेन सक्सेना

- मुगल फौज की कमजोरी आपसी जलन और उमरा के भ्रष्टाचार का उल्लेख।
- मुगल फौज द्वारा फसलों की बर्बादी के कारण किसानों के पलायन का उल्लेख।

मुआसिर-ए-आलमगीरी–साकी मुसतइद खाँ

- सतनामी विद्रोह का वर्णन

मुगलकालीन शब्दवली

अबवाब	इस्लाम के विरुद्ध सरकारी अधिकारियों एवं जमींदारों द्वारा लगाया जाने वाला विधि उपकर जैसे चुंगी व प्रभार।
आइन	सरकारी कानून।
अल्तमगा	जहाँगीर द्वारा शुरू किया गया सरकारी अनुदान।
अताबेग	अल्पायु शासकों के संरक्षक के लिए प्रयोग की जाने वाली उपाधि।
चकला	खालसा भूमि से संबंधित चकलादार के अधीन भूमि को चकला कहा गया।
चौथ	मराठों द्वारा जीते गये प्रदेशों से वसूला जाने वाले वाला राजस्व का चौथा हिस्सा।
दाम	ताँबा निर्मित एक सिक्का जो अकबर के समय में रुपये के चालीसवें हिस्से के बराबर होता था।
दार-उल-इस्लाम	मुस्लिम शासकों के अधीन क्षेत्र।
दार-उल-हर्व	गैर-मुस्लिम शासकों के अधीन क्षेत्र।
दस्तूर	अकबर और उसके बाद के काल में राजस्व निर्धारण की दरों की सूची, जो नकदी रूप में दर्शायी जाती थी।
शीतल घाटी	केले के पत्ते से निर्मित्त कोमल चटाइयाँ।
पार्म-नार्म	कश्मीरी उत्तर श्रेणी की शालों को।
तसर	उड़ीसा में निर्मित घास कपड़ा।
दीह या देह	गाँव, मीजा का पर्याय।
देसाई	जिले का मुख्य राजस्व अधिकारी।
फितना	अरबी शब्द शाब्दिक अर्थ जाँचना, परखना तथा चुनौती देना नई मुस्लिम संप्रभुता स्थापित करने का साधन।
गंज	स्थायी बाजार, अनाज मंडी।
गाजी	जिहाद में विश्वास करने वाला योद्धा।
गुमाश्ता	खालसा भूमि से संबंधित राजस्व अधिकारियों द्वारा नियुक्त सहायक अथवा अधीनस्थ कर्मचारी।
इजारा	भूराजस्व का ठेका।
इनाम	लगान से मुक्त भूमि, जिसका कल्याणकारी कार्यों के लिए दान किया जाता था।
हासिल	अनुमानित आय के विपरीत वास्तविक आय को हासिल कहा जाता था।
हुंडी	बैंकों (मुगलकालीन) द्वारा जारी किया गया भुगतान पत्र जिसके द्वारा एक स्थान के व्यापारी को रुपये देकर दूसरे स्थान के व्यापारी से रुपये ले लिये जाते थे।

जागरी	मुगलशासन के समय का वह क्षेत्र जिसका राजस्व किसी राजकीय कर्मचारी को उसकी सेवाओं के बदले में वेतन के रूप में एक निश्चित अवधि के लिए दिया जाता था।
जरीब	जमीन मापक यंत्र।
जिहाद	शरीयत में काफिरों के खिलाफ घोषित धर्मयुद्ध।
खानकाह	सूफी गतिविधियों का केंद्र, यहाँ सूफी संत निवास करते थे।
खानजादा	अमीर या उमरावर्ग के पुत्रों को।
ख़िदमती	अधीनस्थ द्वारा अपने उच्च अधिकारियों को दी गई भेंट।
खुदकाश्त	वे भूस्वामी जो अपनी भूमि पर खुद से खेती करते थे।
करोड़ी	अकबर द्वारा नियुक्त राजस्व एकत्र करने वाला अधिकारी। इसे 'आलमगुजर' भी कहा जाता था।
कुलकर्णी	गाँव का लेखपाल।
महल	भू-राजस्व ज्ञात करने की एक इकाई। अकबर के समय में राजस्व का एक उपविभाग।
मकतब	आरम्भिक पाठशाला जिसमें कुरान की आयतें याद कराई जाती थीं।
'सालिस'	निष्पक्ष निर्णयकर्ता (ग्रामस्तर पर)।
मुकासमा	उत्पादन पर लिया जाने वाला कर।
मालिकाना	एक विशेष भत्ता।
मनसब	अधीनस्थ घोड़ों और सवारों की संख्या के आधार पर बनाया गया मुगल राजदरबार का एक पद। मनसबदारी प्रथा अधीनस्थ घोड़ों एवं सवारों की संख्या पर आधारित सरकारी पदानुक्रम था।
मिरास	वंशानुगत अधिकार।
मोहर	मुगलकालीन सोने के सिक्के।
मुआफी	राजस्वमुक्त भूमि (धार्मिक कार्यों के लिए)।
मुकद्दम	गाँव, जाति या संघ का मुखिया।
मुतालबा	राजस्व की माँग, बकाया राजस्व की वसूली।
पैबाकी	हस्तांतरण हेतु सुरक्षित भूमि।
पाहीकाश्त	दूसरे गाँवों से जाकर कृषि-कार्य करने वालों को।
पटेल	गाँव का मुखिया।
पोलिगर	दक्षिण भारत का छोटा मुखिया।
कबूलियत	राजस्व चुकाने के लिए लिखकर दिया गया वचनपत्र या पट्टे की प्रतिलिपि।
कुरियत	गाँव का पर्याय।
राई	जिंस के रूप में राजस्व दर तालिका जिसका प्रयोग राजस्व का अनुमान लगाने तथा अगली उपज का लक्ष्य निर्धारित करने के लिए किया जाता था (शेरशाह द्वारा सृजित)।
वर्गीगिरी	लूटमार वाली लड़ाई।
सर्राफ	उधार देने वाला देशी महाजन।
सुयूरगल	नकद अथवा भूमि अनुदान के रूप में मुगल बादशाहों द्वारा दिया जाने वाला भत्ता।
तज़कीर	जीवनी परक पुस्तक।
तुयूल	राजस्व का निर्धारण, जागीर तथा इक्ता का पर्याय।

मध्यकालीन शब्दावली

1. मुहतासीब	धार्मिक अधिकारी जो इस्लाम के सिद्धांतों को लागू करवाता था।
2. दीवान-ए-तन	जागीर से संबंधित मामलों की देखभाल करने वाला अधिकारी।
3. मुश्तौफी	महालेखा-परीक्षक।
4. दरोगा-ए-डाक चौकी	राजकीय चौकी का प्रभारी।
5. मीर-ए-अर्ज	अर्जियों का प्रभारी।
6. मीर-ए-माल	राज-भत्ता का प्रभारी।
7. मीर तुजुक	उत्सवों का अधिकारी।

8. वाकीयानवीस खबर लेखक।
9. स्थानीय-नीगर खबर लेखक।
10. खुफीया-नवीस गुप्त पत्र लेखक।
11. हरकारा जासूस सभा संदेशवाहक।
12. मीर बख्शी सैन्य विभाग का मुख्य अधिकारी।
13. मीर समन राजकीय कारखानों का प्रभारी अधिकारी।
14. सद्र धार्मिक मामलों का अधिकारी।
15. सिपहसलार सूबेदार सैन्य संचालक।
16. फौजदार सरकार (जिले) का प्रमुख।
17. कोतवाल शहर का प्रमुख।
18. बुयुतात सरकारी संपत्ति की देखभाल करने वाला अधिकारी।
19. मीर बहर सैन्य प्रयोग के लिए पुलों, बंदरगाह कर, सीमा-शुल्क, तथा नौका कर का प्रभारी अधिकारी।
20. खान-ए-समन राजपरिवार की समुचित व्यवस्था के लिए जिम्मेवार अधिकारी।
21. अमलगुजार जिला स्तर का राजस्व अधिकारी।
22. आमिल एक राजस्व अधिकारी।
23. बख्शी कोषाधिकारी, वेतनाधिकारी।
24. बरीद गुप्तचर कर्मचारी, जासूस।
25. बरीद-ए-मामलिक शाही गुप्तचर सेवा का मुखिया।
26. दबीर क्लर्क, सचिव।
27. हजीब प्रबंधक।
28. कारकुन श्रमिक, छोटे कर्मचारी।
29. राहदरी अंतर्देशीय तथा विदेशी व्यापार पर लगने वाला कर।
30. कत्रपर्चा सभी प्रकार के सूती, रेशमी तथा ऊनी वस्त्रों पर लगने वाला कर।
31. माल जीहत भूमि कर।
32. सैर जीहत विविध कर (भू-राजस्व के अलावा)।
33. सैर महल/महल-ए-सैर राजकोषीय इकाई था।
34. निकाहाना शादी पर लिया जाने वाला शुल्क।
35. महाराणा दहेज पर लगने वाला शुल्क।
36. हुंडवार हुंडी रखने वाला।
37. रेजारीया छोटे कृषक।
38. धेनकली सिंचाई के लिए कुएँ से पानी निकालने का एक यंत्र। यह लकड़ी का बना होता था जो लीवर के सिद्धांत पर काम करता था।
39. साकीया पानी निकालने का एक परिष्कृत यंत्र। यह लकड़ी, रस्सी तथा मिट्टी के बर्तन का बना होता था तथा यह जानवर के गोल चक्कर लगाने से गीयर पहिया के घूमने से काम करता था। परसीयन व्हील कहलाता था।
40. चरस एक प्रकार का यंत्र जिसमें चमड़े की बाल्टी से पानी निकाला जाता था। चमड़े की बाल्टी एक रस्सी से जुड़ी होती थी जो पुली व्हील के ऊपर बैल द्वारा खींची जाती थी।
41. बीस्वा भूमि माप की एक इकाई (1/20 बीघा)।
42. हम-ए-हासील भूमि के वास्तविक उपज के अनुसार भूमि कर का निर्धारण।
43. माल भूमि राजस्व।
44. रैयती गैर-जमींदारी क्षेत्र।
45. पट्टा ऐसा दस्तावेज जिसमें जमीन का विवरण होता था जो किसानों को राज्य की तरफ से दिया जाता था।
46. जमा जागीर से आय का निर्धारण।
47. जमा-दामी दाम के सापेक्ष में भूमि से आय का निर्धारण।
48. रियाता खुदकाश्त कृषक मालिक।
49. तुयुल जागीर।
50. जरीमाना मनसबदारों पर लगाया गया शुल्क।
51. पैबाकी ऐसे क्षेत्र जो मनसबदारों को प्रदान किए जाने के आरक्षित रखा जाता था।

52. पाहीकास्त — गरीब और बाहर से आए किसान। इन्हें 'पाहीज या उपारीस' भी कहा जाता था।

53. अल्तमगा — सरकारी अनुदान--एक विशेष प्रकार की भूमि-दान जिसकी शुरुआत जहाँगीर ने की थी।

54. अताबेक — अवयस्क शासकों के संरक्षकों के लिए प्रयुक्त एक तुर्की उपाधि।

55. दस्तूर-उल-अमल — अकबर और उसके बाद के काल में राजस्व निर्धारण की दरों की सूची जो नकदी दरों में दर्शायी जाती थी।

56. हासिल — सोलहवीं शताब्दी से आमतौर पर इसका इस्तेमाल वास्तविक आय के अर्थ में होने लगा जो अनुमानित आय के ठीक विपरीत अर्थ में है।

57. इजारा — ठेका, विशेष रूप से भू-राजस्व का ठेका।

58. जरीब — जमीन की एक माप, एक उपकरण जिससे जमीन की माप की जाती है। सोलहवीं शताब्दी में इससे जमीन का क्षेत्र-निर्धारण किया जाता था जिसे 'पैमाइश' कहा जाता था।

59. खानजादा — अमीरों के साहबजादे (बेटे)।

60. खराज — गैर-मुस्लिम किसानों से वसूल किया जाने वाला भूमिकर, इस्लाम धर्म में स्वीकृत चार करों में से एक।

61. खिदमती — अधीनस्थों द्वारा अपने उच्च अधिकारी को दी गई भेंट।

62. मदद-ए-माश — विद्वान् अथवा धार्मिक लोगों की सहायता के लिए राज्य द्वारा दी जाने वाली भूमि।

63. मालिकाना — जमींदार अथवा भू-स्वामी को दिया जाने वाला एक विशेष भत्ता।

64. मुतालबा — राजस्व की माँग अथवा बकाया राजस्व की वसूली।

65. नजराना — निष्ठा (स्वामिभक्ति) प्रदर्शित करने के लिए दिया जाने वाला उपहार अथवा अधिकार के लिए (शासन के लिए) दिया जाने वाला कर।

66. कबुलियत — राजस्व अदा करने के लिए दिया गया लिखित वचन पट्टे की प्रतिलिपि।

67. रे, राइ — इसका प्रयोग सोलहवीं शताब्दी में होता था। राजस्व दर की तालिका के रूप में प्रयुक्त होता था। इस तालिका का प्रयोग राजस्व के आकलन तथा अगली उपज का लक्ष्य निर्धारित करने के लिए किया जाता था। इसका प्रयोग दस्तूर यानी राजस्व की नगदी दरों की तालिका के ठीक विपरीत अर्थ में होता था।

68. सैयद — मुसलमान का एक प्रमुख समुदाय जो मुहम्मद से संबंधित हुसैन के वंशज होने का दावा करता था।

69. शेखजादा — संतों के पुत्र।

70. सयूरगल — मुगलकाल में पादशाह द्वारा दिए गए भत्ते। इनका भुगतान नकद अथवा भूमि अनुदानों के रूप में किया जाता था।

71. तकावी — सरकार द्वारा किसान को दी गई पेशगी रकम।

72. वजीफा — पादशाह द्वारा धर्मार्थ अथवा सहानुभूति स्वरूप दिया गया भत्ता। इसमें नगद राशि दी जाती थी।

73. जमींदार-ए-जोरतलब — जमींदार जो केवल बलपूर्वक ही राजस्व की भरपाई करते थे।

74. फतवा — इस्लाम के कानून के अनुसार एक कानूनी निर्णय।

75. गाजी — काफिरों से संघर्ष करने वाला।
76. जिहाद — गैर-मुसलमानों के विरुद्ध धर्मिक युद्ध।
77. काफिर — गैर-मुसलमान, जो इस्लाम को नहीं मानते थे।
78. मिल्लत — संपूर्ण मुसलमानों की संपूर्ण जनसंख्या।
79. जीमी — गैर-मुसलमानों की संपूर्ण जनसंख्या। संरक्षित लोग।
80. रैयत — किसान।
81. जबीता/जवाबीत — धर्मनिरपेक्ष आज्ञप्ति।
82. जिल-ए-इलाही — शब्दिक अर्थ "भूमि पर ईश्वर की छाया"। एक उपाधि जो राजाओं द्वारा ग्रहण की गई।
83. दर-उल-इर्ब/दर-उल-कुफ्र — गैर-मुसलमानों की जमीन।
84. दर-उल-इस्लाम/मुल्क/खलीफा — मुसलमानों की भूमि।
85. उलेमा — राजकीय आज्ञा।
86. उलेमा — मुसलमानों का धार्मिक वर्ग।
87. एम्मा — मुसलमानों का धार्मिक वर्ग।
88. खानजादा — मनसबदारों के पुत्र तथा आश्रित।
89. झरोखा-ए-दर्शन — प्रत्येक सुबह राजा का अपने महल के झरोखे से दर्शन देने की परंपरा।
90. नकदी — मनसबदार जो वेतन नकद लेते थे।
91. मुकद्दम — उत्तरी भारत में ग्राम प्रधान।
92. पटेल — दक्षिण में ग्राम प्रधान।
93. जब्ती — संपत्ति को राजकीय अधिकार में लेने का कानून।
94. जात — किसी मनसबदार का निजी दर्जा जो उसके पद एवं वेतन का सूचक था।
95. नीम-सवार — अर्ध सवार, एक अश्व वाला सैनिक।
96. दहबशी — दस सेना का सेनापति।
97. दह हजारी — एक हजार सेना का सेनापति।
98. उमरात/अमीर-ए-उमराह/अमीर-ए-आजम — 2500 या उससे अधिक के पद का मनसबदार।
99. अमीर — 500 से ऊपर 2500 से कम के पद का वाला मनसबदार
100. तलब खस्सा — मनसबदार का निजी वेतन।
101. तबीनान — सैन्य टुकड़ी का वेतन।
102. खुरक दव्वाह — जानवरों के लिए चारा/ मनसबदार के वेतन से एक प्रकार की कटौती।
103. मुतलबा — मनसबदार से लिया जाने वाला बकाया।
104. मुशरत — कुलीन या मनसबदार को दिया जाने वाला सशर्त दर्जा।
105. कारकुन — क्लर्क।
106. मीर-ए-अर्ज — याचिकाओं का प्रभारी अधिकारी।
107. मीर-ए-माल — राज-भत्ता का प्रभारी अधिकारी।
108. मीर तुजुक — समारोहों का प्रभारी अधिकारी।
109. मीर बहर — पुलों, बंदरगाहों, सीमा-शुल्क, नाव तथा समुद्री बेड़े का प्रभारी अधिकारी।
110. मीर-ए-आतिस (दरोगा-ए-तोपखाना) — शास्त्रागार का प्रभारी अधिकारी।
111. वाकीयानवीस — समाचार लेखक।
112. खुफिया नवीस — गोपनीय पत्र-लेखक।
113. हरकारा — जासूस तथा संदेशवाहक।
114. बुयुतात — सरकारी संपत्ति की देखभाल करने वाला।
115. शाहबंदर — बंदरगाह का प्रशासनिक अधिकारी।
116. अमील — राजस्व अधिकारी की सेना।
117. मुशरीफ-ए-ममालिक — अधिकारी जो राजस्व की वसूली का निरीक्षण करता था तथा स्थानीय लेखा का लेखा परीक्षण करता था।
118. मुस्तौफी-ए-ममालिक — अधिकारी जो राज्य के व्यय को नियंत्रित करता था।
119. नयबुल मुल्क — प्रतिशासक।

शब्द	अर्थ
120. वकील-ए-सल्तनत	प्रधानमंत्री।
121. दीवान-ए-कुल	प्रधान दीवान (अजमेर)।
122. दीवान-ए-खालसा	खालसा भूमि का दीवान।
123. दीवान-ए-तन	वेतन का दीवान।
124. आरीज-ए-ममालिक	सैनिक प्रशासन का प्रधान।
125. हाशमा-ए-अतराफ	प्रांतीय मुख्यालय तथा गैरीजन पर तैनात सेना की टुकड़ी।
126. खान	दस हजार और उससे अधिक घुड़सवारों का सेनापति।
127. मलिक	हजार घुड़सवारों का सेनापति।
128. अमीर	सौ घुड़सवारों का सेनापति।
129. सिपहसलार	एक सौ से कम घुड़सवार सैनिकों का सेनापति।
130. अहल-ए-कलम	साहित्यकार, विद्वान् तथा लेखक।
131. अहलए-ए-शमशीर/ अहल-ए-टेग	तलवार का धनी।
132. खीदमतीरूयास	महल का चौकीदार।
133. सेह-बंदी	पैदल सेना।
134. अहशाम	पैदल सेना।
135. बारगीर	राज्य के द्वारा संगठित घुड़सवार सेना।
136. सीलेहदार	स्वयं द्वारा संगठित घुड़सवार सेना जिसे ज्यादा वेतन दिया जाता था।
137. जींसी	बड़े हथियारों वाला शस्त्रागार।
138. दस्ती	छोटे हथियारों वाला शस्त्रागार।
139. अहदीस	सैन्य टुकड़ी जिसकी भर्ती तथा वेतन, भत्ता आदि राज्य की ओर से दिया जाता था।
140. दाखीली	पूरक सैन्य टुकड़ी जिसकी भर्ती तथा वेतन, भत्ता आदि राज्य की ओर से दिया जाता था।
141. मीर बर	वन अधीक्षक।
142. स्थानीय नीगर	समाचार लेखक।
143. शाहबंदर	बंदरगाह का प्रधान।
144. दाबरी-ए-मुमालिक	राज्य के पत्राचार का प्रधान।
145. उम्मल	राजस्व अधिकारी (आमिल का बहुवचन)।
146. मजलीस-ए-फरमानी	मित्रों और पार्षदों का परिषद्।
147. बर-ए-खास	सभा जहाँ राजा दरबारियों से मिलता था।
148. बर-ए-आम	सभा जहाँ राजा आम लोगों से मिलता था तथा उनकी शिकायतें सुनता था।
149. खस्सा-दार	निजी सेवक।
150. अमीर-ए-शीकर	अस्तबल का मालिक।
151. सिलहदार	सेना का एक भाग।
152. सर-जानदार	अंगरक्षकों का सेनापति।
153. तहवीलदार	नगद रखने वाला।
154. अमीर-उल-मोमनीन	शाब्दिक अर्थ "विश्वसनीय नेता" खलीफा के लिए प्रयुक्त शब्द।
155. मामीन-उल-खलीफा	खलीफा का सबसे नजदीकी व्यक्ति।
156. दीवान-ए-आला	वित्त मंत्री।
157. साहीब-ए-तौजीह	सैनिक लेखा का प्रभारी।
158. मुशरीफ-ए-खजाना	कोष प्रधान।
159. दीवान-ए-जागीर	भूमि आवंटन का प्रभारी।
160. सदर-ए-सुदर (सदर-ए-जहाँ)	चौथा प्रमुख राजकीय मंत्री/ धार्मिक अनुदार का प्रभारी।
161. मीर समन	राजकीय घरेलू मामलों, हरम, राजकीय रसोईघर, राजकीय रक्षक और राज्य के स्वामित्व वाले कारखानों का प्रभारी।
162. मुहतसीब	एक धार्मिक अधिकारी।
163. मीर-ए-वार	जंगल का प्रभारी अधिकारी।
164. मीर मुंशी	राजकीय पत्राचार का प्रभारी।
165. दरोगा-ए-टकसाल	राजकीय टकसाल का प्रभारी।
166. गुमाश्ताह	एजेंट।
167. अमलगुजार	जिला अधिकारी जो राजस्व व्यवस्था का प्रधान होता था।
168. करोड़ी	वरिष्ठ अधिकारी जिसे अपने क्षेत्र से एक करोड़ रूपया वसूल करने का दायित्व सौंपा गया था।

169. सेहबंदी — सहायक सेना का एक भाग।
170. खजानदार (मुशरिफ-ए-खजाना) — कोषाधिकारी।
171. कानूनगो — पटवारियों का प्रधान जो परगने स्तर का वंशानुगत भू-राजस्व अधिकारी था।
172. शीक्कदर-ए-शीक्कदरन — शिक का प्रधान।
173. जलाली — चौकोर रुपया।
174. दाम/पैसे/फुलस — 325.5 जौ (21 ग्राम) का मुख्य ताँबे का सिक्का (40 दाम = 1 रुपया)।
175. जीतल — सबसे छोटा ताँबे का सिक्का (25 जीतल = 1 दाम)।
176. इलाही — स्वर्ण सिक्का (1 इलाही = 10 रुपया)।
177. रुपया — 172 जौ का गोल चाँदी का सिक्का।
178. शहंशाह — सबसे बड़ा सोने का सिक्का।
179. दीरहम — 1 दीरहम = 1/4 रुपया से थोड़ा ज्यादा।
180. कलीमा — मुसलमान द्वारा इस्लाम में विश्वास को स्वीकार करना।
181. अख्ताचीस — घोड़े के साज की देखभाल करने वाला पदाधिकारी।
182. हासील — वास्तविक राजस्व।
183. पेशकश — नजराना।
184. ढेंकली — लकड़ी का बना हत्था जिसका प्रयोग कुँओं से पानी खींचकर खेतों में डालने के लिए किया जाता था।
185. चरस — बैल के जोत द्वारा चमड़े की बाल्टी से कुएँ से पानी खींचने का तरीका।
186. साकीया — परसीयन व्हील द्वारा पानी खींचने का परिष्कृत यंत्र।
187. पैकाश्त/पाहीकाश्त — ऐसे कृषक जो अपनी भूमि के अलावा गाँव में दूसरों की जमीन पर खेती करते हैं।
188. दस्तूर — नगर राजस्व की दर।
189. खुदकाश्त/मालिक-ए-जमीन — स्वयं के प्रबंधन में खेती करना।
190. रेजारीआया — उत्तरी भारत में छोटे किसान जो अपनी जीविका तथा बीज और जानवरों के लिए पूर्ण रूप से कर्ज का निर्भर थे।
191. जामा-दामी — निर्धारित राजस्व।
192. इबारत — पेंशन।
193. वेत-उल-माल — राज्य के सभी पदाधिकारी, कुलीन तथा ऐसे सभी लोग जिनकी मृत्यु बिना उनके वारिस की हो, कि संपत्ति उनकी मृत्यु के बाद जमा कर ली जाती थी।
194. खंद-काश्त/मालिक-ए-जमीन — सरकारी दस्तावेज में भूमि का मालिक या निवासी कृषक।
195. पाही/उपारी — बाहर के कृषक जो दूसरे गाँव से खेती के लिए आते थे।
196. मुजारीयन — जो खुदकाश्त से भूमि लेकर फसल का भाग उसे किराये के रूप में देता था।
197. तकवी — कृषि ऋणं।
198. राहदरी — पारगमन कर।
199. रैयत — कृषक।
200. मदाद-ई-माश/सयुरधल — भूमि दान जो विद्वानों को जीवनपर्यन्त उनकी जीविका के लिए दिया जाता था।
201. कारखाना — विलासिता संबंधी वस्तुओं के निर्माण के लिए कार्यशाला।
202. मशरत — मनसबदार का एक सशर्त दर्जा।
203. खालसा — ऐसे क्षेत्र जहाँ सुल्तान के कोष के लिए राजस्व सुरक्षित रखा जाता था।

204. मुहास्सील — राजस्व जमाकर्ता।
205. बलाहार — साधारण किसान।
206. गज-ए-इलाही — भूमि की माप के लिए नया पैमाइश जिसे अकबर ने शुरू किया।
207. कानकुत — किसी भूमि की उपज का एक मोटे तौर पर अनुमान।
208. ज़मा — भूमि का अनुमानित राजस्व जो मनसबदार को दिए जाने वाले वेतन के बराबर होता था।
209. तुमुल — जागीर के लिए प्रयुक्त शब्द।
210. चेला — अकबर द्वारा दासों के लिए प्रयुक्त शब्द।
211. उशरी/उर्शी — ऐसी भूमि जो सिंचाई के लिए कृत्रिम साधनों पर निर्भर हो उस पर उपज का 1/20वाँ भागकर के रूप में लिया जाता था।
212. पंडारी — चुंगी।
213. हश्म-ए-कल्ब — स्थाई सेना।
214. इतलाक/बरात — एक प्रकार का ड्राफ्ट जिस पर फिरोजशाह तुगलक की सेना सुल्तान के राजस्व अधिकारी से अपने वेतन का दावा पेश करती थीं।
215. वक्फ — धार्मिक तथा शैक्षिक संस्थानों को अनुदान।
216. वजीफा — विद्वानों को दिया जाने वाला अनुदान।
217. इदरार — गरीबों को दिया जाने वाला अनुदान।
218. हक्क-ए-खोती — राज्य के द्वारा दिया जाने वाला वेतन।
219. कीश्मत-ए-खोती — खोती, मुकद्दम तथा चौधरी द्वारा अपने हिस्से का कुछ उपज का भाग जो कि किसानों से लिया जाता था।
220. बलहार — सामान्य कृषक।
221. सोनधर — कृषि के लिए दिया जाने वाला ऋण।
222. शीक — दिल्ली सल्तनत के काल में प्रशासनिक प्रमंडल (जिला)।
223. अब्वाब — उपकर।
224. बीस्वा — एक बीघा का 1/20वाँ हिस्सा।
225. फवाजील — अधिक मात्रा।
226. खोत — ग्रामीण अधिकारी/राजस्व समाहर्त्ता।
227. खुतबा — एक धर्मोपदेश जो प्रत्येक शुक्रवार को मस्जिद में पढ़ा जाता था जिसमें शासक का नाम शामिल होता था।
228. पटवारी — ग्रामीण लेखाकार।
229. तरकात — ऐसी संपत्ति जिसका कोई वारिस न हो।
230. जवाबीत — राज्य के कानून जिसका आधार धर्म नहीं हैं।
231. जहदारी — संसारिक प्रशासन।
232. सीजदा — दण्डवत्।
233. जमींबोस — जमीन को चूमना।
234. कुनींस — दाहिने हाथ को सिर पर रखना तथा सिर को नीचे की ओर झुकाना।
235. तस्लीम — दाहिने हाथ का पृष्ठ भाग जमीन पर रखना तथा इसे धीरे-धीरे ऊपर उठाना जब तक व्यक्ति सीधा खड़ा होता था।
236. शाह बुर्ज — गोपनीय प्रकोष्ठ।
237. मील्लत — मुसलमान भाईचारा (संपूर्ण मुस्लिम समुदाय)
238. महजर — भ्रमातित आज्ञप्ति।
239. मदद-ए-माश — उलेमा तथा मुसलमान संतों को दी जाने वाली भूमि।
240. महसुल — नगद या उपज के रूप में राज्य का बकाया।

241. लम्बरदार — ग्राम प्रधान।
242. आइ-ए-दशाला/जब्ती-प्रथा/रैयतवारी प्रथा — अकबर के द्वारा शुरू की गई भू-राजस्व व्यवस्था।
243. अकीकात — नवजात शिशु का मुंडन।
244. मुसादत — राजकीय कोष से ऋण दिये जाने की प्रथा के लिए एक सम्मानित उपाधि।
245. मुता — निश्चित अस्थायी समय के लिए शादी।
246. हौज-ए-खास — राजकीय जलाशय।
247. तनब — भूमि के माप के लिए बाँस का डंडा जिसमें लोहे का छल्ला लगा होता था।
248. इजारा — कृषक ठेका व्यवस्था।
249. जोरतलब — वैसा क्षेत्र जहां जमींदार अत्यंत शक्तिशाली थे।
250. दस्तर शुमरी — पगड़ी पर कर।
251. खाना शुमरी — गृह कर।
252. धरूहाला — राजस्थान के धनी किसान।
253. मीरासदार — महाराष्ट्र के धनी किसान।
254. पलटीस — राजस्थान के छोटे किसान।
255. कुनबीस — महाराष्ट्र के छोटे किसान।
256. पैकास्त — उत्तरी भारत का अस्थाई निवासी कृषक।
257. उपारी — महाराष्ट्र का अस्थाई निवासी कृषक।
258. बलुतेदार — ग्रामीण समुदाय की प्रथा।
259. जमाबंदी — राजस्व का वार्षिक निर्धारण।
260. कलापार्चा — सभी तरह के कपास, रेशम और ऊन के कपड़ों पर लगने वाला कर।
261. महसुल-ए-दारूलजर्ब — राज्य टकसाल शुल्क।
262. रूसु-ए-अहलकरन — अधिकारियों की परिलब्धि
263. उजरत-ए-करीगरन — कारीगरों की मजदूरी।
264. कौरी — विनिमय का एक माध्यम।
265. ताजा सिक्का — तुरंत का ढाला हुआ सिक्का।
266. चालानी — चालू सिक्का।
267. विलायत — अकबर के शासन से पहले के प्रांत।
268. बाओली/बावड़ी — सीढ़ीदार कुआँ।
269. सराय/हम्माम — लोक स्नानागार।
270. देवराह — मंदिर।
271. दाग — घोड़े पर निशान लगाना।
272. चेहरा — सैनिकों की नामावली।
273. तलब-खस्सा — मनसबदारों का व्यक्तिगत वेतन।
274. शशमहा — छमाही।
275. खुराक दव्वाह — जानवरों का चारा।
276. दोगामी — नगद लेने पर एक रुपये में दो दाम की कमी।
277. जरीमाना — जुर्माना।
278. मुतालबा — राज्य की माँग।
279. जागीर तनख्वाह — जागीर, जो वेतन के स्थान पर दी जाती थी।
280. मशरूत जागीर — निश्चित शर्त पर किसी व्यक्ति को दी जाने वाली जागीर।
281. इनाम जागीर — कर-मुक्त जागीर।
282. वतन जागीर — जागीर जो जमींदार को उनके अपने अधिकार क्षेत्र में दी जाती थी।
283. अल-तमगा — मुसलमानों को दी जाने वाली जागीर जिसकी शुरुआत जहाँगीर ने की।
284. माल वाजीब — प्राधिकृत कुलीन।
285. खानजाद — अमीरों का पुत्र और निकट रिश्तेदार।
286. खुराक-दवाब — जानवर का चारा भत्ता।
287. निशना — राजकुमार द्वारा जारी आदेश।
288. नौरोज — जोरस्ट्रियन कैलेंडर में नव वर्ष का दिन जिसकी शुरुआत बलबन ने की।
289. नौबत — राजकीय पट्टी।
290. दादनी — एक प्रकार की प्रथा जिसमें कारीगरों को अग्रिम पैसे दिए जाते थे।
291. सर्राफ — जो व्यापारी को हुंडी जारी करता था।

मुगल बादशाहों के मकबरे	
बाबर	काबुल
हुमायूँ	दिल्ली
अकबर	सिकन्दरा (आगरा)
जहाँगीर	शाहदरा (लाहौर)
शाहजहाँ	आगरा
औरंगजेब	औरंगाबाद (महाराष्ट्र)
शेरशाहसूरी	सासाराम (बिहार)

प्रांतीय भाषाओं का विकास

उर्दू

उर्दू की उत्पत्ति अलाउद्दीन खिलजी के सैनिक पड़ावों में फारसी और भारतीय भाषाओं के समागम से हुई। दक्कन में इस भाषा का आधार बना और इस भाषा का विकास सर्वप्रथम बीजापुर और गोलकुंडा में हुआ। सबसे पहले की दक्कनी उर्दू की रचनाओं में एक रहस्यवादी गद्य है– *मीराज-उल-आशिकी* जिसके लेखक थे गेसू दराज़ (15वीं सदी)। शाह मिरंजी शमसुल *(खुश नामाह)* और बीजापुर के बरहनुद्दीन जानम *(इरशाद नामाह)*, गोलकुंडा के मुहम्मद कुली और गवासी *(तूती नामाह)* दक्कन के सबसे मशहूर उर्दू कवि थे। उत्तर भारत में उर्दू अधिक विकसित रूप में मुगलों के समय में आई। 18वीं सदी के हातिम, मिर्जा-जान-ए-जानम, मीर तकी, मुहम्मद रफी सौदा और मीर हसन उत्तर भारत के प्रमुख उर्दू कवि थे।

उड़िया

हालाँकि उड़िया भाषा की उत्पत्ति 8वीं सदी में ही हुई थी किंतु इसकी प्रमुख रचनाएँ 13वीं और 14वीं सदी में ही आईं। उड़िया के प्रमुख लेखकों में सरलादास (14वीं सदी में *महाभारत*), बलरामदास और जगन्नाथदास थे। बलरामदास और जगन्नाथदास पंचसखा नाम की एक मंडली में से एक थे (15वीं सदी)। भक्ति आंदोलन और चैतन्य का उड़िया साहित्य पर काफी प्रभाव था।

बंगाली

बंगाली साहित्य का पहला युग 10वीं और 12वीं सदी के बीच शुरू हुआ। इसका साहित्य मुख्यत: लोक- गीतों से भरा था और उस पर सहज पंथ के विचारों का प्रभाव था। दूसरा युग मुस्लिमों द्वारा बंगाल को अधीन करने के बाद 13वीं सदी से 17वीं सदी तक चला। इस काल की तीन प्रमुख धाराएँ थीं– वैष्णव कविताएँ–प्रमुख कवि थे चंडीदास, चैतन्य, गोविंददास और कृष्णदास कविराज (16वीं सदी में चैतन्य की *चरित्रनम्रता*); संस्कृत से अनुवाद– काशीराम *(महाभारत)*, कृष्टिवसा ओझा *(रामायण)* और अन्य रचनाएँ; कविता का मंगलकाव्य रूप–जो सांप्रदायिक था तथा सुर-असुर के बीच के संघर्ष का विवरण देता था। इसमें मुख्य योगदान माणिकदत्त और मुकुंदराम का था।

गुजराती

13वीं से 15वीं सदी के इसके पहले पक्ष में दो मुख्य रूप थे : प्रबंध (विवरणात्मक कविताएँ) और मुक्त (छोटी कविताएँ)। इस समय के मुख्य कवि श्रीधर और भीम थे जो पहले प्रकार के कवि थे। राजशेखर, जयशेखर और सोमसुंदर ने दूसरे प्रकार में लिखा। दूसरा युग 15वीं और 17वीं सदी के बीच का था जो गुजराती साहित्य का सुनहरा काल था। इस काल में प्रमुख योगदान करने वाले थे नरसिंह मेहता, भलना और अरबो।

मराठी

मराठी साहित्य 13वीं सदी के उत्तरार्द्ध में शुरू हुआ। इसमें महत्वपूर्ण योगदान देने वाले संत कवि थे–नाथपंथी कवि (संस्थापक गोरखनाथ) जैसे : मुकुंदराज (*विवेक सिंधु*)। महानुभाव पंथ के संत कवियों ने भी मराठी गद्य और पद्य में महत्वपूर्ण योगदान दिया। (जैसे *लीलाचरित-सिद्धांत*, *सूत्रोपता* इत्यादि) दूसरे मुख्य योगदानकर्ता थे– ज्ञानदेव (*ज्ञानेश्वरी* और *अमृतानुभव* मराठियों के लिए पवित्र हैं), एकनाथ, तुकाराम (अभंग), रामदास और वामन पंडित। 17वीं सदी में *पोवडा* (मराठों की वीरता की युद्धगाथा) और *लावणी* (प्रेम-रचना)।

तमिल

अलवार और वैष्णव संतों की रचनाएँ *प्रबंध* के नाम से जानी जाती हैं और उनमें से सबसे प्रमुख थे–नलयीराम (बारह अलवार संतों जैसे तिरूमालिसाई अलवार, नम्मलवार इत्यादि के दोहे)। नयनार और शैव संतों का साहित्य *तेवरम* के नाम से जाना जाता था। मुख्य नयनार संत थे अप्पर, संभनदार और सुंदर। उनकी रचनाएं तिरूमरई कहलाती थीं। कंबन की रामायण जिसे *रामानाटक* भी कहते हैं चोला काल में लिखी गई थी। चोला काल में सेक्किलार की *तिरूत्तोनदार पुराणम्* जिसे *पेरिया पुराणम्* भी कहते हैं, भी लिखी गई। ये 63 नयनार संतों की जीवन कहानी है। पुगालेंदी की नालावेन्बा 15वीं सदी में लिखी गई।

मध्यकालीन भारत के महत्वपूर्ण युद्ध :

युद्ध का नाम	उभय पक्ष	वर्ष	जीत
त्रिपक्षीय संघर्ष	गुर्जर प्रतिहार, पाल एवं राष्ट्रकूट	आठवीं सदी	गुर्जर प्रतिहार (अंतिम रूप से)
तराइन का प्रथम युद्ध	पृथ्वीराज चौहान तथा मुहम्मद गोरी	1191	पृथ्वीराज चौहान
तराइन का द्वितीय युद्ध	पृथ्वीराजचौहान तथा मुहम्मद गोरी	1192	मुहम्मद गोरी
चन्दावर का युद्ध	मुहम्मद गोरी तथा जयचंद	1194	मुहम्मद गोरी
ताली कोटा का युद्ध	बहमनी एवं विजयनगर राज्यों के बीच	25 जनवरी, 1565	बहमनी राज्य
पानीपत का प्रथम युद्ध	बाबर एवं इब्राहीम लोदी के बीच	21 अप्रैल, 1526	बाबर
खानवा का युद्ध	बाबर एवं राणा सांगा के बीच	17 मार्च, 1527	बाबर
चौसा का युद्ध	शेरशाह एवं हुमायूँ के बीच	26 जून, 1539	शेरशाह (हुमायूँ के पतन की शुरुआत)
बिलग्राम की लड़ाई	शेरशाह, हुमायूँ के बीच	17 मई, 1540	शेरशाह (इस युद्ध के बाद शेरशाह दिल्ली तख्त पर बैठा)
पानीपत का द्वितीय युद्ध	अकबर के संरक्षक बैरम खां तथा अफगान सरदार हेमू के मध्य	5 नवम्बर, 1556	अकबर
हल्दीघाटी का युद्ध	अकबर एवं चित्तौड़ नरेश महाराणा प्रताप के मध्य	18 जून, 1576	अकबर
असीरगढ़ का युद्ध	अकबर और मीरन बहादुर	3 जनवरी, 1601	अकबर (अंतिम विजय)
बरमट का युद्ध	औरंगजेब, मुराद बख्श तथा दारा शिकोह के बीच	25 अप्रैल, 1658	औरंगजेब
मामूगढ़ का युद्ध	औरंगजेब एवं दारा के मध्य (उत्तराधिकार के लिए युद्ध)	8 जून, 1658	औरंगजेब

तेलुगु

कवियों का समूह, जिसे कवित्रय कहते थे उनमें थे नन्नाया (11वीं सदी), टिक्काना (13वीं सदी) और येराप्रगदा (13वीं और 14वीं सदी)। इन्होंने महाभारत का अनुवाद तेलुगु में किया। उनकी दूसरी रचनाएं हैं– नन्नाया का *आंध्रशब्दा चिंतामणि* तथा तिक्काना की *निर्वाचनोथारा रामायण*। दूसरे प्रमुख लेखक थे– भीम कवि (*भीमेश्वर पुराणम* 17वीं सदी की), नन्ने चौदा (18वीं सदी की *कुमारसंभव*), सोमनाथ (13वीं सदी की वासव *पुराण*), श्रीनाथ *श्रीनगरअनैसदा, शिवरात्रि महात्यम, कसिखदा* इत्यादि (14वीं और 15वीं सदी)। वेमाना (*सतका*), कृष्णदेव राय और उसके कवि और मोल्ला (16वीं सदी में एक निम्न जाति के कवि द्वारा *रामायण*)।

कन्नड़

कन्नड़ की सबसे पहली महत्वपूर्ण रचना है राष्ट्रकूट अमोघवर्षा I की *कविराजमार्ग*। कवि जिन्हें *रत्नत्रय* के नाम से जाना जाता था, वे हैं– पंपा (9वीं सदी), पूना (10वीं सदी) और रान्ना (10वीं सदी)। उनकी रचनाओं में हैं– पंप की *आदिपुराण* और *पंपा भारत*, पूना की *शांति पुराण*, रान्ना की *अजीत नाथ पुराण* और *गधायुद्ध*। नरहरि, जिसे कन्नड़ वाल्मीकि के नाम से जाना जाता है उसने *तरवी रामायण* लिखी और विरूपाक्ष पंडित ने चेन्ना बासव पुराण लिखी (16वीं सदी)।

मलयालम

मलयालम की सबसे पुरानी रचना *उन्नुनिली* संदेशम है जिसका 11वीं सदी का कोई अज्ञात लेखक है। इनमें से सबसे

महान् रामानुज एल्लुत्तोकन ने *हरिनामाकृतानम, भागवतम कीर्तिपत्तु* और अन्य रचनाएँ लिखीं।

मध्यकालीन भारत के स्मरणीय व्यक्ति

अबुल फजल

अकबर के शासनकाल का न केवल विद्वान् और दरबारी था, अपितु सुप्रसिद्ध इतिहासकार भी था। वह *शेख मुबारक* का पुत्र था और उसकी विद्वता का लोग आदर करते थे। अबुल फजल कई वर्षों तक अकबर का विश्वासपात्र *वजीर* और *सहायक* रहा। इसने कई पुस्तकें भी लिखीं। अबुल फजल-कृत *'आइन-ए-अकबरी'* में अकबर के साम्राज्य का विस्तृत वर्णन किया गया है, इसके अतिरिक्त *'अकबरनामा'* में उसने अकबर के समय का इतिहास भी लिखा है। अकबर के दरबार के नवरत्नों में से एक फैजी फजल का ही भाई था, जोकि अकबर का दरबारी शायर था। 1602 ई० में अबुल फजल की हत्या *बुंदेल राजा वीरसिंह* द्वारा *शहजादा सलीम* के इशारों पर कर दी गयी।

अब्दुर्रज्जाक

फारस के सुल्तान *शाहरुख* के राजदूत के रूप में 1448 ई० में भारत आया। सबसे पहले वह कालीकट पहुँचा और उसके बाद वह विजयनगर गया। उसने यहाँ का विस्तृत और दिलचस्प वर्णन किया है। विभिन्न देशों से विजयनगर साम्राज्य में राजा कृष्णदेव राय के समय जाने वाले कई विदेशी यात्री थे, परंतु ईरान से विजयनगर की यात्रा करने वाला एकमात्र अब्दुर्रज्जाक ही था।

अब्दुर्रहीम खानखाना

अकबर का योग्य सेनापति व बैरम खाँ का पुत्र था। जब अब्दुर्रहीम नाबालिग था, उसी समय 1561 ई० में इसके पिता की मृत्यु हो गयी। इसके बावजूद उसने अपनी प्रतिभा के बल पर अकबर के शासनकाल में खूब तरक्की की और इन्हीं प्रतिभाओं को दृष्टिगत करते हुए अकबर ने उसे *'खानखाना'* की उपाधि से सम्मानित किया। अकबर ने कई युद्धों को उसके नेतृत्व में ही संपन्न कराया। इसके अतिरिक्त वह एक प्रसिद्ध कवि भी था। रहीम के दोहों का आज भी हिंदी-साहित्य में विशेष स्थान है। उसने बाबर की आत्मकथा का तुर्की से फारसी में अनुवाद किया। अब्दुर्रहीम दीर्घायु था तथा उसकी मृत्यु जहाँगीर के शासनकाल में हुई।

अब्दुल हमीद लाहौरी

शाहजहाँ के शासनकाल का एक प्रसिद्ध इतिहासकार था, जिसने अपनी रचना 'पादशाहनामा' में शाहजहाँ के शासन का वर्णन किया। वह शाहजहाँ का *सरकारी* इतिहासकार था। शाहजहाँ के शासन का प्रामाणिक इतिहास अब्दुल हमीद की रचना को ही माना जाता है।

अब्दुलस्समद

अकबर के शासनकाल का प्रसिद्ध चित्रकार था, जिससे स्वयं अकबर ने भी चित्रकला सीखी। इसे बाद में अकबर ने टकसाल का अधिकारी भी बनाया। वह हुमायूँ के साथ उसकी शेरशाह पर विजय के उपरांत भारत आया था।

अमीर खुसरो

एक प्रसिद्ध विद्वान् कवि और लेखक था। इन्हें *'तोता-ए-हिंद'* भी कहा जाता है। इन्होंने अपनी रचनाएँ फारसी, उर्दू और हिंदी में कीं। उनकी रचनाएं गद्य और पद्य दोनों में हुआ करती थीं। उर्दू के प्रसिद्ध शायर होने के साथ ही संगीत की भी रचना की इन्होंने। ये दीर्घायु थे और इन्हें दिल्ली के कई सुल्तानों—*बलबन से लेकर गयासुद्दीन तुगलक* तक का संरक्षण मिला। *अलाउद्दीन खिलजी* के कई युद्ध का इन्होंने विस्तृत वर्णन किया है। इनकी मृत्यु 1324-25 ई० में हुई। उनकी कृतियों में ढेर सारी कविताएँ, ऐतिहासिक मसनवी, *'तुगलकनामा'* और *'तारीख-ए-अलाई'* नामक दो प्रसिद्ध ग्रंथ हैं।

अर्जुन देव

सिक्खों के पाचवें गुरु अर्जुन देव थे। ये सिक्खों के चौथे गुरु *रामदास* के पुत्र तथा उनके उत्तराधिकारी थे। इन्होंने ही सिक्खों के पवित्र धर्मग्रंथ *'आदिग्रंथ'* का संकलन 1604 ई० में किया, जिसमें गुरु नानक उनके तीन उत्तराधिकारियों तथा अन्य कई हिंदू और मुसलमान संतों की वाणियों का संग्रह है। गुरु अर्जुनदेव ने ही सर्वप्रथम धार्मिक-कर का प्रचलन कर सिक्ख गुरुओं के लिए धर्मकोष की स्थापना की। गुरु अर्जुन देव ने अपनी दयालु प्रकृति के कारण जहाँगीर के विद्रोही पुत्र *शाहजादा खुसरो* की सहायता की, जिसे क्रुद्ध होकर जहाँगीर ने उन्हें राजद्रोह के अपराध में मौत की सजा दे दी।

अलबरूनी

सुल्तान महमूद द्वारा (997-1030 ई०) रबीवा के निवासी अलबरूनी को बंधक के रूप में गजनी लाया गया था। भारत में रहकर उसने संस्कृत का अध्ययन किया और हिंदी दर्शन तथा अन्य शास्त्रों का भी विस्तृत अध्ययन किया। अपने इसी अध्ययनों के आधार पर अपनी *'तहकीकात-ए-हिंद'* नामक पुस्तक की रचना की, जिसमें हिंदुओं के इतिहास, चरित्र, परम्पराओं अर्थात् उनकी संस्कृति और वैज्ञानिक ज्ञान का

विशद वर्णन किया है। इसके अलावा मुसलमानों के आक्रमण के पहले के भारतीय इतिहास और संस्कृति का भी अमूल्य और प्रामाणिक विवरण इसमें मिलता है। वैसे इनकी अनेक पुस्तकें अप्राप्य हैं लेकिन जो प्राप्य हैं उसमें उनकी विद्वता स्पष्ट झलकती है।

अलमसूदी

अलमसूदी एक अरब यात्री था, जिसने बगदाद से वर्ष 915-16 ई॰ में गुजरात की यात्रा की। उस समय प्रतिहारवंश के राजा महिपाल प्रथम थे। अलमसूदी ने प्रतिहार राजाओं की बढ़ी हुई शक्ति, प्रतिष्ठा और साम्राज्य की विशालता का विस्तृत प्रमाण दिया है। इसके अतिरिक्त अलमसूदी ने प्रतिहार राज्य की सैन्य-व्यवस्था की भी बड़ी प्रशंसा की है।

अफीक

अफीक का पूरा नाम *शम्सेसिराज अफीक* था। वह फारसी भाषा का विद्वान् लेखक था। उसे दिल्ली के तुगलक सुल्तान *फिरोजशाह* ने संरक्षण प्रदान किया था। अफीक अपनी फारसी रचना *'तारीखे फिरोजशाही'* के लिए प्रसिद्ध है, जिसमें उसने फिरोजशाह तुगलक के शासनकाल की ऐतिहासिक घटनाओं का यथासमय वर्णन किया है। उसकी रचना को फिरोजशाह के शासनकाल का आधिकारिक इतिहास माना जाता है।

इब्नबतूता

इब्नबतूता, सुल्तान मुहम्मद तुगलक के शासनकाल में भारत आने वाला एक विद्वान् अफ्रीकी यात्रा था। इसके भारत (1333 ई॰ में) आने पर सुल्तान ने उसे दिल्ली का प्रधान काजी नियुक्त कर दिया, जिस पद पर वह 1342 ई॰ में सुल्तान द्वारा राजदूत के रूप में चीन भेजे जाने तक, बना रहा। इसने अपनी रचनाओं में भारत-यात्रा का विशद वर्णन किया है, जिससे मुहम्मद तुगलक के जीवन और काल की महत्वपूर्ण सूचनाएँ प्राप्त होती हैं। यद्यपि उसका वर्णन अतिशयोक्तियों से भरा हुआ है, फिर भी, सामान्य रीति से विश्वसनीय है। मुहम्मद तुगलक के शासनकाल की कई प्रमुख घटनाओं की प्रामाणिकता इसके वर्णन से प्राप्त की जा सकती है।

चंगेज खाँ

चंगेज खाँ का जन्म 1162 ई॰ में हुआ था। उसका मूल नाम *तामूचिन* था। चंगेज खाँ ने जलालुद्दीन को पराजित किया, जो पंजाब पहुँचकर दिल्ली के सुल्तान इल्तुतमिश से सहायता माँग रहा था। चंगेज ने विश्वविजेता बनने का सपना देखा था। उसने चीन तथा मध्य एशिया के अधिकांश क्षेत्र को अपने साम्राज्य में मिला लिया था, जिसमें बलख, बुखारा, हेरात, समरकंद और गजनी राज्य शामिल थे। भारत में मुगल साम्राज्य का संस्थापक बाबर भी मातृकुल से चंगेज खाँ का ही वंशज था।

पीटर मण्डी

पीटर मण्डी एक यूरोपीय यात्री था, जो *जहाँगीर* के शासनकाल में भारत आया था। उसने मुगलकालीन भारत की आर्थिक और सामाजिक व्यवस्था का विवरण दिया है।

रेवरेण्ड हेनरी मार्टिन

भारत में सबसे पहले आने वाले अंगरेज इसाई पादरियों में एक था मार्टिन। हेनरी मार्टिन बंगाल में ईस्ट इंडिया कंपनी का *चैपलिन* नियुक्त हुआ। उसके प्रयासों से ईसाई पादरियों द्वारा धर्मप्रचार पर लगी पाबंदी 1813 ई॰ में उठा ली गयी।

निकोलो मैनुकी

निकोलो मैनुकी एक वेनिस यात्री था, जो 17वीं शताब्दी में भारत आया था। उसके भारत प्रवास के समय औरंगजेब मुगल-साम्राज्य का शासक था। मैनुकी ने *स्टोरियो डो मोगोर* नामक ग्रंथ में मुगल कालीन भारत का वृत्तांत लिखा है।

बेलैंगडर डी लस्पिने

लस्पिने एक फ्रांसीसी सैनिक था। यह फ्रांसीसी सामुद्रिक बेड़े के साथ 1672 ई॰ में भारत आया। उसने फ्रांकोइस मार्टिन के साथ वलिकोंडपुरम् के मुस्लिम हाकिम से 1673 ई॰ में पाण्डिचेरी का स्थान प्राप्त किया। *पाण्डिचेरी नगर की स्थापना* में लस्पिने का भी सहयोग था।

एडवर्ड टैरी

एडवर्ड टैरी सर थामस रो का पादरी था, जो 1616 ई॰ में भारत आया। वह थामस रो के साथ 1617 ई॰ में मांडू गया और फिर वहाँ से अहमदाबाद चला गया। अपने वृत्तांत में इसने मालवा और गुजरात के बारे में विशेष रूप से लिखा है। मुगल महिलाओं के पहनावा के बारे में भी विस्तार से वर्णन किया है। इसके अनुसार तत्कालीन मुगल राजदरबार की भाषा फारसी होती थी, जबकि विद्वानों की भाषा अरबी थी। टैरी ने अनेक उत्सवों तथा प्रथाओं की भी वर्णन किया है। इन विशेष अवसरों पर बुलाए जाने वाले पुरोहितों को *दरूस* या *हरबूद* कहा जाता था। उनके सर्वोच्च पुरोहित को *'दस्तूर'* कहा जाता था, जिसका कि पारसी समुदाय में बड़ा सम्मान था। टैरी का दरवेशों से संबंधित विवरण भी अत्यधिक रोचक है। ये मुसलमानों को कामचोर बताते हुए हिंदुओं की प्रशंसा करते थे। टैरी का मानना था कि परिश्रम से कमाई रोटी ही मीठी और सम्मानजनक होती हैं। टैरी ने भारत में होने वाले फलों का भी उल्लेख किया है।

पियेत्रा देला वाले

पियेत्रा देला वाले एक *इतावली यात्री* था, जो 1622 ई० में सूरत पहुँचा। वह खंभात, अहमदाबाद, चोल, गोवा, इक्कड़ी, मंगलूर और कालीकट आदि कई स्थानों की यात्राएँ कीं। उसके यात्रा विवरणों का प्रथम संस्करण 1663 ई॰ में इतावली भाषा में प्रकाशित हुआ था। उसे मुगल भारत का केवल तीन शहर सूरत, अहमदाबाद और खंभात देखने का ही अवसर मिला था। पियेत्रा देला वाले के अनुसार सूरत का चुंगीधर *'दोगाना'* कहलाता था और हिंदू स्त्रियाँ अधिकांशतया लाल रंग के वस्त्र ही पहनती थी। पियेत्रा देला वाले ने भारतीय लोगों की धार्मिक मान्यताओं, अंधिविश्वासों तथा रीति-रिवाजों का भी विस्तृत विवरण प्रस्तुत किया है।

फ्रांसिस्को पलसार्ट

फ्रांसिस्को पलसार्ट एक डच *गुमाश्ता* था, जो जहाँगीर के शासनकाल में आगरा का निवासी था। पलसार्ट ने भारत में मसूलीपट्टम से प्रवेश किया और उपमहाद्वीप के संपूर्ण उत्तरी और पश्चिमी भागों में उत्पादन और व्यापार से संबंधित महत्वपूर्ण स्थलों का भ्रमण किया। इस स्थलों की सामाजिक और आर्थिक परिस्थितियों का अत्यधिक रोचक वर्णन अपने वृत्तांत में किया है। गुजरात के कपड़े की किस्मों का भी उल्लेख किया और पटना तथा बंगाल जैसे दूरस्थ स्थानों के कच्चे माल के आयात के बारे में भी लिखा है। पलसार्ट के विवरणानुसार, लाहौर एक प्रमुख व्यापारिक केंद्र था। मुल्तान और थट्टा, वस्त्र उद्योग, चीनी, सल्फर और नील के लिए प्रसिद्ध था। उसने कश्मीर की भी यात्रा की। पलसार्ट ने नील उत्पादन से संबंधित, विशेष रूप से बयाना में नील के उत्पादन के विषय में जो बातें लिखीं हैं, वह किसी भी यूरोपीय यात्री के नील संबंधी विवरण में अद्वितीय है।

जीन बैप्टिस्ट तेवर्नियर

यह सत्रहवीं शताब्दी के सर्वाधिक ख्याति प्राप्त विदेशी यात्री था, जो शाहजहाँ के शासनकाल में भारत आया था। कर्मणा तो वह एक *जौहरी* था, पर साथ ही एक अनुभव और साहसिक यात्री भी था। उसने अपनी यात्राएँ 15 वर्ष की आयु में ही आरंभ कर दी थीं। पूर्व दिशा की उसने सात यात्राएँ कीं, जिनमें छह बार की यात्राएँ हिंदुस्तान के लिए ही थीं। इनकी भारत के लिए यात्रा प्रारंभ हुई 1641 ई॰ में और इसका अंत 1686-87 ई॰ में हुआ। तेवर्नियर की यात्रा वृत्तांत की पांडुलिपि *बिबिलियोथिक इम्पीरियले* से प्राप्त हुआ, जिसके एक नोट से ऐसी जानकारी मिलती है कि उसके यात्रा वृत्तांत के कुछ भाग को उसके मित्र शाप्युजो ने तैयार किया था जो एक इतिहासकार था और कुछ भाग तेवर्नियर की यात्राओं का साथी *दैलिये दलांद* ने तैयार किया था। 1675 ई॰ में उसका वृत्तांत *नुवैल रलेस्यों द्युसैरायि ग्रांसिन्योर* शीर्षक के अंतर्गत प्रकाशित हुआ। फिर, अगले वर्ष *'मेग्नम ओपस दि सिक्स वौयेजेस'* प्रकाशित हुई। तेवर्नियर ने ही भारतीय प्रसिद्ध हीरा *'कोहिनूर'* के संबंध में जानकारी दी है। तेवर्नियर का विवरण मुगलों के आर्थिक इतिहास की जानकारी के लिए महत्वपूर्ण है।

अथनासियस निकितन

निकितिन एक *रूसी व्यापारी एवं पर्यटक* था जिसने 1470 से 1474 ई॰ तक दक्षिण के *बहमनी राज्य* की यात्रा की। उसने दक्षिण भारत की तत्कालीन व्यवस्था का वर्णन किया है। निकितिन के अनुसार दक्षिण भारत में अमीरों और गरीबों के बीच बहुत बड़ी खाई थी। गरीब जहाँ कष्टपूर्ण जीवन व्यतीत करते थे, वहीं अमीर विलासितापूर्ण।

फरनाओं नुनीज

नुनीज एक पुर्तगाली यात्री था, जो 1535 ई॰ में विजयनगर आया था। उसने सम्पूर्ण विजयनगर राज्य का विस्तृत भ्रमण किया और उसके इतिहास तथा उस समय की राजनीतिक, सामाजिक, धार्मिक-सांस्कृतिक एवं आर्थिक दशा का विस्तृत वर्णन किया है। नुनीज ने विजयनगर को 'बिश्नाग' की संज्ञा दी।

पादरी एमैनुएल पिनहेरो

पिनहेरो एक जेसुइट पादरी था, जो 1595 ई॰ में पादरी जॅरोय जैवियर के साथ बादशाह अकबर के दरबार में आया और अकबर के शासनकाल के अंतिम वर्षों में मुगल दरबार में ही रहा। अकबर ने पिनहेरो को बाप्तिस्ता देकर अपनी प्रजा को ईसाई बनाने की आज्ञा दे दी। मुगल दरबार में रहते हुए पिनहेरो ने अपने देश को जो पत्र लिखे, उससे मुगल काल के इतिहास के संबंध में महत्वपूर्ण जानकारी मिलती है।

मार्को पोलो

मार्को पोलो एक वेनिस यात्री था, जो 1288 ई॰ में दो बार भारत आया। वह *पांड्य राजा के दरबार* में गया था। उसने पांड्य राजा को न्यायिक बताया है। मार्को पोलो के अनुसार *कयाल पांड्यों* का एक प्रमुख बंदरगाह नगर था।

फादर एंथोनी मोंसेरात

फादर मोंसेरात, फादर एक्वाविवा के साथ 1578 ई॰ में भारत आया था। वह 1580-82 में अकबर के दरबार में रहा था। इसे शाहजादा मुराद का शिक्षक नियुक्त किया गया था।

उसने सूरत, मांडू, सिरोज, नरवर, ग्वालियर, दिल्ली, सोनीपत, सरहिंद, लाहौर आदि शहरों का वर्णन किया है। फादर मोंसेरात ने अकबर के दरबार का भव्य वर्णन किया है और इसके साथ ही उसने एक मध्यकालीन भक्ति-सम्प्रदाय *बालनायी सम्प्रदाय* का विवरण प्रस्तुत किया है। उसने मांडू के '*रथसप्तमी*' और नरवर की '*होली*' और '*मुहर्रम*' उत्सव का भी वर्णन किया। फादर मोंसेरात के विवरण मध्यकालीन भारत (मुगल-साम्राज्य) का इतिहास जानने में सहायक हैं।

राल्फ फिच

फिच 1588 में भारत और 1591 तक रहा। उसने खंभात, आगरा, फतेहपुर सीकरी, बनारस, पटना और बुरहानपुर आदि के संबंध में रोचक विवरण प्रस्तुत किया है। फिच प्रथम अंगरेज-यात्री था जिसने भारतीय जनता के संबंध में–उनकी वेश-भूषा और रीति-रिवाज के संबंध में लिखा है। फिच का कहना है कि जब वह भारत आया, उस समय भारत में बाल-विवाह की प्रथा बहुप्रचलित थी। उसने बुरहानपुर में एक बाल-विवाह देखा था।

विलियम हॉकिन्स

हॉकिन्स ईस्ट इण्डिया कम्पनी का एक व्यापारिक कर्मचारी था। वह 1608 ई॰ में भारत आया और 1613 ई॰ तक रहा। हॉकिन्स फारसी भाषा का विद्वान् था। हॉकिन्स ने जहांगीर के दरबार और महल की साज-सज्जा तथा जहाँगीर के व्यक्तिगत जीवन का विस्तृत विवरण लिखा है। हॉकिन्स ने लिखा है कि जहाँगीर के हरम का दैनिक खर्च 30,000 रुपए था। हॉकिन्स ने ही लिखा है, 'भारत चाँदी के मामले में बहुत समृद्ध है, क्योंकि सभी देशों के व्यापारी अपने सिक्कों के बदले में यहाँ से वस्तु ले जाते हैं। चाँदी यहाँ आती ही आती है यहाँ से जाती नहीं है।'

विलियम फिंच

विलियम फिंच हॉकिंस के साथ अगस्त, 1608 ई॰ में भारत आया। वह सर्वप्रथम सूरत गया। फिंच एकमात्र यूरोपीय यात्री था, जिसने भारतीय मानवों, शहरों, जानवरों, किलों, पुलों, क्षेत्रों और भारतीयों के धार्मिक विश्वासों का विस्तृत वर्णन किया है। उसने तत्कालीन भारत के तीन प्रमुख व्यापारिक मार्गों का उल्लेख किया है–सूरत-आगरा मार्ग, आगरा-अहमदाबाद मार्ग और लाहौर-काबुल मार्ग। फिंच ने बुलंद दरवाजे को सम्पूर्ण विश्व में सबसे ऊँचा ओर भव्य माना। विलियम फिंच ने ही *अनारकली की दंतकथा* का उल्लेख किया है। पर्कस ने उसके ग्रंथ '*लार्ज जनरल*' को सम्पूर्ण रूप में प्रकाशित किया है।

जोन जुरदां

जोन जुरदां एक यूरोपीय यात्री था, जो 17वीं शताब्दी में भारत आया। उसने भारत के प्रमुख व्यापारिक स्थलों का विस्तृत विवरण दिया है। जुरदां ने मुगलों के संपूर्ण साम्राज्य में सैनिकों द्वारा उत्कृष्ट सुरक्षा की व्यवस्था की प्रशंसा की है। उसने विशेष रूप से बुरहानपुर का वर्णन किया है। जोन जुरदां बताता है कि सूरत-बुरहानपुर-आगरा मार्ग तथा आगरा-खम्भात मार्ग उस समय के प्रसिद्ध मार्ग थे। वह 1608 ई॰ में भारत आया और 1617 ई॰ तक रहा। उसने *बैरमी* तथा *जरबफ्त* नामक वस्त्रों के निर्माण की जानकारी दी है।

निकोलस डांउटन

निकोलस डाउंटन एक बेड़े का कप्तान था, जो 1614 ई॰ में भारत पहुँचा। वह बादशाह जेम्स का मुगल पादशाह के नाम पत्र लेकर आया था। उसने अपने वृत्तांत में गुजरात और विशेषकर सूरत का उल्लेख किया है। इसके अतिरिक्त निकोलस डाउंटन ने बनियों और मुसलमानों के रहन-सहन के ढंग और उनके मन बहलाने के साधनों के विषय में लिखा है।

निकोलस विथिंगटन

निकोलस विथिंगटन, कप्तान बैस्ट के परिचर के रूप में भारत आया। वही 1612 ई॰ में भारत आया और 1616 ई॰ में वापस गया। इसी बीच 1614 ई॰ में उसे नील के व्यापार में पूँजी निवेश के लिए तथा जान मिसेन्हाल की कार्यवाहियों के बारे में रिपोर्ट लाने के लिए आगरा भेजा गया। उसका यात्रा विवरण *ट्रेक्टैट* नाम से 1735 ई॰ में लंदन में प्रकाशित हुआ। अपने विवरण में विथिंगटन ने गुजरात के प्रमुख शहर अहमदाबाद का उल्लेख किया है और कहा है कि अहमदाबाद का आकार लंदन के समान है। विथिंगटन के अनुसार, सरखेज नील की खरीददारी का मुख्य केंद्र था। इसने बनियों की तीस उपजातियों का भी वर्णन किया है।

थामस कोर्यत

थामस कोर्यत ने सर थामस रो के साथ भारत की यात्रा की। वह थामस रो के साथ बादशाह जहाँगीर से मिला भी था। इसलिए अपने वृत्तांत में उसने जहाँगीर के दैनिक कार्याकलाप और मनोरंजन के साधनों का वर्णन किया है। उसने झरोखा दर्शन और तुलादान का भी वर्णन किया है। मीना-बाजार के बारे में भी लिखा है, जिसमें केवल स्त्रियाँ ही भाग लेती थीं। थामस कोर्यत 1612 ई॰ भारत आया और 1617 ई॰ तक रहा।

सर थामस रो

सर थामस रो मुगल दरबार में 1616 ई॰ में आया। उसे मुगल सम्राट जहाँगीर के साथ मांडू, अहमदाबाद और अजमेर

जैसे अनेक स्थलों पर भ्रमण करने का अवसर मिला। इसके बाद वह आगरा में लगभग एक वर्ष तक रहा। वह 1619 ई० में बादशाह के इस आशय का फरमान लेकर ही इंगलैंड लौटा कि मुगल दरबार में अंगरेजों का इसी भाँति स्वागत किया जाता रहेगा। भारत में उसकी उपस्थिति और बादशाह के साथ उसके संबंधों का विवरण हलगत सोसायटी द्वारा प्रकाशित किया गया है। सर थामस रो के विवरण को इसलिए भी अधिक महत्वपूर्ण माना जाता है, क्योंकि इसमें बादशाह के धर्मनिरपेक्ष दृष्टिकोण की स्पष्ट झलक मिलती है।

फैजी

फैजी अकबर के नवरत्नों में से एक था। यह शेख मुबारक का पुत्र और अबुल फजल का बड़ा भाई था। फैजी एक श्रेष्ठ कवि और साहित्यकार था। अकबर ने फारसी में अनेक रचनाओं के अनुवाद करवाने के उद्देश्य से एक अनुवाद विभाग संगठित किया, जिसका प्रधान फैजी को बनाया। फैजी ने ही महाभारत और गीता का फारसी में अनुवाद किया। 27 जून, 1579 ई० को पहली बार अकबर ने *पुलपिट* पर खड़े होकर जो खुतबा पढ़ा था, उसकी रचना भी फैजी ने ही की थी। इसके अतिरिक्त अकबर ने 1591 ई० में फैजी को खानदेश और अहमदनगर दूत बनाबर भेजा। वह खानदेश को अधीन करने में सफल रहा, पर अहमदनगर में उसे सफलता नहीं मिल सकी। इस प्रकार, वह लेखन-कार्य के अतिरिक्त शासन कार्य में भी भाग लेता था। 1595 ई० में उसकी मृत्यु हो गयी।

बारबोसा

बारबोसा 1560 ई० में भारत आने वाला जेशुइट यात्री था। उसने सर्वप्रथम विजयनगर राज्य का भ्रमण किया और तत्पश्चात् 1581 ई० में उसने उत्तरी भारत तथा बंगाल की यात्रा की। बारबोसा ने विजयनगर की यात्रा सर्वाधिक प्रसिद्ध शासक *कृष्णदेवराय के शासनकाल* में की। इन्होंने राजा कृष्णदेवराय के श्रेष्ठ प्रशासन और उसके साम्राज्य के समृद्धि की प्रशंसा खुले शब्दों में किया है। बारबोसा के अनुसार कृष्णदेवराय एक धर्मनिरपेक्ष शासक था। इसने कृष्णदेवराय की प्रशंसा, उसके राज्य में प्राप्त न्याय और समानता के कारण भी की है। इस प्रकार, वह विजयनगर की समृद्धि और बंगाल में निर्मित उत्कृष्ट वस्तुओं से अत्यधिक प्रभावित हुआ।

बर्नियर

बर्नियर एक विद्वान् फ्रांसीसी डॉक्टर था, जो भारत में 1656 ई० में 1668 ई० तक रहा। उसने शाहजहाँ तथा औरंगजेब के मध्यवर्ती शासनकाल का बड़ा ही रोचक विवरण प्रस्तुत किया है। बर्नियर के मुगल दरबार के प्रमुख दरबारी *दानिशमंद* की नौकरी भी की थी। उसने शाहजहाँ तथा औरंगजेब का रेखाचित्र भी प्रस्तुत किया था। बंगाल की समृद्धि देखकर तो वह बहुत प्रभावित हुआ था, पर जनसाधारण की निर्धनता से वह अत्यधिक द्रवित भी हो गया था। उसने जनता पर लदे हुए करों की बोझ की भी चर्चा की है। उसका यात्रा वृत्तांत, *ट्रेवेल्स इन द मुगल एम्पायर* 1670 ई० में प्रकाशित हुआ।

विल्हण

विल्हण, कल्याणी के चालुक्य राजा विक्रमादित्य का दरबारी कवि था। कश्मीर के एक साधारण ब्राह्मण परिवार में उत्पन्न होने वाले विल्हण संस्कृत के बहुत बड़े विद्वान् थे। इनकी विश्वप्रसिद्ध रचना *'विक्रमांकदेव चरित'* है, जिसमें उन्होंने राजा विक्रमादित्य के युद्धों और आखेट यात्राओं का वर्णन किया है। सर्वप्रथम संस्कृत साहित्य के ऐतिहासिक ग्रंथ के रूप में विल्हण की रचना को ही प्रमुखता दी जाती है।

तुकाराम

तुकाराम महाराष्ट्र के एक प्रसिद्ध कवि और संत थे। इन्हें *मराठी भाषा के सर्वाधिक लोकप्रिय भक्त कवि* के रूप में भी जाना जाता है। उनकी रचनाएँ *'अभंग'* नाम से जानी जाती हैं, जिसे इन्होंने कृष्ण को समर्पित किया है। तुकाराम कवि और संत होने के साथ-साथ महान् समाज-सुधारक भी थे। उन्होंने अपनी रचनाओं के माध्यम से कर्मकाण्ड का विरोध किया और जाति-व्यवस्था का भी खंडन किया। तुकाराम, शिवाजी प्रथम के समकालीन थे। शिवाजी उनका बहुत आदर करते थे, परंतु उन्होंने कभी-भी दरबारी जीवन स्वीकार नहीं किया। इनकी कविताओं तथा शिक्षाओं का शिवाजी पर व्यापक प्रभाव पड़ा। तुकाराम का समय 1598-1650 ई० निर्धारित किया जाता है।

तेगबहादुर

तेगबहादुर, सिक्खों के नवें गुरु थे। वे सिक्खों के छठे *गुरु हरगोविंद* के पुत्र थे और *आठवें गुरु हरिकिशन* के उत्तराधिकारी नियुक्त किए गए। तेगबहादुर का समय 1664-75 ई० तक माना जाता है। इस अवधि में उन्होंने कई स्थानों का भ्रमण किया। सर्वप्रथम तो वे पंजाब में कीरतपुर के निकट आनंदपुर में निवास करते थे। इसके बाद कुछ समय के लिए वे पटना में भी रहे, जहाँ 1666 ई० में इनके उत्तराधिकारी पुत्र गुरु गोविन्दसिंह जी का जन्म हुआ। 1668 ई० में तेगबहादुर औरंगजेब की सेना के साथ असम गए और वहाँ से लौटने के पश्चात् कश्मीर के ब्राह्मणों को मुगल सम्राट् के विरुद्ध भड़काए जाने के आरोप में इन्हें बंदी बना लिया गया और दिल्ली लाया गया। उसके सम्मुख यह शर्त रखी गयी कि वे या तो मुसलमान बन

जाएँ या मौत को स्वीकार कर लें। तेगबहादुर ने धर्म देने की अपेक्षा जान देना उचित समझा और 1675 ई० में औरंगजेब की आज्ञा से उन्हें मृत्युदंड दे दिया गया।

पृथ्वीराज चौहान

पृथ्वीराज चौहान सांभर, अजमेर और दिल्ली का शासक था, जिसे *'राय पिथौरा'* के नाम से भी जाना जाता है। उसका मुख्य प्रतिद्वंद्वी कन्नौज का राजा जयचंद्र था, जिसकी पुत्री संयोगिता ने स्वयंवर सभा में पिता की इच्छा के विरुद्ध पृथ्वीराज चौहान का वरण किया था और पृथ्वीराज ने 1175 ई० में उसका अपहरण कर लिया था। पृथ्वीराज एक महान् हिंदू योद्धा था। उसने 1182 ई० में चंदेल राजा *परमार* को पराजित कर उसकी राजधानी *माहोबा* पर अधिकार कर लिया था। 1182 ई० में ही हुई *तराईन की पहली* लड़ाई में पृथ्वीराज ने मुहम्मद गोरी को पराजित किया। परंतु, तराईन की दूसरी लड़ाई में वह मुहम्मद गोरी के हाथों पराजित हुआ और मार डाला गया। उसके प्रसिद्ध चारण चंदवरदाई ने अपनी रचना *'पृथ्वीराजरासो'* में पृथ्वीराज की प्रेम तथा युद्ध कथाओं, का विस्तृत विवरण किया है।

बीरबल

बीरबल एक राजपूत सरदार था, जिसे अकबर का संरक्षण प्राप्त था। यद्यपि वह स्वेच्छा से अकबर की सेवा में आया था, फिर भी अपने प्रतिभाशाली व्यक्तित्व के कारण वह शीघ्र ही अकबर का स्नेहपात्र बन गया था। अकबर ने उसे 'राजा' की उपाधि प्रदान की। बीरबल एक प्रतिभाशाली कवि भी था। उसके कवित्व से ही प्रभावित होकर अकबर ने उसे *'कविराय'* की उपाधि से सम्मानित किया था। 1506 ई० में अकबर ने उसे पश्चिमोत्तर सीमा के यूसुफजाई कबीले पर चढ़ाई करने के लिए मुगल सेना का नायक बनाकर भेजा था, परंतु वह इस युद्ध में मारा गया।

बोपदेव

बोपदेव संस्कृत का एक प्रसिद्ध वैयाकरण और कवि था, जिसे यादव नरेशों का संरक्षण प्राप्त था। उनकी संस्कृत व्याकरण की एक प्रसिद्ध रचना 'मुग्धबोध' है जिसे संस्कृत व्याकरण का मानक ग्रंथ माना जाता है।

मलिक मुहम्मद जायसी

मलिक मुहम्मद जायसी, हिन्दी-साहित्य के रीति के प्रमुख कवियों में थे, जायसी मुगल बादशाह हुमायूँ के समकालीन थे, उन्हें अवधी भाषा का कवि माना जाता है। मुसलमान होते हुए भी जायसी ने हिंदी भाषा में रचना की। उन्होंने प्रसिद्ध प्रेमकाव्य *'पद्मावत'* की रचना की।

तुलसीदास

तुलसीदास हिंदी के प्रसिद्ध कवि तथा रामानंद की शिष्य-परंपरा के प्रमुख संत थे। उन्होंने *'रामचरितमानस'*, *'विनयपत्रिका'*, *'गीतावली'*, आदि प्रसिद्ध ग्रंथों की रचना की। तुलसीदास ने जिस *'हनुमान चालीसा'* की रचना की, वह हिन्दुओं में आबाल-वृद्ध प्रचलित है। तुलसीदास उच्चकोटि के कवि होने के साथ-साथ समाज-सुधारक संत भी थे। उन्होंने नाम-स्मरण पर बल दिया। तुलसीदास ने *'रामशलाका-प्रश्नावली'* की रचना की, जिसके आधार पर किसी भी कार्य के अच्छे-बुरे फल की भविष्यवाणी की जा सकती है। तुलसीदास का समय 1532 ई० से 1623 ई० तक निर्धारित किया जाता है।

शंकराचार्य

शंकराचार्य भारतीय दार्शनिक में प्रमुख हैं। उन्होंने दर्शन के *'अद्वैतवादी'* सिद्धांत का प्रतिपादन किया। शंकराचार्य ने *बादरायण के ब्रह्मसूत्र, उपनषिद्* और *भगवद्गीता* को अपने दर्शन का आधार बनाया। इन ग्रंथों पर उन्होंने भाष्य भी लिखे, जो जगत्प्रसिद्ध हैं। शंकराचार्य ने ही भारत की *धार्मिक-सांस्कृतिक चौहद्दी* स्थापित की। उन्होंने कर्नाटक में श्रृंगेरी, काठियावाड़ में *द्वारका* उड़ीसा में जगन्नाथपुरी और उत्तर प्रदेश में *बद्रीनाथ* में प्रसिद्ध चार पीठों की स्थापना की। शंकराचार्य को भक्ति-आंदोलन का प्रवर्तक भी माना जाता है। उनका समय 8वीं सदी (कभी-कभी 10वीं सदी) निर्धारित किया जाता है।

सायण

सायण मध्यकालीन भारत के प्रसिद्ध विद्वान् और राजनीतिज्ञ थे। वे विजयनगर के राजा हरहिर द्वितीय के मंत्री थे। उन्होंने चारों वेदों-ऋग्वेद, यजुर्वेद, अथर्ववेद और सामवेद पर प्रसिद्ध भाष्य लिखा। सायण की 1387 ई० में मृत्यु हो गई।

हरिविजय सूरि

हरिविजय सूरि एक प्रमुख जैन मुनि थे। वे मुगल सम्राट अकबर के समकालीन थे। अकबर ने फतेहपुर सीकरी में *इबादतखाना* की स्थापना की थी और वहाँ पहले तो उसने मुसलमान धर्मगुरुओं से विचार-विमर्श किया, पर बाद में विभिन्न धर्मों और सम्प्रदायों के प्रमुखों को विचार-विमर्श के लिए आमंत्रित किया। अकबर के हरिविजय सूरि को भी इबादतखाने में आमंत्रित किया था।

हेमचंद्र

हेमचंद्र एक प्रसिद्ध जैन आचार्य और विद्वान् थे। उन्होंने *'त्रिषष्टि शलाका पुरुष चरित्र'* नामक संस्कृत ग्रंथ की रचना की, जिसमें 63 महापुरुषों के जीवन का वर्णन है। हेमचंद्र के ग्रंथ का परिशिष्ट भाग 'परिशिष्ट पर्व' के नाम से विख्यात है और उसमें जैनों के *जिन स्थविरो* के नाम आए हैं, वे अपनी ऐतिहासिकता रखते हैं।

हेमाद्रि

हेमाद्रि, मध्यकालीन भारत के प्रसिद्ध धर्मशास्त्रकार थे। दक्षिण भारत के वारंगल राज्य के *यादव राजाओं* ने उन्हें अपना संरक्षण प्रदान किया था। हेमाद्रि ने *'चतुर्वर्गचिन्तामणि'* नामक एक ग्रंथ की रचना 1260 से 1309 के बीच की। अपने ग्रंथ में उन्होंने व्रत, दान, तीर्थयात्रा, मोक्ष-प्राप्ति, श्राद्ध-संस्कार आदि के नियमों का सूक्ष्म एवं विस्तृत वर्णन किया है। उनका समय 13वीं-14वीं सदी निर्धारित किया जाता है।

नानक

नानक का जन्म अविभाजित पंजाब के *तलवण्डी* नामक स्थान में हुआ था। तलवण्डी अब *ननकाना साहिब* के नाम से प्रसिद्ध है। नानक थे तो सिख धर्म गुरु, पर उनके जीवन पर सूफी-संत बाबा फरीद का काफी प्रभाव दृष्टिगत होता है। नानक ने अपने उपदेशों में मध्यमार्ग पर विशेष बल दिया है। उन्होंने माध्यम के लिए गुरु की अनिवार्यता पर बल दिया। नानक ने अपने उपदेशों में चारित्रिक शुद्धता पर सर्वाधिक बल दिया। नानक की सबसे बड़ी विशेषता यह थी कि इन्होंने *'डेहरा'* को अपना एक स्थान बना लिया था और अपने अनुयायियों के एक पंथ में संगठित होने के लिए पृष्ठभूमि निर्मित की। नानक ने ही *'सिख धर्म'* की स्थापना की। नानक का समय 1469-1539 ई॰ माना जाता है।

रैदास

रैदास, निर्गुण भक्ति-परम्परा के प्रमुख संत थे। वे कबीर की परम्परा के उत्तराधिकारी संत थे। रैदास का जन्म एक चर्मकार परिवार में हुआ था। अन्य ब्रह्ममार्गी कवियों की भाँति रैदास के लिए भी निर्गुण ब्रह्म अनुभूति और जिज्ञासा का विषय था। रैदास ने भक्तों को यह उपदेश दिया है कि आभ्यंतर साधना पर बल दें। उन्होंने अपने उपदेश ब्रजभाषा में दिए। रैदास का समय 15वीं शताब्दी निर्धारित किया जाता है।

दादू दयाल

दादू दयाल, अहमदाबाद के एक धुनिया के पुत्र और मुगल सम्राट शाहजहाँ के समकालीन थे। इन्होंने एक निर्गुणवादी संप्रदाय की स्थापना की, जिसे *'दादू पंथ'* के नाम से जाना जाता है। इनके सिद्धांत में कबीर का प्रभाव दृष्टिगोचर होता है। सुंदरदास आदि संत भी इनकी शिष्य-परंपरा में आते थे। दादू ने भक्ति को अत्यधिक सहज रूप से स्वीकार किया है। यही कारण है कि उनके भावों में सगुण स्वरूप भी देखा जा सकता है। उन्होंने अपना अधिकांश जीवन राजपूताना में व्यतीत किया एवं हिंदू और इस्लाम धर्म में समन्वय स्थापित करने के उद्देश्य से अनेक पदों की रचना की। उनके अनुयायी मूर्ति-पूजा और विशेष आडम्बर के खिलाफ थे। वे सिर्फ राम-नाम जपते थे और शांतिपूर्ण जीवन में विश्वास रखते थे। दादू दयाल का समय 16वीं शताब्दी में निर्धारित किया जाता है।

रामानुजाचार्य

रामानुजाचार्य विशिष्टाद्वैत-सिद्धांत के संस्थापक थे। उन्होंने राम को आराध्य बनाकर इस मत की स्थापना की। इस सिद्धांत के अनुसार, पुरुषोत्तम ब्रह्म, सगुण और सविशेष हैं। मोक्ष अवधारणा के प्रति इनका दृष्टिकोण सभी वर्गों के लिए एक समान नहीं था, बल्कि उच्च वर्गों तथा निम्न वर्गों के लिए उन्होंने क्रमश: *'मोक्ष'* और *'प्रपति'* के विचार प्रस्तुत किए, जिसमें प्रपति को ईश्वर के समक्ष पूर्ण आत्मसमर्पण का एक माध्यम बताया गया है। रामानुजाचार्य की गणना प्रख्यात दार्शनिकों और दक्षिण भारतीय वैष्णव सम्प्रदाय के महान् आचार्यों में की जाती है। रामानुज, शंकराचार्य के अद्वैतवाद सिद्धांत के प्रमुख आलोचक थे। इनके विशिष्टद्वैत सिद्धांत के तहत जीव शेष या दास तथा ब्रह्म शेषी या स्वामी है। उनके इस सम्प्रदाय का प्रभाव रामानंद और गोस्वामी तुलसीदास पर भी देखा जा सकता है। रामानुजाचार्य का समय 11वीं शताब्दी निर्धारित किया गया है।

माध्वाचार्य

द्वैतवाद सिद्धांत के संस्थापक माध्वाचार्य थे। इनका जन्म कन्नड़ ब्राह्मण परिवार में हुआ था। उनके 'द्वैतवाद' मत के अनुसार, सृष्टि सत्य है। अल्पज्ञ जीवन विष्णु के अधीन कार्यरत हैं। वास्तविक सुख की अनुभूति ही मुक्ति है और मुक्ति के साधन के रूप में उन्होंने भक्ति को बतलाया। इनके द्वारा मंदिरों का निर्माण भी करवाया गया। माध्वाचार्य का समय 13वीं *शताब्दी* माना जाता है।

निम्बार्काचार्य

निम्बार्काचार्य ने *'द्वैताद्वैतवाद'* के सिद्धांत का प्रतिपादन किया था। उन्होंने *भेदाभेद* की भी स्थापना की। निम्बार्क तेलुगू ब्राह्मण थे और उन्होंने गंगा की घाटी में खासी लोकप्रियता हासिल की। निम्बार्क का मत है कि जीवन अवस्था-भेद से

ब्रह्म के साथ भिन्न भी है तथा अभिन्न भी। अल्पजीव ब्रह्म का अंश है और ब्रह्म अंशी है। भक्ति ही मुक्ति का साधन है। उन्होंने कृष्ण (विष्णु के अवतार) की भक्ति पर बल दिया। निम्बार्क ने राधाकृष्ण की युगल उपासना का विधान किया, जिसके आधार पर बाद में *स्वामी हरिदास* ने *सखी-सम्प्रदाय* की स्थापना की। निम्बार्काचार्य का समय 13वीं-14वीं *शताब्दी* के मध्य निर्धारित किया जाता है।

वल्लभाचार्य

वल्लभाचार्य तैलंग ब्राह्मण थे। वल्लभाचार्य का सम्प्रदाय आज स्वतंत्र सम्प्रदाय के रूप में विख्यात है, परंतु उनके सम्प्रदाय का संबंध मूलत: विष्णुस्वामी द्वारा स्थापित *'रुद्रसम्प्रदाय'* के साथ जोड़ा जाता है। उन्होंने *'शुद्धाद्वैतावाद'* के सिद्धांत का प्रतिपादन किया था। इस सिद्धांत के अनुसार, ब्रह्म माया से शुद्ध है। जीव सत्य और नित्य है। भगवान् की प्राप्ति का साधन भक्ति है। वल्लभ ने पुष्टिमार्ग पर बल दिया। भगवान् के पोषण अथवा अनुग्रह को भक्ति का सम्बल मानना चाहिए। वल्लभाचार्य ने अनेक ग्रंथों की रचना की, जिनमें *'अणुभाज्य'*, *'सुबोधिनी टीका'* आदि प्रमुख हैं। हिंदी के *'अष्टछाप'* के आठ कवियों में प्रथम चार वल्लभाचार्य के ही शिष्य थे। अष्टछाप सम्प्रदाय गुजरात में लोकप्रिय हुआ। वल्लभाचार्य का समय 15वीं-16वीं शताब्दी निर्धारित किया जाता है।

रामानंद

रामनंद, *रामानुजाचार्य* की शिष्य-परम्परा में थे। रामानुज ने श्री *वैष्णव सम्प्रदाय* की स्थापना की थी। रामानंद ने *'भक्ति'* को मुक्ति का साधन बताया और राम (विष्णु के अवतार) को उपास्य भगवान् बताया। इनका सम्प्रदाय *'रामभक्त सम्प्रदाय'* कहलाता है। रामानंद ने अपने सम्प्रदाय में स्त्री-पुरुष और उच्च-निम्न सभी वर्ग के लोगों को समान रूप से प्रविष्टि दी। रामानंद के सम्प्रदाय में सीता और लक्ष्मण के ध्यान का भी आदेश है। निर्गुणमार्गी कबीर और सगुणमार्गी तुलसी–दोनों रामानंद के शिष्य थे। रामानंद का समय 14वीं-15वीं *सदी* निर्धारित किया जाता है।

गंगू

गंगू दिल्ली का एक ब्राह्मण ज्योतिषी था। वह बहमनी राज्य के संस्थापक हसन बहमनशाह का गुरु था। गंगू ने हसन को राजा बनाने में महत्वपूर्ण भूमिका निभायी। उसने ही भविष्यवाणी की थी कि हसन एक महान् विभूति है। अपने गुरु के नाम से जुड़े होने के कारण ही बहमनशाह को *हसनगंगू* भी कहा जाता है।

गुरु गोविन्दसिंह

गुरु गोविन्द सिंह सिक्खों के *दसवें* तथा *अंतिम गुरु* थे। इन्होंने ही सिखों को एक सैनिक शक्ति बनाया। *'पाहुल'* (दीक्षा) प्रथा की शुरुआत भी गुरु गोविंदसिंह ने ही की। सिखों को *'सिंह'* उपनाम रखने का आदेश इन्होंने ही दिया था और सिखों का एक नया नामकरण भी किया था *'खालसा'*। गुरु गोविंद सिंह ने सिखों को प्रमुख राजनीतिक शक्ति बनाया। औरंगजेब की मृत्यु के बाद उत्तराधिकार युद्ध में बहादुरशाह का पक्ष लिया और उसकी जीत में महत्वपूर्ण भूमिका निभाई।

गुलबदन बेगम

गुलबदन बेगम, मुगल सम्प्रदाय के संस्थापक बाबर की पुत्री थी। वह एक विदुषी महिला थी और उसने मुगलकालीन घटनाओं का बड़ी सूक्ष्मता से वर्णन किया। ऐतिहासिक स्रोतों में *'हुमायूँनामा'* का प्रमुख स्थान है। *'हुमायूँनामा'* की रचना गुलबदन बेगम ने ही की थी, जिसमें 1530 से 1556 तक के हुमायूँ के शासनकाल के संबंध में महत्वपूर्ण सामग्रियाँ मिलती हैं। मुगलकालीन भारत के आरंभिक वर्षों की आर्थिक दशा की जानकारी का भी 'हुमायूँनामा' महत्वपूर्ण स्रोत है।

चण्डीदास

चण्डीदास, मध्यकालीन भारत के वैष्णव कवियों में प्रमुख थे। चण्डीदास का संबंध *बंगाल* से था, जो कला एवं संस्कृति के लिए प्रख्यात है। उनका समय 14वीं *सदी* का उत्तरार्द्ध निर्धारित किया जाता है। इनकी राधाकृष्ण प्रेम-विषयक अनेक रचनाएँ उपलब्ध हैं, जिनमें *'श्रीकृष्ण कीर्तन'* बहुत ही लोकप्रिय है।

चंदबरदाई

चंदबरदाई मध्यकालीन भारत के एक प्रसिद्ध कवि थे। दिल्ली और अजमेर के राजपूत शासक पृथ्वीराज चौहान ने उन्हें संरक्षण प्रदान किया था। चंदबरदाई ने ही *'पृथ्वीराज रासो'* या *'चंदरायसा'* नामक महाकाव्य की रचना की थी, जो वीरगाथात्मक काव्य है। इस महाकाव्य में पृथ्वीराज चौहान की उपलिब्धयाँ तथा मुस्लिम शासकों से युद्ध का प्रसंग वर्णित है। 'चार हाथ चौबीस गज अंगुल अष्ट प्रमाण। एते पे सुल्तान है मत चूको चौहान' जैसे उत्साहवर्द्धक पदों की रचना चंदबरदाई ने ही की थी। राजपूतों के इतिहास को जानने में चंदबरदाई की रचना *'चंदरायसा'* का महत्वपूर्ण स्थान है।

मंसूर

मंसूर को उस्ताद मंसूर कहा जाता है, जो एक प्रसिद्ध चित्रकार था। मुगल सम्राट *जहाँगीर* ने उसे संरक्षण प्रदान किया था।

मंसूर के कुछ चित्र अब भी मिलते हैं, जो उसके समकालीन द्वारा की गई उसकी चित्रकला की प्रशंसा को प्रमाणित करते हैं।

एकनाथ

एकनाथ प्रसिद्ध संत और धर्मसुधारक थे, जिनका जन्म 1550 ई॰ के लगभग *महाराष्ट्र* में हुआ था। जन्मना ब्राह्मण होते हुए भी एकनाथ ने जाति-भेद को अनुचित माना। उनके समय *'महार'* नामक एक निम्न जाति थी, जिसके एक व्यक्ति के साथ एकनाथ के भोजन करने के प्रसंग मिलते हैं। अपनी रचनाओं तथा उपदेशों द्वारा उन्होंने मराठा शक्ति (शिवाजी के नेतृत्व में) के अभ्युदय में महत्वपूर्ण योगदान दिया।

कबीर

कबीर, निर्गुण ब्रह्म में विश्वास रखने वाले एक प्रमुख संत थे। कबीर मानव-धर्म की स्थापना करना चाहते थे। वे प्रसिद्ध वैष्णव संत *रामानंद* के शिष्य थे। कबीर के अधिकांश विचार हिन्दू धर्म से प्रभावित हैं, पर मुसलमान सूफी संतों और कवियों का भी अच्छा प्रभाव था उन पर। कबीर ने कहा कि मनुष्य के विकास के लिए यह आवश्यक है कि वह प्रेम के मार्ग पर चले, क्योंकि यही एक ऐसा मार्ग है, जिस पर चलते समय धर्म और जाति- संबंधी बंधन टूट जाते हैं।

मलिक काफूर

मलिक काफूर दिल्ली सल्तनत के सुल्तान अलाउद्दीन खिलजी का एक प्रसिद्ध गुलाम था, जो गुजरात से लाया गया था। मलिक काफूर को *'हजार दीनारी'* भी कहा जाता है, क्योंकि उसे एक हजार दीनार देकर खरीदा गया था। अलाउद्दीन ने 1307 ई॰ में काफूर को सल्तनत का *मलिक नायब (सेनापति)* बना दिया। मलिक नायब के रूप में अपना कार्य-भार सँभालने के बाद काफूर ने दक्षिण में अनेक अभियान किए और देवगिरि, वारंगल, द्वारसमुद्र, मदुरा और मालाबार को जीतकर दिल्ली सल्तनत के अधीर कर दिया। कहा जाता है कि काफूर मूल रूप में एक हिन्दू हिजड़ा था।

मलिक अम्बर

मलिक अम्बर *अहमदनगर राज्य के वजीर* के रूप में प्रसिद्ध है। मलिक अम्बर, अहमदनगर में एक गुलाम के रूप में आया था। पर, अहमदनगर में योग्य व्यक्तियों के अभाव में मलिक अम्बर ने अपनी स्थिति सुदृढ़ की और अहमदनगर को नेतृत्व प्रदान करने की कोशिश की। चाँदबीबी की मृत्यु के बाद वह अहमदनगर का वजीर बना और मुगल सम्राट् जहाँगीर के दक्षिण अभियान के समय अहमदनगर की स्वतंत्रता को बचाए रखने की कोशिश की। मलिक अम्बर को मध्यकालीन भारत के प्रमुख राजनीतिज्ञों में स्थान दिया जाता है। मलिक अम्बर ने ही अहमदनगर की सेना को *गुरिल्ला-युद्ध (छापामार-युद्ध)* की शिक्षा दी थी।

जुझारसिंह बुंदेला

जुझारसिंह बुंदेला, राजा वीरसिंह बुंदेला का पुत्र और उसका उत्तराधिकारी था। शाहजहाँ के शासनकाल में जुझारसिंह ने इसके विरुद्ध विद्रोह किया था, परंतु उसके विद्रोह को शीघ्र ही वश में कर लिया गया और हर्जाने के रूप में उसे बहुत बड़ी राशि और जमीन मुगल शासक को देनी पड़ी। इसके बाद जुझारसिंह ने बादशाह की सेवा स्वीकार कर ली और कई वर्षों तक दक्षिण में रहकर उसने बहुमूल्य सेवाएँ प्रदान कीं। उसके सेवाभाव से प्रसन्न होकर शाहजहाँ ने उसे ऊँचा मनसब और *राजा* का खिताब प्रदान किया। इससे शाहजहाँ के हुक्म का विरोध करते हुए अपने पड़ोसी चौरागढ़ के राजा पर हमला किया और उसे मार डाला। इससे क्रुद्ध होकर शाही फौजों ने उस पर चढ़ाई कर दी उसे शीघ्र पराजित कर दिया। शाही फौजों के पीछा किये जाने पर वह पड़ोस के जंगलों में भाग गया, जहाँ गोंडों ने उसे मौत के घाट उतार दिया।

टोडरमल

टोडरमल मुगल सम्राट अकबर का वित्त मंत्री था, जिसे *राजा* की उपाधि से भी सम्मानित किया गया था। वह अकबर के दरबार में 1573 ई॰ में आया जब अकबर ने गुजरात पर विजय प्राप्त की थी। इसलिए अकबर ने तत्काल उसे गुजरात की मालगुजारी का बंदोबस्त करने के लिए वहाँ नियुक्त किया। टोडरमल ने ही सर्वप्रथम भूमि नापने की समरूप प्रणाली प्रचलित थी, उर्वरता के आधार पर जमीन का वर्गीकरण किया था लगान की दर फसल की एक तिहाई निर्धारित की, जो सीधे किसानों से वसूल की जाती थी। इस प्रकार टोडरमल द्वारा भूमि-संबंधी क्षेत्रों में क्रांतिकारी परिवर्तन किया गया। कालांतर में यह व्यवस्था पूरे मुगल साम्राज्य में लागू कर दी गयी। इसके अतिरिक्त टोडरमल एक अच्छा सेनानायक भी था, जिसने 1576 ई॰ में बंगाल पर विजय प्राप्त की। उसके कार्यों से प्रभावित होकर अकबर ने उसे 1580 ई॰ में बंगाल, बिहार तथा उड़ीसा का सूबेदार नियुक्त किया।

तानसेन

तानसेन भारतवर्ष का एक प्रख्यात संगीतज्ञ था। उसे मुगल सम्राट अकबर का संरक्षण प्राप्त था। वह अकबर का दरबारी गायक था। तानसेन ने संगीत की शिक्षा ग्वालियर में प्राप्त की। उस समय ग्वालियर के शासक राजा मानसिंह थे और वहीं उसका अंतिम संस्कार भी किया गया। बादशाह अकबर ने उसका दरबार में आगमन को इतना महत्वपूर्ण घटना

माना कि उसका एक रंगीन चित्र 1562 ई॰ में बनवाया। ऐसा कहा जाता है कि 'भारत में आज तक तानसेन के समान दूसरा गायक नहीं हुआ है।'

चक्रपाणि

चक्रपाणि, संस्कृत का एक प्रकाण्ड विद्वान् और प्रसिद्ध चिकित्साशास्त्री था। चक्रपाणि ने *चरक संहिता* और *सुश्रुतसंहिता* पर *भाष्य* लिखे हैं। चरकसंहिता के भाष्य का नाम *'आयुर्वेद-दीपिका'* है और सुश्रुतसंहिता के भाष्य का नाम *'भानुमति'* है। इन दो भाष्यों के अतिरिक्त चक्रपाणि ने चिकित्सा से संबंधी एक और आधिकारिक ग्रंथ की रचना की, जिसका नाम 'चिकित्सा-संग्रह' है।

चैतन्य देव

चैतन्य देव एक प्रसिद्ध वैष्णव संत थे, जिन्होंने *बंगाल* में वैष्णव धर्म को स्थापित किया। चैतन्य का जन्म नदिया जिला (नवद्वीप) बंगाल में हुआ था। 24 वर्ष की अवस्था में उन्होंने गृहत्याग किया। चैतन्य ने अपने संन्यासी जीवन का 18 वर्ष उड़ीसा में और बाँकी के 6 वर्ष दक्षिण भारत, गौड़ और वृंदावन में बिताए। घूम-घूमकर कीर्तन करने की प्रथा चैतन्य ने ही शुरू की। चैतन्य ने जो उपदेश दिया, उसका सार यह है कि जनता *'हरि'* के प्रति आस्था रखे।

छत्रसाल

छत्रसाल बुंदेला चम्पतराय का पुत्र और उसका उत्तराधिकारी था। आरंभ में छत्रसाल ने शिवाजी के विरुद्ध औरंगजेब की सेनाओं का समर्थन किया, परंतु बाद में यही मराटा नेता उसके प्रेरणास्रोत बन गये। अपना स्वतंत्र राज्य स्थापित करने के उद्देश्य में छत्रसाल ने शिवाजी की ही भाँति साहस और जोखिमपूर्ण कदम उठाया। अंततः 1671 ई॰ में मालवा में उसने स्वतंत्र राज्य स्थापित कर लिया। मुगलों के विरुद्ध कई लड़ाइयाँ लड़ने के पश्चात् ही उन्हें सफलता मिली। छत्रसाल ने अपनी राजधानी *पन्ना* को बनाया और उस पर मृत्युपर्यंत (1731 ई॰) शासन किया।

जयदेव

जयदेव, बंगाल के एक प्रसिद्ध कवि थे। इन्हें बंगाल के राजा लक्ष्मण सेन का संरक्षण प्राप्त था। इनकी सर्वाधिक प्रसिद्ध रचना *'गीत गोविन्द'* है, जिसे आज भी अत्यधिक लोकप्रिय भक्तिमय गीतिकाव्य माना जाता है। संस्कृत में रचित इन गीतों में राधा और कृष्ण के अलौकिक प्रेम को वर्णित किया गया है, जो अत्यंत ही सुन्दर और उत्कृष्ट है।

जियाउद्दीन बर्नी

जियाउद्दीन बर्नी एक प्रसिद्ध मुस्लिम इतिहासकार था, जिसे सल्तनतकालीन तुगलक वंश के शासक *फिरोजशाह तुगलक* का संरक्षण प्राप्त था। इसके द्वारा रचित ग्रंथ *'तारीखे फिरोजशाही'* है, जिसमें उसने फिरोजशाह तुगलक के शासनकाल का विस्तृत विवरण प्रस्तुत किया है। इसके अतिरिक्त उसके पूर्ववर्ती सुल्तान मुहम्मद बिन तुगलक के शासन का भी इसमें वर्णन है।

मध्यकालीन भारत
(वस्तुनिष्ठ/बहुविकल्पीय प्रश्न)

1. कुतुबुद्दीन ऐबक को सल्तनत का प्रभुतासम्पन्न शासक नहीं कहा जा सकता है, क्योंकि उसने

(a) सुलतान की उपाधि धारण नहीं की।

(b) न तो अपने सिक्के प्रसारित किए और न उसके नाम का खुतबा पढ़ा गया।

(c) उपर्युक्त *(a)* और *(b)* दोनों।

(d) वह दिल्ली के स्थान पर मुख्यत : लाहौर में रहा।

2. दिल्ली का वह कौन-सा भाग था, जहाँ कुतुबुद्दीन ऐबक ने मध्यकालीन दिल्ली के तथाकथित सात शहरों में से प्रथम शहर की आधारशिला रखी :

(a) सीरी *(b)* तुगलकाबाद

(c) मेहरौली *(d)* हौजखास

3. निम्नलिखित में से कौन सल्तनतकालीन इतिहासकार नहीं था?

(a) अब्बास खान शेरवानी *(b)* अमीर खुसरो

(c) जिआउद्दीन बरनी *(d)* मिनहाज-उस-सिराज

4. निम्नलिखित किस विदेशी यात्री के विवरण से सल्तनत काल के इतिहास की जानकारी प्राप्त नहीं होती हैं :

(a) इब्नबतूता

(b) मार्को पोलो

(c) अब्दुर्रज्जाक

(d) एथनेसियस निकितिन

5. कुतुबुद्दीन ऐबक द्वारा स्थापित राजवंश को दासवंश या मामेलुक वंश कहना क्यों अनुचित है?

(a) क्योंकि कुतुबुद्दीन ऐबक के अतिरिक्त इस वंश के अन्य सुल्तान दास नहीं थे।

(b) क्योंकि केवल तीन सुल्तान ही अपने प्रारंभिक जीवन में दास रह चुके थे, और बाद में उन्हें उनके स्वामियों द्वारा दासता से मुक्त कर दिया गया था।

(c) क्योंकि तकनीकी दृष्टि से केवल कुतुबुद्दीन ऐबक ने ही अपना जीवन दास के रूप में शुरू किया था।

(d) क्योंकि इस वंश के सभी शासक एक परिवार के नहीं थे।

6. भारत में मुस्लिम राज्य का संस्थापक मुहम्मद गोरी को माना जाता है, परन्तु भारत में स्वतंत्र मुस्लिम राज्य का संस्थापक किसे माना जाता है?

(a) कुतुबुद्दीन ऐबक *(b)* मुहम्मद गोरी

(c) इल्तुतमिश *(d)* उपर्युक्त में कोई नहीं

7. दिल्ली सल्तनत की स्थापना कब हुई?

(a) 1194 *(b)* 1206

(c) 1208 *(d)* 1210

8. कुतुबुद्दीन ऐबक द्वारा स्थापित राजवंश को इतिहासकारों ने कई नाम दिए। निम्न में से सर्वाधिक उपर्युक्त नाम कौन-सा है :

(a) गुलाम वंश *(b)* आरंभिक तुर्क सुल्तान

(c) तुर्क 'ममलूक' *(d)* इल्वारी वंश

9. कुतुबुद्दीन ऐबक की मृत्यु किस तरह हुई ?

(a) बीमारी से *(b)* युद्ध करते हुए

(c) घोड़े से गिरकर *(d)* आत्महत्या द्वारा

10. निम्नलिखित को सूची-I से सूची-II को सुमेलित कीजिए:

सूची-I	***सूची-II***
(A) कुतुबुद्दीन ऐबक	1. कुत्वी
(B) इल्तुतमिश	2. बल्वनी
(C) बलबन	3. शम्सी

	A	B	C
(a)	1	2	3
(b)	2	3	1
(c)	1	3	2
(d)	3	1	2

11. कुतुबुद्दीन ऐबक ने कहाँ पर अपनी राजधानी बनाई?

(a) दिल्ली *(b)* लाहौर

(c) अजमेर *(d)* लखनौती

12. प्रारंभिक तुर्क या आदि तुर्क शासकों में से किसे उसकी उदारता के कारण 'लाखवख्श' कहा गया?

(a) कुतुबुद्दीन ऐबक *(b)* इल्तुतमिश

(c) बलवन *(d)* रजिया

13. निम्न में से किसका निर्माण कुतुबुद्दीन ने नहीं करवाया?

(*a*) कुव्वत-उल-इस्लाम मस्जिद

(*b*) कुतुब मीनार

(*c*) अढ़ाई दिन का झोपड़ा

(*d*) अलाई दरवाजा

14. कुतुबुद्दीन ऐबक के बाद दिल्ली की गद्दी पर कौन बैठा?

(*a*) आरामशाह (*b*) इल्तुतमिश

(*c*) नासिरुद्दीन कुवाचा (*d*) नासिरुद्दीन महमूद

15. इल्तुतमिश को दिल्ली का तख्त कैसे मिला?

(*a*) क्योंकि वह कुतुबुद्दीन ऐबक का दामाद था।

(*b*) उसने शक्ति के बल पर सत्ता का अधिग्रहण किया।

(*c*) दिल्ली के तुर्क अमीरों एवं सैनिक अधिकारियों ने उसका चुनाव सुल्तान पद के लिए किया।

(*d*) लाहौर के अमीरों ने इल्तुतमिश को सुल्तान चुना।

16. सुल्तान चुने जाने के समय इल्तुतमिश किस प्रान्त का गवर्नर था?

(*a*) लखनौती (*b*) बदायूँ

(*c*) सिंध (*d*) जालौर

17. किस इतिहासकार ने इल्तुतमिश को भारत में मुस्लिम प्रभुसत्ता का वास्तविक संस्थापक माना?

(*a*) आर. पी. त्रिपाठी

(*b*) के. ए. निजामी

(*c*) ए. वी. एम. हबीबुल्लाह

(*d*) उपर्युक्त में से कोई नहीं

18. इल्तुतमिश को अपने शासन काल के दौरान किस मंगोल आक्रमणकारी के खतरे का सामना करना पड़ा?

(*a*) चंगेज खाँ (*b*) हलाकू

(*c*) जलालुद्दीन मंगबरनी (*d*) उपर्युक्त में कोई नहीं

19. दिल्ली सल्तनत का वह कौन सा प्रथम सुल्तान था, जिसने शुद्ध अरबी सिक्के 'टका' और 'जीतल' को जारी करवाया ?

(*a*) कुतुबुद्दीन ऐबक (*b*) इल्तुतमिश

(*c*) मुहम्मद तुगलक (*d*) बलबन

20. दिल्ली सल्तनत का पहला शासक कौन था, जिसने दिल्ली को अपनी राजधानी बनाया?

(*a*) आरामशाह (*b*) कुतुबुद्दीन ऐबक

(*c*) इल्तुतमिश (*d*) रजिया सुल्तान

21. दिल्ली सल्तनत के किस शासक को ''इक्ता प्रथा'' शुरू करने का श्रेय दिया जाता है?

(*a*) बलवन (*b*) कुतुबुद्दीन ऐबक

(*c*) इल्तुतमिश (*d*) अलाउद्दीन खिलजी

22. इल्तुतमिश द्वारा गठित ''चालीसा'' या तुर्कान-ए-चहलगानी संबंधित था?

(*a*) 40 सैन्य अधिकारियों के एक समूह से।

(*b*) सुल्तान के दरबार के 40 विद्वानों के समूह से।

(*c*) सुल्तान द्वारा गठित 40 प्रमुख तर्की दासों एवं उच्च कुल के गैर तुर्की अधिकारियों के समूह से।

(*d*) उपर्युक्त में से कोई नहीं।

23. 30 अप्रैल 1236 को इल्तुतमिश की मृत्यु के बाद दिल्ली सल्तनत का अगला शासक कौन हुआ?

(*a*) नासिरुद्दीन महमूद (*b*) रजिया

(*c*) रुकनुद्दीन फिरोजशाह (*d*) शाह तुर्कान

24. रजिया सुल्तान का विरोध कर रहें तुर्की अमीरों के दल को नेता कौन था?

(*a*) मलिक ईनुद्दीन कबीर खाँ अयाज

(*b*) निजामुल मुल्क जुनैदी

(*c*) मलिक अलाउद्दीन कूची

(*d*) मलिक सैफुद्दीन कूची

25. रजिया सुल्तान के पतन का प्रमुख कारण क्या था?

(*a*) उसका स्त्री होना।

(*b*) वह कुशल प्रशासिका नहीं थी।

(*c*) सेना का विद्रोह।

(*d*) रजिया द्वारा गैर तुर्को को अधिक महत्व देना।

26. रजिया सुल्तान के बाद दिल्ली सल्तनत के तख्त पर बैठने वाले सुल्तानों को क्रमानुसार सजाइए।

1. अलाउद्दीन मसूदशाह 2. बहरामशाह 3. नासिरुद्दीन महमूद 4. बलबन

(*a*) 1, 2, 3, 4 (*b*) 2, 1, 3, 4

(*c*) 4, 3, 2, 1 (*d*) 2, 3, 1, 4

27. दिल्ली सल्तनत के किस सुल्तान द्वारा अन्तिम रूप से गुलाम तुर्कों के गुट ''चालीसा'' को समाप्त किया गया?

(*a*) रजिया (*b*) नासिरुद्दीन महमूद

(*c*) बलबन (*d*) बहराम शाह

28. शासक का नाम बताइए जिसने अपने जीवन काल में उत्तराधिकारी नामांकित किया था :

(*a*) कुतुबुद्दीन ऐबक (*b*) इल्तुतमिश

(*c*) नसिरुद्दीन महमूद (*d*) बलवन

29. वह सुल्तान जो नये क्षेत्रों को जीतने नहीं गया :
(*a*) इल्तुतमिश (*b*) कुतुबुद्दीन ऐबक
(*c*) मोहम्मद तुगलक (*d*) बलबन

30. बरनी के अनुसार वह कौन सा सुल्तान था जिसने हिंदू प्रमुखों को कंगाल बना दिया था?
(*a*) बलबन
(*b*) जलालुद्दीन खिलजी
(*c*) कुतुबुद्दीन मुबारक खिलजी
(*d*) अलाउद्दीन खिलजी

31. दिल्ली सल्तनत के अंतर्गत मिल्लत से अभिप्राय था:
(*a*) सुन्नी भ्रातृत्व में ही सम्प्रभुता केंद्रीभूत रहती हैं।
(*b*) एक कर प्रणाली जिसका विकास अलाउद्दीन खिलजी ने किया था।
(*c*) दान में उलेमाओं को प्रदत्त भूमि।
(*d*) फीरोज तुगलक द्वारा विकसित की गई जागीरदारी प्रथा।

32. निम्नलिखित को सही सुमेलित कीजिए :

(A) हश	1. भू-राजस्व वसूली
(B) हिसार	2. अनिवार्य सैन्य भर्ती
(C) करसा	3. दुर्ग
(D) वसर्रुफ	4. खुदकाश्त

	A	B	C	D
(*a*)	2	3	4	1
(*b*)	1	2	3	4
(*c*)	3	4	1	2
(*d*)	4	1	2	3

33. निम्नलिखित में से कौन सोलहवीं शताब्दी में भारत आया और बहमन शासक निजामशाह द्वितीय की सेवा में रहा?
(*a*) मुहम्मद खान (*b*) एनुल्मुल्क मुल्तानी
(*c*) ताबाबाता (*d*) फरिश्ता

34. निम्नलिखित में से किस ग्रंथ में सर्वप्रथम 'अक्ता' के बारे में जानकारी मिलती हैं?
(*a*) निजाम-उल-मुल्क की सियासतनामा में।
(*b*) मिनहाजुद्दीन की तबकाते-नासिरी में।
(*c*) गुलाम हुसैन की सियरुल मुतखरीन में।
(*d*) जियाउद्दीन बरनी की फतवा-ए-जहाँदारी में।

35. निम्नलिखित में से किस शासक ने सर्वप्रथम जजिया कर अध्यारोपित किया था?
(*a*) बलबन (*b*) मुहम्मद बिन कासिम
(*c*) महमूद गजनवी (*d*) मुहम्मद गोरी

36. निम्नलिखित में से कौन सल्तनतकालीन स्थापत्य की विशेषता नहीं है?
(*a*) द्वाराग्रकाठ, मेहराब, लिटन एवं शहतीर का प्रयोग का एक हुआ।
(*b*) लोदीकालीन इमारतें दोहरी गुम्बद से युक्त एवं इनैमल की हुई खपरैलों से बनी हैं।
(*c*) तुगलककालीन इमारतें आकर्षक एवं अलंकरण युक्त है।
(*d*) अलाई दरवाजे में लाल पत्थर का प्रयोग हुआ है।

37. कौन-सा कथन सत्य है?
(*a*) इल्तुतमिश ने सर्वप्रथम दोआब पर अपना ध्यान केन्द्रित किया था।
(*b*) नासिरुद्दीन मुहम्मद के काल में अफगान प्रभावी हुए।
(*c*) गयासुद्दीन तुगलक भूतपूर्व वजीरों से परामर्श लेता था।
(*d*) सभी कथन सत्य हैं।

38. निम्नलिखित में कौन विदेशी यात्री कालीकट के जमोरिन के यहाँ ईरान के शाहरुख का राजदूत बनकर आया, विजयनगर को विश्व का अद्वितीय नगर कहा एवं वेश्यावृत्ति का विरोध किया?
(*a*) निकोली कोन्टी (*b*) अब्दुर्रज्जाक
(*c*) नूनिज (*d*) पेइस

39. दिल्ली सल्तनत का वह कौन-सा शासक था जिसने अपने नाम के आगे सर्वप्रथम 'गाजी' उपाधि धारण की?
(*a*) बलबन (*b*) इल्तुतमिश
(*c*) अलाउद्दीन खिलजी (*d*) गयासुद्दीन तुगलक

40. ''खिदमती'' नामक कर किनसे वसूला जाता था?
(*a*) हिन्दू जमींदारों से (*b*) पराजित राजाओं से
(*c*) व्यापारियों से (*d*) अमीरों से

41. निम्नलिखित में कौन-सी भूमि राजस्व से मुक्त होती थी?
(*a*) वक्फ एवं इनाम
(*b*) इनाम एवं आमलक
(*c*) ऐंमा एवं वक्फ
(*d*) उपर्युक्त में से कोई नहीं

42. फिरोज तुगलक के बारे में निम्नलिखित में से कौन-सा कथन लागू होता है?
(*a*) दान के लिए उसने दीवान-ए-खैरात विभाग की स्थापना की।

(b) वृद्ध एवं असहाय लोगों के लिए पेन्शन की व्यवस्था की।
(c) उसने न्यायिक प्रताड़ना एवं अंग विच्छेदन को समाप्त कर दिया।
(d) उपर्युक्त सभी कथन सत्य हैं।

43. किस सल्तनत शासकों में से किसे रोजगार दफ्तर की स्थापना का श्रेय है?
(a) मुहम्मद बिन तुगलक (b) अलाउद्दीन खिलजी
(c) फीरोज तुगलक (d) इल्तुतमिश

44. दिल्ली सल्तनत के इतिहास में वह कौन-सा अकेला भारतीय मुस्लिम था, जिसने गद्दी प्राप्त की थी?
(a) इमामुद्दीन रायहन (b) नसीरुद्दीन खुसखशाह
(c) मुबारकशाह (d) इनमें से कोई नहीं

45. निम्नलिखित ग्रंथों में से किसमें सर्वप्रथम चरखे के प्रयोग का उदाहरण प्राप्त होता है?
(a) इसामी-कृत फुतुह-उस-सलातीन में।
(b) अमीर खुसरो कृत नुह सिपिहर में।
(c) इब्नबतूता-कृत रेहला में।
(d) इनमें से कोई नहीं।

46. बंगाल के किस नवाब के समय में मुहम्मदशाह ने बिहार को बंगाल में शामिल कद दिया?
(a) मुर्शीद कुली खाँ (b) अली वर्दी खाँ
(c) शुजाउद्दीन (d) सरफराज

47. निम्नलिखित में से कौन-सा कथन असत्य है?
(a) इक्ता प्रणाली की स्थापना इल्तुतमिश के समय हुई।
(b) अलाउद्दीन खिलजी ने खुम्स 1/5 एवं मुहम्मद बिन तुगलक ने 4/5 भाग लिया।
(c) सल्तनतकालीन प्रशासन में तोपखाना विभाग नहीं था।
(d) प्रांतीय शासकों को इक्ता के रूप में सम्पूर्ण प्रान्त प्रदान किया जाता था।

48. निम्नलिखित में से किस सल्तनतकालीन शासक का समय सबसे अल्पअवधि का रहा?
(a) बहरामशाह (b) मसूदशाह
(c) रुकनुद्दीन फिरोज (d) इनमें से कोई नहीं

49. निम्नलिखित में किस सल्तनतकालीन शब्दावली से गुप्तचर का बोध होता है?
(a) सवानी (b) मुनही
(c) बरीद (d) उपर्युक्त तीनों

50. तराइन का तृतीय युद्ध 1215-16 में हुआ, यह किसके मध्य हुआ?
(a) इल्तुतमिश और यिल्दिज के मध्य
(b) इल्तुतमिश और कुवाचा के मध्य
(c) यिल्दिज और कुवाचा के मध्य
(d) कुवाचा और कुतुबुद्दीन के मध्य

51. निम्नलिखित कथनों में से असत्य कथन इंगित कीजिए:
(a) दीवाने-अर्ज सैन्य विभाग था, जिसकी स्थापना बलबन ने की थी।
(b) इल्तुतमिश ने सर्वप्रथम शुद्ध अरबी सिक्के जारी किये।
(c) नौकाओं का प्रबंध करने वाला अधिकारी अमीरे-बहर कहलाता था।
(d) अमलाक भूमि वेतन के बदले अधिकारियों की दी गयी भूमि थी।

52. निम्नलिखित को सही सुमेलित कीजिए :
(A) रीवा 1. भू-राजस्व हेतु प्रेषित अधिकारी
(B) रेख 2. सूदखोरी
(C) राय 3. सम्भावित राजस्व आँकड़े
(D) सजावल 4. फसल दर सूची

	A	B	C	D
(a)	2	3	4	1
(b)	3	4	1	2
(c)	4	1	2	3
(d)	1	2	3	4

53. निम्नलिखित में से किस सल्तनतकालीन शासक ने महेन्द्र सूरी, सोम तिलक, राजशेखर एवं भीम जैसे विद्वानों के प्रति अत्यंत उदारता दिखलाई?
(a) इल्तुतमिश (b) मुहम्मद बिन तुगलक
(c) फीरोज तुगलक (d) अलाउद्दीन खिलजी

54. निम्नलिखित में से किसने सल्तनतकालीन कागज उद्योग का विस्तृत विवरण अपने ग्रंथों में दिया है?
(a) मिन्हाज (b) अलबरूनी
(c) अमीर खुसरो (d) बरनी

55. निम्नलिखित में कौन सल्तनतकालीन शासक कुतुबुद्दीन ऐबक को सुल्तानों की सूची में शामिल नहीं करता है?
(a) मुहम्मद बिन तुगलक (b) फिरोज तुगलक
(c) इल्तुतमिश (d) बलबन

56. गुलाम वंश के सुल्तान ''मामलुक'' कहे जाते थे,

सामान्यतया इसका अभिप्राय है :

(a) स्वतंत्रता माता-पिता से उत्पन्न पुत्र जो दास बन गया हो।

(b) रिश्ते के किसी व्यक्ति को जिसे सत्ता सौंप दी गयी हो।

(c) ऐसे व्यक्ति जो खलीफा द्वारा नामित किए गए हों।

(d) सुल्तान की सेवा में रहने वाला अधिकारी जो बाद में सुल्तान बन गया हो।

57. निम्नलिखित शासकों में वह कौन प्रथम शासक था जिसने सुल्तान की उपाधि धारण की थी?

(a) कुतुबुद्दीन ऐबक (b) इल्तुतमिश

(c) महमूद गजनवी (d) बलबन

58. सल्तनत काल में सामान्यतया किसके सन्दर्भ में कहा जाता है कि वह मुस्लिम भारतीय वजारात का स्वर्ण काल था ?

(a) खिलजी काल (b) तुगलक काल

(c) लोदी युग (d) इनमें से कोई नहीं

59. 1329-30 में मुहम्मद बिन तुगलक ने सांकेतिक मुद्रा का प्रवर्तन किया। किस शासक के अनुकरण पर यह कार्य सम्पादित किया गया ?

(a) चीन के कुबलाई सान

(b) फारस के ख्वारिज्म शाह

(c) मिस्त्र के बादशाह

(d) इनमें से कोई नहीं

60. दिल्ली सल्तनत में क्षत्रिय राजस्व समनुदेशन को कहते थे :

(a) तुयुल (b) मिल्क

(c) इक्ता (d) जागीर

61. सुल्तान अल्लाउद्दीन खिलजी ने मालगुजारी का हक पेश किया था :

(a) उपज के एक-चौथाई भाग पर

(b) उपज के दो-तिहाई भाग पर

(c) उपज के आधे भाग पर

(d) उपज के दो-पाँचवें भाग पर

62. निम्नलिखित में से कौन-सा एक मुहम्मद तुगलक के खिलाफ दोआब में हुई बड़ी बगावत का कारण था?

(a) दिल्ली से राजधानी का स्थानान्तरण।

(b) प्रतीक मुद्रा का जारी किया जाना।

(c) ग्रामणी इलाकों में कर वृद्धि।

(d) ग्रामवासियों का गुलाम बनाया जाना ।

63. तारीख-ए-मुबारकशाही का लेखक याहिया सरहिन्दी निम्नलिखित में से किसके शासनकाल में था?

(a) लोदी (b) सैयद

(c) तुगलक (d) खिलजी

64. जब उसने राजसत्ता पाई तब वह शरीयत के नियमों और आदेशों से काफी स्वतंत्र था : यह वक्तव्य जियाउद्दीन बरनी ने किसके लिए दिया है?

(a) इल्तुतमिश के बारे में।

(b) अलाउद्दीन खिलजी के बारे में।

(c) मुहम्मद तुगलक के बारे में।

(d) इनमें से कोई नहीं।

65. सूची-I को सूची-II को सुमेलित करें :

(A) मिन्हाज सिराज 1. तारीख-ए-फिरोजशाही

(B) अमीर खुसरो 2. ताजुल मआसिर

(C) हसन निजामी 3. खजाइनुल फुतू

(D) शम्स-ए-सिराज अफीफ 4. तबकाते-ए-नाशीरी

	A	B	C	D
(a)	3	4	2	1
(b)	3	4	1	2
(c)	4	3	1	2
(d)	4	3	2	1

66. गयासुद्दीन तुगलक के मकबरे की विशेषता है :

(a) कंदाकार गुम्बद (b) ढलवाँ दीवारें

(c) संगमरमर का अभाव (d) ऊँची मीनारें

67. निम्नलिखित में से कौन-से एक सूफी संत ने सात सुल्तानों की हुकूमत देखी, लेकिन किसी के दरबार में नहीं गया?

(a) कुतुबुद्दीन बख्तियार काकी

(b) बाबा फरीदुद्दीन चिश्ती

(c) शेख निजामुद्दीन चिश्मी

(d) नसीरुद्दीन 'चिराग' दिल्ली

68. निम्नलिखित को सही सुमेलित कीजिए :

(A) कुरान 1. तर्क एवं विश्लेषण के आधार पर कानून की व्याख्या।

(B) हदीस 2. मुस्लिम कानून का प्रमुख स्रोत।

(C) इज्मा 3. पैगम्बर के कथन एवं कार्य

(D) कयास 4. कानून के स्रोत

	A	B	C	D
(a)	2	3	4	1
(b)	3	4	1	2
(c)	4	1	2	3
(d)	1	2	3	4

69. सल्तनतकालीन भूमि संबंधी विवरणों में निम्नलिखित में से कौन-सा कथन असत्य है?

(a) खालसा भूमि का राजस्व सीधे राजकीय कोष में जमा होता था।

(b) मिल्क, वक्फ एवं इनाम भूमि पर कोई लगान नहीं लिया जाता था।

(c) इनाम भूमि धर्म की सेवा के आधार पर दी जाती थी।

(d) मिल्क भूमि राजा द्वारा प्रदत्त की जाती थी।

70. निम्नलिखित को सही सुमेलित कीजिए :

(A) फाजिल 1. विद्वानों एवं धार्मिक लोगों को दी जाने वाली सहायता।

(B) मश्रूत 2. अधिशेष भू-राजस्व।

(C) आयमा 3. पद ग्रहण करने के आधार पर दी गयी जागीर

(D) इद्रार 4. अनुदान

	A	B	C	D
(a)	2	3	4	1
(b)	3	4	1	2
(c)	4	1	2	3
(d)	1	2	3	4

71. निम्नलिखित में से किस शासक के सिक्कों पर सुल्तान ईश्वर की छाया है ''ईश्वर सुल्तान का समर्थक है'' उल्लिखित मिलता है?

(a) अलाउद्दीन खिलजी (b) मुहम्मद बिन तुगलक

(c) फिरोज तुगलक (d) सिकन्दर लोदी

72. अलाउद्दीन की राजस्व नीति की सफलता, कर निर्धारण एवं कर वसूली का श्रेय निम्नलिखित में से किसे दिया जाता है ?

(a) शर्क कायनी (b) मलिक कबूल

(c) मलिक काफूर (d) दीवान खाँ

73. मुस्लिम भारत के इतिहास में सर्वप्रथम किस शासक ने अपने को खलीफा का प्रतिनिधि कहा?

(a) मुहम्मद बिन तुगलक (b) इल्तुतमिश

(c) फीरोज तुगलक (d) बलबन

74. दिल्ली सल्तनत का वह एकमात्र शासक कौन था, जिसने सुल्तान की उपाधि नहीं धारण की थी?

(a) खिज्र खाँ (b) मुबारकशाह

(c) सिकन्दर लोदी (d) इनमें से कोई नहीं

75. निम्नलिखित अभिलेखों में से किसमें मुहम्मद बिन तुगलक को ''दुनिया का खान'' कहा गया है?

(a) टोपरा अभिलेख (b) राजमुंदरी अभिलेख

(c) देवगिरी अभिलेख (d) इनमें से कोई नहीं

76. जिस दिल्ली सुल्तान ने एक कृषि विकास के मंत्रालय की स्थापना की थी, वह था :

(a) बलबन (b) मुहम्मद तुगलक

(c) अलाउद्दीन खिलजी (d) फिरोज तुगलक

77. बलबन द्वारा शासक पद की शक्ति और प्रतिष्ठा पुन:स्थापित करने के लिए निम्नलिखित में से कौन-से उपाय किए गये थे :

1. उसने अपने पुराने नायक अफ्र सियाब का वंशज होने का दावा किया।
2. उसने ईरानी दरबार के शिष्टाचार के तरीकों का अनुकरण अपने दरबार में किया।
3. उसने हरम में अत्यंत कठोर औपचारिकताएँ लागू कीं।
4. उसने अपने साम्राज्य के प्रांतों की सीमाएँ निर्धारित कीं।

नीचे दिए गए कूट का प्रयोग कर सही उत्तर चुनिए:

(a) 2 और 3 (b) 1 और 2

(c) 3 और 4 (d) 2 और 4

78. दिल्ली सल्तनत में भू-राजस्व के लिए सर्वोच्च ग्रामीण सत्ता थी :

(a) चौधरी (b) रावत

(c) राणा (d) मालिक

79. अमीर खुसरो ने नुहसिफिर (Nuhsiphir) की रचना की :

(a) अलाउद्दीन खिलजी की प्रशंसा में।

(b) भारत की प्रशंसा में।

(c) ख्वाजा मुईनुद्दीन चिश्ती की प्रशंसा में।

(d) इस्लाम के पैगम्बर की प्रशंसा में।

80. भूमि की माप के आधार पर भू-राजस्व का निर्धारण और प्रति विस्वा उपज का आकलन सबसे पहले किया गया :

(a) अलाउद्दीन खिलजी के अधीन

(b) मुहम्मद बिन तुगलक के अधीन

(c) फिरोजशाह तुगलक के अधीन

(d) सिकन्दर लोदी के अधीन

81. सुल्तान नसीरुद्दीन महमूद की सेवा में रहने वाला अमीर,

जिसने बलबन की साजिशों से सर्वोच्च पद खो दिया, कौन था?

(a) अमीर याकूत (b) इमादुद्दीन रैहान

(c) तुगरिल बेग (d) जफर खाँ

82. दिल्ली सल्तनत में सीधे राजकीय सेवा में रहने वाली सेना क्या कहलाती थी ?

(a) लश्कर (b) हश्मे कल्ब

(c) सिपाही (d) मुक्ति

83. निम्नलिखित कथनों में कौन-सा सत्य है ?

(a) अलाउद्दीन के सेनापति मलिक काफूर को हजार दीनारी के नाम से जाना जाता है।

(b) दिल्ली सल्तनत में सबसे बड़ा साम्राज्य मुहम्मद बिन तुगलक का था।

(c) मुबारक खिलजी ने सर्वप्रथम देवगिरि और तेलंगाना को दिल्ली सल्तनत में मिलाया।

(d) उपर्युक्त तीनों कथन सत्य है।

84. ''रतन'' नामक कुशल भू-राजस्व अधिकारी निम्न-लिखित में किस सल्तनतकालीन शासक के समय नियुक्त हुआ?

(a) अलाउद्दीन खिलजी (b) फिरोज तुगलक

(c) मुहम्मद बिन तुगलक (d) सिकन्दर लोदी

85. निम्नलिखित सल्तनत शासकों में से किसके सिक्के पर शिव का नन्दी बैल एवं चौहान घुड़सवार अंकित रहते थे?

(a) मुहम्मद गोरी (b) इल्तुतमिश

(c) कुतुबुद्दीन ऐबक (d) बलबन

86. दिल्ली सल्तनत के किस शासक ने सर्वप्रथम लाहौर के स्थान पर दिल्ली को अपनी राजधानी बनाया?

(a) कुतुबुद्दीन ऐबक (b) इल्तुतमिश

(c) बलबन (d) रजिया

87. तुर्कों द्वारा युद्धों में प्रयुक्त विशेष अस्त्र जो धनुष की शक्ल में होता था, फारसी भाषा में कहलाता था :

(a) नावक (b) शमदम

(c) शामक (d) शिलाखंड

88. प्रसिद्ध इतिहासकार लेनपूल ने किस प्रसिद्ध इतिहासकार को ''पूर्वीय पेप्स'' की उपाधि दी थी?

(a) उतबी (b) अलबरूनी

(c) बैहाकी (d) अलमसूदी

89. निम्नलिखित कथनों में से कौन कथन सत्य है?

(a) मुहम्मद बिन तुगलक के समय अमीरों के 21 विद्रोह हुए।

(b) मलिक काफूर ने 35 दिनों तक शासन किया।

(c) खुसख खाँ ने बारवारियों की सहायता से मुबारक खिलजी की हत्या कर दी थी।

(d) उपर्युक्त तीनों कथन सत्य हैं।

90. किस शासक को दासता से मुक्ति के बाद ''अमीरुल उमरा'' की उपाधि प्रदान की गयी थी?

(a) इल्तुतमिश (b) कुतुबुद्दीन ऐबक

(c) बलबन (d) नासिरुदीन महमूद

91. इल्लाक, एक प्रकार की हुंडी जिसकी सहायता से राजकीय सिपाही राज्य राजस्व अधिकारियों से अपना वेतन प्राप्त करने में समर्थ था, की प्रथा किसने चलाई थी?

(a) इल्तुतमिश (b) बलबन

(c) अलाउद्दीन (d) फीरोजशाह तुगलक

92. दिल्ली सल्तनत में किस्मत-ए-खोते क्या था ?

(a) गाँव के मुखिया को राज्य की ओर से किया गया नगद भुगतान।

(b) खोत को आवंटित गाँव।

(c) गाँव के मुखिया द्वारा किसानों में एकत्रित किया गया एक छोटा उपकर।

(d) खोतों एवं मुकद्दमों द्वारा जोती गई भूमि पर राजस्व।

93. शशगनी सिक्का किसके राज्यकाल में प्रचलित हुआ था?

(a) अलाउद्दीन खिलजी (b) बलबन

(c) फिरोज शाह तुगलक (d) सिकन्दर लोदी

94. अपने राज्यारोहण के ठीक पूर्व मुक्ति के रूप में सुल्तान इल्तुतमिश के पास निम्नलिखित में से कौन-सा इक्ता था?

(a) कालपी (b) लखनौती

(c) कालिंजर (d) बदायूँ

95. अमीर खुसरो के खजैन-उल फुतूह में किसके सैनिक अभियानों का विवरण है?

(a) दक्षिण भारत में मलिक काफूर।

(b) मेवात प्रदेश में सुल्तान बलबन।

(c) गुजरात में मुहम्मद तुगलक।

(d) उड़ीसा में फिरोज तुगलक।

96. कहाँ के शासकों ने सुल्तान-उस शर्क की उपाधि धारण की थी?

(a) असम (b) बंगाल

(c) जौनपुर (d) उड़ीसा

97. निम्नलिखित में से किस सुल्तान ने हाब-ए-शर्व नामक सिंचाई कर चलाया?
(a) इल्तुतमिश (b) अलाउद्दीन खिलजी
(c) गियासुद्दीन तुगलक (d) फिरोज तुगलक

98. फतुह-उस-सलातीन के अनुसार मुहम्मद बिन तुगलक ने विद्रोहियों एवं अपने आलोचकों का पता लगाने के लिए एक अलग विभाग का गठन किया था यह था:
(a) दीवाने रियासत (b) दीवाने सियासत
(c) दीवाने बन्दगान (d) इनमें से कोई नहीं

99. निम्नलिखित को सही सुमेलित कीजिए :
(A) सदका 1. भूमि की पैमाइश में होने वाला व्यय
(B) तफशीर 2. एक प्रकार का दान
(C) पायगाह 3. कुरान का अनुवाद
(D) जाबिताना 4. शाही घोड़ों का विभाग

	A	B	C	D
(a)	2	3	4	1
(b)	3	4	1	2
(c)	4	1	2	3
(d)	1	2	3	4

100. सुल्तान के महल के सम्मुख संगमरमर के दो सिंह बने हुए थे, जिनके गले में घंटियाँ लटकी हुई थीं। पीड़ित व्यक्ति इन घंटियों को बजाता था, उसकी फरियाद सुनकर तुरन्त न्याय की व्यवस्था की जाती थी, इब्नबतूता का यह कथन निम्नलिखित में से किस सल्तनतकालीन शासक से संबंधित हैं?
(a) बलवन (b) नसरत खाँ
(c) अलप खाँ (d) मुहममद

101. निम्नलिखित में से कौन 1285 ई॰ में मंगोलों से लड़ता हुआ मारा गया और बाद में खानेशहीद के नाम से विख्यात हुआ?
(a) उलूग खाँ (b) नसरत खाँ
(c) अलप खाँ (d) मुहम्मद

102. निम्नलिखित को सही सुमेलित कीजिए :
(A) वीर नाथन 1. अलाउद्दीन के समय एक गायक
(B) दरवेश राजा 2. फिरोज तुगलक का हिन्दू कोतवाल
(C) मलिक कबूल 3. इल्तुतमिश का पुत्र नसिरुद्दीन
(D) गोपाल नायक 4. अलाउद्दीन के समय बाजार अधीक्षक

	A	B	C	D
(a)	2	3	4	1
(b)	3	4	1	2
(c)	4	1	2	3
(d)	1	2	3	4

103. निम्नलिखित कथनों में से कौन-सा कथन इल्तुतमिश पर लागू होता ह?
(a) अतारकिन के दरवाजे के निर्माण और नामकरण का श्रेय उसे ही है।
(b) उसने प्रसिद्ध विद्वान् जुनैदी को अपना प्रधानमंत्री नियुक्त किया।
(c) उसने प्रधान धर्म-रक्षक नासिर-अमीर-उल- मुमनिन की उपाधि धारण की।
(d) उपर्युक्त तीनों कथन सत्य हैं।

104. यदि मैं अपने एक गुलाम को पालकी में बिठा दूँ तो मेरे आदेश पर मेरे सभी सरदार उसे अपने कंधों पर उठाकर ले जाएँगे। ये कथन किस प्रसिद्ध सुल्तान का है?
(a) बहलोल लोदी (b) सिकन्दर लोदी
(c) इब्राहिम लोदी (d) इनमें से कोई नहीं

105. निम्नलिखित में से किस इतिहासकार का विचार है कि मुहम्मद बिन तुगलक ने राजधानी परिवर्तन दक्कन पर प्रभावशाली नियंत्रण स्थापित करने के लिए किया था?
(a) रोमिला थापर (b) स्मिथ
(c) बूल्जले हेग (d) आर॰ पी॰ त्रिपाठी

106. दिल्ली सल्तनत में एक चाँदी का टंका कितने के बराबर था ?
(a) 52 जीतल (b) 48 जीतल
(c) 45 जीतल (d) 38 जीतल

107. ''मैं लोगों को ऐसा हुक्म देता हूँ, जो उनके और राज्य के लिए लाभकारी समझता हूँ। मैं नहीं जानता कि वे शरियत द्वारा अनुमत हैं अथवा नहीं'' यह किसने कहा था?
(a) जलालुद्दीन खिलजी (b) अलाउद्दीन खिलजी
(c) गियासुद्दीन तुगलक (d) मुहम्मद तुगलक

108. दिल्ली सल्तनत के समय पानी खींचने के अन्य साधनों से सकिया (रहत) की भिन्नता का प्रमुख लक्षण निम्नांकित का प्रयोग था :
(a) लीवर का सिद्धांत (b) घिरनियाँ

(c) गियर तंत्र (d) मशक

109. तेरहवीं शताब्दी में फराजिल शब्द का अभिप्राय था:
(a) राज्य को प्रेषित अधिशेष राजस्व।
(b) एक परगना का मुखिया।
(c) एक सैनिक ओहदा।
(d) राज्य की भूमि।

110. सुल्तान फीरोजशाह तुगलक के शासनकाल में हिसामुद्दीन जुनैदी द्वारा आकलित दिल्ली सल्तनत का कुल जमा क्या था?
(a) चार करोड़ पचास लाख
(b) पाँच करोड़ तीस लाख
(c) छ : करोड़ पचहत्तर लाख
(d) सात करोड़ चालीस लाख

111. कहा जाता है कि कुतुबुद्दीन ऐबक ने कुतुब मस्जिद एवं कुतुब मीनार के अतिरिक्त निम्नांकित का निर्माण किया :
(a) अजमेर में अढ़ाई दिन का झोपड़ा मस्जिद।
(b) जहाँपनाह में खिड़की मस्जिद।
(c) खानेजहाँ तिलंगानी का मकबरा।
(d) दिल्ली में किला-ए-कुहना मस्जिद।

112. निम्नलिखित सुल्तानों में से किसने दिल्ली सल्तनत की शाही संरचना के तीन सबसे प्रमुख अंगों–इक्ता, सेना और मुद्रा प्रणाली को सुव्यवस्थित किया?
(a) कुतुबुद्दीन ऐबक (b) शमसुद्दीन इल्तुतमिश
(c) गियासुद्दीन बलबन (d) अलाउद्दीन खिलजी

113. भू-राजस्व की दर किसके राज्यकाल में अधिक थी?
(a) बलबन (b) अलाउद्दीन खिलजी
(c) गयासुद्दीन तुगलक (d) मुहम्मद बिन तुगलक

114. निम्नलिखित में से कौन सुमेलित नहीं है ?
(a) जौनपुर – अटाला मस्जिद
(b) मालवा – जहाज महल
(c) अजमेर – कुव्वत-उल-इस्लाम
(d) गुलबर्गा – जामा मस्जिद

115. सल्तनतकालीन विजारत के संदर्भ में निम्नलिखित में से कौन-सा कथन लागू नहीं होता?
(a) विजारत का सिद्धांत तभी पूर्ण रूप से स्वीकृत हुआ जब गजनी राजवंश की स्थापना की।
(b) विजारत को एक संस्था के रूप में अपनाने की प्रेरणा अब्बासी खलीफाओं ने फारस से ली थी।
(c) महमूद गजनवी के काल अब्बास-फजल-बिन- अहमद प्रथम वजीर हुए जो शासन व्यवस्था चलाने में निपुण थे।
(d) बलबन के समय वजीर की शक्तियाँ चरमोत्कर्ष पर पहुँच गईं।

116. निम्नलिखित में से कौन सुमेलित नहीं है?
(a) वसीलात-ए-हश्म – वेतन रजिस्टर
(b) हश्म-ए-अतरफ – प्रान्तीय सेना
(c) मुस्तौफी-ए-मुमालिक – महालेखा परीक्षक
(d) दबीर-ए-खास – विदेश मंत्री

117. सल्तनत काल में बारूद, गोले, तोपखाने का निर्माण नहीं किया गया था, परंतु 13वीं सदी में ''कुशकैजिर'' शब्द का प्रयोग मिलता है सामान्यतया इसका आशय था :
(a) तोप का बिगड़ा हुआ रूप
(b) गोले एवं बारूद का ढेर
(c) शिला प्रक्षेपक यंत्र
(d) उपर्युक्त सभी

118. निम्नलिखित में से कौन-सा कथन अक्ता पर लागू नहीं होता?
(a) अक्ता का सम्पूर्ण जीवन काल के लिए पेंशन नहीं किया जा सकता था।
(b) प्रांतीय स्तर पर अक्ताएँ उच्च वर्ग के अमीरों को दी जाती थीं।
(c) बलबन ने अक्तादारों के क्रियाकलापों पर नियंत्रण के लिए ख्वाजा नामक अधिकारी की नियुक्ति की थी।
(d) खिलजी एवं तुगलक सुल्तानों तक अक्ता की एक ही प्रथा कायम रही।

119. निम्नलिखित को सही सुमेलित कीजिए :
(A) अहले-सैफ 1. सुल्तान के अंगरक्षक
(B) अहले-कलक 2. योद्धा
(C) शहना-ए-फील 3. लेखक
(D) सरजांदार 4. हस्तिशाला का अध्यक्ष

	A	B	C	D
(a)	2	3	4	1
(b)	3	4	1	2
(c)	4	1	2	3
(d)	1	2	3	4

120. निम्नलिखित कथनों में से क्या सत्य है?
(a) इल्तुतमिश ने उमर-ई-चहलगाना नामक परिषद को स्थापित किया था।

(b) अलकैम खलीफा ने इस्लामी इतिहास में सर्वप्रथम गजनी ने महमूद को सुल्तान की उपाधि प्रदान की थी।

(c) जब खिलाफत का विघटन शुरू हुआ तब विभिन्न प्रदेशों के मुस्लिम शासकों ने सुल्तान की उपाधि धारण कर ली।

(d) उपुर्यक्त तीनों कथन सत्य हैं।

121. निम्नलिखित में से किस इतिहासकार की धारणा है कि मुहम्मद बिन तुगलक में पागलपन का कुछ अंश था?

(a) स्मिथ (b) बूल्जले हेग
(c) एल्फिंस्टन (d) इसामी

122. निम्नलिखित में से किस सल्तनतकालीन शासक के समय में शियाओं एवं सुन्नियों के मध्य संघर्ष हुए?

(a) कुतुबुद्दीन ऐबक (b) इल्तुतमिश
(c) रजिया (d) बलबन

123. निम्नलिखित में से कौन-सा विदेशी यात्री सल्तनत काल में भारत नहीं आया?

(a) इब्नबतूता (b) मार्को पोलो
(c) निकीतिन (d) राल्फ फिच

124. सल्तनतकालीन उद्योग एवं व्यापार के संबंध में निम्नलिखित में से कौन-सा कथन सत्य है?

(a) देवल व्यापारिक दृष्टि से समृद्ध एक अन्तर्राष्ट्रीय बन्दरगाह था।

(b) खंभात से मूल्यवान रेशम का व्यापार होता था।

(c) अहमदाबाद व गुजरात में बना सूती कपड़ा विदेशों को निर्यात होता था।

(d) उपर्युक्त तीनों कथन सत्य हैं।

125. निम्नलिखित को सही सुमेलित करें :

(A) गरगज 1. एक सुरक्षित प्रक्षेपक गाड़ी
(B) चर्ख 2. एक चलायमान मंच
(C) फलाखून 3. शिला प्रक्षेपास्त्र
(D) सवत 4. गुलेल

	A	B	C	D
(a)	2	3	4	1
(b)	3	4	1	2
(c)	4	1	2	3
(d)	1	2	3	4

126. निम्नलिखित में से किस शासक ने सर्वप्रथम किला बनाने पर ध्यान दिया?

(a) अलाउद्दीन खिलजी (b) गयासुद्दीन बलबन
(c) इल्तुतमिश (d) जलालुद्दीन खिलजी

127. निम्नलिखित कथनों में से असत्य कथन इंगित कीजिए:

(a) धनुषधारियों को कैवाती कहा जाता था।

(b) कुज्जा न्याय विभाग के लिए प्रयुक्त था।

(c) सेना के काजी को काजिए लश्कर कहा जाता था

(d) कल्बे-आला प्रांतीय सेना को कहा जाता था।

128. सल्तनतकालीन सैन्य अभियानों के अंतर्गत प्रयुक्त ''खरगाहे कोर्तसा'' से आशय है :

(a) केन्द्रीय सेना की टुकड़ी

(b) चलता-फिरता डेरा

(c) प्रस्तर प्रक्षेपक यंत्र

(d) दीवाने-आरीज की व्यवस्था

129. सल्तनतकालीन न्याय प्रणाली में ''कसस'' से ध्वनित होता है :

(a) प्राण के बदले प्राण लेने का सिद्धांत।

(b) न्याय व्यवस्था उदार बनाने का सिद्धांत।

(c) न्यायिक निष्पक्षता का सिद्धांत।

(d) दण्ड का परिहार करने का सिद्धांत।

130. सल्तनतकालीन प्रशासन में प्रचलित ''अत्तहीयत'' से ध्वनित होता है :

(a) रात्रिकालीन नमाज

(b) ईश्वर के प्रति पूर्ण आत्म-समर्पण

(c) कुरान की पंक्ति

(d) विद्वान्, शिक्षित वर्ग

131. निम्नलिखित में से कौन सल्तनतकालीन प्रशासन में माप के लिए प्रयुक्त होता था?

(a) गल्ला बक्शी (b) जाब्ती
(c) बटाई (d) मसाहत

132. निम्नलिखित में से वह कौन-सा प्रसिद्ध व्यक्तित्व है, जो बलबन के दरबार में रहता था। और उसे तुतिए हिन्द की उपाधि प्रदान की गई थी?

(a) अमीर खुसरो (b) जिया नक्शबी
(c) अमीर हसन (d) मिनहाज

133. अपने दक्षिण भारत अभियान के दौरान अलाउद्दीन वहाँ के एक शासक से पराजित हुआ था, वह शासक था:

(a) वीर वल्लाल (b) प्रतापरुद्र द्वितीय
(c) रायरायन (d) राजा रामचंद्र देव

134. सल्तनतकालीन न्याय व्यवस्था में प्रचलित ''तदारूक''

मानवी से ध्वनित होता है :

(a) कठोर दण्ड *(b)* मृत्युदण्ड

(c) नैतिक दण्ड *(d)* अंग-भंग

135. सल्तनतकालीन प्रशासन में ख्वाजगी होते थे :

(a) गुलाम राजकुमार

(b) मुख्य स्थानीय अधिकारी

(c) स्थानीय हिन्दू जमींदार

(d) स्थानीय उलेमा

136. निम्नलिखित को सुमेलित करें :

(A) तौहीद — 1. उद्घोषक

(B) दस्तार — 2. एकेश्वरवाद

(C) दारुल-अदल — 3. साफा

(D) नकीब — 4. न्यायालय

	A	B	C	D
(a)	2	3	4	1
(b)	1	2	3	4
(c)	3	4	1	2
(d)	4	1	2	3

137. निम्नलिखित में से कौन-सा युग्म असंगत है?

(a) चाऊश – दरबारी परिजन

(b) गर्गच – चलता-फिरता मचान

(c) खिदमती – नि:शुल्क सरकारी सेवा

(d) जमाअत खाना – सूफियों की गोष्ठी

138. दिल्ली सल्तनत में निम्नलिखित में से किस शासक को बदनसीब आदर्शवादी एवं रक्तपिपासु अत्याचारी कहा गया?

(a) सिकन्दर लोदी *(b)* अलाउद्दीन खिलजी

(c) मुहम्मद बिन तुगलक *(d)* बलबन

139. निम्नलिखित को सही समुलित करे :

(A) वाइज — 1. ग्रामणी क्षेत्र

(B) वली अहद — 2. धार्मिक प्रवचन देने वाला

(C) रोगने शुतुर — 3. युवराज

(D) मवाजे — 4. घी

	A	B	C	D
(a)	2	3	4	1
(b)	1	2	3	4
(c)	3	4	1	2
(d)	4	1	2	3

140. मध्ययुगीन प्रशासनिक प्रणाली में प्रचलित ''वजेह'' का आशय है :

(a) खालसा भूमि

(b) वेतन के बदले अधिन्यासित भूमि

(c) एक भू-राजस्व अधिकार

(d) कुरान की आयतों का पाठ

141. सल्तनतकालीन विधि-विधानों में हुक्मे मुशाहदि से आशय है :

(a) निरीक्षण का नियम

(b) गुप्तचरों को आदेश

(c) भूमि संबंधी नियम

(d) सरकारी फरमानों का क्रियान्वयन

142. हजारों अफगान सैनिकों की लाशों के बीच उसके शव ने पानीपत के मैदान को ढक दिया'' यह किसका कथन हैं?

(a) इब्राहिम लोदी के *(b)* राणा साँगा के

(c) बाबर के बेटे के *(d)* इनमें से कोई नहीं

143. फिरोज तुगलक की नहर प्रणाली उसके प्रशासनिक कार्यों में विशिष्ट प्रकार की हैं, निम्नलिखित ग्रंथों में से किसमें इसके बारे में विस्तारपूर्वक वर्णन मिलता है?

(a) फतूहात-ए-फीरोजशाही

(b) तारीख-ए-मुबारकशाही

(c) रेहला

(d) इनमें से कोई नहीं

144. निम्नलिखित किसके मकबरे का निर्माण फिरोज तुगलक ने नहीं करवाया?

(a) इल्तुतमिश *(b)* जलालुद्दीन खिलजी

(c) ताजुदीन काफूरी *(d)* बलबन

145. सिकन्दर लोदी के बारे में कौन-सा कथन लागू नहीं होता है ?

(a) उसने अनाजों पर से जकात हटा लिया था।

(b) समाज में अनैतिक प्रवृत्तियाँ रोकने के लिए कुछ नियम बनाए।

(c) उसने लगान तालिकाएँ बनवायीं।

(d) उसने सैनिकों से बराबर दूरी बनाए रखी।

146. ''मुनाकिफ'' से तात्पर्य है :

(a) आय-व्यय संबंधी हिसाब-किताब।

(b) धार्मिक पाखण्डी।

(c) गुप्तचरों का विशिष्ट।

(d) बाजार-व्यवस्थापक।

147. निम्नलिखित सुल्तानों में से वह कौन था जिसने इस

विचार का प्रतिपादन किया कि सल्तनत प्रजा के समर्थन पर आधारित होनी चाहिए?
(*a*) फिरोज तुगलक (*b*) गयासुद्दीन बलबन
(*c*) इल्तुतमिश (*d*) जलालुदीन खिलजी

148. निम्नलिखित में से किसकी हत्या का कलंक जलालुदीन खिलजी के ऊपर लगा?
(*a*) मुस्तसिर (*b*) आइनुल मुल्क
(*c*) सीदी मौला (*d*) इनमें से कोई नहीं

149. दिल्ली सल्तनत में आरिज-ए-मुमालिक सेना का अध्यक्ष होता था। निम्नलिखित में से इस विभाग की स्थापना किसने की थी?
(*a*) इल्तुतमिश (*b*) बलबन
(*c*) फिरोज तुगलक (*d*) अलाउद्दीन खिलजी

150. लोदी वंश के शासकों को क्या कहा जाता है?
(*a*) मंगोल (*b*) अफगान
(*c*) तुर्क (*d*) चगताई

151. तुगलक काल में फिरोज तुगलक द्वारा आरोपित इक्के-शुर्व क्या था?
(*a*) सिंचाई कर (*b*) चराई कर
(*c*) आवास कर (*d*) व्यापार कर

152. निम्नलिख्ति में से वह कौन-सा शासक था, जो अपने सैन्य अभियानों को अन्तिम दिन तक गुप्त रखता था?
(*a*) अलाउद्दीन खिलजी (*b*) गयासुद्दीन बलबन
(*c*) फिरोज तुगलक (*d*) इब्राहीम लोदी

153. निम्नलिखित ग्रंथों में से किसमें बरनी की फतवा-ए-जहांदारी के अनेक तथ्यों का खण्डन प्राप्त होता है?
(*a*) तारीखे फिरोजशाही
(*b*) तारीख-ए-मुबारक
(*c*) फतुहात-ए-फिरोजशाही
(*d*) इनमें से कोई नहीं

154. निम्नलिखित में से किन्हें फिरोज तुगलक ने ''सोने का स्तम्भ'' कहा था :
(*a*) तुगलककालीन इमारतों को
(*b*) अशोक की लाट को
(*c*) ज्वाला देवी के मन्दिर को
(*d*) इनमें से कोई नहीं

155. निम्नलिखित में से दिल्ली सल्तनत के किस शासक को तास घड़ियाल के आविष्कार का श्रेय है?
(*a*) फिरोज तुगलक (*b*) बलबन
(*c*) अलाउद्दीन खिलजी (*d*) सिकन्दर लोदी

156. दिल्ली सल्तनत प्रशासन के अंतर्गत ''शहनाए बारगाह'' होता था :
(*a*) हस्तिसेना का प्रबंधक
(*b*) दरबार का निरीक्षक
(*c*) अस्तबल का प्रबंधक
(*d*) अंगरक्षकों का प्रधान

157. तुगलक सुल्तानों के ''सोंधार'' का प्रवर्तन किया है, वह था :
(*a*) कृषि के लिए ऋण
(*b*) उलेमाओं के निर्देश
(*c*) दीवाने-ए-कोही के लिए दिशा-निर्देश
(*d*) इनमें से कोई नहीं

158. बरनी का यह कथन ''एक हाथ चौड़ी भूमि भी खेती बिना न रहे'' किसके संदर्भ में कहा गया है?
(*a*) फिरोज तुगलक (*b*) मुहम्मद बिन तुगलक
(*c*) अलाउद्दीन खिलजी (*d*) गयासुद्दीन तुगलक

159. मुहम्मद बिन तुगलक के बारे में क्या सत्य है?
(*a*) वह दौलताबाद जाते समय प्लेग का शिकार हो गया था।
(*b*) उसने खिलाफत में गहरी रुचि प्रदर्शित की।
(*c*) अपने सिक्कों से अपना नाम हटा दिया था।
(*d*) उपर्युक्त तीनों कथन सत्य है।

160. निम्नलिखित में से किस सल्तनत शासक ने अपनी जीवन काल में ही उत्तराधिकारी नामित कर दिया?
(*a*) ऐबक (*b*) इल्तुतमिश
(*c*) अलाउद्दीन खिलजी (*d*) मुहम्मद बिन तुगलक

161. दिल्ली सल्तनत के शासकों में कौन ''प्रिंस ऑफ मरियम'' के नाम से प्रसिद्ध था ?
(*a*) मुहम्मद बिन तुगलक
(*b*) नासिरुद्दीन महमूद
(*c*) कैकूबाद
(*d*) शिहाबुद्दीन उमर

162. दिल्ली सुल्तानों के अंतर्गत इक्ता एक क्षेत्रीय आवंटन था और इसका धारण करने वाला मुक्ती कहलाता था, जो :
(*a*) देय भूमि कर के अतिरिक्त किसान पर और कोई दावा नहीं रखता था।
(*b*) इक्ता भूमि का मालिक था।
(*c*) कृषक से बेगार लेने का अधिकारी था।
(*d*) किसानों के शरीर एवं सम्पत्ति का दावा रखता था।

163. भारत से दासों के निर्यात पर प्रतिबंध लगाया था :
(a) मुहम्मद तुगलक ने
(b) फिरोज तुगलक ने
(c) अलाउद्दीन खिलजी ने
(d) सिकन्दर लोदी ने

164. निम्नलिखित सुल्तानों में से किसने कृषि के विकास के लिए निर्धन किसानों को तकावी बाँटी जिसे सोन्धर कहते थे?
(a) बलबन
(b) अलाउद्दीन खिलजी
(c) मुहम्मद बिन तुगलक
(d) फिरोज तुगलक

165. ग्रामीण बिचौलियों को गियासुद्दीन तुगलक द्वारा दी गई रियासत के संबंध में निम्नलिखित कथनों में से कौन-सा सही है?
(a) उसने उन्हें किसानों पर कर लगाने की अनुमति प्रदान की।
(b) उसने उन्हें भू-राजस्व आवंटन प्रदान क्रिया।
(c) उसने उन्हें दिल्ली सल्तनत की सेना में भर्ती किया।
(d) उसने उनकी भूमि को कर मुक्त कर दिया।

166. किस सुल्तान ने भूमि की पैमाइश और अनुमान के आधार पर सर्वप्रथम भूमि कर लगाया?
(a) अलाउद्दीन खिलजी (b) मुहम्मद बिन तुगलक
(c) बलबन (d) इल्तुतमिश

167. किसके काल में तकावी ऋण का प्रचलन हुआ?
(a) फिरोजशाह (b) मुहम्मद बिन तुगलक
(c) अलाउद्दीन खिलजी (d) कोई नहीं

168. विजयनगर के साथ एक अन्य नगर भी उसी से संयुक्त था, जिसकी स्थापना हरिहर एवं बुक्का ने की थी, वह था–
(a) हस्तिनावती (b) हम्पी
(c) विद्यानगर (d) हलेविड

169. 1336 ई० में हरिहर ने हम्पी हस्तिनावती राज्य की नींव डाली। 17 वर्षो के बाद उसने विजयनगर को राजधानी बनाया। इसके पूर्व इस राज्य की राजधानी थी :
(a) अनेगोन्दी (b) पुलगेन्डी
(c) कम्पिली (d) हम्पी

170. विजयनगर के राजाओं में निम्नलिखित में से कौन शिव के विरूपाक्ष रूप का उपासक था?
(a) हरिहर प्रथम (b) बुक्का प्रथम
(c) हरिहर द्वितीय (d) बुक्का द्वितीय

171. वह विद्या का महान संरक्षक था, तेलगू कवि श्रीनाथ उसके दरबार को सुशोभित करता था। विजयनगर के किस शासक के सन्दर्भ में यह बात कही गयी है।
(a) बुक्का प्रथम (b) देवराय द्वितीय
(c) देवराय प्रथम (d) मल्लकार्जुन

172. विजयनगर के किस योग्य शासक ने विवाह कर को समाप्त कर दिया था ? निम्नलिखित में से इंगति कीजिए :
(a) हरिहर प्रथम (b) देवराय प्रथम
(c) कृष्णदेव राय (d) देवराय द्वितीय

173. निम्नलिखित शासकों को उनकी उपाधियों के क्रम में सही सुमेलित कीजिए :

(A) हरिहर द्वितीय	(1) वेदमार्ग प्रतिष्ठापक
(B) कृष्णदेवराय	(2) महाराजाधिराज
(C) मल्लिकार्जुन	(3) आन्ध्र भोज
(D) बुक्का	(4) प्रौद्ध देवराय

	A	B	C	D
(a)	2	3	4	1
(b)	3	4	1	2
(c)	4	1	2	3
(d)	1	2	3	4

174. विजयनगर साम्राज्य के किस शासक ने वेदमार्ग प्रतिष्ठापक की उपाधि धारण की थी?
(a) हरिहर प्रथम (b) हरिहर द्वितीय
(c) बुक्का (d) कृष्णदेव राय

175. विजयनगर साम्राज्य में कुदि होते थे :
(a) शिल्पी (b) कृषक मजदूर
(c) व्यापारी (d) इनमें से कोई नहीं

176. संगम वंश का अन्तिम शासक निम्नलिखित में से कौन था?
(a) विरूपाक्ष प्रथम (b) सालुव नरसिंह
(c) कृष्णदेवराय (d) विरूपाक्ष द्वितीय

177. कृष्णदेवराय प्रणीत किस तेलगू ग्रन्थ में उसकी सैनिक एवं नागरिक प्रशासन की क्षमता का पता चलता है?
(a) जाम्ववती कल्याण (b) आमुक्तमाल्यद
(c) उषा परिणय (d) इनमें से कोई नहीं

178. कृष्णदेव राय के बारे में निम्नलिखित में से कौन-सा कथन लागू नहीं होता है ?
(a) रायचूर दोआब को हस्तगत करने में वह असफल रहा।

(b) 1513 ई० में उसने उड़ीसा के राजा गजपति प्रातपरुद्र को परास्त किया।
(c) गजपति रुद्र ने अपनी पुत्री का विवाह कृष्णदेवराय के साथ कर दिया।
(d) उसने कोडबिन्दु एवं कोउपल्ली पर अधिकार कर लिया।

179. 1565 में तालीकोटा के युद्ध के पश्चात् रामराय के भाई तिरुमाल ने आरवीडु वंश की स्थापना की थी। निम्नलिखित में से उसने अपनी राजधानी किसे बनाया?
(a) अनगोंडी (b) बेनुगोंडा
(c) रायचूर (d) हम्पी

180. निम्नलिखित राजवंशों को उनके सही क्रम में सुमेलित कीजिए :
A. हरिहर बुक्का (1) आरवीडु वंश
B. नरसिंह सरदार (2) संगम वंश
C. वीर नरसिंह (3) सालुव वंश
D. तिरुमल (4) तुलुव

	A	B	C	D
(a)	2	3	4	1
(b)	3	4	1	2
(c)	4	1	2	3
(d)	1	2	3	4

181. विजयनगर के किस राजा के शासन काल में उड़ीसा एवं बहमनी के राज्यों ने संयुक्त रूप से आक्रमण किया था?
(a) देवराय द्वितीय (b) मल्लिकार्जुन
(c) रामराय (d) कृष्णदेवराय

182. विजयनगर सम्राज्य के द्वितीय राजवंश का संस्थापक सालुव नरसिंह था। निम्नलिखित में से वह कहाँ का सरदार था?
(a) हम्पी (b) चन्द्रगिरि
(c) अनगोन्दी (d) इनमें से कोई नहीं

183. विजयनगर साम्राज्य में भूमि के अनेक प्रकारों का वर्णन प्राप्त होता है। रत्तकोड़गै भूमि से आशय था:
(a) किसानों को पट्टे पर दी जाने वाली भूमि
(b) ग्रामों को कुछ विशेष सेवाओं के बदले दी जाने वाली भूमि
(c) युद्ध में शौर्य प्रदर्शित करने वालों को दी जाने वाली भूमि
(d) मन्दिरों को दान में दी जाने वाली लगान मुक्ति भूमि

184. विजयनगर साम्राज्य की सामाजिक व्यवस्था के सन्दर्भ में निम्नलिखित में कौन-सा कथन लागू नहीं होता हैं?
(a) विजयनगर की सामजिक व्यवस्था में दास प्रथा प्रचलित थी।
(b) मन्दिरों में देव पूजा के लिए देवदासियाँ रखी जाती थीं।
(c) विधवाओं का जीवन अत्यंत ही सुखमय था।
(d) कुलीन परिवारों में कन्याओं का विवाह अल्पायु में कर दिया जाता था।

185. निम्नलिखित में से कौन-कौन स्थान कृष्णदेवराय ने प्रतापरुद्र से लेकर कब्जा किये?
1. रायचूर 2. उदयगिर
3. पेनुकोडा 4. कौण्डापल्लि
(a) 1, 2 और 3 (b) 2 और 3
(c) 1 और 3 (d) 2 और 4

186. विजयनगर के जिस सम्राट ने तेलगू और संस्कृत साहित्य में सर्वाधिक योगदान किया, वह था :
(a) देवराय प्रथम (b) देवराय तृतीय
(c) कृष्णदेवराय (d) रामराय

187. विजयनगर के जिस शासक ने अपनी सेना में 10,000 मुस्लिम घुड़सवार धनुर्धारियों को भर्ती कर, अपनी सेना को सशक्त बनाने की कोशिश की, वह था:
(a) बुक्का प्रथम (b) देवराय द्वितीय
(c) विरूपाय राय (d) बीर नरसिंह

188. कृष्णदेवराय का किससे सम्बन्ध था?
(a) संगम वंश (b) सलूवा वंश
(c) तालुव वंश (d) अन्दु-बिन्दु वंश

189. निम्नलिखित कालानुक्रम में विदेशी यात्रियों को लिखें :
(a) निकोलो कोन्ती (b) अब्दुर्रज्जाक
(c) इब्नबतूता (d) बारबोसा
(a) 1, 3, 4, 2 (b) 3, 1, 2, 4
(c) 3, 1, 4, 2 (d) 1, 3, 2, 4

190. विजयनगर साम्राज्य के प्रमुख प्रान्तपति क्या कहलाते थे?
(a) राउत (b) नायक
(c) पोलिंगर (d) नैयर

191. किसके भू-भाग के लिए बहमनी राज्य एवं विजयनगर साम्राज्य बार-बार लड़ते रहे?
(a) मदुरै (b) वारंगल
(c) मालावार (d) रायचूर दोआब

192. निम्नलिखित में से किस लेखक ने विजयनगर साम्राज्य का एक समकालीन विवरण लिखा है ?
(a) शम्स सिराज अफीफ (b) लिंसशोटेन
(c) डोमिंगो पायस (d) पीट्रो डेल्ला बल्ले

193. कृष्णदेवराय का राजस्व सम्बंधी आदर्श निम्नलिखित में से किसके तुल्य माना जाता था?
(a) अलाउद्दीन खिलजी (b) फ्रेडरिक महान
(c) आगस्टस (d) सीजर

194. निम्नलिखित में कौन आरोही क्रम में सही सुसंगठित है?
(a) मंडल, कोट्टम, नाडु, मेलाग्राम
(b) कोट्टम, मंडल, मेलाग्राम, नाडु
(c) मंडल, नाडु, कोट्टम, मेलाग्राम
(d) कोट्टम, नाडु, मंडल, मेलाग्राम

195. वारियम-व्यवस्था विजयनगर साम्राज्य की अभिन्न अंग थी, सामन्यतया इसका आशय था :
(a) किसानों को पट्टे पर दी जाने वाली भूमि
(b) मन्दिरों का रख-रखाव करने वाली समिति
(c) भूमि स्वामी एवं पट्टेदार के मध्य उपज की हिस्सेदारी
(d) वृद्ध जनों की साप्ताहिक बैठक

196. विजयनगर साम्राज्य में स्थानीय शासन अत्यंत महत्वपूर्ण था। इसके अंतर्गत नात्तवर से आशय हैं
(a) शासन की सबसे छोटी इकाई
(b) नाडु के सदस्य
(c) शिल्पियों की एक समिति
(d) कराधान समिति

197. विजयनगर साम्राज्य के राजाओं में किसके शासनकाल में प्रान्तों की संख्या अधिक थी ?
(a) देवराय प्रथम (b) रामराय
(c) देवराय द्वितीय (d) कृष्णदेवराय

198. निम्नलिखित में से किस शासक ने यवनराज स्थापनाचार्य की उपाधि धारण की थी?
(a) देवराय प्रथम (b) देवराय द्वितीय
(c) हरिहर प्रथम (d) कृष्णदेवराय

199. निम्नलिखित में से कौन असंगत हैं?

(a) कन्दाचार	सैन्य विभाग
(b) सेनतेओवा	गाँव का हिसाब रखने वाला
(c) तलर	कोतवाल
(d) महानायकाचार्य	सेनापति

200. विजयनगर साम्राज्य में सुव्यवस्थित मंत्रिपरिषद का अस्तित्व था। गृह विभाग का प्रधान कहलाता था:
(a) रायसम (b) मानेय प्रधानम
(c) अहवन प्रधानम (d) इनमें से कोई नहीं

201. शिष्ट नामक भूमिकर विजयनगर साम्राज्य की आय का प्रमुख साधन था। वित्त-विभाग कहलाता था:
(a) मानेयम (b) शिष्ट-भवनम
(c) अहवने (d) तलरम

202. बहमनी एवं विजयनगर साम्राज्य में परम्परागत प्रतिस्पर्द्धा थी। निम्नलिखित में से कौन-सी नदी इन्हें विभाजित करती थी?
(a) गोदावरी (b) तुंगभद्रा
(c) माही (d) कृष्णा

203. विजयनगर की आर्थिक व्यवस्था में कृषि मजदूर कुदि कहलाते थे। इन्हें एक अन्य नाम से भी जाना जाता था, वह था :
(a) कैविनैकुंड्डी (b) बड़वा
(c) पुलैयन (d) वीर पांचाल

204. विजयनगर साम्राज्य के अंतर्गत मन्दिरों की भूमिका अत्यंत महत्वपूर्ण थी। मन्दिरों के प्रशासनिक अधिकारी कहलाते थे :
(a) अमरनायक (b) मानेय प्रधानम
(c) स्थानिक (d) कर्णिकम

205. निम्नलिखित में से किस तेलगू लेखक को आन्ध्र कविता का पितामह कहा जाता है?
(a) श्रीनाथ (b) कृष्णदेवराय
(c) पेदन (d) इनमें से कोई नहीं

206. विजयनगर साम्राज्य की राजधानी किस नदी के तट पर स्थित थी?
(a) कृष्णा (b) तुंगभद्रा
(c) कावेरी (d) वेनगंगा

207. पूर्वी भारत में अंग्रेजों ने अपनी प्रथम फैक्ट्री कहाँ पर खोली?
(a) बालासोर (उड़ीसा)
(b) हुगली (बंगाल)
(c) पटना (बिहार)
(d) कासिम बाजार (बंगाल)

208. विजयनगर एवं बहमनी साम्राज्य की परम्परागत प्रतिद्वन्द्विता निम्नलिखित में से किस समस्या को लेकर थी :
(a) रायचूर दोआब की समस्या

(*b*) बेनुगोंडा की समस्या
(*c*) जातीय शत्रुता
(*d*) पारस्परिक ईर्ष्या द्वेष

209. निम्नलिखित पुस्तकों को उनके रचनाकारों के क्रम में सही सुमेलित कीजिए :

A. तिम्मन (1) तेनाली रामकृष्ण
B. मनचरित्र (2) पारिजात हरणम
C. मचुर विजय (3) पेद्दना
D. पाण्डुरंग महात्य (4) तिरुमलम्ब

	A	B	C	D
(*a*)	2	3	4	1
(*b*)	3	4	1	2
(*c*)	4	1	2	3
(*d*)	1	2	3	4

210. विजयनगर की सैन्य व्यवस्था के सन्दर्भ में क्या सत्य है?
(*a*) सैन्य विभाग कन्दाचार कहलाता था।
(*b*) सेना अनुशासित नहीं थी।
(*c*) सेना को मुख्यत: नकद वेतन दिया जाता था।
(*d*) उपयुक्त तीनों कथन सत्य हैं।

211. विजयनगर राज्य में पुलिस अधिकारियों को वेतन दिया जाता था :
(*a*) भू-राजस्व से
(*b*) वेश्याओं से होने वाली आय से
(*c*) आयगार व्यवस्था से
(*d*) इनमें से कोई नहीं

212. विजयनगर साम्राज्य में लोग मांसाहार के शौकीन थे। परन्तु निम्नलिखित में किसके मांस-भक्षण पर प्रतिबंध था?
(*a*) गाय-बैल (*b*) गाय-भेड़
(*c*) बैल-भैसा (*d*) भैंस-भेड़

213. दक्षिण भारत में विजयनगर के शासकों को निम्नलिखित में से किससे लोहा लेना पड़ा?
(*a*) चालुक्यों से (*b*) चोलो से
(*c*) मदुरै से (*d*) चेरो से

214. विजयनगर साम्राज्य की आयंगार व्यवस्था के सन्दर्भ में कौन-सा कथन सत्य है ?
(*a*) इसके अन्तर्गत ग्रामीण शासकीय इकाई पर शासन करने के लिए बारह व्यक्तियों को नियुक्त किया जाता था।
(*b*) आयगारों के पद आनुवंशिक होते थे।
(*c*) इनके पद हस्तांतरित भी किये जा सकते थे।
(*d*) उपर्युक्त तीनों कथन सत्य है।

215. प्रसिद्ध विट्ठलस्वामी मन्दिर निम्नलिखित किस शैली का उदाहरण है?
(*a*) विजयनगर शैली (*b*) बेसर शैली
(*c*) द्रविड़ शैली (*d*) इनमें से कोई नहीं

216. विजयनगर साम्राज्य में पलैयागार थे :
(*a*) सामन्त
(*b*) नायक
(*c*) आनुवांशिक सैन्य अधिकारी
(*d*) सचिव

217. विजयनगर साम्राज्य के पतन के लिए निम्नलिखित में से कौन सर्वाधिक जिम्मेदार रहा?
(*a*) वंशानुगत शासन
(*b*) संरक्षक व्यवस्था
(*c*) आयंगर व्यवस्था
(*d*) इनमें से कोई नहीं

218. विजयनगर शासक विरूपाक्ष की उपासना करते थे। निम्नलिखित में से यह किसका प्रतीक था?
(*a*) शिव (*b*) विष्णु
(*c*) विहोबा (*d*) इनमें से कोई नहीं

219. प्रधानी था :
(*a*) ग्राम प्रमुख (*b*) महत्वपूर्ण राज्याधिकारी
(*c*) सचिव (*d*) इनमें से कोई नहीं

220. विजयनगर साम्राज्य का प्रमुख बन्दरगाह निम्नलिखित में से था–
(*a*) कोंडबिन्दु (*b*) कालीकट
(*c*) त्रिचूर (*d*) इनमें से कोई नहीं

221. सैन्य प्रशासन की दृष्टि से विजयनगर साम्राज्य को निम्नलिखित में से कितनी जागीरों में विभक्त किया था?
(*a*) 200 (*b*) 300
(*c*) 100 (*d*) 400

222. विजयनगर साम्राज्य में सामान्यतया विवाह का कौन-सा रूप प्रचलित था ?
(*a*) दैव (*b*) आर्ष
(*c*) ब्रह्म (*d*) प्राजापत्य

223. 1570 ई० के आस-पास निम्नलिखित में से किसने सदाशिवराय को हटाकर आरीवीडु वंश की स्थापना

की ?
(*a*) वीर नरसिंह (*b*) नरसा नायक
(*c*) तिरुमल (*d*) इनमें से कोई नहीं

224. 18 अप्रैल 1336 ई० में हरिहर ने निम्नलिखित में से किसके राजप्रतिनिधि के रूप में राज्यसत्ता संभाली?
(*a*) विहोबा (*b*) भगवान विरूपाक्ष
(*c*) माधव (*d*) इनमें से कोई नहीं

225. निम्नलिखित शासकों में से यह प्रसिद्ध कथन किसका है कि 'एक राजा को हमेशा धर्म के अनुसार शासन करना चाहिए'?
(*a*) देवराय प्रथम (*b*) देवराय द्वितीय
(*c*) कृष्णदेव राय (*d*) हरिहर प्रथम

226. विजयनगर का सैन्य विभाग कन्दाचार कहलाता था, इसका प्रमुख होता था :
(*a*) दण्डनायक (*b*) महानायकाचार्य
(*c*) महामण्डलेश्वर (*d*) नायक

227. निम्नलिखित में से कौन-सी मद विजयनगर साम्राज्य से प्रभूत मात्रा में निर्यात की जाती थी?
(*a*) कालीमिर्च (*b*) काफी
(*c*) तम्बाकू (*d*) चाय

228. विजयनगर साम्राज्य में वह कौन-सा विद्वान् था, जो वेदों का भाष्यकार था?
(*a*) विद्यारण्य (*b*) माधव
(*c*) सायण (*d*) पेद्दन

229. विजयनगर की स्थानीय शासन व्यवस्था के सन्दर्भ में निम्नलिखित में से सत्य कथन कौन-सा हैं?
(*a*) ग्रामीण सभाओं को सार्वजनिक भूमि को बेचने का अधिकार था।
(*b*) ग्राम सभायें राजकीय करों को भी एकत्रित करती थी।
(*c*) ग्राम सभाओं को न्यायिक अधिकार भी प्राप्त थे।
(*d*) उपर्युक्त तीनों कथन सत्य हैं।

230. प्रांतीय प्रशासन के सन्दर्भ में निम्नलिखित में से कौन-सा कथन लागू नहीं होता?
(*a*) प्राप्त राज्य या मंडल कहलाते थे।
(*b*) ग्रामों के समूह को स्थल या सीमा भी कहा जाता था।
(*c*) कोट्टम या नाडु एक ही इकाई थी।
(*d*) कृष्णदेवराय के शासन काल में प्रान्तों की संख्या सबसे अधिक थी।

231. निम्नलिखित में से दण्डनायक को किस प्रकार का पद दिया जा सकता था?
(*a*) सेनापति
(*b*) न्यायाधीश
(*c*) गवर्नर
(*d*) ये तीनों ही

232. विजयनगर साम्राज्य की अर्थव्यवस्था के सन्दर्भ में निम्नलिखित में कौन-सा कथन सत्य है?
(*a*) राज्य के सीधे नियंत्रण वाली भूमि भण्डारवाद कहलाती थी।
(*b*) बंजर एवं जंगली भूमि को कृषि योग्य बनाने का प्रयास किया गया।
(*c*) कुट्टगि नगर या जिंस के रूप में उपज का अंश था।
(*d*) उपर्युक्त तीनों कथन सत्य है।

233. विजयनगर साम्राज्य में मंत्रिपरिषद के सदस्य होते थे :
(*a*) चालीस से पचास वर्ष की आयु वाले।
(*b*) पचास से साठ वर्ष की आयु वाले।
(*c*) पचास से सत्तर वर्ष की आयु वाले।
(*d*) सत्तर से अस्सी वर्ष की आयु वाले।

234. राजा एवं युवराज के बाद विजयनगर साम्राज्य में केन्द्र का सबसे प्रधान अधिकारी होता था :
(*a*) सचिव (*b*) प्रधानी
(*c*) मानेय प्रधानम (*d*) नायक

235. विजयनगर के किस शासक ने अपने छ : वर्षीय पुत्र को युवराज नियुक्त किया था ?
(*a*) देवराय प्रथम (*b*) कृष्णदेवराय
(*c*) सदाशिवराय (*d*) रामराय

236. बुरहाने-मासिर का लेखक था :
(*a*) अजीज उल्लाह तबतबा
(*b*) गुलाम हुसैन
(*c*) फरिश्ता
(*d*) इनमें से कोई नहीं

237. सामाजिक सुधारों के क्रम में विजयनगर में ब्राह्मणों ने निम्नलिखित में से किस प्रथा को अवैधानिक घोषित कराने का प्रयास किया?
(*a*) सती प्रथा (*b*) विधवा प्रथा
(*c*) दहेज प्रथा (*d*) इनमें से कोई नहीं

238. निम्नलिखित में से किस ग्रन्थ में विजयनगर एवं बहमनी

के संघर्ष का विवरण मिलता हैं?

(a) रेहला में (b) बुरहाने-मासिर में
(c) तुगलकनामा में (d) इनमें से कोई नहीं

239. निम्नलिखित में से किस पर्व के अन्तिम दिन परम्परानुसार 250 भैंसों और 4,000 भेड़ों की बलि दी जाती थी?

(a) महानवमी (b) पोंगल
(c) ओणम (d) दशहरा

240. विजयनगर की सामाजिक व्यवस्था के सन्दर्भ में निम्नलिखित में से कौन-सा कथन सत्य है?

(a) राज्य कभी-कभी सामाजिक मामलों में हस्तक्षेप करता था।
(b) सती प्रथा ब्राह्मणों द्वारा मान्यता प्राप्त थी।
(c) बाल-विवाह का प्रचलन था।
(d) उपयुक्त तीनों कथन सत्य है।

241. निम्नलिखित में से किस जगह जहाज का निर्माण होता था?

(a) कोंडबिन्दु (b) हम्पी
(c) मालदीव (d) त्रिचूर

242. निम्नलिखित में से किस विदेशी यात्री ने लिखा हैं कि विजयनगर साम्राज्य में 300 बन्दरगाह थे?

(a) निकोलो कोन्टी (b) अब्दुर्रज्जाक
(c) पेइस (d) नूनिज

243. विजयनगर साम्राज्य के सन्दर्भ में निम्नलिखित में से कौन-सा कथन लागू नहीं होता?

(a) राज्य सिंचाई की बुद्धिमता पूर्ण नीति का पालन करता था।
(b) राज्य के आर्थिक जीवन में शिल्पियों एवं व्यवसायिक संघों की महत्वपूर्ण भूमिका थी।
(c) "गंधी का पेशा" छोटे व्यवसायों में महत्वपूर्ण था।
(d) खुदाई के लिए खानों के अस्तित्व का पता नहीं चलता था।

244. 1354 ई॰ के एक अभिलेख में सती प्रथा का उल्लेख प्राप्त होता है, यह अभिलेख है :

(a) मदुरा अभिलेख (b) हम्पी अभिलेख
(c) मालगौड़ा अभिलेख (d) इनमें से कोई नहीं

245. कंबलत्तर से आशय है :

(a) चपरासी (b) पहरेदार
(c) एकाउन्टेन्ट (d) सचिव

246. निम्नलिखित भूमियों में से कर-युक्त भूमि कौन थी?

(a) मठारपुर (b) देवदेय
(c) कुट्टगि (d) ब्रह्मदेय

247. आयंगरों को दी गयी कर-मुक्त भूमि कहलाती थी:

(a) कुट्टगि (b) उम्बली
(c) मनयम (d) रत्तकोड़गै

248. निम्नलिखित में से किस अधिकारी की नियुक्ति अच्युतराय द्वारा की गयी थी और इसका कार्य नायकों की उच्छृंखलता को रोकना था?

(a) महानायकाचार्य (b) महामण्डलेश्वर
(c) स्थानपति (d) स्थानिक

249. संस्कृत काव्य "मधुर विजयम्" गंग देवी द्वारा प्रणीत है। इस पुस्तक की विषय वस्तु है :

(a) कुमार कम्पन का मदुरा अभियान
(b) कुमार कम्पन का श्रृंगार पक्ष
(c) बुक्का प्रथम की उपलब्धियाँ
(d) इनमें से कोई नहीं

250. निम्नलिखित में किसके शासन काल में कुमार कम्पन ने मदुरा के सुल्तान को पराजित करके उसके साम्राज्य को विजयनगर में मिला लिया था?

(a) बुक्का प्रथम (b) बुक्का द्वितीय
(c) देवराय प्रथम (d) देवराय द्वितीय

251. नायकों द्वारा विजयनगर साम्राज्य में नियुक्त प्रशासनिक एजेंट कहलाते थे :

(a) स्थानिक (b) स्थानपति
(c) कन्दाचार (d) इनमें से कोई नहीं

252. निम्नलिखित में से किस बहमनी राजा ने विजयनगर के एक राजा के साथ वैवाहिक संबंध स्थापित किया था?

(a) अलाउद्दीन बहमनशाह
(b) फिरोजशाह बहमनी
(c) महमूदशाह
(d) अहमदशाह

253. कृष्णदेवराय किस अवधि के बीच विजयनगर साम्राज्य का राजा था?

(a) 1485 से 1502 ई॰ तक
(b) 1509 से 1530 ई॰ तक
(c) 1533 से 1545 ई॰ तक
(d) 1550 से 1565 ई॰ तक

254. विजयनगर राज्य का केन्द्रीय प्रशासन निम्नांकित अधिकारी के माध्यम से गाँव का सम्पर्क रखता था:

(a) नायक (b) महानायकाचार्य
(c) महाप्रतिहार (d) दण्डपाशिक

255. विजयनगर राज्य में निम्नलिखित में से किसका सामाजिक स्तर अन्य तीन से अधिक ऊँचा था?
(a) बुनकर (b) कुम्भकार
(c) लुहार (d) चर्मकार

256. विजयनगर राज्य में भू-राजस्व था?
(a) उपज का 20% से 25%
(b) उपज का 26% से 30%
(c) उपज का 31% से 50%
(d) उपज का 51% से 60%

257. निम्नलिखित में कौन एक पुर्तगाली सिक्का था, जिसका विजयनगर राज्य के पश्चिमी तटीय क्षेत्रों में प्रचलन था?
(a) दीनार (b) क्रुजादो
(c) फ्लोरीन (d) दुकात

258. निम्नलिखित में से व्यक्तियों और घटनाओं का कौन-सा युग्म सही सुमेलित है?
(a) बुक्का प्रथम – मदुरै की विजय
(b) रामराय – रायचूर की लड़ाई
(c) कृष्णदेवराय – राक्षस तंगड़ी की लड़ाई
(d) तिरुमलराय – वेलोर में राजधानी का स्थानान्तरण

259. कल्याण-मंडप निम्नांकित के राज्य के मंदिर-वास्तु का विशिष्ट लक्षण था :
(a) पल्लव (d) चोल
(c) कदम्ब (d) विजयनगर

260. विजयनगर एवं बहमनी साम्राज्य के बीच संघर्ष के तीन भौगोलिक कारण थे। निम्नलिखित में कौन इसमें नहीं है?
(a) रायचूर दोआब
(b) कृष्णा-कावेरी घाटी
(c) गोदावरी-कावेरी घाटी
(d) पश्चिमी घाट तथा समुद्र के बीच का मराठावाडा क्षेत्र

261. तालीकोटा का युद्ध दक्षिणी राज्यों के एक 'मराठा संघ' ने मिलकर विजयनगर के खिलाफ लड़ा। निम्नलिखित में से यह किसके दिमाग की उपज थी?
(a) फिरोजशाह बहमनी (b) अलीआदिल शाह
(c) रामराय (d) इनमें से कोई नहीं

262. निम्नलिखित में से किस शासक ने उदयगिरि पर अधिकार करके सालुव नरसिंह को बन्दी बना लिया था?
(a) फिरोजशाह बहमनी
(b) अलाउद्दीन हसन बहमनशाह
(c) पुरुषोत्तम गजपति
(d) प्रतापरुद्र प्रथम

263. निम्नलिखित में से किस विजयनगर शासक की मृत्यु गजपतियों के हाथों अपमान जनक पराजय के पश्चात् हुई?
(a) विरूपाक्ष प्रथम (b) मल्लिकार्जुन
(c) विरूपाक्ष द्वितीय (d) देवराय प्रथम

264. विजयनगर के शासकों में से किसने विहोबा के प्रति अपनी भक्ति-भावना को प्रदर्शित किया था?
(a) हरिहर प्रथम (b) बुक्का प्रथम
(c) कृष्णदेवराय (d) विरूपाक्ष

265. विजयनगर की धार्मिक परम्पराओं में निम्नलिखित में कौन अत्यंत यातनाप्रद थी?
(a) रस्सी पर चलना (b) बलि देना
(c) जीभ चाटना (d) आग पर चलना

266. निम्नलिखित में से किसके शासनकाल में रायचूर दोआब को बहमनी सुल्तान ने हस्तगत कर लिया?
(a) देवराय प्रथम (b) देवराय द्वितीय
(c) विरुपाक्ष प्रथम (d) विरुपाक्ष द्वितीय

267. निम्नलिखित में से किसने विजयनगर साम्राज्य का दक्षिण भारत में सर्वाधिक विस्तार किया?
(a) कृष्णदेवराय (b) हरिहर प्रथम
(c) हरिहर द्वितीय (d) विरूपाक्ष

268. विजयनगर के एक शासक ने श्रीलंका को पराजित कर दिया था, जिसके उपलक्ष्य में उसने 'कर' भी वसूल किया। वह शासक था :
(a) कृष्णदेवराय (b) देवराय द्वितीय
(c) सदाशिवराय (d) विरुपाक्ष

269. "प्रजा पर उदार होकर कर लगाओ" यह कथन विजयनगर के किस प्रसिद्ध शासक का है ?
(a) कृष्णदेवराय (b) सदाशिवराय
(c) देवराय प्रथम (d) देवराय द्वितीय

270. समृद्धि और क्षेत्रफल में विजयनगर राज्य बहमनी से कहीं बढ़कर है। निम्नलिखित में से यह कथन किसका है?
(a) अब्दुर्रज्जाक (b) निकोली कोन्टी
(c) पेइस (d) फरिश्ता

271. निम्नलिखित में से वह कौन-सा विदेशी यात्री था, जिसने विजयनगर साम्राज्य का इतिहास संस्थापन से लेकर अच्युतराय तक का लिखा। वह घोड़ों का व्यापारी भी था?
(a) निकितिन (b) बारबोसा
(c) फर्मो नूनिज (d) डोमिन्गो पायस

272. निम्नलिखित में से वह कौन था, जो कृष्णदेवराय का दामाद भी था, सदाशिवराय का प्रतिनिधि एवं विजयनगर का वास्तविक शासक भी?
(a) अच्युतराय (b) राजाराम
(c) रामराय (d) नरसा नायक

273. विजयनगर साम्राज्य के अवशेष कर्नाटक के निम्नलिखित में से किस स्थान में प्राप्त हुए हैं?
(a) हस्तिनावती (b) हलेविड
(c) पेनुगोडा (d) हम्पी

274. विजयनगर साम्राज्य में निम्नलिखित में से किस चीज़ की व्यवस्था तो थी परन्तु उसके लिए कोई विभाग नहीं बनाया गया था?
(a) राजस्व (b) शिल्प
(c) सिंचाई (d) ग्रह-प्रशासन

275. निम्नलिखित में से किसके अनुरोध पर कृष्णदेवराय ने पुर्तगालियों को भटकल में एक दुर्ग बनाने की आज्ञा प्रदान की थी?
(a) अलबुकर्क (b) अल्मीडा
(c) बारबोसा (d) इनमें से कोई नहीं

276. विजयनगर के शासकों में से निम्नलिखित में से किसका उल्लेख बाबर ने अपने ग्रंथ "तुजुक- ए-बाबरी" में किया है?
(a) देवराय प्रथम (b) देवराय द्वितीय
(c) कृष्णदेवराय (d) विरूपाक्ष

277. निम्नलिखित में से विजयनगर के उस शासक को इंगित कीजिए जिसकी मृत्यु के पश्चात् यह साम्राज्य पूर्णतया नष्ट हो गया :
(a) सदाशिवराय (b) रामराय
(c) रंग प्रथम (d) रंग तृतीय

278. देवराय प्रथम ने अपनी पुत्री की शादी फिरोजशाह बहमनी से की थी। निम्नलिखित में से कौन-सा क्षेत्र उसने दहेज के रूप में प्रदान किया था?
(a) रायचूर (b) बाँकापुर
(c) कोंडबिन्दु (d) इनमें से कोई नहीं

279. आंध्रप्रदेश के एक स्थान से विजयनगर साम्राज्य के मन्दिरों के अवशेष प्राप्त होते हैं निम्नलिखित में से उसे इंगित कीजिए :
(a) हैदराबाद (b) लेपाक्षी
(c) सिकन्दराबाद (d) इनमें से कोई नहीं

280. प्रसिद्ध हजारा मन्दिर का निर्माण कृष्णदेवराय ने करवाया था निम्नलिखित में से किसे यह मन्दिर समर्पित था?
(a) विरूपाक्ष (b) राम को
(c) कृष्ण को (d) शिव को

281. 'अब मैंने तुमसे बदला चुका लिया, खुदा अब मेरे साथ चाहे जो कुछ करे' यह कथन निम्नलिखित में से किसके सन्दर्भ में है?
(a) निजामशाह द्वारा रामराय को पराजित करने पर।
(b) फिरोजशाह बहमनी द्वारा देवराय को पराजित करने पर।
(c) बुक्का प्रथम द्वारा सुल्तान मुजाहिद को पराजित करने पर।
(d) इनमें से कोई नहीं।

282. विजयनगर साम्राज्य में द्वितीय बलापहार से आशय है:
(a) हरिहर द्वारा संगम वंश की स्थापना करना।
(b) वीर नरसिंह द्वारा अन्तिम सालुव शासक से गद्दी हड़पना।
(c) सरदार नरसिंह द्वारा अन्तिम संगम शासक से गद्दी हड़पना।
(d) इनमें से कोई नहीं।

283. विजयनगर की सामाजिक व्यवस्था में हमें निम्नलिखित में से किस वर्ग के अस्तित्व का पता नहीं चला?
(a) ब्राह्मण (b) शेट्टी
(c) दास (d) क्षत्रिय

284. विजयनगर राज्य में वसलपानम था :
(a) चराई कर (b) सिंचाई कर
(c) गृहकर (d) भूमिकर

285. विजयनगर साम्राज्य के अंतर्गत नकद भुगतान वाले कर कहलाते थे :
(a) सिद्धय (b) मानेय
(c) कावलार (d) शिष्ट

286. विजयनगर साम्राज्य के अन्तर्गत पलायकर था :
(a) जागीरधारी सैनिक (b) आरक्षित सैनिक
(c) आयंगार (d) अमर नायक

287. कृष्णदेव राय ने तीन साहित्यिक रचनायें कीं। निम्नलिखित में से कौन-सी रचना संस्कृत में है?
(a) जाम्बवती कल्याण (b) उषा परिणय
(c) a एवं b दोनों (d) आमुक माल्यद

288. विजयनगर के किस शासक के सर्वप्रथम पुर्तगालियों से सम्बन्ध स्थापित किये ?
(a) देवराय प्रथम (b) देवराय द्वितीय
(c) कृष्णदेव राय (d) सदाशिवराय

289. वह विजयनगर राजा जिसने तुर्की वर्ग के कुशल तीरंदाजों को नियुक्त किया और अपने धनुर्धरों की युद्धक्षमता को बढ़ाया था
(a) बुक्का प्रथम (b) देवराय द्वितीय
(c) कृष्णदेवराय (d) रामराय

290. विजयनगर राज्य में वाणिज्य की स्थिति के विषय में निम्नलिखित कथनों में कौन एक सही नहीं है?
(a) चेट्टी व्यापार के लिए मलाया द्वीपसमूह जाते थे।
(b) मालवारी सौदागर दासों का भी व्यापार करते थे और विजयनगर राज्य से पोंत भर-भर का दास ले जाते थे।
(c) समुद्र पार व्यापार अधिकांशत: विदेशियों के हाथ में था।
(d) मुस्लिम सौदागरों को अपेक्षाकृत अधिक कर देना पड़ता था।

291. विजयनगर शासकों ने कृषि को किस प्रकार से बढ़ावा दिया ?
(a) बाँध, तड़ाग तथा कूप निर्माण के द्वारा
(b) कृषि करों में कमी
(c) नयी फसलों को बढ़ावा
(d) कृषकों को तकावी ऋण

292. विजयनगर एवं बहमनी शासकों के बीच शत्रुता का प्रमुख कारण क्या था ?
(a) उड़ीसा क्षेत्र पर प्रभाव
(b) तंजौर क्षेत्र पर अधिकार
(c) धार्मिक वैमनस्यता
(d) रायचूर दोआब पर अधिकार

293. विजयनगर में कसायिगुत्त नामक कर किस वर्ग पर लगाया गया ?
(a) व्याघ (b) बढ़ई
(c) संन्यासी (d) तीर्थंकर

294. विजयनगर साम्राज्य के बारे में निम्न में से कौन गलत है?
(a) राजा साम्राज्य का सर्वोच्च होता था।
(b) कृषि एवं व्यापार समुन्नत दशा में था।
(c) अठवने विभाग भू-राजस्व की व्यवस्था करता था।
(d) तालकटोरा के युद्ध में विजयनगर की शक्ति बढ़ी।

295. प्रथम बार विजयनगर साम्राज्य को अस्त-व्यस्त किसने किया?
(a) इब्नबतूता (b) तैमूर लंग
(c) बहमनी राजा (d) इनमें से कोई नहीं

296. विजयनगर साम्राज्य की शासन व्यवस्था में "कावल्गर" होते थे–
(a) सेनापति (b) पुलिस अधिकारी
(c) गुप्तचर (d) इनमें से कोई नहीं

297. सेनाबोन व संभोग विजय नगर साम्राज्य के प्रशासन के अंतर्गत एक कर्मचारी था, यह था :
(a) कर संग्राहक (b) ग्रामीण लेखाकार
(c) पहरेदार (d) इनमें से कोई नहीं

298. विभिन्न प्रकार के करतब दिखलाने वालों में डोम्बर प्रमुख होते थे :
(a) बाँस रस्सी के करतब दिखलाने वाले
(b) ढोल बजाने वाला
(c) स्वाँग करने वाले
(d) इनमें से कोई नहीं

299. मनोरंजन के क्षेत्र में कोलट्टम का क्या तात्पर्य है, जिसमें सामन्य जन भाग लिया करते थे ?
(a) देवरासियों का नृत्य
(b) शतरंज की प्रतियोगिता
(c) पुरुषों का सामूहिक नृत्य
(d) रंगमंच का तेलगू संस्करण

300. विजयनगर की सामाजिक व्यवस्था के सन्दर्भ में निम्नलिखित में से कौन असत्य है ?
(a) राज्य वेश्याओं से कर वसूलता था।
(b) विधवाओं के पुनर्विवाह पर भी करारोपण था।
(c) कृष्णदेवराय ने विवाह कर हटा लिया था।
(d) शतरंज राज्य का अत्यंत प्रिय खेल था।

301. फारस के यात्री अब्दुर्रज्जाक के सम्बंध में निम्नलिखित विवरणों में से कौन-सा असत्य है?
(a) उसे कालीकट के जमोटिन के यहाँ ईरान के शाहरुख ने राजदूत बनाकर भेजा।

(b) वह कृष्णदेवराय के समय विजयनगर आया।
(c) उसने तत्कालीन समाज में प्रचलित वेश्यावृत्ति का विरोध किया।
(d) विजयनगर को उसने अद्वितीय नगर कहा।

302. विजयनगर के एक सम्राट ने मुस्लिम धनुषधारियों की सहायता से अपनी सेना का संगठन किया, वह सम्राट था :
(a) देवराय प्रथम (b) देवराय द्वितीय
(c) कृष्णदेवराय (d) रामराय

303. विजयनगर साम्राज्य की आर्थिक व्यवस्था में प्रचलित सिक्के को कहा जाता था :
(a) निष्क (b) दीनार
(c) पैगोडा (d) पण

304. निम्नलिखित में से किससे विजयनगर के यशस्वी सम्राट कृष्ण ने दीक्षा ली थी?
(a) सायण (b) माधव
(c) विद्यारण्य (d) व्यासराज

305. विजयनगर साम्राज्य का अन्तिम रूप से विनाश निम्नलिखित में से किसके द्वारा हुआ?
(a) फिरोजशाह बहमनी
(b) गजपति रुद्र
(c) शिवाजी
(d) इनमें से कोई नहीं

306. विजयनगर साम्राज्य में वह कौन-सा महत्वपूर्ण पर्व था, जिसमें सम्राट स्वयं उपस्थित होता था?
(a) पोगल (b) महानवमी
(c) दीपावली (d) होली

307. विजयनगर प्रांत छ : प्रान्तों में विभक्त था, निम्नलिखित में से कौन इनमें शामिल नहीं था?
(a) पदइपविंडु (b) मूलबागल
(c) अरगल (d) कोण्डपल्ली

308. निम्नलिखित विजयनगर के शासकों में से किसने अपना दूत चीन सम्राट के पास भेजा था?
(a) हरिहर प्रथम (b) बुक्का प्रथम
(c) हरिहर द्वितीय (d) रामराय

309. देवराय द्वितीय के कार्यकाल में विदेश-व्यापार प्रगति पर था, उसने इस विभाग का दायित्व सौंपा था :
(a) सायण को (b) विद्यारण्य को
(c) माधव को (d) लकुना को

310. विजयनगर साम्राज्य के अंतर्गत जो भूमि राज्य के सीधे नियंत्रण में थी, उसे कहा जाता था :
(a) कुट्टगि (b) उम्बलि
(c) भण्डारवाद (d) रत्तकोड़गै

311. विजयनगर साम्राज्य में प्रान्तों को कहा जाता था :
(a) मण्डल (b) राज्य
(c) छावादि (d) इनमें से कोई नहीं

312. भूमि के विविध प्रकारों में "नन्जाई" से आशय है:
(a) बंजरभूमि (b) परती भूमि
(c) उपजाऊ भूमि (d) गीली भूमि

313. किस विदेशी यात्री का विचार है कि विजयनगर साम्राज्य में महिलायें ज्योतिष, संगीत, नृत्य, अंगरक्षिका के रूप में, न्यायाधीश एवं पहरेदारी में प्रवीण होती थी?
(a) पेइस (b) बारबोसा
(c) नूनिज (d) निकोली कोण्टी

314. बाबर से पूर्व भारत में तोपों का प्रयोग बहमनी एवं विजयनगर के मध्य हुए युद्ध में 1367 ई॰ में हुआ। यह युद्ध निम्नलिखित में से किसके मध्य हुआ था?
(a) बुक्का प्रथम एवं सुल्तान मुजाहिद के मध्य
(b) देवराय द्वितीय एवं फिरोजशाह बहमनी के मध्य
(c) बुक्का प्रथम एवं फिरोजशाह बहमनी के मध्य
(d) देवराय प्रथम एवं सुल्तान मुजाहिद के मध्य

315. बाबर के ही समय में बाबरनामा का पहला फारसी अनुवाद निम्नलिखित में से किसके द्वारा सम्पन्न हुआ?
(a) शेख जैन वफाई ख्वाफी
(b) जैनुल आब्दीन
(c) हेनरी बेबरिज
(d) इनमें से कोई नहीं

316. बाबरनामा में बाबर ने अपने जीवन काल के कितने वर्षो का विवरण दिया है ?
(a) 48 वर्ष का (a) 40 वर्ष का
(c) 18 वर्ष का (d) 50 वर्ष का

317. हुमायूँनामा, हुमायूँ की बहन गुलबेदम बेगम द्वारा की गई रचना है। निम्नलिखित में से किस शासक के शासनकाल में इस रचना का प्रणयन किया गया?
(a) हुमायूँ (b) बाबर
(c) अकबर (d) जहाँगीर

318. निम्नलिखित रचनाओं में से सर्वाधिक किसकी सहायता से अबुल फजल ने प्रसिद्ध ग्रन्थ आइने- अकबरी की रचना की?
(a) अब्बास खाँ सरवानी की तारीखें शेरशाही से

(b) गुलबेदम बेगम की हुमायूँनामा से
(c) जौहर आफताबची की ताजाकिरातुल वाकयात से
(d) इनमें से कोई नहीं

319. निम्नलिखित में से कौन अत्यंत प्रतिभाशाली लेखक था, साथ ही 1576 ई॰ में उसने हल्दी घाटी की लड़ाई में भाग भी लिया था?
(a) शेख मुबारक (b) फैजी
(c) बदायूँनी (d) जौहर

320. तुजुके-जहाँगीरी में जहाँगीर ने अपने शासन काल में 17 वर्षों का वर्णन किया है, बाद में 19 वर्षों का वर्णन निम्नलिखित में से किसके द्वारा किया गया?
(a) बदायूँनी द्वारा
(b) मोतमिद खाँ द्वारा
(c) शरवानी द्वारा
(d) इनमें से कोई नहीं

321. पादशाहनामा अथवा बादशाहनामा का प्रणयन तीन विद्वानों द्वारा किया गया। निम्नलिखित में से कौन उसमें शामिल नहीं है?
(a) मुहम्मद अमीन कजवीनी
(b) जलालुदीन तबातवाई
(c) अब्दुल हमीद लाहौरी
(d) बदायूँनी

322. निम्नलिखित में से कौन-सा विद्वान् पेशे से चिकित्सक एवं दार्शनिक था, उसने 'ट्रेवेल्स इन द मुगल इम्पायर' नामक पुस्तक लिखी। वह विद्वान् था?
(a) राल्फ फिच (b) पेलसर्ट
(c) फ्रैंकोई बर्नियर (d) आस्टिन

323. निम्नलिखित पुस्तकों में से किसमें मुहम्मद साहब की जीवनी, पवित्र खलीफाओं एवं अन्य सन्तों के बारे में विवरण दिये गए हैं?
(a) हालात-ए-इस्लाम
(b) शरा-ताजाकिरात
(c) गुलदस्ता-ए-सादत
(d) अहले-सादात

324. निम्नलिखित को सही सुमेलित कीजिए :
(a) स्टोरिया द मोगोर (1) अब्दुल कादिर बदायूँनी
(b) मुंतखब-उल-लुबाब (2) निकोलोवा मनूची
(c) तारीखे-सलामी (3) खाफी खाँ
(d) मुंतखब-उल-तवारिख (4) जहाँगीर

	A	B	C	D
(a)	2	3	4	1
(b)	3	4	1	2
(c)	4	1	2	3
(d)	1	2	3	4

325. तबकाते-अकबरी निजामुद्दीन अहमद द्वारा लिखी गयी अकबर के शासनकाल की प्रमुख रचना है, इसे एक अन्य नाम से भी जाना जाता है, वह है :
(a) तारीखें-अकबरी (b) तारीखें-निजामी
(c) तारीखें-अहमदी (d) तारीखें-सलातीना

326. निम्नलिखित पुस्तकों में से किसमें शाहजहाँ के पुत्रों के मध्य उत्तराधिकारी के लिए हुए संघर्ष का विवरण मिलता है?
(a) ईश्वरदास-कृत फतुहाते आलमगीरी में
(b) अब्दुल्ला-कृत तारीखे-दाउदी में
(c) मिर्जा हैदर दगलत-कृत तारीखे-ए-रशीदी में
(d) नियामत अली खाँ की नियामतनामा में

327. नुस्खा-ए-दिलकुशा औरंगजेब के शासनकाल में लिखा गया प्रमुख ग्रन्थ है। इस पुस्तक के लेखक हैं :
(a) ईश्वरदास नागर (b) पंडित जगन्नाथ
(c) भीमसेन (d) सुजानराय खत्री

328. विदेशी यात्रियों के सम्बंध में निम्नलिखित में कौन-सा विवरण सत्य है?
(a) इतालवी यात्री गेमेली करेरी ने बीजापुर के बारे में विस्तृत विवरण दिये हैं।
(b) ट्रेवर्नियार हीरों का व्यापारी था, उसने तख्तेताउस का वर्णन किया है।
(c) राल्फ-फिच ने दक्षिण भारत के व्यापार का विस्तृत विवरण दिया है।
(d) उपर्युक्त तीनों कथन सत्य हैं।

329. अकबर के आदेश पर बदायूँनी ने फारसी में महाभारत का अनुवाद किया और इसका नाम रखा :
(a) हम्जानामा (b) रज्मनामा
(c) तुजुक (d) सिर्र-ए-अकबर

330. निम्नलिखित ग्रंथों को उनके अनुवादकों के क्रम में सही सुमेलित कीजिए :
A. पंचतंत्र (1) फैजी
B. रामायण (2) अबुल फजल
C. अथर्ववेद (3) बदायूँनी
D. द्रयमन्ती (4) इब्राहीम सरहिन्दी

	A	B	C	D
(a)	2	3	4	1
(b)	3	4	1	2
(c)	4	1	2	3
(d)	1	2	3	4

331. हुमायूँ के इतिहास के बारे में निम्नलिखित में से कौन-सा ग्रन्थ जानकारी उपलब्ध कराता है ?
(a) शेख वायजिद की तारीखें–हुमायूँ
(b) जौहर की तजकिराते–बाकयात
(c) मिर्जा हैदर की तारीखें–रसीदी
(a) उपयुक्त तीनों

332. अब्बास खाँ शरवानी द्वारा लिखित तारीख-ए-शेरशाही को एक अन्य नाम से भी जाना जाता है, वह है :
(a) तोहफा-ए-अकबरशाही
(b) तारीखे-सलातीना
(c) मुन्तखुब-उल-लुआब
(a) तारीखें बायजिद

333. निम्नलिखित पुस्तकों में से किस पुस्तक को औरंगजेब के शासन काल में खाफी खाँ द्वारा गुप्त रूप से लिखा गया :
(a) मुन्तखुब-उल-लुआब *(b)* नुक्श-ए-दिलकुशा
(c) आलमगीर नामा *(d)* फतवा-ए-आलमगिरी

334. निम्नलिखित पुस्तकों को उनके लेखकों के क्रम में सही सुमेलित कीजिए :
A. आलमगीरनामा (1) उलेमाओं के सहयोग से
B. फतुहात-ए-आलमगीरी (2) मिर्जा मुहम्मद काजिम
C. खुलासत उत तवारीख (3) ईश्वरदास नागर
D. आसिरे आलमगीरी (4) सुजान राय खत्री

	A	B	C	D
(a)	2	3	4	1
(b)	3	4	1	2
(c)	4	1	2	3
(d)	1	2	3	4

335. निम्नलिखित साहित्यकारों में से किसे "बंगाल का क्रैब" कहा जाता है :
(a) वृन्दावनदास *(b)* जगन्नाथदास
(c) त्रिलोचन दास *(d)* मुकुन्दराम चक्रवर्ती

336. निम्नलिखित बंगाली पुस्तकों को उनके लेखकों के क्रम में सही सुमेलित कीजिए :
A. चैतन्य सरितामृत (1) त्रिलोचनदास
B. चैतन्य भागवत (2) कृष्णदास कविराज
C. चैतन्य मंगल (3) वृन्दावनदास
D. चैतन्य मंगल (4) जगानन्द

	A	B	C	D
(a)	2	3	4	1
(b)	3	4	1	2
(c)	4	1	2	3
(d)	1	2	3	4

337. निम्नलिखित पुस्तकों को उनके लेखकों के क्रम में सही सुमेलित कीजिए :
A. खायरूल-मजलिस (1) नूरुद्दीन
B. तारीख-ए-दाउदी (2) शेख नासिरुद्दीन
C. किताब-उल-खिराज (3) अब्दुल्ला
D. लुकख-उल-उलबाब (4) अबू याकूब

	A	B	C	D
(a)	2	3	4	1
(b)	3	4	1	2
(c)	4	1	2	3
(d)	1	2	3	4

338. गैबाना से आशय है :
(a) एक प्रकार का कर जो शाहजहाँ के समय लगाया गया।
(b) शाहजहाँ के समय किसी अमीर को दी जाने वाली उपाधि।
(c) एक उपाधि जो केवल शाहजादों को प्रदान की जाती थी।
(d) मनसबदारों की एक विशेष श्रेणी।

339. मुगल सम्राट जिसने अपने चित्रकरों से पक्षियों के रूप चित्रों को बनाने को कहा :
(a) हुमायूँ था *(b)* अकबर था
(c) जहाँगीर था *(d)* शाहजहाँ था

340. "रज्मनामा" फारसी अनुवाद है :
(a) भागवत पुराण का *(b)* महाभारत का
(c) रामायण का *(d)* अथर्ववेद का

341. निम्नलिखित शासकों में से कौन नृत्य और संगीत में बहुत प्रवीण था :
(a) बाबर *(b)* अकबर

(c) आदल शाह सूर (d) जहाँगीर

342. भीमसेन का "नुस्खा-ए-दिलकुशा" प्रमुख स्रोत है:

(a) राजस्थान में मुगल गतिविधि की जानकारी का
(b) दक्कन में मुगल गतिविधि की जानकारी का
(c) बंगाल में मुगल गतिविधि की जानकारी का
(d) असम में मुगल गतिविधि की जानकारी का

343. सूची-I को सूची-II से सुमेलित किजीए :

A. हॉकिन्स (1) 1615
B. टॉमस से (2) 1608
C. मनूकी (3) 1585
D. राल्फ फिच (4) 1658

	A	B	C	D
(a)	2	3	4	1
(b)	3	4	1	2
(c)	4	1	2	3
(d)	1	2	3	4

344. किस दिल्ली सुल्तान ने सबसे छोटे किसान से लेकर ग्रामीण बिचौलिए वर्ग तक सब पर भूमि कर की एकसमान दर लागू की ?

(a) बलवन (b) अलाऊद्दीन खिलजी
(c) गयासुद्दीन तुगलक (d) मुहम्मद बिन तुगलक

345. निम्न में से किस दिल्ली सुल्तान ने सस्यावर्तन की पद्धति (Rotation of crops) का अनुमोदन किया?

(a) बलबन
(b) अलाउद्दीन खिलजी
(c) मुहम्मद बिन तुगलक
(d) फिरोजशाह तुगलक

346. निम्नलिखित में से किस एक व्यापारिक केन्द्र को मुगलों ने एक समुद्री बंदरगाहों के रूप में प्रयोग नहीं किया?

(a) लाहिरी बन्दरगाह (b) भट्टा
(c) कैम्बे (d) सूरत

347. भू-राजस्व के निर्धारण के लिए एक पद्धति के रूप में "आइने-ए-दहसाल" का आरम्भ किसने किया?

(a) शेरशाह (b) अकबर
(c) शाहजहाँ (d) औरंगजेब

348. अकबर ने साम्राज्य को सूबों में विभाजित किया, अपने शासन के :

(a) 18वें वर्ष में (b) 24वें वर्ष में
(c) 32वें वर्ष में (d) 40वें वर्ष में

349. बेतलमल से ध्वनित होता है :

(a) मृत अमीरों की सम्पति का हिसाब
(b) चित्रकला की एक विशेष परम्परा
(c) अमीरों को दी जाने वाली उपाधि
(d) एक विशेष प्रकार का खाद पदार्थ

350. निम्नलिखित में से किस ग्रन्थ को बाबरनामा के पूरक के रूप में माना जाता है?

(a) तारीखे-रसीदी (b) अकबरनामा
(c) आइने अकबरी (d) तुजुके जहाँगीरी

351. निम्नलिखित उपाधियों को उनके क्रम में सही सुमेलित कीजिए :

A. शाह बेगम (1) हरम बेगम (हुमायूँ के चचेरे भाई सुल्तान मिर्जा की पत्नी)
B. शहिबतु जुजमानी (2) रोशनआरा (शाहजहाँ की पुत्री)
C. पादशाह बेगम (3) जहाँनआरा (शाहजहाँ की पुत्री)
D. बली नियामत (4) जीनतुन्निसा बेगम (औरंगजेब की पुत्री)

	A	B	C	D
(a)	2	3	4	1
(b)	3	4	1	2
(c)	4	1	2	3
(d)	1	2	3	4

352. सामान्यत : फैजी के बाद किसी को राजकवि के रूप में नियुक्त नहीं किया गया, लेकिन शाहजहाँ ने अपना कवि नियुक्त किया था, वह था :

(a) चन्द्रभान (b) अबसालिव क़लीम
(c) सौदाई गिलानी (d) मुल्ला तुगरई

353. अकबर की माँ का नाम था :

(a) हमीदा बानू बेगम (b) सलीमा बेगम
(c) माहम अनगा (d) इनमें से कोई नहीं

354. लाल कुँवरि जहाँदारशाह की बहुत प्रिय बेगम थी, निम्नलिखित में से उसे किस उपाधि से सम्मानित किया गया?

(a) हसरत बेगम (b) इम्तियाज महल
(c) नूर महल (d) शाह बेगम

355. अहदीज का आशय है :
(a) सिपहसालार (b) बेकार श्रमिक
(c) अंगरक्षक (d) हरम की व्यवस्था

356. शाहजहाँ की किस पुत्री का झुकाव अध्यात्म की तरफ था ?
(a) रोशनआरा (b) जहाँआरा
(c) a और b दोनों (d) इनमें से कोई नहीं

357. जेबुन्निसा बेगम को कुरान जबानी याद था। नश्तालीक शैली की वह विशेषज्ञ थी। वह पुत्री थी :
(a) औरंगजेब की (b) शाहजहाँ की
(c) जहाँगीर की (d) अकबर की

358. मुगलकाल में स्त्रियाँ नृत्य कला में भी पारंगत थीं, अकबर ने निम्नलिखित में से इन्हें कौन-सा नाम दिया?
(a) नस्ख (b) अहली
(c) किञ्चिनी (d) खैरुल

359. मुगलकालीन अभिजात्य वर्ग के बारे में निम्नलिखित में से कौन-सा तथ्य लागू नहीं होता?
(a) मुगलकाल में अभिजात्य वर्ग वंशानुगत था।
(b) बाबर के समय ये 'बेग' परन्तु बाद में 'अमीर' कहे जाने लगे।
(c) वर्नियर ने इन्हें 'उमरा' की संज्ञा दी है।
(d) उन्हें राज्य की तलवार और साम्राज्य का स्तम्भ कहा जाता था।

360. मिर्जा कहा जाता था :
(a) ऐसे लोग जो मुगल शासन प्रणाली में उच्च पदों पर नियुक्त थे।
(b) तैमूरी वंश के वे अमीर जो अपने को मुगल सम्राट के समान समझते थे।
(c) मनसबदारों की उच्च श्रेणी।
(d) इनमें से कोई नहीं।

361. ऐसा खिलत जो सम्राट के राजकीय वस्त्रों का बना होता था, कहलाता था :
(a) खिलत-ए-खास (b) सयूरघल
(c) मलसूब-ए-खास (d) महबूब-ए-खिलत

362. तूमनतोग था :
(a) तिब्बती बैल की पूँछ का एक चिह्न जो सम्मानपूर्वक शाही परिवार के लोगों को दिया जाता था।
(b) एक विशेष उपहार जो सम्राट संगीतज्ञों को प्रदान करता था।
(c) एक विशेष प्रकार का कर, जिसे जहाँगीर ने लगाया।
(d) ईरानी वर्ग का विशेषाधिकारी।

363. जहाँगीर के दरबार में एक उच्च कोटि का कवि रहता था, जिसे 'शिरोमणि' की उपाधि दी गई थी, वह था :
(a) चन्द्रभान (b) ताहिर आवली
(c) मोतमिद खाँ (d) ईश्वरदास

364. दाराशिकोह का गुरु था :
(a) मुल्ला बदख्शी (b) बाकी बिल्लाह
(c) सरमद (d) इनमें से कोई नहीं

365. निम्नलिखित को सही सुमेलित कीजिए :

A. अहले दौलत	(1) केवल दक्षिण के लिए उपाधि
B. अहले साहब	(2) सम्राट के परिवार के सदस्य एवं अन्य उच्चाधिकारी
C. अहले मुराद	(3) धार्मिक पुरुष, विद्वान, कवि एवं वैज्ञानिक
D. माही मरतीब	(4) संगीत एवं नृत्य कला में प्रवीण

	A	B	C	D
(a)	2	3	4	1
(b)	3	4	1	2
(c)	4	1	2	3
(d)	1	2	3	4

366. शाहजहाँ ने चहार तसलीम की प्रथा का प्रवर्तन किया इसके अन्तर्गत :
(a) सम्राट को चार बार झुककर नमस्कार किया जाता था।
(b) सम्राट के पैरो को चूमा जाता था।
(c) जमीन पर लेटकर सम्राट को प्रणाम किया जाता था।
(d) सम्राट को विशेष उपहार प्रदान किये जाते थे।

367. अकबर ने तीर्थ-यात्रा कर समाप्त कर दिया, परन्तु उसके बाद फिर एक मुगल बादशाह ने इसे लागू कर दिया, वह था :
(a) जहाँगीर (b) शाहजहाँ
(c) a और b दोनों (d) इनमें से कोई नहीं

368. मध्यकाल का वह पहला युद्ध कौन-सा था, जो जल एवं स्थल दोनों पर लड़ा गया ?
(a) 1529 का घाघरा युद्ध।
(b) 1576 का हल्दी घाटी का युद्ध।
(c) 1556 का पानी का द्वितीय युद्ध।
(d) इनमें से कोई नहीं।

369. बाबर ने अपने युद्धों में तोपों का प्रयोग किया था, उसके तोपची थे :
(*a*) मुस्तफा (*b*) अली कुली खाँ
(*c*) *a* और *b* दोनों (*d*) मिर्जा हैदर

370. बाबर ने एक विशेष प्रकार की पद्य शैली को जन्म दिया। निम्नलिखित में से उस शैली का नाम था:
(*a*) दीवान (*b*) चगताई
(*c*) मुबइयान (*d*) नश्तालीक

371. निम्नलिखित सम्राटों के मकबरों को उनके स्थान के क्रम में सही सुमेलित कीजिए :
A. अकबर (1) साहसाराम (बिहार)
B. जहाँगीर (2) सिकन्दरा (आगरा)
C. औरंगजेब (3) शाहदरा (लाहौर)
D. शेरशाह (4) दौलताबाद (औरंगाबाद)

	A	B	C	D
(*a*)	2	3	4	1
(*b*)	3	4	1	2
(*c*)	4	1	2	3
(*d*)	1	2	3	4

372. शेरशाह के शासनकाल में बनी ग्रैंड ट्रंक रोड को निम्नलिखित में से किस नाम से जाना जाता है ?
(*a*) सड़क-ए-आजम (*b*) सड़क-ए-बहिश्त
(*c*) सड़क-ए-शेरशाह (*d*) सड़क-ए-सादात

373. अलाउद्दीन के बाद निम्नलिखित शासकों में से किसने सेना को नगद वेतन देना प्रारम्भ किया ?
(*a*) शेरशाह (*b*) इस्लामशाह
(*c*) आदिलशाह (*d*) इनमें से कोई नहीं

374. निम्नलिखित ग्रन्थों में से किसमें शेरशाह की न्याय व्यवस्था की भूरि-भूरि प्रशंसा की गई है?
(*a*) तारीख-ए-शेरशाही में
(*b*) तारीखे सलातीने अफगना में
(*c*) निजामुद्दीन की तबकाते अकबरी में
(*d*) इनमें से कोई नहीं

375. चारबाग प्रणाली का प्रवर्तक था :
(*a*) जहाँगीर (*b*) शाहजहाँ
(*c*) बाबर (*d*) अकबर

376. कुषाण साम्राज्य के बाद पहली बार काबुल एवं कन्धार किसके शासनकाल में उत्तर भारत में शामिल हुए?
(*a*) बाबर (*b*) जहाँगीर
(*c*) अकबर (*d*) शाहजहाँ

377. शेरशाह द्वारा प्रवर्तित दाम एवं रुपये का अनुपात था:
(*a*) 32 : 1 (*b*) 64 : 1
(*c*) 16 : 1 (*d*) 8 : 1

378. अकबर की अन्तिम विजय थी :
(*a*) जैसलमेर की विजय
(*b*) अहमदनगर की विजय
(*c*) गोलकुण्डा की विजय
(*d*) असीरगढ़ की विजय

379. मैंने मुट्ठी-भर बाजरे के लिए दिल्ली के साम्राज्य को लगभग खो ही दिया था। यह चर्चित कथन निम्नलिखित में से किससे सम्बन्धित है?
(*a*) शेरशाह से (*b*) आदिलशाह से
(*c*) इस्लामशाह से (*d*) जहाँगीर से

380. दिल्ली पर फतह हासिल करने के बाद हुमायूँ ने अकबर को निम्नलिखित में से कहाँ का गर्वनर नियुक्त कर दिया?
(*a*) बदायूँ (*b*) कन्धार
(*c*) काबुल (*d*) लाहौर

381. हेमू ने दिल्ली पर आक्रमण करके विक्रमादित्य की उपाधि धारण कर ली। निम्नलिखित में से वह किसका सेनापति था?
(*a*) शेरशाह का (*b*) इस्लामशाह का
(*c*) आदिलशाह का (*d*) इनमें से कोई नहीं

382. 1560 में संरक्षक पद से बैरम खाँ को हटाने के पश्चात् अकबर पर धाय माँ ''माहम अनगा'' का शासन 1560-70 तक रहा। इतिहास में यह घटना निम्नलिखित में से किस नाम से जानी जाती है?
(*a*) पेटीकोट शासन (*b*) हरम का शासन
(*c*) *a* और *b* दोनों (*d*) इनमें से कोई नहीं

383. अकबर ने इबादतखाने में भाग लेने के लिए विभिन्न धर्मों के अनुयायियों को आमंत्रित किया। निम्नलिखित को उनके क्रम में सुमेलित कीजिए :
A. हिन्दू धर्म (1) मानसरेट
B. जैन धर्म (2) पुरुषोत्तम एवं देवी
C. पारसी धर्म (3) शान्ति चन्द, विजयचन्द सूरी
D. ईसाई धर्म (4) दस्तूर जी मेहर जी राणा

	A	B	C	D
(*a*)	2	3	4	1
(*b*)	3	4	1	2
(*c*)	4	1	2	3
(*d*)	1	2	3	4

384. अकबर के खुतबे को निम्नलिखित में से किसने तैयार किया था?
(a) फैजी ने (b) अबुल फजल ने
(c) शेख मुबारक ने (d) बदायूँनी ने

385. तौहीद-ए-इलाही से आशय है :
(a) सर्वेश्वरवाद (b) एकेश्वरवाद
(c) बहुदेववाद (d) प्रकृतिवाद

386. अतकाखैल हैं :
(a) अकबर की धायो एवं उनके सम्बन्धियों के नाम।
(b) एक विशेष प्रकार की उपाधि।
(c) एक विधि विशेषज्ञ।
(d) इनमें से कोई नहीं।

387. सबसे पहले काबुल पर विजय प्राप्त करने वाला सम्राट था :
(a) अकबर (b) जहाँगीर
(c) शाहजहाँ (d) औरंगजेब

388. मुगल प्रशासन के सन्दर्भ में निम्नलिखित में कौन-सा कथन सत्य है?
(a) अकबर के बाहर वित्त मंत्रियों में से आठ हिन्दू थे।
(b) गृह विभाग का प्रधान अधिकारी खान-ए-सामा कहलाता था।
(c) बैरम खाँ के बाद वकील (प्रतिनिधि) का पद महत्वहीन हो गया।
(d) उपर्युक्त तीनों कथन सत्य हैं।

389. मुगल प्रशासन के सम्बंध में निम्नलिखित विवरणों को सही सुमेलित कीजिए :

A. वजीर-ए-तफवीज	(1) जागीर एवं वेतन सम्बंधी प्रभारी
B. वजीर-ए-तनफीज	(2) असीमित अधिकार प्राप्त
C. दीवान	(3) सीमित अधिकार
D. दीवान-ए-तन	(4) अर्थव्यवस्था का दूसरा प्रधान

	A	B	C	D
(a)	2	3	4	1
(b)	3	4	1	2
(c)	4	1	2	3
(d)	1	2	3	4

390. 1577 में अकबर ने मुद्रा प्रणाली में बहुत संशोधन किए। निम्नलिखित में से किसे शाही टकसाल विभाग का अध्यक्ष नियुक्त किया गया?
(a) शाह मंसूर (b) टोडरमल
(c) मुजफ्फर खाँ (d) ख्वाजा अब्दुस्समद

391. मुगलकालीन ग्रामीण प्रशासन के बारे में निम्नलिखित में से क्या सत्य है?
(a) गाँव का प्रधान मुकद्दम कहलाता था।
(b) राजस्व विभाग का सबसे निम्न अधिकारी पटवारी होता था।
(c) अबुल फजल ग्रामीण प्रशासन के बारे में कोई जानकारी नहीं देता।
(d) उपर्युक्त तीनों कथन सत्य है।

392. वितिक्ची थे :
(a) पुलिस विभाग के अधिकारी।
(b) न्याय विभाग के अधिकारी।
(c) जन-आचार विभाग के अधिकारी।
(d) राजस्व सम्बंधी पूर्ण जानकारी रखने वाले अधिकारी।

393. मुगल प्रशासन में वेश्याओं को नगर से बाहर एक स्थान पर बसाया जाता था, यह स्थान कहलाता था :
(a) वेश्यागार (b) हरमशाला
(c) शैतानपुरी (d) इनमें से कोई नहीं

394. मुगल प्रशासन में निम्नलिखित में से किसे वजीर के पद पर भी प्रतिष्ठित किया गया?
(a) दीवान-ए-खालसा (b) मीर-बख्शी
(c) दीवान-ए-तन (d) दीवान-ए-वयूतात

395. मुगलकालीन मुद्रा के सन्दर्भ में निम्नलिखित में से कौन-सा विवरण सत्य है?
(a) अकबर ने मुद्राओं पर अपनी आकृति अंकित नहीं करवाई।
(b) जहाँगीर ने मुद्राओं पर अपनी आकृति अंकित करवाई।
(c) जलाली चाँदी का चौकोर सिक्का था, जो बहुत लोकप्रिय नहीं था।
(d) उपर्युक्त तीनों कथन सत्य हैं।

396. अबुल फजल के अनुसार मुगल काल में कितनी प्रकार की लिपियाँ प्रचलित थीं?
(a) छ : (b) पाँच
(c) आठ (d) दस

397. "अल्लाह न करे किसी भी बात में मैं अमीरों का तो क्या शाहजादों का भी ख्याल करूँ।'' यह कथन निम्नलिखित में से किस मुगल सम्राट का है
(a) अकबर (b) शाहजहाँ
(c) जहाँगीर (d) औरंगजेब

398. कश्मीर से लाहौर लौटते समय जहाँगीर की मृत्यु हो गई। निम्नलिखित में से किस स्थल पर उसकी मृत्यु हुई थी?

(a) पुंछ (b) बारामूला
(c) श्रीनगर (d) राजौरी

399. ईश्वर जिसे योग्य समझता है, उसे ही सम्राट का पद देता है। यह कथन निम्नलिखित में से किस सम्राट का है?

(a) अकबर (b) जहाँगीर
(c) शाहजहाँ (d) औरंगजेब

400. मुगल प्रशासन से सम्बंधित निम्नलिखित विवरणों को सही सुमेलित कीजिए :

A. मोहतसिब	(1) गृह विभाग का प्रधान
B. मीर-ए-आतिश	(2) जन-आचार निरीक्षण विभाग का प्रधान
C. दरोगा-ए-डाक चौकी	(3) तोपखाना विभाग का प्रधान
D. खान-ए-सामा	(4) डाक तथा गुप्तचर विभाग का प्रधान

	A	B	C	D
(a)	2	3	4	1
(b)	3	4	1	2
(c)	4	1	2	3
(d)	1	2	3	4

401. निम्नलिखित में से किस प्रान्त से दहशाला प्रणाली की शुरुआत हुई?

(a) गुजरात (b) बंगाल
(c) उड़ीसा (d) दक्षिण भारत

402. नश्क प्रणाली शुरू करने का श्रेय है :

(a) टोडरमल
(b) शिहाबुद्दीन अहमद खाँ
(c) मुजफ्फर खाँ
(d) इनमें से कोई नहीं

403. अकबर द्वारा जारी सिक्कों पर अंकित रहता था :

(a) टकसाल का नाम (b) वर्ष
(c) कुरान की आयतें (d) ये सभी

404. दाम ताँबे का सिक्का होता था और यह रुपये का 1/10 भाग होता था। ताँबे का सबसे छोटा सिक्का कहलाता था :

(a) जलाली (b) जीतल
(c) रुपया (d) इनमें से कोई नहीं

405. निम्नलिखित घटनाओं पर विचार कीजिए :

1. दीन-ए इलाही 2. इबादत खाना
3. महजर

इन घटनाओं का सही कालानुक्रम हैं :

(a) 2, 3, 1 (b) 3, 2, 1
(c) 1, 2, 3 (d) 2, 1, 3

406. प्रारम्भिक देहली सल्तनत में सैन्य दस्तों के संगठन को देखने वाले मंत्री को कहते थे :

(a) सद्रुस सद्र
(b) रवात-ए-अर्ज
(c) नायब-ए-मुमलिकात
(d) अमीर-ए-कोही

407. निम्नलिखित में से कौन-सा एक इतिहासकार अलाउद्दीन खिलजी के मूल्य नियंत्रण उपायों के विषय में सूचना नहीं देता ?

(a) जिया बर्नी (b) इब्नबतूता
(c) मिन्हान सिराज (d) अमीर खुसरो

408. वह मुसलमान विजेता जिसने हिन्दू देवी की आकृति वाले सिक्कों को चलाए रखा था :

(a) कुतुबुद्दीन ऐबक (b) बाबर
(c) मोहम्मद गोरी (d) महमूद गजनवी

409. अलाउद्दीन खिलजी ने भू-राजस्व की वसूली की:

(a) फसल की बटाई के आधार पर
(b) मनमाने निर्धारण के आधार पर
(c) माप के आधार पर
(d) खिराज की निश्चित रकम के आधार पर

410. निम्नलिखित विदेशी यात्रियों पर विचार कीजिए :

1. निकोलो-दी-कोंटी 2. फेरहाओ नुनीज
3. बारबोसा

इन यात्रियों में से जिन्होंने विजयनगर समाज में सती प्रथा का विशद विवरण दिया है, वे हैं :

(a) 2 और 3 (b) 1 और 2
(c) 1 और 3 (d) 1, 2 और 3

411. निम्नलिखित युग्मों पर विचार कीजिए–

1. चालीस तुर्क दास – इल्तुतमिश के उत्तराधिकारी
2. खूत – गाँव का मुखिया
3. अमीरान-ए-सदा – मोहम्मद तुगलक

कौन-से उपलिखित युग्म सही सुमेलित हैं?

(a) 1 और 2 (b) 1, 2 और 3
(c) 2 और 3 (d) 1 और 3

412. 1682 का रोटी उपद्रव निम्नलिखित में से किस राज्य से सम्बन्धित है?
(a) गुजरात (b) बंगाल
(c) उड़ीसा (d) काबुल

413. औरंगजेब ने निम्नलिखित में से किसकी सहायता से टोडरमल के भूमि सुधारों को दक्षिण में लागू किया?
(a) अलीवर्दी खाँ (b) मुर्शीद कुली खाँ
(c) मलिक अम्बर (d) इनमें से कोई नहीं

414. एक मुगल सम्राट की अकबर के प्रति अगाध श्रद्धा थी, जिसके कारण अपने आगरा का नाम बदलकर "अकबराबाद" कर दिया :
(a) शाहजहाँ (b) जहाँगीर
(c) औरंगजेब (d) मुहम्मदशाह

415. निम्नलिखित में से किस मुगल शासक ने सौर सम्वत् के स्थान पर चन्द्र संवत् एवं हिजरी संवत् का प्रवर्तन किया?
(a) जहाँगीर (b) शाहजहाँ
(c) औरंगजेब (d) अकबर

416. जहाँगीर के सन्दर्भ में निम्नलिखित में से कौन-सा कथन सत्य है?
(a) उसकी सबसे बड़ी राजनीतिक उपलब्धि मेवाड़ को अपने अधीन करने की थी।
(b) चन्द्रगुप्त मौर्य के बाद जहाँगीर ने ही मध्य एशिया में सैनिक अभियान किया था।
(c) अहमदनगर को अपने साम्राज्य में मिलाना उसकी दूसरी बड़ी उपलब्धि थी।
(d) उसने कभी किसी सैनिक अभियान में भाग नहीं लिया।

417. निम्नलिखित जाट नेताओं में किसे समकालीन इतिहासकारों ने प्लेटो की संज्ञा दी और आधुनिक इतिहासकारों ने यूलिसीज की?
(a) बदन सिंह (b) सूरजमल
(c) गोकुल (d) चूड़ामन

418. निम्नलिखित विद्रोहों को उनके काल-क्रम के अनुसार सही सुमेलित कीजिए :

A.	जाट विद्रोह	(1)	1672
B.	सतनामी विद्रोह	(2)	1669
C.	बुन्देलों का विद्रोह	(3)	1672
D.	अफरीदियों का विद्रोह	(4)	1671

	A	B	C	D
(a)	2	3	4	1
(b)	3	4	1	2
(c)	4	1	2	3
(d)	1	2	3	4

419. निम्नलिखित में से औरंगजेब का वह कौन-सा सूबेदार था, जिसका नाम असम से जुड़ा हुआ है?
(a) मलिक अम्बर (b) मुर्शीद कुली खाँ
(c) मीर जुमला (d) इनमें से कोई नहीं

420. निम्नलिखित मुगल सम्राटों में से किसके समय में सबसे अधिक हिन्दू पदाधिकारी थे?
(a) अकबर (b) जहाँगीर
(c) शाहजहाँ (d) औरंगजेब

421. औरंगजेब के शासन काल में 1667 ई० में यूसुफजाइयों का विद्रोह हुआ। निम्नलिखित में से यह विद्रोह किसके नेतृत्व में हुआ?
(a) गोकुल के (b) चूड़ामन के
(c) भागू खाँ के (d) अजमलखाँ के

422. निम्नलिखित युद्धों को उनके काल-क्रम के अनुसार सही सुमेलित कीजिए :

A.	चौसा का युद्ध	(1)	22 जून 1555
B.	विलग्राम का युद्ध	(2)	26 जून 1539
C.	मच्छीवाड़ा का युद्ध	(3)	17 मई 1540
D.	सरहिन्द का युद्ध	(4)	15 मई 1555

	A	B	C	D
(a)	2	3	4	1
(b)	3	4	1	2
(c)	4	1	2	3
(d)	1	2	3	4

423. अकबर ने बीरबल को "कविप्रिय" की उपाधि प्रदान की थी। बीरबल का वास्तविक नाम था :
(a) वीरनाथ (b) हरिदास
(c) महेशदास (d) गरीबदास

424. अकबर की विजयों को सही क्रम में इंगित करें :
(a) मालवा, चुनार, गोंडवाना, आमेर, मेड़ता, मेवाड़
(b) चुनार, मालवा, गोंडवाना, मेवाड, मेड़ता, आमेर
(c) गोंडवाना, मालवा, चुनार, आमेर, मेड़ता, मेवाड़
(d) मालवा, चुनार, आमेर, गोंडवाना, मेवाड़, मेड़ता

425. निम्नलिखित में से किस मुगल सम्राट ने सिंहासन पर

बैठते ही बहुचर्चित बारह अध्यादेश लागू किये?
(a) हुमायूँ (b) अकबर
(c) जहाँगीर (d) शाहजहाँ

426. अकबर द्वारा किये गए सुधारों को उनके वर्ष के क्रम में सही सुमेलित कीजिए :

A. दास प्रथा की समाप्ति (1) 1575
B. जजिया कर की समाप्ति (2) 1562
C. तीर्थ यात्रा कर की समाप्ति (3) 1564
D. इबादत खाने का निर्माण (4) 1563

	A	B	C	D
(a)	2	3	4	1
(b)	3	4	1	2
(c)	4	1	2	3
(d)	1	2	3	4

427. 1590-91 में अकबर ने उड़ीसा पर विजय प्राप्त की। उस समय उड़ीसा का शासक था :
(a) निसार खाँ (b) जानी बेग
(c) दाऊद खाँ (d) रामचन्द्र देव

428. मुगलकाल में प्रचलित मनसबदारी के सम्बन्ध में कौन-सा विवरण सत्य है ?
(a) मनसबदारों को अपने मनसब के अनुसार सैनिक रखने होते थे।
(b) मनसब का पद पैतृक नहीं था।
(c) सैनिक एवं नागरिक दोनों को मनसब दिया जाता था।
(d) उपर्युक्त तीनों कथन सत्य है।

429. औरंगजेब ने अपने सिक्कों पर कुरान की आयतें खुदवाना बन्द कर दिया, क्योंकि :
(a) वह कुरान को वित्त से नहीं जोड़ना चाहता था।
(b) उसका शासन कुरान के अनुसार न था।
(c) उसे लगता था, पैर के नीचे सिक्कों के पड़ने से कुरान का अपमान हो सकता है।
(d) कुरान को वह केवल इबादत की वस्तु मानता था।

430. मुगल प्रशासन में निम्नलिखित में कौन मंत्री पद नहीं था?
(a) मीर बख्शी (b) वकील
(c) दीवान (d) मीरे-आतिश

431. औरंगजेब को निम्नलिखित में से किन अन्य नामों से जाना जाता है?
(a) आलमगीर (b) शाही दरवेश
(c) जिन्दापीर (d) इन तीनों से

432. औरंगजेब के सन्दर्भ में निम्नलिखित में से कौन-सा विवरण असत्य है?
(a) औरंगजेब ने 1663 में सती प्रथा पर प्रतिबन्ध लगा दिया।
(b) 1669 मे झरोखा दर्शन की प्रथा को समाप्त कर दिया, एवं समस्त संगीतकारों को बर्खास्त कर दिया।
(c) 1675 में गुरु अर्जुनदास को फाँसी की सजा दी।
(d) उसके शासनकाल में सबसे अधिक हिन्दू अधिकारी थे।

433. शाहजहाँ के शासनकाल का विवरण निम्नलिखित में से किसने दिया है?
(a) बर्नियर (b) ट्रेबर्नियर
(c) मनूची (d) इन तीनों ने

434. गुरु गोविन्दसिंह के बारे में निम्नलिखित में से क्या सत्य है?
(a) उन्होंने पहुल नामक दीक्षा प्रणाली कायम की
(b) दसवें बादशाह के ग्रन्थ का संकलन किया।
(c) सिखों को सिंह की उपाधि दी एवं केश, कंघा, कृपाण, कच्छा एवं कड़ा धारण करने को कहा।
(d) उपर्युक्त तीनों कथन सत्य हैं।

435. निम्नलिखित में से किस गुरु ने आदिग्रन्थ का संकलन किया, स्वर्ण मन्दिर बनवाया एवं जहाँगीर की कुदृष्टि के शिकार हुए?
(a) अर्जुनदास (b) गुरु तेगबहादुर
(c) गुरु गोविन्दसिंह (d) इनमें से कोई नहीं

436. निम्नलिखित सिख गुरुओं में से किसने सिखों को सैनिक सम्प्रदाय बना दिया एवं शाहजहाँ के विरुद्ध विद्रोह भी किया?
(a) गुरु गोविन्दसिंह (b) गुरु तेगबहादुर
(c) गुरु हरगोविन्द (d) गुरु अर्जुनदास

437. मनसबदारों को कितने श्रेणियों में विभक्त किया गया था ?
(a) पाँच (b) तीन
(c) छ : (d) आठ

438. बेजागीरी से तात्पर्य है :
(a) अधिक मनसब प्रदान कर देने से जागीरों का न बचना।
(b) अत्यधिक कड़ाई से कर वसूल करना।

(c) बेगार करवाना।
(d) उपर्युक्त सभी।

439. मुगल प्रशासन में बक्शी होता था :
(a) टकसाल नियंत्रक
(b) वेतन भुगतानकर्त्ता एवं गुप्तचर विभाग का अधिकारी
(c) कोषाध्यक्ष
(d) राजस्व मंत्रालय का प्रभारी

440. मुगलों की मनसबदारी व्यवस्था के विषय में निम्नलिखित कथनों पर विचार कीजिए–
1. अकबर ने मनसबदारी प्रथा प्रारम्भ की थी
2. मनसबदारों का श्रेणीकरण उनकी जातों एवं सवारों के आधार पर होता था
3. मनसबदार केवल सैन्य अधिकारी होते थे

उपर्युक्त कथनों में कौन-2 से सही हैं :
(a) 1, 2 और 3 (b) 1 और 2
(c) 2 और 3 (d) 1 और 3

441. बाबर ने भारत में मुगल साम्राज्य की स्थापना की, 1526 में :
(a) राणा साँगा पर विजय प्राप्त कर
(b) सिकन्दर लोदी पर विजय प्राप्त कर
(c) दौलत खाँ लोदी पर विजय प्राप्त कर
(d) इब्राहिम लोदी पर विजय प्राप्त कर

442. निम्नलिखित कथनों पर विचार कीजिए :
पानीपत के द्वितीय युद्ध में अकबर की सेना द्वारा पराजित हेमू :
1. आदिल शाह का सेनापति एवं मंत्री था।
2. जन्म से व्यापारी या बनिया था।
3. आगरे का सूबेदार था।
4. सिकन्दरशाह का सेनापति था।

उपर्युक्त कथनों में से कौन-सा सही है:
(a) 1 और 2 (b) 1, 2 और 3
(c) 2 और 4 (d) केवल 1

443. मुगल साम्राज्य में भू-राजस्व निर्धारण की इकाई थी:
(a) प्रति एक किसान (b) ग्राम
(c) परगना (d) जमींदार

444. बाबर ने भारत में प्रचलित किया :
(a) फारसी चित्रकला
(b) राजदरबारी कविता
(c) चौखाने वाले उद्यान
(d) ढालू दीवारों वाले भवन

445. भारतवर्ष में सच्चे गुम्बद वाला प्राचीनतम अवशिष्ट स्थापत्य है :
(a) गोल गुम्बद
(b) अढ़ाई दिन का झोपड़ा
(c) सुल्तान गढ़ी का मकबरा
(d) अलाई दरवाज़ा

446. मुगल काल का अकबर के समय में भारत में निर्मित सबसे बड़ा पुल है:
(a) दिल्ली में (b) जौनपुर में
(c) जजऊ में (d) नूरपुर में

447. तुर्क अपने साथ लाए वाद्य यंत्र :
(a) रवाब और सारंगी (b) सितार एवं बाँसुरी
(c) वीणा और तबला (d) तानपुरा और मृदंग

448. निम्नलिखित को सही सुमेलित कीजिए :

A. बरगीर	(1) दो सैनिकों के बीच एक घोड़ा।
B. सिलेदार	(2) इन सैनिकों का सम्पूर्ण व्यय राजा वहन करता था।
C. दु-अस्पा	(3) ये घोड़े, अस्त्र-शस्त्र स्वयं लाते थे।
D. निम्न-अस्पा	(4) जिनके पास दो घोड़े होते थे।

	A	B	C	D
(a)	2	3	4	1
(b)	3	4	1	2
(c)	4	1	2	3
(d)	1	2	3	4

449. मुगल शासन प्रणाली के अंतर्गत प्रचलित नश्क प्रणाली बंगाल में बहुत अधिक प्रचलित थी। वहाँ यह कहलाती थी :
(a) जाब्ती (b) कनकूत
(c) मुक्तई (d) इनमें से कोई नहीं

450. मुगल भूमि व्यवस्था के अंतर्गत ऐसे किसान जो भूमि मालिक होते थे तथा जोतने के लिए अपनी भूमि पर कर देते थे, कहलाते थे :
(a) खुदकाश्त (b) पैकाश्त
(c) आमलक (d) अल्तमगा

451. निम्नलिखित भूमियों को उनकी प्रकृति के अनुसार सुमेलित करें :

A. पोलज	(1) जिस पर पाँच या उससे अधिक वर्षों तक खेती न हुई हो।
B. परती	(2) जिस पर प्रत्येक वर्ष खेती की जाती हो।
C. चाचर	(3) जिस पर प्रत्येक वर्ष खेती नहीं की जाती है।
D. बंजर	(4) जिस पर तीन या चार वर्ष तक खेती न की गई हो।

	A	B	C	D
(a)	2	3	4	1
(b)	3	4	1	2
(c)	4	1	2	3
(d)	1	2	3	4

452. बाबर ने निम्नलिखित में से किस युद्ध में सर्वप्रथम बारूद का प्रयोग किया?

(a) पानीपत के युद्ध में (b) खानवा के युद्ध में
(c) घाघरा के युद्ध में (d) भीरा के युद्ध में

453. हल्दी घाटी के युद्ध को बदायूँनी ने गोगुंडा का युद्ध कहा है। अबुल फजल ने निम्नलिखित में से इसे क्या कहा है?

(a) धमनौर का युद्ध (b) हल्दी घाटी का युद्ध
(c) मेवाड़ का युद्ध (d) इनमें से कोई नहीं

454. निम्नलिखित भूमिदानों को उनकी प्रकृति के अनुसार सही सुमेलित करें :

A. ऐमा (1) विद्वानों एवं आध्यात्मिक विद्वानों को दी जाने वाली भूमि।
B. वक्फ (2) प्रार्थना एवं प्रशंसा के लिए प्रदत्त भूमि।
C. जागीर (3) धार्मिक कार्यों हेतु दी जानी वाली भूमि।
D. सयूर घंल (4) मनसबदारों को उनकी आय के बदले दी जाने वाली भूमि।

	A	B	C	D
(a)	2	3	4	1
(b)	3	4	1	2
(c)	4	1	2	3
(d)	1	2	3	4

455. मुगल सम्राट के अंगरक्षकों की टुकड़ी को निम्नलिखित में से कहा जाता था :

(a) बरगीर (b) वालाशाही
(c) मीर बख्शी (d) अहले कल्ब

456. अकबर ने निम्नलिखित में से किस जैन विद्वानों को "जगत गुरु" की उपाधि प्रदान किया?

(a) जयचन्द सूरी (b) शान्तिचन्द सूरी
(c) हरिविजय सूरी (d) इनमें से कोई नहीं

457. अकाल एवं अन्य विपत्तियों का सामना करने के लिए निम्नलिखित में से कौन-सा कर वसूल किया जाता था?

(a) पानडारी (b) जरीबाना
(c) महसीलाना (d) दाह अस्तरी

458. ऐसे भूमिहीन किसान जो मजदूरी करके जीवन यापन करते थे, कहलाते थे :

(a) खुत (b) पैकाशत
(c) पट्टेदार (d) खुदकाश्त

459. मुगल न्याय-प्रशासन से सम्बंधित विवरणों को सही सुमेलित करें :

A. फिकह (1) तर्क (नजीर)
B. हदीस (2) इस्लामी विधि शास्त्र
C. इज्मा (3) ईश्वरीय परम्परायें
D. कयास (4) कानून के स्रोत

	A	B	C	D
(a)	2	3	4	1
(b)	3	4	1	2
(c)	4	1	2	3
(d)	1	2	3	4

460. फर्र-ई-इजादी से ध्वनित होता है :

(a) एक सम्प्रदाय (b) ईश्वरीय प्रकाश
(c) भूमि बन्दोबस्त (d) इनमें से कोई नहीं

461. बाबर की युद्ध पद्धति कहलाती थी :

(a) तोपची पद्धति (b) मुबइयान पद्धति
(c) तुलगमा पद्धति (d) इनमें से कोई नहीं

462. निम्नलिखित पुस्तकों को उनके लेखकों के क्रम में सही सुमेलित कीजिए :

A. मासिरे जहाँगीरी (1) पंडित जगन्नाथ
B. शाहजहाँनामा (2) ख्वाजा कामगार
C. तारीखे अल्फी (3) इनायत खाँ
D. रस गंगाधर (4) नकीब खाँ

	A	B	C	D
(a)	2	3	4	1
(b)	3	4	1	2
(c)	4	1	2	3
(d)	1	2	3	4

463. शेरशाह की भूराजस्व प्रणाली निम्नलिखित में से कहलाती थी :

(a) राये प्रणाली (b) जब्ती प्रणाली
(c) नश्क प्रणाली (d) इनमें से कोई नहीं

464. निम्नलिखित में से किसे इत्र का आविष्कार करने का श्रेय है?

(a) नूरजहाँ को
(b) नूरजहाँ की माँ अस्मत बेगम को

(c) मुमताज महल को
(d) इनमें से कोई नहीं

465. मुगल प्रशासन की प्रान्तीय व्यवस्था में फोतदार होता था :
(a) प्रान्तीय सेनापति
(b) परगने का खजांची
(c) पहरेदार
(d) कारखानों की देखभाल करने वाला

466. शेरशाह की लगान व्यवस्था निम्नलिखित में से किस प्रकार की थी?
(a) रैयतवाड़ी (b) महालवाड़ी
(c) जागीरदारी (d) इनमें से कोई नहीं

467. जहाँगीर के पुत्र खुसरो को हिन्दी पढ़ाने के लिए एक विद्वान् को नियुक्त किया गया था, वह था :
(a) चन्द्रभान (b) ईश्वरदास
(c) सुजानराय (d) शिवदत्त

468. निम्नलिखित मुगल सम्राटों को उनकी उपाधियों के क्रम में सही सुमेलित कीजिए :
A. बाबर (1) अबुल मुजफ्फर मुहीद्दीन आलमगीर
B. अकबर (2) जहीरुद्दीन मुहम्मद गाजी
C. शाहजहाँ (3) जलालुद्दीन मुहम्मद बादशाह गाजी
D. औरंगजेब (4) अलाऊद्दीन मुहम्मद साहब किरन-ए-सानी

	A	B	C	D
(a)	2	3	4	1
(b)	3	4	1	2
(c)	4	1	2	3
(d)	1	2	3	4

469. निम्नलिखित रचनाओं में से किसे भारत में रचा गया मुस्लिम कानून का सबसे बड़ा डाइजेस्ट माना गया है?
(a) तारीखे-ए-शेरशाही
(b) खुलसत-ए-तवारीख
(c) फतवा-ए-आलमगीरी
(d) इनमें से कोई नहीं

470. अकबर के सम्बंध में निम्नलिखित में से क्या सत्य है?
(a) अकबर के समय में रोशनियाँ विद्रोह (1585-85) हुआ।
(b) अकबर का संरक्षक बैरम खाँ शिया था।
(c) 1564 में अकबर ने अपनी माता ख्वाजा मुअज्जम को कठोर संजा दी।
(d) उपर्युक्त तीनों कथन सत्य हैं।

471. मुगल काल में आये विदेशी यात्रियों को सम्राटों के क्रम से सही सुमेलित कीजिए :
A. सर टॉमस रो (1) अकबर
B. विलियम हॉकिन्स (2) जहाँगीर
C. बर्नियर (3) जहाँगीर
D. राल्फ फिच (4) शाहजहाँ

	A	B	C	D
(a)	2	3	4	1
(b)	3	4	1	2
(c)	4	1	2	3
(d)	1	2	3	4

472. करोड़ी था :
(a) दहसाला व्यवस्था के अंतर्गत नियुक्त एक अधिकारी।
(b) एक प्रकार के पूँजीपति व्यवसाय।
(c) पुलिस विभाग के अधिकारी।
(d) इनमें से कोई नहीं।

473. निम्नलिखित इतिहासकारों में कौन अकबर को मुगल साम्राज्य का वास्तविक संस्थापक मानता है?
(a) स्मिथ (b) स्टेनले लेनपूल
(c) कर्नल टॉड (d) ए० एल० श्रीवास्तव

474. निम्नलिखित पेशों पर विचार कीजिए :
1. कताई
2. बुनाई
3. निराई और रोपाई
4. पत्थर कटाई तथा ईंटों एवं गारे की ढुलाई

जैसा कि मुगल लघुचित्रों एवं कोषों से विदित होता हैं, उपर्युक्त पेशों में कौन-सा पेशा मुगल भारत में मुख्यत: स्त्रियों द्वारा किया जाता था ?
(a) 1, 3 और 4 (b) 1 और 2
(c) 1, 2 और 3 (d) 3 और 4

475. मुगल साम्राज्य की अर्थव्यवस्था के अध्ययन में अति-महत्वपूर्ण सांख्यिकीय आँकड़े देने वाला समसामयिक स्त्रोत है :
(a) तवाकत-ए-अकबरी
(b) आइन-ए-अकबरी
(c) तुहफाफ-ए-अकबरशाही
(d) बादशाहनामा

476. मुगल काल में जकात का आशय था :
(a) व्यापार कर, जो कुल मूल्य का 2½% था
(b) युद्ध की लूट
(c) भू-कर जो मुसलमानों के ऊपर उपज के 10% की राशि का लगाया गया था
(d) गैर-मुसलमानों के ऊपर लगाया गया कर

477. यह शिकायत, कि जजिया के तहत लाखों में इकट्ठी की गई रकम का थोड़ा भी हिस्सा शाही खजाने तक नहीं पहुँचता था, औरंगजेब के शासनकाल के निम्नलिखित इतिहासकारों में से किसके द्वारा की गई?
(a) मुहम्मद काजिम (b) ईसरदास नागर
(c) खफी खान (d) भीम सेन

478. निम्नलिखित में से कौन-सा शासक संगीत एवं नृत्य में निपुण था?
(a) आदिलशाह सूर (b) बाबर
(c) अकबर (d) जहाँगीर

479. मुगल साम्राज्य में अमीरों का वेतन नियत किया जाता था :
(a) प्रत्येक मामलों में सम्राट की यदृच्छानुसार
(b) उनकी मनसब संख्या के अनुसार
(c) उनके सैन्यदल के आकार के आधार पर
(d) उनके वंश और दक्षता के आधार पर

480. साम्राज्यिक मुगल मालगुजारी की निम्नलिखित में से कौन-कौन सी प्रमुख विशेषताएँ थीं?
1. यह उगायी गयी फसल के अनुसार अलग-अलग होती थी।
2. यह अलग-अलग क्षेत्र में अलग-अलग होती थी।
3. यह खेती के लिए लगाई गई बोलियों के अनुसार अलग-अलग होती थी।
4. यह ग्राम प्रमुखों के साथ हुए अलग-अलग ठेकों के अनुसार अलग-अलग होती थी।

नीचे दिये कूट का प्रयोग कर सही उत्तर चुनिये–
(a) 2, 3 और 4 (b) 1 और 4
(c) 1 और 2 (d) 1 और 3

481. औरंगजेब के शासनकाल में राठौरों ने दुर्गादास के नेतृत्व में मुगलों के विरुद्ध युद्ध जारी रखा। कर्नल टॉड ने दुर्गादास की तुलना की है :
(a) यूलिसिस से (b) प्लेटो से
(c) हरक्यूलिस से (d) होरेस से

482. औरंगजेब से सम्बंधित निम्नलिखित घटनाओं को सही सुमेलित कीजिए :

A. बीजापुर की विजय	(1) 1681
B. सती प्रथा पर रोक	(2) 1686
C. तुलादान पर रोक	(3) 1663
D. अकबर II का विद्रोह	(4) 1670

	A	B	C	D
(a)	2	3	4	1
(b)	3	4	1	2
(c)	4	1	2	3
(d)	1	2	3	4

483. अवबाव से आशय है :
(a) स्थानीय कर (b) एक उपाधि
(c) मनसबदारों की श्रेणी (d) इनमें से कोई नहीं

484. औरंगजेब का जन्म निम्नलिखित में से किस स्थान पर हुआ था?
(a) लाहौर (b) दोहद
(c) आगरा (d) दिल्ली

485. निम्नलिखित जागीरों में से किसका हस्तान्तरण नहीं किया जा सकता था?
(a) अल्पमगा (b) वतन
(c) सयूरघल (d) इनमें से कोई नहीं

486. औरंगजेब ने मुस्लिम प्रजा की कठिनाइयों को दूर करने के लिए एक पृथक् विभाग की स्थापना की थी वह विभाग कहलाता था :
(a) दीवाने-ए-खैरात (b) दीवाने-मुजालिन
(c) दीवाने-तन (d) दीवाने-साहिबान

487. शेरशाह के सन्दर्भ में निम्नलिखित में से कौन-सा विवरण सत्य है?
(a) हिन्दी के सूफी कवि जायसी का जन्म शेरशाह के ही समय हुआ था।
(b) शेरशाह की तुलना अलाउद्दीन खिलजी से की जाती है।
(c) उसके राज्य में सैनिक नगद वेतन पाते थे।
(d) उपर्युक्त तीनों कथन सत्य हैं।

488. मुगल प्रशासन में प्रधानमंत्री को एक अन्य नाम से जाना जाता था, वह था :
(a) दीवान (b) वजीर
(c) वकील-ए-मुतलक (d) इनमें से कोई नहीं

489. अकबर अपने युग की सन्तान एवं पिता दोनों था। यह प्रसिद्ध कथन निम्नलिखित में से किस प्रसिद्ध इतिहासकार का है?
(*a*) श्रीराम शर्मा (*b*) के॰ एस॰ लाल
(*c*) ए॰ एल॰ श्रीवास्तक (*d*) आर॰ पी॰ त्रिपाठी

490. निम्नलिखित में से कौन बाबर की स्थापत्य प्रियता का प्रमाण है?
(*a*) काबुली बाग की मस्जिद
(*b*) संभल की जामा मस्जिद
(*c*) आगरा की मस्जिद
(*d*) उपर्युक्त तीनों

491. हुमायूँ के मकबरे में सबसे पहले चहारदीवारी का निर्माण कराया गया। इसका गुम्बद सफेद संगमरमर का बना हुआ है, इसका निर्माण कराया था :
(*a*) गुलबेदम बेगम ने (*b*) अकबर ने
(*c*) हाजी बेगम ने (*d*) जहाँगीर ने

492. अकबरकालीन इमारतों के सन्दर्भ में निम्नलिखित विवरणों को सूचीबद्ध कीजिए :

A. दीवान-ए-आम	(1) बौद्ध इमारतों की भाँति
B. दीवाने-खास	(2) अकबर का दरबार
C. जोधाबाई का महल	(3) लघु आकार का भवन
D. पंचमहल	(4) सर्वाधिक विशाल

	A	B	C	D
(*a*)	2	3	4	1
(*b*)	3	4	1	2
(*c*)	4	1	2	3
(*d*)	1	2	3	4

493. बुलन्द दरवाजे की ऊँचाई 1761 फिट है। किस विजय के उपलक्ष्य में इस दरवाजे का निर्माण कराया गया था?
(*a*) असीरगढ़ विजय (*b*) उड़ीसा विजय
(*c*) गुजरात विजय (*d*) काबुल विजय

494. अकबर की स्थापत्य-प्रियता के सन्दर्भ में निम्नलिखित में से सत्य विवरण कौन-सा है?
(*a*) अकबर द्वारा निर्मित अधिकतर इमारतों में लाल पत्थर एवं संगमरमर का प्रयोग हुआ है।
(*b*) आगरे का किला उसकी शैली का प्रथम उदाहरण है।
(*c*) जनाना महल इलाहाबाद के किले में है, जिसका निर्माण अकबर ने 1583 में कराया था।
(*d*) उपर्युक्त तीनों कथन सत्य हैं।

495. अकबरकालीन इमारतों में से किसमें हाथी दरवाजा स्थित है ?
(*a*) आगरे के किले में
(*b*) इलाहाबाद के किले में
(*c*) फतेहपुर के किले में
(*d*) इनमें से कोई नहीं

496. आगरे के किले में किस द्वार का उपयोग बादशाह स्वयं करता था ?
(*a*) हाथी द्वार का
(*b*) पश्चिमी द्वार का
(*c*) अमरसिंह द्वार का
(*d*) इनमें से कोई नहीं

497. फतेहपुर सीकरी के सन्दर्भ में निम्नलिखित विवरणों में से सत्य कौन हैं?
(*a*) यहाँ शेख सलीम चिश्ती निवास करते थे।
(*b*) यह आगरा से 23 मील की दूरी पर स्थित है।
(*c*) गुजरात की विजय के पश्चात् इसका नाम फतेहपुर रखा गया।
(*d*) उपर्युक्त तीनों कथन सत्य हैं।

498. फतेहपुर की जामा मस्जिद को निम्नलिखित में से एक अन्य नाम से भी जाना जाता है, वह है?
(*a*) शान-ए-मस्जिद (*b*) शान-ए-सीकरी
(*c*) शान-ए-आगरा (*d*) अहले दौलत

499. अकबर का मकबरा आगरा के सिकन्दरा में स्थित है। निम्नलिखित में कौन-सा विवरण उस पर लागू नहीं होता?
(*a*) यह पंचमंजिली हैं, पहली एवं दूसरी मंजिलों पर कब्र का निर्माण हुआ है, इसमें पहली असली है, जबकि दूसरी नकली।
(*b*) दोनों ही कब्रों पर पुष्पों का चित्रण किया गया है।
(*c*) कब्र के सिरहाने अल्लाहु अकबर और पैरों की ओर जल्ले जल्लालहू अंकित है।
(*d*) उपर्युक्त तीनों कथन सत्य हैं।

500. निम्नलिखित कब्रों में कौन-सी 1857 से 1887 तक सेंट जेम्स की चर्च बनी रही, बाद में पंजाब सरकार के अभिलेखीय कार्यालय के रूप में भी रही?
(*a*) रबिया का मकबरा
(*b*) अनारकली का मकबरा

(*c*) चिश्ती का मकबरा
(*d*) इनमें से कोई नहीं

501. मुगलकालीन स्थापत्य कला के सन्दर्भ में निम्नलिखित में से कौन-सा तथ्य लागू नहीं होता?
(*a*) मुगल शैली पर पाश्चात्य संस्कृति का कुछ प्रभाव है।
(*b*) मुगल शैली का उद्‌गम पाश्चात्य संस्कृति से ही हुआ है।
(*c*) इमारतों के बाहरी तरफ बाग के लिए भूमि छोड़ दी गयी है।
(*d*) जालियों का प्रयोग है जिनकी सजावट देखने योग्य है।

502. निम्नलिखित इमारतों में से किसकी स्थापत्य कला दिल्ली की जामा मस्जिद के समरूप है?
(*a*) मोती मस्जिद की
(*b*) लाहौर की बादशाही मस्जिद की
(*c*) रबिया उद् दौरानी के मकबरे की
(*d*) इनमें से कोई नहीं

503. निम्नलिखित आगरे की इमारतों में से किसे सबसे अच्छी इमारत की संज्ञा प्रदान की जाती है?
(*a*) पंचमहल
(*b*) जोधाबाई का महल
(*c*) मोती मस्जिद
(*d*) इनमें से कोई नहीं

504. निम्नलिखित मकबरों को उनके स्थानों के क्रम में सही सुमेलित कीजिए :

A. अब्दुर्रहीम खान-खाना का मकबरा	(1) सिकन्दरा
B. अनारकली का मकबरा	(2) दिल्ली
C. शाहजहाँ का मकबरा	(3) लाहौर
D. अकबर का मकबरा	(4) आगरा

	A	B	C	D
(*a*)	2	3	4	1
(*b*)	3	4	1	2
(*c*)	4	1	2	3
(*d*)	1	2	3	4

505. पित्रा-दुरा (प्रथम प्रकार की पच्चीकारी) का सर्वप्रथम उदाहरण है :
(*a*) आगरे का किला
(*b*) अकबर का मकबरा
(*c*) एतमादुद्दौला का मकबरा
(*d*) इनमें से कोई नहीं

506. एतमादुद्दौला के मकबरे के सन्दर्भ में निम्नलिखित में से कौन-सा विवरण असत्य है?
(*a*) इसमें लाल पत्थर एवं संगमरमर का प्रयोग किया गया है।
(*b*) 1626 ई॰ में नूरजहाँ ने ईरानी शैली में निर्मित करवाया था।
(*c*) यह इमारत आगरा में स्थित है।
(*d*) उपर्युक्त तीनों कथन सत्य हैं।

507. अबुल फजल अकबर द्वारा राजस्व वसूल करने की औचित्य ठहराता है, क्योंकि वह :
(*a*) सार्वभौमत्व के लिए मुआवजा था।
(*b*) सम्राट का दैवी अधिकार था।
(*c*) सीमाओं की सुरक्षा के लिए सेना के रख-रखाव का खर्च था।
(*d*) सम्राट का वंशागत स्वामित्व अधिकार था।

508. औरंगजेब के काल में जिन सतनामियों ने बगावत कर नरनौल शहर को दखल कर लिया था, वे :
(*a*) कबीर के अनुयायी थे।
(*b*) दादू के अनुयायी थे।
(*c*) गुरु नानक के अनुयायी थे।
(*d*) रविदास के अनुयायी थे।

509. निम्नलिखित कथन पर विचार कीजिए– 1560 के दशक में अकबर दास्तान-ए-अमीर हम्जा के चित्र निरूपण के साथ चित्रकला की मुगल शैली के निर्माण को संरक्षण देने लगा था, क्योंकि :
1. अकबर ने चित्रकला में हुमायूँ की अभिरूचि को वंशागत रूप में प्राप्त किया था।
2. अकबर विशेषत : पुस्तक चित्रण निरुपण में अभिरूचि रखता था।
3. अकबर चित्रकला में रूचि लेने के लिए अबुल फजल द्वारा प्रेरित हुआ था।

इन कथनों में से :
(*a*) 1, 2 और 3 सही हैं
(*b*) 2 और 3 सही हैं
(*c*) 1 और 2 सही हैं
(*d*) 1 और 3 सही हैं

510. अपने समय की सबसे लम्बी नहर जिसका अभी भी व्यवहार होता है, और जो उत्तर भारत के लिए सबसे

अधिक लाभप्रद है, उसका निर्माण किया था:
(a) शेरशाह सूरी ने (b) बाबर ने
(c) फिरोजशाह ने (d) शाहजहाँ ने

511. मनूकी कहता है कि जजिया फिर से लादे जाने का सरदारों के एक समूह ने विरोध किया था, जिसका नेतृत्व किया था :
(a) जसवंत सिंह ने (b) जहाँआरा ने
(c) राणा राजसिंह ने (d) शाइस्ता खाँ ने

512. मुगल साम्राज्य में भू-राजस्व मुख्यत: किसमें व्यक्त किया जाता था :
(a) ताँबे के दाम में (b) चाँदी के रुपये में
(c) स्वर्ण मुहर में (d) मन में

513. निम्नलिखित अधिकारी समुच्चयों में से कौन-सा एक मुगलों की प्रांतीय शासन व्यवस्था में नहीं पाया जाता?
(a) सूबेदार, फौजदार, करोड़ी
(b) फौजदार, दीवान, बख्शी
(c) वजीर, बख्शी, मीर, समाँ
(d) मुहतसीब, वजीर, आमिल

514. निम्नलिखित में से किसे ताजमहल का वास्तुकार माना जाता है?
(a) जमान खाँ (b) अहमद लाहौरी
(c) उस्ताद ईसा (d) इनमें से कोई नहीं

515. औरंगजेब ने मोती मस्जिद का निर्माण करवाया था:
(a) जामा मस्जिद के अन्दर
(b) लाल किले के अन्दर
(c) आगरे के किले के अन्दर
(d) इनमें से कोई नहीं

516. निम्नलिखित इमारतों में से किसे द्वितीय ताजमहल भी कहा जाता है?
(a) रबिया-उद् दौरानी का मकबरा
(b) अकबर का मकबरा
(c) मोती मस्जिद
(d) मुसम्मन बुर्ज

517. महाराष्ट्र में बरकरी सम्प्रदाय की स्थापना किसने की थी?
(a) तुकाराम (b) नामदेव
(c) विसोबा खेचड़ (d) एकनाथ

518. तख्ते-ताऊस का निर्माण निम्नलिखित भवनों में से किसमें किया गया है?
(a) दीवाने-खास में (b) दीवाने आम में
(c) आगरे के किले में (d) इनमें से कोई नहीं

519. निम्नलिखित इमारतों में से किससे सीधे शाहजहाँ ताजमहल को देखा करता था?
(a) दीवाने-खास (b) शीशमहल
(c) मुसम्मन बुर्ज (d) खास महल

520. आगरा की जामा मस्जिद का निर्माण निम्नलिखित में से किसने करवाया था :
(a) रोशनआरा ने (b) जहाँआरा ने
(c) जेबतुन्निसा ने (d) इनमें से कोई नहीं

521. जिस प्रकार से अकबर ने फतेहपुर सीकरी नामक नये नगर की स्थापना आगरा के पास की थी, उसी प्रकार शाहजहाँ ने दिल्ली में 1638 ई० में एक नये नगर की नींव डाली, वह था :
(a) कोटला फिरोजपुर (b) शाहजहाँनाबाद
(c) जहानाबाद (d) मेहरौली

522. शाहजहाँ की पत्नी अर्जुमन्द बानू बेगम उर्फ मुमताज महल निम्नलिखित में से किसकी पुत्री थी?
(a) आसफ खाँ की (b) शहरयार की
(c) जानी बेग की (d) एतमादुद्दौला

523. अकबरकालीन इमारतों में से निम्न में से किसमें हिन्दू शैली का प्रयोग अधिक हुआ है?
(a) आगरे का किला (b) जहाँगीरी महल
(c) अजमेर का महल (d) इनमें से कोई नहीं

524. 15 वर्षों में निर्मित आगरे का किला अकबरकालीन स्थापत्य का उत्कृष्ट प्रतिमान है, इसके बारे में निम्नलिखित में से कौन-सा कथन सत्य है?
(a) 1565 ई० में इसका निर्माण कासिम खाँ के नेतृत्व में आरम्भ हुआ।
(b) इस पर कहीं भी कुरान की आयतें उत्कीर्ण नहीं हैं।
(c) पशु-पक्षी एवं फूल-पत्तियों से इमारत सुसज्जित है।
(d) उपयुक्त तीनों कथन सत्य हैं।

525. निम्नलिखित इमारतों को उनके निर्माताओं के क्रम में सही सुमेलित कीजिए :

A. जहाँगीरी महल	(1) औरंगजेब
B. अकबर का मकबरा	(2) अकबर
C. रंगमहल	(3) जहाँगीर
D. बादशाही मस्जिद लाहौर	(4) शाहजहाँ

	A	B	C	D
(a)	2	3	4	1
(b)	3	4	1	2
(c)	4	1	2	3
(d)	1	2	3	4

526. अकबरकालीन इमारतों के बारे में निम्नलिखित में से कौन-सा कथन लागू नहीं होता?
(a) अनावश्यक कार्यों में धन का अपव्यय नहीं किया गया है।
(b) प्राय: समस्त इमारतों में लाल पत्थर प्रयुक्त हुआ है।
(c) कहीं-कहीं संगमरमर का प्रयोग भी हुआ है।
(d) इमारतों के स्तून एक समान है।

527. ''सम्राट स्वयं सुन्दर भवनों की योजना बनाकर अपने मस्तिष्क एवं हृदय के विचारों को पाषाण एवं मिट्टी के आवरण से सुसज्जित करता था'' यह कथन किसने और किसके बारे में कहा है?
(a) लाहौरी ने शाहजहाँ के बारे में
(b) उस्ताद ईसा ने अकबर के बारे में
(c) अबुल फजल ने अकबर के बारे में
(d) इनमें से कोई नहीं

528. किला-ए-कुहना शेरशाह द्वारा बनवायी गयी एक मस्जिद है। इस मस्जिद का निर्माण किस इमारत के ध्वंसावशेषों पर हुआ है?
(a) कुव्वत-उल-इस्लाम (b) दीन पनाह
(c) मोठ मस्जिद (d) अलाई दरवाजा

529. सासाराम स्थित शेरशाह के मकबरे में स्थित समाधि को किस वास्तु कला विशेषज्ञ ने अपने मालिक की स्मृति में बनवाया था ?
(a) उस्ताद ईसा (b) अलीवाल खाँ
(c) हमीद लाहौरी (d) नौसाशाह ने

530. किस इमारत का निर्माण शाहजहाँ के द्वारा नहीं कराया गया ?
(a) खास महल
(b) अंगूरी महल
(c) मच्छी भवन
(d) दिल्ली की मोती मस्जिद

531. शाहजहाँ द्वारा बनवाई गई नगीना मस्जिद निम्नलिखित में से किस किले में बनी है?
(a) आगरे के किले में।
(b) लाहौर के किले में।
(c) इलाहाबाद के किले में।
(d) इनमें से कोई नहीं।

332. आगरे की जामा मस्जिद का निर्माण निम्नलिखित में से किसने करवाया था :
(a) रोशनआरा (b) जहाँआरा
(c) जेबुतुन्निशा (d) इनमें से कोई नहीं

333. निम्नलिखित में से किस विदेशी यात्री का विचार है कि ताजमहल सहित मुगल इमारतों में टिम्बर की लकड़ी एवं ईंटों का प्रयोग किया गया है?
(a) बर्नियर (b) मनूची
(c) ट्रेवर्नियर (d) मानसरेट

534. विश्व प्रसिद्ध ताजमहल के बारे में कौन-सा कथन सत्य है ?
(a) इसका वास्तुकार उस्ताद ईसा है।
(b) यह सिकन्दरा स्थित अकबर के मकबरे का अनुकरण करता है।
(c) कुस्तुनतुनिया के गुम्बद निर्माण विशेषज्ञ ईस्माइल खाँ हमी ने भी इस इमारत के निर्माण में अपना योगदान दिया है।
(d) उपयुक्त तीनों कथन सत्य हैं।

535. ताजमहल के बारे में कौन-सा कथन सही है?
(a) मीनारों के ऊपर संगमरमर की छतरियाँ हैं।
(b) ताजमहल की आंतरिक योजना में हुमायूँ के मकबरे का अनुकरण है।
(c) मकबरा 22 फिट ऊँचे चबूतरे पर बना है।
(d) उपयुक्त तीनों कथन सत्य है।

536. निम्नलिखित स्थानों में से किस स्थान पर औरंगजेब ने अपने पिता शाहजहाँ को कुछ समय तक बन्दी बनाकर रखा था?
(a) खास महल
(b) सीकरी का किला
(c) नगीना मस्जिद
(d) इनमें से कोई नहीं

537. ताजमहल की कारीगरी के सन्दर्भ में निम्नलिखित में से कौन उस पर लागू नहीं होती?
(a) ताजमहल की सजावट में हिन्दू कारीगरों का विशेष योगदान रहा।
(b) उस्ताद ईंसा के निर्देशन में कारीगरों ने कार्य किया।
(c) इसमें विदेशी कलाकारों का कोई योगदान नहीं रहा।

(d) मकबरे का ऊपरी भाग फारसी एवं निचला भाग हिन्दू शैली का प्रतीक है।

538. आधुनिक अनुसंधानकर्त्ताओं के अनुसार ताजमहल की योजना तैयार करने का श्रेय उस्ताद अहमद लाहौरी को है। उसे शाहजहाँ ने निम्नलिखित में से किस उपाधि से विभूषित किया था?

(a) दुर्रे-दुरान (b) शान-ए-आगरा
(c) नादिर-उल-असर (d) इनमें से कोई नहीं

539. "फतेहपुर सीकरी के पत्थर में प्रेम तथा एक महान् व्यक्ति के मस्तिष्क की अभिव्यक्ति है"। यह प्रसिद्ध कथन किस कला-पारखी का है?

(a) पर्सी ब्राउन का (b) अबुल फजल का
(c) फर्गुसेन का (d) इनमें से कोई नहीं

540. अकबर के बाद उसके उत्तराधिकारियों को फतेहपुर सीकरी आकृष्ट न कर सका क्योंकि :

(a) उन्हें अकबर के स्थापत्य प्रेम से लगाव नहीं था
(b) फतेहपुर सीकरी केवल आध्यात्मिक उद्देश्यों को पूर्ण करता था
(c) क्योंकि वहाँ प्राकृतिक संसाधनों विशेष रूप से जल का अभाव था
(d) इनमें से कोई नहीं

541. "जनाना महल" निम्नलिखित में से किस इमारत से सम्बंधित है?

(a) लाहौर का किला (b) इलाहाबाद का किला
(c) अजमेर का किला (d) अकबरी महल

542. निम्नलिखित को सही सुमेलित कीजिए :

A. काबुली बाग	(1) शेरशाह
B. शालीमार बाग	(2) बाबर
C. अकबरी महल	(3) शाहजहाँ
D. हसन खाँ सूर का मकबरा	(4) अकबर

	A	B	C	D
(a)	2	3	4	1
(b)	3	4	1	2
(c)	4	1	2	3
(d)	1	2	3	4

543. पर्सी ब्राउन बीरबल को अकबर के अधीन निम्नलिखित में से क्या समझते थे?

(a) प्रधानमंत्री (b) दीवान
(c) वकील (d) वाकयानवीस

544. निम्नलिखित में से वह कौन-सी इमारत है जो सम्राट अकबर की आवास गृह थी और जिसमें लाल पत्थरों के साथ श्वेत संगमरमर का प्रयोग किया गया है?

(a) जोधाबाई का महल (b) दीवाने-आम
(c) दीवाने-खास (d) अकबरी महल
(e) खास महल

545. अकबर द्वारा निर्मित वह कौन-सी इमारत है जिसे फर्गुसेन ने गलती से इबादत खाना मान लिया है?

(a) अकबरी महल (b) दीवाने-आम
(c) दीवाने खास (d) जोधाबाई का महल

546. फतेहपुर सीकरी के निर्माण की योजना को कार्यान्वित करने का एकमात्र श्रेय निम्नलिखित में से किस महान् कला विशेषज्ञ को जाता है?

(a) उस्ताद ईसा को (b) अलीवाल खाँ को
(c) लाहौरी को (d) बहाउद्दीन को

547. फतेहपुर सीकरी में अकबर के काल में शेख सलीम चिश्ती के मकबरे के दक्षिण में लाल पत्थर से इस्लाम खाँ के मकबरे का निर्माण हुआ है। इस्लाम खाँ था :

(a) एक सूफी
(b) एक मुगल मनसबदार
(c) अकबर का प्रधानमंत्री
(d) इनमें से कोई नहीं

548. बुलन्द दरवाजा के सन्दर्भ में निम्नलिखित में से कौन-सा कथन लागू नहीं होता?

(a) इसका निर्माण गुजरात विजय के उपलक्ष्य में विजय स्तम्भ के रूप में करवाया गया था।
(b) इसकी ऊँचाई पृथ्वी की सतह से 176 फीट है।
(c) यह जामा मस्जिद का दक्षिणी प्रवेश द्वार है।
(d) मेहराबों की सजावट पर कोई ध्यान नहीं दिया गया है।

549. फतेहपुर सीकरी स्थित जामा मस्जिद के बारे में निम्नलिखित में से क्या सत्य है?

(a) इसके अन्तर्गत बुलन्द दरवाजा, शेख सलीम चिश्ती का मकबरा एवं इस्लाम खाँ का मकबरा है।
(b) 1582 ई० में अकबर ने इसी स्थान पर दीन-ए-इलाही की घोषणा की थी।
(c) इसके ऊपर तीन गुम्बद हैं।
(d) उपर्युक्त तीनों कथन सत्य हैं।

550. निम्नलिखित इमारतों में से कौन-सी इमारत अकबर-कालीन नहीं है ?

(a) हिरन मीनार

(b) तुर्की सुल्ताना की कोठी
(c) मरियम की कोठी
(d) रंगमहल

551. निम्नलिखित में से वह कौन-सी मुगलकालीन इमारत है, जिसमें सर्वप्रथम लाल पत्थर के स्थान पर शुद्ध संगमरमर का प्रयोग हुआ है?
(a) खानखाना का मकबरा
(b) एतमादुद्दौला का मकबरा
(c) अकबर का मकबरा
(d) जहाँगीर का मकबरा

552. एतमादुद्दौला के संदर्भ में निम्नलिखित में से कौन-सा कथन सत्य है?
(a) इसका निर्माण नूरजहाँ द्वारा 1626 में करवाया गया।
(b) इमारत के चारों ओर मीनार के स्थान पर अष्टभुजीय बुर्ज बना हुआ है।
(c) इसमें पित्रा-दुरा शैली का प्रयोग हुआ है।
(d) उपर्युक्त तीनों कथन सत्य हैं।

553. अकबर के मकबरे की विशेषताओं में निम्नलिखित में से क्या शामिल नहीं है?
(a) इसमें इस्लामी पद्धति का स्पष्ट परित्याग दिखाई देता है।
(b) इसमें अकबर का सिर पूर्व में उदय होते हुए सूर्य की ओर है।
(c) इस मकबरे में पाँच मंजिले हैं, जिनमें दो पर कब्र है।
(d) इसमें संगमरमर का प्रयोग नहीं हुआ है।

554. सिकन्दरा, जहाँ पर अकबर का मकबरा स्थित है, को सिकन्दर लोदी ने अपने नाम से बसाया था, अकबर ने इसका नाम रखा था?
(a) फतेहपुर सीकरी (b) अकबराबाद
(c) बहिश्ताबाद (d) इनमें से कोई नहीं

555. निम्नलिखित में से कौन-सा एक युग्म सही सुमेलित नहीं है?
(a) बैरम खाँ का पतन - 1560
(b) गोंडवाला विजय - 1564
(c) रणथम्भौर का पतन - 1570
(d) हल्दीघाटी का युद्ध - 1576

556. सूरत में उतरने वाला सबसे पहला अंग्रेज कप्तान, जो आगरा में सम्राट जहाँगीर के दरबार में भी गया था, कौन था?
(a) थॉमस स्टीफेंस (b) हॉकिन्स
(c) राल्फ फिच (d) जॉन मिल्डेन्हाल

557. सूची-I को सूची-I से सुमेलित करें :
A. 1645 ई० (1) औरंगजब दक्खन को वायसराय नियुक्त किया गया
B. 1637 ई० (2) गुजरात में अकाल
C. 1630 ई० (3) राजधानी का शाहजहाँ-नाबाद में स्थानान्तरण
D. 1666 ई० (4) शाहजहाँ की मृत्यु
(5) कांगड़ा के किले पर अधिकार

	A	B	C	D
(a)	3	1	5	4
(b)	3	1	2	4
(c)	4	3	2	1
(d)	1	3	2	5

558. निम्नलिखित मे से कौन-सा कथन सही नहीं है?
(a) सम्मान और ओहदे की दृष्टि से वकील एक प्रतिष्ठित पद था।
(b) अकबर ने वकील के पद पर से राजस्व एवं वित्त सम्बंधी अधिकार पृथक कर दिए।
(c) औरंगजेब के शासन के परवर्त्ती काल में वकील का पद महत्वपूर्ण हो गया था।
(d) जहाँगीर ने लम्बे समय तक वकील के बिना शासन किया।

559. जहाँगीर के दरबार का चित्रकार ख्वाजा मंसूर प्रख्यात चित्रकार था :
(a) चिड़ियों और पशुओं के रूपचित्रों का
(b) मुगलकुलीनों के रूपचित्रों का
(c) भू-दृश्यों का
(d) भित्ति-चित्रों का

560. ख्वाजा अब्दुस सामद किसके दरबार का चित्रकार था?
(a) बाबर (b) अकबर
(c) जहाँगीर (d) शाहजहाँ

561. शेख अहमद सरहिन्दी को बंदी बनाया गया था :
(a) हुमायूँ द्वारा (b) अकबर द्वारा
(c) जहाँगीर द्वारा (d) शाहजहाँ द्वारा

562. निम्नलिखित इमारतों में से कौन बंगाल में प्रान्तीय स्थापत्य से सम्बंध नहीं रखती?
(a) सदरबारी मस्जिद

(b) लोटन मस्जिद
(c) रूमी खाँ का मकबरा
(d) कदम रसूल मस्जिद

563. बंगाल की निम्नलिखित इमारतों में से किसमें हिन्दू शैली का प्रभाव सर्वाधिक दिखलाई पड़ता है?
(a) इखलाकी मकबरा (b) पांडुआ की मस्जिद
(c) दाखिल दरवाजा (d) छोटा सोना मजिस्द

564. निम्नलिखित प्रान्तों में से कहाँ की इमारतों के बारे में कहा जाता है कि वहाँ भाव एवं कल्पना का सुन्दर समन्वय हुआ है :
(a) बंगाल (b) मालवा
(c) गुजरात (d) जौनपुर

565. चम्पानेर की जामा मस्जिद का निर्माण करवाया था:
(a) महमूद बेगड़ा ने (b) हुसंगशाह ने
(c) सिकन्दर शाह ने (d) हुमायूँ ने

566. निम्नलिखित इमारतों में से गुजरात की किस इमारत में हिन्दू एवं जैन मन्दिरों की सामग्री का प्रयोग किया गया है?
(a) पाटन की जामा मस्जिद
(b) शेख फरीद का मकबरा
(c) a और b दोनों
(d) इनमें से कोई नहीं

567. औरंगजेब के काल में वास्तुकला के पतन का प्रमुख कारण हैं :
(a) संसाधनों का अभाव
(b) मितव्ययिता का प्रयास
(c) सम्राट की धार्मिक रूढ़िवादिता
(d) इनमें से कोई नहीं

568. औरंगजेब ने अपनी प्रेयसी रबिया की स्मृति में औरंगजेब में एक मकबरा बनवाया। उसके बारे में क्या सत्य है?
(a) यह ताजमहल का घटिया नकल है
(b) इसका निर्माण कार्य अताउल्ला खाँ के निर्देशन में सम्पन्न हुआ
(c) मकबरे के चारों ओर अष्टभुजीय पर्दे हैं
(d) उपर्युक्त तीनों कथन सत्य हैं

569. निम्नलिखित इमारतों में से कौन औरंगजेब कालीन है:
(a) बादशाही मस्जिद (लाहौर)
(b) दिल्ली की मोती मस्जिद
(c) a एवं b दोनों
(d) इनमें से कोई नहीं

570. निम्नलिखित इमारतों में से कौन मालवा की प्रान्तीय स्थापत्य कला को रूपयित करती है?
(a) कमाल मस्जिद
(b) लाट मस्जिद
(c) दिलावर खाँ की मस्जिद
(d) उपर्युक्त तीनों

571. प्रसिद्ध हिंडोला महल का निर्माण करवाया था :
(a) दिलावर खाँ ने (b) बाज बहादुर ने
(c) हुशंगशाह ने (d) इनमें से कोई नहीं

572. निम्नलिखित कृतियों में से कौन दसवंत द्वारा प्रणीत मानी जाती हैं?
(a) खानदाने तैमूरिया (b) तूतीनामा
(c) a और b दोनों (d) इनमें से कोई नहीं

573. निम्नलिखित में से कौन-सा चित्रकार मानसिक संतुलन खो बैठा था, और उसने 1584 में आत्महत्या कर ली?
(a) दसवन्त (b) बसावन
(c) लाल (d) मंसूर

574. रज्मनामा निम्नलिखित में से किस चित्रकार के प्रयासों का परिणाम है?
(a) हरिवंश (b) खेमकरन
(c) दसवंत (d) लाल

575. अबुल फजल ने आइन-ए-अकबरी में पन्द्रह चित्रकारों के नाम गिनाये हैं, निम्नलिखित में कौन उसमें शामिल नहीं है?
(a) खेमकरन (b) तारा
(c) जसवंत (d) गोपाल

576. मुल्ला अलाउद्दौला कजवीनी ने हम्जानामा को किस मुगल सम्राट के मस्तिष्क की उपज माना है?
(a) जहाँगीर (b) हुमायूँ
(c) अकबर (d) बाबर

577. हम्जानामा से आशय है :
(a) एक धार्मिक ग्रंथ
(b) इस्लामी विधि पर पुस्तक
(c) चित्रकला की पांडुलिपि
(d) इनमें से कोई नहीं

578. मीर सैय्यद अली एवं ख्वाजा अब्दुस्समद मुगल-कालीन चित्रकला के स्तम्भ थे। वे निम्नलिखित में से किसके काल में दिल्ली पहुँचे?
(a) अकबर (b) जहाँगीर

(c) हुमायूँ (d) शाहजहाँ

579. 1533 ई० में हुमायूँ ने दिल्ली में दीन-पनाह का निर्माण करवाया, इसका शाब्दिक अर्थ है :

(a) धर्म का शरण-स्थल
(b) गरीबों का शरण-स्थल
(c) एक विशेष पुस्तकालय
(d) इनमें से कोई नहीं

580. निम्नलिखित मस्जिदों में से किसका निर्माण पूर्णतया लकड़ी से हुआ है?

(a) काली मस्जिद
(b) कदम रसूल मस्जिद
(c) शाह हमदान की मस्जिद
(d) छोटा सोना मस्जिद

581. निम्नलिखित अकबरकालीन इमारतों में से किसमें हिन्दू एवं जैन स्थापत्य की झलक मिलती है?

(a) पंचमहल
(b) जोधाबाई
(c) जहाँगीर महल (आगरा का किला)
(d) इनगें से कोई नहीं

582. निम्नलिखित चित्रकारों में किसे "पूर्व का राफेल" की संज्ञा प्रदान की गई थी?

(a) अब्दुस्समद (b) मीर सैयद अली
(c) बहजाद (d) दसवंत

583. अबुल हसन जहाँगीर के समय का प्रसिद्ध चित्रकार था। वह किस प्रसिद्ध कलाकार का पुत्र था ?

(a) उस्ताद मंसूर (b) फारुख वेग
(c) आका रिजा (d) इनमें से कोई नहीं

584. सम्राट जहाँगीर ने अपने समय के दो चित्रकारों की प्रशंसा करते हुए उन्हें नादिर-उल-अस्त्र एवं आदिरुज्जमा कीं उपाधियाँ प्रदान की ये दोनों चित्रकार थे :

(a) दसवंत एवं बसावन
(b) उस्ताद मंसूर एवं अबुल हसन
(c) फारुख वेग एवं अबुल हसन
(d) वसावन एवं उस्ताद मंसूर

585. मनोहर छवि चित्रों के निर्माण में सिद्धहस्त था। अधोलिखित में से वह किस प्रसिद्ध चित्रकार का पुत्र था?

(a) बसावन (b) दसवंत
(c) विशनदास (d) लाल

586. निम्नलिखित चित्रकरों में से कौन रंगों के प्रयोग में, छवि चित्रकारी में, रेखांकन में एवं भू-दृश्यों के चित्रण में सिद्धहस्त माना जाता था?

(a) दसवंत (b) बसावन
(c) केशव (d) खेमकरन

587. निम्नलिखित चित्रकारों में से किसे अकबर ने शीरीकलम की उपाधि से विभूषित किया था?

(a) मीर सैयद अली
(b) अब्दुस्समद
(c) मुहम्मद हुसैन कश्मीरी
(d) इनमें से कोई नहीं

588. चित्रकला में भित्तिचित्र शैली का विकास निम्नलिखित में से किस मुगल सम्राट की देन है?

(a) हुमायूँ (b) बाबर
(c) अकबर (d) जहाँगीर

589. निम्नलिखित चित्रकारों को उनके संरक्षकों से सम्बद्ध कीजिए :

A. मुकुन्द (1) हुमायूँ
B. मुहम्मद मुराद (2) अकबर
C. मीर हासिम (3) जहाँगीर
D. आगा मीन (4) शाहजहाँ

	A	B	C	D
(a)	2	3	4	1
(b)	3	4	1	2
(c)	4	1	2	3
(d)	1	2	3	4

590. निम्नलिखित में से कौन-सा मुगल सम्राट चित्रकला का घोर विरोधी था। उसने सिकन्दरा में अकबर के मकबरे को भी सफेदी करवा दी :

(a) मुहम्मदशाह (b) फर्रुखसियर
(c) औरंगजेब (d) इनमें से कोई नहीं

591. किसके बारे में अबुल फजल ने लिखा है कि हजारों वर्ष में ऐसा संगीतकार भारतवर्ष में नहीं हुआ उसने संगीत से यमुना के प्रवाह को रोक दिया था?

(a) बैजू बावरा (b) हरिदास
(c) बाजबहादुर (d) तानसेन

592. निम्नलिखित मुगल सम्राटों में से कौन नगाड़ा बहुत अच्छी तरह से बजाना जानता था ?

(a) बाबर (b) हुमायूँ
(c) अकबर (d) जहाँगीर

593. निम्नलिखित में से कौन-सी उपाधि अकबर द्वारा

तानसेन को प्रदान की गयी थी?

(a) नादिर-उल-असर (b) नादिर-उल-जमा
(c) संगीत-शिरोमणि (d) मिर्जा

594. निम्नलिखित संगीतकारों में से कौन अकबर के दरबार में थे?

(a) रामदास (b) सोमनाथ
(c) दिवाकर (d) उपर्युक्त तीनों

595. किस मुगल सम्राट ने सप्ताह का प्रत्येक दिन गायकों के लिए निर्धारित किया था?

(a) अकबर (b) जहाँगीर
(c) हुमायूँ (d) बाबर

596. जहाँगीर के शासनकाल में संगीत 'दर्पण' नामक पुस्तक लिखी गयी, जिसके लेखक थे :

(a) पंडित जगन्नाथ (b) चतुर खाँ
(a) दामोदर खाँ (b) रामदास

597. निम्नलिखित संगीतकारों में कौन जहाँगीर के दरबार से संबद्ध थे?

(a) जहाँगीर दाद (b) परवेज दाद
(c) चतुर खाँ (d) ये तीनों

598. शाहजहाँ की संगीत प्रियता के संदर्भ में निम्नलिखित में से कौन-सा विवरण सत्य है?

(a) उसने पंडित जगन्नाथ को महाकविराय की उपाधि प्रदान की।
(b) वह स्वयं मधुर राग का स्वामी था।
(c) वह प्रत्येक रात्रि को दीवाने-खाास में संगीत का आयोजन करता था।
(d) उपर्युक्त तीनों कथन सत्य हैं।

599. मुगल सम्राटों के प्रिय वाद्य यंत्रों को उनके सही क्रम में सुमेलित की कीजिए :

(A) गिटार 1. शाहजहाँ
(B) नगाड़ा 2. शाहजहाँ
(C) वीणा 3. अकबर
(D) जीटर 4. औरंगजेब

	A	B	C	D
(a)	2	3	4	1
(b)	3	4	1	2
(c)	4	1	2	3
(d)	1	2	3	4

600. निम्नलिखित मुगल सम्राटों में से किसके काल में संगीत पर सर्वाधिक पुस्तकें लिखी गयीं?

(a) बाबर (b) हुमायूँ
(c) अकबर (d) औरंगजेब

601. कुछ इतिहासकारों के अनुसार निम्नलिखित में से कौन-सा मुगल सम्राट अशिक्षित था, यद्यपि इस संदर्भ में मतैक्य नहीं है?

(a) बाबर (b) जहाँगीर
(c) अकबर (d) औरंगजेब

602. मैथिली कवि विद्यापति ने अनेक रचनायें कीं। निम्नलिखित में से किसे उन्होंने अपनी रचनायें समर्पित कीं?

(a) सिकन्दरशाह को (b) नुसरतशाह को
(c) हुमायूँ को (d) बारबकशाह को

603. जौनपुर के हुसैनशाह शर्की ने ध्रुपद शैली से अलग हटकर एक अन्य गायन शैली की कल्पना की थी:

(a) टोडी (b) मल्हार
(c) खयाल (d) इनमें से कोई नहीं

604. गजबा का तात्पर्य है :

(a) गायन शैली (b) एक प्रकार का अनाज
(c) धर्म युद्ध (d) इनमें से कोई नहीं

605. इस्तिजी से आशय है :

(a) संगीत की एक विद्या
(b) क्षतिपूर्ति
(c) मकतब
(d) इनमें से कोई नहीं

606. निम्नलिखित को सही सुमेलित कीजिए :

(A) आशा 1. व्यभिचारी
(B) इदगाईबरी 2. रात्रिकालीन नमाज
(C) इदाई पट्टम 3. नामपंथी जातियों पर लगने वाला कर
(D) इबाहतियान 4. गड़ेरियों पर लगने वाला कर

	A	B	C	D
(a)	2	3	4	1
(b)	3	4	1	2
(c)	4	1	2	3
(d)	1	2	3	4

607. अतालीक से आशय है :

(a) एक राजस्व पद्धति
(b) मुगल शहजादों के लिए शिक्षक
(c) एक उपाधि
(d) इनमें से कोई नहीं

608. तानसेन अकबर के दरबार के प्रसिद्ध गायक थे, उनका

मूल नाम था :

(a) रामतानू पाण्डेय (b) मकरन्द पाण्डेय
(c) लाल (d) इनमें से कोई नहीं

609. निम्नलिखित शासकों में से किसके समय में कांगड़ा चित्रकला अपने चरमोत्कर्ष पर पहुँची थी?

(a) दिलीप चन्द (b) गोवर्द्धन चन्द
(c) संसार चन्द (d) प्रकाश चन्द

610. गीत गोविन्द, सतसई आदि को किस चित्रकला शैली ने अपना प्रतिपाद बताया ?

(a) मुगल (b) राजपूत
(c) दक्षिण (d) कांगड़ा

611. मालवा के शासक बाजबहादुर और उसकी पत्नी रूपमती का निम्नलिखित में से किस क्षेत्र में विशिष्ट स्थान है?

(a) चित्रकला (b) साहित्य
(c) संगीत (d) इनमें से कोई नहीं

612. किस मुगल सम्राट के बारे में यह कहा जाता है कि वह उच्चकोटि का गायक था?

(a) बाबर (b) हुमायूँ
(c) अकबर (d) जहाँगीर

613. हुमायूँ ने संगीतकारों को निम्नलिखित में से किस श्रेणी के अंतर्गत रखा था?

(a) अहले-दौलत (b) अहले-सादात
(c) अहले-मुराद (d) इनमें से कोई नहीं

614. दक्षिण चित्र शैली की विशेषता है :

(a) बीजापुर एवं गोलकुण्डा के शासकों ने इस चित्र शैली को राजकीय संरक्षण प्रदान किया।
(b) मुगल प्रभाव अहमद नगर के पतन के बाद दृष्टिगोचर होता है।
(c) भित्तिचित्र शैली की अपनी विशेषता है।
(d) उपर्युक्त सभी कथन सत्य हैं।

615. कौन राजपूती चित्रकला शैली की विशेषता नहीं है?

(a) इस शैली पर मुगल शैली का व्यापक प्रभाव है।
(b) आध्यात्मिक विषयों एवं जनसाधारण पर चित्र बनाये गये।
(c) इस चित्रकला शैली को राजकीय संरक्षण नहीं प्राप्त था।
(d) नादिरशाह एवं अहमद शाह अब्दाली के आक्रमण ने राजपूती चित्रकला शैली को पूरी तरह से ध्वस्त कर दिया।

616. निम्नलिखित पुस्तकों में से किससे दक्षिण चित्रकला शैली के बारे में जानकारी प्राप्त होती है?

(a) नोरसनाम (b) किताब-ए-नौरस
(c) चित्रनाम (d) इनमें से कोई नहीं

617. कांगड़ा चित्र शैली के उद्भव के कारण थे :

(a) विदेशी आक्रमणों के कारण मुगल एवं राजपूत शैलियों के चित्रकारों को बाध्य होकर पहाड़ों पर शरण लेनी पड़ी थी।
(b) पंजाब एवं जम्मू के शासकों ने इसे भरपूर संरक्षण प्रदान किया।
(c) प्राकृतिक समृद्धता ने विषयों का अभाव नहीं होने दिया।
(d) उपर्युक्त सभी।

618. 'अकबर शाही शृंगार दर्पण नामक पुस्तक के लेखक थे:

(a) पंडित जगन्नाथ (b) परम सुन्दर
(c) बदायूँनी (d) केशवदास

619. महाभारत का अनुवाद रज्मनामा के नाम से हुआ। निम्नलिखित में से किसने इसका अनुवाद किया था:

(a) नकीब खाँ (b) बदायूँनी
(c) फैजी (d) इन तीनों ने

620. मुगल शाहजादियों में कौन कवयित्री थी ?

(a) जहाँआरा (b) रोशनआरा
(c) रबिया (d) जेबतुन्निशा

621. शाहजहाँ द्वारा प्रदत्त "गुण समुद्र" की उपाधि निम्नलिखित में से किस संगीत विशेषज्ञ को प्रदान की गयी थी?

(a) शौकी को (b) पंडित जगन्नाथ को
(c) लाल खाँ को (d) विलास खाँ को

622. निम्नलिखित में से किस गजल गायक को जहाँगीर ने आनन्द खाँ की उपाधि प्रदान की थी?

(a) शौकी (b) छतर खाँ
(c) परवेज दाद (d) खुर्रम दाद

623. निम्नलिखित में से कौन-सा मुगल सम्राट राग खयाल का प्रसिद्ध गायक था?

(a) बहादुरशाह (b) फर्रुखसियर
(c) मुहम्मद (d) अकबर द्वितीय

624. गोलकुंडा के शासक इब्राहीम कुतुबशाह भी संगीत प्रेमी थे। निम्नलिखित में से किसे उन्होंने अपना राजकवि नियुक्त किया था?

(a) पल्लमेतु सामपाजी को
(b) गंगाधर को
(c) मालधर वसु
(d) इनमें से कोई नहीं

625. मालधर वसु ने भगवद्गीता का अनुवाद बंगला भाषा में किया था। निम्नलिखित में से किसकी आज्ञा से उन्होंने यह कार्य सम्पन्न कराया था?

(a) बारबकशाह की (b) सिकन्दरशाह की
(c) नुसरतशाह की (d) हुसैनशाह की

626. 'कालिय दमन' का अनुवाद अबुल फजल ने किया था, उसका नाम उन्होंने रखा था :

(a) अमारदानिश (b) रज्मनामा
(c) मज्म-उल-वहरीन (d) इनमें से कोई नहीं

627. जहाँगीर के शासनकाल में अलंकार शास्त्र पर एक ग्रंथ 'मीमांसा खण्डन' का प्रणयन किया गया। निम्नलिखित में से इस ग्रंथ के लेखक हैं :

(a) जगन्नाथ (b) गंगाधर
(c) चंद्रभान (d) इनमें से कोई नहीं

628. मुनीश्वर दास द्वारा रचित 'सिद्धांत सार्वभौम' और 'भगवती स्वामी की काव्यवृत्ति बोध' प्रमुख रचनायें हैं ये रचनायें समर्पित की गयी हैं :

(a) जहाँगीर (b) अकबर
(c) शाहजहाँ (d) औरंगजेब

629. निम्नलिखित को सही समेलित कीजिए :

(A) जावित 1. कोषाध्यक्ष
(B) जिरह 2. भूमिकर
(C) तकय्या 3. कवच
(D) तहवीलदार 4. धार्मिक आडम्बर

	A	B	C	D
(a)	2	3	4	1
(b)	3	4	1	2
(c)	4	1	2	3
(d)	1	2	3	4

630. रघुनाथ-रचित 'मुहूर्तमाला' मुहूर्त विद्या से संबंधित है, यह रची गयी :

(a) अकबर के शासन काल में
(b) औरंगजेब के शासन काल में
(c) मुहम्मदशाह के शासन काल में
(d) इनमें से कोई नहीं

631. नायबे गीवत से तात्पर्य है :

(a) संगीत विशेषज्ञ
(b) कविराज
(c) शासक की अनुपस्थिति में प्रतिशासक
(d) इनमें से कोई नहीं।

632. अर्जदाश्त का आशय है :

(a) पत्र श्रृँखला (b) गायन
(c) वाद्ययंत्र (d) एक राग

633. निम्नलिखित को सही सुमेलित कीजिए:

(A) दूरवाश 1. लिपिक
(B) नकीब 2. राजसी दण्ड
(C) नवूवत 3. उद्घोषक
(D) नवीसिनदा 4. देवदूत

	A	B	C	D
(a)	2	3	4	1
(b)	3	4	1	2
(c)	4	1	2	3
(d)	1	2	3	4

634. ताजमहल के संदर्भ में निम्नलिखित को सुमेलित करें :

(A) ट्रेवर्नियर 1. पूर्णत: भारतीय शैली
(B) फर्गुसन 2. शाहजहाँ का अधूरा स्वप्न
(C) पर्सी ब्राउन 3. सम्पूर्ण विश्व में अतुलनीय
(D) मार्शल 4. बाह्य एवं आन्तरिक सौन्दर्य का समन्वय

	A	B	C	D
(a)	2	3	4	1
(b)	3	4	1	2
(c)	4	1	2	3
(d)	1	2	3	4

635. अकबर के दरबार में वह कौन-सा संगीतकार था जिसे बैरम खाँ ने एक लाख टंके का उपहार दिया था?

(a) तानसेन (b) बैजूबाबरा
(c) रामदास (d) गोपाल

636. चित्रकला और जहाँगीर के संबंध में निम्नलिखित में से कौन-सा विवरण सत्य है?

(a) प्राकृतिक सौन्दर्य का प्रेमी होने के कारण उसने सुन्दर प्राकृतिक दृश्यों का चित्रण कराया।
(b) उसके चित्रों में यथार्थता एवं सजीवता का समावेश है।
(c) उसके काल के अधिकांश चित्रकारों ने जीवन के भौतिक पक्ष को स्पर्श किया है।
(d) उपर्युक्त तीनों कथन सत्य हैं।

637. चीरायत थे :

(a) घुमन्तु कबीले
(b) राजस्थान में परगनाधिकारी

(c) संगीत विशेषज्ञ
(d) इनमें से कोई नहीं

638. शाहजहाँ स्वयं बहुत अच्छा संगीतज्ञ था। निम्नलिखित में से कौन-सा राग उसे बहुत पसंद था?
(a) खयाल (b) टोड़ी
(c) ध्रुपद (d) मल्हार

639. 1663 में औरंगजेब के आदेश पर शेख निजाम की अध्यक्षता में छ: व्यक्तियों द्वारा संकलित ''फतवा-ए-आलमगीरी'' थी :
(a) प्रशासनिक नियमों की पुस्तक।
(b) सैनिक विनिमय-समुच्चय।
(c) धार्मिक विनिमय-समुच्चय।
(d) औरंगजेब की उक्तियों का संग्रह।

640. ''आगरा और फतेहपुर सीकारी दोनों ही लंदन से बड़े हैं'' यह विवरण है :
(a) बर्नियर (b) राल्फ फिच का
(c) हॉकिन्स का (d) मनूची का

641. 1605 में कुल मुगल सूबे कितने थे ?
(a) 12 (b) 15
(c) 17 (d) 19

642. निम्नांकित मुगल अधिकारियों में से किसका संबंध धार्मिक मामलों से नहीं था ?
(a) सद्र (b) मुफ्ती
(c) मुहतसिब (d) मुस्तौफी

643. मुगल राजस्व प्रशासन की शब्दावली में जमी पायमुदाह शब्द का क्या तात्पर्य है?
(a) बंजर भूमि
(b) गल्ला बख्शी के लिए बिना पैमाइश के छोड़ी हुई भूमि।
(c) हर दो साल में जोती जाने वाली भूमि।
(d) पैमाइश की हुई भूमि।

644. निम्नलिखित में से किसने शुद्ध अद्वैत दर्शन का प्रतिपादन किया?
(a) बल्लभाचार्य (b) चैतन्य
(c) निम्बार्क (d) रामानुज

645. भक्ति संतों में कौन संत पेशे से मोची थे?
(a) दादू
(b) रैदास
(c) उपर्युक्त (a) और (b) दोनों
(d) मलूकदास

646. महाराष्ट्र के महान् भक्ति सन्त नामदेव किसके शिष्य थे?
(a) ज्ञानेश्वर (b) विसोबा खेचड़
(c) तुकाराम (d) एकनाथ

647. ''दोनों भाईयों हिन्दू और मुसलमान के एक से हाथ और पैर हैं। दोनों के कान और आँखें हैं''– यह कथन निम्नलिखित में से किस प्रसिद्ध सन्त का है?
(a) रज्जब (b) नामदेव
(c) दादू (d) कबीर

648. ''हिन्दू अंधा है तो मुसलमान काना, जमाने वाला दोनों से अधिक बुद्धिमान है, उसका न कोई मन्दिर हैं और न कोई मस्जिद'', यह कथन निम्नलिखित में से किसका है?
(a) दादू (b) तुकाराम
(c) कबीर (d) नामदेव

649. निम्नलिखित पुस्तकों को उनके लेखकों के क्रम में सही सुमेलित करें :

(A) सुन्दर विलास	1. तुलसीदास
(B) सूत्रभाष्य	2. दादू
(C) तुकाराम	3. माध्वाचार्य
(D) विनय पत्रिका	4. अभंग

	A	B	C	D
(a)	2	3	4	1
(b)	3	4	1	2
(c)	4	1	2	3
(d)	1	2	3	4

650. निम्नलिखित को सही सुमेलित करें :

(A) दसवन्त	1. व्यक्तियों का छवि चित्र
(B) बसावन	2. दीवार पर चित्र बनाने का विशेषज्ञ
(C) मंसूर	3. चित्र के पीछे धरातल बनाने का विशेषज्ञ
(D) विशनदास	4. मनुष्यों एवं जानवरों का चित्र बनाने का विशेषज्ञ

	A	B	C	D
(a)	2	3	4	1
(b)	3	4	1	2
(c)	4	1	2	3
(d)	1	2	3	4

651. औरंगजेब के बाद निम्नलिखित में से किसने चित्रकला को पुन: संरक्षण प्रदान किया?
(a) मुहम्मदशाह ने (b) फर्रुखसियर ने
(c) रफीउद्दरात ने (d) रफीउश्शान ने

652. निम्नलिखित में से अकबर ने किससे हिन्दू गायन की बारीकियों को सीखा था?

(a) बसावन से (b) दसवन्त से
(c) लालवन्त से (d) गोपाल से

653. ट्रांस आक्सियाना और मध्य एशिया से आये सुन्नी मुसलमानों को कहा जाता था :

(a) ईरानी (b) तूरानी
(c) मंगोल (d) दलूचा

654. निम्नलिखित में से किस मुगल सम्राट के बारे में बदायूँनी का विचार है कि उसने मांस के साथ-साथ लहसुन-प्याज खाना भी बंद कर दिया था?

(a) अकबर (b) जहाँगीर
(c) शाहजहाँ (d) औरंगजेब

655. अफीका, निसार एवं उतारा से तात्पर्य है :

(a) इस्लामी संस्कार (b) गायन शैलियाँ
(c) उपाधियाँ (d) राजस्व प्रणाली

656. नौरोज के स्थान पर औरंगजेब ने जिस पर्व की अनुमति दी थी, वह था :

(a) मुर्हरम
(b) जस्न-ए-हर्व
(c) नीशात-ए-अफरोज जश्न
(d) इनमें से कोई नहीं

657. अकबर के दरबार में आने से पहले तानसेन निम्नलिखित में से किसके दरबार में रहते थे?

(a) इंद्रजीत (b) रामचंद्र
(c) मानसिंह (d) इनमें से कोई नहीं

658. निम्नलिखित में से एक मुगल सम्राट ने फारसी प्रकाश नामक फारसी संस्कृति के शब्दकोश का निर्माण करवाया था। वह था :

(a) हुमायूँ (b) मुहम्मदशाह
(c) औरंगजेब (d) अकबर

659. निम्नलिखित ग्रंथों में से किसमें अकबर की धार्मिक नीतियों की तीव्र आलोचना की गयी है?

(a) मुन्तखुब-उल-तवारीख
(b) आइने अकबरी
(c) तोहफा-ए-अकबरशाही
(d) तबकाते अकबरी

660. सिख गुरुओं के संदर्भ में निम्नलिखित को सही सुमेलित कीजिए :

(A) गुरु अर्जुनसिंह 1. 22 गद्दियों की स्थापना
(B) गुरु हरगोविन्द 2. मसंद प्रथा
(C) गुरु अंगद 3. अकाल तख्त की स्थापना
(D) गुरु अमरदास 4. गुरुमुखी लिपि का विकास

	A	B	C	D
(a)	2	3	4	1
(b)	3	4	1	2
(c)	4	1	2	3
(d)	1	2	3	4

661. अकबर का शिक्षक था :

(a) बैरम खाँ (b) अब्दुर्रहीम खानखाना
(c) अब्दुल लतीफ (d) तानसेन

662. निम्नलिखित में से किसने मुगलकालीन चित्रकला, को राजशाही कारखाने का रूप प्रदान कर दिया?

(a) हुमायूँ (b) अकबर
(c) जहाँगीर (d) शाहजहाँ

663. अकबर ने निम्नलिखित में से किस वर्ष फतेहपुर सीकरी को अपनी राजधानी के रूप में मान्यता प्रदान कर दी ?

(a) 1556 (b) 1582
(c) 1571 (d) 1591

664. जहाँगीर के चार पुत्र थे । उनके संबंध में निम्नलिखित को सही समुलित कीजिए :

(A) खुसरो 1. 1626 में मृत्यु
(B) खुर्रम 2. 1621 में मृत्यु
(C) शहरयार 3. शाहजहाँ सम्राट
(D) परवेज 4. नूरजहाँ का दामाद

	A	B	C	D
(a)	2	3	4	1
(b)	3	4	1	2
(c)	4	1	2	3
(d)	1	2	3	4

665. निम्नलिखित रचनाओं में से कौन-सी दाराशिकोह द्वारा प्रणीत है?

(a) सकीतुन औलिया (b) रिसाल-ए-इकनामा
(c) मज्म-उल-बहरीन (d) ये तीनों

666. मुगल प्रशासन विभाग के अंतर्गत सार्वजनिक निर्माण विभाग कहलाता था :

(a) सड़क-ए-आजम (b) दीवाने आम
(c) शुहरत-ए-आम (d) इनमें से कोई नहीं

667. निम्नलिखित विद्वानों में से किसने अकबर का इतिहास संस्कृत में लिखा?

(a) टोडरमल (b) महेशदास
(c) महेश ठाकुर (d) पंडित जगन्नाथ ने

668. निम्नलिखित ग्रंथों को उनके अनुवादकों के क्रम में सही सुमेलित कीजिए :

(A) राजतरंगिणी 1. अबुल फजल
(B) लीलावती 2. मौलाना शेरी
(C) भगवत पुराण 3. फैजी
(D) कालिया दमन 4. टोडरमल

	A	B	C	D
(a)	2	3	4	1
(b)	3	4	1	2
(c)	4	1	2	3
(d)	1	2	3	4

669. इस्लाम के साथ भारत का प्रारंभिक सम्पर्क किस माध्यम से स्थापित हुआ ?

(a) सिन्ध के अरब आक्रमणकारियों।
(b) 11-12वीं सदी के तुर्क आक्रमणकारियों।
(c) मालावार तट के अरब व्यापारियों।
(d) भारतीय व्यापारियों के फारसियों तथा अरबों के साथ सम्पर्क।

670. ब्रह्म या परब्रह्म सम्प्रदाय की स्थापना की थी :

(a) मलूकदास (b) सूरदास
(c) चैतन्य (d) दादू

671. किसने कहा था–''ब्रह्मांड वेद है, सृष्टि कुरान हैं''?

(a) कबीर (b) बुल्लेशाह
(c) रज्जव (d) गुरु नानक

672. किस महान् सूफी संत ने कुरान तथा अन्य सभी धर्म ग्रंथों की कटु आलोचना की ?

(a) मियाँ मीर (b) बुल्लेशाह
(c) यारी साहिब (d) शाह करीम

673. सूची-I को सूची-II से सुमेलित करें :

(A) शेख निजामुद्दीन औलिया 1. कादिरी
(B) बहाउद्दीन जकारिया 2. सुहारवर्दी
(C) मियाँ मीर 3. चिश्तया
(D) अहमद सरहिन्दी 4. नक्सबन्दी

	A	B	C	D
(a)	3	4	2	1
(b)	3	2	1	4
(c)	2	1	3	4
(d)	1	2	3	4

674. भक्ति आन्दोलन के निम्नलिखित संतों में से कौन संत इस्लाम से अत्यधिक प्रभावित हुआ था?

(a) नामदेव (b) रामानुज
(c) चैतन्य (d) रामानन्द

675. वह भक्ति संत कौन था जो कृष्ण का उपासक नहीं था?

(a) वल्लभाचार्य (b) मीराबाई
(c) सूरदास (d) रामानन्द

676. वह भक्ति संत कौन था, जिसके एक कसाई, एक नाई, एक मोची तथा एक मुस्लिम जुलाहे सहित बारह शिष्य थे ?

(a) बल्लभाचार्य (b) रामानन्द
(c) कबीर (d) सूरदास

677. वह भक्ति संत कौन था जो पहले सूफी लोगों के साथ रहा लेकिन बाद में उन्हें छोड़ दिया?

(a) कबीर (b) नानक
(c) नामदेव (d) तुकाराम

678. सूची-I को सूची-II से सुमेलित करें :

(A) शेख निजामुद्दीन औलिया 1. चिराग-ए-दिल्ली
(B) शेख नासिरुद्दीन महमूद 2. महबूब-ए-इलाही
(C) सैय्यद मुहम्मद गेसू दराज 3. मुजहिद
(D) शेख अहमद सरहिन्दी 4. बन्दानवाज

	A	B	C	D
(a)	3	4	2	1
(b)	2	1	4	3
(c)	4	2	3	1
(d)	3	2	4	1

679. भारत के किस क्षेत्र में फिरदौसी सिलसिला लोकप्रिय था?

(a) दिल्ली तथा उसका समीपवर्ती क्षेत्र।
(b) सिंध
(c) बिहार
(d) दक्कन

680. किसने कहा था– ''एक पत्थर की पूजा होती है, तो दूसरे को पैरों तले रौंदा जाता है, यदि एक भगवान है, तो दूसरा भी भगवान है''?

(a) कबीर (b) तुलसीदास
(c) तुकाराम (d) नामदेव

681. निम्नलिखित में से किसने भारत में चिश्ती सिलसिले की स्थापना की थी?

(a) शेख सलीम चिश्मी

(b) ख्वाजा मुईनुद्दीन चिश्ती
(c) निजामुद्दीन औलिया
(d) फरीदुद्दीन गंज-ए-शंकर

682. निम्नलिखित में से कौन-सा असत्य है?
(a) शंकरदेव–असम (b) कबीर–उत्तर प्रदेश
(c) नरसी मेहता–गुजरात (d) तुकाराम–बंगाल

683. किसने कहा था– ''ईश्वर व्यक्ति के गुणों को जानता है तथा उसकी जाति के बारे में नहीं पूछता, क्योंकि परलोक में कोई जाति नहीं है''?
(a) कबीर (b) गुरु नानक
(c) चैतन्य (d) रामानन्द

684. अपनी सिद्धांतों का प्रचार करने के लिए सामान्यजन की भाषा हिन्दी का प्रयोग करने वाले प्रथम भक्ति सन्त थे?
(a) रामानन्द (b) कबीर
(c) तुलसीदास (d) मीराबाई

685. दाराशिकोह की अत्यन्त प्रसिद्ध रचना कौन थी जिसमें उसने प्रमाणित किया था कि इस्लामी सूफी विचारधाराएँ हिन्दू विचारधाराओं के समान हैं?
(a) सकिनतुन–आलिया (b) हस्नतुल–आरिफीन
(c) मजमूल बहरैम (d) मुंकिजमिन

686. प्रथम मुगल बादशाह बाबर ने भारत में किस सूफी सिलसिले का प्रचलन किया था?
(a) नक्शबन्दी (b) कादिरी
(c) सुहरावर्दी (d) चिश्ती

687. बाबा फरीद को चिश्ती परम्परा में दीक्षित किया था:
(a) शेख सलीम चिश्ती ने
(b) शेख मुईनद्दीन चिश्ती ने
(c) ख्वाजा बख्तियार काकी ने
(d) शेख निजामुद्दीन औलिया ने

688. हमीदुद्दीन नागौरी किस सिलसिले के सन्त थे?
(a) फिरदौसी (b) नक्शबंदी
(c) चिश्ती (d) सुहरावर्दी

689. कादिरी सिलसिले के संस्थापक थे :
(a) शेख अब्दुल कादिर जिलानी
(b) शेख सलीम
(c) शेख हमीदुद्दीन
(d) बाबा फरीद

690. नक्शबन्दी सिलसिले की स्थापना की थी :
(a) शेख निजामुद्दीन औलिया ने
(b) शेख सलीम ने
(c) शेख जिलानी ने
(d) ख्वाजा बाकी बिल्लाह ने

691. ऋषि आन्दोलन चलाया था :
(a) शेख नुरुद्दीन ने (b) चैतन्य ने
(c) रामानन्द ने (d) बिठोवा ने

692. ''ओम नमः शिवाय'' की प्रार्थना से प्रारम्भ अभिलेख किन राजवंश के राजाओं ने लिपिबद्ध कराये थे ?
(a) चौहान (b) चन्देल
(c) राष्ट्रकूट (d) चालुक्य

693. विशिष्टाद्वैत मत के आचार्य थे :
(a) रामानुज (b) बल्लभाचार्य
(c) माधव (d) निम्बार्क

694. मध्ययुग का धार्मिक आन्दोलन प्रारम्भ हुआ था :
(a) तुलसीदास से (b) कबीर से
(c) निम्बार्क से (d) रामानन्द से

695. गुरु नानक का जन्म हुआ था :
(a) अमृतसर में (b) लाहौर में
(c) तलवण्डी में (d) पठानकोट में

696. गौडीय वैष्णव धर्म के संस्थापक थे :
(a) रामानन्द (b) चैतन्य
(c) रामानुज (d) निम्बार्क

697. विट्ठलनाथ किसके पुत्र थे ?
(a) तुकाराम के (b) नामदेव के
(c) रामानन्द के (d) बल्लभाचार्य के

698. विट्ठल (बिठोवा) को किसका अवतार माना जाता था?
(a) विष्णु का अवतार (b) शिव का अवतार
(c) राम का अवतार (d) कृष्ण का अवतार

699. महाराष्ट्र में रहस्यवादी सम्प्रदाय के संस्थापक थे :
(a) नामदेव (b) ज्ञानेश्वर
(c) तुकाराम (d) एकनाथ

700. बिठोबा पन्थ के महान् गुरुओं में कौन नहीं समझा जाता है ?
(a) ज्ञानेश्वर (b) नामदेव
(c) रामानन्द (d) तुकाराम

701. बारकरी पन्थ की स्थापना की थी :
(a) तुकाराम ने (b) ज्ञानदेव ने
(c) एकनाथ ने (d) नामदेव ने

702. चैतन्य की प्रथम एवं सर्वाधिक प्रसिद्ध जीवनी 'चैतन्य

चारितामृत' का रचनाकार कौन था?
(a) सुन्दरदास (b) कृतिवास
(c) माधवाचार्य (d) कृष्णदास कविराज

703. वह भक्ति सन्त कौन था जिसने भक्तों के प्रति बड़ी अरुचि के साथ कहा, ''शाक्त और कुत्ते दोनों भाई हैं, जब एक सोता है तब दूसरा भौंकता है।''?
(a) कबीर (b) गुरु नानक
(c) चैतन्य (d) तुलसीदास

704. मध्यकालीन भारत की वह महिला सन्त कौन थी, जो महान् शैव मतावलम्बी तथा शैव आचार्या थी?
(a) कश्मीर की लल्ल
(b) राजस्थान की मीराबाई
(c) पीपा की रानी सीता
(d) महाराष्ट्र की जामबाई

705. कबीर की समाधि कहाँ बनाई गई ?
(a) वाराणसी (b) गोरखपुर
(c) मगहर (d) बस्ती

706. निम्नलिखित उक्तियाँ या कथन किस सूफी संत से संबंधित है– ''प्रत्येक राष्ट्र के अपने रीति-रिवाज, अपने विश्वास, अपने किबला (नमाज पढ़ने वालों के लिए दिशा-बोध कराने के लिए निर्मित किया गया एक मंच) होते हैं।''– ''सभी मतों को एक ही धर्म समझो।''– ''मेरे लिए विश्वास (धर्म) और अविश्वास (कुफ्र) समान हैं। मुझे किसी समुदाय धर्म या सम्प्रदाय से कुछ भी लेना नहीं है''?
(a) शेख सलीम चिश्ती
(b) शेख निजामुद्दीन औलिया
(c) अमीर खुसरो
(d) बाबा फरीद

707. शाहजहाँ का पुत्र दाराशिकोह किस सूफी सिलसिले का अनुयायी था?
(a) कादिरिया (b) चिश्तिया
(c) सुहरावर्दी (d) नक्शबन्दियाँ

708. वह सूफी सन्त कौन था जिसे पंजाबी साहित्य का पहला कवि माना जाता है और जिसकी रचनाएँ 'आदि-ग्रंथ' से संकलित हैं?
(a) अमीर खुसरो
(b) बाबा फरीद
(c) बाबा शैफुद्दीन
(d) शेख निजामुद्दीन औलिया

709. निम्नलिखित तथ्यों में सत्य क्या है?
(a) मुगलकाल में कृषक वर्ग तीनों वर्गों (खुदकाश्त, पाही काश्त, मुजारियान) में विभक्त था।
(b) कृषि के विकास हेतु अकबर ने नहरें निर्मित कराई थीं।
(c) आइने अकबरी में खरीफ की 40 फसलों का उल्लेख है।
(d) मुगलकाल में तिजारती (नकदी) फसलों का उत्पादन नहीं होता था।

710. रहट का पहला विवरण निम्नलिखित किस कृति में पाया गया है?
(a) अकबरनामा में (b) जफरनामा में
(c) बाबरनामा में (d) हुमायूँनामा में

711. वस्त्र उद्योग के क्षेत्र में चरखे का यांत्रिक उपकरण के रूप में उल्लेख सर्वप्रथम किस कृति में मिलता है?
(a) इसामी-कृत ''फुतूह-उस-सलातीन' में
(b) बरनी-कृत 'तारीख-ए-फिरोजशाही' में
(c) महया-कृत 'तारीख-ए-मुबारकशाही' में
(d) अमीर खुसरो-कृत 'बोरानुस्सादैन' में

712. सल्तनत काल में 'तुनजार-ए-खास' किसे कहा जाता था ?
(a) कृषकों के समूह को
(b) व्यापारियों के समूह को
(c) अधिकारियों के समूह को
(d) धर्माचार्यों के समूह को

713. व्यापक मार्गों पर पश्चिमोत्तर भारत में कौन-सा नगर सर्वाधिक चर्चित था ?
(a) भटिंडा (b) देवल
(c) मुल्तान (d) सरहिंद

714. किस चीनी यात्री ने बंगाल में रेशम के कीड़े पाले जाने का उल्लेख किया है?
(a) फाह्यान (b) माहुआन
(c) ह्वेनसांग (d) इत्सिंग

715. मध्यकाल में रत्नों के व्यापार में कहाँ के व्यापारी संलग्न थे ?
(a) देवगिरी के व्यापारी (b) मुल्तान के व्यापारी
(c) मथुरा के व्यापारी (d) अफगान के व्यापारी

716. सल्तनत युग में विभिन्न देशों से मंगाए जाने वाले व्यापारिक

माल में घोड़ों का आयात सर्वोपरि था। इब्नबतूता व मार्को पोलो ने किन देशों से घोड़े मंगाए जाने का उल्लेख किया है?

(a) सीरिया व चीन (b) अरब, मिस्र
(c) तुर्किस्तान व ईरान (d) यूनान व रोम

717. सल्तनत काल में भारत से निर्यात की वस्तुओं में क्या नहीं था ?

(a) लोहा (b) सूती वस्त्र
(c) नील (d) घोड़े

718. मुगल काल में थोक व्यापारी को क्या नहीं कहा जाता था?

(a) सेठ (b) वानिक
(c) बोहरा (d) मोदी

719. मुगल काल में आयात की वस्तुओं में क्या नहीं था?

(a) घोड़े (b) चाँदी
(c) शोरा (d) स्वर्ण

720. ''विश्व के प्रत्येक भागों में चक्कर लगाने के बाद सोना, चाँदी भारत में दफन हो जाता है'' मुगल काल में सोने-चाँदी का आयात इतना बढ़ गया था कि यह टिप्पणी एक यूरोपियन यात्री ने की थी। उस यात्री का नाम बताइए।

(a) मनूची (b) राल्फ फिच
(c) टैवर्नियर (d) बर्नियर

721. मुगल काल में गाँव में रहने वाले (अस्थायी रूप से) व्यापारी को क्या कहते हैं ?

(a) श्राणिक (b) विथैती
(c) श्रेष्ठी (d) बानिक

722. मुगल काल में रुपये का लेन-देन का विशेषज्ञ जो हुण्डी का भी काम करता था, क्या कहलाता था?

(a) श्रेष्ठी (b) वानिक
(c) सर्राफ (d) बोहरा

723. अठारहवीं शताब्दी में प्रचलित वह प्रथा जिसके अन्तर्गत दस्तकारों को (विशेषत: जुलाहों को) अंग्रिम पेशगी देकर एक करार कर लिया जाता था, कहलाती थी:

(a) शसगनी (b) इकरारनामा
(c) हुण्डी (d) ददनी

724. सल्तनत काल में सर्वप्रथम, चाँदी का टंका और सोने का जीतल किस सुल्तान ने प्रचलित किया था?

(a) मुहम्मद तुगलक ने (b) कुतुबुद्दीन ऐबक ने
(c) रजिया ने (d) इल्तुतमिश ने

725. 'अदली' सिक्का किसने प्रचलित किया था?

(a) मुहम्मद बिन तुगलक ने
(b) अलाउद्दीन खिलजी ने
(c) बल्बन ने
(d) इल्तुतमिश ने

726. विजयनगर साम्राज्य का सर्वाधिक प्रसिद्ध सिक्का क्या था, जिसे विदेशी 'हूण' 'परदौस' 'पगोड़ा' कहते हैं?

(a) वराह (b) दिरहम
(c) दीनार (d) मुहर

727. मध्यकाल में अच्छे किस्म की नील पैदा होती थी :

(a) सरखेज में (b) अहमदाबाद में
(c) मथुरा में (d) इलाहाबाद में

728. भारत में तम्बाकू का प्रचलन किसके द्वारा हुआ था?

(a) डचों द्वारा (b) पुर्तगालियों द्वारा
(c) मुगलों द्वारा (d) तुर्कों द्वारा

729. कथन (P): सिंचाई की व्यवस्था के प्रत्यत्नों में सल्तनत काल में रहट प्रणाली प्रचलित हुई थी।
कारण (R): फिरोज तुगलक ने नहरें निर्मित कराई थीं।

(a) P, R दोनों सही हैं तथा R, P की सही विवेचना है।
(b) P, R दोनों सही है परन्तु R, P की विवेचना नहीं है।
(c) P सही है तथा R गलत है।
(d) P गलत है तथा R सही है।

730. निम्नलिखित तथ्यों में असत्य तथ्य बतलाइए :

(a) मुहम्मद तुगलक ने कृषि के विकास हेतु 'अमीर-ए-कोह' विभाग स्थापित किया था।
(b) मध्ययुगीन भारत का आर्थिक जीवन मुख्यतया कृषि पर आधारित था।
(c) भारत में मक्का की उपज अलाउद्दीन खिलजी ने प्रचलित की थी।
(d) सल्तनत युग में कृषिजन्य उपज ने शहरी व्यवस्था के पोषण की निश्चित व्यवस्था दी थी।

731. सल्तनतकालीन कृषिजन्य जीवन में अनेक बिचौलिए (मुकद्दम, मुखिया, चौधरी आदि) छाए हुए, थे उन्हें किस सुल्तान ने नियंत्रित किया था?

(a) इल्तुतमिश ने
(b) रजिया ने
(c) बलबन ने
(d) अलाउद्दीन खिलजी ने

732. मध्यकालीन भारत की ग्रामीण अर्थव्यवस्था, कृषक वर्ग व कृषि व उत्पादन की महत्वपूर्ण जानकारी निम्नलिखित किस ग्रंथ से प्राप्त नहीं होती है?

(a) जियाउद्दीन बरनी-कृत 'तारीख-ए-फरोजशाही

(b) इब्नबतूता-कृत 'रेहला'
(c) अबुल फजल-कृत 'आइने अकबरी'
(d) अमीर खुसरो 'खजाइनुल फुतूह'

733. 'आइने अकबरी' में रबी (बसन्त) की कितनी फसलों का उल्लेख है?
(a) 16 (b) 20
(c) 24 (d) 28

734. मुगल काल में निम्नलिखित खाद्य पदार्थों में किसका उल्लेख नहीं है:
(a) गेहूँ (b) चावल
(c) बाजरा (d) मक्का

735. शिवाजी ने किसे अपनी राजभाषा बनाया था?
(a) फारसी (b) उर्दू
(c) मराठी (d) हिन्दी

736. शिवाजी ने निम्नलिखित में से कौन-सी उपाधि धारण की थी?
(a) अष्टप्रधान (b) अष्ट दिग्गज
(c) हैन्दुत्व धर्मोद्धारक (d) इनमें से कोई नहीं

737. निम्नलिखित पेशवाओं को उनकी कार्याविधि के क्रम में सही सुमेलित करें :
(A) बालाजी विश्वनाथ 1. 1761-1772
(B) बाजीराव प्रथम 2. 1713-1720
(C) बालाजी बाजीराव 3. 1720-1740
(D) माधवराव 4. 1740-1761

	A	B	C	D
(a)	2	3	4	1
(b)	3	4	1	2
(c)	4	1	2	3
(d)	1	2	3	4

738. प्रसिद्ध खरदा का युद्ध जिसमें महिला सिपाहियों ने भाग लिया था, निम्नलिखित में से किसके मध्य हुआ था?
(a) निजाम और मराठों के बीच
(b) निजाम और मुगलों के मध्य
(c) मुगलों और मराठों के मध्य
(d) निजाम और अग्रेजों के मध्य

739. निम्नलिखित में से कौन अन्तिम पेशवा था?
(a) माधवराव (b) बाजीराव द्वितीय
(c) गोविन्दराव (d) नारायणराव

740. चौथ वसूल करने का श्रेय निम्नलिखित में से सर्वप्रथम किसे है ?
(a) शिवाजी को (b) रामनगर के राजा को
(c) अफजल खाँ को (d) शाइस्ता खाँ को

741. निम्नलिखित किसने शिवाजी को शंकर का अवतार घोषित किया था ?
(a) रामदास ने (b) कोणदेव ने
(c) तिलक ने (d) गंगाभट्ट ने

742. शिवाजी के राज्याभिषेक के बारे में क्या सत्य है?
(a) शिवाजी का राज्यभिषेक 6 जून, 1674 को रायगढ़ के किले में हुआ था।
(b) इसे काशी निवासी विश्वेश्वर जी ने सम्पन्न करवाया जो गंगाभट्ट के नाम से भी जाने जाते थे।
(c) बाद में निश्चलपुरी गोस्वामी ने भी शिवाजी का राज्याभिषेक किया।
(d) उपर्युक्त तीनों कथन सत्य हैं।

743. ऐसी अवधारणा है कि 1576 ई० में सर्वप्रथम हल्दी घाटी के युद्ध में महाराणा प्रताप ने छापामार युद्ध का प्रयोग किया था। दक्षिण में छापामार युद्ध का प्रयोग का श्रेय किसे है?
(a) मलिक अम्बर को (b) मीर जुमला को
(c) औरंगजेब को (d) इनमें से कोई नहीं

744. पतदाम से आशय है :
(a) विधवाओं के पुनर्विवाह पर पेशवाओं द्वारा लगाया गया कर।
(b) एक उपाधि जो शिवाजी द्वारा प्रदान की गई।
(c) राजस्व की एक विशेष पद्धति।
(d) उपर्युक्त में से कोई नहीं।

745. शिवाजी की प्रथम विजय निम्नलिखित में से कौन थी?
(a) तोरण (b) पुरन्दर
(c) जिंजी (d) इनमें से कोई नहीं

746. शिवाजी की अन्तिम विजय निम्नलिखित में से कौन थी?
(a) जिंजी (b) पुरन्दर
(c) कर्नाटक (d) तोरण

747. जिंज मुहम्मद शाही है :
(a) औरंगजेब द्वारा प्रदत्त एक उपाधि।
(b) जयसिंह द्वारा तैयार किया खगोलशास्त्र संबंधी ग्रंथ।
(c) एक परम्परा जिसे शिवाजी ने समाप्त कर दिया।
(d) इनमें से कोई नहीं।

748. निम्नलिखित को सही सुमेलित कीजिए :
(A) अफजल खाँ की हत्या 1. 1664
(B) पुरन्दर की सन्धि 2. 1659
(C) तोरण की विजय 3. 1665
(D) सूरत की लूट 4. 1646

	A	B	C	D
(a)	2	3	4	1
(b)	3	4	1	2
(c)	4	1	2	3
(d)	1	2	3	4

749. निम्नलिखित में से किस राजा ने 1699 से 1743 तक शासन किया एवं जयपुर, दिल्ली, मथुरा, उज्जैन एवं बनारस में वेधशालायें स्थापित करवायीं ?

(a) अजीतसिंह *(b)* दुर्गादास
(c) सवाई जयसिंह *(d)* इनमें से कोई नहीं

750. शिवाजी के गुरू का नाम समर्थ गुरू रामदास था, निम्नलिखित में से कौन सी रचना उनकी है:-

(a) आदि ग्रन्थ *(b)* दासबोध
(c) रामबोध *(d)* गुरूबोध

751. शिवाजी की माता जीजाबाई निम्नलिखित में से किस वंश की थी-

(a) देवगिरी के यादव वंश की
(b) वारंगल के काकतीय वंश की
(c) गुजरात की चालुक्य वंश की
(d) इनमें से कोई नही

752. निम्नलिखित को सुमेलित करें-

(a) 25 घुड़सवार 1. पंच हजारी
(b) 5 हवलदार 2. एक हवलदार
(c) 10 जमादार 3. एक जामादार
(d) 5 एक हजारी 4. एक हजारी

	A	B	C	D
(a)	2	3	4	1
(b)	3	4	1	2
(c)	4	1	2	3
(d)	1	2	3	4

753. निम्नलिखित को सही सुमेलित किजिए-

(a) 10 नायक 1. नायक
(b) 3 हवलदार 2. एक हवलदार
(c) 10 जुमलदार 3. एक हजारी
(d) नौ सैनिक 4. एक हजारी

	A	B	C	D
(a)	2	3	4	1
(b)	3	4	1	2
(c)	4	1	2	3
(d)	1	2	3	4

754. किस पेशवा को नाना साहब भी कहा जाता था?

(a) वाजीराव प्रथम *(b)* बालाजी विश्वनाथ
(c) बालाजी बाजीराव *(d)* माधवराव

755. बाजीराव प्रथम का संबंध मस्तानी बेगम से था। मस्तानी को निम्नलिखित में से किसने बाजीराव प्रथम को भेट स्वरुप प्रदान किया था?

(a) छत्रपाल ने *(b)* शिवाजी ने
(c) इन्द्रजीत ने *(d)* इनमें से कोई नहीं

756. निम्नलिखित में से कौन शम्भा जी का सलाहकार भी था साथ ही प्रसिद्ध तांत्रिक भी?

(a) कवि कलश *(b)* निश्चलपुरी
(c) विश्वेशर *(d)* तुको जी

757. औरंगजेब द्वारा शिवाजी को आगरा में प्रदत्त पद था:

(a) एक हजारी *(b)* दो हजारी
(c) पंच हजारी *(d)* दस हजारी

758. चौथ का एक अन्य नाम था:

(a) सरदेशमुखी *(b)* खानदानी
(c) सायर *(d)* इनमें से कोई नहीं

759. शिवाजी के पास एक शक्तिशाली सेना भी थी। निम्नलिखित में से इसका मुख्यालय कहाँ था?

(a) जिंजी में *(b)* कोलाबा में
(c) पुरन्दर में *(d)* कर्नाटक में

760. मराठा शक्ति किसके पेशवाकाल मे अपनी पराकाष्ठा पर पहुॅच गई थी ?

(a) बाजीराव प्रथम *(b)* बालाजी द्वितीय
(c) माधवराम प्रथम *(d)* नारायण राव

761. मराठा प्रशासन में नाना फड़नवीस की क्या भूमिका थी?

(a) पेंशवा *(b)* प्रतिनिधि
(c) महालेखाकार *(d)* सेनापति

762. हुजुर दफ्तर क्या था ?

(a) सतरा में दत्रपति का दरबार
(b) न्यायाधीश का कार्यालय
(c) मामलतदार का कार्यालय
(d) पुणें मे पेशवा का सचिवालय

763. कामविष्कार के नियंत्रणधीन/प्रशासनाधीन कौन सा प्रदेश होता था ?

(a) सरकार *(b)* सूबा
(c) प्रान्त *(d)* परगना

764. पानीपत के तृतीय युद्ध में मराठा सेनाओं का वास्तविक नेतृत्व किसके हाथों में था ?

(a) नाना फड़नवीस
(b) विश्वास राव

(*c*) सदाशिव राव भाऊ
(*d*) मल्हार राम होल्कर

765. कानपुर मे सेना का नेतृत्व किसने किया ?
(*a*) विपिनचन्द्र पाल (*b*) नाना साहब
(*c*) तिलक (*d*) सुभाष चन्द्र

766. मुन्शी शिवगांव की संधि किसके बीच हुई ?
(*a*) पेशवा और निजाम के बीच,
(*b*) निजाम और अंगेजों के बीच
(*c*) पेशवा और अंग्रेजा के बीच
(*d*) उक्त में से कोई नहीं

767. शिवाजी के जीवन काल की अन्तिम घटना थी ?
(*a*) 1674 में राज्याभिषेक
(*b*) सूरत की लूट
(*c*) अफजल खॉ का आक्रमण
(*d*) शाइस्ता खॉ की रणनीति

768. पुरन्दर के युद्ध में शिवाजी ने आत्मसमर्पण किस किले में किया ?
(*a*) पुरबन्दर के किल में
(*b*) रामगढ़ के किले में
(*c*) लाहौर के किले में
(*d*) कोइ नहीं

769. मराठों से समकालीन शक्तियाँ क्यों नाराज रहती थी?
(*a*) अधिक भू-क्षेत्र को अधिग्रहण करने के कारण
(*b*) चौथ और सरदेशमुखी की वसूली करने के कारण
(*c*) उनकी उग्रता उन्हें पसन्द नही थी
(*d*) उक्त में से कोई नहीं

770. निम्नलिखित पेंश्वाओं को कालक्रमानुसार संयोजित किजिए-
1. बालाजी विश्वनाथ 2. बाजीराव
3. बालाजी बाजीराव 4. माधवराव प्रथम
(*a*) 1 2 3 4
(*b*) 4 1 2 3
(*c*) 2 1 3 4
(*a*) 3 2 1 4

771. मुगल सेना में मराठा सरदारों से सम्बन्धित कौन सा कथन सही नही है ?
(*a*) मराठों सरदारों ने जहॉगीर काल से मुगल सेना में प्रवेश किया।
(*b*) औरंगजेब के समय मराठा सरदारों की संख्या न्यूनतम थी।
(*c*) मराठों की सेना में सम्मानजनक स्थान दिया गया।
(*d*) हिन्दू सरदारों में सर्वाधिक संख्या मराठों की थी।

772. मराठों का सरदेमुखी था-
(*a*) देशमुखों पर लगाया जाने वाला एक कर
(*b*) प्रतिव्यक्ति उदग्रहण
(*c*) अन्य अधिकारियों द्वारा संग्रहीत भू-राजस्व में एक हिस्सा।
(*d*) देशमुखों के लिए अलग रखे गये ग्राम के क्षेत्र।

773. उसके अनुयायी किसी मस्जिद, धार्मिक पुस्तक और किसी औरत का निरादर नही करते थे यह कथन अधोलिखित में किससे सम्बन्धित है ?
(*a*) बाजीराव प्रथम (*b*) बालाजी विश्वनाथ
(*c*) शिवाजी (*d*) शम्भा जी

774. मराठा प्रशासन के अन्तर्गत ग्रमीण प्रशासन का मुखिया होता था-
(*a*) खुत (*b*) मुकदम
(*c*) देशमुख (*d*) पटेल

775. निम्नलिखित मराठा शासकों में से कौन सा क्रम सही है?
(*a*) शाहजी, शिवाजी, शम्भा जी, शाह
(*b*) शिवाजी, शम्भा जी, शाह, शाह जी
(*c*) शिवाजी, शाह जी, शम्भा जी, शाह
(*d*) शिवाजी, शाह, शम्भा जी, शाह जी

776. निम्नलिखित में से किस मराठा ने दिल्ली हस्तगत कर ली?
(*a*) माधवराव (*b*) नारायण राव
(*c*) रघुनाथ राव (*d*) सदाशिव राव

777. मराठा-प्रशासन में जिस ध्वज को प्रतीक के रूप में इस्तेमाल किया गया उसका रंग था?
(*a*) लाल (*b*) हरा
(*c*) केशरिया (*d*) नीला

778. सालबाई की सन्धि हई थी-
(*a*) 17 मई 1782 को
(*b*) 16 फरवरी 1781 को
(*c*) 13 अक्टूबर 1781 को
(*d*) 20 दिसम्बर 1982 को

779. निम्नलिखित में से किस सन्धि को वारेन हेस्टिंगस ने आपत्ति काल की सफल वार्ता कहा था?
(*a*) सालबाई की सन्धि को
(*b*) बेसीन की सन्धि को
(*c*) संगोला की सन्धि को
(*d*) इनमें से कोई नही

780. निम्नलिखित में से कौन बड़गाँव की सन्धि की भर्ती में शामिल है?
(*a*) इसके अनुसार पुरन्दर की सन्धि समाप्त कर दी गयी
(*b*) अंग्रेजों ने राघोवा का साथ छोड़ दिया
(*c*) सिन्धिया को बडौच के राजस्व का एक भाग मिला
(*d*) उपर्युक्त तीनों

781. बाजीराव प्रथम के बारे में निम्नलिखित में से कौन सा विवरण सत्य है?
(*a*) त्रयम्बक राव उसका विरोधी था,
(*b*) 1731 ई० में दभाई के युद्ध में त्रयम्बक राव मारा गया
(*c*) 1727-28 में बाजीराव ने निजाम से छुट-पुट युद्ध किया
(*d*) उपर्युक्त तीनों कथन सत्य है

782. पानीपत के तीसरे युद्ध के बारे में निम्नलिखित में से कौन सा कथन लागू नही होता?
(*a*) अब्दाली के पास एक अच्छी घुड़सवार एवं ऊँट सेना थी
(*b*) मराठों ने युद्ध में गुरिल्ला युद्ध पद्धिति का प्रयोग किया
(*c*) सदाभिव राव राजपूतों की सहायता न प्राप्त कर सका
(*d*) कुटनीतिक दृष्टि से सदाभिवराव कमजोर था

783. निम्नलिखित मे से किस सन्धि के पश्चात मराठा छत्रपति केवल नाम मात्र के शासक रह गये?
(*a*) वारना की सन्धि के बाद
(*b*) बेसिन की सन्धि के बाद
(*c*) संगोला की सन्धि के बाद
(*d*) इनमें से काई नहीं

784. निजाम ने अपने तोपखाने का प्रयोग एक फ्रांसीसी जनरल के नेतृत्व में किया था यह फ्रांसीसी जनरल था?
(*a*) लैली (*b*) बुस्सी
(*c*) कैरो (*d*) सार्न

785. पानीपत का तीसरा युद्ध हुआ था?
(*a*) 21 फरवरी 1956 को
(*b*) 14 जनवरी 1761 को
(*c*) 21 जनवरी 1761 को
(*d*) 14 जनवरी 1762 को

786. इससे मराठा भले कुछ काल के लिए चूर-चूर हो गयी यद्यपि यह बहुमुखी दैत्य मरा नही परन्तु इतनी भाँलि-भाँति कुचला गया कि यह लगभग सोया रहा तथा जब यह जागा तो अंग्रेज इससे निपटने के लिए तैयार थे और अन्त में इसे जीतने तथा समाप्त करने में सफल हुए सिडनी ओवन का यह कथन किस युद्ध से सम्बन्धित है?
(*a*) खरदा के युद्ध से
(*b*) भोपाल के युद्ध से
(*c*) पानीपत के तृतीय युद्ध से
(*d*) इनमें से कोई नही

187. निम्नलिखित में से किस पेशवा को मराठा भक्ति के विस्तार का श्रेय उत्तर भारत में है ?
(*a*) बालाजी विश्वनाथ को
(*b*) बाजीराव प्रथम को
(*c*) बालाजी बाजीराव
(*d*) इनमें से कोई नही

788. निम्नलिखित में से किसके बारे में इतिहासकार प्रो. एच. एन. सिन्हा ने लिखा है कि उसके पास योजनाओं के लिए मस्तिष्क एवं कार्यान्वित करने की लिए हाथ था?
(*a*) बाजीराव प्रथम (*b*) बालाजी विश्वनाथ
(*c*) बालाजी बाजीराव (*d*) इनमें से कोई नही

789. निम्नलिखित में से किस सन्धि के द्वारा शम्भा जी ने शाहू की अधीनता स्वीकार कर ली ?
(*a*) वारना की सन्धि
(*b*) पुरन्दर की सन्धि द्वारा
(*c*) खरदा की सन्धि द्वारा
(*d*) बेसीन की सन्धि द्वारा

790. निम्नलिखित में से किसके बारे में इतिहासकारों की अवधारणा है कि उसने एक राजस्व के स्थान पर मराठा मण्डल की नींव रखी ?
(*a*) बालाजी विश्वनाथ (*b*) बाजीराव द्वितीय
(*c*) बालाजी बाजीराव (*d*) इनमें से कोई नही

791. निम्नलिखित में से किस पेशवा ने हिन्दू नायकों की सहानुभूति जगाने तथा उनका समर्थन प्राप्त करने के लिए हिन्दू पादभाही के आदर्श का प्रचार किया?
(*a*) बाजीराव प्रथम ने
(*b*) बाजीराव द्वितीय ने
(*c*) बालाजी विश्वनाथ ने
(*d*) बालाजी बाजीराव ने

792. शिवाजी के संरक्षक थे-
(*a*) तुको जी (*b*) रामदास
(*c*) दादा कोणदेव (*d*) इनमें से कोई नही

793. शिवाजी की मृत्यु हुई थी-
(*a*) 1674 में (*b*) 1680 में
(*c*) 1682 में (*d*) 1685 में

794. सनोवर्त था:
(*a*) पैदल सेना का सर्वोच्च पदाधिकारी
(*b*) घुड़सवारी का सर्वोच्च सेनापति
(*c*) राजस्व विभाग का मुखिया
(*d*) इनमें से कोई नही

795. किले की व्यवस्था देखने के लिए तीन अधिकारी

नियुक्त किये जाते थे निम्नलिखित में से कौन उनमें शामिल नही था ?
(a) सर-स नौबत (b) सबनीस
(c) हवलदार (d) वाकिया नवीस

796. शिवाजी ने निम्नलिखित में से कौन सी उपाधि धारण की थी ?
(a) अष्टप्रधान (b) अष्ट दिग्गज
(c) हैन्दुत्व धर्मोद्धारक (d) इनमें से कोई नही

797. शिवाजी ने निम्नलिखित में से किसे अपनी राजभाषा बनाया था ?
(a) फारसी (b) उर्दू
(c) मराठी (d) हिन्दी

798. निम्नलिखित में से किसने विद्रोही मुगल शहजादे अकबर को शरण प्रदान की थी ?
(a) शाहजी ने (b) शम्भाजी ने
(c) शाह ने (d) शिवाजी ने

799. हमें मुर्झाते हुए वृक्ष की जड़ पर चोट करना चाहिए शाखाएं अपने आप गिर जायेंगी, यह कथन निम्नलिखित में से किसका है ?
(a) बाजीराव प्रथम का
(b) बाजीराव द्वितीय का
(c) बाधवराव का
(d) सदाभिवराव का

800. शिवाजी के बारे में निम्नलिखित में से क्या सत्य है?
(a) शिवाजी के सबसे विश्वसनीय साथीह मावले थे।
(b) शिवाजी का मुगलों से पहला मुकाबला 1657 में हुआ।
(c) 1670 में शिवाजी ने सूरत को दूसरी बार
(d) उपर्युक्त तीनों कथत सत्य है।

801. हवलदार एवं सर-ए-नौबत मराठा होते थे जबकि सवनीस ब्राह्मण होते थे। इनमें से कौन किले के असैनिक कार्यो को देखता था ?
(a) हवलदार (b) सर-ए-नौबत
(c) सवनीस (d) इनमें से कोई नही

802. शिवाजी की नौसेना दो कमानों में विभक्त थी। इनमें से एक नायक हिन्दू हुआ करता था जबकि दूसरा दरिया सारंग निम्नलिखित में से कौन था ?
(a) मराठा (b) ब्राह्मण
(c) मुसलमान (d) अंग्रेज

803. निम्नलिखित में से किन्हें सैनिक दायित्वों से मुक्त रखा गया था ?
(a) पंडितराव एवं न्यायाधीश को
(b) सुमंत एवं सचिव को
(c) अमात्व एवं पेशवा को
(d) दबीर एवं न्यायधीश को

804. निम्नलिखित में से किसने शिवाजी को राजा की उपाधि एवं बरार की जागीर प्रदान की थी?
(a) जयसिंह ने (b) औरंगजेब ने
(c) बहादूरशाह ने (d) इनमें से कोई नही

805. 1679 ई॰ में भूमि का सर्वेक्षण कराया गया था इसका श्रेय निम्नलिखित में से किसे है?
(a) अन्नाजी दतो को (b) सता जी घोड़पड़े को
(c) रामभारती (d) इनमें से कोई नहीं

806. निम्नलिखित में से किसे मराठा साम्राज्य के द्वितीय संस्थापक के रूप में मान्यता प्रदान की गयी है ?
(a) बालाजी विश्वनाथ को
(b) बाजीराव प्रथम को
(c) बालाजी बाजीराव को
(d) इनमें से कोई नहीं

807. मराठा क्षेत्र में भूमि के माप की इकाई थी-
(a) जरीब (b) लाठा
(c) काठी (d) इनमें से कोई नही

808. निम्नलिखित में से किस मराठा पेशवा ने हिन्दू पादभाही के आदर्श को त्याग दिया था ?
(a) बाजीराव प्रथम ने (b) बाजीराव द्वितीय ने
(c) बालाजी बाजीराव ने (d) इनमें से कोई नही

809. निम्नलिखित में से किस समझौते को हैम्पल ने मैग्नाकार्टा की संज्ञा प्रदान की है ?
(a) 1719 के मुगल मराठा समझौते को
(b) 1765 की पुरन्दर की सन्धि को
(c) 1802 की बेसीन की सन्धि को
(d) इनमें से कोई नहीं

810. निम्नलिखित में कौन एक अष्टप्रधान व्यंवस्था में अमात्य के कार्यो का सही व्यंजक है ?
(a) प्रधानमंत्री
(b) वित्तमंत्री
(c) राजा के कार्यो का दैनिक लेखा और उसके दरबार की कार्यवाही रखने वाली मंत्री
(d) धर्म सम्बन्धी मामलों का मंत्री

811. सूची I को सूची II से सूमेलित कीजिए-

(a) पेशवा	1. विदेशी मामले
(b) पण्डितराव	2. लेखा परीक्षा एवं लेखे
(c) पन्त आमात्य	3. विद्वानों को अनुदान
(d) सुमन्त	4. सामान्य पर्यवेक्षन
	5. सैनिक मामले

	A	B	C	D
(a)	2	3	4	5
(b)	4	1	2	3
(c)	4	3	2	1
(d)	3	1	4	2

812. पुरन्दर की संधि के विषय में क्या सही है ?
(a) सन्धि जून 1665 में अनुष्ठित हुई
(b) सन्धि के परिणामस्वरूप शम्भाजी को पाँच हजार का मनसब दिया गया
(c) सन्धि के परिणामस्वरूप शिवाजी ने मुगलों को 23 किले दे दिए
(d) उपरोक्त सभी कथन सत्य है।

813. इब्राहिम खाँ गार्दी निम्नांकित का एक महत्वपूर्ण सैनिक अधिकारी था?
(a) हैदर अली
(b) अहमदशाह दुर्रानी
(c) पेशवा बालाजी बाजीराव
(d) राजा सूरजमल

814. शिवाजी से सम्बद्ध निम्नलिखित घटनाओं का सही कालक्रम क्या है ?
1. आगरा की यात्रा
2. पूना का आक्रमण
3. राज्याभिषेक
4. पुरन्दर की सन्धि पर हस्ताक्षर
(a) 1,2,3,4 (b) 2,4,1,3
(c) 2,1,4,3 (d) 3,1,2,4

815. मराठा शासन के प्रारम्भिक दशकों में भू-राजस्व माप की सर्वाधिक लोकप्रिय इकाई थी-
(a) गज (b) काठी
(c) जरीब (d) जंजीर

816. मराठा राज्यसंघ को निर्णायक पराजय देने वाला ब्रिटिश गवर्नर जनरल कौन था ?
(a) वारेन हेस्टिंगस (b) लार्ड वेलेजली
(c) लार्ड हेस्टिंगस (d) लार्ड मिंटो

817. निम्नलिखित में से शिवाजी ने उपज का कितना भाग लगान के रूप मे लिया?
(a) 1/3 भाग (b) 1/6 भाग
(c) 2/5 भाग (d) 1/5 भाग

818. निम्नलिखित में से किसे हैदराबाद के निजाम सलावत जंग को हराने का श्रेय प्राप्त है ?
(a) माधवराव (b) नारायण राव
(c) रघुनाथ राव (d) सदाभिव राव

819. निम्नलिखित में से किसको मराठों के मैकियावेली के नाम से जाना जाता है ?
(a) नाना साहब को
(b) नाना फड़नवीस को
(c) बाजीराव प्रथम को
(d) इनमें से किसी को नही

820. इतिहास प्रसिद्ध पानीपत के तीसरे युद्ध में मराठों की तरफ से तोपों का संचालन निम्नलिखित में से किसने किया था?
(a) इब्राहिम गार्दी ने (b) रवाफी खाँ ने,
(c) अलवर्दी खाँ ने (d) सफराज खाँ ने

821. शिवाजी की मंत्रीपरिषद को निम्नलिखित में से किस नाम से जाना जाता है ?
(a) अष्टदिग्गज (b) अष्टप्रधान
(c) बारहभाई परिषद (d) इनमें से कोई नहीं

822. मोकासा से आशय है-
(a) एक सैनिक पदाधिकारी
(b) एक धार्मिक परम्परा
(c) जागीर
(d) इनमें से कोई नही

823. निम्नलिखित इतिहासकारों में से किसने शिवाजी को हिन्दू जाति द्वारा उत्पन्न किया हुआ अन्तिम महान क्रियात्मक व्यक्ति एवं राष्ट्र निर्माता माना ?
(a) सर जदुनाथ सरकार ने
(b) ए.आर. देसाई ने
(c) कर्नल हाड ने
(d) हैम्पल ने

824. कूर्जा पट्टी से आशय है-
(a) संकटकालीन कर (b) जागीदारी
(c) सैन्य व्यवस्था (d) इनमें से कोई नहीं

825. निम्नलिखित में से किसे मराठों की राजधानी सतारा से पूना स्थानान्तरित करने का श्रेय प्राप्त है?
(a) बाजीराव प्रथम (b) बालाजी विश्वनाथ
(c) बाजीराव द्वितीय ने (d) शंम्भा जी

826. निम्नलिखित में किस मराठा नेता की कारगुजारीयों के चलते प्रथम आंग्ल मराठा युद्ध हुआ उसने अंग्रेजो की सहायता प्राप्त की?
(a) रघुनाथ राव (b) नारायण राव
(c) माधवरांव (d) महादजी सिंधिया

827. निम्नलिखित में से किसने शिवाजी को पहाड़ी चूहा कहकर सम्बोधित किया था ?
(a) अफजल खाँ (b) शाइस्ता खाँ
(c) औरंगजेब (d) अकबर द्वितीय

828. निम्नलिखित मे से किसके शासनकाल में पेशवा का पद वंशानुगत हो गया?
(a) शिवाजी (b) शम्भाजी
(c) राजाराम (d) भाहू

829. निम्नलिखित में से किस मराठा शासक ने जाँगीर और संरजाम पद्धति को पुन: प्रारम्भ किया?
(a) शम्भा जी (b) राजाराम
(c) शाहू (d) शाह जी

830. बालाजी विश्वनाथ जो 16 नवम्बर 1713 को पेशवा नियुक्त किया गया था इसके पहले निम्नलिखित में से किस पद पर नियुक्त किया गया था?
(a) सर-ए-नवैत (b) सनोवर्त

(c) दरिया सारंग (d) सेनाकर्ते

831. निम्नलिखित में से किस पर नजर रखने के बालाजी विश्वनाथ को सेनापति का महत्वपूर्ण पद प्रधान किया था?
(a) धन्नाजी जादव (b) सन्ताजी घोरपडे
(c) कृष्णाजी भाष्कर (d) इनमें से कोई नहीं

832. निम्नलिखित में से किसकी सूचना के आधार पर शिवाजी ने अफजल खाँ के षडयंत्र को नाकाम कर दिया?
(a) धन्नाजी जादव (b) सन्ताजी घोरपडे
(c) कृष्णाजी भाष्कर (d) इनमें से कोई नहीं

833. तर्फ से आशय है :
(a) एक प्रकार का दण्ड
(b) एक राजस्व पद्धति
(c) मराठा प्रशासनिक विभाजन
(d) इनमें से कोई नहीं

834. निम्नलिखित में से कौन बहादुर मराठा सेनापति थे जिन्होंने मुगल सेनाओं को अनेक बार पराजित किया?
(a) संताजी घोरपडे (b) धन्नाजी जादव
(c) (a) एवं (b) दोनों (c) इनमें से कोई नहीं

835. शाहू को निम्नलिखित में से किस एक नाम से और जाना जाता है?
(a) राजाराम द्वितीय (b) शिवाजी द्वितीय
(c) राजाराम प्रथम (d) इनमें से कोई नहीं

836. मुगलों ने शाहू को मुक्त कर दिया, निम्नलिखित में इसका श्रेय किसे है?
(a) जुल्फिकार खान (b) सैयद अली
(c) मीर अली (d) इनमें से कोई नहीं

837. बालाजी विश्वनाथ थे:
(a) सरयू परीण ब्राह्मण
(b) कान्यकुब्ज ब्राह्मण
(c) चितपावन ब्राह्मण
(d) इनमें से कोई नहीं

838. निम्नलिखित में से वह कौन सा महत्वपूर्ण मराठा मंत्री था जिसने पश्चिमी तट पर मुगलों से युद्ध किया?
(a) कृष्णा जी भाष्कर (b) रामचंद्र पंत
(c) अन्ना जी (d) इनमें से कोई नहीं

839. बाजीराव द्वितीय अन्तिम मराठा पेशवा थे। निम्नलिखित में से वह किसके पुत्र थे?
(a) माधवराव (b) राधोवा
(c) नारायण राव (d) सदाशिव राव

840. निम्नलिखित में से किस मराठा नेता के नेतृत्व में अहमद शाह को सिंहासन से हटाकर आलमगीर को मुगल बादशाह बनाया गया?
(a) रघुनाथ राव (b) सदाशिवराव
(c) बाजीराव प्रथम (d) नारायण राव

841. शिवाजी ने अपने सम्पूर्ण राज्य का विभाजन निम्नलिखित में से कितने भागों में किया था?
(a) चार (b) पाँच
(c) छः (d) तीन

842. शिवाजी के बारे में निम्नलिखित में से कौन सा कथन सत्य है?
(a) उनके राज्य में लगभग 250 किले थे।
(b) 1664 एवं 1670 में दो बार उन्होंने सूरत को लूटा।
(c) 1677-78 में उन्होंने अन्तिम कर्नाटक अभियान किया।
(d) उपर्युक्त तीनों कथन सत्य है।

843. छत्रपति की उपाधि शिवाजी को निम्नलिखित में से किसने प्रदान की थी?
(a) रामदास (b) कोण देव
(c) गंगाभट्ट (d) जीजाबाई

844. निम्नलिखित में से शिवाजी ने अपने किस पुत्र को 1678 ई० में पन्हाता के किले में कैद करवा लिया था?
(a) शाहू को (b) राजराम को
(c) शम्भाजी को (d) इनमें से कोई नहीं

845. निम्नलिखित में से कौन-से कारण शक्ति के उत्कर्ष में सहायक हुए?
(a) महाराष्ट्र की भौगोलिक परिस्थिति उसके विकास में सहायक थी।
(b) सामाजिक दृष्टि से महाराष्ट्र में उत्तर भारत के समान तीव्र विभाजन नहीं था।
(c) दक्षिण में हिन्दू एवं मुसलमानों में शक्ति सन्तुलन था।
(d) उपर्युक्त तीनों कथन सत्य है।

846. निम्नलिखित में से कौन औरंगजेब की पुत्री जीनतुन्निसा की कृपा से मुसलमान होने या वध किये जाने से बच गया?
(a) शम्भा जी (b) शाहू
(c) राजाराम (d) शिवाजी द्वितीय

847. खेद का युद्ध नवम्बर 1707 ई० में भीमा नदी के किनारे हुआ इस युद्ध में निम्नलिखित में से किसकी पराजय हुई?
(a) राजाराम (b) शाहू
(c) शम्भा जी (d) ताराबाई

848. निम्नलिखित में से कौन मराठा शासक राजा होते हुए भी कभी सिंहासन पर नहीं बैठा?
(a) शाहू (b) शम्भा जी
(c) राजाराम (d) शिवाजी द्वितीय

849. यह अत्यन्त महत्वपूर्ण राजनीतिक घटना थी क्योंकि इसका प्रभाव मराठा सम्राज्य और भारत के अन्य राज्य दोनों पर पड़ा। ग्रान्ट डफ का यह कथन निम्नलिखित में किससे संबंधित है?
(a) महादजी सिंधिया की मृत्यु से

(b) पानीपत की तीसरी लड़ाई से
(c) सालबाई की संधि से
(d) बेसीन की संधि से

850. निम्नलिखित में से किस मराठा नेता के बारे में प्रसिद्ध था कि उसे ठीक से घोड़े पर चढ़ना भी नहीं आता था?
(a) नाना साहब (b) नाना फडनवीस
(c) महादजी सिंधिया (d) रघुनाथ राव

851. मराठा प्रशासन के बारह भाई कैंसिल की बहुत अधिक चर्चा हुई। निम्नलिखित में कौन इसके संचालकों में शामिल था?
(a) नाना फडनवीस (b) सखाराम बापू
(c) मोरोबा फडनवीस (d) उपर्युक्त तीनों

852. यह निर्विवाद रूप से ऐसा कदम था जिसने उस भिति को बदल दिया जिस पर हम लोग पश्चिमी भारत में खड़े थे। इसने एक ही क्षण में अंग्रेजी उत्तरदायित्वों को तिगुना कर दिया। डीन हट्टन का यह कथन निम्नलिखित में से किस संधि से संबंधित है?
(a) सालबाई की संधि (b) बेसीन की संधि
(c) पुरन्दर की संधि (d) संगोता की संधि

853. 17 दिसम्बर 1803 की सम्पन्न देवगाँव की संधि की भर्ती में निम्नलिखित में ये क्या शामिल है?
(a) निजाम एवं पेशवा के मध्य झगड़े में अंग्रेज मध्यस्थता करेंगे।
(b) नागपुर में एक ब्रिटिश रेजीडेन्ट रखना स्वीकार कर लिया था।
(c) भैसले ने अंग्रेजो का बालासोर सहित कटक का प्रान्त तथा वर्घा नदी के पश्चिम का अपना सारा राज्य सौंप दिया।
(d) उपर्युक्त तीनों कथन सत्य है।

854. मराठा गृह युद्ध के संदर्भ में निम्नलिखित में से कौन सा कथन लागू नहीं होता?
(a) षडयंत्र के आधार पर राघोवा ने 30 अगस्त 1773 ई० को नारायण राय को मरवा दिया।
(b) मराठा राज्य के दो प्रमुख अधिकारी नाना फड़नवीस और सखाराम बापू नारायण राव की रक्षा करने में विफल रहे।
(c) पूनों के मुख्य न्यायाधीश रामशास्त्री ने नाना फडनवीस को नारायण राव की हत्या के लिए दोषी ठहराया।
(d) फरवरी 1774 ई० में सतारा के क्षत्रपति ने राघोवा को पेशवा के पद से हटा दिया।

855. निम्नलिखित में से किस पेशवा ने 1765 ई० में नाना फड़नवीस के आतंक से दुःखी होकर आत्महत्या कर ली?
(a) माधव नारायण द्वितीय
(b) माधव द्वितीय
(c) बाजीराव द्वितीय
(d) इनमें से कोई नहीं

856. अफजल खाँ जिसे शिवाजी ने मार डाला था, किस राज्य से संबंधित था?
(a) मुगल सम्राज्य (b) अहमदनगर राज्य
(c) गोलकुण्डा राज्य (d) बीजापुर से

857. मराठों ने गुरिल्ला युद्ध प्रणाली का प्रशिक्षण किससे प्राप्त किया था?
(a) मीर जुमला से (b) मलिक अम्बर से
(c) मलिक काफूर से (d) मीर जाफर से

858. शिवाजी का नौ-सैनिक बेड़ा कहाँ तैनात था?
(a) सूरत (b) सल्सीट
(c) बेसीन (d) कोलबा

859. दादाजी कोण्डदेव कौन थे?
(a) शिवाजी के पिता
(b) शिवाजी के मामा
(c) शिवाजी के अभिभावक शिक्षक
(d) पूना के पेशवा

860. अष्टप्रधान में से किसे सुरुनवीस या चिटनिस अविवाहित किया जाता था?
(a) सुमन्त (b) पण्डितराव
(c) सचित (d) आमात्य

861. आजमशाह के सलाहकार जुल्फिकार खाँ ने शाहू को मुक्त करने का सुझाव दिया क्योंकि उसे विश्वास था:
(a) इससे मराठों में फूट पड़ जायेगी।
(b) शिवाजी द्वितीय से उसका संघर्ष प्रारंभ हो जायेगा।
(c) इससे मराठों का पूर्ण पराभव हो जायेगा।
(d) उपर्युक्त तीनों कथन सत्य है।

862. निम्नलिखित इतिहासकारों में से किसने मराठा प्रशासन को सैनिक गणतंत्र की संज्ञा प्रदान की है?
(a) ग्रांट डफ (b) कर्नल टॉड
(c) टोन (d) ए० आर० देसाई

863. निम्नलिखित में सही क्रम कौन-सा है?
(a) पटेल, कुलकर्णी, चौगुले
(b) कुलकर्णी, पटेल, चौगुले
(c) चौगुले, पटेल, कुलकर्णी
(d) पटेल, चौगुले, कुलकर्णी

864. निम्नलिखित में से कौन मराठों की असफलता के कारणों में शामिल है?
(a) मराठों की राजनीतिक अदूरदर्शिता उनके लिए घातक सिद्ध हुई।
(b) सैनिक दृष्टि से मराठे अकुशल थे (ए०आर०देसाई)।
(c) नाना फडनवीस की नीतियाँ भी जिम्मेदार थी।
(d) उपर्युक्त तीनों कथन सत्य है।

865. निम्नलिखित में से किस इतिहासकार की मान्यता है कि मराठा सम्राज्य के पतन के लिए जाति-प्रथा प्रमुख रूप से उत्तरदायी थी।
(*a*) ग्रांट डफ (*b*) एº आरº देसाई
(*c*) कर्नल टॉड (*d*) यदुनाथ सरकार

866. मराठा प्रशासन के अंतर्गत अष्ट प्रधान कौंसिल के बारे में निम्नलिखित में से क्या असत्य है?
(*a*) अष्ट प्रधान कौंसिल के सदस्य वंशानुगत नहीं होते थे।
(*b*) 18वीं सदी में ये अधिकारी वंशानुगत होने लगे।
(*c*) पण्डित राव एवं न्यायधीश सैनिक उत्तरदायित्व से मुक्त थे।
(*d*) मजमुआदर वितीय क्रियाकलापों को देखता था।

867. मराठा-प्रशासन का केन्द्रीय सचिवालय स्थित था:
(*a*) पूना में (*b*) ग्वालियर में
(*c*) नागपुर में (*d*) कोंकण में

868. पूना स्थित पेशवा का सचिवालय ही केन्द्रीय प्रशासनिक क्रियाकलापों को क्रियान्वित करता था। यह कहलाता था:
(*a*) केन्द्रीय मंत्रिपरिषद् (*b*) हुजूर दफतर
(*c*) दफ्तरे आजम (*d*) इनमें से कोई नहीं

869. मराठों के स्थानीय प्रशासन के संदर्भ में निम्नलिखित में से क्या सत्य है?
(*a*) पटेल मुख्य ग्राम अधिकारी होता था।
(*b*) बाहर वलूटे एवं बारह अलूहे भी स्थानीय अधिकारी थे।
(*c*) मराठों का नागरिक प्रशासन मौर्य प्रशासन से मिलता जुलता था।
(*d*) उपर्युक्त तीनों कथन सत्य है।

870. बालाजी विश्वनाथ के बारे में निम्नलिखित में से सत्य क्या है?
(*a*) वह कोंकण के चितपावन ब्राह्मण थे।
(*b*) 1690 में तबयता के सभासद थे।
(*c*) कालान्तर में वह पूजा (1669-1702) और दौलतवाद (1704-1707) के सुबेदार रहे।
(*d*) उपर्युक्त तीनों कथन सत्य है।

871. मराठों की निम्नलिखित किस शासक शाखा ने अन्तिम पेशवा बाजीराव द्वितीय को पराजित किया?
(*a*) सिधिंया (*b*) होल्कर
(*c*) भोंसले (*d*) गायकवाड़

872. मराठा काल में लिखी गई 'दास बोध' का लेखक था:
(*a*) दादाजी कोण्देव (*b*) रामदास
(*c*) तुकाराम (*d*) एकनाथ

873. औरंगजेब के निम्नांकित पुत्रों में से किसने अपने पिता के विरुद्ध मराठों से सहायता मांगी?
(*a*) अकबर (*b*) मुअज्जम
(*c*) आजम (*d*) कामबख्श

874. सूची I को सूची II को सुमेलित करे:
A. अमात्य (1) धार्मिक प्रमुख
B. दंडाध्यक्ष (2) गृह सचिव
C. सचिव (3) विदेश सचिव
D. सुमंत (4) वित्तमंत्री

	A	B	C	D
(a)	1	4	3	2
(b)	4	1	2	3
(c)	4	1	3	2
(d)	1	4	2	3

875. मराठों की वह महिला सरदार कौन थी, जिसने राजाराम की मृत्यु के बाद 1700 ईº के बाद भी मुगल साम्राज्य के विरुद्ध संघर्ष जारी रखा?
(*a*) अहिल्याबाई (*b*) मुक्ताबाई
(*c*) ताराबाई (*d*) रुक्मिणीबाई

876. जिस मराठे ने 1719 में फर्रुखसीयर का तख्ता उलटने में सैयद बंधुओं की मदद की, वह था:
(*a*) शिवाजी II (*b*) साहूजी
(*c*) बालाजी विश्वनाथ (*d*) बाजीराव प्रथम

877. बंगाल के द्वितीय मराठा युद्ध के दौरान, मुगल सम्राट मुहम्मदशाह के अनुरोध पर राधोजी भोंसले की सैन्य शक्ति के विरुद्ध बंगाल के नवाब की मदद के लिए निम्नलिखित में से कौन एक आया:
(*a*) पेशवा बालाजी बाजीराव
(*b*) निजामुल मुल्क
(*c*) होलकर
(*d*) जय सिंह सवायी

878. मराठी इतिकृत कहलाते थे:
(*a*) ख्यात (*b*) बखार
(*c*) बुरंजि (*d*) बाही

879. धन्नाजी जाधव निम्नलिखित में किस मराठा शासक के सैनिक विभाग के प्रमुख थे?
(*a*) शम्भाजी (*b*) शाहू
(*c*) शिवाजी द्वितीय (*d*) राजाराम

880. शिवाजी की राजस्व प्रणाली अहमद नगर में प्रचलित प्रणाली पर आधारित थी। अहमद नगर में इस प्रणाली का प्रवर्तन किया था:
(*a*) मलिक अम्बर ने (*b*) त्रयम्बक राव ने
(*c*) टोडरमल ने (*d*) इनमें से कोई नहीं

881. अब समय का गया है कि विदेशियों को हिन्दू देश से भगा दिया जाय और अपना अधिकार प्राप्त किया जाए। वह कथन किसने और किससे कहा था?
(*a*) बाजीराव प्रथम ने शहू से
(*b*) बालाजी बाजीराव ने शाहू से
(*c*) बालाजी विश्वनाथ ने शम्भाजी से
(*d*) इनमें से कोई नहीं

882. निम्नलिखित में से किस वर्ष शिवाजी मुगलों के कब्जे से भागे?
(a) 1665 (b) 1668
(c) 1666 (d) 1670

883. अफजल खाँ, शिवाजी ने जिसकी हत्या 1659 में कर डाली थी निम्नलिखित में से किस राज्य का था?
(a) गोलकुण्डा (b) अहमदनगर
(c) बीजापुर (d) मालवा

884. निम्नलिखित में से किस दुर्ग में शिवाजी का जन्म हुआ था?
(a) शिवनेर (b) जिंजी
(c) सिंहगढ (d) तोरण

885. बालाजी बाजीराव के बारे में निम्नलिखित में से कौन सा कथन सत्य है:
(a) उसने अपनी सेना में गैर मराठा सैनिकों को भर्ती किया।
(b) 1757 में उसने दिल्ली पर आक्रमण किया।
(c) जून 1761 में उसकी मृत्यु हो गयी।
(d) उपर्युक्त तीनों कथन सत्य है।

886. निम्नलिखित पेशवाओं का सही क्रम क्या है?
(a) माधवराव, नारायण राव, माधवराव नारायण, बाजीराव द्वितीय
(b) माधवराव, माधवराव नारायण, नारायण राव, बाजीराव द्वितीय
(c) नारायण राव, माधवराव, माधवराव नारायण, बाजीराव द्वितीय
(d) माधवराव, बाजीराव द्वितीय, नारायण राव, माधवराव नारायण

887. शिवाजी के पिता शाही जी निम्नलिखित में से किस वंश से संबंधित थे:
(a) भोसल (b) यादव
(c) होल्कर (d) सिंधिया

888. शाहू की माता का नाम था:
(a) जीजाबाई (b) येसुबाई
(c) ताराबाई (d) इनमें से कोई नहीं

889. पानीपत के तीसरे युद्ध में निम्नलिखित में से कौन वीरगति को प्राप्त हुए?
(a) सदाशिव राव (b) विश्वासराव
(c) तुकोजी सिंधिया (d) ये तीनों

890. मराठा घोड़ों ने कन्याकुमारी से लेकर हिमालय के झरनों तक अपनी प्यास बुझाई। यह प्रसिद्ध कथन किस मराठा नेता के शासन काल से संबंधित है?
(a) बालाजी बाजीराव (b) बाजीराव प्रथम
(c) बालाजी विश्वनाथ (d) इनमें से कोई नहीं

891. निम्नलिखित में से किस वर्ष पेशवा का पद समाप्त कर दिया गया?
(a) 1820 (b) 1818
(c) 1836 (d) 1857

892. निम्नलिखित में से किस मराठा नेता को मुगल बादशाह शाहआलम ने नाइब वकील-ए-मुतलक की उपाधि प्रदान की थी :
(a) रघुनाथराव (b) महादजी सिंधिया
(c) त्रयम्बकराव (d) इनमें से कोई नहीं

893. सम्राट आलमगीर द्वितीय का वध 1759 में निम्नलिखित में से किसने किया?
(a) गाजीउद्दीन (b) रहमत खाँ
(c) सादुल्ला खाँ (d) इनमें से कोई नहीं

894. सभी राष्ट्रों और जातियाँ के नाविक, मुसलमान, डच पुर्तगाली, फ्रांसीसी और अंग्रेज इस समुद्री डकैत सरदार के सुर्ख लाल रंग के झंडों का सम्मान करते थे। यह प्रसिद्ध कथन निमनलिखित में से किसके सन्दर्भ में है?
(a) अन्ना जी (b) सन्ताजी घोरपड़े
(c) कान्हो जी आंग्रिया (d) घनाजी जादव

895. निम्नलिखित में से किसे समुद्री तोता की संज्ञा प्रदान की गई थी?
(a) कान्हो जी आंग्रिया (b) कृष्णजी भाष्कर
(c) मोरोपन्त पिंगले (d) इनमें से कोई नहीं

896. 1712 की मुगलों से हुई संधि की शर्तों में निम्नलिखित में से कौन-सी शर्त शामिल थी?
(a) शाहू को दक्षिण के छ: सूबों से चौथ एवं सदरेशमुखी वसूल करने का अधिकार प्राप्त हुआ।
(b) शाहू कोल्हापुर के रम्भाजी को तंग नहीं करेगा।
(c) शाहू मुगल बादशाह को दस लाख रुपये प्रतिवर्ष देगा।
(d) उपर्युक्त तीनों हैं।

897. निम्नलिखित में किसके नेतृत्व में मराठा सैनिक पहली बार दिल्ली गये और उनकी मदद से सैयद भाइयों ने बादशाह फर्रुखसियर को अपदस्थ कर दिया?
(a) बालाजी (b) खाण्डेराव धामादे
(c) (a) एवं (b) दोनों (d) इनमें से कोई नहीं

898. वसूल की गई चौथ का अधिकांश अंश किसे प्राप्त होता था ?
(a) पेशवा (b) छत्रपति
(c) मराठा सरदार (d) पंत सचिव

899. पानीपत के तृतीय युद्ध से पूर्व मराठे कुछ समय के लिए किसका समर्थन प्राप्त कर सके?
(a) सिक्खों (b) जाटों
(c) राजपूतों (d) रुहेलों

900. पेशवाओं के राजवंश का संस्थापक कौन था?
(a) परशुराम त्रिम्बक (b) रामचंद्र पंत
(c) बालाजी विश्वनाथ (d) बालाजी वाजीराव

901. निम्न कथनों पर विचार कीजिए जो अलाउद्दीन खिलजी से सम्बन्धित हैं:

1. उसने कृष्य जमीनों की पैमाइश के बाद जमीन की मालगुजारी वसूल की।
2. उसने लगान को अपनी पूरी सल्तनत में लागू किया।
3. उसने प्रांतों के गवर्नरों के अधिकारों को समाप्त किया।

निम्नलिखित कूट से सही उत्तर चुनिये :

(a) 1 और 2 *(b)* 2 और 3
(c) 1 और 3 *(d)* 1, 2 और 3

902. सुल्तान अलाउद्दीन खिलजी की बाबत निम्नलिखित कथनों पर विचार कीजिए:

1. अलाउद्दीन खिलजी ने अनाज के दाम नियत किए।
2. अलाउद्दीन प्रथम सुल्तान था, जिसने अपने सैनिकों को नकद वेतन दिया।
3. अलाउद्दीन के शासन में किसानों द्वारा दिए गए भूमि राजस्व का अंश फसल के आधे तक बढ़ा दिया गया था।

उपरोक्त कथनों में से सही है –

(a) 1 और 2 *(b)* 1 और 3
(c) सभी गलत है। *(d)* सभी सही हैं।

903. सूची-I को सूची-II के साथ सुमेलित कीजिए और सूचियों के नीचे दिए गए कूट का प्रयोग कर सही उत्तर चुनिए:

सूची-I	**सूची-II**
A. तुगलकाबाद	1. अलाउद्दीन खिलजी
B. आदिलाबाद	2. गयासुद्दीन तुगलक
C. फिरोजाबाद	3. मोहम्मद तुगलक
D. खिज्राबाद	4. फिरोज तुगलक

	A	B	C	D
(a)	1	2	3	4
(b)	2	3	4	1
(c)	4	3	2	1
(d)	3	2	1	4

904. निम्नलिखित को सुमेलित करें :

सूची I (लेखक)	**सूची II** (ग्रन्थ)
A. अमीर खुसरो	1. तुगलक नामा
B. हसन निजामी	2. ताजुलमासिर
C. अलबरूनी	3. तारीख-उल-हिन्द
D. ख्वाजा अबू वक्र इसामी	4. फतह-उस-सलातिन

कूट:

	A	B	C	D
(a)	1	2	3	4
(b)	1	2	4	3
(c)	2	1	4	3
(d)	1	4	3	2

905. निम्नलिखित सूचियों को सुमेलित करें :

सूची-I	**सूची-II**
A. फिरोज तुगलक	1. दीवान-ए-रियासत
B. बलबन	2. नौरोज
C. अलाउद्दीन	3. नहरों का निर्माण
D. जहाँगीर	4. सर टॉमस रो

कूट:

	A	B	C	D
(a)	1	2	3	4
(b)	3	2	1	4
(c)	4	1	2	3
(d)	4	3	2	1

906. निम्नलिखित घटनाओं को कालानुक्रमेण सजाइए:

1. विजयनगर के कृष्णदेव राय का शासनकाल
2. कुतुबमीनार का निर्माण
3. पुर्तगालियों का भारत आगमन
4. फिरोज तुगलक की मृत्यु

कूट:

(a) 2, 4, 3, 1 *(b)* 2, 4, 1, 3
(c) 4, 2, 1, 3 *(d)* 4, 2, 3, 1

907. निम्नलिखित पर विचार करें :

1. तुगलकाबाद किला
2. लोदी गार्डेन
3. कुतुबमीनार
4. फतेहपुर सीकरी

इनके निर्माण का कालानुक्रमिक क्रम है-

(a) 3, 1, 4, 2 *(b)* 3, 1, 2, 4
(c) 1, 3, 2, 4 *(d)* 1, 3, 4, 2

908. सूची-I को तथा सूची-II को सुमेलित करे:

सूची-I	**सूची-II**
A. जियाउद्दीन बरनी	(1) तारीख-ए-मुबारकशाही
B. हसन निजामी	(2) तबकात-ए-नासिरी
C. मिनहाज-उस-सिराज	(3) तारीख-ए-फिरोजशाही
D. याह्या-बिन-अहमद	(4) ताजुल मासिर
	(5) तबकात-ए-अकबरी

कूट:

	A	B	C	D
(a)	1	2	3	4
(b)	3	4	5	1
(c)	5	3	4	2
(d)	3	4	2	1

909. निम्नलिखित सूचियों को सुमेलित करें :

सूची-I	सूची-II
A. आदिल शाही	(1) अहमदनगर
B. कुतुब शाही	(2) बीजापुर
C. निजामशाही	(3) गोलकुण्डा
D. इमादशाही	(4) बरार

	A	B	C	D
(a)	1	2	3	4
(b)	2	3	4	1
(c)	3	4	1	2
(d)	2	3	1	4

910. मोहम्मद-बिन-तुगलक के शासनकाल की निम्न घटनाओं को सही क्रम में संयोजित करें :

(1) कराजल अभियान
(2) सांकेतिक मुद्रा का चलन
(3) राजधानी परिवर्तन
(4) राजस्व सुधार

कूट :

(a) 3, 2, 1, 4 *(b)* 1, 4, 3, 2
(c) 4, 2, 3, 1 *(d)* 3, 1, 4, 2

911. अमीर खुसरों के संबंध में निम्न में से कौन से कथन सत्य हैं?

1. वे सूफी संत शेख निजामुद्दीन औलिया के शिष्य थे।
2. वे जलालुद्दीन खिलजी के दरबारी कवि थे।
3. उन्होंने भारतीय वाद्य यंत्र वीणा एवम् ईरानी वाद्य यंत्र तम्बूरा के संयोजन से सितार का आविष्कार किया।
4. उन्होंने खयाल गायकी का आविष्कार किया।

कूट :

(a) 1, 2, 3, एवं 4 *(b)* 1 एवं 4
(c) 1, 2 एवं 4 *(d)* 2, 3 एवं 4

912. सल्तनत काल की कृषि व्यवस्था के संबंध में निम्न में से कौन सा/कौन से कथन असत्य हैं?

1. गयासुद्दीन तुगलक पहला शासक था, जिसने सिंचाई की सुविधा के लिए नहरों का निर्माण कराया।
2. दोआब में दोहरी कृषि पद्धति का शुभारंभ किया गया।
3. इस काल में रेशम के कीड़ों को पालने का कार्य प्रारंभ किया गया।
4. इस काल में कृषि योग्य भूमि का काफी बड़ा भाग उपयोग नहीं किया जाता था।

कूट:

(a) 1एवं 2 *(b)* केवल 2
(c) केवल 3 *(d)* 3 एवं 4

913. निम्नलिखित में से कौन से कथन सत्य हैं ?

1. विजयनगर साम्राज्य के पश्चात् नायकों का अभ्युदय हुआ।
2. मदुराई का मीनाक्षी-सुंदरेश्वर मंदिर नायकों की स्थापत्यकला का सुंदर नमूना है।
3. मीनाक्षी मंदिर का अधिकांश भाग 17वीं शताब्दी के मध्य में तिरूमल्लाई नायक के समय निर्मित किया गया।
4. नायकों ने स्थापत्य की नई शैली प्रारम्भ की।

कूट:

(a) 1 एवं 2 *(b)* 2 एवं 3
(c) 1, 2, 3 एवं 4 *(d)* 1, 2 एवं 3

914. निम्नलिखित को सुमेलित करें :

सूची-I (विदेशी यात्री)	सूची-II (अवधि)
A. मार्को पोलो	1. 13वीं सदी
B. निकोलो कोन्टी	2. 16वीं सदी
C. डोमिंगो पायस	3. 15वीं सदी
D. इब्नेबतूता	4. 14वीं सदी

कूट:

	A	B	C	D
(a)	1	3	2	4
(b)	4	3	2	1
(c)	4	1	2	3
(d)	3	1	2	4

915. निम्नलिखित सूचियों को सुमेलित करें :

सूची-I (शहर)	सूची-II (स्थापना करने वाला शासक)
A. सीरी	1. अलाउद्दीन खिलजी
B. जहाँपनाह	2. मोहम्मद-बिन-तुगलक
C. जौनपुर	3. फिरोजशाह तुगलक
D. आगरा	4. सिकंदर लोदी

कूट:

	A	B	C	D
(a)	1	3	2	4
(b)	1	2	3	4
(c)	2	3	1	4
(d)	2	4	3	1

916. निम्नलिखित सूचियों को सुमेलित करें :

सूची-I (पुस्तकें)	सूची-II (लेखक)
A. पृथ्वीराज रासो	1. सोमदेव
B. शाहनामा	2. अलबेरूनी

C. तहकीक-ए-हिन्द 3. फिरदौसी
D. कथासरित्सागर 4. चन्दबरदाई
5. बिल्हण

कूट:

	A	B	C	D
(a)	4	3	2	1
(b)	4	2	5	3
(c)	5	4	1	2
(d)	2	4	3	5

917. दिल्ली सल्तनत के समय निम्नलिखित में से किन चीजों का प्रयोग भारत में प्रारंभ हुआ?
1. काँच के उपयोग का ज्ञान
2. बर्तनों में लेप चढ़ाना
3. बारूद का प्रयोग
4. घोड़ों के जूतों का प्रयोग

कूट :
(a) 1, 2 एवं 3 (b) 1 एवं 2
(c) 2 एवं 4 (d) 1, 2, 3 एवं 4

918. निम्नलिखित को सुमेलित करें :
A. हिन्दुओं द्वारा दिया जाने वाला भूमिकर (1) खुम्स
B. युद्ध की लूट में राज्य का 1/5 भाग (2) खराज
C. मुस्लिमों द्वारा दिया जाने वाला भूमिकर (3) उशरफ
D. मुस्लिमों पर लगने वाला धार्मिक कर (4) जकात

कूट:

	A	B	C	D
(a)	2	1	3	4
(b)	2	3	4	1
(c)	1	2	3	4
(d)	3	2	4	1

919. निम्नलिखित में से कौन सा कथन असत्य है?
(a) सुल्तान की उपाधि धारण करने वाला प्रथम शासक - बलबन
(b) राजा के पद को आनुवांशिक बनाने की चेष्टा करने वाला - इल्तुतमिश
(c) हिन्दू माता से उत्पन्न पहला सुल्तान - नासिरूद्दीन खुसरों
(d) दक्षिण भारत में अभियान करने वाला पहला शासक - अलाउद्दीन खिलजी

920. निम्नांकित को सुमेलित करें :
A. आमेर (1) बीकानेर
B. मारवाड़ (2) जयपुर
C. मेवाड़ (3) उदयपुर
(4) जोधपुर

कूट:

	A	B	C
(a)	1	2	3
(b)	2	4	3
(c)	3	2	1
(d)	3	2	4

921. निम्नलिखित को सुमेलित करें :
A. सितार (1) सुल्तान हुसैन शर्की
B. भारत-फारस राग (2) अमीर खुसरो
C. ख्याल का प्रस्तुत कर्त्ता (3) राजा मान सिंह
D. मल्हार का प्रस्तुत कर्त्ता

कूट:

	A	B	C	D
(a)	1	2	2	3
(b)	2	2	1	3
(c)	3	3	1	2
(d)	2	3	1	2

922. निम्नलिखित में से कौन सही सुमेलित है ?
(1) अमीर खुसरो - अलाउद्दीन खिलजी
(2) जियाउद्दीन बरनी - मोहम्मद बिन तुगलक
(3) इब्नेबतूता - फिरोजशाह तुगलक
(4) मिनहाज-उस-सिराज - इल्तुतमिश

कूट:
(a) 1, 2 एवं 3 (b) 1 एवं 4
(c) 2, 3 एवं 4 (d) 1, 3 एवं 4

923. नीचे दिल्ली के सात नगरों का नाम दिया गया है। स्थापना के अनुसार उनका सही क्रम नीचे दिए गए कूट से चुनिए:
1. जहाँपनाह
2. मुबारकबाद
3. खिज्राबाद
4. सीरी
5. किला-ए-रायपिथौरा
6. तुगलकाबाद
7. फिरोजाबाद

कूट:
(a) 1, 2, 3, 4, 5, 6, 7
(b) 5, 4, 6, 1, 7, 2, 3
(c) 1, 3, 4, 5, 6, 7, 2
(d) 3, 4, 5, 2, 1, 7, 6

924. निम्नलिखित को सुमेलित करें :
A. दीनपनाह 1. गुलाम वंश
B. खिज्राबाद 2. खिलजी वंश

C. सीरी — 3. तुगलक वंश
D. किला-ए-रायपिथौरा — 4. सैयद वंश
E. जहाँपनाह

कूट:

	A	B	C	D	E
(a)	1	2	3	2	4
(b)	1	2	3	3	4
(c)	1	4	2	1	3
(d)	2	2	3	1	4

925. अलाउद्दीन खिलजी के समकालीन थे –
1. वारंगल के काकतीय
2. द्वार समुद्र के होयसल
3. मदुरै के पांड्य
4. महाबलीपुरम् के पूर्वी गंग

कूट :
(a) 1, 3 एवं 4 (b) 1, 2 एवं 3
(c) 2 एवं 4 (d) 2, 3 एवं 4

926. सूची-I को सूची-II के साथ सुमेलित करे:

सूची-I (संत कवि)	सूची-II (उनकी रचनाओं की भाषा)
A. मीराबाई	1. मलयालम
B. त्यागराज	2. बांग्ला
C. चण्डीदास	3. हिन्दी
D. पुरंदरदास	4. तेलुगू
	5. कन्नड़

कूट:

	A	B	C	D
(a)	2	4	1	5
(b)	3	4	2	5
(c)	2	5	1	4
(d)	3	5	2	4

927. निम्नलिखित को सुमेलित करें :

A. कबीर	1. जुलाहा
B. रविदास	2. नाई
C. नामदेव	3. दर्जी
D. सेना	4. चमार

कूट:

	A	B	C	D
(a)	1	2	3	4
(b)	3	2	1	4
(c)	4	3	2	1
(d)	4	1	3	2

928. निम्नांकित को सुमेलित करें :

A. पीर	1. प्रमुख शिष्य
B. खलीफा	2. सूफी संतों का निवास
C. मुरीद	3. सूफी मत का अनुपालक
D. खानकाह	4. शेख या सूफी मार्गदर्शक

कूट:

	A	B	C	D
(a)	1	2	3	4
(b)	3	2	4	1
(c)	4	3	1	2
(d)	3	2	1	4

929. इस्लाम के सिद्धान्त में निम्नलिखित में से कौन सा एक तत्व नहीं है?
(a) सृष्टि का एकमात्र देवता अल्लाह है।
(b) अवतारवाद, मूर्तिपूजा तथा जाति व्यवस्था का विरोध
(c) अच्छे तथा बुरे कार्यों के आधार पर स्वर्ग और नरक का निर्धारण
(d) कर्मवाद और पुनर्जन्म के सिद्धान्त को अस्वीकृति

930. इस्लाम के कर्मकाण्ड में निम्न में से कौन से तत्व समाहित हैं?
(1) कलमा पढ़ना
(2) दिन में पाँच बार नमाज अदा करना
(3) शुक्रवार के दिन सामूहिक नमाज
(4) रमजान के महीने में रोजा रखना
(5) हज की यात्रा करना

कूट:
(a) 1, 3 एवं 5 (b) 1, 2 एवं 4
(c) 2, 4 एवं 5 (d) उपरोक्त सभी

931. नीचे कुछ आचार्यों तथा उनकी रचनाओं की भाषाओं का युग्म दिया गया है। इनमें से कौन से सही सुमेलित नहीं हैं?
(1) शंकरदेव – असमी
(2) नामदेव – मराठी
(3) विद्यापति – बंगाली
(4) चंडीदास – मैथिली

कूट:
(a) 1 एवं 2 (b) 3 एवं 4
(c) 2 एवं 3 (d) 1 एवं 4

932. सल्तनत काल में प्रारंभिक चिश्तियों की लोकप्रियता का क्या कारण था?
(1) गैर मुस्लिम जनसंख्या के प्रति सहिष्णुता की नीति
(2) उच्च एवं निम्न वर्गीय समाज के विभाजन की अवधारणा को नकारना
(3) रूढ़िवादिता को अस्वीकार करना
(4) राजकीय संरक्षण एवं शासकों के दरबार में चिश्तियों का अच्छा प्रभाव

कूट:
(a) 1, 2, 3 एवं 4 (b) 2 एवं 4
(c) 1, 2 एवं 3 (d) 1 एवं 3

933. निम्नलिखित को सुमेलित करें :

A. नादिरशाह द्वारा दिल्ली में कत्लेआम (1) 1556 ई०
B. बाबर और इब्राहिम लोदी के बीच पानीपत की पहली लड़ाई (2) 1526 ई०
C. पानीपत की दूसरी लड़ाई (3) 1761 ई०
D. पानीपत की तीसरी लड़ाई (4) 1739 ई०

कूट:

	A	B	C	D
(a)	1	2	3	4
(b)	3	1	4	2
(c)	4	2	1	3
(d)	2	3	1	4

934. निम्नलिखित युद्धों का सही कालानुक्रम दिए गए कूट से चुनिए :

A. पानीपत का तृतीय (1) 1601 ई०
B. हल्दीघाटी का युद्ध (2) 1761 ई०
C. तराइन का द्वितीय युद्ध (3) 1576 ई०
D. असीरगढ़ का युद्ध (4) 1192 ई०

कूट:

	A	B	C	D
(a)	1	2	3	4
(b)	4	3	2	1
(c)	2	3	4	1
(d)	3	4	2	1

935. किस मुगल शासक ने भारत की वनस्पतियों और प्राणि - जगत्, ऋतुओं और फलों का विशद्-विवरण अपनी दैनन्दिनी (डायरी) में दिया है?
(a) अकबर (b) जहाँगीर
(c) बाबर (d) औरंगजेब

936. शेरशाह सूरी द्वारा किए गए सुधारों में सम्मिलित थे :
(1) राजस्व सुधार
(2) प्रशासनिक सुधार
(3) सैनिक सुधार
(4) करेन्सी प्रणाली में सुधार

कूट:
(a) 1 और 2 (b) 1, 2 और 3
(c) 2, 3 और 4 (d) उपरोक्त सभी

937. निम्नलिखित को सुमेलित करें :

सूची-I	सूची-II
A. 1556 ई०	(1) हल्दी घाटी का युद्ध
B. 1600 ई०	(2) नादिरशाह का दिल्ली पर कब्जा
C. 1680 ई०	(3) शिवाजी का देहान्त
D. 1739 ई०	(4) ईस्ट इंडिया कम्पनी को अधिकार-पत्र प्रदान किया जाना
	(5) अकबर का राज्यारोहण

कूट :

	A	B	C	D
(a)	3	4	2	1
(b)	5	4	3	2
(c)	5	2	1	4
(d)	1	5	3	2

938. निम्नलिखित को कालक्रमानुसार व्यवस्थित करें :
(1) अहिल्याबाई (2) दुर्गावती
(3) पद्मिनी (4) ताराबाई

कूट :
(a) 1, 2, 3, 4
(b) 3, 2, 4, 1
(c) 3, 4, 1, 2
(d) 2, 1, 3, 4

939. निम्नलिखित को सुमेलित कीजिए :

A. हल्दीघाटी का युद्ध (1) बाबर
B. बिलग्राम का युद्ध (2) अकबर
C. पानीपत का युद्ध (3) हुमायूँ
D. खानवा का युद्ध (4) अहमदशाह अब्दाली

कूट:

	A	B	C	D
(a)	2	3	4	1
(b)	1	3	2	4
(c)	3	2	4	1
(d)	2	4	1	3

940. अकबर का शासन जाना जाता है :
(1) क्षेत्रों को जीतने के लिए
(2) अपनी प्रशासनिक व्यवस्था के लिए
(3) न्यायिक प्रशासन के लिए
(4) उसकी धार्मिक कट्टरता के लिए

कूट :
(a) 1 और 2 (b) 1, 2 और 3
(c) 2, 3 और 4 (d) उपरोक्त सभी

941. निम्नलिखित चार बाहरी आक्रमणों को कालक्रमानुसार व्यवस्थित करें:
(1) अहमदशाह अब्दाली
(2) चंगेज खान
(3) नादिर शाह
(4) तैमूर

कूट :
(a) 1, 2, 3, 4 *(b)* 4, 3, 2, 1
(c) 2, 4, 3, 1 *(d)* 2, 4, 1, 3

942. सूची-I को सूची-II के साथ सुमेलित करे:

सूची-I	**सूची-II**
A. आदिलशाही	(1) हैदराबाद
B. कुतुबशाही	(2) बीजापुर
C. निजामशाही	(3) गोलकुण्डा
D. शर्कीशाही	(4) जौनपुर

कूट :

	A	B	C	D
(a)	1	2	3	4
(b)	2	3	4	1
(c)	3	4	1	2
(d)	2	3	1	4

943. निम्नलिखित को सुमेलित करें :

मराठों के प्रमुख अधिकारी	**उत्तरदायित्व**
A. कुलकर्णी	(1) गाँव का लेखापाल
B. कारकून	(2) परगना स्तर पर राजस्व एकत्रित करने का उत्तरदायित्व
C. देसाई	(3) गाँव का मुखिया
D. पटेल	(4) लिपिक

कूट :

	A	B	C	D
(a)	1	4	2	3
(b)	4	1	3	2
(c)	4	1	2	3
(d)	1	4	3	2

944. 1540 ई॰ में हुमायूँ के शेरशाह सूरी से पराजित हो जाने में निम्नलिखित किस/किन कारणों ने योगदान दिया?
(1) साम्राज्य में कल्याणकारी कार्यों को जारी रखने के लिए हुमायूँ के पास संसाधनों की कमी हो गयी।
(2) हुमायूँ को अपने भाइयों के विरोधों का सामना करना पड़ा।
(3) शेरशाह राजनीतिक प्रयोगों एवं सांगठनिक क्षमता की दृष्टि से हुमायूँ से बेहतर था।
(4) हुमायूँ के अमीरों ने कई विद्रोह किए जिससे वह शेरशाह की गतिविधियों की ओर ध्यान नहीं दे सका।

कूट :
(a) 1, 2, 3 एवं 4 *(b)* 1 एवं 4
(c) केवल 3 *(d)* 1, 2, एवं 3

945. निम्नलिखित में से कौन से कथन अकबर के संबंध में सत्य हैं?
(1) उसने जजिया और तीर्थयात्रा कर को क्रमश: 1564 ई॰ एवं 1563ई॰ में समाप्त कर दिया।
(2) धार्मिक विचार विमर्श के लिए उसने ''इबादत खाना'' की स्थापना की।
(3) उसका ''दीन-ए-इलाही'' सामाजिक नियमों से सम्बद्ध था।
(4) 1574ई॰ में उसने अपने नाम का खुतबा पढ़वाया।

कूट :
(a) 1 एवं 2 *(b)* 1, 2 एवं 3
(c) 1, 2, 3, एवं 4 *(d)* 1 एवं 4

946. निम्नलिखित को सुमेलित करें :

A. अमात्य	(1) दरबार की कार्यवाही
B. पण्डित राव	(2) विदेश सचिव
C. सुमन्त	(3) मुख्य न्यायाधीश
D. मंत्री	(4) आर्थिक मामले
	(5) धार्मिक कार्य

कूट :

	A	B	C	D
(a)	1	2	3	4
(b)	4	5	2	1
(c)	4	1	3	2
(d)	3	2	1	5

947. निम्नलिखित को सुमेलित करें :

(मुगलकाल में विभाग)	**(उत्तरदायित्व)**
A. सद्र-उस-सुदूर	(1) धार्मिक विभाग का प्रमुख
B. काजी-उल-कुजात	(2) राजस्व विभाग का प्रमुख
C. दीवान-ए-कुल	(3) न्यायालय के आदेशों के क्रियान्वयन की जाँच
D. मीर अदल	(4) न्याय विभाग का प्रमुख
E. मुहतसिब	(5) लोक नैतिकता की जाँच

कूट :

	A	B	C	D	E
(a)	1	4	2	3	5
(b)	4	3	5	1	2
(c)	3	4	5	2	1
(d)	1	2	5	4	3

948. शिवाज़ी ने नौसेना की स्थापना की-

(1) अन्य देशों से व्यापार को प्रोत्साहित करने के लिए
(2) जंजीरा के सिद्दियों की विद्रोही गतिविधियों पर रोक लगाने के लिए
(3) मुगलों के व्यापारिक जहाजों को लूटने के लिए

कूट :

(a) 1एवं 3 *(b)* केवल 2
(c) 2 एवं 3 *(d)* 1, 2 एवं 3

949. सुमेलित करें :

A. हैदराबाद की चारमीनार (1) अलाउद्दीन खिलजी
B. आगरा की मोतीमस्जिद (2) कुतुबुद्दीन ऐबक
C. दिल्ली की कुव्वत-उल-इस्लाम (3) शाहजहाँ
D. सीरी का किला (4) बीजापुर का आदिलशाह
(5) औरंगजेब

कूट :

	A	B	C	D
(a)	4	5	2	1
(b)	1	3	2	4
(c)	4	3	2	1
(d)	4	5	2	1

950. मुगल प्रशासन के संबंध में निम्न में से कौन से कथन सत्य है?

(1) यह मुख्यत: सैनिक चरित्र का था।
(2) यह उच्च केन्द्रवाद पर आधारित था।
(3) इसे इस्लाम के नियमों के अनुरूप लागू किया गया था।
(4) इस साम्राज्य के शासक को अनेक प्रकार के मंत्रियों से सहयोग मिलता था।

कूट :

(a) 1, 2 एवं 4 *(b)* 1 एवं 4
(c) 1 एवं 3 *(d)* 2 एवं 4

951. निम्न विदेशी भ्रमणकारियों को भारत भ्रमण के सम्बन्ध में सही क्रम में संयोजित करें –

(1) सर टामस रो (2) राल्फ फिंच
(3) विलियम हाकिन्स (4) डोर्मिगो पायस
(5) बारबोसा

कूट :

(a) 3, 4, 1, 2, 5
(b) 5, 2, 4, 1, 3
(c) 4, 5, 3, 2, 1
(d) 5, 4, 2, 3, 1

952. निम्नलिखित युद्धों को सही कालक्रम के अनुसार संयोजित करें –

(1) पानीपत का द्वितीय युद्ध
(2) हल्दीघाटी का युद्ध
(3) असीरगढ़ का युद्ध
(4) कन्नौज का युद्ध

कूट :

(a) 4, 3, 2, 1 *(b)* 3, 4, 2, 1
(c) 4, 1, 2, 3 *(d)* 1, 4, 2, 3

953. अकबर द्वारा विजित किए गए राज्यों का सही क्रम क्या है?

(1) बिहार (2) उड़ीसा
(3) गुजरात (4) बंगाल

कूट :

(a) 1, 4, 2, 3 *(b)* 3, 1, 2, 4
(c) 1, 2, 3, 4 *(d)* 3, 1, 4, 2

954. निम्नलिखित सिख गुरुओं को सही कालक्रमानुसार संयोजित करें :

(1) गुरु रामदास (2) गुरु अर्जुनदेव
(3) गुरु हरगोविन्द (4) गुरु हरराय

कूट :

(a) 1, 2, 3, 4
(b) 2, 1, 3, 4
(c) 3, 2, 4, 1
(d) 1, 3, 2, 4

955. निम्न में से किन भवनों का निर्माण शाहजहाँ के समय नहीं हुआ?

(1) बुलन्द दरवाजा
(2) अकबर का मकबरा
(3) दिल्ली की जामा मस्जिद
(4) दिल्ली स्थित लाल किले की मोती मस्जिद
(5) आगरा के किले की मोती मस्जिद

कूट :

(a) 1, 4 एवं 5
(b) 1, 2 एवं 4
(c) केवल 2
(d) 4 एवं 5

956. निम्न में से कौन से इतिहासकार-लेखक अकबर के समकालीन थे?

(1) अबुल फजल (2) बदायूँनी

(3) मुल्ला दाउद (4) निजामुद्दीन अहमद
(5) मुतम्मद खान (6) अब्दुल हमीद लाहौरी

कूट :

(a) 1, 2, 3 एवं 4
(b) 4, 5 एवं 6
(c) 2, 3 एवं 6
(d) उक्त सभी

957. निम्नलिखित में से किस युद्ध में औरंगजेब ने दाराशिकोह को पराजित किया?

(1) धरमट का युद्ध (2) सामूगढ़ का युद्ध
(3) देवराई का युद्ध

कूट :

(a) केवल 1
(b) केवल 2
(c) 1 और 3
(d) 1, 2 और 3

निर्देश: (प्रश्न सं॰ 958–975 के लिए): *आगामी प्रश्नों में दो वक्तव्य हैं। एक को ''कथन (A) ''तथा दूसरे को ''कारण (R) '' कहा गया है। इन दोनों वक्तव्यों का सावधानीपूर्वक परीक्षण कर इन प्रश्नों का उत्तर नीचे दिए गए कूट की सहायता से चुनिए :*

कूट:

(a) (A) और (R) दोनों सही हैं, परन्तु (R), (A) की सही स्पष्टीकरण है।
(b) (A) और (R) दोनों सही हैं, परन्तु (R), (A) की सही स्पष्टीकरण नहीं है।
(c) (A) सही है, परन्तु (R) गलत है।
(d) (A) गलत है, परन्तु (R) सही है।

958. कथन (A) – मुगल गद्दी पर औरंगजेब शाहजहाँ का उत्तराधिकारी हुआ।
कारण (R) – ज्येष्ठ पुत्र के उत्तराधिकार के नियम का पालन किया गया।

959. कथन (A) – सम्राट अकबर ने 1581ई॰ में विशाल सेना सहित अफगानिस्तान की ओर कूच किया।
कारण (R) – वे मध्य एशिया में अपने पैतृक देश फरगाना को वापस प्राप्त करने के लिए अग्रसर थे।

960. कथन (A) – सलूवा नरसिंहा ने प्राचीन राजवंश को समाप्त कर राजवंशी पदवी ग्रहण की।
कारण (R) – वे राज्य को और अधिक पतन तथा विघटन से बचाना चाहते थे।

961. कथन (A) – मुगल शासन के ह्रास के पश्चात् भारत में मराठे सर्वाधिक समर्थ देशीय शक्ति के रूप में उभरकर सामने आए।
कारण (R) – संयुक्त भारत देश की स्पष्ट संकल्पना सर्वप्रथम मराठों ने ही की थी।

962. कथन (A) – दिल्ली सल्तनत के आरम्भ होने से पहले उत्तर भारत में नगरीय अर्थव्यवस्था ह्रास की स्थिति में थी।
कारण (R) – इस काल में व्यापार बहुत निम्न अवस्था में था।

963. कथन (A) – कृष्णदेव राय का पुर्तगालियों के साथ दोस्ताना संबंध था।
कारण (R) – कृष्णदेव राय विदेशियों की काफी इज्जत करता था।

964. कथन (A) – औरंगजेब के काल में मथुरा और आगरा के आसपास के जाटों ने विद्रोह किया था।
कारण (R) – मथुरा का मुगल फौजदार अब्दुलनबी वहाँ के किसानों पर अत्याचार करता था।

965. कथन (A) – महमूद गजनवी ने अपने आक्रमणों के दौरान मन्दिरों एवं मन्दिर नगरों को निशाना बनाया।
कारण (R) – उसका मुख्य उद्देश्य इस्लाम के वर्चस्व को स्थापित करना था।

966. कथन (A) – गयासुद्दीन बलबन ने तुर्कान -ए-चिहालगानी का नाश कर दिया।
कारण (R) – वे विदेशियों के साथ मिलकर बलबन के विरूद्ध षड्यंत्र कर रहे थे।

967. कथन (A) – प्रारंभिक मध्यकाल में भारत के राजनैतिक परिदृश्य पर एकाएक राजपूतों का उदय हुआ।
कारण (R) – राजपूत स्वयं को प्राचीन काल के क्षत्रियों से संबंधित होने का दावा करते थे।

968. कथन (A) – इल्तुतमिश, भारत में तुर्क साम्राज्य का वास्तविक संस्थापक था।
कारण (R) – इल्तुतमिश ने तुर्की शासन के हाथ से निकल गए अधिकार को पुन: स्थापित किया।

969. कथन (A) – अकबर ने जजिया कर समाप्त कर दिया।
कारण (R) – अकबर ने बहुत से हिन्दुओं को कुलीन वर्ग में सम्मिलित किया।

970. कथन (A) – भारतीय शास्त्रीय संगीत पर सबसे

कुलीन वर्ग में सम्मिलित किया।

970. कथन (A) - भारतीय शास्त्रीय संगीत पर सबसे अधिक पुस्तकें औरंगजेब के काल में लिखी गयीं।

कारण (R) - औरंगजेब ने संगीत को प्रोत्साहित किया।

971. कथन (A) - मोहम्मद-बिन-तुगलक द्वारा सांकेतिक मुद्रा चलाने की योजना असफल हो गयी।

कारण (R) - मोहम्मद तुगलक द्वारा प्रारम्भ की गयी नयी मुद्रा का मूल्य कम हो जाने से सुल्तान ने इसे धातु में परिवर्तित करके बेच दिया।

972. कथन (A) - हुमायूँ अपने दुर्भाग्य के लिए स्वयं उत्तरदायी था।

कारण (R) - वह अपने भाइयों की ईर्ष्या का शिकार हो गया।

973. कथन (A) - भारत का तुर्क साम्राज्य प्रकृति में सैनिकवादी एवं कुलीन था।

कारण (R) - हिन्दुओं ने प्रत्येक तुर्की शासक का विरोध किया।

974. कथन (A) - तुर्कों के आगमन से पूर्व निर्मित भवनों में मेहराबों का अभाव होता था।

कारण (R) - भवन-निर्माण में चूने के गारे का प्रयोग, तुर्क भारत लेकर आये।

975. कथन (A) - खानवा का युद्ध पानीपत के युद्ध से ज्यादा महत्वपूर्ण था।

कारण (R) - इस युद्ध ने अफगान सत्ता को समाप्त कर मुगल साम्राज्य की स्थापना का मार्ग प्रशस्त किया।

उत्तरमाला

1	2	3	4	5	6	7	8	9	10	11	12	13	14	15
(c)	(c)	(a)	(c)	(b)	(a)	(b)	(b)	(c)	(c)	(b)	(a)	(d)	(a)	(c)
16	17	18	19	20	21	22	23	24	25	26	27	28	29	30
(b)	(a)	(a)	(d)	(c)	(c)	(c)	(c)	(b)	(d)	(b)	(c)	(b)	(d)	(d)
31	32	33	34	35	36	37	38	39	40	41	42	43	44	45
(a)	(a)	(c)	(a)	(b)	(c)	(d)	(b)	(d)	(b)	(a)	(d)	(c)	(b)	(a)
46	47	48	49	50	51	52	53	54	55	56	57	58	59	60
(c)	(b)	(c)	(d)	(a)	(d)	(a)	(b)	(c)	(b)	(a)	(c)	(b)	(a)	(c)
61	62	63	64	65	66	67	68	69	70	71	72	73	74	75
(c)	(c)	(b)	(c)	(d)	(b)	(c)	(a)	(c)	(a)	(b)	(a)	(c)	(a)	(b)
76	77	78	79	80	81	82	83	84	85	86	87	88	89	90
(b)	(b)	(a)	(b)	(a)	(b)	(b)	(d)	(c)	(b)	(b)	(a)	(c)	(d)	(a)
91	92	93	94	95	96	97	98	99	100	101	102	103	104	105
(d)	(d)	(c)	(d)	(a)	(c)	(d)	(b)	(a)	(b)	(d)	(a)	(d)	(b)	(a)
106	107	108	109	110	111	112	113	114	115	116	117	118	119	120
(b)	(b)	(c)	(a)	(c)	(a)	(b)	(b)	(c)	(d)	(d)	(a)	(d)	(a)	(d)
121	122	123	124	125	126	127	128	129	130	131	132	133	134	135
(c)	(c)	(d)	(d)	(a)	(b)	(d)	(b)	(a)	(b)	(d)	(a)	(b)	(c)	(b)
136	137	138	139	140	141	142	143	144	145	146	147	148	149	150
(a)	(c)	(c)	(a)	(b)	(a)	(a)	(b)	(d)	(d)	(b)	(d)	(c)	(b)	(b)
151	152	153	154	155	156	157	158	159	160	161	162	163	164	165
(a)	(b)	(a)	(b)	(a)	(b)	(a)	(b)	(d)	(b)	(a)	(a)	(b)	(c)	(d)
166	167	168	169	170	171	172	173	174	175	176	177	178	179	180
(a)	(b)	(c)	(a)	(c)	(b)	(c)	(a)	(c)	(b)	(d)	(b)	(a)	(b)	(a)
181	182	183	184	185	186	187	188	189	190	191	192	193	194	195
(b)	(b)	(c)	(c)	(d)	(c)	(b)	(c)	(b)	(b)	(d)	(c)	(b)	(a)	(c)
196	197	198	199	200	201	202	203	204	205	206	207	208	209	210
(b)	(d)	(d)	(d)	(b)	(c)	(d)	(a)	(c)	(c)	(b)	(a)	(a)	(a)	(b)
211	212	213	214	215	216	217	218	219	220	221	222	223	224	225
(d)	(a)	(c)	(d)	(a)	(c)	(b)	(a)	(b)	(b)	(a)	(c)	(c)	(b)	(c)

226	227	228	229	230	231	232	233	234	235	236	237	238	239	240
(a)	(a)	(c)	(d)	(c)	(d)	(d)	(c)	(b)	(b)	(a)	(c)	(b)	(a)	(d)
241	**242**	**243**	**244**	**245**	**246**	**247**	**248**	**249**	**250**	**251**	**252**	**253**	**254**	**255**
(c)	(b)	(d)	(c)	(a)	(c)	(c)	(b)	(a)	(a)	(b)	(b)	(b)	(b)	(c)
256	**257**	**258**	**259**	**260**	**261**	**262**	**263**	**264**	**265**	**266**	**267**	**268**	**269**	**270**
(b)	(b)	(a)	(d)	(c)	(b)	(c)	(b)	(c)	(d)	(d)	(c)	(b)	(a)	(d)
271	**272**	**273**	**274**	**275**	**276**	**277**	**278**	**279**	**280**	**281**	**282**	**283**	**284**	**285**
(c)	(c)	(d)	(c)	(a)	(c)	(d)	(b)	(b)	(b)	(a)	(b)	(d)	(c)	(a)
286	**287**	**288**	**289**	**290**	**291**	**292**	**293**	**294**	**295**	**296**	**297**	**298**	**299**	**300**
(a)	(c)	(c)	(b)	(d)	(a)	(d)	(b)	(d)	(c)	(b)	(b)	(a)	(a)	(b)
301	**302**	**303**	**304**	**305**	**306**	**307**	**308**	**309**	**310**	**311**	**312**	**313**	**314**	**315**
(b)	(a)	(c)	(d)	(c)	(b)	(d)	(b)	(d)	(c)	(c)	(d)	(c)	(a)	(a)
316	**317**	**318**	**319**	**320**	**321**	**322**	**323**	**324**	**325**	**326**	**327**	**328**	**329**	**330**
(c)	(c)	(a)	(c)	(b)	(d)	(c)	(c)	(a)	(b)	(a)	(c)	(d)	(b)	(a)
331	**332**	**333**	**334**	**335**	**336**	**337**	**338**	**339**	**340**	**341**	**342**	**343**	**344**	**345**
(d)	(a)	(a)	(a)	(d)	(a)	(a)	(c)	(c)	(b)	(c)	(b)	(a)	(b)	(c)
346	**347**	**348**	**349**	**350**	**351**	**352**	**353**	**354**	**355**	**356**	**357**	**358**	**359**	**360**
(b)	(b)	(b)	(a)	(a)	(a)	(b)	(a)	(c)	(c)	(b)	(a)	(c)	(a)	(b)
361	**362**	**363**	**364**	**365**	**366**	**367**	**368**	**369**	**370**	**371**	**372**	**373**	**374**	**375**
(c)	(a)	(b)	(c)	(a)	(a)	(a)	(a)	(c)	(c)	(a)	(a)	(b)	(c)	(c)
376	**377**	**378**	**379**	**380**	**381**	**382**	**383**	**384**	**385**	**386**	**387**	**388**	**389**	**390**
(a)	(b)	(d)	(a)	(d)	(c)	(c)	(a)	(a)	(b)	(a)	(a)	(d)	(a)	(d)
391	**392**	**393**	**394**	**395**	**396**	**397**	**398**	**399**	**400**	**401**	**402**	**403**	**404**	**405**
(d)	(d)	(c)	(b)	(d)	(c)	(c)	(d)	(b)	(a)	(a)	(b)	(d)	(b)	(a)
406	**407**	**408**	**409**	**410**	**411**	**412**	**413**	**414**	**415**	**416**	**417**	**418**	**419**	**420**
(b)	(c)	(c)	(c)	(c)	(c)	(a)	(b)	(a)	(b)	(d)	(b)	(a)	(c)	(d)
421	**422**	**423**	**424**	**425**	**426**	**427**	**428**	**429**	**430**	**431**	**432**	**433**	**434**	**435**
(c)	(a)	(c)	(a)	(c)	(a)	(a)	(d)	(c)	(d)	(d)	(c)	(d)	(d)	(a)
436	**437**	**438**	**439**	**440**	**441**	**442**	**443**	**444**	**445**	**446**	**447**	**448**	**449**	**450**
(c)	(b)	(d)	(b)	(b)	(d)	(b)	(a)	(c)	(d)	(b)	(a)	(a)	(c)	(a)
451	**452**	**453**	**454**	**455**	**456**	**457**	**458**	**459**	**460**	**461**	**462**	**463**	**464**	**465**
(d)	(d)	(a)	(a)	(b)	(c)	(d)	(b)	(a)	(b)	(c)	(a)	(a)	(b)	(b)
466	**467**	**468**	**469**	**470**	**471**	**472**	**473**	**474**	**475**	**476**	**477**	**478**	**479**	**480**
(a)	(d)	(a)	(c)	(d)	(a)	(a)	(c)	(c)	(b)	(a)	(c)	(a)	(b)	(a)
481	**482**	**483**	**484**	**485**	**486**	**487**	**488**	**489**	**490**	**491**	**492**	**493**	**494**	**495**
(a)	(a)	(a)	(b)	(b)	(b)	(d)	(c)	(d)	(d)	(c)	(a)	(c)	(d)	(a)
496	**497**	**498**	**499**	**500**	**501**	**502**	**503**	**504**	**505**	**506**	**507**	**508**	**509**	**510**
(c)	(d)	(b)	(d)	(b)	(b)	(b)	(c)	(a)	(c)	(d)	(a)	(c)	(c)	(c)
511	**512**	**513**	**514**	**515**	**516**	**517**	**518**	**519**	**520**	**521**	**522**	**523**	**524**	**525**
(c)	(b)	(c)	(c)	(b)	(a)	(a)	(b)	(c)	(b)	(b)	(a)	(b)	(d)	(a)
526	**527**	**528**	**529**	**530**	**531**	**532**	**533**	**534**	**535**	**536**	**537**	**538**	**539**	**540**
(d)	(c)	(b)	(b)	(d)	(a)	(b)	(c)	(d)	(d)	(c)	(c)	(c)	(c)	(c)
541	**542**	**543**	**544**	**545**	**546**	**547**	**548**	**549**	**550**	**551**	**552**	**553**	**554**	**555**
(b)	(a)	(a)	(e)	(b)	(d)	(b)	(d)	(d)	(d)	(b)	(d)	(d)	(c)	(c)
556	**557**	**558**	**559**	**560**	**561**	**562**	**563**	**564**	**565**	**566**	**567**	**568**	**569**	**570**
(b)	(b)	(c)	(a)	(b)	(c)	(c)	(b)	(c)	(a)	(c)	(c)	(d)	(c)	(d)
571	**572**	**573**	**574**	**575**	**576**	**577**	**578**	**579**	**580**	**581**	**582**	**583**	**584**	**585**
(c)	(c)	(a)	(c)	(d)	(b)	(c)	(c)	(a)	(c)	(c)	(c)	(c)	(b)	(a)
586	**587**	**588**	**589**	**590**	**591**	**592**	**593**	**594**	**595**	**596**	**597**	**598**	**599**	**600**
(b)	(b)	(c)	(a)	(c)	(d)	(c)	(d)	(d)	(b)	(c)	(d)	(d)	(a)	(d)

601	**602**	**603**	**604**	**605**	**606**	**607**	**608**	**609**	**610**	**611**	**612**	**613**	**614**	**615**
(c)	*(b)*	*(c)*	*(c)*	*(b)*	*(a)*	*(b)*	*(a)*	*(c)*	*(d)*	*(c)*	*(a)*	*(c)*	*(d)*	*(c)*
616	**617**	**618**	**619**	**620**	**621**	**622**	**623**	**624**	**625**	**626**	**627**	**628**	**629**	**630**
(a)	*(d)*	*(b)*	*(d)*	*(c)*	*(c)*	*(a)*	*(c)*	*(a)*	*(d)*	*(b)*	*(a)*	*(c)*	*(a)*	*(b)*
631	**632**	**633**	**634**	**635**	**636**	**637**	**638**	**639**	**640**	**641**	**642**	**643**	**644**	**645**
(c)	*(a)*	*(a)*	*(a)*	*(c)*	*(d)*	*(b)*	*(c)*	*(a)*	*(b)*	*(b)*	*(d)*	*(d)*	*(a)*	*(c)*
646	**647**	**648**	**649**	**650**	**651**	**652**	**653**	**654**	**655**	**656**	**657**	**658**	**659**	**660**
(b)	*(c)*	*(d)*	*(d)*	*(a)*	*(b)*	*(c)*	*(b)*	*(a)*	*(a)*	*(c)*	*(b)*	*(d)*	*(a)*	*(a)*
661	**662**	**663**	**664**	**665**	**666**	**667**	**668**	**669**	**670**	**671**	**672**	**673**	**674**	**675**
(c)	*(b)*	*(c)*	*(a)*	*(d)*	*(c)*	*(c)*	*(a)*	*(c)*	*(d)*	*(c)*	*(b)*	*(b)*	*(a)*	*(d)*
676	**677**	**678**	**679**	**680**	**681**	**682**	**683**	**684**	**685**	**686**	**687**	**688**	**689**	**690**
(b)	*(b)*	*(b)*	*(c)*	*(d)*	*(b)*	*(d)*	*(b)*	*(a)*	*(c)*	*(a)*	*(c)*	*(d)*	*(a)*	*(d)*
691	**692**	**693**	**694**	**695**	**696**	**697**	**698**	**699**	**700**	**701**	**702**	**703**	**704**	**705**
(a)	*(b)*	*(a)*	*(d)*	*(c)*	*(b)*	*(d)*	*(d)*	*(b)*	*(c)*	*(a)*	*(b)*	*(a)*	*(a)*	*(c)*
706	**707**	**708**	**709**	**710**	**711**	**712**	**713**	**714**	**715**	**716**	**717**	**718**	**719**	**720**
(b)	*(a)*	*(b)*	*(a)*	*(c)*	*(a)*	*(b)*	*(c)*	*(b)*	*(a)*	*(c)*	*(d)*	*(b)*	*(c)*	*(d)*
721	**722**	**723**	**724**	**725**	**726**	**727**	**728**	**729**	**730**	**731**	**732**	**733**	**734**	**735**
(b)	*(c)*	*(d)*	*(d)*	*(a)*	*(a)*	*(a)*	*(b)*	*(b)*	*(c)*	*(d)*	*(d)*	*(a)*	*(d)*	*(c)*
736	**737**	**738**	**739**	**740**	**741**	**742**	**743**	**744**	**745**	**746**	**747**	**748**	**749**	**750**
(c)	*(a)*	*(a)*	*(b)*	*(b)*	*(c)*	*(d)*	*(b)*	*(a)*	*(a)*	*(c)*	*(b)*	*(a)*	*(c)*	*(b)*
751	**752**	**753**	**754**	**755**	**756**	**757**	**758**	**759**	**760**	**761**	**762**	**763**	**764**	**765**
(a)	*(a)*	*(a)*	*(c)*	*(a)*	*(a)*	*(c)*	*(b)*	*(b)*	*(b)*	*(c)*	*(d)*	*(d)*	*(c)*	*(b)*
766	**767**	**768**	**769**	**770**	**771**	**772**	**773**	**774**	**775**	**776**	**777**	**778**	**779**	**780**
(a)	*(a)*	*(a)*	*(b)*	*(a)*	*(b)*	*(a)*	*(c)*	*(d)*	*(a)*	*(c)*	*(c)*	*(a)*	*(a)*	*(d)*
781	**782**	**783**	**784**	**785**	**786**	**787**	**788**	**789**	**790**	**791**	**792**	**793**	**794**	**795**
(d)	*(b)*	*(c)*	*(b)*	*(b)*	*(c)*	*(b)*	*(a)*	*(a)*	*(a)*	*(a)*	*(c)*	*(b)*	*(b)*	*(d)*
796	**797**	**798**	**799**	**800**	**801**	**802**	**803**	**804**	**805**	**806**	**807**	**808**	**809**	**810**
(c)	*(c)*	*(b)*	*(a)*	*(d)*	*(c)*	*(c)*	*(c)*	*(b)*	*(a)*	*(a)*	*(c)*	*(c)*	*(a)*	*(b)*
811	**812**	**813**	**814**	**815**	**816**	**817**	**818**	**819**	**820**	**821**	**822**	**823**	**824**	**825**
(c)	*(d)*	*(c)*	*(b)*	*(b)*	*(c)*	*(c)*	*(d)*	*(b)*	*(a)*	*(b)*	*(c)*	*(a)*	*(a)*	*(b)*
826	**827**	**828**	**829**	**830**	**831**	**832**	**833**	**834**	**835**	**836**	**837**	**838**	**839**	**840**
(a)	*(c)*	*(d)*	*(b)*	*(d)*	*(c)*	*(c)*	*(c)*	*(c)*	*(b)*	*(a)*	*(c)*	*(b)*	*(b)*	*(a)*
841	**842**	**843**	**844**	**845**	**846**	**847**	**848**	**849**	**850**	**851**	**852**	**853**	**854**	**855**
(a)	*(d)*	*(c)*	*(c)*	*(c)*	*(b)*	*(b)*	*(c)*	*(a)*	*(b)*	*(d)*	*(b)*	*(d)*	*(c)*	*(a)*
856	**857**	**858**	**859**	**860**	**861**	**862**	**863**	**864**	**865**	**866**	**867**	**868**	**869**	**870**
(d)	*(b)*	*(d)*	*(c)*	*(c)*	*(d)*	*(c)*	*(a)*	*(d)*	*(d)*	*(d)*	*(a)*	*(b)*	*(d)*	*(d)*
871	**872**	**873**	**874**	**875**	**876**	**877**	**878**	**879**	**880**	**881**	**882**	**883**	**884**	**885**
(b)	*(b)*	*(a)*	*(b)*	*(c)*	*(c)*	*(b)*	*(b)*	*(b)*	*(a)*	*(a)*	*(c)*	*(c)*	*(a)*	*(d)*
886	**887**	**888**	**889**	**890**	**891**	**892**	**893**	**894**	**895**	**896**	**897**	**898**	**899**	**900**
(a)	*(a)*	*(b)*	*(d)*	*(a)*	*(b)*	*(b)*	*(a)*	*(c)*	*(a)*	*(d)*	*(c)*	*(c)*	*(b)*	*(c)*
901	**902**	**903**	**904**	**905**	**906**	**907**	**908**	**909**	**910**	**911**	**912**	**913**	**914**	**915**
(d)	*(d)*	*(b)*	*(a)*	*(b)*	*(a)*	*(b)*	*(d)*	*(d)*	*(a)*	*(a)*	*(c)*	*(d)*	*(d)*	*(b)*
916	**917**	**918**	**919**	**920**	**921**	**922**	**923**	**924**	**925**	**926**	**927**	**928**	**929**	**930**
(a)	*(c)*	*(a)*	*(a)*	*(b)*	*(b)*	*(b)*	*(b)*	*(c)*	*(b)*	*(b)*	*(a)*	*(c)*	*(d)*	*(d)*
931	**932**	**933**	**934**	**935**	**936**	**937**	**938**	**939**	**940**	**941**	**942**	**943**	**944**	**945**
(b)	*(c)*	*(c)*	*(c)*	*(c)*	*(d)*	*(b)*	*(b)*	*(a)*	*(a)*	*(c)*	*(d)*	*(a)*	*(d)*	*(c)*
946	**947**	**948**	**949**	**950**	**951**	**952**	**953**	**954**	**955**	**956**	**957**	**958**	**959**	**960**
(b)	*(a)*	*(c)*	*(c)*	*(a)*	*(d)*	*(c)*	*(d)*	*(a)*	*(b)*	*(a)*	*(d)*	*(c)*	*(c)*	*(c)*
961	**962**	**963**	**964**	**965**	**966**	**967**	**968**	**969**	**970**	**971**	**972**	**973**	**974**	**975**
(c)	*(a)*	*(a)*	*(a)*	*(c)*	*(c)*	*(b)*	*(b)*	*(b)*	*(c)*	*(c)*	*(c)*	*(c)*	*(a)*	*(d)*

आधुनिक भारतीय इतिहास

स्रोत तथा इतिहास शास्त्र

अभिलेखीय सामग्री

- वायसरायों और भारत सचिवों के अधिकांश निजी कागजात माइक्रो फिल्मों के रूप में 'नेशनल आर्काइब्ज ऑफ इण्डिया' नई दिल्ली और नेहरू मेमोरियल म्यूजियम एण्ड लाइब्रेरी, नई दिल्ली में सुरक्षित हैं।
- सरकारी दस्तावेजों के अंश सी० एच० फिलिप्स द्वारा सम्पादित 'इवॉल्यूशन ऑफ इण्डिया एण्ड पाकिस्तान' (1858-1947), (लन्दन, 1962)।
- ब्रिटिश म्यूजियम, लन्दन में 19वीं एवं 20वीं शताब्दी के महत्वपूर्ण दस्तावेज सुरक्षित हैं।
- गवर्नरों व अन्य अधिकारियों के प्रपत्र इण्डिया ऑफिस लायब्रेरी, लन्दन में सुरक्षित हैं।
- इल्टिस और वेनराइट कृत 'गवर्नमेन्ट आर्काइव्ज इन साउथ एशिया', (कैंब्रिज, 1969)
- नेहरू मेमोरियल म्यूजियम एण्ड लायब्रेरी, नई दिल्ली (20वीं शताब्दी के भारतीय इतिहास से संबधित महत्वपूर्ण संग्रह) इसमें भारतीय राजनेताओं और व्यापारियों के व्यक्तिगत दस्तावेजों, अखिल भारतीय कांग्रेस कमेटी की फाइलें, रजवाड़ों के जन-आन्दोलन, किसान व मजदूर संगठनों के कागजात, राजनीतिक गतिविधियों की अभिलिखित वार्ताएँ और अप्रकाशित एवं अर्द्धप्रकाशित शोध पत्रों की माइक्रो फिल्में सम्मिलित हैं।
- एन० मैसर्ग द्वारा सम्पादित 'ट्रान्सफर ऑफ पावर' में प्रकाशित सरकारी कागजात।
- ऑक्सफोर्ड 'हिस्ट्री ऑफ इण्डिया' (पी० स्वियर कृत)।
- 'हिस्ट्री ऑफ दि इण्डियन नेशनल कांग्रेस' (पी० सीतारमैया कृत)।

जीवनी साहित्य तथा संस्मरण

- महात्मा गांधी की 'स्टोरी ऑफ माई एक्सपेरिमेन्ट्स विद ट्रुथ'।
- जवाहर लाल नेहरू की ऐन ऑटोबायोग्राफी।
- सुभाष चन्द्र बोस की दि इण्डियन स्ट्रगल (कलकत्ता 1935 ई०)।
- मौलाना अबुल कलाम आजाद की 'इण्डिया विन्स फ्रीडम'।
- बी० आर० नन्दा की गोखले दि इण्डियन मॉडरेट्स एण्ड दि ब्रिटिश राज (दिल्ली 1997 ई०)
  विजय तेन्दुलकर कृत दि महात्मा (दिल्ली 1960)

यात्रा वृत्तांत

- चार्ल्स ग्रान्ट का 19वीं शताब्दी के भारत का विवरण।
- डेविडसन ने 1843 ई० में 'ट्रवल्स इन अपर इण्डिया' के नाम से अपनी यात्रा वृत्तांत लिखा।
- चार्ल्स हुगेल ने 1845 में 'ट्रेवल्स इन कश्मीर पंजाब' लिखा।

मौखिक इतिहास

- इण्डियन ऐनुअल रजिस्टर (1942)।
- लो द्वारा सम्पादित 'कांग्रेस रिबेलियन इन आजमगढ़' (1942)।
- उमा कौर कृत 'मुस्लिम'।

समाचार-पत्र

समाचार-पत्र	*संस्थापक/सम्पादक*	*भाषा*
केसरी	तिलक	मराठी
इंगलिश मैन	राबर्ट नाइट	अंग्रेजी
टाइम्स ऑफ इण्डिया	राबर्ट नाइट	अंग्रेजी
स्टेट्स मैन	रार्बट नाइट	अंग्रेजी
मद्रास मेल	राबर्ट नाइट	अंग्रेजी
पायनियर	राबर्ट नाइट	अंग्रेजी
सिविल एंड मिलिटरी गजट	राबर्ट नाइट	अंग्रेजी
अमृत बाजार पत्रिका	मोतीलाल घोष	बंगला, अंग्रेजी
हिन्दू	वीर राघवाचारी	अंग्रेजी

बंगवासी	जोगिन्दर नाथ बोस	बंगला
सोम प्रकाश	ईश्वरचन्द्र विद्यासागर	बंगला
मराठा	तिलक	अंग्रेजी
नेटिव ओपिनियन	बी॰ एन॰ मार्गेट	
हिन्दुस्तान	मदन मोहन मालवीय प्रतापनारायण मिश्र	हिन्दी
बम्बई दर्पण	बाल शास्त्री	मराठी
केमिनवील	एनी बेसेंट	अंग्रेजी
हिन्दी प्रदीप	बालकृष्ण भट्ट	हिन्दी
कविवचन सुधा	भारतेन्दु हरिश्चन्द्र	हिन्दी
इंडियन रिव्यू	जी॰ एनटेशन	अंग्रेजी
यंग इंडिया	महात्मा गांधी	अंग्रेजी
नवजीवन	महात्मा गांधी	हिन्दी
हरिजन	महात्मा गांधी	हिन्दी, गुजराती
इंडिपेंडेंस	मोतीलाल नेहरू	अंग्रेजी
आज	शिवप्रसाद गुप्त	हिन्दी
गदर	गदर पार्टी	अंग्रेजी, उर्दू तथा पंजाबी
नेशनल हेराल्ड	जवाहरलाल नेहरू	अंग्रेजी
हिन्दुस्तान टाइम्स	के॰एम॰ पणिक्कर	अंग्रेजी
उदांत मार्तण्ड	जुगुल किशोर	हिन्दी
द॰ ट्रिब्यून	सर दयाल सिंह मजीठिया	अंग्रेजी
अल हिलाल	मौलाना अबुल कलाम आजाद	उर्दू
कामरेड	मुहम्मद अली जिन्ना	उर्दू

ब्रिटिश शक्ति का उदय

पुर्तगाली

- वास्कोडिगामा ने यूरोप से भारत के लिए केप ऑफ गुड होप होकर समुद्र मार्ग की खोज की। उसे कालीकट आने में अब्दुल मजीद नामक गुजराती ने मदद की।
- वास्कोडिगामा 1498 में कालीकट के बन्दरगाह पर पहुँचा जहाँ कालीकट के हिन्दू राजा जो 'जेमोरीन' की उपाधि से जाना जाता था, ने उसकी आगवानी की।
- वास्कोडिगामा ने इस यात्रा से जितना धन कमाया, वह इस पूरी यात्रा पर आए खर्च का 60 गुना था।
- 1502 ई॰ में वास्कोडिगामा ने भारत की दूसरी यात्रा की।
- 1502 ई॰ में वास्कोडिगामा ने जेमोरीन द्वारा मुस्लिम व्यापारियों को निष्कासित करने से इंकार करने के बाद कालीकट पर बमबारी की।
- पुर्तगालियों की पहली फैक्ट्री कालीकट में 1500 ई॰ में स्थापित हुई, जिसे 1525 ई॰ में जेमोरीन के दबाव के कारण बन्द कर दिया गया।
- भारत में पुर्तगालियों की प्रारंभिक राजधानी कोचीन थी, किन्तु बाद में गोवा हो गई।
- भारत में प्रथम पुर्तगाली गर्वनर, 'फ्रांसिस्को डी अल्मेडा' था (1505-09)।
- दूसरा पुर्तगाली गर्वनर अल्फांसो डी अलब्यूकर्क (1509-15) था।
- 1510 ई॰ में पुर्तगालियों ने बीजापुर के शासक से गोवा जीता।
- अलब्यूकर्क ने अपने देशवासियों को भारतीय महिलाओं से शादी करने के लिए उत्साहित किया।
- पुर्तगालियों का एक अन्य महत्वपूर्ण गवर्नर नीनो डी कुन्हा (1529-38) था, जिसके समय में राजधानी कोचीन से गोवा स्थानांतरित की गई तथा गुजरात के बहादुरशाह से दीव और बसीन जीते गए।
- पुर्तगाली गर्वनर माटीनि अल्फांसों डिसूजा के साथ प्रसिद्ध कैथोलिक संत फ्रांसिस्को जेवियर भारत आया।
- पुर्तगाल के राजा ने बम्बई (मुम्बई) को अपनी बहन कैथरीन बरगन्डाजा की शादी में दहेज स्वरूप इंग्लैण्ड के चार्ल्स द्वितीय को 1662 में दिया।
- 1739 ई॰ में मराठों ने पुर्तगालियों से सालसेतू और बेसीन जीत लिया।
- अन्तत: पुर्तगालियों के पास केवल गोवा, दीव और दमन बचा जो उनके पास 1961 तक रहा।
- पुर्तगालियों ने मसाले, मुख्यत: काली मिर्च के व्यापार पर एकाधिकार स्थापित किया।
- उन्होंने हिन्द महासागर में सामरिक महत्व की जगहों को अधिकार में ले लिया ताकि एशियाई तृतीय व्यापार पर उनका अधिकार हो सके।
- वे हिन्द महासागर में कैप्टन एवं कस्टम कलक्टरों के कार्यालयों की ब्रिकी करते थे।
- पश्चिमी तट पर पुर्तगाली बस्तियाँ थीं–कालीकट (1500), कोचीन (1501), कन्नौर (1503), क्वीलोन (1503), चेलीयम (1531), राहोल (1535), क्रेन्गान्नौर (1536), मंगलोर (1568), हानावेर (1568), दोउ (1569), सूरत (1599), दमन (1599) भावनगर।
- पूर्वीतट पर प्रमुख पुर्तगाली बस्तियाँ–मेलीयापुर (सैनथोम), चंट्टगाँव (1536), हुगली (1579-80), व बन्देल।
- इन्होंने बंगाल के शासक महमूदशाह से चट्टगाँव और सतगाँव में फैक्ट्री स्थापित करने की 1536 ई॰ में अनुमति प्राप्त की।
- 1579-80 में उन्हें दूसरी बस्ती हुगली, अकबर द्वारा दी गई।
- 1633 ई॰ में शाहजहाँ के फरमान के द्वारा बन्देल में तीसरी बस्ती स्थापित की गई।
- यदि कोई व्यक्ति अपने जहाज को भारत के दूसरे हिस्से में या एशियाई देशों में भेजना चाहता था तो उसे पुर्तगालियों से 'कार्टेज़' लेना पड़ता था जिसके लिए एक निर्धारित शुल्क वसूला जाता था।
- कार्टेज पहली बार 1502 ई॰ में जारी किया गया।
- 1506 ई॰ में डोम मैनुअल ने लिस्बन के मसालों के व्यापार को शाही एकाधिकार के अन्तर्गत ले लिया।
- कुछ भारतीय शासक जैसे अकबर और उनके उत्तराधिकारी, अहमदनगर के निजामशाह, बीजापुर के आदिल शाह, कोचीन का राजा, कालीकट का जेमोरीन तथा कैन्नूर के शासक ने अपने जहाजों को विभिन्न जगहों पर भेजने के लिए पुर्तगालियों से कार्टेज लिया था।

- पुर्तगाली व्यापार की महत्वपूर्ण वस्तुओं जो भारत से लायी जाती थी–काली मिर्च, अदरक, सफेद एवं लाल चन्दन, नील, कपड़े, हाथी दाँत, दालचीनी, रेशम, मलमल, मोती आदि।
- ब्राजील की खोज और वहाँ चाँदी के खदानों के मिलने से पुर्तगालियों का औपनिवेशक रुझान बदल गया।
- भारत में पुर्तगाली शक्ति की नींव डालने का श्रेय अलब्यूकर्क को जाता है।
- 1515 ई॰ में गोआ में अलब्यूकर्क की मृत्यु हुई।
- 1556 ई॰ में पुर्तगालियों को श्रीलंका में अपना व्यापारिक एकाधिकार स्थापित करने में सफलता प्राप्त हुई।
- 1492 ई॰ में पोप अलेक्जेण्डर षष्ठ ने एक आज्ञा-पत्र द्वारा पूर्वी समुद्रों में पुर्तगालियों को व्यापार करने का एकाधिकार प्रदान किया था।
- वास्कोडिगामा की सफलता से प्रोत्साहित होकर पुर्तगालियों ने 1500 ई॰ में पीड्रो एल्वारेज कैब्रल को भारत भेजा।

डच

- 1602 ई॰ में डच ईस्ट इंडिया कम्पनी की स्थापना हुई।
- 1605 ई॰ में डचों ने मसुलीपट्टनम में पहली फैक्ट्री स्थापित की।
- डच की दूसरे महत्वपूर्ण फैक्ट्रियाँ पुलीकट, सूरत, कारीकल, चीनसुरा, कासिम बाजार, बड़ानगर, पटना, बालासोर, नेगापट्टनम और कोचीन में थीं।
- डचों ने पुर्तगालियों के व्यापारिक एकाधिकार को भंग किया।
- प्रारम्भ में 1600 ई॰ तक चन्द्रगिरि के राजा से अनुमति लेने के बाद इनका मुख्यालय पुलीकट में था लेकिन बाद में 'नेगापट्टनम' में मुख्यालय बनाया गया।
- ये मसालें, वस्त्र, नील, शोरा, सिल्क आदि का निर्यात करते थे।
- 18वीं शताब्दी के शुरुआत के साथ डच के व्यापारिक कार्यकलापों का अन्त होना शुरू हो गया तथा अंग्रेजों के साथ 1759 में 'बेदरा की लड़ाई' के फलस्वरूप इनकी व्यापारिक गतिविधियाँ बिल्कुल खत्म हो गईं।
- डच ईस्ट इंडिया कम्पनी का मुख्य प्रशासनिक केन्द्र बैट्विया था।
- बंगाल के खाकुल में 1669 ई॰ में तथा 1676 में माल्दा में डच फैक्ट्री खुली, लेकिन दोनों को जल्दी ही बन्द करना पड़ा।
- इनकी दो फैक्ट्रियाँ गोलकुण्डा क्षेत्र में नागलवांचा तथा गोलकुण्डा में थीं।
- डच को भारत से बाहर करने के लिए अंग्रेजों ने पुर्तगालियों से हाथ मिलाया।
- डच ईस्ट इंडिया कम्पनी 17 निदेशकों, जिन्हें 'जैन्टलमैन XVII' कहा जाता था, के द्वारा संचालित होती थी।
- डच ईस्ट इंडिया कम्पनी के शेयर धारकों का प्रबंधकीय अंग पर कोई अधिकार नहीं था।
- 1657 में गोलकुण्डा के राजा ने पुलीकट मिल में डचों को सिक्का बनाने का अधिकार दिया।
- 1676 ई॰ के फरमान द्वारा गोलकुण्डा के शासक ने डच को गोलकुण्डा में सीमा-शुल्क से पूरी तरह माफ कर दिया।
- डच ने पश्चिमी तट पर व्यापार के लिए मुगल राजा जहाँगीर से फरमान जारी करवाया।
- शाहजहाँ ने दो फरमान जारी कर उन्हें बंगाल और सूरत में व्यापार की अनुमति प्रदान की।
- 1638 ई॰ में शाहजहाँ ने एक फरमान जारी कर शोरा के व्यापार की अनुमति दी।
- 1642 ई॰ में शाहजहाँ ने डच को पिपली से आगरा तक राहदारी से मुक्त किया।
- 1662 ई॰ में डच को शाहजहाँ द्वारा जितनी सुविधाएँ दी गई थीं उनकी औरंगजेब ने पुष्टि की।
- 1709 ई॰ में शाह आलम ने सूरत और हुगली में सीमा शुल्क $3\frac{1}{2}$ प्रतिशत से $2\frac{1}{2}$ प्रतिशत कर दिया।
- शाह आलम ने कम्पनी को राहदारी से पूरे मुगल साम्राज्य में मुक्त कर दिया।
- जहांदार शाह ने 1712 में औरंगजेब द्वारा कोरोमण्डल में दी गई सभी सुविधाओं को सुनिश्चित किया।
- डच ईस्ट इंडिया कम्पनी का मूल नाम वेरिगदे ओस्ट इंडि से कम्पनी अर्थात् VOC था।
- डचों ने 1605 ई॰ में मसुलीपट्टम में प्रथम कारखाना खोला था।
- डचों द्वारा भारत से नील, शोरा व सूती वस्त्र का निर्यात किया जाता था।
- 1653 में चिनसुरा (बंगाल) सर्वाधिक शक्तिशाली डच व्यापार केन्द्र बन गया था, यहाँ डचों ने गुस्ताबुल नामक किला निर्मित कराया था।
- डचों ने पुलीकट में अपने स्वर्ण निर्मित *पैगोडा* सिक्के को प्रचलित किया था।

अंग्रेज

- व्यापारियों के एक समूह जिसे 'मर्चेंट एडवेन्चर्स' कहा जाता था, के द्वारा सन् 1599 ई॰ में 'ईस्ट इंडिया कम्पनी' का गठन किया गया।
- 1600 ई॰ में रानी एलीजाबेथ के द्वारा कम्पनी को एक चार्टर दिया गया जिसमें कम्पनी का 15 वर्षों के लिए पूर्वी व्यापार पर एकाधिकारि निर्धारित किया गया था।
- पहले चार्टर की अवधि समाप्त होने के पहले ही 1609 ई॰ में जेम्स प्रथम द्वारा चार्टर के द्वारा कम्पनी का एकाधिकार अनिश्चित समय के लिए बढ़ा दिया गया था।
- अंग्रेज राजदूत कैप्टन हॉकिन्स जहाँगीर के दरबार में 1609 में व्यापार की अनुमति लेने आया। उसे 400 जात के मनसब प्रदान किए गए।
- 1613 ई॰ में जहाँगीर ने सूरत में फैक्ट्री लगाने की अनुमति प्रदान की।
- 1615 ई॰ में सर थॉमस जेम्स प्रथम राजदूत की हैसियत से जहाँगीर के दरबार में आया और व्यापार एवं फैक्ट्री स्थापित करने की अनुमति प्राप्त की।
- 1698 में अंग्रेजों ने सुतानाती, कालीकट और गोविन्दपुर के गाँवों की जमींदारी प्राप्त की।
- सुतानाती की फैक्ट्री की किलाबन्दी की गई तथा इसका नाम सन् 1700 में फोर्ट विलियम रखा गया।
- फोर्ट विलियम का प्रथम अध्यक्ष सर चार्ल्स आयर था।
- सन् 1700 में बंगाल, बिहार और उड़ीसा के सभी क्षेत्रों को फोर्ट विलियम में शामिल किया गया।
- दक्षिण भारत में मसुलीपट्टनम में 1611 ई॰ में तथा आर्मागाँव (पुलीकट के नजदीक) में 1626 में फैक्ट्री की स्थापना की गई।
- 1639 ई॰ में फ्रांसिस डे ने चन्द्रगिरि के राजा से किलाबन्द फैक्ट्री बनाने की अनुमति के साथ-साथ मद्रास में जगह भी प्राप्त की। इस फैक्ट्री का नाम *फोर्टजार्ज* था।
- कोरोमंडल तट पर अंग्रेजों का मुख्यालय मसुलीपट्टनम की जगह मद्रास बन गया।
- पूर्वी भारत के सभी क्षेत्रों तथा कोरोमंडल के क्षेत्रों को फोर्ट एवं सेंट जार्ज के प्रेसीडेंट एवं परिषद के नियंत्रण में रखा गया।
- अंग्रेजों ने आगरा, अहमदाबाद, भडौंच और बड़ौदा में भी फैक्ट्रियाँ स्थापित कीं। ये सभी फैक्ट्रियाँ सूरत फैक्ट्री के अध्यक्ष और परिषद के नियंत्रण में कर दिए गए।
- 1668 ई॰ में कम्पनी ने चार्ल्स द्वितीय से वार्षिक 10 पौंड पर बम्बई लीज पर ले लिया।
- 1632 में गोलकुण्डा के सुल्तान ने कम्पनी को 'गोल्डेन फरमान' जारी कर इसे साल में 500 पैगोड़ा के भुगतान पर अपने राज्य में स्वतंत्र रूप से व्यापार करने की अनुमति प्रदान की।
- औरंगजेब ने एक फरमान के द्वारा वार्षिक भुगतान के बदले कम्पनी को बंगाल में सीमा-शुल्क से मुक्त कर दिया।
- फर्रुखसियर ने फरमान जारी कर 1691 की सुविधाओं को 1717 ई॰ में सुनिश्चित किया तथा उसे गुजरात एवं दक्कन के क्षेत्र में भी लागू कर दिया।
- ईस्ट इंडिया कम्पनी का आन्तरिक प्रबन्ध कोर्ट ऑफ कमिटी के द्वारा नियंत्रित होता था, जिसका नाम बाद में 1709 ई॰ में 'कोर्ट ऑफ डायरेक्टर्स' कर दिया गया।
- कोर्ट ऑफ डायरेक्टर्स में एक गवर्नर, एक डिप्टी गर्वनर और 24 सदस्य थे, जो कम्पनी के संस्थापक व्यापारियों की आम सभा से प्रत्येक वर्ष चुने जाते थे। इसके अलावा एक सचिव एवं एक कोषाध्यक्ष होता था।
- कम्पनी का उच्चस्तरीय अंग 'कोर्ट ऑफ डायरेक्टर्स' लंदन में स्थित था जबकि इसका एक अधीनस्थ अंग एशिया में था।
- कम्पनी के निदेशकों का चुनाव प्रतिवर्ष कम्पनी के शेयर धारकों के द्वारा 'कोर्ट ऑफ प्रोप्राइटर्स' में होता था। प्रत्येक शेयर धारक शेयर के मूल्य का ध्यान किए बिना, एक वोट देने का अधिकारी था।
- कम्पनी को राज्य के कानून और रीति-रिवाजों के अनुसार कानून बनाने का अधिकार था। अपने कर्मचारियों को उनके अपराध के लिए जेल या जुर्माना की सजा देने का अधिकार कम्पनी को था।
- भारत में प्रत्येक फैक्ट्री 'गवर्नर-इन-कौंसिल' से नियंत्रित होती थी। बिना किसी अतिरिक्त विशेषाधिकार के गर्वनर इस परिषद का अध्यक्ष होता था।
- कम्पनी का नीति निर्धारण, कोर्ट ऑफ डायरेक्टर्स के द्वारा होता था।
- रानी एलिजाबेथ कम्पनी के शेयर धारकों में से एक थी।
- कम्पनी को यह अधिकार था कि लम्बी समुद्र यात्रा पर अनुशासन बनाए रखने के लिए कानून लागू करें।
- 1632 के चार्टर ने कम्पनी के अधिकार को अपने

कर्मचारियों को नियंत्रित करने तथा दंड देने के मामलों में बढ़ा दिया।

- कम्पनी का पूर्वी व्यापार में अन्य अंग्रेज व्यापारियों की अपेक्षा एकाधिकार था।
- सभी विरोधों के बावजूद इन अंग्रेज व्यापारियों ने कम्पनी के एकाधिकार को खत्म करने के लिए पूर्वी भारतीय व्यापार में अपनी सक्रियता जारी रखी।
- ब्रिटिश संसद ने एक प्रस्ताव पारित किया था कि इंग्लैण्ड के सभी नागरिकों को पूर्ण व्यापार का समान अधिकार है। इसके परिणामस्वरूप एक नई कम्पनी का गठन हुआ। किन्तु पुरानी कम्पनी ने अपनी सुविधाएँ छोड़ने से इंकार कर दिया। लम्बे विवाद के बाद दोनों कम्पनी 'द लिमिटेड कम्पनी ऑफ मर्चेन्ट्स ऑफ इंग्लैण्ड ट्रेडिंग इन ईस्ट' के नाम से 1708 ई० में आपस में मिल गई।
- 1611 में हॉकिन्स को सूरत में खुले व्यापार की अनुमति मिली किन्तु बाद में पुर्तगाली दबाव के कारण उसे आगरा से निकाल दिया गया।
- 1613 ई० में कैप्टन बेस्ट, पश्चिमी तट, सूरत, कैम्बे, अहमदाबाद तथा गोवा में फैक्ट्री खोलने के लिए राजकीय फरमान पाने में सफल रहा।
- पुर्तगालियों ने बाम्बे द्वीप को इंग्लैण्ड के राजा चार्ल्स द्वितीय को 1662 ई० में दहेज में दिया।
- मुम्बई की किलाबन्दी 1720 में 'चार्ल्सबून' के द्वारा की गई।
- अंग्रेजी ईस्ट इंडिया कम्पनी को 1651 में सुल्तान शुजा के द्वारा एक फरमान जारी किया गया जिसके द्वारा 3,000 रुपये के वार्षिक भुगतान पर उन्हें बंगाल में व्यापारिक सुविधाएँ दी गई।
- 1636 के निशान द्वारा कम्पनी को सीमा-शुल्क से पूर्णत: मुक्त कर दिया गया।
- शाइस्ता खाँ के फरमान ने 1686 ई० में अन्तिम रूप से सीमा-शुल्क विहीन अंग्रेजी व्यापार को बंगाल में सुनिश्चित किया।
- 1686 ई० में अंग्रेजों ने मुगल साम्राज्य के विरुद्ध युद्ध की घोषणा की और हुगली को लूटा। किन्तु मुगल सेना द्वारा वे परास्त हो गए। औरंगजेब ने क्षतिपूर्ण के रूप में 1,50,000 रुपये के भुगतान पर उन्हें व्यापार करने की अनुमति दी।
- सन् 1698 मे इंगलैण्ड के राजा ने औरंगजेब के दरबार में सर विलियम नौरीस को अपने विशेष दूत के रूप में व्यापारिक रियायतें देने और अंग्रेजी बस्तियों पर अंग्रेजी प्रभुत्व कायम रखने के लिए भेजा।
- उड़ीसा में इनकी पहली फैक्ट्री हरिहरपुर और बालासोर में 1633 ई० में स्थापित हुई।
- 1651 ई० में हुगली में व्यापार करने की अनुमति मिली।
- कंपनी बम्बई में सिक्कों का निर्माण करती थी।
- शोभा सिंह, (वर्धमान के जमींदार) के विद्रोह ने अंग्रेजों को सुतानाती के किलाबंदी का अवसर प्रदान किया।
- जॉन सुरमन का शिप्टमंण्डल फर्रुखसियर के दरबार में पहुँचा। इस शिष्ट मण्डल के एक सदस्य 'विलियम हेमिल्टन' जो एक डाक्टर था, ने फर्रुखसियर को बीमारी से निरोग कर दिया। फर्रुखसियर ने प्रसन्न होकर 1717 मे एक फरमान जारी किया जिसे कंपनी का *'मैगना कार्टा'* कहा जाता है।
- अलीवर्दी खाँ पहला नवाब बना था जिसने कंपनी (अंग्रेज व फ्रेन्च) की गतिविधियों को नियन्त्रित करते हुए कलकत्ता, चन्द्रनगर की किलेबंदी का विरोध किया था।

भारत में आने वाले प्रमुख पुर्तगाली :

नाम	*वर्ष*
वास्कोडिगामा	1498 ई०
पेड्रो अलवर क्रेबल	1500 ई०
वास्कोडिगामा (दूसरी बार)	1502 ई०
आल्मोड़ा	1505 ई०
अल्बुकर्क	1509 ई०

भारत में यूरोपीय शक्तियों का प्रवेश :

यूरोपीय शक्ति	*वर्ष*
पुर्तगाली	1498 ई०
अंग्रेज	1600 ई०
डच	1602 ई०
डेनिस	1616 ई०
फ्रांसीसी	1664 ई०

- 1616 ई० में चार्ल्स द्वितीय ने कंपनी को एक नया आज्ञा-पत्र प्रदान किया, जिसके द्वारा कंपनी को मुद्रा

ढालने, किला बनाने, न्याय करने तथा गैर-ईसाई राज्यों के साथ सन्धि विग्रह करने का अधिकार मिल गया।

- कलकत्ता नगर की स्थापना का श्रेय जॉब चारनॉक को जाता है।

डेन्स

- ईस्ट इण्डिया कंपनी के गठन के बाद सन् 1616 ई॰ में ये भारत आए।
- 1620 ई॰ में ट्रान्कोबार (तमिलनाडु) और 1676 ई॰ में सेरामपुर (बंगाल) में इन्होंने केन्द्र स्थापित किया।
- भारत में इनका मुख्यालय सेरामपुर था।
- ये भारत में अपनी स्थिति सुदृढ़ नहीं कर सके और अंतत: इन्हें अपनी भारतीय बस्तियाँ अंग्रेजों को 1845 ई॰ में बेचनी पड़ीं।
- वे व्यापार की तुलना में धर्म-प्रचार के कार्य-कलापो में ज्यादा रुचि लेते थे।
- मसुलीपट्टम और पोर्टो नोवो में अपनी फैक्ट्रियाँ स्थापित कीं।

भारत में यूरोपीय कंपनियों का अंत

1. पुर्तगालियों की शक्ति भारत से पूर्णत: 1961 ई॰ में समाप्त हुई।
2. डचों की शक्ति 1759 ई॰ में बेदरा के युद्ध से समाप्त हुई।
3. फ्रांसीसी शक्ति 1760 ई॰ में वांडीवाश के युद्ध से समाप्त हुई।
4. ईस्ट इण्डिया कंपनी के शासन का अन्त 1858 ई॰ में भारत से हो गया।

फ्रेन्च

- फ्रेन्च ईस्ट इण्डिया कंपनी की स्थापना राज्य संरक्षण में 1664 ई॰ में कोलबर्ट 'के द्वारा हुई।
- इसका नाम 'कंपनी डेस इण्डेस ओरिएन्टलस' रखा गया।
- पहली फ्रेन्च फैक्ट्री सूरत (1668) में फ्रैंकोयस फैशन के द्वारा स्थापित की गयी।
- माराकर नामक फ्रांसीसी अधिकारी ने गोलकुंडा के सुल्तान से अनुमति प्राप्त कर मसुलपट्टम (1669) में फैक्ट्री की स्थापना की।
- फ्रेन्च (फ्रांकोइस मार्टिन और बेलैन्जर डी लेस्नीनरी) ने बालीकोइन्छापुरम' के गर्वनर 'शेर खाँ लोदी, से 1676 में एक छोटा गाँव लिया। यह गाँव पाँडिचेरी के रूप में विकसित हुआ और इसका प्रथम गवर्नर फ्रांकोइस मार्टिन था।
- 1690 ई॰ में बगांल के गवर्नर शाइस्ता खाँ से चन्द्रनगर प्राप्त हुआ।
- भारत में फ्रेन्च बस्तियों का मुख्यालय पांडिचेरी (फोर्ट लुइस) बनाया गया और फ्रांकोइस मार्टिन भारत में फ्रेन्च कार्यकलापों का गवर्नर जनरल बना।
- डूप्लेक्स भारत में एक महत्वपूर्ण फ्रांसीसी गवर्नर जनरल था।
- फ्रेन्च अंग्रेजों से मुकाबला नहीं कर सके और अंतत: उनका भारत में व्यापारिक कार्य-कलाप खत्म होने लगा।
- फ्रांसीसी कंपनी के सर्वोच्च अंग को 'सुपीरियर काउंसिल ऑफ इंडिज' कहा जाता था जिसका प्रधान डायरेक्टर जनरल होता था।
- फ्रेन्च ईस्ट इण्डिया कंपनी राज्य नियंत्रित कंपनी थी और इस प्रकार यह इंगलैण्ड और नीदरलैण्ड की चार्टर कंपनियों से भिन्न थी।
- फ्रेन्च कमाण्डर मार्टिन ने शिवाजी के प्रभुत्व को स्वीकार किया और उनके अधिकार क्षेत्र में एक नियत राशि के बदले व्यापार का लाइसेंस प्राप्त किया।
- फ्रेन्च ने सांभाजी से 1689 ई॰ में पांडिचेरी की किलाबंदी करने की अनुमति प्राप्त की।
- फ्रांसीसीयों का कर्नाटक के दोस्तअली से नजदीकी संबंध था।
- डचों ने हुगली व फ्रेन्च की व्यापारिक गतिविधियों को रोक दिया।
- दोस्तअली की सिफारिश पर मुगल शासक मुहम्मद शाह ने एक फरमान जारी कर फ्रेन्च को सोने और चाँदी के सिक्के जिस पर मुगल शासक की मोहर तथा ढालने के स्थान का नाम हो, ढालने और जारी करने की अनुमति दी।
- मालाबार तट पर माहे के निकट 1725 ई॰ में एक नई कंपनी का पुनर्निर्माण किया गया।
- 1739 ई॰ में कारीकाल में इन्होंने अपनी फैक्ट्री खोली।
- अंतिम निर्णायक युद्ध अंग्रजों के साथ 1760 ई॰ में

वांडीवाश में लड़ा जिसमें फ्रेन्च हार गए तथा भारत में अपने लगभग सभी अधिकार क्षेत्रों को खो दिया।

- 1701 ई० में पाण्डिचेरी फ्रांसीसी बस्तियों का मुख्यालय बन गया।
- 1742 के पश्चात् फ्रांसीसी व्यापारिक लाभ के साथ-साथ राजनीतिक महत्वाकांक्षाओं की पूर्ति हेतु संघर्षरत हुए। फलस्वरूप अंग्रेज-फ्रंसीसी संघर्ष का सूत्रपात हुआ।
- अंग्रेजों और फ्रांसीसियों के मध्य हुए युद्ध 'कर्नाटक युद्ध' के नाम से चर्चित हैं। कोरोमण्डल तट पर स्थित क्षेत्र कर्नाटक कहलाता था, इस पर अधिकार प्राप्त करने हेतु इन दोनों कंपनियों ने युद्ध किया था। ये युद्ध लगभग 10 वर्षों तक चलते रहे थे।
- डूप्ले के संबध में जे० आर० मैरियट का कथन है,''डूप्ले ने भारत की पूँजी मद्रास में तलाश कर भयानक भूल की-क्लाइव ने इसे बंगाल में खोज लिया।

प्रमुख भारतीय शक्तियों के साथ ब्रिटिश संबंध

बंगाल

- अलवर्दी खाँ के पश्चात् उसका नाती सिराजुद्दौला 1756 में नवाब बना।
- सिराजुदौला के संबंध अंग्रेजों के साथ निम्न तीन कारणों से शत्रुतापूर्ण हो गए थे :
  - अंग्रेज नवाब की सत्ता की अवहेलना कर उसके विरुद्ध षड्यंत्र में लिप्त थे।
  - नवाब की बिना अनुमति के फोर्ट विलियम की किलेबन्दी कर रहे थे।
  - सम्राट फर्रुखसियर द्वारा प्रदत्त व्यापार का विशेष अधिकार दस्तक (Free Pass) का कंपनी के कर्मचारी अपने निजी व्यापार में दुरुपयोग कर रहे थे।
- अंग्रेजों को उनकी दुश्मनी तथा उद्दण्डता को नियंत्रित करने के लिए नवाब सिराजुद्दौला ने मई 1756 ई० में कासिम बाजार पर आक्रमण कर अधिकार कर लिया।
- 15 जून, 1756 ई० को नवाब सिराजुद्दौला ने कलकत्ता पर आक्रमण कर अधिकार कर लिया। कलकत्ता का गवर्नर ड्रेक फुल्टा द्वीप भाग गया, मिस्टर हॉलवेल कुछ सहयोगियों के साथ बन्दी बना लिया गया।
- 20 जून, 1756 ई० को फर्ट विलियम के पतन के पश्चात् 146 अंग्रेज बन्दियों को एक छोटी कोठरी में बन्द कर दिया गया। 21 जून को प्रातःकाल मात्र 23 व्यक्ति ही जीवित थे, इस घटना को काल कोठरी की घटना (Black hole tragedy) कहा जाता है।
- अंग्रेजों द्वारा कलकत्ता पर पुनः अधिकार करने हेतु अक्टूबर 1756 ई० में मद्रास से राबर्ट क्लाइव के नेतृत्व में सैन्य दस्ता भेजा गया, एडमिरल वाट्सन क्लाइव का सहयोगी था।
- क्लाइव ने 2 जून 1757 को कलकत्ता पर पुनः अधिकार कर लिया।
- 9 जून, 1757 को कपंनी व नवाब सिराजुद्दौला के बीच अलीनगर की सन्धि सम्पन्न हो गयी। सन्धि के अनुसार–
  - नवाब ने मुगल बादशाह द्वारा प्रदत्त समस्त व्यापारिक सुविधाएँ जो कंपनी को दी गई थी, स्वीकार किया।
  - नवाब ने जिन फैक्टरियों को अधिकृत किया था, वापस किया तथा कंपनी को हर्जाना भी दिया।
  - अग्रेजों को कलकत्ता में टकसाल स्थापित करने व किलेबन्दी करने का अधिकार भी प्राप्त हुआ।
- अलीनगर की सन्धि नवाब सिराजुद्दौला की निर्बलता का प्रतीक थी, अतः अंग्रेज नवाब विरोधी कार्यवाहियों में सक्रिय हुए।
- नवाब विरोधी षड्यंत्र में मीर जाफर, राय दुर्लभ, जगत सेठ, अमीचन्द्र अंग्रेजों से मिले हुए थे। मीर जाफर को बंगाल का नवाब बनाने का निश्चय किया गया था।
- नवाब विरोधी षड्यंत्र अन्ततः प्लासी के युद्ध में परिणत हुआ।
- प्लासी नदिया जिले में गंगा नदी तट पर स्थित है।
- प्लासी के युद्ध में अंग्रेज सेना (1100 यूरोपीय तथा 200 बन्दूकची) का नेतृत्व क्लाइव ने किया था तथा नवाब की सेना (4500 सैनिक) का नेतृत्व तीन राजद्रोही (मीर जाफर, यारलतीफ खाँ, रायदुर्लभ) कर रहे थे।
- 23 जून, 1757 को प्लासी नामक स्थान पर दोनों पक्षों के बीच संघर्ष हुआ। षड्यंत्र के कारण नवाब की हार हुई। नवाब की तरफ से मीर मदन तथा मोहनलाल ने बहादुरी से लड़ाई लड़ी। भयभीत नवाब सिराजुद्दौला महल की ओर भागे अन्ततः उसकी हत्या कर दी गई।
- 28 जून, 1757 ई० को मीर जाफर को बंगाल का नवाब बनाया गया।

- प्लासी के युद्ध के परिणाम का मूल्यांकन करते हुए सर यदुनाथ सरकार ने लिखा है कि, "23 जून, 1757 ई० को भारत में मध्यकालीन युग का अन्त हो गया और आधुनिक युग का शुभारम्भ हुआ"।
- मीर जाफर ने नवाबी मिलने पर कम्पनी को उसकी कृपा स्वरूप 24 परगने की जमींदारी प्रदान की।
- मुर्शिदाबाद में मीर जाफर को 'कर्नल क्लाइव का गीदड़' कहा जाता था।
- 1758 ई० में लार्ड राबर्ट बंगाल का गर्वनर बना।
- 27 सितम्बर, 1706 ई० को बंगाल के गवर्नर वेन्सीटार्ट और मीर कासिम के मध्य एक गुप्त समझौता हुआ, जिसके अन्तर्गत मीर जाफर को नवाब पद त्याग करने के लिए विवश किया गया, बर्दवान, मिदनापुर, चटगाँव की जमींदारी कम्पनी को प्राप्त हुई। यह घटना 1760 ई० की 'बंगाल की दूसरी क्रान्ति' के नाम से प्रसिद्ध है।
- मीर कासिम ने नवाब बनने के उपरांत अंग्रेजों के हस्तक्षेप से बचने के लिए अपनी राजधानी मुर्शिदाबाद से मुंगेर हस्तान्तरित की।
- मीर कासिम ने अपनी सेना में गुर्गिन खाँ नामक आर्मेनियाई को नियुक्त किया, सैनिकों की संख्या में वृद्धि की, तोपों, बन्दूकों के निर्माण हेतु मुंगेर में कारखाना स्थापित किया। भारतीय व्यापारियों पर से चुंगी हटा ली, इन सभी कार्यों से अंग्रेज चिन्तित हुए, फलस्वरूप संघर्ष का सूत्रपात हुआ।
- जुलाई 1763 ई० में अंग्रेजों ने मीर कासिम को पदच्युत कर मीर जाफर को पुन: बंगाल का नवाब बनाया।
- मीर कासिम ने नवाब के पद से हटते ही अंग्रेज विरोधी गठबन्धन बनाया, जिसमें मुगल सम्राट शाह- आलम द्वितीय एवं अवध का नवाब शुजाउद्दौला सम्मिलित थे।
- 22 अक्टूबर, 1764 ई० को बक्सर में अवध के नवाब मुगल सम्राट व मीर कासिम की संयुक्त सेना की अंग्रेजी सेना (हेक्टर मुनरो के नेतृत्व में) से टक्कर हो गई। इस लड़ाई में अंग्रेजों की निर्णायक जीत हुई।
- बक्सर की लड़ाई ने अंग्रेजी सेना की श्रेष्ठता प्रमाणित कर दी।
- बक्सर की लड़ाई ने बंगाल, बिहार व उड़ीसा पर कम्पनी का पूर्ण प्रभुत्व स्थापित कर दिया, साथ ही अवध अंग्रेजों की दया का पात्र बन गया।
- पी० ई० राबर्ट्स के अनुसार, "प्लासी की अपेक्षा बक्सर को भारत में अंग्रेजी प्रभुता की जन्मभूमि मानना कहीं अधिक उपयुक्त है।

प्लासी के युद्ध का महत्व

1. प्लासी में हुई अंग्रेजों की विजय से, भारत में अंग्रेजों की विजय का मार्ग प्रशस्त हुआ।
2. अंग्रेज भारतीयों की विश्वासघाती प्रवृत्ति और राजनीतिक अदूरदर्शिता से अवगत हुए।
3. बंगाल के नवाब का ब्रिटिश कम्पनी के कर्मचारियों पर नियंत्रण समाप्त हो गया।
4. अंग्रेजों को आर्थिक लाभ हुआ। बंगाल उनके लिए दुधारू गाय बन गया।
5. बंगाल जो भारत का सर्वाधिक सम्पन्न प्रदेश था, कंगाली के कगार तक पहुँच गया था।

- प्लासी की लड़ाई ने अंग्रेजों की प्रभुता बंगाल में स्थापित की, परन्तु बक्सर की लड़ाई ने कम्पनी को एक अखिल भारतीय शक्ति का रूप दे दिया।
- मई 1765 ई० में क्लाइव दूसरी बार बंगाल का गर्वनर बनकर आया।
- 12 अगस्त, 1765 ई० को क्लाइव ने मुगल बादशाह शाहआलम से इलाहाबाद की प्रथम सन्धि की। सन्धि के अनुसार :
  (क) बंगाल, बिहार, उड़ीसा की दीवानी कम्पनी को प्राप्त हुई।
  (ख) कम्पनी ने कड़ा व मानिकपुर क्षेत्र अवध से पृथक् कर मुगल सम्राट को सौंप दिए।
  (ग) शाहआलम ने नज्मुद्दौला को बंगाल का नवाब स्वीकार किया।
  (घ) कम्पनी ने 26 लाख रुपया वार्षिक देना (मुगल बादशाह को) स्वीकार किया।
- इलाहाबाद की सन्धि के बाद अंग्रेजों को 26 लाख रुपया वार्षिक देने के बदले 'दीवानी' का अधिकार तथा 53 लाख रुपये देने पर 'निजामत' का अधिकार प्राप्त हुआ सन्धि की व्यवस्था के अनुसार 26 लाख रुपये वार्षिक मुगल बादशाह को तथा 53 लाख रुपये वार्षिक बंगाल के नवाब को कम्पनी देगी।
- दीवानी व निजामत दोनों अधिकार प्राप्त करने के बाद कम्पनी ने बंगाल में 'द्वैध शासन' का सूत्रपात किया।

- द्वैध शासन का जनक लियो कार्टिस को स्वीकार किया जाता है।

बक्सर के युद्ध का महत्व

- बंगाल में द्वैध शासन प्रारम्भ हुआ और अंग्रेज बंगाल, बिहार और उड़ीसा के वास्तविक शासक बन गए।
- बंगाल का नवाब अंग्रेजों पर आश्रित हो गया और मुगल बादशाह उनका पेंशन भोगी। इस प्रकार अंग्रेजों की प्रतिष्ठा में वृद्धि हुई।
- अंग्रेजों ने सैन्य-शक्ति और सैन्य संचालन की श्रेष्ठता को सिद्ध किया।
- द्वैध शासन का सूत्रपात बंगाल में 1765 ई॰ से हुआ। द्वैध शासन के अन्तर्गत कम्पनी ने दीवानी और निजामत के कार्यों का निष्पादन भारतीयों के माध्यम से करना प्रारम्भ किया था, परन्तु वास्तविक शक्ति कम्पनी के पास थी।
- द्वैध शासन की विशेषता थी—उत्तरदायित्व रहित अधिकार और अधिकार रहित उत्तरदायित्व।
- द्वैध शासन के अन्तर्गत सम्पूर्ण बंगाल में अराजकता, अव्यवस्था तथा भ्रष्टाचार हो गया। व्यापार और वाणिज्य का पतन हो गया। व्यापारियों की स्थिति भिखारियों जैसी हो गई। समृद्ध और विकसित उद्योग नष्ट हो गए। किसान तबाही के कगार पर पहुँच गए।
- क्लाइव ने अवध के नवाब शुजाउद्दौला से 16 अक्टूबर, 1765 ई॰ को इलाहाबाद की द्वितीय सन्धि की। सन्धि की प्रमुख बातें थीं–
  - नवाब सुजाउद्दौला ने कम्पनी की क्षतिपूर्ति के रूप में 50 लाख रुपए देने का वचन दिया।
  - अवध राज्य से कड़ा व इलाहाबाद के जिले पृथक् कर मुगल बादशाह को दे दिए गए।
  - बनारस व गाजीपुर की जागीर राजा बलवन्त सिंह को पैतृक जागीर के रूप में अंग्रेजों के संरक्षण में प्रदान की गई।
  - शुजाउद्दौला को अवध वापस कर दिया गया, उसने चुनार अंग्रेजों को प्रदान कर दिया।
  - अवध के नवाब शुजाउद्दौला को यह भी स्वीकार करना पड़ा कि वह अपने राज्य की सुरक्षा के लिए अंग्रेजों की सेना पर निर्भर रहेगा तथा सैनिक सहायता प्राप्त करने पर उसका व्यय वहन करेगा।
- फरवरी 1765 ई॰ में क्लाइव ने बंगाल के नवाब नज्मुद्दौला से सन्धि की जिसके अनुसार बंगाल में प्रशासनिक अधिकारियों की नियुक्ति का अधिकार कम्पनी के पास होगा, बंगाल के नवाब की सेना समाप्त कर दी गई। इसी के साथ बंगाल में द्वैध शासन शुरू हुआ।
- इलाहाबाद की सन्धि से कम्पनी को मुगल सम्राट शाहआलम द्वितीय से बंगाल, बिहार व उड़ीसा की *'दीवानी'* तथा बंगाल के नवाब से *'निजामत'* का अधिकार प्राप्त हो गया।
- लार्ड कार्नवालिस ने ब्रिटिश संसद में द्वैध शासन के संबंध में कहा था, "मैं पूर्ण विश्वास के साथ कह सकता हूँ कि विश्व में कोई भी ऐसी सभ्य सरकार नहीं जो इतनी भ्रष्ट, विश्वासघाती और लोभी हो, जितना की भारत में कम्पनी की सरकार।"
- क्लाइव के समय में इलाहाबाद और मुंगेर के अंग्रेज सैनिकों ने भत्ता कम मिलने के कारण विद्रोह किया था, जिसे *श्वेत विद्रोह* कहा गया है।
- क्लाइव ने कम्पनी के कर्मचारियों के हित में 'सोसायटी ऑफ ट्रेड' स्थापित की थी। इसे सुपारी, नमक, तम्बाकू के व्यापार पर एकाधिकार प्राप्त था।
- 1765 से 1772 ई॰ तक बंगाल में द्वैध शासन चलता रहा।
- बंगाल का अन्तिम नवाब मुबारकउद्दौला था।

अवध

- अवध राज्य की स्थापना 1722 ई॰ में सआदत खाँ बुरहानल्मुल्क ने की। वह अवध का प्रथम नवाब था।
- 1739 ई॰ में सआदत खाँ का भतीजा, सफदरजंग नवाब बना।
- 1744 में मुगल सम्राट मुहम्मदशाह रंगीला ने सफदरजंग को अन्तिम वजीर नियुक्त किया। अत: वह नवाब वजीर के नाम से जाना जाता था।
- अवध के नवाब सआदत खाँ (1783-1814 ई॰) ने अंग्रेजों की सहायक सन्धि स्वीकार की।
- अवध का अंतिम नवाब वाजिद अली शाह (1847-1865) था, इसे कुशासन के आरोप में लार्ड डलहौजी ने 1856 ई॰ में पदच्युत कर अवध को कम्पनी के साम्राज्य में सम्मिलित कर लिया था।

हैदराबाद

- हैदराबाद में स्वतंत्र आसफजाही वंश की स्थापना चिनकिलिच खाँ (निजामुल्मुल्क) ने 1724 ई॰ में की थी, जो दक्कन में मुगल सूबेदार था।
- चिनकिलिच खाँ द्वारा 1724 ई॰ में स्वतंत्र हैदराबाद राज्य की स्थापना के बाद मुगल शासक मुहम्मदशाह रंगीला ने उसे 'आसफशाह' की उपाधि दी थी।
- हैदराबाद प्रथम भारतीय राज्य था जो 1798 ई॰ में वेलेजली की सहायक सन्धि को स्वीकार कर आश्रित सेना रखना अंगीकार किया था।

मैसूर

- 1565 ई॰ में तालीकोटा के युद्धोपरान्त विजयनगर साम्राज्य के अवशेषों पर जिन स्वतंत्र राज्यों का जन्म हुआ, उनमें मैसूर एक प्रमुख राज्य था।
- मैसूर पर वाड्यार वंश का शासन था। इस वंश के अन्तिम शासक चिक्का कृष्णराज द्वितीय के शासनकाल में राज्य की वास्तविक शक्ति देवराज और नन्दराज के नियंत्रण में थी।
- चिक्का कृष्णराज द्वितीय के समय में दक्कन में मराठों, निजाम, अंग्रेजों, फ्रांसीसियों में अपने-अपने प्रभुत्व को लेकर संघर्ष चल रहा था।
- मैसूर इस दौर में मराठों और निजाम के मध्य संघर्ष का केन्द्रबिन्दु था।
- 1749 ई॰ में नन्दराज जो मैसूर में राजस्व और वित्त नियंत्रक था, ने हैदरअली को सैन्य अधिकारी बनाया।
- 1755 ई॰ में हैदरअली डिण्डीगुल का फौजदार बना। इसी समय मैसूर की राजधानी श्रीरंगपट्टनम पर मराठों के आक्रमण से हैदरअली ने राजधानी की रक्षा की। इसी कारण उसे 'बहादुर' की उपाधि दी गई।
- 1761 ई॰ तक हैदरअली ने अपनी शक्ति बढ़ा कर मैसूर की बागडोर संभाल ली और नन्दराज एवं देवराज को सत्ता से बाहर कर दिया।

प्रथम आंग्ल मैसूर युद्ध (1766-1769 ई॰)

- **कारण :** हैदरअली अंग्रेजों को भारत से निकालना चाहता था और अंग्रेज उसे अपना कट्टर शत्रु मानते थे। अंग्रेजों ने निजाम और मराठा के साथ मिलकर हैदरअली के खिलाफ त्रिपक्षीय संघ बनाया जो हैदरअली ने तोड़ दिया।
- **युद्ध :** मद्रास के निकट मार्च 1769 ई॰ में हैदर ने निर्णायक युद्ध में अंग्रेजों को हराया।
- **संधि :** दोनों पक्षों के बीच 1769 ई॰ में मद्रास की सन्धि हुई। दोनों ने जीते हुए प्रदेश वापस कर दिए और युद्ध के समय एक-दूसरे की सैन्य मदद करने का वादा किया।

द्वितीय आंग्ल मैसूर युद्ध (1780-84 ई॰)

- **कारण :** 1771 ई॰ में अंग्रेजों ने हैदरअली की मराठों के विरुद्ध मदद नहीं की।
- अंग्रेजों ने हैदर के अधिकार क्षेत्र में स्थित माहे (फ्रांसीसियों की कोट) पर अधिकार कर लिया था।
- **युद्ध :** कर्नल बेली को हराकर 1780 में हैदर ने अर्काट पर अधिकार कर लिया। हैदरअली की पोर्टोनोवो (1781) में सर आयर कूट द्वारा पराजय। कर्नल ब्रेथवेत की हैदर द्वारा पराजय (1782)। द्वितीय आंग्ल-मैसूर युद्ध के दौरान ही अली की कैंसर से मृत्यु (1783)। टीपू ने युद्ध जारी रखा।
- **सन्धि :** टीपू और मैककार्टनी के बीच मंगलौर की सन्धि (1784) में दोनों ने एक-दूसरे के प्रदेश लौटा दिए।

तृतीय आंग्ल मैसूर युद्ध (1790-92 ई॰)

- **कारण :** टीपू का फ्रांस और टर्की की ओर झुकाव। 1789 में त्रावणकोर के राजा पर टीपू का आक्रमण।
- **युद्ध :** मेजर जनरल मेड्यू की टीपू द्वारा पराजय (1790)। फरवरी 1792 में टीपू की श्रीरंगपट्टनम में कार्नवालिस के हाथों पराजय।
- **सन्धि :** मार्च 1792 में श्रीरंगपट्टनम की सन्धि। सन्धि के अनुसार टीपू ने अंग्रेजों को 3 करोड़ रुपये तथा अपना आधा राज्य देना स्वीकार किया।

चतुर्थ युद्ध (1799 ई॰)

- **कारण :** टीपू की ब्रिटिश विरोधी गतिविधियाँ और वेलेजली का टीपू को पूरी तरह कुचलने का दृढ़ संकल्प।
- **युद्ध :** टीपू की स्टुआर्ट और हैरिस द्वारा क्रमशः सदासीर और मालवेली में पराजय। टीपू की 4 जुलाई 1799 को श्रीरंगपट्टनम के दरवाजे पर मृत्यु।
- **परिणाम :** मैसूर में वाड्यार वंश की पुनः स्थापना।

आंग्ल-सिन्ध सम्बन्ध

- 1738 ई॰ में कुछ अंग्रेज व्यापारियों ने थट्टा में एक फैक्ट्री बनाने की अनुमति प्राप्त कर ली थी।

- 1831 ई॰ में जब अलेक्जेण्डर बर्न्स ने सिन्धु नदी से लाहौर तक की यात्रा की तो अंग्रेजों को सिन्ध प्रदेश के व्यापारिक और राजनीतिक महत्व का ज्ञान हुआ।
- 1775 ई॰ में अंग्रेज व्यापारियों से वहाँ के अमीरों ने सिन्ध छोड़ने को कहा।
- ब्रिटिश शिष्टमंडल 1809 ई॰ में सिन्ध भेजा गया, जिसने अमीरों को सन्धि करने के लिए बाध्य किया।
- 1830 में सन्धि का नवीनीकरण किया गया।
- वर्ष 1828 ई॰ में महाराजा रणजीत सिंह को भेंट सिन्ध के माध्यम से भेजी गई।
- ब्रिटिश एजेंट पोटिंजर ने 4 अप्रैल, 1832 ई॰ को अमीरों से सन्धि की जिसके अनुसार अमीर ब्रिटिश व्यापारियों को सिन्ध से होकर गुजरने देंगे।
- 25 नवम्बर, 1836 ई॰ को अंग्रेजों और अमीरों के बीच हुई। सन्धि में अमीरों के यहाँ ब्रिटिश रेजीडेंट रखना तय हुआ।
- 1832 ई॰ की सन्धि का उल्लंघन करते हुए अंग्रेजों ने अफगानिस्तान पर आक्रमण करने के लिए सेना को सिन्ध होकर भेजा।
- अंग्रेजों ने अमीरों से शाहशुजा को कर देने की नाजायज माँग की।
- 11 मार्च, 1839 को अमीरों को पुनः सन्धि करने के लिए बाध्य किया और अंग्रेज अमीरों के मध्य विवादों को निबटाने के अधिकारी हो गए।
- प्रथम आंग्ल अफगान युद्ध में सन्धि को युद्ध के आधार के रूप में इस्तेमाल किया गया।
- सितम्बर 1842 ई॰ में चार्ल्स नेपियर हैदराबाद का एजेंट बनाया गया।
- मार्च 1843 ई॰ में नेपियर ने सिन्ध पर विजय प्राप्त कर ली।

पंजाब

- वर्ष 1809 ई॰ में रणजीत सिंह तथा मिन्टो के दूत चार्ल्स मेटकाफ के बीच '*अमृतसर की सन्धि*' हुई।
- अमृतसर की सन्धि द्वारा रणजीत सिंह के सतजल नदी के पूर्वी तट पर विस्तार को सीमित कर दिया गया था।
- रणजीत सिंह भारत के प्रथम शासक थे जिन्होंने सहायक सन्धि को अस्वीकार कर अंग्रेजों के समक्ष समर्पण नहीं किया था।
- 1839 ई॰ में रणजीत सिंह की मृत्यु हो गई। अगले चार वर्ष में खड़कसिंह, नौनिहाल सिंह तथा शेरसिंह उसके उत्तराधिकारी बने जो नितान्त अयोग्य शासक सिद्ध हुए।
- 1843 ई॰ में महाराज रणजीत सिंह का अल्पायु पुत्र दलीप सिंह राजमाता जिन्दन के संरक्षण में सिंहासनासीन हुआ था।
- दलीपसिंह के समय अंग्रेजों ने पंजाब पर आक्रमण किया। परिणामस्वरूप प्रथम आंग्ल सिख युद्ध का सूत्रपात हुआ।

प्रथम आंग्ल-सिंह युद्ध (1845-1846 ई॰)

- अंग्रेजों ने युद्ध प्रारम्भ होते ही लाहौर पर अधिकार कर लिया। लार्ड हार्डिंग्ज गवर्नर जनरल तथा लार्ड गफ इस युद्ध के समय भारत के प्रधान सेनापति थे।
- अंग्रेजी सेना ने सर ह्यूगफ के नेतृत्व में 13 दिसम्बर, 1845 ई॰ को मुदकी नायक स्थान पर लाल सिंह के नेतृत्व में सिख सेना को पराजित किया।
- तेजसिंह के नेतृत्व में सिख फिरोजपुर (1845) में पराजित हुए।
- रजूरसिंह मजीथिया के नेतृत्व में सिख सेना ने बुदबल में 1846 ई॰ में हेरी स्मिथ के नेतृत्व वाली अंग्रेजी सेना को पराजित किया।
- स्मिथ ने अलीवाला और सोब्रोन ने 1846 ई॰ में सिखों को भीषण युद्ध में परास्त किया।
- लाहौर की सन्धि 8 मार्च, 1846 ई॰ को सम्पन्न हुई। सन्धि की प्रमुख शर्तें थीं–
  - सिखों ने सतजल नदी के दक्षिणी ओर के सभी प्रदेश अंग्रेजों को सौंप दिए।
  - लाहौर दरबार द्वारा डेढ़ करोड़ रुपये हर्जाना देने का वचन देना पड़ा।
  - सिख सेना घटाकर 20,000 पैदल व 12,000 घुड़सवार तक सीमित कर दी गई।
  - ब्रिटिश रेजीडेंट लाहौर में नियुक्त किया गया।
- सन्धि के अनुसार अंग्रेजों ने दलीपसिंह को महाराजा तथा रानी जिन्दन को संरक्षिका व लालसिंह को वजीर के रूप में स्वीकार किया।
- 16 दिसम्बर, 1846 ई॰ को 'भैरोवाल की सन्धि' द्वारा दलीप सिंह के वयस्क होने तक ब्रिटिश सेना को लाहौर

में रखना तय किया गया। लाहौर का प्रशासन आठ सिख सरदारों की एक परिषद को सौंपकर महारानी जिन्दन को 48,000 रुपये वार्षिक की पेंशन देकर शेखपुरा भेज दिया गया।

- सर हेनरी लारेंस लाहौर में रेजीडेंट नियुक्त हुआ।

द्वितीय आंग्ल-सिख युद्ध (1848-49 ई०)

- द्वितीय आंग्ल-सिख युद्ध का मुख्य कारण था– मूलराज द्वारा विद्रोह, मूलराज (मुल्तान का सूबेदार) ने शेरसिंह, छतरसिंह के साथ मिलकर पंजाब को ब्रिटिश प्रभाव से मुक्त कराने के लिए विद्रोह प्रारम्भ किया था।
- शेरसिंह और लार्ड ह्यूगोफ के बीच 1848 ई० में हुआ युद्ध बराबरी पर समाप्त हुआ।
- 13 जनवरी, 1849 ई० को हुए 'चिलियानवाला युद्ध' में अंग्रेज सेना का नेतृत्व लार्ड गफ ने किया था और सिख सेना का नेतृत्व शेरसिंह ने किया था, युद्ध अनिर्णीत रहा।
- द्वितीय आंग्ल सिख युद्ध के समय लार्ड डलहौजी भारत का गर्वनर जनरल था।
- डलहौजी ने चिलियानवाला युद्ध के परिणाम के सम्बन्ध में कहा था कि '*हमने भारी खर्च उठाकर एक ऐसी विजय प्राप्त की है, जो पराजय के बराबर है।*'
- चिलियानवाला युद्ध के बाद गफ के स्थान पर चार्ल्स नेपियर को प्रधान सेनापति बनाया गया।
- 1849 ई० में चिनाब के निकट हुए गुजरात के युद्ध में चार्ल्स नेपियर ने सिख सेना को अंतिम रूप से परास्त कर दिया।
- गुजरात युद्ध के बाद लार्ड डलहौजी ने 30 मार्च, 1849 ई० को चार्ल्स नेपियर के नेतृत्व में पंजाब को अंग्रेजी राज्य में सम्मिलित कर लिया।
- महाराजा दलीप सिंह को अंग्रेजों ने पाँच लाख रुपए की वार्षिक पेंशन पर रानी जिन्दन के साथ इंग्लैंड भेज दिया।

विदेशी सम्बन्ध तथा सीमांत नीति

अफगानिस्तान

- 1798 ई० में काबुल के महत्वाकांक्षी शासक जमानशाह ने लाहौर तक सैनिक अभियान सम्पन्न कर कम्पनी के गवर्नर जनरल सर जान शोर तथा लॉर्ड वेलेजली को सीमांत नीति निर्धारित करने के लिए प्रेरित कर दिया था।
- जमानशाह के पतन में अंग्रेजों तथा अफगान अन्तर्कलह की प्रमुख भूमिका रही। अन्तत: उसने भारत आकर ब्रिटिश सरकार की पेंशन स्वीकार की।
- जमानशाह के पतन के पश्चात् अफगानिस्तान अशान्ति व अव्यवस्था के चक्र में उलझता चला गया।
- 1826 ई० में *दोस्त मुहम्मद* काबुल का शासक बना।
- रणजीत सिंह ने 1833 ई० में अफगान अन्तर्कलह का लाभ उठाकर पेशावर अधिकृत कर लिया।
- 1833 ई० में अफगानिस्तान की इस अन्तर्कलह व साम्राज्यवादी महत्वाकांक्षा के फलस्वरूप अंग्रेजों ने उग्रगामी नीति तथा अफगानिस्तान में हस्तक्षेप की नीति अपनाई।
- जें०ए० नॉरिस के अनुसार, 'प्रथम अफगान युद्ध' निश्चित रूप से पूर्वी समस्या का अंग था।
- 1838 ई० में अफगान शासक शाहशुजा, रणजीत सिंह तथा अंग्रेजों के बीच त्रिगुट सन्धि हुई।
- अंग्रेजी सेना की सहायता से 1839 ई० में शाहशुजा को काबुल के सिंहासन पर बिठा दिया गया तथा दोस्त मुहम्मद काबुल से भाग गया।
- दोस्त मुहम्मद ने 1840 ई० में आत्मसमर्पण कर दिया तथा उसे बन्दी बना कर कोलकात्ता भेज दिया गया।
- नवम्बर 1841 ई० में काबुल में ईस्ट इंडिया कम्पनी के दूत बर्न्स की हत्या कर दी गयी।
- प्रथम आंग्ल-अफगान युद्ध (1838-42 ई०) में अंग्रेजों को कोई लाभ नहीं हुआ। उन्होंने जिस उद्देश्य की पूर्ति के लिए युद्ध किया, वह उद्देश्य पूरा नहीं हुआ।
- 1855 ई० में एक सन्धि द्वारा भारत सरकार ने दोस्त मुहम्मद के राज्य की सीमा का उल्लंघन न करने का वचन दिया तथा अमीर दोस्त मुहम्मद ने अंग्रेजों के मित्र का मित्र व शत्रुओं का शत्रु बनना स्वीकार किया।
- रूसी भय की पुनरावृत्ति के कारण रालिन्सन (भारत मंत्रिपरिषद का सदस्य) ने अफगानिस्तान के प्रति गतिशील नीति अपनाने का परामर्श दिया।
- 1869 में अफगानिस्तान के अमीर शेरअली ने अम्बाला में वायसराय लॉर्ड मेयो से भेंट की तथा शस्त्र व सैनिक सहायता से दायित्व निर्वाह की ब्रिटिश सरकार से माँग की।

- 1876 ई॰ में लार्ड लिटन ने अफगानिस्तान के प्रति अतिहस्तक्षेप का पथ प्रशस्त किया।
- 21 नवम्बर, 1878 ई॰ को लिटन ने अपनी सेनाओं को काबुल की ओर कूच करने का आदेश देकर द्वितीय अफगान युद्ध का आरम्भ कर दिया।
- द्वितीय अफगान युद्ध, ग्लैडस्टन के शब्दों में, 'भूल को दुबारा दुहराते हुए' प्रारम्भ हुआ।
- द्वितीय अफगान युद्ध होते ही अमीर शेरअली भाग गया, कंधार पर अंग्रेजी सेना ने अधिकार कर लिया।
- वर्ष 1879 में अफगान के साथ अंग्रेजों की सन्धि हुई।

गंडमक की सन्धि की प्रमुख शर्तें (1879)

- याकूब खाँ को अफगानिस्तान का शासक स्वीकार किया गया।
- अंग्रेजों को खैबर के दर्रे, खुर्रम, पिशीन और सेबी के प्रदेश प्राप्त हुए।
- काबुल में एक ब्रिटिश रेजीडेंट रखना तय हुआ।
- याकूब खाँ की विदेश नीति पर अंग्रेजों का अधिपात्य स्वीकार किया गया।
- हिरात तथा अन्य अफगानिस्तानी सीमांत नगरों में ब्रिटिश रेजीडेंट रखना तय हुआ।
- गंडमक की सन्धि द्वारा अमीर को छः लाख रुपया तथा वार्षिक आक्रमण के समय सैनिक सहायता देने का वचन दिया गया था।
- गंडमक सन्धि की उपलब्धियाँ अल्पजीवी सिद्ध हुईं।
- ब्रिटिश दूत कावेगनरी के काबुल पहुँचने पर उसकी सितम्बर 1879 ई॰ को हत्या कर दी गई।
- लॉर्ड लिटन की अफगान नीति की असफलता को लक्ष्य कर लॉर्ड रिपन को वायसराय बनाया गया।
- लॉर्ड रिपन ने अब्दुर्रहमान को काबुल का अमीर स्वीकार कर संधि कर ली।
- 20वीं शताब्दी में अफगानिस्तान के साथ सम्बन्धों पर अमीर पठान की ओर रूस की विस्तारवादी नीति और बाद में काबुल स्थित जर्मन, आस्ट्रियन एवं तुर्की मिशनों में षड्यंत्रों ने बहुत प्रभाव डाला।
- 1905 ई॰ में अमीर हबीबुल्ला व ब्रिटिश भारत के साथ सन्धि सम्पन्न हुई।
- 1922 ई॰ में इंग्लैंड तथा काबुल के मध्य दूतावास स्थापित किए गए।
- अफगानों ने यह प्रगट कर दिया था कि वे न इंग्लैंड के मित्र हैं, न रूस के मित्र हैं, वे तो अपनी स्वतंत्रता के मित्र हैं।

बर्मा (म्यांमार)

- बर्मा ने 1818 ई॰ में चटगाँव, ढाका, मुर्शिदाबाद व कासिम बाजार पर अपना अधिकार घोषित कर दिया।
- 24 फरवरी, 1824 ई॰ को गर्वनर जनरल लॉर्ड एम्हर्स्ट ने बर्मा के विरुद्ध युद्ध की घोषणा कर दी।
- बर्मा के इस प्रथम युद्ध में अंग्रेजी सेना का नेतृत्व सर आर्चिबाल्ड कैंपबेल तथा बर्मी सेना का नेतृत्व बान्दुला कर रहा था।
- मई 1824 ई॰ में कैंपबेल ने रंगून पर अधिकार कर लिया। बान्दुला मारा गया।
- 24 फरवरी, 1826 ई॰ को यांडूब की सन्धि हुई।

यांडूब की सन्धि की प्रमुख शर्तें (1826)

- अराकान एवं तेनासरिम के प्रदेश अंग्रेजों को प्राप्त हुए।
- बर्मा ने युद्ध क्षति के रूप में एक करोड़ रुपया अंग्रेजों को दे दिया।
- बर्मी सरकार असम, कछार, जयन्तिया प्रदेश में हस्तक्षेप नहीं करेगी।
- बर्मा ने मणिपुर राज्य की स्वतंत्रता स्वीकार कर ली।
- बर्मा ने रंगून में एक अंग्रेज रेजीडेंट रखना स्वीकार किया।
- कलकत्ता में एक बर्मी राजदूत रखना स्वीकार किया गया।
- प्रथम बर्मा युद्ध (1824–26 ई॰) के लाभों ने अंग्रेजों की विस्तारवादी व साम्राज्यवादी आकांक्षाओं को प्रेरणा दी।
- **द्वितीय बर्मा युद्ध (1852 ई॰) :** लार्ड डलहौजी की साम्राज्यवादी महत्वकांक्षा व अंग्रेजों की क्रमिक विस्तार नीति का उदाहरण है।
- द्वितीय बर्मा युद्ध में अंग्रेजी सेना का नेतृत्व गाडविन कर रहा था, उसने पेंगू पर अधिकार कर लिया।
- बर्मा के राजा थीबो ने जर्मनी, इटली, फ्रांस से व्यापारिक सन्धियाँ (1885 ई॰) कर अंग्रेजों को उत्तेजना प्रदान कर दी।
- बर्मा के राजा थीबो ने अंग्रेज व्यवसायिक कम्पनी

बाम्बे–बर्मा कारपोरेशन पर नाराज होकर अर्थदण्ड निर्धारित किया। इस कारण लॉर्ड डफरिन ने बर्मा पर अधिकार कर अपनी साम्राज्यवादी महत्वाकांक्षा की पूर्ति हेतु तृतीय बर्मा युद्ध का आरम्भ (1885 ई॰) में कर दिया।

- तृतीय बर्मा युद्ध (1885) के फलस्वरूप बर्मा पर विजय पूरी हो गई।
- सर चार्ल्स बर्नार्ड बर्मा के विजित क्षेत्र का चीफ कमिश्नर बनाया गया।

नेपाल

- नेपाल का शासक पृथ्वीनारायण गोरखा ने भारत के कुछ क्षेत्र–तराई, कुमायूँ गढ़वाल, शिमला, सिक्किम, आदि विजित कर काठमांडू पर अधिकार करने का प्रयत्न किया।
- 1767 ई॰ में काठमांडू के शासक ने पृथ्वीनारायण के विरुद्ध ईस्ट इंडिया कम्पनी से सहायता की याचना की।
- 1767 ई॰ में काठमांडू की सहायतार्थ पृथ्वीनारायण के विरुद्ध भारत में ईस्ट इंडिया कम्पनी ने कैप्टन किनलोच के नेतृत्व में सेना भेजी। परन्तु सफलता नहीं मिली।
- किनलोच अभियान की असफलता तथा नेपाल के पृथ्वीनारायण की महत्वाकांक्षा ने कम्पनी व नेपाल के मध्य संबंधों को तनावपूर्ण बना दिया।
- प्रारम्भ में कम्पनी ने वारेन हेस्टिंग्ज के नेतृत्व में 'अहस्तक्षेप की नीति' अपनाई।
- 1806 ई॰ में रानी त्रिपुर सुन्दरी ने भीमसेन थापा को प्रधानमंत्री बनाया।
- भीमसेन थापा विस्तारवादी नीति वाला प्रधानमंत्री था।
- 1810 ई॰ में गोरखों ने शिवराज क्षेत्र अधिकृत कर लिया। 1814 ई॰ में बुटवल (गोरखपुर के समीप का क्षेत्र) अधिकृत कर लिया। अन्ततः 1814 ई॰ में लॉर्ड हेस्टिंग्ज ने नेपाल के विरुद्ध युद्ध की घोषणा कर दी।
- पी॰ राबर्ट्स का कथन है कि "युद्ध की दृष्टि से नेपाल विश्व का कठिनतम भू-भाग है।... गोरखा विश्व के सबसे भयंकर योद्धा है।"
- 1815 ई॰ में बहुत कठिनाई ने पश्चात् अंग्रेजी सेना अल्मोड़ा को जीतने में सफल हुई तथा मेजर जनरल आक्टर लोनी ने वीर गोरखा सरदार अमरसिंह थापा को सन्धि के लिए विवश कर दिया।
- मार्च 1816 में सुगौली की सन्धि से शान्ति स्थापित हो गई।

सुगौली की सन्धि की प्रमुख शर्तें (1816 ई॰)

- अंग्रेजों को नेपालियों से कुमायूँ तथा गढ़वाल का विस्तृत क्षेत्र प्राप्त हुआ।
- नेपालियों ने सिक्किम पर अपना दावा छोड़ दिया।
- काठमांडू में एक ब्रिटिश रेजीडेंट रखना स्वीकार किया।
- 1816 ई॰ में सुगौली की सन्धि ने बाह्य रूप से नेपाल की पूर्ण स्वतन्त्रता को स्वीकार कर लिया था जो कि कम्पनी और नेपाल के संबंधों में महत्वपूर्ण कड़ी थी।
- 1832 ई॰ में सन्धि द्वारा ब्रिटिश सरकार ने नेपाल को एक स्वतंत्र मित्र देश के रूप में स्वीकार कर लिया था।

तिब्बत

- तिब्बत से अंग्रेजों का प्रथम सम्पर्क 1773-1775 ई॰ में वारेन हेस्टिंग्ज के समय में हुआ था।
- वारेन हेस्टिंग्ज ने वौग्ल को ताशी लामा के दरबार में भेजा था परन्तु उसे ल्हासा तक जाने नहीं दिया।
- 1811 ई॰ में मैनिंग नामक पत्रकार चीनी वैद्य का भेष बनाकर ल्हासा पहुँचा।
- 1890 ई॰ तक तिब्बत के दक्षिण में शक्तिशाली ब्रिटिश साम्राज्य स्थापित हो गया था।
- 1890 ई॰ में चीन व ब्रिटेन के मध्य सिक्किम-तिब्बत सीमा का निर्धारिण हुआ।
- लार्ड कर्जन के वायसराय काल में कर्नल यंगहस्बैण्ड के नेतृत्व में ब्रिटिश प्रतिनिधिमंडल 1903 ई॰ में खाम्बा जोंग पहुँचा।
- ज्ञात्से के निकट तिब्बतियों से यंगहस्बैंड की मुठभेड़ हो गई, जिसमें निर्दोष तिब्बती मारे गए। यंगहस्बैंड ल्हासा पहुँच गया। अन्ततः दलाई लामा के प्रतिनिधि से सन्धि हो गई।

ल्हासा की सन्धि की प्रमुख शर्तें (1904 ई॰)

- तिब्बतियों ने ग्यानसे, शारकोट और यातुंग में अंग्रेजों को व्यापारिक सुविधाएँ प्रदान कीं।
- अंग्रेजों की भूटान और सिक्किम का भू-भाग प्राप्त हुआ।
- ग्यानसे में एक ब्रिटिश ट्रेड एजेंट रखना तय हुआ।

महत्वपूर्ण बिन्दु

आंग्ल-मराठा युद्ध

1. **प्रथम आंग्ल-मराठा युद्ध–** 1775-1783 ई॰
   प्रमुख सन्धियाँ (क) सूरत की सन्धि
   (ख) पुरन्दर की सन्धि
   (ग) बड़गाँव की सन्धि
   (घ) सालबाई की सन्धि
2. **द्वितीय आंग्ल-मराठा युद्ध–** 1803-1805 ई॰
   प्रमुख सन्धियाँ (क) देवगाँव की सन्धि
   (ख) बसीन की सन्धि
   (ग) सुजी अर्जुन गाँव की सन्धि
   (घ) राजापुर घाट की सन्धि
3. **तृतीय आंग्ल-मराठा युद्ध–** 1817-1818 ई॰
   प्रमुख सन्धियाँ (क) ग्वालियर की सन्धि
   (ख) बड़ौदा की सन्धि
   (ग) मंदसौर की सन्धि
   (घ) पूना की सन्धि

1775 से 1857 ई॰ तक देशी रियासतों में प्रमुख रियासत एवं संस्थापक

	राज्य	*संस्थापक*
1.	बंगाल	मुर्शिद कुली खाँ
2.	अवध	सआदत खाँ उर्फ बुरहातुल-मुल्क
3.	हैदराबाद	चिनकिलिच खाँ अथवा निजाम-उल-मुल्क
4.	कर्नाटक	सादुतुल्ला खाँ
5.	पंजाब	रणजीत सिंह
6.	मैसूर	हैदर अली

- **काल कोठरी की घटना** — 20 जून, 1756 ई॰ 146 अंग्रेज कैदियों को अंधेरी कोठरी में रातभर के लिए बंद कर दिया गया जिससे 123 व्यक्ति मारे गये।
- **अलीनगर की संधि** — 1756 ई॰ बंगाल, बिहार और उड़ीसा में अंग्रेजों को दस्तक प्रयोग का अधिकार बरकरार रहा।
- **सिराजुद्दौला के विरुद्ध षड्यंत्र** — 1757 ई॰ कृष्णचन्द्र, जगत सेठ, अमीरचन्द्र और मीर जाफर ने अंग्रेजों से मित्रता कर ली
- **प्लासी का युद्ध** — 1757 ई॰
  कारण — अंग्रेजी कम्पनी बंगाल, बिहार और उड़ीसा की दीवानी प्राप्त करना चाहते थे ।
- **प्लासी के युद्ध का महत्व** — बंगाल में वह लूट प्रारम्भ हुई जिसमें भारत के सबसे धनी प्रदेश को निर्धन बना दिया।
- **बक्सर का युद्ध** — 1764 ई॰
  कारण — मीर कासिम ने भारतीयों से व्यापारिक कर लेना बन्द कर दिया और पटना में कुछ भारतीयों और अंग्रेज बंदियों को कत्ल कर दिया।
  महत्व — राजनीतिक दृष्टि से इस युद्ध में अंग्रेजों ने उत्तरी भारत के उस समय के सबसे शक्तिशाली प्रदेश पर कब्जा कर अपना आधिपत्य स्वीकार करा लिया था।
- **द्वैध शासन प्रणाली** — 1765-1772 ई॰ शासन को दो भागों में बाँटकर (दीवान के रूप में बंगाल के राजस्व को सीधे वसूल और नायब सूबेदार को पुलिस और न्यायिक शक्तियों पर

नियंत्रण) विभिन्न शक्तियों के हाथों में देने के कारण दोहरा शासन या द्वैध शासन कहा गया।

- **प्रथम आंग्ल-मैसूर युद्ध** 1767-69 ई०

कारण
(क) अंग्रेजों की महत्वाकाक्षाएँ
(ख) कर्नाटक के नवाब मुहम्मद अली व हैदरअली में शत्रुता
(ग) मालाबार से नायक सामन्तों पर हैदर का नियंत्रण
(घ) हैदरअली का मित्रता का प्रस्ताव न मानना।

- **द्वितीय आंग्ल-मैसूर युद्ध** 1780-84 ई०

कारण
(क) अंग्रेजों द्वारा संधि की शर्त का पालन न करना।
(ख) अंग्रेजों का माही पर अधिकार
(ग) हैदर द्वारा त्रिगुट का निर्माण
(घ) हैदर के फ्रांसिसीयों के साथ सम्बंध

- **तृतीय आंग्ल-मैसूर युद्ध** 1790-1792 ई०

कारण
(क) मंगलौर की संधि का अस्थायित्व
(ख) टीपू का फ्रांसीसियों से सम्पर्क
(ग) मराठों को टीपू के विरुद्ध उकसाना
(घ) निजाम के भेजे पत्र में कार्नवालिस द्वारा टीपू को मित्रों की सूची में शामिल न करना

- **चतुर्थ आंग्ल-मैसूर युद्ध** 1799 ई०

कारण
(क) टीपू का फ्रांसीसियों से सम्पर्क
(ख) टीपू का अफगानिस्तान से सम्पर्क
(ग) वेलेजली की नीति

परिणाम
(क) टीपू के राज्य का अंत व विभाजन
(ख) दक्षिणी भारत पर अंग्रेजी प्रभुत्व वेलेजली की प्रतिष्ठा में वृद्धि

- **इलाहाबाद की संधि** शाहआलम व ईस्ट इंडिया कम्पनी

शर्तें अंगेजों ने मुगल सम्राट को 20 लाख रुपये प्रतिवर्ष पेंशन रूप में देना स्वीकार किया। कम्पनी ने अवध के नवाब से इलाहाबाद व कड़ा के जिले लेकर शाहआलम को दे दिए। शाहआलम ने दक्षिण में उत्तरी सरकार के प्रदेश जागीर के रूप में कम्पनी को दिये।

महत्व बंगाल सूबे की दीवानी प्राप्त करके कम्पनी अब एक व्यापारिक सत्ता रह कर एक राजनीतिक सत्ता बन गई।

- **अलीनगर की सन्धि** क्लाइव व बंगाल का नवाब

शर्तें नवाब ने अंग्रेजों को किले बंदी की छूट, कैदियों के आदान-प्रदान, अंग्रेजों को क्षतिपूर्ति देना, विजित स्थानों को उन्हें लौटाने तथा अंग्रेजों को सुरक्षा के वचन तथा अंग्रेजों के व्यापार के विशेषाधिकार को भी नवाब ने स्वीकार किया।

- **मद्रास की संधि** 1769 ई० हैदरअली व ईस्ट इंडिया कम्पनी।

शर्तें दोनों पक्षों ने एक-दूसरे के विजित प्रदेश लौटा दिए। दोनों पक्षों ने एक-दूसरे पर किसी भी बाहरी शक्ति के आक्रमण के समय सहायता देने का वचन दिया। दोनों पक्षों ने एक-दूसरे के युद्धबन्दी को लौटा दिए।

- **मंगलौर की संधि** — टीपू व अंग्रेज (1784 ई०)
  शर्तें — टीपू को मैसूर राज्य में अंग्रेजों के व्यापारिक अधिकार को मानना पड़ा। अंग्रेजों ने आश्वासन दिया कि वे मैसूर के साथ मित्रता बनाये रखेंगे तथा संकट के साथ उसकी मदद करेंगे।
- **श्रीरंगपट्टम की संधि** — (1792ई०) कार्नवालिस और टीपू सुल्तान
  शर्तें — टीपू सुल्तान को अपने आधे राज्य अंग्रेजों को देना पड़ा
- **सूरत की संधि** — (1775 ई०) नारायण राव व अंग्रेज
  शर्तें — अंग्रेज रघोबा को पेशवा बनने में सैनिक सहायता देंगे। रघोबा को 25,000 सैनिकों का खर्च देना होगा। इसके बदले में रघोबा अंग्रेजों को सालसिट बेशीन, व बम्बई के समीप द्वीप देगा। अंग्रेज़ों के अलावा रघोबा किसी अन्य यूरोपीयन को अपनी नौकरी में नहीं रखेगा।
- **पुरन्दर की संधि** — (1766 ई०) कम्पनी तथा रघोबा राव
  शर्तें — सालसेट द्वीप और थाना का दुर्ग अंग्रेजों के नियंत्रण में चला गया।
- **बड़गाँव की संधि** — (1779 ई०) अंग्रेज व मराठे
  शर्तें — सिन्धिया को भड़ौच के राजस्व का एक हिस्सा मिलेगा। पुरन्दर की सन्धि समाप्त कर दी गई।
- **बसीन की संधि** — (1802 ई०) पेशवा तथा अंग्रेज
  शर्तें — पेशवा ने अंग्रेज़ी संरक्षण स्वीकार किया
- **देवगाँव की संधि** — (1803 ई०) भोंसले व अंग्रेज
  (1803 ई०) सिन्धिया व अंग्रेज
- **सुर्जी अर्जुन गाँव की संधि** — होल्कर तथा अंग्रेज (1818 ई०)
  शर्तें — होल्कर ने राजपूत राज्य पर अपने सभी दावे छोड़ दिए। नर्मदा के दक्षिण के सभी जिले अंग्रेजों को सौंप दिये।

कम्पनी तथा राजा (क्राउन) का प्रशासन

ब्रिटिश भारत में संवैधानिक विकास

(A) रेग्यूलेटिंग एक्ट, 1773

1. संचालक मंडल के गठन पर ब्रिटिश सरकार का नियंत्रण–ब्रिटिश पार्लियामेंट द्वारा 1778 ई॰ में दो अधिनियम पारित किए गए। प्रथम के अनुसार ईस्ट इंडिया कम्पनी को 4% ब्याज की दर पर 14 लाख पौंड का ऋण दिया गया। दूसरे के द्वारा रेग्यूलेटिंग एक्ट पारित किया गया।
2. इंग्लैंड में संचालक मण्डल के चुनाव में वोट देने का अधिकार सिर्फ उन लोगों को दिया गया जो चुनाव से कम-से-कम एक वर्ष पूर्व एक हजार पौंड के बराबर अंश पूँजी के धारक हो।
3. यह निश्चय हुआ कि संचालक मंडल का चुनाव 4 वर्ष के लिए किया जाएगा तथा उनमें से 25% प्रति वर्ष अवकाश ग्रहण करेंगे।
4. संचालकों को यह आदेश दिया गया कि वे ब्रिटिश सरकार के वित्त विभाग के समक्ष भारत के प्रशासन तथा राजस्व से संबंधित सभी पत्र-व्यवहार प्रस्तुत करें।
5. बंगाल में एक प्रशासक मंडल बनाया गया जिसमें गवर्नर जनरल तथा चार सदस्यों को नियुक्त किया गया। गवर्नर परिषद के बहुमत से कार्य करने के लिए बाध्य थे परन्तु वे अपना निर्णायक मत दे सकते थे। कोरम संख्या 8 था।
6. प्रशासक मंडल के सदस्यों का निर्वाचन 5 वर्ष के लिए किया जाना था तथा वे संचालक मंडल की सिफारिश पर ब्रिटिश सम्राट द्वारा ही हटाये जा सकते थे।
7. सपरिषद् गवर्नर जनरल को फोर्ट विलियम प्रेसीडेन्सी के सैनिक तथा असैनिक शासन का अधिकार दिया गया। उसे कुछ मामलों में मद्रास तथा बम्बई प्रेसीडेन्सी के निरीक्षण का भी अधिकार दिया गया। इस एक्ट के अन्तर्गत एक सर्वोच्च न्यायालय की स्थापना 1974 में की गयी।
8. सर्वोच्च न्यायालय को प्राथमिक तथा पुनर्विचार संबंधी अधिकार दिया गया। यह न्यायालय 1774 में गठित किया गया और सर एलीजाह रम्पे को मुख्य न्यायाधीश तथा चेम्बर्ज, लिमैस्टर और हाइड को अन्य न्यायाधीश के रूप में नियुक्त किया गया।
9. इस अधिनियम में यह प्रावधान था कि कर्मचारी किसी प्रकार के उपहार दान या पारितोषिक ग्रहण नहीं कर सकते।
10. गवर्नर जनरल का 15,000; पाषर्दों का 10,000; मुख्य न्यायाधीश का 8,000 तथा छोटे न्यायाधीश का 6,000 रु॰ वेतन निश्चित किया गया।

(B) पूरक इंडिया एक्ट, 1781

इस अधिनियम के अनुसार कम्पनी के पदाधिकारियों को अपने शासकीय कार्यों के संबंध में सर्वोच्च न्यायालय के न्यायाधिकार से मुक्त कर दिया गया। सर्वोच्च न्यायालय को कलकत्ता के सभी निवासियों पर न्यायाधिकार दे दिया गया तथा यह भी आदेश दिया गया कि प्रतिवादी का निजी कानून लागू किया जायेगा। सपरिषद गर्वनर जनरल द्वारा पारित विनिमयन का रजिस्ट्रेशन करवाना आवश्यक नहीं रहा।

(C) पिट्स इंडिया एक्ट, 1784

1. इस अधिनियम के अनुसार सभी सैनिक-असैनिक तथा राजस्व संबंधी मामलों को एक नियंत्रण बोर्ड को सौंप दिया गया। जिसमें एक चांसलर ऑफ एक्सचेकर, एक राज्य सचिव तथा उनके द्वारा नियुक्त चार प्रीवी काउंसिल के सदस्य होते थे।
2. तीन डायरेक्टरों की एक गुप्त समिति द्वारा सभी गुप्त निर्णय भारत भेजे जाने की व्यवस्था की गई।
3. भारत में प्रशासन गवर्नर जनरल तथा उनकी तीन सदस्यों वाली परिषद को सौंप दिया गया। गवर्नर जनरल को अभी भी बहुमत के अनुसार कार्य करना पड़ता था परन्तु व्यवहारिक तौर पर वह एक सदस्य को मिलाकर अपने निर्णायक मत का प्रयोग कर इच्छित कानून पास करवा सकता था।
4. बम्बई तथा मद्रास प्रेसीडेंसी को बंगाल के अधीन कर दिया गया।
5. नियंत्रण बोर्ड के माध्यम से द्वैध प्रणाली की स्थापना की गई। इसको कम्पनी के सभी कागजातों के जाँच पड़ताल का अधिकार दिया गया और केवल व्यापारिक आदेश को छोड़कर शेष सभी आदेशों पर नियंत्रण बोर्ड की स्वीकृति आवश्यक थी।
6. आवश्यकता पड़ने पर नियंत्रण बोर्ड अपना आदेश डायरेक्टरों की गुप्त समिति को भेज सकता था। इस बोर्ड का

अध्यक्ष प्रारम्भिक काल में एक राज्य सचिव होता था और उसे कोई विशेष वेतन नहीं दिया जाता था।

7. इस अधिनियम के द्वारा आक्रामक युद्धों तथा गारंटी युक्त संधियाँ समाप्त कर दी गई।

(D) 1786 का अधिनियम

इस अधिनियम के अनुसार गवर्नर जनरल को मुख्य सेनापति का भी अधिकार दे दिया गया तथा उसे विशेष परिस्थिति में परिषद् के निर्णय को रद्द करने तथा अपना निर्णय लागू करने का विशेषाधिकार दिया गया।

(E) प्रथम चार्टर एक्ट, 1793

1. कम्पनी के व्यापारिक एकाधिकार को अगले 20 वर्ष तक के लिए बढ़ा दिया गया।
2. गवर्नर जनरल को अपने परिषद् के निर्णय को रद्द करने से संबंधित विशेषाधिकार को स्थायी बना दिया गया।
3. बम्बई तथा मद्रास प्रेसीडेन्सी पर गवर्नर जनरल का अधिकार स्पष्ट कर दिया गया।
4. मुख्य सेनापति परिषद का स्वत: सदस्य नहीं हो सकता था।
5. गृह सरकार को नियंत्रण बोर्ड में एक आयुक्त को अध्यक्ष के पद पर नियुक्त करने का अधिकार दिया गया।
6. नियंत्रण बोर्ड के दो कनिष्ठ सदस्यों को अब सम्राट् की प्रीवी कौंसिल का सदस्य होना अनिवार्य नहीं रहा। नियंत्रण बोर्ड के सभी सदस्यों को भी कोष से वेतन मिलता था।

(F) चार्टर एक्ट, 1813

1. इस अधिनियम के अनुसार चाय तथा चीन के साथ होने वाले व्यापार को छोड़कर कम्पनी के व्यापारिक एकाधिकार को समाप्त कर दिया गया।
2. कम्पनी के अंश पूँजी धारकों को भारतीय राजस्व से 10–12% लाभांश दिया जाना निश्चित किया गया।
3. कम्पनी को अगले 20 वर्ष के लिए भारतीय प्रदेशों तथा राजस्व पर अधिकार दे दिया गया।
4. एक लाख रुपया शिक्षा तथा साहित्य के प्रसार हेतु खर्च करने का प्रावधान रखा गया।

(G) चार्टर एक्ट, 1833

1. इस अधिनियम के द्वारा आगामी 20 वर्ष के लिए सम्राट् के ट्रस्टी के रूप में कम्पनी के अधिकारों की पुष्टि कर दी गई।
2. कम्पनी के व्यापारिक अधिकार को पूर्ण रूपेण समाप्त कर दिया गया।
3. इस अधिनियम में यह व्यवस्था की गई कि रिक्त पदों के लिए डायरेक्टर दुगुने अधिकारियों को प्रशिक्षण के लिए भेजें, जिसमें से सर्वोत्तम व्यक्तियों की नियुक्ति की जायेगी।
4. नियंत्रण बोर्ड में प्रमुख मंत्रियों को शामिल कर लिया गया।
5. बंगाल के गवर्नर जनरल को भारत का गर्वनर जनरल बना दिया गया।
6. सभी प्रकार के कर सपरिषद् गर्वनर जनरल के आदेश से ही लगाये जा सकते थे और उसे ही व्यय का भी अधिकार था। कानून बनाने का एकाधिकार भी सपरिषद् गवर्नर जनरल को ही दिया गया।
7. सपरिषद् गवर्नर जनरल चार्टर एक्ट में परिवर्तन नहीं कर सकता था तथा क्राउन के विशेषाधिकार व संसदीय कानून के विरुद्ध कानून नहीं बना सकता था।
8. विधि सदस्य के गवर्नर जनरल को परिषद में चौथे सदस्य के रूप में मान्यता दी गई।
9. इस अधिनियम की धारा 87 के अनुसार क्राउन की देशज तथा भारतीय प्रजा को अपने जन्म-स्थान, वंशानुक्रम तथा वर्ग के कारण किसी पद के लिए अयोग्य नहीं माना जा सकता।
10. इसी अधिनियम के अंतर्गत भारत सरकार को दासों की अवस्था सुधारने तथा अंतत: दास प्रथा समाप्त करने का निर्देश दिया गया।

(H) चार्टर एक्ट, 1858

1. इस एक्ट के द्वारा संसद जब तक कोई विपरीत आदेश न दे तब तक के लिए कम्पनी के अधिकारियों की पुष्टि कर दी गयी।
2. नियंत्रण बोर्ड के सचिव तथा अन्य पदाधिकारियों का वेतन ब्रिटिश सरकार निर्धारित करेगी परन्तु धनराशि कम्पनी देगी।
3. डायरेक्टरों की संख्या 24 से घटाकर 18 कर दी गई जिसमें 6 क्राउन द्वारा मनोनीत करने का प्रावधान रखा गया।
4. संचालक मंडल को नयी प्रेसीडेंसियाँ बनाने तथा पुरानी प्रेसीडेंसियों के क्षेत्र में परिवर्तन का अधिकार दिया गया।
5. इसी अधिनियम के अन्तर्गत पंजाब में एक उप-राज्यपाल की नियुक्ति की गई।
6. विधि सदस्य को गवर्नर जनरल की परिषद का पूर्ण सदस्य बना दिया गया।
7. सिविल सेवा में नियुक्तियों के लिए प्रतियोगितात्मक परीक्षा आयोजित करने का प्रावधान रखा गया।

8. इंग्लैंड में विधि आयोग की स्थापना की सिफारिश की गई।
9. कानून निर्माण के समय गवर्नर जनरल को अपनी परिषद् में 6 अतिरिक्त सदस्यों के मनोनयन का अधिकार दिया गया। (दो सर्वोच्च न्यायालय के न्यायाधीश तथा शेष चार प्रांतों से एक-एक प्रतिनिधि)।
10. प्रश्न पूछे जा सकते थे, कार्यकारिणी के कार्यप्रणाली की आलोचना भी की जा सकती थी परन्तु गवर्नर जनरल की कार्यकारिणी परिषद् को वीटो (Veto) का अधिकार प्राप्त था।

भारत परिषद् अधिनियम, 1909 (मार्ले मिंटो सुधार)

1. लेजिस्लेटिव कौंसिल के लिए प्रत्यक्ष निर्वाचन का प्रावधान।
2. मुस्लिमों के लिए पृथक् निर्वाचक मंडल की व्यवस्था या साम्प्रदायिक निर्वाचन पद्धति का प्रारम्भ।
3. प्रांतीय कौंसिल का विस्तार तथा गैर-सरकारी सदस्यों का बहुमत।
4. इम्पीरीयल लेजिस्लेटिव में सरकारी सदस्यों का बहुमत बरकरार।
5. दोनों स्तर पर गैर-सरकारी सदस्यों का बहुमत, प्रत्यक्ष निर्वाचन पद्धति द्वारा चयनित किया जाता था।

भारत शासन अधिनियम, 1919 (मोन्टेग्यू चेम्सफोर्ड सुधार)

1. प्रांतों में द्वैध शासन की स्थापना जिसके अन्तर्गत प्रांतीय सरकार के सभी विषयों को हस्तांतरित तथा सुरक्षित नामक दो श्रेणियों में विभाजित कर दिया गया। सुरक्षित मामले गवर्नर द्वारा अपने कार्यकारिणी परिषद् के सदस्यों के सहयोग से संपादित किया जाता था, जबकि हस्तांतरित मामले का प्रशासन गवर्नर लोकप्रिय मंत्रियों के सहयोग से चलाता था। पुलिस, जेल, भू-राजस्व, सिंचाई तथा वन जैसे विषय सुरक्षित श्रेणी में रखे गये जबकि स्थानीय स्वशासन, शिक्षा, समाज कल्याण, सार्वजनिक स्वास्थ्य कृषि तथा उद्योग जैसे विषय हस्तांतरित श्रेणी में रखे गये।
2. केन्द्रीय स्तर पर सभी विषयों को "प्रांतीय तथा केन्द्रीय" शीर्षक के अंतर्गत दो भागों में बाँट दिया गया, जिससे प्रांतों पर केन्द्र का नियंत्रण कुछ कम हो गया। परन्तु सत्ता के इस विभाजन को संघीय प्रणाली की शुरुआत नहीं मानीं जा सकती। क्योंकि प्रान्तों को प्रदत्त अधिकार केन्द्र द्वारा हस्तांतरित था न कि संविधान में प्रावधान के अधीन राज्यों को अधिकार दिया गया था।
3. केन्द्रीय विधान-सभा द्वि-सदनीय बना दिया गया तथा दोनों सदन में गैर-सरकारी सदस्यों के बहुमत का प्रत्यक्ष निर्वाचन प्रणाली द्वारा चयनित करने का प्रावधान रखा गया।
4. भारत के राज्य सचिव तथा उनके सहायकों का वेतन ब्रिटिश सरकार द्वारा दिये जाने की व्यवस्था की गई। इंग्लैंड में भारत सरकार के द्वारा एक उच्चायुक्त की नियुक्ति की गयी जो भारत सरकार के प्रति उत्तरदायी होता था।

भारत का शासन अधिनियम, 1935

1. इस अधिनियम के अनुसार एक अखिल-भारतीय संघ के निर्माण का प्रावधान रखा गया, जिसमें ब्रिटिश सरकार द्वारा शासित सभी प्रांत तथा देशी राज्यों को शामिल किया जाना था। यह संघीय प्रणाली अंग्रेजों के शासन काल में अस्तित्व ग्रहण नहीं कर सकी क्योंकि देशी राज्यों ने इस संघ में शामिल होना स्वीकार नहीं किया।
2. सत्ता को केन्द्रीय, प्रांतीय तथा सीमावर्ती नामक तीन सूचियों में विभाजित किया गया। अवशिष्ट शक्तियाँ गवर्नर जनरल में निहित थीं।
3. प्रांतों में द्वैध शासन प्रणाली को समाप्त कर दिया गया तथा वहाँ उत्तरदायी सरकार की स्थापना की गई।
4. छ: ब्रिटिश प्रान्तों में पहली बार द्वि-सदनीय शासन प्रणाली की शुरुआत की गयी। (बंगाल, मद्रास, बम्बई, उत्तर प्रदेश, बिहार तथा असम)।
5. साम्प्रदायिक निर्वाचन पद्धति का विस्तार किया गया। सिक्खों, यूरोपियनों, भारतीय ईसाई तथा एंग्लोइंडियन के लिए पृथक् निर्वाचन की व्यवस्था की गयी।
6. गवर्नर जनरल तथा प्रांतों के गर्वनर का विशेषाधिकार बरकरार रखा गया।
7. दिल्ली में एक संघीय न्यायालय की स्थापना की गयी जिसमें सर्वोच्च न्यायाधीश के अतिरिक्त 6 अन्य न्यायधीशों की नियुक्ति का प्रावधान था।
8. नियंत्रक एवं महालेखाकार के पद का सृजन किया गया।
9. केन्द्रीय स्तर पर द्वैध शासनप्रणाली की व्यवस्था की गयी तथा सम्पूर्ण प्रशासनिक विषयों को हस्तांतरित तथा सुरक्षित नामक दो श्रेणियों में विभाजित कर दिया गया। हस्तांतरित विषय जनता के प्रति उत्तरदायी मंत्रियों के हाथों में सौंप दिया गया जबकि सुरक्षित विषयों का शासन गवर्नर जनरल अपनी कार्यकारिणी परिषद के सदस्यों के सहयोग से चलाता था।
10. इस अधिनियम के द्वारा लन्दन स्थित भारतीय परिषद् को समाप्त कर दिया गया।

आर्थिक इतिहास

आर्थिक विकास तथा नीति व्यापार एवं वाणिज्य

1. वास्कोडिगामा के नेतृत्व में पुर्तगालियों का कालीकट आगमन (21 मई, 1498 ई॰) भारतीय सामुद्रिक व्यापार की एक युगान्तरकारी घटना रही।
2. पुर्तगाल का भारत में प्रारम्भिक लक्ष्य मसाला व्यापार पर एकाधिकार जमाना था।
3. पुर्तगाली व्यापारिक साम्राज्य को एस्तादो द इण्डिया नाम दिया गया है। इसका उद्देश्य पूर्वी जगत के काली मिर्च और मसालों के व्यापार पर एकाधिकार स्थापित करना था।
4. भारतीय व्यापारिक जहाज को अपने व्यापार के लिए गोआ में पुर्तगाली वाइसराय या समुद्र में तैनात पुर्तगाली कप्तानों से पारपत्र खरीदने पड़ते थे।
5. पुर्तगालियों ने भारत में तम्बाकू की खेती का प्रचलन किया।
6. 1583 ई॰ में डच यात्री वान लिंसॉतन' गोआ आया और 1589 ई॰ तक रहा। हालैंड वापस पहुँचने पर उसने पूर्वी जगत के सामुद्रिक मार्गों पर एक पुस्तक लिखी। 1595 ई॰ में लिंसॉतन की पुस्तक के प्रकाशन ने पश्चिमी यूरोप में अपार लोकप्रियता प्राप्त की। इसका अनेक भाषाओं में अनुवाद हुआ।
7. लिंसॉतन पूर्वी जगत एवं भारत के साथ वाणिज्यिक सम्भावनाओं की खोज करने वाला हालैण्ड का अग्रणी व्यक्ति था।
8. 1602 ई॰ में डच ईस्ट इंडिया कम्पनी स्थापित की गई जिसे भारत और पूर्वी जगत के साथ व्यापार करने के अधिकार दिए गए।
9. डचों ने मसुलीपट्टम (1605 ई॰), पुलीकट (1610 ई॰), सूरत (1616 ई॰), विमलीपट्टम, चिनसुरा, कासिम-बाजार, पटना, बालासोर, कोचीन, आदि में व्यापारिक कोठियाँ खोली थीं।
10. डच मुख्यतया मसालों, नील, कच्चा रेशम, शीशा, चावल, अफीम का व्यापार भारत से करते थे।
11. 31 दिसम्बर, 1600 ई॰ में भारत को 'दि गवर्नर एण्ड कम्पनी ऑफ लन्दन ट्रेडिंग इन्टू दि ईस्ट इंडीज' अर्थात् ईस्ट इंडिया कम्पनी की स्थापना हुई। इसे व्यापार करने का एकाधिकार दिया गया था।
12. ईस्ट इंडिया कम्पनी में स्थापना के समय 217 भागीदार थे।
13. 1608 ई॰ में कैप्टन हाकिन्स को भारत में व्यापारिक कोठियाँ खोलने के प्रयास हेतु ब्रिटेन के सम्राट् जेम्स प्रथम ने राजदूत के रूप में मुगल सम्राट जहाँगीर के दरबार में भेजा था।
14. 1615 ई॰ में जेम्स प्रथम ने सर टामस रो को राजदूत बनाकर जहाँगीर के दरबार में भेजा, इसे शाहजादा खुर्रम से व्यापारिक कोठियाँ खोलने का फरमान प्राप्त हो गया।
15. 1611 ई॰ में सर्वप्रथम अंग्रेजों ने मसुलीपट्टम में व्यापारिक कोठी की स्थापना की थी।
16. 1639 ई॰ में मद्रास तथा 1651 ई॰ में हुगली में व्यापारिक कोठियाँ अंग्रेजों ने खोली थीं।
17. 1691 ई॰ में औरंगजेब ने 3,000 रुपये के निश्चित वार्षिक कर के बदले में बंगाल में कम्पनी को सीमा-शुल्क से छूट दे दी थी।
18. 1717 ई॰ में सम्राट फर्रुखसियर द्वारा अंग्रेज कम्पनी को व्यापार हेतु महाधिकार पत्र (फरमान) प्राप्त हुआ।
19. 1664 ई॰ में फ्रांसीसी ईस्ट इंडिया कम्पनी की स्थापना हुई।
20. भारत में फ्रांसीसियों की पहली कोठी फ्रैकों कैशे द्वारा सूरत में 1668 ई॰ में स्थापित की गई।
21. 1669 ई॰ में फ्रांसिसियों की दूसरी कोठी मसुलीपट्टम में स्थापित की गई।
22. अंग्रेजों द्वारा भारत में शुरू किया गया पहला व्यापार 'नील' था।
23. 1757 ई॰ से (प्लासी की विजय के पश्चात् से) कम्पनी का बंगाल के साथ व्यापार तथा लूट के एक विशेष युग का आरम्भ हुआ। यह वणिकवाद का युग था।
24. भारत से निर्यात होने वाले प्रमुख माल थे– कपड़ा, खाद्य सामग्रियाँ (चावल, दालें शक्कर, तेल), वाणिज्यिक उत्पाद (नील, अफीम, शोरा)।
25. 1757 ई॰ के पश्चात् बंगाल के अन्तर्देशीय व्यापार में अंग्रेजों की हिस्सेदारी बड़े पैमाने पर हो गई।
26. कम्पनी के कर्मचारियों ने नमक, सुपारी और तम्बाकू जैसी वस्तुओं, जो सभी यूरोपीय व्यापारियों के लिए प्रतिबंधित थी, के व्यापार पर अधिकार कर लिया।

27. 1757 से 1813 ई॰ के दौरान ईस्ट इंडिया कम्पनी ने व्यापार पर पूर्ण रूप से एकाधिकार कर लिया।
28. 1813 से 1858 ई॰ के दौरान औद्योगिक मुक्त व्यापार अथवा वाणिज्यिक पूँजीवाद (1813-1858 ई॰) के चरण में भारत को ब्रिटिश माल के आयात को मुक्त बाजार और भारत से इंग्लैंड को कच्चे माल के निर्यात का साधन बना दिया गया।
29. 1858 ई॰ के पश्चात् ब्रिटिश उपनिवेशवाद के तीसरे चरण (वित्तीय पूँजीवाद) में ब्रिटिश लोगों को भारत में पूँजी निवेश के अवसर प्राप्त हुए, इससे भारतीय आर्थिक जीवन का प्रत्येक पक्ष का मूल स्वरूप ही परिवर्तित हो गया।
30. ईस्ट इंडिया कम्पनी के शासनकाल में देश की आर्थिक सत्ता और हितों का केन्द्र देश के बाहर हो गया। नया शासक वर्ग देश के आर्थिक विकास और जनता के आर्थिक कल्याण की ओर ध्यान देना आवश्यक नहीं समझता था।
31. ईस्ट इंडिया कम्पनी की आर्थिक नीति भारत से अधिक से अधिक धन को अर्जित कर इंग्लैंड भेजने की थी।
32. ब्रिटिश ने आधुनिक पूँजीवादी व्यवस्था को पूर्ण रूप से देश में स्थापित नहीं किया। पुरानी अर्थव्यवस्था का नष्ट हो जाना तथा उसके स्थान पर नई अर्थव्यवस्था का न आना यह अंग्रेजी शासन के प्रथम सौ वर्षों में भारतीय इतिहास की त्रासदी रही।
33. अंग्रेज अधिकारी अपने हित साधन के लिए भारतीयों से लड़े और फिर लड़ाई के खर्च का भुगतान उन्हीं से वसूला।
34. ईस्ट इंडिया कम्पनी के भागीदारों को लाभांश भारतीय राजस्व से ही दिया जाता था।
35. 1833 के चार्टर एक्ट में व्यवस्था की गई थी कि इस लाभांश में प्रतिवर्ष 6 लाख 30 हजार पौंड दिए जायें।
36. सेना विभाग में सैनिकों का वेतन भत्ता, पेंशन का उन पर किया जाने वाला अन्य व्यय पौंड स्टर्लिंग में ही किया जाता था।
37. गृह व्यय–भारत के शासन और व्यवस्था के लिए ब्रिटिश सरकार ने अपने देश में जो संस्थायें स्थापित कीं, जैसे–नियंत्रक मंडल *(Board of Control)* या सपरिषद भारत मंत्री *(Secetary of State for India-in Council)* उन पर होने वाले व्यय को भी भारत के राजस्व पर डाला गया।
38. भारत में रेलों का निर्माण विदेशी पूँजी के द्वारा किया गया। यह पूँजी ब्रिटिश पूँजी थी जिस पर लाभ की गारंटी थी।
39. दो विश्वयुद्धों के मध्यकाल में न्यूनतम 30 करोड़ रुपया प्रतिवर्ष लाभ या सूद के रूप में लेते थे।
40. भारत में विदेशी बैंकों तथा बीमा कम्पनियों की स्थापना 20वीं शताब्दी में हुई तथा इसके द्वारा की गई कमाई भी धन की निकासी का महत्वपूर्ण साधन थी।

कृषि विकास तथा नीति

भूमि राजस्व प्रशासन (पट्टेदारी)

1. मुख्य रूप से अंग्रेजों ने भारत में तीन प्रकार की भूधृति पद्धतियाँ अपनाई अर्थात् जमींदारी, महलवाड़ी, तथा रैयतवाड़ी।
2. जमींदारी पद्धति बंगाल, उड़ीसा, संयुक्त प्रान्त का बनारस क्षेत्र, उत्तरी कर्नाटक में अपनाई गई थी, लगभग समस्त अंग्रेजी भारत की 19% भूमि इसके अन्तर्गत थी।
3. महलवाड़ी भूधृति पद्धति संयुक्त प्रान्त, मध्य प्रान्त, पंजाब में लागू की गई थी, इसके अन्तर्गत 30 प्रतिशत भूमि आई।
4. रैयतवाड़ी पद्धति बम्बई तथा मद्रास प्रेसीडेन्सी के अधिकतर भागों में एवं असम में लागू की गई थी, इसके अन्तर्गत 51 प्रतिशत भूमि आई थी।
5. स्थायी जमींदारी व्यवस्था को जागीरदारी, मालगुजारी, बीसवेदारी, इत्यादि भिन्न-भिन्न नामों से जाना जाता था।
6. स्थायी जमींदारी व्यवस्था (परमानेंट जमींदारी सेटलमेंट) अंग्रेजों की देन थी।
7. स्थायी जमींदारी व्यवस्था सदैव के लिए निश्चित कर दी जाती थी। अन्य पद्धतियों (महलवाड़ी, रैयतवाड़ी) में 10 वर्ष से 40 वर्ष के पश्चात् भूमि कर में परिवर्तन किए जाते थे।
8. जमींदारी पद्धति के अनुसार जमींदार को (जो प्रायः भूमि कर संग्रहकर्त्ता ही होता था) भूमि का स्वामी स्वीकार कर लिया जाता था। वह भूमि को बेच, रहन अथवा दान में दे सकता था।
9. महलवाड़ी पद्धति के अनुसार भूमि कर की इकाई कृषक का खेत नहीं अपितु ग्राम अथवा महल (जागीर का एक भाग) होता था।
10. रैयतवाड़ी पद्धति के अनुसार प्रत्येक पंजीकृत भूमिदार को भूमि का स्वामी स्वीकार किया जाता था।
11. 1772 ई॰ में बंगाल में द्वैध शासन की समाप्ति के बाद भूमि-बंदोबस्त की एक नई प्रायोगिक प्रणाली फार्मिंग सिस्टम के रूप में शुरू की गई।

12. जमींदारी बंदोबस्त 'इस्तमरारी बन्दोबस्त' कहलाता था।
13. 1881 ई॰ में भारत की राष्ट्रीय आय में कृषि का अंशदान 10 प्रतिशत था।
14. स्थायी बंदोबस्त करते समय कार्नवालिस ने बंगाल में भूमि कर की कुल रकम 2 करोड़ 65 लाख रुपए निर्धारित की थी।
15. इस्तमरारी बंदोबस्त आजादी मिलने के बाद तक अपरिवर्तित रूप से लागू था।
16. मद्रास के रैयतवाड़ी बंदोबस्त का ढांचा मुनरो ने तैयार किया था।
17. रैयतवाड़ी बंदोबस्त के कारण सबसे अधिक जमीन परती हो गई थी।
18. महाराष्ट्र में रैयतवाड़ी बंदोबस्त एलफिन्स्टन ने लागू किया था।
19. भारत में ईस्ट इंडिया कम्पनी ने चाय बागान सबसे पहले असम में स्थापित किए थे।
20. चाय/कृषि उत्पाद के लिए पूँजीवादी उद्यम अपनाए गए थे।
21. होम्स का कथन था–'स्थायी बन्दोबस्त' एक दु:खद भूल थी।'
22. मार्शमैन का कथन था–'स्थायी बंदोबस्त एक साहस, बहादुरी और बुद्धिमानी का कार्य था।
23. 1793 ई॰ में स्थायी बंदोबस्त बंगाल में लागू किया गया था।
24. जान शेख ने बंगाल में स्थायी बंदोबस्त लागू करने में लॉर्ड कार्नवालिस को सहयोग किया था।
25. मुनरो को रैयतवाड़ी व्यापार को लागू करने का श्रेय दिया जाता है।
26. 1820 ई॰ में रैयतवाड़ी व्यवस्था मद्रास प्रेसीडेंसी में लागू की गई थी।
27. महलवाड़ी व्यवस्था 30 वर्षों के लिए थी।

देशी उद्योगों का पतन

- अंग्रेजों की मुक्त व्यापार की नीति ने भारतीय उद्योगपतियों को कृषि व्यवस्था अपनाने के लिए विवश कर दिया, फलस्वरूप ढाका, मुर्शिदाबाद, सूरत आदि जो वस्त्र उद्योग के प्रमुख केन्द्र थे, वहाँ के वस्त्र उत्पादक बेकार हो गए तथा गाँवों की ओर पलायन कर गए।
- देशी उद्योगों के पतन के फलस्वरूप भारतीय अर्थव्यवस्था कृषिकरण एवं ग्रामीकरण की ओर बढ़ने लगी।
- उत्तर भारत में जुलाहों ने इस अव-औद्योगीकरण से असन्तुष्ट एवं त्रस्त होकर 1813 ई॰ से 1842 ई॰ के मध्य अनेक बार हिंसक विद्रोह भी किए थे।
- भारत का लघु एवं कुटीर उद्योग जो सत्रहवीं-अठारहवीं शताब्दी के पूर्वाह्न तक भारत की अर्थव्यवस्था का प्रमुख आधार था, विदेशी मशीनी उत्पादन की प्रतियोगिता एवं राजकीय संरक्षण के अभाव में समाप्त हो गया।
- अंग्रेजों की शासन नीति से गृह उद्योग, लघु उद्योग, दस्तकारी नष्ट हो गए जिसकी शुरुआत बंगाल, बिहार, उड़ीसा प्रांतों से हुई।
- बंगाल सूती और रेशमी कपड़ों के लिए प्रसिद्ध था, परन्तु कम्पनी ने बंगाल में राजनीतिक सत्ता प्राप्त करते ही दस्तकारों का शोषण आरम्भ कर दिया।
- ब्रिटेन ने भारत से आयात होने वाले माल पर भारी कर लगा दिया जिससे ब्रिटेन के उद्योगों को संरक्षण मिला। दूसरी तरफ भारत सरकार ने ब्रिटेन से भारत में आयात होने वाले माल पर कम से कम कर लिया।
- ब्रिटेन में औद्योगिक क्रान्ति के कारण कच्चे माल की आवश्यकता हुई, जिसे कम मूल्य पर उन्होंने किसानों से प्राप्त किया जबकि तैयार माल के लिए भारतीय बाजार का उपयोग किया।
- हस्तशिल्प के विनाश से कृषि पर भारतीय जनसंख्या का दबाव बढ़ने लगा।
- 1756-1812 ई॰ तक व्यापारिक पूँजी के काल और 1813-1857 ई॰ तक मुक्त व्यापार एवं पूँजी के साम्राज्यवाद काल में भारतीय हस्तशिल्प उद्योग की दुर्दशा हुई।
- काल मार्क्स ने कहा, "सूती कपड़ों के घर में सूती कपड़ों की भरमार कर दी गई है''।
- 1800-1950 ई॰ के मध्य के समय को औद्योगीकरण के काल के नाम से जाना जाता है। इस काल में भारतीय हस्तशिल्प का मुख्य रूप से पतन हुआ था।
- 1720 ई॰ में ब्रिटिश संसद ने ऐसा कानून बनाया था जिसके अधीन इंग्लैंड में भारतीय रेशमी तथा सूती कपड़ा पहनने वालों पर जुर्माना किया जाता था।
- 1769 ई॰ में कम्पनी के डायरेक्टरों ने कार्यकर्त्ताओं को आदेश दिए थे कि कच्चे सिल्क के उत्पादन को प्रोत्साहित करो तथा रेशमी कपड़ा बुनने को निरुत्साहित करो।
- बैंटिक की सरकार ने 1834 में कहा था, "इस दुर्दशा का व्यापार के इतिहास में जोड़ नहीं है, भारतीय बुनकरों की हड्डियाँ भारत के मैदानों में बिखरी पड़ी हैं''।
- कार्लमार्क्स ने कहा था, "यह अंग्रेज घुसपैठिया था

जिसने भारतीय खड्डी और चरखे को तोड़ दिया। पहले इंग्लैंड ने भारतीय सूती माल को बाहर निकाला और फिर भारत में जो सूती माल की माँग थी, अंग्रेज बने हुए माल को भेजकर सूती माल की बाढ़ ला दी''।

भारत के धन निष्कासन

कम्पनी की नीति थी

- व्यापार पर एकाधिकार हो और सभी संभव प्रतिद्वंद्वी समाप्त कर दिए जाएँ।
- वस्तुएँ कम से कम मूल्य पर खरीदी जायें और अधिकाधिक मूल्य पर बेची जायें।
- व्यापार अपने पक्ष में बढ़ाने के लिए राजनीतिक नियंत्रण स्थापित हो।
- 1757-72 तक का काल औपनिवेशिक लूट का काल रहा।
- आर॰ सी॰ दत्त का अनुमान है कि 1757-65 के बीच कम्पनी के उत्तराधिकारियों ने 60 लाख पौंड (जो बंगाल की वार्षिक आय का चार गुना था) केवल बंगाल से उपहारों के रूप में प्राप्त किया।
- एडम स्मिथ ने इस एकपक्षीय वस्तुओं के अधिगमन को तथा भारत से इस धन की प्राप्ति को 'लूट' की संज्ञा दी और स्वामियों के अधिकरण *(Court of proprietors)* को भारत में लुटेरों की नियुक्ति करने वाले अधिकरण की संज्ञा दी।
- आरम्भिक दौर में कम्पनी को निम्न रूप में आय प्राप्त हुई–
  - वह लाभ जो भारत में उत्पीड़ित भूमि कर प्रणाली से बचता था।
  - वह लाभ जो भारतीय मंडियों पर एकाधिकार नियंत्रण के फलस्वरूप व्यापार से लाभ होता था।
  - वह बलपूर्वक धन की प्राप्ति जो, कम्पनी के अफसर भारत में प्राप्त करते थे।
  - कम्पनी के कर्मचारियों को वेतनों के रूप में प्राप्त धन।
- 1813 के पश्चात् धन निष्कासन निम्न रूपों में हुआ–
  - गृह व्यय के रूप में भारत सचिव तथा कार्यालय पर।
  - ईस्ट इंडिया कम्पनी के भागीदारों को लाभांश।
  - विदेश में लिए गए सार्वजनिक ऋण पर ब्याज।
  - सैनिक तथा असैनिक व्यय।
  - इंग्लैंड में भंडार वस्तुओं की खरीद।
  - विदेशी पूँजी निवेश पर दिया जाने वाला ब्याज।
  - विदेशी बैंक, ईश्योरेंस, नौवहन कम्पनियाँ आदि।
- इस आर्थिक लूट का अनुमान अंग्रेज लेखकों में 1859 में जार्ज विग्नेट ने लगभग 42 लाख पौंड प्रतिवर्ष, 1901 में विलियम डिग्बी ने तथा 1948 में अमेरिकन विद्वान् होल्डन करबर ने लगाया।
- भारतीय नेताओं और लेखकों में दादाभाई नौरोजी ने अंग्रेजी राज के आरम्भ से 1865-66 तक डेढ़ सौ करोड़ पौंड पुन: 1897 में 35 करोड़ 90 लाख पौंड, 1901 में दिनशा वाचा, प्रो॰ सी॰ एन॰ वकील तथा आर॰ सी॰ दत्त ने अनुमान लगाया।
- ग्राण्ड ओल्ड मैन ऑफ इंडिया दादाभाई नौरोजी ने धन के निकास को अनिष्टों की संज्ञा दी तथा धन निष्कासन को 'ऋण कुचक्र' कहा।
- आर॰ सी॰ दत्त ने कहा, "सूरज पानी भारत से ग्रहण करता है वर्षा केवल इंग्लैंड को देता है।''
- भारतीयों की असहनीय निर्धनता का कारण भारतीय धन की निकासी भी रहा।

कृषि का वाणिज्यीकरण

- भारत में ब्रिटेन की औपनिवेशिक नीतियों का एक और परिणाम था। 1813 के बाद अर्थात् इंग्लैंड की औद्योगिक क्रान्ति पूर्ण हो जाने पर ब्रिटिश अर्थव्यवस्था में भारत का स्थान और भूमिका बदल गई। अब वह एक मंडी और कच्चे माल के स्रोत के रूप में उपयोगी था।
- भारत ऐसी फसलें पैदा करने के लिए बाध्य हो गया जिनको आसानी से बाजार में बेचा जा सके, इन फसलों को 'नकद फसल' कहा गया।
- विदेशी पूँजी ने भी 'नकद फसल' को ही अपने निवेश हेतु चुना। चाय, कॉफी, जूट, नील, अफीम इसी प्रकार की फसलें थीं।
- चाय, कॉफी आदि के बागान पूर्ण रूप से विदेशी पूँजी के नियंत्रण में थे। किसी भारतीय ने इनके उत्पादन को हाथ में नहीं लिया था।
- बिहार में तो किसानों को यूरोपियन जमींदार के द्वारा नील पैदा करने के लिए मजबूर किया जाता था। इस प्रकार यह एक तरह का बलात् व्यवसायीकरण था।
- डेनियल एच॰ बुकानान के अनुसार, "नील के साथ भारतीयों की अत्यन्त कटु स्मृतियाँ जुड़ी हुई हैं। यह शब्द उन्हें याद दिलाता है–अंग्रेजों की लालसा, बेईमानी और निर्मम शोषण की"।

- व्यापार के उद्देश्य से नकद फसलों के उत्पादन को ही कृषि के वाणिज्यीकरण का नाम दिया जाता था।
- कृषि के इस वाणिज्यीकरण ने भी किसान के शोषण एवं उत्पीड़न की प्रक्रिया को तीव्र किया।
- वाणिज्यीकरण का तात्पर्य था विश्व बाजार के लिए कृषि उत्पादन। इस स्थिति में अन्तर्राष्ट्रीय कीमतों एवं व्यापार के उतार-चढ़ाव का सीधा असर किसानों पर पड़ने लगा।
- ए॰ आर॰ देसाई के अनुसार–"वाणिज्यीकरण के कारण किसान धीरे-धीरे (मध्यस्थ) व्यापारियों पर निर्भर होता गया, और अपनी बेहतर माली हालत के कारण व्यापारियों ने किसान की गरीबी का पूरा लाभ उठाया।"
- वाणिज्यीकरण ने कृषि के क्षेत्र में विशिष्टीकरण को बढ़ावा दिया। भारत में यातायात के साधनों का विकास वाणिज्यीकरण का एक मुख्य कारण था। इस विकास के कारण यह संभव हो गया कि अब प्रत्येक क्षेत्र हर फसल को पैदा न करके उसी विशेष फसल को पैदा करे जो उस क्षेत्र के लिए सबसे ज्यादा उपयुक्त है।
- भारतीय कृषि के वाणिज्यीकरण में भू-राजस्व की अधिकता की महत्वपूर्ण भूमिका थी। किसान अत्यधिक भू-राजस्व को अदा करने के लिए साहूकारों से अधिक ब्याज पर रुपया उधार लेता था। परिणाम स्वरूप, फसल तैयार होने पर उसे कम कीमत पर बेचना पड़ता था।
- अब ब्रिटेन के उद्योगों के लिए कच्चे माल को ध्यान में रखकर फसलें उगायी जाती थीं। इसलिए भारत में खाद्यान्नों का भारी अभाव हो गया। परिणामस्वरूप अकाल पड़े।
- अत्यधिक भू-राजस्व के कारण किसानों में ऋणग्रस्तता बढ़ी, दक्कन में कृषि दंगे भड़के।
- निष्कर्षत: कहा जा सकता है कि वाणिज्यीकरण से न तो कृषि के उत्पादन में वृद्धि हुई, न ही भारतीय किसानों को कोई लाभ हुआ।
- 'डेनियल थारनर' ने 1890 से 1947 के समय को भारतीय कृषि की 'स्थिरता का काल' बताया।

आधुनिक उद्योगों का विकास

- आधुनिक उद्योगों का विकास भारत के आधुनिक इतिहास की मुख्य घटना है।
- उद्योगों का यह विकास औपनिवेशिक शासन की सहायता से नहीं हुआ। इस शासन का वश चलता तो यह भारत को पूर्णरूपेण कच्चा माल पैदा करने वाले कृषि प्रधान देश के रूप में रखता।
- औपनिवेशिक शासन की नीतियों के कारण यह विकास स्वाभाविक ढंग से न होकर विकृत तथा एकांगी रूप से हुआ।
- भारत में रेल परिवहन के आरम्भ होने के समय ही कार्ल मार्क्स ने यह टिप्पणी की थी कि, "रेलवे का प्रादुर्भाव भारत में आधुनिक उद्योगों के आगमन का पूर्व सूचक है।"
- अपने खुलेपन तथा प्रगतिशील विचारों के कारण पारसी व्यापारियों को नये उद्योगों के क्षेत्र में प्रवेश करने में कोई परहेज नहीं था। भारत में आधुनिक उद्योगों को आरम्भ करने का श्रेय इस पारसी समुदाय को ही जाता है।
- भारत में उद्योगों के विकास का प्रथम चरण 1914 ई॰ तक रहा। इस दौर के विकास की विशेषता यह है कि इस काल में एक ओर तो निर्यात योग्य माल पैदा किया गया। दूसरी ओर देशी पूँजी ने उस क्षेत्र में कार्य करना आरम्भ किया जहाँ विदेशी पूँजी के साथ किसी प्रकार की प्रतिबद्धता नहीं थी।
- भारतीय पूँजी ने अपने लिए सबसे पहले सूती धागे तथा सूती कपड़े तैयार करने का क्षेत्र चुना। भारत की पहली सूती मिल 1854 ई॰ में कावसजी नानाजी दादाभाई द्वारा स्थापित की गई।
- 20वीं शताब्दी के आरम्भ में स्वदेशी आन्दोलन के चलते भारतीय उद्योगपतियों को एक प्रकार का संरक्षण और प्रोत्साहन दोनों ही प्राप्त हुए।
- 1890-1914 ई॰ के मध्य पेट्रोलियम, मैगनीज, सीसा, अभ्रक, जैसे नये खनिज उद्योग आरम्भ हो गए। इस काल के विकास की सबसे बड़ी कमजोरी थी भारी उद्योगों का पूर्णतः अभाव होना।
- लोहा और इस्पात के क्षेत्र में कदम रखने वाले प्रथम भारतीय पूँजीपति जमशेदजी टाटा थे जिन्होंने 1907 ई॰ में टाटा आयरन एण्ड स्टील कम्पनी की स्थापना की।
- इस दौर में उद्योगों का विकास एकांगी व मन्द गति से होने का मुख्य कारण था ब्रिटिश सरकार द्वारा उद्योगों के विकास में सहायता देने, नवजात उद्योगों को संरक्षण प्रदान करने जैसे कदम न उठाकर उनके प्रति उपेक्षा और भेदभाव की नीति का पालन करना।

- तकनीकि शिक्षा का विकास न होने के कारण देश में तकनीशियनों का अभाव था जिसका प्रभाव उद्योगों के विकास पर पड़ा।
- बैंकिग उद्योग का विकास, विशेषकर संयुक्त स्टॉक बैकों की भारतीय पूँजी से स्थापना इस काल के विकास की एक प्रमुख विशेषता रही। बैंकिग व्यवस्था का यह विकास भविष्य के तीव्र औद्योगिक विकास के लिए बहुत ही जरूरी था। 1895 ई॰ में पंजाब नेशनल बैंक, 1906 ई॰ में बैंक ऑफ इंडिया, 1907 ई॰ में इंडियन बैंक, 1911 ई॰ में सेंट्रल बैंक की स्थापना हुई।
- 1914-1937 ई॰ का काल आधुनिक उद्योगों के विकास का दूसरा चरण था। इस काल में भारतीय उद्योगों को विकास करने के नये अवसर प्राप्त हुए।
- प्रथम विश्वयुद्ध के कारण भारतीय पूँजीपति को न केवल घरेलू बाजार मिला, अपितु विदेशी बाजार में भी उसके माल की खपत बढ़ी।
- प्रथम विश्वयुद्ध के काल में ही 1916 ई॰ में सरकार द्वारा थॉमस हॉलैंड के नेतृत्व में भारतीय औद्योगिक आयोग की स्थापना की गई। 1918 ई॰ में अपनी रिपोर्ट में आयोग ने सुझाव दिया कि सरकार भारत के औद्योगीकरण को प्रोत्साहन दे, निजी उद्योगों के विकास के लिए आवश्यक होने पर सीधी आर्थिक सहायता दे, औद्योगिक बैंकों की स्थापना करे तथा तकनीकी शिक्षा एवं शोधकार्य को विकसित करें।
- अनुकूल परिस्थितियों एवं सरकार की उपर्युक्त नीतियों के चलते इस चरण में सीमेंट, कोयला, सूती सामान, जूट, दियासलाई, कागज, कच्चा लोहा, चीनी, इस्पात, आदि उद्योगों ने उल्लेखनीय प्रगति की।
- भारत में उद्योगों के विकास का तीसरा चरण देश में साम्राज्यवादी शासन का अन्तिम दशक था। द्वितीय विश्वयुद्ध ने भारतीय उद्योगों के विकास पर गहरा प्रभाव छोड़ा।
- इस दौर के आर्थिक इतिहास की मुख्य विशेषताएँ दो हैं–पहली, ब्रिटिश शासन ने भारत की उत्पादन क्षमता को बहुत हानि पहुँचाई। दूसरी, भारतीय पूँजी को विदेशी पूँजी से कड़ी प्रतिस्पर्धा करनी पड़ी।

ब्रिटिशकालीन बड़े अकाल

समय	*प्रभावित क्षेत्र*	*प्रभाव*
1860-61	पश्चिमी उत्तर प्रदेश	2 लाख लोग मरे
1865-66	बंगाल, बिहार, उड़ीसा और मद्रास	20 लाख लोग मरे, सिर्फ उड़ीसा में 10 लाख मरे
1868-70	पश्चिमी यू॰ पी॰, मुम्बई और पंजाब	14 लाख लोग मरे
1876-78	मद्रास, मैसूर, हैदराबाद, महाराष्ट्र पश्चिमी यू॰ पी॰ और पंजाब	उस समय तक का सबसे भयंकर अकाल
1896-97 तथा 1899-1900	देश व्यापी अकाल था	1896-97 में 9.5 करोड़ लोग प्रभावित, जिनमें 45 लाख मरे। 1899-1900 के अकाल में 25 लाख लोग मरे
1943	बंगाल	करीब 30 लाख लोग मरे

अकाल तथा अकाल नीति

- कम्पनी के शासन के अधीन भारत के भिन्न-भिन्न भागों में कम से कम 12 अकाल और 4 भीषण सूखे पड़े थे।
- 1769-1770 ई॰ में बंगाल में भीषण अकाल पड़ा, जिसमें बंगाल की एक-तिहाई जनसंख्या नष्ट हो गई थी।
- कम्पनी के काल में अकाल से बचने के लिए कोई निश्चित योजना नहीं बनाई गई थी।
- क्राउन के प्रशासन (1858-1947) के अन्तर्गत दस अकाल पड़े थे।
- 1860-1861 ई॰ के अकाल के अवसर पर पहली बार दरिद्रशालाओं (पुअर हाउसेंज) का प्रयोग राहत कार्यों के लिए किया गया।
- पहली बार कर्नल स्मिथ को अकाल पड़ने के कारणों तथा इससे निबटने हेतु प्रयास के संबंध में रिपोर्ट प्रस्तुत करने के लिए नियुक्त किया गया।
- 1866 ई॰ का उड़ीसा अकाल भारतीय अकालों के इतिहास में निर्णायक सिद्ध हुआ क्योंकि इसके पश्चात् सर जार्ज केम्बेल की अध्यक्षता में एक समिति नियुक्त की गई जिसके रिपोर्ट में 1880 के राजकीय आयोग की कुछ सिफारिशों को प्रकाशित किया गया था।

- 1880 ई० में लिटन सरकार ने सर रिचर्ड स्ट्रेची की अध्यक्षता में एक आयोग नियुक्त कर अकाल के कारण व उपाय पर गम्भीरता से विचार किया।
- 1880 ई० के अकाल आयोग की सिफारिशों के तहत 1883 ई० में *अकाल संहिता* निश्चित की गई।
- लार्ड कर्जन ने सर *एन्टनी मैकडॉनल* की अध्यक्षता में एक आयोग गठित किया जिसमें 1901 ई० में अपनी रिर्पोट दी।

मुद्रा नीति, बैंकिंग तथा करेंसी (मुद्रा)

- बैंक ऑफ बंगाल की स्थापना 1808 ई० में हुई थी।
- 1914 ई० के पूर्व केवल दो बड़े भारतीय बैंकों का अस्तित्व था–बैंक ऑफ इंडिया और पंजाब नेशनल बैंक।
- अठारहवीं शताब्दी के छठें दशक में अर्थात् बंगाल में कम्पनी के प्रभुत्व की स्थापना के समय भारत में 900 प्रकार के विभिन्न सिक्के प्रचलित थे।
- विविध प्रकार के सिक्कों की जाँच करना, उन्हें तोलना और उनका मूल्य लगाना सर्राफों का काम था।
- भारतीय सिक्कों में 'बंगाल के सिक्के रुपए,' 'मद्रास के अर्काट रुपए,' 'बम्बई के रुपए' प्रचलित थे जो अलग-अलग नमूने और अलग-अलग वजन के थे।
- बंगाल की सोने की मुहर, मद्रास का सितारा और तीन स्वामी पगोड़ा प्रचलन में थे।

औद्योगिक नीति तथा श्रम आन्दोलन

- स्वतंत्र भारत का पहला विस्तृत कारखाना अधिनियम 1948 में पारित हुआ जिसमें श्रमिकों की स्थिति को बेहतर बनाने का प्रयास किया गया था।
- 1884 में भारत का प्रथम श्रमिक संघ 'बम्बई मिल हैण्ड एसोसिएशन' की स्थापना एन० एस० लोखाण्डे के नेतृत्व में की गई।
- 'मुम्बई मिल हैण्ड एसोसिएशन' ने मराठी भाषा में 'दीनबन्धु' अखबार प्रकाशित किया।
- 1897 में 'अमलगमेटिड सोसायटी ऑफ रेलवे सर्वेंट्स ऑफ इण्डिया एंड बर्मा की स्थापना की गई।
- 1905 ई० में कलकत्ता प्रिन्टर्स यूनियन स्थापित हुई।
- 1907 ई० में बम्बई पोस्टल यूनियन स्थापित हुई।
- 1910 ई० में कामगार हितकारिणी सभा की स्थापना हुई।
- 1920 में एम० एन० जोशी ने अखिल भारतीय ट्रेड यूनियन कांग्रेस की स्थापना की। इसके प्रथम अध्यक्ष लाला लाजपत राय थे।
- 1926 ई० में व्यापार संघ यूनियन (ट्रेड यूनियन एक्ट) द्वारा यह स्वीकार किया गया कि हड़ताल 'संघों का वैध' हथियार है।
- 1929 ई० में 'अखिल भारतीय ट्रेड यूनियन कांग्रेस' (AITUC) में विभाजन हुआ और साम्यवादियों ने लाल ट्रेड यूनियन काग्रेस का गठन किया।
- 1938 ई० में सुभाषचन्द्र बोस के सहयोग से 'हिन्द मजदूर सेवक संघ' की स्थापना हुई।
- 1904 ई० में एम० एन० राय ने अपने को अखिल भारतीय ट्रेड यूनियन कांग्रेस से अलग कर 'इंडियन फेडरेशन ऑफ लेबर' की स्थापना की।
- राष्ट्रवादी नेता बल्लभभाई पटेल ने मई 1947 ई० में भारतीय राष्ट्रीय ट्रेड यूनियन (INTUC) की स्थापना की थी।
- मजूदरों की पहली हड़ताल 1877 ई० में नागपुर में एक सूती मिल में हुई थी।
- भारत में प्रथम क्रान्तिकारी ट्रेड यूनियन की स्थापना 1928 ई० में श्रीपाद अमृत डांगे एवं वेन ब्रेडले के सहयोग से बम्बई में 'लाला बावटा गिरनी कामगार यूनियन' के नाम से की गई थी।

कारखाना अधिनियम

	अधिनियम	*वायसराय*	*व्यवस्था*
(i)	1881 का कारखाना अधिनियम	लॉर्ड रिपन	7 वर्ष से कम आयु के बच्चों के काम करने पर प्रतिबन्ध।
(ii)	1891 का कारखाना अधिनियम	लॉर्ड लैंस डाउन	महिलाओं के रात्रि में काम करने पर प्रतिबन्ध ।
(iii)	1911 का कारखाना अधिनियम	लॉर्ड हार्डिंग द्वितीय	पुरुषों के काम करने की अवधि 12 घंटे निश्चित ।
(iv)	1922 का कारखाना अधिनियम	लॉर्ड रीडिंग	बच्चों के काम करने की अवधि छः घंटे निश्चित ।
(v)	1934 का कारखाना अधिनियम	लॉर्ड विलिंगटन	पुरुषों के काम करने की अवधि 10 घंटे निश्चित ।
(vi)	1946 का कारखाना अधिनियम	लॉर्ड वेवेल	पुरुषों के काम करने की अवधि 9 घंटे प्रतिदिन निश्चित, कारखानों में कैंटीनों की व्यवस्था पर बल दिया गया, श्रमिकों की चिकित्सा की व्यवस्था की गई ।

संक्रमणाधीन भारतीय समाज

ईसाई मिशनरियों की गतिविधियाँ (ईसाई धर्म से सम्पर्क)

1. प्रारम्भ में ईसाई मिशनरियों को उनके कार्यों में कम्पनी का समर्थन प्राप्त नहीं था, क्योंकि उस समय कम्पनी व्यापार पर विशेष ध्यान दे रही थी तथा भारतीयों की भावनाओं को ठेस लगने का भय था। इस नीति से निराश होकर ईसाई मिशनरियों ने इंग्लैंड की सरकार पर दबाव डाला कि भारत में ईसाई मिशनरियों को धर्म-प्रचार करने की अनुमति दी जाए।
2. इस दिशा में चार्ल्स मान्ट ने महत्वपूर्ण भूमिका निभाई। अपनी पुस्तक "ऑबजेक्शन ऑन दी स्टेट ऑफ सोसाइटी एमंग दी एशियाटिक सबजेक्टस ऑफ ग्रेट ब्रिटेन" में भारतीयों को सभ्य बनाने के लिए उसने ईसाई धर्म के प्रचार को आवश्यक बताया।
3. परिणामस्वरूप 1813 ई० के चार्टर एक्ट के द्वारा ईसाई मिशनरियों को भारत में धर्म-प्रचार तथा अंग्रेजी शिक्षा के प्रसार को मौका मिला।
4. कई ईसाई संस्थाओं ने भारत को अपना कार्य क्षेत्र बनाया। सबसे पहले जेसुइट सोसाइटी के सदस्य आए। दक्षिण आर्कोट के कुलाडोर नामक स्थान में पहला लोकहितैषी प्रोटेस्टेंट मिशन की स्थापना करने का श्रेय किरनेंडर को है। प्रारम्भिक मिशनरियों में कैरी, वार्ड तथा मार्शमैन भी प्रमुख थे।
5. 1799 ई० में सिरामपुर मिशन की स्थापना हुई। इसके बाद बैपटिस्ट मिशनरी सोसाइटी और स्कॉट मिशनरी सोसाइटी जैसी संस्था खुली।
6. भारत में ईसाई मिशनरियों ने शिक्षा तथा सामाजिक सुधार के क्षेत्र में काफी योगदान किया। ईसाई मिशनरियों ने अंग्रेजी और स्थानीय भाषाओं में शिक्षा संस्थाएँ खोलीं। 1830 ई० में अलेक्जेंडर डफ ने कलकत्ते में एक अंग्रेजी विद्यालय स्थापित किया। मिशनरियों के इन कार्यों से प्रेरित होकर मैकाले ने 1833 ई० में अंग्रेजी को शिक्षा का माध्यम बनाया। ईसाई मिशनरियाँ स्त्री-शिक्षा के प्रसार में भी सक्रिय रहीं। 1849 में बेथुन द्वारा कलकत्ते में बालिकाओं के लिए अंग्रेजी स्कूल खोला गया।
7. सामाजिक क्षेत्र में भी ईसाई मिशनरियों का योगदान महत्वपूर्ण रहा है। उन्होंने सती प्रथा, जाति प्रथा तथा अस्पृश्यता के खिलाफ आवाज उठाई। उन्होंने बाल-विवाह और बहु-विवाह का भी विरोध किया।
8. उन्होंने सहमति उम्र विधेयक के पारित करने में बड़ा योगदान दिया। ईसाई मिशनरियों ने कुष्ठागार तथा अस्पतालों आदि की स्थापना की।

शैक्षिक विकास तथा नीति

- 1781 ई० में गर्वनर वारेन हेस्टिंग्स ने 'कलकत्ता मदरसा' की स्थापना की।
- 1784 ई० में सर विलियम जोंस ने एशियाटिक सोसाइटी ऑफ बंगाल की स्थापना की।
- ब्रिटिश रेजीडेण्ट जोनाथन डंकन ने 1791 ई० में वाराणसी में संस्कृत कॉलेज की स्थापना की।
- 1800 ई० में लार्ड वैलजली ने फोर्ट विलियम कॉलेज की स्थापना की।
- 1813 के चार्टर एक्ट में एक लाख रुपया भारत में शिक्षा के खर्च के लिए रखा गया।
- 1854 ई० में भारत में सर चार्ल्स वुड की अध्यक्षता में गठित समिति ने भावी शिक्षा के लिये वृहत् योजना तैयार की जिसमें अखिल भारतीय स्तर पर शिक्षा की नियामक पद्धति का गठन किया गया।
- 1855 में लोक शिक्षा विभाग स्थापित गया।
- 1858 ई० में कलकत्ता, बम्बई, मद्रास में विश्वविद्यालय स्थापित हुए।
- 1882 में हंटर शिक्षा आयोग आया। इसने प्राथमिक शिक्षा में सुधार तथा उपयोगी विषयों पर स्थानीय भाषा में शिक्षा की वकालत किया। माध्यामिक शिक्षा को दो खंडों में बाँटने की बात कही जिसमें साहित्यिक तथा व्यावसायिक शिक्षा शामिल थी।
- भारतीय विश्वविद्यालय अधिनियम (1904) के द्वारा विश्वविद्यालयों की स्थिति का आकलन करने के लिए 'सर टॉमस रौले' की अध्यक्षता में आयोग गठित हुआ तथा आयोग ने 'भारतीय विश्वविद्यालय अधिनियम' पारित किया।
- अधिनियम के द्वारा विश्वविद्यालयों को प्राध्यापकों तथा व्याख्याताओं की नियुक्ति का निर्देश दिया। विश्वविद्यालयों

के उप-सदस्यों की न्यूनतम संख्या 50 और अधिकतम 100 करने की सिफारिश।

- 21 फरवरी 1913 ई॰ को नवीन शिक्षा-नीति पारित तथा सरकारों को नि:शुल्क प्राथमिक शिक्षा देने का निर्देश। प्रत्येक प्रांत में कम-से-कम एक विश्वविद्यालय स्थापित करने का सुझाव।
- 1917 ई॰ ब्रिटिश सरकार ने कलकत्ता विश्वविद्यालय की समस्याओं का अध्ययन करने के लिए सैडलर आयोग की नियुक्ति की जिसमें आशुतोष मुखर्जी और डॉ॰ जियाउद्दीन अहमद दो भारतीय सदस्य थे।
- सैडलर आयोग के सुझावों पर उ॰ प्र॰ में एक बोर्ड ऑफ सेकेंडरी एजूकेशन की स्थापना हुई।
- सैडलर आयोग की रिपोर्ट पर मैसूर, पटना, बनारस, अलीगढ़, ढाका, लखनऊ, और उस्मानिया विश्वविद्यालय अस्तित्व में आये।
- 1919 में हार्टोग समिति ने प्राथमिक शिक्षा के राष्ट्रीय महत्व पर बल दिया।
- सार्जेंट योजना के तहत देश में प्रारम्भिक और माध्यमिक विद्यालय स्थापित करने तथा 6 से 11 वर्ष के बच्चों को व्यापक, नि:शुल्क तथा अनिवार्य शिक्षा देने की व्यवस्था (11 से 17 वर्ष के लिए 6 वर्ष तक) और शिक्षा (उच्च विद्यालय) दो प्रकार के होते थे– 1. ज्ञान विषयक और 2. प्राविधिक।
- गाँधी जी की प्रेरणा से अक्टूबर 1937 में वर्धा में आयोजित 'अखिल भारतीय शिक्षा सम्मेलन' में उनके द्वारा शिक्षा पर प्रस्तुत योजना को मिलाकर बुनियादी शिक्षा की 'वर्धा योजना' प्रस्तुत की गयी। इस योजना के मूलभूत सिद्धांत 'हस्त उत्पादक कार्य' थे, जिसके अन्तर्गत विद्यार्थी को मातृभाषा में सात वर्ष तक अध्ययन करना था।
- राधाकृष्णन आयोग (1948 ई॰) के सुझावों पर भारत सरकार ने 1953 ई॰ में विश्वविद्यालय अनुदान आयोग की स्थापना की। उच्च शिक्षा के तीन उद्देश्य (1) सामान्य, (2) सरकारी तथा (3) व्यावसायिक शिक्षा का परामर्श।
- विश्वविद्यालय अनुदान आयोग–राधाकृष्णन आयोग के सुझावों को कार्यान्वित करने के लिए 1953 में स्थापित इसके लिए धन की व्यवस्था केन्द्र सरकार करती है।
- कोठारी शिक्षा आयोग (1964-66) ने सभी स्तरों पर सामान्य शिक्षा के क्रम में समाज सेवा, कार्य अनुभव तथा उत्पादन अनुभव की शिक्षा शुरू करना, नैतिक शिक्षा तथा सामाजिक उत्तरदायित्व, उन्नत अध्ययन केन्द्रों का सुदृढ़ीकरण, अध्यापकों को प्रशिक्षित कर अधिक योग्य बनाना, शिक्षा पुनर्निर्माण के क्रम में कृषि अनुसंधान तथा इनसे संबध विज्ञानों को उच्च प्राथमिकता देने की सिफारिशें की थीं।
- राष्ट्रीय शिक्षा नीति कोठारी आयोग की संस्तुतियों के आधार पर सिफारिश दी। 14 वर्ष की आयु तक अनिवार्य तथा नि:शुल्क शिक्षा, अध्यापकों के पद/वेतन में वृद्धि, भाषा का त्रि-सूत्रीय फार्मूला तथा क्षेत्रीय भाषाओं का विकास, विज्ञान तथा अनुसंधान शिक्षा का समानीकरण, कृषि तथा औद्योगिक शिक्षा का विकास, पाठ्य-पुस्तकों को उत्कृष्ट बनाना और सस्ती पुस्तकों का उत्पादन हो।
- नयी शिक्षा नीति (1986) के अनुसार 2000 ई॰ तक साक्षरता को 56% कर देना, प्रारम्भिक शिक्षा का व्यवसायीकरण जिसके अंतर्गत 1990 तक 10% तथा 1995 तक 25% छात्र इसकी परिधि में आ जायें। उच्च शिक्षा में सुधार, जिससे अर्थव्यवस्था के आधुनिकीकरण के साथ-साथ अभिप्रेरित जन-शक्ति को सुप्रशिक्षित किया जा सके (इसके अतिरिक्त धर्म-निरपेक्षता, राष्ट्रीय एकता अखंडता, सामाजिक न्याय तथा अंतर्राष्ट्रीय मानवता की तर्कपूर्ण प्रासंगिक शिक्षा पर विशेष बल।

सामाजिक एवं धार्मिक सुधार आन्दोलन

ब्रह्म समाज (राजा राममोहन राय)

- हिन्दू धर्म में पहला सुधार आन्दोलन ब्रह्म समाज था, जिसकी स्थापना 1828 ई॰ में कलकत्ता में राजा राममोहन राय ने की।
- इन्होंने एकेश्वरवाद में विश्वास व्यक्त किया और मूर्ति पूजा का विरोध किया।
- उन्होंने 'बंगाल हरकारु' नामक मासिक पत्रिका में भी लिखा। लोग उन्हें "धार्मिक बेन्थम अनुयायी" भी कहते थे।
- 1829 में कलकत्ता से 'बंग दूत' नामक समाचार-पत्र निकाले।
- 1821 में 'संवाद कौमुदी' (बंगाली) तथा 1822 में 'मिरातुल अखबार' (फारसी) प्रकाशित किया।
- 1803 ई॰ में प्रकाशित ग्रंथ 'तुहफतुल मुआहिदिन' (अर्थात् एकेश्वरवाद में विश्वास) फारसी में था, मुर्शिदाबाद से प्रकाशित था।
- 1815 में राय ने कलकत्ता में "आत्मीय सभा" की स्थापना की।

- 1920 में 'ईसा की नसीहत' शांति और सुख का मार्गदर्शक नामक ग्रन्थ को प्रकाशित किया गया।
- सतीप्रथा के विरुद्ध संघर्ष तथा 1829 में विलियम बैंटिक के हाथों "सती प्रथा अवैध" विधेयक को पारित करवाया।
- स्त्रियों के हक के लिए संघर्ष किया।
- बहुपत्नी प्रथा, विधवा स्त्रियों की अधम स्थिति आदि के विरोध में संघर्ष।
- उन्होंने पूर्व और पश्चिम के बीच समन्वय स्थापित करने का प्रयत्न किया।
- 1833 में उनकी इंग्लैण्ड में मृत्यु के कारण ब्रह्म समाज का मार्ग दर्शन नहीं रहा और इसमें शिथिलता आ गई।
- ब्रह्म समाज में नया जीवन लाने का श्रेय 'महर्षि देवेंद्र नाथ टैगोर' (1818-1905) को जाता है।
- वे इस आन्दोलन में 1842 में सम्मिलित हुए और उन्होंने ब्रह्म समाज के अवलंबियों को मूर्ति पूजा, तीर्थ यात्रा, कर्मकांड और प्रायश्चित आदि से रोका।
- उन्होंने केशव चन्द्र सेन को 'ब्रह्म समाज धर्म' का आचार्य नियुक्त किया।
- देवेंद्र नाथ टैगोर ने 1839 में कलकत्ता में "तत्वबोधिन सभा" की स्थापना की तथा "तत्वबोधिन पत्रिका" नामक बंगाली मासिक पत्रिका निकाली।
- 1865 में देवेंद्र नाथ टैगोर ने ब्रह्म समाज के एक मात्र प्रन्यासी के रूप में केशव चन्द्र सेन को आचार्य की पदवी से निकाल दिया।
- केशव चन्द्र सेन ने एक 'नवीन ब्रह्म समाज' का गठन किया जिसे "आदि ब्रह्म समाज" या 'भारत का ब्रह्म समाज' का नाम दिया गया।
- केशव चन्द्र सेन ने ब्रह्मवाद में "भक्ति मार्ग" चलाया।
- 1870 में 'इंडियन रिफार्म एसोसिएशन' की स्थापना की।
- केशव चन्द्र सेन ने नेटिव मैरिज एक्ट बनाने की प्रेरणा दी (1872)।
- केशव चन्द्र सेन ने ब्रह्म विवाह को कानूनी बनाया–वर की उम्र-18 वर्ष, वधू की उम्र-14 वर्ष।
- 1878 में सेन ने अपनी पुत्री (13 वर्ष) की शादी कूच बिहार के महाराजा से पूर्ण वैदिक कर्मकांड रीति से की।
- इससे असंतुष्ट होकर सेन के अधिकतर अनुयायियों ने, जिनमें आनन्द मोहन बोस तथा शिवनाथ शास्त्री प्रमुख थे, नया ब्रह्म समाज बनाया जिसे "साधारण ब्रह्म समाज" के नाम से जाना जाता है।
- महाराष्ट्र में 1849 में एक परमहंस सभा आरम्भ की गई।
- 1867 में केशव चन्द्र की प्रेरणा से आत्माराम पांडुरंग ने बम्बई में "प्रार्थना समाज" की स्थापना की।
- 1870 में इसमें महादेव गोविन्द रानाडे और एन॰ जी॰ चंद्रावरकर शामिल हुए जिन्होंने इस समाज के प्रमुख नेता के रूप में ख्याति पाई।
- प्रार्थना समाज द्वारा स्थापित "दलित जाति मंडल", "समाज सेवा संघ", "दक्कन शिक्षा सभा" ने प्रशंसनीय कार्य किये।
- पंजाब में दयाल सिंह प्रन्यास ने इस समाज के विचारों के प्रसार के लिए 1910 में "दयालसिंह कॉलेज" खोला।
- राजा राममोहन राय ने जाति-पाति को हटाने के लिए "शैव वैवाहिक पद्धति" अपनाने पर बल दिया।
- राजा राममोहन राय ने दिसम्बर 1823 में लार्ड एमहर्स्ट को एक पत्र लिखा जिसमें सरकार से उदारवादी शिक्षा अपनाने का आग्रह किया।
- 1821 में स्पेन में संवैधानिक सभा स्थापित होने पर कलकत्ता में एक समारोह किया।

आर्य समाज (दयानन्द सरस्वती)

- स्वामी दयानन्द सरस्वती ने सबसे पहली बार 'स्वराज्य' शब्द का प्रयोग किया।
- 'मूलशंकर' (1824-83) जो प्रायः दयानन्द सरस्वती के नाम से जाने जाते हैं।
- 1863 में उन्होंने झूठे धर्मों का खंडन करने के लिए 'पाखंड खंडिनी पताका' लहराई।
- 1875 में उन्होंने बम्बई में 'आर्य समाज' की स्थापना की।
- 1877 में 'आर्य समाज लाहौर' की स्थापना हुई।
- धार्मिक क्षेत्र में उन्होंने मूर्तिपूजा, बहुदेववाद, अवतारवाद, पशु-बलि, श्राद्ध, जंत्र, तंत्र, मंत्र, तथा झूठे कर्मकांड को स्वीकार नहीं किया।
- उन्होंने कर्म के सिद्धान्त पर अधिक बल दिया।
- 'पुनः वेद की ओर चलो' न कि वैदिक काल की ओर उनका प्रसिद्ध नारा था।
- सामाजिक क्षेत्र में उन्होंने छुआछूत, जन्मजात जाति, बाल-विवाह आदि पर प्रहार किया।
- वे पहले सुधारक थे जिन्होंने शूद्र तथा स्त्री को वेद पढ़ने तथा ऊँची शिक्षा प्राप्त करने के लिए आन्दोलन चलाया।

- उन्होंने सबसे अधिक स्त्रियों की स्थिति सुधारने के लिए कार्य किया।
- वे वर्ण व्यवस्था जन्म से नहीं कर्म से मानते थे।
- उनके सभी विचार उनकी प्रसिद्ध पुस्तक 'सत्यार्थ प्रकाश' में वर्णित है, ये किताब हिन्दी में थी। इसके अतिरिक्त 'वेद-भाष्य भूमिका' (संस्कृत-हिन्दी) तथा 'वेद-भाष्य' (संस्कृत) लिखी।
- 1883 में उनकी मृत्यु हो गयी।
- 1886 में उनकी मृत्यु के पश्चात् लाला हंसराज और लाला लाजपतराय के नेतृत्व में पाश्चात्य शिक्षा पर आधारित 'दयानन्द एंग्लो-वैदिक संस्थान' की स्थापना।
- 1892-93 में शिक्षा के मुद्दे पर आर्य समाज में विभाजन।
- 1902 में स्वामी श्रद्धानंद द्वारा हरिद्वार में 'गुरुकुल' की स्थापना हुई।
- आर्य समाज ने 'शुद्धि आन्दोलन' का भी सूत्रपात किया।

यंग बंगाल आन्दोलनः

- यंग बंगाल आन्दोलन के प्रवर्तक एंग्लो इंडियन 'हेनरी विलियम डेरेजिओ' थे। इस आन्दोलन को 1826 में बंगाल में शुरू किया गया। डेरेजिओ 1826 से 1831 तक हिन्दू कॉलेज में अध्यापक पद पर कार्यरत थे। ये अभूतपूर्व प्रतिभा के धनी थे। महान् फ्रांसीसी क्रान्ति से प्रभावित डेरेजिओ ने क्रांतिकारी विचारों को अपनाया। इन्होंने छात्रों तथा युवाओं को विवेकपूर्ण एवं स्वतंत्र ढंग से सोचने, सभी आधारों की प्रामाणिकता की जाँच करने, मुक्ति, समानता और स्वतंत्रता से प्रेम करने तथा सच्चाई की सदैव पूजा करने का उपदेश दिया। डेरेजिओ के समर्थकों को 'डेरोजियन' और इस आन्दोलन को 'यंग बंगाल' कहा गया। 22 वर्ष की अवस्था में हैजे से 1831 में डेरेजिओ की मृत्यु हो गई।

  डेरेजिओ ने आत्मविस्तार एवं समाज सुधार के लिए 'एकेडेमिक एसोसिएशन' एवं 'सोसायटी फॉर जनरल नॉलेज' की स्थापना की। एंग्लो-इंडियन हिन्दू एसोसिएशन, बंगहित सभा, डिबेटिंग क्लब का गठन भी डेरेजिओ ने किया। डेरेजिओ द्वारा 'ईस्ट इंडिया' नामक दैनिक पत्र का भी सम्पादन किया गया। डेरेजिओ के महत्वपूर्ण शिष्यों में रामगोपाल घोष, कृष्ण मोहन बनर्जी एवं महेश चन्द्र घोष थे।

  डेरेजिओ समर्थकों ने भारत में रूढ़िवादी परम्पराओं एवं रिवाजों की आचोलना की। नारी अधिकारों तथा नारी शिक्षा की हिमायत की, परन्तु ये लोग भारतीय वास्तविकता को पूरी तरह समझने में असफल रहे। इन लोगों ने कम्पनी के चार्टर में संशोधन, प्रेस की आजादी, ब्रिटिश उपनिवेशों में भारतीय मजदूरों की बेहतर स्थिति, जूरी द्वारा मुकद्दमों की सुनवायी, अत्याचारी जमींदारों से रैय्यतों की सुरक्षा आदि सार्वजनिक प्रश्नों पर आन्दोलन किया। सुरेन्द्रनाथ बनर्जी ने डेरेजिओ को बंगाल में आधुनिक सभ्यता के अग्रदूत, हमारी जाति के पिता कहा। डेरेजिओ को 'आधुनिक भारत का प्रथम राष्ट्रवादी कवि' भी कहा जाता है।

रामकृष्ण आन्दोलन

- रामकृष्ण परमहंस (1834-86) का जन्म कलकत्ता में हुआ।
- उन्होंने तीनों प्रकार की तांत्रिक, वैष्णव और अद्वैत साधनों की और अंत में निर्विकल्प समाधि की स्थिति प्राप्त कर ली।
- रामकृष्ण परमहंस की शिक्षाओं की व्याख्या को साकार करने का श्रेय स्वामी विवेकानन्द (1862-1902) को है।
- स्वामी विवेकानन्द ने 1893 में शिकागो में हुई धर्मों की संसद में भाग लिया।
- इन्होंने 1887 ई० में 'बारानगर में मठ' की स्थापना की।
- अंग्रेजी में मासिक पत्रिका "प्रबुद्ध भारत" और बंगला में पाक्षिक पत्रिका "उद्‌बोधन" चलायी।
- 1899 में अमेरिका पहुँचे और 1900 ई० में 'कांग्रेस ऑफ दी हिस्ट्री ऑफ रिलिजियन्स' में (पेरिस) भाषण दिया।
- इन्होंने सर्व धर्म समानता की घोषणा की।
- सुभाष चन्द्र बोस ने कहा था कि- "जहाँ तक बंगाल का संबंध है हम विवेकानन्द को 'आधुनिक राष्ट्रीय आन्दोलन का आध्यात्मिक पिता' कह सकते हैं।"
- वेलूर में 1897 में विवेकानन्द ने 'रामकृष्ण मिशन' की स्थापना की।

थियोसोफिकल सभा

- 1875 में अमेरिका के न्यूयार्क में रूसी महिला श्रीमती एच० पी० हलावट्स्की (1811-91) और अमेरिकी कर्नल एच० एस० ऑल्काट ने 'थियोसोफिकल सोसायटी' की स्थापना की।

- 1882 ई॰ में उन्होंने अपनी सोसायटी का मुख्यालय मद्रास नगर के समीप एक बस्ती 'अड्यार' में स्थापित किया।
- ये लोग पुनर्जन्म और कर्म में विश्वास करते थे।
- उन्होंने हिन्दुत्व, जरथुस्ट्र (पारसी मत) तथा बौद्ध धर्म मत जैसे प्राचीन धर्मों को पुर्नस्थापित करने का प्रयास किया।
- 1907 में कर्नल ऑल्काट की मृत्यु के बाद मिसेज ऐनी बेसेंट (1847-1933) इसकी अध्यक्ष बनीं और यह आन्दोलन काफी लोकप्रिय बना।
- ऐनी बेसेंट ने 1898 ई॰ में बनारस में "सेंट्रल हिन्दू कॉलेज' की नींव डाली। यही कॉलेज आगे चलकर 1916 में 'बनारस हिन्दू विश्वविद्यालय' (मदन मोहन मालवीय द्वारा स्थापित) बन गया।
- 1916 में ऐनी बेसेंट ने 'होमरूल लीग' की स्थापना की।
- 1914 में ऐनी बेसेंट ने एक अंग्रेजी पत्रिका "न्यू इंडिया" बम्बई से तथा "कॉमनवील" पत्रिका भी प्रकाशित की।

वहावी आन्दोलन

- मुसलमानों की पाश्चात्य प्रभावों के विरुद्ध प्रथम प्रतिक्रिया वहावी आन्दोलन या वलीउल्लाह आन्दोलन के द्वारा हुई।
- शाह वलीउल्लाह (1702-62) भारतीय मुसलमानों के वह प्रथम नेता थे जिन्होंने भारतीय मुसलमानों में हुई गिरावट पर चिन्ता प्रकट की थी।
- इन्होंने धर्म के वैयक्तिक अन्तश्चेतना पर बल दिया।
- 1820 में सैयद अहमद द्वारा वहावी आन्दोलन भारत में स्थापित।
- इनके बाद 'शाह अब्दुल अजीज' और 'सैयद अहमद वरेलवी' (1786-1831) ने वली उल्लाह के विचारों को लोकप्रिय बनाया।
- मौलवी अब्दुल अजीज ने यह फतवा जारी किया कि भारत एक (दार-उल-हर्ब) काफिरों का देश है और इसे 'दार-उल-इस्लाम' बनाने की आवश्यकता है, तभी से इस आन्दोलन ने राजनीतिक रंग पकड़ लिया।
- प्रारंभ में यह आंदोलन पंजाब में सिक्ख विरोधी था लेकिन 1849 में अंग्रेजों द्वारा पंजाब विलय के बाद यह अभियान अंग्रेजों के विरुद्ध बदल गया।
- यह आन्दोलन 1870 तक चलता रहा जब इसे सैनिक बल द्वारा समाप्त कर दिया गया।
- चार खलीफा के रूप में विलायत अली, शाह मुहम्मद, हुसैन व फरहत हुसैन (सभी पटना से) की नियुक्ति की गई।

अलीगढ़ आन्दोलन

- 1870 के उपरान्त 'डब्लयू-डब्लयू हंटर' की "इंडियन मुसलमान" नामक पुस्तक में सुझाव दिया गया कि मुसलमानों से समझौता करना चाहिए और निश्चित रियासतों के द्वारा सरकार की ओर मिलाना चाहिए।
- सर सैयद अहमद खाँ (1817-98) मुस्लिम सुधारकों में विशेष स्थान रखते थे और इन्होंने ही 'अलीगढ़ आन्दोलन' को चलाया।
- इन्होंने "पीरी मुरादी प्रथा" को समाप्त करने का प्रयत्न किया।
- सैयद अहमद खाँ ने अपने विचारों के प्रचार के लिए एक पत्रिका "तहजीब-उल-अखलाक" (सभ्यता और नैतिकता) निकाली।
- उनका सबसे महत्वपूर्ण कार्य "कुरान का टीका" थी।
- 1875 ई॰ में उन्होंने अलीगढ़ में एक "मुस्लिम एंग्लो ओरिएंटल स्कूल" प्रारम्भ किया।
- यह स्कूल आगे चलकर 1920 में "अलीगढ़ मुस्लिम विश्वविद्यालय'' के रूप में परिणत हो गया।
- 1864– "साइंटिफिक सोसायटी' (विज्ञान समिति) की स्थापना की।
- 1886 में उन्होंने "मुहम्मडन एजूकेशनल कान्फ्रेंस" की स्थापना की।

देबबंध शाखा

- मुसलमान उल्मा, जो प्राचीन मुस्लिम विद्या के अग्रणी थे, ने देबंबंध आन्दोलन चलाया।
- दो लक्ष्य– (1) मुसलमानों में कुरान तथा हदीस की शुद्ध शिक्षा का प्रसार करना। (2) विदेशी शासकों के विरुद्ध "जिहाद" की भावना को जीवित रखना।
- मुहम्मद कासिम ननौत्वी (1832-80) तथा रशीद अहमद गंगोही (1828-1905) के नेतृत्व में उत्तर प्रदेश के सहारनपुर जिला में एक 'देबबंध स्कूल' की स्थापना की जिसका उद्देश्य मुस्लिम सम्प्रदाय के धार्मिक नेता को प्रशिक्षित करना था।
- यह आन्दोलन अलीगढ़ आन्दोलन के विरुद्ध था जो पाश्चात्य शिक्षा तथा अंग्रेजी सरकार की सहायता से मुसलमानों का कल्याण चाहता था।
- देबबंध शाखा ने 1885 में बनी भारतीय राष्ट्रीय कांग्रेस का स्वागत किया।

- 1888 में सैयद अहमद खाँ द्वारा बनाई गई "संयुक्त भारतीय राजभक्त सभा" तथा 'मुस्लिम एंग्लो ओरियेंटल सभा' के विरुद्ध उल्मा ने फतवा जारी किए।
- महमूद-उल-हसन (1850-1920), जो देबबंध शाखा के नये नेता थे, ने इस शाखा के धार्मिक विचारों को राजनैतिक रंग देने का प्रयत्न किया तथा उन्होंने राष्ट्रीय आकांक्षाओं तथा मुस्लिम निष्ठाओं में समन्वय स्थापित करने का प्रयास किया।

अहमदिया आन्दोलन

संस्थापक 'मिर्जा गुलाम अहमद' था। इसने अपने को इस्लाम का मसीहा तथा बाद में अवतार कहना शुरू किया।

सिक्ख-सुधार आन्दोलन

- अमृतसर में सिंह सभा आन्दोलन प्रारम्भ हुई।
- इसी आन्दोलन से संबंधित एक अन्य संस्था थी 'मुख्य खालसा दीवान'।
- सिंह सभा का एक ही छोटा आन्दोलन अकाली लहर था जो मुख्यत: बड़े-बड़े गुरुद्वारों के भ्रष्ट महंतों के विरुद्ध था जो जन गुरुद्वारों को पैतृक सम्पत्ति मानते थे। इन महंतों को सरकार का समर्थन प्राप्त था।
- 1921 में अकालियों द्वारा इन गुरुद्वारों के लिए इन महंतों के विरुद्ध अहिंसात्मक असहयोग आन्दोलन चलाया।
- सरकार ने इसके आन्दोलन के फलस्वरूप 1922 में "सिक्ख गुरुद्वारा एक्ट" पारित किया जिसे 1925 में संशोधित किया गया।

पारसी सुधार आन्दोलन

- 1851 में नौरोजी फरदोनजी, दादाभाई नौरोजी तथा एस० एस० बंगाली ने मिलकर एक पारसी संस्था "रहनुमाए मजदायस्नान सभा" गठित की।
- इस संस्था का मुख्य उद्देश्य पारसियों की सामाजिक अवस्था में पुनरुद्धार, फारसी धर्म को पुन: प्राचीन शुद्धता प्राप्त कराना तथा स्त्रियों की स्थिति में सुधार लाना था।
- इस सभा के संदेश को पारसियों तक पहुँचाने के लिए दादा भाई नौरोजी ने "शस्त्र गोफ्तार" (सत्यवादी) नामक पत्रिका छपवाई।
- के० आर० कामा पारसी सुधार का, पारसी स्त्री उद्धार के विषय में सार्थक योगदान रहा।

राधा स्वामी सत्संग (1861)

शिवदयाल साहेब द्वारा आगरा में स्थापित।

देव समाज

शिवनारायण अग्निहोत्री द्वारा संयुक्त प्रांत में स्थापित।

उन्नीसवीं शताब्दी में सामाजिक सुधार

सती प्रथा पर पाबंदी

- 1829 के 17वें नियम के अनुसार विधवाओं को जीवित जलाना अवैध घोषित कर दिया गया और विधवा को जलाना सदोष मानव हत्या माना गया।
- यह नियम पहले केवल बंगाल के लिए था लेकिन 1830 में वह बम्बई और मद्रास में भी लागू कर दिया गया।

शिशु हत्या बन्द

- 1795 के बंगाल नियम XXI और 1804 के नियम 3 से शिशु हत्या को साधारण हत्या के बराबर मान लिया गया।

विधवा पुनर्विवाह

- ईश्वर चन्द्र विद्यासागर के प्रयत्नों के फलस्वरूप 1856 में हिन्दू विधवा पुनर्विवाह अधिनियम (1856 का अधिनियम 15) से विधवा विवाह को वैध मान लिया गया उनसे उत्पन्न हुए बालक को वैध घोषित किया गया।
- 1899 में 'प्रोफेसर कर्वे' ने 'विधवा आश्रम' स्थापित किया।

स्त्रियों की दशा में सुधार

- 1906 ई० में बम्बई में, डी.के. कर्वे ने "भारतीय स्त्री विश्वविद्यालय" की स्थापना की।
- 1872 के एक कानून द्वारा जिसे 'सिविल मैरिज एक्ट' कहते हैं, विवाह की उम्र कन्याओं के लिए 14 वर्ष और लड़कों के लिए 18 वर्ष निश्चित की गई तथा बहुपत्नी प्रथा को भी समाप्त कर दिया गया।
- 1891 में 'बी० एम० मालाबारी' के प्रयत्नों के फलस्वरूप "सम्पत्ति आयु अधिनियम" पारित किया गया जिसने 12 वर्ष से कम आयु की कन्याओं के विवाह पर प्रतिबंध लगा दिया।
- 1930 में 'शारदा अधिनियम' द्वारा कन्याओं की न्यूनतम आयु 14 वर्ष और युवकों की न्यूनतम आयु 18 वर्ष विवाह के लिए निश्चित की गई।

ईसाई धर्म प्रचारक

- ईसाई धर्म प्रचारकों ने 1819 ई० में एक 'कलकत्ता तरुण स्त्री सभा' स्थापित की।
- 'जे०ई०डी० बेटन' ने 1849 कलकत्ता में एक 'बालिका विद्यालय' स्थापित किया।

- पंडित ईश्वरचन्द्र विद्यासागर कम-से-कम 35 बालिका विद्यालयों से संलग्न थे।
- ईश्वर चन्द्र विद्यासागर ने "विद्यार्थियों का पुस्तकालय" और "वैज्ञानिक सभा" की स्थापना की।
- 1854 में चार्ल्स वुड के पत्र में स्त्री शिक्षा की आवश्यकता पर बहुत बल दिया गया था।

दासता प्रथा का अंत

- 1833 में अंग्रेजी साम्राज्य में दासता समाप्त कर दी गई और 1833 के चार्टर अधिनियम में एक धारा जोड़ दी गई जिससे दासता को शीघ्रातिशीघ्र समाप्त करने को कहा गया।
- 1843 में समस्त भारत में दासता अवैध घोषित कर दी गई।

बीसवीं शताब्दी के सामाजिक सुधार

- श्री महादेव गोविंद रानाडे ने 1887 में 'भारतीय राष्ट्रीय सामाजिक सम्मेलन' की स्थापना की।
- 1903 में 'बम्बई समाज सुधारक' की स्थापना की गई।
- मद्रास में मिसेज ऐनी बेसेंट ने एक 'हिन्दू सम्मेलन' स्थापित किया।
- 1932 में "अखिल भारतीय अस्पृश्यता-निवारक संघ" बनाया गया, और बाद में इसका नाम "हरिजन सेवा संघ" रख दिया गया।
- 1926 में "अखिल भारतीय महिला संघ" स्थापित किया गया।
- 1928 में कांग्रेस ने एक प्रस्ताव पारित किया जिसमें जाति प्रथा उन्मूलन की बात कही गई।

आधुनिक भारत में निम्न जातीय आन्दोलन

- न्याय दल– 1917 में श्री॰ पी॰ त्यागराज तथा डॉ॰ टी॰ एम॰ नैयर ने "प्रथम इत्तर ब्राह्मण संस्था" गठित की जिसका नाम "दक्षिण भारतीय उदारवादी संघ" रखा गया जिसे कालांतर में "न्यायदल" कहा जाने लगा।
- 1937 में रामास्वामी नैकर (1879-1973) को न्याय दल का सभापति चुना गया।
- नैकर को उनके अनुयायी उसे तँतै (पिता) तथा 'पेरियार' (महान् आत्मा) के नाम से पुकारते थे।
- अन्नादुरै तथा द्रविड़ मुन्नेत्र कड़गम (डी॰ एम॰ के॰)– श्री सी॰ एन॰ अन्नादुरै ने 1944 में न्याय दल का नाम बदलकर द्रविड़ कड़गम (द्रविड संघ) कर दिया।
- 1949 में दल का विभाजन हो गया और अन्ना ने अपने दल का नाम 'द्रविड़ मुन्नेत्र कड़गम' (द्रविड़; प्रगतिवादी संघ– डी॰एम॰के॰) रखा।
- 1964 के आम चुनावों में इस दल के तमिलनाडु में प्रथम द्रमुक सरकार बनाई जिसमें अन्नादुरै मुख्यमंत्री बने।
- **नारायण गुरु तथा एस॰एन॰डी॰पी॰**–नारायण गुरु ने केरल तथा केरल के बाहर कई स्थानों पर ''एस॰एन॰ डी॰पी॰'' (श्री नाराण धर्म परिपालन योगम्) नाम की संस्था तथा उसकी शाखाएँ स्थापित की।
- ज्योतिबा फुले– 1873 में ज्योतिबा फुले ने "सत्यशोधक समाज" की स्थापना की।
- 1872 में ज्योतिबा फुले ने 'गुलामगिरि' ग्रन्थ की रचना की।
- **भीमराव अम्बेडकर**–भीमराव अम्बेडकर का जन्म 14 अप्रैल, 1891 को एक 'महार कुल' में हुआ था।
- तीनों गोलमेज सम्मेलनों (1930-32) में अछूतों के प्रतिनिधि बनकर भाग लिया।
- 17 अगस्त, 1932 को दलित वर्गों के लिए अलग निर्वाचन मंडल का प्रावधान।
- लेकिन गाँधी के साथ "पूना समझौता" (1932) जिसमें दलित वर्गों के लिए साधारण वर्ग में ही सीटों का आरक्षण।
- अम्बेडकर ने भारतीय राष्ट्रीय कांग्रेस की स्वतंत्रता की माँग का विरोध किया और कहा कि भारत में अंग्रेजी साम्राज्य बना रहे ताकि दलित वर्गों के हितों की रक्षा हो सके।
- अप्रैल 1942 में उन्होंने "अनुसूचित जातीय संघ" की स्थापना की।
- उन्होंने घोषणा की कि अनुसूचित जातियाँ हिन्दू धर्म को पूर्ण रूप से त्याग देगीं और वह स्वयं अपने बहुत से अनुयायियों के साथ बौद्ध बन गए।
- कांग्रेस ने अम्बेडकर को संविधान सभा का सदस्य मनोनीत किया।
- अम्बेडकर का योगदान भारतीय संविधान बनाने तथा संविधान सभा में मार्गदर्शन के लिए तथा 'हिन्दू कोड विधेयक' के पारित करने में अविस्मरणीय है।

छुआछूत के खिलाफ आन्दोलन

1917 से पूर्व कांग्रेस इस मुद्दे को उठाने से बचती रही, लेकिन 1917 में कांग्रेस ने पहली बार छुआछूत के विरोध में एक प्रस्ताव पारित किया। राष्ट्रीय नेताओं में गाँधी जी प्रथम ऐसे नेता थे जिन्होंने छुआछूत के विरोध में आवाज उठाई।

1923 में कांग्रेस ने छुआछूत की समाप्ति के लिए लोगों को शिक्षित करने तथा हिन्दुओं की विभिन्न जातियों के बीच कुरीति के खिलाफ जागरण पैदा करने का कार्यक्रम चलाया। इसी समय केरल में मंदिर प्रवेश को लेकर आन्दोलन हुआ।

वायकोम सत्याग्रह

केरल में छुआछूत की जड़े काफी गहराई में जमीं हुई थीं। यहाँ सवर्णों से अवर्णों को, जिनमें 'एझवा' और 'पुलैया' अछूत जातियाँ शामिल थीं, 16 से 32 फीट की दूरी बनाये रखनी होती थी। 19वीं सदी के अन्त तक केरल में नारायण गुरु, एन॰ कुमारन, टी॰ के माधवन जैसे बुद्धिजीवियों ने छुआछूत के खिलाफ आवाज उठाई। सर्वप्रथम हिन्दू मन्दिरों में प्रवेश तथा सार्वजनिक सड़कों पर हरिजनों के चलने को लेकर त्रावनकोर के गाँव 'वायकोम' में आन्दोलन शुरू हुआ। गाँव में स्थित मन्दिर में 30 मार्च, 1924 को केरल कांग्रेसियों के एक दल ने, जिसमें सवर्ण और अवर्ण दोनों शामिल थे, मंदिर में प्रवेश किया। मंदिर में प्रवेश की खबर फैलते ही सवर्णों के संगठन 'नायर सर्विस सोसाइटी', 'नायर समाजम' व 'केरल हिन्दू सभा' ने आन्दोलन का समर्थन किया। नंबूदरियों (उच्च ब्राह्मण) के संगठन ''योगक्षेमं'' ने भी आन्दोलन को समर्थन दिया।

30 मार्च, 1924 को 'के॰ पी॰ केशव मेनन' के नेतृत्व में सत्याग्रहियों ने मन्दिर के पुजारियों तथा त्रावनकोर की सरकार द्वारा मन्दिर में प्रवेश को रोकने के लिए लगाई गई बाड़ को पार कर मन्दिर की ओर कूच किया। सभी सत्याग्रही गिरफ्तार हुए। इस सत्याग्रह के समर्थन में पूरे देश से स्वयं सेवक वायकोम पहुँचने लगे। पंजाब से एक अकाली जत्था तथा ई॰ वी॰ रामस्वामी नायकर, जिन्हें 'पेरियार' के नाम से भी जाना जाता था, ने मदुरै से आये एक दल का नेतृत्व किया।

1924 में त्रावनकोर के महाराजा की मृत्यु के बाद महारानी ने सभी सत्याग्रहियों को मुक्त कर दिया परन्तु उन्होंने मंदिर की सड़क सबके लिए खोलने की माँग को नामंजूर कर दिया। मार्च 1925 में जब गाँधी जी केरल पहुँचे तो उनमें और महारानी में एक समझौता हुआ जिसके अनुसार अवर्णों को मंदिर के बाहर की सड़क पर प्रवेश की अनुमति मिली परन्तु मंदिर प्रवेश अब भी वर्जित था।

गुरुवायूर सत्याग्रह

दलितों एवं पिछड़ों को मन्दिर में प्रवेश दिलाने के अधिकार को लेकर एक और आन्दोलन के॰ केलप्पण के उकसाने पर केरल कांग्रेस कमेटी द्वारा 1 नवम्बर 1931 को शुरू किया गया।

1 नवम्बर को 'अखिल केरल मंदिर प्रवेश दिवस' के रूप में मनाया गया। पीत सुब्रह्ममण्यम तिरुभाबु के नेतृत्व में 16 स्वयं सेवकों का एक दल 21 अक्टूबर को ही कान्नायूर से गुरुवायूर की ओर प्रस्थान कर चुका था। 1 नवम्बर को जब सत्याग्रही मन्दिर के पूर्वी प्रवेश द्वार की ओर जा रहे थे तो मन्दिर के कर्मचारियों ने उन पर हमला कर दिया। पी॰ कृष्ण पिल्लै, ए॰ के॰ गोपालन गंभीर रूप से घायल हुए। 21 दिसम्बर, 1932 को सत्याग्रह का रूप कठोर हो गया। के॰ केलप्पण आमरण अनशन पर बैठ गये। उन्होंने अपना अनशन तब तक न समाप्त करने की घोषणा कि जब तक मंदिर के दरवाजे दलितों के लिए नहीं खुल जाते। केरल तथा देश के विभिन्न भागों में हिन्दुओं ने मंदिर के संरक्षक कालीकट के राजा जमोरिन से अनुरोध किया कि वे मंदिरों में दलितों और हरिजनों के प्रवेश की अनुमति दें। गांधी के अनुरोध पर केलप्पण ने 2 अक्टूबर, 1932 को अनशन समाप्त कर दिया, परन्तु संघर्ष जारी रहा।

'ए॰ के॰ गोपालन' के नेतृत्व वाले गुट को, जिसने पूरे केरल की पदयात्रा कर मंदिर को दलितों के लिए खुलावाने के पक्ष में जनमत तैयार कर रहा था, सरकार ने प्रतिबंधित कर दिया। ए॰ के॰ गोपालन के अनुसार 'हालाँकि गुरुवायूर मंदिर के दरवाजे अवर्णों के लिए बंद थे, परन्तु यह आन्दोलन सामाजिक परिवर्तन के लिए प्रेरणादायक सिद्ध हुआ।' नवम्बर 1936 को त्रावनकोर के महाराजा ने एक आदेश द्वारा सरकार नियंत्रित सभी मंदिरों को समस्त हिन्दू जाति के लिए खोल दिया। 1938 में राजगोपालाचारी के नेतृत्व वाले मद्रास मंत्रिमंडल ने भी ऐसा ही किया।

मंदिर प्रवेश आन्दोलन उन्हीं रास्तों से गुजरा जिनसे उस समय राष्ट्रीय आन्दोलन गुजर रहा था। इस आन्दोलन को नेतृत्व प्रदान करने वालों ने राष्ट्रीय एकता का मजबूत आधार तैयार किया तथा छुआछूत के खिलाफ एक मजबूत जनमत तैयार किया। इस आन्दोलन की सबसे बड़ी बात यह थी कि इसने जनता को छुआछूत उन्मूलन के लिए उद्वेलित किया पर जातिप्रथा के विरुद्ध आन्दोलन नहीं किया।

हरिजन उत्थान

सत्यशोधक समाज

1. 1875 में ज्योतिबा गोविंदराव फुले द्वारा शुरू किया गया।
2. ब्राह्मणवाद और उसकी कुरीतियों के विरुद्ध आवाज उठाना इसका मुख्य उद्देश्य था।
3. इन्होंने मूर्ति पूजा, कर्मकांडों, पुजारियों के वर्चस्व, कर्म, पुनर्जन्म और स्वर्ग के सिद्धांतों का विरोध किया।

4. 1827 में पूना में शूद्र माली परिवार में ज्योतिबा फुले का जन्म हुआ।
5. इन्होंने हिन्दुओं के पवित्र लेखों और ग्रन्थों को नकारा।
6. 1885 ई० में इसारा में कृषक वर्ग की आर्थिक स्थिति पर अपने विचारों को प्रकाशित किया।
7. अपने विचारों का प्रसार दैनिक दीनबंधु में व अपनी पुस्तकों गुलामगीरी और सेनकारयन्वा असुधा द्वारा किया।
8. फुले ने भारतीय राष्ट्रीय कांग्रेस का विरोध किया क्योंकि यह कृषकों की समस्याओं को हल करने में असमर्थ थी।
9. ज्योतिबा फुले की मृत्यु के पश्चात् कोल्हापुर के छत्रपति शाहू महाराज द्वारा यह समाज चलता रहा।
10. 1954 में फुले प्रथम भारतीय था जिसने अछूतों के लिए स्कूल खुलवाया।
11. यह एक ब्राह्मण विरोधी संस्था थी।

जस्टिस पार्टी

1. इसके संस्थापक टी०एन० नायर, पी० त्यागराजा और सी० जनेसा मुरलीधर थे।
2. 1916 में मद्रास में स्थापना की गई।
3. इसका वास्तविक नाम दक्षिण भारतीय लिबरल फेडरेशन था।
4. जस्टिस नेताओं की प्रारंभिक माँगें राज्य की विधान परिषद् में सीटों का आरक्षण थी।
5. बाद में इस माँग का विस्तार कर इसमें शिक्षा, लोक नियुक्तियों और स्थानीय निकायों में रियायत को शामिल किया गया।
6. इसका सामाजिक आधार गैर ब्राह्मण जमींदार और शहरी क्षेत्र के व्यापारी वर्ग थे। यह उन जमींदारों और व्यापारियों के राजनैतिक उद्देश्य के लिए काम करती थी।
7. वेलाल (तमिल),रेड्डी (तेलगू) और कम्मा (तेलगू) आदि जातियाँ ब्राह्मणों के विरोध में शामिल थीं।

आत्मसम्मान आन्दोलन

1. ई० वी० रामास्वामी नायकर जो कि पेरियार के नाम से प्रसिद्ध थे, ने इसकी शुरुआत की।
2. इन्होंने हरिजनों को सहयोग दिया और वायकोम के सत्याग्रह का नेतृत्व किया।
3. इन्होंने मनु धर्म शास्त्रों और रामायण को जलाने की वकालत की।
4. हिन्दू रूढ़िवादिता का खंडन किया।
5. 1925 में अपना एक अखबार कुदी-अरासु निकाला और एक उग्र समाज सुधारक के रूप में जाने गए।
6. पेरियार ने धर्म के साथ-साथ ब्राह्मणों के आधिपत्य और जाति प्रथा पर आक्रमण किया।
7. विधवा-विवाह और परिवार नियोजन जैसे मुद्दों पर बल दिया।
8. आत्म सम्मान लीग 1944 में जस्टिस पार्टी के साथ मिलकर द्रविड़ कड़गम बनी।

श्री नारायण धर्म परिपालन योगम

1. 1902 ई० में केरल में इसकी स्थापना हुई।
2. इसके संस्थापक नानु असन थे जो नारायण गुरु के नाम से प्रसिद्ध थे।
3. इसका उद्देश्य ईझवा जाति के अधिकार को सुनिश्चित करना था।
4. मंदिर प्रवेश इसका मुख्य कार्यक्रम था।
5. इसका मुख्य नारा था– एक जाति, एक धर्म, एक ईश्वर।

दलित वर्ग मिशन

1. निम्न जातियों को शैक्षिक सुविधाएँ देने के लिए इसकी स्थापना बम्बई में 1906 ई० में वी०आर० शिंदे के द्वारा की गई।

दलित वर्ग मिशन सोसायटी

1. मद्रास में 1909 ई० में स्थापना हुई।
2. पहली बार सन् 1918 ई० में अखिल भारतीय दलित वर्ग महासभा का आयोजन किया गया।

अखिल भारतीय दलित वर्ग संघ

1. 1920 ई० में अम्बेडकर द्वारा स्थापित।
2. महाराष्ट्र के महारों को संगठित किया।
3. उनके द्वारा बहिष्कृत भारत आन्दोलन प्रारम्भ किया गया।

वोक्कालिंग संघ

1. ब्राह्मण विरोधी संस्था, जिसकी स्थापना 1905 ई० में मैसूर में हुई।

हरिजन सेवक संघ

1. 1932 ई० में गांधी के द्वारा स्थापित।
2. अछूतों को उन्होंने हरिजन नाम दिया।
3. हरिजन (1933) नामक पत्रिका प्रारम्भ की।
4. उनके उत्थान के लिए काम किया।

नादर आन्दोलन

1. 19वीं शताब्दी के उत्तरार्द्ध तथा 20वीं शताब्दी के प्रारम्भ में इस आन्दोलन की शुरुआत हुई।
2. निम्न जाति के नादरों ने क्षत्रिय दर्जा पाने की तथा मंदिर प्रवेश के अधिकार की माँग की।
3. 1910 ई० में नादर महाजन सभा की स्थापना की गई।

वायकोम सत्याग्रह (केरल 1924-25)

1. टी॰ के॰ माधवन तथा केशव मेनन के नेतृत्व में प्रारम्भ हुआ।
2. दलित वर्गों के मंदिर प्रवेश के लिए यह प्रथम संगठित आन्दोलन था।
3. एझवा तथा दूसरे अछूतों को त्रावणकोर मंदिर के निकट सड़क के उपयोग के अधिकार को सुनिश्चित किया गया।

नायर आन्दोलन (त्रवणकोर)

1. 19वीं शताब्दी के उत्तरार्द्ध तथा 20वीं शताब्दी के प्रारम्भ में शुरुआत हुई।
2. इसमें नम्बुदरी ब्राह्मण के सामाजिक तथा राजनीतिक वर्चस्व पर आक्रमण किया गया।
3. सी॰ आर॰ रेड्डी के द्वारा मैसूर में 1917 ई॰ में प्रजा मित्र मंडली की स्थापना की गई।
4. यह मैसूर का प्रथम राजनीतिक संगठन था जो ब्राह्मण विरोधी मंच से प्रारम्भ किया गया।

महार आन्दोलन (महाराष्ट्र)

1. 19वीं शताब्दी के उत्तरार्द्ध में गोपाल बाता बालांकर के नेतृत्व में प्रारम्भ हुआ।
2. महारों ने क्षत्रिय दर्जा पाने तथा सेना व नौकरियों में अधिक स्थानों की माँग की।

महार सत्याग्रह (महाराष्ट्र 1927)

1. अम्बेडकर के नेतृत्व में प्रारम्भ हुआ।
2. अम्बेडकर ने महारों के तालाब तथा मंदिरों के उपयोग के अधिकार तथा ग्राम प्रधान के यहाँ महारों की परम्परागत सेवा को समाप्त करने की माँग की।

महिलाओं का उत्थान

1. – 1975 में बंगाल अधिनियम के द्वारा शिशु हत्या की समाप्ति।
   – 1802 में वेलेजली ने शिशु हत्या का उन्मूलन किया।
2. राजा राममोहन राय के प्रयासों से 1829 में सती प्रथा का उन्मूलन लॉर्ड विलियम बैंटिक के द्वारा किया गया।
3. ईश्वरचन्द्र विद्यासागर ने महिलाओं के लिए एक स्कूल खोला व हिन्दू विधवा पुनर्विवाह एक्ट 1856 के पारित करवाने के प्रयास किए।
4. – वीर सालिंगन ने महिला शिक्षा पर बल दिया।
   – विधवा पुनर्विवाह पर भी बल दिया।
   – उन्होंने राजा मूंदरी सामाजिक सुधार परिषद 1878 में स्थापित की।
   – उन्होंने "विवेक वरधानी" नामक पत्रिका का प्रकाशन किया।
5. रानाडे व विष्णुशास्त्री पंडित ने 1861 में विधवा विवाह परिषद स्थापित की।
6. बेहराम जी मालाबारी ने 1891 में एज ऑफ कन्सेंट एक्ट पारित कराने के प्रयास किए। इस एक्ट के द्वारा लड़कियों के विवाह की उम्र 10 से बढ़ाकर 12 कर दी गयी।
7. रामाबाई ने महिलाओं की शिक्षा व अधिकारों के लिए कार्य किया।
   – उसने आर्य महिला समाज का गठन किया।
   – प्रथम बार उसने विधवाओं को शिक्षित करने का प्रयास किया व बम्बई में 'शारदा सदन' स्थापित किया।
8. – डी॰ के॰ कर्वे ने महिलाओं की शिक्षा व विधवा पुनर्विवाह की दिशा में प्रयास किए।
   – 1916 में प्रथम भारतीय महिला विश्वविद्यालय की स्थापना की।
9. – मूथू लक्ष्मी रेड्डी ने देवदासी प्रथा का विरोध किया।
   – उनके प्रयासों से 1925 में अल्प-वयस्क व्यापार प्रतिबंध एक्ट पारित हुआ।
10. – राय साहिब शारदा ने लड़के व लड़कियों दोनों की विवाह आयु बढ़ाने के लिए विधेयक पेश किया।
    – 1929 में यह विधेयक पास हुआ जो "शारदा एक्ट" के नाम से जाना जाता है।
    – लड़कों की विवाह की आयु बढ़ाकर 18 वर्ष व लड़की की 14 वर्ष कर दी गई।
11. 1916 में लेडी हार्डिंग मेडिकल कॉलेज की स्थापना की।
12 1919 में अखिल भारतीय मुस्लिम सम्मेलन हुआ।
13. – सरला देवी चौधरानी ने 1910 में इलाहाबाद में भारत स्त्री महामंडल की स्थापना की।
    – यह प्रथम स्थायी महिला परिषद् थी।
14. जौन इलियट ड्रिंक वाटन ने 1849 में बेथून स्कूल की नींव रखी।
15. डोरथी राजा दास जो थियोसीफिकल सोसाइटी से जुड़ी हुई थी, ने 1915 में एनी बेसेंट की अध्यक्षता में भारतीय महिला परिषद की स्थापना की।
16. – मारेगट कजिन के प्रयासों से 1927 में पूने में अखिल भारतीय सम्मेलन आयोजित हुआ।
    – उन्होंने रोशनी पत्रिका निकाली।

17. 1924 में अखिल भारतीय मुस्लिम महिला सम्मेलन का आयोजन हुआ।

सामाजिक विधान

1975– बंगाल अधिनियम द्वारा शिशुवध प्रतिबंधित।

1802– लार्ड वेलेजली द्वारा शिशुवध प्रतिबंधित।

1811– बंगाल सरकार द्वारा रेग्यूलेशन-X के अन्तर्गत दास-प्रथा का उन्मूलन।

1829 राजा राममोहन राय के प्रयासों के फलस्वरूप रेग्यूलेशन XVII के अंतर्गत लॉर्ड विलियम बैंटिक द्वारा सती-प्रथा का उन्मूलन।

1831-37– विलियम स्लीमेन के प्रयासों से विलियम बैंटिक द्वारा ठगी का उन्मूलन।

1832– रेग्यूलेशन तृतीय के अन्तर्गत दास-प्रथा का उन्मूलन।

1843– लॉर्ड एलेनबेरो द्वारा दास-प्रथा का उन्मूलन।

1856– ईश्वरचन्द्र विद्यासागर के प्रयासों से हिन्दू विडोज रिमेरीज एक्ट के द्वारा विधवा विवाह की स्वीकृति।

1872– नेटिव मैरिज एक्ट द्वारा बाल-विवाह, बहु-विवाह प्रतिबंधित तथा अंतरजातीय विवाह और विधवा विवाह की स्वीकृति।

1891– बेहरामजी मालाबारी के प्रयासों से एज ऑफ कन्सेंट एक्ट द्वारा लड़कियों के लिए विवाह की उम्र 10 वर्ष से बढ़ाकर 12 वर्ष किया गया।

1929– चाइल्ड मैरिज रेस्ट्रेंट एक्ट जिसे शारदा एक्ट के नाम से जाना जाता है, के द्वारा विवाह की उम्र बढ़ाकर लड़कियों के लिए 14 वर्ष तथा लड़कों के लिए 18 वर्ष कर दी गई।

1931– इन्फैंट मैरिज प्रेवेन्शन एक्ट के द्वारा बाल-विवाह प्रतिबंधित।

1937– धन संबंधी अधिकार महिलाओं को दिए गए।

भारत में नारी जागरण तथा स्वतंत्रता आंदोलन से जुड़ी महिलायें

रमा बाई राणाडे–भारत में नारी जागरण आन्दोलन की प्रेरणा स्रोत। इन्होंने जी॰ के॰ देवधर के साथ मिलकर 'पूणा सेवा सदन' की 1909 में स्थापना की। सदन द्वारा नर्सों एवं दाइयों के प्रशिक्षण, मातृत्व एवं शिशु हित की प्रोन्नति तथा विधवाओं के लिए काम की खोज का कार्य किया जाता था।

भीखा जी कामा–श्रीमती कामा बम्बई की रहने वाली अमीर घराने की पारसी महिला थी। 1902 में लन्दन गई। वहाँ इनका सम्पर्क 'इंडिया हाऊस' के क्रान्तिकारियों से हुआ। इसके बाद कामा पेरिस में क्रान्तिकारी गतिविधियों का संचालन करने लगी। इन्होंने पेरिस में 'इंडियन सोसायटी' की स्थापना की। भीखा जी कामा भारतीय इतिहास की ऐसी प्रथम महिला थी, जिन्होंने भारतीय तिरंगे को फहराया। इन्होंने 'वंदेमातरम्' अखबार का प्रकाशन किया। इन्हें 'मदर ऑफ रिवोल्यूशन' कहा गया।

प्रतिलता वाडेदार–'चटगाँव कांड' से जुड़ी महिला क्रान्तिकारी, जिनकी पहाड़तली में स्थित रेलवे इंस्टीट्यूट पर छापा मारते समय मृत्यु हो गई।

कल्पनादत्त–चटगाँव कांड से जुड़ी कल्पना दत्त को सूर्यसेन के साथ गिरफ्तार किया गया था।

शांति घोष और सुनीति चौधरी–क्रान्तिकारी कार्यों से जुड़ी कोमिल्ला की इन दोनों छात्राओं ने दिसम्बर 1931 में एक जिलाधिकारी की गोली मारकर हत्या कर दी थी।

श्रीमती राधाबाई सुब्बारन–प्रथम भारतीय महिला थी जिन्हें 1938 में राज्य परिषद् के लिए चुना गया।

विजयलक्ष्मी पंडित–प॰ जवाहर लाल नेहरू की बहन थीं। इन्होंने संयुक्त राष्ट्रीय शैक्षिक, वैज्ञानिक एवं सांस्कृतिक संगठन (यूनेस्को) में भारत का प्रतिनिधित्व किया। आजादी के बाद विजयलक्ष्मी को मास्को एवं वाशिंगटन में भारत का राजदूत बनाकर भेजा गया।

राजकुमारी अमृत कौर–इन्होंने भी यूनेस्को में भारत का प्रतिनिधित्व किया। स्वतंत्र भारत के मंत्रिमंडल में इन्हें शामिल किया गया।

सरोजनी नायडू–इनका जन्म 1 फरवरी 1879 में हुआ। ये बाल्यवस्था से ही मेघावी, भावुक एवं कल्पनापूर्ण थी। 13 वर्ष की अल्पायु में सरोजनी चट्टोपाध्याय ने 'लेडी ऑफ द लेक' शीर्षक से एक कविता लिखी। हैदराबाद के निजाम द्वारा दी गई छात्रवृत्ति पर सरोजनी लंदन पढ़ने गई। खराब स्वास्थ्य के कारण 1898 में भारत वापस आ गई।

1898 में इनका विवाह डॉ॰ गोविन्द राजुलू नायडू से हुआ। 1902 में नायडू गोपाल कृष्ण गोखले के सम्पर्क में आई तथा भारतीय राष्ट्रीय आंदोलन में हिस्सा लिया। 1925 में इन्हें कांग्रेस के कानपुर अधिवेशन का अध्यक्ष चुना गया। 1930 में गांधी जी के दांडी मार्च के समय जेल गई। इन्हें 'एशियन रिलेशन्स कांफ्रेस' का अध्यक्ष नियुक्त किया गया। भारत के स्वतंत्र होने पर इन्हें उत्तर प्रदेश (संयुक्त प्रांत) का पहला

गर्वनर बनाया गया। 'भारत की कोकिला' की उपाधि से सम्मानित सरोजनी नायडू की 2 मार्च, 1949 को मृत्यु को गई।

सॉग ऑफ द इंडिया, द गोल्डेन थ्रेसोल्ड, द फादर ऑफ डान, द बर्ड ऑफ टाइम, द ब्रोकेन विंग उनकी प्रसिद्ध रचनाएँ हैं।

एनी बेसेंट–एक आयरिश महिला थीं। इनका जन्म 1847 में लंदन में हुआ। 1887 में अपने पति रेवरेंड फ्रैंक बेसेंट से सम्बंध विच्छेद होने के कारण थियोसॉफी (ब्रह्मविद्या) के सम्पर्क में आईं। 1907 में इन्हें भारत स्थित थियोसाफिकल सोसायटी का अध्यक्ष चुना गया। इन्होंने बनारस में सेंट्रल हिन्दू कॉलेज की स्थापना की। 1916 में इन्होंने भारत में 'होमरूल लीग' की स्थापना की। 1917 में कलकत्ता कांग्रेस अधिवेशन का बेसेंट को प्रथम अध्यक्ष होने का गौरव प्राप्त हुआ। इन्होंने अपने पुत्र जे० कृष्णमूर्त्ति को विश्वगुरु के रूप में स्थापित करने का प्रयास किया। 1920-22 में असहयोग आन्दोलन के मुद्दे पर कांग्रेस से मतभेद हो जाने के कारण कांग्रेस से अलग हो गईं। 1933 में इनकी मृत्यु हो गई।

'न्यू इंडिया' तथा 'कामनवील' नामक अखबार का प्रकाशन किया। इन्होंने अपनी कृति 'हाउ इंडिया फाइट फार फ्रीडम' में भारत को अपनी मातृभूमि बताया। 'रेलिजेस प्राब्लम इन इंडिया' इनकी अन्तिम महान् कृति थी।

सरला बेन–ये गांधी जी की प्रिय शिष्या थीं। कुमायूँ जिले के कसौनी नामक स्थान पर एक आश्रम की स्थापना की। इनकी पुस्तक *Reviving our dying planet* काफी प्रसिद्ध हुई। जीवन के अंतिम वर्षों में इन्होंने पर्यावरण विषयक एक महत्वपूर्ण कृति 'संरक्षण या विनाश' लिखा।

सिस्टर निवेदिता–एक आयरिश महिला थीं, जिनका पूर्व नाम 'मार्गरिट नोबुल' था। लंदन में स्वामी विवेकानन्द से मिलकर उनकी शिष्या बन गईं। भारत आकर 'रामकृष्ण मिशन' से जुड़कर अपने को समर्पित कर दिया।

मार्गेरेट भारतीय स्वतंत्रता की घोर समर्थक थीं। राष्ट्रवादी अरविंद घोष से इनका घनिष्ठ सम्बंध था। स्वामी जी की मृत्यु के बाद 'रामकृष्ण मिशन' से अलग हो गईं। इनकी रचनाओं में (Cardle Teales up India) प्रसिद्ध हैं।

सिस्टर निवेदिता को स्वामी विवेकानन्द ने 'शेरनी', रवीन्द्र नाथ टैगोर ने 'लोकमाता' तथा अरविंद घोष ने 'अग्निशिखा' नाम दिया।

मुद्राणालय (प्रिटिंग प्रेस)–पत्रकारिता संबंधी गतिविधि तथा जनमत

- पुर्तगाली पहले लोग थे जो मुद्रणालय *(Printing Press)* भारत में लाए और 1557 गोवा में पादरियों ने पहली पुस्तक भारत में छापी।
- 1684 में ईस्ट इंडिया कम्पनी ने बम्बई में मुद्रणालय खोला।
- जेम्स आगस्टय हिल्की ने 1780 में पहला समाचार- पत्र प्रकाशित किया जिसका नाम *The Bengal Gazette* अथवा *The Calcutta General Advertiser* था।

1799 का समाचार-पत्रों का पत्रेक्षण अधिनियम

लार्ड वेलेजली ने सभी समाचार-पत्रों पर सेंसर बिठा दिया। इसके अनुसार–

- समाचार पत्र को सम्पादक, मुद्रक और स्वामी का नाम स्पष्ट छापना पड़ता था।
- प्रकाशित किए जाने वाले सभी तत्त्वों को सरकार के सचिव के सम्मुख पूर्व-पत्रेक्षण के लिए भेजना होता था।
- हेस्टिंग्स ने इन नियमों में ढील दी तथा 1818 में समाचार-पत्रों का पूर्व-पत्रेक्षण बंद कर दिया गया।

1823 के अनुज्ञप्ति नियम

1823 में जॉन एडम्स के कार्यवाहक गवर्नर जनरल बनने पर उसने अनुज्ञप्ति नियम लागू किया–

1. मुद्रणालय स्थापित करने से पहले लाइसेंस लेना आवश्यक।
2. गवर्नर जनरल को अधिकार था कि वह किसी भी लाइसेंस को रद्द कर दे अथवा नया प्रार्थना-पत्र माँग ले।

- इस नियम के कारण राजा राममोहन राय को "मिरात-उल-अखबार" को बंद करना पड़ा।

भारतीय समाचार-पत्रों का स्वतंत्र होना (1835)

- चार्ल्स मेटकाफ (कार्यवाहक गवर्नर जनरल (1835-36) ने 1823 के नियमों को रद्द कर दिया।
- वे भारतीय समाचार-पत्रों के "मुक्तिदाता" कहलाए।

1857 का अनुज्ञप्ति अधिनियम

- 1857 के विद्रोह से उत्पन्न स्थिति को निपटाने के लिए 1857 के अधिनियम संख्या 15 के अनुसार अनुज्ञप्ति व्यवस्था पुनः लागू कर दी गई।
- यह केवल संकटकालीन व्यवस्था थी और इसकी अवधि केवल एक वर्ष की थी।

1857 का पंजीकरण अधिनियम

- इस अधिनियम का मुख्य उद्देश्य समाचार-पत्रों अथवा मुद्रणालयों पर रोक लगाना नहीं था अपितु केवल नियमित करना था।
- प्रत्येक मुद्रित पुस्तक तथा समाचार-पत्र पर मुद्रक, प्रकाशक और मुद्रण स्थान का नाम होना आवश्यक था।

- पुस्तक की एक प्रति बिना मूल्य के स्थानीय सरकार को देनी थी।

1869-70 के बहावी विद्रोह के कारण सरकार ने राजद्रोही लेखों से निपटने के लिए प्रतिबंध अधिनियम द्वारा भारतीय दंड संहिता की धारा 124 में एक और धारा 124A जोड़ दी जिसमें राजद्रोह फैलाने वाले व्यक्ति को आजीवन निर्वासन, कम काल के लिए निर्वासन अथवा जुर्माने का प्रावधान किया गया।

देशी भाषा समाचार-पत्र अधिनियम, 1878

- इस अधिनियम से सरकार ने भारतीय भाषा के समाचार-पत्रों को अधिक नियंत्रण में लाने का प्रयत्न किया।
- जिला दंडनायकों को आज्ञा दी गई कि समाचार-पत्र के प्रकाशक से बंध पत्र पर हस्ताक्षर करवायें कि वे कोई ऐसी सामग्री प्रकाशित नहीं करेंगे जिससे सरकार विरोधी भावना भड़के।
- दंडनायक का निर्णय, अंतिम निर्णय होगा, उसमें अपील की अनुमति नहीं होगी।
- इस अधिनियम को "मुँह बंद करने वाला अधिनियम" कहा गया।
- इस अधिनियम का सबसे घिनौना पक्ष यह था कि इसमें देशी भाषा और अंग्रेजी भाषा के अनुसार पत्रों के साथ भेदभाव किया गया।
- यदि कोई देशी भाषा का समाचार-पत्र इस अधिनियम से बचना चाहे तो उसे अपने पत्र की एक प्रति सरकारी पत्रेक्षण को पहले से देनी होगी।
- नए भारत सचिव लार्ड क्रेनब्रुक ने पूर्व पत्रेक्षण की धारा का विरोध किया और सितम्बर 1878 में पूर्व पत्रेक्षण धारा हटा दी गई।
- उसके बदले एक 'समाचार आयुक्त' की नियुक्ति की गई।
- 1898 के अधिनियम द्वारा दंड संहिता 124 धारा को पुन: स्थापित और विस्तृत किया और एक नई धारा 153A भी जोड़ दिया गया।
- धारा 505 को भी संशोधित किया गया ताकि वे कथन जो सेना में असंतोष फैलाए या किसी व्यक्ति को राज्य के विरुद्ध कार्य करने की प्रेरणा दे उन्हें भी दंडित करने का प्रावधान किया जा सके।

समाचार-पत्र अधिनियम 1908

- समाचार पत्र में आपत्तिजनक लेख छापने पर मुद्रणालय जब्त करने का प्रावधान।
- 1867 के समाचार-पत्रों तथा पुस्तकों के पंजीकरण के अधिनियम के अधीन किसी भी मुद्रक अथवा प्रकाशक को दी गई घोषणा को रद्द कर सकती थी।
- प्रकाशकों को मुद्रणालय जब्त होने के 15 दिन के भीतर उच्च न्यायालय में अपील करने की अनुमति।

भारतीय समाचार-पत्र अधिनियम, 1910

- इसके तहत प्रकाशक को पंजीकरण जमानत 500 से 2000 रुपये तक प्रावधान।
- सरकार को पंजीकरण और जमानत जब्त करने का अधिकार।
- पुन: पंजीकरण शुल्क 1000 से 10,000 रुपये तक का प्रावधान।
- आपत्तिजनक सामग्री प्रकाशित करने पर मुद्रणालय, समाचार-पत्र अथवा पुस्तक की सभी प्रतियों को जब्त तथा पंजीकरण को रद्द करने का प्रावधान।
- पीड़ित पक्ष को दो महीने के भीतर उच्च न्यायालय में अपील करने का प्रावधान।
- प्रकाशक को समाचार-पत्र की दो प्रतियाँ सरकार को नि:शुल्क देने का प्रावधान।
- इस अधिनियम के तहत 191 मुद्रणालय और समाचार-पत्रों के विरुद्ध कार्यवाही की गई।
- 1921 ई॰ में तेज बहादुर सप्रू की अध्यक्षता में "समाचार-पत्र समिति नियुक्त" की गई जिसका उद्देश्य समाचार-पत्र के कानून की समीक्षा करना था।
- इनकी सिफारिशों के अनुसार 1908 और 1910 का अधिनियम रद्द कर दिया गया।

1931 का भारतीय समाचार-पत्र अधिनियम (संकटकालीन शक्तियाँ)

- इस अधिनियम के द्वारा 1910 के अधिनियम के सभी आदेश पुन: लागू कर दिए गए।
- इसके अंतर्गत प्रांतीय सरकारों को सविनय अवज्ञा आन्दोलन के प्रचार को दबाने के लिए अत्यधिक शक्तियाँ दी गईं।
- अधिनियम की धारा (4) (1) के अनुसार सरकार को शब्द संकेत अथवा अनुमति द्वारा किसी हत्या के अथवा अन्य किसी अपराध को करने की प्रेरणा देने पर अथवा अनुमोदन करने पर कड़ा दंड देने की अनुमति थी।

समाचार-पत्र जाँच समिति (1947)

सिफारिशें

1. 1931 के अधिनियम को समाप्त करना।

2. समाचार-पत्र के पंजीकरण के अधिनियम में संशोधन।
3. भारतीय दंड संहिता की धारा 124.A और 153.A में परिवर्तन।
4. 1931 के देशी राज्य (असंतोष के विरुद्ध रक्षा) और 1934 के देशी राज्य अधिनियम को रद्द करना शामिल था।

1951 का समाचार-पत्र (आपत्तिजनक विषय) अधिनियम

- 1951 में सरकार को संविधान के अनु॰ 19(2) में संशोधन और समाचार-पत्र (आपत्तिजनक विषय) अधिनियम पारित करने की आवश्यकता पड़ी।
- नए कानून से सरकार को समाचार-पत्रों और मुद्रणालयों से आपत्तिजनक विषय प्रकाशित करने पर जमानत माँगने तथा जब्त करने और अधिक जमानत माँगने का अधिकार दे दिया गया।
- यह अधिनियम 1956 तक लागू रहा।
- न्यायाधीश जी॰ एस॰ राजाध्यक्ष की अध्यक्षता में एक समाचार-पत्र आयोग नियुक्त किया गया।
- आयोग ने अगस्त 1954 में अपनी रिर्पोट प्रस्तुत की जिसमें अखिल भारतीय समाचार-पत्र परिषद गठित की जाए, पन्ना मूल्य पद्धति अपनाई जाए, वर्ग पहेली प्रतियोगिता बंद की जाए, की सिफारिश की।

भारतीय भाषाओं तथा साहित्यिक रूपों का आधुनिकीकरण: चित्रकला का पुनर्विन्यास, संगीत तथा प्रदर्शन कलाएँ

- 19वीं शताब्दी के उत्तरार्द्ध में पाश्चात्य सभ्यता और संस्कृति ने हमारी समस्त प्राचीन धारणाओं, विश्वासों और महात्म्य को चुनौती दे दी; फलस्वरूप धर्म, निष्ठा, विश्वास और प्रथाओं के प्राचीन स्वरूप लडखड़ा गये एवं सामाजिक, राजनीतिक और आर्थिक संस्थायें ढह गयीं।
- पाश्चात्य संस्कृति और सभ्यता का सबसे अधिक प्रभाव शिक्षण क्षेत्र पर पड़ा।
- पाश्चात्य शिक्षा के प्रभाव से शिक्षित और अशिक्षित वर्गों के मध्य विशाल खाई उत्पन्न हो गई।
- इस शिक्षा से देश में नवीन मध्यम वर्गों का प्रादुर्भाव हुआ।
- पाश्चात्य संस्कृति का प्रभाव देशी भाषाओं के साहित्य पर दिग्दर्शित हुआ। पाश्चात्य ग्रंथों ने नवीन विचार धाराएँ प्रस्तुत कीं। स्वतंत्रता, राष्ट्रीयता, समानता आदि की गहरी छाप हमारी देशी भाषाओं के साहित्य में पड़ी।
- अंग्रेजी पुस्तकों के अनुवाद से ही हमारे गद्य साहित्य का विकास हुआ। गद्य साहित्यकारों ने पाश्चात्य आदर्शों के अनुकूल ही लेख लिखे। उन्होंने अपने लेखों व निबंधों में पाश्चात्य कथनाक शैली का अनुकरण किया।
- इब्सन, गाल्सवर्दी, बर्नार्ड शॉ जैसे पाश्चात्य नाट्यकारों की शैली एवं प्रवृत्तियों की नकल भारतीय नाटककारों ने की।
- हमारे साहित्य में एकांकी नाटक एवं समस्या नाटकों का प्रादुर्भाव पाश्चात्य नाटक-साहित्य का परिणाम है।
- समालोचन, गल्प, उपन्यासों में तथा कहानियों के क्षेत्र में पाश्चात्य तत्वों को अपनाया गया।
- अतुकांत कविताओं का पाश्चात्य प्रभाव खूब हुआ और बंगाल में माइकेल मधुसूदन दत्त और हिन्दी में अयोध्या सिंह उपाध्याय ने अनुकांत कविता में अपूर्व सफलता प्राप्त की।
- अंग्रेजी विचारों तथा शैलियों का अनुकरण प्रेम की कविताओं और छायावादी कविताओं में किया गया।
- 1848 ई॰ में फार्ब्स ने 'गुजरात वर्नाक्यूलर सोसोइटी' की स्थापना की, जिससे साहित्य की उन्नति के लिए संगठित प्रयत्न किये जाने लगे।
- 1816 ई॰ में देशी भाषा का प्रथम भारतीय पत्र 'बंगाल समाचार' प्रकाशित हुआ।
- संस्कृत सीखने वाले प्रथम अंग्रेज चार्ल्स विल्किंस था।
- भारत की प्राचीन ललित कलाओं और अतीत के गौरव का ज्ञान पश्चिम ने ही भारतीयों को कराया।
- सिस्टर निवेदिता, हेवेल, फर्ग्यूसन, स्टुअर्ट, कनिंघम, कुमार स्वामी, मार्शल, पर्सी ब्राउन, स्मिथ, टाड, मैक्समूलर आदि ने भारत के अतीत की गौरव गाथाओं, ललित कलाओं के प्रधान तत्वों, प्रमुख प्रवृत्तियों को विश्व के समक्ष प्रकट किए।
- 1785 ई॰ में सर चार्ल्स विल्किंस ने सर्वप्रथम हिन्दुओं के प्रसिद्ध ग्रंथ 'गीता' का अनुवाद अंग्रेजी में किया।
- यूरोपीय शैली के आधार पर इमारतों का बनना 19वीं सदी में शुरू हुआ।
- 1802 में कलकत्ता का 'गवर्नमेंट हाउस' बनाया गया।
- भारतीय और पाश्चात्य वस्तुकला का समन्वय करते हुए बम्बई में जी॰ विटेट ने 'भारत का प्रवेश द्वार' और प्रिंस ऑफ वेल्स म्यूजियम' का निर्माण किया। बीसवीं सदी में लार्ड कर्जन ने इमारतें बनवाने के लिए 'सार्वजनिक कार्य विभाग' स्थापित किया।

1906 में कलकत्ता में 'विक्टोरिया मेमोरियल हॉल' के निर्माण का कार्य आरम्भ हुआ, यह 1921 ई॰ में पूरा

हुआ; इसका नक्शा विलियम एमरसन ने बनाया था।

- 1930 में नई दिल्ली का निर्माण किया गया; इसका नक्शा सर एडविन ल्यूटेन्स तथा एडवर्ड बेकर ने बनाया था।
- 19वीं सदी के अंतिम चरण में भारतीय चित्रकला पर पश्चिमी चित्रकला का प्रभाव आया। इसे आंग्ल भारतीय शैली के नाम से पुकारा गया।
- रवि वर्मा ने हिन्दू पौराणिक गाथाओं और धार्मिक कहानियों तथा पात्रों को यूरोपीय पद्धति के आधार पर प्रस्तुत किया।
- प्राचीन भारतीय चित्रकला को आधुनिक चित्रकला का आधार बनाने का श्रेय सर्वप्रथम बंगाली चित्रकारों को जाता है।
- बंगाल में चित्रकला के क्षेत्र में आन्दोलन अवनीन्द्र नाथ टैगोर के नेतृत्व में प्रारम्भ हुआ।
- बंगाल में विकसित नवीन चित्रकला शैली के प्रमुख चित्रकार थे–टैगोर परिवार, गांगुली परिवार के सदस्य तथा नंदलाल बोस, असित कुमार हलधर, मुकुल डे, अब्दुर्रहमान चगवाई देवी प्रसाद, चौधरी, मजूमदार।
- जैमिनी राय चित्रकला के क्षेत्र में 'नवीन बंगाल आन्दोलन' के मुख्य प्रवर्तक थे। पाश्चात्य शैली का प्रयोग उन्होंने बहुत सफलता से प्राचीन भारतीय चित्रकला के पुनरुद्धार के लिए किया।
- जैमिनी राय चित्रकला के क्षेत्र में 'नवीन बंगाल आंदोलन' के मुख्य प्रवर्तक थे। पाश्चात्य चित्रकला का प्रयोग बड़ी सफलता से भारतीय चित्रकला के पुनरुद्धार के लिये किया।
- अमृता शेरगिल चित्रकला के क्षेत्र में ख्याति प्राप्त चित्रकार स्वीकार की जाती है। उनके चित्रांकन में डिजाइन घनत्व, कोमलता, सरलता थी।
- 20वीं शताब्दी में संगीत में परिवर्तन का श्रेय विष्णु दिगम्बर पलुस्कर और भातखण्डे को है।
- 1919 ई० में अखिल भारतीय संगीत परिषद् की स्थापना की गयी।
- आधुनिक संगीत को दो भागों में विभाजित किया जाता है–लोक संगीत, शास्त्रीय संगीत।
- लोक संगीत पर पाश्चात्य संगीत का प्रभाव स्पष्ट है। इसके प्रचार का प्रमुख साधन चित्रपट है।
- चित्रपट संगीत में के० एल० सहगल, मुकेश, मो० रफी, किशोर कुमार, लता मंगेशकर, आशा भौंसले के नाम उल्लेखनीय हैं।
- आधुनिक भारतीय फिल्मों में उत्तेजनात्मक आर्केस्ट्रा और धुनों को महत्व दिया जाता है। यह पूर्णतः पाश्चात्य संगीत का प्रभाव है।
- रविशंकर, भीमसेन जोशी, उस्ताद अली अकबर खाँ, बिस्मिल्ला खाँ, गुलाम अली खाँ, शास्त्रीय संगीत के उल्लेखनीय नाम हैं।
- आधुनिक काल में भारतीय नृत्य कला को सम्मानित स्थान प्रदान करने का श्रेय उदयशंकर को है।
- भीमसेन जोशी ने गायन में, उस्ताद अली अकबर खाँ ने सरोद वादन में, उस्ताद विलायत खाँ ने सितार वादन में, उस्ताद बिस्मिल्ला खाँ ने शहनाई वादन में ख्याति प्राप्त की है।
- रुक्मिणी देवी ने नृत्यकला के गौरव को स्थापित करने का सर्वप्रथम स्थान प्राप्त किया है।
- रुक्मिणी देवी भरत नाट्यम में पारंगत रही थीं।
- कथक नृत्यकला शैली के विकास में मैडम मेनका का नाम उल्लेखनीय है। कथक शैली के कलाकारों में सितारा देवी, रोशन कुमारी, लच्छू महाराज, शंभू महाराज, बिरजू महाराज उल्लेखनीय हैं।
- मणिपुरी नृत्यशैली में जावेरी बहनें सर्वाधिक उल्लेखनीय हैं।

  'ओडीसी' उड़ीसा के मंदिरों में प्रचलित नृत्य था। इंद्राणी रहमान ने उसे सर्वाधिक प्रतिष्ठित किया। सोनल मानसिंह, संयुक्ता पाणिग्रही औडीसी नृत्य के अन्य प्रसिद्ध कलाकार थे।
- भारतीय सिनेमा के जन्मदाता दादा साहब फाल्के थे।
- 7 जुलाई 1896 में बम्बई के वाटसन होटल में लूमिएर बंधुओं की फिल्म दिखाई गयी थी।
- 3 मई 1913 ई० को दादा साहब फाल्के की पहली फिल्म 'हरिश्चंद्र' रिलीज हुई थी। फाल्के सच्चे अर्थों में पहले स्वदेशी फिल्मकार थे।
- 14 मार्च, 1931 ई० को बम्बई के मैजेस्टिक सिनेमा मे भारत की पहली बोलती फिल्म 'आलमआरा' रिलीज हुई थी।
- इतिहास में इम्पीरियल फिल्म कंपनी की आलमआर को पहली वास्तविक हिन्दी फिल्म कहलाने का गौरव प्राप्त है।

राष्ट्रीय आंदोलन

भारतीय राष्ट्रीय आन्दोलन का उदय तथा विकास

- भारत में राष्ट्रीय चेतना का विकास धीरे-धीरे तथा लम्बी प्रक्रिया के फलस्वरूप हुआ।
- भारत के राष्ट्रीय आन्दोलन को 18वीं शताब्दी की फ्रांस की राज्य क्रान्ति में निहित जनतंत्र और राष्ट्रीयता की विश्वव्यापी भावनाओं ने स्पष्टतया प्रभावित किया।
- भारत में राष्ट्रीय आंदोलन के उदय में विभिन्न राजनैतिक, आर्थिक, सामाजिक, धार्मिक व सांस्कृतिक कारकों ने महत्वपूर्ण भूमिका निभाई।
- प्रेस और साहित्य की भूमिका भी महत्वपूर्ण थी।
- राष्ट्रीय समाचार-पत्रों ने सरकार की काली करतूतों की लगातार आलोचना की तथा भारतीय दृष्टिकोण को सामने रखा।
- आर्थिक शोषणपूर्ण नीतियों के कारण भारत के उद्योग-धंधे नष्ट हो गये व लोगों में बेरोजगारी बढ़ गयी।
- बंकिमचन्द चट्टोपाध्याय, रविन्द्रनाथ टैगोर, रजनीकांत सेन, सरला देवी तथा बिजेन्द्र लाल राय आदि साहित्यकारों, लेखकों व कवियों ने देश-प्रेम से ओत-प्रोत साहित्य को जन्म देकर भारतीयों में राष्ट्रीय भावना जागृत करने में सहयोग दिया।
- यातायात एवं संचार के साधनों में सुधार तथा विकास के कारण राष्ट्रीय जागृति में पर्याप्त सहायता मिली।
- 19वीं शताब्दी के धार्मिक-सामाजिक आन्दोलनों ने राष्ट्रीयता के विकास में महत्वपूर्ण योगदान किया।
- अमेरिकी स्वतंत्रता संग्राम (1775-76), फ्रांस की क्रांति तथा 1860-85 के मध्य जर्मनी, इटली, रूमानिया व सर्बिया द्वारा प्राप्त राष्ट्रीय स्वतंत्रता जैसी घटनाओं ने भारतीय जनता तथा नेताओं को ब्रिटिश साम्राज्यवाद को भारत से उखाड़ फेंकने की प्रेरणा दी।
- लिटन की प्रतिक्रियावादी शासन तथा राजनीतिक मूलों ने भारतीयों के राष्ट्रीयता के विकास में पर्याप्त सहयोग दिया।

1857 का विद्रोह

कारण

1. राजनीतिक कारण

- डलहौजी की डौक्ट्रिन ऑफ लैप्स (गोद निषेध प्रथा) जिसके अंतर्गत सतारा, नागपुर, झाँसी का विलय ब्रिटिश साम्राज्य के अधीन कर दिया गया था।
- कुशासन के आरोप में डलहौजी द्वारा अवध तथा हैदराबाद का विलय कर दिया गया।
- पेंशन एवं उपाधियों की समाप्ति की घोषणा।
- पंजाब और सिंध का कूटनीति द्वारा विलय।
- पंजाब, पीगू और सिक्किम का विजय द्वारा विलय।
- कुलीन भारतीय तथा जमींदारों के साथ अंग्रेजों ने बुरा व्यवहार किया।
- अंग्रेजों द्वारा नौकरियों में अपनायी जाने वाली भेद-भावपूर्ण नीति।

2. आर्थिक कारण

- अंग्रेजों की शोषण नीति एवं करों में वृद्धि।
- भारतीय हस्तशिल्प उद्योग एवं व्यापार का पूर्ण पतन।
- भारतीय धन का निष्कासन।
- बैंटिक द्वारा माफी तथा इनाम की भूमि छीन लेने से भारतीय जमींदार दरिद्र तथा कंगाल हो गए।

3. धार्मिक कारण

- ब्रिटिश सरकार ने ईसाई धर्म के प्रचार हेतु ईसाई मिशनरियों को सहयोग दिया।
- 1833 के चार्टर अधिनियम द्वारा भारत में ईसाई धर्म के प्रचार की अनुमति।
- अंग्रेज अपनी इस नीति के अनुसार अधिकांश भारतीयों को ईसाई बनाकर भारत में अपने साम्राज्य को सुदृढ़ करना चाहते थे।

4. सामाजिक कारण

- बैंटिक द्वारा सती प्रथा पर प्रतिबंध तथा कैनिंग द्वारा विधवा विवाह की अनुमति ने तत्कालीन रूढ़िवादी वर्ग को आन्दोलित किया।
- अंग्रेजों द्वारा शिक्षा के क्षेत्र में पाश्चात्य सभ्यता, संस्कृति, भाषा एवं साहित्य के विकास पर अधिक ध्यान दिया।
- रेल, तार, डाक क्षेत्र में किए गये कार्यों से रूढ़िवादी रुष्ट हो गये।

5. सैनिक कारण

- अवध के विलय ने सैनिकों की भावनाओं को आहत किया, क्योंकि सेना में साधारणत: अवध, उत्तर-पश्चिम प्रांतों से सैनिक आये थे।

- 1854 में डाकघर अधिनियम पारित कर सैनिकों को नि:शुल्क डाक सुविधा समाप्त कर दी गई।
- सेना में भारतीयों को उच्च पदों से दूर रखना, कम वेतन और सुविधा देना।
- 1856 के कैनिंग 'सामान्यय सेना भर्ती अधिनियम' के द्वारा भावी सैनिकों को कहीं भी सरकार द्वारा भेजे जाने पर युद्ध के लिए जाने की बात स्वीकार करना।
- एनफील्ड राइफल के कारतूस के ऊपरी भाग को मुँह से काटना पड़ता था, जिसमें गाय तथा सूअर की चर्बी का प्रयोग होता था। हिन्दु व मुसलमान दोनों सिपाहियों ने इसके प्रयोग से इंकार किया।

6. तात्कालिक कारण

- चर्बी वाले कारतूस का प्रयोग।

विद्रोह की शुरुआत

महत्वपूर्ण तिथियाँ

- **31 जनवरी, 1857 :** मंगल पांडे, जो बैरकपुर (बंगाल) में अंग्रेजी सेना की 34वीं नेटिव इंफेंट्री के एक सिपाही थे, को एक भंगी द्वारा कारतूस में चर्बी होने की बात पहली बार मालूम हुई।
- **28 फरवरी, 1857 :** 19वीं रेजीमेंट के कमांडर माइकेल द्वारा सिपाहियों को परेड के लिए आदेश, परन्तु सैनिकों ने इंकार कर दिया।
- **29 मार्च, 1857 :** मंगल पांडे (जन्म: तत्कालीन गाजीपुर, 30 जनवरी 1831, उ॰प्र॰ (अब बलिया) ने लेफ्टिनेंट बाग एवं लेफ्टिनेंट जनरल ह्यूसन को गोली मारी।
- **8 अप्रैल, 1857 :** बैरकपुर में मुकदमे में सैनिक न्यायालय द्वारा सजा सुनाये जाने पर मंगल पाण्डे को फाँसी।
- **23 अप्रैल, 1857 :** तीसरी अश्वारोही पलटन (मेरठ) ने आदेश के बावजूद कारतूस हाथ से नहीं छुआ।
- **24 अप्रैल, 1857 :** परेड में तीसरी अश्वारोही पलटन के 90 में से 85 सिपाही अनुपस्थित।
- **4 मई, 1857 :** मंगल पांडे वाली 34वीं रेजीमेंट भंग।
- **9 मई, 1857 :** अनुपस्थित सिपाहियों पर मुकद्दमा।
- **10 मई, 1857 :** 1857 के गदर का प्रारम्भ, लाइट कैवेलरी के तीसरी रेजिमेंट के घुड़सवार सैनिकों द्वारा सजा प्राप्त सैनिकों की बेड़िया काटकर उन्हें आजाद घोषित, रात को ही दिल्ली रवाना।
- **11 मई, 1857 :** सिपाहियों ने चुंगी घर एवं मुस्लिमपुर के अंग्रेजी बंगलों को फूँका।
  लाल किले के रक्षा अधिकारी कैप्टन एवं डा॰ चमन लाल मारे गए।
- **12 मई, 1857 :** बहादुरशाह पुन: भारत के सम्राट बने।
- **31 मई, 1857 :** इसी तिथि को सैनिकों ने विद्रोह की शुरुआत करना निश्चित किया था।
- **4 जून, 1857 :** लखनऊ में विद्रोह।
- **5 जून, 1857 :** कानपुर में विद्रोह।
- **12 जून, 1857 :** बिहार में विद्रोह तथा बिहार रेजिमेंट के तीन सैनिकों का अपने कमांडर का आदेश मानने से इंकार।
- **4 जुलाई, 1857 :** नाना साहब के सहयोग से दो सिपाही रेजीमेंटों ने कानपुर के शस्त्रागार और बंदीगृह पर अधिकार कर लिया तथा बंदियों की मुक्ति।
- **17 जुलाई, 1857 :** नाना साहब अंग्रेजों से पराजित।
- **20 सितम्बर, 1857 :** दिल्ली पर अंग्रेजों का अधिकार।
- **12 सितम्बर, 1857 :** बहादुरशाह का हडसन के सैनिकों के समक्ष आत्मसमर्पण।
- **22 दिसम्बर, 1857 :** लखनऊ में बेगज हजरत महल एवं उसके योग्य मंत्री अब्दुल्लाशाह ने अंग्रेजी सेना को हराया।
- **31 मार्च, 1858 :** कैम्पबेल द्वारा सम्पूर्ण रूप से लखनऊ पर अधिकार।
- **26 अप्रैल, 1858 :** कुंवरसिंह (बिहार) दिवंगत।
- **18 जून, 1858 :** 23 वर्ष की उम्र में झाँसी की रानी की मृत्यु।
- **8 अप्रैल, 1859 :** मारवाड़ के देशद्रोही राजा मानसिंह की मुखबरी पर अंग्रेजों द्वारा तात्याँ टोपे अलवर के जंगलों में गिरफ्तार।
- हयूरोज ने लक्ष्मीबाई की वीरता से प्रभावित होकर कहा है कि "भारतीय क्रांतिकारियों में यह अकेली मर्द हैं।"

विद्रोह के परिणाम

- ईस्ट इंडिया कम्पनी के शासन का अंत करके भारत का शासन ब्रिटिश क्राउन (शासन) को हस्तान्तरित कर दिया गया।
- इंग्लैंड में भारत राज्य सचिव की नियुक्ति हुई।
- क्षेत्र विस्तार की नीति को त्यागकर स्थानीय राजाओं को उनके गौरव एवं अधिकारों को वापस करने, धार्मिक शोषण समाप्त करने तथा सेवाओं में बिना भेद-भाव के नियुक्ति की बात कही गयी।
- 1861 में भारतीय जनपद सेवा अधिनियम बनाया गया।
- भारतीयों के साथ समानता के व्यवहार का आश्वासन दिया गया।
- 1857 के विद्रोह के बाद सेना के पुनर्गठन के लिए स्थापित पील कमीशन की सिफारिशों के अनुसार सेना

1857 ई॰ के विद्रोह पर एक नजर

अवधि	विद्रोही नेता	विद्रोह के केन्द्र	विद्रोह दबाया गया
1. 11 मई, 57 से 20 सितम्बर, 58	बहादुरशाह द्वितीय	दिल्ली	निकालखन, लॉरेंस
2. 20 मई, 57 से 1 मार्च, 58	बेगम हजरत महल	लखनऊ	कैंप बेल
3. 4 जून, 57 से 15 मार्च 58	नाना साहेब	कानपुर	कैंप बेल, हेवलाक
4. 5 जून, 57 से 4 अप्रैल, 58	रानी लक्ष्मीबाई	झाँसी	ह्यूरोज
5. 20 जून, 57 से 10 जून, 58	लियाकत अली	इलाहाबाद	कर्नल नील
6. 20 जुलाई 57 से जून, 58	जनसाधारण और सेना	बनारस	कर्नल नील
7. 15 जुलाई, 57 से 20 जून, 58	कुँवरसिंह	बिहार	विलियन टेलर
8. जुलाई, 57 से 25 जून, 58	जनसाधारण और सेना	पंजाब	जॉन लॉरेंस
9. 25 जुलाई, 57 से 27 जून 58	बख्त खाँ	बरेली	कैंप बेल

में भारतीय सैनिकों की तुलना में ब्रिटिश सैनिकों की संख्या में वृद्धि की गई। सैनिकों की भर्ती के लिए 'रायल आयोग' गठित किया गया। विद्रोह की समाप्ति के बाद अंग्रेजी सरकार ने भारतीयों में जातीय कटुता एवं साम्प्रदायिक भावना को जगाया। सरकार ने हिन्दुओं और मुसलमानों में 'फूट डालो और राज करो' की नीति को छोड़कर आर्थिक शोषण को अपनी नीति बनाया।

विद्रोह की असफलता के कारण

- विद्रोह स्थानीय, असंगठित तथा सीमित था।
- विद्रोहियों के पास साधनों का नितांत अभाव था।
- अवध, रूहेलखंड तथा उत्तरी भारत के सामन्तों ने विद्रोह का नेतृत्व किया वहीं पटियाला, जींद, ग्वालियर एवं हैदराबाद के राजाओं ने विद्रोह को कुचलने में अंग्रेजों का साथ दिया।
- नाना साहब हार गये व 1859 में नेपाल चले गए।
- तांत्या टोपे की 1859 में विश्वासघात करके हत्या कर दी गई।
- अवध की बेगम को भी नेपाल में छिपना पड़ा।
- शिक्षित वर्ग इस विद्रोह में पूर्ण उदासीन रहा।
- राष्ट्रीय भावना का अभाव था, क्योंकि भारतीय समाज के सभी वर्गों का सहयोग विद्रोह को नहीं मिला।
- विद्रोहियों में अनुभव, संगठन, क्षमता तथा मिलकर कार्य करने का अभाव था।
- सैन्य दुर्बलता तथा सैन्य नेतृत्व क्षमता की कमी।
- विद्रोहियों के पास उचित नेतृत्व, ठोस लक्ष्य एवं स्पष्ट योजना का अभाव था।
- अंग्रेजों के आवागमन एवं संचार के साधनों ने भी विद्रोह को दबाने में मदद की।
- विद्रोह का प्रसार राजस्थान में कोटा, अलवर, भरतपुर, उ॰प्र॰ में फैजाबाद, मध्य प्रदेश में इंदौर, महू, सागर और स्यालकोट में भी था।
- झाँसी की रानी ने युद्ध-क्षेत्र में लड़ते हुए 17 जून, 1858 को प्राण दे दिए।

जनजाति आन्दोलन एवं किसान आन्दोलन

आदिवासी विद्रोह

1. **संन्यासी विद्रोह (1763-1800) :** अंग्रेजों द्वारा आर्थिक शोषण से जमींदार, कृषक तथा शिल्पी सभी नष्ट हो गये। 1770 में भीषण अकाल पड़ा। तीर्थ-स्थानों पर आने-जाने पर प्रतिबन्धों से संन्यासी लोग बहुत क्षुब्ध हुए। संन्यासियों ने जनता के सहयोग से कम्पनी की कोठी तथा कोष पर आक्रमण किये।

2 **चुआर विद्रोह (1766-72, 1785-1816)**–अकाल तथा बढ़े हुए भूमि कर तथा अन्य आर्थिक संकटों के कारण मिदनापुर जिले की आदिम जाति के चुआर लोगों ने हथियार उठा लिया।

3. **हो विद्रोह (1820-22, 1831-1837)**–छोटानागपुर तथा सिंहभूमि जिले के 'हो' तथा 'मुण्डा' लोगों ने 1820-22, 1831 और अंतत: 1837 में अत्याचार के विरोध में कम्पनी की सेना से टक्कर ली।

4. **कोल विद्रोह (1820-36)**–छोटानागपुर के कोलों ने

अपना क्रोध उस समय प्रकट किया, जब उनकी भूमि उनके मुखिया मुण्डों से छीनकर मुस्लिम कृषकों तथा सिक्खों को दे दी गयी।

5. **संथाल विद्रोह (1855)**–राजमहल जिले के संथाल लोगों ने भूमि कर अधिकारियों के हाथों दुर्व्यवहार, पुलिस के दमन तथा जमींदारों एवं साहूकारों की वसूलियों के विरुद्ध अपना रोष व्यक्त किया।

6. **अहोम विद्रोह (1828-30)**–1828 ई० और 1830 ई० में आसाम के अहोम वर्ग के लोगों ने कम्पनी पर बर्मा युद्ध में दिये गये वचन पूरा न करने का दोष लगाया। अहोम लोगों ने गोमधर कुंवर को अपना राजा घोषित कर 1828 में रंगपुर पर चढ़ाई करने की योजना बनाई।

7. **खासी विद्रोह (1839)**–अंग्रेजों ने जयंतिया तथा गारो पहाड़ियों के क्षेत्र पर अधिकार करने के बाद ब्रह्मपुत्र घाटी तथा सिलहट को जोड़ने के लिए एक सैनिक मार्ग के निर्माण हेतु योजना बनाई। ननक्लों के राजा तीरत सिंह ने खाम्पटी तथा सिंहपों लोगों की सहायता से अंग्रेज विरोधी आन्दोलन की मुहिम छेड़ दी।

8. **पागलपंथी विद्रोह (1840-1850)**–यह एक अर्द्धधार्मिक संप्रदाय था, जिसको उत्तर बंगाल के करमशाह और उसके बाद उसके पुत्र टीपू ने आगे बढ़ाया। ये राजनीतिक तथा धार्मिक विचारों से प्रभावित थे।

9. **फरैजी विद्रोह (1838-1857)**–फरैजी लोग धार्मिक, सामाजिक तथा राजनैतिक परिवर्तनों के प्रतिपादक थे तथा शरीयतुल्ला द्वारा चलाये गये सम्प्रदायों के अनुयायी थे। शरीयतुल्ला के पुत्र दादू मियाँ ने बंगाल से अंग्रेजों को निकालने की योजना बनायी। यह विद्रोह जमींदारों के अत्याचारों के विरोध में 1838 से 1857 तक चलता रहा।

10. **भील विद्रोह (1812-19)**–कृषि संबंधी कष्ट तथा नयी सरकार के भय से भीलों को आदिम जाति, जो पश्चिम भारतीय थे, ने 1812-19 के बीच अंग्रेजों के खिलाफ विद्रोह कर दिया।

11. **कोल विद्रोह**–भीलों की तरह कोलों ने भी अंग्रेजी शासन से उत्पन्न बेकारी के कारण 1827-1839 तथा पुन: 1844 से 1848 तक विद्रोह कर दिया।

12. **कच्छ विद्रोह**–1819 में कच्छ के राजा भारमल को अंग्रेजों ने हटाकर वहाँ का वास्तविक शासन एक अंग्रेज रेजिडेंट को दे दिया। इस परिषद द्वारा किये गये परिवर्तनों तथा अत्यधिक भूमि कर लगाने के कारण लोगों ने विद्रोह किया।

13. **बघेरा विद्रोह**–जब बड़ौदा के गायकवाड़ शासक ने अंग्रेजी सेना की सहायता से बघेरा लोगों से अधिक कर प्राप्त करने का प्रयास किया, तो बघेरा सरदार ने 1818-19 के बीच विद्रोह कर दिया।

14. **सूरत का नमक आन्दोलन**–1844 ई० में सूरत में नमक कर 1/2 रुपया प्रति मन से बढ़ाकर 1 रुपया प्रति मन कर दिया गया। 1849 ई० में सरकार ने एक मानक नाप तौल लागू करने का भी निश्चय किया। लोगों ने दोनों का दृढ़तापूर्वक बहिष्कार किया।

15. **रमोसी विद्रोह**–पश्चिम घाट के निवासी रमोसी जाति के लोगों ने अंग्रेजी प्रशासन पद्धति तथा शासन से अप्रसन्न होकर 1822, 1825-26 और 1829 में विद्रोह किया तथा सतारा के आस-पास लूट-पाट की।

16. **कोल्हापुर तथा सावंतवाड़ी विद्रोह**–1844 ई० में कोल्हापुर राज्य के प्रशासनिक पुनर्गठन होने के कारण गाड़वाड़ी सैनिकों की छंटनी कर दी। बेकारी को सम्मुख देखकर गाड़कारियों ने विद्रोह कर दिया।

17. **दीवान वेलाथम्पी का विद्रोह**–वेलूथंपी त्रवणकोर का दीवान था। यह सहायक संधि की शर्तों एवं अंग्रेजी रेजीमेंट से रुष्ट था। इसने नायरों के सहयोग से विद्रोह किया।

18. **बहावी विद्रोह**–यह 19वीं शताब्दी के चौथे दशक से सातवें दशक तक चलता रहा, जिसके प्रवर्तक सैय्यद अहमद रायबरेलवी थे। सैय्यद अहमद इस्लाम को पुन:स्थापित करना चाहते थे। भारत में इस आन्दोलन का प्रमुख केन्द्र पटना था। इन्होंने सम्पूर्ण देश में अंग्रेज विरोधी भावनाओं का प्रसार किया।

किसान आन्दोलन

1. **नील विद्रोह (1859-60)**–बंगाल में यूरोपियों द्वारा किसानों को नील की खेती करने के लिए मजबूर किया गया और कृषकों का व्यापक शोषण हुआ। कृषकों ने सशस्त्र विद्रोह किया, जिसके नेतृत्वकर्त्ता विष्णु चरण विश्वास एवं दिगंबर विश्वास थे। साथ ही बुद्धिजीवियों ने भी एक संगठनात्मक आन्दोलन चलाया। नील विद्रोह

की शुरुआत नदिया जिले के गोविंदपुर गाँव से हुई थी। 1860 के अंत तक बंगाल को नील की खेती पूरी तरह खत्म हो गयी। दीन बंधु मित्र के नाटक 'नील दर्पण' में नील कृषकों की समस्याओं को उभारा गया है।

2. **मुंडा विद्रोह (1899-1900)**–मुंडा जाति में सामूहिक खेती का प्रचलन था, लेकिन जागीरदारों, ठेकेदारों, बनियों और सूदखोरों ने सामूहिक खेती की परम्परा पर हमला बोल दिया, जिसे अंगेजी सरकार का संरक्षण प्राप्त था। इसके विरोध में आदिवासियों ने बिरसा मुंडा के नेतृत्व में 1899 में क्रिसमस की पूर्व संध्या पर विद्रोह का ऐलान किया।
3. **मोपला विद्रोह**–मोपला विद्रोह ग्रामीण आतंकवाद के एक विशिष्ट प्रकार थे, जो शायद उन मोपलों के हित में जेनामियों की बढ़ी हुई शक्ति को सीमित करने का सबसे प्रभावकारी साधन थे। 1836-1854 के बीच हुए 22 विद्रोहों ने जेनमियों की सम्पत्ति पर आक्रमण और उनके मन्दिरों को भ्रष्ट करने का स्वरूप धारण कर लिया। ये विद्रोही गरीब किसान अथवा भूमिहीन श्रमिक होते थे। 1921 ई० में अली मसलियार के नेतृत्व में पुनः मोपला विद्रोह की चिंगारी फूटी।
4. **पाबना विद्रोह**–बंगाल में हुआ पाबना विद्रोह भी 1873-76 के मध्य जमींदारों के उत्पीड़न के विरोध में किसानों का विद्रोह था, जिसमें किसानों को अपने उद्देश्य में लगभग सफलता मिली।
5. **खेड़ा आन्दोलन**–यह आन्दोलन मुख्यतः बम्बई सरकार के विरुद्ध था। 1918 में सूखे के कारण फसलें नष्ट हो गयी थीं, जिससे कृषक कर देने में असमर्थ थे। परन्तु सरकार बिना किसी छूट के भू-कर पूरा वसूलना चाहती थी। फलस्वरूप किसानों ने गांधी जी के नेतृत्व में सत्याग्रह किया, जो जून 1918 तक चलता रहा। अन्त में सरकार को माँगें माननी पड़ी।
6. **चंपारण सत्याग्रह (1917)**–बिहार के चंपारण जिले के किसानों से गोरे बगान मालिकों ने एक अनुबंध कराया, जिसके अनुसार किसानों को अपनी जमीन के 3/20वें हिस्से पर नील की खेती करना अनिवार्य था। इसे 'तिनकठिया' पद्धति कहते थे। 19वीं सदी के आखिर तक रसायनिक रंगों के आने से यूरोपीय नील की खेती बन्द करने के लिए मजबूर हुए। परन्तु किसानों को तिनकठिया से मुक्त करने के लिए उन्होंने अतिरिक्त कर लगाये। किसानों ने नील उत्पादन एवं कर देने से मना किया। राजकुमार शुक्ल के निमंत्रण पर गांधीजी 1917 में चंपारण पहुँचे। उनके सहयोगियों में राजेन्द्र प्रसाद, जे० बी० कृपलानी, महादेव देसाई, नरहरि पारेज आदि थे। गांधी ने समस्या का विश्लेषण किया। सरकार ने एक आयोग बनाया, जिसमें गांधीजी भी सदस्य थे। सरकार ने इस कमेटी की सिफारिशें स्वीकार कीं। बगान मालिकों ने अतिरिक्त वसूली का 25% वापस किया था।
7. **बारदोली सत्याग्रह (1928)**–1927 में भू-राजस्व में 22% की वृद्धि कर दी गयी, इस पर सरदार बल्लभभाई पटेल के नेतृत्व में लगान न देने का अभियान चलाया गया। इस अभियान को दबाने की व्यापक कोशिशें हुईं, पशुधन एवं भूमि के अधिग्रहण के प्रयास हुये। अंततः भू-राजस्व निर्धारण के संबंध में एक कमेटी बनी और उसकी संस्तुतियों के आधार पर भू-राजस्व कम किया गया।

भारतीय राष्ट्रीय कांग्रेस के पूर्व स्थापित विभिन्न संगठन तथा कांग्रेस की स्थापना

- लैंड हल्डर्स एसोसियेशन संभवतः आधुनिक भारत की प्रथम राजनीतिक संस्था थी।
- 'लैंड हल्डर्स एसोसियेशन' तथा 'बंगाल ब्रिटिश एसोसियेशन' का गठन 1852 ई० में किया गया। इस एसोसियेशन की नीतियाँ रूढ़िवादी तथा जमींदार परस्त थीं।
- भारत के प्रश्न पर विचार करने तथा भारत के हित के लिए दादाभाई नौरोजी ने लंदन में ईस्ट इंडिया एसेसियेशन की स्थापना की।
- 19वीं सदी के 8वें दशक में 'पूना सार्वजनिक सभा', 1885 में 'मद्रास महाजन सभा', 1885 में बंबई प्रेसिडेंसी एसोसियेशन की स्थापना की गई।
- सुरेन्द्रनाथ बनर्जी ने जुलाई 1876 में कलतत्ता में 'इण्डियन एसोसियेशन' की स्थापना की। इस संगठन के दो लक्ष्य थे–प्रथम राजनीतिक प्रश्नों पर देश में जनरल तैयार करना तथा द्वितीय, एक समान राजनीतिक कार्यक्रम के आधार पर जनता को एक सूत्रबद्ध करना।

- सुरेन्द्रनाथ बनर्जी के नेतृत्व में दिसम्बर,1888 में कलकत्ता में ''अखिल भारतीय नेशनल कांफ्रेंस'' का आयोजन किया गया।
- अवकाश प्राप्त ब्रिटिश अधिकारी ए॰ओ॰ह्यूम ने 1885 में भारतीय राष्ट्रीय कांग्रेस की स्थापना की।

आधुनिक भारतीय राष्ट्रीय आंदोलन को मोटे तौर पर तीन चरणों में विभाजित किया जा सकता है।

(1) 1885 से 1905 (उदारवादी काल)

(2) 1905-1919 (उग्र राष्ट्रवादी काल) और

(3) 1919-1947 (गांधी काल)

किसान आंदोलन

आंदोलन का नाम	पर्व	प्रभावित क्षेत्र	नेतृत्व	कारण	प्रगति, दिशा व परिणाम
रंगपुर विद्रोह	1783	दिनाजपुर	धीरज नारायण	ईष्ट इंडिया कंपनी ने जमीदारों पर कर बढ़ा दिया जिसका बोझ किसानों पर पड़ा।	किसानों ने कचहरियों, खाद्यान्न भंडारों और सरकारी पदाधिकारियों पर आक्रमण किया व अपनी सरकार बनायी
मोपला विद्रोह	1836-54	मालावार		अंग्रेजों द्वारा नयी राजस्व व्यवस्था लागू करना तथा 'जनागी' (साझेदारी पर आधारित भू-व्वस्था) के स्वरूप में परिवर्तन।	1836 से 1854 के बीच विद्रोह हुए, अंग्रेज अधिकारियों व इनके दलालों पर हमला किया गया। कई वर्षों तक अंग्रेज सेना इन्हें दबा न सकी।
नील विद्रोह	1859	बंगाल	दिगम्बर विश्वास विष्णु विश्वास	यूरोपीयन लोगों द्वारा किसानों से जबरन नील की खेती करवाना।	शुरु में अर्जियां दी गयी व शांतिपूर्ण प्रदर्शन हुए। बाद में लाठी का जवाब लाठी से दिया गया। लोगों ने लगान देना बंद कर दिया। 1860 में नील की खेती बंद हो गयी।
पावना विद्रोह	1873-76	बंगाल	ईशानचंद्र राय, शंभुपाल	अधिक लगान, 1850 के अधिनियम 10 के तहत मिली काश्तकारों की जमीन पर कब्जे के विरुद्ध षड्यंत्र और बेदखली।	यह लड़ाई मुख्यत: कानूनी मोर्चे पर ही सीमित थी। हिंसक घटनाएं नाममात्र की हुई। 1885 में काश्तकारी कानून बना कर राहत पहुँचाई गयी।
दक्कन उपद्रव	1875	महाराष्ट के पूना व अहमदनगर, शोलापुर व सतारा जिलों में		रैयतबारी क्षेत्र के किसान कर्ज अदायगी को ले कर महाजनों के शिकंजे में। अमरीकी गृहयुद्ध का अंत व अकाल के बावजूद लगान की दर में 50 प्रतिशत की वृद्धि।	महाजनों का सामाजिक बहिष्कार, भीगथरी में इकरारनामें जलाये गये। दक्कन-कृषक राहत अधिनियम 1879 से किसानों को महाजनों के विरूद्ध संरक्षण प्रदान की गयी।
पंजाब के कृषकों का आंदोलन	1890-1900	पंजाब		ग्रामीण ऋणग्रस्तता तथा कृषकों की भूमि का अकृषक वर्ग तथा महाजनों के पास हस्तांतरण	1900 में पंजाब भूमि अपवर्तन अधिनियम द्वारा इस तरह के हस्तांतरण पर रोक लगायी गयी। भूमि कर में राहत प्रदान की गयी।
बिजोलिया आन्दोलन	1905-1913	मेवाड़	सीताराम दास, भूपसिंह उर्फ पथिक, मणिकलाल वर्मा	किसानों पर 86 प्रकार के कर लगाये गये।	किसानों ने जागीरदारों की खेती करने से इंकार कर दिया। करों की अदायगी न करने का आंदोलन चलाया गया।
चम्पारण आन्दोलन	1917	चम्पारण, रामनगर मोतीहारी, बेतिया, मधुबनी	महात्मा गांधी	तिनकठिया प्रणाली, शरहबेशी (लगान वृद्धि), तावान (एकमुश्त मुआवजा) के विरोध में।	1908 में पहला विद्रोह हुआ। गांधीजी का आगमन हुआ तथा एक आयोग द्वारा बगानमालिक अवैध वसूली का 25 फीसदी वापस करने पर राजी हो गये।
खेड़ा आन्दोलन	1918	खेड़ा (गुजरात)	महात्मा गांधी	फसल बर्बाद होने के बावजूद सरकार मालगुजारी वसूल कर रही थी	गांधीजी ने कहा कि यदि सरकार गरीब किसानों के लगान माफ कर दे तो जो लगान दे सकते हैं वे पूरा लगान देंगे।
अवध	1919	प्रतापगढ़, रायबरेली, सुल्तानपुर, फैजाबाद	झींगुरी सिंह, बाबा रामचंद्र	अवैध लगान व बेदखली अधिनियम लागू। अवध मालगुजारी (संशोधन अधिनियम) लगान में बढ़ोत्तरी।	1919 में प्रतापगढ़ में 'नाई-धोबी बंद' तथा सामाजिक बहिष्कार। बाबा रामचंद्र के जेल भेजने पर प्रदर्शन। देशद्रोही बैठक द्वारा किसानों को थोड़ी राहत।

आंदोलन का नाम	पर्व	प्रभावित क्षेत्र	नेतृत्व	कारण	प्रगति, दिशा व परिणाम
एका	1920	बाराबंकी, हरदोई बहराइच, सीतापुर,	मदारी पासी	लगान में बढ़ोत्तरी	इस आंदोलन में छोटे जमींदार भी शामिल हुए। 22 मार्च को इसे कुचल दिया गया।
मोपला	1921	मालाबार	याकूब हसन यू॰ गोपाल मेनन, पी॰ मोइद्दीन कोया	अधिक लगान व बेदखली अंग्रेजों द्वारा अली मुसलियार को पकड़ने के लिए तिरूरांगडी के मस्जिद पर छापा।	पुलिस स्टेशन, सरकारी दफ्तर व जमींदारों के घरपर पर हमला। बाद में इसका चरित्र सांप्रदायिक हो गया। 1921 में विद्रोह को कुचल दिया गया।
बारदोली सत्याग्रह	1928	सूरत का बारदोली ताल्लुका	सरदार बल्लभाई पटेल	लगान में बढ़ोत्तरी, हाली पद्धति (बंधुवा मजदूरी)	शुरू से लगान में 30 प्रतिशत बढ़ोत्तरी किया गया। बल्लभभाई के नेतृत्व में सामाजिक बहिष्कार का अस्त्र इस्तेमाल किया गया। मैसवेल ब्यूमफील्ड समिति की अनुशंसा पर लगान की दर घटा कर 6.03 कर दी गयी।
आंध्र का आंदोलन	1923-38	तटीय आंध्र	एन.जी.रंगा, पी. सदरैया, बनली सत्यानारायण, दंडु सत्यनारायण राजू	राजस्व में पौने 19 प्रतिशत खेत जोतने व मछली मारने के अधिकारों को लेकर संघर्ष छेड़ा गया।	आंध्र प्रांतीय रैयत एसोसिएशन की स्थापना एन. जी. रंगा द्वारा 1923 में हुई। एन.जी.रंगा द्वारा गुंटूर जिला के निडोबेलू गांव में 1933 'भारतीय किसान परिषद' का गठन। ऋण में राहत प्रदान की गई।
मालाबार के कृषक आन्दोलन	1934	केरल का मालाबार क्षेत्र	आर. रामचंद्र वेदुमगड़ी वी. कृष्ण पिल्लै टी. प्रकाशन	सामंती वसूलियां, नवीनीकरण शुल्क लगान की अग्रिम अदायगी	कृषक संगठनों ने 1929 में मालाबार काश्तकारी अधिनियम में सुधार के लिए आंदोलन छेड़ा। कांग्रेस सरकार इस्तीफा देने से पहले ऋणों में राहत देने के लिए एक कानून पास कर चुकी थी। कृषक संघो ने स्वागत किया।
बिहार में किसान आन्दोलन	1929-39	बिहार	स्वामी सहजानंद	जमींदारी उन्मूलन, गैरकानूनी वसूली, काश्तकारों की बेदखली बकाश्त जमीन की वापसी	1929 में स्वामी सहजानंद द्वारा बिहार प्रादेशिक किसान सभा का गठन कर्यानन्द शर्मा ने मुंगेर के बड़हियाताल में बकाश्त भूमि की वापसी के लिए आंदोलन चलाया। गया में यदुनंदन शर्मा ने आंदोलन चलाया। जमुना कार्यी ने सारन तथा राहुल सांस्कृत्यायन ने अन्नवारी में आंदोलन किया। 1938-39 तक सरकार द्वारा सुधारों की और कार्यकर्ताओं की गिरफ्तारी से आंदोलन थम सा गया।
पंजाब	1930-40	जालंधर, अमृतसर होशियारपुर लावलपुर, शेखपुरा (पंजाब)	सोहन सिंह भाकना, बी.पी.एल., बेदी ज्वाला सिंह, तेज सिंह स्वतंत्र मास्टर हरि सिंह बाबा रूर सिंह	भू-राजस्व में कटौती, ऋणों के भुगतान में स्थगन तत्कालीन कारण अमृतसर व लाहौर में भू-राजस्व का पुनर्निर्धारण, नहर कर राजस्व का पुनर्निर्धारण, नहर कर में वृद्धि	नौजवान भारत सभा, कीर्ति किसान कांग्रेस व अकाली दल के प्रयत्नों से 1937 में पंजाब किसान समिति का गठन हुआ। पटियाला में भगवान सिंह लोगोंवाल व जांगीर सिंह जोगा एवं तेज सिंह स्वतंत्र ने आंदोलन चलाया। 1943 में कानून के काश्तकारों को उनकी जमीन वापस मिली।
वर्ली	1945	बम्बई के निकट-वर्ती क्षेत्र	गोदावरी पुरूलेकर	जंगलों के ठेकेदारों, भूमिपतियों धनी कृषकों, बेथ-बेगार के विरूद्ध	ये साम्यवादियों के प्रभाव में आ गये।
तेभागा आंदोलन	1946	दिनाजपुर, रंगपुर, जलपाईगुड़ी, मैमन सिंह, मिदनापुर, 24 परगना, खुलना	कृष्ण विनोद राय, अवनि लाहिरी, सुनील सेन, भवानी सेन, मोनी सिंह	बटाईदारों ने फैसला किया कि आधा की जगह वे जोतदारों को एक-तिहारी उपज देंगे। सरकार ने वर्गादार विधेयक पारित कर किसानों की मांगों की पूर्ति की।	फ्लाऊड आयोग ने ऐसी ही सिफारिश की। सुहारवर्दी मंत्रिमंडल ने बंगाल बर्गादार अस्थायी नियमन विधेयक प्रकाशित कर आंदोलन को कानूनी वैधता प्रदान की।
पुन्नप्रा-वायलार	1946	त्रावणकोर	पनम धातु पिल्लई, कम्युनिष्ट	अन्न की कमी, दीवान सी.पी. रामास्वामी अय्यर का अमरीका नमूना तक, ताकि अंग्रेजो के जाने के बाद एक स्वतंत्र त्रवणकोर उसके नियंत्रण में रहे।	800 लोग इस खूनी विद्रोह में मारे गये। दबाव की नीति द्वारा रामास्वामी अय्यर को अमरीकी नमूना त्यागने पर मजबूर किया गया।
तेलंगाना	1946-1951	तेलंगाना	संदरैया	निजाम, जमींदारों, साहूकारों तथा व्यापारियों के विरूद्ध संघर्ष। बेगार (वेट्टी), जमीन हथियाना।	यह सबसे बड़ा कृषक छापामार युद्ध रहा। 1946 में कांग्रेस ने जांगीरदारी प्रथा समाप्त कर दी।

1. उदारवादी या प्रारंभिक राष्ट्रवादी आंदोलन

- सर्वप्रथम कांग्रेस ने ब्रिटिश सरकार की कुछ नीतियों तथा अधिनियमों की आलोचना की तथा प्रशासन में सुधार की माँग रखी।
- 1887 ई॰ में डफरिन ने राष्ट्रीय कांग्रेस को जनता के अत्यंत अल्प मत का प्रतिनिधि करार दिया। लार्ड कर्जन ने भी भारत मंत्री को लिखा कि *''कांग्रेस धराशायी होने के लिए लड़खड़ा रही है, भारत में ज़ब कि मैं हूँ तब तक मेरी एक बड़ी महत्वाकांक्षा यह है कि मैं उसके शांतिपूर्ण विघटन में सहायता करूँ।*
- उपरोक्त परिवर्तनों ने भारतीय राष्ट्रीय कांग्रेस की गतिविधियों में परिवर्तन किया।
- अब उदारवादी नेता आस्ट्रेलिया, न्यूजीलैंड तथा कनाडा की तरह औपनिवेशिक स्वराज्य की माँग करने लगे।
- औपनिवेशिक ढंग के स्वराज्य की माँग कांग्रेस के मंच से 1905 में गोपालकृष्ण गोखले ने रखा तथा 1906 में दादाभाई नौरोजी ने।
- कुछ महत्वपूर्ण उदारवादी नेता–दादाभाई नौरोजी, एम॰जी॰ राणाडे, सुरेन्द्रनाथ बनर्जी, फिरोजशाह मेहता बदरुद्दीन तैयबजी, गोपालकृष्ण गोखले, दिनशा वाचा, आनंद मोहन बोस, रासबिहारी घोष इत्यादि।

उदारवादियों की मुख्य माँगें

- विधान परिषद के विस्तार, सुधार तथा प्रशासन पर लोकप्रिय नेताओं का नियंत्रण।
- सिविल सेवा में भारतीयों को अधिक अवसर तथा भारत और इंग्लैंड में एक साथ प्रतियोगितात्मक परीक्षा का आयोजन।
- सूती वस्त्र पर आयात शुल्क का पुन: आरोपण।
- सैनिक व्यय में कमी।
- तकनीकी तथा सामान्य शिक्षा का प्रसार।
- न्यायिक तथा कार्यकारी प्रशासन का पृथकीकरण।
- औपनिवेशिक स्वराज्य की स्थापना।
- उदारवादियों की कार्य-प्रणाली को संवैधानिक आंदोलन कहा जा सकता है।
- वार्षिक सम्मेलन का आयोजन, भाषण, प्रस्ताव तथा प्रतिवेदन।
- कुछ अवसरों पर उन्होंने विदेशी वस्तुओं के बहिष्कार तथा स्वदेशी वस्तुओं के इस्तेमाल की वकालत की।
- वे शांतिपूर्ण तथा अहिंसक आंदोलन में विश्वास रखते थे।
- उनकी गतिविधियाँ शिक्षित मध्यवर्ग तक सीमित थीं। उन लोगों ने आम जनता को राष्ट्रीय आंदोलन की मुख्य धारा में शामिल करने का कभी सक्रिय प्रयास नहीं किया।

उदारवादियों की उपलब्धियाँ

- जनता में राष्ट्रीय प्रसार तथा उनको राजनीतिक शिक्षा प्रदान करने में महत्वपूर्ण भूमिका अदा की।
- उन्होंने ब्रिटिश सरकार की शोषणपूर्ण आर्थिक नीतियों का पर्दाफाश किया।
- उदारवाद ने जातीयता, क्षेत्रीयता तथा संकीण धार्मिक मतवाद से ऊपर उठकर एक सामान्य राजनीतिक मंच का निर्माण किया।
- स्वतंत्रता आंदोलन की मजबूत नींव डाली।
- 1892 का भारतीय परिषद अधिनियम उदारवादियों के प्रयासों का परिणाम था।

2. उग्र राष्ट्रीयतावाद का काल (1906-1916)

- ब्रिटिश शासन की शोषक प्रकृति की वास्तविक पहचान।
- बढ़ते हुए पश्चिमीकरण के कारण गहरा असंतोष था।
- उदारवादियों की असफलता।
- भारत की बिगड़ती हुई आर्थिक स्थिति।
- 1896-97 तथा 1899-1900 के भीषण अकाल और महाराष्ट्र में प्लेग से लाखों लोगों का मरना।
- ईरान, मिस्र, तुर्की और रूस में राष्ट्रवादी आंदोलन का प्रभाव।
- कर्जन की प्रतिक्रियावादी नीतियाँ।
- बंगाल विभाजन तथा विभाजन विरोधी आंदोलन का कठोर दमन।

उग्र राष्ट्रवादियों के उद्देश्य तथा कार्य-पद्धति

- उद्देश्य को प्राप्त करने के लिए व्यग्र तथा चरणबद्ध स्वशासन की धारणा को मान्यता नहीं देते थे।
- निष्क्रिय प्रतिरोध उनका मुख्य हथियार था।
- सरकार के साथ असहयोग।
- स्वदेशी का प्रचार तथा विदेशी वस्तुओं का बहिष्कार।
- राष्ट्रीय शिक्षा के माध्यम से नए राष्ट्र का निर्माण।
- लार्ड कर्जन द्वारा 20 जुलाई, 1905 को बंगाल विभाजन की घोषणा।
- बंगाल को बाँटकर दो भागों में बाँटा गया। एक हिस्से में पूर्वी बंगाल और असम को रखा गया। शेष बंगाल में (पश्चिम बंगाल, बिहार, झारखंड, उड़ीसा) था।
- बंगाल विभाजन का लक्ष्य था–हिन्दू मुस्लिम एकता को भंग करना।

- 1906 में ढाका में मुस्लिम लीग की स्थापना आगा खाँ ने की।
- उग्र राष्ट्रवादियों ने सर्वप्रथम स्वराज्य की माँग प्रत्येक भारतीयों के जन्मसिद्ध अधिकार के रूप प्रस्तुत की।
- आंदोलन में आम जनता को शामिल किया गया।
- बहिष्कार, असहयोग तथा स्वदेशी जैसे राजनीतिक पद्धति की शुरुआत हुई।
- बंग-भंग विरोधी आदोलन को उन्होंने ही अखिल भारतीय स्वरूप प्रदान किया।
- इस आंदोलन में ब्रिटिश सरकार के साथ असहयोग सरकारी सेवा, शिक्षा, न्यायालय का बहिष्कार तथा स्वदेशी वस्तुओं व राष्ट्रीय शिक्षा को प्रोत्साहन जैसे राजनीतिक और अपेक्षत: नवीन तकनीक का प्रयोग किया गया।
- उग्र राष्ट्रवादी क्रांतिकारी होते हुए भी व्यवहार में संविधानवादी बने रहे।
- बाल गंगाधर तिलक ने सर्वप्रथम अप्रैल 1916 में होमरूल लीग की तथा सितंबर 1916 में श्रीमती बेसेंट ने एक पृथक् होमरूल लीग की स्थापना की।
- भारत का होमरूल आंदोलन आयरलैंड के होम रूल आंदोलन से प्रभावित था।
- इस आंदोलन का मुख्य उद्देश्य भारत में स्व-शासन की स्थापना करना था।
- इस आंदोलन ने राजनीतिक प्रश्नों पर वाद-विवाद के सामान्य मंच का कार्य किया। तिलक तथा बेसेंट ने व्यापक तालमेल का परिचय दिया।
- तिलक द्वारा संगठित आंदोलन महाराष्ट्र और मध्य प्रांत तक रहा जबकि बेसेंट का प्रभाव संपूर्ण भारत पर पड़ा।
- तिलक ने गणपति महोत्सव (1898) तथा शिवाजी महोत्सव के आयोजन द्वारा आम जनता से संपर्क स्थापित करने का प्रयास किया।
- अपने द्वारा प्रकाशित पत्रिका 'मरहट्टा' (अंग्रेजी) तथा 'केसरी' (मराठी) भाषा में प्रकाशित, में राष्ट्रीयता तथा देश-भक्ति भावना को जगाया।
- स्वराज्य को भारतीयों का जन्मसिद्ध अधिकार कहा।
- ''द आर्कटिक होम ऑफ वेदाज'' तथा ''गीता रहस्य'' नामक ग्रंथ उनका महत्वपूर्ण कृति स्तंभ है।
- लाला लाजपत राय ने 1914 में होमरूल लीग की स्थापना की।
- 'पंजाबी' तथा 'अनहैपी इंडिया' नामक पुस्तक की रचना की।
- साइमन आंदोलन का विरोध किया तथा आंदोलन का नेतृत्व करते हुए लाहौर में गंभीर रूप से घायल तथा मृत्यु हो गयी।
- अरविंद घोष बंग-भंग विरोधी आंदोलन के अग्रणी नेता थे।
- अरविन्द घोष ''वन्दे मातरम'' पत्रिका के संपादक रहे थे तथा 'सावित्री' तथा ''द लाइफ डिवाइन'' की रचना की।

स्वदेशी और बहिष्कार आंदोलन

- बंगाल विभाजन को समाप्त करने के लिए जिस स्वदेशी और बहिष्कार के आंदोलन की शुरुआत हुई, वह जल्दी ही आजादी की लड़ाई का प्रमुख हथियार बन गया।
- स्वदेशी वस्तुओं को बढ़ावा देने के साथ-साथ विदेशी वस्तुओं का बहिष्कार करने का भी नारा दिया गया।
- इस बात पर जोर दिया गया कि विदेशी वस्तुओं का बहिष्कार करने से अधिकांश विदेशी वस्तुएँ इंग्लैण्ड से आती थीं–इंग्लैण्ड के आर्थिक हितों को क्षति पहुँचेगीं और तब ब्रिटिश सरकार को भारतीय माँगें स्वीकार करने के लिए मजबूर किया जा सकेगा।
- ब्रिटिश कपड़ों, चीनी तथा अन्य वस्तुओं का बहिष्कार किया गया।
- स्वदेशी और बहिष्कार के आंदोलन केवल सामान तक सीमित नहीं रह गए। स्वदेशी का अर्थ हो गया वह सब जो भारतीय हैं। इसी प्रकार बहिष्कार का अर्थ हो गया वह सब जिसका संबंध ब्रिटिश शासन से है।
- एक प्रस्ताव के जरिए कांग्रेस ने स्वदेशी और बहिष्कार को अपना समर्थन प्रदान किया। कलकत्ता अधिवेशन से स्वराज प्राप्ति को कांग्रेस का लक्ष्य घोषित किया गया।
- लाला लाजपत राय को गिरफ्तार करके 1907 ई॰ के शुरू में बर्मा में निर्वासित कर दिया गया।
- विपिन चंद्र पाल को 6 महीने के लिए जेल में बद कर दिया गया।
- 1908 ई॰ में तिलक को गिरफ्तार करके बर्मा में निर्वासित कर दिया गया।
- कई अखबारों पर प्रतिबंध लगा दिए गए और उनके संपादकों को जेल में डाल दिया गया।
- सन् 1911 ई॰ में दिल्ली में दरबार लगा। उसमें ब्रिटेन का राजा जॉर्ज पंचम और उसकी रानी ने भाग लिया और 1905 ई॰ का बंगाल विभाजन रद्द हुआ तथा राजधानी कलकत्ता से दिल्ली स्थानांतरित कर दी गई।

मुस्लिम लीग की स्थापना

- 1906 ई॰ में मुस्लिम लीग की स्थापना हुई।
- इसकी स्थापना में प्रमुख भूमिका मुसलमानों के एक संप्रदाय के प्रमुख आगा खान और ढाका के नवाब सलीममुल्ला ने अदा की।
- मुस्लिम लीग ने घोषणा की कि उसका लक्ष्य सरकार के प्रति वफादारी कायम रखना, मुसलमानों के हितों की रक्षा तथा वृद्धि करना और भारत के अन्य समुदायों के प्रति मुसलमानों में शत्रुता की भावना नहीं पनपने देना है।
- ब्रिटिश सरकार के प्रयासों के बावजूद आम मुसलमान राष्ट्रीय आंदोलन में शामिल हुए।

लखनऊ समझौता (1916)

- 1916 ई॰ तक मुस्लिम लीग का नेतृत्व राष्ट्रवादी वर्ग के हाथ में आ जाने से लीग कांग्रेस के समीप आ गई।
- 1916 ई॰ में कांग्रेस और मुस्लिम लीग ने लखनऊ में एक समझौते पर हस्ताक्षर किए और अपना उद्देश्य स्वराज प्राप्त करना रखा।
- इस समझौते में कांग्रेस ने विधान परिषदों में मुसलमानों के पृथक् प्रतिनिधित्व को स्वीकार कर लिया।
- डोमिनियन स्टेटस के लिए कांग्रेस और मुस्लिम लीग दोनों ने मिलकर एक संविधान तैयार किया।
- मुस्लिम सदस्यों की संख्या प्रांतीय आधार पर अलग-अलग तथा केंद्रीय विधान सभा में 1/3 होना था।

गदर आंदोलन

- मई 1913 में काशीराम के घर में हिन्दी एसोसिएशन की पहली बैठक में भाई परमानंद, सोहन सिंह भाकना, लाला हरदयाल व हरनाम सिंह तुंडिलाट ने मिलकर एक साप्ताहिक अखबार-गदर-निकालने का निर्णय लिया।
- 1 नवम्बर 1913 ई॰ में गदर नामक उर्दू साप्ताहिक (बाद में मासिक) पत्र का प्रकाशन प्रारंभ तथा बाद में हिन्दी, गुरुमुखी, उर्दू एवं गुजराती भाषा में निकलने लगा।
- गुरुदीप सिंह द्वारा 376 यात्रियों को जल मार्ग द्वारा बैंकवूर ले जाने पर कामागाटामारू घटना घटित हुई।
- जहाज के वापस कलकत्ता आने पर गठित हुई शोर समिति के सदस्य हुसैन रहीम, सोहन लाल पाठक तथा बलवंत सिंह थे।
- इसने राष्ट्रवादी भावनाओं को भारतीय आप्रवासियों के बीच फैलाया।

होमरूल आंदोलन

- सर्वप्रथम आयरलैंड में आयरिश नेता रेडमाण्ड के नेतृत्व में 'होमरूल लीग' की स्थापना हुई।
- भारत में इसके संस्थापक तिलक और ऐनी बेसेंट थे।
- ऐनी बेसेंट ने अपने पत्र 'न्यू इंडिया' तथा साप्ताहिक पत्र 'कॉमन व्हील' द्वारा होमरूल आंदोलन का प्रचार किया।
- तिलक अपने पत्र 'केसरी' और 'मराठा' के माध्यम से इस दिशा में कार्य करते रहे।

रोलट एक्ट (1919)

- युद्ध की समाप्ति के बाद लोगों ने जो स्वराज की उम्मीद की थी, वह मृग मरीचिका साबित हुई। परिणामस्वरूप सारे देश में असंतोष की लहर फैल गई।
- 1919 के इस अधिनियम द्वारा जिसमें प्रशासन को किसी भी भारतीय को गिरफ्तार करने तथा बिना मुकद्दमा चलाए उसे बंदीगृह में रखने का आदेश दे दिया गया।
- भारतीयों ने इस कानून का तीव्र विरोध किया। परिषद के कई सदस्यों ने इसके विरोध में इस्तीफे दे दिए।
- सारे देश में 6 अप्रैल, 1919 का दिन 'राष्ट्रीय अपमान दिवस' के रूप में मनाया गया। देशभर में प्रदर्शन और हड़तालें हुईं।
- 7 अप्रैल को बम्बई जा रहे गांधी जी को गिरफ्तार कर लिया गया।
- दिल्ली, अहमदाबाद आदि स्थानों पर भीषण उपद्रव हुए।
- बर्बरतापूर्वक दमन शुरू हुआ, कई जगहों पर लाठी-गोली का सहारा लिया गया। इस कानून ने भारतीयों में राष्ट्रीय भावना के विकास एवं जन-साधारण के लिए पृष्ठभूमि तैयार की।

जलियाँवाला बाग हत्याकांड

- दमन के इसी दौर में अमृतसर में सामूहिक हत्या की नृशंस घटना हुई। 10 अप्रैल, 1919 को दो राष्ट्रवादी नेता सत्यपाल और डा॰ सैफुद्दीन किचलू गिरफ्तार हुए। शासन की इस कारवाई से शहर में उत्तेजना फैल गई।
- 13 अप्रैल, 1919 को बैसाखी के दिन सायंकाल जलियाँवाला बाग में नेताओं की गिरफ्तारी के विरोध में शांतिपूर्ण सभा पर जनरल डायर ने बिना कोई चेतावनी दिए सिपाहियों को भीड़ पर गोली चलाने के आदेश दिए।
- 10 मिनट की गोलीबारी में निहत्थे लोगों में करीब एक हजार लोग मारे गए और करीब 200 जख्मी हुए।
- यह हत्याकांड जानबूझकर किया गया था।
- 13 मार्च, 1940 को क्रांतिकारी ऊधम सिंह ने गोली

मारकर डायर की हत्या कर दी। उस समय डायर पंजाब का लेफ्टिनेंट गर्वनर था।

- जलियाँवाला कांड के विरोध में रवीन्द्रनाथ टैगौर ने अपनी 'सर' की पदवी अंग्रेजों को लौटा दी।

खिलाफत आंदोलन

- प्रथम महायुद्ध में तुर्की ने ब्रिटेन के विरुद्ध लड़ाई लड़ी थी। युद्ध के बाद पराजित तुर्की को ब्रिटेन के अत्याचारों का शिकार होना पड़ा। इन अन्यायों के विरुद्ध 1919 ई० में मुहम्मद अली तथा शौकत अली, अबुल कलाम आजाद, हसरत मोहानी व अन्य नेताओं के नेतृत्व में आंदोलन चलाया गया।
- दरअसल, तुर्की के सुलतान को खलीफा (मुसलमानों का धार्मिक नेता) भी माना जाता था। इसलिए तुर्की के प्रति हो रहे अन्याय के खिलाफ जो आंदोलन चलाया गया, उसे 'खिलाफत आंदोलन' का नाम दिया गया।
- हिन्दू-मुस्लिम एकता स्थापित करने का उत्कृष्ट समय समझकर गांधीजी भी खिलाफत कमेटी में शामिल हो गए।
- कांग्रेस ने भी इसका समर्थन किया।
- खिलाफत का यह आंदोलन जल्दी ही पंजाब में दमन के विरोध में और स्वराज के लिए चल रहे आंदोलन में मिल गया।

अन्य आंदोलन

- स्वामी दर्शानंद ने रानी गंज में तथा स्वामी विश्वानंद ने झरिया के खान मजदूरों के आंदोलन का नेतृत्व किया।
- फरवरी 1920 में एस० एन० हलधर तथा व्यंकेश चक्रवर्ती द्वारा जमशेदपुर लेबर एसोसिएशन की स्थापना की गई।
- अक्टूबर 1920 में बंबई में ऑल इंडिया ट्रेड यूनियन कांग्रेस की स्थापना की गयी।
- लाला लाजपत राय इसके प्रथम अध्यक्ष, बापतिस्ता उपाध्यक्ष, दीवान चमन लाल महामंत्री थे।
- गांधी जी ने अहमदाबाद मजदूर महासंघ की स्थापना की।
- 1920 में विजय सिंह पथिक द्वारा मेवाड़ में बिजौलिया किसान आंदोलन चलाया गया।

असहयोग आंदोलन

- रॉलेट एक्ट का पारित होना, जलियाँवाला बाग हत्याकांड तथा अंग्रेजों द्वारा इस हत्याकांड से संबंधित सरकारी अधिकारियों की मुक्ति।
- खिलाफत के प्रश्न से मुसलमान क्षुब्ध।
- राष्ट्रवादियों के स्वराज की माँग को पूरा करने के लिए एक संगठित आंदोलन प्रारंभ करने की इच्छा।

आंदोलन का प्रारंभ

- जून 1920 ई० को इलाहाबाद के सर्वदलीय सम्मेलन में स्कूलों, कॉलेजों, न्यायालयों आदि के बहिष्कार का निर्णय।
- कलकत्ता में कांग्रेस का विशेष अधिवेशन बुलाकर असहयोग आंदोलन प्रारंभ करने से संबंधित प्रस्ताव रखा गया।
- सितंबर 1920 ई० में गांधी जी ने एक वर्ष में स्वराज प्राप्ति का आश्वासन दिया।
- इस प्रस्ताव को दिसंबर 1920 ई. में नागपुर में आयोजित कांग्रेस के वार्षिक अधिवेशन में हस्तांतरित।
- बहुमत से पारित कांग्रेस के लिए चार आना सदस्यता शुल्क रखा गया, भाषाई आधार पर प्रांतीय कांग्रेस समितियों की स्थापना।
- 15 सदस्यीय कांग्रेस कार्यकारिणी समिति गठित।
- मोती लाल नेहरू तथा चितरंजन दास ने प्रारंभ में असहयोग आंदोलन का विरोध किया।

सकारात्मक कार्यक्रमों में

(क) पूरे देश में राष्ट्रीय स्कूल, कॉलेजों की स्थापना।

(ख) राष्ट्रीय पंचायत के द्वारा आपसी विवादों का निपटारा।

(ग) खादी तथा अन्य हस्तशिल्पों के माध्यम से स्वदेशी का लोकप्रिय बनना।

(घ) हिन्दुओं और मुस्लिमों में एकता की भावना का संचार करना।

(ङ) अस्पृश्यता को समाप्त करना व हरिजन व दलित वर्गों के उत्थान के लिए प्रयास करना।

(च) महिलाओं के कल्याण के लिए प्रोत्साहन देना।

नकारात्मक कार्यक्रमों में

- 17 नवंबर, 1921 ई० के प्रिंस ऑफ वेल्स के भारत आगमन पर देशव्यापी हड़ताल।
- बारदोली में कर न अदा करने का आंदोलन चौरी-चौरा कांड (5 फरवरी, 1922) के कारण रोका गया।
- असहयोग आंदोलन भी स्थगित करने की गांधी द्वारा घोषणा।

आंदोलन का महत्व

- पहली बार आम जनता की व्यापक भागीदारी।
- किसान, मजदूर तथा महिलाओं की व्यापक भागीदारी।

- हिन्दू और मुसलमानों में व्यापक एकता का संचार परिलक्षित हुआ।
- इसने भारत की जनता में व्याप्त ब्रिटिश सरकार के भय को समाप्त कर दिया।
- जामिया मिलिया इस्लामिया (अलीगढ़) विश्वविद्यालय काशी विद्यापीठ, गुजरात विद्यापीठ की स्थापना की गई।

चौरी-चौरा काण्ड

- 5 फरवरी, 1922 को उत्तर प्रदेश के गोरखपुर जिले में चौरी-चौरा नामक स्थान पर पुलिस ने एक शांतिपूर्ण जुलूस पर गोली चलाई।
- क्रुद्ध भीड़ ने पुलिस थाने को घेर लिया और उसमें आग लगा दी। इस घटना में 21 सिपाही जलकर मर गए।
- गांधी जी की यह शर्त थी कि आंदोलन पूर्णत: शांतिपूर्ण होना चाहिए। चौरी-चौरा की घटना का समाचार मिलने पर गांधी जी ने अत्यंत दु:खी होकर असहयोग आंदोलन वापस लेने की घोषणा की।
- 10 मार्च, 1922 ई॰ को गांधीजी को गिरफ्तार किया गया और छह साल की कैद की सजा सुनाई गई।
- 1922 ई॰ में ही खिलाफत आंदोलन भी स्वत: समाप्त हो गया क्योंकि मुस्तफा कमाल के नेतृत्व में तुर्की में खलीफा की सत्ता समाप्त कर दी गई।
- 1923 ई॰ में स्थापित स्वराज पार्टी ने और कांग्रेस के रचनात्मक कार्यक्रम ने आजादी के आंदोलन की भावना को जीवित रखा और इसके संदेश को सारे देश में फैलाया।

स्वराज पार्टी और रचनात्मक कार्यक्रम

- असहयोग आंदोलन को वापस लेने के बाद कांग्रेस दो दलों में बँट गई।
- जब असहयोग आंदोलन शुरू हुआ था, तब विधान परिषद का बहिष्कार करने का निर्णय लिया गया था।
- एक दल, जिसका नेतृत्व चितरंजन दास, मोतीलाल नेहरू और विट्ठलभाई पटेल कर रहे थे, चाहता था कि कांग्रेस को चुनावों में भाग लेना चाहिए और परिषदों को उनके भीतर पहुँचकर तोड़ना चाहिए।
- दूसरा दल, जिसका नेतृत्व बल्लभाई पटेल, चक्रवर्ती राजगोपालाचारी और राजेन्द्र प्रसाद कर रहे थे, इस प्रस्ताव का विरोधी था। वे चाहते थे कि कांग्रेस रचनात्मक कार्य में लगी रहे।
- सन् 1922 ई॰ में कांग्रेस का अधिवेशन गया में हुआ इसके अध्यक्ष चितरंजन दास थे।
- इस अधिवेशन ने परिषदों में जाने के प्रस्ताव को अस्वीकार कर दिया।
- इस प्रस्ताव के समर्थकों ने 1923 ई. में 'कांग्रेस खिलाफत स्वराज पार्टी' की स्थापना की। यह 'स्वराज पार्टी' के नाम से प्रसिद्ध हुई।
- अबुल कलाम आजाद की अध्यक्षता में दिल्ली में आयोजित विशेष अधिवेशन में कांग्रेस ने स्वराजियों को चुनाव लड़ने की अनुमति दे दी।
- स्वराजियों ने केंद्रीय और प्रांतीय परिषदों में काफी संख्या में सीटें प्राप्त कीं।
- ब्रिटिश विरोधी भावनाओं को जीवित रखने की स्वराजियों ने महत्वपूर्ण भूमिका अदा की।
- उन्होंने ब्रिटिश शासकों द्वारा प्रस्तुत उनकी नीतियों तथा प्रस्तावों के लिए परिषदों की सम्मति प्राप्त करना लगभग असंभव बना दिया।
- सरकार 1928 ई॰ में विधान परिषद में एक ऐसा बिल पेश किया जिसके तहत वह भारत के आजादी के संघर्ष को समर्थन देने वाले किसी भी गैर-भारतीय को देश से निकाल सकती थी। वह बिल पास नहीं हुआ।
- सरकार ने पुन: उस बिल को पेश करने की कोशिश की तो परिषद ने अध्यक्ष विट्ठलभाई पटेल को उसे पेश करने की अनुमति नहीं दी।
- फरवरी 1924 ई॰ में गांधी जी जेल से छूटे और रचनात्मक कार्यक्रम, जिसे कांग्रेस के दोनों गुटों ने स्वीकार किया था, कांग्रेस की प्रमुख गतिविधि बन गई।
- रचनात्मक कार्यों में प्रमुख घटक थे–खादी का प्रचार, हिंदू-मुस्लिम एकता को मजबूत बनाना और अस्पृश्यता को दूर करना।
- किसी भी कांग्रेस कमेटी के सदस्य के लिए यह अनिवार्य हो गया कि वह हाथों से काते तथा बुने गए खद्दर का ही इस्तेमाल करे और प्रति माह 2000 गज सूत काते।
- अखिल भारतीय खादी संगठन की स्थापना हुई। देश-भर में खादी भंडार खोले गए।
- गांधी जी खादी को गरीबों को दरिद्रता से मुक्ति देने वाला देश के आर्थिक उत्थान का साधन मानते थे।

अकाली आंदोलन (1920-25 ई॰)

- इस आंदोलन का नेतृत्व करतार सिंह बब्बर, मास्टर तारासिंह, बाबा खड़ग सिंह द्वारा किया गया।
- अगस्त 1922 ई॰ को (गोकेवाला में) गरू का बाग नामक सत्याग्रह।
- नारायण दास ननकाना साहिब का महंत था।

मंदिर प्रवेश आंदोलन

- श्री नारायण गुरू (एझावा), नानू आसन तथा टी॰ के माधवन द्वारा नेतृत्व।
- 1923 में कांग्रेस के काकीनाडा अधिवेशन में मंदिर में प्रवेश संबंधी प्रस्ताव पारित।
- 1924 ई॰ में के॰ पी॰ केशव मेनन के नेतृत्व में त्रावणकोर में वायकोम सत्याग्रह।
- 1931 में के॰ कलप्पन के नेतृत्व में गरूवायूर सत्याग्रह।

क्रांतिकारी आतंकवाद का दूसरा चरण

- असहयोग आंदोलन को अचानक स्थगित किए जाने से फैली निराशा।
- युवाओं द्वारा राष्ट्रीय नेतृत्व की रणनीति एंव अंहिसात्मक तरीकों पर आशंका प्रकट करना।
- विश्व युद्ध के बाद कामगार ट्रेड यूनियनवाद का उदय।
- साम्यवादियों का प्रभाव।

आतंकवादी गतिविधियाँ

- सचीन्द्र नाथ सान्याल ने बंदी जीवन लिखा।
- शरत चंद्र चटर्जी ने पाथेरवावी लिखा जिस पर सरकार को प्रतिबंध लगाना पड़ा।
- द *फिलास्फी ऑफ बम* को भगवती चरण बोहरा ने तैयार किया था।
- 1924 में गोपीनाथ साहा ने कलकत्ता के बदनाम पुलिस कमिश्नर टेगार्ड की हत्या कर दी।
- सचीन्द्रनाथ सान्याल तथा योगेश चंद्र चटर्जी ने हिन्दुस्तान रिपब्लिकन एसोसिएशन की स्थापना 1925 में की।
- 8 डाउन ट्रेन को काकोरी में रोका गया।
- अशफाकुल्ला खाँ, राम प्रसाद बिस्मिल, रोशन सिंह तथा राजेन्द्र लाहिड़ी को काकोरी षड़यंत्र केस में फाँसी की सजा दी गई।
- चंद्रशेखर आजाद बचे रहे।
- 1926 ई॰ में भगत सिंह ने पंजाब में नौजवान भारत सभा तथा लाहौर स्टूडेंट्स यूनियन की स्थापना की।
- 1928 में भगत सिंह, भगवती चरण बोहरा, विजय सिन्हा, यशपाल, राजगुरु तथा सुखदेव द्वारा फिरोज शाह कोटला दिल्ली में हिन्दुस्तान सोशलिस्ट रिपब्लिकन एसोसिएशन की स्थापना की गई।
- 1928 में भगतसिंह, राजगुरु तथा सुखदेव द्वारा सांडर्स की हत्या।
- 1929 में केंद्रीय विधानमंडल पर भगतसिंह तथा बटुकेश्वर दत्त ने बम फेंका।
- जतिन दास की जेल में लंबे समय तक अनशन के कारण मृत्यु।
- 1929 में मधुआ बाजार बम केस।
- 1931 में शांति घोष तथा सुनीता चौधरी ने तिपेरा के कलक्टर स्टीवेंस की गोली मारकर हत्या कर दी।
- बीनादास ने बंगाल के गवर्नर पर नजदीक से गोली चलाई।
- भगतसिंह ने लिखा था–*मैं नास्तिक क्यों हूँ?*
- 23 मार्च, 1931 को बटुकेश्वर दत्त, भगत सिंह एवं राजगुरु को फाँसी पर लटका दिया गया।
- बंगाल के क्रांतिकारी सूर्यसेन को, जिसने अप्रैल 1930 को चटगाँव शस्त्रागार पर आक्रमण किया था। 12 जनवरी 1933 को फांसी दे दी गई।

साइमन कमीशन

- 8 नवंबर, 1927 को ब्रिटिश सरकार द्वारा भारतीय संवैधानिक आयोग की नियुक्ति।
- कोई भी भारतीय इस आयोग का सदस्य नहीं।
- 3 फरवरी, 1928 को आयोग मुंबई पहुँचा।
- दिसंबर 1928 में लाहौर में लाला लाजपत राय लाठी चार्ज में घायल।

आयोग की सिफारिशें

(क) एक मजबूत केन्द्र सरकार की स्थापना।
(ख) प्रांतों की स्वायत्तता।
(ग) प्रांतों में द्वैध की शासन की समाप्ति।
(घ) सांप्रदायिक निर्वाचन की व्यवस्था जारी।
(ङ) प्रांतीय विधान मंडल में मताधिकार का विस्तार।
(च) बर्मा को भारत से अलग करना।
(छ) भारत के लिए संघीय संविधान।

नेहरू रिपोर्ट

- भारत सचिव लार्ड बरकिनहेड ने कांग्रेसी नेताओं को संविधान निर्माण की चुनौती दी।
- 1928 में कांग्रेस के कलकत्ता अधिवेशन में जवाहरलाल नेहरू, सुभाषचंद्र बोस तथा सत्यमूर्ति ने वर्कस एवं पीजेंट पार्टी के नेताओं के साथ पूर्ण स्वराज की माँग की।
- लाहौर अधिवेशन (1929) में जवाहरलाल नेहरू की अध्यक्षता में पूर्ण स्वराज की घोषणा।
- मोतीलाल नेहरू तथा तेज बहादुर सप्रू द्वारा *नेहरू रिपोर्ट* तैयार किया गया।

रिर्पोट के प्रमुख प्रावधान

(क) डोमिनियन स्टेटस की प्राप्ति।

(ख) प्रांतों में द्वैध शासन समाप्त कर प्रांतीय स्वायत्तता की स्थापना।
(ग) सांप्रदायिक चुनाव प्रणाली समाप्त।
(घ) अल्पसंख्यकों के लिए स्थान आरक्षित।
(ङ) भारत में सर्वोच्च न्यायालय की स्थापना।
(च) केंद्र को अधिक शक्तियाँ।

जिन्ना के 14 सूत्री माँग

- जिन्ना ने अपने 14 सूत्री माँगों के आधार पर नेहरू रिपोर्ट की सांप्रदायिक व्याख्या को संशोधित करने की माँग की।

इनकी प्रमुख माँगे थी

(क) भारतीय संविधान संघात्मक हो, अवशिष्ट शक्तियाँ प्रांतों को।
(ख) समस्त प्रांतीय विधानमंडलों में अल्पसंख्यकों को पर्याप्त प्रतिनिधित्व।
(ग) सिंध को मुम्बई से अलग कर एक प्रांत बनाया जाए।
(घ) सीमा प्रांत व बलूचिस्तान में भी अन्य प्रांतों की भाँति सुधार किया जाए।
(ङ) केंद्रीय विधानमंडल में मुस्लिमों के लिए एक तिहाई प्रतिनिधित्व की व्यवस्था।
(च) सरकारी सेवाओं में मुसलमानों के स्थानों का आरक्षण।
(छ) किसी संप्रदाय के 3/4 सदस्यों के विरोध करने पर कोई विधेयक पास न किया जाए।

बटलर कमेटी रिपोर्ट (1928)

- यह रियासतों के लिए गठित की गयी थी।

प्रमुख सिफारिशें

(क) सर्वोच्चता सर्वोच्च रहनी चाहिए।
(ख) रियासतों को उनके शासकों की अनुमति के बिना भारतीय सरकार को नहीं देनी चाहिए।
(ग) रियासतों को सपरिषद गर्वनर जनरल के प्रति उत्तरदायी न होकर सीधे क्राउन का ऐजेंट होना चाहिए।

- 1927 में अखिल भारतीय जन कांग्रेस की बम्बई में स्थापना।
- कांग्रेस ने 1920 के नागपुर अधिवेशन में पहली बार देशी रियासतों के प्रति अपनी नीति घोषित की।

अन्य तथ्य

- 1928 में अल्वे एवं काल्से के नेतृत्व में गिरनी कामगार यूनियन द्वारा बम्बई सूती कपड़ा मिल में हड़ताल की गई।
- 1928 में बंगाल टेनेंसी संशोधन बिल पास हुआ।
- 1929 में फजलुल हक, अब्दुर्रहीम तथा अकरम खान द्वारा कृषक प्रजा पार्टी की स्थापना।
- 1928 में बाबा खड़ग सिंह द्वारा पंजाब रैयती प्रजा मंडल की स्थापना।
- 1929 में स्वामी सहजानंद द्वारा बिहार प्रांतीय किसान सभा की स्थापना।
- 1929 में जवाहरलाल नेहरू तथा सुभाष चंद्र बोस ने कांग्रेस के अंदर पूर्ण स्वतंत्रता घोषित करने हेतु दबाव बनाने लिए इडिपेंडेंस फॉर इंडिया लीग की स्थापना की।

बारदोली सत्याग्रह (1928 ई॰)

- गुजरात के बारदोली में पटेल के नेतृत्व में 22% बढ़े हुए करों के विरोध में यह आंदोलन चला।
- कुँवरजी एवं कल्याणजी मेहता के नेतृत्व में पट्टिदार युवक मंडल ने इस आंदोलन के लिए आधार तैयार किया।
- बारदोली सत्याग्रह में ही वहाँ की महिलाओं ने पटेल को सरदार की उपाधि दी।
- सत्याग्रह के समय गांधी जी ने कालीपराज आदिवासी का नाम बदलकर रानीपराज रख दिया।
- सरकार द्वारा जाँच के लिए मैक्सवेल ब्रूम फील्ड की अध्यक्षता में एक आयोग गठित।

सविनय अवज्ञा आंदोलन

- साइमन विरोधी आंदोलन साम्यवादियों के नेतृत्व में कामगारों द्वारा उग्र विरोध क्रांतीकारी आतंकवाद का पुर्नजीवित होना।
- 1929 की मंदी से कृषक विद्रोह उत्पन्न तनावों से साम्राज्यवाद विरोधी मनोदशा तैयार हो चुकी थी।
- नेहरू रिपोर्ट का अस्वीकार किया जाना।
- कांग्रेस के भीतर ही उग्र बामपंथी नेताओं द्वारा भारत की पूर्ण स्वतंत्रता की माँग।
- 23 दिसंबर, 1929 को गांधी-इर्विन वार्ता असफल।
- 6 जनवरी, 1930 को केलकर, सत्यमूर्ति तथा अंसारी को छोड़कर सारे कांग्रेस विधायकों का इस्तीफा।
- गांधी जी ने 31 जनवरी, 1930 को 11 सूत्री प्रस्ताव रखा।

इसकी मुख्य माँगे थी

(क) भू-राजस्व आधा ।
(ख) सैनिक व्यय में 50% की कमी।

(ग) अधिक वेतन पाने वाले अधिकारियों की संख्या में कमी।

(घ) विदेशी कपड़े पर विशेष आयात कर।

(ड़) विनिमय दर में कमी, एक शिलिंग 4 पेंस हो।

(च) सभी राजनीतिक बंदी छोड़े जाएँ तथा गुप्तचर विभाग समाप्त किया जाए।

(छ) नमक कर की समाप्ति।

- इस माँग पर सरकार ने सकारात्मक रुख नहीं अपनाया। अत: 14 फरवरी, 1930 को साबरमती कांग्रेस की एक बैठक में गांधी जी के नेतृत्व में सविनय अवज्ञा आंदोलन चलाने का निश्चय।

आंदोलन का कार्यक्रम

- नमक कानून का उल्लघंन कर स्वयं नमक बनाया जाए।
- सरकारी सेवाओं, अदालतों, शिक्षा केंद्रों एवं उपाधियों का बहिष्कार।
- महिलाओं द्वारा शराब, अफीम एंव विदेशी कपड़े की दुकानों पर धरना।
- समस्त विदेशी वस्तुओं का बहिष्कार।

डांडी मार्च

- साबरमती आश्रम से समुद्र तटीय किनारा डांडी तक।
- 12 मार्च से 6 अप्रैल तक अवैध नमक बना।
- 21 मई,1930 को धरासना नमक सत्याग्रह, नेता सरोजनी नायडू, इमाम साहिब तथा मनिक लाल गांधी आदि थे।
- बेव मिलर (विदेशी पत्रकार) द्वारा इस घटना का आँखों देखा हाल लिखा गया।
- बिहार में चौकीदारी कर न देने का आंदोलन चला।
- मद्रास में त्रिचनापल्ली से वेदारण्यम् तक राजगोपालाचारी द्वारा एक मार्च का आयोजन।
- जस्टिस पार्टी सरकार समर्थक बनी रही।
- केरल में कालीकट से पनान्नूर तक के कलप्पन द्वारा एक मार्च का आयोजन।
- मध्य भारत में जंगल सत्याग्रह चला।
- उत्तर पश्चिम सीमा प्रांत में खान अब्दुल गफ्फार खान के नेतृत्व में खुदाई खिदमतगार के सदस्यों द्वारा आंदोलन।
- असम के लोगों ने सिलहट से नोआखाली तक की यात्रा की।
- सुभाष चंद्र बोस ने गांधी जी की डांडी यात्रा की तुलना नेपोलियन के पेरिस मार्च तथा मुसोलिनी के रोम मार्च से की।
- बारदोली में लगान न देने का आंदोलन।
- गांधी जी को यारवदा जेल में रखा गया।
- प्रभात फेरी-सुबह में राष्ट्रीय गीत गाते हुए यात्रा करना।
- वानर सेना लड़कों की थी, मंजरी सेना लड़कियों की थी।
- 12 सितंबर, 1930 को प्रथम गोलमेज सम्मेलन का लंदन में आयोजन, कांग्रेस ने भाग नहीं लिया।
- 26 जनवरी, 1931 को गांधी जी जेल से रिहा।
- सप्रू एवं जयकर के प्रयासों से गांधी जी एवं इर्विन के मध्य 5 मार्च, 1931 को एक समझौते पर हस्ताक्षर।

(क) समझौते के अनुसार, सभी प्रकार के अध्यादेश तथा निषेधाज्ञा वापस।

(ख) हिंसात्मक गतिविधियों में शामिल लोगों को छोड़कर सारे राजनीतिक बंदी रिहा।

(ग) सत्याग्रहियों की जब्त संपत्ति वापस।

(घ) शराब व विदेशी वस्तुओं की दुकानों पर शांतिपूर्ण घटना।

(ड़) समुद्रतटीय लोगों को नमक बनाने का अधिकार ।

कांग्रेस द्वारा सरकार को आश्वासन

(क) सविनय अवज्ञा आंदोलन वापस ले लिया जाएगा।

(ख) कांग्रेस द्वितीय गोलमेज सम्मेलन में भाग लेगी।

(ग) पुलिस ज्यादतियों की जाँच पर कांग्रेस दबाव नहीं डालेगी।

- युवा कांग्रेसी समझौते से इसलिए अप्रसन्न थे कि गांधी जी तीन क्रांतिकारियों भगत सिंह, राजगुरु एवं सुखदेव को फाँसी से नहीं बचा सके।
- कांग्रेस ने इस समझौते को कराँची अधिवेशन में स्वीकार कर लिया।
- गांधी-इर्विन समझौते के बाद सविनय अवज्ञा आंदोलन बंद कर दिया गया।
- समझौते की असफलता के पश्चात् जनवरी 1932 में आंदोलन पुन: शुरू हुआ, 1934 में अंतिम रूप से इसे समाप्त कर दिया गया।

गोलमेज सम्मेलन (1930-32)

प्रथम गोलमेज सम्मेलन

- 12 सितंबर, 1930 को लंदन में सम्राट् जार्ज V द्वारा इस सम्मेलन का उद्घाटन, अध्यक्षता प्रधानमंत्री रैम्से मैक्डोनाल्ड।
- इस सम्मेलन में तीन ब्रिटिश राजनीतिक दलों के 16 प्रतिनिधि तथा भारत प्रांत के 57 प्रतिनिधियों ने भाग लिया।

- कांग्रेस ने भाग नहीं लिया।
- मुंजे व जयकर हिंदू महासभा की ओर से भाग लिया।
- तेज बहादुर सप्रू, चिंतामणि तथा श्री निवास शास्त्री आदि उदारवादियों ने भाग लिया।
- रियासतों के प्रतिनिधि हैदराबाद एवं मैसूर के दीवान क्रमश: अकबर हैदरी तथा मिर्जा इस्माइल के नेतृत्व में सम्मिलित हुए।
- सम्मेलन में देशी राजा एक कमजोर केंद्रीय सरकार की स्थापना से सहमत हो गए।
- सांप्रदायिक पार्टियों में अल्पसंख्यकों के प्रतिनिधित्व के संबंध में कोई समझौता न हो सका।

द्वितीय गोलमेज सम्मेलन

- इस समय सैम्युअल होर भारत मंत्री तथा लार्ड विलिंग्टन भारतीय वायसराय थे।
- 7 सितंबर, 1931 को प्रारंभ, कांग्रेस की ओर से गांधी जी ने भाग लिया।
- संघीय प्रणाली की स्थापना में देशी राज्यों की कम रुची रही।
- एनी बेसेंट और मदनमोहन मालवीय ने व्यक्तिगत रूप से इस सम्मेलन में भाग लिया।
- अल्पसंख्यकों के प्रश्न पर तथा सांप्रदायिक निर्वाचन पद्धति पर सहमति के अभाव में यह सम्मेलन असफल रहा।
- गांधी जी मुस्लिम लीग की सभी माँगों को इस शर्त पर मानने को तैयार हुए कि लीग कांग्रेस की स्वतंत्रता की माँग का समर्थन करेगी।
- लीग ने इस प्रस्ताव को ठुकराया।
- गांधी जी खाली हाथ वापस भारत आए, कहा "खाली हाथ आया हूँ परंतु अपने देश की इज्जत को मैंने बट्टा नहीं लगने दिया।"
- फ्रैंक मोरेस ने गांधी जी के बारे में कहा, 'अर्ध नंगे फकीर का ब्रिटिश प्रधानमंत्री से वार्ता हेतु सेंट जेम्स पैलेस की सीढ़ियाँ चढने का दृश्य अपने आप में अनोखा था।
- गांधी जी ने वापस आकर पुन: सविनय अवज्ञा आंदोलन प्रारंभ किया।

तीसरा गोलमेज सम्मेलन

- 17 नवंबर, 1932 से प्रारंभ , प्रतिनिधियों की संख्या काफी कम।
- कांग्रेस के किसी प्रतिनिधि ने भाग नहीं लिया।
- 24 दिसंबर, 1932 को बिना निर्णय के समाप्त।
- ब्रिटिश सरकार ने इस सम्मेलन में हुए वाद-विवाद के आधार पर 1933 में श्वेत-पत्र जारी किया।

मैकडोनाल्ड अवार्ड एवं पूना समझौता

- बाँटो और राज करो की नीति का अनुशरण करते हुए ब्रिटिश प्रधानमंत्री रैम्जे मैकडोनाल्ड ने अगस्त 1932 को सांप्रदायिक पुरस्कार की घोषणा की।
- इस घोषणा के तहत प्रत्येक अल्पसंख्यक समुदाय के लिए विधानमंडल में कुछ सीटें आरक्षित की गई थीं।
- इसके लिए सदस्यों का चुनाव पृथक् निर्वाचक मंडलों से होना था।
- स्त्रियों के लिए स्थानों का आरक्षण एवं वाणिज्य, उद्योग, चाय, खनन और बागान संघों तथा जमींदारों को प्रतिनिधित्व मिला।
- दलित वर्गों को अल्पसंख्यक करार देकर उन्हें पृथक् निर्वाचन में से एक मत देने का अधिकार मिला।
- 20 सितंबर, 1932 को गांधी जी ने जेल में आमरण अनशन किया।
- गांधी जी एवं भीम राव अम्बेडकर ने पूना समझौता संपन्न किया।

इसकी मुख्य बातें थीं

(क) दलित वर्गों के लिए पृथक् निर्वाचन का विचार छोड़ दिया गया।

(ख) लेकिन प्रांतीय विधान मंडलों में दलितों के लिए सुरक्षित सीटों की संख्या 71 से बढ़कर 147 कर दी गई।

(ग) केंद्रीय विधान मंडल में कुल सीटों का 18% इनके लिए सुरक्षित किया गया।

(घ) दलित वर्गों को योग्यतानुसार स्थानीय संस्थाओं और सार्वजनिक संस्थाओं में प्रतिनिधित्व।

(ङ) दलितों के शैक्षणिक विकास के लिए उचित वित्तीय प्रावधान।

- सितंबर 1932 में गांधी जी ने अखिल भारतीय अस्पृश्यता निवारण संघ की स्थापना की।
- गांधी जी द्वारा 1933 से हरिजन-पत्र का प्रकाशन।

कांग्रेस समाजवादी पार्टी

- नासिक जेल (1933) में कांग्रेस के अंदर एक समाजवादी दबाव समूह बनाने का विचार किया गया।
- इसमें जय प्रकाश नारायण, अशोक मेहता, मीनू मसानी, अच्युत पटवर्द्धन आदि शामिल थे।
- 1934 में संपूर्णानंद ने भारत में समाजवादी विचारों पर एक पुस्तक का प्रकाशन किया।
- मई 1934 में कांग्रेस सोशलिस्ट पार्टी की स्थापना की गई।
- अचार्य नरेंद्र देव इसके प्रथम अध्यक्ष बने।
- इसका पहला सम्मेलन पटना में संपन्न हुआ।
- जवाहरलाल नेहरू कभी भी औपचारिक रूप से इस संगठन में शामिल नहीं हुए।

वामपंथी आंदोलन

- मानवेन्द्र नाथ राय ने द्वितीय कम्युनिस्ट इंटरनेशनल मास्को में भाग लिया।
- 1920 में ताशकंद में मानवेन्द्र नाथ राय, अवनी मुकर्जी, मुहम्मद अली तथा मुहम्मद सफीक द्वारा कम्युनिस्ट पार्टी ऑफ इंडिया की स्थापना।
- एम० एन० राय ने भारतीय स्वतंत्रता की पत्रिका वैंगार्ड (वर्लिन) का संपादन किया।
- 1923 में सिंगार वेलु चेट्टियार द्वारा लेबर किसान पार्टी की स्थापना।
- 1922-27 पेशावर षड्यंत्र केस।
- 1925 में सत्यभक्त द्वारा कानपुर में भारतीय वामपंथी सम्मेलन का आयोजन।
- 1925 में लेबर स्वराज पार्टी की स्थापना जिसे पीजेंट्स एवं वर्कस पार्टी का नाम दिया गया।
- पंजाब में सोहन सिंह जोश तथा संतोष सिंह द्वारा 1926 में कीर्ति किसान पार्टी की स्थापना।
- 1928 के कलकत्ता के कांग्रेस अधिवेशन में वर्कस एवं पीजेंट्स पार्टी के सदस्य काफी संख्या में सम्मिलित हुए।
- 1929 में पब्लिक सेफ्टी बिल तथा ट्रेड डिस्प्यूट एक्ट पास हुआ। ब्रिटिश कम्युनिस्टों (स्पैट, बैंडले तथा हचिंसन) के खिलाफ लाया गया।
- 1929 में मेरठ षड्यंत्र केस।
- 1930 में कम्युनिस्टों के छठे इंटरनेशनल से निर्देशित होकर भारतीय कम्युनिस्टों ने राष्ट्रीय आंदोलन से असहयोग का रास्ता अपनाया।
- 1934 में भारतीय कम्युनिस्ट पार्टी पर प्रतिबंध।
- 1936 दत्त-ब्रैडले थिसिस।
- 1926 में ऑल इंडिया स्टूडेंटस फेडरेशन की स्थापना।
- लखनऊ में प्रेमचंद की अध्यक्षता में प्रगतिशील लेखक संघ की स्थापना की गई।

1937 के चुनाव

- दिसंबर 1936 में कांग्रेस के फैजपुर अधिवेशन में प्रांतीय एग्नेरियन कार्यक्रम पास किया गया।
- नेहरू ने 1935 के अधिनियम पर 1937 में हो रहे चुनावों का समर्थन नहीं किया।
- एम० ए० अंसारी, आसफ अली, सत्यमूर्ति, भूलाभाई देसाई आदि में कौंसिल में प्रवेश का समर्थन किया।
- कांग्रेस को संयुक्त प्रांत, मद्रास, मध्यप्रदेश, बिहार तथा उड़ीसा में पूर्ण बहुमत प्राप्त।
- बम्बई में बहुमत के नजदीक।
- बंगाल, पंजाब एवं सिंध में कांग्रेस मंत्रिमंडल नहीं बन सके।
- कांग्रेस के अध्यक्ष सुभाष चंद्र बोस ने 1938 में राष्ट्रीय योजना समिति की नियुक्ति की।
- अक्टूबर 1939 में कांग्रेस मंत्रिमंडलों ने द्वितीय विश्व युद्ध से उत्पन्न राजनीतिक संकटों के चलते त्यागपत्र दे दिया।
- इसके उपलक्ष्य में मुस्लिम लीग ने 22 दिसंबर 1939 को मुक्ति दिवस मनाया।

रियासतें

- बलवंत राय मेहता, मणिक लाल कोठारी तथा जी. आर० अभ्यंकर द्वारा दिसंबर 1929 में अखिल भारतीय प्रजा परिषद की स्थापना।
- हरिपुरा सम्मेलन में पूर्ण स्वराज के लक्ष्य को रियासतों में भी लागू करने का निर्णय कांग्रेस द्वारा लिया गया।
- 1939 के अखिल भारतीय प्रजा परिषद की अध्यक्षता जवाहरलाल नेहरू ने की।
- राजकोट सत्याग्रह का नेतृत्व मनसुख लाल मेहता, अमृत

लाल सेठ, बलवंत राय मेहता आदि द्वारा किया गया।

- हैदराबाद सत्याग्रह का नेतृत्व स्वामी रामानंद तीर्थ एवं रवि नारायण रेड्डी ने किया।

भारतीय पूंजीपति वर्ग

- 19वीं सदी के मध्य में स्वतंत्र पूँजी पर आधारित भारतीय पूँजीपति वर्ग का उदय हुआ।
- 1914-47 के मध्य ये स्पष्टत: एक वर्ग के रूप में उभरे और ब्रिटिश उपनिवेशवाद का विरोध किया।
- 1927 में ठाकुरदास एवं बिड़ला द्वारा फिक्की का गठन।
- बॉम्बे प्लान का निर्माण ठाकुर दास, बिड़ला जे॰ आर॰ डी॰ टाटा आदि द्वारा किया गया था।
- बॉम्बे प्लान ने भूमि सुधार तथा मुद्रा, उत्पादन आदि में सुधार की अनुशंसा की थी।
- उसमें पंचवर्षीय योजना प्रारंभ करने की सिफारिश।

अगस्त प्रस्ताव

- वायसराय लिनलिथगो ने 8 अगस्त, 1940 को अगस्त प्रस्तावों की घोषणा की।

  इसके प्रावधान थे

(क) वायसराय की एक्जक्यूटिव कौंसिल का विस्तार।

(ख) इसमें अतिरिक्त भारतीय सदस्यों का मनोनयन।

(ग) भारतीय संविधान का निर्माण करने के लिए युद्ध के बाद एक प्रतिनिधित्वपूर्ण निकाय गठन।

(घ) ब्रिटिश भारतीय क्षेत्रों एवं देशी राज्यों के प्रतिनिधियों को मिलाकर युद्ध परामर्शदात्री परिषद की नियुक्ति।

- कांग्रेस ने इस प्रस्ताव को पूरी तरह असंतोषजनक माना।
- लीग ने इस पर यद्यपि प्रसन्नता जाहिर की, परंतु इसे अस्वीकार कर दिया।

व्यक्तिगत सत्याग्रह

- 17 अक्टूबर, 1940 से प्रारंभ, प्रथम सत्याग्रही विनोबा भावे, दूसरे सत्याग्रही जवाहरलाल नेहरू थे।

– व्यक्तिगत सत्याग्रह के दो कारण थे।

(क) यह भारत को दूसरे विश्वयुद्ध में शामिल करने पर भारतीयों के असंतोष का प्रतीक था।

(ख) यह ब्रिटिश सरकार को एक मौका दिया गया कि शांतिपूर्वक भारतीयों की माँगों को मान लिया जाए।

- इसे दिल्ली चलो सत्याग्रह भी कहा जाता है।

क्रिप्स मिशन

- 7 मार्च, 1942 को रंगून के जापान के कब्जे में आ जाने के बाद भारत पर युद्ध का खतरा मंडराने लगा।
- ब्रिटेन पर बाहरी दबाव (रूजवेल्ट, च्यांग काई शेक) एवं भीतरी दबाव (लेबर पार्टी, प्रेस) पड़ा कि युद्ध में भारतीयों का सक्रिय सहयोग प्राप्त किया जाए।

क्रिप्स प्रस्ताव के प्रावधान

- युद्ध समाप्ति के तुरंत पश्चात् भारत को डोमिमियन स्टेटस की प्राप्ति।
- भारत को राष्ट्रमंडल से अलग होने का अधिकार भी होगा।
- युद्ध के पश्चात् एक संविधान निर्मात्री निकाय का गठन जिसमें देशी राज्यों द्वारा मनोनीत प्रतिनिधि भी शामिल होंगे।
- प्रांतों को भारतीय संघ से अलग अपना अस्तित्व बनाए रखने का अधिकार।
- देश की रक्षा की जिम्मेदारी ब्रिटेन पर होगी।

भारतीय प्रतिक्रिया

- सभी ने इसका विरोध किया।
- पृथक् मुस्लिम राष्ट्र के संबंध में मुस्लिम लीग स्पष्ट घोषणा चाहती थी जो उसे नहीं मिला।
- कांग्रेस ने डोमिनियन स्टेटस, देशी राज्यों के मनोनीत प्रतिनिधि व्यवस्था पर ऐतराज किया।
- गांधी जी की दृष्टि में यह प्रस्ताव एक डूबते हुए बैंक का उत्तर दिनांकित चेक था।

द्वितीय विश्वयुद्ध

- 3 सितंबर, 1939 को वायसराय ने प्रांतीय मंत्रिमंडलों या किसी भारतीय नेता की सलाह लिए बिना एक- तरफा तौर पर भारत को जर्मनी के साथ ब्रिटेन के युद्ध में झौंक दिया।
- 29-30 अक्टूबर, 1939 को इस कदम के विरोध में कांग्रेस मंत्रिमंडल ने त्यागपत्र दे दिया।
- फासीवाद आक्रमण के विरुद्ध भारत का वैमनस्य स्वयं ब्रिटेन की तुलना में कहीं अधिक स्पष्ट रहा था। फिर भी लिनलिथगो ने न्यूनतम शर्तों पर पूर्ण सहयोग के अनेक प्रस्तावों को ठुकरा दिया।

- ये शर्तें थीं: स्वतंत्र भारत के राजनीतिक गठन को निर्धारित करने के लिए युद्ध के पश्चात् एक संविधान सभा का वादा और केन्द्र में सचमुच की उत्तरदायी सरकार जैसी किसी चीज का तुरंत गठन।
- अगस्त 1940 में जब एक अलग-थलग द्वीप में ब्रिटेन घमासान हवाई युद्ध कर रहा था, तब भारतीय समर्थन प्राप्त करने के लिए एमरी और यहाँ तक कि लिनलिथगो भी कुछ रियायतें देने के लिए मान गए थे, किंतु उसके प्रस्तावों में चर्चिल ने बुरी तरह काट-छाँट कर दी।
- परिणामस्वरूप लिनलिथगो का 'अगस्त प्रस्ताव' (8 अगस्त, 1940) उसके 17 अक्टूबर, 1939 के वक्तव्य से अधिक कुछ नहीं था, अनिश्चित भविष्य में डोमोनियन स्टेटस, युद्ध पश्चात् संविधान बनाने के लिए एक निकाय का गठन (जिसके लिए स्पष्ट रूप से अंतत: ब्रिटिश पार्लियामेंट की अनुमति आवश्यक होती; इसमें सार्वत्रिक वयस्क मताधिकार द्वारा चुने जाने की बात नहीं की गई थी।) वायसराय की कार्यकारिणी में तत्काल विस्तार जिससे इनमें कुछ और भारतीयों को सम्मिलित किया जा सके, और एक युद्ध-सलाहकार परिषद का गठन।
- 1 जुलाई, 1941 में वायसराय की कार्यकारिणी में विस्तार करके पहली बार इसमें भारतीय बहुमत रखा गया (इसमें बारह में से आठ भारतीय थे किंतु प्रतिरक्षा, वित्त और गृह विभाग गोरों के ही अधीन रहे) और एक राष्ट्रीय प्रतिरक्षा परिषद की स्थापना की गई जिसका कार्य केवल सलाह देना था।
- शेष बातों में तब तक कोई पहल नहीं की गई जब तक कि दक्षिण-पूर्वी एशिया के संकट ने ब्रिटिश सरकार को मार्च-अप्रैल 1942 में नाटकीय क्रिप्स मिशन भेजने पर बाध्य नहीं किया गया।

भारत छोड़ो आंदोलन

- निकट पूर्व में जापान की शानदार सफलता से भारतीयों को यह विश्वास हो गया कि ब्रिटिश साम्राज्य का खात्मा अवश्यंभावी है।
- क्रिप्स मिशन की असफलता ने भारतीयों को कटुता से भर दिया।
- युद्ध के कारण भारत की बिगड़ती हुई आर्थिक स्थिति।
- भारत में स्थित विदेशी सैनिकों का अभद्र व्यवहार।
- 14 जुलाई, 1942 को वर्द्धा प्रस्ताव द्वारा कांग्रेस कार्यकारिणी समिति ने अंग्रेजों को भारत से चले जाने की माँग की।
- 8 अगस्त, 1942 को कांग्रेस ने ग्वालियर टैंक बम्बई में अहिंसक संघर्ष चलाने हेतु भारत छोड़ो प्रस्ताव पास किया।
- 9 अगस्त को कांग्रेस के सभी बड़े नेता गिरफ्तार।
- गांधीजी को पूना (आगा खाँ महल) में रखा गया।
- नेहरू अल्मोड़ा जेल में तथा मौलाना आजाद को बाँकुड़ा जेल में रखा गया।
- अनेक जगहों पर समानांतर सरकारों का गठन हुआ जैसे–
  (क) बलिया में चितु पांडे के नेतृत्व में।
  (ख) बंगाल में तामूलक जातीय सरकार सतीश सामंत के नेतृत्व में।
  (ग) सतारा में प्रतिसरकार की स्थापना नाना पाटिल के नेतृत्व में की गई।
- ऊषा मेहता ने बंबई से अवैध रेडियो स्टेशन चलाया।
- जयप्रकाश नारायण, लोहिया एवं अरुणा आसफ अली ने भूमिगत रहकर आंदोलन का नेतृत्व किया।
- राजगोपालाचारी तथा कम्युनिस्टों ने इस आंदोलन का विरोध किया, हिन्दू महासभा ने इस आंदोलन की निंदा की।
- जयप्रकाश नारायण तथा रामानंद मिश्र हजारीबाग सेंट्रल जेल से भाग गए तथा भूमिगत होकर कार्य किया।

भारत छोड़ो आंदोलन की असफलता के कारण

- कार्यक्रम की रूपरेखा स्पष्ट नहीं थी।
- आंदोलन के प्रारंभ से पहले ही प्रमुख नेता गिरफ्तार हो गए।
- आम जनता नेतृत्वविहीन हो गई थी।
- अंग्रेजों ने युद्ध के लिए इकट्ठा की गई सेना का उपयोग इस आंदोलन के दमन में किया।

आजाद हिंद फौज

- 17 जनवरी, 1941 को सुभाषचंद बोस भाग निकले तथा अफगानिस्तान, इटली होते हुए जर्मनी पहुँचे।
- इसके बाद सिंगापुर होते हुए जापान पहुँचे।
- इसी दौरान 28-30 मार्च, 1942 को टोकियो में रह रहे

भारतीय रासबिहारी बोस ने इंडियन नेशनल आर्मी के गठन पर विचार के लिए सम्मेलन बुलाया।

- इसी बीच इंडिपेंडेंस लीग की स्थापना हुई तथा इसका पहला अधिवेशन जून, 1942 को बैंकाक में हुआ।
- 4 जुलाई, 1943 को सुभाषचंद बोस ने आजाद हिंद फौज एवं इंडियन लीग की कमान संभाली।
- बोस ने 21 अक्टूबर, 1943 को सिंगापुर में अस्थाई भारत सरकार की स्थापना की।
- आजाद हिंद फौज की रानी झाँसी रेजीमेंट महिलाओं की थी।
- शाहनवाज हुसैन ने आजाद हिन्द फौज के इम्फाल अभियान में भाग लिया।
- दूसरे विश्वयुद्ध में जापान की पराजय से आजाद हिंद फौज को भी पराजित होना पड़ा।
- आजाद हिंद फौज के सैनिको एवं अधिकारियों कों 1945 में अंग्रेजों ने गिरफ्तार कर लिया।
- कर्नल सहगल, कर्नल ढिल्लों एवं मेजर शाहनवाज खाँ पर राजद्रोह का मुकदमा चलाया गया।
- इनके पक्ष में तेज बहादुर सप्रू, जवाहरलाल नेहरू, भूलाभाई देसाई तथा के॰ एन॰ काटजू ने दलीलें दीं।
- लार्ड वेवल ने अपने विशेषाधिकार का प्रयोग करके इन अधिकारियों को प्राप्त मृत्यु दंड की सजा को माफ कर दिया।

जस्टिस पार्टी की विचारधारा तथा कार्यक्रम

- ई॰ वी॰ रामास्वामी नायकर 1944 ई॰ में जस्टिस पार्टी के अध्यक्ष बने थे।
- जस्टिस पार्टी कालांतर में द्रविड़ मुनेत्र कड़गम में परिवर्तित हो गया।
- जस्टिस पार्टी प्रभुता संपन्न तथा जातिविहीन द्रविड़नाडु की स्थापना की पक्षधर बनी।
- 1920-1930 के दशक की महत्वपूर्ण पार्टी मद्रास की जातिवादी जस्टिस पार्टी थी।
- मद्रास में डिप्रेस्ड क्लासेज मिशन सोसाइटी की स्थापना 1909 ई. में की गयी थी।
- दक्षिण भारत में 1920 ई॰ में ई॰ वी॰ रामास्वामी नायकर के नेतृत्व में आत्म-सम्मान आंदोलन चलाया गया।
- मद्रास के ब्राह्मण विरोधी संगठन प्रजा मित्र मंडली के संस्थापक सी॰ आर॰ रेड्डी थे।
- दक्षिण भारत के आत्मसम्मान आंदोलन ने 1925 ई॰ में बिना ब्राह्मण के सहयोग के शादी, बलात मंदिर प्रवेश, नास्तिकवाद एंव मनुस्मृति को जलाने का तर्क दिया।
- सी॰ एन॰ मुदालियार, टी॰ एम॰ नायर, पी॰ ओ॰ चेन्नी के नेतृत्व में दक्षिण में जस्टिस पार्टी, की स्थापना की गई। जस्टिस पार्टी को 'साउथ इण्डियन लिबरल एसोसिएशन' के नाम से जाना जाता था।

दलित वर्ग आंदोलन

- गांधी जी ने अछूतों को सर्वप्रथम 'हरिजन' (भगवान के जन) नाम दिया।
- इनके कल्याण के लिए 1932 में 'अखिल भारतीय अस्पृश्यता निवारण संघ' की स्थापना की, जिसे 1933 ई॰ में 'हरिजन सेवक संघ ' का नाम दिया गया।
- डा॰ बी॰ आर॰ अम्बेडकर ने अछूतोद्धार हेतु 1924 ई॰ में अखिल भारतीय दलित वर्ग की स्थापना की तथा 1927 ई॰ में बहिष्कृत भारत नामक पक्षिक पत्रिका का प्रकाशन किया।
- बी॰ आर॰ शिन्दे ने 1906 ई. में 'डिप्रेस्ड क्लासेज मिशन सोसाइटी' की स्थापना की।
- दक्षिण भारत में ई॰ बी॰ रामास्वामी नायकर ने 1920 ई॰ में आत्म सम्मान आंदोलन चलाया था।
- सी॰ एन॰ मुदालियार, टी॰ एम॰ नायर, पी॰ टी॰ चेन्नी ने दक्षिण में 'जस्टिस पार्टी' की स्थापना की।
- 1917 ई॰ में पहली बार कांग्रेस ने अपनी कार्य-सूची में दलित सुधार को सम्मिलित किया।
- मार्च 1918 ई॰ में प्रथम अखिल भारतीय दलित वर्ग सम्मेलन हुआ। इसी सम्मेलन में प्रथम बार 'अखिल भारतीय अस्पृश्यता विरोधी' घोषणा-पत्र जारी हुआ।
- 1931 ई॰ में कांग्रेस के करांची अधिवेशन में पारित मूल अधिकारों के घोषणा-पत्र में जाति-पाँति के स्थान पर समानता की बात स्वीकार की गयी।
- सत्यशोधक समाज की स्थापना ज्योतिबा फुले द्वारा 24 सितंबर, 1873 ई॰ को हुई थी, यह आंदोलन दलितों और निम्न जाति के कल्याण के लिए था।
- ज्योतिबा फुले ने अपनी गुलामगिरी (1872 ई॰) सार्वजनिक

सत्य धर्म पुस्तक, सत्यशोधक समाज जैसी पुस्तकों और संगठनों द्वारा निम्न जातियों को पाखंडी ब्राह्मणों एवं उनके अवसरवादीर धर्म ग्रंथों से सुरक्षा दिलाने की आवश्यकता पर बल दिया।

राजगोपालाचारी फार्मूला

- 10 जुलाई, 1944 को गांधी जो की स्वीकृति से राज गोपालाचारी ने कांग्रेस तथा लीग के समझौते की एक योजना प्रस्तुत की जिसकी मुख्य बातें थीं–

(क) मुस्लिम लीग भारतीय स्वतंत्रता की माँग का समर्थन करे तथा अस्थायी सरकार के गठन में कांग्रेस के साथ सहयोग करे।

(ख) युद्ध की समाप्ति के उपरांत भारत के उत्तर-पश्चिम व पूर्वी भागों में स्थित मुस्लिम बहुसंख्यक क्षेत्रों की सीमा का निर्धारण करने के लिए एक कमीशन नियुक्त किया जाए।

(ग) उपरोक्त जिलों के नागरिक मतदान के द्वारा भारत से अलग होने का निर्णय ले सकेंगे।

(घ) भारत के विभाजन की दिशा में दोनों सरकारों के बीच संयुक्त रक्षा पद्धति वाणिज्य, संचार तथा अन्य जरूरी विषयों पर संधि की जाएगी।

- यह फार्मूला जिन्ना-गांधी वार्ता का आधार बना जो 1944 में प्रारंभ हुआ जिसका मुख्य उदेश्य संवैधानिक गतिरोध को दूर करना था।
- मुस्लिम लीग ने इस प्रस्ताव को ठुकरा दिया।
- गांधी जी ने अलग राष्ट्रीयता की अवधारणा को स्वीकार करने से इन्कार कर दिया।

गांधी-जिन्ना वार्ता

- जुलाई 1944 में हिन्दू महासभा के कड़े विरोध के बावजूद गांधी जी ने 'राजगोपालाचारी सूत्र' के आधार पर जिन्ना से बातचीत करने का प्रस्ताव किया।
- यह सूत्र पिछले अप्रैल में प्रस्तुत किया गया था; युद्ध के लिए एक आयोग बिठाया जाए जो मुसलमानों के पूर्ण बहुमत वाले भारत के पूर्वोतर और पश्चिमोत्तर भागों में जुड़े हुए क्षेत्रों का सीमाकंन करे। ऐसे क्षेत्रों के सब निवासी इस संबंध में अपना मत दें कि क्या वे अलग पाकिस्तान चाहते हैं, अलग हो जाने की स्थिति में कुछ सेवाओं जैसे कि प्रतिरक्षा और संचार- साधनों का साक्षा रखने पर सहमति हो और इस योजना को पूरी तरह तभी लागू किया जाए जब अंग्रेज पूर्ण रूपेण सत्ता हस्तांतरित कर दें।
- लीग ने कांग्रेस की स्वाधीनता की माँग का समर्थन किया था और संक्रमण की अवधि में कांग्रेस के साथ मिलकर अंतरिम सरकार बनाने के लिए वह तैयार थी।
- किंतु 30 जुलाई को जिन्ना ने 6 प्रांतों (पंजाब, सिंध बलूचिस्तान, पश्चिमोत्तर सीमा प्रांत, बंगाल और असम) को अलग करके पाकिस्तान बनाने की अपनी माँग दोहराई, जिसमें थोड़ा फेर-बदल किया जा सकता था और राजाजी के सूत्र की यह कहकर आलोचना की कि इसमें तो केवल छाया और छिलके, कटा हुआ, विकलांग और सड़ा-गला पाकिस्तान दिया जा रहा है। उनका यहा भी कहना था कि विभाजन को स्वतन्त्रता मिलने तक नहीं रोका जा सकता।
- उन्होंने साझी सेवाओं को अनावश्यक बताया और उनका विचार था कि जनमत-संग्रह के लिए हिंदुओं और मुसलमानों दोनों के मन लिए जाने से तो मुसलमानों का एक अलग राष्ट्र होने के मूल विचार पर ही प्रहार होता है जिसमें उनका आत्मनिर्णय का अधिकार निहित है।
- परिणामत: सितंबर 1944 में गांधी-जिन्ना वार्ता टूट गई।

देसाई-लियाकत प्लान

- 1945 में देसाई-लियाकत प्लान के रूप में सांप्रदायिक गतिरोध को समाप्त करने का प्रयास किया गया।
- कांग्रेस के भूलाभाई देसाई ने लियाकत अली खान के समक्ष एक प्रस्ताव रखा।

इस प्लान की मुख्य बातें थीं

(क) केंद्र में एक अंतरिम सरकार का गठन

(ख) इस अंतरिम सरकार में कांग्रेस एवं लीग के सदस्यों की संख्या बराबर होगी।

(ग) इसमें अल्पसंख्यकों के प्रतिनिधियों एवं कमांडर-इन-चीफ को शामिल किया जाएगा।

(घ) सरकार वर्तमान गवमेंट ऑफ इंडिया एक्ट के अनुसार कार्य करेगी।

- इन पद्धतियों पर भी कांग्रेस एवं लीग के बीच कोई समझौता नहीं हो सका।

वेवल योजना तथा शिमला सम्मेलन

- 14 जून, 1945 को वेवल ने एक योजना प्रस्तुत की इसका उद्देश्य 1935 के भारत शासन अधिनियम के अधीन आगे संवैधानिक परिवर्तनों की रूपरेखा प्रस्तुत करना था।
- वेवल ने कांग्रेस कार्यकारिणी के सदस्यों को 14 जुलाई को रिहा कर शिमला में एक सम्मेलन में भाग लेने के लिए आमंत्रित किया।
- इस सम्मेलन में वायसराय ने निम्नलिखित प्रस्ताव रखें:-
  - (क) केंद्र में एक नई कार्यकारिणी परिषद का गठन।
  - (ख) कार्यकारिणी परिषद में भारतीय सदस्यों को दलों के आधार पर शामिल किया जाएगा।
  - (ग) इसमें मुसलमान एवं सवर्ण हिन्दु बराबर-बराबर होंगे।
  - (घ) यह व्यवस्था अंतरिम होगी जब तक कि भारत का संविधान बनकर तैयार हो जाए।
- कांग्रेस ने स्वयं को सवर्ण हिन्दू निकाय कहे जाने पर आपत्ति की।
- कांग्रेस ने मुसलमानों सहित किसी भी समुदाय के सदस्य को मनोनीत करने के अधिकार की माँग की।
- लीग ने अपने आपको मुसलमानों का एकमात्र प्रतिनिधि बताया तथा परिषद के सभी मुस्लिम सदस्यों के मनोनयन का अधिकार माँगा।
- लीग ने मुसलमानों से संबंधित मामलों का निर्णय दो तिहाई बहुमत से करने की माँग की।

कैबिनट मिशन (1946)

- ब्रिटेन में लार्ड एटली के नेतृत्व में लेबर पार्टी की सरकार सत्ता में आयी।
- एटली ने भारत के संवैधानिक गतिरोध को दूर करने के लिए तीन सदस्यीय कैबिनेट मिशन भारत भेजा।
- पैथिक लारेंस, स्ट्रेफोर्ड क्रिप्स तथा ए॰ वी॰ अलेक्जेंडर इसके सदस्य थे।
- इसने दो स्तरीय संघीय योजना सामने रखी जिसमें अधिकतम क्षेत्रीय स्वायत्तता बनाए रखने का प्रयास किया गया।

इसकी योजना के अनुसार

(क) प्रांतों एंव देशी राज्यों को मिलाकर एक संघ का निर्माण जिसमें संघ के पास केवल प्रतिरक्षा, विदेशी मामले तथा संचार पर नियंत्रण रहेगा।

(ख) प्रांत तीन क्षेत्रीय समूह बना सकते थे।

- (अ) मद्रास, बम्बई, यू॰ पी॰, बिहार, मध्य प्रदेश, उड़ीसा।
- (ब) पंजाब, पश्चिमोत्तर सीमा प्रांत, सिंध।
- (स) बंगाल और असम।

(ग) प्रथम आम चुनाव के बाद प्रांत समूह के संबंध में पुनर्विचार की मांग कर सकते हैं।

(घ) सत्ता हस्तांतरण के पश्चात् देशी राज्यों पर ब्रिटिश सर्वोच्चता समाप्त हो जाएगी।

(ङ) सभी प्रमुख राजनीतिक दलों के समर्थन से एक अंतरिम सरकार की स्थापना अविलंब की जाएगी।

(च) यह अंतरिम सरकार भारतीय संविधान का निर्माण करने के लिए संविधान सभा की बैठक बुलाएगी।

- कांग्रेस और लीग दोनों ने इस योजना को स्वीकार कर लिया, परंतु प्रांतों के समूह निर्माण संबंधी प्रावधान पर समस्या उत्पन्न हो गई।
- कांग्रेस का मत था कि किसी प्रांत के समूह से अलग होने के लिए प्रथम आम चुनाव तक प्रतीक्षा न करनी पड़े।
- लीग चाहती थी कि प्रांतों के समूह के निर्माण पर प्रश्न उठाने का अधिकार इसी समय प्राप्त हो।
- वायसराय ने अंतरिम सरकार के गठन के लिए कांग्रेस के बिना केवल मुस्लिम लीग को आंमत्रित करना उचित नहीं समझा, तो तो लीग ने इस योजना से अपना समर्थन वापस ले लिया।
- कांग्रेस ने सरकार के गठन में भाग लेना स्वीकार किया।
- 2 सितंबर, 1946 को नेहरू के नेतृत्व में कांग्रेस की अंतरिम सरकार का गठन हुआ।
- लीग ने 16 अगस्त, 1946 को प्रत्यक्ष कार्यवाही दिवस मनाया। कलकत्ता, नोआखली, गढ़मुक्तेश्वर आदि में भयानक दंगे हुए।
- वेवेल ने 26 अक्टूबर, 1946 की मुस्लिम लीग को अंतरिम सरकार में शामिल कर लिया।
- 9 दिसंबर, 1946 को संविधान निर्मात्री परिषद का पहला अधिवेशन हुआ।

- लीग ने संविधान सभा में शामिल होने से इनकार कर दिया।

स्वाधीनता तथा विभाजन

- 20 फरवरी, 1947 को ब्रिटिश प्रधानमंत्री एटली ने 30 जून, 1948 तक भारत छोड़ देने की घोषणा की।
- 24 मार्च, 1947 के पश्चात् माउंटबेटन ने गांधी जी तथा जिन्ना के साथ बातचीत की।
- माउंटबेटन ने वी॰ पी॰ मेनन की उस योजना को स्वीकार कर लिया जिसमें भारत को दो भागों में बाँटने का प्रस्ताव था।
- मुख्यत: पंजाब और बंगाल के गैर–मुस्लिम क्षेत्रों को पाकिस्तान से बाहर रखा गया।
- 3 जून, 1947 को ब्रिटिश सरकार द्वारा भारत के विभाजन करने की घोषणा की गई।
- मुस्लिम लीग ने इस माउंटबेटन योजना को 14 जून को स्वीकार कर लिया, कांग्रेस ने भी मंजूरी दे दी।
- हाऊस ऑफ लॉर्ड्स ने भारतीय स्वतंत्रता अधिनियम पारित कर 15 अगस्त से भारत का विभाजन कर उसे दो भागों में निर्माण की व्यवस्था की।
- भारतीय स्वतंत्रता अधिनियम 1947 द्वारा घोषणा की गई कि 15 अगस्त, 1947 को भारतीय राज्यों पर से ब्रिटिश संप्रभुता समाप्त हो जाएगी।
- जूनागढ़, कश्मीर, हैदराबाद को छोड़कर सभी 652 रियासतों ने भारत के साथ विलय पत्र पर हस्ताक्षर कर दिए।

साम्प्रदायिक राजनीति तथा पाकिस्तान का उद्‌भव

	तिथि		प्रमुख ऐतिहासिक घटनाएँ
			अलीगढ़ आंदोलन
1.	1817 ई.	–	सर सैयद अहमद खाँ का जन्म दिल्ली में हुआ।
2.	1864 ई.	–	सैयद अहमद खाँ ने सर्वप्रथम गाजीपुर में एक अंग्रेजी पुस्तकों का उर्दू में अनुवाद करने के लिए एक विज्ञान समाज की स्थापना की।
3.	1877 ई.	–	सैयद अहमद खाँ ने अलीगढ़ में एंग्लो ओरिएंटल कॉलेज की स्थापना की जो बाद में अलीगढ़ मुस्लिम विश्वविद्यालय (1920) कहलाया तथा 'अलीगढ़ आंदोलन' का केन्द्रबिन्दु बना।
4.	1883 ई.	–	सैयद अहमद ने स्थानीय स्वशासन की संस्थाओ में निर्वाचन पद्धति को प्रचलित करने का विरोध किया।
5.	1884 ई.	–	सैयद अहमद ने घोषणा की कि हिन्दू तथा मुसलमान एक ह्रदय तथा आत्मा वाले हो जायें तथा मिल-जुलकर एकतापूर्वक कार्य करें।
6.	1886 ई.	–	सर सैयद अहमद ने वार्षिक मुस्लिम सम्मेलन की स्थापना भी की।
			बंगाल विभाजन
7.	1905 ई.	–	लार्ड कर्जन ने देशभक्ति के उफनते सैलाब को रोकने के लिए राष्ट्रीय गतिविधियों का केंद्र बंगाल को जुलाई 1905 में दो प्रांतों–पश्चिमी बंगाल और पूर्वी बंगाल में विभाजन करने की घोषणा की।
8.	7 अगस्त, 1905	–	बंगाल विभाजन की प्रतिक्रिया स्वरूप कलकत्ता टाउन हॉल में एक विशाल सभा हुई, जिसमें ब्रितानी माल के बहिष्कार का प्रस्ताव पारित हुआ।
9.	16 अगस्त, 1905	–	इस दिन विभाजन प्रभावी हुआ और राष्ट्रीय शोक दिन घोषित किया गया।
10.	1911 ई॰	–	सरकार बंगाल विभाजन प्रस्ताव वापस लिया।
			मुस्लिम लीग
11.	30 दिसंबर, 1906	–	मुस्लिम लीग की स्थापना ढाका के नबाव आगा ने की।
12.	1907 ई॰	–	स्वीकृत मुस्लिम लीग के संविधान में प्रथम उद्देश्य भारतीय मुसलमानों में अंग्रेजी सरकार के प्रति निष्ठा पैदा करना था।
13.	1887 ई॰	–	कांग्रेस के मद्रास अधिवेशन की अध्यक्षता बदरुद्दीन तैयबजी ने की थी; इसमें 79 मुसलमानों ने भाग लिया।
14.	1913 ई॰	–	मुस्लिम लीग ने घोषणा की कि उसका लक्ष्य स्वायत्त शासन प्राप्त करना है। कांग्रेस ने इसके लिए लीग को बधाई दी।

तिथि	प्रमुख ऐतिहासिक घटनाएँ
15. 1915, 1916 और 1917	– मालवीय एवं श्रीमति सरोजनी नायडू ने भाग लिया।
16. 1921 ई०	– मुहम्मद अली जिन्ना कांग्रेस से अलग हो गए।
17. 1927 ई०	– दिल्ली में आयोजित मुस्लिम लीग के वार्षिक अधिवेशन में दो गुट बन गए।
18. 1928-36 ई०	– कांग्रेस और मुस्लिम लीग के सहयोग का काल माना जाता है।
19. 1930 ई०	– मुस्लिम लीग के इलाहाबाद अधिवेशन में मुहम्मद इकबाल ने अस्पष्ट शब्दों में पृथक् मुस्लिम राज्य के निर्माण का सुझाव दिया।
20. 1932 ई०	– कांग्रेस व लीग ने 'सांप्रदायिक निर्णय' को अस्वीकार कर दिया।
21. 1939 ई०	– मुस्लिम लीग मुक्ति दिवस (22 दिसंबर) मनाया।
22. 1940 ई०	– लाहौर अधिवेशन की अध्यक्षता जिन्ना ने की।
23. 1943 ई०	– करांची अधिवेशन में मुस्लिम लीग ने 'विभाजन करो एवं जाओ' का नारा दिया।
24. 1946 ई०	– लीग ने संविधान सभा की प्रथम बैठक का बहिष्कार किया।

पाकिस्तान की माँग एवं स्थापना

तिथि	प्रमुख ऐतिहासिक घटनाएँ
25. 1930 ई०	– सर मोहम्मद इकबाल ने इलाहाबाद में होने वाले मुस्लिम लीग के अधिवेशन में पाकिस्तान की घोषणा की। इसलिए उन्हें पाकिस्तान का जनक माना जाता है।
26. 1933 ई०	– रहमत अली ने भारतीय मुसलमानों को एक जाति के रूप में वर्णित किया तथा पाकिस्तान की स्थापना के लिए एक योजना बनाई।
27. 1938 ई०	– जिन्ना ने भारत विभाजन की माँग की।
28. 22 मार्च, 1940	– लाहौर अधिवेशन में जिन्ना घोषणा की कि मुसलमान अल्पसंख्यक नहीं है तथा वे किसी परिभाषा के एक अलग जाति है। उसने आगे कहा, "यदि ब्रिटिश सरकार वास्तव में भारत में अपने निवासियों की शांति तथा प्रसन्नता प्राप्त करना चाहती है। वह अपने काम में वफादार है, तो हम सबके सामने एकमात्र यही मार्ग है कि भारत को स्वतंत्र राष्ट्रीय राज्यों में बाँटकर प्रधान जातियों को अलग-अलग घर बनाने की अनुमति प्रदान करे।
29. 22 मार्च, 1940 ई०	– अखिल भारतीय मुस्लिम लीग ने अपने लाहौर अधिवेशन में प्रस्ताव स्वीकार किया, जो इस प्रकार है, "निश्चय हुआ कि अखिल भारतीय मुस्लिम लीग के इस अधिवेशन का दृढ़ विचार है कि देश में कोई भी वैधानिक योजना व्यवहार्थ अथवा मुसलमानों को स्वीकार्य न होगी, जब तक उसकी रूपरेखा निम्न मौलिक सिद्धांतों पर आधारित न हो, जैसे भौगोलिक समीपता वाली इकाइयाँ ऐसे प्रदेशों में बँटी हुई हों; जिनकी स्थिति तथा प्रादेशिक एकीकरण आवश्यकतानुसार इस प्रकार किया जाये कि जहाँ-जहाँ मुसलमान बहुसंख्या में हों, उन्हें 'स्वतंत्र राज्यों, का रूप दे दिया जाये।"
30. 1946 ई०	– सी० राजगोपालाचारी ने महात्मा गांधी की स्वीकृति से मुसलमानों की मांगों को पूरा करने के लिए अपना फार्मूला पेश किया।
31. 10 जून, 1946 ई०	– लार्ड वेवेल ने कांग्रेस के 6, मुस्लिम लीग के 5 तथा अल्पमतों के 3 प्रतिनिधियों को निमंत्रित किया।
32. 29 जुलाई, 1946 ई०	– कैबिनेट मिशन योजना ने अपनी स्वीकृति वापस ले ली।
33. 16 अगस्त, 1946 ई०	– इस दिन मुस्लिम लीग ने सीधी कार्यवाही के रूप में मनाने का निश्चय किया।
34. 9 दिसंबर, 1946 ई०	– संविधान सभा की पहली बैठक का मुस्लिम लीग ने बहिष्कार किया तथा संविधान सभा प्रस्तावों को सामर्थ्य से बाहर नियम विरुद्ध तथा गैर-कानूनी बताया।
35. 3 जून, 1947 ई०	– लार्ड माउण्टबेटन ने एक योजना में भारत तथा पाकिस्तान दो अधिराज्यों की स्थापना की व्यवस्था की।

आधुनिक भारत के सामाजिक संगठन

संगठन	संस्थापक (स्थापना तिथि सहित)
आत्मीय सभा	राजा राममोहन राय (1815)
वेदान्त कालेज	राजा राममोहन राय (1825)
यूनिटेरियन मिशन	राजा राममोहन राय (1825)
ब्रह्म समाज	राजा राममोहन राय (1828)
तत्त्वबोधिनी सभा	देवेन्द्र नाथ टैगोर (1839)
आदि ब्रह्म समाज	
ब्रह्मप्रतिनिधि सभा, संगत सभा, द ब्रह्म समाज ऑफ इंडिया	केशवचंद्र सेन
साधारण ब्रह्म समाज	शिवनाथ 'शास्त्री', आनंद मोहन बोस (1877)
आर्य समाज	स्वामी दयानन्द (1875) (नारा: वेदों की ओर लौटो)
परमहंस सभा	दादोबा पांडुरंग (1849)
थियोसोफिकल सोसायटी	कर्नल अलकाट, हेलेना पेट्रोवना ब्लेवास्की (1875, अमेरिका)
रामकृष्ण मिशन (प० ब०)	विवेकानन्द (1896)
सेंट्रल हिन्दू स्कूल	ऐनी बेसेंट (1915, बनारस)
शारदा सदन	रमाबाई (1889, बम्बई)
ईस्ट इंडियन एसोसिएशन (लंदन)	दादाभाई नौरोजी (1866,
इंडियन नेशनल कांफ्रेस	सुरेन्द्रनाथ बनर्जी
इंडियन लीग	शिशिर कुमार घोष (1875)
इंडियन एसोसिएशन	आनंद मोहन बोस, सुरेन्द्रनाथ बनर्जी (1876)
पूना सार्वजनिक सभा	जस्टिस रानाडे (1867)
बाम्बे प्रेसीडेंसी एसोसिएशन	मेहता तैलंगजी, बदरुद्दीन तैयबजी
भारतीय राष्ट्रीय कांग्रेस	ए०ओ० ह्यूम (1885, बम्बई) (प्रथम अध्यक्ष–वोमेश चंद्र बनर्जी)
इंडियन सोशल कांफ्रेस	एम०जी० राना डे (1887)
यूनाइटेड इंडियन कमेटी	वोमेश चंद्र बनर्जी (1883)
मुस्लिम लीग	आगा खाँ, कलीमुल्ला (1906, ढाका)
यंग बंगाल आंदोलन	
अकादमिक एसोसिएशन	हेनरी विवियन डेरोजिओ (1831, कलकत्ता)
परमहंस मंडली	दादोबा पांडुरंग (1849, महाराष्ट्र)

संगठन	संस्थापक (स्थापना तिथि सहित)
बालिका विद्यालय	ज्योतिबा फुले
सत्यबोधक समाज	
कलकत्ता मदरसा (1781)	वॉरेन हेटिंग्स
विडो रीमैरिज एसोसिएशन	विष्णु शास्त्री पंडित
बेथुन स्कूल (उच्च नारी शिक्षा के लिए)	ईश्वर चन्द्र विद्यासागर
एशियाटिक सोसायटी	विलियम जोंस (1784)
आजाद हिंद सरकार (1939)	सुभाष चंद्र बोस
फारवर्ड ब्लाक (1939)	सुभाष चंद्र बोस
रहनुमाई माजदायासन सभा (1851)	नौरोजी फरदोन जी दादा भाई नौरोजी एस०एस०बंगाली
अहरार आंदोलन (मजलिस-ए-अहरार)	अली बंधु (मुहम्मद अली), जफर अली खाँ), हकीम अजमल खाँ
अहमदिया आंदोलन	गुलाम अहमद (पंजाब)
सर्वेंट्स ऑफ इंडिया सोसाइटी	गोपाल कृष्ण गोखले (1905)
सोशल सर्विस लीग (1911)	श्री नारायण मल्हार जोशी
अनुशीलन समिति (1907)	श्री बारीन्द्र घोश भूपेन्द्र घोष
अभिनव भारती (1906)	विनायक मोहन सावरकर (लंदन)
गदर पार्टी (1913)	लाला हरदयाल (सैन फ्रांसिस्को)
हिन्दुस्तान रिपब्लिकन एसोसिएशन (1924)	चंद्रशेखर आजाद
खिलाफत आंदोलन	अली बंधु मौलाना आजाद (दिल्ली, 1919) हकीम अजमल खां, हसरत मोहानी
स्वराज्य पार्टी (1922)	मोती लाल नेहरू सी०आर० दास
विश्व भारती (1922) कलकत्ता	रवीन्द्र नाथ टैगोर
स्वतंत्र पार्टी (1959)	सी० राजगोपालाचारी
स्वतंत्र श्रमिक पार्टी (1936)	बी०आर० अम्बेडकर
बहिष्कृत हित कारिणी सभा (1924)	बी०आर० अम्बेडकर
हिन्दू महासभा (1915)	मदनमोहन मालवीय, लाजपत राय, केलकर
राष्ट्रीय स्वयं सेवक संघ (1927)	डॉ० हेडगेवार, डॉ०बी०एस०मुंजे
साइंटिफिक सोसाइटी, (1864)	
अलीगढ़ मोहम्मडन एंग्लो ओरियंटल कॉलेज (1875)	सर सैयद अहमद
खुदाई खिदमतगार (लालकुर्ती)	खान अब्दुल गफ्फार खाँ (सीमांत गांधी)

गवर्नर जनरल और वायसराय

लार्ड क्लाइव

1757-60 और फिर 1765-67 तक बंगाल के गवर्नर रहे।

- इलाहाबाद की पहली संधि (16 अगस्त, 1765)- क्लाइव और शुजाउद्दौला के बीच शर्तें–
  50 लाख रुपया युद्ध क्षति-पूर्ति के रूप में लिया।
  बलवन्त सिंह को बनारस की जागीर में पुनः स्थापित किया।
- इलाहाबाद की दूसरी संधि– (शाहआलम के साथ, 1765)
  शाहआलम को इलाहाबाद और कड़ा जिला प्रदान किया गया, बदले में कम्पनी को बंगाल, बिहार तथा उड़ीसा की दीवानी स्थाई रूप से दे दी गई। जिसके बदले कम्पनी ने शाहआलम को 26 लाख रुपया देने का वादा किया।
- बंगाल में द्वैध शासन 1765- वास्तविक शक्ति कम्पनी के हाथ में तथा प्रशासन का भार नवाब के कंधों पर था।
- श्वेत विद्रोह- यूरोपीय सैनिकों के द्वारा दोहरा भत्ता समाप्त करने के कारण विद्रोह किया गया।
- क्लाइव को 'भविष्य का अग्रदूत' कहा गया है।
- अगस्त 1765 में कंपनी के कार्यकर्ताओं की एक व्यापार समिति बनाई गई जिसको नमक, सुपारी तथा तम्बाकू के व्यापार का एकाधिकार दे दिया। इस सोसायटी को 1767 में समाप्त कर दिया गया।

वॉरेन हेस्टिंग्ज (1772-85)

1772 ई. में कोर्ट ऑफ डइरेक्टर्ज ने द्वैध प्रणाली को समाप्त करने का निर्णय लिया।

- वॉरेन हेस्टिंग्ज ने दोनों उपदीवानों-मुहम्मद रजा खाँ तथा राजा शिताब राय को पदच्युत कर दिया।
- राजस्व बोर्ड का गठन किया गया।
- मुगल सम्राट को दिया जाने वाला 26 लाख वार्षिक रुपया बंद कर दिया गया।
- मुगल सम्राट से इलाहाबाद और कड़ा जिला वापस लेकर 50 लाख रुपए में अवध के नबाव को बेच दिया गया।
- 1772 ई० में कर संग्रहण के अधिकार ऊँची बोली वाले को पाँच वर्ष के लिए नीलाम कर दिये गये।
- जिले में भारतीय दीवान की नियुक्ति भ्रष्ट कलेक्टरों को पदच्युत किया।
- भारतीय दीवानों के कार्य के निरीक्षण के लिए 6 प्रांतीय परिषदें नियुक्त। इनके सबके ऊपर कलकत्ता स्थित राजस्व समिति थी, जो सब पर निगरानी रखती थी।
- 1776 में पंचवर्षीय ठेके की समाप्ति तथा पुनः 'एक वर्षीय प्रणाली' अपनाई गई।
- 1781 में प्रांतीय परिषदों को समाप्त कर दिया गया और पुनः कलक्टरों की नियुक्ति की गई लेकिन उन्हें कर निश्चित करने के अधिकार से वंचित रखा गया।
- हिंदू और मुस्लिम कानूनों को संहिताबद्ध किया।
- कानूनगो की पुनः नियुक्ति की गई तथा सर्वोपरि निरीक्षण कलकत्ता स्थित राजस्व समिति थी।
- 1772 ई. में प्रत्येक जिले में एक दीवानी तथा एक फौजदारी न्यायालय स्थापित कर दिया गया। दीवानी न्याय कलक्टरों के अधीन होती था।
  जिला फौजदारी अदालत एक भारतीय अधिकारी के अधीन , जिसकी सहायता के लिए एक मुक्ति तथा एक काजी होता था।
- रेग्यूलेटिंग एक्ट (1773) के द्वारा 1773 में सुप्रीम कोर्ट कलकत्ता में स्थापित किया गया। यहाँ अंग्रेजी कानून लागू होता था।
- 1780 ई. में वारेन हेस्टिंग्ज ने 'इम्पे' जो सुप्रीम कोर्ट का न्यायाधीश था। सदर दीवानी अदालत का 5000 रु० का मासिक अधीक्षक नियुक्त कर दिया। डायरेक्टरों ने इस अस्वीकार कर दिया।
- 1776 में संस्कृत में एक पुस्तक 'Code of Gentoo Law' छपी।
- इस काल में केवल 5 शुल्क गृह, कलकत्ता, हुगली, मुर्शिदाबाद, ढाका और पटना था।
- शुल्क को $2^{1/2}$% कर दिया गया जो सभी को देना होता था।
- 1773 के रेग्यूलेटिंग के तहत भारत में शासन का भार गवर्नर-जनरल तथा उसकी चार सदस्यों वाली परिषद पर।
- परिषद के पाँच सदस्य-वोरन हेस्टिंग्ज, बारवैल, क्लेवरिंग, फ्राँसिस तथा मानसेन थे।
- खजाने को मुर्शिदाबाद से कलकत्ता स्थानांतरित किया।
- बनारस की संधि (1773)–अवध के साथ की।
- फैजाबाद की संधि (1773)–अवध के नवाब और अंग्रेज रेजिडेन्ट ब्रिस्टों के बीच।

- एक प्रस्ताव के अनुसार निजामक का पूर्ण अधिकार नबाब को मिल गया।
- नन्द कुमार पर अभियोग–1775 तथा 1775 में ही नन्द कुमार को फाँसी की सजा। इस फाँसी की सजा में इम्पें का हाथ था जो वारेन हेस्टिंग्ज का मित्र था।
- महादजी सिंधिया और जसवन्त राव होलकर ने मिलकर 1771 ई॰ में दिल्ली को जीत लिया और शाहआलम को मुगल सिंहासन पर बैठाया। सम्राट ने इलाहाबाद और कड़ा जिले को वारेन हेस्टिंग्ज ने वापस ले लिए थे, मराठों को दे दिये।

रुहेला युद्ध (1774)–अवध के नबाब ने रुहेलखण्ड पर आक्रमण कंपनी की सेना की सहायता से किया और मीरांपुरकटरा के स्थान पर हुए युद्ध में हाफिज रहमत खाँ को हरा कर मार दिया गया।

- रुहेलखण्ड अवध में शामिल कर दिया गया।

सूरत की संधि (1775)–रघुनाथ राव तथा वारेन हेस्टिंग्ज इस संधि के अनुसार कम्पनी को रघुनाथ राव को पेशवा बनाना था और बदले में कम्पनी को सालसेट तथा बसीन नगर मिलने थे। कलकत्ता की परिषद ने इस संधि को नामंजूर कर दिया।

पुरंदर की संधि (1776)–पेशवा और अंग्रेजों के बीच, इस संधि के अनुसार कंपनी रघुनाथ राव का पक्ष नहीं लेगी लेकिन सालसेट कंपनी के पास रहेगा।

- लंदन स्थित डायरेक्टरों ने सूरत की संधि को मंजूरी दे दी और पुरन्दर की संधि को अस्वीकार कर दिया।
- हेस्टिंग्ज ने गॉर्ड के नेतृत्व में एक सेना पूना भेजा लेकिन बड़गाँव के स्थान पर पेशवा की सेना ने अंग्रेजों की सेना को बुरी तरह पराजित किया।

बड़गाँव की संधि (1779)–पेशवा और अंग्रेज के बीच, इसके अनुसार अंग्रेजों को 1773 के पश्चात सभी विजित क्षेत्र मराठों को लौटाने का वचन देना पड़ा।

- संधि के बाद भी युद्ध जारी, जनरल गॉर्ड ने 1780 में अहमदाबाद पर अधिकार कर लिया।
- 'पोफम' ने 1780 में ही ग्वालियर पर अधिकार जमाया।

सलबाई की संधि (1782)–मराठा और अंग्रेजों के बीच, दोनों के एक–दूसरे के विजित क्षेत्र पर से अधिकार छोड़ा लेकिन सालसेट तथा एलीफेन्टा द्वीप अंग्रेजों के पास रहे। अंग्रेजों ने माधव राव नारायण को पेशवा स्वीकार किया।

द्वितीय ऐंग्लो-मैसूर युद्ध–वारेन हेस्टिंग्ज मालाबार तट स्थित माही बंदरगाह को जीत लिया, जिस पर हैदरअली अपना अधिकार समझता था।

- हैदर अली ने मराठों और निजाम के साथ मिलकर जुलाई 1780 में कर्नाटक पर आक्रमण कर आरकट को जीत लिया एवं सर हेक्टर मुनरों की सेना को परास्त कर दिया।
- सर आयर कूट के अधीन कलकत्ता से भेजी गई सेना ने हैदरअली को पोर्टोनोवों, पोलियूर तथा सोलिंगपुर (जून 1781-सितम्बर 1781 तक) स्थानों पर परास्त किया।
- **पेरिस की संधि (1783)**–अमेरिकी युद्ध समाप्त।
- **मंगलोर की संधि (1784)**–टीपू और अंग्रेज के बीच एक दूसरे के विजित क्षेत्र वापिस।

चैत सिंह का मामला–1778 में हेस्टिंग्ज ने चैतसिंह से 5 लाख रुपया युद्ध कर माँगा।

- 1779 में 5 लाख रुपया कर तथा 2 लाख रुपये जुर्माने के रूप में माँगा।
- 1780 में वारेन हेस्टिंग्ज को 2 लाख रुपये घूस दिये गये।
- पुन: 5 लाख रुपये तथा 2000 सैनिकों की टुकड़ी की माँग। चैतसिंह द्वारा आनाकानी।
- वारेन हेस्टिंग्ज ने चैतसिंह पर 50 लाख रुपया जुर्माना किया और सेना लेकर स्वयं उसे दंडित करने बनारस गया।
- चैतसिंह को पदच्युत कर उसके अल्प वयस्क भतीजे 'महीप नरायण' को राजा बना दिया गया, उसने 40 लाख रुपये वार्षिक कंपनी को देना स्वीकार किया।

अवध के बेगमों का मामला–(घसीटी बेगम)

- अवध के नबाब आसफुद्दौला पर कम्पनी का 15 लाख बकाया रुपया लेने हेस्टिंग्ज अवध पहुँचा।
- नवाब ने अपनी विमाताओं के कोष पर अधिकार करने की आज्ञा माँगी।
- वारेन हेस्टिंग्ज ने अंग्रेज रेजिडेन्ट मिस्टर मिडलटन को बेगमों से धन वसूलने के लिए भेजा तथा बेगमों को मजबूर कर 105 लाख रुपया देने के लिए बाध्य किया गया।
- **फिलिप फ्रांसिस**–एक समृद्ध और धनाढ्य भारत एक भिखारी तथा उजाड़ देश बन गया।
- 1785 में इंग्लैंड लौटने के पश्चात् हाउस ऑफ लार्ड ने वारेन हेस्टिंग्ज पर महाभियोग की कार्यवाही की लेकिन सात साल के लम्बे मुकदमें के बाद बरी कर दिये गये।
- हेस्टिंग्ज ने चार्ल्स विलिकन्स के गीता के प्रथम अनुवाद की प्रस्तावना लिखी।

- विलिकन्स ने फारसी तथा बंगला मुद्रण के लिए ढलाई के अक्षरों का अविष्कार किया।
- हालहेड ने 1778 में संस्कृत व्याकरण प्रकाशित किया।
- 'विलिकन्स जोन्स' ने 1778 में "एशियाटिक सोसायटी ऑफ बंगाल" की नींव रखी।
- 'फतवा-ए-आलमगिरी' का अंग्रेजी का अनुवाद करवाया।

लार्ड कार्नवालिस (1786-93)

- 1787 में जिले में कार्यवाहक कलक्टरों को दीवानी अदालतों के दीवानी न्यायाधीश में नियुक्त कर दिया गया तथा इसके अतिरिक्त उन्हें फौजदारी शक्तियों तथा समिति मामलों में फौजदारी न्याय करने का भी अधिकार दे दिया गया।
- 1790-92 जिला फौजदारी अदालत समाप्त कर, 4 भ्रमणशील न्यायालय, 3 बंगाल के लिए तथा एक बिहार के लिए नियुक्त किये गये।
- 1793-उसने कर प्रशासन को न्याय प्रशासन से अलग कर दिया।
  (कार्नवालिस संहिता द्वारा)
- दीवानी न्यायालयों के कार्य के लिए जिला न्यायाधीशों का गठन किया गया तथा इसको फौजदारी तथा पुलिस के कार्य भी दे दिए गए।
- अदालतें-(1) मुंसिफ की अदालतें, (2) रजिस्टार की अदालत, (3) जिला अदालत, (4) चार प्रांतीय न्यायालय, (5) सदर दीवानी अदालत, (6) सपरिषद सम्राट (King-in-Council)
- कार्नवालिस ने कानून की विशिष्टता का नियम (50 vereignty of Lav) भारत में लागू किया।
- 1790 में मुसलमान न्यायाधिकारियों के मार्गदर्शन के लिए एक नियम बनाया गया जिसके अनुसार हत्या के मामलों में हत्यारे की भावना पर अधिक बल दिया न कि हत्या के अस्त्र या ढंग पर।
- 'रक्त का मूल्य' निर्धारित करना बन्द कर दिया गया।
- अंग-विच्छेदन के स्थान पर कड़ी कैद की सजा।
- 1793–साक्षी के 'धर्म विशेष' का मामले पर कोई प्रभाव नहीं होगा।
- 1787–प्रांत को राजस्व क्षेत्रों में विभाजित तथा हरेक राजस्व क्षेत्र पर एक-एक कलक्टर नियुक्त कर दिया। इनकी संख्या 36 से घटाकर 23 कर दी गई।
- कार्नवालिस ने व्यापार बोर्ड के सदस्यों की संख्या 11 से घटाकर 5 कर दी।
- 1790-91 में 2 करोड़ 68 लाख रुपया कर-संग्रह किया गया था।
- 1790 में दस वर्षीय भूमि बंदोबस्त लागू किया गया।
- 1793 में इसे 'स्थायी बंदोबस्त' के रूप में परिवर्तित कर दिया गया।
- 1793 में सिविल सेवा (नागरिक सेना) का प्रारंभ, उसे 'सिविल सेवा का जन्मदाता' कहा जाता है।
- तीसरी आंग्ल-मैसूर युद्ध लड़ा और श्री रंगपटट्नम की संधि की (1792)
- कलक्टरों के वेतन को 1500 रुपया किया तथा उन्हें कुल राजस्व को 1% उनके वेतन के अतिरिक्त दिया गया।
- एक नये पद 'जिला जज' का शुभारम्भ किया।
- जिला पुलिस का प्रधान 'सुपरिंटेन्डेन्ट ऑफ पुलिस' को बनाया।

जॉन शोर (1793-1798)

- जॉन शोर अहस्तक्षेप की नीति के लिए प्रसिद्ध थे।
- इनका शासन काल शांति पूर्ण रहा।
- राजस्व मण्डल के अध्यक्ष पद की महत्वपूर्ण भूमिका निभाई।

लार्ड वेलेजली (1798-1805)

सहायक संधि (1798) प्रणाली की शुरुआत की और निजाम के साथ प्रथम सहायक संधि की।

लार्ड वेलेजली के द्वारा सहायक संधि स्वीकार करने वाले राज्य

हैदराबाद	सितम्बर 1778 तथा 1800
मैसूर	1799
तंजौर	अक्टूबर 1799
अवध	नवम्बर 1801
पेशवा	दिसम्बर 1801
बरार के भोंसले	दिसम्बर 1803
सिंधिया	फरवरी 1804

- 1801 में नेपोलियन ने रूस के जार पॉल से संधि करके भारत पर आक्रमण करने की योजना बनाई थी।
- वैलेजली ने महदी अली खाँ नामक एक दूत ईरान के शाह के दरबार में 1799 में भेजा।
- एक अन्य दूत जॉन मैल्कम को बहुमूल्य उपहार देकर तेहरान भेजा।

- वैलेजली ने शाह के साथ एक संधि की जिसमें शाह ने फ्रांसीसियों को अपने देश में आने की अनुमति न देने का वचन दिया।
- 1802 ई० में "एमीन्ज की संधि" से पाँडिचेरी नगर पुनः फ्रांसीसियों को मिल गया।
- 1800 ई. में वैलेजली ने एक भारतीय सैनिक टुकड़ी को मिस्त्र में नेपोलियन के विरुद्ध लड़ने के लिए भेजा।
- वैलेजली ने लार्ड लेक को भेजकर दिल्ली तथा आगरे पर अधिकार कर लिया तथा शाहआलम को पर्याप्त पेंशन दे दी।
- 1805 ई० में कलकत्ता में 'फोर्ट विलियम कॉलेज' की स्थापना की गई लेकिन 1802 ई० डायरेक्टरों की आज्ञा से इसे बंद कर दिया गया।
- चतुर्थ मैसूर युद्ध (1799) तथा मैसूर का कई भागों में विलय।
- तंजौर और कर्नाटक राज्यों के संयोजन के पश्चात् 'मद्रास प्रेसीडेन्सी' की स्थापना की।
- 1802 में पेशवा बाजीराव द्वितीय के साथ बेसिन की संधि की तथा 1803-05 के दौरान द्वितीय आंग्ल-मराठा युद्ध लड़ा।
- प्रेस पर प्रतिबंध लगाया (1799)।
- 'बंगाल टाइगर' के नाम से प्रसिद्ध था।

जार्ज बारलों (1805-1807)

1. वेल्लौर का सिपाही विद्रोह (1806)
2. होल्कर के साथ सहायक संधि (राजपुर घाट की संधि, 1805)
3. द्वितीय आंग्ल मराठा युद्ध का अन्त।

लार्ड मिन्टो (1807-1813)

1. रणजीत सिंह के साथ 1809 ई. में 'अमृतसर की संधि' की।
2. मेलकम को ईरान तथा एलीफिस्टन को काबुल भेजा।
3. 1813 का 'राजपत्र अधिनियम' (चार्टर एक्ट) पारित हुआ।

लार्ड हेस्टिंग्ज (1813-23)

- अहस्तक्षेप की नीति का अंत किया।

  आंग्ल-नेपाल युद्ध (1814-16)–हेस्टिंग्ज का प्रथम युद्ध नेपालियों से हुआ।
- कम्पनी तथा नेपालियों के झगड़ा का प्रारंभ नेपालियों द्वारा बटवाल तथा शिवराज जिलों पर अधिकार को लेकर हुआ। कम्पनी ने पुनः इन जिलों पर अधिकार कर लिया। नेपालियों ने कम्पनी के इस प्रक्रिया को आक्रमण माना तथा 1814 में बटवाल जिले के तीन अंग्रेज पुलिस चौकियों पर आक्रमण कर दिया।
- हेस्टिंग्ज के 1814-15 के अभियान पूर्णतः असफल।
- लेकिन डेविड आक्टरलोनी ने साहसपूर्वक अभियान कर गोरखों को 1816 में मकबनपुर में मात दी।
- **संगोली की संधि (1816)**–कम्पनी और नेपालियों के बीच।
- कम्पनी को गढ़वाल और कुमायूँ क्षेत्र प्राप्त हुए।
- काठमांडू में ब्रिटिश रेजीडेंट रखना स्वीकार किया।
- सिक्किम को खाली कर दिया गया।
- अंग्रेजों को शिमला, मंसूरी, रानीखेत, लण्डौर तथा नैनीताल जैसे स्वास्थ्यावर्धक जगह मिले।
- इस युद्ध के दौरान गोरखों ने अंग्रेजी की फौज में भर्ती होना शुरू किया।

पिण्डारियों का दमन

पिण्डारियों के तीन प्रमुख नेता–चीतू, बासिल मुहम्मद तथा करीम खाँ।

- पिण्डारियों ने 1812 में अंग्रेजों के अधीन गिरजापुर तथा शाहाबाद जिलों को लूटा।
- 1815 निजाम के प्रदेश को लूटा।
- 1818 ई० तक लार्ड हेस्टिंग्ज ने पिण्डारियों के दल को छिन्न-भिन्न कर दिया।
- करीम खाँ मैलकम के आगे आत्म-सर्मपण कर दिया और उसे गोरखपुर जिले में एक छोटी-सी जागीर दे दी गई।
- वासिल मुहम्मद सिंधिया के यहाँ शरण ली, सिंधिया ने उसे अंग्रेजों को सौंप दिया।
- **नागपुर की संधि** (17 मई 1716)–अप्पा साहिब तथा अंग्रेजों की बीच।
- कम्पनी ने पेशवा बाजीराव से एक नये 6 धाराओं के प्रतिज्ञा पत्र पर हस्ताक्षर करने को बाध्य किया (7 जुलाई, 1812)
- कर्नल स्मिथ द्वारा पूना का घेराबंदी तथा दुर्ग पर अधिकार।
- **पूना की संधि (1817)**–अंग्रेजों और पेशवा के बीच।
- मराठा संघ समाप्त किया गया।
- सिंधिया के साथ संधि (5 नवम्बर, 1817)
- सिंधिया और पेशवा की संयुक्त सेना ने पूना की रेंजिडेन्सी पर आक्रमण कर उसे जला दिया।

  तृतीय-आंग्ल मराठा युद्ध–अंग्रेजों ने पेशवा की विशाल

सेना को किर्की के स्थान पर मात दी। (5 नवम्बर, 1817)।

- नागपुर के अप्पा साहिब ने अंग्रेजों के विरुद्ध युद्ध घोषित किया लेकिन सीता बर्डी के स्थान पर हार खाई (26 नवम्बर, 1817)
- **मन्दसौर की संधि (6 जनवरी, 1818)**–होल्कर और अंग्रेज के बीच।

(1) खानदेश सहित नर्मदा नदी के पार का समस्त क्षेत्र कम्पनी को दे दिया गया।

(2) अमीर खाँ की स्वतंत्रता को प्रमाणित कर दिया गया।

- टॉमस मुनरो 1820 में मद्रास का गवर्नर बना और मालाबार ,कन्नड़, कोयम्बटूर, मकदुरै तथा डिण्डीगुल में "रैयतबाड़ी कर-व्यवस्था" लागू की।
- 1822 में रैयत के अधिकारों को सुरक्षित रखने के लिए "बंगाल काश्तकारी अधिनियम" पारित हुआ।
- बंगाल में न्यायाधीशों तथा दण्डनायकों की पृथकता समाप्त कर दी गई तथा कलक्टरों को दण्डनायकों के कार्य करने की अनुमति दी गई।
- हेस्टिंग्ज ने प्रेस से नियंत्रण हटा लिये, लेकिन कुछ नियम भी लागू किये।
- हेस्टिंग्स ने 28 युद्ध लड़े और 160 दुर्ग जीते थे।
- 'बंबई प्रेसीडेन्सी' का सृजन किया।
- चार्ल्स मेटकाफ (दिल्ली का ब्रिटिश रेसीडेन्ट) ने राजपूत राज्यों उदयपुर, जयपुर तथा जोधपुर के साथ संधि की।
- बम्बई के गवर्नर एलिफिंस्टन ने बम्बई में रैयतवारी एवं महालवारी दोनों ही व्यवस्था को लागू किया।
- 1799 के प्रेस प्रतिबंधों को हटाया।
- जेम्स थॉमसन के द्वारा उत्तरी-पश्चिमी प्रांत में महलवारी व्यवस्था लागू की गयी।

लार्ड अहेमर्स्ट (1823-28)

1. प्रथम बर्मा युद्ध (1824-26)
2. भरतपुर पर कब्जा (1826)
3. 1827 में मुगल बादशाह अकबर द्वितीय के द्वारा 'समानता का दर्जा' के आधार पर उसकी आगवानी की गई।
4. बर्मा के साथ 'यांदबू की संधि (1826)

लार्ड विलियम बैंटिक (1828-35)

उदार गवर्नर जनरल के रूप में जाना जाता है। दिसम्बर 1829 ई० में नियम 17 के द्वारा विधवाओं को जलाना (सती-प्रथा) अवैध घोषित कर दिया गया। आरंभ में यह कानून केवल बंगाल प्रेसीडेन्सी में लागू किया गया और 1830 ई० में यह नियम बम्बई और मद्रास प्रेजिडेंसियों में लागू करा दिया गया।

- फांसीगर (ठग लोग) जो लोगों को लूटते थे। ये लोग अवध से हैदराबाद तक, राजपूताना तथा बुंदेलखंड के समस्त क्षेत्र में सीमित थे।
- बैंटिक ने ठगी प्रथा को समाप्त करने के लिए कर्नल स्लीमन को नियुक्त किया।
- ठगी प्रथा का अन्त 1829-35 के दौरान कर दिया गया।
- 1833 का राजपत्र अधिनियम (चार्टर एक्ट) पारित।
- 1833 के चार्टर एक्ट की धारा 27 के द्वारा सरकारी सेवा में योग्यता को सेवा का आधार स्वीकार किया गया।
- शिक्षा का उद्देश्य और माध्यम दोनों पर विचार करने के लिए मैकाले के अधीन समिति का गठन।
- 'मैकाले का स्मृति-पत्र' 2 फरवरी, 1835 को प्रातिपादित हुआ।
- मैकाले के विचार 7 मार्च, 1835 को एक प्रस्ताव द्वारा अनुमोदित तथा उच्च स्तरीय प्रशासन की भाषा अंग्रेजी स्वीकार की गई।
- 1835 में बैंटिक ने कलकत्ते में मेडिकल कॉलेज की नींव रखी।
- अफीम की व्यापार को केवल बंबई बंदरगाह से करने की अनुमति दी।
- न्यायालयों में केस दायर करने के लिए मातृ भाषाओं के प्रयोग की छूट दी।
- अपील तथा सर्किट के प्रांतीय न्यायालय का उन्मूलन तथा उनकी जगह आयुक्तों की नियुक्ति।
- दिल्ली में पृथक् सदर दीवानी तथा इलाहाबाद में सदर निजामत अदालत की स्थापना।
- 1831 में मैसूर तथा 1834 में कुर्ग तथा कछाड़ की रियासतों को अपने प्रदेश में मिलाया।
- 1834 में आगरा प्रांत की स्थापना।
- शिशु-कन्या वध पर प्रतिबंध लगाया।
- 1832 में सिंध के अमीर के साथ संधि।
- कलकत्ता में प्रथम मेडिकल कालेज की स्थापना हुई।
- 1806 ई० में मद्रास के गवर्नर के पद पर रहते हुए बैल्लोर का सिपाही विद्रोह दबाया।

सर चार्ल्स मेटकाफ (1835-36)

1. 'प्रेस के मुक्तिदाता' के रूप में जाना जाता है।
2. प्रेस पर लगाए गये विभिन्न प्रतिबन्धों को हटाया।

लार्ड ऑकलैण्ड (1836-42)

1. 1838 में सिंध के साथ संधि की जिसके अंतर्गत सिंध के अमीरों एवं सिक्खों के बीच किसी भी झगड़े के लिए कम्पनी के मध्यस्थता को दोनों ने स्वीकार किया।
2. 1839 में मांडवी राज्य को अंग्रेजी राज्य में मिलाया।
3. प्रथम अफगान युद्ध (1836-42) में ब्रिटिशों को अत्यधिक क्षति तथा ऑकलैण्ड को वापस बुलाया गया।
4. इसी के समय में रणजीत सिंह की मृत्यु हो गई(1839)।

लार्ड एलेनबरो (1842-44)

1. प्रथम अफगान युद्ध (1842) का समापन।
2. सिंध का अंग्रेजी राज्य में विलय (1843)।
3. ग्वालियर का युद्ध (1843)।
4. चार्ल्स नेपियर सिंध का प्रथम गवर्नर बना।

लार्ड हार्डिंग (1844-48)

1. प्रथम आंग्ल-सिक्ख युद्ध (1845-46) एवं लाहौर की संधि।
2. बालिका शिशु हत्या का निषेध तथा मध्य भारत के गोण्डों में नर-हत्या की प्रथा का दमन।

लार्ड डलहौजी (1842-56)

- 29 मार्च, 1849 की घोषणा द्वारा पंजाब का विलय।
- ब्रिटिश कप्तानों को बर्मा सरकार ने जुर्माना किया। इसी को कारण बनाकर कामरेड लेम्बर्ट को बर्मा भेजा गया जहाँ युद्ध में बर्मा सरकार हार गई।
- 20 दिसंबर, 1852 की घोषणा के द्वारा 'लोअर बर्मा का विलय' कर दिया गया।
- सिक्किम का विलय–दो डाक्टरों के साथ दुर्व्यवहार का आरोप लगाकर 1850 में सिक्किम का विलय कर लिया गया।

व्यपगत का सिद्धान्त (Doctrine of Lapse)

- *सतारा (1848)*–इस सिद्धान्त के द्वारा विलय किया गया प्रथम राज्य था। डलहौजी ने इसे आश्रित राज्य घोषित करके इसका विलय कर लिया।
- *सभलपुर (1849)*–उत्तराधिकारी के अभाव में इस राज्य का विलय कर लिया गया।
- *झाँसी (1853)*–दत्तक पुत्र को मान्यता नहीं दी गई और राज्य का विलय कर लिया गया।
- *नागपुर (1854)*–राजा के स्वर्गवास के बाद रानी के द्वारा गोद लिया गया दत्तक पुत्र को मान्यता नहीं दी गई और राज्य का विलय कर लिया गया।
- *बघाट (1850)*–राज्य विलय।
- *उदयपुर (1850)*–राज्य विलय।
- लार्ड केनिंग ने बघाट और उदयपुर राज्य वापस कर दिये।
- कोर्ट ऑफ डायरेक्टर्स ने 'करौली विजय' की आज्ञा नहीं दी।
- उपाधियों और पेंशनों को बंद करना।
- 1853 में कर्नाटक के नवाब की मृत्यु पर उसके उत्तराधिकारी को मान्यता नहीं दी गई।
- डलहौजी की योजना मुगल सम्राट की उपाधि को समाप्त करने की थी लेकिन डाइरेक्टर्ज ने इस सुझाव को स्वीकार नहीं किया।
- पेशवा बाजीराव द्वितीय की मृत्यु के बाद उसके पुत्र (दत्तक) नाना साहिब को वार्षिक पेंशन नहीं दिया गया (1853)।
- *बराड़ का विलय*–1853 में हैदराबाद के निजाम से बकाया धन के बदले में बराड़ प्रदेश देने को बाध्य किया।
- *अवध का विलय* 1856–अवध का विलय, वहाँ के कुशासन के आधार पर कर लिया गया।

प्रशासनिक सुधार–गवर्नर जनरल के कार्य भार को कम करने के उद्देश्य से बंगाल में एक लेफ्टिनेंट गवर्नर की नियुक्ति की।

- नॉन रेग्युलेशन पद्धति की स्थापना जिसके अनुसार प्रत्येक नये प्रदेश के लिए एक कमिश्नर की नियुक्ति।
- बंगाल तोपखाने के मुख्य कार्यालय कलकत्ता के स्थान पर मेरठ ले जाए गए और सेना का मुख्य कार्यालय शिमला बना दिया गया(1856)
- उत्तर-पश्चिम प्रांत, लोअर बंगाल और पंजाब में भारतीय भाषाओं में शिक्षा का प्रस्ताव स्वीकार किया गया। मद्रास और बंबई में इसे लागू किया गया।
- वुड का निर्देश पत्र (Woods Despatch) 1854 में जारी। इसके अनुसार जिलों में ऐंग्लो-वर्नेक्यूलर स्कूलों, प्रमुख नगरों में सरकारी कालेजों और तीन प्रेजिडेन्सी नगरों में एक-एक विश्वविद्यालय की स्थापना का प्रावधान था। वुड की निर्देश पत्र ब्रिटिश शिक्षा का "मैग्नाकार्टा" कहलाते हैं।
- लन्दन विश्वविद्यालय के आदर्श पर परीक्षा लेने वाले विश्वविद्यालय तीन प्रेजिडेन्सी नगरों, कलकत्ता, बंबई और मद्रास में स्थापित किये जाने थे।
- प्रत्येक प्रान्त में एक 'सार्वजनिक शिक्षा निदेशक' नियुक्त होता था जिसकी सहायता के लिए निरीक्षक होते थे।

- 1853 में प्रथम रेलवे लाइन बंबई से थाना तक बिछाई गई।
- 1854 में कलकत्ता से रानीगंज कोयला क्षेत्र तक रेलवे लाइन बिछा दी गई।
- पहली तार सेवा 1853 में कलकत्ता से आगरा के बीच।
- 1854 में नया 'पोस्ट आफिस एक्ट' पारित किया गया।
- पहली बार (1854) डाक टिकटों का प्रचलन।
- पहली बार एक अलग सार्वजनिक निर्माण विभाग की स्थापना।
- गंगा नहर कार्य पूरा किया गया और 8 अप्रैल, 1854 को नहर खोल दी गई।
- भारत के सभी बंदरगाहों को अंतर्राष्ट्रीय वाणिज्य के लिए खोल दिया गया।
- महलवारी क्षेत्र में भू-राजस्व को 50% कम किया।
- संथाल विद्रोह (1855)।
- द्वितीय सिक्ख-युद्ध (1848-49) एवं पंजाब का अंग्रेजी राज्य में विलय।
- 1853 का राजपत्र अधिनियम (चार्टर एक्ट)।
- प्रत्येक प्रान्त में अलग से लोक-निर्माण विभाग की स्थापना।
- विधवा-पुनर्विवाह अधिनियम लाया (1856)।
- पब्लिक वर्क्स डिपार्टमेन्ट की स्थापना की गई।
- गोरखा रेजिमेन्ट का निर्माण हुआ।
- शिमला को गर्मियों में राजधानी बनाया।

लार्ड कैनिंग (1856-62)

1. 1857 का विद्रोह।
2. विक्टोरिया की घोषणा और 1858 'इंडियन एक्ट' पारित हुआ।
3. भारत के लिए सचिव की नियुक्ति की गई और उसकी एक 15 सदस्यीय परिषद् (इंडिया कांउसिल) भी बनाई गई।
4. गवर्नर जनरल को वायसराय की पदवी दी गई।
5. 1861 का इंडियन कांउसिल एक्ट' पास हुआ। इसने केन्द्रीय और प्रान्तीय स्तर पर विधान परिषदों की स्थापना की।
6. 1859 में लार्ड डलहौजी द्वारा शुरू राजसात् का सिद्धान्त का आधिकारिक रूप से अन्त।
7. 1858, 1859, 1861 में क्रमश: इंडियन पैनल कोड, क्रिमनल प्रोसीजर कोड और हाई कोर्ट एक्ट पारित किये गए।
8. 1857 में कलकत्ता, बंबई और मद्रास में विश्वविद्यालयों की स्थापना की गई।
9. बंगाल में नील की खेती करने वाले किसानों का विद्रोह हुआ।
10. 1859 में EICO के शिविर में यूरोपीय सिपाहियों द्वारा श्वेत सिपाही विद्रोह हुआ।
11. बघाट और उदयपुर के राजपूत राज्यों को उनके शासकों को इस शर्त पर लौटाया गया कि वे अधीनस्थ राज्य नहीं बल्कि संरक्षक मित्र होंगे।
12. बहादुरशाह को रंगून (बर्मा) भेजा गया।
13. 1860 के दंड संहिता लागू की गई जिसमें भारत में दास प्रथा को गैर-कानूनी माना गया।
14. विधवा-पुनर्विवाह अधिनियम को पारित करवाया।

लार्ड एल्गीन (1862-63)

1. वहाबी आन्दोलन को कुचल दिया।
2. इनकी असमय मृत्यु, 1862 से 1864 तक सर नेपियर और सर डेनीसन ने शासन संभाला।

सर जॉन लॉरेन्स (1864-69)

1. अफगानिस्तान में हस्तक्षेप न करने की नीति का पालन किया जिसे 'पालिसी ऑफ मास्टरजी इनएक्टीविटी' कहा गया।
2. यूरोप के साथ दूरसंचार व्यवस्था प्रारंभ की गई (1869-70)।
3. कलकत्ता, बंबई तथा मद्रास में उच्च न्यायालय की स्थापना हुई (1865)।
4. भूटान के साथ युद्ध (1864)।
5. उड़ीसा में अकाल में काफी संख्या में लोग मारे गए (1865-66)।
6. पंजाब काश्तकारी अधिनियम पारित हुआ (1869)

लार्ड मायो (1869-72)

1. 1870 में वित्त का विकेन्द्रीकरण किया गया और प्रथम बार प्रांतीय व्यवस्था की गई।
2. 1872 में भारत में प्रथम बार जनगणना की गई।
3. भारतीय राजाओं की शिक्षा और राजनीतिक शिक्षण के लिए दो विद्यालयों, काठियावाड़ में 'राजकोट विद्यालय' और राजस्थान के अजमेर में 'मायो विद्यालय' की स्थापना।
4. भारत में सांख्यिकी सर्वेक्षण के लिए परिषद् गठित दी।
5. कृषि और वाणिज्य के लिए एक अलग विभाग की स्थापना।

6. राज्य रेल प्रणाली की शुरुआत करवाई।
7. अंडमान में एक पठान द्वारा चाकू मारकर उसकी हत्या कर दी गई।

नॉर्थब्रूक (1872-1876)

1. बड़ौदा के गायकवाड़ की पदच्युति (1875)।
2. 1872 ई० में पंजाब में कूका विद्रोह, रामसिंह के नेतृत्व में।
3. 1874 ई० में बिहार में अकाल।
4. 1875 में वेल्स के राजकुमार की भारत यात्रा।
5. अफगान मामले पर त्याग-पत्र दिया।

लार्ड लिटन (1876-80)

- अकाल के कारण उत्पन्न हुई सोचनीय वित्तीय स्थिति होते हुए भी लिटन ने 29 वस्तुओं जिनमें चीनी, लढढा और विस्थूला इत्यादि प्रकार का कपड़ा सम्मिलित था, पर से आयात शुल्क हटा लिया गया।
- 1879 में मोटे विदेशी कपड़े से शुल्क समाप्त कर दिया गया और वाईसराय को अपनी संवैधानिक शक्तियों का प्रयोग करना पड़ा ताकि अपनी परिषद् की बहुसंख्या के विरुद्ध व्यवस्था दे सके। सर जॉन स्ट्रेची, जो वाइसराय की कार्यकारिणी परिषद के वित्तीय सदस्य थे, उन्होंने सभी प्रान्तों में नमक के कर की दर बराबर करने का प्रयत्न किया।
- 1878 ई० में 'रिचर्ड स्ट्रेची' की अध्यक्षता में एक 'अकाल आयोग' नियुक्त किया गया।
- **राज उपाधि अधिनियम 1876**–महारानी विक्टोरिया को 'कैसर-ए-हिंद' की उपाधि से विभूषित किया गया।
- 1 जनवरी, 1877 को दिल्ली में एक वैभवशाली दरबार का आयोजन।
- **भारतीय भाषा समाचार-पत्र अधिनियम मार्च 1878**–इस अधिनियम के अनुसार किसी भारतीय भाषा के समाचार-पत्र के प्रकाशक को दण्डनायक आज्ञा दे सकता था कि वह जनता के सरकार के प्रति अंसतोष तथा भिन्न-भिन्न जातियों और धर्मों के लोगों को घृणा फैलाने वाले लेख लिखने के लिए उनसे बन्ध पत्र लिखवा दें।
- दण्डनायक की आज्ञा के विरुद्ध न्यायालयों में अपील नहीं की जा सकती थी।
- एस० एन० बनर्जी ने इसे "आकाश से वज्रपात" की संज्ञा दी। भारतीय शस्त्र अधिनियम–1878 के ग्यारहवें अधिनियम के अनुसार किसी भारतीय के लिए बिना लाइसेंस शस्त्र रखना अथवा उसमें व्यापार करना एक दण्डनीय अपराध बन गया।

वैधानिक जनपद सेवा–लिटन ने 1878-79 में वैधानिक जानपद सेवा की योजना प्रस्तुत की। इस योजना के अन्तर्गत सरकार को कुछ कुल के भारतीयों की वैधानिक जानपद सेवा में नियुक्तियाँ करनी थी।

- लिटन ने सिविल सेवा में परीक्षा की आयु 21 वर्ष से घटाकर 19 वर्ष कर दी।
- 1878-80 का द्वितीय अफगान युद्ध जिसमें अंग्रेजों की हार हुई।
- 1879 में आयातित सूती कपड़े पर 'कर' खत्म कर दिया गया।
- नमक के अंतर्राष्ट्रीय तस्करी पर रोक लगाई।
- भारतीय राज्यों के राजाओं के द्वारा नमक बनाने के अधिकार को त्याग दिया गया।
- 1876 का 'दक्कन कृषक रियायत अधिनियम' पारित किया गया जिसमें कृषकों को महाजनों से कुछ हद तक रियायत दी गई।
- लार्ड लिट्टन अपने प्रतिक्रियात्मक कार्यों के लिए जाना जाता है।

लार्ड रिपन (1880-84)

लार्ड रिपन ने 1852 में एक पुस्तक "इस युग का कर्त्तव्य" लिखी थी।

- **भारतीय भाषा समाचार-पत्र अधिनियम रद्द करना (1882)**–भारतीय भाषा समाचार-पत्र को अंग्रेजी समाचार-पत्रों के समान स्वतंत्रता प्रदान की गई।
- **समुद्र आशुल्क अधिनियम**–इसके अधीन घर वालों को किसी भी स्थानीय भाषा में लिखे विद्रोहजनक लेखों को जब्त करने का अधिकार था।
- **प्रथम फैक्टरी एक्ट 1881**–केवल उन कारखानों पर लागू जहाँ 100 से अधिक श्रमिक काम करते थे।
- सात वर्ष से कम आयु के बच्चों से काम कराने पर पाबंदी।
- 12 वर्ष से कम आयु के बच्चों के काम के घंटों को सीमित किया।
- संकटपूर्ण मशीनों का बाड़ा लगाना आवश्यक कर दिया गया।
- आर्थिक विकेन्द्रीकरण–1882 ।

कर के साधनों को तीन भागों में बाँट दिया गया

1. *साम्राज्यीय मदें*–सीमा-शुल्क, डाक तार, रेलवे, नमक, टकसाल, सैनिक, आय तथा भूमिकर।
2. *प्रांतीय मदें*–जेलों, डाक्टरी सेवा, मुद्रण, राजमार्ग, साधारण प्रशासन इत्यादि का प्रांतीय सरकारों को।
3. *बंटी हुई मदें*–आबकारी कर, स्टाम्प कर, जंगल पंजीकरण शुल्क इत्यादि दोनों में विभाजित होता था।

- एक प्रस्ताव के तहत प्रांतों से प्रत्येक पाँच वर्षों के पश्चात् एक नया समझौता का प्रावधान किया।

स्थानीय स्वशासन पर प्रस्ताव

- ग्रामीण प्रदेशों में स्थानीय बोर्डों की स्थापना की।
- इन संस्थाओं में गैर-सरकारी सदस्यों की संख्या अधिक थी।
- 1883-85 के बीच स्थानीय स्वशासन अधिनियम पारित।
- 1884–मद्रास स्थानीय बोर्ड अधिनियम पारित।

शिक्षा सुधार–1882,'सर विलियम हन्टर' की अध्यक्षता में 'हन्टर आयोग' की नियुक्ति। यह आयोग 1854 के वुड के निर्देश पत्र के पश्चात् हुई शिक्षा की प्रगति के पुनरावलोकन के लिए किया गया।

- आयोग ने रिपोर्ट में आरम्भिक शिक्षा के प्रसार और उन्नति के उत्तरदायित्व पर बल दिया।
- दो प्रकार की शिक्षा (1) साधारण साहित्यक शिक्षा तथा (2) व्यवहारिक शिक्षा का प्रावधान।

इल्बर्ट बिल का विवाद (1883-84)

- 2 फरवरी, 1883 को विधान परिषद में प्रस्तुत।
- विधेयक का उद्देश्य यह था कि जाति भेद पर आधारित सभी न्यायिक अयोग्यताएँ तुरन्त समाप्त कर दी जाएँ।
- इस बिल के विरोध में यूरोपीय समुदाय ने एक "प्रतिरक्षण संघ" की स्थापना की।
- 26 जरवरी, 1884 को संशोधित तथा विधेयक पारित।

मैसूर का अध्यर्पण–रिपन ने मैसूर राज्य को 1831 में पदच्युत राजा के उत्तरदायी (दत्तक पुत्र) को पुनः वापस कर दिया।

- भारतीय सेना की टुकड़ी मिस्र भेजने तथा उसके व्यय का कुछ भाग भारतीय सरकार को देने के मामले में रिपन ने इसका विरोध किया।
- भारत में प्रथम जनगणना की गई (1881)। भारत की जनसंख्या 254 मिलियन थी।
- 1883 में 'अकाल संहिता' अस्तित्व में आई।
- पंजाब विश्वविद्यालय की नींव रखी।
- पॉलिसी ऑफ मास्टरजी इनएक्टीविटी के स्थान पर 'फारवर्ड पॉलिसी' लाई गई।
- कृषि एवं वाणिज्य विभाग की स्थापना की।
- वह अपने उदारवादी कार्यों के कारण प्रसिद्ध है और उसे 'रिपन द पापुलर' के नाम से जाना जाता है।
- रिपन ने अपने कार्यकाल के खत्म होने से पूर्व अपना इस्तीफा दे दिया।

लार्ड डफरिन (1884-88)

1. बर्मा का तृतीय युद्ध लड़ा तथा अंततः बर्मा को अधिगृहीत कर लिया (1885-86)
2. 1885 ई॰ में भारतीय राष्ट्रीय कांग्रेस की स्थापना हुई।
3. 1885 ई॰ में अनुचित निष्कासन के विरुद्ध बंगाल काश्तकारी अधिनियम पारित किया।
4. पंजाब के काश्तकारों के लिए 1887 का अधिनियम पारित किया।
5. 1888 में कांग्रेस पर सूक्ष्मदर्शी अल्पसंख्यक होने की टिप्पणी की।
6. अफगान की उत्तरी सीमा का निर्धारण किया गया।

लार्ड लैन्सडाउन (1888-94)

1. सिविल सर्विसेज का प्रांत तथा अधीनस्थ सेवा में विभाजन।
2. 1892 का भारतीय परिषद अधिनियम पारित किया।
3. 1891 का द्वितीय उद्योग अधिनियम पारित किया।,
4. 1891 का "एज ऑफ कान्शेंट एक्ट" पारित किया गया जिसमें 12 वर्ष से कम आयु की लड़की के विवाह पर रोक लगा दी गई।
5. अफगान सीमा (डुरंड लाईन) का निर्धारण किया गया।

लार्ड एल्गीन-द्वितीय (1894-99)

1. 1896 में बम्बई में प्लेग फैला।
2. राजस्थान के कुछ भाग में अकाल फैला–अकाल के कारण की जांच के लिए 'ल्याल समिति' की नियुक्ति की गई।
3. 1897 में पुणे में चापेकर भाइयों द्वारा दो ब्रिटिश अधिकारियों की हत्या।

लार्ड कर्जन (1899-1905)

- 1902 ई. में सर एण्ड्रयू फ्रेजर की अध्यक्षता में एक पुलिस आयोग का गठन।
- 1902 में 'थामस रैले' की अध्यक्षता में विश्वविद्यालय आयोग का गठन किया गया।
- 1904 में विश्वविद्यालय आयोग की सिफारिश पर

'भारतीय विश्वविद्यालय अधिनियम' पारित किया गया। इस अधिनियम के द्वारा विश्वविद्यालय पर सरकारी नियंत्रण को बढ़ा दिया गया।

- सर एंटनी मैकडोलन की अध्यक्षता में एक 'अकाल आयोग' का गठन किया गया।
- 16 जनवरी, 1902 के 'भूमि प्रस्ताव' के द्वारा उपज न होने पर उसमें कर कम करने की व्यवस्था की।
- 1901 में 'सर कार्लिन स्कॉट मानगीफ' की अध्यक्षता में 'सिंचाई आयोग' का गठन किया गया।
- 1904 में 'एक सहकारी उधार समिति अधिनियम' पारित किया गया।
- एक महानिरीक्षक के अधीन 'साम्राज्यीय कृषि विभाग' स्थापित किया गया।
- वाणिज्य और उद्योग का एक नया विभाग स्थापित किया गया।
- 1899 में 'भारतीय टंकन तथा पत्र मुद्रा अधिनियम' पारित किया गया।
- 1899 'भारतीय टंकन तथा पत्र मुद्रा अधिनियम पारित किया गया और अंग्रेजी पौंड का मूल्य भारत में 15 रुपया निर्धारित किया गया।
- मिस्टर टामस राबर्टसन जो एक रेलवे विशेषज्ञ थे उन्हें इंग्लैंड से आमंत्रित किया गया।

न्यायिक सुधार–कलकत्ता उच्च न्यायालय में न्यायाधीश की संख्या बढ़ा दी गई।

- उच्च न्यायालय और अधीनस्थ न्यायालय के न्यायाधीशों का वेतन और पेंशन बढ़ा दी गई।
- भारतीय व्यवहार प्रक्रिया संहिता को पूर्णतया संशोधित कर दिया गया।
- भारतीय सेना को दो कमानों में विभाजन किया–

1. उत्तरीय कमान-कार्यालय मुरी में तथा प्रहार केंद्र पेशावर में स्थापित किया गया।
2. दक्षिणी कमान-कार्यालय पूना तथा प्रहार केंद्र क्वेटा।

कलकत्ता निगम अधिनियम 1899–इस अधिनियम के अनुसार निगम में चुने हुए सदस्यों की संख्या घटा दी गई तथा निगम तथा समितियों में अंग्रेजों की सदस्यों की संख्या बढ़ा दी गई।

- प्राचीन स्मारक परिरक्षण अधिनियम 1704 में पारित किया गया।
- 1905 में बंगाल का विभाजन कर दिया गया।

1. पूर्वी बंगाल तथा असम को मिलाकर एक नया प्रांत बनाया गया। इसका मुख्यालय ढाका में स्थापित।
2. पश्चिम बंगाल, बिहार और उड़ीसा को मिलाकर दूसरा प्रांत बनाया गया।

- कर्जन के अनुसार विभाजन का उद्देश्य मुस्लिम प्रांत बनाना है जहाँ इस्लाम प्रमुख धर्म है।
- सुरेन्द्रनाथ बनर्जी बंगाल के विभाजन के विरोध के नेता बन गए और जनता का नारा बन गया बनर्जी झुकना नहीं। फारस से संबंध–नवंबर-दिसंबर 1903 में कर्जन स्वयं जलपोतों के साथ खाड़ी गया और उसने अंग्रेजों की इस प्रदेश में रुचि प्रदर्शित की।
- 1903 में कर्जन ने कर्नल यंग हस्बैल्ड को एक छोटी-सी गोरखा टुकड़ी के साथ तिब्बत विशेष शिष्ट मंडल के रूप में भेजा।
- 7 सितंबर, 1904 को यंग हस्बैल्ड और तिब्बत के बीच एक संधि हुई जिसमें 75 लाख रुपये युद्ध क्षति के रूप में तथा 75 वर्ष चुम्बीघाटी जमानत के रूप में अंग्रेज ले लेंगे।
- भारत सरकार ने इस युद्ध क्षतिपूर्ति की रकम घटाकर 25 लाख तथा चुम्बीघाटी 3 वर्षों के बाद लौटाने का प्रावधान किया।
- कर्जन का मुख्य सेनापति किचनर से सैनिक अधिकार के प्रश्न पर मतभेद हो गया और कर्जन ने इस्तीफा दे दिया (1905)।
- गोखले ने कर्जन की तुलना औरंगजब से की है।
- एक नये प्रांत पश्चिमी सीमावर्ती प्रांत की स्थापना की।
- 1903 ई० में 'पूसा कृषि संस्थान' की स्थापना की गई।
- रोनाल्डशे ने उसकी जीवनी लिखी 'द लाइफ ऑफ लार्ड कर्जन'।
- भारतीय राज्यों पर सहजानुभूत निगरानी तथा संरक्षण की नीति का पालन किया गया तथा उनके यूरोप यात्रा को प्रतिबंधित किया।

लार्ड मिंटो द्वितीय (1905-10)

1. स्वदेशी आंदोलन की शुरुआत।
2. सूरत अधिवेशन तथा कांग्रेस में खण्डन (1907)
3. मार्ले-मिंटो सुधार या 1909 का भारतीय परिषद अधिनियम पारित हुआ।
4. 1906 ई. मुस्लिम लीग की स्थापना हुई।
5. 1908 ई. में न्यूज़ पेपर एक्ट पारित हुआ।
6. एस० पी० सिन्हा को गवर्नर जनरल परिषद का सदस्य नियुक्त किया गया।
7. 16 अक्टूबर, 1906 में बंगाल विभाजन लागू हुआ।

8. 30 अप्रैल, 1908 को खुदीराम बोस को फाँसी दी गई।
9. अंग्रेजी सरकार ने औपचारिक रूप से 'बाँटो और शासन करो' की नीति अपनाई।
10. तिलक को 6 वर्ष की सजा सुनाई गई तथा मांडले जेल भेजा गया।
11. बी॰ सी॰ पाल तथा अरविंद घोष ने लोक-जीवन से संन्यास ले लिया। अरविंद ने बाद में आध्यात्मिक जीवन की शुरुआत की तथा पांडिचेरी में आश्रम की स्थापना की।

लार्ड हार्डिंग (1910-16)

1. 1911 ई॰ में जार्ज पंचम के स्वागत में दिल्ली में राज्याभिषेक दरबार हुआ।
2. 1911 ई॰ में बंगाल विभाजन वापस लिया गया।
3. 1912 ई॰ दिल्ली स्थानांतरित किया गया (1911-12)।
4. 1911 ई॰ में बिहार और उड़ीसा अलग राज्य बनाए गए।
5. 1912 ई. दिल्ली के चाँदनी चौक पर जब वह राजधानी प्रवेश कर रहा था उसके वाहन पर बम फेंका गया।
6. 1915 में गदर आंदोलन प्रारंभ हुआ।
7. भारत सरकार द्वारा शिक्षा प्रस्तावना लाया गया। जिसमें सरकार ने अशिक्षा को खत्म करने की जिम्मेदारी ली।
8. 1915 में 'फेंस ऑफ इंडिया अधिनियम' पारित हुआ।
9. 1915 में गोपाल कृष्ण गोखले तथा फिरोजशाह मेहता की मृत्यु हुई।

लार्ड चेम्सफोर्ड (1916-21)

1. दो होमरूल लीग, एक तिलक द्वारा तथा दूसरा एनी बेसेंट द्वारा, की स्थापना।
2. कांग्रेस का लखनऊ अधिवेशन जिसमें कांग्रेस पुन: एकजुट हुई (1916)।
3. कांग्रेस और मुस्लिम लीग के बीच 'लखनऊ पैक्ट' हुआ (1916)।
4. 1919 का 'द गवर्नमेंट ऑफ इंडिया अधिनियम पारित हुआ।
5. खिलाफत आंदोलन प्रारंभ हुआ (1919-20)।
6. असहयोग आंदोलन प्रारंभ हुआ (1920-22)।
7. 1919 में जलियाँवाला बाग त्रासदी हुई।
8. 1916 में पूना में महिला विश्वविद्यालय की स्थापना की गई।
9. बनारस में बनारस हिंदू विश्वविद्यालय की स्थापना (1916) हुई। (मालवीय)
10. मद्रास सरकार ने एनी बेसेंट को नजरबंद किया।
11. रॉलेट एक्ट के विरुद्ध संपूर्ण भारत उद्वेलित हो गया।
12. जलियाँवाला बाग त्रासदी पर 'हंटर समिति' गठित की गई।
13. अलीगढ़ मुस्लिम विश्वविद्यालय की स्थापना हुई।
14. गांधी जी का चंपारण में प्रथम सत्याग्रह सफल हुआ।
15. 1921 में 'चैम्बर्स ऑफ प्रिंस' की सत्याग्रह सफल हुआ।
16. 1921 में मोपला विद्रोह हुआ।
17. वेल्स के राजकुमार की भारत यात्रा हुई (1921)
18. 1921 का 'अवध रेंट अधिनियम' पारित हुआ।

लार्ड रीडिंग (1921-26)

1. 5 फरवरी, 1922 को चौरी-चौरा कांड हुआ तथा गांधी जी ने असहयोग आंदोलन वापस ले लिया।
2. 1925 ने नागपुर में 'के॰ बी॰ हेंडगेवार' के द्वारा 'राष्ट्रीय स्वयं सेवक संघ' स्थापना की गई।
3. भारतीय सेना में पदाधिकारी वर्ग का भारतीयकरण हुआ।
4. 1910 का प्रेस अधिनियम तथा 1919 का रॉलेट एक्ट वापस ले लिया।
5. 1925 ई॰ में 'कम्युनिस्ट पार्टी ऑफ इंडिया' की स्थापना हुई।
6. नमक कर का प्रमाणीकरण किया गया।
7. 1925 में रेल बजट को आम बजट से अलग कर दिया गया।
8. 'इंटर यूनिवर्सिटी बोर्ड' का गठन हुआ।
9. कृषि पर 'रॉयल कमीशन' का गठन हुआ।
10. 1925 ई. में सेना में सुधार के लिए 'स्कीम समिति या इण्डियन सैण्डहर्स्ट समिति' गठित की गई जिसने अपना प्रतिवेदन 1926 ई में सौंपा।
11. लोक सेवा पर 1924 ई में 'ली कमीशन' गठित की गई जिसने उसी वर्ष अपना प्रतिवेदन समर्पित किया।
12. करेंसी नोटों पर 'भंग हिल्टन समिति' गठित की गई।

लार्ड इरविन (1926-31)

1. 'ईसाई वायसराय' के नाम से जाना जाता था।
2. ब्रिटिश परमसत्ता और देशी राज्यों में अच्छे संबंध स्थापित करने के उद्देश्य से 1927 में हारकोर्ट बटलर इंडियन स्टेट्स समिति' की स्थापना हुई।
3. 1929 ई॰ 'दीपावील उद्घोषणा' हुई जिसके अनुसार भारत को स्वतंत्र उपनिवेश बनाए जाने की घोषणा हुई।

4. 1928 में साइमन कमीशन भारत आया।
5. 1930 में गांधी के दांडी यात्रा के साथ सविनय अवज्ञा आंदोलन शुरू हुई।
6. 1931 में गांधी-इरविन समझौता हुआ।
7. इण्डियन नेवी अधिनियम पारित हुआ।
8. कृषि पर गठित रॉयल कमीशन ने अपना प्रतिवेदन समर्पित किया।
9. प्रथम तथा द्वितीय गोलमेज सम्मेलन लंदन से हुआ।
10. 'इम्पीरीयल काउंसिल ऑफ एग्रीकल्चरल रिसर्च' की स्थापना की गई।
11. 1929 ई॰ में भारतीय मजदूरों पर रॉयल कमीशन की नियुक्ति की गई तथा इसने 1931 ई॰ में अपना प्रतिवेदन समर्पित किया।
12. 1930 ई॰ साइमन कमीशन ने अपना प्रविवेदन समर्पित किया।
13. 1929 ई॰ लाहौर में कांग्रेस अधिवेशन हुआ जिसमें पूर्ण स्वराज की माँग की गई।
14. 1929 ई॰ 'शारदा अधिनियम 'पारित हुआ जिसमें 14 वर्ष से कम आयु की लड़कियों तथा 18 वर्ष से कम आयु के लड़कों के विवाह पर प्रतिबंध लगा दिया गया।
15. कांग्रेस पर पूर्ण स्वराज्य के माँग के लिए दबाव देने के लिए 'इंडिपेंडेंस ऑफ इण्डिया लीग' की स्थापना जवाहरलाल तथा सुभाषचंद्र बोस द्वारा की गई।
16. 1 जनवरी, 1930 को जवाहरलाल नेहरू ने तिरंगा फहराया।

लार्ड विलिंगटन (1931-36)

1. 1935 का गर्वमेंट ऑफ इंडिया एक्ट' पारित हुआ।
2. 'आचार्य नरेन्द्र देव' तथा जयप्रकाश नारायण' द्वारा 'कांग्रेस सोशलिस्ट पार्टी' का गठन किया गया (1931)।
3. आल इंडिया किसान सभा की स्थापना (1936)।
4. 1931 ई॰ द्वितीय गोलमेज सम्मेलन हुआ।
5. अगस्त 1932 ई॰ में 'कम्यूनल अवार्ड' की घोषणा की गई।
6. जनवरी 1933 ई. में 'व्यक्तिगत असहयोग आंदोलन' प्रारंभ किया गया।
7. 1934 ई. सविनय अवज्ञा आंदोलन औपचारिक रूप से वापस ले लिया गया।
8. गांधी तथा अंबेडकर के बीच 'पूना पैक्ट' पर हस्ताक्षर किए गए।
9. 1932 ई॰ में देहरादून में 'इण्डियन मिलिट्री एकेडमी' की स्थापना की गई।
10. तृतीय गोलमेज सम्मेलन हुआ।
11. भारत में राजनीतिक सुधार पर श्वेत पत्र जारी किए।
12. ब्रिटिश राज्य से बर्मा तथा ऐडन अलग हो गए।
13. उड़ीसा तथा सिंध नए राज्य बने (1935)
14. कश्मीर में मुस्लिम कांफ्रेंस की स्थापना हुई (1932), जिसका 1938 ई. में पुनर्नामकरण नेशनल कांफ्रेंस हो गया। (इसके प्रमुख नेता शेख अब्दुल्लाह तथा पी॰ एन॰ बजाज थे।

लार्ड लिनलिथगो (1936-43)

1. द्वितीय विश्वयुद्ध प्रारंभ होने के बाद 'कांग्रेस मंत्रियों के इस्तीफे को मुस्लिम लीग ने 'मुक्ति दिवस' के रूप में मनाया (1939)।
2. कांग्रेस द्वारा भारत छोड़ो प्रस्ताव पारित हुआ तथा 1942 का अगस्त विद्रोह भड़का।
3. 1942 में क्रिप्स मिशन भारत आया।
4. अगस्त प्रस्ताव में वाइसराय ने यह घोषणा की कि भारत में अंग्रेजी नीति का अंतिम लक्ष्य इसे स्वतंत्र उपनिवेश का दर्जा देना है।
5. मुस्लिम लीग ने 'लाहौर अधिवेशन' में पाकिस्तान का प्रस्ताव किया।
6. व्यक्तिगत सत्याग्रह आंदोलन कांग्रेस द्वारा 1940 में प्रारंभ हुआ।
7. 1941 में रवीन्द्रनाथ टैगोर की मृत्यु हो गई।
8. भारत छोड़ो प्रस्तावना (अगस्त 1942) के बाद भारतीय नेताओं की गिरफ्तारी हुई।
9. मार्च 1943 में मुस्लिम लीग ने 'पाकिस्तान दिवस' मनाया।
10. सुभाषचंद्र बोस ने कांग्रेस से त्यागपत्र दिया (1939) तथा फारवर्ड ब्लॉक की स्थापना की।
11. अपने हरिपुरा अधिवेशन (फरवरी. 1939) में कांग्रेस ने पूर्ण स्वराज्य की घोषणा की।

लार्ड वेवेल (1943-47)

1. कैबिनेट मिशन भारत आया तथा इसका प्रस्ताव कांग्रेस और लीग दोनों को मान्य हुआ (1946)
2. 16 अगस्त, 1946 को लीग ने 'प्रत्यक्ष कार्यवाही दिवस' के रूप में मनाया।
3. 1945 का वेवेल प्लान तथा शिमला कांफ्रेस जिसमें कांग्रेस का नेतृत्व मौलाना आजाद ने किया, असफल रहे।
4. 1945-46 में आम चुनाव हुए।
5. अंतरिम सरकार का गठन 2 सितंबर, 1946 को हुआ।

6. ब्रिटेन के प्रधानमंत्री क्लेमेंट एटली ने जून (1948) तक भारत को स्वतंत्र करने की घोषणा की (20 फरवरी 1947)

लार्ड माऊंटबेटन (1947-48)

1. भारत का अंतिम ब्रिटिश वायसराय था।
2. स्वतंत्र भारत का प्रथम गवर्नर जनरल था।
3. 1947 का भारतीय स्वतंत्रता एक्ट पास हुआ।
4. भारत का विभाजन हुआ।
5. प्रारंभ में प्लान-बाल्कन की प्रस्तावना की गई परंतु जल्द ही इस विचार को छोड़ दिया गया।
6. छोटे रियासतों को यह स्पष्ट कर दिया गया कि उन्हें स्वतंत्र नहीं रहने दिया जाएगा तथा उन्हें या तो भारत के साथ या पाकिस्तान के साथ जुड़ना होगा।
7. 3 जून प्लान की घोषणा हुई जिसमें भारत को 15 अगस्त 1947 को स्वतंत्र कर देने की घोषणा की गई।

ब्रिटिश शासनकाल के प्रमुख शिष्टमंडल

	शिष्टमंडल	वर्ष	गवर्नर जनरल/वायसराय	देश/राज्य
1.	किर्क पैट्रिक शिष्टमंल	(1787 ई॰)	लार्ड कार्नवालिस	नेपाल
2.	मैलकम शिष्टमंडल	(1797 ई॰)	लार्ड वैलेजली	ईरान
3.	एलफिंस्टन शिष्टमंडल	(1808 ई॰)	लार्ड मिन्टो	काबुल
4.	मैलकम शिष्टमंडल	(1808 ई॰)	लार्ड मिन्टो	ईरान
5.	डेविड सेटान शिष्टमंडल	(1809 ई॰)	लार्ड मिन्टो	सिन्ध
6.	राबर्ट्स शिष्टमंडल	(1892 ई॰)	लार्ड लैन्सडाउन	काबुल
7.	डूरंड शिष्टमंडल	(1893 ई॰)	लार्ड लैन्सडाउन	काबुल
8.	यंग हसबैण्ड शिष्टमंडल	(1903 ई॰)	लार्ड कर्जन	तिब्बत
9.	डेन शिष्टमंडल	(1904 ई॰)	लार्ड कर्जन	काबुल
10.	डा. अंसारी शिष्टमंडल	(1904 ई॰)	लार्ड हार्डिंग	तुर्की
11.	डा. अटंल शिष्टमंडल	(1938 ई॰)	लार्ड लिनलिथगो	चीन

ब्रिटिश शासनकाल के प्रमुख कानून

	कानून	*वर्ष*	*गवर्नर जनरल/वायसराय*	*मुख्य प्रावधान*
1.	नवजात कन्याओं की हत्या संबंधी कानून	1795	जान शोर	नवजात कन्याओं की हत्या पर रोक, इसे साधारण हत्या के बराबर का अपराध घोषित किया गया।
2.	बाल हत्या निरोधक कानून	1802 ई.	लार्ड वैलेजली	बंगाल के लोगों द्वारा गंगा एवं समुद्र के संगम में नवजात शिशुओं को फेंकने पर रोक
3.	सतीप्रथा निषेध	1829	विलियम बैंटिक	सती प्रथा पर कानूनी रोक
4.	हिंदू विधवा पुनर्विवाह अधिनियम	1856 ई.	लार्ड डलहौजी	विधवा विवाह को कानूनी मान्यता
5.	सम्मति आयु अधिनियम	1891 ई.	लेंसडाउन	14 वर्ष से कम आयु के विवाह पर रोक
6.	साइमन कमीशन	1927 ई.	लार्ड इरविन	संविधान निर्माण योजना
7.	शारदा कानून	1930 ई.	लार्ड इरविन	बालकों के लिये विवाह की न्यूनतम आयु 18 वर्ष एवं बालिकाओं के लिये 14 वर्ष
8.	हिंदू महिला सम्पति कानून	1937 ई.	लार्ड आकलैण्ड	हिंदू महिलाओं को सम्पति का अधिकार
9.	अगस्त घोषणा	1940 ई.	लिनलिथगो	प्रादेशिक स्वशासन
10.	क्रिप्स मिशन प्रस्ताव	1942 ई.	लिनलिथगो	संविधान सभा की योजना
11.	वैवेल प्रस्ताव	1945 ई.	लार्ड वैवेल	सभी दलों को मिलाकर काउंसिल का निर्माण
12.	कैबिनेट मिशन आयोग	1946 ई.	लार्ड वैवेल	संघ का निर्माण, प्रांतों को स्वायत्तता
13.	माउंटबैटन योजना	1947 ई.	लार्ड माउंटबैटन	भारत का विभाजन

भारत तथा विदेशों में गुप्त समितियों का गठन

समितियाँ	*वर्ष*	*संगठनकर्त्ता*	*विशेष*
अनुशीलन समिति (ढाका) अनुशीलन समिति (कलकत्ता)	1910	पुलिन बिहारी दास, बारीन्द्र कुमार घोष, जतीन्द्र नाथ बनर्जी एवं प्रमोद मित्रा	बंगाल की प्रथम गुप्त समितियाँ ये दोनों ही थी
मित्र मेला (महाराष्ट्र)	1899	वी॰डी॰ सावरकर	महाराष्ट्र तथा पूरे भारत की यह प्रथम समिति थी।
अभिनव भारत (महाराष्ट्र)	1904	गणेश सावरकर	गणेश वी.डी. सावरकर के बड़े भाई थे
हिन्दुस्तान रिपब्लिकन एसोसिएशन	1924	सचिन्द्र सान्याल एवं योगेश चन्द्र चटर्जी	इसकी स्थापना अखिल भारत स्तर पर की गयी थी।
गदर पार्टी (अमरीका के सैनफ्रांसिस्को)	1913	लाला हरदयाल एवं सोहन सिंह भकना	यह भारत में सशस्त्र क्रान्ति करवाना चाहती थी।
इन्डियन इन्डिपेन्डेस लीग (जापान)	1942	रास बिहारी बोस	

स्वातंत्योत्तर भारत (1947–1964)

विभाजन के बाद पुनर्वास

- 15 अगस्त, 1947 ई॰ को भारत स्वतंत्र हुआ।
- स्वतंत्रता के साथ ही भारत दो देशों भारत और पाकिस्तान के रूप में विभक्त हो गया।
- धर्म के आधार पर ही भारत का विभाजन हुआ, जिससें पाकिस्तान मुस्लिम बाहुल्य देश बना, परन्तु भारत धर्मनिरपेक्षता की नीति को अपनाकर सभी धर्म के मानने वाले लोगों को अपने यहाँ रहने की परम्परा की शुरुआत की।
- स्वाधीनता प्राप्ति के बाद भारत को अनेक गम्भीर समस्याओं से जूझना पड़ा।
- स्वाधीनता के समय हमारा देश औद्योगिक दृष्टि से काफी पिछड़ा हुआ था।
- देश के विभाजन के फलस्वरूप कपास और पटसन उत्पादित क्षेत्र पाकिस्तान में चले गये, परन्तु सूती मिलें एवं पटसन मिलें भारत में रह गईं जिससे कपड़ा एवं जूट उद्योगों को काफी मुसीबतों का सामना करना पड़ा। इन मुसीबतों से छुटकारा काफी वर्षों बाद ही मिल पाया।
- जनसंख्या की दृष्टि से भारत का स्थान विश्व में चीन के बाद दूसरा है। यहाँ विश्व की कुल आबादी की 16% जनसंख्या निवास करती है।
- आजादी के बाद भारत ने नियोजित अर्थव्यवस्था अपनाकर देश में औद्योगिक विकास करने का प्रयास किया।
- स्वतंत्रता के पहले समाज के अन्दर काफी कुरीतियाँ थीं, जिनको आजादी के बाद सुधारने का काफी प्रयास किया जाए। जिसमें हमें आशातीत सफलता भी मिली।
- सामाजिक क्षेत्र का मुख्य बिंदु मानव संसाधन एवं मानव विकास होता है। इसके अंतर्गत निम्नलिखित प्रमुख तथ्य निहित होते हैं–
  (1) मानव की आयु सीमा का अधिक होना।
  (2) क्रय शक्ति का अधिक होना।
  (3) शिक्षा में पर्याप्त विकास।
  (4) स्वास्थ्य दशाओं में पर्याप्त सुधार।
  (5) रोजगार एवं आजीविका के अवसरों की उपलब्धता।
- भारत की विश्व में आर्थिक और राजनीतिक सहयोग के कार्यक्रमों में सहभागिता उल्लेखनीय है।

भारतीय राज्यों का एकीकरण : कश्मीर का प्रश्न

- आजादी के बाद भारत के सामने सबसे महत्वपूर्ण समस्या, "देशी रियासतों का विलय" थी, क्योंकि अंग्रेजों ने उन्हें भारत में या पाकिस्तान में अथवा स्वतंत्र रहने की छूट दे रखी थी।
- उस समय देश में कुल 562 देशी रियासतें थीं, जिनके कारण गृहयुद्ध भड़क उठने का अंदेशा था। ऐसे में भारत के तत्कालीन गृहमंत्री सरदार पटेल ने असाधारण धैर्य एवं साहस का परिचय दिया।
- सरदार पटेल के सुझाव पर एक 'रियासती मंत्रालय' बनाया गया और इस मंत्रालय का मंत्री सरदार पटेल को बनाया गया।
- पटेल ने देशी राजाओं को यह आश्वासन दिया कि कांग्रेस उनकी दुश्मन नहीं है और यह प्रजा के हितों की रक्षक है। साथ-ही-साथ उन्होंने यह भी अपील की–हम मिल-जुलकर देश को महान् बना सकते हैं, अलग-अलग रहने से नई मुसीबतों का खतरा होगा।
- पटेल के इन सुझावों का देशी राजाओं पर काफी प्रभाव पड़ा। 15 अगस्त 1947 को जूनागढ़, हैदराबाद और कश्मीर को छोड़कर 556 रियासतों ने भारत संघ में सम्मिलित होने की घोषणा कर दी और ये रियासतें भारतीय संघ में विलीन हो गई।
- जूनागढ़ का नबाव पाकिस्तान में मिलने का इच्छुक था, परन्तु जन असंतोष के चलते उसें पाकिस्तान भाग जाना पड़ा। फलतः नवम्बर 1949 ई॰ को भारत संघ में इसका विलय हुआ।
- हैदराबाद का शासक स्वतंत्र रहना चाहता है, परन्तु वहाँ की जनता भारत में रहना चाहती थी। फलतः भारत ने सैन्य कार्यवाही कर 1949 ई॰ को भारत में मिला लिया।
- जम्मू-कश्मीर रियासत के शासक हरीसिंह ने अक्टूबर 1947 ई॰ को विलय पत्र पर हस्ताक्षर कर अपनी रियासत का भारत में विलय किया।

- सरदार पटेल ने ब्रिटिश प्रान्तों एवं रियासतों का एकीकरण करके भारत में चार प्रकार के राज्यों का गठन किया, ये राज्य हैं–
  (1) *'A' श्रेणी के राज्य*–असम, बिहार, बम्बई, मध्य प्रांत मद्रास, उड़ीसा, पंजाब, उत्तर प्रदेश, पश्चिमी बंगाल।
  (2) *'B' श्रेणी के राज्य*–हैदराबाद, जम्मू-कश्मीर, मध्य भारत, मैसूर, पटियाला संघ , राजस्थान, सौराष्ट्र, ट्रवानकोर-कोचीन।
  (3) *'C' श्रेणी के राज्य*–अजमेर, भोपाल, कुर्ग, दिल्ली, हिमाचल प्रदेश, कच्छ, विन्ध प्रदेश, मणिपुर, त्रिपुरा।
  (4) *'D' श्रेणी के राज्य*–अण्डमान-निकोबार द्वीप।
- स्वतंत्रता प्राप्ति के बाद भाषा के आधार पर राज्यों के गठन के लिए प्रबल माँगें होने लगीं। जिसके वजह से संविधान सभा ने न्यायमूर्ति एस. के. धर की अध्यक्षता में एक आयोग का गठन किया। यह आयोग भाषा के आधार पर राज्यों के गठन की माँग को ठुकरा दिया।
- भाषा के आधार पर गठित होने वाला देश का पहला राज्य आंध्र प्रदेश था, जिसका गठन 1 नवम्बर, 1953 ई॰ को हुआ था।
- 22 दिसम्बर, 1953 को पं॰ नेहरू ने न्यायमूर्ति फजल अली की अध्यक्षता में राज्य पुनर्गठन आयोग की स्थापना की। इस आयोग ने 30 सितम्बर, 1995 ई॰ को A, B, C, D के राज्यों के वर्गों को समाप्त कर 16 राज्य एवं 3 संघ राज्य क्षेत्र की संस्तुति की।
- संसद ने जुलाई 1956 ई॰ को राज्य पुर्नगठन अधिनियम पारित कर भारत में 14 राज्य एवं 6 केन्द्रीय क्षेत्र बनाए गये थे।
- 1960 के दशक में गोवा को पुर्तगालियों से मुक्त कराकर केन्द्रशासित प्रदेश बनाया गया।
- वर्तमान समय में भारत में 28 राज्य एवं 7 केन्द्रशासित संघ क्षेत्र हैं।

भारतीय संविधान का निर्माण

- कैबिनेट मिशन (1946) के प्रावधानों के तहत भारत में अन्तरिम सरकार का गठन तथा देश के लिए भावी संविधान को तैयार करने के लिए संविधान सभा के गठन का निर्णय किया गया।
- 9 दिसम्बर, 1946 ई॰ सच्चिदानन्द सिन्हा की अध्यक्षता में संविधान सभा की प्रथम बैठक हुई, बाद में डॉ॰ राजेन्द्र प्रसाद इस सभा के अध्यक्ष निर्वाचित हुए।
- तीन वर्षों की अवधि में इस "संविधान सभा" ने संविधान का निर्माण कर दिया। 21 फरवरी, 1948 ई॰ को संविधान का प्रारूप तैयार हुआ और इस पर अध्यक्ष के रूप में डॉ राजेन्द्र प्रसाद ने 26 नवम्बर, 1949 ई॰ को हस्ताक्षर कर दिए।
- मूल रूप से इस संविधान में 395 धाराएँ, जोकि 22 भागों में विभक्त थीं और 8 अनुसूचियाँ थीं।
- 26 जनवरी, 1950 ई॰ में यह संविधान स्वतंत्र भारत में लागू हुआ।
- सम्पूर्ण संविधान निर्माण में 2 वर्ष, 11 माह, 18 दिन लगे थे तथा लगभग 64 लाख रुपए व्यय हुए थे।
- महात्मा गांधी संविधान सभा से बाहर रहे थे।
- प्रारूप समिति का गठन 29 अगस्त, 1947 ई॰ को की गई थी, जिसके सभापति डॉ॰ अम्बेडकर चुने गए।

नौकरशाही तथा पुलिस का ढ़ाचा

- नौकरशाही का अर्थ शासन की उस पद्धति से लिया जाता है, जिसमें नियंत्रण पूर्णत: अधिकारियों के हाथ में इतना अधिक होता है, कि उनकी शक्ति सामान्य नागरिकों की स्वतंत्रता के लिए बाधक हो जाती है।
- भारतीय सन्दर्भ में नौकरशाही हमें स्वतंत्रता के समय अंग्रेजों द्वारा विरासत में मिली। अंग्रेजों ने I.C.S. अफसरों की एक संगठित ऐसी फौज तैयार की, जो प्रशासन के प्रत्येक भाग में पूर्णतया हावी रही। आजादी के बाद भारत के लोक कल्याणकारी राज्य बन जाने के बाद भी भारतीय प्रशासक वर्ग अपनी पुरानी भावना से छुटकारा नहीं पा सका है, उसमें अभी भी अपनी पुरानी विशेषताएँ जैसे–पद-सोपान, राजनीति से संलग्नता, भ्रष्टाचार, लाल फीताशाही, शासन करने की अहं की प्रकृति, विशेषज्ञों की उपेक्षा आदि पायी जाती हैं।
- उपनिवेशवादी इतिहास में पुलिस का जो महास्तरीय संगठन बनाया गया उसका ध्येय 'नागरिक पुलिस' बनाने के बजाय विधि एवं व्यवस्था पुलिस बनाना ज्यादा रहा है।
- 21 जून, 1948 ई॰ को सी॰ राजगोपालाचारी भारत के प्रथम गवर्नर जनरल नियुक्त हुए।
- देश की सेवाएँ तीन भागों में विभक्त हैं–

(1) *अखिल भारतीय सेवाएँ*–इस सेवा के अंतर्गत भारतीय प्रशासनिक सेवा (I.A.S.), भारतीय पुलिस सेवा (I.P.S.) और भारतीय विदेश सेवा (I.F.S.) आते हैं। इन तीनों सेवाओं में भर्ती संघ लोक सेवा आयोग द्वारा की जाती है।

(2) *संघीय या केन्द्रीय सेवाएँ*–ये भी संघ लोक सेवा आयोग द्वारा भर्ती की जाने वाली द्वितीय श्रेणी की सेवाएँ हैं। इनकी तथा अखिल भारतीय सेवाओं की भर्ती संघ लोक सेवा आयोग की सिफारिशों पर राष्ट्रपति द्वारा की जाती है, संघीय सेवाओं में भारत सरकार के विभिन्न प्रशासनिक विभाग इत्यादि सम्मिलित हैं।

(3) *राज्य लोक सेवाएँ*–इस श्रेणी में तृतीय श्रेणी के अंतर्गत वे सरकारी कर्मचारी सम्मिलित हैं जो विभिन्न राज्यों की सेवाओं के अन्तर्गत कार्य करते हैं। इनकी नियुक्ति राज्य के राज्यपाल राज्य लोक सेवा आयोग की सिफारिश पर करता है।

- भारतीय राज्य में पुलिस संगठनों का निर्देशन प्राथमिक रूप से 1861 ई॰ में बनाए गए उस पुलिस एक्ट से होता है जिसका सृजनहार 1860 ई॰ का पुलिस कमीशन था। राज्य-स्तर पर कोई भी पुलिस संगठन स्टॉफ तथा लाइन दोनों ही प्रकार की भूमिकाओं का निर्वाह करता है।
- भारत में पुलिस को तीन स्तरों पर कार्य करना पड़ता है–

(1) केन्द्रीय सरकार तथा उसकी इकाइयाँ।

(2) राज्य सरकार का गृह मंत्रालय।

(3) जिला पुलिस अधिकारियों से सम्बद्ध अन्य निम्न स्तरीय इकाइयाँ।

- भारत में पुलिस संगठन का ढाँचा:-

राज्य स्तर पर

D.G.–डायरेक्टर जनरल ऑफ पुलिस।

I.G.–इंस्पेक्टर जनरल ऑफ पुलिस।

D.I.G.–डिप्टी इंस्पेक्टर जनरल।

जिला स्तर पर:

S.P.–पुलिस सुपरिन्टेण्डेण्ट।

Dy. S.P.–डिप्टी पुलिस सुपरिन्टेण्डेण्ट।

C.I.–सर्किल इंस्पेक्टर।

थाने में अर्थात् पुलिस स्टेशन पर

S.I.–सब इंस्पेक्टर।

A.S.I.–असिस्टेंट सब इंस्पेक्टर।

H.C.–हेड कॉस्टेबल।

C.–कॉस्टेबल।

जनांकिकीय प्रवृत्तियाँ, आर्थिक नीतियाँ तथा योजन प्रक्रियाँ

- 19वीं तथा 20वीं सदी के प्रारंभिक दशकों में देश अनेक अकालों एवं महामारियों सें ग्रस्त रहा, परन्तु धीरे-धीरे स्वास्थ्य सुविधाओं एवं खाद्यान्न आपूर्ति में वृद्धि हुई, जिससें जनांकिकीय बढ़ोत्तरी हुई।
- 1891 से 1991 ई॰ तक के जनगणना के आँकड़ों का अध्ययन करने पर भारत की जनसंख्या वृद्धि की प्रवृत्तियों में तीन अवस्थाएँ दृष्टिगत होती हैं–

  1891 से 1921 तक के 30 वर्षों की प्रथम अवस्था।

  1921 से 1951 तक के 30 वर्षों की द्वितीय अवस्था।

  1951 से 1991 वर्तमान काल तक।
- 1891 से 1921 तक की प्रथम अवस्था में भारत की जनसंख्या लगभग स्थिर थी। द्वितीय अवस्था में देश की कुल जनसंख्या 25.1 करोड़ से बढ़कर 36.1 करोड़ हो गई। तृतीय अवस्था में 1951 ई॰ से वर्तमान काल तक जनसंख्या का सर्वाधिक कष्टदायक काल रहा, क्योंकि इस अवधि में जनसंख्या वृद्धि दर विस्फोटक थी। इस अवधि में जनसंख्या 36.1 करोड़ से उछलकर लगभग 1.2 अरब हो गयी है।
- भारत में सर्वप्रथम राष्ट्रीय आय का मापन कार्य 1867-1868 ई॰ में दादा भाई नौरोजी ने किया।
- आजादी के बाद 1949 में सरकार ने प्रो॰ पी॰ सी॰ महालनोविस की अध्यक्षता में राष्ट्रीय आय समिति का गठन किया।
- 1934 ई॰ में सर एम. विश्वेश्वरैया ने अपनी पुस्तक Planned Economy for India में भारतीय अर्थव्यवस्था में आर्थिक नियोजन की आवश्यकता पर बल दिया।
- 1944 ई॰ बम्बई के 8 प्रमुख उद्योगपतियों ने मिलकर एक 15 वर्षीय योजना का प्रारूप प्रस्तुत किया जिसे "बॉम्बे प्लान" के नाम से जाना गया।
- 1944 ई॰ में एम. एन. राय द्वारा साम्यवादी सिद्धांतों के आधार पर एक "जन योजना" प्रस्तुत की गई।
- 1947 ई॰ में स्वतंत्रता के पश्चात् 1948 में देश की प्रथम औद्योगिक नीति का घोषणा हुई।

- 1950 ई॰ सर्वोदय नेता जयप्रकाश नारायण ने शोषणविहीन समाज की स्थापना के उद्देश्य से सर्वोदय योजना प्रस्तुत की।
- 15 मार्च 1950 ई॰ को भारत सरकार ने योजना आयोग का गठन किया।
- 6 अगस्त 1952 ई॰ को राष्ट्रीय विकास परिषद का गठन किया।
- पं॰ जवाहरलाल नेहरू योजना आयोग के प्रथम अध्यक्ष थे।
- प्रथम पंचवर्षीय योजना (1 अप्रैल, 1951 ई॰ से 31 मार्च, 1956) कृषि प्रधान योजना थी।
- द्वितीय पंचवर्षीय योजना (1 अप्रैल 1956 ई॰ 31 मार्च, 1961 ई॰) भारी औद्योगीकरण प्रधान योजना।
- तृतीय पंचवर्षीय योजना (1 अप्रैल 1961 ई॰ से 31 मार्च, 1966), पुनः कृषि को प्राथमिकता देने वाली योजना।

"राज्यों का भाषावैज्ञानिक पुनर्गठन"

- स्वतंत्रता प्राप्ति के बाद भाषा के आधार पर राज्यों के गठन के लिए प्रबल माँगें होने लगी एवं इस मुद्दे को बार-बार संविधान सभा में उठाया गया था।
- संविधान सभा ने न्यायमूर्ति एस. के. धर की अध्यक्षता में एक आयोग का गठन किया।
- यह आयोग ने भाषा के आधार पर राज्यों की गठन की माँग को ठुकरा दिया।
- तेलगु भाषी क्षेत्र के राष्ट्रीय आंदोलन के एक शीर्षस्थ नेता पोहिट्ट श्री रामलू ने भारत सरकार से तत्काल आंध्र प्रदेश राज्य की स्थापना की माँग की लेकिन सरकार द्वारा ऐसा करने से इंकार करने पर ये आमरण अनशन पर बैठ गये और अपने अनशन के 58वें दिन 15 दिसम्बर, 1952 को उनकी मृत्यु हो गई।
- इनकी मृत्यु की वजह से प्रधानमंत्री ने तेलगूभाषियों के लिए पृथक् राज्य आंध्र-प्रदेश के गठन की घोषणा कर दी। यह स्वतंत्र भारत में भाषा के आधार पर गठित भारत का पहला राज्य था।
- न्यायमूर्ति फजल अली की अध्यक्षता में भारतीय संघ के राज्यों के पुनर्गठन हेतु एक समिति का गठन प्रधानमंत्री पंडित नेहरू ने किया। इसमें पं॰ हृदयनाथ कुंजरू और सरदार के॰ एम॰ पणिक्कर सदस्य थे।
- इस आयोग ने 30 सितम्बर, 1955 ई॰ को ए॰ वी॰ सी॰ डी॰ राज्यों के वर्गों को समाप्त कर 16 राज्य एवं 3 संघ राज्य क्षेत्रों की संस्तुति की।
- संसद ने 1956 ई॰ में राज्य पुनर्गठन अधिनियम पारित कर भारत में 14 राज्य स्थापित किए, साथ ही 6 केन्द्रीय क्षेत्र बनाए गये थे। ये राज्य निम्न हैं– जम्मू-काश्मीर, पंजाब, उत्तर प्रदेश, बिहार, बंगाल, असम, उड़ीसा, आंध्र-प्रदेश, तमिलनाडु, केरल, मैसूर, बम्बई, मध्यप्रदेश, राजस्थान।

  केन्द्रीय क्षेत्र में–हिमाचल प्रदेश, दिल्ली, मणिपुर, त्रिपुरा, अंडमान निकोबार द्वीप, मिनीकोय-लावादिव द्वीप।
- 1960 के दशक में गोवा को पुर्तगालियों से मुक्त कराकर केन्द्रशासित प्रदेश बनाया गया।
- भाषा और क्षेत्र के आधार पर भयंकर रक्तपात के बाद तत्कालीन बम्बई राज्य के मुख्यमंत्री मोरारजी देसाई सरकार को बाध्य होकर संयुक्त महाराष्ट्र समिति की संस्तुति को स्वीकार कर 1960 में बम्बई पुनर्गठन अधिनियम के तहत गुजरात एवं महाराष्ट्र नामक दो राज्यों का गठन करना पड़ा।
- इसी तरह भाषा के सवाल पर उठे आन्दोलन के कारण 1966 में पंजाब पुनर्गठन अधिनियम के तहत पंजाब के हिन्दी भाषा क्षेत्र को काटकर हरियाणा एवं पर्वतीय क्षेत्रों को हिमाचल प्रदेश में शामिल कर लिया गया, जिसें 1971 में एक पृथक् राज्य के रूप में गठित किया गया।
- वर्तमान समय में भारत में 28 राज्य एवं 7 केन्द्र शासित संघ क्षेत्र हैं।

विदेशी नीति सम्बंधी पहल कार्य

- द्वितीय विश्वयुद्ध के बाद विश्व दो खेमों में बँट गया था। एक का नेतृत्व पूँजीपति वर्ग के रूप में संयुक्त राज्य अमेरिका, जबकि दूसरे वर्ग का साम्यवादी सोवियत गणराज्य कर रहा था।
- स्वतंत्रता प्राप्ति के बाद भारत के सामने यह समस्या आई कि वह किस खेमे में शामिल हो। काफी विचार विमर्श के बाद यह तय हुआ की भारत किसी खेमे में शामिल नहीं होगा।
- 1961 ई॰ में प्रधानमंत्री पंडित नेहरू ने, इण्डोनेशिया के राष्ट्रपति सुकर्णो और यूगोस्लाविया के राष्ट्रपति मार्शल टीटो के साथ मिलकर 'गुट-निरपेक्ष' आंदोलन को जन्म दिया।

- यही गुटनिरपेक्षता की नीति भारत की विदेश नीति का आधार बना।
- 1956 ई० नेहरू ने स्पष्ट किया था–"हम जहाँ तक सम्भव होगा, उन गुटों की सत्ता की राजनीति से दूर रहने का प्रस्ताव करते हैं जो एक-दूसरे के विरोधी हैं और जिनके कारण अतीत में युद्ध हुए तथा भविष्य में उससे भी अधिक विनाश हो सकता है।"
- भारत ने सदैव अनाक्रमण नीति को अपनाकर भारतीय उपमहाद्वीप में शांति एवं सहयोग का वातावरण उत्पन्न करने का प्रयास किया, इस दृष्टि से पं० नेहरू ने पंचशील के सिद्धांत का प्रतिपादन किया था।
- 28 जून, 1954 ई० को चीन के प्रधानमंत्री चाऊ एन लाई की भारत यात्रा के मध्य पंचशील समझौते पर हस्ताक्षर हुए।
- श्रीमती विजयलक्ष्मी पण्डित संयुक्त राष्ट्र महासभा की पहली महिला अध्यक्ष बनी (अक्टूबर 1953ई०)
- स्वतंत्र भारत की विदेश नीति के प्रमुख सिद्धांत रहे हैं
  (1) असंलग्नता अथवा गुटनिरपेक्षता की नीति।
  (2) साम्राज्यवाद और उपनिवेशवाद का विरोध।
  (3) सभी राष्ट्रों से मित्रता।
  (4) शांतिपूर्ण सहअस्तित्व और पंचशील।
  (5) निःशस्त्रीकरण की प्रक्रिया में विश्वास।
  (6) रंग-भेद की नीतियों का विरोध।

विश्व का इतिहास : संकल्पनाएँ, विचार और अवधियाँ

- पृथ्वी पर मिस्र में ही सर्वप्रथम सभ्यता का विकास हुआ और यहीं से दुनिया के अन्य लोगों ने सभ्यता सीखी थी।
- मिस्र की प्राचीन सभ्यता नील नदी की घाटी में विकसित हुई थी।
- मिस्र के लोगों ने सर्वप्रथम खेती करना शुरू किया।
- प्राचीन मिस्र के लोगों ने ही विश्व प्रसिद्ध 'पिरामिड' बनाए थे जो विश्व के सात आश्चर्यजनक चीजों में से एक हैं।
- मिस्र में लगभग 5000 ई॰ पू॰ से सामाजिक जीवन संगठित होने लगा था।
- लगभग 3400 ई॰ पू. प्रथम राजवंश की स्थापना मिस्र में हुई थी।
- फेरो मिस्र की शासक वंश परम्परा है।
- सम्राट् खुफु ने गिजेह नगर में सबसे पहला विशाल पिरामिड बनाया था।
- सम्राट खुफु के उत्तराधिकारी सम्राट् खफरे ने दूसरा विशाल पिरामिड बनाया था।
- हेतशेप्सुत (1514 ई॰पू॰) में मिस्र की शासिका बनी, वह विश्व की प्रथम महान् स्त्री शासक मानी जाती है। 1497 ई॰ पू॰ में उसकी मृत्यु हो गयी।
- प्राचीन मिस्र ने विश्व को प्रमुख उपलब्यिाँ दी है, उनमें से प्रमुख हैं-(1) भाषा की वर्णमाला (2) सौर गणना तथा केलेन्डर बनाना (3) पिरामिडों का निर्माण (4) मृत शरीरों का ममी बनाकर उनको हजारों वर्षों तक स्थापित रखना।
- बड़े-बड़े स्तूपों (पिरामिडों) की प्रथा मिस्र के तीसरे राजवंश से निर्मित होनी प्रारंभ हुई थी।
- चौथे राजवंश के प्रमुख तीन शासकों ने अपने-अपने लिए महान् स्तूप बनवाएँ थे, ये तीनों प्रमुख स्तूप जिनके नीचे प्राचीन मिस्र के शासकों के मृत देह की ममी समाधियों में रखी हुई है, मिस्र के आधुनिक नगर काहिरा से कुछ किलोमीटर दूर गीजे नामक स्थान पर है।
- इन पिरामिडों तक पहुँचने के लिए पहले पत्थर की एक विशाल मूर्ति आती है, जिसका शरीर शेर का है, एवं मुँह मानव का। यह स्फिन्क्स (Sphink) कहलाती है। यह मूर्ति लगभग 75 मी॰ लम्बी एवं 20 मीटर ऊँची है, इसे फेरो जिफ्रेन ने बनवाया था।
- आइरिस, मिस्त्र की प्रमुख देवी हैं।
- प्राचीन साहित्य बहुत अंश में फराओं की कब्र से प्राप्त हुआ है।
- पिरामिडों से 2000 ई॰ पू. के पेपाइनी (कागज) पर लिखे हुए लेखों के पुलन्दे प्राप्त हुए हैं, जिनमें कहानियाँ धार्मिक विषय, प्रेमगीत, रण-गान, कविताएँ, मन्त्र-तंत्र, स्तुतियाँ, ऐतिहासिक वार्ताएँ, वंशावलियाँ, नीति के उपदेश आदि लिखे हैं।
- मृतकों की पुस्तक (Pyramid texts) पिरामिडों पर अंकित प्राचीन मिस्त्र की धार्मिक पुस्तक है। जिसमें देवताओं की प्रशंसा एवं आत्मा की परलोक यात्रा का विवरण है।
- मिस्र में मातृ सत्तात्मक परिवार व्यवस्था थी।
- आधुनिक इराक को इतिहासविदों ने मेसोपोटामिया कहा है, इसका अर्थ है 'नदियों के बीच की भूमि'।
- दजला और टाईग्रीस (फरात) नदियों के दोआब को ही यूनानी भाषा में मेसोपोटामिया कहते हैं।
- दजला एवं फरात के मुहाने के बीच की भूमि प्राचीन काल में सुमेर कहलाती थी।
- कालक्रम में सबसे पहले सुमेर, सुमेर के पश्चात् बेबीलोन, बेबीलोन के बाद असीरिया और फिर कोल्डिया जाति के लोगों की सभ्यता स्वीकार की जाती है।
- सुमेर सभ्यता के अवशेष 6000 ई॰ पू॰ तक के प्राप्त हैं। इस सभ्यता में सबसे पहले नगर बसते हुए एवं लोगों को सुसंगठित समाज में रहते हुए इतिहासविदों ने स्वीकार किया है।
- सुमेरियन तथा सिन्धु घाटी सभ्यता में बहुत कुछ साम्य है।
- सुमेर के प्राचीन लोगों ने पहले ग्राम बसाए थे, फिर यही ग्राम विकसित होकर नगर बने।
- सुमेरियाई सभ्यता के प्रसिद्ध नगरों के अवशेष मिले हैं, जिनमें निपुर, निनेवह, उर, लागश, किश, बेबीलोन उल्लेखनीय हैं।
- सुमेरियन लिपि कीलाक्षर के नाम से चर्चित हैं।
- सुमेरियन सभ्यता की लिपि में सबसे पुराने लेख 3600 ई॰ पू॰ तक के मिले हैं।

- बेबीलोनियाई सभ्यता के दौर में सर्वप्रसिद्ध सम्राट् हम्मुरावी हुआ। इसका काल 2100 ई॰ पू॰ के लगभग माना जाता है। इतिहास में यह पहला शासक हैं, जिसने शासन संबंधी एवं व्यक्तियों के सामाजिक व्यवहार संबंधी कानून बनाए थे। नगरों के अवशेषों से अनेक पत्र जिनसे शासन सम्बंधी, धर्म तथा समाज-अर्थव्यवस्था आदि की जानकारी मिलती है। सर्वाधिक उल्लेखनीय है पत्थर का एक लम्बा टुकड़ा जिस पर हम्मुरावी का कानून अंकित है।
- बेबीलोनियन सभ्यता में राज्य का सर्वोच्च अधिकारी राजा था, जो निरंकुश था। राजा के दैवी अधिकारों का सिद्धांत प्रचलित था।
- बेबीलोनियन सभ्यता में 'इष्टर' प्रमुख देवी थी जो सौन्दर्य, प्रेम, सृष्टि की मातृदेवी मानी जाती थी।
- कन्फ्यूशियस (551ई॰पू॰ से 478 ई॰पू॰) द्वारा प्रणीत 5 ग्रन्थ जो पंचनिन कहलाते हैं, तथा उसके शिष्यों एवं अन्य दार्शनिकों के चार ग्रन्थ जो चार 'शू' कहलाते हैं-ये नौ ग्रन्थ चीनी साहित्य में नवरत्न माने जाते हैं।
- ये ग्रन्थ हैं-
  (1) ली-ची (आचार के प्राचीन नियम)।
  (2) यी-चिन (परिवर्तन के नियम) का भाष्य।
  (3) शी-चिन (गीतों के नियम) का संकलन।
  (4) चुन चिऊ (कन्फ्यूशियस के प्रदेश लू का इतिहास)।
  (5) शू चिन (इतिहास के नियम)।
  (6) लुन यू (कन्फ्यूशियस की मृत्यु के उपरान्त उसके शिष्यों द्वारा गुरु के उपदेशों का संकलन)।
  (7) ता स्यूह (कन्फ्यूशियस के विचारों का प्रतिपादन)।
  (8) चुन युग (कन्फ्यूशियस के पौत्र द्वारा रचित दार्शनिक ग्रन्थ)।
  (9) मैनसियस द्वारा लिखित दर्शन की पुस्तक।
- कन्फ्यूशियस, लाओत्से और बुद्ध की शिक्षाएँ, चीनी लोगों के लिए "उपदेश त्रय" बन गई थी।
- लोकतांत्रिक शासन प्रणाली का विकास सर्वप्रथम यूनान में हुआ था।
- एथेन्स का लोकतंत्र पैरीक्लीज के राज्यपाल (461 ई॰पू॰-429 ई॰पू.) में अपने उत्कर्ष को प्राप्त हुआ था।
- यूनान देश का नामकरण क्रमश: आर्यों द्वारा 'हेलास' पेरिक्लीज द्वारा यूनान तथा 145 ई॰ में रोमन लोगों द्वारा "ग्रीस" रखा गया था।
- यूनान की प्राचीन सभ्यता का उदय 1500 ई॰पू॰ के लगभग हुआ था।
- ग्रीक समाज धर्मरूढ़ नहीं अपितु लौकिक था।
- लगभग 1000 ई॰पू॰ तक ग्रीक लिपि विकसित हो गई थी।
- ग्रीक देश, ग्रीक भाषा का सर्वप्रथम महाकवि होमर था।
- लगभग 1000 ई॰पू॰ में आर्य लोगों का एक प्रवाह इटली में आया जो आदि निवासी कार्ष्णेय (काले-गोरे) लोगों को पराजित कर इटली के उत्तरी एवं मध्य भाग में बस्ती बनाकर रहने लगा।
- इन आर्यों का मुख्य पेशा कृषि एवं पशुपालन था, इनका मुख्य देवता जुपीटर था।
- इन आर्यों ने आर्य भाषा परिवार की लैटिन भाषा का विकास किया।
- इटली में इन आर्य लोगों के कार्य क्षेत्र का केन्द्र प्रसिद्ध रोम नगर था।
- पौराणिक इतिवृत के अनुसार ईनीज सिलवियस ने (ट्रोजन वीर ईनीज-इटालियन राजकुमारी के विवाह से उत्पन्न पुत्र) रोम नगर की स्थापना की थी।
- एक अन्य दन्त कथा के अनुसार देव पुत्र दो भाइयों रोमूलो और रीमस ने 753 ई॰पू॰ में रोम नगर की स्थापना की थी।
- ईसा पूर्व छठी शताब्दी में रोम पर लेटिन आर्य लोगों का (जिन्हें रोमन कहा गया) आधिपत्य हुआ और रोमन राजा वहाँ शासन करने लगा।
- 510 ई॰पू॰ रोमन लोगों ने राजाओं के शासन को समाप्त कर 'गणराज्य' की स्थापना की।
- रोम रिपब्लिक के सर्वाधिक समृद्ध काल के रोमनों का आधिपत्य सम्पूर्ण इटली, स्पेन, गाल (फ्रांस) से लेकर ग्रीस, एशिया माइनर, दक्षिण में कार्थेज, भूमध्यसागर तट के भू-भाग तथा मिस्र तक स्थापित रहा था। इस विशाल राज्य का केन्द्र रोम था।
- 450 ई॰पू॰ में रोमनों ने प्राचीन अलिखित कानूनों को 12 विभागों में विभक्त कर लिपिबद्ध किया, जो 12 पटिट्यों के नाम से चर्चित हुए। यही 12 पटिट्याँ रोमन कानून का आधार मानी जाती है।
- ईसा की छठी शताब्दी ई॰ में रोमन सम्राट् जस्टिनियन ने उस काल से पूर्व के सब रोमन कानूनों का संग्रह कराकर विधिवत् वर्गीकरण कराकर एक सारांश तैयार कराया जो जस्टीनियन कानून कहलाया। यह प्राचीन रोमन सभ्यता की विश्व की सबसे प्रमुख देन है। समस्त विश्व में इस

कानून व्यवस्था को महत्व प्राप्त है, और सभी देशों की कानून व्यवस्था पर इसका अमिट प्रभाव छाया हुआ है।

- रोमन लोग देववादी एवं मूर्तिपूजक थे–इनके देवता और देवियाँ ग्रीक लोगों के समान थे, मुख्यत: देवता एवं देवियाँ इस प्रकार समझे जा सकते हैं।

रोमन नाम	*ग्रीक नाम*
जुपीटर :	ज्यूस (मुख्य देवता)
मार्स :	ईरीस (युद्ध का देवता)
क्यूरिड :	ईरोस (प्रेम का देवता)
अपोलो :	ऐपोलो (सूर्य) तथा संगीत एवं कला का देवता।
बल्कन :	(अग्नि का देवता)
वीनस :	एडाइटी (सौन्दर्य की देवी)
मिनर्वा :	पेलास एथिनी (ज्ञान की देवी)
सीरीज :	डिमीटर (अन्न की देवी)

- सभी देवी-देवताओं का स्थान ग्रीस में स्थित ओलम्पिस पर्वत पर माना जाता था।
- रोमन लोगों के मनोरंजन का मुख्य साधन ग्लेडियेटर खेल थे। ग्लेडियेटर वे गुलाम लोग होते थे, जिनको विशेषकर ऐसे तमाशों के लिए सिखाकर तैयार किया जाता था।
- ई०पू० 27 में रोमन गणराज्य समाप्त हुआ तथा रोमन साम्राज्य का अभ्युदय हुआ, पहला सम्राट् आक्टेवियस बना।
- तत्कालीन विश्व के भौगोलिक क्षेत्र की जो जानकारी मानव को थी, उसके अनुसार रोमन साम्राज्य 'विश्व राज्य' माना जाता था और रोम के सम्राट् "विश्व सम्राट्" माने जाते थे।
- रोम के प्रथम सम्राट् आगस्टस सीजर (आक्टेवियस) के नाम से सीजर शब्द पश्चिमी दुनिया में गौरव प्राप्त कर गया था। प्रत्येक बड़ा यशस्वी सम्राट् अपने नाम के साथ "सीजर" प्रयुक्त करता था।
- सम्राट् डायोक्लेसियन (284 ई०–305 ई०) ने विशाल रोमन साम्राज्य को दो भागों में विभक्त किया। पूर्वी और पश्चिमी दिशा में यह व्यवस्था की कि उनका प्रबन्ध दो साथी सम्राट् करें।
- डायोक्लेसियन के राज्यकाल की दूसरी महत्वपूर्ण घटना थी–"ईसाई धर्म की स्थापना''।
- कान्स्टेन्टाइन महान् के काल में ईसाई धर्म ''राज्य धर्म'' बन गया।
- कान्स्टेन्टाइन ने कालासागर के तट पर प्राचीन विजेन्टाइन नगर के समीप प्रसिद्ध कान्स्टेन्टिनोपल नगर का निर्माण कराया और उसे अपनी राजधानी घोषित की।
- 470 ई० के लगभग पश्चिम रोमन साम्राज्य का पूर्ण पतन हो गया। रोम पर गोथिक जाति के एक सरदार का आधिपत्य हुआ था।
- पूर्वी रोमन साम्राज्य का पतन 1453 ई० में तुर्कों के आक्रमणों के फलस्वरुप हुआ था।
- 990 ई०पू० इजरायल में यहूदी लोगों का राज्य था।
- ईसाई धर्म के प्रवर्तक ईसा मसीह का नाम जीसस, यीशु था।
- जीसस के उपदेशों का "न्यू टेस्टामेन्ट" (NEW-TESTAMENT) में समावेश किया गया इसे ईसाई धर्म की पवित्र पुस्तक "बाइबिल" कहा जाता है।
- छठी शताब्दी ई० से पन्द्रहवीं शताब्दी ई० तक का काल मध्य युग कहा जाता है।
- मध्य युग का व्यक्तिगत, सामाजिक एवं राजनीतिक जीवन दो संस्थाओं से प्रभावित रहा था, वे संस्थाएँ थीं–''सामन्तवाद'' एवं "ईसाई धर्म।"
- 1095 ई० से 1250 ई० मध्य कुल मिलाकर आठ क्रूसेड्स (धर्म युद्ध) हुए।
- धर्मयुद्धों से व्यापार एवं पर्यटन को प्रोत्साहन मिला।
- धर्मयुद्धों ने मध्य युग की समाप्ति तथा आधुनिक युग के आगमन का पथ प्रशस्त किया।
- धर्मयुद्धों के फलस्वरूप सामन्तवाद का पतन होने लगा, राजा शक्ति सम्पन्न होते गए।
- सामन्तवाद को Feudalism कहते हैं, इसका तात्पर्य है "जागीरदारी"।
- सामन्त प्रमुख सैनिक या रक्षक नाइट (Knignt) कहलाता था।
- सामन्त वर्ग में शिवेलरी (chivalery) की भावना (प्रेम, साहस, सम्मान, स्त्री के प्रति आदर और उसके लिए त्याग की भावना शिवलेरी कहलाती थी) मध्य युग की विशेषता थी।
- पुनर्जागरण का तात्पर्य मध्यकालीन विश्रृंखलता में सोई हुई सभ्यता को, प्राचीन ग्रीको-रोमन आदर्शों के आधार पर जगाने से है अर्थात् प्राचीन ग्रीको, रोमन संस्कृति के पुनर्प्रचलन से है।
- 1453 ई० से 1650 ई० तक साहित्य, वास्तुकला, चित्रकला, मूर्तिकला दर्शन, विज्ञान आदि के क्षेत्र में जो विकास

दृष्टिगत हुआ उसका अध्ययन 'पुनर्जागरण' के अंतर्गत किया जाता है।

- पुनर्जागरण से यूरोप के विचारों में क्रान्ति उत्पन्न हुई, जनता में जीवन के प्रति मोह उत्पन्न हुआ।
- पुनर्जागरण से मध्ययुगीन आडम्बर, अन्धविश्वास एवं प्रथाएँ समाप्त हुईं। उसके स्थान पर व्यक्तिवाद, भौतिकवाद, स्वतंत्रता की भावना, उन्नत आर्थिक व्यवस्था एवं राष्ट्रवाद को प्रतिस्थापित किया।
- पुनर्जागरण की प्रस्तुति मानववाद द्वारा हुई।
- पुनर्जागरण की विचारधारा इटली से प्रारंभ हुई और जर्मनी, फ्रांस, इंग्लैण्ड, स्पेन, नीदरलैण्ड आदि सभी पश्चिमी यूरोपीय देशों में फैल गई।
- दांते, पेट्राक, इरैस्मस प्रसिद्ध मानववादी विद्वान् थे।
- मानववादियों ने मध्ययुगीन व्यवस्था के विरोध में आवाज उठाई और धार्मिक विषयों के स्थान पर विज्ञान, सौन्दर्यशास्त्र, इतिहास, भूगोल जैसे विषयों के अध्ययन-अध्यापन पर बल दिया। संयोग-वियोग, प्रेम-घृणा, नारी सौन्दर्य एवं दाम्पत्य जीवन जैसी सामाजिक समस्याओं को अधिक महत्व दिया न कि मोक्ष को।
- मानववाद ने यूरोप की जनता को आन्दोलित करते हुए धर्म सुधार आन्दोलन का पथ प्रशस्त कर दिया।
- व्यावसायिक क्रान्ति पुनर्जागरण का ही परिणाम थी।
- राष्ट्रीयता का विकास पुनर्जागरण काल की प्रमुख विशेषता रही।
- धर्म सुधार आन्दोलन को मूर्त रूप देने तथा सफल बनाने में जर्मनी के मार्टिन लूथर का महत्वपूर्ण योगदान रहा था।
- व्यवसायिक क्रांति की मुख्य विशेषताओं में से सर्वाधिक उल्लेखनीय पूँजीवाद का विकसित होना था।
- पूँजीवाद का तात्पर्य व्यवसाय को बड़े पैमाने पर संगठित करने से है।
- व्यवसायिक क्रांति अपने अन्तिम चरण में वाणिज्यवाद नामक एक नवीन सिद्धांत से संबंद्ध हो गई।
- 1600 से 1700 ई० के बीच मर्कन्टिलिज्म (वाणिज्यवाद) का प्रमुख समय रहा था।
- वाणिज्यवाद के सिद्धांत में आर्थिक राष्ट्रीयता, संरक्षणवाद तथा साम्राज्यवाद के तत्व निहित थे।
- राज्य द्वारा प्रवर्धित एवं निर्देशित व्यापार-वाणिज्य की विचारधारा को वाणिज्यवाद कहा गया है।
- वाणिज्यवाद के अंतर्गत देश के राजकोष में अधिक-से-अधिक धन लाने की विचारधारा होती है।
- सोलहवीं शताब्दी से अठारहवीं शताब्दी के अन्त तक का 300 वर्षों का समय वाणिज्यवाद का युग कहा गया है।
- वाणिज्यवादियों ने राजनीतिक एकता एवं राष्ट्रीयता के विचार प्रस्तुत किए थे।
- वाणिज्यवाद के पतन से एड्म स्मिथ का महत्वपूर्ण योगदान था।
- चार्ल्स प्रथम के काल में इंग्लैण्ड में हुए गृहयुद्ध के दौरान सेना ने पार्लियामेन्ट के विरोधी सदस्यों को पद्च्युत कर दिया था, शेष रहे सदस्य जिन्हें रम्प पार्लियामेन्ट कहा गया, ने इंग्लैण्ड को एक कॉमनवेल्थ (राष्ट्रमंडल) घोषित कर दिया।
- इंग्लैण्ड में 1688 ई० की गौरवक्रांति द्वारा यह व्यवस्था हो गई कि राजा पार्लियामेन्ट की सहमति प्राप्त कर ही राजपद पर रह सकता है, राजस्व का दैवी सिद्धांत समाप्त हो गया।
- गौरवपूर्ण क्रान्ति द्वारा यह सदैव के लिए निश्चित हो गया कि सार्वभौमिकता का स्रोत राजा नहीं, पार्लियामेन्ट है। तब से पार्लियामेन्ट के अधिकार बढ़ते ही गए। पार्लियामेन्ट की इसी सत्ता ने इंग्लैण्ड को उदार प्रजातंत्र का गढ़ बना दिया। एकतंत्र के विरुद्ध हो रहे प्रत्येक संघर्ष को इस क्रांति ने प्रेरित किया।
- उपनिवेशवाद की प्रक्रिया के अनन्तर सम्पूर्ण यूरोप में औद्योगिकीकरण की प्रक्रिया का सूत्रपात हुआ था।
- आधुनिक युग के प्रारंभ में स्पेन, पुर्तगाल, इंग्लैण्ड ने उपनिवेशों की स्थापना में अपनी पहल कर रखी थी।
- इंग्लैण्ड में उपनिवेश स्थापना की प्रक्रिया टयूडर काल में प्रारंभ हुई। स्टुअर्ट काल में इंग्लैण्ड औपनिवेशिक देशों में प्रमुख बना रहा।
- अठारहवीं शताब्दी में इंग्लैण्ड विश्व का अग्रणी राष्ट्र था। उसके उपनिवेश विश्व के दोनों गोलार्द्ध में अधिकाधिक थे।
- पूँजीवाद उन्नीसवीं शताब्दी में पूर्णतः विकसित हुआ था।
- पूँजीवाद की विशेषताएँ हैं–(1) निजी क्षेत्र में उद्योगों की स्थापना (2) बाजारों के लिए प्रतिस्पर्धा (3) अधिकाधिक लाभ प्राप्त करना।
- पूँजीवाद का तात्पर्य बड़े स्तर पर व्यवसाय के संगठन से है।
- पूँजीवाद की मुख्य विशेषता बैंकिंग थी।

- इटली के नगरों में ही आधुनिक पूँजीवाद की प्रमुख संस्था 'बैंक प्रणाली' का प्रथम अभ्युदय हुआ था।
- इटली से बैंकिंग प्रणाली अन्य देशों में विकसित हुई।
- फ्लोरेन्स के धनाढ्य बैंकिंग परिवारों में मेडिची परिवार प्रमुख था। पन्द्रहवीं शताब्दी में "मेडिची परिवार" विश्व के धनी और प्रभावशाली परिवारों में अग्रणी स्थान रखता था।
- 1694 ई॰ में इंग्लैण्ड का बैंक स्थापित किया गया।
- 16वीं शताब्दी के अंत तक सम्पूर्ण यूरोपीय अर्थव्यवस्था में पूँजीवाद की जड़े गइराई में जम गई थीं।
- पूँजीवाद के फलस्वरूप स्टॉक एक्सचेन्ज स्थापित हुए।
- प्रथम स्टॉक एक्सचेन्स एन्टवर्ग में 1531 ई॰ में स्थापित हुआ था।
- पूँजीवाद के परिणामस्वरूप यूरोपीय उद्योगों में क्रान्ति आ गई तथा व्यापारिक-शिल्पी श्रेणियों (गिल्डस) का पतन हो गया। राष्ट्रीय व्यवसायवाद का विकास हुआ, राष्ट्रीयता की चेतना विकसित हुई।
- अठारहवीं शताब्दी के प्रारंभ में इंग्लैण्ड में कृषि क्रांति हुई थी, शनैः शनैः यह सम्पूर्ण यूरोप में फैल गई।
- धर्मयुद्ध एवं सौ वर्षीय युद्ध के फलस्वरूप सामन्तों की शक्ति लगभग समाप्त हो गई थी, समाज का प्राचीन ढाँचा ध्वस्त हो गया, जमींदारी प्रथा का विनाश प्रारंभ हो गया और आधुनिक ढंग से खेती की जाने लगी।
- डिमीन जमींदारी का वह भाग था जो जमींदारों के ही लाभ कि लिए सुरक्षित रहता था, इस पर कृषि कार्य करना सर्फों की अनिवार्य जिम्मेदारी थी, इसकी उपज जमींदार को ही प्राप्त होती थी, जब सर्फ भागने लगे अर्थात् नगरों को पलायन कर गए अथवा महामारी के शिकार हो गए तो जमींदारों ने डिमीन को किराये तथा मालगुजारी पर देना प्रारम्भ किया।
- डिमीन कृषि का पतन कृषि क्रांति की वजह से हुआ।
- कृषि क्रांति ने औद्योगिक क्रांति की पृष्ठभूमि रची।
- औद्योगिक क्रांति का अर्थ हैं, गृह उद्योग के स्थान पर यन्त्रचालित कल-कारखाने।
- औद्योगिक क्रांति अठारहवीं शताब्दी के मध्य (1760 ई॰ के आस-पास) इंग्लैण्ड में शुरू हुई।
- सर्वप्रथम सूती कपड़े के उद्योगों में यांत्रिक क्रांति हुई।
- रूसों ने अपने लेखन में रूढ़ियों की अवहेलना करते हुए स्वतंत्रता, समानता, भातृत्व भावना का विचार प्रस्तुत किया था।
- रूसों ने व्यक्ति के नैसर्गिक गुणों के सहज विकास को महत्व दिया था।
- रूसों ने "सामान्य इच्छा" और जनता में निहित प्रभुजता का विचार दिया था।
- रूसों की सर्वाधिक चर्चित कृति में राज्य की उत्पत्ति की एक परिकल्पना प्रस्तुत की गई।
- रूसों ने घोषित किया कि जनता की इच्छा ही किसी सरकार को बैध बनाती है।
- रूसों ने प्राकृतिक स्थिति की ओर लौटने की बात करके समाज की कृत्रिमता पर प्रहार किया। "मनुष्य जन्म से स्वतंत्र है, परन्तु प्रत्येक स्थान पर जकड़ा है" (Man is born free but every where he is in chains) कहकर उसने एक साथ मनुष्य में स्वतंत्रता की आशा का संचार किया और बन्धनों से मुक्त होने की प्रेरणा दी।
- रूसों की आस्था का केन्द्र मानव था।
- क्रान्ति के द्वारा (1789 ई॰ की फ्रांस की क्रान्ति) राजाओं के दैवी अधिकार के सिद्धांत का अंत करके लोकप्रिय सम्प्रभुता के सिद्धांत का प्रतिपादन किया।
- क्रांति ने नागरिकों के हृदयों में अपने देश के प्रति अनुराग उत्पन्न करते हुए राष्ट्रीयता की भावना जाग्रत की।
- साम्यवाद शब्द तथा उसका प्रतीक लाल झंडा फ्रांस से संसार को प्राप्त हुआ।
- मार्क्स ने समाजवाद को एक अदम्य गतिशील शक्ति के रूप में परिवर्तित कर दिया।
- मार्क्स ने अपने मित्र फ्रेडरिक ऐंजिल्स के साथ मिलकर विश्वविख्यात "साम्यवादी घोषणा पत्र" (communist manifesto) प्रकाशित किया जो आधुनिक वैज्ञानिक समाजवाद का आधार है।
- साम्यवादी घोषणा पत्र में मार्क्स के वे समस्त विचार निहित हैं जिनका उसने अपनी महान् कृति "दास कैपिटल" में प्रतिपादन किया था।
- 1917 ई॰ की रूसी क्रान्ति (बोल्शेविक क्रान्ति) ने विश्व में समाजवादी विचारधारा को लोकप्रिय बनाया।
- फासिज्म पार्टी तानाशाही के अंतर्गत सरकार और समाज का सर्वाधिक शक्तिशाली संगठन है, यह अत्याधिक राष्ट्रवादी, जातिवादी, सैन्यवादी और साम्राज्यवादी भावनाओं से ओतप्रोत है।
- फासिज्म का मूल मंत्र है "शक्ति और सजीवता" इसमें तर्क के लिए कोई स्थान नहीं है।
- द्वितीय विश्वयुद्ध की देन "शीत युद्ध" है।
- शीत युद्ध ने सैनिक सन्धियों को जन्म दिया और विश्व को पुनः युद्ध के कगार पर खड़ा कर दिया।
- महायुद्ध से पूर्व राष्ट्रमण्डल मात्र गोरे समाज की जमात थी। 1947 ई॰ में भारत एवं पाकिस्तान को राष्ट्रमण्डल

में सम्मिलित किया गया।

- अफ्रीकी राज्य भी राष्ट्रमण्डल में सम्मिलित होते गए।
- राष्ट्रमंडल अब विभिन्न जातियों का संगठन बना।
- संयुक्त राष्ट्र ने निरंतर दक्षिणी अफ्रीका की रंगभेद की नीति की निन्दा की और सभी को मानव अधिकार देने को कहा।
- मानव अधिकारों की अन्तर्राष्ट्रीय स्तर पर 1948 ई० में महासभा ने घोषणा की थी।
- शीतयुद्ध दो विरोधी विचार धाराओं एवं सामाजिक व्यवस्थाओं के बीच संघर्ष हैं।
- राष्ट्रमंडल एकता के सूत्र में बँधा हुआ है, इसके सभी राष्ट्र स्वतंत्र एवं समान हैं।
- राष्ट्रमंडल के तीन प्रमुख भाग हैं—(1) राजमुकुट (2) राष्ट्रमंडलीय प्रधानमंत्री सम्मेलन (3) राष्ट्रमंडल कार्यालय।
- राष्ट्रमंडल कार्यालय लंदन में स्थित है।
- गुटनिरपेक्षता शब्द का सर्वप्रथम 1961 ई० में प्रचलन हुआ, जब बेलग्रेड में नेहरू ने इसका प्रयोग किया।
- मिस्र, यूगोस्लाविया, इण्डोनेशिया और घाना शीघ्र ही भारत के साथ संयुक्त हुए और बेलग्रेड में नेहरू, नासिर, टीटो, सुकर्ण और एन्क्रूमा गुटनिरपेक्षता के प्रवर्तकों के रूप में जाने गए।
- नाजीवाद जर्मनी में 1933 ई० से 1945 ई० तक हिटलर के नेतृत्व में विकसित एवं प्रभावी हुआ था।
- नाजी पार्टी का मुख्य ग्रन्थ हिटलर द्वारा रचित 'मीन काम्फ' (मेरा संघर्ष) नाजियों की बाइबिल कहलाती है।

इतिहास में अनुसंधान

- इतिहास शब्द का सर्वप्रथम प्रयोग हिरोडोटस ने किया था इसे इतिहास का जनक कहा जाता है। हिस्ट्री शब्द से उनका अभिप्राय खोज और अनुसंधान था।
- इतिहास का विषय व्यक्ति जीवन नहीं किन्तु समाज का जीवन है।
- इतिहास की जानकारी के तीन मूल साधन होते हैं–(1) साक्ष्य (2) दस्तावेज (3) भौतिक अवशेष।
- साक्ष्य का अर्थ साक्षी का वचन, साक्षी का सामान्यतया अर्थ होता है "प्रत्यक्षदर्शी"।
- सरकार के द्वारा प्रकाशित गजट, सरकारी पत्र-व्यवहार, सम्बंधित पत्रावलियाँ आदि दस्तावेज कहे जाते हैं।
- भौतिक अवशेषों की खोज, उनकी परीक्षा, उनका सम्बंध स्थापन (आदि पुरातात्विक सामग्री) समाज के भौतिक जीवन को समझने के लिए उपयोगी होती है।
- इतिहास का रचना का अर्थ होता है–इसे कहना। इतिहासकार का प्रमुख कर्तव्य अतीत की घटनाओं को प्रकाश में लाना, घटनाओं के परस्पर सम्बंध को दिखाना और उनकी व्याख्या करना है। इस प्रकार इतिहास अतीत में स्थित मानव समाजों के विकास का व्याख्यात्मक वर्णन है।
- पुनर्जागरण या नवजागरण के इतिहास-दर्शन (1400-1650 ई०) में मनुष्य को केन्द्र में लाया गया।
- मार्क्स ने व्यक्त किया कि इतिहास आर्थिक वर्गों का संघर्ष है। उसने इतिहास की द्वन्द्वात्मक भौतिकवादी व्याख्या की।
- अथर्ववेद में सर्वप्रथम इतिहास शब्द का उल्लेख प्राप्त होता है।
- भारतीय इतिहासकार डी० डी० कोसाम्बी, मार्क्सवादी चिन्तकों में प्रथम थे, जिन्होंने विश्व इतिहास के परिप्रेक्ष्य में भारतीय इतिहास और कला, संस्कृति का मार्क्सीय दृष्टि से अध्ययन-विश्लेषण प्रस्तुत किया।
- डी०डी० कोसम्बी ने पहली बार भारतीय समाज के राजनीतिक, सामाजिक, सांस्कृतिक अन्तर्विरोधों को उद्घाटित करने का प्रयास किया।
- डी०डी० कोसम्बी ने इतिहास को देखने का एक नया दृष्टिकोण अपनाया था, वह था वस्तुपूरक और समग्र दृष्टिकोण।
- लार्ड एक्टन (1834-1902) कैम्ब्रिज सम्प्रदाय के वास्तविक संस्थापक थे, वर्तमान काल के सर्वश्रेष्ठ इतिहासकारों में उनकी गणना की जाती है। एक्टन का दृष्टिकोण नैतिक था।
- लार्ड एक्टन का इतिहास लेखन में मूल मंत्र था–"सत्ता से आत्मा की मुक्ति इतिहास का मूल मंत्र हैं।"
- इटली के मार्क्सवादी चिन्तक आंतोनिओं ग्राम्शी ने 'सबाल्टर्न' शब्द समाज के गौण, दलित, उत्पीड़ित लोगों के लिए प्रयोग किया था।
- मनुष्य मूलतः ऐतिहासिक जीव है, इतिहास द्वारा ही मनुष्य को समझने का सूत्र प्राप्त होता है।
- इतिहास का महत्वपूर्ण उपयोग प्रगति के मार्ग का दिशा बोधन करना है।
- कोसम्बी के शब्दों में–"इतिहास से ज्ञान अर्जित करना कभी केवल इकहरी प्रक्रिया नहीं होता, वर्तमान को अतीत की रोशनी में जानने का अर्थ है, अतीत को वर्तमान की रोशनी में जानना। इतिहास का काम है वर्तमान और अतीत के बीच के अन्तः सम्बंधों के माध्यम से इन दोनों की अधिक गहरी समझ अर्जित करना।"
- बुद्धिवाद के युग (18वीं शताब्दी) के प्रमुख इतिहासकार रहे–वाल्टेयर (1694-1778 ई०), एडवर्ड गिवन (1737-1794 ई०) इमानुल्ल काण्ट (1724-1804 ई०) गेटे (1749-1832 ई०)
- रोमान्टिक युग के प्रमुख इतिहासकार–हेरदार (1744-1803 ई०), शीलर (1759-1805 ई०), फिश्ते (1762-1814 ई०), हेगल (1770-1831 ई०)।
- इतिवृत्तात्मक युग के प्रमुख इतिहासकार–नीबूर (1776-1831 ई०), टांके (1795-1885 ई०), लार्ड एक्टन (1834-1902 ई०), बाइली (1844- 1914 ई०)
- सामान्यतया सरलीकृत शब्दों में इतिहास को अतीत के अभिलेख (record of the past) के रूप में स्वीकार किया जाता है।

- इतिहासकार अतीतकालीन घटनाओं के मूलभूत कारकों या मानवीय अस्तित्व के सिद्धांत की खोज करते हैं।
- इतिहास एक बौद्धिक गतिविधि है, जो बहुत कुछ तथ्य और वास्तविकता में निहित रहती है।
- इतिहास के अध्ययन का एक व्यवहारिक मूल्य है।
- मानव जाति इतिहास के प्रति व्यापक रूचि रखती हैं, यह सत्य में रुचि का परिणाम है। इतिहास का अध्ययन मनुष्य की बौद्धिक गतिविधि का एक पहलू है।
- इतिहास के अध्ययन से व्यक्ति का विकास होता है।
- इतिहास अनुशासित शोध का एक रूप है।
- इतिहास के द्वारा मानव मस्तिष्क अपनी जिज्ञासाओं को शान्त करता है। इसकी विषय-वस्तु मानवीय अतीत है।
- अंग्रेजी शब्द "History" यूनानी भाषा के शब्द Histeria से व्युत्पन्न है, जिसका अर्थ है जानना या ज्ञात करना।
- इतिहास में वस्तुनिष्ठा का अर्थ बिना व्यक्तिगत पक्षपात या पूर्वाग्रह के ऐतिहासिक तथ्यों का प्रयोग करना है।
- तथ्यपूर्ण इतिहास वस्तुनिष्ठ माना जाता है।
- इतिहास सामाजिक कार्यों का विश्लेषण भी प्रस्तुत करता है।
- इतिहास के अध्ययन में अध्येता का समय ज्ञान विकसित होना अत्यन्त आवश्यक है।
- इतिहास तथा भूगोल का घनिष्ठ सम्बंध है। 'घाटे' के शब्दों में–मानव को अपनी भूमिका का अभिनय करने के लिए भूगोल एक रंगमंच प्रस्तुत करता है।

भारतीय राष्ट्रीय कांग्रेस (1885-1950)

क्रम	*अधिवेशन वर्ष*	*अधिवेशन स्थल*	*अध्यक्ष*	*प्रमुख माँगे/घटनायें*
1.	1885	बम्बई	उमेश चन्द्र बनर्जी	भारती परिषद् को बंद करने, भारतीय सिविल सेवा की परीक्षा भारत में भी लिया जाना।
2.	1886	कलकत्ता	दादाभाई नौरोजी	न्यायपालिका तथा कार्य पालिका को पृथक् करने की माँग।
3.	1887	मद्रास	बदरुद्दीन तैयबजी	शस्त्र अधिनियम तथा कानून में संशोधन, सैनिक अधिकारियों की शिक्षा के लिए सैनिक कालेजों की स्थापना।
4.	1888	इलाहाबाद	जार्ज यूल	औद्योगिक तथा तकनीकी शिक्षा विकास।
5.	1889	बम्बई	विलियम वेडरबर्न	लगान नीति में सुधार की माँग।
6.	1890	कलकत्ता	फिरोजशाह मेहता	सरकार ने कांग्रेस में किसी भी सरकारी अधिकारी के भाग लेने पर रोक लगा दी।
7.	1891	नागपुर	आनन्द चार्लू	
8.	1892	इलाहाबाद	उमेश चन्द्र बनर्जी	मुद्रा नीति में सुधार की माँग।
9.	1893	लाहौर	दादाभाई नौरोजी	सूती कपड़ों पर से उत्पादन कर हटाने, स्वतंत्र सिविल मेडिकल सर्विस संगठन बनाने, बेगार प्रथा (Forced Labour) को रोकने की माँग।
10.	1894	इलाहाबाद	अल्फ्रेड वेब	उपनिवेशों में भारतीयों की स्थिति में सुधार करने, सूती वस्त्र उद्योग के हितों की रक्षा करने, पुलिस अधिनियम की कुछ धाराओं को हटाने, वकीलों को न्याय विभाग में शीर्ष पदों पर नियुक्त करने की माँग। कांग्रेस का संविधान बनाया गया।
11.	1895	पूना	सुरेन्द्रनाथ बनर्जी	किसानों की ऋण समस्या की निराकरण, रेल यात्रियों को और अधिक सुविधायें देने की माँग।

क्रम	अधिवेशन वर्ष	अधिवेशन स्थल	अध्यक्ष	प्रमुख माँगे/घटनायें
12.	1896	कलकत्ता	रहतुल्ला सयानी	प्रांतों का आर्थिक स्वतंत्रता देने, शिक्षा विभाग में भारतीयों को अधिक स्थान देने की माँग।
13.	1897	अमरवती	शंकरन नायर	बंगाल (1818), मद्रास (1817) तथा बम्बई (1827) के अधिनियम वापस लेने की माँग, 1897 के राष्ट्रद्रोह एक्ट (Seditin Act) का भी विरोध।
14.	1898	लखनऊ	आनन्द मोहन बसु	वन्य कानून (Forest Laws) को किसानों के हितों के लिए इस्तेमाल की माँग।
15.	1899	लखनऊ	रमेशचन्द्र दत्त	कांग्रेस के शिक्षा तथा उद्योग-धंधों सम्बन्धी समस्याओं पर विचार किया।
16.	1900	लाहौर	नारायण गणेश चन्द्रावरकर	सरकारी विभागों के शीर्ष पदों पर भारतीयों को नियुक्त न करने की आलोचना।
17.	1901	कलकत्ता	दीनशा वाचा	चाय बागानों में प्रचलित प्रतिज्ञाबद्ध कुली और प्रथा दक्षिण अफ्रीका में भारतीयों पर हो रहे अन्याय की ओर ध्यान आकृष्ट किया गया।
18.	1902	अहमदाबाद	सुरेन्द्रनाथ बनर्जी	भारत पर बैठते सैनिक खर्चे का विरोध किया गया।
19.	1903	मद्रास	लालमोहन घोष	भारतीय विश्वविद्यालय एक्ट तथा सरकारी गोपनीयता कानून (Official Secrets Act) को वापस लिए जाने की माँग।
20.	1904	बम्बई	हेनरी कॉटन	लार्ड कर्जन की नीतियों का विरोध किया गया।
21.	1905	बनारस	गोपालकृष्ण गोखले	'स्वराज्य' के विषय में पहली बार चर्चा, गोखले जो स्वयं एक उदारवादी थे, ने आक्रामक आंदोलन (Aggressive agitation) की बात की कांग्रेस ने एक स्थायी संस्था के रूप में कार्य प्रारम्भ किया।
22.	1906	कलकत्ता (वरीसाल)	दादा भाई नौरोजी	'स्वराज' की स्पष्ट शब्दों में माँग, स्वदेशी के बहिष्कार आंदोलन की घोषणा, राष्ट्रीय शिक्षा पर विचार, पुलिस ने इस अधिवेशिन के दौरान सदस्यों पर लाठी चार्ज किया, नरमपंथी व गरमपंथी दलों में मतभेद तीव्र।
23.	1907	सूरत	रासबिहारी घोष	कांग्रेस का विभाजन।
24.	1908	मद्रास	रासबिहारी घोष	फौजदारी कानून में संशोधन, न्यूज पेपर एक्ट वापस लेने की माँग।
25.	1909	लाहौर	मदन मोहन मालवीय	मुफ्त व आवश्यक प्राइमरी शिक्षा की माँग।
26.	1910	इलाहाबाद	विलियम वेडरबर्न	भारतीय प्रेस एक्ट व देशद्रोही सभा अधिनियम (Sedition Meetings Act) वापस लेने की माँग।

क्रम	अधिवेशन वर्ष	अधिवेशन स्थल	अध्यक्ष	प्रमुख माँगे/घटनायें
27.	1911	कलकत्ता	विशन नारायण धर	सरकार की कठोर नीतियों का विरोध।
28.	1912	वांकीपुर (पटना)	आर०एन० मघोलकर	
29.	1913	करांची	नवाब सैयद मुहम्मद	
30.	1914	मद्रास	भूपेन्द्र नाथ बासु	पहली बार कांग्रेस के किसी अधिवेशन में गवर्नर (लार्ड डेन्टलैण्ट) उपस्थिति हुए।
31.	1915	बम्बई	सत्येन्द्र प्रसन्न सिन्हा	कांग्रेस तथा मुस्लिम लीग एक ही स्थान पर अपने अधिवेशन करने पर सहमत, वायसराय लार्ड विलिंग्डन इस अधिवेशन में शामिल।
32.	1916	लखनऊ	अंबिकाचरण मजूमदार	कांग्रेस का एकीकरण, लीग तथा कांग्रेस के मध्य लखनऊ समझौता, उ०प्र० के गवर्नर लार्ड मेस्टोन अधिवेशन में शामिल।
33.	1917	कलकत्ता	ऐनी बेसेन्ट	पहली बार एक महिला कांग्रेस अध्यक्ष नियुक्त, कांग्रेस ने समाज-सुधार को अपनी कार्य सूची में पहली बार शामिल किया।
34.	1918	बम्बई (विशेष अधिवेशन)	हसन इमाम	उदारवादियों ने कांग्रेस में पृथक होकर भारतीय उदारवादी संघ (Indian Liberal Federation) की स्थापना की।
35.	1918	दिल्ली	मदन मोहन मालवीय	
36.	1919	अमृतसर	मोतीलाल नेहरू	कांग्रेस ने खिलाफत आंदोलन का समर्थन किया।
37.	1920	कलकत्ता (विशेष अधिवेशन)	लाला लाजपत राय	'ट्रिपल बायकॉट' (स्कूल, न्यायालय तथा परिषदों के बहिष्कार की योजना) प्रस्ताव पारित हुआ।
38.	1920	नागपुर	विजय राघवाचारियर	कांग्रेस के संविधान में संशोधन, कांग्रेस कार्यकारी परिषद् की स्थापना, प्रांतीय कांग्रेस परिषदों का भाषाई आधार पर पुनर्गठन, कांग्रेस की सदस्यता शुल्क 25 पैसा कर दिया गया।
39.	1921	अहमदाबाद	हकीम अजमल खान	इस वर्ष चितरंजन दास को अध्यक्ष चुना गया था। पर चूँकि वे जेल में थे अत: हकीम अजमल खान ने अधिवेशन की अध्यक्षता की।
40.	1922	गया	चितरंजन दास	विधान परिषदों (काउंसिल) में शामिल होने के मुद्दे पर मतभेद।
41.	1923	दिल्ली (विशेष अधिवेशन)	अबुल कलाम आजाद	कांग्रेस ने विधान मंडलों में शामिल होने की अनुमति प्रदान दी।
42.	1923	काकीनाड	मौलाना मुहम्मद अली	कांग्रेस छुआछूत (Untouchability) प्रथा समाप्त करने के लिए प्रतिबद्ध । अखिल भारतीय खादी बोर्ड की स्थापना।
43.	1924	बेलगाँव	महात्मा गांधी	'स्वराजवादी' तथा 'परिवर्तन-विरोधी' (नो-चेंजर्स) के बीच हुए समझौते का अनुमोदन, स्वराजवादी परिषदों में कांग्रेस के प्रतिनिधि, कांग्रेस कार्यकारिणी में स्वराजवादियों को बहुमत।

क्रम	अधिवेशन वर्ष	अधिवेशन स्थल	अध्यक्ष	प्रमुख माँगे/घटनायें
44.	1925	कानपुर	सरोजनी नायडू	
45.	1926	गुवाहटी	श्री निवास अयंगार	कांग्रेस अधिवेशन उत्तर-पूर्वी प्रांतों में पहली बार।
46.	1927	मद्रास	एम. ए. अंसारी	पहली बार पूर्ण स्वराज की माँग की गई, (गांधी के विरोध पर वापस लिया गया), साइमन कमीशन का विरोध, कांग्रेस 'उपनिवेशवाद' के विरुद्ध अन्तर्राष्ट्रीय लीग' में शामिल।
47.	1928	कलकत्ता	मोती लाल नेहरू	'पूर्ण स्वराज' तथा अधिशासी राज' (Dominion Status) के समर्थकों के बीच मतभेद।
48.	1929	लाहौर	जवाहर लाल नेहरू	'पूर्ण-'स्वराज' की माँग का अनुमोदन, 26 जनवरी 1930 को स्वतंत्रता दिवस मनाने की घोषणा।
49.	1930		....	कोई अधिवेशन नहीं (सरकार द्वारा कांग्रेस को अवैध घोषित करने की वजह से)।
50.	1931	करांची	वल्लभ भाई पटेल	गांधी-इरविन समझौते का अनुमोदन; मूल अधिकारों (Fundamental Rights) पर प्रस्ताव पारित, प्रमुख उद्योगों के राष्ट्रीयकरण की माँग; आर्थिक नीतियाँ बनाई गईं। मुफ्त शिक्षा, कानून की समानता, चुनावों में सार्वभौम वयस्क मताधिकार की माँग।
51.	1932	दिल्ली	सेठ रणछोड़ दास	
52.	1933	कलकत्ता	श्रीमती नेल्ली सेनगुप्ता	नागरिक अवज्ञा आंदोलन अस्थायी रूप से स्थापित।
53.	1934	बम्बई	राजेन्द्र प्रसाद	कांग्रेस संविधान में संशोधन, प्रांतीय कांग्रेस समितियों को भंग कर दिया गया-अल्पसंख्यकों को उच्च पदों पर शामिल होने में कठिनाई।
54.	1935		....	कोई अधिवेशन नहीं।
55.	1936	लखनऊ	जवाहरलाल नेहरू	ने 'समाजवाद' के विचार को प्रश्रय दिया, मजदूर संघों तथा 'कृषक संगठनों' को कांग्रेस से संबद्ध किया गया।
56.	1937	फैजपुर	जवाहरलाल नेहरू	पहली बार कांग्रेस अधिवेशन का आयोजन किसी गाँव में हुआ।
57.	1938	हरिपुरा	सुभाषचन्द्र बोस	आर्थिक नियोजन पर विचार : 'राष्ट्रीय योजना कमेटी' (पंडित नेहरू की अध्यक्षता में) की स्थापना, रियासती आंदोलनों को कांग्रेस का नैतिक समर्थन दिया।
58.	1939	त्रिपुरी	सुभाषचन्द्र बोस/राजेन्द्र प्रसाद	गांधी-सुभाष के बीच मतभेद, कांग्रेस ने देशी रियासतों में चल रहे स्वतंत्रता आंदोलन को पहली बार पूर्ण समर्थन दिया।
59.	1940	रामगढ़	अबुल कलाम आजाद	गांधी को सविनय अवज्ञा आंदोलन प्रारम्भ करने की पूरी अनुमति दी गयी।

क्रम	अधिवेशन वर्ष	अधिवेशन स्थल	अध्यक्ष	प्रमुख माँगे/घटनायें
60.	1941		अबुल कलाम आजाद	कोई अधिवेशन नहीं।
61.	1942	बम्बई	अबुल कलाम आजाद	'भारत छोड़ो आंदोलन' प्रस्ताव को अनुमोदन।
62.	1943		अबुल कलाम आजाद	कोई अधिवेशन नहीं।
63.	1944		अबुल कलाम आजाद	कोई अधिवेशन नहीं।
64.	1945		अबुल कलाम आजाद	
65.	1946	मेरठ	जे० बी० कृपलानी	
66.	1947		जे० बी० कृपलानी	
67.	1948	जयपुर	पट्टाभिसीतारैमया	
68.	1949		पट्टाभिसीतारैमया	
69.	1950	नासिक	पुरुषोत्तम दास टंडन	

स्वतंत्रता संग्राम के समय की कुछ प्रमुख कृतियाँ

पुस्तक	लेखक
बंदी जीवन	शचींद्र नाथ सान्याल
इंडियन होमरूल	महात्मा गांधी
इंडिया डिवाइडेड	राजेंद्र प्रसाद
इंडिया टुडे	रजनी पाम दत्त
इंडियन इस्लाम	टाइटस
नेशन इन मेकिंग	सुरेंद्रनाथ बनर्जी
पाकिस्तान एंड द पार्टीशन ऑफ इंडिया	बी० आर० अंबेडकर
अनहैप्पी इंडिया	लाला लाजपत राय
गीता रहस्य	बाल गंगाधर तिलक
भवानी मंदिर	बारींद्र कुमार घोष
द फिलासफी आफ द बॉम्ब	भगवती चरण बोहरा
माई एक्सपेरिमेंट विद ट्रुथ	महात्मा गांधी
सत्यार्थ प्रकाश	दयानन्द सरस्वती
इंडिया विन्स फ्रीडम	मौलाना अबुल कलाम आजाद
तराना-ए-हिंद	मोहम्मद इकबाल
डिस्कवरी ऑफ इंडिया	जवाहरलाल नेहरू
इंडिया फ्रॉम कर्जन टू नेहरू एंड आफ्टर	दुर्गा दास
इंडियन स्ट्रगल	सुभाषचंद्र बोस
पावर्टी एंड अनब्रिटिश रूल इन इंडिया	दादाभाई नौरोजी
आनंद मठ	बंकिमचंद्र चटर्जी
द स्कोप आफ हैप्पीनेस	विजयलक्ष्मी पंडित
फ्रीडम एंट मिडनाइट	लैरी कालिन्स, डामिनिक लैपियरे
इंडियाज पास्ट	आर्थर ए० मैकडॉनल
इंडिया एंड इंडियन मिशन	एलेक्जेंडर डफ
भारतीय स्वतंत्रता संग्राम	बी०डी० सावरकर
पथेर दावी	शरतचंद्र चट्टोपाध्याय
नील दर्पण	दीनबंधु मित्रा

पुस्तक	*लेखक*
द बन्च आफ ओल्ड लेटर्स	जवाहरलाल नेहरू
हिंट्स फॉर सेफ कल्चर	लाला हरदयाल
इंडियन फिलासफी	राधाकृष्णन
लाइफ डिवाइन	अरविंद घोष
सांग ऑफ इंडिया	सरोजिनी नायडु
गीतांजलि, चित्र, गोरा	रवींद्रनाथ टैगोर
नेशन्स वायस	राधाकृष्णन
गैदरिंग स्टार्म	लैपियरे, कालिंस
एसेज ऑन गीता	अरविंद घोष
इंडिया वेलेन्टाइन	शिरोल
इंडिया ए नेशन	ऐनी बेसन्ट
इकोनोमिक हिस्ट्री आफ इंडिया	आर॰सी॰ दत्त
इंडियन रेनेसा	सी॰एफ॰ एंड्रूज
क्रीसेंट मून, पोस्ट आफिस	रवींद्रनाथ टैगोर
ग्लिम्पसेज आफ वर्ल्ड हिस्ट्री	जवाहरलाल नेहरू
माई अर्ली लाइफ हिंदू स्वराज	महात्मा गांधी
रिलिजन एंड सोशल रिफॉर्म	एम॰जी॰ रानाडे
द रिडल्स ऑफ हिंदूइज्म	भीमराव अंबेडकर
इंडियन डायरी	इ. एस. मान्टेग्यु
कामेन्टरीज ऑन द कुरान	सैय्यद अहमद खान

ब्रिटिश कालीन भारत की प्रमुख संस्थायें/संगठन

संस्था/संगठन	संस्थापक	स्थापना वर्ष
एशियांटिक सोसायटी ऑफ बंगाल	विलियम जोंस	1781
कलकत्ता मदरसा	वारेन हेस्टिंग्ज	1781
संस्कृत कालेज	डंकन	1791
आत्मीय सभा	राममोहन राय	1814
हिंदू कालेज (कलकत्ता)	डेविड हेयर	1817
तरुण बंगाल आंदोलन	हेनरी विवियन डेरोजियो	1826
ब्रह्म समाज	राममोहन राय	1828
धर्म सभा	राधाकांत देव	1830
साधारण ज्ञान सभा		1838
लैंड होल्डर्स सोसायटी	द्वारका नाथ टैगोर का प्रयास	1838
तत्वबोधिनी सभा	देवेन्द्र नाथ टैगोर	1839
तायूनी आंदोलन	करामत अली जौनपुरी	1839
नामधारी/कूका आंदोलन	भाई बालक सिंह	1841

संस्था/संगठन	संस्थापक	स्थापना वर्ष
बंगाल ब्रिटिश एस्रोशिएशन	राधा कांत देव	1843
परमहंस मण्डली बेथुने स्कूल	ड्रिक वाल्टर बेथुने	1849
रहनुमाई मजद्यासन सभा	एस॰एस॰ बंगाली नौरोजी, फुरदोनजी, जे॰बी॰ वाचा	1851
बालिका विद्यालय	ज्योतिबा फुले	1851
ब्रिटिश इंडिया एसोशिएशन	राधाकांत देव, देवेन्द्रनाथ टैगोर	1851
सत्य प्रकाश	कर्सन दास मूलजी	1852
मद्रास	नोटिष एसोएिशन	1852
संगत सभा	केशव चंद्र सेन	1860
विधवा पुनर्विवाह	विष्णुशास्त्री पंडित	1860
राधा स्वामी सत्संग	स्वामी शिव दयाल	1861
ईस्ट इंडिया एसोसिएशन (लंदन)	दादाभाई नौरोजी	1866
प्रार्थना-सभा	महादेव गोविंद रानाडे	1867
दार-उल-उलूम (देवचंद)	मुहम्मद कासिम ननौत्वी	1867
भारतीय सुधार संघ	केशव चंद्र सेन	1870
पूना सार्वजनिक सभा	महादेव गोविंद रानाडे	1870
कूका आंदोलन	बाबा रामसिंह	1871
वेद समाज	के॰के॰ श्रीधालु नायडू	1872
सत्यशोधक समाज	ज्योतिबा फुले	1873
आर्य समाज	दयानंद सरस्वती	1875
थियोसोफिकल सोसायटी	कर्नल आल्कर (न्यूयॉर्क) मैडम ब्लावट्स्की भारत में (अड्यार में 1886 में)	1875
इंडिया लीग	शिशिर कुमार घोष	1875
मोहम्मदान एंग्लो ओरिएंटल कालेज	सैयद अहमद खाँ	1875
इंडियन एसोसिएशन	सुरेंद्रनाथ बनर्जी	1876
दक्कन शिक्षा समाज	महादेवगोविंद रानाडे	1884
सेवा सदन	वहराम जी एम॰ मालावारी	1885
बंबई प्रेसीडेंसी एसोसिएशन	महागोविंद रानाडे	1885
भारतीय राष्ट्रीय कांग्रेस	एलन ओक्टेवियन ह्यूम	1885
भारतीय राष्ट्रीय सामाजिक सम्मेलन	महागोविंद रानाडे	1887
देव समाज	शिवनारायण अग्निहोत्री	1887
मद्रास हिंदू एसोसिएशन	वीर शालिंगम् पन्तलु	1892
अरविपुरम् आंदोलन	श्री नारायण गुरू	1888

संस्था/संगठन	संस्थापक	स्थापना वर्ष
अहमदिया आंदोलन	मिर्जा गुलाम अहमद	1889
नदवातल उलेमा	मौलाना शिवली नूमानी	1894
अनुशीलन समिति	पुलिन बिहारी दास	1902
भारत धर्म महामंडल	मदन मोहन मालवीय	1902
श्री नारायण धर्म	श्री नारायण गुरू	
परिपालन योगम्	कुमारन आसन, डॉ॰ पाल्यू	1902
साइंटिफिक सोसायटी	सैयद अहमद खाँ	1902
अभिनव भारत	वी॰डी॰ सावरकर	1904
भारत सेवक समाज (सर्वेन्ट्स ऑफ इंडिया सोसायटी)	गोपालकृष्ण गोखले	1905
दलित वर्ग मिशन समाज	बी॰आर॰ शिंदे	1906
बहुजन समाज	मुकुन्दराव पारिल	1910
निष्काम कर्ममठ	जी.के. कर्वे	1910
भारत स्त्री मंडल	सरला बाई देवी चौधरानी	1910
समाज-सेवा संघ	एन॰एम॰ जोशी	1911
गदर पार्टी	लाला हरदयाल	1914
जस्टिस (पार्टी) आंदोलन	सी॰एन॰ मुदालियार टी॰एम॰ नायर, पी॰ त्यागराज चेट्टी	1915
होमरूल लीग	बी॰जी॰ तिलक/ऐनी बेसेन्ट	1916
साबरमती आश्रम	महात्मा गांधी	1916
भारत महिला संघ	ऐनी बेसेंट	1917
विश्व भारती	रवीन्द्रनाथ टैगोर	1918
अखिल भारतीय ट्रेड यूनियन कांग्रेस (AITUC)	एन॰एम॰ जोशी	1920
कम्युनिस्ट पार्टी ऑफ इंडिया	एम॰एम॰ राय	1920
स्वराज्य दल	मोतीलाल नेहरू, सी.आर. दास	1922
भील सेवा मंडल	अमृत लाल विट्ठदास	1922
बहिष्कृत हितकारिणी सभा (दलित वर्ग कल्याण संस्थान)	भीमराव अंबेडकर	1924
मोहम्दान लिटरेरी सोसाइटी	अब्दुल लतीफ	
खाकसार पार्टी	अल्ला मशरीकी	
आजाद मुस्लिम काफ्रेंस	अल्लाबख्श	
आत्म-सम्मान आंदोलन	ई॰बी॰ रामास्वामी नायकार (पेरियार)	1925
वुमेन्स इंडिया एसोसिएशन	लेडी सदाशिव	1927
हरिजन सेवक संघ	महात्मा गांधी	1932
फॉरवर्ड ब्लाक	सुभाषचंद्र बोस	1939
आजाद हिंद फौज	रासबिहारी बोस	1942

भारतीय क्रांतिकारी संगठन

संगठन	स्थापना वर्ष	संस्थापक	स्थान
हिंदू धर्म संघ	19वीं शता. के अंत में	चापेकर बंधु	महाराष्ट्र
मित्र मेला	1899	वी॰डी॰ सावरकर गणेश सावरकर	महाराष्ट्र
अनुशीलन समिति	1902	वारींद्र कुमार घोष, जतींद्र नाथ बनर्जी, प्रबोध मित्र, पुलिनदास, सतीशचन्द्र बोस, प्रमथनाथ मित्र	बंगाल
अभिनव भारत समाज	1904	वी॰डी॰ सावरकर	महाराष्ट्र
भारत माता सोसायटी	1904	जे॰एम॰ चटर्जी	पंजाब
भारत माता समिति	1908	नीलकंठ ब्रह्मचारी, बंची अय्यर	मद्रास
आत्मोन्नति समिति	1905	विपिन बिहारी गांगुली	बंगाल
सुहृद समिति	1905	मायसेन सिंह	बंगाल
साधना समिति	1905	मायसेन सिंह	बंगाल
स्वदेश बांधव समिति	1905		वारिसाल
व्रती समिति	1906		फरीदपुर
युगांतर	1906	वारींदु घोष, भूपेंद्र नाथ दत्त	बंगाल
हिंदुस्तान रिपब्लिकन एसोसिएशन	1924	शचींद्रनाथ सान्याल, रामप्रसाद विस्मिल, योगेश चटर्जी	उत्तर प्रदेश
नौजवान सभा	1926	भगत सिंह, छबील दास, यशपाल	पंजाब
हिंदुस्तान सोशलिस्ट रिपब्लिकन एसोसिएशन	1928	चंद्रशेखर आजाद	दिल्ली
बंगाल स्वयं सेवक संघ	1930	हेमचन्द्र घोष, लीला नाग	बंगाल
श्री संघ	1930	अनिल राय	बंगाल
इंडियन रिपब्लिकन आर्मी	1930	सूर्यसेन	बंगाल

विदेशों में संचालित संगठन

संगठन	स्थापना वर्ष	संस्थापक	स्थान
इंडिया होमरूल सोसाइटी	1904	श्यामजी कृष्ण वर्मा	इंग्लैण्ड
भारतीय स्वतंत्रता लीग	1907	द्वारकानाथ दास	अमेरिका
हिंद एसोसियन	1913	सोहनसिंह भाकना	अमेरिका
ऑफ अमेरिका गदर पार्टी (युगांतर आश्रम)	1914	लाला हरदयाल, रामचंद्र, बरकतुल्ला	अमेरिका
इंडियन इंडिपेडेन्स लीग	1914	लाला हरदयाल, वीरेन्द्र नाथ चट्टोपाध्याय	जर्मनी

संगठन	स्थापना वर्ष	संस्थापक	स्थान
इंडियन इंडिपेन्डेन्स लीग और स्वतंत्र सरकार	1915	राजा महेंद्र प्रताप	अफगानिस्तान
इंडियन इंडिपेंडेन्स लीग	1942	रासबिहारी बोस	जापान
आजाद हिंद फौज	1942	रामबिहारी बोस	जापान
हिंद संघ	1913	सोहन सिंह भाकना	अमेरिका

कुछ प्रमुख विद्रोह

	विद्रोह का नाम	स्थान	वर्ष/काल	नेता/नेतृत्व	कारण	परिणाम
1.	सन्यासी (Sanyasi)	बंगाल	1770-1800	धार्मिक मठ-वासियों तथा विस्थापित जमींदार	नई अर्थव्यवस्था तथा तीर्थ स्थानों पर लगे प्रतिबंध	वारेन हेस्टिंग्ज को एक लम्बे अभियान के बाद कुछ सफलता मिली। इस विद्रोह का उल्लेख बंकिमचन्द्र चटर्जी ने अपने उपन्यास 'आनन्द मठ' में किया है।
2.	चुआर (Chuar)	मिदनापुर (बंगाल)	1766-1772	विस्थापित राजे	बढ़े हुए भूमि कर तथा आर्थिक संकट	18वीं शताब्दी के अंत तक वह विद्रोह चलता रहा।
3.	हो, मुण्डा (Ho, Munda)	छोटानागपुर, सिंहभूमि	1820-22, 1831	मुखिया आदि	ब्रिटिश प्रशासन तथा जमींदार साहूकार शोषण के विरुद्ध	सैन्य अभियान द्वारा दबा दिया गया।
4.	कोल (Kol)	छोटानागपुर	1831	मुण्डा (कोल मुखिया)	भूमि का हस्तांतरण	विस्तृत सैन्य अभियान के बाद दबाया जा सका।
5.	संथाल (Santhal)	राजमहल	1855-56	सिधू कान्हू	सरकारी अधिकारियों द्वारा अत्याचार तथा जमींदारों, साहूकारों के शोषण	1856 में पृथक जिला-संथाल परगना बनने के बाद शांत किये जा सके।
6.	अहोम (Ahom)	असम	1828	गोमधर कुँवर	अंग्रेजों द्वारा अहोम प्रदेश में किया क्षेत्रीय विस्तार	शांतिपूर्ण नीति द्वारा 1833 में उत्तरी असम पर महाराजा पुरन्दर सिंह द्वारा अहोम शासन स्थापित।
7.	खासी (Khasi)	असम	1833	तीरत सिंह	अंग्रेजों की विस्तारवादी नीति के परिणामस्वरूप	सैन्य बल द्वारा दमन किया गया।
8.	पागल पंथी (Pagal Panthi)	उत्तरी बंगाल तथा असम	1825	टीपू	जमींदारों द्वारा कृषकों पर किया गया अत्याचार	टीपू शेरपुर का राजा बना। वह प्रदेश 1830-1840 तक उपद्रवग्रस्त रहा।
9.	फरायसी (फरैजी) (Faraizi)	पूर्वी बंगाल	1838-1857	शरीयतुल्ला दादूमियाँ	जमींदारों द्वारा अपने मुजारों (Tenants) पर किए गए अत्याचार	यह आंदोलन 1857 तक चलता रहा बाद में इसके कुछ लोग बहाली दल में शामिल हो गए।
10.	भील (Bhil)	पश्चिमी तट	1812-19, 1825, 1831-1846	सेवराम (Sewram)	कृषि सम्बन्धी कष्ट (Agrarian hard-ships) तथा नई सरकार से भय	सैन्य अभियानों द्वारा दबाया गया।
11.	कोली (Koli)	पश्चिमी तट (गुजरात)	1829-39, 1844-48	कोली मुखिया	अंग्रेजों द्वारा उनके दुर्ग तोड़े जाने तथा नईव्यवस्था में व्याप्त बेकारी की वजह	सभी विद्रोह दबा दिए गए।
12.	रामोसी (Ramosi)	पश्चिमी तट	1822, 1825-1829	चित्तर सिंह नरसिंह दत्तात्रय	ब्रिटिश प्रशासन तथा प्रशासन पद्धति से असंतोष राजा के सिंहासनच्युत तथा देश निष्कासन के विरोध	अशांति बनी रही, पेतकर ने बादामी का दुर्ग जीता।
13.	बघेरा (Blaghera)	बड़ौदा	1818-19	बघेरा सरदार	अत्यधिक कर-उगाहने की नीति	1820 में शांति समझौता।

	विद्रोह का नाम	स्थान	वर्ष/काल	नेता/नेतृत्व	कारण	परिणाम
14.	सूरत (Surat)	गुजरात	1844	आम कृषक वर्ग	नमक कर में वृद्धि तथा एक मानक (Standard) माप-तौल लागू करने के विरोध में	अतिरिक्त कर हटा लिया गया तथा मानक इकाई भी वापस ले ली गई।
15.	गड़कारी (Gadkari)	महाराष्ट्र	1844	विस्थापित सैनिक	प्रशासनिक पुनर्गठन तथा बेरोजगारी	समनगढ़ तथा भूदरगढ़ के किले जीत लिए गए।
16.	थम्पी (Thampi)	त्रावणकोर	1805	दीवान वेलू थम्पी	सहायक संधि तथा ब्रिटिश रेजिडेन्ट के व्यवहार के विरोध में	सैन्य दमन किया गया
17.	पॉलीगर (Poligars)	तमिलनाडु	1801, 1856	वीर पी॰ काट्टावाम्मान	ब्रिटिश भूमि कर व्यवस्था के विरुद्ध	
18.	वहाबी (Wahabi)	उ.प्र. बिहार, बंगाल	1764-1731	सैयद अहमद, टीटू मीर	धार्मिक आन्दोलन	
19.	कूका (Kuka)	पंजाब	1866-72	गुरूराम सिंह	कृषि सम्बन्धी कष्ट (Agrarian hardships)	
20.	पावना (Pabna)	बंगाल	1873	ईशानचन्द्र राय	कृषक विद्रोह	
21.	मुंडा (Munda)	बिहार	1874, 1900	विरसा मुण्डा	ब्रिटिश शासन तथा जमींदार-साहूकार शोषण	
22.	पाइक (Payak)	उड़ीसा	1817-1825	बक्शी जगबंधु	ब्रिटिश शासन के विरुद्ध	
23.	चोयाड़ (Choyar)	बंगाल	1798	दुर्जन सिंह	जमींदारी-साहूकार तथा प्रशासनिक शोषण के विरुद्ध	
24.	फकीर (Fagir)	बंगाल	1776-77	मजनुन शाह चिराग अलीशाह	ब्रिटिश शासन के विरोध में	ब्रिटिश सरकार को अंत तक परेशान करते रहे।
25.	खोण्ड (Khond)	उड़ीसा	1815, 1835-36	डोरा विसाई, चक्र बिसाई	राजा को पदच्युत करने के विरोध में	1855 में विद्रोह को कुचल दिया गया।
26.	नील विद्रोह (Indigo) Revolt)	बंगाल	1854-62	विष्णुचरन विश्वास दिगंबर विश्वास	नीलहों द्वारा किए गये अत्याचार	सरकार द्वारा नील कृषकों को राहत प्रदान किया गया, जो संतोषजनक नहीं था।

20वीं शताब्दी के प्रमुख जन विद्रोह

	विद्रोह का नाम	स्थान	वर्ष/काल	नेता/नेतृत्व	कारण
1.	मोपला	केरल	1921-22	अलीमुसीलियर	कृषक-धार्मिक आंदोलन
2.	रम्पा	आंध्र प्रदेश	1922-24	सीताराम राजू	औपनिवेशिक राज्य के विरुद्ध
3.	तेभागा	बंगाल	1946	कम्पाराम सिंह, पवन सिंह	भूमिकर की ऊँची दर
4.	तेलगांना	आंध्र प्रदेश	1946		जमींदारों-साहूकारों के शोषण तथा निजाम के भ्रष्ट अधिकारियों का अत्याचार
5.	बिजौलिया	मेवाड़	1920	विजयसिंह पथिक, मानिक लाल	जागीरदारों के अत्याचार के विरोध में
6.	हाजंग	बंगाल	1947	मणिसिंह नई	शोषणात्मक ब्रिटिश व्यवस्था
7.	बरली	महाराष्ट्र	1945-48	पारूलकर	ब्रिटिश शासन का असंतोषजनक स्वरूप
8.	कोया	आंध्र प्रदेश	1922-24	रामचन्द्र राजू	औपनिवेशिक राज्य के विरुद्ध
9.	ताना भगत	छोटानागपुर	1920		लगान की ऊँची दर तथा चौकीदार कर के विरुद्ध
10.	भूजप्रा-वायलर	त्रावणकोर	1946	टी॰वी॰ थॉमस	औपनिवेशिक शासन के विरुद्ध

भारतीय इतिहास : पुनरावलोकन

ईसा पूर्व

7000 : राजस्थान (साम्भर) में पौधे बोने के प्रथम साक्ष्य।

6000 : मेहरगढ़ (सिंध-बलूचिस्तान सीमा), बुर्जाहोम (कश्मीर) में भारत के प्राचीनतम आवास, कृषि तथा पशुपालन के अवशेष।

5000-4000 : बागौर (भीलवाड़ा) तथा आदमगढ़ (होशंगाबाद) के निकट आखेटकों द्वारा भेड़-बकरी पालने के प्रथम अवशेष।

4000-3000 : खेतिहरों-पशुपालकों की स्थानीय सभ्यताएँ।

2500 : सिंधु घाटी में पूर्व-हड़प्पा सभ्यता के नगरों का विकास, अस्थि-प्रस्तर उपकरण तथा मनकों के आभूषण के अवशेष।

2500-1750 : रेडियो-कार्बन तिथि-निर्धारण के आधार पर हड़प्पा सभ्यता का काल-विस्तार।

2250-2000 : हड़प्पा सभ्यता का पूर्ण-विकसित दौर, विघटन तथा स्थानीय सभ्यताओं का उदय।

1500 : भारत में आर्यो का आगमन, ऋग्वेद की रचना, वैदिक काल (1500-1000) प्रारम्भ, गंगा मैदान में आर्येतर ताम्र सभ्यता।

1000 : आर्यो का (गंगा-मैदान) विस्तार, उत्तर-वैदिक काल प्रारम्भ, 'ब्राह्मण ग्रन्थों' की रचना वर्ण-व्यवस्था का बीजारोपण, लौह-धातु का प्रयोग प्रारम्भ।

950 : महाभारत युद्ध।

800 : व्यास द्वारा महाभारत महाकाव्य की रचना, आर्यों का दक्षिण-पूर्व (बंगाल) की ओर विस्तार, रामायण का प्रथम वृत्तांत।

600-550 : उपनिषदों की रचना, आर्यों का दक्षिण-विस्तार विदर्भ तथा गोदावरी तक, सोलह महाजनपदों की स्थापना, आर्य सभ्यता में कर्मकांडीय अनुष्ठान प्रतिष्ठित।

566-486 : बौद्ध धर्म के संस्थापक गौतम बुद्ध का जीवनकाल (जन्म-लुम्बिनी, मृत्यु-कुशीनारा)।

560-450 : भारतीय दर्शन तथा धर्म-चिन्तन का काल, कोशल में प्रसेनजित का राज्यकाल।

599-527 : जैन-धर्म के पुनर्प्रतिष्ठापक वर्द्धमान महावीर का काल (जन्म-कुन्डग्राम (वैशाली), मृत्यु-पावापुरी (बिहार)।

542-490 : गौतम बुद्ध के समकालिक बिंबिसार (हर्यंक वंश) का राज्य काल, मगध राज्य की श्रेष्ठता।

517-509 : अखमनी वंश (ईरान) के सम्राट डेरियस प्रथम के साथ प्रथम विदेशी आक्रमण, आर्यों की पराजय, यूनानी नौसेनापति स्काइलैक्स द्वारा सिंधु नदी पर गवेषणा अभियान।

492-460 : बिंबिसार के पुत्र अजातशत्रु मगध नरेश।

413-362 : शिशुनाग वंश की स्थापना, अवंति के प्रद्योत वंश का मगध साम्राज्य में विलय।

400 : संपूर्ण दक्षिण भारत में आर्यों का प्रभुत्व एवं सम्भवत: श्रीलंका तक विस्तार।

362 : महापद्मनन्द द्वारा मगध में नंद वंश की स्थापना।

326 : सिकन्दर का भारत पर आक्रमण, पोरस की पराजय।

325 : नंदवंशी राजा घनानंद की सैन्य शक्ति से प्रभावित सिकन्दर के सैनिकों का वापस लौटने का इरादा, वापसी मार्ग में बेबीलोन में सिकन्दर की मृत्यु।

322 : चन्द्रगुप्त मौर्य द्वारा (कौटिल्य की मदद से) अंतिम नंद शासक घनानंद को पराजित कर मौर्य वंश की स्थापना।

315 : इण्डिका के लेखक तथा सेल्युकस (यूनानी शासक) के दूत मेगस्थनीज का भारत आगमन।

298-303 : चन्द्रगुप्त मौर्य के पुत्र बिन्दुसार का राज्य काल।

273-232 : अशोक का शासनकाल, मौर्यवंश का स्वर्णयुग, अशोक द्वारा कलिंग विजय (262-61)।

230 : आंध्र में सिमुक द्वारा सातवाहन वंश की स्थापना।

190 : यूनानियों का भारत में प्रवेश, उत्तर-पश्चिमी में यूनानी राज्य की स्थापना।

185 : अंतिम मौर्य शासक बृहद्रथ की हत्या कर मौर्य सेनापति पुष्पमित्र शुंग द्वारा शुंग वंश की स्थापना।

180-165 : यवन शासक डेमेट्रियस का राज्यकाल।

165 : कलिंग राजा खारवेल द्वारा 'त्रमिरदेश संघटम' (पाण्ड्य, चोल) राज्य पर विजय।

155-130 : सबसे प्रसिद्ध यवन शासक मीनान्डर (मिलिन्द का राज्यकाल।

145 : चोल राजा एलारा की श्रीलंका के शासक असेल पर विजय तथा लगभग 50 वर्षों तक शासन।

128 : यूची आक्रमण के भय से शक कबीलों का भारत में प्रवेश (पंजाब में)।

71 : शुंग वंश के अंतिम सम्राट देवभूमि की हत्या, वसुदेव द्वारा कण्व वंश की स्थापना।

58 : उज्जैन के शासक विक्रमादित्य द्वारा विक्रम संवत् का प्रारम्भ।

22 : रोम के शासक अगस्ट्स के दरबार में पाण्ड्य राजदूत, चोल, पाण्ड्यों का रोम से व्यापारिक संबंध (मिस्र होते हुए)।

ईसवी वर्ष

1 : शक शासक अजेस का राज्य तक्षशिला तक विस्तृत, अजेस द्वितीय पंजाब का शासक, पार्थियन (पहलवों) का भारत में प्रवेश।

14-15 : शक (हिन्द-पार्थियन) शासक गोंडोफरनीज का शासन, ईसाई धर्म प्रचार हेतु रोमन संत सेंट टामस का भारत आगमन।

45 : कुषाणों (यू ची का तोचारियन) का भारत में प्रवेश।

64 : उत्तर-पश्चिमी भारत में शक विमकडफिसस का राज्य।

78 : कुषाण वंश के महानतम शासक कनिष्क का राज्यारोहण, उनके द्वारा शक संवत् का प्रारम्भ।

78-96 : कनिष्क का शासनकाल, चौथी बौद्ध संगीति का (कश्मीर में) आयोजन।

100 : अश्वघोष द्वारा 'सौन्दरानन्द' तथा 'बुद्धचरित' एवं कुमारलाट द्वारा 'कल्पमंदीतिका' की रचना।

109-132 : महानतम सातवाहन शासक गौतमीपुत्र शातकर्णी द्वारा राज्य विस्तार।

150 : बघेलखंड, विदिशा तथा आगे चलकर मथुरा तक के क्षेत्र में मारशिव नागाओं की विभिन्न शाखाओं का राज्य।

200-250 : सातवाहनों का पतन, महाराष्ट्र में आभीर, उत्तरी कनारा तथा मैसूर जिलों में कुन्तल और चुटु, आंध्र में इक्ष्वाकु तथा विदर्भ में वाकाटकों की सत्ता स्थापित।

225 : विंध्यशक्ति द्वारा वाकाटक शासन की स्थापना, अगले 272 वर्षों तक इस वंश का शासन।

250 : नासिक में आभीरों द्वारा त्रैकुटकर वंश की स्थापना, अगले 250 वर्षों तक इस वंश का शासन।

320-335 : चन्द्रगुप्त प्रथम ने गुप्त वंश को प्रतिष्ठापित किया।

325 : कृष्णा नदी के दक्षिण में पल्लव वंशी राज्य की स्थापना।

335-376 : समुद्रगुप्त का शासनकाल।

330-375 : संपूर्ण उत्तर भारत में समुद्रगुप्त का शासन 1 पूर्व में असम, पश्चिम में काबुल, उत्तर में नेपाल तथा दक्षिण में पल्लवों तक; केवल उज्जैन स्वतंत्र (शक वंश के अधीन)।

350 : मयूरशर्मन द्वारा कदम्ब वंश की स्थापना जो अगले 200 वर्षों तक विद्यमान रहा।

375-413 : चंद्रगुप्त द्वितीय विक्रमादित्य द्वारा उज्जैन, मालवा तथा गुजरात पर विजय, राजधानी पाटलिपुत्र से अयोध्या और तत्पश्चात् कौसाम्बी स्थानान्तरित, चीनी यात्री फाह्यान का भारत आगमन।

415-454 : कुमारगुप्त प्रथम का शासनकाल, नालंदा में बौद्ध बिहार तथा विश्वविद्यालय की स्थापना, हूणों के आक्रमण का खतरा।

458-467 : स्कन्दगुप्त का शासनकाल, हूणों का भारत पर प्रथम आक्रमण तथा उनकी पराजय।

477-496 : बुद्धगुप्त-गुप्तवंश का अंतिम सम्राट, गुप्तवंश का विघटन प्रारम्भ।

500-502 : हूणों के प्रथम शासन तोरमाण द्वारा भारत में राज्य स्थापना तथा मध्यवर्ती भाग (मालवा में ऐरन) तक उसका विस्तार।

502-528 : तोरमाण का उत्तराधिकारी मिहिरकुल भारत में गुप्त शासन मानगुप्त द्वारा पराजित, ऐरन पर गुप्तवंश का पुनः अधिकार (510)।

533 : मंदसौर के यशोधर्मन की मिहिरकुल पर विजय।

540 : परवर्ती गुप्त तथा गुप्त वंश की मुख्य शाखा का अंत।

606-647 : हर्ष (पुष्यभूति या कान्यकुब्ज वंश) का शासनकाल। चीनी बौद्ध यात्री ह्वेनसांग का भारत आगमन (630-44), बाणभट्ट ने 'हर्षचरित' की रचना की।

647 : तिब्बत से कन्नौज आते हुए ह्वेनसांग पर किसी स्थानीय सामंत द्वारा हमला।

700 : कन्नौज में यशोवर्मन (मौखरी वंश) सिंहासनारूढ़, संस्कृत नाट्यकार भवभूति तथा प्राकृति कवि वाक्पतिराज उसके राजदरबार में संरक्षण।

600-1200 : मौखरी वंश के शासक यशोवर्मन की मृत्यु (752), उत्तर, मध्य, पश्चिम तथा दक्षिणी भारत में अनेक सामंतों द्वारा स्वतंत्रता की घोषणा, अनेक छोटे-बड़े राज्यों का उदय, बंगाल में गौड़, खंग, वर्मन, पाल तथा सेन वंश, उज्जैन में गुर्जर-प्रतिहार, कन्नौज में प्रतिहार, उड़ीसा में भौप, भंज, सोम तथा पूर्वी गंग वंश, असम में भास्कर वर्मा, गुजरात में चालुक्य, धार में परमार, नर्मदा-त्रिपुरी तथा उत्तर प्रदेश में कलचुरी, राजस्थान में चाहमान (चौहान), बुंदेलखण्ड में चंदेल, कन्नौज काशी में गहड़वाल, कश्मीर में कारकोट, उत्पल तथा लौहार, अफगानिस्तान-पंजाब में हिन्दूशाही वंश।

पश्चिमी भारत

490-766 : सौराष्ट्र के बल्लभी क्षेत्र में मैत्रक (संभवत: विदेशी मूल) आक्रामकों का शासन।

550-861 : मध्य राजपूताना में मध्य एशिया में आये हुए गुर्जर खानाबदोश दलों का शासन स्थापित।

712 : मोहम्मद बिन कासिम के नेतृत्व में भारत पर प्रथम अरब आक्रमण, मैत्रक राज्य का पतन।

740-1036 : उत्तर भारत में गुर्जर-प्रतिहारों का आधिपत्य, अरबों का प्रतिरोध।

746-974 : छाप या छापौटकट्ट गुर्जर कबीले द्वारा 746 के आसपास अनहिलपुर (आनन्दपुर) की स्थापना, जो 15वीं शती तक पश्चिम भारत का प्रमुख नगर रहा।

831-1310 : चंदेलों द्वारा बुंदेलखंड में स्वतंत्र राज्य की स्थापना, अनेक विष्णु मंदिरों का निर्माण (खजुराहो के मंदिर भी)।

840-890 : सतलुज से नर्मदा तक मिहिर भोज या भोज का शासन।

950-1200 : इंदौर के पास धार में परमारों का राज्य, जिनमें मुंज (974-994) तथा भोज प्रसिद्ध राजा हुए, भोज ज्योतिष, काव्यशास्त्र, वास्तुकला तथा संस्कृति का विद्वान् था।

974-1240 : चालुक्यों का अनहिलपुर, सौराष्ट्र तथा आबू क्षेत्र में प्रभुत्व, चालुक्य शासक मूलराज का शासन काल (974-995)।

दक्षिण भारत

50 ई॰ पू॰-250 ई॰ : दक्कन में सातवाहन वंश।

100-200 : संगम युग, करिकाल का शासन (त्रिचिनापल्लि निकट कावेरी नदी पर सिंचाई बाँध का निर्माण)।

300-888 : कांची में पल्लवों का शासनकाल।

500-757 : पश्चिमी तथा मध्य दक्कन में वातापी का प्रथम चालुक्य वंश।

630-970 : पूर्वी दक्कन में वेंगी के पूर्वी चालुक्यों का शासनकाल।

757-973 : मान्यखेत में राष्ट्रकूटों का शासनकाल।

850-1267 : तंजौर (तंजाबूर) में चोलों का शासनकाल।

985-1014 : चोल शासक राजाराज का शासनकाल, भूमि-सर्वेक्षण का प्रारम्भ (1000 ई.)

1014-1044 : चोल राजा राजेन्द्र का शासनकाल, श्रीलंका पर विजय (1018), बंगाल पर आक्रमण (1021), कदरम (सुमात्रा तथा मलेशिया, के लिए अभियान (1025)।

1044-52 : राजेन्द्र के उत्तराधिकारी राजाधिराज प्रथम का शासनकाल ।

1052-64 : राजेन्द्र द्वितीय का शासनकाल।

1064-70 : विराजेन्द्र चोल का शासनकाल।

1070-1120 : कुलोत्तुंग प्रथम का शासनकाल, आंध्र का चोल राज्य में विलय (1076)।

1120-1267 : परवर्ती चोल शासकों का काल।

973-1189 : कल्याणी के द्वितीय चालुक्य वंश।

636-637 : खलीफा उमर के समय में अरबों का भारत पर पहला अभिलिखित हमला।

643 : चीनी यात्री ह्वेनसांग की चीन वापसी।

647 : हर्षवर्धन की मृत्यु, ह्वेनसांग पर हमला।

674 : विक्रमादित्य प्रथम चालुक्य और परमेश्वर वर्मा प्रथम पल्लव शासक बने।

675-685 : तीसरे चीनी यात्री इत्सिंग का नालन्दा आवास।

700-900 : दक्षिण भारत में आलवारों (वैष्णव) का भक्ति आंदोलन, मुक्ति संग्रह 'प्रबंधम्' की रचना।

712 : मुहम्मद बिन कासिम का सिंध पर आक्रमण, देवलगढ़ विजय, निरून की लड़ाई में हिन्दू राजा दाहिर की मृत्यु, कासिम की ब्राह्मणवाद पर विजय।

730 : कन्नौज में मौखरी शासक यशोवर्मन सिंहासनारूढ़।

753-774 : खलीफा मंसूर के काल में ब्रह्मगुप्त के 'ब्रह्म सिद्धांत' तथा 'खंडखंड्यक' का अल्फाज़ारी द्वारा अरबी में अनुवाद।

786-808 : ईरानी शासक खलीफा हारून-अल-रशीद का शासनकाल, ब्रमस्क (एक मंत्री) द्वारा भारत के अनेक वैद्यों, ज्योतिषियों, रसायनशास्त्रियों, विचारकों को बगदाद बुलाकर उनसे इन विषयों के अनेक ग्रंथों का अरबी में अनुवाद करवाया गया।

824-924 : वैष्णव भक्ति काल।

986-87 : खुरासनी शासक अलप्तगीन के गुलाम सुबुक्तगीन का काबुल-कंधार में हिन्दूशाही शासक जयपाल पर प्रथम आक्रमण, जयपाल पराजित।

997-998 : सुबुक्तगीन की मृत्यु महमूद गजनवी खुरासन की गद्दी पर।

999 : बगदाद के खलीफा द्वारा महमूद गजनवी को स्वतंत्र शासक के रूप में मान्यता।

1000 : महमूद गजनवी का भारत पर (काबुल में) प्रथम आक्रमण, स्थानीय जनता पर लूट तथा धर्म-परिवर्तन।

महमूद गजनवी के 17 आक्रमण

1000 : काबुल, 1001-1002 : पेशावर, वैहिंद, **1004-1005** : भाटिया, **1006** : मुलतान, **1007-1008:** आनन्दपाल की

हार, **1009** : नारायणपुरा, **1010** : मुलतान, **1010-1012** : थानेश्वर, **1013-1014** : हिन्दूशाही राजधानी नंदन, **1015-1016** : लोहकोट, कश्मीर, **1018-1019** : मथुरा, कन्नौज, शाखा, **1020-1021** : त्रिलोचनपाल तथा प्रतिहार राजा पराजित, **1021-1022** : लोहकोट, कश्मीर, **1022-1023** : ग्वालियर, कालिंजर, **1025-1026** : सोमनाथ, **1027** : गुजरात-सिंध।

1002 : महमूद का तीसरा आक्रमण, पेशावर का युद्ध, जयपाल की पराजय तथा अग्नि समाधि।

1006 : महमूद का मुलतान पर आक्रमण, आनन्दपाल से युद्ध तथा उसकी पराजय।

1010 : आनन्दपाल अपमानजनक शर्तों पर महमूद गजनवी का सामंत बना।

1011-1012 : महमूद का थानेसर पर आक्रमण, उत्तर-पश्चिम भारत में हिन्दूशाही के छोटे-बड़े सभी राज्य ध्वस्त।

1013 : आनन्दपाल की मृत्यु, पुत्र त्रिलोचनपाल उत्तराधिकारी बना।

1014 : तोषी की लड़ाई में त्रिलोचनपाल परास्त, झेलम तक का क्षेत्र गजनवी के राज्य में सम्मिलित।

1017 : शंकराचार्य के मायावाद का खंडन कर विशिष्ट द्वैतवाद मत की स्थापना करने वाले वैष्णव आचार्य रामानुज का जन्म।

1018-1019 : गजनवी का गंगा-यमुना दोआब क्षेत्र पर कब्जा।

1025-1026 : गजनवी द्वारा सोमनाथ मंदिर (गुजरात) की लूट।

1026 : अंतिम हिन्दूशाही शासक भीमपाल की मृत्यु, काबुल-कांधार के हिन्दूशाही वंश का अंत।

1027 : जाटों को कुचलने के लिए महमूद का भारत पर 17वाँ व अंतिम आक्रमण।

1030 : महमूद गजनवी की मृत्यु, मसूद गजनी का सुल्तान किताब-उल-हिन्द के लेखक अल बरूनी का भारत आगमन।

1043 : स्थानीय हिन्दू राजाओं का लाहौर पर पुनः अधिकार का स्थानीय राज्य स्थापित करने का प्रयास विफल।

1131 : कर्नाटक में लिंगायत संप्रदाय के संस्थापक संत बासवेश्वर या बासव का जन्म।

1137 : विशिष्टाद्वैतवाद मत के विचारक संत रामानुजाचार्य का देहांत।

1162 : द्वैतवादी वैष्णव संत निम्बार्कस्वामी का जन्म।

1163 : मुइजुद्दीन मोहम्मद गोरी गजनी का शासक बना।

1167 : संत बासवेश्वर का निधन।

1191 : तरायन के प्रथम युद्ध में राजपूत शासक पृथ्वीराज के हाथों मोहम्मद गोरी पराजित।

1192 : तरायन का दूसरा युद्ध, मोहम्मद गोरी के हाथों पृथ्वीराज चौहान की पराजय, गोरी का गुलाम कुतुबुद्दीन ऐबक भारत का सूबेदार नियुक्त, मेरठ एवं कोल (अलीगढ़) पर अधिकार।

1192-1193 : दिल्ली पर कुतुबुद्दीन ऐबक का आधिपत्य।

1197 : द्वैतवादी संप्रदाय के आचार्य माधवाचार्य का जन्म।

1200 : मोहम्मद गोरी की मृत्यु।

1206 : कुतुबुद्दीन-ऐबक द्वारा 'दिल्ली सल्तनत' की स्थापना दिल्ली सल्तनत पर शासन करने वाले प्रथम वंश-'इल्बारी वंश' की स्थापना कुतुब मीनार का निर्माण आरम्भ।

1210 : ऐबक की मृत्यु, इल्तुतमिश उत्तराधिकारी बना।

1211-1236 : इल्तुतमिश का शासनकाल, रणथम्भौर विजय (1226)।

1221 : भारत पर चंगेज खाँ का हमला।

1228 : बगदाद के खलीफा से इल्तुतमिश का खिल्लत अर्थात् इस्लामी शासक के रूप में मान्यता।

1229 : प्रथम यूरोपीय यात्री मान्टे कैर्बिनो (इटली) का भारत आगमन।

1236 : इल्तुतमिश के उत्तराधिकारी रुकनुद्दीन फिरोज की मृत्यु पर रजिया सुल्तान गद्दी पर।

1239 : मलिक अल्तूनिया का विद्रोह।

1240 : रजिया सुल्तान की हत्या।

1241 : भारत पर मंगोलो का प्रथम आक्रमण।

1246 : सुल्तान नसीरुद्दीन गद्दी पर, 1265 में मृत्यु।

1253 : अमीर खुसरो का जन्म।

1266 : गयासुद्दीन बलबन गद्दी पर बैठा।

1270 : महाराष्ट्र में संत नामदेव का जन्म।

1279 : बंगाल में तुगरिल का विद्रोह।

1286 : बलबन की मृत्यु।

1288-1293 : प्रसिद्ध वेनेशिया यात्री मार्कोपोलो की भारत यात्रा।

1290 : जलालुद्दीन खिलजी दिल्ली का सुल्तान, खिलजी वंश की स्थापना।

1294 : अलाउद्दीन खिलजी का देवगिरि अभियान।

1295-1316 : अलाउद्दीन खिलजी दिल्ली का सुल्तान, राज्य-विस्तार अभियान प्रारम्भ, गुजरात (1299), रणथम्भौर (1301), चित्तौड़ (1303), मालवा (1305), मलिक

काफूर के नेतृत्व में दक्कन अभियान (1309-1313), अलाउद्दीन की मृत्यु (1316)।

1320-1325 : (गाजी मलिक) गयासुद्दीन तुगलक दिल्ली का सुल्तान बना, तुगलक वंश की स्थापना, काकतीय तथा पाण्ड्यों के राज्य का दिल्ली सल्तनत में विलय (1321-23)।

1325 : गयासुद्दीन की मृत्यु, मोहम्मद बिन तुगलक गद्दी पर, अमीर खुसरो की मृत्यु, फ्रैंसिस्कन पादरी आडोरिक ऑफ पोडेंनॉन की भारत यात्रा।

1326-27 : मुहम्मद तुगलक द्वारा (दिल्ली से दौलताबाद) राजधानी स्थानांतरण।

1330 : मुहम्मद तुगलक द्वारा प्रयोग के तौर पर सोने के स्थान पर ताँबे के सिक्के जारी किए गये।

1333 : अफ्रीकी यात्री इब्नबतूता की भारत यात्रा।

1336 : हरिहर तथा बुक्का द्वारा विजय नगर राज्य की स्थापना।

1342 : इब्नबतूता का चीन को प्रस्थान।

1347 : बहमन शाह द्वारा बहमनी राज्य की स्थापना।

1350 : विद्यापति का जन्म, संत नामदेव का निधन।

1351 : मुहम्मद तुगलक की मृत्यु, फिरोज तुगलक उत्तराधिकारी बना।

1351-1388 : सुल्तान फिरोज तुगलक का राज्यकाल, बंगाल अभियान (1353-64, 1359, 60), कांगड़ा विजय (1360-61), धट्टा विजय (1371-72), फिरोज की मृत्यु (1388)।

1388-1414 : परवर्ती तुगलक शासकों का शासनकाल।

1398 : तैमूर लंग का भारत पर आक्रमण, दिल्ली पर अधिकार, भारत में अराजकता।

1399 : दिल्ली सल्तनत का विघटन प्रारम्भ, सूबेदारों द्वारा स्वतंत्र राज्यों की स्थापना–दिल्ली-दोआब में इकबाल खाँ, गुजरात में ज़फर खाँ, सिंध-मुलतान में खिज्र खाँ, महोबा-काल्पी में महमूद खाँ, कन्नौज-अवध-बिहार में ख्वाजा जान, धार (इन्दौर) में दिलावर खाँ, समन में गालिब खाँ, बेयाना में शख्स खाँ, ग्वालियर में भीमदेव।

1411-42 : अहमदशाह द्वारा अहमदाबाद की स्थापना एवं स्वतंत्रता की घोषणा।

1412 : अंतिम तुगलक शासक सुल्तान महमूद की मृत्यु, तुगलक वंश का पतन।

1414 : दिल्ली पर खिज्र खाँ का अधिकार।

1420-1421 : इटली यात्री निकोलो कोंटी की भारत यात्रा।

1429 : बहमनी राज्य की राजधानी गुलबर्गा से बीदर स्थानान्तरित।

1430-69 : मेवाड़ में राजा कुम्भा का राज्यकाल।

1442 : अब्दुर्रज्जाक की विजयनगर यात्रा।

1447 : बहलोल लोदी का दिल्ली पर अधिकार, लोदी वंश की स्थापना।

1450 : गोरखनाथ की साखियों का रचनाकाल।

1455 : प्रसिद्ध संत कबीर का जन्म।

1469 : सिक्ख धर्म के संस्थापक गुरुनानक देव का ननकाना (पंजाब) में जन्म।

1470 : रूसी यात्री निकितिन की भारत यात्रा।

1472 : शेरशाह सूरी का जन्म।

1479 : वल्लभाचार्य का जन्म।

1483 : जहीरुद्दीन बाबर का पुरगना में जन्म।

1485 : चैतन्य महाप्रभु का जन्म।

1486 : पुर्तगाली नाविक सरदार बार्योलोम्पू डिआज डेनोवेज ने केप ऑफ गुड होप (शुभ आशा अंतरीप) की खोज की, इसी मार्ग से बाद में वास्को डि गामा ने भारत की यात्रा की।

1489 : सिकंदर लोदी गद्दी पर, बीजापुर स्वाधीन।

1490 : दिल्ली सल्तनत से अहमदनगर स्वाधीन।

1494 : बंगाल में हुसैनशाह गद्दी पर।

1494 : बाबर फरगना का अमीर बना।

1498 : 20 मई–पुर्तगाली नाविक वास्को डि गामा भारत (कालीकट) पहुँचा।

1502 : पुर्तगाल के राजा जॉन द्वितीय को पोप अलेक्जेंडर षष्टम का 'बुल' प्रदान, जिससे पुर्तगालियों को भारत के साथ व्यापार करने का एकाधिकार तथा भारत में राज्य स्थापित करने का औपचारिक अधिकार मिला।

1503 : बाबर से फरगना छिना।

1504 : इटली के लुडोविचो डी वार्थेमा की पश्चिम तथा दक्षिण भारत की यात्रा, काबुल पर अधिकार कर बाबर का मुलतान की ओर प्रस्थान।

1507 : गुजरात के सूबेदार मुहम्मद बेगरहा का दीव (गोवा) में पुर्तगालियों के विरुद्ध अभियान।

1508 : द्वितीय मुगल सम्राट हुमायूँ का जन्म।

1509 : विजयनगर में कृष्णदेव राय सिंहासनारूढ़, पुर्तगाली गवर्नर फ्रांसिस्को-डि-अल्मेडा भारत में।

1509-1527 : मेवाड़ में राणा सांगा का राज्यकाल।

1510 : गोवा पर पुर्तगालियों का अधिकार, अलबुकर्क गवर्नर।

1512-1518 : गोलकुण्डा बहमनी राज्य से स्वाधीन।

1517 : सिकंदर लोदी की मृत्यु के पश्चात् इब्राहिम लोदी गद्दी पर।

1519 : बाबर का भारत आगमन।

1520 : बाबर का भेड़ा, सियालकोट पर आक्रमण।

1522 : बाबर का कंधार पर अधिकार।

1523 : लाहौर और सरहिंद पर बाबर का आक्रमण, लाहौर पर अधिकार (1524)।

1526 : (21 अप्रैल) बाबर तथा इब्राहिम लोदी के मध्य पानीपत का प्रथम युद्ध, इब्राहिम लोदी की पराजय तथा मृत्यु, दिल्ली पर कब्जे के साथ ही मुगल साम्राज्य की स्थापना।

1527 : राणा संग्राम सिंह तथा बाबर के मध्य खंडवा का युद्ध (16 मार्च), संग्राम सिंह पराजित।

1528 : राणा संग्राम सिंह की मृत्यु, बाबर ने सहयोग के बदले शेरशाह को सासाराम (बिहार) की पैतृक जागीर वापस की।

1530 : बाबर की मृत्यु (29 मई), विजय नगर के राजा कृष्णदेव राय की मृत्यु (26 दिसम्बर)।

1531 : गुजरात के बहादुरशाह का मालवा तथा उज्जैन पर अधिकार।

1532 : रायसेन, चंदेरी एवं मंदसौर पर बहादुरशाह का अधिकार तथा चित्तौड़ पर पहला हमला।

1533 : बहादुरशाह ने चित्तौड़ का घेरा उठाया, रणथम्भौर तथा अजमेर पर अधिकार, वैष्णव संत चैतन्य का निधन।

1534 : हुमायूँ का मालवा को प्रस्थान, शेरशाह ने सूरजगढ़ की लड़ाई में बंगाल के शासक महमूद खाँ को परास्त किया।

1535 : पुर्तगालियों की सहायता से बहादुरशाह का चित्तौड़ पर अधिकार, हुमायूँ से बहादुरशाह पराजित, हुमायूँ की गुजरात तथा मालवा पर विजय।

1536 : हुमायूँ ने अस्करी को गुजरात का शासक नियुक्त किया, गुजरात में मुगलों के विरुद्ध विद्रोह।

1537 : गुजरात के शासक बहादुरशाह की मृत्यु।

1538 : शेरशाह के हाथों बंगाल का शासक महमूदशाह परास्त, हुमायूँ का बंगाल पर आक्रमण, सिक्ख गुरु नानक देव का निधन।

1539 : चौसा के युद्ध में हुमायूँ शेरशाह से पराजित।

1540 : शेरशाह दिल्ली की गद्दी पर बैठा।

1542 : मारवाड़ के राजा मालदेव के आमंत्रण पर हुमायूँ जोधपुर में, अमरकोट में (15 अक्टूबर) अकबर का जन्म।

1544 : हुमायूँ फारस के शाह तहमस्य की शरण में।

1545 : शाह तहमस्प की मदद से कंधार–काबुल पर हुमायूँ का पुन: अधिकार, शेरशाह की मृत्यु, इस्लाम शाह गद्दी पर।

1553 : सूरवंशी शासक इस्लाम शाह की मृत्यु।

1555 : लाहौर पर हुमायूँ का अधिकार, सरहिंद की लड़ाई में सिकंदर सूर पराजित, दिल्ली पर पुनः हुमायूँ का अधिकार।

1556 : हुमायूँ की मृत्यु (जनवरी 24), बैरम खाँ के संरक्षण में अकबर मुगल सम्राट, पानीपत के दूसरे युद्ध (नवंबर 5) में अकबर द्वारा आदिलशाह का दीवान हेमू पराजित, पुर्तगाल से पहला प्रिंटिंग प्रेस भारत पहुँचा, जिसे जेस्युइट पादरी गोवा लेकर आये थे।

1557 : खिज्र खाँ के साथ लड़ाई में आदिलशाह मारा गया, सिंकदर सूर को हरा कर मानकोट के किले पर अकबर का अधिकार।

1560 : अकबर द्वारा बैरम खाँ का निष्कासन।

1561 : अकबर की मालवा विजय।

1562 : आमेर की राजकुमारी (राजा भारमल की पुत्री) से अकबर का विवाह, युद्ध-बंदियों को दास बनाने की प्रथा का उन्मूलन।

1564 : अकबर द्वारा जजिया कर की उगाही बंद, रानी दुर्गावती को परास्त कर गोंडवाना मुगल राज्य में सम्मिलित, रानी द्वारा आत्महत्या।

1564-1567 : उज्बेकों का विद्रोह।

1565 : विजय नगर के शासक रामराय और बहमनी सुलतानों के बीच तालिकोटा का युद्ध, विजयनगर पराजित।

1567 : राधावल्लभ संप्रदाय के प्रवर्तक श्री हरिवंश का देवबंद (मुजफ्फरनगर) में जन्म।

1568 : अकबर की चित्तौड़ पर विजय।

1569 : रणथम्भौर और कालिंजर पर अकबर का अधिकार, युवराज सलीम (जहाँगीर) का जन्म।

1571 : अकबर द्वारा फतेहपुर सीकरी का निर्माण तथा राजधानी बनाने का निर्णय।

1572 : राणा उदयसिंह की मृत्यु, जालौर के राजा और मेवाड़ सेनापतियों द्वारा राणाप्रताप गद्दी पर स्थापित।

1573 : कबीर का निधन, गुजरात पर अकबर का आधिपत्य।

1574-76 : अकबर की बिहार-बंगाल पर विजय।

1575 : ठुकरोई (उड़ीसा) का युद्ध, अकबर द्वारा दाऊद खाँ पराजित–फतेहपुर सीकरी में इबादत खाना की स्थापना।

1576 : हल्दीघाटी का युद्ध, अकबर द्वारा राणा प्रताप पराजित, अकबर का बंगाल पर अधिकार, दाऊद खाँ की मृत्यु।

1578 : भारतीय भाषा की पहली पुस्तक 'डुट्रिना क्रिस्टा' (तमिल भाषा में) मुद्रित व प्रकाशित, इस पुस्तक के लिए टाइप जुआवों गुंजाल्वेज नाम के स्पेनी लुहार ने क्विलोन (केरल) में ढाले थे।

1579-1580 : अकबर ने 'महजरनामा' (इन्फैलिबिलिटी डिक्री) जारी किया, बंगाल-बिहार में विद्रोह, अकबर के दरबार में गोवा से प्रथम जेस्युइट मिशन आया (1580)।

1580-1611 : गोलकुंडा में सुल्तान कुली कुत्बशाह द्वितीय के आश्रम में रेख्ता (हिन्दुस्तानी के आदि रूप) के कवियों को प्रोत्साहन।

1580-1656 : आदिलशाह बीजापुर की गद्दी पर, आदिलशाह द्वितीय (1665-1672) बीजापुर की गद्दी पर।

1582 : अकबर द्वारा दीन-ए-इलाही की घोषणा।

1583 : पंहले पाँच अंग्रेज व्यापारी (जान न्यूबरी, रिचर्ड स्टेपर, राल्फ फिट्च, जेम्स स्टोरी तथा विलियम लीड्स) अकबर के नाम महारानी एलिजाबेथ का पत्र लेकर भारत पहुँचे, अकबर से इनकी मुलाकात नहीं हो पायी लेकिन लीड्स को अकबर के यहाँ झवेरी की नौकरी मिल गई, फिट्स आठ साल तक भारत-बर्मा की यात्रा करने के बाद 29 अप्रैल 1591 को लंदन पहुँचा, फिट्च के विवरण से ही अंग्रेज व्यापारियों की भारत से व्यापार करने की लालसा बलवती हुई।

1585 : कश्मीर पर अकबर का आधिपत्य।

1589 : राजा टोडरमल की मृत्यु।

1590-1592: अकबर की सिंध विजय।

1591: फैजी को मुगल राजदूत बनाकर दक्कन राज्यों में भेजा गया।

1592 : उड़ीसा पर अकबर का अधिकार।

1595 : अकबर की कंधार विजय, बलूचिस्तान मुगल साम्राज्य में सम्मिलित।

1597 : राणा प्रताप की मृत्यु।

1600 : अहमदनगर का पतन, लंदन में महारानी एलिजाबेथ द्वारा अपने भतीजे जार्ज, अर्ल ऑफ कम्बरलैंड तथा सर जॉन हॉर्ट की ईस्ट इण्डिया कम्पनी (द गवर्नर एंड कम्पनी ऑफ मर्चेंट्स ऑफ लंदन ट्रेडिंग इनटु द ईस्ट इंडीज) को भारत से व्यापार करने के लिए अधिकार पत्र प्रदान किया गया।

1601 : अकबर का असीरगढ़ पर अधिकार।

1602 : अबुल फजल की मृत्यु, डच यूनिवर्सल यूनाइटेड ईस्ट इण्डिया कम्पनी की स्थापना, 13 वर्षों में ही हालैण्ड के एशिया व्यापार में असाधारण वृद्धि।

1601-1603 : अकबर के पुत्र सलीम का विद्रोह।

1605 : अकबर की मृत्यु (16अक्टूबर), जहाँगीर गद्दी पर (अक्टूबर 24)।

1606 : शाहजादा खुसरो का विद्रोह, जहाँगीर के आदेशानुसार पाँचवें सिक्ख गुरु अर्जुन देव को प्राणदण्ड, ईरानियों द्वारा कंधार का घेराव, जहाँगीर की मेवाड़ पर चढ़ाई।

1607 : मुगलों द्वारा कंधार मुक्त।

1608 : अहमनगर पर मलिक अम्बर का पुनः अधिकार, इंग्लैण्ड के राजा जेम्स प्रथम का पत्र लेकर विलियम हाकिंस भारत आया तथा तीन साल तक उसके दरबार में रहा, 1612 में वापस इंग्लैंड लौटकर भारत का यात्रा विवरण लिखा, संत तुकाराम का जन्म।

1609 : पुलिकट में हच फैक्टरी स्थापित।

1611 : मसूलीपत्तम में प्रथम अंग्रेज फैक्टरी स्थापित, जहाँगीर का नूरजहाँ से विवाह।

1611-1625 : गोलकुंडा में सुलतान मोहम्मद कुत्बशाह का शासनकाल।

1612 : शाहजादा खुर्रम (शाहजहाँ) का मुमताज महल से विवाह, बंगाल की राजधानी राजमहल से ढाका स्थानान्तरित।

1614 : मेवाड़ के राणा अमर सिंह से जहाँगीर से संधि।

1615 : मेवाड़ पर जहाँगीर का अधिकार, इंग्लैंड के शासक जेम्स प्रथम के राजदूत के रूप में सर टामस रो जहाँगीर के दरबार में।

1620 : कांगड़ा पर मुगलों का अधिकार।

1622 : कंधार पर फारस का पुनः अधिकार, शाहजहाँ का विद्रोह, गोस्वामी तुलसीदास का जन्म।

1625-1674 : गोलकुंडा की गद्दी पर सुलतान अब्दुल्ला कुत्बशाह।

1624 : अहमनगर के मलिक अम्बर के हाथों मुगल सेना की पराजय।

1626 : महावत खाँ का विद्रोह।

1627 : जहाँगीर की मृत्यु (अक्टूबर 29), शिवाजी का जन्म(20 अप्रैल) जुन्नार (पूना) के निकट शिवनेर के किले में।

1628 : शाहजहाँ मुगल सम्राट बना (फरवरी 6)।

1631 : मुमताज महल की मृत्यु (जून 7)।

1632 : बीजापुर पर मुगल आक्रमण, पुर्तगालियों के विरूद्ध सैन्य अभिमान, हुगली में उनकी बस्ती नष्ट।

1633 : अहमदनगर के निजामशाही वंश का अंत, अहमदनगर मुगल साम्राज्य में सम्मिलित, दौलताबाद के किले का अधिकार।

1634 : अंग्रेजो को बंगाल में व्यापार का फरमान मिला, महावत खाँ की मृत्यु।

1636 : बीजापुर और गोलकुंडा से मुगलों की संधि, औरंगजेब दक्कन का सूबेदार नियुक्त।

1638 : अली मर्दान द्वारा कंधार मुगलों को समर्पित।

1639 : अंग्रेजों द्वारा मद्रास में सेंट जार्ज किले की आधारशिला रखी।

1646 : बल्ख पर मुगलों का अधिकार, तोरण पर शिवाजी का अधिकार।

1648 : शाहजहाँ द्वारा नए राजधानी शहर शाहजहाँनाबाद का निर्माण प्रारम्भ।

1649 : कंधार पर पुनः फारस का अधिकार ।

1650 : मराठी संत तुकाराम का निधन।

1656 : शिवाजी का जाबली पर आधिपत्य।

1657 : बीदर का पतन और मुगलों द्वारा बीजापुर की घेराबंदी, शाहजहाँ के अस्वस्थ होने पर 'उत्तराधिकार का युद्ध' प्रारम्भ' बीजापुर से द्वितीय संधि।

1658 : धरमत के युद्ध (5 मई) तथा सामूगढ़ के युद्ध (जून 8) में दारा की औरंगजेब के हाथों पराजय, शाहजहाँ आगरे में बन्दी (5 जून) औरंगजेब का राज्याभिषेक (31 जुलाई)।

1657 : दारा को मृत्युदंड, शिवाजी के हाथों अफजल खाँ की मृत्यु।

1660 : मीर जुमला बंगाल का सूबेदार नियुक्त, शिवाजी द्वारा दक्षिण कर्नाटक क्षेत्र में चारों ओर हमले।

1661 : मुराद की हत्या, पुर्तगालियों द्वारा इस शर्त पर बम्बई अंग्रेजों को हस्तांतरित कि वे डचों को इस क्षेत्र में व्यापार से बाहर खदेड़ने में इनका साथ देंगे।

1662 : मीर जुमला का असम अभियान।

1663 : मीर जुमला की मृत्यु, शाइस्ता खाँ बंगाल का सूबेदार।

1664 : शिवाजी का सूरत पर आक्रमण, स्थानीय पुर्तगाली उपनिवेश द्वारा शिवाजी को वार्षिक नजराना देना स्वीकार, फ्रांसीसी ईस्ट इण्डिया कम्पनी स्थापना।

1665 : राजा जयसिंह के हाथों शिवाजी की पराजय, मुगलों से शिवाजी की पुरन्दर की संधि।

1666 : शाहजहाँ की मृत्यु, मुगल दरबार में शिवाजी बंदी (मई), नजरबंदी से मुक्त (अगस्त)।

1668 : औरंगजेब द्वारा हिन्दुओं के विरुद्ध नये आदेश, ईस्ट इण्डिया कम्पनी के नाम मुम्बई का पट्टा।

1669 : मथुरा में जाट सरदार गोकुल का विद्रोह, मुम्बई पर अंग्रेज कम्पनी का पूर्ण अधिकार।

1670 : शिवाजी का सूरत पर दूसरा आक्रमण।

1671 : छत्रसाल के नेतृत्व में बुंदेलों का विद्रोह, अब्दुर्रहीम खान खाना का जन्म।

1672 : अफ्रीदी तथा सतनामी विद्रोह, दम लौहेम के नेतृत्व में फ्रासीसियों ने श्रीलंका में त्रिकोमल्ली तथा मद्रासी के निकट सेंट टोम पर अधिकार, कुछ समय पश्चात् डचों ने फ्रांसीसियों से दोनों स्थान छीने।

1673 : शिवाजी का सूरत पर तीसरा आक्रमण, हिन्दी कवि घनानन्द का जन्म।

1674 : फ्रांसीसी कप्तान मातैं मातैं द्वारा पांडिचेरी की स्थापना, शिवाजी का राज्याभिषेक (राजगढ़ में) तथा 'छत्रपति' का विरुद्ध धारण, 'स्वराज्य' की स्थापना।

1675 : सिक्ख गुरु तेगबहादुर को औरंगजेब द्वारा मृत्युदंड।

1677 : कर्नाटक में शिवाजी की विजय।

1679 : औरंगजेब द्वारा जजिया पुनः जारी, मारवार अभियान।

1680 : शिवाजी की मृत्यु, शंभाजी पेशवा बने, अलंकारवादी हिन्दी कवि केशवदास का जन्म।

1681 : असम पुनः स्वाधीन, औरंगजेब का दक्षिण अभियान।

1685 : अंग्रेज कम्पनी का मुख्य व्यापार कार्यालय सूरत से मुम्बई स्थानांतरित।

1686 : औरंगजेब का बीजापुर पर अधिकार।

1687 : गोलकुंडा मुगल साम्राज्य में सम्मिलित, अंग्रेज कम्पनी द्वारा औरंगजेब के विरुद्ध युद्ध की घोषणा।

1689 : औरंगजेब द्वारा शंभाजी को प्राणदंड, राजाराम सिंहासनरूढ़ शाह बंदी बना।

1698 : सूतनती, कालीकोट तथा गोविन्दनगर की जमींदारी ईस्ट इंडिया कम्पनी को मिली।

1699 : मालवा पर मराठों का प्रथम आक्रमण।

1700 : शंभाजी के छोटे भाई राजाराम की मृत्यु, ताराबाई के संरक्षण में शिवाजी द्वितीय (राजाराम का पुत्र) गद्दी पर।

1702 : इंग्लैंड में रानी ऐन गद्दी पर, गोडोल्फिन के हस्तक्षेप से पुरानी और नयी कम्पनी का एकीकरण कर नयी संयुक्त 'ईस्ट इण्डिया कम्पनी' का उदय।

1703 : मराठों का बरार पर आक्रमण।

1706 : मराठों का गुजरात पर आक्रमण, बड़ौदा ध्वस्त।

1707 : औरंगजेब की मृत्यु, बहादुरशाह प्रथम (राजकुमार मुहम्मद मुअज्जम) मुगल सम्राट बना, शाहू मुक्त, ताराबाई तथा शाहू समर्थकों के मध्य खेड़ा का युद्ध, मराठा राज्य दो भागों में विभक्त : सतारा में शाहू तथा कोल्हापुर में ताराबाई (या शिवाजी द्वितीय), पेशवा बालाजी विश्वनाथ शाहू के साथ।

1708 : शाहू का राज्याभिषेक छत्रपति के रूप में, बालाजी विश्वनाथ को 'सेनाकर्ते' की उपाधि, सिखों के अंतिम गुरु अंतिम गोविन्द सिंह का निधन (ननदेह में)।

1712 : बहादुरशाह प्रथम की मृत्यु, जहाँदारशाह उत्तराधिकारी

1713 : जहाँदारशाह की हत्या, सैयद बंधुओं की मदद से फर्रुखशियर सिंहासनारूढ़।

1714 : बालाजी विश्वनाथ की 'पेशवा' के पद पर पदोन्नति, हुसैन अली दक्षिण का सूबेदार, हुसैन अली की मराठों से संधि।

1715 : सिख नेता बन्दा बहादुर को प्राणदण्ड।

1717 : ईस्ट इण्डिया कम्पनी को बादशाह फर्रुखशियर का स्वतंत्र व्यापार (ड्यूटी-फ्री) फरमान, कलकत्ता के निकट 37 गाँवों को खरीदने का अधिकार भी प्रदान।

1719 : फर्रुखशियर की हत्या, मुहम्मदशाह (रौशन अख्तर) गद्दी पर आसीन (दो अल्पकालिक शासकों रफी-उद-दरजत तथा रफी-उद-दौला की मृत्यु के उपरांत) मुगल सम्राट द्वारा सनद प्रदान कर चौथ तथा सरदेशमुखी वसूलने का अधिकार तथा दक्कन के 6 सूबों पर स्वराज्य प्रदान।

1720 : बाजीराव प्रथम पेशवा बने, सैय्द बंधुओं का अंत, मराठों का उत्तरी अभियान प्रारम्भ।

1723 : शिवाजी के गुरु समर्थ रामदास की मृत्यु, पेशवा का मालवा पर आक्रमण ।

1724 : सआदत खाँ अवध का सूबेदार नियुक्त, दक्षिण में निजाम स्वतंत्र।

1725 : शुजाउद्दीन बंगाल का सूबेदार।

1731 : गॉटेनबर्ग में सम्राट फ्रेडरिक द्वारा 'स्वीडिश ईस्ट इण्डिया कम्पनी' का गठन।

1735 : मुगल बादशाह द्वारा पेशवा बाजीराव प्रथम को मालवा के शासक के रूप में स्वीकृति।

1738 : गोस्वामी तुलसीदास (रामचरितमानस के रचयिता) का निधन।

1739-1740 : दिल्ली पर नादिरशाह का आक्रमण, कोहिनूर हीरा एवं तख्तेताऊस नादिरशाह के कब्जे में, खुरासीन में नादिरशाह की उसके ही सेनापतियों द्वारा हत्या।

1740 : सरफराज खाँ की हत्या कर अलीवर्दी खाँ बंगाल का नवाब बना, बालाजी बाजीराव पेशवा बनें, अरकाट पर मराठों का आक्रमण।

1742 : बंगाल का मराठों का आक्रमण, डूप्ले पांडिचेरी का गवर्नर नियुक्त।

1744 : यूरोप में फ्रांस तथा इंग्लैंड के बीच युद्ध आरम्भ, दोनों के विभिन्न उपनिवेशों में तनाव तथा संघर्ष।

1744-48 : प्रथम कर्नाटक (आंग्ल-फ्रांसीसी) युद्ध।

1745 : रुहेलखंड रुहिल्लों के अधिकार में।

1746 : ला बोर्देने के नेतृत्व में फ्रांसीसियों का मद्रास पर अधिकार।

1747 : अहमदशाह अब्दाली का भारत का आक्रमण।

1748 : हैदराबाद के निजाम आसफजाह की मृत्यु, पुत्र नासिर जंग तथा मुजफ्फर जंग में सत्ता के लिए संघर्ष, संघर्ष के कारण निजाम का प्रभाव क्षीण तथा यहाँ भी गद्दी के लिए चंदा साहिब तथा नवाब अनवरुद्दीन (अलीवर्दी खाँ) में संघर्ष।

1748-51 : अहमदशाह अब्दाली का अफगानिस्तान और पंजाब पर अधिकार, मुहम्मदशाह की मृत्यु के पश्चात् अहमदशाह मुगल बादशाह बना (1748)।

1749 : यूरोप में ब्रिटिश और फ्रांसीसियों के बीच 'एक्स-ला-सोपाल' की संधि, भारत में अंग्रेजी और फ्रांसीसी कम्पनियों में भी युद्धविराम, फ्रांसीसियों द्वारा मद्रास अंग्रेजो को वापस, शाहू की मृत्यु तथा रामराज का छत्रपति के रूप में राज्याभिषेक।

1750-1754 : द्वितीय कर्नाटक युद्ध, डूप्ले की सहायता से चंदा साहिब की अलीवर्दी खाँ पर विजय, हैदराबाद की निजामत मुजफ्फर जंग को दिलाने के लिए चंदा साहिब तथा डूप्ले का नासिर जंग पर सम्मिलित हमला, नासिर जंग को 600 सैनिकों की अंग्रेजी सहायता, कर्नाटक की गद्दी के लिए मुहम्मद अली को भी अंग्रेजी मदद।

1751 : अरकॉट के किले पर राबर्ट क्लाइव का अधिकार, जिससे फ्रांसीसी तिरुचिन्नापल्ली से हटे, मुजफ्फरजंग की मृत्यु, सलावत जंग निजाम बना, अलीवर्दी खाँ की मराठों से संधि।

1754 : डूप्ले फ्रांस वापस, गोदेह्यू नया फ्रांसीसी डायरेक्टर जनरल गोदेह्यू तथा अंग्रेज गवर्नर सांडर्स के बीच संधि, दोनों का भारतीय रियासतों के आंतरिक मामलों में हस्तक्षेप न करने का निर्णय, फ्रांसीसीयों द्वारा अंग्रेज समर्थित मुहम्मद अली कर्नाटक का नवाब स्वीकृत, आलमगीर द्वितीय मुगल बादशाह बना।

1756 : अलीवर्दी खाँ की मृत्यु, सिराजुद्दौला बंगाल की गद्दी पर आसीन तथा कलकत्ता पर अधिकार, तीसरा कर्नाटक युद्ध।

1757 : प्लासी की लड़ाई (जून 23) में अंग्रेजों द्वारा सिराजुद्दौला पराजित, मीरजाफर नवाब बनाया गया (जून 28), अंग्रेजों का कलकत्ता पर पुन: अधिकार, सिराजुद्दौला को मृत्युदण्ड (2 जुलाई), अंग्रेजों का राजनीतिक प्रभुत्व स्थापित।

1758 : फ्रांसीसी गवर्नर लैली का भारत आगमन, अंग्रेजों के विरुद्ध अभियान आरम्भ, फोर्ट सेंट डेविड पर कब्जा, पंजाब पर मराठों का अधिकार।

1755 : बंगाल में अंग्रेजों द्वारा डच पराजित, बीदर का युद्ध, गाजीउद्दीन द्वारा आलमगीर द्वितीय की हत्या, शाहआलम द्वितीय मुगल बादशाह बना। (1759-1806)।

1760 : बन्दवास के युद्ध में अंग्रेजों के हाथों फ्रांसीसी पराजित, क्लाइव इंग्लैंड वापस, मीर कासिम बंगाल का नवाब बना।

1761 : अहमदशाह अब्दाली तथा मराठों के बीच पानीपत का तीसरा युद्ध (14 जनवरी), मराठे पराजित, फ्रांसीसियों द्वारा पांडिचेरी अंग्रेजों को समर्पित, पेशवा बाजीराव का निधन, माधवराव सिंहासनारूढ़, हैदर अली मैसूर का नवाब, अवध का नवाब शुजाउद्दौला वजीर बना।

1762 : माधवराव के सिंहासनारूढ़ होने के उपरांत रघुनाथ राव द्वारा निजाम से मदद की माँग।

1763 : अंग्रेजों द्वारा पांडिचेरी फ्रांसीसियों को वापस, बंगाल एवं बिहार पर मीर कासिम का अधिकार समाप्त, मीरकासिम निष्कासित मीर जाफर पुनः नवाब बना, रघुनाथ राव का सत्ता पर कब्जा, माधवराव बंदी।

1764 : बक्सर का युद्ध, शाहआलम, शुजाउद्दौला तथा मीर कासिम की संयुक्त सेनायें अंग्रेजों से पराजित।

1765 : क्लाइव दूसरी बार पुनः बंगाल का गवर्नर बनकर वापस आया, शुजाउद्दौला, शाहआलम तथा ईस्ट इण्डिया कम्पनी के मध्य इलाहाबाद की संधि, शाहआलम ने बिहार, बंगाल तथा उड़ीसा की दीवानी कम्पनी को सौंपी, मीर जाफर की मृत्यु।

1766 : निजाम ने उत्तरी सरकार (Northern Sarkars) क्षेत्र अंग्रेजों को दिया।

1767 : क्लाइव इंग्लैंड वापस, वेरेलेस्ट बंगाल का गवर्नर बना।

1767-69 : प्रथम मैसूर युद्धः अंग्रेजों ने अपमानजनक शर्तो पर हैदर अली से संधि की, हैदर अली का मद्रास अभियान।

1769 : निजाम और मराठों के साथ अंग्रेजों की संधि।

1770 : बंगाल में भीषण दुर्भिक्ष, पेरिस में दिवालिया हो जाने के कारण फ्रांसीसी ईस्ट इण्डिया कम्पनी भंग।

1771 : मराठों का हैदर अली पर आक्रमण, दिल्ली पर मराठों का कब्जा, शाहआलम को अंग्रेजों के बंधन से मुक्ति।

1772 : वारेन हेस्टिंग्स बंगाल का गवर्नर नियुक्त, मराठों का रुहेलखंड पर आक्रमण, भारतीय मामलों के लिए ब्रिटिश संसद की दो संसदीय समितियों का गठन, माधवराव पेशवा की मृत्यु, नारायण राव पेशवा बना पर शीघ्र ही मृत्यु, अवध के नवाब और रुहिल्लों का मराठा के विरुद्ध समझौता, कम्पनी द्वारा द्वैध शासन के समाप्ति की तथा खुद दीवान का कार्य अपने हाथों में लेने की घोषणा।

1772–1833 : राजा राममोहन राय का जीवन काल।

1773 : ब्रिटिश संसद द्वारा रेग्युलेटिंग एक्ट पारित, कम्पनी पर संसद का आंशिक नियंत्रण, मद्रास तथा बम्बई प्रेसीडेन्सियों पर कलकत्ता प्रेसीडेंसी का आंशिक नियंत्रण, रघुनाथ राव पेशवा बना, अंग्रेजों और अवध के नवाब के बीच रुहेलखंड पर संयुक्त रूप से चढ़ाई का समझौता।

1774 : वारेन हेस्टिंग्स बंगाल का गवर्नर-जनरल बना, कलकत्ता में पहले उच्चतम न्यायालय की स्थापना, रुहिल्ला युद्ध (रुहिल्ला तथा अवध के नवाब के मध्य) रुहेलखंड अवध में शामिल, नारायण राव पेशवा बने।

1775 : कम्पनी और अवध के वजीर आसफुद्दौला के बीच (एक-दूसरे के विरुद्ध कार्यवाही न करने की) मैत्री संधि, नवाब ने अंग्रेजों से सैन्य सहायता लेने के बदले 2,60,000 रु. प्रतिमाह देना स्वीकार किया, नन्द कुमार पर मुकद्मा तथा मृत्युदण्ड (6 मई), रघुनाथ राव तथा अंग्रेजों के बीच 'सूरत की संधि'।

1775-1782 : प्रथम आंग्ल-मराठा युद्ध।

1776 : अंग्रेजों (कर्नल अप्टॉन) तथा मराठों (रघुनाथ राव के विरोधियों) के बीच पुरन्दर की सन्धि।

1777 : सन् 1857 के विद्रोही वीर कुवँर सिंह का जन्म।

1778 : यूरोप में अंग्रेज-फ्रांस युद्ध, भारत में फ्रांसीसी उपनिवेश पर अंग्रेजों का अधिकार।

1779 : मराठों तथा अंग्रेजों के बीच बड़गाँव समझौता (Convention of Wadgoan) : मराठों ने 1773 में खोए क्षेत्र पुनः प्राप्त किए, हैदर अली, हैदराबाद के निजाम तथा मराठे अंग्रेजों का विरोध करने को एकजुट।

1780 : कैप्टन पोफम के नेतृत्व में कम्पनी का ग्वालियर पर अधिकार, द्वितीय मैसूर युद्ध प्रारम्भ, हैदर अली द्वारा कर्नाटक ध्वस्त, महाराजा रणजीत सिंह का जन्म, 'बंगाल गजट' का प्रकाशन जेम्स हिक्की द्वारा।

1781 : कंपनी ने बनारस के राजा चेतसिंह को गद्दी से हटाया, पोतों नोवो में हैदर अली पराजित, रेग्युलेटिंग एक्ट में संशोधन, वारेन हेस्टिंग्स द्वारा 'कलकत्ता मदरसा' की स्थापना, बंगाल में 'बोर्ड ऑफ रेवेन्यू' की स्थापना।

1782 : अंग्रेज, मराठा तथा हैदर अली के बीच 'सल्फाई की संधि', हैदर अली की मृत्यु, बंगाल की खाड़ी में अंग्रेजों तथा फ्रांसीसियों के बीच नौसैनिक युद्ध, अंग्रेजों की मदद से आसफ-उद्दौला द्वारा अवध की बेगमों से धन उगाही।

1782-98 : टीपू सुल्तान मैसूर का शासक बना।

1783 : फाक्स का इण्डिया बिल ब्रिटिश संसद में अस्वीकृत।

1784 : टीपू के साथ 'मंगलौर की संधि', द्वितीय आंग्ल-मैसूर युद्ध की समाप्ति, भारतीय मामलों के लिए 'बोर्ड ऑफ

कंट्रोल' की स्थापना हेतु पिट का इण्डिया एक्ट ब्रिटिश संसद में पारित, 'एशियाटिक सोसाइटी ऑफ बंगाल' की स्थापना।

1785 : वारेन हेस्टिंग्स का त्यागपत्र, पंजाब में सिखों का आधिपत्य, दिल्ली पर महादजी शिंदे का अधिकार।

1786-1793 : लार्ड कार्नवालिस बंगाल का गवर्नर-जनरल, गवर्नर-जनरल को अपने परिषद के निर्णय निरस्त करने की व्यवस्था।

1787 : टीपू ने पेरिस और कुस्तुनतुनिया दूत भेजा, मराठा, निजाम तथा टीपू के बीच संधि, मराठा लाभान्वित, विलियम विलबरफोर्स द्वारा 'दासता-विरोधी (Anti-slavery) 'लीग' की स्थापना।

1788 : गुलाम कादिर रुहिल्ला का दिल्ली पर कब्जा, शाहआलम द्वितीय को नेत्रहीन बनाया गया, बेदार बख्त दिल्ली की गद्दी पर आसीन।

1788-1795 : वारेन हेस्टिंग्स पर महाभियोग।

1789-90 : टीपू का ट्रावणकोण पर आक्रमण।

1789-1802 : मराठों का दिल्ली पर अधिकार।

1790-92 : तृतीय मैसूर युद्ध, (टीपू सुलतान और अंग्रेज, मराठा तथा निजाम की संयुक्त शक्ति के बीच)।

1792 : श्रीरंगपट्टम की संधि के साथ तीसरा मैसूर युद्ध समाप्त, पंजाब में रणजीत सिंह मिसल के मुखिया, जोनाथन डंकन वाराणसी में राजकीय संस्कृत महाविद्यालय (बाद में संस्कृत विश्वविद्यालय) की स्थापना।

1793-1798 : सर जॉन शोरे बंगाल के गवर्नर-जनरल।

1793 : बंगाल में भू-राजस्व का स्थायी बंदोबस्त, ब्रिटिश संसद द्वारा भारत में युद्ध नियंत्रण अधिनियम पारित, पांडिचेरी पर अंग्रेजों का अधिकार, कम्पनी के चार्टर का नवीकरण।

1794 : पूना में महादयी सिंधिया (शिंदे) का निधन।

1795 : कुर्दला (kharda) के युद्ध में निजाम का मराठों को समर्पण, इंदौर की रानी अहिल्याबाई का निधन, जोनाथन डंकन बम्बई का गवर्नर नियुक्त।

1796 : पेशवा माधवराज नारायण की मृत्यु, बाजीराव द्वितीय पेशवा, अंग्रेजों द्वारा श्रीलंका डचों से मुक्त कराया गया।

1797 : अहमदशाह अब्दाली के पोते जमनशाह का पंजाब पर आक्रमण, लाहौर पर अधिकार, अवध के नवाब आसफुद्दौला की मृत्यु, वजीर अली नये नवाब (अवध), श्रीरंगपट्टम में 60 फ्रांसिसीयों द्वारा 'जैकोबिन क्लब' की स्थापना।

1798-1805 : लार्ड वेलेजली बंगाल का गवर्नर-जनरल।

1798 : वजीर अली को हटाकर सआदत अली अवध का नवाब बना, निजाम द्वारा आश्रय-संधि पर हस्ताक्षर, टीपू के विरुद्ध अंग्रेज, पेशवा और निजाम में एकता, टीपू ने फ्रांसीसी उपनिवेश मारिशस को दूत भेजा, नेपोलियन बोनापार्ट का मिस्त्र अभियान।

1799 : नेपोलियन के काहिरा से लिखे पत्र में टीपू को अंग्रेजों से मुक्ति दिलाने का आश्वासन, चौथे मैसूर युद्ध में टीपू की मृत्यु, मैसूर का विभाजन, मैसूर राजवंशज कृष्णराज मैसूर की गद्दी पर आसीन, जमनशाह द्वारा रणजीत सिंह लाहौर का सूबेदार नियुक्त, मालकम के नेतृत्व में अंग्रेज दूतमंडल ईरान पहुँचा, विलियम केरी द्वारा सिरामपुर में बैप्टिस्ट मिशन स्थापित।

1800 : पेशवा माधवराव नारायणराव के संरक्षण तथा मुख्यमंत्री नाना फड़नवीस का निधन, फोर्ट विलियम कॉलेज की स्थापना।

1801 : कर्नाटक का ब्रिटिश साम्राज्य में विलय, अवध का बड़ा क्षेत्र अंग्रेजों को हस्तांतरित, मराठा गृह-युद्ध, पेशवा का पूना से पलायन।

1802 : पेशवा और अंग्रेजों के बीच बसीन की संधि, अंग्रेजों द्वारा पेशवा पुनः पूना की गद्दी पर अधिष्ठापित।

1803 : द्वितीय आंग्ल-मराठा युद्ध (1803-05) में मराठों की पराजय, अलीगढ़ पर अंग्रेजों का अधिकार, भोंसले के साथ कम्पनी की 'देवगाँव' की संधि' तथा डीग के साथ 'सुर्जी-अर्जगांव की संधि।

1804 : होल्कर के साथ युद्ध में कर्नल मोन्सन पराजित, बादशाह शाहआलम ब्रिटिश संरक्षण के अधीन।

1805 : अंग्रेजों का भरतपुर का घेरा असफल, लार्ड वेलेजली इंग्लैंड वापस बुलाया गया, कार्नवालिस की मृत्यु, होल्कर के साथ संधि।

1805-1807 : सर जॉर्ज वारलो बंगाल के गवर्नर-जनरल।

1806 : अकबर द्वितीय शाहआलम द्वितीय का उत्तराधिकारी, वेल्लोर सैनिक विप्लव।

1807-1813 : लार्ड मिण्टो बंगाल का गवर्नर-जनरल।

1807-1808 : नेपोलियन की भारत पर सयुंक्त फ्रांसीसी-रूसी अभियान योजना।

1808 : माल्कम के नेतृत्व में फारस तथा एलफिन्सटन के नेतृत्व में काबुल के लिए अंग्रेज दूतमंडल भेजा गया।

1809 : अंग्रेजों और रणजीत सिंह के बीच 'अमृतसर की संधि (25 अप्रैल), सतलज पूर्व की पंजाबी रियासत अंग्रेजों के संरक्षण में, में रणजीत सिंह शासक स्वीकृत।

1809-1811 : रणजीत सिंह का गोरखों से कांगड़ा पर कब्जा।

1813-1823 : लार्ड हेस्टिंग्स बंगाल का गवर्नर-जनरल।

1813 : कम्पनी का चार्टर नवीनीकृत, शिक्षा पर सालाना एक लाख रुपये खर्च करने का सुझाव।

1814-1816 : नेपाल के साथ युद्ध, गोरखा तथा कम्पनी के बीच 'सुगौली की संधि' (1816 में)।

1815 : राममोहन राय द्वारा 'आत्मीय सभा' की स्थापना, वाटरलू का युद्ध।

1817 : कलकत्ता में हिन्दू कालेज की स्थापना (डेविड हेयर तथा राममोहन राय द्वारा)।

1817-1818 : पिंडारियों के विरुद्ध कार्रवाई, तीसरे मराठा युद्ध में मराठे निर्णायक रूप से पराजित (खड़की, सीताबल्डी के युद्ध), अप्पा साहिब भोंसला पदच्युत, महीदपुर का युद्ध, होल्कर के साथ संधि।

1818 : सिरामपुर ईसाई मिशनरी संस्था द्वारा भारतीय भाषा (बंगला) में 'समाचार दर्पण' नाम का पहला साप्ताहिक प्रकाशित, पेशवा बाजीराव द्वितीय का समर्पण।

1819-27 : एलीफिंस्टन बम्बई के गवर्नर।

1819 : पेशवा पद की समाप्ति, ब्रिटिश वृत्तिभोगी की हैसियत से पेशवा बाजीराव द्वितीय का बिठूर निवास, राजपूताना के राजाओं के साथ सुरक्षात्मक संधि, तात्या तोपे का जन्म।

1820 : मुनरो-मद्रास का गवर्नर।

1821 : पूना में संस्कृत कालेज की स्थापना।

1822 : बम्बई में 'नेटिस एजुकेशन सोसायटी' की स्थापना, 'बम्बई समाचार' प्रकाशित।

1823-1828 : लार्ड एमहर्स्ट बंगाल का गवर्नर-जनरल।

1823 : प्रेस ऑर्डिनेन्स के विरुद्ध राजा राममोहन राय का ज्ञापन, (इसके द्वारा कार्यवाहक गवर्नर-जनरल एडम्स ने मुद्रणालयों के लिए लाइसेंस अनिवार्य किया था), कलकत्ता में लार्ड एमहर्स्ट द्वारा 'संस्कृत कालेज' की स्थापना।

1824 : बैरकपुर में विद्रोह (सैन्य), (अधिक भत्ते की माँग पर)।

1824-26 : प्रथम आंग्ल-बर्मा युद्ध, यादवों की संधि, अराकान तथा तेनासरीम ब्रिटिश साम्राज्य में सम्मिलित।

1824-1883 : स्वामी दयानन्द सरस्वती, आर्य समाज की स्थापना (1875 में)।

1825 : प्रसिद्ध स्वतंत्रता सेनानी दादाभाई नौरोजी का जन्म (4 सितंबर)।

1826 : भरतपुर पर अंग्रेजों का अधिकार।

1827 : पहला वाष्पचालित युद्धपोत 'इंटरप्राइज' मद्रास पहुँचा।

1828-1833 : विलियम बैंटिक बंगाल का गवर्नर जनरल।

1828 : राममोहन राय द्वारा 'ब्रह्म समाज की स्थापना', 'ऐकेडमिक एसोसिएशन' स्थापित।

1829 : विलियम बैंटिक द्वारा सती प्रथा गैरकानूनी घोषित।

1829-1837 : बैंटिक द्वारा ठगों का दमन।

1830 : राजा राममोहन राय का इंग्लैंड भ्रमण, धर्मसभा द्वारा कलकत्ता में सती प्रथा पर प्रतिबंध लगाने के विरोध में सभा, ईश्वरचन्द्र गुप्ता द्वारा बंगला मासिक 'संवाद प्रभाकर' प्रकाशित।

1831 : मैसूर का राजा पदच्युत, शासन ब्रिटिश सरकार के हाथ में रोपड़ में विलियम बैंटिक और रणजीत सिंह की भेंट।

1832 : असम जैतिया क्षेत्र पर अंग्रेजों का आधिपत्य।

1833 : कम्पनी के चार्टर का नवीनीकरण, वैधानिक शक्ति का केन्द्रीकरण, बंगाल का गवर्नर-जनरल पहली बार भारत के गवर्नर-जनरल के नाम से जाना जाने लगा, भारतीय विधि आयोग की नियुक्ति, ब्रिटेन में दास-प्रथा पर प्रतिबंध लगाया गया।

1833-1835 : लार्ड विलियम बैंटिक भारत का गवर्नर-जनरल।

1834 : कुर्ग पर अंग्रेजी का आधिपत्य, लार्ड मैकाले सुप्रीम कौंसिल में पहला विधि सदस्य नियुक्त, सरकार द्वारा चाय बागानों की स्थापना, आगरा प्रांत की स्थापना।

1835-1836 : सर चार्ल्स मेटकाफ कार्यकारी गर्वनर- जनरल।

1835 : सर मेटकाफ द्वारा समाचार-पत्रों पर से प्रतिबंध समाप्त, मैकाले का शिक्षा नीति, प्रस्ताव अंग्रेजी (फारसी के स्थान पर) पहली बार सरकारी भाषा बनी, कम्पनी ने पहली बार अपने सिक्के जारी किए (बिना मुगल सम्राट के नाम के), कलकत्ता मेडिकल कॉलेज की स्थापना, कलकत्ता हिन्दू कॉलेज में धर्मसभा के तत्वावधान में पश्चिमी ढंग की पहली सार्वजनिक सभा (30 जनवरी) जिसमें रामकमल सेन ने माँग की कि सभा जमींदारों तथा रैयतों के जीवन के मूलभूत सामाजिक-आर्थिक प्रश्नों पर विचार-विमर्श करें।

1836-1842 : लार्ड आकलैंड गवर्नर-जनरल।

1837 : बहादुरशाह द्वितीय का उत्तराधिकारी अकबर द्वितीय गद्दी पर आसीन, महारानी विक्टोरिया गद्दी पर आसीन।

1838 : अफगानिस्तान के भू॰ पू॰ शासक शाहशुजा, रणजीत सिंह तथा अंग्रेजों के बीच 'त्रिपक्षीय संधि', काबुल-कंधार पर अंग्रेजों का अधिकार, 'कलकत्ता सोसायटी फॉर द एक्यूजीशन ऑफ जनरल नालेज' नाम की साहित्यिक, वैचारिक संस्था की स्थापना, केशव चंद्र सेन का जन्म (नवम्बर 19)।

1839 : महाराजा रणजीत सिंह की मृत्यु, कलकत्ता तथा दिल्ली के बीच जी॰ टी॰ रोड पर कार्य आरम्भ, अंग्रेजों द्वारा शाहशुजा को काबुल का अमीर नियुक्त किया गया, कुछ भारतीय तथा यूरोपीय द्वारा 'पैट्रियॉटिक एसोसिएशन' (बाद में यूनाइटेड एसोसिएशन) की स्थापना (9 फरवरी), लंदन में ब्रिटिश इंडिया सोसाइटी की स्थापना।

1839-42 : प्रथम आंग्ल-अफगान युद्ध।

1840 : अफगान कबाइलियों का विद्रोह, दोस्त मुहम्मद पदच्युत, मैन्चेस्टर में 'नार्दन सेंट्रल ब्रिटिश इंडिया सोसाइटी की स्थापना।

1841 : कलकत्ता में 'देश हितैषिणी सभा' की स्थापना (अक्टूबर 3)।

1841-1844 : लार्ड एलनबरो गवर्नर-जनरल।

1842 : अफगानिस्तान में अंग्रेजी सेना का संहार, काबुल पर पुनः आधिपत्य, दोस्त मोहम्मद पुनः अमीर बना, एलनबरो की शिमला घोषणा, अफगानिस्तान से अंग्रेजी सैनिक वापस।

1843 : सिंध पर अंग्रेजों का अधिपत्य, दासप्रथा पर प्रतिबंध, 'बंगाल ब्रिटिश इण्डिया सोसायटी की स्थापना।

1844-1848 : लार्ड हार्डिंग गवर्नर-जनरल।

1844 : लार्ड हार्डिंग द्वारा सरकारी नौकरियों में अंग्रेजी शिक्षित भारतीयों को नियुक्ति देने का निर्णय, कांग्रेसी नेता दिनशा एदुलयी बाचा का जन्म।

1854-1846 : प्रथम आंग्ल-सिख युद्ध, सिख पराजित।

1846 : अंग्रेज तथा सिखों के बीच लाहौर संधि।

1847 : रुड़की में प्रथम इंजीनियरिंग कालेज की स्थापना।

1848-1856 : लार्ड डलहौजी गवर्नर-जनरल।

1848 : सतारा ब्रिटिश साम्राज्य में सम्मिलित, गोद लेने की प्रथा पर प्रतिबंध, बम्बई में स्टूडेंट् लिटरेरी एंड साइंटिफिक सोसाइटी की स्थापना ।

1848-49 : दूसरे आंग्ल-सिख युद्ध में सिख पराजित।

1849 : पंजाब, जैतपुरा तथा संबलपुर का ब्रिटिश साम्राज्य में विलय, कलकत्ता में बेध्युन द्वारा पहली कन्या पाठशाला की स्थापना, डलहौजी द्वारा मुगल राजवंश की समाप्ति का विचार।

1850 : सिक्किम का एक भाग अंग्रेजों के कब्जे में।

1851 : कलकत्ता में 'ब्रिटिश इण्डियन एसोसिएशन' की स्थापना।

1852 : द्वितीय आंग्ल-बर्मा युद्ध, रंगून तथा पेगु पर अधिपत्य, भूतपर्व पेशवा बाजीराव द्वितीय की मृत्यु तथा उसकी पेंशन समाप्त, पूना में 'दक्कन एसोसिएशन' की स्थापना (फरवरी), 'मद्रास नेटिव एसोसिएशन' की स्थापना (जुलाई 13), बम्बई एसोसिएशन की स्थापना।

1853 : बम्बई से ठाणे तक पहली रेलवे लाइन का उद्घाटन, कलकत्ता से आगरा तक पहली टेलीग्राफ लाइन, नागपुर तथा झाँसी का ब्रिटिश साम्राज्य में विलय, निजाम द्वारा बरार अंग्रेजी को समर्पित कम्पनी से चार्टर नवीनीकरण तथा पहली बार आई॰ सी॰ एस॰ परीक्षा प्रारम्भ सस्ती डाक-सेवा आरम्भ।

1854 : बंगाल में नील-विद्रोह।

1855 : संथाल विद्रोह, पटसन उद्योग की शुरुआत, कलकत्ता में 'अंजुमने इस्लामी' (या मोहम्मडन एसोसिएशन) की स्थापना (मई 6)।

1856 : अवध ब्रिटिश साम्राज्य में सम्मिलित, भारतीय विश्वविद्यालय अधिनियम, बंगाल विधान परिषद् द्वारा हिन्दू विधवा पुनर्विवाह अधिनियम पारित, यूरोप में क्रीमिया युद्ध समाप्त, भारतीय सैनिकों को इनफील्ड रायफलें और चर्बीयुक्त कारतूस प्रयोग के लिए दिए गए, 'हिन्दू विधवा पुनर्विवाह एक्ट' पारित, कलकत्ता में इंजीनियरिंग कालेज की स्थापना।

1856-62 : लार्ड कैनिंग गवर्नर-जनरल।

1857 : कलकत्ता, बम्बई तथा मद्रास विश्वविद्यालयों की स्थापना, 1857 का विद्रोह, केशव चन्द्र सेन ब्रह्म समाज में शामिल।

1858 : भारत का शासन ईस्ट इण्डिया कम्पनी से ब्रिटिश सरकार के हाथों में, महारानी विक्टोरिया का घोषणा-पत्र, लार्ड कैनिंग को वायसराय की एक अतिरिक्त उपाधि (तत्पश्चात् गवर्नर-जनरल के साथ वायसराय का भी प्रयोग प्रारम्भ), समाज-सुधारक डी॰ के॰ कर्वे का जन्म (18 अप्रैल), जगदीश चन्द्र बोस का जन्म (नवंबर 30)।

1859 : गोद-प्रथा की समाप्ति की घोषणा रद्द, बंगाल में नील विद्रोह, कस्तूरी रंगा आयंगर का जन्म (15 दिसम्बर), जेम्स विलसन (सुप्रीम कौंसिल के प्रथम वित्त सदस्य) द्वारा आयकर लागू, कागज के नोट जारी।

1861 : भारतीय परिषद् अधिनियम तथा भारतीय हाईकोर्ट्स अधिनियम लागू, आर्कियालॉजिकल सर्वे ऑफ इण्डिया (ए॰ एस॰ आई॰) का गठन, दीनबंधु मित्र का नाटक 'नील दर्पण' प्रकाशित, रवीन्द्रनाथ ठाकुर का जन्म।

1862 : सदर न्यायालय उच्च न्यायालयों के साथ एकीकृत, भारतीय दंड संहिता लागू।

1862-63 : लार्ड एल्गिन प्रथम वायसराय।

1863 : कलकत्ता में अब्दुल लतीफ की प्रेरणा से 'मोहम्मडन एसोसिएशन' की स्थापना, पटना कॉलेज की स्थापना।

1863-1902 : स्वामी विवेकानन्द।

1864-69 : सर जॉन लॉरेंस वायसराय।

1864 : सैयद अहमद द्वारा 'मोहम्मडन साइंटिफिक सोसाइटी' की स्थापना, मद्रास में ब्रह्म समाज की प्रेरणा से समान उद्देश्य वाली संस्था स्थापित, बंकिमचंद्र चटर्जी द्वारा 'दुर्गेश नंदिनी' उपन्यास की रचना।

1865 : यूरोप के साथ तार संचार व्यवस्था का उद्घाटन, उड़ीसा में दुर्भिक्ष।

1866 : केशवचन्द्र सेन द्वारा 'भारतीय ब्रह्म समाज' की स्थापना, गोपालकृष्ण गोखले का जन्म, 'ईस्ट इण्डिया एसोसिएशन' की स्थापना तथा बाद में 'लंदन इण्डियन सोसाइटी का इसमें विलय।

1867 : ब्रह्म समाज की प्रेरणा से बम्बई से प्रार्थना समाज की स्थापना, नवगोपाल मित्र द्वारा कलकत्ता में स्वदेशी वस्तुओं के प्रचार के लिए वार्षिक मेले का उद्घाटन, आयकर पुनः लागू किए जाने पर विरोध, 'पूना सार्वजनिक सभा' स्थापित।

1868 : अम्बाला से दिल्ली तक रेलवे लाइन का उद्घाटन, शिशिर कुमार घोष द्वारा 'अमृत बाजार पत्रिका' प्रकाशित, भारत का प्रथम सांध्य समाचार-पत्र 'मद्रास मेल' प्रकाशित।

1869-72 : लार्ड मेयो वायसराय।

1869 : ड्यूक ऑफ एडिनबरा की भारत यात्रा, स्वेज नहर का उद्घाटन, महात्मा गांधी का जन्म, ठक्कर बापा का जन्म।

1870 : जनगणना प्रारम्भ, मेयो का प्रांतीय बंदोबस्त, लाल सागर टेलीग्राफ की शुरुआत, देशबन्धु चितरंजनदास का जन्म (5 नवम्बर), एम॰जी॰ रानाडे प्रार्थना सभा में शामिल।

1872 : कूका विद्रोह, लार्ड मेयो की हत्या (पोर्ट ब्लेयर में), आनन्द मोहन बोस द्वारा लंदन में 'इण्डियन सोसाइटी' की स्थापना।

1872-76 : लार्ड नार्थबुक वायसराय।

1873 : लाहौर में स्वदेशी वस्तुओं के प्रचार के लिए 'स्वदेशी सभा' स्थापित।

1874 : बिहार में दुर्भिक्ष।

1875 : स्वामी दयानंद सरस्वती द्वारा 'आर्य समाज, की स्थापना, प्रिंस ऑफ वेल्स एडवर्ड की भारत यात्रा, सैयद अहमद द्वारा 'मोहम्मडन ऐंग्लो-ओरिएन्टल कालेज' (अलीगढ़) की स्थापना, अजमेर में मेयो कॉलेज की स्थापना।

1876-80 : लार्ड लिटन प्रथमं वायसराय।

1876 : क्वेटा पर अंग्रेज सेना का अधिकार, कलकत्ता में 'इण्डियन एसोसिएशन' की स्थापना, आई॰ सी॰ एस॰ परीक्षा में शामिल होने के लिए आयु-सीमा में कटौती।

1877 : लिटन का दिल्ली का दरबार, महारानी विक्टोरिया भारत की साम्राज्ञी घोषित, सुरेन्द्रनाथ बनर्जी द्वारा दिल्ली में 'दिल्ली दरबार' के अवसर पर पहली 'नेटिव प्रेस एसोसिएशन' की स्थापना (वे स्वयं इसके सचिव बने), आई॰ सी॰ एम॰ की परीक्षाएँ लंदन के साथ-साथ भारत में आयोजित किए जाने की माँग, सैयद अमीर अली ने 'नेशनल मोहम्मडन एसोसिएशन' की स्थापना की।

1878 : लिटन का वर्नाक्युलर प्रेस एक्ट, दूसरा अफगान युद्ध आरंभ, कलकत्ता में भारतीय पत्रकारों की 'नेटिव प्रेस कांफ्रेस' का पहला सम्मेलन, 'साधारण ब्रह्म समाज की स्थापना।

1879 : अडयार (मद्रास) में मैडम ब्लावात्सकी (रूसी) तथा कर्नल ऑलकॉट (अमेरिकी) द्वारा 'थियोसाफिकल सोसायटी' की स्थापना, चक्रवर्ती राजगोपालाचारी का जन्म (दिसम्बर 7)।

1880-84 : लार्ड रिपन वायसराय (लिटन के त्यागपत्र के उपरांत)

1880 : दुर्भिक्ष आयोग की स्थापना, अफगानिस्तान के प्रति ब्रिटिश नीति में परिवर्तन, डा. पट्टाभि सीतारमैय्या का जन्म (दिसम्बर 24)।

1881 : पहला फैक्टरी अधिनियम, मैसूर राज्य उसके मूल शासकों को सौंपा गया, 'ट्रिब्यून', 'केसरी' तथा 'मराठा' का प्रकाशन।

1882 : वर्नाक्युलर प्रेस एक्ट निरस्त, हंटर आयोग, भारतीय शिक्षा आयोग, पंजाब विश्वविद्यालय की स्थापना, सूरत में 'प्रजाहितवर्धक सभा' पुरुषोत्तम दास टंडन का जन्म।

1883 : इलबर्ट विधेयक गवर्नर-जनरल की विधान परिषद में प्रस्तुत, भारतीय राष्ट्रीय सम्मेलन का आयोजन।

1884-88 : लार्ड डफरिन वायसराय।

1884 : मद्रास में 'महाजन सभा' स्थापित, केशवचन्द्र सेन की मृत्यु (जनवरी 8), डा. राजेन्द्र प्रसाद का जन्म (दिसम्बर 3)

1885 : भारतीय राष्ट्रीय कांग्रेस की स्थापना तथा पहला अधिवेशन बम्बई के गोकुलदास तेजपाल संस्कृत स्कूल में, बंगाल टेनेंसी एक्ट, बंगाल स्थानीय स्वशासन अधिनियम, तीसरा आंग्ल-बर्मा युद्ध।

1886 : उत्तरी बर्मा का ब्रिटिश साम्राज्य में विलय, अफगानिस्तान की उत्तरी सीमा का निर्धारण, रामकृष्ण परमहंस की मृत्यु, कांग्रेस के दूसरे अधिवेशन में पंजाब के प्रतिनिधि लाला मुरलीधर का हिन्दी में भाषण, कांग्रेस के मंच से हिन्दुस्तानी में यह पहला भाषण था।

1887 : महारानी विक्टोरिया के शासनकाल की स्वर्ण जयंती, इलाहाबाद विश्वविद्यालय की स्थापना, शिवनारायण अग्निहोत्री द्वारा 'देव समाज' की स्थापना।

1888 : कर्नल बेक द्वारा 'यूनाइटेड इण्डियन पैट्रियॉटिक एसोसिएशन' की स्थापना।

1888-94 : लार्ड लैंसडाउन वायसराय।

1889 : प्रिंस ऑफ वेल्स की भारत की दूसरी यात्रा, जमनालाल बजाज, खुदीराम बोस तथा जवाहर लाल नेहरू का जन्म।

1891 : द्वितीय फैक्टरी अधिनियम, सहवास वर्ष अधिनियम, मणिपुर में विद्रोह, डा. भीमराव अम्बेडकर का जन्म (अप्रैल 14)

1892 : भारतीय परिषद् अधिनियम, चुनाव के सिद्धांत।

1893 : ऐनी बेसेन्ट का भारत आगमन, स्वामी विवेकानन्द शिकागो सम्मेलन के लिए अमेरिका रवाना।

1894 : नटाल (द॰ अफ्रीका) में राष्ट्रीय भारतीय कांग्रेस की स्थापना (कांग्रेस के लाहौर(1893) अधिवेशन से प्रभावित होकर)।

1894-99 : लार्ड एल्गिन द्वितीय वायसराय।

1897 : भारतीय शिक्षा सेवा का गठन, सुभाषचन्द्र बोस का जन्म, लोकमान्य तिलक को शिवाजी से सम्बधित देश भक्ति के पद्य लिखने के आरोप में 18 माह की कड़ी कैद।

1898 : 'प्रार्थना समाज' (बम्बई) द्वारा एक दलित वर्ग मिशन प्रारम्भ।

1899-1905 : लार्ड कर्जन वायसराय।

1900 : भूमि स्वामित्व-परिषद अधिनियम, दुर्भिक्ष आयोग, कांग्रेस के मंच में पहली महिला (श्रीमती कादम्बिनी गांगुली) का भाषण।

1901 : महारानी विक्टोरिया की मृत्यु, एडवर्ड सप्तम सिंहासनारूढ़ उत्तर-पश्चिम सीमा प्रांत का गठन।

1904 : कोआपरेटिव सोसाइटी अधिनियम, पुरातत्व विभाग का गठन, भारतीय विश्वविद्यालय अधिनियम, जतीन्द्र दास का जन्म।

1905 : बंगाल विभाजन, लार्ड मार्ले भारतीय मामलों के सचिव नियुक्त।

1905-10 : लार्ड मिण्टो द्वितीय वायसराय।

1905 : कांग्रेस (कलकत्ता अधिवेशन) मंच से दादाभाई नौरोजी द्वारा 'स्वराज' शब्द का पहली बार प्रयोग, ढाका में 'मुस्लिम लीग' की स्थापना।

1907 : सूरत अधिवेशन में कांग्रेस विभाजित, ऐनी बेसेंट थियोसाफिकल सोसाइटी की अध्यक्ष बनीं, टाटा इस्पात कारखाने से इस्पात का उत्पादन प्रारम्भ।

1908 : समाचार-पत्र अधिनियम, खुदीराम बोस को फाँसी, तिलक पर राजद्रोह का मुकदमा।

1909 : मॉर्ले-मिण्टो सुधार, भारतीय परिषद् अधिनियम पारित, वायसराय के कार्यकारी परिषद में प्रथम भारतीय (एस॰ पी॰ सिन्हा) की नियुक्ति, मदन लाल धींगरा द्वारा लंदन में कर्जन वायली की हत्या, दक्षिण अफ्रीका जाते हुए जहाज पर ही गांधीजी ने 30 हजार शब्दों की 'हिन्दी स्वराज' नामक पुस्तक लिखी।

1910-16 : लार्ड हार्डिंग द्वितीय वायसराय।

1910 : एडवर्ड तृतीय की मृत्यु, जार्ज पंचम गद्दीनसीन।

1911 : द्वितीय दिल्ली दरबार, सम्राट जार्ज पंचम की भारत यात्रा, बंगाल-विभाजन रद्द, राजधानी कलकत्ता से दिल्ली स्थानांतरित करने की घोषणा (दिसंबर 12), जनगणना।

1912 : राजधानी कलकत्ता से दिल्ली स्थानांतरित, दिल्ली प्रांत का गठन, लार्ड हार्डिंग दिल्ली में बम विस्फोट में घायल, जवाहरलाल नेहरू पहली बार कांग्रेस अधिवेशन (बांकीपुर) में उपस्थित, इस्लिंग्टन कमीशन का गठन, अबुल कलाम आजाद द्वारा 'अल-हिलाल' अखबार प्रकाशित।

1913 : रवीन्द्रनाथ टैगोर को नोबेल पुरस्कार, फिरोजाशाह मेहता द्वारा 'द बम्बई क्रॉनिकल' की शुरुआत, सैन फ्रांसिस्को में गदर पार्टी का गठन।

1914 : तिलक मांडले जेल से रिहा, 'फॉरेस्ट रिसर्च इन्स्टीट्यूट' की स्थापना, पनामा नहर की शुरुआत, ऐनी बेसेंट द्वारा 'न्यू इण्डिया' प्रकाशित।

1914-18 : प्रथम विश्वयुद्ध, ब्रिटेन द्वारा तुर्की के विरुद्ध हमला।

1915 : भारतीय सुरक्षा अधिनियम, गांधीजी दक्षिण अफ्रीका से लौटे, कोचरब में 'सत्याग्रह आश्रम' की स्थापना, गोखले का निधन, ऐनी बेसेन्ट द्वारा 'होमरूल लीग' के गठन की घोषणा (सितंबर 25)।

1916 : सैडलर आयोग, तिलक द्वारा 'होमरूल लीग' की स्थापना (अप्रैल 26), कांग्रेस-मुस्लिम लीग के बीच 'लखनऊ समझौता', पूना में प्रथम महिला विश्वविद्यालय की स्थापना, बनारस हिन्दू विश्वविद्यालय की स्थापना, दादाभाई नौरोजी का निधन।

1916-21 : लार्ड चेम्सफोर्ड वायसराय।

1917 : मांटेग्यू भारत-मंत्री नियुक्त तथा भारत की यात्रा, कांग्रेस तथा मुस्लिम लीग की बम्बई में पहली संयुक्त बैठक, 'मांटेग्यू घोषणा', भारत में स्वायत्तशासी संस्थाओं का क्रमिक विकास तथा उत्तरदायी सरकार की स्थापना, गांधीजी द्वारा चम्पारन सत्याग्रह आरम्भ, होमरूल आंदोलन के सिलसिले में ऐनी बेसेंट बंदी।

1918 : रौलट कमेटी रिपोर्ट तथा मांटेग्यू-चेम्सफोर्ड रपट प्रकाशित, सेना में अफसरों के पद पर नियुक्ति के लिए भारतीय मान्य घोषित, रासबिहारी बोस की अध्यक्षता में 'बंगीय जनसभा' की स्थापना, सुरेन्द्रनाथ बनर्जी की अध्यक्षता में

बम्बई में आल इण्डिया मॉडरेट कान्फ्रेंस, आयोजित, गांधीजी द्वारा अहमदाबाद कपड़ा मजदूरों की माँग के समर्थन में सत्याग्रह के रूप में पहली बार भूख हड़ताल का प्रयोग किया गया, सुरेन्द्रनाथ बनर्जी नेशनल लिबरल लीग के अध्यक्ष निर्वाचित।

1919 : मांटेग्यू-चेम्सफोर्ड सुधार पारित, रौलट एक्ट पारित, जलियाँवाला बाग नरसंहार, खिलाफत कमेटी की स्थापना, रवीन्द्रनाथ ठाकुर द्वारा सर की उपाधि वापस, बम्बई में मिल मजदूरों का पहला सम्मेलन, ऐनी बेसेन्ट की अध्यक्षता में दिल्ली में पहला अखिल भारतीय महिला सम्मेलन आयोजित, इलाहाबाद में 'लीडर' समाचारपत्र के कार्यालय में 'उ० प्र० लिबरल एसोसिएशन, की स्थापना, तृतीय अफगान युद्ध, भारतीय सरकार अधिनियम, 1919 पारित।

1920 : खिलाफत तथा असहयोग आन्दोलन आरम्भ गांधीजी द्वारा बोअर युद्ध में मिला 'केसर-ए-हिन्द' पदक सरकार को वापस, लार्ड सिन्हा बिहार-उड़ीसा के गवर्नर, कांग्रेस का नेतृत्व गांधीजी के हाथ में, 'अखिल भारतीय ट्रेड यूनियन कांग्रेस' की स्थापना, अलीगढ़ मुस्लिम विश्वविद्यालय की स्थापना।

1921-26 : लार्ड रीडिंग वायसराय।

1921 : प्रिंस ऑफ वेल्स एडवर्ड की भारत यात्रा, 'चैम्बर ऑफ प्रिंसेस' की स्थापना, विजयवाड़ा अखिल भारतीय कांग्रेस सम्मेलन में तिलक स्वराज कोष के लिए एक करोड़ रुपये एकत्रित करने का निर्णय (1 अप्रैल), दिल्ली अखिल भारतीय कांग्रेस कमेटी में गांधीजी का सविनय अवज्ञा आंदोलन प्रस्ताव पारित (4 नवंबर), मोपला विद्रोह (20 नवंबर), गुरुद्वारा सुधार आंदोलन, बोलपुर (पं० बंगाल) में 'विश्वभारती शांति निकेतन विश्वविद्यालय' का उद्घाटन, हड़प्पा में उत्खनन प्रारम्भ।

1922 : कलकत्ता में सविनय अवज्ञा आंदोलन आरंभ (15 जून), चौरी-चौरा कांड(5 फरवरी), बारदोली में कांग्रेस कार्यसमिति द्वारा सविनय अवज्ञा आंदोलन स्थगित करने का निर्णय (11 फरवरी) (12 फरवरी), प्रायश्चित स्वरूप गांधीजी का पाँच दिवसीय उपवास, (कांग्रेस द्वारा सामूहिक सविनय अवज्ञा आंदोलन स्थगित (31 दिसम्बर), मोतीलाल नेहरू तथा चितरंजन दास द्वारा 'स्वराज पार्टी' की स्थापना, माण्टेग्यू का इस्तीफा।

1923 : मदन मोहन मालवीय द्वारा 'इण्डियन पार्टी' की स्थापना, बंबई में कपड़ा मजदूरों की 'गिरनी कामगार यूनियन' स्थापित, हिन्दुस्तान रिपब्लिकन एसोसिएशन' की स्थापना, नमक-कर कानून पारित, सेना की कुछ पलटनों की कमान का भारतीयकरण, प्रफुल्ल चन्द्रराम द्वारा अहमदाबाद में गुजरात विद्यापीठ की आधारशिला, कमाल पाशा द्वारा तुर्की को धर्मनिरपेक्ष राज्य घोषित करने से खिलाफत आंदोलन स्वत: समाप्त, स्वराजियों का परिषदों में प्रवेश।

1924 : कानपुर कॉन्सपिरेसी केस, गांधीजी पहली तथा अंतिम बार कांग्रेस अध्यक्ष (बेलगाँव)।

1925 : अखिल भारतीय दलित एसोसिएशन की स्थापना, अंतरविश्वविद्यालय बोर्ड गठित, अखिल भारतीय कांग्रेस कमेटी की कार्यवाहियों के लिए हिन्दुस्तानी भाषा को स्वीकृति (26 दिसम्बर), सिख गुरुद्वारा अधिनियम पारित, चितरंजन दास का निधन, विट्ठलभाई पटेल विधान सभा में प्रथम भारतीय अध्यक्ष नियुक्त, शांति निकेतन में गांधीजी तथा रवीन्द्रनाथ ठाकुर में सामाजिक समस्याओं पर बातचीत (30 मई), लार्ड लिटन द्वितीय स्थानापन्न वायसराय।

1926-31 : लार्ड इरविन वायसराय।

1926 : ट्रेड यूनियन एक्ट पारित, रुपये का अवमूल्यन, दिल्ली में 'आल इण्डिया प्रोहिबीशन लीग' (अखिल भारतीय नशाबंदी लीग) की स्थापना (31 फरवरी), अखिल भारतीय कांग्रेस कमेटी द्वारा स्वराज पार्टी के सदस्यों को केन्द्रीय विधान सभा से त्यागपत्र देने का प्रस्ताव पारित (6 मार्च), गांधीजी द्वारा गुवाहाटी अधिवेशन में स्वाधीनता प्रस्ताव का विरोध (26 दिसम्बर)।

1927 : साइमन कमीशन की नियुक्ति, भारतीय नौसेना अधिनियम, कांग्रेस के मद्रास अधिवेशन में स्वतंत्रता के लक्ष्य की घोषणा, पूना में बड़ौदा की महारानी की अध्यक्षता में 'अखिल भारतीय महिला सम्मेलन' आयोजित (5 जून), इलाहाबाद में पंडित मालवीय की अध्यक्षता में आयोजित सर्वदलीय सम्मेलन द्वारा साइमन कमीशन का बहिष्कार करने का निर्णय (11 दिसम्बर), मुस्लिम लीग का विभाजन (29 दिसम्बर)।

1928 : डा. अंसारी की अध्यक्षता में सर्वदलीय बहिष्कार सम्मेलन (बनारस) में, साइमन कमीशन के भारत आगमन पर 3 फरवरी को हड़ताल का आह्वान (15 जनवरी), साइमन कमीशन भारत में (3 फरवरी), नेहरू रिपोर्ट, हिन्दुस्तान रिपब्लिकन एसोसिएशन की विभिन्न शाखाओं को संगठित कर 'हिन्दुस्तान सोशलिस्ट रिपब्लिक की स्थापना (8-9 सितंबर) (इसका निर्णय सुखदेव, शिव वर्मा, फणीन्द्रनाथ बोस, भगतसिंह, विजय कुमार सिन्हा तथा कुन्दनलाल विद्यार्थी की फिरोजशाह कोटला मैदान, दिल्ली में एक गुप्त बैठक में लिया गया। चंद्रशेखर आजाद बैठक में नहीं थे परन्तु उन्हें

एसोसिएशन के सशस्त्र विभाग का प्रधान नियुक्त किया गया), साइमन कमीशन का विरोध करते वक्त पुलिस लाठीचार्ज में लाला लाजपत राय घायल (17 नवम्बर), कलकत्ता में जवाहरलाल नेहरू की अध्यक्षता में 'अखिल भारतीय समाजवादी युवा कांग्रेस' का पहला सम्मेलन (27 दिसम्बर), कांग्रेस अधिवेशन में गांधीजी की घोषणा "यदि आप सब मेरे साथ सहयोग करें और ईमानदारी तथा बुद्धिमत्ता से काम करे तो साल भर में स्वराज्य मिल जायेगा।" (31दिसम्बर), कांग्रेस अधिवेशन में डोमोनियन स्टेट्स के पक्ष में प्रस्ताव पारित तथा सुभाषचन्द्र बोस का पूर्ण स्वाधीनता प्रस्ताव अस्वीकृत 'इण्डिपेन्डेंस लीग' की स्थापना, कृषि के लिए शाही आयोग की नियुक्ति।

1929 : इलाहाबाद में अबुल कलाम आजाद की अध्यक्षता में 'अखिल भारतीय मुस्लिम सोशलिस्ट पार्टी' की स्थापना (इससे पहले राष्ट्रवादी मुसलमान नेता सैयद अहमद बरेलवी तथा यूसुफ मुहर अली द्वारा 'कांग्रेस मुस्लिम पार्टी' की स्थापना) (27-28 जुलाई), केन्द्रीय असेम्बली में भगतसिंह-बटुकेश्वर दत्त द्वारा बम फेंका गया (अप्रैल 8), कृषि शोध परिषद् का गठन, मेरठ षड्यंत्र के अभियुक्तों पर मुकद्मा आरम्भ, लाहौर षड्यंत्र के अभियुक्त की 64 दिनों की भूख-हड़ताल के बाद मृत्यु (31 सितम्बर), 166 दिन की भूख-हड़ताल के बाद रंगून जेल में फूंजी विजाजा की मृत्यु, लार्ड इरविन की घोषणा: भारत की संवैधानिक प्रगति का लक्ष्य औपनिवेशिक राज्य की स्थापना (31 अक्टूबर), लाहौर में कांग्रेस के 44वें अधिवेशन में जवाहरलाल नेहरू की अध्यक्षता में 'पूर्ण-स्वराज' प्रस्ताव पारित (29 दिसम्बर), 31 दिसम्बर की मध्यरात्रि के समय पंडित नेहरू ने रांची तट पर तिरंगा फहराया।

1930 : जवाहरलाल नेहरू द्वारा 26 जनवरी को स्वाधीनता दिवस के रूप में मनाने का आह्वान (जनवरी 7), हिन्दुस्तान रिपब्लिकन सोसाइटी द्वारा 'बम का दर्शन' नामक पर्ची प्रकाशित (2 फरवरी), अखिल भारतीय कांग्रेस कमेटी द्वारा सविनय अवज्ञा (नमक) आंदोलन का कार्यक्रम स्वीकृत (19 फरवरी), डांडी यात्रा आरम्भ (12 मार्च), नमक कानून तोड़ा गया (6 अप्रैल), 28 मार्च को 'आनन्द भवन' देश को समर्पित तथा 11 अप्रैल को 'स्वराज भवन' के रूप में नामकरण, सुभाषचन्द्र बोस कलकत्ता नगर निगम के मेयर निर्वाचित (22 अगस्त), सी॰ वी॰ रमन को भौतिकी का नोबेल पुरस्कार (14 नवम्बर), प्रथम गोलमेज सम्मेलन लंदन में, कांग्रेस कार्यसमिति गैरकानूनी घोषित (25 अगस्त)।

1931-36 : लार्ड विलिंगटन वायसराय।

1931 : कांग्रेस कार्यसमिति पर से प्रतिबंध हटा (26 जनवरी), लखनऊ में मोतीलाल नेहरू का निधन (6 फरवरी), इलाहाबाद में पुलिस मुठभेड़ में चन्द्रशेखर आजाद की मृत्यु (27 फरवरी), गांधी-इरविन समझौता। (मार्च), लाहौर में रावी तट पर भगतसिंह, राजगुरु तथा सुखदेव को फाँसी (23 मार्च), शोकस्वरूप गांधीजी को कराची अधिवेशन में युवा क्रान्तिकारियों द्वारा काले फूल भेंट (31 मार्च), गांधीजी द्वारा 'फेडरेशन ऑफ इण्डियन चैंबर्स, का उद्घाटन (17 अप्रैल), बम्बई कांग्रेस हाउस में सरोजिनी नायडू द्वारा राष्ट्रीय झंडा दिवस का उद्घाटन (26 अप्रैल), कांग्रेस कार्यसमिति की ओर से गांधीजी को गोलमेज सम्मेलन में कांग्रेस का प्रतिनिधि नियुक्त किया गया। (10 जून), गांधीजी द्वारा प्रस्तावित चरखा युक्त झंडा राष्ट्रीय कांग्रेस का ध्वज बना। (1 अगस्त), संयुक्त प्रान्त में लगान-रोको आन्दोलन (11 दिसम्बर), रोयल लेबर कमीशन की रिपोर्ट प्रकाशित।

1932 : सुभाषचन्द्र बोस द्वारा 'हिन्दुस्तानी साम्यवादी संघ की स्थापना, द्वितीय सविनय अवज्ञा आन्दोलन आरम्भ, तीसरे गोलमेज सम्मेलन का आयोजन, शोषित वर्गों का पृथक् निर्वाचन वर्ग बनाने वाले 'मैकडोनाल्ड प्रस्ताव' की घोषणा (20 सितम्बर), गांधी-अम्बेडकर के बीच 'पूना समझौता', देहरादून में भारतीय सैन्य अकादमी की स्थापना।

1933 : सरकार द्वारा प्रस्तावित संवैधानिक शासन सुधारों पर श्वेतपत्र प्रकाशित, मेरठ षड्यंत्र केस के 27 अभियुक्तों को सजा (16 जनवरी), गांधीजी द्वारा व्यक्तिगत सत्याग्रह आरम्भ (26 जून),ऐनी बेसेंट का देहांत (20 सितम्बर), पहली बार 'पाकिस्तान' शब्द का प्रयोग, गांधीजी द्वारा साप्ताहिक 'हरिजन' की शुरुआत।

1934 : सविनय अवज्ञा आन्दोलन वापस, पटना में आचार्य नरेन्द्रदेव की अध्यक्षता में 'कांग्रेस सोशलिस्ट पार्टी' के गठन की घोषणा (17 मई), कांग्रेस चुनाव घोषणा-पत्र प्रकाशित (14 जून), गांधीजी कुछ समय के लिए कांग्रेस से अलग (17 सितम्बर), बम्बई में संपूर्णानंद की अध्यक्षता में 'अखिल भारतीय कांग्रेस सोशलिस्ट पार्टी' का औपाचारिक उद्घाटन (21 अक्टूबर), उत्तरी भारत में भारी भूकंप, बिहार में भीषण तबाही।

1935 : भारत सरकार अधिनियम, 1935 पारित (अगस्त), भारत-ब्रिटेन व्यापार समझौता, गांधीजी के साथी तथा सत्याग्रह आंदोलन में जेल जाने वाले प्रथम व्यक्ति मोहन लाल पांड्य

का निधन (18 मई), गाँधीजी द्वारा मीरा बेन के लिए वर्धा के पास सेवा गाँव में आश्रम (सेवाश्रम) की स्थापना (22 अक्टूबर)।

1936-44 : लार्ड लिनलिथगो वायसराय।

1936 : सम्राट जॉर्ज पंचम का निधन (21 जनवरी), जार्ज षष्टम् सम्राट बने, अखिल भारतीय कांग्रेस कमेटी अधिवेशन में कांग्रेस कार्यवाही की भाषा हिन्दी बनाए जाने की सम्बन्धी प्रस्ताव अस्वीकृत (23 अगस्त)।

1937 : संघीय न्यायालय की स्थापना, प्रांतीय स्वशासन का उद्घाटन (अप्रैल), 11 में से 7 प्रांतों में कांग्रेस मंत्रिमंडल गठित, मध्य प्रान्त में डॉ० एन० जी० खरे द्वारा देश का पहला मंत्रिमंडल गठित (9 जून), केन्द्रीय विधानसभा में चिंतामणि देशमुख द्वारा प्रस्तुत पति की संपत्ति में विधवाओं को उत्तराधिकार दिलाने वाला विधेयक पारित (5 फरवरी), गांधीजी के नेतृत्व में अखिल भारतीय शिक्षा कांफ्रेन्स ने नई शिक्षा नीति का नियोजन।

1938 : सुभाषचन्द्र बोस कांग्रेस के अध्यक्ष निर्वाचित, वी०डी० सावरकर हिन्दू महासभा के अध्यक्ष न्र्वािचित, शरतचंद्र चटर्जी तथा मोहम्मद इकबाल की मृत्यु।

1939 : त्रिपुरी अधिवेशन में सुभाषचन्द्र बोस कांग्रेस के अध्यक्ष पद पर दुबारा निर्वाचित तथा बाद में त्यागपत्र (28 अप्रैल), बोस द्वारा 'फारवर्ड ब्लाक' की स्थापना (3 मई), द्वितीय विश्वयुद्ध आरम्भ (3 सितम्बर) विश्वयुद्ध में भारत को बिना इजाजत शामिल करने के विरोधस्वरूप प्रांतीय कांग्रेस मंत्रिमंडलों का त्यागपत्र, जिन्ना द्वारा कांग्रेस शासन से मुक्ति के लिए 22 दिसम्बर को 'मुक्ति दिवस' के रूप में मनाने का आह्वान (8 अक्टूबर)।

1940 : मौलाना अबुल कलाम आजाद कांग्रेस अध्यक्ष, मुस्लिम लीग के लाहौर अधिवेशन में जिन्ना द्वारा मुसलमानों के लिए पृथक् देश की माँग (22 मार्च), कांग्रेस कार्यसमिति द्वारा गांधीजी का व्यक्तिगत सत्याग्रह स्वीकृत (13 अक्टूबर), विनोबा भावे पहला व्यक्तिगत सत्याग्रही।

1941 : जापान द्वारा युद्ध की घोषणा, जिन्ना द्वारा पाकिस्तान की परिकल्पना को कांग्रेस द्वारा स्वीकृति की माँग (17 अप्रैल), सुभाष चन्द्र बोस नजरबंदी से भागकर कलकत्ता से जर्मनी पहुँचे।

1942 : बर्मा में अंग्रेजों का आत्मसर्मपण, अखिल भारतीय कांग्रेस कमेटी के बम्बई अधिवेशन में 'अंग्रेजो भारत छोडो' प्रस्ताव पारित तथा देशव्यापी आन्दोलन शुरू (8 अगस्त)।

1943 : मुस्लिम लीग ने अपने कराची अधिवेशन में 'डिवाइड एण्ड क्विट' स्लोगन को पारित किया।

1944-47 : लार्ड वेवेल वायसराय।

1944 : असम पर जापानी आक्रमण, लाहौर में प्रमुख अकाली नेता शेरसिंह की घोषणा कि देश विभाजन या पाकिस्तान की माँग को स्वीकृति दी गई तो सिख भी अलग स्वतंत्र राष्ट्र की मांग करेंगे। (1 सितम्बर), राजगोपालाचारी के सुझावों पर संविधान अड़चन के समाधान के लिए गांधी-जिन्ना वार्ता (9 सितम्बर), आजाद हिन्द फौज भारत के निकट पहुँची।

1945 : ब्रिटेन में लेबर पार्टी की सरकार, द्वितीय विश्वयुद्ध की समाप्ति, लार्ड वेवेल की घोषणा, आजाद हिन्द फौज का आत्मसमर्पण तथा उन पर पहली बार मुकदमे।

1946 : कैबिनेट मिशन भारत में, नौसेना विद्रोह (18 फरवरी), मुस्लिम लीग ने 16 अगस्त को 'सीधी कार्यवाही' दिवस मनाया, अंतरिम सरकार का गठन (2 सितम्बर), जवाहरलाल नेहरू उपराष्ट्रपति नियुक्त, मुस्लिम अंतरिम सरकार में शामिल (26 अक्टूबर), संविधान सभा की पहली बैठक (दिसम्बर), केबिनेट मिशन योजना की घोषणा (16 जून)।

1947-48 : लार्ड मांउटंबेटन वायसराय (24 मार्च से)।

1947 : ब्रिटिश संसद में प्रधानमंत्री क्लीमेंट रिचर्ड एटली द्वारा जून 1948 तक अंग्रेजों के भारत छोड़ने के निश्चय की घोषणा (20 फरवरी), माउंटबेटन द्वारा जून 1948 के स्थान पर 15 अगस्त, 1947 को सत्ता हस्तांतरण करने का निर्णय (3 जून), अखिल भारतीय कांग्रेस समिति द्वारा विभाजन प्रस्ताव पारित (15 जून), ब्रिटिश संसद में भारत-पाकिस्तान विभाजन प्रस्ताव तथा 15 अगस्त, 1947 को सत्ता हस्तान्तरण संबंधी 'भारतीय स्वाधीनता अधिनियम' पारित (1 जुलाई), भारतीय स्वाधीनता अधिनियम को ब्रिटिश संप्रभु (सम्राट) की स्वीकृति, (18 जुलाई), 14 अगस्त को पाकिस्तान बना तथा 15 अगस्त को भारत स्वाधीन, जवाहरलाल नेहरू प्रधानमंत्री तथा लार्ड माउंटबेटन गवर्नर-जनरल बने।

वस्तुनिष्ठ/बहुविकल्पीय प्रश्न

1. सार्वजनिक निर्माण विभाग की स्थापना किसने की थी?
(*a*) लार्ड वेलेजली (*b*) लार्ड कार्नवालिस
(*c*) लार्ड डलहौजी (*d*) लार्ड विलियम वैंटिंग

2. किस गर्वनर जनरल ने बंगाल के तोपखाने के मुख्यालय को कोलकाता से मेरठ स्थानान्तरित कर दिया था?
(*a*) लार्ड डलहौजी (*b*) लार्ड कार्नवालिस
(*c*) लार्ड वेलेजली (*d*) लार्ड हेस्टिंग्ज

3. 1783 ई॰ में एक पुलिस अधीक्षक की नियुक्ति लगभग कितने वर्ग किमी॰ क्षेत्र हेतु की जाती थी?
(*a*) 2000 वर्ग किमी॰ (*b*) 100 वर्ग किमी॰
(*c*) 1000 वर्ग किमी॰ (*d*) 500 वर्ग किमी॰

4. कार्नवालिस कोड का प्रचलन कब किया गया?
(*a*) 1792 ई॰ (*b*) 1793 ई॰
(*c*) 1786 ई॰ (*d*) 1775 ई॰

5. जिला स्तर पर सर्वप्रथम दीवानी और फौजदारी अदालतों की स्थापना की थी:
(*a*) सर आयर कूट ने (*b*) वेन्सीटार्ट
(*c*) लार्ड क्लाइव (*d*) वारेन हेस्टिंग्ज

6. भारतीय उच्च न्यायालय अधिनियम किस वायसराय के काल में पारित हुआ?
(*a*) लार्ड कर्जन (*b*) लार्ड मेयो
(*c*) लार्ड डफरिन (*d*) लार्ड कैनिंग

7. आधुनिक भारत में स्थानीय स्वशासन का प्रवर्तक था:
(*a*) लार्ड डफरिन (*b*) लार्ड कर्जन
(*c*) लार्ड लिटन (*d*) लार्ड रिपन

8. भारतीय पुरातत्व सर्वेक्षण विभाग की स्थापना किसके काल में हुई थी?
(*a*) लार्ड लिटन (*b*) लार्ड कर्जन
(*c*) लार्ड मेयो (*d*) लार्ड एल्गिन

9. किसके काल में वायसराय की कार्यकारिणी परिषद में पहली बार भारतीय सदस्य की नियुक्ति की गई?
(*a*) लार्ड मिन्टो (*b*) लार्ड हार्डिंग
(*c*) लार्ड रिपन (*d*) लार्ड डफरिन

10. लार्ड मिन्टो के काल में किस वर्ग को पृथक् निर्वाचन मण्डल प्रदान किया गया था?
(*a*) हरिजन वर्ग (*b*) सिख वर्ग
(*c*) मुस्लिम वर्ग (*d*) एंग्लो-इण्डियन

11. किसके काल में ब्रिटिश साम्राज्य की राजधानी कलकत्ता से दिल्ली स्थानान्तरित हुई थी?
(*a*) लार्ड कर्जन (*b*) लार्ड हार्डिंग
(*c*) लार्ड मिन्टो (*d*) लार्ड कैनिंग

12. कब से सिविल सर्विसेज प्रशासनिक सेवाओं में उम्मीदवारों के चयन के लिए दिल्ली और लन्दन में एक साथ प्रतियोगी परीक्षा के आयोजन की व्यवस्था की गई?
(*a*) 1923 ई॰ (*b*) 1933 ई॰
(*c*) 1943 ई॰ (*d*) 1909 ई॰

13. प्रान्तों के स्वशासन किस अधिनियम से प्राप्त हुए थे?
(*a*) 1947 के अधिनियम
(*b*) 1909 के अधिनियम
(*c*) 1935 के अधिनियम
(*d*) 1919 के अधिनियम

14. 1774 ई॰ में सर्वोच्च न्यायालय कहाँ गठित हुआ था?
(*a*) मद्रास में (*b*) मुम्बई में
(*c*) कोलकाता में (*d*) दिल्ली में

15. किस एक्ट से नागरिक संस्थाओं को वैधानिक आधार प्राप्त हुआ था?
(*a*) 1793 के चार्टर एक्ट से
(*b*) रेग्युलेटिंग एक्ट से
(*c*) पिट्स इण्डिया एक्ट से
(*d*) 1813 ई॰ के चार्टर एक्ट से

16. किस एक्ट द्वारा बंगाल का गर्वनर-जनरल भारत का गर्वनर जनरल बना दिया गया?
(*a*) 1793 ई॰ के चार्टर एक्ट से
(*b*) 1733 ई॰ के चार्टर एक्ट से
(*c*) 1833 ई॰ के चार्टर एक्ट से
(*d*) 1853 ई॰ के चार्टर एक्ट से

17. केन्द्र में द्विसदनीय व्यवस्था कब स्थापित की गई?
(*a*) मांटेग्यू चेम्सफोर्ड सुधारों द्वारा
(*b*) मिन्टो-मार्ले सुधारों द्वारा
(*c*) पिट्स इण्डिया एक्ट द्वारा
(*d*) रेग्युलेटिंग एक्ट द्वारा

18. द्वैध शासन प्रणाली कब आरम्भ हुई थी?
(*a*) पहली अप्रैल 1921 ई॰ से
(*b*) पहली अप्रैल 1924 ई॰ से
(*c*) पहली अप्रैल 1919 ई॰ से
(*d*) पहली अप्रैल 1914 ई॰ से

19. प्रान्तीय स्वायत्तता कब लागू हुई?
(*a*) 1937 ई॰ (*b*) 1939 ई॰
(*c*) 1935 ई॰ (*d*) 1919 ई॰

20. ब्रिटिश क्राउन का भारतीय रियासतों का प्रभुत्व कब समाप्त हो गया?
(*a*) मिंटो-मार्ले सुधारों द्वारा
(*b*) मांटेग्यू-चेम्सफोर्ड सुधारों द्वारा
(*c*) 1935 के भारत सरकार अधिनियम द्वारा
(*d*) 1947 ई॰ के भारतीय स्वतंत्रता अधिनियम द्वारा

21. रैय्यतवाड़ी व्यवस्था को सर्वप्रथम कहाँ लागू किया गया था?
(*a*) बिहार के मुंगेर जिले में
(*b*) गुजरात के सूरत जिले में
(*c*) महाराष्ट्र के पूना जिले में
(*d*) तमिलनाडु के बारामहल जिले में

22. रैय्यतवाड़ी व्यवस्था में कुल ब्रिटिश भारत का कितना भू-क्षेत्र सम्मिलित था?
(a) 20 प्रतिशत (b) 30 प्रतिशत
(c) 51 प्रतिशत (d) 45 प्रतिशत

23. रैय्यतवाड़ी व्यवस्था का जन्मदाता किसे माना जाता हैं?
(a) विलियम बेंटिंग
(b) वारेन हेस्टिंग्ज
(c) थामस मुनरो एवं कैप्टन रीड
(d) कार्नवालिस

24. महलवारी व्यवस्था में कुल ब्रिटिश भारत का कितना भू-क्षेत्र सम्मिलित था?
(a) 20% (b) 30%
(c) 40% (d) 50%

25. उन्नीसवीं शताब्दी के अंकालों में "आपदा का महासागर" किसे कहा जाता है?
(a) 1860 में बंगाल के भयंकर अकाल को
(b) 1866-67 में उड़ीसा में पड़े भयंकर अकाल को
(c) 1870 में महाराष्ट्र के भयंकर अकाल को
(d) 1880 में गुजरात के भयंकर अकाल को

26. भारत में ब्रिटिश उपनिवेशवाद के प्रथम चरण को किसने खुली और बेशर्म लूट का काल कहा है?
(a) पी॰ राबर्ट्स ने (b) कर्जन ने
(c) पर्सीवल स्पीयर ने (d) स्मिथ ने

27. शिक्षा के अधोमुखी निस्यदन सिद्धांत को प्रतिपादन किया गया था:
(a) लार्ड विलियम वेंटिंग द्वारा
(b) लार्ड डलहौजी द्वारा
(c) लार्ड ऑकलैण्ड द्वारा
(d) लार्ड कर्जन द्वारा

28. भारतीय शिक्षा का मैग्नाकार्टा कहलाता है:
(a) रैले कमीशन
(b) हंटर कमीशन
(c) मैकाले का स्मरणार्थ लेख
(d) चार्ल्सवुड का डिस्पैच

29. समाचार-पत्रों का "मुक्तिदाता" कहा जाता है:
(a) लार्ड कर्जन को (b) लार्ड रिपन को
(c) लार्ड लिटन को (d) चार्ल्स मेटकॉफ को

30. भारतीय कम्युनिस्ट पार्टी की स्थापना अक्टूबर 1920 में मानवेन्द्रनाथ ने कहाँ की थी?
(a) ताशकन्द में (b) मास्को में
(c) कोलकाता में (d) अहमदाबाद में

31. अखिल भारतीय ट्रेड यूनियन कांग्रेस के प्रथम अध्यक्ष थे :
(a) लाला लाजपत राय (b) बाल गंगाधर तिलक
(c) विपिनचन्द्र पाल (d) अरविन्द

32. 1881 का कारखाना अधिनियम किस वायसराय के काल की घटना है?
(a) लार्ड लिटन (b) लार्ड डफरिन
(c) लार्ड कर्जन (d) लार्ड रिपन

33. बाल गंगाधर तिलक ने कहाँ होमरूल लीग की स्थापना की थी?
(a) बेलगांव (पूना में) (b) मद्रास में
(c) बम्बई में (d) अहमदाबाद में

34. एनी बेसेंट ने होमरूल लीग का मुख्यालय कहाँ स्थापित किया था?
(a) अड्यार (मद्रास में) (b) मुम्बई में
(c) कोलकाता में (d) दिल्ली में

35. "अभिनव भारत" के संस्थापक थे?
(a) श्यामजी कृष्ण वर्मा (b) जतीन्द्रनाथ बनर्जी
(c) वी॰डी॰ सावरकर (d) लाला हरदयाल

36. प्रथम गोलमेज सम्मेलन में कुल कितने प्रतिनिधि सम्मिलित थे?
(a) 68 (b) 78
(c) 98 (d) 89

37. गांधी जी को देशद्रोही फकीर किसने कहा था?
(a) विंस्टन चर्चिल (b) लार्ड एल्गिन
(c) लार्ड इरविन (d) जार्ज पंचम

38. तृतीय गोलमेज सम्मेलन में कुल कितने प्रतिनिधि सम्मिलत थे?
(a) 64 (b) 46
(c) 106 (d) 100

39. अन्तरिम सरकार का गठन (1946 में) हुआ इसमें पंडित जवाहरलाल नेहरू क्या थे?
(a) प्रधानमंत्री (b) उपाध्यक्ष
(c) मंत्री (d) सचिव

40. अखिल भारतीय छुआछूत विरोधी लीग की स्थापना की थी :
(a) महात्मा गांधी (b) अम्बेडकर ने
(c) लाजपत राय ने (d) गोपालकृष्ण गोखले

41. निम्नलिखित में से किस गर्वनर जनरल ने भारतीय रियासतों के साथ समानता का व्यवहार किया ?
(a) मिन्टो (b) हार्डिंग
(c) रीडिंग (d) मांटेग्यू

42. निम्न में से किस व्यक्ति को गांधी जी अपने साथ दूसरे गोलमेज सम्मेलन में भाग लेने के लिए ले जाना चाहते थे, परन्तु असफल रहे?
(a) सी॰ राज गोपालचारी (b) डॉ॰ अंसारी
(c) तेज बहादुर सप्रू (d) इनमें से कोई नहीं

43. गांधी जी समुद्र के पानी को उस समय तक उबालते रहे जब तक उन्हें औपनिवेशिक दर्जा नहीं मिल जाता। यह कथन निम्न में से किस समाचार-पत्र का है?
(a) पायनियर (b) स्टेट्समैन
(c) संध्या (d) युगान्तर

44. निम्नलिखित में से किस अधिनियम द्वारा वायसराय को सदस्यों को नियमित करने और नियम बनाने का अधिकार मिला?
(a) भारत परिषद अधिनियम, 1858
(b) भारत परिषद अधिनियम, 1892
(c) भारत परिषद अधिनियम, 1861
(d) इनमें से कोई नहीं

45. स्ट्रेची आयोग सम्बंधित था :
(a) वर्नाकुलर प्रेस से

(*b*) अकाल से
(*c*) शिक्षा से
(*d*) स्थानीय स्वायत्त शासन से

46. निम्नलिखित में से किसने विधवा विवाह मंडल की स्थापना की?
(*a*) बाल गंगाधर तिलक (*b*) गोपाल कृष्ण गोखले
(*c*) एम॰ जी॰ रानाडे (*d*) वी॰ डी॰ सावरकर

47. रैण्ड की हत्या किस राष्ट्रवादी ने की थी?
(*a*) दामोदर चापेकर (*b*) वारिन्द्र घोष
(*c*) जतीन्द्रनाथ बनर्जी (*d*) प्रफुल्ल चाकी

48. स्वराज पार्टी ने भारत सरकार अधिनियम, 1919 के अन्तर्गत सुधार योजना में किस कारण भाग लेने का निर्णय लिया?
(*a*) वह सरकार बनाकर राजनैतिक अनुभव प्राप्त करना चाहती थी ।
(*b*) वह अधिनियम में दिए गए सुधारों का खोखलापन उदघटित करना चाहती थी ।
(*c*) वह सरकार के साथ सहयोग करना चाहती थी ।
(*d*) वह परिवर्तन न चाहने वालों के प्रभाव को घटाना चाहती थी ।

49. सविनय अवज्ञा आन्दोलन के अंग के रूप में वन नियमों की भी अवज्ञा हुई :
(*a*) मद्रास प्रेसीडेंसी एवं उड़ीसा में
(*b*) महाराष्ट्र, कर्नाटक एवं सेन्ट्रल प्राविंसेज में
(*c*) केरल, गुजरात एवं असम में
(*d*) बंगाल एवं उड़ीसा में

50. निम्नलिखित में से कौन-सा आयोग सेना से सम्बंधित था?
(*a*) पील आयोग (*b*) ऐशले ईडन आयोग
(*c*) *a* और *b* दोनों (*d*) इनमें से कोई नहीं

51. किस स्थान पर वर्नाक्यूलर प्रेस एक्ट लागू नहीं हुआ था?
(*a*) कोलकाता (*b*) मुम्बई
(*c*) मद्रास (*d*) इनमें से कोई नहीं

52. ब्लूम फील्ड जाँच आयोग निम्नलिखित में से किससे सम्बंधित है?
(*a*) बारदोली (*b*) अहमदाबाद
(*c*) नागपुर (*d*) वालसाड़

53. निम्नलिखित को सही सुमेलित करें।
(*A*) नाइटिंगल ऑफ इंडिया — 1. चित्तरंजन दास
(*b*) मैन ऑफ पीस — 2. सरोजनी नायडू
(*c*) शहीदे आजम — 3. लाल बहादुर शास्त्री
(*d*) देशबन्धु — 4. भगत सिंह

	A	B	C	D
(*a*)	2	3	4	1
(*b*)	3	4	1	2
(*c*)	1	2	3	4
(*d*)	4	1	2	3

54. असम स्वतंत्र राज्य बनाया गया था जब:
(*a*) कर्जन ने 1905 ई॰ में बंगाल का विभाजन किया।
(*b*) मिन्टों ने 1905-06 में नये सुधार प्रस्ताव घोषित किए ।
(*c*) 1911 में बंगाल का विभाजन रद कर दिया गया।
(*d*) 1919 में मान्टेग्यू चेम्सफोर्ड सुधार लागू किए गए ।

55. 'रिंग फेंस' का सम्बंध है:
(*a*) हेनरी लॉरेंस से (*b*) डलहौजी से
(*c*) वारेन हेस्टिंग्स से (*d*) लार्ड हेस्टिंग्स से

56. उत्तर-पूर्वी प्रान्तों में पहली बार कांग्रेस का अधिवेशन निम्नलिखित में से कहाँ हुआ?
(*a*) मणिपुर (*b*) इम्फाल
(*c*) गोहाटी (*d*) शिलांग

57. निम्नलिखित को सही सुमेलित करें :
(*A*) 1878 का वर्नाक्यूलर प्रेस एक्ट — 1. लार्ड चेम्सफोर्ड
(*B*) 1904 का इंडियन यूनिवर्सिटीज एक्ट — 2. लार्ड कर्जन
(*C*) 1909 का इंडियन काउन्सिल एक्ट — 3. लार्ड लिटन
(*D*) 1919 का रौलेक्ट एक्ट — 4. लार्ड मिन्टो

	A	B	C	D
(*a*)	1	4	3	2
(*b*)	2	3	1	4
(*c*)	3	2	1	4
(*d*)	3	2	4	1

58. मोपला विद्रोह (1921) कहाँ हुआ था?
(*a*) तेलंगाना (*b*) मालावार
(*c*) मराठावाड़ा (*d*) विदर्भ

59. निम्नलिखित में से कौन-सा प्रथम नेता था, जिसने भारत में मजदूर आन्दोलन संगठित किया?
(*a*) बी॰ पी॰ वाडिया (*b*) लाला लाजपत राय
(*c*) एन॰ एम॰ लोखंडे (*d*) एन॰ जी॰ रंगा

60. बाबा रामचन्द्र ने कहाँ पर किसानों को संगठित किया?
(*a*) अवध (*b*) बिहार
(*c*) बंगाल (*d*) आन्ध्र

61. भारत की प्रथम राष्ट्रीय समाचार एजेंसी थी :
(*a*) द इंडियन रिव्यू
(*b*) द फ्री प्रेस ऑफ इण्डिया
(*c*) द हिन्दुस्तान रिव्यू
(*d*) द एसोसिएट प्रेस ऑफ इंडिया

62. 1940 ई॰ के अगस्त प्रस्ताव में क्या प्रस्ताव रखा गया था?
(*a*) भारत की शनैः-शनैः पूर्ण स्वतंत्रता
(*b*) डोमिनियन स्टेटस
(*c*) प्रान्तीय स्वायत्तता
(*d*) केन्द्र में प्रतिनिधि सरकार

63. निम्नांकित का सही कालक्रम है:
1. गदर पार्टी की स्थापना
2. चौरा-चौरी घटना
3. खुदीराम बोस को फाँसी
4. मालवार में मोपला विद्रोह

नीचे दिए कूट से सही उत्तर का चयन कीजिए:
(a) 1, 3, 2, 4 (b) 2, 1, 4, 3
(c) 3, 4, 1, 2 (d) 3, 1, 4, 2

64. निम्नलिखित को सही सुमेलित करें :
(A) यंग इण्डिया — 1. सूर्य सेन
(B) हिन्दुस्तान प्रजातांत्रिक संघ — 2. चन्द्रशेखर आजाद
(C) हिन्दुस्तान सोशलिस्ट रिपब्लिक एसोसिएशन — 3. विनायक दामोदर सावरकर
(D) इण्डियन रिपब्लिकन आर्मी — 4. गांधी जी

	A	B	C	D
(a)	4	3	2	1
(b)	4	3	1	2
(c)	3	4	1	2
(d)	3	4	2	1

65. निम्नलिखित में कौन-सा सही सुमेलित नहीं है :
(a) निबन्धमाला — विष्णुशास्त्री चिपुलंकर
(b) सुधारक — शिशिर कुमार घोष
(c) रफ्तगोफ्तर — आगरकर
(d) सम्वाद प्रभाकर — बाल गंगाधर तिलक

66. निम्न में से कौन-सा अखबार सरकार का समर्थक एवं भारतीयों का आलोचक था?
(a) स्टेट्समैन (b) पायनियर
(c) हिन्दुस्तान स्टैण्डर्स (d) इनमें से कोई नहीं

67. सर्वेन्ट्स ऑफ इंडिया सोसायटी ने निम्नलिखित में से किस पत्रिका का प्रकाशन नागपुर से किया?
(a) संजीवनी (b) हितवाद
(c) समाचार सुधा वर्जण (d) इनमें से कोई नहीं

68. निम्न में से किस समिति की सिफारिशों पर 1908 एवं 1910 के अधिनियम रद्द कर दिए गए?
(a) रिपन समिति की सिफारिशों पर
(b) क्रिस्टोदास पाल की सिफारिशों पर
(c) तेजबहादुर सप्रू समिति की सिफारिशों पर
(d) इनमें से कोई नहीं

69. निम्न में से किस स्थान पर भारतीय राष्ट्रीय कांग्रेस का प्रथम अधिवेशन सम्पन्न हुआ?
(a) ब्रेबोर्न स्टेडियम
(b) गोकुल दास तेजपाल संस्कृत कॉलेज भवन
(c) वानखेड़े स्टेडियम
(d) इनमें से कोई नहीं

70. वह कांग्रेस प्रेसीडेंट कौन था, जिसने 1942 में क्रिप्स के साथ शिमला कांफ्रेंस में वावेल के साथ वार्ता की?
(a) अबुल कलाम आजाद (b) जवाहरलाल नेहरू
(c) जे॰ वी॰ कृपलानी (d) सी॰ राजगोपालाचारी

71. निम्न में से कौन प्रथम गोलमेज सम्मेलन में उपस्थित होने वाले भारतीय उदारवादी थे?
1. तेज बहादुर सप्रू
2. वी॰ एस॰ श्रीनिवास शास्त्री
3. एम॰ आर॰ जयकर
4. सी॰ वाई॰ चिन्तामणि

नीचे दिये गए कूट से सही उत्तर का चयन कीजिए:
(a) 1, 2 एवं 3 (b) 1, 2 एवं 4
(c) 2, 3 एवं 4 (d) 1, 2, 3 एवं 4

72. होमरूल आन्दोलन के नेताओं ने 'होमरूल' शब्द कहाँ के सदृश आन्दोलन से ग्रहण किया था?
(a) आयरलैण्ड (b) स्कॉटलैण्ड
(c) संयुक्त राज्य अमेरिका (d) कनाडा

73. 1946 ई॰ में भारतीय नौसेना के नाविकों में कहाँ पर विद्रोह हुआ?
(a) कोलकाता (b) मद्रास
(c) विशाखापटनम (d) मुम्बई

74. भारत में दास प्रथा का उन्मूलन हुआ :
(a) 1829 ई॰ के अधिनियम द्वारा
(b) 1833 ई॰ के अधिनियम द्वारा
(c) 1843 ई॰ के अधिनियम द्वारा
(d) 1858 ई॰ के अधिनियम द्वारा

75. सर हरकोर्ट वटलर कमेटी की नियुक्ति की गई थी:
(a) ब्रिटिश साम्राज्य और भारतीय रियासतों के मध्य सम्बंधों की जाँच हेतु
(b) अल्पसंख्यकों की सुरक्षा हेतु उचित प्रावधानों के सुझाव के लिए
(c) अनुसूचित जातियों और अनुसूचित जनजातियों हेतु आनुपातिक प्रतिनिधित्व सुनिश्चित करने के लिए
(d) रियासतों के एकीकरण हेतु उपायों की खोज करने के लिए

76. बंगाल विभाजन दिवस (16 अक्टूबर, 1905) को मनाने का सुझाव रवीन्द्रनाथ टैगोर ने दिया था:
(a) एकता दिवस के रूप में
(b) रक्षाबंधन दिवस के रूप में
(c) काला दिवस के रूप में
(d) भाईचारा दिवस के रूप में

77. निम्नलिखित घटनाओं पर विचार करें:
1. होमरूल लीग का गठन
2. राजद्रोह के आरोप में तिलक को छः वर्षों तक का निर्वासन
3. सन्फ्रांसिस्को में गदर पार्टी का गठन
4. गांधीजी का चम्पारण सत्याग्रह

उपरोक्त घटनाओं का सही कालानुक्रम है:
(a) 2, 1, 4, 3 (b) 2, 3, 1, 4
(c) 3, 2, 1, 4 (d) 2, 1, 3, 4

78. निम्नलिखित कांग्रेस अधिवेशन में से किस एक में मूलभूत अधिकारों तथा आर्थिक नीति पर प्रस्ताव पारित किया ?
(a) बेलगाँव, 1934 (b) कलकत्ता, 1928
(c) लाहौर, 1929 (d) कराँची, 1930

79. निम्नलिखित में से किसने भारत में प्रथम अंग्रेजी भाषा का समाचार प्रकाशित किया?
(a) गंगाधर भट्टाचार्य (b) रवीन्द्रनाथ टैगोर
(c) मृत्युंजय विद्यालंकार (d) राममोहन राय

80. भारत में प्रथम पुर्तगाली वायसराय था:
(a) पेड्रो अल्ब्रेज कैब्राल (b) वास्कोडिगामा
(c) फ्रांसिस्को-डी अल्मेडा (d) अल्बुकर्क

81. पुर्तगालियों ने भारत में अपने पहले दुर्ग का निर्माण किया था :
(a) गोवा में (b) दमण में
(c) कालीकट में (d) कोचीन में

82. 'कॉमनवील' समाचार-पत्र के संस्थापक/सम्पादक किसे माना जाता है?
(a) एनीबेसेंट (b) मोतीलाल नेहरू
(c) सुरेन्द्रनाथ बनर्जी (d) अरविन्द घोष

83. इण्डिया विन्स फ्रीडम के लेखक थे :
(a) एनीबेसेन्ट (b) मौलाना आजाद
(c) लोकमान्य तिलक (d) लाला लाजपत राय

84. भारत में पुर्तगाली साम्राज्य का वास्तविक संस्थापक था :
(a) अल्फांसो डी अल्बुकर्क
(b) फ्रांसिस्को-डी अल्मेडा
(c) वास्कोडिगामा
(d) पेड्रो अल्ब्रेज कैब्राल

85. पुर्तगालियों के आगमन से भारत में क्या नहीं प्रारम्भ हुआ, निम्न तथ्यों पर विचार कर उत्तर दें:
(a) तम्बाकू की खेती (b) जहाज निर्माण
(c) प्रिंटिंग प्रेस (d) चाय की खेती

86. पुर्तगालियों ने भारत का प्रथम प्रिंटिंग प्रेस कहाँ स्थापित किया?
(a) सूरत (b) मुम्बई
(c) गोवा (d) कालीकट

87. भारत में प्रथम डच कारखाना कहाँ स्थापित हुआ था?
(a) मुसलीपट्टम (b) विशाखापट्टनम
(c) सूरत (d) मुम्बई

88. डचों और अंग्रेजों के मध्य हुए किस युद्ध से डचों को भारतीय व्यापार से निष्कासित कर दिया गया?
(a) प्लासी के युद्ध से
(b) बेदरा के युद्ध से
(c) बक्सर के युद्ध से
(d) कर्नाटक के युद्ध से

89. फ्रांसीसियों ने भारत में पहला व्यापारिक कारखाना कहाँ स्थापित किया था?
(a) मुम्बई (b) सूरत
(c) पांडिचेरी (d) मद्रास

90. प्रथम कर्नाटक युद्ध में फ्रांसीसी सेना का नेतृत्व किसने किया था?
(a) डूप्ले ने (b) गोदहे ने
(c) लाली ने (d) मार्टिन ने

91. डेनो का प्रमुख व्यापारिक केन्द्र रहा था
(a) गोवा (b) सूरत
(c) सेरामपुर (d) त्रैकोंबार

92. इंग्लैंड के राजा जेम्स प्रथम के दूत के रूप में कौन अंग्रेज जहाँगीर के दरबार में पहुँचा था?
(a) क्लाइब (b) टॉमस एल्डवर्थ
(c) कैप्टन हॉकिन्स (d) जॉन मिल्डेन हाल

93. जहाँगीर के दरबार में सर टॉमस रो कब से कब तक रहा था?
(a) 1616-1618 ई॰ (b) 1608-1610 ई॰
(c) 1612-1614 ई॰ (d) 1612-1616 ई॰

94. बंगाल का प्रथम अंग्रेज गर्वनर था:
(a) क्लाइव (b) विलियम हैजेज
(c) चॉरनाक (d) ब्रिजमैन

95. बंगाल के अंग्रेजों के सम्बंध में यह किस मुगल अधिकारी की टिप्पणी थी कि ''यह नीच, झगड़ालू और बेईमान व्यापारियों की कम्पनी है'' ?
(a) मीर कासिम (b) सिराजुद्दौला
(c) अलीवर्दी खाँ (d) शाइस्ता खाँ

96. किस मुगल सम्राट द्वारा कम्पनी को प्रदत्त फरमान 'अंग्रेज कम्पनी का महाधिकार पत्र, (मैग्नाकार्टा) कहलाते हैं:
(a) जहाँगीर (b) औरंगजेब
(c) फर्रुखसियर (d) शाहजहाँ

97. कोलकाता का संस्थापक था:
(a) क्लाइब (b) जॉब चॉरनाक
(c) सर टॉमस रो (d) विलियम हैजेज

98. काल कोठरी की *(Black hole Tradgy)* की घटना कब घटित हुई थी?
(a) 20-21 जून, 1756 ई॰
(b) 20-21 जून, 1757 ई॰
(c) 20-21 जून, 1755 ई॰
(d) 20-21 जून, 1759 ई॰

99. प्लासी का युद्ध हुआ था :
(a) 23 जून, 1758 ई॰ को
(b) 23 जून, 1757 ई॰ को
(c) 23 जून, 1760 ई॰ को
(d) 23 जून, 1764 ई॰ को

100. क्लाइव ने मुगल बादशाह शाहआलम से इलाहाबाद की सन्धि कब की थीं?
(a) 12 नवम्बर, 1757 ई॰ को
(b) 12 नवम्बर, 1760 ई॰ को
(c) 12 अगस्त, 1764 ई॰ को
(d) 12 अगस्त, 1765 ई॰ को

101. निम्नलिखित सूची-I को सूची-II से सुमेलित करें।

सूची-I	*सूची-II*
(A) बक्सर का युद्ध	1. मुबाकर उद्दौला
(B) प्लासी का युद्ध	2. हॉलवेल
(C) काल कोठरी त्रासदी	3. मीर जाफर
(D) बंगाल का अन्तिम नवाब	4. हेक्टर मुनरो

	A	B	C	D
(a)	4	3	2	1
(b)	1	2	3	4
(c)	4	1	2	3
(d)	1	3	2	4

102. हैदराबाद में स्वतंत्र आसफजाही वंश की स्थापना किसने की?
(a) सआदत खाँ ने (b) चिनकिलिच खाँ ने
(c) हैदरअली ने (d) टीपू ने

103. वेलेजली की सहायक सन्धि को स्वीकार करने वाला प्रथम राज्य था :
(a) सिन्धु (b) अवध
(c) झाँसी (d) हैदराबाद

104. चतुर्थ आंग्ल-मैसूर युद्ध हुआ था :
(a) 1799 ई॰ में (b) 1780 ई॰ में
(c) 1899 ई॰ में (d) 1880 ई॰ में

105. निम्न को क्रम में लिखिए:
1. सूरत की सन्धि 2. प्रथम आंग्ल-सिख युद्ध
3. बेसीन की सन्धि 4. चिलियानवाला युद्ध
(a) 4, 1, 2, 3 (b) 4, 3, 2, 1
(c) 1, 3, 2, 4 (d) 1, 2, 3, 4

106. प्रथम आंग्ल-सिख युद्ध के दौर में कौन नहीं था?
(a) लार्ड गफ (b) लालसिंह
(c) लार्ड हार्डिंग (d) लार्ड मैकार्टनी

107. द्वितीय अफगान युद्ध का सूत्रपात (21 नवम्बर, 1878 ई॰) किस वायसराय के काल में हुआ था?
(a) लार्ड डफरिन (b) लार्ड लिटन
(c) लार्ड मैयो (d) लार्ड रिपन

108. द्वितीय बर्मा युद्ध के समय कौन गवर्नर जनरल था?
(a) लार्ड डलहौजी (b) लार्ड वेलेजली
(c) लार्ड हार्डिंग (d) लार्ड मेयों

109. निम्नलिखित में कौन सुमेलित नहीं है?
(a) सुगौली की सन्धि – तिब्बत
(b) अमृतसर की सन्धि – रणजीत सिंह
(c) इलाहाबाद की सन्धि – नवाब शुजाउद्दौला
(d) मंगलोर की सन्धि – टीपू

110. निम्न को क्रम से रखिए:
1. इलाहाबाद की सन्धि 2. सुगौली की सन्धि
3. अमृतसर की सन्धि 4. सूरत की सन्धि
(a) 1, 4, 3, 2 (b) 1, 2, 3, 4
(c) 4, 1, 2, 3 (d) 4, 3, 2 1

111. बंगाल में पहली बार द्वैध शासन प्रणाली किसने स्थापित की थी?
(a) जॉव चारनाक ने (b) लार्ड क्लाइब ने
(c) सर आयरकूट ने (d) वेन्सीटार्ट ने

112. बंगाल में लार्ड क्लाइव द्वारा स्थापित द्वैध शासन प्रणाली का अन्त किसने किया था?
(a) वेलेजली ने (b) विलियम बैंटिंग ने
(c) वारेन हेस्टिंग्ज ने (d) कार्नवालिस ने

113. नेपाल एवं कम्पनी के मध्य कौन-सी सन्धि हुई थी?
(a) वेसीन की सन्धि (b) गंडमक की सन्धि
(c) यांडबू की सन्धि (d) सुगौली की सन्धि

114. गवर्नर जनरल की एग्जीक्यूटिव कौंसिल की पूर्ण सदस्यता विधि सदस्य को प्रदान की गई थी:
(a) 1892 के काउंसिल अधिनियम द्वारा
(b) 1861 के काउंसिल अधिनियम द्वारा
(c) 1853 के चार्टर एक्ट द्वारा
(d) 1833 के चार्टर एक्ट द्वारा

115. 1942 के भारत छोड़ो आन्दोलन के उपरान्त राष्ट्रीय सरकार की स्थापना नहीं हुई थी:
(a) तामलुक में (b) सतारा
(c) मुंगेर (d) तलचर

116. अंग्रेजों के विरुद्ध खासी विद्रोह का नेतृत्व किसने किया था?
(a) सुरेन्द्र साई ने (b) टीटू मीर ने
(c) विरसा मुंडा ने (d) तिरोत सिंह ने

117. निम्नलिखित में से कौन एक खुदाई खिदमतगार संगठन का संस्थापक था?
(a) खान अब्दुल गफ्फार खाँ
(b) अब्दुल रब नशतर
(c) शौकतउल्लाह अंसारी
(d) खान अब्दुल कय्यूम खान

118. निम्न घटनाओं पर विचार कीजिए:
1. स्वराज पार्टी की स्थापना
2. जलियाँवाला बाग हत्याकाण्ड
3. कांग्रेस लीग समझौता
4. चौरा-चौरी घटना
इनके घटित होने का सही कालक्रम है:
(a) 2, 3, 1, 4 (b) 3, 2, 1, 4
(c) 3, 2, 4, 1 (d) 2, 3, 4 1

119. निम्नलिखित को सही सुमेलित करें:
(A) दादाभाई नौरोजी 1. सत्यार्थ प्रकाश
(B) दयानन्द सरस्वती 2. आनन्दमठ
(C) बाल गंगाधर तिलक 3. पॉवर्टी एंड अनब्रिटिश रूल इन इंडिया
(D) बंकिम चन्द्र चटर्जी 4. गीता रहस्य

	A	B	C	D
(a)	3	4	1	2
(b)	2	1	3	4
(c)	1	3	4	2
(d)	3	1	4	2

120. रैयतवारी बन्दोबस्त किसके साथ किया गया था?
(a) जमींदारों के साथ
(b) किसानों के साथ
(c) ग्रामीण समुदाय के साथ
(d) मुकद्दमों के साथ

121. ब्रिटिश सरकार ने रैयतवारी व्यवस्था का प्रचलन मूलत: कहाँ किया था?
(a) बंगाल, बिहार में
(b) संयुक्त प्रान्त में
(c) मद्रास, मुम्बई में
(d) गंगा, यमुना दोआब में

122. निम्नलिखित में से किस भू-राजस्व व्यवस्था ने जनता और शासन के मध्य घनिष्ठ सम्बंधों की स्थापना की?

(a) रैयतवारी व्यवस्था (b) जमींदारी व्यवस्था
(c) महालवारी व्यवस्था (d) वजाहदारी व्यवस्था

123. बंगाल में प्रमुख रूप से जिस मध्यम वर्ग का उदभव हुआ, वह थे :
(a) व्यापारी (b) बैंकर (साहूकार)
(c) जमींदार (d) व्यवसायी वर्ग

124. भारत में यूरोपीय व्यापारियों ने किस व्यापार पर लगभग पूर्ण एकाधिकार की स्थापना की ?
(a) आयात व्यापार
(b) वस्त्रों के निर्यात
(c) कृषि उत्पादों के निर्यात व्यापार
(d) नमक के उत्पादन और विक्रय

125. ईस्ट इण्डिया कम्पनी को उसके वाणिज्यिक कार्यों से निम्नलिखित में से किस अधिनियम के द्वारा वंचित कर दिया गया था?
(a) 1833 के चार्टर एक्ट द्वारा
(b) पिट्स इण्डिया एक्ट द्वारा
(c) 1861 के इण्डियन कौंसिल एक्ट द्वारा
(d) 1858 के भारत सरकार अधिनियम द्वारा

126. 1853 के उपरान्त ब्रिटेन को होने वाले भारतीय धन के बहिर्गमन का एक सबसे बड़ा स्रोत था:
(a) भारत से अफीम, नील का निर्यात
(b) भारत में ब्रिटिश पूँजी निवेश
(c) ब्रिटिश मिल उत्पादित सूती और ऊनी वस्त्रों का भारत में आयात
(d) उपर्युक्त सभी

127. भारत में सर्वाधिक ब्रिटिश पूँजी निवेश किस क्षेत्रों में हुआ?
(a) चाय, कॉफी, नील उत्पादन
(b) रेलवे, बैंकिंग, बीमा, जहाजरानी
(c) सूती वस्त्र उद्योग
(d) जूट उद्योग

128. उन्नीसवीं सदी के अन्त में भारतीय पूँजीपतियों के हाथों में एकमात्र प्रमुख उद्योग था:
(a) जूट (b) खनन
(c) लोहा और इस्पात (d) सूती वस्त्र

129. निम्नलिखित किन उद्योगों में भारतीयों की प्रारम्भ से ही हिस्सेदारी अधिक थी?
(a) सूती कपड़ा (b) जूट
(c) कोयला (d) शक्कर

130. अंग्रेजों द्वारा भारत में प्रारम्भ किया गया पहला व्यापार था:
(a) लोहा (b) कपास
(c) जूट (d) नील

131. किसने कहा था कि ''स्थाई बन्दोबस्त'' एक दुखद भूल थी?
(a) जान शोर ने (b) मार्शमैन ने
(c) होम्स ने (d) मुनरो

132. अकाल के कारण एवं उपाय पर विचार हेतु 1880 ई० में लिटन सरकार ने किसकी अध्यक्षता में आयोग गठित किया था?
(a) कर्नल स्मिथ (b) जार्ज कैम्बेल
(c) सर रिचर्ड स्ट्रेची (d) सर एन्टनी मैकडोनल

133. भारत में आधुनिक उद्योगों का प्रारम्भ कब से हुआ?
(a) 1820 ई० (b) 1850 ई०
(c) 1880 ई० (d) 1900 ई०

134. भारत में प्रथम सूती वस्त्र उद्योग 'बाम्बे स्पिनिंग एण्ड विविंग कम्पनी' किसने स्थापित की थी?
(a) कावसजी डावर ने
(b) घनश्यामदास बिडला ने
(c) रतन जी टाटा ने
(d) मोरारजी देसाई ने

135. जमशेदजी टाटा ने 'टाटा आयरन एण्ड स्टील कम्पनी' की स्थापना की थी:
(a) 1907 ई० (b) 1900 ई०
(c) 1890 ई० (d) 1875 ई०

136. भारत का पहला श्रमिक संघ 'बम्बई मिल हैण्ड एसोसिएशन' कब स्थापित हुआ था?
(a) 1894 ई० (b) 1874 ई०
(c) 1884 ई० (d) 1904 ई०

137. भारतीय राष्ट्रीय ट्रेड यूनियन कांग्रेस (INTUC) की स्थापना किसने की थी?
(a) महात्मा गांधी ने
(b) वल्लभभाई पटेल ने
(c) जवाहरलाल नेहरू ने
(d) सुभाषचन्द्र बोस ने

138. ब्रिटिश उद्योग का प्रधान केन्द्र था:
(a) चेन्नई (b) मुम्बई
(c) कोलकाता (d) कानपुर

139. भारत में चाय उद्योग का विकास कब हुआ?
(a) 1772 ई० के पश्चात्
(b) 1813 ई० के पश्चात्
(c) 1850 ई० के पश्चात्
(d) 1900 ई० के पश्चात्

140. ब्रिटिशकालीन भारत में चीन से मुख्यतया कौन-सी वस्तु आयात की जाती थी?
(a) शक्कर (b) रेशम
(c) स्टील (d) चाय

141. भारत में सर्वप्रथम टेलीग्राफ लाइन (कोलकाता एवं आगरा के मध्य) कब प्रारम्भ हुई थी?
(a) 1830 ई० में (b) 1850 ई० में
(c) 1853 ई० में (d) 1875 ई० में

142. निम्नलिखित घटनाओं पर विचार कीजिए:
1. अगस्त प्रस्ताव
2. पूना समझौता
3. तृतीय गोलमेज सम्मेलन
4. साम्प्रदायिक अधिनिर्णय
इन घटनाओं का सही कालानुक्रम है:
(a) 4, 3, 2, 1 (b) 4, 2, 3, 1
(c) 1, 2, 3, 4 (d) 3, 2, 1, 4

143. ''इंडियन वार ऑफ इन्डिपेन्डेन्स 1857'' के लेखक हैं :
(a) एस॰ एन॰ सेन (b) आर॰ सी॰ मजूमदार
(c) वी॰ डी॰ सावरकर (d) एस॰ वी चौधरी

144. निम्नलिखित में से कौन 1929 में 'ऑल इंडिया ट्रेड यूनियन कांग्रेस' के अध्यक्ष थे?
(a) एम॰ एन॰ रॉय (b) एस॰ ए॰ डांगे
(c) जयप्रकाश नारायण (d) जवाहरलाल नेहरू

145. निम्नलिखित को सुमेलित कीजिए:

(A) बारदोली सत्याग्रह	1. स्वामी श्रद्धानन्द सरस्वती
(B) भारतीय किसान विद्यालय	2. सरदार पटेल
(C) बंगाल प्रजा पार्टी	3. फजलुल हक
(D) वकाश्त संघर्ष	4. एन॰ जी॰ रंगा

	A	B	C	D
(a)	2	3	4	1
(b)	2	4	3	1
(c)	3	1	2	4
(d)	4	3	2	1

146. भारत में निम्नलिखित अकाल आयोगों पर विचार कीजिए:
(a) मैकडोनल आयोग (b) ल्यांल आयोग
(c) कैम्पवेल आयोग (d) स्ट्रेची आयोग
इन अकाल आयोग की नियुक्ति का सही कालक्रम है:
(a) 3, 4, 1, 2 (b) 3, 4, 2, 1
(c) 4, 3, 1, 2 (d) 4, 3, 2, 1

147. जनरल विंडहम को 1857 में विद्रोही सैनिकों ने पराजित किया था:
(a) ग्वालियर के निकट (b) आगरा के निकट
(c) भोपाल के निकट (d) कानपुर के निकट

148. निम्नलिखित को सुमेलित करें:

(A) दयानन्द सरस्वती	1. गुरुकुल
(B) लाला मुंशीराम	2. देवसमाज
(C) पंडित शिवनारायण अग्निहोत्री	3. ऐंग्लो-वैदिक महाविद्यालय
(D) लाल हंसराज	4. सत्यार्थ प्रकाश

	A	B	C	D
(a)	1	4	2	3
(b)	4	1	3	2
(c)	4	1	2	3
(d)	1	4	3	2

149. प्रथम अखिल भारतीय वर्ग सम्मेलन कब हुआ?
(a) मार्च 1918 ई॰ (b) मार्च 1920 ई॰
(c) मार्च 1930 ई॰ (d) मार्च 1932 ई॰

150. सत्यशोधक समाज की स्थापना की थी:
(a) महात्मा गांधी (b) रामस्वामी नायकर
(c) ज्योतिबा फुले (d) अम्बेडकर

151. 'गुलामगीरी' पुस्तक के लेखक कौन थे?
(a) दादाभाई नौरोजी (b) अम्बेडकर
(c) महात्मा गांधी (d) ज्योतिबा फुले

152. 1791 ई॰ में वाराणसी में संस्कृत कॉलेज की स्थापना की थी:
(a) ईश्वरचन्द्र विद्यासागर ने
(b) जोनाथन डंकन ने
(c) मैकाले ने
(d) मदनमोहन मालवीय ने

153. बुनियादी शिक्षा की 'वर्घा योजना' किसकी प्रेरणा से प्रस्तुत की गई थी?
(a) जयप्रकाश नारायण (b) महात्मा गाँधी
(c) विनोबा भावे (d) जवाहरलाल नेहरू

154. आधुनिक भारत का पिता किसे कहा गया है?
(a) राजा राममोहन राय (b) दयानन्द सरस्वती
(c) महात्मा गांधी (d) विवेकानन्द

155. 'इंडियन रिफार्म एसोसिएशन' की स्थापना की थी:
(a) केशव चन्द्र सेन ने (b) दादाभाई नौरोजी ने
(c) महात्मा गांधी ने (d) अम्बेडकर ने

156. महाराष्ट्र का सुकरात किसे कहा गया है?
(a) गोपालकृष्ण गोखले को
(b) लोकमान्य तिलक को
(c) महादेव गोविन्द रानाडे को
(d) सावरकर को

157. स्वामी दयानन्द सरस्वती ने 'आर्य समाज' की स्थापना 1875 ई॰ में की थी:
(a) हरिद्वार (b) मथुरा
(c) लाहौर (d) मुम्बई

158. 'आधुनिक राष्ट्रीय आन्दोलन का आध्यात्मिक पिता' सुभाषचन्द्र बोस ने किसे कहा था?
(a) विवेकानन्द
(b) रामकृष्ण परमहंस
(c) स्वामी दयानन्द सरस्वती
(d) महादेव गोविन्द रानाडे

159. थियोसॉफिकल सोसाइटी की स्थापना कब और कहाँ हुई थी?
(a) 1882 ई॰ को आडयार (मद्रास) में
(b) 1875 ई॰ में न्यूयार्क में
(c) 1875 ई॰ में मुम्बई में
(d) 1882 ई॰ में पूना में

160. निम्नलिखित को सुमेलित करें:

(A) वहाबी आन्दोलन	1. मिर्जा गुलाम अहमद
(B) फरैजी	2. करामत अली जौनपुरी
(C) ताय्यूनी	3. हाजी शरियत उल्लाह
(D) अहमदिया आन्दोलन	4. सैय्यद अहमद रकबादवी

	A	B	C	D
(a)	4	3	2	1
(b)	3	2	4	1
(c)	1	2	4	3
(d)	2	1	4	3

161. भारत में महिला आन्दोलन का आरम्भ मुख्यतया किसकी प्रेरणा में हुआ?
(a) सरोजनी नायडू (b) श्रीमती एनी बेसेन्ट
(c) रामाबाई रानाडे (d) हीराबाई टाटा

162. दक्षिण भारत में जनजातीय विद्रोहों का प्रमुख केन्द्र कहाँ था?
(a) मद्रास प्रेसीडेंसी
(b) विशाखापट्टनम एजेंसी
(c) पालकोण्डा
(d) गुमसुर

163. 1921 में मोपला विद्रोह के लिए निम्नलिखित में से कौन-सा कारक उत्तरदायी नहीं था?
(a) सामाजिक निर्योग्यताएँ
(b) पुलिस की ज्यादतियाँ
(c) असहयोग आन्दोलन का प्रचार
(d) खिलाफत आन्दोलन द्वारा आयोजित सभाएँ

164. उन्नीसवीं शताब्दी के महानतम पारसी समाज-सुधारक कौन थे?
(a) सर जमशेद जी
(b) सर रुस्तम बहराम जी
(c) नवल डी टाटा
(d) बहराम जी एन० मालाबारी

165. प्रथम अखिल भारतीय किसान संगठन, 'अखिल भारतीय किसान सभा' का गठन कब हुआ था?
(a) 1919 ई० (b) 1920 ई०
(c) 1928 ई० (d) 1936 ई०

166. राजा राममोहन राय के प्रथम शिष्य जिन्होंने उनकी मृत्यु के उपरान्त समाज का नेतृत्व संभाला था:
(a) द्वारिका नाथ टैगोर (b) रामचन्द्र विद्यावागीश
(c) केशवचन्द्र सेन (d) देवेन्द्रनाथ टैगोर

167. महाराष्ट्र का वह कौन-सा समाज-सुधारक था, जो लोकहितवादी के उपनाम से प्रसिद्ध हुआ?
(a) आत्मा राम पांडुरंग
(b) बाल गंगाधार तिलक
(c) गोपाल हरि देशमुख
(d) कृष्णा शास्त्री चपलूनकर

168. निम्नलिखित में से दक्षिणेश्वर के सन्त के रूप में कौन प्रसिद्ध हैं?
(a) चैतन्य महाप्रभु (b) सन्त ज्ञानेश्वर
(c) विवेकानन्द (d) रामकृष्ण परमहंस

169. निम्नलिखित में से दयानन्द सरस्वती के किस शिष्य ने लाहौर में दयानन्द एंग्लो-वैदिक कॉलेज की स्थापना की?
(a) पण्डित गुरुदत्त (b) लाला लाजपत राय
(c) स्वामी श्रद्धानन्द (d) लाला हंसराज

170. सैय्यद अहमद खाँ के सारे प्रयास किस वर्ग की उन्नति के लिए थे?
(a) उच्च वर्ग (b) मध्यम वर्ग
(c) कामगार वर्ग (d) किसान

171. सैय्यद अहमद खाँ के मुख्य सलाहकार और विश्वासपात्र कौन थे?
(a) डब्लू० डब्लू० इन्टर (b) थियोडर बैंक
(c) थियोडर मॉरीसन (d) नसान लीज

172. युवा बंगाल आन्दोलन का मुखपात्र था:
(a) न्यू बंगाल (b) बंगाल स्पेक्टेटर
(c) बंगाल पैट्रियाट (d) बंगाल दर्पण

173. भारतीय जनता से किसने कहा था– ''तुम वीर बनो, साहसी बनो, हिम्मत करो, इस बात पर गर्व करो कि तुम एक भारतीय हो, प्रत्येक भारतीय मेरा भाई है''?
(a) राजा राममोहन राय (b) विवेकानन्द
(c) दयानन्द सरस्वती (d) महादेव गोविन्द रानाडे

174. 1823 ई० में गौड़ीय समाज एवं 1830 ई० में धर्म सभा की स्थापना किसने की थी?
(a) राधाकान्त देव (b) गोपीमोहन देव
(c) राधामाधव बनर्जी (d) काशीनाथ बनर्जी

175. दक्षिण भारत का ब्रह्म समाज किसे कहा गया है?
(a) साधारण ब्रह्म समाज
(b) वेद समाज
(c) जस्टिस पार्टी
(d) सरदन समाज

176. 1920 के दशक के अन्त में बंगाल, मुम्बई, संयुक्त प्रान्त और पंजाब के किसानों ने किसके साथ मिलकर संघर्ष किया था?
(a) बुद्धिजीवी वर्ग
(b) जमींदार
(c) राष्ट्रीय आन्दोलन के नेताओं
(d) मजदूरों

177. निम्न में से कौन प्रार्थना समाज से सम्बद्ध है:
(a) महादेव गोविन्द रानाडे
(b) आर० जी० भण्डारकर
(c) आत्माराम पाण्डुरंग शास्त्री
(d) ये सभी

178. थियोसोफिकल सोयायटी का उद्देश्य था :
(a) आर्य दर्शन और धर्म का अध्ययन
(b) ब्रिटिश सम्राज्यवाद का पोषण करना
(c) ईसाई धर्म का उत्थान करना
(d) उपर्युक्त सभी

179. सतनामी सम्प्रदाय की स्थापना 18वीं सदी में हुई। निम्न में से किसने इसकी स्थापना की थी?
(a) जगजीवन दास (b) घासीराम
(c) दादूदयाल (d) शिवदयाल खत्री

180. निम्नलिखित में से किस आन्दोलन से मुसलमानों में नवजागरण प्रारम्भ हुआ?
(a) बहावी आन्दोलन (b) अहमदिया आन्दोलन
(c) अलीगढ़ आन्दोलन (d) रोशनियाँ आन्दोलन

181. निम्नलिखित में से कौन पहले अत्यंत उदारवादी एवं मानवतावादी था, परन्तु बाद में घोर प्रक्रियावादी बन गया?
(a) कासिम ननौतवी (b) रशीद गंगोही
(c) इकबाल (d) मिर्जा गुलाम अहमद

182. निम्नलिखित में से किसे सर्व-प्रथम सिखों में सुधार आन्दोलन के प्रवर्तन का श्रेय है:
(a) दयालदास (b) रणजीत सिंह
(c) हरगोविन्द (d) गुरु गोविन्द सिंह

183. निम्न में से ब्रह्म समाज का उद्देश्य था:
(a) एकेश्वरवाद का प्रचार
(b) मूर्ति-पूजा का विरोध
(c) कर्मकाण्ड का विरोध
(d) उपर्युक्त सभी

184. भारत में निम्नलिखित किस एक षड्यंत्र के मुकदमे में फिलिक स्प्राट नामक अंग्रेज पर मुकदमा चला?
(a) लाहौर षड्यंत्र का मुकदमा
(b) कानपुर षड्यंत्र का मुकदमा
(c) मेरठ षड्यंत्र का मुकदमा
(d) चटगाँव षड्यंत्र का मुकदमा

185. अहमदाबाद टेक्सटाइल लेबर एसोसिएशन की स्थापना की थी:
(a) मृदुला साराभाई ने (b) एन॰ एम॰ जोशी ने
(c) वी॰वी॰ गिरि ने (d) एम॰ के॰ गांधी ने

186. हर दयाल, बाबा हरनाम सिंह (टुंडिलाट), बाबा सोहन सिंह भकना और गुरदीत्त सिंह जुड़े थे:
(a) इंडिया इंडिपेन्डेन्स लीग से
(b) नव जवान भारत सभा से
(c) गदर आन्दोलन से
(d) अकाली आन्दोलन से

187. निम्नलिखित घटनाओं का सही कालानुक्रम क्या है?
1. गुरु का बाग आन्दोलन
2. वाइकोम सत्याग्रह
3. काकोरी काण्ड
4. नेहरू रिपोर्ट
नीचे दिए गए कूट का प्रयोग कर सही उत्तर चुनिए:
(a) 1, 2, 3, 4 (b) 1, 2, 4, 3
(c) 2, 1, 3, 4 (d) 2, 1, 4, 3

188. कम्युनल अवार्ड और पूना पैक्ट के अंतर्गत शोषित वर्गों को कितने स्थान दिए गए थे?
(a) क्रमश: 74 और 79 (b) क्रमश: 71 और 147
(c) क्रमश: 78 और 80 (d) क्रमश: 78 और 69

189. ब्रिटिश के विरुद्ध नेता रानी गाइदिल्यू कहाँ थी?
(a) त्रिपुरा (b) असम
(c) नागालैण्ड (d) मणिपुर

190. विधवा पुनर्विवाह अधिनियम किस गर्वनर जनरल के काल में पारित हुआ?
(a) बेन्टिक (b) डलहौजी
(c) कैनिंग (d) लॉरेंस

191. ब्रिटिश सेना में सेवारत भारतीय सैनिकों का पहला सैनिक विद्रोह कहाँ हुआ था?
(a) पटना (b) बैरकपुर
(c) वेल्लोर (d) मेरठ

192. निम्नलिखित में से कौन-सा एक स्थान 1857 के विद्रोह का केन्द्रबिन्दु नहीं था?
(a) बरेली (b) झाँसी
(c) मद्रास (d) आरा

193. 10 मई, 1857 को सैनिकों ने कहाँ विद्रोह प्रारम्भ किया था?
(a) कानपुर (b) बैरकपुर
(c) लखनऊ (d) मेरठ

194. लखनऊ में 1857 ई॰ के विद्रोह का नेतृत्व किसने किया था?
(a) तात्या टोपे
(b) मौलवी अहमदुल्लाह शाह
(c) बिरजिस कादर
(d) बेगम हजरत महल

195. उन्नीसवीं शताब्दी का वह कौन-सा जन-आन्दोलन था, जो 1857 के विद्रोह की तुलना में कहीं अधिक सुनियोजित, सुसंगठित और एकजुट था?
(a) मुंडा विद्रोह (b) दक्षिण के विद्रोह
(c) संन्यासी विद्रोह (d) वहाबी आन्दोलन

196. एक आदिवासी नेता, जिसे ईश्वर का अवतार और जगतपिता (धरती आबा) माना जाता था:
(a) कान्हू संथाल (b) रूप नायक
(c) विरसा मुण्डा (d) जोरिया भगत

197. कांग्रेस के प्रथम 20 वर्षों में निम्नलिखित में किसने तीन बार कांग्रेस अध्यक्ष के रूप में कार्य किया?
(a) सुरेन्द्रनाथ बनर्जी (b) दादा भाई नौरोजी
(c) गोपालकृष्ण गोखले (d) शंकरन नायर

198. बाल गंगाधर तिलक को सार्वजनिक रूप में 'लोकमान्य' की उपाधि से किस समय सम्मानित किया गया था?
(a) स्वदेशी आन्दोलन
(b) क्रान्तिकारी आन्दोलन
(c) होमरूल आन्दोलन
(d) 1908 में उनके कारावास के दौरान

199. नगा महिला नेता गैडिनलियु को रानी की उपाधि किसने दी?
(a) सुभाषचन्द्र बोस (b) जवाहरलाल नेहरू
(c) ठक्कर वापा (d) महात्मा गांधी

200. निम्न में से किस क्रान्तिकारी संगठन में युवा महिला क्रान्तिकारियों की संख्या सर्वाधिक थी?
(a) युगान्तर
(b) अनुशीलन समिति
(c) भारत माता सोसाइटी
(d) इण्डियन रिपब्लिकन आर्मी

201. निम्न में से किसे भारतीय राष्ट्रीय कांग्रेस का लगातार छ: वर्षो तक अध्यक्ष रहने का गौरव प्राप्त हुआ है?
(a) सुभाषचन्द्र बोस
(b) महात्मा गांधी
(c) अब्दुल कलाम आजाद
(d) बाल गंगाधर तिलक

202. किसान सभा आन्दोलन में सर्वाधिक योगदान था?
(a) स्वामी सहजानन्द सरस्वती का
(b) वल्लभभाई पटेल का

(*c*) जवाहरलाल नेहरू का
(*d*) इन्दुलाल याज्ञिक का

203. 1885 में मुम्बई में आयोजित हुए भारतीय राष्ट्रीय कांग्रेस के प्रथम अधिवेशन में भाग लेने वाले प्रतिनिधियों की संख्या कितनी थी?
(*a*) 1,500 (*b*) 556
(*c*) 304 (*d*) 72

204. भारतीय जन-असन्तोष का जनक किसे कहा जाता है?
(*a*) महात्मा गांधी (*b*) सुरेन्द्रनाथ बनर्जी
(*c*) बाल गंगाधर तिलक (*d*) दादाभाई नौरोजी

205. अभिनव भारत, नामक गुप्त क्रान्तिकारी समिति का गठन किसने किया था?
(*a*) खुदीराम बोस
(*b*) प्रफुल्ल चाकी
(*c*) वी॰ डी॰ सावरकर
(*d*) पुलिन बिहारी दास

206. 1908 में इलाहाबाद के कांग्रेस अधिवेशन की अध्यक्षता करने वाला प्रथम अंग्रेज व्यक्ति था:
(*a*) ए॰ ओ॰ ह्यूम (*b*) एनी बेसेन्ट
(*c*) विलियम बेड्डरवर्न (*d*) जॉर्ज यूले

207. भारतीय राष्ट्रीय कांग्रेस का प्रथम मुसलमान अध्यक्ष कौन था?
(*a*) अब्दुल कलाम आजाद
(*b*) बदरूदीन तैयबजी
(*c*) हकीम अजमल खान
(*d*) रफी अहमद किदवई

208. निम्नलिखित में से कौन-सा मुस्लिम नेता अखिल भारतीय मुस्लिम लीग (1906) का संस्थापक नहीं था ?
(*a*) मोहम्मद अली जिन्ना (*b*) आगा खाँ
(*c*) सलीमुल्ला (*d*) मोमिन-उल-मुल्क

209. निम्नलिखित सूची को सुमेलित करें:

(*A*) जार्ज यूले	1. इलाहाबाद, 1888
(*B*) आर॰ सी॰ दत्त	2. लखनऊ, 1899
(*C*) एनी बेसेन्ट	3. कोलकाता, 1917
(*D*) सरोजनी नायडू	4. कानपुर, 1928

	A	B	C	D
(*a*)	2	3	4	1
(*b*)	1	2	3	4
(*c*)	1	3	4	2
(*d*)	2	4	3	1

210. 1934 ई॰ में पटना में कांग्रेस सोशलिस्टों के अखिल भारतीय सम्मेलन का आयोजन किसने किया था?
(*a*) आचार्य नरेन्द्र देव
(*b*) जय प्रकाश नारायण
(*c*) डॉ॰ राममनोहर लोहिया
(*d*) अच्युत पटवर्धन

211. निम्नलिखित में से कौन-सा समाचार-पत्र/पत्रिका उसके सम्पादक के नाम सही सुमेलित नहीं है?
(*a*) वन्देमातरम – अरविन्द घोष
(*b*) न्यू इंडिया – विपिनचन्द्र पाल
(*c*) युगान्तर – भूपेन्द्रनाथ दत्त
(*d*) संध्या – वारीन्द्र घोष

212. राष्ट्रीय शिक्षा की अवधारणा का प्रतिपादन किस आन्दोलन के दौरान हुआ था?
(*a*) स्वदेशी (*b*) होमरूल
(*c*) असहयोग (*d*) सविनय अवज्ञा

213. भारतीय राष्ट्रीय कांग्रेस में ए॰ ओ॰ ह्यूम की अधिकारिक पदस्थिति क्या थी?
(*a*) संस्थापक
(*b*) उपाध्यक्ष
(*c*) महासचिव
(*d*) स्वागत समिति के प्रमुख

214. 1915 में महात्मा गांधी ने अहमदाबाद नगर के पास साबरमती नदी के किनारे एक आश्रम स्थापित किया था, यह किस नाम से जाना जाता था?
(*a*) साबरमती आश्रम (*b*) हरिजन आश्रम
(*c*) सत्याग्रह आश्रम (*d*) स्वराज आश्रम

215. कांग्रेस का 50वाँ (रजत जयंती) अधिवेशन कहाँ और किसकी अध्यक्षता में हुआ था?
(*a*) बेलगाम - महात्मा गांधी
(*b*) लखनऊ - जवाहरलाल नेहरू
(*c*) फैजपुर - जवाहरलाल नेहरू
(*d*) हरिपुर - सुभाषचन्द्र बोस

216. व्यक्तिगत सत्याग्रह का शुभारम्भ कब हुआ?
(*a*) 17 दिसम्बर, 1940 ई॰
(*b*) 17 अक्टूबर, 1940 ई॰
(*c*) 17 जनवरी, 1940 ई॰
(*d*) 17 फरवरी, 1940 ई॰

217. विनोबा भावे किस आन्दोलन के प्रथम सत्याग्राही थे?
(*a*) व्यक्तिगत सत्याग्रह आन्दोलन
(*b*) सविनय अवज्ञा आन्दोलन
(*c*) असहयोग आन्दोलन
(*d*) भारत छोड़ो आन्दोलन

218. भारतीय राष्ट्रीय कांग्रेस नाम किसने दिया था?
(*a*) सुरेन्द्रनाथ बनर्जी (*b*) दादाभाई नौरोजी
(*c*) फिरोजशाह मेहता (*d*) महादेव गोविन्द रानाडे

219. भारतीय राष्ट्रीय कांग्रेस का अग्रदूत थी:
(*a*) कोलकाता की इंडियन एसोसिएशन
(*b*) इंडियन नेशनल कांफ्रेंस
(*c*) ब्रिटिश इंडियन एसोसिएशन
(*d*) द इंडियन यूनियन

220. मुस्लिम लीग ने अपने किस अधिवेशन में मुसलमानों के लिए पृथक् निर्वाचक मंडल की माँग की थी?
(*a*) 1906 में ढाका अधिवेशन में
(*b*) 1906 में कोलकाता अधिवेशन में
(*c*) 1908 में अमृतसर अधिवेशन में
(*d*) 1916 में लखनऊ अधिवेशन में

221. "अखिल भारतीय मुस्लिम लीग" नामक राजनीतिक संगठन कब एवं कहाँ गठित हुआ?
(a) 30 अक्टूबर, 1905 ई॰ – कोलकाता में
(b) 30 दिसम्बर, 1906 ई॰ – ढ़ाका में
(c) 30 दिसम्बर, 1907 ई॰ – लाहौर में
(d) 30 दिसम्बर, 1908 ई॰ – मुम्बई में

222. निम्नलिखित को सही सुमेलित करें:
(A) मद्रास (1914) 1. चित्तरंजन दास
(B) बम्बई (1918) 2. भूपेन्द्र नाथ बसु
(C) अमृतसर (1919) 3. हसन इमाम
(D) गया (1922) 4. मोती लाल नेहरू

	A	B	C	D
(a)	2	3	4	1
(b)	3	4	1	2
(c)	1	2	3	4
(d)	4	1	2	3

223. निम्नलिखित में से किस वर्ष गांधीजी ने कांग्रेस से त्यागपत्र दे दिया था?
(a) 1918 (b) 1925
(c) 1935 (d) 1939

224. निम्न में से किसके द्वारा सर्वप्रथम 1896 ई॰ में कोलकाता अधिवेशन में वन्देमातरम् का गायन किया गया था?
(a) रमेश चन्द्र दत्त
(b) रहीमतुल्ला
(c) बंकिमचन्द्र चटर्जी
(d) इनमें से कोई नहीं

225. लार्ड मैकाले सम्बद्ध था:
(a) सेना के सुधार से
(b) सती प्रथा की समाप्ति से
(c) विधि संहिताकरण से
(d) स्थायी बंदोबस्त से

226. निम्नलिखित में से कौन भारत में मजदूर संघ आन्दोलन से जुड़े थे?
(a) वी॰ पी॰ वाडिया (b) एन॰ एम॰ जोशी
(c) डंडिराज थेंगड़ी (d) के॰ कामराज
(e) विट्ठलभाई पटेल
नीचे दिए गए कूट से सही उत्तर चयन कीजिए:
(a) केवल 1 एवं 2 (b) 1, 2 एवं 3
(c) 1, 3 एवं 4 (d) 3, 4 एवं 5

227. निम्नलिखित में से किसने अंग्रेज सारजेंट हारसन को गोली मारी और इसके बाद लेफ्टीनेंट वाग की हत्या कर दी?
(a) लियाकत अली (b) मंगल पांडे
(c) चितू पाण्डेय (d) सूर्यसेन

228. यूरोपीय नमूने पर सैनिक प्रशिक्षण का सूत्रपात करने वाला प्रथम देशी राज्य था :
(a) गोलकुंडा (b) मैसूर
(c) अवध (d) कश्मीर

229. निम्न में से कौन 'हिन्दू पैट्रिअट' से सम्बद्ध रहा?
(a) ईश्वरचन्द्र विद्यासागर
(b) क्रिस्टोदास पाल
(c) सुरेन्द्रनाथ बनर्जी
(d) ये तीनों

230. सिराजुद्दौला द्वारा 1756 में अपने अधिकार में करने के बाद निम्नलिखित में से किस एक नगर का नाम बदलकर अलीनगर कर दिया?
(a) मुर्शिदाबाद (b) फुल्टा
(c) कोलकाता (d) कासिमबाजार

231. निम्नलिखित में से कौन-सा राज्य 'बी' श्रेणी का था?
(a) बिहार
(b) हिमाचल प्रदेश
(c) अण्डमान-निकोबार द्वीप
(d) मध्य भारत

232. सरदार पटेल ने ब्रिटिश प्रान्तों एवं रियासतों का एकीकरण करके भारत में कितने प्रकार के राज्यों का गठन किया था?
(a) दो (b) तीन
(c) चार (d) पाँच

233. जम्मू-कश्मीर रियासत के शासक हरीसिंह ने कब विलय पत्र पर हस्ताक्षर कर अपनी रियासत का भारत में विलय किया?
(a) अक्टूबर 1947 ई॰ (b) अक्टूबर 1948 ई॰
(c) नवम्बर 1949 ई॰ (d) नवम्बर 1950 ई॰

234. हैदराबाद का भारत में औपचारिक विलय कब हुआ?
(a) 26 जनवरी, 1950 ई॰
(b) नवम्बर, 1952 ई॰
(c) नवम्बर, 1950 ई॰
(d) नवम्बर, 1949 ई॰

235. देशी रियासतों के विलय सम्बंधी प्रक्रिया हेतु एक 'रियासती मंत्रालय' गठित किया गया था, इस विभाग का मंत्री किसे बनाया गया था?
(a) जवाहरलाल नेहरू,
(b) सरदार वल्लभभाई पटेल
(c) राजगोपालाचारी
(d) के॰ एम॰ मुंशी

236. 11 दिसम्बर, 1946 ई॰ की बैठक में किसे संविधान सभा का स्थायी अध्यक्ष चुना गया था?
(a) डॉ॰ अम्बेडकर को (b) डॉ॰ राजेन्द्र प्रसाद को
(c) डॉ॰ राधाकृष्णन को (d) महात्मा गाँधी को

237. संविधान सभा के संवैधानिक सलाहकार के पद पर किसे नियुक्त किया गया था?
(a) डॉ॰ अम्बेडकर को (b) बी॰ एन॰ राव को
(c) के॰ एम॰ मुंशी (d) हिदायतुल्ला

238. किसने कहा था– नेहरू का उद्देश्य सम्बंधी प्रस्ताव ही हमारे स्वतंत्र गणराज्य की जन्मकुंडली है?
(a) डॉ॰ अम्बेडकर (b) महात्मा गांधी
(c) राधाकृष्णन (d) के॰ एम॰ मुंशी

239. संविधान सभा ने भारतीय संविधान को अन्तिम रूप कब दिया था?
(a) 26 जनवरी, 1950 ई॰
(b) 26 नवम्बर, 1949 ई॰

(c) 15 अगस्त, 1950 ई॰
(d) 15 अगस्त, 1949 ई॰

240. संविधान सभा की अन्तिम बैठक कब हुई?
(a) 24 जनवरी, 1950 ई॰
(b) 26 जनवरी, 1950 ई॰
(c) 26 नवम्बर, 1949 ई॰
(d) 26 दिसम्बर, 1949 ई॰

241. संविधान सभा द्वारा किसे भारत का प्रथम राष्ट्रपति चुना गया था?
(a) डॉ॰ राजेन्द्र प्रसाद
(b) चक्रवर्ती राजगोपालाचारी
(c) डॉ॰ अम्बेडकर
(d) महात्मा गांधी

242. सम्पूर्ण संविधान निर्माण में कितना समय लगा था?
(a) 1 वर्ष 2 माह 10 दिन
(b) 1 वर्ष 6 माह 6 दिन
(c) 2 वर्ष 4 माह 6 दिन
(d) 2 वर्ष 11 माह 18 दिन

243. निम्न में से कौन उल्लेखनीय व्यक्ति संविधान सभा में सम्मिलित नहीं था?
(a) डॉ॰ राजेन्द्र प्रसाद (b) महात्मा गांधी
(c) जवाहरलाल नेहरू (d) डॉ॰ अम्बेडकर

244. लार्ड माउण्टबेटन के स्थान पर स्वतंत्र भारत के प्रथम भारतीय गर्वनर जनरल कौन नियुक्त हुए थे?
(a) डॉ॰ अम्बेडकर
(b) चक्रवर्ती राजगोपालाचारी
(c) डॉ॰ राधाकृष्णन
(d) डॉ॰ राजेन्द्र प्रसाद

245. महिलाओं को भारतीय प्रशासनिक एवं पुलिस सेवा में प्रवेश कब मिला?
(a) 17 जुलाई, 1948 ई॰
(b) 17 जुलाई, 1949 ई॰
(c) 15 अगस्त, 1947 ई॰
(d) 26 जनवरी, 1950 ई॰

246. भारतीय प्रशासनिक सेवा (I.A.S.) सेवाओं में भर्ती किस माध्यम से की जाती है?
(a) संघीय लोक सेवा आयोग
(b) संसद
(c) राष्ट्रपति का कार्यालय
(d) लोकवित्त संस्था

247. देश की प्रथम औद्योगिक नीति की घोषणा कब हुई थी?
(a) 1947 ई॰ (b) 1948 ई॰
(c) 1949 ई॰ (d) 1950 ई॰

248. 1944 में मुम्बई के 8 प्रमुख उद्योगपतियों ने मिलकर एक 15 वर्षीय योजना का प्रारूप प्रस्तुत किया जिसे किस नाम से जाना गया?
(a) 15 वर्षीय योजना
(b) उद्योगपति योजना
(c) आर्थिक निकाय योजना
(d) 'बॉम्बे प्लान'

249. सर्वोदय योजना 1950 ई॰ में किसने प्रस्तुत की थी?
(a) जयप्रकाश नारायण (b) विनोबा भावे
(c) राजेन्द्र प्रसाद (d) राममनोहर लोहिया

250. भारत सरकार ने योजना आयोग का गठन कब किया?
(a) 26 जनवरी, 1950 को
(b) 15 अगस्त, 1947 को
(c) 15 मार्च, 1949 को
(d) 15 मार्च, 1950 को

251. राष्ट्रीय विकास परिषद का गठन कब किया गया?
(a) 6 अगस्त, 1952 ई॰
(b) 6 अगस्त, 1951 ई॰
(c) 15 अगस्त, 1951 ई॰
(d) 15 अगस्त, 1947 ई॰

252. योजना आयोग के प्रथम अध्यक्ष थे:
(a) पं॰ जवाहरलाल नेहरू
(b) डॉ॰ अम्बेडकर
(c) सरदार पटेल
(d) विश्वेश्वरैया

253. प्रथम पंचवर्षीय योजना क्या थी?
(a) समता-समाज संरचना प्रधान
(b) कुटीर उद्योग प्रधान
(c) उद्योग प्रधान (भारी उद्योग)
(d) कृषि प्रधान

254. निम्नलिखित सूची को सुमेलित करें:
(A) सर्वोदय योजना 1. पी॰ सी॰ महालनोविस
(B) योजना आयोग 2. एम॰ एन॰ राय
(C) जन योजना 3. जवाहरलाल नेहरू
(D) राष्ट्रीय आय समिति 4. जयप्रकाश नारायण

	A	B	C	D
(a)	4	3	2	1
(b)	4	1	2	3
(c)	1	2	3	4
(d)	1	4	3	2

255. स्वतंत्र भारत में भाषा के आधार पर गठित भारत का पहला राज्य था:
(a) महाराष्ट्र (b) आन्ध्र प्रदेश
(c) हरियाणा (d) हिमाचल प्रदेश

256. भारतीय संघ के राज्यों के पुनर्गठन हेतु 1953 ई॰ में नेहरू ने एक समिति गठित की थी, इसके अध्यक्ष कौन थे?
(a) सरदार पटेल (b) के॰ एम॰ पणिक्कर
(c) फजल अली (d) प॰ हृदयनाथ कुंजरू

257. संसद ने जुलाई 1956 ई॰ में राज्य पुनर्गठन अधिनियम पारित कर भारत में कितने राज्य एवं कितने केन्द्रीय क्षेत्र बनाए थे?
(a) 14 राज्य, 6 केन्द्रीय क्षेत्र
(b) 16 राज्य, 6 केन्द्रीय क्षेत्र
(c) 16 राज्य, 9 केन्द्रीय क्षेत्र
(d) 19 राज्य, 6 केन्द्रीय क्षेत्र

258. वर्तमान समय में भारत में कितने राज्य एवं केन्द्र शासित संघ क्षेत्र हैं?
(*a*) 20 राज्य, 7 केन्द्रशासित क्षेत्र
(*b*) 25 राज्य, 7 केन्द्रशासित क्षेत्र
(*c*) 28 राज्य, 7 केन्द्रशासित क्षेत्र
(*d*) 25 राज्य, 6 केन्द्रशासित क्षेत्र

259. निम्न में से कौन प्रारूप समिति का सदस्य नहीं था?
(*a*) एन॰ गोपालास्वामी आयंगार
(*b*) अल्लादि कृष्णास्वामी अय्यर
(*c*) मोहम्मद सादुल्ला
(*d*) सच्चिदानन्द सिन्हा

260. किस सम्मेलन में भारत के प्रधानमंत्री नेहरू ने गुट-निरपेक्ष नीति की पहल की थी?
(*a*) जाकार्ता सम्मेलन (*b*) बाडुंग सम्मेलन
(*c*) बेलग्रेड सम्मेलन (*d*) काहिरा सम्मेलन

261. अक्टूबर 1953 ई॰ में संयुक्त राष्ट्र महासभा की पहली महिला अध्यक्ष कौन बनी थी?
(*a*) राजकुमारी अमृत कौर
(*b*) सुचेता कृपलानी
(*c*) सरोजिनी नायडू
(*d*) श्रीमती विजयलक्ष्मी पंडित

262. मिस्र का प्राचीन राज्यकाल (3400 ई॰ पू॰-2700 ई॰ पू॰) कहलाता है:
(*a*) पिरामिडों का युग (*b*) सामन्तवादी युग
(*c*) साम्राज्यवादी युग (*d*) लोकतांत्रिक युग

263. सबसे पहला महान पिरामिड किसने बनवाया था?
(*a*) सम्राट खुफु ने गिजेह नगर में
(*b*) सम्राट खफरे ने गिजेह नगर में
(*c*) हेतसप्तसुत ने गिजेह नगर में
(*d*) चिफ्रेन ने गिजेह नगर में

264. विश्व की प्रथम महान् स्त्री शासक थी:
(*a*) थुतमक (*b*) हेतशेप्सुत
(*c*) क्लिओपैट्रा ई॰पू॰ 30 (*d*) आमेनहोतप

265. प्राचीन विश्व के इतिहास का प्रथम सेनानायक, प्रथम विजेता, प्रथम साम्राज्य निर्माता था:
(*a*) आमेनहोतप चतुर्थ (*b*) थुतमकं प्रथम
(*c*) थुतमकं तृतीय (*d*) स्नेफू

266. कथन P : मिस्रवासियों की 'आइरिस' प्रमुख देवी थी।
कारण R : मिस्र को समृद्धि देने वाला देवता 'रे (सूर्य देवता) था, जिसके अन्य नाम 'आतम', 'आमन', 'औसिरिस' थे।
(*a*) P एवं R दोनों ही सही हैं, परन्तु R, P की सही विवेचना नहीं है।
(*b*) P एवं R दोनों सही हैं, तथा R, P की सही विवेचना है।
(*c*) P सही है, तथा R गलत है।
(*d*) P गलत है तथा R सही है।

267. प्राचीन मिस्र की धार्मिक पुस्तक है:
(*a*) 'मृतकों की पुस्तक' पिरामिडों पर अंकित
(*b*) इखानातन के भजन
(*c*) मिट्टी की स्लेटे पर अंकित तीन सौ पात्र
(*d*) पिरामिडों से प्राप्त मंत्र, तंत्र एवं नीति के उपदेश

268. इतिहास का पहला शासक जिसने शासन सम्बंधी कानून बनाए थे:
(*a*) सार्गन द्वितीय (*b*) हमूराबी
(*c*) सेनाकरीब (*d*) असुरबनीपाल

269. कीलाक्षर लिपि थी:
(*a*) असीरियन लोगों की (*b*) मिस्रवासियों की
(*c*) रोमनों की (*d*) यूनानियों की

270. संसार के प्रसिद्ध झूलते बाग किसने एवं कहाँ बनवाए थे?
(*a*) असुरबनीपाल ने बेवीलोन नगर में
(*b*) सेनाकरीब ने निनेवेद में
(*c*) केल्डियन सम्राट नेबू का ड्रेजार ने बेबीलोन नगर में
(*d*) हमूराबी ने उर नगर में

271. चीन का प्राचीन नाम था :
(*a*) पान कू (*b*) चुंग को
(*c*) हवांग हो (*d*) टीन हुआंग

272. 'चीन की दीवार' का निर्माण किस शासक ने कराया था?
(*a*) श्री हुवांग टी (*b*) टीन हुआंग
(*c*) जैन हुआंग (*d*) यू शून

273. यूनान देश का नाम 'ग्रीस' किसके द्वारा रखा गया?
(*a*) आर्यों द्वारा (*b*) पेरिक्लीज द्वारा
(*c*) रोमन लोगों द्वारा (*d*) एलेक्जेण्डर द्वारा

274. ओलम्पिया के खेलों का प्रचलन कब हुआ?
(*a*) 1000 ई॰ पूर्व (*b*) 766 ई॰ पूर्व
(*c*) 576 ई॰ पूर्व (*d*) 500 ई॰ पूर्व

275. किस रोमन सम्राट के काल में ईसाई धर्म 'राज्य धर्म' बन गया?
(*a*) कोन्स्टेन्टाइन महान
(*b*) जूलियस सीजर
(*c*) आगस्टय सीजर
(*d*) मारकस ओरेलियस

276. ईसाई धर्म के प्रवर्तक ईसा मसीह का जन्म कहाँ हुआ था?
(*a*) रोम में
(*b*) जेरूसलेम में
(*c*) फिलिस्तीन के जूडिया प्रान्त के बेथलइम में
(*d*) नजारेथ में

277. प्रथम पोप बनने का श्रेय किसे प्राप्त है?
(*a*) पोप पाल (*b*) सन्त पीटर
(*c*) पॉप जॉन (*d*) पॉप लियों

278. निम्न में से कौन मानववाद विद्वान् नहीं था?
(*a*) दाँते (*b*) पेट्राक
(*c*) इरैस्मस (*d*) होमर

279. मोनालिसा नामक चर्चित चित्र का रचनाकार कौन था?
(*a*) मंजेचयो (*b*) क्वाट्रोसेन्टो
(*c*) लियोनार्डो द विंसी (*d*) टिशियन

280. वाणिज्यवाद के पतन में किसका महत्वपूर्ण योगदान था?
(*a*) कोलबर्ट का (*b*) एण्टेनिओ सैरा का

(*c*) एडम स्थिम का (*d*) सर टामस मन का

281. सर्वप्रथम किस उद्योग में यांत्रिक क्रांति हुई?
(*a*) ऊनी वस्त्र उद्योग में
(*b*) सूती वस्त्र उद्योग में
(*c*) शक्कर उद्योग में
(*d*) जूट उद्योग में

282. "मेरे मरने के बाद प्रलय होगी." यह किसने कहा था?
(*a*) लुई तेरहवें ने (*b*) लुई चौदहवें ने
(*c*) लुई सोलहवें ने (*d*) लुई पन्द्रहवें ने

283. फ्रांसीसी क्रान्ति ने निम्न में से किसका प्रचार यूरोप में नहीं किया था?
(*a*) स्वतंत्रता (*b*) समाजवाद
(*c*) समानता (*d*) बन्धुत्व

284. निम्नलिखित को सुमेलित करें:
(*A*) इंडोनेशिया — 1. कमालपाशा
(*B*) वियतनाम गणराज्य — 2. इब्न सऊद द्वितीय
(*C*) सऊदी अरब का निर्माता — 3. हो ची मिन्ह
(*D*) टर्की — 4. डॉ॰ सुकार्नो

	A	B	C	D
(*a*)	4	3	2	1
(*b*)	4	1	2	3
(*c*)	1	2	3	4
(*d*)	1	4	3	2

285. इंडोनेशिया का पहला नाम था :
(*a*) ईस्ट इंडीज (*b*) जावा द्वीप
(*c*) सुमात्रा द्वीप (*d*) बोर्नियो द्वीप

286. अटलांटिक चार्टर की घोषणा कब की गई थी?
(*a*) 5 सितम्बर, 1939 ई॰
(*b*) 14 अगस्त, 1940 ई॰
(*c*) 15 अगस्त, 1941 ई॰
(*d*) 5 सितम्बर, 1940 ई॰

287. "युद्ध जीवन है, और शान्ति मृत्यु है" यह किसका कथन है?
(*a*) माओत्से तुंग का (*b*) लेनिन का
(*c*) मुसोलिनी का (*d*) हिटलर का

288. निम्नलिखित में कौन सुमेलित नहीं है?
(*a*) दि पावर ऑफ डार्कनेस - टालस्टाय
(*b*) फादर्स एण्ड सन्स - तुर्गनेव
(*c*) पर्शियन लेटर्स - माण्टेस्क्यू
(*d*) स्प्रिट ऑफ लाज - रूसो

289. 'वार एण्ड पीस' के लेखक कौन हैं?
(*a*) जार्ज प्लेखानोव (*b*) टालस्टाय
(*c*) तुर्गनेव (*d*) लिप्सन

290. वर्साय की सन्धि किसके द्वारा सम्पन्न हुई थी?
(*a*) मित्र राष्ट्रों और जर्मनी के साथ
(*b*) मित्र राष्ट्रों और ऑस्ट्रिया के साथ
(*c*) मित्र राष्ट्रों और बुल्गारिया के साथ
(*d*) मित्र राष्ट्रों और टर्की के साथ

291. इतिहास शब्द का उल्लेख सर्वप्रथम प्राप्त होता है:
(*a*) वामन पुराण (*b*) यजुर्वेद
(*c*) अथर्ववेद (*d*) कठोपनिषद्

292. वर्तमान काल के सर्वप्रथम इतिहासकारों में चर्चित जो केम्ब्रिज सम्प्रदाय के वास्तविक संस्थापक थे:
(*a*) लेनपूल (*b*) इलियट
(*c*) विसेंट स्मिथ (*d*) लार्ड एक्टन

293. "सत्ता से आत्मा की मुक्ति इतिहास का मूल मंत्र है" इतिहास लेखन में यह मूल मंत्र किसने अपनाया था?
(*a*) हीगेल ने (*b*) लार्ड मैकाले ने
(*c*) लार्ड एक्टन ने (*d*) नीबूर ने

294. निम्न में से कौन रोमांटिक युग का इतिहासकार नहीं था?
(*a*) शीलर (*b*) एडवर्ड गिबन
(*c*) फिश्ते (*d*) हीगेल

295. इतिहास का जनक कौन कहलाता है?
(*a*) ऑरिस्टाटिल (*b*) हेरोडोटस
(*c*) वाल्टेअर (*d*) हीगेल

296. इतिहास की द्वन्द्वात्मक भौतिकवादी व्याख्या की थी:
(*a*) कार्ल मार्क्स ने (*b*) हीगेल ने
(*c*) ग्राम्शी ने (*d*) एंजिल्स ने

297. चीन के प्रमुखतम इतिहासकारों में एक जिसे प्रथम चीनी इतिहासकार माना जाता है, और जिसने 'शिह ची' नामक ग्रंथ की रचना की, वह था:
(*a*) सु-मा-चिएन (*b*) पान कु
(*c*) हान शु (*d*) पान पिआओ

298. अरबों का हेरोडोटस किसे कहा जाता है?
(*a*) अबू जाफर को (*b*) तवरी को
(*c*) मसूदी को (*d*) इब्न खाल्दून को

299. "इतिहास इतिहासकार तथा तथ्यों के बीच स्थित अन्तःक्रिया की अविच्छित्र प्रक्रिया है" यह कथन किसका है?
(*a*) टॉयनबी का (*b*) ई॰ एच॰ कार का
(*c*) स्पेंगलर का (*d*) एक्टन का

300. "व्हाट इज हिस्ट्री" इतिहास सिद्धांत की प्रमुखतम पुस्तक के लेखक हैं:
(*a*) टायनबी (*b*) लार्ड एक्टन
(*c*) ई॰ एच॰ कार (*d*) स्पेंगलर

301. निम्न में से कौन साम्राज्यवादी इतिहासकार नहीं था?
(*a*) अनिल सील (*b*) ए॰ सी॰ मजूमदार
(*c*) जे॰ ए॰ गैलाधर (*d*) पर्सिवल स्पियर

302. निम्नलिखित को सुमेलित करें:
(*A*) तारीख-ए-फीरोजशाही — (1) अमीर खुसरो
(*B*) ताजुल मुआसिर — (2) मिन्हाज सिराज
(*C*) तबकाते नासिरी — (3) हसन निजामी
(*D*) केरानुस्सादैन — (4) जियाउद्दीन बरनी

	A	B	C	D
(*a*)	4	3	2	1
(*b*)	4	1	2	3
(*c*)	1	2	3	4
(*d*)	1	4	3	2

303. निम्न में से कौन राष्ट्रवादी इतिहास दर्शन के दृष्टिकोण को अभिव्यक्त करने वाला इतिहासकार नहीं है?
(a) पट्टाभिसीतारमैया (b) ए॰ आर॰ देसाई
(c) अमलेश प्रधान (d) अमेलश त्रिपाठी

304. फुतूह-उल सलातीन का लेखक था:
(a) इसामी (b) अफीफ
(c) बरनी (d) अबुल फजल

305. निम्न में क्या सुमेलित नहीं है:
(a) अकबरनामा - अबुल फजल
(b) फतवाये जहाँदारी - अमीर खुसरो
(c) तारीख-ए-फीरोजशाही - अफीफ
(d) फतूहान-ए-फिरोजशाही - बरनी

306. 'तुजुक-ए-बाबरी' किस भाषा की रचना है?
(a) उर्दू भाषा (b) अरबी भाषा
(c) तुर्की भाषा (d) फारसी भाष

307. 'नूर सिपेहर' किसकी रचना है?
(a) अमीर खुसरो (b) इब्न बतूता
(c) अलबरूनी (d) मसूदी

308. कल्हण कृत 'राजतरंगिणी' किस भाषा की रचना है?
(a) डोंगरी (b) संस्कृत
(c) हिन्दी (d) गुरुमुखी

309. किस इतिहासकार ने अलाउद्दीन खिलजी द्वारा किए गए चित्तौड़ आक्रमण का आँखों देखा वर्णन किया है?
(a) इसामी ने (b) जियाउद्दीन ने
(c) अमीर खुसरो ने (d) इब्न बतूता ने

310. किस इतिहासकार ने हल्दी घाटी युद्ध का आँखों देखा वर्णन किया है?
(a) निजामुद्दीन अहमद ने
(b) अमीर खुसरो ने
(c) अबुल फजल ने
(d) अब्दुल कादिर बदायूँनी ने

311. "तारीख-ए-मुबारकशाही" किसकी रचना है?
(a) यहया बिन अहमद सरहिन्दी
(b) अब्दुल्ला
(c) अहमद यादगार
(d) इसामी

312. 'गुलशन-ए-इब्राहीमी' किसकी रचना है?
(a) मुहम्मद कासिम फरिश्ता
(b) मुतामिद खाँ
(c) वायजिद
(d) इनायत खाँ

313. आइने-अकबरी किसकी रचना है?
(a) अबुल फजल (b) लाहौरी
(c) बदायूँनी (d) बरनी

314. निम्न में से कौन गोष्ठियों में इतिहासकार बनाता था तथा अभिलेखागारों में इतिहास लिखता था?
(a) हेरोडोटस (b) रांके
(c) स्पेंगलर (d) टॉयनबी

315. "इतिहास का प्रयोजन आत्मज्ञान की प्राप्ति है' यह मत है:
(a) टायनबी का (b) कालिंगवुड का
(c) हीगेल का (d) स्पेंगलर का

316. किसने अपने इतिहास विचार को इतिहास-दर्शन कहा था?
(a) टायनबी (b) हीगेल
(c) स्पेंगलर (d) रांके

317. ऐतिहासिक समाज विज्ञान का प्रर्वतक किसे कहा जाता है?
(a) कार्ल मार्क्स (b) हीगेल
(c) टायनबी (d) रांके

318. इतिहास की युगचक्रवादी व्याख्या प्रस्तुत करने वाला आधुनिक विचारक था :
(a) कार्ल मार्क्स (b) ई॰ एच॰ कार
(c) स्पेंगलर (d) एक्टन

319. 'तारीखें-ए-शेरशाही' का लेखक था :
(a) अब्बास खान सरवानी (b) नियामतुल्ला
(c) शेरशाह (d) अब्दुल्ला

320. 'मुन्तखब उल लुबाब' का लेखक था:
(a) बनरी (b) खफी खाँ
(c) बदायूँनी (d) अबुल फजल

321. किसके इतिहास दर्शन को द्वन्द्वात्मक आदर्शवाद कहा जाता है?
(a) स्पेंगलर (b) टायनबी
(c) कार्ल मार्क्स (d) हीगेल

322. 'हिस्टोरिया' जो सेंट आगस्टिन को समर्पित है का लेखक था:
(a) विको (b) आरोसियस
(c) श्यूलीडाइडीज (d) बर्कले

323. मनुष्य के इतिहास में सात अवस्थाओं का स्पष्ट उल्लेख करने वाला पहला इतिहासकार था :
(a) सेंट आगस्टिन (b) श्यूसीडाइडीज
(c) हेरोडोटस (d) विको

324. इतिहास सिद्धांत की प्रमुखतम पाठ्यपुस्तक "व्हाट इज हिस्ट्री" के लेखक हैं:
(a) ई॰ एच॰ कार (b) लार्ड ऐक्टन
(c) कालिंगवुड (d) निभूर

325. इंगलैंड में रांके की पद्धति की भूमिका किसने बनाई थी?
(a) लेनपुल (b) लार्ड ऐक्टन
(c) स्मिथ (d) टायनबी

326. निम्नलिखित यूरोपीय शक्तियों ने भारतीय व्यापार में समय-समय पर प्रवेश किया। उनके प्रवेश का सही तिथिक्रम दिए गए कूट से निर्धारित करें:
1. अंग्रेज 2. डच
3. फ्रांसीसी 4. पुर्तगाली
कूट :
(a) 4, 1, 2, 3 (b) 4, 1, 3, 2
(c) 3, 4, 2, 1 (d) 2, 3, 4, 1

327. "मराठा राज्य का दूसरा प्रवर्त्तक" किसे कहा जाता था?
(a) राजा राम (b) बालाजी विश्वनाथ
(c) बाजीराव प्रथम (d) बालाजी बाजीराव

328. निम्नलिखित मुस्लिम शासकों का सही कालानुक्रम उनके नामों के नीचे दिए गए कूट से चुनिए:

1. अहमदशाह अब्दाली 2. मोहम्मद शाह
3. जहाँगीर 4. बहादुरशाह द्वितीय

कूट :

(a) 1, 2, 3, 4 (b) 4, 3, 2, 1
(c) 3. 2, 1, 4 (d) 2, 1, 3, 4

329. निम्नलिखित सूचियों को सुमेलित करें :

सूची-I (रियासत का नाम)	सूची-II (संस्थापक/शासक)
A. अवध	(1) चिनकिलिच खान
B. बंगाल	(2) मुर्शीद कुली खान
C. हैदराबाद	(3) सादात खान

कूट :

	A	B	C
(a)	1	2	3
(b)	3	2	1
(c)	1	3	2
(d)	3	1	2

330. निम्नलिखित मुगल शासकों पर विचार कीजिए -

1. फर्रुखसियर 2. जहाँदारशाह
3. मोहम्मद शाह 4. शाह आलम II

इनके सिंहासनारूढ़ होने का सही कालक्रम क्या है?

(a) 1 2 3 4
(b) 2 1 3 4
(c) 1 2 4 3
(d) 2 1 4 3

331. टीपू सुल्तान तथा कार्नवालिस के बीच 1792 में श्रीरंगपट्टनम की संधि हुई, इसके तहत -

1. टीपू को अपना आधा राज्य अंग्रेजों को देना पड़ा।
2. टीपू को 30 लाख पौण्ड युद्ध क्षति के रूप में देना पड़ा
3. ब्रिटिश रेजीडेंट को श्रीरंगपट्टनम में स्थापित करना पड़ा।
4. अपने दो बेटों को ब्रिटिश बंधक स्वरूप देना पड़ा।

कूट :

(a) 1 एवं 2 (b) 1 एवं 3
(c) 1, 2 एवं 4 (d) 1, 3 एवं 4

332. निम्नलिखित सूचियों को सुमेलित करें :

सूची-I (अवधि)	सूची-II (घटना)
A. सन् 1757 ई०	(1) प्लासी का युद्ध
B. सन् 1764 ई०	(2) सलबाई की संधि
C. सन् 1776 ई०	(3) बक्सर का युद्ध
D. सन् 1782 ई०	(4) पुरंदर संधि

कूट :

	A	B	C	D
(a)	2	3	4	1
(b)	1	3	4	2
(c)	2	4	3	1
(d)	1	4	3	2

333. निम्नलिखित पेशवाओं का सही कालक्रम क्या है?

1. बाजीराव प्रथम 2. माधव राव
3. नारायण राव 4. बाजीराव द्वितीय

कूट :

(a) 1, 2, 3, 4 (b) 1, 2, 4, 3
(c) 3, 1, 2, 4 (d) 2, 1. 3, 4

334. निम्नलिखित को सुमेलित करें :

A. भोंसले	(1) इन्दौर
B. गायकवाड़	(2) पूना
C. होल्कर	(3) नागपुर
D. सिंधिया	(4) बड़ौदा
	(5) ग्वालियर

कूट :

	A	B	C	D
(a)	1	2	3	4
(b)	3	4	1	5
(c)	4	5	3	2
(d)	1	4	3	2

335. निम्नलिखित को सुमेलित करें :

सूची-I	सूची-II
A. पुरन्दर की संधि	(1) शिवाजी एवं जयसिंह
B. अलीनगर की संधि	(2) बंगाल का नवाब एवं क्लाइव
C. बनारस की संधि	(3) अवध का नवाब एवं हेस्टिंग्स
D. बेसिन की संधि	(4) बाजीराव द्वितीय एवं अंग्रेज
	(5) होल्कर एवं अंग्रेज

कूट :

	A	B	C	D
(a)	1	2	3	5
(b)	2	1	3	4
(c)	1	2	3	4
(d)	2	3	4	5

336. रणजीत सिंह द्वारा विजित किए गए निम्न प्रदेशों का सही क्रम क्या है?

1. मियानी 2. लाहौर
3. अमृतसर 4. कश्मीर
5. पेशावर

कूट :

(a) 1, 2, 5, 4, 3
(b) 5, 2, 4, 3, 1
(c) 2, 1, 5, 4, 3
(d) 1, 2, 3, 4, 5

337. निम्नलिखित को सुमेलित करें:

सूची-I	सूची-II
A. द कलकत्ता क्रॉनिकल	(1) 1786
B. द मद्रास कुरियर	(2) 1789

C. द बंगाल गजट (3) 1780
D. द बॉम्बे हेराल्ड (4) 1788

कूट :

	A	B	C	D
(a)	1	2	3	4
(b)	3	1	2	4
(c)	4	1	3	2
(d)	1	4	3	2

338. निम्नलिखित घटनाओं को सही क्रम में संयोजित करें:
1. रैयतवाड़ी व्यवस्था की शुरूआत
2. महलवाड़ी बन्दोबस्त की शुरूआत
3. स्थायी बन्दोबस्त की शुरूआत
4. सहायक संधि की शुरूआत

कूट :
(a) 3, 4, 1, 2
(b) 3, 1, 4, 2
(c) 4, 3, 2, 1
(d) 4, 3, 1, 2

339. निम्नलिखित किन स्थानों में फ्रांसीसियों ने व्यापारिक कोठियों की स्थापना नहीं की?
1. सूरत 2. मसूली पट्टनम
3. मद्रास 4. कलकत्ता
5. बैंटम 6. चंद्रनगर

कूट :
(a) 1 एवं 4 (b) 3 एवं 4
(c) 2, 4 एवं 5 (d) 1 एवं 6

340. निम्नलिखित सूचियों को सुमेलित करें :

सूची-I	सूची-II
A. बम्बई समाचार	(1) प्रथम बंगाली मासिक
B. दिग्दर्शन	(2) गुजराती का प्रथम समाचार-पत्र
C. मद्रास मेल	(3) उर्दू का प्रथम पत्र
D. जाम-ए-जहाँनुमा	(4) प्रथम सांध्य पत्र
	(5) पारसी का प्रथम पत्र

कूट :

	A	B	C	D
(a)	4	1	3	5
(b)	2	5	4	3
(c)	3	2	4	5
(d)	2	1	4	3

341. अफगानिस्तान के प्रति एक जोश भरी "अग्र नीति" का अनुसरण करने वाला गवर्नर जनरल था :
(a) मिन्टो (b) डफरिन
(c) एल्गिन (d) लिटन

342. निम्नलिखित सूचियों को सुमेलित करें :

सूची-I (वर्ष)	सूची-II (घटना)
A. 1775 ई०	(1) प्रथम आंग्ल-बर्मा युद्ध
B. 1780 ई०	(2) प्रथम आंग्ल-अफगान युद्ध
C. 1824 ई०	(3) प्रथम आंग्ल - मराठा युद्ध
D. 1838 ई०	(4) द्वितीय आंग्ल-मैसूर युद्ध

कूट :

	A	B	C	D
(a)	4	3	2	1
(b)	4	3	1	2
(c)	3	4	1	2
(d)	3	4	2	1

343. निम्नलिखित का सही कोलानुक्रम क्या होगा?
1. वुड का एजुकेशन डिस्पैच
2. मैकाले का मिनट ऑफ एजुकेशन
3. दि सार्जेन्ट एजुकेशन रिर्पोट
4. इंडियन एजुकेशन (हंटर कमीशन)

कूट :
(a) 2, 1, 4, 3 (b) 2, 1, 3, 4
(c) 1, 2, 3, 4 (d) 4, 3, 1, 2

344. निम्नलिखित सूचियों को सुमेलित करें :

सूची-I	सूची-II
A. लार्ड डलहौजी	(1) सती प्रथा का निषेध
B. लार्ड विलियम बैटिंक	(2) स्वायत्त शासन
C. लार्ड रिपन	(3) बंगाल का विभाजन
D. लार्ड कर्जन	(4) बंगाल का विभाजन

कूट :

	A	B	C	D
(a)	4	1	2	3
(b)	4	2	1	3
(c)	1	2	3	4
(d)	3	1	2	4

345. निम्नलिखित सूचियों को सुमेलित करें :

सूची-I	सूची-II
A. क्लाइव	1. प्रेस पर से प्रतिबंध हटाना
B. बैटिंक	2. बंग विभाजन
C. चार्ल्स मेटकाफ	3. बंगाल में दोहरा शासन
D. कर्जन	4. अंग्रेजी शिक्षा

कूट :

	A	B	C	D
(a)	3	4	1	2
(b)	4	1	3	2
(c)	2	4	3	1
(d)	3	2	1	4

346. निम्नलिखित सूचियों को सुमेलित करें:

सूची-I	सूची-II
A. 1857 का विद्रोह	(1) लार्ड कर्जन
B. बंग-विभाजन	(2) लार्ड कैनिंग

C. स्थानीय स्वशासन (3) लार्ड रिपन
D. जॉर्ज पंचम की यात्रा (4) लार्ड हार्डिंग

कूट :

	A	B	C	D
(a)	2	1	3	4
(b)	2	3	1	4
(c)	1	2	3	4
(d)	4	3	2	1

347. निम्नलिखित गवर्नर जनरलों का सही कालानुक्रम नीचे दिए गए कूट से बताइए:
1. सर हेनरी हार्डिंग्स
2. लार्ड एलनबरो
3. लार्ड कैनिंग
4. लार्ड डलहौजी

कूट :
(a) 4, 3, 2, 1
(b) 2, 1, 4, 3
(c) 1, 2, 3, 4
(d) 2, 3, 4, 1

348. निम्नलिखित सूचियाँ 1857 के विद्रोह से संबंधित हैं। इन्हें सुमेलित करें :

सूची-I	सूची-II
A. दिल्ली	(1) कॉलिन कैम्पबैल
B. कानपुर	(2) सर ह्यूरोज
C. लखनऊ	(3) मेजर हैवलॉक
D. झाँसी	(4) जॉन निकल्सन
E. इलाहाबाद	(5) जनरल नील

कूट :

	A	B	C	D	E
(a)	3	4	2	5	1
(b)	1	4	2	5	3
(c)	3	4	2	1	5
(d)	4	3	1	2	5

349. निम्नलिखित घटनाओं को कालक्रमेण सजाइए :
1. नील विद्रोह 2. संथाल विद्रोह
3. दक्कन दंगे 4. सिपाही विद्रोह

कूट :
(a) 4, 2, 1, 3 (b) 4, 2, 3, 1
(c) 2, 4, 3, 1 (d) 2, 4, 1, 3

350. निम्नलिखित सूचियों को सुमेलित करे:

सूची-I	सूची-II
A. मोपला विद्रोह	(1) केरल
B. पावना विद्रोह	(2) बिहार
C. एका आन्दोलन	(3) बंगाल
D. बिरसा मुंडा विद्रोह	(4) अवध

कूट :

	A	B	C	D
(a)	1	3	4	2
(b)	2	3	4	1
(c)	1	2	3	4
(d)	3	4	1	2

351. निम्नलिखित महिला शासकों को उनके राज्यों/ राजधानियों के साथ सुमेलित करें :

A. रानी दुर्गावती	(1) झाँसी
B. महारानी अहिल्याबाई	(2) होल्कर राज्य
C. महारानी लक्ष्मीबाई	(3) गढ़ मण्डल
D. बेगम रजिया सुल्तान	(4) दिल्ली

कूट :

	A	B	C	D
(a)	3	2	1	4
(b)	1	4	2	3
(c)	1	3	4	2
(d)	4	3	2	1

352. निम्नलिखित सूचियों को सुमेलित करें:

सूची-I	सूची-II
A. प्रार्थना समाज	(1) राजा राममोहन राय
B. ब्रह्म समाज	(2) विवेकानन्द
C. आर्य समाज	(3) दयानन्द सरस्वती
D. रामकृष्ण मिशन	(4) केशवचन्द्र सेन
	(5) रामकृष्ण परमहंस

कूट :

	A	B	C	D
(a)	1	2	3	4
(b)	2	5	1	4
(c)	4	1	3	5
(d)	4	1	3	2

353. राजा राममोहन राय ने निम्नलिखित में किसका विरोध नहीं किया था?
(a) बाल विवाह (b) सती प्रथा
(c) पाश्चात्य शिक्षा (d) इनमें से कोई नहीं

354. ''फीनिक्स फार्म'' की स्थापना किसने की थी?
(a) मेनका गाँधी (b) महात्मा गाँधी
(c) बलराम जाखड़ (d) चरण सिंह

355. निम्नलिखित सूचियों को सुमेलित करें:

सूची-I	सूची-II
A. एम. जी. रानाडे	(1) पूना में कन्या विद्यालय
B. ज्योतिबा फुले	(2) इण्डियन नेशनल एण्ड सोशल कांफ्रेन्स
C. पण्डित रमा बाई	(3) आर्य महिला समाज
D. डी. के. कर्वे	(4) पूना में विधवा आश्रम

कूट :

	A	B	C	D
(a)	2	3	1	4
(b)	2	1	3	4
(c)	4	2	3	1
(d)	3	1	4	2

356. सुमेलित कीजिए :

सूची-I	सूची-II
A. आत्मीय सभा	(1) 1815
B. भारतीय ब्रह्म समाज	(2) 1866
C. प्रार्थना समाज	(3) 1867
D. आर्य समाज	(4) 1875

कूट :

	A	B	C	D
(a)	1	2	3	4
(b)	2	1	3	4
(c)	1	2	4	3
(d)	2	1	4	3

357. निम्नलिखित कथनों पर विचार कीजिए :
दादा भाई नौरोजी –
1. तीन बार भारतीय राष्ट्रीय कांग्रेस के अध्यक्ष चुने गए थे।
2. ने ''पावर्टी एण्ड अनब्रिटिश रूल इन इण्डिया'' नामक पुस्तक की रचना की
3. ने ''नेशनल सोशल कांफ्रेन्स'' की स्थापना की।

उपरोक्त कथनों में से सत्य हैं-
(a) केवल 1 (b) 1 और 2
(c) 2 और 3 (d) केवल 3

358. निम्नलिखित कौन सा एकमात्र गवर्नर जनरल/वायसराय भारत में मारा गया?
(a) लॉर्ड मिण्टो प्रथम (b) लॉर्ड माउण्टबेटन
(c) लॉर्ड मेयो (d) लॉर्ड कॉर्नवालिस

359. निम्नलिखित सूचियों को सुमेलित करें :

सूची-I समाचार-पत्र	सूची-II संस्थापक/सम्पादक
A. संवाद कौमुदी	(1) एच.एल.वी. डेरोजियों
B. तत्त्व बोधिनी पत्रिका	(2) राजा राममोहन राय
C. इण्डियन मिरर	(3) देवेन्द्रनाथ टैगोर
D. हेस्पेरस	(4) केशवचन्द्र सेन
	(5) विलियम जोन्स

कूट :

	A	B	C	D
(a)	4	3	1	5
(b)	2	3	4	1
(c)	3	4	5	2
(d)	2	1	3	5

360. निम्नलिखित सूचियों को सुमेलित करें:

सूची-I (आन्दोलन)	सूची-II (सम्बद्ध व्यक्ति)
A. अहमदिया आन्दोलन	(1) बहरामजी एम. मालाबारी
B. देवबन्द आन्दोलन	(2) करामत अली जौनपुरी
C. तायूनी आन्दोलन	(3) रसीद अहमद गंगोही
D. सेवा सदन	(4) मिर्जा गुलाम अहमद
	(5) दादाभाई नौरोजी

कूट :

	A	B	C	D
(a)	2	3	4	5
(b)	5	4	3	2
(c)	4	3	2	1
(d)	4	2	5	3

361. हंटर शिक्षा आयोग (1882-83) ने निम्न में से कौन सी सिफारिशें की थी?
1. सरकार को प्राथमिक शिक्षा के सुधार और विकास की ओर ध्यान देना चाहिए।
2. स्त्री शिक्षा को प्रोत्साहित किया जाना चाहिए।
3. माध्यमिक शिक्षा के दो खण्ड होने चाहिए।
4. विश्वविद्यालय शिक्षा को प्रोत्साहित किया जाना चाहिए।

कूट :
(a) 1, 2 एवं 3 (b) 1, 2, 3 एवं 4
(c) 2, 3 एवं 4 (d) 1 एवं 2

362. निम्नलिखित सूचियों को सुमेलित करें :

सूची-I	सूची-II
A. चिटगाँव आर्मरी रेड	(1) कल्पना दत्त
B. अभिनव भारत	(2) गुरु राम सिंह
C. अनुशीलन समिति	(3) विक्रम दामोदर सावरकर
D. कूका आन्दोलन	(4) अरविंद घोष

कूट :

	A	B	C	D
(a)	1	3	4	2
(b)	1	3	2	4
(c)	3	1	2	4
(d)	3	1	4	2

363. निम्नलिखित सूचियों को सुमेलित करें :

सूची-I (पुस्तकें)	सूची-II (लेखक)
A. द फर्स्ट इंडियन वार ऑफ इंडिपेन्डेन्स	(1) रवीन्द्रनाथ टैगोर
B. आनन्द मठ	(2) श्री अरविन्द
C. लाइफ डिवाइन	(3) बंकिम चन्द्र चटर्जी
D. साधना	(4) विनायक दामोदर सावरकर

कूट :

	A	B	C	D
(a)	4	3	2	1
(b)	3	4	1	2
(c)	4	3	1	2
(d)	3	4	2	1

364. भारतीय मुसलमान, सामान्य रूप से उग्रवादी आन्दोलन की ओर आकर्षित नहीं हुए, इसका कारण था:
(a) उन पर सर सैयद अहमद खाँ का प्रभाव
(b) उग्रवादी नेताओं का मुस्लिम विरोधी दृष्टिकोण

(*c*) मुस्लिम आकांक्षाओं के प्रति उदासीनता का भाव
(*d*) उग्रवादियों की हिन्दू अतीत का राग अलापने की नीति

365. निम्नलिखित किस घटना को मांटेग्यू ने ''निवारक हत्या'' के नाम से विशेषीकृत किया है?
(*a*) INA सक्रियतावादियों का हत्या
(*b*) जालियाँवाला बाग का नरसंहार
(*c*) महात्मा गाँधी को गोली मारा जाना
(*d*) कर्जन-वाइथ को गोली मारा जाना

366. निम्नलिखित सूचियों को सुमेलित करें :

सूची-I (घटनाएँ)	**सूची-II** (परिणाम)
A. मार्ले-मिन्टो सुधार	(1) देशव्यापी आन्दोलन
B. साइमन कमीशन	(2) आन्दोलन का वापस लिया जाना
C. चौरी-चौरा कांड	(3) साम्प्रदायिक निर्वाचन क्षेत्र
D. डांडी मार्च	(4) सम्प्रदायिक उद्रेक
	(5) नमक का अवैध निर्माण

कूट :

	A	B	C	D
(*a*)	3	4	5	2
(*b*)	4	1	2	3
(*c*)	2	3	4	5
(*d*)	3	1	2	5

367. निम्नलिखित सूचियों को सुमेलित करें :

सूची-I	**सूची-II**
A. सूरत विभाजन	(1) 1929 ई०
B. साम्प्रदायिक अधिनिर्णय	(2) 1928 ई०
C. सर्वदलीय सम्मेलन	(3) 1932 ई०
D. पूर्ण स्वराज का संकल्प	(4) 1907 ई०
	(5) 1905 ई०

कूट :

	A	B	C	D
(*a*)	4	3	1	5
(*b*)	4	3	2	1
(*c*)	2	5	4	1
(*d*)	1	4	2	3

368. निम्नलिखित योजनाओं को क्रमानुसार सजाइए:
1. क्रिप्स योजना 2. कैबिनेट मिशन योजना
3. माउन्ट बेटन योजना 4. वेवल योजना

कूट :
(*a*) 1, 2, 3, 4 (*b*) 2, 3, 1, 4
(*c*) 3, 4, 1, 2 (*d*) 1, 4, 2, 3

369. महात्मा गाँधी के राजनीतिक जीवन की निम्नलिखित घटनाओं को कालक्रमेण सजाइए:
1. चम्पारण सत्याग्रह
2. अहमदाबाद मिल हड़ताल
3. खेड़ा सत्याग्रह
4. असहयोग आन्दोलन

कूट :
(*a*) 2, 4, 3, 1 (*b*) 1, 2, 3, 4
(*c*) 4, 3, 2, 1 (*d*) 3, 4, 2, 1

370. निम्नलिखित में से किसे ''भारतीय क्रांति की माँ'' के उपनाम से जाना जाता है?
(*a*) एनी बेसेन्ट (*b*) सरोजिनी नायडू
(*c*) रमा बाई (*d*) भीकाजी रूस्तम कामा

निर्देश: (प्रश्न सं० 371-401 के लिए): *निम्नलिखित प्रश्नांशों में दो वक्तव्य हैं। एक को ''कथन (A) ''तथा दूसरे को ''कारण (R)'' कहा गया है। इन दोनों वक्तव्यों का सावधानीपूर्वक परीक्षण कर इन प्रश्नांशों का उत्तर नीचे दिए गए कूट की सहायता से चुनिए:*

कूट :
(*a*) (A) और (R) दोनों सही हैं, और (R), (A) का सही स्पष्टीकरण है।
(*b*) (A) और (R) दोनों सही हैं, और (R), (A) का सही स्पष्टीकरण नहीं है।
(*c*) (A) सही है, परन्तु (R) गलत है।
(*d*) (A) गलत है, परन्तु (R) सही है।

371. **कथन (A)** - प्रारंभिक राष्ट्रीय आंदोलन की आधारभूत कमजोरी उसका संकीर्ण सामाजिक आधार था।
कारण (R) - यह इसमें सम्मिलित होने वाले सामाजिक समूहों को संकीर्ण हितों के लिए लड़ता था।

372. **कथन (A)** - लॉर्ड लिनलिथगों ने 1942 के अगस्त आन्दोलन को सिपाही विद्रोह के बाद सर्वाधिक गंभीर विद्रोह कहा था।
कारण (R) - कुछ क्षेत्रों में किसान व्यापक जनान्दोलन में उठ खड़े हुए थे।

373. **कथन (A)** - खिलाफत आन्दोलन ने शहरी मुस्लिमों को राष्ट्रीय आन्दोलन के घेरे में ला दिया।
कारण (R) - राष्ट्रीय और खिलाफत दोनों आन्दोलनों में साम्राज्यवाद विरोधी एक प्रबल तत्त्व था।

374. **कथन (A)** - 1905 में बंगाल के विभाजन से भारतीय स्वतंत्रता आन्दोलन में नरमपंथियों की भूमिका समाप्त हो गयी।
कारण (R) - भारतीय राष्ट्रीय कांग्रेस के सूरत अधिवेशन ने गरमपंथियों को नरमपंथियों से पृथक कर दिया।

375. **कथन (A)** - क्रिप्स प्रस्तावों को कांग्रेस ने अस्वीकृत कर दिया था।
कारण (R) - क्रिप्स मिशन में केवल श्वेत लोग

सम्मिलित थे।

376. कथन (A) - गाँधीजी ने 1922 में असहयोग आन्दोलन को रोक दिया था।
कारण (R) - चौरी-चौरा में हुई हिंसा उनके आन्दोलन को रोक देने का कारण बनी।

377. कथन (A) - ब्रिटेन ने भारत को 1947 में आजाद किया।
कारण (R) - ब्रिटेन दूसरे विश्वयुद्ध में दुर्बल हो गया था।

378. कथन (A) - भारतीय राष्ट्रीय कांग्रेस ने माउन्टबेटन योजना को स्वीकार किया।
कारण (R) - वह द्वि-राष्ट्र सिद्धान्त को मानती थी।

379. कथन (A) - 1857 में प्रथम स्वतंत्रता संग्राम में ब्रिटिश सरकार से स्वतंत्रता प्राप्त करने में असफल रहा।
कारण (R) - बहादुरशाह जफर के नेतृत्व को जन-सहयोग नहीं मिला था और अधि कांश महत्वपूर्ण रियासतों के शासक उनका साथ देने में कतरा गए।

380. कथन (A) - 1916 में मौलाना मोहम्मद अली तथा अब्दुल कलाम आजाद ने विधान परिषद् से त्याग पत्र दे दिया था।
कारण (R) - विधान परिषद् के सभी भारतीय सदस्यों के विरोध के बावजूद सरकार ने रौलेट एक्ट को पारित कर दिया था।

381. कथन (A) - शाह आलम II ने सम्राट के रूप में प्रारम्भिक वर्ष अपनी राजधानी से दूर व्यतीय किए।
कारण (R) - उत्तर पश्चिमी सीमान्त से विदेशी आक्रमण का भय घात लगाए रहता था।

382. कथन (A) - महात्मा गाँधी द्वारा नमक आन्दोलन वर्ष 1930 में चलाया गया था।
कारण (R) - महात्मा गाँधी का उद्देश्य था कि गरीबों को नमक मुफ्त उपलब्ध हो।

383. कथन (A) - भारत छोड़ो आन्दोलन के परिणामस्वरूप अंग्रेज और मुसलमान कांग्रेस के प्रति समान घृणा के कारण एक-दूसरे के नजदीक आ गए।
कारण (R) - जिन्ना ने ब्रिटिश सरकार के पक्के सहयोगी की तरह कार्य किया और मुसलमानों को 1942 के कांग्रेस आन्दोलन से दूर रहने के लिए कहा।

384. कथन (A) - द्वितीय कार्यकाल में सुभाष चन्द्र बोस ने भारतीय राष्ट्रीय कांग्रेस के अध्यक्ष पद से त्याग-पत्र दे दिया।
कारण (R) - गाँधी जी के अहिंसा पर आधारित आन्दोलन के वह विरूद्ध हो गये।

385. कथन (A) - मोहम्मद अली जिन्ना ने कैबिनेट मिशन योजना को स्वीकार नहीं किया।
कारण (R) - इस योजना में राज्यों को स्वायत्तता का प्रावधान था।

386. कथन (A) - भारत छोड़ो आन्दोलन को लोगों को जाग्रत करने और साहस दिलाने में सफलता मिली।
कारण (R) - "करो या मरो" का नारा लोगों के मन में प्रवेश कर गया।

387. कथन (A) - भारत छोड़ो आन्दोलन भारतीय राष्ट्रीय आन्दोलन की पराकाष्ठा को प्रदर्शित करता है।
कारण (R) - इस आन्दोलन ने यह सुनिश्चित कर दिया कि अब सत्ता का हस्तांतरण सिर्फ समय की बात है।

388. कथन (A) - अगस्त 1917 की मोंटेग्यू घोषणा के जरिए ब्रिटिश सरकार ने भारत को उत्तरदायी सरकार का आश्वासन दिया।
कारण (R) - ब्रिटिश सरकार, सरकार चलाने में भारतीयों के प्रदर्शन से मार्गदर्शन ले रही थी।

389. कथन (A) - भारतीय राष्ट्रीय कांग्रेस ने साइमन कमीशन का विरोध किया और इसके साथ सहयोग नहीं किया।
कारण (R) - साइमन कमीशन में कोई भारतीय प्रतिनिधि नहीं था।

390. कथन (A) - अंग्रेजों ने बाल गंगाधर तिलक को "भारतीय अशान्ति का जनक" कहा।
कारण (R) - बाल गंगाधर तिलक प्रथम राष्ट्रवादी थे, जिन्होंने स्वतंत्रता को अपना जन्मसिद्ध अधिकार कहा।

391. कथन (A) - कांग्रेस ने अपने लाहौर अधिवेशन में "पूर्ण स्वतंत्रता" को अपना लक्ष्य घोषित किया।
कारण (R) - लाहौर अधिवेशन की अध्यक्षता जवाहरलाल नेहरू ने की थी।

392. कथन (A) - जनरल डायर के आदेश से, 1919 में अमृतसर के जालियाँवाला बाग में सैकड़ों निहत्थे लोगों को पुलिस ने गोलियों से भून दिया।
कारण (R) - ये लोग अपने नेताओं सैफुद्दीन किचलू एवं सत्यपाल की गिरफ्तारी के विरोध में बाग में एकत्रित हुए थे।

393. कथन (A) - 1857 का विद्रोह, अंग्रेजी सत्ता को उखाड़ फेंकने का भारतीयों का प्रथम महान प्रयास था।
कारण (R) - जिन सैनिकों ने विद्रोह किया, वे राष्ट्रवादी भावनाओं से ओत-प्रोत थे।

394. **कथन (A)** - एनी बेसेंट ने होमरूल लीग की स्थापना की।

कारण (R) - वे भारतीय श्रमिक आन्दोलन से प्रभावित थीं।

395. **कथन (A)** - द्वितीय विश्वयुद्ध के उपरांत भारतीयों के प्रति ब्रिटिश सरकार की नीतियों में परिवर्तन आया।

कारण (R) - इस युद्ध में ब्रिटेन दुर्बल हो गया था तथा वहां की सरकार बदल चुकी थी।

396. **कथन (A)** - ब्रिटेन के प्रधानमंत्री रैम्जे मैक्डोनाल्ड ने ''साम्प्रदायिक निर्णय'' की घोषणा की।

कारण (R) - यह निर्णय अंग्रेजों की ''बाँटों एवं राज करो'' की नीति का ही एक रूप था।

397. **कथन (A)** - सी. राजगोपालाचारी ने कांग्रेस एवं मुस्लिम लीग के मध्य परस्पर सहयोग के लिए एक फार्मूला तैयार किया।

कारण (R) - महात्मा गाँधी ने इसके लिए राजगोपालाचारी को प्रेरणा दी।

398. **कथन (A)** - उदारवादियों ने स्वदेशी आन्दोलन में भाग नहीं लिया।

कारण (R) - स्वदेशी के मुद्दे पर उदारवादियों एवं उग्रवादियों के विचार अलग-अलग थे।

399. **कथन (A)** - 1930 के दशक के अन्तिम वर्षों में देशी रियासतों के प्रति कांग्रेस की नीति में बदलाव आया।

कारण (R) - इसका कारण देशी रियासतों के प्रति अपनायी जा रही अंग्रेजों की नीतियाँ थीं।

400. **कथन (A)** - प्लासी के युद्ध में रॉबर्ट क्लाइव ने सिराजुद्दौला को परास्त कर दिया।

कारण (R) - क्लाइव की सेना एवं उसके द्वारा अपनायी गयी रणनीति, सिराजुद्दौला से ज्यादा अच्छी थी।

401. **कथन (A)** - 18वीं शताब्दी के प्रारम्भ होते ही फ्रांसीसी ईस्ट इण्डिया कम्पनी का पतन प्रारम्भ हो गया।

कारण (R) - फ्रांसीसी कम्पनी, सरकारी संरक्षण वाली कम्पनी थी, जिसकी आय का सबसे प्रमुख स्रोत तम्बाकू था।

उत्तरमाला

1	**2**	**3**	**4**	**5**	**6**	**7**	**8**	**9**	**10**	**11**	**12**	**13**	**14**	**15**
(c)	*(a)*	*(c)*	*(b)*	*(d)*	*(d)*	*(d)*	*(b)*	*(a)*	*(c)*	*(b)*	*(a)*	*(c)*	*(c)*	*(a)*
16	**17**	**18**	**19**	**20**	**21**	**22**	**23**	**24**	**25**	**26**	**27**	**28**	**29**	**30**
(c)	*(a)*	*(a)*	*(a)*	*(d)*	*(d)*	*(c)*	*(c)*	*(b)*	*(b)*	*(c)*	*(c)*	*(d)*	*(d)*	*(a)*
31	**32**	**33**	**34**	**35**	**36**	**37**	**38**	**39**	**40**	**41**	**42**	**43**	**44**	**45**
(a)	*(d)*	*(a)*	*(a)*	*(c)*	*(d)*	*(a)*	*(b)*	*(b)*	*(a)*	*(a)*	*(b)*	*(b)*	*(b)*	*(b)*
46	**47**	**48**	**49**	**50**	**51**	**52**	**53**	**54**	**55**	**56**	**57**	**58**	**59**	**60**
(c)	*(a)*	*(b)*	*(b)*	*(c)*	*(c)*	*(a)*	*(a)*	*(c)*	*(c)*	*(c)*	*(d)*	*(b)*	*(a)*	*(a)*
61	**62**	**63**	**64**	**65**	**66**	**67**	**68**	**69**	**70**	**71**	**72**	**73**	**74**	**75**
(d)	*(c)*	*(d)*	*(a)*	*(a)*	*(b)*	*(b)*	*(c)*	*(b)*	*(a)*	*(d)*	*(a)*	*(d)*	*(c)*	*(a)*
76	**77**	**78**	**79**	**80**	**81**	**82**	**83**	**84**	**85**	**86**	**87**	**88**	**89**	**90**
(b)	*(b)*	*(d)*	*(a)*	*(c)*	*(d)*	*(a)*	*(b)*	*(a)*	*(d)*	*(c)*	*(a)*	*(b)*	*(b)*	*(a)*
91	**92**	**93**	**94**	**95**	**96**	**97**	**98**	**99**	**100**	**101**	**102**	**103**	**104**	**105**
(c)	*(c)*	*(a)*	*(b)*	*(d)*	*(c)*	*(b)*	*(a)*	*(b)*	*(d)*	*(a)*	*(b)*	*(d)*	*(a)*	*(c)*
106	**107**	**108**	**109**	**110**	**111**	**112**	**113**	**114**	**115**	**116**	**117**	**118**	**119**	**120**
(d)	*(b)*	*(a)*	*(a)*	*(a)*	*(b)*	*(c)*	*(d)*	*(c)*	*(c)*	*(d)*	*(a)*	*(c)*	*(d)*	*(b)*
121	**122**	**123**	**124**	**125**	**126**	**127**	**128**	**129**	**130**	**131**	**132**	**133**	**134**	**135**
(c)	*(a)*	*(c)*	*(a)*	*(a)*	*(b)*	*(d)*	*(d)*	*(a)*	*(d)*	*(c)*	*(c)*	*(b)*	*(a)*	*(a)*
136	**137**	**138**	**139**	**140**	**141**	**142**	**143**	**144**	**145**	**146**	**147**	**148**	**149**	**150**
(c)	*(b)*	*(c)*	*(c)*	*(d)*	*(c)*	*(b)*	*(c)*	*(d)*	*(b)*	*(b)*	*(b)*	*(c)*	*(a)*	*(c)*
151	**152**	**153**	**154**	**155**	**156**	**157**	**158**	**159**	**160**	**161**	**162**	**163**	**164**	**165**
(d)	*(b)*	*(b)*	*(a)*	*(a)*	*(c)*	*(d)*	*(a)*	*(b)*	*(a)*	*(c)*	*(b)*	*(a)*	*(d)*	[illegible]

166	167	168	169	170	171	172	173	174	175	176	177	178	179	180
(b)	(c)	(d)	(d)	(a)	(b)	(b)	(b)	(a)	(b)	(d)	(d)	(a)	(a)	(c)
181	182	183	184	185	186	187	188	189	190	191	192	193	194	195
(c)	(a)	(d)	(c)	(d)	(c)	(a)	(b)	(c)	(c)	(c)	(c)	(d)	(d)	(d)
196	197	198	199	200	201	202	203	204	205	206	207	208	209	210
(c)	(b)	(c)	(b)	(d)	(c)	(a)	(d)	(c)	(c)	(d)	(b)	(a)	(b)	(b)
211	212	213	214	215	216	217	218	219	220	221	222	223	224	225
(d)	(a)	(c)	(c)	(c)	(b)	(a)	(b)	(b)	(c)	(b)	(a)	(c)	(b)	(c)
226	227	228	229	230	231	232	233	234	235	236	237	238	239	240
(b)	(b)	(b)	(d)	(c)	(d)	(c)	(a)	(d)	(b)	(b)	(b)	(d)	(b)	(a)
241	242	243	244	245	246	247	248	249	250	251	252	253	254	255
(a)	(d)	(b)	(b)	(a)	(a)	(b)	(d)	(a)	(d)	(a)	(a)	(d)	(a)	(b)
256	257	258	259	260	261	262	263	264	265	266	267	268	269	270
(c)	(a)	(c)	(d)	(b)	(d)	(a)	(a)	(b)	(c)	(a)	(a)	(b)	(a)	(c)
271	272	273	274	275	276	277	278	279	280	281	282	283	284	285
(b)	(a)	(c)	(b)	(a)	(c)	(b)	(d)	(c)	(c)	(b)	(d)	(b)	(a)	(a)
286	287	288	289	290	291	292	293	294	295	296	297	298	299	300
(c)	(c)	(d)	(b)	(a)	(c)	(d)	(c)	(b)	(b)	(a)	(a)	(c)	(b)	(c)
301	302	303	304	305	306	307	308	309	310	311	312	313	314	315
(b)	(a)	(b)	(a)	(d)	(c)	(a)	(b)	(c)	(d)	(a)	(a)	(a)	(b)	(b)
316	317	318	319	320	321	322	323	324	325	326	327	328	329	330
(b)	(a)	(c)	(a)	(b)	(d)	(b)	(a)	(a)	(b)	(b)	(b)	(c)	(b)	(b)
331	332	333	334	335	336	337	338	339	340	341	342	343	344	345
(c)	(b)	(a)	(b)	(c)	(d)	(d)	(a)	(b)	(d)	(d)	(c)	(a)	(a)	(a)
346	347	348	349	350	351	352	353	354	355	356	357	358	359	360
(a)	(b)	(d)	(b)	(a)	(a)	(d)	(c)	(b)	(b)	(a)	(b)	(c)	(b)	(c)
361	362	363	364	365	366	367	368	369	370	371	372	373	374	375
(a)	(a)	(a)	(d)	(b)	(d)	(b)	(d)	(b)	(d)	(a)	(a)	(a)	(d)	(b)
376	377	378	379	380	381	382	383	384	385	386	387	388	389	390
(a)	(a)	(c)	(a)	(d)	(b)	(c)	(d)	(b)	(b)	(a)	(a)	(a)	(a)	(b)
391	392	393	394	395	396	397	398	399	400	401				
(b)	(b)	(c)	(c)	(a)	(a)	(c)	(d)	(c)	(c)	(b)				

भाग–B

इकाई–I

सैन्धव सभ्यता से महाजनपद काल तक

सैन्धव सभ्यता की उत्पत्ति, काल, विस्तार एवं लक्षण

उद्भव

सिंधु घाटी सभ्यता जो ऐतिहासकारों द्वारा हड़प्पा सभ्यता या संस्कृति के नाम से जानी जाती है, का काल 2500 ई०पू० से 1750 ई०पू० माना जाता है। यह मूल रूप से एक नगरीय सभ्यता थी, जिसकी खोज सर्वप्रथम दयाराम साहनी महादेय ने 1921 ई० में हड़प्पा नामक स्थान में की थी। सिंधु सभ्यता की उत्पत्ति की निश्चित व्याख्या कर पाना अभी भी इतिहासकारों के लिए एक चुनौती है, क्योंकि यहाँ से प्राप्त साक्ष्यों में कोई ऐसा साक्ष्य हमारे पास अभी तक प्राप्त नहीं है, तो दूसरी ओर अभी तक इस सभ्यता की लिपि को नहीं पढ़ा जा सका है। जिससे इसकी उत्पत्ति की सही व निश्चित व्याख्या की जा सके। परन्तु अभी तक प्राप्त साक्ष्यों के आधार पर विभिन्न इतिहासकारों ने इसकी उत्पत्ति के संबंध में जो विचार व्यक्त किये हैं वे निम्न हैं:

व्हीलर, गार्डन, केमर आदि इतिहासकारों ने सिंधु संस्कृति के उद्भव का श्रेय मेसोपोटामिया को दिया है। इन सभी का मानना है मेसोपोटामिया सभ्यता का विकास सबसे पहले हुआ जो कालान्तर में भारत में सिंधु सभ्यता के विकास में प्रेरक तत्व का काम किया। मेसोपोटामिया के अवशेषों में एनकिटु, गिल्मगेश की मूर्ति, बैल की आकृति में मनुष्य और गिलम के साथियों के प्रतीक मिले हैं, जो सिंधु घाटी के प्रतीकों से बहुत मिलते-जुलते हैं।

किन्तु मेसोपोटामिया को सिंधु सभ्यता के उद्भव का श्रेय दिये जाने के मत में कुछ विरोधी तर्क में दम दिखता है। जैसे सिंधु घाटी सभ्यता की लिपि जहाँ चित्रात्मक है वहीं मेसोपोटामिया की लिपि कीलाक्षर है। दूसरी तरफ सिंधु सभ्यता का नगर नियोजन अपने आप में अद्वितीय या जिसमें स्वच्छता पर विशेष बल दिया गया था, जबकि मेसोपोटामिया में इतनी उन्नत व्यवस्था का सर्वथा अभाव था। इसके अतिरिक्त मेसोपोटामिया की सभ्यता में मंदिरों की बहुतायता थी जबकि सिंधु सभ्यता में इसका अभाव था। इन साक्ष्यों के अतिरिक्त हड़प्पा सभ्यता की जो अन्य वस्तुएँ मेसोपोटामिया में और मेसोपोटामिया सभ्यता की कुछ वस्तुएँ यहाँ मिली हैं, वे केवल परस्पर आदान-प्रदान, व्यापार-वाणिज्य की ही सूचक लगती हैं, अतः इन साक्ष्यों के आधार पर सिंधु सभ्यता के उद्भव के लिए मेसोपोटामियाई सभ्यता को पूर्णतया उत्तरदायी नहीं माना जा सकता है। हाँ, कुछ अर्थों में सिंधु सभ्यता ने मेसोपोटामियाई सभ्यता से प्रेरणा जरूर ली होगी ऐसा माना जा सकता है।

फेयर सर्विस महोदय के साथ-साथ कुछ अन्य इतिहासकारों के सिंधु सभ्यता का मूल ईरानी-बलूची संस्कृतियों, कुल्ली नाल और आव में खोजने का प्रयास किया। इनका कहना है कि सिंधु पूर्व सभ्यता में ऐसे मृदभाड़ मिले हैं जो उत्तरी ब्लूचिस्तान के रानाघुण्डई और पेरियानोघुण्डई से काफी मिलते-जुलते हैं। कालीबंगा के प्रथम काल में तंदूरी चूल्हों का मिलना इसके ईरान तथा पश्चिम एशिया से संपर्क को द्योतक है। ईरान की टेंपे याहया के उत्खनन से प्राप्त लिपि से सिंधु सभ्यता की लिपि के संबंध को स्थापित करने का प्रयास इन्होंने किया है। इसके अलावा मातृदेवी की मूर्ति, लिंगीय चिन्ह और कुबड़े बैल की आकृति भी इस संस्कृति में पाई जाती है, जो सिंधु सभ्यता का मुख्य लक्षण है। क्वेटा घाटी के देव सादात नामक स्थान में बड़े-बड़े ईंटों के घरों का पाया जाना भी सिंधु सभ्यता को प्रदर्शित करता है।

उपर्युक्त तथ्यों के बाद भी केवल सभ्यता के आधार यह नहीं कहा जा सकता है कि सिंधु सभ्यता का उद्भव ईरानी-बलूची संस्कृतियों से हुआ। परन्तु इसके उद्भव के संबंध में यह तर्क ज्यादा उपर्युक्त होगा कि सिन्धु सभ्यता के स्थानीय संस्कृतियों और ईरानी-बलूची सांस्कृति के आपसी मिलन और सतत विकास के परिणमस्वरूप ही इस सभ्यता का उद्भव हुआ होगा।

सिंधु सभ्यता की उत्पत्ति के संबंध में तीसरा और सर्वमान्य मत यह है कि सभ्यता सिंधु घाटी में चल रहे प्रगतिशील एवं विकास परक कार्यों का परिणाम भी ज्यादा वस्तु परक लगता है। अमलानंद घोब, धर्मपाल, अग्रवाल, रेमण्ड आलचिन आदि ने मोटे तौर पर इससे अपनी सहमती दर्शायी है। इनका कहना है कि कालीबंगा प्रथम काल वाला संस्कृति सिंधु सभ्यता से पूर्व की अलग संस्कृति नहीं थी बल्कि यह सिंधु सभ्यता का ही प्रारंभिक रूप था। पुरातात्विक प्रमाण भी सिद्ध करते हैं कि हड़प्पा सभ्यता की पूर्व की विशिष्टताएँ हड़प्पा सभ्यता के पूर्ण वैभव काल तक निरन्तर चलती रहीं। सिंधु घाटी से प्राप्त स्थानीय कृषि और प्रौद्योगिक सामग्री (औजार) हड़प्पा की विकसित सभ्यता के पृष्ठभूमि स्वरूप मात्र थे। सिंधु सभ्यता का उद्‌भव तो निश्चित ही निम्न प्रक्रिया से गुजरकर ही सामने आया होगा जिनमें प्रमुख हैं शहरी संस्कृति विकास, कच्ची ईंटों के मकान का निर्माण, चाक पर बर्तन बनाना, उन बर्तनों पर चित्रकारी आदि।

शहरी संस्कृति का उद्‌भव सर्वप्रथम आमरी सांस्कृति से हुआ होगा ऐसा माना जाता है। क्योंकि यहाँ के लोग पत्थर और मिट्टी के मकानों में रहते थे। इन्होंने अन्नागारों का भी निर्माण कि.. था। वे चाक पर बने मिट्टी के बर्तनों का भी प्रयोग करते थे जिस पर भारतीय कुबड़े बैल का चित्रांकन भी था। इस तरह के साक्ष्य हम ब्लूचिस्तान, सिंध, पंजाब, राजस्थान में भी पाते हैं। परिणामस्वरूप कहा जा सकता है कि सिंधु सभ्यता के उद्‌भव से पूर्व ही इस सभ्यता की प्रारंभ अवस्था मौजूद थी। चूँकि सिंधु सभ्यता के लोग ताँबे, काँसे और पत्थरों के औज़ार का प्रयोग करते थे। कृषक के साथ-साथ वे पशुपालक भी थे और बस्तियों में रहते थे। बस्तियों की सुरक्षा हेतु उसके चारों ओर दीवारों का निर्माण किया जाता था, तो दूसरी ओर उनका फारस की खाड़ी और मध्य एशिया के नगरों से व्यापक-व्यापारिक संबंध भी था।

इन्हीं प्रौद्योगिकीय और वैचारिक एकीकरण की प्रक्रियाओं की पृष्ठभूमि में हड़प्पा की सभ्यता का उदय हुआ होगा। सिंधु घाटी की ऊर्वर भूमि में विकसित उन्नत प्रौद्योगिक के विकास से अधिशेष उत्पादन ने निश्चित रूप से जनसंख्या के वृद्धि में सहायता पहुँचाई होगी। तो दूसरी ओर वाणिज्य-व्यापार में भी वृद्धि निश्चित रूप से हुई होगी जिससे अन्ततः एक विकसित सभ्यता का विकास व उद्‌भव हुआ होगा।

लेकिन जब तक सिंधु घाटी सभ्यता में विकसित चित्रात्मक लिपि नहीं पढ़ी जाती तब तक हम विभिन्न विचारकों द्वारा व्यक्त विचारों के आधार पर सिर्फ संभावना ही व्यक्त कर सकते हैं। लेकिन इतना तो कहा ही जा सकता है कि इस प्रायद्वीपीय सभ्यता के विकास में पूर्णरूपेण बाहरी सभ्यताओं का प्रभाव नहीं ही रहा होगा। हालांकि उनके साथ संबंधों से सिंधु संस्कृति के विकास में थोड़ी-बहुत सहायता तो अवश्य मिली होगी। निष्कर्षतः कहा जा सकता है कि यह सभ्यता किसी खास समय या खास बिन्दु से प्रारंभ नहीं हुई होगी, बल्कि यह सैकड़ों वर्षों के लंबे अन्तराल के सतत विकास का प्रतिफल है।

काल

पुरातत्ववेत्ताओं के बीच सैन्धव सभ्यता का काल निर्धारण भी इसके उद्‌भव की तरह ही परस्पर विवाद का विषय है। इस विवाद का कारण उनके द्वारा अपनाये गये तरीके के परिणामस्वरूप इसके काल में अन्तर का होना स्वाभाविक है।

सर्वप्रथम चार्ल्स मेसन ने इसे एक हजार वर्ष पुरानी सभ्यता होने की घोषणा की। हड़प्पा में मिली मुहरें, ठप्पे, लिखित लिपि आदि के अध्ययन के आधार पर सर जान मार्शल महोदय ने इस सभ्यता का काल लगभग 3250 ई॰पू॰ से 2750 ई॰पू॰ के बीच माना वहीं राजबलि पाण्डेय ने इसे लगभग 4000 ई॰पू॰ से भी प्राचीन माना।

ब्हीलर महोदय जो इस सभ्यता के विदेशी उद्‌भव के मत के समर्थक हैं, ने इस सभ्यता से प्राप्त अन्नागार, गढ़ी बुर्ज के अध्ययन के आधार पर इसका काल 2800 ई॰पू॰ से 2500 ई॰पू॰ के बीच माना तो दूसरी ओर फेयर सर्विस ने इसे ईरानी-बलूची संस्कृतियों का सिंधु प्रदेश के वन्य एवं कृषक संस्कृतियों में आपसी मेल-जोल को इसका उद्‌भव बताते हुए इसके कालक्रम को 2000 ई॰पू से 1500 ई॰पू॰ बताया।

अमलानंद घोष ने सैन्धव सभ्यता को सोथी (राजस्थान) सभ्यता से तुलनात्मक अध्ययन द्वारा इसका काल 2500 ई॰पू॰ से 1700 ई॰पू॰ माना। आधुनिक इतिहासकार रोमिला थापर ने इस सभ्यता का काल 2300 ई॰पू॰ से 1750 ई॰पू॰ बताया। परन्तु रेडिया-कार्बन तिथियों एवं विभिन्न कलाकृतियों के मध्य संबंधों के आधार पर राबर्ट एच॰ बुन्सविग महोदय ने इसका काल 2800 ई॰पू॰ से 2000 ई॰पू॰ के बीच माना।

इन परस्पर विरोधी तिथियों के बावजूद इस सभ्यता के विभिन्न स्थानों से प्राप्त वस्तुओं, स्तरीकरण, विदेशों से संपर्क, डेड्रोलाजी, मुद्रा साक्ष्यों एवं कार्बन-14 की वैज्ञानिक विश्लेषण

से इसका काल डॉ॰ अग्रवाल ने 2300 ई॰पू॰ से 1750 ई॰पू॰ निर्धारित किया। अब यही इतिहासविदों के बीच भी सर्वमान्य तिथि है।

विस्तार

सिंधु घाटी सभ्यता लगभग 13 लाख वर्ग किलोमीटर क्षेत्र में फैली हुई थी। यद्यपि इस सभ्यता का केन्द्र बिन्दु मूलत: सिंधु घाटी और घघ्घर-हाकड़ा के क्षेत्र में थे, किन्तु इस सभ्यता के अन्य केन्द्र ब्लूचिस्तान, सिंध, पंजाब, हरियाणा, राजस्थान, गुजरात और पश्चिमी उत्तर प्रदेश में भी थे। इसके अतिरिक्त उत्तर-पूर्वी अफगानिस्तान के शार्तघूर में भी हड़प्पा सभ्यता की बस्तियाँ मिली हैं जो इस सभ्यता की एक अलग-थलग बस्ती रही होंगी। अब तक लगभग 1000 ज्ञात केन्द्रों, का पता इतिहासविदों को है। इसके आधार पर इसका फैलाव उत्तर में जम्मू के मांडा से लेकर दक्षिण में दैयमाबाद तक, और पश्चिम में ब्लूचिस्तान के मकरात समुद्र तट पर स्थित सूतकागेनडोर से हिन्डन नदी के किनारे स्थित आलमगीरपुर तक था। इस प्रकार इसका विस्तार पूर्व से पश्चिम तक 1600 किलोमीटर और उत्तर से दक्षिण क्षेत्र की लम्बाई 1100 किलोमीटर था। अत: कहा जा सकता है कि इसका क्षेत्र समकालीन मेसोपोटामियाई व मिस्त्र की सभ्यता से काफी व्यापक था।

मांडा

सूतकागेडोर ↑ N (उत्तर)आलमगीरपुर

दायमाबाद → 1600 किलोमीटर

↑ 1100 किलोमीटर

ब्लूचिस्तान में हड़प्पा सभ्यता के प्रमुख केन्द्र थे- सुतकागेंडोर, सुतकाकोहे, बालाकोट, आदि इनमें से सभी बन्दरगाह भी थे जबकि इसका एक अन्य केन्द्र डावरकोट अफगानिस्तान जाने वाले रास्ते पर स्थित नगर था।

सिंधु प्रदेश में प्रमुख केन्द्रों के रूप में विख्यात थे- मोहनजोदड़ो, चुन्होदड़ो, अमरी, कोटदीजी, अलीमुराद आदि तो पंजाब में हड़प्पा, रोपड़ संघोल बाड़ा आदि प्रमुख केन्द्र थे। बनावली, राखीगढ़ी, मीत्राथल आदि हरियाणा के प्रमुख केन्द्र थे तो कालीबंगा राजस्थान के। गुजरात में लोथल, रंगपुर, रोजंदी, सुरकोटदा, धौलावीर प्रमुख केन्द्र थे, तो पश्चिम उत्तर प्रदेश के केन्द्र अलमगीरपुर और हुलास थे।

इस प्रकार हम कह सकते हैं कि सिंधु सभ्यता एक बहुत बड़े क्षेत्र में फैली सभ्यता थी।

सामान्य लक्षण नगर-निर्माण

सिंधु सभ्यता के ज्ञात व उत्खनित 1000 केन्द्रों में से ज्यादातर में ग्रामीण संस्कृति पाये जाने का प्रमाण मिला है। परन्तु इस सभ्यता के विस्तृत अध्ययन से इतिहासविदों का मानना है कि मूलत: यह सभ्यता एक नगरी सभ्यता थी।

हड़प्पा सभ्यता की नगर योजना के संबंध में हमारी जानकारी मोहनजोदड़ो, हड़प्पा, कालीबंगा, धौलावीर, लोथल, बनावली, सुरकोटदा आदि नगरों की खुदाई से प्राप्त साक्ष्यों पर आधारित है। शुरू-शुरू में व्हीलर और स्टुअर्ट पिग्ट महोदय का मत था कि संरचना और बनावट में इस सभ्यता में असाधारण प्रकार की एकरूपता थी। किन्तु आजकल इस मत का खण्डन बहुत से इतिहासकारों द्वारा किया जा चुका है। विभिन्न विद्वानों ने इसके नगर की विशेषता एकरूपता के साथ-साथ विविधता में भी खोजी है।

सामान्यत: हड़प्पा सभ्यता के नगर मोहनजोदड़ो और हड़प्पा दो भागों में विभिाजित थे। इन शहरों के पश्चिमी भाग में ऊँचे टीलों पर एक दुर्ग या किला बना होता था और शहर के पूर्वी भाग में बस्ती होती थी जिससे पूर्वी भाग में अपेक्षाकृत छोटे भवनों में भी अच्छे प्रकाश का प्रबंध हो सके दूसरी ओर दुर्ग में ऐसा माना जाता है कि ये प्रशासकीय या धार्मिक प्रयोजन हेतु उपयोग में लाया जाता होगा। इन शहरों के चारों ओर ईंट की दीवार मिलती है जो इसकी सुरक्षा हेतु बनायी गयी होगी। हड़प्पा सभ्यता के अन्य सभी केन्द्रों के विपरीत धौलावीरा शहर तीन, भागों में बटा पाया गया है, जिनमें दो भागों की किलेबंदी की गई थी। सामान्य तौर पर यह किलेबंदी बाढ़ और लूटेरों से सुरक्षा हेतु ही की जाती होगी।

हड़प्पा सभ्यता में सड़कें प्राय: दूसरे को समकोण पर काटती थीं और नगर सामान्यत: आयताकार खण्डों में विभाजित थीं। यह बात बनावली को छोड़कर लगभग सभी बस्तियों में लागू होती थी। सामान्यतौर पर सड़कों की चौड़ाई 3.6 मी॰ से 4 मीटर तक होती थी। मोहनजोदड़ो में जो सबसे चौड़ी सड़क मिली है वह है राजपथ, जिसकी चौड़ाई 10.5 मीटर है। केवल इसी पथ को ईटों के द्वारा पक्का बनाने का प्रयास किया जबकि अन्य सड़कें धूल भरी ही थीं।

हड़प्पा सभ्यता के भवन विभिन्न आकार-प्रकार के

मिलते हैं जिनमें विशाल भवन से लेकर सामान्य जनों के लिए सामान्य भवन भी थे। सामान्यत: घर पर्याप्त बड़े होते थे जिनके मध्य आँगन होता था। इस आँगन से सटे चार-पाँच छोटे-छोटे कमरे होते थे। प्रत्येक घर में एक स्नानागार की भी व्यवस्था होती थी जिससे पानी निकासी हेतु नालियों का भी निर्माण किया गया था। कई घरों में कुएँ की भी व्यवस्था थी। यहाँ एक से अधिक मंजिल वाले मकान भी मिले हैं जिनमें ऊपर जाने के लिए सीढ़ियों की भी व्यवस्था थी। मकान में वायु प्रवेश हेतु दरवाजों का उपयोग किया जाता था जो सामान्यत: एक किनारे में होते थे। इमारत की छत (roof) प्राय: समतल होती थी। निष्कर्षत: कहा जा सकता है कि इन भवनों का निर्माण उसकी उपयोगिता को ध्यान में रखकर किया गया था। यही कारण है कि इन मकानों में प्राय: सजावट व बाह्य आडम्बर का अभाव दिखाई देता है।

सिंधु सभ्यता के नगरों खासकर हड़प्पा एवं मोहनजोदड़ो का निर्माण प्राय: पक्की ईंटों के द्वारा हुआ है, जबकि कालीबंगा, लोथल, रंगपुर आदि नगरों में भवनों के निर्माण में कच्ची ईंटों के प्रयोग किया गया था। प्राय: ईंटों का निर्माण वैज्ञानिक ढंग से संतुलन को ध्यान से रखकर 4:2:1 के अनुपात वाली ईटों का ही प्रयोग ज्यादातर किया गया है। एक सामान्य आकार की ईंट 26 × 12.5 × 5.5 सेमी॰ थी। इमारतों के कोनों की चिनाई L-आकार की ईटों द्वारा की गयी जो इस सभ्यता में ही दृष्टिगोचर होती है। सामान्यत: गारे के रूप में मिट्टी का ही उपयोग किया जाता था। इनमें से मजबूती लाने हेतु जिप्सम और चूने का प्रयोग गारे के रूप में उन स्थानों के लिए किया गया जहाँ नालियों की जुड़ाई की जाती थी। इसके अतिरिक्त यह देखने को मिलता है कि कालीबंगा का एक फर्श अपवाद स्वरूप अलंकृत ईंटों से बना था।

सिंधु सभ्यता की जल निकासी प्रणाली लक्षण अद्‌भुत संरचना के लिए मानी जाती है। घरों का पानी नालियों द्वारा बहकर सड़कों के किनारे स्थित बड़ी नालियों में मिलता था, जो पत्थर एवं ईंटों की परत से ढकी रहती थीं। इन नालियों की नियमित सफाई हेतु मेनहोल की भी व्यवस्था थी। इन बातों से लगता है कि इस सभ्यता के निवासी समकालीन किसी भी सभ्यता के निवासी से ज्यादा अपनी स्वच्छता एवं स्वास्थ्य पर ध्यान देते होंगे।

हड़प्पा सभ्यता में मिले विशाल इमारतों से सबसे महत्वपूर्ण इमारत मोहनजोदड़ो का प्रसिद्ध विशाल स्नानागार था, जो कि वहाँ स्थित दुर्ग में था। ईंटों से बनी इस विशाल कुण्ड की लम्बाई-चौड़ाई 12 × 7 मीटर और गहराई 3 मीटर है। इसके तल तक पहुँचने के लिए दोनों तरफ सीढ़ियों की व्यवस्था की गई थी। कुण्ड की सतह को जलरोधी बनाने हेतु डामर का प्रयोग किया गया था। इस कुण्ड तक पानी पहुँचाने हेतु इसके पास ही एक कक्ष में बना कुआँ था। कुण्ड के चारों तरफ मण्डप और कमरे बने हुए थे। इतिहासकारों का मत है कि इस स्थान का उपयोग राजाओं या पुजारियों के धार्मिक स्नान के लिए किया जाता होगा। विशाल स्नानागार के पास ही स्थित एक लंबी इमारत (230 × 78 फुट) थी, जिसके बारे में अनुमान लगाया जाता है कि वह किसी बड़े प्रशासनिक अधिकारी का निवास-स्थान रहा होगा। इसके अतिरिक्त अन्य महत्वपूर्ण ढाँचों के रुप में एक सभा कक्ष का भी पता चला है तो दूसरी ओर 45 मीटर लंबा और 15 मीटर चौड़ा एक अन्नागार भी मिला है, जिसके बारे में ये अनुमान लगाया जाता है कि यह समकालीन FCI की तरह का गोदाम रहा होगा। अन्नागार की वहाँ दो कतारें थी जिसमें 6 (छ:) कतारें थीं।

कालीबंगा में ईटों के बने बहुत से चबूतरे पाये गये हैं, इनमें से एक चबूतरे पर एक पंक्ति में बने सात अग्निकुण्ड मिले हैं तो दूसरी ओर लोथल में एक डाकयाड पाया गया जो कि इसके विकसित विदेश व्यापार का प्रमाण है।

इस प्रकार हम कह सकते हैं कि सिंधु सभ्यता के लोगों ने एक उच्चकोटि की नगरीय प्रणाली का विकास किया जो वैज्ञानिक सोच के साथ-साथ योजनाबद्धता के लिए प्रसिद्ध हुई।

सिंधु सभ्यता की अन्य विशेषताएँ ये थीं–मानक बाट-माप का प्रयोग, चित्रात्मक लिपि का प्रयोग, सूती- ऊनी वस्त्रों का प्रयोग-मनोरंजन हेतु शतरंज एवं जुए के साक्ष्य का पाया जाना, मातृदेवी की पूजा आदि का साक्ष्य, जो इसे अन्य सभ्यताओं से सर्वोपरि बनाती है। परन्तु सिंधु सभ्यता के ह्रासोन्मुख होते ही इन लक्षणों में भी पतन के लक्षण दृष्टिगोचर होने लगे।

वैदिक संस्कृति

भारत में आर्यों के क्रमिक प्रसार अर्थात् वैदिक संस्कृति के प्रसार के संबंध में ऋग्वेद और बाद के अन्य वैदिक साहित्य में उल्लेखित नदी, पर्वत, प्रदेश, जाति, राज्य आदि के नामों से महत्वपूर्ण और पर्याप्त विश्वसनीय जानकारी मिलती है। विद्वानों की धारणा है कि वेदों में जो भौगोलिक नाम महत्वपूर्ण ढंग से और अधिक बार आते हैं, वे आर्यों के

क्षेत्र में थे। जिनका उल्लेख गौण रूप से एवं कम बार हुआ है वे उनकी संस्कृति की सीमा पर लगे या उनसे भी दूर स्थित होने के द्योतक हो सकते हैं।

ऋग्वेद में आर्य निवास स्थल के लिए सर्वत्र ''सप्तसिन्धव:'' शब्द का प्रयोग किया गया है। इसके अन्तर्गत पंजाब की पाँच नदियाँ शुतुद्री (सतलज), वितस्ता (झेलम), असिविन (चेनाब), पुरूस्णी (रावी), विपासा (व्यास) और सिंधु तथा सरस्वती नदियाँ आती हैं। ऋग्वेद की अफगानिस्तान की चार नदियों का भी उल्लेख करता है ये हैं–कुभा (काबुल), सुवास्तु (स्वात), क्रुमु और गोती (गोमल)। सिंधु नदी क्षेत्र से बाहर की प्रमुख नदियाँ थीं गंगा, जमुना, सरयू, दृषद्वर्त आदि। गंगा का उल्लेख ऋग्वेद में केवल दो बार हुआ है जबकि यमुना एवं सरयू नदियों का तीन-तीन बार उल्लेख हुआ है। सरस्वती का उल्लेख एक पवित्र नदी के रूप में हुआ है जो राजस्थान के मरुस्थल में प्रवाहमान थी। इन नदियों का उल्लेख यह दर्शाता है कि वैदिक जन इन्हीं स्थानों में प्रमुखता से निवास करते थे।

ऋग्वेद में हिमालय पर्वत को हिमवन्त कहा गया है। इसके अतिरिक्त ऋग्वेद में ही इस पर्वत से जुड़ी अन्य पर्वत श्रेणियों, आर्जीक आदि की चर्चा भी की गई है। इसी वेद में आगे चर्चा है कि देवताओं का प्रिय पेय सोम मुजवंत पर्वत से आता था। कुछ इतिहासविदों का मत है कि मुजवंत पर्वत आज का हिन्दुकुश पर्वत हो सकता है। किन्तु ऋग्वेद में विंध्याचल पर्वत का उल्लेख नहीं है जो कि दर्शाता है कि उनका निवास इस स्थान पर नहीं था।

ऋग्वेद में अनेक स्थलों पर मरुस्थल का उल्लेख ''धन्व'' शब्द के माध्यम से किया गया है। इससे पता चलता है कि शायद वे मरुस्थल से भी परिचित हों, तो दूसरी ओर ऐसी मान्यता है कि वे शायद समुद्र से परिचित नहीं थे। यद्यपि ऋग्वेद में सागर का उल्लेख समुद्र, अर्णव; तथा ''चतु: समुद्र'' के माध्यम से हुआ है किन्तु ये विस्तृत जलराशि के ही सूचक लगते हैं।

ऋग्वेद में बहुचर्चित ''दशराज युद्ध'' में वर्णित अज, यक्ष, शिग्र, तथा क्रिबि नामक जनजाति गंगा, यमुना दोआब के निवासी प्रतीत होते हैं। अत: गंगा को ऋग्वैदिक आर्यो की पूर्वी सीमा माना जा सकता है।

निष्कर्षत: कहा जा सकता है कि ऋग्वैदिक काल में आर्यों का निवास-क्षेत्र अफगानिस्तान, पंजाब, हरियाणा, सिंध और राजस्थान का कुछ भाग, हिमाचल का भी कुछ भाग, तथा कश्मीर और उत्तर प्रदेश के पश्चिम भागों में था। इनके कार्यकलापों का मुख्य क्षेत्र पंजाब तथा सरस्वती नदी से लगा अम्बाला क्षेत्र हो सकता है।

उत्तर-वैदिक

उत्तर वैदिक-काल में आर्यों की भौगोलिक सीमा पर विस्तार पूर्वी प्रदेशों में स्थित नगर की ओर होने लगा था। इस संबंध में शतपथ ब्राह्मण में एक सुन्दर आरण्यायिका दी हुई है जिसके अनुसार विदेह माधव था। माधव द्वारा सदानीरा (गंडक नदी) नदी के पूर्वी सीमा आर्यों का निवास हेतु निश्चय किया गया। इसके परिणामस्वरूप आर्यों ने सम्पूर्ण गंगा घाटी पर अपना प्रभुत्व स्थापित कर लिया था। इस प्रक्रिया के दौरान कुरु-पांचाल प्रदेशों ने अत्यधिक महत्ता प्राप्त कर ली थी। इसके अतिरिक्त विदेह, कोसल, काशी, अंग, मगध देशों का उल्लेख भी अनेक ब्राह्मण ग्रंथों में होने लगा। संभवत: दक्षिण में आंध्र, शवर, पुलिंद आदि जातियाँ की सत्ता बनी हुई थी जो वैदिक सभ्यता के प्रभाव से बची हुई थी। उपर्युक्त तथ्यों के आधार पर हम उत्तरवैदिककालीन सीमा विंध्याचल प्रदेश को मान सकते हैं। जोकि इसकी दक्षिणी सीमा थी। इस प्रकार हम निष्कर्षत: कह सकते है कि वैदिक सभ्यता का विकास, उत्तरी भारत में हो गया था।

वैदिक काल की सामाजिक एवं राजनीतिक संस्थाएँ

सामाजिक संस्थाएँ

ऋग्वैदिककालीन समाज मुख्यत: तीन सामाजिक वर्गों में बँटा हुआ था ये थे–योद्धा (सेनानी), पुरोहित एवं सर्वसाधारण। इसके बावजूद भी इस काल में वर्ग चेतना का अभाव था। जैसा कि ऋग्वेद की निम्न पंक्तियों से लगता है,–''मैं चारण हूँ मेरे पिता वैद्य हैं, और मेरी माता अनाज पीसती है।'' इससे लगता है कि समाज का विभाजन केवल सामाजिक एवं आर्थिक संगठन की सुविधा हेतु था। कोई भी वर्ग वंशानुगत नहीं था न ही व्यवसायगत। वर्ण की दिशा में पहला कदम उस समय उठाया गया जब आर्यों ने दासों को सामाजिक परिधि से बाहर कर दिया। इसकी स्वीकृति ऋग्वेद के दशम अध्याय के पुरुष सूक्त में देखने को मिलता है। जिसमें चार वर्णों की चर्चा करते हुए कहा गया है कि ब्राह्मण की उत्पत्ति मुख से, क्षत्रिय की बाहु से, वैश्य की जाँघ से और शुद्र की पैर से हुई है। इसी में चर्चा की गई है कि शूद्रों की उत्पत्ति आर्यों तथा दासों के मिश्रण से हुई है जिसका कर्म अन्य वर्णों की सेवा करना है।

इस काल की सामाजिक इकाई परिवार था, जो कि पितृसत्तात्मक होता था। इस काल में संयुक्त परिवार की प्रथा थी। सामान्य तौर पर एक परिवार में तीन पीढ़ियों के सदस्य साथ-साथ निवास करते थे, जिसका प्रमुख एक वृद्ध होता था। पिता की मृत्यु के पश्चात् ज्येष्ठ पुत्र उस परिवार का प्रधान बन जाता था।

ऋग्वैदिक काल में विवाह संस्कार ने एक संस्था का रूप ग्रहण कर लिया था। इस समय सामान्यत: एक पत्नी प्रथा का प्रचलन था। कुछ बहुपत्नी प्रथा का भी उल्लेख देखने को मिलना है। जैसे– सूर्य की पुत्री सूर्यी दोनों भाई अश्विन के साथ रहती थी। सामान्यत: बाल-विवाह प्रथा का प्रचलन नहीं था। विवाह हेतु जीवनसाथी चुनने का लोगों को पर्याप्त अवसर मिलता था। परन्तु दहेज एवं वधू मूल्य दोनों को प्राप्त किये जाने का साक्ष्य मिलता है। कुछ एक वर्णान्तर विवाह के भी साक्ष्य मिले हैं, जैसे क्षत्रिय राजा असंग ने अंगिरस कुलीय ब्राह्मण कन्या से विवाह किया था।

आर्य परिवारों में यद्यपि पुत्र का जन्म विशेष स्वागत योग्य था तो दूसरी ओर स्त्रियों को भी ऋग्वेद काल में उचित स्थान प्राप्त था। स्त्रियाँ अपने पतियों के साथ यज्ञों में आहुतियाँ देने की अधिकारी थीं। इस काल में सती प्रथा केवल प्रतीकात्मक ही थी। समाज में नियोग प्रथा के साथ-साथ विधवा विवाह भी होता था।

दूध और दूध से बने सामान, शाक, फल, जौ, आर्यों के मुख्य भोजन थे। समारोहों के अवसर पर अधिकाधिक वैभवपूर्ण भोजन तैयार किया जाता था, जिसमें गाय, बैल, बकरे और भेड़ का मांस भी परोसा जाता था। इस भोजन के साथ अत्यन्त मादक द्रव्य सुरा और मधु का प्रयोग भी किया जाता था।

ऋग्वैदिक काल में वासस् अर्थात् निचला वस्त्र तथा अधिवास ऊपर के वस्त्र का उल्लेख मिलता है। अंदरूनी वस्त्र के रूप में नीवी की भी चर्चा मिलती है। नृत्यांगनाओं द्वारा कढ़ाई वाले पोशाक पहनने का उल्लेख मिलता है। आर्यों द्वारा आभूषण प्रेम की चर्चा समकालीन साहित्यों में भी मिलती है। ये आभूषण स्त्री एवं पुरुष दोनों धारण करते थे।

आर्यों का मनोरंजन का मुख्य साधन संगीत, गायन, नृत्य और जुआ था। उन्हें ढोल, वीणा, बाँसुरी जैसे बाद्यों का ज्ञान प्राप्त था। घुड़दौड़ एवं रथदौड़ भी मनोरंजन के लोकप्रिय साधन थे। राजन्य वर्ग द्वारा शिकार करना प्रमुख मनोरंजन के साधनों में से एक थे।

ऋग्वैदिक काल में शिक्षा मौखिक रूप से ही दी जाती थीं। कंठस्थ करने की प्रथा भी प्रचलित थी। अध्ययन के प्रमुख विषय, गणित, व्याकरण, छन्द, नीतिशास्त्र, ज्योतिष आदि प्रमुख थे।

उत्तर-वैदिक काल का समाज प्रमुखतया चार वर्णों, ब्राह्मण, क्षत्रिय, वैश्य और शूद्र में विभाजित था। इस काल में याज्ञिक अनुष्ठान काफी बढ़ गया जिससे समाज में ब्राह्मण वर्ग का समाज में वर्चस्व स्थापित होने लगा। ब्राह्मण वर्ग का समाज में कार्य था–वेद का अध्ययन एवं अध्यापन, यज्ञ कराना, दान स्वीकार करना, आदि, जबकि क्षत्रिय वर्ग का प्रमुख कर्त्तव्य था शासन करना एवं समाज की रक्षा का भार लेना, इन दोनों वर्गों के बाद वैश्य वर्ग कृषि, पशुपालन, वाणिज्य-व्यापार को अपना प्रमुख कर्त्तव्य समझते थे। इस काल में चौथा वर्ग शूद्र की स्थिति बदतर हो गई जिन्हें उपनयन संस्कार से वंचित कर दिया गया। फलत: ऐसा लगता है कि इस काल में सभी वर्गों का कर्म निर्धारित हो गया। इसके अतिरिक्त दूसरी महत्वपूर्ण बात यह थी की वर्ग या वर्ण का निर्धारण कर्म से न होकर वंश के आधार पर होने लगा। इन सब बातों के बावजूद भी वर्णभेद अधिक प्रखर नहीं था।

उत्तर-वैदिक काल में नारी की स्थिति पहले की अपेक्षा गिरी। इस काल में लिखित अथर्ववेद तथा ऐतरेय ब्राह्मण में पुत्री का जन्म दु:ख का कारण माना जाने लगा। मैत्रायणी संहिता में स्त्री की गणना धूत तथा मदिरा के साथ की गई है। यद्यपि मैत्रेयी, गार्गी का उल्लेख प्रमुख मनीषी के रूप में किया गया है।

पूर्व-वैदिक काल (ऋग्वैदिक काल)

भौगोलिक विस्तार

भारत में आर्यों के क्रमिक प्रसार के संबंध में ऋग्वेद और बाद के वैदिक साहित्य में उल्लेखित नदी, पर्वत, प्रदेश, जाति, राज्य आदि के नामों से महत्वपूर्ण और पर्याप्त विश्वसनीय जानकारी मिलती है।

ऋग्वेद में आर्य निवास स्थल के लिए सर्वत्र ''सप्त-सैन्धव:'' शब्द का प्रयोग किया गया है। इसके अंतर्गत पंजाब की पाँच नदियाँ शतुद्रु (सतलज), वितिस्ता (झेलम), असिवनी (चेनाव), पुरूस्णी (रावी), विपासा (व्यास) और सरस्वती तथा सिंधु नदी आती है। इसके अतिरिक्त ऋग्वेद अफगानिस्तान की कुभा (काबुल), सुवास्तु (स्वात), गोमती (गोमल) का भी उल्लेख करता है। इस काल की नदियाँ गंगा एवं यमुना

कम महत्वपूर्ण थीं जिनका उल्लेख ऋग्वेद में क्रमशः दो एवं तीन बार हुआ है।

ऋग्वेद में हिमालय पर्वत को हिमवन्त कहा गया है। परन्तु ऋग्वेद में विंध्याचल या सतपुड़ा का उल्लेखित न होना यह दर्शाता है कि वे इस क्षेत्र तक नहीं पहुँचे थे।

ऋग्वेद में अनेक स्थलों पर मरुस्थल हेतू धन्व शब्द प्रयोग हुआ है इसे अनुमान लगाया जाता है कि संभवतः वे इससे परिचित थे। परन्तु वे समुद्र से परिचित नहीं थे, क्योंकि सागर का उल्लेख विस्तृत जलराशि के ही सूचक लगते हैं।

ऋग्वेद में बहुचर्चित दाशरान युद्ध में वर्णित अज, शिग्र, यक्ष तथा क्रिवि नामक जनजाति गंगा, यमुना दोआब के निवासी प्रतीत होते हैं। अतः गंगा को ऋग्वैदिक आर्यों की पूर्वी सीमा मान सकते हैं।

ऋग्वेद से प्राप्त उपर्युक्त साक्ष्यों के आधार पर हम कह सकते हैं कि इस काल में आर्यों का भौगोलिक विस्तार अफगानिस्तान, पंजाब, हरियाण, सिंध और राजस्थान कश्मीर के साथ-साथ उत्तर प्रदेश का पश्चिमी भागों में भी था। परन्तु इसके कार्यकलापों का मुख्य क्षेत्र पंजाब एवं सरस्वती नदी से लगा अम्बाला क्षेत्र ही था।

उत्तर-वैदिक काल में भौगोलिक विस्तार

उत्तर-वैदिक काल में रचित शतपथ ब्राह्मण में आर्यों की भौगोलिक सीमा का विस्तार पूर्वी प्रदेशों में होने लगा था ऐसा वर्णित है। जिसके अनुसार विदेह्य माधव ने आर्यों की सीमा का विस्तार गंडक (सदानीरा) तक किया। परिणामस्वरूप आर्यों ने लगभग संपूर्ण गंगा घाटी पर अपना प्रभुत्व जमा लिया। इस प्रक्रिया के दौरान कुरु-पांचाल प्रदेश ने अत्यधिक महत्ता प्राप्त कर ली। इसके अतिरिक्त विदेह, कोसल, काशी, अंग मगध देशों का उल्लेख भी अनेक ब्राह्मण ग्रंथों में होने लगा। संभवतः दक्षिण में आंध्र, पुलिंद आदि जातियों की सत्ता बनी हुई थी जो वैदिक सभ्यता से अछूती थी। विन्ध प्रदेश हम दक्षिणी सीमा मान सकते हैं। शतपथ ब्राह्मण में (बंगाल की खाड़ी) पूर्वी सागर तथा अरब सागर पश्चिमी सागर का भी उल्लेख मिलता है जिससे पता चलता है कि वे पूर्णतः सागर से परिचय प्राप्त कर चुके थे।

उत्तर वैदिक साहित्य में वर्णित राज्य, पर्वत, नदी, सागर, वन तथा लौह अवस्थावाली चित्रित घूसर मृद्भांड स्थलों के उत्खनन से ज्ञात होता है उनका किन-किन क्षेत्रों में भौगोलिक विस्तार था।

इस प्रकार उत्तर वैदिक साहित्य में वर्णित भारत का भौगोलिक परिचय प्राचीन ईरानी अभिलेखों में उल्लेखित हिन्दू शब्द के सादृश्य था जिसे मुस्लिम इतिहासकारों ने हिन्दुस्तान नाम दिया।

वैदिक काल की सामाजिक एवं राजनीतिक संस्थाएँ

ऋग्वैदिक काल में आर्य तीन सामाजिक वर्गों में विभाजित थे। ये योद्धा पुरोहित एवं सर्वसाधारण वर्गों में विभाजित होते हुए भी उनमें वर्ग चेतना का अभाव था। ये विभाजन केवल सामाजिक एवं आर्थिक संगठन की सुविधा हेतु था। ऋग्वेद के दशम मंडल के पुरुषसूक्त में चार वर्गों का उल्लेख मिलता है। इस उल्लेख से पता चलता है कि आर्यों ने वैदिक काल के अन्तिम चरण में दासों को सामाजिक परिधि से बहिष्कृत कर दिया था।

समाज की इकाई परिवार था जो पितृसत्तात्मक होता था। सामान्यतः एक परिवार में तीन पीढ़ी तक के लोग एक परिवार के रूप में रहते थे। पिता का परिवार पर पूर्ण नियंत्रण होता था। परिवार समाज का आधार था जो विवाह के पवित्र बंधन एवं परस्पर स्नेह, सम्मान द्वारा संयुक्त परिवार के रूप में प्रतिष्ठित था। पिता की मृत्यु के बाद बड़े पुत्र को उत्तराधिकार स्वतः प्राप्त हो जाता था।

ऋग्वैदिक काल में विवाह एक प्रतिष्ठित संस्था के रूप में मान्यता प्राप्त कर चुका था। ऋग्वेद के ही विवाह सूक्त में विवाह संस्कार का विस्तृत विवरण मिलता है। समाज में सामान्यता एक पत्नी प्रथा का प्रचलन होते हुए भी कुछ बहुपत्नी प्रथा का भी उल्लेख मिलता है।

युवा महोत्सव (समनों) के माध्यम से लड़के एवं लड़कियों का परिचय और विवाह संबंधी प्रमाण यह दर्शाते हैं कि विवाह सामान्यतया व्यस्क होने पर ही किया जाता था। इसके अतिरिक्त विधवा विवाह एवं नियोग प्रथा का भी प्रचलन था।

उत्तर-वैदिक काल का समाज मुख्यतः चार वर्णो ब्राह्मण, क्षत्रिय, वैश्य और शुद्र में विभाजित था। इस काल में ब्राह्मणों की स्थिति व शक्ति में अपार वृद्धि हुई तो दूसरी ओर शूद्र की स्थिति बदतर हो गई, उसे उपनयन संस्कार से वंचित कर दिया गया। विभिन्न वर्णों को कर्म निर्धारण उसके वर्ण से कर दिया गया, फिर भी इस काल तक वर्णभेद अधिक प्रखर नहीं हो पाया था।

उत्तर-वैदिक काल में नारी की स्थिति गिरी। पुत्री का जन्म दुःख का कारण माना जाने लगा। मैत्रायणी संहिता में नारी की तुलना धूत एवं मध्य के साथ की गई है।

सामाजिक जीवन में व्यक्ति के जीवन को सुव्यवस्थित निकास से संबंध करने हेतु आश्रम व्यवस्था की अवधारणा भी आविर्भूत होती दिखाई देती है।

उत्तर-वैदिक युग में विद्यार्थियों को मुख्यत: वैदिक साहित्य का अध्ययन कराया जाता था जबकि बालिकाओं को हस्तकला, चित्रकला, बागवानी, पाककला आदि पर विशेष बल दिया जाता था।

वैदिक काल की राजनीतिक संस्थाएँ

ऋग्वैदिक काल में परिवार राज्य का मूल आधार था। परिवार का मुखिया कुलप कहलाता था। जो गोत्र संबंधों से बंधे रहते थे। ग्रोत्रों के आधार पर ग्राम का निर्माण होता था जिसका प्रमुख ग्रामणी होता था। अनेक ग्राम मिलकर विश बनाते थे, जिसका प्रधान विशपति होता था। विश से जन बनता था जो तत्कालीन समाज की सबसे बड़ी राजनैतिक ईकाई थी, जिनका प्रधान राजा होता था।

परिवार → (कुलप) → गोत्र → ग्राम → विश → जन।

ऋग्वेद में भरत, यदु, अनु, तुर्वस एवं पुरू एक संगठित जन थे जो पंचजन कहलाते थे। वंशागत राजतंत्र शासन का सामान्य प्रकार था, किन्तु कहीं-कहीं राजा के निर्वाचन की चर्चा मिलती है।

प्रारम्भ में राजा सामान्यत: सैनिक नेता होता था जिसे विश से बलि (एक प्रकार का कर) प्राप्त करने का अधिकार होता था। इसके अतिरिक्त वह युद्ध में लूटे गये माल में से भी एक बड़ा भाग प्राप्त करने का अधिकारी होता था।

ऋग्वेद में कबीलों के आधार पर बने बहुत से संगठनों का उल्लेख मिलता है, जैसे सभा, समिति, विदथ एवं गण। ये संगठन राजा के ऊपर नियंत्रण रखने में योगदान करते थे। इनमें सभा एवं समिति का महत्वपूर्ण स्थान था। ऐसा माना जाता है कि सभा जन के वृद्ध लोगों की परिषद् रही होगी, जबकि समिति साधारणजन की सामान्य परिषद थी। ऋग्वेद में विदथ नामक संगठन का भी उल्लेख है जिसके बारे में माना जाता है कि यह इन सबों में सर्वाधिक प्राचीन थी। जिनमें महिलाएँ भी भाग लेती थीं।

दैनन्दिन प्रशासन में कुछ अधिकारी राजा की सहायता करते थे। इनमें सर्वाधिक महत्वपूर्ण पुरोहित होता था। इनके अतिरिक्त सेनानी, व्राजपति (चारागाह का अधिकारी), ग्रामणी स्वश (जासूस) भी राजा की सहायता करते थे।

राजा युद्ध के समय नागरिक सेना का गठन करता था और उनके संचालन में सहायता कबालयी टोलियाँ (व्रात, गण) करती थीं।

उत्तर-वैदिक काल

उत्तर-वैदिक काल में जन के स्थान पर क्षेत्रीय राष्ट्र की अवधारणा मिलने लगती है। इस काल में राजत्व में ईश्वरीय गुण होने का विचार उभरने लगा था। तो दूसरी ओर राजसूय एवं अश्वमेध यज्ञों द्वारा साम्राज्यवादी विचारधारा को भी पवित्रता प्रदान की जाने लगी।

उत्तर-वैदिक काल में राजा के अधिकारों में काफी वृद्धि होती चली गई तथा राजपद वंशानुगत हो गया। कर्मकांडों के विधान में वृद्धि से राजा को और भी प्रभावशाली एवं स्थायी बना दिया गया। सभा में स्त्रियों का प्रवेश निषेध हो गया, और अमीरों एवं ब्राह्मणों का इसमें प्राबल्य हो गया। इस काल में राजा द्वारा टैक्स एवं नजराना लेने का प्रचलन स्थायी हो गया।

राजा को प्रशासन में सहायता हेतु लगभग 15 अधिकारी– पुरोहित, सेनानी, राजन्य, महिषि, गोविकृर्त, पालागल, तक्षन, रक्षकार और परिवृतित सहायता करते थे। इसमें से राजा न्याय कार्य हेतु पुरोहित की सहायता विशेष रूप से लेता था। राज्य कार्य में इतना विस्तार होने के बावजूद भी राजा अब तक कोई स्थायी सेना नहीं रखता था।

वैदिक-कालीन आर्थिक स्थिति

ऋग्वेद के सूक्तों में बड़े पैमाने पर पशुपालन के महत्त्व पर प्रकाश डाला गया है। इससे पता चलता है कि ऋग्वैदिक आर्यों का मुख्य व्यवसाय पशुपालन पशुचारण था। पालतू पशु सम्पन्नता के प्रतीक थे, और एक सम्पन्न आदमी गोमत कहलाता था। गाय मूल्य की माप थी। उपर्युक्त बातों से यह निश्चित तौर पर कहा जा सकता है उस काल में गोपालन महत्वपूर्ण कार्य था, परन्तु बकरियाँ एवं भेड़ के साथ-साथ घोड़े भी पाले जाते थे।

ऋग्वेद में एक ही अनाज 'यव' का उल्लेख है फिर भी उन्हें खेती की बेहतर जानकारी थी। फाल का प्रमुख उल्लेख इस बात की पुष्टि करती है। उन्हें ऋतुओं की भी जानकारी थी।

ऋग्वेद में बढ़ई, रथकार, बुनकर, चर्मकार, कुम्हार आदि शिल्पियों का उल्लेख मिलता है। इससे पता चलता है कि आर्य लोगों को इन शिल्पों की जानकारी थी। व्यापार सामान्यत: वस्तु विनिमय द्वारा होता था जिसमें गाय एक महत्वपूर्ण भूमिका निभाती थी। इस काल में भू-स्वामित्व के

आधार पर व्यक्तिगत संपत्ति का कोई व्यवस्थित सिद्धांत नहीं था। साधारणत: पुरोहितों को दक्षिणा में गायें एवं दासियाँ दान में दी जाती थीं।

उत्तर वैदिक काल

उत्तर-वैदिक काल में कृषि कर्म के अत्यधिक प्रसार के परिणाम-स्वरूप लोगों के आर्थिक जीवन में स्थायित्व आने लगा। इसका प्रमाण चित्रित घूसर मृद्भांड (P.G.W) और उत्तरी काली पालिश मृद्भांड N.B.P.W के प्रयोग से चलता है।

इस काल में कृषि ने इतना महत्वपूर्ण स्थान ग्रहण कर लिया कि शतपथ ब्राह्मण में तो जुताई से संबंधित कर्मकांडों पर एक पूरा अध्याय ही लिखा गया है। इसमें ही चार से 24 बैलों द्वारा हल खींचे जाने का वर्णन है। सामान्यत: हल लकड़ी के बने होते थे। परन्तु लोहे के हल 800 B.C. का प्रयोग भी होने लगा था। लोहा को उस समय श्याम (कृष्ण) अयस कहा जाता था।

उत्तर वैदिक काल में यव के स्थान पर चावल एवं गेहूँ मुख्य फसल हो गये। साथ-साथ अन्य फसल भी बोये जाने लगे। अर्थववेद में तो फसल की रक्षा हेतु देवताओं से याचना की जाने लगी। इसी से कृषि के महत्व का पता चलता है। इस समय काल में मिश्रित कृषक व्यवस्था अपनाई जाने लगी, जिसमें कृषि के साथ-साथ पशुपालन भी किया जाता था। जिससे भूमि पर परिवार का स्वामित्व स्थापित होने लगा।

उत्तर-वैदिक काल में व्यापार होने के भी साक्ष्य मिले हैं। व्यापार मुख्यत: वस्तु विनिमय पर ही आधारित था। इस समय तक सूदखोरी एक व्यवसाय का रूप ले लिया था। व्यापार में मुख्यत: यातायात के रूप में बैलगाड़ी (अनस), रथ, जलपोत का उपयोग किया जाता था।

उत्तर-वैदिक काल में विभिन्न शिल्पों की अपार उन्नति हुई। इसमें धातुकर्म, रथकार, चर्मकार, स्वर्णकार, कुम्हार जुलाहे का शिल्प प्रमुख है। इस काल में रचित वाजसेनी संहिता से हमें उस काल मे पाये जाने वाले धातुओं हिरण्य (स्वर्ण), श्याम (लोहा), ताम्र, सीसा, काँसा आदि की जानकारी मिलती है।

कुल मिलाकर उत्तर वैदिक अवस्था में लोगों के भौतिक जीवन में भारी उन्नति हुई। पशुचारी और मायावरी जीवन प्रणाली की जगह खेती जीविका का मुख्य पेशा हो गया। इससे जीवन में स्थायित्व आ गया। परिणाम स्वरूप विविध शिल्पों और कलाओं के समन्वित विकास से वैदिक काल के व्यक्ति उत्तरी गंगा के मैदानों में स्थाई रूप से बस गये।

वैदिक संस्कृति में धार्मिक एवं दार्शनिक विचार

ऋग्वेदकालीन आर्यों के प्राचीनतम धार्मिक विचार जीवात्मावाद दर्शन के प्रकृतिवादी सिद्धांत पर आधारित था। जिसमें ईश्वर को सृष्टिकर्त्ता के रूप में स्वीकार किया गया। वैदिक देवता शक्तिशाली एवं दयालु थे जो उनकी उपासना एवं यज्ञ करने वालों से प्रसन्न होकर उनकी मनोकामना पूर्ण करते थे। प्रकृति पूजा ही आर्यों का धर्म था। वैदिक आर्यों का विश्वास था कि 'ऋग्वेद में देवताओं की कुल संख्या 33 बताई है। यास्क ने इस देवताओं की तीन वर्गों में विभाजित किया जो क्रमश :

(A) पृथ्वीस्थानीय : अग्नि, सोम, वृहस्पति, पृथ्वी, सरस्वती, इंडा, भारती, त्वस्ट्रि और मातरिश्वन्।

(B) अन्तरिक्ष स्थानीय : इन्द्र, रुद्र, मरूत, वायु, पर्जन्य, अदिति, यम, विवस्वत।

(O) धुस्थानीय (आकाशीय) : दयोस, वरुण, मित्र, विष्णु, पूषण, अश्विन, सूर्य, सवित, उषा, आदित्य।

इन सभी में भी इन्द्र, अग्नि और वरुण को सर्वाधिक महत्व प्राप्त था। इन्द्र को शक्ति और वीरता का देवता मानते हुए पुरन्दर कहा गया है जबकि अग्नि को देवताओं का मुख्य माना गया और ऐसा माना जाता है कि अग्नि देवता और ईश्वर के बीच मध्यस्थ का काम करते हैं। वरुण को ऋतुओं में संतुलन स्थापित करने वाला जल का अधिपति माना गया है।

ऋग्वेद में देवताओं के साथ-साथ कुछ देवियों की चर्चा भी कि गई है जिसमें पृथ्वी, स्तुति, उषा, सरस्वती प्रमुख हैं।

वैदिक काल में मंदिर तथा मूर्ति-पूजा का प्रचलन नहीं था। देवताओं की उपासना की मुख्य रीति भी स्तुतिपाठ करना और यज्ञबलि अर्पित करना। यज्ञाहुति में शाक, जौ और अन्य वस्तुएँ दी जाती थीं, परन्तु इस काल की एक उल्लेखनीय बात थी उस समय कोई याज्ञिक मंत्र का पाठ नहीं किया जाता था। उपासना एवं यज्ञ केवल भौतिक उपलब्धि की प्राप्ति हेतु की जाती थी।

उत्तर-वैदिक काल

इस काल में हुए राजनीतिक, आर्थिक और सामाजिक परिवर्तनों ने धर्म को भी प्रभावित किया, जिसके परिणाम-स्वरूप यज्ञ और धार्मिक अनुष्ठानों का महत्व बढ़ने लगा।

ऋग्वैदिक काल के प्रमुख देवताओं इन्द्र, वरुण अग्नि

का स्थान प्रजापति ने ले लिया तो दूसरी ओर विष्णु को सृष्टि सृष्टा एवं रक्षक माना जाने लगा। घुमक्कड़ कबीले के स्थान पर अस्थायी वासी की अधिकता ने प्राकृतिक तत्वों के देवताओं को कम महत्व देने लगे।

इस काल में यज्ञ एवं धार्मिक अनुष्ठान का कार्य पहले की उपेक्षा अधिक जटिल हो गया। अब यज्ञों में बड़े पैमाने पर पशुबलि दी जाने लगी। परिणामस्वरूप समाज में ब्राह्मणों एवं यज्ञ पशुबलि के खिलाफ तीव्र प्रतिक्रिया सामने आई जिसका प्रमाण उपनिषद् में निहित विचारों में देखने को मिलता है। यज्ञिक मार्ग की उपेक्षा करते हुए उन्होंने मोह प्राप्ति देते ज्ञान-मार्ग को सही एवं उचित बनाया।

वैदिक के अन्तिम चरण छठी शताब्दी ई॰पू॰ में कृषि का अत्यधिक विकास, मुद्रा का प्रचलन, व्यापार की प्रगति, उद्योगों का विकास (खासकर लोहा) से नगरों के उत्थान का मार्ग प्रशस्त कर दिया जिससे साम्राज्यवादी विचारधारा का प्रसार होने लगा। इन्हीं सब कारणों ने जन को महाजनपद बनाने में भारी योगदान किया। परन्तु ऐसा जान पड़ता है मुख्यत: तकनीकी उपलब्धियों के कारण कृषि का उत्पादन इस काल में अधिशेष की स्थिति में पहुँच गया जिससे राज्य की शक्ति में प्रभावशाली वृद्धि हुई। इसी शक्ति को प्राप्त करने हेतु विभिन्न राज्यों के मध्य टकराव पैदा होने लगा। इन टकरावों से जो राज्य सामारिक रूप से मजबूत थे उन्हीं राज्यों ने आगे चलकर महाजनपद का रूप ले लिया।

बौद्ध साहित्य अंगुत्तर निकाय में समकालीन 16 महाजनपदों का उल्लेख है ये निम्न थे :

महाजनपद	**राजधानी**
1. मगध	राजगृह/गिरिब्रज
2. काशी	वाराणसी
3. अंग	चंपा
4. कोशल	उत्तर श्रावस्ती/दक्षिण कुशावती
5. वत्स	कौशांबी
6. सुरसेन	मथुरा
7. वज्जि	वैशाली
8. मल्ल	कुशीनारा/पावा
9. चेदि	सुक्तिमती
10. कुरु	इन्द्रप्रस्थ
11. पांचाल	काम्पित्थ/अहिच्छत्र (उत्तर)
12. मत्सत्य	वैराट
13. अस्मक	पोतन/प्रतिष्ठान
14. अविन्त	महिस्मती/उज्जयिनी
15. गान्धार	तक्षशिला
16. कम्बोज	लाजपुर

अंगुत्तर निकाय के अतिरिक्त इसी सूची को महावस्तु में भी दोहराया गया, परंतु दो नामों में भिन्नता है। इसी तरह भगवतीसूत्र एवं पाणिनी की अष्टअध्यायी में भी महाजनपदों के नामों का उल्लेख कमोवेश एक समान है जिसमें सर्वाधिक महत्वपूर्ण एवं शक्तिशाली मगध महाजनपद था।

इन महाजनपदों के अतिरिक्त विभिन्न पालि एवं जैन ग्रंथों के 11 महत्वपूर्ण गणराज्यों (संघों) का भी उल्लेख मिलता है जो निम्न थे

1. वैशाली के लिच्छवी
2. कपिलवस्तु के शाक्य (सक्रिय)
3. पावा के मल्ल
4. मिथिला के विदेह
5. कुशीनारा के मल्ल
6. रामग्राम के कोलिय
7. अल्लकम्प के बुलि
8. केसुपुप्त के कलाम
9. पिप्पलिवन के मोरिय
10. वैशाली के [नाम] (ज्ञातृक) लिच्छिवी
11. संसुमार के गिरि के भग्ग

इन सभी में सबसे प्रतापी गणराज्य लिच्छिवि था। गणराज्यों की सामान्य परंपरा सामूहिक उत्तरदायित्व के आधार पर संचालित होता था। इन गणराज्यों में शासन व्यवस्था लंबे समय तक स्थापित रही तो दूसरी ओर साहित्यों को लिपिबद्ध इसी समय बड़े पैमाने पर किया जाने लगा था जिससे इन गणराज्यों में राज प्रतिनिधि का निर्वाचन, गणपूर्ति, शासन में सहयोग करने वालों की भूमिका, दंड प्रक्रिया आदि का उल्लेख विस्तृत रूप में किया गया है।

उपर्युक्त महाजनपदों एवं गणराज्यों की स्थापना से जान पड़ता है कि यह नगरीकरण की दूसरी अवस्था थी जो काफी लम्बे समय तक कायम रही। इन नगर केन्द्रों की प्रमुख विशेषता थी आर्थिक उदारीकरण, जिसमें गैर- कृषक एवं अनुत्पादक वर्ग की व्यापारियों के रूप में प्रधानता स्थापित रही जिससे समाज में उनका वर्चस्व बना रहा। परिणामस्वरूप समाज में वर्ण एवं आश्रम व्यवस्था का स्वरूप काफी शिथिल

रहा। परिणामस्वरूप समाज में व्यापारिक गतिविधि तेज हुई जिससे लोगों का सामाजिक आर्थिक स्थिति काफी मजबूत हुआ।

जैन एवं बौद्ध धर्म

जैन धर्म का उदय

जैन धर्म का तात्पर्य है जिन (इन्द्रियों एवं कर्मों के विजता) का धर्म। दूसरे शब्दों में जिसने अपनी इन्द्रियों को जीत लिया है। यह वह धर्म है जो इन्सान को ही नहीं अपितु जानवर, पशु, पक्षी प्रत्येक जीव-प्राणी में अपनत्व भाव दर्शाता एवं सिखाता है और यह आत्म-कल्याण का मार्ग बताता है। इस प्रकार जैन धर्म आत्मा को परमात्मा मानता है जिसमें भावना प्रधान होती है। प्राणी का भावनानुसार कर्मों का बंधा होता है अत: आत्मा के स्वभाव को बताने वाले धर्म को जैन धर्म कहते हैं।

जैन मतानुयायियों के अनुसार, जैन धर्म अनादिकाल से है। जैन परम्परा से तृतीय काल की समाप्ति पर चतुर्थ काल का प्रारम्भ अर्थात् भोग भूमिसमाप्त हुई और कर्म- भूमि प्रारम्भ हुई, तब भगवान ऋषभदेव से जैन धर्म का प्रतिपादन किया। भगवान ऋषभदेव प्रथम तीर्थंकर माने जाते हैं तथा महावीर अन्तिम। अन्तिम तीर्थंकर, वर्धमान महावीर का जन्म 540 ई०पू० कुण्डग्राम (बिहार, जिला मुजफ्फरपुर) के महाराज सिद्धार्थ एवं माता त्रिशला के यहाँ हुआ था। महावीर के नाना राजा चेतक वैशाली गणतंत्र के प्रमुख थे।

महावीर 30 वर्षों तक विदेह नाम से गृहस्थाश्रम में रहे। उसके 13 वर्षों के उपरान्त जृभिकाग्राम के बाहर ऋजुपालिका नदी तट पर कैवल्य की प्राप्ति हुई। बुद्ध की तरह ही 11 प्रमुख शिष्य थे जिनकी चर्चा कल्पसूत्र ग्रंथ में है। महावीर ने जैन धर्म का आरम्भ कर्म से मानते हुए, जन्म, मृत्यु, के उस चक्र कर्म के अवश्यंभावी परिणाम की व्याख्या की तथा बताया कि तप द्वारा कर्म का क्षय करना और अशुभ कर्मों का आस्त्रव रोक देना यही उद्देश्य होना चाहिए। 72 वर्ष की आयु में 468 ई०पू० पावा में उनकी मृत्यु हो गयी।

महावीर ने जैन धर्म के 4 व्रतों में (1) हिंसा न करना, (2) चोरी न करना, (3) असत्य न बोलना, (4) संपत्ति का संचय न करना में 5वाँ व्रत ब्रह्मचर्य जोड़ दिया।

वर्द्धमान महावीर द्वारा प्रतिपादित जैन धर्म के प्रमुख सिद्धांत व शिक्षाएँ निम्नलिखित थीं :

(i) महावीर कर्मवादी होते हुए पुनर्जन्म में विश्वास करते थे।

(ii) उन्होंने मानव मात्र की समानता पर बल दिया।

(iii) वे वेदों तथा वैदिक कर्मकाण्डों को अस्वीकार करते हुए संयमित और सामान्य जीवन का पूरा समर्थन किया जिसका उद्देश्य कैवल्य की प्राप्ति बताया।

(iv) उन्होंने जीवन का अन्तिम उद्देश्य जन्म और पुनर्जन्म के चक्र से छुटकारा पाना बताया।

(v) उन्होंने जैनियों हेतु पाँच-अणुव्रत की संकल्पना दी ये है– अहिंसा, सत्य, अस्तेय, अपरिग्रह एवं ब्रह्मचर्य।

जैन धर्म में त्रिरत्न का विशेष महत्व है, ये हैं– भक्तियोग, ज्ञानयोग, कर्मयोन। जैन धर्मों के आचार्यों का मानना है कि श्रद्धा, ज्ञान, क्रिया द्वारा किसी भी कार्य में सफलता प्राप्त की जा सकती है।

जैनियों ने अहिंसा पर विशेष बल दिया है साथ-साथ, 8 विशेष अहंकारों को भी त्याज्य माना है।

1. अपनी बुद्धि का
2. अपनी धार्मिकता का
3. अपने वंश का
4. अपनी जाति का
5. अपने शरीर या मनोबल का
6. अपनी चमत्कारिक शक्तियों ने
7. अपने योग और तप का तथा,
8. अपने रूप और सौन्दर्य का अहंकार

उपर्युक्त मतों के विवेचन से ज्ञात होता है कि जैनों का विशेष ध्यान पहले देह व अन्त:करण शुद्धि की ओर था। तीसरी सदी ई०पू० से ही दिगम्बर और श्वेताम्बर नामक दो सम्प्रदायों में विभाजन जैन धर्म में व्यापक सुधार के दृष्टिकोण से देखा जा सकता है। चूँकि जैन धर्म का मूल लक्ष्य हिन्दू धर्म का सुधार था जिससे जैनियों ने वैष्णव शाखा के तत्वों को पूर्णरूप से अंगीकार कर लिया था। हिन्दू धर्म पर इसकी अहिंसा का व्यापक प्रभाव भी पड़ा है। जैन धर्मावलंबियों में अधिकतर व्यापारी वर्ग के होने के कारण भी इसके अहिंसावाद का ही परिणाम है।

जैनियों ने साहित्य के उत्थान में व्यापक योगदान दिया जिसमें 12 अंग, 12 उपांग एवं चार धर्मसूत्र का नाम लिया जा सकता है। दूसरी ओर साहित्य के साथ-साथ कला का विकास मन्दिर एवं चैत्य के निर्माण दिखाता है जिसमें प्रमुख है माउण्ट

आबू (राजस्थानं) का दिलवाड़ा जैन मन्दिर अपनी उत्कृष्ट कला का नमूना है। जैन धर्म में सुधार हेतु प्रथम जैन सभा का आयोजन लगभग तीन सौ ई०पू० (300 B.C) में पाटलिपुत्र में हुआ, जिसकी अध्यक्षता आचार्य स्थूल भद्र ने की थी। अन्तिम महासभा वल्लभी में 5वीं शताब्दी ई० में आचार्य क्षमाश्रमण के नेतृत्व में हुआ। इसी महासभा द्वारा जैन साहित्य का वह रूप स्थित हुआ जो आज भी देखने को मिलता है।

बौद्ध धर्म का उदय

बौद्ध धर्म के संस्थापक गौतम बुद्ध थे जिसके बारे में बौद्ध आख्यानों में चर्चा है कि यदि बुद्ध संसार का त्याग न किये होते तो वे एक चक्रवर्ती सम्राट होते। बुद्ध का जन्म 563 ई०पू० शाक्य गणराज्य की राजधानी कपिलवस्तु के समीप लुम्बिनी में वैशाख पूर्मिमा के दिन हुआ। आपके पिता शुद्धोधन शाक्य गणराज्य के शासक थे। इनकी माता का नाम माया था। गौतम बुद्ध का विवाह यशोधरा से हुआ। एक वर्ष पश्चात् जब वे 17 वर्ष के थे तो उन्हें एक पुत्र प्राप्त हुआ जिसका नाम राहुल था। जब पुत्र का जन्म हुआ तो उन्होंने सोचा कि ये बन्धन का जन्म हुआ। कुछ समय बाद जब उन्होंने एक वृद्ध, रुग्ण व्यक्ति व मृत व्यक्ति को देखा तो उनका हृदय उनके दुःखों को देखकर द्रवित हो गया। पुनः एक संन्यासी को देखकर उसके जीवन से प्रभावित होकर 29 वर्ष की युवा आयु में वे शांति की खोज में संन्यासी बन गये।

उन्होंने संन्यासी जीवन हेतु अपना प्रथम गुरु राजगृह के अलार और उद्रक को बनाया परन्तु उन्हें तब भी शान्ति न मिली। इसी तरह वे लगभग 6 वर्षों तक भटकते रहे। 35 वर्ष की आयु में वैशाख पूर्णिमा के ही दिन उन्हें बोधगया में शालवृक्ष (पीपल वृक्ष) के नीचे आत्मज्ञान की प्राप्ति हुई। बौद्ध द्वारा इसे संबोधि कहा गया। इसी के उपरान्त वे बुद्ध कहलाये। ज्ञान प्राप्ति के उपरान्त उन्होंने अपना पहला धर्मोपदेश सारनाथ में दिया उसके बाद अपनी मृत्यु तक वे इस धर्म का प्रचार करते रहे। 80 वर्ष की आयु में 483 ई०पू० उनका निधन कुशीनगर में हुआ। संयोगवश यह दिन भी वैशाख पूर्णिमा ही था।

गौतम बुद्ध ने जिस धर्म को प्रतिपादित किया उसके तीन आधार स्तंभ हैं (A) बुद्ध, (B) धम्म, (C) संघ इसमें सबसे प्रमुख था संघ जिसके अन्तर्गत सारे भिक्षुओं के अधिकार समान थे। जबकि धम्म से आशय था बुद्ध द्वारा प्रतिपादित नियमों एवं नीतियों का प्रसार-प्रचार।

स्वयं बुद्ध ने ही अपने धर्म को मध्य-मार्ग कहा है और उपदेश दिया कि हमेशा अति से बचना चाहिए। बुद्ध ने चार अर्थ सत्यों की चर्चा की : (1) यह संसार दुःखमय है, (2) दुःख हेतु (इन दुःखों का कारण), (3) दुःख निषेध दुःखों से वास्तविक मुक्ति, (4) दुःख निदान मार्ग (दुःख के निरोध अष्टांगिक मार्ग द्वारा)।

बुद्ध ने दुःख से छुटकारा पाने हेतु आठ-अष्टांगिक मार्ग बताये जिसके पालन से व्यक्ति दुःखों से मुक्त हो सकता है। ये हैं–

1. **सम्यक् दृष्टि :** कायिक, मानसिक, वाचिक द्वारा भले-बुरे कर्मों का ठीक ज्ञान।
2. **सम्यक् संकल्प :** संकल्प, राग, हिंसा और प्रतिहिंसा से रहित हो।
3. **सम्यक् वचन :** सत्य मधुर बोली बोले।
4. **सम्यक् कर्म :** शुद्ध उचित कर्म करना चाहिए।
5. **सम्यक जीविका :** हिंसा उत्पन्न करने वाली जीविकाएँ उचित नहीं होती हैं।
6. **सम्यक् प्रयत्न :** आत्म-नियंत्रण का प्रयास करना चाहिए।
7. **सम्यक् स्मृति :** यह स्मरण रखना चाहिए कि शरीर और मन के धर्म मलिन तथा क्षण-विध्वंसी होते हैं।
8. **सम्यक् समाधि :** चित्त की एकाग्रताही ही समाधि है।

इन सब बातों के अतिरिक्त बुद्ध ने जीवन में सबके लिए समानता का उपदेश दिया। समानता के साथ-साथ उन्होंने कर्मवाद का भी उपदेश दिया और बताया कि कर्म से कोई व्यक्ति सेवक या स्वामी बनता है। इसके लिए उन्होंने कहा कि काम, क्रोध, मद, लोभ, मोह आदि पर विजय प्राप्त करके ही अपनी वास्तविक उन्नति को प्राप्त कर सकता है अर्थात् वे अध्यात्मवाद को अस्वीकार करते हुए व्यक्ति के नैतिक उत्थान पर विशेष बल दिया। फलस्वरूप वे पुनर्जन्म की अवधारणा में भी विश्वास करते थे। उनका मानना था कि व्यक्ति उच्च नैतिकता के बल पर जन्म-मरण के बंधन से छुटकारा प्राप्त कर सकता है।

बुद्ध ने सामाजिक असमानता समाज में व्याप्त की। हिंसा की निंदा करते हुए सारे विश्व में बंधुत्व की भावना हेतु प्रत्येक स्तर पर अहिंसा की नीति पर बल दिया। परिणामस्वरूप कहा जा सकता है कि उन्होंने एक ऐसे दर्शन या धैर्य का प्रतिपादन किया जो समानता के लोकोत्तर दर्शन था।

जब तक महात्मा बुद्ध जीवित रहे बौद्ध धर्म सफलता-

पूर्वक चलता रहा। परन्तु उनकी मृत्यु के उपरान्त ज्यों-ज्यों उनके मतावलंबियों की संख्या में वृद्धि हुई उनमें आपसी मतभेद बढ़ने लगा। परिणामस्वरूप इन मतभेदों को निपटाने हेतु बौद्धों ने समय-समय पर महासम्मेलनों का आयोजन किया, ये हैं :

(i) प्रथम बौद्ध संगीति 478 ई॰पू॰ राजगीर में (983 ई॰पू॰)।

(ii) द्वितीय बौद्ध संगीति 378 ई॰पू॰ वैशाली में (373 ई॰पू॰)।

(iii) तृतीय बौद्ध संगीति 251 ई॰पू॰ पाटलीपुत्र में (248 ई॰पू॰)।

(iv) चतुर्थ बौद्ध संगीति 120 ई॰ कश्मीर।

बुद्ध के निर्माण के सौ वर्ष बाद ही बौद्ध धर्म दो सम्प्रदायों में विभक्त हो गया जो धीरे-धीरे अशोक के काल में 18 सम्प्रदायों तक पहुँच गया है। जिसमें सर्वप्रमुख हैं हीनयान तथा महायान। महायानियों ने बुद्ध की मूर्तियों को प्रचार-प्रसार का एक माध्यम बनाया। उनका मानना है कि प्राणिमात्र को अपना सर्वस्व समर्पित कर देना ही मनुष्य का परम कर्त्तव्य है जबकि हीनयान मानता है व्यक्ति का एकमात्र कर्तव्य निर्वाण प्राप्ति।

बौद्धों के ज्यादातर साहित्य पालि भाषा में हैं जिनमें प्रमुख हैं– विनयपिटक, सूतपिटक, अभिधम्म पिटक। बौद्ध धर्मावलम्बियों ने पालि साहित्य के विकास में भी योगदान दिया। इसके अन्तर्गत कच्चायन व्याकरण लिखा गया। तो अशोक, हर्षवर्धन, कनिष्क आदि शासकों ने इस धर्म का प्रचार-प्रसार देश-विदेशों में कर भारतीय धर्म को एक विश्वस्तरीय धर्म बना दिया परन्तु बौद्ध धर्म में धीरे-धीरे अनेक खामियाँ घर कर गईं जिससे इस धर्म का धीरे-धीरे बिखराव होने लगा और अन्ततः 12वीं सदी में यह भारत से लगभग विलुप्त-सा हो गया। परन्तु इन सब बातों के बाद भी बौद्ध धर्म का भारतीय इतिहास के शिल्प कला क्षेत्र में जो योगदान है वह अब भी सराहनीय है। वे हैं कार्ले की गुफा, चैत्य, विहार, साँची, भरहुत, अमरावती आदि के स्तूप प्रस्तर स्तंभ, के साथ-साथ मथुरा एवं गान्धार की विशिष्ट कला शैलियाँ। विश्व कला के क्षेत्र में इस शैलियों ने भारत का नाम रोशन कर दिया। प्रतिष्ठा में चार-चाँद लगा दिया।

मगध का उत्थान

बुद्धकालीन महाजनपदों में सर्वाधिक महत्वपूर्ण एवं शक्तिशाली महाजनपद मगध था। जिसने आगे चलकर एक अखिल भारतीय साम्राज्य स्थापित किया। इस साम्राज्य की स्थापना में हर्यक वंशीय शासक बिम्बिसार का उल्लेखनीय योगदान रहा था। संभवतः इसी के फलस्वरूप पुराणों एवं बौद्ध ग्रंथों में इस साम्राज्य व इसके शासकों का विस्तारपूर्वक उल्लेख मिलता है। इसकी राजधानी गिरिब्रज थी।

बिम्बिसार अपने युग का एक अत्यन्त महत्वपूर्ण, महत्वाकांक्षी नरेश था। वह अपनी सैन्य शक्ति के साथ-साथ अपनी कमजोरियों को भी अच्छी तरह से समझता था। इसीलिए शुरू-शुरू में उसने अपना ध्यान अपने पूर्व में स्थित अंग राज्य पर लगाया एवं विजयी रहा। विजय के साथ-साथ उसने वैवाहिक संबंधों द्वारा भी अपनी शक्ति में वृद्धि करने पर बल दिया। उसी परिपेक्ष्य में उसने शक्तिशाली कोसल नरेश से दोहरी वैवाहिक नीति अपनाई। उसने अपनी बहन का प्रेसनजित से विवाह किया एवं स्वयं प्रसेनजित की बहन कोसलादेवी को अपनी रानी बनाया। इसी नीति पर चलते हुए उसने अन्य राज्यों से भी वैवाहिक संबंध बनाया जिसमें लिच्छवी, भद्र आदि था। उपर्युक्त बातों के अतिरिक्त उसने सभी महाजनपदों खासकर अवन्ति महाजनपद से राजनीतिक व्यापारिक संबंध को भी बढ़ाया जिससे मगध साम्राज्य की आर्थिक स्थिति काफी मजबूत हो गई जिससे अन्य सैन्य अभियानों के लिए पर्याप्त धन की व्यवस्था हो गई।

बिम्बिसार के बाद मगध साम्राज्य का शासन अजातशत्रु के हाथों में आया जिसका शासनकाल 492 ई॰पू॰ से 460 ई॰पू॰ तक माना जाता है। जिसका उद्देश्य साम्राज्य विस्तार की उपेक्षा गंगा सरित्प्रणाली पर आधिपत्य स्थापित करना था जिससे उस काल में व्यापारिक मार्गों (नदी मार्ग) पर आधिपत्य स्थापित कर साम्राज्य का आर्थिक आधार सुदृढ़ किया जा सकें। अजातशत्रु की श्रेष्ठ उपलब्धि थी वज्जि संघ की विजय। उस समय वज्जि संघ 32 गणराज्यों का एक संघ था। उसमें परस्पर एकता भी थी जिसे अज्ञातशत्रु ने तोड़ दिया। एक लंबे संघर्ष द्वारा ही उसने बज्जि संघ को अपने साम्राज्य में मिला लिया।

इन उपलब्धियों के साथ उसने धार्मिक क्षेत्र में भी उत्कर्ष कार्य किया। उसके ही शासनकाल में मगध साम्राज्य की राजधानी गिरीब्रज (राजगृह) में प्रथम बौद्ध संगीति का आयोजन 483 ई॰पू॰ में हुआ। उसने राजगृह में ही एवं बौद्ध स्तूप का निर्माण भी कराया। अजातशत्रु के बाद उदयिन 460 ई॰पू॰–445 ई॰पू॰ राजसिंहासन पर बैठा। उसकी सबसे बड़ी उपलब्धि थी गंगा तथा सोन नदियों के संगमपर पाटलिपुत्र नगर (कुसमपुर)

की स्थापना करना। पाटलिपुत्र को उसने अपनी नई राजधानी भी बनाया। उदयिन के पश्चात् क्रमशः अनिरुद्ध, मुण्ड तथा दर्शक सिंहासन पर बैठे। संभवतः नागदशक हर्यंकवंश का अन्तिम शासक हुआ जिसे उसके ही अमात्य शिशुनाग ने हत्या कर मगध साम्राज्य पर कब्जा कर लिया। इसके परिणामस्वरूप 412 ई॰पू॰ में शिशुनाग ने शिशुनाग वंश की स्थापना की।

शिशुनाग ने क्रमशः अवन्ति (उज्जैन) एवं वत्स, और कोसल राज्यों को भी परास्त कर मगध साम्राज्य में मिला लिया, जिससे मगध साम्राज्य का विस्तार बंगाल से मालवा तक हो गया। शिशुनाग के बाद कालाशोक या काकवर्ण इस वंश का शासक हुआ। संभवतः वह इस वंश का सबसे प्रतापी शासक था जिसका शासनकाल 394 ई॰पू॰ से 366 ई॰पू॰ रहा। कालाशोक की राजकीय उपलब्धि यह रही कि उसने ही 383 ई॰पू॰ वैशाली में द्वितीय बौद्ध संगीति का आयोजन करवाया।

कालाशोक को युद्ध में पराजित कर नंदवंश के महानंदिन ने मगध साम्राजय पर नंद वंश का प्रभुत्व स्थापित किया। महापद्मनंद ने जिसका शीघ्र वध कर वास्तविक नंद वंश की स्थापना 362 ई॰पू॰ में की। मगध साम्राज्य में कलिंग को मिलाया जाने से महापद्मनंद की शक्ति में अपार वृद्धि हो गई। इस विजय के बाद उसने एकरात्त की उपाधि धारण की। महापद्मनंद के आठ पुत्रों में से धनानंद को नंद वंश का अन्तिम शासक होने का गौरव प्राप्त हुआ। धनानंद सिकन्दर का समकालीन था इसकी पुष्टि ऐतिहासिक स्त्रोतों से हुई है। यूनानी लेखकों ने धनानंद को अग्रमीज कहा एवं उसके साम्राज्य की सैन्य एवं समृद्धि की व्यापकता की चर्चा की है। धनानंद के समय में ही सिकन्दर ने 327 ई॰पू॰ पश्चिमोत्तर भारत पर आक्रमण किया था। परन्तु उसकी सैन्य क्षमता के आकलन से सिकन्दर ने धनानंद से युद्ध न करना ही बेहतर समझा। 321 ई॰पू॰ धनानंद को चंद्रगुप्त मौर्य द्वारा वध किये जाने से इस वंश के साम्राज्य का अंत हो गया। इस पराजय में चाणक्य ने चंद्रगुप्त को भरपूर सहयोग दिया जो आगे चलकर अपनी नीतियों के लिए विश्वविख्यात हुआ।

विभिन्न धार्मिक एवं ऐतिहासिक साहित्यों में वर्णित 16 महाजनपदों में से वर्णित मगध साम्राज्य का उदय हेतु बहुत से कारक का योगदान रहा। इसमें इसके शासकों का व्यक्तित्व उसकी नीतियाँ प्रमुख थीं। दूसरी ओर गंगा के मैदानी भाग की उपजाऊ मिट्टी ने मगध साम्राज्य को कृषि का सुदृढ़ आधार प्रदान किया जिससे प्राप्त अधिशेष को उस समय के मगध शासकों ने अपने साम्राज्य के विस्तार व विकास में लगाया। मगध शासकों ने गंगा जैसे महत्वपूर्ण व्यापारिक मार्गों का दोहन भी अपने हित में किया। मगध के शासकों ने कृषि कर के साथ-साथ व्यापार एवं उद्योग पर कर भी निश्चित कर दिया जिससे राज्य को एक नियमित आय का स्त्रोत उपलब्ध हो गया जिससे राज्य को नियमित आय के स्त्रोत का उपयोग अत्यंत संभव हो गया। मगध साम्राज्य की राजधानी राजगीर एवं पाटलिपुत्र क्रमशः एक पहाड़ी तो दूसरी जल द्वारा भली-भाँति सुरक्षित थी जिंससे किसी अन्य जनपद द्वारा हमेशा इसे युद्ध का डर व पराजय का भय नहीं रहता था। लोगों को व्यवसाय की स्वतंत्रता भी प्राप्त थी। इन सभी उपर्युक्त कारणों ने सामूहिक रूप से मगध महाजनपद को एक साम्राज्य के रूप में विकसित होने में सहायता दी। परिणामस्वरूप मगध साम्राज्य का उदय उत्तर भारत में तत्कालीन परिस्थितियों में राजनीतिक गतिविधियों का केंद्रीय स्थल हो गया।

मेसीडोनिया आक्रमण और उसका प्रभाव

मेसीडोनिया का शासक सिकन्दर एक स्वप्नदर्शी शासक था। उसका स्वप्न था कि वह एक दिन विश्व- विजयी हो और सदा के लिए अमर हो जाए। उसने स्थानों के विजयोपरान्त भारत विजय की नीति भी बनाई। इसी परिपेक्ष्य में अपने विजय का शुभारंभ पश्चिमोत्तर भारत से शुरू किया। पश्चिमोत्तर भारत में उसकी राजनीतिक स्थिति काफी विशृंखल थी। इस क्षेत्र के राज्य व गणराज्य में आपसी कलह जोरों पर थी। उस समय इस क्षेत्र में छोटे-छोटे राज्य व कबीलाई शासक सैन्य रूप से भी सुदृढ़ नहीं थे। सिकन्दर ने भारत विजय हेतु सर्वप्रथम बैक्ट्रिया को जीता जिससे भारत में प्रवेश कर उस राज्य के संसाधनों का उपयोग किया जा सके। इसके पश्चात् सिकन्दर ने हिन्दुकुश पर्वत पार कर भारतीय सैन्य सहायता आम्मी से प्राप्त की। हिन्दुकुश के उत्तर स्थित एक मुख्य भारतीय शासक शशिगुप्त ने भी उसकी अधीनता स्वीकार कर ली। इसके अलावा उसने अन्य छोटे-छोटे शासकों को हराया या अपनी अधीनता मनवायी। सिकन्दर ने इसके बाद झेलम के उस पार पोरस को परास्त करने की योजना बनाई। अपनी योजना को व्यवहारिक बनाते हुए उसने पोरस राजा पोरस को झेलम नदी के तट पर हरा दिया। इस युद्ध में पोरस की हार हो गई परन्तु सिकन्दर ने उसका राज्य पुनः वापस लौटा दिया। सिकन्दर ने अपने विजित प्रदेशों में प्रशासन की

देखभाल हेतु अपने सेनापाति फिलिप को सौंप दिया और स्वयं भारत से पुनः अपने स्वदेश के लिए प्रस्थान किया। सिकन्दर की स्वदेश जाते समय रास्ते में ही 321 ई॰पू॰ वेबीलोन में मृत्यु हो गई।

मेसीडोनिया के शासक सिकन्दर का भारतवर्ष पर आक्रमण का क्या भाव पड़ा इस विषय में विभिन्न विचारक्रों एवं इतिहासविदों में भारी मतभेद रहा है। परन्तु उस आक्रमण का भारतवर्ष पर निश्चित रूप से प्रभावी प्रभाव पड़ा जो निम्न है–हमारी समझ से इस आक्रमण का जो सबसे महत्वपूर्ण प्रभाव दृष्टिगोचर होता है वह है भारत का तेजी से राजनीतिक एकीकरण। इसी के परिणामस्वरूप मगध साम्राज्य जैसे शक्तिशाली राष्ट्र का उदय हुआ तो उस आक्रमण से भारत का विदेशों से स्थलमार्ग द्वारा व्यापार का रास्ता खुल गया जिसके परिणामस्वरूप भारत के तेजी से आर्थिक उत्थान में सहायता मिली। कला के क्षेत्र में हम गांधार शैली के विकास में सिकन्दर के आक्रमण को एक उत्प्रेरक कारक मान सकते हैं। भारत में क्षत्रपी प्रणाली एवं मुद्रा निर्माण की कला में भी हम सिकन्दर के आक्रमण की एक देन कह सकते हैं क्योंकि भारत में उलूक शैली की मुद्रा यूनानी मुद्रा कला की देन है। दूसरी ओर, सिकन्दर के आक्रमण के समय उसके साथ बहुत से इतिहासकार भारत आये। उन्होंने अपने साहित्य में यहाँ के जन-जीवन एवं राजनीति के बारे में लिखा। इन लेखन से बाद में यूरोपीय भी अवगत हुए जो कालान्तर में भारतीय इतिहास-लेखन में ही सहायक सिद्ध हुए।

परन्तु उपर्युक्त प्रभावों के बाद भी सिकन्दर के आक्रमण से भारतीय सभ्यता संस्कृति का मूल स्वरूप पूर्णतया अप्रभावित ही रहा जबकि इन आक्रमण का प्रभाव सिर्फ आर्थिक एवं राजनीतिक गतिविधियों पर ही पड़ा।

इकाई : II

चौथी शताब्दी ई॰पू॰ से तृतीय शताब्दी ईसवी तक भारत का इतिहास

मौर्य साम्राज्य की स्थापना

चौथी शताब्दी ई॰पू॰ मौर्य साम्राज्य की स्थापना भारतीय इतिहास की सर्वाधिक महत्वपूर्ण घटनाओं में एक है। साम्राज्य की स्थापना 321 ई॰पू॰ में चन्द्रगुप्त मौर्य द्वारा किया गया। विभिन्न ऐतिहासिक ग्रंथों खासकर बौद्ध स्रोतों से पता चलता है कि इस साम्राज्य की स्थापना में चन्द्रगुप्त मौर्य की सर्वाधिक सहायता चाणक्य ने की थी। इन दोनों द्वारा इस साम्राज्य की स्थापना का मुख्य उद्देश्य था विदेशी आक्रमणता व दासता से भारतवर्ष को मुक्त करना, साथ ही साथ नंद वंश के अत्याचारपूर्ण शासन को समाप्त कर एक शांतिवादी व जनहितैषी साम्राज्य का गठन करना। मौर्य साम्राज्य को सर्वप्रथम इस बात का श्रेय दिया जा सकता है कि उसने उपयुक्त लक्ष्यों की प्राप्ति के साथ-साथ भारतवर्ष को एकीकृत शासन प्रणाली के अन्तर्गत लाने का सफल प्रयास किया।

चन्द्रगुप्त मौर्य एवं मौर्य वंश की प्राचीनता का प्रमाण हमें लिखित इतिहास के विभिन्न साक्ष्यों से पता चलता है। जस्टिन महोदय ने अपने ग्रंथ में ऐसा वर्णन किया है कि सिकन्दर द्वारा भारत में स्थापित राज्य को चन्द्रगुप्त ने समाप्त कर मौर्य वंश की स्थापना की। जस्टिन महोदय ने अपने ग्रंथ में चन्द्रगुप्त को सेण्ड्रोकोट्टस कहकर संबोधित किया। उसने आगे लिखा कि वह एक शकुन के कारण ही राजस्व प्राप्त करने को प्रेरित हुआ जबकि महावंश में ऐसा वर्णित है कि मौर्य वंश का संस्थापक चन्द्रगुप्त मोरियनगर (पिप्पलिवन) की मौरिय जनजाति में उत्पन्न हुआ था। बुद्धघोष ने लिखा कि चन्द्रगुप्त के राज्य में मोरय की बहुतायता थी। उपयुक्त वर्णन से साफ लगता है कि चन्द्रगुप्त द्वारा स्थापित राज्य में मोरो की बहुतायता के परिणामस्वरूप ही इस वंश का नाम मौर्य वंश था।

जहाँ तक चन्द्रगुप्त के बाल्यकाल की बात है उसके बारे में जानकारी हेतु हमें सामान्यत: बौद्ध साहित्य पर ही निर्भर रहना पड़ता है। बौद्ध साहित्य में ही इस बात की चर्चा है कि चन्द्रगुप्त बाल्यकाल में जब राजकीलम नामक खेल खेल रहा था, उसी समय चाणक्य की नजर उस पर पड़ी। चाणक्य ने उसकी नेतृत्वक्षमता एवं योग्यता से प्रभावित होकर उसके शिकारी माता-पिता से 1000 कर्षार्पण में खरीद लिया। चन्द्रगुप्त की शिक्षा-दीक्षा का प्रबंध अपने साथ तक्षशिला में करवाया। ऐसा माना जाता है कि जब वह सैनिक शिक्षा ग्रहण कर रहा था उसी समय उसकी मुलाकात सिकन्दर से हुई थी। उस मुलाकात का वर्णन प्लूटार्क एवं जस्टिन ने भी किया है।

चन्द्रगुप्त ने अपना सैन्य जीवन सर्वप्रथम पंजाब एवं सिन्ध विजय से शुरू किया और फिर एक बड़ी शक्तिशाली सेना द्वारा नंद वंश का नाश कर मौर्य वंश की स्थापना की। इसके बाद उसने सेल्यूकस को 304 ई॰पू॰ में हरा कर कन्धार, काबुल, हेरात, ब्लूचिस्तान को भी अपने राज्य में मिला लिया। दूसरी ओर उसने दक्षिण भारत को भी अपने अधिकार क्षेत्र में कर लिया इस बात का प्रमाण हमें चंद्रगुप्त का स्वयं श्रवण बेलगोला में सल्लेखना से मिलता है। जैन परंपरा अनुसार सल्लेखना कायाक्लेश की वह विधि है जिसके द्वारा जैनी धर्मावलंबी अपने प्राण का त्याग करता है।

चन्द्रगुप्त मौर्य एक युगदृष्टा था जिसने सर्वप्रथम एक विशाल भारतीय साम्राज्य का स्वप्न देखा। उसने न केवल भारत को एक राजनीतिक व्यवस्था के नीचे लाने का सफल प्रयास ही किया वरन् उसने बहुत से जन-उपयोगी कार्य भी किए। उसके सर्वप्रमुख कार्यों में एक था सौराष्ट्र में झील का निर्माण करवाया जाना जिसे उसके प्रान्तीय राज्यपाल पुष्यगुप्त ने कराया था। इसका ऐतिहासिक साक्ष्य हमें रुद्रदमन प्रथम के गिरनार शिलालेख में मिलता है। चन्द्रगुप्त ने अपनी राजधानी पाटलिपुत्र को समकालीन नगरों में श्रेष्ठतम स्थान भी दिलवाया। चन्द्रगुप्त का मानना था कि प्रजा के सुख व समृद्धि में राजा का सुख है और प्रजा की भलाई में ही उसकी भलाई है। अर्थात् उसका शासन प्रबंध का मुख्य उद्देश्य लोकहित था। इसके लिए उसने सत्ता को अत्यधिक केन्द्रीकृत करते हुए एक विकसित अधिकारी तंत्र की स्थापना की जिससे जनता

की भावना को अच्छी तरह समझा जा सके। इसी व्यवस्था के कारण उसके राज्य में उचित न्यायव्यवस्था के साथ संचार, वाणिज्य एवं व्यापार की भी काफी वृद्धि हुई।

लगभग 298 ई॰पू॰ सल्लेखना द्वारा अपने प्राण त्याग दिए जाने के पश्चात् चन्द्रगुप्त के सिंहासन का उत्तराधिकारी उसका पुत्र बिन्दुसार सम्राट बना और मौर्य साम्राज्य की प्रतिष्ठा को आगे बढ़ाया।

अशोक और उसका धर्म

विश्व इतिहास में अशोक का नाम अमर है। इसका कारण यह नहीं है कि वह एक सफल शासक व साम्राज्यवादी था वरन् इसका वास्तविक कारण यह है कि उसने अपनी प्रजा के हित, सामाजिक सद्भाव के साथ-साथ उनके नैतिक उत्थान की बात तत्कालीन परिस्थितियों में की। वह अपने आप में अनुकरणीय है। अशोक ही वह प्रथम शासक है जिसने सभी धर्मों में व्याप्त मूलभूत एकता में विश्वास किया। उसने कहा कि विश्व का कल्याण सभी पक्षों के मध्य आत्मनियंत्रण और मन की पवित्रता द्वारा ही प्राप्त किया जा सकता है।

अशोक के प्रारम्भिक जीवन से संबंधित विशेष जानकारी उपलब्ध नहीं है। न ही स्वयं अशोक ने ही अपने प्रारंभिक जीवन से संबंधित कोई शिलालेख एवं अभिलेखों में इसकी चर्चा की है। सिंहली अनुश्रुतियों में सिर्फ इतनी ही चर्चा है कि वह अपने 99 भाइयों की हत्या कर 273 ई॰पू॰ या 269 ई॰पू॰ में मौर्य सम्राट बना। इसके पूर्व के जीवन के संबंध में सिर्फ इतनी जानकारी है कि वह अपने पिता बिन्दुसार के जीवनकाल में तक्षशिला एवं अवन्ति का प्रांतीय शासक रह चुका था। ऐतिहासिक साक्ष्यों में रुद्रदमन के गिरनार अभिलेख में अशोक को अशोक मौर्य कहा गया है जबकि उसने अपने अभिलेखों मास्की व गुर्जरा में ही अपने नामों का उल्लेख अशोक के रूप में किया है। वह जनता को सीधे अभिलेखों के माध्यम से अपने नाम या उपाधि देवनाम्प्रिय, देवानाप्रियदसि या राजा के द्वारा ही संबोधित किया है।

अशोक ने शासनकाल के आठवें वर्ष अर्थात् 261 ई॰पू॰ में कलिंग विजय का उल्लेख शिलालेख में किया। इतिहासकारों के अनुसार यह उसके जीवन की युगान्तकारी घटना थी जिसने अशोक के जीवन-दर्शन को बदल दिया। उसने इस विजय से उत्पन्न विरक्ति से न सिर्फ सैन्य विजय की नीति का त्याग कर दिया बल्कि राज्य को अहिंसा का भी पाठ पढ़ाया। इसका उल्लेख 13वें शिलालेख में भी मिलता है जिसका सारांश यह है कि, वह दया और धर्म द्वारा ही विश्वविजय की कामना करता है, न कि शस्त्र विजय की।

अशोक का धर्म

यद्यपि अशोक का व्यक्तिगत धर्म बौद्ध था परन्तु उसका व्यवहारिक व राजकीय धर्म तो सभी धर्मों का निचोड़ कहा जा सकता है। उसमें सार्वभौमिकता, धार्मिक सहिष्णुता के साथ नैतिक आदर्शों की प्रधानता है। इस संबंध में रोमिला थापर का कहना है कि अशोक का अर्थ उसका निजी आविष्कार था क्योंकि अशोक ने धर्म को एक सामाजिक उत्तरदायित्व के रूप में लिया। उसका धर्म इस तरह का वातावरण तैयार करने का एक सतत प्रयास था जिसके द्वारा विभिन्न धार्मिक समुदाय के लोग शांतिपूर्ण सह-अस्तित्व का जीवन व्यतीत कर सके। जबकि नीलकंठ शास्त्री का मत है कि अशोक का धर्म बौद्ध था। परन्तु अशोक के अभिलेखों के अध्ययन से निष्कर्षत: कहा जा सकता है कि उसने पाप से घृणा; क्रोध, ईर्ष्या, तामसी प्रवृत्तियों पर अंकुश रखना; दया, दान, शत्रुता और सभ्यता के आदर्शों को अपनाना; मित्र, माता पिता, गुरू आदि को सम्मान देना, धर्म सम्मत व्यवहार एवं आचरण का पालन करने की सलाह अपनी प्रजा को दिया। अशोक का उद्देश्य यह था कि इस धर्म के पालन से उसके विशाल साम्राज्य के लोगों को नैतिक उत्तरदायित्व के सूत्र में बांधा जा सकता है ताकि विभिन्न वर्गों के लोगों के बीच परस्पर सद्भावना सक्रिय रूप से कार्य कर सके।

अशोक का धर्म इस बात में मौलिकता लिए हुए है कि उसने तत्कालीन परिस्थितियों में भारत जैसे विविधता लिए देश में धार्मिक सहिष्णुता की नीति का पालन किया। अशोक की महानता उसके राजनीतिक एवं प्रशासनिक आदर्शों में देखी जा सकती है न कि साम्राज्य विस्तार में। अत: अशोक के महान् बनाने का श्रेय भी उसके द्वारा प्रतिपादित धर्म को ही दिया जा सकता है। अशोक ने महानता की एक कसौटी दी जिसको आधार बनाकर इतिहासकारों ने भारतीय इतिहास के अन्य महान् शासकों की उपलब्धियों का मूल्यांकन किया।

मौर्य साम्राज्य

चन्दुगुप्त मौर्य ने अपने पराक्रम एवं चाणक्य जैसे सुयोग्य मंत्री की मंत्रणा से एक विशाल साम्राज्य की स्थापना की। इस साम्राज्य की सुव्यवस्थित तथा सुसंगठित प्रशासन प्रणाली को जन्म देने के कारण भारतीय इतिहास में यह महत्वपूर्ण स्थान रखता है। चाणक्य द्वारा रचित अर्थशास्त्र से हमें प्रशासन से संबंधित प्रशासनिक व्यवस्था की विस्तृत जानकारी मिलती है।

मौर्य प्रशासन में राजा को देवताओं का प्रतिनिधि माना जाता था। उनकी प्रिय उपाधि 'देवताओं के प्रिय' (देवनाम्प्रिय) से इस बात की पुष्टि भी होती है। मौर्य प्रशासन की महानता इस बात में है कि उसने ही सर्वप्रथम केन्द्रीकृत सफल प्रशासनिक प्रणाली की नींव भारत में डाली। इस प्रशासनिक व्यवस्था का संचालन एक नौकरशाही व्यवस्था द्वारा मूलत: संपादित होता था। इसमें राजा सभी प्रकार के सत्ता का स्रोत एवं केन्द्र बिन्दु था।

मौर्य प्रशासन की विशालता के कारण इसके सफल, सुचारु संचालन हेतु एक उच्चस्तरीय मंत्रिपरिषद् की व्यवस्था थी। कौटिल्य के अर्थशास्त्र में 18 तीर्थों की चर्चा इस बात का संकेत है। दूसरी ओर प्रशासनिक सुविधा हेतु साम्राज्य को पाँच भागों में विभक्त किया गया था जिसका प्रशासन युवराजों द्वारा किया जाता था, जिन्हें कुमार कहा जाता था। ये थे–

(अ) उत्तरापथ (राजधानी तक्षशिला)– इसमें काम्बोज, गांधार, कश्मीर अफगानिस्तान, पंजाब आदि सम्मिलित थे।

(ब)अवन्ति (राजधानी उज्जयिनी)–इसमें काठियावाड़, गुजरात, मालवा आदि सम्मिलित थे।

(स) प्राच्यपथ (राजधानी वैशाली)–कलिंग।

(द) दक्षिणापथ (राजधानी सुवर्णगिरि)–रायचुर, विंध्य पर्वत के दक्षिणी भाग।

(य) केन्द्रीय प्रान्त मगध (राजधानी पाटलिपुत्र)– उत्तर प्रदेश, बंगाल, बिहार आदि।

राजा देश के कानूनों का सर्वप्रथम स्रोत एवं विधि का अभिरक्षक ही नहीं था बल्कि सेना को भी नेतृत्व प्रदान करता था। वह प्रधान न्यायाधीश का कार्य करता था।

मौर्य प्रशासन को सुचारु रूप से चलाने हेतु अर्थशास्त्र में विभिन्न अधिकारियों के नियुक्ति किए जाने का उल्लेख मिलता है। इसमें 23 अध्यक्षों की चर्चा है जो मंत्रियों के निरीक्षण में कार्य करते थे, जैसे, समाहर्त्ता (राजस्व एकत्र करना), सन्निधाता (सरकारी कोष की रक्षा का दायित्व), सीताध्यक्ष (कृषि विभाग का अध्यक्ष), कुलाध्यक्ष (वनों की सुरक्षा का कार्य) शुल्काध्यक्ष (विविध व्यापारिक कर को एकत्र करने वाला) आदि प्रमुख थे।

मौर्य प्रशासन में राजस्व के प्रशासन हेतु सन्निधाता की नियुक्ति की जाती थी जो भू-राजस्व विभाग का प्रधान होता था। आय का स्रोत मुख्यत: भू-राजस्व था जो 1/6 से 1/4 भाग लिया जाता था। दूसरे आय के स्रोत में व्यापार कर एवं चुंगी कर भी प्रमुख रूप वसूला जाता था।

मौर्य प्रशासन का स्वरूप सामान्यत: पिरामिड की तरह था। उसमें सबसे ऊपर राजा, उसके बाद प्रान्त का प्रधान कुमार, उसके नीचे विषयपति होता था। इसका सहायक राजुक नामक ग्रामीण अधिकारी होता था। दस गाँवों के प्रशासन् हेतु गोप और स्थानिक नामक अधिकारी की नियुक्ति की जाती थी। ग्राम सबसे छोटी प्रशासनिक ईकाई की तरह कार्य करता था जो ग्रामिक द्वारा संचालित होता था। जहाँ अधिकांश आपसी विवाद खुली पंचायत द्वारा निर्णीत किये जाते थे।

इन सभी बातों के अतिरिक्त जिस प्रशासनिक दक्षता का उल्लेख मेगास्थानीज ने किया वह था नगर प्रशासन। मेगास्थनिज ने बताया कि मौर्य नगर प्रशासन हेतु छ: उपसमितियाँ थीं जो 5-5 सदस्यों द्वारा कुशलतापूर्वक संचालित होती थीं। ये थे (1) उद्योग एवं शिल्प से संबंधित समिति, (2) विदेशियों के आवास का प्रबंध समिति, (3) जनगणना समिति जो जन्म व मृत्यु का पंजीकरण करती थी, (4) वाणिज्य व्यवसाय समिति, (5) क्रय-विक्रय के साथ-साथ माप-तौल पर नियत्रंण रखने वाली समिति, (6) विक्रय किए हुए माल पर क्रय मूल्य के दशवें भाग (1/10) के रूप में कर वसूल करने वाली समिति अर्थात् वह करों के संग्रह से संबंधित समिति थी।

इन समितियों के कार्यों की देखरेख हेतु मौर्य प्रशासन ने विभिन्न असैनिक अधिकारियों को नियुक्त किया था जैसे संस्था एवं संचार नामक गूढ़ पुरुष (गुप्तचर) की नियुक्ति, जो राजा को राज्य में होने वाले सभी कार्यों का दैनिक रिपोर्ट देते थे। प्रादेशिक पुलिस प्रमुख द्वारा क्षेत्राधिकार में किए गए अपराध की जाँच-पड़ताल करते थे। समकालीन दंड व्यवस्था कठोर थी जिससे राज्य में अपराध पर अंकुश लगा रहता था। दूसरी ओर लोगों को धर्मस्थ एवं राजा द्वारा हमेशा उचित न्याय मिलता था।

इस प्रकार कहा जा सकता है कि मौर्य प्रशासन आधुनिक प्रशासनिक व्यवस्था का अग्रगामी था जो आज की तरह केन्द्रीकृत प्रशासनिक व्यवस्था थी जो सेना, नौकरशाह एवं गुप्तचर व्यवस्था द्वारा उचित रूप से संचालित था।

मौर्यकालीन अर्थव्यवस्था

पूर्व मौर्यकालीन कृषि उत्पादन में वृद्धि, शिल्प तथा व्यवसाय में विशेषज्ञ आदि ने भारतीय अर्थव्यवस्था में गतिशीलता को बढ़ावा दिया परिणामस्वरूप मौर्य साम्राज्य की स्थापना के साथ ही एक नवीन शासन का भी उद्‌भव हुआ जिसका सारा दारोमदार राजस्व प्रणाली पर था, उसका उल्लेख चाणक्य

द्वारा भी किया गया है। इस राजस्व प्रणाली का प्रभाव जहाँ प्रशासनिक व्यवस्था पर पड़ा वहीं उसका प्रभाव सामाजिक व्यवस्था पर पड़ता दिखाई देता है। इस काल में न केवल कृषि उत्पादकता में वृद्धि हुई बल्कि उद्योगों, व्यापार, खनिज उत्खनन के साथ पशुपालन आदि क्षेत्रों में तीव्र वृद्धि हुई। परिणामस्वरूप आर्थिक दृष्टि से मौर्यकाल को आर्थिक प्रगति का युग कह सकते हैं। मौर्यकाल की एक विशेषता थी वह राज्य द्वारा महत्वपूर्ण उद्योगों का संचालन, जैसे खान। कृषि-क्षेत्र के लिए सिंचाई की राजकीय व्यवस्था करना भी इस काल की महत्वपूर्ण उपलब्धि रही। कृषि, व्यापार, पशुपालन के लिए कौटिल्य ने वार्ता शब्द का प्रयोग किया है। ये तीन ही मौर्य अर्थव्यवस्था के आधार थे।

मौर्य प्रशासन का आर्थिक आधार करों पर आधारित थे। कर विभिन्न व्यवसायों के आधार पर निर्भर करता था इसमें प्रमुख था भूमिकर, जो लगभग उपज का छठा (1/6) भाग होता था। कृषि-कार्य से संबंधित अन्य कर ये थे-(1) सीता (राजकीय भूमि से प्राप्त आय), (2) भाग-(कृषक द्वारा उत्पादित उपज का 1/4 भाग कर के रूप में), (3) प्रणय (आपातकालीन कर), (4) (बलि राजा को दी जाने वाली भेंट), (5) प्रवेश (आयात कर), (6) निष्क्राम्य (निर्यातीकर), (7) संबंध (सिंचाई कर) आदि। इन करों के अतिरिक्त विभिन्न क्षेत्रों से संबंधित अन्य करों को भी लगाया गया।

मौर्य प्रशासन पशुपालन को बढ़ावा देता था व उसके कल्याण हेतु चारागाहों के विकास के साथ पशु अस्पताल की भी व्यवस्था करता था। इसके लिए गोध्यक्ष की नियुक्ति की गई थी, जिसके परिणामस्वरूप भी कृषक की आर्थिक स्थिति में सुधार आया।

मौर्य प्रशासन ने जहाँ खनिज उत्खनन में उल्लेखनीय प्रगति की वही उसने उद्योग एवं व्यापार के विकास हेतु भी समुचित प्रयास किए। उद्योग का संचालन उस समय सामान्यतः विभिन्न श्रेणियों द्वारा किया जाता था। बौद्ध अर्थशास्त्र में ऐसे 18 प्रमुख श्रेणियों का उल्लेख है। प्रत्येक श्रेणी एक निश्चित व्यवसाय से जुड़े होते थे। वाणिज्य अधिकारी यातायात के साधनों एवं कीमतों में वृद्धि या कमी पर नियंत्रण रखता था। व्यापार हेतु नदी मार्गों के साथ स्थल मार्गों का भी प्रयोग किया जाता था। इसमें विदेश व्यापार भी शमिल था। विदेश व्यापार मुख्यतः रोम, सीरिया, मिस्र, फारस, अफगानिस्तान आदि, से होता था जो मुख्यतः ताम्रलिप्ति बन्दरगाह से किया जाता था। देशी व्यापार मुख्यतः चार व्यापारिक मार्गों द्वारा संचालित होते थे, ये थे- (A) उत्तरापथ, (B) दक्षिणापथ (C) भृगुकच्छ से मथुरा (C) पाटल से कौशाम्बी। ये चारों मार्ग पाटलिपुत्र, कौशाम्बी, तक्षशिला, काशी, तोसली, उज्जैयिनी आदि नगरों से परस्पर जुड़े हुए थे।

व्यापार में वृद्धि से मौर्य प्रशासन में मुद्रा का प्रचलन भी काफी बढ़ गया। सामान्यतः उस काल की प्रचलित मुद्राएं सुवर्ण, कर्षापण, पण या धरण, याजक, काकणी थी। मुद्रा के प्रचलन से राजकीय अधिकारियों का वेतन भी मुद्राओं में ही दी जाती थी। ऐतिहासिक साक्ष्यों से प्राप्त खासकर मौर्यकालीन पंचमार्क मुद्राएँ इस बात का प्रमाण है कि मौर्यों ने मुद्रा अर्थव्यवस्था को सुव्यवस्थित रूप से लागू किया होगा।

मौर्यकाल में शहरों का भी काफी विकास हुआ। जहाँ अधिकारी वर्ग रहते थे। नगर सामान्यतः वर्गीकृत होते थे एवं उन नगरों के निवासी से नगर कर भी वसूला जाता था। इससे भी राज्य को अच्छी आय होती थी। फलतः मौर्यों ने शहरों के उत्थान के साथ उसके प्रशासन पर भी विशेष ध्यान दिया।

मौर्य साम्राज्य का उदय ही विशाल सेना की सहायता से हुआ। इसी ने भविष्य में भी इसमें स्थायित्व लाने में भी सहयोग दिया। दूसरी ओर सामान्य प्रशासन एक विस्तृत नौकरशाही प्रणाली पर आधारित था जो साम्राज्य की शांति एवं उन्नति के लिए जिम्मेदार था। इन दोनों को वेतन हेतु एक ऐसी मौद्रिक व्यवस्था वाली अर्थव्यवस्था का गठन जरूरी था जो उन्हें सतत वेतन के साथ सामाजिक सुरक्षा प्रदान कर सके इसी के लिए मौर्य प्रशासन ने एक ऐसी व्यवस्थित कर प्रणाली वाली व्यवस्था को प्रचलन व व्यवहार में लाया जो सभी के उत्थान के साथ अन्ततः साम्राज्य के लिए भी आर्थिक विकास का मार्ग प्रशस्त करे। इस कार्य में मौर्य प्रशासन सफल भी रहा।

मौर्यकालीन कला एवं स्थापत्य

किसी भी देश, साम्राज्य व सभ्यता के सांस्कृतिक विकास का दिग्दर्शन उसकी कला से किया जा सकता है। क्योंकि कला मानव-जाति की भावनाओं की अभिव्यक्ति का सर्वोत्तम माध्यम है। मौर्यकालीन कला को कुमारस्वामी ने दो वर्गों में विभाजित किया है-दरबारी व लोकप्रिय कला। ये दोनों कला ही मौर्य समाज का वास्तविक चित्र प्रस्तुत करते हैं। मौर्यकालीन कला का मूल्यांकन नगर, स्तूप, प्रस्तर लेख, एकाश्य स्तम्भ लेख, मूर्तियाँ, गुफा भवनों एवं प्रस्तर पर की गई पालिस व नक्कासी से किया जा सकता है। जहाँ तक नगरों की बात है राजगृह, पाटलिपुत्र, तक्षशिला, सर्वणगिरि, उज्जैयिनी आदि के तो ऐतिहासिक साक्ष्य भी उपलब्ध हैं। इन साक्ष्यों में उसकी

नगर योजना के साथ सुरक्षा व संचार की उत्कर्षता का वर्णन विभिन्न इतिहासकारों ने भी किया है।

मौर्यकालीन कला की एक प्रमुख विशेषता थी बड़े पैमाने पर स्तूप का निर्माण। बौद्ध स्रोत में वर्णित है कि सिर्फ अशोक ने ही भारतवर्ष में 84,000 स्तूप निर्मित करवाये थे। अशोक द्वारा निर्मित कुछ स्तम्भ तो आज भी दर्शनीय हैं इनमें से एक सारनाथ का स्तम्भ प्रमुख है। इसमें एक साथ चार सिंह पीठ से पीठ सटाये बनाये गये। यह ऐसा लगता है कि वे अब जीवंत हो उठेंगे। इस स्तम्भ के शीर्ष के चारों ओर चार चक्र एवं उनके मध्य अश्व, सिंह, वृषभ व हस्ति का अंकन किया गया है। इन पशुओं की आकृति में गति सजीवता व लालित्य भी दर्शनीय है।

अशोक द्वारा निर्मित कुल 20 स्तम्भ लेख मिलते हैं ये मौर्यकालीन कला के स्वर्णकाल का परिचय देते हैं। ये सारे स्तंभ बनारस के निकट चुनार के बलुआ पत्थर से निर्मित हैं। इन स्तम्भ पर स्पष्टतया यूनानी व ईरानी कला का प्रभाव दिखाई पड़ता है। परन्तु मौर्यकालीन कलाकारों ने अपनी योग्यता से इसे एक नई पहचान दी। खासकर इन खम्भों पर चमकदार पालिस की शानी किसी भी बाहरी कला से इसे एक अलग स्वरूप प्रदान करता है।

अशोक ने बौद्धों के विहार हेतु बाराबर की पहाड़ी पर गुफा बनवाई। अपने शासन के 12 वर्ष में उन्होंने सुदामा गुफा आजीवकों को दान में दी। इस गुफा की छत तथा भित्ति पर शीशे जैसी चमकती पालिश की गई। इस तरह अशोक द्वारा एक नये कला (चट्टानों को काटकर गुफा का निर्माण) का आविष्कार किया गया। इसे उसके पौत्र दशरथ ने तीन गुफाओं का निर्माण कराकर इस कला को बढ़ावा दिया।

इतिहासकारों द्वारा प्राप्त लोक कला के नमूने यक्ष-यक्षिणी की मूर्तियों में मिलते हैं। ये आकार में भारी-भरकम मांसल, बलिष्ठ एवं पालिशदार के साथ बिना पालिश किये हुए भी हैं। इनमें प्रमुख हैं परखम के निकट मिली विशाल यक्ष की मूर्ति जिसका शरीर तो गोलाई में गढ़ा गया है परन्तु पीठ सपाट है। दूसरी मूर्ति जो दीदारगंज पाटलिपुत्र से मिली वह चामरधारिणी यक्षिणी की मूर्ति अत्यंत आकर्षक है। इसके शरीर के ऊपरी भाग का थोड़ा झुकाव इसे अद्वितीय स्वरूप प्रदान करता है। इस मूर्ति के दहिने पैर के घुटने में झुकाव से आगे बढ़ने का आभास होता है। कटि पटली, पैरों में आभूषण व बड़े-बड़े उरोज के बीच माला शोभित है। केस विन्यास भी अद्वितीय है। कला की दृष्टि से यह मूर्ति जीवंतता का परिचायक लगता है। यही इसकी महानता है।

निष्कर्षत: कहा जा सकता है कि मौर्यकालीन कला अपने अनूठे प्रयोगों के साथ विदेशी कला का देशी कला के साथ संतुलित समायोजन करते हुए एक नई शैली का विकास किया जिसकी विशेषता थी एकाश्म स्तम्भों पर चमकदार पालिस व शरीर के मनोभावों का सुन्दर चित्रण। इसी के परिणामस्वरूप हम कह सकते हैं कि यह मौर्यकालीन कला ने हस्तशिल्प और आदिम कला की सीधे-सीधे ललित कला के स्तर पर गरिमा प्रदान की परिणामस्वरूप यह समकालीन ज्ञात विश्व कला में सर्वोत्तमता का दर्जा प्राप्त कर सका।

मौर्य साम्राज्य का विघटन

अशोक ने लगभग 40 वर्षों तक मौर्य साम्राज्य पर शासन किया। उसके बाद कुणाल उसके राज्य का उत्तराधिकारी बना। इसके शासन संभालते ही मौर्य साम्राज्य का विभाजन हो गया। अंतिम मौर्य साम्राज्य वृहद्रथ की हत्या पुष्यमित्र द्वारा कर दी गई। इस प्रकार अशोक की मृत्यु के 50 वर्षों के बाद ही मौर्य साम्राज्य का पतन हो गया। चूँकि किसी भी साम्राज्य का विघटन एक ऐतिहासिक घटना होती है। उन घटनाओं के अध्ययन से यह निष्कर्ष निकलता है कि इसके पतन के एक नहीं अनेक कारण उत्तरदायी थे। इसमें प्रमुख हैं–ब्राह्मणों की प्रतिक्रिया, वित्तीय संकट, दमनात्मक शासन, अशोक की धम्म विजय की नीति व अशोक के अयोग्य उत्तराधिकारी। इसमें कौन से कारण सर्वाधिक उत्तरदायी थे। इनमें विभिन्न इतिहासिकारों के मध्य हमेशा विवाद रहा है।

अशोक के उत्तराधिकारी की अयोग्यता को डी०एन० झा ने साम्राज्य के विघटन हेतु जिम्मेदार ठहराया है। इसकी जानकारी दो परिस्थितिजन्य साक्ष्यों से मिलती है। प्रथम, अशोक की मृत्यु के बाद विभिन्न क्षेत्रों में स्वतंत्र शासकों की उत्पत्ति और दूसरा, विभिन्न साहित्यिक व ऐतिहासिक स्रोतों में उसके उत्तराधिकारों के नाम में भिन्नता। इससे लगता है कि अशोक के बाद साम्राज्य का विभाजन हुआ जो उनकी अयोग्यता को भी दर्शाता है। इसी अयोग्य शासक की अन्तिम कड़ी वृहद्रथ था।

दूसरी ओर राय चौधरी ने अशोक की धार्मिक नीति को इस साम्राज्य के विघटन के लिए जिम्मेदार माना। चूँकि अशोक की नीति अहिंसा पर आधारित थी जिससे उसके बाद के शासक सैन्य रूप से कमजोर हो गये परिणामस्वरूप उस साम्राज्य का विघटन हो गया। परन्तु साक्ष्यों से इस बात के

परिणाम ठीक नहीं दिखते क्योंकि न तो अशोक ने ही अहिंसा की नीति पर चलते हुए सैन्य बल का विघटन ही किया न राज्य में कठोर दंड की समाप्ति ही, जिससे निश्चित रूप से सैन्य कुशलता एवं गतिशीलता पर कोई प्रभाव नहीं पड़ा होगा ऐसा माना जा सकता है।

दूसरी ओर रोमिला थापर ने इस साम्राज्य के विघटन हेतु साम्राज्य के अत्यधिक केन्द्रीकृत शासन व्यवस्था को जिम्मेदार माना। केन्द्रीकृत शासन व्यवस्था की एक विशेषता होती है कि शासक योग्य हो एवं प्रशासक ईमानदार, साथ-साथ संचार का साधन भी विकसित हो। जब तक यह सभी मापदंड पर साम्राज्य चलता रहा, तब-त्तब साम्राज्य का नियमित विकास होता रहा। परन्तु ज्यों ही इस व्यवस्था में कमजोरी आने लगी साम्राज्य विघटन की प्रक्रिया प्रारंभ हो गई। अत: यह साम्राज्य अपनी प्रशासनिक कमजोरियों के कारण विघटित हो गया।

डी॰डी॰ कोसाम्बी ने अपनी पुस्तक 'भारतीय संस्कृति में मौर्य साम्राज्य' के विघटन के लिए आर्थिक संकट को उत्तरदायी बताया। उन्होंने इस बात की पुष्टि के लिए अशोक के काल से अन्त तक के शासकों द्वारा जारी चाँदी के सिक्कों की शुद्धता में गुणात्मक कमी से दर्शाया। इसी आधार पर उन्होंने कहा कि इस काल में आर्थिक संकट उत्पन्न हुआ होगा। परन्तु इस मत का खण्डन तो विदेशी साक्ष्यों से मेल नहीं खाता। चूँकि उस समय के विदेशी स्रोत मौर्य साम्राज्य की अर्थव्यवस्था में सुधार का ही संकेत देते हैं।

निष्कर्षत: उपयुक्त निवेचन के आधार पर कहा जा सकता है कि मौर्य साम्राज्य के विघटन हेतु कोई एक कारण जिम्मेदार नहीं था परन्तु उर्पयुक्त सभी कारण किसी न किसी रूप से मौर्य साम्राज्य के विघटन में सहायक रहे होंगे।

संगम युग

संगम युग से तात्पर्य उस युग से माना जाता है जिसके अन्तर्गत प्रायद्वीपीय भारत के सुदुर दक्षिण में स्थित (कावेरी नदी के दक्षिण) पांड्य, चोल एवं चेर राज्यों का उदय हुआ। इस युग का नामकरण तमिल कवियों द्वारा लिखे गये ग्रंथ जिसे सामूहिक रूप से संगम काव्य कहा जाता है के आधार पर हुआ। इसी काव्यों के परिणामस्वरूप इस युग के ऐतिहासिक तथ्यों पर व्यापक प्रकाश पड़ सका। परिणामस्वरूप इतिहासकारों ने इस युग का नामकरण संगम युग के रूप में किया।

जहाँ तक संगम युग के काल निर्धारण का प्रश्न है यहाँ भी विभिन्न इतिहासकारों के बीच मतभेद हैं जहाँ नीलकण्ठ शास्त्री महोदय का मानना है कि यह काल 100 ई॰पू॰ से 300 ई॰ के मध्य का रहा होगा वहीं श्रीनिवास आयंकर ने इसे 500 ई॰पू॰ से 500 ई॰ के बीच का माना। परंतु अब यह सर्वमान्य मत है कि इसका काल लगभग 100 ई॰ से 250 ई॰ के बीच का ही होगा। चौथी शताब्दी ई॰पू॰ से तीसरी शताब्दी ई॰ तक।

संगम साहित्य का सर्वप्रथम उल्लेख 8वीं शताब्दी के एक तमिल भाष्यकार इरैयनार जगप्पोरुल के भाष्य से प्राप्त होता है। जिसमें सर्वप्रथम यह चर्चा की गई है कि संगम का गठन सर्वप्रथम पाण्ड्य राजाओं के संरक्षण में किया गया था। ऐसी मान्यता है कि संगम काव्य का संग्रह तीन संचयों के द्वारा हुआ जिसमें 9900 वर्ष लगे। इसमें लगभग 197 पाण्ड्य राजाओं ने संरक्षण प्रदान किया। और इसमें कुल 8598 कवियों ने भाग लिया। इनमें से 2289 रचनाएँ उपलब्ध हैं। और ऐसा लगता है कि उसमें कुल मिलाकर 473 कवियों की रचनाएँ हैं। संगम साहित्य के अतिरिक्त विभिन्न अन्य ऐतिहासिक, साहित्यक स्रोतों से भी इस युग में ऐतिहासिकता की पुष्टि होती है जिसमें प्रमुख हैं अशोक के अभिलेख, चाणक्य का अर्थशास्त्र व मेगास्थनीज की इंडिका। साथ ही साथ विदेशी एवं देशी मुद्राओं द्वारा भी इस युग के बारे में जानकारी मिलती है।

संगम साहित्य में सम्पूर्ण क्षेत्र को तमिल्हम कहा गया है जो तीन शक्तियों से बना था। इसमें ये प्रथम चेर राज्य पाण्ड्य राज्य के पश्चिम और उत्तर में अवस्थित था। इसके प्रथम राजा के रूप में उदियनअरेल का उल्लेख मिलता है जिसकी राजधानी मुरन्दै है। इस वंश का सबसे प्रतापी शासक सेनगुट्टवन था जिसने पत्नी पूजा को प्रचलित किया। जिसे कण्णजी पूजा भी कहा जाता था। इस राज्य का विस्तार केरल (आधुनिक) में था। ऐसा माना जाता है कि इसी राज्य के शासनकाल में वहाँ प्रथम बार गन्ने की खेती शुरू की गई।

दूसरी शक्ति के रूप में चोलों का वर्णन किया गया है यह संभवत: इन तीनों में सर्वाधिक शक्तिशाली था। यह राज्य आधुनिक चोलमण्डल अर्थात् तमिलनाडु में था। इसकी राजधानी उरैयूर थी जो सत्ता शक्ति के साथ कपास के व्यापार के लिए भी प्रसिद्ध था। चोल शासकों में करिकल एक महान् शासक होने के साथ पुहार नगर के संस्थापक के रूप में भी जाना जाता है। चोलों की समृद्धि के प्रमुख कारणों में एक सूती कपड़े का व्यापार भी था। व्यापार हेतु चोलों ने पुहार को एक बन्दरगाह के रूप में विकसित किया।

तीसरी शक्ति पाण्ड्य थे। जिसकी चर्चा मेगास्थनीज ने भी किया। मेगास्थनीज ने बताया कि इस राज्य का प्रारंभिक

शासन एक महिला द्वारा संचालित है। जिसकी राजधानी मदुरा थी जो मोतियों के व्यापार के लिए विश्व प्रसिद्ध थी। पाण्ड्य राज्य को ही तीनों (3) संगमों के संरक्षण का श्रेय संगम कवियों ने दिया था। पाण्ड्य राजा नेडियोन को यह श्रेय दिया गया है कि उसी ने सर्वप्रथम समुद्र की पूजा प्रारंभ की। परंतु उस राज्य का सबसे प्रतापी शासक नैदुजेलियन था जिसने व्यापार वृद्धि एवं राजनीतिक संबंध हेतु अपने राजदूत रोमन शासक अगस्ट्स के दरबार में भेजे। नैदुजेलियन एक कुशल सेनानायक भी था। इसने पाँच राजाओं के संघ को तलेयातेगानम नामक युद्ध में पराजित किया।

संगमकालीन इन तीनों चेर, चोल, पाण्ड्य के बारे में यह मान्यता है कि ये राज्य कुल संघ थे अर्थात् इन राज्यों में वंशानुगत राजतंत्र का प्रचलन था। राजा सर्वशक्तिमान होता था और उत्तराधिकार के लिए हमेशा युद्ध का सहारा लिया जाता था। राजा जनता के कष्टों को नालवै नामक सभा में सुनता था। मन्रम राज्य का सर्वोच्च न्यायालय था जिसका प्रधान राजा होता था, राज्य की आय का प्रमुख स्रोत कृषि एवं व्यापार पर कर लगाकर प्राप्त किया जाता था।

संगमकाल की सामाजिक स्थिति की विशेषता थी उत्तरी तथा दक्षिणी भारत के परस्पर सांस्कृतिक मूल्यों का समन्वय। इस समन्वय के बाद भी समाज में व्यापक असमानता थी।

संगमकालीन अर्थव्यवस्था का मुख्य आधार कृषि व्यापार व उद्योग था। जहाँ कृषि के परिणामस्वरूप ही संगमकालीन शासक एक नियमित सेना रखने में सक्षम हुए वहीं व्यापार खासकर विदेश व्यापार से राज्य की आर्थिक उन्नति सुदृढ़ हुई जिससे अन्ततः उद्योगों का भी व्यापक स्तर पर विकास संभव हुआ। दूसरी ओर राज्य ने भी कृषि के अतिरिक्त आय का उपयोग उद्योगों एवं व्यापार की वृद्धि में किया। संगमकालीन राज्यों का व्यापार मुख्यतः रोमन साम्राज्य के साथ होता था परन्तु मिस्र, चीन, अफगानिस्तान से भी इसके व्यापार के साक्ष्य मिले हैं। विदेशी व्यापार मुख्यतः नौरा, पुहार, तोण्डी, उरैयुर, मुशिरी, शलियूर आदि विकसित बंदरगाहों से किये जाते थे जबकि स्थानीय व्यापार जिसे अवनम कहते थे, द्वारा किया जाता था। विदेशों को मसाले खासकर गोलमिर्च जिसे भारतीय स्रोतों में यवनप्रिय कहा गया है, के साथ-साथ, मोती, चन्दन, सूती वस्त्र, जड़ी-बूटी आदि का निर्यात किया जाता था जबकि आयात मुख्यतः सोना का किया जाता था। इस बात की पुष्टि रोमन शासकों के मुहर वाले सिक्कों की प्राप्ति तमिल क्षेत्रों से हुई है।

संगमकालीन धार्मिक प्रवृत्तियों के अध्ययन से यह बात समाने आती है अगस्तय ऋषि ने दक्षिण में ब्राह्मण धर्म का प्रचार-प्रसार किया तो, वही जैन धर्म का प्रचार चन्द्रगुप्त एवं भद्रबाहु द्वारा किया। और बौद्ध धर्म का प्रचार अशोक ने तमिल क्षेत्र में किया इसका प्रमाण पश्चिम घाट पर अशोक द्वारा बनवाये गये चैत्यों एवं विहारों से लगाया जाता है। अर्थात् इस युग की धार्मिक प्रवृत्ति उत्तर एवं दक्षिण भारतीय संस्कृति के सम्मिलित स्वरूप के रूप में मिलता है। परन्तु यहाँ सभी धर्मों के उपासक होने के बाद भी यहाँ मरुगन की उपासना सबसे ज्यादा किए जाने का साक्ष्य मिलता है जो कि एक स्थानीय देवता माने जाते थे। लोगों में कर्म, पुनर्जन्म एवं भाग्यवाद में भी विश्वास था। परिणामस्वरूप समाज के अनेक लोग संन्यासी का जीवन व्यतीत करते थे।

शुंग वंश

मौर्यवंश के शासक वृहदथ की हत्या कर महत्वाकांक्षी पुष्यमित्र शुंग नामक व्यक्ति ने 184 ई॰पू॰ शुंग वंश की स्थापना की। पुष्यमित्र वृहद्रथ का सेनायक रहा चुका था। जिसके परिणामस्वरूप वह 36 वर्षो तक शासन करने में सफल रह सका। ऐसा माना जाता है कि यह तख्तापलट तत्कालीन ब्राह्मण धर्म की प्रतिक्रिया थी। इस वंश का शासनकाल लगभग 172 वर्षों तक माना जाता है।

जहाँ तक शुंग वंश के ऐतिहासिक साक्ष्यों का सवाल है ये मत्स्य, वायु, ब्रह्माण्ड पुराणों में उल्लेखित है तो दूसरी ओर इनकी चर्चा हर्षचरित, महाभाष्य, मालविकाग्निमित्र, हरिवंश, भेरावली, दिव्यावदान आदि ग्रंथों में भी मिलती है। पुरातात्विक साक्ष्यों से भी इस वंश की प्राचीनता का पता चलता है। इसमें उल्लेखनीय है अयोध्या का लेख, बेसनगर का लेख व भरहुत का लेख है, तो शुंगकालीन शासकों के सिक्के द्वारा भी इस वंश के इतिहास जानने के अच्छे स्रोत हैं।

शुंग वंश के संस्थापक पुष्यमित्र शुंग के शासनकाल के प्रमुख उपलब्धि रही कि उसने उस काल में यवनों के आक्रमण से रक्षा की जिसमें मगध व विदिशा की लोकप्रियता बढ़ गई। ऐसा माना जाता है अपनी क्षमता के बल पर पुष्यमित्र उत्तर भारत का एकछत्र सम्राट बन गया। अपनी प्रभुसत्ता की घोषणा हेतु उसने अश्वमेध यज्ञ किया। पुष्यमित्र पर बौद्ध द्वारा यह आरोप लगाया जाता है कि उसने 84000 स्तूपों को नष्ट कर दिया। परन्तु ऐतिहासिक साक्ष्यों खासकर भरहुत, साँची के स्तूपों का पुनर्निर्माण पुष्यमित्र द्वारा कराये जाने का उल्लेख इस

बात की पुष्टि करती है कि वह एक धार्मिक सहिष्णु शासक था।

पुष्यमित्र की मृत्यु के बाद अग्निमित्र इस वंश का शासक बना जो अपनी विलासिता में आकण्ठ डूबे रहने के परिणामस्वरूप मित्रदेव के हाथों मारा गया। इस वंश का प्रतापी राजाओं में से एक भावगन या भागभद्र था जिसने भागवत धर्म ग्रहण कर विदिशा में गरूड़-स्तम्भ का निर्माण करवाया। उसी ने ही विदेशों से संबंध स्थापित करने हेतु तक्षशिला के यवन नरेश एन्तियालकोड्स के राजदूत हेलियोडोरस का विदिशा में भव्य स्वागत किया। इसी स्वागत से अभिभूत होकर उसने भागवत धर्म ग्रहण कर लिया। यह उसकी एक तरह से राजनीतिक विजय थी। पुराणों के अनुसार शुंग वंश का अंतिम शासक देवभूति था। वह भी अत्यंत विलासी प्रवृत्ति का था जिसकी हत्या उसके ही अमात्य वसुदेव द्वारा कर दी गई। इस तरह इस वंश का नाश हो गया।

शुंग शासनकाल भारतीय इतिहास में वैदिक पुनर्जागरण का काल के रूप में जाना जाता है। मनुस्मृति की रचना भी इसी काल में हुई। इस काल में संस्कृति का काफी विकास हुआ। समाज में स्त्रियों की दशा अपेक्षाकृत अच्छी थी और समाज में आठ प्रकार के विवाह प्रचलित थे। समाज श्रम-विभाजन के सिद्धांत पर आधारित था और व्यवसाय का स्वरुप आनुवांशिक हो गया था। इस काल में व्यापार की भी काफी उन्नति हुई। पाटलिपुत्र, वैशाली, वाराणसी तथा तक्षशिला इस काल के प्रमुख व्यापारिक नगर थे। व्यापार में वृद्धि से इस काल में पोत निर्माण का व्यवसाय काफी उन्नति को प्राप्त हुआ। व्यापार सिक्कों में होने लगा। सिक्कों के रूप में निष्क, दीनार, सवर्णमासिक (स्वर्ण के) कार्षापण (ताँबे) पुराण व चारण (चाँदी) का प्रयोग किया जाता था।

इस काल में भागवत धर्म का उदय व विष्णु पूजा का प्रचलन काफी बढ़ गया। इसका कारण था इसे राज्य द्वारा प्रोत्साहन परिणामस्वरुप विभिन्न देवताओं के लिए स्तूप एवं मन्दिर का निर्माण बड़े पैमाने पर होने लगा जिससे इस काल का विकास हुआ होगा यह निश्चित रूप से कहा जा सकता है।

सातवाहन वंश

मौर्य साम्राज्य के पतन के साथ भारतवर्ष में विभिन्न राजवंशों का उदय हुआ। जहाँ उत्तर भारत में शुंग वंश पनपा वहीं दक्षिण आंध्र में सातवाहन वंश का उदय हुआ। पुराणों में सातवाहन वंश को आंध्र भृत्य कहकर संबोधित किया गया वहीं इसके वंश की जानकारी अशोक के अभिलेखों, कलिंगराज खारवेल के अभिलेख एवं स्वयं सातवाहन शासकों के अभिलेख के साथ-साथ उनकी मुद्राएँ प्लिनी का विवरण, टालमी का ज्योग्राफी आदि से प्राप्त होता है। इन साक्ष्यों के विवरण से ऐसा लगता है कि उनका राज्यक्षेत्र नर्मदा एवं कृष्णा नदी के बीच था। उनके पूर्व में कलिंग तथा पश्चिम में शक स्थित थे। सातवाहन के द्वारा लिखे गये सर्वाधिक पुराने अभिलेखों में से नासिक एवं नानाघाट के अभिलेखों से पता चलता है कि सातवाहन वंश का संस्थापक सिमुक था जिसकी राजधानी पैठन (प्रतिष्ठान) में थी। सिमुक के बारे में यह उल्लेखनीय है कि उसने पहली सदी ई॰ में कण्वों को हराकर सातवाहन राजवंश की स्थापना की थी।

सातवाहन वंश के प्रतापी राजाओं में गौतमीपुत्र का नाम उल्लेखनीय है। इसका शासनकाल 106-130 ई॰ माना जाता है। इसकी महानता इस बात में थी कि उसने शकों, भवनों, पहलवों क्षहरातों आदि को युद्ध में हराया और सातवाहन वंश की प्रतिष्ठा को पुन: स्थापित किया। इसके बारे में कहा जाता है कि इसने कटक स्वामी की उपाधि धारण की और साथ-ही-साथ वेणुकटक नगर की स्थापना भी की। उसने एक बार राजसूय यज्ञ के साथ-साथ दो बार अश्वमेध यज्ञ का भी आयोजन किया। इसकी मृत्यु के बाद वशिष्ठपुत्र पुलमावि (130-154) शासक बना। पुलमावी के अभिलेख हमें नासिक, कार्ले और अमरावती से भी प्राप्त हुए हैं। इसी ने प्रतिष्ठान को अपनी राजधानी के रूप में विकसित किया और साथ-ही-साथ नव नगर नामक एक नये नगर की भी स्थापना की। उसने रुद्रदामन की पुत्री से विवाह कर दो राजवंशों के बीच संबंधों में मधुरता प्रदान की। पुलमावी की मृत्यु के बाद यज्ञश्री शातकर्णी इस वंश का अंतिम प्रतापी शासक हुआ जिससे अपने युद्ध कौसल से कोंकण एवं मालवा को जीत लिया। इसके राज्यकाल में समुद्र यात्रा एवं व्यापार में अपार वृद्धि हुई। उस बात की पुष्टि इसके द्वारा चलाये गये सिक्कों पर समुद्र यात्रा का चित्र के होने से लगता है। लगभग तीन सौ वर्षों के शासन के बाद जिस समय पुलमाभवी चतुर्थ शासन कर रहा था उस वंश का अंत हो गया और इस साम्राज्य से 5 नये राज्य का उदय हुआ।

सातवाहन काल में समुद्र व्यापार के साथ-साथ आन्तरिक व्यापार की भी काफी प्रगति हुई। व्यापार में मुख्यत: मुद्रा का प्रयोग किया जाता था। सातवाहन वंश की विशेषता यह थी कि उसने ही सर्वप्रथम सीसे के सिक्कों को प्रचलित किया, साथ

ही साथ उस काल में पोटीन, तांबे, एवं कांसे के भी सिक्के प्रचिलित थे। सातवाहन शासकों द्वारा ही पहली बार यह अभिलेखीय साक्ष्य मिले कि उसने ब्राह्मण एवं बौद्धों को भूमिदान किए। सातवाहन वंश की एक और विशेषता थी इन वंश के शासकों के नाम में मातृ प्रधान नामों की प्रधानता परन्तु व्यवहार में समाज पितृसत्तात्मक था क्योंकि शासक का अधिकार ज्यादातर पुत्र को ही प्राप्त होता था।

जहाँ तक प्रशासनिक ढाँचे का सवाल है चूँकि मौर्य साम्राज्य के उत्तराधिकारियों में से सातवाहन भी एक थे जिसके परिणामस्वरूप शुरू-शुरू से उसने मौर्यकालीन प्रशासनिक ढाँचे को ही अपनाया परन्तु इन्होंने इनमें से कुछ बदलाव लाकर उसे अपने लिए अनुकूल भी बताया जिससे प्रशासन में सुविधा हो, इन्हीं सुधारों में से एक था सामन्तवादी प्रणाली की शुरुआत किया जाना। इस काल के प्रशासनिक अधिकारियों को सामान्यत: अमात्य एवं महामात्य कहा जाता था जबकि ग्रामीण प्रशास को गौल्मिक कहते थे जिसके नियंत्रण में छोटी सैन्य टुकड़ी भी होती है।

सातवाहन काल में प्राकृत भाषा का काफी विकास हुआ क्योंकि इस काल में उनकी राजकीय भाषा प्राकृत थी। यह ब्राह्मीलिपि में लिखी जाती थी। इस काल में साहित्य का भी काफी विकास हुआ जिसमें सातवाहन शासक हाल द्वारा रचित गाथा सप्तशती का उल्लेख किया जा सकता है। यह एक रस प्रधान गीति काव्य है।

कुषाण वंश

कुषाण वंश के उत्थान की जानकारी हमें मुख्यत: चीनी ऐतिहासिक स्रोतों पर निर्भर करना पड़ता है। यूची या तोखरी को ही भारतवर्ष में कुषाण नामों से जाना जाता है। कुषाण शासक मौर्योत्तर शासकों में पहले ऐसे शासक थे जिनका शासन सुदूर मध्य एशिया, ईरान व अफगानिस्तान तक फैला हुआ था। ऐतिहासिक स्रोतों में इस बात की चर्चा है कि चीन के पश्चिमी भाग से जब यूची कबीले का पलायन हुआ तो वे बैक्ट्रिया पार्थिया होते हुए भारत पहुँचे। इसी कबीले की एक शाखा ने पाँच अन्य कबीलों को कश्मीर और काबुल पर अधिकार कर लिया। इस जीत का श्रेय फुई-सांग कबीले के प्रमुख कुजूल कडफिसस को जाता है। उसने महाराजाधिराज की उपाधि धारण की और चाँदी के सिक्के चलाये जिसमें एक ओर उसकी खुद की आकृति खुदी हुई थी। ऐसा माना जाता है कि ये सिक्के रोम साम्राज्य के सिक्कों से प्रभावित थे।

कुजूल कडफिसस का उत्तराधिकारी उसका पुत्र विमा कडफिसस बना। उसने सिन्धु नदी के पार स्थित पंजाब एवं तक्षशिला को विजित किया। उसने अपने शासनकाल में अत्यधिक मात्रा में सोने एवं तांबे के सिक्के प्रचलित करवाये। इस सिक्के की खासियत यह थी कि नंदी, शिव और त्रिशूल की आकृति खुदी हुई थी जिससे अनुमान लगाया जाता है कि वह शैवमतानुयायी बन गया होगा।

कुषाण वंश का सबसे प्रतापी शासक कनिष्क था जिसने 78 ई० में शासन संभाला और एक संवत् की शुरुआत की जिसे शक संवत् के नाम से जाना जाता है। उसने अपने शासन के चरमोत्कर्ष के समय साम्राज्य की सीमाओं का विस्तार गंगा, सिंधु और आकसस तक कर दिया। उससे विभिन्न नगरों की स्थापना का भी श्रेय दिया जाता है जिसमें कनिष्कपुर प्रमुख था। कनिष्क के साम्राज्य की विशालता का पता इस बात से भी चलता है कि उस काल का यह सबसे बड़ा साम्राज्य था।

कनिष्क बौद्ध धर्म का अनुयायी था और इसी के शासनकाल में कश्मीर के कुण्डल वन में बौद्ध धर्म अनुयायियों की चौथी और अन्तिम संगीति का आयोजन किया गया था। इस संगीति की अध्यक्षता बौद्ध विद्वान् वस्तुमित्र ने की थी। इस आयोजन के द्वारा ही त्रिपिटक पर महाविभाषा नामक बौद्ध टीका लिखी गई जिसे बौद्ध धर्म के विश्वकोष का दर्जा प्राप्त है।

कनिष्क का शासनकाल इस बात के लिए भी जाना जाता है कि उसने अपने कार्यकाल में सोने के सिक्कों का चलन अत्यधिक मात्रा में किया। उसने तांबे का भी सिक्का चलाया जिसमें उसे यज्ञ वेदी पर बलिदान करते हुए दिखाया गया है। उसे इस बात का भी श्रेय दिया जाता है कि उसने अपने शासनकाल में जारी सिक्कों को बुद्ध की आकृति से सुशोभित करवाया। कनिष्क का उत्तराधिकारी हुविष्क को भी इस बात का श्रेय दिया जाता है। उसके द्वारा जारी स्वर्ण एवं ताँबे के सिक्के सर्वाधिक शुद्धता लिये हुए थे। हुविष्क रुद्रदामन द्वारा पराजित हुआ और वहीं से उस साम्राज्य का पतन प्रारंभ होने लगा। कुषाण वंश के शासक वसुदेव को तीसरी शताब्दी ई० के मध्य फारस के शासक ससानी राजवंश द्वारा हरा दिया गया, परिणामस्वरूप एक वृहद् साम्राज्य का अंत हो गया।

कुषाण वंश के शासन अपने व्यापार, कला, साहित्य के उत्थान के लिए जाने जाते हैं। इसी काल में चरक द्वारा चरक संहिता की रचना की गई जो आज तक आयुर्वेद के लिए यह मार्गदर्शन का काम करता है। इसी काल में भरत द्वारा नाट्यशास्त्र,

वात्स्यायन द्वारा कामसूत्र, अश्वघोष द्वारा बुद्धचरित आदि की रचना की गई।

व्यापार के क्षेत्र में हिप्पालस द्वारा मानसून की खोज से समुद्री व्यापार में अपार वृद्धि हुई वहीं रोमन कुषाण संबंधों में प्रगाढ़ता ने व्यापार को बढ़ावा दिया। जहाँ रोमन साम्राज्य कुषाणों से भारत में निर्मित विलासी सामग्री का प्रमुख खरीददार बन गया वहीं रोम से भारत में सोने चाँदी आदि का आयात किया जाने लगा। रेशम मांग से चीन एवं रोम के मध्य स्थित भारत का काफी फायदा होने लगा जिससे आपसी सांस्कृतिक संबंधों में भी काफी प्रगाढ़ता आई। चूँकि कुषाणों की अपनी कोई खास संस्कृति नहीं थी जिससे उसने भारतीय संस्कृति को अपनाकर उसे विभिन्न देशों में फैलाने में योगदान दिया। खासकर मध्य एशिया में बौद्ध धर्म के फैलाव में इसने काफी योगदान दिया।

मौर्योत्तर प्रशासन

ईसा पूर्व प्रथम शताब्दी से लेकर ईसा की तृतीय शताब्दी का काल मौर्योत्तर प्रशासनिक व्यवस्था का काल माना जाता है। इस काल में भारत का इतिहास परस्पर संघर्ष में लीन रहने वाले शासकों का काल माना जाता है। तो दूसरी ओर इस काल में विदेशी आक्रांताओं द्वारा भारत पर लगातार हमले किये जाने के काल के रूप में भी जाना जाता है। इस काल में कुषाण एवं सातवाहन को छोड़कर ज्यादातर छोटे-छोटे राज्यों के द्वारा ही शासन किये जाने का साक्ष्य मिलता है। इस काल की एक अन्य विशेषता के रूप में सामंतवादी प्रवृत्ति को बढ़ावा दिये जाने का भी उल्लेख मिलता है जिसने अन्तत: कुषाणों एवं सातवाहन साम्राज्य के खण्डर पर अपने-अपने राज्यों का गठन किया।

मौर्योत्तर काल की प्रवृत्तियों में एक नई प्रवृत्ति राजा द्वारा अपनी तुलना देवताओं से न किये जाकर देवताओं की तुलना राजाओं से की जाने लगी। इतिहासकारों द्वारा तथ्य की व्याख्या यह कह कर की गई कि राज्य में विकेन्द्रीकरण को रोकने के लिए यह किया गया। जैसे गौतमीपुत्र शतकर्णी की तुलना बलराम, संकर्षण कृष्ण से की जाने लगी। तो दूसरी ओर कुषाण राजाओं अशोक की तरह, देवताओं के प्रिय की तरह स्वयं को देवपुत्र कहने से गर्व का अनुभव करने लगे थे। परन्तु इन सब के बाद भी राजाओं के इस देवीकरण से राज्य की सत्ता एवं देश पर उसके नियंत्रण में कोई वृद्धि हुई है, ऐसा कोई संकेत नहीं मिलता है।

सातवाहन शासकों द्वारा भूमिदान प्रथा को बढ़ावा दिये जाने का परिणाम प्रशासन का तेजी से विकेन्द्रीकरण होने लगा जिसके परिणामस्वरूप अन्ततः सातवाहन सत्ता का ही पतन हो गया।

शक एवं कुषाण शासकों का संबंध पार्थियनों के माध्मय से अखामनी राजवंश से बना जिसके परिणामस्वरूप इन शासकों ने भारत में क्षत्रपी शासन प्रणाली को लागू किया। कुषाणों ने इस प्रणाली को एक नया स्वरूप प्रदान करते हुए प्रान्तों में द्वैध शासन प्रणाली की नींव डाली जो उस समय सर्वथा नई शासन व्यवस्था थी।

मौर्योत्तर काल में खासकर कुषाण प्रशासन में यह देखने को मिलता है कि वे बड़े-बड़े आडम्बरपूर्ण उपाधियाँ धारण करते थे। वहीं कुषाण शासनकाल में दंडनायक और महादंडनायकों को काफी उच्च स्थान प्राप्त था जो कुषाण राजवंश के प्रशासन में सैनिक तत्वों को महत्ता का परिचायक लगता था। उनके सैनिक रकाव का भी प्रयोग करते थे ऐसा मथुरा से प्राप्त कनिष्क की मूर्ति से स्पष्ट लगता है। शासन प्रणाली राजतंत्रीय थी और राज्य को छोटी ईकाई का प्रधान ग्रामिक कहलाता था आज के मुखिया जैसा पदनाम था।

मौर्योत्तरकालीन धर्म

मौर्योत्तरकालीन धर्म उस समय समाज में व्याप्त आर्थिक, राजनीतिक एवं सामाजिक स्तर पर हुए परिवर्तन का ही प्रतिनिधित्व करते हैं। चूँकि इस काल में बहुत से विदेशी आक्रमणकारी भारत में आकर बस गये एवं धार्मिक रूप से यहीं की सांस्कृतिक, धार्मिक रीतियों को आत्मसात् कर लिया। परिणामस्वरूप इस काल में वर्ण पर आधारित परंपरागत समाज-व्यवस्था के साथ-साथ धार्मिक व्यवस्था में व्यापक स्तर पर बदलाव आया। चूँकि इस काल में भारत में यवन, पार्थियन शक एवं कुषाणों ने राजनीतिक एवं आर्थिक शक्ति प्राप्त कर लिया जिससे वे भारतीय चतुर्वर्ण व्यवस्था के लिए संकट उत्पन्न माने जाने लगे। इनमें से कुछ ने तो वैदिक धर्म को अपना लिया तो कोई बौद्ध धर्म का अनुगामी बन गया तो कोई जैन धर्म में दीक्षा लेकर उसका प्रचारक बना।

वैदिक धर्मावलंबी ब्राह्मण भी उनकी राजनीतिक शक्ति के कारण मलेच्छ कह कर उनकी उपेक्षा नहीं कर सकते थे। परिणामस्वरूप ब्राह्मण वर्ग ने उन्हें अपने धर्म में समाहित करने हेतु एक नया तर्क दिया कि उनमें सैन्य कौशल की प्रधानता के कारण वे निम्न कोटि के क्षत्रिय हैं। इस प्रकार उन विदेशियों का वैदिक धर्म में आर्यीकरण हुआ। भागवत पुराण में भी कहा

गया है कि विष्णु-पूजन में कोई भी जाति पवित्र हो जाती है। इसी परिप्रेक्ष्य में हम देखते हैं कि ई॰पू॰ तथा ई॰ सन् की प्रारंभिक शताब्दियों में ज्यादातर आक्रमणकारी विदेशी जातियों ने वैष्णव एवं शैव मत में दीक्षा ली। बेसनगर का अभिलेख यवन राजदूत, हेलियोडोरस का वर्णन भागवत धर्मावलंबी के रूप में करता है, जिसने भागवान विष्णु को गरुड़ध्वज समर्पित किया।

दूसरी ओर बहुत से इंडो-ग्रीक शासकों द्वारा बौद्ध धर्म स्वीकार किये जाने से भी उनका भारतीय सामाजिक व्यवस्था में प्रवेश आसान हो गया। इसका प्रमुख कारण यह था कि इस धर्म को अपनाकर वे जाति, वर्ण-व्यवस्था के बंधन से मुक्त हो गये। इंडो-ग्रीक शासकों के साथ-साथ कुषाणों ने भी बौद्ध धर्म को अपार संरक्षण दिया जिससे इस धर्म का व्यापक स्तर पर विकास हुआ। उन्होंने इस धर्म का विदेशों में प्रचार हेतु अपने दूत भी भेजे, परिणामस्वरूप विदेशों में भी इस धर्म का आधार बन पाया। जिनमें प्रमुख हैं—यारकन्द, खोतान, काशगर, ताशकन्द, तुर्फान, मीरन, कुची तुन हवांग।

देश के भीतरी भागों में भी बौद्ध धर्म को सम्पन्न व्यापारी वर्ग द्वारा व्यापक समर्थन प्राप्त हुआ। इनके द्वारा अनेक बौद्ध विहारों का निर्माण भी किया गया जो धीरे-धीरे धन भंडार के स्रोत के रूप में विकसित होने लगे। इस काल में खासकर कनिष्क के शासनकाल में बौद्ध मतों में विभिन्नता के परिणामस्वरूप वह लगभग 18 विभिन्न शाखाओं में विभाजित हो गया जिसमें से महायान एवं हीनयान प्रमुख थे। महायान शाखा के समर्थक मूर्तिपूजक बन गये तो हीनयान में व्यक्तिगत निर्वाण-प्राप्ति का उच्चत्तर लक्ष्य रखा गया जिससे व्यक्ति में सद्‌गुणों का विकास हो सके।

इस काल में बौद्ध धर्म की तरह ही जैन धर्म को मानने वालों में तार्किक एवं दर्शन में विरोधाभास दिखाई देने लगता है। इस धर्मवालंबियों के बीच भी मूर्ति पूजा का काफी प्रचार होने लगा। परिणामस्वरूप मथुरा जैन सम्प्रदाय का महत्वपूर्ण केन्द्र बन गया।

इन सब परिवर्तनों में वैदिक धर्म का स्वरूप भी काफी बदल गया। पहले की सामाजिक व्यवस्था जिसमें यज्ञों की प्रधानता होती थी जिनका स्थान अब मूर्ति-पूजा ने ले लिया। समाज में सभी वर्गों के लिए धर्म का दरवाजा खोला जाने लगा। निष्कर्षत: कहा जा सकता है कि मौर्योत्तरकालीन धर्म ने एक ऐसी क्रांति को जन्म दिया जिसने सामाजिक समरसता, यज्ञों की जगह मूर्ति-पूजा अर्थात् अहिंसा की नीति के विकास में अपार सहयोग दिया। मौर्योत्तर काल में वाणिज्य-व्यापार का काफी विकास हुआ, इसका मुख्य कारण था मौर्यकालीन व्यापारिक उन्नति। इस उन्नति से मौर्योत्तरकालीन समाज को भी व्यापार-वाणिज्य का व्यापक विकास संभव हुआ। दूसरी ओर मौर्यो ने ही सर्वप्रथम यातायात के साधनों का व्यापक जाल अपने साम्राज्य में बिछा दिया जिसका आधार मौर्योत्तर राज्यों को भी मिला।

मौर्योत्तर काल में भारत का संपर्क इंडो-ग्रीक-पार्थियन, शक और कुषाणों के साथ हुआ। इसके परिणामस्वरूप भारत का संपर्क भूमध्यसागरीय देशों के साथ-साथ मध्य एशिया और चीन के साथ हुआ। मसालों और ऐसी ही अन्य विलासिता की वस्तुओं के लिए रोमनों की माँग भारतीय व्यापारियों को दक्षिण-पूर्व एशिया तक ले गई। इन वृहत् व्यापारिक संपर्को से भारत में व्यापार एवं वाणिज्य का अभूतपूर्व विकास हुआ, जिसका प्रमाण शिलालेखों, वणिकों द्वारा दान में दी गई राशियों तथा उस समय के साहित्य में मिलता है। किंतु उसका यह अर्थ नहीं है कि कृषि की अवनति हो रही थी, बल्कि यह अब भी अर्थव्यवस्था में प्रमुख भूमिका अदा कर रही थी। दूसरी ओर कृषि उत्पादन अब अपने आप में व्यापार की वस्तु बन गई।

व्यापार की प्रगति के लिए प्रारंभिक आधार तो इसे मौर्यकालीन समाज में प्राप्त था ही। अब यातायात भी काफी विकसित हो गया था। इस काल का एक प्रमुख मार्ग उत्तरापथ था जो पुष्कलावती से आरंभ होकर तक्षशिला, मथुरा, कौशाम्बी, वाराणसी, पाटलिपुत्र होता हुआ ताम्रलिप्ति तक पहुँचता था। मथुरा से एक मार्ग उज्जैन होता हुआ भारूकच्छ तक जाता था। कौशाम्बी से एक मार्ग अदन होते हुए अलेक्जेण्ड्रिया तक जाता था। एक अन्य मार्ग वैशाली तथा श्रावस्ती होता हुआ नेपाल पहुँचता था। इसके अतिरिक्त अन्य मार्ग से भी विभिन्न नगर जुड़े हुए थे। इन सभी अंतर्देशीय व्यापारिक मार्ग के साथ-साथ देश के विभिन्न एशिया भाग अब उन व्यापारिक मार्गों से जुड़ गये थे जिनमें से कुछ मध्य एशिया एवं पश्चिम एशिया के साथ-साथ चीन जाते थे। उत्तरी अफगानिस्तान में आक्सस धारी में स्थित बैक्ट्रिया मध्य एशिया का मुख्य केन्द्र था। बैक्ट्रिया से एक मार्ग ऑक्सस, कैस्पियन सागर तथा काकेशस होता हुआ कृष्ण सागर तक जाता था। एक दूसरा मार्ग कांधार और हैरात से एकबतना तक जाता था। और वहाँ से यह पूर्वी भूमध्य सागर के बंदरगाहों से जुड़ जाता था। पूर्व की दिशा का मार्ग काशगर, यारकंद, खोतान होता हुआ चीन तक जाता था।

इस प्रकार इस काल में अंतर्देशीय तथा विदेशी व्यापार के लिए व्यापारिक मार्गों का जाल बिछा हुआ था। जिसने व्यापारिक गतिविधियों को तेज कर दिया।

इस काल की सबसे भारी आर्थिक घटना थी भारत और पूर्वी रोमन साम्राज्य के बीच बढ़ता व्यापार। आरम्भ में यह व्यापार मुख्यत: स्थल मार्गों से होता था किन्तु ईसा की पहली सदी से व्यापार मुख्यत: समुद्री मार्गों से होने लगा। हिप्पालिस के द्वारा 45 ई॰ में मानसूनी हवा के रहस्य का पता लगा लेने के बाद अब नाविक काफी कम समय में समुद्री रास्ता तय करने लगे। 115 ई॰ में मेसोपोटामिया को जीतकर रोम का प्रान्त बना लेने से इस व्यापार को और अधिक सहूलियत मिली। आरंभिक समुद्री व्यापार के संबंध में हमें विस्तृत जानकारी ई॰ सन् की पहली शती के एक अनाम ग्रीक नाविक द्वारा लिखित पुस्तक पेरिप्लस ऑफ द एरिथियन सी से मिलती है। इस काल के महत्वपूर्ण भारतीय बंदरगाह थे–बेरीगाजा, सोपारा, मुजरिस, कावेरीपट्टनम, अरिकामेडु, नीगापट्टम, ताम्रलिप्ति।

भारत से रोमन साम्राज्य को निर्यात होने वाली प्रमुख वस्तुएँ थीं–मसाले, रत्न, हाथीदाँत, लोहे की वस्तुएँ खासकर बर्तन, वस्त्र जैसे मलमल और सिल्क तथा मनोरंजक पशु-पक्षी जैसे लंगूर, तोते और मोर। इनके बदले में आयात होने वाली वस्तुएँ सबसे लोकप्रिय थी– सोने और चाँदी के रोमन सिक्के, काँच के बर्तन, लोवान, शराब, जरी, मूँगा, आदि। रोम से होने वाले व्यापार से भारत को प्रत्येक वर्ष 55 करोड़ सेस्टर्स की प्राप्ति होती थी। अत: प्लिनी ने यदि यह शिकायत की थी कि भारतीय व्यापार रोम की राष्ट्रीय आय का एक बड़ा भाग हथिया लेता है तो इसमें कोई आश्चर्य की बात नहीं है।

भारत से सीधी भेजी जाने वाली वस्तुओं के अलावा कुछ वस्तुएँ चीन और मध्य एशिया से भारत आती थी और तब यहाँ से रोमन साम्राज्य के पूर्वी भागों में भेजी जाती थीं। इसका प्रमुख कारण था पार्थिया से रोम का संघर्ष होना। इसी काल भारत और रोमन साम्राज्य को बीच रेशम का पारगमन व्यापार काफी चला। इस समय दक्षिण-पूर्वी एशिया में भी व्यापार का विस्तार हुआ और इसका प्रारंभ रोम निवासियों की मसालों की माँग से हुआ था जिसने भारतीय व्यापारियों को मध्यस्थ बनाकर मलाया, जावा, सुमात्रा, कंबोडिया तथा अन्य स्थानों को जो मसाला पैदा करने वाले देश की यात्राओं का जोखिम उठाते थे।

इस काल में सिक्कों के प्रचलन में भारी वृद्धि हुई और यहाँ तक कि कई देशी राजवंशों ने भी अपने सिक्के चलाये जैसे, नाग, यौद्येय आदि। देश के अनेक भागों में बहुत प्रकार के सिक्के चलते थे। ये सिक्के सोने-निष्क स्वर्ण, पल, चाँदी, शतमान, काकिनी (ताँबे) पोटीन, सीसे के बने होते थे। सर्वाधिक प्रचलित सिक्का कर्षापण होता था जो चारों धातुओं में होता था।

इस काल में कलाओं और शिल्पों का विलक्षण विकास हुआ। इस काल की महावस्तु में राजगीर में रहने वाले 36 प्रकार के व्यवसायियों का उल्लेख है। मिलिन्दपन्हों में तो 75 व्यवसाय गिनाये गये हैं जिनमें 60 (Sixty) विविध प्रकार के शिल्पों से संबद्ध है। उद्योगों के विकास ने उनमें विशिष्टीकरण को भी प्रोत्साहन दिया जिससे तकनीकी कौशल का भी विकास हुआ। व्यापारिक प्रगति ने उत्पादन एवं वितरण की व्यवस्था को भी भली-भाँति संगठित करने की आवश्यकता उत्पन्न कर दी। अत: विभिन्न शिल्पियों का संगठन अपनी-अपनी श्रेणियों में संगठित होने लगे। ये श्रेणियाँ कार्य करने के नियम और तैयार माल की गुणवत्ता तथा उनके मूल्य निर्धारित करती थी ताकि शिल्पी और उपभोक्ता दोनों के हितों की रक्षा हो सके। प्रत्येक श्रेणी का अपना तमगा, पताका एवं मुहर होती थी। उनके विज्ञापन का सर्वोत्तम ढंग था धार्मिक आधार पर उदारतापूर्वक दान देना। ये श्रेणियाँ महाजन वित्त प्रबंधक तथा न्यासधारी के रूप में भी कार्य करती थी।

शिल्प और वाणिज्य में विकास और मुद्रा के अधिकाधिक प्रयोग के परिणामस्वरूप इस काल में अनेकानेक नगरों का भी विकास हुआ। वैशाली, पाटलिपुत्र, वाराणसी, कौशाम्बी, श्रावस्ती, हस्तिनापुर, मथुरा, इन्द्रप्रस्थ, विदिशा, उज्जैनी, प्रतिष्ठान, अमरावती, तक्षशिला आदि नगरों का उल्लेख हमें साहित्यिक ग्रंथों और पुरातात्विक अवशेषों में मिलता है।

इकाई–III

चौथी से बारहवीं शताब्दी तक भारत

गुप्तकाल (संक्षिप्त इतिहास)

भारतीय इतिहास में गुप्तकाल का शासन भारतीय पुनर्जागरण या स्वर्णयुग का काल माना जाता है। क्योंकि कई शताब्दियों के बाद पूर्वी भारत में एक ऐसे वंश की सत्ता स्थापित हुई जिसने पुनः भारत में राजनीतिक एकता स्थापित करने का प्रयास किया। उसने एक सक्षम प्रशासनिक व्यवस्था लागू करने के साथ-साथ कला, धर्म, साहित्य, शिक्षा एवं ज्ञान-विज्ञान को प्रश्रय दिया।

गुप्तकाल के इतिहास की जानकारी के लिए हमारे पास पर्याप्त मात्रा में साहित्यिक एवं पुरातात्विक सामग्री उपलब्ध है। परन्तु अभी भी गुप्तों की उत्पत्ति एवं उनके मूल निवास-स्थान का प्रश्न इतिहासकारों के बीच विवादास्पद है। साहित्यिक स्रोतों–महावंश, दिव्यावदान, महाभाष्य आदि के साथ-साथ विभिन्न अभिलेखों–प्रयाग प्रशस्ति, कुमार गुप्त का विलसड़ स्तम्भ, स्कंदगुप्त का भितरी स्तम्भ लेख आदि साक्ष्यों के आधार पर गुप्तवंश की उत्पत्ति उत्तर प्रदेश एवं विहार के प्रदेशों में किसी स्थान पर माना जा सकता है। इसी साक्ष्य के आधार पर विभिन्न इतिहासकारों का मत है कि श्रीगुप्त नामक कुषाण सामंत ने गुप्तवंश की नींव डाली। श्रीगुप्त ने महाराज की उपाधि धारण कर अपने शासन की शुरुआत की। उसके बाद घटोत्कच ने भी महाराज उपाधि धारण कर शासन किया।

गुप्तवंश का पहला शासक चन्द्रगुप्त प्रथम था जिसने महाराजाधिराज की उपाधि धारण की। उसने अपने पदनाम के अनुरूप ही अपनी शक्ति को पूर्वी भारत में स्थापित किया। उसने लिच्छवी राजकुमारी कुमारदेवी से विवाह कर अपनी राजनीतिक शक्ति एवं प्रतिष्ठा में वृद्धि की, ऐसा ऐतिहासिक साक्ष्यों से भी प्रमाणित होता है। चन्द्रगुप्त ने 319 ई० सत्ता संभाली और एक नये संवत् गुप्त संवत् की भी शुरुआत की जिससे गुप्तवंश का वास्तविक संस्थापक चंद्रगुप्त को ही माना जाता है। अपने जीवन के अन्तिम चरण में उसने राजपाट से संन्यास लेकर अपना उत्तराधिकारी समुद्रगुप्त को नियुक्त किया, जिसकी पुष्टि एरण, प्रयाग प्रशस्ति आदि अभिलेखों से भी होती है।

समुद्रगुप्त ने 335 ई० में सत्ता प्राप्त करने के बाद आर्यावर्त्त के (उत्तरी भारत) नौ शासकों, अच्युत, नागसेन, गणपतिनाग, आदि को पराजित किया। इन विजयों के बाद मध्यप्रदेश या गंगा-यमुना दोआब पर समुद्रगुप्त ने अपनी सत्ता स्थापित कर ली। इसके अतिरिक्त उसने आटविक पर भी विजय प्राप्त की, इसकी चर्चा प्रयाग प्रशस्ति में भी मिलती है। समुद्रगुप्त ने ग्रहण, मोक्ष, अनुग्रहण नीति का पालन करने हुए दक्षिण विजय यात्रा की शुरुआत की और विभिन्न दक्षिण भारतीय राज्यों को अपने प्रत्यक्ष शासन के अन्तर्गत लाने का सफल प्रयास किया। अपनी विजयों के उपरान्त समुद्रगुप्त ने अश्वमेध यज्ञ किया जिसका साक्ष्य उसके काल में जारी सिक्कों और उसके उत्तराधिकारियों के अभिलेख से प्राप्त होता है। समुद्रगुप्त की इन्हीं उपलब्धियों के कारण इतिहासकारों द्वारा उसे 'भारत का नेपोलियन' कहा जाता है।

समुद्रगुप्त की मृत्यु के कुछ समय बाद 380 ई० में चन्द्रगुप्त द्वितीय गुप्त साम्राज्य का शासक बना। इसी के काल में गुप्त साम्राज्य ने उस चरमोत्कर्ष को प्राप्त किया जो कि किसी भी शासक द्वारा प्राप्त नहीं किया जा सका। वायु पुराण में चन्द्रगुप्त-II के राज्य विस्तार की चर्चा की गई। इसमें कहा गया है कि वह कोसल, ओड़, पुन्ड्र, ताम्रलिप्ति और पुरी तक अपने साम्राज्य को बढ़ाया। दूसरी ओर मालवा से प्राप्त सिक्के के साक्ष्य के आधार पर वहाँ भी उसके साम्राज्य का शासन होने की पुष्टि होती है। ऐसे साक्ष्य मिले हैं कि मालवा एवं गुजरात में उसने शकों का दमन किया था। दूसरी ओर उसने अपनी राजनीतिक प्रतिष्ठा की वृद्धि हेतु अपनी पुत्री का विवाह वाकाटक नरेश रुद्रसेन द्वितीय के साथ किया। इस वैवाहिक संबंध से अन्ततः वाकाटक राज्य पूर्णरूप से गुप्त साम्राज्य के प्रभाव क्षेत्र में आ गया। इन विजयों के साथ उसके काल में आर्थिक समृद्धि कला के विकास, साहित्य का उन्नयन से गुप्तकाल में चन्द्रगुप्त-II का शासनकाल स्वर्ण युग के नाम से जाना जाता है। चन्द्रगुप्त की मृत्यु के बाद जो प्रसिद्ध शासक गुप्तवंश का शासक बना वह था कुमारगुप्त।

कुमारगुप्त ने संभवत: 415 ई॰ से 454 ई॰ तक शासन किया जिसका विस्तृत उल्लेख विलसड़ अभिलेख व मन्दसौर अभिलेखों में मिलता है। इन्हीं अभिलेखों में उसे ''चारों समुद्रों की चंचल लहरों से घिरी हुई पृथ्वी का शासक'' बतलाया गया है परन्तु इस उपमा के बावजूद भी उसने कोई युद्ध जीता है, इसकी चर्चा नहीं मिलती है। कुमारगुप्त के शासनकाल की प्रमुख राजनीतिक घटना थी पुष्यमित्रों का आक्रमण। सामान्यत: इस आक्रमण को छोड़कर उसका कार्यकाल गुप्त साम्राज्य में सुख, शांति एवं समृद्धि के काल के रूप में याद किया जाता है।

कुमारगुप्त की मृत्यु के पश्चात् गुप्तवंश का अन्तिम महान् शासक स्कंदगुप्त ने 455 ई॰ से 467 ई॰ तक शासन किया। इनके कार्यकाल की जानकारी भितरी अभिलेख से मिलती है। जिसमें इसके कार्यकाल में राजनीतिक उथल-पुथलता का पता चलता है। इसके बावजूद भी उसने अपने साम्राज्य को हूण आक्रमण से बचाव किया, ऐसा जूनागढ़ अभिलेख से पता चलता है।

स्कंदगुप्त न केवल अपने साम्राज्य की रक्षा विदेशी आक्रमणकारियों से की बल्कि अपने साम्राज्य की समृद्धि के लिए बहुत से जनोपयोगी कार्य भी किये। उसने गिरनार पर्वत पर स्थित सुदर्शन झील पर बाँध का पुनर्रुद्धार भी कराया जिससे कृषकों को सिंचाई एवं पेयजल की सुविधा मिल सके। उसने अपने राज्य में धार्मिक सहिष्णुता की नीति अपनाई। ऐसा माना जाता है कि स्कंदगुप्त स्वयं वैष्णव धर्मावलंबी था, परन्तु उसने बौद्ध धर्म के लिए नालंदा संघाराम को सहायता प्रदान की। उसने विदेशियों से संपर्क के महत्व को समझते हुए चीन में राजदूत को भेजा। स्कंदगुप्त की मृत्यु के पश्चात् गुप्तवंश का पतन प्रारंभ हो गया।

गुप्तवंश के पतन हेतु मुख्यत: हूणों के शक्तिशाली आक्रमण को उत्तरदायी माना जाता है। परन्तु प्रशासनिक दुर्बलता, भूमि पर बढ़ता दबाव, राजनीति पर धर्म का प्रभाव, सामंती-संघीय व्यवस्था का उदय आदि कारकों ने भी इसके पतन में मुख्य भूमिका निभाई। अन्तत: जीवितगुप्त द्वितीय (छठी शताब्दी ई॰) के शासनकाल में गुप्तवंश का पूर्णतया अन्त हो गया। इस साम्राज्य के पतन के परिणामस्वरूप गुप्त साम्राज्य के खण्डर पर छोटे-छोटे राज्यों का उदय हुआ। ये राज्य वल्लभी में मैत्रकों, थानेश्वर में वर्धन वंश, कन्नौज में मौखाटी, बंगाल में चन्द्र वंश के रूप में उदित हुए। फलत: इन छोटे-छोटे राज्यों के बीच प्रभुत्व स्थापित करने को लेकर उत्तर भारत में कई राजवंशों के बीच द्वन्द्व का दौर शुरू हो गया।

वाकाटक युग (संक्षिप्त इतिहास)

दक्षिणापथ में शासन करने वाले समस्त राजवंशों में वाकाटक राजवंश सर्वाधिक प्रसिद्ध था। इस राजवंश के लोगों का मूल-निवास स्थान बरार (विदर्थ) में था और ये लोग ब्राह्मण थे। वाकाटक वंश के संबंध में जो ऐतिहासिक जानकारी मिलती है, उनमें उस काल में लिखित लेख एवं दानपत्र प्रमुख हैं। इनमें प्रभावतीगुप्ता का पूना ताम्रपत्र, प्रवरसेन द्वितीयकालीन रिद्धपुर ताम्रपत्र, प्रवरसेन द्वितीय की चमक-प्रशस्ति, हरिषेण का अजन्ता गुहाभिलेख आदि, प्रमुख साक्ष्य हैं।

वाकाटक राजवंश की स्थापना विंध्यशक्ति नामक व्यक्ति ने 255 ई॰ के लगभग किया था। इस बात का साक्ष्य अजन्ता अभिलेख से मिलता है। ऐसा माना जाता है कि वाकाटक राजवंश के पूर्वज सातवाहनों के सामंत थे। विंध्यशक्ति ने राज्य की स्थापना से लेकर 275 ई॰ (लगभग) तक शासन किया। इस शासनकाल में उसने कोई राजकीय उपाधि धारण की हो का कोई साक्ष्य नहीं मिलता है। उसकी मृत्यु के बाद उसका पुत्र प्रवरसेन प्रथम शासक बना। वह वाकाटक वंश का पहला शासक था जिसने सम्राट की उपाधि धारण की। इससे उसकी शक्ति, प्रतिष्ठा एवं समृद्धि की सूचना मिलती है। वह एक कुशल विजेता ही नहीं अपितु कुशल शासक भी था जिसने अपने साम्राज्य को सभी दिशाओं में विस्तृत किया।

पुराणों के अनुसार प्रवरसेन ने सैन्य अभियान के साथ-साथ विभिन्न वैदिक यज्ञों को भी संपादित किया। इन यज्ञों में प्रमुख हैं चार अश्वमेध यज्ञ, एक वाजपेय यज्ञ आदि। ऐसा माना जाता है कि प्रवरसेन ने इन यज्ञों का आयोजन अपने सैन्य विजय के उपरान्त किया। उसका प्रथम सफल अभियान मध्यप्रान्त के पूर्वी एवं उत्तर-पूर्वी भाग पर हुआ। उसके पश्चात् उसने दक्षिणी बरार तथा उत्तरी-पश्चिमी आंध्रप्रदेश को जीता। अन्य अभियानों के द्वारा उसने गुजरात तथा काठियावाड़ के शकों को पराजित किया। इन अभियानों के द्वारा उसने वाकटक राज्य का विस्तार सम्पूर्ण मध्यप्रदेश तथा बरार, मालवा तथा उत्तरी महाराष्ट्र, उत्तरी हैदराबाद और दक्षिणी कोसल के कुछ भागों तक हो गया था। इस प्रकार सातवाहनों के बाद प्रवरसेन ने एक ऐसे साम्राज्य का निर्माण किया जो शक्ति एवं साधन में अपने समय के किसी भी भारतीय राज्य से बड़ा था। प्रवरसेन की मृत्यु के बाद साम्राज्य का विभाजन हो गया और

उसके पुत्रों ने अलग-अलग स्वतंत्र सत्ता की स्थापना कर ली। इसके बाद उसका उत्तराधिकारी रुद्रसेन बना जो गौतमीपुत्र का पुत्र था। रुद्रसेन माता की तरफ से भरशिव नाग वंश से संबंध रखता था। अपनी माता की तरफ से मिली राजनैतिक एवं सैन्य सहायता के बल पर उसने अपने चाचाओं को हरा दिया परन्तु सर्वसेन को पराजित नहीं कर सका। रुद्रसेन की ऐतिहासिकता इस बात से भी परिलक्षित होती है कि वह गुप्त सम्राट समुद्रगुप्त का समकालीन था। इस बात का उल्लेख इलाहाबाद स्तम्भ अभिलेख में भी मिलता है। रुद्रसेन के पश्चात् वाकाटक साम्राज्य का उत्तराधिकारी उसका पुत्र पृथ्वीसेन बना।

पृथ्वीसेन का शासनकाल सामान्यत: शांति और समृद्धि के काल के रूप में जाना जाता है। उसने कुन्तल को विजित किया और अपने साम्राज्य में मिला लिया। इस विजय के उपरान्त पृथ्वीसेन का अधिकार-क्षेत्र दक्षिण महाराष्ट्र तक फैल गया। पृथ्वीसेन ने अपने पुत्र (रुद्रसेन- II) का वैवाहिक संबंध चन्द्रगुप्त द्वितीय की पुत्री प्रभावतीगुप्ता से किया। इस वैवाहिक संबंध से दोनों राज्यों ने काठियावाड़ के शकों को हरा दिया। परन्तु विवाह के पाँच वर्षों के बाद ही पृथ्वीसेन प्रथम की मृत्यु हो गई और रुद्रसेन द्वितीय शासक बना। जिससे वाकाटक राज्य पर गुप्तों का प्रभाव बढ़ गया। परिणामस्वरूप उसने वैष्णव धर्म को अपना लिया जो चन्द्रगुप्त-II का भी धर्म था। 30 वर्ष की अल्पायु में ही रुद्रसेन द्वितीय की मृत्यु हो गयी।

रुद्रसेन द्वितीय की पत्नी के संरक्षण में दिवाकरसेन और दामोदरसेन का लालन-पालन हुआ। दामोदरसेन वयस्क होने पर प्रवरसेन द्वितीय के नाम से गद्दी पर बैठा।

प्रवरसेन द्वितीय ने अपने राज्य के शासन में समय-समय पर चन्द्रगुप्त द्वितीय से सहायता प्राप्त की। मूलत: वह एक साहित्य-प्रेमी शासक था। प्रवरसेन द्वितीय ने अपने साहित्य-प्रेम से अभिभूत होकर सेतुबंध नामक प्राकृत काव्य ग्रंथ की रचना की। उस काव्य में राम की लंका-विजय का वर्णन बड़ा ही मनोरम रूप में किया गया है। प्रवरसेन ने नन्दिवर्धन के स्थान पर प्रवरसेन नामक नये स्थापित नगर को अपनी नई राजधानी बनाया। प्रवरसेन ने वैवाहिक संबंधों के माध्यम से कदम्ब वंश की राजकुमारी का विवाह अपने पुत्र नरेन्द्रसेन से किया। फलत: वाकाटक राज्य की प्रतिष्ठा में अपार वृद्धि हुई। प्रवरसेन की मृत्यु के बाद 440 ई॰ में नरेन्द्रसेन ने शासन संभाला। नरेन्द्र सेन एक योग्य तथा कुशल प्रशासक था। उसने मालवा पर अधिकार कर अपने साम्राज्य में मिला लिया। उससे वाकाटक वंश की प्रतिष्ठा का पुनरुद्धारक कहा जाता है। उसके बाद 460 ई॰ में उसका पुत्र पृथ्वीसेन द्वितीय राजा बना। उसने पदमपुर को अपनी राजधानी बनाया और 'परम भागवत' उपाधि धारण की। जो उसके वैष्णव धर्मावलंबी होने का साक्ष्य प्रस्तुत करता है। पृथ्वीसेन द्वितीय को वाकाटकों की प्रधान शाखा का अन्तिम शासक माना जाता है। 480 ई॰ में उसकी मृत्यु के बाद इस मुख्य शाखा का पतन हो गया। इस पतन के बाद उसका राज्य बासीम शाखा के हरिषेण के हाथों में चला गया।

वाकाटक वंशीय शासन के अन्तर्गत धर्म, कला, साहित्य, का काफी उत्थान हुआ। जहाँ तक धर्म की बात है यह सर्वविदित है कि इस वंश के शासकों ने बहुत से वैदिक यज्ञों का संपादन अपने-अपने राज्यकाल में किया। वहीं साहित्य के क्षेत्र में सेतुबंध जैसे उत्कर्ष काव्यों की रचना भी इस वंश के काल में की गई। इस काल में पृथ्वीसेन द्वितीय के शासन काल में निर्मित नचना के मंदिर का सौंदर्य देखते ही बनता है। वहीं अजन्ता के गुहा-विहारों ने निर्मित्त चित्र भी इसी काल के हो जो अपने सौन्दर्य के लिए प्रसिद्ध हैं। इस काल के शासकों ने विद्वानों एवं ब्राह्मणों को ग्राम एवं भूमिदान भी खुलकर किया जिससे समाज में सत्ता के साथ-साथ धन का हस्तान्तरण नीचे के स्तर पर भी हुआ। इस प्रकार कहा जा सकता है कि तीसरी शताब्दी ई॰ से लेकर छठी शताब्दी ई॰ तक दक्षिणापथ में शासन करने वाले समस्त शासकों में वाकाटक वंशीय शाासन सर्वाधिक गौरवपूर्ण राजवंश था।

हर्ष का युग (संक्षिप्त इतिहास)

गुप्त साम्राज्य के पतन के बाद उत्तरी भारत में अनेक छोटे-बड़े राज्यों का उदय हुआ। इनमें से प्रमुख था कन्नौज का मौखारी वंशीय राज्य। जिसने उत्तर भारत के राजनीतिक पटल पर प्रमुख भूमिका निभाई। इस वंश का प्रसिद्ध शासक था हर्षवर्धन। हर्षवर्धन का राज्यारोहण 606 ई॰ में हुआ। हर्षवर्धन एक साम्राज्य निर्माता, कुशल प्रशासक, धार्मिक एवं साहित्यिक अभिरुचि से संपन्न प्रजावत्सल सम्राट् था।

हर्षवर्धन के जीवन और उसके कार्यकलापों पर वाणभट्ट के हर्षचरित और चीनी यात्री ह्वेनसांग के विवरणों से यथेष्ठ प्रकाश पड़ता है। इसके अतिरिक्त कादम्बरी, हर्ष के नाटकों तथा एहोल, बाँसखेड़ा आदि अभिलेखों से भी यथेष्ठ प्रणाम मिलता है। सातवीं शताब्दी में अपने सैनिक अभियानों के

परिणामस्वरूप हर्षवर्धन ने एक विशाल साम्राज्य की स्थापना की। के॰एम॰ पाणिकर महोदय ने हर्ष के साम्राज्य की सीमा आसाम से लेकर कश्मीर तक तथा हिमालय से विंध्याचल तक विस्तृत माना जबकि ज्यादातर विद्वानों का मानना था कि हर्ष का साम्राज्य थानेश्वर से लेकर दक्षिण में नर्मदा तट तक, पूर्व में गंजाम से लेकर पश्चिम में वल्लभी तक विस्तृत था, तो दूसरी ओर उसके साम्राज्य का प्रभाव क्षेत्र तो और भी विस्तृत था, जिसमें नेपाल भी शामिल था। इसके अतिरिक्त 614 ई॰ में उसने चीन से राजनैतिक संबंध बनाने हेतु अपने राजदूत चीन भेजे। इन राजनैतिक संबंधों के परिणामस्वरूप चीनी राजदूत हर्ष के दरबार में 643 ई॰ और 646 ई॰ में आया। इन दूत मंडलों के आपसी आदान-प्रदान से दोनों देशों (राज्यों) के बीच प्रगाढ़ता बढ़ी।

हर्ष का युग सामंती व्यवस्था में आयी दृढ़ता को सूचित करता था। स्वयं हर्ष का साम्राज्य भी सामंती संगठन पर आधारित था। उसका साम्राज्य मुख्यत: गृहराज्य, भोगराज्य, अधीनराज्य एवं अधीनमित्र राज्यों के रूप में संचालित था। इनमें से गृहराज्य पर हर्ष का सीधा प्रशासनिक नियंत्रण रहता था, और अन्य पर सामंत द्वारा शासन में सहयोग प्राप्त करता था। हर्ष की महानता एवं सामंतों पर पूर्ण अधिकार के कारण विभिन्न उपाधियों के धारण करने का ऐतिहासिक साक्ष्य मिलता है। जिनमें से प्रमुख हैं परम भट्टारक, महाराजाधिराज, एकाधिराज, चक्रवर्ती, सार्वभौम, परमेश्वर आदि।

हर्ष अपना शासन मंत्रिपरिषद् की सहायता से संचालित करता था, जिसमें सामंत, विभागीय प्रधान एवं राजा के सलाहकारों को उचित स्थान प्राप्त था। इन्हीं की सहायता एवं सहयोग से हर्ष अपने विशाल साम्राज्य में शांति कायम करने में भी सफल रहा। राज्य में कानून व्यवस्था एवं नागरिक सेवाओं को उन्नत बनाने, साम्राज्य की रक्षा हेतु वह विभिन्न प्रकार के कर लगाकर राजकीय आय प्राप्त करता था। इन राजकीय आय का प्रमुख स्रोत था भूमि। साधारणतया उपज का 1/6 भाग कर के रूप में वसूला जाता था, तो दूसरी ओर राजकीय पदाधिकारियों को वेतन के रूप में साधारणतया जागीरें दी जाती थीं।

हर्ष स्वयं जनहित के कार्यों में व्यापक दिलचस्पी लेता था। उसने यातायात की सुविधा हेतु बहुत से सड़कों का निर्माण करवाया, साथ-ही-साथ उन सड़कों की रक्षा का भी उचित प्रबंध किया। उसने चैत्यों, बौद्ध विहारों और मन्दिर के साथ-साथ विभिन्न स्थानों पर सरायों का भी निर्माण करवाया जिससे अधिकाधिक जनता लाभान्वित हो सके।

हर्ष कालीन शासन की एक महत्वपूर्ण विशेषता थी धार्मिक-सहिष्णुता। हर्ष स्वयं शैवमतावलम्बी शासक था फिर भी उसने सभी धर्मों का आदर करते हुए सबको उदारतापूर्वक दान दिया। परन्तु कालान्तर में वह परिस्थितियों से वशीभूत होकर बौद्ध धर्मावलंबी हो गया और इसी धर्म से प्रेरणा ग्रहण कर कन्नौज में उसने एक बौद्ध सभा बुलाई। इसके बावजूद उसकी आस्था ब्राह्मण धर्म में कम नहीं हुई। इस बात का साक्ष्य प्रत्येक पाँचवें वर्ष उसके द्वारा प्रयाग में महोमोक्ष-परिषद् के आयोजन से मिलता है।

हर्ष युग साहित्य में विशेष योगदान के लिए भी जाना जाता है। स्वयं हर्ष विद्वान् तो था ही वह विद्वानों का परम संरक्षक के रूप में जाना जाता है। उसने स्वयं तीन नाटकों—प्रियदर्शिका, रत्नावली, नागानन्द की रचना की। उसका दरबार साहित्यकारों एवं कलाकारों से भरा रहता था। वाणभट्ट जैसे महान् साहित्यकार जिसने कादम्बरी, हर्षचरित, चण्डीशतक जैसी महान् कृतियों की रचना की उसी के दरबारी कवि एवं साहित्यकार थे।

निष्कर्षत: कहा जा सकता है कि हर्ष का युग राजा-प्रजा के बीच समन्वय का युग था। जहाँ राजकीय व्यय स्पष्ट थे वहीं राजकीय दण्ड भी कठोर था। इसके बावजूद भी सम्राट शांतिप्रियता एवं लोकप्रियता में किसी भी सम्राट् से कमतर नहीं था। जिससे उसे (हर्ष) साँतवी शताब्दी की भारतीय राजनीति का श्रेष्ठतम नायक माना जाता है।

पल्लव युग (संक्षिप्त इतिहास)

सातवाहन-साम्राज्य के पतन के पश्चात् दक्षिण भारत में पल्लव राजवंश का उदय हुआ जिसने दक्षिण भारत की राजनीति में महत्वपूर्ण भूमिका निभाने के साथ-साथ सांस्कृतिक विकास में अपना योगदान दिया।

इतिहासकारों के बीच उसकी उत्पत्ति के संबंध में परस्पर विवाद के बावजूद भी कुछ इतिहासकारों का मत सही लगता है कि उनका निवास लेण्डैमण्डल में था। कालान्तर में इस राज्य का विस्तार पेन्नार नदी से दक्षिण में कावेरी नदी की घाटी तक विस्तृत हो गया जिसकी राजधानी कांची थी। पल्लवों के इतिहास की जानकारी संस्कृत ग्रंथों अवंति सुन्दरी कथा, मत्तविलासप्रहसन के साथ-साथ पाली साहित्यिक ग्रंथ महावंश से मिलती है। पल्लव काल के मन्दिर, शिलाओं, ताम्रपत्रों तथा मुद्राओं के साथ-साथ समकालीन चालुक्य तथा राष्ट्रकूट लेखों से भी उनके इतिहास पर प्रकाश पड़ता है।

पल्लवों का प्रथम ज्ञात शासक राजा विष्णुगोप (350-375 ई॰) का उल्लेख समकालीन संस्कृत एवं प्राकृत भाषा के अभिलेखों में मिलता है। इसके बाद 375 से 575 ई॰ तक कुल 15 राजा हुए जो पल्लव वंश परंपरा के शासक हुए। परन्तु 15 राजाओं के उपरान्त सिंहविष्णु पल्लव वंश का पहला महान् शासक हुआ जिसने अवनिसिंह की उपाधि धारण कर (575-600 ई॰) शासन किया। वास्तविक अर्थों में यहीं से पल्लवों का क्रमबद्ध इतिहास भी सामने आया है। सिंहविष्णु एक प्रतापी एवं योग्य शासक था, जिसने चोल, मलय, कलभ्र, मालव, पाण्ड्य और सिंहल के राजा तथा केरलों को युद्ध में पराजित कर पल्लव शक्ति का विस्तार किया, जिसके परिणामस्वरूप पल्लव राज्य की सीमा कावेरी नदी तक जा पहुँची, जिससे उसकी सत्ता पूर्णरूप से तमिल-प्रदेशों में स्थापित हो गई। उसने केवल साम्राज्य का विस्तार ही नहीं किया अपितु कला एवं साहित्य को भी अपने साम्राज्य में व्यापक स्तर पर प्रश्रय दिया। प्रसिद्ध कवि भारवि जिन्होंने किरातार्जुनीय महाकाव्य की रचना की उसी के राज्याश्रित थे। उसी के शासनकाल में मामल्लपुरम में वराहमन्दिर का निर्माण हुआ जो अपने स्थापत्य के लिए जाना जाता है। नरसिंहवर्मन की मृत्यु के बाद उसका पुत्र महेन्द्रवर्मन उसका उत्तराधिकारी बना वह 600 से 650 के बीच पल्लव राजवंश का सिरमौर रहा। वह पल्लव वंश का महानतम शासक था। उसने मत्तविलास, गुणधर आदि की उपाधियाँ धारण कीं। इसी के शासनकाल में पल्लव- चालुक्य संघर्ष की शुरुआत भी हुई और महेन्द्रवर्मन अपनी राजधानी को बचाने में अन्ततः सफल रहा। वहा जहाँ कुशल शासक था वहीं वह कला, साहित्य का प्रेमी शासक भी था। महेन्द्रवर्मन ने जैन धर्म का परित्याग शैव सन्त अप्पर के प्रभाव में आकर कर दिया। परन्तु उसने राज्य में सभी धर्मों को उचित स्थान दिया। महेन्द्रवर्मन के पश्चात् नरसिंहवर्मन प्रथम पल्लव वंश का शासक हुआ। उसकी सबसे बड़ी उपलब्धि थी चालुक्यों की राजधानी वातापी की विजय। इस विजय के उपरान्त उसने वातापीकोंडा की उपाधि धारण की। उसने इसके अतिरिक्त चोल, पांड्य एवं चेर शासकों को भी पराजित किया। इस विजय से पल्लवों की प्रतिष्ठा काफी बढ़ गई। प्रसिद्ध चीनी यात्री ह्वेनसांग ने 641 ई॰ में कांची की यात्रा की। इस यात्रा के विवरण में ह्वेनसांग ने पल्लवों के शासन एवं प्रजा की काफी प्रशंसा की।

नरसिंहवर्मन के पश्चात् कुछ वर्षों के लिए महेन्द्रवर्मन द्वितीय (668-670 ई॰) शासक बना। इसके शासन काल में ऐतिहासिक दृष्टि से साम्राज्य के ढाँचा एवं समाज में कोई खास परिवर्तन नहीं हुआ। परन्तु इसके बाद के शासक परमेश्वरवर्मन प्रथम (670-695 ई॰) के शासन- काल की प्रमुख घटना थी पल्लव-चालुक्य संघर्ष, जिसमें अन्ततः पल्लवों की विजय हुई।

परमेश्वरवर्मन प्रथम के बाद पल्लव शासन का ढाँचा कमजोर पड़ने लगा। परन्तु इसके बाद के शासक नरसिंहवर्मन द्वितीय राजसिंह का शासनकाल शांति, सुख और समृद्धि का माना जाता है। इसके बावजूद भी उसे इसकी कीमत चालुक्यों से समझौता कर चुकानी पड़ी। इतना ही नहीं उसका अन्ततः गंग शासकों द्वारा वध भी कर दिया गया। परिणामस्वरूप पल्लव की वंशानुगत परंपरा का अंत परमेश्वरवर्मन द्वितीय के साथ ही हो गया। इसके बाद सत्ता पल्लव वंशीय राजा भीम के वंशजों के हाथों में चली गई। इस गौण शाखा का प्रथम शासक होने का गौरव नन्दिवर्मन द्वितीय को प्राप्त हुआ। जिसने राष्ट्रकूट शासक से वैवाहिक संबंध स्थापित कर अपनी स्थिति को सुदृढ़ कर लिया। नन्दिवर्मन द्वितीय ने वल्लभ, कलभ्र, केरल आदि राज्यों को पराजित करने में सफल रहा परन्तु वह पांड्य शासकों से युद्ध में हार गया, जिससे इस शाखा का महत्व कम होने लगा। इसके बाद अन्य राजा हुए परन्तु उनमें से कोई इतना शक्तिशाली नहीं था जो इस राज्य की खोई प्रतिष्ठा को पुनः वापस ला सके।

पल्लव वंश का अन्तिम शासक अपराजित चोल वंशीय शासक आदित्य प्रथम के हाथों मारा गया। इसी चोल आक्रमण के पश्चात् पल्लव वंश का पतन पूर्ण हो गया।

पल्लवों ने दक्षिण भारतीय इतिहास में न सिर्फ अपने शासनकाल में महत्वपूर्ण राजनीतिक एवं सांस्कृतिक विकास में योगदान दिया अपितु उनका शासनकाल स्थापत्य, कला एवं साहित्य के क्षेत्र में योगदान के लिए भी जाना जाता है। इसका सबसे महत्वपूर्ण कारण यह था कि पल्लव वंशीय शासक स्वयं काफी सुशिक्षित होने के साथ-साथ विभिन्न कलाओं में भी निपुण थे।

पल्लव शासकों ने राजतंत्रात्मक व्यवस्था स्थापित की जिसमें हमें मौर्यों एवं गुप्तों के शासन पद्धति के बहुत से अंश लिये गये मालूम पड़ते हैं। पल्लव राज्य साधारणतया मण्डल, कोट्टम, नाडु एवं ग्रामों में विभक्त था। राजा का पद वंशानुगत था और उत्तराधिकार के नियम निश्चित थे। राजा साधारणतया

मंत्रिपरिषद की सलाह से शासन करता था जिसकी सहायता विभिन्न पदाधिकारी करते थे। फलतः सदैव प्रशासन में गतिशीलता बनी रहती थी, तो दूसरी ओर सत्ता का कुछ अर्थों में विकेन्द्रीकरण होने से जनता में शान्ति, सुरक्षा स्थापित करने में मदद मिलती थी।

पल्लवों ने अपनी नौसेना के विकास के महत्व को समझा जिससे व्यापारिक गतिविधियों के साथ-साथ साम्राज्य विस्तार में मदद मिली। इसी क्रम में पल्लवों ने काम्बुज, चम्पा एवं श्रीविजय में अपने उपनिवेश स्थापित करने में सफल हो सके। फलतः व्यापार की प्रगति इस काल में अभूतपूर्व ढंग से हुई।

पल्लव शासकों ने शैक्षणिक एवं साहित्यिक प्रगति में भी गहरी अभिरुचि दिखाई। पल्लव-राजा स्वयं साहित्य में रुचि रखते थे और विद्वानों को सदा राजाश्रय देने को तत्पर रहते थे। इसी के परिणामस्वरूप कांची एक विख्यात शैक्षणिक केन्द्र के रूप में उभर सका। इसी शिक्षा केन्द्र में ह्वेनसांग और दिङ्नाग जैसे विद्वानों ने भी ज्ञान अर्जित किया था। पल्लव शासकों के संरक्षण में भारवि, दण्डिन और मातृदत्त जैसे विद्वानों ने महत्वपूर्ण काव्यों की रचना की। इन साहित्यविदों की बदौलत ही उस समय संस्कृत और तमिल भाषा की व्यापक प्रगति हुई।

पल्लव युगीन कला अपने सर्वोत्तम मन्दिर-स्थापत्य के लिए जानी जाती है। इसी काल में मन्दिर-स्थापत्य की एक नवीन शैली का विकास हुआ जिसे द्रविड़-शैली के नाम से जाना जाता है। पल्लव शासकों ने इस स्थापत्य में काष्ठ कला का सर्वोत्तम प्रयोग किया जिससे कालान्तर में अन्य शासकों को एवं कलाकारों को मार्गदर्शन प्राप्त हुआ।

बहुत से इतिहासकारों का मत है कि पल्लव शासकों ने ही सर्वप्रथम वास्तुकला को काष्ठकला और कन्दरा-कला के प्रभाव से मुक्त करने का प्रयास किया। कांचीपुरम, महाबलिपुरम, तंजोर, आदि स्थानों से वास्तुकला के उत्कर्ष अवशेष इस बात के द्योतक हैं कि उन्होंने इसके निर्माण में मुक्तहस्त से धन व्यय किया। पल्लव कला कलान्तर में दक्षिण-पूर्वी एशिया में भी पहुँची। यहाँ के विशाल मन्दिरों में पल्लव कला का प्रभाव स्पष्ट रूप से दिखाई देता है।

प्रारम्भिक चालुक्यों का संक्षिप्त इतिहास

प्रारम्भिक चालुक्यों का इतिहास ई॰ की छठी शताब्दी से लेकर आठवीं शताब्दी तक माना जाता है, जिसने लगभग 2 सौ वर्षों तक दक्षिणापथ की राजनीति का केन्द्र बादामी (वातापी) को बनाया। चालुक्यों के इतिहास की जानकारी के मुख्य स्रोत के रूप में पुलकेशिन द्वितीय का ऐहोल अभिलेख, बादामी का शिलालेख, ह्वेनसांग के विवरण के साथ-साथ *तावरी* लिखित विवरण काफी महत्वपूर्ण माना जाता है। इन स्रोतों के आधार पर चालुक्य वंश का आरंभ जयसिंह से माना जाता है, जिसने राष्ट्रकूटों और कदम्बों से संघर्ष में विजयी होकर इस राज्य की स्थापना की।

इन राजवंश के संबंध में इतिहास से बहुत-सी जानकारी मिलने के बाद भी इनकी उत्पत्ति के संबंध में बहुत विवाद है। कुछ इतिहासकार इन्हें विदेशी उत्पत्ति के तो कुछ देशी उत्पत्ति के विचारों का समर्थन करते हैं। परन्तु प्रो॰ नीलकंठ शास्त्री का मत ज्यादा उचित लगता है कि चालुक्य उत्तर भारत के किसी क्षत्रिय वंश से संबंधित हैं जो कालान्तर में कर्नाटक जाकर अपना राज्य स्थापित किया।

चालुक्यों की शक्ति को प्रतिष्ठित करने वाला पहला शासक पुलकेशिन प्रथम (550-566/67 ई॰) था। इसने कदम्बों की अधीनता को अस्वीकार कर वातापी पर अधिकार कर लिया। इस विजय के उपरान्त उसने बादामी को अपने राज्य का केन्द्र बनाया और वहाँ तक दुर्ग का निर्माण करवाया। वास्तविक अर्थों में चालुक्यों का इतिहास इसी के शासनकाल से शुरू होता है। उसने अपने विजय उपलक्ष्य में अश्वमेध यज्ञ का आयोजन किया। उसकी प्रमुख उपाधि की पृथ्वीवाल्लभ जो आगे चलकर चालुक्य राजाओं की प्रिय एवं आदरणीय उपाधियों के रूप में प्रचलित हुई। पुलकेशिन प्रथम के बाद उसका उत्तराधिकारी कीर्तिवर्मन प्रथम (566-598) शासक बना। कीर्तिवर्मन ने मौर्यों (कोंकण), बनवासी के कदम्बों और दक्षिण मैसूर के नलों को पराजित कर अपनी शक्ति का विस्तार किया। उसकी मृत्यु के बाद उसका भाई मंगलेश शासक बना। उसने कदम्बों का नाश कर कलचुरियों को पराजित किया। मंगलेश ने 610 ई॰ तक शासन किया, जिसकी हत्या, पुलकेशिन द्वितीय ने कर दी और शासन पर अधिकार कर लिया। पुलकेशिन द्वितीय की महानता उस काल में लिखित ऐहोल प्रशस्ति से मिलती है जिसमें उसकी विजयों का उल्लेख मिलता है। इस प्रशस्ति में चर्चा है कि उसने गंगों, कदम्बों, मौर्यों, लाटों, मालवों, आदि को पराजित किया। उसकी सबसे बड़ी विजय भी हर्ष (मौखारी) की विजय थी, जिसे पुलकेशिन ने नर्मदा के तट पर हराया (643 ई॰)। इसी

विजय के उपरान्त उसने इतिहास प्रसिद्ध 'परमेश्वर' की उपाधि धारण की थी। जिस समय चालुक्य अपनी शक्ति का विस्तार कर रहे थे उसी समय पल्लव भी अपनी राज्यशक्ति के विस्तार में लगे थे। इसलिए इन दोनों दक्षिणी राज्यों के मध्य संघर्ष अनिवार्य हो गया। इस संघर्ष में चालुक्य नरेश ने पल्लव शासक महेन्द्रवर्मन को पराजित कर दिया, परन्तु अन्तत: पल्लव शासक (नरसिंहवर्मन-I 642 ई०) के द्वारा ही मार डाला गया। इस पराजय से चालुक्यों ने वादामी को पल्लवों के हाथों सौंप दिया। आगे चलकर पुलकेशिन द्वितीय का पुत्र विक्रमादित्य प्रथम ने पुन: पल्लवों से न सिर्फ अपनी वादामी को छीना, बल्कि कांची पर अधिकार कर लिया।

विक्रमादित्य प्रथम के बाद विनयादित्य (682-696) शासक बना। उसने पल्लवों, चोलों एवं पांड्यों के साथ-साथ केरल शासक से युद्ध किया परन्तु इस युद्ध से उसे कोई विशेष लाभ नहीं मिला। उसके उपरान्त विजयादित्य (896-733 ई०) और विक्रमादित्य द्वितीय ने क्रमश: चालुक्य सत्ता संभाली। विक्रमादित्य द्वितीय के शासनकाल में लाट पर राष्ट्रकूटों ने अधिकार कर लिया जिससे चालुक्यों की शक्ति का पतन दिखने लगा। अन्तत: यह पतन कीर्तिवर्मन द्वितीय के काल में पूर्ण हो गया।

चालुक्यों ने छठी शताब्दी से 8वीं शताब्दी तक दक्षिण भारतीय राजनीति को कुछ अर्थों में नियंत्रित किया। दूसरी ओर चालुक्य शासकों ने दक्षिण भारत में वैदिक धर्म के विकास में सतत योगदान दिया। चूँकि चालुक्य शासक ने वैदिक धर्म को अपने राज्य में प्रश्रय दिया था इसलिए इस काल में समाज में ब्राह्मणों का प्रभुत्व स्थापित हो गया। उसकी परिणति हमें संस्कृत को राजकीय भाषा स्वीकार्य किये जाने से मिलता है। इस कालमंदिरों का निर्माण बड़े पैमाने पर राज्याश्रय में किया गया। जैसे दुर्गा मन्दिर, पापनाथ मंदिर आदि। इसके अतिरिक्त चालुक्यों के काल में कालजयी कृतियाँ यह दर्शाती हैं कि वे साहित्य के प्रेमी भी थे। इस काल में चालुक्यों द्वारा ईरानी राजदूत का स्वागत किया जाना यह दर्शाता है कि वे विदेशों से संबंध स्थापित कर, अपनी संस्कृति के साथ-साथ व्यापार की उन्नति हेतु इसे आवश्यक मानते थे। परन्तु इन सबमें उसका प्रमुख योगदान था वह था मंदिर निर्माण के चालुक्य शैली का विकास जिसमें मंदिर का निर्माण पत्थर को काटकर किया जाता था।

राष्ट्रकूट युग (संक्षिप्त इतिहास)

इतिहासकार प्रो० अल्केतर का यह मत कि 18वीं शताब्दी में मराठों के उदय के पूर्व राष्ट्रकूटों के समान अन्य किसी शक्तिशाली राजवंश का उदय दक्षिण भारत में नहीं हुआ, कुछ हद तक सही लगता है! राष्ट्रकूटों का उत्थान 8वीं शताब्दी में वातापी के चालुक्य राज्य के अवशेष पर हुआ और इसका अन्त भी चालुक्यों की गौण शाखा (कल्याणी के चालुक्य) के द्वारा ही हुआ। राष्ट्रकूट युगीन इतिहास की महत्वपूर्ण बात यह थी कि उसने न सिर्फ दक्षिण भारत के राजनीति को प्रभावित किया बल्कि वे कुछ हद तक उत्तर भारत की राजनीति को भी प्रभावित करने में सफल रहे।

राष्ट्रकूटों के इतिहास की जानकारी के विभिन्न साक्ष्यों के आधार पर उनके मूल निवास का स्थान लाटूर (महाराष्ट्र) माना जाता है। इस साक्ष्यों में चर्चा है कि राष्ट्रकूटों ने अपना राज्य एलिचपुर में स्थापित किया। उनके बारे में यह सर्वविदित तथ्य है कि वे वादामी के चालुक्य शासकों के सामंत थे। जिसने कलान्तर में शक्ति प्राप्त होने पर कीर्तिवर्मन को पराजित कर 752 ई० में राष्ट्रकूट नामक राज्य की संस्थापना की। राष्ट्रकूटो राज्य का संस्थापक दन्तिदुर्ग को माना जाता है जिसने अपनी राजधानी मान्यखेत को बनाया।

दन्तिदुर्ग (735-755 ई०) राष्ट्रकूट वंश का एक प्रतापी शासक था। समनगढ़ ताम्रपत्रों तथा एलोरा के दशावतार-गुहालेख से विदित होता है कि दन्तिदुर्ग ने कांची, कौसल, श्रीशैल, मालवा, लाट और टंक के राजाओं को युद्ध में पराजित किया। अपनी विजयों के उपरान्त उसने महाराजाधिराज, परमेश्वर, परमभट्टारक के साथ-साथ पृथ्वीवल्लभ जैसी उपाधियों को धारण किया। इसके बाद उसका चाचा कृष्ण प्रथम (756-772 ई०) शासक बना जिसने 760 ई० में चालुक्यों की सत्ता का पूर्णतया उन्मूलन कर दिया। उसकी सबसे बड़ी उपलब्धि थी एलोरा का कैलाश मन्दिर का निर्माण जो समकालीन गुहा मंदिरों में सर्वश्रेष्ठ माना जाता है। चालुक्य शासक तैलप ने 973 ई० में इस वंश के अंतिम शासक कर्क द्वितीय को पराजित करके मान्यखेत पर अधिकार कर लिया। राष्ट्रकूट शासक प्राचीन हिन्दू धर्म के प्रबल समर्थक थे। उन्होंने कई भव्य मंदिरों का निर्माण कराया। वे संस्कृत कन्नड़ साहित्य के पोषक थे। अरबों ने इस वंश के शासकों को बल्हारा (बल्लराज) कहकर संबोधित किया।

प्रतिहार वंश

इस वंश की स्थापना-नागभट्ट नामक एक सामंत ने 725 ई॰ में की। उसके राज्य की स्थापना गुजरात में हुई, अतएव उसके वंश का नाम 'गुर्जर प्रतिहार' पड़ा। नागभट्ट प्रथम ने अरबों के आक्रमण का सफलतापूर्वक सामना किया। नागभट्ट के भतीजे का पुत्र वत्सराज इस वंश का पहला शासक था जो सम्राट की पदवी धारण की। वत्सराज के पुत्र नागभट्ट द्वितीय ने 816 ई॰ में गंगा की घाटी पर हमला किया व कन्नौज पर अधिकार कर लिया।

यद्यपि नागभट्ट द्वितीय राष्ट्रकूट राजा गोविन्द तृतीय से पराजित हुआ तथापि नागभट्ट के वंशज कन्नौज तथा आस-पास के क्षेत्रों पर 1018-19 ई॰ तक शासन करते रहे। इस वंश का सबसे प्रतापी राजा भोज प्रथम था, जो मिहिरभोज के नाम से भी जाना जाता है। अरब व्यापारी सुलेमान इसी राजा भोज के समय में भारत आया था। अगला सम्राट महेन्द्रपाल था, जो 'कर्पूरमंजरी' नाटक के रचयिता महाकवि राजशेखर का शिष्य और संरक्षक था। महिपाल के समय से ही गुर्जर-प्रतिहार राज्य का पतन होने लगा। उसके बाद के शासक-भोज द्वितीय, विनायकपाल, महेन्द्रपाल-II, देवपाल, महिपाल द्वितीय और विजयपाल ने जैसे-जैसे 1013 ई॰ तक अपने राज्य को कायम रखा। महमूद गजनवी के हमले के समय कन्नौज का शासक राज्यपाल था। राज्यपाल बिना लड़े भाग खड़ा हुआ। बाद में उसने महमूद की अधीनता स्वीकार कर ली। महमूद गजनवी के लौट आने पर कालिंजर के चंदेल राजा गंड के नेतृत्व में राजपूत राजाओं ने कन्नौज के राज्यपाल को पराजित किया और मार डाला और उसके स्थान पर त्रिलोचनपाल को गद्दी पर बैठाया। कन्नौज में गहड़वाल अथवा राठौर वंश का उद्भव होने पर उसने 11वीं शताब्दी के चतुर्थांश में बाड़ी के गुर्जर-प्रतिहार वंश को सदा के लिए उखाड़ फेंका।

कलचुरि वंश

मालवा और उत्तरी महाराष्ट्र के शासक कलचुरियों को हैयवंशी भी कहा जाता था। उनका राज्य 'चेदि' कहलाता था जो आधुनिक मध्यप्रदेश के अधिकांश भाग में स्थित था। कलचुरि वंश का सबसे प्रसिद्ध राजा गांगेय देव कलचुरि (1015-70 ई॰) था तथा उसका पुत्र उत्तराधिकारी कर्णदेव (लगभग 1040-70 ई॰) था। कर्णदेव ने लगभग 1060 ई॰ में मालवा के राजा भोज को परास्त कर दिया, परंतु बाद में कीर्तिवर्मा चंदेल जो 1049 से 1100 ई॰ तक राज्य किया; उसे हरा दिया। कलचुरि शासक त्रैंकटक संवत् का व्यवहार करते थे, जो 248-49 ई॰ में प्रचलित हुआ था।

परमार वंश

10वीं सदी के प्रारंभ में जब प्रतिहारों का आधिपत्य मालवा से समाप्त हो गया, तब वहाँ परमार शक्ति का उदय हुआ। सीयक या श्रीहर्ष इस वंश का प्रथम ऐतिहासिक शासक था। वाक्पति मुंज (972-994 ई॰) के नेतृत्व में इस समय मालवा में परमारों की शक्ति का उत्कर्ष हुआ। इसकी सभा में परिमलगुप्त (नवसहसांकचरित के रचयिता), दशरूपक का लेखक धनंजय, यशोरूपाक्लोक के रचयिता 'धनिक' आदि विद्वान् थे। इसकी प्रसिद्ध विजय कल्याणी के चालुक्य राजा तैलप द्वितीय पर थी। भोज परमार इस वंश का लोकप्रिय राजा था। यह 'कविराज' के नाम से विख्यात था। इसे समरांगण सूत्रधार, सरस्वती कंठाभरण, सिद्धांत संग्रह, राज मावंड, योगसूत्रकृति, विद्याविनोद, युक्ति कल्पतरु, चारुचर्चा, आदित्य प्रताप सिद्धांत, आयुर्वेद सर्वस्व आदि ग्रंथों की रचना का श्रेय प्राप्त है। कल्याणी के चालुक्य राजा विक्रमादित्य चतुर्थ तथा कलचुरि राजा गांगेयदेव को पराजित किया था। बिहार के पश्चिमी भाग पर परमारों का अधिपत्य और उसके आस-पास का प्रदेश भोजपुर कहलाया। 1305 ई॰ में अलाउद्दीन खिलजी ने मालवा को अपनी सल्तनत में मिला लिया।

चोल राज्य

प्राचीन दक्षिणापथ के तीन प्रमुख राज्यों में से एक अन्य दो राज्य थे-पांड्य और चेर या केरल। अशोक के अभिलेखों में इसका वर्णन एक स्वतंत्र राज्य के रूप में हुआ है। चोल राज्य के निवासी तमिलभाषी थे। उन्होंने तमिल भाषा में उच्च कोटि के साहित्य का विकास किया, तिरुवल्लुवर रचित 'कुरल' इसका ज्वलंत उदाहरण है। इतिहास में करिकाल (लगभग, 1000 ई॰) का उल्लेख चोलवंश के प्रथम राजा के रूप में हुआ, जिसने पुहार या पुगार नगर की नींव डाली, सिंहल से लंबे समय तक युद्ध किया और सिंघली युद्धबंदियों से कावेरी नदी के किनारे सौ मील लंबे बाँध का निर्माण कराया और चोलों की राजधानी को उरगपुर (उरयूर) से कावेरपत्रनम् ले गया। चोल राज्य का ह्रास ईसा की आरंभिक शताब्दियों में उस समय आरंभ हुआ, जब उत्तर में पल्लव और दक्षिण में पाण्ड्य शक्तियाँ उभर रही थीं। 9वीं शताब्दी के मध्य में चोल राजा विजयालय ने 34 वर्षों तक शासन किया। उसके पुत्र और उत्तराधिकारी आदित्य (लगभग 880-907 ई॰) ने पल्लवनरेश

अपराजित को हराया। आदित्य परान्तक प्रथम ने पल्लवों की शक्ति को पूरी तरह कुचल दिया और पाण्ड्यों की राजधानी मदुरा पर अधिकार कर लिया।

राजराज प्रथम (985-1013 ई०) संपूर्ण मद्रास, मैसूर, कुर्ग और सिंहलद्वीप (श्रीलंका) को अपने अधीन करके पूरे दक्षिणी भारत का सर्वशक्तिमान एकछत्र सम्राट बन गया। उसने अपनी राजधानी तंजोर में भगवान शिव का राजराजेश्वर (वृहदेश्वर) मंदिर बनवाया। उसके पुत्र और उत्तराधिकारी राजेन्द्र प्रथम (1016-44 ई०) के पास शक्तिशाली नौसना थी, जिसने पेगू, मर्तबान तथा अंडमान-निकोबार द्वीपों को जीता। उसने बंगाल और बिहार के शासक महिपाल से युद्ध किया और उसकी सेनाएँ कलिंग पार करके ओड्र (उड़ीसा), दक्षिण कोसल, बंगाल और मगध होती हुई गंगा तक पहुँचीं। इस विजय के उपलक्ष्य में उसने 'गंगैकोंड' की उपाधि धारण की। उसका पुत्र और उत्तराधिकारी राजाधिराज (1044-54 ई०) चालुक्य राजा सोमेश्वर के साथ हुए कोप्पम के युद्ध में हारा और मारा गया। परंतु वीर राजेन्द्र ने चालुक्यों को कुंडल-संगमम् के युद्ध में परास्त कर पिछली हार का बदला ले लिया और चोल शक्ति को उत्कर्ष प्रदान किया किंतु शीघ्र उत्तराधिकार के लिए युद्ध छिड़ गया, जिसका अंत होने पर चोल सिंहासन राजेन्द्र कुलोतुंग प्रथम (1070-1122 ई०) को प्राप्त हुआ। राजेन्द्र कुलोत्तुंग की माँ चोल राजकुमारी और पिता चालुक्य राज्य का स्वामी था। इस प्रकार कुलोत्तुंग ने चालुक्य चोलों के एक नये वंश की स्थापना की। उसने चालीस वर्षों तक शासन किया और कलिंग पर फिर से अधिपत्य स्थापित किया।

चोल प्रशासन

यह ग्राम-पंचायत प्रणाली पर आधारित था। प्रशासन की सुविधा की दृष्टि से सम्पूर्ण चोल राज्य छः प्रांतों में बँटा हुआ था, जिनको मंडलम कहा जाता था। मंडलम के उप-विभाग कोट्टम (कमिश्नरी) और कोट्टम के उपविभाग नाडु के अंतर्गत कुर्रम (ग्रामसमूह) और ग्राम होते थे। अभिलेखों में नाडु (जिला) की सभा को कट्टर और नगर की श्रेणियों को 'नगरनार' कहा गया है। सबसे अधिक विकसित और सुसंगठित शासन गाँव के निवासियों द्वारा प्रतिवर्ष नियमतः निर्वाचित होते थे। निर्वाचन और सदस्याता की योग्यता के नियम बने हुए थे। प्रत्येक मंडल पूर्ण स्वायत्तता प्राप्त था। लेकिन राजा के प्रशासन को नियंत्रित करने के लिए कोई केंद्रीय विधानसभा नहीं थी। भूमि की उपज का लगभग 1/6 भाग सरकार को लगान के रूप में मिलता था। लगान अनाज के रूप में या स्वर्ण मुद्राओं में अदा किया जा सकता था। चोल राज्य में प्रचलित सोने का सिका 'कासु' कहलाता था, जो 16 औंस का होता था। चोल राजाओं के पास विशाल स्थल सेना के साथ-साथ मजबूत जहाजी बेड़ा भी था। चोल राजाओं ने सिंचाई की बड़ी-बड़ी योजनाएँ पूरी कीं; सड़कों का निर्माण किया और उन्हें सुन्दर, साफ ढंग से रखा। चोल प्रशासन प्रणाली वास्तव में अत्यंत उन्नत थी और उसके अंतर्गत जनता को पर्याप्त स्वायत्त शासन प्राप्त था।

राजस्व व्यवस्था

चोल राज्य की आय का प्रमुख साधन था भूमिकर, जिसको एकत्र करने का भार ग्राम सभा पर था। कृषि उत्पादन का एक तिहाई भू-राजस्व के रूप में वसूला जाता था। कुलोतुंग प्रथम ने भूमि की माप करवायी। कृषि भूमि किस्मों का समय-समय पर पुनर्मूल्यांकन तथा भू-राजस्व का पुनर्निर्धारण किए जाने का भी उल्लेख मिलता है। सीमा शुल्क, राहदारी, अनेक व्यवस्था तथा धंधों पर लगाए गए करों से राज्य को अतिरिक्त आमदनी होती थी। खानों तथा जंगलों के उत्पादन के अतिरिक्त नमक कर भी राज्य की आय के प्रमख स्रोत थे। श्रमिकों से बेगार के रूप में भी काम लिया जाता था। चोल प्रशासन में भूमिदान की प्रक्रिया जटिल होती गयी। भूमि के अतिरिक्त व्यापार कर तथा निकटवर्ती क्षेत्रों की लूटमार से अपनी आय बढ़ाते थे। विवाह समारोह पर भी कर लगता था। हरै या वरि, मन्रूपाडु और दंडम करों तथा वसूलियों के प्रयुक्त होने वाले शब्द थे।

बस्ती वाले भागों (उर) मंदिर तालाब गांव से होकर बहने वाली नदी, निम्न जाति की झोपड़ियों (परकच्चेरी), शिल्पकारों के भवन (कृमाणपेरी) तथा श्मशानघाट, (शुट्टुगोड) आदि पर कर नहीं लगता था। अन्न का मान था–एक कलम (तीनमन)। सोने के सिक्के को काशु कहते थे। तत्कालीन अभिलेखों में इन करों का उल्लेख निम्न नामों से मिलता है–कर, करघा (तरिइरिमय), कोल्हू (शेक्ककेरिया), व्यापार (सेट्टिरयी), मुनारी (तत्तारपाट्टनम्), पशु नदी (औलक्कुनीरपाट्टम) नमक (उप्पायम्), चुंगी (बलि आयम), बाट (हडैबरी) बाजार (अंगाडिपाट्टम)।

स्थानीय स्वशासन

संपूर्ण साम्राज्य के गांवों में स्थानीय स्वशासन को प्रोत्साहित

करना चोल प्रशासन की उल्लेखनीय विशेषता थी। ग्राम तथा नगरों की सभाएँ शासन की मूलभूत इकाइयाँ थीं। नाडु की प्रशासनिक सभाएँ प्रतिनिधियों द्वारा निर्मित होती थीं। इस काल में स्थानीय स्वशासन में उर तथा सभा अथवा महासभा बालिग सदस्यों द्वारा निर्मित होती थी। उर सर्वसाधारण लोगों की गाँव की प्रधान समिति थी। नगरम, तीसरे प्रकार की सभा थी। सभा/महासभा गांवों के वरिष्ठ ब्राह्मणों, जिन्हें अग्रहार कहा जाता था, की सभा थी। इसमें स्त्रियाँ भी होती थीं। महासभा को 'नेरुगुरि' कहा जाता था। उत्तरमेरुर के 919 तथा 929 ई॰ के दो अभिलेखों से स्थानीय महासभा की कार्य संचालन प्रणाली पर पर्याप्त प्रकाश पड़ता है। गाँव के कारोबार की देखरेख एक कार्यकारिणी समिति करती थी जिसे 'वारियम' कहते थे। वारियम की सदस्यता के लिए पैंतीस से सत्तर वर्ष की आयु वाले ऐसे व्यक्ति की नियुक्ति होती थी जिसके पास लगभग एक-डेढ़ एकड़ भूमि हो तथा जो अपनी भूमि पर बने मकान में रहने वाला हो। इस योग्यताओं के होने पर भी निम्नलिखित व्यक्तियों को मनोनीत नहीं किया जाता था :

1. जो विगत तीन वर्षों से किसी समिति में रह चुके हों।
2. जो समिति में रहकर अपनी आय व्यय का लेखा जोखा न दें।
3. जो व्यभिचार अथवा अन्य किसी भंयकर अपराध का अपराधी हो।
4. जिन्होंने दूसरों का धन चुराया हो।

गाँवों का विभाजन प्राय: शेरियों, सड़कों और खंडों में होता था। ब्राह्मणों को दी गई कर मुक्त भूमि को चतुर्वेदि मंगलम कहते थे। 'नगरम' संभवत: व्यापारियों की प्रधान सभा थी। वह महत्वपूर्ण व्यापारिक नगरों में होती थी। स्थानीय सामंत या शक्तिशाली अधिकारी को एक विशेष प्रकार का सुरक्षा-कर 'पाडिका वलकुली' अलग से दिया जाता था, जिसके बदले में वह क्षेत्र की सुरक्षा का भार अपने ऊपर लेता था। जिले (नाडु) की जनता की सभा को नाट्टर कहते थे।

ग्रामसभा

ये ग्राम सभाएं जनपद के प्रबंध में प्राय: स्वतंत्र थीं। हर प्रकार की भूमि इनके अधीन थी। ग्राम सभा के निम्न मुख्य कार्य थे–1. जंगल साफ कर कृषि के लिए भूमि तैयार करना। 2. लगान एकत्र करना। 3. धार्मिक न्यास के रूप में भूमि अथवा द्रव्य का दान स्वीकार करना। 4. गाँव के सदाचार को बनाए रखना। 5. न्याय और दंड का पालन करना। 6. मठों के माध्यम से शिक्षा का प्रबंध करना। 7. आय-व्यय का हिसाब रखना और समय-समय पर गणक द्वारा उसकी गणना करवाना। प्रत्येक सभा शासन की सुविधा के लिए कई समितियों में बंटी थी–कृषि लेखा-जोखा, शिक्षा, भूमि प्रबंध, मार्ग, न्याय, देवालय समिति आदि।

सेना

चोलों ने सैनिक शक्ति के बल पर एक विशाल साम्राज्य निर्मित किया। उसकी नौसेना भी अभूतपूर्व थी। इसी शक्ति से इन्होंने दक्षिण-पूर्व एशिया पर भी अपना प्रभुत्व स्थापित किया। स्थल सेना के मुख्य अंग थे धनुर्धर (विल्लिगल), हाथियों के कोर (आनैयाट्कल क्रु जिमल्ला आदिर), घुड़सवार (कुडिरैच्चेनगर) तथा पैदल सेना (बेडपई केकोलर) सेना कड़गम या पडेविड़ू (छावनी) में रहती थी। सात हजार का विशाल हस्ति दल तथा डेढ़ लाख पैदल सैनिक चोल सेना में थे। सेना में अनेक सेनापति ब्राह्मण थे जिन्हें ब्राह्मधिराज कहा जाता था।

चोल कला

चोलों ने पल्लवों की स्थापत्य कला को आगे बढ़ाया। चोलों की द्रविड़ शैली की कुछ विशेषताएँ इस प्रकार हैं: वर्गाकार विमान, मंडप, गोपुरम, कलापूर्ण स्तंभों से युक्त वृहत्सदन, सजावट के लिए पारंपरिक सिंह (चालि); ब्रैकेट तथा संयुक्त स्तंभों के प्रयोगादि। राजराज प्रथम का तंजौर का शिव मंदिर द्रविड़ शैली का एक शानदार नमूना है। दक्षिण भारत में नहरों की प्रणाली चोलों की देन है। चोल युग में नटराज शिव की कांसे की मूर्तियाँ भी सर्वोत्कृष्ट मानी जाती थीं। गोपुरम् शैली का विकास इसी युग में हुआ।

समाज

चोल राजा शैव धर्मानुयायी थे। वैदिक कर्मकांड की चर्चा बहुत कम है। केवल राजाधिराज के लेखों में अश्वमेध का उल्लेख है। दक्षिण भारत में स्त्रियों की स्थिति उत्तर भारत की अपेक्षा अच्छी थी। उच्च कुलों की स्त्रियाँ संपत्ति की स्वामिनी होती थीं और इच्छानुसार उसे बेच भी सकती थीं। देवदासी प्रथा प्रचलित थी। दास प्रथा भी दक्षिण भारत में प्रचलित थी।

साहित्य

चोल काल में तिरुत्तकदेवर ने जीवक चिंतामणि नामक महाकाव्य की रचना की। कम्बन ने रामावतार, कल्लकदम् ग्रंथों की रचना की। जयोगगोन्दार ने 'कलिगुप्तप्पर्णि' की

रचना की। वैष्णव दार्शनिक रामानुज का जन्म तिरुपति में हुआ था, वे तमिल ब्राह्मण थे। 13वीं शताब्दी के आचार्य मध्य ने कन्नड़ भाषा में उपदेश दिए।

पालवंश

बंगाल में इस वंश का उद्‌भव लगभग 750 ई॰ में गोपाल से माना जाता है। कुछ समय से बंगाल में अराजकता फैली हुई थी। इसी का अंत करने के लिए जनता ने गोपाल को राजा निर्वाचित किया। इस वंश ने बंगाल पर लगभग 750 से 1155 ई॰ तक तथा बिहार में 1199 ई॰ में मुसलमानों की विजय तक राज्य किया।

पालवंश का दूसरा शासक धर्मपाल इस वंश का महान् राजा था। उसने अपना राज्य कन्नौज तक विस्तृत किया और प्रतिहारों तथा राष्ट्रकूटों के साथ त्रिकोणात्मक संघर्ष में अपने राज्य को सुरक्षित रखा। उसका पुत्र देवपाल भी कई युद्धों को जीता। वह अपनी राजधानी पाटलिपुत्र से उठाकर बंगाल ले गया। उसकी राजसभा में सुमात्रा के राजा बालपुत्र देव का दूत आया था।

देवपाल (810-50 ई॰) के बाद पालवंश की राजशक्ति, राजाओं की निर्बलता तथा गुर्जर-प्रतिहार राजाओं के आक्रमणों के कारण क्षीण होने लगी। 9वें राजा महिपाल प्रथम के राज्यकाल में चोल राजा राजेन्द्र प्रथम ने लगभग 1023 ई॰ में गंगा तक के प्रदेशों को जीता। रामपाल (1077-1120 ई॰) के राज्यकाल में अस्थायी रूप से पालों की राज्यशक्ति फिर उत्कर्ष को प्राप्त होने लगी। किंतु 12वीं शताब्दी के मध्य तक सेन राजाओं ने पाल राजाओं से बंगाल छीन लिया। बाद में 1199 ई॰ में बख्तियार खिलजी के पुत्र इख्तियारुद्दीन मुहम्मद खिलजी के नेतृत्व में मुसलमानों ने बिहार में भी पालवंश को समाप्त कर लिया।

पालवंशी राजा बौद्ध थे और उनके राज्यकाल में बौद्ध शिक्षा केंद्रों की बड़ी उन्नति हुई। नालंदा तथा विक्रमशीला के प्रसिद्ध महाविहारों को उनका संरक्षण प्राप्त था। प्रसिद्ध बौद्ध भिक्षु आतिशा दसवें पाल राजा नायपाल के राज्यकाल में हुआ जो तिब्बत के राजा के निमंत्रण पर तिब्बत गया था। पालवंशी राजा कला तथा वास्तुकला के महान् प्रेमी थे और उन्होंने धीमान तथा विट्ठल जैसे महान् शिल्पियों की संरक्षण प्रदान किया।

गहड़वाल वंश

प्रतिहारों के बाद कन्नौज के वैभव को गहड़वालों ने नया जीवन प्रदान किया। 1080-85 ई॰ के बीच चन्द्रदेव ने राष्ट्रकूट शासक गोपाल को हराकर लगभग संपूर्ण उत्तर प्रदेश पर अपना अधिपत्य स्थापित किया और 1100 ई॰ तक शासन किया। चन्द्रदेव का उत्तराधिकारी मदनचन्द्र या मदनपाल था। मदनचन्द्र का उत्तराधिकारी गोविंदचन्द्र एक महत्वाकांक्षी शासक था। उसने पालों से मगध को जीता व मालवा पर अधिकार किया। गोविंदचन्द्र के पुत्र विजयचंद्र ने गहड़वाल साम्राज्य को सुरक्षित बनाया। जयचन्द्र इस वंश का अंतिम शक्तिशाली शासक था। दिल्ली पर अधिपत्य के लिए चौहान व गहड़वालों की शत्रुता चल रही थी, जिस पर अन्ततः चौहानों का कब्जा हो गया। दिल्ली विजय के बाद कुतुबुद्दीन ऐबक तथा मुहम्मद गोरी ने जयचंद्र पर आक्रमण किया। 1193 ई॰ में 'चन्दावर' के युद्ध में जयचन्द हार गया और उसे मार डाला गया। जयचन्द ने देवगिरि के यादवों, गुजरात के सोलंकियों और तुर्कों को कई बार हराया। अपनी विजयों के उपलक्ष्य में उसने राजसूय यज्ञ किया था। इसके राजकवि तथा संस्कृत के प्रख्यात कवि श्रीहर्ष ने इसके शासनकाल में ''नैषध चरित'' एवं खंडन-खंड खाद्य की रचना की।

चौहान वंश

चौहान वंश की अनेक शाखाओं में से 7वीं शताब्दी में वासुदेव द्वारा स्थापित शाकम्भरी (अजमेर) के चौहान राज्य का इतिहास में विशेष स्थान है। इस वंश में अजयराज नामक एक महत्वपूर्ण शासक 12वीं शताब्दी में हुआ। इसने अजमेर नगर बसाया और उसे राजप्रासादों व देवालयों से अलंकृत किया। अजयराज का उत्तराधिकारी अर्णोराज एक महत्वपूर्ण राजा था। इसने अजमेर के निकट सुल्तान महमूद की सेना की पराजित किया। अर्णोराज का पुत्र विग्रहराज चतुर्थ अथवा बीसलदेव (1153-63 ई॰) कुशल शासक था। इसने दिल्ली पर पुनः अधिकार करके हाँसी को भी जीता। इसने तुर्कों के विरुद्ध भी युद्ध किए। इसके साम्राज्य में पंजाब, राजपूताना तथा पश्चिमी उत्तर प्रदेश के अनेक भाग सम्मिलित थे। बीसलदेव यशस्वी कवि और लेखक भी था। उसने 'हरिकेल' और 'ललित विग्रहराज' नामक दो नाटकों की रचना की। महाकवि सोमदेव ने बीसलदेव के चरित्र बखान में 'ललित विग्रहराज' की रचना की। 1178 ई॰ में सोमेश्वर का पुत्र इतिहास-प्रसिद्ध पृथ्वीराज तृतीय शासक हुआ। इसने 1182 ई॰ में रेवाड़ी, भिवानी तथा अलवर के कुछ क्षेत्रों पर कब्जा कर लिया। इसने बुंदेलखंड के चंदेल शासक परमर्दिदेव को रात्रि युद्ध में हराया।

1186 में पृथ्वीराज तृतीय ने गुजरात के भीम तृतीय पर आक्रमण किया। 1191 ई॰ में पृथ्वीराज तृतीय तथा मुहम्मद गोरी के बीच तराईन का प्रथम युद्ध हुआ जिसमें मुहम्मद गोरी पराजित हुआ। अगले वर्ष 1192 में तराईन का द्वितीय युद्ध हुआ जिसमें पृथ्वीराज पराजित हुआ। बाद में उसकी हत्या करवा दी गई। तराईन के दूसरे युद्ध के बाद ही भारत में तुर्की राज्य की स्थापना हुई। 1192 ई॰ में कुतुबुद्दीन ऐबक ने चौहानों का दमन करते हुए दिल्ली पर अपना शासन स्थापित किया।

सामाजिक स्थिति

इस काल के भारतीय समाज में हुए महत्वपूर्ण परिवर्तनों में एक परिवर्तन सामंत वर्ग की बढ़ती हुई शक्ति थी। सामंत वर्ग को समसामयिक लेखकों ने रानक रोल (राजपूत) आदि नामों से पुकारा है। उनमें से कुछ सरकारी अधिकारी थे, जिन्हें नकद वेतन की जगह गाँव या जागीर दिए जाते थे, जिनसे वे राजस्व प्राप्त करते थे। सामंती समाज में उसकी स्थिति अच्छी थी जो बिना श्रम किए भूमि से जीविकोपार्जन करते थे। जाति-व्यवस्था सामाजिक ढाँचे का मूलाधार बन गई थी। इस काल के स्मृतिकारों ने ब्राह्मणों के विशेषाधिकारों को बहुत बढ़ा- चढ़ाकर बताया तथा शूद्रों को धार्मिक एवं सामाजिक दृष्टि से निकृष्ट साबित किया। उस समय अंतर्जातीय विवाह को हेय दृष्टि से देखा जाता था। यदि कोई कुलीन पुरुष अकुलीन स्त्री से विवाह करता था तो उसकी संतान की जाति माँ की जाति के आधार पर निर्धारित की जाती थी। तत्कालीन जातियाँ—कुम्हार, जुलाहा, सुनार, संगीतज्ञ, नाई, रस्सीवार, चमार, महुआ, बहेलिया आदि थे। इस काल के स्मृतिकारों ने हस्तशिल्प को निम्न जाति का पेशा माना है। इस काल में एक नई जाति राजपूत अस्तित्व में आई। अनेक राजपूत अपने को मध्य भारत के सूर्य और चंद्रवंशी क्षत्रियों के वंशज मानते थे। कुछ अन्य विद्वान् राजपूतों की उत्पत्ति का स्रोत उस यज्ञ को मानते हैं जिसे ऋषि वशिष्ठ ने आबू पर्वत पर किया था। जाति वर्गीकरण इतना कठोर नहीं था। कभी-कभी नयी जातियों को वर्ण की श्रेणी में रखना कठिन हो जाता था।

नारी स्थिति

इस काल में नारियाँ साधारणत: बौद्धिक स्तर पर पिछड़ी समझी जाती थीं। उनका कर्त्तव्य अपने पति की आज्ञा का आँख मूँदकर पालन करना होता था। लड़कियों की विवाह की आयु कम हो गयी थी। इस काल के कुछ नाटकों से ज्ञात होता है कि राजमहल की स्त्रियाँ और रानी की दासियाँ भी संस्कृत और प्राकृत में उत्कृष्ट कविताओं की रचना करने में समर्थ थीं। ललित कला, विशेष रूप से चित्रकला और संगीत में राजकुमारियों की दक्षता का उल्लेख अनेक कथाओं में मिलता है। पुनर्विवाह कुछ विशेष परिस्थितियों में स्वीकृत था जबकि पति ने पत्नी का त्याग कर दिया हो, अथवा पति की मृत्यु हो गई हो, वह संन्यासी हो गया हो, अथवा नपुंसक या निर्वासित हो। सामान्यत: स्त्रियाँ अविश्वश्वसनीय समझी जाती थीं; फिर भी घर में उनका आदर था। यदि कोई पति अपनी पत्नी का परित्याग करता था तो उसे पत्नी को भरण-पोषण का खर्च देना पड़ता था। यदि किसी पुरुष की मृत्यु बिना पुत्र के हो जाती थी तो कुछ मामलों को छोड़कर उसकी पत्नी को अपने पति की पूरी संपत्ति प्राप्त हो जाती थी। किसी विधवा की संपत्ति पर उसकी पुत्रियों का अधिकार होता था। बहु-विवाह प्रथा के विकास के साथ-साथ संपत्ति के झगड़े बढ़ते गए व इसके साथ-साथ सती प्रथा प्रचलित होती गयी। मेधातिथि तथा विश्वरूप ने मामा की पुत्री से विवाह को अधम कोटि्ट में रखा है। इस काल में स्वयंवर के उदाहरण प्राप्त होते हैं। मेधातिथि ने पुनर्विवाह या विधवा-विवाह के विरुद्ध मत व्यक्त किया है। सती और जौहर प्रथा, पुत्री की बाल हत्या, बहुपत्नी, देवदासी तथा वेश्यावृत्ति को इस युग में काफी बढ़ावा दिया गया।

बाह्य जगत से भारतीय संपर्क

भारत की कठिनतम भौगोलिक सीमाएँ भी उसे विदेशों के सम्पर्क से पूर्णतया परे नहीं रख पायीं और आदितम सभ्यता हड़प्पा के काल से ही भारतीय व्यापारी और यात्री विदेशों को जाते रहे। परंतु चूँकि भारत जैसे बड़े देश को ही किसी एक राजा के जीवनकाल में जीत पाना असंभव था, अत: एकाध अपवादों को छोड़कर प्राय: भारतीय राजाओं ने विदेशी राज्यों को जीतने का प्रयास नहीं किया। इसीलिए विदेशों में भारतीय राजसत्ता के प्रसार के स्थान पर वहाँ भारतीय संस्कृति का प्रचार हुआ और यह प्रचार हुआ मुख्यत: भारतीय व्यापारियों और धर्मप्रचारकों के माध्यम से। इस प्रकार विदेशों में भारतीय संस्कृति का प्रचार तलवार या राजसत्ता के बल पर न होकर शांतिपूर्ण व्यापारिक और धार्मिक गतिविधियों के द्वारा हुआ।

भारतीय संस्कृति का विदेशों में यह प्रसार 300 ई॰पू॰ से लेकर 700 ई॰पू॰ तक अत्यंत तीव्र गति से हुआ और भारत इस समय मध्य एशिया, पूर्व एशिया तथा दक्षिण-पूर्व एशिया को धर्म, दर्शन, कला और साहित्य की शिक्षा देता रहा। भारतीयों

ने अपने धर्म, दर्शन, संस्कृति आदि का प्रचार उन देशों में विध्वंस और संहार करने के लिए नहीं अपितु उन्हें पूर्ण और सफल बनाने के लिए किया। भारतीय संस्कृति से परिपूरित इस समग्र भूखंड को वृहत्तर भारत कहा जाता है। वृहत्तर भारत में मध्य एशिया, तिब्बत, चीन और दक्षिण-पूर्व एशिया की गणना की जाती है।

विदेशों में भारतीय संस्कृति के प्रसार के प्रमाण भारतीय साहित्यिक ग्रंथों, भारतीय पुरातात्विक सामग्रियों, विदेशी साहित्यिक ग्रंथों तथा पुरातात्विक सामग्रियों से प्राप्त होते हैं। मत्स्य पुराण में भारतीयों के उपनिवेशों एवं द्वीपों का उल्लेख है। ये द्वीप थे–इंद्रद्वीप (बर्मा), ताम्रपर्णी (लंका), निकोबार, कंबोडिया; सुमात्रा, बोर्नियां और यवद्वीप (जावा)। भारतीय खुदाइयों में प्राप्त अवशेषों से भी भारत के मध्य एशिया, पश्चिम एशिया, चीन और पूर्वी द्वीप समूह से संपर्क का प्रमाण मिलता है। विदेशी ग्रंथों–दी पेरीप्लस ऑफ द एरिथ्रियन सी, टालमी के भूगोल तथा अलबरूनी के ग्रंथों से विदेशों में भारतीय राज्यों और संस्कृति के स्थापित होने की सूचना मिलती है। इसके अतिरिक्त बोगजकोई और मलाया आदि में प्राप्त शिलालेख भी इसी तथ्य की पुष्टि करते हैं।

भारतीय संस्कृति का प्रसार पूर्व और पश्चिम के देशों में अनेक कारणों से संभव हो सका। इनमें प्रथम था भारत का पूर्व और पश्चिम के देशों के मध्य में स्थित होना, जिससे वह सरलता से विभिन्न देशों के साथ जल-थल का संपर्क स्थापित कर लेता था। भारतीय व्यापारियों की पूर्वी देशों में स्थित स्वर्ण को प्राप्त करने की लालसा भी एक प्रमुख कारण के रूप में सामने आती है। भारतीयों की साहसी प्रवृत्ति ने भी इसमें अपना योगदान दिया। कौण्डिय नामक एक साहसी भारतीय ब्राह्मण के नेतृत्व में अनेक भारतीय पूर्वी देशों को गए और इन्होंने हिन्दू उपनिवेश की स्थापना की जिसे चीनी इतिहास में फूनान कहा जाता है। इसके अतिरिक्त अशोक, कनिष्क, हर्ष जैसे धर्मनिष्ठ भारतीय सम्राटों ने धार्मिक सिद्धांतों के प्रसार के लिए अनेक बौद्ध प्रचारकों को विदेशों में भेजा। इन सभी कारणों के सम्मिलित प्रयास से विदेशों में भारतीय संस्कृति फली-फूली। भारतीय संस्कृति का प्रसार मुख्यत: निम्न देशों में हुआ।

लंका–जिन देशों में भारतीय संस्कृति का प्रसार प्रमुखता से हुआ उनमें प्रमुख है लंका। भारत-लंका के सांस्कृतिक संबंध रामायण-काल से ही चले आ रहे हैं। ऐतिहासिक दृष्टि से 500 ई०पू० में काठियावाड़ के राजा विजय ने लंका को जीतकर वहाँ भारतीय उपनिवेश कायम किया और अपने पिता सिंह के नाम पर इसे सिंहलद्वीप घोषित किया तथा इसकी भाषा को सिंहली। ई०पू० तृतीय सदी के मध्य में अशोक के पुत्र-पुत्री महेन्द्र और संघमित्रा यहाँ धर्म-प्रचार हेतु गए। तत्कालीन नरेश तित्स और उसकी प्रजा बौद्ध हो गयी। लंका में अनेक स्तूपों-विहारों का निर्माण हुआ तथा बोधगया से बोधिवृक्ष की शाखा का अनुराधापुर में प्रतिरोपण किया गया। पाली भाषा तथा ब्राह्मी लिपि का श्रीलंका में सर्वत्र प्रसार हुआ और भारतीय मूर्तिकला और शिल्पकला भी फैली। तब से दीर्घकाल तक लंका निवासी भारतीय संस्कृति के प्रभाव में रहे।

तिब्बत और नेपाल–उत्तर में तिब्बत और नेपाल में भारतीय संस्कृति फैली। भारत की व्यापारिक वस्तुओं के साथ-साथ भारतीय भाषा, साहित्य, संस्कृति और धर्म का प्रसार यहाँ हुआ। सातवीं सदी में आन सान गैम्पो ने दो चीनी और नेपाली बौद्ध निष्ठ राजकुमारियों से विवाह करके बौद्ध धर्म को राजधर्म बना दिया। उसने तिब्बत में भारतीय संस्कृत भाषा व लिपि भी बौद्ध धर्म के साथ-साथ प्रसारित की। 747 ई० में काश्मीर के आचार्य पहासंभव ने तिब्बत में प्रवेश कर तंत्रवाद से ओतप्रोत महायान बौद्ध धर्म का प्रचार किया जो आगे चलकर लामा मत से परिवर्तित हो गया।

तिब्बत में विभिन्न विद्वानों द्वारा बौद्ध धर्म और संस्कृत भाषा का प्रसार किया गया। इससे वहाँ की कला भी भारतीय कला से प्रभावित रही। विविध बौद्ध प्रतिमाएँ निर्मित की गयीं।

ई०पू० तीसरी सदी में मौर्य सम्राट् अशोक ने नेपाल पर अपना आधिपत्य स्थापित किया था। नेपाल गुप्त सम्राटों का भी करद राज्य था। मध्य युग में भारत पर मुस्लिम आक्रमणों से भयभीत अनेक भारतीयों ने नेपाल में शरण प्राप्त की। वे अपने साथ भारतीय साहित्य, लिपि, धर्म, संस्कृति और कला ले गए। आज भी नेपाल में हिन्दू धर्म अधिक प्रचलित है। धर्म के समान नेपाल की भाषा, साहित्य ललित कलाएँ और सामाजिक प्रथाएँ गहरे भारतीय प्रभाव को प्रकट करती हैं।

अफगानिस्तान–भारतीय इतिहास के प्रारंभिक युग में अफगानिस्तान भारत का ही एक भाग था। वह मौर्य और कुषाणों के राज्यों के अंतर्गत था। यहाँ भारतीय धर्म और साहित्य का प्रसार हुआ। प्रारंभ में यहाँ खरोष्ठी लिपि प्रचलित थी परंतु गुप्तकाल में यहाँ ब्राह्मी लिपि और संस्कृत भाषा का प्रचार हुआ। अफगानिस्तान में खोज और उत्खनन के पश्चात् भारतीय संस्कृति और धर्म के विभिन्न अवशेष जैसे स्तूप,

विहार, मूर्तियाँ, प्राचीन संस्कृत ग्रंथ आदि प्राप्त होते हैं। अलबरूनी के कथानुसार ईरान, खुरासान, सीरिया, इराक आदि देशों में इस्लाम से पूर्व बौद्ध धर्म प्रचलित था।

मध्य एशिया के देश—मध्य एशिया के विभिन्न राज्यों में भारतीय संस्कृति का खूब प्रसार हुआ। इन राज्यों में प्रमुख था काशगर। यह कनिष्क के साम्राज्य का अंग था और कुषाणकाल से ही यहाँ बौद्ध धर्म की समृद्धि को देखा था। भारतीय, तिब्बती और खेतानी परंपराओं से प्रकट होता है कि भारतीयों ने खोतान तक दिगिविजय करके अपना राज्य स्थापित किया था। और वहाँ अपना उपनिवेश भी बनाया था। गुप्तकाल में यह उपनिवेश अत्यंत समृद्ध दशा में था। खोतान के राजाओं और अनेक गुरुओं के नाम पूर्ण रूप से हिन्दू थे। पदाधिकारियों के नाम भी हिन्दू थे। यहाँ के राजाओं के सिक्कों, अभिलेखों और पांडुलिपियों से विदित होता है कि तीसरी सदी के मध्य तक प्रशासन के कार्यों में भारतीय भाषा तथा लिपि का प्रयोग होता था। खोतान के राजाओं और जनता ने भी बौद्ध धर्म अपना लिया था। बौद्ध धर्म के अनेक अप्राप्य महत्वपूर्ण ग्रंथ वहाँ प्राप्य थे। यहाँ अनेकों विहारों और स्तूपों का निर्माण हुआ था।

कुचा राज्य उत्तरी तारिम की घाटी में था। संभवत: पुराणों में इसे कुशद्वीप और वृहत्संहिता में यहाँ के निवासियों को कुशिक कहा गया है। ईसवी सन् की प्रारंभिक सदियों में यहाँ अनेकों भारतीयों का आगमन हुआ और चौथी सदी के आरंभ तक यहाँ के निवासी बौद्ध हो गये थे। चीन के प्राचीन इतिहास के अनुसार यहाँ अनेक सुन्दर और भव्य बौद्ध विहार और चैत्य थे। इचा में राजाओं को महाराजा, देवपुत्र, और प्रियदर्शन आदि कहा जाता था तथा उनके नाम भी स्वर्णदेव हरदेव आदि भारतीय ही होते थे। प्रसिद्ध बौद्ध आचार्य कुमारजीव भारतीय पिता और कूचा निवासी माता की संतान थे। इन्होंने बौद्ध ग्रंथों का चीनी भाषा में अनुवाद किये तथा चीन में भी भारतीय संस्कृति के प्रसार में अपूर्व योग दिया।

कुचा से पूर्व स्थित तुर्फान के रेगिस्तानी प्रदेश में भारतीय संस्कृति तथा बौद्ध धर्म का प्रसार हुआ। वहाँ अनेक बौद्ध विहार, चैत्य और बौद्ध प्रतिमाएँ निर्मित की गईं जिनके भग्नावशेष तथा हस्तलिखित संस्कृत ग्रंथ प्राप्त हुए हैं।

दक्षिण-पूर्व एशिया—दक्षिण-पूर्व एशिया के देशों में बर्मा, हिन्द चीन, मलाया, सुमात्रा, जावा, बाली, बोर्नियो, फिलीपींस और सेलेबीन द्वीप समूह हैं। इन द्वीपों और देशों में मसालों की बाहुल्यता, भूमि की उर्वरता तथा खनिज पदार्थों की प्रचुरता ने भारतीयों को इनकी ओर आर्कषित किया। सुदुर-पूर्व के द्वीपों को भारतीय साहित्य में स्वर्ण भूमि कहा गया जहाँ से भारतीय व्यापारी प्रचुर संपदा के साथ लौटते थे। जातक ग्रंथों तथा कथा सरित्सागर आदि ग्रंथों में स्वर्ण-भूमि की व्यापारिक यात्रा का वर्णन मिलता है। दूसरी से पाँचवीं सदी के मध्य में मलाया, कंबोडिया, अन्नाम, सुमात्रा, जावा, बाली, बोर्नियो आदि द्वीपों और देशों में भारतीय उपनिवेश कायम किये गये। इनका धर्म, भाषा, आचार-विचार, संस्कृति, प्रथाएँ सभी भारतीय थे। यहाँ मुख्यतया शैव धर्म और अल्पमात्रा में बौद्ध धर्म का प्रसार था।

बर्मा—इसे ब्रह्मा कहते थे। यह सुवर्ण-भूमि का एक भाग था। अशोक के दो धर्म प्रचारक इस क्षेत्र में आये थे। बुद्धघोष 450 ई० में लंका से ब्रह्मा गया और उसने बौद्ध धर्म का अत्यधिक प्रचार किया। आज भी यहाँ के बहुसंख्यक लोग बौद्ध हैं। 15वीं सदी तक ब्रह्मा के दक्षिणी भाग में पूर्णरूप से भारतीय भाषा, लिपि और धर्म का प्रचार हो चुका था। प्रोम, पेगू आदि स्थानों से बौद्ध और हिन्दू अवशेषों की प्राप्ति इसका प्रमाण है।

स्याम या थाईलैंड—यह बर्मा के पूर्व में स्थित है। यहाँ दूसरी, तीसरी शती में भारतीयों द्वारा द्वारावती राज्य की स्थापना की गई। भारतीयों के प्रभाव से स्याम में हिन्दू और बौद्ध धर्म का अत्यधिक प्रचार हुआ। स्याम में शिव विष्णु और बुद्ध की पूजा के संकेत प्राप्त होते हैं। वहाँ के स्थानों, नगरों, लोगों और राजाओं के नाम तथा पदवियाँ आज भी हिन्दू प्रभाव को व्यक्त करते हैं। 16वीं सदी तक स्याम के निवासी भारतीय संस्कृति के प्रभाव में रहे।

चंपा—यह स्याम के पूर्व स्थित हिन्द चीन में प्रमुख भारतीय उपनिवेश था। इसमें दक्षिण-अन्नाम और कोचीन के प्रदेश थे। चंपा की राजधानी अमरावती थी। यह भारतीय उपनिवेश लगभग तेरह सौ वर्षो तक जीवित रहा। चंपा की राजभाषा संस्कृत थी तथा वैष्णव, शैव और बौद्ध धर्म प्रधान धर्म थे। भारतीय वर्ण-व्यवस्था भी वहाँ प्रचलित थी। निसोन, डाग-हुआंग, पो नगर आदि बौद्ध और शैव मंदिर पूर्णतया भारतीय वास्तुकला के ही अनुकरण प्रतीत होते हैं।

फूनान—यह हिन्द चीन के दक्षिण में था। चीनी इसे फूनान कहते थे। इस राज्य में कंबोडिया, कोचीन का एक भाग तथा मीकांग नदी के नीचे का क्षेत्र था। चीनी जनश्रुति के

अनुसार चौथी शताब्दी में एक दूसरा कौण्डिन्य भी यूनान गया। इसने भी वहाँ भारतीय संस्कृति का प्रचार किया।

कम्बुज–कम्बुज देश के जीवन पर भारतीय सभ्यता और संस्कृति की छाप स्पष्ट है। भारत के संस्कृत धर्म ग्रंथों, दर्शन ग्रंथों, काव्य ग्रंथों का कंबुज में अध्ययन किया जाता था।

कम्बुज में मनुष्यों, स्थानों, नगरों, संस्थाओं, प्राकृतिक स्थानों आदि के नाम भारतीय थे। कंबुज में प्रारंभ में शैव और वैष्णव मतों की प्रधानता थी किंतु कालांतर में वहाँ बौद्ध धर्म प्रभावी हो गया था। कम्बुज के अवशेष यह प्रमाणित करते हैं कि वहाँ की कला भारतीय मूल की थी। अंगकोरवाट और अंगकोरथोम कम्बुज की सर्वोत्कृष्ट कला के उदाहरण हैं।

मलाया–8वीं सदी में मलाया एक विशाल साम्राज्य का उदय हुआ। इसकी स्थापना कलिंग से आए हुये शैलेन्द्र वंश ने की। शैलेन्द्र साम्राज्य के अंतर्गत मलाया प्रायद्वीप जावा, सुमात्रा और अनेक द्वीप थे। शैलेन्द्र राजाओं में चंपा और कंबुज पर भी अधिकार कर लिया। 9वीं सदी से इस वंश की अवनति होने लगी तथा धीरे-धीरे समस्त भाग स्वतंत्र हो गए। एकमात्र मलाया प्रायद्वीप ही शेष रह गया। मलाया में भी भारतीय नामों का प्रचलन था। बौद्ध धर्म प्रमुख धर्म तथा वहाँ की कला गुप्त कला से प्रभावित थी।

जावा–जावा की अनुश्रुतियों के अनुसार इस द्वीप में पाराशर, व्यास आदि ऋषियों ने भारतीय उपनिवेश की स्थापना की थी। जावा में अनेक राज्य थे। जावा पर विभिन्न वंशों ने राज्य किया। अंत में 15वीं शताब्दी में मुसलमानों ने इस पर अधिकार कर लिया। जावा को प्राचीन भारत में यवद्वीप कहा जाता था। जावा में नरेशों के नाम भी भारतीय हैं। अभिलेखों में वहाँ वर्ण-व्यवस्था का अस्तित्व ज्ञात होता है। ब्राह्मण धर्म के साथ-साथ वहाँ बौद्ध धर्म भी प्रचलित था। जावा की कला के ऊपर भी भारतीयों का प्रभाव था। बोरोबुदूर यहाँ का संसार प्रसिद्ध स्तूप है।

इसके अतिरिक्त सुमात्रा और बोर्नियों में भी भारतीय उपनिवेशों की स्थापना हुई थी।

इकाई-IV

भारत 1200 से 1526 तक

विस्तार और संगठन–गोरी, तुर्क, खिलजी, तुगलक, सैय्यद, लोदी

1192 का तराइन का युद्ध भारत के इतिहास में निर्णायक साबित हुआ। इसने तुर्की सत्ता की स्थापना के मार्ग को प्रशस्त किया। ऐबक नेतृत्व में तुर्कों ने अपने राज्य का सभी दिशाओं में क्षेत्रीय विस्तार किया। 1192 के अंत तक झाँसी, मेरठ, बस (बुलंदशहर) पर कब्ज़ा कर लिया गया। 1193 में दिल्ली से पृथ्वीराज का संरक्षित उत्तराधिकारी अपदस्थ कर सीधे नियंत्रण में ले लिया तथा उसे तुर्कों ने अपनी राजधानी बनाया। 1194 में एक अभियान कर कोल पर नियंत्रण स्थापित कर लिया। 1194 में ही गोरी भारत आया उसने गड़वाल राजा जयचंद पर चदवार में आक्रमण कर पराजित कर दिया। इससे जयचंद के राज्य का बहुत बड़ा क्षेत्र सल्तनत को प्राप्त हुआ, लेकिन कन्नौज पर 1199 तक ही अधिकार किया जा सका।

अब तक तुर्क भारत में सुदृढ़ होते जा रहे थे। बयाना, ग्वालियर, अहिलवाड़ा जैसे महत्वपूर्ण नगरों पर 1195-98 तक कब्ज़ा कर लिया। बदायूँ को 1197-98 में नियंत्रण में लिया गया। 13वीं शताब्दी के आरंभ में अंतिम राजपूत राज्य बुन्देलखण्ड के चन्देलों के विरुद्ध 1202 में अभियान कर कालिन्जर, महोबा, खजुराहो पर नियंत्रण स्थापित कर लिया और उनको एकीकृत सैन्यमण्डल के अधीन कर लिया।

1203 से तुर्कों ने भारतीय उपमहाद्वीप के पूर्वी प्रदेशों पर लगातार सफलतापूर्वक अभियान किया। इसका नेतृत्व गोरी के एक दास बख्तियार खल्जी ने किया उसके अधीन तुर्की सेना ने बंगाल राज्य तक सफल अभियान किया जिस पर उस समय लक्ष्मण वंश का शासन था।

यद्यापि गोरियों ने अपने प्रभाव क्षेत्र को उत्तर भारत के काफी बड़े भूभाग में स्थापित कर दिया था लेकिन इस प्रभाव क्षेत्र का आधार अभी अस्थिर ही था। जिन क्षेत्रों को विजित कर लिया गया था वे नियंत्रण से मुक्त होने के लिए आतुर थे। तुर्क अभी राजपूत शक्ति को पूरी तरह कुचल नहीं सके थे। मुईजुद्दीन मुहम्मद बिन साम गौरी की मृत्यु (1206) के बाद उसके दास कुतुबुद्दीन ऐबक उत्तर भारत के गौरी साम्राज्य पर काबिज हो गया। ऐबक भारत में गौरी का 'वायसराय' नियुक्त था तथा तुर्क सेना का सेनापति था। लेकिन इससे उसकी (ऐबक) कठिनाई कम न थी। यल्दौज, कुबाचा, बख्तियार खल्जी उसके प्रमुख प्रतिद्वंद्वी थे। राजपूत पुन: शक्ति प्राप्त करने का प्रयास कर रहे थे। ऐबक दासत्व के कारण उसके शासन की वैधानिकता निरापद नहीं थी। फिर भी उसने चार वर्ष के अल्पकाल में सल्तनत को बचाए रखा। ऐबक ने 1208 में गौरी के एक उत्तराधिकारी से दास मुक्ति-पत्र प्राप्त किया जिससे उसकी शासन रूप में स्थिति मजबूत हुई। यल्दौज जो ऐबक के राज्य पर अधिकार करना चाहता था, के खतरे को समाप्त करने के लिए वह अपनी राजधानी दिल्ली से लाहौर ले गया।

ऐबक चौगान (पोलो) खेलते समय घोड़े से गिरकर जब मरा तब उसके दामाद इल्तुतमिश ने गद्‌दी सम्हाली। वह अपनी राजधानी दिल्ली ले आया। इल्तुमिश को दिल्ली सल्तनत का वास्तविक संस्थापक कहा जाता है। उसने न केवल मंगोलों तथा कुबाचा और यल्दौज से दिल्ली सल्तनत की रक्षा की बल्कि अपना राज्य विस्तार किया तथा उसे दृढ़ता प्रदान की। (मंगोल नीति का अलग से अध्ययन किया जाएगा) इल्तुतमिश ने जलालुद्दीन मगबरनी के आक्रमण से ध्वस्त भटिण्डा कुहराम सुरसुती पर अधिकार कर लिया। 1226 में उसने मुल्तान और कच्छ पर दोतरफा आक्रमण किया। कुबाचा पराजित हुआ और सिंधु नदी में डूब गया। दिल्ली सल्तनत की उत्तर-पश्चिम सीमा अब सुरक्षित थी। राजपूताना में रणथम्भौर मंडोर जालौर बयाना और थानगीर को पुन: प्राप्त करने में वह सफल रहा। रणथम्भौर विजय निसंदेह उसकी सैन्य योग्यता की द्योतक है। 1225 के बाद इल्तुतमिश पूर्व की ओर अग्रसर हुआ। यदा-कदा सैनिक सफलताओं के अतिरिक्त, लखनौती और बिहार के शासक सल्तनत के प्रभुत्व की अवहेलना करते रहे। सल्तनत को दृढ़ता प्रदान करने में उसके द्वारा गठित संगठन तुर्काने चहलगानी ने भी महत्वपूर्ण भूमिका निभाई।

यही संगठन बाद में तुर्कों के पतन का कारण बना।

इल्तुतमिश के उत्तराधिकारियों के काल में सल्तनत आपसी अविश्वास, प्रतिद्वंद्विता तथा उत्तराधिकार के संघर्ष का शिकार रही। बलबन ने सल्तनत की तथा सुल्तान की प्रतिष्ठा को पुनर्स्थापित किया। मंगोल समस्या का सफलतापूर्वक सामना किया। तुर्कानें चहलगानी के सदस्यों (जिसका वह स्वयं सदस्य था) को निस्तेज कर दिया या मरवा दिया। सेना का एक नया स्वरूप प्रदान किया। चेहरा और दाग प्रथा का कड़ाई से पालन किया गया। बलबन का सल्तनत के विस्तार में कोई महत्वपूर्ण योगदान नहीं है। बंगाल अभियान की उसके आंशिक रूप से ही सफल रहे।

खल्जी शासन का आरंभ इतिहास में खल्जी क्रांति के नाम से अभिहित किया जाता है। खल्जी साम्राज्य के संस्थापक जलालुद्दीन खल्जी के पास न तो इच्छा-शक्ति थी न ही संसाधन। दुर्भाग्यवश उसके 6 वर्ष के अल्पशासन के बाद ही उसके भतीजे अलाउद्दीन ने उसकी हत्या कर दी और स्वयं 1296 में दिल्ली का सुल्तान बन बैठा। अलाउद्दीन के विस्तार को दो भागों में बाँट कर देखा जा सकता है। सर्वप्रथम उसने पश्चिम और मध्यभारत पर अपना ध्यान केन्द्रित किया। सुल्तान बनने के बाद 1299 में गुजरात में प्रथम सैनिक अभियान किया। गुजरात का शासक रायकर्ण इस अचानक आक्रमण से घबरा कर भाग गया। गुजरात के शहरों, जिसमें अन्हिलवाड़ा भी था, खूब लूटा गया। 1505 मालवा (शासक महलकदेव) 1309, शिवाना (शासक शीतलदेव) तथा जालौर (शासक का हरदेव) पर अधिकार कर लिया गया।

उत्तर-पश्चिम तथा उत्तर भारत में इसी प्रकार सैनिक अभियान किए गए। अलाउद्दीन का भाई अरकली खाँ, जो मुल्तान पर अधिकार जमाए था, पर आक्रमण किया। उसे बंदी बनाकर दिल्ली लाया गया। मुल्तान एक बार फिर दिल्ली के नियंत्रण में आ गया। 1300 में रणथम्भौर पर अक्रमण किया। रायहम्मीर पराजित हुआ और मारा गया। स्त्रियों ने जौहर किया। 1303 चित्तौड़ भी अलाउद्दीन के अधिकार में आ गया। राणा रत्नसेन लड़ता हुआ मारा गया। खिज्रखाँ को इस क्षेत्र का गवर्नर नियुक्त कर दिया गया। अलाउद्दीन के इन सैन्य अभियानों में उलुगखाँ जफर खाँ नुसरत शाह अलपखाँ ने महत्वपूर्ण भूमिका अदा की।

उत्तर भारत पर अधिकार करके तथा मंगोल समस्या से निजात पाकर अलाउद्दीन ने अपना रुख दक्कन तथा दक्षिण की ओर किया। सुल्तान बनने से पूर्व ही वह देवगिरि पर 1296 में आक्रमण कर चुका था। 1306-07 में देवगिरि के राय रायचन्द्र देव के विरुद्ध आक्रमण किया। मलिक काफूर (अलाउद्दीन का एक दास) ने इस अभियान का नेतृत्व किया। राय पराजित हुआ उसने सुल्तान के साथ अपनी पुत्री का विवाह कर दिया अलाउद्दीन ने भी उसके साथ अच्छा व्यवहार किया।

1309 में मलिक काफूर के नेतृत्व में शाही सेना ने दक्षिण की ओर अभियान आरंभ किया। अमीर खुसरो की रचना 'खजैन उल फुतूह' में इन सैनिक अभियानों का विशद वर्णन है। 1310 के मध्य में वारंगल के काकतिया शासक प्रताप रुद्रदेव पर आक्रमण कर दिया गया। रुद्रदेव ने आत्म समर्पण कर दिया। काफूर को विपुल सम्पत्ति इस अभियान से प्राप्त हुई। इस प्रांत का अधिग्रहण नहीं किया गया उसे संरक्षित राज्य का दर्जा प्रदान किया गया। मलिक काफूर को पुनः 1311 में दक्षिण अभियान के लिए भेजा गया। शाही सेना ने द्वारसमुद्र के किले पर घेरा डाला। द्वारसमुद्र के शासक वल्लाल देव ने शांति का प्रस्ताव किया जिसे स्वीकार कर लिया। उसने संचित धन और वार्षिक नजराना देने का वचन दिया। द्वारसमुद्र की सफलता से उत्साहित होकर मलिक काफूर ने अपने सैनिक अभियान को आगे दक्षिण की ओर जारी रखा। वह माबर की ओर अग्रसर हुआ और एक माह में ही पांड्यों की राजधानी मदुरा पहुंच गया। यद्यपि शासक सुंदर पांड्य भाग गया तथापि काफूर ने यहाँ खूब लूट मचाई।

देवगिरि के नए शासक भिल्लमा ने सुल्तान का प्रभुत्व मानने से इन्कार कर दिया। फलतः काफूर को इस विद्रोह को कुचलने के लिए भेजा गया लेकिन काफूर को बुला लिया गया और आसउल मुल्क को इस प्रांत का नियंत्रण सौंपा गया। अलाउद्दीन के पुत्र एवं उत्तराधिकारी मुबारक खल्जी ने 1317 में देवगिरि की ओर प्रस्थान किया। इस प्रांत को आंशिक रूप से सल्तनत के अधीन कर लिया गया। यह अलाउद्दीन की गैर-समामेलन की नीति का आंशिक उल्लंघन था। तुगलक शासकों ने दक्षिण में गैर-समामेलन की नीति का परित्याग कर दिया।

खल्जी शासकों के दक्षिण नीति के दो उद्देश्य थे धन प्राप्त करना तथा यश प्राप्त करना। 1320 में ग़ियासुद्दीन मुहम्मद तुगलक के सल्तनत पर सत्तारूढ़ होने के बाद 1321 में जौना खाँ (बाद में मुहम्मद बिन तुगलक) को विशाल सेना के साथ

दक्षिण की ओर भेजा गया। मार्ग में बिना किसी बाधा के वह वारंगल पहुँचा। राय रुद्र प्रताप ने आत्म-समर्पण कर दिया। वारंगल का अधिगृहण कर उसे सल्तनत के प्रत्यक्ष प्रशासन के अधीन कर लिया गया। इसी नीति का अनुसरण माबर विरूद्ध किया गया। अब लगभग सम्पूर्ण दक्षिण भारत दिल्ली सल्तनत के अधीन था।

जौना खाँ ने जाजनगर (उड़ीसा) पर इस कारण अभियान किया क्योंकि उसने वारंगल के प्रताप रुद्रदेव को सहायता दी थी। 1324 में जाजनगर पर आक्रमण किया एवं शासक भनुदेव द्वितीय पराजित हुआ। जाजनगर सल्तनत का एक अंग बना दिया गया। लखनौती शासक फ़ीरोज की मृत्यु के बाद 1324 में उत्तराधिकार के युद्ध में फंस गया कुछ कुलीनों ने जब ग़ियासुद्दीन से सहायता माँगी तो उसने तुरंत बंगाल की ओर प्रस्थान कर गया। नसीरुद्दीन के नेतृत्व में युद्धरत एक समूह को लखनौती में एक अधीनस्थ शासक के तौर पर नियुक्त कर दिया गया।

अलाउद्दीन के मुल्तान अभियान से ही सल्तनत की पश्चिमी सीमाएं स्थिर बनी रही थीं। जब मुहम्मद तुगलक सत्ता में आया तो उसने उ.प. की ओर ध्यान केन्द्रित किया क्योंकि दक्षिण तथा पूर्व की ओर साम्राज्य विस्तार संतृप्त था। सिहासनरूढ़ होने के तुरंत बाद मुहम्मद तुग़लक ने कलानौर और पेशावर में सैनिक अभियान किए। संभवत: यह तरमाशिरीन के नेतृत्व में हुए मंगोल आक्रमण का परिणाम था। मुहम्मद तुगलक इन अभियानों द्वारा उत्तर-पश्चिमी सीमा को सुरक्षित करना चाहता था। सुल्तान इन नए विजित क्षेत्र की प्रशासनिक व्यवस्था को दुरुस्त कर दिल्ली लौटा। मुहम्मद तुगलक ने खुरासान अभियान की एक महत्वाकांक्षी योजना बनाई। विशाल सेना की भर्ती की गई। सिपाहियों को एक वर्ष का अग्रिम वेतन दिया गया। परंतु यह योजना यह कह कर छोड़ दी गई कि यह अव्यवहारिक है। लेकिन इसका मूल कारण मध्य एशिया की राजनीतिक स्थिति में परिवर्तन था। 1332 में इस सेना का उपयोग कशचिल अभियान के लिए किया गया। यह अभियान असफल रहा। काफी जन-धन की हानि हुई एवं इससे सुल्तान की प्रभुसत्ता को काफी ठेस पहुँची।

मुहम्मद तुग़लक की मृत्यु से पूर्व ही सल्तनत का बिखराव प्रारंभ हो गया था। सुल्तान के शासन का द्वितीय दशक अच्छा नहीं रहा। माबर विद्रोह को दबाने की विफलता के कारण धीरे-धीरे सभी दक्षिण राज्य सल्तनत से खिसक गए। दक्षिण में दो नए राज्यों का उदय हुआ- विजयनगर और बहमनी। बंगाल भी स्वतंत्र हो गया। फीरोज ने जाजनगर तथा नगरकोट अभियान किए पर वह आंशिक रूप से ही सफल रहा। कड़ा, बीदर, मालवा, गुजरात में विद्रोह हुए। तुग़लक शासक सल्तनत को फिर वह चमक न लौटा सके। बाद में लोदियो ने सल्तनत विस्तार का प्रयास किया पर उन्हें कोई उल्लेखनीय सफलता न मिली। अब दिल्ली सल्तनत एक क्षेत्रीय राज्य के स्तर तक पहुंच गया था। अकबर ही इसको पुनर्प्रतिष्ठित कर सका।

मंगोल समस्या और उसका प्रभाव

मंगोल चीन के उत्तर और वैकाल झील के पूर्व के घास मैदानों के मूल निवासी थे। ये स्टेप्स घास के मैदान के नाम से जाने जाते हैं। 13वीं शताब्दी में इनका उदय आक्रमणकारी के रूप में हुआ। चंगेज खाँ के नेतृत्व में ये संगठित हुए। शताब्दी का अंत होते-होते मंगोल साम्राज्य ज्ञात विश्व के बड़े हिस्से में फैल चुका था–चीन, मंचूरिया, कोरिया, वियतनाम, तिब्बत, तुर्किस्तान, अफगानिस्तान, ईरान, मैसोपोटामिया, दक्षिण रूस और साइबेरिया। यह बर्बर जाति थी। इसने जहाँ भी आक्रमण किया वहाँ व्यापक विध्वंस किया। भारत की उत्तर पश्चिम सीमा पर मंगोलों का खतरा उपस्थित हुआ। सुल्तानों ने अपनी सूझ-बूझ और सैन्य क्षमता से डटकर मुकाबला किया और सफल रहे।

इल्तुतमिश ने मंगोल खतरे से निबटने के लिए 'अलगाववादी' नीति का अनुसरण किया। 1221 में मंगोलों ने ख्वारिज्म साम्राज्य का अंत कर दिया और राजकुमार जलालुद्दीन मगबरनी का पीछा करते हुए भारत की सीमा पर आ पहुंचा। अब इल्तुतमिश को भय हुआ कि कुबाचा और खेबर मगबरनी के साथ मिलकर गठजोड़ न कर ले। दूसरी ओर उसे चंगेज खाँ का भी भय था कि कहीं वह मगबरनी का पीछा करते हुए भारत में न घुस आए। संभवत: चंगेज और इल्तुतमिश के मध्य कोई अनाक्रमण समझौता हुआ। जब तक चंगेज जीवित रहा (1227) तब तक इल्तुतमिश ने न तो कोई उत्तर-पश्चिम में सैनिक अभियान भेजा और न ही मगबरनी के साथ कूटनीतिक गठबंधन किया।

इल्तुतमिश की अलगाव की नीति में परिवर्तन तुष्टीकरण की ओर उस समय हुआ जब सल्तनत की सीमाओं को लाहौर एवं मुल्तान तक बढ़ा दिया गया। अब मंगोल और सल्तनत के मध्य कोई मध्यवर्ती राज्य नहीं था। रजिया ने बामियान के शासक के प्रस्ताव के अनुसार उसके साथ मंगोल विरोधी

गठबंधन करने से इन्कार कर मंगोलों के प्रति तुष्टीकरण की नीति का अनुसरण किया। इसका कारण संभवत था– चंगेज के पुत्रों में उत्तराधिकार का युद्ध तथा मंगोलों का पश्चिम एशिया में व्यस्त रहना।

1241 में 'आपसी अनाक्रमण समझौते' का अंत हो गया जब तैर बहादुर ने लाहौर पर आक्रमण किया और नगर को पूर्ण रूप से नष्ट कर दिया। 1245-46 में दो और आक्रमण हुए। 1241 से 1266 के बीच सल्तनत की सीमा सिमटकर व्यास नदी तक रह गई। इसके कुछ हद तक तुष्टीकरण की नीति जारी रही। 1266 में हलाकू के दूत का राजधानी दिल्ली में भव्य स्वागत किया गया।

दिल्ली सल्तनत की मंगोल नीति में विशेष परिवर्तन बलबन के समय आया। बलबन अपने बल पर मंगोलों को व्यास नदी से दूर रखने में सफल रहा। इसके लिए उसने भटिण्डा सुनाम समाना के किलों की मरम्मत कराई। राजकुमार मुहम्मद के नेतृत्व में उत्तर-पश्चिम सीमा की सुरक्षा की जाती रही। उसे प्रत्येक मंगोलों के विरुद्ध सैनिक अभियान भेजने पड़ते थे।

खल्जियों के समय मंगोल आक्रमणों की आवृत्ति और शक्ति में वृद्धि हुई। उनके आक्रमण दिल्ली की ओर बढ़ने लगे। 1299 में मुतुलुग ख्वाजा ने प्रथम बार दिल्ली पर आक्रमण किया। तब से दिल्ली मंगोल आक्रमणों का स्थाई लक्ष्य बन गई। 1292 में अब्दुल्ला मंगोल एक विशाल सेना के साथ सिंध की ओर बढ़ा। जलालुद्दीन ने उसे पराजित कर दिया। फलत: आपस में संधि हो गई। लगभग चार हजार मंगोल इसी समय इस्लाम धर्म ग्रहण कर दिल्ली में बस गए।

अलाउद्दीन के समय मध्य एशिया के शासक दाऊद खाँ ने बार-बार आक्रमण किए। 1297 में कादर एक लाख सेना लेकर चढ़ आया और लाहौर तक पहुँच गया। अलाउद्दीन ने जाफ़र खाँ और उलुग खाँ को उसके विरुद्ध भेजा। कादर पराजित हुआ। हजारों मंगोल कत्ल कर दिए गए। इस पराजय का बदला लेने के लिए दाऊद ने लालदी के नेतृत्व में एक सैनिक अभियान भेजा। जाफ़र खाँ ने उन्हें पराजित कर दिल्ली भेज दिया। दाऊद ने 1299 में अपने पुत्र कुतुलुंग ख्वाजा के नेतृत्व में दो लाख सैनिक भारत विजय के लिए भेजे। मुतुलग ख्वाजा द्रुत गति से दिल्ली तक पहुँच गया। आमने-सामने का एक छोटा सा परंतु भयंकर युद्ध हुआ। इसमें जाफ़र खाँ मारा गया। इसके बद मंगोल वापस चले गए। 1303 में तर्गी का आक्रमण हुआ। 40 दिन तक दिल्ली का घेरा डाले रहने के बाद स्वेच्छा से वापस लौट गया। कुछ इतिहासकारों का मत है कि निजामुउद्दीन औलिया की प्रार्थना ने दिल्ली की रक्षा की। अलाउद्दीन इस समय चित्तौड़ अभियान में व्यस्त था। इसके बाद अलीबेग तारताक तर्गी तथा इकबालमंडा के नेतृत्व में दो और अभियान हुए जो असफल कर दिए गए। मंगोलों का अंतिम महत्वपूर्ण आक्रमण तरमाशिरीन के नेतृत्व में मुहम्मद तुगलक के समय हुआ। यह आक्रमण भी असफल कर दिया गया।

इस तरह दिल्ली के सुल्तान मंगोल समस्या का समाधान करने में सफल रहे और मंगोलों से अपने राज्य को बचाए रखने में सफलता प्राप्त की।

मंगोल ज्ञात विश्व के लिए समस्या बन चुके थे। मध्य एशिया और पश्चिम एशिया में किए गए सर्वनाश के कारण बड़ी संख्या में विद्वान् दर्शनिक, कलाकार तथा अन्य लोग दिल्ली आ गए। इन्होंने दिल्ली को मुस्लिम संस्कृति के नगर के रूप में रूपांतारित करने में महती योगदान दिया।

इन आक्रमणों का सुल्तान की स्थिति तथा भारतीय जनता पर बहुत प्रभाव पड़ा। एकतरफ जहाँ भारतीय जनता को अनेक कष्ट उठाने पड़े। मानव मात्र के प्रति क्रूरता का व्यवहार, ग्रामों-नगरों का ध्वंस तथा अकूत संपत्ति की लूट लोगों ने झेली। दूसरी ओर मंगोलों के भय के कारण सुल्तानों के प्रति जनता का भाव अधिक श्रद्धापूर्ण हो गया इससे सुल्तान की शक्ति बढ़ी। सेना की शक्ति तथा संख्या में वृद्धि होने के कारण शासन का स्वरूप बहुत कुछ सैनिक हो गया और सुल्तान की निरंकुशता में वृद्धि हुई। एक परोक्ष प्रभाव यह पड़ा कि मंगोल समस्या से निबटने के लिए जो सेना गठित की गई उसका उपयोग बाद में साम्राज्य विस्तार के लिए किया। अलाउद्दीन के दक्षिण अभियान उदाहरणार्थ देख सकते हैं। अलाउद्दीन विश्व विजय और धर्म स्थापना का ख्वाब देख रहा था, मंगोल समस्या ने उसे व्यवहारिक दृष्टिकोण अपनाने के लिए बाध्य किया।

प्रशासकीय संरचना

केंद्रीय प्रशासन : सल्तनत के केन्द्रीय प्रशासन का संचालन सुल्तान की अधीनता में विभिन्न अमीरों की देख-रेख में होता था। दिल्ली सल्तनत के तहत विकसित प्रशासन तंत्र पर अब्बासी, गजनवी, सेल्जुकी ईरानी तथा भारतीय परिस्थितियों एवं परंपराओं का प्रभाव था। प्रारंभिक इस्लामी व्यवस्था में

सुल्तान के पद का कोई अस्तित्व नहीं था। खिलाफत की शक्ति के क्षीण होने के बाद सुल्तान एक शक्तिशाली शासक के रूप में अस्तित्व में आया। वह एक स्वतंत्र राज्य के सार्वभौमिक शासक के रूप में था लेकिन अभी भी खिलाफत से प्रतीकात्मक रूप से जुड़ा था।

सुल्तान जनहित के लिए राजनैतिक और नागरिक नियम बनाते थे। खुतबा और कलमा प्रभुसत्ता के प्रतीक थे। वस्तृत: वह प्रशासन की धुरी, शास्त्र बल का प्रधान एवं सभी न्यायिक मामलों में अपील की अंतिम अदालत ही नहीं था अपितु समाज और राजनीति का केन्द्रबिन्दु भी था। उसका एक भव्य दरबार होता था। राजा के 'मानव के रूप में ईश्वर की हिन्दू अवधारणा का इस्लाम पर गहरा प्रभाव पड़ा और सुल्तान के पद को दैवी प्रकृति का घोषित किया गया। बर्नी के अनुसार-सुल्तान का ह्दय खुदा का दर्पण होता है अत: सुल्तान के कृत्यों पर उंगली नहीं उठाई जा सकती। बलबन ने जिल्ल-अल्लाह की उपाधि धारण की और सिजदा-पाबोस की प्रथा शुरू की जो केवल खुदा के लिए है। यद्यपि शासक शरियत का आदर करता था किंतु उसे अपने राजनीतिक कृत्यों में काफी स्वतंत्रता मिली हुई थी। यद्यपि समय-समय पर अनियंत्रित तानाशाह पैदा होते रहे जैसे अलाउद्दीन और मुहम्मद तुगलक किन्तु राजनीतिक सत्ता पर धर्म द्वारा डाले गए नैतिक प्रभाव को कम नहीं समझा जा सकता।

सल्तनत अनुवांशिक कुलीनतंत्र के आधार पर संगठित नहीं थी। सुल्तान किसी को भी नियुक्त करने एवं व्यापक सैनिक प्रशासनिक शक्तियाँ प्रदान करने के लिए स्वतंत्र था। इसका आधार था इक्ता प्रणाली। कुछ समय के लिए दास संस्था ने सुल्तान की शक्ति एवं प्राधिकार में वृद्धि की। धर्म या कुलीतंत्र सुल्तान की निरंकुशता का आंशिक ही परिसीफन कर सकी। बलबन अलाउद्दीन और मुहम्मद तुगलक के संबंध में तो आंशिक भी नहीं।

सल्तनत काल में उत्तराधिकार के नियम का अभाव था। वंशानुगत, ज्येष्ठाधिकार मनोनयन आदि में कोई उत्तराधिकार का सर्वस्वीकृत आधार नहीं था। सल्तनत काल में 5 वंश सत्तारूढ़ हुए। रजिया का मनोनयन कर ज्येष्ठाधिकार भी प्रथा को खण्डित किया लेकिन उसे भी अमीरों ने स्वीकार नहीं किया। इसी अनिश्चितता का लाभ उठाकर बलबन और अलाउद्दीन ने सत्ता प्राप्त कर ली। अपवादों को छोड़कर उत्तराधिकार की समस्या ने तुर्की शासन तंत्र को कमजोर नहीं किया क्योंकि ऐसा हमेशा हुआ कि एक कमजोर उत्तराधिकारी को हटाकर एक समर्थ एवं ओजस्वी व्यक्ति राजगद्दी हथिया लिया करता था।

राजपरिवार और राजदरबार की देखभाल के लिए बहुत से अधिकारी थे। वकीलेदर पर पूरे महल और राजदरबार की देखभाल का उत्तरदायित्व था। अमीरे हालेव पर दरबार के समारोहों एवं शिष्टाचार का उत्तरदायित्व था। सुल्तान के समक्ष सभी आवेदन और याचिकाएँ उसी के द्वारा प्रस्तुत की जाती थीं। कई अन्य छोटे पदाधिकारी भी थे सेबक परिचारिकाएँ आदि।

दीवान ए विजारत : केन्द्रीय प्रशासन में वित्त विभाग के प्रमुख के रूप में वजीर का स्थान सर्वाधिक महत्वूपर्ण था। हालाँकि वह चार प्रमुख विभागों में से एक विभाग का प्रमुख था, लेकिन वह अन्य विभागों का निरीक्षण करने का अधिकार रखता था। विजारत विभाग के प्रमुख कार्य निम्न लिखित थे : राजस्व वसूली, व्यय पर नियंत्रण, लेखा रखना, वेतन बांटना तथा सुल्तान के आदेशों पर हफ्ता देने की व्यवस्था करना। वजीर के अतिरिक्त इस विभाग में कई अन्य अधिकारी भी थे मुशरिफ एमुमालिक (प्रमुख लेखाकार) मुसतौफी ए मुमालिक (लेखा परीक्षक) प्रमुख हैं। कुछ अन्य सहायक अधिकारी भी होते थे कारकून इत्यादि। अलाउद्दीन ने दीवाने मुस्तखराज नामक विभाग गठित किया इसे बकाया राजस्व की वसूली का कार्य दिया गया था।

दीवाने अर्ज का प्रमुख आरिज ए मुमालिक होता था। वह सैनिक एवं सेना संबंधी कार्यों के लिए उत्तरदायी था। इक्ता धारकों के सैनिकों का निरीक्षण भी कर सकता था। वह सुल्तान की सेना, रसद विभाग और परिवहन विभाग की देखभाल एवं नियंत्रण करता था। अलाउद्दीन खिल्जी ने सैन्य प्रशासन के सुदृढ़ किया। सैनिकों का हुलिया रखना, घोड़ों को दागना तथा नगद वेतन देना आरंभ किया। फीरोज ने इस कड़ाई को ढीला कर दिया। दिवान-ए-इंशा नामक विभाग पर राज्य के पत्राचार का उत्तरदायित्व था। इस विभाग का प्रमुख दबीर-ए-मुमालिक होता था। पत्राचार के साथ-साथ इस विभाग द्वारा फरमान जारी किए जाते थे और अधीनस्थ अधिकारियों के पत्र प्राप्त किए जाते थे।

दीवाने रिसालत नामक विभाग का प्रमुख सद्र-उस सुदूर था। वह सर्वोच्च धर्माधिकारी था। इस विभाग का कार्य धार्मिक कार्यालयों पर दृष्टि रखना, काजियों की नियुक्ति

करना, विभिन्न प्रकार के अनुदानों वक्फ वजीफा इदगार आदि का अनुमोदन करना था।

न्यायपालिका का प्रमुख स्वयं सुल्तान होता था वह सर्वोच्च तथा अंतिम न्यायालय की भूमिका अदा करता था। सुल्तान के बाद प्रमुख न्यायाधीश काजीउल कुज्जात होता था। यह न्याय व्यवस्था का प्रमुख था तथा अधीनस्थ न्यायालयों के मुकद्दमों की अपील उसके यहाँ की जा सकती थी। कई बार काजी उल कुजात तथा सद्र उस सुदूर का पद एक ही व्यक्ति के पास होते थे। मुहतासिब न्याय विभाग की सहायता करता था। इसका प्रमुख कार्य था कि जनता द्वारा इस्लामी कानूनों का उल्लंघन तो नहीं किया जा रहा। ये जनता के नैतिक आचरण की देखभाल के साथ उसके लिए प्रेरित भी करता था।

बरीद-ए-मुमालिक राज्य की गुप्तचर व्यवस्था की देखभाल करता था। यह पूरी सल्तनत में होने वाली घटनाओं का लेखा-जोखा भी रखता था। राज्य के प्रत्येक प्रशासनिक केन्द्र में बरीद की नियुक्ति होती थी। वह केन्द्रीय विभाग को उस स्थान की घटनाओं और समाचारों की सूचना भेजता था। मुनहिपान नामक कर्मचारी भी गुप्तचर था। अलाउद्दीन के समय बाजार व्यवस्था की देखभाल करता था।

दास और कारखाने सल्तनत की प्रशासन के अंग थे। अलाउद्दीन के पास पचास हजार दास थे। फीरोज ने उनकी संख्या बढ़ाकर एक लाख अस्सी हजार तक पहुँचा दी। उसके समय दीवान ए बंदगान नामक दास विभाग खोला गया। दास प्रशासन में महत्वपूर्ण भूमिका निभाते थे। फीरोज के चालीस हजार दास अंगरक्षक तथा बारह हजार दास कारखानों में काम करते थे।

राजपरिवार और शाही प्रतिष्ठानों की आवश्यकता की पूर्ति कारखानों द्वारा की जाती थी। फीरोज के समय छत्तीस कारखाने थे, प्रत्येक कारखाने का प्रमुख एक अमीर होता था। कारखानों का नियंत्रण, देखभाल और हिसाब-किताब के लिए मुतसर्रिफ नामक कर्मचारी होता था। शाही कारखाने गोदाम तथा उत्पादन स्थल के रूप में कार्य करते थे। मुहम्मद तुगलक ने जरी के काम के लिए चार सौ तथा वस्त्र निर्माण के लिए चार हजार बुनकर नियुक्त किये।

सल्तनत का प्रांतीय प्रशासन इक्ता व्यवस्था पर आधारित था। प्रारंभ में इक्तादारों को अधिक स्वायत्तता प्राप्त थी। कर वसूल करना, सेना रखना तथा सुल्तान के लिए आवश्यकता पड़ने पर उपलब्ध करना, प्रशासनिक देखभाल करना इक्तादार का कार्य था। अतिरिक्त आय केन्द्र को भेजनी पड़ती थी। आरंभिक सुल्तानों के समय इस व्यवस्था का कड़ाई से पालन नहीं हुआ। जब राज्य व्यवस्थित होने लगा तो अधिक केन्द्रीयकरण के प्रयास होने लगे। अलाउद्दीन खिल्जी तथा मुहम्मद तुगलक ने इक्तादारों के राजस्व अधिकारों को केन्द्र के अधिकारियों को स्थानांतरित करने का प्रयास किया।

तेरहवीं शताब्दी में अंत में शिक नामक एक अन्य प्रशासनिक इकाई का विवरण मिलता है। शिक के विषय में पर्याप्त जानकारी उपलब्ध नहीं है। परंतु शेरशाह के काल में शिक एक निश्चित इकाई के रूप में स्थापित हो गया जिसे सरकार कहा जाने लगा। शिक में दो अधिकारी होते थे। शिकदार ए शिकदाराना एवं मुंसिफ ए मुंशिफान ये क्रमश: फौजदारी तथा दीवानी अधिकारी थे।

इब्नबतूता के अनुसार, चौधरी एक सौ गाँव का प्रधान होता था। गाँव प्रशासन की सबसे छोटी इकाई थी। गाँव की प्रशासनिक व्यवस्था लगभग वही रही, जो तुर्की आक्रमण से पहले थी। गाँव में प्रमुख पदाधिकारी खुद मुकद्दम तथा पटवारी होते थे।

प्रांतों में काजी और सद्र के न्याय पाल थे। कोतवाल का कार्य कानून और व्यवस्था बनाए रखना था। यह बड़े नगरों की देख-भाल भी करता था। गाँव के स्तर पर दीवानी और संपत्ति संबंधी मामलों का निबटारा ग्राम पंचायत करती थी।

राजस्व प्रशासन

13वीं शताब्दी में राजस्व व्यवस्था की बहुत स्पष्ट जानकारी का अभाव है। संभवत: पुरानी कृषि एवं भूमिकर व्यवस्था ही जारी थी। प्रमुख अंतर यह था कि केन्द्र में भूमि की आय पर अधिकार रखने वाला वर्ग अब तुर्की शासक वर्ग था। बरनी के अनुसार, खुत मुकद्दम चौधरी राज्य की ओर से खराज वसूल कर दीवाने-ए-विजारत के अधिकारियों के पास जमा कराते थे। इसके लिए हक-ए-खोती एवं 'किस्मत-ए-खोती' के रूप में राजस्व वसूली का कुछ हिस्सा तथा कर-मुक्त भूमि मिलती थी। भूमि-कर के अतिरिक्त प्रत्येक कृषक को धरी (गृहकर) चराई (चारागाह कर) भी देना पड़ता था।

विजयनगर और बहमनी साम्राज्य

1. संगम वंश

विजयनगर साम्राज्य की स्थापना संगम वंश के हरिहर तथा बुक्का नामक दो भाइयों ने 1336 ई० में की थी। अपने

उत्कर्ष के प्रारंभ में ये लोग होयसल राजा के सामंत थे। माधव विधारण्य तथा सायण से इन्हें प्रेरणा मिली। 1356 में हरिहर की मृत्यु के उपरांत बुक्का शासक बना। 1374 ई॰ में उसने चीन में एक दूत मंडल भेजा। इसने मदुरा को अपने राज्य में मिला लिया। 1377 ई॰ में बुक्का की मृत्यु के उपरांत हरिहर द्वितीय उत्तराधिकारी हुआ। इसने 'महाराजाधिराज' तथा 'राज परमेश्वर' की उपाधियाँ धारण की। उसने रेड्डी शासकों, वारंगल के राजा, बेलगांव तथा श्रीलंका के उत्तरी भाग पर विजय प्राप्त की। इस वंश का अगला शासक देवराय प्रथम (1406-1422) था, जो बहमनी साम्राज्य से अपने प्रथम युद्ध में हार गया।

1422 ई॰ में इस वंश का महानतम शासक देवराय द्वितीय सिंहासन पर आरूढ़ हुआ, उसे बहमनी साम्राज्य को पराजित करने में सफलता मिली। इसी के काल में इटली का निकोलोकोण्टी और अरब यात्री अब्दुर रज्जाक भारत आया। 1446 ई॰ में इसकी मृत्यु के कुछ समय बाद इस वंश का पतन हो गया।

2. सलुव वंश

संगम वंश के अंतिम शासक विरूपाक्ष द्वितीय को पदच्युत कर नरसिंह सलुव ने इस वंश की स्थापना की। 1490 ई॰ में इसकी मृत्यु के उपरांत इम्मादी नरसिंह शासक बना, उसके संरक्षक नरसा नायक ने राजसत्ता अपने हाथों में केन्द्रित कर ली। उसने बीजापुर, बीदर, चोल, पाण्ड्य तथा चेर जैसे क्षेत्रीय राज्यों को पराजित किया।

3. तलुव वंश

1505 ई॰ में इम्मादि नरसिंह की हत्या कर वीरवरसिंह ने तलुव वंश की स्थापना की थी। उसकी मृत्यु के बाद विजयनगर साम्राज्य का महानतम शासक कृष्णदेव राय (1504-30 ई॰) सिंहासन पर बैठा। 1513 ई॰ में उसने उड़ीसा के गजपति प्रतापरूढ़ को पराजित किया। 1514 ई॰ में उसने उदयगिरी के किले पर अधिकार कर लिया। उसकी सत्ता पश्चिम में दक्षिणी कोंकण से पूरब में विशाखापट्टनम और दक्षिण में भारतीय प्रायद्वीप की ओर तक फैल गयी। पुर्तगालियों के साथ इसने मित्रतापूर्ण नीति का पालन किया। वह योग्य सेनानायक के साथ एक उच्चकोटि का विद्वान् तथा कवियों व लेखको का उदार संरक्षक भी था। उसके द्वारा रचित 'अमुक्त माल्यदा' नामक ग्रंथ उसकी विद्वता का प्रमाण है।

कृष्णदेव राय की मृत्यु के पश्चात् अच्युत राय और सदाशिव राय नामक दो अयोग्य शासक हुए परंतु सारी शक्ति प्रधानमंत्री रामराय के हाथों में केन्द्रित रही। रामराय को विभिन्न मुस्लिम पड़ोसी राज्यों को आपस में लड़ाने में सफलता मिली परंतु अंततः बीजापुर, अहमदनगर, गोलकुण्डा तथा बीदर की सम्मिलत सेना ने उसे तालीकोटा या राक्षस तगड़ी (1565) के युद्ध में पराजित किया। इस युद्ध में रामराय मारा गया। इस युद्ध में पराजित होने के बाद विजयनगर की अस्मिता सदा समाप्त हो गई।

4. अरविन्दु वंश

1570 ई॰ में सदाशिव राय को अपदस्थ कर तिरुमल ने अविंदु वंश की स्थापना की व वैनगुंडा को अपनी राजधानी बनाया परंतु वह विजयनगर के खोये हुए ऐश्वर्य तथा प्रतिष्ठा को पुनः लौटा नहीं सका। रंग तृतीय को इस वंश का अंतिम स्वतंत्र शासक माना जाता है। कालांतर में इस साम्राज्य के भग्नावशेषों पर मैसूर राज्य का उदय हुआ।

प्रशासन

1- केन्द्रीय प्रशासन

मध्यकालीन राजतंत्रात्मक व्यवस्थाओं के समान विजयनगर में भी कार्यपालिका न्यायपालिका तथा व्यवस्थापिका की। सर्वोच्च शक्ति राजा में निहित थी। सैद्धांतिक रूप से वंशानुगत उत्तराधिकार को मान्यता प्राप्त थी परंतु योग्य और साहसी व्यक्ति इस परंपरा को तोड़कर राजसिंहासन पर अधिकार कर सकता था। राजा के अधिकार असिमित थे परंतु निरंकुश नहीं था।

राजा को परामर्श देने तथा अन्य राजकीय दायित्वों के अनुपालन हेतु मंत्रिपरिषद और प्रतिनिधि परिषद का गठन किया गया था। सामान्यतः मंत्रिपरिषद में सदस्यों की संख्या 20 होती थी जिसके अध्यक्ष को 'महाप्रधानी' कहा जाता था। प्रतिनिधि परिषद के प्रधान को सभावाचक कहा जाता था। राजा मंत्रिपरिषद के परामर्श को मानने के लिए बाध्य नहीं था। मंत्रिपरिषद में केंद्रीय प्रशासन में युवराज दण्डनायक तथा कार्यकर्त्ता जैसे पदाधिकारी राजा की सहायता करते थे।

प्रशासन की सुविधा के लिए राज्य के कार्यों को विभिन्न भागों में बांटा गया था, प्रत्येक विभाग का सचिव 'रायसम' कहलाता था। 'कणिकम' नामक पदाधिकारी की स्थिति प्रधान लेखाकार एवं निरीक्षक के समकक्ष थी। विभिन्न प्रांतों पर नियंत्रण रखने के लिए 'मानेय प्रधान' नामक अधिकारी

की नियुक्ति की गयी थी जो गृहमंत्री के समान था। मुद्राकर्त्ता राज्य के मुद्रा निर्गमन तथा निरीक्षण संबंधी कार्य देखता था।

2. प्रांतीय प्रशासन

प्रशासन की सुविधा के लिए राज्य के विभिन्न प्रांतों (मंडलम), प्रांतों को अनेक जिलों (वलनाडु) जिलों को अनेक अनुमंडल में बाँटा गया था। प्रशासन की सबसे छोटी इकाई आम थी जिसे उर कहा जाता था, गाँवों के छोटे समूह को स्थल तथा बड़े समूह को कोट्टयम कहा जाता था। गवर्नर को काफी हद तक स्वतंत्रता प्राप्त थी तथा वह नये कर लगा सकता था व पुराने कर को समाप्त कर सकता था। उसे अपनी आय 1/3 केन्द्रीय सरकार को भेजना पड़ता था।

इस काल में 'नायंकार' व्यवस्था का प्रादुर्भाव हुआ जिसके अंतर्गत सेनानायकों को वेतन के रूप में तथा सैनिकों के व्यय की पूर्ति के लिए निश्चित भू-क्षेत्र प्रदान किया गया।

3. स्थानीय स्वशासन

प्रजातांत्रिक सिद्धांतों पर आधारित ग्रामीण प्रशासन इस राज्य की प्रमुख विशेषता थी जिसके तहत महासभा तथा नाडु नामक दो संस्थाएं कार्यरत थीं। नाडु के सदस्यों को नाखर कहा जाता था। ग्रामीण सभाओं का प्रमुख कार्य गाँव के लिए नई भूमि प्राप्त करना, भूमि स्थानांतरण, छोटे विवादों का फैसला, कर-संग्रह, सिंचाई की व्यवस्था करना था। कालांतर में आयंगार नामक एक परिषद की स्थापना की गयी जिसकी अनुमति के बिना भूमि हस्तांतरण तथा कर की माफी संभव नहीं थी। इसकी सहायता के लिए कर्णिक नामक अधिकारी होता था जो जमीन के क्रय-विक्रय से संबंधित दस्तावेजों तथा करों का हिसाब-किताब रखता था।

4. राजस्व प्रणाली

राज्य की भूमि को उत्पादकता के अनुसार चार श्रेणियों–सिंचित, शुष्क, उद्यान तथा वन में बाँटा गया था। लगान की सामान्य दर 1/3 से 1/6 तक थी। ब्राह्मणों की भूमि पर 1/20 भाग तथा मंदिरों की भूमि पर 1/30 भाग की दर से कर संग्रहित किया जाता था। भू-राजस्व के अतिरिक्त वाणिज्य, उद्योग, संपत्ति तथा विवाह पर लगाये गये कर से भी राज्य को आमदनी होती थी। राज्य की आय का प्रमुख स्त्रोत तटीय प्रदेशों में होने वाले व्यापार पर लगाये जाने वाला कर था। विवाह कर दोनों पक्षों से वसूल किया जाता था परंतु बिना दहेज के होने वाले विवाहों पर कर नहीं लगाया जाता था।

5. न्यायिक प्रशासन

न्यायव्यवस्था संगठित थी और विभिन्न स्तरों पर न्यायालयों का गठन किया गया था। निम्न स्तर के न्यायालयों के विरुद्ध उच्चन्यायालय में तथा राजा के पास अपील की जा सकती थी। गाँवों में ग्राम समितियाँ न्यायिक कार्य भी संपादित करती थीं। दण्ड विधान अत्यंत कठोर था–मृत्यु दण्ड, अंग-भंग और संपत्ति जब्त करने का नियम प्रचलित था।

6. सैन्य प्रशासन

सैन्य विभाग का प्रधान दंडनायक कहा जाता था। राजा के अतिरिक्त नायकों, पलेगारों तथा प्रांतपतियों को भी सेना रखने का अधिकार था। सेना में पैदल, अश्वारोही तथा हस्ति दल सम्मिलित था। पुर्तगालियों की सहायता से बारूद्ध का प्रयोग ग्रहण किया जा चुका था।

सामाजिक जीवन : वार रोसा, पेज, नूनीज, डालवेल (पुर्तगाल), अब्दुल रज्जाक (इरान), निकेतिन (रूस), निकोलीकोंटी (इटली) आदि विदेशी यात्रियों ने विजयनगर के सामाजिक जीवन के बारे में पर्याप्त जानकारी दी है। विजयनगर में व्यापारियों की श्रेणियाँ सम्पन्न थीं, विशेषकर चेड्डी समुदाय अधिक प्रभावशाली था। लगभग सभी विदेशी यात्रियों के अनुसार विजयनगर के निवासी सम्पन्न थे। नगर में दीपावली, महानवमी, होली तथा अन्य हिन्दु त्योहार धूम-धाम से मनाए जाते थे। समाज में जातिप्रथा का प्रचलन था परंतु वह उत्तर भारत इतना जटिल नहीं थी। मुख्यत: ब्राह्मण और शूद्र के बीच विभाजन स्पष्ट रूप से दृष्टिगोचर होता है। क्षत्रिय और वैश्य के बीच बहुत अधिक असमानता नहीं थी। ब्राह्मण जाति का समाज में ऊँचा स्थान था तथा उन्हें कई प्रकार के विशेषाधिकार प्राप्त थे। उच्च राजकीय पदों में नियुक्ति में उन्हें प्राथमिकता दी जाती थी। उन्हें मृत्युदंड या अंग-भंग की सजा नहीं दी जा सकती थी। राज्य द्वारा व्यापक पैमाने पर ब्राह्मणों को भूमि अनुदान दिया जाता था।

समाज में कुलीन स्त्रियों की स्थिति उत्तर भारत की अपेक्षा संतोषजनक थी। स्त्रियाँ लिपिक, अंगरक्षक, कवि, पहलवान आदि हो सकती थीं। उन्हें साहित्यिक-शिक्षा, नृत्य, संगीत और युद्धकला का प्रशिक्षण दिया जाता था। धनी लोगों में बड़े पैमाने पर दहेज का प्रचलन था। सती-प्रथा, बहुविवाह, देवदासी प्रथा, बाल-विवाह प्रचलित था। इस काल में देवदासी प्रथा में अनेक दोष आ गये थे। दास-प्रथा को सामाजिक मान्यता प्राप्त थी। राजा तथा साधारण जनता मांसाहारी थी। गाय तथा बैल के मांस का प्रयोग नहीं किया जाता था।

महत्वपूर्ण त्योहारों पर बकरों और भैंसों की बलि चढ़ाई जाती थी। निम्न सामाजिक वर्गों का जीवन कठिन था। राज्य-कर का इन पर अत्यधिक बोझ था।

बहमनी साम्राज्य

दक्षिण में बहमनी राज्य और राजवंश का आरंभ दिल्ली के सुल्तान मुहम्मद तुगलक (1325-51 ई०) के एक अधिकारी हसन (उपनाम जफरशाह) ने 1347 ई० में किया। तुगलक के अत्याचारों और उसकी सनकों के कारण दक्षिण के मुसलमान अमीरों ने विद्रोह कर दिया। हसन ने इस विद्रोह का फायदा उठाया और वहाँ अपना राज्य स्थापित कर लिया। हसन अपने को फारस के वीर योद्धा बहमन का वंशज मानता था, इसलिए उसके वंशज का नाम बहमनी कहलाने लगा। गद्दी पर बैठने के बाद हसन ने अलाउद्दीन बहमन शाह का खिताब धारण किया। उसने अपनी राजधानी गुलबर्ग में बनायी। उसने 11 वर्ष शासन किया। उसकी मृत्यु के समय बहमनी राज्य उत्तर में पेनगंगा से दक्षिण में कृष्णा नदी के किनारे तक और पश्चिम गोवा में पूर्व में भोंगिर तक फैल गया था।

बहमनी सल्तनत की अपनी पड़ोसी विजयनगर के हिन्दू राज्य से लगातार अनबन चलती रही। विजयनगर राज्य उस समय तुंगभद्रा के दक्षिण और कृष्णा के उत्तरी क्षेत्र में फैला हुआ था और उसकी पश्चिमी सीमा बहमनी राज्य से मिली हुई थी। विजयनगर राज्य के दो मजबूत किले मुगदल और रायचूर बहमनी सीमा के निकट स्थित थे। इसी किले पर दोनों राज्य अपना अधिकार का दावा करते थे और इसी के लिए दोनों में तनाव की स्थिति बनी रहती थी। रायचूर के दोआब पर विजयनगर के राजाओं के मुकाबले बहमनी सुल्तानों का अधिकार अधिक समय तक रहा। बहमनी के 9वें सुल्तान अहमद ने राजधानी गुलबर्ग से हटाकर बीदर बनायी।

बहमनी राज्य में मुसलमान अल्पसंख्यक थे इसलिए सुल्तानों ने राज्य के बाहर के मुसलमानों को वहाँ आकर बसने के लिए प्रोत्साहित किया। परिणामस्वरूप बहुत से विदेशी मुसलमान वहाँ आकर बस गये, जो अधिकतर शिया थे। विदेशी मुसलमानों के बढ़ते हुए प्रभाव से ईर्ष्यालु होकर दक्खिनी और अबीसीनियाई मुसलमान जो ज्यादातर सुन्नी थे, उनसे शत्रुता रखने लगे। 1481 ई० में 13वें सुल्तान मुहम्मद तृतीय के राज्यकाल में मुहम्मद गवाँ को फाँसी दे दी गयी। जो ग्यारहवें सुल्तान हुमायूँ के समय से बहमनी सल्तनत का वजीर था और उसने राज्य की बड़ी सेवा की थी। महमूद गवाँ की मृत्यु के बाद बहमनी सल्तनत का पतन शुरू हो गया। अगले और आखिरी सुल्तान महमूद के राज्यकाल में बहमनी राज्य के पाँच स्वतंत्र राज्य बरार, बीदर, अहमदनगर, गोलकुंडा और बीजापुर बन गये।

राज्य और धर्म प्रभुसत्ता की अवधारणा धार्मिक आंदोलन और सूफीमत

धार्मिक आंदोलन

मध्यकाल में धार्मिक विचारों के क्षेत्र में एक महान आंदोलन 15वीं शताब्दी में प्रारंभ हुआ जो हिन्दू धर्म एवं समाज-सुधार के साथ-साथ सभी धर्मों एवं संप्रदायों के बीच समन्वय स्थापित करने के प्रयास से संबंधित था। कुछ इतिहासकारों के अनुसार तुर्कों के धार्मिक अत्याचार के कारण भक्ति आंदोलन का जन्म हुआ, परंतु अगर ऐसा हुआ होता तो सर्वप्रथम भक्ति आंदोलन का सूत्रपात उत्तर भारत में होना चाहिए था क्योंकि उत्तर भारत पर तुर्की सत्ता का दबाव दक्षिण भारत से अधिक था। इसके विपरीत इस भक्ति आंदोलन का प्रारंभ अलवार, नयनार तथा शंकराचार्य और रामानुज के रूप में दक्षिण भारत में देखते हैं। अत: इस तर्क को स्वीकार नहीं किया जा सकता।

कुछ इतिहासकार भक्ति आंदोलन को इस्लाम के प्रत्यक्ष प्रभाव के रूप में देखते हैं, परंतु भक्ति का मूल स्वर वेदों और उपनिषदों में ढूंढ़ा जा सकता है। वस्तुत: भक्ति की विचारधारा भारतीयों के लिए नई नहीं थी। एक लंबे समय से हिन्दू धर्म में मुक्ति के तीन साधन ज्ञान, कर्म तथा भक्ति की विचारधारा प्रचलित रही है। अत: भक्ति आंदोलन को इस्लाम का प्रत्यक्ष प्रभाव भी नहीं माना जा सकता।

वस्तुत: भक्ति आंदोलन का विकास तात्कालिक परिस्थितियों में निहित था। दिल्ली सल्तनत की स्थापना के साथ हिन्दू धर्म तथा इस्लाम के बीच परस्पर आदान-प्रदान की प्रक्रिया का आरंभ हुआ जिसके फलस्वरूप हिन्दुओं में भक्ति-आंदोलन तथा मुस्लिमों में सूफी आंदोलन का विकास हुआ।

इस्लाम के आगमन से हिन्दू धर्म एवं समाज पर कुछ नकारात्मक प्रभाव भी पड़ा। कुछ प्रगतिशील विचारक ब्राह्य आडंबर, ऊँच-नीच का भेदभाव तथा अन्य धार्मिक सामाजिक रूढ़ियों को समाप्त करने के लिए आगे आए जिसका परिणाम भक्ति आंदोलन था।

दिल्ली सल्तनत की स्थापना के साथ दो प्रमुख धार्मिक

समुदायों के बीच वैमनस्य और संघर्ष बढ़ता जा रहा था। इसके कारण आम जनता को भीषण कठिनाइयों का सामना करना पड़ता था। समाज की इन अव्यवस्थाओं के बीच समाधान की जरूरत थी। इस प्रकार भक्ति आंदोलन का विकास विभिन्न धर्मों के बीच समन्वय की आवश्यकताओं के कारण हुआ।

कुछ प्रमुख धर्म सुधारक

1. शंकराचार्य–शंकराचार्य का जन्म केरल के कलादी नामक स्थान में सन् 788 ई में हुआ था। उन्होंने हिन्दु धर्म को ठोस दार्शनिक आधार पर खड़ा किया। उन्होंने वेदांत की एक शाखा अद्वैतवाद की स्थापना की।

2. रामानुज–तमिल भाषी क्षेत्र तथा महाराष्ट्र में भक्ति भावना को लोकप्रिय बनाने का श्रेय रामानुज को दिया जाता है। इनका प्रार्दुभाव 12वीं शताब्दी में हुआ। रामानुज ने 'विशिष्टाद्वैत' नामक सिद्धांत प्रस्तुत किया जिसके अनुसार परमात्मा को करुणा तथा अनुकम्पा का स्रोत माना गया। ज्ञान के स्थान पर भक्ति को अधिक महत्व दिया। रामानुज ने उच्च जातियों के लिये भक्ति तथा निम्न जातियों के लिए प्रार्थना का मार्ग प्रशस्त किया।

3. रामानन्द–उत्तर भारत में भक्ति आंदोलन को प्रिय बनाने का श्रेय रमानन्द को ही दिया जाता है। उनका जन्म बनारस में एक कान्यकुब्ज दंपती के यहाँ हुआ था। रामभक्त संप्रदाय के प्रवर्तक तथा जाति प्रथा के प्रबल विरोधी थे। ऊंच-नीच के भेदभाव को अस्वीकार करते हुए सहभोज को लोकप्रिय बनाया तथा अपने शिष्य परंपरा को निम्न जातियों तथा मुसलमानों को भी सम्मिलित किया। उनके प्रभाव से पहली बार भक्ति आंदोलन में ऐसे संतों का प्रार्दुभाव हुआ जो ब्राह्मण जाति के नहीं थे।

4. कबीर–कबीर 15 वीं शताब्दी के अंत में हुए थे। उन्होंने जाति तथा धर्म के भेदभाव को छोड़कर सभी लोगों को प्रेम का संदेश सुनाया। हिन्दू तथा मुसलमानों के बीच एकता स्थापित करना उनके जीवन का मुख्य उद्देश्य था। कबीर कर्मकांड, ब्रह्मांडम्बर तथा मूर्तिं पूजा के विरोधी थे। कबीर के उपदेश 'बीजक' में संकलित हैं और उनके अनुयायी कबीरपंथी कहलाते हैं।

5. बल्लभाचार्य–उनका जन्म 1478 ई में बनारस के निकट एक तेलगू ब्राह्मण परिवार में हुआ था। काशी में विद्यार्जन करने के उपरांत उन्होंने कुछ समय के लिए कृष्णदेव राय (विजयनगर) के दरबार को सुशोभित किया। उनके द्वारा 'शुद्धाद्वैतवाद' का सिद्धांत प्रतिपादित किया गया।

6. चैतन्य–भक्ति आंदोलन के महानतम संत चैतन्य का जन्म बंगाल के नदिया नामक स्थान में हुआ था। उनके मतानुसार जो व्यक्ति कृष्ण की उपासना तथा अपने गुरु की सेवा करता है वह मायाजाल से मुक्त होकर कृष्ण के चरणबिंदु को प्राप्त कर लेता है।।

7. वामदेव–महाराष्ट्र में भक्ति के संदेश को जन-जन तक पहुँचाने वाले नामदेव का जन्म 15वीं शताब्दी का पर्वार्द्ध माना जाता है। भक्तिकाल के अन्य संतों की भांति उन्होंने भी कर्मकांड, ब्राह्मांडम्बर तथा मूर्ति-पूजा का विरोध किया और ईश्वर-भक्ति को मोक्ष का साधन माना।

8. गुरुनानक–इनका जन्म 1469 ई॰ में लाहौर में तलवंडी नामक गांव में एक खत्री परिवार में हुआ था। वे युवावस्था से ही घुमक्कड़ तथा फक्कड़ किस्म के व्यक्ति थे। ईश्वर की एकता तथा उसके प्रति अनन्य भक्ति उनकी शिक्षाओं का सार था। उन्होंने भी मूर्तिपूजा, कर्मकाण्ड तथा रोज नमाज का विरोध किया। उन्होंने अंगद को अपना उत्तराधिकारी नियुक्त किया। उनके अनुयायी बाद में सिक्ख कहलाये।

9. उपरोक्त संतों के अतिरिक्त एकनाथ, तुकाराम तथा मीराबाई ने भी लोगों को प्रेम तथा ईश्वर के प्रति समर्पण का संदेश दिया। तुकाराम द्वारा रचित भजनों को सामूहिक रूप से अभंग कहा जाता है उन्होंने विठोबा के रूप में कृष्ण-भक्ति को लोकप्रिय बनाया।

भक्ति आंदोलन के प्रमुख संतों ने भारत व्यापी स्तर पर अपना प्रभाव छोड़ा। सभी संतों ने ईश्वर की एकता, प्रेम धार्मिक सहिष्णुता, भगवान के प्रति समर्पण तथा मानवतावाद के सिद्धांतों पर बल दिया। परंतु प्रत्येक संत के अनुयायी एक छोटे संप्रदाय के रूप में संगठित होकर रह गये। फिर भी उनके कारण हिन्दू धर्म का सरलीकरण संभव हो सका। उन्होंने समाज के सामने एक ऐसा आदर्श रखा जिसे प्राप्त करने का प्रयास आज तक किया जा रहा है।

धर्म सुधारकों का सबसे अधिक प्रभाव आधुनिक भारतीय भाषाओं के विकास में देखा जा सकता है। हिन्दी, मराठी, बंगला, पंजाबी राजस्थानी आदि भाषाओं को उन्होंने अपने विचारों के प्रचार का माध्यम बनाया तथा उसके साहित्य को समृद्ध किया।

सूफीमत

सूफी शब्द की उत्पत्ति अरबी भाषा सफा शब्द से हुई है,

जिसका अर्थ है पवित्रता। अर्थात जो लोग अध्यात्मिक रूप से और आचार-व्यवहार में पवित्र थे वे सूफी कहलाये। कुरान के उपदेशों की रूढ़िवादी व्याख्या 'शरीयत' तथा उदारवादी व्याख्या 'तरीकत' कहा जाता है। सूफी विचारधारा उमैया वंश के शासन के अंतिम दिनों में उभरी। इसने ईसाइयों के खानकाहों की परंपरा बौद्ध धर्म से एकांतमय जीवन तथा दरिद्रता और हिन्दू धर्म से आत्मा व परमात्मा के बीच संबंध का विचार ग्रहण किया। कतिपय सूफी संप्रदाय ने हिन्दू धर्म में प्रचलित योग तथा प्राणायाम की पद्धति को भी अंगीकार कर लिया।

भारत में सूफियों का आगमन तुर्क आक्रमणों के साथ ही प्रारंभ होता है। सूफी संतों में पहला नाम दाता गंज बख्श का आता है जो महमूद के आक्रमण के समय लाहौर में बस गये थे।

भारत में 14 प्रमुख सूफी संप्रदायों का वर्णन मिलता है जिसमें चिश्ती और सुहरावर्दी प्रमुख था।

इस्लाम में रहस्यवाद का जन्म 'बहादातुल वजूद' अर्थात आत्मा-परमात्मा की एकता के सिद्धांत से हुआ। परमात्मा के साथ तादात्मय स्थापित करने के लिए सूफियों को निम्नलिखित 10 अवस्थाओं से गुजरना पड़ता था :

1. तौबा 2. वारा (विरक्ति) 3. गुजुहद (पवित्रता) 4. फक्र (निर्धनता) 5. सब्र (धैर्य) 6. शुक्र (कृतज्ञता) 7. खौफ (भय) 8. रज (आशा) 9. नब्कुल (संतोष) और 10. रिजा (ईश्वरेच्छा के प्रति अधीनता)

कुछ प्रमुख संप्रदाय तथा इससे संबंधित संत–

1. चिश्ती संप्रदाय–शेख मुईनुद्दीन चिश्ती (संस्थापक), कुतुबद्दीन बख्तियार काकी, निजामुद्दीन औलिया, शेख सलीम चिश्ती तथा बाबा फरीद।

2. सुहारनर्दी संप्रदाय–बहाउद्दीन जकारिया (संस्थापक), जलालुद्दीन सुर्ख बुखरी, सदुद्दीन आरिक, रूकनुद्दीन अबुल फतह शेख, शरफुद्दीन मनेरा।

3. कादिर संप्रदाय–शेख अब्दुल कादिर जिलानी (संस्थापक) नसिरुद्दीन महमूद जिलानी, शेख मूसा तथा कियामत उल्ला।

4. नक्शबंदी संप्रदाय–संत ख्वाजा बकीबिल्लाह, शेख अहमद सरहिन्दी, शह अली उल्लाह तथा मीरदर्द।

प्रभाव

सूफी आंदोलन का प्रभाव भक्ति आंदोलन पर भी पड़ा। भक्ति आंदोलन के संत नानक और कबीर सूफी विचारों से स्पष्टत: प्रभावित थे।

'आदिग्रंथ' में बाबा फरीद के पद्य आज भी सुरक्षित हैं। सिक्खों के गुरु पद का धार्मिक और राजनीतिक महत्व तथा मनसद की व्यवस्था इस्लाम से प्रभावित है। कबीर की शब्दावली और उनके द्वारा निर्गुण, निराकार ईश्वर की आराधना सूफीवाद से जुड़ा है। सूफियों ने भारत में धार्मिक सहिष्णुता को बढ़ावा दिया।

संगीत के क्षेत्र में संगीत 'सभाओं' के माध्यम से ईरानी राग-रागनियों का प्रचार हुआ। अमीर खुसरो ने कई वाद्य यंत्रों तथा राग-रागनियों का अविष्कार किया, सूफी मत से प्रभावित था। आगे चलकर महमूद गैस ग्वालियरी संगीत को समृद्ध बनाने में महत्वपूर्ण योगदान दिया।

बाबा फरीद, हुसैन शाह तथा बुल्लेशाह ने पंजाबी भाषा में उपदेश देकर इस भाषा को समृद्ध बनाया। शेख अहमद खटू ने गुजराती तथा कुतबन, मंझन और जायसी जैसे उत्कृष्ट साहित्यकारों ने अवधी और ब्रजभाषा में महत्वपूर्ण कृतियों की रचना की।

सूफियों के विचारों का प्रभाव कालांतर में शासक वर्गों पर भी पड़ा अकबर जैसे महान् शासक की पृष्ठभूमि इन्हीं संतों ने तैयार किया। मुस्लिम संप्रदाय के प्रति भी सूफियों की देन महत्वपूर्ण है। भारत में इस्लाम धर्म का प्रचार–प्रसार इन्हीं सूफी संतों के विचारों के कारण हुआ। सूफी संतों के व्यापक प्रभाव का सबल प्रमाण यह हैं कि आज भी ये संत लाखों हिन्दुओं द्वारा पूजित है चाहे वह अजमेर में मुइनुद्दीन चिश्ती की दरगाह हो या दिल्ली में निजामुद्दीन औलिया का स्मारक समान रूप से हिन्दू तथा मुस्लिम दोनों संप्रदायों के लिए श्रद्धा और पवित्रता के प्रतीक हैं।

आर्थिक पक्ष–शहरी केंद्र, उद्योग व्यापार और वाणिज्य, भू-राजस्व और कीमतें मंगोल समस्या और उसका प्रभाव

आर्थिक स्थिति–भारत पर अपार संपदा से उत्कृष्ट होकर ही तुर्कों ने भारत पर प्रारंभिक आक्रमण किए थे। सल्तनत काल में ही भारत आर्थिक दृष्टि से अति समृद्ध देश रहा होगा, ऐसा तत्कालीन लेखकों के वर्णनों से ज्ञान होता है।

देश के आर्थिक जीवन का मुख्य आधार कृषि था। फिरोज शाह तुगलक जैसे कुछ तुर्क शासकों ने सिंचाई की पर्याप्त व्यवस्था करके कृषि-उत्पादन बढ़ाने में अपना योग दिया। गेंहूँ, मक्का, बाजरा, चावल, मटर तिलहन, कपास, गन्ना आदि पर्याप्त मात्रा में उत्पन्न होते थे। मिर्च, अदरक नील

तथा अफीम भी उपजाए जाते थे। फलों में आम, अनार, केला, अंगूर खरबूजा, जामुन विशिष्ट थे। तुर्क शासक प्राय: उपज का 1/3 भाग भूमि कर के रूप में लेते थे।

देश में मुस्लिम शासन की स्थापना से परंपरागत औद्योगिक ढांचे में परिवर्तन आया। सुल्तानों ने राज्य की ओर से अनेक कारखाने स्थापित किए। वस्त्र, चमड़े तथा धातुओं के लिए अलग-अलग कारखानों की स्थापना की गई। गुजरात का वस्त्र उद्योग विख्यात था। सूती-रेशमी सभी वस्त्र बनते थे। मखमल और साटन का उत्पादन विशेष रूप से होता था। रंगाई, छपाई का व्यवसाय भी उन्नति पर था।

देश का ब्राह्य और आंतरिक व्यापार दोनों प्रगति पर था। निर्यात की जाने वाली वस्तुओं में रेशमी कपड़ा, अफीम और नील-प्रमुख थे। भारत में विदेशी व्यापार प्राय: चीन, दक्षिण-पूर्वी एशियाई देशों तथा अफ्रीका के तटीय देशों के साथ था। विदेशों से घोड़े, हथियार प्रमुखतया आयात किए जाते थे। व्यापार जल-थल दोनों भागों से होता था। व्यापार संतुलन भारत के पक्ष में था। मडौंच खंभात, मुल्तान, लखनौती आदि प्रमुख आर्थिक नगर तथा बंदरगाह थे।

सल्तनत काल में सोने, चांदी और तांबे के सिक्के प्रमुखतया चलाए गए। इल्तुतमिश ने चांदी के टंके का प्रचलन किया। फिरोज तुगलक ने साधारण जनता के लिए और चौथाई जीतल के सिक्के चलवाए।

भू-राजस्व

सल्तनत काल में राजस्व का मूल स्रोत भूमि पर लगाया जाने वाला कर था। लगान का निर्धारण बटाई के आधार पर होता था। बटाई के तीन प्रकार प्रचलित थे–

1. खेत बटाई–इसमें जब फसल खेत में ही लगी होती थी, उसी समय राज्य का हिस्सा अलग कर दिया जाता था।

2. लंक बटाई–इस पद्धति में फसल कटने के उपरांत बिना दौनी किये ही राज्य और किसानों में बाँट दी जाती थी।

3. रास बटाई–इस प्रणाली में दौनी के उपरांत अनाज को राज्य और किसान के बीच बाँटा जाता था।

मुकतई–इसमें लगान का निर्धारण अनुमान के आधार पर किया जाता था।

मसाहत–यह भूमि माप तथा उपज पर आधारित होती थी जिसका प्रारंभ अलाउद्दीन ने किया था।

दर–भू-राजस्व की सामान्य दर 1/3 थी यद्यपि 1/10 से 1/2 तक हो सकती थी।

भूमि का विभाजन–कृषि योग्य भूमि मुख्य रूप से तीन श्रेणियों में विभाजित थी :

1. खालसा भूमि–सुलतान के प्रत्यक्ष नियंत्रण में होता था जिसकी संपूर्ण आमदनी सुल्तान के कोष में जमा होती थी।

2. इक्ता–इस प्रकार की भूमि अधिकारियों तथा सैनिकों को वेतन भुगतान के लिए प्रदान की जाती थी। इस भूमि से संग्रहित लगान इक्तेदार अपना वेतन काटकर केंद्रीय सरकार को सौंप देता था।

3. करमुक्त भूमि–इसमें वक्फ (धर्मार्स्थ) मिल्क (निजी संपत्ति के रूप में स्वीकृत) तथा इनाम (पुरस्कार स्करव्य प्राप्त) शामिल था।

कला स्थापत्य कला और साहित्य

इंण्डो-इस्लामी स्थापत्य कला का विकास क्रमिक रूप से संभव हुआ। फर्गुसन महोदय ने इसे पठान शैली कहा है। सर जान मार्शल ने इसे भारतीय मुस्लिम शैली की संज्ञा दी।

कुण्वात उल ईस्लाम मस्जिद–पृथ्वी राज चौहान की पराजय के बाद किलाराय पिथौरा को राजधानी में परिवर्तित किया। कुतुबुद्दीन ऐबक ने दिल्ली विजय के उपलक्ष्य में तथा इस्लाम धर्म को प्रतिष्ठित करने के उद्देश्य से इस स्थान पर एक मस्जिद बनवाने का कार्य प्रारंभ किया, जिसे कुत्ब अथवा कुण्वातुल इस्लाम मस्जिद कहा जाता है। कुत्वातुल इस्लाम मस्जिद हिन्दू मुस्लिम शैली की प्रथम इमारत है। 1230 ई० इल्तुतमिश ने मस्जिद के प्रांगण को दुगुना कराया।

कुतुबमीनार : कुतुबमीनार दिल्ली से 12 मील की दूरी पर मेहरौली में स्थित है। कुतुबुद्दीन ऐबक और इल्तुतमिश ख्वाजा कुतुबुद्दीन बख्तियार काकी के अनुयायी थे। उनकी पुण्य स्मृति में इन्होंने कुतुबमीनार का निर्माण कराया। कुतुबुद्दीन ने इसका निर्माण 1206 में प्रारंभ कराया। उसकी योजना चार मंजिलों की 225 फीट ऊँची मीनार बनवाने की थी। इसके नीचे की परिधि-48 फीट है, ऊपर तक परिधि क्रम होती गई है। इल्तुतमिश के समय (1231 ई०) में इसका निर्माण कार्य पूर्ण हुआ। तूफान से हुई क्षति को फिरोज तुगलक ने मरम्मत कराई थी। 1503 ई० में सिकंदर लोदी ने भी इसकी मरम्मत कराई थी। कुतुबमीनार की प्रथम तीन मंजिले पत्थर की हैं; जिनका बाहरी आवरण सफेद पत्थर का है।

अढ़ाई दिन का झोंपड़ा–कुतुबुद्दीन ऐबक ने अजमेर में बनवाया था। विणहराज वीसल देव ने इस स्थान पर एक सरस्वती मंदिर का निर्माण कराया था। ऐबक ने इस मंदिर को तुड़वाकर मस्जिद बनवाई।

सुल्तानगढ़ी—इल्तुतमिश ने अपने पुत्र नासिरुद्दीन महमूद की पुण्य स्मृति में कुतुबमीनार से तीन मील की दूरी पर मलकापुर में मकबरा बनवाया।

इल्तुतमिश का मकबरा—कुत्बी मस्जिद के पास दिल्ली में इल्तुतमिश का मकबरा है। इसका निर्माण इल्तुतमिश की मृत्यु के कुछ समय पूर्व 1235 में प्रारंभ किया गया।

खिलजीकालीन वास्तुकला—यद्यपि सुल्तान अलाउद्दीन खिलजी का अधिकांश समय युद्धों में व्यतीत हुआ फिर भी स्थापत्य कला के विकास में विशेष रुचि दिखाई। दिल्ली के पास सीरी नामक गांव में एक नया नगर बसाया। बर्नी ने इसे शहरे नौ अथवा नया नगर कहा है। अल्लाउद्दीन खिलजी की योजना थी कि इस शहर के बाहर एक सरोवर तथा उसके किनारे भवन का निर्माण कराया जाय। यह स्थान 'हौज-ए-खास' या 'हौज-ए-रानी' के नाम से प्रसिद्ध है। यह सरोवर सूख गया।

अलाई दरवाजा—अलाई दरवाजा का निर्माण कार्य अल्लाउद्दीन द्वारा 1310-11 ई० में प्रारंभ किया गया। इसके लाल पत्थर तथा संगमरमर का बड़ा ही सुंदर संयोंग है। इसके निर्माण का उद्देश्य कुत्ब मस्जिद में चार प्रवेश द्वार बनना था। दो पूर्व, एक दक्षिण और एक उत्तर में।

तुगलक कालीन वास्तुकला—तुगलक के शासन काल में सादगी और विशालता पर अधिक जोर दिया गया। इसका प्रमुख कारण आर्थिक कठिनाइयों तथा खिलजी काल में अपव्य के प्रति सर्वसाधारण में प्रतिरोध की भावना थी। गयासुद्दीन तुगलक ने अपने पूर्वजों की नीति का परित्याग करके सादगी तथा मितव्ययिता की नीति अपनाई।

इमारतों की विशेषताएं—तुगलक वंश की इमारतों की नींव गहरी तथा दीवारें मोटी हैं। नींव की दीवारों को मजबूत बनाने के लिए पुश्तों का प्रयोग होता था। दीवारें मोटी तथा भद्दी तथा कमजोर हैं। स्तंभ सादा हैं, सजावट का काम नहीं हुआ है। इस काल की इमारतें, मस्जिदें, तथा दुर्ग की दीवारें मिस्र की पिरामिडों के समान बनी हैं, जो अंदर की ओर झुकी हुई हैं।

तुगलकाबाद—तुगलक वंश का संस्थापक गयासुद्दीन तुगलक वास्तुकला का प्रेमी था। उसने दिल्ली के पास ऊंची पहाड़ियों पर एक नगर बसाया तथा एक दुर्ग का निर्माण कराया। यह दिल्ली के सात नगरों में से एक है। उसका निर्माण रोमन शैली के आधार पर नगर तथा दुर्ग रूप में हुआ है। यह दुर्ग छप्पन कोट के नाम से प्रसिद्ध है।

जहाँपनापह नगर—दिल्ली से दौलताबाद राजधानी परिवर्तन के बाद मुहम्मद तुगलक ने रायपिथौरा तथा सीरी के मध्य में एक नगर जहाँपनाह बसाया।

बारह खंभा—बारह खंभा नामक एक सामंत का निवास स्थान स्थापत्य शैली का अच्छा नमूना है।

फिरोज तुगलक—सुल्तान फिरोज तुगलक अपने पूर्वजों की भांति फिरोजाबाद, फतेहाबाद, हिसार, जौनपुर आदि नगरों को बनवाया। उसकी अमर कृति यमुना नगर है।

कोटला फिरोज शाह—सुल्तान फिरोज तुगलक ने पाँचवीं दिल्ली बसाई। उसमें एक महल की स्थापना की जो कोटला फिरोज शाह के नाम से विख्यात है। इसके सामने अशोक स्तंभ है। सुल्तान ने इस विशाल स्तंम्भ को अम्बाला जिले के टोपरा गांव से लाकर यहां गड़वाया था। एक दूसरे स्तंभ को मेरठ के समीप से लाकर 'कुश्क-ए- शिकार' महल के सामने गड़वाया। शिक्षा के विकास के लिए उसने एक विद्यालय की स्थापना की।

साहित्य—दिल्ली सल्तनत काल का स्थान साहित्यिक दृष्टि से मध्यम था। इस समय फारसी और संस्कृत भाषा के अतिरिक्त हिन्दी, उर्दू और प्राय: सभी प्रांतीय भाषाओं में ग्रंथ लिखे गये। प्रांतीय भाषाओं के विकास में भक्ति मार्ग के संतों का असीम योगदान रहा। सल्तनत्त कालीन साहित्य को अध्ययन की सुविधा के दृष्टिकोण से तीन भागों में बाँटा जा सकता है।

1. संस्कृत साहित्य
2. फारसी साहित्य और
3. प्रांतीय साहित्य

संस्कृत साहित्य

संस्कृत इस काल में उच्चवर्ग की भाषा रही। धार्मिक एवं धर्म निरपेक्ष रचनाओं का सृजन बड़ी मात्रा में हुआ। परंतु उनमें मौलिकता का अभाव था। अधिकांश पुस्तकें प्राचीन ग्रंथों की पुनरावृति टीकायें अथवा प्राचीन गाथाओं का आधार लेकर लिखी गयीं। परंतु संस्कृत का महत्व अभी भी था और रामानुज ने अद्वैतवाद की तथा माधवा वल्लभ ने भी अपनी रचनाएँ संस्कृत में लिखीं। इस युग में मिथिला एवं बंगाली में स्मृति एवं व्याकरण संबंधी साहित्य का उत्कर्ष हुआ। जाम्बी द्वारा लिखित युसूफ-ए-जुलेखा की प्रेम कहानी का फारसी से संस्कृत में अनुवाद भी किया गया।

फारसी साहित्य

दिल्ली के सुल्तान फारसी को प्रोत्साहित करते थे। मंगोल

आक्रमण के भय से अनेक विद्वान् भागकर दिल्ली आ गये जिसके कारण दिल्ली फारसी साहित्य का मुख्य केंद्र बन गयी। दिल्ली के सुल्तानों ने दिल्ली, जालंधर, फिरोजाबाद आदि स्थानों पर मुस्लिम शिक्षा के लिए शिक्षण संस्थाएँ खोलीं तथा पुस्तकालय स्थापित किये। सबसे महत्वपूर्ण राजकीय पुस्तकालय था, जिसका अध्यक्ष जलालुउद्दीन खिलजी ने अमीर खुसरो को नियुक्त किया था। अमीर खुसरो सबसे प्रसिद्ध भारतीय विद्वान् था जो अलाउद्दीन खिलजी का राजकवि रहा। शेख नज्मुद्दीन हसन जो हसने देहल्वी के नाम से प्रसिद्ध था, दूसरा प्रसिद्ध कवि था। फारसी साहित्य का मुख्य दोष उस पर धार्मिक कट्टरता का प्रभाव था।

प्रांतीय साहित्य

सुधारवादी आंदोलनों ने भारत के विभिन्न भागों में भारतीय साहित्य के विकास को बहुत प्रोत्साहन दिया। भारतीय इस्लामी संसर्ग से उर्दू भाषा का जन्म हुआ। पुराणपंथी विद्वान् संस्कृत में लिखते रहे परंतु ब्राह्मणों की प्रतिष्ठा में कमी से संस्कृत भाषा को भी आघात पहुँचा। इस प्रकार हिन्दी, बंगाली, मराठी आदि का आधार इस युग में बना। तेलगु का विकास विजयनगर में तथा मराठी का बहमनी और बीजापुर राज्यों में हुआ। बंगाल के नुसरत शाह ने महाभारत तथा रामायण का बंगाली में अनुवाद करवाया। मलधर वासु (गुजराज खाँ) ने भागवत का बंगाली में अनुवाद किया। मलिक मुहम्मद जायसी ने हिन्दी में पदमावत लिखा। उन्होंने मसनवी नामक फारसी रूप को काफी बढ़ावा दिया। पश्चिमी उत्तर प्रदेश में खड़ी बोली और ब्रजभाषा हिन्दी के निर्माण का आधार बनी। चंदबरदाई का पृथ्वी राज रासो, सारंगधर का हम्मीर भाषा जगनायक का आल्हा खंड आदि इसी भाषा में लिखे गये। मैथिली साहित्य के विकास में विद्यापति ठाकुर ने बड़ा सहयोग दिया। राजदरबारों के संरक्षण से भी साहित्य के विकास में बड़ी सहायता मिली। साहित्य की दृष्टि से यह काल दो प्रकार से महत्वपूर्ण था मुसलमानों के आने से ऐतिहासिक ग्रंथों की रचना प्रारंभ हुई जिसकी ओर हिन्दुओं ने ध्यान नहीं दिया था तथा दूसरे विभिन्न प्रादेशिक भाषाओं का आधार तैयार हुआ।

इकाई–V

भारत 1526 के बाद

मुगल विस्तार और संगठन : बाबर द्वारा भारत में मुगल राज्य की स्थापना

बाबर (1526-1530)

1526 ई० में पानीपत के प्रथम युद्ध में दिल्ली के अफगान सुल्तान इब्राहिम लोदी को बुरी तरह परास्त करके बाबर ने भारत में मुगल साम्राज्य की नींव डाली। मुगल भी तुर्क मुसलमान थे। जहीरुद्दीन मुहम्मद बाबर का जन्म 24 फरवरी 1483 ई० में हुआ। वह तैमूर का वंशज चुगताई तुर्क था। उसकी माता प्रसिद्ध मंगोल चंगेज खाँ की वंशज थीं। इसके पिता उमर शेख मिर्जा फरगना के छोटे राज्य के शासक थे। बाबर ने अपने पिता की मुत्यु के बाद फरगाना की गद्दी पर 1514 ई० में बैठा। बाबर ने 1507 में 'बादशाह' की उपाधि धारण की, जिसे अब तक किसी तैमूर शासक ने धारण नहीं किया था। बाबर के चार पुत्र थे–हुमायूँ, कामरान, असकरी तथा हिंदाल। बाबर ने भारत पर पाँच बार आक्रमण किया। 1524 में काबुल पर आक्रमण किया। 12 अप्रैल, 1526 ई० को बाबर पानीपत पहुंचा। पानीपत के युद्ध में भारत के अफगान शासक इब्राहिम लोदी को बुरी तरह परास्त किया। इस युद्ध में बाबर ने मंगोल सेना व उसकी प्रसिद्ध ब्यूह रचना तुगलुमा पद्धति का प्रयोग किया। इसके बाद आगरा से 40 कि० मी० दूर बाबर एवं राणा सांगा की सेनाओं के बीच खानवा का युद्ध (16 मार्च, 1527) हुआ। राणा सांगा की पराजय हुई और उसे उसके ही सामंतों ने जहर देकर मार डाला। बाबर ने इसी युद्ध में जेहाद का नारा दिया। उसने युद्ध में विजयी होकर 'गाजी' की उपाधि धारण की। 1528 ई० में बाबर ने चंदेरी के मेदिनी राय को हराया।

घाघरा के युद्ध में बंगाल की ओर बढ़कर 6 मई, 1529 को बाबर ने अफगानों को पराजित किया। बाबर की मृत्यु 26 दिसंबर, 1530 को हुई। बाबर का मृत शरीर पहले यमुना किनारे आगरा के रामबाग में दफनाया गया लेकिन बाद में उसकी इच्छा अनुसार काबुल में दफनाया गया। बाबर ने अपनी दिनचर्या की पुस्तक तुर्की भाषा में लिखी थी, जिसका नाम था–बाबरनामा या तुजके बाबरी।

अब्दुर्रहीम खानखाना ने इसे बाद में फारसी में अनुवादित किया।

हुमायूँ (1530-56)

बाबर की मुत्यु के बाद नसीरुद्दीन हुमायूँ 29 दिसंबर 1530 ई० को आगरा में 23 वर्ष की अवस्था में सिंहासन पर बैठा। हुमायूँ ने अपने भाई कामरान को काबुल और कंधार, मिर्जा असकरी को संभल, मिर्जा हिंदाल को अलवर व मेवात की जागीरें दीं। अपने चचरे भाई सुलेमान मिर्जा को हुमायूँ ने बदख्शाँ प्रदेश दिया। 1533 ई० में हुमायूँ ने दीनपनाह नामक नए शहर की स्थापना की। 1534-35 ई० में उसने मालवा व गुजरात पर आक्रमण किया। हुमायूँ तथा शेर खाँ (शेरशाह) के बीच बक्सर के निकट चौसा नामक स्थान पर 1539 ई० में युद्ध हुआ, जिसमें मुगलों की पराजय हुई। चौसा की जीत के बाद शेर खाँ ने 'शेरशाह' की उपाधि धारण की, अपने नाम के सिक्के चलवाए और फतवा पढ़ा। शेरशाह का वास्तविक नाम फरीद खाँ था।

27 मई, 1540 ई० को कन्नौज का युद्ध या बिलगाम का युद्ध शेरशाह तथा हुमायूँ के बीच एक माह की प्रतीक्षा के बाद कन्नौज के पास गंगा के किनारे हुआ। इसमें भी अफगानों ने मुगल सेना के हरा दिया। हुमायूँ को गद्दी छोड़कर भागना पड़ा और दिल्ली की सल्तनत शेरशाह के अधिकार में चली गई। निर्वासित जीवन व्यतीत करते हुए उसने झटकल के निकट शेखअली अख्तर की लड़की हमीदा से शादी की, जो आगे चलकर अकबर की माँ बनी। मार्च 1545 ई० में हुमायूँ ने कंधार जीत लिया। इसके बाद उसने काबुल को जीत लिया। हिन्दुस्तान को पुन: जीतने की भावना से हुमायूँ 5 सितंबर, 1554 ई० को अपनी सेना के साथ पेशावर पहुँचा। फरवरी 1555 ई० में उसने लाहौर पर कब्जा कर लिया। 15 फरवरी, 1555 ई० को हुमायूँ ने नसीब खाँ एवं तातार खाँ के सेनापतित्व वाली अफगान सेना को मच्छीवारा के युद्ध में पराजित कर संपूर्ण पंजाब पर अधिकार लिया। 22 जून, 1555 ई० को सरहिन्द के निकट मुगलों और अफगानों के बीच एक और

युद्ध हुआ जिसमें अफगानों की पराजय हुई। इसमें अफगान सेना का नेतृत्व सिकंदर सूर तथा मुगल सेना का नेतृत्व बैरम खाँ ने किया था। इसके बाद 23 जुलाई, 1555 ई॰ को हुमायूँ एक बार फिर दिल्ली की गद्दी पर बैठा, लेकिन कुछ समय बाद ही 24 जनवरी, 1556 ई॰ को दीनपनाह में स्थित अपने पुस्तकालय की सीढ़ियाँ उतरते समय उसे संघातिक चोट लगी और वह इस दुनिया से चल बसा। हुमायूँ हमेशा अफीम के नशे में चूर रहता था। वह ज्योतिष विद्या में अथाह आस्था रखता था इसीलिए उसने सप्ताह के सातों दिन सात रंग के कपड़े पहनने का नियम बनाया था।

सूर साम्राज्य

सूर साम्राज्य का संस्थापक अफगानवंशीय शेरशाह सूरी था। शेरशाह का जन्म 1472 ई॰ में बजवाड़ा (होशियारपुर) में हुआ था। इसके बचपन का नाम फरीद था। फरीद के पिता हसन खाँ जौनपुर राज्य के अंतर्गत सासाराम (संप्रति बिहार) के जमींदार थे। दक्षिण बिहार के तत्कालीन शासक बहार खाँ ने निहत्थे रीद द्वारा एक शेर मार देने पर उसे शेर खाँ की उपाधि प्रदान की। 1540 ई॰ में बिलग्राम के युद्ध में अंतिम रूप से मुगल बादशाह हुमायूँ को पराजित करके शेर खाँ दिल्ली के सिंहासन पर बैठा और शेरशाह की उपाधि धारण की। गद्दी पर बैठने के समय उसका साम्राज्य पश्चिम कन्नौज से लेकर पूर्व में असम की पहाड़ियों एवं चटगाँव तक तथा उत्तर में हिमालय से दक्षिण की झारखंड पहाड़ियों तथा बंगाल की खाड़ी तक विस्तृत था। 1542 ई॰ में शेरशाह ने मालवा को जीत लिया। 1543 ई॰ में उसने राजस्थान में स्थित रायसीन रियासत के राजा पूरनमल को धोखे से पकड़कर मार डाला। यह घटना शेरशाह के चरित्र पर एक अमिट कलंक मानी जाती है। 1544 में मालदेव को हराकर शेरशाह ने अजमेर, जोधपुर एवं मेवाड़ पर अधिकार कर लिया। शेरशाह के अंतिम युद्ध अभियान 1544 ई॰ में कालिंजर में माना जाता है, जहाँ बारूद में विस्फोट होने से 22 मई को शेरशाह की मृत्यु हो गयी।

शेरशाह की मृत्यु के उपरांत उसके उत्तराधिकारी पुत्र इस्लाम शाह ने 1545 से 1533 ई॰ तक शासन किया लेकिन इस्लामशाह के अयोग्य उत्तराधिकारियों में संघर्ष आरंभ हो जाने से सूर साम्राज्य पर संकट के बादल छाने लगे। अफगानों की शक्ति में आयी गिरावट को ध्यान में रखकर मुगल हुमायूँ ने दिल्ली पर आक्रमण करके अफगान शक्ति को पूर्णतया नष्ट कर दिया और एक बार फिर मुगल प्रतिष्ठा कायम की।

अकबर (1556-1605 ई॰)

अकबर का जन्म अमरकोट के रेगिस्तानी किले में 23 नवम्बर सन् 1542 को हुआ। हुमायूँ की मृत्यु के समय अकबर पंजाब में था, वहाँ से लौटते हुए कालानौर में उसे अपने पिता की मृत्यु का समाचार मिला। 13 वर्ष की आयु में 14 फरवरी 1556 ई॰ को कलानौर में ईंटों का सिंहासन बनाकर बैरम खाँ ने उसका राज्याभिषेक किया। बैरम खाँ को उसका संरक्षक बनाया गया।

पानीपत की दूसरी लड़ाई (5 नवम्बर, 1556 ई॰): अफगान सेनापति हेमू ने बयाना से दिल्ली तक अधिकार कर लिया था। उसके बाद अपने क्षेत्र वापस लेने के लिए हेमू के नेतृत्व में अफगान सेना व बैरम खाँ के नेतृत्व में मुगल सेना में लड़ाई हुई। गर्दन में तीर लगने पर हेमू के बेहोश हो जाने के पश्चात् अफगान सेना पराजित हुई। इतिहास में यह लड़ाई पानीपत के द्वितीय युद्ध के रूप में जानी जाती है।

हेमू बिहार के अफगान मुहम्मद आदिलशाह का सुयोग्य हिन्दू सेनापति था। वह 22 युद्धों में विजय प्राप्त कर चुका था व उसने 'राजा विक्रमजीत' की उपाधि धारण की थी। अकबर ने अपनी राज्य विस्तार की नीति के अंतर्गत निम्न क्षेत्र जीते :

मालवा (1561 ई॰) को संगीत प्रेमी बाज बहादुर से जीता। 1561 ई॰ में ही चुनार का किला जीता। 23 फरवरी, 1568 ई॰ को जयमल की गोली लगकर मृत्यु हो जाने पर अकबर ने गोडवाना किला जीता। सुर्जनहाड़ा से एक संधि के अधीन 1569 ई॰ में रणथम्भौर का किला जीत लिया। राजा रामचंद्र ने अन्य राजपूतों की भाँति 1569 ई॰ को कालिंजर का किला सौंप दिया। 1570 ई॰ में मारवाड़ तथा बीकानेर दोनों किले अकबर को सौंप दिए गए तथा बीकानेर का राव रामसिंह बादशाह के दरबार में मनसबदार बना। 1572-1573 ई॰ में मुजफ्फर शाह से अकबर ने गुजरात को जीता। 1574-75 ई॰ में बादशाह के स्वयं सेना लेकर जाने पर बंगाल का शासक दाऊद खाँ भाग खड़ा हुआ व बंगाल पर मुगल सेना का अधिकार हो गया। राणा प्रताप की सेना के मध्य हल्दीघाटी का (1576) युद्ध हुआ, परंतु मुगल पूर्ण सफलता नहीं प्राप्त कर सके। 1581 ई॰ में मिर्जा हकीम से मुगलों ने काबुल जीता। कश्मीर के राजा युसूफ से मुगल सेना ने 1582 ई॰ में कश्मीर को जीता। अब्दुर्रहीम खानखाना के नेतृत्व में मुगल सेना ने मिर्जा जानी बेग से सिन्ध जीत लिया। राजा मानसिंह के नेतृत्व

में मुगल सेना ने उड़ीसा के राजा कुतुल खाँ के पुत्र निसार खाँ से 1592 में उड़ीसा जीत लिया। कंधार (1595 ई०) के गवर्नर मुजफ्फर हुसैन मिर्जा ने शाह बेग को कंधार समर्पित कर दिया व उसे मुगल साम्राज्य में मिला लिया गया। खानदेश (1593) के राजा अली खाँ ने अकबर का संदेश मिलने पर समर्पण कर दिया। अकबर ने खानदेश का नाम बदलकर 'धनदेश' रखा। मुगल सेना ने चाँद बीबी के प्रबल विरोध का सामना करने के बावजूद 1600 ई० में अहमदनगर पर विजय पा ली। असीरगढ़ (1601 ई०) में हस्तगत होने के साथ ही 1558 ई० में प्रारंभ हुआ साम्राज्य का प्रसार पूर्ण हुआ। यह अकबर की अंतिम विजय थी। 1564 ई० में मालवा के गवर्नर अब्दुल्ला खाँ उजबेग के विद्रोह करने पर अकबर ने उसे दबा दिया। 1565 ई० में अकबर ने खान आलम व इब्राहिम खाँ आदि उजबेगों के विद्रोहों को कुचल दिया। अकबर के सौतेले भाई मिर्जा हाकिम ने 1566-67 में पंजाब पर आक्रमण कर दिया, परंतु अकबर के वहां पहुँचते ही वह भाग गया। गुजरात के विद्रोहों को शांत करने गए अबदुर्रहीम को 1584 ई० में खान-खाना की उपाधि दी गयी। यूसुफजाहियों के हमले के समय राजा बीरबल की मृत्यु हो गई थी। अकबर स्वयं ही 10 अक्टूबर, 1605 ई० को एक लंबी बीमारी के बाद चल बसा। उसे सिकंदरा के मकबरे में दफनाया गया। उसके मकबरे पर बौद्ध प्रभाव है।

अकबर की धार्मिक नीति

अकबर ने गोवा से पुर्तगाली मिशनरियों को बुलवााया। अकबर ने दार्शनिक एवं धर्मशास्त्रीय प्रश्नों पर वाद-विवाद करने के लिए फतेहपुर सीकरी में 1575 ई० में 'इबादतखाना' बनवाया। 1581 में सब धर्मों के सार का संग्रह कर उसने दीन-ए-इलाही नामक धर्म परिवर्तित किया। जिसका प्रधान व्याख्याता बादशाह था। इस धर्म में सम्मिलित होने वाला पहला हिन्दू राजा बीरबल था। 1579 ई० में पांच उलेमाओं से शेख मुबारक ने बादशाह को इनाम आदिल (मुजतहिद) घोषित कर दिया जिससे वह धार्मिक विषयों का सबसे बड़ा अधिकारी बन गया। उसने 1579 में 'महजर' की भी घोषणा की। अकबर ने सूफी मत के चिश्ती संप्रदाय को संरक्षण प्रदान कर उसमें अपनी आस्था प्रकट की थी। सभी धर्मों को महत्व देने के क्रम में उसने लाहौर व आगरा में ईसाइयों को गिरजाघर बनाने की अनुमति दी थी। उसने जैन मुनि हरिविजय सूरि को जगतगुरु तथा जिनचंद्र सूरि को युग प्रधान की उपाधि से सम्मानित किया। उसके द्वारा 1581 ई० में परिवर्तित दीन-ए-इलाही धर्म का प्रधान पुरोहित अबुल फजल था; जिसे हिन्दुओं में एकमात्र बीरबल ने स्वीकार किया था। 1583 ई० में उसने 'इलाही' संवत् के नाम से एक नया कैलेंडर जारी किया था।

अकबर की राजपूत नीति

अकबर ने राजपूतों की शक्ति को पहचानते हुए उन्हें अपने अधीन लाने का कार्य किया। उसने इनसे वैवाहिक संबंध कायम किया व लड़ाइयाँ लड़ीं। पहला राजपूत राजा, जो अकबर की शरण में आया, आमेर का कछवाहा राजा भारमल था। अकबर ने उसकी पुत्री से विवाह किया। भगवानदास व राजा मानसिंह को उच्च पदों पर नियुक्त किया गया। डूँगरपुर, बाँसवाड़ा और प्रतापगढ़ के राजवंशों ने मुगल अधीनता स्वीकार कर ली, परंतु वे पृथक् रहे। 1563 ई० में अकबर ने व्यक्ति कर पर रोक लगाई। 1564 ई० में जजिया कर समाप्त कर दिया। 1571 ई० में फतेहपुर सीकरी को अकबर की राजधानी बनाया।

जहाँगीर (1605-1627 ई०)

जहाँगीर का जन्म 30 अगस्त, 1569 ई० को हुआ। राजा भारमल की पुत्री जोधाबाई (मरियम उज्जमानी) इसकी माता थीं। इसका असली नाम सुल्तान मुहम्मद सलीम था। शेख सलीम चिश्ती के आशीर्वाद से सलीम का जन्म हुआ था, इसीलिए शेख के नाम पर इसका नामकरण किया गया। सलीम सर्वाधिक अब्दुर्रहीम खानखाना से प्रभावित हुआ। 1581 ई० में इसे काबुल के आक्रमण पर भेजा गया। 1577 ई० में उसे दस हजारी और 1585 ई० में उसे बारह हजारी मनसब देकर राजकीय पद दिया गया। 15 वर्ष की आयु में उसका विवाह आमेर के राजा भगवानदास की पुत्री मानबाई से (1585 ई०) हुआ। मानबाई को 'शाहबेगम' का पद प्राप्त था। उसी से खुसरो का जन्म हुआ। 1599 ई० में सलीम ने अकबर के प्रति विद्रोह कर दिया। अकबर के द्वारा दमन के लिए भेजे गए अबुल फजल का 1602 ई० में उसे वध करवा दिया। सलीम का राज्याभिषेक गुरुवार 3 नवम्बर, 1605 को आगरा के किले में हुआ। सलीम ने नुरुद्दीन मुहम्मद जहाँगीर बादशाह की उपाधि धारण की।

न्याय जंजीर

जहाँगीर ने यमुना के तट पर एक स्थान से आगरा किले के शाहबुर्ज तक घण्टियाँ व एक स्वर्ण जंजीर लगा दी, जिससे

न्यायप्रार्थी बिना किसी की सहायता के घंटी बजाकर सीधे सम्राट से फरियाद कर सकें। इसने लोककल्याण के 12 अध्यादेश जारी किए। जहाँगीर के ज्येष्ठ पुत्र खुसरो ने 1606 ई॰ मे विद्रोह किया। खुसरो को शरण देने के आरोप में गुरु अर्जुन देव को मृत्युदण्ड दिया गया।

कंधार विजय (1607 ई॰)

सैनिक तथा व्यापारिक दृष्टि से महत्वपूर्ण कंधार को इसने ईरान से छीन लिया।

मई 1611 ई॰ में जहाँगीर ने मेहरूनिस्सा नामक विधवा से विवाह करके उसे 'नूरमहल' की उपाधि दी। नूरजहाँ को 1613 में 'बादशाह बेगम' या पट्टहिपी बनाया गया। इसके पिता गयास बेग को दीवान अथवा राज्य-कर मंत्री नियुक्त किया गया तथा उसे इतमादउद्दौला की उपाधि दी गई। 1615 ई॰ में जहाँगीर ने मेवाड़ में राणा अमरसिंह से एक संधि द्वारा मुगल आधिपत्य स्वीकार करवा लिया। 1610 ई॰ में मलिक अम्बर ने जहाँगीर के सैनिक दल को पराजित करके अहमदनगर पर पुनः कब्जा कर लिया। खुर्रम को इसके विरुद्ध सेना लेकर भेजा गया। परंतु वह आगे न बढ़ा सका। मलिक अम्बर 1626 ई॰ में अपनी मृत्यु तक मुगलों का विरोध करता रहा। 1620 ई॰ में जहाँगीर ने कांगड़ा पर अधिकार कर लिया। 1627 ई॰ में जहाँगीर की मृत्यु हो गयी। इसके समय अंग्रेज सर्वप्रथम मछलीपट्टनम आये थे। ब्रिटिश दूत कैप्टन हॉकिंस तथा सर टामस रो उसके दरबार में आए थे।

शाहजहाँ (1627-1658 ई॰)

शाहजहाँ का जन्म 6 जनवरी, 1592 ई॰ को लाहौर में हुआ। इसकी माता राजपूत 'जगत गोसाई' मोटा राजा उदयसिंह की पुत्री थीं। इसका बचपन का नाम खुर्रम था। 1607 ई॰ में जहाँगीर ने इसे 8 हजार जात व पाँच हजारी मनसब प्रदान किये। 1601 ई॰ में इसका विवाह मुजफ्फर हुसैन सफवी की पुत्री से संपन्न हुआ। 1612 ई॰ में इसका विवाह आसफ खाँ की पुत्री अरजुमन्द बानो बेगम (मुमताज महल) से हुआ। फरवरी, 1628 को आगरा में इसका राज्यारोहण हुआ। इसके शासनकाल में कई विद्रोह हुए। इनमें पहला विद्रोह खान जहाँ लोदी का था। जुझार सिंह के नेतृत्व में बुंदेलों ने विद्रोह कर दिया (1628-29 ई॰)। 1632 ई॰ में पुर्तगालियों के विरुद्ध अभियान छेड़ा व पुर्तगाली पराजित हुए। शाहजहाँ ने अहमदनगर के सुल्तान के विरुद्ध युद्ध किया व खान जहान लोदी से संधि की। मलिक अम्बर के पुत्र फतेहखान ने शाहजहाँ से समझौता कर लिया व 1636 ई॰ में अहमदनगर का विलय मुगल साम्राज्य में कर लिया गया। शाहजहाँ ने बीजापुर के सुल्तान महमूद आदिल शाह को भी अपनी अधीनता स्वीकार करने के लिए विवश कर दिया। अली मरदान ने 1638 ई॰ में कंधार मुगलों को सौंप दिया, परंतु शाह अब्बास द्वितीय ने कंधार पर आक्रमण करके पुनः 1648 ई॰ में उसे अपने कब्जे में ले लिया। 1652 ई॰ में शाहजहाँ ने औरंगजेब को दक्खन का वायसराय बनाकर भेजा। औरंगजेब ने सितम्बर 1657 ई॰ में शाहजहाँ को पकड़ कर आगरा के किले में कैद कर दिया तथा दारा, मुराद व शुजा को मार कर स्वयं गद्दी पर बैठा। शाहजहाँ के शासनकाल का वर्णन फ्रैंच यात्री बर्नियर एवं टेवनियर एवं इटालियन यावी मनूची ने किया। 1666 ई॰ में कैद में शाहजहाँ की मृत्यु हो गयी। धरमट का युद्ध 15 अप्रैल, 1658 ई॰ को दारा शिकोह व औरंगजेब के विरूद्ध हुआ।

औरंगजेब (1658-1707 ई॰)

मुहीउद्दीन मुहम्मद औरंगजेब का जन्म नवंबर 1618 ई॰ को उज्जैन के निकट दोहद में हुआ। प्रारंभ में इसे 1634 ई॰ में दस हजार जात व चार हजार सवार का मनसब दिया गया। 16 मई, 1637 ई॰ को फारस घराने के शाहनबाज की पुत्री दिलरस बानो बेगम से इसका विवाह हुआ। 31 जुलाई, 1658 ई॰ को इसका राज्याभिषेक हुआ। बादशाह बनने से पूर्व यह कई वर्षों तक दक्कन, गुजरात, मुल्तान तथा सिंध का गवर्नर रह चुका था। अपने राज्यकाल के प्रथम चरण (1661 ई॰) में इसने मीर जुमला के सेनापतित्व में असम पर आक्रमण किया। मीर जुमला को बंगाल का गवर्नर बना दिया। कूच बिहार की राजधानी पर कब्जा कर संपूर्ण राज्य को अपने साम्राज्य में मिला लिया। रंगपुर व कामरूप ज़िलों पर भी कब्जा कर लिया। 1678 ई॰ में मारवाड़ के राठौरों को पुष्कर के पास पराजित कर उनके राज्य पर कब्जा कर लिया। इसने राजा जयसिंह को दक्कन का गवर्नर नियुक्त किया। पुरंदर की संधि जून, 1665 ई॰ में शिवाजी व राजा जयसिंह के बीच हुई। शिवाजी ने अपने तेईस किले राजा जयसिंह को दिए। शिवाजी 1660 ई॰ में औरंगजेब के आगरा दरबार में पहुँचे, परंतु कैद कर लिए जाने पर गुप्त रूप से भाग कर महाराष्ट्र पहुँच गए। 1676 ई॰ में बहादुर खाँ ने बीजापुर पर आक्रमण कर नालदुर्ग व गुलबर्गा पर अधिकार कर लिया। 1685 ई॰ में आदिलशाही क्षेत्र पर कब्जा कर शासन का प्रारंभ किया। 1686 में औरंगजेब ने स्वयं दक्षिण पहुँचकर बीजापुर पर कब्जा कर लिया। 21

सितंबर, 167 ई० में उसने गोला कुण्डा पर अधिकार जमा लिया। इसके समय में हिन्दू मनसबदारों की संख्या में बढ़ोत्तरी हुई। 1665 ई० में हिन्दू-व्यापारियों के माल पर कर 5 प्रतिशत बढ़ा दिया। 1669 ई० में मंदिरों को ध्वस्त करने का आदेश दिया। परिणामस्वरूप सोमनाथ, बनारस और मथुरा के केशव राम मंदिर को गिरा दिया गया। 1679 ई० में औरंगजेब ने हिंदुओं पर पुनः जजिया कर लगा दिया। औरंगजेब ने धर्म को एक हथियार के रूप में प्रयोग किया। इसके काल में जागीरदारी संकट बढ़ गया था। इसने झरोखा दर्शन व संगीत पर रोक लगायी। 1707 ई० में अहमदनगर में उसकी मृत्यु हो गई। इसके शासनकाल में 1668 ई० में गोकुल के नेतृत्व में जाटों ने विद्रोह किया। 1672 ई० में सतनामियों ने विद्रोह किया। सिक्खों के असंतुष्ट होने पर उनके गुरु तेगबहादुर ने आवाज उठायी। परिणामस्वरुप औरंगजेब ने उन्हें फाँसी पर चढ़ा दिया।

मुगलों के अमीर तथा राजपूतों से संबंध

7वीं सदी में अपने उदय-काल से लेकर भारतीय राजनीति में राजपूत अपना महत्वपूर्ण स्थान बनाए रहे। राजपूतों का प्रमुख प्रदेश राजस्थान रहा है। संपूर्ण सल्तनत काल में वे अपने अस्तित्व तथा मातृभूमि की गरिमा की रक्षार्थ दिल्ली के सुल्तानों से संघर्षरत रहे।

मुगल सम्राट् बाबर ने खानवा के युद्ध में 1527 ई० में मेवाड़ के राजपूत शासक राणा सांगा को पराजित किया था। 1528 ई० में चंदेरी के राजपूत शासक मेदिनी राय को पराजित किया। बाबर ने राजपूतों के साथ मैत्री संबंध स्थापित करने के विषय में नहीं सोचा। हुमायूँ को भी बहादुरशाह के विरुद्ध रानी कर्णावती के समय चित्तौड़ की सहायता कर राजपूत-मैत्री स्थापित करने का अनमोल मौका मिला था, किंतु उसने उसे गँवा दिया।

1556 ई० में अकबर के सिंहासन पर बैठने की स्थिति में गुणात्मक परिवर्तन आया। अकबर महत्वाकांक्षी, दूरदर्शी, और कूटनीतिज्ञ था। वह यह लक्ष्य भली-भाँति समझता था कि भारत हिंदुओं का देश है और यहाँ मुगल साम्राज्य की सुदृढ़ सत्ता स्थापित करने के लिए राजपूतों का सहयोग अत्यंत आवश्यक है। इसके अतिरिक्त स्वभाव से वह उदार था। इस कारण भी उसने राजपूतों की मैत्री प्राप्त करने के प्रयास आरंभ कर दिए। इस दिशा में सर्वप्रथम उसने आमेर के कच्छवाहा नरेश भारमल की पुत्री से 1562 ई० में उसकी इच्छा से विवाह किया। बाद में उसने बीकानेर और जैसलमेर की राजकन्याओं से विवाह किया।

अकबर की शक्ति तथा स्वभाव से प्रेरित होकर अनेक राजपूत राजाओं ने उसकी अधीनता स्वीकार कर ली। इनमें आमेर नरेश, बीकानेर नरेश, मारवाड़ नरेश और रणथम्भौर नरेश प्रमुख थे। डूंगरपुर, बांसवाड़ा और जैसलमेर की रियासतों ने भी मुगल-दासता स्वीकार कर ली।

परंतु अकबर राजपूतों से मात्र मैत्री का हामी नहीं था। जिन राज्यों ने उसकी अधीनता स्वीकार नहीं की उनसे युद्ध करने में अकबर ने कोई संकोच नहीं किया। मेवाड़ ऐसा ही एक राज्य था। अतः अकबर ने 1567 ई० में चित्तौड़ के दुर्ग पर आक्रमण कर दिया। राणा उदय सिंह चित्तौड़ किले की रक्षा का भार जयमल पर छोड़ कर भाग गया। चित्तौड़ पर मुगलों का अधिकार हो गया। उदय सिंह की मृत्यु के बाद स्वाभिमानी राणा प्रताप राणा बने। उन्होंने आजीवन मुगलों से संघर्ष का व्रत लिया। फलस्वरूप 1576 ई० में हल्दीघाटी के युद्ध में मुगल सेना से उनकी पराजय हुई। धीरे-धीरे उन्होंने अपनी शक्ति संगठित की और मेवाड़ के एक बड़े भाग पर पुनः अधिकार करने में वे सफल हुए।

अकबर ने राजपूतों को उच्च मनसब दिए और अपने राज्य की सैनिक तथा प्रशासनिक सेवाओं में पद दिए। अकबर की इसी नीति के कारण उसे स्वामिभक्त राजपूतों का सहयोग साम्राज्य-निर्माण में प्राप्त हुआ।

जहाँगीर भी अपने पिता की भाँति उदार और सहिष्णु बना रहा अतः उसके काल में राजपूत नीति में कोई विशेष परिवर्तन नहीं हुआ। उसने भी अपने पिता अकबर द्वारा स्थापित राजपूत-संबंधों को बनाए रखा। राणा प्रताप के बाद मेवाड़ का शासक अमर सिंह बना। उसने भी मुगलों के साथ संघर्ष की नीति अपनाए रखी। बाद में जहाँगीर के लिए शाहजादा खुर्रम ने मेवाड़ से संधि करने में सफलता प्राप्त की। मेवाड़ ने मुगल अधिपत्य स्वीकार कर लिया और उसने अपने पुत्र कर्णसिंह को मुगल दरबार में भेजा। अमर सिंह को स्वयं दरबार में उपस्थित होने तथा वैवाहिक संबंध स्थापित करने से छूट प्राप्त हो गयी। इस प्रकार जहाँगीर ने अकबर के द्वारा असंभव कार्य भी कर दिखाया। जहाँगीर ने आमेर तथा मारवाड़ से वैवाहिक संबंध बनाए तथा हाड़ा नरेश के साथ भी मधुर संबंध बनाए।

शाहजहाँ अपने पिता व पितामह की भाँति उदार नहीं था। अतः उसने राजपूतों के आत्म-सम्मान को ठेस पहुँचाने का कार्य भी किया। परिणामतः मुगलों व राजपूतों के मध्य संदेह

व अविश्वास का वातावरण उत्पन्न हो गया। फिर भी शाहजहाँ ने राजपूतों के प्रति अपनी नीति में मूलभूत परिवर्तन नहीं किए, इसी कारण उसे राजपूतों का यथासंभव सहयोग प्राप्त होता रहा। शाहजहाँ के मेवाड़, मारवाड़ तथा हाड़ा नरेश में प्राय: अच्छे संबंध रहे।

औरंगजेब चूँकि स्वभाव से ही अति कट्टर और शंकालु था अत: उसने अकबर की राजपूत नीति को पूर्ण रूप से परिवर्तित कर दिया और उसने विभिन्न राजपूत शासकों से शत्रुता मोल ले ली और उनके विनाश का प्रयत्न किया। परिणामस्वरूप राजपूत नरेश भी अब मुगलों के प्रति स्वामिभक्त नहीं रहे और मुगल-साम्राज्य अपना पतन आमंत्रित करने लगा। औरंगजेब ने आमेर के राजा जयसिंह, जिन्होंने अपनी अमूल्य सेवाएँ उसे दी उससे बाद में रूष्ट होकर अनुचित व्यवहार किया।

मारवाड़ के राजा जसवंत सिंह ने भी मुगल-साम्राज्य की अपूर्व सेवाएँ कीं किंतु औरंगजेब ने अपने शक्की स्वभाव के कारण उनके राज्य पर आक्रमण कर दिया। आमेर नरेश की मध्यस्थता से दोनों में मनमुटाव कुछ कम हुआ। उनकी मृत्यु के बाद उत्तराधिकारी अजीत सिंह का जन्म हुआ। औरंगजेब ने मारवाड़ राज्य को हड़पना चाहा तथा अजीत सिंह और रानियों को शाही हरम में रोके रखा। वह अजीत सिंह को मुसलमान बनाना चाहता था। वीर दुर्गादास राठौड़ ने अजीत सिंह को अपूर्व वीरता दिखाकर मुक्त कराया।

औरंगजेब के विरुद्ध मारवाड़ और मेवाड़ में संधि भी हुई। किंतु बाद में औरंगजेब ने जोधपुर मुगल राज्य में मिला लिया तथा मेवाड़ राज्य भी नष्ट कर दिया गया। हाँ, बीकानेर तथा हाड़ा नरेशों के साथ औरंगजेब के संबंध कमोबेश मधुर रहे। औरंगजेब की राजपूत नीति का परिणाम मुगल साम्राज्य की असुरक्षा के रूप में सामने आया।

जहाँगीर : स्थिरता तथा विस्तार का काल

1611 ई॰ में जहाँगीर के साथ नूरजहाँ का विवाह भारतीय इतिहास की एक अत्यंत महत्वपूर्ण घटना है क्योंकि इस विवाह के बाद नूरजहाँ ने वास्तविक शासक का रूप ले लिया और शासन पर नूरजहाँ का प्रभाव दिन-प्रतिदिन बढ़ने लगा। डॉ॰ ईश्वरी प्रसाद शर्मा लिखते हैं, ''संसार के इतिहास में ऐसी स्त्रियाँ बहुत कम ही हुई हैं जिन्होंने साहस और राजनीतिज्ञ गुणों का इतनी योग्यता के साथ प्रदर्शन किया हो, जैसा कि नूरजहाँ ने किया था। उसने जहाँगीर को अपने इशारे पर नचाया और लंबी अवधि तक मुगल साम्राज्य पर शासन किया।''

नूरजहाँ के तत्कालीन मुगल राजनीति पर प्रभावों को दो भागों में बाँटा जा सकता है:- (1) 1611 से 1622 ई॰ का युग और (2) 1622 से 1627 ई॰ का युग। प्रथम युग में उन्होंने अपने पिता ग्यास बेग, भाई आसफ खाँ और शाहजादा खुर्रम का एक गुट बनाकर शासन पर अपना प्रभाव डाला किंतु द्वितीय युग में विभिन्न मतभेदों के चलते उसका गुट बिखर गया और नूरजहाँ के हाथों में शासन की समस्त शक्ति आ गयी। इस पूरी द्वितीय अवधि में यह अपने दामाद शहरयार को जहाँगीर का उत्तराधिकारी बनाने के प्रयत्न में लगी रही किंतु होनी को कुछ और ही मंजूर था। जहाँगीर की मृत्यु (1627 ई॰) के बाद खुर्रम (शाहजहाँ) गद्दी पर बैठा और नूरजहाँ को शासन से विलग होना पड़ा।

1611 ई॰ से 1627 ई॰ तक के काल में शासन पर नूरजहाँ का प्रभाव

1. **गुटबंदी को बढ़ावा और अपने संबंधियों से पक्षपात**–विवाह के बाद नूरजहाँ ने अपने पिता ग्यासबेग को सात हजार जात और सात हजार सवार का मनसबदार बनाकर एतमादुद्दौला की उपाधि से विभूषित किया। बाद में उसे शाही दीवान या प्रधानमंत्री बना दिया गया। प्रारंभ में उसने शाहजादा खुर्रम को बढ़ावा दिया। नूरजहाँ के इन कार्यों से दरबार में गुटबंदी को बढ़ावा मिला। बाद में खुर्रम उसके गुट से अलग हो गया और विरोधी महावत खाँ से मिल गया। अब नूरजहाँ अपने दामाद शहरयार को उत्तराधिकारी बनाने की चेष्टा कर रही थी परंतु खुर्रम ने ऐसा नहीं होने दिया।

2. **शासन पर नियंत्रण**–सरकारी कर्मचारियों की नियुक्ति और तबादले आदि नूरजहाँ के ही आदेशों से होने लगे। युद्ध और प्रशासन के समस्त निर्णयों पर उसका अनुमोदन आवश्यक था।

3. **राज्य की प्रभुसत्ता में भाग**–मुस्लिम इतिहास में पहली बार सिक्कों पर सम्राट् के साथ रानी मलिका नूरजहाँ का नाम अंकित किया गया। शाही फरमानों पर भी उसका नाम लिखा जाने लगा। वह झरोखा-दर्शन भी देने लगी। नूरजहाँ इस समय साम्राज्य में प्रमुख सत्ताधारी हो गयी। मात्र खुतबा उसके नाम का नहीं पढ़ा जाता था। जहाँगीर स्वयं कहा करता था, ''मैंने अपने साम्राज्य को नूरजहाँ के हाथ केवल एक प्याला मदिरा और शोरबे की एक

प्लेट के बदले बेच दिया है।''

नूरजहाँ के प्रभाव के परिणामस्वरूप जहाँगीर शाही पद से संबंधित अपने कर्त्तव्यों को भूल गया। अब वह नूरजहाँ की कठपुतली बन गया। नूरजहाँ के कार्यों से राजकोष को हानि उठानी पड़ी। दरबारियों में रिश्वतखोरी का बोलबाला हो गया। राजकर्मचारी मनमानी करने लगे जिससे प्रशासन का ढाँचा चरमरा गया। दरबार में गुटबंदी प्रारंभ हुआ। मुगलों की साख गिरी और कंधार मुगलों के हाथ से निकल गया।

मुगल साम्राज्य का पतन : राजनीतिक, प्रशासनिक और आर्थिक कारण

जिस आश्चर्यजनक ढंग से भारत में मुगल सत्ता की स्थापना हुई एवं इसका विकास हुआ, उसी तरीके से इसका पतन भी हुआ। बाबर ने मुगल सत्ता की स्थापना की, अकबर ने इसका, विस्तार कर इसे स्थायित्व प्रदान किया, जहाँगीर और शाहजहाँ भारत में मुगलों की सत्ता बनाए रखे तथा औरंगजेब के समय में दक्षिण में इसका चरम विकास हुआ; परंतु औरंगजेब के उत्तराधिकारियों ने इस विशाल और वैभवशाली साम्राज्य को खो दिया। सामान्यत: यह माना जाता है कि मुगल सत्ता के पतन के लिए औरंगजेब ही मुख्य रूप से उत्तरदायी था, लेकिन वास्तविकता ऐसी नहीं थी। यह सच है कि औरंगजेब की दोषपूर्ण नीतियों से साम्राज्य की अखंडता को क्षति पहुँची, लेकिन औरंगजेब की मृत्यु के बाद भी पतनोन्मुख अवस्था में मुगल सत्ता बनी रही। इसका विनाश औरंगजेब के उत्तराधिकारियों के समय में ही हुआ। मुगल साम्राज्य के पतन के लिए किसी एक शासक को दोषी नहीं ठहराया जा सकता। इसके पतन के लिए अनेक कारण उत्तरदायी थे।

(अ) राजनीतिक कारण–उत्तराधिकारी के नियम का अभाव–मुगलों ने भारत में जिस राज्य की स्थापना की उसकी बुनियाद शक्ति पर आधारित थी। बाबर के बाद जितने भी शासक हुए उनमें से अधिकांश ने शक्ति के बल पर गद्दी प्राप्त करने का प्रयास किया एवं शक्ति के बल पर ही सफलता प्राप्त की। फलत: मुगलों में उत्तराधिकार का कोई नियम नहीं रहा। बाबर की मृत्यु के बाद हुमायूँ और उसके भाइयों, अकबर के विरुद्ध जहाँगीर, जहाँगीर के विरुद्ध शाहजहाँ, शाहजहाँ के विरुद्ध औरंगजेब, औरंगजेब के विरुद्ध शाहजादा अकबर तथा औरंगजेब की मृत्यु के बाद उसके पुत्रों में उत्तराधिकार के लिए संघर्ष हुआ। यह प्रक्रिया आगे भी चलती रही। वस्तुत: मुगलों में बादशाह के जीवनकाल में ही अथवा उसकी मृत्यु के पश्चात् गद्दी के महत्वाकांक्षी दावेदारों में संघर्ष आरंभ हो जाता था। इससे गृह-युद्ध की स्थिति उत्पन्न हो जाती थी। इस संघर्ष में मुगल अमीर, दरबारी, सूबेदार, जाँगीरदार, मनसबदार, महल की स्त्रियाँ तक भाग लेती थीं। इससे दरबार में गुटबाजी और षड्यंत्रों का बोलबाला हो जाता था। इन संघर्षों में धीरे-धीरे मुगलों की प्रतिष्ठा, शक्ति, धन एवं जन की अपार क्षति हुई। इस परिस्थिति ने विघटनात्मक तत्वों को मजबूत कर साम्राज्य को पतन के कगार पर पहुँचा दिया।

औरंगजेब के पश्चात् मुगल साम्राज्य के पतन का एक प्रमुख कारण था गद्दी पर दुर्बल एवं अयोग्य बादशाह का आना। बहादुर शाह प्रथम से लेकर बहादुर शाह 'जफर' तक के शासकों का अधिकांश समय भोग-विलास में व्यतीत होता था तथा उनमें चारित्रिक, राजनीतिक, सैनिक अथवा प्रशासनिक क्षमता नहीं थी। परिणामस्वरूप क्षेत्रीय तत्व सक्रिय एवं शक्तिशाली हुए, प्रशासनिक व्यवस्था ढीली पड़ गयी, दरबार में स्वार्थी और महत्वाकांक्षी सरदारों का प्रभाव बढ़ गया और वजीरों तथा अन्य महत्वपूर्ण पदाधिकारियों ने सारी शक्ति अपने में केंद्रित कर ली। मुगल बादशाहों को उनके हाथों, अपमानित होना पड़ा। ''सैयद बंधु'' ही कुछ समय के लिए ''राजा निर्माता'' बन गए। उनके पतन के बाद भी अनेक वजीरों, पदाधिकारियों और सरदारों ने मनमानी की। स्थिति यहाँ तक बिगड़ गई कि जहाँदारशाह की हत्या कर दी गई, अहमदशाह को उसके वजीर इमाम-उल-मुल्क ने गद्दी से हटा दिया, आलमगीर की हत्या कर दी तथा शाहआलम द्वितीय अपने वजीर के भय से 1772 ई० के पूर्व दिल्ली आने की हिम्मत नहीं जुटा सका। इन दुर्बल शासकों ने बादशाह की शक्ति एवं प्रतिष्ठा नष्ट कर पतन का मार्ग प्रशस्त कर दिया।

मुगल बादशाहों की कमजोरी का लाभ उठाकर प्रांतीय सूबेदारों ने भी अपना प्रभाव बढ़ाना आरंभ कर दिया। अपने-अपने सूबों से स्वतंत्र सत्ता स्थापित करने का प्रयास आरंभ कर दिया। बादशाहों में इतनी शक्ति नहीं थी कि वे सूबेदारों पर नियंत्रण रख सकें। फलस्वरूप मुहम्मदशाह के समय से साम्राज्य के विघटन की प्रक्रिया आरंभ हो गई। हैदराबाद, अवध, बंगाल, गुजरात, मालवा, बुंदेलखंड, पंजाब, राजपूताना में मुगलों की शक्ति समाप्त हो गई। दक्षिण से मराठों ने उन्हें पहले ही उखाड़ फेंका था। इस प्रकार, मुगल सत्ता दिल्ली के इर्द-गिर्द ही सिमट कर रह गई।

औरंगजेब की मृत्यु के बाद मुगल षड्यंत्रों एवं गुटबाजी का अखाड़ा बन गया। सरदारों का चारित्रिक पतन हो गया एवं उनमें स्वार्थपरता की भावना अधिक बलवती हो गयी। अब दरबारी ही बादशाह के भाग्य का निर्णय करने लगे। औरंगजेब के बाद मुगल दरबार के सरदार स्पष्टत: दो गुटों में विभक्त हो गए–हिंदुस्तानी एवं मुगल। मुगल दल भी दो वर्गों में विभक्त था–तुरानी और ईरानी। बादशाह एवं दरबार की दुर्बलता का लाभ उठाकर जागीरदार-मनसबदार भी अपनी शक्ति बढ़ाने लगे। इस प्रकार इन सारों ने मिलकर अपने स्वार्थ में अंधा होकर बादशाह और साम्राज्य दोनों को क्षति पहुँचाई।

(ब) प्रशासनिक कारण–साम्राज्य के पतन में प्रशासनिक भ्रष्टाचार ने भी महत्वपूर्ण भूमिका निभाई। आरंभ में मुगल प्रशासन में नियुक्तियाँ योग्यता के आधार पर होती थीं, परंतु बाद में महत्वपूर्ण पद बादशाह की व्यक्तिगत इच्छा और सरदारों के दबाव में आकर दिए जाने लगे। परिणामस्वरूप, अनुभवी और योग्य अधिकारियों का स्थान अक्षम एवं स्वार्थी लोगों ने ले लिया। इसका घातक परिणाम निकला। प्रशासनिक व्यवस्था नष्ट हो गई, भ्रष्टाचार एवं रिश्वतखोरी का बाजार गर्म हो गया। महत्वपूर्ण पद एवं मनसब धन के बदले दिए जाने लगे। मनसबदारों की संख्या में तेजी से वृद्धि हुई। स्थानीय शासन में इन मनसबदारों और जागीरदारों का प्रभाव आवश्यकता से अधिक बढ़ गया। इस प्रभाव का दुरुपयोग इन लोगों ने अपने हित में किया। जागीरदारी व्यवस्था लचर रही थी दूसरी ओर बादशाह रंग-रास में व्यस्त था। ऐसी स्थिति में विशाल मुगल साम्राज्य पर नियंत्रण रखना टेढ़ी खीर साबित हुई और साम्राज्य शनै: शनै: पतन के गर्त में चला गया।

(स) आर्थिक कारण–उत्तर मुगल काल में आर्थिक दुर्बलता भी मुगलों के पतन का एक कारण बनी। मुगलों ने राज्य की आर्थिक व्यवस्था सुदृढ़ करने के लिए समुचित उपाय नहीं किए। आरंभिक शासकों ने कृषि के विकास की ओर अवश्य ध्यान दिया परंतु उस अनुपात में व्यापार-वाणिज्य की उन्नति की ओर ध्यान नहीं दिया गया। कृषि का विकास भी आवश्यकतानुसार नहीं हो सका। एक ओर उत्पादन धीरे-धीरे घटा, परंतु खर्च और माँगें बढ़ती गईं। इसका आर्थिक विकास पर बुरा असर पड़ा। मुगलों की आमदनी का मुख्य स्रोत भूमि लगान एवं विभिन्न सूबों से होने वाली आमदनी थी, परंतु केंद्रीय सत्ता कमजोर पड़ जाने से न तो लगान ही ढंग से वसूले जा सके और न ही प्रांतीय सूबेदारों से निर्धारित कर। सूबों के स्वतंत्र हो जाने पर राजकीय आय घटने लगी। राजकीय आयघाटा को पूरा करने के लिए किसानों पर दबाव बढ़ाए गए। आर्थिक शोषण से पीड़ित किसानों ने यदा-कदा विद्रोह कर मुगल-विरोधी तत्वों को सहायता पहुँचाई। मुगल काल में हुए अनावश्यक युद्धों और कला-कौशल के विकास पर आवश्यकता से अधिक धन खर्च किया गया। इससे राज्य की स्थिति दुर्बल हुई। नादिरशाह ने तो मुगलों को कंगाल ही बना दिया। आलमगीर द्वितीय को तो भूखों मरने की नौबत आ गई। ऐसी दुर्बल आर्थिक अवस्था में किसी भी राज्य का टिके रहना असंभव है। यही बात मुगलों के साथ हुई।

इन कारणों के अतिरिक्त मुगल साम्राज्य की विशालता, संचार एवं परिवहन के साधनों की अपर्याप्तता, दोषपूर्ण सामाजिक संरचना एवं व्यवस्था, शांति और सुरक्षा के अभाव बौद्धिक ह्रास तथा औरंगजेब की दोषपूर्ण नीतियाँ भी मुगल साम्राज्य के विघटन और पतन का कारण बनीं।

मराठा आंदोलन, शिवाजी द्वारा स्वराज्य की स्थापना: विस्तार और प्रशासन

17वीं-18वीं शताब्दियों में मराठों ने भारतीय राजनीति, विशेषतया दक्षिण की राजनीति में महत्वपूर्ण भूमिका निभायी। आरंभ में मराठे महाराष्ट्र में बसे हुए थे। उनकी स्थिति बहुत अच्छी नहीं थी। देवगिरी के यादवों के अधीन इनका उत्कर्ष आरंभ हुआ। मराठे आरंभ से ही वीर, साहसी और सैनिक गुणों से परिपूर्ण थे। अनेक मराठों ने बहमनी राज्य में नौकरी कर ली उन्हें महत्वपूर्ण स्थान और जागीरें प्रदान की गईं। शाहजी भौंसले और शिवाजी ने उन्हें संगठित कर एक मराठा राज्य की स्थापना की। मराठों के राजनीतिक उत्कर्ष में अनेक तत्व सहायक सिद्ध हुए।

(i) भौगोलिक स्थिति मराठों के उत्थान में विशेष भूमिका निभाई।

(ii) अपने प्रशासनिक एवं राजनीतिक अनुभव को मराठों ने अपने संगठित करने में किया।

(iii) मराठा धर्मसुधारकों का प्रभाव मराठों को संगठित होने में महत्वपूर्ण भूमिका निभाई।

(iv) मराठा एकता एवं पुनर्जागरण लाने में तत्कालीन भाषा एवं साहित्य की भी प्रभावशाली भूमिका थी।

(v) महाराष्ट्र की तत्कालीन सामाजिक, आर्थिक एवं धार्मिक व्यवस्था ने भी मराठों के उत्थान में सहयोग दिया।

(*vi*) इन सारी परिस्थितियों का लाभ उठाकर मराठों को एक राजनीतिक शक्ति के रूप में परिवर्तित करने का श्रेय लखजी जाधव नामक मराठा सरदार के दामाद और मौलजी के पुत्र शाहजी भौंसले को दिया जाता है।

शिवाजी ने अपने जीवन के कुछ लक्ष्य निर्धारित किए। इसमें सर्वप्रमुख था– मराठा जाति को संगठित कर महाराष्ट्र में स्वतंत्र हिन्दू राज्य की स्थापना करना।

शिवाजी का जन्म अप्रैल 1627 ई॰ में हुआ। इनके पिता शाहजी भौंसले अहमदनगर के जागीरदार थे। शिवाजी अपनी माता जीजाबाई और दादाजी कोणदेव के संरक्षण में पूना में रहे। 18 वर्ष की आयु से ही शिवाजी ने विजय अभियान प्रारंभ कर दिया। 1646 ई॰ में तोरण के प्रसिद्ध दुर्ग पर अधिकार कर लिया। राजगढ़ के किले को जीतकर इसे पुनर्निर्मित कराया। इसके बाद शिवाजी ने एक के बाद एक सिंहगढ़, सूपा, बारामती, इन्दुपुरा, पुरंदर तथा कोण्डाणा के किले जीते। यह क्रम 1653 ई॰ तक चला। 1656 ई॰ में शिवाजी ने जावली का महत्वपूर्ण दुर्ग भी जीत लिया। कोंकण प्रदेश के प्रमुख नगर कल्याण पर अधिकार करके उन्होंने बीजापुर-सुल्तान को प्रत्यक्ष चुनौती दे दी।

बीजापुर से संघर्ष

बीजापुर के सुल्तान ने शिवाजी के दमन के लिए अपने प्रख्यात सेनापति अफजल खाँ को नियुक्त किया। अफजल खाँ ने 1665 ई॰ में शिवाजी के प्रदेशों पर हमले करने प्रारंभ कर दिए। उसने प्रतापगढ़ के दुर्ग के पास शिवाजी को घेर लिया। अफजल खाँ ने धोखे से शिवाजी को पकड़ने अथवा मारने की योजना बनाई। शिवाजी को इसका आभास हो गया और उन्होंने अफजल खाँ की बघनखे से हत्या कर दी। अब बीजापुर के सुल्तान ने सिद्दी जौहर को भेजा। वह भी असफल हो गया और शिवाजी अपने राज्य का विस्तार करते रहे।

अंत में बीजापुर सुल्तान स्वयं विशाल सेना लेकर आया किंतु मराठों के छापामार युद्ध और वर्षा ऋतु के कारण उसे शिवाजी के साथ संधि करने पर सहमत होना पड़ा। उसने शिवाजी को स्वतंत्र शासक के रूप में मान्यता दी तथा शिवाजी द्वारा विजित प्रदेशों को मान्यता दे दी।

मुगलों से संघर्ष

बीजापुर की ओर से निश्चित होकर शिवाजी ने मुगल प्रदेशों पर छापा मारना प्रारंभ कर दिया। फलतः मुगलों से उनका संघर्ष अनिवार्य हो गया। औरंगजेब ने 1660 ई॰ में अपने मामा और सेनापति शाइस्ता खाँ को दक्षिण का राज्यपाल बनाकर उसे शिवाजी को रोकने के लिए अधिकृत किया। प्रारंभ में शाइस्ता खाँ को कुछ सफलताएँ प्राप्त हुईं परंतु बाद में मराठों ने शाइस्ता खाँ को अत्यन्त परेशान किया। अप्रैल 1663 ई॰ में शिवाजी ने शाइस्ता खाँ के निवास पर हमला करके उसके पुत्र और छः बीबियों की हत्या कर दी। बड़ी मुश्किल से शाइस्ता खाँ जान बचाकर भागा। औरंगजेब ने दुःखी होकर शाइस्ता खाँ को वापस बुला लिया।

1664 ई॰ में शिवाजी ने सूरत को बुरी तरह से लूटा। सूरत में रहने वाले विदेशियों डचों और अंग्रेजों ने अपनी रक्षा के सुप्रबंध द्वारा इस हमले से अपनी रक्षा की।

जयसिंह और शिवाजी

अब औरंगजेब ने महाराज जयसिंह को शिवाजी के विरुद्ध अभियान का नेतृत्व सौंपा। जयसिंह ने पुरंदर के किले में शिवाजी को घेर लिया। शिवाजी की राजधानी रायगढ़ भी संकट में पड़ गयी। 22 जून, 1665 ई॰ को पुरंदर की संधि हुई इसके अनुसार 23 दुर्ग तथा उनसे संबंधित प्रदेश मुगलों को देना पड़ा। अब शिवाजी के पास 12 दुर्ग ही शेष बचे। मराठों ने बीजापुर के विरुद्ध मुगलों की सहायता करना स्वीकार किया तथा शिवाजी के पुत्र सांभा को 'पांच हजारी' मनसबदार बनाना तय किया गया तथा उसे एक जागीर भी दी गयी। यह संधि सही अर्थों में राजा जयसिंह की विजय थी।

जयसिंह के समझाने और रक्षा का वचन देने पर शिवाजी आगरा मुगल दरबार में जाने पर सहमत हो गए। वह अपने पुत्र शम्भाजी के साथ मई 1666 ई॰ में मुगल दरबार में उपस्थित हुए किंतु मुगलों ने उनके साथ उचित सम्मान नहीं किया। औरंगजेब ने उन्हें कैद भी कर लिया परंतु अवसर पाकर शिवाजी आगरे से भाग निकले और सितंबर 1666 ई॰ में महाराष्ट्र पहुँच गए।

औरंगजेब परिस्थितियों के कारण शिवाजी से युद्ध नहीं कर सकता था। अतः उसने शिवाजी से संधि कर उन्हें स्वतंत्र शासक मान लिया। 3 वर्षों तक शिवाजी अपने सैन्य संगठन और आंतरिक शासन को सुदृढ़ करते रहे।

1670 में पुनः मुगलों और मराठों में संघर्ष छिड़ गया। शिवाजी ने मुगलों के अधिकार में चले गए अनेक प्रदेशों को वापस प्राप्त कर लिया और सूरत को फिर से बुरी तरह लूटा। उन्होंने अनेक बार मुगलों को पराजित करके उनके दुर्गों और

प्रदेशों पर कब्जा कर लिया। कुछ मुगल प्रदेशों से तो शिवाजी चौथ भी वसूलने लगे।

1674 ई॰ में शिवाजी ने वैदिक विधि से रायगढ़ में अपना राज्याभिषेक करवाया और क्षत्रपति की उपाधि धारण की। इसके बाद वे बीजापुर और मुगलों के प्रदेश को छीनते रहे। 1680 ई॰ में मात्र 53 वर्ष की आयु में उनकी मृत्यु हो गयी। लेकिन मृत्यु के समय उनके राज्य में पश्चिमी घाट व कोंकण, सूरत से गोवा तक का प्रदेश तथा कर्नाटक में जिन्जी और बिल्लौर तक प्रदेश सम्मिलित था।

शिवाजी का शासन-प्रबंध

शिवाजी ने अपना शासन प्रबंध आठ मंत्रियों की एक सलाहकार परिषद–अष्ट प्रधान के सहयोग से संचालित किया। अष्ट प्रधान के सदस्य थे–

(1) पेशवा, (2) अमात्य, (3) मंत्री, (4) सुमंत, (5) सचिव, (6) सेनापति, (7) पण्डितराव, (8) न्यायाधीश।

न्यायाधीश तथा पंडितराव को छोड़कर सभी को आवश्यकतानुसार सैन्य अभियानों में जाना और सैन्य संचालन करना होता था। सेनापति और मंत्री के अतिरिक्त अष्ट प्रधान के सभी सदस्य प्राय: ब्राह्मण होते थे।

शिवाजी ने प्रशासकीय सुविधा से अपना राज्य चार प्रांतों, जो महल कहलाते थे, बाँटा तथा प्रांतों को क्रमश: परगनों, तरफ और मौजों में बाँटा।

शिवाजी ने सेना की भी उचित व्यवस्था की थी। योग्यता के आधार पर सैनिकों और सेनाधिकारियों की नियुक्ति होती थी। शिवाजी के सैनिक प्रबंधों में दुर्गों का महत्वपूर्ण स्थान था। उसके पास एक जहाजी बेड़ा था। न्याय तथा भूमि का भी उचित प्रबंध उन्होंने किया। उनके समय में प्रमुख कर भूमिकर प्राय: 2/5 होता था। चौथ और सरदेशमुखी भी मराठा राज्य की आय के प्रमुख साधन थे। शिवाजी ने सभी धर्मों के प्रति उदार और सहिष्णु नीति अपनाई।

मराठों के पतन के कारण

मराठों की असफलता के प्रमुख कारण निम्नलिखित थे–

मराठा सरदारों का असंगठित होना–मराठों के पतन का सबसे प्रमुख कारण मराठा सरदारों में व्याप्त फूट एवं एकता की भावना का अभाव था। प्रत्येक मराठा सरदार व्यक्तिगत हितों एवं स्वार्थों पर ही अधिक बल देता था तथा आपसी स्वार्थों की टकराहट होती थी। पेशवा पर सरदार प्रभाव बनाए रखना चाहते थे। पेशवा भी एक सरदार के विरुद्ध दूसरे को उकसाया करता था। परिणामस्वरूप, वैमनस्य एवं फूट का वातावरण व्याप्त था। मराठे कभी भी संगठित होकर अंग्रेजों का मुकाबला नहीं कर सके। अंग्रेजों ने इस फूट का लाभ उठाकर अपना हित साधा एवं मराठा शक्ति को नेस्तानाबूद कर दिया।

प्रशासनिक दुर्व्यवस्था

मराठों के पतन का दूसरा प्रमुख कारण उनकी प्रशासनिक दुर्बलता थी। शिवाजी के अयोग्य उत्तराधिकारी प्रशासनिक व्यवस्था बनाए न रख सके। उनका अधिकांश समय लूटपाट और युद्ध में ही व्यतीत होता था। इसलिए नागरिक शासन व्यवस्था, शांति सुरक्षा, औद्योगिक एवं व्यापारिक विकास की तरफ उनका ध्यान नहीं रहा। जनता से उन्हें प्रशासनिक सहायता नहीं मिली।

योग्य नेताओं का अभाव भी मराठों के पतन का कारण बना। प्रारंभ में बालाजी विश्वनाथ, बाजीराव प्रथम, बालाजी बाजीराव जैसे योग्य पेशवा, मल्हार राव होल्कर, सदाशिव राव भाउ, महादजी सिंधिया, अहिल्याबाई होल्कर, नाना फड़नवीस जैसे योग्य नेताओं ने महत्वपूर्ण भूमिका निभाई। पानीपत के तृतीय युद्ध के बाद मराठों में योग्य नेताओं का अभाव हो गया। नाना फड़नवीस ने एकता को बनाए रखने की चेष्टा की परंतु उनकी मृत्यु के बाद ऐसा नहीं हो सका और पेशवाओं की आपसी टकराहट से दुश्मनों को लाभ पहुँचा।

मराठा सरदारों की आपसी प्रतिस्पर्द्धा तथा एक-दूसरे को नीचा दिखाने की प्रवृत्ति ने विक्रेंदीकरण की प्रवृत्ति को बढ़ावा दिया। मराठों में राष्ट्रीयता की भावना की नष्ट हो चुकी थी। आंग्ल-मराठा युद्ध में भी सभी सरदारों ने एकजुट होकर अंग्रेजों का प्रतिरोध नहीं किया। राधोबा को अंग्रेजों की शरण में जाना पड़ा, द्वितीय मराठा युद्ध में बहुत समय तक होल्कर युद्ध से अलग रहा तथा तृतीय युद्ध में गायकवाड और सिंधिया ने अपने आपको अलग रखा। ऐसी स्थिति उनके लिए घातक सिद्ध हुई और शीघ्र ही उनकी शक्ति नष्ट हो गयी।

शिवाजी ने चारित्रिक बल, साहस, संयम, कर्मठता इत्यादि के आधार पर महाराष्ट्र के लोगों को एक राष्ट्र और मराठा जाति के रूप में संगठित किया था। उनके आदर्श अत्यंत ही उच्च्च थे और वे उनका पालन ईमानदारी से करते थे। दुर्भाग्यवश बाद के मराठा सरदार इन आदर्शों को छोड़कर भोग विलास,

षड्यंत्र और स्वार्थ में डूब गये। इसका बुरा प्रभाव जनसाधारण पर भी पड़ा। फलत: जनता उदासीन और निष्क्रिय हो गई। कोई भी राष्ट्र जनसमर्थन के अभाव में नहीं टिक सकता है। यही बात मराठों के साथ भी हुई।

मराठों की नीति के चलते उन्हें तत्कालीन देशी शक्तियों का मुसीबत के समय सहयोग नहीं मिल सका। मराठों ने मैसूर के शासकों (हैदरअली और टीपू) एवं हैदराबाद के निजाम को आवश्यकता पड़ने पर मदद नहीं देकर भूल की। फलत: आंग्ल-मराठा युद्ध में उन्हें मैसूर व निजाम ने सहायता नहीं की। अत: अंग्रेजों के समक्ष उनका टिकना असंभव ही था।

बालाजी विश्वनाथ के समय से राजपूतों के साथ संबंधों में कटुता आनी शुरू हो गई और राजपूत राज्यों से चौथ वसूला गया, उन्हें जी-भरकर लूटा-खसोटा गया। फलत: प्रारंभिक मराठा-राजपूत मित्रता अब दुश्मनी में बदल गया और वे मराठों को सहयोग नहीं दे सके तथा इनके विरुद्ध अंग्रेजों की ही सहायता की।

मराठों के पतन के लिए उनकी दोषपूर्ण सैन्य व्यवस्था भी उत्तरदायी थी। वह मराठों की छापामार रणनीति को छोड़कर यूरोपीय अंग्रेजों के मुकाबले कमजोर पड़ गई। यद्यपि फ्रांसीसियों ने उनकी सहायता तथा आधुनिक स्वरूप देने का प्रयास किया था तथापि अब भी पूर्णता नहीं आई थी। मराठे समुद्री बेड़े के विकास में भी तत्परता नहीं दिखाई थी। फलस्वरूप, वे युद्ध में अंग्रेजों के सामने टिक नहीं पाए।

सैनिक दुर्बलता के साथ ही गुप्तचर व्यवस्था भी कमजोर थी। मराठों को अंग्रेजों की सैनिक कारवाइयों का पता नहीं लग पाता था। इसके विपरीत अंग्रेजों के पास मराठों की प्रत्येक सैनिक गतिविधि योजनाएँ अस्त्र-शस्त्र आदि की पूरी जानकारी रहती थीं। ऐसी स्थिति में मराठों की हार निश्चित थी।

मराठों ने अपनी अर्थव्यवस्था को सुदृढ़ करने का उपाय नहीं किया। उन्होंने कृषि, उद्योग या व्यापार के विकास की तरफ समुचित ध्यान नहीं दिया। धन की कमी से सेना और प्रशासन की समुचित व्यवस्था नहीं कर पाए।

इसके अतिरिक्त अन्य कारणों ने भी मराठों के पतन में सहयोग दिया। उनके सामने अंग्रेजों की तरह साम्राज्य कायम करने का उद्देश्य भी नहीं था। वे सुरक्षात्मक युद्ध ही लड़ रहे थे। उन्हें यथेष्ट भौगोलिक ज्ञान भी प्राप्त नहीं था। ऐसी परिस्थितियाँ उनके लिए जानलेवा सिद्ध हुईं और शीघ्र ही वे पतन के गर्त में चले गए।

शेरशाह के प्रशासनिक सुधार

शेरशाह भारतीय इतिहास में एक विजेता से अधिक एक कुशल प्रशासक के रूप में याद किया जाता है। उसके द्वारा लागू किये गये सुधार न केवल उसके शासन काल में प्रचलित रहे बल्कि महान् मुगल सम्राट अकबर के प्रशासनिक व्यवस्था का आधार बने। इसी कारण से कुछ इतिहासकार उसे अकबर का पूर्वगामी मानते हैं।

1. **राजस्व-संबंधी सुधार**–उसने भू-राजस्व के क्षेत्र में जाति प्रथा का प्रचलन किया जिसके अंतर्गत लगान का निर्धारण भूमि के नाम के आधार पर किया जाता था। संपूर्ण कृषि योग्य भूमि को उत्तम, मध्यम तथा निम्न तीन श्रेणियों में बाँटा गया और औसत उपज का 1/8 लगान के रूप में निर्धारित किया गया। लगान नगदी या अनाज के रूप में दिया जा सकता था। लगान के निर्धारण के समय उदारता बरती जाती थी परंतु लगान संग्रहित करने के समय कठोरता के सिद्धांत का पालन होता था। इस सुधार से एक ओर राज्य की आमदनी बढ़ गयी तथा दूसरी ओर जागीरदारों और जमींदारों के प्रभाव में कमी आयी।
2. **प्रशासनिक सुधार**–शेरशाह का केंद्रीय तथा प्रांतीय प्रशासन दिल्ली सल्तनत की व्यवस्थाओं के अनुरूप था परंतु जिला और परगना स्तर पर उसने कुछ सुधार किया। प्रत्येक सरकार में दो पदाधिकारियों की नियुक्ति की गयी–
   (*i*) **शिकदारे-शिकदाराना**–जो कानून एवं व्यवस्था को बनाये रखने के लिए उत्तरदायी थी।
   (*ii*) **मुसिफें-मुंसिफान**–जो लगान से संबंधित मुकदमों में फैसला देता था तथा परगने के अमीनों के कार्यों का निरीक्षण करता था।

परगनों में चार अधिकारी कार्यरत थे–

1. **शिकदार**–यह कानून एवं व्यवस्था के लिए उत्तरदायी था।
2. **अमीर**–लगान का वसूली तथा भूमि के माप का अधिकारी था।
3. **मुंसिफ**–दीवानी मुकद्दमों की सुनवायी करता था।
4. **फोतदार**–परगने का खजांची होता है।

गाँव में पटवारी, खजनादार तथा कारकुन लगान की वसूली में अमीन की सहायता करते थे लगान संबंधी लेखा-बही रखते थे। कानून और व्यवस्था

बनाये रखने के लिए उसने निचले प्रशासनिक स्तर पर स्थानीय उत्तरदायित्व का सिद्धांत लागू किया जिसके अनुसार कानून और व्यवस्था बनाये रखने के लिए प्रत्येक गाँव में मुखिया या मुकदम उत्तरदायी होता था, अगर वह अपने कर्त्तव्यों के निष्पादन में असफल सिद्ध होता था तो उसे ही दंडित किया जाता था।

3. **सैन्य संगठन :** शेरशाह ने अलाउद्दीन के सुधारों जैसे नगद वेतन देने, दाग तथा हुलिया लिखने की प्रणाली को फिर से लागू किया।
4. **मुद्रा प्रणाली :** शेरशाह ने चाँदी के बहुत से नये सिक्के ढलवाये जो दाम कहलाता था। चाँदी के रुपये और ताँबे के दाम के आधे, चौथाई, आठवें ओर सोलहवें भाग के सिक्के जारी किये गये। उसने सब प्रकार के पुराने सिक्कों तथा मिश्रित धातु की मुद्रा प्रणाली को समाप्त कर दिया। रुपया और दाम में 1 : 64 अनुपात होता था। चाँदी का रुपया 180 ग्रेन वजन के बराबर होता था। शेरशाह पहला मुस्लिम बादशाह था जिसने सिक्कों में फारसी के साथ नागरीलिपि का प्रयोग किया। विशुद्ध सोने के सिक्के विभिन्न तौल के 166.4 ग्रेन, 167 ग्रेन और 168.5 ग्रेन के ढाले जाते थे।
5. **व्यापार वाणिज्य**–व्यापार को प्रोत्साहन देने के लिए उसने चुंगियों की दर निर्धारित कर दी, राहदारी जैसे कष्टकर करों को समाप्त कर दिया और केवल दो स्थानों पर चुंगी वसूल करने का प्रबंध किया– (1) उत्पादन या आयात केंद्र पर, (2) विक्रय स्थल पर

जनकल्याणकारी कार्य–

(क) शेरशाह ने चार सड़कों का निर्माण करवाया–

1. सोनार गाँव से पेशावर तक ग्रैंड ट्रंक रोड।
2. आगरा से बुरहानपुर तक।
3. आगरा से जोधपुर और चित्तौड़ तक।
4. लाहौर से मुल्तान तक।

(ख) उसने 1700 सरायों का निर्माण किया। जो यात्रियों तथा व्यापारियों के लिए महत्वपूर्ण था

मुगल प्रशासन, भू-राजस्व और आय के अन्य स्रोत : मनसबदारी और जागीरदारी व्यवस्था

मुगल प्रशासन

मुगल प्रशासन एक अत्यंत केंद्रीकृत नौकरशाही व्यवस्था थी। इसमें राजतंत्र की निरंकुश शक्ति पर बल दिया गया था। मुगल शासन के स्वरूप में विदेशी और भारतीय तत्वों का मिश्रण था। मुगल राज्य कोई कल्याणकारी राज्य नहीं था। इसमें उत्तराधिकारी के भी निश्चित नियमों का अभाव था। अत: अकसर राजगद्दी के लिए गृहयुद्ध होते थे।

भारत में मुगल राजवंश की स्थापना के साथ ही दिल्ली सल्तनत की राजपद की अवधारणा में परिवर्तन आया। मुगलों ने स्वयं को अब्बासी खलीफा से संबद्ध करने की आवश्यकता नहीं समझी। दिल्ली के सुल्तानों के विपरीत बाबर ने 'पादशाह' (ऐसा शक्तिशली स्वामी जिसे कोई अपदस्थ नहीं कर सकता) की उपाधि धारण की। मुगल काल में 'सुल्तान' उपाधि मुगलों की अधीनता स्वीकार करने वाले शासक के लिए प्रयुक्त की जाती थी। बाबर और हुमायूँ के काल में संप्रभुता की धारणा भ्रूणावस्था में थी किंतु अकबर के समय यह पूर्णतया निश्चित और आकार-युक्त हो गयी।

केंद्रीय प्रशासन–केंद्रीय प्रशासन के निम्न भाग थे–

बादशाह–बादशाह केंद्रीय प्रशासन का केंद्र-बिंदु होता था। बादशाह निश्चित रूप से श्रेष्ठ स्थिति का वाहक होता था और पूर्णरूपेण निरंकुश भी। यही राज्य का प्रधान था। बादशाह ही सर्वोच्च प्रशासक, न्यायाधीश, सेनापति और कानून का निर्माता था। अकबर के समय से बादशाह ईश्वर का प्रतिनिधित्व माना जाने लगा। केंद्रीय मंत्रियों के अतिरिक्त बड़े सरदारों का भी केंद्रीय राजनीति में दखल होता था।

मंत्रिपरिषद–मंत्रिपरिषद राज्य कार्य में सम्राट को सहायता प्रदान करते थे। अकबर के काल में वकील, दीवान, मीर बक्शी तथा सद्र-उस-सद्र चार प्रमुख मंत्री होते थे। धीरे-धीरे वकील और वजीर का पद का मिल गया और इस पद को धारण करने वाला व्यक्ति प्रधानमंत्री अथवा वकील-ए-मुतलक कहलाया। औरंगजेब के काल तक मंत्रियों की संख्या 8 तक पहुँच गयी थी। प्रमुख मुगल मंत्री थे–

1. **वकील (वजीर)**–यह प्रधान मंत्री होता था।
2. **दीवान**–वह वित्त मंत्री जो राजस्व निर्धारण और एकत्र करता था।
3. **मीरबक्शी**–यह सेना विभाग का प्रमुख था।
4. **सद्र-उस-सद्र**–यह धार्मिक विभाग का प्रमुख था।
5. **खाने-सामा**–यह घरेलू-विभाग का अध्यक्ष, शाही महल का व्यवस्थापक था।
6. **काजी-उल-कुजात**–यह मुख्य न्यायाधीश और न्याय विभाग का मुखिया था।
7. **मुहतसिब**–यह प्रजा के नैतिक चरित्र की देखभाल करने तथा उसे कुरान के अनुसार जीवन-यापन करने को प्रोत्साहित करता था।

अन्य मंत्रियों में दरोगा-ए-डाक चौकी, गुप्तचर विभाग का मुखिया था तथा दरोगा-ए-तोपखाना शाही तोपों और बंदूकों के निर्माण तथा व्यवस्थापन से संबध था।

प्रांतीय प्रशासन

सुविधा के अनुसार मुगल साम्राज्य विभिन्न प्रांतों अथवा सूबों में बाँटा गया था। अकबर के समय कुल प्रांत 15 थे जबकि औरंगजेब के समय यह 20 हो गए। प्रांतों के प्रमुख पदाधिकारी इस प्रकार थे–

1. **सूबेदार**–यह प्रांत में सम्राट का प्रतिनिधि और सर्वेसर्वा होता था। प्राय: यह पद शाहजादों को दिया जाता था।
2. **दीवान**–यह प्रांत में वित विभाग का मुख्य अधिकारी था।
3. **सदर-काजी**–यह धार्मिक विभाग का अधिकारी था।
4. **बख्शी**–यह प्रांतीय सेना की भर्ती, तरक्की, तबादलों आदि के लिए उत्तरदायी था।

इसके अतिरिक्त सूबे में कोतवाल, वाकिया नवीस तथा सवानह-नवीस आदि अन्य अधिकारी थे। किसी- किसी प्रांत में दरोगा-ए-तोपखाना और मीर बहर नामक अधिकारी भी नियुक्त थे।

सरकारों का प्रशासन

प्रत्येक मुगल प्रांत अनेक सरकारों में विभक्त होता था। इसे जिला भी कहते थे। अकबर के काल में कुल 105 के लगभग सरकारें थीं। सरकार के मुख्य पदाधिकारी निम्न थे–

1. **फौजदार**–यह जिले का सैनिक अधिकारी होता था।
2. **अमलगुजार**–यह लगान वसूल करने, कृषि की देखभाल तथा किसानों की सुरक्षा करने से संबंधित था।
3. **वितिक्ची**–यह अमल गुजार के अधीन रहकर लगान संबंधी कागज तैयार करता था।
4. **खजानदार**–यह जिले का खजांची था।

परगनों का प्रशासन

प्रत्येक सरकार परगनों में विभक्त थी। परगने को 'महाल' भी कहा जाता था। परगने के प्रमुख पदाधिकारी निम्न थे–

1. **शिकदार**–यह परगने का सैनिक अधिकारी था, जिसका कार्य शांति व्यवस्था बनाए रखना था।
2. **आमिल**–वित्त अधिकारी था, लगान वसूलना इसका कार्य था।
3. **फोतदार**–यह परगने का खजांची था।
4. **कानूनगो**–कानूनगो परगने के पटवारियों का प्रधान था जिसका कार्य भूमि और भूमि-कर संबंधी लेखे रखना था।

स्थानीय शासन

मुगल साम्राज्य में गाँव सबसे छोटी प्रशासनीय इकाई थे। गाँवों का प्रबंध पंचायतें करती थीं। सफाई, सुरक्षा, शिक्षा, सिंचाई तथा झगड़ों के निपटारे का कार्य पंचायतें करती थीं। गाँव के तीन प्रमुख अधिकारी थे– मुकद्दम, पटवारी और चौधरी।

मुगल काल में नगरपालिका जैसी संस्था का अस्तित्व था। नगर का प्रमुख अधिकारी कोतवाल था, जिसकी सहायता के लिए अनेक कर्मचारी होते थे।

भू-राजस्व

भू-राजस्व आय का आधारभूत स्रोत था। इसीलिए उसकी व्यवस्था की ओर पर्याप्त ध्यान दिया गया। अकबर के काल में ख्वाजा अब्दुल मजीद खाँ तथा मुजफ्फर खाँ तुरबती आदि के मंत्रित्व में इस ओर प्रयास किए गए। अंत में, टोडरमल ने 1580 ई० में भूमि-प्रबंध और राजस्व व्यस्था में सुधारों की एक विशेष योजना लागू की जो इतिहास में दहसाला व्यवस्था के नाम से प्रसिद्ध है। इस व्यवस्था में निम्न कार्य किए गए–

1. भूमि पैमाइश हेतु सुप्रबंध किया गया। पैमाइश हेतु शेरशाह के 32 अंगुल के गज के स्थान पर 40 अंगुल का गज निश्चित हुआ। नपाई हेतु रस्सी की जरीब के स्थान पर बाँस के जरीब का प्रयोग हुआ। बीघा 3600 वर्ग गज का निश्चित हुआ।
2. चार प्रमुख प्रकार की भूमि थी–
   (1) पोलज, (2) परौती, (3) चाचर या छच्छर, (4) बंजर।
3. मालगुजारी वसूलने की तीन व्यवस्थाएँ उस समय प्रचलित थीं–
   (1) गल्ला-बख्शी, (2) नसक तथा (3) जाब्ती। ये तीनों तरीके राज्य के भिन्न-भिन्न भागों में सुविधानुसार प्रचलित थे।
4. इस भूमि सुधार का महत्वपूर्ण पहलू इसका दस वर्षीय दर आधारित (दहसाला) प्रबंध था। इसमें प्रत्येक प्रकार की भूमि की पिछले 10 वर्षों की पैदावार का पता लगाकर भूमि की औसत पैदावार को निश्चित कर लिया जाता था। इसी औसत पैदावार को आधार मान कर अगले 10 वर्षो का लगान निश्चित किया जाता था।

5. लगान प्राय: पैदावार का 1/3 भाग होता था।
6. किसानों से लगान नकद रूप में लिया जाता था।
7. अकबर के किसानों को भूमि का स्वामी स्वीकार किया तथा राज्य ने सीधे किसानों से संपर्क स्थापित किया।
8. किसानों हेतु पट्टा तथा कबूलियत की व्यवस्था की गई।

अकबर के इस भूमि प्रबंध से किसानों तथा राज्य दोनों को पर्याप्त लाभ हुए।

जहाँगीर ने अकबर की व्यवस्था को ही अपनाए रखा। किंतु उसका प्रबंध अकबर के काल की भाँति चुस्त नहीं था। उसके काल में किसानों की स्थिति में गिरावट आयी तथा जागीरदारों ने उनका शोषण किया। शाहजहाँ ने राज्य की घटती आय से चिंतित होकर कर की दर में वृद्धि कर दी। किसानों की स्थिति खराब हो गयी। औरंगजेब ने किसानों के ऊपर करों का बोझ और डाला क्योंकि खर्चों के कारण राजकोष में कमी आ गयी थी।

मनसबदारी व्यवस्था

मुगलों के काल की सैनिक व्यवस्था मनसबदारी व्यवस्था पर आधारित थी। इसका प्रारंभ अकबर के काल में हुआ और प्राय: सभी शासकों के काल में यथावत था एवं थोड़े-बहुत परिवर्तनों के साथ चलती रही। 'मनसब' का शाब्दिक अर्थ पद, स्थान या दर्जा होता है। मनसबदार शाही सेवा के उच्च पदाधिकारी होते थे। अधिकारियों के पदों को निश्चित करने के लिए विभिन्न अंकों की संख्या प्रयोग में लाई जाती थी।

अकबर के काल में 10 से लेकर 12,000 तक के मनसब दिए गए। प्रारंभ में मात्र 5,000 के मनसब मात्र शाहजादों के लिए सुरक्षित थे। बाद में हिन्दू राजाओं को भी प्रदान किए गए जिनमें मानसिंह उल्लेखनीय है। अबुल फजल ने लिखा है, ''सम्राट के दमाशी से दस हजार तक या तो उसके उच्च प्रतिष्ठित पद पर पुत्र होते थे या ऊँची श्रेणी के उमराव।'' बाद में 8,000 और उसके ऊपर के मनसब पादशाही घराने के व्यक्तियों के लिए रक्षित किए गए।

अकबर ने अपने संपूर्ण मनसबों को 66 श्रेणियों में बाँटा था। जहाँगीर और शाहजहाँ ने सरदारों को 8,000 तक के मनसब तथा शाहजादों को 40,000 तक के मनसब दिए। 500 से नीचे के मनसबदार 'मनसबदार' कहलाते थे। 500 से 2,500 तक के मनसबदारों को अमीर तथा 2,500 से ऊपर के मनसबदारों को अमीर-ए- आजम कहा जाता था। सैनिक अधिकारियों में सबसे प्रतिष्ठा का पद खान-ए-जमां और उसके बाद खान-ए- खाना था। काजियों एवं सद्रों को इस व्यवस्था में सम्मिलित नहीं किया गया था।

वेतन–डॉ० एस० आर० शर्मा के अनुसार,– ''मनसबदारों का वेतन उनकी सेना की स्थिति के अनुसार निश्चित किया जाता था''। इसमें भी अकबर ने तीन श्रेणियाँ निर्धारित कर दी थीं– (1) जिस अफसर की सेना उसके मनसब के बराबर होती थी, (2) जिस अफसर की सेना में निर्धारित सैनिकों की संख्या आधी से अधिक होती थी तथा (3) जिस अफसर की सैनिक संख्या निर्धारित सैनिकों से आधी से भी कम होती थी। मोरलैंड के अनुसार, ''प्रथम श्रेणी के पाँच हजारी मनसबदारों को 30,000 रु० मासिक, द्वितीय श्रेणी के मनसबदारों को 29,000 रु० मासिक तथा तृतीय श्रेणी के मनसबदारों को 28,000 रु० मासिक वेतन प्राप्त होता था। अकबर मनसबदारों को प्राय: नकद वेतन देता था परंतु कभी-कभी उन्हें जागीरें भी दे दी जाती थी।

जात और सवार

अकबर ने अंतिम वर्षों में जात एवं सवार के पदों को आरंभ किया। इनके अर्थ के विषय में इतिहासकारों में आज भी मतभेद है। सामान्य रूप से मनसबदार का पद 'जात' कहलाता था और 'सवार' का अभिप्राय होता था उसे कितने सवार रखने हैं? ब्लोकमैन के अनुसार जात, से तात्पर्य सैनिकों की उस संख्या से था, जो मनसबदारों को अपने यहाँ रखनी होती थी और सवार से आशय घुड़सवारों की संख्या से लिया जाता था। इर्विन के अनुसार 'जात' से घुड़सवारों की संख्या का आशय व्यक्त होता है और 'सवार' एक प्रतिष्ठा थी तथा जात की भाँति ही एक निश्चित संख्या द्योतक थी।

कुछ भी हो, यदि एक मनसबदार को सवार एवं जात का पद समान संख्या में दिया जाता था तो वह अपनी श्रेणी मनसबदारों में प्रथम श्रेणी का मनसबदार होता था। उदाहरणार्थ, यदि एक मनसबदार को 5,000 जात एवं 5,000 सवार का पद प्राप्त होता है तो वह पंचहजारी मनसबदारों में प्रथम श्रेणी का माना जाता था। यदि मनसबदार को सवार का पद अपनी जात के पद से कम संख्या का परंतु आधे से कम नहीं होता था तो वह अपनी श्रेणी के मनसबदारों में द्वितीय श्रेणी का माना जाता था। यदि एक मनसबदार को सवार का पद अपनी जात के पद की संख्या से आधी संख्या से कम प्राप्त होता था तो वह अपनी श्रेणी के मनसबदारों में तृतीय श्रेणी का समझा जाता था।

मनसबदारों को अपने घोड़े तथा अन्य प्रकार के साज सामान खरीदने का अधिकार था। प्रत्येक घोड़े के दो निशान होते थे। सरकारी निशान दायें पुट्ठे पर और मनसबदार का निशान बायें पुट्ठे पर होता था। मनसबदारों के सैनिकों से ही शाही सेना बनती थी। जिसकी जाँच समय-समय पर होती रहती थी मनसबदार को प्रत्येक दशा में निरीक्षण हेतु तैयार रहना होता था।

मनसबदारी प्रथा अकबर की एक मौलिक प्रथा थी जिससे मुगल साम्राज्य को प्रर्याप्त लाभ हुआ। जांगीरदारी प्रथा समाप्त हुई तथा योग्यता को वरीयता दी जाने लगी।

मुगलों की उत्तर पश्चिमी सीमान्त नीति

अत्यंत प्राचीनकाल से पश्चिमोत्तर क्षेत्र विदेशी आक्रमणकारियों के लिए प्रवेश द्वार के रूप में था। साम्राज्य की सुरक्षा के लिए मुगलों ने पश्चिमोत्तर सीमान्त के सुदृढ़ीकरण के उपाय किए। अकबर ने एक वैज्ञानिक दृष्टिकोण अपनाया। उसने हिन्दुकुश पर्वतमाला से अरब सागर तक विस्तृत क्षेत्र को जीत कर अपने नियंत्रण में लाने का प्रयास किया ताकि एक सुरक्षित भौगोलिक सीमा की प्राप्ति संभव हो सके।

1585 ई० में काबुल पर शासन कर रहे अकबर के चचेरे भाई मिर्जा हकीम की मृत्यु हो गई। हकीम की मृत्यु के बाद काबुल पर उज्बेकों द्वारा अधिकार की संभावना उत्पन्न हुई। अत: अकबर ने उज्बेकों को रोकने के लिए स्वयं 1585 में काबुल पर अधिकार कर लिया। काबुल पर अधिकार के पश्चात् अकबर ने कश्मीर की ओर ध्यान दिया। अकबर ने कश्मीर पर चढ़ाई कर 1586 में उसे जीत लिया। मुगल सेना ने लद्दाख एवं बाल्तिस्तान के क्षेत्र में भी सैनिक अभियान किए। वहाँ के शासक अलीराय ने अकबर की सम्प्रभुता स्वीकार कर ली। काबुल की विजय ने एक नई समस्या भी उत्पन्न कर दी। दिल्ली और आगरा के साथ काबुल का संपर्क बनाए रखना कठिन हो गया क्योंकि रास्ते में जो पर्वतीय क्षेत्र पड़ते थे वहाँ अनेक अफगान जन-जातियों अथवा कबीलों का निवास था जिसमें आफरीदी, युसुफजई, गिलजई, आदि प्रमुख थे। ये स्वभाव से स्वतंत्रता प्रेमी थे। इस क्षेत्र की कठिन भौगोलिक परिस्थिति के कारण किसी बाहरी शक्ति को इस क्षेत्र में अपनी सत्ता सुदृढ़ करने में अनेक प्रकार की समस्याओं का सामना करना पड़ता था। फिर भी अकबर ने इस क्षेत्र में अपना प्रभाव बनाए रखने का निश्चय किया क्योंकि इसके बिना काबुल के साथ संपर्क बनाये रखना संभव नहीं था। इस कार्य के लिए अकबर ने एक ओर उदारता और दूसरी ओर शक्ति-प्रदर्शन की नीति साथ-साथ अपनाई। इस क्षेत्र में कई बार अफगानों के विद्रोह हुए परन्तु हर बार अकबर ने इसे विफल बना दिया। इन विद्रोहों के पीछे मुख्य उद्देश्य लूटमार करना था और मुगलों को इस क्षेत्र में शांति और सुव्यवस्था लाने से रोकना था। इस क्षेत्र में पहाडों के कारण कृषि कार्य संभव नहीं था और इन अफगान जातियों द्वारा इधर से गुजरने वाले काफिलों को लूटकर जीवन-यापन किया जाता था। कभी-कभी विद्रोह के पीछे धार्मिक भावना से उत्पन्न उत्तेजना का भी योगदान रहता था। सर्वप्रथम 1585 में युसुफजई कबीले के 'बयाजीद' के नेतृत्व में विद्रोह किया। इस संघर्ष में बीरबल मारा गया परंतु राजा टोडरमल के द्वारा विद्रोह का दमन किया गया। 'बयाजीद' एक धर्म प्रचारक था। उसने 'रोशनिया' संप्रदाय को संगठित किया जिसका नेतृत्व बयाजीद की मृत्यु के बाद उसके बेटे जलाल के हाथ में आया। उसने अगले कई वर्षों तक पश्चिमोत्तर सीमान्त को अशांत बनाए रखा और 1600 में उसकी हत्या के पश्चात् ही शांति स्थापित हो सकी। जहाँगीर के समय में भी अहदाद ने इस क्षेत्र में अशांति बनाए रखी परंतु मुगलों को कोई बड़ी क्षति उसके द्वारा नहीं पहुँचाई जा सकी। शाहजहाँ के समय में कमालुद्दीन ने विद्रोह किया मगर मुगल सेना ने इस क्षेत्र में बहुत हद तक शांति बनाए रखी।

औरंगजेब ने शासनकाल में पहला विद्रोह 1667 में युसुफजई जाति द्वारा भागु के नेतृत्व में हुआ परन्तु इसे दबा दिया गया। 1672 में पुन: अजमल खाँ ने नेतृत्व में आफरीदियों ने विद्रोह कर दिया। उसने मुगलों को गम्भीर क्षति पहुँचाई। उससे प्रेरित होकर खुशहाल खाँ खरक ने भी विद्रोह कर दिया। अन्तत: औरंगजेब को स्वयं परिस्थिति पर नियंत्रण करने के लिए सीमान्त क्षेत्र में आना पड़ा। उसने कुछ अफगानों को पद और जागीर का प्रलोभन देकर अपनी ओर मिला लिया और दूसरों को शक्ति प्रयोग से दबा दिया।

इस प्रकार अकबर से औरंगजेब तक सभी महान् मुगल शासक अफगान कबीलों पर नियंत्रण बनाए रखने में सफल रहे। काबुल पर भी उनका नियंत्रण प्रभावशाली ढंग से बना रहा। इस दृष्टिकोण से पश्चिमोत्तर सीमान्त नीति सफेल रही। फिर भी अफगानों के विद्रोह से साम्राज्य में समस्याएँ उत्पन्न हुई। अकबर के समय में इन विद्रोह से कश्मीर विजय में कठिनाई हुई जबकि औरंगजेब के समय में इन विद्रोहों ने

साम्राज्य में विघटनकारी शक्तियों को बल दिया। विशेषकर इन विद्रोहों ने दक्षिण में मराठों के उत्कर्ष में परोक्ष योगदान किया।

पश्चिमोत्तर का क्षेत्र कन्धार व्यापार के दृष्टिकोण से अत्यंत महत्वपूर्ण था। इस पर अधिकार के लिए मुगलों और ईरान के सफावी शासकों के बीच संघर्ष बराबर होता रहा। अकबर के शासन के प्रारंभ में ईरानियों ने कंधार जीत लिया। जब अकबर की स्थिति सुदृढ़ हुई तो उसने कंधार पर विजय की योजना बनाई। लेकिन कंधार अभियान के पूर्व अकबर ने सिंध विजय का अभियान किया। मिर्जा अब्दुररहीम के नेतृत्व में 1591 में सिंध पर अधिकार कर लिया गया। यहाँ का शासक मिर्ज़ा जानी बेग पराजित हो गया लेकिन अकबर ने उसे सिन्ध का शासक दुबारा बहाल कर दिया। 1595 ई॰ में ब्लूचिस्तान और मकरान के क्षेत्रों पर मुगलों का अधिकार हो गया। 1595 में अकबर को कन्धार पर अधिकार करने का मौका भी मिल गया जब वहाँ के सूबेदार मुजफ्फर हुसैन मिर्जा और ईरान के शासकों के बीच तनाव के कारण उज्बेग आक्रमण के समय ईरान के शासक ने मुजफ्फर हुसैन को पूर्ण सहायता प्रदान नहीं की। मिर्जा मुजफ्फर ने अपने स्वार्थ की दृष्टि से सम्राट अकबर को दुर्ग समर्पित करना अधिक ठीक समझा। इसलिए उसने सम्राट का आश्वासन प्राप्त करके दुर्ग शाहबेग के हवाले कर दिया। इस भाँति कन्धार पर अकबर का सहज ही अधिकार हो गया और उसकी पश्चिमोत्तर सीमा काफी सुदृढ़ हो गई।

जहाँगीर के काल में ईरान के शासक शाह अब्बास ने कंधार पर पुन: अधिकार के उपाय किये। उसने एक ओर अपनी मैत्री का प्रदर्शन किया और दूसरी ओर कन्धार पर आक्रमण के लिए पूरी सैनिक तैयारियाँ कीं। अन्तत: 1621 में कंधार पर चढ़ाई हुई और इसी बीच शाहजहाँ के विद्रोह के कारण ईरानी आक्रमण का प्रभावशाली ढंग से विरोध नहीं हो सका। कन्धार पर ईरान का कब्जा हो गया। शाहजहाँ के प्रयास से 1638 में कन्धार फिर एक बार मुगलों के अधिकार में आ गया। लेकिन शाहजहाँ के मध्य एशियाई अभियान की असफलता से लाभ उठाकर 1649 में ईरान ने कन्धार पर फिर अधिकार कर लिया। मुगलों की ये हार निर्णायक साबित हुई। शाहजहाँ के द्वारा चार अभियान असफल सिद्ध हुए और औरंगजेब के समय में कन्धार पर अधिकार का प्रयास भी नहीं किया गया।

मुगलों की दक्कन नीति

मुगलों की दक्कन नीति का आरंभ अकबर के शासनकाल में हुआ। सोलहवीं शताब्दी के अन्तिम दशक तक अकबर द्वारा उत्तरी एवं मध्य भारत की विजय का काम पूरा हो चुका था। अकबर सारे उपमहाद्वीप को एकीकृत साम्राज्य के अधीन लाना चाहता था इसलिए दक्षिण राज्यों की विजय आवश्यक थी। इसके अतिरिक्त दक्षिणी सागर तट पर पुर्तगाली लुटेरों का उत्पात काफी बढ़ा हुआ था। अत: अकबर उस क्षेत्र में मुगल सत्ता का विस्तार कर पुर्तगालियों पर नियंत्रण करना चाहता था। इसके अतिरिक्त दक्षिण के राज्य व्यापारिक केन्द्रों के तौर पर भी मुगल साम्राज्य की समृद्धि के योगदान दे सकते थे। परिस्थितियाँ भी अकबर के लिए सहायक थीं।

दक्षिण में चार महत्वपूर्ण राज्य थे, खानदेश, अहमदनगर बीजापुर तथा गोलकुण्डा। अकबर ने पहले इन चारों राज्यों के पास दूत भेजकर इनके समक्ष मैत्रीपूर्ण संबंधों के आधार पर संधि करने का प्रस्ताव रखा। इनमें से केवल खानदेश के अकबर के प्रस्ताव को स्वीकार किया। अहमदनगर ने अकबर का प्रस्ताव स्वीकार नहीं किया। अहमदनगर में उस समय उत्तराधिकार का संघर्ष चल रहा था। एक पक्ष ने मुगलों का समर्थन चाहा और अकबर को सैनिक हस्तक्षेप का अवसर मिल गया। 1595 ई॰ में दक्षिणी अभियान आरंभ हुआ। चाँद बीबी के नेतृत्व में अहमदनगर ने मुगलों का विरोध किया। युद्ध अनिर्णायक रहा और 1596 ई॰ में दोनों के बीच संधि हुई। मुगलों ने बहादुरशाह को शासक स्वीकार कर लिया। इसके बदले में बरार का प्रान्त मुगलों को प्राप्त हुआ और अहमदनगर ने मुगलों की अधीनता स्वीकार कर ली। लेकिन दोनों पक्षों के बीच तनाव बना रहा। इस बीच चाँद बीबी की हत्या कर दी गई। उसके विरोधियों ने पुन: मुगलों के साथ संघर्ष छेड़ दिया। मुगलों ने राजधानी अहमदनगर तथा बालाघाट के क्षेत्र पर अधिकार कर लिया। अहमदनगर का शेष क्षेत्र एक पृथक् राज्य के रूप में बना रहा। इसी बीच खानदेश के नये शासक मीरन बहादुर ने मुगलों की सत्ता के विरूद्ध विद्रोह कर असीरगढ़ के दुर्ग को उन्हें सौंपने से मना कर दिया। अत: अकबर ने स्वयं दक्षिण की ओर प्रस्थान किया। असीरगढ़ पर घेरा डाला गया और 1601 ई॰ में दुर्ग पर अधिकार हो गया। खानदेश का राज्य मुगल साम्राज्य में मिला लिया गया। अगले ही वर्ष सलीम के विद्रोह के कारण अकबर के दक्षिणी अभियान स्थगित हो गये।

जहाँगीर के शासक बनने के समय दक्षिणी राज्यों की संख्या तीन रह गई थी। जिसमें अहमदनगर की स्थिति सबसे

खराब थी। लेकिन इसी समय मलिक अम्बर अहमदनगर का प्रधानमंत्री बना। उसने अहमदनगर के राज्य को संगठित किया और दक्षिण में मुगल सेनापतियों के आपसी विरोध का लाभ उठाकर अहमदनगर के खोये हुए क्षेत्रों पर दुबारा अधिकार कर लिया। उसने बीजापुर के सुल्तान एवं मराठा सरदारों की सहायता प्राप्त करके मुगलों के विरुद्ध छापामार युद्ध जारी रखा। आरंभिक मुगल अभियानों की असफलता के बाद शाहजहाँ को 1618 ई॰ में अहमदनगर के विरुद्ध सफलता प्राप्त हुई और मालिक अम्बर को संधि पर बाध्य होना पड़ा। मुगलों से छीने गये क्षेत्रों को मलिक अम्बर ने लौटा दिया। इसके अतिरिक्त पचास लाख रुपये हर्जाने के रूप में उसने दिये। 1622 ई॰ में खुर्रम के विद्रोह के समय दक्षिण की स्थिति फिर चिन्ताजनक हो गई और 1627 ई॰ में जहाँगीर की मृत्यु के समय तक दक्षिण में मुगल राज्य को सुदृढ़ता प्राप्त नहीं हो सकी।

वस्तुत: अकबर एवं जहाँगीर के समय में दक्षिण नीति का उद्देश्य 'सीमित विस्तार' था। दोनों ने अहमदनगर के राज्य को दक्षिण में एक मध्यवर्ती राज्य के रूप में बनाना लाभदायक समझा। संचार एवं आवगमन की सुविधाओं के अभाव में सुदूर दक्षिण के राज्यों का विलय संभव नहीं था। अत: अकबर ने भी अहमदनगर के पूरे राज्य को जीतने का प्रयास नहीं किया। जहाँगीर ने भी इसी नीति को अपनाया। इतना ही नहीं उसने बीजापुर के साथ भी मैत्रीपूर्ण संबंध स्थापित करने का प्रयास किया।

शाहजहाँ के समय में भी सीमित विस्तार की नीति बनी रही लेकिन इसका क्षेत्र कुछ विस्तृत हो गया। उसने अहमदनगर तक के क्षेत्र पर अधिकार करने का निश्चय किया। लेकिन इसके आगे बढ़ने का उसने निश्चय नहीं किया था। अकबर की नीति त्यागने के पीछे कुछ निश्चित कारण थे। अहमदनगर के शासक एक तटस्थ या एक मित्र राज्य के रूप में अब रहने को तैयार नहीं थे और अहमदनगर के विलय के बिना दक्षिण में मुगल सत्ता सुदृढ़ नहीं हो सकती थी। इसलिये शाहजहाँ ने 1632 ई॰ में मलिक अम्बर के पुत्र फतह खाँ के साथ संधि कर ली। फतह खाँ ने अहमदनगर के शासक की हत्या करा दी और शाहजहाँ की अधीनता स्वीकार कर ली। लेकिन इस क्षेत्र में मराठा जाति का उदय हो रहा था जिन्हें बीजापुरी सुल्तान का समर्थन प्राप्त था। 1636 ई॰ में शाहजहाँ ने इस क्षेत्र के उपद्रवों को शांत करने का प्रयास किया। पहले उसने अहमदनगर के क्षेत्र में विद्रोही शाखाइयों का अंत किया और इसके बाद बीजापुर और गोलकुण्डा को मुगल प्रभाव क्षेत्र में लाने का प्रयास किया। बीजापुर के साथ संधि हुई जिसके अनुसार बीजापुर के शासक ने मराठों के विरुद्ध सहायता का आश्वासन दिया। उसने शाहजहाँ की सम्प्रभुता स्वीकार कर ली तथा युद्ध का हर्जाना एवं वार्षिक नजराना देना स्वीकार किया। इसके अतिरिक्त उसने गोलकुण्डा पर आक्रमण न करने का आश्वासन भी दिया।

1636 ई॰ में ही गोलकुण्डा के साथ संधि की गई। इस राज्य ने भी मुगलों की अधीनता स्वीकार कर ली तथा वार्षिक नजराना देने का आश्वासन दिया। इसके बाद मुगलों ने गोलकुण्डा के राज्य को अपने संरक्षण में ले लिया और बीजापुर से इसकी सुरक्षा का आश्वासन दिया। 1656 ई॰ तक यह स्थिति बनी रही। इस बीच बीजापुर और गोलकुण्डा के राज्यों ने सुदूर दक्षिण के क्षेत्रों को जीत लिया और अपनी स्थिति सुदृढ़ कर ली। दक्षिण में दो शक्तिशाली राज्यों का उदय चिन्ता का कारण बन सकता था। यहाँ के शासक अपने अधिकृत क्षेत्रों पर पूर्ण नियंत्रण रखने में सक्षम नहीं थे। बीजापुर में शाहजी एवं गोलकुण्डा के मीर जुमला जैसे सामन्तों का प्रभाव बढ़ रहा था। यह मुगल शासन के लिए चिन्ता का कारण था। दूसरी ओर, शाहजहाँ को मध्य एशियाई अभियानों में विशेष सफलता नहीं मिली थी इसलिए अब दक्षिण की ओर विस्तार संभव था। आर्थिक कारणों से भी कोरोमण्डल तट पर अधिकार लाभदायक था। इसलिए शाहजहाँ के शासनकाल के अन्तिम वर्षों में यह नीति बदल गई। औरंगजेब, जो उस समय दक्षिण का सूबेदार था, बीजापुर और गोलकुंडा के विलय के पक्ष में था लेकिन दारा के हस्तक्षेप के कारण उसका प्रयास असफल रहा।

औरंगजेब की दक्षिण में प्रारंभिक अभिरुचि केवल उन क्षेत्रों की पुन: प्राप्ति तक ही सीमित थी जो 1636 ई॰ की संधि के अनुसार मुगल साम्राज्य का प्राप्त हुए थे। 1660 में औरंगजेब ने शाईस्ता खाँ को दक्षिण का सूबेदार नियुक्त किया और उसे शिवाजी के दमन का दायित्व सौंपा। इस समय तक शिवाजी ने बीजापुरी सुल्तान की सेना को पराजित कर उसके सेनापति अफजल खाँ का वध कर दिया था। शाईस्ता खाँ को शिवाजी के विरुद्ध कोई विशेष सफलता प्राप्त नहीं हुई। इसलिए राजा जयसिंह को दक्षिण भेजा गया। उसने शिवाजी को पुरन्दर की संधि पर बाध्य किया जिसके परिणामस्वरूप मराठों के साथ

संघर्ष स्थगित हो गया। शिवाजी के साथ समझौते के लिए जयसिंह ने शिवाजी को राजधानी जाकर औरंगजेब से भेंट करने को राजी कर लिया। इसी बीच उसने बीजापुर पर आक्रमण कर उसे विवादग्रस्त क्षेत्रों को लौटाने पर बाध्य करना चाहा। परन्तु 1665 ई० में बीजापुर पर आक्रमण असफल सिद्ध हुआ। दुर्भाग्यवश शिवाजी और औरंगजेब के बीच भी कोई समझौता नहीं हो सका। औरंगजेब ने शिवाजी को बन्दी बना लिया लेकिन वह कैद से निकल भागने में सफल रहा। इसके बाद उसने मुगलों के विरुद्ध संघर्ष जारी रखा। इसी समय औरंगजेब राजपूतों के विरुद्ध युद्ध और राजकुमार अकबर के विद्रोह की समस्याओं में उलझा रहा। 1681 ई० तक उसने इन समस्याओं पर काबू पा लिया था। लेकिन मराठों को कुचलने में वह असफल रहा और 1680 ई० में शिवाजी की मृत्यु के बाद ही उसे मराठों की समस्या से कुछ समय के लिए राहत मिली।

औरंगजेब की बीजापुर के शासक को अपने नियंत्रण में रखने की नीति सफल नहीं हो पा रही थी। अत: उसने इस राज्य को जीतने का निश्चय किया। 1686 ई० में बीजापुर के क्षेत्र से होकर मुगल सेना के गुजरने के सवाल को लेकर युद्ध आरंभ हुआ। लगभग एक वर्ष की लड़ाई के बाद बीजापुर पर मुगलों का अधिकार हो गया। इसके बाद गोलकुण्डा की बारी आई। अनेक कारणों से मुगलों के साथ इस राज्य के संबंध पहले ही खराब हो चुके थे। बीजापुर के साथ युद्ध में जब गोलकुण्डा ने बीजापुर का समर्थन किया तो औरंगजेब ने इसे भी जीत कर मुगल साम्राज्य का अंग बना दिया।

दक्कन के इस विजय के साथ ऐसा प्रतीत होता था कि अब मुगलों ने दक्षिण में अपने उद्देश्य प्राप्त कर लिये थे। लेकिन अकबर की सीमित विस्तार की नीति का परित्याग ही वास्तव में मुगल साम्राज्य के पतन की ओर पहला उदय था। दक्कन विजय के क्रम में अर्द्धशताब्दी से अधिक समय लगा और इस अभियान में निरन्तर युद्धों ने मुगल साम्राज्य को सैनिक एवं आर्थिक रूप से क्षीण कर दिया। दक्षिण से बड़ी संख्या में मुगल प्रशासन में प्रवेश करने वाले मनसबदारों के कारण जागीरदारी व्यवस्था का संकट और गंभीर हुआ तथा साम्राज्य का पतन तीव्र गति से हुआ। दक्षिण भारत में अधिक समय तक प्रयासरत रहने के कारण उत्तर भारत में प्रशासनिक समस्याएँ भी खड़ी हुईं। संचार एवं यातायात के साधनों के अल्प विस्तार के कारण भी भौगोलिक रूप से विस्तृत साम्राज्य पर नियंत्रण एवं प्रशासन संभव नहीं था। इन कारणों से दक्षिण भारत में मुगलों का नियंत्रण भी दीर्घकालीन सिद्ध नहीं हुआ। मराठों की समस्या के समाधान में औरंगजेब की नीति दूरदर्शितापूर्ण नहीं थी। दक्कनी राज्यों की विजय ने भी जीवट मराठों को दक्कन में शक्ति विस्तार का अवसर दे दिया। मराठों के अतिरिक्त अन्य विरोधी शक्तियाँ भी दक्षिण भारत में मुगल सत्ता की टूट में सक्रिय हो गईं। उत्तर में साम्राज्य कमजोर होते ही पूरे साम्राज्य को विघटन की ओर प्रेरित कर दिया। निष्कर्षत: मुगलों की दक्कन नीति असफल सिद्ध हुई।

इकाई-VI

मुगलों के अन्तर्गत सामाजिक, आर्थिक और सांस्कृतिक जीवन

मुगलकालीन समाज सामन्तवादी संस्था के समान प्रतीत होता था। इस संस्था के शीर्ष पर स्वयं बादशाह था और उसके बाद पदाधिकारी संरक्षक थे। उन्हें विशेष सम्मान एवं अधिकार थे, जो साधारण जनता की किस्मत में कभी नहीं पड़े। इससे स्वभावत: उनके रहन-सहन के स्तर में अन्तर पैदा हो गया। सरदार एवं अमीर वर्ग तड़क-भड़क से भरी ऐशोआराम की जिंदगी जीता था जबकि साधारण जनता की अवस्था अपेक्षाकृत दयनीय थी। अपने पास अत्यधिक साधन रहने के कारण धनी पुरुष स्वभावत: भोग-विलास तथा मद्यपान में लीन रहते थे। मृत्यु के पश्चात् अपने धन एवं जायदाद के राज्य द्वारा लिये जाने के भय से सरदारों में मितव्ययिता की प्रेरणा नष्ट हो गयी। अमीरों में मदिरा एवं स्त्रियों के प्रति घोर आसक्ति बिल्कुल आम बुराई थी। अबुल फजल बतलाता है कि बादशाह के रानिवास में पाँच हजार स्त्रियाँ थीं, जिनका सुपर्यवेक्षण स्त्री अधिकारियों का एक अलग विभाग किया करता था। जहाँगीर के समय आगरे के डच कारखाने का प्रधान फ्रैंसिस्को पेलसर्ट लिखता है कि, ''अमीरों के महल अन्दर से कामुकतापूर्ण भोग-विलासिता, उद्देश्यहीन एवं अपरिणामदर्शी उत्सव, व्यर्थ के धूमधाम, अनुचित रूप से बढ़े हुए घमंड तथा आलंकारिक सुस्वादु भोजन से सजे हुए थे।'' वह कड़े शब्दों में उनकी लम्पटता की निन्दा करता है।

सरदारों के नीचे ''ठाटबाट के खर्चों'' से बचा हुआ ''एक छोटा और मितव्ययी'' मध्यम वर्ग था। इसके रहन-सहन का स्तर इसके पदों एवं धंधों के अनुकूल था। व्यापारी आमतौर पर सरल एवं संयमी जीवन व्यतीत करते थे। कुछ यूरोपीय लेखकों के लेखानुसार पश्चिमी समुद्रतट के व्यापारी, अपने विस्तृत व्यापार से बहुत धन इकट्ठा कर लेने के कारण, अपेक्षाकृत सम्पन्न शैली में जीवन व्यतीत करते थे, भोग-विलास में रहते थे।

दोनों उच्चतर वर्गों की हालत से तुलना करने पर निचले वर्गों की हालत बुरी थी। बाबर को आम लोगों को बहुत ही कम कपड़े पहने देखकर अजीब-सा लगा था। उसने लिखा था,–''किसान और निचले तबके के लोग नंगे ही रहते हैं।'' उसके बाद उसने पुरुषों द्वारा पहने जाने वाले लंगोट और स्त्रियों द्वारा पहनी जाने वाली साड़ी का वर्णन किया है। बाबर के वर्णन के बाद के यूरोपीय यात्रियों के विवरणों से भी इसकी पुष्टि होती है। सोलहवीं सदी के अंतिम दौर में भारत आने वाला राल्फ फिच लिखता है, ''बनारस में शरीर के मध्य भाग में थोड़ा-सा कपड़ा लपेटने के अलावा लोग नंगे बदन ही रहते है।'' दि लेन बताता है कि सर्दी के मौसम में श्रमिकों के पास अपने को गरम रखने के लिए काफी कपड़े नहीं होते थे। जूते-चप्पलों के बारे में भी ऐसी ही बातें कही गई हैं। निकितन कहता है कि दक्कन के लोग खाली पैर रहते हैं। मोरलैंड नामक एक आधुनिक लेखक बताता है कि नर्मदा नदी के उत्तर में बंगाल को छोड़कर उसने जूतों का किसी को नाम लेते भी नहीं सुना। इसका कारण वह चमड़े की ऊँची कीमत बताता है। उनकी अन्य आवश्यकताएँ कम रहती थीं इसलिए साधारण परिस्थिति में उनके लिए भोजन का अभाव नहीं था। चावल, मोटे अनाज और दालें लोगों के मुख्य आहार थे। बंगाल में और तटवर्ती प्रदेशों में लोग मछली भी खाते थे और दक्षिण तथा प्रायद्वीपीय प्रदेश में मांस का इस्तेमाल किया जाता था। चारागाह ज्यादा होने से लोग मवेशी अधिक रख सकते थे जिससे दूध और दूध से बनी चीजें उन्हें काफी मिल जाती होंगी।

फ्रैंसिस्को पेलसर्ट सात वर्षों के अनुभव के आधार पर लिखता है कि उसके समय में, ''तीन श्रेणियों के लोग हैं, जो कहने को तो स्वतंत्र हैं परन्तु उनकी स्थिति और ऐच्छिक दासता में बहुत कम अन्तर है–मजदूर, चपरासी या नौकर और दुकानदार।'' उनका काम ऐच्छिक नहीं था, मजदूरी कम थी, भोजन और घर तुच्छ थे तथा उन पर शाही अफसरों का

अत्याचार होता था। यद्यपि दुकानदार कभी-कभी धनी तथा सम्मानित होते थे, परन्तु प्राय: वे अपना धन छिपाकर रखते थे, नहीं तो, जैसाकि पेलसर्ट लिखता है, ''वे मिथ्या दोषारोपण के शिकार होंगे और जो कुछ भी उनके पास है वह कानूनी तौर पर जब्त कर लिया जाएगा; क्योंकि शासकों के चारों ओर खुफिया लोग मक्खियों के समान घूमते हैं, जो मित्रों एवं शत्रुओं का कोई अन्तर नहीं रखते और कृपापात्र बने रहने के लिए आवश्यकता पड़ने पर झूठी गवाही भी देते हैं।'' शाहजहाँ के शासनकाल का अन्त आते-आते किसानों पर प्रान्तीय शासकों के अत्याचार अधिक होने लगे, उनकी हालत बदत्तर हो गयी और दरिद्रता का पाप बढ़ गया।

रहन-सहन का स्तर आखिरकार आमदनी और मजदूरी पर ही निर्भर था। किसानों की विशाल संख्या की आय का वास्तविक अंदाजा लगा पाना कठिन है क्योंकि गाँवों के कारोबार में पैसे का प्रवेश मुश्किल से ही होता था। गाँव के कारीगरों को अपनी सेवाओं का प्रतिदान जिंसों में मिलता था, जिसकी मात्रा दस्तूर से तय होती थी। किसान की जोत के औसत रकबे का हिसाब लगाना कठिन है। जानकारियाँ जो उपलब्ध है उससे मालूम होता है कि गाँवों में असमानता बहुत अधिक थी। जिस किसान के पास अपना हल और बैल नहीं होते थे उसे अक्सर जमींदारों या ऊँची जातियों के लोगों के खेतों में काम करना पड़ता था जिससे वह किसी तरह गुजारा कर लेता था। भूमिहीन किसान और मजदूर अक्सर ''अस्पृश्य'' जातियों के लोग होते थे जिन्हें 'कमीन' कहा जाता था। जब कभी अकाल पड़ता था और अकाल अक्सर पड़ते रहते थे तो इसी वर्ग के किसानों और ग्रामीण कारीगरों को सबसे ज्यादा मुसीबत उठानी पड़ती थी। जिन किसानों के पास अपनी जमीनें होती थीं और वे उसे स्वयं जोतते-बोते थे, वे खुदकाश्त कहे जाते थे। वे भू-राजस्व पारंपरिक दरों से अदा करते थे। उनमें से कुछ के पास कई हल और बैल होते थे जिन्हें वे अपने गरीब भाईयों की मदद के लिए उधार भी दे दिया करते थे। उनके ये गरीब भाई मुज़रियान कहलाते थे और ऊँची दरों से भू-राजस्व अदा करते थे।

इस प्रकार ग्रामीण समाज में घोर असमानता व्याप्त थी। खुदाकाश्त अपने को गाँव के मूल वाशिंदे बताते थे और बहुधा किसी एक या एकाधिक दबदबेदार जातियों के होते थे। ये जातियाँ न केवल ग्रामीण समाज पर दबदबा रखती थीं, बल्कि गरीब या कमजोर वर्गों के लोगों का शोषण भी करती थीं। दूसरी तरफ उनका शोषण जमींदार भी किया करते थे।

मुगलकाल में भारतीय व्यापारिक वर्ग बहुत विशाल और पूरे देश में फैला हुआ था। ये लोग काफी संगठित और पेशेवर होते थे। इनमें से कुछ लोग खास तौर से दूर-दूर तक और अंतर्क्षेत्रीय स्तर का व्यापार करते थे और कुछ को स्थानीय और फुटकर व्यापार में महारत हासिल थी। पहले वर्ग के व्यापारियों को सेठ, बोहरा या मोदी कहा जाता था और दूसरे वर्ग वालों को व्यापारी या वणिक। वणिक लोग चीजों की बिक्री तो करते ही थे, साथ ही गाँवों और कस्बों में उनके एजेंट भी रहते थे जिनकी मदद से वे खाद्यान्न और नकदी फसलें खरीदा करते थे। व्यापारियों के एक खास वर्ग को एक स्थान से दूसरे स्थान पर माल को थोक पैमाने पर ले जाने में खास महारत हासिल थी। ये लोग ''बंजारा'' कहलाते थे। ये अपने सामानों को बैलों, ऊँटों तथा खच्चरों पर या गाड़ियों में लादकर ले जाते थे। नदियों और समुद्र तटों पर नावों के जरिए माल का परिवहन ज्यादा किफायती और आज की अपेक्षा अधिक विकसित अवस्था में था। इस काल में खाद्य पदार्थ और तरह-तरह के कपड़े अंतर्क्षेत्रीय व्यापार की मुख्य मदें हुआ करती थीं। बंगाल चावल और शक्कर के अलावा नाफीस मलमल और रेशम का निर्यात करता था। कोरोमंडल तट वस्त्र उत्पादन का बड़ा केन्द्र बन गया था। तटवर्ती रास्ते और दक्कन से होकर भी गुजरात के साथ वस्त्रों का व्यापार चलता था। गुजरात विदेशी माल का प्रवेशद्वार था। वह उत्तर भारत को नफीस सूती और रेशमी कपड़ा निर्यात करता था। बुरहानपुर और आगरा उत्तर भारत में व्यापार के मुख्य केन्द्र थे। बंगाल से यहाँ खाद्यान और रेशमी कपड़ा आता था और मलाबार से काली मिर्च भी पहुँचती थी। उत्तर भारत विलासिता की वस्तुओं का आयात करता था और नील तथा खाद्यान्न बाहर भेजता था। लाहौर दस्तकारी की वस्तुओं के उत्पादन का एक अन्य महत्वपूर्ण केन्द्र था। कश्मीर में बनी विलासिता की वस्तुओं, जैसे शाल, गलीचे आदि के भी वितरण का केन्द्र लाहौर ही था। पंजाब और सिंध के उत्पाद सिंधु नदी के रास्ते इधर-उधर से ले जाए जाते थे। एक ओर काबुल और कंदहार के साथ और दूसरी ओर आगरा तथा दिल्ली के साथ लाहौर का घनिष्ठ व्यापारिक संबंध था। इस प्रकार देखा जा सकता है कि भारत का अंतर्क्षेत्रीय व्यापार विलासिता की वस्तुओं तक ही सीमित नहीं था। इन वस्तुओं की ढुलाई परिवहन के एक जटिल ताने-बाने के जरिए की जाती थी। एजेंटों या

गुमाश्तों तथा कमीशन एजेंटों या दलालों के जरिए थोक व्यापारी क्षेत्रीय तथा स्थानीय स्तरों तक के फुटकर व्यापारियों से जुड़े होते थे। सत्रहवीं सदी में गुजरात पहुँचने वाले डच और पुर्तगाली व्यापारियों ने भारतीय व्यापारियों को बहुत सक्रिय और जागरूक पाया। अंदरूनी जानकारी के लिए तीव्र स्पर्धा भी चलती थी और जब कभी देश के किसी हिस्से में माल की माँग पैदा होती थी, उसे तेजी से पूरा कर दिया जाता था।

पैसे को देश के एक भाग से दूसरे भाग में आसानी से ले जाने की सुविधा देने वाली एक वित्तीय प्रणाली से भी माल के संचालन में मदद मिली। यह काम हुंडियों के जरिए किया जाता था। हुंडी एक साखपत्र होती थी जिसका भुगतान किसी निश्चित समय के बाद छूट के साथ किया जाता था। हुंडी में अक्सर बीमे की राशि भी शामिल होती थी। मुद्रा के विनिमय का काम करने वाले सर्राफ हुंडियों के कारोबार के भी विशेषज्ञ होते थे। इस प्रक्रिया में वे खानगी बैंकों का भी काम करते थे। वे सरदारों के पैसे जमा रखते थे और उसे उधार लगाते थे। हुंडियों के जरिए वे साख पैदा करते थे, जो मुद्रा के प्रचलन की अनुपूर्ति करता था। भारत का व्यापारिक समुदाय किसी एक जाति या धर्म का नहीं था। गुजराती व्यापारियों में हिंदू, जैन और मुसलमान जिनमें ज्यादातर बोहरे थे, सभी शामिल थे। राजस्थान में ओसवाल, माहेश्वरी और अग्रवाल मारवाड़ी कहलाने लगे। मध्य एशिया के साथ थल-मार्ग से चलने वाला व्यापार मुल्तानियों, अफगानों और खत्रियों के हाथों में था। अठारहवीं सदी में मारवाड़ी महाराष्ट्र और बंगाल में फैल गए। कोरोमंडल तट के चेट्टी और मालाबार के मुसलमान व्यापारी, जिनमें हिंदुस्तानी और अरब दोनों शामिल थे, दक्षिण भारत के सबसे महत्वपूर्ण व्यापारिक समुदाय थे। व्यापारिक समुदाय में कुछेक धनाढ्य व्यापारी तक शामिल थे जिनकी संपत्ति और शक्ति की तुलना यूरोप के व्यापारी शासकों से की जाती थी। उदाहरण के लिए वीरजी वोहरा तथा अब्दुल गर बोहरा आदि।

व्यापारियों की सुरक्षा के लिए सड़कों पर सुरक्षा की संतोषजनक व्यवस्था थी और यात्रियों का बीमा भी हो सकता था। मुख्य मार्गों पर हर पाँच कोस पर एक सराय की सुविधा से युक्त यातायात की व्यवस्था उस काल के यूरोप की इस व्यवस्था से होड़ कर सकती थी। तथापि व्यापार और व्यापारियों का सामाजिक दर्जा निम्न ही रहा। राजनीतिक प्रक्रियों पर व्यापारियों का कितना प्रभाव था, यह विवाद का विषय है। लेकिन जहाँ तक खुद व्यापारियों के हितों का संबंध था, भारत में राजनीति पर उनका प्रभाव उनके समुदाय के नेतृत्व (नगररोष्ठ) द्वारा था। इस प्रकार मुगल शासक वर्ग व्यवसाय और देश तथा व्यापारिक वर्गों के व्यापारिक हितों की ओर से विमुख नहीं था, यद्यपि वह व्यावसायिक हितों को बढ़ावा देने में उतना सक्रिय नहीं था जितने सक्रिय ब्रिटेन, फ्रांस और हालैंड जैसे यूरोपीय देशों के राज्य थे।

सत्रहवीं सदी में भारत में वाणिज्य-व्यापार का विस्तार कई कारणों से हुआ। एक महत्वपूर्ण कारण मुगल शासन के अधीन देश का राजनीतिक एकीकरण और विस्तृत क्षेत्रों में शांति सुव्यवस्था की स्थापना थी। मुगलों ने सड़कों और सरायों की ओर विशेष ध्यान दिया जिससे संचार व्यवस्था में सुधार हुआ। माल के साम्राज्य में प्रवेश करने की स्थल पर एक ही बार एक सामान्य दर से चुंगी वसूल की जाती थी। सड़कों पर वसूल किये जाने वाले शुल्कों या राहदारी को गैर-कानूनी करार दे दिया गया, हालाँकि कुछ स्थानीय राजा उसकी वसूली करते रहे। मुगल शासक उच्च शुद्धता के चाँदी के सिक्के ढलवाते थे। ये सिक्के भारत में और भारत से बाहर की मानक मुद्रा बन गए थे जिससे व्यापार में सहायता मिली। मुगलों की कुछ नीतियों से भी अर्थव्यवस्था के वाणिज्यीकरण या मुद्रा पर आधारित अर्थव्यवस्था के विकास में मदद मिली। स्थायी सेना को और सरदारों को छोड़कर बहुत से प्रशासनिक पदाधिकारियों को नकद वेतन दिए जाते थे। मुगल शासक ग्रामीण उत्पादन का एक बड़ा हिस्सा राजस्व के रूप में वसूल कर लेते थे और उस उत्पादन को नकदी में तब्दील कर लिया जाता था। गाँवों के उत्पादन का लगभग 20 प्रतिशत बाजार में पहुँचता था। यह अनुपात अच्छा-खासा था। ग्रामीण अनाज मंडियों के विकास से कस्बों का उदय हुआ। सरदारों की विलासिता की वस्तुओं की माँग के फलस्वरूप दस्तकारी-उत्पादन में वृद्धि हुई और इससे शहरों का भी विकास हुआ।

मुगलकाल में देश में कई बड़े शहरों का विकास हुआ। राल्फ फिच के अनुसार आगरा और फतेहपुर सीकरी लंदन से बड़े थे। अकबर के दरबार में हाजिर होने वाले जेस्विट पादरी मौनसेरेट का कहना है कि लाहौर यूरोप या एशिया के किसी भी नगर से उन्नीस नहीं था। सत्रहवीं सदी के मध्य में अपना यात्रा-विवरण लिखने वाला बर्नियर कहता है कि दिल्ली पेरिस से कम नहीं था और आगरा दिल्ली से भी बड़ा था। इसी समय पश्चिम में अहमदनगर और बुरहानपुर, उत्तर-पश्चिम में

मुल्तान और पूरब में पटना, राजमहल तथा ढाका फैलकर बड़े शहर बन गए थे। अहमदाबाद लंदन जितना बड़ा था और पटना की आबादी दो लाख थी। ये सभी शहर सिर्फ प्रशासनिक केंद्र ही नहीं थे, बल्कि उद्योग-व्यापार के केंद्रों के रूप में भी विकसित हुए। मुगल सरदारों की बढ़ी हुई आय से विलासिता की तरह-तरह की वस्तुओं की माँग बढ़ी। ऐसी वस्तुओं में रिहाइशी इमारतों, सरायों, बावलियों आदि के निर्माण की सामग्री भी शामिल थी। सभी तरह की तोपों, बंदूकों, बख्तरों तथा जहाजों के निर्माण का विकास इस क्षेत्र में सरकार के सीधे दखल देने के परिणाम का एक उदाहरण है। अकबर और ओरंगजेब दोनों सभी तरह की तोपों के निर्माण में गहरी रुचि लेते थे। इन तोपों के चलती-फिरती तोपें भी शामिल थीं। उन्होंने इनके उत्पादन में सुधार करने के लिए कदम उठाए। भारत की इस्पात की तलवारों की माँग देश से बाहर भी की। शाहजहाँ ने 1651 ई॰ में समुद्री जहाजों के निर्माण का कार्यक्रम आरंभ किया। शीघ्र ही भारतीय गोदियाँ यूरोपिय नमूनों पर आधारित जहाज बनाने लगीं। इससे पश्चिम एशिया जाने वाले जहाजों के भाड़ों की दरों में भी कमी आई तथा भारतीय व्यापारियों का व्यापार भी बढ़ा।

भारत दक्षिण-पूर्व एशिया और पश्चिम एशिया के कई देशों को न केवल खाद्य वस्तुएँ, जैसे चावल, चीनी आदि भेजता था, बल्कि इस क्षेत्र के व्यापार में भारतीय कपड़ों का भी बहुत महत्वपूर्ण स्थान था। एक अंग्रेज एजेंट के अनुसार, ''अदन से लेकर अचिन तक का हर व्यक्ति आपाद-मस्तक भारतीय कपड़े ही धारण करता था।'' यह बात तत्वत: सच प्रतीत होती है। भारत को टीन और ताँबे जैसी कुछ धातुओं, भोजन और औषधियों में इस्तेमाल करने के लिए कुछ मसालों, लड़ाई के घोड़ों तथा विलासिता की कुछ वस्तुओं को छोड़कर और किसी चीज का आयात नहीं करना पड़ता था। इस अनुकूल व्यापारिक संतुलन के कारण भारत को दूसरे देशों से सोना और चाँदी मँगवानी पड़ती थी। भारत के विदेशी व्यापार के विस्तार के फलस्वरूप सत्रहवीं सदी में भारत में चाँदी और सोने का आयात खूब बढ़ा। इस संदर्भ में बर्नियर कहता है कि, ''सोना-चाँदी दुनिया के सभी भागों में घूम-फिर कर अंत में भारत में आकर जमींदोज हो जाते हैं और भारत सोने-चाँदी के लिए नाबदान बन गया है। ऐसा करने में भारत को कामयाबी उसकी अर्थव्यवस्था की विशालता और मुख्य रूप से उसके आत्मनिर्भर होने के कारण मिली।

पंद्रहवीं सदी के अंत में पुर्तगालियों का भारत में आगमन हुआ। इन्होंने यहाँ व्यापारिक कोठियाँ स्थापित कीं और व्यापार करने लगे। इसके तुरंत बाद क्रमश: भारत में डच, अंग्रेज और फ्रांसीसी पहुँचे। सोलहवीं सदी के उत्तरार्द्ध में पुर्तगाली शक्ति का ह्रास आरंभ हो गया। पुर्तगालियों के प्रबल विरोध के बावजूद 1600 ई॰ में गोलकुंडा के शासक से फरमान हासिल करके डच लोग मछलीपट्टम में जम गए। उन्होंने मसालों के द्वीपों जावा और सुमात्रा में भी अपने पैर जमा किए और 1610 ई॰ तक मसालों के व्यापार पर उनका वर्चस्व स्थापित हो गया। लेकिन जल्दी ही उन्हें इस बात का अहसास हो गया कि भारतीय कपड़ों के बदले मसाले सबसे आसानी से मिल सकते थे। कोरोमंडल तट पर उत्पादित कपड़ा दक्षिण-पूर्व एशिया में सबसे ज्यादा पसंद किया जाता था। इसके अलावा उसकी ढुलाई भी सबसे ज्यादा सस्ती थी। इसलिए डच लोग मछलीपट्टम से दक्षिण की ओर कोरोमंडल तट पर फैल गए, जिसके लिए उन्होंने स्थानीय शासक से पुलीकट हासिल किया और उसे अपना आधार बना लिया।

डचों की तरह अंग्रेज भी पूरबी दुनियाँ में मसालों के व्यापार के लिए आए थे लेकिन अधिक संसाधनों से युक्त एवं मसालों के द्वीपों में पहले ही पैर जमाए डचों की शत्रुता के कारण अंग्रेजों को अपना प्रयत्न भारत पर केन्द्रित करना पड़ता। सूरत के बाहर एक पुर्तगाली बेड़े को पराजित करने के बाद वे आखिरकार सूरत में एक फैक्टरी स्थापित करने में कामयाब हो ही गए। 1618 ई॰ में सर टॉमस रो की सहायता से जहाँगीर से प्राप्त एक फरमान के जरिए इस फैक्टरी को पुख्ता बना दिया गया। मगर डचों ने भी जल्दी ही सूरत में एक फैक्टरी स्थापित कर ली। इस प्रकार सत्रहवीं सदी के प्रथम चरण तक डच और अंग्रेज दोनों भारतीय व्यापार में जम चुके थे और पुर्तगाली एकाधिकार हमेशा के लिए खत्म हो गया था। पुर्तगाली गोआ, दमन और दीव तक ही सिमट गये। लेकिन समुद्र पर अपने प्रभुत्व के बावजूद यूरोपीय लोग भारतीय व्यापारियों को एशियाई व्यापार से कभी उखाड़ नहीं पाए। भारतीय व्यापारियों की प्रमुखता की स्थिति कायम रही। इसका प्रमुख कारण था भारतीय व्यापारियों को घरेलू और विदेशी दोनों बाजारों की बेहतर जानकारी तथा डचों एवं अग्रेज व्यापारियों की अपेक्षा अपनी व्यापारिक गतिविधियों के लिए स्थानीय होने के कारण अपेक्षाकृत बहुत कम स्थापना एवं संचालन खर्च। कंपनी का व्यापार बढ़ाने के लिए अंग्रेज और डच व्यापारी ऐसी चीजों की

तलाश शुरू की जिन्हें भारत से यूरोप भेजा जा सके। आरंभ में मुख्य व्यापार नील का था, जिसका उपयोग ऊन को रंगने के लिए किया जाता था। शीघ्र ही अंग्रेजों ने भारतीय कपड़ो का निर्यात करना शुरू कर दिया। इन कपड़ों को यूरोप में "केलिकों" कहा जाता था। गुजरात, कोरोमंडल, मछलीपट्टम और मद्रास का फोर्टसैंट जॉर्ज इस व्यापार के मुख्य केन्द्र थे।

मुगलकालीन मुद्रा

मुगलकालीन शासक अकबर ने राज्य के सिक्के के प्रचलन को नियमित करने की चेष्टा की। 1577 ई० के अन्त में उसने शीराज के ख्वाजा अब्दुस्मद को दिल्ली की शाही टकसाल का प्रधान अधिकारी नियुक्त किया तथा बंगाल, लाहौर, जौनपुर, अहमदाबाद एवं पटने की प्रत्येक प्रमुख प्रान्तीय टकसाल एक महत्वपूर्ण अधिकारी के अधीन रख दी गयी। शाहजहाँ के राज्य काल में एक बहुत महत्वपूर्ण टकसाल सूरत में थी। अकबर ने सोने, चाँदी तथा ताँम्बे के सिक्के चलाये। सोने के सिक्के अलग-अलग वजनों एवं मूल्यों के छब्बीस किस्मों के थे। अकबर के समय में लगभग 175 ग्रेन का चाँदी का रूपया मूल्य में दो शिलिंग तीन पेंस (स्टर्लिंग) के बराबर होता था। अकबर ने एक वर्गाकार चाँदी का रुपया 'जलाली' को चलाया। शेरशाह की मुद्रा-पद्धति के समान अकबर के समय का ताँबे का प्रमुख सिक्का दाम था: इसे पैसा अथवा फुलूस भी कहा जाता था। इसका वजन 323.5 ग्रेन था। इसका प्रयोग धनी तथा निर्धन दोनों वर्ग नगद सिक्के के रूप में करते थे। यह पच्चीस भागों में विभक्त होता था जिसे जीतल कहते थे। अकबर तथा उसके उत्तराधिकारियों के शासन कालों में साम्राज्य के व्यापारिक काम सोने की गोल मुहरों, रुपयों तथा दामों में किये जाते थे। मुगल राज्य के-विशेष रूप से अकबर के सिक्के "धातु की शुद्धता, वजन की पूर्णता तथा कलात्मक सम्पादन की दृष्टि से उत्तम थे।" अकबर के बाद मुगलकालीन सिक्कों में अत्यल्प परिवर्तन ही हुआ।

मुगल कला, स्थापत्य कला और साहित्य

मुगल काल के दौरान सांस्कृतिक विकास के तीन अत्यन्त महत्वपूर्ण पक्ष थे-(1) मुगल संस्कृति मुख्यत: शादी और धर्मनिरपेक्ष संस्कृति थी, (2) इस संस्कृति के विकास और समृद्धि में भारत के विभिन भागों तथा विदेशी लोगों का समान योगदान रहा और (3) भारत में स्थापत्य कला, चित्रकला तथा संगीत आदि के क्षेत्र में मुगलों ने जिन सांस्कृतिक मानदण्डों की स्थापना की उससे परवर्ती शताब्दियों के दौरान भारतीय संस्कृति की भावी दिशा गहन रूप से प्रभावित हुई। मुगल सम्राट प्रकृति के अनन्य प्रेमी थे और उस युग की कला और संस्कृति में उनके प्रकृति के साथ-साथ उनका व्यक्तित्व भी पर्याप्त रूप से भुलाया है।

मुगल स्थापत्य

मुगल स्थापत्य कला का इतिहास बाबर से प्रारंभ होता है जिसके बारे में कहा जाता है कि उसने आगरा, धौलपुर ग्वालियर तथा अन्य स्थलों पर अनेक भवन निर्माण योजनाओं को प्रारंभ किया। तथापि उसने किसी नई शैली या कला आन्दोलन का सूत्रपात नहीं किया और भारतीय स्थापत्य कला पर उसका कोई भी प्रभाव नहीं है। प्रतिकूल राजनीतिक परिस्थितियों के कारण हुमायूँ को कोई महत्वपूर्ण निर्माण कार्य प्रारंभ करने का पर्याप्त अवसर ही नहीं मिला। अपने शासन के प्रारंभिक वर्षों में उसने दिल्ली में दीनपनाह नामक नगर का निर्माण करवाया लेकिन इस प्रथम मुगल नगर का कोई अवशेष आज उपलब्ध नहीं है। इस तरह मुगल स्थापत्य के विकास में बाबर तथा हुमायूँ दोनों का योगदान लगभग नगण्य हो रहा।

अकबर

अकबर के काल में मुगल वास्तुशिल्प शैली का आरंभ एक सुस्पष्ट आंदोलन के रूप में हुआ। दिल्ली में हुमायूँ का मकबरा इस नए आंदोलन का प्रतीक था। वस्तुत: हुमायूँ के मकबरे की संरचना एशिया की दो महान भारतीय तथा फारसी स्थापत्य परम्पराओं के समन्वय का एक उत्कृष्ट उदाहरण है, और मुगल स्थापत्य का पूर्ण विकास इसी सुखद समन्वय पर निर्भर था। परन्तु स्थापत्य के संबंध में अकबर कालीन स्थापत्य शैली, हुमायूँ के मकबरे की शैली से मूलत: भिन्न थी। अकबर भारतीय स्वरूप वाली एक स्वतंत्र शैली का सृजन करना चाहता था। अकबर ने दुर्गयुक्त महलों या दुर्ग राज प्रसादों का निर्माण कराया। आगरा के दुर्ग प्रासाद के अलावा लाहौर और इलाहाबाद के किलों का विशाल स्तर पर निर्माण कराया गया। अकबर की सर्वाधिक महत्वाकांक्षी और भव्य स्थापत्यीय योजना, आगरा से 36 किमी० पश्चिम में सीकरी की पहाड़ी पर एक नवीन राजधानी की स्थापना थी। 1572 में गुजरात की विजय की स्मृति में नवीन नगर का नाम फतेहपुर रखा गया। फतेहपुर सीकरी के भवनों को दो श्रेणियों में विभाजित किया जा सकता है-धार्मिक और लौकिक भवन। लौकिक या धर्मनिरपेक्ष भवनों में महल, प्रशासकीय कार्यालय, सराएँ, मण्डप आदि आते हैं। उनकी निर्माण-शैली

एवं आकार में भी बहुत विविधताएँ हैं। नवीन राजधानी का सर्वाधिक प्रभावोत्पादक भवन जामी मस्जिद है, जिसे फतेहपुर सीकरी का गौरव कहा जाता है। जामी मस्जिद का दक्षिण प्रवेश द्वार बुलन्द दरवाजा नामक एक भव्य दरवाजा है। भारत के सबसे ऊँचे इस दरवाजे को फतेहपुर सीकारी के अन्य भवनों की भाँति लाल बलुए पत्थर से निर्मित किया गया है। इसके शिलाखण्डों के बीच-बीच में नक्काशी और संगमरमर का प्रयोग किया गया है, जिससे इस दरवाजे की भव्यता द्विगुणित हो जाती है। जामा मस्जिद के प्रांगण के मध्य में सीकरी के संरक्षक सन्त शेख सलीम चिश्ती की शुद्ध संगमरमर से निर्मित दरगाह है।

फतेहपुर सीकरी में प्रशासकीय और आवासीय भवन सबसे अधिक हैं। प्रशासकीय भवनों में दफ्तरा खाना और दीवान-ए-खास का विशेष रूप से उल्लेख किया जा सकता है। दीवान-ए-खास अपने ढंग की एक अनूठी इमारत है, जो बाहर से दुमंजिला लगती है, पर भीतर से एक ही कक्ष है, जो फर्श से छत तक खुला है। यह एक विशाल वर्गाकार भवन है, जिसके मध्य में खिले कमल के आकार जैसा अकबर का राजसिंहासन है। यह सिंहासन एक स्तम्भ के शीर्ष पर स्थित है जिसको जोड़ने वाले लटकते पुल जैसे दस-दस फीट लम्बें चार रास्ते हैं और उनको जोड़ने वाले कक्ष के चारों ओर गलियारा है। इस सिंहासन कक्ष की कल्पना बहुत अद्भुत है। फतेहपुर सीकरी के आवासीय भवनों और महलों में जोधाबाई का महल, बीरबल और मरियम के मकान एवं पंचमहल हैं। इस पंचमहल की आकृति को भारत के सभामण्डपों से ग्रहण किया गया है। आगरा से लगभग छः किमी॰ पश्चिम में सिकन्दरा में अकबर का मकबरा उसके जीवन की अन्तिम स्थापत्य योजना थी, जिसे उसके पुत्र और उत्तराधिकारी जहाँगीर ने 1613 में पूरा किया। अकबर के इस मकबरे को एक विशाल उद्यान के मध्य में निर्मित कराया गया। यह पंचमंजिला वर्गाकार इमारत है जो पिरामिड जैसी लगती है। भूमितल पर अकबर की कब्र है तथा दूसरी, तीसरी और चौथी मंजिलें बरादरी के रूप में निर्मित हैं। सबसे ऊपर या पाँचवीं मंजिल पर खुली छत है। मकबरे का ऊपरी भाग विशुद्ध संगमरमर से बना हुआ है। यह अपने प्रकार का अनूठा मकबरा है, जो गुम्बदविहीन है।

जहाँगीर

जहाँगीर को स्थापत्य की अपेक्षा चित्रकला में अधिक रुचि थी। उसे उद्यान लगाने का भी बहुत शौक था। कश्मीर के प्रसिद्ध शालीमार बाग की स्थापना उसी ने की थी। मुगल स्थापत्य कला इतिहास में जहाँगीर का शासनकाल दो महान् युगों–अकबर और उसके पौत्र शाहजहाँ के शासनकाल, के मध्य संक्रान्ति का द्योतक है। उस काल की सर्वाधिक महत्वपूर्ण विशेषता लाल बलुए पत्थर के स्थान पर संगमरमर का प्रयोग था। भवनों को रंगों के प्रयोग से अलंकृत करने के लिए पीत्रादुरा या जड़ाऊ रंगीन पत्थरों को सजावट के लिए अपनाया गया। इस काल में भारतीय स्थापत्य शैलियों और परंपराओं के स्थान पर ईरानी प्रभाव अधिक मिलता है। एतमाद-उद- दौला के आगरा स्थित मकबरे में इस परिवर्तन को देखा जा सकता है। इस मकबरे के निर्माण में पित्रादुरा और श्वेत संगमरमर का प्रयोग किया गया है। लाहौर के निकट शाहदरा में जहाँगीर के मकबरे को भी इसी शैली में निर्मित किया गया है।

शाहजहाँ

शाहजहाँ के शासनकाल में मुगल स्थापत्य कला अपने चरमोत्कर्ष पर पहुँच गई। उसने अपने स्थापत्यीय योजनाओं के लिए मुख्यत: संगमरमर का प्रयोग किया और ''उन्हें विविध प्रकार के अलंकरणों का जामा पहनाया।'' इस संगमरमर युग के भवनों में भी महत्वपूर्ण परिवर्तन आए। पिछले युग के आयताकार भवनों के स्थान पर वृत्ताकार भवनों का निर्माण किया गया। भवनों की छतें छाजनयुक्त और छज्जे झुकावदार हैं। मेहराबें नक्काशीदार या पर्णिल है। दोहरे एवं प्याजी आकार के गुम्बदों का प्रयोग हुआ। जालियों को ज्यामितीय आकार में तराशने के स्थान पर फूल-पत्तियों के (पित्रादुरा) आकारों में तराश कर अलंकृत किया गया। शाहजहाँ ने अपने अधिकांश भवनों को प्राकृतिक पृष्ठभूमि-कृत्रिम नहरों और फौव्वारों से युक्त उद्यानों के मध्य, में निर्मित्त कराया। शाहजहाँ द्वारा निर्मित भवनों की दो श्रेणियों में विभाजित किया जा सकता है–आगरा में निर्मित भवन और दिल्ली में नवसंस्थापित राजधानी शाहजहाँनाबाद में निर्मित भवन। आगरा के लाल किले में कुछ पुराने या अकबर-कालीन भवनों को ध्वस्त करके उनके स्थान पर नवीन भवनों का निर्माण कराया गया। आगरा के लाल किले में शाहजहाँ द्वारा निर्मित कुछ महत्वपूर्ण भवन थे, दीवान-ए-आम, दीवान-ए-खास, खासमहल, शीशमहल, मुसम्मन बुर्ज या पमेली महल, अंगूरी बाग और मोती मस्जिद, जिसे विशुद्ध संगमरमर से निर्मित कराया गया और सौन्दर्य एवं भव्यता की दृष्टि से यह एक अनुपम भवन है। शीशमहल शाही स्नानागार था, जिसकी दीवारों और छत पर अनगिनत शीशे या आईने जड़े हुए थे।

1639 में शाहजहाँ ने अपने नाम पर एक नवीन राजधानी शाहजहाँनाबाद की दिल्ली में नींव डाली, जिसका निर्माण कार्य नौ वर्षों अर्थात् 1648 में पूरा हुआ। नवनिर्मित नगर का प्रमुख आकर्षण लाल किला के नाम से प्रसिद्ध महल-दुर्ग था। इस महल-दुर्ग में लाल बलुए पत्थरों और संगमरमर दोनों से भवनों का निर्माण कराया गया। लाल किला के अन्दर निर्मित्त अनेक भवनों में दीवान-ए-आम मुमताज या खासमहल, रंगमहल या इम्तियाज महल विशेष रूप से उल्लेखनीय हैं। रंग महल की छत चाँदी से मंडित थी और उस पर सोने का काम किया गया था। रंगमहल के मध्य में नहर-ए-बहिश्त या स्वर्ग की नहर नामक कृत्रिम नहर बहती थी। रंग महल के ही निकट दीवान-ए-खास था, जिसमें एक लाख तोले स्वर्ण और रत्नों से निर्मित तख्त-ए-ताऊस (मयूर सिंहासन) के प्रतिस्थापित किया गया था। लाल किला में भवनों की पंक्ति के पीछे हयात बख्श उद्यान है, जिसके दोनों ओर सावन और भादों नामक दो मण्डल हैं। शाहजहाँ ने शाहजहाँ बाद में जामा मस्जिद नामक भारत की विशालतम और सर्वाधिक प्रसिद्ध मस्जिद का निर्माण कराया। परन्तु आगरा में शाहजहाँ की पत्नी मुमताज महल के नाम पर बना मकबरा ताजमहल, उसके द्वारा निर्मित भवनों में सर्वोत्कृष्ट और भव्यतम है। इसे काव्यात्मक रूप में ''संगमरमर में संवेदनशील शोकगीत'' के रूप में वर्णित किया गया है।

औरंगजेब

शाहजहाँ का शासनकाल जो मुगल स्थापत्य का स्वर्णिम युग था, औरंगजेब के काल में आभाहीन होने लगा। औरंगजेब के काल में बहुत थोड़े भवनों का निर्माण किया गया, जो गुणवत्ता की दृष्टि से बहुत निम्नकोटि के हैं। उसके शासनकाल में निर्मित दो मस्जिदों दिल्ली के लाल किला में मोती मस्जिद और लाहौर में जामी या बादशाही मस्जिद विशेष रूप से उल्लेखनीय हैं। औरंगाबाद में औरंगजेब की पत्नी रबिया दुर्रानी का मकबरा जो बीबी का मकबरा के नाम से प्रसिद्ध है, ताजमहल की ''एक फूहड़ नकल'' है। इस मकबरे के माध्यम से मुगल स्थापत्य में पतन को स्पष्ट रूप से अनुभव किया जा सकता है। औरंगजेब की मृत्यु के साथ मुगल स्थापत्य का बाह्य आवरण की धराशायी हो गया।

मुगल चित्रकला शैली

मुगल चित्रकला शैली भारतीय कला का एक बहुत महत्वपूर्ण पक्ष है। मुगल चित्रकला शैली मुख्यत: फारसी या ईरानी चित्रकला से प्रभावित है, जो स्वयं में चीनी, भारतीय, बौद्ध, बैक्ट्रियाई और मंगोलियायी चित्रकला शैलियों की विशेषताओं का सम्मिश्रण थी। मुगल शैली के चित्रों के दो श्रेणियों—व्यक्तिगत या एकल चित्रों और लघुचित्रों में विभाजित किया जा सकता है। लघुचित्रों को मुगल पांडुलिपियों में निदर्शनों के रूप में प्रयुक्त किया जाता था। लघुचित्रों के चित्रण में मुगल चित्रकार सर्वाधिक दक्ष थे। मुगल चित्रकला शैली सामाजिक यथार्थ से पूर्णत: विलग, एक शाही या दरबारी शैली थी, जिसका आम लोगों से कोई सरोकार नहीं था और यह मुगल राजदरबार की चारदीवारी तक ही सीमित रही।

मुगल चित्रकला शैली की नींव हुमायूँ ने रखी, जिसने मीर सैय्यद अली और अब्दुल समद नामक दो ईरानी चित्रकारों की सेवाएँ प्राप्त कीं। ये दोनों चित्रकार अकबर की चित्रशाला में भी कार्यरत रहे। मुगल चित्रकला शैली में चित्रित सबसे प्रारंम्भिक और महत्वपूर्ण मुगल-कालीन चित्र-संग्रह, दास्तान-ए-अमीर हम्जा, जो हम्जानामा के नाम से प्रसिद्ध है, की चित्रित पाण्डुलिपि है, जिसमें 1200 चित्र हैं। अकबर के शासनकाल में ईरानी और भारतीय चित्रकला शैलियों का समन्वय हुआ। अकबर के शासनकाल के प्रसिद्ध सत्रह चित्रकारों में कम से कम तेरह हिंदू थे, जिनमें दसवन्त, बसावन लाल और मुकुन्द सर्वप्रमुख थे। दसवन्त अपने समय का सबसे अग्रणीय चित्रकार थे। रम्ज़ानामा और अकबरनामा में अकबर-कालीन अनेक उत्कृष्ट चित्रों को संकलित किया गया है। अकबर-कालीन चित्रकारों ने अपनी शाही संरक्षक के साम्प्रदायिक एकता एवं समन्वय के सिद्धान्तों को चित्रों के माध्यम से मूर्त रूप प्रदान किया है। इस काल में अनेक जीवन्त एकल चित्रों और प्राकृतिक जीवन का चित्रण करने वाले लघुचित्रों की रचना हुई। अकबर के शासन के अंतिम दिनों में मुगल चित्रकला शैली पर यूरोपीय प्रभाव परिलक्षित होने लगा, जो जहाँगीर के शासनकाल में गहन हो गया।

जहाँगीर के शासनकाल में मुगल चित्रकला में व्यापक परिवर्तन हुए और यह अपने चरमोत्कर्ष पर पहुँच गई। जहाँगीर के शासनकाल की मुगल चित्रकला शैली की सबसे महत्वपूर्ण विशेषता यह है कि इससे ईरानी प्रभाव कम होने लगा, जिसके परिणामस्वरुप हिन्द-ईरानी के स्थान पर मुगल-भारतीय चित्रकला शैली का विकास हुआ। इस काल के चित्रों पर यूरोपीय चित्रकला शैली का प्रभाव भी स्पष्टत: दृष्टिगोचर

होने लगा। अपने शासन के प्रारंभिक वर्षों में उसने लघुचित्रों के प्रति रुचि प्रदर्शित की, पर बाद में उसने अनेक एकल चित्रों की रचना करवाई। उसके काल के एकल चित्र मुख्यत: खड़ी हुई मुद्रा में है उसके शासन और व्यक्तिगत जीवन की घटनाओं को भी चित्रांकित किया गया।

जहाँगीर के शासनकाल के उपरान्त मुगल चित्रकला ने अपनी चमक-दमक और परिष्कार को खो दिया और जिससे यह अन्तत: जड़ता की स्थिति में पहुँच गई। शाहजहाँ ने अपने शासन के प्रारंभिक वर्षों में मुगल चित्रकला के प्रति कुछ रुचि प्रदर्शित की, लेकिन बाद में वह अपनी स्थापत्यीय योजनाओं में ही व्यस्त रहा। औरंगजेब की चित्रकला के प्रति इतनी अरुचि थी कि लघुचित्रों की अत्यंत विकसित मुगल चित्रकला शैली की 17-18वीं शताब्दी में पूर्णत: पतन हो गया और मुगल चित्रकार संरक्षण की तलाश में राजस्थान और पर्वतीय राज्यों में आ गए।

साहित्य

मुगल युग में एक समृद्ध साहित्य भण्डार का सृजन किया गया। कुछ मुगल सम्राट जैसे कि बाबर, हुमायूँ, जहाँगीर और अनेक मुगल शहजादे और शहजादियाँ स्वयं महान् साहित्यकार थे। इस काल में केवल फारसी साहित्य में ही, प्रगति नहीं हुई, जो राजदरबार की भाषा थी, अपितु अनेक भारतीय और ग़ैर-भारतीय भाषाओं जैसे की हिन्दी बंगाली, मराठी उर्दू और अरबी भाषाओं में अनेक समृद्ध साहित्यिक ग्रंथों की रचनाएँ की गईं। अबुल फ़जल अकबर के दरबार का प्रसिद्ध साहित्यकार और इतिहासकार था। उसने फारसी गद्य लेखन की अत्यन्त सुन्दर और उत्कृष्ट शैली का विकास किया जिसका अनुकरण उसके बाद से सभी लेखकों ने किया परन्तु कोई भी उस स्तर तक पहुँच नहीं सका। दूसरा प्रसिद्ध नाम फैली का है जो एक विख्यात कवि था और अबुल फजल का भाई भी। फारसी भाषा के अन्य प्रसिद्ध कवियों में अरबी और नजीरी थे। कहा जाता है कि अकबर के दरबार में फारसी भाषा में ऐसी उत्कृष्ट साहित्यिक रचनाएँ लिखी गईं जो उस समय ईरानी में रचित फारसी रचनाओं से श्रेष्ठ थीं। अकबर ने फारसी में अनेक रचनाओं का अनुवाद भी करवाया। उस काम के लिए एक अनुवाद विभाग संगठित किया गया जिसका प्रधान फैजी थी। उसने महाभारत और गीता का स्वयं फारसी में अनुवाद किया। प्रसिद्ध इतिहासकार बदायूँनी ने रामायण का अनुवाद किया। बदायूँनी द्वारा रचित ऐतिहासिक रचना 'मुन्तखबुतवारीख' भी एक उत्कृष्ट रचना मानी जाती है। निजामुद्दीन बख्शी ने तबकाते अकबरी नामक ऐतिहासिक रचना लिखी। अकबरी दरबार के प्रसिद्ध नवरत्नों में से एक मिर्जा अब्दुर्रहीम खानखाना ने बाबर की आत्मकथा, 'तुगुके बाबरी' को उसके तुर्की मूल रूप से फारसी में अनुवादित किया जो बाबरनामा के नाम से प्रसिद्ध है। अकबर के उत्तराधिकारियों में जहाँगीर एक श्रेष्ठ लेखक था। उसने अपनी आत्मकथा 'तुजुके जहाँगीरी' फारसी भाषा में अलंकृत शैली में लिखी। वह एक अच्छा कवि भी था। शाहजहाँ के दरबार में अनेक साहित्यिक रचनाएँ लिखी गईं जिसमें उसके दरबारी इतिहासकार अब्दुल हमीद लाहौरी की रचना बादशाहनामा सर्वोत्कृष्ट मानी जाती है। औरंगजेब के समय का प्रसिद्ध इतिहासकार खफी खाँ था जिसने मुन्तखबुल्लुबाब नामक रचना लिखी। औरंगजेब ने कानून संहिता की रचना भी कराई जो ''फतवा-ए-आलमगीरी' के नाम से प्रसिद्ध है। उसी के समय में संगीत से सम्बंधित रचना 'तुहफतुल हिंद' लिखी गई। औरंगजेब द्वारा लिखे गये पत्रों का संकलन 'रूक्काते आलमगीरी' वे रूप में सुरक्षित है जिससे औरंगजेब की झलक मिलती है। राजपरिवार की कई महिलाओं ने भी साहित्यिक कार्यों में अपनी प्रतिभा का प्रदर्शन किया। हुमायूँ की बहन गुलबदन बेगम ने 'हुमायूँनामा' की रचना की जो हुमायूँ के शासनकाल की घटनाओं का वर्णन करती है। शाहजहाँ की बेटी जहाँआरा और औरंगजेब की बेटी जेबुन्नसा, विदुषी महिलाएँ थीं जिन्होंने विद्या और विद्वानों को प्रोत्साहन देने के साथ-साथ स्वयं भी कविताओं की रचना की। इनके अतिरिक्त भाषा, व्याकरण आदि से संबंधित रचनाएँ और शब्दकोषों की रचना भी हुई।

क्षेत्रीय भाषाओं में हिन्दी का विकास पूर्ववत् होता रहा। तुलसीदास की जगत प्रसिद्ध रचना, रामचरितमानस की रचना अकबर के समय में हुई। अकबर का प्रसिद्ध दरबारी मिर्जा अब्दुर्रहीम खानखाना भी हिन्दी का श्रेष्ठ कवि था और 'रहीम' के उपनाम से उसके लिखे गये दोहे आज भी प्रसिद्ध हैं। शाहजहाँ के दरबार में भी चिन्तामणि और जगन्नाथ जैसे कवियों को प्रश्रय मिलता रहा। अन्य भाषाओं के विकास में उर्दू को दक्षिण भारत के राजवंशों का प्रश्रय मिलता रहा और उत्तर मुगलकाल में इसका प्रचलन दरबार में भी हुआ। अन्तिम मुगल सम्राट बहादुरशाह जफर उर्दू भाषा में कविताओं की रचना करता था। उसके समकालीनों में उर्दू के विख्यात कवि मिर्जा गालिब, जौक और मोमिन थे। पंजाबी, मराठी और

बंगला भाषाओं के विकास में समकालीन भक्त संतों का योगदान उत्तरदायी रहा।

मुगलों की धार्मिक नीति

मुगल शासनकाल में एक नयी उदार धार्मिक नीति का विकास हुआ जिससे कि साम्राज्य की बहुसंख्यक हिन्दू प्रजा को सम्मानपूर्ण स्थान प्राप्त हो सका और धर्म के आधार पर भेद-भाव का बहुत अंशों में अन्त संभव हुआ। इस नई नीति का श्रेय अकबर को जाता है जिसने 'सुलह- ए-फुल' अथवा सबके प्रति सद्भाव की नीति अपनाई और समस्त प्रजा को एक समान समझा। अकबर की धार्मिक नीति पर अनेक तत्वों का प्रभाव था। सर्वप्रथम, उसके वंश और परिवार में धार्मिक कट्टरता की भावना का अभाव था। दूसरे, उसके आरंभिक शिक्षकों में अब्दुल लतीफ सूफीवाद से प्रभावी था। तीसरे, वह व्यक्तिगत रूप से उदार था क्योंकि सुन्नी पिता और शिया माता की सन्तान होने के नाते वह दोनों पक्ष की धर्मान्धता से पूर्णत: मुक्त था। अकबर ने अपने बचपन का कुछ समय राजपूतों के बीच बिताया था और 1563 ई० के बाद उसने राजपूत घरानों से वैवाहिक संबंध भी स्थापित किए। उसने अपनी राजपूत पत्नियों के प्रति सहिष्णुता की नीति भी अपनाई थी।

इन सब बातों के अतिरिक्त अकबर की नीति राजनैतिक उद्देश्यों से भी प्रेरित थी। मुगलों और अफगानों का संघर्ष पूरी तरह से समाप्त नहीं हुआ था और मुगल साम्राज्य को सुदृढ़ता प्रदान करने के लिए हिंदू प्रजा का समर्थन करना आवश्यक था। अकबर की धार्मिक नीति का विकास क्रमिक रूप में हुआ। उसने प्रारंभ में उलेमा के प्रति उचित सम्मान दिखाया। लेकिन उनकी धर्मान्धता से वह बहुत सन्तुष्ट नहीं था। 1562 ई० में राजपूतों के साथ मैत्रीपूर्ण नीति अपनाने के पश्चात् अकबर ने धार्मिक उदारता की दिशा में और महत्वपूर्ण कदम उठाए। 1563 ई० में ही उसने तीर्थ-यात्रा कर समाप्त कर दिया। 1564 ई० में उसने जजिया कर समाप्त कर दिया और युद्धबन्दियों के बलपूर्वक धर्म-परिवर्तन को वर्जित कर दिया। इसी क्रम में 1575 ई० में अकबर ने फतेहपुर सीकरी में इबादतखाना भवन का निर्माण कराया जिसमें विभिन्न धर्मों के उपदेशों और मूल सिद्धान्तों पर वाद-विवाद आरंभ हुआ। इसमें मुसलमानों के विभिन्न सम्प्रदायों के अतिरिक्त हिन्दू, इसाई, जैन, बौद्ध, सिक्ख और पारसी धर्म के आचार्यों को भी निमंत्रित किया गया। लेकिन उनके अहंकार और धर्मान्धता से अकबर को निराशा हुई। 1578 ई० में उसने इन सभाओं का अन्त कर दिया। यद्यपि वह व्यक्तिगत रूप से अभी भी विद्वानों एवं आचार्यों से मिलता रहा।

1579 ई० में अकबर ने एक मजहर, या घोषणा-पत्र प्रस्तुत किया और उलेमा से इसे स्वीकृत कराया, जिसके अन्तर्गत अकबर को धार्मिक मामलों में भी कुछ अधिकार प्राप्त हुए। ऐसे प्रश्नों पर जिनमें उलेमा में विचारभेद हो अथवा जहाँ राष्ट्र का हित महत्वपूर्ण हो वहाँ सम्राट अपनी राय व्यक्त कर सकता था जो सभी के लिए माननीय थी यदि यह कुरान और हदीस की शिक्षा के अनुसार होती। 1580-81 ई० उसने कट्टरपंथी उलेमाओं के विरोधों को दबाते हुए एक नया विचार प्रस्तुत किया, जिसे तौहीद-ए- इलाही या 'दीन-ए-इलाही' कहा गया। कुछ इतिहासकार 'दीन-ए-इलाही' को नया धर्म मानते हैं, परन्तु यह विचार गलत है। दीन-ए-इलाही एक ऐसी आचार-संहिता थी जिसमें अकबर ने विभिन्न धर्मों के उपदेशों को संकलित कर दिया था। इसके उद्देश्य नए धर्म की स्थापना नहीं थी, बल्कि विभिन्न धर्मावलम्बियों के बीच सद्भाव एवं सहिष्णुता को बढ़ावा देना था। इसके अतिरिक्त सम्राट के प्रति निष्ठा एवं स्वामिभक्ति की भावना को भी प्रबल बनाना था। लेकिन अकबर ने दीन-ए-इलाही के प्रचार के लिए विशेष उपाय नहीं किए और दीन-ए-इलाही के अनुयायियों की संख्या 18 से अधिक नहीं थी।

अकबर की नीति निश्चित रूप से सफल रही। अकबर के सामने जिस प्रकार की राजनीतिक समस्याएँ थीं उनमें एक सहिष्णुतापूर्ण नीति को अपनाना ही उचित था। उसकी नीति से हिन्दू प्रजा की साम्राज्य के प्रति स्वामिभक्त भी बनी और सांस्कृतिक जीवन के क्षेत्र में भी नई परम्पराओं का विकास हुआ। अकबर ने हिन्दू धर्म संबंधी रचनाओं का फारसी भाषा में अनुवाद कराया ताकि मुसलमान इन विचारों से परिचित हो सके। उसने हिन्दू और मुस्लिम समाज में प्रचलित अन्धविश्वास एवं कुरीतियों को भी दूर किया और इस प्रकार उसकी धार्मिक नीति एक युग की प्रतीक बन गई। इस सहिष्णुतापूर्ण नीति का महत्व तब और भी बढ़ जाता है, जब हम देखते हैं कि यह नीति ऐसे समय में अपनाई गई ज़ब यूरोप में धर्मान्धता का प्रचलन था। अकबर इस प्रकार अपने समय से आगे के विचारों को अपनाने वाला व्यक्ति था।

जहाँगीर अपने पिता की नीति को उपयोगी समझता था और उसने इसे अपनाया भी। उसका जीवन उदारता के वातावरण

में आरंभ हुआ था। हिंदू संतों से उसका सम्पर्क था। जजिया और तीर्थयात्रा कर उसके समय में कुछ अप्रिय घटनाएँ घटीं। उसने कुछ स्थानों पर मन्दिरों को तोड़वाया और सिक्खों के गुरु अर्जुन देव को मृत्युदण्ड दिलवाया। ये निर्णय कुछ इतिहासकारों द्वारा जहाँगीर की धार्मिक कट्टरता के प्रमाणस्वरूप प्रस्तुत किये जाते हैं, लेकिन वास्तविकता यह है कि जहाँगीर ने उन मंदिरों को तोड़वाया जो उसके विचारानुसार अन्धविश्वास के केन्द्र थे। गुरु अर्जुन को मृत्युदण्ड राजनैतिक कारणों से दिया गया क्योंकि उन्होंने विद्रोही राजकुमार खुसरो का समर्थन किया था। यह भी स्मरणीय है कि शेख अहमद सरहिन्दी का प्रभाव काफी विस्तृत हो चुका था। हालाँकि जहाँगीर ने शेख अहमद सरहिन्दी को बन्दी भी बनाया लेकिन उनके प्रभाव में कोई कमी नहीं आई और जहाँगीर को अकबर की तुलना में अपनी सहिष्णुता की नीति को निर्धारित सीमा के अन्दर ही रखना पड़ा।

शाहजहाँ के समय में इस नीति का रूप और भी बदला। वह अपने व्यक्तिगत जीवन में इस्लाम के प्रति अधिक आस्था और श्रद्धा व्यक्त करने में विश्वास रखता था। दरबार में भी कट्टरपंथियों के बढ़ते प्रभाव के कारण वह ऐसी नीति अपनाने में अभिरुचि रखता था जो इस्लाम के प्रति उसके विश्वास की स्पष्ट पुष्टि कर सके। उसने नए मन्दिरों को तोड़ने के आदेश 1633 में दिए। झुझार सिंह बुंदेला के विद्रोह के समय भी उसने दण्ड के रूप में मन्दिरों को तुड़वाया। उसने इस्लाम धर्म के प्रचार का समर्थन किया और धर्मपरिवर्तन करने वाले हिन्दुओं को सुविधाएँ प्रदान कीं। हिन्दू कवियों और कलाकारों को प्रश्रय दिया। जजिया कर भी लागू नहीं किया। अत: शाहजहाँ की नीति हिन्दू विरोधी नीति थी, यद्यपि इसमें इस्लाम के प्रति अधिक आस्था प्रकट की गई थी।

शाहजहाँ की नीति से धार्मिक कट्टरपंथियों को पुन: निराशा हाथ लगी। औरंगजेब ने इसका लाभ उठाया और उत्तराधिकार के संघर्ष में दारा को विधर्मी और अपने आप को धर्मनिष्ठ मुसलमान के रूप में उसने प्रस्तुत किया। दरबार में कट्टरपंथियों के प्रभाव में वृद्धि के कारण औरंगजेब ही उत्तराधिकार के युद्ध में अन्तत: सफल हुआ।

औरंगजेब की धार्मिक नीति का विकास भी क्रमिक रूप में हुआ। सत्ता में आने के बाद उसने इस्लाम के प्रति अपनी श्रद्धा व्यक्त करने के उपाय किए। उसने झरोखा दर्शन की पद्धति समाप्त कर दी क्योंकि इससे सम्राट पूजा की परिपाटी विकसित होने लगी थी जो इस्लाम में निषिद्ध थी। उसने नौरोज का उत्सव समाप्त कर दिया जो पारसियों के त्योहारों पर आधारित था। उसने सिक्कों पर कलमा अंकित करना बंद कर दिया। उसने मुहतसिब नामक अधिकारी बहाल किये जो मुसलमानों के नैतिक आचरण पर निगरानी रखते थे और जुआबाजी, नशाखोरी, वेश्यावृत्ति आदि को रोकते थे। उसने नये मंदिरों के निर्माण पर प्रतिबंध की नीति अपनाई।

दूसरे चरण में अपने शासन के ग्यारहवें वर्ष (1668) में औरंगजेब ने ऐसे निर्णय लिए जो मितव्ययिता के उद्देश्य से अनिवार्य थे क्योंकि साम्राज्य में आर्थिक संकट गम्भीर रूप धारण कर चुका था परन्तु इन निर्णयों का औचित्य धर्म के आधार पर प्रस्तुत किया गया। औरंगजेब ने दरबारी-संगीतकारों और इतिहासकारों को हटा दिया, तुलादान की प्रथा बन्द कर दी। राजदरबार में सोने चाँदी और रेशम की वस्तुओं का उपयोग बन्द किया गया। तर्क यह दिया गया कि शरीयत में अपव्यय और धन-प्रदर्शन को वर्जित माना गया। इसी समय के आस-पास औरंगजेब ने मुसलमान व्यापारियों को चुंगी देने से मुक्त कर दिया जबकि हिन्दू व्यापारी चुंगी देते रहे। इसी काल में मुगल साम्राज्य आर्थिक संकट से भी गुजर रहा था। आर्थिक संकट ने असंतोष को भड़काया और साम्राज्य में विद्रोह होने लगा। अधिकतर विद्रोही हिन्दू प्रजा के रूप में थे क्योंकि आर्थिक संकट का दुष्परिणाम कृषक वर्ग पर पड़ रहा था जिसमें अधिकतर हिन्दू थे। कट्टरपंथी मुसलमानों ने इन विद्रोहों को मुस्लिम शासन के विरुद्ध संघर्ष के रूप में देखा जबकि हिन्दू विद्रोहियों ने सरकार द्वारा दमनात्मक कार्रवाई को धार्मिक उत्पीड़न के रूप में देखा। औरंगजेब ने भी कट्टरपंथी मुस्लिम सामंतों का सहयोग प्राप्त करने के लिए हिन्दू-विरोधी उपाय किए। 1679 ई० में जजिया पुन: लागू किया गया। हिन्दू पाठशालाओं और त्योहारों पर प्रतिबंध लगाये गए। विद्रोहियों को दण्ड देने के क्रम में मन्दिरों का भी विनाश हुआ क्योंकि औरंगजेब का विश्वास था कि ये मन्दिर षड्यंत्र और राजद्रोही कार्रवाइयों का केन्द्र बन चुके थे।

औरंगजेब की धार्मिक नीति का मूल्यांकन इतिहासकारों के बीच एक विवादास्पद विषय रहा है। सर यदुनाथ सरकार, आशीर्वादी लाल श्रीवास्तव और अनेक अन्य इतिहासकारों की मान्यता है कि औरंगजेब एक धर्मान्ध मुसलमान था जो भारत को दारूल हर्ब से दारूल इस्लाम में परिवर्तित करना चाहता था। उसने अकबर की धार्मिक सहिष्णुता की नीति का

परित्याग कर दिया जिससे हिन्दू प्रजा असंतुष्ट हो गई। जगह-जगह विद्रोह भड़क उठे और साम्राज्य विनाश के कगार पर पहुँच गया। इन इतिहासकारों ने औरंगजेब द्वारा जजिया कर लगाने, मंदिरों को तोड़ने, हिन्दुओं को पदच्युत करने, उन पर भेदभावपूर्ण ढंग से कर लगाने, उनके त्योहारों और पाठशालाओं पर प्रतिबंध लगाने आदि का दोषी माना है और उसकी धर्मान्धता को साम्राज्य के पतन का कारण भी निर्धारित किया है।

दूसरी ओर अतहर अली, सतीशचन्द्र आदि इतिहासकारों के अनुसार औरंगजेब के व्यक्तिगत विचार धार्मिक संकीर्णता से प्रभावित थे परन्तु ये विचार उसकी राजनीतिक नीतियों के आधार नहीं थे। उसने यदि कुछ मन्दिर तुड़वाये तो कुछ को आर्थिक अनुदान भी दिये। लेकिन औरंगजेब का दोष यह था कि समाज में सहिष्णुता के ह्रास के लक्षण जब दिखायी देने लगे थे तो वह शासक के रूप में संतुलित नीति को अपनाने में असफल रहा। उसने दूरदर्शितापूर्ण नीतियों की जगह तात्कालिक लाभ हेतु नीतियां लागू करवाई तथा जनता के सामने स्वयं को निष्पक्ष साबित करने में विफल रहा। इसी वजह से उसकी धार्मिक नीति असफल रही।

इकाई-VII

"ब्रिटिश राज्य की स्थापना"

15वीं शताब्दी के उत्तरार्द्ध के 17वीं शताब्दी के पूर्वार्द्ध तक भारत में अनेक यूरोपीय शक्तियों ने व्यापार के बहाने प्रवेश किया। व्यापार के बहाने घुसपैठ करने वाली यूरोपीय कंपनियों और शक्तियों का भारत में प्रवेश निम्नलिखित क्रम में हुआ–

1. पुर्तगाली–भारत के साथ व्यापार के लिए नया मार्ग खोजने का श्रेय पुर्तगालियों को जाता है। 1497 ई॰ में पुर्तगाली नाविक वास्को डि गामा ने लिस्बन से अपनी यात्रा आरंभ की तथा केप ऑफ गुड होप होते हुए भारत के समुद्र तटीय नगर कालीकट में 1498 ई॰ में समाप्त की। 'कालीकट' के राजा जमोरिन ने वास्को डि गामा का सहर्ष स्वागत किया। उल्लेखनीय है कि 'केप ऑफ गुड होप' की खोज बार्थोलोमियों डियांज' ने 10 वर्ष पूर्व ही कर ली थी। पुर्तगाली भारत से व्यापार और राज्य सत्ता के लिए प्रयत्न करने वाले एक मात्र यूरोपीय शक्ति थे। वास्को डि गामा ने 'कालीकट' से कोचीन की यात्रा की और वहाँ एक कारखाना स्थापित किया। फ्रांसिको डि अलमिडा भारत में पहला पुर्तगाली गर्वनर था जो 1505 से 1509 ई॰ तक भारत में रहा। उसे 'किलवा', 'अन्जाडिया' कन्नानूर में किला निर्माण का विशेष निर्देश प्राप्त था। इस कारण उसने भारत में पुर्तगाली राज्य स्थापित करने का प्रयत्न आरंभ किया। अलमीडा के बाद 'अलफोसों- अलबुकर्क के' गर्वनर बना, जो 1509 ई॰ से 1515 ई॰ तक भारत में रहा। अलबुकर्क भारत में पुर्तगाली साम्राज्य का वास्तविक संस्थापक था। उसने 1510 ई॰ में गोवा पर अधिकार करके उसे प्रमुख पुर्तगाली व्यापारिक केन्द्र बना दिया। गोवा पहले 'बीजापुर' के सुल्तान के अधिकार में था। 1529 ई॰ में 'नीनो द कुथे' भारत में नया पुर्तगाली गर्वनर बना कर भेजा गया। उसने 1530 ई॰ में प्रशासन का मुख्य केन्द्र कोचीन के स्थान पर गोवा को बनाया। बसीन के द्वीप के बदले, उसने हुमायूँ के विरुद्ध गुजरात के शासक बहादुरशाह का साथ दिया। उसके समय में बंगाल में भी पुर्तगालियों का प्रभाव बढ़ा, फलत: हुगली को प्रमुख केंद्र बनाकर पुर्तगालियों को वहाँ स्थापित किया गया। 1538 ई॰ में 'ग्रेसिया द नुनोन्हा' नया पुर्तगाली गवर्नर बनाया गया। जिसने 'दमन', सलसिट, चोउल, बम्बई, सैट टामस, मद्रास तथा हुगली में अपने केंद्र स्थापित किये। उसने सीलोन (श्रीलंका) के अधिकांश भागों पर अधिकार कर लिया। 1542 ई॰ में नये पुर्तगाली गवर्नर मार्टिन फ्रांसिस के साथ संत फ्रांसिस जैवियर का दक्षिण भारत में आना एक महत्वपूर्ण घटना थी। लेकिन डॉन जोडो क्रास्टो के बाद भारत में पुर्तगाली शक्ति का पतन होने लगा। बेहद लाभ देने वाले पूर्वी व्यापार पर लगभग एक सदी तक पुर्तगाल का एकाधिकार रहा। भारत में उन्होंने कोचीन, गोवा, दमन और दीव में अपने व्यापारिक केन्द्र खोले। उन्होंने आरंभ से ही व्यापार के साथ ही शक्ति का प्रयोग किया। इसमें उन्हें समुद्र पर राज्य करने वाले अपने हथियारबन्द जहाजों से भी सहायता मिली। लेकिन पूर्व में सबसे पहले प्रवेश करने के बाद भी पुर्तगाली भारत में अपने स्थाई उपनिवेश का निर्माण नहीं कर सके। मुगल शासक शाहजहाँ के समय उन्होंने हुगली पर से अधिकार खो दिया। अंतत: गोवा, दमन और दीव को छोड़कर पुर्तगालियों के हाथ से भारत में उनके कब्जे वाले सारे इलाके निकल गये। भारत में पुर्तगालियों की असफलता का एक प्रमुख कारण उनकी धार्मिक असहिष्णुता ही थी।

2. डच–1596 ई॰ में कॉरनेलिस डॅ हस्तमान केप ऑफ गुड होप होते हुए सुमात्रा तथा बन्टाम पहुँचने वाला पहला डच नागरिक था। इसने अन्य डचवासियों को प्रोत्साहित किया तथा इसके बाद कुछ सालों में भारतीय व्यापार के लिए अन्य डच कंपनियों का गठन हुआ। 20 मार्च, 1602 ई॰ में भारत में व्यापार के लिए प्रथम डच कंपनी यूनाइटेड ईस्ट इंडिया का प्रादुर्भाव हुआ जो कई कंपनियों को मिलाकर बनी थी। इस कंपनी को युद्ध करने, संधि, प्रवेश पर अधिकार तथा किलेबंदी का अधिकार प्रदान किया गया। डचों ने 1605 में आम्बोयाना तथा 1619 में स्पाईलस पर अधिकार किया। उन्होंने भारत के साथ व्यापार शुरू किया तथा इसी क्रम में कोरोमंडल तट, बिहार, उत्तर प्रदेश, गुजरात तथा बंगाल में कारखाने स्थापित किये। 17वीं शताब्दी में भारत में मसाले के व्यापार पर उनका

एकाधिकार था। इसी बीच अंग्रेजों तथा डचों के बीच संघर्ष भी हुए। 1623 ई० में दस अंग्रेजों तथा नौ जापानियों का सामूहिक नरसंहार, जो अम्बोयाना में हुआ, अंग्रेजों के प्रति डचों की घृणा का एक उदाहरण है। जहाँ डच अपना ध्यान दक्षिण-पूर्वी एशिया के मलय द्वीपसमूह पर केंद्रित कर रहे थे; वहीं अंग्रेज अपना ध्यान भारत की तरफ लगाये हुए थे। इसी कारण डचों ने भारत में अंग्रेजों और फ्रांसीसियों के साथ गंभीर प्रतियोगिताएँ नहीं की।

3. अंग्रेज–1599 ई० में पूर्व से व्यापार करने के लिए कुछ अंग्रेज व्यापारियों ने मर्चेंट एडवेंचरर्स नामक एक कंपनी बनायी, जिसे बाद में ईस्ट इंडिया कंपनी कहा जाने लगा। 31 दिसम्बर 1600 को ब्रिटिश महारानी एलिजाबेथ ने एक रायल चार्टर द्वारा इसे 15 वर्ष के लिए पूर्व से व्यापार करने का एकमात्र अधिकार पत्र दे दिया। 1608 में इस कंपनी ने भारत के पश्चिमी तट 'सूरत' में (प्रथम फैक्ट्री) एक फैक्ट्री खोलने का निश्चय किया। उस समय व्यापारिक केंद्रों को ही फैक्ट्री के नाम से जाना जाता था। कंपनी ने 1608 ई० में कैप्टन हॉकिंस को मुगल शासक जहाँगीर के दरबार में व्यापार हेतु शाही आज्ञा पत्र लेने के लिए भेजा। परिणामस्वरूप एक शाही फरमान द्वारा पश्चिमी तट के अनेक स्थानों पर अंग्रेज कंपनी को फैक्टरियाँ खोलने की अनुमति मिल गयी। लेकिन मात्र इसी छूट से अंग्रेज संतुष्ट नहीं हो सके, फलत: 1615 ई० में उनका दूत सर टॉमस रो मुगल दरबार (जहाँगीर) में पहुँचा; जो मुगल साम्राज्य के सभी भागों में व्यापार करने और फैक्टरियाँ खोलने का अधिकार देने वाला एक शाही फरमान जारी कराने में सफल रहा।

धीरे-धीरे उन्होंने सूरत, आगरा, अहमदाबाद, बम्बई, पटना, कासिम बाजार, राजमहल, कलकत्ता आदि में अपने व्यापारिक प्रतिद्वन्दियों तथा अन्य कठिन परिस्थितियों से मुकाबला करना पड़ा। पुर्तगाली व्यापारियों ने इनका जमकर विरोध किया। 1611 ई० में पुर्तगालियों ने तीन अंग्रेजी जहाजों को, जो हेनरी मिडिलटन की कमान में थे, जबरदस्ती वापस भेजा दिया। लेकिन इसके बाद कैप्टन टॉमस वेस्ट द्वारा सूरत के निकट समुद्री युद्ध में पुर्तगालियों की पराजय हुई। 1622 में फारस की खाड़ी में ओरमुज पर अंग्रेजों ने अपना अधिकार कर लिया। 1623 ई० तक ईस्ट इंडिया कंपनी ने सूरत, भड़ौच, अहमदाबाद, आगरा और मछलीपट्टनम (1611) में कारखाना स्थापित कर लिया था। प्रारंभ में उसने व्यापार और कूटनीति के साथ-साथ युद्धों का सहारा भी लेने और जिन क्षेत्रों में कारखाने स्थापित किए थे, उन पर कब्जा करने का भी प्रयास किया।

दक्षिण भारत में परिस्थितियाँ अंग्रेजों के अधिकांशत: अनुकूल थी। विजयनगर का महान् साम्राज्य 1565 ई० में ही नष्ट हो चुका था और उसकी जगह अनेक छोटे और कमजोर राज्य खड़े हो गये थे। इस प्रकार वहाँ उन्हें किसी शक्तिशाली भारतीय साम्राज्य का सामना नहीं करना पड़ा। 1611 ई० में अंग्रेजों ने दक्षिण में अपनी पहली फैक्टरी मछलीपट्टनम में स्थापित की, पर जल्दी ही उनकी गतिविधियों का केंद्र मद्रास हो गया। जिसका पट्टा 1639 में वहाँ के स्थानीय राजा ने उन्हें दे दिया था। यहाँ अंग्रेजों ने अपनी फैक्टरी के इर्द-गिर्द एक छोटा सा किला बनाया, जिसका नाम 'फोर्ट सेंट जार्ज' पड़ा। 1668 ई० में इंडिया कंपनी ने पुर्तगाल से बंबई द्वीप प्राप्त किया और उसकी तत्काल किलेबंदी कर दी। पश्चिमी तट पर कंपनी के मुख्यालय के रूप में सूरत स्थान जल्द ही बंबई ने ले लिया। पूर्वी भारत में कंपनी ने अपनी आरंभिक फैक्टरियों में से एक स्थापना 1633 में उड़ीसा में की थी। 1651 में इसे हुगली नगर में व्यापार करने की इजाजत मिल गयी। सन् 1700 ई० में भारत में कंपनी के चार प्रमुख केंद्र थे–फोर्ट सेंट जार्ज, मद्रास, बम्बई और कलकत्ता। एक और प्रतिद्वन्द्वी कंपनी ने सन् 1701 ई० में सर विलियम नॉरेन्स को व्यापारिक अनुमोदन प्राप्त करने हेतु औरंगजेब के दरबार में दोनों कंपनियाँ विलय के लिए तैयार हो गयीं तथा 1708 ई० में एक नयी कंपनी 'यूनाइटेड कंपनी ऑफ मर्चेंटस ऑफ इंग्लैंड ट्रेडिंग टू ईस्ट इंडीज' कहलायी। औरंगजेब की मृत्यु के बाद 1715 ई० में जॉन सरमान द्वारा फर्रुखसियर के दरबार में किए गये कूटनीतिक प्रयास के फलस्वरूप प्राप्त तीन प्रमुख फरमानों में कंपनी को अनेक महत्वपूर्ण अधिकार दिये। इसके अंतर्गत कंपनी को बंगाल में 3000/- वार्षिक शुल्क देने के बदले सभी प्रकार के सीमा-शुल्क तथा आयात-निर्यात कर से मुक्त कर दिया गया। कंपनी द्वारा जारी सिक्के जो बंबई में ढाले जाते थे, संपूर्ण मुगल साम्राज्य के अधीन माने जाने लगे। इस प्रकार सर्वप्रथम बंगाल में अंग्रेजों के साम्राज्य की नींव पड़ी।

4. फ्रांसीसी : फ्रांसीसी शासक लुई 14वें के मंत्री कोलबर्ट ने सन् 1661 ई० में फ्रेंच ईस्ट इंडिया कंपनी की स्थापना की। कंपनी ने व्यापार प्रारंभ करने के साथ हिन्द महासागर में वाखोन तथा मारीशॅस नामक दो द्वीपों पर अधिकार

कर लिया। भारत में अपने उद्योग स्थापित करने की दिशा में पहला फ्रांसीसी प्रयास 1667 ई० में हुआ। फलत: उसने सूरत में अपने उद्योग लगाये। 1669 में गोलकुण्डा के सुल्तान के स्वामित्व में मरकाश ने दूसरा कारखाना मछलीपट्टनम में स्थापित किया। फ्रांसिस मार्टिन ने वाली कोंडापुरा के राजा शेर खान लोदी से फैक्टरी स्थापित करने हेतु जमीन प्राप्त की। धीरे-धीरे पांडिचेरी का ऐतिहासिक महत्व आरंभ हुआ। 1690 ई० में बंगाल में फ्रांसीसियों ने प्रसिद्ध चन्द्रनगर कारखाना स्थापित किया। यह शाईस्ता खान द्वारा प्रदत्त जगह पर लगाया गया। लेकिन डचों ने 1693 में पांडिचेरी पर अधिकार कर लिया। स्पेनी उत्तराधिकार के लिए संघर्ष शुरू होना फ्रांसीसियों के लिए प्रतिकूल समय था। उन्हें सूरत मछलीपट्टनम् तथा बॉटम में स्थित अपने कारखानों को छोड़ना पड़ा। 31 दिसंबर, 1706 ई० में मार्टिन की मृत्यु के बाद फ्रांसीसियों का भारत से पतन प्रारंभ हुआ। 1720 तथा 1742 के बीच दो सुयोग्य गवर्नरों के काल में फ्रांसीसियों की पुन: उन्नति हुई। 1740 डूप्ले के आने के बाद फ्रांसीसियों की राजनीतिक महत्वाकांक्षा शुरू हुई जो भारत में फ्रांसीसी साम्राज्य स्थापित करने की थी। लेकिन 1760 ई० में वांडीवाश के युद्ध में अंग्रेजों ने फ्रांसीसियों को अंतिम रूप से हरा कर उन्हें भारत छोड़ने के लिए विवश कर दिया।

बंगाल और अंग्रेज

बंगाल में स्वतंत्र राज्य की स्थापना 18वीं शताब्दी के पूर्वार्द्ध में मुशीर्द कुली खान ने की थी। 1713 ई० में वह बंगाल का गवर्नर बनाया गया था। 1719 में उड़ीसा भी उसके अधिकार में दे दिया गया। 1727 में उसकी मृत्यु के बाद उसका दामाद शुजाउद्दीन शासक बना। 1733 ई० में बिहार का शासन भी इस राज्य के अंतर्गत आ गया। 1739 में उसकी मृत्यु के बाद सरफराज खाँ नवाब बना, जिसकी 1740 में बिहार के उप-गनर्वर अली वर्दी खान ने हत्या कर दी और स्वयं बंगाल का शासक बन बैठा। मुर्शिद कुली खान और अली वर्दी खान ने अंग्रेज व्यापारियों पर कड़ा नियंत्रण रख कर विशेषाधिकारों के दुरुपयोग से उन्हें रोका।

उन्होंने अंग्रेजों को कलकत्ता की किलेबंदी को सुदृढ़ करने और नगर पर स्वतंत्र शासन करने की भी छूट नहीं दी। इस प्रकार बंगाल में ईस्ट इंडिया कंपनी नवाब की एक जमींदार मात्र होकर रह गयी।

1756 में अली वर्दी खाँ की मृत्यु हो जाने पर उसके नाती सिराजुद्दौला के नवाब बनते ही परिस्थितियाँ बदलने लगीं और एक वर्ष में ही बंगाल का प्रदेश युद्ध-स्थल बन गया, जिसकी अंतिम परिणति बंगाल, बिहार और उड़ीसा में कंपनी साम्राज्य की स्थापना के रूप में सामने आयी।

भारत में ब्रिटिश राजनीतिक सत्ता का आरंभ 1757 ई० के 'प्लासी युद्ध' से माना जा सकता है, जब ब्रिटिश ईस्ट इंडिया कंपनी की सेना ने बंगाल के नवाब सिराजुद्दौला को पराजित कर दिया।

अलीनगर की संधि (1757) क्लाइव ने 1757 ई० के आरंभ में कलकत्ता को दुबारा जीत लिया और नवाब को विवश करके उसे अलीनगर की संधि के लिए विवश कर दिया जिसके तहत मुगल बादशाह द्वारा अंग्रेजों को दी गयी सभी सुविधाओं को नवाब ने स्वीकार कर लिया। यह भी तय हुआ कि अंग्रेजों के 'दस्तक' से जो भी माल आयेगा, उस पर बंगाल, बिहार और उड़ीसा की सीमाओं में कोई कर नहीं लिया जायेगा। नवाब कंपनी और उसके कर्मचारियों को उन सभी वस्तुओं को वापस कर देगा, जिसे उसने छीन लिया था। इसके अतिरिक्त नवाब क्षतिपूर्ति के लिए भी अंग्रेजों को धन देगा। अंग्रेज कलकत्ता की इच्छानुसार किलेबंदी कर सकेंगे। इस संधि द्वारा अंग्रेजों को अपना सिक्का ढालने का अधिकार मिल गया। संधि के पूर्व ही अंग्रेज, नवाब के दरबारी लोगों के साथ मिलकर उसके विरुद्ध कर रहे थे। इन दरबारियों और नवाब के लोगों में प्रमुख थे– मीरबख्शी, मीरजाफर, कलकत्ता का अधिकारी मानिकचंद, धनी व्यापारी अमीचंद, बंगाल का सबसे बड़ा बैंकर जगत सेठ और खादिम खान, जिसकी कमान में नवाब की सेना का एक बड़ा भाग था।

प्लासी का युद्ध और अंग्रेजी घुसपैठ

अंग्रेज अलीनगर की संधि से संतुष्ट न हो सके। उनका उद्देश्य इससे कहीं अधिक था। सिराजुद्दौला के स्थान पर मीरजाफर को नवाब के समक्ष ऐसी माँगें रखीं, जिन्हें पूरा करना उसके लिए असंभव था। शीघ्र ही नवाब के विरुद्ध एक निर्णायक युद्ध के लिए अंग्रेजों और अन्य षड्यंत्रकारियों के मध्य एक संधि हो गयी। लेकिन षड्यंत्र संबंधी समझौता पूर्ण होने पर अमीचंद ने धमकी दी कि यदि उसे 30 लाख रुपये और नवाब के खजाने का 50 प्रतिशत भाग देने का वचन दिया गया तो वह संपूर्ण षड्यंत्र से नवाब को परिचित करा देगा। इस षड्यंत्र में अमीचंद की भूमिका सर्वाधिक महत्वपूर्ण थी। क्लाइव ने इस धमकी के बाद दो संधियाँ तैयार करायीं, एक

सच्ची जो सफेद कागज पर थी और एक झूठी, जो लाल कागज पर थी। झूठी संधि के कागज पर वाट्सन के जाली हस्ताक्षर बनाकर क्लाइव ने अमीचंद को धोखे से संतुष्ट कर दिया।

इसके बाद क्लाइव ने नवाब पर दोषारोपण किया कि उसने अलीनगर की संधि की शर्तो का उल्लंघन किया है। नवाब का प्रत्युत्तर मिलने से पूर्व ही क्लाइव अपनी सेना सहित प्लासी के मैदान की ओर चल दिया। 23 जून, 1757 ई० को ब्रिटिश सेना और नवाब की सेना के मध्य मात्र प्रतीकात्मक युद्ध हुआ। प्लासी का निर्णायक युद्ध केवल कहने का ही युद्ध था। इसमें ब्रिटिश पक्ष के मात्र 29 लोग मारे गये। षड्यंत्र के कारण नवाब को अधिकांश सेना ने युद्ध में भाग नहीं लिया, जिसका दाहिना भाग दुर्लभराय और बायाँ भाग मीरजाफर के नेतृत्व में था। भागते हुए सिराजुद्दौला को राजमहल के समीप पकड़ लिया गया और मुर्शिदाबाद भेजा गया, जहाँ मीरजाफर के पुत्र मीरन ने उसे मुहम्मद बेग के हाथों कत्ल करा दिया। 24 जून को मीरजाफर मुर्शिदाबाद पहुँचा और पाँच दिन पश्चात् क्लाइव ने वहाँ पहुँचकर उसे बंगाल (बिहार, उड़ीसा साहित) का नवाब घोषित कर दिया।

मीरजाफर (1757-1760 ई०)—मीरजाफर ने 1757 ई० में नवाब बनने के बाद कंपनी को बंगाल, बिहार और उड़ीसा में मुक्त व्यापार का अधिकार दिया। कंपनी को कलकत्ता के निकट 'चौबीस परगने' की जमींदारी भी मिली। क्लाइव के 1760 ई० में भारत वापस गया और उसी वर्ष अक्टूबर माह में मीरजाफर को मजबूर किया गया कि वह अपने दामाद, मीरकासिम के पक्ष में नवाब की गद्दी का परित्याग कर दे। मीरजाफर आंतरिक शासन और बाह्य सुरक्षा के लिए अंग्रेजों पर निर्भर रहता था। उसकी इसी दुर्बलता के कारण अंग्रेजों को उसे गद्दी से हटाने का साहस हुआ। मीरजाफर को हटाकर मीरकासिम को 1760 में नवाब बनाया जाना बंगाल की द्वितीय क्रांति के नाम से प्रसिद्ध है।

मीरकासिम 1756 और उसके बाद के नवाबों में वह सर्वाधिक योग्य था। मीर कासिम ने नवाब बनाये जाने पर अंग्रेज कंपनी को बर्दवान, मिदनापुर और चटगाँव जिलों की जमींदारी दे दी। लेकिन शीघ्र ही उसने महसूस किया कि अपने स्वतंत्रता बनाये रखने के लिए एक समृद्ध खजाना और कुशल सेना की आवश्यकता है। सर्वप्रथम उसने अपनी राजधानी को मुर्शिदाबाद से मुंगेर स्थानांतरित किया, जहाँ पर उसने गोला-बारूद तैयार करना तथा अपने सैनिकों को यूरोपीय पद्धति से युद्ध शिक्षा देना प्रारंभ किया। इस कार्य में उसे एक आर्मीनियाई अधिकारी गुर्गिन खाँ और एक मुस्लिम अधिकारी मुहम्मद ताकी खाँ से काफी सहायता मिली। लेकिन मीर कासिम की योग्यता उसके पतन का कारण बनी। अंग्रेज एक कटपुतली नवाब चाहते थे, जो मीर कासिम नहीं हो सकता था। नवाब 1717 ई० के फरमान को रोकने की कोशिश कर रहा था। क्योंकि कंपनी के कर्मचारी उसके अनुसार उसका दुरुपयोग कर रहे थे। अंग्रेज व्यापारियों की यह माँग थी कि उनका समान चाहे निर्यात के लिए हो या नहीं, उपयोग के लिए, उस पर चुंगी न लगाई जाय। लेकिन इससे हानि भारतीय व्यापारियों को होती थी, क्योंकि उन्हें वे कर भी देने पड़ते थे, जिनसे विदेशी पूर्णतया मुक्त थे। इन दुरुपयोगों के कारण भारतीय व्यापारी बर्बाद होने लगे और नवाब के हाथ से भी राजस्व का एक बड़ा स्रोत जाता रहा। इसके साथ ही कंपनी और उसके उत्तराधिकारी भारतीय दास्तकारों, किसानों और व्यापारियों को अपना माल अंग्रेजों को सस्ता बेचने और अंग्रेजों का माल महंगी कीमत पर खरीदने के लिए विवश करते थे। इसके अतिरिक्त राजा रामनारायण ने जो नवाब का नायब था; नवाब को अप्रसन्न कर दिया। नवाब के कोप से बचने के लिए वह क्लाइव की शरण में चला गया, लेकिन कंपनी के गर्वनर वेंसिटार्ट ने उसे पुनः नवाब को सौंप दिया, इस प्रकार नवाब अंग्रेजों के विरुद्ध हुआ। इन सभी स्थितियों को देखते हुए मीर कासिम ने आंतरिक व्यापार पर करों को पूरी तरह से समाप्त कर दिया और इस तरह अपनी प्रजा को भी वे ही छूटें प्रदान की, जो अंग्रेजों ने बलपूर्वक हथिया लिए थे। लेकिन उसके कदम की प्रतिक्रिया में एक और बड़ा युद्ध अपरिहार्य हो गया। मीर कासिम और कंपनी के बीच बढ़ते तनाव में झड़पों का रूप ले लिया, जून 1763 से सितंबर 1763 तक नवाब तीन बार पराजित हुआ, जिससे उसका साहस टूटने लगा। ऐसी ही स्थिति में वह पटना गया, जहाँ के गवर्नर एलिस से उसका मतभेद था। पटना में उसने कुछ भारतीय और अंग्रेज बंदियों का कत्ल करा दिया, जो 'पटना हत्याकांड' कहलाता है।

बक्सर का युद्ध और ब्रिटिश वर्चस्व

पटना हत्याकांड के बाद मीर कासिम अवध भाग गया, जहाँ उसने अवध के नवाब शुजाउद्दौला और भगोड़े मुगल बादशाह शाहआलम द्वितीय के साथ एक समझौता किया। उसने शुजाउद्दौला की सेना के व्यय हेतु 11 लाख रुपया

प्रतिदिन देना स्वीकार किया। शुजाउद्दौला ने भी इस अवसर को बंगाल में अपनी शक्ति बढ़ाने का उचित अवसर समझा। 22 अक्टूबर, 1764 ई० के इन तीनों की सम्मिलित सेनाओं की मुठभेड़ मेजर हेक्टर मुनरो के नेतृत्व वाली अंग्रेजी सेना से बिहार के बक्सर नामक स्थान पर हुई, जिससे ये तीनों हार गये। 3 मई, 1765 को कड़ा में एक और युद्ध के पश्चात् अवध के नवाब और मुगल बादशाह दोनों ही अंग्रेजों की दया पर निर्भर हो गये। मीर कासिम वहाँ से भी भाग गया और 1777 में दिल्ली के पास उसकी मृत्यु हो गयी।

बक्सर का युद्ध भारतीय इतिहास के सर्वाधिक निर्णायक युद्धों में से एक था; क्योंकि इसने दो बड़ी भारतीय शक्तियों की संयुक्त सेना पर अंग्रेजी सेना को श्रेष्ठता प्रमाणित कर दी। इस युद्ध के उपरांत अंग्रेज बंगाल, बिहार और उड़ीसा के निर्विवाद शासक बन बैठे और अवध भी उनकी दया का मोहताज हो गया।

1765 ई० में क्लाइव बंगाल का गवर्नर बनकर लौटा। उससे बंगाल में सत्ता प्राप्त करने और शासन के सारे अधिकार नवाब से छीनकर कंपनी को दिलाने का निर्णय कर लिया इसके पूर्व जुलाई, 1763 में अंग्रेजों ने मीर जाफर को पुनः बंगाल का नवाब बना दिया था उसने अंग्रेजों के कहने से भारतीय व्यापारियों पर पुनः कर लगा दिया। नंद कुमार को उसका मंत्री बनाया गया, लेकिन कुछ समय बाद ही अंग्रेज उस पर संदेह करने लगे। इस काल में बंगाल पुनः अव्यवस्थित होने लगा। 5 फरवरी, 1765 को मीरजाफर की मृत्यु हो गयी।

मीरजाफर की मृत्यु के उपरांत उसके दूसरे पुत्र निजामुद्दौला को नवाब बनाया गया; बदले में उससे 20 फरवरी, 1765 को एक नई संधि पर हस्ताक्षर कराया गया। क्योंकि वह मुगल बादशाह से नवनियुक्त नवाब के लिए सनद प्राप्त करने का प्रयत्न कर रहा था, जिसकी अनुमति अंग्रेजों ने नहीं दी थी। इस संधि के प्रावधानों के अनुसार नवाब को अपनी अधिकांश सेना भंग कर देनी थी और बंगाल का शासन एक नायब सूबेदार के माध्यम से चलाना था, जिसकी नियुक्ति कंपनी करती और जिसे कंपनी की स्वीकृति के बिना नहीं हटाया जा सकता था। इस तरह कंपनी ने बंगाल के शासन पर पूर्णतः अधिकार जमा लिया।

शाह आलम द्वितीय के साथ 1765 की संधि– मई, 1765 में पुनः अंग्रेज कंपनी के गवर्नर के रूप में भारत आने पर क्लाइव ने मुगल बादशह शाह आलम द्वितीय से 1765 में एक संधि की। इसके अंतर्गत–(1) अवध से कड़ा और इलाहाबाद लेकर मुगल बादशाह को दे दिया गया–(2) मुगल बादशाह ने बंगाल, बिहार और उड़ीसा की दीवानी अंग्रेजों को दी दी–(3) अंग्रेजों ने मुगल बादशाह को 26 लाख रुपये प्रतिवर्ष देना स्वीकार किया; (4) अंग्रेजों ने हैदराबाद के उत्तर जिलों 'उत्तरी सरकार' को जागीर के रूप में मुगल बादशाह से प्राप्त कर लिया।

इस प्रकार बंगाल पर अंग्रेजों के नियंत्रण को कानूनी मान्यता मिल गयी और सबसे समृद्ध प्रांत का राजस्व उसके हाथ में आ गया। नाममात्र का बादशाह 6 वर्षों तक इलाहाबाद के किले में अंग्रेजों का लगभग कैदी होकर रहा।

अवध के नवाब के साथ संधि– बक्सर युद्ध में पराजय के बाद अवध का नवाब शुजाउद्दौला अंग्रेजों का कैदी था। क्लाइव ने कूटनीतिज्ञता का परिचय देते हुए शुजाउद्दौला से जो समझौता किया, उसकी शर्तें निम्नवत् थीं–

1. शुजाउद्दौला को अवध वापस दे दिया गया।
2. नवाब ने अंग्रेजों को 50 लाख रुपया दिया।
3. नवाब ने कड़ा और इलाहाबाद मुगल बादशाह शाह आलम को तथा चुनार अंग्रेजों को दे दिया।
4. अंग्रेजों ने बनारस और गाजीपुर की जागीर लेकर उसे राज बलवंत सिंह और उनके परिवार की पैतृक जागीर के रूप में दे दिया।
5. नवाब ने एक अतिरिक्त संधि द्वारा अपनी सेनओं की सुरक्षा के लिए अंग्रेजों की सहायता लेना स्वीकार किया।

बंगाल के नवाब के साथ संधि– मुगल बादशह के साथ किये गये 1765 ई० के समझौते के अनुसार अंग्रेजों को बंगाल, बिहार और उड़ीसा की दीवानी अर्थात् लगान लेने और असैनिक न्याय करने का अधिकार प्राप्त हुआ। इस समझौते से इन सूबों में दोहरा या द्वैध शासन स्थापित हुआ। यद्यपि अंग्रेजों ने सूबे के शासन के अधिकारों को दो भागों में बाँटकर केवल एक ही भाग को अपने हाथ में रखा था, परंतु वास्तव में ये सूबे अंग्रेजों के हाथ में चले गये थे और नवाब नाममात्र का शासक रह गया।

सिविल सेवा

सिविल सेवा शब्द का सबसे पहला प्रयोग ईस्ट इंडिया कंपनी द्वारा नागरिक कर्मचारियों को सैन्य कर्मचारियों तथा धार्मिक कर्मचारियों से अलग करने के लिए किया गया। यह सेवा प्रारंभ में वाणिज्यिक थी जो बाद में लोकसेवा के रूप

में परिणत हो गई। भर्ती की प्रक्रिया संरक्षण प्रणाली के द्वारा कोर्ट ऑफ डायरेक्टर्स के हाथों में ही रही जो कि अपने आश्रितों का मनोनयन करने को स्वतंत्र थे।

सिविल सेवा लार्ड कार्नवालिस द्वारा अस्तित्व में लायी गयी। कार्नवालिस का उद्देश्य लोक सेवा की विभिन्न शाखाओं को संगठित करना, कर्मचारियों और कंपनी में फैले भ्रष्टाचार को दूर करना था। लेकिन लार्ड वेलेजली ही ने सिविल सेवकों के प्रशिक्षण की आवश्यकता को महसूस किया। उसने 1800 में फोर्ट विलियम कॉलेज कलकत्ता की स्थापना की। फोर्ट विलियम कॉलेज को बंगाल सिविल सेवकों के लिए एक भाषा स्कूल के रूप में बदल दिया गया।

नागरिक सेवा में सारी नियुक्तियाँ ईस्ट इंडिया कंपनी के निदेशक करते थे लेकिन 1853 के चार्टर एक्ट ने निश्चित किया कि सारी नियुक्तियाँ प्रतियोगिता परीक्षा के माध्यम से होंगी। सत्ता के कंपनी स ताज के हाथों में हस्तांतरित हो जाने के बाद राज्य सचिव को नागरिक सेवकों की नियुक्ति का उत्तरदायित्व सौंपा गया। इस कार्य में राज्य सचिव की सहायता साम्राज्ञी की नागरिक सेवा आयोग द्वारा की जाती थी जिसका आधार प्रतियोगिता परीक्षाएँ होती थीं।

शुरुआती दौर में सभी प्रकार के उच्च सरकारी पदों से भारतीयों को अलग रखा गया। 1833 के एक्ट के तहत इन पदों पर भारतीयों की नियुक्ति की अनुमति दी गई। थोड़े से भारतीय ही इन प्रतियोगी परीक्षाओं में शामिल हो पायें जिन्हें इंग्लैंड में आयोजित किया जाता था। 1858 की साम्राज्ञीय घोषणा में नागरिक सेवा में स्वतंत्र एवं निष्पक्ष नियुक्तियों की बात कही गयी थी लेकिन नागरिक सेवा अधिनियम 1861 ने कुछ पदों को प्रतिज्ञाबद्ध नागरिक सेवकों के लिए निश्चित कर दिया। आगे 1860, 1866 और 1878 में नागरिक सेवा परीक्षा में बैठने की अधिकतम आयु कम करके क्रमश: 22, 21 और 19 वर्ष की गयी। इस तरह भारतीय को इसमें शामिल होने के अवसर कम कर दिये गये। कुछ भारतीय किसी तरह आरंभिक दौर में इस सेवा में शामिल होने में सफल हुए। उनमें सत्येन्द्र नाथ टैगोर (1863), सुरेन्द्र नाथ बनर्जी, रमेशचंद्र दत्त और बिहारी लाल गुप्ता (सभी 1869) थे।

1878-79 में लिटन ने उच्च वर्गों को आकर्षित करने की दृष्टि से भारतीयों के मनोनयन का प्रावधान बनाया। यह अधिकार स्थानीय सरकार को था जिसके लिए 'परिषद सहित वायसराय और राज्य सचिव' की अनुमति आवश्यक थी।

1880 के दशक राष्ट्रवाद के उदय के साथ नागरिक सेवा परीक्षा के इंग्लैंड एवं भारत में एक साथ आयोजित करने तथा अधिकतम आयु सीमा का मुद्दा प्रमुख बना। 2 जून 1893 को कॉमन सभा ने परीक्षाओं के भारत और इंग्लैंड में एक साथ आयोजित करने का प्रस्ताव पारित किया परंतु यह प्रस्ताव प्रभावशाली नहीं हुआ।

मांटेग्यू-चेम्सफोर्ड रिपोर्ट ने परीक्षाएँ एक साथ आयोजित करने की सिफारिश की। भारतीय नागरिक सेवा के 1/3 पदों की भर्ती भारत में की जानी थी और इसमें 1.5 प्रतिशत वार्षिक वृद्धि की व्यवस्था की गयी। गवर्मेंट ऑफ इंडिया एक्ट 1935 ने 'ली आयोग' की अनुशंसा पर एक संघीय लोकसेवा आयोग और प्रांतीय लोकसेवा आयोग की स्थापना हेतु प्रावधान बनाये। इन्हें अपने-अपने क्षेत्रों में विभिन्न सेवाओं के लिए नियुक्तियाँ करनी थीं।

1928 में नेहरू समिति ने प्रांतों तथा केन्द्र के लिए पृथक् सिविल सेवा का सुझाव दिया। 1930-31 के गोलमेज सम्मेलन ने पूरे मुद्दे की जाँच के लिए एक उप-समिति का गठन किया। आगे चलकर ली कमीशन के सुझावों के आधार पर भारत सरकार अधिनियम 1935 ने संघीय लोक सेवा आयोग का निर्माण किया। 1946 में जब कांग्रेस अंतरिम सरकार में शामिल हुई तब यही स्थिति थी।

1947 के बाद स्वतंत्र भारत ने उसी व्यवस्था को अपनाया जिस रूप में इसे प्रांतों और केंद्र में अक्टूबर 1946 के पहले लागू किया गया था। दो अखिल भारतीय सेवाओं जैसे आई॰पी॰एस॰ और आई॰ए॰एस॰ का निर्माण किया गया तथा संविधान की धारा 312 के अधीन इसे वैधानिक दर्जा प्रदान किया गया।

कल्याणकारी प्रजातंत्रात्मक सरकार की परिकल्पना के साथ ही सिविल सेवा के विकास, प्रशासन आदि कार्य सौंप दिए गए। प्रांतों और केंद्र की सरकार द्वारा शुरू की गयी विभिन्न कल्याण और विकास संबंधी कार्यक्रमों को कार्यान्वित करने में सिविल सेवा मुख्य यंत्र बन गये।

न्यायिक प्रणाली

अंग्रेजों ने न्याय प्रदान करने की एक नयी व्यवस्था की नींव डाली जो न्यायशास्त्र के आधुनिक सिद्धांतों पर आधारित थी। धीरे-धीरे यह वर्तमान स्तर तक विकसित हुआ। यह प्रक्रिया इस अवधि में किये गये अनेक प्रयोगों का परिणाम थी जिनमें से प्रमुख इस प्रकार हैं:

1772—बारेन हेस्टिंग्स ने प्रत्येक जिले में दो न्यायालयों

की व्यवस्था की 'दीवानी अदालत' तथा अपराधिक मामलों की सुनवाई के लिए 'फौजदारी अदालत'। इसके अतिरिक्त अपीलीय न्यायालय के रूप में कलकत्ता में दो उच्च स्तरीय न्यायालयों की व्याख्या की गयी– 'सदर दीवानी अदालत' और 'सदर निजामत अदालत'।

1774–रेगुलेटिंग एक्ट ने कलकत्ता में एक सर्वोच्च न्यायालय कायम किया। इसमें अंग्रेजी कानून अपनाये जाते थे तथा इसका क्षेत्राधिकार पूरी तरह घोषित था।

1782–कार्नवालिस ने इस व्यवस्था में पूर्ण परिवर्तन लाया, सदर 'निजाम अदालत' को मुर्शिदाबाद से कलकत्ता स्थानांतरित कर दिया गया तथा इसकी अध्यक्षता गर्वनर जनरल और उसकी कौंसिल के सदस्य करते थे। इसके अलावा चार क्षेत्रीय न्यायालयों की स्थापना कलकत्ता, मुर्शिदाबाद, ढाका और पटना में की गयी। इसके आगे कार्नवालिस ने कलक्टरों से मजिस्ट्रेट के अधिकार छीन लिये और वही न्यायिक अधिकारीगण के अध्यक्ष बनाये गये। उसने व्यापक रेगुलेशन लागू किये जो 'कार्नवालिस संहिता' 1793 के नाम से जाना गया जो अधिकारियों के लिए मार्गदर्शक का कार्य करता था।

यद्यपि न्यायिक सुधारों की प्रक्रिया वॉरेन हेस्टिंग द्वारा प्रारंभ की गयी, लेकिन इसे स्थिरता प्रदान करने का श्रेय कार्नवालिस को जाता है। इस अवधि में किये गये सुधारों की मुख्य विशेषता निम्नलिखित है–

(अ) दीवानी और फौजदारी न्यायालयों की स्थापना।
(ब) राजस्व एवं न्यायिक प्रशासन का पृथक्करण।
(स) इस पूरी अवधि के दौरान अंग्रेजों ने धार्मिक एवं परम्परागत कानूनों को सहन किया।

1831–विलियम बैंटिक ने अपील की प्रांतीय अदालतों और क्षेत्रीय अदालतों को खत्म कर दिया। उनका काम पहले कमीशनों और बाद में जिला जजों और कलक्टरों को सौंप दिया।

1833–चार्टर एक्ट 1833 में कानून बनाने के सारे अधिकार 'काउंसिल की सहमति से गर्वनर जनरल' को सौंप दिया गया। इसके द्वारा लार्ड मेकाले के नेतृत्व में विधि आयोग की भी नियुक्ति की गयी जिसने–

(अ) दीवानी एवं फौजदारी कानूनों को संहिताबद्ध किया और भारतीय दंड संहिता को सूत्रबद्ध किया।
(ब) पूरे देश को न्यायिक रूप से एक सूत्रबद्ध किया।

1865–उच्च न्यायालय स्थापित किये गये जिसने कलकत्ता, मद्रास और बम्बई की सदर दीवानी अदालत तथा सदर निजामत अदालत को प्रतिस्थापित कर दिया।

1935–1935 के अधिनियम द्वारा संघीय न्यायालय की स्थापना हुई जो सरकार और उच्च न्यायालयों से आने वाली अपीलों का निबटारा करता था।

इस तरह से विकसित न्यायिक व्यवस्था की अधिकांश बातों को स्वतंत्र भारत के संविधान में शामिल कर लिया गया।

अंग्रेजों द्वारा स्थापित की गयी न्यायिक व्यवस्था ने दो सिद्धांतों को अनुसरण किया–

(अ) विधि का शासन।
(ब) कानून के सम्मुख समानता लेकिन व्यवहार में यह जातीय भेदभाव से भरी हुई थी, अधिकारियों ने अतिरिक्त कानूनी अधिकारों का व्यवहार किया और कानून स्वयं में ही चुने गये लोगों द्वारा नहीं हुआ था।

कानून का शासन–अंग्रेजों ने कानून के शासन या विधि-शासन की आधुनिक अवधारणा को लागू किया। इसका अर्थ था कि उनका प्रशासन कम से कम सैद्धांतिक रूप में कानूनों के अनुसार चलाया जायेगा न कि शासन की सनक या व्यक्तिगत इच्छा के अनुसार। कानूनों ने प्रजा के अधिकारों, विशेषाधिकारों एवं जिम्मेदारियों को स्पष्ट रूप से परिभाषित किया था। किसी भी अधिकारी के खिलाफ न्यायालय में सरकारी जिम्मेदारी को नहीं निबाहने या अपनी अधिकार सीमा के बाहर जाकर कार्यवाही करने के लिए मुकद्दमा चलाया जा सकता था। इसके आगे भारतीय शासकों के विपरीत प्रशासन मुख्य रूप से कानूनों के आधार पर न्यायालयों द्वारा उनकी की गयी व्याख्या के अनुसार चलाया जाता था। लेकिन व्यवहार में कानून नौकरशाही एवं पुलिस के हाथों में काफी अख्तियार दे देते थे, फलत: ये जनता की स्वतंत्रताओं एवं अधिकारों में हस्तक्षेप करती थी। कानून बहुधा त्रुटिपूर्ण होते थे। कानून जनता द्वारा जनतांत्रिक प्रक्रियाओं के द्वारा नहीं बनाये जाते थे।

कानून के सम्मुख समानता

इसका मतलब था कि कानून की निगाहों में सारे मनुष्य बराबर हैं। उसने जाति, वर्ग या धर्म के आधार पर विभेद को त्याग दिया। अब दीनहीन लोग भी न्यायालयों में जा सकते थे। लेकिन इस सिद्धांत का एक अपवाद था कि यूरोपवासियों एवं उनके वंशजों के लिए अलग-अलग अदालत और यहाँ तक

कि अलग कानून भी थे। फौजदारी मामलों में उनकी सुनवाई केवल यूरोपीय जज ही करते थे। हालाँकि न्याय की विफ़लता प्राय: देखी जाती थी। इसके अलावा, इस प्रणाली में न्याय अत्यंत जटिल एवं महंगा हो गया और धनिक लोग कानूनों एवं कचहरियों को अपने पक्ष में मोड़ लेते थे।

स्थानीय स्वशासन

अति प्राचीन समय से भारत में स्थानीय स्वशासन की व्यवस्था कायम थी, परंतु ब्रिटिश शासकों ने यहाँ अपनी तरह की व्यवस्था को लागू किया।

प्रारंभ में स्वशासन कार्यरत संस्थाओं या आवश्यकतानुसार कामचलाऊ संस्थाओं के माध्यम से कार्य कर रही थी। सन् 1816 और 1819 में बंगाल में अधिनियम बनाए गए जिसके अंतर्गत स्वशासन को नौघाटों के रखरखाव, सड़कों के निर्माण एवं इसकी मरम्मत, पुलों एवं नालियों के निर्माण हेतु कर लगाने का अधिकार दिया गया। करों के प्रबंध के लिए समितियों में सचिव के रूप में जिलों में दण्डाकिरियों की नियुक्ति की गई। 1856 ई॰ में, बम्बई, मद्रास और कलकत्ता में शहरों की कार्यकारी शक्तियाँ आयुक्त को सकेंद्रित कर दी गईं।

लार्ड मेयो ने 1870 ई॰ में स्थानीय स्वशासन में ऐतिहासिक सुधार किया। शिक्षा, सफाई, चिकित्सा सहायतार्थ तथा जन कार्य हेतु, कोष के प्रबंधन एवं देख-रेख के लिए प्रत्येक समिति के अंतर्गत सरकारी और गैर- सरकारी सदस्यों के अलावा एक सरकारी अध्यक्ष की नियुक्ति की व्यवस्था की गई। परंतु यह व्यवस्था सरकारी प्रभुत्व में कार्य कर रही थी। लेकिन लार्ड रिपन ने बाद में खुले व स्वतंत्र रूप से स्थानीय स्वशासन का रूप प्रस्तुत किया। इसके अंतर्गत 1882 के महत्वपूर्ण प्रस्ताव के तहत संपूर्ण देश के लिए स्थानीय परिषदों के तंत्र की व्यवस्था की गई, जिसमें गैर-सरकारी सदस्यों का बाहुल्य था। इन गैर-सरकारी सदस्यों का निर्वाचन होता था जो सरकार की सहमति से अपने बीच से ही एक अध्यक्ष का चुनाव करते थे। प्रत्येक परिषद को एक छोटे क्षेत्र, जैसे अनुमंडल या ताल्लुक का क्षेत्राधिकार सौंपा गया। दुर्भाग्य से नौकरशाही प्रतिरोध के कारण इन प्रावधानों का कार्यान्वयन सही ढंग से नहीं किया जा सका।

सन् 1908 में रॉयल कमीशन ने विकेन्द्रीकरण के आधार पर ग्राम पंचायतों तथा उप-जिला परिषदों के विकास पर जोर डाला। इस आयोग की सिफारिश के आधार पर ग्राम पंचायतों को अर्द्ध न्यायिक तथा प्रबंधन से संबंधित अधिकार सौंपने की व्यवस्था की गई तथा पंचायतों को प्रबंधन से संबंधित खर्च के वहन के लिए कर लगाने के लिए अधिकार दिए गए।

लार्ड रिपन की यह व्यवस्था 1915 तक लागू रही जब तक कि लार्ड हार्डिंग ने स्थानीय संस्थाओं को निर्वाचित के बदले मनोनीत अध्यक्ष को ज्यादा उत्तरदायी बनाने का प्रस्ताव किया। 1919 के अधिनियम ने स्थानीय स्वशासन को परिवर्तनीय विषय के रूप में रखा और मंत्रियों को नीतियों के व्यवहारिक क्रियान्वयन के लिए उत्तरायी ठहराया गया। परंतु सीमित कोष के अभाव में भारतीय मंत्री कार्य नहीं कर सके क्योंकि 'वित्त' एक कार्यकारी पार्षद तथा 'सुरक्षित' विषय के अधीन था।

1935 के अधिनियम के प्रांतीय स्वायतत्ता द्वारा स्थानीय स्वशासन के विकास को प्रेरक-शक्ति मिली। लोकप्रिय मंत्रालयों को वित्त के नियंत्रण का अधिकार दिया गया। नए अधिनियम बनाए गए जिसमें स्थानीय स्वशासन को ज्यादा कार्य देने का प्रावधान था लेकिन धनाभाव का सामना अभी भी था।

स्वतंत्र भारत में अनुच्छेद 40 के अंतर्गत राज्य के नीति-निर्देशक तत्वों के अंतर्गत स्थानीय स्वशासन की व्यवस्था की गई है। 73वें व 74वें संशोधन द्वारा राज्यों को निगम व्यवस्था का प्रावधान किया गया जिसके अंतर्गत स्थानीय स्वशासन अंगों को उनके कार्यक्षेत्र में आवश्यक स्वायत्तता व अधिकार दिया गया है।

मार्ले-मिंटो सुधार (1909)

1905 में लार्ड मिंटो नया वायसराय बनकर भारत आया और उसके कुछ ही समय बाद एक उदारवादी राज्य सचिव जॉन मार्ले की लंदन में नियुक्ति की गयी। उन्होंने एक साथ मिलकर विधान परिषदों के सुधारों की एक योजना बनाई। इस प्रस्ताव को संसद ने 1909 में पारित कर दिया जो इंडियन काउंसिल एक्ट 1909 बना। यह मार्ले मिंटो सुधारों के नाम से लोकप्रिय हुआ। यह विधान परिषदों में निर्वाचित और लोकप्रिय तत्वों को शामिल करने का पहला वास्तविक प्रयास था।

सुधार ने विधान परिषदों में चुने गए गैर-शासकीय सदस्यों को शामिल कर इसके आकार को बढ़ाया और इससे शासकीय सदस्यों का बहुमत समाप्त हो गया। केन्द्रीय विधान परिषद में भी चुनावी तत्वों को शामिल किया गया परंतु इसमें शासकीय सदस्यों का बहुमत बना रहा। इस अधिनियम के द्वारा विधान परिषदों में विचार किये जाने वाले कार्यों को बढ़ा दिया गया।

इसने प्रशासनिक नीतियों को प्रभावित करने वाले अनेक अवसर प्रदान किये। अब बजट लोकहित के विषयों तथा कुछ निश्चित मुद्दों जैसे सेना, विदेशी मामलों और भारतीय राज्यों के संबंध में परिषद में प्रस्ताव रखे जा सकते थे।

पहली बार एक्ट के द्वारा मुसलमानों के लिए पृथक् निर्वाचन क्षेत्रों की प्रणाली लागू की गयी। इससे पृथकतावाद के बीज बो दिये गये जो अंततः भारत के विभाजन का कारण बना।

विधायिका में परिवर्तन के साथ उच्चतर प्रशासन में भारतीयों को शामिल करने की दिशा में कदम उठाये गये। 1909 में एक-एक भारतीय सदस्य को न सिर्फ प्रत्येक प्रांतीय कार्यकारी परिषदों में शामिल किया गया बल्कि बंगाल के एक प्रसिद्ध वकील सत्येन्द्र प्रसाद सिन्हा को वायसराय की एक्जीक्यूटिव कांउसिल में भी शामिल किया गया। दो भारतीयों को इंग्लैंड में राज्य सचिव की कांउसिल में भी रखा गया।

कम से कम प्रारंभ में इन सुधारों के प्रति राष्ट्रीय प्रतिक्रिया बुरी तरह विभाजित थी। तिलक के नेतृत्व में लड़ाकू राष्ट्रवादी अपने अंतिम लक्ष्य स्वराज्य से कम कुछ भी स्वीकार करने के लिए तैयार नहीं थे। दूसरी ओर, उदारवादी 1892 की छूटों के बाद से ही सुधारों की लंबी प्रतीक्षा कर रहे थे। ये अंग्रेजों की पितृसत्तावाद में अभी भी विश्वास करते थे और इन्होंने सुधारों का स्वागत किया। लेकिन सुधारों की क्षणभंगुरता को इन्होंने महसूस किया। इसके बावजूद उदारवादियों ने सुधारों को लागू करने में सरकार के साथ सहयोग करने का निर्णय लिया। यह निर्णय उदारवादियों के लिए काफी महंगा पड़ा। इन्होंने धीरे-धीरे अपनी प्रतिष्ठा और जन-समर्थन खो दिया और एक छोटे से समूह तक सिमट गये।

वास्तव में 1909 के सुधार को उदार राष्ट्रवादियों को भ्रम में डालने, राष्ट्रवादियों को विभाजित करने और भारतीयों की एकता को भंग करने के लिए लाया गया था। वास्तविक रूप में मार्ले ने 1909 में स्वयं ही यह स्पष्ट कर दिया था कि निकट भविष्य में अंग्रेजी संस्थाओं की भारत में स्थापना की कोई संभावना नहीं है। इन सुधारों से हालांकि कांग्रेस की स्वशासन संबंधी माँग पूरी नहीं हुई तथा मुसलमानों को दिया गया पृथक निर्वाचन राष्ट्रीय एकता के लिए सकारात्मक तथ्य नहीं था, लेकिन 1909 का संविधान पूरी तरह असफल नहीं हुआ। इसने राजनीतिज्ञों एवं अधिकारियों दोनों के लिए एक उपयोगी प्रशिक्षण प्रदान किया।

मॉटेग्यू चेम्सफोर्ड सुधार (1919 का अधिनियम)

मॉटेग्यू-चेम्सफोर्ड सुधार के मुख्य उद्देश्य इस प्रकार हैं–

1. भारतीय विधायिका को और अधिक प्रतिनिधित्व प्रदान करना।
2. प्रांतों के ऊपर केन्द्र का नियंत्रण ढीला करना।
3. प्रांतों में द्वैध शासन प्रणाली की स्थापना।
4. भारतीय विधायिका को अधिक प्रतिनिधित्व।

गवर्नर जनरल इन कौंसिल भारत के राज्य सचिव के माध्यम से ब्रिटिश पार्लियामेंट के प्रति जिम्मेदार रही तथापि भारतीय विधायिका को ज्यादा प्रतिनिधित्व मिला तथा पहली बार इसे द्विसदनात्मक बनाया गया। उच्च सदन अर्थात् कांउसिल ऑफ स्टेट 60 सदस्यों से मिलकर बनाया गया जिसमें 34 सदस्यों को चुनकर आना था। निम्न सदन अर्थात् लेजिस्लेटिव असेंबली को 144 सदस्यों से मिलकर बनाना था जिसमें 104 सदस्य चुनकर आने थे।

दोनों सदनों की शक्तियाँ लगभग बराबर थीं। मतदाता सांप्रदायिकता तथा समूह के आधार पर बँट गए थे। कालांतर में इसमें सिक्खों को भी शामिल किया गया।

तथापि गवर्नर-जनरल की अतिक्रमण की शक्तियाँ इस रूप में वर्तमान रहीं–

- कुछ नियत विधायकों को लाने के लिए गवर्नर जनरल की पूर्वानुमति जरूरी थी।
- गवर्नर-जनरल किसी भी विधेयक पर निषेधाधिकार का प्रयोग कर सकता था अथवा क्राउन के पुनर्विचार के लिए उसे सुरक्षित रख सकता था।
- कोई विधेयक तभी कानून बन सकता था जब विधायिका द्वारा पारित करने के बाद गर्वनर द्वारा उसे अनुमोदित किया जाता।
- वह प्रभावी कानून के सिलसिले में, कम से कम अस्थायी रूप से अध्यादेश जारी कर सकता था।

केन्द्रीय नियंत्रण में ढील

प्रांतों में प्रशासनिक, विधान संबंधी और वित्तीय मामलों में केंद्रीय नियंत्रण में ढील दी गयी। अखिल भारतीय महत्व की बातों को केंद्रीय श्रेणी में रखा गया जबकि प्रांतों के प्रशासन से संबंधित बातों को प्रांतीय श्रेणी में रखा गया। प्रांतीय बजटों को केंद्रीय बजट में पृथक कर दिया गया। प्रांतीय विधायिका को अपना बजट स्वयं प्रस्तुत करने तथा प्रांतीय संसाधनों तथा राजस्वों से संबंधित कर लगाने का अधिकार मिल गया।

इस प्रकार की शक्ति का हस्तांतरण शक्ति का बँटवारा नहीं था।

- केंद्रीय विधायिका को पूरे भारत में किसी भी विषय पर विधान निर्माण का अधिकार बना रहा।
- कोई प्रांतीय बिल यहाँ तक कि गवर्नर जनरल के जोर देने के बाद भी तब तक कानून नहीं बनता जब तक उस पर गवर्नर जनरल अपना अनुमोदन नहीं देता।
- गवर्नर द्वारा अपनी इच्छानुसार कोई भी बिल गनर्वर जनरल के लिए सुरक्षित रखा जा सकता था अथवा इस पर निषेधाधिकार का प्रयोग किया जा सकता था।

प्रांतों में द्वैध का शासन

प्रांतों में एक उत्तरदायी सरकार की व्यवस्था की गयी परंतु इस व्यवस्था के अंतर्गत गवर्नर को प्रांतों के प्रशासन का कोई उत्तरदायित्व नहीं दिया गया। इसके लिए जो हथियार प्रयुक्त किया गया वह था द्वैध प्रशासन।

इस प्रणाली में कुछ प्रांतीय विषयों जैसे वित्त, कानून और व्यवस्था 'सुरक्षित' विषय कहलाए तथा ये गवर्नर के सीधे नियंत्रण में रखे गये। अन्य विषयों जैसे शिक्षा, लोक-स्वास्थ्य, स्थानीय स्वशासन, कृषि संबंधी कुछ विभाग हस्तांतरित विषय कहलाए तथा इनका नियंत्रण विधान-मंडल के प्रति उत्तरदायी मंत्रियों के हाथों में था। विधान-मंडल में चुने गए प्रतिनिधियों की संख्या 70 प्रतिशत तक कर दी गयी थी।

चुने गए प्रतिनिधियों की सीधे चुनाव के द्वारा चुनकर आना था परंतु मताधिकार संपत्ति की योग्यताओं पर आधारित था तथा महिलाओं को मताधिकार से वंचित रखा गया। उन्हें चुनाव लड़ने का अधिकार नहीं था। पृथक् निर्वाचन मंडल में पंजाब में सिखों को शामिल किया गया। इसके अतिरिक्त पृथक् निर्वाचक मंडल में शामिल होने वाले अन्य समुदाय थे–भारतीय ईसाई, आंग्ल भारतीय तथा यूरोपियन। बाद में गैर-ब्राह्मणों के आरक्षण की मांग जस्टिस पार्टी द्वारा की गयी जिसे स्वीकार कर लिया गया था।

देश में प्रतिनिधि सरकार प्रणाली का मात्र एक आभास पैदा किया गया। वस्तुत: उन तथाकथित प्रतिनिधियों को कोई जिम्मेदारी नहीं सौंपी जा सकी जो सांप्रदायिक आधार पर बहुत ही सीमित निर्वाचक मंडल से आये थे।

भारतीय राष्ट्रवादियों के पास अब सुविकसित विचार थे तथा वे राजनैतिक शक्ति की छाया मात्र को स्वीकार करने को इच्छुक नहीं थे। हसन इमाम के नेतृत्व में कांग्रेस पार्टी ने इन सुधारों की निराशाजनक और असंतोष कहते हुए निंदा की तथा प्रभावशाली स्वशासन की मांग की।

सुरेन्द्र नाथ बनर्जी तथा अन्य उदारवादी नेता सरकार के साथ सहयोग करना चाहते थे। उन्होंने कांग्रेस को छोड़कर इंडियन लिबरल फेडरेशन की स्थापना की।

1919 के अधिनियम का मूल्यांकन

शक्ति हस्तांतरण की व्यापक प्रक्रिया के बावजूद भी पूरी संरचना केंद्रीकृत थी। गवर्नर जनरल के पास यह निर्णय करने का अधिकार था कि कोई विषय प्रांतीय है अथवा केंद्रीय। इसके अलावा, प्रांतीय विधानमंडल बिना गवर्नर जनरल की पुर्नमति के कोई कदम नहीं उठा सकती थी। सबसे अधिक निराशा तो द्वैध शासन की पद्धति से हुई। गवर्नर कई स्थानों पर विधानमंडल में कार्यालय के खंड वित्तीय शक्ति नियंत्रण द्वारा प्रबल हो जाते थे। व्यवहार में सुरक्षित विभागों को प्रभावित किए बिना कोई महत्वपूर्ण प्रश्न शायद ही उठाया जा सका।

भारतीय दृष्टिकोण से अधिनियम की सबसे प्रधान खामी थी, वित्त पर नियंत्रण। सुरक्षित विषय होने के नाते वित्त को कार्यकारी परिषद के एक सदस्य की देख-रेख में रखा गया था न कि मंत्री की देख-रेख में। कोष के अभाव में किसी भी मंत्री का कोई विकासशील कदम उठाना असंभव था। इसके अलावा एक अन्य खामी यह थी कि आई०सी०एस० के सदस्यों के माध्यम से मंत्री अपनी नीति का क्रियान्यवन करवा सकते थे तथा ये सदस्य भारत सचिव के प्रति ही जिम्मेदार थे न कि मंत्रियों के प्रति सबसे बढ़कर गवर्नर को वीटो शक्ति थी। फलत: गवर्नर ने हस्तातंरित विषयों के संबंध में केवल संवैधानिक प्रमुख की तरह कार्य नहीं किया।

प्रांतीय विधायिका के प्रति सामूहिक जिम्मेदारी का कोई प्रावधान नहीं था। जिन मंत्रियों को नियुक्ति व्यक्तिगत रूप से होती थी उन्होंने गवर्नर के सलाहकारों के रूप में कार्य किया तथा कार्यकारी परिषद के सदस्यों से सिर्फ नियुक्ति के मामले में ही अलग थे। गवर्नर को मंत्रियों की सलाह को अस्वीकार कर स्वविवेक से कार्य करने का अधिकार था। सुरक्षित विषयों के प्रशासन के लिए इस स्वविवेक अधिकार को आवश्यक माना गया।

महत्व

संसदीय प्रजातंत्र के उद्भव में 1919 के परिवर्तन का अपना महत्व है।

- 1919 में किए गए बदलाव 1916 की योजना से बहुत अधिक थे।
- संवैधानिक परिवर्तन के उद्देश्य संबंधी घोषणा ने आगे रियासतों को संभव बनाया।
- केंद्र तथा प्रांतों में विधायी निकायों की स्थापना से यह

एक ऐसा मंच बन गया जहाँ भारतीय अपने मत व्यक्त कर सकते थे। इसने ब्रिटिश राज की वैचारिक खामियों को कम किया तथा तेजी से बढ़ती साम्राज्यवाद विरोधी भावना को साधन बनाया।

- चुनाव तथा वाद-विवाद ने भारतीयों को प्रजातांत्रिक शैली तथा संस्थाओं से अवगत कराया। इस प्रकार संसदीय प्रजातंत्र को सफलतापूर्वक कार्य कर सकने में सहायता मिली।

भारत शासन अधिनियम, 1935

सुधारों के संबंध में लगातार की जाने वाली माँगों एवं असहयोग आंदोलन के कारण फैली अव्यवस्था से बाध्य होकर 1929 में ब्रिटिश सरकार ने घोषणा की कि भारत में राजनीतिक विकास का लक्ष्य औपनिवेशिक स्वराज्य की स्थापना करना है। साइमन कमीशन पर भी गोलमेज सम्मेलन में हुए विचार-विमर्श ने तीन प्रस्तावों के लिए मार्ग प्रशस्त किया संघ; प्रांतीय स्वायत्तता तथा सुरक्षा के उपाय (केंद्र और प्रांतीय कार्यपालिका को विशेष शक्ति दी गयी)। इन प्रस्तावों ने भारत शासन अधिनियम 1935 के लिए आधार तैयार किया।

1935 के अधिनियम की मुख्य बातें निम्नलिखित हैं–

1. ब्रिटिश भारतीय प्रांतों तथा रजवाड़ों को मिलाकर अखिल भारतीय संघ का निर्माण।
2. देशी राज्यों को विशेष प्रतिनिधित्व के साथ-साथ द्विसदनीय विधायिका का निर्माण। राज्यों के प्रतिनिधियों को शासकों के द्वारा नियुक्त किया जाना था कि न कि चुनाव द्वारा।
3. केंद्र में द्वैध शासन का गठन तो हुआ पर संघीय विधायिका की कोई शक्ति नहीं दी गयी थी। रक्षा तथा विदेशी मामले एवं धार्मिक मामले और जनजातीय क्षेत्रों को इनके नियंत्रण से बाहर रखा गया। निर्वाचित सदस्यों के हस्तांतरित विषयों के ऊपर भी गवर्नर जनरल को विशेष अधिकार दिये गये तथा उसे भारतमंत्री के निर्देशन में कार्य करना था।
4. प्रांतों में द्वैध शासन को समाप्त कर दिया गया तथा सिंध और उड़ीसा सहित 11 प्रांतों में प्रांतीय स्वायत्तता बहाल कर देने की बात कही गयी।
5. इस अधिनियम के केन्द्र और प्रांतों के बीच विधायी शक्तियों का बंटवारा कर दिया और जब राज्य केन्द्र सरकार के प्रतिनिधि नहीं रह गए थे बल्कि प्रांतीय असेम्बली के प्रति जिम्मेदारी मंत्रियों के नियंत्रणाधीन प्रशासन की स्वायत्त इकाई थे।
6. विधायी शक्तियों का त्रिस्तरीय विभाजन किया गया था। संघीय विधायिका की व्यापक शक्तियों के अंतर्गत संघीय सूची में विदेशी मामले, मुद्रा, रक्षा तथा जनगणना शामिल थे। प्रांतीय सूची में पुलिस, प्रांतीय नागरिक सेवा तथा शिक्षा आदि विषय शामिल थे। समवर्ती सूची में वे विषय शामिल थे जिन पर संघीय और प्रांतीय विधायिका दोनों को विधि निर्माण का अधिकार था। इसमें ये विषय शामिल थे– आपराधिक कानून और विधि, नागरिक विधि, विवाह तलाक आदि। जिन विषयों को विधायी सूचियों में शामिल नहीं किया गया था उन पर कानून बनाने का अधिकार गवर्नर जनरल संघीय या प्रांतीय विधायिका को दे सकता था।
   किसी प्रांत की कार्यपालक शक्तियाँ गवर्नर द्वारा क्राउन के प्रतिनिधि के रूप में न कि जनरल के अधीनस्थ के रूप में संपादित की जाती थीं।
   गवर्नर जनरल वीटो का प्रयोग कर सकता था तथा कानून और व्यवस्था, अल्पसंख्यकों के हितों तथा पिछड़े क्षेत्रों के लोगों के लिए, ब्रिटिश वाणिज्य के संरक्षक के रूप में तथा रजवाड़ों के शासकों के विषय में कानून स्वयं बना सकता था।
7. अन्य बदलाव जो इस अधिनियम द्वारा लाये गये थे, वे थे संघीय न्यायपालिका एवं भारतीय रिजर्व बैंक की स्थापना, बर्मा का भारत से पृथक् किया जाना भारत में उच्चायुक्त की नियुक्ति तथा भारतीय परिषद की समाप्ति।

मूल्यांकन

यह अधिनियम दो सिद्धांतों पर आधारित था–संघ और संसदीय प्रणाली। संघीय सिद्धांत यद्यपि एकात्मकता की दृष्टि से लाया गया था फिर भी प्रांतों को सहयोगी के रूप में कार्य करना था न कि अधीनस्थ के रूप में। केंद्रीय तथा प्रांतीय कार्यपालिका प्रमुखों को विशेष शक्तियाँ प्रदान कर दी गयी थीं जिससे संघीय चरित्र को गंभीर रूप से तोड़-मरोड़ दिया गया। केन्द्र में पूर्णत: उत्तरदायी सरकार की स्थापना नहीं की गयी। डोमिनियन स्टेटस का सपना अभी भी दूर का सपना था। संपत्ति का अधिकार वयस्क् मताधिकार, पृथक निर्वाचक मंडल और सुरक्षा के पूर्वोपाय लोगों के प्रजातांत्रिक अधिकारों का उल्लंघन करते थे।

कांग्रेस ने अधिनियम को स्वीकार नहीं किया, उदारपंथियों ने एक्ट की आलोचना की लेकिन उनका मानना था कि यह सुधार उत्तरदायी सरकार की दिशा में एक कदम था। मुस्लिम लीग ने भी इसकी निंदा की परंतु वह इसे एक मौका देना चाहती थी।

इकाई-VIII

आर्थिक एवं सामाजिक नीतियाँ

कृषि संबंधी ब्रिटिश नीति, भू-राजस्व, कृषि एवं भूमि संबंधी अधिकार

कृषकों के प्रति अग्रेंजों की नीति

1765 में कंपनी को बंगाल, बिहार, उड़ीसा के प्रांतों के भू-राजस्व प्रशासन का भार मिला। स्थानीय दस्तकारियों को नष्ट करने के लिए अंग्रेजों ने दस्तकारों की एक विशाल संख्या को बंधुआ मजदूरों में बदल दिया। उनसे केवल कंपनी के लिए कार्य करने के प्रतिज्ञा-पत्र लिखवाये गये। कंपनी ने कृषकों पर भी अत्याचार किये। बंगाल सूबे में लगान की वृद्धि की गई। 1765 में केवल बंगाल के प्रदेशों में लगान के रूप में वसूलने योग्य रकम 81,75,533 रुपये थी। इसको कंपनी ने अपने पहले ही वित्तीय वर्ष में लगभग दुगुना कर दिया। इस लगान में बाद में भी लगातार वृद्धि होती रही।

किसानों का शोषण केवल लगान की वृद्धि तक ही सीमित न रहा। आरंभ में कंपनी ने लगान वसूल करने का कार्य अपने हाथ में लेकर स्थानीय अधिकारियों के पास ही रखा था। इन्होंने निर्ममता के साथ कर की वसूली की। अपनी आमदनी बढ़ाने के प्रयत्नों में भी जमीन को हथिया लेते थे और फिर उसे या तो बेच देते या सार्वजनिक नीलामी द्वारा छोटी अवधि के लिए साहूकार या व्यापारी को पट्टे पर दे देते थे। कंपनी के अधिकारी भी इसी प्रकार की लूट में लगे हुए थे। इस प्रकार के शोषण का परिणाम शीघ्र ही सामने आ गया। 1770 में बंगाल में एक भयंकर अकाल पड़ा। इस अकाल के समय कंपनी ने कृषकों को राहत प्रदान नहीं की तथा उनके अधिकारियों ने लगान की वसूली में कोई कसर नहीं छोड़ी। इन अत्याचारों के विरुद्ध बंगाल में एक विराट कृषक आंदोलन ने जन्म लिया।

1771 में वारेन हेस्टिंग्ज ने लगान वसूल करने का काम स्वयं कंपनी की देख-रेख में शुरू कराया। उसने बोली लगाने की कुप्रथा भी शुरू की जिसके फलस्वरूप उच्चतम बोली लगाने वाले को भू-राजस्व का अधिकार दिया गया। प्रारंभ में इसे पांच वर्ष के लिये दिया गया किंतु 1777 में इसे वार्षिक कर दिया गया। उसके द्वारा किए गये सुधारों का मुख्य उद्देश्य भी कंपनी की आमदनी बढ़ाना था। सरकारी आदेशों के अंतर्गत राजस्व इकट्ठा करने वाला व्यक्ति किसानों से लगान की अत्यधिक माँग करने लगा। इस प्रकार से रेयातों का दमन जारी रहा। इसका प्रभाव पुराने जमींदारों पर भी पड़ा। अनेक पुराने जमींदार परिवार नष्ट हो गये। इस प्रकार वारेन हेस्टिंग्ज की मालगुजारी व्यवस्था भी कृषकों के लिए दमनकारी सिद्ध हुई। कार्नवालिस द्वारा किए स्थायी बंदोबस्त से कृषकों की सबसे ज्यादा हानि हुई। महलवाड़ी तथा रैयतवाड़ी प्रथाओं से भी किसानों के हितों को हानि हुई। कृषि के वाणिज्यकरण से भारत में गरीबी बढ़ी, अकाल पड़े और कुछ सीमा तक अर्थव्यवस्था का मौद्रीकरण हुआ; गांवों का शहरों से संपर्क बढ़ा; नये शोषणपूर्ण श्रम संबंधों का सूत्रपात हुआ। इस प्रकार के प्रयासों से केवल ब्रिटिश पूँजीपतियों और उनके सहायक तत्वों को ही लाभ पहुँचा।

अकाल नीति, ग्रामीण ऋणग्रस्तता

कंपनी के शासन के अधीन भारत के भिन्न-भिन्न क्षेत्रों में कम से कम 12 अकाल पड़े और चार भीषण सूखे पड़े। सबसे पहले बंगाल में 1769-70 ई० में भीषण अकाल पड़ा जिससे इस प्रांत की 1/3 जनसंख्या नष्ट हो गई। मद्रास का अकाल (1792 ई०), उत्तर प्रदेश का अकाल (1803 ई०) में। कंपनी ने क्रमशः अकाल की पीड़ितों की सहायता तथा करों में छूट दी थी। 1837 के उत्तरी भारत में पड़े अकाल के लिए कंपनी ने कुछ सार्वजनिक कार्य किये। इन सभी अवसरों के लिए कंपनी ने कोई ठोस योजना नहीं बनाई थी।

क्राउन के शासनकाल में 10 बड़े अकाल पड़े, 1860-61 ई० के दिल्ली-आगरा क्षेत्रों में पड़े अकाल के लिए कंपनी ने अकाल के कारणों की जाँच की तथा निबटने के उपाए किए। 1865-66 ई० के बिहार, बंगाल, उड़ीसा व मद्रास के अकाल में बहुत भारी संख्या में जानमाल की हानि हुई तथा सबसे अधिक हानि उड़ीसा को हुई थी जहाँ तेरह लाख व्यक्ति मृत्यु के शिकार हुए थे। मरने वाले पशुओं की संख्या काफी रही। उड़ीसा का अकाल भारतीय अकाल के इतिहास के लिए निर्णायक रहा और सर जार्ज केम्बेल की अध्यक्षता में एक

समिति गठित हुई जिसने सुझाया कि जिलाधिकारियों का दायित्व है कि प्रत्येक मृत्यु को रोका जाए।

1876-78 ई० का मद्रास, बम्बई, उत्तर प्रदेश, बंगाल का अकाल सर्वाधिक भयंकर था, इसमें कई ग्राम उजड़ गए, भूमि कृषिविहीन और पशु पक्षी-विहीन हो गई। इस अकाल में अनुमान के अनुसार 50 लाख व्यक्ति मृत्यु को प्राप्त हो गए। अंतत: 1880 लिटन के काल में सर रिचर्ड स्ट्रेची की अध्यक्षता में आयोग गठित हुआ जिसने 'अकाल कोष' स्थापित करने का निश्चय किया। 1883 ई० में अकाल संहिता निश्चित की गई, इसमें अकालग्रस्त जिला घोषित कर अधिकारी वर्ग के कर्त्तव्य निर्धारित किये गये। 1901 ई० में मैकडॉनल आयोग द्वारा 'दुर्भिक्ष आयुक्त' की नियुक्ति का प्रावधान कर राहत कार्यों को प्रभावी बनाने का धर्म किया गया। परंतु धन की कमी के कारण राहत कार्य सीमित रहे।

ग्रामीण ऋणग्रस्ता

विपिन चंद्रा के अनुसार यद्यपि पाक-ब्रिटिश भारत में भी व्यापारी वर्ग था किंतु वह चंद शहरों में ही रहता था तथा राष्ट्रीय अर्थव्यस्था के अभाव में एक बहुत सीमित दायरे में काम करता था। उस समय सुदखोर भी कमजोर, स्थिति में था क्योंकि वह गांवों में जमीन गिरवी रख़कर कर्ज नहीं दे सकता था और न ही वह ज़मीन हथिया सकता था। सुमित सरकार के मत में ब्रिटिश काल में पारंपरिक भारतीय व्यापारियों का अस्तित्व बना रहा और फूले-फले भी किंतु मुख्यत: साहूकारों अथवा अंग्रेजों के आश्रित व्यापारियों व साहूकारों के रूप में वे उभरे। साहूकारों गांवों में किसानों और किसानों और दस्तकारों को ऋण देकर उनकी स्थिति को दयनीय बना दिया। सूदखोरों ने किसानों को ऋण देकर उनकी भूमि बेदखल कर दिया। ताराचन्द के अनुसार, जहाँ 1866-74 के मध्य साहूकारों ने पंजाब में ही 88,000 एकड़ भूमि पर कब्जा किया वहीं 1890 से 1895 के बीच 3,38,000 एकड़ भूमि उनके हाथों में आ गई। 1932 तक लगभग 80 प्रतिशत किसान ऋणी थे तथा ऋण का योग 220 अरब रुपया था। किसानों के साथ-साथ दस्तकार भी ऋणग्रस्त होते चले गए।

ग्रामीण ऋणग्रस्तता का निम्नलिखित कारण थे-

1. भूमि पर व्यक्तिगत स्वामित्व
2. लगान का अत्यधिक भार
3. भूमि का विखंडीकरण
4. कृषि का वाणिज्यकरण
5. भूमि पर दबाव में वृद्धि
6. विऔद्योगीकरण
7. कृषि का पिछड़ापन
8. ब्रिटिश सरकार का कृषि की उन्नति के प्रति उपेक्षा पूर्ण व्यवहार।
9. पूँजीपतियों का समर्थन।
10. किसानों की फिजूलखर्ची व सामाजिक उत्सवों पर व्यय।
11. अकालों व महामारी का प्रभाव।

व्यापार एवं उद्योग नीति

ग्रामीण समाज-व्यवस्था में उद्योग धंधों तथा दस्तकारी व अन्य कुछ उद्योगों का काफी विकास हो चुका था। तत्कालीन विश्व मंडियों में गुणवत्ता की दृष्टि से भारत का माल उच्चकोटि का था। ये उद्योग विकसित तथा परेल उद्योग थे तथा आधुनिक उद्योगीकरण से काफी दूर थे। अंग्रेजों के शासन और नीतियों की इन पुराने उद्योगों को समाप्ति में बहुत बड़ी भूमिका रही।

कंपनी ने बंगाल के बुनकरों को मजबूर किया कि वे अपने माल कम दाम पर बचें। कारीगरों को काम करने की पूर्ण स्वतंत्रता नहीं थी। जुलाहों को पेशगी रुपए देने की प्रथा कंपनी चलायी जो एक अत्याचार था। कंपनी कपड़े की जो दर तय करती थी वह बाजारों में प्रचलित भाव से कहीं कम रहती थी। इस प्रकार बुनकरों को बहुत घाटा होता था। इंग्लैंड से आयात की जाने वाली भारतीय वस्तुओं पर बहुत भारी आयात कर लगाया गया था। भारतीय घरेलू उद्योग को सबसे बड़ा आघात तो तब पहुँचा जब वे विदेशी मंडी के साथ-साथ अपनी घरेलू मंडी में भी अपना माल नहीं बेच सके। इंग्लैंड की औद्योगिक क्रांति के बाद भारत में ऐसी नीति अपनाई गयी की जिससे ब्रिटिश उद्योग का हित हो और भारत ब्रिटिश वस्तुएँ आसानी से बिक सकें। इंग्लैंड के औद्योगिक पूँजीपति 1813 में अंततः सफल हुए और 1813 के चार्टर अधिनियम से कंपनी का एकाधिकार समाप्त हो गया। अब भारत में औद्योगिक और आर्थिक शोषण का एक नया युग शुरू हुआ और भारत को इंग्लैंड के माल के लिए एक बाजार के रूप में विकसित करने की कोशिश शुरू हो गयी। मुक्त व्यापार की नीति अपनाई गई तथा भारत में इंग्लैंड की वस्तुओं को या तो नि:शुल्क आने दिया जाता था फिर उन पर नाममात्र का शुल्क लगता था। विदेशी सरकार ने भारत में औद्योगिक क्रांति शुरू करने की कोई चेष्टा नहीं की जिससे पुराने बुनकरों की तबाही हुई।

इस प्रकार ब्रिटिश उद्योग एवं नये-नये आविष्कारों तथा साधनों ने भारतीय उद्योग को बर्बाद किया। उद्योग के केंद्र ढाका, मुर्शिदाबाद, सूरत इत्यादि देखते ही देखते बर्बाद हो गए। अब भारत इंग्लैंड को कच्चा माल देने वाला और उनकी बनी वस्तुओं के लिए एक मंडी बनकर रह गया। लेकिन

उपेक्षा के बावजूद भारत का थोड़ा बहुत औद्योगीकरण अनिवार्य था और प्रथम विश्वयुद्ध के बाद यह विकास कुछ अंशों में शुरू हुआ। भारत का औद्योगिक विकास एकदम उल्टे क्रम में शुरू हुआ तथा यह विकास कपड़ा-उद्योग से शुरू हुआ। जबकि किसी देश के औद्योगिक विकास के लिए सर्वप्रथम भारी उद्योगों को विकसित किया जाना जरूरी होता है। परंतु अंग्रेजी शासन भारत का औद्योगीकरण अपने हित तथा लाभ तक ही करना चाहती थी। 20वीं शताब्दी में भारत में जो भी कल-कारखाने खुले उनका उद्देश्य भारत का औद्योगिक विकास न होकर शोषण में कुछ लोगों को भागीदार बनाकर शोषण की प्रक्रिया को जारी रखना था।

मजदूरों की दशा, मजदूर संघ आंदोलन, फैक्ट्री कानून

भारत में मजदूर संघवाद पहले से विद्यमान किसी सामाजिक संस्था की देन नहीं है। भारत में औद्योगिक विकास के साथ ही भारतीय श्रमिक वर्ग की स्थिति मजबूत होती गयी। आगे चलकर श्रमिक वर्ग आंदोलन ने अपने आपको राष्ट्रीय मुक्ति प्राप्त करने के लिए, राजनीतिक संघर्ष से जोड़ दिया। मजदूर संघ श्रमिकों का एक ऐसा संघ है जिसका गठन मिलों और कारखानों में काम करने वाले श्रमिकों की अवस्था एवं स्थिति में सुधार करने के उद्देश्य से किया गया है। मजदूर संघ मुख्यत: दो मुद्दो अर्थात् श्रमिक संघ एवं श्रमिक विचारधारा पर केंद्रित था। श्रमिक प्राय: अनपढ़ ही होते थे। श्रमिकों की दशा में सुधार करने का प्रारंभिक प्रयास कुछ महत्वपूर्ण व्यक्तियों द्वारा शुरू किया गया। सर्वप्रथम 1877 में मजदूरी की दर को लेकर नागपुर के सूती मिल श्रमिकों ने हड़ताल की। श्रमिकों के कार्य करने के घंटे को कम करने के लिए सोराबजी, शरोजी बंगाली ने 1878 में बम्बई विधान परिषद में एक बिल पेश किया जो असफल रहा। श्रमिकों को शिक्षित करने के विचार से शशिपद बैनर्जी ने 'भारत श्रमजीवी' नामक एक पत्रिका की शुरूआत की।

भारतीय श्रमिकों के प्रथम नेता एन॰एम॰ लोखंडे द्वारा सन् 1890 में बम्बई में बम्बई मिलहेन्डस एसोसिएशन की स्थापना की गयी। इस संघ ने निम्नलिखित माँगें उठाई– 1. कार्य करने के घंटे में कमी, 2. साप्ताहिक छुट्टी तथा 3. कारखाने में कार्य करते वक्त हुई दुघटनाओं का हर्जाना। 1899 के वृहत भारतीय प्रायद्वीपीय रेलवे हड़ताल को ही शायद श्रमिक वर्ग का प्रथम संगठित हड़ताल माना जाता है। 1908 का बम्बई सूती मिल का हड़ताल बाल गंगाधर तिलक की गिरफ्तारी के विरोध में किया गया दूसरा संगठित विरोध था।

एनी बेसेंट के नजदीकी सहायक बी॰पी॰ वाडिया ने अप्रैल 1918 में 'मद्रास श्रमिक संघ' की स्थापना की। भारत में यह पहला मजदूर संघ था। गांधीजी ने 1920 में 'मजदूर महाजन' की स्थापना की जिसमें मालिकों एवं श्रमिकों के बीच शांतिपूर्ण संबंध स्थापित करने की बात कही गयी। 31 अक्टूबर, 1920 को बम्बई में अखिल भारतीय ट्रेड यूनियन कांग्रेस की स्थापना की गयी। 1926 के ट्रेड यूनियन ऐक्ट के द्वारा पहली बार ट्रेड यूनियन को थोड़ी-सी वैधता प्राप्त हुई। वामपंथी विचारधारा के कारण भारतीय ट्रेड यूनियन कांग्रेस का विभाजन हो गया। 2 अक्टूबर, 1939 ई॰ को लगभग 90,000 मजदूरों ने द्वितीय विश्वयुद्ध के विरोध में हड़ताल की थी। ब्रिटिश साम्राज्यवाद के अंतिम वर्षों में संपूर्ण देश में आर्थिक मुद्दे को लेकर हड़तालें मजदूर संघों ने कीं।

फैक्ट्री कानून

लार्ड रिपन के काल में 1881 का कारखाना अधिनियम जिसमें 7 वर्ष से कम आयु के बच्चों के कार्य करने पर प्रतिबंध लगाया गया। महीने में चार दिन के अवकाश की व्यवस्था की गई। लार्ड लैंसडाउन के काल में 1891 का कारखाना अधिनियम के अनुसार सप्ताह में एक दिन का अवकाश, 9 वर्ष से कम आयु के बच्चों के कार्य करने पर प्रतिबंध, कार्य विधि 11 घंटे प्रतिदिन निश्चित। 1911, लार्ड हार्डिंग के कारखाना अधिनियम में पुरुष कार्यविधि 12 घंटे निर्धारित हुई। लार्ड रिडिंग के काल का कारखाना अधिनियम बच्चों के कार्याविधि 7 घंटे निश्चित किया तथा 12 वर्ष से कम की आयु के बच्चे पर कार्य करने का प्रतिबंध लगाया। लार्ड विलिंग्टन ने 1934 के कारखाना अधिनियम के अनुसार अल्पायु बच्चों की कार्यविधि 5 घंटे निर्धारित तथा श्रमिकों को चिकित्सा की सुविधा दी गई। लार्ड वेवल के काल में 1944 का कारखाना अधिनियम जिसमें श्रमिकों की कार्यविधि 9 घंटे निर्धारित व कैण्टीन की व्यवस्था की गई।

बैंकिंग, परिवहन, निकास सिद्धांत

बैंकिग

भारतीय पूँजी का प्रयोग ज्वाइंट बैंकों में हुआ जिसका मुख्य उद्देश्य व्यापारिक तथा अन्य गतिविधियों के लिए पैसा उधार देना था। इस क्षेत्र के महत्वपूर्ण बैंकों में पंजाब नेशनल बैंक (1895 ई॰), बैंक ऑफ इंडिया (1906 ई॰), इंडियन बैंक (1907 ई॰), सैंट्रल बैंक (1911 ई॰), दि बैंक ऑफ मैसूर (1918 ई॰) थे। 1 अप्रैल, 1935 ई॰ को भारतीय रिजर्व बैंक स्थापित हुआ।

परिवहन

उल्लेखनीय है कि डलहौजी के काल में भारत में 1853 में ही प्रथम रेलवे लाइन बंबई से थाना तक बिछाई गई और शीघ्र ही समस्त भारतीय प्रांतों में रेलवे का जाल फैल गया। ग्रांट ट्रंक रोड का निर्माण बहुत तीव्र गति से किया गया। स्वतंत्रता से पूर्व भारत में 65.6 हजार किमी॰ लंबी रेल लाइनें थीं। सड़क परिवहन, जल परिवहन व्यापार के प्रमुख साधन रहे थे। विमान परिवहन का शुभारंभ 1927 ई॰ में नागरिक उड्डयन विभाग की स्थापना के साथ हुआ।

निकास सिद्धांत

आर्थिक निष्कासन भारत में केवल ब्रिटिश शासन में ही देखा गया। अंग्रेज हमेशा विदेशी बने रहे। फलस्वरूप अंग्रेजों ने भारतीय जनता से वसूल किये गये आय का एक बड़ा भाग भारत में नहीं बल्कि अपने देश ब्रिटेन में खर्च किया। बंगाल से संपदा निष्कासन 1757 से आरंभ हुआ जब कंपनी के कर्मचारियों ने भारतीय शासकों, जमींदारों, सौदागरों तथा आम जनता से उगाहे गये धन को ब्रिटेन ले जाना आरंभ किया। 1758-65 के बीच लगभग 60 लाख पौंड स्वदेश भेजा। निष्कासन की इस रकम में कंपनी के लाभ शामिल नहीं थे जो बहुधा गैर-कानूनी तरीके से प्राप्त किये जाते थे। विनियम दरों में ब्रिटेन के पक्ष में हेर-फेर ने भी आर्थिक निष्कासन को संभव बनाया। बंगाल में 1765 ई॰ में दीवानी के अधिकार प्राप्त करने के बाद कंपनी ने यहाँ की राजस्व से भारतीय वस्तुओं को खरीदकर इंग्लैंड भेजा। इस प्रकार के खरीदारियों को निवेश कहा जाता था। 1840 में लार्ड एलनेवेरो ने कहा कि वह इस देश को (ब्रिटेन) थोड़े मूल्य के सैनिक समानों के अलावा बदले में बिना कुछ लिये प्रति वर्ष बीस और तीस लाख पौंड के बीच रकम भेजे। 1860 में बजट की व्यवस्था की गई। भू-राजस्व, आबकारी आदि से प्राप्त आय केंद्रीय तथा प्रांतीय सरकारों में बाँट दी गयी। अफीम एवं नमक के उत्पादन एवं बिक्री पर सरकार का एकाधिकार था। कचहरियों में मुकद्दमा चलाने के लिए मुद्रांक शुल्क और भारत में विदेशी वस्तुओं के आयात पर चुंगी लगाई गई परंतु ब्रिटिश उद्योगपतियों के दबाव से चुंगी हटा ली गई। 1860 में आयकर लगाया गया। 1894 ई॰ में फिर चुंगी लगा दी गयी।

सामाजिक धार्मिक सुधार आंदोलन

आधुनिक पाश्चातय सभ्यता के प्रभाव तथा साम्राज्यवादी ताकतों के हाथों हुई हार की चेतना ने 16वीं सदी में एक नयी जागृति को जन्म दिया। विचारशील लोगों में एक जागृति यह विकसित हुई कि आंतरिक कमजोरियाँ ही औपनिवेशीकरण का कारण बनीं। भारतीय समाज और संस्कृति की खूबियों और खामियों को ढूंढ निकालने तथा उन कमजोरियों को दूर करने के उपायों की खोज की जाने लगी। मानवतावाद और विवेक पर आधारित सिद्धांतों और आधुनिक विज्ञान ने उन्हें खासतौर से प्रभावित किया क्योंकि इस बात पर लोगों में मतभेद था कि किस प्रकार के सुधार किए जाएँ तथा कितना सुधार किया जाना चाहिए। धर्म में इसने धर्मान्धता, अंधविश्वासों तथा पुजारियों के अधिपत्य को समाप्त किए। सामाजिक जीवन में इसने स्त्रियों को मुक्त कराया, समान अधिकार की बात की तथा जाति संबंधी कठोरता एवं अस्पृश्यता का खात्मा आदि कार्य किए।

19वीं सदी के सामाजिक-धार्मिक आंदोलन के स्वरूप

ब्रिटिश विजय के साथ औपनिवेशिक संस्कृति और विचारधारा के प्रचार-प्रसार की प्रतिक्रिया में ही यह लहर उठनी शुरू हुई थी। बाहरी सांस्कृति के फैलाव से भारतीयों के लिए यह जरूरी हो गया था कि वे आत्मनिरीक्षण करें और अपनी संस्कृति और संस्थाओं की शक्ति और कमजोरियों की छानबीन करें।

राजा राममोहन राय ने 1928 में बंगाल में ब्रह्म समाज की स्थापना कर सुधार की प्रक्रिया को शुरू किया और फिर पूरे भारत में यह लहर फैल गयी। इसके अलावा भी दूसरे कई सुधारवादी आंदोलन और संगठन सामने आए। इसमें हिन्दुओं के दो आंदोलन प्रमुख रहे, उनमें महाराष्ट्र के प्रार्थना समाज और परमहंस मंडली और पंजाब और उत्तर भारत में आर्य समाज का नाम लिया जा सकता है। कई क्षेत्रीय संस्थाएँ भी सामने आयीं। जैसे—पंजाब सरीन सभा, महाराष्ट्र में सत्यशोधक समाज तथा केरल में नारायण गुरु धर्मपरिपालन सभा के जरिए कार्य शुरू किया गया। अहमदिया और अलीगढ़ आंदोलन, सिंहसभा और रहनुभाई माजदायासन सभा क्रमश: मुसलमानों, सिखों और पारसियों के बीच उभरी सुधारवादी शक्तियाँ रहीं। ये सभी आंदोलन क्षेत्रीय और आम चेतना की धार्मिक अभिव्यक्ति थे।

हालाँकि इन आंदोलनों का ज्यादा जोर धार्मिक सुधारों की तरफ ही था फिर भी इनमें से किसी भी आंदोलन का चरित्र धार्मिक नहीं था। इनकी अन्त:प्रेरणा थी मानववाद इनका सारा जोर इहलौकिक अस्तित्व पर था। बंकिमचंद्र और विवेकानंद ने इहलौकिक उद्देश्यों के लिए धर्म के इस्तेमाल पर जोर दिया।

इन आंदोलनों ने आधुनिकीकरण की प्रक्रिया शुरू करने के लिए पहले सामाजिक वातावरण तैयार करने का काम हाथ

में लिया। राजा राममोहन राय ने कहा कि सती प्रथा को अतीत में भी धार्मिक स्वीकृति नहीं थी। इस तरह विद्यासागर ने भी विधवा-विवाह के पक्ष में पौराणिक मंत्रों से सबूत जुटाए तथा दयानंद ने अपने जातिवाद-विरोध को वैदिक आधार पर खड़ा किया। सुधारवादी आंदोलन के दो महत्वपूर्ण बौद्धिक मापदंड थे-तर्क वृद्धिवाद तथा धार्मिक सार्वभौमवाद। आंदोलन के प्रणेताओं ने युक्तियुक्त मीमांस के आधार पर ही किसी परंपरा या व्यवस्था की सामाजिक सार्थकता का मूल्यांकन किया। लोक-हितवादी का मानना था कि सामाजिक सुधारों का धार्मिक स्वीकृति से कोई मतलब नहीं है।

हालाँकि ये सुधार क्षेत्रविशेष या धर्मविशेष तक ही सीमित रहे, लेकिन इनका नजरिया विश्ववादी था। राममोहन राय का मानना था कि विभिन्न धर्म दरअसल, एक सार्वभौम सत्य के रूप में हैं। सर सैयद अहमद खान का भी कुछ ऐसा ही मत था। के॰ सी॰ सेन का मत था कि, ''सभी धर्मों में सच को खोजने की स्थिति में हम नहीं हैं लेकिन दुनियाँ के सभी स्थापित धर्म सच हैं।''

16वीं सदी के उत्तरार्द्ध में धार्मिक विशिष्टवाद के उभरने के पहले तक इस सार्वभौम दृष्टिकोण ने राजनैतिक और सामाजिक चिंतन पर काफी असर डाला।

19वीं सदी में हुआ सांस्कृतिक-वैचारिक संघर्ष दो मोरचों पर चला था। एक तरफ तो यह पारंपरिक संस्कृति के प्रतिगामी तत्वों से जूझ रहा था, दूसरी तरफ उसका मुकाबला सत्ता द्वारा संरक्षित औपनिवेशिक संस्कृति और विचारधारा से था। धार्मिक क्षेत्र में सुधारवादी आंदोलन ने मूर्तिपूजा, बहुदेववाद और पुजारियों के एकाधिकार को खत्म करने और धार्मिक कर्मकांड के सरलीकरण के लिए संघर्ष किया। धर्मग्रंथों का भारतीय भाषाओं में अनुवाद होने से धार्मिक ज्ञान पर पुजारियों और धर्माचार्यों का एकाधिकार नहीं रह गया था। कर्मकांडों के सरलीकरण से ईश्वरोपासना में बिचौलियों की ठेकेदारी टूटी। समाज को जड़ बना देने वाली जाति-व्यवस्था के खिलाफ भी संघर्ष छेड़ा गया। इसने लोगों में देशप्रेम की भावना को खत्म कर दिया था और लोकतांत्रिक विचारों के विकास में यह सबसे बड़ी बाधा बनी हुई थी। दयानंद और विवेकानंद ने तत्कालीन जाति-व्यवस्था का घोर विरोध किया। नारायण गुरु और ज्योतिबा फुले ने भी इसकी निंदा की।

महिलाओं की सामजिक स्थिति और हैसियत सुधारने का अभियान महज मानवतावादी दृष्टिकोण के नाते नहीं चलाया गया था बल्कि उसके पीछे पूरे समाज को सुधारने की व्यापक दृष्टि थी। महिलाओं की उन्नति के बिना पुरुषों एवं परिवारों की उन्नति की कल्पना नहीं की जा सकती। सुधारवादियों का दृष्टिकोण था कि जिस देश में महिलाएँ उपेक्षित हों, वह देश सभ्यता के क्षेत्र में कभी भी उल्लेखनीय प्रगति नहीं कर सकता।

भारतीय समाज पर औपनिवेशिक संस्कृति और विचारधारा का हमला दिन-ब-दिन तेज होता जा रहा था। इसलिए पारंपरिक संस्थाओं को पुनर्जीवित करने की कोशिश भी शुरू हुई। जैसे-औपनिवेशिक साम्राज्य का विस्तार होता गया, हमले से बचाव के लिए भारतीय संस्कृति के लोग ढाल बनाते गए।

बचाव की इस रणनीति की झलक हमें तत्वबोधिनी सभा की स्थापना और उसकी गतिविधियों को लेकर राममोहन राय और ईसाई मिशनरियों के बीच हुई बहस में मिलती है। इन सामाजिक, धार्मिक आंदोलनों के ज़रिए जो सांस्कृतिक वैचारिक संघर्ष चला, उसने राष्ट्रीय चेतना को जन्म देने और उसके विभाजन में महत्वपूर्ण योगदान किया क्योंकि शुरुआती दौर में उसने जो बौद्धिक और सांस्कृतिक जागरूकता पैदा की, उससे लोगों को भविष्य के प्रति नयी दृष्टि मिली। दूसरे, यह संघर्ष औपनिवेशिक संस्कृति और विचारधारा के हमले के प्रतिरोध के रूप में छेड़ा गया था। दो मोरचों पर एक साथ चले इस संघर्ष ने आज की आधुनिक सांस्कृतिक स्थिति को जन्म दिया-नए आदमी, नए परिवार और नया समाज।

प्रभाव

शुद्ध रूप से धार्मिक विचारों के अलावा धर्म सुधार आंदोलनों ने भारतीयों के आत्म-विश्वास, आत्म-सम्मान तथा अपने देश पर उनके गर्व को बढ़ाया। इन सुधारों ने अपने अनुयायियों को अधिकारियों के इस व्यंग्य का उत्तर देने योग्य बनाया कि यहाँ के धर्म व समाज पतनशील और हीन है।

धर्म सुधार ने अनेक भारतीयों को इस योग्य बनाया कि वे आधुनिक विश्व से तालमेल बिठा सकें। वास्तव में उनका जन्म ही पुराने धर्मों को, नये आधुनिक साँचे में ढालकर उनको समाज के नये वर्गों की आवश्यकताओं के अनुरूप बनाने के लिए हुआ था।

सुधारमूलक दृष्टिकोण के परिणामस्वरूप अनेक भारतीय जाति धर्म के विचारों पर आधारित एक संकुचित दृष्टिकोण की जगह एक आधुनिक, इहलौकिक, धर्मनिरपेक्ष तथा राष्ट्रीय दृष्टिकोण अपनाने लगे। इन आंदोलनों ने बाकी दुनिया से भारत के सांस्कृतिक और बौद्धिक अलगाँव का भी कुछ हद तक खत्म किया तथा विश्वव्यापी विचारों में भारतीयों को भागीदार बनाया। स्त्री-मुक्ति आंदोलन के क्षेत्र में भी महत्वपूर्ण

प्रगति हुई। सती-प्रथा और बाल हत्या को अवैध घोषित किया गया, विधवा विवाह (1856) को वैध बनाना, लड़कियों की वैवाहिक आयु 10 से बढ़ा दिया जाना आदि कई महत्वपूर्ण विकास थे।

ये सभी सुधार आंदोलन समाज के एक बहुत छोटे भाग (नगरीय उच्च वर्ग और मध्य वर्ग) की आवश्यकताएँ पूरी करते थे। इसमें से कोई भी बहुसंख्य किसानों तथा नगरों की गरीब जनता तक नहीं पहुँचा। अतीत की महानता सकारात्मक शिक्षाओं की विरोधी बन गई। इसने मानव बुद्धि तथा वैज्ञानिक दृष्टिकोण को धक्का पहुँचाया। इन सबका परिणाम यह हुआ कि अतीत कुछेक लोगों की संपत्ति बनकर रह गयी। बाद में अतीत भी विभाजित होने लगी।

ईसाई मिशन

अंग्रेज ईस्ट इण्डिया कंपनी ने अपनी संपूर्ण शक्ति व्यापार की उन्नति में लगाई। कंपनी ने बंगाल में कार्य कर रहे ईसाई धर्म प्रचारकों को प्रोत्साहन नहीं दिया। इस मामले में कंपनी ने सतर्कता की नीति अपनाई। लेकिन कंपनी की इस नीति से ईसाई धर्म प्रचारक निराश नहीं हुए। उन्होंने इंग्लैंड की सरकार पर दबाव डाला कि वह कंपनी को आज्ञा देकर उन्हें कंपनी के अधीनस्थ प्रदेशों में धर्म-प्रचार की अनुमति दे।

1813 के चार्टर ने ब्रिटिश शासित प्रदेशों में ईसाई धर्म प्रचारकों को धर्म प्रचार एवं शिक्षण कार्यों की स्वतंत्रता प्रदान की। ईसाइयों की अनेक धार्मिक संस्थाओं ने भारत में अपना कार्य शुरू किया। इन्हें प्रचार एवं शिक्षण-कार्य के लिए ब्रिटेन से धन मिलता था। उन्होंने भारतीय भाषाओं में बाइबिल का अनुवाद किया। अनेक अंग्रेजी विद्यालय तथा महाविद्यालयों की स्थापना की गई। ये विद्यालय मुख्य रूप से ईसाई धर्म स्वीकार करने वाले व्यक्तियों के लिए चलाये थे। प्रारंभ में निम्न वर्ग के निरक्षर व्यक्तियों ने ईसाई धर्म स्वीकार किया किंतु बाद में कुछ शिक्षित व्यक्तियों ने भी स्वेच्छा से धर्म परिवर्तित किया। ईसाई मिशनरियों को बंगाल की जनजातियों में अपने धर्म प्रचार में उल्लेखनीय सफलता मिली। आर॰सी॰ मजूमदार के मतानुसार मिशनरियों के प्रति कंपनी के अधिकारियों का दृष्टिकोण सहानुभूतिपूर्ण था। विद्यालयों की कक्षाओं में धर्म परिवर्तन के लिए विद्यार्थियों से कहा जाता था। हिंदू धर्म की काल्पनिक एवं वास्तविक कुरीतियों को बढ़ाकर बताया जाता था तथा ईसाई धर्म की अच्छाईयों का गुणगान किया जाता था।

सैयद अहमद ने कहा कि सैनिक व असैनिक अधिकारी ईसाई धर्म प्रचारकों की मदद करते थे। ईसाई पादरी हिन्दू देवी-देवताओं का खुले रूप में उपहास करते थे उनके अनुसार ये ऐसे कार्य किये जो घृणास्पद हैं। इन्होंने धर्म परिवर्तन करने वालों को नौकरी व अन्य सुविधाएँ देने का वचन भी दिया। पादरियों ने जबरदस्ती भी की थी।

एडमण्ड नामक एक उच्चाधिकारी ने सामान्य जनता को संबोधित कर परिपत्र निकाला जिसमें उसने कहा कि जब सारे देश में एक सरकार का शासन है तथा यातायात के साधन की एकता है इसीलिए यह भी आवश्यक है कि एक धर्म का पालन हो तथा वह धर्म ईसाई हो। इस परिपत्र के प्रभाव को देखते हुए सैयद अहमद खाँ ने लिखा है कि इससे भारतीय जनता स्तब्ध रह गई। उन्हें यह विश्वास होने लगा कि सभी को ईसाई धर्म स्वीकार करना होगा। अधीनस्थ सरकारी कर्मचारियों को जब भी कभी प्रशिक्षण के लिए भेजा जाता था, उन्हें ईसाई धर्म की शिक्षाएँ दी जाती थीं। सरकारी अधिकारियों द्वारा ईसाई धर्म के प्रचारकों को सहायता देने के परिणामस्वरूप जनता का असंतोष बढ़ता चला गया। उन्हें अपना धर्म एवं संस्कृति खतरे में दिखाई देने लगी। 1857 ई॰ के विद्रोह का यह प्रमुख कारण बना।

1858 ई॰ में ईसाई धर्म प्रचारकों के प्रति सरकार की नीति में परिवर्तन हुआ। ईसाई धर्म संबंधित विद्यालयों को सहायता देना बंद हुआ। सरकारी कर्मचारी खुले रूप में अब उनकी सहायता नहीं कर सकते थे। 1858 में अनेक ईसाई महाविद्यालय खोले गये। बम्बई में विल्सन, कॉलेज, मद्रास में क्रिशिचयन कॉलेज, नागपुर में हिसलप कॉलेज, आगरा में सेंट जान्स कॉलेज इनमें प्रमुख थे।

यातायात की सुविधा के कारण लगभग सभी प्रांतों व देशी राज्यों की राजधानियों में ईसाई मिशनरी के केन्द्र स्थापित हुए। ईसाई धर्म प्रचारक सारे देश में फैल गये। 1899-1901 के भयंकर अकाल में गरीब जनता की भरपूर सेवा ईसाई मिशनरियों ने की। इसके साथ धर्म का प्रचार किया।

मिशनरियों की गतिविधियों के विरुद्ध धार्मिक व सामाजिक प्रतिक्रिया भी हुई। 19वीं शताब्दी में धार्मिक व सामाजिक सुधारकों ने हिन्दू धर्म एवं समाज में व्याप्त कुरीतियों के विरुद्ध आवाज उठाई। दयानंद ने शुद्धि आंदोलन का सूत्रपात किया। नारी शिक्षा के लिए भी विद्यालय खोले गये। शिक्षा के प्रसार के लिए सभी सामाजिक सुधार संस्थाओं ने प्रयास किये।

इसके अतिरिक्त हमारे सुधारकों को ईसाई मिशनरियों को धर्म प्रचार प्रणाली से भी प्रेरणा मिली। शिक्षा के प्रसार में

ईसाई मिशनरियों के योगदान को भुलाया नहीं जा सकता। इसका परिणाम भारतीयों के लिए हितकर सिद्ध हुआ। नारी शिक्षा को फिर से देश में फैलाने का प्रयास उन्हीं के द्वारा आरंभ हुआ।

नवीन शिक्षण नीति

भारत में आधुनिक शिक्षा का आरंभ अंग्रेजों द्वारा किया गया। इसमें ईसाई मिशनरियों ने सहयोग दिया परंतु प्रबुद्ध भारतीयों के योगदान को अस्वीकार नहीं किया जा सकता।

वारेन हेस्टिंग्स ने 1781 में मुस्लिम कानून और संबद्ध विषयों के अध्ययन के लिए कलकत्ता मदरसा कायम किया। जोनाथन ठंकन ने 1791 में हिन्दू कानून और दर्शन के अध्ययन के लिए वाराणसी में संस्कृत कॉलेज स्थापित किया। 1813 के चार्टर एक्ट में विद्वान् भारतीयों को बढ़ावा देने तथा देश में आधुनिक विज्ञानों के ज्ञान को प्रोत्साहित करने का सिद्धांत शामिल कर लिया गया। एक्ट ने कंपनी को इसके लिए एक लाख रुपये खर्च करने का निर्देश दिया।

1835 में लार्ड मैकाले ने पाश्चात्य एवं अंग्रेजी शिक्षा का समर्थन किया और परम्परागत भारतीय विद्या के प्रसार पर विवाद का अंत हुआ। राजा राममोहन राय और 19वीं एवं 20वीं सदी के अनेक प्रमुख भारतीयों ने मैकाले के इस विचार का समर्थन किया। भारत सरकार ने विशेषकर बंगाल में इस निर्णय पर तेजी से कारवाई की और स्कूलों और कॉलिजों में अंग्रेजी की शिक्षा का माध्यम बना दिया। जनशिक्षा की उपेक्षा करने के कारण बाद में इस नीति की तीव्र आलोचनाएँ की गयीं। वास्तव में मैकाले ने 'अधीशामी निस्यंदन सिद्धांत' में विश्वास किया। जिसके अनुसार थोड़े से अंग्रेजी शिक्षित भारतीयों के माध्यम से पाश्चात्य शिक्षा छनकर आम जनता तक पहुँचेगी। वस्तुत: सरकार शिक्षा पर अधिक खर्च करना नहीं चाहती थी।

1854 में वुड्स की शैक्षणिक विज्ञप्ति में सरकार से जनशिक्षा की जिम्मेदारी लेने को कहा गया। शिक्षा के माध्यम के रूप में अंग्रेजी एवं देशी भाषा दोनों को स्वीकार किया गया। धीरे-धीरे देशी पद्धति का स्थान पश्चिमी पद्धति ने ले लिया।

1882 में नियुक्त हंटर शिक्षा आयोग ने निम्नलिखित सिफारिशें कीं–

1. सरकार को प्राथमिक शिक्षा और इसके प्रबंध पर विशेष ध्यान दिया जाए और इसके नियंत्रण के लिए नव संस्थापित जिला और नगर बोर्डों को दे दिया जाए।
2. माध्यमिक शिक्षा के दो भाग थे–एक में शारीरिक शिक्षा दी जाये तथा दूसरी व्यवसायिक शिक्षा हो।
3. इस क्षेत्र में निजी प्रयत्नों को सदस्यता अनुदान में उदारता के द्वारा बढ़ावा दिया जाये।
4. महिला शिक्षा को प्रोत्साहित किया जाये।

1904 में लार्ड कर्जन ने शिक्षा के केंद्रीकरण और उस पर प्रशासकीय प्रभुत्व के लिए 'भारतीय विश्वविद्यालय अधिनियम 1904' पारित किया। इस अधिनियम ने शिक्षा के स्तर में कोई सुधार नहीं किया।

1910 में भारत सरकार के अधीन शिक्षा विभाग की स्थापना की गई तथा 1913 में मौलिक और आवसीय विश्वविद्यालयों की स्थापना के लिए प्रस्ताव पारित किये। शिक्षा में सुधार की समीक्षा विभिन्न आयोगों एवं समितियों द्वारा की जाती रही जिनमें से कुछ अनुशंसाओं की सरकार द्वारा व्यवहार में लाया गया। इनमें कलकत्ता विश्वविद्यालय आयोग (सैडलर आयोग, 1919) लिंग्स आयोग, 1929, साप्रू समिति, 1934 प्रमुख हैं।

गांधी जी ने अपने पत्र 'हरिजन' के द्वारा बुनियादी शिक्षा की अवधारणा प्रस्तुत की जो वर्धा योजना के नाम से लोकप्रिय हुई। जिसमें दस्तकार्य और गतिविधियों द्वारा सीखने पर बल लिया गया।

1944 में सार्जेन्ट योजना बोर्ड को ब्रिटिश शिक्षा के स्तर पर समान भारत में भी शैक्षणिक स्तर प्राप्त करने का उद्देश्य सौंपा गया। यह अब तब प्रकाशित शैक्षिणिक योजनाओं के क्षेत्र की दृष्टि से अधिक प्रगतिशील थी। इसमें भारतीय शिक्षा की सभी समस्याओं को दूर करने का प्रयास किया।

परम्परागत भारतीय शिक्षा प्रणाली धीरे-धीरे सरकारी समर्थन के अभाव और उससे भी अधिक 1844 की सरकारी घोषणा के कारण समाप्त कर दी गयी, जिसके अनुसार सरकारी रोजगार के लिए आवेदन करने वालों को अंग्रेजी का ज्ञान होना चाहिए। इस घोषणा ने अंग्रेजी माध्यम के स्कूलों को बढ़ावा दिया। प्रारंभिक शिक्षा नीति में लड़कियों की शिक्षा की अवहेलना हुई। ब्रिटिश सरकार ने वैज्ञानिक एवं तकनीकी शिक्षा की उपेक्षा की। सरकारी शिक्षा में अनेक कमजोरियों के बावजूद आधुनिक शिक्षा ने भारत में विचारों के प्रचार एवं उसके आधुनिकीकरण में सहायता दी।

पत्रकारिता

यूरोपियनों ने भारत में छापेखाने की शुरुआत की जिससे भारत में आधुनिक प्रेस का विकास प्रारंभ हुआ। 1780 ई० में जेम्स आगस्टस हिक्की ने अंग्रेजी में प्रथम समाचार-पत्र 'द बंगाल गजट' के नाम से प्रकाशित किया। जनमत शिक्षण एवं निन्दा तथा आलोचना द्वारा सरकारी नीतियों को प्रभावित करने में समाचार-पत्रों की भूमिका को शीघ्र ही शिक्षित भारतीयों ने महसूस किया और समाचार-पत्रों के प्रकाशन में महत्वपूर्ण भूमिका का निर्वाह किया। इन नेताओं में राममोहन राय,

सुरेन्द्रनाथ बनर्जी, लोकमान्य तिलक, मदन मोहन मालवीय एवं लाजपत राय प्रमुख थे। देशी भाषाओं के पत्रों ने राजनीतिक संदेश पहुँचाने में महत्पूर्ण योगदान दिये। देशी भाषा का प्रथम समाचार-पत्र 1818 में 'समाचार दर्पण' एवं इसके बाद 1830 में 'गुजराती भाषा' में 'बाम्बे समाचार' छपा।

लोगों में राजनीतिक जागृति उत्पन्न करने में समाचार-पत्रों की भूमिका को देखते हुए ब्रिटिश सरकार ने भारतीय प्रेस पर कई प्रतिबंध लगाये। यह नियम बनाया कि प्रकाशित होने वाली किसी भी सामग्री को पहले सेंसर के लिए सरकारी सचिव के पास जमा करना होगा। लार्ड हेस्टिंग्स ने लोकहित के विरुद्ध एवं सरकारी अधिसत्ता के लिए खतरनाक किसी भी सामग्री के प्रकाशन पर प्रतिबंध लगा दिया। कार्यवाहक गर्वनर जनरल जान एडम्स ने समाचार-पत्रों के लिए सरकार से लाइसेंस लेना आवश्यक बना दिया। बैंटिक ने समाचार-पत्रों के लिए कुछ छूट दी। 1835 में चार्ल्स मेटकाफ ने लाइसेंसिग एक्ट समाप्त कर दिया। 'प्रेस एण्ड रेगुलेशन ऑफ बुक्स एक्ट' लाया गया। इसके द्वारा प्रेस को प्रकाशक के लिए अपना नाम प्रकाशन का नाम एवं प्रकाशन का स्थान बताना अनिवार्य कर दिया गया। 1878 में वर्नाक्युलर प्रेस एक्ट पारित किया गया इस एक्ट ने दोनों भाषाओं के समाचार-पत्रों पर गंभीर प्रतिबंध लगाए। इस अधिनियम के पारित होने का भारी विरोध हुआ। सरकार ने लोगों की माँग पर 1882 में इसे बदल दिया। इसके बाद 25 वर्षों तक भारतीय प्रेस ने स्वतंत्रता का खूब आनंद उठाया। लेकिन 1905 के बाद स्वदेशी एवं बहिष्कार जैसे उग्र आंदोलनों के शुरू होने के पश्चात् 1908 में पुनः समाचार-पत्र अधिनियम बनाया गया। मजिस्ट्रेटों को अधिकार दिया गया कि हिंसा उत्पन्न करने वाली किसी भी सामग्री के प्रकाशन पर वे प्रेस एवं उसे जुड़ी संपत्ति को जब्त कर सकते हैं। इस नीति को जारी रखते हुए सरकार ने पुनः 1910 में इंडियन प्रेस एक्ट बनाया। इसके द्वारा आपत्तिजनक सामग्री के प्रकाशन होने पर सरकार प्रेस की संपत्ति एवं सुरक्षित धन राशि जब्त कर सकती हैं एवं प्रेस का लाइसेंस रद्द किया जा सकता है। सरकार ने प्रथम विश्वयुद्ध की अवधि में भी भारतीय प्रेस के प्रति अपनी दमनकारी नीतियों को जारी रखा। लेकिन युद्धोपरांत सप्रू समिति की सिफरिशों पर 1908 और 1910 के एक्ट को प्रतिस्थापित कर दिया गया।

1930 में भारतीय प्रेस अध्यादेश जारी करके प्रेस की स्वतंत्रता को सीमित करने का दायरा बढ़ा दिया गया क्योंकि अब अपराध की व्यापक परिभाषा दी गयी। ए॰ रामास्वामी आयंगर की अध्यक्षता में संपादकों ने एक सभा करके सरकार की इस नीति की तीखी आलोचना की।

इकाई-IX

राष्ट्रीय आंदोलन एवं स्वातंत्र्योत्तर भारत

राष्ट्रवाद का उदय

19वीं सदी के उत्तरार्द्ध के दौरान भारत में आधुनिक राष्ट्रवाद के उदय के निम्नलिखित कारण थे

1. **विदेशी अधिपत्य का परिणाम**–ब्रिटिश शासन और उसके प्रत्यक्ष तथा अप्रत्यक्ष परिणामों ने भारत में राष्ट्रीय आंदोलन के विकास की भौतिक, नैतिक और बौद्धिक स्थितियाँ उत्पन्न कीं।
2. **प्रशासनिक और आर्थिक एकीकरण**–अंग्रेजों ने भारत में शासन की एक समरूप और आधुनिक प्रणाली लागू की थी। ग्रामीण और स्थानीय स्वावलंबी अर्थव्यवस्था के विनाश तथा अखिल भारतीय पैमाने पर आधुनिक व्यापार और उद्योगों की स्थापना ने भारत के आर्थिक जीवन को एक सूत्रबद्ध किया।
3. **पाश्चात्य चिंतन और शिक्षा**–पाश्चात्य शिक्षा तथा चिंतन के प्रसार से शिक्षित भारतीयों ने पहली बार विदेशी अधीनता के अपमान को महसूस किया।
4. **भारतीय प्रेस और साहित्य**–प्रेस ही मुख्य माध्यम था जिसके जरिये राष्ट्रवादी विचारधारा वाले भारतीयों ने देशभक्ति के संदेश और आधुनिक आर्थिक, सामाजिक तथा राजनीतिक विचारों को प्रसारित किया।
5. **भारतीय के अतीत का पुनर्वेषण**–अंग्रेजों से परेशान हतोत्साहित भारतीयों ने अपनी सांस्कृतिक विरासत की ओर देखा और स्वशासन की भावना को जागृति दी।
6. **जातीय अहंकार**–भारतीयों को यूरोपवासियों के लिए स्थापित क्लबों एवं रेल डिब्बों में जाने की अनुमति नहीं थी। इससे भारतीय राष्ट्रीय अपमान के प्रति सजग हो गये।

1857 का विद्रोह

वस्तुत: 1857 का विद्रोह ब्रिटिश नीतियों के विरुद्ध जनता की संचित, शिकायतों और सिपाहियों के असंतोष की उपज था। इस विद्रोह के कुछ महत्वपूर्ण कारण इस प्रकार थे–

(क) आर्थिक कारण–अंग्रेजों द्वारा ब्रिटिश व्यापारियों एवं उद्योगपतियों के पक्ष में अपनायी जाने वाली आर्थिक एवं भू-राजस्व नीतियों ने देश के पारंपरिक आर्थिक ढाँचे का पूर्णतया विनाश कर दिया था। इन नीतियों ने किसानों, दस्तकारों तथा बड़ी संख्या में परंपरागत जमींदारों और प्रधानों को दरिद्र बना दिया।

प्रशासन के निचले स्तर में फैले भ्रष्टाचार ने आम आदमी को काफी चोट पहुँचाई। बैंटिक द्वारा करमुक्त काश्तकारी अधिकार छीने जाने से अनेक भूस्वामी निराश हो गये। भारतीय समाज के माध्यम एवं उच्च वर्गों को विशेषकर उत्तर भारत में, प्रशासन के अच्छे वेतन वाले ऊँचे ओहदों से अलग रखे जाने के कारण काफी नुकसान पहुँचा था। अनेक कलाकार एवं धार्मिक उपदेशक राजकीय संरक्षण से वंचित हो गये।

(ख) राजनीतिक कारण–अंग्रेज भारत में हमेशा विदेशी बने रहे। अपने पहले के विदेशी विजेताओं के विपरीत वे भारत के उच्च वर्ग के लोगों के साथ भी सामाजिक तौर पर कोई मेल-जोल नहीं रखते थे। देशी राज्यों पर प्रभावकारी नियंत्रण के लिए अपनाये जाने वाले अनुचित तरीकों को भारतीय समाज के सभी वर्गों ने नापसंद किया।

नाना साहेब का पेंशन समाप्त करने तथा बहादुर शाह के उत्तराधिकारी को ऐतिहासिक लाल किले को छोड़ कर दिल्ली के एक छोर पर एक मामूली मकान में रखने के प्रस्ताव ने हिन्दुओं एवं मुसलमानों दोनों को ही नाराज कर दिया।

अवध को हथियाने से देशी राज्यों में तहलका मचा दिया। इस कार्य ने कंपनी के अधिकांश सिपाहियों को गुस्से से भर दिया क्योंकि इनमें से ज्यादातर अवध के रहने वाले थे।

(ग) सामाजिक-धार्मिक कारण–अंग्रेजों द्वारा अपनाये गये सती-प्रथा का उन्मूलन, भ्रूण-हत्या पर रोक जैसे मानवतावादी कदमों ने समाज के रूढ़िवादी वर्ग को नाराज कर दिया। ईसाई मिशनरियों द्वारा लंबे समय से चली आ रही लोगों की प्रिय प्रथाओं और परंपराओं की खुलेआम हंसी उड़ाई गयी एवं भर्त्सना की गयी। ईसाई

बनने वाला व्यक्ति अपनी पैतृक संपत्ति प्राप्त कर सकता था ऐसा एक कानून बनाया गया था तो लोगों में यह डर समा गया कि ब्रिटिश राज उनके धर्म के लिए खतरा है। अनेक धार्मिक संस्थाओं की जमीन पर लगान लगाने से भी लोगों की धार्मिक भावना को ठेस पहुंची।

(घ) सिपाही असंतोष–सिपाहियों के साथ उनके अंग्रेज अफसर तिरस्कार पूर्ण व्यवहार करते थे। कोई भी भारतीय सूबेदार के ओहदों से ऊपर नहीं जा सकता था। सिपाहियों को सिंध या पंजाब में काम करने पर विदेशी सेवा भत्ता नहीं दिया जाता था। साथ ही एक अधिनियम बनाकर सिपाहियों को जाति एवं पंथ संबंधी चिह्न रखने से रोका गया एवं उन्हें समुद्र पार जाकर काम करने को कहा गया। इसे सिपाहियों ने अपने धर्म में हस्तक्षेप माना।

(ङ) तात्कालिक कारण–सिपाहियों को यह विश्वास हुआ कि सरकार जानबूझकर उनके धर्म को नष्ट करना चाह रही है। इसका कारण था सिपाहियों को नयी एनफील्ड राइफल दिया जाना जिसके चिकनाई लगे कारतूसों को दाँत से काटना पड़ता था। कतिपय परिस्थितियों में इन चिकनाइयों में गोमांस और सूअर की चर्बी लगी होती थी।

विद्रोह की प्रकृति

इतिहासकारों एवं लेखकों के एक समूह का कहना है कि 1857 का विद्रोह एक व्यापक और सुसंगठित षड्यंत्र का परिणाम था। लेकिन अन्य लेखक इस बात से इंकार करते हैं।

विद्रोह की शुरुआत 10 मई 1857 को मेरठ में सिपाहियों के विद्रोह से हुई। शीघ्र ही यह काफी बड़े क्षेत्र एवं लोगों के बीच फैल गयी। अवध, रोहिलखण्ड, बुंदेलखण्ड, दोआब, मध्य भारत, बिहार के एक बड़े भाग एवं पूर्वी पंजाब ने ब्रिटिश सत्ता को हिलाकर रख दिया। अनेक देशी राजे एवं बड़े जमींदारों ने सिपाहियों का साथ दिया। इनमें प्रमुख थे, कानपुर में नाना साहेब, झाँसी की लक्ष्मीबाई लखनऊ में अवध की बेगम, जगदीशपुर के कुवंर सिंह एवं फैजाबाद में मौलवी अहमदउल्ला।

उत्तर एवं मध्य भारत में जनता हथियार लेकर उठ खड़ी हुई और भालों, तीर कमानों एवं अनगढ़ बंदूकों से अंग्रेजों के खिलाफ लड़ने लगी।

विद्रोह की असफलता के कारण

कमजोर संगठन एवं विद्रोहियों के बीच आपसी समन्वय का अभाव इसकी असफलता का सबसे महत्वपूर्ण कारण था। विद्रोह का क्षेत्र सीमित रहा। अंग्रेजी सत्ता के पास अधिक अच्छे सैनिक साजो-सामान, आधुनिक हथियार एवं व्यापक संसाधन उपलब्ध थे। टेलीग्राफ के कारण अंग्रेज सेनापति विद्रोहियों की गतिविधियों पर दृष्टि रख पाने में समर्थ था।

भारतीयों के बीच एकता का अभाव था। भारतीय राज्यों के अधिकतर शासकों एवं बड़े जमींदारों ने विद्रोह के दमन में अंग्रेजों की सहायता की। इनमें ग्वालियर के सिंधिया, इंदौर के होल्कर, हैदराबाद के निजाम, जोधपुर के राजा, अन्य राजपूत शासक, पटियाला, नाभा, जींद एवं कश्मीर के शासकों और अनेक अन्य बड़े जमींदारों ने अंग्रेजों को सक्रिय समर्थन दिया। आधुनिक शिक्षित भारतीयों ने विद्रोह का समर्थन नहीं किया।

विद्रोह के परिणाम

1859 के अंत तक भारत पर ब्रिटिश सत्ता पूरी तरह स्थापित हो गयी। विद्रोह के सभी प्रमुख नेताओं जैसे तात्या टोपे, कुवँर सिंह, बख्त खाँ, बरेली के खानबहादुर खाँ, मौलवी अहमदउल्ला एवं रानी लक्ष्मीबाई की मृत्यु हो चुकी थी एवं नाना साहिब तथा अवध की बेगम नेपाल चले गये तथा सम्राट् बहादुरशाह जफर को कैद कर लिया गया।

गवर्नमेंट ऑफ इंडिया एक्ट 1858 के अनुसार भारत पर शासन करने का अधिकार ब्रिटिश क्राउन को दे दिया गया। भारत मंत्री का पद सृजित किया गया जो संसद के प्रति उत्तरदायी था। सरकारी काम पहले की तरह गवर्नर जनरल को चलाना था। अब उसकी पदवी वायसराय की पदवी दी गयी।

क्षेत्रीय विस्तार की नीति को त्यागने, धार्मिक सहिष्णुता, अहस्तक्षेप, देशी शासकों एवं राजकुमारों के अधिकारों का सम्मान तथा सभी लोगों के साथ बराबरी का बर्ताव करने का वादा किया गया। भारतीय सेना का पुनर्गठन किया गया। भारतीय को दो वर्गों सैनिक एवं गैर सैनिक वर्गों में बाँटा गया तथा जाति, धर्म एवं क्षेत्र के नाम पर रेजिमेंटों का गठन किया गया।

1857 के विद्रोह में किसानों की बड़ी भागीदारी को देखते हुए लगान अधिनियम 1859 पारित किया गया। इसके द्वारा लगान वृद्धि पर रोक लगायी गयी एवं किसी भूमि पर 12 साल से खेती रोक रहे जोतदारों को उस भूमि पर मालिकाना हक प्रदान किया गया।

जनजाति और कृषक आंदोलन

जनजाति विद्रोह की तीव्रता विभिन्न क्षेत्रों में अलग-अलग थी। जनजातियों की प्रतिक्रिया समय-समय पर हिंसक विद्रोह

के रूप में सामने आयी तथा कभी-कभी इसने सामाजिक धार्मिक सांस्कृतिक सुधार के स्वरूप भी ग्रहण किये।

विभिन्न जनजातीय विद्रोह

1. **अहोम विद्रोह**–असम में 1930 ई॰ में गोमधर कुँवर के नेतृत्व में यह विद्रोह हुआ। वर्मा युद्ध के पश्चात् अपने क्षेत्र को कंपनी द्वारा हथियाने जाने के प्रयास के विरुद्ध उन्होंने विद्रोह किया।
2. **भील बगावत (1817-19)**–खानदेश क्षेत्र में रहने वाले भीलों ने अंग्रेजों द्वारा इस पर अधिकार किये जाने एवं कुशासन के विरुद्ध विद्रोह किया।
3. **चुआर विद्रोह (1768)**–मिदनापुर के आदिवासियों ने बढ़े हुए भूमिकर एवं आर्थिक शोषण के खिलाफ विद्रोह किये। जगन्नाथ धल एवं गंगा नारायण ने इसका नेतृत्व किया।
4. **होस आंदोलन (1820, 1822, 1832)**–छोटा नागपुर एवं सिंहभूमि क्षेत्रों के होसों ने अंग्रेजों द्वारा अपनी भूमि पर कब्जा किये जाने के विरुद्ध बगावत की।
5. **खासी विद्रोह**–असम और सिलहट को जोड़ने वाली सड़क निर्माण के विरोध में जैतियाँ गारो पहाड़ियों के खासियों ने राजा तीरथ सिंह एवं बारमानिक के नेतृत्व में विद्रोह किया।
6. **खोंड विद्रोह (1846-48, 1855, 1914)**–उड़ीसा में खोंडमल के खोड़ो ने डोरा बिसाई एवं छेकरी बिसाई (1846) के नेतृत्व में खर्दा पर ब्रिटिश कब्जे एवं कुशासन के विरुद्ध बगावत कर दी।
7. **कच्छा नागा**–1832 में ब्रिटिश कुशासन के विरुद्ध असम-चचार क्षेत्र के कच्छा नागाओं ने शंभूदन के नेतृत्व में विद्रोह किया।
8. **कोल बगावत**–ब्रिटिश शासन द्वारा आदिवासी भूमि के सिखों एवं मुसलमानों के हाथों में हस्तांतरित किये जाने के विरोध में कोलों ने बुद्धो भगत के नेतृत्व में विद्रोह किया।
9. **मुंडा विद्रोह**–अंग्रेजी प्रशासन द्वारा छोटा नागपुर मुंडा आदिवासियों ने अपने धार्मिक नेता को परेशान किये जाने के कारण बिरसा मुंडा के नेतृत्व में विद्रोह किया।
10. **नायकदा विद्रोह (1858-59, 1869)**–पंचमहल के नायकदाओं ने धार्मिक राज्य स्थापित करने के उद्देश्य से रूपसिंह एवं जोरिय भगत के नेतृत्व में बगावत की।
11. **रोम्पा बगावत (1840, 1845, 1858, 1879-80, 1922-22)**–रोम्पा क्षेत्र में कोया आदिवासियों ने बढ़े हुए कर जबरन उगाही तथा खड़िया व्यापारियों एवं महाजनों के विरुद्ध विद्रोह किया।
12. **संथाल विद्रोह (1855-56, 1914)**–बिहार में राजमहल पहाड़ियों के संथालों ने सिद्धू एवं कानू के नेतृत्व में बाहरी लोगों (वीकू) के विरुद्ध विद्रोह किया। व्यापक सैनिक कार्यवाही एवं संथाल परगना नामक एक नये जिले के निर्माण के बाद विद्रोह दब गया।
13. **थाडोई कूकी बगावत (1917-19)**–मणिपुर के कूकियों ने ब्रिटिश कुशासन के विरुद्ध जोनडोनंग एवं उनकी भतीजी रानी गैडिनल्यू के नेतृत्व में विद्रोह किया।
14. **ओरांव विद्रोह (1914-15)**–जात्रा भगत ने बिहार के छोटानागपुर में एकेश्वरवादी विद्रोह का नेतृत्व किया। भगत ने इस विद्रोह को अंग्रेजों को बाहर निकालने के उद्देश्य से एक रेडिकल राजनीतिक आंदोलन के रूप में परिवर्तित किया।
15. **बघेरा विद्रोह (1818-19)**–ब्रिटिश सत्ता थोपे जाने एवं कुशासन के विरुद्ध ओकहा मंडल के बघेरों ने विद्रोह किया एवं अंग्रेजी क्षेत्रों में भी प्रवेश किया।
16. **रामोसी विद्रोह**–पश्चिमी घाट के पहाड़ी आदिम-वासियों ने चित्तर सिंह के नेतृत्व में ब्रिटिश कुशासन के कारण विद्रोह किया। महाराष्ट्र में वासुदेव फड़के के नेतृत्व में रामोसियों एवं धागराओं के एक दल ने हिंदू राज स्थापित करने का प्रयास किया। फड़के के गिरफ्तार होने के बाद भी दौलत रामोसी के नेतृत्व में रामोसी डकैतों का एक दल 1833 तक सक्रिय रहा।

कृषक आंदोलन

अंग्रेजों के उपनिवेशवादी शोषण का कहर भारतीय किसानों पर सबसे ज्यादा बरपा। 19वीं सदी में कृषकों की अशांति विरोधों, विद्रोहों तथा प्रतिरोधों में प्रकट हुई जिनका मुख्य उद्देश्य सामंतशाही को तोड़ना था। 19वीं सदी के उत्तरार्द्ध में होने वाले कृषक विद्रोह राजनैतिक नहीं थे क्योंकि उनमें वर्ग जागृति तथा सुव्यवस्थित संगठन नहीं था। 20वीं सदी के कृषक आंदोलन को राष्ट्रीय आंदोलन ने भी दिशा दी।

नील आंदोलन (1859-60)–बंगाल के नील उत्पादक कृषकों की ऐसी शर्तो पर नील उगाने के लिए बाध्य करते थे जो लाभप्रद नहीं थी। इन अत्याचारों के विरुद्ध कृषकों ने नील उत्पादन बंद कर दिया। 1860 में सरकार ने नील आयोग

गठित किया जिसकी अधिसूचना के कारण रैयत नील की खेती के लिए बाध्य नहीं किये जा सकते थे।

पावना आंदोलन–1873 में पावना जिले में किसान संघ की स्थापना के साथ जमींदारों के विरुद्ध संघर्ष हुआ। यह संघर्ष कानूनी था एवं आंदोलन के द्वारा अधिकांश कृषकों ने अपना अधिकार प्राप्त किया।

मोपला विद्रोह (1921)–1921 के अगस्त में केरल के मालाबार में किसानों का विद्रोह हुआ जो मोपला विद्रोह के नाम से जाना गया। यह बेदखली के विरुद्ध एवं जमींदारों के मनमाने लगान एवं अत्याचार के खिलाफ था।

बारदोली आंदोलन (1928)–1928 में गुजरात के बारदोली में लगान न देने का आंदोलन हुआ। सरदार वल्लभभाई पटेल ने इस आंदोलन का नेतृत्व किया । लगान देने वालों एवं सरकारी अधिकारियों का सामाजिक बहिष्कार हुआ। कल्याण जी एवं कुँवर जी मेहता जैसे स्थानीय नेताओं ने बंधुआ मजूरी के खिलाफ आवाज उठाई एवं जमींदारों द्वारा अछूतों आदिवासियों के शोषण का विरोध किया।

1936 किसान सभा की स्थापना–कांग्रेस समाजवादी पार्टी के नेताओं एवं वामपंथी ताकतों के एकजुट होने के कारण ही 1936 में लखनऊ में 'अखिल भारतीय किसान कांग्रेस' की स्थापना हुई। बिहार के स्वामी सहजानंद इसके अध्यक्ष एवं आंध्र के किसान आंदोलन के अगुआ एन. जी. रंगा महासचिव हुए। लगान में कमी, बेदखली से सुरक्षा, सामंती वसूली की समाप्ति, यूनियनों की मान्यताएँ आदि माँगे सरकार के सामने कांग्रेस ने रखी।

बिहार में कृषक जागरण

बिहार में कृषक जागरण के प्रणेता सहजानंद थे। बिहार के किसानों की माँगें थीं–जमींदारी का उन्मूलन, गैर-कानूनी वसूली एवं कास्तकारों की बेदखली का अंत तथा बकाश्त जमीन की वापसी। जमींदारी प्रथा की समाप्ति के 1945 से आगे तक यह आंदोलन चलता रहा।

बंगाल का तेभागा आंदोलन

इसी समय बंगाल में तेभागा आंदोलन शुरू हुआ। 1945 में बटाइदारों ने भूस्वामियों को आधा के बदले एक तिहाई हिस्सा देने एवं उपज अपने खलिहान में रखने की घोषणा की, साथ ही लगान नगद देने की बात की। आंदोलन का नेतृत्व बंगाल प्रांतीय किसान सभा ने किया। फलतः कृषक बर्गादार-संघर्ष प्रारंभ हो गया। सरकार ने भी आंदोलन दबाने का प्रयास किया। 1950 में कांग्रेस ने बर्गादार विधेयक पारित किया जिसमें तेभागा आंदोलन की अधिकांश माँगे समाहित कर ली गईं।

भारतीय राष्ट्रीय्य कांग्रेस की विचारधारा एवं कार्यक्रम

शीर्ष राष्ट्रवादी संगठन के रूप में भारतीय राष्ट्रीय कांग्रेस ने एक मंच, संगठन एवं मुख्यालय के रूप में कार्य किया। इसने राजनीति के प्रतीक एवं नयी राष्ट्रवादी भावनाओं की अभिव्यक्ति दी। कांग्रेस की स्थापना ए.ओ. ह्यूम के नेतृत्व में की गयी जिसका प्रथम अधिवेशन 1885 ई० में बंबई में हुआ । प्रथम अधिवेशन की अध्यक्षता योगेश चंद्र बनर्जी ने की।

1885 ई० में भारतीय राष्ट्रीय कांग्रेस की स्थापना एकाएक घटी कोई घटना या एक ऐतिहासिक दुर्घटना नहीं थी। बल्कि यह राजनीतिक जागरण प्रक्रिया की पराकाष्ठा थी। जिसकी शुरुआत 1860 और 1870 के दशक में हो चुकी थी। इसने पुनः 1870 के अंत तक 1880 के प्रारंभ में एक लंबी छलांग लगायी। आरंभिक कांग्रेस नेतृत्व केंद्र में बंबई एवं कलकत्ता के वे लोग थे जो लंदन में अध्ययन करते समय दादाभाई नरौजी से प्रभावित हुए थे। इनमें से अधिकांश लोगों ने देश के विभिन्न भागों में स्थानीय संगठन बनाने की पहल की थी । जैसे–लैड-होल्डर्स सोसाइटी (1837), ब्रिटिश इंडिया एसोसिएशन (1852), पूना सार्वजनिक सभा (1870), इंडियन एसोसिएशन कलकत्ता (1876), मद्रास महाजनसभा (1884) तथा बंबई प्रेसीडेंसी (1835) आदि। इनका नेतृत्व मुख्यतः मध्यवर्गीय व्यवसायियों के हाथों में था न कि जमींदारों के पास। इन स्थानीय संगठनों के बीच समन्वय हेतु एक अखिल भारतीय संगठन बनाने के संबंध में अनेक सलाह दी गईं तथा कई प्रयास हुए। इंडियन एसोसिएशन ने तो 1883 एवं 1885 में राष्ट्रीय सम्मेलन भी आयोजित किये। परंतु संयोग्यवश ए०ओ० ह्यूम की पहल पर किया गया प्रयास स्थायी तौर पर सफल हुआ जो 1885 ई० में भारतीय राष्ट्रीय कांग्रेस की स्थापना का कारण बना।

कांग्रेस के घोषित लक्ष्य निम्नलिखित थे–

देश के विभिन्न भागों के राजनीतिक कार्यकर्ताओं के बीच भाईचारे पूर्ण संबंध एवं समन्वय को प्रोत्साहन देना। जाति धर्म एवं क्षेत्र के भेदभाव के बिना राष्ट्रीय एकता की भावना का विकास और दृढ़ीकरण और देश के कल्याण के लिए जनमत का शिक्षण एवं संगठन।

सेफ्टी वाल्व-विवाद

भारतीय राष्ट्रीय कांग्रेस की स्थापना के पीछे ह्यूम के वास्तविक उद्देश्य के संबंध में प्रारंभ से ही विवाद रहा है।

इस विवाद का प्रारंभ वोमेशचंद्र बनर्जी द्वारा 1898 ई. में दिये गये इस बयान के बाद हुआ कि ह्यूम सीधे डफरिन की सलाह पर कार्य कर रहे थे। यह विश्वास किया जाता है कि डफरिन का विचार था कि जनता की वास्तविक आकांक्षाओं का पता लगाने के लिए एक राजनीतिक संगठन होना चाहिए ताकि प्रशासन को देश में होने वाले किसी भी संभावित राजनीतिक विस्फोट से बचाया जा सके। यह सिद्धांत लोकप्रिय हुआ जिसे लाला लाजपत राय और रजनी पाम दत्ता जैसे अतिवादी आलोचकों का पर्याप्त समर्थन प्राप्त हुआ। लेकिन डफरिन के निजी दस्तावेजों के अनुसार शासक मंडली में किसी ने भी ह्यूम के इस विचार को गंभीरता से नहीं लिया कि देश में उथल-पुथल आसन्न है। डफरिन ने तो बंबई के गवर्नर को मई 1885 में प्रतिनिधियों की प्रस्तावित राजनीतिक सम्मेलन से अलग रहने की सलाह तक दी।

इस प्रकार ऐसा मालूम होता है कि एक राष्ट्रीय संगठन की आकांक्षा वातावरण में काफी समय से थी। ह्यूम ने केवल पहले से तैयार माहौल का लाभ उठाया। संभवत: शासक वर्ग ह्यूम के प्रभाव संबंधी बढ़े-चढ़े विचार एवं क्षेत्रीय निष्ठाओं से ऊपर रहने संबंधी पहलू ने इन्हें भारतीयों के बीच अधिकाधिक स्वीकार्य बनाया।

स्वदेशी आंदोलन

लार्ड कर्जन ने 20 जुलाई 1905 को बंगाल को दो भागों में विभाजित करने की घोषणा की। एक हिस्से में पूर्वी बंगाल और असम को रखा गया। इसकी जनसंख्या 3 करोड़ 20 लाख थी। दूसरे भाग में शेष बंगाल (पं. बंगाल, बिहार और उड़ीसा) को रखा गया। इस भाग की जनसंख्या 5 करोड़ 40 लाख थी। कहा गया कि तत्कालीन बंगाल प्रांत इतना बड़ा है कि एक ही प्रांतीय सरकार उसका प्रशासन कुशलतापूर्वक नहीं चला सकती।

इसके पहले भी 1874 और 1897 में बंगाल के आकार को कम करने की दिशा में कुछ कदम उठाये गये थे जो असमान जनसंख्या, विभिन्न भाषाओं एवं आर्थिक दृष्टि से व्यापक असमानता पर आधारित थे। मगर कर्जन और उसके फ्रेजर तथा रिस्ले जैसे अधिकारियों का ध्येय कुछ और ही था। वे दृढ़ प्रतिज्ञ थे कि बंगभंग द्वारा वे बंगाल में राष्ट्रवाद की बढ़ती हुई लहर को शांत कर सकेंगे।

स्वदेशी आंदोलन

स्वदेशी आंदोलन विभाजन विरोधी आंदोलन का ही विस्तार था जो बंगभंग संबंधी ब्रिटिश निर्णय का विरोध करने के लिए शुरू किया गया था। जब सभी प्रकार के उदारवादी तकनीक के अपनाये जाने के बाद भी 1905 के मध्य तक कोई परिणाम नहीं निकला। तो ब्रिटिश वस्तुओं के बहिष्कार और स्वदेशी जैसे कुछ तरीके अपनाये गये।

औपचारिक रूप से स्वदेशी आंदोलन की घोषणा 7 अगस्त, 1905 को कलकत्ता के टाउन हॉल में 'बहिष्कार प्रस्ताव' को पारित करने के साथ की गयी। यहाँ तक सुरेन्द्र नाथ बनर्जी जैसे उदारवादी नेताओं ने पूरे देश का भ्रमण किया और मैनचैस्टर के कपड़ों एवं लिवरपुल के नमक का बहिष्कार करने की अपील की। विभाजन लागू होने के दिन 16 अक्टूबर, 1905 को पूरे बंगाल में शोक दिवस घोषित किया गया। कलकत्ता में हड़ताल मनाई गई, लोगों ने 'बंदे मातरम्' के गीत गाते हुए जुलूस निकाले और बंगाल के दोनों भागों की एकता के प्रतीक के रूप में एक-दूसरे की कलाइयों पर राखियाँ बाँधी। पूरे बंगाल ने विदेशी साज-सामान का उपयोग करने से इंकार कर दिया।

शीघ्र ही स्वदेशी के प्रयोग और विदेशी वस्तुओं के बहिष्कार का संदेश पूरे देश में फैल गया। लोकमान्य तिलक, अजीत सिंह, लाला लाजपत राय, चिदंबरम पिल्लई आदि नेताओं ने आंदोलन के व्यापक विस्तार में महत्वपूर्ण योगदान दिया। भारतीय राष्ट्रीय कांग्रेस ने अपने बनारस अधिवेशन 1905 में पूरे बंगाल के स्वदेशी एवं बहिष्कार आंदोलन का समर्थन किया।

तिलक, विपिनचन्द्र पाल, लाजपतराय एवं अरविन्द घोष के नेतृत्व में उग्र राष्ट्रवादी स्वराज और स्वशासन के पक्ष में थे। भारतीय कांग्रेस ने इनके दबाव में अपने कलकत्ता अधिवेशन में 'स्वशासन' या 'स्वराज्य' को अपना लक्ष्य घोषित किया।

आंदोलन के सामाजिक आधार

(1) विद्यार्थियों की भूमिका–विद्यार्थियों ने आंदोलन में प्रमुख भूमिका निभाई। इन्होंने स्वदेशी को अपनाकर और इसका प्रचार करके तथा विदेशी वस्तु बेचने वाली दुकानों के आगे धरना देने में नेतृत्व किया। संभवत: वे स्वदेशी भावना का निर्माण करने वाले मुख्य कर्त्ता थे।

(2) महिलाओं की भूमिका–यह भारत के इतिहास में पहला अवसर था जब घर की चारदीवारी तक सीमित रहने वाली शहरी मध्यवर्गीय महिलाओं ने धरने एवं जुलूस में शामिल होकर, सक्रियता से आंदोलन में भाग लिया।

(3) जमींदारों एवं किसानों की भूमिका–बड़े जमींदार जो

अब तक अंग्रेजी राज के प्रति स्वामीभक्त थे आंदोलन में शामिल हुए। लेकिन किसान और ग्रामीण जनता आंदोलन से अलग रही।

(4) मुसलमानों की भूमिका–यद्यपि अबुल रसूल, लियाकत हुसैन, सैयद हैदर रजा, गजनवी जैसे कुछ महत्वपूर्ण मुस्लिम नेताओं ने आंदोलन के प्रति उदासीन रहे। इन्होने ढाका के नबाव के नेतृत्व में बंगभंग का समर्थन किया क्योंकि पूर्वी बंगाल मुस्लिम बहुमत वाला होने वाला था।

1908 तक स्वदेशी आंदोलन की रफ्तार कम हो गयी परंतु इसे असफल नहीं माना जा सकता। इसकी महत्वपूर्ण उपलब्धियाँ निम्नलिखित हैं–

(1) आंदोलन ने मुख्यत: राष्ट्रवाद के वैचारिक आधार को व्यापक बनाया। इस प्रकार इसने औपनिवेशिक एवं संस्थाओं के वर्चस्व को कम किया।

(2) आंदोलन ने जनसंगठन एवं क्रियाओं के लिए अनेक नये तरीकों का विकास किया। जैसे–निष्क्रिय प्रतिरोध, अहिंसा, असहयोग, जेल भरना, सामाजिक सुधार आदि। हालाँकि व्यवहार में ये असफल रहे।

(3) अनेक भारतीय उद्योग, वित्तीय गतिविधियों जैसे बीमा कंपनियाँ आदि प्रारंभ हुईं।

(4) शिक्षा देने के लिए एवं समानांतर शैक्षिक प्रणाली के रूप में अनेक राष्ट्रीय विद्यालय स्थापित किये गये।

उपनिवेशवाद के विरुद्ध संघर्ष में स्वदेशी आंदोलन तो केवल प्रथम चक्र था।

गांधी युग (1919-1947)

(1) असहयोग आंदोलन

(A) माँग एवं कारण

(1) रॉलेक्ट एक्ट का पारित होना, जलियाँवाला बाग हत्याकांड तथा अंग्रेजों द्वारा जलियाँवाला बाग हत्याकांड से संबंधित सरकारी अधिकारियों को मुक्ति।

(2) तुर्की के खलीफा के साथ अंग्रेजों का दुर्व्यवहार।

(3) राष्ट्रवादियों के स्वराज्य की माँग को पूरा करने के लिए एक संगठित आंदोलन प्रारंभ करने की इच्छा।

(B) आंदोलन की शुरुआत–जब ब्रिटिश सरकार ने कांग्रेस की सभी माँगों को मानने से इनकार कर दिया तब जून 1920 ई० इलाहाबाद में एक सर्वदलीय सम्मेलन बुलाई गयी तथा सरकारी स्कूलों, कालेजों तथा न्यायालयों का बहिष्कार करने का निर्णय लिया गया। 1920 ई० में कलकत्ता में कांग्रेस का एक विशेष अधिवेशन बुलाया गया तथा असहयोग आंदोलन शुरू करने से संबधित प्रस्ताव रखा गया। इस प्रस्ताव को दिसंबर 1920 ई० नागपुर में आयोजित कांग्रेस के वार्षिक अधिवेशन में हस्तांतरित कर दिया गया। इस अधिवेशन में असहयोग आंदोलन के प्रस्ताव को बहुमत से पारित कर दिया गया और गांधी जी को इसके संचालन का दायित्व दिया गया।

(C) **कार्यक्रम**–असहयोग आंदोलन के कार्यों को दो भागों सकारात्मक तथा नकारात्मक में बाँटा जा सकता है–

(A) नकारात्मक कार्य–

(1) सरकारी स्कूलों, कॉलेजों, न्यायालयों तथा विधान सभाओं का बहिष्कार। विदेशी वस्तुओं का बहिष्कार।

(2) सभी प्रकार के सरकारी उपाधियों, प्रतिष्ठापूर्ण पदों तथा स्थानीय निकायों के मनोनीत पदों का समर्पण।

(3) सरकारी तथा अर्द्ध सरकारी समारोहों में भाग न लेना।

(4) सेना के लिपकीय तथा श्रमिक वर्ग के लोगों द्वारा मेसोपोटामिया में अपनी नियुक्ति को अस्वीकार करना।

इन सभी कार्यक्रमों का उद्देश्य सरकार के साथ किसी भी प्रकार के सहयोग से इनकार करना तथा ब्रिटिश प्रशासन को ठप्प कर देना था।

(B) सकारात्मक कार्यक्रम

(1) पूरे भारत में राष्ट्रीय स्कूल, कॉलेजों की स्थापना तथा राष्ट्रीय पंचायत के द्वारा आपसी विवादों का निपटारा।

(2) खादी और अन्य हस्तशिल्पों के माध्यम से 'स्वदेशी' को लोकप्रिय बनाना।

(3) हिन्दुओं और मुस्लिमों के बीच एकता तथा समरसता का विकास करना।

(4) अस्पृश्यता को समाप्त करना तथा हरिजन व दलितो वर्गों के उत्थान के लिए सक्रिय प्रयास करना।

(5) महिलाओं को राष्ट्र की मुख्यधारा में शामिल करना तथा उनके उत्थान का प्रयास करना।

महत्व

(1) इस आंदोलन में पहली बार व्यापक रूप से आम जनता ने भाग लिया तथा राष्ट्रीय आंदोलन को मजबूती प्रदान की। किसान मजदूर तथा महिलाओं की व्यापक भागीदारी ने इस आंदोलन को राष्ट्रीय स्वरूप प्रदान किया।

(2) इस आंदोलन ने भारत के कोने-कोने में राष्ट्रीयता की भावना का प्रचार किया।

(3) इसने कांग्रेस के चरित्र को पूर्णतः बदल दिया, अब

कांग्रेस व्यापक पैमाने पर संगठित संघर्ष छेड़ने के लिए तैयार खड़ी थी।

(4) इस आंदोलन में हिन्दुओं और मुसलमानों के बीच पर्याप्त एकता दृष्टिगोचर हुई। इसने भारत की जनता में व्याप्त ब्रिटिश सरकार के भय को समाप्त कर दिया अब वे जेल जाने और देश-भक्ति की बलिवेदी पर अपना सर्वस्व न्यौछावर करने के लिए तत्पर थे।

हालाँकि यह आंदोलन अपनी माँगों को मनवाने में नाकामयाब रही फिर भी पूर्णत: निष्फल नहीं कहा जा सकता। क्योंकि इसने जनमानस में स्वतंत्रता की भावना कूट-कूट कर भर दी तथा राष्ट्रीय आंदोलन को विस्तृत सामाजिक आधार प्रदान किया।

सविनय अवज्ञा आंदोलन (1930-34)

(A) प्रथम सविनय अवज्ञा आंदोलन प्रारंभ करने से पूर्व महात्मा गांधी ने ब्रिटिश सरकार के समक्ष 11 सूत्री अल्टिमेट्मस प्रस्तुत किया हालाँकि इसमें पूर्ण स्वतंत्रता की माँग सम्मिलित नहीं थी।

11 सूत्री माँगे–

(1) भू-राजस्व में 50% की कमी।
(2) नमक कर तथा नमक पर सरकार के एकाधिकार की समाप्ति।
(3) तटीय व्यापार में भारतीयों के लिए आरक्षण।
(4) रुपया-स्टर्लिंग विनिमय दर में कमी।
(5) देशी वस्त्र उद्योग को संरक्षण।
(6) सैनिक खर्च में 50% तक कमी।
(7) सिविल प्रशासन के व्यय में 50% की कटौती।
(8) पूर्ण नशाबंदी।
(9) सभी राजनीतिक कैदियों को सामान्य माफी।
(10) केंद्रीय गुप्तचर विभाग में परिवर्तन।
(11) आर्म्स एक्ट में परिवर्तन के द्वारा भारतीय को आत्म रक्षा के लिए हथियार रखने का अधिकार देना।

उपरोक्त माँगों में प्रथम दो किसानों के हितों से संबंधित था, 3 से 5 तक अपनी प्रकृति में बुर्जआबादी था तथा शेष 6 भारतीय के सामान्य हित से संबंधित था। 41 दिनों तक अपने माँगों के प्रति ब्रिटिश सरकार की प्रतिक्रिया की प्रतीक्षा करने के उपरांत गांधीजी ने 2 मार्च 1930 को साबरमती से ऐतिहासिक दाण्डी यात्रा आरंभ की तथा 6 अप्रैल को नमक कानून का उल्लघंन कर इस आंदोलन का श्री गणेश किया।

प्रमुख चरण

(1) **प्रथम चरण मार्च से सितंबर 1930**–प्रथम चरण में शहरी मध्यम वर्ग की व्यापक सक्रियता देखी गयी, उन्होंने गाँव-गाँव जाकर लोगों को नमक कर न देने, राजस्व का भुगतान रोक देने, शराब की दुकानों पर धरना देने तथा चौकीदारी टैक्स का भुगतान न करने जैसे मामलों में किसानों और मजदूरों को संगठित करने का प्रयास किया।

(2) **द्वितीय चरण (अप्रैल 1930-मार्च 1931)** में बुर्जआ वर्ग इस आंदोलन से पीछे हटने लगे तथा अंग्रेजों से किसी प्रकार समझौते का प्रयास करने लगे। इस प्रयास का अंतिम परिणाम गांधी-इर्विन पैक्ट था।

(3) तृतीय चरण (जन. 1932 से अप्रैल 1934) में अंग्रेजों ने इस आंदोलन को समाप्त करने के लिए दमनात्मक उपायों को तेज कर दिया। हजारों कार्यकताओं को गिरफ्तार कर लिया गया। अंतत: 1934 में कांग्रेस ने इस आंदोलन को वापस ले लिया।

गांधी-इर्विन पैक्ट–सर तेज बहादुर सप्रू, ठा. जयकर तथा कुछ अन्य लोगों के प्रयासों के फलस्वरूप मार्च 1931 में गांधी-इर्विन समझौता संपन्न हुआ जिसके अनुसार सरकार निम्नलिखित मुद्दों पर सहमत हुई–

(1) सभी प्रकार के अध्यादेश तथा निषेधाज्ञा वापस ले ली जायेगी।
(2) हिंसा की गतिविधियों में शामिल लोगों को छोड़कर शेष सभी राजनीतिक नेताओं को रिहा कर दिया जायेगा।
(3) सत्याग्रहियों की जब्त संपत्ति उन्हें वापस कर दी जायेगी।
(4) शराब तथा विदेशी वस्तुओं की दुकानों पर शांतिपूर्ण धरने की अनुमति प्रदान की जायेगी।
(5) समुद्र तट से एक निश्चित दूरी तक निवास करने वाले लोगों को नमक बनाने का अधिकार होगा।

कांग्रेस द्वारा सरकार को आश्वासन–

(1) सविनय अवज्ञा आंदोलन वापस ले लिया जायेगा।
(2) द्वितीय गोलमेज सम्मेलन में कांग्रेस भाग लेगी।
(3) पुलिस ज्यादतियों की जाँच पर कांग्रेस दबाव नहीं डालेगी।

प्रथम गोलमेज सम्मेलन–1919 ई० के संवैधानिक सुधारों का मूल्यांकन करने तथा भारी सुधारों के लिए परामर्श देने हेतु साइमन कमीशन (1927) की नियुक्ति की गयी थी। इस कमीशन में तात्कालिक ब्रिटिश प्रधानमंत्री रेमजे मैकडोनाल्ड को भारत के संवैधानिक सुधार के प्रश्न पर एक सम्मेलन आयोजित करने का परामर्श दिया। ब्रिटिश कैबिनेट ने सर

सायमन की सिफारिश स्वीकार कर ली। तात्कालिक गवर्नर जनरल लार्ड इरविन ने अपनी दिपावली घोषणा में भारत को डोमिनीयन स्टेट्स प्रदान करने का आश्वासन दिया।

(2) इस सम्मेलन में तीन ब्रिटिश राजनीतिक दलों के 16 प्रतिनिधि, 16 प्रतिनिधि भारतीय देशी रियासतों के तथा ब्रिटिश भारत प्रांत के 57 प्रतिनिधियों ने भाग लिया। कांग्रेस ने इस सम्मेलन का बहिष्कार किया।

(3) इस सम्मेलन में देशी राजा एक कमजोर केंद्रीय सरकार की स्थापना से सहमत हो गये, परंतु सांप्रदायिक पार्टियों में अल्पसंख्यकों के प्रतिनिधित्व के संबंध में कोई समझौता नहीं हो सका।

(4) ब्रिटिश सरकार ने यह महसूस किया कि बिना कांग्रेस के सहयोग से संवैधानिक सुधार का मामला हल नहीं किया जा सकता।

द्वितीय गोलमेज सम्मेलन

(1) गांधी-इर्विन समझौते के फलस्वरूप कांग्रेस के एक मात्र प्रतिनिधि के रूप में गांधीजी ने इसमें भाग लिया।

(2) अल्पसंख्यकों के प्रश्न पर तथा सांप्रदायिक निर्वाचन पद्धति विवाह पर सहमति के अभाव में यह सम्मेलन असफल रहा।

(3) गांधीजी मुस्लिम लीग तथा मुस्लिम समुदायों की सभी माँगों को इस शर्त पर मानने के लिए तैयार हो गये कि मुस्लिम लीग कांग्रेस से स्वतंत्रता की माँग का समर्थन करेगा। मुस्लिम लीग ने इस प्रस्ताव को ठुकरा दिया तथा हिन्दू सांप्रदायिक पार्टियों ने गांधीजी के इस प्रस्ताव का विरोध किया।

(4) संघीय प्रणाली की स्थापना के संबंध में देशी राज्यों ने प्रथम सम्मेलन की अपेक्षा कम रुचि प्रदर्शित की।

(5) यह सम्मेलन रेमजे मैकडोनाल्ड की इस घोषणा के साथ समाप्त हुआ कि मुस्लिम बहुमत वाले दो प्रांतों की स्थापना की जायेगी, एक इण्डियन कन्सलेटिव कमेटी की नियुक्ति की जायेगी तथा अगर भारतीय राजनीतिक दल सांप्रदायिक मामलों को सुलझाने में असफल रही तो सरकार एक समान सांप्रदायिक प्रचार की घोषणा करेगी।

(6) गांधीजी ने इस सम्मेलन को पूर्णत: असफल बतलाया तथा भारत लौटने के बाद एक बार फिर सविनय अवज्ञा आंदोलन प्रारंभ करने की घोषणा की। गांधीजी को तुरंत गिरफ्तार कर लिया गया।

सांप्रदायिक निर्णय की घोषणा अगस्त 1932 ई० में ब्रिटिश प्रधानमंत्री ने 'सांप्रदायिक पंचाट' की घोषणा की जिसमें दलित वर्ग के पृथक् प्रतिनिधित्व का प्रावधान रखा गया। गांधीजी ने इस निर्णय के विरुद्ध आमरण अनशन शुरू किया, अंतत: 29 सितंबर 1932 को गांधीजी और दलित वर्ग के नेता अंबेडकर के बीच पूना समझौता के माध्यम से इस समस्या का समाधान ढूंढ़ लिया गया।

तृतीय गोलमेज सम्मेलन–

(1) कांग्रेस ने इस सम्मेलन का बहिष्कार किया। पूर्व के दो सम्मेलनों की अपेक्षा इसमें प्रतिनिधियों की संख्या काफी कम रही।

(2) इस सम्मेलन के प्रतिनिधियों ने अधिकांश मुद्दों पर सहमति व्यक्त की।

(3) ब्रिटिश सरकार ने इस सम्मेलन में हुए वाद-विवाद के आधार पर 1933 में श्वेत पत्र जारी किया।

क्रिप्स मिशन 1942

(1) 1941 ई० तक द्वितीय विश्व युद्ध मित्र राष्ट्रों के लिए सिर दर्द बना हुआ था एशिया में जापान के आश्चर्यजनक सफलता से भारत में ब्रिटिश साम्राज्य के अस्तित्व पर संकट का बादल मंडराने लगा। विश्वयुद्ध में भारतीयों का सहयोग प्राप्त करने तथा अंतरराष्ट्रीय स्तर पर अपने सहयोगी राष्ट्रों को संतुष्ट करने के लिए ब्रिटिश सरकार ने भारत के संवैधानिक गतिरोध को दूर करने हेतु सर स्टेफार्ड क्रिप्स की अध्यक्षता में एक मिशन भेजा।

(2) क्रिप्स मिशन का प्रस्ताव–युद्ध के समाप्त हो जाने के उपरांत भारत में डोमीनियन स्टेट्स प्रदान किया जायेगा।

(3) भारत में अपना संविधान बनाने के लिए संविधान सभा के गठन की अनुमति दी जायेगी।

(4) युद्ध के समय एक अंतरिम सरकार का गठन किया जायेगा जिसके रक्षा संबंधी कार्यों को छोड़कर शेष अधिकार हस्तांतरित कर दिए जायेगें।

गांधीजी ने क्रिप्स प्रस्ताव को अस्वीकार कर दिया और इसे ऐसे उत्तर दिनांकित चेक की संज्ञा प्रदान की जिसका बैंक दिवालिया हो चुका है। जवाहरलाल नेहरू जैसे अन्य कांग्रेसी नेताओं ने इसे भारत की एकता के लिए घातक बताया। वस्तुत: क्रिप्स महोदय ने सभी प्रमुख मुद्दों को युद्ध तक के लिए टाल दिया गया था; जबकि कांग्रेस तो नौ नगद न तेरह उधार चाहती थी। मुस्लिम लीग ने इस प्रस्ताव को इसलिए अस्वीकार कर दिया क्योंकि इसमें स्पष्ट रूप से पाकिस्तान निर्माण की बात नहीं कही गयी थी।

भारत छोड़ो आंदोलन (1942)

कारण

(1) निकट पूर्व में जापान की शानदार सफलता से भारतीयों को यह विश्वास हो गया कि ब्रिटिश साम्राज्य का खात्मा अवश्यम्भावी है।

(2) विश्व युद्ध में भारत को जबर्दस्ती धकेल दिये जाने के कारण मुद्रा स्फीति तेजी से बढ़ रही थी आवश्यक वस्तुओं के आभाव से जनता त्रस्त थी और वह जल्द-से-जल्द ब्रिटिश शासन समाप्त करना चाहती थी।

(3) भारत में स्थित विदेशी सैनिकों का अभद्र व्यवहार भी इस आंदोलन का एक कारण था।

(4) कांग्रेस के अधिकांश नेता इस निष्कर्ष पर पहुंचे कि ऐसे समय में जब ब्रिटिश शासन के कारण भारत पर आक्रमण का खतरा बढ़ गया है भारतीयों के हितों में सबसे अच्छा कदम यह होगा कि अंग्रेज भारत छोड़कर चले जाएँ।

(5) भारत छोड़ो आंदोलन का प्रस्ताव पारित होने से पूर्व ब्रिटिश सरकार द्वारा की गयी घोषणाओं तथा प्रस्ताव पारित होने के उपरांत सरकार की दमनात्मक कार्यवाही भी 1942 के क्रांति का एक कारण था।

(6) क्रिप्स मिशन की असफलता।

आंदोलन का प्रारंभ–8 अगस्त, 1942 ई० में बम्बई में ऑल इंडिया कांग्रेस कमेटी का सम्मेलन आयोजित किया गया तथा उसमें प्रसिद्ध भारत छोड़ो आंदोलन पारित कर दिया गया। गांधीजी ने जनता से 'करो या मरो' का आह्वान किया। इससे पहले कि कांग्रेस शांतिपूर्ण आंदोलन प्रारंभ करती ब्रिटिश सरकार गांधी समेत सभी प्रमुख नेताओं को 9 अगस्त को गिरफ्तार कर लिया। सरकार के इस बुद्धिहीन कार्य का परिणाम भंयकर हुआ, नेतृत्वविहीन जनता बिना किसी संगठन के अपना असंतोष विभिन्न तरीकों से व्यक्त करने लगी जिसमें हिंसा तथा सार्वजनिक संपत्ति का नुकसान शामिल था।

इस आंदोलन का विभिन्न चरण

(1) **प्रथम चरण (अगस्त 9 से 15 तक)**–इसमें आंदोलन मुख्यत: शहरों में केन्द्रित रहा तथा लोगों ने हिंसक साधनों का प्रयोग किया। कई स्थानों पर सेना और पुलिस के साथ आम लोगों के मुठभेड़ की स्थिति बनी रही। हिंसक आंदोलनों को सख्ती से कुचल दिया गया।

(2) **द्वितीय चरण (15 अगस्त से 30 सितंबर तक)**– द्वितीय चरण में हिंसात्मक आंदोलन देश के अधिकांश भागों में फैल गया। शहर में भारी संख्या में आंदोलनकारी छात्र ग्रामीण किसानों तथा मजदूरों को नेतृत्व प्रदान करने के लिए गाँव की ओर प्रस्थान किया। कई स्थानों पर संचार तथा संदेशवाहन के साधनों को नष्ट-भ्रष्ट कर दिया गया।

(3) **तृतीय चरण (अक्टूबर से दिसम्बर)**–इस चरण में जय प्रकाश नारायण, सुभाष चंद्र बोस, अरुणा आसफ अली तथा नरेन्द्र देव जैसे क्रांतिकारी नेताओं ने भूमिगत संघर्ष प्रारंभ किया, परंतु जल्दी ही इसका दमन कर दिया गया।

महत्व

(1) इस आंदोलन ने ब्रिटिश सरकार को यह स्पष्ट कर दिया कि अब भारत को स्वतंत्रता प्रदान करने की दिशा में कोई ठोस कदम उठाने होंगे अन्यथा इस तरह हिंसक आंदोलन अधिक व्यापक रूप में प्रकट हो सकता है।

(2) कांग्रेस के नेताओं की गिरफ्तारी उनके लिए लाभदायक सिद्ध हुयी क्योंकि वे जनता द्वारा किये गये कार्यों के दायित्व से अपने आप को बचा सकते थे। वे जापान से युद्ध के मामले तथा सुभाष चंद्र बोस तथा आजाद हिन्द सेना की गतिविधियों पर चुप्पी साधने में सफल हो सके।

(3) इस आंदोलन के कारण भारत में कम्युनिस्ट आंदोलन की छवि धूमिल हुयी क्योंकि उन्होंने इस आंदोलन में हिस्सा नहीं लिया। हालाँकि उन्हें देशद्रोही नहीं कहा जा सकता क्योंकि उन्होंने यह निर्णय अंतरराष्ट्रीय राजनीतिक परिप्रेक्ष्य में लिया था, और यह कहना अतिशयोक्ति नहीं होती कि हिटलर की विजय मित्र राष्ट्रों की विजय से अधिक घातक तथा कष्टकर होती।

आजाद हिन्द फौज (आई. एन. ए.)

(1) भारत छोड़ो आंदोलन तथा द्वितीय विश्व युद्ध के समाप्ति के बीच भारत में राष्ट्रीय आंदोलन एक ठहराव के रूप में देखा जाता है। परन्तु भारत के बाहर आजाद हिन्द फौज की गतिविधियों ने भारत की स्वतंत्रता की मशाल जलाये रखी।

(2) भारतीय राष्ट्रीय सेना की स्थापना जापान सरकार के सहयोग से 1942 ई० में कैप्टन मोहन सिंह ने की थी, परंतु सुभाष बाबू के जापान पहुँचने तथा उसका पुर्नसंगठन करने तक उसकी गतिविधियाँ स्थगित कर दी गयी थीं।

(3) आजाद हिन्द फौज के बहादुर सैनिकों ने जापान की

सहायता से 1944 ई० में कोहिमा पर अधिकार कर लिया।

(4) जापान की पराजय तथा 1945 ई० में उसके आत्म समर्पण से आजाद हिन्द फौज का सपना अधूरा रह गया और उन्हें मित्र राष्ट्रों के समक्ष आत्म समर्पण के लिए मजबूर होना पड़ा।

(5) हालाँकि भारतीय राष्ट्रीय सेना अपने उद्देश्यों की प्राप्ति में असफल रही परंतु अगर आंदोलन का उद्देश्य अपने कार्यक्रमों के प्रति आम जनता का विश्वास जीतना होता है तो यह संगठन बहुत हद तक सफल रहा, जिसका परिचय ब्रिटिश सरकार द्वारा उनके विरुद्ध चलाये गये मुकदमों में भारतीय जनमानस के असंतोष में मिलता है।

महत्व

(1) आजाद हिन्द सेना में भारत के स्वतंत्रता के प्रश्न को एक अंतरराष्ट्रीय मुद्दा बना दिया।

(2) इस संगठन ने यह प्रमाणित कर दिया कि भारतीय सैनिक सिर्फ भाड़े के टट्टू नहीं हैं बल्कि उनमें देश भक्ति की भावना भी हिलोरें ले रही है। ब्रिटिश सरकार अब अधिक समय तक उनको अपने ही देशवासियों के शोषण के लिए प्रयुक्त नहीं कर सकती।

(3) इसने यह भी प्रमाणित कर दिया कि कांग्रेस के अहिंसक आंदोलन के कारण भारतीयों में सशस्त्र संघर्ष परंपरा समाप्त नहीं हुई है।

(4) इस संस्था ने सांप्रदायिक एकता तथा सैनिक योग्यता का अच्छा परिचय दिया।

सी. आर. फार्मूला तथा गांधी-जिन्ना वार्ता

राजगोपालाचारी भारत को स्वतंत्र करने लिए मुस्लिम लीग तथा कांग्रेस में किसी-न-किसी प्रकार के समझौते की आवश्यकता समझते थे। उन्होंने दोनों संगठनों के बीच समझौते के लिए जो प्रस्ताव रखा उसे सी. आर. फार्मूला कहा जाता है, जिसकी मुख्य बातें निम्नलिखित हैं-

(1) मुस्लिम लीग अंतरिम सरकार के गठन में सहयोग देगी।

(2) युद्ध की समाप्ति के उपरांत उत्तर पश्चिम भारत तथा पूर्वी भारत में मुसलमानों के बहुमत वाले जिलों की सीमा निर्धारित करने के लिए एक कमीशन की नियुक्ति की जायेगी। उपरोक्त जिलों के नागरिक मतदान के द्वारा भारत से अलग होने का निर्णय ले सकेंगे।

(3) भारत के विभाजन की दशा में दोनों सरकारों के बीच संयुक्त रक्षा पद्धति, वाणिज्य, संचार तथा अन्य जरूरी विषयों पर एक संधि की जायेगी।

यह फार्मूला गाँधी-जिन्ना वार्ता का आधार बना। जो 1944 ई० में प्रारंभ हुआ। इसका मुख्य उद्देश्य संवैधानिक गतिरोध को दूर करना था । मुस्लिम लीग ने इस प्रस्ताव को ठुकरा दिया तथा जिन्ना महोदय ने कहा कि "प्रस्तावित पाकिस्तान लंगड़ा, बहरा और गूँगा है।" वस्तुत: मुस्लिम लीग की अस्वीकृति का मुख्य कारण संबद्ध जिलों के नागरिकों के लिए मतदान द्वारा निर्णय का प्रावधान था।

बाबेल योजना तथा शिमला सम्मेलन

गांधी-जिन्ना वार्ता के असफल होने पर लार्ड बाबेल ने एक नवीन योजना प्रस्तुत की जिसका मुख्य उद्देश्य संवैधानिक गतिरोध दूर करना था। मुख्य बातें-

(1) 1945 ई० में शिमला में एक सर्वदलीय बैठक आहत की जाएगी।

(2) वायसराय की कार्यकारिणी में कमांडर इन चीफ को छोड़कर अन्य सभी सदस्य भारतीय होगें।

(3) कार्यकारिणी परिषद् में मुसलमानों तथा हिन्दुओं को समान प्रतिनिधित्व दिया जायेगा।

(4) यह व्यवस्था अंतरिम होगी जब तक कि भारत का संविधान बनकर तैयार न हो जाय।

(5) शिमला सम्मेलन मुस्लिम लीग की हठधर्मिता के कारण असफल रहा। जिन्ना सभी मुस्लिम सदस्यों के मनोनयन का अधिकार मुस्लिम लीग को देने की माँग कर रहे थे जो कांग्रेस को स्वीकार्य नहीं था।

कैबिनेट मिशन (1946)

(1) ब्रिटेन में लार्ड एटली के नेतृत्व में लेबर पार्टी की सरकार सत्तारूढ़ हुई। प्रधानमंत्री एटली ने भारत के संवैधानिक गतिरोध को दूर करने के लिए तीन सदस्यीय कैबिनेट मिशन को भेजा (पी. लॉरेंस, एस. क्रिप्स तथा ए. वी. एलेक्जेंडर)

(2) इस योजना में एक संघीय सरकार की स्थापना का प्रावधान था।

(3) प्रांतों को तीन वर्गों में विभाजित किया गया था। (1) उत्तर पश्चिम (2) पूर्वी तथा (3) शेष भारत।

(4) प्रांतीय ग्रुप अपना अलग संघ बना सकती थी तथा आवशकतानुसार अधिकारों का हस्तांतरण कर सकती थी।

(5) एक संविधान सभा का गठन किया जायेगा जिसमें 296 सदस्य होंगे और उनका निर्वाचन सांप्रदायिक आधार पर प्रांतीय विधान सभा तथा देशी राज्यों द्वारा किया जायेगा।

(6) नया संविधान लागू होने से पूर्व एक सर्वदलीय अंतरिम सरकार का गठन किया जाएगा।

वामपंथी आंदोलन

भारत में प्रथम विश्व युद्ध के पश्चात् की राजनीतिक और आर्थिक परिस्थितियों में वामपंथी विचारधारा को जन्म दिया। प्रथम विश्वयुद्ध के पश्चात् देश की आर्थिक स्थिति बहुत सोचनीय हो गई थी। दैनिक उपभोग की वस्तुओं के मूल्य बहुत बढ़ गए थे। देश में साम्राज्यवाद और पूंजीवाद का बहुत घिनौना रूप सामने आया था। शिक्षित मध्यम वर्ग का भी अंग्रेजों की उदारवादी नीतियों से मोह भंग हो गया था। कांग्रेस का अतिवादी गुट भी गांधीजी की उदारवादी और अहिंसक नीतियों से संतुष्ट नहीं था। लगभग इसी समय रूस में सत्ता में आई साम्यवादी सरकार ने भी भारत में वामपंथी आंदोलन को बल प्रदान किया।

वामपंथी आंदोलन–सर्वप्रथम मुम्बई, कलकत्ता, कानपुर, लाहौर और मद्रास इत्यादि औद्योगिक नगरों में साम्यवादी आंदोलन आरंभ हुआ। बंगाल में "नवयुग" के संपादक मुजफ्फर अहमद ने मुम्बई में "सोशलिस्ट" के संपादक एस. के. डांगे ने लाहौर में "इनक्लाब" के संपादक गुलाम हुसैन ने और मद्रास में सिंगनावेलू चैट्टियर ने श्रमिकों और कृषकों के समर्थन से साम्यवादी या वामपंथी विचारों का प्रसार किया।

भारत में वामपंथी आंदोलन की दो मुख्य धाराएँ विकसित हुईं।

साम्यवादी आंदोलन–यह अंतरराष्ट्रीय आंदोलन के एक भाग के रूप में विकसित हुआ । यह रूस के अंतर्राष्ट्रीय साम्यवादी संगठन कामिन्टर्न द्वारा नियंत्रित था। 1924 में श्री मानवेन्द्र नाथ राय की प्रेरणा से सत्यभक्त ने भारतीय साम्यवादी दल की स्थापना की। भारत में साम्यवादी आंदोलन के इतिहास को निम्नलिखित पाँच चरणों में बाँटा जा सकता है।

प्रथम चरण–इस काल में साम्यवादी दल तीन षड्यंत्रों में लिप्त होने के कारण लोकप्रियता अर्जित की। ये षड्यंत्र थे– (1) पेशावर षड्यंत्र (2) कानपुर षड्यंत्र (1929) और (3) मेरठ षड्यंत्र । मेरठ षड्यंत्र का मुकद्मा सबसे अधिक समय तक चला व इसका फायदा उठाकर साम्यवादियों ने अपनी विचारधारा का प्रचार कर लोकप्रियता प्राप्त की। जुलाई 1934 में भारतीय साम्यवादी दल को अवैध घोषित कर दिया। इसी समय 1928 में कृषक और श्रमिक दल अस्तित्व में आया था।

द्वितीय चरण–इस चरण की महत्वपूर्ण घटना साम्राज्यवादी शक्तियों तथा कांग्रेस के विरुद्ध आंदोलन था। साम्यवादी कांग्रेस को शोषक वर्ग की पार्टी मानते थे। किन्तु साम्यवादियों के इस दृष्टिकोण का परिणाम पूर्णत: अव्यवहारिक निकला और साम्यवादियों ने अपने आपको देश की मुख्य राजनीतिक धारा से पूर्णत: अलग-थलग कर दिया।

तृतीय चरण–इस चरण की महत्वपूर्ण घटना के रूप में मार्च, 1936 में रजनी पाम दत्त और बैन ब्रैडले का निबंध "भारत में साम्राज्यवाद विरोधी जनता का मोर्चा" प्रकाशित हुआ। इस निबंध में साम्यवादियों को भारतीय राष्ट्रीय कांग्रेस में सम्मिलित होने का सुझाव दिया गया था।

चतुर्थ चरण–जब द्वितीय महायुद्ध आरंभ हुआ तो रूसी संकेत पर भारतीय साम्यवादी नेता भी सभी प्रकार के साम्राज्यवादियों के विरुद्ध अपनी नीति का अनुसरण करने लगे। परंतु जून 1941 में हिटलर ने रूस पर आक्रमण कर दिया तो भारतीय साम्यवादियों ने अपनी नीति को पूर्णत: परिवर्तित करते हुए उसी युद्ध को जिसे कल तक वे साम्राज्यवादी युद्ध कहते थे, लोकयुद्ध कहने लगे। अब वे ब्रिटिश सरकार का समर्थन करने लगे, भारत सरकार ने साम्यवादी दल को वैध घोषित कर दिया। 1942 के भारत छोड़ो आंदोलन में इन्होंने अंग्रेजों का साथ दिया। साम्यवादियों के इस नीति परिवर्तन की राष्ट्रवादियों ने कटु आलोचना की।

पंचम चरण-इस चरण में साम्यवादी दल की नीति मुस्लिम समर्थन की थी। उनका यह मंतव्य था कि भारत छोटे-छोटे अनेक स्वायत्त राज्यों में बँट जाए और वे इन राज्यों पर अपना प्रभाव कायम कर सकें। मुस्लिम लीग ने इनसे दोस्ती नहीं की और यह एक कलंकित संस्था बन गई। उनका श्रमजीवी अन्तरराष्ट्रवाद और भारतीय राष्ट्रवाद आपस में मेल नहीं खाते थे। इसके अलावा मार्क्सवादियों के मूल सिद्धांत अर्थात् "वर्ग द्वेष" और "आतंकवाद" भारतीय परंपरा के विरुद्ध थे।

समाजवादी आंदोलन–यह भारतीय राष्ट्रीय कांग्रेस का वामपंथी आंदोलन था। इसकी मान्यता लोकतांत्रिक समाजवाद के प्रति थी। यह आंदोलन गांधी जी के रहस्यवाद और साम्यवादियों की रूढ़िवादिता के विरुद्ध एक "विवेकयुक्त विद्रोह" के रूप में उभरा। ये समाजवादी न केवल साम्राज्यवाद के विरोधी थे बल्कि राष्ट्रीय जीवन का निर्माण एक समाजवादी आधार पर चाहते थे।

जुलाई 1931 में जयप्रकाश नारायण, फूलन प्रसाद वर्मा आदि नेताओं ने बिहार समाजवादी दल की नींव रखी। 1933 में पंजाब समाजवादी दल बना। अक्टूबर 1934 में अखिल भारतीय कांग्रेसी समाजवादी दल का गठन किया गया। यह दल कांग्रेस का एक प्रतिद्वंदी संगठन नहीं था बल्कि इसका गठन कांग्रेस के भीतर कार्य करके कांग्रेस को सुदृढ़ बनाने और उसकी नीतियों को समाजवादी आधार प्रदान करने के लिए किया गया था।

कांग्रेस समाजवादी दल 1935 के अधिनियम को "जनविरोधी" माना और इसे "साम्राज्यवादी" और "राष्ट्रीय प्रतिक्रियावादी शक्तियों का संगठन" कहा। समाजवादियों ने भारत छोड़ो आंदोलन का समर्थन किया और इसे सफल बनाने में प्रमुख भूमिका निभाई।

फारवर्ड ब्लॉक–मार्च,1939 में सुभाष चंद्र बोस ने इसकी स्थापना की इसके द्वारा उन्होंने समस्त साम्राज्य विरोधी, अविवादी और प्रगतिशील तत्वों को एक झण्डे के तले लाने का प्रयास किया।

क्रांतिकारी समाजवादी दल–1940 में इस दल की स्थापना हुई। इसका उद्देश्य अंग्रेजी को शक्ति द्वारा देश से बाहर निकालना था। ये भारत में एक समाजवादी व्यवस्था की स्थापना करना चाहते थे।

अन्य वामपंथी दल–1939 में एन. डी. मजूमदार ने भारतीय बोल्शेविक दल की स्थापना की। 1942 में सौम्येन्द्रनाथ टैगोर ने क्रांतिकारी साम्यवादी दल की स्थापना की। 1941 में अजीतराय और इन्द्रसेन ने बोल्शेविक-लेनिनिस्ट दल की स्थापना की। 1940 में मानवेन्द्र नाथ राय ने मार्क्सवादी से पूर्णतया निराश होकर "अतिवादी लोकतांत्रिक दल" की स्थापना की।

पाकिस्तान का उद्भव

मुसलमानों को अंग्रेजों के सानिध्य में लाने में सर सैयद अहमद खां (1817-1898) ने महत्वपूर्ण योग दिया। वह पहले भारतीय मुसलमान थे जिन्होंने मुसलमानों को संगठन, अंग्रेजी भाषा की शिक्षा आधुनिकीकरण और अंग्रेजी शासन की सहानुभूति प्राप्त करने का निर्देश दिया। प्रारंभ में उनका लक्ष्य सांप्रदायिक न था परंतु अंग्रेजों की कृपा प्राप्त करने हेतु जो प्रयत्न उन्होनें किये उनके कारण वह स्वयं और उनके द्वारा आरंभ किया गया अलीगढ़- आंदोलन धीरे-धीरे साम्प्रदायिक हो गया। अलीगढ़-आंदोलन का प्रारंभिक उद्देश्य मुसलमानों की शिक्षात्मक, सामाजिक और आर्थिक प्रगति करना था परंतु क्योंकि सर सैयद अहमद खाँ ने इन कार्यों की पूर्ति के लिए अंग्रेजों की सहायता ली अतएव अलीगढ़-आंदोलन राजनीति से पृथक् न रह सका तथा अंत में उसने मुस्लिम सांप्रदायिकता को जन्म दिया। सर सैयद अहमद खाँ ने 1864 ई॰ में गाजीपुर में अंग्रेजी शिक्षा का स्कूल स्थापित किया एक वर्ष पश्चात् उन्होंने एक वैज्ञानिक सभा की स्थापना की जिसका उद्देश्य अंग्रेजी की पुस्तकों का उर्दू में अनुवाद करना था। 1888 ई. में भारतीय वफादार समुदाय की स्थापना की तथा 1893 ई॰ में उच्चतर भारतीय मुस्लिम सुरक्षा समुदाय की स्थापना की। ''निःसंदेह सर सैयद अहमद खाँ और उसके अलीगढ़-आंदोलन ने मुसलमानों की शिक्षा, सामाजिक सुधार आर्थिक प्रगति और आधुनिकीकरण के लिए महत्वपूर्ण कार्य किए परंतु वह और उसका आंदोलन भारतीय राष्ट्रीयता के विरुद्ध रहा। एक बार सर सैयद अहमद खाँ ने कहा था–कांग्रेस का अंतिम लक्ष्य इस देश पर शासन करना है परंतु मुसलमान ऐसे शासन में असहाय होगें क्योंकि वे सर्वदा अल्पसंख्यक होगें।

अपने इन विचारों को मुसलमानों में फैलाकर सर सैयद अहमद खाँ ने मुसलमानों को राष्ट्रीय आंदोलन से पृथक् मुस्लिम सांप्रदायिकता की भावना को बढ़ावा देने तथा अंत में पाकिस्तान के निर्माण में बहुत सहायता दी।

अंग्रेजों ने हिन्दू-मुसलमानों के मतभेदों का पूरा लाभ उठाया और फूट डालो व शासन करो उनकी नीति का प्रमुख आधार बन गया। 1909 ई॰ में भारतीय कौंसिल कानून में लार्ड मिण्टो ने मुसलमानों के लिए पृथक् निर्वाचन पद्धति अथवा सांप्रदायिक निर्वाचन पद्धति की व्यवस्था कर दी। इससे हिंदू और मुसलमानों के मतभेदों को बढ़ावा मिला।

30 दिसम्बर, 1906 को नवाब सलीमउल्ला खाँ भारतीय मुस्लिम लीग की स्थापना की। मुस्लिम लीग ने अंग्रेजी सरकार की नीति का समर्थन किया और कांग्रेस के प्रभाव को रोकने तथा अपने लिए अलग क्षेत्र का उद्देश्य निश्चित किया। लीग नीति प्रारंभ से ही अंग्रेजी शासन के समर्थन और राष्ट्रीय आंदोलन के विरुद्ध थी।

प्रथम महायुद्ध की समाप्ति के पश्चात् खलीफा के पद को लेकर भारतीय मुसलमानों की सहानुभूति प्राप्त करने के उद्देश्य से महात्मा गांधी के नेतृत्व में कांग्रेस ने खिलाफत आंदोलन में मुसलमानों को सहयोग दिया और असहयोग-आंदोलन शुरू किया। यह प्रथम एवं अंतिम अवसर था कि हिन्दू और मुसलमानों ने एक-दूसरे के साथ सहयोग किया।

1927 के साइमन कमीशन में सभी सदस्य अंग्रेज थे कांग्रेस ने इसका विरोध किया परंतु लीग ने साथ नहीं दिया। नेहरू रिपोर्ट की योजना के आधार को लीग ने नहीं माना और मुहम्मद अली जिन्ना ने अपनी चौदह सूत्री योजना को लीग की ओर से प्रस्तुत किया।

1930 में सर मुहम्मद इकबाल लीग के सभापति बने और उन्होंने अपने भाषण में कहा, "मुस्लिम हितों की सुरक्षा एक पृथक् राज्य की स्थापना के द्वारा ही संभव है।" मुहम्मद इकबाल ने मुस्लिमों को प्रभावित किया जिन्होंने पाकिस्तान बनाने की माँग की।

पाकिस्तान शब्द का सर्वप्रथम प्रयोग चौधरी रहमत अली और उसके तीन साथियों ने जनवरी 1933 ई० में प्रकाशित 'अब या फिर कभी नहीं' में किया। जिसमें दक्षिण में हैदराबाद (उस्मानिस्तान), उत्तर-पूर्व में बंगाल और असम, तथा पश्चिम में पंजाब, ब्लोचिस्तान, उत्तर-पश्चिमी सीमा-प्रांत, कश्मीर आदि तीन मुसलमानीं राज्यों को एक संघ-राज्य में सम्मिलित करके उसका नाम पाकिस्तान रखने का विचार व्यक्त किया।

1935 ई० के कानून के आधार पर 1937 ई. में जब प्रांतीय व्यवस्थापिका-सभाओं के सदस्यों के लिए चुनाव हुए तब लीग और कांग्रेस के संबंध अधिक खराब हो गये। लीग ने कांग्रेस को तानाशाही दल बताया। कांग्रेस मंत्रिमंडलों के कार्यों के विरुद्ध प्रचार करके उसे अपने कार्य में सफलता मिली और झूठा प्रचार करके मुस्लिम सांप्रदायिकता को बढ़ावा दिया । नवम्बर 1939 में कांग्रेस मंत्रीमंडल के त्यागपत्र पर लीग ने 22 दिसम्बर, 1939 को सम्पूर्ण भारत में स्वतंत्रता दिवस मनाया।

बाद के दिनों में जिन्ना का यह विचार बन गया था कि हिन्दू और मुसलमान दो अलग राष्ट्र है और सिर्फ मुस्लिम लीग ही भारतीय मुसलमानों के प्रतिनिधित्व का अधिकार रखती है। 1940 ई० में अपने लाहौर अधिवेशन में मुस्लिम लीग ने स्पष्ट रूप से पाकिस्तान की माँग रखी। 1940 ई. में लार्ड लिनलिथगों ने अगस्त-घोषणा में कहा था कि अल्पसंख्यकों की सुरक्षा का पूर्ण ध्यान रखा जाएगा।

1944 ई० में राजगोपालाचारी ने अपना प्रस्ताव लीग के सामने रखा परंतु जिन्ना ने अस्वीकार कर दिया। शिमला सम्मेलन में कहा गया कि एक अंतरिम सरकार का निर्माण किया जाएगा परंतु जिन्ना की इस हठ पर कि उस सरकार ने सभी मुसलमान सदस्य लीग द्वारा मनोनीत किये जाएं यह सम्मेलन असफल हो गया।

मार्च 1946 ई० में कैबिनेट मिशन भारत आया और मई में उसने अपनी योजना लीग और कांग्रेस के समक्ष रखी इस योजना के अंतर्गत एक दुर्बल केन्द्रीय सरकार, शक्तिशाली प्रांतीय सरकारों तथा उनके वापस में मिलने की संभावना एक संविधान-सभा का निर्माण और अंतरिम-सरकार का निर्माण की व्यवस्था की गयी थी। प्रारंभ में लीग ने इसे स्वीकार कर लिया परंतु कांग्रेस ने केवल इसके एक भाग अर्थात् संविधान-सभा के निर्माण को ही स्वीकार किया। बाद में कांग्रेस अंतरिम सरकार के गठन में योग देना स्वीकार कर लिया परंतु लीग ने अस्वीकार कर दिया। लीग ने इसके विरोध में 16 अगस्त, 1946 ई० को प्रत्यक्ष कार्यवाही दिवस मनाया और बंगाल, बिहार और पंजाब में भयंकर हिन्दू-मुस्लिम दंगे हुए। सितंबर में पं. जवाहरलाल नेहरू के नेतृत्व में अंतरिम सरकार गठन हुआ और लीग भी शामिल होना स्वीकार कर लिया और उसके पाँच सदस्य सरकार में शामिल थे। संविधान सभा की प्रथम बैठक में लींग ने शामिल होने से इंकार कर दिया जबकि कांग्रेस इसे संविधान निर्माण करने हेतु पूर्ण शक्तिशाली सभा माना।

ऐसी स्थिति में 20 फरवरी, 1947 ई० को ब्रिटिश सरकार ने घोषणा कर दी कि वह जून 1948 तक भारत छोड़ देगा। उस समय माउंटबेटन को गवर्नर जनरल बनाकर भारत भेजा गया। 27 PT मार्च को लीग से पाकिस्तान दिवस मनाया। मार्च में पंजाब में भीषण दंगे हुए। सरकार दंगा रोकने के लिए कुछ न कर सकी। हिन्दू-मुस्लिम दंगों की भीषणता इतनी विकराल हो गयी कि लार्ड माउंटबेटन ही नहीं बल्कि पं० जवाहरलाल नेहरू और पटेल जैसे कांग्रेसी नेता भी भारत-विभाजन के लिए सहमत हो गए। तब तक यह भी स्पष्ट हो चुका था कि लीग के सदस्य अंतरिम सरकार में स्थान प्राप्त कर अपनी स्थिति का दुरुपयोग कर रहे थे और अर्थ विभाग को मि० लियाकत अली को देकर कांग्रेस ने एक गंभीर भूल की थी। भारत-विभाजन की एक योजना प्रस्तुत की और ब्रिटिश सरकार की स्वीकृति लेकर माउंट बेटन ने उसे जून योजना के रूप में प्रस्तुत किया। जून योजना को कांग्रेस और लीग दोनों ने स्वीकार कर लियां। इसके आधार पर ब्रिटिश संसद ने जुलाई 1947 ई. में भारतीय स्वतंत्रता कानून बनाया तथा भारत का विभाजन करके 15 अगस्त को भारत और पाकिस्तान नाम के दो राज्यों का निर्माण किया।

स्वातन्त्र्योत्तर भारत विभाजन के बाद पुनर्वास

भारत का दो राष्ट्रों में विभाजन से अनेक तात्कालिक

समस्या उत्पन्न हुई। इन सभी समस्यायों में महत्वपूर्ण समस्या थी–विभाजन के साथ भड़कने वाली हिंसा, अपना सब कुछ लुटा कर भारत आए करीब साठ लाख शरणार्थियों की देखभाल और पुनर्वास, सांप्रदायिकता की महामारी का प्रसार और सांप्रदायिक दंगों, शरणार्थियों और कश्मीर को लेकर भारत तथा पाकिस्तान के बीच अमैत्रीपूर्ण संबंध।

विभाजन के दिनों में दोनों देशों के मध्य शरणार्थियों का आवागमन बहुत बड़े पैमाने पर हुआ। पाकिस्तान से भारत में आये 60 लाख शरणार्थियों के पुनर्वास तथा राहत के लिए, जिनका सब कुछ वहीं लुट चुका था, सरकार को अपने ऊपर काफी दबाव का सामना करना पड़ा। पूर्वी बंगाल से आने वाले शरणार्थियों के पुनर्वास की समस्या इसलिए ज्यादा गंभीर थी क्योंकि वहाँ से हिन्दुओं का आना कई वर्षों तक चलता रहा। पश्चिमी पाकिस्तान से आने वाले सभी हिन्दू और सिक्ख एक ही झटके में 1947 में भागकर भारत आ गये। वहीं पूर्वी बंगाल से 1971 तक शरणार्थियों का धीमी रफ्तार से आगमन जारी रहा। इस आवागमन के फलस्वरूप जहाँ भारत आने वाले शरणार्थी 500 करोड़ रुपये की संपत्ति पश्चिमी पाकिस्तान में छोड़ आए थे, वहीं पश्चिमी पाकिस्तान जाने वाले शरणार्थी 100 करोड़ रुपये के लगभग संपत्ति भारत में छोड़ गए थे। भारत आये शरणार्थियों को रहने की जगह की व्यवस्था करना काम मुहैया कराना और मानसिक सुरक्षा देना एक कठिन एवं दीर्घकालीन काम था।

1950 के लियाकत-नेहरू अनुबन्ध हुआ जिसमें यह बात निहित थी कि पाकिस्तान में रह रहे हिन्दुओं की व भारत में रह रहे मुस्लिमों की अर्थात् अल्पमतों की देखभाल व सुरक्षा दोनों ही देश अपना नैतिक उत्तरदायित्व मानें और दोनों ही देश इन अल्पसंख्यक नागरिकों के साथ समानता का व्यवहार करें एवं उन्हें बहुमत के समान ही मौलिक अधिकार प्रदान करें। परन्तु यह समझौता वास्तविक रूप में लागू न हो सका।

पश्चिमी पंजाब (पाकिस्तान) से आये ढेरों शरणार्थियों को पंजाब, उत्तर प्रदेश, उत्तरांचल, हिमाचल प्रदेश, राजस्थान, दिल्ली, हरियाणा इत्यादि राज्यों में बसाया गया वहीं पूर्वी बंगाल से आये शरणार्थियों को सिर्फ पश्चिमी बंगाल या कुछ हद तक आसाम और त्रिपुरा में बसाया गया।

भारतीय रियासतों का विलय

1940 के दशक में भारतीय स्वतंत्रता संग्राम अपनी चरम सीमा पर था। इस दौर ने तीव्र राजनैतिक गतिविधियाँ देखीं। ब्रिटिश सरकार ने गतिरोध को समाप्त करने के उद्देश्य से क्रिप्स मिशन (1942), वेवल योजना (1945), केबिनेट मिशन योजना (1946) और माउंटबेटन योजना के अंतर्गत कई प्रस्ताव पेश किए। इन सभी योजनाओं में भारतीय रियासतों के भविष्य पर विचार किया गया। क्रिप्स योजना में रियासतों की सर्वश्रेष्ठता किसी और को देने का कोई विचार नहीं था। रियासतें, देश में एक तीसरी शक्ति के रूप में कार्य कर अपना पृथक् अस्तित्व बनाना चाहती थीं।

केबिनेट मिशन में यह सिफारिश की गयी कि भारत एक संघ होगा एवं इसमें रियासतें भी शामिल होंगी। संघ को वैदेशिक मामले, प्रतिरक्षा एवं परिवहन तथा बाकी विषयों पर रियासतों को कानून बनाने का अधिकार होगा। रियासत के शासक इस योजना को स्वीकार करने पर राजी हो गये। परंतु भारत के विभाजन संबंधी घोषणा हो जाने के पश्चात् त्रावनकोर एवं हैदराबाद ने इस योजना को अस्वीकार कर, स्वतंत्र अस्तित्व बनाये रखने का प्रस्ताव किया। इधर 20 फरवरी को एटली की घोषणा तथा 3 जून की माउन्टबैटन योजना ने यह स्पष्ट कर दिया कि सर्वश्रेष्ठता समाप्त हो जाएगा और रियासतों को अधिकार होगा कि वे भारत या पाकिस्तान किसी एक में सम्मिलित हो सकते हैं। इस प्रकार माउंटबैटन ने रियासतों को एक तीसरी इकाई के रूप में मान्यता देने से इंकार कर दिया।

सरदार वल्लभभाई पटेल ने 5 जुलाई, 1947 को भारत सरकार द्वारा कायम किये गये भारतीय रियासतों की देश भक्ति को ललकारते हुए उनसे अनुरोध किया कि वे भारतीय संघ में रक्षा, वैदेशिक मामले एवं संचार व्यवस्था को भारत के अधीनस्थ बनाकर, इसमें सम्मिलित हो जायें। 15 अगस्त, 1947 तक 136 रियासतें भारत में सम्मिलित हो गयीं। कश्मीर ने विलय पत्रों पर 26 अक्टूबर, 1947 को जूनागढ़ एवं हैदराबाद ने 1948 में हस्ताक्षर किये। छोटी-छोटी रियासतें केन्द्र से प्रशासित किसी इकाई या पड़ोस के प्रांतीय प्रशासन में मिला दी गयीं। पूर्वी रियासतें उड़ीसा प्रांत और मध्य प्रदेश में मिला दी गयीं तथा दक्कन एवं गुजरात की रियासतें बम्बई प्रशासन में मिला दी गयी है। एक अन्य प्रक्रिया द्वारा कुछ रियासतों को मिला कर बृहत्तर प्रशासनिक संघ बनाया गया। इस प्रकार काठियावाड़ का संयुक्त राज्य, मत्स्य का संयुक्त राज्य, राजस्थान का संयुक्त राज्य, विंध्य प्रदेश का संयुक्त राज्य तथा पटियाला एण्ड ईस्ट पंजाब स्टेट्स यूनियन (पेप्सू) अर्थात् पटियाला एवं पूर्व पंजाब राज्य संघ के प्रशासन के अधीन हिमाचल प्रदेश आदि का निर्माण हुआ।

इस प्रकार अथक प्रयासों के बाद रियासतों का एकीकरण

एवं विलय संभव हो सका। कालांतर में राज्य पुनर्गठन अधिनियम (1956) के द्वारा भाषाई आधार पर प्रांतों का पुनर्गठन किया गया। इस अधिनियम के अनुसार 14 राज्य एवं 6 केंद्र शासित प्रदेश बनाए गये। संप्रति भारत में 28 राज्य एवं 7 केन्द्र शासित प्रदेश हैं।

कश्मीर प्रश्न

स्वतंत्रता एवं भारत विभाजन के पश्चात् कश्मी राज्य की समस्या भारत की सर्वाधिक जटिल राजनीतिक समस्या बन गई जिसका निराकरण आज तक संभव नहीं हुआ है। यह मात्र राजनीतिक समस्या ही नहीं अपितु भौगोलिक भी है, क्योंकि कश्मीर एक सीमांत प्रदेश के समान है जहाँ अनेक राज्यों अर्थात् भारत, पाकिस्तान, अफगानिस्तान और चीन की सीमायें मिलती हैं। सोवियत संघ की सीमा प्रत्यक्ष रूप से नहीं मिलती किंतु अफगानिस्तान के संकरे स्थलीय भाग से पृथक् है। 1947 के पूर्व जम्मू-कश्मीर भी भारत के अन्य राज्यों के समान एक सामंती राज्य था। यह एक ऐसा राज्य था जहाँ मुस्लिम जनसंख्या की प्रधानता थी, किंतु राजा हिन्दू था। कश्मीर विवाद को समझने से पूर्व इस प्रदेश की भौगोलिक परिस्थितियों का ज्ञान आवश्यक है, जिनके कारण यह विवाद जटिल बना हुआ है।

भौगोलिक पृष्ठभूमि–जन्मू-कश्मीर का अधिकांश धरातल पर्वतीय है। यहाँ चार समानान्तर पर्वत श्रेणियाँ उत्तर-पश्चिमी से दक्षिण-पूर्ण का विस्तृत है। सबसे उत्तर में काराकोरम श्रेणी, इसके पश्चात् दक्षिण में मुख्य हिमालय की श्रेणियाँ स्थित हैं जो जास्कर श्रेणी कहलाती है। इन दोनों के मध्य में सिंधु नदी बहती है। इसके पश्चात् पीरपंजाल श्रेणियाँ हैं, जास्कर तथा पीर पंजाल के मध्य झेलम नदी प्रकाशित है। इसी क्षेत्र में प्रसिद्ध वूलर एवं बारामूला झीलें तथा कश्मीर घाटी और श्रीनगर स्थित है। दक्षिण में शिवालिक श्रेणी का विस्तार है।

पर्वतीय धरातल के अतिरिक्त अनेक नदियाँ हिमालय से निकल कर इस राज्य से प्रकाशित होती हुई पाकिस्तान में प्रवेश करती हैं। सिंध, झेलम, चिनाव यहाँ से प्रवाहित होकर पाकिस्तान में जाती हैं। ये नदियाँ सिंचाई एवं जल विद्युत उत्पादन की दृष्टि से अत्यधिक महत्त्वपूर्ण हैं। यह एक महत्त्वपूर्ण भौगोलिक तथ्य है।

धर्म एवं जातिय दृष्टि से कश्मीर में विविधता है। यहाँ मुख्यतया तीन धर्मावलम्बी निवास करते हैं। राज्य के दक्षिण भाग जम्मू-ऊधमपुर आदि में 60 से 75 प्रतिशत तक हिन्दू जनसंख्या है। यहाँ मुख्यतया 'डोंगरा' जाति निवास करती है। यही जाति इस राज्य की शासक रही है। द्वितीय क्षेत्र पूर्वी एवं उत्तरी-पूर्वी लद्दाख का क्षेत्र है, जहाँ बौद्ध लोगों की बहुलता है। तृतीय राज्य का शेष भाग जहाँ 7.5 प्रतिशत जनसंख्या मुस्लिम है। कश्मीर की घाटी भी इसी का एक भाग है। जहाँ 25 प्रतिशत मुस्लिम जनसंख्या का प्रतिशत हो गया है।

जम्मू-कश्मीर राज्य के संसाधनों में विविधता है। यहाँ अनेक प्रकार की इमारती लकड़ी जैसे एश, फर पाइन, स्प्रूस आदि उपलब्ध हैं। बॉक्साइट, कोयला तथा लोहा भी यहाँ सीमित मात्रा में उपलब्ध है। यहाँ के किसान, चावल, मक्का, गेहूँ आदि खाद्यान्नों के अतिरिक्त फल एवं मेवा भी उत्पादित करते हैं। रेशम के कीड़े पालने का उद्यम भी यहाँ प्रचलित है। भेड़ पालने तथा उनसे अनेक प्रकार के कालीन आदि बनाने के लिए यह प्रसिद्ध है।

वर्तमान विवाद की ऐतिहासिक पृष्ठभूमि–कश्मीर विवाद का प्रारंभ अगस्त, 1947 से होता है, जबकि ब्रिटिश सरकार ने स्वतंत्रता के साथ ही यहाँ के स्थानीय राज्यों को यह अधिकार दिया कि वे भारत अथवा पाकिस्तान के साथ रहने का निर्णय स्वयं करेंगे। कश्मीर में यद्यपि मुस्लिम जनसंख्या की अधिकता थी, किन्तु शासक हिन्दू होने के कारण उन्होंने किसी के साथ न मिलकर तत्कालीन स्वरूप को रखना चाहा। जैसे ही विभाजन हुआ मुस्लिम लोगों ने उपद्रव प्रारंभ कर दिया जिसको पाकिस्तानी पठानों ने सशस्त्र सहायता दी। कश्मीर की सरकार ने भारत से सहायता की अपील की तथा कश्मीर विलय भारत में स्वीकार किया। भारतीय सेनाओं ने वहाँ पहुँचकर स्थिति पर नियंत्रण किया। पाकिस्तान ने भी अपनी सेनायें भेज दीं। फलस्वरूप एक वर्ष तक लड़ाई चलती रही। अंत में जनवरी, 1949 में संयुक्त राष्ट्र संघ ने 'युद्ध-विराम रेखा' के माध्यम से युद्ध बंद करवाया। युद्ध विराम रेखा के फलस्वरूप कश्मीर राज्य का दो तिहाई क्षेत्र जहाँ 4/5 जनसंख्या निवास करती थी, भारत के नियंत्रण में आया तथा युद्ध-विराम रेखा पर संयुक्त राष्ट्र पर्यवेक्षकों की नियुक्ति की गई। इसके पश्चात् पाकिस्तान जातिय, राजनीतिक, आर्थिक आदि तथ्यों के आधार पर अपना अधिकार प्रस्तुत करने लगा। संयुक्त राष्ट्र संघ ने इसके संबंध में अनेक प्रयत्न किये। किंतु अंत में निराशा ही हाथ लगी। जनमत-संग्रह का भी प्रश्न आया, किंतु कार्यान्वित नहीं हुआ। भारत में कश्मीर का कानूनी विलय होने के कारण किसी प्रकार का जनमत-संग्रह युक्तिसंगत नहीं लगता। कश्मीर

संबंध बाद की घटनाओं से पूर्व दोनों देशों में इसके संबंध में दिये गये तर्क स्पष्ट करना आवश्यक है।

पाकिस्तान का मत–पाकिस्तान ने कश्मीर के संबंध में अनेक तर्क प्रस्तुत कर यह प्रयत्न किया कि कश्मीर का प्रश्न उसके लिए जीवन एवं मृत्यु का प्रश्न है। 6 मार्च, 1951 को सुरक्षा परिषद में पाकिस्तानी प्रतिनिधि ने वक्तव्य दिया था कि प्रत्येक दृष्टिकोण से अर्थात् जनसंख्या संस्कृति, धर्म, आर्थिक दशा, भौगोलिक स्थिति, सामरिक महत्व आदि के आधार पर कश्मीर का विलय पाकिस्तान में होना चाहिये। पाकिस्तान द्वारा अपने मत के समर्थन में दिये गए तथ्य निम्नांकित हैं–

1. पाकिस्तान की मुख्य नदियाँ इस राज्य से प्रवाहित होकर जाती हैं; अत: नदियों का सिंचाई एवं जल विद्युत हेतु पूर्ण उपयोग उसी समय संभव है जबकि ऊपरी भाग भी अधिकार में हो। पाक मतानुसार यदि भारत सिंध तथा अन्य नदियों पर बाँध बनाकर अथवा अन्य प्रकार से मार्ग परिवर्तित कर लेता है तो संपूर्ण पाकिस्तान मरुस्थल बन जायेगा। किंतु यह मात्र भ्रामक धारणा है, भारत इतने अधिक जल का उपयोग नहीं कर सकता।
2. जम्मू-कश्मीर राज्य को भारत से संयुक्त करने वाला मार्ग 1947 के पूर्व पाकिस्तानी क्षेत्र से होकर जाता था। उस समय दो प्रमुख मार्ग 'झेलम वेली रोड' श्रीनगर तथा रावलपिंडी को बारामूला होकर तथा 'बनिहाल कोर्ट रोड' श्रीनगर को जम्मू से बनिहाल दर्रे से होकर था।
3. यहाँ की अधिकांश जनसंख्या मुस्लिम है; अत: 'दो राष्ट्रों के सिद्धांत' के आधार पर मुस्लिम बहुमत का हित पाकिस्तान में ही सुरक्षित हो सकता है।
4. पाकिस्तान के लिये कश्मीर का सामरिक महत्व है। अत: रक्षात्मक दृष्टिकोण से उनका नियंत्रण होना आवश्यक है।
5. पाकिस्तान को इमारती लकड़ी की पूर्ति यहीं से हो सकती है, क्योंकि अन्य क्षेत्रों में वनों का अभाव है।

भारतीय मत–यद्यपि कश्मीर का कानूनी विलय भारत में हो गया है, किंतु पाकिस्तान एवं विश्व के अनेक देश इसको राजनीतिक कुचक्र में फंसाने का प्रयत्न कर रहे हैं। यही कारण है कि इस समस्या का समाधान नहीं हो रहा है। भारतीय पक्ष द्वारा प्रतिपादित प्रमुख तथ्य निम्नांकित हैं–

1. कश्मीर सरकार ने कानूनी रूप से 1947 में भारत के साथ रहना स्वीकार किया है। अत: कानूनी विलय के पश्चात् अन्य किसी विवाद की संभावना ही नहीं रहती।
2. 1947 के पश्चात् कश्मीर के आर्थिक विकास पर अत्यधिक व्यय किया जा रहा है। परिवहन के साधनों का विकास तथा अन्य आर्थिक विकास यहाँ पर्याप्त किये गये हैं। इस क्षेत्र का भविष्य में और अधिक विकास भारत में रहने पर ही संभव है।
3. सामरिक एवं रक्षा के दृष्टिकोण से कश्मीर भारत के लिये महत्वपूर्ण है। यदि यह क्षेत्र पाकिस्तान के हाथ में चला जाता है तो संपूर्ण पंजाब के मैदान के लिए सुरक्षा का खतरा हो सकता है।
4. नदियों के जल उपयोग से संबंधित विवाद अंतर्राष्ट्रीय समझौते द्वारा सुलझाया जा सकता है।
5. कश्मीर में मुस्लिम जनसंख्या के अतिरिक्त 10 लाख हिन्दू भी बसते हैं, अत: उनकी सुरक्षा भी आवश्यक है।

कश्मीर विवाद भारत की राजनीतिक प्रतिष्ठा का प्रश्न है। सिंध के जल उपयोग के संबंध में सितंबर 1960 में समझौता हुआ, जिसके अनुसार सिंधु नदी क्रम के जल का भारत 20 प्रतिशत एवं पाकिस्तान 80 प्रतिशत उपयोग कर सकेगा। झेलम तथा चिनाव नदियाँ तिब्बत क्षेत्र से निकल कर कश्मीर में होकर पाकिस्तान में जाती हैं जबकि रावी तथा व्यास का उद्‌गम भारतीय क्षेत्र है।

कश्मीर विवाद की जटिलता एवं सुझाव–जम्मू-कश्मीर राज्य का 1947 में भारत के साथ विलय हो जाने के पश्चात् भी यह विवादस्पद बना हुआ है। युद्ध-विराम रेखा की स्थापना हो जाने के पश्चात् जो भाग पाकिस्तान के पास चला गया है उसको वह छोड़ने को तैयार नहीं है। अपितु सदैव अन्य भागों पर अधिकार जमाने की चेष्टा में रहता है। इस विवाद को सुलझाने के लिए संयुक्त राष्ट्र संघ में अनेक बार विचार-विमर्श हुआ, किंतु सफलता नहीं मिली। इस क्षेत्र में गतिरोध का एक प्रमुख कारण विदेशी शक्तियों का एकपक्षीय झुकाव है। पाकिस्तान के समर्थक देश यह नहीं चाहते कि इस समस्या का समाधान हो। अत: उसकी जटिलता में वृद्धि होती रहती है।

युद्ध-विराम रेखा की स्थापना के पश्चात् भी इस क्षेत्र में शांति नहीं रही, अपितु अनेक बार इस रेखा का उल्लंघन किया गया। पाकिस्तान सदैव इस क्षेत्र में अशांति बनाए रखने का प्रयत्न करता रहा है। यही नहीं, अपितु दो बार इस क्षेत्र में युद्ध हो चुका है। प्रथम, 1965 में जबकि पाकिस्तान सेना ने छद्म वेश में प्रवेश कर छम्ब, कारगिल, ऊरी आदि क्षेत्रों पर

आक्रमण किया। इसका भारतीय सेना ने पूर्ण प्रतिरोध कर अनेक सामरिक महत्व के स्थानों जैसे हाजीपीर दर्रे आदि पर अधिकार कर लिया। 23 सितंबर, 1965 को संयुक्त राष्ट्र संघ द्वारा सुझाये गए युद्ध-विराम को स्वीकार कर लिया गया। यद्ध समाप्त होने के पश्चात् 10 जनवरी, 1966 को 'ताशकंद समझौता' संपन्न हुआ, जिसके द्वारा दोनों देश युद्ध-स्थिति से पूर्व स्थिति में आ गये।

द्वितीय पाकिस्तानी आक्रमण 3 दिसंबर, 1971 को हवाई आक्रमण के रूप में किया गया। यह संपूर्ण पश्चिमी सीमावर्ती क्षेत्रों पर था। कश्मीर के श्रीनगर, जम्मू, अवंतीपुर, पठानकोट आदि स्थानों पर हवाई आक्रमण किया गया। साथ सैनिकों ने छम्ब क्षेत्र पर अत्यधिक शक्तिशाली हमला किया। भारतीय वायुसेना एवं स्थलीय सेना ने सभी आक्रमणों को विफल कर दिया। 16 दिसंबर, 1971 को युद्ध-विराम के पश्चात् जम्मू कश्मीर क्षेत्र में लगभग 765 वर्ग किमी॰ क्षेत्र में भारत ने तथा लगभग 83 वर्ग किमी क्षेत्र पर पाकिस्तान ने अधिकार कर लिया। 'शिमला समझौता' द्वारा संपूर्ण पश्चिमी सीमा पर सेनाओं को पुनः युद्ध-पूर्व स्थिति में लाने का समझौता हुआ, किंतु जम्मू-कश्मीर में 17 दिसंबर, 1971 की युद्ध-विराम स्थिति को स्वीकार किया गया।

स्पष्ट है, कश्मीर विवाद अत्यधिक जटिल समस्या है जिसका सहज हल संभव नहीं। विवाद के प्रारंभ से अनेक विकल्प प्रस्तुत किये गये, जैसे जनमत-संग्रह, स्वतंत्र कश्मीर, युद्ध-विराम रेखा के सहारे विभाजन या हिन्दू जम्मू तथा बौद्ध लद्दाख भारत को, गिलगित वालटिस्तान पाकिस्तान को तथा पुंछ और कश्मीर घाटी में जनमत संग्रह द्वारा निर्धारण आदि। वास्तव में यह सभी सुझाव एकांगी हैं। कश्मीर की स्वायत्रता से इस क्षेत्र में 'शक्ति शून्यता' आ जायेगा। इसका स्वतंत्र अस्तित्व चीन जैसे विस्तारवादी देश के सम्मुख क्षणिक होगा। वास्तविकता यह है कि कश्मीर भारत का अभिन्न अंग है। भारत सरकार इस क्षेत्र के विकास में अत्यधिक प्रयत्न कर रही है। यहाँ के निवासी भी यह भली प्रकार समझते हैं कि उनका हित भारत के साथ है। यह समस्या मात्र विदेशी राष्ट्रों द्वारा अपने स्वार्थ सिद्ध करने के लिए उलझा दी गई है। धर्म के नाम पर पाकिस्तान अपने देश को ही संयुक्त नहीं रख सका। अतः धर्म की दुहाई इस संबंध में व्यर्थ है। अंत में यही कहा जा सकता है कि यद्यपि यह क्षेत्र एक समस्या बना हुआ है, किंतु यह वास्तविकता के आधार पर भारत का अभिन्न अंग है।

भारतीय संविधान का निर्माण

जुलाई 1945 में इंगलैंड में नयी लेबर सरकार सत्ता में आई तथा लार्ड वेवल ने भारत के संबंध में सरकार की नीति की घोषणा की तथा यथाशीघ्र संविधान निमीज-निकाय का गठन करने के लिए सरकार के इरादे की पुष्टि की।

1946 में कैबिनेट मिशन ने संविधान के लिए एक बुनियादी ढाँचे का प्रारूप पेश किया तथा संविधान-निर्माण-निकाय द्वारा अपनाई जाने वाली प्रक्रिया का कुछ विस्तार के साथ निर्धारण किया। ब्रिटिश भारत के प्रांतों को आवंटित 296 स्थानों के लिए चुनाव जुलाई-अगस्त, 1946 तक पूरे कर लिये गये। कांग्रेस को 208 स्थानों पर और मुस्लिम लीग को 73 स्थानों पर विजय प्राप्त हुई। संविधान निर्माण-निकाय की सदस्य संख्या 385 निर्धारित की गई थी। जिनमें से 292 प्रतिनिधि ब्रिटिश भारत के ग्यारह प्रांतों से तथा 93 प्रतिनिधि भारतीय रियासतों के लिए जाने थे।

14-15 अगस्त, 1947 को देश के विभाजन तथा उसकी स्वतंत्रता के साथ ही, भारत की संविधान सभा केबिनेट मिशन योजना के बंधनों से मुक्त हो गई और एक पूर्णतया प्रभुतासंपन्न निकाय देश में ब्रिटिश संसद के पूर्ण प्राधिकार तथा उसकी सत्ता की पूर्ण उत्तराधिकारी बन गई। 15 अगस्त, 1947 तक अधिकांश रियासतों के प्रतिनिधि संविधान सभा में आ गए और शेष रियासतों में भी यथासमय अपने प्रतिनिधि भेज दिए। इस प्रकार संविधान सभा भारत में सभी रियासतों तथा प्रांतों के प्रतिनिधि तथा किसी भी बाहरी शक्ति के आधिपत्य से मुक्त पूर्ण प्रभुत्वसंपन्न निकाय बन गई। संविधान सभा भारत में लागू ब्रिटिश संसद द्वारा बनाए गये किसी भी कानून को, यहाँ तक कि भारतीय स्वतंत्रता ऐक्ट को भी रद्द कर सकती थी या परिवर्तित कर सकती थी।

संविधान सभा का विधिवत् उद्‌घाटन नियत दिन सोमवार 9 दिसम्बर, 1946 को प्रातः ग्यारह बजे हुआ। नेहरू जी ने 13 दिसम्बर, 1946 को ऐतिहासिक 'उद्देश्य प्रस्ताव' पेश किया। उद्देश्य प्रस्ताव के प्रारूप में भारत के भावी प्रभुत्वसंपन्न लोकतांत्रिक गणराज्य की रूपरेखा दी गई थी। इस प्रस्ताव में संविधान सभा को इसके मार्गदर्शन सिद्धांत तथा दर्शन दिए जिनके आधार पर उसे संविधान का निर्माण करना था। अंततः 22 फरवरी, 1947 को संविधान सभा ने इस प्रस्ताव को स्वीकार कर लिया।

संविधान की रचना

संविधान सभा की रचना में संघीय विधान समिति, संघीय शक्ति समिति, मूल अधिकारों और अल्पसंख्यकों आदि से संबंधित समितियाँ शामिल थीं। इनमें से कुछ अध्यक्ष नेहरू या पटेल थे, जिन्हें संविधान सभा के अध्यक्ष ने संविधान के मूल आधार तैयार करने का श्रेय दिया था। संविधान सभा ने संवैधानिक सलाहाकार द्वारा तैयार किये गये भारत के संविधान के मूल पाठ के प्रारूप की छानबीन करने के लिए 29 अगस्त, 1947 को डॉ॰ भीमराव अंबेडकर के सभापतित्व में प्रारूप समिति नियुक्त की।

प्रारूप समिति द्वारा तैयार किया गया। भारत के संविधान का प्रारूप 21 फरवरी, 1948 को संविधान सभा के अध्यक्ष को पेश किया गया। तत्पश्चात् प्रारूप समिति ने उसमें आवश्यक संशोधन कर उसे संविधान सभा के सामने पेश किया। संविधान का दूसरा वाचन 16 नवंबर को पूरा हुआ। 26 नवम्बर, 1949 को स्वीकृत हुआ। संविधान सभा के अध्यक्ष डॉ॰ राजेन्द्र प्रसाद ने अपने समापन भाषण में विचार व्यक्त किया कि संविधान सभा सब मिलाकर एक अच्छा संविधान बनाने में सफल रही है। उन्हें यह विश्वास है कि यह देश की जरूरतों को अच्छी तरह से पूरा करेगा। 24 जनवरी, 1950 को संविधान सभा के अंतिम दिन संविधान सभा के सदस्यों ने हस्ताक्षर कर दिये।

हमारे संविधान निर्माताओं में कुछ जाने-माने विलक्षण बुद्धि वाले व्यक्ति, महान् न्यायविद्, देशभक्त और स्वतंत्रता सेनानी सम्मिलित थे। यदि संविधान सभा का निर्वाचन लोगों द्वारा वयस्क मताधिकार के आधार पर भी किया जाता तो भी उस समय इससे बेहतर या अपेक्षाकृत अधिक प्रतिनिधिक परिणामों की कल्पना करना कठिन है।

हमने स्वतंत्रता प्राप्ति के बाद जिन संस्थानों को जारी रखा तथा संविधान में समाविष्ट किया वे ऐसे संस्थान थे जो भारत की धरती पर ही फले-फूले थे। संविधान निर्माताओं ने पुराने संस्थानों के आधार पर, जो पहले ही विकसित हो चुके थे, जिनसे वे परिचित हो चुके थे, नए संस्थानों का निर्माण करना पसंद किया। संविधान द्वारा ब्रिटिश शासन को ठुकरा दिया गया किंतु उन संस्थानों को नहीं, जो ब्रिटिश शासन काल में विकसित हुए थे। इस प्रकार संविधान औपनिवेशिक अतीत से पूरी तरह अलग नहीं हुआ। क्योंकि संविधान-निर्माण तथा संस्थान निर्माण एक जीवन वर्तमान और सतत प्रक्रिया है। इसलिए इस प्रक्रिया में 26 जनवरी, 1950 को भारत के संविधान के श्रीगणेश के बाद ही इसके वास्तविक अमल, न्यायिक निर्वचन और संवैधानिक संशोधनों के द्वारा इसके निर्माण की प्रक्रिया जारी रही। यही सिलसिला अभी भी जारी है।

स्वतंत्रता के बाद भारत में नौकरशाही तथा पुलिस संगठन एवं जनांकिकीय प्रवृत्तियाँ

नौकरशाही शब्द अंग्रेजी भाषा के 'ब्यूरोक्रेसी' एवं फ्रांसीसी भाषा के 'ब्यूरो' शब्द से लिया गया है जिसका अर्थ एक विभागीय उप-सम्भाग अथवा विभाग से है। फ्रांस में इस शब्द का प्रयोग 'ड्राअर वांली मेज' अथवा 'लिखने की डेस्क' के लिए हुआ करता था।

भारतीय संदर्भ में नौकरशाही हमें स्वतंत्रता के समय अंग्रेजों द्वारा विरासत में मिली। अंग्रेजी सरकार ने I.C.S. अफसरों की एक संगठित फौज तैयार की, जो प्रशासन के प्रत्येक क्षेत्र में हावी रहे।

भारत में नया संविधान आजादी के बाद लागू होने के बाद, कुछ आवश्यक परिवर्तन के साथ लोक-सेवाओं की उस सामान्य योजना को स्वीकार कर लिया गया जो ब्रिटिश काल में प्रचलित थी। वर्तमान में भारत की सेवाएँ तीन भागों में विभक्त हैं–

(क) अखिल भारतीय सेवाएँ–इसमें भारतीय प्रशासनिक सेवाएँ (IAS) भारतीय विदेश सेवा (IFS) एवं भारतीय पुलिस सेवा (IPS) आता हैं।

(ख) संघीय सेवाएँ या केन्द्रीय सेवाएँ–इसके अन्तर्गत रेलवे, डाकतार, वित्त, आयकर, लेखा परीक्षण, संचार, इत्यादि विभागों की सेवाएँ आती हैं।

(ग) राज्य लोक सेवाएँ–इसके अन्तर्गत राज्यों की प्रान्तीय न्यायिक सेवा, प्रान्तीय स्वास्थ्य सेवा, प्रान्तीय इंजीनियरिंग सेवा एवं अन्य राजकीय सेवाएँ आती हैं।

भारत में पुलिस व्यवस्था : भारतीय राज्य में विद्यमान पुलिस संगठनों का निर्देशन प्राथमिक रूप से 1861 ई॰ में बनाए गए उस पुलिस एक्ट से होता है। भारत में पुलिस को तीन स्तरों पर कार्य करना पड़ता है।

(क) केन्द्रीय सरकार तथा उसकी इकइयाँ

(ख) राज्य सरकार का गृह मंत्रालय

(ग) जिला पुलिस अधिकारियों से सम्बद्ध अन्य निम्न स्तरीय इकाइयाँ

भारत में राज्य पुलिस, "पुलिस महानिदेशक (DGP)" के निर्देशन एवं अधीक्षण में कार्य करती है। इनके कार्य में सहायता एवं सलाह देने हेतु अनेक विशेष सहायक तथा

अतिरिक्त 'उप-पुलिस महानिदेशक' (IGP) होते हैं जोकि पुलिस मुख्यालय पर स्थित होते हैं। पुलिस महानिदेशक को दो प्रकार के उत्तरदायित्वों का वहन करना होता है–

(क) नीति-निर्माण करना

(ख) नीतियों को क्रियान्वयन करवाना

पुलिस उपमहानिरीक्षक (DIG) 4 से लेकर 7 तक प्रशासनिक जिलों में पुलिस कार्यों का अधीक्षण करता है। इसके अलावा डी॰आई॰जी॰ (DIG) अनेक आनुषांगिक कार्यों का संपादन करता है जैसे–सी॰आई॰डी॰, विशिष्ट जानकारी, रेलवे पुलिस, पुलिस प्रशिक्षण संबंधी संस्थाओं का संचालन, पुलिस मुख्यालयों की देखभाल तथा राज्य स्तरीय सैनिक टुकड़ियों का व्यवस्थापन इत्यादि।

पुलिस अधीक्षक (S.P.) जिला स्तर के सभी पुलिस थानों का नियंत्रण एवं नियमन करता है। पुलिस अधीक्षक के माध्यम से ही राज्य सरकार अपनी भूमिका का निर्वहन करती है तथा थाने इससे आदेश प्राप्त करते हैं।

उप-पुलिस अधीक्षक (Dy.S.P.) उपरदण्ड (अनुमंडल) में पुलिस विभाग का सर्वोच्च अधिकारी होता है।

पुलिस थाना या स्टेशन पुलिस संगठन की आधारभूत इकाई है। यह सभी प्रकार के अपराधों की जाँच-पड़ताल एवं प्रारंभिक सूचनाएँ दर्ज करता है। इसके अन्तर्गत पुलिस निरीक्षक (SHO), पुलिस उपनिरीक्षक (S.I.) सहायक पुलिस उपनिरीक्षक (ASI) हेड कॉस्टेबल तथा कॉस्टेबल पद सोपान होता है।

जनांकिकीय प्रवृत्तियाँ

भारत की जनसंख्या बहुत तीव्र गति से बढ़ रही है अभी पूरे विश्व की जनसंख्या का 16% आबादी भारत की है। भारत की जनांकिकीय प्रवृत्तियों का यदि इस सदी के प्रारंभ से अध्ययन करें तो इसमें अनेक परिवर्तन दिखाई पड़ते हैं। 19वीं एवं 20वीं सदी के प्रारंभिक दशकों में देश अनेक अकालों एवं महामारियों से ग्रस्त रहा, लेकिन धीरे-धीरे स्वास्थ्य सुविधाओं एवं खाद्यान्न आपूर्ति में वृद्धि हुई, जिससे जनसंख्या में वृद्धि हुई। जैसे 1891 ई॰ में भारत की कुल जनसंख्या 23.6 करोड़ थी जो 1921 ई॰ में 25.1 करोड़ हो गयी थी। इस प्रकार इस 30 वर्ष की अवधि में जनसंख्या में केवल 1.5 करोड़ अर्थात् 0.19% प्रति वर्ष की दर से वृद्धि हुई। इस निम्न वृद्धि का कारण उच्च जन्म दर एवं उच्च मृत्युदर का होना था। पुन: 1951 ई॰ में जनसंख्या 36.1 करोड़ हो गयी अर्थात् इस तीस वर्ष की अवधि (1921 ई॰ से 1951 ई॰ तक) में जनसंख्या में 11 करोड़ की वृद्धि हुई अर्थात् 1.22% प्रतिवर्ष की दर से वृद्धि हुई। इस तीव्र वृद्धि का कारण मृत्युदर में तीव्र कमी आई क्योंकि सरकारी उपायों से अकाल एवं महामारियों में कमी आयी थी। पुन: 1991 ई॰ में जनसंख्या 84.63 करोड़ हो गयी। इस काल (30 वर्ष की अवधि) में जनसंख्या वृद्धि दर सर्वाधिक 2.38% रही क्योंकि इस काल में मृत्युदर में अत्यधिक गिरावट तथा जन्मदर में वृद्धि रही है। पुन: 2001 में भारत की जनसंख्या 1.2 अरब हो गयी। इस प्रकार 1991 से 2001 के बीच जनसंख्या वृद्धि दर प्रतिवर्ष 2.13 है। इस प्रकार हम देखते हैं कि जनसंख्या वृद्धि दर जो 1981 से 1991 के बीच 2.38% वार्षिक था, वही, 1991 से 2001 के बीच 2.13% वार्षिक है जो यह दर्शाता है कि 1991 के बाद भारत में जनसंख्या वृद्धि दर में कमी होना शुरू हो गया है।

आर्थिक नीतियाँ एवं योजना प्रक्रिया

भारत की आजादी के समय भारत के सामने गरीबी, बेरोजगारी, अल्प-रोजगार, अशिक्षित और अकुशल श्रम, गतिहीन कृषि, अर्ध सामंती संबंध, उद्योगों का अल्प-विकास और अपर्याप्त आधारभूत संरचना जैसी समस्याएँ थीं। इन समस्याओं के निवारण के लिए संगठित और वृहत प्रयासों की आवश्यकता थी। उस काल के श्रमिक आर्थिक विचारों पर सोवियत संघ की सफलताओं का विशेष प्रभाव था। भारतीय स्वतंत्रता आंदोलन में भी उत्तरोत्तर समाजवादी समाज की स्थापना के उद्देश्य को सामने रखा गया था। भारत के प्रथम प्रधानमंत्री पंडित जवाहरलाल नेहरू सहित देश के प्रथम श्रेणी के सभी नेता 1917 के बाद से सोवियत संघ के संगठित व तीव्र विकास से प्रभावित थे। 1929 की विश्वव्यापी मंदी से सोवियत अर्थव्यवस्था के अप्रभावित रहने से उनकी धारणा और भी पुष्ट हुई। यही कारण था कि स्वतंत्र भारत की अर्थव्यवस्था के विकास के लिए आयोजन को आवश्यक माना गया। इन नेताओं का विचार था कि योजना के माध्यम से निम्न उद्देश्य की पूर्ति की जा सकेगी–

- सभी के लिए समान अवसर
- गरीबी का उन्मूलन
- आय और संपत्ति की असमानताओं में कमी
- मिश्रित अर्थव्यवस्था
- एकाधिकारक प्रवृत्तियों और आर्थिक शक्ति के संकेद्रण को रोकना।
- आर्थिक निर्णयों का आधार निजी लाभ न होकर सामाजिक लाभ होना।

ऐतिहासिक पृष्ठभूमि

भारत में स्वतंत्रता के पूर्व ही नियोजन की दिशा–प्रयास शुरू हो गये थे। सर एन॰ विश्वेश्वरैया ने 1834 में अपनी पुस्तक 'Planned Economy for India' में भारत में विकास के लिए नियोजन की आवश्यकता पर बल दिया था। वर्ष 1935 में डॉ॰ बाउले और डॉ॰ राबर्टसन ने भारत के लिए आर्थिक नियोजन पर बल दिया था। 1937 के चुनावों के माध्यम से विभिन्न राज्यों में गठित कांग्रेसी सरकारों ने इस दिशा में कार्य करते हुए 1938 में 'जवाहर लाल नेहरू' की अध्यक्षता में 'भारतीय आयोजन समिति' का गठन किया। 1944 में ब्रिटिश सरकार ने नियोजन और विकास विभाग की स्थापना की, जिसके अध्यक्ष 'आरदेशिर दलाल' थे। 1994 में बम्बई के आठ उद्योगपतियों ने भारत के विकास के लिए एक 15 वर्षीय योजना बनाई, जिसे बम्बई योजना के नाम से जाना जाता है। 1994 में ही एम॰एन॰ राय 'पीपुल्स प्लान' और एम॰एन॰ अग्रवाल ने 'गांधीवादी योजना' बनायी। अक्टूबर 1946 में अंतरिम सरकार ने 'सलाहकारी योजना परिषद' का गठन किया, जिसमें 'साइमन कुजनेटस' जैसे अर्थशास्त्री शामिल थे। स्वतंत्रता के बाद तीन वर्षों तक परिषद की सलाह के आधार पर अर्थव्यवस्था का संचालन होता रहा। 1950 में गणतंत्र की स्थापना के बाद एक प्रस्ताव के माध्यम से 'योजना आयोग' का गठन किया गया, जिसके निर्देशन में 18 अप्रैल, 1951 से प्रथम पंचवर्षीय योजना का सूत्रपात किया गया।

योजना आयोग

योजना आयोग का भारतीय संविधान में कोई उल्लेख नहीं है। केन्द्र-राज्य संबंधों को संचालित करने वाली तीसरी अनुसूची (समवर्ती सूची) की प्रवृष्टि 20 में 'आर्थिक और सामाजिक योजना' की एक प्रविष्टि है। इस प्रविष्टि का लाभ उठाकर केन्द्र सरकार ने 1950 में मंत्रिमंडल के एक प्रस्ताव द्वारा एक संविधानेत्तर निकाय के रूप में 'योजना आयोग' की स्थापना की। पंडित जवाहर लाल नेहरू इसके प्रथम अध्यक्ष थे। इसके अलावा आयोग के पूर्णकालिक सदस्य थे वी॰टी॰ कृष्णामाचारी, जी॰एल॰ मेहता, एस॰के॰ पाटिल, गुलजारी लाल नंदा व सी॰डी॰ देशमुख। 1971 में प्रधानमंत्री की योजना आयोग का पदेन उपाध्यक्ष बनाया गया। जनता सरकार ने इसमें बदलाव करते हुए प्रधानमंत्री को इसका पदेन अध्यक्ष तो बनाये रखा, परंतु एक पूर्णकालिक अध्यक्ष की नियुक्ति की गई तथा वित्त, गृह, रक्षा आदि कैबिनेट मंत्रियों को इसका अंशकालिक पदेन सदस्य बनाया गया और तीन विशेषज्ञों को आयोग का पूर्णाकालिक सदस्य मनोनीत किया गया।

योजना आयोग के सदस्यों के लिए न तो किसी योग्यता का उल्लेख है और न ही किसी निश्चित कार्यकाल का। वास्तव में, इनकी संख्या प्रधानमंत्री की इच्छा पर निर्भर है तथा सभी सदस्य उनके प्रसादपर्यन्त पद पर बने रहते हैं । वर्तमान में अध्यक्ष और उपाध्यक्ष के अतिरिक्त 4 अंशकालिक सदस्य और 7 पूर्णकालिक सदस्य और 1 सदस्य सचिव की नियुक्ति की गयी है।

योजना आयोग के कार्य–पंचवर्षीय योजनाओं के प्रभावी निर्माण व सफल संचालन के अलावा योजना आयोग के निम्न कार्य हैं–

1. राष्ट्र के भौतिक संसाधनों और विशेष जनशक्ति का पता लगाना और देश की आवश्यकताओं के अनुरूप उनमें विस्तार की संभावनाओं का पता लगाना।
2. राष्ट्रीय संसाधनों के संतुलित एवं समुचित उपयोग हेतु प्रभावशाली योजना का निर्माण करना।
3. आर्थिक सामाजिक विकास में आने वाली प्रमुख बाधाओं का पता लगाना व विकास योजनाओं के सफल क्रियान्वयन के लिए वातावरण का निर्माण करना।
4. उस आवश्यक तंत्र का स्वरूप निश्चित करना, जिसके माध्यम से योजना के प्रत्येक चरण का कुशल संपादन किया जा सके।
5. योजना के प्रत्येक चरण की प्रगति का यथास्थिति अवलोकन करना और आवश्यक सिफारिशें करना।
6. आयोग के कार्यकलापों को प्रभावी और सुविधाजनक बनना।
7. केन्द्र एवं राज्यों की विकासात्मक समस्याओं के समाधान हेतु आवश्यक परामर्श देना।

राष्ट्रीय विकास परिषद्

योजनाओं के निर्माण में राज्यों की भागीदारी सुनिश्चित करने के लिए 1952 में 'राष्ट्रीय विकास परिषद' की स्थापना की गयी। परिषद का अध्यक्ष भारत का प्रधानमंत्री होता है और सभी राज्यों के मुख्यमंत्री इसके पदेन सदस्य होते हैं। 1967 में इसका विस्तार करके केन्द्रीय मंत्रिमंडल के सभी सदस्यों और सभी संघीय राज्य क्षेत्रों के प्रशासकों को इसका सदस्य बनाया गया है। ज्ञातव्य है कि राष्ट्रीय विकास परिषद एक संविधानोत्तर निकाय है।

राष्ट्रीय विकास परिषद राष्ट्रीय योजनाओं की प्रगति के संबंध में समय-समय पर विचार करता है। राष्ट्रीय विकास को प्रभावित करने वाली आर्थिक-सामाजिक नीतियों का अवलोकन और राष्ट्र की विकासात्मक योजनाओं के निर्धारण और उनकी सफल प्राप्ति हेतु परामर्श देना,

राज्य पुनर्गठन आयोग

भारत में स्वतंत्रता प्राप्ति से पूर्व भाषा के आधार पर प्रांतों को बनाने की माँग रही थी। सर्वप्रथम 1920 ई॰ में 'नागपुर प्रस्ताव' के आधार पर कांग्रेस ने इसका समर्थन किया था। चूँकि राष्ट्रीय आंदोलन के दिनों में राष्ट्रीय कांग्रेस लोकतंत्र की मजबूती के लिए जनता से सीधे संपर्क बनाये रखना जरूरी समझा एवं इसी कारण भाषा के आधार पर प्रांतों के गठन का विचार रखा। स्वतंत्र भारत के राज्यों को संविधान सभा ने 4 भागों में बाँटा था।

भाग 'क'

इसमें वे राज्य थे जो ब्रिटिश काल में प्रांत कहलाते थे ओर यहाँ प्रमुख गवर्नर कहे जाते थे। जैसे राज्य–पं॰ बंगाल, उड़ीसा, असम, बिहार, पंजाब, उत्तर प्रदेश, बम्बई, मध्य प्रदेश और मद्रास।

भाग ख

राज्य–जम्मू-कश्मीर, मैसूर, हैदराबाद, मध्य भारत, त्रावनकौर, कोचीन, पटियाला तथा पूर्वी पंजाब राज्य संघ (पेप्सू) राजस्थान, सौराष्ट्र।

भाग 'ग'

इसमें वे राज्य थे जो ब्रिटिश राज्य में चीफ कमिश्नर के प्रांत कहलाते थे। इसमें छोटी रियासतें भी थी। इसमें 1. कुर्ग, 2. कच्छ, 3. दिल्ली, 4. अजमेर, 5. हिमाचल प्रदेश, 6. बिलासपुर, 7. भोपाल, 8. त्रिपुरा, 9. मणिपुर, 10. विंध्य प्रदेश थे। संविधान निर्माण के समय विंध्य प्रदेश भाग 'ख' में था जिसे कालांतर में भाग 'ग' में कर दिया गया।

भाग 'छ' के राज्यों में अंडमान निकोबार द्वीप था। स्वतंत्रता प्राप्ति के बाद भाषा के आधार पर राज्यों के गठन के लिए प्रबल माँगें होने लगीं एवं इस मुद्दे को बार-बार संविधान सभा में उठाया गया था। संविधान सभा ने न्यायमूर्ति एस॰ के॰ घर की अध्यक्षता में एक आयोग का गठन किया। यह आयोग भाषा के आधार पर राज्यों के गठन की माँग को ठुकरा दिया।

1948 के अंत में कांग्रेस दल द्वारा इस प्रश्न को अनुमानत: विशुद्ध राजनीतिक दृष्किोण से पुनर्वीक्षण करने के लिए जवाहर लाल नेहरू, सरदार वल्लभभाई पटेल और पट्टाभिसीतारमैया सहित एक संयुक्त समिति नियुक्त की। इस संयुक्त समिति के रिर्पोट में भी कुछ संकोच के साथ-साथ भाषा राज्यों के गठन के विरुद्ध राय व्यक्त की गई।

इन दूरदर्शी राजनीतिज्ञों को इस बात का अभास था कि भाषी राज्यों की माँगों का लगातार विरोध करने से देश की एकता सशक्त नहीं बल्कि आहत होगी। राज्यों में यथास्थिति बनाये रखने की वकालत की और केवलमात्र आंध्र राज्य संबंधी माँग को ही एक ऐसा खास मुद्दा माना, जिसे खुले मन से स्वीकार करना ही श्रेयस्कर समझा गया।

तेलुगु भाषी क्षेत्र के राष्ट्रीय आंदोलन के एक शीर्षस्थ नेता पोहिट्ट श्री रामलू ने भारत सरकार से तत्काल आंध्र प्रदेश राज्य की स्थापना की माँग की लेकिन सरकार द्वारा अपने अनशन के 58वें दिन 15 दिसम्बर 1952 को उनकी मृत्यु हो गयी।

इनके मृत्यु से भयभीत होकर प्रधानमंत्री पं॰ जवाहर लाल नेहरू ने तेलगूभाषियों के लिए पृथक् 'आंध्र प्रदेश' के गठन की घोषणा कर दी, इस प्रकार 1 अक्टूबर 1953 को आंध्र प्रदेश राज्य का गठन हो गया। यह स्वतंत्र भारत में भाषा के आधार पर गठित भारत का पहला राज्य था।

22 दिसम्बर 1953 ई. में नेहरू ने एक समिति का गठन 'भारतीय संघ के राज्यों' के पुनर्गठन हेतु किया। इस समिति के अध्यक्ष न्यायमूर्ति फजल अली थे। इसमें पं॰ हृदय नाथ कुंजरू और सरदार के॰एम॰ पणिक्कर सदस्य थे।

इस आयोग 30 सितम्बर 1955 ई. को 'ए' 'बी' 'सी' 'डी' राज्यों के वर्गों को समाप्त कर 16 राज्यों 3 संघ राज्य क्षेत्रों की संस्तुति की। आयोग (फगल अली) के अनुसार संस्तुति वाले राज्य थे–आंध्र प्रदेश, असम, बिहार, बम्बई, हैदराबाद, जम्मू-कश्मीर, कर्नाटक, केरल, मध्य प्रदेश, मद्रास, उड़ीसा, पंजाब, राजस्थान, उत्तर प्रदेश विदर्भ, पश्चिमी बंगाल। संघ राज्यों में तीन केन्द्रीय क्षेत्र थे–दिल्ली, मणिपुर, अंडमान-निकोबार द्वीप।

संसद जुलाई 1956 ई. में राज्य पुनर्गठन अधिनियम पारित कर भारत में 14 राज्य स्थापित किए, साथ ही 6 केन्द्रीय क्षेत्र बनाए गये थे। जम्मू-कश्मीर, पंजाब, उत्तर प्रदेश, बिहार, बंगाल, असम, उड़ीसा, आंध्र प्रदेश, तमिलनाडु, केरल, मैसूर, बम्बई, मध्य प्रदेश, राजस्थान। केन्द्रीय क्षेत्र में हिमाचल प्रदेश, दिल्ली, मणिपुर, त्रिपुरा, अंडमान निकोबार द्वीप, मिनीकोय–लवादिन द्वीप। 1960 के दशक में गोवा को पुर्तगालियों से मुक्त कराकर केन्द्र शासित प्रदेश बनाया गया।

भाषा और क्षेत्र को लेकर हुए भयंकर रक्तपात के पश्चात् तत्कालीन बम्बई राज्य के मुख्यमंत्री मुरारजी देसाई सरकार कर 1960 में बम्बई पुनर्गठन अधिनियम के तहत गुजरात और महाराष्ट्र नामक दो राज्यों का गठन हुआ।

इसी तरह भाषा के सावाल पर उठे आंदोलन के कारण 1966 में पंजाब पुनर्गठन अधिनियम के तहत पंजाब के हिन्दी भाषी क्षेत्र को काटकर हरियाणा राज्य का गठन हुआ। पंजाब के पर्वतीय क्षेत्रों को हिमाचल प्रदेश में शामिल कर दिया गया, जिसे 1971 ई॰ में एक पृथक् राज्य के रूप में गठित किया गया। वर्तमान समय में भारत में 28 राज्य व 7 केन्द्र शासित संघ क्षेत्र है।

विदेश नीति संबंधी पहल कार्य

द्वितीय विश्वयुद्ध के बाद संसार के राज्यों की अन्योन्याश्रित स्थिति तथा तत्संबंधित व्यवस्था के संदर्भ में भारत की विदेश नीति का एक विशिष्ट स्वरूप उभर कर आया। जिस समय भारत स्वतंत्र हुआ, उस समय "एक विश्व" की भावना साकार रूप ले चुकी थी। नाभिकीय प्रौद्योगिकी, इलेक्ट्रॉनिक व अंतरिक्ष तथा संचार व्यवस्था की नयी प्रगति से क्रांतिकारी परिवर्तन हुए थ। उसी समय 1946 में उपनिवेशीकरण के विघटित होने की प्रक्रिया प्रारंभ हो गई थी। भारत की भाँति सभी नवोदित राष्ट्रों के समक्ष सबसे बड़ी चुनौती यह थी कि वे अपनी सामाजिक-आर्थिक व्यवस्था में व्यापक क्रांतिकारी एवं आमूल परिवर्तन कम से कम समय में कर सकें। भारतीय राजनयिकों ने विदेश नीति के तीनों मूलभूत आधार राष्ट्रीय हित, क्षेत्रीय अनिवार्यताएँ एवं विश्व की समस्याएँ, को ध्यान में रखकर विदेश नीति के आधारभूत लक्ष्य निर्धारित किये। ये आधारभूत लक्ष्य निम्न हैं–

1. राष्ट्र का आर्थिक विकास और राजनीतिक स्थिरता, जिससे देश की एकता तथा सामाजिक आर्थिक विकास सुनिश्चित किया जा सके।
2. राष्ट्रीय सुरक्षा, जिससे कि देश की स्वतंत्रता तथा प्रादेशिक अखंडता पर आक्रमण के खतरे को रोका जा सके।
3. आत्मनिर्भरता तथा स्वपोषित औद्योगीकरण जिससे आर्थिक स्वतंत्रता की रक्षा और प्रोत्साहन सुनिश्चित किया जा सके।
4. परस्पर लाभ के लिये दक्षिण एशियाई क्षेत्र में मैत्री, सद्भाव और सहयोग को बढ़ावा दिया जाना।
5. दक्षिण एशियाई क्षेत्रों में आंतरिक मामलों में बड़ी शक्तियों के हस्तक्षेप को रोकना।
6. हिन्द महासागर को शांति क्षेत्र बनाने के प्रयास की संभावना को बढ़ाना और भारत के निकटस्थ समुद्री क्षेत्रों की महाशक्तियों के नौ सैनिक टकराव की स्थिति से बचाने का प्रयास करना।
7. राष्ट्रीय स्वतंत्रता के लिये मुक्ति आंदोलनों व लोकतांत्रिक संघर्षों तथा आत्म-निर्णय के अधिकारों के लिए संघर्षों का समर्थन करना।
8. साम्राज्यवाद तथा उपनिवेशवाद, नस्लवाद, जातीय पृथकतावाद, निरंकुशतावाद और सैन्यवाद का विरोध करना।
9. शस्त्रों की होड़, विशेष रूप से नाभिकीय शास्त्रों की होड़ का विरोध करना और व्यापक एवं पूर्ण नि:शस्त्रीकरण की प्रक्रिया का समर्थन करना।
10. उत्तर-दक्षिण संवाद तथा दक्षिण-पश्चिम सहयोग पर बल देना।
11. विश्व स्तर पर विकास के कार्यो का समर्थन करना और एक ऐसी नयी अंतर्राष्ट्रीय आर्थिक व्यवस्था का निर्माण करना जिससे न्याय, समानता तथा मानवता पर आधारित विश्व का निर्माण हो सके।
12. अंतर्राष्ट्रीय शांति, सुरक्षा एवं आपसी मतभदों के शांतिपूर्ण समाधान का समर्थन करना तथा एक अहिंसक एवं नाभिकीय शस्त्रविहीन विश्व की रचना करना।
13. एक लोकतांत्रिक विश्व के लिये आवश्यक दशा के रूप में मानव अधिकारों के आदर्श एवं उसके क्रियान्वयन का समर्थन करना।
14. शांतिपूर्ण, सह-आस्तित्व तथा पंचशील के आदर्शों को आगे बढ़ना।
15. विश्वव्यापी तनाव दूर करने, परस्पर सहमति की भावना को बढ़ावा देने, सैन्य गुटबंदी का विरोध करने तथा इन सभी से महत्वपूर्ण उद्देश्य भय, घृणा, लालच और असमानता से मुक्त विश्व का निर्माण करने के लिए गुटनिरपेक्ष आंदोलन को मजबूत बनाना तथा संयुक्त राष्ट्र का समर्थन करना।

यद्यपि भारतीय विदेश नीति दूरदर्शिता तथा आदर्शवाद से युक्त है, फिर भी इसे अनेक मामलों पर आघात सहने

पड़े। इसका कारण अप्रत्याशित विश्व घटनाओं और विश्व के विभिन्न क्षेत्रों में नयी प्रवृत्तियों के उदय होने में खोजा जा सकता है। कभी कुछ मामलों पर नेतृत्व असफल रहा, तो कभी हमारे सोचने का ढंग गलत रहा। कोई भी विदेश नीति पूर्ण रूप से सफल विदेश नीति नहीं हो सकती। हमारी विदेश नीति भी पूर्ण रूप से सफल नहीं है। हो सकता है कि इसमें हमारी ओर से त्रुटि न रही हो, किंतु फिर भी एक जटिल अन्योन्याश्रित विश्व का अंश होने के कारण नुकसान हमें ही उठाना पड़ा। किंतु अपनी विदेश नीति का लेखा-जोखा करने के पश्चात् हम इसी निष्कर्ष पर पहुँचेंगे कि उसमें सभी दलों और समूहों की आम सहमति रही है। शांति निःशस्त्रीकरण तथा विश्व के संतुलित विकास की दिशा में यह विदेश नीति भारत को क्षेत्रीय तथा विश्व स्तर पर प्रमुख तथा सकारात्मक भूमिका अदा करने में सहायक हुई है। आज भारतीय गणराज्य एक राजनीतिक लोकतंत्र, पंथनिरपेक्ष राज्य व्यवस्था तथा आत्मनिर्भर औद्योगीकरण के लिए व्यापक रूप से प्रतिष्ठत है।

इकाई-X (A)

विश्व इतिहास : संकल्पनाएँ, विचार तथा अवधियाँ

पुनर्जागरण

रिनेसाँ मूलत: फ्रेंच भाषा का शब्द है जिसका शाब्दिक अर्थ है पुनर्जागरण। पुनर्जागरण एक बुद्धिवादी एवं उदार सांस्कृतिक, धार्मिक, सामाजिक आर्थिक तथा राजनीतिक विचारों का आन्दोलन था। जिसमें वैज्ञानिक जिज्ञासा की प्रवृत्ति, कला एवं साहित्य में मानवतावादी भावनाओं और संवेदनाओं की अभिव्यक्ति को केन्द्रीय स्थान प्राप्त था।

पुनर्जागरण आकस्मिक नहीं था बल्कि घटनाओं तथा विचारों के परस्पर सम्पर्क तथा आदान-प्रदान का सामूहिक परिणाम था। इसके लिए उपर्युक्त परिस्थितियाँ कई कारणों से बनीं जैसे धर्मयुद्ध, व्यापारिक एवं वाणिज्यिक गतिविधियाँ कुस्तुनतुनिया पर तुर्को का अधिपत्य, कागज एवं मुद्रण यंत्र, विशाल मंगोल साम्राज्य नवीन पूंजीवादी प्रवृत्तियों का विकास, नवीन भौगोलिक खोजें-परिणाम- स्वरूप यूरोपीय लोगों के दृष्टिकोण, रहन-सहन, ज्ञान-विज्ञान में व्यापक परिवर्तन, व्यापार का विकास जिसके फलस्वरूप नगरों का विकास हुआ जिससे धनी व्यापारी वर्ग पैदा हुआ जिसने विलासितापूर्ण जीवन और स्वतंत्र व्यक्तिवादी चिन्तन को अपनाया, मानववादी विचारधारा का विकास तथा वैज्ञानिक चेतना तथा नई विद्या का विकास आदि कारणों का सम्मिलित परिणाम था पुनर्जागरण।

पुनर्जागरण की कई विशेषताएँ थीं जैसे पुनर्जागरण से स्वतंत्र चिन्तन को प्रोत्साहन मिला, मानववादी विचारधारा का विकास हुआ, स्वतन्त्र व्यक्तित्व एवं व्यक्तिवादी विचारधारा का विकास, लोकभाषाओं का विकास, जिज्ञासा प्रवृत्ति, बौद्धिक दृष्टिकोण एवं वैज्ञानिक विचारधारा का विकास आदि।

पुर्नजागरण का प्रभाव साहित्य पर पड़ा जिसमें राष्ट्रीय भाषाओं का विकास शुरू हुआ। यूरोप की भाषाओं का साहित्य पुनर्जागरण के प्रभाव से निखरा। पुनर्जागरण का प्रभाव स्थापत्य कला पर भी पड़ा। पुनर्जागरण कालीन स्थापत्यकारों ने मध्यकाल की भवन निर्माण शैली यानि गोथिक शैली को नकार कर क्लासिक शैली को अपनाया। इसी क्लासिक शैली को पुनर्जागरण शैली भी कहते हैं। पुनर्जागरण का प्रभाव मूर्तिकला पर भी पड़ा। इस काल की मूर्तिकला नए सौन्दर्यबोध, मानवीय संवेदनाएँ और क्लासिक मूल्य को जोड़ती है। पुनर्जागरण काल में चित्रकला सबसे अधिक प्रभावित हुई। इस काल के चित्रकारों ने विषयों का चुनाव व्यक्ति व प्रकृति से किया। कैनवस का प्रयोग शुरू हुआ। तैलचित्रों की परम्परा प्रारंभ हुई, शोख एवं चटख रंगों का प्रयोग अब व्यापक स्तर पर होने लगा। इस काल के चित्रों में मानवीय भावनाएँ अपने सहज व नैसर्गिक रूप में अभिव्यक्त होकर एक सार्वभौम सौन्दर्य की सृष्टि करती हैं। पुनर्जागरण का प्रभाव राजनीतिक जीवन पर भी पड़ा जिससे राष्ट्रीय राजतंत्र का विकास हुआ। पुनर्जागरण काल में अभूतपूर्व वैज्ञानिक प्रगति हुई। वैज्ञानिक दृष्टिकोण ने दीर्घकाल से मान्य विचारों का आलोचनात्मक परीक्षण कर व्यक्ति को कला, साहित्य, व्यवसाय और जीवन के अन्य क्षेत्रों में नए और तर्कपूर्ण दृष्टिकोण अपनाने के लिए प्रोत्साहित किया।

इस प्रकार पुनर्जागरण ने व्यक्ति को मध्यकालीन धार्मिक बन्धनों एवं नीरसता से मुक्त कराया और परिणामस्वरूप अदभुत विशिष्ट प्रकार की बौद्धिक चेतना, प्राकृतिक सौन्दर्यबोध व सरसता ने धार्मिक, आर्थिक, सामाजिक तथा सांस्कृतिक जीवन को उद्वेलित किया और एक नवीन युग की आधारशिला रखी।

धर्म सुधार

16वीं शताब्दी में पुनर्जागरण से प्रभावित लोगों ने पोप की सांसारिकता व प्रभुत्व के विरुद्ध और चर्च की कुरीतियों, आडम्बरों, पाखंडों तथा शोषण को नष्ट करने के लिए जो आन्दोलन प्रारम्भ किया उसे धर्म-सुधार आन्दोलन की संज्ञा दी जाती है।

धर्म-सुधार आन्दोलन प्रत्यक्षत: तो ईसाई लोगों के नैतिक व आध्यात्मिक जीवन को पुन: ऊँचा उठाना चाहता था। परोक्षत: पोप के व्यापक अधिकारों के विरुद्ध हुए विद्रोह की दृष्टि से यह एक राजनीतिक आन्दोलन था। अत: धार्मिक आन्दोलन केवल धार्मिक नहीं बल्कि सामाजिक, राजनीतिक, आर्थिक व बौद्धिक पक्ष से सन्निहित था। धर्म सुधार आन्दोलन

की शुरुआत धार्मिक नेताओं से ही शुरू हुई। 16 सदी के धर्मसुधार आन्दोलन को दो चरणों में बाँटा जा सकता है। पहला प्रोटेस्टेंट धर्म-सुधार और रोमन कैथोलिक धर्म-सुधार ।

धर्म-सुधार आन्दोलन प्रारंभ होने के कई कारण थे । पहला कारण था पुनर्जागरण से उत्पन्न नवचेतना का प्रभाव, इसमें लोगों में उत्पन्न नवीन तार्किक एवं बौद्धिक दृष्टिकोण के कारण धार्मिक पाखण्डों एवं कुरीतियों पर प्रहार प्रारम्भ हुए धर्म का दूसरा कारण था चर्च के अन्तर्गत व्याप्त बुराइयाँ जो 15वीं व 16वीं सदी में पैदा हो गयी थी। पादरियों की अज्ञानता और विलासिता, चर्च के पदों एवं सेवाओं की बिक्री, सम्बन्धियों के बीच लाभकारी चर्च के पदों का बँटवारा, एक पादरी द्वारा एक से अधिक पद रखे रहना, पादरी क्षमाप्रदान द्वारा लोगों के पाप का प्राश्यचित करने लगना आदि असंतोष का कारण था। धर्म-सुधार का तीसरा कारण था आर्थिक यानि राजा चाहते थे कि राज्यशासन का खर्च चलाने के लिए चर्च पर टैक्स लगाया जाए जबकि पादरी कर से मुक्त थे । चर्च का कहना था कि सूद लेना पाप है सूद सम्बन्धी चर्च के सिद्धान्त व्यापार की प्रगति में बड़े बाधक थे। इसलिए व्यापारी एक ऐसा धर्म चाहते थे जो उनके कार्यों का समर्थन करे। धर्म-सुधार का चौथा कारण था राष्ट्रीय राज्यों का हित चर्च के अन्तर्राष्ट्रीय स्वरूप से मेल नहीं खाता था। चर्च शोषित किसानों का असन्तोष भी धर्म-सुधार आन्दोलन का कारण था।

प्रोटेस्टेंट धर्म-सुधार तीन विशिष्ट परन्तु संबद्ध आन्दोलनों लूथरवाद, कालविनवाद तथा एंग्लिवनवाद से मिलकर संघटित हुई। लूथर का विद्रोह धर्म-सुधार की शुरुआत थी। उसने अनुभव किया कि पूजा, प्रायश्चित तथा क्षमा-प्रदान पत्रों की खरीद से पाप से मुक्ति नहीं पाया जा सकता है। लूथर ने क्षमा-प्रदान पत्रों की बिक्री पर आपत्ति जताई तथा उसके जवाब में 95 सिद्धान्त विटेनवर्ग के विश्वविद्यालय पर चिपकवा दिया। लूथर ने चर्च की कमजोरियों पर प्रहार किया, पोप के अधिकरों को चुनौती दी, चर्च की सम्पत्ति जब्त करने और चर्च पर नियंत्रण करने का आह्वान राजाओं में किया। लूथर ने ईसा व बाइबिल की सत्ता को स्वीकार किया।

अगर धर्म-सुधार आन्दोलन शुरू करने का श्रेय लूथर को है तो कालविन पहला सुधारक था जो अटूट विश्वास के साथ एक ऐसा पवित्र सम्प्रदाय स्थापित करना चाहता था जिसको अन्तर्राष्ट्रीय मान्यता और ख्याति प्राप्त हो। कालविन के सिद्धान्तों का आधार ईश्वर की इच्छा की सर्वोच्चता है। ईश्वर की इच्छा से ही सब कुछ होता है, इसलिए मनुष्य की मुक्ति-कर्म से होती है और न आस्था से । कालविन के धर्म को व्यापारियों का समर्थन इसलिए मिला कि उसके सिद्धांतों से उनके व्यापार को बड़ा लाभ हुआ। कालविन तत्कालीन पूँजीवादी विकास समर्थक था।

धर्म-सुधार आन्दोलन का नेतृत्व इंगलैण्ड के राजाओं ने किया। इंगलैण्ड में धर्म-सुधार आन्दोलन की शुरुआत सम्राट हेनरी अष्टम की पुत्र प्राप्ति से हुई। हेनरी के उत्तराधिकारी एडवर्ड के शासनकाल में आंग्ल-चर्च प्रोटेस्टेंट बन गया। आंगल चर्च को वैधानिक सत्ता प्रदान करने के लिए "सर्वोच्चता और एकरूपता" का कानून पास किया गया।

रोमन कैथोलिक चर्च पश्चिमी ईसाई जगत का आधा हिस्सा खो चुका था और बाकी आधे हिस्से को खोने का खतरा महसूस कर रहा था। इस खतरे ने रोमन कैथोलिक चर्च के अन्दर सुधार आन्दोलन को जगाया।

प्रबुद्धतावाद

18वीं शती के उत्तरार्द्ध में यूरोप में राजत्व सिद्धांत के संबंध में जो विचारधारा प्रचालित हुई उसे प्रबुद्ध-निरंकुशता कहते हैं। इस प्रबुद्ध निरकुंशता का तात्पर्य राजा द्वारा स्वेच्छया से प्रजा के कल्याण के लिए सुधार करने से है। ऐसी निरंकुशता जिस पर प्रजा ही कोई नियन्त्रण न हो फिर भी प्रजा के लिए हितकर हो । 18वीं शती में यूरोप के बहुत से राजाओं जैसे आस्ट्रिया के जोसेफ II, रूस की कैथरीन महान, नेपल्स की चार्ल IV, स्पेन के चार्ल्स III, पुर्तगाल का जोसेफ I, स्वीडन का गस्टवस III, साडीनिया का चार्ल्स इमैनुअस III, टस्कनी का लियोपाल I, प्रशा का फेडरीक महान ने इस विचारधारा को अपनाया था। इनमें प्रबुद्ध निरंकुशता का सर्वोत्तम प्रतिनिधि प्रजा का शासन फ्रेडरिक महान को स्वीकार किया जाता है। वास्तव में राजाओं की प्रबुद्ध निरंकुशता तत्कालीन बुद्धिवाद की उपज थी। प्रबुद्ध निरंकुशता की विचारधारा का स्पष्ट अर्थ था कि राजा अपने व्यक्तिगत स्वार्थों के लिए सम्पूर्ण प्रजा के हितों का बलिदान न करे। राजा प्रजा के प्रति अपने दायित्व को समझे और उसे व्यवहृत करे। प्रबुद्ध निरंकुश शासकों के कार्यों का पुनरीक्षण से यह निष्कर्ष निकलता है कि मुख्य रूप से यह जनता का स्थायी लाभ करने में असफल रहें।

धार्मिक क्षेत्र में प्रबुद्ध निरंकुशतावाद के युग में जो विचारधारा विकसित हुई उसे ईश्वरवाद की संज्ञा दी गई हैं। बुद्धिवादियों ने ईश्वर को महान सृष्टा स्वीकार किया, परन्तु वे दैवी चमत्कार और भविष्यवाणी में विश्वास नहीं करते थे। उन्होंने एक ऐसे निरपेक्ष ईश्वर की कल्पना की जो बुद्धिग्राह्य है परन्तु धार्मिक

भावुकता को जाग्रत नहीं करता। इस युग की विचारधारा धार्मिक सहिष्णुता थी।

मानव के अधिकार

मानवधिकार का अर्थ होता है कि मानव को वे सारे अधिकार प्रदान करना जो उसे आम जिन्दगी जीने में सहायक है चाहे वे अधिकार राजनीतिज्ञ हो सामाजिक हो, सांस्कृतिक हो या आर्थिक आदि सभी अधिकार न केवल प्रदान किया जाएँ बल्कि उसकी रक्षा भी की जाए।

फ्रांस की क्रांति के दौर में राष्ट्रीय सभा ने रूसों के सोशयल कान्ट्रेक्ट से प्रेरित होकर 27 अगस्त 1789 ई. को ईश्वर नहीं अपितु सर्वोच्च सत्ता को साक्षी मानकर मानव के अधिकारों की घोषणा की, इसमें कहा गया कि मनुष्य के कुछ नैसर्गिक अधिकार हैं जो उसे जन्म से ही प्राप्त होते हैं जैसे अपनी सुरक्षा का अधिकार आदि तथा व्यक्ति स्वयं या अपने प्रतिनिधियों के माध्यम से शासन और विधि निर्माण में भाग लेने का अधिकार ।

मानव के अधिकारों की घोषणा ने फ्रांस ही नहीं सम्पूर्ण विश्व के लोगों को प्रेरित किया। संयुक्त राष्ट्र ने भी मानवाधिकारों को परिभाषित करने की योजना द्वारा सैकड़ों वर्ष पुरानी इस घोषणा का सम्मान किया।

10 दिसम्बर 1948 ई०, को संयुक्त राष्ट्र की महासभा ने मानव अधिकारों का घोषणा-पत्र स्वीकार कर एक ऐतिहासिक कार्य किया। आज भी प्रत्येक 10 दिसम्बर को मानव अधिकार दिवस आयोजित कर इस घोषणा को हम गरिमा प्रदान करते हैं और मानव अधिकारों के प्रति संकल्प लेते हैं।

नस्लवाद

नस्लवाद का अर्थ है कि वह विशिष्ट वर्ग जो सामाजिक, सांस्कृतिक राजनीतिक व आर्थिक रूप से सबल हो, के द्वारा उन वर्गों के लोगों से नफरत या घृणा या नीचा समझना जो सामाजिक, सांस्कृतिक, राजनीतिक या आर्थिक रूप में विशिष्ट वर्ग की तुलना में कमजोर हो।

संयुक्त राष्ट्र ने रंगभेद, नस्लवाद को समाप्त करने की दिशा में कार्यवाही की है। 1946 से ही संयुक्त राष्ट्र ने निरन्तर रंगभेद-नस्लवाद की नीति की निन्दा की और इसे मानवता के अपराध व अन्तर्राष्ट्रीय शान्ति व सुरक्षा के लिए खतरा बताया है। रंग के आधार पर भेदभाव की नीति व नस्लवाद मुख्यत: दक्षिण अफ्रीका में है। महासभा ने दक्षिण अफ्रीका सरकार की इस नीति की न केवल निन्दा की अपितु सदस्य देशों के अपील की कि वे उसके साथ राजनयिक संबंध तोड़ लें और उसके माल का बहिष्कार करें। इस प्रकार से संयुक्त राष्ट्र के रंगभेद व नस्लवाद के विरुद्ध विश्व में लोकमत तैयार करने के लिए और वहाँ इस नीति के विरुद्ध संघर्ष कर रहे हैं । अश्वेतों को प्रोत्साहित करने हेतु महासभा ने 1974-83 को रंगभेद-नस्लवाद और जातिवाद विरोधी दशक के रूप मनाने का निश्चय किया । 10 दिसम्बर को रंगभेद-नस्लवाद विरोधी दिवस घोषित किया गया। संयुक्त राष्ट्र का लक्ष्य यह है विश्व के सभी लोगों को बराबर राजनीतिक, आर्थिक, सामाजिक व सांस्कृतिक अधिकार प्राप्त हों । रंग, नस्ल, जाति के आधार पर भेदभाव न केवल गलत है अपितु यह विश्वशान्ति के लिए खतरा है।

साम्राज्यवाद

साम्राज्यवाद से अभिप्राय उस प्रक्रिया से है जब एक देश दूसरे की सीमाओं का अतिक्रमण करके अपनी सीमाओं का विस्तार करता है। दूसरे अर्थों में अधीन देशों पर शक्ति और हिंसा के द्वारा विदेशी राज्य बनाये रखने को साम्राज्यवाद कहते हैं। वास्तव में साम्राज्यवाद से तात्पर्य उस तीव्र इच्छा से है जिसके कारण एक राज्य के लोग राजनीतिक व आर्थिक दृष्टि से प्रत्यक्ष व अप्रत्यक्ष रूप से किसी दूसरे समूह या भू-क्षेत्र पर अधिकार जमाने का प्रयत्न करते हैं। अफ्रीका व एशिया में यूरोपियन देशों ने साम्राज्यवाद का पथ प्रशस्त करते हुए 19-20वीं सदी में अपनी आर्थिक व राजनीतिक महत्वाकाक्षांओं को पूरा करने का प्रयत्न किया था। साम्राज्यवादी शक्तियों के शोषण के फलस्वरूप इन अफ्रीकी एशियाई क्षेत्रों की अर्थव्यवस्था नष्ट प्राय हो गई । इन क्षेत्रों की जनता प्रत्येक प्रहार के सामाजिक भेदभाव की शिकार रही थी क्योंकि यूरोपियन अपने को प्रत्येक दृष्टि से श्रेष्ठ समझते थे, स्थानीय जनता को हीन समझते थे, उनसे घृणा करते थे। समस्त उच्च प्रशासनिक पदों पर यूरोपियनों का एकाधिकार था। साम्राज्यवादी देशों के प्रभाव से इन क्षेत्रों की जनता में जन-जागरण दृष्टिगत हुआ फलस्वरूप राष्ट्रीय आन्दोलन का सूत्रपात हुआ ओर सभी अपनी स्वतंत्र राष्ट्रीय छवि प्राप्त करने के लिए साम्राज्यवादियों के विरूद्ध संघर्षशील हो गए।

समाजवाद

19वीं सदी के पूर्वाद्ध में समाजवादी विचारधारा इंग्लैंड तथा फ्रांस के कुछ उदारवादी चिन्तकों तक ही सीमित रही थी उन्होंने मजदूरों की दशा में सुधार करने के लिए कुछ योजनाएँ भी बनाई परन्तु वे व्यापक न हो सकी थीं । सर्वप्रथम राबर्ट ओवन ने अपने कारखानों में मजदूरों की आदर्श सहकारी संस्थाएं स्थापित कीं और उनके रहन-सहन, आमोद-प्रमोद, उचित वेतन, उनके बच्चों की शिक्षा की व्यवस्था की। वह

मालिक और मजदूरों के बीच लाभ के विभाजन का समर्थक था और उद्योग तथा समाज का सहकारिता के सिद्धान्त पर संगठन करना चाहता था।

फ्रांस के विचारक लुईबला आधुनिक समाजवाद के अग्रदूत थे। उन्होंने तत्कालीन सामाजिक व्यवस्था तथा उसकी विभिन्न संस्थाओं के दोषों का उद्घाटन किया। आर्थिक स्वतंत्रता के सिद्धान्त की और उसमें निहित विभिन्न प्रकार की स्वतन्त्रताओं की कड़ी आलोचना की तथा मजदूरों के संगठन काम का अधिकार, व्यक्ति का व्यक्ति के द्वारा शोषण, मजदूरों का अधिनायकतंत्र आदि विभिन्न, समाजवादी सूत्रों का प्रचार किया आजकल प्राय: साम्यवाद एवं समाजवाद को उग्र रूप माना जाता है परन्तु मार्क्स ने इस अर्थ में इस शब्द का प्रयोग न कर समाजवाद को एक अदम्य गतिशील शक्ति के रूप में परिवर्तित कर दिया। मार्क्स ने साम्यवादी घोषणा-पत्र प्रकाशित किया जो आधुनिक वैज्ञानिक समाजवाद का आधार है।

नाजीवाद

20वीं सदी के तीसरे दशक जर्मनी में एडोल्फ हिटलर के नेतृत्व में नाजीवाद का उत्कर्ष तथा तृतीय राइख की स्थापना सम्पूर्ण जर्मन इतिहास और दर्शन की तार्किक परिणति थी।

जर्मनी को नाजी क्रांति संभवत: 20वीं सदी की सर्वाधिक महत्वपूर्ण आश्चर्यजनक घटना थी। हिटलर के नेतृत्व में नाजियों का उदय 1920-30 के बीच यूरोप में हुए महान परिवर्तन को दर्शाता है । इस परिवर्तन को आर्थिक संकट से निश्चय ही यह आर्थिक संकट नाजीवाद के उदय का न तो एकमात्र और न ही सर्वाधिक महत्वपूर्ण कारण था। बहुत हद तक नाजीवाद एक आंतरिक जर्मन प्रक्रिया थी जिसने उसके अधिकारवाद तथा राष्ट्रवाद की पुरानी जर्मन राजनीतिक विचारधाराओं को पुन: जाग्रत किया। नाजीवाद की समस्त विचारधारा जर्मन लोगों के नस-नस में समायी हुई थी, हिटलर ने उसे उभारकर उत्तेजित कर दिया।

नाजीवाद का मुख्य लक्ष्य था जर्मनी का राष्ट्रीय अपमान का प्रक्षालन तथा राष्ट्रीय प्रतिष्ठा की पुन: प्राप्ति। हिटलर के अनुसार शासन करना शक्तिशाली का अधिकार है। वह जर्मनी को विश्व का अग्रगण्य राष्ट्र बनाना चाहता था। अपने लक्ष्य की प्राप्ति करने के लिए मुख्यतया हिंसा, शक्ति, छल, कपट और प्रचार का आश्रय लिया ।

हिटलर ने स्वास्तिक (卐) चिन्ह को नाजीदल का प्रतीक बताया।

हिटलर के नाजीवाद का उद्देश्य था-

1. वर्साय सन्धि की अवहेलना करना।
2. जर्मनी भाषी समस्त प्रदेशों को मिलाकर वृहत जर्मन साम्राज्य का निर्माण करना।
3. जर्मनी के खोये हुए उपनिवेशों को पुन: प्राप्त करना।
4. यहूदियों के जर्मन से निष्कासित करना।
5. जर्मनी की सैनिक शक्ति में वृद्धि करना।
6. जर्मन लोगों में राष्ट्रीय भावना का प्रचार करना।

जर्मनी की जनता वर्साय की सन्धि की कठोरता से अंसतुष्ट थी इसमें लाभ उठाकर जर्मनी जनता हो हिटलर ने अपने पक्ष देकर जर्मनी नाजीवाद का विकास कर दिया। जर्मनी के जनता को बताया कि साम्यवाद से खतरा है इसलिए उसके विकास के रूप में नाजीवाद को अपनाये। आर्थिक संकट ने तो नाजीवाद को चरमोत्कर्ष पर पहुँचा दिया। अत: इस तरह से जर्मन में नाजीवाद की स्थापना हुई।

संसदीय लोकतंत्र

इंग्लैण्ड विश्व का वह देश है जहाँ प्रजातन्त्र का सर्वप्रथम विकास हुआ। इंग्लैण्ड की संसद संसार में प्राचीनतम मानी जाती है। इंग्लैण्ड में संसदीय संस्थाओं का विकास धीरे-धीरे लेकिन निश्चित दिशा में हुआ।

इंग्लैण्ड में नार्मन ऐन्जिविन के काल में संसदीय संस्थाओं का बीजारोपण हो गया था। ट्यूडर काल के पूर्व ही इंग्लैण्ड में संसदीय संस्थाओं का प्रादुर्भाव हो चुका था जबकि इस काल में संसद की प्रतिष्ठा में काफी वृद्धि हो चुकी थी। स्टुअर्ट युग (1603-88 ई.) में राजा व संसद के बीच संघर्ष हुआ, रक्तहीन क्रांति हुई और अनत्तोगत्वा पार्लियामेंट सर्वोपरि बन गई।

अब इस बात में कोई सन्देह नहीं रह गया था कि भविष्य में इंग्लैण्ड का वास्तविक सम्प्रभु पार्लियामेंट होगी। इसके बाद संवैधानिक विकास की प्रकिया का आरम्भ हुआ। सम्राट व संसद के बीच संघर्ष प्रजा के अधिकारों की रक्षा के लिए था। इसके बाद कई सुधार हुए जैसे बिल ऑफ राइट्स का पास होना, 1694 ई० में त्रिवार्षिक अधिनियम तथा 1701 ई० में उत्तराधिकार निर्णायक अधिनियम पास हुआ ।

1714 ई. अर्थात हनोवर काल से संसदीय संस्थाओं का उत्तरोत्तर विकास होता गया तथा संसद लोकतांत्रिक संस्था कहलाने योग्य बनी। इसके बाद राजा की वास्तविक शक्तियों का पतन हुआ, मन्त्रिमंडलीय प्रणाली का विकास हुआ, लोक सदन का लोकतंत्रीकरण हुआ, लोकसदन की तुलना में लार्ड सभा की शक्तियों का पतन हुआ तथा दलीय पद्धति का विकास हुआ।

...ा: हम कह सकते हैं कि इंग्लैण्ड में विकसित संसदीय ...तंत्र आज कई देशों में इसी परम्परा के आधार पर शासन चल रहा है।

राष्ट्रमंडल

ब्रिटिश राष्ट्रमंडल का नाम अब राष्ट्रमंडल है। राष्ट्रमंडल में 49 देश हैं जिसमें 26 गणतंत्र देश तथा 23 राजतंत्र देश हैं। इसके सभी राष्ट्र स्वतंत्र व समान है। इसमें इंग्लैण्ड के सम्राट व सम्राज्ञी के प्रति निष्ठा रखना अनिवार्य नहीं है। राष्ट्रमंडल का प्रत्येक सदस्य राष्ट्र अपनी इच्छानुसार राष्ट्रीय व अंतर्राष्ट्रीय नीति का अनुसरण करता है। राष्ट्रमंडल के सम्मेलनों में किसी भी राज्य के आन्तरिक मामलों अथवा दो सदस्यों के बीच आपसी विवाद नहीं उठाए जाते। राष्ट्रमंडल के तीन भाग हैं–

(1) ब्रिटिश राजमुकुट।

(2) राष्ट्रमंडलीय प्रधानमंत्री सम्मेलन।

(3) राष्ट्रमंडल कार्यालय।

ब्रिटिश राजमुकुट राष्ट्रमंडल का प्रमुख अंग है जिसे सभी सदस्य राज्य राष्ट्रमंडल प्रधान के रूप में स्वीकार करते हैं परन्तु राजमुकुट को राज्यों पर कोई वैधानिक अधिकार प्राप्त नहीं है। राजमुकुट केवल प्रतीक के रूप में इसका अध्यक्ष माना जाता है।

राष्ट्रमंडल का सर्वाधिक प्रभावशाली अंग प्रधानमंत्री सम्मेलन है। इसका अधिवेशन समय-समय पर होता है। प्राय: सम्मेलन को तिथि ब्रिटिश प्रधानमंत्री सदस्य राज्यों से परामर्श करके तय करता है। प्रधानमंत्री सम्मेलन के महत्वपूर्ण अंतर्राष्ट्रीय विषयों पर चर्चा होती है व अन्य आपसी हितों के विषयों पर विचारों का आदान-प्रदान होता है।

राष्ट्रमडल कार्यालय जो कि इसका तीसरा अंग है और इसका मुख्यालय लन्दन में है। इसका कार्य विभिन्न राष्ट्रमंडलीय देशों से निरन्तर सम्पर्क स्थापित रखना है। इसका शीर्षस्थ अधिकारी महासचिव होता है।

राष्ट्रमंडलीय सदस्य राज्यों में पारस्परिक सहयोग के लिए इसके अंतर्गत कुछ स्थायी संस्थाएं भी कार्यरत हैं इनमें प्रमुख हैं–(1) राष्ट्रमंडल संसदीय संघ, (2) राष्ट्रमंडलीय कृषि ब्यूरो, (3) राष्ट्रमंडलीय आर्थिक सलाहकार परिषद।

राष्ट्रमंडल के प्राय: सभी सदस्य राज्य लोकतंत्र के आदर्श व मौलिक अधिकारों की प्राप्ति में विश्वास रखते हैं। राष्ट्रमंडल का उद्देश्य सदस्य राज्यों के बीच सहयोग व मैत्रीपूर्ण सम्बन्ध बढ़ाने के साथ आर्थिक उन्नति के लिए प्रयत्न करना है। भारत ने स्वतंत्रता प्राप्ति के बाद राष्ट्रमंडल की सदस्यता को ग्रहण किया।

विश्वशान्ति के प्रयास

अन्तर्राष्ट्रीय सम्बन्धों के लिनयमन के लिए प्रथम विश्वयुद्ध के उपरान्त राष्ट्रसंघ की स्थापना एक महत्वपूर्ण घटना तथा पेरिस शांति सम्मेलन की सर्वाधिक महत्वपूर्ण उपलब्धि थी। बहुत अंशों तक इसकी स्थापना का श्रेय राष्ट्रपति बिलसन को दिया जाता है। 10 जनवरी, 1920 को राष्ट्रसंघ का जीवन विधिवत् प्रारम्भ हुआ।

अन्तर्राष्ट्रीय सद्भाव में वृद्धि करना, युद्ध के कारणों को मिटाना तथा विश्व में शान्ति स्थापित करना राष्ट्रसंघ के मुख्य उद्देश्य थे। शान्ति की रक्षा हेतु वह कोई भी कदम उठा सकता था। अंतर्राष्ट्रीय युद्धों को छिड़ने से रोकने के लिए राष्ट्रसंघ के विधान के कई व्यवस्थाएँ की गई थी। राष्ट्रमंडल ने विश्वशान्ति के काफी प्रयास किए, कई मामलों को सुलझाने में सफल रहा। लेकिन फिर भी कहीं न कहीं कमी रह गई फलत: द्वितीय विश्वयुद्ध का प्रारम्भ हो गया। इस युद्ध में काफी क्षति हुई । लाखों लोगों की मौत हुई।

द्वितीय विश्वयुद्ध के दौरान संयुक्त राज्य अमेरिका के राष्ट्रपति ने भविष्य के युद्ध को रोकने के लिए एक अंतर्राष्ट्रीय संगठन के निर्माण के लिए पहल की। 1945 ई० में सानफ्रांसिस्को सम्मेलन में मित्रराष्ट्रों ने संयुक्त राष्ट्रसंघ की स्थापना की। संयुक्त राष्ट्रमंडल के छ: अंग हैं जिनमें जनरल एसेम्बली और सिक्योरिटी कौंसिल सबसे प्रमुख हैं। दुनिया के सभी प्रमुख स्वतंत्र देश जनरल एसेम्बली के सदस्य बन सकते है। सुरक्षा परिषद में संयुक्त राज्य अमेरीका, सोवियत संघ, चीन, ब्रिटेन और फ्रांस आदि पाँच स्थायी सदस्य हैं तथा दस अन्य सदस्यों का चुनाव जनरल एसेम्बली एक निश्चित अवधि के लिए करती है। पाँच स्थायी सदस्यों की सर्वसम्मति से ही सुरक्षा परिषद कोई निर्णय ले सकती थी। संयुक्त राष्ट्र संघ ने अंतर्राष्ट्रीय सहयोग एवं संयुक्त शान्ति के लिए राष्ट्रसंघ की तुलना में अधिक सफलतापूर्वक कार्य किया।

विश्वशान्ति के प्रयास में गुटनिरपेक्षता ने भी अपनी अहम भूमिका निभाई। द्वितीय विश्वयुद्ध के बाद सोवियत संघ व संयुक्त राज्य अमेरिका दो विश्व शक्ति के रूप में उभरा । और प्रत्येक देश इन देशों की ओर खिंचने लगे। इसी समय NATO और CEATO जैसे सैनिक गुट बने। लेकिन भारत इन्डोनेशिया व मिस्र जैसे देश जो दोनो देशों की ओर न खींचकर अपना अलग गुट निरपेक्षता को स्थापित किया। और दोनों देशों के बीच जारी शीतयुद्ध को कम करने में अहम भूमिका निभाई।

इकाई-X (A)

इतिहास में आधुनिकवाद

इतिहास के क्षेत्र एवं महत्व

किसी भी विषय के क्षेत्र-विस्तार से हमारा आशय यह होता है वह विषय अन्य कितने विषयों तक फैला होकर उनसे संबद्ध है। अपनी विषय-सामग्री के आधार पर भी वह विषय विस्तृत क्षेत्र वाला कहा जाता है। देश काल और परिस्थिति के अनुसार उस विषय का महत्व जितना ही अधिक दूर तक का होगा; वह उतने ही विस्तृत क्षेत्र वाला होगा। विषयों का क्षेत्र विस्तार होने से तथा उनके स्वरूप में संशोधन-परिवर्तन आदि होने से भी विषय का क्षेत्र विस्तृत और संकुचित होता रहता है। कोई एक विषय किसी एक समय में किसी अन्य विषय के अंतर्गत होता है, किंतु कालांतर में वह एक स्वतंत्र विषय बन जाया करता है। इतिहास विषय की भी यही कहानी है। वह सामाजिक विज्ञानों की श्रेणी में आता है। किसी समय वह दर्शनशास्त्र का अंग था तो कभी राजशास्त्र का। आज वह एक स्वतंत्र विषय है और अपने आर्विभाव काल से लेकर अब तक उसका क्षेत्र बहुत अधिक परिवर्तित और परिवर्धित भी हो गया है। उसके क्षेत्र का स्वरूप निरंतर परिवर्तनशील रहा है। यह परिवर्तन कहाँ तक चलेगा—निश्चित रूप से नहीं कहा जा सकता, किंतु इतना तो स्वीकार करना ही होगा कि इसमें जितना ही परिवर्तन और परिवर्द्धन होगा, इसका क्षेत्र उतना ही विस्तृत होता जायेगा।

प्रश्न उठता है कि इतिहास का क्षेत्र कितना विस्तृत अथवा संकुचित है—इसे कैसे जाना जाय ? इसके लिए हमें सर्वप्रथम यह देखना होगा कि प्रमुख इतिहासकारों एवं विद्वानों ने इसके क्षेत्र के विस्तार के संबंध में अपने कौन से विचार व्यक्त किये हैं ? तदुपरांत हम उन प्रमुख क्षेत्रनिर्धारकों का भी परिचय करना होगा जिनके आधार पर हम इतिहास के क्षेत्र का निर्धारण कर सकते हैं। इस दृष्टि से हमने अपने अध्ययन को दो भागों में विभक्त किया है। प्रथम भाग में हमने क्षेत्र-विस्तार संबंधी प्रमुख विद्वानों के कथन प्रस्तुत किये हैं, जबकि दूसरे भाग में प्रमुख क्षेत्र निर्धारकों का उल्लेख किया है। यह बताया है कि इतिहास की विषय-वस्तु अति विस्तृत है इसलिये उसका क्षेत्र भी विस्तृत है। उसके बाद हमने इतिहास की विविधा को बतलाया और यह स्पष्ट किया कि उसकी विविधता को समझाने के लिए हमें उसका वर्गीकरण किन आधारों पर करना उचित है। वर्गीकरण के आधारों को समझाने के बाद हमने इतिहास के कतिपय प्रकार अथवा स्वरूप भी बतलाये हैं। उसी क्रम में हमने इतिहास के प्रमुख अंगों और उसका अन्य विषयों से संबंध प्रदर्शित करते हुए उसके क्षेत्र-विस्तार को समझाने का पूर्ण प्रयास किया है।

(क) क्षेत्र-विस्तार संबंधी कथन—इतिहास का क्षेत्र-विस्तार अनेक विद्वानों द्वारा कई दृष्टियों से विवेचित हुआ है। कुछ इतिहासकार उसका क्षेत्र इसलिए विस्तृत मानते हैं कि उसका स्वरूप भी पर्याप्त विकसित, परिवर्तित और विस्तृत है। उसके स्वरूप को विकसित बतलाने वालों का कहना है कि इतिहास के विकसित स्वरूप का एकमात्र आधार विभिन्न युगों के सामाजिक मूल्यों तथा उसकी सामाजिक आवश्यकताएँ रहती हैं। अन्य शब्दों में कहा जा सकता है कि इतिहास का स्वरूप सामाजिक आवश्यकताओं के अनुसार सदैव विकसित होता रहा है। आज उसके छोटे-छोटे विषय पर शोधकार्य करके इस क्षेत्र को और भी विस्तृत किया जा रहा है।

ज्ञान के आधार पर कुछ विद्वानों का कथन है कि प्रारंभ में लोग इतिहास का अध्ययन वस्तुतः ज्ञान की प्रगति अथवा अपनी जिज्ञासा की शांति के लिए ही किया करते हैं, किंतु कालांतर में (हेरोडोटस आदि ने) वर्तमान एवं भविष्य के लिए अतीतकालीन मानवीय कार्यों को सुरक्षित रखने के लिए ही इसका विस्तार हुआ। धर्म-नियमों के बोध हेतु और बाद में एक विज्ञान के रूप में इस विषय को कलात्मक शैली में प्रस्तुत करके इस क्षेत्र को और भी विस्तृत किया था। इसी तरह से मानव विकास के साथ-साथ इतिहास का क्षेत्र भी बढ़ता गया है, और अभी भी बढ़ता जा रहा है। इसमें अब प्रकृति, विज्ञान, कला, सामाजिक विज्ञान के विविध विषयों आदि का भी अध्ययन होने लगा है। इसीलिये यह कहा जाने लगा कि 'इतिहास क्षेत्र के अंतर्गत मनुष्य के एक साधारण कार्य से लेकर उसकी विविध उपलब्धियों का वर्णन होता है। इतिहास

...तुतीकरण में वैज्ञानिक, परिकल्पनात्मक तथा साहित्यिक ...दानों का प्रयोग होता है। यद्यपि मानवीय कार्यों तथा उपलब्धियो पर प्रकृति का अध्ययन इतिहास क्षेत्र के बाहर है, तो भी कुछ न कुछ प्रकृति विषयक अध्ययन होते हैं। कुछ विद्वान् प्रकृति तथा भौगोलिक परिस्थितियों के परिवेश में ही मानवीय कार्यों एवं उपलब्धियों का अध्ययन इतिहास क्षेत्र के अंतर्गत मानते हैं।

जान डिवी ने इतिहास का क्षेत्र निर्धारण करते हुए उसका वर्गीकरण भी अपने ढंग से किया है। वे मानते हैं कि इतिहास-क्षेत्र का स्वरूप निरंतर परिवर्तनशील तथा सामाजिक आवश्यकताओं के अनुसार सदैव विकसित होता रहा है । जब समाज का क्षेत्र विस्तृत रहता है तब उसी अनुरूप अनेकानेक आवश्यकताएँ हुआ करती हैं और जब उन सबका उल्लेख होना कठिन सा हो जाता है तब इतिहास-क्षेत्र का वर्गीकरण किया जाता है ताकि छोटे-छोटे से प्रकरण पर भी विस्तार से विचार-विमर्श किया जा सके। मार्क्स ने इसके क्षेत्र को लोकतांत्रिक समाजवाद तक पहुँचाया है, जबकि ओसवाल्ड स्पेंगलर ने संस्कृति अथवा संस्कृतियों तक। टायनबी ने सभ्यता को इसके साथ मिलाकर देखा है उनकी विशेषता यह है कि उन्होंने इतिहास को अंतर्राष्ट्रीय सीमा के अंदर डालकर बहुत व्यापक क्षेत्र वाला बनाने का असफल प्रयास किया है।

कालिंगगुड के विचारों में इतिहास का क्षेत्र मानव के चिंतन का क्षेत्र है। मनुष्य ने अपनी बुद्धि का प्रयोग मानवीय सभ्यता के विज्ञान में किस प्रकार किया और अपने बौद्धिक नियोजन से मानव-क्रिया-कलापों में किस प्रकार परिवर्तन प्रस्तुत करते हुए मानवीय सभ्यता को गति प्रदान की। उनके अनुसार मानवीय कार्यों तथा उपलब्धियों पर प्रकृति का अध्ययन इतिहास के क्षेत्र से बाहर है।

प्रो. कार ने अतीत और वर्तमान के मध्य अनवरत परिसंवाद के रूप में कह कर इतिहास के क्षेत्र को व्यापक बनाने का प्रयास किया है। वे कहते हैं कि इतिहास का क्षेत्र विज्ञान की तरह विस्तृत है जिसमें तथ्यों की वैज्ञानिक व्याख्या होती है।

डॉ० काशीप्रसाद जायसवाल ने प्राचीन संस्कृत ग्रंथों में भी इतिहास ढूँढ़ने का सफल प्रयास करके उसके क्षेत्र को बहुत पीछे से विस्तृत करने का सबल प्रयत्न किया है।

डॉ० रमेशचन्द्र मजूमदार ने इतिहास के अध्ययन-क्षेत्र को सत्यान्वेषण तक ही सीमित करने का जो प्रयास किया है उसके पीछे मुख्यत: उनकी यही मंशा है कि इतिहास लेखन में अनावश्यक बातें न आने पायें ओर किसी अतिशयोक्ति का वर्णन न होने पाये।

डॉ० कौशांबी ने मार्क्स की तरह ही अपने विचार उत्पादन के संसाधनों तक से जाना उचित समझा और उसी के अनुसार उन्होंने इतिहास का वर्गीकरण कर उसके क्षेत्र समझाने का प्रयास किया है, जिसे पहले ही बतलाया जा चुका है।

आचार्य नरेन्द्र देव ने भी अपने समाजवाद में इतिहास को संकलित करने का प्रयास किया है। उनका यह कथन ही इतिहास के क्षेत्र में व्यापकता को स्पष्ट व्यक्त कर देता है–'मानव इतिहास का कोई ऐसा समय नहीं सोचा जा सकता। जब जनता के पथ-प्रदर्शन के लिये नेतृत्व की आवश्यकता न हो।' नेतृत्व का ज्ञान इतिहास कराता है।

पंडित जवाहर लाल नेहरू का 'विश्व इतिहास' और डॉ० राममनोहर लोहिया का 'समाजवादी इतिहास-चक्र' भी इतिहास के क्षेत्र को कभी संकुचित अर्थो में प्रकट नहीं करता।

उपर्युक्त कथनों के आधार पर हमें इतिहास का क्षेत्र पर्याप्त विस्तृत किन्तु विविध प्रकार का प्राप्त होता है। जिसका निर्धारण कई एक आधारों पर किया गया है।

इतिहास में वस्तुनिष्ठता एवं पक्षपात

वस्तुनिष्ठ (objectivity) आधुनिक वैज्ञानिक विधा की विशेषता है। इसका अभिप्राय यह है यदि कोई वैज्ञानिक समुचित विधि तथा नियमों के आधर पर प्रयोगशाला के सिद्ध निष्कर्ष को प्रस्तुत करता है तो सभी वैज्ञानिक उस गवेषणा को स्वीकार करेंगे, जैसे लोहा, पानी, पारा आदि के संबंध में निष्कर्ष सार्वभौमिक तथा सर्वकालीन हैं। इन वस्तुओं से संबंधित निष्कर्ष के विषय में विभिन्न मत नहीं हो सकते। अधिकांश इतिहासकारों ने इतिहास को विज्ञान स्वीकार किया है। यदि इतिहास को पूर्णतया विज्ञान स्वीकार कर लिया जाए तो इसमें वस्तुनिष्ठा अपेक्षित है।

ऐतिहासिक वस्तुनिष्ठा की समस्याएँ–ऐतिहासिक वस्तुनिष्ठा की समस्याएँ गंभीर एवं जटिल हैं। इनके समाधान के पश्चात् ही ऐतिहासिक वस्तुनिष्ठा से संबंधित वैज्ञानिक इतिहासकारों के प्रयास को मान्यता प्रदान की जा सकती है।

(i) आधुनिक इतिहासकार भ्रान्ति एवं द्वेषमूलक वस्तुनिष्ठा को भी यथार्थ देखते हैं और वे बाह्य विधाओं द्वारा इतिहास के स्वरूप को वस्तुनिष्ठ बनाने का प्रयास करते हैं। परिणामस्वरूप ऐतिहासिक वस्तुनिष्ठा दार्शनिकों तथा इतिहासकारों के बीच गंभीर चर्चा तथा विवाद का विषय बन गया है । यदि इतिहास अध्ययन में दृष्टि विशेष को प्रधानता दी जायेगी तो ऐतिहासिक वस्तुनिष्ठा की कल्पना व्यर्थ है।

(ii) कार्ल मार्क्स के अनुसार मनुष्य सामाजिक प्राणी है तथा

संस्कारों से जुड़ा हुआ है। इतिहासकार का भी जन्म, पालन-पोषण तथा विकास, समाज, संस्कार तथा धार्मिक परिवेश में होता है। अत: कोई भी इतिहासकार अपने को इन प्रभावों से मुक्त नहीं कर पाता है। संस्कार तथा सामाजिक वातावरण के कारण ही अरब-यहूदी, हिन्दू-मुस्लिम, रूसी अमेरिकी इतिहासकारों में मतभेद है।

(*iii*) इतिहास में किंवदन्तियाँ किसी युग में प्रामाणिक तथा मान्य थीं, किन्तु अब वे मानव इतिहास की उपेक्षित वस्तु-सामग्री बन गयी है। उसी प्रकार वर्तमानकालिक ऐतिहासिक प्रामाणिकता तथा मान्य तथ्य भविष्य में उपेक्षित हो जायेंगे। ऐसी परिस्थिति में ऐतिहासिक वस्तुनिष्ठा वैज्ञानिक वस्तुनिष्ठा की तुलना में सार्वभौमिक तथा सर्वयुगीन नहीं हो सकती।

(*iv*) कार्ल बेकर के अनुसार इतिहास अतीतकालिन घटनाओं का सर्वांगीन विवरण है, परन्तु अतीत की घटनाओं का वर्णन प्रत्येक युग का इतिहासकार समान रूप से प्रस्तुत नहीं करता। प्रत्येक पीढ़ी का इतिहासकार अपने युग के आवश्यकतानुसार इतिहास लिखता है। जैसे-दासप्रथा किसी युग की सामाजिक आवश्यकता थी और वर्तमान में सामाजिक अभिशाप। इतिहास का स्वरूप प्रत्येक युग में परिवर्तनशील रहा है। अत: इतिहास में वैज्ञानिक वस्तुनिष्ठा की कल्पना एक स्वप्न है।

(*v*) शिलर ने स्वीकार किया है कि ऐतिहासिक वस्तुनिष्ठा एक जटिल समस्या है। ऐतिहासिक वस्तुनिष्ठा एक असंभव परिकल्पना है तथा इतिहास में निर्वैयक्तिक ज्ञान अर्थहीन होता है।

(*vi*) सभ्य समाज में रहने वाले मनुष्यों का संबंध विभिन्न राजनीतिक दलों से रहता है जैसे-मार्क्सवादी, लिबरल्स, कैथोलिक, प्रोटेस्टेंट, पूंजीवादी, प्रजातंत्रवादी, राजतंत्रवादी, साम्यवादी आदि। इतिहासकार भी इन राजनीतिक दलों के सिद्धान्तों से प्रभावित होता है। वह अपनी दृष्टि में ऐतिहासिक घटनाओं की व्याख्या करता है। ऐसे इतिहासकारों से वस्तुनिष्ठा की अपेक्षा करना उचित नहीं प्रतीत होता।

इतिहास में पक्षपात : वर्तमान इतिहास-लेखन में पक्षपात सर्वव्यापी है। बटरफील्ड के अनुसार यह सत्य है कि इतिहास में निष्पक्षता असंभव है और इसकी प्राप्ति का दावा करना भूल है इतिहासकार का पूर्वाग्रह तो उसी समय स्पष्ट हो जाता है जब वह अपनी रुचि तथा दृष्टिकोण के अनुसार वर्ण्य-विषय का चयन करता है। तथ्यों के चयन के संबंध में ई० एच० कार ने स्पष्ट लिखा है कि ऐतिहासिक तथ्य मछली बेचने वाले की शिलापट्टी पर विभिन्न मछलियों की अंकित सूची की तरह होते हैं। इतिहासकार मछलीरूपी ऐतिहासिक तथ्य अपनी रुचि के अनुसार खरीदता है। उसे घर लाकर अपने इच्छानुसार व्याख्या के मसाले में पकाकर रसास्वाद करता है। इस प्रकार व्यक्तिगत रुचि को इतिहास-लेखन में प्रधानता देने का अभिप्राय पक्षपात का प्रतिरोपण करना है।

इतिहास में कारण – अरस्तू ने सबसे पहले कार्य-कारण संबंध में अपने विचार की अभिव्यक्ति की है। उसने कहा है कि कारणों के अभाव में किसी घटना अथवा कार्य का होना संभव नहीं है। इतिहास के जनक हेरोडोटस को कारण-कार्य संबंध का अच्छा ज्ञान था। उसने अपनी ऐतिहासिक कृति के प्रारंभ में लिखा है कि उसके इतिहास लेखन का एकमात्र उद्देश्य ग्रीक तथा बर्बर जाति के कार्यों को सुरक्षित रखना तथा पारस्परिक युद्धों के कारणों को बताना है। कॉलिंगवुड के अनुसार, पंद्रहवीं सदी में कारण का तात्पर्य अपराध, दोषारोपण युद्ध पाप एवं गलत कार्य रहा है। वास्तविक अर्थ में कारण की स्पष्ट अवधारणा अठारहवीं सदी की देन है। मान्तेस्क्यू ने कारण-सिद्धान्त की स्पष्ट व्याख्या की है। प्रत्येक राजवंश के उत्थान राजत्वकाल तथा पतन के पीछे कुछ नैतिक, भौतिक तथा सामान्य कारण होते हैं। सब कुछ उसी के परिवेश के कारण घटना है।

बीसवीं सदी के इतिहासकारों की अवधारणा है कि किसी घटना के कारण क्रमबद्ध होते हैं। जैसे किसी साम्राज्य का उत्थान तथा पतन । डेविड थाम्सन के अनुसार, अधिकांश आधुनिक इतिहासकार कारणों की समुचित व्याख्या से बचने का प्रयास करते हैं। कुछ इतिहासकारों के कारण व्याख्या का आधार चयनात्मक, विषयात्मक तथा एकपक्षीय होता है। विषय की जटिलता के कारण इतिहासकार व्याख्यात्मक पद्धति न अपनाकर वर्णनात्मक शैली का सहारा लेता है। इतिहासकार का पुनीत कर्त्तव्य कारण तथा उसके प्रभाव की समुचित व्याख्या करना है।

क्षेत्रीय इतिहास का महत्व

परम्परागत दृष्टिकोण में इतिहास-लेखन राष्ट्रवादी स्वरूप में किया जाता है, लेकिन आजकल क्षेत्रीयता का भी यानि विभिन्न क्षेत्रों का-जैसे उत्तर प्रदेश, महाराष्ट्र, केरल, असम आदि का अलग-अलग वर्णन करने के बाद सम्पूर्ण राष्ट्र का लेखन किया जाता है। यह निश्चित ही पूर्व की राष्ट्रवादी लेखन की अपेक्षाकृत कहीं अधिक महत्वपूर्ण है। चूंकि अभी

तक परम्परागत इतिहास-लेखन में क्षेत्रीय इतिहास को महत्ता न दिये जाने से इसका विकास अवरुद्ध था। परन्तु अब इतिहास की आधुनिक धाराओं में क्षेत्रीय इतिहास को प्रमुखता दिए जाने पर ऐसे ऐतिहासिक लेखन में धीरे-धीरे अभिवृद्धि हो रही है जो इतिहास के समझने में निश्चित ही लाभप्रद है।

क्षेत्रीय इतिहास के अध्ययन के बाद ही हम यह जान सकते हैं कि, अकबर द्वारा राजपूत नीति के अवलम्बन के अलावा क्या कारण था कि, राजपूतों ने उसकी अधीनता स्वीकार की। इस प्रकार क्षेत्रीय इतिहास-लेखन कितना महत्वपूर्ण होता है। इस बात को अकबर की उपरोक्त नीतियों से समझा जा सकता है। इस प्रकार अकबर द्वारा अपनाई गई राजपूत नीति व धार्मिक नीति को तब तक हम भली-भांति नहीं समझा सकते, जब तक कि हम राजस्थान के राजपूतों का इतिहास नहीं पढ़ लेते। लेकिन क्षेत्रीय इतिहास लिखते समय इतिहासकारों को सावधानी बरतना अति आवश्यकता है, क्योंकि ऐसा करते समय कई बार चूक व संकीर्णता के भाव उभर सकते हैं क्योंकि यदि क्षेत्रीय इतिहास की ज्यादा अभिवृद्धि होगी तो धीरे-धीरे संकीर्णता व क्षेत्रवाद का विकास होगा जो राष्ट्रवादी हितों के खिलाफ है।

जैसे-जैसे इतिहास-लेखन को भी अवधान दिया गया तो निम्न से उच्च स्तर की ओर लिखे जाने की शुरुआत की गई, जैसे- स्थानीय इतिहास, प्रान्तीय इतिहास, राष्ट्रीय इतिहास एवं विश्व इतिहास। इस प्रकार के क्रमिक इतिहासों के लेखन से उस राष्ट्रीयता इतिहास का आधार मजबूत एवं सुदृढ़ होता है।

लेकिन प्रत्येक इतिहासकार अपने क्षेत्र के इतिहास को अन्य की बजाय महता देते हुए उसे अन्य क्षेत्रों की अपेक्षाकृत विशिष्ट मानते हैं, जिससे संकीर्णता के भावों का उदय होगा जो राष्ट्रवादी इतिहास लेखन के लिए उचित नहीं है । इसके अलावा परम्परावादियों के राष्ट्रीय इतिहास में क्षेत्रीय इतिहासों की अवेहलना कर देने से उनका महत्व गौण रूप से रह गया है और इनसे संबंधित हमारा ज्ञान काफी सीमित रह गया है।

इतिहास और उसके सहायक विज्ञान

दीर्घ काल से विद्वानों के बीच यह विवाद का विषय रहा है कि इतिहास कला व विज्ञान है। जॉन बरी ने इसे विज्ञान कहा है। 1903 में कैम्ब्रिज विश्वविद्यालय के अपने उद्घाटन भाषण में उन्होंने कहा-''यद्यपि इतिहास दार्शनिक चिंतन के लिए, साहित्यिक कला-सामग्री प्रदान कर सकता है, किंतु यह स्वयं विज्ञान है ।'' इससे कम वेशी कुछ नहीं।" प्रो. सीले ने भी इतिहास को विज्ञान कहा है। उसने कहा, "इतिहास विज्ञान है और साहित्य से इसका कोई सरोकार नहीं हैं।" उसने यहाँ तक कहा कि कार्लाइल और मैकाले ने साहित्यिक इतिहास की रचना की। अन्य लेखकों ने भी इतिहास को विज्ञान माना है।

जी॰एम॰ ट्रेबिलियन ने बेरी और सीले के विचारों का विरोध किया है। उनका कहना है कि इतिहास कला और विज्ञान दोनों है। उसने कहा, "ऐतिहासिक तथ्यों की खोज प्रणाली वैज्ञानिक होनी चाहिए। किंतु पाठकों के सामने उसे पेश करने की विधि कला है। शब्दों की लेखन कला साहित्य है।"

अत: यह कहना थोड़ा कठिन है कि इतिहास विज्ञान हैं या कला है। इसे हम विज्ञान की कोटि में रखने से पहले यह जान लें कि विज्ञान क्या है। विज्ञान पर्यवेक्षण और प्रयोग पर जोर देता है। यह किसी भी चीज का क्रमबद्ध अध्ययन करता है। इतिहास भी सभी प्राप्त साक्ष्यों का परीक्षण करता है और इस दृष्टिकोण से यह विज्ञान है। उदाहरण के लिए, आज यह सभी मानते हैं कि 12 अक्टूबर, 1492 को क्रिस्टोफर कोलंबस ने नई दुनिया या अमरीका का पता लगाया। अनेक ऐतिहासिक दस्तावेजों को सावधानीपूर्वक परीक्षण के पश्चात् इस ऐतिहासिक तथ्य का निर्धारण किया गया है। जब तक इनसे कोई और अधिक विश्वसनीय स्रोत्र नहीं मिलता तब तक इसे ही सत्य माना जायेगा।

नि:संदेह कभी-कभी इतिहासकार को किसी घटना विशेष को बतलाने के लिए कुछ मनोवैज्ञानिक, आर्थिक, सामाजिक भौतिक नियमों को मान लेना पड़ता है। इतिहासकार जिन नियमों को मान लेते हैं वे निश्चियपूर्वक निर्धारित और सूक्ष्य नहीं होते। ऐसा इसलिए कि इतिहासकार आम लोगों के लिए लिखता है और तथ्यों का प्रस्तुतीकरण इस ढंग से करता है ताकि लोग आसानी से उन्हें समझ सके।

इतिहास एक दूसरे अर्थ में भी विज्ञान माना गया है अर्थात् कुछ नियम मानव-इतिहास के लिए विलक्षण हैं। विको, कॉम्टे, स्पेंगलर आदि लेखकों ने इस विचार का समर्थन किया है। उनका कहना है कि इतिहास के कुछ विकासवादी नियम रहे हैं जैसे जीव विज्ञान प्राणियों को निश्चित चरणों से गुजरते देखता है उसी तरह इतिहासकार भी सभ्यता-संस्कृति को निश्चित चरणों से गुजरते देखता है।

कुछ इतिहासकार ऐसा नहीं मानते तथा उनका कथन है कि दो देशों का जीवन-इतिहास एक ही तरह का नहीं होता अथवा वे विकास के समान चरणों से होकर नहीं गुजरते। अत: उनके लिए समान नियम का प्रतिपादन नहीं किया जा सकता।

इतिहास और विज्ञान में एक अंतर भी है। इतिहास घटनाओं का वर्णन करता है किंतु विज्ञान सिद्धांतों को मानकर निगमन करता है। इतिहासकार किसी नियम की स्थापना नहीं करता। एक व्यक्ति के गुण सभी व्यक्ति के लिए समान नहीं हो सकते। साथ ही, किसी व्यक्ति के जीवन इतिहास का कोई वैज्ञानिक विशलेषण नहीं किया जा सकता। अत: किसी एक व्यक्ति के वैज्ञानिक विश्लेषण से सभी व्यक्तियों के बारे में कोई सामान्य नियम नहीं बनाया जा सकता। वस्तुत: इतिहास सभी प्राप्य तथ्यों का एक स्थूल अनुमान है। यह बौद्धिक और आध्यात्मिक शक्तियों का भी अध्ययन करता है। जिसका कोई वैज्ञानिक विश्लेषण संभव नहीं है। इतिहास को विज्ञान मानने में निम्नलिखित आपत्तियाँ हैं–

(क) इतिहास अनन्य रूप से अद्वितीय का अध्ययन करता है।

(ख) इतिहास से हमें कोई सबक नहीं मिलता है।

(ग) इतिहास भविष्यवाणी नहीं कर सकता।

(घ) इतिहास प्रधानत: विषयपरक है।

(ङ) इतिहास में धर्म और नैतिकता का गहन मेल हैं।

उपर्युक्त प्रत्येक तर्क का अध्ययन करेंगे तथा यह देखेंगे कि ये कहाँ तक मान्य हैं–

1. यह कहा जाता है कि विज्ञान सामान्य और विश्वजनीन का अध्ययन करता है तथा इतिहास के आधार पर सामान्यीकरण का नियम निर्धारित करता है। वह अपने साक्ष्य की जाँच इसी सामान्यीकरण से करता है। कार कहता है ''इतिहास के पाठक और लेखक सामान्यीकरण पर जोर देते हैं। वे ऐतिहासिक संदर्भ उनके समकालीन भी हो सकते हैं।'' वह आगे कहता है, "यह कहना व्यर्थ है कि सामान्यीकरण इतिहास के लिए कोई नई चीज है। इतिहास का आधार सामान्यीकरण है।" इल्टन भी कहता है, "इतिहासकार को ऐतिहासिक तथ्यों के संग्रहकर्ता से जो अलग करता है वह सामान्यीकरण ही है।''
2. यह कहना भी गलत है कि इतिहास कोई सबक नहीं सिखाता। वस्तुत: सामान्यीकरण के कारण हम लोग एक तरह की घटना से जो सबक सीखते हैं उसे ठीक उसी तरह की दूसरी घटना में उसका प्रयोग करते हैं। उदाहरणस्वरूप, 1815 के वियना सम्मेलन के प्रतिनिधियों ने राष्ट्रीयता और उदारवाद के सिद्धांतों की उपेक्षा कर गलती की। अत: 1919 के पेरिस शांति सम्मेलन के प्रतिनिधियों ने गलती से बचने की कोशिश की और आत्म-निर्णय के सिद्धांत पर बल दिया। इसी तरह रूसी क्रांतिकारियों ने 1789 के फ्रांस के क्रांतिकारियों से बहुत कुछ सीखा।
3. यह भी कहना गलत है कि इतिहासकार कोई भविष्यवाणी नहीं कर सकता। वस्तुत: इतिहासकार सामान्यीकरण करते समय भविष्य के लिए मार्गदर्शन निर्धारित कर देता है। यह सत्य है कि इतिहास में घटना विशेष की भविष्यवाणी नहीं की जा सकती। किंतु जिन परिस्थितियों में क्रांतियाँ हुई हैं उनके आधार पर किसी देश की परिस्थितियों का अध्ययन कर वहाँ क्रांति होने या न होने की भविष्यवाणी की जा सकती है। यह ठीक है कि इतिहासकार किसी घटना की तिथि या काल निर्धारण नहीं कर सकता क्योंकि मानव प्राणियों में अत्यधिक जटिल है तथा उसके आचरण के अध्ययन करने में कठिनाइयाँ है।
4. इतिहास की वैज्ञानिक प्रकृति को चुनौती उसे विषयपरक होने के कारण दी जाती है। इतिहासकार स्वयं एक व्यक्ति होता है। वह दूसरे व्यक्तियों का अध्ययन करता है। अत: संभव है कि इस अध्ययन में एक-दूसरे के विचार या व्यवहार का घात-प्रतिघात हो। संभव है कि इतिहासकार अपने दृष्टिकोण के किसी व्यक्ति के आचरण का अध्ययन करे। किंतु कार का कहना है, "यह आवश्यक नहीं कि इतिहासकार अपने सभी पर्यवेक्षणों में पूर्वग्राही ही हो। जिस चीज का पर्यवेक्षण किया जाता है उसे पर्यवेक्षण प्रक्रिया प्रभावित और मर्यादित करती है। यह दो विपरीत दिशाओं में संभव है। मानव-आचरण का विश्लेषण कर भविष्यवाणी की जा सकती है ओर उसे संभावित खतरे से बचने के लिए सावधान किया जा सकता है लेकिन यह भी संभव है कि घटना नहीं घटे और भविष्यवाणी असत्य निकले। इतिहास पुनरावृत्ति नहीं करता। इसका एक कारण यह कि विचारशील मानव दूसरी गलती को दुहरना नहीं चाहता। इसे नकारा नहीं जा सकता कि इतिहासकार और वैज्ञानिक एक नहीं हो सकते क्योंकि इतिहास विषयपरक है जबकि वैज्ञानिक वस्तुपरक है।"
5. इतिहास का विज्ञान होने में एक आपत्ति यह है कि इसमें धर्म व नैतिकता को प्रश्रय दिया जाता है। अन्य साधनों से साबित नहीं किया जा सकता, इतिहासकारों ने उसे साबित करने के लिए धर्म का सहारा लिया हैं। नर्दव नाइवर और मार्टिन ने इतिहास को एक स्वतंत्र विषय माना है, किंतु उनका कहना है कि इतिहास का लक्ष्य इतिहास से बाहर है। इतिहासकार जो इतिहास को वैज्ञानिक

ढंग से देखता है वह अपनी समस्याओं के समाधान में अति ऐतिहासिक शक्ति का सहारा न लें। किंतु इतिहासकार धर्म व नैतिकता का सहारा लेता है। फलतः इतिहास विज्ञान नहीं रह जाता।

पो० कार का कहना है कि, "वैज्ञानिक, सामाजिक वैज्ञानिक और इतिहासकार सभी समान अध्ययन की विभिन्न शाखाओं में लगे हुए हैं। यह सामान्य अध्ययन मानव और उसके पर्यावरण का अध्ययन हैं अध्ययन उद्देश्य भी समान है। उद्देश्य है–मानव-ज्ञान में वृद्धि और उसके पर्यावरण पर पूर्णता प्राप्त करना।''

वह आगे कहता है, "अतीत को समझने के लिए इतिहासकार भी अन्य वैज्ञानिकों की तरह अपने उत्तरों की विविधता को सहज बनाने के लिए विवश है। इस प्रकार, वह अनेक कारणों व घटनाओं में समरूपता लाने की कोशिश करता है।" कालिंगवुड का विचार है, "इतिहास एक विशेष प्रकार का विज्ञान है। यह घटनाओं का अध्ययन करता है जिनका पर्यवेक्षण संभव नहीं है। इन घटनाओं का अध्ययन अनुमान द्वारा किया जाता है जो कुछ साक्ष्यों पर आधारित है।"

इतिहास एवं अन्य सामाजिक विज्ञान में संबंध

1. **इतिहास और भूगोल (History and Geography)**– यह सर्वमान्य है कि इतिहास और भूगोल में गहरा संबंध है। भूगोल के प्रारंभिक ज्ञान के बिना इतिहास के कुछ शाखाओं का अध्ययन नहीं किया जा सकता। उदाहरणस्वरूप, भागोलिक ज्ञान के अभाव में राजनयिक और सैन्य इतिहास का अध्ययन संभव नहीं है। इसके बिना राष्ट्रीय इतिहास का भी अध्ययन संभव नहीं है।

   प्रागैतिहासिक काल की जानकारी के लिए भूगोल का ज्ञान आवश्यक है क्योंकि इसके लिए कोई विश्वसनीय दस्तावेज उपलब्ध नहीं है। इस काल के इतिहास की संरचना भू-दृश्य के पर्यवेक्षण और विश्लेषण द्वारा की जा सकती है। जे०आर० ग्रीन ने अपनी पुस्तक इंगलैंड के निर्माण (The making of England) के भू-दृश्य की 'सभी दस्तावेजों में संपूर्ण और सार्वाधिक निश्चित माना है। इंगलैंड की प्राकृतिक बनावट ने वहाँ के इतिहास को काफी प्रभावित किया है। वहाँ के शहरीकरण और उद्योगीकरण की प्रक्रिया को वहाँ की भौगोलिक बनावट की जानकारी के बिना समझा जा सकता। यह चारों ओर समुद्र से आच्छादित है और यहाँ अनेक उत्तम बंदरगाह हैं। अतः यह नौ सेना प्रधान और व्यापारिक देश बन गया। राष्ट्रीय और अंतर्राष्ट्रीय जगत् में इसके प्रभावशाली होने का यह कारण बन गया।

   मॉटेस्क्यू, वकल, इंटिगटन ने कहा कि किसी देश की सभ्यता वहाँ की जलवायु से काफी प्रभावित होती है। अतः यह कहना गलत न होगा कि किसी देश के इतिहास की यथोचित जानकारी के लिए उस देश का भौगोलिक ज्ञान आवश्यक है।

2. **इतिहास और अर्थशास्त्र**–इतिहास और अर्थशास्त्र में गहरा संबंध है। समाज में व्यक्ति की गतिविधियाँ अर्थ से संचालित होती हैं। अतः इतिहासकार को अर्थशास्त्र के प्रारंभिक सिद्धांतों से परिचित होना चाहिए। सामान्य इतिहासकार सामान्य इतिहास की रचना करते वक्त आर्थिक इतिहासकार के निष्कर्षों का उपयोग करता है। कोई भी इतिहासकार 20वीं शताब्दी के इतिहास की रचना करते समय क्षतिपूर्ति 1929-30 के आर्थिक संकट, न्यूडील, आदि की उपेक्षा नहीं कर सकता।

3. **इतिहास और मनोविज्ञान (History and Psychology)**–इतिहास ओर मनोविज्ञान में भी गहरा संबंध है। व्यक्ति और समाज की प्रकृतियों तथा कार्यवाहियों का विश्लेषण करते समय इतिहासकार मनोवैज्ञानिक अन्तर्दृष्टि की सहायता लेता है।

   पो० मार्विक ने कहा है कि, "कुछ ऐतिहासिक समस्याओं के बौद्धिक विश्लेषण के लिए कुछ परिस्थितियों में सामाजिक मनोविज्ञान आवश्यक है।" इतिहास पर मनोविज्ञान का प्रभाव इस तथ्य से स्पष्ट है कि पहले इतिहासकार युद्ध की उत्पत्ति के कारणों पर विशेष ध्यान देते थे और इसके परिणामों की उपेक्षा करते थे। मनोविज्ञान के प्रभाव के कारण आजकल इतिहास युद्ध के परिणामों का भी अध्ययन करने लगे हैं। उदाहरण के लिए, नागरिकों पर बमबारी के परिणाम का अध्ययन इतिहासकार और मनोवैज्ञानिक दोनों के लिए आवश्यक है। संक्षेपतः मनोविज्ञान ने इतिहास की पारस्परिक अध्ययन पद्धति को बदल दिया है। इतिहास और मनोविज्ञान के पारस्परिक संबंधों की चर्चा करते हुए बर्नो का कहना है, "इतिहास मनोविज्ञान को पर्याप्त सामग्री प्रदान करता है। मानव सभ्यता का आदि काल से आज तक का इतिहास मनोविज्ञान की विषय-सामग्री है। मनोवैज्ञानिक मानव की प्रवृत्तियों और कार्यवाहियों का अध्ययन करता है। ऐसा करके वह इतिहासकार के लिए विभिन्न परिस्थितियों में आचरण प्रतिमानों को प्रस्तुत करता है।" इसी तरह इतिहास भी

मनोविज्ञान से मानव प्रवृत्तियों, कार्यवाहियों एवं आस्थाओं का अध्ययन करता है।

4. **इतिहास और समाज विज्ञान (History and Sociology)**– इतिहास और समाज में घनिष्ठ संबंध हैं। समाजशास्त्रियों ने ऐतिहासिक अध्ययन के विकास में बड़ा योगदान दिया है। कार्ल मार्क्स एक महान् इतिहासकार के अतिरिक्त एक महान् समाजशास्त्री भी था। इतिहास और समाजशास्त्र दोनों समाज में व्यक्ति का अध्ययन करते हैं और दोनों में केवल दृष्टिकोण का अंतर है। दुर्खीम और वेबर जैसे समाज-शास्त्रियों ने समाजशास्त्र को इतिहास पर आश्रित बताया है। समाजशास्त्रियों ने प्रतिमान तकनीकों और प्रश्नावलियों के माध्यम से विषयपरकता को कम किया है जो इतिहास के लिए लाभप्रद है।

पो० बार्ने ने भी इतिहासकार के लिए समाजशास्त्र के ज्ञान का महत्व बतलाया है। उसके शब्दों में "समाजशास्त्र सामाजिक प्रक्रियाओं और सामाजिक कारणों का एक सामान्यीकरण दृष्टिकोण प्रदान करता है। इतिहास भी सामाजिक समूहों के आर्थिक, राजनीतिक, सैनिक, धार्मिक संस्थाओं आदि का अध्ययन करता है। अत: इतिहासकार के लिए समाजशास्त्र के प्रारंभिक सिद्धांतों की ज़ानकारी आवश्यक है।"

5. **इतिहास और सांख्यिकी (History and Statistics)**– आजकल इतिहास की रचना मे सांख्यिकी बड़ा उपयोगी बन गया है। कम्प्यूटर के आविष्कार होने से सांख्यिकी का संग्रह सहज हो गया है। इतिहासकारों ने अब 'बहुसंख्यक लोग', 'विशाल समर्थन' आदि लिखना छोड़ दिया है और सांख्यिकी की सहायता से निश्चित संख्या व अंक का प्रयोग शुरू कर दिया है। यह सब सांख्यिकी से संभव हो सका है जो अल्पकाल में ही जोड़-घटाव करके संख्या या अंक का निर्धारण कर देता है। साथ ही ऐतिहासिक जनसांख्यिकी यथा लोगों की संकलन सूचना, जन्म-मृत्यु, उत्पादन-दर, प्रवास आदि की सही और सूक्ष्म जानकारी के लिए सांख्यिकी आवश्यक है। इससे इतिहासकार अतीत की विभिन्न पहलुओं की छानबीन करता है। इतिहास के यथोचित अध्ययन के लिए सांख्यिकी के महत्व पर प्रकाश डालते हुए प्रो० लारेंस स्टोन ने कहा है, "सांख्यिकी माप से अनिश्चितता दूर हो जाती है तथा सार रह जाता है असार हट जाता है। इसके अभाव में सामाजिक तथ्यों का सामान्यीकरण गलत हो सकता है।"

6. **इतिहास और राजनीतिशास्त्र (History and Political Science)**–इतिहास और राजनीतिशास्त्र में घनिष्ठ संबंध है। इस पर प्रकाश डालते हुए प्रो० ऐक्टन ने भी इतिहास और राजनीतिशास्त्र में गहरा संबंध बतलाया है। इसके ही शब्दों में, "राजनीति की मुख्य धारा इतिहास है। यह नदी बालू में स्वर्ण कण के समान है।" इतिहासकार राजनीतिविज्ञान के अभाव ने राजनीतिक संस्थाओं का इतिहास नहीं लिख सकता। हाल तक अमरीका और इंगलैंड के विश्वविद्यालयों में इतिहास और राजनीतिशास्त्र का अध्ययन-अध्यापन एक ही विभाग द्वारा होता था यह इनकी घनिष्ठता का उदाहरण है। भविष्य में इतिहासकार के लिए यह एक महत्त्वपूर्ण अध्ययन स्रोत बन जायेगा। भविष्य में इतिहासकार निर्वाचन परिणामों का सही अनुमान लगा सकते हैं। अतीत के इतिहासकारों की तरह वे यह नहीं कहेंगे कि 'लोगों ने इस तरह सोचा और मतदाताओं ने यह चाहा'। इसके स्थान पर वे निश्चित रूप में अपने विचार रखेंगे। इसी तरह राजनीतिशास्त्र के विद्वान् के लिए इतिहास का ज्ञान आवश्यक है। इतिहास के ज्ञान के अभाव में राजनीतिक भी अच्छा नहीं कर सकते।

7. **इतिहास और नीतिशास्त्र (History and Ehics)**– इतिहास और नीतिशास्त्र में गहरा संबंध है। यद्यपि इतिहासकार ऐतिहासिक घटनाओं और पात्रों पर कोई निर्णय नहीं लेता तथापि वह अपने युग के नैतिक सिद्धांतों के बारे में जानकर ही अतीत की घटनाओं या पात्रों के बारे में कोई निर्णय लेता है अतीत में कोई विश्वसनीय नीतिशास्त्र नहीं था। और नीतिशास्त्र के अधिकांश सिद्धांत हठधर्मी और पूर्वाग्रही और अनेक लेखकों की जटिलताओं के प्रतिबिंब थे। किंतु आजकल जीवविज्ञान, मनोविज्ञान और समाजशास्त्र के तथ्यों के आधार पर नीति सिद्धांतों का प्रतिपादन किया जाने लगा है। स्टीफन, डूप्रे, इलिस, डीनी आदि विद्वानों ने नये नीति सिद्धांतों का प्रतिपादन किया है। एक नेक इतिहासकार नीतिशास्त्र के इन नये सिद्धांतों की उपेक्षा कभी नहीं कर सकता।

इस प्रकार इतिहास सामाजिक विज्ञान का महत्वपूर्ण अंग है। इसे सामाजिक विज्ञान की जननी कहा गया है। कारण यह है कि विभिन्न सामाजिक विज्ञानों, भूगोल, अर्थशास्त्र, मनोविज्ञान, समाजशास्त्र, सांख्यिकी, राजनीतिशास्त्र और नीतिशास्त्र से इसका घनिष्ठ संबंध है।

भारतीय इतिहास की हाल की प्रवृत्तियाँ

यद्यपि रोमानीवादी इतिहास-लेखन का 19वीं शताब्दी के मध्य में अवसान हो गया तथापि किसी-न-किसी रूप में यह विद्यमान रहा। किंतु आधुनिक काल में इतिहासकारों ने इसे त्याग दिया है और से स्रोतों के आधार पर ऐतिहासिक तथ्यों को प्रस्तुत करने लगे हैं। संक्षेपत:, इन इतिहासकारों ने आलोचनात्मक और वैज्ञानिक पद्धति अपनाई है। दृष्टिकोण में यह परिवर्तन दो कारकों के फलस्वरूप संभव हो सका है। प्रथम, इस समय सहायक विज्ञानों यथा कालानुक्रम, पुरालिपि, पुरालेख, केशलेख, राजन्य आदि के विकास के फलस्वरूप इतिहासकार किसी ऐतिहासिक दस्तावेज की प्रमाणिकता की जाँच करने लगे हैं। द्वितीय, आंतरिक या व्याख्यात्मक आलोचना के विकास के फलस्वरूप लेखक की विश्वसनीयता की जाँच की जाने लगी है।

आधुनिक इतिहास-लेखन की एक अन्य महत्वपूर्ण विशेषता इतिहास-दर्शन का विकास है । इमेन्युएल कांट के विश्व इतिहास का विचार लिखा। उसने बतलाया कि इतिहास-वंशीय कारक मानव के व्यक्तित्व और समाज के बीच संघर्ष का इतिहास है। इसके फलस्वरूप समाज में विकास और व्यवस्था का क्रम जारी रहता है। जार्ज विलियम फ्रेडरिक हेगल ने अपने इतिहास दर्शन में बतलाया कि संघर्ष और समन्वय के फलस्वरूप विकास संभव है। इसे हेगेल का द्वन्द्ववाद कहा जाता है । वह कहता है कि इतिहास एक विचार या विषय से शुरू होता है। शीघ्र ही इसका स्थान प्रतिविषय ले लेता है। विषय और प्रतिविषय में संघर्ष के फलस्वरूप समन्वय उत्पन्न होता है। इसमें विषय और प्रतिविषय के कुछ तत्व होते हैं तथा सत्य की दिशा में यह पहला कदम है। समन्वय पुन: दूसरा विषय बन जाता है और इस तरह प्रक्रिया जारी रहती है। मार्क्स ने न केवल इसे अपनाया है बल्कि अपने भौतिकवादी इतिहास दर्शन में इसका प्रयोग भी किया है।

कार्ल मार्क्स ने इतिहास-दर्शन में बड़ा योगदान दिया है। उसने इतिहास की भौतिकवादी व्याख्या के लिए हेगेल के द्वन्द्वात्मक सिद्धांत को अपनाया है। मार्क्स ने मानव और समाज के विकास में आर्थिक और तकनीकी कारकों के महत्व पर बड़ा बल दिया। उसने सभी समाजों में व्याप्त न केवल वर्ग-संघर्ष का उल्लेख किया है बल्कि यह भी बतलाया है कि पूँजीवादी व्यवस्था का विनाश अवश्यम्भावी है। उसका तर्क है कि इस व्यवस्था में शोषण निहायत जरूरी है अत: इसका अंत और वर्गविहीन समाज का सृजन आवश्यक है।

बेनेडेटो क्रोसे ने इतिहास को वर्तमान की यथार्थता बतलाया जिसमें अतीत की स्मृतियों और भविष्य के बीज होते हैं। अत: क्रोसे ने इतिहास और दर्शन में अनन्य संबंध बतलाया है। ओसवाल्ड स्पेंगलर ने पश्चिम के पतन में इतिहास के चक्रीय सिद्धांत का प्रतिपादन किया। उसने कहा कि प्रत्येक सभ्यता के चार चक्र होते हैं (वसंत, ग्रीष्म, शरद और शीत ऋतु) होते हैं। सभ्यता का जन्म होता है, वह अपनी तरुणावस्था पर पहुँचती है, बुढ़ापा आता है और फिर मौत के गले सो जाती है।

आधुनिक काल के इतिहासकार आर्नल्ड जे॰ टायनबी ने इतिहास-दर्शन को एक नया आयाम दिया है। 1934 और 1961 के बीच उनकी प्रसिद्ध कृति 'इतिहास का अध्ययन बारह जिल्दों में प्रकाशित हुई है। आधुनिक इतिहास-लेखन की एक अन्य विशेषता यह है कि इतिहासकारों ने सामाजिक, राजनीतिक, राजनयिक, बौद्धिक, आर्थिक और सांस्कृतिक इतिहास की रचना में अधिक ध्यान दिया है। इसका स्पष्ट अर्थ है कि एक अच्छे इतिहासकार के लिए समाजशास्त्र, राजनीतिशास्त्र, विधिशास्त्र और अर्थशास्त्र का ज्ञान आवश्यक है। इसके बिना वह समाज, राज्य, विधि या आर्थिक जीवन के बारे में ठीक ढंग से नहीं लिख सकता। इसी तरह प्रयोजन, प्रतिमान और मानवीय कार्यों के विश्लेषण के लिए मनोविज्ञान का ज्ञान आवश्यक है। समाजशास्त्र भौगोलिक, जैविक, मनोवैज्ञानिक और आर्थिक शक्तियों के विश्लेषण में मदद करता है। आर्थिक सिद्धांत की जानकारी के बिना जटिल आर्थिक व्यवस्था का विश्लेषण नहीं किया जा सकता। राजनीतिशास्त्र के अध्ययन से राजनीतिक संस्थाओं का इतिहास लिखा जा सकता है।

इतिहास का क्षेत्र बढ़ गया है। साथ ही इतिहास-लेखन की नई प्रणालियों का जन्म हुआ है। बर्नहीम, वोल्फ, लैंगोई, साइनोबो आदि ने ऐतिहासिक आलोचना के मौलिक सिद्धांतों को क्रमबद्ध रूप से प्रस्तुत किया है। पोटटैस्ट, चैविलियर, मॉस आदि ने विस्तृत मार्ग-दर्शन तैयार किया है जिससे ऐतिहासिक स्रोतों का पता लगाने में बड़ी मदद मिली है। आजकल दस्तावेजों की प्रतिलिपियाँ तैयार करने के लिए अनेक वैज्ञानिक उपकरणों की सहायता ली जाने लगी है इनमें फोटोस्टेट, माइक्रोफिल्म आदि उल्लेखनीय है।

आधुनिक काल में समाचार-पत्रों का महत्व बढ़ गया हैं। आधुनातन घटनाओं की जानकारी के ये प्रमुख स्रोत हैं। इनमें स्थानीय, राष्ट्रीय और अन्तर्राष्ट्रीय घटनाओं का विवरण रहता है। आजकल इतिहासकार भी समाचार-पत्रों का उपयोग करने लगे हैं।

महत्त्वपूर्ण वस्तुनिष्ठ प्रश्न

महत्त्वपूर्ण वस्तुनिष्ठ प्रश्न

1. निम्नलिखित पुरातात्त्विक स्थलों में से कहाँ पर जलभण्डार का साक्ष्य पाया गया?
   A. लोथल   B. कालीबंगन
   C. बनावली   D. चंहूदड़ो
2. ऋग्वेद में पंचजन किसे द्योतित करता है?
   A. आर्यों की पाँच जनजातियाँ
   B. अनार्यों की पाँच जनजातियाँ
   C. एक गाँव के पाँच मुखिया
   D. पाँच गाँवों के मुखिया
3. निम्न में से कौन नवपाषाण युग को इंगित करता है?
   A. कुनाल   B. लोथल
   C. दैमाबाद   D. चिरांद
4. भारत में सोने के सिक्के जारी करने वाला पहला राजा कौन था?
   A. कुजुल कदफिसस   B. विम कदफिसस
   C. कनिष्क   D. चन्द्रगुप्त II
5. निम्नलिखित में से किस राजा ने सर्वप्रथम संस्कृत में एक विस्तुत अभिलेख जारी किया था?
   A. अशोक   B. रुद्रदमन
   C. खारवेल   D. गोंडोफर्निस
6. निम्नलिखित में से कौन-सा पद गुप्त-काल में प्रयुक्त पद 'भुक्ति' को द्योतित करता है?
   A. प्रान्त   B. जनपद
   C. नगर परिषद्   D. ग्राम
7. तारीख-ए-फिरोजशाही का लेखक कौन है?
   A. शम्स-ए-सिराज अफीफ
   B. अमीर खुसरो
   C. मीर खुर्द
   D. फिरोजशाह तुगलक
8. अमीर हसन आला सिज्जी द्वारा संकलित कृति **फलवायद उल फुआद** निम्नलिखित में से किसके **डुइंग्स एण्ड सेइंग्स** का अभिलेख है?
   A. ख्वाजा मुइनुद्दीन चिश्ती
   B. शेख फरीद गंज शकर
   C. शेख सलीम चिश्ती
   D. शेख निजामुद्दीन ओलिया
9. सूफी शब्दावली में **विलायत** का क्या अर्थ है?
   A. विदेशी क्षेत्र   B. मुखिया का क्षेत्र
   C. आध्यात्मिक क्षेत्र   D. जमींदार का क्षेत्र
10. राजतिलक के तुरन्त पश्चात् जहाँगीर द्वारा जारी किये गये अध्यादेशों में दसवाँ अध्यादेश सम्बन्धित थाः
    A. उसके साम्राज्य में शराबबन्दी
    B. जागीरदारों के क्षेत्र
    C. राज्य की बीमार जनता का राज्य के खर्च पर इलाज
    D. किसी के घर पर दूसरे व्यक्ति द्वारा जबरदस्ती अधिकार जमाने से रोकने
11. दिल्ली स्थित जामा मस्जिद की नींव किसने रखी?
    A. सम्राट शाहजहाँ   B. महाबत खान
    C. इस्लाम खान   D. सम्राट औरंगजेब
12. **अमीन** के पद का सृजन किसने किया?
    A. फिरोज तुगलक   B. अकबर
    C. जहाँगीर   D. शाहजहाँ
13. निम्नलिखित में से कौन-सा स्थान पुर्तगालियों का व्यापारिक ठिकाना नहीं था?
    A. कालीकट   B. बरोच
    C. कोचीन   D. माहे
14. निम्नलिखित में से कौन बक्सर में अंगरेजी पढ़ाता था?
    A. मीर जाफर   B. सिराज-उद्-दौला
    C. मीर कासिम   D. शुजाउद्दीन
15. पिट्स इंडिया ऐक्ट कब पारित हुआ था?
    A. 1781   B. 1784
    C. 1786   D. 1788

16. निम्नलिखित में से किसने इंडियन एसोसिएशन फॉर दि कल्टीवेशन ऑफ साईंस की स्थापना की थी?

A. जे.सी. बोस

B. मेघनाद साह

C. होमी भाभा

D. महेन्द्रलाल सरकार

17. कामागाटा मारू पर सवार पंजाबी गदरकारियों की अंगरेजी सेना के साथ भिड़न्त कहाँ पर हुई?

A. बम्बई B. कालीकट

C. ब़जबज D. कलकत्ता

18. भारत के योजना आयोग की स्थापना किस वर्ष में हुई थी?

A. 1935 B. 1947

C. 1950 D. 1951

19. इटली के एकीकरण के लिए 'यंग इटली' का गठन किसके द्वारा किया गया?

A. कावूर B. विक्टर ईमेनुअल

C. गेरीबाल्डी D. मेजिनी

20. नीचे दो वक्तव्य दिये गये हैं। एक को **अभिकथन (A)** तथा दूसरे को **कारण (R)** कहा गया हैः

अभिकथन (A) : निषाद, जो मूलतः आदिवासी थे, बौद्ध मतावलम्बियों के लिए अछूत थे।

कारण (R) : यह आरंभिक ब्राह्मणीय विधि-निर्माताओं की मनोवृत्ति से साम्य रखता है।

उपरोक्त वक्तव्यों को पढ़िये तथा नीचे दिये गये कूटों से सही उत्तर चुनियेः

कूटः

A. (A) सही है परन्तु (R) सही नहीं है।

B. (A) सही नहीं है परन्तु (R) सही है।

C. (A) तथा (R) दोनों सही नहीं है।

D. (A) तथा (R) दोनों सही है तथा (R), (A) की सही व्याख्या है।

21. नीचे दो वक्तव्य दिये गये हैं। एक को **अभिकथन (A)** तथा दूसरे को **कारण (R)** कहा गया हैः

अभिकथन (A) : उत्तरी भारत के अंतिम महान सम्राट के रूप में भारतीय इतिहास में पृथ्वीराज तृतीय का अप्रतिम स्थान है।

कारण (R) : हमें पता है कि समसामयिक स्रोतों में इस बात के साक्ष्य मौजूद हैं।

उपरोक्त वक्तव्यों को पढ़िये तथा नीचे दिये गये कूटों से सही उत्तर चुनियेः

कूटः

A. (A) सही है परन्तु (R) गलत है।

B. (A) गलत परन्तु (R) सही है।

C. (A) तथा (R) दोनों सही नहीं है।

D. (A) तथा (R) दोनों सही हैं तथा (R), (A) की सही व्याख्या है।

22. नीचे दो वक्तव्य दिये गये हैं। एक को **अभिकथन (A)** तथा दूसरे को **कारण (R)** कहा गया हैः

अभिकथन (A) : ईसा काल की प्रथम पाँच शताब्दियों में मलय उपद्वीप में भारतीयों ने अनेक राज्यों की स्थापना की।

कारण (R) : पुरातात्त्विक अवशेषों से समृद्ध भारतीय उपनिवेशों के अस्तित्व का संकेत नहीं मिलता।

उपरोक्त वक्तव्यों के संदर्भ में निम्नलिखित में से कौन-सा उत्तर सही है?

कूटः

A. (A) सही है परन्तु (R) गलत है। (R), (A) की सही व्याख्या नहीं है।

B. (A) गलत परन्तु (R) सही है।

C. (A) तथा (R) दोनों सही नहीं है।

D. (A) तथा (R) दोनों सही हैं।

23. नीचे दो वक्तव्य दिये गये हैं। एक को **कथन (A)** कहा गया है तथा दूसरे को **कारण (R):**

कथन (A) : मौरलेण्ड के अनुसार भारत का निर्यात का बड़ा भाग सूती वस्त्रों का था।

कारण (R) : बाबर ने उल्लेख किया है कि काबुल में सूती वस्त्र प्रमुख रूप से भारत से लाये जाते थे।

उपरोक्त दो वक्तव्यों के संदर्भ में कौन-सा सही है?

कूटः

A. (A) और (R) दोनों सही हैं और (A) की सही व्याख्या (R) है।

B. (A) और (R) दोनों सही हैं और (A) की सही व्याख्या (R) नहीं है।

C. (A) सही है, किन्तु (R) गलत है।

D. (A) गलत है, किन्तु (R) सही है।

24. सूची-I को सूची-II में सुमेलित कीजिए और नीचे दिए गए कूट से अपने उत्तर का चयन कीजिए:

सूची-I *(राज्य)*	**सूची-II** *(राजधानी)*
(*a*) निजामशाही	(i) गोलकुण्डा
(*b*) कुतुबशाही	(ii) बीजापुर
(*c*) इमादशाही	(iii) अहमदनगर
(*d*) आदिलशाही	(iv) बरार

कूट:

	(*a*)	(*b*)	(*c*)	(*d*)
A.	(iii)	(i)	(iv)	(ii)
B.	(ii)	(iii)	(i)	(iv)
C.	(i)	(ii)	(iv)	(iii)
D.	(iv)	(ii)	(iii)	(i)

25. सूची-I को सूची-II से सुमेलित कीजिए और नीचे दिए गए कूट से अपने उत्तर का चयन कीजिए:

सूची-I *(यात्री)*	**सूची-II** *(विजय नगर के शासक)*
(*a*) निकोलो डी. कोण्टी	(i) कृष्णदेव राय
(*b*) डोमिंगोसे पेइज	(ii) देवराय द्वितीय
(*c*) फ्रेरनो नून्ज	(iii) देवराय प्रथम
(*d*) अब्दुर रज्जाक	(iv) अच्युत राव

कूट:

	(*a*)	(*b*)	(*c*)	(*d*)
A.	(iii)	(i)	(iv)	(ii)
B.	(i)	(iv)	(ii)	(iii)
C.	(iii)	(ii)	(i)	(iv)
D.	(ii)	(i)	(iv)	(iii)

26. नीचे दो वक्तव्य दिये गये हैं। एक को **अभिकथन (A)** तथा दूसरे को **कारण (R)** कहा गया है:

अभिकथन (A) : कृषि के वाणिज्यीकरण ने कृषकवर्ग में और भी विभेद कर दिया।

कारण (R) : कृषि के वाणिज्यीकरण से कृषीय वृद्धि हुई।

उपरोक्त वक्तव्यों के संदर्भ में निम्नलिखित में से कौन-सा सही है?

कूट:

A. (A) सही है परन्तु (R) गलत है।

B. (A) तथा (R) दोनों सही हैं परन्तु (R), (A) की सही व्याख्या नहीं है।

C. (A) तथा (R) दोनों सही हैं तथा (R), (A) की सही व्याख्या है।

D. (A) गलत है परन्तु (R) सही हैं।

27. नीचे दो वक्तव्य दिये गये हैं। एक को **अभिकथन (A)** तथा दूसरे को **कारण (R)** कहा गया है:

अभिकथन (A) : भारत में कृषकवर्ग की संलिप्तता अलग-थलग तथा स्थानीय बनी रही।

कारण (R) : भारतीय कृषीय समाज की संरचना जटिल थी।

उपरोक्त वक्तव्यों के संदर्भ में निम्नलिखित में से कौन-सा सही है?

कूट:

A. (A) तथा (R) दोनों सही हैं परन्तु (R), (A) की सही व्याख्या नहीं है।

B. (A) सही है परन्तु (R) गलत है।

C. (A) तथा (R) दोनों सही हैं और (R), (A) की सही व्याख्या है।

D. (A) तथा (R) दोनों गलत हैं।

28. नीचे दो वक्तव्य दिये गये हैं। एक को **अभिकथन (A)** तथा दूसरे को **कारण (R)** कहा गया है:

अभिकथन (A) : द्वितीय पंचवर्षीय योजना ने भारी-उद्योग के पक्ष में बदलाव को चिह्नित किया।

कारण (R) : इस क्षेत्र में आयात को बन्द करना आत्मनिर्भरता के लिए आवश्यक माना गया।

उपरोक्त वक्तव्यों के संदर्भ में निम्नलिखित में से कौन-सा सही है?

कूट:

A. (A) तथा (R) दोनों सही हैं परन्तु (R), (A) की सही व्याख्या नहीं है।

B. (A) सही है परन्तु (R) गलत है।

C. (A) तथा (R) दोनों गलत हैं।

D. (A) तथा (R) दोनों सही हैं तथा (R), (A) की सही व्याख्या है।

29. निम्नलिखित को कालानुक्रम में व्यवस्थित कीजिए तथा नीचे दिये गये कूटों से सही उत्तर चुनियेः

(i) इंडिका (ii) ऋग्वेद

(iii) अर्थशास्त्र (iv) त्रिपिटक

कूटः

A. (i) (iv) (ii) (iii)
B. (ii) (i) (iv) (iii)
C. (iv) (i) (ii) (iii)
D. (ii) (iv) (iii) (i)

30. निम्नलिखित को कालानुक्रम में व्यवस्थित कीजिए तथा नीचे दिये गये कूटों से सही उत्तर चुनियेः

(i) श्रीहर्ष (ii) माघ

(iii) भारवी (iv) भट्टी

कूटः

A. (i) (ii) (iii) (iv)
B. (ii) (iii) (i) (iv)
C. (iii) (iv) (ii) (i)
D. (iv) (iii) (i) (ii)

31. निम्नलिखित को कालानुक्रम में व्यवस्थित कीजिए तथा नीचे दिये गये कूटों से सही उत्तर चुनियेः

(i) धर्मपाल (ii) मिहिर भोज

(iii) महेन्द्रपाल (iv) वत्सराज

कूटः

A. (ii) (iii) (i) (iv)
B. (iii) (i) (iv) (ii)
C. (i) (iv) (ii) (iii)
D. (iv) (i) (ii) (iii)

32. निम्नलिखित इमारतों का सही अनुक्रम क्या है? नीचे दिये गये कूटों से सही उत्तर चुनियेः

(i) एतिमा-उद्-दौला का मकबरा

(ii) हुमायूँ का मकबरा

(iii) आसफ खान का मकबरा

(iv) ताजमहल

कूटः

A. (ii) (i) (iii) (iv)
B. (i) (ii) (iv) (iii)
C. (iii) (i) (ii) (iv)
D. (iv) (iii) (i) (ii)

33. निम्नलिखित लड़ाइयों का सही अनुक्रम बतलाइये। नीचे दिये गये कूटों से सही उत्तर चुनिएः

(i) कन्नौज की लड़ाई

(ii) खानवा की लड़ाई

(iii) पानीपत की तीसरी लड़ाई

(iv) पानीपत की पहली लड़ाई

कूटः

A. (iv) (ii) (i) (iii)
B. (i) (iii) (ii) (iv)
C. (ii) (i) (iii) (iv)
D. (iii) (iv) (ii) (i)

34. निम्नलिखित स्रोत-ग्रंथों को कालानुक्रम में व्यवस्थित कीजिए। नीचे दिये गये कूटों से अपना सही उत्तर चुनिएः

(i) ख़ज़ाइन-उल-फुतुह

(ii) वाकयात-ए-मुश्ताकी

(iii) तबाकात-ए-अकबरी

(iv) कासितर-ए-जहाँगीरी

कूटः

A. (ii) (iii) (iv) (i)
B. (i) (iii) (ii) (iv)
C. (iv) (iii) (ii) (i)
D. (i) (ii) (iii) (iv)

35. निम्नलिखित संस्थाओं की स्थापना का सही अनुक्रम क्या है?

(i) बनारस स्थित संस्कृत कॉलेज

(ii) फोर्ट विलियम कॉलेज

(iii) कलकत्ता मदरसा

(iv) एशियाटिक सोसाइटी ऑफ बंगाल

कूटः

A. (iii) (iv) (i) (ii)
B. (iii) (iv) (ii) (i)
C. (iv) (iii) (ii) (i)
D. (ii) (iii) (i) (iv)

36. निम्नलिखित ग्रंथों के प्रकाशन का सही क्रम क्या है?

(i) गोदान (ii) आनन्द मठ

(iii) गीतांजली (iv) नील दर्पण

कूटः

A. (i) (iii) (iv) (ii)
B. (iii) (iv) (ii) (i)
C. (iv) (ii) (iii) (i)
D. (iv) (ii) (i) (iii)

37. निम्नलिखित कृषकीय आंदोलनों का सही ऐतिहासिक क्रम क्या है?

(i) चम्पारण (ii) एका

(iii) पबना (iv) मोपाला

कूटः

A. (ii) (iii) (i) (iv)
B. (i) (iii) (ii) (iv)
C. (ii) (iii) (iv) (i)
D. (iii) (i) (ii) (iv)

38. सूची-I तथा सूची-II को सुमेलित कीजिए तथा नीचे दिये गये कूटों से सही उत्तर चुनिए:

सूची-I *(नदी)*	सूची-II *(शहर)*
(*a*) सिन्धु	(i) कालीबंगन
(*b*) रावी	(ii) मोहनजोदड़ो
(*c*) घग्घर	(iii) रोपड़
(*d*) सतलज	(iv) हड़प्पा

कूटः

	(*a*)	(*b*)	(*c*)	(*d*)
A.	(ii)	(iv)	(i)	(iii)
B.	(i)	(iii)	(ii)	(iv)
C.	(ii)	(iii)	(iv)	(i)
D.	(iii)	(i)	(ii)	(iv)

39. सूची-I तथा सूची-II को सुमेलित कीजिए तथा नीचे दिये गये कूटों से सही उत्तर चुनिए:

सूची-I	सूची-II
(*a*) कारनेलियन बीड	(i) बंगाल
(*b*) ताम्र	(ii) बन्दरगाह
(*c*) अरिकामेडू	(iii) हड़प्पा
(*d*) ताम्रलिपि	(iv) राजस्थान

कूटः

	(*a*)	(*b*)	(*c*)	(*d*)
A.	(iv)	(ii)	(iii)	(i)
B.	(iv)	(i)	(ii)	(iii)
C.	(iv)	(iii)	(ii)	(i)
D.	(iii)	(iv)	(ii)	(i)

40. सूची-I तथा सूची-II को सुमेलित कीजिए तथा नीचे दिये गये कूटों से सही उत्तर चुनिए:

सूची-I	सूची-II
(*a*) गणतन्त्र	(i) रुद्रदमन
(*b*) उत्तरी काली पॉलिश्ड वेयर	(ii) छठी शती ई.पू.
(*c*) गिरनार अभिलेख	(iii) कपिलवस्तु
(*d*) शाक्य	(iv) गांगेय मैदान

कूटः

	(*a*)	(*b*)	(*c*)	(*d*)
A.	(ii)	(iv)	(iii)	(i)
B.	(ii)	(iv)	(i)	(iii)
C.	(iv)	(ii)	(i)	(iii)
D.	(ii)	(i)	(iv)	(iii)

41. सूची-I तथा सूची-II को सुमेलित कीजिए तथा नीचे दिये गये कूटों से सही उत्तर चुनिए:

सूची-I	सूची-II
(*a*) अबुल फजल	(i) तारीख-ए-फिरोजशाही
(*b*) जियाउद्दीन बर्नी	(ii) अकबरनामा
(*c*) अब्दुल हमीद लाहोरी	(iii) बादशाहनामा
(*d*) खाफी खाँ	(iv) मुन्तखबब-उल-लुबाब

कूटः

	(*a*)	(*b*)	(*c*)	(*d*)
A.	(i)	(ii)	(iv)	(iii)
B.	(ii)	(i)	(iii)	(iv)
C.	(iii)	(i)	(ii)	(iv)
D.	(iv)	(ii)	(i)	(iii)

42. निम्नलिखित में से कौन-सा युग्म सुमेलित नहीं है?

सम्राट	सूबा की संख्या
A. अकबर	15
B. जहाँगीर	15
C. शाहजहाँ	18
D. औरंगजेब	24

43. अकबरकालीन निम्नांकित घटनाओं में कौन-सा युग्म सही सुमेलित नहीं है?

घटना	वर्ष
A. मेड़ता को हस्तगत करना	1562
B. असीरगढ़ का घेरा	1601
C. गोंडवाना की विजय	1564
D. उड़ीसा की विजय	1582

44. सूची-I तथा सूची-II को सुमेलित कीजिए तथा नीचे दिये गये कूटों से सही उत्तर चुनिए:

सूची-I	सूची-II
(*a*) डेविड अर्नोल्ड	(i) प्रि ल्युड टू पार्टीशन
(*b*) डेविल लुडेन	(ii) दी लोंकल रूट्स ऑफ इंडियन पॉलिटिक्स: इलाहाबाद
(*c*) डेविड पेज	(iii) दि कांग्रेस इन तमिलनाडु
(*d*) सी.ए. बेली	(iv) ऐन एग्रेरियन हिस्ट्री ऑफ साऊथ इंडिया

कूट:

	(*a*)	(*b*)	(*c*)	(*d*)
A.	(iv)	(iii)	(ii)	(i)
B.	(ii)	(iii)	(iv)	(i)
C.	(iii)	(iv)	(ii)	(i)
D.	(iii)	(iv)	(i)	(ii)

45. सूची-I तथा सूची-II को सुमेलित कीजिए तथा नीचे दिये गये कूटों से सही उत्तर चुनिए:

सूची-I	सूची-II
(*a*) नैरोजी	(i) हरिजन
(*b*) तिलक	(ii) ड्रेन
(*c*) गाँधी	(iii) पंचशील
(*d*) नेहरू	(iv) स्वराज

कूट:

	(*a*)	(*b*)	(*c*)	(*d*)
A.	(iv)	(iii)	(ii)	(i)
B.	(ii)	(iv)	(i)	(iii)
C.	(ii)	(iv)	(iii)	(i)
D.	(iv)	(iii)	(i)	(ii)

46. सूची-I तथा सूची-II को सुमेलित कीजिए तथा नीचे दिये गये कूटों से सही उत्तर चुनिए:

सूची-I	सूची-II
(*a*) रूसो	(i) समाजवाद
(*b*) मार्क ब्लॉक	(ii) जनरल विल
(*c*) एफ. एंजेल्स	(iii) संस्कृतकरण
(*d*) एम.एन. श्रीनिवास	(iv) सामंतशाही

कूट:

	(*a*)	(*b*)	(*c*)	(*d*)
A.	(ii)	(iv)	(iii)	(i)
B.	(ii)	(iv)	(i)	(iii)
C.	(iv)	(iii)	(ii)	(i)
D.	(ii)	(iii)	(iv)	(i)

निर्देश (प्र.सं. 47-50): *निम्नलिखित गद्यांश को ध्यानपूर्वक पढ़िये तथा इसके बाद के दिये गये प्रश्नों के सही उत्तर चुनिए:*

फिर भी करोड़ों लोग जो समस्त भारतीय प्रायद्वीप में खुशियाँ मना रहे थे, अर्धरात्रि को भारत की 'नियति के साथ भेंट' पर नेहरू का भाषण सुनकर रोमांचित हो रहे थे और जिन्होंने उस समय बालक रहे व्यक्ति के लिए भी 15 अगस्त को एक अविस्मरणीय अनुभव बना दिया था, वे पूर्वरूपेण भ्रांति के शिकार नहीं थे। 1948-51 में कम्युनिस्टों ने अपनी कीमत पर ही जाना कि 'यह आजादी झूठी है' के नारे में दम नहीं था। भारत की स्वाधीनता उपनिवेशवाद के विघटन की ऐसी प्रक्रिया का आरंभ थी जिसे, कम-से-कम जहाँ तक राजनीतिक स्वाधीनता का प्रश्न है, रोकना कठिन सिद्ध हुआ। ब्रिटेन और अमेरिका की कठपुतली होने के स्थान पर भारत ने नेहरू के नेतृत्व में धीरे-धीरे एक स्वतंत्र विदेश नीति विकसित की जो उस समय के लिए गुटनिरपेक्षता की नई धारणा पर और समाजवादी देशों एवं उभरती हुई तीसरी दुनिया के साथ मैत्री पर आधरित थी। 26 जनवरी, 1950 को मोटे तौर पर एक लोकतांत्रिक संविधान की घोषणा की गई जो अनेक सीमाओं के बावजूद अंत तक सार्वत्रिक वयस्क मताधिकार के मुद्दे की अवहेलना करनेवाली ब्रिटिश-भारतीय संस्थाओं की तुलना में अधिक प्रगतिशील था। राजाओं और जमींदारों को धीरे-धीरे बेदखल किया गया, भूमि की सीमा निश्चित की गई (यद्यपि यह कदाचित् ही लागू होती हो), भाषाई आधार पर राज्यों के पुनर्गठन के पुराने आदर्श को 1956 में प्राप्त कर लिया गया, सार्वजनिक क्षेत्र के नियोजित विकास द्वारा मूलभूत उद्योगों का निर्माण किया गया और आधी सदी तक खाद्यान्न-उत्पादन में जो ठहराव बना हुआ था उसकी तुलना में उत्पादन में पर्याप्त बढ़ोतरी हुई।

47. 'नियति के साथ भेंट' किसे इंगित करता है?

A. संसद में नेहरू का उद्घाटन-भाषण

B. 15 अगस्त, 1947 समारोह मनाना

C. भारत की स्वतंत्रता (स्वाधीनता)

D. उपरोक्त में से किसी को नहीं

48. साम्यवादी नारा क्यों असफल रहा?

A. यह भ्रांतिपूर्ण रीति से विचारित था।

B. साम्यवादी उत्पीड़न से ग्रसित थे।

C. उत्तर-औपनिवेशिक विकास से इसकी युक्तियुक्तता सिद्ध नहीं होती थी।

D. उपरोक्त में से किसी कारण से नहीं।

49. भारत का प्रजातांत्रिक स्वरूप कैसे उभर कर सामने आया?

A. प्रजातांत्रिक सरकार तथा नीति के विकास के माध्यम से।

B. प्रजातांत्रिक संस्थाओं के विकास के माध्यम से।

C. सबको मताधिकार की शुरुआत कर।

D. उपरोक्त में से कोई नहीं।

50. स्वतंत्र भारत का पुनर्गठन किस प्रकार हुआ?

A. राज्यों के भाषा-आधारित पुनर्गठन के द्वारा

B. उद्योगों तथा कृषि के विकास द्वारा

C. भारतीय राज्यों तथा अर्थव्यवस्था के पुनर्निर्माण द्वारा

D. उपरोक्त में से कोई नहीं

51. निम्नांकित अभिलेखों में प्रशंसा या 'प्रशस्ति'

I. पुलकेशिन II का एहोल अभिलेख

II. समुद्रगुप्त का इलाहाबाद स्तम्भ अभिलेख

III. रुद्रदामन का जूनागढ़ अभिलेख

IV. खारवेल का हाथीगुंफा अभिलेख

कूट :

A. I, II और III सही हैं।

B. सिर्फ I और II सही हैं।

C. सिर्फ II और III सही हैं।

D. I, III और IV सही हैं।

52. सूची-I को सूची-II के साथ सुमेलित करें और नीचे दिये कूट की सहायता से सही उत्तर का चयन करें :

सूची-I (सिन्धु घाटी नगर)	**सूची-II (नदी तट)**
(a) मोहनजोदाड़ो	1. घग्गर
(b) रोपड़	2. रावी
(c) बनावाली	3. सतलज
(d) हड़प्पा	4. सिंधु

कूट :

	(a)	(b)	(c)	(d)
A.	2	3	4	1
B.	2	3	1	4
C.	4	2	1	3
D.	4	3	1	2

53. नीचे दो कथन दिए गए हैं जिनमें से प्रथम को **अभिकथन (A)** और दूसरे को **तर्क (R)** कहा गया है।

अभिकथन (A) : ऋग्वैदिक काल के दौरान वर्णव्यवस्था विद्यमान थी।

तर्क (R) : ऋग्वेद का मण्डल X चतुर-वर्ण व्यवस्था का उल्लेख करता है।

कूट :

A. (A) और (R) दोनों सत्य हैं और (R), (A) की सही व्याख्या है।

B. (A) और (R) दोनों सत्य हैं, परन्तु (R), (A) की सही व्याख्या नहीं है।

C. (A) सत्य है, परन्तु (R) मिथ्या है।

D. (A) मिथ्या है, परन्तु (R) सत्य है।

54. निम्नांकित राजवंशों को नीचे दिये कूट का उपयोग करते हुए क्रम में व्यवस्थित करें :

I. शुंग राजवंश

II. हर्यक राजवंश

III. नंद राजवंश

IV. मौर्य राजवंश

कूट :

A. II, III, IV, I B. I, II, III, IV

C. III, I, II, IV D. IV, II, I, III

55. बुद्ध के जीवन के संदर्भ में निम्न सूचियों को सुमेलित कीजिये :

सूची-I (प्रतीक)	**सूची-II (बुद्ध के जीवन की घटना)**
(a) कमल	1. त्याग
(b) घोड़ा	2. जन्म
(c) चक्र	3. महापरिनिर्वाण
(d) स्तूप	4. प्रथम धर्मोपदेश

कूट :

	(a)	(b)	(c)	(d)
A.	1	2	4	3
B.	2	1	4	3
C.	2	1	3	4
D.	4	1	2	3

56. बोधिसत्व का सिद्धान्त किसके साथ सम्बन्धित है?

A. महायान बौद्ध धर्म B. हीनयान बौद्ध धर्म

C. वज्रयान बौद्ध धर्म D. थेरावाद बौद्ध धर्म

57. निम्नांकित स्थानों में चार बौद्ध परिषदें आयोजित की गई थीं। नीचे दिये कूट के उपयोग द्वारा उन्हें क्रम में व्यवस्थित करें :

I. वैशाली

II. राजगृह

III. कुंडलवन

IV. पाटलिपुत्र

कूट :

A. I, III, IV, II B. II, IV, III, I

C. III, I, IV, II D. II, I, IV, III

58. नीचे दो कथन दिए गए हैं जिनमें से प्रथम को **अभिकथन (A)** और दूसरे को **तर्क (R)** कहा गया है।

अभिकथन (A) : सातवाहन समाज में मातृ तत्त्वों के अंश मिलते हैं।

तर्क (R) : सातवाहन काल के दौरान वास्तविक शासक रानियाँ थीं राजा नहीं।

कूट :

A. (A) और (R) दोनों सत्य हैं और (R), (A) की सही व्याख्या है।

B. (A) और (R) दोनों सत्य हैं, परन्तु (R), (A) की सही व्याख्या नहीं है।

C. (A) सत्य है, परन्तु (R) मिथ्या है।

D. (A) मिथ्या है, परन्तु (R) सत्य है।

59. अशोक ने निम्नांकित में से एक के लिये बिहार में बाराबर और नागार्जुन पहाड़ियों पर शैल काट कर गुफाओं का निर्माण करवाया था :

A. हीनयान B. दिगम्बर

C. महायान D. आजीवकों

60. मौर्य काल के दौरान बर्मा और सिलोन के साथ व्यापार के लिये प्रमुख बंदरगाह था

A. अरिकामेडु B. ताम्रलिप्ती

C. बरूकच्छ (भड़ौच) D. सोपारा

61. बुद्ध की छवि मस्तक के चारों ओर प्रभामंडल के साथ और उड़ते हुए गन्धर्व आकृतियों और कमल के डिजाइनों से अलंकृत निम्नांकित कला पद्धति में प्रकट होती है :

A. कला की गान्धार पद्धति

B. कला की गुप्त पद्धति

C. कला की मथुरा पद्धति

D. कला की अमरावती पद्धति

62. भारत, रोम के प्रभाव में आकर प्रौद्योगिकीय रूप से सर्वाधिक लाभान्वित निम्नांकित में से किस शिल्प में हुआ?

A. काँच बनाना। B. जहाज निर्माण।

C. रत्नों को काटना। D. आयुध निर्माण।

63. उज्जैन को गुप्त शासकों की द्वितीय राजधानी किसके शासन के दौरान बनाया गया?

A. कुमारगुप्त B. चन्द्रगुप्त द्वितीय

C. समुद्रगुप्त D. स्कन्दगुप्त

64. शिक्षा के बौद्ध केन्द्र निम्नांकित में से कौन से हैं?

I. नालंदा

II. विक्रमशिला

III. कांचीपुरम्

IV. वाराणसी

कूट :

A. I, II और IV सही हैं।

B. I, III और IV सही हैं।

C. सिर्फ I और IV सही हैं।

D. सिर्फ I और II सही हैं।

65. संगमकाल के दौरान कृषि की प्रमुख फसलें निम्नांकित में से कौन सी थीं?

A. धान और गन्ना B. गेहूँ और धान

C. गेहूँ और जौ D. धान और कपास

66. अमीर खुसरो लिखित मिफ्ता-उल-फुतुह में किस घटना का वर्णन है?

A. जलाल-उद्-दीन खलजी के सैन्य अभियान।

B. बुगरा खान और कैकुवाद के बीच मुलाकात।

C. अला-उद्-दीन खलजी की चित्तौड़ विजय।

D. गियासुद्दीन तुगलक की उपलब्धियाँ।

67. निम्नलिखित में से कौन से वक्तव्य सही हैं?

(*i*) अला-उद्-दीन खलजी ने मलिक काफूर को काकतीय राज्य को अपने राज्य में विलय करने का आदेश दिया।

(*ii*) काकतीय शासक प्रतापरुद्र को अला-उद्-दीन खलजी का करदाता राज्य बनाया जाना था।

(*iii*) प्रतापरुद्र दिल्ली के सुल्तानों को नियमित रूप से वार्षिक कर भेजता था।

(*iv*) प्रतापरुद्र को खुसरो शाह अपने अनुरक्षण में दिल्ली लाया।

अपने उत्तर का चयन नीचे दिए गए कूट में से कीजिए:

कूट :

A. केवल (*i*)

B. केवल (*ii*)

C. (*i*), (*ii*) और (*iii*)

D. (*ii*), (*iii*) और (*iv*)

68. नीचे दो कथन दिए गए हैं जिनमें से प्रथम को **अभिकथन (A)** और दूसरे को **तर्क (R)** कहा गया है।

अभिकथन (A) : शेख निजाम-उद्-दीन औलिया ने सात सुल्तानों को एक के बाद एक दिल्ली की राजगद्दी पर आसीन होते हुए देखा, लेकिन वे कभी भी किसी के दरबार में मिलने के लिए नहीं गए।

तर्क (R) : वह सुहरावर्दी सूफी संतों को राज्य द्वारा प्रदत्त प्रश्रय से अप्रसन्न थे।

इन दोनों कथनों के सन्दर्भ में निम्नलिखित में से सही उत्तर का चयन कीजिए :

कूट :

A. (A) और (R) दोनों सही हैं और (R), (A) की सही व्याख्या है।

B. (A) और (R) दोनों सही हैं, परन्तु (R), (A) की सही व्याख्या नहीं है।

C. (A) सही है, परन्तु (R) गलत है।

D. (A) गलत है, परन्तु (R) सही है।

69. यह किसका कथन है "यद्यपि कि केवल (मुस्लिम) जनसंख्या का दसवाँ भाग देवगिर (दौलताबाद) पहुँचा, तथापि वे लोग शहर को उपजाऊ और समृद्ध बनाने में समर्थ हुए"?

A. इब्न बतुता

B. शम्स-ए-सिराज अफीफ

C. अब्द-अल-मलिक इसामी

D. जिया-उद्-दीन बरनी

70. सूची-I को सूची-II के साथ सुमेल बिठाइये और प्रदत्त कूट से सही उत्तर का चयन कीजिए :

सूची-I	**सूची-II**
(a) वकील-ए-दर	1. सैन्य विभाग का महानियंत्रक
(b) अमीर-ए-हाजिब	2. राज्य की समाचार एजेन्सी का प्रमुख
(c) आरिज-ए-मुमालिक	3. दरबार में समारोह अधिकारी
(d) बरिद-ए-मुमालिक	4. राज-परिजन का प्रभारी अधिकारी

कूट :

	(a)	(b)	(c)	(d)
A.	4	3	1	2
B.	2	1	4	3
C.	4	1	2	3
D.	2	3	4	1

71. निम्नलिखित में से कौन सा वक्तव्य कबीर के बारे में सही नहीं है?

A. जाति, नस्ल और धर्म पर आधारित मतभेद को वे नाकार दिए।

B. वह धर्मग्रन्थ सम्मत ज्ञान के विरोधी थे।

C. वह खोखले कर्मकाण्डों के समर्थन को नकार दिए।

D. वह भक्ति और श्रम के दर्शन के समर्थक थे।

72. महमूद गवां ने बहमनी अभिजात्य वर्ग की शक्ति को कम करने के लिए क्या कदम उठाए?

(*i*) भूसंपत्ति के आकार को कम कर दिया।

(*ii*) उस भूमि का परिमाण बढ़ा दिया, जिसे राज भूसंपत्ति के रूप में वर्गीकृत किया गया।

(*iii*) भूराजस्व माँग की दर को कम कर दिया।

(*iv*) गवर्नरों को एक से अधिक किले के ऊपर नियंत्रण करने से मना कर दिया।

नीचे दिए गए कूट में से सही उत्तर का चयन कीजिए:

कूट :

A. (*i*), (*ii*), (*iii*) B. (*i*), (*ii*), (*iv*)

C. (*ii*) और (*iii*) D. (*ii*) और (*iv*)

73. 'Archaeology, Art and Religion : New Perspectives on Vijayangara' का लेखक कौन है?

A. नोबुरु कराशिमा

B. अनिला वर्गीस

C. कैथलिन डी. मोरिसन

D. कारला एम. सिनोपॉली

74. निम्नलिखित को सही क्रमबद्ध कालक्रम में व्यवस्थित कीजिए :

(*i*) अकबर के द्वारा 12 सूबों की रचना।

(*ii*) दहसाला व्यवस्था को लागू करना।

(*iii*) दाग व्यवस्था को जारी करना।

(*iv*) दोहरे पद (जात और सवार) को जारी करना।

नीचे दिए गए कूट में से सही उत्तर का चयन कीजिए:

कूट :

A. (*iii*) (*ii*) (*i*) (*iv*)

B. (*iv*) (*i*) (*ii*) (*iii*)

C. (*iii*) (*iv*) (*ii*) (*i*)

D. (*i*) (*ii*) (*iii*) (*iv*)

75. सूची-I को सूची-II से सुमेल कीजिए और सही उत्तर का चुनाव नीचे दिए गए कूट से कीजिए :

सूची-I	सूची-II
(a) झरोखा दर्शन की प्रथा का प्रारम्भ	1. 1620
(b) कंधार की सफाविदों से पुनःप्राप्ति	2. 1646
(c) बल्ख पर मुगल अधिकार	3. 1629
(d) काँगड़ा विजय	4. 1580

कूट :

	(a)	(b)	(c)	(d)
A.	4	3	2	1
B.	1	2	4	3
C.	4	2	3	1
D.	1	4	2	3

76. नीचे दो वक्तव्य दिए गए हैं। एक को **कथन (A)** कहा गया है और दूसरे को **कारण (R)** :

कथन (A) : जहाँगीर के शासन काल में चित्रकारी कला उत्कृष्टता की पराकाष्ठा पर पहुँच गई थी।

कारण (R) : वह वास्तुकलात्मक अलंकरण का विरोधी था।

उपर्युक्त दो वक्तव्यों के सन्दर्भ में, निम्नलिखित में से कौन सा सही है?

कूट :

A. (A) और (R) दोनों सही हैं और (R), (A) की सही व्याख्या है।

B. (A) और (R) दोनों सही हैं, परन्तु (R), (A) की सही व्याख्या नहीं है।

C. (A) सही है, किन्तु (R) गलत है।

D. (A) गलत है, किन्तु (R) सही है।

77. सूची-I का सूची-II के साथ सुमेल बिठाइये और प्रदत्त कूट से सही उत्तर का चुनाव कीजिए :

सूची-I	सूची-II
(a) इकबालनामा-ए-जहाँगीरी	1. इनायत खाँ
(b) तारीख-ए-रशीदी	2. मुतमाद खाँ
(c) शाहजहाँनामा	3. ईशरदास नागर
(d) फुतुहात-ए-आलमगीरी	4. मिरजा हैदर दोगलत

कूट :

	(a)	(b)	(c)	(d)
A.	1	2	4	3
B.	4	2	3	1
C.	2	1	4	3
D.	2	4	1	3

78. सूची-I का सूची-II से सुमेल कीजिए और नीचे दिए गए कूट से सही उत्तर का चयन कीजिए :

सूची-I (स्मारक)	सूची-II (शासक, जिन्होंने उन्हें बनाया)
(a) जामी मस्जिद (चार मीनार)	1. अब्दुला कुतुब शाह
(b) हीरा मस्जिद	2. शाहजहाँ
(c) मोती मस्जिद	3. मोहम्मद कुली कुतुब शाह
(d) गोल गुम्बज	4. अली आदिल शाह

कूट :

	(a)	(b)	(c)	(d)
A.	1	4	3	2
B.	3	1	2	4
C.	2	1	4	3
D.	2	4	3	1

79. निम्नलिखित इतिहासकारों में से किसने शिवाजी को 'मध्य कालीन समय के सर्वाधिक रचनात्मक प्रतिभावान व्यक्ति' के रूप में देखा है?

A. विन्सेन्ट ए. स्मिथ B. एम. जी. रानाडे
C. जदुनाथ सरकार D. ए. आर. कुलकर्णी

80. किसने मुगल साम्राज्य के पतन का 'महान् फर्म' (Great Firm) सिद्धान्त का प्रयोग किया था?

A. डब्ल्यू. सी. स्मिथ B. सी. ए. बेली
C. जे. एफ. रिचार्ड्स D. करेन लियोनार्ड

81. शिक्षा के क्षेत्र में भारतीय पहल को कालक्रमानुसार व्यवस्थित कीजिए :

I. बेथ्यून स्कूल, कलकत्ता
II. बनारस हिन्दू यूनिवर्सिटी
III. एम.ए.ओ. कॉलेज, अलीगढ़
IV. हिन्दू कॉलेज, कलकत्ता

कूट :

A. (*iv*) (*i*) (*iii*) (*ii*)
B. (*iii*) (*iv*) (*ii*) (*i*)
C. (*i*) (*ii*) (*iii*) (*iv*)
D. (*ii*) (*iii*) (*iv*) (*i*)

82. 'तुहफुतुल मुवाहिदीन' के लेखक थे

A. सर सैयद अहमद खान
B. राजा राजमोहन राय
C. मौलाना अबुल कलाम आजाद
D. अल्ताफ हुसैन हाली

83. किसने कांग्रेस को एक 'सूक्ष्मदर्शनी अल्पसंख्या' कह कर भर्त्सना की?

A. सर सैयद अहमद खान
B. लॉर्ड डफरिन
C. लॉर्ड कर्जन
D. थियोडोर बेक

84. भारत में किस समय से आयकर स्थायी रूप से लगाया गया?

A. 1860 B. 1869
C. 1878 D. 1886

85. 'गारन्टी पद्धति' के अधीन जो ब्रिटिश कम्पनियाँ रेलवे में निवेश करेंगी उन्हें आश्वासित लाभांश का वादा किया गया था

A. 3% B. 5%
C. 8% D. 10%

86. मौलाना अब्दुल बारी का सम्बन्ध रहा

A. अलीगढ़ स्कूल B. देवबन्द मदरसा
C. फिरंगी महल स्कूल D. नदवतुल उलेमा

87. किसने तर्क दिया कि खिलाफत आन्दोलन भारतीय मुसलमानों में एक 'मध्यम वर्ग' के उदय का परिणाम था?

A. पीटर हार्डी B. फ्रान्सिस रॉबिन्सन
C. डब्ल्यू. सी. स्मिथ D. मोहम्मद मुजीब

88. निम्नलिखित घटनाओं को सही कालक्रमानुसार व्यवस्थित कीजिए :

I. कैबिनेट मिशन योजना
II. बॉम्बे योजना
III. वैवेल योजना
IV. माउण्टबैटेन योजना

कूट :

A. (*ii*) (*iii*) (*i*) (*iv*)
B. (*ii*) (*i*) (*iv*) (*iii*)
C. (*i*) (*ii*) (*iii*) (*iv*)
D. (*iv*) (*iii*) (*ii*) (*i*)

89. कौन था जिसने पुणे में एक विधवा गृह खोला, विधवा पुनर्विवाह संस्था की स्थापना की, 1893 में विधवा से विवाह किया और 1916 में स्त्रियों के लिए एक विश्वविद्यालय की बम्बई में स्थापना की?

A. एम. जी. रानाडे
B. प्रोफेसर डी. के. कर्वे
C. बाल गंगाधर तिलक
D. जी. वी. जोशी

90. सूची-I को सूची-II से सुमेलित कीजिए तथा सूचियों के नीच दिए गए कूट से सही उत्तर का चयन कीजिए :

सूची-I	सूची-II
(a) वान्ची अय्यर	1. तिन्नेवेली षड्यन्त्र मुकदमा
(b) टी. के. माधवन	2. वैकोम सत्याग्रह
(c) श्रीनिवास पिल्ले	3. दी हिन्दू प्रोग्रेसिव इम्प्रूवमेन्ट
(d) ई. वी. रामास्वामी नायकर	4. सेल्फ रेस्पेक्ट मूवमेण्ट

कूट :

	(a)	(b)	(c)	(d)
A.	2	1	3	4
B.	3	4	2	1
C.	4	3	1	2
D.	1	2	3	4

91. निम्न इतिहासकारों में कौन सबाल्टर्न इतिहास लेखन से सहमत नहीं है?

A. रंजीत गुहा B. शाहिद अमीन
C. बिपन चन्द्रा D. ज्ञान पाण्डे

92. सूची-I को सूची-II से सुमेलित कीजिए तथा सूचियों के नीचे दिए गए कूट से सही उत्तर का चयन कीजिए :

सूची-I	सूची-II
(a) महात्मा गांधी	1. अल-हिलाल
(b) बाल गंगाधर तिलक	2. हरिजन
(c) मौलाना मोहम्मद अली	3. केसरी
(d) मौलाना अबुल कलाम आजाद	4. हमदर्द

कूट :

	(a)	(b)	(c)	(d)
A.	2	3	4	1
B.	1	2	3	4
C.	4	3	2	1
D.	2	3	4	1

93. निम्नलिखित में से कौन 'रेशमी रूमाल षड्यन्त्र' का लेखक था?

A. मौलाना अब्दुल बारी
B. मौलाना अबुल कलाम आजाद
C. जफर अली खान
D. उबैदुल्ला सिन्धी

94. निम्नलिखित घटनाओं को सही कालक्रमानुसार व्यवस्थित कीजिए :

I. चटगांव आरमरी रेड केस
II. मुजफ्फरपुर में बम धमाका
III. लाहौर षड्यन्त्र केस
IV. काकोरी केस

कूट :

A. (*ii*) (*iv*) (*iii*) (*i*)
B. (*iv*) (*ii*) (*iii*) (*i*)
C. (*i*) (*iv*) (*ii*) (*iii*)
D. (*iii*) (*i*) (*ii*) (*iv*)

95. भूदान आन्दोलन को किसने प्रारम्भ किया था?

A. महात्मा गांधी B. जयप्रकाश नारायण
C. विनोबा भावे D. काका कालेलकर

96. किसे 'मानवादियों के राजकुमार' के रूप में जाना जाता था?

A. फ्रैन्सिस्को पेट्रार्क B. दाँते
C. बोकासिओ D. इरैस्मस

97. कौन देश सोलहवीं शताब्दी में एक राष्ट्र राज्य के रूप में नहीं विकसित हो सका?

A. इंग्लैण्ड B. फ्रान्स
C. जर्मनी D. स्पेन

98. सूची-I को सूची-II मे सुमेलित कीजिए तथा सूचियों के नीचे दिए गए कूट से सही उत्तर का चयन कीजिए :

सूची-I	सूची-II
(a) नैपोलियन बोनापार्ट	1. 'समस्त इतिहास समकालीन इतिहास है।'
(b) जॉन जैक रूसो	2. 'स्वतन्त्रता तुम्हारे नाम से क्या अपराध किए जाते हैं।'
(c) क्रोसी हुआ	3. 'मनुष्य स्वतन्त्र पैदा है किन्तु हर जगह जंजीरों से बँधा हुआ है।'
(d) मादाम रोलाँ	4. 'मैं क्रान्ति का पुत्र हूँ।'

कूट :

	(a)	(b)	(c)	(d)
A.	1	2	3	4
B.	4	3	1	2
C.	3	4	2	1
D.	4	3	1	2

99. किसने उपयोगितावाद के सिद्धान्त को प्रतिपादित किया था?

A. डेविड ह्यूम
B. जॉन स्टुअर्ट मिल
C. जेरीमी बेन्थम
D. एरिक स्टोक्स

100. 'विश्वव्यापी मन्दी' (1929) से उत्पन्न आर्थिक संकट का समाना किस नीति को अपनाकर किया गया?

A. उत्प्रेरक
B. मार्शल योजना
C. न्यू डील
D. खुले द्वार

101. निम्नलिखित में पूर्व पुरा पाषाण काल से कौन सम्बन्धित है?

A. खड़ा मानव
B. निअण्डरथल मानव
C. बुद्धिमान मानव
D. अति बुद्धिमान मानव

102. निम्नलिखित में कौन मध्य पाषाण काल का प्रतिनिधित्व करता है?

A. औल्डूवान औजार
B. हथ कुल्हाड़ा
C. त्रिभुज औजार
D. पॉलिशदार औजार

103. निम्नलिखित में से कौन नवपाषाण काल को दर्शाता है?

A. कुनाल
B. लोथल
C. दायमाबाद
D. चिरांद

104. नीचे दो वाक्य दिए गए हैं, एक को कथन (A) कहा गया है, दूसरे को कारण (R):

कथन (A) : हड़प्पा सभ्यता का विकास ताम्र औजारों के प्रयोग के कारण हुआ।

कारण (R) : इसने लोगों को उपलब्ध प्राकृतिक संसाधनों के बेहतर प्रयोग में मदद की।

उपरोक्त कथनों को पढ़िए और नीचे दिए गए कूटों में से सही उत्तर का चयन कीजिए:

कूटः

A. (A) सही नहीं है, किन्तु (R) सत्य है।
B. (A) और (R) दोनों सही नहीं हैं।
C. (A) और (R) दोनों सत्य हैं।
D. (A) सही है, किन्तु (R) असत्य है।

105. नीचे दो वाक्य दिए गए हैं, एक को कथन (A) और दूसरे को कारण (R) कहा गया है:

कथन (A) : ऋग्वैदिक काल में समाज पशुपालक था।

कारण (R) : आजीविका की पद्धति का प्रमुख आधार पशुपालन था।

उपरोक्त कथनों को पढ़िए और नीचे दिए गए कूट में से सही उत्तर का चयन कीजिए:

कूटः

A. (A) सही है, किन्तु (R) असत्य है।
B. (A) असत्य है, किन्तु (R) सत्य है।
C. (A) और (R) दोनों असत्य हैं।
D. (A) और (R) दोनों सत्य हैं।

106. नीचे दो वाक्य दिए गए हैं, एक को कथन (A) और दूसरे को कारण (R) कहा गया है:

कथन (A) : छठी शताब्दी ई.पू. में धार्मिक आन्दोलनों का उत्थान सामाजिक और आर्थिक व्याप्त असन्तोष का परिणाम था।

कारण (R) : समाज के तिरस्कृत तबकों की सुधरी हुई आर्थिक स्थिति ने उनको अपना उचित सामाजिक स्थान पाने का साहस दिया।

उपरोक्त कथनों को पढ़िए और नीचे दिए गए कूट में से सही उत्तर का चयन कीजिए:

कूटः

A. (A) सही है, किन्तु (R) असत्य है।
B. (A) सही नहीं है, किन्तु (R) सत्य है।
C. (A) और (R) दोनों सत्य हैं।
D. (A) और (R) दोनों सही नहीं हैं।

107. नीचे दो वाक्य दिए गए हैं, एक को कथन (A) और दूसरे को कारण (R) कहा गया है:

कथन (A) : कुषाण काल बड़े पैमाने पर सांस्कृतिक सम्मिश्रण का साक्षी है।

कारण (R) : कुषाण शासकों ने स्वयं अपनाकर इसकी वकालत की।

उपरोक्त कथनों को पढ़िए और नीचे दिए गए कूट में से सही उत्तर का चयन कीजिए:

कूटः

A. (A) सही है, किन्तु (R) सही नहीं है।

B. (A) असत्य है, किन्तु (R) सत्य है।

C. (A) और (R) दोनों असत्य हैं।

D. (A) और (R) दोनों सत्य हैं।

108. निम्नलिखित को क्रमानुसार लिखिए और निम्न कूट में से सही उत्तर चुनिए:

(*i*) महाश्मीय काल

(*ii*) ताम्रपाषाण काल

(*iii*) उत्तरी काली पॉलिशदार मृदभाण्ड

(*iv*) काले और लाल रंग के मृदभाण्ड

कूटः

A. (*iii*), (*iv*), (*i*), (*ii*)

B. (*ii*), (*iv*), (*i*), (*iii*)

C. (*iv*), (*ii*), (*iii*), (*i*)

D. (*i*), (*iii*), (*iv*), (*i*)

109. निम्नलिखित को क्रमानुसार लिखिए और निम्न कूट में से सही उत्तर चुनिए:

(*i*) जनपद (*ii*) महाजनपद

(*iii*) साम्राज्य (*iv*) जन

कूटः

A. (*ii*), (*iii*), (*i*), (*iv*) B. (*iii*), (*iv*), (*ii*), (*i*)

C. (*iv*), (*i*), (*ii*), (*iii*) D. (*iv*), (*ii*), (*i*), (*iii*)

110. निम्नलिखित को क्रमानुसार लिखिए और निम्न कूट में से सही उत्तर चुनिए:

(*i*) मालविकाग्निमित्र (*ii*) हर्षचरित

(*iii*) अष्टध्यायी (*iv*) राजतरंगिनी

कूटः

A. (*ii*), (*iii*), (*iv*), (*i*) B. (*iii*), (*ii*), (*i*), (*iv*)

C. (*iv*), (*ii*), (*i*), (*iii*) D. (*iii*), (*i*), (*ii*), (*iv*)

111. निम्नलिखित को क्रमानुसार लिखिए और निम्न कूट में से सही उत्तर चुनिए:

(*i*) पुल्केशिन द्वितीय (*ii*) पुष्यमित्र शुंग

(*iii*) शंकराचार्य (*iv*) चन्दबरदाई

कूटः

A. (*ii*), (*i*), (*iii*), (*iv*) B. (*i*), (*iii*), (*ii*), (*iv*)

C. (*iii*), (*iv*), (*ii*), (*i*) D. (*iv*), (*i*), (*iii*), (*ii*)

112. सूची-I को सूची-II से सुमेलित कीजिए और निम्न कूट से सही उत्तर का चयन कीजिए:

सूची-I	सूची-II
(*a*) नियोग	(*i*) कामरूप
(*b*) आहत सिक्के	(*ii*) ऋग्वेद
(*c*) वर्मन	(*iii*) बिहार
(*d*) नालन्दा	(*iv*) प्रारम्भिक इतिहास काल

कूट :

	(*a*)	(*b*)	(*c*)	(*d*)
A.	(*ii*)	(*iii*)	(*i*)	(*iv*)
B.	(*ii*)	(*iv*)	(*i*)	(*iii*)
C.	(*iii*)	(*ii*)	(*iv*)	(*i*)
D.	(*iv*)	(*iii*)	(*ii*)	(*i*)

113. सूची-I को सूची-II से सुमेलित कीजिए और निम्न कूट से सही उत्तर का चयन कीजिए:

सूची-I	सूची-II
(*a*) द्वितीय नगरीकरण	(*i*) सातवाहन वंश
(*b*) खारवेल	(*ii*) बिल्हण
(*c*) गौतमीपुत्र	(*iii*) उड़ीसा
(*d*) विक्रमादेवचरित	(*iv*) लोहा

कूट :

	(*a*)	(*b*)	(*c*)	(*d*)
A.	(*iv*)	(*i*)	(*ii*)	(*iii*)
B.	(*iii*)	(*ii*)	(*iv*)	(*i*)
C.	(*ii*)	(*iv*)	(*iii*)	(*i*)
D.	(*iv*)	(*iii*)	(*i*)	(*ii*)

114. सूची-I को सूची-II से सुमेलित कीजिए और निम्न कूट से सही उत्तर का चयन कीजिए:

सूची-I	सूची-II
(*a*) नागर निर्माण शैली	(*i*) बौद्ध धर्म
(*b*) श्रवणबेलगोला	(*ii*) पल्लव वंश
(*c*) तन्त्रयान	(*iii*) उत्तरी भारत
(*d*) महेन्द्रवर्मन शैली	(*iv*) कर्नाटक

कूट :

	(*a*)	(*b*)	(*c*)	(*d*)
A.	(*iii*)	(*iv*)	(*i*)	(*ii*)
B.	(*iv*)	(*i*)	(*ii*)	(*iii*)
C.	(*ii*)	(*iv*)	(*iii*)	(*i*)
D.	(*iv*)	(*iii*)	(*i*)	(*ii*)

115. सूची-I को सूची-II से सुमेलित कीजिए और निम्न कूट से सही उत्तर का चयन कीजिए:

सूची-I	सूची-II
(*a*) कालीबंगा	(*i*) आर.सी. गौड
(*b*) मीताथल	(*ii*) एम.डी.एन. साही
(*c*) अतरंजीखेड़ा	(*iii*) सूरजभान
(*d*) जखेड़ा	(*iv*) बी.बी. लाल

कूट :

	(*a*)	(*b*)	(*c*)	(*d*)
A.	(*ii*)	(*iii*)	(*i*)	(*iv*)
B.	(*iv*)	(*iii*)	(*i*)	(*ii*)
C.	(*iii*)	(*iv*)	(*ii*)	(*i*)
D.	(*i*)	(*iii*)	(*iv*)	(*ii*)

116. निम्नलिखित में से स्रोत में यह कहा गया है कि पृथ्वीराज-III ने पूर्ण विश्व विजय की महत्त्वाकांक्षा को अपना लिया था?

A. ताज-उल-मासिर B. पृथ्वीराज प्रबंध
C. तबकाल-ऐ-नासिरी D. पृथ्वीराज रासो

117. निम्नलिखित में से किन दिल्ली सुल्तानों ने **कुव्वत-उल-इस्लाम** मस्जिद का विस्तार किया?

(*i*) इलतुतमिश (*ii*) बलबन
(*iii*) अलाउद्दीन खलजी (*iv*) फिरोजशाह तुगलक

नीचे दिए गए कूट में से सही उत्तर का चयन कीजिए:

कूटः

A. (*i*), (*ii*), (*iv*) B. (*i*) और (*iii*)
C. (*ii*) और (*iv*) D. (*i*), (*ii*), (*iii*)

118. निम्नलिखित में से दिल्ली के किस सुल्तान ने इस नीति का समर्थन किया कि "**खराज** को वसूलने में मध्यमार्ग को अपनायें"?

A. बलबन B. जलालुद्दीन खलजी
C. गियासुद्दीन तुगलक D. फिरोज तुगलक

119. सुल्तान गियासुद्दीन तुगलक के बारे में दिए गए निम्नलिखित वक्तव्यों में से कौन सा सही **नहीं** है?

(*i*) उसने शेख निजामुद्दीन औलिया के साथ मित्रता की।
(*ii*) उसने **खोतों** और **मुकाद्दमों** को कुछ रियायतें दी थीं।
(*iii*) उसने अपने पुत्र उलुग खाँ को प्रताप रूद्र से बकाया पेशकश की वसूली के लिए भेजा।
(*iv*) उसने **हक-ए-शर्ब** नामक कर को लगाया।

सही उत्तर का चयन नीचे दिए गए कूट में से कीजिए

कूटः

A. (*i*), (*ii*) और (*iii*) B. (*i*) और (*iii*)
C. (*ii*) और (*iii*) D. (*i*) और (*iv*)

120. तेरहवीं चौदहवीं शताब्दी में उत्तरी भारत में 'शह क्रान्ति' की अवधारणा को किसने प्रस्तुत किया?

A. के.एम. अशरफ B. मोरलैण्ड
C. मुहम्मद हबीब D. के.एस. लाल

121. नीचे दो वक्तव्य दिए गए हैं। एक को कथन (A) क गया है और दूसरे को कारण (R)।

कथन (A) : उत्तर भारतीय सुफियों के दक्कन में चौदह और पन्द्रहवीं शताब्दी में आगमन से उस क्षेत्र राजनीतिक और धार्मिक ढ़ाँचे में गहन परिवर्तन हुए

कारण (R) : वे लोग दक्कन पठार में खलजी और प्रारम्भि तुगलक आक्रमण को उचित ठहराने के लिए दक्कन आ

उपरोक्त वक्तव्यों के सन्दर्भ में निम्नलिखित में से कौ सही है?

कूटः

A. (A) और (R) दोनों सही हैं तथा (A) की स व्याख्या (R) है।
B. (A) और (R) दोनों सही हैं, परन्तु (A) की स व्याख्या (R) नहीं है।
C. (A) सही है, किन्तु (R) गलत है।
D. (A) गलत है, किन्तु (R) सही है।

122. निम्नलिखित में से कौन-सा क्रमबद्ध कालक्रम विजयन राजवंशों के लिए सही है?

A. सुलुव, तुलुव, संगम, अरविड्डू
B. संगम, सुलुव, तुलुव, अरविड्डू
C. संगम, तुलुव, सुलुव, अरविड्डू
D. संगम, अरविड्डू, सुलुव, तुलुव

123. पुर्तगालियों ने गोवा को किस वर्ष में हस्तगत किय

A. 1496 B. 1510
C. 1524 D. 1556

124. निम्नलिखित घटनाओं को सही कालक्रम के अनु व्यवस्थित कीजिए:

(*i*) रामानन्द के द्वारा वैष्णव भक्ति का प्रचार
(*ii*) आदिग्रन्थ का संकलन

(*iii*) इबादतखाना का बन्द होना

(*iv*) चिश्ती सिलसिले की दक्कन में स्थापना

नीचे दिए गए कूट से सही उत्तर का चयन कीजिए:

कूट:

A. (*i*), (*iv*), (*iii*), (*ii*) B. (*i*), (*iii*), (*ii*), (*iv*)
C. (*ii*), (*iv*), (*i*), (*iii*) D. (*iv*), (*i*), (*iii*), (*ii*)

125. नीचे दो कथन दिए गए हैं, जिनमें से प्रथम को अभिकथन (A) और दूसरे को तर्क (R) कहा गया है।

अभिकथन (A) : अकबर ने अपने शासन के चौबीसवें वर्ष में दहसाला की घोषणा की।

तर्क (R) : मुगल साम्राज्य में प्रचलित अन्य समस्त भूराजस्व निर्धारण पद्धतियों को अकबर ने समाप्त कर दिया।

इन दोनों कथनों के सन्दर्भ में से सही उत्तर का चयन कीजिए:

कूट:

A. (A) और (R) दोनों सही हैं तथा (R), (A) की सही व्याख्या है।

B. (A) और (R) दोनों सही हैं, परन्तु (R), (A) की सही व्याख्या नहीं है।

C. (A) सही है, किन्तु (R) गलत है।

D. (A) गलत है, किन्तु (R) सही है।

126. सूची-I को सूची-II से सुमेलित कीजिए और नीचे दिए कूट से सही उत्तर का चयन कीजिए:

सूची-I (घटना)	सूची-II (वर्ष)
(*a*) मुगलों की मालवा विजय	(*i*) 1584
(*b*) इलाही युग का आरम्भ	(*ii*) 1592
(*c*) काश्मीर का मुगल साम्राज्य में विलय	(*iii*) 1585
(*d*) उड़ीसा विजय	(*iv*) 1561

कूट:

	(*a*)	(*b*)	(*c*)	(*d*)
A.	(*iii*)	(*ii*)	(*i*)	(*iv*)
B.	(*iv*)	(*i*)	(*iii*)	(*ii*)
C.	(*i*)	(*iii*)	(*iv*)	(*ii*)
D.	(*iii*)	(*i*)	(*ii*)	(*iv*)

127. निम्नलिखित में से किन सचित्र पाण्डुलिपियों को अकबर के काल में तैयार किया गया था?

(*i*) दीवान-ऐ-हसन दिहलवी

(*ii*) राज कंवर

(*iii*) तुतीनामा

(*iv*) योग वशिष्ठ

सही उत्तर का चयन नीचे दिए गये कूट से कीजिए:

कूट:

A. (*i*), (*ii*) और (*iv*) B. (*ii*) और (*iv*)
C. (*i*), (*iii*) और (*iv*) D. (*iii*) और (*iv*)

128. निम्नलिखित विदेशी यात्रियों में से किसने भारत में नील विनिर्माण का वर्णन किया?

A. इब्न बतुता B. निकोलो डी कोन्टी
C. विलियम फिन्च D. पीटर मुन्डी

129. सूची-I को सूची-II से सुमेलित कीजिए और प्रदत्त कूट से सही उत्तर का चयन कीजिए:

सूची-I	सूची-II
(*a*) अहमद यादगर	(*i*) मासिर-ऐ-जहाँगीरी
(*b*) सुजान राय	(*ii*) मासिर-उल-उमरा
(*c*) ख्वाजा कामगार गैरत खाँ	(*iii*) तारीख-ऐ-सलातीन-ऐ अफगानीया
(*d*) शाह नवाज खाँ	(*iv*) खुलासत-उत्-तवारीख

कूट :

	(*a*)	(*b*)	(*c*)	(*d*)
A.	(*iii*)	(*iv*)	(*i*)	(*ii*)
B.	(*ii*)	(*i*)	(*iii*)	(*iv*)
C.	(*iii*)	(*ii*)	(*i*)	(*iv*)
D.	(*i*)	(*iv*)	(*iii*)	(*ii*)

130. शाहु को मुगल कैद से किसने मुक्त किया?

A. औरंगजेब B. शाहजादा आजम
C. शाहजादा कामबख्श D. जहाँदार शाह

131. किस अधिनियम के द्वारा ब्रिटिश संसद ने ईस्ट इण्डिया कम्पनी का भारत में व्यापारिक एकाधिकार समाप्त कर दिया था?

A. रेग्यूलेटिन्ग ऐक्ट, 1773

B. चार्टर ऐक्ट, 1813

C. चार्टर ऐक्ट, 1833

D. गवर्नमेण्ट ऑफ इण्डिया ऐक्ट, 1858

132. स्त्रियों से सम्बंधित ब्रिटिश कानूनों के पारित होने को कालक्रमानुसार व्यवस्थित कीजिए:

(*i*) हिन्दु विधवा पुनर्विवाह अधिनियम

(*ii*) दी नेटिव मैरिज ऐक्ट

(*iii*) बंगाल में सती प्रथा को समाप्त करने का कानून

(*iv*) दी ऐज ऑफ कन्सेन्ट ऐक्ट

कूटः

A. (*iii*), (*i*), (*ii*), (*iv*) B. (*i*), (*ii*), (*iii*), (*iv*)

C. (*iv*), (*ii*), (*i*), (*iii*) D. (*ii*), (*iii*), (*iv*), (*i*)

133. भारत की ब्रिटिश सरकार द्वारा गठित अकाल आयोगों को कालक्रमानुसार व्यवस्थित कीजिए:

(*i*) मैकडोवेल आयोग (*ii*) लायल आयोग

(*iii*) कैम्पबेल आयोग (*iv*) स्ट्रेची आयोग

कूटः

A. (*iv*), (*iii*), (*ii*), (*i*) B. (*iii*), (*iv*), (*i*), (*ii*)

C. (*i*), (*ii*), (*iii*), (*iv*) D. (*ii*), (*iii*), (*i*), (*iv*)

134. मौलाना शिबली नोमानी का सम्बन्ध रहा

A. अलीगढ़ स्कूल B. देवबन्द मदरसा

C. फिरंगी महल D. नदवतुल उलेमा

135. सन 1917 में गाँधीजी की अहमदाबाद मिल हड़ताल में हस्तक्षेप के कारण मजदूरों की आय में वृद्धि हुई

A. 25% B. 30%

C. 35% D. 40%

136. चम्पारन सत्याग्रह (1917) में कृषकों की प्रमुख शिकायत किसके विरुद्ध थी?

A. अवाबों या गैरकानूनी करों के विरुद्ध

B. जमीनदारों की दमन नीति

C. भू-राजस्व की माँग

D. तिनकठिया अवस्था

137. भारतीय राष्ट्रीय काँग्रेस ने अपने किस अधिवेशन में मौलिक अधिकारों का प्रस्ताव पारित किया?

A. मद्रास (1927) B. लाहौर (1929)

C. कराची (1931) D. फैजपुर (1936)

138. किसने तर्क प्रस्तुत किया कि औपनिवेशिक भारत के शासन काल में अन-औद्योगीकरण नहीं हुआ था?

A. अमियों बागची B. बिपन चन्द्रा

C. मॉरिस डी मॉरिस D. तोरू मत्सुई

139. 1817 में हिन्दू कॉलेज की कलकत्ता में किसने स्थापना किया था?

A. डेविड हेयर B. विलियम जोन्स

C. एच.टी. प्रिन्सेप D. हेनरी विवियन डेरोजियो

140. सूची-I को सूची-II से सुमेलित कीजिए तथा सूचियों के नीचे दिए गए कूट से सही उत्तर का चयन कीजिए:

सूची-I	सूची-II
(*a*) मौलाना अबुल कलाम आजाद	(*i*) इण्डियन स्ट्रगल
(*b*) दादाभाई नौरोजी	(*ii*) असबाब-ए-बगावते हिन्द
(*c*) सर सैयद अहमद खान	(*iii*) पॉवर्टी एण्ड अनब्रिटिश रूल इन इण्डिया
(*d*) सुभाषचन्द्र बोस	(*iv*) इण्डिया विन्स फ्रीडम

कूट :

	(*a*)	(*b*)	(*c*)	(*d*)
A.	(*iv*)	(*iii*)	(*ii*)	(*i*)
B.	(*iii*)	(*ii*)	(*i*)	(*iv*)
C.	(*ii*)	(*iv*)	(*iii*)	(*i*)
D.	(*i*)	(*ii*)	(*iii*)	(*iv*)

141. सूची-I को सूची-II से सुमेलित कीजिए तथा सूचियों के नीचे दिए गए कूट से सही उत्तर का चयन कीजिए:

सूची-I	सूची-II
(*a*) चिन्नाव	(*i*) रम्पा उपद्रव 1922
(*b*) हाजी शरियत उल्ला	(*ii*) गदकरी विद्रोह 1944
(*c*) अलूरी सीताराम राजू	(*iii*) फरायजी आन्दोलन 1838
(*d*) कृष्णा दाजी पण्डित	(*iv*) किट्टूर उपद्रव 1924

कूट :

	(*a*)	(*b*)	(*c*)	(*d*)
A.	(*iv*)	(*iii*)	(*i*)	(*ii*)
B.	(*iii*)	(*iv*)	(*i*)	(*ii*)
C.	(*i*)	(*ii*)	(*iii*)	(*iv*)
D.	(*ii*)	(*i*)	(*iv*)	(*iii*)

142. सर्वोच्चता की स्थाई शक्ति ब्रिटिश सरकार में निहित थी जिसका उपयोग उसने किसके सम्बन्ध में किया?

A. जमींनदार B. देशी रियासतों

C. कृषकों D. ईसाई मिशनरियों

143. 1937-39 में मद्रास में काँग्रेस मंत्रीमण्डल का नेतृत्व किया

A. टी. प्रकाशम B. सुब्रमनियम भारती

C. सी. राजगोपालाचारी D. के. कामराज

144. भारतीय संविधान की पाण्डुलेखन कमेटी का चेयरमैन कौन था?

A. डॉ. राजेन्द्र प्रसाद B. डॉ. बी.आर. अम्बेदकर
C. बी.एन. राव D. जवाहरलाल नेहरू

145. निम्नलिखित घटनाओं को उनके कालक्रमानुसार व्यवस्थित कीजिए:

(*i*) क्रिप्स मिशन (*ii*) भारत छोड़ो आन्दोलन
(*iii*) व्यक्तिगत सत्याग्रह (*iv*) अगस्त प्रस्ताव

कूट:

A. (*i*), (*ii*), (*iii*), (*iv*) B. (*iv*), (*iii*), (*i*), (*ii*)
C. (*iii*), (*iv*), (*ii*), (*i*) D. (*ii*), (*i*), (*iv*), (*iii*)

146. किसे मानववाद का जनक समझा जाता था?

A. दाँते B. इरैस्मस
C. मैकियावेली D. पेट्रार्क

147. लॉर्ड को मिल, शराब की भट्टी और बेकरी का उपयोग करने के लिए जो शुल्क अदा किया जाता था, उसे कहते थे

A. बानालिते B. कर्वी
C. गैबेल D. तायल

148. 'सामान्य इच्छा' के सिद्धान्त को प्रस्तुत किया था

A. दिदेरो B. मॉण्टेस्क्यू
C. रूसो D. वॉल्टेयर

149. बहुमूल्य धातुवाद और अनुकूल व्यापार सन्तुलन मूल लक्षण थे

A. उपनिवेशवाद B. वाणिज्यवाद
C. स्वतन्त्र व्यापार D. व्यापारवाद

150. सूची-I को सूची-II से सुमेलित कीजिए तथा सूचियों के नीचे दिए गए कूट से सही उत्तर का चयन कीजिए:

सूची-I	सूची-II
(*a*) इरैस्मस	(*i*) डिवाइन कोमेडी
(*b*) मैकियावेली	(*ii*) यूटोपिया
(*c*) टॉमस मोर	(*iii*) द प्रिन्स
(*d*) दाँते	(*iv*) प्रेज ऑफ फॉली

कूट :

	(*a*)	(*b*)	(*c*)	(*d*)
A.	(*iii*)	(*ii*)	(*i*)	(*iv*)
B.	(*ii*)	(*i*)	(*iii*)	(*iv*)
C.	(*i*)	(*ii*)	(*iii*)	(*iv*)
D.	(*iv*)	(*iii*)	(*ii*)	(*i*)

151. निम्नलिखित में से कौन-सा पूर्व पुरापाषाण युग से सम्बन्धित है?

A. होमो हेबिलिस
B. होमो सेपियन्स
C. होमो सेपियन्स सेपियन्स
D. अस्ट्रोलायड

152. निम्नलिखित में से कौन-सा पुरापाषाण से सम्बन्धित है?

A. अर्ध-चन्द्र B. त्रिकोण
C. ओपयुक्त हस्त कुठार D. ऐश्यूली हस्त कुठार

153. निम्नलिखित में से कौन-सा मध्यपाषाण युग का प्रतिनिधित्व करता है?

A. भूमि उपकरण B. ओल्डवी
C. क्लैक्टोनी D. सूक्ष्म पाषाण

154. निम्नलिखित में से कौन-सा नवपाषाण युग से सम्बन्धित है?

A. अपमार्जन B. बटोरना-शिकार करना
C. खाद्य उत्पादन D. चरागाहवाद

155. निम्नलिखित में से कौन-सा स्थायी निवास का द्योतक है?

A. यायावारवाद (नोमेडिज्म)
B. स्थानांतरण (ट्रांसड्यमेन)
C. अर्ध स्थिरतावाद (सेमी सेडेण्टिज्म)
D. स्थिरतावाद (सेडेण्टिज्म)

156. सूची-I का सूची-II से सुमेल बिठाइए और प्रदत्त कोड से सही उत्तर का चयन कीजिए।

सूची-I	सूची-II
(*a*) हड़प्पा संस्कृति	(*i*) ताड़ीदार पहिया
(*b*) आर्य	(*ii*) ताम्बा तकनीक
(*c*) गौतमी पुत्र	(*iii*) जैन धर्म
(*d*) श्रावणबेलगोला	(*iv*) सातवाहन

कोड :

	(*a*)	(*b*)	(*c*)	(*d*)
A.	(*ii*)	(*iv*)	(*iii*)	(*i*)
B.	(*iii*)	(*ii*)	(*iv*)	(*i*)
C.	(*ii*)	(*i*)	(*iv*)	(*iii*)
D.	(*iv*)	(*iii*)	(*i*)	(*ii*)

157. सूची-I का सूची-II से सुमेल बिठाइए और प्रदत्त कोड से सही उत्तर का चयन कीजिए:

सूची-I	सूची-II
(*a*) अयस	(*i*) लैटिन
(*b*) एस	(*ii*) संस्कृत
(*c*) अयरी	(*iii*) इंगलिश
(*d*) आइरन	(*iv*) अवेस्ता

कोड :

	(*a*)	(*b*)	(*c*)	(*d*)
A.	(*ii*)	(*i*)	(*iv*)	(*iii*)
B.	(*i*)	(*ii*)	(*iv*)	(*iii*)
C.	(*ii*)	(*i*)	(*iii*)	(*iv*)
D.	(*iii*)	(*ii*)	(*i*)	(*iv*)

158. सूची-I का सूची-II से सुमेल बिठाइए और प्रदत्त कोड से सही उत्तर का चयन कीजिएः

सूची-I	सूची-II
(*a*) वज्जी	(*i*) इन्द्रप्रस्थ
(*b*) चेदी	(*ii*) कौशाम्बी
(*c*) वत्स	(*iii*) वैशाली
(*d*) कुरु	(*iv*) शक्तिमति

कोड :

	(*a*)	(*b*)	(*c*)	(*d*)
A.	(*iv*)	(*i*)	(*iii*)	(*ii*)
B.	(*iii*)	(*iv*)	(*ii*)	(*i*)
C.	(*i*)	(*iii*)	(*ii*)	(*iv*)
D.	(*ii*)	(*iv*)	(*i*)	(*iii*)

159. सूची-I का सूची-II से सुमेल बिठाइए और प्रदत्त कोड से सही उत्तर का चयन कीजिएः

सूची-I	सूची-II
(*a*) तीर्थांकर	(*i*) बौद्ध धर्म
(*b*) कथासरित सागर	(*ii*) जैन धर्म
(*c*) बोधिसत्त्व	(*iii*) सोमदेव
(*d*) बृहत कथामंजरी	(*iv*) क्षेमेन्द्र

कोड :

	(*a*)	(*b*)	(*c*)	(*d*)
A.	(*ii*)	(*iii*)	(*i*)	(*iv*)
B.	(*i*)	(*iv*)	(*iii*)	(*ii*)
C.	(*iii*)	(*ii*)	(*iv*)	(*i*)
D.	(*iv*)	(*i*)	(*ii*)	(*iii*)

160. सूची-I का सूची-II से सुमेल बिठाइए और प्रदत्त कोड से सही उत्तर का चयन कीजिएः

सूची-I	सूची-II
(*a*) त्रिरत्न	(*i*) बौद्ध धर्म
(*b*) जातक	(*ii*) जैन धर्म
(*c*) मुद्राराक्षस	(*iii*) सोमदेव
(*d*) कथासरित सागर	(*iv*) विशाखदत्त

कोड :

	(*a*)	(*b*)	(*c*)	(*d*)
A.	(*ii*)	(*iii*)	(*iv*)	(*i*)
B.	(*ii*)	(*i*)	(*iii*)	(*iv*)
C.	(*iv*)	(*ii*)	(*i*)	(*iii*)
D.	(*ii*)	(*i*)	(*iv*)	(*iii*)

161. नीचे दो कथन दिये जा रहे हैं। इसमें पहला कथन **अभिकथन (A)** होगा और दूसरा कथन **तर्क (R)** होगाः

अभिकथन (A) : वैदिक दर्शन में 'सर्व हिताय सर्व सुखाय' की अवधारणा सफल मानव जाति के कल्याणार्थ है।

तर्क (R) : इसका उद्देश्य सकल मानव जाति की भलाई के लिए कार्य करना है।

उपरोक्त दोनों कथनों के संदर्भ में निम्नलिखित में से कौन-सा सही है?

A. (A) और (R) दोनों सही हैं।

B. (A) सही है परंतु (R) गलत है।

C. (A) गलत है परन्तु (R) सही है।

D. (A) और (R) दोनों गलत हैं।

162. नीचे दो कथन दिये जा रहे हैं। इसमें पहला कथन **अभिकथन (A)** होगा और दूसरा कथन **तर्क (R)** होगाः

अभिकथन (A) : बौद्ध धर्म में 'बहुजन हिताय बहुजन सुखाय' की अवधारणा में लोगों की बहुत संख्या के कल्याण की कामना है।

तर्क (R) : इसका उद्देश्य लोगों की बहुसंख्या की समस्याओं को मिटाना है।

उपरोक्त दोनों कथनों के संदर्भ में अधोलिखित में से कौन-सा उत्तर सही है?

A. (A) सही है परंतु (R) गलत है।

B. (R) गलत है परन्तु (A) सही है।

C. (A) और (R) दोनों सही हैं।

D. (A) और (R) दोनों गलत हैं।

163. नीचे दो कथन दिये जा रहे हैं। इसमें पहला कथन **अभिकथन (A)** होगा और दूसरा कथन **तर्क (R)** होगाः

अभिकथन (A) : कुषाण काल पुरातन भारतीय इतिहास का स्वर्ण युग है।

तर्क (R) : इस काल के अन्तर्गत सर्वपक्षीय उन्नति हुई।

उपरोक्त दोनों कथनों के संदर्भ में निम्नलिखित में से सही उत्तर का चयन कीजिए:

A. (A) सही है परंतु (R) गलत है।
B. (R) सही है परंतु (A) गलत है।
C. (A) और (R) दोनों गलत हैं।
D. (A) और (R) दोनों सही हैं।

164. नीचे दो कथन दिये जा रहे हैं। इसमें पहला कथन **अभिकथन (A)** होगा और दूसरा कथन **तर्क (R)** होगाः

अभिकथन (A) : भारतीय सामन्ती व्यवस्था ने कृषि उत्पादन को हतोत्साहित किया।

तर्क (R) : सामन्ती व्यवस्था इसकी विरोधी थी।

उपरोक्त दोनों कथनों के संदर्भ में निम्नलिखित में से सही उत्तर का चयन कीजिए:

A. (A) सही है परंतु (R) गलत है।
B. (R) सही है परंतु (A) गलत है।
C. (A) और (R) दोनों सही हैं।
D. (A) और (R) दोनों गलत हैं।

165. नीचे दो कथन दिये जा रहे हैं। इसमें पहला कथन **अभिकथन (A)** होगा और दूसरा कथन **तर्क (R)** होगाः

अभिकथन (A) : पुलकेशिन-II ने हर्षवर्धन को हराया।

तर्क (R) : वह उत्तरी भारत में अपने राज्य का विस्तार करना चाहता था।

उपरोक्त दोनों कथनों के संदर्भ में निम्नलिखित में से कौन-सा उत्तर सही है?

A. (A) सही है परंतु (R) गलत है।
B. (R) सही है परंतु (A) गलत है।
C. (A) और (R) दोनों सही हैं।
D. (A) और (R) दोनों गलत हैं।

166. नीचे दो कथन दिये जा रहे हैं। इसमें पहला कथन **अभिकथन (A)** होगा और दूसरा कथन **तर्क (R)** होगाः

अभिकथन (A) : विशाल और कुशल सेना होते हुए भी बलबन ने सीमा विस्तार का प्रयास नहीं किया।

तर्क (R) : तुगरिल के विद्रोह को दबाने में उसका ध्यान पूर्णतः केन्द्रित हो गया था।

उपरोक्त दोनों कथनों के संदर्भ में निम्नलिखित में से कौन-सा उत्तर सही है?

A. (A) एवं (R) दोनों सही है और (R), (A) की सही व्याख्या है।
B. (A) एवं (R) दोनों सही है, परन्तु (R), (A) की सही व्याख्या नहीं है।
C. (A) सही है, लेकिन (R) गलत है।
D. (R) सही है, लेकिन (A) गलत है।

167. निम्न में से कौन-सा सुल्तान अशोक स्तम्भ को दिल्ली लाया?

A. गयासुद्दीन तुगलक B. मुहम्मद-बिन-तुगलक
C. फिरोज तुगलक D. सिकन्दर लोदी

168. किस एक मात्र दक्षिणी राज्य ने अलाउद्दीन की सार्वभौमिकता स्वीकार नहीं की?

A. पान्डय B. होयसल
C. यादव D. काकतीय

169. अपने किस ग्रन्थ में अमीर खुसरो ने कुतुबुद्दीन मुबारक शाह के शासनकाल की राजनीतिक और सामाजिक दशा का वर्णन किया है?

A. खजाइनुल फुतूह B. नूह-ए-सिपेहर
C. मिफ्ता-उल-फुतूह D. तुगलक नामा

170. बहमनी राज्य में 'सद्र-ए-जहाँ' किस विभाग का प्रमुख होता था?

A. धार्मिक तथा न्यायिक
B. सैनिक
C. विदेश
D. राजस्व - भू राजस्व सहित

171. निम्नलिखित का सही कालक्रम क्या है?

(*i*) मुन्तखब-उल-तवारीख (*ii*) किताब-उल-हिन्द
(*iii*) मुन्तखब-उल-लुबाब (*iv*) तबकाते नासिरी

कूटः

A. i, iii, iv, ii B. ii, iv, i, iii
C. iv, iii, i, ii D. iii, iv, ii, i

172. निम्नांकित में से वास्कोडिगामा ने किस बन्दरगाह की यात्रा की?

A. गोवा
B. मडगाँव
C. मैंगलोर
D. कालीकट

173. नीचे दो व्यक्तव्य दिये गये हैं। एक को **कथन (A)** कहा गया है और दूसरे को **कारण (R)** :

कथन (A) : सूफी व्यवस्था में चिश्ती सिलसिला का सर्वाधिक महत्त्वपूर्ण स्थान था।

कारण (R) : सिलसिला का प्रभाव क्षेत्र राजस्थान, पंजाब, बिहार, बंगाल, उड़ीसा और दक्खन था।

उपरोक्त वक्तव्यों के संदर्भ में निम्नलिखित में से कौन-सा सही है?

कोडः

A. (A) एवं (R) दोनों सही हैं और (R), (A) की सही व्याख्या है।
B. (A) एवं (R) दोनों सही हैं, किन्तु (R), (A) की सही व्याख्या नहीं है।
C. (A) सही है, लेकिन (R) गलत है।
D. (R) सही है, लेकिन (A) गलत है।

174. मेवाड़ के महाराणा प्रताप का जून, 1576 में होने वाला मुगलों का विरुद्ध संघर्ष को अबुल फजल ने कौन सा युद्ध कहा है?

A. हल्दीघाटी
B. गोगुन्दा
C. खमनोर
D. कुम्भलगढ़

175. नीचे दो व्यक्तव्य दिये गये हैं, एक को **कथन (A)** कहा गया है और दूसरे को **कारण (R)** :

कथन (A) : पाँच वर्ष के सीधे प्रशासन और प्रयोगों के पश्चात्, अकबर ने उत्तरी भारत की भूमि मनसबदारों को प्रदान की।

कारण (R) : नयी व्यवस्था से अकबर के खजाने में राजस्व की वृद्धि हुई।

उपरोक्त दोनों कथनों के सन्दर्भ में, निम्न में से कौन-सा सही है?

कोडः

A. (A) और (R) दोनों सही हैं तथा (A) की सही व्याख्या (R) है।
B. (A) सही नहीं है, परन्तु (R) सही है।
C. (A) सही है, परन्तु (R) सही नहीं है।
D. (A) और (R) दोनों गलत हैं।

176. 'दो-अस्पा' और 'सह-अस्पा' पद सर्वप्रथम किसके शासनकाल में लागू किये गये?

A. अकबर
B. जहाँगीर
C. शाहजहाँ
D. औरंगजेब

177. धरातलीय सजावट में 'पीतरा ड्युरा' का सर्वप्रथम प्रस्तुतिकरण निम्न में है:

A. इतमादुद्दौला का मकबरा
B. ताजमहल
C. दीवान-ए-आम (दिल्ली का लाल किला)
D. मोती मस्जिद (आगरा का किला)

178. जहाँगीर ने नादिर-उल-जमा की उपाधि किसको दी?

A. अबुल हसन
B. मन्सूर
C. बसन्त
D. गियासुद्दीन बेग

179. 17वीं शताब्दी में भारत से सर्वाधिक निर्यात होने वाली वस्तु कौन-सी थी?

A. गरम मसाला
B. सूती वस्त्र
C. नील
D. शौरा

180. नीचे दो व्यक्तव्य दिये गये हैं, एक को **कथन (A)** कहा गया है और दूसरे को **कारण (R)** :

कथन (A) : 1750 ई. तक मराठा राज्य में पेशवा सर्वशक्तिमान हो गया था।

कारण (R) : पेशवाओं ने अपना मुख्यालय सतारा से पूना सीानान्तरित कर दिया।

उपरोक्त वक्तव्यों के संदर्भ में निम्नलिखित में से कौन-सा सही है?

A. (A) सही है, परन्तु (R) गलत है।
B. (A) और (R) दोनों सही हैं, परन्तु (R), (A) की सही व्याख्या नहीं है।
C. (A) गलत है, परन्तु (R) सही है।
D. (A) तथा (R) दोनों गलत है।

181. स्थायी बन्दोबस्त किसके साथ क्रिया गया था?

A. जमींदारों
B. कृषक काश्तकारों
C. ग्राम समुदाय
D. मुकद्दमों

182. पारसी समाज सुधारक बेहरामजी एम. मालाबारी ने अपना आन्दोलन किस सुधार के लिए जारी रखा?

A. शिशु और बाल विवाह
B. बहु विवाह

C. कन्या शिशु हत्या
D. विधवा पुनर्विवाह

183. किस आदिवासी प्रमुख नायक को ईश्वर का अवतार और विश्व पिता (धरती अबा) की तरह माना गया था?
A. कान्हू सन्थाल B. रूपा नायक
C. बिरसा मुण्डा D. जोरिया भगत

184. किसने कहा कि ''ब्रिटिश शासन भारत का रक्त बहाने वाला नाला था''?
A. दादाभाई नौरोजी B. एम.जी. रानाडे
C. आर.सी. दत्त D. बाल गंगाधर तिलक

185. एक प्रमुख ब्रिटिश राजनेता और सांसद ने स्वीकार किया, कि 1857 का विद्रोह एक 'राष्ट्रीय विद्रोह' था न कि एक 'सैनिक विद्रोह':
A. लॉर्ड डलहौजी B. लॉर्ड कैनिंग
C. विलियम ग्लैडस्टोन D. बेन्जामिन डिजरायली

186. महाराष्ट्र के कौन से सामाजिक सुधारक 'लोक हितवादी' नाम से प्रसिद्ध हुए?
A. आत्माराम पाण्डुरंग B. बाल गंगाधर तिलक
C. गोपाल हरि देशमुख D. गोपाल कृष्ण गोखले

187. राजा राम मोहन राय ने किस बुरी परम्परा और रीति के विरुद्ध आवाज उठाई और आन्दोलन किया?
A. जाति प्रथा B. कुलीन वाद
C. सती प्रथा D. विधवा पुनर्विवाह

188. कौन अलीगढ़ आन्दोलन से सम्बन्धित नहीं था?
A. अल्ताफ हुसैन अली
B. नजीर अहमद
C. मौलाना अबुल कलाम आजाद
D. चिराग अली

189. 'बहिष्कृत भारत' पत्रिका को प्रारम्भ किया:
A. ज्योतिबा फुले B. डॉ.बी.आर. अम्बेडकर
C. एम. के. गांधी D. करसनदास मूलजी

190. राजा राम मोहन राय की मृत्योपरान्त ब्रह्म समाज का नेतृत्व किसने अपने हाथों में लिया?
A. द्वारिका नाथ टैगोर B. केशव चन्द्र सेन
C. देवेन्द्र नाथ टैगोर D. राम चन्द्र विद्या वागीश

191. किसने सर्वाधिक योगदान किसान सभा आन्दोलन को संगठित करने में प्रदान किया?
A. एन. जी. रंगा
B. बल्लभभाई पटेल
C. जवाहरलाल नेहरू
D. स्वामी सहजानन्द सरस्वती

192. एक भारतीय क्रान्तिकारी जो कि बर्कले और स्टैनफोर्ड विश्वविद्यालय में संस्कृत और दर्शनशास्त्र के प्रोफेसर थे, जिनका देहान्त फिलाडेलफिया में हो गया, वे थे:
A. श्यामजी कृष्ण वर्मा B. लाला हरदयाल
C. तारकनाथ दास D. भाई परमानन्द

193. पुराने 'गारन्टी पद्धति' के अधीन जिन ब्रिटिश कम्पनियों ने रेलवे पूँजी निवेश किया उनको लाभांश आश्वासन की गारन्टी थी:
A. 3% B. 5%
C. 8% D. 10%

194. किसका तर्क है कि औपनिवेशिक काल में भारत में अनौद्योगिकीकरण नहीं हुआ?
A. बिपन चन्द्र B. अमियो बागची
C. अनिल सील D. मॉरिस डी. मॉरिस

195. कौन सी देशी रियासत गांधी जी के अनुसार 'रामराज्य' के समतुल्य रही?
A. बड़ौदा B. ग्वालियर
C. मैसूर D. पटियाला

196. निम्नलिखित घटनाओं को अनुक्रमानुसार इंगित कीजिए:
I. इण्डियन स्टेट्स कमीशन
II. राउण्ड टेबल कान्फ्रेन्स
III. ऑल इण्डिया स्टेट्स पीपुल्स कान्फ्रेन्स की स्थापना
IV. प्रथम जस्टिस पार्टी सरकार
A. IV, III, I, II B. III, I, IV, II
C. I, IV, III, II D. II, III, IV, I

197. पुनर्जागरण काल में ग्रीको-रोमन प्राचीन साहित्य के अध्ययन में रुचि को किस नाम से जाना गया?
A. व्यक्तिवाद B. सुखवाद
C. रोमांसवाद D. मानववाद

198. बानडुन्ग सम्मेलन का सम्बन्ध रहा:
A. नाजीवाद B. गुट निरपेक्षता
C. अपारथायड (नस्लवाद) D. साम्राज्यवाद

199. फ्रान्स में केल्विनवादियों को किस नाम से जाना जाता था?

A. प्योरिटन्स B. प्रेसबिटेरियन्स

C. हय्यूनेजोज D. कैथोलिक

200. प्रथम यूनानी इतिहासकार कौन था?

A. थूसीडाइड्स B. हीरोडोटस

C. होमर D. मेगेस्थेनीज

निर्देश (प्र.सं. 201-205): *निम्नलिखित गद्यांश का अध्ययन कीजिए और अपनी क्षमता के आधार पर दिए हुए प्रश्नों के उत्तर दीजिए:*

पश्चिमीकरण की प्रक्रिया के शुरु होने से बहुत पहले भारतीय राष्ट्रीयता का उद्भव पारम्परिक देशप्रेम से हुआ जो कि सामाजिक रूप से भूमि, भाषा सम्प्रदाय से लगाव की सक्रिय भावना द्वारा विकसित हो गई थी। अठारहवीं और प्रारम्भिक उन्नीसवीं शताब्दी के भारत में क्षेत्रीय आधार पर ऐसी भावनाओं का उद्भव हो रहा था क्योंकि देश को विभिन्न, शब्दों जैसे *देश, वतन* या *नाडु* से परिभाषित किया जा रहा था जहां क्षेत्रीय भाषाओं और धार्मिक सम्बन्धन के विकास के साथ धीरे-धीरे एक पहचान बनने लग गई थी। यद्यपि बंगाल, महाराष्ट्र, अवध या मैसूर में यह क्षेत्रीय रूप से केन्द्रित थी किन्तु संचार के विभिन्न माध्यमों के जरिये उनका अलगाव समाप्त हुआ। मुगल साम्राज्य की राजनैतिक वैधता को समस्त हिन्दुस्तान, जो कि हिन्दुओं और मुसलमान दोनों का निवास समझा जाता था, में मान्यता प्राप्त थीं, और सांस्कृतिक अवरोध, वाणिज्यीकरण व नियमित तीर्थ यात्राओं के जरिये क्षीण हो गया। जब ईस्ट इंडिया कम्पनी ने अपना प्रभुत्व स्थापित किया, तो यह पारम्परिक देशप्रेम, कुशल सरकार की स्थापित नैतिक परंपरओं से हटते हुए विदेशी शासन की विभिन्न देशीय आलोचनाओं और ईसाई मिशनरी प्रचार के विरुद्ध क्रुद्ध प्रतिक्रियाओं के जरिये प्रकट हुआ। अन्ततः यह विरोध के अनेकों कृत्यों द्वारा अकस्मात् वेग के साथ प्रकट हुआ जिसमें राजकुमारों और आम जनता दोनों ने भाग लिया और यह 1857 के विद्रोह में पराकाष्ठा को पहुँच गया था। विद्रोह के बाद भारत में शिक्षा के तीव्र प्रसार, संचार प्रणाली के विकास जैसे रेलवे व टेलीग्राफ और औपनिवेशक संस्थाओं द्वारा सृजित नये सार्वजनिक क्षेत्र के जरिये राजनीति के आधुनिक क्षेत्र का धीरे-धीरे उद्भव हुआ।

201. प्राक्-औपनिवेशिक भारत में राष्ट्रीयता का अर्थ है:

A. स्वदेशप्रेम

B. भाषा की निकटता

C. स्वदेश की सांस्कृतिक अवधारणा

D. सामाजिक सक्रियता

202. सांस्कृतिक अवरोधों के विघटन में किसका सर्वाधिक योगदान था?

A. वाणिज्यीकरण

B. मुगल साम्राज्य का सृजन

C. तीर्थयात्रा

D. संचार प्रणाली

203. ईस्ट इंडिया कम्पनी के शासन का परिणाम हुआ:

A. ईसाई करण

B. कुशल सरकार

C. नव नैतिक परम्परा

D. स्वदेशप्रेम की भावनाओं का सुदृढ़ीकरण

204. 1857 का विद्रोह था:

A. अभिजात वर्ग का विद्रोह

B. आम लोगों का विद्रोह

C. प्रतिक्रियावादी लहर

D. प्रारम्भिक विरोध की पराकाष्ठा

205. प्रत्यक्ष प्रशासन का सर्वाधिक महत्वपूर्ण परिणाम क्या था?

A. शिक्षा की वृद्धि

B. रेलवे और टेलीग्राफ का विकास

C. आधुनिक क्षेत्र की राजनीति का उद्भव

D. औपनिवेशिक संस्थाओं का विकास

206. निम्नलिखित में कौन पुरापाषाण युग से सम्बंधित है?

A. चॉपर-चॉपिंग औजार/गंडासा-गंडासी औज़ार

B. ज्यामितीय औजार

C. टंकण औजार

D. प्रमार्जित औज़ार

207. निम्नलिखित में कौन मध्य प्रस्तर युग को प्रतिरूपित करता है?

A. संग्रहण

B. आखेट

C. खाद्य पदार्थ का उत्पादन

D. पशु पालन

208. निम्नलिखित में से कौन नव प्रस्तर युग से सम्बंधित है?

A. खानाबदोशी B. क्षेत्रांतरण
C. स्थायी जीवन D. नगरीकरण

209. निम्नलिखित में से कौन हड़प्पा सभ्यता से सम्बंधित है?
A. चौन्त्रा B. लंधनाज
C. मेहरगढ़ D. अहाड़

210. नीचे दो कथन दिये गये हैं, एक को कथन (A) और दूसरे को कारण (R) का नाम दिया गया है:
कथन (A): पाषाण युग में मानव विकास की गति बहुत धीमी थी।
कारण (R): प्राथमिक तौर पर क्योंकि मानव सीखने के आघात और परीक्षण विधि पर निर्भर करते थे।
उपर्युक्त कथनों को पढ़िये और नीचे दिये सही कूट संकेत का चयन करिए:
कूट:
A. **(A)** सही है, परन्तु **(R)** गलत है।
B. **(A)** और **(R)** दोनों सही है।
C. **(A)** गलत है, परन्तु **(R)** सही है।
D. **(A)** और **(R)** दोनों गलत है।

211. नीचे दो कथन दिये गये हैं, एक को कथन (A) और दूसरे को कारण (R) का नाम दिया गया है:
कथन (A): भारत में प्रथम शहरीकरण का तीसरी सहस्राब्दी ईसा पूर्व के अन्त में पतन हुआ।
कारण (R): यह मूलभूत रूप से जलवायु सम्बन्धी स्थितियों में परिवर्तनों की वजह से हुआ था।
उपर्युक्त कथनों को पढ़िये और नीचे दिये सही कूट का चयन करिए:
कूट:
A. **(A)** सही है, परन्तु **(R)** गलत है।
B. **(A)** गलत है, परन्तु **(R)** सही है।
C. **(A)** और **(R)** दोनों सही है।
D. **(A)** और **(R)** दोनों गलत है।

212. नीचे दो कथन दिये गये हैं, एक को कथन (A) और दूसरे को कारण (R) का नाम दिया गया है:
कथन (A): द्वितीय शहरीकरण पहली सहस्राब्दी ई. पू. के दूसरे उत्तरार्ध के दौरान गंगा के मैदानों में हुआ।
कारण (R): यह अनुकूल जलवायु स्थितियों द्वारा प्रभावित हुआ था।
उपर्युक्त कथनों को पढ़िये और नीचे दिये कूट संकेतों में से सही उत्तर का चयन करें:
कूट:
A. **(A)** और **(R)** दोनों गलत है।
B. **(A)** और **(R)** दोनों सही है।
C. **(A)** सही है, परन्तु **(R)** गलत है।
D. **(A)** असत्य है, परन्तु **(R)** सत्य है।

213. निम्नलिखित को अनुवर्ती क्रम में रखें और नीचे दिये कूट संकेतों में से सही उत्तर का चयन करें:
(i) जनपद (ii) महाजनपद
(iii) जन (iv) साम्राज्य
कूट:
A. (ii) (iii) (i) (iv)
B. (iii) (iv) (ii) (i)
C. (iv) (ii) (i) (iii)
D. (iii) (i) (ii) (iv)

214. निम्नलिखित को अनुवर्ती क्रम में रखें और नीचे दिये कूट संकेतो में से सही उत्तर का चयन करें:
(i) जूनागढ़ अभिलेख (ii) इलाहाबाद अभिलेख
(iii) एहोल अभिलेख (iv) पथरी स्तम्भ अभिलेख
कूट:
A. (iv), (i), (iii), (ii)
B. (i), (ii), (iii), (iv)
C. (ii), (iii), (iv), (i)
D. (iii), (iv), (i), (ii)

215. निम्नलिखित को अनुवर्ती क्रम में रखें और नीचे दिये कूट संकेतो में से सही उत्तर का चयन करें:
(i) रामायण (ii) सामवेद
(iii) महाभारत (iv) अष्टध्यायी
कूट:
A. (i) (iv) (iii) (ii)
B. (ii) (iii) (i) (iv)
C. (iii) (i) (ii) (iv)
D. (iv) (ii) (i) (iii)

216. निम्नलिखित को कालानुसार क्रम में रखें और नीचे दिये कूट संकेतो में से सही उत्तर का चयन करें:

(i) फाह्यान (ii) मेगस्थनीज
(iii) ह्वेन सांग (iv) अल्बेरूनी

कूट:

A. (ii), (i), (iii), (iv)
B. (iii), (ii), (iv), (i)
C. (iv), (iii), (ii), (i)
D. (i), (iv), (ii), (iii)

217. सूची-I का सूची-II के साथ मिलान करें और नीचे दिये कूट संकेतों में से सही उत्तर का चयन करें:

सूची-I	*सूची-II*
(a) जुड़वां टीला प्रणाली	(i) ऋगवेद
(b) विदथ	(ii) हड़प्पा सभ्यता
(c) कर्म का सिद्धान्त	(iii) अर्थशास्त्र
(d) सप्तांग सिद्धान्त	(iv) ब्राह्मणवाद

कूट:

	(a)	(b)	(c)	(d)
A.	(ii)	(i)	(iv)	(iii)
B.	(iv)	(i)	(ii)	(iii)
C.	(iii)	(iv)	(ii)	(i)
D.	(iv)	(iii)	(ii)	(i)

218. सूची-I का सूची-II के साथ मिलान करें और नीचे दिये कूट संकेतों में से सही उत्तर का चयन करें:

सूची-I	*सूची-II*
(a) धम्म विजय	(i) समुद्रगुप्त
(b) कन्योपायदान	(ii) कारवां व्यापारी
(c) कविराज	(iii) हर्षवर्धन
(d) सार्थवाह	(iv) अशोक

कूट:

	(a)	(b)	(c)	(d)
A.	(iii)	(iv)	(i)	(ii)
B.	(iv)	(i)	(iii)	(ii)
C.	(iv)	(i)	(ii)	(iii)
D.	(i)	(iv)	(ii)	(iii)

219. सूची-I का सूची-II के साथ मिलान करें और नीचे दिये कूट संकेतों में से सही उत्तर का चयन करें:

सूची-I	*सूची-II*
(a) वर्णाश्रम	(i) बौद्धधर्म
(b) तीर्थंकर	(ii) ब्राह्मणवाद
(c) शिववाद	(iii) जैन धर्म
(d) वज्रायन	(iv) वैदिक धर्म

कूट:

	(a)	(b)	(c)	(d)
A.	(iv)	(iii)	(ii)	(i)
B.	(ii)	(i)	(iv)	(iii)
C.	(iii)	(iv)	(ii)	(i)
D.	(iv)	(ii)	(iii)	(i)

220. चहलगानी निम्न के शासन काल के दौरान प्रमुख था:

A. कुतुबु-उद्दीन ऐबक B. इल्तुतमीश
C. बल्बन D. अलाउद्दीन खिलजी

221. बाबर ने गाज़ी का खिताब कब अपनाया?

A. 1525 B. 1526
C. 1527 D. 1528

222. निम्न में शूफी सन्तों का क्रम ऋषी सिलसिला कहलाता है:

A. कश्मीर B. अजमेर
C. हैदराबाद D. आगरा

223. सफीनात-उल-औलिया का लेखक कौन था?

A. मियां मीर B. मुल्ला शाह बदख्शी
C. निजामुद्दीन अहमद D. दाराशिकोह

224. दिल्ली सल्तनत के दो इतिहासकारों का नाम बताइये जिनकी कृति का शीर्षक है: *'तारिख-ए-फिरोज़शाही'*:

A. जिया-उद्-दीन बरनी और अमीर खुसरो
B. शम्स सिराज़ अफीफ और मिन्हाज सिराज़
C. हसन निज़ामी और अमीर खुसरो
D. जिया-उद्-दीन बरनी और शम्स सिराज़ अफीफ

225. नीचे दो कथन दिये गये हैं, एक को कथन (A) और दूसरे को कारण (R) का नाम दिया है:

कथन (A): जात इंगित करता था कि मनसबदार के पास कितने सैनिक हैं।

कारण (R): सवार मुगल प्रशासन अधिक्रम में व्यक्तिगत हैसियत और पद इंगित करता है।

उपरोक्त कथनों के संदर्भ में, निम्नलिखित में से कौन-सा सही है?

कूट:

A. **(A)** सही है, परन्तु **(R)** गलत है।
B. **(A)** और **(R)** दोनों सही है।
C. **(A)** गलत है, परन्तु **(R)** सही है।
D. **(A)** और **(R)** दोनों गलत है।

226. नीचे दो कथन दिये गये हैं, एक को कथन (A) और दूसरे को कारण (R) का नाम दिया गया है:

कथन (A): बल्ख और बदखशाँ पर आक्रमण और शाहजहां द्वारा कन्धार के एक के बाद एक तीन घेराबंदियों का परिणाम खून बहाने, तीस से चालीस हजार लोगों की मृत्यु और पैंतीस मिलियन रुपये के व्यय के अलावा कुछ नहीं था।

कारण (R): इसका मुगल संसाधनों पर कोई प्रभाव नहीं पड़ा।

उपरोक्त दो कथनों के संदर्भ में, निम्नलिखित में से कौन-सा सही है?

कूट:

A. **(A)** सही है, परन्तु **(R)** गलत है।

B. **(A)** और **(R)** दोनों सही है।

C. **(A)** गलत है, परन्तु **(R)** सही है।

D. **(A)** और **(R)** दोनों गलत है।

227. नीचे दो कथन दिये गये हैं, एक को कथन (A) और दूसरे को कारण (R) का नाम दिया गया है:

कथन (A): अलाउद्दीन खिलजी कर प्रणाली और अनाज एकत्रीकरण में मुख्य परिवर्तनों से जुड़ा था। उसने कम कीमतें सुनिश्चित करने के लिये कुछ उपाय भी किये।

कारण (R): अपनी फौज का विस्तार करने और उन्हें कम वेतन पर रखने के उद्देश्य से।

उपरोक्त दो कथनों के संदर्भ में, निम्नलिखित में से कौन-सा सही है?

कूट:

A. **(A)** सही है, परन्तु **(R)** गलत है।

B. **(A)** और **(R)** दोनों सही है।

C. **(A)** गलत है, परन्तु **(R)** सही है।

D. **(A)** और **(R)** दोनों गलत है।

228. निम्नलिखित में कौन-सा कालानुक्रमिक रूप से सही है?

A. संगम, सुलुव, तुलुव, अराविदु

B. सुलुव, तुलुव, अराविदु, संगम

C. तुलुव, अराविदु, संगम, सुलुव

D. अराविदु, संगम, सुलुव, तुलुव

229. निम्नलिखित को सही अनुक्रम में रखें:

A. शम्स सिराज अफीफ, अब्बास खान सारवानी, हसन निजामी, मिन्हाज़ सिराज

B. हसन निजामी, मिन्हाज़ सिराज, शम्स सिराज अफीफ, अब्बास खान सारवानी

C. अब्बास खान सारवानी, हसन निजामी, शम्स सिराज अफीफ, मिन्हाज सिराज

D. मिन्हाज सिराज, अब्बास खान सारवानी, हसन निजामी, शम्स सिराज अफीफ

230. निम्नलिखित को सही अनुक्रम में रखें:

A. घाघरा का युद्ध, कालिंजर का युद्ध, पानीपत का द्वितीय युद्ध, तालीकोटा का युद्ध

B. पानीपत का द्वितीय युद्ध, कालिंजर का युद्ध, तालीकोटा का युद्ध, घाघरा का युद्ध

C. कालिंजर का युद्ध, घाघरा का युद्ध, पानीपत का द्वितीय युद्ध, तालीकोटा का युद्ध

D. तालीकोटा का युद्ध, कालिंजर का युद्ध, पानीपत का द्वितीय युद्ध, घाघरा का युद्ध

231. सूची-I का सूची-II के साथ मिलान करें और नीचे दिये कूट संकेतों में से सही उत्तर का चयन करें:

सूची-I	***सूची-II***
(a) निकोल दि कोंटि	(i) रूस
(b) एथनासियस	(ii) इटली
(c) अब्दुर रज्जाक	(iii) पुर्तगाल
(d) डोमिंगो पायस	(iv) ईरान

कूट:

	(a)	**(b)**	**(c)**	**(d)**
A.	(i)	(ii)	(iii)	(iv)
B.	(iii)	(iv)	(ii)	(i)
C.	(ii)	(i)	(iv)	(iii)
D.	(iv)	(iii)	(ii)	(i)

232. सूची-I का सूची-II के साथ मिलान करें और नीचे दिये कूट संकेतों में से सही उत्तर का चयन करें:

सूची-I	***सूची-II***
(a) मुतामिद खान	(i) पादशाहनामा
(b) लाहौरी	(ii) मुंतखब-उत-तवारिख
(c) बदाऊँनी	(iii) इकबाल नामा-ए-जहांगीरी
(d) खाफी खान	(iv) मुंतखब-उल-लुबाब

कूट:

	(a)	(b)	(c)	(d)
A.	(i)	(ii)	(iii)	(iv)
B.	(iv)	(iii)	(ii)	(i)
C.	(iii)	(i)	(ii)	(iv)
D.	(ii)	(iv)	(iii)	(i)

233. सूची-I का सूची-II के साथ मिलान करें और नीचे दिये कूट संकेतों में से सही उत्तर का चयन करें:

सूची-I	***सूची-II***
(a) कुव्वत-उल-इस्लाम मस्जिद	(i) शेरशाह सूरी
(b) अलाई दरवाजा	(ii) कुतुबुद्दीन ऐबक
(c) अटाला मस्जिद	(iii) अलाउद्दीन खिलजी
(d) रोहतासगढ़ किला	(iv) इब्राहिमशाह शर्की

कूट:

	(a)	(b)	(c)	(d)
A.	(ii)	(iii)	(iv)	(i)
B.	(i)	(ii)	(iii)	(iv)
C.	(iv)	(iii)	(ii)	(i)
D.	(iii)	(iv)	(i)	(ii)

234. 1793 के कार्नवालिस के नियम ने पृथक कर दिया था:

A. सिविल को न्यायिक प्रशासन से
B. राजस्व एकत्रीकरण को सिविल न्याय प्रशासन से
C. बंगाल को केन्द्रीय प्रशासन से
D. सिविल को मिलिट्री प्रशासन से

235. उल्गुलान (Ulgulan) किसका आंन्दोलन था?

A. अगारिया B. जुआंग
C. होस D. मुंडा

236. किस व्यक्ति ने भू-लगान को स्थायी रूप से निश्चित करने का पक्ष नहीं लिया था?

A. एलेक्सेंडर डो B. हेनरी पतुलौ
C. फिलिप फ्रांसिस D. वारेन हेस्टिंगस्

237. नीचे दो कथन दिये गये हैं, एक को कथन (A) और दूसरे को कारण (R) का नाम दिया गया है:

कथन (A): रैय्यतवारी प्रणाली ने, सरकार और काश्तकारों के बीच मध्यस्थों के रूप में ग्राम सम्भ्रान्त वर्गों को समाप्त नहीं किया।

कारण (R): ग्रामीण सत्ता का ढ़ांचा मुश्किल से ही बदला था और नई व्यवस्था द्वारा ज्यादा सुदृढ़ हो गया था।

उपरोक्त दो कथनों के संदर्भ में, निम्नलिखित में से कौन-सा सही है?

कूट:

A. **(A)** सत्य है, परन्तु **(R)** असत्य है।
B. **(A)** असत्य है और **(R)** सत्य है।
C. **(A)** और **(R)** दोनों सत्य है।
D. **(A)** और **(R)** दोनों असत्य है।

238. नीचे दो कथन दिये गये हैं, एक को कथन (A) और दूसरे को कारण (R) का नाम दिया है:

कथन (A): उग्रवादियों का लक्ष्य स्वराज्य था, जिसका भिन्न नेताओं ने भिन्न ढ़ंग से निर्वचन किया।

कारण (R): भिन्न भाषा सम्बन्धी अंचलों के नेताओं ने इसे भिन्न रूप में समझा।

उपरोक्त दो कथनों के संदर्भ में, निम्नलिखित में से कौन-सा सही है?

कूट:

A. **(A)** और **(R)** दोनों सत्य है।
B. **(A)** सत्य है और **(R)** असत्य है।
C. **(A)** असत्य है और **(R)** सत्य है।
D. **(A)** और **(R)** दोनों असत्य है।

239. नीचे दो कथन दिये गये हैं, एक को कथन (A) और दूसरे को कारण (R) का नाम दिया गया है:

कथन (A): मॉरले मिन्टो सुधारों ने इंडियन नेशनल कांग्रेस के विरोधी गुटों को संतुष्ट किया।

कारण (R): मॉरले मिन्टो सुधारों ने उनकी सब चिन्ताओं को सम्बोधित किया।

उपरोक्त दो कथनों के संदर्भ में, निम्नलिखित में से कौन-सा सही है?

कूट:

A. **(A)** सत्य है, परन्तु **(R)** असत्य है।
B. **(A)** असत्य है, परन्तु **(R)** सत्य है।
C. **(A)** और **(R)** दोनों असत्य है।
D. **(A)** सत्य है परन्तु **(R), (A)** की व्याख्या नहीं करता है।

240. निम्नलिखित को सही कालानुक्रम में रखें:

A. प्रार्थना समाज – ब्रह्म समाज – आर्य समाज – पूना सार्वजनिक सभा – आत्मीय सभा।
B. आत्मीय सभा – ब्रह्म समाज – प्रार्थना समाज – आर्य समाज – पूना सार्वजनिक सभा।

C. आत्मीय सभा – प्रार्थना समाज – ब्रह्म समाज – आर्य समाज – पूना सार्वजनिक सभा।

D. आत्मीय सभा – ब्रह्म समाज – प्रार्थना समाज – पूना सार्वजनिक सभा – आर्य समाज।

241. निम्नलिखित को कालानुक्रमिक रूप में रखें:

(i) इंडियन पैनल कोड

(ii) कॉड ऑफ सिविल प्रोसीजर

(iii) क्रिमिनल प्रोसीजर कोड

(iv) पुलिस एक्ट

विकल्प:

A. (i) (iii) (iv) (ii)

B. (ii) (iii) (i) (iv)

C. (ii) (i) (iv) (iii)

D. (i) (iv) (ii) (iii)

242. निम्नलिखित को कालानुक्रमिक क्रम में रखें:

(i) सतारा प्रति सरकार

(ii) मोपलाह

(iii) ताम्रलिप्त जातीय सरकार

(iv) हूल

विकल्प:

A. (i) (iii) (ii) (iv)

B. (ii) (iv) (i) (iii)

C. (iv) (ii) (iii) (i)

D. (iii) (i) (ii) (iv)

243. सूची-I का सूची-II के साथ मिलान करें और नीचे दिये कूट संकेतों का उपयोग करते हुए सही उत्तर का चयन करें।

सूची-I	*सूची-II*
(a) दी एमरजेंस ऑफ इन्डियन नेशनलिज्म	(i) पार्थो चटर्जी
(b) नेशनलिज्म एंड कोलोनियलिज्म इन मॉडर्न इन्डिया	(ii) अनिल सील
(c) दी नेशन एण्ड इट्स फ्रैगमेन्ट्स	(iii) जी. एलोयसियस
(d) नेशनलिज्म विदाउट ए नेशन इन इण्डिया	(iv) राजनारायण चन्दावरकर

कूट:

	(a)	(b)	(c)	(d)
A.	(ii)	(iii)	(iv)	(i)
B.	(ii)	(i)	(iii)	(iv)
C.	(ii)	(iv)	(i)	(iii)
D.	(iii)	(iv)	(ii)	(i)

244. सूची-I का सूची-II के साथ मिलान करें और नीचे दिये कूट संकेतों का उपयोग करते हुए सही उत्तर का चयन करें।

सूची-I	*सूची-II*
(a) बंगाली	(i) अरविन्द घोष
(b) बंदे मातरम	(ii) बंकिम चन्द्र चटर्जी
(c) अमृत बाजार पत्रिका	(iii) सुरेन्द्रनाथ बनर्जी
(d) बंगवासी	(iv) मोतीलाल घोष

कूट:

	(a)	(b)	(c)	(d)
A.	(ii)	(iii)	(iv)	(i)
B.	(iii)	(ii)	(i)	(iv)
C.	(iii)	(iv)	(ii)	(i)
D.	(iii)	(i)	(iv)	(ii)

245. सूची-I का सूची-II के साथ मिलान करें और नीचे दिये कूट संकेतों में से सही उत्तर का चयन करें।

सूची-I	*सूची-II*
(a) अंजुमन	(i) बहु विवाह
(b) कुलिन	(ii) काश्तकार
(c) कनाक्करम	(iii) संगठन
(d) मिताक्षरा	(iv) उत्तराधिकार

कूट:

	(a)	(b)	(c)	(d)
A.	(i)	(iii)	(iv)	(ii)
B.	(iii)	(i)	(ii)	(iv)
C.	(iii)	(i)	(iv)	(ii)
D.	(iv)	(iii)	(ii)	(i)

246. द्वितीय विश्व युद्ध के दौरान किसने कहा था कि "मैं राजा का प्रथम मन्त्री नहीं बना हूँ कि ब्रिटिश साम्राज्य के समापन की अध्यक्षता करूँ"।

A. लॉर्ड बेकन्सफील्ड B. जॉन लॉयड

C. विंस्टन चर्चिल D. बेंजामिन डिज़रेली

247. प्रथम समाजवादी समूह कहां बना था?

A. ग्रेट ब्रिटेन में B. रूस में
C. जर्मनी में D. फ्रांस में

248. साम्राज्यवाद की सर्वाधिक सुस्पष्ट अभिव्यक्ति क्या थी?

A. श्रेष्ठ प्रौद्योगिकी B. उपनिवेश
C. संचार तन्त्र D. सांस्कृतिक सर्वोच्चता

249. अवलोकन प्रक्रिया में शोध को होना चाहिये:

A. सतत एवं दीर्घस्थायी
B. यदाकदा एवं सामान्य
C. प्रस्ताव को शीघ्रता से पूरा करना
D. उपरोक्त में से कोई नहीं

250. 'व्यवहार' को 'तर्कसंगति' के रूप में परिभाषित करने के लिये किसने सावधान किया?

A. मिल्टन फ्रीडमैन B. विंसेन्ट जे. तारासिओ
C. वर्नर हॉशवाल्ड D. स्टार्क वर्नर

निर्देश (प्र.सं. 251-255): *निम्नलिखित गद्यांश का अध्ययन कीजिए और अपनी क्षमता के आधार पर दिए हुए प्रश्नों के उत्तर दीजिए:*

भारत का अल्प विकासीकरण पारम्परिक नहीं था या प्राक्-औपनिवेशिक भूतकाल से उत्तराधिकार में नहीं मिला था। अठारहवीं शताब्दी का भारत अविकसित था न कि अल्प विकसित। अधिकतर विकास अठारहवीं शताब्दी के बाद और मूल रूप से 1850 के बाद हुआ जो कि पूरे विश्व स्तर पर कम नहीं था परन्तु शायद अन्य राष्ट्रीय अर्थव्यवस्थाओं की तुलना में अधिक विकसित ही था। वास्तव में मुगल भारत और प्राक्-औद्योगिक यूरोप एवं जापान की आर्थिक स्थिति के बीच कोई विशेष अन्तर नहीं था। 1750 के दशक से भारत में उपनिवेशवाद और उसके लम्बे इतिहास का प्रमुख लक्षण ब्रिटेन द्वारा भारत में उत्पादित सामाजिक अधिशेष को हड़पना था। जबकि अधिशेष का स्वरूप, उपनिवेशवाद की विभिन्न अवस्थाओं में-अधिशेष की प्रत्यक्ष हड़प, हमारे लड़कों का रोजगार, असमान विनिमय, औद्योगिक पूंजीवाद के लाभ और सार्वजनिक ऋण पर ब्याज-लगातार बदलते गये जबकि अधिशेष का हड़पना स्थायी और मूलभूत बना रहा। निस्संदेह इसमें कई परिवर्तन हुए थे और उनमें से कुछ सकारात्मक थे, उदाहरण के लिए, यदि अलग से देखा जाये तो जैसे रेलवे का विकास। परन्तु यह परिवर्तन आन्तरिक था और औपनिवेशिक ढाँचे के भाग के रूप में सामने आये और इस कारण अल्प विकास की प्रक्रिया का हिस्सा बन गये। उपनिवेशवाद को उसकी सम्पूर्णता या एकीकृत ढ़ाँचे के रूप में बेहतर रूप से देखा जाता है। नई विकसित संस्थाओं और उभरते ढ़ाँचों ने अंतर्सम्बन्धित और पारम्परिक रूप से संबलित तन्त्र निर्मित किया जिसके फलस्वरूप औपनिवेशिक ढ़ाँचे का अस्तित्व बना रहा।

251. भारत का अल्प विकासीकरण परम्परागत क्यों नहीं था?

A. अठारहवीं शताब्दी का भारत अविकसित था
B. भारत का अल्पविकासीकरण उत्तराधिकार में नहीं मिला था
C. अठारहवीं शताब्दी का भारत अल्पविकसित नहीं था
D. भारत एक गरीब देश नहीं था

252. अठारहवीं शताब्दी के भारत को अल्पविकसित क्यों नहीं कहा जा सकता?

A. विश्व का विकास अठारहवीं शताब्दी के बाद हुआ
B. भारतवर्ष अन्य देशों की तुलना में पीछे नहीं था
C. 1850 के बाद अधिकतर देशों का विकास हुआ
D. भारतीय अर्थव्यवस्था समकालीन यूरोप तथा जापान से तुलनीय थी

253. निम्नलिखित में से कौन-सी उपनिवेशवाद की आधारभूत विशेषता है?

A. असमान विनिमय
B. सामाजिक अधिशेष की हड़प
C. सार्वजनिक ऋण पर ब्याज
D. औद्योगिक लाभ का हरण

254. भारत में रेल, विकास की प्रक्रिया क्यों बदल नहीं पायी?

A. रेल मात्र सतही था
B. रेल सकारात्मक परिवर्तन था
C. रेल की प्रायः अनदेखी की गई
D. रेल औपनिवेशिक ढ़ाँचे का मात्र एक हिस्सा था

255. औपनिवेशीकरण को देखना चाहिए:

A. इसका तंत्र B. इसकी संस्थायें
C. इसकी सम्पूर्णता D. इसका बदलाव

256. निम्नलिखित में कौन पुरा-प्ररस्तर का प्रतिनिधित्व करता है?

A. सूक्ष्म प्रस्तर औजार B. मद्रास उद्योग

C. नव प्रस्तर औजार D. महाश्मीय

257. निम्नलिखित में से कौन मध्य-प्रस्तर युग पुरा-प्रस्तर से सम्बंधित है?

A. सोहान B. बुर्जाहोम

C. भीमबेटका D. शोर्तधुई

258. निम्नलिखित में से कौन-सा नव-पाषाण काल का प्रतिनिधित्व करता है?

A. शिकारी गतिविधि B. पशुपालन

C. माँस संग्रह D. भोजन उत्पादन

259. निम्नलिखित में से कौन हड़प्पा सभ्यता को दर्शाता है?

A. मालवा संस्कृति

B. गान्धार कब्रधान संस्कृति

C. महाश्मीय संस्कृति

D. सोठी संस्कृति

260. नीचे दो वाक्य दिए गए हैं, एक को **कथन (A)** कहा गया है, दूसरे को **कारण (R):**

कथन (A): प्राचीन भारतीय इतिहस में कुषाण काल अति समृद्ध काल है।

कारण (R): इस काल में हम चहुँमुखी विकास का अवलोकन करते हैं।

उपरोक्त कथनों को पढ़िए और नीचे दिये सही कूट में से सही उत्तर का चयन कीजिए:

कूट:

A. **(A)** सही है, किन्तु **(R)** मिथ्या है।

B. **(A)** मिथ्या है किन्तु **(R)** सत्य है।

C. दोनों **(A)** और **(R)** सही नहीं है।

D. दोनों **(A)** और **(R)** सही है।

261. नीचे दो वाक्य दिए गए हैं, एक को **कथन (A)** और दूसरे को **कारण (R)** कहा गया है:

कथन (A): गुप्तकाल में भूमि अनुदानों का प्रारम्भ सामन्तवाद की शुरुआत से जुड़ा है।

कारण (R): यह आर्थिक विकास के लिए आवश्यक था।

उपरोक्त कथनों को पढ़िए और नीचे दिए गए कूट में से सही उत्तर का चयन कीजिए:

कूट:

A. **(A)** सही है, किन्तु **(R)** सही नहीं है।

B. **(A)** सही नहीं है, किन्तु **(R)** सही है।

C. दोनों **(A)** और **(R)** सही नहीं हैं।

D. दोनों **(A)** और **(R)** सही है।

262. नीचे दो वाक्य दिए गए हैं, एक को **कथन (A)** और दूसरे को **कारण (R)** कहा गया है:

कथन (A): अरबों ने भारत पर आठवीं शताब्दी के पूर्वाध में आक्रमण किया।

कारण (R): वे साम्राज्यवादी विचारों से प्रेरित थे।

उपरोक्त कथनों को पढ़िए और नीचे दिए गए कूट में से सही उत्तर का चयन कीजिए:

कूट:

A. दोनों **(A)** और **(R)** सत्य है।

B. दोनों **(A)** और **(R)** सही नहीं है।

C. **(A)** सत्य है, किन्तु **(R)** असत्य है।

D. **(A)** असत्य है, किन्तु **(R)** सत्य है।

263. निम्नलिखित को क्रमानुसार लिखिए और निम्न कूट में से **सही** उत्तर चुनिए:

(i) धातु-प्रस्तर काल (ii) लौह काल

(iii) काँस्य काल (iv) प्रस्तर काल

कूट:

A. (iii) (ii) (i) (iv)

B. (ii) (i) (iv) (iii)

C. (iv) (iii) (i) (ii)

D. (i) (iv) (ii) (iii)

264. निम्नलिखित को क्रमानुसार लिखिए और निम्न कूट में से **सही** उत्तर का चयन कीजिए:

(i) राजतरंगिनी (ii) हर्ष चरित

(iii) पृथ्वीराज रासो (iv) संगम साहित्य

कूट:

A. (iv) (iii) (ii) (i)

B. (iii) (iv) (i) (ii)

C. (i) (iii) (ii) (iv)

D. (iv) (ii) (i) (iii)

265. निम्नलिखित को क्रमानुसार लिखिए और निम्न कूट में से **सही** उत्तर का चयन कीजिए:

(i) चक्रवर्तिन (ii) महाराजा
(iii) महाराजाधिराज़ (iv) राजन्

कूटः

A. (iii) (ii) (i) (iv)
B. (iv) (iii) (ii) (i)
C. (ii) (i) (iii) (iv)
D. (iv) (ii) (iii) (i)

266. निम्न कूट में से कौन-सा उचित है? निम्न कूट में से सही उत्तर का चयन कीजिएः

(i) गंगा राज्य
(ii) अरब आक्रमण
(iii) महेन्द्र पल्लव
(iv) होयसल शक्ति का उत्थान

कूटः

A. (iii) (ii) (i) (iv)
B. (iv) (iii) (ii) (i)
C. (ii) (i) (iv) (iii)
D. (i) (ii) (iii) (iv)

267. **सूची-I** को **सूची-II** से सुमेलित कीजिए और निम्न कूट में से सही उत्तर का चयन कीजिएः

सूची-I	*सूची-II*
(a) सभा और समिति	(i) रुद्र दामन
(b) उत्तरी काली पालिशदार मृद भाण्ड	(ii) वैदिक काल
(c) गिरनार अभिलेख	(iii) अशोक
(d) देवानां पियों	(iv) गंगा मैदान

कूटः

	(a)	(b)	(c)	(d)
A.	(ii)	(iv)	(iii)	(i)
B.	(ii)	(iv)	(i)	(iii)
C.	(iv)	(ii)	(i)	(iii)
D.	(ii)	(i)	(iv)	(iii)

268. **सूची-I** का **सूची-II** से सुमेलित कीजिए और निम्न कूट में से सही उत्तर का चयन कीजिएः

सूची-I	*सूची-II*
(a) बोधिसत्व	(i) जेजकभुक्ति
(b) द्रविड़ निर्माण शैली	(ii) हूण
(c) मिहिरकुल	(iii) दक्षिण भारत
(d) चन्देल	(iv) बौद्ध धर्म

कूटः

	(a)	(b)	(c)	(d)
A.	(iv)	(iii)	(i)	(ii)
B.	(i)	(iii)	(ii)	(iv)
C.	(iv)	(iii)	(ii)	(i)
D.	(i)	(iv)	(ii)	(iii)

269. **सूची-I** को **सूची-II** से सुमेलित कीजिए और निम्न कूट में से सही उत्तर का चयन कीजिएः

सूची-I	*सूची-II*
(a) एटचड कार्नेलियन मनका	(i) बंगाल
(b) ताम्र	(ii) बन्दरगाह
(c) बैरीगाजा	(iii) हड़प्पा
(d) ताम्रलिप्ति	(iv) राजस्थान

कूटः

	(a)	(b)	(c)	(d)
A.	(iv)	(ii)	(iii)	(i)
B.	(iv)	(i)	(ii)	(iii)
C.	(iv)	(iii)	(ii)	(i)
D.	(iii)	(iv)	(ii)	(i)

270. शेरशाह सूरी ने मालवा को कब विजय किया?

A. 1540 B. 1541
C. 1542 D. 1543

271. मिर्जा राजा का खिताब किसको दिया गया था?

A. भारमल B. जय सिंह
C. जसवन्त सिंह D. राज सिंह

272. मराठा प्रशासन में मजूमदार थाः

A. लेखाधिकारी B. सचिव
C. सरकारी अधिकारी D. खजान्ची

273. हल्दी घाटी की लड़ाई किसके बीच में लड़ी गई?

A. मुगल और आमेर B. मुगल और कोटा
C. मुगल और मेवाड़ D. मुगल और मारवाड़

274. निम्नलिखित को क्रमानुसार लिखिएः

A. अलाउद्दीन मसूद शाह, रजिया सुल्तान, मोइजुद्दीन बहरामशाह, रुक्नुद्दीन फिरोज़शाह
B. रुक्नुद्दीन फिरोजशाह, रजिया सुल्तान, मोइजुद्दीन बहरामशाह, अलाउद्दीन मसूद शाह
C. रजिया सुल्तान, अलाउद्दीन मसूद शाह, रुक्नुद्दीन फिरोज़शाह, मोइजुद्दीन बहरामशाह
D. मोइजुद्दीन बहरामशाह, अलाउद्दीन मसूदशाह, रुक्नुद्दीन फिरोजशाह, रजिया सुल्तान

275. निम्नलिखित को क्रमानुसार लिखिए:

A. नसीरुद्दीन कुबाचा, जफर खान, गाजी मलिक, इस्लाम शाह

B. नसीरुद्दीन कुबाचा, इस्लाम शाह, गाजी मलिक, जफर खान

C. नसीरुद्दीन कुबाचा, गाजी मलिक, इस्लाम शाह, जफर खान

D. गाजी मलिक, नसीरुद्दीन कुबाचा, इस्लाम शाह, जफर खान

276. निम्नलिखित को क्रमानुसार लिखिए:

A. देवगिरी, रणथम्भौर, मालवा, गुजरात

B. मालवा, रणथम्भौर, गुजरात, देवगिरी

C. गुजरात, रणथम्भौर, मालवा, देवगिरी

D. रणथम्भौर, मालवा, गुजरात, देवगिरी

277. **सूची-I** को **सूची-II** से सुमेलित कीजिए और निम्न कूट में से सही उत्तर का चयन कीजिए:

सूची-I	***सूची-II***
(a) अली मुहम्मद खान	(i) नुस्खा-ए-दिलकुशा
(b) जियाउद्दीन बरनी	(ii) मिरात-ए-अहमदी
(c) भीमसेन	(iii) शाहजहाँ नामा
(d) इनायत खान	(iv) फतवा-ए-जहाँदारी

कूट:

	(a)	**(b)**	**(c)**	**(d)**
A.	(ii)	(iv)	(i)	(iii)
B.	(i)	(iii)	(iv)	(ii)
C.	(iv)	(ii)	(i)	(iii)
D.	(iii)	(iv)	(ii)	(i)

278. **सूची-I** को **सूची-II** से सुमेलित कीजिए और निम्न कूट में से सही उत्तर का चयन कीजिए:

सूची-I	***सूची-II***
(a) शाह मीर	(i) जाजनगर
(b) जफर खान	(ii) खानदेश
(c) मलिक राजा	(iii) कश्मीर
(d) जौना खान	(iv) गुजरात

कूट:

	(a)	**(b)**	**(c)**	**(d)**
A.	(i)	(iv)	(ii)	(iii)
B.	(ii)	(i)	(iii)	(iv)
C.	(iii)	(iv)	(ii)	(i)
D.	(iv)	(ii)	(iii)	(i)

279. **सूची-I** को **सूची-II** से सुमेलित कीजिए और निम्न कूट में से सही उत्तर का चयन कीजिए:

सूची-I	***सूची-II***
(a) लम्बरदार	(i) राज्य कानून
(b) बरीद	(ii) समाचार रिपोर्टर
(c) वाकिया नवीस	(iii) ग्राम प्रधान
(d) जवाबित	(iv) इन्टैलिजेन्स ऑफिसर

कूट:

	(a)	**(b)**	**(c)**	**(d)**
A.	(iv)	(i)	(ii)	(iii)
B.	(ii)	(iii)	(iv)	(i)
C.	(iii)	(iv)	(ii)	(i)
D.	(i)	(iii)	(iv)	(ii)

280. नीचे दो कथन दिये गये हैं, एक को **कथन (A)** और दूसरे को **कारण (R)** का नाम दिया गया है:

कथन (A): सत्रहवीं शताब्दी के दौरान, नव बाह्य सम्बधों के बढ़ते हुए महत्व द्वारा प्रेरित आर्थिक वृद्धि: मुगल भारत और प्रारम्भिक आधुनिक यूरोप के बीच कड़ी।

कारण (R): मुगल भारत में प्रत्येक व्यापारिक प्रतिष्ठान राजशाही शासन पत्र के अंतर्गत चलता था जिसने उसे भारतीय व्यापार करने के एकमात्र राष्ट्रीय अधिकार दिये थे।

उपरोक्त दो कथनों के सन्दर्भ में, निम्नलिखित में से कौनसा सही है?

A. **(A)** सही है, परन्तु **(R)** गलत है।

B. **(A)** और **(R)** दोनों सही है।

C. **(A)** गलत है, परन्तु **(R)** सही है।

D. **(A)** और **(R)** दोनों गलत है।

281. नीचे दो कथन दिये गये हैं, एक को **कथन (A)** और दूसरे को **कारण (R)** का नाम दिया गया है:

कथन (A): खान जहां किसी भी पूर्व वजीर को प्रदान किये गये अधिकारों की तुलना में ज्यादा व्यापक अधिकारों का प्रयोग करता था।

कारण (R): फिरोजशाह तुगलक ने अपने वजीर खान जहां को जिसको वो चाहे नियुक्त और निकाल देने की अनुमति दी।

उपरोक्त दो कथनों के सन्दर्भ में, निम्नलिखित में से कौन-सा सही है?

A. **(A)** सही है, परन्तु **(R)** गलत है।
B. **(A)** और **(R)** दोनों सही है।
C. **(A)** गलत है, परन्तु **(R)** सही है।
D. **(A)** और **(R)** दोनों गलत है।

282. नीचे दो कथन दिये गये हैं, एक को **कथन (A)** और दूसरे को **कारण (R)** का नाम दिया गया है:

कथन (A): मुगल साम्राज्य सार्वजनिक खबरों के लिये आश्चर्यजनक रूप से तीव्र जानकारी चक्कर द्वारा सम्बद्धित था।

कारण (R): मुगल बादशाह को दूरस्थ प्रान्तीय राजधानियों से सूचना प्रतिवेदन कुछ ही दिनों में नहीं मिलते थे जो कि जन श्रोतागण हॉल में रोज पढ़े जा सकते।

उपरोक्त दो कथनों के सन्दर्भ में, निम्नलिखित में से कौन-सा सही है?

A. **(A)** सही है, परन्तु **(R)** गलत है।
B. **(A)** और **(R)** दोनों सही है।
C. **(A)** गलत है, परन्तु **(R)** सही है।
D. **(A)** और **(R)** दोनों गलत है।

283. 1919 का अधिनियम प्रावधान करता है:

A. भारत में पृथ्क और साथ ही साथ आइ.सी.एस. परीक्षा का होना।
B. आइ.सी.एस. परीक्षा का भारत में पृथ्क किन्तु रामानान्तर नहीं होना।
C. आइ.सी.एस. परीक्षा में भारतीयों के लिये आरक्षण।
D. आइ.सी.एस. परीक्षा बम्बई, कलकत्ता और मद्रास में आयोजित करना।

284. निम्नलिखित में से कौन-सी अवधारणा असहयोग आन्दोलन से सम्बद्धित **नहीं** हैं?

A. आत्मशक्ति B. अहिंसा
C. बायकॉट D. चरखा

285. फिलेचर प्रणाली सम्बन्धित है:

A. कपड़ा बुनाई
B. लोहा-पिघलाना
C. रेशम-चर्खी पर लपेटना
D. तांबे का काम

286. ड्रेन ऑफ वेल्थ की अवधारणा किसने प्रस्तुत की थी?

A. बंकिम चन्द्र चटर्जी B. रोमेश दत्त
C. दादाभाई नौरोजी D. बिपन चन्द्र

287. नीचे दो कथन दिये गये हैं, एक को **कथन (A)** और दूसरे को **कारण (R)** का नाम दिया गया है:

कथन (A): 1857 का विद्रोह भारतीय राज्यों के प्रति ब्रिटिश नीतियों के विकास में महत्वपूर्ण परिवर्तन लाया।

कारण (R): 1857 के विद्रोह ने ईस्ट इंडिया कम्पन्री के शासन को खत्म कर दिया था।

उपरोक्त दो कथनों के सन्दर्भ में, निम्नलिखित में से कौन-सा सही है?

A. **(A)** और **(R)** दोनों सत्य है, और **(A), (R)** का सही स्पष्टीकरण करता है।
B. **(A)** और **(R)** दोनों सत्य है परन्तु **(R), (A)** की व्याख्या नहीं करता है।
C. **(A)** सत्य है और **(R)** असत्य है।
D. **(A)** असत्य है और **(R)** सत्य है।

288. नीचे दो कथन दिये गये हैं, एक को **कथन (A)** और दूसरे को **कारण (R)** कहा जाता है:

कथन (A): गांधी ने सर्वप्रथम अस्पृश्यता को सार्वजनिक चिन्ता का मुद्दा बनाया था।

कारण (R): वह काँग्रेस के सामाजिक आधार की व्यापक बनाना चाहते थे।

उपरोक्त दोनों कथनों के सन्दर्भ में, निम्नलिखित में से कौन-सा सही है?

A. दोनों कथन असत्य है।
B. **(A)** सत्य है और **(R)** असत्य है।
C. **(A)** और **(R)** दोनों सत्य है परन्तु **(R), (A)** की व्याख्या नहीं करता है।
D. **(A)** और **(R)** दोनों सत्य है और **(R), (A)** की व्याख्या करता है।

289. नीचे दो कथन दिये गये हैं, एक को **कथन (A)** और दूसरे को **कारण (R)** कहा जाता है:

कथन (A): ब्रिटिश शासन में भारत में जो हुआ वह सर्वाधिक निष्फल आधुनिकीकरण था, जो कि आधुनिक औपनिवेशिक आर्थिक ढांचे के प्रतिरूप था।

कारण (R): ब्रिटिश ने भारत को कृषिप्रधान देशे में बदलने की नीति का सतत् अनुपालन किया।

उपरोक्त दोनों कथनों के सन्दर्भ में, निम्नलिखित में से कौनसा सही है?

A. (A) और (R) दोनों सत्य है और (R), (A) की केवल आंशिक व्याख्या करता है।

B. (A) और (R) दोनों सत्य है और (R), (A) की पूर्ण व्याख्या करता है।

C. (A) सत्य है और (R) असत्य है।

D. (A) और (R) दोनों असत्य हैं।

290. निम्नलिखित को कालानुक्रमिक क्रम में रखें:

(i) साइमन कमीशन
(ii) भारतीय औद्योगिक आयोग
(iii) भारतीय वित्तीय आयोग
(iv) भारतीय शिक्षा अयोग

विकल्प:

A. (i) (ii) (iv) (iii)
B. (i) (iii) (iv) (ii)
C. (iv) (ii) (iii) (i)
D. (i) (iii) (ii) (iv)

291. निम्नलिखित को कालानुक्रमिक क्रम में रखे:

(i) प्रजा मंडल (ii) हूल
(iii) उलगुलान (iv) मरियास्

विकल्प:

A. (ii) (iii) (i) (iv)
B. (i) (ii) (iv) (iii)
C. (iv) (i) (ii) (iii)
D. (ii) (iii) (iv) (i)

292. निम्नलिखित को कालानुक्रमिक क्रम में रखे:

(i) सम्मत आयु अधिनियम
(ii) दक्षिण कृषि राहत अधिनियम
(iii) पुलिस अधिनियम
(iv) विश्वविद्यालय अधिनियम

विकल्प:

A. (i) (iii) (ii) (iv)
B. (iii) (ii) (i) (iv)
C. (ii) (i) (iii) (iv)
D. (iii) (ii) (iv) (i)

293. नीचे दिये गए कूट की सहायता से सूची-A का सूची-B से मिलान कीजियेः

सूची-A	*सूची-B*
(a) प्रोसपरस ब्रिटिश इंडिया	(i) सी.ए. बेली
(b) दी हिस्ट्री ऑफ बिटिश इंडिया	(ii) आर.सी. दत्त
(c) दी इकोनोमिक हिस्ट्री ऑफ इंडिया	(iii) विलियम डिगले
(d) ऑरिजनस् ऑफ नेशनलिटी इन साउथ एशिया	(iv) जेम्स मिल

कूट:

	(a)	(b)	(c)	(d)
A.	(ii)	(iii)	(i)	(iv)
B.	(iii)	(iv)	(ii)	(i)
C.	(iii)	(i)	(ii)	(iv)
D.	(iv)	(iii)	(ii)	(i)

294. नीचे दिये कूट की सहायता से सूची-A का सूची-B से मिलान करेः

सूची-A	*सूची-B*
(a) स्थायी बन्दोबस्त	(i) एलेक्जेंडर रीड
(b) रैय्यतवारी बन्दोबस्त	(ii) थॉमस लॉ
(c) महालवारी बन्दोबस्त	(iii) जी. विंगेट
(d) बम्बई सर्वेक्षण व्यवस्था	(iv) होल्ट मेकैन्जी

कूट:

	(a)	(b)	(c)	(d)
A.	(ii)	(i)	(iv)	(iii)
B.	(ii)	(i)	(iii)	(iv)
C.	(iii)	(iv)	(ii)	(i)
D.	(iv)	(iii)	(ii)	(i)

295. नीचे दिये गए कूट की सहायता से सूची-A का सूची-B से मिलान कीजियेः

सूची-A	*सूची-B*
(a) विलियम जोनस्	(i) ईसाई धर्मवाद
(b) चार्ल्स ग्रान्ट	(ii) उपयोगितावाद
(c) थॉमस मैकॉले	(iii) अभिविन्यास
(d) थॉमस मुनरो	(iv) उदारतावाद

कूट:

	(a)	(b)	(c)	(d)
A.	(iv)	(ii)	(iii)	(i)
B.	(iii)	(i)	(iv)	(ii)
C.	(iii)	(ii)	(i)	(iv)
D.	(iii)	(iv)	(ii)	(i)

296. नाजी सोवियत सन्धि पर हस्ताक्षर निम्न वर्ष में किये थे:

A. 1937 B. 1938
C. 1939 D. 1340

297. कौन-सा देश इंग्लैंड एवं फ्रान्स के साथ 1940 के दशक में औपनिवेशिक मुद्दों पर असहमत था?
A. अमेरिका B. रूस
C. जर्मनी D. इटली

298. निम्नलिखित में से कौन गैर-कॉमनवेल्थ देश है:
A. पाकिस्तान B. नेपाल
C. श्रीलंका D. म्यांमार

299. शोध एक अध्ययन शील खोज है:
A. पहचान B. तथ्य
C. सामग्री की खोज D. परिकल्पना

300. निम्नलिखित में से कौन सामाजिक विज्ञान शोध में मूल्य निर्णयन के प्रवेश के विरोध में चिन्तित था?
A. टी.डब्लू. हचीसन B. एम.जे. उलमेर
C. लुइस डुमोंट D. जॉन स्टुअर्ट मिल

निर्देश (प्र.सं. 301-305): *निम्नलिखित गद्यांश का अध्ययन कीजिए और अपनी क्षमता के अनुरूप दिये गये प्रश्नों के उत्तर दीजिए:*

बहुत से विद्वानों को इसमें सन्देह हो सकता है कि भारतीय विचारधारा का प्राचीन पश्चिम की विचारधारा पर कोई प्रभाव था, परन्तु पिछली डेढ़ शताब्दी में यूरोप तथा अमेरिका की विचारधारा पर उसके प्रत्यक्ष एवं अप्रत्यक्ष प्रभाव के सम्बन्ध में कोई सन्देह नहीं हो सकता यद्यपि इसे पर्याप्त रूप से स्वीकार नहीं किया गया है। यह प्रभाव संगठित नव-हिन्दू मिशनों के द्वारा नहीं आया है। पिछले अस्सी वर्षों में थियोसाफिकल सोसायटी, विभिन्न बौद्ध सोसायटियों तथा यूरोप एवं अमरीका में 19वीं शताब्दी के बंगाली आध्यात्मवादी पुण्यात्मा परमहंस रामकृष्ण तथा उनके समान ही पुण्यात्मा शिष्य स्वामी विवेकानन्द से प्रेरणा प्राप्त करने वाली सोसायटियों की स्थापना हुई हैं। कुछ अन्य भारतीय आध्यात्मवादियों एवं उनके शिष्यों द्वारा जिनमें से कुछ तेजस्वी, गम्भीर, आध्यात्मिक तथा कुछ सन्दिग्ध चरित्र के हैं, पश्चिम में छोटे-छोटे संगठनों एवं संघों की स्थापना की गयी है। यत्र-तत्र स्वयं पाश्चात्य व्यक्तियों ने भी, जिन्हें संस्कृत का काम-चलाऊ ज्ञान एवं प्रत्यक्ष अनुभव प्राप्त है, कभी-कभी पश्चिम को योग अथवा वेदान्त ग्रहण कराने का प्रयास किया है। हम इन शिक्षकों अथवा उनके अनुयायियों की किसी प्रकार उपेक्षा नहीं करेंगे क्योंकि उनमें से बहुत-से महान बुद्धिमत्तापूर्ण एवं आध्यात्मिक चरित्रबलयुक्त हैं परन्तु हम भारतीय आध्यात्म विद्या के पश्चिमी प्रचारकों के विषय में चाहे कुछ भी विचार करें, हम यह दृढ़तापूर्वक नहीं कह सकते हैं कि उनका हमारी सभ्यता पर कोई महान प्रभाव पड़ा है। पश्चिम में भारत के उन अनेक मित्रों द्वारा महात्मा गाँधी का प्रभाव अधिक सूक्ष्म परन्तु अधिक शक्तिशाली रहा है जो उनकी ज्वलन्त निष्कपटता एवं तेजस्विता तथा भारतीय स्वतन्त्रता-प्राप्ति में अहिंसा की नीति की पूर्ण सफलता से प्रभावित हुए थे। इन समस्त प्रभावों से अधिक बड़ा प्रभाव दर्शनशास्त्र द्वारा भारतीय धार्मिक साहित्य का रहा है।

बंगाल की एशियाटिक सोसायटी के संस्थापकों को शीघ्र ही यूरोप में थोड़े-से परन्तु उत्साही अनुयायी प्राप्त हो गये और गेटे तथा 19वीं शताब्दी के प्रारम्भ के बहुत-से अन्य लेखकों ने अनुवाद के रूप में प्राचीन भारतीय साहित्य में जो कुछ वे पढ़ सकते थे, सब पढ़ा। हम जानते हैं कि गेटे ने ''फास्ट'' की प्रस्तावना के लिए भारतीय नाट्यशास्त्र की एक युक्ति का उपयोग किया और कौन कह सकता है कि उस कृति के द्वितीय भाग का सफल अन्तिम समूह गान अंशतः भारतीय विचारधारा के गेटे द्वारा समझे हुए ब्रह्मवाद से अनुप्राणित नहीं था? गेटे के पश्चात् अधिकांश महान जर्मन दार्शनिक भारतीय दर्शन के विषय में कुछ-न-कुछ जानते रहे। शोपेनहावर ने, जिसका प्रभाव साहित्य एवं मनोविज्ञान पर अत्यधिक रहा है, वस्तुतः स्पष्ट रूप से उसके ऋण को स्वीकार किया और उनका दृष्टिकोण वास्तव में बौद्ध धर्म सम्बन्धी था। फिशे और हीगल के ब्रह्मवाद का कदापि यह स्वरूप न रहा होता यदि ऐंक्विटिल ड्यूपरन (Anquentil-Duperron) के उपनिषदों के अनुवाद तथा अन्य प्रमुख भारतीय ज्ञानवेत्ताओं की रचनाएँ न हुई होतीं। अंग्रेजी भाषा-भाषी संसार में सबसे अधिक प्रभावशाली भारतीय प्रभाव का अनुभव अमरीका में हुआ जहाँ इमर्सन, थोरो तथा अन्य न्यू इंग्लैण्ड के लेखकों ने उत्सुकता से बहुत अधिक भारतीय धार्मिक साहित्य का अध्ययन अनुवाद के रूप में किया और अपने समसामयिकों एवं उत्तराधिकारियों में विशेष रूप से वाल्ट ह्विटमैन पर अत्यधिक प्रभाव डाला। कार्लायल तथा अन्य व्यक्तियों द्वारा जर्मनी के दार्शनिकों ने इंग्लैण्ड को प्रभावित किया जैसा कि अमेरीका वालों ने रिचर्ड जेफरीज तथा एडवर्ड कारपेण्टर जैसे अनेक 19वीं शताब्दी के अन्त के लेखकों द्वारा किया।

यद्यपि यूरोप और अमरीका की समसामयिक दार्शनिक विचारधारा में अन्तिम शताब्दी के ब्रह्मवाद एवं आदर्शवाद का बहुत कम महत्त्व है तथापि उनका प्रभाव अत्यधिक रहा है और वे सब किसी-न-किसी रूप में प्राचीन भारत के ऋणी हैं। वे ऋषि जिन्होंने ईसा से 600 अथवा और भी अधिक वर्ष पूर्व गंगा की घाटियों में तपस्या की थी, अब भी विश्व में प्रभावशील हैं।

301. लेखक का लक्ष्य है:

A. भारतीय विचारधारा का पश्चिमी जगत की विचारधारा पर प्रभाव का वर्णन करना

B. नव-हिन्दू मिशनों का यूरोप और अमरीका में हुए प्रभावों का वर्णन करना

C. गांधीवादी विचार का पश्चिमी देशों पर हुए प्रभाव का वर्णन करना

D. योग और वेदान्त का पश्चिमी देशों में विस्तार का वर्णन करना

302. लेखक के अनुसार आधुनिक युग में सर्वाधिक सूक्ष्म एवं शक्तिशाली प्रभाव किसके विचारों का था?

A. स्वामी विवेकानन्द

B. थियोसोफिकल सोसायटी

C. महात्मा गांधी

D. परमहंस रामकृष्ण

303. निम्नांकित में से कौन जर्मन दार्शनिक था जिसने भारतीय विचारधारा का ऋण खुलेआम स्वीकार किया है?

A. इमर्सन B. वाल्ट ह्विटमैन

C. शोपेनहावर D. थोरो

304. अंग्रेजी भाषा-भाषी संसार में कहाँ भारतीय विचारधारा का प्रभाव सर्वाधिक अनुभव किया गया?

A. यूरोप B. इंग्लैण्ड

C. कनाडा D. अमरीका

305. गद्यांश के विषय को विकसित करने के लिये लेखक की विधि है:

A. विश्लेषणात्मक B. विवरणात्मक

C. प्रशंसात्मक D. पक्षपातपूर्ण

306. 'मानव सम प्राणी', (Man like creature) जो प्राज्ञ मानव (Homospiens) से प्रजाति रूप से भिन्न था, उसे कहा जाता है:

A. नियन्डर्थल B. पिथेकैन्थ्रोपस

C. सिनान्थ्रोपस D. होमीनिड

307. सूची-I को सूची-II से सुमेलित कीजिये तथा सूचियों के नीचे दिये गये कूट से सही उत्तर का चयन कीजिये।

सूची-I (*हड़प्पा संस्कृति का स्थल*)	*सूची-II* (*भौगोलिक स्थिति*)
(a) सुत्काकोह	(i) पंजाब
(b) शोर्तुघई	(ii) अफगानिस्तान
(c) कोटलानिहंगखाँ	(iii) बलुचिस्तान
(d) देशलपुर	(iv) गुजरात

कूट:

	(a)	**(b)**	**(c)**	**(d)**
A.	(ii)	(i)	(iv)	(iii)
B.	(iii)	(ii)	(i)	(iv)
C.	(iv)	(iii)	(i)	(ii)
D.	(i)	(iii)	(ii)	(iv)

308. युद्ध के निम्नलिखित शस्त्रों में से कौन हड़प्पा संस्कृति में उपलब्ध नहीं हुये हैं? नीचे दिये गये कूट से सही उत्तर का चयन कीजिए।

(i) धनुष और बाण (ii) तलवार

(iii) ढ़ाल (iv) शिरस्त्राण

कूट:

A. केवल (i) B. (ii) तथा (iii)

C. (i), (iii) तथा (iv) D. (ii), (iii) तथा (iv)

309. हड़प्पा संस्कृति के किस स्थल से एक विशाल द्वार, वृत्ताकार स्तम्भ आदि के रूप में पाषाण-स्थापत्य के उदाहरण प्राप्त हुये हैं?

A. धौलावीरा B. बनावली

C. राखीगढ़ी D. भगवानपुरा

310. किन विशेषताओं के आधार पर हड़प्पा संस्कृति की मुद्राओं पर मिलने वाली आकृति की पहचान शिव से की जाती है? नीचे दिये गये कूट से सही उत्तर का चयन कीजिए।

(i) इसे त्रिशूल के साथ दिखाया गया है।

(ii) इसे योगी की मुद्रा में दिखाया गया है।

(iii) इसे पशुओं से घिरा हुआ दिखाया गया है।
(iv) इसे पार्वती जैसी आकृति के साथ दिखाया गया है।

कूट:
A. (i) तथा (ii)   B. (ii) तथा (iii)
C. (i), (ii) तथा (iii)   D. (ii), (iii) तथा (iv)

311. नीचे दो वक्तव्य दिये गये हैं, एक को **कथन (A)** कहा गया है और दूसरे को **कारण (R):**

कथन (A): भारतीय कृषि की परिस्थितियों के लिये सिंचाई के महत्व की पूरी मान्यता थी।

कारण (R): अर्थशास्त्र में एक जल कर का उल्लेख मिलता है जो उन सभी स्थानों से नियमित रूप से लिया जाता था जहाँ सिंचाई उपलब्ध कराने में राज्य की सहायता रहती थी।

उपरोक्त दो वक्तव्यों के सन्दर्भ में निम्नलिखित में से कौन-सा सही है?

A. **(A)** और **(R)** दोनों सही हैं, तथा **(A)** की सही व्याख्या **(R)** है।
B. **(A)** और **(R)** दोनों सही हैं, किन्तु **(A)** की सही व्याख्या **(R)** नहीं है।
C. **(A)** सही है, किन्तु **(R)** गलत है।
D. **(A)** गलत है, किन्तु **(R)** सही है।

312. निम्नलिखित ग्रीको-रोमन लेखकों को कालानुक्रम में व्यवस्थित कीजिये। नीचे दिये गये कूट से सही उत्तर का चयन कीजिए।

(1) टीसियस   (2) प्लिनी
(3) स्ट्रैबो   (4) टॉलमी

कूट:
A. (1) (3) (2) (4)
B. (1) (4) (3) (2)
C. (4) (1) (2) (3)
D. (4) (3) (2) (1)

313. निम्नलिखित अभिलेखों को कालानुक्रम में व्यवस्थित कीजिये। नीचे दिये गये कूट से सही उत्तर का चयन कीजिए।

(1) पृथक कलिंग अभिलेख
(2) बेसनगर गरुड़ स्तम्भ लेख
(3) सोहगौरा ताम्र-पत्र अभिलेख
(4) नहपान का नासिक गुहालेख

कूट:
A. (1) (4) (2) (3)
B. (2) (3) (1) (4)
C. (3) (1) (2) (4)
D. (4) (2) (3) (1)

314. निम्नलिखित में से कौन-सा युग्म सही सुमेलित नहीं है?

A. रुद्रदामन का जूनागढ़ अभिलेख : तुशाष्फ
B. खारवेल का हाथीगुम्फा अभिलेख : पार्श्वनाथ
C. चन्द्रगुप्त द्वितीय का उदयगिरि : वीरसेनशाब गुहा अभिलेख
D. कुमारगुप्त तथा बन्धुवर्मा का मन्दसोर पाषाण अभिलेख : वत्सभट्टि

315. सूची-I को सूची-II से सुमेलित कीजिये तथा सूचियों के नीचे दिये गये कूट से सही उत्तर का चयन कीजिये।

सूची-I **(शासक)**	*सूची-II* **(सिक्के पर अंकित आकृति)**
(a) चन्द्रगुप्त द्वितीय	(i) पल्लस
(b) अगाथोक्लीज	(ii) अरदोक्षो
(c) क्षत्रप राजुवुल	(iii) बलराम
(d) कनिष्क	(iv) चक्र-पुरुष

कूट:

	(a)	(b)	(c)	(d)
A.	(iv)	(iii)	(i)	(ii)
B.	(ii)	(iii)	(iv)	(i)
C.	(i)	(ii)	(iv)	(iii)
D.	(iv)	(i)	(iii)	(ii)

316. निम्नलिखित में से किस अभिलेख से शैव धर्म के पाशुपत सम्प्रदाय पर महत्वपूर्ण प्रकाश पड़ता है?

A. कुषाण नरेश का तक्षशिला रजतपत्र अभिलेख
B. चन्द्रगुप्त द्वितीय का मथुरा स्तम्भ लेख
C. कुमारगुप्त प्रथम का करमदण्डा शिवलिंग अभिलेख
D. मौखरि नरेश ईशानवर्मन का हरहा अभिलेख

317. पदिट्टुप्पत्तु निम्नलिखित में से किन राजाओं की स्तुतियों का संग्रह है?

A. चोल   B. चेर
C. पाण्ड्य   D. इनमें से कोई नहीं

318. निम्नलिखित में से कौन-सा सही सुमेलित है?

A. कुरल : कम्बन

B. अहनानुरु : परनर

C. पुरनानुरु : मामुलनर

D. शिलप्पदिकारम : इलंगोवडिगल

319. नीचे दो वक्तव्य दिये गये हैं, एक को **कथन (A)** कहा गया है और दूसरे को **कारण (R)**:

कथन (A): नालन्दा के एक ताम्र-पत्र से हमें ज्ञात होता है कि पाल नरेश देवपाल ने सुवर्ण द्वीप तथा यव-द्वीप के शासक बलदेवपुत्र के द्वारा नालन्दा में निर्मित एक बौद्ध विहार के रख-रखाव के लिये पाँच ग्राम दान में दिये थे।

कारण (R): पाल नरेश मुख्यतः बौद्ध धर्म के संरक्षण के लिये सुविदित हैं।

उपरोक्त दो वक्तव्यों के सन्दर्भ में निम्नलिखित में से कौन-सा सही है?

A. **(A)** और **(R)** दोनों सही हैं, तथा **(A)** की सही व्याख्या **(R)** है।

B. **(A)** और **(R)** दोनों सही है, किन्तु **(A)** की सही व्याख्या **(R)** नहीं है।

C. **(A)** सही है, किन्तु **(R)** गलत है।

D. **(A)** गलत है, किन्तु **(R)** सही है।

320. सूची-I को सूची-II से सुमेलित कीजिये तथा सूचियों के नीचे दिये गये कूट से सही उत्तर का चयन कीजिये।

सूची-I (*विचारक*)	*सूची-II* (*इतिहास की अवधारणा*)
(a) स्पेंग्लर	(i) "सच यह है...कि इतिहास में अतीत वर्तमान के साथ बदलता है"
(b) ट्रैवेलियन	(ii) "इतिहास की परिसमाप्ति वर्तमान में होती है न कि भविष्य में"
(c) ओकशॉट	(iii) "इतिहास अतीत के अनुभवों का पुनर्विधायन है"
(d) कालिंगवुड	(iv) इतिहास का महत्व वैज्ञानिक नहीं है। इसका वास्तविक महत्व शैक्षिक है।

कूट:

	(a)	(b)	(c)	(d)
A.	(ii)	(iv)	(i)	(iii)
B.	(iv)	(i)	(iii)	(ii)
C.	(iii)	(iv)	(ii)	(i)
D.	(iv)	(ii)	(i)	(iii)

321. नीचे दो वक्तव्य दिये गये हैं, एक को **कथन (A)** कहा गया है और दूसरे को **कारण (R)**:

कथन (A): बलबन ने राजसत्ता की प्रतिष्ठा और शक्ति बढ़ाने की चेष्टा की एवं समस्त अधिकारों को सुल्तान के हाथों में केन्द्रीकृत करना चाहा।

कारण (R): वह मंगोलों को अमीर वर्ग में भर्ती करना चाहता था।

उपरोक्त दो वक्तव्यों के सन्दर्भ में निम्नलिखित में से कौन-सा सही है?

A. **(A)** और **(R)** दोनों सही है, और **(R), (A)** की सही व्याख्या है।

B. **(A)** और **(R)** दोनों सही है, परन्तु **(R), (A)** की सही व्याख्या नहीं है।

C. **(A)** सही है, किन्तु **(R)** गलत है।

D. **(R)** सही है, किन्तु **(A)** गलत है।

322. अलग-अलग समय पर विभिन्न सूफी सिलसिलों का भारत में सूत्रपात हुआ।

निम्नलिखित में से इन सिलसिलों के सूत्रपात के सही कालक्रम का चयन कीजिए।

A. चिश्ती – सुहरावर्दी – कादिरी – नक्शबंदी

B. चिश्ती – सुहरावर्दी – नक्शबंदी – कादिरी

C. सुहरावर्दी – चिश्ती – कादिरी – नक्शबंदी

D. सुहरावर्दी – चिश्ती – नक्शबंदी – कादिरी

323. सूची-I को सूची-II से सुमेलित कीजिये तथा सूचियों के नीचे दिये गये कूट से सही उत्तर का चयन कीजिये।

सूची-I (*महिला भक्ति संत*)	*सूची-II* (*सम्प्रदाय*)
(a) अक्का महादेवी	(i) चारणदासी सम्प्रदाय से संबंधित संत कवयित्री
(b) लाल देद	(ii) वारकरी सम्प्रदाय से संबंधित
(c) बाहिना बाई	(iii) वीरशैव संत
(d) सहजो बाई	(iv) शैव भक्त कवयित्री

कूट:

	(a)	(b)	(c)	(d)
A.	(iii)	(ii)	(i)	(iv)
B.	(iii)	(i)	(iv)	(ii)
C.	(iii)	(iv)	(i)	(ii)
D.	(iii)	(iv)	(ii)	(i)

324. सैयद काल का समकालीन ऐतिहासिक ग्रन्थ है:

A. तारीख-ए-मुबारकशाही
B. वाकियात-ए-मुश्ताकी
C. फतुह-उस-सलातीन
D. मसालिक-अल-अबसार

325. बहमनी राज्य में तरफ से तात्पर्य है:

A. प्रान्त B. भूमि अनुदान
C. राहदारी D. स्वर्ण मुद्रा

326. निम्नलिखित लेखकों एवं उनकी रचनाओं के युग्मों में से कौन-सा सुमेलित नहीं है?

A. शेख कुतबन – मृगावती
B. मंझन – मधुमालती
C. केशवदास – रामचंद्रिका
D. नंददास – ध्यान मंजरी

327. विजयनगर के किस मंदिर का व्यापक रूप से कृष्णदेवराय के काल में पुनः निर्माण कराया गया?

A. नागेन्द्रशयन मंदिर B. विरुपाक्ष मंदिर
C. पट्टाभिराम मंदिर D. गनिगित्ती जैन मंदिर

328. सूची-I को सूची-II से सुमेलित कीजिये तथा सूचियों के नीचे दिये गये कूट से सही उत्तर का चयन कीजिये।

सूची-I *(ऐतिहासिक)*	*सूची-II* *(वर्ष)*
(a) मालवा विजय	(i) 1561
(b) इबादतखाना को बंद करना	(ii) 1584
(c) इलाही संवत् का सूत्रपात	(iii) 1592
(d) उड़ीसा विजय	(iv) 1582

कूट:

	(a)	(b)	(c)	(d)
A.	(i)	(iv)	(ii)	(iii)
B.	(ii)	(i)	(iv)	(iii)
C.	(i)	(iii)	(ii)	(iv)
D.	(i)	(ii)	(iii)	(iv)

329. अबुल फजल के अनुसार कौन-सा चित्रकार आकृति अंकन में दक्ष था?

A. अबदुल समद B. दसवंत
C. मीर सैयद अली D. बसावन

330. नीचे दो वक्तव्य दिये गये हैं, एक को **कथन (A)** कहा गया है और दूसरे को **कारण (R)**:

कथन (A): जहाँगीर ने जिस परम्परा को आरंभ किया उसके अन्तर्गत मेवाड़ के राणा को मुगल दरबार में उपस्थित होने एवम् सेवा करने के उत्तरदायित्व से मुक्त कर दिया गया।

कारण (R): वह आमेर के राजा मान सिंह को अपमानित करना चाहता था।

उपरोक्त दो वक्तव्यों के सन्दर्भ में निम्नलिखित में से कौन-सा सही है?

A. **(A)** और **(R)** दोनों सही है, और **(R), (A)** की सही व्याख्या है।
B. **(A)** और **(R)** दोनों सही है, परन्तु **(R), (A)** की सही व्याख्या नहीं है।
C. **(A)** सही है, किन्तु **(R)** गलत है।
D. **(R)** सही है, किन्तु **(A)** गलत है।

331. किसने मुगल शहरों को शिविर नगर कहा है?

A. मनुची B. बर्नियर
C. टैवर्नियर D. पीटर मुंडी

332. निम्न में से किसने सन् 1600 में भारत की कुल जनसंख्या को दस करोड़ के लगभग अनुमानित किया?

A. मोरलैण्ड B. किंगस्ले डेविस
C. इरफान हबीब D. अशोक वी. देसाई

333. इंग्लिश ईस्ट इंडिया कंपनी ने सूरत में स्थायी फैक्टरी की स्थापना निम्न में से किस वर्ष में की?

A. सन् 1611 B. सन् 1613
C. सन् 1621 D. सन् 1626

334. निम्नांकित का सही कालक्रम क्या था? अपने सही उत्तर का चयन नीचे दिए कूट से कीजिए।

(1) मुगलों द्वारा बल्ख पर अधिकार
(2) खानेजहाँ लोदी का विद्रोह
(3) गोलकुण्डा व बीजापुर से संधि
(4) निजामशाही का अंत

कूटः

A.	(1)	(4)	(3)	(2)
B.	(2)	(1)	(4)	(3)
C.	(2)	(4)	(3)	(1)
D.	(3)	(2)	(1)	(4)

335. नीचे दो वक्तव्य दिये गये हैं, एक को **कथन (A)** कहा गया है और दूसरे को **कारण (R)**:

कथन (A): वर्ष 1690 में औरंगजेब ने एक फरमान द्वारा मदद-ए-माश को पूर्ण रूप से वंशानुगत बना दिया।

कारण (R): औरंगजेब मराठों को मुगलों के नियंत्रण में लाना चाहता था।

उपरोक्त दो वक्तव्यों के सन्दर्भ में निम्नलिखित में से कौन-सा सही है?

A. **(A)** और **(R)** दोनों सही है, और **(A)** की सही व्याख्या **(R)** है।

B. **(A)** और **(R)** दोनों सही हैं, परन्तु **(A)** की सही व्याख्या **(R)** नहीं है।

C. **(A)** सही है, किन्तु **(R)** गलत है।

D. **(R)** सही है, किन्तु **(A)** गलत है।

336. 1858 के अधिनियम द्वारा क्या प्रमुख परिवर्तन स्थापित किया गया था?

A. भारतीय सेना का पुनर्गठन किया गया।

B. भारतीयों को व्यवस्थापिका परिषद् में और अधिक प्रतिनिधित्व प्रदान किया गया।

C. सत्ता शक्ति, ईस्ट इण्डिया कम्पनी से ब्रिटिश क्राउन को स्थानान्तरित हो गई।

D. ईस्ट इण्डिया कम्पनी ने भारत सम्बन्धी मामलों में अपना सीधा नियंत्रण कर लिया।

337. कलकत्ता में बेथ्यून कॉलेज की स्थापना किसने की थी?

A. ईश्वर चन्द्र विद्यासागर

B. राजा राम मोहन राय

C. रविन्द्रनाथ टैगोर

D. सुरेन्द्रनाथ बनर्जी

338. बंगाल के विभाजन (1905) को समाप्त कर दिया गया था:

A. इण्डियन काउन्सिल ऐक्ट 1909 के द्वारा

B. चेम्सफोर्ड मॉंटेग्यू रिपोर्ट द्वारा

C. 1911 की दिल्ली दरबार घोषणा द्वारा

D. गवर्नमेन्ट ऑफ इण्डिया अधिनियम 1935 के द्वारा

339. किसने तर्क दिया और अन-औद्योगीकरण का सिद्धान्त एक मिथक था?

A. अमियो बाग़ची　　B. डेनियल थार्नर

C. मारिस डी मारिस　　D. तोरु मतसुई

340. भारत में पहला औद्योगिक आयोग का गठन कब किया गया था?

A. सन् 1916　　B. सन् 1936

C. सन् 1947　　D. सन् 1950

341. 19वीं शताब्दी के उत्तरार्द्ध में ब्रिटिश पूँजी का मुख्यतः निवेश किया गया:

A. लोहा और इस्पात में

B. कपड़ा उद्योग में

C. पौधा रोपड़ उद्योग में

D. रेलवे में

342. 1917 में अहमदाबाद मिल मजदूरों की हड़ताल में गाँधी के हस्तक्षेप के कारण मजदूरी में वृद्धि हो गई:

A. 10%　　B. 15%

C. 25%　　D. 35%

343. प्रान्तीय सरकार में द्वैध शासन की स्थापना की गयी थी:

A. 1892 के अधिनियम द्वारा

B. 1909 के अधिनियम द्वारा

C. 1919 के अधिनियम द्वारा

D. 1935 के अधिनियम द्वारा

344. चम्पारन के सत्याग्रह (1917) में कृषकों का मुख्य असन्तोष किसके बारे में था?

A. अबवाबों या गैर कानूनी मांग के विरुद्ध

B. भूस्वामियों के उत्पीड़न पर

C. तिनकठिया व्यवस्था पर

D. भूराजस्व की मांग पर

345. सूची-I को सूची-II से सुमेलित कीजिये तथा सूचियों के नीचे दिये गये कूट से सही उत्तर का चयन कीजिये।

	सूची-I		सूची-II
(a)	चौधरी खलीकुज्जमान	(i)	इण्डिया विन्स फ्रीडम
(b)	जवाहरलाल नेहरू	(ii)	पाथ वे टू पाकिस्तान
(c)	मौलाना अबुल कलाम आजाद	(iii)	इण्डिया डिवाइडेड
(d)	डॉ. राजेन्द्र प्रसाद	(iv)	डिस्कवरी ऑफ इण्डिया

कूट:

	(a)	(b)	(c)	(d)
A.	(iv)	(ii)	(i)	(iii)
B.	(iii)	(i)	(iv)	(ii)
C.	(i)	(iii)	(iv)	(ii)
D.	(ii)	(iv)	(i)	(iii)

346. रेशमी रुमाल तहरीक षड़यन्त्र की योजना बनायी थी:
A. मौलाना अब्दुल बारी और मौलाना मुहम्मद अली
B. मौलाना उबैदुल्ला सिन्धी और मौलाना बरकतउल्ला
C. मौलाना अबुल कलाम आजाद और मौलाना महमूद हसन
D. राजा महेन्द्र प्रताप और वॉन हेन्टिग

347. पुनर्जागरण (Renaissance) काल में ग्रीको-रोमन क्लासिकों के अध्ययन को जाना जाता है:
A. व्यक्तिवाद (इण्डीविजुअलिज्म)
B. सुखवाद (हेडोनिज्म)
C. मानववाद (ह्यूमनिज्म)
D. पांडित्यवाद (स्कोलेसटिज्म)

348. किसने कहा कि वाणिज्य 'एक लगातार युद्ध है चातुर्य और क्षमता के लिए सभी राष्ट्रों के बीच में'?
A. जाँ बोदाँ
B. जाँ बैपतिस्ट कोलबेयर
C. थॉमस मन
D. थॉमस हाब्स

349. फ्रान्स में केल्विनिनवादियों को किस नाम से जाना जाता है?
A. कैथोलिक B. ह्यूजेनोज़
C. प्रेसबिटेरियनस D. प्योरिटन्स

350. निम्नलिखित में से किसे 'मानववादियों का राजकुमार' के रूप में जाना गया?
A. डेसीडेरियस इरैसमस B. जॉन कोलेट
C. थॉमस मोर D. फ्रान्सेस्को पेट्रार्क

निर्देश (प्र.सं. 351-355): *निम्नलिखित परिच्छेद को पढ़िए और उसके पश्चात् दिये गये प्रश्नों का उत्तर दीजिए जो इस परिच्छेद पर आधारित हैं:*

उत्तर की ओर भारतीय संस्कृति का प्रभाव मध्य एशिया से होकर चीन में फैला। भारत और चीन के बीच क्षीण सम्पर्क सम्भवतः मौर्यकाल में स्थापित हुआ था। परन्तु लगभग दो हजार वर्ष पूर्व जब हान साम्राज्य अपनी सीमाएँ कैस्पियन सागर की ओर बढ़ाने लगा, तभी वास्तव में भारत एवं चीन का सम्पर्क हुआ। दक्षिण-पूर्व एशिया की भाँति चीन ने भारतीय विचारों को उसकी संस्कृति के प्रत्येक रूप में आत्मसात नहीं किया। परन्तु सम्पूर्ण सुदूर-पूर्व बौद्ध धर्म के लिए भारत का ऋणी है जिसने चीन, कोरिया, जापान और तिब्बत की विशिष्ट सभ्यताओं के निर्माण में सहायता प्रदान की है।

एशिया को विशेष उपहार देने के साथ ही साथ भारत ने सारे संसार को भी अनेक व्यवहारात्मक बरदान दिये हैं—विशेष रूप से चावल, कपास, गन्ना, अनेक मसाले, पालतू मुर्गा-मुर्गी, शतरंज का खेल और इन सबसे अधिक महत्वपूर्ण संख्या सम्बन्धी अंक-विद्या की दशमलव प्रणाली जिसका आविष्कार ईसाई सन् के प्रारम्भ में एक अज्ञात भारतीय गणितज्ञ ने किया था। यह बात अत्यधिक विवादग्रस्त है कि प्राचीन पश्चिम पर भारत का आध्यात्मिक प्रभाव किस सीमा तक था। एसेनीज का नास्तिक यहूदी सम्प्रदाय, जिसने सम्भवतः प्रारम्भ में ईसाई धर्म को प्रभावित किया था, वैराग्य सम्बन्धी अभ्यास करता था जो कुछ-कुछ बौद्ध धर्म से मिलते-जुलते थे। न्यू टेस्टामेण्ट के अवतरणों एवं पाली धर्मग्रन्थों में समानता की खोज की जा सकती है। पश्चिमी दार्शनिकों एवं पाइथागोरस से प्लोटिनस तक के आध्यात्मवादियों तथा उपनिषदों की शिक्षा में थोड़ी-बहुत समानाता देखी गई है। इनमें से कोई भी समानता असंशयात्मक रूप से पर्याप्त नहीं है क्योंकि विशेष रूप से हमारे पास इसका कोई प्रमाण नहीं है कि किसी भी पाश्चात्य शास्त्रीय लेखक को भारतीय धर्म का गहन ज्ञान था। हम केवल यही कह सकते हैं कि यूनानियों का संसार एवं भारत के बीच सदैव कुछ-न-कुछ सम्पर्क रहता था। यह सम्पर्क प्रारम्भ में एचीमेनिड साम्राज्य की मध्यस्थता के कारण, बाद में सिल्यूसिड्स के द्वारा तथा अन्त में रोमन साम्राज्य में भारतीय व्यापारियों द्वारा स्थापित हुआ था।

ईसाई धर्म का विस्तार ऐसे समय पर प्रारम्भ हुआ जब यह सम्पर्क अत्यन्त दृढ़ था। हमें ज्ञात है कि भारतीय संन्यासी जब-तब पश्चिम की यात्रा करते रहते थे और एलेक्जेण्ड्रिया में भारतीय व्यापारियों का एक उपनिवेश था। नवप्लेटोनिस्म तथा प्रारम्भिक ईसाई धर्म पर भारतीय प्रभाव की सम्भावना को भी अस्वीकार नहीं किया जा सकता है।

351. किस देश ने भारतीय विचारों को पूर्णतया नहीं ग्रहण किया?

A. दक्षिण-पूर्व एशिया B. तिब्बत
C. जापान D. चीन

352. भारतीय सांस्कृतिक प्रभाव चीन में कैसे फैला?

A. मध्य-एशिया से चीन को
B. मौर्य काल में
C. बौद्ध धर्म द्वारा
D. हान साम्राज्य के कारण

353. एसेनीज का यहूदी सम्प्रदाय ने भारत से ग्रहण किया–

A. गणित में दशमलव प्रणाली
B. शतरंज का खेल
C. खाद्य-अनाज
D. यति-जीवन

354. पश्चिमी विश्व में भारतीय प्रभाव ने किस प्रकार प्रवेश किया?

A. भारत तथा यूनानी जगत के सम्पर्क से
B. भारतीय भिक्षुओं द्वारा
C. भारतीय व्यापारियों द्वारा
D. घुमन्तू लोगों द्वारा

355. अन्त में रोम भारत से प्रभावित हुआ–

A. भिक्षुओं के द्वारा B. व्यापारियों द्वारा
C. घुमन्तू लोगों द्वारा D. शिक्षकों द्वारा

356. निम्नांकित किस प्रागैतिहासिक स्थल से धान की जंगली तथा खेती की जाने वाली प्रकार के प्रमाण प्राप्त हुए हैं?

A. बेलन B. बगोर
C. आदमगढ़ D. बुर्जहोम

357. नवपाषाण क्रान्ति की मुख्य उपलब्धि क्या है?

A. पशुपालन B. कृषि
C. घुमन्तू जीवन D. चित्रकला

358. निम्नलिखित कथनों पर विचार कीजिए–

(1) ऋग्वैदिक काल में राजा एकछत्र सम्राट था।
(2) ऋग्वैदिक युग में सामंतवाद का जन्म हुआ।
(3) ऋग्वैदिक काल में पुरोहित सबसे महत्वपूर्ण पदाधिकारी था।

उपरोक्त कथनों में से कौन-सा सही है?

A. (1) और (2) B. (2) और (3)
C. उपर्युक्त सभी D. केवल 3

359. नीचे दो वक्तव्य दिए गए हैं, एक को **कथन (A)** कहा गया है, दूसरे को **कारण (R)** :

कथन (A) : बौद्ध धर्म में मध्यम मार्ग की अवधारणा मानव-जीवन के समस्त दुःख को समाप्त करने वाली है।

कारण (R) : यह अतिवादी विचार को समाप्त करती है।

उपरोक्त दो वक्तव्यों के सन्दर्भ में निम्नलिखित में से कौन-सा सही है?

A. (A) सही है, परंतु (R) गलत है।
B. (A) तथा (R) दोनों सही है।
C. (A) गलत है, परन्तु (R) सही हैं।
D. (A) तथा (R) दोनों गलत है।

360. बौद्ध धर्म में उपावसथ (उपोसथ) क्या था?

A. पूर्णिमा एवं अमावस्या की सन्ध्या पर बौद्ध भिक्षुओं के समागम में भिक्षुओं द्वारा की गई स्वीकारोक्ति
B. नवागत बौद्ध भिक्षुओं की शपथ
C. वर्षाकाल में विहारों में निवास
D. भिक्षुओं द्वारा दण्ड स्वरूप किया गया उपवास

361. नागार्जुनी पर्वत पर शैल-गुहाओं का उत्खनन किसने करवाया?

A. चन्द्रगुप्त मौर्य B. अशोक
C. दशरथ D. सम्प्रति

362. नीचे दो वक्तव्य दिए गए हैं, एक को **कथन (A)** कहा गया है, दूसरे को **कारण (R)** :

कथन (A) : अशोक के शासन काल में मौर्य राजतन्त्र सैनिक निरंकुशता का स्वरूप धारण कर चुका था।

कारण (R) : अशोक ने अपने शिलालेखों में स्वयं के विषय में कहा है–''समस्त प्रजा मेरी संतान है।''

उपरोक्त दो वक्तव्यों के सन्दर्भ में निम्नलिखित में से कौन-सा सही है?

A. (A) सही है, परंतु (R) गलत है।

B. (A) तथा (R) दोनों सही है।

C. (A) गलत है, परन्तु (R) सही है।

D. (A) तथा (R) दोनों गलत है।

363. नीचे दो वक्तव्य दिए गए हैं, एक को **कथन (A)** कहा गया है, दूसरे को **कारण (R)** :

कथन (A) : शुंगों के शासन काल में कुछ यवनों का वैष्णव मत में धर्म परिवर्तन हुआ।

कारण (R) : भागवत ने बेसनगर में एक गरूड़ स्तम्भ स्थापित किया।

उपरोक्त दो वक्तव्यों के सन्दर्भ में निम्नलिखित में से कौन-सा सही है?

A. (A) सही है, परंतु (R) गलत है।

B. (A) तथा (R) दोनों सही है, परन्तु (R), (A) की सही व्याख्या नहीं है।

C. (A) गलत है, परन्तु (R) सही है।

D. (A) तथा (R) दोनों गलत है।

364. प्राचीनतम हिन्दू मन्दिर बनाया गया है—

A. सोंख B. ऐहोल

C. देवगढ़ D. विदिशा

365. ह्वेनसांग ने पल्लव राजवंश के निम्नांकित में से किस शासक के काल में कांची का भ्रमण किया?

A. महेन्द्रवर्मन – प्रथम

B. परमेश्वरवर्मन – प्रथम

C. नरसिंहवर्मन – प्रथम

D. नरसिंहवर्मन – द्वितीय

366. **सूची-I** को **सूची-II** से सुमेलित कीजिए और नीचे दिए गए कूट से अपने उत्तर का चयन कीजिए।

***सूची - I* (अभिलेख)**	***सूची - II* (शासक)**
(*a*) बिलहरी प्रस्तर अभिलेख	(*i*) यशोधर्मा
(*b*) मेहरौली स्तम्भ-लेख	(*ii*) खारवेल
(*c*) मन्दसौर स्तम्भ-लेख	(*iii*) युवराजदेव
(*d*) हाथीगुम्फा अभिलेख	(*iv*) चन्द्र

कूट :

	(*a*)	(*b*)	(*c*)	(*d*)
A.	(*iv*)	(*ii*)	(*iii*)	(*i*)
B.	(*ii*)	(*iii*)	(*i*)	(*iv*)
C.	(*i*)	(*iv*)	(*iii*)	(*ii*)
D.	(*iii*)	(*iv*)	(*i*)	(*ii*)

367. **सूची-I** को **सूची-II** से सुमेलित कीजिए और नीचे दिए गए कूट से सही उत्तर का चयन कीजिए।

***सूची - I* (लेखक)**	***सूची - II* (ग्रन्थ)**
(*a*) भारवि	(*i*) बुद्ध चरित्
(*b*) अश्वघोष	(*ii*) किरातार्जुनीयम्
(*c*) वराहमिहिर	(*iii*) राजतरंगिणी
(*d*) कल्हण	(*iv*) वृहत्संहिता

कूट :

	(*a*)	(*b*)	(*c*)	(*d*)
A.	(*i*)	(*ii*)	(*iv*)	(*iii*)
B.	(*ii*)	(*i*)	(*iv*)	(*iii*)
C.	(*iii*)	(*iv*)	(*ii*)	(*i*)
D.	(*iv*)	(*iii*)	(*i*)	(*ii*)

368. नीचे दो वक्तव्य दिए गए हैं, एक को **कथन (A)** कहा गया है और दूसरे को **कारण (R)** :

कथन (A) : मंदिर निर्माण में चोलों ने पल्लव परंपराओं का अनुसरण किया।

कारण (R) : उन्होंने पल्लव शैली का अनुसरण करते हुए अपने साम्राज्य में अनेक एकाशम मंदिरों का निर्माण किया।

उपरोक्त दो वक्तव्यों के संदर्भ में निम्नलिखित में से कौन-सा सही है?

कूट :

A. (A) सही है, परंतु (R) गलत है।

B. (A) तथा (R) दोनों सही है।

C. (A) गलत है, परन्तु (R) सही है।

D. (A) तथा (R) दोनों गलत है।

369. **सूची-I** को **सूची-II** से सुमेलित कीजिए और नीचे दिए गए कूट से सही उत्तर का चयन कीजिए।

***सूची - I* (शासक)**	***सूची - II* (काल)**
(*a*) पृथ्वीराज द्वितीय	(*i*) 1110-1155 ई.
(*b*) जयसिंह सिद्धराज	(*ii*) 1165-1169 ई.
(*c*) गोविन्दचन्द्र	(*iii*) 1094-1143 ई.
(*d*) गांगेयदेव	(*iv*) 1015-1041 ई.

कूट :

	(*a*)	(*b*)	(*c*)	(*d*)
A.	(*iv*)	(*iii*)	(*i*)	(*ii*)
B.	(*i*)	(*iii*)	(*ii*)	(*iv*)
C.	(*ii*)	(*iii*)	(*i*)	(*iv*)
D.	(*iv*)	(*ii*)	(*iii*)	(*i*)

370. धोयी, बंगाल के सेन वंशीय निम्नांकित किस शासक का राजकवि था?

A. हेमन्तसेन B. विजयसेन

C. वल्लालसेन D. लक्ष्मणसेन

371. निम्न में से किसने बंगाल में चिश्ती सिलसिला संगठित किया?

A. शेख हमीदुद्दीन

B. शेख कुतुब-उद्-दीन मुनव्वर

C. शेख सिराज-उद्-दीन उस्मान

D. शेख शाह विलायत

372. देश के विभिन्न भागों तथा कालों में सक्रिय प्रमुख भक्ति-संतों के निम्नलिखित वर्गों पर विचार कीजिए।

(*i*) महाराष्ट्र के वारकरी संत

(*ii*) कर्नाटक के वीरशैव संत

(*iii*) तमिल देश के अलवार एवं नयनार संत

(*iv*) राजस्थान के दादूपंथी

निम्नलिखित में से कौन-सी शृंखला काल-क्रम के अनुसार सही है?

कूट :

A. (*i*) (*ii*) (*iii*) (*iv*) B. (*iii*) (*i*) (*ii*) (*iv*)

C. (*iii*) (*iv*) (*i*) (*ii*) D. (*iii*) (*ii*) (*i*) (*iv*)

373. अमीर खुसरो द्वारा लिखित मिफ्ता-उल-फुतूह वर्णन करती है–

A. बुगरा खान एवं कैकुबाद का मिलन

B. जलाल-उद्-दीन खिलजी के सैनिक अभियान

C. अला-उद्-दीन खिलजी की गुजरात विजय

D. मुबारक शाह के काल के सैनिक अभियान

374. किस दिल्ली सुल्तान के कार्य-काल में उत्तर-पश्चिम में मंगोलों के हमले सबसे अधिक भयावह हो गए थे?

A. बलबन

B. जलाल-उद्-दीन खिलजी

C. अला-उद्-दीन खिलजी

D. मुहम्मद बिन तुगलक

375. निम्नलिखित में से किसने दिल्ली को 'इस्लामिक पूर्व' का सबसे बड़ा शहर कहा है?

A. अलबरूनी B. अमीर खुसरो

C. इब्न-बतूता D. शम्स-सिराज अफीफ

376. नीचे दो वक्तव्य दिए गए हैं, एक को **कथन (A)** कहा गया है, दूसरे को **कारण (R)** :

कथन (A) : बहमनी राज्य के प्रारंभिक समय से ही विदेशियों का राज्य की राजनीति में अत्यधिक प्रभाव था।

कारण (R) : बहमन शाह को दखनियों पर विश्वास नहीं था।

उपरोक्त दो वक्तव्यों के संदर्भ में निम्नलिखित में से कौन-सा सही है?

A. (A) और (R) दोनों सही है, तथा (R), (A) की सही व्याख्या है।

B. (A) और (R) दोनों सही है, किन्तु (R), (A) की सही व्याख्या नहीं है।

C. (A) सही है, किन्तु (R) गलत है।

D. (A) गलत है, किन्तु (R) सही है।

377. विजयनगर की यात्रा करने वाले निम्नलिखित विदेशियों में से किसने सहगमन (सती) का विवरण दिया है?

(1) निकालो कोंटी (2) डामिन्गो पायस

(3) फरनाओ न्यूनिज (4) वारथेमा

कोड :

A. (2) व (4) B. (1) व (3)

C. (1), (2) व (4) D. (2) व (3)

378. बीजापुर के सुल्तान से पुर्तगालियों ने गोवा को किस साल में छीना?

A. 1496 B. 1510

C. 1524 D. 1558

379. नीचे दो वक्तव्य दिए गए हैं, एक को **कथन (A)** कहा गया है, दूसरे को **कारण (R)** :

कथन (A) : अकबर ने अपने शासन के चौबीसवें वर्ष (1579) में दहसाला को लागू किया।

कारण (R) : उसने भूमि की सालाना पैमाइश की प्रथा को समाप्त करने का निर्णय लिया।

उपरोक्त दो वक्तव्यों के संदर्भ में निम्नलिखित में स कौन-सा सही है?

A. (A) और (R) दोनों सही है, तथा (R), (A) की सही व्याख्या है।

B. (A) और (R) दोनों सही है, किन्तु (R), (A) की सही व्याख्या नहीं है।

C. (A) सही है, किन्तु (R) गलत है।

D. (A) गलत है, किन्तु (R) सही है।

380. निम्नलिखित ग्रन्थों में कौन-से ग्रंथ संगीत से सम्बन्धित हैं–

(1) मान कुतूहल

(2) तुहफत-उल हिन्द

(3) माधवनाल-कामकण्दला

(4) किताब-ए नवरस

कूट :

A. (1) (2) (3) B. (1) (3) (4)

C. (2) (3) (4) D. (1) (2) (4)

381. **सूची-I** को **सूची-II** से सुमेलित कीजिए और नीचे दिए गए कूट से सही उत्तर का चयन कीजिए।

सूची - I ***(स्मारक)***	***सूची - II*** ***(निर्माता)***
(*a*) अटाला मस्जिद	(*i*) अली आदिलशाह
(*b*) बड़ा सोना मस्जिद	(*ii*) इब्राहिम शाह शर्की
(*c*) गोल गुम्बज	(*iii*) नुसरत शाह
(*d*) चारमीनार	(*iv*) मुहम्मद कुली कुतुबशाह

कूट :

	(*a*)	(*b*)	(*c*)	(*d*)
A.	(*ii*)	(*iii*)	(*iv*)	(*i*)
B.	(*iii*)	(*ii*)	(*iv*)	(*i*)
C.	(*ii*)	(*iii*)	(*i*)	(*iv*)
D.	(*iii*)	(*ii*)	(*i*)	(*iv*)

382. निम्नलिखित पाण्डुलिपियों में से किसकी रचना, अकबर के काल में की गई?

(1) दीवान-ए अमीर हसन देहलवी

(2) राज कुंवर

(3) तूतीनामा

(4) योगवशिष्ट

कूट :

A. (1), (2) व (3) B. (3) व (4)

C. (1) व (2) D. (2), (3) व (4)

383. निम्न में से कौन-सा सिक्का मुगलों का नहीं था?

A. मुजफ्फरी B. मोहर

C. आना D. दो-दामी

384. **सूची-I** को **सूची-II** से सुमेलित कीजिए और नीचे दिए गए कूट से अपने उत्तर का चयन कीजिए।

सूची - I ***(शब्द)***	***सूची - II*** ***(अर्थ)***
(*a*) सैर-ए-हासिल जागीर	(*i*) स्थायी राजस्व अनुदान
(*b*) पयबाकी	(*ii*) मापी हुई भूमि के आंकड़े
(*c*) अलतमगा	(*iii*) सर्वाधिक आय वाली जागीर
(*d*) अराजी	(*iv*) जागीर में देने के लिए सुरक्षित भूमि

कूट :

	(*a*)	(*b*)	(*c*)	(*d*)
A.	(*iv*)	(*ii*)	(*i*)	(*iii*)
B.	(*iii*)	(*iv*)	(*i*)	(*ii*)
C.	(*ii*)	(*iii*)	(*i*)	(*iv*)
D.	(*iv*)	(*ii*)	(*iii*)	(*i*)

385. निम्नलिखित में से कौन-सा सुमेलित ***नहीं*** है?

A. पुरन्दर की संधि – 1664

B. जजिया को दोबारा लगाना – 1679

C. गोलकुण्डा विजय – 1686

D. शम्भाजी का बंदीकरण एवं वध – 1689

386. हिन्दू कॉलेज की, 1817 में स्थापना कलकत्ता में किसने की?

A. डेविड हेयर B. विलियम जोन्स

C. एच.टी. प्रिन्सेप D. हेनरी विवियन डेरोजियो

387. 'गारन्टी पद्धति' के अधीन जो ब्रिटिश कम्पनियाँ रेलवे में निवेश करेंगी उन्हें आश्वासित लाभांश का वादा किया गया था–

A. 3% B. 5%

C. 8% D. 10%

388. 1880 में भारत सरकार ने अकाल आयोग (Camine Commission) का गठन किसके अधीन किया था–

A. एच.टी. प्रिन्सेप B. एच.एच. विल्सन

C. सर जॉन स्ट्रैची D. सर जॉन मैकफरसन

389. मौलाना अब्दुल बारी का सम्बन्ध रहा–

A. अलीगढ़ स्कूल B. देवबन्द मदरसा

C. फिरंगी महल D. नदवतुल उलेमा

390. आगा खान के नेतृत्व में मांग पत्र किसने लिखा था जो अक्टूबर 1906 में लॉर्ड मिन्टो को शिमला में प्रस्तुत किया गया?

A. आगा खान
B. सैय्यद हुसैन बिल्ग्रामी
C. मोहम्मद अली जिन्ना
D. मुल्क

391. एका आन्दोलन का प्रारम्भ किया था–

A. हरदोई और बाराबंकी इत्यादि के किसानों ने
B. बंगाल के क्रान्तिकारी आतंकवादियों ने
C. दक्षिण भारत के श्रमिकों ने
D. अवध के जमींदारों ने

392. भारतीय समाज के किस पहलू को प्रेमचन्द ने अपने उपन्यास *निर्मला* में रेखांकित किया है–

A. भूस्वामियों और कृषकों के मध्य वर्ग संघर्ष
B. एक नवयुवती के वृद्ध विधुर के साथ विवाह और दहेज के बारे में
C. मध्यवर्ग के जीवन और समाज में व्याप्त वैश्यावृत्ति समस्या के बारे में
D. यूरोपियनों द्वारा रंग भेद के बारे में

393. अखिल भारतीय किसान सभा के प्रथम अधिवेशन की अध्यक्षता किसने की थी?

A. एन.जी. रंगा B. नरेन्द्र देव
C. सहजानन्द सरस्वती D. राघव दौस

394. भारतीय राष्ट्रीय कांग्रेस ने मूल अधिकारों के बारे में एक प्रस्ताव पास किया अपने–

A. लखनऊ अधिवेशन, 1916 में
B. मद्रास अधिवेशन, 1927 में
C. लाहौर अधिवेशन, 1929 में
D. कराची अधिवेशन, 1931 में

395. **सूची-I** में दिए गए व्यक्तियों को **सूची-II** में दिए षडयंत्र केस से सुमेलित कीजिए और नीचे दिए गए कूट से अपने उत्तर का चयन कीजिए।

सूची - I (*व्यक्तित्व*)	*सूची - II* (*केस*)
(*a*) अशफाकउल्ला खान	(*i*) लाहौर षड्यन्त्र केस
(*b*) प्रफुल्ल चाकी	(*ii*) काकोरी केस
(*c*) सुखदेव	(*iii*) चटगांव आरमरी केस
(*d*) गणेश घोष	(*iv*) 1908 के मुजफ्फरपुर बम काण्ड

कूट :

	(*a*)	(*b*)	(*c*)	(*d*)
A.	(*iii*)	(*i*)	(*ii*)	(*iv*)
B.	(*i*)	(*iii*)	(*iv*)	(*ii*)
C.	(*ii*)	(*iv*)	(*i*)	(*iii*)
D.	(*iv*)	(*iii*)	(*ii*)	(*i*)

396. 'सामान्य इच्छा' के सिद्धान्त को किसने प्रतिपादित किया?

A. मांटेस्क्यू B. कार्ल मार्क्स
C. रूसो D. वालटेयर

397. 'इम्पीरियलइज्म इज दी हाईएस्ट स्टेज आफ कैपिटलइज्म' नामक पुस्तक किसने लिखी?

A. कार्ल मार्क्स B. वी.आई. लेनिन
C. जे.वी. स्टालिन D. रोजा लक्जेमबर्ग

398. कौन-सा देश सोलहवीं शताब्दी में एक राष्ट्र राज्य के रूप में नहीं विकसित हो सका?

A. फ्रांस B. ग्रेट ब्रिटेन
C. इटली D. स्पेन

399. रंगभेद नीति किसने अपनाया था?

A. ग्रेट ब्रिटेन B. फ्रांस
C. दक्षिण अफ्रीका D. संयुक्त राष्ट्र अमेरिका

400. पुर्नजागरण कालीन चित्रों जिन्हें 'लास्ट सपर' और 'मोना लिसा' नाम से जाना जाता है प्रसिद्ध कृतियाँ बनाई थी–

A. फ्रा लिप्पो लिप्पी B. लियोनार्डो दा विन्ची
C. माइकेल एन्जेलो D. राफेल

निर्देश (प्र.सं. 401-405): *निम्नलिखित परिच्छेद को ध्यान से पढ़िए और उसके पश्चात् दिये गये प्रश्नों का उत्तर दीजिए जो इस परिच्छेद पर आधारित हैं।*

अनेक भारतीय तथा यूरोपीय महात्मा गाँधी को भारतीय परम्पराओं का संक्षिप्त संग्रह मानते थे परन्तु यह एक असंगत निर्णय है क्योंकि वे पाश्चात्य विचारों से अत्यधिक प्रभावित थे। गाँधीजी अपनी प्राचीन संस्कृति के सिद्धान्तों में विश्वास करते थे परन्तु उनका दलितों के प्रति अत्यधिक प्रेम तथा जातिवाद के प्रति घृणा तथापि इनमें हठधर्मीता न थी और ये किसी भी भारतीय तत्व की अपेक्षा यूरोप की

19वीं शताब्दी की उदारता से अधिक निकट थे। उनका अहिंसा में विश्वास जैसाकि हम देख चुके हैं किसी प्रकार भी हिन्दू धर्म का कट्टर रूप नहीं था। गाँधीजी की शान्तिप्रियता के लिये हमें, 'सरमन आन दी माउन्ट' तथा टॉलस्टॉय की ओर देखना चाहिये। स्त्रियों के अधिकारों के लिए उनका प्रयास भी पाश्चात्य प्रभाव का ही परिणाम है। अपने सामाजिक प्रसंगों में वे सदैव नवीन रीति चलाने वाले ही थे, अनुदार न थे। यद्यपि उनके कुछ साथी उनके सीमित समाज-सुधार के कार्यक्रम की गति अत्यन्त मन्द समझते थे, तथापि गाँधीजी हिन्दू विचारधारा के सम्पूर्ण बल को जाति एवं वर्ग के प्रभुत्व के स्थान पर एक लोकप्रिय एवं समानतापूर्ण समाज के रूप में परिवर्तित करने में सफल हुए। गाँधीजी और उनके भारतीय राष्ट्रीय कांग्रेस के अनुयायियों ने शताब्दियों की स्थिरता के पश्चात् हिन्दू सभ्यता को नवीन रूप एवं नव जीवन प्रदान किया है। आज राजनीतिक एवं आर्थिक रूप से भारत के समक्ष अनेक कठिन समस्याएं हैं और कोई भी उसके भविष्य के सम्बन्ध में निश्चित भविष्यवाणी नहीं कर सकता है। परन्तु यह भविष्यवाणी तो की जा सकती है कि वह भविष्य कुछ भी हो, आने वाली पीढ़ियों के भारतीय अनिर्णयात्मक एवं आत्मज्ञानी यूरोपीय लोगों की प्रतिमूर्ति होंगे, अपितु वे अपनी परम्पराओं से पुष्ट एवं अपनी संस्कृति की अविच्छिन्नता से पूर्णतः परिचित व्यक्ति होंगे। इसी समय स्वतन्त्रता प्राप्ति केवल सात वर्ष पश्चात् ही (जब यह पुस्तक लिखी गई थी) राष्ट्रीय चरित्र को कलंकित करने तथा चरमसीमा की सांस्कृतिक देशभक्ति के लिये लड़ने की भावना अदृश्य होती जा रही है। हमारा विश्वास है कि हिन्दू सभ्यता संश्लेषण के अत्यन्त चमत्कारिक कार्यक्रम का प्रदर्शन करने जा रही है। अतीत में उसने इण्डो-यूरोपीय, मेसोपोटेमियम, ईरानी, यूनानी, रोमन, सिथियन, तुर्की, फारसी और अरबी– अनेक विभिन्न संस्कृतियों के तत्वों को प्राप्त किया, ग्रहण किया एवं उन्हें पचा लिया है। प्रत्येक नवीन प्रभाव से वह कुछ न कुछ परिवर्तित हुई है। अब वह पाश्चात्य संस्कृति को आत्मसात करने जा रही है। हमारा विश्वास है कि हिन्दू सभ्यता अपनी अविच्छिन्नता को बनाये रखेगी। भगवद्गीता क्रियाशील व्यक्तियों को तथा उपनिषद् विचारवाष व्यक्तियों को प्रेरणा देना बन्द न करेंगे। भारतीय जीवन का आकर्षण तथा उसकी विनम्रता चलती ही रहेगी, भले ही उन पर पाश्चात्य श्रम बचाने वाले आविष्कारों का कितना ही प्रभाव क्यों न पड़े। जन समुदाय अब भी रामायण और महाभारत के वीरों की कहानियाँ पढ़ना पसन्द करेगा शान्त एवं मृदुल प्रसन्नता, जो भारतीय जीवन में सदैव व्याप्त रही है तथा जिसे अत्याचार, रोग एवं निर्धनता आच्छादित न कर सके, निश्चय ही वह पश्चिम से अधिक उत्तेजनात्मक माँगों के समक्ष अदृश्य न हो सकेगी। प्राचीन भारतीय संस्कृति में जो कुछ अनुपयोगी था, उसका अधिकांश इस समय तक नष्ट हो चुका है। विधवाओं का अपने पतियों की चिताओं पर जलाया जाना, बहुत दिन हुए समाप्त हो चुका है। नियमानुसार बालिकाओं का विवाह बाल्यावस्था में नहीं हो सकता है। सारे भारत में बसों और रेलगाड़ियों पर ब्राह्मण बिना धर्म-भ्रष्ट होने के भय से निम्न जाति के लोगों से कन्धे से कन्धा मिलाकर चलते हैं और मन्दिरों के द्वार सबके लिए वैधानिक रूप से उन्मुक्त है। जातिवाद समाप्त हो रहा है। इस समाप्ति को प्रारम्भ हुए बहुत समय हो गया परन्तु अब तो उसकी गति इतनी तीव्र है कि जातिवाद के अधिक आपत्तिजनक अंग एक-दो पीढ़ियों में ही समाप्त हो जायेंगे। प्राचीन परिवार प्रणाली वर्तमान स्थितियों के अनुरूप परिवर्तित हो रही हैं। वस्तुतः भारत का पूर्णरूप ही परिवर्तित हो रहा है, परन्तु उसकी सांस्कृतिक परम्परा अविच्छिन्न बनी है तथा वह कदापि विनिष्ट न होगी।

401. वह क्या कारक थे जिसने सबसे ज्यादा भारतीय संस्कृति पर गांधीजी के विचारों को प्रभावित किया?

A. प्राचीन संस्कृति के मूल सिद्धान्तों में विश्वास

B. पाश्चात्य विचारों का प्रभाव

C. 'सरमन ऑन दी माउन्ट'

D. टॉलस्टॉय के विचार

402. वह कौन-सा सबसे महत्त्वपूर्ण सामाजिक मुद्दा था जिसे गाँधीजी ने सुधार के लिये चुना था?

A. धर्म

B. जाति

C. महिलाओं की स्थिति

D. हिन्दू धर्म में परम्परानिष्ठा

403. भारतीय संस्कृति का भविष्य सबसे ज्यादा निर्भर है–

A. वर्तमान समाज की प्रासंगिकता

B. समाज में समानभाव

C. भारतीय समाज में रूढ़िवादी प्रवृत्तियों का बहिष्करण

D. यूरोपियन प्रभावों का विलोपन करना

404. प्राचीन काल के किस धार्मिक ग्रंथ ने भारतीय विचारधारा को सबसे ज्यादा प्रभावित किया है?

A. भगवत्गीता B. पुराण
C. महाकाव्य D. उपनिषद्

405. वह कौन-सा कारक था जिसने भारत में जाति प्रथा को मिटाने में सबसे ज्यादा प्रभावित किया?

A. तर्कवाद B. नौकरी के अवसर
C. विधि-निर्माण D. उदारवादी शिक्षा

406. हड़प्पा संस्कृति का दक्षिणेतर स्थल है–

A. लोथल B. कोटदीजी
C. दाइमाबाद D. रंगपुर

407. निम्नलिखित में कौन-सा तमिल व्याकरण संबंधी ग्रंथ है?

A. मणिमेखलै
B. कुरल
C. शिलप्पदिगारम्
D. तोल्काप्पियम्

408. निम्नलिखित में कौन उत्तर वैदिक काल से सम्बन्धित है?

A. दशराजन युद्ध
B. इन्द्र, वरुण एवं सूर्य की उपासना
C. जातियों की स्थापना
D. दास्यु एवं पणियों में आपसी संघर्ष

409. निम्नलिखित किस बौद्ध ग्रंथ में सोडष-महाजनपदों का उल्लेख है?

A. अँगुत्तरनिकाय B. दीघनिकाय
C. दीपवँश D. महावँश

410. निम्नलिखित किस अभिलेख में अशोक के बाह्य जगत संबंधों का उल्लेख प्राप्त होता है?

A. शिला अभिलेख I
B. शिला अभिलेख XIII
C. रुमिन्दाई अभिलेख
D. साँची अभिलेख

411. "मिलिन्द पन्हो" में मिनेंडर तथा .... के बीच वार्तालाप का उल्लेख है।

A. अश्वघोष B. दिंगनाग
C. नागसेन D. नागार्जुन

412. निम्नलिखित किस ग्रंथ में राज्य की उत्पत्ति अनुबंध सिद्धान्त का विस्तारपूर्वक वर्णन प्राप्त होता है?

A. दीघनिकाय B. दीपवंश
C. कामंदकीय D. महावंश

413. सूची-I को सूची-II से सुमेलित कीजिए और नीचे दिए गए कूट से अपने उत्तर का चयन कीजिए।

सूची-I	सूची-II
(a) गुणाढ्य	(i) लीलावती
(b) वाग्भट्ट	(ii) प्रबंध-चिंतामणि
(c) भास्कराचार्य	(iii) बृहत्कथा
(d) मेरुतुंग	(iv) अष्टांगहृदय

कूट :

	(a)	(b)	(c)	(d)
A.	(i)	(ii)	(iii)	(iv)
B.	(iv)	(i)	(ii)	(iii)
C.	(ii)	(iii)	(i)	(iv)
D.	(iii)	(iv)	(i)	(ii)

414. निम्नलिखित शैक्षणिक संस्थाओं में कौन-सा व्यवस्थित कालानुक्रम के अनुसार है?

A. तक्षशिला, काँचीपुरम, वलभी तथा नालंदा
B. काँचीपुरम, तक्षशिला, नालंदा तथा वलभी
C. वलभी, तक्षशिला, काँचीपुरम तथा नालंदा
D. तक्षशिला, वलभी, काँचीपुरम तथा नालंदा

415. सूची-I को सूची-II से सुमेलित कीजिए और नीचे दिए गए कूट से अपने उत्तर का चयन कीजिए।

सूची-I	सूची-II
(a) दशावतार मंदिर	(i) ऐहोले
(b) गुप्त कालीन ईंट मंदिर	(ii) भीतरगाँव
(c) मेगुति मंदिर	(iii) नाचना कुठार
(d) पार्वती मंदिर	(iv) देवगढ़

कूट :

	(a)	(b)	(c)	(d)
A.	(ii)	(i)	(iii)	(iv)
B.	(i)	(ii)	(iii)	(iv)
C.	(iv)	(ii)	(i)	(iii)
D.	(iv)	(i)	(ii)	(iii)

416. शैलेन्द्रों द्वारा निर्मित सर्वप्रसिद्ध स्तूप .... स्थान पर स्थित है।

A. अनुराधापुर B. बोरोबुडूर
C. अँगकोरवाट D. अँगकोरथोम

417. ऐलोरा स्थित सुप्रसिद्ध कैलाश मंदिर किस राजवंश के संरक्षण में निर्मित हुआ थ?

A. वाकाटक B. गुप्त
C. आद्य-चालुक्य D. राष्ट्रकूट

418. नीचे दो वक्तव्य दिए गए हैं, एक को **कथन (A)** कहा गया है, दूसरे को **कारण (R)** :

कथन (A) : प्रथम राजेन्द्र ने कडारम का विजय अभियान किया था।

कारण (R) : उसकी अभिलाषा थी दक्षिण-पूर्व एशिया में भारतीय संस्कृति का प्रसार करना।

उपरोक्त दो वक्तव्यों के संदर्भ में निम्नलिखित में से कौन-सा सही है?

कूट :

A. (A) सही है, परंतु (R) गलत है।
B. (A) तथा (R) दोनों सही है।
C. (A) गलत है, परन्तु (R) सही है।
D. (A) तथा (R) दोनों गलत है।

419. निम्नलिखित में कौन-सा कालानुक्रम के अनुसार सही है?

A. गोंडोफरनेस, वीम कडफिसस तथा कनिष्क
B. सिमुक, सातकर्णी तथा कृष्णा
C. महेन्द्रवर्मा, दंतिवर्मा तथा नरसिंहवर्मा
D. राजराज, पराँतक तथा आदित्य

420. नीचे दो वक्तव्य दिए गए हैं, एक को **कथन (A)** कहा गया है, दूसरे को **कारण (R)** :

कथन (A) : बुद्ध ने प्राकृत भाषा के माध्यम से अपने उपदेश दिए।

कारण (R) : वे समाज के प्रत्येक वर्ग तक पहुँचना चाहते थे।

उपरोक्त दो व्यक्तव्यों के संदर्भ में निम्नलिखित में से कौन-सा सही है?

A. (A) सही है, परंतु (R) गलत है।
B. (A) तथा (R) दोनों सही है।
C. (A) गलत है, परन्तु (R) सही है।
D. (A) तथा (R) दोनों गलत है।

421. निम्नलिखित में से कौन-सा मामलूक काल के लिये उपयुक्त ***नहीं*** है?

A. खजाइन-उल-फुतुह B. ताज-उल-माआसीर
C. तारीख-ए-फिरोजशाही D. तबकात-ए-नासिरी

422. निम्नलिखित में से किसके कथनानुसार समस्त इस्लामिक पूर्व में दिल्ली सबसे बड़ा नगर है।

A. अलबरुनी B. अमीर खुसरो
C. इब्नबतूता D. शम्ससिराज अफीफ

423. नीचे दो व्यक्तव्य दिए गए हैं, एक को **कथन (A)** कहा गया है, दूसरे को **कारण (R)** :

कथन (A) : बलबन ने राज्य की प्रतिष्ठा और शक्ति को बढ़ाने के लिये और सत्ता को अपने हाथों में केन्द्रित करने के लिये कदम उठाए।

कारण (R) : उसने सार्वभौमिकता के इस्लामिक सिद्धान्त का पालन किया।

उपरोक्त दो वक्तव्यों के संदर्भ में निम्नलिखित में से कौन-सा सही है?

A. (A) और (R) दोनों सही है, तथा (R), (A) की सही व्याख्या है।
B. (A) और (R) दोनों सही हैं, किन्तु (R), (A) की सही व्याख्या नहीं है।
C. (A) सही है, किन्तु (R) गलत है।
D. (A) गलत है, किन्तु (R) सही है।

424. अलाउद्दीन खलजी ने कौन-सा कर नहीं लगाया?

A. खराज B. घरी
C. किस्मत-ए-खोती D. चराई

425. सूची-I को सूची-II से सुमेलित कीजिए और नीचे दिए गए कूट से अपने उत्तर का चयन कीजिए।

सूची-I	***सूची-II***
(*a*) निजामुदीन-औलिया	(*i*) नक्शबंदिया
(*b*) शेख नूरुद्दीन	(*ii*) भक्ति-
(*c*) बहाउद्दीन गंजबक्श	(*iii*) चिश्तीया
(*d*) दादू	(*iv*) रिशी

कूट :

	(*a*)	(*b*)	(*c*)	(*d*)
A.	(*iii*)	(*ii*)	(*i*)	(*iv*)
B.	(*iii*)	(*iv*)	(*i*)	(*ii*)
C.	(*iii*)	(*i*)	(*ii*)	(*iv*)
D.	(*i*)	(*iv*)	(*iii*)	(*ii*)

426. सूची-I को सूची-II से सुमेलित कीजिए और नीचे दिए गए कूट से अपने उत्तर का चयन कीजिए।

सूची-I		सूची-II	
(*a*)	वकील-ए-दर	(*i*)	राज्य की समाचार एजेंसी का अध्यक्ष
(*b*)	अमीर-ए-हाजिब	(*ii*)	शाही महल का अधिशाली अधिकारी
(*c*)	मुशरिफ-ए-मुमालिक	(*iii*)	दरबार की आचार विधि की देखरेख करने वाला अधिकारी
(*d*)	बरीद-ए-मुमालिक	(*iv*)	सल्तनत का प्रमुख लेखा-अधिकारी

कूट :

	(*a*)	(*b*)	(*c*)	(*d*)
A.	(*ii*)	(*iii*)	(*iv*)	(*i*)
B.	(*i*)	(*ii*)	(*iii*)	(*iv*)
C.	(*iii*)	(*ii*)	(*iv*)	(*i*)
D.	(*iv*)	(*i*)	(*ii*)	(*iii*)

427. नीचे दो व्यक्तव्य दिए गए हैं, एक को **कथन (A)** कहा गया है, दूसरे को **कारण (R)** :

कथन (A) : आदि ग्रन्थ में कबीर, रैदास, नामदेव, और बाबा फरीद के श्लोकों को भी शामिल किया गया है।

कारण (R) : सिख धर्म का उद्भव ठोस भक्ति परम्परा के काल में हुआ।

उपरोक्त दो वक्तव्यों के संदर्भ में निम्नलिखित में से कौन-सा सही है?

A. (A) और (R) दोनों सही है, तथा (R), (A) की सही व्याख्या है।
B. (A) और (R) दोनों सही है, किन्तु (R), (A) की सही व्याख्या नहीं है।
C. (A) सही है, किन्तु (R) गलत है।
D. (A) गलत है, किन्तु (R) सही है।

428. नीचे दो व्यक्तव्य दिए गए हैं, एक को **कथन (A)** कहा गया है, दूसरे को **कारण (R)** :

कथन (A) : बहमनी राज्य के आरंभिक काल से ही राज्य की राजनीति में विदेशियों का व्यापक प्रभाव था।

कारण (R) : बहमन शाह ने कभी भी दकनी अमीरों पर विश्वास नहीं किया।

उपरोक्त दो वक्तव्यों के संदर्भ में निम्नलिखित में से कौन-सा सही है?

A. (A) और (R) दोनों सही है, तथा (R), (A) की सही व्याख्या है।
B. (A) और (R) दोनों सही है, किन्तु (R), (A) की सही व्याख्या नहीं है।
C. (A) सही है, किन्तु (R) गलत है।
D. (A) गलत है, किन्तु (R) सही है।

429. निम्नलिखित में से किसने यह कहा कि विजयनगर राज्य में नायकों की संख्या लगभग दो सौ (200) है?

A. डोमिन्गो पायस   B. निकोलो दी कोन्टी
C. वारथेमा   D. फरनो नुनीज

430. सूची-I को सूची-II से सुमेलित कीजिए और नीचे दिए गए कूट से अपने उत्तर का चयन कीजिए।

सूची-I		सूची-II	
(*a*)	भीमसेन	(*i*)	किरान-उस-सादिन
(*b*)	अमीर खुसरो	(*ii*)	तहकीक-ए-हिन्द
(*c*)	अलबरुनी	(*iii*)	नुसखा-ए-दिलकुशा
(*d*)	निजामुद्दीन अहमद	(*iv*)	तबकात-ए-अकबरी

कूट :

	(*a*)	(*b*)	(*c*)	(*d*)
A.	(*i*)	(*iii*)	(*iv*)	(*ii*)
B.	(*iii*)	(*ii*)	(*iv*)	(*i*)
C.	(*iv*)	(*i*)	(*ii*)	(*iii*)
D.	(*iii*)	(*i*)	(*ii*)	(*iv*)

431. निम्नलिखित में से कौन-सा सही सुमेलित नहीं है?

A. चौथ – शिवाजी द्वारा युद्ध खर्च के रूप में मांगा गया भूमि लगान का चौथा भाग
B. टंका – ताँबे का एक सिक्का
C. इजारा – राजस्व को ठेके पर देने की प्रथा
D. हस्त-ओ-बुद – भूराजस्व निर्धारण की एक विधि

432. सुल्तान मुहम्मद कुली कुतुब शाह किसका समकालीन था?

A. अकबर   B. औरंगजेब
C. शाहजहाँ   D. मुहम्मदशाह

433. निम्नलिखित में से कौन-सा/कौन-से कथन सत्य नहीं है?

(*i*) मुगल कालीन भारत में टकसालें मुक्त सिक्के की आधार पर कार्य करती थी।

(*ii*) प्रत्येक सिक्के पर टकशाला का नाम और जारी करने का वर्ष दिया जाता था।

(*iii*) अकबर के शासन काल में रुपये की टकशालो की संख्या 14 थी।

(iv) पूर्व शासन काल में निर्मित सिक्कों को खजाना कहते थे।

सही उत्तर का चयन निम्नलिखित कूट में से करेः

कूट :

A. (*i*), (*ii*) B. (*i*), (*iii*), (*iv*)

C. (*ii*), (*iii*) D. केवल (*iv*)

434. निम्नलिखित में से किसने वर्ष 1600 में भारत की जनसंख्या का अनुमान लगभग 100 मिलियन लगाया?

A. किंग्सले डेविस B. मोरलैंड

C. इरफान हबीब D. अशोक वी देसाई

435. निम्नलिखित में से कौन-सा इतिहासकार मुगल साम्राज्य के पतन की ''मुगल केन्द्रित'' अभिगम से सहमत नहीं है?

A. इरफान हबीब B. सतीश चन्द्र

C. मुजफ्फर आलम D. अतहर अली

436. भारत में दस्तकार संघटनों के पतन का प्रमुख कारण था–

A. औद्योगिक क्रांति

B. विदेशी माल का आयात करना

C. प्रान्तीय एवं स्थानीय बाजारों का विकास

D. आंग्ल व्यापार का दबदबा

437. किसकी अध्यक्षता में 1882 के भारतीय शिक्षा आयोग की स्थापना हुई थी?

A. सर चार्ल्स वुड B. लॉर्ड कर्जन

C. डब्लू.डब्लू. हन्टर D. लॉर्ड लिटन

438. नीचे दो व्यक्तव्य दिए गए हैं, एक को **कथन (A)** कहा गया है, दूसरे को **कारण (R)** :

कथन (A) : आधुनिक प्रसार के लागू होने से परम्परागत स्वावलंबी गाँव, स्थानीय बाजार, जाति और व्यापार प्रभावित हुए।

कारण (R) : भारत में स्वदेशी ग्रामीण जीवन, स्थानीय बाजार, जाति तथा व्यापार का विनाश करने हेतु आधुनिक प्रसार का परिचय नहीं किया गया।

उपरोक्त दो वक्तव्यों के संदर्भ में निम्नलिखित में से कौन-सा सही है?

A. (A) और (R) दोनों सही है, तथा (R), (A) की सही व्याख्या है।

B. (A) और (R) दोनों सही है, किन्तु (R), (A) की सही व्याख्या नहीं है।

C. (A) सही है, किन्तु (R) गलत है।

D. (A) गलत है, किन्तु (R) सही है।

439. निम्नलिखित में से एक राष्ट्रवादी विचारधारा का मुसलमान नहीं था पर अपनी साम्प्रदायिकता के लिये जाना जाता था–

A. मिर्जा इस्माईल B. कासिम रजवि

C. सर अली ईमाम D. बदरुद्दीन तैयबजी

440. सूची-I को सूची-II से सुमेलित कीजिए और नीचे दिए गए कूट से अपने उत्तर का चयन कीजिए।

सूची - I	***सूची - II***
(*a*) भवानी मंदिर	(*i*) रबीन्द्रनाथ ठाकुर
(*b*) आनन्द मठ	(*ii*) भगवती चरण
(*c*) फिलोसॉफी ऑफ बॉम्ब	(*iii*) बंकिमचन्द्र चटर्जी
(*d*) गीतांजली	(*iv*) बीरेन्द्रकुमार घोष

कूट :

	(*a*)	(*b*)	(*c*)	(*d*)
A.	(*ii*)	(*i*)	(*iii*)	(*iv*)
B.	(*iii*)	(*ii*)	(*iv*)	(*i*)
C.	(*iv*)	(*iii*)	(*ii*)	(*i*)
D.	(*i*)	(*iv*)	(*iii*)	(*ii*)

441. सूची-I को सूची-II से सुमेलित कीजिए और नीचे दिए गए कूट से अपने उत्तर का चयन कीजिए।

सूची-I	***सूची-II***
(*a*) लॉर्ड रिपन	(*i*) विधवा पुनर्विवाह अधिनियम
(*b*) लॉर्ड एलफिन्सटन	(*ii*) शिक्षा संबंधी सुधार
(*c*) लॉर्ड कर्जन	(*iii*) स्थानीय-स्वशासन
(*d*) लॉर्ड डलहौजी	(*iv*) राज्यपाल

कूट :

	(*a*)	(*b*)	(*c*)	(*d*)
A.	(*iii*)	(*iv*)	(*ii*)	(*i*)
B.	(*iv*)	(*iii*)	(*i*)	(*ii*)
C.	(*ii*)	(*iv*)	(*iii*)	(*i*)
D.	(*i*)	(*ii*)	(*iv*)	(*iii*)

442. नीचे दो व्यक्तव्य दिए गए हैं, एक को **कथन (A)** कहा गया है, दूसरे को **कारण (R)** :

कथन (A) : रामकृष्ण के धार्मिक नीतिवचन का प्रमुख लक्षण था उनका सभी धर्मों की सत्यता में विश्वास।

कारण (R) : रामकृष्ण का किसी भी धर्म में अविश्वास।

उपरोक्त दो वक्तव्यों के संदर्भ में निम्नलिखित में से कौन-सा सही है?

A. (A) और (R) दोनों सही है, तथा (R), (A) की सही व्याख्या है।

B. (A) और (R) दोनों सही है, किन्तु (R), (A) की सही व्याख्या नहीं है।

C. (A) सही है, किन्तु (R) गलत है।

D. (A) गलत है, किन्तु (R) सही है।

443. निम्नलिखित को सही तिथिक्रम में लिखिए। कूट नीचे दिया गया है।

(*i*) व्यक्तिगत सत्याग्रह (*ii*) नमक सत्याग्रह
(*iii*) स्वराज पार्टी (*iv*) रचनात्मक कार्यक्रम

कूट :

A. (*iii*), (*iv*), (*ii*), (*i*) B. (*iv*), (*iii*), (*ii*), (*i*)
C. (*i*), (*iii*), (*iv*), (*ii*) D. (*ii*), (*i*), (*iv*), (*iii*)

444. निम्नलिखित में से किस नेता ने गाँधीजी का विरोध किया जब उन्होंने 1922 में असहयोग आंदोलन को वापस लिया।

A. सी. राजगोपालाचारी B. वल्लभभाई पटेल
C. सी.आर. दास D. मौलाना आजाद

445. निम्नलिखित में से एक 'कैबिनेट मिशन' का सदस्य नहीं था?

A. सर स्टफोर्ड क्रिप्स B. लॉर्ड वेवल
C. सर पैथिक लॉरेन्स D. ए.वी. अलिक्ज़ेन्डर

446. निम्नलिखित में से कौन-सा 'अनाल्स स्कूल' का प्रभावी लक्षण नहीं है?

A. अन्तरविषयक अवधारणा

B. नए स्रोतों की खोज

C. लॉग दुर्रे (दीर्घकालीन)

D. क्षेत्र-केन्द्रित अवधारणा

447. निम्नलिखित में से किसने विचार रखा था कि इतिहास में कोई वस्तुपरकता नहीं हो सकती?

A. उत्तर आधुनिकवादी B. मार्क्सवादी
C. नव उपनिवेश वादी D. उपाश्रितवादी

448. निम्नलिखित में से कौन गुट-निरपेक्ष आंदोलन से जुड़ा नहीं था?

A. मार्शल टिटो B. जवाहरलाल नेहरू
C. नेल्सन मन्डेला D. राष्ट्रपति सुकार्नो

449. प्रोटेस्टेन्ट धर्म को कानूनन मान्यता दी गयी थी–

A. वर्म्स की डाईट 1521 में

B. ऑग्स-बर्ग की डाईट 1555 में

C. स्पीयर्स की डाईट 1526 में

D. ऑग्स-बर्ग की डाईट 1592 में

450. निम्नलिखित शासकों में से एक उदारवादी तानाशाही से जुड़ा नहीं था–

A. प्रशिया के फ्रेडरिक द्वितीय

B. रूस के पीटर महान

C. फ्रांस के लुई XIV

D. ऑस्ट्रिया के जोसेफ II

उत्तरमाला

1	2	3	4	5	6	7	8	9	10
A	A	D	B	B	A	A	D	C	C
11	12	13	14	15	16	17	18	19	20
A	A	D	C	B	D	C	C	D	C
21	22	23	24	25	26	27	28	29	30
D	B	C	A	A	A	C	B	D	D
31	32	33	34	35	36	37	38	39	40
C	A	A	D	A	C	D	A	D	C
41	42	43	44	45	46	47	48	49	50
B	D	D	D	B	B	C	A	A	A

51	**52**	**53**	**54**	**55**	**56**	**57**	**58**	**59**	**60**
B	D	D	A	B	A	D	C	D	B
61	**62**	**63**	**64**	**65**	**66**	**67**	**68**	**69**	**70**
A	A	B	D	A	A	C	A	D	A
71	**72**	**73**	**74**	**75**	**76**	**77**	**78**	**79**	**80**
D	B	B	C	A	C	D	B	C	D
81	**82**	**83**	**84**	**85**	**86**	**87**	**88**	**89**	**90**
A	B	B	A	B	C	D	A	B	D
91	**92**	**93**	**94**	**95**	**96**	**97**	**98**	**99**	**100**
C	A	D	A	C	D	D	D	B	C
101	**102**	**103**	**104**	**105**	**106**	**107**	**108**	**109**	**110**
A	C	D	B	D	C	D	B	C	D
111	**112**	**113**	**114**	**115**	**116**	**117**	**118**	**119**	**120**
A	B	D	A	B	D	B	D	D	C
121	**122**	**123**	**124**	**125**	**126**	**127**	**128**	**129**	**130**
C	B	B	D	C	B	C	C	A	B
131	**132**	**133**	**134**	**135**	**136**	**137**	**138**	**139**	**140**
B	A	B	A	C	D	C	C	A	A
141	**142**	**143**	**144**	**145**	**146**	**147**	**148**	**149**	**150**
A	B	C	B	B	D	B	B	B	D
151	**152**	**153**	**154**	**155**	**156**	**157**	**158**	**159**	**160**
C	B	D	C	D	C	A	B	A	D
161	**162**	**163**	**164**	**165**	**166**	**167**	**168**	**169**	**170**
A	C	B	A	A	B	C	C	B	A
171	**172**	**173**	**174**	**175**	**176**	**177**	**178**	**179**	**180**
B	D	A	B	D	B	A	A	B	C
181	**182**	**183**	**184**	**185**	**186**	**187**	**188**	**189**	**190**
A	A	C	A	D	C	C	C	B	C
191	**192**	**193**	**194**	**195**	**196**	**197**	**198**	**199**	**200**
D	B	B	D	A	A	D	D	C	B
201	**202**	**203**	**204**	**205**	**206**	**207**	**208**	**209**	**210**
A	A	D	B	C	A	B	C	C	A
211	**212**	**213**	**214**	**215**	**216**	**217**	**218**	**219**	**220**
B	B	D	B	B	A	A	B	A	B
221	**222**	**223**	**224**	**225**	**226**	**227**	**228**	**229**	**230**
C	A	D	D	D	A	B	A	B	A
231	**232**	**233**	**234**	**235**	**236**	**237**	**238**	**239**	**240**
C	C	A	A	D	C	A	B	C	B
241	**242**	**243**	**244**	**245**	**246**	**247**	**248**	**249**	**250**
D	C	C	D	B	C	B	B	A	C
251	**252**	**253**	**254**	**255**	**256**	**257**	**258**	**259**	**260**
A	C	B	D	C	A	A	D	D	D

261	**262**	**263**	**264**	**265**	**266**	**267**	**268**	**269**	**270**
A	C	C	D	D	C	B	C	D	C
271	**272**	**273**	**274**	**275**	**276**	**277**	**278**	**279**	**280**
B	A	C	B	B	C	A	C	C	D
281	**282**	**283**	**284**	**285**	**286**	**287**	**288**	**289**	**290**
A	A	A	A	B	C	A	D	B	C
291	**292**	**293**	**294**	**295**	**296**	**297**	**298**	**299**	**300**
D	C	B	A	B	C	B	D	B	A
301	**302**	**303**	**304**	**305**	**306**	**307**	**308**	**309**	**310**
A	C	C	D	A	A	B	D	A	B
311	**312**	**313**	**314**	**315**	**316**	**317**	**318**	**319**	**320**
A	A	A	B	A	D	B	D	A	C
321	**322**	**323**	**324**	**325**	**326**	**327**	**328**	**329**	**330**
C	B	C	A	A	D	B	A	D	C
331	**332**	**333**	**334**	**335**	**336**	**337**	**338**	**339**	**340**
A	A	B	C	C	C	A	C	C	A
341	**342**	**343**	**344**	**345**	**346**	**347**	**348**	**349**	**350**
D	D	D	C	D	B	C	B	B	A
351	**352**	**353**	**354**	**355**	**356**	**357**	**358**	**359**	**360**
D	B	D	A	B	A	B	D	C	B
361	**362**	**363**	**364**	**365**	**366**	**367**	**368**	**369**	**370**
C	C	C	C	C	C	A	B	C	D
371	**372**	**373**	**374**	**375**	**376**	**377**	**378**	**379**	**380**
B	D	B	C	C	B	B	B	C	D
381	**382**	**383**	**384**	**385**	**386**	**387**	**388**	**389**	**390**
C	B	A	B	C	A	B	C	C	D
391	**392**	**393**	**394**	**395**	**396**	**397**	**398**	**399**	**400**
A	C	C	D	C	A	B	D	A	B
401	**402**	**403**	**404**	**405**	**406**	**407**	**408**	**409**	**410**
B	D	C	A	B	C	D	C	A	B
411	**412**	**413**	**414**	**415**	**416**	**417**	**418**	**419**	**420**
C	C	D	D	C	B	D	A	A	B
421	**422**	**423**	**424**	**425**	**426**	**427**	**428**	**429**	**430**
C	D	B	A	B	A	A	B	D	C
431	**432**	**433**	**434**	**435**	**436**	**437**	**438**	**439**	**440**
D	B	D	B	A	A	C	B	C	C
441	**442**	**443**	**444**	**445**	**446**	**447**	**448**	**449**	**450**
A	C	B	C	B	D	B	C	B	C